"十三五"国家重点出版物出版规划项目

经济科学译丛

中级微观经济学

上

直觉思维与数理方法

Microeconomics

An Intuitive Approach
with Calculus

Thomas J. Nechyba

托马斯·J. 内契巴 / 著

曹小勇 宫之君 张晓燕 / 译

中国人民大学出版社
· 北京 ·

自新中国成立尤其是改革开放 40 多年来，中国经济的发展创造了人类经济史上不曾有过的奇迹。中国由传统落后的农业国变成世界第一大工业国、第二大经济体，中华民族伟大复兴目标的实现将是人类文明史上由盛而衰再由衰而盛的旷世奇迹之一。新的理论来自新的社会经济现象，显然，中国的发展奇迹已经不能用现有理论很好地加以解释，这为中国经济学进行理论创新、构建具有中国特色的经济学创造了一次难得的机遇，为当代学人带来了从事哲学社会科学研究的丰沃土壤与最佳原料，为我们提供了观察和分析这一伟大"试验田"的难得机会，更为进一步繁荣我国哲学社会科学创造了绝佳的历史机遇，从而必将有助于我们建构中国特色哲学社会科学自主知识体系，彰显中国之路、中国之治、中国之理。

中国经济学理论的创新需要坚持兼容并蓄、开放包容、相互借鉴的原则。纵观人类历史的漫长进程，各民族创造了具有自身特点和标识的文明，共同构成人类文明绚丽多彩的百花园。各种文明是各民族历史探索和开拓的丰厚积累，深入了解和把握各种文明的悠久历史和丰富内容，让一切文明的精华造福当今、造福人类，也是今天各民族生存和发展的深层指引。

"经济科学译丛"于 1995 年春由中国人民大学出版社发起筹备，其入选书目是国内较早引进的国外经济类教材丛书。本套丛书一经推出就立即受到了国内经济学界和读者们的一致好评和普遍欢迎，并持续畅销多年。许多著名经济学家都对本套丛书给予了很高的评价，认为"经济科学译丛"的出版为国内关于经济理论和经济政策的讨论打下了共同研究的基础。近三十年来，"经济科学译丛"共出版了百余种全球范围内经典的经济学图书，为我国经济学教育事业的发展和学术研究的繁荣做出了积极的贡献。近年来，随着我国经济学教育事业的快速发展，国内经济学类引进版图书的品种越来越多，出版和更新的周期也在明显加快。为此，本套丛书也适时更新版本，增加新的内容，以顺应经济学教育发展的大趋势。

"经济科学译丛"的入选书目都是世界知名出版机构畅销全球的权威经济学教材，被世界各国和地区的著名大学普遍选用，很多都一版再版，盛行不衰，是紧扣时代脉搏、论述精辟、视野开阔、资料丰富的经典之作。本套丛书的作者皆为经济学界享有盛誉的著名教授，他们对于西方经济学的前沿课题都有透彻的把握和理解，在各自的研究领域都做出了突出的贡献。本套丛书的译者大多是国内著名经济学者和优秀中青年学术骨干，他们不仅在长期的教学研究和社会实践中积累了丰富的经验，而且具有较高的翻译水平。

本套丛书从筹备至今，已经过去近三十年，在此，对曾经对本套丛书做出贡献的单位和个人表示衷心感谢：中国留美经济学会的许多学者参与了原著的推荐工作；北京大学、中国人民大学、复旦大学以及中国社会科学院的许多专家教授参与了翻译工作；前任策划编辑梁晶女士为本套丛书的出版做出了重要贡献。

愿本套丛书为中国经济学教育事业的发展继续做出应有的贡献。

中国人民大学出版社

致学生

当我还是个学生的时候，我经常感觉被一些教科书疏远和侮辱了：之所以感觉被疏远了，是因为它们从未试着用交流的方式与我谈话，而只是把话说给我听；之所以感觉被侮辱了，是因为它们似乎总是以一种居高临下的口吻来跟我说话，通过给我很多"视觉"的东西（比如说猴子的图片）来使我保持清醒，并且通过向我灌输大量的定义来使我记住——却从来没有明确指出所讲述的内容在概念上的明显的局限性。

因此我想试着去写一本有点不同的书，并且希望如果我还是个学生，我将会喜欢使用这本书。一些人评论说：你可能不喜欢这本书，原因是它不能帮助你记住考试中涉及的那些定义。另一些人会觉得这本书奇怪，因为在整本书中我几乎都是直接与你交谈，并且甚至偶尔会承认一些假设在很多方面是"愚蠢的"。

事实上，我并不反对使用猴子的图片或者定义或者那些看起来很"愚蠢"的假设，但是以我多年与学生打交道的经历，我知道你不介意接受小小的挑战，并且很享受成为谈话中的一分子，而不是只会死记硬背。现代世界给那些非常擅长记忆的人的回报很少，但给那些能够把观念概念化并有机整合在一起的人的回报则颇丰。经济学就提供了一条这样的练习途径——它通过一种令人兴奋并且非常有趣的方式达到这一目标，有趣到使我们并不需要猴子的图片，虽然有时候艰难地研读一些细节会让人感到挫败。

我将会在第 1 章中更多地提到这一点。因此在这里我将尽可能少地重复而只是在如何最好地使用这本教材方面给出一些建议：

（1）在开始第 2 章之前，你或许有必要大致看看第 0 章（在本书的产品支持网站 www. cengage. com/international 上），以回顾一些基本知识。

（2）在阅读本书的过程中，试着做一下本书的**章内练习**（within-chapter exercises），并在相应的（基于网络的）**学习指南**（Study Guide）中核对一下你的答案。在学习指南中，我们包含了所有章内练习的解答。（我的那些使用了本书初稿的学生在使用章内练习及答案后，他们的考试成绩显著地变好了。）

（3）在阅读每一章之前，尤其是随着本书的深入，你可以在本书对应的产品支持网站（www. cengage. com/international）上打印出那些**打印图片**（Print Graphics）。这些图片将会减轻你的挫败感，因为教材中对图片的讨论经常要占好几页的篇幅。如果你没有这些打印图片，就需要来来回回地翻教材。这些打印图片也很方便在课堂上使用，因为你可以在上面直接做注释。（如果你确实需要借助那些猴子的图片来保持清醒，那就可以把它们和你的打印图片放在一起，或者让我知道，我会在这个网站上放一些猴子的图片。）

（4）使用网站上的**动态图**（Live Graphs），特别是当本书中关于图的讨论让你产生一些疑问时。这些教材图片的动画版本伴随着一些图片与声音（让你真实地感受）的解释，你可以根据自己的节奏回放或者快进。（有些章节还有一些额外的、与教材中的打印图片不直接相关的动态图，你也可以在动态图的网站上获取这些打印图片。）

（5）在**章末习题**（end-of-chapter exercises）中找一些有意思的应用，但要注意，有些习题是很有挑战性的，不要因为一开始觉得它们不合情理而沮丧。与其他同学一起做（如果你的教师允许你们这样做的话）将有助于完成这些习题。标有符号†的习题表示学习指南中有答案，剩余习题的答案提供给了教师。（标有符号 * 的是概念挑战题，而标有符号 ** 的则是计算挑战题。）

（6）当你在每章的细节中感觉迷失的时候，（每部分或者每章的）**引言**（Introduction）与**结论**（Conclusion）可以帮助你在一个更大的框架下看待这些问题，所以不要（随意地）略过。

（7）本书有一个全面的**术语表**（Glossary），并以叙述的方式给出了其定义，而不是简单地把它们从正文中摘出来。术语表可以帮助你回顾该术语的意思，但是你不应该过多记忆，因为术语本身并没有那些概念重要。

（8）任何教材都是有错误的，特别是对于第一版教材而言。考虑到这一点，我们在相应的网站上提供了一个实时报告错误的板块。所以如果你认为某个地方可能有错误，可以查看一下我们的网站。如果它还没有被报告，请让你的教师知道，以便将这个错误传达给我。

致教师

当我第一次教授微观经济学课程的时候，我惊奇地发现这是我们系里最不受欢迎的一门课程。当时这门课程的目标不是很清晰——并且由于开始时对这个问题没有明确的界定，学生们感觉这门课程就是一些与现实世界几乎无关的图与数字的混乱组合，并且他们不知道这门课程能给他们带来什么价值。当我想要明确我的这门课程将达到一个什么目标的时候，我发现我很难找到那些帮助我实现这些目标的教材，总是有教材过度地强调了其他教材中被忽略的一些内容。于是我们在很大程度上放松了对教材的强调——于是意外发生了：微观经济学课程突然变成了我们系最受欢迎的一门课程。

于是，我试着围绕我认为的任何微观经济学课程都应该完成的五个主要目标来构建本课程的框架：

（1）微观经济学不应该被展示为不相关模型的一个集合，而应该是一种看待世界的方法。人们之所以对激励做出反应，是因为他们想要在所面临的处境下尽力做到最好。这就是对微观经济学的概括阐述。

（2）它还应该说服很多人：微观经济学不仅改变了我们思考这个世界的方法，它也告诉了我们这个世界是怎样运转的以及为什么会（有时候是为什么不）这样运转。

（3）它不仅应该使我们更清楚地思考经济学，还应该帮助我们不依赖记忆地、更清晰地、更广泛地思考。这种概念性的思考技能也正是众人寻求的并在当代社会中能获得最多回报的技能。

（4）它应该能直面这样的事实：我们中很少有人可以在不直接应用概念的前提下，从记忆思维转换到概念性思维。但是不同学生学习的方式不一样，教师需要有一定的灵活性，根据学生的需要准备学习材料。

（5）最后，它还应该为学生提供后续的学习方向——根据自己的兴趣，认识到下一门最有吸引力的课程是什么。

因此，我将尽力提供一种灵活的框架，帮助我们在植根于一种思维方式的同时开发一种有助于我们更好地理解周围世界的内在一致的观点。本教材的一半内容构成了经济学中最基本的结论：自利的个体——在一定条件下并且是在没有准备的情况下——产生了一个自发地对整个社会有利的秩序。另一半内容则探索这些"一定条件"，并探究在市场本身"失效"的时候，企业、政府以及整个社会怎样为人类福利做出贡献。一些后续课程可以看作这些被冠名为"一定条件"的子领域。

虽然这本书的所有内容足够被用于连续两个学期的课程，但本书也为一个学期的课程提供了多种自由选择途径。在每一章中，你都可以注重直觉思维的 A 部分，或者可以把它联系到数理演绎的 B 部分；虽然本书的最后一部分在较大程度上依赖于博弈论，但其根本的叙述也可以采用非博弈论的方法来进行。在大量教学方案中，有些侧重于理论，有些侧重于政策，还有一些侧重于商业，每一个方案都包括那些核心材料以及可选的专题。从通篇来看，模型都是在较复杂的意义上构建的，其应用也被加入了正文叙述当中（而不是转移到一些边栏中）。紧接着，这些模型在大量练习中得以扩展，使学生——而不仅仅是你和我——得以把这些概念运用到日常、商务以及政策情景下。

为了得到更多关于如何使用本书的不同部分及其附带工具的细节，我希望你可以看看我为本书编写的**教师手册**（Instructor's Manual）。根据你的侧重点，下面是一些你使用本书时可以选择的方案：

（1）强调传统理论。

第 1～23 章（其中第 3 章、第 8 章以及第 9 章与第 13 章的最后一节可选），第 29 章和第 30 章可选。

（2）强调博弈论。

第 1～18 章（其中第 3 章、第 8 章以及第 9 章、第 13 章与第 18 章的最后一节可选）加上第 23～27 章（第 28～30 章可选）。

（3）强调商业应用。

第 1～18 章（其中第 3 章、第 8 章、第 16 章以及第 9 章、第 13 章与第 18 章的最后一节可选）加上第 23～26 章。

（4）强调政策应用。

第 1～15 章（其中第 3 章、第 8 章以及第 9 章与第 13 章最后一节可选）加上第 18～23 章、第 28～30 章（取决于博弈论的使用程度，第 24～27 章可选）。

最后，我想邀请你成为塑造本书未来的合作者。没有哪本教材在第一版的时候就是完美的，本书也不例外。但是为了使未来的版本得到实质的改进，我需要得到反馈，知道哪些地方成功，哪些地方不好，哪些地方过多了以及还有哪些地方存在不足。出于这个原因，我在本书的网页上开发了一个可以直接与教师交流的板块，在那里我们可以互相给予反馈，我也可以知道你的课程进展。我希望你能充分使用这一资源，让我们在该网站上见。

致 谢

我从来都没有准备撰写此书，要不是麦克·沃尔斯（也就是本项目正式的执行编辑）强烈地劝说，此书根本不会得以出版。因此，在为使本书完成的那些难熬的时刻（或者，像我孩子所说的父亲的脾气很"暴躁"的时候），麦克成为我们家那个众所周知的"坏人"。但我仍然告诉我的孩子，即使是"坏人"，有时候也会做一些好事——并且我希望在这里是这种情形。不论如何，我都很感谢麦克的坚持使我成功做出了尝试。与我们两人最初预料的相比，这一项目所花费的时间更多且其内容的综合性更强，但麦克一直对此保持信任态度。詹妮弗·托马斯（本项目的开发编辑）始终陪伴着我们。她的孩子在我们开始合作的时候还没出生，我经常怀疑她的孩子能在本书完成前进入大学学习。

就在本项目开始前，我很荣幸地遇到了经济学网站的约翰·格诺斯以及德布拉·安科维亚克。作为杜克大学负责本科教学的系主任，我对于他们把图片分析以动画的方式重现很感兴趣，于是我跟他们合作制作了一些可以用来辅助经济学教学的动画。很自然地，我们也把合作延伸到了这本教材上。约翰和德布拉不仅绘制了本教材中（299个之多）的图，同时也做了那些在本教材相应产品网站上的动态图（及其相关材料）。我相信，没有那些高质量图片的保证，本书所采用的方法是不可能实现的；我也深知，没有那些我们已经建立起来的合作和友谊，也不可能有这些图片的制作。我亏欠他们太多，感激之情难以言表。

当我开始编辑这一具备内在一致性以及局部数学性很强的教材时，我都不确定我在打字过程中能够经受住 Word 的挑战。这里我要感谢我的兄弟麦克·内契巴，他向我介绍了 LaTex 这一伟大的工具（同时也偶尔教我 Mathematica 的一些基础知识）。我也要感谢斯塔斯·克伦尼科夫，他把我最开始用 Word 编辑的那些章节转化为了 LaTeX 文本。但是，令人遗憾的是，你们手上的教材最终并不是由 LaTex 排版的。在过去的几年，要不是有麦克和斯塔斯的早期帮助，我们就不能在课堂中使用这本教材的 PDF 格式的初稿，我也不会有足够的耐心在没有该方法的条件下完成整个过程（使用 Word）。我对圣智学习出版公司充满感激。坦布拉·摩尔坚持不懈地使内容连续贯通，米歇尔·康克勒一直用艺术家的视角来审视这本书，而缺少艺术天分的我正忙着检查下标。我非常感谢他们以及整个团队。

当我开始认真地在这本教材上下功夫的时候，我刚刚接任杜克大学经济学系主任一职。在我的一生中，我确实有过一些好的想法，但我并不认为同时成为系主任以及本书的作者是其中之一。因此，在这里必须感谢我的那些同事，感谢他们对我的耐心，因为我花在这本书上的时间使得我减少了花在系里的时间。（要是没有这些权衡取舍，生活会变得更好。但是，没有这些权衡取舍，也就没有经济学这一令人着迷的领域存在的必要了。）我要特别谢谢我们系里那些同事，在我躲着写这本书时，他们帮我制造了一个我在办公的假象，这使得我在一些人看来实际上就是一个尽职的系主任。更为重要的是，我要感谢他们让我即使在那些最难熬的时间里仍然保持微笑。我要特别感谢吉姆·思博卡特，他处理了教材中很多习题解答的手稿绘图（同时也为我们提供了一些不相关但充满了娱乐性的"反馈"）。

本书的早期版本已经被很多人耐心接受了。首先，也是最重要的，我要谢谢杜克大学上过我的微观经济学课程并在不经意中自愿充当了实验对象的成百上千的学生。他们的反馈以及他们有时以得到额外加分为目的而对本书中错误的勤勉报告使这本书变得更好，也正因为如此，我将把本书的第一版献给那些学生。其他一些教师也使用了本书的早期版本，我也要感谢他们以及他们的学生。在这里我还要特别感谢美国经济协会（AEA）夏季项目的那些学生，当 AEA 夏季项目在杜克大学举办的时候，他们是第一批接受了本教材 B 部分的学生。当我使用那些有瑕疵、不完整的 PDF 文件来教授那些学生时，我一直对他们的慷慨大度表示惊讶。

Isaac Linnartz, Jesse Patrone-Werdiger, Suzy Silk, Wendy Wang, 以及 Sejal Shah 都是杜克大学前几年的本科毕业生，他们耐心地通读了早期章节并给出了有助于本书剩余部分定稿的反馈。我还应该逐个感谢我那些用本书初稿进行教学的耐心的助教们，但由于篇幅的限制，在这里我不能一一列举。但是我想特别提一下 Bethany Peterson, Terry Yang, 以及 Liad Wagman，感谢他们的评论、鼓励以及贡献。在本书即将完成的时候，Chase Wilson, Christina 以及陈晓燕的校对和反馈使本书最后得以完成。当然，本书遗留的错误都是我的过错。

任何一个曾经在繁忙的家庭生活中还要承担这样一个项目的人都知道，当对这个项目的沮丧超过了对其未来版税的美好憧憬时，一个家庭会承受多大的艰辛。感谢那些一直陪伴着我、支持我完成这一项目的家人——Stacy, Ellie, Jenny, Katie 以及最近加入这个家庭的 Blake。我们很快将在开曼群岛上庆祝我们的假期。

托马斯·J. 内契巴
达勒姆，北卡罗来纳

特别致谢

本书的作者以及圣智学习出版公司还要感谢很多教师，他们收到了本书的不同版本并给出了反馈和帮助，并参加了一些有关本书的改进以及动态图的讨论小组。他们的时间和评论对于本书的定稿弥足珍贵。

目　录

第1章 导 论

　　更安全的车一定会导致更少的交通意外身亡吗？对美国国内的石油开采进行补贴，从而使得美国更少地依赖世界上那些动乱地区是否合理？宣布活株圣诞树非法是否有助于减少森林砍伐？我们是否应该通过制定法律来反对哄抬物价的行为？联合抵制使用国外廉价劳动力的公司是一种对那些国家悲惨的工作环境表达义愤的好方式吗？要求工人们的雇主帮他们支付社会保险税是否比工人直接支付更好？我们是否应该对垄断者的销售额征税，从而使这些公司无法获得如此巨额的利润？

　　对上面的每一个问题，很多人会本能地回答"是"。但是很多经济学家却会说"不是"，或者至少是"不一定"。为什么会那样呢？

　　一个可能的答案就是：经济学家在社会上是不称职的，他们有着与"真实人"不同的价值观。但我通常并不认为那是一个正确的答案。大体上，经济学家是一个思想多样化的群体，就像其他人一样分布在一个政治频谱中。我们中的很多人都过着完全正常的生活，深爱我们的孩子，同情他人。我们中的一些人甚至也去教堂。但是，我们确实用一个多少有些不同的镜头去审视这个世界，在这一镜头下，人们会对激励做出反应，而这些反应有时令人意外，有时使人沮丧，有时使人惊叹。我们想当然地以为的并不总是正确的，因此，我们的行为，特别是在政策领域，经常会产生"非故意"的结果。

　　我知道，你们很多人上这门课都有一个隐含的计划，那就是要学习更多关于"商业"的知识。我当然希望你们不会感到失望，但是，经济学这门社会科学，特别是微观经济学的一般意义比"商业"要广泛得多。通过这门科学的"镜头"，经济学家看到了很多非同一般的社会情况，造就它们的是"市场"中数以百万计的看似毫无联系的社会选择，是那些处于不同地区的个体看似无关的同时作用，正是这种同时作用促使社会摆脱了一直以来占据了绝大部分人类历史的物质贫困与绝望。与此同时，我们的"镜头"解释了在什么情况下个人激励会与那些"公共利益"背道而驰，在什么情况下缺乏自我纠正功能的非市场机制会放任个体利益引起社会合作瓦解。市场带来了大量的财富，但同时也引发了一些问题，如经济不平等、全球变暖、不道德的商业行为、种族歧视等。经济学当然可以帮助我们更加清楚地思考商业活动与日常生活。同时，经济学还会教给我们一些关于世界的深刻见解，例如，在我们生活的世界中，激励至关重要。

1.1 什么是微观经济学？

我们将微观经济学定义为一门研究追求私人利益的理性人相互作用所导致的社会结果的科学。[①] 乍一看，将人类描述为"理性"与"自利"听上去有点幼稚和无情，毕竟，大多数人都不会认同他们的市民朋友总是"理性"的，而且我们早就知道对我们意义最大的一些经历都源于对"小我"的超越。对那些习惯于将"科学家"与在科学实验室穿着白色外套并戴着防护眼镜的形象等同起来的人，使用"科学"一词来描述经济学家在做什么就显得有些奇怪了，因为这个定义强调的是"社会"结果。这样的话，对该定义进行更多说明应该是有必要的。

1.1.1 作为科学的经济学

我们首先简要地谈一下"科学"。很明显，经济学之于科学与物理或化学之于科学在严格意义上并不相同：我们通常不会有用于使原子裂变或者混合可燃化学制品的实验室。但是在另外一种意义上，它们是相似的。科学通过建立与检验那些产生于假说的模型而进步，在这个意义上，经济学基本上是一门科学。就像我们将在1.2 节所讨论的那样，大多数经济学家植根于经济理论构造经济模型，然后检验从该理论模型中所产生的假说是否与现实观测相悖。有一些经济学家确实做一些实验，但是大多数经济学家还是根据现实数据来判断预测是否正确。如果你继续学习一些统计学或者计量经济学的课程，你将会知道这些假设检验（testing of hypotheses）是怎么实施的，但是在本课程中，你将主要学习经济学家用来形成他们的假说的基础理论与模型。

1.1.2 理性、自利与《夺宝奇兵》

在这些模型中，我们假设人们是理性的，并追求他们所认为的"自利"。在第4章定义了偏好后，我们会用其他方式来使用"理性"这个术语。在这里，我们只是简单地使用它来表示个人追求"在给定环境下的最好状态"。这并不是指人们是在一些深层次的哲学意义上追求理性，而仅仅是指他们很谨慎地想要达到他们的目的。那些目的可能包括提高他们所关心的那些人的福利，也可能泛指一些对他们意义重大而对其他人意义不大的目标。一些人通过牺牲个人的消费来提高其孩子的生活水平可能被认为是"无私"的，但是如果在使其孩子幸福的同时使其自己幸福的话，则提高其孩子的福利也可以是她所认知的"自利"。并不是每件个人觉得"值

---

① 该定义同样可以应用于宏观经济学，但微观经济学家特别注重从个体行为开始他们的分析。

得"的行为在更深刻的意义上都是值得去做的，即便该行为看上去很高尚。一个商人在可以去救助饥荒儿童的时候，可能选择了最大化自己的利润；一位政客在可以做一些不受关注的事情，以真正改善人们的生活的时候，可能会选择追求选举的胜利。所有这些人都直接地把他们的行为指向各自所认为的值得的目标，这一目标就在他们的自利的范围内。

前段时间，我看了一部由哈里森·福特和肖恩·康纳利担任主演的《夺宝奇兵》系列电影。在该电影中，肖恩·康纳利饰演父亲，哈里森·福特饰演儿子。他们二人发现自己都处在一个不利的局面。父亲利受了致命伤，躺在一个洞穴里面，而儿子面临如下困境：在山洞的另外一边，在不同的器皿中有很多种药剂。这些药剂中的大多数都是致命的毒药，但有一种却是神奇的药剂，如果受致命伤的人服用了，就可以立即痊愈。儿子跑到药剂旁边，苦恼于选择哪一个，最后他选定了一个，并决定在给他父亲服用前先在自己身上测试。

儿子为了使自己的父亲免于误食毒药而置自己的安危于不顾，这看起来让他很有无私的英雄气概，但违背了经济学家所认为的理性的自利行为。一个无可争议的事实是：儿子相当关爱他的父亲，考虑到这一点，拯救他的父亲就处于他所认为的自利范畴之内。我们所困惑的是，在其他条件一样的前提下，只要我们假设保留自己的生命也是儿子所认为的自利，那么儿子就没有在他想要达到的目标的前提下做出理性的行为。在这种情况下，儿子的理性行为应该是选定一种药剂，并回到他父亲身边，对他的父亲说："父亲，你随时都可能会死去。这瓶药剂可能会要了你的命，可是如果你不服用的话，你同样也会死去。但如果这是正确的药剂，它将会拯救您的生命。因此，请服下这瓶药剂，但不要因为我没有先服下这瓶药剂去冒毒杀自己的风险就认为我不关心您，因为那样我可能在我生命的最后时刻也眼睁睁地看着您死去。我们两个中有一个活着比两个人都死去要好，当然两个人都活着是最好的。"

这个例子说明了两点：第一，自利并不等价于"自私"。后者认为你只关心自己，而前者则使得一些其他因素也可能成为你所感知的幸福的一部分。自利和自私经常会重合，但并不总是这样。第二，"理性"简单来说是指我们采取可行的最好的行为来达到我们自利的目标。儿子在深爱他父亲的时候并没有违背自利的假设，但是他的行为违反了理性的规则，除非他把自己的生命看得完全没有价值。在率先尝试药剂时，儿子没做到"在他所处的环境下的最好"。

1.1.3　社会结果、铅笔与全球变暖

我们的最终目的并不是去理解理性与自利这些概念本身，尽管这也是微观经济学的一个重要内容。我们所实际追求的是理解这些理性和自利的个人行为相互作用所产生的社会结果。讨论鲁滨逊·克鲁索在一个孤岛上独自一人的行为很有意思，但是去理解当他的朋友星期五登上舞台并与他互动后，这个世界将如何变化会更有

意思。更有意思的是讨论当有成百上千甚至数百万理性、自利的人都在追求他们的个人目标的时候，这个社会将变成什么样子。经济学家把这些相互作用的结果称为"均衡"，在这个均衡中，我们可以找到个人行为的社会结果。

在他的著名的公共电视网系列片《自由选择》（*Free to Choose*）中，米尔顿·弗里德曼拿起一支铅笔，做了一个初看之下十分荒谬的论断：世界上没有一个人知道怎么制造铅笔。乍一看这个论断很傻，但与此同时，如果我们认真考虑是否有人知道怎样从零开始制造一支铅笔的话，这个论断又是绝对正确的。这个人必须知道要砍伐哪种树来生产木头，怎样生产砍伐这棵树的工具，在木头成型后使用什么样的化学物质来处理，如何钻洞来为铅芯腾出空间，以及怎样生产钻洞的工具。这甚至还算不上懂了皮毛，因为我们还需要知道从哪里得到材料来生产铅芯（以及如何制造铅芯，制造铅芯所需的必要工具是什么）。对于那些用来固定橡皮擦的金属帽也可以提出同样的问题：怎样生产橡皮擦？怎样制造颜料和画笔去喷涂铅笔的外表？当你实实在在地仔细想过，你就会发现，遍及世界各个大陆的数以万计的人在某种程度上合作才得以完成弗里德曼手中握着的这支铅笔，但是那些数以万计的人中几乎没有一个人意识到他们所参与的过程会导致这样一支铅笔的产生。

经济学家为这样一个事实所着迷，即尽管没有一个人知道怎样去生产铅笔，也没有人负责组织所有这些人与材料来进行铅笔的生产，但铅笔还是生产出来了。我们也为这样大规模的合作可以简单地由上而下进行并且没有人知道他们在彼此合作的事实所吸引。更吸引我们的是，这样的合作竟然是单纯地从个人在生活的过程中所做出的理性的、自利的选择中产生的，每个人只是简单地从谋生的角度出发，在给定的情况下做出他或者她的最好选择。这是理性、自利行为相互作用的一个社会结果，由市场价格这一客观力量所引导，市场价格告诉每个人到什么地方工作、生产什么以及卖给谁等。铅笔被生产出来并被交付到各地的商店用于出售。如果你能发现这一激动人心的事实，你就不会对那些似乎到处流行的复杂产品在没有人刻意协调这数以百万计的参与人的情况下被生产出来这一事实感到惊讶了。

当然并不是所有理性、自利行为的社会结果都是如此美好。我们将会看到：那些解释人们如何合作来生产铅笔的经济视角也同样可以用来解释全球变暖为何没有被相同的驱动力解决，相对（与绝对相对应）贫困是如何持续的，这些集中的力量是如何扭曲市场的，以及为什么一些商品只有在非市场机制干预下才会被生产出来。理解在什么情况下我们可以依赖个人的自利行为来产生合作——以及在什么情况下这些自利行为会阻碍合作——将是本书的主题，也是微观经济学的中心目标。理解这些之后，我们可以制订一些方案来改变那些影响决策的环境，使得那些决策与社会目标保持一致：通过改变人们在决策过程中所面临的激励来改变理性、自利行为的社会结果。

1.2　经济学、激励与经济模型

归根结底,因为人们通常企图在既定的环境下做到最好,所以经济学是对于人们会对激励做出反应这一简单前提的探索。尽管这一前提很简单,但它能产生一个丰富的框架,通过这一框架,我们可以用一种富有逻辑性的严格范式分析世界上很多或大或小的争论。然而,尽管有这些理想主义的想法,即经济学能够帮助我们更好地理解一些现实问题,但你将会注意到:本书的大部分内容都是在构建那些冷冰冰的经济"模型",至少一开始的时候,这些模型看起来明显脱离了上述宏伟的目标。事实上,很多学生最初认为这些模型仅仅是对我们人类过于简化并且不切实际的刻画。不可否认的是,在一定程度上,他们是对的。然而,从一开始我就想说明的一点是:这些模型代表了经济学家赖以合理解释所有这些我们关心的话题的唯一方法。在这一过程中,我们也从对经济模型的学习中得到了一些意外的收获:我们学会更加概念化地思考,自发地在生活中而不仅仅在经济学中广泛使用这样一种思考模式,即将一些看似不相关的事件联系起来。

1.2.1　经济模型、简化与毕加索

根据我们在本书第一节中对消费者建模的方式,在接下来的章节中你将看到,我们在本质上认为他们是一些"冷血"的个体,他们以"偏好"这一机械特征为指导,理性地计算不同选择的成本与收益。我们在本书很多模型中最初所描述的"经济人"可以归结为一台在道德观上与吸尘器差不多的机器。它并不是对人类复杂性特征的完整描述,而是略去了一些恰使我们成为"人"的组成部分。我经常在我的课堂上提到,如果我真的认为我的妻子是这样一个"经济女人",我该是多么沮丧。促使我向她求婚的最关键因素基本上与我们这个简单的决策模型毫无联系。

但是经济学并不试图描绘我们作为人类的完整图景。毫无疑问,你对哲学、心理学或者宗教的学习很有意义,因为你可以从中勾勒出生而为人对你来说究竟有何意义的图景。经济学只是简单地试图去提供一种框架来系统地研究我们在不同制度下追求自利的决策,以及这些自利的决策如何构成一个整体来影响我们的社会。如果真要使用我们作为复杂人类的完整图景来获得实质性结论,那么恐怕会使人抓狂。因此,只要能够良好地完成我们想要进行的预测,模型的简化就会成为一个优势。

我经常通过下面这个例子来向学生明确阐释这一点,这个例子表明了我对抽象艺术的无知以及我如何获得一些对此类艺术的洞察力:我被告知在博物馆的某个地方有毕加索的一套系列画(共 27 幅)。第一幅画是我可以看懂的,它是对一些真实场景的真实刻画,可能是一个在漂亮花园拿着喷壶的小女孩。系列中的第二幅画与第一幅画基本相同,但是没有那么多细节。类似地,余下的 25 幅画都被剥离掉了更多的细节,最后一幅画甚至基本上什么都没留下,只是在画布上剩下一些几乎

无法辨认的颜料条纹。我被告知,最后这幅画是对第一幅画的"精髓"的一个理解。我从来没有看过这个 27 幅画的系列,甚至不确定它是否存在。但是我被告知,如果我尝试着去看这个系列画,我将会对是什么使得第一幅画看起来很了不起有一个更好的理解,这是因为我已经看到了最后一幅画并抓住了一些特质,而像我一样的外行人在看到第一幅画时是注意不到这些特质的。[①]

经济模型就像该系列中的最后一幅画。它们在设计的时候被剥夺了那些复杂性,除去了那些干扰对特定经济问题进行可靠分析的所有噪音,而只留下了那些与针对手头问题的个人决策相关的关键因素。它们不会告诉我们是否存在上帝,或者我们为什么喜欢在晚上看星星,以及我们为什么会相爱,但是它们可以成为我们理解世界某一方面的有力工具。没有这些简化的模型,这个世界看起来将那么令人费解。出于这个理由,我要求大家不要蔑视模型——在经济学中或者在其他领域——仅仅因为模型是简化的。一个卷尺是简单的,但是它对于一个试图制作一件家具的木匠来说是一个有用的工具,比一个神经外科医生所使用的复杂的显微镜更加有用。同样的道理,也正是因为很多经济模型很简单,所以它们在我们试图对人类的个人决策怎样影响这个世界进行解释时,成了有用的工具。

1.2.2 经济模型、现实与台球运动员

这里可以用另外一个类比(再一次被已故经济学家米尔顿·弗里德曼使用)来解释经济模型中一个稍微有点不同的方面。假设我们在娱乐体育节目电视网上观看世界上最好的台球运动员的一场比赛。这些球员一般不是专业物理学家,不能够用那些暗中决定台球的运动轨迹的方程等前沿知识来计算台球在各种不同环境下的精确运动轨迹。假设我们想得到一个有用的模型,以预测每一个球员的下一步动作,并且假设我们应该用如下方式去模拟每一个台球运动员:他们都是专业物理学家,能够迅速地运用前沿的复杂数学来预测下一个最优的击球位置。从完全不现实的意义上说,这个模型是荒谬的,因为许多球员甚至没有完成高中的学习。但是我猜这个模型将会很好地预测这些最佳的台球运动员的下一步行动,给出的预测几乎会比我能想到的任何其他模型都要好。

或者考虑预测某特定植物生长的问题:哪些枝干在这个季节会长叶子?往哪一个方向长?一个模型可能会假设这株植物用生物学家和其他科学家的最新知识,考虑到太阳的轨迹(以及由此导致的太阳光线的分布)、地球的旋转等,理性地计算如何把它从土地中获得的营养最优地分配到不同的枝干上去。这个模型同样很荒谬,因为我们相当确定植物没有如此严密的心智,能够获取所有相关的信息并进行

① 我所看到的与我所描述的最为接近的毕加索系列画是藏于纽约现代艺术博物馆中被命名为"公牛"的一套版画(共 11 幅)。诚然,我并不是在博物馆里面看到它的(因为我从未在那里驻足),而是我的一个学生乔·凯佛在一个网页上看到后指给我看的。我不确定是否在最后一幅画中看到了那些"精髓",所以我仍希望毕加索那个包含了 27 幅画的系列画还存在于世界上的某个角落。

适当的运算。然而，一个假设植物拥有这样的心智的模型在预测植物将如何生长方面也可能会很有用。

由此可知，不管这些模型被用于预测什么，它们都不一定符合现实。当然，它们可以符合现实，如果符合的话，有时可以帮助我们理解现实。但同时，并不是经济模型的各方面都需要完全符合现实。考虑我们接下来的几章将要引入的消费者模型。在这些章节中，我们看起来是在假设消费者把他们的偏好标注成复杂的图谱，或者换个说法，他们用多变量微积分去分析选择方案，其中运用了一些很少有人了解的数学方程。与假设台球运动员像专业物理学家或者假设植物像生物学家一样，我们对消费者行为的假设也是荒谬的。但是，正如那些假设能帮助我们预测台球运动员下一步的动作或者植物下一季的生长方向一样，我们关于消费者的假设也允许我们预测他们在经济方面的选择。因此，就像我希望你们不要因为经济模型简单而蔑视它们一样，我也希望你们不要因为它们在一定程度上不符合现实而蔑视它们。

1.2.3　通过经济模型学习的"意外结果"

经济学家喜欢指出"意外结果"，也就是我们在考虑做某事时并没有立即浮现在脑中的目标。这里我忍不住要指出学习使用经济模型去分析现实世界问题的一个意外的结果。我们所使用的模型在一定意义上具备专属性，但它们又具备一般意义，因为它们可以被用到现实世界中很多不同的问题上。事实上，当你习惯经济学家模拟行为的方法的时候，它们都可以归结到一个简单的模型，或者一种简单的概念性方法中去。随着你内在化地把这种概念性方法用于思考现实世界，你将会发现你的概念性思维变得更加敏锐，这一点的意义远远超出经济学本身。

由于我们的高中，特别是在美国，看起来主要是开发学生记诵与"反刍"的能力，所以刚开始很多学经济学的学生经常责备他们的老师对他们期待过高。我强烈要求你们不要这么想。除了记诵技能外，现代世界还期待你们掌握更多。那些在现实世界里成功的人都训练出了高超的概念性思维技能，而这几乎与记诵没有关系。在这个年代，单纯的记诵并不会使我们走得很远。

我将永远不会忘记我刚开始担任本科生的系主任时与杜克大学经济学专业的学生的雇主们的谈话。他们对经济学课堂能做到什么和不能做到什么的全面理解给我留下了深刻的印象。我们不能让你们为那些在商业世界里可能被要求去做的任务的细节做好准备。这些细节在不同的地方大相径庭，大学不是学习这些细节的好地方。教授们通常不是很好的商人，我们中的大多数都在象牙塔的学术氛围中度过了大多数时光。因此大学通常不是纯粹职前培训的好地方。雇主们知道这些，并非常乐意在工作中提供这样的训练。

我们能做的就是训练你，使你具备概念性思考的能力，这一能力可以帮助你超越那个将每个新情境下遇到的问题都视为一个需要从零开始解决的新问题的阶段，允许你从一些具有共同特征的情境中学习。换句话说，我们可以使用经济学的框架去训练那些能帮助我们把知识在时间和空间上进行转化的能力。现代世界中的"噩梦"员工就是指不能做到这一点的人,即那些能记住一整本技术手册但是不能从一个顾客转到另外一个顾客或者从一个计算机应用转到另一个计算机应用的人。对独立性和复杂性的思考所得到的回报比所有其他种类的回报都要高。雇主们寄希望于我们的学院和大学来帮助你们掌握这个技能,或者最起码给他们一个我们哪些学生已经掌握了这种技能的信号。

经济学正是可以向雇主们标记出你们是否掌握了概念性思考技能的学科之一,此外我相信它还为我们锻炼这样的技能提供了一个有意思的平台。很多其他专业的学生,如果被很好地教导,也能完成相同的目标,但是经济学对你们中的很多人有着特别的吸引力,因为它关注那些年轻人深度关注的事件与问题。然而,一个好的经济学专业也可以被那些构建相同技能的课程所补充。统计学、计算机科学与数学都能提供明显的补充性训练。如果你选课的时候避开那些看上去有挑战性和困难的课程,不管是经济学课程还是其他课程,你都将会犯错。就像我过去的很多学生一样,你们中的很多人会跟我说,你不是一个"数学人",也不是一个"计算机人"。忘了这些吧:在某处的某人使得你认为存在"数学人"或者"计算机人",但最终这样的人却很少[1],并且很少有大学生能不通过努力学习建立起足够的概念性思维能力,从而完成基础的大学数学、计算机科学或者统计学的学习。[2] 对于学习经济学的"意外结果"这一题外话,我给你们的主要信息是不要忽视对概念性思考能力的培养,要抵制那种仅仅因为经济模型乍看之下很难而放弃使用经济模型来思考这个世界的诱惑。对生活采取概念性思考最终将使你所有的学习、娱乐以及工作变得更加深刻、更有意义。

1.3 预测 VS 判断行为与社会结果

除了学着"更好地思考"或者"更具概念性地思考"之外,这些模型的真实要点是什么?这些对现实的简化版本的优点是它们很简单,但它们又缺乏现实性,这是否会困扰我们?就像我们已经表明的那样,大多数经济学家的要点是预测行为及其社会结果。对这些经济学家来说,如果一个模型能给出好的预测,那么它就是"好的"。个人追求的自利目标在分析中举足轻重,因为它们可以帮助我们预测行为如何随环境的改变而变化;但是,对于那些对预测感兴趣的经济学家来说,是否有

---

① 这样的人确实存在,我哥哥就是一个例子。我们曾经在一起修过一门大学数学,我比我的哥哥努力十倍,但最终我仅仅得到了一个比他差的分数。他认为数学本身就"充满乐趣",我不理解这一点。但既成的事实就是:我不得不在数学中艰难地前进,而我的哥哥在他小小的"数学世界"里过得很开心。我想知道那个世界是否有同样的颜色——或者甚至是否有颜色。

② 这并不是说你不应该研究莎士比亚、米尔顿、莫里斯、毕加索、莫扎特、金、甘地、弗洛伊德、切斯特顿、柏拉图或任何其他能唤起你激情与兴趣的课程。最终,使生命有意义的大多数事物都涉及构建一个全面发展的基础,从而使你能在人生旅途中探索对各个领域的学术兴趣。

一些目标比其他目标内在地更有价值这样的更深层次的哲学问题是重要的。如果我提高汽油价格，你将会怎么做？对此做预测时，重要的是搞清楚你在多大程度上渴求汽油，而不是搞清楚提高汽油的价格在道德层面上是好还是坏。提高汽油的价格是"好"还是"坏"是一个相当复杂的问题，涉及一些深层次的关于评价什么是"好"、什么是"坏"的哲学观点。

大多数经济学家不在哲学范畴内讨论问题——因此首要任务并不是告诉我们什么是"好"与什么是"坏"——这一事实并不是说，每个经济学家都认为不存在什么是我们终极的最好利益与什么是我们终极的"良好灵魂"的客观标准。作为人类，我们中的大多数显式或者隐式地坚持着这些标准。并希望我们与世界上的其他人都能经常遵循它们。我们中的大多数认为：那些瘾君子要是被送到医疗中心，他们将会实实在在地变得更好；除了下一次选举，政治家应该关注更多；商人应该关心处于饥饿中的孩子。但是大多数经济学家的工作是预测那些改变的激励是怎样改变人们的实际行为的，这些人对"什么是有价值的"这一问题往往与那些模拟他们的经济学家有着相当不同的观点。对他们的行为起作用的是他们认为有价值的东西，而不是我认为的那些他们能够感知到的应该有价值的东西。

1.3.1 实证经济学：怎么预测现实结果

主要关注预测的经济学的一个分支称为实证经济学（positive economics），这也是经济学中一个真正意义上的"价值自由"的分支。在预测当激励改变时什么将实际发生的过程中，经济学家并不会对人们应该怎样做出价值判断。他们只是简单地把人的目标当成既定的，并试图根据这些目标去分析人的实际行为，这种分析是在那些人们试图把目标转换为实际结果的激励框架下进行的。如果你是一个政策制定者，希望采用最好的办法降低婴儿死亡率，或者改善低收入阶层的住房条件，或者更加公平地分配教育机会，那么对各个可供选择的方案进行最好的实证经济分析是很重要的。毕竟，在我们选择"最好"的政策之前，了解各个政策的实际影响是重要的。当一个商人尝试对自己的商品定价时，道理也是相同的：他需要知道人们对不同的价格会做出怎样的实际反应。这一点对于一个希望通过改变激励来阻止孩子过度尖叫的父亲也是适用的：如果承诺给糖果就能够达到目的，那么即使知道西兰花会健康得多，父亲也能接受给孩子糖果。

1.3.2 规范经济学：怎么评判结果

然而，经济学还有第二个分支，被称为规范经济学（normative economics），它不同于分析当激励改变时什么将发生的实证经济学。一旦一个实证经济学家告诉我们他或者她对在不同政策选择下什么将会发生的最好的预测后，一个规范经济学家将会尝试使用什么结果是"好的"以及什么结果是"坏的"的明确的价值判断工具来确定这些政策中哪一个是社会最优的。于是，规范经济学家基于对不同激励的实证分析结果，借鉴政治、哲学等一些学科的做法来形成一些机制，以将那些特定的价值判断转化为政策建议。

本书的大部分将关注实证（而不是规范）经济学，通过尝试建立一个框架，来预测不同的制度安排对个人行为决策的影响。然而，我们不得不谨慎，因为我们开发的实证模型经常被用来进行政策分析，在这种分析中我们允许特定的价值判断参与进来。我们将在本书结尾的第 29 章中明确地阐述规范经济学。

1.3.3 有效性：实证的或规范的

你将会看到术语"有效的"（efficient）［或者帕累托有效（Pareto efficient）］经常带有规范的内涵出现在整个教材中，也就是说，有效是一件好事情。如果（给定可得的资源）没有其他办法去改变一种情形，使得在没有人变得更差的情况下有些人能变得更好，我们就定义这种情形是有效的。在这个定义中，我们发现了"更好"和"更差"的"价值自由"的概念。也就是说，如果某人认为她变得更好，我们就认为她变得更好，如果某人认为他变得更差，我们就认为他变得更差。在这样的意义下，"情形 x 是有效的"这样的陈述是一个简单的实证性的陈述，可以被重新陈述为"无法在没有其他人认为自己变得更差的前提下使得她认为自己变好了"。

但是我们必须小心，不要马上做这样的假设，即向更有效的方向发展在较广的哲学意义上并不总是"好的"。一个能在很大程度上增加富人财富但同时保持穷人财富不变的政策无疑更有效，这一点与在很大程度上增加穷人财富但保持富人财富不变是一致的。我相信我们中的大多数都认为后一种政策比前一种"更好"。一些人认为，前者虽然没有真正使得有些人变差，但它实际上很糟糕，因为它增加了不公平性。类似地，正如我们将在第 18 章中看到的，允许一个健康的人把他或者她的肾卖给某个需要它并能支付很多钱的人确实使得他们双方都变好，但是人们对这种交易存在很大的道德担忧。我们将在本教材中看到很多这样的例子，并将在第 29 章中明确讨论"什么是好的"这个问题以及它与有效性的关系。

1.4 "非悲观的"科学：一些基本总结

一旦我们摆脱最开始对模型以及我们对人类行为所做的潜在假设的怀疑，学习微观经济学就会改变我们对自己、对和我们交往的那些人以及对我们所处的大千世界的认识。经济学经常被指控为一门"悲观的科学"，这一术语可以追溯到 19 世纪。[1] 这可能

---

[1] 这一术语最初由历史学家托马斯·卡莱尔在 18 世纪中叶引入。对比经济学与尼采的生产改善生活的知识的"快乐的科学"这一概念，卡莱尔将经济学描述为"不是一门'快乐的科学'……不，是一门沉闷的、荒芜的、相当低劣的和令人悲伤的科学，我们可以称为……悲观的科学"。他的作品是对托马斯·马尔萨斯承认的令人沮丧的（同时也是错误的）理论的回应，这实际上导致了卡莱尔倡导重新回到奴隶制，因为他认为这是应对（被误解了的）供给与需求的力量的最好选择。

是因为人们认为我们在努力"使人变得自私"，毕竟我们在研究人们怎样对激励做出反应，也可能是因为那些参与政策讨论的经济学家经常指出生活中充满了权衡取舍以及政治家经常做出一些空头承诺。但实际上我认为经济学提供了一个对这个世界相当积极向上的而非悲观的看法。这一点可以从三个非常基本的洞见中看出。在我们学习经济学之前，我们中的大多数人都对此持有背道而驰的共识。但是如果在学完本课程之后，你还没有接受这些洞见，那么你已经因为站在一棵树下而迷失了整个森林（一叶障目，不见泰山）。

1.4.1　每个胜利者一定有一个对应的失败者吗？

首先，心理学家告诉我，我们看起来是由一种方式"构建"的，这种方式使我们认为，有一个胜利者就会有一个失败者。在某种程度上这是正确的。但这使我们戴着一副既不健康也不正确的有色眼镜来看待世界。经济学家则发展出了一种完全不同的心态，因为我们的学习开始于（也从这本书开始）一个自愿的交易，在这个交易中，一方选择放弃一些东西去交换另一方提供的东西。在这样的交易中，一般不存在失败者。我愿意每天放弃 2 美元去我所在小区的咖啡店购买一杯温热的有着泡沫的卡布奇诺，这使我变得更好（因为如果我认为不值的话，我可以停止，不再继续下去）。同样，咖啡店的主人也会变得更好，因为她对每杯卡布奇诺的评估价小于 2 美元。我们的交易让这个世界变得更好了，因为没有一个人在交易中受损，并且我们俩都变得更好了。每个人都可以获胜的情况有很多，要成为经济学家，就有必要内部化这样的经验。事实上，世界上之所以产生了前所未有的财富，就是因为个体不断地开展交易，这些自愿交易行为使每个人都变得更好，不理解这一点，我们就会去限制这样的交易。当然我们同样可以看到在很多情形中存在胜利者和失败者，以及很多情形下需要借助非市场制度来规范自由交易，但是仅仅一个胜利者的出现并不意味着一定存在对应的失败者。

1.4.2　"好"人可能会表现得"糟糕"吗？

其次，心理学家也告诉我，我们被"构建"，以把所观察到的行为的本质归因于做出该行为的人的内在特征。当我们看到某个人正在做"坏"事时，我们倾向于认为我们在与一个"坏"人打交道；当我们看到某个人正在做"好"事时，我们则倾向于认为我们在与一个"好"人打交道。毫无疑问，出于他们的内在倾向，存在做"坏"事的"坏"人，出于同样的原因，也存在做"好"事的"好"人。但是经济学家有另一点需要补充：通常来说，人们之所以做他们所做的，是因为他们所面临的激励，而不是因为内在的道德倾向性。例如，在我的一道比较靠前的章末练习中，我要求你思考某个享受福利的人在美国的旧福利系统下所面临的激励。你将会注意到，在这个系统中，那些享受福利的人在他们工作的时候被征收 100% 的税；也就是说，他们每在劳动市场上赚 1 美元，他们的福利收益就会减少 1 美元。我们注意到在这个系统中每个人都不工作（或者主要在黑市活动中工作），这是因为他们"懒"，因为他们"坏"，还是因为他们面临着不恰当的激励，使得每个人看上去"懒"或者"坏"？对把行为快速地归因于道德倾向的基本怀疑内部化使得我们对人类行为的思考很不一样：突然使一个人的行为变得更好并不一定要求对其灵魂进行重建，有时候所需要的仅仅就是识别那些糟糕的激励措施并改变它们。

1.4.3 秩序是自发产生的还是被创造出来的？

最后，我们存在第三个被"构建"的、与经济学家思考不一样的地方：每当我们看到某个事物正在一个原本杂乱无章的环境里面按一定的秩序正常运行时，我们通常会认为一定是某个人刻意地创造了这个秩序。甚至，秩序越复杂，我们越倾向于认为有人在负责全程管理所有的事情。但是，对于市场的学习将会告诉我们这完全是另外一回事。例如，考虑纽约城市这个"复杂"的程序：数以百万计的人每天与别人进行交易，以获得食物、上班、寻找住处等。如果你仔细思考，它将是一个异常复杂的程序，比生产铅笔的程序更加复杂。比如，在特定的某一天，我被告知纽约只剩下 2~3 天的食物，而当我们理所当然地认为在任何时候去纽约的任何一个场所各种各样的食物都是可得的时，我们甚至不会去思考这样一种可能性。事实上，如果《纽约邮报》用一个很大的版面宣称"市区的食物只够两天的了！"，那么我们将会看到大众的恐慌。

是否存在一个"食物分配专员"来确保食物在适当的时间流入这个城市适当的位置？是否有人负责这个过程？答案是否定的，没人负责，然而，这个复杂的秩序却通过数以百万计的个人行为产生了。并且，每当政府试着"接管"食物分配这样的事情时，我们的经验就是：这样的秩序被破坏了，食物将会从商店的货架上消失。在一定的环境下，秩序可以在哪怕没有任何一个计划者的情况下产生，理解在什么情况下会这样（以及在什么情况下不会这样）是经济学家区别于其他人的方面之一。①

正如我们将看到的，说"秩序"可以自发产生，而不是有人在刻意创造它，与说这种自发产生的秩序是"好的"并不是同一回事。在有些情况下，我们将识别什么时候是这样的环境，以及个人激励将会与产生社会期望的结果一致时的环境。然后，在其他情况下，我们将对市场所自发产生的秩序的影响持严肃的怀疑态度，并建议采取非市场制度，使得这种秩序产生社会期望的结果。换句话说，我们需要识别什么时候个人激励必须被非市场制度推进，使得那种自发产生的秩序在某种意义上是"好的"。但是眼下的要点，也就是很多非经济学家误解的一点是，存在秩序而不是混沌，并不意味着存在一种巧妙设计的秩序。

---

① "秩序"的存在使得该秩序的创造者成为必要的这一"事实"，经常被引入对上帝是否存在这一问题的辩解。我个人是十分虔诚的，信仰上帝以及我们与上帝建立关系的潜在可能，并且经常给学生群体做关于信仰问题的报告，但是我从来没有认为凭借"必定有人已经创造了所有这些复杂性"这一理由认为上帝存在很有说服力。我想这是因为我是一个经济学家，我知道太多在没有创造者的情况下秩序自发产生的例子。

1.5　本书计划

正如我在本章所指出的，经济学以及经济模型可以帮助我们理解一些一直以来我们为之挣扎的问题。在你浏览本书最开始的几章，也就是那些帮助你搭建起经济模型的基本结构的几章时，这一点并不会马上很明显地显示出来。很多经济学教材的作者都认为，学生没有足够的耐心在处理那些微观经济学中重大的并且"热门的"主题之前，仔细熟悉有关那些模型构建的乏味细节。你理所当然应该做得更好，但是你必须拥有足够的耐心。我在第一次课上都这么要求我的学生，我发现当我从一开始就告诉学生这就是我想要做的时，学生们非常愿意用理智、诚信的方式去学习。

1.5.1　第 1 部分：个体的选择

本书最开始的几章，即第 1 部分的第 2 章到第 10 章，通过构建经济学家所使用的基本模型来研究消费者、工人以及为未来做规划的人（储蓄者与借贷者）的选择。[①] 这是一个相当基础的模型，但是在被应用到我们所选取的消费者、工人和储蓄者等不同角色时，产生了一定程度上不同的特征。经济个体被视为对不同类型的商品、休闲和工作，以及对今天的消费和未来的消费有着不同的偏好。一般而言，他们希望对于所有的东西都拥有更多，但是他们受限于有限的资源，包括收入与时间。因此，他们在给定的经济环境以及所面临的激励面前，"尽可能做到最好"。我们所观察到的选择由偏好与经济环境组合在一起产生，并进一步形成了商品的需求曲线（或函数）以及劳动与资本的供给曲线（或函数）。

1.5.2　第 2 部分：竞争性企业的选择

本书的第 2 部分侧重于个体作为生产者（或厂商）的选择。你将会发现这一节要短一些，仅包括第 11 章到第 13 章。这并不是因为生产者模型没有消费者/工人/储蓄者模型那么重要或者有趣，而是因为在构建后面的模型时，我们已经有了很多工具，这些工具可以被轻易地修改并重塑，以运用到生产者环境中。事实上，你可以把消费者看成生产者：他们用一些商品、休闲以及未来的消费作为生产要素来生产个人幸福，这就像生产者用劳动与资本作为生产要素进行生产一样。然而，生产者和消费者之间存在重要的差别，这一点将在这一部分的正文中展开。对竞争性厂商的选择的分析将引出商品的供给曲线（或函数）以及劳动与资本的

---

① 一些教师偏好于从回顾需求与供给的图形开始，另外一些教师则偏好于一开始回顾教学材料中所需要的一些必要的数学预备知识。鉴于此，本书的课程网站设计了第 0 章，在该章 A 部分回顾了需求与供给的原理，并在该章 B 部分回顾了一些数学基础知识。这些将在 1.6 节中进一步讨论。

需求曲线（或函数）。

当学完本书第 1 部分与第 2 部分的基本内容后，我们最终通过这些基本内容构建了在中级微观经济学第 1 章中经常出现的被广泛使用的供给与需求曲线。这些只在本教材的后半部分出现，这是因为如果不首先知道这些曲线的由来，我们不可能完全领会这些曲线的含义。换句话说，需求曲线与供给曲线来自个体决策，一旦理解了它们的产生过程，也就理解了它们本身。在这一过程中，你可能会发现，消费者的商品需求曲线并不总是你在原理课程中所理解的那样，同样劳动市场的供给曲线也不完全是你所想象的那样。你将会看到，若不能正确地使用这些需求与供给曲线，你有可能犯相当大的错误。[①]

1.5.3 第 3 部分：竞争性均衡与"看不见的手"

第 3 部分把消费者和生产者一起放在竞争性环境中，在这里他们的行为是非策略性的。当经济学家使用"非策略性"一词时，他们考虑的是这样一个环境，即个人不会影响他们赖以做决策的经济环境，这是因为每个个体都是组成该经济环境的很小的一部分。当我去商店买牛奶时，我是数以百万计的牛奶购买者中的一员，我购买多少的决策不会对整个牛奶市场产生任何影响。在这种情形下我没有市场势力，无法影响能够购买的牛奶数量或者牛奶的出售价格。同样，牛奶由很多不同的牧场生产，它们中的每一个相对于整个市场来说都微不足道，因此任何一个牛奶厂商都不能影响牛奶的价格。我们称这样的环境为"完全竞争的"，在这样的环境中，去思考任何一个人的行为会怎样影响其所处的经济环境都没有意义。从这一点而言，在完全竞争的环境下，没有"策略性"思维的空间。

在这样一个非常理想化的环境下，经济学家得出了如下见解：在特定环境下，自利的行为并非与集体的"好"不一致，市场可以产生社会合意的结果，而这个结果并不能通过政府的规划得到。这一见解被称为福利经济学第一定理，它在经济学家理解的世界中处于核心地位，既体现了竞争性市场积极的一面，也体现了竞争性市场的局限性。换句话说，该见解告诉我们，市场在一定情形下是"有效的"，而在其他情形下需要"修正"。（有时称市场为"看不见的手"。）当市场有效时，非市场制度安排（如政府）不能提高市场的有效性。但是我们仍然可以看到非市场制度安排的作用，正如我们将指出的，有效并不一定意味着公平或者平等。例如，当市场是有效的但导致的结果是我们所认为的不平等的结果时，非市场制度安排就有了一种潜在的分配功能。我们对市场产生有效的（或公平的）结果的理解直接促使了本书剩余部分的产生。

---

① 你可以对你以前所接受的经济学训练做如下测试：假定你被告知劳动供给曲线是完全无弹性的（或者完全垂直），并回答在这种情形下对劳动征税是否存在无谓损失。因为劳动供给的非弹性，你的答案可能是不存在无谓损失。但是，这个答案几乎一定是错的，一旦你清楚地理解了劳动供给曲线的含义，你将会明白这一点。

1.5.4　第 4 部分："看不见的手"在竞争下的扭曲

第 4 部分把重点放在竞争性市场不能产生有效结果的例子上。正如我们将看到的，当市场价格被一些政策影响，如被价格控制或被税收"扭曲"时，这一情况将会发生。价格包含竞争性市场有效运行所必需的信息，但对价格机制的干预扭曲了该信息。此外，当我们在市场中的行为对非市场参与者有直接的"外部"成本或者收益的时候，比如当生产决策导致污染时，同样可以产生无效性。同样，当市场交易的信息没有平等地被买卖双方分享时，如果一方有机会利用另外一方，那么也会产生无效性。因此，在存在外部性与信息不对称的情形下，非市场制度安排的有效性便产生了，它需要向个人提供激励，使得其行为与社会合意的"好"一致。

1.5.5　第 5 部分：由策略性决策的制定对"看不见的手"的扭曲

第 5 部分把我们前面的分析扩展到了如下情形，在这一情形下，个人的策略性思维产生了额外的效果，使得自利与集体的"好"可能不完全一致。例如，比尔·盖茨不是生产操作系统的一个"小"生产者，他的公司可以通过决策来改变它所处的经济环境。该"市场势力"的结果可能是：那些拥有这种市场势力的市场参与者会策略性地利用它来赢得相对别人的优势。因此，当我们思考策略性决策的制定时，我们离开了本书前面所提到的完全竞争的环境。这不仅可以在垄断环境下发生，也可以在由少数几个企业（被称为寡头）所控制的行业内发生，市场势力与利润的联系可以产生重要的策略性商业战略，这种战略的做法是差异化自己的产品，使之区别于其他厂商。这样的商业战略可能会导致大量的创新，推动现代经济的动态发展，但同时也可能会催生市场势力，至少在当下可能会产生无效性。本部分一开始提及的博弈论视角不仅可以帮助我们理解策略性商业战略，还可以帮助我们理解在公民社会环境下的行为，比如当一群人试图去提供公共物品时，一些个体却采取"搭便车"的行为。最后，注重策略性思维可以帮助我们理解民主政治过程是如何被民主制度中的个人操纵的，或者更一般的公共政策是如何以牺牲纳税人的利益为代价而被利益集团实行的。

1.5.6　第 6 部分：回溯探求"什么是好的"

最后，第 6 部分以思考我们所学的东西如何帮助我们思考什么是好的以及怎样把这个世界变得更好作为结尾。我们会问：我们将如何从社会角度来思考什么是"好"的？我们有什么工具可以用于接近我们所定义的"好"？尽管经济学家已经开发了思考这一问题的工具，但我们将注意到，这些工具从一些其他学科（如哲学与心理学）的角度看是值得怀疑的。心理学家对于很多经济学模型中所定义的"理性"产生了怀疑，而哲学家则对于很多经济学家所隐性使用的"社会福利"概念有着更加复杂的理解。

一旦我们解决了"好"的定义以及有了对"理性"的局限性的理解，政府政策就能提供一条可能的途径，使分散化的决策能导致"更好"的结果，但是关于政府如何行动的经济分析不可避免地会导致这样一个结论，即政府本身也会失灵，因为个人激励与集体利益并不一致。因此，政府干预在一个不完备的民主制度下是否能够解决市场失灵的问题，不是很明显。第二种可供选择的能够处理市场失灵的方法是我们所称的"公民社会"制度安排——通过个人自愿合作的方式所产生的制度安排，比如教堂以及一些不受显性的市场价格严格限制的地方组织。但是，也鲜有理由去相信这些制度安排能导致理想的结果，因为个体会对别人的努力采取策略性的"搭便车"行为。

在全书中，我们形成了这样的观点，这些观点可以帮助我们更加清楚地思考一些"大局"问题，并最终回到这些问题。本书在最后一章做了总结，在该章我们将探讨本书的主题——关于市场、政府与公民社会的主题——如何聚在一起以帮助我们构建一个框架来思考何为健康的社会。这一章并不准备给你答案，而是说明一个原因，这一原因可以解释有关平衡社会的一个一致观点是如何形成的，在这一过程中，本教材所提到的各种问题都得到了尽可能好的解决。与任何其他人一样，经济学家在这一点上也远远不能达成一致，这是因为我们关于什么是"好的"的定义不一样，也是因为我们在很多情形下只是开始理解政府与公民社会制度安排在市场环境下是如何运行的。然而，我相信，我在最后一章提出来的问题是经济学家最有兴趣去思考的问题。

1.6 本课程的成功之道

如果我已经成功地写出了我想要完成的那种书，你们所上的这门课程将不会与其他同样使用本书作为教材的学校所上的课程完全一样。本书内容足够上两个学期，教师在强调什么专题以及使用多少数学知识方面有很大的灵活性。不管你将如何具体地在本课程中使用这一教材，在指出如何使用本书来最大化你在本课程上获得成功的可能性之前，我将会在 1.6.1 节更多地说一下让本书变得更灵活的结构。

1.6.1 A、B 部分的结构及灵活性

本书的每一章都有两个完全分开但是内容紧密相连的部分。A 部分不要求数学技能，B 部分则把 A 部分的直觉知识与图示方法用简单的微积分以及一些多元微积分工具一般化，额外的数学知识将在需要的时候引入。B 部分的文字经常需要引用 A 部分的图与直觉知识。A 部分对于怎样使用数学来一般化我们所学的知识给出了说明。但是，我们仍然可以注重 A 部分，而把材料中涉及更复杂的数理知识的内容放在 B 部分。

这种结构安排的一个好处在于：教师能够按学校的教学安排来灵活选择适当的

主题。比如，有些教师只用 A 部分，注重向学生提供微观经济学的完整的直觉思维方法，同时给学生提供一个平台去开发经济学的数理方法，学生要么自学，要么在未来的其他课程中学习。有些教师只用 B 部分，让那些学习经济学直觉思维很艰难的学生把 A 部分仅作为一个参考资源。有些教师会对一些章节使用 A 部分和 B 部分，而对其他章节不这么处理，或者在讲课时使用一部分，而对于其他一些需要加强的部分则由助教带领着完成。我是一个实证经济学家，不会对在不同环境下人们有什么样的偏好做特定的断言，也不会对什么样的办法是"最好的"擅自进行价值评估——我猜测该问题的答案（在经济学中也总是这样）是"视情况而定"，并且相比教材作者你的教师能把这个问题弄得更清楚。同时，我们不应该忘掉这么一个事实，即所有材料都以相同的潜在的概念性框架为基础，构成这一框架的不仅有本书所包含的材料，还有以网页为主的辅助性材料，不管你将如何使用这些材料，这些都将帮助你取得成功。

1.6.2　从"第 0 章"开始准备本课程

基于网页的第一个材料包含在第 0 章中（不在本书的纸质版里）。几乎与教材中的所有章节相似，它也包含 A 部分和 B 部分。该章 A 部分中复习了一些与本教材 A 部分中图示方法相关的材料，并把它应用到你以前在经济学课程中学到的供给与需求的基础复习中。事实上，很多中级微观经济学教材都是从对供给与需求的扩展处理开始的，但在本书中我们认为，在使用这些扩展框架前首先关注那些供给与需求曲线背后的概念更加合理。尽管如此，供给与需求框架让我们想起之前使用过的在以前的课程中所熟知的图示概念（从第 2 章开始）。

第 0 章的 B 部分则与正文中 B 部分的章节有相同的作用。它介绍了 A 部分中一些图示概念的数学类比，并复习了在本教材中所使用的最基础的微分课程与单变量微积分概念。这都取决于你的课程是否会涉及本教材 B 部分的材料，但在继续之前先复习一下网页部分的第 0 章可能会更好。

1.6.3　章内练习与学习指南

很多教材都有相应的学习指南，学习指南通常是由教材作者以外的其他人编写的。在这一教材中，我采取了一个不同的办法。章内练习（与本教材同步编写）贯穿教材的始终，这些练习的目的是使你能直接熟悉那些概念，而不是简单地通过阅读来吸收那些概念。与任何一个好的社会科学家一样，我在这些年对我的学生做了一些实验：有时候我向他们提供章内练习的答案，以便他们能够立即知道是否理解了相关的材料；有时候则不给他们答案。结果显示，二者的差异很大：如果学生们在阅读本教材时能够接触到章内练习的答案，那么他们在考试中的表现要好得多。因此我编写了基于网页的学习指南，向学生提供章内练习的答案，不仅仅提供"答案本身"，还提供答案背后的推理。我希望其他大学使用本教材的学生也能够像我的学生这样做：阅读本章，然后做相关的习题。由于答案可以在网上找到，所以你可以马上进行自我检查，然后把重点放在那些对你最有挑战性的概念上。

章内练习的本质跟章节每部分的本质相似，A 部分的章内练习着重于概念的直觉思维与图示表示，B 部分的章内练习则着重于开发一些数学技巧，并把它们与直觉思维联系起来。一些习题在概念上（conceptually）要求更苛刻，以"＊"标记另外一些则在计算上（computationally）要求更高，以"＊＊"标记。你将会发现在你第一次读的时候这些材料都"合情合理"，但这些练习并不总是像你想的那么简单。这是因为，就像在教材中论述的那些概念可以在不同层次上被理解，做那些练习可以帮助你在更深层次（而不再是你在阅读正文中的解释时所理解的那个层次）上理解那些概念。正如牛顿的运动定律在被应用到具体的环境中时会更加有意义一样，只有在我们把它应用到逐渐复杂的环境中的时候，经济学关于世界的思考方式才会变得"真实"起来。

1.6.4 章末习题

本书这么厚的一个主要原因是在每章的最后都有大约 10 页的章末习题。这些习题与章内练习的区别在于：它们把本书的材料带向一个更深的层次，要求你把所学的概念整合起来，并应用到其他环境中去。把牛顿第二运动定律应用到一个具体的环境中是一件事，把它与牛顿第三运动定律结合起来又是另一件事。我们在经济学模型中把一些概念组合起来也是同样的道理。如同正文有 A 部分和 B 部分一样，这些习题也有 A 部分和 B 部分，其中 A 部分的习题与 B 部分不相关，而 B 部分的习题则经常受益于（A 部分）习题最开始的直觉思维的处理办法。每章的章末习题中，前几道题是用来更深层次地理解这些概念的，而后面的习题则是发展三种类型的应用：日常应用、商业应用与政策应用。随着课程的推进，你将会发现这些习题变得越来越长，通常被分成几部分，通过建立一个大的框架来帮助我们理解所处理的那些应用。[①] 在很多方面，这些应用性的习题取代了很多教材边栏中的应用。

一些很自信的学生经常告诉我这些习题的一部分"与我们在课堂上讲的内容毫无关系"。在狭义上讲这是正确的，它们确实不是教材中例子的简单重现，相反，它们是概念在新情形下的应用。这些概念与教材中所讲的是一样的，但是它们所产生的环境是崭新的。我们这一课程的目标应该是获得对概念的更深的理解，以便我们不仅可以把它们应用到我们所看到的例子中，而且能把它们应用到我们周围。这些应用性习题可以提高学生对概念的理解程度，并帮助他们建立一种超越部件简单加总的微观经济学的理解。为了解答这些习题，你必须克服在阅读这些习题时仅满足于"知道答案"的这种本能，并建立对于通过推理得到答案的自信。

---

① 有时候，章末习题被编为对应用的一些评论，这些评论在以后的章节中将会被讨论。因此，使用这些章末习题有助于对未来章节的阅读。

当学生们来找我解答这些习题的时候，他们经常对我（这些问题的编写者）不"知道"答案感到惊奇，并且我怀疑他们认为我假装"不知道"答案。事实上，我需要从头进行推理，以得到大部分答案，而你则不应该认为这些习题的答案总是很"明显的"。如果是这样的话，我们就不需要所开发的那些工具了。我对解答这些习题的建议是：与其他同学以小组的方式完成，相互讨论并相互帮助。很多学习是在这种学生间的来回反馈中，而不是从读教材或者听课中完成的。你们的教师完全解答了教材中所有习题，并且可能会在学习的过程中把部分或者全部答案提供给你们，我们已经把一部分习题答案放到了学习手册中。对于标记了"†"的章末习题，我们都在学习手册中提供了答案。

1.6.5　附带的技术工具

本书中的图与数学分析都会在一些新的方面给你带来挑战。就我的经验而言，学生经常会在两个方面感到沮丧：第一，教材和课堂笔记中的图经常变得如此复杂，以至于很难看到它是怎么被确切地构建出来的（以及你如何在分析作业与考试中的问题时使用这些图）。第二，很少有人能够带着内在的数学直觉来轻易地做出各种函数的图，以及理解当这些函数中的参数发生变化时会发生什么。课程网站上介绍的做图技术就是针对这些函数问题的，同样也针对文中那些跨页的图示。

具体来说，本教材中的所有图都有相应的动画制作，所以你能够在计算机上让这些图"动"起来。这些动画开始于一个空白表单，就像你在做作业或者考试时所面对的空白表单。然后你就可以按自己的节奏来观察图的构建，说明性的文字会帮着解释正在发生什么。本教材中还提供了一些额外的计算机图片，你可以用它们来研究一些与教材中不同的情形。教材中每一幅图的动画都可以在"语音选择"下观看，当图片展开时我会进行相应的解释。[①]

当我最开始介绍这些材料时，我在课堂上用了很多这样的计算机动画，学生几乎一致地告诉我他们在学习这门课程的时候，单独在这些动画上花了一些时间，通过这种方式，他们从这些材料中学到了很多。如果你们的教师在讲课的时候也是用这些电脑图片，那你就有了额外的收获，不必奋力做笔记，在纸上狂热地复制那些图，因为你可以在任何时候按自己的节奏来重播这些动画。

有些章节在更加数理化的 B 部分使用了同样的动画，这使得你能够直接发现数学是如何与那些图示方法结合在一起的。在本书的一些关键章节中，你可以从电脑中调出一幅图，并对特定的函数形式设定一些不同的参数，你将会立即观察到这会如何影响到你所熟悉的那些图。在构建一些经济情景时，B 部分的图可以加强你的数学直觉——变成一个更好的数学家，即使你不是一个"数学人"。我承认在我播

---

① 如果你决定在播放这些动画时听我讲，你会察觉到我已经尽量压制了我的口音。很久以前我教授二年级学生科学的时候，有一个人评论道："他说话听起来像阿诺德·施瓦辛格。"（阿诺德和我都来自澳大利亚。）

放 B 部分的一些图示工具时我自己的数学直觉也加强了。由于这些也包含在本教材的网页上，我想，当我们从你和你的老师那里听到这是最有帮助的工具时，我们将会备受鼓舞，进而创造出更多的图示工具。

1.7 前行

我希望这个简要的计划总览能够帮助你在后面的学习中抓住重点。我同时也希望这能帮助你把眼睛放在整个森林上——我们所要做的一个大的画卷——当你跋涉穿过树林的时候，可能那些树近看并不是那么有趣。亚里士多德很久以前就说过，一个活动越有趣，我们越需要更努力去获得发现这些乐趣的技巧。微观经济学以及用经济学家的视角来审视这个世界是令人振奋的，即使通向它的道路会令人沮丧。

继续前行之前要做出的最后一点说明是：你可能已经注意到这本书篇幅很长。正如我在前面提到过的，其原因是，这是一本足够使用两个学期的微观经济学系列教材，一些额外的空间被很多应用性的习题占据了。学完该书有很多种途径，但是没有一种途径可以让你在一个学期内全部完成。因此，不要畏惧本书的篇幅。或者你可以在你的大学生涯中使用这本书作为参考（并且不要让它出现在二手书市场上，这样会影响新书的销售，而我只能从新书的销售中得到版税）。

效用最大化选择：
消费者、工人与储蓄者

假设你和我都去我们各自小镇当地的超市。你认为我们出来的时候我们的购物篮会有相同数量的牛奶吗？可能不是一样的——但是为什么会不一样呢？

如果我最终买了更多牛奶，一个明显的解释是我比你更喜欢牛奶。我们都有不同的好与恶，因为这一点，我们的行为方式各不相同。但是我们的好与恶非常相似，可能我们只是因为面临不同的处境（circumstance）而做出了不同的行为：你可能已经拥有了一整冰箱的牛奶，而我的冰箱则完全空了；我可能比你挣钱更多，因此可以比你花更多的钱在所有东西，包括牛奶上；可能你住的地方牛奶贵，而我住的地方牛奶便宜。我们行为的差异源于两个不同的方面：不同的偏好与不同的处境。

我们一生的大部分时间都在做选择——小到关于买多少牛奶的选择，大到关于参加哪种职业培训、与谁结婚（如果有的话）、是否借钱去上大学以及为退休储蓄多少钱等的选择。但是所有这些选择都有一个共同点：它们一方面受我们偏好的影响，另一方面受我们处境的限制。我们的目标是：在潜力既定的情况下，努力做到最好。我们的潜力受到很多因素的限制，如我们的能力、我们的收入或财富以及我们在市场中所面对的价格。我们把这些限制称为经济处境（economic circumstance）或者约束（constraint）。只有在知道了我们的潜力的前提下才能问什么是最好的。而该问题的答案则依赖于我们的偏好。用数学术语来说，我们在约束条件下进行最优化选择。

选择的基本方法可以应用到很多不同的场景，它在经济学家对所观察到的行为的思考中处于核心地位。消费者在给定他们的稀有资源以及他们在商店中所面对的价格的情况下选择最好的商品和劳务组合。工人在给定他们的专业与技能水平以及雇主所支付的工资水平的情况下选择在哪里工作以及工作多长时间。储蓄者根据他们目前和预期的未来财富水平以及他们投资所能产生的回报率选择现在消费多少以及储蓄多少（用于未来消费）。消费者、工人和储蓄者所做的选择是不同的，但是在给定潜力的前提下做出最好的选择的基本方法在概念上是一样的。因此，我们将同时构建消费者、工人和储蓄者模型，因为这三个模型本质上是相同的。

在第 2 章和第 3 章，我们通过对消费者（第 2 章）做选择时所面临的经济处境或者约束建立模型来开始选择的第一部分。我们将会看到我们在第 1章所提到的激励（incentive）在构造个人的选项时所起的作用。在最基本的层面上，这些激励由消费者所面临的价格——商店中商品和服务的价格、工人的工资，以及金融市场的利率（或回报率）——所刻画。这些价格创造了我们所面对的最基本的取舍——它决定了我们选择其中一个而不是另外一个时所谓的机会成本（opportunity cost）。我们也将看到这些机会成本及其背后潜在的激励是怎样被一些政策（如税收、补贴和规制等）改变的，这改变了个人所面临的经济处境，因此也改变了个体可能的选项。

在第 4 章和第 5 章，我们继续选择的第二部分，对个体进行选择时的偏好建模。当我最开始学习经济学时，我发现建立消费者偏好模型的方法实在是太过于迷人了，到现在我也这么认为。我们面临的挑战就是通过一种系统的方法对偏好进行建模，而不至于落入认为所有消费者的偏好都一样的陷阱里。个体偏好各有差异，但是也存在一些有关偏好的基本规则，从而可让问题得到简化。在第 4 章，我们将讨论这些规则并进行说明，如果我们能够保留大多数人所共有的一些基本（在很大程度上是常识）特征，我们就可以刻画更广范畴的不同偏好。在第 5 章，我们更具体一些，主要讨论一些在不同的经济学模型中可能适用的不同类型的偏好。

在确定选择行为的这两部分定义之后，第 6 章把这两部分结合起来，说明了个体是怎样在他们所面临的经济处境以及给定他们的偏好的前提下做出选择的。在这一章中，我们对两个重要的见解有了一个初步的了解。第一个见解是：尽管偏好在不同的消费者之间不一样，并导致个人想要进行权衡取舍，但当个体都面临相同的价格时，在边际意义上他们是一样的。换句话说，在去商店的路上，你和我都愿意做各种不同的交易，因为你和我都有不同的东西以及不同的偏好。然而，走出商店之后，我们用如下方式改变了我们所拥有的：因为我们现在在边际上的偏好一样，所以彼此之间再也找不到愿意进行的交易了。这就推出了第二个见解：当我们在超市面临相同的价格时，所有从交易中可能获得的收益都在市场里发生了，这消除了我们彼此之间进行讨价还价的必要。因此，我们看到了价格在创造"秩序"与配置稀缺资源方面所起的重要作用。

第 7 章和第 8 章进一步说明了当经济处境变化时选择行为是怎么变化的。当一个经济中的价格或者收入改变时，当税收或者补贴被实施时，当政府对工作或者储蓄引入激励时，将会发生什么？在第 7 章，我们说明了经济处境的变化可以分为两个不同的类型：影响我们的收入或者财富，但不会改变我们在市场中所面临的基本的权衡取舍的变化；改变这些权衡取舍而不影响我们的实际收入或财富的变化。我们称前者为收入效应（income effect），而称后者为替代效应（substitution effect），现实世界经济处境中的变化通常都包括这两方面。在第 8 章，我们把这些概念扩展到工人与储蓄者的选择。在这两种情形下，我们开始区分扭曲性（distortionary）政策与非扭曲性（non-distortionary）政策，区分那些本质上能改变我们在这个世界上所面临的权衡取舍（从而产生替代效应）的政策与只改变财富重新分配而未改变权衡取舍（从而只产生收入效应）的政策。正如我们将看到的，前者将产生无效性或者无谓损失，而后者不会这样。

前面所有的铺垫都是为了本书第1部分的最后两章：从个体的潜在选择问题推导消费者需求（或者劳动供给以及对资本的需求与供给）以及市场中的个体福利。在第9章，你将会看到你在以前的课程中学到的一些普通的需求与供给曲线（或函数）是怎样表示由经济处境的变化所导致的经济行为变化的。当酒的价格上升时，我们会减少购买，这不是因为我们对酒变得不那么喜欢了，而是因为我们的处境变化了。在第10章，我们讨论当一个消费者有机会参与到市场中时，他在何种程度上变得更好了，也就是所谓的消费者剩余（consumer surplus）的概念。在这里你将会看到，我们以前所做的关于需求曲线背后的所有基础性工作都获得了一些回报，这是因为我们将看到一些重要的福利变化产生于替代效应而不是收入效应。我们也将看到需求曲线通常并不是一条合适的用于度量消费者福利变化的曲线，因此我们（着重于替代效应）定义了一条相关的曲线，也就是我们所说的边际支付意愿（marginal willingness to pay）曲线（或补偿需求曲线）。

当你完成了本书的这一部分时，你将会对经济学家在一个稀缺性的世界里分析个人选择形成一个概念性的总体印象，不管是在苹果与橘子之间的选择，在工作与休闲之间的选择，还是在消费与投资之间的选择。你将会很容易接受以下这一点，即人们之所以做他们所做的是因为他们的喜好（也就是他们的偏好）以及他们所面临的约束与限制。他们所做的改变了，或许是因为他们的偏好改变了，但更可能是因为他们所面临的经济处境发生了改变。经济学家对于偏好为什么改变或者怎么改变知之甚少，但是对于经济处境的改变如何影响行为却知道很多。这些知识经常被总结在一些诸如需求曲线的经济关系中，但重要的是要记住这些只是对偏好与处境交互作用所产生的结果的一个简记。尽管一些商业行为（如市场营销与广告）是出于改变消费者偏好的目的，但更多的商业行为则是想要改变消费者行为的权衡取舍（也就是经济处境）。经济学家之所以在政策制定中起很大作用，是因为大多数政策制定旨在改变个人经济处境，从而引导消费者行为改变。

第 2 章　消费者的经济处境

给定人们的经济处境，当我们说他们能做出最好的选择时，我们的意思是什么？在本章我们将对此做一个正式的表述。[1] 逻辑上的第一步是找到一个办法来描述一个人的经济处境是如何限制我们的选择的。经济学家称这些限制为约束，给定约束下我们的所有选择构成一个选择集（choice set）。例如，很多人都喜欢去海外度假，在愿意的时候工作，提前退休，以及忘记对将来的持续担忧。但是由于有限的资源对我们的选择集的约束，我们不可能做所有想做的事情。因此，我们必须确定哪些选择是我们能够做到的。给定我们的角色，那么只有在知道了我们可能做出什么选择后，我们才能确定选择集中的哪一个选择是最好的（best）。本章介绍作为消费者的我们用什么方法来描述可能的选择。

我们首先完全关注那些与我们思考消费者个体所面临的处境相关的潜在的经济学概念。在这一过程中，我们将注意到，只使用语言与图示来对个体处境建模有一些局限性。本章 B 部分将阐释经济学家如何用数学语言来对我们在 A 部分揭示的直觉与图示的说明进行直觉思维一般化。正如我们在第 1 章提到的，这将会贯穿本书的很多章节，先单纯强调经济学，然后进行数学阐述，可以帮助经济学家对这个世界做出更多的解释。

2A　消费者选择集与预算约束

消费者不断就各种商品消费多少做出决策。他们不仅受到金融资源需求的约束，还受到在做选择时的价格的约束。一般地，大多数消费者相对于市场来说是"很小的"个体，没有能力去影响市场中的价格。例如，在我们当地超市的收银台附近，大多数人永远不会为一加仑牛奶试着讨价还价。因此，我们现在假定消费者是价格接受者（price taker）或者是在经济中不能影响价格的经济人。尽管工人或储蓄者会决定将多少钱用于消费，但在下面的分析中，我们假定他们所能花的钱已

---

[1]　不需要以前面的章节作为背景。B 部分对微积分也没有要求。

经由之前的决策确定了。

第 3 章将关注如何对以前的决策制定环境建模。

2A.1 在固定(或外生)收入情境下的购买

作为消费者，我们经常会带着这样一种普遍想法进入一家商店，即我们需要作出什么类型的购买以及如何配置一笔固定的收入或者货币预算以进行这些购买。在这一学年开始时，考虑到在刚过去的暑假我的腰围变大了，我带着我妻子的用不超过 200 美元去购买裤子与衬衫的详细说明进入了沃尔玛。这是我出于分析目的的固定收入，它代表一种我们称为外生（exogenous）收入的收入。如果收入的美元价值不受价格的影响，那么它就是外生的。在这种情况下，不管沃尔玛对裤子与衬衫收费多少，我总是恰好有 200 美元可以支配。

当我在店里转了一圈后，我发现我能以 10 美元的价格购买衬衫，以 20 美元的价格购买裤子。给定我有 200 美元收入以及衬衫和裤子的价格，现在我有了必要的信息来确定自己所面临的选择集（choice set）。例如，我可以买 10 条裤子，不买衬衫，这样可以花掉我的总收入 200 美元。或者我可以购买 20 件衬衫而不购买裤子或者任意使得我的总花费不超过 200 美元的裤子和衬衫的组合。

2A.1.1　图示选择集 我们可以在一个二维平面上用图示的方法来描出选择集，在图 2-1 中，裤子的数量放在横坐标轴上，衬衫的数量放在纵坐标轴上。图 2-1中的 A 点描绘了 10 条裤子与 0 件衬衫这一选择，而 B 点则描绘了 20 件衬衫和 0 条裤子这一选择。连接 A 点和 B 点的直线表示总花费恰好是 200 美元的其他选择。比如，C 点表示 5 条裤子和 10 件衬衫，即在裤子上花费 100 美元（＝5×20 美元）以及在衬衫上花费 100 美元（＝10×10 美元）。D 点表示 7 条裤子和 6 件衬衫这一选择，总花费也是 200 美元。

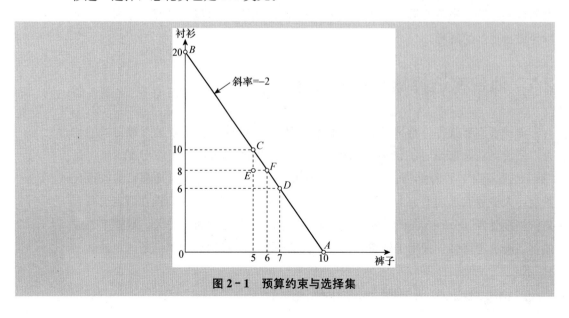

图 2-1　预算约束与选择集

我们把图中连接 A 点和 B 点的直线称为预算线（budget line）或者预算约束（budget constraint）。预算线在每个坐标轴上的端点或者截距由总收入除以该坐标轴上商品的价格决定：对于裤子，是 200 除以 20；而对于衬衫，则是 200 除以 10。对于一个给定的收入和给定的价格集，该预算线表示，满足如果被一个特定的消费者选择了则不会在他或她的预算里留下额外的钱这一条件的所有商品组合。另外，预算线下面的点则表示满足一旦被某个消费者选取，就会留下一些额外的没有花掉的钱这一条件的商品组合。例如，E 点表示 8 件衬衫和 5 条裤子这一商品组合，它总共需要花费 180 美元，从而留下了 20 美元没有花掉。预算线与预算线下面所有的点一起构成了一个消费者在有 200 美元可以花费，并且裤子和衬衫的价格分别为 20 美元和 10 美元时的可能选择。感谢我妻子的大方与沃尔玛的廉价，这就是我在沃尔玛的选择集。

现在假设在我的购物车中已经有了 10 件衬衫和 5 条裤子（图中 C 点），但是我非常喜欢的裤子有 6 条而不是 5 条。因为裤子的价格是衬衫价格的两倍，我知道我不得不把两件衬衫放回货架，以使得我能够多买一条裤子。这正是预算约束告诉我们的：当我转而买 6 条裤子时，我只能买得起 8 件衬衫而不是我一开始放在购物车中的 10 件衬衫。换句话说，从 C 点到 F 点，我用纵坐标轴上的 2 件衬衫交换了横坐标轴上的一条裤子。这意味着斜率为 −2〔因为一条直线的斜率是纵坐标轴上变量（衬衫）的变化除以横坐标轴上变量（裤子）的变化〕。同样，你也可以通过简单地看直线的端点来计算该直线的斜率：从 B 点到 A 点，你必须放弃 20 件衬衫来得到 10 条裤子，再次得出斜率为 −2。

预算线的斜率为 −2 源于裤子的价格是衬衫的两倍这样一个事实，它表示我在多购买一条裤子时面临的权衡取舍。经济学家称这个权衡取舍为机会成本（opportunity cost）。一个行动的机会成本是一个人采取这个行动所放弃的下一个最好的行动。[①] 在我们的例子中，多买 1 条裤子的机会成本是放弃 2 件衬衫。当然我们也可以讨论购买一单位纵坐标轴上商品的机会成本，在我们的例子中，如果想多买 1 件衬衫，我必须放弃 0.5 条裤子。考虑到 1 条裤子不能轻易地一分为二，说 1 件衬衫的机会成本是 0.5 条裤子的说法看起来有点傻，但是该陈述与前面关于 1 条裤子的机会成本是 2 件衬衫的陈述包含相同的信息。一般而言，横坐标轴上商品的机会成本（用纵坐标轴上的商品来描述）是预算线的斜率，而纵坐标轴上商品的机会成本（用横坐标轴上的商品来描述）是预算线的斜率的倒数。

预算线的斜率也可以通过简单地理解消费者所面临的价格怎样转化为机会成本来更加直接地确定。在我们的例子中，我所面对的裤子的价格是 20 美元，衬衫的价格是 10 美元，我的预算线的斜率是 −2，或者，用绝对值表示，即 1 条裤子用衬

---

① 你阅读这一章的机会成本是你可以利用这个时间能做的下一件最好的事情。你之所以仍在继续阅读是因为你认为阅读这些文字是你目前利用这段时间的最好方式。我很受宠若惊。

衫所表示的机会成本。机会成本的产生源于裤子的价格是衬衫价格 的 2 倍,从而预算线的斜率可以简单地由横坐标轴上商品(裤子)的价格除以纵坐标轴上商品(衬衫)的价格得到的(负的)比率给出。[①]

练习 2A. 1 不再把裤子放在横坐标轴上并把衬衫放在纵坐标轴上,而是把裤子放在纵坐标轴上并把衬衫放在横坐标轴上。做出新的预算约束并根据斜率给出衬衫的机会成本(用裤子表示)与裤子的机会成本(用衬衫表示)。■

2A. 1. 2 固定收入的增加(或减少) 现在假定我的妻子今年尤其慷慨,与以往每年夏季末按惯例给我 200 美元用于购买衣服相比,今年她给了我 400 美元。因此,我现在可以购买到 20 条裤子(假定我不购买衬衫)或者 40 件衬衫(假定我不购买裤子),这意味着图中的 A 点向右移了 10 条裤子的距离,B 点则向上移了 20 件衬衫的距离。这导致了图 2-2 中我的预算线从最初的浅色预算线位置平移到了最终的深色预算线位置。

注意,我现在的选择集明显变大了,但是我所面临的权衡取舍,即裤子的机会成本(用衬衫表示)或者衬衫的机会成本(用裤子表示)没有改变。这是因为我的机会成本由沃尔玛的价格决定,而不是我妻子的慷慨程度所决定。是你、我,还是比尔·盖茨走进沃尔玛购买裤子和衬衫并不重要——我们每个人都面临相同的权衡取舍,尽管我们所有人的总预算可能相差很大。

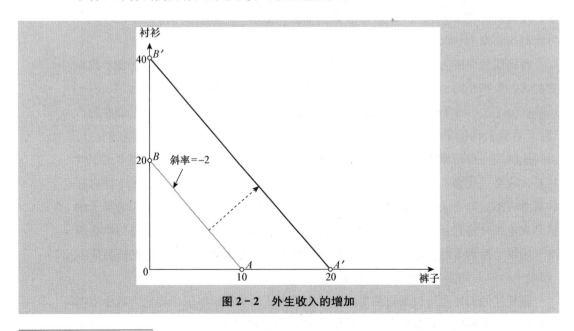

图 2-2 外生收入的增加

---

① 正如 B 部分将给出的更加详细的解释,你也可以简单地进行数理推导。记收入为 I,裤子为 x_1,衬衫为 x_2,裤子和衬衫的相应价格为 p_1 与 p_2。对于任意把所有收入都花完的 x_1 与 x_2 的组合都在预算约束线上。换句话说,如果 $p_1 x_1 + p_2 x_2 = I$,那么我在裤子上的花费($p_1 x_1$)与我在衬衫上的花费($p_2 x_2$)加起来将恰好等于我的总收入 I,由该方程解出 x_2 即纵坐标轴上的商品,该预算约束可以写成 $x_2 = \frac{1}{p_2} - \left(\frac{p_1}{p_2}\right) x_1$,是一个截距为 $\frac{1}{p_2}$、斜率为 $-\frac{p_1}{p_2}$ 的方程。

更加精确地说，机会成本是由沃尔玛的价格比率决定的。例如，假定我妻子现在不是给我额外的 200 美元，而是给我一张买衬衫和裤子用的五折优惠券。在那种情况下，衬衫的实际价格下降到 5 美元，而裤子的实际价格下降到 10 美元，于是我可以买到 40 件衬衫（假设不买裤子）或者 20 条裤子（假设不买衬衫）。因此，价格的同比例下降等价于收入增加，只是移动了预算约束，而没有改变它的斜率。事实上，经济学家会说在这两种情景——我的收入上升 200 美元或者所有价格下降 50%——下我的真实收入都翻倍了（因为我现在担负得起以前的 2 倍了），而相对价格没有改变（因为用预算约束的斜率所表示的商品的权衡取舍没有发生变化）。

练习 2A. 2　如果在去商店的路上，我丢掉了我妻子给我的 400 美元中的 300 美元，阐述一下我的预算约束会怎么改变。我的裤子的机会成本（用衬衫表示）或者衬衫的机会成本（用裤子表示）是否会改变？如果在我开车去商店的路上，裤子和衬衫的价格都翻倍了，情况又会怎样？■

2A. 1. 3　价格的变化　现在假定我的妻子不是给我额外的 200 美元，而是给了一张买裤子（对衬衫不适用）用的五折优惠券来展示她的慷慨，并仍给我 200 美元的货币预算。她告诉我，有了这张优惠券，我可以用半价购买任意数量的裤子。因此，如果每条裤子的标签价格是 20 美元，那么我只要在收银台展示这张优惠券就只需要支付 10 美元。

为了看出这将如何影响我的预算线，我们可以重复前面的练习，通过求我们最多可以购买多少某种商品（不购买另外一种商品）来寻找新预算线的截距。如图 2-3

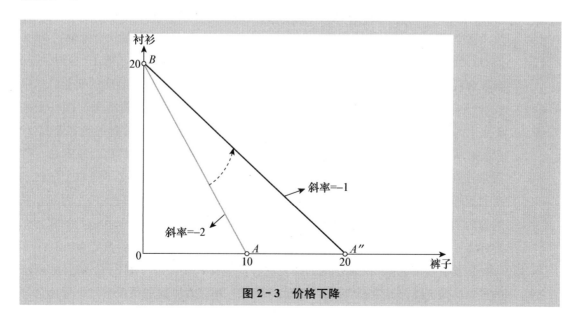

图 2-3　价格下降

所示。因为每条裤子现在只需要花费 10 美元，所以我可以用 200 美元的货币预算购买 20 条裤子（假定我不购买衬衫），同样，我也可以以每件衬衫 10 美元的价格购买 20 件衬衫（假定我不购买裤子）。因此，由于裤子的价格较低，图中的 A 点从 10 移到了 20，但是 B 点保持不变，因为衬衫的价格保持不变以及我的总货币预算仍为 200 美元。于是，我的预算线从最开始的浅色预算线的位置旋转到新的深色预算线的位置，其斜率从 −2 变为 −1，该斜率同样也反映了一条裤子的机会成本（用衬衫表示）：因为裤子和衬衫现在的单价都是 10 美元，对于我想买的额外的每一条裤子我都必须放弃一件衬衫。

练习 2A.3 相反，如果不是给我一张可以在购买裤子时使用的五折优惠券，而是一张在购买衬衫时使用的五折优惠券，那么我的预算线将会如何变化？现在裤子的机会成本是多少（用衬衫表示）？■

2A.2 扭结的预算

假设我现在到了商店并发现这张五折优惠券上做了一些说明，指出这个折扣仅限于前 6 条裤子。现在，我知道并不是我购买的所有裤子的价格都是 10 美元了，只有我购买的前 6 条裤子的价格是 10 美元，后面购买的每条裤子都将花费 20 美元。用经济学的术语来说，就是边际价格（marginal price）——额外一条裤子的价格——在第 6 条裤子后由 10 美元变成了 20 美元。

为明白这会如何影响我的预算约束，我们再次寻求新预算线的截距所在的位置。如果我只是购买裤子（不购买衬衫），我将会购买 13 条裤子：前 6 条每条花费 10 美元（总共是 60 美元），另外 7 条每条 20 美元（总共是 140 美元）。因此，A 点位于横坐标轴上的 13 条裤子处，如图 2-4（a）所示。B 点仍在纵坐标轴上的 20 件衬衫处，20 件衬衫每件 10 美元。但是，一旦我买了 6 条裤子，裤子和衬衫的权衡取舍就发生了改变，这意味着在这一点预算线的斜率也要发生相应的变化。如果我恰好买 6 条裤子，我还能购买 14 件衬衫，从而 G 点在我的预算线上。在 G 点和 B 点之间，我购买裤子的数量少于 6 条，因此所面对的裤子和衬衫的价格都是 10 美元。从而连接 G 点和 B 点的直线的斜率为 −1，说明 1 条裤子的机会成本是 1 件衬衫。另一方面，连接 G 点和 A 点的斜率为 −2，这表明当我购买 6 条以上的裤子时我面临任何一条裤子的更高价格以及更高的机会成本（用衬衫表示）。因此，我的新的预算线是从 B 点开始，有一个较小的斜率 −1，在 G 点，也就是我的购物车恰好有 6 条裤子的地方，有一个拐点，之后预算线变得更陡峭，斜率变为 −2。

在我们购买更多某种商品时，一旦其价格变化，就会出现图 2-4（a）中所示的扭结的预算线，其中扭结点指向图的东北方，但是在不同的情景下，也可能会导致扭结点指向图的西南方。例如，假定这张五折优惠券只有在我购买 6 条以上的裤

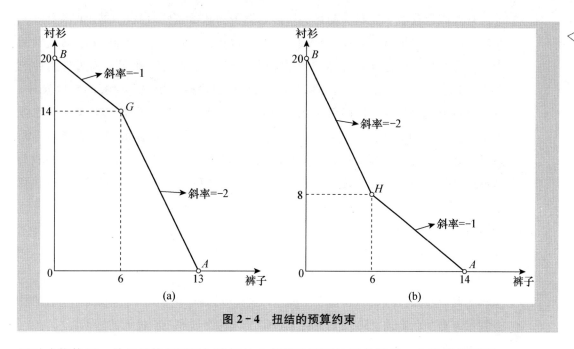

图 2 - 4　扭结的预算约束

子时才能使用，并且只能用于最初购买的 6 条裤子以后的每条裤子。在这种情形下，将会得出图 2 - 4（b）中的预算约束，你可以自己验证。章末习题中将会列举现实生活中一些重要的带有扭结点的预算线的例子，在这些习题中我们将考虑政府政策所产生的扭结点。

练习 2A. 4　假定上面所分析的优惠券是针对衬衫而不是裤子的，那么我的预算线将是什么样子的？■

2A. 3　对更一般的选择建模

尽管前面介绍的两种商品的例子是有用的，因为它们可以用一个二维图说明预算约束，但是它们在一定程度上是经过艺术加工的，因为很少有人去一个商店时只准备购买两类商品。（如果我的妻子在我回到家的时候不会那么严格地检查我的收据，除了裤子和衬衫之外，我可能还会偷偷地吃一个棒棒糖。）为把这种关于两个商品选择的例子一般化，我们可以使用数学方程（就像本章 B 部分所做的那样），而不是使用图示。或者，我们可以使用更加复杂的图示，尽管我们的图示由于需要超越二维平面而变得相当复杂，但或许我们可以采用一种技巧，把所有种类的商品看成一种单一商品。我们现在开始讨论后面两种办法。

2A. 3. 1　图示三种商品的选择集　整个夏季，我都穿着凉鞋。尽管我不得不忍受我那富有时尚意识的妻子无休止的刻薄的嘲笑，但我还是喜欢在穿凉鞋的时候穿袜子。因此，我在秋季学期需要购买新的袜子。

现在假定我妻子让我去商场买衬衫、裤子和袜子。此时我们的图示将变成三维的。我们可以把裤子放在一根轴上，衬衫放在另一根轴上，而袜子在第三根轴上，并且我们可以像在两商品例子中那样，首先通过假定不购买任何另外两种产品去寻找在每根轴上的截距。假定裤子和衬衫的价格分别是 10 美元和 20 美元，袜子的价格是 5 美元，同时假定我的外生收入或者货币预算还是 200 美元。在标有裤子数量的轴上，我的截距是 10：这是我把所有钱都花在裤子上所能购买的裤子的数量。同样，在标有衬衫数量的轴上的截距是 20，在标有袜子数量的轴上的截距是 40。我们可以继续进行下去，进一步假定我不买袜子，而只是通过连接 A 点和 B 点让自己只购买衬衫与裤子来说明我的预算约束是什么样子的。这个预算约束等价于我们在图 2-1 中所绘制的。同样，我们也可以连接 B 点和 C 点，让自己只购买袜子和衬衫，以及将 A 点和 C 点相连，让自己只购买袜子和裤子。最后，我的全预算集由连接 A、B、C 三点的阴影平面所围成。例如，表示 10 双袜子、5 条裤子和 5 件衬衫的 D 点在这个平面上，这是因为我购物车中的这些商品组合的总花费恰好是 200 美元（50 美元的袜子、50 美元的衬衫和 100 美元的裤子）。

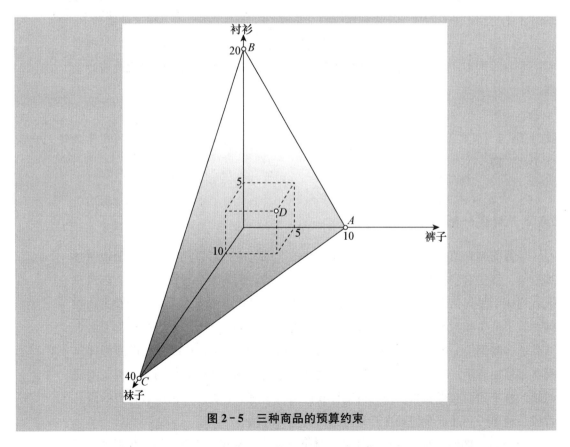

图 2-5　三种商品的预算约束

尽管可以用图示对三种商品的预算约束进行说明，但你会发现这很困难，因为我们需要适应在三维以上空间中做图。然而，我们可以通过如下方式对更加一般的选择集进行图示说明，即把重点放在我们特别感兴趣的一种商品的选择上，并且出于分析的目的，创造一个代表所有其他商品的复合（composite）商品。

2A.3.2　复合商品模型　例如，假定我现在准备带着 200 美元去商店，不仅需要购买裤子，还需要购买其他很多我在新学年所需要的商品（包括衬衫、袜子、办公用品、放的饮料，当然了，还有给我妻子的鲜花）。进一步假定我对裤子价格变化时我的预算约束怎么变化特别感兴趣。我们可以把隐含的多商品模型简化成这样：把裤子放在横坐标轴上，而把代表所有其他商品的复合商品放在纵坐标轴上。我们可以把复合商品定义为"花在除裤子之外的所有商品上的美元数"。这样的定义可以确保我在其他商品上所支出的 1 美元恰好花掉了我 1 美元。这暗含着，我们的分析不得不假定只有裤子的价格变化了，而所有其他商品的价格保持不变，或者所有其他商品的价格按照相同的比例变化，而裤子的价格保持不变。[①]

在对复合商品假设建模后，我们可以确切地像在 2A.1 节中那样说明我们的选择集。在横坐标轴上，A 点还是在 10 这个位置，因为它代表了我在不购买任何其他商品时担负得起的裤子的数量。纵坐标轴上的 B 点将在 200 这个位置，这是因为在不购买裤子时我可以购买 200 单位的复合商品（也就是 200 美元价值的"其他商品"）。连接 A 点和 B 点可以得出一条斜率为 -20 的预算线，表明一条裤子的机会成本是 20 单位的复合商品，或者是 20 美元价值的"其他商品"。我们接着可以进一步对我收入的增加或者下降、裤子价格的变化以及 2A.3 节中引进的拐点的优惠券将怎样影响我的预算线进行建模。

练习 2A.5　回顾我们在 2A.3 节中引进的优惠券，并说明它将会怎样改变我们定义在裤子与复合商品上的选择集。

练习 2A.6　判断正误：当纵坐标轴上的商品为"其他商品上消费的美元数"时，预算约束的斜率为 $-p_1$，其中 p_1 表示横坐标轴上商品的价格。■

2A.4　产生于禀赋的"内生"收入

假定我已经以原始价格（没用优惠券）用我的原始货币预算 200 美元完成了衣服的购买。然后我带着 10 件衬衫和 5 条裤子回家高兴地展示给我妻子看，而她则很快告诉我她认为我应该买更多的裤子和更少的衬衫。现在的问题是，我已经丢掉了购物时的收据，因此根据沃尔玛的退货政策我不能获得退款。这时我的妻子很快提醒我，对于任意商品，我可以获得与沃尔玛的标签价格等值的商场购物券。[*]

---

① 加总商品为一个复合商品在理论上成立的条件可以被完全理解，但是不在本书的范围之内。有兴趣的读者可以通过研究生教材更多地了解关于希克斯可分性与函数可分性的专题。

* 也就是说，如果对商品不满意，还是可以退货，只是拿不到现金，只能拿到等值的商场购物券（store credit），以充抵你在该商场内购买的其他货品的相应金额。——译者注因此,我现在第二次来到了沃尔玛,不是带着货币,而是带着10件衬衫和5条裤子的禀赋来的。禀赋是指一个消费者所拥有的可以用来与其他商品进行交换的一组商品。根据该定义,禀赋的一个特征是:只要消费者拥有禀赋,他或她就可以选择消费掉该禀赋所对应的那组商品,而不管其在当时的市场价格是多少。事实上,如果你不确定一组特定的商品是否为某个消费者的禀赋,则你只需要问一下自己该消费者是否可以消费这组商品,而不管其市场价格是多少。如果答案是肯定的,则该组商品是这一消费者的一个禀赋。

当我在顾客服务台前排队时,我现在没有钱而只有10件衬衫和5条裤子的禀赋(标记为图2-6中的 E 点),我思考着我的预算约束是什么样子的。我知道我总是可以维持我现有的衬衫和裤子,因此"10件衬衫,5条裤子"这一点总是在我的预算线上。约束的其他部分是什么样子取决于沃尔玛目前的标签价格。如果裤子仍是每条20美元且衬衫仍是每件10美元,那么我可以退掉5条裤子并得到100美元的商场购物券,并用它去购买额外的10件衬衫,从而最终有20件衬衫且没有裤子。或者我可以在二者之间做选择。如果裤子与衬衫的价格在我最初购买之后没有发生变化,那么我的预算约束将与图2-1中我最开始带着200美元进入沃尔玛时一样,并被复制为图2-6中的深色线。

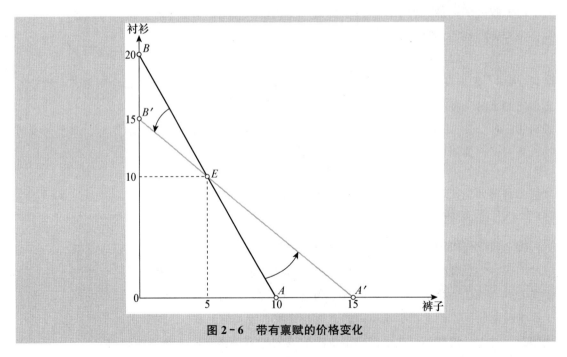

图 2-6 带有禀赋的价格变化

然而,当我走近客服代表时,我惊奇地发现在窗口有一张海报宣称"所有裤子打五折"。也就是说,裤子在促销,现在每条只需要10美元,而不是我当时所支付的20美元。假定沃尔玛对于没有收据这种情况下的退货政策不变,那么我现在每退一条裤子只能够得到10美元的沃尔玛商场购物券。这将会怎么改变我

2

的选择集呢？

现在我仍可以带着 5 条裤子和 10 件衬衫离开商店，因此 E 点仍在我的预算约束上。但是如果现在退掉 5 条裤子，那么我只能收到 50 美元的商场购物券，这使得我只能多买 5 件衬衫。因此，B 点下移至比原来少 5 件衬衫的位置。同时，如果我退掉 10 件衬衫，那么我可以得到 100 美元的沃尔玛商场购物券，但是现在，因为裤子变得更便宜了，我可以多买 10 条裤子了！因此 A 点向外移至比原来多 5 条裤子的位置，新的浅色的预算约束线的斜率为 -1，表明了一条裤子的新的机会成本（给定现在裤子与衬衫的价格一样）。可以注意到，现在预算线在价格变化时是围绕禀赋点 E 旋转，而不是像在价格变化而收入不变时那样绕着 B 点旋转（见 2A.3 节）。这对于所有源于禀赋而不是固定收入的预算约束都是成立的。

注意，当预算约束来自禀赋时，对消费者而言可得的货币不是固定的（如同我妻子把我送到这家商店的时候给了我 200 美元一样）。相反，我可得的货币取决于我的禀赋中的商品的价格，因为我为了得到一些货币不得不卖掉一些禀赋。为了与早前分析的固定（或者外生）收入区分开，我们称这样的收入是内生的。

我们发现，我们带着一篮子作为禀赋的商品（如裤子和衬衫）这种情况似乎并不那么普遍，因此这种联系看起来是有点刻意设计的。但是在思考我们在经济中其他部门（如劳动市场或金融市场）中的角色时，我们的预算约束确实是由禀赋决定的。例如，我们拥有一定数量的时间，并将时间刻意分配于不同的目的（包括有收益的雇佣）。我们同样累积一定的资本（如银行存款、互助基金、硬币、邮票、房地产等），它们可以被认作能转化为消费的禀赋。

2A.5　对约束用图示或数学方法建模？

我们现在已经对消费者在不同处境下的简单选择集进行了建模。一个消费者拥有多少选择集最终取决于：（1）商品的价格；（2）消费者的可得收入。后者由消费者可以得到的固定收入"外生"地决定或者由消费者所拥有的可以用来换取其他消费的一些禀赋的价值"内生"地决定。因此，对与特定选择相关的经济处境进行建模的第一步就是识别消费者个体处境的这两个元素，即价格与收入。

然而，在我们试图分析消费者做出的个体决策时，我们还必须意识到我们的模型不能把现实世界的所有复杂性都包括进去。正如我们在第 1 章所说的，对决策进行建模的要点是把我们所研究的问题的本质抽象出来，其目的是更好地分析问题的最本质的层面。因此，在对消费者做选择时所面临的经济处境进行建模时，我们必须确定复杂的"真实世界"中的哪一点对特定选择是关键的，以及出于分析的目的，哪一点是我们应该抛弃的"噪音"。

我们经常会说，我们到目前为止所发展的图示办法可以对一种特定的情形充分地建模。但是经济学家发现，有时候，尽管图示框架可以帮助他们了解一个模型背后的直觉，但是为了更充分地对一种特定情形的本质进行建模，他们仍需要一些复杂性。在那些情况下，经济学家需要借助数学语言，因为它可以处理更多复杂性。但重要的是要理解，这种只是用了一种更加数理化的方法来讨论我们刚才没有用数学讨论的经济概念，对于那些使用数学方法的人来说，最终把他们的见解转化为语言以表达其背后潜在的经济学含义也很重要。因此，B部分将使用一些数学工具，以帮助我们将 2A 部分中的模型一般化，同时我们仍把重点放在个体所做的经济选择上。

2B　消费者选择集与预算方程

在数学中，"尽力做到最好"是指消费者在解一个"最优化问题"，"给定他们的处境"是指这个最优化问题是一个"受约束的最优化问题"。在这一章，我们将发展正式化选择集与预算约束的数学语言，然后继续定义消费者所面临的完整的受约束的最优化问题。这一部分的每一节都与 A 部分中的相关章节对应；例如，2B.1 节讨论 2A.1 节背后的内容。因此，如果你发现自己忘记了 A 部分的经济学意义，并且你突然发现它看起来"就是数学"，你会发现回到 A 部分的类似章节是非常有用的，因此，它为你创造了一种关于数学及其背后的经济学的很好的联系。

2B.1　以固定收入购物

想象我带着固定收入被送到沃尔玛去购买裤子和衬衫，然后开始讨论 2A 节中的选择集。再一次假定该固定收入是 200 美元，裤子的价格是 20 美元，衬衫的价格是 10 美元。我们在图 2-1 中所推导的选择集简单地表示为那些所有花费不超过 200 美元的裤子和衬衫的组合，预算线或预算约束是那些总花费恰好等于 200 美元的裤子和衬衫的组合。

2B.1.1　用数学方法定义选择集与预算线　用变量 x_1 表示裤子，变量 x_2 表示衬衫，正式地，我们定义选择集为

$$\{(x_1, x_2) \in \mathbb{R}_+^2 \mid 20x_1 + 10x_2 \leqslant 200\} \tag{2.1}$$

花括号"{}"表示我们定义的是一个点集。竖线"|"读作"使得"。"|"前面所有内容定义的是集合中点所在的几何空间的位置，"|"后面所有内容定义了使得几何空间中的一个点位于我们所定义的选择集所必须满足的条件。更具体一些，符号 $\mathbb{R}_+^2$ 表示一个二维的非负实数空间，符号 $\in$ 读作"属于"。因此，数学记号"$(x_1, x_2) \in \mathbb{R}_+^2$"简单地说是一个包含两个非负实数成分（$x_1$ 和 x_2）的点的集合。但并不是所有由两个非负实数组成的点都在这个选择集中——只有表示花费不超过 200 美元的商品组合的点才在这个集合中。因此，"|"后面的数学陈述表明只有在 $20x_1 + 10x_2 \leqslant 200$ 时，位于"|"前面所定义的空间中的点才是我们所定义

的集合的一部分。我们因此可以把整个表达读作："该集合包含所有的 (x_1, x_2) 的组合，其中 x_1 和 x_2 都是非负实数并使得 20 乘以 x_1 加上 10 乘以 x_2 小于或者等于 200。"

关于这种集合构成的逻辑结构有一点值得更加准确地指出。"｜"前面的陈述提供了一个点位于我们所定义的集合的必要条件，而"｜"后面的陈述则提供了一个充分条件。要成为美国总统，出生就是一个美国公民是一个必要条件。然而，每隔四年，很多候选人会发现，这并不是一个充分条件；你必须在足够多的州中赢得竞选，才能够获得所要求的选举团的多数票。同样，要使一个点在所描述的处境的选择集中，该点由两个非负实数组成是一个必要条件。但那并不是一个充分条件，这是因为有很多点都由两个非负实数构成，但是给定我的外生收入为 200 美元，那些都是担负不起的。当这些必要的与充分的条件都被清楚地陈述出来时，选择集就被完全定义了。

练习 2B. 1　图 2-1 中的哪些点满足表达式（2.1）中的必要条件但是不满足充分条件？ ■

为了定义位于预算线上的点集（与预算集内的点相对应），我们首先要认识到这些点位于与选择集相同的几何空间中，因此必定包含由两个非负实数所定义的点。然而，该点成为预算线的一部分的充分条件与该点成为选择集的一部分的充分条件不一样。特别地，不等式约束 $20x_1 + 10x_2 \leqslant 200$ 被替代为等式约束，这是因为预算线表示的是花费恰好为 200 美元的商品的集合。因此，我们可以定义预算线为选择集边界上那些商品组合的集合

$$\{(x_1, x_2) \in \mathbb{R}_+^2 \mid 20x_1 + 10x_2 = 200\} \tag{2.2}$$

一般地，我们在没有特定价格与收入的时候可以定义选择集。我们可以简单地记裤子的价格为 p_1，衬衫的价格为 p_2，收入为 I。由构成消费者经济处境的这三个信息，我们定义消费者的选择集 C 为

$$C(p_1, p_2, I) = \{(x_1, x_2) \in \mathbb{R}_+^2 \mid p_1 x_1 + p_2 x_2 \leqslant I\} \tag{2.3}$$

记号 $C(p_1, p_2, I)$ 表示我的选择集本质上取决于商品的价格以及我的收入水平；或者换句话说，它表明选择集 C 是价格 (p_1, p_2) 以及收入水平 I 的函数。当我分别把价格（20，10）与收入（200）的值代入后，我可以精确地得到式（2.1）中定义的集合。同样，我们可以把预算线 B 定义为

$$B(p_1, p_2, I) = \{(x_1, x_2) \in \mathbb{R}_+^2 \mid p_1 x_1 + p_2 x_2 = I\} \tag{2.4}$$

其中方程（2.3）中的不等号被一个等号取代了。

我们接下来可以检查一下预算线的数学构成并说明它怎样与我们在 2A 部分所建立的图示直觉地联系起来。在式（2.4）所定义的集合中包含的方程 $p_1 x_1 + p_2 x_2$

$=I$ 两边同时减去 p_1x_1，并同时除以 p_2，得到

$$x_2 = \frac{I}{p_2} - \frac{p_1}{p_2}x_1 \tag{2.5}$$

注意，在一个 x_1 位于横坐标轴、x_2 位于纵坐标轴的图中（比如图 2-1），该方程的表达式定义了一条纵坐标轴上的截距为 I/p_2、斜率为 $-p_1/p_2$ 的预算线，这正是我们在 2A 部分通过直觉所得到的结论。例如，根据我们的例子中所给的数字，I/p_2 等于 200/10 或 20，这表明如果我把所有钱用于购买衬衫，我可以用 200 美元购买 20 件衬衫。同样，斜率 $-p_1/p_2$ 等于 $-20/10$ 或者 -2，这表明 1 条裤子的机会成本是 2 件衬衫。

2B.1.2 固定收入的增加（或减少） 我们在 2A 部分的下一步是分析当我的收入由 200 美元增加到 400 美元时，会发生什么变化。注意，这个外生收入是由方程（2.5）中的 I 所表示的。因此，当固定收入变化时，方程（2.5）中只有第一项（I/p_2）会发生变化。这是方程中的纵截距项，表明当固定收入增加时，x_2 轴上的截距会向上移。方程（2.5）中的第二项保持不变，这意味预算线的斜率 $-p_1/p_2$ 保持不变。x_2 轴上截距发生改变的同时斜率又保持不变意味着预算线的平行外移，这正是我们在图 2-2 中用直觉思维推导出来的。虽然现在选择集变大了，但是由预算线的斜率所表示的商品间的权衡取舍保持不变。

练习 2B.2 方程（2.5）说明：在美元预算保持不变而两种商品的价格都同时变为原来的一半时，预算线的变化与上面相同。这个结论在直觉上说得通吗？■

2B.1.3 价格的变化 2A 部分所创造的另一个情景包含一张针对裤子的五折优惠券，也就是把裤子的价格（p_1）有效地从 20 美元降低到 10 美元。回到方程（2.5），注意到 p_1 没有出现在截距项（I/p_2）中，但出现在斜率项（$-p_1/p_2$）中。因此，x_2 轴上的截距保持不变，而斜率变得平缓一些，这是因为 p_1/p_2 的绝对值变得小了一些。这是我们在图 2-3 中通过直觉思维得出来的结论。

练习 2B.3 利用预算线的数学形式［方程（2.5）］说明当价格 p_2 而不是 p_1 发生变化时，方程中的截距项和斜率项会怎样变化。把该结论与你在图示中的直觉思维结果联系起来。■

2B.2 扭结预算

将 2A.2 节研究的扭结预算线用数学描述出来较困难。例如，考虑我购买的前 6 条裤子可以享受五折优惠的例子。在图 2-4（a）中我们表示了一个有 200 美元收入，并且所面对的裤子价格（使用优惠券以前）为 20 美元以及衬衫价格为 10 美

元的人的选择集。我们用直觉的方法推导了以下结论：我的预算线开始时比较平坦（直到购买的裤子达到 6 条），而在裤子的有效价格从 10 美元变成 20 美元之后，预算线从扭结点开始变得陡峭起来。

如果我们用数学语言写下该选择集，就需要把裤子的价格在第 6 条以后会发生变化这个事实写进我们早先构建的集合记号中。并且需要记住，如果购买 6 条以上的裤子，我们实质上有一个额外的收入 $0.5 \times (6p_1) = 3p_1$，这是优惠券返给我们的。因此，我们可以定义选择集为

$$C(p_1, p_2, I) = \{(x_1, x_2) \in \mathbb{R}_+^2 \mid 0.5\, p_1 x_1 + p_2 x_2 \leqslant I,\, x_1 \leqslant 6 \text{ 以及}$$
$$p_1 x_1 + p_2 x_2 \leqslant I + 3p_1,\, x_1 > 6\} \quad (2.6)$$

图 2-4（a）在 $p_1 = 20$，$p_2 = 10$ 和 $I = 200$ 时表示了该集合。预算线则由两截线段所定义，一个针对 $x_1 \leqslant 6$，另一个针对 $x_1 > 6$；或者，正式地表述为

$$B(p_1, p_2, I) = \{(x_1, x_2) \in \mathbb{R}_+^2 \mid 0.5\, p_1 x_1 + p_2 x_2 = I,\, x_1 \leqslant 6 \text{ 以及}$$
$$p_1 x_1 + p_2 x_2 = I + 3p_1,\, x_1 > 6\} \quad (2.7)$$

练习 2B.4　把包含在预算集式（2.7）中的两个等式转化为可以清楚地看到截距与斜率项的表达式［如方程（2.5）所示］。然后根据我们例子中的价格与收入，在一个图中绘出这两条线。最后，由于每条线只对 x_1 的特定值成立，所以要剔除每条线上不相关的部分［如式（2.7）所指明的］。把你的结果与图 2-4（a）比较。

练习 2B.5　现在假定五折优惠券只能在你购买了 6 条常规价格的裤子之后再购买裤子时使用。推导预算集的数学表达式［与方程（2.7）相似］，然后重复前面的练习。把你的图与图 2-4（b）比较。■

2B.3　多于两个商品的选择集

如在 2A 部分所讨论的，我们经常会碰到的事实是：经济行为的现实模型会涉及多于两种商品的选择。选择集的数学表示给了我们一种方法，使得我们可以把分析扩展到对多种商品的选择的分析。另外一种方法就是，如 2A 部分所指出的，我们可以使用简化假设，把一种类型的商品组合在一起，以复合商品的形式处理。[①] 下面我们逐一展开。

2B.3.1　三种或更多商品的选择集　我们在图 2-5 中说明了：在面对三种而

---

① 正如 2A 部分所说的，存在一些条件，使得将一些商品加总成复合商品在理论上是合理的。一个这样的条件（所谓的函数可分）要求被加总商品的价格总是按照相同的比例变化。另一个这样的条件（所谓的希克斯可分）包含关于偏好的假设。如果满足这两个条件之一，我们就可以使用复合商品的概念。对这两个条件的具体讨论超出了本书的范围，有兴趣的读者可以参见 H. Varian, *Microeconomic Analysis*, 3 rd ed. (New York: W. W. Norton and Company, 1992)。

不是两种商品时，我们的选择集需要在一个三维空间中绘出。当商品多于三种时，我们再也不能用简单的做图技巧来表示选择集。但是，借助我们这里研究的数学工具，可以很容易地把两种商品的模型拓展到多种商品。

例如，假定我们回到我去沃尔玛的例子，只是我现在购买裤子、衬衫和袜子。将这三种商品的数量分别记为 x_1、x_2 和 x_3，将其价格相应地记为 p_1、p_2 和 p_3。为使一特定的商品组合 (x_1, x_2, x_3) 位于选择集中，该商品组合的总花费一定不能超过我的外生收入 I。该商品组合中每种商品的花费可以简单地表示为该商品的价格乘以数量，这些花费的总和等于全部成本 $p_1x_1 + p_2x_2 + p_3x_3$。那么我的选择集就是方程（2.3）中所定义的选择集的一个简单扩展：

$$C(p_1, p_2, p_3, I) = \{(x_1, x_2, x_3) \in \mathbb{R}^3_+ \mid p_1x_1 + p_2x_2 + p_3x_3 \leqslant I\} \quad (2.8)$$

相应的预算约束定义为

$$B(p_1, p_2, p_3, I) = \{(x_1, x_2, x_3) \in \mathbb{R}^3_+ \mid p_1x_1 + p_2x_2 + p_3x_3 = I\} \quad (2.9)$$

当 $p_1 = 20$，$p_2 = 10$，$p_3 = 5$ 以及 $I = 200$ 时，该预算约束定义中的方程则定义了图 2-5 中的三角平面。

现在你可能已经清楚关于选择集与预算线的定义可以十分容易地扩展到多于三种商品的情形。对于一般的 n 种不同的商品与 n 种不同的价格，我们可以把式 (2.8) 简单地扩展为

$$C(p_1, p_2, \cdots, p_n, I) = \{(x_1, x_2, \cdots, x_n) \in \mathbb{R}^n_+ \mid p_1x_1 + p_2x_2 + \cdots + p_nx_n \leqslant I\}$$
$$(2.10)$$

和

$$B(p_1, p_2, \cdots, p_n, I) = \{(x_1, x_2, \cdots, x_n) \in \mathbb{R}^n_+ \mid p_1x_1 + p_2x_2 + \cdots + p_nx_n = I\}$$
$$(2.11)$$

尽管现在再也不可能用图将这些数学描述的集合表示出来，但是却非常容易用方程来构造它们。随着在接下来的章节中我们更详细地探索消费者模型，你将会发现这些方程是如何被用来表示非常一般的选择行为的模型的。

2B.3.2 带有复合商品的选择集 我们同样在 2A 部分中指出：在我们的图示模型中把重点放在特别感兴趣的一种商品上，而把所有其他消费品作为一种由美元计价的复合商品的处理办法也是很有用的。我们经常称这种复合商品为"其他消费的美元数"。这类模型的一个方便之处就是：从定义上看复合商品的价格为 1（$p_2 = 1$）；1 美元其他商品的消费花费 1 美元。这意味着预算线的斜率就简单地变成我们所关心的商品的价格（而不是通常情况下的价格之比），纵坐标轴上的截距就简单地变成收入而不是收入除以商品 2 的价格。

为了明白这一点，我们写出预算线的方程（其中 x_2 是复合商品，省去复合商

品的价格）：

$$p_1 x_1 + x_2 = I \tag{2.12}$$

两边同时减去 $p_1 x_1$，得到

$$x_2 = I - p_1 x_1 \tag{2.13}$$

这是一条纵截距为 I、斜率为 $-p_1$ 的直线的方程。方程（2.5）在 p_2 为 1 时得到的方程与该式一样。

2B.4 产生于禀赋的选择集

到目前为止，我们假定我的消费选择的收入或者货币预算是固定的或者外生的。当我们分析为某种类型的商品（如裤子和衬衫）做出了特定数量的预算的消费者的选择时，或者当我们分析一个有着固定收入的人的消费选择时，这种假设是合理的。然而，在其他情形下，可以用来进行消费的货币不是外生的，相反，它是由消费者所做的决策，或者由他或者她在市场中所面临的价格内生地产生的。一个重要的例子包括在劳动市场出售我们的时间和在资本市场出售我们的金融资产。现在，我们简单地说明一下 2A 部分中的消费者市场例子背后的数学。

特别地，我们在 2A.4 节中假定我带着 10 件衬衫和 5 条裤子回到沃尔玛，知道沃尔玛会用当前正在出售的商品的价格对我退还的商品给予同等金额的商场购物券。我能得到的商场购物券的金额取决于我在退货时沃尔玛对裤子和衬衫的售卖价格。因此我的收入可以表示为

$$I = 5p_1 + 10p_2 \tag{2.14}$$

这是因为沃尔玛对于我的 5 条裤子中的每一条会给予目前的价格 p_1，对我 10 件衬衫中的每一件会给予目前的价格 p_2。因此，我的选择集由那些总花费不超过该收入水平的所有裤子和衬衫的组合构成，也就是

$$C(p_1, p_2) = \{(x_1, x_2) \in \mathbb{R}_+^2 \mid p_1 x_1 + p_2 x_2 \leqslant 5p_1 + 10p_2\} \tag{2.15}$$

注意，现在的 C 仅仅是 (p_1, p_2) 的函数，这是因为我现在的收入是由 p_1 和 p_2 所决定的，如式（2.14）所示。当式（2.15）中的不等式替换为等式时，我们就得到了预算线的方程：

$$p_1 x_1 + p_2 x_2 = 5p_1 + 10p_2 \tag{2.16}$$

两边同时减去 $p_1 x_1$ 并除以 p_2，则该方程转化为

$$x_2 = 5\frac{p_1}{p_2} + 10 - \frac{p_1}{p_2} x_1 \tag{2.17}$$

图 2-6 中画出了当沃尔玛对每件裤子和衬衫都收取 10 美元时我的预算线。在

式（2.17）中代入这些价格，我们得到

$$x_2 = 15 - x_1 \tag{2.18}$$

这代表一条纵截距为 15 且斜率为 −1 的直线的方程。这恰好就是我们在图 2−6 中用直觉思维推导的浅色的预算线。

一般地，我们可以把某人的禀赋表示为该消费者在他或者她进入沃尔玛时手中持有的每种商品的数量。例如，我可以把商品 1 的禀赋记为 e_1，商品 2 的禀赋记为 e_2（在我们的例子中 $e_1 = 5$，$e_2 = 10$）。然后我们可以定义我的选择集为我的禀赋以及这两种商品价格的函数：

$$C(p_1, p_2, e_1, e_2) = \{(x_1, x_2) \mid p_1 x_1 + p_2 x_2 \leqslant p_1 e_1 + p_2 e_2\} \tag{2.19}$$

不等式左边表示我购买商品的花费，右边表示我把我的禀赋商品退还给沃尔玛所得到的内生收入。

练习 2B. 6 利用方程（2.19），用价格与禀赋推导预算线的一般方程。与得出式（2.17）的过程相似，识别截距与斜率项。当我的禀赋是 10 条裤子与 10 件衬衫并且裤子的价格是 5 美元、衬衫的价格是 10 美元时，我的预算线是什么样子的？把这与你推导的预算线方程和相同预算线的直觉思维推导结合起来。■

结论

对于研究消费者个体在"给定他们面临的经济处境下"试图"尽力做到最好"的选择，我们这一章开始推导对"经济处境"建模的一些方法。经济处境由消费者能够拿到桌面的东西（不管这些东西是禀赋还是外生收入的形式）以及他们所面临的价格所定义。这些产生了对消费者能够进行选择的选项集进行定义的选择集与预算约束。当我们可以将商品的种数限制为 2 或者 3 时，这些可以用图来表示；而当商品的种数可以为任意时，则可以用数学方法来表示。基本的权衡取舍或者消费者所面临的机会成本由相对价格所决定，在图或者方程中表现为斜率。

然而我们在市场中，很少有机会只扮演消费者的角色。为了消费，我们一般首先需要获得收入，要么在劳动市场出售我们的时间（也就是工作），要么卖出一些有价值的东西（也就是金融资产）。经济学家假设我们在给定"经济处境"的前提下，会试图"尽力做到最好"，而不管我们是消费者、工人还是金融资产持有者。因此，在我们继续讨论"尽力做到最好"之前，我们将在第 3 章定义与其他类型的选择相关的选择集与预算约束。

章末习题[①]

2.1　当你的经济处境由价格 p_1、p_2 与外生收入 I 描述时，考虑商品 x_1（在横坐标轴上）与 x_2（在纵坐标轴上）的预算。

A. 画出代表该经济处境的预算线，并清楚地标示出截距与斜率。

a. 说明在收入没有变化时这条线如何发生平移。

b. 说明在价格 p_2 没有发生变化时，该预算线如何围绕它的横截距顺时针旋转。

B. 写出与 2.1(A) 对应的预算线方程。

a. 用该方程说明 2.1A(a) 中推导的变化会如何发生。

b. 用同样的方程说明 2.1A(b) 中所推导的变化会如何发生。

[†]**2.2**　假定仅有两种商品，分别为花生酱与果冻。

A. 你没有外生收入，而只有 6 罐花生酱和 2 罐果冻。花生酱的价格为每罐 4 美元，果冻的价格为每罐 6 美元。

a. 在一个横坐标轴为花生酱的罐数、纵坐标轴为果冻的罐数的图上，说明你的预算约束。

b. 当花生酱的价格上升到每罐 6 美元时，你的约束将会怎样变化？这将会如何改变果冻的机会成本？

B. 考虑 2.2A 所描述的相同的经济处境，用 x_1 表示花生酱的罐数，用 x_2 表示果冻的罐数。

a. 写出代表预算线的方程，并把重要的部分与 2.2A 中的图联系起来。

b. 改变你在预算线中的方程，以反映 2.2A（b）中所描述的经济处境的变化，并说明这个新方程如何与 2.2A（b）中的图联系起来。

2.3　某种有营养的南方早餐包括粗燕麦粉（我妻子喜欢的）和培根（我喜欢的）。假定我们每周用 60 美元来消费粗燕麦粉和培根，并且我们知道粗燕麦粉每盒 2 美元，培根每包 3 美元。

A. 用一个横坐标轴表示粗燕麦粉的盒数、纵坐标轴表示培根的包数的图来回答如下问题：

a. 说明我的家庭每周的选择集与预算约束。

b. 识别培根与粗燕麦粉的机会成本，并把它与你图中的概念结合起来。

c. 如果突然发生了一种罕见的猪瘟，使得培根的价格上升到每包 6 美元，那

---

① 　＊ 在概念方面具有挑战性的问题。

　＊＊ 在计算方面具有挑战性的问题。

† 答案见学习指南。

么你的图将会怎样变化？这将如何改变培根和粗燕麦粉的机会成本？

d. 相反，如果变化不是（c）中那样，而是我丢掉了工作，这使得我们对南方早餐的预算从 60 美元下降到了 30 美元，我的图将会怎样变化？这将如何改变培根与粗燕麦粉的机会成本？

B. 下面用 x_1 表示粗燕麦粉的盒数，x_2 表示培根的包数，比较一下数学方法与 A 部分中的图示方法。

a. 写出预算线与选择集的数学表达形式，并识别出与 2.3A（a）中的图相对应的关键特征。

b. 如何在预算线方程中识别培根与粗燕麦粉的机会成本？如何将它与 2.3A（b）中的答案结合起来？

c. 说明在 2.3A（c）的场景下你的预算线会怎样变化？这将如何改变机会成本？

d. 在 2.3A（d）的场景下重复（c）。

***2.4** 假定世界上有三种商品：x_1、x_2 和 x_3。

A. 在一个三维图上，画出当你的经济处境由 $p_1=2$，$p_2=6$，$p_3=5$ 与 $I=120$ 定义时的预算约束。仔细标明截距。

a. x_1 用 x_2 表示的机会成本是什么？x_2 用 x_3 表示的机会成本是什么？

b. 说明当 I 下降到 60 美元时你的图会怎样变化。你在（a）中的答案是否会变化？

c. 如果 p_1 上升到 4 美元，那么你的图会怎样变化？你在（a）中的答案是否会变化？

B. 写出表示 2.4A 中图的方程。然后假定有一个新产品 x_4 被发明出来，并且其价格是 1。你的方程将会发生什么变化？为什么现在用图把这个经济处境表示出来很困难？

***2.5 日常应用**：饮食与营养。在最近一次医生访问中，你被告知必须注意自己摄取的卡路里，并确定从饮食中获取了足够的维生素 E。

A. 为使生活变得简单，你决定从现在开始每天只吃牛排和胡萝卜。一块好的牛排有 250 卡路里和 10 单位维生素，一份胡萝卜有 100 卡路里和 30 单位维生素。你的医嘱是每天摄取不多于 2 000 卡路里且不少于 150 单位维生素。

a. 在一个横坐标是"胡萝卜的份数"、纵坐标是"牛排的份数"的图上，指出所有能日产 2 000 卡路里的胡萝卜与牛排的组合。

b. 在同样的图上，说明恰好提供 150 单位维生素的胡萝卜与牛排的组合。

c. 在该图上，把满足你两个医嘱条件的胡萝卜与牛排的组合打上阴影。

d. 现在假定你可以分别用 2 美元和 6 美元的价格买一份胡萝卜和一份牛排。你每天的食物预算为 26 美元。用图来说明你的预算约束。如果你喜欢牛排且不介意是否吃胡萝卜，你将会选择什么消费组合（假定你认真地对待你的医嘱）？

B.　继续 A 部分所描述的场景，记胡萝卜的消费数量为 x_1，牛排的消费数量为 x_2。

a.　对 A(a) 中的线进行数学定义。

b.　对 A(b) 中的线进行数学定义。

c.　用正式的集合记号，写出与 A(c) 中阴影区域等价的表达式。

d.　推导在 A(d) 中的图所指出的确切的消费组合。

†2.6　日常应用：租车还是打车。假定我弟弟和我都去开曼群岛度假一周，当我们到达该岛的机场后，我们需要选择租车还是打车去旅馆。租车需要支付 300 美元的固定费用，在此基础上每英里花费 0.2 美元，也就是每英里所耗汽油的价格。打车没有固定费用，但是需要支付每英里 1 美元的里程费。

A.　假定我弟弟和我都带了 2 000 美元来旅行，用于支付"驾驶的英里数"与"其他消费"。在一个横坐标轴为"驾驶的英里数"、纵坐标轴为"其他消费"的图上，假定我选择租车，我弟弟选择打车，画出我们两个人的预算约束。

a.　我所面临的驾驶每英里路程的机会成本是什么？

b.　我弟弟所面临的驾驶每英里路程的机会成本是什么？

B.　推导关于我的预算约束与我弟弟的预算约束的数学方程，并把这些方程的一些要素与 A 部分的图联系起来。用 x_1 表示驾驶的英里数，x_2 表示其他消费。

a.　我驾驶每英里路程的机会成本在我的预算线的哪个位置？

b.　我弟弟驾驶每英里路程的机会成本在他的预算线的哪个位置？

2.7　日常应用：观看一场糟糕的电影。在我与妻子最初几次约会中，我们去看了电影《太空炮弹》，每张票支付了 5 美元。

A.　电影看到一半的时候，我妻子说道："你到底在想什么？这场电影太糟糕了！我不知道我为什么让你选了电影。我们走吧。"

a.　在决定是否离开时，留下来继续观看电影剩余部分的机会成本是什么？

b.　假定我们在进入电影院的路上看到了一个标识，上面写着"确保满意！电影看到一半不满意可以找经理退款！"这将如何改变你在（a）中的答案？

†2.8　日常应用：建立大学信任基金。假设你在大学学了经济学后，马上变得很富有，以至于除了担心你 16 岁的侄女不能把精力放在她的未来上以外，都不知道做什么好了。你的侄女已经有了一个信托基金，可以从她满 18 岁开始每年支取 50 000 美元的收入，此外她没有任何其他形式的收入。

A.　你担心你的侄女不了解把她的信托基金的一部分用于支付大学学费的聪明之处，因此，你想通过 100 000 美元来给予她更大的激励去上学，以改变她的选择集。

a.　一个选择就是把这 100 000 美元放到第二个信托基金中，但是限制你的侄女使用：只有当她每年在大学教育上花费多达 25 000 美元并且持续四年时，她才能够取出这笔钱。利用一个横坐标轴为"在大学教育上的年花费"、纵坐标轴为"在其他消费上的年花费"的图，说明这将如何改变她的选择集。

b. 第二个选择是你简单地告诉你的侄女你将在未来四年里每年给她 25 000 美元，并且告诉她你坚信她会"做正确的事情"。这将如何影响她的选择集？

c. 假定你对你侄女的短视的担忧是错误的，她已经计划每年在大学教育上花费 25 000 美元以上，这笔钱将从她的其他信托基金中支取。你认为她会介意你按照（a）中或者（b）中所描述的那样做吗？

d. 假定你对她的担忧是正确的，即她确实从没打算花费那么多钱在大学教育上。那么她现在是否会介意你那样做？

e. 你一个朋友给你一些建议：小心！你侄女如果自己不投入一部分钱在教育上，她是不会重视教育的。受他的建议的提醒，你决定建立一个不同的信托基金，对于她在大学教育上投入的每 1 美元，你将拿出 0.5 美元给你侄女（不管她花在什么地方）。这将如何改变她的选择集？

f. 在（e）中的信托基金的基础上，如果你的侄女每年在大学教育上花费 25 000 美元，你知道需要给你侄女多少来得到这个结果吗？

B. 对于 A 部分中所讨论的三种不同的情况，你如何写出预算方程？

*2.9 商业应用：选择电话套餐。 电话公司过去常常对每分钟电话通话收取相同的价格，而不管一个消费者需要通话多少次。（我们把他们在每天和每周不同时间的通话收取不同价格的情况抽象掉。）最近，电话公司特别是移动电话公司在定价上更加有创造性了。

A. 在一个横坐标轴为"每月电话通话的分钟数"、纵坐标轴为"其他消费的美元数"的图上，假定每分钟电话通话的价格为 p，消费者月收入为 I，绘制预算约束。

a. 假定现在引入了一个新选择：你可以用 P_x 美元购买一个电话套餐，这样你每月可以免费通话 x 分钟，超过 x 分钟的部分则需要每分钟支付 p。说明这会如何影响你的预算约束。假设 P_x 足够低，从而你的新预算线包含一些消费者以前不能得到的消费组合。

b. 假定电话公司实际上每分钟需要花费 p 来提供一分钟的电话服务，为了保持获利，一家电话公司必须平均每分钟通话获得 p。如果所有消费者都能够选择通话套餐以使得他们每月都恰好通话 x 分钟，电话公司是否可能把 P_x 制定得足够低以使得消费者能够得到新的可选方案？

c. 如果一些消费购买了电话套餐，但是每月的通话小于 x 分钟，那么电话公司将如何制定 P_x，以使得消费者的选择集中有一些新的消费组合？

B. 假设一家电话公司现在有 100 000 个顾客在旧的价格制度下以价格 p 购买电话分钟数。假定公司提供 1 分钟电话服务的成本是 c，同时还有固定成本 FC（不随出售的电话分钟数而改变），该成本足够高，以至于经济利润为 0。假定第二家相同的电话公司也有 100 000 个顾客，这些顾客都以价格 $P_x = kpx$ 购买了一个可以免

费通话 x 分钟的套餐，超出 x 分钟的部分则需每分钟支付价格 p。

　　a. 如果平均而言人们每月使用他们免费分钟数的一半，那么 k 取何值（表示为 FC、p、c 与 x 的函数）时第二家电话公司获得零利润？

　　b. 如果没有固定成本（也就是 $FC=0$）而其他一切仍如上所述，为使第一家电话公司获得零利润，c 应该等于多少？在该情况下 k 是多少？

　　2.10　商业应用：向经常飞行的旅客发放补贴。航空公司一般会给经常飞行的旅客不同种类的补贴，我们这里为平均每英里价格的下降建模。

　　A. 假设一家航空公司对每飞行 1 英里收取 20 美分。然而，一旦在一年内某个消费者的飞行里程达到了 25 000 英里，每额外飞行 1 英里的价格就下降到 10 美分。另一种可供选择的旅游方式是开车，每英里花费 16 美分。

　　a. 考虑一个每年有 10 000 美元旅游预算的消费者，其预算可以用于支付到某个地方以及旅游时的"其他消费"的成本。利用一个横坐标为"飞行英里"、纵坐标为"其他消费"的图，说明某个仅考虑飞行到旅行目的地（不开车）的人的预算约束。

　　b. 利用一个相似的以"驾驶英里数"为横坐标轴的图，说明一个仅考虑驾车（不飞行）的旅游者的预算约束。

　　c. 把上面两个预算约束叠在一起（简单地把横坐标轴上的商品换成"旅行英里数"），你能解释向经常飞行的旅客发放补贴是如何说服一些人比正常情况下飞行得更多的吗？

　　B. 判定 A(a) 中的飞行—旅行预算是否与 A(b) 中的开车预算相交。

　　2.11　商业应用：超级大餐。假设我经营一家快餐馆，并且我知道我的顾客都是带着有限的预算进来的。几乎所有进来吃午餐的人都会买一杯软饮。现在假定与提供一份中等软饮相比，提供一杯大的软饮不会多花什么成本，但是在某人的午餐盘里增加东西（如甜点或者另外一个配菜），我确实会有额外的成本。

　　A. 出于练习的目的，假设有各种尺寸的杯子，而不仅仅是小号的、中号的与大号的，并假定午餐预算平均为 B。假设不管一个消费者所取的杯子多大，我都对每盎司软饮收取 p 的价格。利用一个横坐标轴为"软饮的盎司数"、纵坐标轴为"其他午餐项目的美元数"的图，说明消费者的预算约束。

　　a. 我有三个商务伙伴：拉里、他的弟弟达里尔和他的另一个弟弟达里尔。两个达里尔建议我们降低最开始卖出的那 1 盎司软饮的价格，然后对超过 10 盎司的部分提高价格。他们已经计算出我们的典型消费者能够购买与目前的单一价格下同样多的软饮（如果这是他在自己的午餐预算范围内所购买的）。说明这将会如何改变典型消费者的预算约束。

　　b. 拉里认为两个达里尔是笨蛋，并建议我们提高最开始卖出的那 1 盎司软饮的价格，并对超过 10 盎司的部分降价。他也计算出，在这种定价方案下，典型消费者正好能够消费相同数量的软饮（如果这是他在自己的午餐预算范围内所购买的）。说明这个政策对典型消费者的预算约束的影响。

c. 如果典型消费者有选择，那么三个定价系统——目前的单一定价、达里尔兄弟的提议与拉里的提议——中的哪一个会被选择？

B. 写出三个选择集的数学表达式，记软饮的数量为 x_1，其他午餐项目的花费为 x_2。

*2.12 **商业应用**：定价与数量折扣。商业活动经常给予数量折扣。下面，你将分析这样的折扣会如何影响选择集。

A. 我最近发现，一家当地的复印店每个月对我们经济系最开始复印的 10 000 页收取的价格为 0.05 美元/页（或者每 100 张 5 美元），然后对超过 10 000 页但不到100 000页的部分收取的价格的 0.035 美元/页，再进一步对超过 100 000 页的部分收取的价格为 0.02 美元/页。假设我们系每月总的预算是 5 000 美元。

a. 把"以百计的复印页数"置于横坐标轴、"花在其他商品上的美元数"置于纵坐标轴，说明预算约束。小心地标记所有的截距与斜率。

b. 假设复印店把它的定价政策改为每月对前 20 000 页收取 0.05 美元/页的价格，并对所有超过 20 000 页的部分收取 0.025 美元/页的价格，给出新的预算约束。（提示：预算线将会有一个跳跃。）

c. 在（b）中，复印第 20 001 页的边际（或者额外）成本是多少？

B. 写出 2.12A（a）与 2.12B（b）中选择集的数学表达式（用 x_1 表示"以百计的复印页数"，x_2 表示"花在其他商品上的美元数"）。

*2.13 **政策应用**：税收减免与税收抵免。在美国的收入税条款中，一些支出是"可以减免税收的"。对大部分纳税人来说，最大的税收减免来自收入税条款中允许纳税人减去住房抵押贷款利息（包括主要住房与度假住房）的那部分。这就意味着使用该减免的纳税人对于收入中支付住房抵押贷款的利息的那部分不需要支付收入税。出于练习的目的，假定每年住房的价格是利息支出。

A. 判断正误：对于边际税率为 33% 的某人，这意味着政府大约为他的利息/住房支付提供了大约三分之一的补贴。

a. 考虑一个有着 200 000 美元收入并且税率为 40% 的家庭，并假定每平方英尺住房的价格为 50 美元。以"住房的平方英尺"为横坐标轴，以"其他消费"为纵坐标轴，说明该家庭在有税收减免与没有税收减免情况下的预算约束。（假定在本问以及本部分的剩余问题中，家庭的税率对家庭的所有收入都适用。）

b. 对一个有 50 000 美元收入并且税率为 10% 的家庭重复上一问。

c. 政府鼓励购买住房的另一种方案是提供税收抵免，而不是税收减免。税收抵免允许纳税人从他们应该缴纳的税收账单中直接减去每年应支付住房抵押贷款的一定比例（k）。（注意：税收抵免是从要交的税收中减，而不是从征税收入中减。）对于（a）和（b）中的家庭，如果 $k=0.25$，说明这会如何影响他们的预算。

d. 假定税收减免方案与税收抵免方案导致了相同的成本，即税收收入减少，那么哪个家庭会偏爱哪种方案？

B. 记 x_1 和 x_2 分别表示住房的平方英尺与其他消费，并记每平方英尺的价格为 p。

a. 假定家庭对所有收入的税率为 t，并假定该家庭所有的年住房支付是税收减免的。该家庭的预算约束是什么？

b. 在前面所描述的税收抵免的情况下写出预算约束。

2.14 政策应用：公立学校和私立学校优惠券。当提供免费的公立学校教育时考虑一个如何改变经济处境的模型。

A. 假定每个家庭的税后收入是 50 000 美元并且考虑其以"教育服务的花费"为横坐标轴、以"其他消费的花费"为纵坐标轴的预算约束。假设在私人市场家庭可以购买任意水平的教育支出。

a. 现在假设政府可以利用现有的税收收益向公立学校的每个学生资助 7 500 美元，即对于获得了政府资助的学校，任何人都可以免费上学并且有 7 500 美元的教育费用。说明这将如何改变选择集。（提示：在选择集中会有一个额外的点。）

b. 继续假设只有当孩子不上免费的公立学校时，才能购买任意数量的私立学校教育服务。你能想到免费的公立学校的可得性会如何导致一些孩子接受的教育服务比有免费的公立学校前更多吗？你能想到引入免费的公立学校会如何导致一些孩子接受到的教育服务减少吗？

c. 现在假设政府允许另一种选择：父母可以把孩子送到公立学校，或者接受私立学校优惠券并用该优惠券支付私立学校一部分学费。这会如何改变预算约束？如果政府不参与其中（即没有免费的公立学校或者没有优惠券），你仍然认为一些孩子接受到的教育会减少吗？

B. 用 X_1 表示教育服务的美元数，用 X_2 表示其他消费的美元数，正式定义免费的公立学校（和免费的公立学校市场）的选择集以及之前定义的私立学校优惠券的选择集。

[†]**2.15 政策应用**：对商品征税与一次性总量税收。我最终说服了我们当地的国会议员防止消费过多的粗燕麦粉（我妻子对粗燕麦粉的偏好的确很奇怪）。国会议员同意发起新的法令来对粗燕麦粉的消费征税，这将使粗燕麦粉的价格由每盒 2 美元上升到每盒 4 美元。我谨慎地观察我妻子的购买行为，并高兴地发现我妻子现在每个月购买 10 盒粗燕麦粉，而不是以前的 15 盒了。

A. 利用以"每月粗燕麦粉的盒数"为横坐标轴，以"其他消费的美元数"为纵坐标轴的图，说明我妻子在征税前后的预算线（你可以简单地记收入为 I）。

a. 每个月政府向我的妻子征收了多少税？在你的图上用一段垂直距离表示。（提示：如果你知道在征税后她消费多少以及这使得她在其他商品上的消费保留了多少，以及如果你知道她消费的粗燕麦粉的数量与税收实施前一样的话她在其他商品上的消费将是多少，那么这两个"其他消费"数量的差一定等于她所需要支付的税收。)

b. 由于我住在南方，在这里对粗燕麦粉征税的做法看起来并不那么受欢迎，因此我们当地的国会议员失败了。他的继任者借助一个支持粗燕麦粉的平台获胜了，并发誓要废除粗燕麦粉税，但是新的预算规则要求她给出一种新的方法以得到与粗燕麦粉税相同的税收收入。她建议每个粗燕麦粉消费者支付他或她在粗燕麦粉税下要支付的相同数量作为一次性总量支付。忽略目前搜集必要信息来实施这个提案的难度，这将如何改变我妻子的预算约束？

B. 记粗燕麦粉的消费为 x_1，其他消费为 x_2，列出你在 A(a) 和 A(b) 中推导的预算约束方程。

2.16　政策应用：公共住房和房屋补贴。在很长时间内，美国政府通过公共住房计划努力满足穷人的住房需求。在公共住房的发展过程中，濒临破产的家庭更容易进入可以申请一套公寓的候选名单，当一个家庭排到候选名单中最前列时就可以获得一套公共住房。

A. 假设一个特殊家庭的月收入是 1 500 美元，提供给该家庭的 1 500 平方英尺的住房的每月租金是 375 美元。当然，该家庭也可以在市场上自己以每平方英尺 0.5 美元的价格租赁住房。

a. 说明该家庭对于"住房的平方英尺数"（在横坐标轴上）以及"其他消费的美元数"（在纵坐标轴上）的选择集的所有预算约束。

b. 在最近几年里，政府已经把重点从公共住房转移到直接向贫困家庭提供补贴上，这样能使他们在市场中租到更大的房子。假设不是像（a）中那样提供一套公共住房，而是政府为家庭支付一半的租金，那么家庭预算约束将怎样变化？

c. 可以知道家庭更偏好哪个政策吗？

B. 写出你在 2.16A(a) 和 2.16A(b) 中推出的预算线的数学表达式，以 x_1 表示"住房的平方英尺数"（以百为单位），以 x_2 表示"其他消费的美元数"。

2.17　政策应用：食品券计划与其他类型的补贴。美国政府针对收入低于某个贫困线水平的家庭制订了一个食品券计划。食品券有美元价值，在超市购买食品时可以被当作现金使用，但是不能用于购买其他任何非食品的东西。

A. 假定该计划为一个每月收入固定为 1 000 美元的家庭提供 500 美元的食品券。

a. 利用以"花费在食品上的美元数"为横坐标轴，以"花费在非食品上的美元数"为纵坐标轴的图，说明该家庭每月的预算约束。食品的机会成本会沿着预算线怎样变化？

b. 如果政府通过直接给家庭 500 美元的现金而不是 500 美元的食物券来取代食物券计划，此时该家庭的预算线将会有什么不同？家庭更喜欢哪一个？你的答案取决于什么？

c. 如果政府只是简单地返还一半的家庭食品支出，那么预算约束将会怎样变化？

d. 如果政府在（c）中所述计划中花费的钱与在食品券计划中花费的相同，那么这个家庭会消费多少食物？把政府花费的数量表示为你已经画出来的两条预算线间的垂直距离。

B. 用 x_1 表示在食物上花费的美元数，用 x_2 表示在其他商品上花费的美元数，写出你在 2.17A(a) 中的选择集的数学表达式。从 2.17A(b) 至 2.17A(d)，这个方程会怎样变化？

第3章 劳动与金融市场的经济处境

如我们在第 2 章指出的，我们所做的经济选择并不局限于当我们带着固定的或者"外生"的货币预算去沃尔玛时所面临的选择。[①] 到底我们花费在消费品上的钱首先来自哪里呢？在花钱之前，我们必须首先通过某种形式的经济活动来生成它。对于我们大多数人来说，这种活动包括工作，或者为换取回报而放弃的时间。或者，我们可以通过借贷或变现储蓄账户、互助基金、房地产投资或者其他资产来产生货币。在每一个这样的情景中，我们都在放弃一些禀赋（endowment）（其价值由经济中的价格决定）来获得货币，以进行消费。这个禀赋在工作时可以是我们的时间，在我们从储蓄中取现时可以是一种资产，在借贷时可以是我们未来进行消费的能力。我们实际上是对禀赋进行交易来生成货币，然后我们在进入沃尔玛去买衬衫和裤子时可以把这些货币看成固定的预算。

在第 2 章中，当我带着 5 条裤子和 10 件衬衫回到沃尔玛的时候，这就是我的禀赋，那么，我的内生收入（endogenous income）由我可以把我的禀赋以什么价格卖给沃尔玛来获得商场购物券确定。同样，我们在工作/休闲与储蓄/借贷决策中的经济处境也是由我们带来的禀赋以及禀赋在市场中的价格所形成的。如果决策中要求我们出售休闲时间来工作，那么相关的"价格"就是工资；如果决策涉及推迟消费（通过储蓄）或者借未来收入来消费（通过贷款），那么相关的"价格"就是我们能得到或者需要支付的利率。因此，我们在这一章所推导的选择集与第 2 章我带着裤子和衬衫而不是金钱返回沃尔玛时所思考的选择集在本质上是没有差别的；有区别的是：我们现在的禀赋不是以裤子和衬衫的形式来衡量，价格也将会涉及工资率与利率。

3A 工人与储蓄者的预算

首先分析我们作为工人时的选择集，接下来分析我们在思考储蓄与借贷时产生

---

① 第 2 章被推荐为本章的一个前验章节。

的选择集。与前一章一样，我们首先完全集中在经济学与直觉思维上，借助图示工具来得到我们选择集的基本模型。然后在 3B 节，我们将把一些直觉转化为数学语言，以此来说明如何将它一般化。

3A.1　作为工人时我们的选择集

我们已经指出，"工作"意味着放弃我们最宝贵的禀赋：我们的时间。我们的时间对雇主来说（或者更一般地，在我们为自己打工时相对市场来说）有多少价值，取决于我们的内在天赋与特征以及教育背景和工作经历。假定你正在休暑假，并已找到一份工作，雇主愿意为你支付每小时 20 美元。你的雇主正在决定还需要招多少其他的暑期工，因此她问你愿意在这个暑假每周工作多少小时。给定你的处境，你需要决定工作多少时间是最优的。你工作的时间越长，你在暑假拥有的休闲时间将越少，但是你可以创造更多的财富，以购买更多的消费品。1 小时休闲的机会成本是你在该小时不工作所隐性放弃的消费，如果你的工资是每小时 20 美元，那么你的机会成本就是价值 20 美元的消费。换句话说，一个小时休闲的机会成本是你在该小时所获得的工资。

3A.1.1　图示休闲/消费选择集　你在休闲与消费之间进行选择的选择集与你在裤子和衬衫之间进行选择的选择集并没有什么区别，只不过你现在需要从特定的休闲时间的禀赋，而不是外生的美元收入着手。假设我们用横坐标表示"休闲的小时数/周"，用纵坐标表示"消费的美元数/周"，如图 3-1 所示。（注意，我们已经像第 2 章中那样把所有消费品加总成为一种复合消费品。）我们假定，考虑到你的

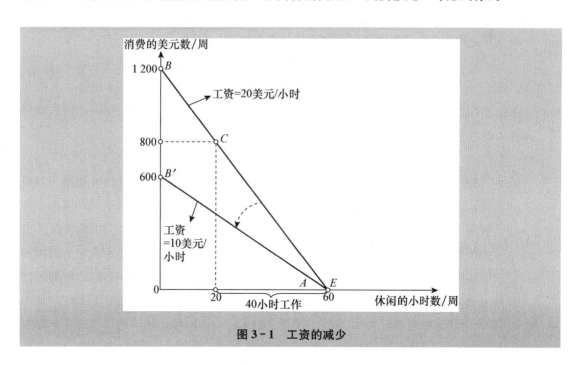

图 3-1　工资的减少

其他需要（更不要说你需要睡觉以及进行其他的个人活动）后，你每周还有 60 个小时可以用于在工作与玩耍之间分配。这就是你的休闲时间禀赋。横坐标轴上的截距将是 60 小时（E 点），这表示你的一个可能选择是坚持持有你的 60 小时的休闲禀赋，同时不获得用于消费的货币。注意，你可以消费这个禀赋组合 E 而不管经济中的价格（包括工资）是多少，这是我们在第 2 章中提到的所有禀赋的一个特征。

在另一个极端，你可以卖出所有的时间禀赋，也就是把你所有的时间用于工作，从而每周可以挣 1 200 美元。这样你可以得到纵坐标轴上的截距 B 点。或者你可以做一些折中的选择，比如卖出 40 个小时的休闲时间（留下 20 小时玩耍），从而每周挣 800 美元用于消费（C 点）。把这些点连在一起，我们就得到了图中上面那条表示所有可能的休闲与消费组合的预算线，这是你在给定的经济处境下对一周的时间所能做的选择。注意，该线的斜率是 -20，恰好等于工资的相反数，这就是我们所识别的 1 小时休闲用消费的美元数表示的机会成本。

现在假定在暑假开始之前萧条来袭，你能得到的最高的工资是每小时 10 美元而不是 20 美元。这将怎么改变用来说明你的消费与休闲的权衡取舍的预算约束呢？

回忆一下，我们在第 2 章末指出，当选择集是从禀赋而不是从固定的美元数导出时，若价格变化，预算线就会围绕着禀赋点旋转。在我们现在的例子中，工资，也就是雇主为了雇用工人所要支付的钱，是价格。例子中的禀赋在 E 点，即每周你可以自由支配的休闲时间的总量。我们已经指出，不管经济中的工资率是多少，E 点总是可得的，因为它是你的禀赋点。因此，当工资率下降到每小时 10 美元时，E 点不会发生变化。另外，B 点会发生变化。如果现在你决定卖出所有的休闲时间，那么你每周只能挣 600 美元而不是 1 200 美元用于消费。新（下面）的预算约束包含了禀赋点 E，其斜率等于休闲的新的机会成本。

练习 3A.1 说明当工资上涨到每小时 30 美元时，原始的预算线会发生怎样的变化。如果你的朋友向你推荐了咖啡，你喝了后所需要的睡眠时间缩短，从而每周有了 80 小时的休闲时间，此时又会怎样？

3A.1.2 政府政策与劳动市场选择集

政府政策对劳动市场的潜在影响是如此之大，以至于经济学中有完整分支来研究这些影响。加班管制、雇员福利强制、安全管制、工资税和补贴都是政府为了影响雇主和雇员的可能选择而采用的方法。

例如，考虑如下管制：要求雇主对每周超过 40 小时的工作量支付 50% 的加班费。实施这种管制的一个可能结果就是雇主不允许雇员每周选择工作的时间超过 40 小时。在你的暑期工作的例子中，这不会改变 E 点；如果你完全不工作（从而有 60 个小时的休闲时间），你将不能挣到钱来消费。同样，休闲的机会成本对你最开始放弃的 40 小时保持不变，这意味着在图 3-2（a）中，预算约束在 E 点和 C 点之间保持不变。然而，给定目前的雇主不再向你提供每周工作超过 40 小时的选择，那么 C 点和 B 点之间的预算约束怎么变化就取决于你在其他劳动市场的机会。例如，如果你下一个最好的劳动市场机会给你每小时 10 美元的工资，那么你可以出售剩下的 20 小时的休闲时间，总共得到 200 美元，这意味着为第一个雇主工作 40 小时并为第二份工作工作 20 小时，你所能获得的最大消费是 1 000 美元。因此，点 B 向下移动 200 美元，在休闲时间为 0～20 小时时，预算约束线的斜率变为 -10，这反映了第二份工作的工资较低。

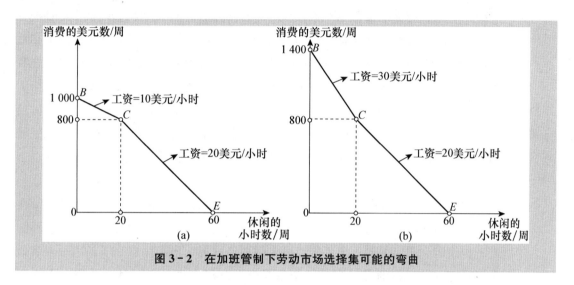

图 3-2　在加班管制下劳动市场选择集可能的弯曲

当然，并不是所有雇主都会对加班管制做出反应并禁止每周工作超过 40 小时。如果你的雇主在加班管制下允许你自由选择工作的小时数，那么你的预算约束将会发生不同的变化。尽管 E 点和 C 点之间的线段保持不变（因为这是针对每周少于 40 小时的工作的），但若你工作 60 小时，你能得到的最大消费就会增加到 1 400 美元，这是因为现在最后 20 小时的休闲可以按每小时 30 美元的价格出售，即 20 美元工资再加上 50％ 的加班费。这将导致预算约束再次在 C 点出现弯曲，只不过现在是向内弯曲而不是向外弯曲，如图 3-2 (b) 所示。

不同类型的税收与补贴也会对工人所面临的选择集产生重大的影响。例如，假定政府对所有的工资征税 25％ 并假定你的雇主继续向你支付每小时 20 美元。[①] 那么你带回家的支付将只有 15 美元每小时，你的预算约束将会沿着禀赋点 E 逆时针旋转（新的消费截距是 900 美元而不是 1 200 美元）。这是一种比例工资税（proportional wage tax），即对工人的抽税额严格与他们的工资收入成比例。现实世界中大多数税收明显要复杂得多。通常随着收入上升，对收入收取的税率也上升，但有时候情况相反。例如，美国联邦收入税的税率随着收入上升而上升，而美国社

---

① 在一定的假设下，雇主和雇员最终将分担工资税的负担，我们在此把这一点抽象掉了。我们将在后面的章节中更详细地讨论这一点。

3

会保障税的税率则随着收入上升而下降（到零）。对于低收入家庭的工人，美国有对工资补贴到一定程度的方案，这一方案称为劳动所得税收抵免。这些类型的税收与补贴可以在休闲/消费预算集中产生重要的扭结，我们将在章末习题中进一步研究。

3A.2 为未来做规划时我们面临的约束

在我们作为消费者的选择中（第 2 章），不同商品的价格以及我们可以在这些商品上花费的货币结合在一起形成了我们的选择集。在我们作为工人的选择中，我们所能得到的时间禀赋与我们在劳动市场中所能得到的工资率形成了相似的选择集，该选择集说明了我们所面临的在工作与休闲之间的权衡取舍。现在我们转向最后一个重要的选择集，这些取舍涉及我们决定是否通过储蓄而不是今天消费，或者限制我们对未来收入的借贷程度，来延迟当期的享乐，为未来做规划。通过储蓄，我们生成了一个资产，可以在未来出售该资产后消费，这就像我们在劳动市场出卖时间一样。另外，通过贷款，我们实质上是在卖出未来的资产以供今天消费。

3A.2.1 为明年做规划：跨期预算约束 假定你已经接受了一份每小时 20 美元、总量为 500 小时的暑期工作。因此，你知道这个暑假将会赚到 10 000 美元。进一步假定你明年暑假不想工作，因为你和你的另一半要休息一下，用一个暑假去亚马逊旅游。你的另一半是一个哲学家，沉浸在思考中，对金钱完全无动于衷，在暑假时完全依赖于你的资金支持。你们两人在学年中都有全额奖学金支持，因此你们只有暑假时需要钱。

你意识到空着钱包去亚马逊旅游是很困难的，所以决定用你今年赚的收入为明年暑假做规划。我们可以做一个以"这个暑假消费的美元数"为横轴、以"下个暑假消费的美元数"为纵轴的图来说明你所面临的权衡取舍。（注意，我们现在已经把每个暑假期间所有形式的消费混在一起并考虑到在二维图片上分析的可操作性，把它们当成一种复合消费品。）你可能决定把你所有收入都花费在这个暑假的当前消费上，于是你和你的另一半这个暑假可以消费 10 000 美元［图 3 - 3（a）中的 E 点］。另一个极端是，预料到明年暑假将有一场"盛宴"，于是你们可能选择在这个暑假"饿着"。在那种情况下，你们可以把这 10 000 美元放在银行并获得一年的利息。假定年利率为 10%。因此如果你选择放弃这个暑假的所有消费，那么你明年将最多可以消费 11 000 美元（B 点）。或者你可以选择 E 点和 B 点连线上的任意一点，该连线的斜率为 -1.1，这表明这个暑假消费 1 美元的机会成本是放弃明年暑假 1.10 美元的消费。更一般地，今天消费 1 美元的机会成本是放弃一年后 1 加上（年）利率（用百分数形式表示）的消费。这种用来说明随着时间的推移所面临的权衡取舍的预算约束被称为跨期预算约束（intertemporal budget constraint）。

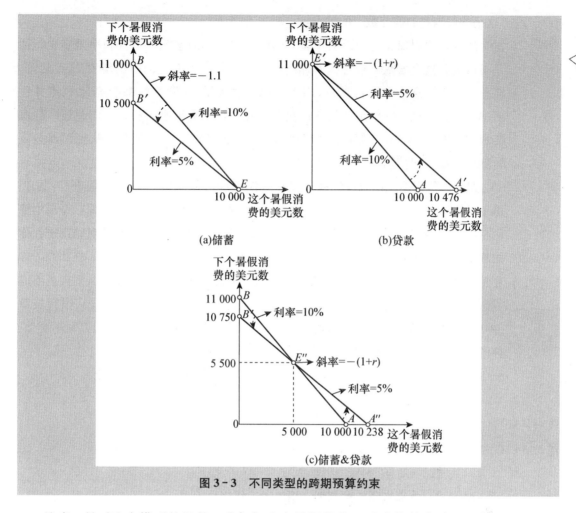

图 3-3　不同类型的跨期预算约束

注意，针对这个模型的目的，我们把这个暑假的收入看成你的禀赋（E 点）。不管经济中的价格是什么（我们目前的分析中利率是重要的价格），你总可以消费这个禀赋；也就是说，你总可以简单地选择现在消费全部的 10 000 美元。然而，随着利率的变动，你的预算约束的其他部分将随着该点旋转。例如，如果利率下降到 5%，那么明年暑假你的最大消费将为 10 500 美元［图 3-3（a）中的 B′点］，（下面那条预算线的）新的斜率表明了今年消费 1 美元的新的机会成本。

现在假定你的哲学家另一半认为亚马逊之旅不能再等了，因此你们必须在这个暑假而不是下一个暑假一起到雨林中旅行。由于你没有储蓄，所以你只能贷款。你的雇主同意向银行写一份保证书，告诉他们你将会在明年暑假为她工作并得到 11 000 美元的暑期工资。假定利率仍为 10%。在两个暑期间描绘预算约束时，你知道一种可能是：你现在 1 美元也不借，从而在下个暑期消费全部的 11 000 美元［图 3-3（b）中的 E′点］。或者，你可以从银行贷款，借到最大数额并在今年全部消费掉。因为银行知道你在明年最多可以还款 11 000 美元，所以它们现在最多借给你 10 000 美元（算上 10% 的利息，你明年需要还 11 000 美元）。因此，A 点位于

"这个暑假消费的美元数"的轴上。

注意，我们现在是把你明年暑假的收入作为你的禀赋，不管利率是多少，你总可以消费这个禀赋，这意味着你的预算线将会在利率变动时围绕着 E' 点旋转。因此，对于任意给定的利率 r（用百分数形式表示），预算线都会经过 E' 点并且斜率为 $-(1+r)$，这也是贷款并消费 1 美元（并在明年连同利息一同归还）的机会成本。图 3-3（b）说明了当利率从 10％ 下降到 5％ 时，预算线从里面那条旋转到外面那条的情形。

最后，假定你能说服你的哲学家另一半把亚马逊之旅分成两个暑假进行，从而这个暑假和下个暑假都能匀出一半的时间来工作。你的雇主也愿意合作，今年给你 5 000 美元的暑期工资，并允诺明年给你 5 500 美元的暑期工资。在这种情况下，你的禀赋点——即不依赖于利率的点——由 E 点″[见图 3-3（c）]给出，在该点，你今年消费 5 000 美元，明年消费 5 500 美元。在利率为 10％ 时，你可以把你当前的暑假支付都存起来并在明年暑假总共消费 11 000 美元，或者你可以从银行贷款 5 000美元并在这个暑假消费高达10 000美元（而明年暑假不消费）。随着利率变化，你的预算线将会继续经过禀赋点 E''（因为你总可以挣多少消费多少），斜率为 $-(1+r)$。图 3-3（c）中展示了利率从 10％ 变为 5％ 时预算线的变化。

练习3A.2 验证图 3-3（a）～（c）中轴上的美元数量。

练习3A.3 如果利率达到 20％，图 3-3（a）～（c）中的选择集将会怎样变化？

3A.2.2 为未来几年做规划

当思考一年之后的规划时，我们的分析变得更加复杂。例如，假定你和你的哲学家另一半被要求在明年暑假上暑期学校，因此你们在两年内不能继续你们的亚马逊之旅。因为明年暑假你将在学校，来自父母的支持和奖学金将会支付你们这个暑假与两年后的暑假期间的所有花费，但是你需要为你们这个暑假以及两年后的暑假的亚马逊之旅负责。再次假定你今年通过暑期工作会挣到10 000美元，年利率为 10％。

我们现在做一个以"这个暑假消费的美元数"为横坐标轴、以"两年后消费的美元数"为纵坐标轴的图来说明你跨越这两个暑假的预算约束。图 3-3（a）中的 E 点保持不变：你总是可以决定在这个暑假将所挣的钱全部消费掉并在两年后的暑假什么都不消费。但是如果你将所挣的钱全部储存起来，那么两年后能消费多少呢？

我们知道，如果你把 10 000 美元存入银行一年，一年后你将有 11 000 美元。为了搞清楚两年后你有什么，我们只需要重复这一练习：如果你把11 000美元再在银行存一年，你可以得到多少利息。因为 11 000 美元的 10％ 是 1 100美元，所以如果你这个暑假不消费，而是将所挣的钱全部存到银行，那么你在两年后的暑假可以消费的数额将会达到 12 100 美元。

更一般地，如果年利率是 r（用百分数的形式表示），把 10 000 美元存入银行一年会得到 $10\,000(1+r)$ 美元。把这个新的 $10\,000(1+r)$ 美元的余额再存入银行一年，两年后将会获得该数量乘以 $(1+r)$ 的银行存款余额，或者是 $10\,000(1+r)$ $(1+r)$ 美元，也就是 $10\,000(1+r)^2$ 美元。因此，这个暑假 1 美元消费的机会成本是 $(1+r)^2$。如果前面还有另外一个暑假，那么我们在三个暑假后将有 $(1+r)$ 乘以银行存款余额，或 $10\,000(1+r)^2(1+r)$ 美元，即 $10\,000(1+r)^3$ 美元。你能发现以下规律：这个暑假在银行存入 10 000 美元，如果我们在 n 个暑假中都不动这个账户，那么几个暑假后将会得到 $10\,000(1+r)^n$ 美元的存款余额。

练习 3A. 4　到目前为止，我们隐含地假定按年计算复利，也就是说，你只有在每年结束时才开始获得利息的利息。通常，利息复合得更频繁一些。假定你现在在银行储蓄 10 000 美元，年利率为 10%，但是按月而不是按年计算复利，那么你的月利率为 10/12 或者 0.833%。定义 n 为月份数并使用前面一段中的信息，一年后你在银行中的账户存款是多少？将此与按年对利息进行复合计算出来的数量进行比较。■

图 3-4 是图 3-3 前两幅图的一个一般形式，其中不再考虑现在的消费与一年后消费的权衡取舍，相反，我们考虑的是现在的消费与 n 年后消费的权衡取舍。在图 3-4（a）中，我们假设这个暑假挣 X 美元，其中一部分储蓄下来，以便在 n 年后的暑假使用。因此，禀赋点 E 位于横坐标轴上。另外，在图 3-4（b）中，我们假定在 n 年后的暑假中将挣到 Y 美元，其中一部分可以作为贷款用于当前的消费。假定贷款与储蓄的利率相等，因此我们得到两条斜率相同但禀赋点不同的预算线。

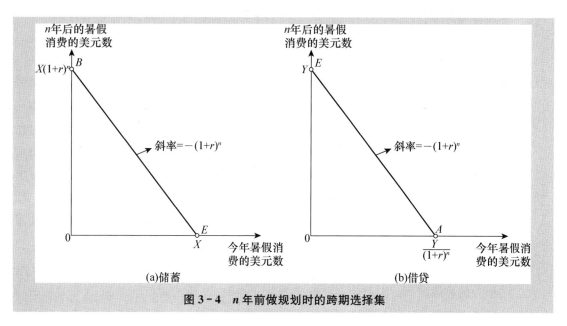

图 3-4　n 年前做规划时的跨期选择集

练习3A.5 假定你刚继承了 100 000 美元并试图选择现在消费多少以及为了 20 年后退休储蓄多少。做一个以"今天消费的美元数"为横坐标轴、以"20 年后消费的美元数"为纵坐标轴的图来说明你的选择集 [假定利率为 5%（按年计算复利）]。如果利率突然上升到 10%（按年计算复利），将发生什么？■

3A.2.3 更复杂的金融规划 用来分析金融规划的两期模型有其局限性，即消费者在多期获取收入并在相同期间进行消费规划时，该模型很难对储蓄与消费可能的完整的复杂性进行建模。然而正如我们将在本书所看到的，我们总可以用这样的两期模型来生成一些本质的直觉。同时我们能使用更加数理化而图示较少的方法来分析那些很难用一个图示模型来处理的选择集。我们将在本章 B 部分转向更加数理化的方法。对于那些对金融应用感兴趣的人，我们在章末习题 3.9 至习题 3.14 中使用这里开发的基本工具来处理一些复杂的金融规划方面的应用。

3A.3 把一切放入一个单一的模型

在本章与第 2 章中，我们已经就如何对经济中不同类型的个人，包括消费者、工人与金融规划者（也就是贷款者与储蓄者）的选择集建模进行了说明。当然，在现实世界中，当我们工作是为了消费并通过储蓄与借贷为未来做规划时，三种类型都会在同一个个体身上典型地体现出来。尽管我们在本书中通篇都会根据我们试图去处理的现实世界中的问题的类型，分别对工人、消费者和金融规划者的选择集建模且这样做是非常有用的，但是原则上我们同样可以把这些独立的模型糅合进一个统一的分析框架，来同时分析一个在经济中有着多重角色的个体所面临的完整的选择集。这一点由本章 B 部分开发的数学工具来完成最容易，但是我们同样可以通过一定程度上更加复杂的图示模型来对这是怎么实现的有一个初步了解。

例如，假定我们回到你关于这个暑假工作多长时间的决策。在 3A.1 节中，我们分析了你在做这个决策时所面临的选择集，但我们假定了你仅有的两个选择是这个暑假消费或者休闲。现在假定你的生活更加复杂了，因为你同时规划着在明年暑假与你的哲学家另一半一起开启一场亚马逊之旅。在 3A.2 节，我们分析了你为下一个暑假做规划时你的选择集，但是我们假定你已经决定了在这个暑假工作多长时间。现在我们可以思考一下当你试着决定这个暑假工作多长时间，并且如何在这个暑假与明年暑假之间分配你的消费时你的选择集是怎样的。因此，我们需要做一个像图 3-5 那样的三维坐标图，其中今年暑假的休闲小时数位于一根坐标轴上，今年暑假与明年暑假的消费分别位于另外两根坐标轴上。

假定你在今年暑假有长达 600 小时的休闲时间，也就是在 10 周中每周有 60 小时的休闲时间。同时假定你的工资为每小时 20 美元，年利率为 10%。你的禀赋点（也就是不管经济中通行的工资率和利率是多少，总保留在你的选择集中的

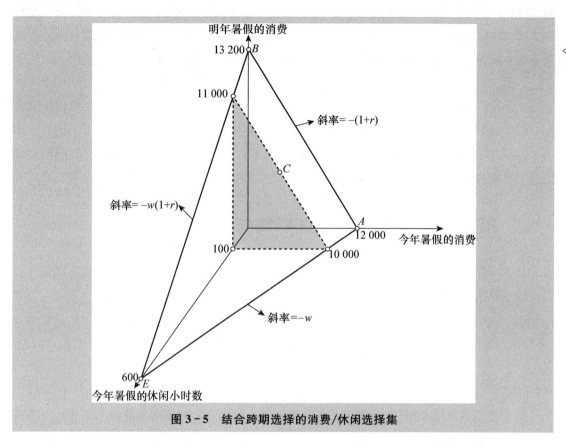

图 3-5　结合跨期选择的消费/休闲选择集

点）是 E 点，即你简单地消费你所有的休闲时间，而在今年与明年暑假不消费任
何商品。如果你选择明年暑假不消费任何商品，你的预算集将仅是由连接 A 点和
E 点的预算线所定义的图的底部平面。这个选择集与我们在 3A.1 节中用图表示
的选择集非常相似，在那里，你只考虑你在消费与这个暑假的休闲时间之间的权
衡取舍。同样，如果你选择不休闲，那么你的选择集将会退化到包含连接 A 点与
B 点的预算线的垂直平面中的二维图。这与我们在 3A.2 节中所分析的选择集相
似，在那里，你简单地在今年或者明年消费一定数量之间进行权衡取舍。最后，
假定你在这个暑假不消费商品，我们在包含 E 点和 B 点的平面中做出了你的选
择集。在那种情况下，对于你工作的每个小时，你将获得 20 美元工资加上 2 美
元的利息，即总共会有 22 美元用于明年消费。因此，每小时休闲时间的机会成
本是一年后所放弃的 22 美元的消费，也就是你的工资 w 乘以（$1+r$）。

　　在这样一个选择集中，你"最好的"选择很可能是：今年暑假拿出部分时间休
闲、今年消费一些以及一年后消费一些。位于连接 A 点、B 点和 E 点的平面内部的所
有点都代表了这样的选择。例如，如果你决定工作 500 小时（从而消费 100 小时的休
闲），那么你剩下的选择将会由包含 C 点的"切片"表示，在那里，你把你的消费分
散在两个暑假中。这个切片与图 3-3（a）中画的最初预算线完全相同。然而，这些
选择中的哪一个对你是"最优的"取决于你的偏好，我们将在第 4 章转到这一专题。

练习 3A. 6* *假定你这个暑假不工作，而是在明年暑假以每小时 22 美元的工资工作（下一个暑假总的休闲时间为 600 小时）并假定利率为 5%，做出像图 3-5 那样的预算约束。在你刚刚做出的图 3-3（b）中，利率为 5% 时的预算线在哪里？* ■

正如你在图 3-5 中所看到的，我们通常所做出的二维预算线可以被视为高维选择集的"切片"，在那里我们只需要把某些选择固定住，以推导相关的切片。本书 A 部分的处理大体都是这样。当我们把自己局限在图中时，我们是在展示更加复杂的数学对象的二维"切片"。

3B 工人和储蓄者的选择集与预算方程

如本章 A 部分那样，我们将首先把工人的选择集与金融规划者的选择集分开处理，然后在本节结束时把它们组合在一起。再一次，重要的一点是，不要迷失在我们所介绍的数学中，而是发展那些能把这些数学转化为前面所述的那些直觉的技能。为了在这一过程中帮助你，本节的子节与基于图示的 3A 部分的子节相对应。

3B. 1 工人的选择集

在 3A 部分中，我们把工人所面临的选择集简化为休闲（从而不工作）与消费一种复合商品。少一些休闲意味着更多的消费机会，这是因为收入是由减少休闲时间从而增加工作时间内生地产生的。通过使用我们在第 2 章中已经为消费者选择集开发出来的工具，可以将工人选择集的模型很直接地转换为数学。

3B. 1. 1 把休闲/消费图转换为数学 在 3A. 1. 1 中，我们从一个例子开始，在这个例子中，我们假定你每周有 60 小时的休闲禀赋并且每小时能挣到 20 美元的工资。用 c 表示"每周消费的美元数"，并用 ℓ 表示"每周消费的休闲小时数"，你的选择集被定义为那些 c 与 ℓ 的组合，其中给定没有被消费的 60 小时休闲禀赋中每小时挣得 20 美元，且 c 是担负得起的。换句话说，你受 c 与 ℓ 的组合的选择集的约束：

$$c \leqslant 20(60 - \ell) \tag{3.1}$$

在上式中用等号代替不等号，并展开乘项，我们有

$$c = 1\,200 - 20\ell \tag{3.2}$$

这正是我们在图 3-1 中用直觉的办法推导出来的方程。

更一般地，记我们的休闲禀赋由 L 给出，每小时工资为 w。工人的选择集由下式给出：

$$C(w, L) = \{(c, \ell) \in \mathbb{R}^2_+ \mid c \leqslant w(L - \ell)\} \tag{3.3}$$

而预算线则由下式给出：

$$B(w,L) = \{(c,\ell) \in \mathbb{R}_+^2 \mid c = w(L-\ell)\} \tag{3.4}$$

注意，只有单一的价格（即 w，劳动的价格）出现在预算线方程中。我们再一次隐含地把 c 的价格取为 1，因为 1 美元的消费恰好花费 1 美元。

当然，可能有时经济学家想把 c 的组成更加具体地建成模型，目的可能是想研究关于劳动收入的特别的公共政策如何影响我们的总体消费以及那些与休闲多少有点互补的特定商品的消费。这用我们 3A 节中的图示模型处理起来很困难，因为那些模型把我们局限在二维空间上了，但是用前面一章所开发的数学工具把我们的休闲/消费选择集的模型扩展到多重消费品的情况变得相当简单。

例如，假定我们想知道你对 n 种不同商品的周消费——x_1，x_2，$\cdots$，x_n——以及你对这些商品的消费与你在能以工资 w 出售的每周休闲禀赋为 L 的劳动市场上的决策有什么关系。你的选择集将被简单地定义为给定你在劳动市场上卖出的休闲小时数，你能在相应市场价格为 p_1，p_2，$\cdots$，p_n 时所担负得起的 n 种不同商品的组合，也就是，

$$C(p_1,p_2,\cdots,p_n,w,L)$$
$$= \{(x_1,x_2,\cdots,x_n,\ell) \in \mathbb{R}_+^{n+1} \mid p_1 x_1 + p_2 x_2 + \cdots + p_n x_n \leqslant w(L-\ell)\} \tag{3.5}$$

练习 3B. 1　当 $n=2$，$p_1=1$，$p_2=2$，$w=20$ 且 $L=60$ 时，用图表示方程（3.5）的选择集。■

3B. 1. 2　政府政策与劳动市场选择集　如同我们在 3A 部分中所指出的，大量的公共政策都会对劳动市场从而对工人的选择集产生直接的影响。我们特别讨论了加班管制的潜在影响以及由此可能导致的休闲/消费图中预算线的扭结。当然，这样的扭结同样也可以在这里所建立的数学框架下公式化，如同我们在 2B 部分中已经对其他例子所做的那样。

练习 3B. 2　把图 3-2 中所画的选择集转化为数学记号来定义选择集。■

劳动经济学家经常强调的一种特别的政策与工资税相关。例如，假定政府对工资征税导致工人支付了 t（用百分数形式表示）的税收。[①] 一个工人选择在劳动市场出卖 1 小时休闲时间不能得到 w，而只能是 $(1-t)w$，这是因为政府以工

---

① 我们将在第 19 章讨论工人而不是雇主支付了多少税收。

资税的形式向工人收取了 tw。这将把出现在方程（3.4）的休闲/消费模型中的预算线变成

$$c = (1-t)w(L-\ell) \tag{3.6}$$

把上式括号中的一些项展开后，我们得到

$$c = (1-t)wL - (1-t)w\ell \tag{3.7}$$

其中，右边的第一项表示截距项，而第二项则表示斜率。从图示来看，这意味着截距项从 wL——休闲时间为零时在征税前能达到的消费量——下降到 $(1-t)wL$。同样，斜率在绝对值意义上也下降，说明预算线变得平坦了一些。最后，我们可以通过在方程中设定 c 并求解 ℓ 来验证代表休闲的小时数的坐标轴上的截距保持不变的直觉。在两边同时加上 $(1-t)w\ell$ 并除以 $(1-t)w$，可以得到结果 $\ell = L$；在没有其他消费的时候，我们的休闲时间就简单地等于我们的休闲禀赋。

练习3B. 3　假定 $w=20$，$L=60$，用图表示在没有税收的情况下的预算约束。接着假定引入工资税（税率 $t=0.25$），说明这将如何改变你的方程与图。

练习3B. 4　假定不是对工资征税，而是对所有的消费商品征收一种税（每个消费者所支付的税等于消费额的 25%），说明这将如何改变你的方程以及相应的预算线的图。

3B. 2　我们为未来做规划时的选择集

我们在本章 3A 部分介绍的第二种选择集涉及我们对当前消费与未来消费做规划时所面临的权衡取舍的图示说明。把这些转换为数学形式的技巧与处理消费者与工人的选择集完全相同，从中得到的更加一般的框架再一次展示了分析由图示技巧所发展出来的同样的经济直觉所指导的明显更加复杂的决策的可能性。

3B. 2. 1　为明年做规划：跨期预算　我们首先通过一个简单的例子来开始我们在 3A 部分中对储蓄与贷款的讨论。在这个例子中，你和你的另一半将今年暑假挣得的一些收入存入银行，计划明年暑假到亚马逊旅游。我们接着研究这个场景的多种变体，例如，你在明年暑假挣得收入而（今年）贷款；你把旅游以及这个暑假的收入分散在两个暑假。这些情况的区别在于我们所开始的禀赋点，或者模型中不受类似利率这样的价格变化影响的消费组合。

我们可以简单地通过如下方式把有关我们对两个暑假的规划的讨论一般化：记 e_1 与 e_2 为你在这个暑假与明年暑假预期挣得的收入，并记 r 为以百分形式表示的利率。（为简单起见，我们在这里继续假设贷款与储蓄的利率是一样的，并且按年计算复利。）在 3A 部分最开始的情景中我们假设了 $e_1=10\,000$ 与 $e_2=0$，而在其他一些情景中我们首先假设 $e_1=0$ 与 $e_2=11\,000$，接着假设 $e_1=5\,000$ 与 $e_2=5\,500$。这些

分别画在图 3-3（a）、图 3-3（b）和图 3-3（c）中。

你跨越这两个暑假的消费集是组合（c_1，c_2），其中 c_1 表示今年暑假的消费，c_2 表示明年暑假的消费。给定你所拥有的禀赋以及你在市场中所面对的利率，该组合必须是可行的。我们可以看到，将此转换成预算线方程的最简单的方式是：首先决定在今年暑假不消费任何商品的情况下明年暑假你可得的消费是多少，然后将两个暑假的禀赋之和 e_1+e_2 加上第一个暑假的禀赋在这两个暑假之间的时间里获得的利息（re_1），最后得到（$1+r$）e_1+e_2。因此，对于今年你想消费的每 1 美元，你必须减少（$1+r$）的明年的消费。因此，明年暑假你实际拥有的消费 c_2 将小于等于这个暑假你不消费任何东西而拥有的消费（$1+r$）e_1+e_2 减去 $1+r$ 与这个暑假你的实际消费 c_1 的积：

$$c_2 \leqslant (1+r)e_1 + e_2 - (1+r)c_1 \tag{3.8}$$

也可以写成

$$c_2 \leqslant (1+r)(e_1 - c_1) + e_2 \tag{3.9}$$

当写成这样一种形式时，该方程可以给人一种特别的直觉：（e_1-c_1）这一项是你在第 1 期的禀赋与你在第 1 期的消费的差额，或者就是你的储蓄。将你的储蓄账户乘以（$1+r$）后，就可以得到一年后你的储蓄账户余额（$1+r$）（e_1-c_1），再加上第 2 期的禀赋 e_2，就可以得到你明年暑假能消费的最大量。

练习 3B. 5　假设 e_1-c_1 是负的，即假设你在第 1 期是贷款而不是储蓄。你是否还能对该方程产生直觉？■

在方程（3.8）两边同时加上（$1+r$）c_1，我们可以把你的选择集定义为你的禀赋与利率的函数：

$$C(e_1, e_2, r) = \{(c_1, c_2) \in \mathbb{R}_+^2 \mid (1+r)c_1 + c_2 \leqslant (1+r)e_1 + e_2\} \tag{3.10}$$

注意，方程（3.10）中的预算方程写成了明年暑假的美元数。在两边除以（$1+r$），它可以等价地写成今年暑假的美元数，即

$$C(e_1, e_2, r) = \left\{(c_1, c_2) \in \mathbb{R}_+^2 \mid c_1 + \frac{c_2}{(1+r)} \leqslant e_1 + \frac{e_2}{(1+r)}\right\} \tag{3.11}$$

练习 3B. 6　根据图 3-3 中各情景背后的信息，将 e_1、e_2 和 r 的相关值代入方程（3.8）中。接着说明这些预算线与其背后的数学方程（3.8）是一致的，更一般地，对出现在式（3.8）中的截距项与斜率项做出直觉意义上的解释。■

3B. 2. 2　为未来几年做规划　更一般地，我们在 3A. 2. 2 节中通过直觉说明了

进行多期规划与进行单期规划是相似的，不同的是，今天消费 1 美元的机会成本从 $1+r$ 变为 $(1+r)^n$，其中 n 是我们的规划所跨越的期数。例如，如果你计划把这个暑假预期挣得的收入与 n 个暑假后计划挣得的收入在这个暑假的消费与 n 个暑假后的消费之间分配，那么你的选择集将是表达式（3.10）中推导出来的选择集的一个简单扩展，即用 $1+r$ 代替 $(1+r)^n$：

$$C(e_1, e_n, r) = \{(c_1, c_n) \in \mathbb{R}^2_+ \mid (1+r)^n c_1 + c_n \leqslant (1+r)^n e_1 + e_n\} \quad (3.12)$$

3B.2.3　更加复杂的金融规划　当查看一个像方程（3.12）所描述的选择集那样的选择集时，我们马上会碰到的问题是：在这个暑假与 n 年后的暑假之间发生了什么？在那些暑假里我们没有消费或者挣得收入吗？那些难道不应该成为我们规划的一部分吗？

答案当然是我们在 3A 部分中受制于图示工具的约束：我们只有二维空间的图示，因此只能图示两期的规划，不管它们是相隔 1 年还是 n 年。然而，只要用稍微复杂一点的办法，我们就可以很容易地定义更加复杂的选择集，在这些选择集中，个体可以一次性看到他们在很多时间段内全部的消费可能性。例如，假定我不仅对今年而且对即将到来的 $(n-1)$ 年里每年能挣多少有一个预期，从而有一个分散在 n 年的总的 n 个不同的禀赋（我们可以记为 e_1，e_2，$\cdots$，e_n）。进一步假定我预期接下来的 n 年的年利率为一个常数 r。如果直到最后一年之前我都不消费任何东西，那么我最终将会有最后一年的禀赋 e_n，加上倒数第二年的禀赋与该禀赋一年的利息 $[(1+r)e_{n-1}]$，加上倒数第二年的禀赋与该禀赋两年的利息价值 $[(1+r)^2 e_{n-2}]$，等等。因此，如果我所有的消费都发生在最后一年，那么我可以消费

$$c_n = e_n + (1+r)e_{n-1} + (1+r)^2 e_{n-2} + \cdots + (1+r)^{n-1} e_{n-(n-1)} \quad (3.13)$$

现在对于倒数第二期我消费的每一美元，留在最后一期供我消费的数量将减少 $1+r$；对于倒数第三期我消费的每一美元，留在最后一期供我消费的数量将会减少 $(1+r)^2$；等等。因此，尽管在最后一期我能消费方程（3.13）中指出的量，但我所能消费的实际的量取决于我在前面各期消费了多少：

$$\begin{aligned}
c_n = {} & e_n + (1+r)e_{n-1} + (1+r)^2 e_{n-2} + \cdots + (1+r)^{n-1} e_1 \\
& - (1+r)c_{n-1} - (1+r)^2 c_{n-2} - \cdots - (1+r)^{n-1} c_1
\end{aligned} \quad (3.14)$$

或者，把所有的消费项置于方程的左边，整理得

$$\begin{aligned}
& c_n + (1+r)c_{n-1} + (1+r)^2 c_{n-2} + \cdots + (1+r)^{n-1} c_1 \\
= {} & e_n + (1+r)e_{n-1} + (1+r)^2 e_{n-2} + \cdots + (1+r)^{n-1} e_1
\end{aligned} \quad (3.15)$$

两期的图示是更加复杂的选择集的一种特殊情况，即除了两期外，所有期的消费与禀赋项都被简单地假设净值为 0。在个体试图"在给定的处境下努力做到最好"的框架下，把图示模型转化为数学使得我们在研究个体如何为未来做规划时可以设

定更加丰富且更加现实的处境。这里所阐释的基本见解可以帮助我们研究一些通常的金融规划问题。章末习题 3.9 至习题 3.14 中涉及了这些问题，它们是专为那些对金融相关专题特别感兴趣的人设计的。

练习 3B. 7*　假设你预期今年暑假挣得 10 000 美元，明年暑假挣得 0 美元，两个暑假后挣得 15 000 美元。分别用 c_1、c_2 和 c_3 表示你在这三个暑假的消费，写出你的预算约束［假定年利率为 10%（并按年计算复利）］，并在一个 c_1、c_2 与 c_3 位于三根坐标轴的三维图中展示这一预算约束。如果利率上升到 20%，你的方程与图将如何变化？■

3B. 3　把一切放入一个单一的模型

在 3A 节结束时，我们简要地探讨了一个三维图示的例子，在这个例子中，今年暑假的休闲禀赋可以转化为今年暑假与明年暑假的消费。特别地，我们在如下假设下图示了你的选择集：这个暑假你有特定的休闲禀赋；你同时在盘算这个暑假工作多长时间，以及在之后的两个暑假分别消费多少；你明年暑假不能再工作了。

因此，你这个暑假的收入取决于你选择在这个暑假消费多少休闲（ℓ），从而你的收入等于你的小时工资 w 乘以你的时间禀赋 L 中没有被作为休闲消费掉的部分，即 $w(L-\ell)$。如果你选择这个暑假不消费这个收入中的任何部分而把它存入银行，那么你将有

$$(1+r)w(L-\ell) \tag{3.16}$$

的总量可用于明年的消费。对于今年消费的每一美元，你在明年暑假将少 $(1+r)$ 的消费。因此，你明年的消费 c_2 将等于如果你这个暑假不消费而能有的最大消费减去 $(1+r)$ 乘以你这个暑假的实际消费 c_1，或是

$$c_2 = (1+r)w(L-\ell) - (1+r)c_1 \tag{3.17}$$

把所有的消费项置于方程的一边，于是预算约束可定义为

$$B(L,w,r) = \{(c_1,c_2,\ell) \in \mathbb{R}^3_+ | (1+r)c_1 + c_2 = (1+r)w(L-\ell)\} \tag{3.18}$$

练习 3B. 8*　当 $L=600$，$w=20$，$r=0.1$ 时，说明方程（3.18）如何直接转化为图 3 - 5。■

在这里有必要再次指出的是：当局限于二维的图示模型时，我们本质上是把一个更大维度的选择集的某些东西固定住。例如，当在图 3 - 3(a) 中表示你在这个暑假与明年暑假的初始选择集时，我们假定你这个暑假的劳动/休闲决策已经

被制定了并产生了 500 小时的劳动。因此，当在一个二维模型中分析多于两期的消费选择时，我们实际是在一个三维模型的"切片"上操作，这是一个某些东西被固定住了的"切片"。在我们的例子中，这个"切片"位于消费的休闲为固定的 100 小时处［剩余的 500 小时挣得 10 000 美元的收入，从而使得在这个暑假可能有 10 000 美元的消费（或者明年暑假有 11 000 美元的收入）］。在数学中，这个"切片"可以简单地表示为

$$B(r) = \{(c_1,c_2) \in \mathbb{R}^2_+ \mid (1+r)c_1 + c_2 = 10\,000(1+r)\} \tag{3.19}$$

其中我们用这个暑假的 10 000 美元外生收入代替了劳动收入与时间禀赋。这个"切片"如图 3-5 所示。

类似地，三维图 3-5 也是一个更高维度选择集的"切片"，在这个"切片"中，一些其他的东西被固定住了。例如，在图 3-5 中我们假设你已经决定了明年暑假不工作（也就是不卖出休闲时间），从而使得我们的图示仅集中于三维空间。增加明年暑假工作这一可能很容易用数学方法处理而不可能用图示处理。

练习 3B. 9 在如下假设下定义表达式（3.18）中预算约束的一个更一般化的数学版本：你在今年暑假有 L_1 的休闲禀赋，并且在明年暑假有 L_2 的休闲禀赋。为使图 3-5 成为这个四维选择集的正确的三维"切片"，L_2 的值为多少？■

结论

我们现在已经完成了对选择集的初始建模。从第 2 章与第 3 章我们了解到，有很多对选择集进行图示或者数理建模的方法，对一个特定应用来说最好的模型取决于应用本身。在一些情况下，我们只是对特定价格的变化对消费者选择的影响感兴趣，此时把消费者的选择建模成在某一外生收入下消费者对感兴趣的商品以及一种复合商品的选择就足够了。在其他一些情况下，我们可能对如下情形感兴趣，即消费者所面临的权衡取舍以及用来进行选择的货币数量取决于消费者为了购买商品而出售的禀赋的价格、工资或者利率。如我们在第 1 章所讨论的，对经济学家来说，最关键的是找到最简单的模型来刻画我们有兴趣回答的特定问题的最重要的方面。

然而，我们还没有准备好真正分析选择。为了完全分析个体实际上会做出什么选择，我们不仅需要找到对他们可得的选择进行建模的方法，还需要找到对他们会如何评估这些可得的选择进行建模的方法，而这取决于进行选择的个人的偏好。我们将在第 4 章中开始分析偏好。

章末习题[①]

3.1　在我们对休闲/消费的权衡取舍的处理中，我们假定你仅仅从工资中获得收入。

A.　现在假定你的祖父建立了一个信托基金，可以每周支付你 300 美元。此外，你每周有至多 60 小时的休闲时间可以用来以每小时 20 美元的工资工作。

a.　用一个横坐标轴表示"每周休闲小时数"、纵坐标轴表示"每周消费的美元数"的图说明你的预算约束。

b.　你的禀赋组合位于图中的什么地方？

c.　当你的工资下降到每小时 10 美元时，你的图会如何变化？

d.　如果信托基金受到了你父母的侵占，每周只支付你 100 美元，那么预算图将会如何变化？

B.　写出 3.1A 中所描述的预算约束。

3.2　在本章，我们用图表示了预算约束，以说明消费与休闲的权衡取舍。

A.　假定你的工资是每小时 20 美元，并且你每周至多有 60 小时用于工作。

a.　现在，不再把休闲小时数作为横坐标轴（如我们在图 3 - 1 中那样），而是把劳动小时数作为横坐标轴（仍把消费的美元数作为纵坐标轴），那么你的选择集与预算约束是怎样的？

b.　禀赋点在图中什么地方？

c.　怎么理解你刚才所画的预算约束的斜率？

d.　如果工资下降到每小时 10 美元，图将怎么变化？

e.　如果你喝了一种新的咖啡因饮料后每周可以工作至多 80 小时而不是 60 小时，你的图将怎么变化？

B.　如何把你对消费 c 与劳动 l 的选择集写成工资 w 与休闲禀赋 L 的函数？

[*][†]**3.3**　假设你的储蓄账户中有 10 000 美元，今年暑假有 600 小时的休闲时间以及每小时 30 美元的工作机会。

A.　明年暑假将是你开始工作谋取生计前的最后一个暑假，因此你计划整个暑假休假并放松。你需要决定今年暑假工作多长时间以及今年暑假与明年暑假支出多少在消费上。假设今年你做的任何投资都将会在明年得到 10% 的收益。

a.　在一个坐标轴分别为今年暑假的休闲（ℓ）、今年暑假的消费（c_1）以及明年暑假的消费（c_2）的三维图上，说明你的禀赋点以及你的预算约束。清晰地标明你

---

① 　*　在概念方面具有挑战性的问题。

　**　在计算方面具有挑战性的问题。

　†　答案见学习指南。

的图并指出禀赋点在哪里。

b. 如果你突然意识到你仍需要支付明年的学费 5 000 美元，并且需要马上支付，你的答案将有何不同？

c. 如果利率翻倍到 20%，你的答案将有何不同？

d. 在（b）与（c）中，哪一个斜率与（a）中的斜率不一样？

B. 推导 3.3A 中预算约束的数学表达式，并解释该表达式的组成是如何与你所画的预算线的斜率和截距联系起来的。

3.4 假定你是一个无忧无虑的 20 岁的单身汉，你的生活由一个已经去世了的亲属建立的信托基金的预期支付来维持。该信托基金在你 21 岁（一年后）时将支付给你 x 美元，在你 25 岁时支付 y 美元，在你 30 岁时支付 z 美元。你计划在你 30 岁生日的时候娶一个富有的女继承人，因此只需要在接下来的 10 年维持你自己的生活。维护你的信托基金的银行愿意用 10% 的利率借钱给你并对储蓄支付 10% 的利息。（假定每年复利一次。）

A. 假定 $x=y=z=100\ 000$。

a. 你今年最多能消费多少？

b. 如果你能找到一种方式不在吃喝上支出，那么 10 年后你最多能消费多少？

B. 用 c_1 表示今年的消费，c_2 表示明年的消费，r 表示年利率。借助 x、y 和 z，用数学方法定义你的 10 年跨期预算约束。

3.5 政策应用：所得税抵免。在克林顿政府期间，所得税抵免项目（EITC）被大范围推广。该项目通过与如下例子相似的方式为低收入家庭提供工资补贴：同前面的习题一样，假定你每小时挣 5 美元。在 EITC 下，政府对你每日最初的 20 美元收入提供 100% 的补贴，对接下来的 15 美元收入提供 50% 的补贴。对于每日收入超过 35 美元的部分，政府征收 20% 的税。

A. 假定你每天最多有 8 小时的休闲时间。

a. 说明在 EITC 下你的预算约束（以每日休闲时间数为横坐标轴、每日消费数为纵坐标轴）。

b. 假定在这个项目下，政府最终每天向某个特定的人支付了 25 美元。识别该工人在预算约束线上选择的点。他或她每天工作多长时间？

c. 回到相同工人在习题 3.18 中的 AFDC 项目下的预算约束图。假定政府每天都向该工人支付了 25 美元。他或她每天工作多长时间？

d. 说明 EITC 项目与 AFDC 项目中隐含的权衡取舍的差别是如何引起相同的个体在劳动市场中做出完全不同的选择的。

B. 更一般地，考虑一个 EITC 项目，在该项目中，收入的前 x 美元获得比例为 $2s$ 的补贴，接下来的 x 美元获得比例为 s 的补贴；任何超过 $2x$ 的收入被征收比例为 t 的税。

a. 推导边际税率函数 $m(I, x, s, t)$，其中 I 表示劳动市场收入。

b. 推导平均税率函数 $a(I, x, s, t)$，其中 I 还是表示劳动市场收入。

c. 在一个横坐标轴表示税前收入、纵坐标轴表示税率的图上画出平均税率函数与边际税率函数的曲线。EITC 是不是累进的？

3.6　日常应用：为退休投资。假定你刚才被告知你将收到公司发放的 15 000 美元的年终奖。进一步假定你的边际收入税率是 33.33％，这意味着你将对该奖金支付 5 000 美元的收入税。还假定你预期自己的投资账户能得到平均每年 10％的收益（出于本题的目的，假定按年计算复利）。

A. 假定你把所有奖金都储蓄起来，待 30 年以后退休时使用。

a. 你需要为常规的投资账户每年获得的收益交税。因此，你得到 10％的收益后需要支付三分之一的税收，税后回报是 6.67％。在这种情况下，30 年后你的账户将积累多少钱？

b. 一种可替代的投资策略是把你的奖金置于一个 401k "税收优势" 的退休账户中。联邦政府建立这样的账户是为了鼓励退休储蓄。它们以如下方式运作：只要你挣得某笔收入后马上将其直接放入这个账户，你就不需要对该收入支付任何税收，同样你也不需要为你所挣的任何收益支付税收。因此，你可以把你全部的 15 000 美元奖金放入这个 401k 账户并在接下来的 30 年里每年得到全部的 10％的收益。但是，对于你在退休后取出来的任何数额，你确实需要支付税收。假定 30 年后你退休时，你计划取出你账户中累积的全部数额，并假定到时你预期仍需支付三分之一的税收。你在 401k 账户中已经累积了多少？在支付税收后你还有多少？把结果与你在 (a) 中的答案进行比较，即，与若你将钱储存在 401k 计划以外的账户中，那么退休时累积的全部数额进行比较。

c. 判断正误：通过允许个人推迟支付税收，401k 账户使退休储蓄有了较高的收益率。

B. 更一般地，假定你现在挣得的收入为 I，并且你面对（将来也将面对）的边际税率为 t（为 0 和 1 之间的一个分数），现在的利率（以及未来的利率）为 r，你计划为未来 n 期进行投资。

a. 如果你首先为收入 I 付税，并把剩余部分放入一个每年的利息收入都要交税的储蓄账户中，那么 n 年后你可以消费多少？（假定 n 年间你的储蓄账户没有任何增加。）

b. 现在假定你把全部数量 I 置于一个 "税收优势" 的退休账户中，在这个账户中，利息收入可以免税累积。从这个账户中取出的任何数额都会像常规收入一样被征税。假定你计划在 n 年后把这个账户的所有余额取出来（在那之前不取分文）。那么 n 年后你可以用这笔钱消费多少？

c. 比较 (a) 和 (b) 的答案，你能否判断哪一个更大？

3.7　日常应用：储蓄利率与借出利率不同。假定我们回到教材正文中你在今年暑假挣得 5 000 美元并预期在下个暑假挣得 5 500 美元的例子。

A. 在现实世界中，银行通常会对借出的钱收取更高的利率（相对于它们被储蓄时所支付的利率）。因此，这里不再假定你能以相同的利率进行借贷，而假定银行对于你的任何储蓄都支付 5% 的利率，而把钱借给你时要求 10% 的利率。（在这一习题中，不按比例做图与在本章中我们画跨期预算时没有按比例做图一样都是有益的。）

a. 做一个以今年暑假的消费为横坐标轴，以明年暑假的消费为纵坐标轴的图，说明你的预算约束。

b. 如果借与贷的利率反过来，你的答案会如何变化？

c. 如果一个集合内的任意两点的连线也位于该集合内，那么该集合被定义为"凸的"。（a）中的选择集是不是凸的？（b）中的选择集呢？

d. 你更喜欢两种情形中的哪一种？给出一个不需要参考你的图的直觉回答，并说明你的图如何给出相同的答案。

B. 更一般地，假设你今年挣得 e_1，明年挣得 e_2，借钱的利率是 r_B，储蓄的利率是 r_S，c_1 与 c_2 分别表示今年与明年的消费。

a. 在这些条件下定义你的跨期选择集的一般表达式。

b. 通过代入 A（a）与（b）中的数值验证你的一般表达式是正确的，并验证你得到的选择集与用直觉方式推导出来的相似。

3.8 日常应用：节省劳动力的机器人。假定你每周有 60 小时的休闲时间并且你在劳动市场每小时能挣 25 美元。你没有更多时间用于工作的部分原因是你需要做大量的家务活：打扫卫生、购买食物、做饭、洗衣服、跑腿等。假定那些家务活每周需要花费你 20 小时。突然你在报纸上看到这样一则广告："个性化机器人可以做如下工作：打扫卫生、购买食物、做饭、洗衣服、跑腿等等。能按周进行租借。"

A. 如果你了解到每周的租金是 250 美元并且机器人确实能做你目前每周花费 20 小时（在你 60 小时的休闲时间以外的时间）做的所有事情。

a. 假设你决定租用这种机器人，说明你的新的预算线。确定你考虑了这样一个事实，即每周你必须为机器人支付 250 美元，拥有一个机器人不需要支出任何消费价值，但帮你节省了那些你必须用来做家务的时间。有还是没有这个机器人对你有利？

b. 由此产生的结果是，所有其他人也想拥有这个机器人，因此租用价格上涨到每周 500 美元。这会如何改变你的答案？

B. 把机器人的影响纳入你的预算方程中，并说明它如何导致了你在 3.8A（a）中推导出来的图。

3.9 政策应用：工资税与预算约束。假定你每周有 60 小时的休闲时间用来工作，并假定你每小时挣得的工资是 25 美元。

A. 假定政府对所有的工资收入征收 20% 的税。

a. 做一个以每周的休闲小时数为横坐标轴、以每周的消费数（用美元度量）为纵坐标轴的图，说明征税前后你的周预算约束。清晰地标记所有的截距与斜率。

b. 假定在征税后你决定每周工作 40 小时，那么你每周支付的工资税是多少？你能在图中用一段垂直距离来表示它吗？（提示：用与章末习题 2.13 相似的方法。）

c. 现在假定不以休闲小时数为横坐标轴，而是以劳动小时数为横坐标轴，给出与你在（a）中所画预算约束的信息相同的预算约束。

B. 假定政府对所有的工资收入都按税率 t（表示为 0 和 1 之间的一个比例征税）。

a. 写出预算约束的数学方程并说明如何将它与你在 A(a) 中所画的预算约束联系起来。再一次假定休闲禀赋是每周 60 小时。

b. 用方程验证你在 A(b) 中的答案。

c. 写出你在 B(a) 中推导的预算约束的数学方程，但是现在把消费表示为劳动时间而不是休闲时间的函数。把这个方程与你在 A(c) 中的图联系起来。

* **3.10　商业应用**：用年金购买住房。年金是年金的持有者在某个设定的时间期限内收到的支付流。年金的持有者可以把它转售给别人，这样别人就拥有了剩余的支付流。

A. 一些退休并拥有住房的人通过卖出他们的住房来购买年金，从而为退休融资：买方同意在 n 年内每年支付 x 美元以换取在 n 年后成为住房的主人。

a. 假定你已经看上街边的一套房子，其主人最近退休了。你接近该主人并在未来 5 年内每年支付给他 100 000 美元（从明年开始），以换取在 5 年后得到该房子。假定利率是 10%，那么你提供的年金的价值是多少？

b. 如果利率是 5% 呢？

c. 该住房目前的估值是 400 000 美元（你的房屋经纪人保证住房按与利率相同的速率升值）。如果年利率是 10%，该住房的主人是否会接受你的交易条件？如果利率是 5% 呢？

d. 判断正误：当利率增加时，年金的价值也增加。

e. 假定在给出了年金的第二次支付后，你爱上了远方的某人并决定搬到那里去。该住房在过去的两年里每年都以 10% 的速率升值（在其起始价值 400 000 美元的基础上）。你不再想要这个房子，因此想要在三年内把你对该房子的所有权卖出去，以换取某个人支付剩余的三笔年金。如果年利率是 10%，你必须得到多少支付才能在不遭受损失的情况下把这个合同转移给其他人？

B. 在一些国家，退休者能够达成与 A 中情况相似的合同，不同的是，他们能够一直得到年金支付，直到他们死去，而房子也只有在退休者死亡之后才能转移到新主人名下。

a. 假设你向某个拥有价值为 400 000 美元的住房的人提供一个每年 50 000 美元的年金支付（从明年开始）。假定利率是 10% 并且房屋按照利率升值。如果此人还能活 n 年，那么这将会把一笔好的交易转变为一笔坏的交易。n 的值是多少？（最简单的方法是打开一个表单并进行编程，从而计算出未来年金支付的价值。）

b. 回忆无穷序列的和 $1/(1+x)+1/(1+x)^2+1/(1+x)^3+\cdots$ 是 $1/x$，如果你希望确保自己没有进行一笔糟糕的交易，那么你每年最多愿意支付多少？

†**3.11 商业应用**：考虑复利。佛恩大叔刚得到了一些货币收入（100 000 美元），正想着把这些钱放在一个投资账户中一段时间。

A. 佛恩是一个不喜欢麻烦的人，因此他去银行询问对他而言最简单的选择是什么。银行告诉他，他可以把钱放在一个利率为 10%（按年计算复利）的储蓄账户中。

a. 佛恩马上做了一些数学计算，以确定如果他不取任何款的话，1 年后、5 年后、10 年后以及 25 年后他将拥有多少钱。他对于复利不太了解，因此只是猜测如果他把钱放在银行 1 年，1 年后他的钱将多 10%；如果他把钱按照每年 10% 的利率放在银行 5 年，5 年后他的钱将多 50%；如果他把钱放在银行 10 年，10 年后他的钱将多 100%；如果他把钱放在银行 25 年，25 年后他的钱将多 250%。在未来的这些不同时间他预期将分别有多少钱？

b. 考虑复利，他实际将拥有多少钱？

c. 利用一个横坐标轴表示年数、纵坐标轴表示美元数的图，说明对于不同的年数以及储蓄账户中的美元数佛恩误差的大小。

d. 判断正误：没有考虑复利所产生的误差随着时间的推移以递增的速率扩大。

B. 假定年利率为 r。

a. 假定你现在把 x 放入账户并放置 n 年，推导佛恩没有考虑复利时使用的隐性公式。

b. 考虑复利的正确公式是什么？

c. 定义一个新的函数来表示这二者之间的差额。对 n 分别取一阶和二阶条件，并给出解释。

***3.12** 假定你是一个农场主，你的土地今年生产了 50 单位的食物，并且预期明年能生产另外 50 单位的食物。（假定不存在任何其他人来进行交易。）

A. 在一个横坐标轴表示"今年的食物消费量"、纵坐标轴表示"明年的食物消费量"的图上，假定不存在一种方式使得你能把你今年收获的食物储存起来用作未来的消费，说明你的选择集。

a. 现在假定你有一个谷仓，可以用来储存食物。但是在这一年中，你储存的食物有一半被糟蹋了。这会如何改变你的选择集？

b. 现在假定，除了从土地上收获的食物单位外，你还拥有一头奶牛。你可以今年宰杀它并（相当于 50 单位的食物）。或者，你可以再饲养它一年以使它变得更肥，并在明年宰杀它（相当于 75 单位的食物）。但是你没有冰箱，因此你不能储存食物。这将如何改变你的预算约束〔假定你仍拥有（a）中的谷仓〕？

B. 用 c_1 表示今年的食物消费量，c_2 表示明年的食物消费量，如何用数学形式写出你在 A(b) 中的选择集？

3.13　商业应用：选择储蓄账户。假定你购买的彩票中奖了，中奖金额为 10 000 美元。你决定把它们都放在一个储蓄账户中。

A. 银行 A 提供给你 10％的年利率，按年计算复利，而银行 B 也提供给你 10％的年利率，但每半年计算复利。

a. 如果你把钱放在银行 A，那么年底你的银行账户中将会有多少钱？

b. 如果你把钱放在银行 B，那么年底你的银行账户中将有多少钱？

c. 银行 A 需要提供多高的年利率才能使你把钱放入银行 B 与把钱放入银行 A 没有差异？

d. 如果你计划把钱放在储蓄账户中两年，那么你在（c）中计算的利率是否足够使你在银行 A 与银行 B 之间无差异？

B. 假定你把金额 x 放入储蓄账户中，并且该账户的年利率为 r（每年计算 n 次复利）。

a. 用 x、n 和 r 表示一年后你累积的金额 y 的一般公式。检查你在 A（a）和（b）中的答案。

b. 如果 $x=10\ 000$ 且年利率 $r=0.1$，按月计算复利（也就是 $n=12$），到年底的时候你将有多少钱？

c. 如果按周计算复利，结果有何不同？

d. 如果你不得不在一个按年计算复利的 10.5％的年利率与一个按周计算复利的 10％的年利率之间进行选择，你将会选哪一个？

†3.14　商业应用**　计算年金价值的一个技巧：在前面几个习题中，我们已经指出一个无穷序列 $1/(1+r)+1/(1+r)^2+1/(1+r)^3+\cdots$ 的和等于 $1/r$。这可以用于（在一些习题的 B 部分已经被采用了）计算一个从明年开始每年支付 x 并永远持续下去的年金的价值（为 x/r）。

A. 知道了这一信息，我们就可以计算一个不会永远持续下去的年金的价值。对于这个例子，考虑一个从明年开始每年支付 10 000 美元并支付 10 年的年金，假设 $r=0.1$。

a. 首先，计算一个从明年开始并且随后的每年（永远持续）都支付 10 000 美元的年金的价值。

b. 然后，假定你在 10 年后得到了这样一个年金，也就是说，假定你知道你将会在 11 年后收到第一笔支付，那么这样一个年金今天的消费价值是多少？

c. 现在考虑这个问题：把这个 10 年的年金当成一个从明年开始支付的永远持续的年金以及一个从 11 年后开始支付的永远持续的年金的差。当你从这个意义上思考时，这个 10 年期年金的价值是什么？

d. 不使用（c）中提到的技巧，计算相同的 10 年期年金的价值。你是否得到了相同的答案？

B. 现在考虑一个更加一般化的年金，当利率为 r 时，该年金从明年开始在 n

年中每年支付你 x 美元。记这样一个年金的价值为 $y(x, n, r)$。

a. 用 A 中所描述的技巧来推导评估这样一个年金的价值的一般公式。

b. 把该公式用到如下例子中：你将要退休了，你的退休基金中有 2 500 000 美元。你可以把这笔钱一次性取出来，也可以采用年金的方式支取，即从明年开始，在接下来的 30 年内每年（如果你过世了，则支付给你的继承人）支付你 x 美元。假定利率是 6%，使你选择年金而不是一次性支付的最小的 x 是多少？

c. 把该公式用到另一个例子：当银行向你提供抵押贷款时，你可以认为它们是在接受年金。假定你认为自己每年最多为住房抵押贷款支付 10 000 美元。假定年利率为 10%，那么银行能借给你的 30 年期抵押贷款最多为多少（抵押贷款支付从一年后开始，按年进行）？

d. 当利率下降到 5% 时，你的答案将如何变化？

e. 这能否解释 20 世纪 90 年代晚期与 21 世纪早期人们是如何在利率下降时为增加当前消费而融资的？

3.15 **商业应用**：政府债券定价。假设一个亲属送了你一张美国政府债券，该债券在 n 年后到期，面值为 100 美元。这意味着该债券的持有者在 n 年后能从政府得到 100 美元。

A. 假定年利率是 10%。

a. 如果 $n=1$，那么能凭借该债券为当前消费融资多少？你认为该债券今天能以什么价格卖出？

b. 如果利率下降到 5%，那么该债券的价值是变大了还是变小了？

c. 现在假定 $n=2$。如果利率是 10%，那么该债券的价值是多少？

d. 假定 $n=10$ 呢？

B. 考虑一个面值为 x 且 n 年后到期的债券，假定在此期间内预期的年利率为 r。

a. 推导计算该债券为当前消费融资的一般公式。

b. 用导数来说明当 x 变化时债券的价值会如何变化。

c. 用同样的方式说明当 r 变化时债券的价值会如何变化。你能否由此对利率与债券价格的关系得出一个一般性的结论？

3.16 **政策应用**：社会保障（或者工资）税。社会保障是通过工资税来提供资金的，该税与联邦收入税相分离。它以与如下例子非常相似的方式运行：对于每周挣得的最初的 1 800 美元收取 15% 的工资税，但是对于每周挣得的高于 1 800 美元的部分不收取工资税。

A. 假定一个工人每周有 60 小时的休闲时间，每小时能挣得 50 美元。

a. 以每周休闲时间为横坐标轴、每周消费量（以美元计）为纵坐标轴，画出该工人的预算约束。

b. 利用习题 3.19 中给出的定义，假定该工人每周工作 30 小时，那么他的边际税率与平均税率分别是多少？如果他每周工作 50 小时呢？

c. 如果工资税的平均税率随着收入增加而下降，那么其就被称为累退的工资税。利用一个横坐标轴表示每周税前收入、纵坐标轴表示税率的图，说明当收入增加时平均税率与边际税率的变化。该税是不是累退的？

d. 判断正误：如果工资税是按比例征收的，那么用来说明休闲与消费之间的权衡取舍的预算约束没有扭结点。然而，如果税收制度被设计为对非比例的，那么当税率为累退的时预算约束有向内的扭结点，而当税率为累进的时预算约束有向外的扭结点。

B. 考虑一种更一般的情形下的税，该税以税率 t 对收入征税，但对收入大于 x 的部分，税率则降为 0。

a. 推导平均税率函数 $a(I, t, x)$（其中 I 表示每周收入）。

b. 推导边际税率函数 $m(I, t, x)$。

c. 对于足够高的收入，平均税率能否达到边际税率？

** 3.17　商业应用：赢得彩票的现值。本章所介绍的跨期预算可以帮助我们思考基础金融资产的定价。为知道这样一些资产的价值，我们需要确定它们的现值，即该资产允许我们当前进行多少消费。

A. 假定你刚刚获得了一张彩票，并且你可以将彩票转让给你指定的某个人，也就是说，你可以出售这张彩票。假设该彩票对应 100 000 美元。因为你可以出售这张彩票，所以它是一个金融资产，但是根据该彩票的持有者收到这 100 000 美元的方式的不同，该资产的价值也不同。假定年利率为 10%，考虑该资产包含多少当前消费价值，并思考你将以什么价格出售这个资产。

a. 彩票的持有者被给予一张 10 年后到期的 100 000 美元的政府债券。这意味着，在 10 年后，该债券的持有者可以取现 100 000 美元。

b. 彩票的持有者现在获得奖励 50 000 美元，10 年后获得奖励 50 000 美元。

c. 彩票的持有者将收到 10 张 10 000 美元的支票：现在一张，并在获得彩票的接下来的 9 个周年纪念日各获得一张。

d. 如果这 10 张支票中的第 1 张 1 年后收到，第 2 张 2 年后收到，第 3 张 3 年后收到，等等，那么（c）中的答案将有何不同？

e. 彩票的持有者在出示这张彩票时马上得到 100 000 美元。

B. 一般地，假定彩票的获利按照分期方式支付，其中 x_i 发生在 $i-1$ 年后。假定年利率为 r。

a. 给出确定这样一个收入流在今天价值多少的计算公式；也就是说，如果银行愿意借给你相当于你的未来收入的货币，那么你当前可以消费多少？

b. 检查你的公式，确保它对于 A 中的每一种情形都适用。

c. A(c) 中描述的是一个每年支付 10 000 美元的"年金"的例子。考虑一个承诺 1 年后开始每年支付 10 000 美元并持续 n 年的年金。你愿意为这样一个年金支付多少？

d. 如果该年金现在就开始它的第一次支付，你的答案将有何不同？

e. 如果（c）中的年金永不终止又会怎样？（为给出本题最简洁的答案，你需要回忆你在数学课上所学的无穷序列 $1/(1+x)+1/(1+x)^2+1/(1+x)^3+\cdots=1/x$。）如果年利率是 10%，该年金价值多少？

*†3.18 政策应用 AFDC 与负收入税：在 20 世纪 90 年代晚期之前，一个主要的联邦福利项目是救助无自理能力的儿童。该项目以与如下例子相似的方式构建：假定你能以每小时 5 美元在你选择的任意数量的小时内工作，并且除了通过工作挣得的收入外你没有任何其他收入。如果你的总收入为零，那么政府每天将会支付你 25 美元的福利。只要你的总收入不超过每天 5 美元，就可以继续获得这笔福利收益。对于每天超过 5 美元的收入部分，政府会将福利减少同等金额，直到你的福利变为 0。

A. 假定你每天至多有 8 小时的休闲时间可以用于工作。

a. 画出你每日休闲与每日消费（用美元度量）的预算约束。

b. 在这个例子中，如果你将边际税率定义为一个工人在劳动市场中所挣的额外一美元中没能留下来的比例，那么某工人每天工作 1 小时时所面临的边际税率是多少？如果她每天工作 5 小时呢？如果她每天工作 6 小时呢？

c. 在不了解任何有关偏好的信息的前提下，你在面临这种权衡取舍时可能会工作多少小时？

d. 米尔顿·弗里德曼晚年对 AFDC 的激励持批评态度，并提出了一种不同的机制（被称为负收入税）来支持贫困群体。该机制以如下方式运行：确保贫困群体每人每天收到 25 美元，而不管他或她每天工作多久。对于工作中得到的每一美元，从第一美元开始，都以 $t=0.2$ 的税率征税。假定 AFDC 被这样一种机制取代，说明工人的预算约束。

e. 对于工人而言这些机制中的哪一个几乎一定会花费政府更多的钱：AFDC还是负收入税？工人更喜欢哪一个？解释原因。

f. 对于一个每小时挣得 10 美元的工人而言，负收入税图中的哪部分会变得不一样？

g. 在负收入税下，个人的边际税率是否会根据他或者她消费多少休闲而有所差别？在不同的消费者之间是否有差别？

B. 考虑负收入税更加一般的版本：首先提供一个确定收入 y，并对所挣的每一美元减少该确定收入某个比例 t，最终由收入足够高的个人支付税收。

a. 推导在负收入税下预算约束的一般表达式［该预算约束把每日消费数 c（美元）与每日休闲小时数 ℓ 联系起来，假定可得的休闲时间最多为 8 小时］。

b. 对于某个个体消费的休闲，政府将支出（或者收到）多少？推导相应的表达式。

c. 推导边际税率与平均税率的表达式（表示为每日收入 I、确定的收入水平 y 以及税率 t 的函数）。（提示：平均税率可能为负。）

d. 利用一个横坐标轴表示税前收入、纵坐标轴表示税率的图，说明边际税率与平均税率如何随着收入增加而变化。

e. 该负收入税是不是累进的？

3.19　政策应用：比例工资税与累进工资税。习题 3.18 中所分析的税是一种比例工资税。然而，美国联邦收入税是累进的。这意味着一个人的平均税率随着工资的增加而上升。

A. 例如，假设美国政府规定每周收入中的前 500 美元可以免税。接着对下一个 500 美元征税 20%，对于超过该值的部分征税 40%。再次假定你每周有 60 小时的休闲时间，每小时能挣 25 美元。

a. 画出你每周的预算约束并说明你在休闲与消费间的权衡取舍。

b. 边际税率被定义为你为挣得的下一美元所支付的税率，而平均税率被定义为你所支付的总税收除以你的税前收入。如果你选择每周工作 20 小时，那么你的平均税率与边际税率分别是多少？

c. 如果你每周工作 30 小时，你的答案将有何不同？如果你每周工作 40 小时呢？

d. 利用一个以每周税前收入为横坐标轴、以税率为纵坐标轴的图，说明当收入上升时，平均税率和边际税率会如何变化。平均税率能达到边际税率的上限 0.4 吗？

e. 一些人建议美国转为征收"单一税"，即一种有着单一边际税率的税。其支持者也希望收入的某个初始部分能免税。因此，单一税有两个不同的边际税率：对每年收入不超过 x 的部分，税率为 0；对每年收入超过 x 的部分，税率为 t。这种税是累进的吗？

B. 更一般地，假定政府对于每周收入低于 x 的部分不征税；对于收入高于 x 但低于 $2x$ 的部分以税率 t 征税，并对收入超过 $2x$ 的部分以税率 $2t$ 征税。用 I 表示每周的收入。

a. 推导平均税率，将其表示为收入的函数，并记该函数为 $a(I, t, x)$，其中 I 表示每周的收入。

b. 推导边际税率函数 $m(I, t, x)$。

*†**3.20　政策应用**：处理社会保障资金缺口的三个建议。有很多人认为，未来很多西方民主国家的社会保障系统在预期收益与承诺收益之间将会存在显著的缺口。

A. 关于我们应该如何为即将到来的缺口做准备已经产生了不同观点。

a. 为分析不同建议的影响，首先画一个以"现在的消费"为横坐标轴、以"退休消费"为纵坐标轴的图。为了简单起见，假定我们能忽略现在与退休之间的时间段。考虑一个工人在两种"商品"之间的选择。该工人挣得一些当前收入 I 并在当前被政府承诺一笔退休收入 R。说明这会如何在你图中建立一个禀赋点。然后，假定现在与退休之间的期间利率是 r，画出该工人的选择集。

b. 一些人建议我们缩减年轻工人预期的退休收益，也就是说，我们需要将 R 缩减到 $R'(<R)$。说明这对工人选择集的影响。

c. 另外一些人争论说，相反，我们应该提高社会保障税，也就是说，把 I 减少到 $I'(<I)$，以弥补即将到来的短缺。说明这会如何影响工人的预算约束。

d. 假定这两种政策不会对 r 产生不同的影响，你能否辩称它们本质上是相同的政策？

e. 然而还有一些人争论说，我们应该降低未来的退休收益 R，但同时应对私人储蓄予以补贴，即通过一些政策如扩大税收递延储蓄账户来提高 r。说明降低 R 与提高 r 的影响。

f. 这些政策中的哪一种是唯一有机会（尽管没有办法确保）使一些个体的境况变得更好的政策？

B. 同前面一样定义 I、R 与 r。

a. 用 I、R 与 r 写出工人跨期预算的数学表达式（用 c_1 表示当前消费、c_2 表示退休消费）。

b. 在你的方程中，说明哪一部分与你在 A 部分图中的纵截距和斜率对应。

c. 把你的方程与你在图中识别的各种政策的变化联系起来。

第 4 章 偏好与无差异曲线

在给定的处境下，人们将尽力做到最好。[①] 这是我们在第 1 章介绍微观经济学专题时的出发点，在之前的章节中我们致力于建立个人处境的模型，这也被我们称为选择集或者预算集。选择集只是告诉我们个体可能采取的所有行为，而没有说明他们具体会怎么做。换言之，知道我的选择集是我们找到最优选择的必要的第一步，但并不是充分的。为了确定当一个人面临一个给定的选择集时，他实际上将会怎么做，我们需要对这个人以及他或者她的偏好了解更多。这一点是棘手的，这既是因为偏好在不同的人之间差别很大，也是因为偏好很难被观察到。

我讨厌花生酱，但是我的妻子喜欢它；她讨厌鱼，而我永远也吃不够。很明显，当我们俩都面临着鱼与花生酱的完全相同的选择集时，我们将会做出非常不同的选择。但是，在没有观察到不同处境下我们的行为时，一个经济学家很难通过看一下我们就知道我们对不同商品的喜爱程度。[②] 好消息是：偏好存在一些我们可以合理地假定为人们所共有的规律，这些规律使我们能够对独立于个人的确切偏好的行为做出预测。进一步地，经济学家已经开发了一些方法来观察个体做出的选择，并通过这些选择来推断他们拥有什么样的偏好。因此，我们能够对个体行为以及当经济的不同方面发生变化时个体行为如何变化做出评判。然而，首先我们必须理解经济学家所谈论的偏好的含义。

4A 偏好的经济模型

在前面两章中，我们把选择集描述为商品与服务所有可能的组合的一个子集，即给定个人的特定处境，他所担负得起的子集。例如，在我去沃尔玛买衬衫与裤子的例子中，我们利用关于我所拥有的钱以及衬衫和裤子的价格这一信息，在一个更

---

① 本章不需要以前面章节作为背景。

② 好吧，可能我吃了如此多的鱼，以至于我闻起来非常像一条鱼，但是我们可能并不想通过闻一个人的味道来对偏好建模。

大的商品组合空间（包括所有衬衫和裤子）中描绘出预算线。虽然我担负不起选择集以外的衬衫和裤子的消费组合，但我仍可以憧憬该集合外的消费组合；换句话说，虽然如此，但我仍然可以对选择集外的消费组合有偏好。例如，我非常厌烦商用飞机的拥挤并一直梦想有一架以空军 1 号为模型的私人飞机。除非奥普拉（Oprah）邀请我参加她的脱口秀并叫每个人都来购买这本教材，否则我想我永远也不可能买得起这样一架飞机，因此我在余生中都将受限于商用飞机。但是，一个人仍可以怀揣这样的梦想。因此，偏好不仅可以被定义在那些落入我们选择集中的商品的消费组合上，也可以定义在那些我们可能永远也得不到的消费组合上。

4A.1 关于偏好的两个基本的理性假设

尽管个体对不同商品的消费组合的排名差别很大，但本节我们将证明偏好必须满足两个基本的性质，以使得我们能够分析理性的选择行为。在更广泛的社会科学范畴内，人们对于这些基本属性存在一些争议，然而它们对于在本书剩余部分中我们所要讨论的问题还是相当重要的。

4A.1.1 完备的偏好 首先，经济学家假定个体能够把任意两个消费组合进行比较，这代表我们关于偏好的最本质的假设。说确切点，我们假定经济代理人——不管他们是工人、消费者还是金融规划者——能够在看到任意两个选择集后告诉我们他们更偏爱哪一个，或者对于他们而言二者之间没有差异。当一个经济代理人能做到这一点时，我们称他或者她有完备的偏好（complete taste）。"完备的"是指该经济代理人总能对两个集合做出比较。像我妻子最近在服装店所说的话——"对我来说，要对这两套衣服进行比较是不可能的，因为它们是如此不同"——就经常会使像我这样的经济学家觉得沮丧，因为它们直接违背了"偏好是完备的"这一假设。我们怀疑这样的陈述很少是正确的。人类看起来确实有能力在面临选择时做出比较。

4A.1.2 可传递的偏好 经济学家对偏好所做的第二个基本假设是：偏好存在内在的一致性，这使得选择最好的消费组合是可能的。例如，考虑消费组合 A、B 和 C，每个都包含不同数量的裤子和衬衫。如果偏好是完备的，那么我能够对这些消费组合中的任意两个进行比较，并告诉你我更偏好哪一个（或者我是否觉得二者是无差异的）。但是，假定我告诉你我喜欢 A 胜于 B，喜欢 B 胜于 C，喜欢 C 胜于 A，那么尽管我的偏好可能是完备的——毕竟我能比较任意一组中的两个消费组合并告诉你哪一个更好，但对我而言不存在最好的选择。你能够向我展示一系列的选择，首先是 A 和 B，然后是 B 和 C，接着是 C 和 A，等等，我们将在这三个可替换的选择中循环，永远也找不到最好的（或者至少不比其他任何一个消费组合差的）。为排除这种可能性并为选择模型奠定基础，我们做如下假设：只要一个人至少像喜欢 B 一样喜欢 A，并且至少像喜欢 C 一样喜欢 B，则他或她一定是至少像喜欢 C 一样喜欢 A。[①] 当这一点对所有的消费组合都成立时，我们称一个人的偏好是可传递的。

坦白说，一个人的偏好是否总是具有传递性并不明确。我的一个朋友告诉了我他在一个汽车经销商那里的经历，在那里他订购了一辆定制的新车。这辆新车以他选择的汽车模型的精简版本为基础，附加了各种特殊功能。例如，他可以提供以下选择：多花 300 美元，在车上放置一个 CD 播放机；多花 1 000 美元，配置空调；等等。我的朋友发现他每次都会同意增加额外的功能。然而，到了最后，他看到附带了所有功能的车的价格标签后，还是觉得他更喜欢精简版本。这看起来当然是对传递性的一种违背，尽管我怀疑我的朋友在这一过程中没有仔细思考那些功能是否值得花那么多钱（意味着其他消费的减少）。不过，最后他确实做了一个决定。[②] 虽然如此，但心理学家有时候基于在实验中一些人的做法看起来违背这个假设而对经济学家的偏好具有传递性这一假设持批评态度。然而，经济学家接着发现，这个假设在如下意义上是有用的：它允许我们对人的选择行为做出预测，而这些预测在大多数时间里都与我们的数据一致（虽然存在一些情形，在这些情形中，该假设看上去被违背了或者至少暂时被违背了，比如我的"朋友"在汽车经销商处的最初行为）。

4A.1.3　"理性的"偏好　当一个经济代理人的偏好满足完备性与传递性时，我们称这个人有"理性的"偏好。这里"理性的"这一术语并不意味着任何大的哲学价值判断。个人可能会有一些我们大多数人认为完全是自我毁灭的（正如人们经常使用的术语"不理性的"）偏好，但是这样的个人仍能够比较任意一组可替代选择并总是选择最好的（或者一个没有比它更差的替代者的选择）。在那种情况下，我们作为经济学家会称这样的个人是"理性的"，尽管我们可能一转身走出经济学家的角色后会在背后称他们为傻子。对经济学家来说，理性只是意味着进行选择的能力，而偏好违背了两个理性假设的经济代理人在面对一些类型的选择集时不能够做出选择。

4A.2　另外三个假设

尽管经济学家所建立的模型严重依赖于在之前部分所讨论的两个理性假设的有效性，但对偏好的一些额外假设能够简化我们的模型，与此同时，大多数现实世界的应用都保持着其真实性。对于大多数商品有这样一个假设，"更多比更少要好"（或者，在一些情况下，"更多不比更少糟糕"）。第二个额外的假设是"平均优于极端"（或者，在一些情况下，"平均不比极端更差"）。最后，我们经常假设偏好中"没有突然的跳跃"。下面，我们将更加详细地对此逐一做出解释。在 4A.3 节中，我们将会看到这些假设是如何通过使我们的模型变得切实可行来简化我们的偏好模型的。

[①]　类似地，如果该个体喜欢 A 严格胜于 B 并且喜欢 B 严格胜于 C，则该个体一定是喜欢 A 严格胜于 C。

[②]　好吧，我承认在汽车经销商处的这位"朋友"实际上是我自己，并且是我的妻子（并非经济学家）指出了我的偏好不具有传递性的明显证据。

4A. 2. 1 "越多越好，或至少不会更差"（单调性） 在大多数经济应用中，我们对个人在涉及生活中的稀缺性的方面做选择时的情形感兴趣，不管这涉及现在的消费、未来的消费还是休闲。如果在这些选择中，个人确实不认为"越多越好"，那么稀缺性将不是一个问题。个人将会满足于他或者她所拥有的，从而也就不需要将经济学作为一门科学了。世界上所有个体对他们所拥有的感到幸福这一观点很有吸引力，但这并不是我们实际居住的世界的现实情况。为了变得更好或者更糟糕，我们总是想要得到更多，我们在做选择时经常以更多为目标。经济学家对于这一点的认知不是对强调物质主义者或者消费主义者的生命哲学的认可，相反，它是一个在由稀缺性所描述的世界中更好地理解人的行为的出发点。如果一个人对商品的偏好使得"越多越好"（或者至少是"更多并不会更糟"），那么我们称这样的偏好是单调的（monotonic），或者这样的偏好满足单调性假设（monotonicity assumption）。

考虑图 4-1 中有关裤子和衬衫的五个消费组合。根据单调性假设，我们断定 E 比 C 要好，这是因为 E 相比 C 包含了更多的裤子与衬衫。如果我们比较的两个消费组合中有一种商品相同，而另外一种不一样，那么"越多越好"可以理解为"至少一样好"。例如，消费组合 C 包含与 D 一样多的衬衫，但是它包含更多的裤子。因此，"越多越好"意味着 C 至少与 D 一样好。但是，"越多越好"的假设并没有明确 A 和 C 之间的关系，这是因为两者都没有明确地包含"更多"；A 相比 C 有更多的衬衫，而 C 相比 A 有更多的裤子。同样，该假设并没有解释对 A 与 B、C 与 B 或者 B 与 D 如何排序。

习题 4A. 1 根据单调性假设，我们是否知道 E 与 D、A 与 B 的关系？我们是否知道 A 与 D 的关系？ ■

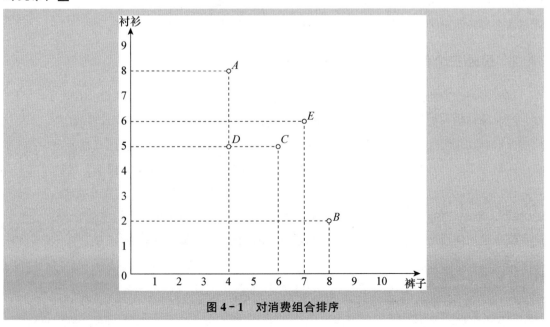

图 4-1 对消费组合排序

这里值得指出的是：在有些情况下，单调性假设初看起来不成立，但是只要我们适当地将我们的模型概念化，那么单调性假设仍成立。例如，我们可能认为，我们偏好更少的工作而不是更多的工作，从而把"劳动"视为一种违背"越多越好"这一假设的商品。但是，我们可以等价地把我们提供多少劳动的选择建模成我们不消费多少闲暇时间的选择（如我们在第 3 章中构造工人的选择集时所做的那样）。通过把劳动重新概念化为我们没有消费的闲暇时间的数量，我们重新定义了一个在闲暇与消费之间的选择而不是一个劳动与消费之间的选择，并且闲暇当然是一种我们想拥有更多而不是更少的商品。同样，考虑某个不愿在满足基本生存需要之外消费更多的人。对这样一个人，消费更多可能不比消费更少要好。同时，这样一个人可能关注其他还没有满足基本生存需要的人的福祉。那么这样一个人所面临的经济稀缺性涉及一些选择问题，即如何使用满足基本生存需要以外的钱，可能是支持什么慈善事业。因此，在很多情况下，我们可以把涉及偏好更少商品的选择重新概念化为涉及满足"越多越好"假设的商品的选择。

习题 4A.2　对于其他哪些商品，我们偏好少量几个而不是很多？我们如何将这样一些商品上的选择重新概念化，以使得我们能够合理地假设"越多越好"？■

4A.2.2　"平均优于极端，或者至少不比极端差"（凸性）　经济问题的本质源于人们认为"越多好于越少"这样一个事实，这一点可能是很显然的，但是不那么显然的一点是：我们说"平均优于极端"时，它的含义是什么？或者，为什么这一点会是一个根本合理的假设？例如，考虑两篮子商品：第一个篮子里装有 9 个苹果和 1 个橘子，而第二个篮子里装有 9 个橘子和 1 个苹果。如果把这两个篮子混合在一起，然后把它们分成两个相同的"平均的"篮子，那么我们将得到有 5 个苹果和 5 个橘子的篮子。合理的一点是，相对于一开始那些更极端的篮子，人们可能更偏好这些"平均的"篮子，但是大家可能会想象某个人确实非常喜欢苹果而不太喜欢橘子，这些人将偏好那些有 9 个苹果的极端的篮子。需要感谢的是，经济学家在适当定义"平均优于极端"的假设时，事实上并不排除这样一种情形。相反，它给出了我们人类对消费选择多样性的偏好。

　　我们从精确地陈述我们所指的开始：当两个无差异的篮子的平均至少与你开始的两个篮子一样好时，我们说你的偏好满足"平均优于极端"的假设。因此，如果装有 9 个苹果和 1 个橘子的篮子与装有 9 个橘子和 1 个苹果的篮子对你来说无差异，那么你将愿意用这两个极端篮子中的任意一个来交换装有 5 个苹果和 5 个橘子的篮子。如果某人确实非常喜欢苹果而不太喜欢橘子，他或她当然不会认为这两个极端篮子之间无差异。但是，如果你认为这两个极端篮子之间无差异，那么，如下假设就是合理的：你愿意放弃一些你已经拥有了很多的商品来交换那些你只拥有一点儿的商品，所以你偏好装有 5 个苹果和 5 个橘子的篮子，或者至少不介意选择这样一个篮子，而不是选择一个极端的篮子。"平均优于极端"的假设经常被称为凸性假设，满足这一点的偏好称为凸偏好。

再一次考虑图4-1中的五个消费组合。凸假设并不能马上使我们在前面一节利用单调性假设所得出的结论的基础上得出更多的结论。然而，假定我们发现我在消费组合 A 和 B 之间无差异，那么凸性假设使我们知道，我认为 A 和 B 的平均至少与它们一样。消费组合 C 就是这样，它包含5件衬衫与6条裤子，恰好是消费组合 A 和 B 的平均。（注意，这样一个消费组合位于一条连接更极端的消费组合的线段的中点。）因此，凸性意味着 C 至少与 A 和 B 一样好。

习题4A. 3 把凸性与单调性假设组合在一起。如果你不知道怎样把 A 和 B 联系起来，你现在能否就 E 与 A 以及 E 与 B 之间的关系得出一些结论？如果你知道 A 和 B 对于我来说无差异呢？

习题4A. 4 若知道 A 和 B 对于我来说无差异，你能否就我会如何对 B 和 D 排序得出一些结论？为了得出这一结论，你是否需要利用凸性假设？■

本质上，"平均优于极端"或者凸性假设给出了对人们通常寻求消费多样性的趋势的表达。不管人们多么喜欢牛排，他们也很少在一顿饭中只吃牛排，或者只吃沙拉，只吃土豆，只喝咖啡，只吃甜点，或者只喝白酒。实际上我们可以创造出很多无差异的由单一食物组成的一顿饭：一定数量的牛排，一定数量的沙拉，一定数量的土豆，等等。然而，大多数人都会偏好各种食物都有一些的一顿饭，或者是由单一食物组成的多顿饭的平均。这里的"一顿饭"当然是我们的一个类比。毕竟，由单一食物组成的多顿饭的一些集合（可能是煎饼与鱼子酱）不能很好地平均成一顿饭。然而，一周中，即使由我们不想混合的单一食物组成的多顿饭也能创造出受欢迎的多样性。同样，一个包含10件蓝色衬衫与配套裤子的购物篮与一个包含10件红色衬衫与配套裤子的购物篮对我来说可能无差异。而我妻子不希望我穿着不配套的衣服走出家门，因此，她从不让我把红色衬衫与那些和蓝色衬衫搭配的裤子混在一起。但是，除非我喜欢每天穿着同样的服装，否则我可能偏好每样拥有5件，也就是极端购物篮的平均，从而能够交替地穿着配套的衣服。

通常，当我们说生活中平均的确比极端要好时，这些类比给出了直觉意义上的含义。在更富于变化的生活决策中，这一点也同样是真实的。假定在退休前每年消费100 000美元并在退休后生活在贫困中和现在生活在贫困中而在退休后每年消费150 000美元对我来说无差异，那么如下情形看起来是合理的：我们中的大多数人偏好这两种消费的平均，即在退休前与退休后都能过一种舒适的生活。或者假定几乎所有时间都工作同时消费很多与几乎不工作同时消费很少这二者对我来说无差异，那么大多数人将偏好这两种消费组合的平均，即工作但不成为一个工作狂，而消费比我们所有时间都在工作时能够消费的少一些。

4A. 2. 3 "无突然跳跃"（或连续性） 最后，我们通常假设如果一个消费者消费的商品只是出现轻微的变化，那么他或者她的幸福感不会出现显著的变化。或许你当前正在享受一杯美味的咖啡，这使得你在读这一章时能够保持清醒。如果你喜欢在咖啡中加入牛奶，那么"无突然跳跃"的假设意味着：如果在咖啡中加入一滴牛奶，那么你将既不会显著地变得更好也不会显著地变得更差。从一杯黑咖啡开始，随着我加入牛奶，你将会逐渐变得开心一些，在某点之后，随着更多牛奶的加入，而逐渐变得糟糕一些[①]，但是对于仅仅多一滴牛奶，你将永远不会从痛苦转向狂喜。满足这一假设的偏好通常被称为连续的（continuous），"无突然跳跃"假设也被称为连续性假设（continuity assumption）。

连续性假设对于那些能够很容易地分成越来越小的单位的商品（比如牛奶）最明显，而对于那些通常以离散的单位出现的商品（如裤子与衬衫，或者较大的商品，如汽车）则不那么明显。然而，出于我们模型的目的，我们将会像对待牛奶一样来对待这些其他类型的商品：我们将假定你事实上可以消费非整数的裤子、衬衫与汽车。我们这样做并不是因为这是现实的，而是因为它简化了我们的模型，且并不影响使用我们的模型进行的任何分析。例如，如果我们通过分析断定裤子价格下降 10％将会导致你对裤子的消费增加 3.2，那么我们将会对这一结果做近似处理，从而知道你最终可能多购买 3 条裤子。

进一步地，在连续性假设变得不太合理的情形下，通常存在其他方式来对行为进行建模，以使该假设再一次变得合理。例如，我们可能认为汽车或者房子的数量是离散的，毕竟，消费 3/4 辆汽车或者 3/4 栋房子是不现实的。同时，我们可以把汽车建模成商品组合，一个能给你提供可变的速度、安全度、舒适度等的商品。你实际上购买的并不是汽车，而是在道路上的速度、安全度与舒适度，而你对于这些属性的偏好可能并不会受它们的突然跳跃的影响。同样，对于住房，我们可以把你的选择想象成包含面积、房龄、邻居、户型等在内的特征，你对这些属性的偏好很可能不受它们的突然跳跃的约束。（我们将在章末习题 4.10 中对把离散商品建模成"属性"组合的概念做进一步探索。[②]）

4A.3　用图形表示偏好

在第 2 章与第 3 章中，我们找到了用图形表示人们选择的约束，即人们在给定的处境下能够进行选择的选择集的方法。利用前面介绍的假设，我们现在将对人们的偏好做同样的事情。在第 6 章中我们将会说明将偏好与约束组合在一起会如何导致我们所观察到的人的行为。更精确一些，我们将发现很难完全用图形表示任何个体的偏好，但是我们将开发一些方法，以将个体偏好的特定部分用图形表示出来，

---

① 注意，在这个例子中，如果在某个阶段，随着牛奶的增加，你确实变得糟糕了，那么你的偏好违背了"越多越好"的假设。当然，这一点只有当这些情形在一个瞬间被狭隘地审视时才会是真实的——如果不是把额外的牛奶加到你的咖啡中，而是把它放到冰箱中以便以后使用，你将一定会继续变得更好。

② 违背连续性假设偏好的最通常的例子是字典序偏好。该偏好的一个例子在章末习题 4.7 中给出。

这些部分与个人在不同时间面临的选择是最相关的。

4A.3.1 无差异曲线 我们偏好的图形的基本构建模块是所谓的无差异曲线 (indifference curve)。例如，假定我们回到在裤子和衬衫之间进行选择的例子，并假定目前在我的购物篮中有 8 件衬衫和 4 条裤子。［这表示为图 4-2 (a) 的 A 点］。包含 A 点的无差异曲线被定义为所有能使我恰好与商品组合 A 一样快乐的其他消费组合（也就是说，衬衫与裤子的所有其他组合的集合）。尽管很难确切知道这些商品组合位于什么地方，但对于偏好的假设可以帮助我们推导出该无差异曲线的近似位置。

我们首先注意到一些位置不可能包含位于经过组合 A 的无差异曲线上的商品组合。例如，考虑位于 A 的东北方向的浅色区域。在该区域内，所有商品组合都包含更多的裤子和更多的衬衫。如果"越多越好"，那么包含更多裤子与衬衫的商品组合一定比 A 要好，从而不可能与 A 无差异。同样，考虑位于 A 的西南方向的商品组合。在该深色区域的所有商品组合都包含比商品组合 A 更少的裤子与更少的衬衫，所以这些商品组合一定更差。因此，单调性假设使得我们排除了在图 4-2 (a) 的阴影区域中存在位于包含商品组合 A 的无差异曲线上的商品组合的可能性。另外，那些非阴影区域则不能由单调性假设排除。例如，与 A 相比，位于 A 的西北方向的商品组合有更少的裤子，但是有更多的衬衫，而那些位于 A 的东南方向的商品组合则有更多的裤子与更少的衬衫。因此，根据单调性假设，你知道我的包含商品组合 A 的无差异曲线一定是经过 A 点向下倾斜的，但是在对我没有更多了解的前提下，你不能进一步得出什么。

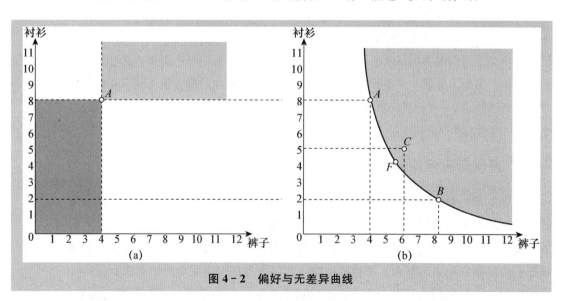

图 4-2 偏好与无差异曲线

现在假定我告诉你：在图 4-2 (b) 中，由 A（4 条裤子，8 件衬衫）与 B（2 件衬衫，8 条裤子）的商品组合对于我来说无差异。这意味着你当然马上知道商品组合 B 位于包含商品组合 A 的无差异曲线上。你同样可以画一些阴影区域（位于 B 的东北方向与西南方向），基于"越多越好"或者单调性假设，你知道在这些区域中不可能包含进一步的无差异的商品组合。然而，更重要的是，现在你可以使用"平均优于极端"或者凸性假设，得出一些有关包含商品组合 A 和 B 的无差异曲线的形状的额外结论。

凸性假设可以简单地陈述为：当两个商品组合之间无差异时，平均商品组合（通过把两个原始的商品组合混在一起并把它们分成两个相同的组合的方式构造）被判定为至少与极端商品组合一样好。在我们的例子中，平均商品组合是 5 件衬衫与 6 条裤子。在图中，平均商品组合是简单地连接 A 点和 B 点的线段的中点〔在图 4-2（b）中标记为 C〕。

现在注意到，C 的西南方向的任何商品组合都有较少的裤子和较少的衬衫，从而比 C 要差一些。假定我们从 C 开始，把每种商品拿掉一点点（目前假定拿掉少量衬衫和裤子是可能的），使商品组合朝西南方向移动，那么给定"无突然跳跃"或者连续性假设，新的商品组合只是比 C 差一点点。假定我们继续这样做，每次向西南方向移动一点点并创造另外一个稍微差一点的商品组合。若 C 严格比 A（和 B）要好，则情况应该是：当我们逐步从 C 向西南方向缓慢移动时，我们会在某个地方撞到商品组合 F，其与 A 和 B 无差异。在没有对我了解更多的情况下，你不能确切地判断这个新的无差异点 F 位于离 C 的西南方向多远的位置，只知道它位于 C 的西南方向。

习题 4A.5 在图 4-2（b）中说明 F 的区域范围，记住单调性假设。

习题 4A.6 *假设我们的偏好满足弱凸性假设，即平均恰好与极端一样好（而不是严格好于极端）。在这种情形下，F 位于 C 的什么方位？* ■

现在我们有了三个我认为无差异的商品组合：A、B 和 F。对于 A 和 F 的平均以及 B 和 F 的平均我们可以重复刚才的步骤。然而，已经产生的直觉是：包含商品组合 A 和 B 的无差异曲线不仅一定是向下倾斜的（因为"越多越好"），也一定是连续的（因为"无突然跳跃"），并且凸向原点（因为"平均优于极端"）。对于某个有这种偏好的人，所有位于无差异曲线上方的商品组合（在阴影区域内）一定比无差异曲线上的商品组合要好，这是因为这些商品组合相对于某个位于无差异曲线上的消费组合而言包含的每种商品更多。同样，所有位于该无差异曲线下的商品组合（在非阴影区域）都更差，这是因为它们相对于位于无差异曲线上的某个商品组合而言，包含的每种商品更少。

4A.3.2 边际替代率 我们刚才已经说明了我们关于偏好的五个假设是如何导致无差异曲线的特定形状的。描述这种形状的一种方式是说无差异曲线的斜率是负的，并且当它向右移动时，该斜率的绝对值变小。然而，对无差异曲线在任意给定点的斜率远不止对无差异曲线的形状的描述，它还有其真实的经济内容并被称为边际替代率（marginal rate of substitution）。

例如，考虑图 4-3 中 A 点处的斜率 -3，这一斜率告诉我们：可以减少 3 件衬衫并且增加 1 条裤子，并且最终大概落在包含商品组合 A 的相同的无差异曲线上。[①] 换句话说，当我消费商品组合 A 时，我愿意用 3 件衬衫来换得 1 条额外的裤子，因为这将使我的处境与目前差不多一样好。因此，无差异曲线在 A 点处的斜率给了我用衬衫来衡量的对 1 条额外的裤子估值的提示。因此，边际替代率是给定我目前的消费，为得到额外 1 条（或者是边际的）裤子，我愿意交换的衬衫的数量。

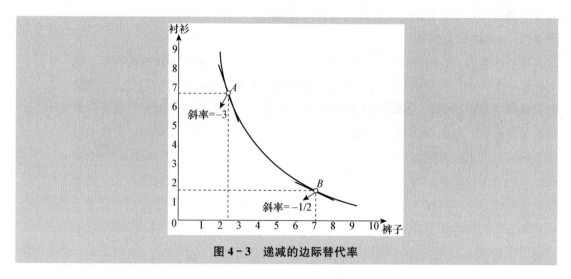

图 4-3 递减的边际替代率

因为沿着无差异曲线移动时，无差异曲线的斜率通常会发生变化，边际替代率——或者我们用纵轴上的商品衡量的横轴上的一单位额外商品的价值——也会发生变化。例如，考虑 B 点（见图 4-3）处较小的斜率 -1/2。该斜率告诉我们：当我已经在商品组合 B 处消费时，我只愿意放弃半件衬衫来多得到 1 条裤子（或者放弃 1 件衬衫来得到额外的 2 条裤子）。给定我们关于"平均优于极端"假设的讨论，这一点是有道理的。在商品组合 A 处，我有相对较少的裤子和相对较多的衬衫，从而我对额外的一条裤子的估值很高，因为这可以让我获得略不极端的商品组合（使我摆脱不得不一直洗裤子，否则就没有裤子穿的困境）。另外，在商品组合 B 处，我有相对多的裤子和较少的衬衫，这使我不愿意轻易地放弃更多的衬衫，因为这会导致我的商品组合更加极端（使我陷入不得不一直洗衬衫，否则就没有衬衫穿的困境）。

事实上，在前面一节中我们总结了图 4-3 中无差异曲线的形状是缘于"平均优于极端"的假设。这一形状意味着边际替代率从绝对值意义上的大数开始，并在我们沿着无差异曲线移动时下降（绝对值意义上）。这称为递减的边际替代率（diminishing marginal rates of substitution），并且只有在平均确实比极端好时才会出现。

---

① 事实上，最终位置将略微低于无差异曲线，除非我们用很小的单位来度量衬衫与裤子。

习题 4A.7　假定极端比平均要好。无差异曲线看起来是什么样子？这是否仍意味着边际替代率递减？

习题 4A.8　假定平均与极端一样好。无差异曲线看起来是什么样子？这是否仍意味着边际替代率递减？■

4A.3.3　无差异曲线"图"　在推导第一条无差异曲线时，我们是利用了关于一个商品组合的定义。换句话说，我们映射出包含了任意选择的商品组合的无差异曲线：图 4-2 (b) 中的商品组合 A。当然，我们也可以从任意某个其他的商品组合开始，例如图 4-4 (a) 中的商品组合 E。就像有一条无差异曲线经过商品组合 A 一样，也有一条无差异曲线经过商品组合 E。注意，在图 4-4 (a) 中，E 位于包含 A 的无差异曲线的加粗段的东北方向。这意味着 E 相对于任意一个加粗的商品组合有更多的衬衫和裤子，从而一定比那些商品组合要好（因为我们的"越多越好"假设），也意味着 E 比包含商品组合 A 的无差异曲线上的所有商品组合要好。

习题 4A.9　说明你如何通过借助偏好的传递性来证明上面这段话的最后一句。■

关于此的一个重要的逻辑结果就是：通过 A 点的无差异曲线永远不会与通过 E 点的无差异曲线相交。如果这两条无差异曲线确实相交，则它们必有一个交点。这个交点将与 A 无差异（因为它位于包含 A 的无差异曲线上），它也与 E 无差异（因为它位于包含 E 的无差异曲线上）。因为 E 相对于 A 更被偏好，根据传递性假设，交点不能同时与 E 和 A 无差异。因此，只要偏好是理性的（也就是说，它们满足完备性与传递性），无差异曲线就不会相交。它们可以像图 4-4 (a) 中那样平行，或者像图 4-4 (b) 中那样收敛，或者以任何其他方式相关，但是它们永远不会接触。

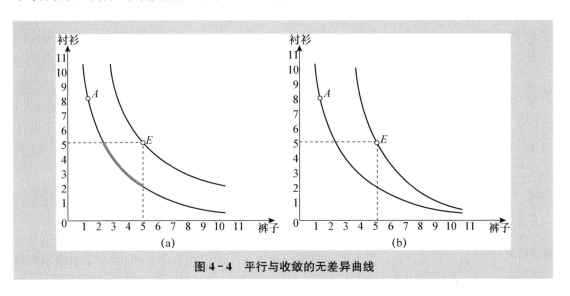

图 4-4　平行与收敛的无差异曲线

进一步地，如果偏好是完备的，那么某条无差异曲线会经过每个商品组合。正如我们在前面所说明的，单调性假设意味着无差异曲线将向下倾斜；凸性与连续性假设意味着它们凸向原点；传递性假设意味着任意两条无差异曲线不会相交。图 4-5 给出了整个无差异曲线图的说明性例子，该无差异曲线代表某个满足理性假设以及4A.2 节中所概括的三个额外假设的个人的偏好。当然，这只是一种满足所有这些假设的无差异曲线"图"的可能构造。尽管我们对于偏好做出的假设导致了无差异曲线特定的一般形状，但我们将在第 5 章看到，存在很多不同类型的无差异曲线图（从而有很多不同的偏好）。我们可以利用这些假设来建模。

最后，为了指明图 4-5 中东北方向的无差异曲线上的商品组合比图中西南方向的无差异曲线上的商品组合能给人带来更大的幸福感，我们将每条无差异曲线都用一个数字来标示，从而便于将位于特定曲线上的商品组合与位于其他曲线上的商品组合进行比较。例如，当我们比较商品组合 A 和商品组合 E 时，我们能够从包含 A 点的无差异曲线上读出数字 2，从包含 E 点的无差异曲线上读出数字 4，从这一点我们可以推断出消费组合 E 比消费组合 A 更被偏好。如果更少比更多要好，则这些无差异曲线对应的数字的排序要反过来。

习题 4A.10 假定更少比更多要好并且平均好于极端。画出与此一致的三条无差异曲线（用数字标记）。■

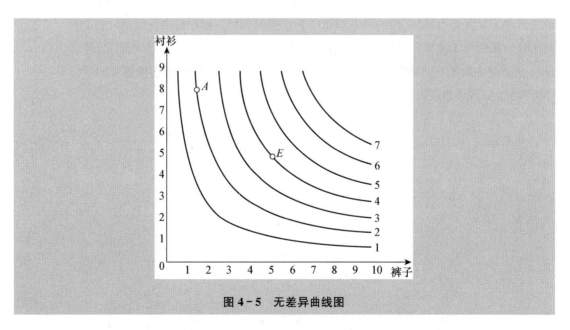

图 4-5 无差异曲线图

然而，我们不能根据这两个数字推断出：位于一条无差异曲线上的商品组合与位于另一条无差异曲线上的商品组合相比产生了"两倍的幸福感"。幸福感不是可以简单地客观量化的事物。尽管经济学家过去确实希望能把幸福感或者"效用"用他们称为"util"的单位进行度量，但现代经济学家已经放弃了这种具有误导性的尝试。为了理解客观度量幸福感这一概念的愚蠢性，你可以在朋友约会后问他或她如下问题："那么，你在那次约会中得到了多少 util?"

我们可以说位于特定无差异曲线上的所有商品组合产生了相同水平的效用（从而它们被标记了相同的数字），不同的无差异曲线所对应的数字告诉我们哪些更被偏好，哪些更不被偏好。我们可以把图 4 - 5 中所有数字乘以 2 或者除以 5 或者加上 13，但是在每种情况下，无差异曲线的排序保持不变。因此，只要两幅图中无差异曲线的形状一样，并且无差异曲线标记的数字的排序不变，我们就称这两幅图中的无差异曲线代表相同的偏好。改变无差异曲线标记的数字而不改变它们的排序，只是改变用来度量幸福感的规则，因为不存在一个统一的规则，任何保留无差异曲线排序的规则都适用。

思考下面的类比可以发现，这一点变得更清楚了（我们将在 B 部分中更详细地展开）。考虑一座山的二维图形（如图 4 - 10 所示），在这个图中，山的不同高度表示为山在该高度的形状的轮廓，该轮廓上标记的数字表示该轮廓的海拔。本质上，这样的图是将山在不同海拔高度的水平切片画在一个单一的二维平面上。无差异曲线与此非常相似，经度和纬度分别被裤子与衬衫代替，山的高度被幸福感代替。尽管现实世界中的山有山峰，但我们的幸福之山通常没有山峰，这是因为我们有"越多越好"的假设。无差异曲线就是我们幸福之山的水平切片（如图 4 - 8 所示），数字表示在该切片处达到的幸福感。就像现实世界中山在不同海拔高度的轮廓不会随着我们对海拔高度的度量用英尺还是米而改变一样，我们幸福之山的切片的轮廓（也就是无差异曲线的形状）也不会随着我们使用不同的规则来度量幸福感而改变。

在第 5 章中，我们将更多地讨论怎么理解不同类型的无差异曲线：商品是更具有互补性还是更具有替代性意味着什么？怎样思考无差异曲线相互之间的关系？等等。但是，我们首先要通过效用函数的概念来介绍关于"效用山"的一些基础的数学知识。

4B 偏好与效用函数

我们已经在 4A 部分说明了一些关于偏好的基础假设是如何使我们借助无差异曲线这一工具来生成代表偏好的图形的。与第 2 章和第 3 章中的选择集一样，这些图形只是对相同的经济学概念的更加一般化的数学表示。我们在 4A.1 节与 4A.2 节中介绍的假设可以直接转换为我们用来表示偏好的函数的数学性质。

4B.1 两个基本的理性假设

当谈论由两种商品组成的"组合"、"束"或者"篮子"时，我们已经把它定义为有两个组成成分的点，每个组成成分代表篮子中一种商品的数量。例如，图 4 - 1

中标记为 A 的点可以表示为 $(x_1^A, x_2^A) = (4, 8)$，表示一个有 4 单位商品 1（裤子）和 8 单位商品 2（衬衫）的篮子。一般地，我们可以把一个包含两种类型商品的篮子表示为

$$(x_1, x_2) \in \mathbb{R}_+^2 \tag{4.1}$$

其中，"$\in$" 读作 "属于"，意思是 "是……的一个元素"，$\mathbb{R}_+^2$ 表示有两个非负（实数）组成成分的所有点的集合。与 4A 节中无差异曲线的图示一样，几乎我们所有的选择集的图都包括 $\mathbb{R}_+^2$ 中点的某个子集。当有更大数量的不同类型的商品——例如，衬衫、裤子和袜子——被包括在一个篮子中时，我们可以通过简单地表示有 n 种不同类型商品的篮子来进一步将其一般化，记为

$$(x_1, x_2, \cdots, x_n) \in \mathbb{R}_+^n \tag{4.2}$$

其中，$\mathbb{R}_+^n$ 现在表示有 n 个非负组成成分的点的集合。在衬衫、裤子和袜子的例子中，$n = 3$。[①]

口味，或者偏好，涉及对不同篮子或者式（4.1）与式（4.2）中所表示的不同点的主观比较。当我们想说 "篮子 $(x_1^A, x_2^A, \cdots, x_n^A)$ 至少与篮子 $(x_1^B, x_2^B, \cdots, x_n^B)$ 一样好时"，我们将使用如下的速记符号：

$$(x_1^A, x_2^A, \cdots, x_n^A) \succsim (x_1^B, x_2^B, \cdots, x_n^B) \tag{4.3}$$

类似地，我们将

$$(x_1^A, x_2^A, \cdots, x_n^A) \succ (x_1^B, x_2^B, \cdots, x_n^B) \tag{4.4}$$

读作 "篮子 $(x_1^A, x_2^A, \cdots, x_n^A)$ 严格好于篮子 $(x_1^B, x_2^B, \cdots, x_n^B)$"，我们将

$$(x_1^A, x_2^A, \cdots, x_n^A) \sim (x_1^B, x_2^B, \cdots, x_n^B) \tag{4.5}$$

读作 "这两个篮子对于某人来说无差异"。"$\succsim$"、"$\succ$" 与 "$\sim$" 代表二元关系（binary relation），因为它们把两个点相互联系了起来。

4B.1.1 完备的偏好 在 4A 部分中，我们做了如下定义：只要一个具有那些偏好的人能明确地比较任意两个篮子，指明一个篮子是否比另外一个好或者他或她是否觉得这两个篮子之间无差异，偏好就是完备的。我们现在可以把这个定义正式地写成如下形式：当且仅当对于所有 $(x_1^A, x_2^A, \cdots, x_n^A) \in \mathbb{R}_+^n$ 与所有 $(x_1^B, x_2^B, \cdots, x_n^B) \in \mathbb{R}_+^n$，如下条件成立时，一个人对装有 n 种商品的篮子的偏好是完备的：

$$\begin{aligned} (x_1^A, x_2^A, \cdots, x_n^A) \succsim (x_1^B, x_2^B, \cdots, x_n^B) \text{ 或} \\ (x_1^B, x_2^B, \cdots, x_n^B) \succsim (x_1^A, x_2^A, \cdots, x_n^A) \text{ 或者二者皆满足} \end{aligned} \tag{4.6}$$

---

① 你可以回忆一下你在数学课上学过的知识，类似这样有多个组成成分的点被称为向量。

我们所说的全部就是一个人可以对 $\mathbb{R}^n_+$ 中的任何两个商品组合进行比较。注意，如果对于给定的两个商品组合的集合，式（4.6）中的陈述在逻辑上都是正确的，那么

$$(x^A_1, x^A_2, \cdots, x^A_n) \sim (x^B_1, x^B_2, \cdots, x^B_n) \tag{4.7}$$

习题 4B.1　判断正误：如果对于给定的商品组合的集合，式（4.6）中只有一个陈述是正确的，那么陈述中的"$\succsim$"可以替换为"$\succ$"。■

4B.1.2　传递的偏好　尽管为使模型中的个人能够做出选择，我们要求模型中的偏好必须是完备的，但是在 4A 部分，我们辩称这一点还不够：为了使一个人能够做出一个"最好的"选择，还需要偏好具有一定的内在一致性，从而可以指导一个人的选择。我们称这个内在一致性为"传递性"。并且，如果一个人只要至少像喜欢商品组合 B 一样喜欢商品组合 A，而且至少像喜欢商品组合 C 一样喜欢商品组合 B，就会至少像喜欢商品组合 C 一样喜欢商品组合 A，那么我们就说这个人的偏好是传递的。下面我们用刚开发的一些记号对此进行更正式的定义。

特别地，当且仅当三个商品组合被一个人评价，使得

$$(x^A_1, x^A_2, \cdots, x^A_n) \succsim (x^B_1, x^B_2, \cdots, x^B_n) \text{ 且 } (x^B_1, x^B_2, \cdots, x^B_n) \succsim (x^C_1, x^C_2, \cdots, x^C_n) \tag{4.8}$$

从而

$$(x^A_1, x^A_2, \cdots, x^A_n) \succsim (x^C_1, x^C_2, \cdots, x^C_n) \tag{4.9}$$

时，我们称一个人的偏好是传递的。

习题 4B.2　当"$\succsim$"被"$\succ$"代替时，传递性是否意味着式（4.8）暗含式（4.9）？■

4B.1.3　"理性的偏好"　如同 4A 部分中所指出的，完备性假设与传递性假设对于经济学家关于偏好的建模是如此基础，以至于二者定义了理性的偏好的含义：如果一个个体关于特定商品组合的集合的偏好既是完备的，又是传递的，那他或她的偏好是理性的。

4B.2　另外三个假设

尽管两个理性的假设对于构建能导致个体在给定处境下做出"最好的"选择的模型来说非常基础，但对于个体可能做什么选择它们并不能告诉我们更多东西。因此，我们在 4A.2.3 节中增加了一些额外的假设，我们称这些假设为"越多越好"假设、"平均优于极端"假设和"无突然跳跃"假设。用更加正式的语言来表示的

话，这些假设被相应地称为单调性假设、凸性假设与连续性假设。

4B.2.1 单调性（或"越多越好或者至少不会更差"） 我们在 4A.2.1 节中花大量的篇幅讨论了以下观点：制定经济决策的基础具有根本的稀缺性，这意味着在大多数经济处境下，大多数个体实际上认为越多越好。考虑到商品组合包含很多不同类型的商品，我们必须明确所谓"更多"的含义。例如，在图 4-1 中，商品组合 E 与商品组合 C 相比，很明显每种商品都多一些，但是它与商品组合 A 和 B 相比，一些商品更多而另一些商品更少。"更多"是指"更多的所有商品"或者"至少一些商品更多并且任何其他商品都不会更少"。当一个商品组合比另一个商品组合包含"更多的所有商品"时，我们一般假定消费者严格偏好该商品组合。另外，当一个商品组合中"至少一些商品更多并且任何其他商品都不会更少"时，我们通常假设一个消费者会认为这个商品组合至少与另一个商品组合一样好，从而不排除该消费者觉得这两个商品组合之间无差异的可能性。

我们正式地如下定义"越多越好"，或者我们所称的单调性偏好：当且仅当

$$(x_1^A, x_2^A, \cdots, x_n^A) \succsim (x_1^B, x_2^B, \cdots, x_n^B), \text{ 对所有 } i = 1, 2, \cdots, n, x_i^A \geq x_i^B \tag{4.10}$$

$$(x_1^A, x_2^A, \cdots, x_n^A) \succ (x_1^B, x_2^B, \cdots, x_n^B), \text{ 对所有 } i = 1, 2, \cdots, n, x_i^A > x_i^B$$

时，一个消费者的偏好是单调的。

该定义的第一行允许商品组合 A 中一些商品和商品组合 B 一样而商品组合 A 中其他商品比商品组合 B 要多的可能性，而第二行只适用于一个商品组合比另外一个商品组合包含的每种商品都要多的情况。例如，在图 4-1 中，商品组合 A 与 D 相比包含更多的衬衫，但是裤子的数量相同。根据我们对单调性偏好的定义，这意味着 $A \succsim D$，或者"A 至少与 D 一样好"。另外，商品组合 E 与 D 相比包含的每种商品更多，这意味着 $E \succ D$ 或者"E 严格好于 D"。[①]

4B.2.2 凸性["平均优于极端（或者至少一样好)"] 我们在 4A.2.2 节中曾指出：当一个个体觉得两个"极端"商品组合之间无差异时，假定"平均优于极端"通常是合理的。"平均"商品组合是指把两个更加极端的商品组合（如图 4-2 中的商品组合 A 和商品组合 B）混在一起并把它们所分成的 2 个相同的商品组合。[②] 我们可以把该定义转化为一个更加正式的陈述：

---

① 单调性假设有时分成弱单调性假设与强单调性，其中弱单调性假设要求：只有当商品组合 A 中的每个元素都比商品组合 B 中每个对应的元素大时，才能确信消费者严格偏好于 A。而更强形式的单调性假设则只要求 A 中的一些元素比 B 中相对应的元素大（其余元素相同）。我们的定义对应于较弱的版本。最后，尽管在本教材中我们一直坚持单调性假设，但我们推导出的结论事实上对一个弱得多的所谓的局部非饱和性假设也成立。局部非饱和性假设只是简单地要求不存在任何一个商品组合使得其附近没有另一个严格更好的商品组合。这些概念在章末习题 4.13 中进一步澄清。

② 与单调性假设的情形一样，凸性假设也存在强的与弱的版本。强凸性假设通常被定义为"平均严格好于极端"，而弱凸性假设则被定义为"平均至少和极端一样好"。注意，我们的定义对应于弱的版本，尽管你将在接下来的章节中看到我们使用的大多数偏好实际上是满足强凸性假设的定义的。

$$(x_1^A, x_2^A, \cdots, x_n^A) \sim (x_1^B, x_2^B, \cdots, x_n^B) \text{ 意味着}$$

$$\left(\frac{1}{2}\right)(x_1^A, x_2^A, \cdots, x_n^A) + \left(\frac{1}{2}\right)(x_1^B, x_2^B, \cdots, x_n^B) \succsim (x_1^A, x_2^A, \cdots, x_n^A) \quad (4.11)$$

$$\text{且}\left(\frac{1}{2}\right)(x_1^A, x_2^A, \cdots, x_n^A) + \left(\frac{1}{2}\right)(x_1^B, x_2^B, \cdots, x_n^B) \succsim (x_1^B, x_2^B, \cdots, x_n^B)$$

习题 4B.3 判断正误：假定偏好是传递的，表达式（4.11）中的第三行可以由第一行与第二行推导出来。∎

更一般地，如果两个极端商品组合字面上的"平均"（相对于权重不为 0.5 的加权平均）好于极端，那么按照同样的逻辑，把这两个极端商品组合混合在一起所产生的任意加权平均商品组合也比那些极端情况更好，只要它不更加极端。例如，再一次假定图 4-2 中的商品组合 A 和 B 之间无差异，其中商品组合 A 包含 4 条裤子和 8 件衬衫，而商品组合 B 包含 8 条裤子和 2 件衬衫。但是，现在不再严格地把这些商品组合进行平均以产生一个有 6 条裤子和 5 件衬衫的商品组合。假定我们创造两个商品组合：第一个商品组合由 1/4 的商品组合 A 和 3/4 的商品组合 B 组成，而第二个商品组合由 3/4 的商品组合 A 和 1/4 的商品组合 B 组成。相对于更加极端的原始商品组合，一个喜欢平均甚于极端的个人将会更喜欢这两个商品组合，而这两个商品组合也位于连接 A 和 B 的直线段上。

通过对极端商品组合的加权平均而构造的商品组合被称为极端商品组合的凸组合（convex combination）。更精确地说，通过赋予商品组合 A 权重 α（只要 α 介于 0 和 1 之间）、赋予商品组合 B 权重（$1-\alpha$）而构造的任意商品组合都是 A 和 B 的凸组合。小章 4A 部分中的"平均优于极端"或者凸假设可以按如下方式重新陈述：当且仅当无差异商品组合的凸组合至少与用来构造凸组合的商品组合一样好时，偏好是凸的。或者，用我们刚才定义的记号，当且仅当（对于任意的 α，$0 \leqslant \alpha \leqslant 1$）

$$(x_1^A, x_2^A, \cdots, x_n^A) \sim (x_1^B, x_2^B, \cdots, x_n^B) \text{ 意味着}$$

$$\alpha(x_1^A, x_2^A, \cdots, x_n^A) + (1-\alpha)(x_1^B, x_2^B, \cdots, x_n^B) \succsim (x_1^A, x_2^A, \cdots, x_n^A) \quad (4.12)$$

时，对于有 n 种商品的商品组合的偏好是凸的。

4B.2.3 连续性（"无突然跳跃"） 最后，我们在 4A.2.3 节介绍了偏好通常"无突然跳跃"的假设。现在我们可以通过引进一个被称为"收敛的点序列"（converging sequence of points）的数学概念来描述这个假设。首先，$\mathbb{R}_+^n$ 中的一个点序列为一系列点，每个点都有 n 个不同的非负组成成分。当且仅当这个系列中有无数个点时，该序列是无限的。当且仅当该序列中的点与该点的距离变得越来越小（从该序列中的某个点开始）时，一个无限点序列被称为收敛到

$\mathbb{R}_+^2$ 中的单个点。

例如，假定我们从图 4-6 中的 $\mathbb{R}_+^2$ 中的 B 点开始。接着假定 B 点是一个无限序列中的第一个点，紧跟着的是 B^1 点，其位于 B 点与某个其他点如 A 点的中间，B^2 点位于 B^1 点与 A 点的中间，B^3 点位于 B^2 点与 A 点的中间，等等。这个序列中前面四个点的例子如图 4-6 所示。如果我们想象这个序列中的点会永远继续下去，那么这个序列中没有点会完全到达 A 点，但是会变得距离 A 点越来越近。用微积分的语言来表述就是：该序列的极限（the limit of the sequence）是 A 点，且该序列本身收敛（converge）到 A 点。

现在假定我们有两个无限点序列：一个记为 $\{B^1, B^2, B^3, \cdots\}$，另一个记为 $\{C^1, C^2, C^3, \cdots\}$，并且第一个序列收敛到点 A，第二个序列收敛到点 D。如果对所有的 i 都有 $B^i \succ C^i$，那么连续性假设要求 $A \succeq D$。因此，如果当我们沿着这两个序列移动时，商品组合 B 总是比商品组合 C 要好，并且如果当我们离这两个序列所收敛到的 A 点和 D 点越来越近时这一结论仍然成立，那么在这些序列的末尾我们就不可能突然有一个"跳跃"使得偏好关系发生逆转，导致商品组合 D 比商品组合 A 更受偏好。

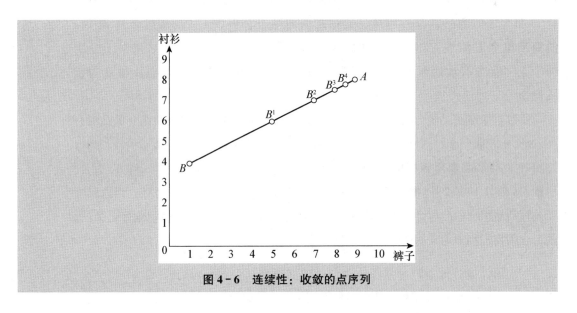

图 4-6　连续性：收敛的点序列

4B.3　用效用函数表示偏好

在 4A.3 节中，我们展示了我们对人的偏好所做的假设是如何允许我们借助无差异曲线来图示不同类型的偏好的。我们现在将看到：这些无差异曲线可以理解为更全面地总结偏好的数学函数。这些函数被称为效用函数（utility function）。效用函数只不过是给商品组合分配数值的数学规则：对更受偏好的商品组合分配更大的数。

回忆一下你在数学课上学过的内容，一个数学函数（mathematical function）

就是一个给点分配数字的数学公式。例如，函数 $f(x)=x^2$ 就是为空间 $\mathbb{R}^1$（实线）上不同的点分配数字的一种方式，该空间由只有单一组成成分的点组成。对于点 $x=1/2$，函数分配的数值是 $1/4$；对于点 $x=1$，函数分配的数值是 1；对于点 $x=2$，函数分配的数值是 4。整个函数如图 4-7 所示。

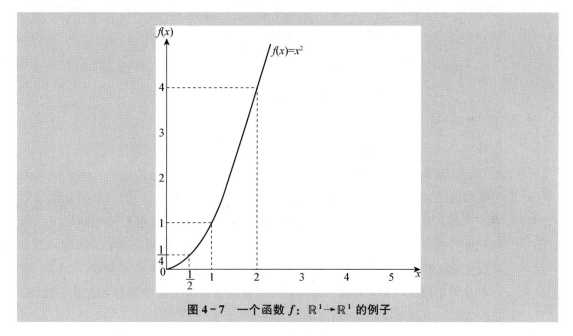

图 4-7　一个函数 f：$\mathbb{R}^1 \to \mathbb{R}^1$ 的例子

我们可以用数学记号 f：$\mathbb{R}^1 \to \mathbb{R}^1$ 表明函数 f 是一个给实线上的每个点分配一个实数的公式。我们可以把这个记号读作"函数 f 取实线 $\mathbb{R}^1$ 上的点并给它们分配实线 $\mathbb{R}^1$ 上的一个值"。然而，这种函数在我们表示偏好时并不是特别有用，因为我们一般考虑由多于一种商品组成的商品组合，比如由衬衫和裤子组合成的商品组合。因此，我们可能对函数 f：$\mathbb{R}^2_+ \to \mathbb{R}^1$ 更感兴趣，这个函数会给每个由两个实数组成的点（也就是 $\mathbb{R}^2_+$ 中的点）分配一个单一的实数（也就是 $\mathbb{R}^1$ 中的数）。这种函数的一个例子是 $f(x_1, x_2)=x_1 x_2$，其给商品组合 $(1, 1)$ 分配的数值是 1，给商品组合 $(2, 2)$ 分配的数值是 4，给商品组合 $(2, 1)$ 分配的数值是 2。

例如，假定我们回到选择由衬衫和裤子组成的商品组合的例子。如果我有理性的偏好，那么我可以比较任意两个商品组合并告诉你我偏好哪一个或者我是否觉得它们之间无差异。如果我能找到一个函数 f：$\mathbb{R}^2_+ \to \mathbb{R}^1$ 来给每个由衬衫和裤子组成的商品组合（由 $\mathbb{R}^2_+$ 中的点表示）分配一个数值，使得更受偏好的商品组合被分配更大的数（给无差异的商品组合分配相同的数），我们就称找到了一个代表我的偏好的效用函数。更正式地，当且仅当

$$(x_1^A, x_2^A) \succ (x_1^B, x_2^B) \text{ 意味着 } f(x_1^A, x_2^A) > f(x_1^B, x_2^B)$$
$$(x_1^A, x_2^A) \sim (x_1^B, x_2^B) \text{ 意味着 } f(x_1^A, x_2^A) = f(x_1^B, x_2^B)$$

(4.13)

时，函数 f：$\mathbb{R}^2_+ \rightarrow \mathbb{R}^1$ 表示我对裤子（x_1）与衬衫（x_2）的偏好。

我们通常使用 u 而不是 f 来表示这样的效用函数。

对于由 n 种不同商品组成的商品组合的偏好的更一般的情形，我们可以如下定义效用函数：当且仅当对于任意 $\mathbb{R}^n_+$ 中的 $(x_1^A, x_2^A, \cdots, x_n^A)$ 与 $(x_1^B, x_2^B, \cdots, x_n^B)$，有

$$(x_1^A, x_2^A, \cdots, x_n^A) \succ (x_1^B, x_2^B, \cdots, x_n^B) \text{ 意味着}$$

$$u(x_1^A, x_2^A, \cdots, x_n^A) > u(x_1^B, x_2^B, \cdots, x_n^B)$$

$$(x_1^A, x_2^A, \cdots, x_n^A) \sim (x_1^B, x_2^B, \cdots, x_n^B) \text{ 意味着}$$

$$u(x_1^A, x_2^A, \cdots, x_n^A) = u(x_1^B, x_2^B, \cdots, x_n^B)$$

(4.14)

时，u：$\mathbb{R}^n_+ \rightarrow \mathbb{R}^1$ 表示关于由 n 种商品组成的商品组合的偏好。

你可能马上会注意到，关于偏好的理性假设对于确保我们确实能找到代表偏好的效用函数是多么重要。函数给它们所定义的空间上的所有点都分配了数值，因此，我们不能用函数来代表偏好，除非我们确实能够对每个商品组合进行评价（相对于其他商品组合），也就是说，我们的偏好是完备的。同样，数学函数必须在逻辑上是一致的，即当 A 点比 B 点大且 B 点比 C 点大时，A 点一定比 C 点大，因此，如果偏好不像我们的传递性假设所要求的那样是逻辑一致的，我们就不能用数学函数来表示它们。[①]

4B.3.1 效用函数与无差异曲线 回到我对由裤子与衬衫组成的商品组合的偏好，其中裤子由 x_1 表示，衬衫由 x_2 表示，并假定我的偏好由函数 $u(x_1, x_2) = x_1^{1/2} x_2^{1/2}$ 完全刻画。图 4-8（a）中用图形表示了这个函数，其中较低的轴代表衬衫和裤子的数量，垂直的轴代表值 $u(x_1, x_2)$。现在假定我只想绘制所有分配的数值恰好为 4 的商品组合。我可以把重点放在这个函数的一个高度为 4 的水平"切片"上，并把这个"切片"绘在一个裤子和衬衫分别位于两的坐标轴的二维图中［如图 4-8（b）和（c）所示］。根据效用函数的定义，对于分配了相同数值的商品组合，我给予它们完全相同的评价，这些商品组合对应一条无差异曲线，它们由效用函数 u 所度量的效用恰好为 4。同样，我也可以把重点放在由效用函数分配的数值为 2 的所有商品组合上，从而构造第二条无差异曲线。当然，我可以对图 4-8（a）中垂直的轴上的所有值重复以上工作，从而构造出由这个特定的效用函数所代表的整个无差异曲线图。

---

① 可以正式地证明：任意满足理性假设与连续性假设的偏好都可以用效用函数表示。参见 A. Mas-Colell, M. Whinston, and J. Greene, *Microeconomic Theory* (New York, Oxford University Press, 2002)。同样，你可以在章末习题 4.14 中构造这个证明的一个简化版本。

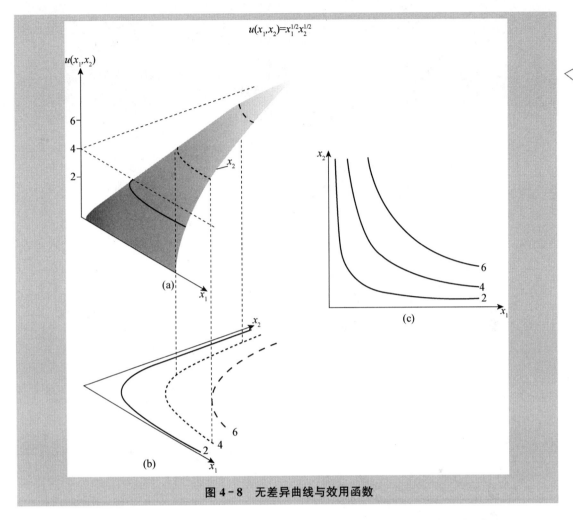

图 4 - 8　无差异曲线与效用函数

　　如同本章 A 部分所指出的，在我们把效用函数与无差异曲线与我们大部分人都不会感到困惑的事物关联起来时，它们的关系将会变得更加直观：阅读一个国家特定区域的地图。图 4 - 9 是我想到的这种地图的一个例子。地图本身是二维的，它刚好可以置于本书的一页纸上。但是这个地图实际上代表一座三维的山。它是通过显示山的不同海拔做到这一点的。那些近乎圆形的线及其旁边的数字告诉我们那些线上的点离海平面有多远。这是一种把一个三维对象展示在一幅二维图上的聪明办法。在图 4 - 10 (a) 和图 4 - 10 (b) 中，我们确切地说明了这是怎么完成的，其中图 4 - 10 (a) 把三维山的高度绘在纵轴上，图 4 - 10 (b) 绘出了该山的二维切片并在旁边标出了相应的海拔。

习题 4B. 4　如果你正在搜寻到内契巴山最后 2 000 英尺处最陡的直线山路，你将会从哪个方向走进这座山？■

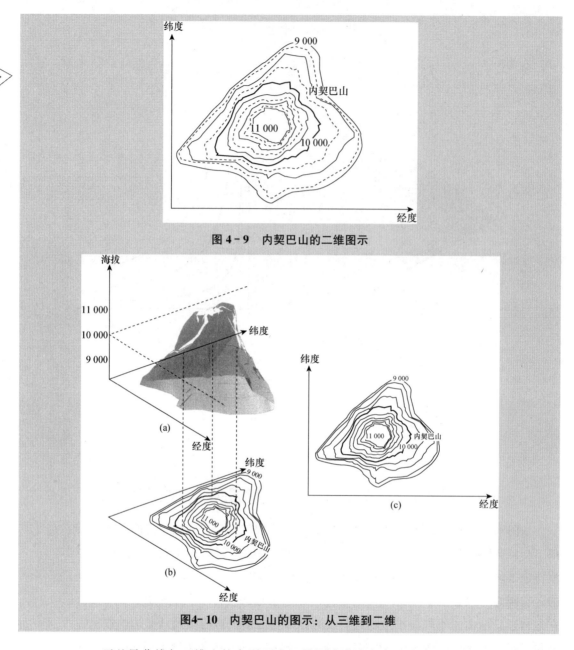

图4-9 内契巴山的二维图示

图4-10 内契巴山的图示：从三维到二维

无差异曲线与三维山的水平画在二维图中完全相似。它们不再表示一个区域的地形，而是表明当更多的商品进入一个商品组合后"效用山"的高度上升情况。但是与实际的山不一样，效用山通常没有山峰，这是因为：根据"越多越好"的假设，我们总能通过对商品组合中的每个商品拥有更多而爬得更高。从而，效用山的切片并不像那些有山峰的山一样是封闭的圆环，而是开放式的。

习题 4B.5 在政治科学模型中，政治家经常被假定在不同问题的支出（比如军事支出或者国内支出）之间进行选择。因为他们必须通过征税来为这些支出融资，所以支出越多并不一定比支出越少更好，所以大多数政治家有一个理想的国内支出与军事支出组成的支出束。这样

一个关于国内支出与军事支出的偏好如何与地理中的山类比? ■

4B.3.2 边际替代率 在 4A.3.2 节中，我们把无差异曲线的斜率定义为边际替代率，或者一个人为了多得 1 单位某种商品（横轴代表的商品）而愿意放弃多少单位的另一种商品（纵轴代表的商品）。斜率是一个数学概念，可以由给出特定的无差异曲线的效用函数推导出来。

一种用我们已经发展出的数学语言来表示边际替代率定义的方法是用 x_2 的变化除以 x_1 的变化，使得效用保持不变，或者

$$\frac{\Delta x_2}{\Delta x_1}, \text{使得} \Delta u = 0 \tag{4.15}$$

事实上，边际替代率意味着更加精确的东西：我们不是在寻找任意组合的 x_2 与 x_1 的变化（使得 $\Delta u = 0$），相反，我们是在寻找定义了某个特定点附近的斜率的小的变化。这样一个小的变化在微积分中用 "d" 而不是 "Δ" 来表示。因此，我们可以把式（4.15）改写为

$$\frac{dx_2}{dx_1}, \text{使得} du = 0 \tag{4.16}$$

下面的步骤需要多元微积分的知识。如果你只学习了一元微积分，就需要在继续下面的内容之前阅读本章关于全微分与偏微分的附录。

效用的变化源自由 x_2 与 x_1 组成的消费组合的变化，这可以表示为全微分 (du)：

$$du = \frac{\partial u}{\partial x_1} dx_1 + \frac{\partial u}{\partial x_2} dx_2 \tag{4.17}$$

因为我们对不会导致效用变化的消费组合的变化（从而使我们位于同一条无差异曲线上）感兴趣，所以我们能设表达式（4-17）为零，即

$$\frac{\partial u}{\partial x_1} dx_1 + \frac{\partial u}{\partial x_2} dx_2 = 0 \tag{4.18}$$

并由此解得

$$\frac{dx_2}{dx_1} = -\frac{(\partial u/\partial x_1)}{(\partial u/\partial x_2)} \tag{4.19}$$

因为 dx_2/dx_1 的表达式是从表达式 $du = 0$ 推导出来的，所以它给出了 x_2 的小变化除以 x_1 的小变化使得效用保持不变的表达式，而这恰好是边际替代率的定义。因此，如果知道一个效用函数 u 给出的无差异曲线图精确地表示了某人的偏好，那么我们就知道如何计算此人在任意消费束（x_1，x_2）处的边际替代率，且

$$MRS(x_1, x_2) = -\frac{(\partial u/\partial x_1)}{(\partial u/\partial x_2)} \tag{4.20}$$

例如，假定你对裤子（x_1）与衬衫（x_2）的偏好可以由效用函数 $u(x_1, x_2) = x_1^{1/2} x_2^{1/2}$ 描述［如图 4-8（a）所示］，并假定我们想要确定当你消费 4 条裤子和 3 件衬衫时的边际替代率。我们首先可以求给定你由这个效用函数所描述的偏好的边际替代率的一般表达式。为做到这一点，我们需要对 u 关于两种商品中的每一种求偏导数：

$$\frac{\partial u}{\partial x_1} = \left(\frac{1}{2}\right)(x_1^{-1/2} x_2^{1/2}), \quad \frac{\partial u}{\partial x_2} = \left(\frac{1}{2}\right)(x_1^{1/2} x_2^{-1/2}) \tag{4.21}$$

并把这些代入方程（4.20）关于 MRS 的公式中，得到

$$MRS = -\frac{(1/2)(x_1^{-1/2} x_2^{1/2})}{(1/2)(x_1^{1/2} x_2^{-1/2})} = -\frac{x_2}{x_1} \tag{4.22}$$

假定无差异曲线确实能由效用函数 $u(x_1, x_2) = x_1^{1/2} x_2^{1/2}$ 表示，那么这个简化的表达式，即 $MRS = -x_2/x_1$，给出了在 $\mathbb{R}^2_+$ 中每个可能的商品组合上所有无差异曲线斜率的公式。例如，如果你目前消费 4 条裤子（x_1）和 3 件衬衫（x_2），那么你的边际替代率等于 $-3/4$；如果你消费 10 条裤子和 1 件衬衫，那么你的边际替代率为 $-1/10$；如果你消费 1 条裤子和 10 件衬衫，那么你的边际替代率为 -10。

习题 4B. 6 如果偏好是由效用函数 $u(x_1, x_2) = x_1^{1/4} x_2^{3/4}$ 描述的，那么边际替代率的表达式会怎样变化？■

4B. 3. 3 解释由效用函数分配给无差异曲线的数值 到目前为止，你可能有一点点疑虑：在 4A. 3. 3 节中讨论了大量幸福感或者"效用"不能被客观度量的情况，但是现在我们在这里用效用函数度量效用。在讨论图 4-5 中无差异曲线旁边的数字时，我们指出那些数字本身并不重要，重要的是那些数字的排序，因为我们只是用那些数字代表哪些无差异曲线对应的幸福感更多，哪些更少。我们也提到了我们可以很容易地将图 4-5 中的数字都乘以 2，或者都除以 5，或者都加上 13，这是因为在每种情况下，无差异曲线的排序仍保持不变。结论是：只要两幅图中无差异曲线的形状与这些曲线对应的数字的排序不变，这两幅图中的无差异曲线就代表了相同的偏好。

这一点也适用于效用函数。你可以把这些函数当作用某个刻度来度量效用的标尺。我们可以调整刻度：只要两个效用函数给出了相同的无差异曲线，并且只要分配给这些无差异曲线的数值的排序是一样的，这两个效用函数就代表了相同的潜在的偏好。我们所做的是使用一个不同的刻度。通过再一次回到山的类比可能会让我们很容易地明白这里所要表达的。在图 4-10（a）中，我们使用"离海平面的英尺数"作为标尺来衡量一座山的高度，然后我们把这座山的"切片"转换到二维空间中，并把该"切片"的适当高度（用英尺衡量）置于图 4-10（b）的每个切片旁边。

假定我们在图 4－10（a）中使用了"离海平面的米数"作为标尺。现在山的高度会被赋予不同的刻度，但是山的切片仍展示出与图 4－10（b）相同的形状，所不同的是它们将会以不同的数值来指示高度，因为现在是用米而不是英尺来表达了。当我们改变标尺上的度量单位时，并没有发生什么本质的变化。

考虑如图 4－8（a）所示的效用函数 $u(x_1, x_2)=x_1^{1/2}x_2^{1/2}$，该图复制在图 4－11（a）中。现在考虑该函数的平方，即 $v(x_1, x_2)=(x_1^{1/2}x_2^{1/2})^2=x_1x_2$［如图 4－11（c）］所示。该函数看起来当然不一样，但结果是图 4－11（b）与图 4－11（d）给出了完全一样的无差异曲线，就像对同一座山的两个不同的度量版本给出了相同的二维图。为在数学上证明这一点，我们需要做的就是检查这两个效用函数是否给出了相同的边际替代率公式，这是因为如果无差异曲线在所有点的斜率都是一样的，那么该无差异曲线的形状一定相同。我们首先求 v 关于每种商品的偏导数［如同式（4.21）中我们对 u 所做的］：

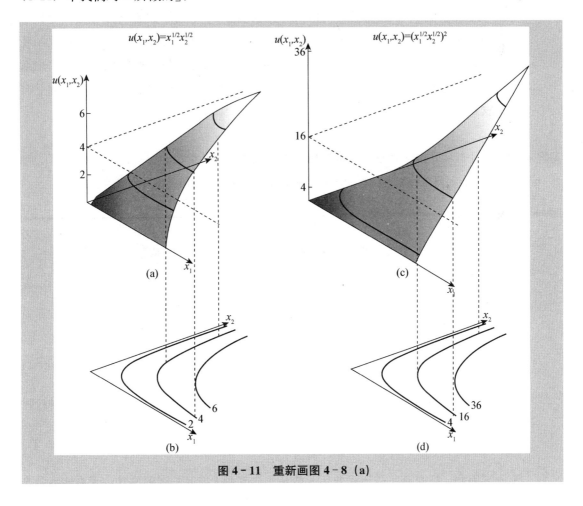

图 4－11　重新画图 4－8（a）

$$\frac{\partial v}{\partial x_1}=x_2, \ \frac{\partial v}{\partial x_2}=x_1 \qquad\qquad (4.23)$$

这两个表达式当然与方程（4.21）中对 u 的类似的导数不一样。它们表示你每多消费 1 单位其中某种商品时，所能获得的额外的（或者边际的）效用，这个额外的效用随我们用来度量效用的标尺不同而有区别。从而，这两个不同的效用函数，即 u 和 v，关于每种商品有不同的偏导数是有道理的。（出于这个原因，我们认为在"边际效用"这个概念中不存在任何实际的内容。）但是当我们把方程（4.23）中的结果代入计算边际替代率的公式（4.20）时，我们得出效用函数 v 所隐含的边际替代率再一次等于 $-x_2/x_1$，这正好是我们在方程（4.22）中对效用函数 u 计算边际替代率时所得出的结论。

习题 4B.7 你能否验证习题 4B.6 中效用函数的平方也不会改变其背后的无差异曲线？ ■

通过比较方程（4.21）与方程（4.23）中的偏导数，你可以获得关于所发生的事情的直觉。尽管它们不一样，但是当我们用一个偏导数除以另一个偏导数来计算边际替代率时，只是抵消的方式不一样。换言之，当我们把两个边际效用相除时，度量边际效用的单位会从方程中约掉，所以边际替代率的概念与我们用来度量效用的标尺无关。因此，即使我们认为效用本身不能被客观量化，这也是有意义的。

习题 4B.8 当我们对 u 取平方根，也就是说，当我们考虑效用函数 $w(x_1, x_2) = (x_1^{1/2}x_2^{1/2})^{1/2} = x_1^{1/4}x_2^{1/4}$ 时，说明我们得到的关于代表相同的无差异曲线的 u 与 v 相同的结论也成立。 ■

在我们计算边际替代率时，效用函数比例的重新调整会相互抵消的思想在一个更一般的意义下成立。考虑一个函数 $f: \mathbb{R}^1 \to \mathbb{R}^1$，其被应用于效用函数 $u(x_1, x_2)$ 从而构造出一个新的效用函数 $v(x_1, x_2) = f(u(x_1, x_2))$。[例如，在前面的例子中，我们应用函数 $f(x) = x^2$ 得到了 $v(x_1, x_2) = f(u(x_1, x_2)) = f(x_1^{1/2}x_2^{1/2}) = (x_1^{1/2}x_2^{1/2})^2 = x_1x_2$。]那么 v 关于两种商品的偏导数分别是

$$\frac{\partial v}{\partial x_1} = \frac{\partial f}{\partial u}\frac{\partial u}{\partial x_1}, \quad \frac{\partial v}{\partial x_2} = \frac{\partial f}{\partial u}\frac{\partial u}{\partial x_2} \tag{4.24}$$

在计算边际替代率时我们把这两项相除，于是 $(\partial f/\partial u)$ 项抵消了，从而得到

$$-\frac{(\partial v/\partial x_1)}{(\partial v/\partial x_2)} = -\frac{(\partial u/\partial x_1)}{(\partial u/\partial x_2)} \tag{4.25}$$

因此，把变换 f 应用到效用函数 u 不会改变无差异曲线的形状，因为这不会改变边际替代率，只是简单地给无差异曲线标上不同的数字。只要分配给这些无差异曲线的数字的排序保持不变，变换的效用函数就表示相同的偏好。有时这样的函数称为序保留（order preserving）函数或者正单调（positive monotone）函数。例如，

将效用函数乘以 5，会使每条无差异曲线相关的高度变为以前的 5 倍。另外，将相同的效用函数乘以 −5，将会导致每条无差异曲线上标记的数字变为以前的 −5 倍。作为结果，无差异曲线的顺序颠倒了，表明先前判断的比某个特定的消费束好的无差异曲线现在比该消费束要差。从而前面的变换（乘以 5）是序保留的，而后面的变换（乘以 −5）不是序保留的，尽管两个变换都保留了无差异曲线的形状。在章末习题 4.5 中，你将会研究效用函数的一些其他的可能变换，但是有一点是清楚的，即一旦我们找到了一个代表特定偏好集的效用函数，就可以通过对这个原始的效用函数进行各种不同变换来找到大量表示那些偏好的其他效用函数。

习题 4B.9　考虑效用函数 $u(x_1, x_2) = x_1^{1/2} x_2^{1/2}$。对该函数取自然对数并计算新函数的 MRS。自然对数变换能够应用于效用函数以使得新的效用函数表示相同的潜在偏好吗？

习题 4B.10　考虑效用函数 $u(x_1, x_2, x_3) = x_1^{1/2} x_2^{1/2} x_3^{1/2}$。对该函数取自然对数并计算每组商品的边际替代率。自然对数变换能否应用于三种商品的效用函数以使得新的效用函数表示相同的潜在偏好？ ∎

结论

在这一章中，我们开始研究经济学家是怎么对偏好进行建模的。通过做出一些基本的理性假设来确保个体能够进行选择（完备性与传递性），我们可以用个体觉得无差异的商品组合将偏好用图形表示出来。通过做出在很多经济设定下有意义的假设（连续性、凸性、单调性），这些无差异曲线被证明采取了特定的形状。接着，无差异曲线图，以及用来指示哪些商品组合比其他更受偏好的数字，对偏好进行了完整的描述。这些图也可以用数学方法表示为效用函数的水平，就像地形图上表示山的高度的环一样。因为我们不认为存在对"效用"的客观度量，所以我们同样证明了存在很多不同的效用函数来表示相同的无差异曲线图。尽管由效用函数分配给每一条无差异曲线的数字没有什么意义，但是无差异曲线的斜率（被称为边际替代率）确实有真实的经济学含义，这是因为它告诉了我们个体愿意以什么比率用一种商品交换另外一种商品（取决于他或她目前拥有每种商品的数量）。与前面几章一样，与图示工具类似的数学方法允许我们把分析扩展到两种商品以上的情况。

在第 6 章，我们将分析偏好（由无差异曲线和效用函数表示）与我们的经济处境（由预算约束表示）会如何一起引导我们做出最优的经济选择。然而，在进行这一步之前，我们将回到第 5 章来研究这里介绍的可以在模型中表示的不同类型的偏好。

附录：多元微积分的一些基础知识

有些学院或者大学的经济学专业要求修完三个学期的微积分系列课程。如果你已经修完了这些课程，那么你已经涉猎了本书中所涉及的全部微积分概念，以及很多对我们要做的而言没有必要的微积分概念。然而，经济学专业通常只要求修一个学期的微积分。这意味着你已经学习了一元微分，但是没有涉及多元函数的微分。本附录的目的是把有关一元微分的基础知识扩展到多元函数，而不打算讨论你在一个完整的微积分系列课程中将会遇到的那些细节。

一元函数采用如图 4-7 所示的 $y=f(x)$ 的形式，例如 $y=f(x)=x^2$。如同你从第一门微积分课程中所知道的，该函数的导数（或者斜率）是 $df/dx=2x$。然而，效用函数通常是多元函数，这是因为我们对消费者在商品多于 1 种时的选择感兴趣。例如，我们在图 4-8（a）中画出了效用函数 $u(x_1, x_2)=x_1^{1/2}x_2^{1/2}$ 的曲线。一元函数与多元函数的区别只是：前者给实线 $\mathbb{R}^1$ 上的点分配数值，而后者给一个更高维度空间上的点分配数值。因此，一元函数表示给实线上的一个元素分配一个实数的规则，即 $f: \mathbb{R}^1 \rightarrow \mathbb{R}^1$；多元函数 $y=f(x_1, x_1, \cdots, x_n)$ 则是给一个有 n 个组成成分的点分配实数的公式，因而表示为 $f: \mathbb{R}^n \rightarrow \mathbb{R}^1$。

偏导数

任何多元函数在除 1 个变量外其他变量保持不变时都会变成一元函数。例如，考虑效用函数 $u(x_1, x_2)=x_1^{1/2}x_2^{1/2}$，并假定我们想要问：当 $x_1=4$ 时，效用（用该函数度量）在 x_2 变化时会怎么变化？在这种情况下，我们把变量 x_1 固定为 4 并在图 4-12（a）中的三维函数的"切片"上操作。该"切片"就是一个一元函数 $v(x_2)=u(4, x_2)=2x_2^{1/2}$（因为 4 的平方根是 2），其图绘在（a）中，并被单独绘在（b）中。

利用你学过的一元微分知识，你知道如何对图（b）中的函数 $v(x_2)$ 求导。该导数 $dv/dx=x_2^{-1/2}$ 为图（a）所示的二元函数 $u(x_1, x_2)$ "切片"的斜率。它同样被称为当 $x_1=4$ 时，u 关于 x_2 的偏导数。

更一般地，我们可以简单地把变量 x_1 当成一个常数，然后对 u 关于 x_2 求偏导数。记该偏导数为 $\partial u/\partial x_2$，其计算与当 x_1 是一个常数时计算一元函数的导数完全一样，也就是，

$$\frac{\partial u}{\partial x_2}=\left(\frac{1}{2}\right)x_1^{1/2}x_2^{-1/2} \tag{4.26}$$

这就给出了效用函数 $u(x_1, x_2)$ 当 x_1 为某个常数时的"切片"的导数。例如，当 $x_1=4$ 时（如同我们前面所假设的），该函数简化成 $x_2^{-1/2}$，代表了图 4-12 的

"切片"在不同的 x_2 处的斜率。

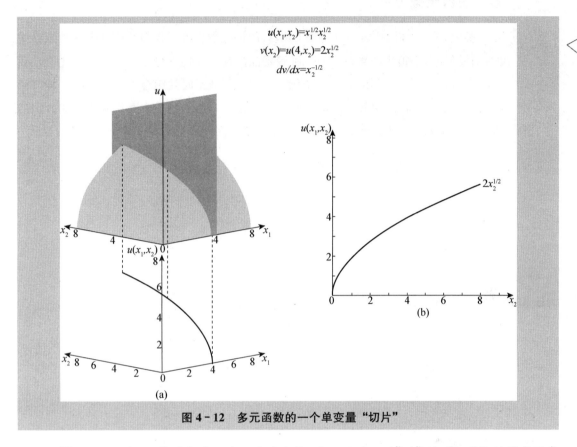

$$u(x_1,x_2)=x_1^{1/2}x_2^{1/2}$$
$$v(x_2)=u(4,x_2)=2x_2^{1/2}$$
$$dv/dx=x_2^{-1/2}$$

图 4-12 多元函数的一个单变量"切片"

  习题 4B. 11 当 x_1 被固定为 9 时,效用函数 $u(x_1,x_2)=x_1^{1/2}x_2^{1/2}$ 的"切片"的斜率的表达式是什么?当 $x_2=4$ 时,该"切片"的斜率是什么? ■

  效用函数的偏导数给出了当其他消费品都保持不变时,额外一单位某种消费品带给我们的边际效用(marginal utility)。我们在本章的主体部分大篇幅讨论了这个概念。这个概念本身并没有什么经济意义,因为它被表达成了"幸福感的单位",而我们并不相信这是能被客观度量的。然而,如同我们在 4B. 3. 3 节所看到的,有经济意义的边际替代率的概念是由两个边际效用值互除而得到的(从而抵消了"幸福感的单位")。当我们讨论生产者理论时,"产出单位"是有经济意义的单位,这些偏导数也会变得有经济意义。

习题 4B. 12 对 $u(x_1,x_2)=x_1^{1/2}x_2^{1/2}$ 计算 $\partial u/\partial x_1$。当 x_2 被固定为 4 时,它简化成什么?具有这个偏导数所代表的斜率的"切片"位于图 4-12 中什么位置?

习题 4B. 13 对函数 $u(x_1,x_2)=10\ln x_1+5\ln x_2$ 计算 $\partial u/\partial x_1$。

习题 4B. 14 对函数 $u(x_1,x_2)=(2x_1+3x_2)^3$ 计算 $\partial u/\partial x_1$。(记住使用链式法则。) ■

多元函数全微分

类似 $u(x_1, x_2) = x_1^{1/2} x_2^{1/2}$ 这样的函数的偏导数告诉了我们消费束中两种商品中的一种增加一个很小的数量（另一种消费品的数量保持不变）时效用的变化率，我们同时也对当两种商品的数量都变化一个很小的数量时效用会怎么变化感兴趣。函数 u 的全微分（total differential）则衡量了由 x_1 与 x_2 的微小变化所导致的效用的变化。[①] 用 dx_1 与 dx_2 表示这种小的变化，那么全微分 du 在数学上表示为

$$du = \frac{\partial u}{\partial x_1} dx_1 + \frac{\partial u}{\partial x_2} dx_2 \tag{4.27}$$

对于效用函数 $u(x_1, x_2) = x_1^{1/2} x_2^{1/2}$，全微分为

$$du = \frac{x_2^{1/2}}{2 x_1^{1/2}} dx_1 + \frac{x_1^{1/2}}{2 x_2^{1/2}} dx_2 \tag{4.28}$$

习题 4B.15 验证方程（4.28）是正确的。∎

注意，如果 $dx_1 = 0$，也就是说，如果 x_1 不变化而只有 x_2 变化，那么方程（4.27）可以简化为

$$du = \frac{\partial u}{\partial x_2} dx_2 \tag{4.29}$$

du 被称为 u 关于 x_2 的偏微分。

习题 4B.16 计算 $u(x_1, x_2) = 10\ln x_1 + 5\ln x_2$ 的全微分 du。∎

章末习题[②]

4.1 篮子 A 包含 1 单位 x_1 和 5 单位 x_2。篮子 B 包含 5 单位 x_1 和 1 单位 x_2。篮子 C 包含 3 单位 x_1 和 3 单位 x_2。始终假定偏好是单调的。

A. 周一，你可以在篮子 A 和篮子 C 之间做选择，你选择了 A。周二，你可以在篮子 B 和篮子 C 之间做选择，你选择了 B。

a. 把这些篮子画在以 x_1 为横轴、以 x_2 为纵轴的图上。

b. 如果我知道你的偏好在任意给定的一天满足严格凸性假设，也就是说，平

---

① 多元函数的全微分与全导数之间有区别。现在我们只关注全微分（在本章的主体部分使用）。

② ＊在概念方面具有挑战性的问题。

＊＊在计算方面具有挑战性的问题。

†答案见学习指南。

均严格好于极端，我能否说你的偏好在周一到周二这段时间发生了改变？

　　c. 假定我知道你的偏好满足一个弱凸性假设，也就是说，平均至少和极端一样好。同时我知道你的偏好在周一到周二这段时间没有发生改变。我能否对你的一条无差异曲线的形状做出一些判断？

　　B. 继续假设偏好满足单调性假设。

　　a. 正式陈述 A(b) 中所定义的"严格凸性"假设。

　　b. 假定你对 x_1 与 x_2 的偏好是严格非凸的——平均严格差于极端。正式地陈述这个假设。在这一条件下，A(b) 的答案是否会变化？

　　c. 考虑效用函数 $u(x_1, x_2)=x_1+x_2$。说明这个效用函数刻画了你在 A(c) 中得出的关于无差异曲线形状的结论。

　　†4.2　考虑我妻子对粗燕麦粉和麦片的偏好。

　　A. 我的妻子与我不一样，她喜欢粗燕麦粉与麦片，但是对于她，（在两个偏好相同的商品组合之间）平均比极端要差一些。

　　a. 在一个以粗燕麦粉盒数为横轴、以麦片盒数为纵轴的图上，画出三条与我妻子的偏好一致的无差异曲线。

　　b. 假定我们忽视了无差异曲线上的标记而只是简单地看了看组成无差异图的无差异曲线的形状。如果我讨厌粗燕麦粉与麦片，我的无差异图看起来是否与我妻子的一样？如果是这样，我的偏好是否是凸的？

　　B. 考虑效用函数 $u(x_1, x_2)=x_1^2+4x_2^2$。

　　a. 该效用函数是否能代表你在 A(a) 中画出的偏好？

　　b. 你如何对这个效用函数进行转换，使得它与 A(b) 中所描述的偏好一致？

　　*4.3　在这个习题中，你将证明只要偏好满足理性、连续性和单调性，就总是存在一个明确定义的无差异图（与效用函数）来表示那些偏好。[①]

　　A. 考虑一个包括两种商品的领域，其中商品 x_1 与 x_2 分别出现在你画的任何图的两根轴上。

　　a. 画出你的两根轴并任意挑选一个商品组合 $A=(x_1^A, x_2^A)$，使得每种商品至少都被包含了一些。

　　b. 在你的图上画出 45 度线。这是一条表示包含相同数量的 x_1 与 x_2 的所有商品组合的射线。

　　c. 挑选第二个商品组合 $B=(x_1^B, x_2^B)$，使得 $x_1^B=x_2^B$ 并且 $x_1^B>\max\{x_1^A, x_2^A\}$。换句话说，挑选 B，使得它有相同数量的 x_1 与 x_2，并且其 x_1 与 x_2 的数量比 A 要多。

　　d. A 比商品组合 (0, 0) 更受偏好还是更不受偏好？B 比 A 更受偏好还是更

_____

　　① 实际上可以证明，只要偏好仅满足理性与连续性，这就是真实的，但是如果我们也假定单调性，则在说明直觉方面将会变得容易些。

不受偏好？

e. 现在想象沿着 45 度线从（0，0）向 B 移动。你能否用我们已经假定的偏好的连续性来判定在（0，0）和 B 之间是否存在某个商品组合 C 使得消费者在 A 和 C 之间无差异？

f. 按照相同的逻辑，是否可以推断出沿着任意一条从原点出发的射线而不仅仅是 45 度线存在一个无差异的商品组合？

g. 你目前已经完成的步骤是如何证明一个明确定义的无差异曲线图的存在的？

B. 下一步我们来证明：按照相同的逻辑，可以推断出存在表示这些偏好的一个效用函数。

a. 如果你还没这样做，说明 A(a)～(e)。

b. 把（0，0）与 45 度线上的 C 的距离记为 $t_A = t(x_1^A, x_2^A)$，并把值 t_A 分配给商品组合 A。

c. 想象一下，对你图中的每个商品组合以相同的步骤进行标记；也就是说，对每个商品组合，判定 45 度线上的什么商品组合与其无差异，并标记 45 度线上（0，0）与无差异商品组合之间的距离。这可以推出给每个商品组合分配一个数值的函数 $u(x_1, x_2)$。你能否解释这个函数是如何满足我们对效用函数的定义的？

d. 当存在多于两种商品（并且当偏好满足理性、连续性与单调性）时，你认为采用相同的证明方法可以证明效用函数的存在性吗？

e. 我们能否选择一条 45 度线以外的射线来构造与每个商品组合相关联的效用值？

4.4 我如此讨厌粗燕麦粉，以至于拥有粗燕麦粉的这个想法使我感到憎恶。另外，我非常享受一顿美味的可可麦片早餐。

A. 在下面的每种情况下，以粗燕麦粉的盒数为横轴、以麦片的盒数为纵轴，画出三条不同的无差异曲线并标上数字。

a. 假定我的偏好满足凸性与连续性假设并且也满足前面的描述。

b. 如果我的偏好是"非凸的"，也就是说，如果平均比极端更差，你的答案将有何不同？

c. 如果我既讨厌可可麦片也讨厌粗燕麦粉，但是再一次假设我的偏好满足凸性假设，你在（a）中的答案将有何不同？

d. 如果我讨厌两种商品并且我的偏好是非凸的，情况又将如何？

B. 现在假定你们喜欢粗燕麦粉与可可麦片，并且你们的偏好满足我们的 5 个基本假设，这些偏好可以由效用函数 $u(x_1, x_2) = x_1 x_2$ 表示。

a. 考虑两个商品组合：$A = (1, 20)$ 和 $B = (10, 2)$。你更喜欢哪一个？

b. 用商品组合 A 和 B 说明这些偏好实际上是凸的。

c. 在商品组合 A 处，MRS 是什么？在商品组合 B 处又是什么呢？

d. 用来表示与 A(d) 中所描述的一致的偏好的有关该函数的最简单的可能变

换是什么？

e. 现在考虑实际上由效用函数 $u(x_1, x_2) = x_1^2 + x_2^2$ 所定义的偏好。这个函数的 MRS 是什么？

f. 这些偏好是否有递减的边际替代率？它们是凸的吗？

g. 你如何用最容易的方式把这个效用函数变换为 A(c) 中所描述的偏好的函数？

†**4.5**　在这一习题中，我们进一步探究边际替代率（以及它与效用函数的关系）。

A.　假定我有 3 根香蕉和 6 个苹果，你有 5 根香蕉和 10 个苹果。

a. 以香蕉为横轴、以苹果为纵轴，我的无差异曲线在我目前所有的商品组合处的斜率是 −2，你的无差异曲线在你目前所有的商品组合处的斜率是 −1，假定我们的偏好满足通常的 5 个假设。你能否向我建议一个能使我们两个人都变得更好的交易？（假设我们能够交易非整数的苹果和香蕉。）

b. 在我们完成了你所建议的交易后，我们的 MRS 是上升还是下降（在绝对值意义上）？

c. 如果我们在目前消费束处的边际替代率反过来，（a）和（b）的答案会怎么变化？

d. 为了使我们不能达成一个互利的交易，在我们目前的商品组合处，关于 MRS 有什么一定是真实的？

e. 判断正误：如果我们有不同的偏好，那么我们将总能够通过交易使我们双方共同获益。

f. 判断正误：如果我们有相同的偏好，那么我们将不能通过交易使我们双方共同获益。

B.　考虑如下 5 个效用函数并假设 α 与 β 是正实数：

1. $u^A(x_1, x_2) = x_1^\alpha x_2^\beta$

2. $u^B(x_1, x_2) = \alpha x_1 + \beta x_2$

3. $u^C(x_1, x_2) = \alpha x_1 + \beta \ln x_2$　　　　　　(4.30)

4. $u^D(x_1, x_2) = \left(\dfrac{\alpha}{\beta}\right) \ln x_1 + \ln x_2$

5. $u^E(x_1, x_2) = -\alpha \ln x_1 - \beta \ln x_2$

a. 写出计算每个效用函数的 MRS 的公式。

b. 哪个效用函数所表示的偏好有线性的无差异曲线？

c. 这些效用函数中有哪些代表了相同的潜在偏好？

d. 这些效用函数中哪些代表了不满足单调性假设的偏好？

e. 这些效用函数中哪些代表了不满足凸性假设的偏好？

f. 这些效用函数中哪些代表了不理性（也就是说，不满足完备性与传递性假设）的偏好？

g. 这些效用函数中哪些代表了不连续的偏好？

h. 考虑如下陈述："贸易利益的产生源自我们有不同的偏好。如果个体有相同的偏好，他们将不能通过与对方交易而获利。"该陈述对吗？如果是这样，是否存在由这个问题中的效用函数所表示的偏好使得该陈述是对的？

*4.6 日常应用："9·11"是否改变了偏好？在另一本教材中，有辩论称消费者对于"旅行的航程数"与"其他商品"的偏好由于2001年9月11日的悲惨事件而改变了。

A. 这里我们将看到：根据你怎么对偏好建模来思考这个辩论是正确的还是错误的。

a. 为了弄清楚关于偏好改变的看法背后的推理，画一个图，以"旅行的航程数"为横轴、以"其他商品"（以美元计）为纵轴。在表示一个典型的消费者偏好（满足我们通常的假设）的无差异曲线图中画出一条无差异曲线。

b. 在你画的无差异曲线上挑选出一个商品组合，记为A。给定感知的增加的风险，你认为2001年9月11日以后，在该点的一个典型的消费者的MRS会发生什么？

c. 对于一个在2001年9月11日以后感知了更大的空中旅游风险的消费者来说，在每个商品组合处，旧的无差异曲线图的无差异曲线与新的无差异曲线图的无差异曲线可能的关系是什么？

d. 在目前为止我们所构建的模型的环境下，这是否意味着一个典型的消费者对于空中旅游的偏好发生了改变？

e. 现在假定我们更综合地思考消费者的偏好。特别地，假定我们增加了第三个消费者关注的商品："空中安全"。想象一个三维图，其中"旅行的航程数"位于横轴，"其他商品"位于纵轴（与前面一样），而"空中安全"位于第三根轴。假定"空中安全"可以表示为0和100之间的一个值，其中0表示一个人踏上飞机后确定死亡，而100表示完全没有风险。假定在"9·11"之前，消费者认为"空中安全"在90以上。在你的三维图中把"空中安全"固定在90的"切片"上，说明"9·11"以前的无差异曲线穿过(x_1^A, x_2^A)，"9·11"之前你旅行的航程数为(x_1^A)，其他商品的消费是(x_2^A)。

f. 假定"9·11"使"空中安全"下降到了80。通过把"空中安全"固定在80的"切片"上，说明"9·11"后的无差异曲线穿过(x_1^A, x_2^A)，把该"切片"画在你在（e）中所画"切片"的上面。

g. 解释尽管你能辩称在我们的原始模型中我们的偏好改变了，但是你同样能辩称在一个更大的意义上我们的偏好在"9·11"后没有改变，只是我们的处境发生了改变。

B. 假定一个旅游者的平均偏好可以由效用函数 $u(x_1, x_2, x_3)=x_1x_3+x_2$ 表示，其中 x_1 是旅行的航程数，x_2 是"其他消费"，x_3 是一个介于 0 和 100 之间的代表"空中安全"的指标。

a. 计算"其他商品"对"旅行的航程数"的 MRS，即当 x_1 位于横轴、x_2 位于纵轴时表示无差异曲线的斜率的 MRS。

b. 当"空中安全"（x_3）由 90 下降到 80 时，MRS 会发生什么变化？

c. 这是否与你在 A 部分中的结论一致？在这个模型的处境下，偏好是否发生了变化？

d. 现在假定 $u(x_1, x_2, x_3)=x_1x_2x_3$。"其他消费"对"旅行航程数"的 MRS 在"空中安全"变化时是否仍变化？这是否是一个用来分析"9·11"后消费者需求会发生什么变化的好的模型？

e. 如果效用函数是 $u(x_1, x_2, x_3)=x_2x_3+x_2$，那么结果会如何呢？

4.7 日常应用：基于数值范围对电影评级。我妻子和我经常去看电影，看完后我们对所看的电影给予一个从 0 到 10 的评级。

A. 假定我们去看了两部电影，首先是著名演员阿诺德·施瓦辛格的《终结者2》，然后是简·奥斯汀的乏味的新片《艾玛》。之后，我把《终结者2》评级为 8 而把《艾玛》评级为 2，而我妻子把《终结者2》评级为 5 而把《艾玛》评级为 4。

a. 我妻子和我在哪一部电影更好这一问题上保持一致吗？

b. 如果我妻子的评级反过来了，你的答案会有何变化？

c. 你是否能确定我比我妻子更喜欢《终结者2》？

d. 通常我妻子会和我就评级展开争论。判断正误：如果我们都把某部电影排在另外一部电影前面，那么即使我们对二者的评级不同，这样的争论也没有意义。

B. 假定我在评价一部电影时唯一关注的事情是该电影中"动作"时间（与周到的对话相对应）的比例（记为 x_1）。假定我妻子在评价一部电影时唯一关注的事情是强壮的女人出现在屏幕上的时间所占的比例（记为 x_2）。在《终结者2》中，$x_1=0.8$，$x_2=0.5$；而在《艾玛》中，$x_1=0.2$，$x_2=0.4$。

a. 考虑函数 $u(x_1)=10x_1$ 与 $v(x_2)=10x_2$，并假定我用函数 u 而我妻子用函数 v 来确定电影评级。我们对这两部电影将给出什么样的评级？

b. 某天，我决定利用效用函数 $\bar{u}(x_1)=5.25x_1^{1/6}$ 给电影分配一个不同的评级。如果利用这个函数而不是以前的函数 u，那么对于每两部电影，我能否得出不同的评级？我现在分配给《终结者2》与《艾玛》的评级的数值大约是多少？

c. 我妻子也决定改变她对电影进行评级的方法。她现在使用函数 $\bar{v}(x_2)=590x_2^{6.2}$。她对任意两部电影的排序是否会因此而改变？现在她给这两部电影分配的评级的数值大约是多少？

d. 假定我妻子选择了函数 $v(x_2)=10(1-x_2)$，她现在对电影的排序是否会不一样？

4.8 考虑我对消费与休闲的偏好。

A. 首先假设我对消费与休闲的偏好满足我们的 5 个基本假设。

a. 在满足我们假设的无差异图（"每周休闲小时数"位于横轴、"每周消费美元数"位于纵轴）中，给出三条无差异曲线（以及相关的效用数字）的例子。

b. 现在以"每周劳动小时数"而不是"每周休闲小时数"作为横坐标轴"。相同的偏好在这个图中看起来是怎样的？

c. 如果对于休闲与消费的偏好是非凸的，也就是说，如果平均比极端要差，你的两个图将会怎么变化？

B. 假定你们对消费与休闲的偏好可以由效用函数 $u(\ell, c) = \ell^{1/2} c^{1/2}$ 所描述。

a. 这些偏好是否满足我们的 5 个基本假设？

b. 当以"每周劳动小时数"而不是"每周休闲小时数"为纵坐标轴时，你能否找到一个效用函数来描述相同的偏好？（提示：假定你每周的休闲时间禀赋是 60 小时。这如何与你在 A(b) 中所画的无差异曲线的斜率的符号联系起来？）

c. 你刚才推导的函数的边际替代率是什么？这如何与你在 A(b) 中的图联系起来？

d. 由（b）中效用函数所代表的偏好是否满足我们的 5 个基本假设？

*†**4.9** **商务应用**：投资者对风险与回报的偏好。假定你正在思考未来将钱投向哪里。

A. 与众多投资者一样，你关注投资的期望回报以及相关风险，但是不同的投资者愿意在风险和回报之间做出不同的取舍。

a. 做一个以风险为横轴、以期望收益率为纵轴的图。（出于这个练习的目的，不要担心它们所表达的精确单位。）诸如通胀指数政府债券的"安全"投资（可以确定期望收益率）位于图中何处？

b. 选择这样一个"安全"投资束，并记为 A。然后挑选一个更具风险的投资束 B，使得一个投资者相信二者同等地吸引人（给定风险在投资者眼中是糟糕的，而期望收益率是好的）。

c. 如果你的偏好是凸的且你只有 A 和 B 两个投资束可以选择，你是否偏好把一半钱投资于 A，而把另一半钱投资于 B 来分散你的投资组合？

d. 如果你的偏好是非凸的，那么这样的分散化对你有吸引力吗？

B. 现在假定一个投资者的效用函数是 $u(x_1, x_2) = (R - x_1) x_2$，其中 x_1 表示一个与投资相关的风险，x_2 是期望收益率，R 是一个常数。

a. 这个投资者的风险对期望收益率的 MRS 是多少？

b. 假定 A 是一个"安全"投资，$x_1^A = 0$，并 B 是一个有风险的投资，但是二者对于投资者来说无差异。用 x_1^B 和 x_2^B 来表示"安全"投资的期望收益率的话，x_2^A 必须等于什么？

c. 该投资者的偏好是否是凸的？考虑该投资者是否愿意从（b）中的 A 或 B 转换为把一半钱投资于 A，一半钱投资于 B 来说明这一点。

d. 假设对于投资者来说，R＝10。想象他被提供了如下的投资组合：（1）期望收益率为 2 且风险为 0 的政府债券的无风险组合；（2）期望收益率为 10 且风险为 8 的不稳定股票的高风险组合；（3）一个包含一半政府债券与一半不稳定股票的组合，期望收益率为 6 且风险为 4。他将会选择哪一个？

e. 假定第二个投资者被提供了三个相同的选择。除了效用函数中的 R 等于 20 而不是等于 10 以外，该投资者与第一个投资者完全一样。她将会选择哪一个组合？

f. 判断正误：第一个投资者的偏好是凸的，而第二个不是。

g. R 取何值时投资者会选择无风险组合？

4.10 政策应用：维持生存的消费水平。假定你现在对如何就关于发展中国家的贫困家庭的政策问题进行建模感兴趣。

A. 我们试图对其建模的家庭主要担忧生存，他们需要消费最小数量的某种商品（比如食物和水）才能生存下去。假定一个人每周至少需要 4 升水，并且每周至少需要 7 500 卡路里才能生存下去。这些数量的水和食物就是水和食物维持生存的消费水平。

a. 假定你以每周水的升数为横轴、以每周摄取的卡路里为纵轴做图，那么请指出维持生存所需要的商品组合。

b. 如果消费水平低于维持生存的消费水平的生命是不能生存的，那么我们可能已经发现不对低于生存数量的偏好进行建模是合理的。说明把此考虑进去的一个可信的无差异曲线图。

c. 维持生存的消费水平对我们所有人而言都是一个生物现实，而不仅仅是对发展中国家的贫困人群而言。那么为什么我们在对富裕国家进行政策分析时不担心维持生存的消费水平的显式建模呢？

B. 下面的效用函数称为 Stone-Geary 效用函数：

$$u(x_1, x_2) = (x_1 - \bar{x}_1)^\alpha (x_2 - \bar{x}_2)^{1-\alpha}，其中 0 < \alpha < 1。$$

a. 当被理解为一个在 A 部分中所描述的偏好的模型时，维持生存的消费水平 x_1 和 x_2 分别是多少？

b. 这个效用函数对于低于维持生存的消费水平的偏好是怎么处理的？

c. 当消费高于维持生存的消费水平时 *MRS* 是多少？

d. 我们不再对发展中国家某个穷人的水和食物进行建模，而是对发达国家某个人从食物（x_1）中得到的卡路里与旅行支出（x_2）进行建模（理所当然地认为他或她消费了自己期望数量的水）。假定你仍想识别对于低于维持生存的（食物）消费水平的偏好的缺失，你需要对 Stone-Geary 效用函数做什么修改？

*4.11 **政策应用**：意识形态与政客的偏好。政治科学家经常假定政客关注的两个问题是国内支出与军事支出。如果以军事支出为横轴、以国内支出为纵轴做图，那么每个政策都有某个"理想点"，即某个能使他或她感觉最满意的军事支出与国内支出的组合。

A. 假定一个政客只关注实际政策束离他或者她的理想点有多远，而不是它偏离他或者她的理想点的方向。

a. 在一个图上，挑选任意一个"理想点"，并说明对这样一个政策来说，三条不同的无差异"曲线"看起来是怎样的。用数值标记这些曲线，说明哪个表示政客更偏好的政策束。

b. 在一个单独的图上，说明偏好对于一个保守者（喜欢较高的军事支出，但是对国内支出不敏锐）、一个自由主义者（喜欢较高的国内支出，但是对军事支出不感兴趣）以及一个自由意志主义者（不喜欢政府支出以任何方式变得很大）有何不同。

c. 这种将政客偏好用图形表示出来的方法较为快捷，这是因为它直接把政府支出需要用税收来支付这一事实包括在偏好中了。大多数政客都希望在所有事务上花费越来越多。因此，实际上我们可以用三种商品来建模：军事支出、国内支出和税收。其中一个政客的偏好对于前面两种商品是单调的，但是对于最后一种不是单调的。如果基于这三种商品的偏好满足我们通常的假设——包括单调性假设和凸性假设——这里我们定义商品为军事支出、国内支出和"税收的相对缺乏"，那么在一个三维图中，政客的无差异"曲线"看起来是怎样的？因为很难画出来，你能否用语言来描述它并在其中某一种商品固定的时候展示一下它的一个二维"切片"看起来是怎样的？

d. 现在假定你对相同的偏好进行建模，但是将第三种商品定义为"税收水平"而不是"税收的相对缺失"。现在单调性在一个维度上不再成立。现在如果把国内支出固定而把税收放在横轴、军事支出放在纵轴，你能否图示三维无差异曲面的一个"切片"？如果把税收固定，而把国内支出放在横轴、军事支出放在纵轴，"切片"又是怎样的？

e. 在税收固定的"切片"上，对你所画的无差异曲线取一点。在这一点一个保守者的 MRS 与一个自由主义者的 MRS 有什么区别？

f. 在国内支出固定的"切片"上取一点。在该点自由意志主义者的 MRS 与保守者的 MRS 有什么不同？

B. 考虑效用函数 $u(x_1, x_2) = P - [(x_1 - a)^2 + (x_2 - b)^2]$。

a. 你能验证这个方程表示的类似于这个问题所描述的［以及图示在 A（a）中的］偏好吗？

b. 当你分别对政治的保守者、自由主义者、自由意志主义者建模时，这个方程将会有怎样的变化？

c. 这些偏好是否满足凸性假设？

d. 你能够想出一种办法来写出表示你在 A(c) 和 A(d) 中所设想的偏好的效用函数吗？（用 t 表示上界为 1 的税率。）

*†**4.12** 在这个习题中，我们将探究满足不同假设的偏好族的逻辑关系。

A. 假定我们如下定义强凸性与弱凸性：偏好被称为强凸的（strongly con-

4

vex），如果当一个有某种偏好的人觉得 A 和 B 之间无差异时，此人严格偏好 A 和 B 的平均（相对于 A 和 B），那么该偏好被称为强凸的（strongly convex）；如果当一个有某种偏好的人觉得 A 与 B 之间无差异时，对此人来说 A 与 B 的平均至少与 A 和 B 一样好，偏好被称为弱凸的（weakly convex）。

a. 记所有满足强凸性的偏好的集合为 SC、所有满足弱凸性的偏好的集合为 WC。哪一个集合包含在另一个集合中？（例如，如果任意满足弱凸性的集合也自动地满足强凸性，那么我们就说"WC 包含在 SC 中"。）

b. 考虑包含在并且只包含在前面定义的两个集合中的偏好的集合。在这个新定义的偏好集中，关于任何一个无差异曲线图中的一些无差异曲线有什么真相？

c. 假定有三个人，你所了解的关于他们的信息如下：第一个人在商品组合 A 包含的每个商品都比商品组合 B 多时严格偏好 A 甚于 B。如果 A 中一些商品的数量比 B 更多而其他商品的数量与 B 中相同，那么对该人来说 A 至少和 B 一样好。这样的偏好通常被称为弱单调的（weakly monotonic）。只要 A 中有一些商品的数量比 B 中要多，而其他商品的数量与 B 中相等，第二个人就严格喜欢 A 甚于 B。这样的偏好通常被称为强单调的（strongly monotonic）。最后，第三个人的偏好是对于每个商品组合 A，总存在一个离 A 非常近的商品组合 B 严格好于 A。这样的偏好被称为满足局部非饱和性（local nonsatiation）的偏好。记满足严格单调性的偏好的集合为 SM，满足弱单调性的偏好的集合为 WM，满足局部非饱和性的偏好的集合为 L。给出一个有关偏好的例子，使得其属于且仅属于这三个集合中的一个。

d. 关于属于且仅属于这三个集合中的一个的偏好有什么真相？

e. 关于属于且仅属于 SM 与 WM 这两个集合中的一个的偏好有什么真相？

B. 这里，我们将考虑效用函数凸性的逻辑含义。在下面的定义中，$0 \leqslant \alpha \leqslant 1$。当且仅当下式成立时，一个函数 $f: \mathbb{R}_+^2 \rightarrow \mathbb{R}^1$ 被定义为拟凹的（quasiconcave）：只要 $f(x_1^A, x_2^A) \leqslant f(x_1^B, x_2^B)$，那么 $f(x_1^A, x_2^A) \leqslant f(\alpha x_1^A + (1-\alpha) x_1^B, \alpha x_2^A + (1-\alpha) x_2^B)$。当且仅当

$$\alpha f(x_1^A, x_2^A) + (1-\alpha) f(x_1^B, x_2^B) \leqslant f(\alpha x_1^A + (1-\alpha) x_1^B, \alpha x_2^A + (1-\alpha) x_2^B)$$

时，同样类型的函数被定义为凹的（concave）。

a. 判断正误：所有凹函数都是拟凹的，但并不是所有的拟凹函数都是凹的。

b. 证明：如果 u 是一个拟凹的效用函数，那么由 u 所表示的偏好是凸的。

c. 你的结论是否意味着如果 u 是一个凹效用函数，由 u 表示的偏好是凸的？

d. 证明：如果对于两种商品的偏好是凸的，表示那些偏好的任意效用函数就是拟凹的。

e. 你的结论是否意味着如果对于两种商品的偏好是凸的，那么表示那些偏好的任意效用函数是凹的？

f. 前面的结论是否意味着不拟凹的效用函数所表示的偏好不是凸的？

4.13 **商业应用**：对汽车的偏好与产品特征。人们基于他们的收入水平以及偏好来购买各种各样不同的车。研究产品特征选择（以及对汽车制造企业提出建议）的产业组织经济学家经常把消费偏好建模成对产品特征的偏好（而不是对不同类型的产品的偏好）。我们在这里探究这个概念。

A. 假定人们关注车的两个不同的方面：内部空间的尺寸与在路上的操纵质量。

a. 把 x_1 ＝"内部空间的立方英尺数"置于横轴，x_2 ＝"在弯曲山路上汽车能操纵的速度"置于纵轴，假定下面这些车在你的图中将会落于一条线上：雪佛兰小型货车、保时捷 944 和丰田凯美瑞。你一般会把它们放在图中什么位置？

b. 考虑偏好满足我们的 5 个基本假设的三个不同的个体，并假定每个个体拥有这三种车中的一种。进一步假定每个个体的无差异曲线图中的无差异曲线与另外一个个体的无差异曲线最多相交一次。[当两个无差异曲线图满足这一条件时，我们通常称它们满足单交叉性质（single crossing property）。]现在假定你知道 A 在丰田凯美瑞上的 MRS（在绝对值意义上）比 B 的要大，而 B 在丰田凯美瑞上的 MRS（在绝对值意义上）比 C 的要大。每个个体分别拥有哪辆车？

c. 假定我们在（b）中没有假设"单交叉性质"。在假定所有其他方面都保持一样时，你能否回答"每个个体分别拥有哪辆车"这一问题？

d. 假定你目前是 B，你刚刚发现你的叔叔去世了，并把他的三个孩子托付给了你，分别为 4 岁、6 岁和 8 岁。这改变了你对空间与机动性的评价。你在丰田凯美瑞上的新的 MRS 是变大了还是变小了（在绝对值意义上）？

e. 车的一些什么其他特征对于消费者是重要的但是又不能被轻易地置于一个二维的图示模型中？

B. 记 x_1 表示内部空间的立方英尺数，x_2 表示 A 部分所定义的机动性。假定 A、B 和 C 的偏好可以分别由效用函数 $u^A(x_1, x_2) = x_1^\alpha x_2$、$u^B(x_1, x_2) = x_1^\beta x_2$ 和 $u^C(x_1, x_2) = x_1^\gamma x_2$ 表示。

a. 计算每个人的 MRS。

b. 假定 α、β 和 γ 取不同的值，那么 A(b) 中所定义的"单交叉性质"是否满足？

c. 给定 A(b) 中对三个人的描述，α、β 和 γ 的关系是什么？

d. 你怎么把你的图示模型转换成包含你在 A(e) 中所提出的因素的数学模型？

第 5 章　不同类型的偏好

在第 4 章中，我们展示了如何用无差异曲线图来表示偏好，偏好的五条基本假设如何导致无差异曲线的特殊形状，以及如何对它们进行更规范的定义，如何用效用函数对它们进行数学化的表示。[①] 我们现在进一步分析无差异曲线图如何在满足五条基本假设的前提下形成显著的区别。这部分会告诉我们如何用简单的图示方法以及更加一般化的数学方法（后者正是基于前者所推导出的直觉知识）来对不同种类的偏好建模。举例来说，如果两种商品彼此之间是近似替代品，那么表示某一消费者对这两种商品的偏好程度的无差异曲线图看上去就会与互为近似互补品的两种商品的无差异曲线图有显著差异，尽管它们都满足偏好的五条基本假设。因此，无差异曲线的特定形状对应了效用函数的特定形式。

本章谈及的重要观点之一是：我们建立的关于偏好的基本模型非常具有一般性，从而使我们能够考虑到个人可能拥有的所有偏好种类。你可能喜欢苹果甚于橘子，而我可能喜欢橘子甚于苹果；你可能认为花生酱和果冻相得益彰，而我可能认为它们互不相容；你可能觉得法国酒和加州酒区别不大，但我可能觉得其中之一几乎无法入口。初识无差异曲线的学生常常会对无差异曲线留下这样一个印象，那就是无差异曲线看起来都差不多，但我们会发现它们的形状和彼此之间的关系可能千差万别，正是这些差异造就了可能存在的偏好的多样性，而这正是分析我们这个大千世界所必需的。

5A　不同类型的无差异曲线图

要理解如何通过做图来表示不同的偏好，关键是要理解消费者行为如何因其内在的偏好不同而不同。我们将从讨论个人关于不同商品的无差异曲线的形状出发来展开 5A.1 节，这部分将会向我们提供一种讨论不同商品对消费者的可替代程度或独特程度的方法。接着我们在 5A.2 节中介绍在一个无差异曲线图中各无差异曲线

[①] 本章需要第 4 章作为背景知识。

5

的相互关系是如何由所涉及的商品的类型来决定的，这部分将告诉我们一个消费者关于某种商品相对于其他商品的价值的看法是如何随着幸福值（或按我们之后的叫法，"真实收入"）的增加而改变的。最后，我们以5A.3节中研究的那些决定生活水准的"关键性的"特殊商品的无差异曲线图作为结束，探究了为何有些商品是不可或缺的，而另外一些对我们的幸福却并非必需。

5A.1 沿着无差异曲线的替代性：可口可乐、百事可乐与冰茶

两种商品在多大程度上可以相互替代是由我们所讨论的商品的本质属性以及个人的偏好类型共同决定的。举例来说，相比于其他许多商品，可口可乐与百事可乐二者之间更加相似。事实上，我个人很难区分百事可乐与可口可乐。因此，当我和妻子去餐厅并点了可口可乐的时候，如果服务生告诉我餐厅只提供百事可乐，我并不会感到失望，而会简单地改为点百事可乐。我的妻子则不一样，她明显更偏好可口可乐，因此如果她发现某家餐厅只提供百事可乐而非可口可乐，她会转为点冰茶。我认为她过分区分百事可乐和可口可乐是不理智的，并将这归因于她的一些仍未消失的孩子气。另外，她认为我一定是在某个核测试场附近长大的，那些辐射毁掉了我的某些关键性的味蕾。（她认为这也能解释我其他一些古怪之处。）尽管如此，但我们还是能清楚地看到，较之对我而言，对她而言可口可乐和百事可乐间的可替代程度更低。

5A.1.1 完全替代 假如我们想要描述我对百事可乐和可口可乐的偏好，我们可以通过考虑某些我可能正要消费的商品组合（例如1罐可口可乐和1罐百事可乐）来开始。然后，假定我无力区分这两种商品，我们要问：还能找到哪些其他的商品组合，使得该商品组合对我的价值不变？2罐可口可乐和0罐百事可乐就是一个使得对我的价值保持不变的例子，2罐百事可乐和0罐可口可乐也是一样。从而，对于一个

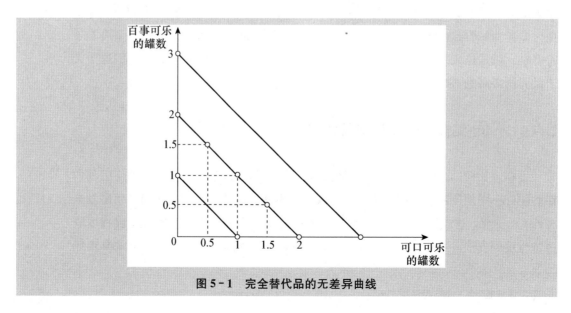

图5-1 完全替代品的无差异曲线

和我的偏好相同的人来说，这三个商品组合都必须落在同一条无差异曲线上，它们的任意线性组合，例如1.5罐可口可乐和0.5罐百事可乐，也应该满足这一点。在图5-1中，这些商品组合以点表示，并用中央的那条线连接起来。线上的每一点都代表着罐数之和为2的可口可乐与百事可乐的某种组合，对于不区分这两种商品的人来说，只有这个罐数之和是重要的。我们当然也能构建其他无差异曲线，例如可口可乐与百事可乐罐数之和为1或3的曲线，这些曲线也在图5-1中画出。

这里我们做图表示的偏好是针对完全替代品的。这样的偏好是很少见的，因为它"几乎"违背了五条基本假设中的一条。应特别注意的是：在这种情况下，平均不再好于极端；恰恰相反，在商品互为完全替代品时，平均正好和极端一样好。（1罐可口可乐，1罐百事可乐）是（2罐可口可乐，0罐百事可乐）与（2罐百事可乐，0罐可口可乐）这两个更极端的组合的平均，但对于偏好如图中所示的消费者来说，这三者一样好。这也说明每条无差异曲线的斜率都是不变的。考虑后可以直观地得出，在此种情况下边际替代率也是不变的。毕竟，不管我现在有多少可口可乐，我都愿意用1罐可口可乐交换1罐百事可乐。

学生们总是问：是否必须是等量交换（也就是说，边际替代率是否必须为-1）才构成完全替代品？不同教材对该问题给出的回答不同，但对我而言正确的答案只能是"不"。完全替代品的核心特征并非 MRS 为-1，而是 MRS 恒定不变。即使 MRS 为-1（正如上面可口可乐的例子一样），我也能在不改变个人偏好的前提下，通过改变可口可乐消费量的单位来得到不同的 MRS。下一道练习体现了这一点，章末习题5A.2对此进行了拓展。

练习5A.1 如果可口可乐为8盎司罐装，百事可乐为4盎司罐装，那么无差异曲线图将有何不同？

练习5A.2 如果横坐标轴表示两角五分（25分）硬币的数量，纵坐标轴表示一角（10分）硬币的数量，无差异曲线将是什么样子？请用我们刚才在可口可乐的例子中使用的方法，首先找到任意一个商品组合（例如4个两角五分硬币和5个一角硬币），然后寻找那些与它一样好的商品组合。■

5A.1.2 完全互补 我的妻子在餐厅点了一杯冰茶（在她发现该餐厅只提供百事可乐而非可口可乐后），我发现她在喝茶之前恰好加入了1小包糖。如果可用的糖少于1小包，那么她不会喝这杯冰茶；如果可用的糖多于1小包，那么她用的糖也不会多于1小包，除非她要了更多杯冰茶。[①] 从这种有些强迫性的举动中，我总结出冰茶和糖对我妻子来说是完全互补品：它们互相增益，直到我妻子从只消费更多的其中一

---

① 事实上，这并不一定是正确的：我就特别喜欢糖，所以当我妻子不注意的时候，我常常将剩下的糖倒进自己嘴里。遗憾的是，我妻子认为这一行为完全是反社会的，而非有趣且魅力十足的。每次我这样做被发现时，我都得忍受她关于我肯定是在谷仓里长大的长篇大论。

种而不消费更多的另外一种中无法得到更多的满足为止。

我们可以用同样的方式来讨论我妻子对冰茶和糖的偏好，即首先找到任意一种商品组合，然后寻找与它一样好的其他商品组合。例如，我们从 1 小包糖和 1 杯冰茶开始。这两种原料共同构成了 1 杯令人满意的饮品。现在考虑我给了妻子另外 1 小包糖，但没有给她另外的冰茶，即构成了 2 小包糖和 1 杯冰茶的商品组合。因为这个组合还是只给她提供了 1 杯理想的饮品，所以，她不会感到更好（或更差）；也就是说，她认为这两种商品组合一样好。对于任何只包含 1 杯冰茶而糖的数量多于 1 小包的商品组合，或是只包含 1 小包糖而冰茶数量多于 1 杯的商品组合，这个结论都同样成立。图 5-2 中最靠近坐标轴的直角形的无差异曲线就表示了所有这些在我妻子的偏好下，提供了恰好 1 杯理想饮品的商品组合。提供 2 杯或 3 杯理想饮品的商品组合的无差异曲线也类似地在图中画出。

注意，正如完全替代品一样，完全互补品代表了某种极端情况，因为五条基本假设之一也几乎被违背了。特别是，在完全互补品的情况中，越多并不一定越好，只有两种商品同时增加才一定更好。同样，平均并不一定好于极端，比如对于连线与无差异曲线上的直线重合的商品组合来说，其平均与极端一样好。[1]

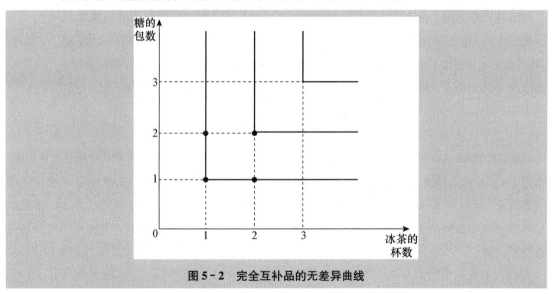

图 5-2　完全互补品的无差异曲线

练习 5A.3　如果我妻子需要 2 小包糖（而非 1 小包）来配每 1 杯冰茶，那么她关于糖和冰茶的无差异曲线会变成什么样子？◾

5A.1.3　替代性和互补性的非极端情况　商品很少是完全替代品或完全互补品。相反，通常来说商品或多或少总是可替代的，可替代程度由其本质特征和个人的内在偏好决定。描述这些非极端情况的图介于图 5-1 和图 5-2 之间，例如图 5-3（a）到

---

[1]　商品间不存在替代性的偏好有时被称为里昂惕夫（Leontief）偏好，由瓦西里·里昂惕夫（1906—1999）提出，他在生产者理论中广泛使用了相似的见解。里昂惕夫在 1973 年获得了诺贝尔经济学奖。

图 5-3（c）中所表示的对商品 x_1 和商品 x_2 的偏好。在这些情况下，不同于完全互补品，个人确实愿意用一些商品 x_2 替换一些商品 x_1，但又不同于完全替代品，替换的比率并不是恒定的。特别地，当现有的商品组合中 x_2 较多而 x_1 较少时，拥有图示的偏好的个人更倾向于用 x_2 替换 x_1，这种倾向随着这个人转向 x_1 比 x_2 多的商品组合而逐渐减弱。这当然是正确的，因为它符合平均比极端更好的假设，而我们已经在前面的章节中说明了该假设会导致边际替代率递减。

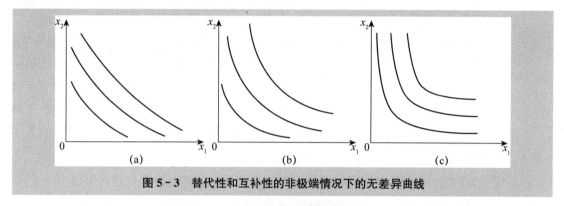

图 5-3 替代性和互补性的非极端情况下的无差异曲线

对于图 5-3（a）中所刻画的偏好，随着当前商品组合的改变，用 x_1 来替换 x_2 的倾向并没有发生大的变化，从而使得无差异曲线的形状相对来说较为平缓，更接近完全替代品偏好下的图像。图 5-3（c）中所刻画的偏好则不一样，其中用 x_1 来替换 x_2 的倾向随着当前商品组合的改变（至少是在无差异曲线某些区段上的改变）而快速变化，从而使得无差异曲线的形状更接近于完全互补品偏好下的图像。记住了完全替代品和完全互补品这两种极端情况，我们就能较为容易地查看特定无差异曲线图中不同的无差异曲线，并辨别它们代表了较高还是较低的可替代程度。在图 5-3 中，可替代程度从图（a）到图（b）再到图（c）依次递减。

在后面章节我们对消费者行为和消费者福利的探讨中，可替代程度十分重要。初看之下它可能是一个无关紧要的概念，例如在可口可乐的简单例子中；但在更加复杂的情境（例如税制和退休政策）中它就变成了最关键的概念之一。在这些热点讨论中，当期消费和未来消费之间、消费与休闲之间的可替代程度占据了中心地位，这些我们会在后面的章节中谈到。

练习 5A. 4 假如图 5-3 中的每幅图对应了对如下三个商品组合中的一个的偏好，那么你认为每幅无差异曲线图各对应哪个商品组合？第一个商品组合：李维斯牛仔裤和威格牛仔裤；第二个商品组合：短裤和衬衫；第三个商品组合：牛仔裤和卡其裤。■

5A. 2 一些常见的无差异曲线图

在讨论商品间的可替代程度时，我们仅仅关注特定无差异曲线的形状，尤其是该无差异曲线的曲率以及边际替代率随着商品组合的变化沿无差异曲线移动的快慢。无差异曲线图研究的第二个要点是各条无差异曲线之间的相互关系，而非单条无差异曲线的形状。例如，一条从原点出发的射线上各点处的边际替代率是否不同？如果是保持某种商品的消费量不变的各点呢？无差异曲线是否会与坐标轴相交？无差异曲线图的这些特征告诉了我们哪些关于个人偏好的信息呢？在接下来的章节中，我们会回答以上每个问题，并定义特定的偏好类型，这些类型代表了在讨论面对不同商品的偏好时可能涉及的重要特例。

5A.2.1 位似偏好 以假设我当前购买了图 5-4（a）中的商品组合 A（也就是 3 条短裤和 3 件衬衫）开始。再假设你知道商品组合 A 所在的无差异曲线在 A 处的边际替代率为 -1，表示在我拥有 3 条短裤和 3 件衬衫时，我愿意用 1 件衬衫换取 1 条短裤。现在假设你额外给了我 3 条短裤和 3 件衬衫，从而使我自己原先在商品组合 A 中所持有的量加倍了。这个商品组合 B 位于另外一条无差异曲线上。此时，认为我在 B 处的边际替代率仍为 -1 是否合理呢？

在此处讨论的特例下是合理的。毕竟，我在 A 处的边际替代率之所以为 -1，是因为我在持有相同数量的短裤和衬衫时愿意对二者以相同的变化量绝对值来调整持有量。这样的话，决定我的边际替代率的就是我所持有的短裤相对于所持有的衬衫的数量，而这一相对量在 A 处和 B 处是相同的。换句话说，如果我在持有每种商品 3 个单位时愿将它们等量交换，那么在持有每种商品 6 个单位时，我可能还会愿意将它们等量交换，即愿意按照以一换一的比率（在边际处）将它们卖出。（但是请记住，当我们说 A 处的 MRS 是 -1 时，我们指的是你愿意按照以一换一的比率对极小量的短裤和衬衫进行交易，而未必指 1 整条短裤换取 1 整件衬衫。这也就是我所说的在边际处以一换一。你们可能已经觉察到，尽管将短裤和衬衫看作可分割商品有些奇怪，但这仍然是在建立模型时所做的一种有益的简化，且在讨论远比短裤和衬衫影响深远的更壮观的例子时这一假设并不会受到多少限制。）

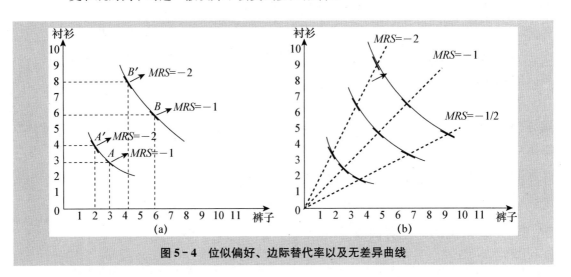

图 5-4 位似偏好、边际替代率以及无差异曲线

类似的论断也对含有 A 的无差异曲线上的其他商品组合成立。以商品组合 A' 为例，它包含 4 件衬衫和 2 条短裤，无差异曲线在 A' 处的边际替代率为 -2。从而如果我正持有商品组合 A'，那么我会愿意用 2 件衬衫换取 1 条额外的短裤，因为当我持有短裤的量相对于衬衫的量较小时，我并不认为衬衫的价值比得上短裤。这样一来，如果我将商品组合 A' 加倍为 B'，那么认为我的边际替代率不变是很有说服力的：因为我持有的衬衫和短裤的相对量仍然不变，所以在 B' 处我可能仍然愿意用 2 件衬衫去换取 1 条额外的短裤。

当偏好表现出如下性质，即特定商品组合处的边际替代率仅与该商品组合中一种商品较之另一种商品的相对持有量有关时，我们就说这种偏好是位似（homothetic）的。这一术语所反映的正如我们在短裤和衬衫的例子中谈到的一样：只要你确定了某个特定商品组合处的边际替代率，你就知道了所有位于从原点出发通过该商品组合的射线上的所有商品组合处的边际替代率都和它相同。这是因为在这条射线上，一种商品较之另一种商品的相对持有量是不变的。图 5 - 4（b）展示了这种位似的无差异图中的三条无差异曲线。

在第 6 章中，我们会看到拥有位似偏好的消费者在收入加倍时总会选择将他们原有的消费组合加倍。对高档商品的偏好往往可以用位似偏好来描述，因为对它们的消费通常与我们的收入大致成比例。对许多消费者来说，所购买的房子的面积随收入增加线性增长。类似地，当我们希望描述自己对不同时期的消费的偏好时，假定我们的偏好是位似的可能较为合理，这样一来如果年收入加倍，我们就会按照相同的比例来增加我们在今年和明年的消费。

在结束我们对位似偏好的讨论时，有如下要点：当我们说某人的偏好是位似的时，我们所假设的是不同的无差异曲线之间的关系；我们并没有对单个无差异曲线的形状做出任何假设。举例来说，你可以通过下面这道练习来使自己明确理解这一点，即位似偏好可以与许多种不同的可替代程度相容。

练习 5A. 5 我在 5A. 1 节中所描述的对百事可乐和可口可乐的偏好是位似的吗？我妻子对冰茶和糖的偏好是位似的吗？为什么是或为什么不是？■

5A. 2. 2 拟线性偏好 尽管上面介绍的边际替代率仅由商品组合中各商品的相对消费量决定这一假设有很多应用，但还是存在上述假设显得并不合理的许多重要的场合。例如，考虑我对下面两种商品的周消费量的偏好：软饮料（以罐计）和由所有其他商品构成的一种复合商品（以美元计）。

假设我从图 5 - 5（a）中的商品组合 A 开始，它包含了 25 罐软饮料和 500 美元的其他消费。无差异曲线在该商品组合处的斜率为 -1，表示在给定当前的商品组合 A 时，我愿意放弃 1 美元的其他消费来交换额外的 1 罐软饮料。现在假设你使我有能力将现有的消费量加倍：到达包含 50 罐软饮料和 1 000 美元的其他消费的 B 点。这是否表示我会将商品组合 B 中的第 50 罐软饮料看得和商品组合 A 中的第 25 罐软饮料一样重要呢？如果是这样，那么我们的偏好仍然是位似的。但更有可能的是，在一周中我的胃只能容纳下这么多的软饮料，并且即使你能使我消费更多的其他商品，我也不会对额外的软饮料给予很高的评价。在那种情形下，我在 B 点的边际替代率将会在绝对值意义上小于 1，即，在商品组合 B 处我只有在必须放弃的额外消费小于 1 美元时才愿意消费额外的软饮料。

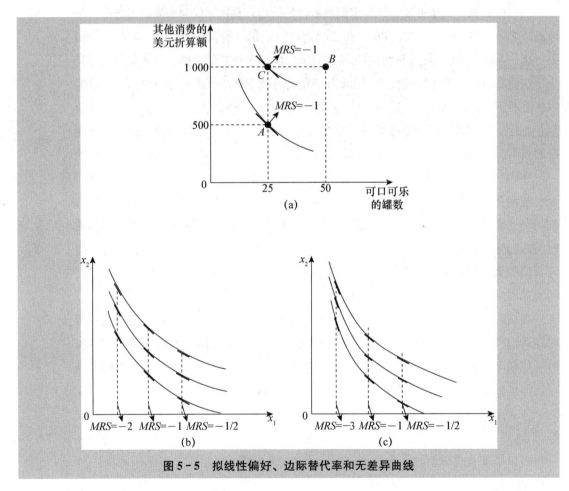

图 5-5 拟线性偏好、边际替代率和无差异曲线

在很多类似这样的例子中，对偏好的更精确的描述是我的边际替代率仅取决于我正在消费多少软饮料，而不是我在这周中有多少其他消费。例如，考虑图 5-5 (a) 中的 C 点，该组合包含 1 000 美元的其他消费和 25 罐软饮料。我用美元交换额外的软饮料的意愿在 A 点和 C 点之间完全不变；不管我是支出 500 美元还是支出 1 000 美元的其他消费，我都只有在必须放弃的额外消费小于 1 美元时才会消费超过 25 罐的软饮料。如果是这样的情形，那么我偏好的边际替代率在图 5-5 (a) 中沿着任何垂直线都是相同的。图 5-5 (b) 和图 5-5 (c) 中绘出了满足这个性质的无差异曲线图。

如果不管我们正在消费多少"其他商品"，在边际上对商品的评价都相同，那么对这样的商品的偏好称为拟线性（quasilinear）偏好。可以很好地使用拟线性偏好建模的商品通常是那些占我们收入的份额相对小的商品，如那些即使我们的收入得到了很大提升消费量也通常不会变化的商品。我们消费的很多商品都可能属于这个范畴，如牛奶、软饮料、纸夹等，但是另一些却明显不属于。例如，我们引用了住房作为可以更好地建模成位似偏好的例子，因为对于住房来说，在边际上，当我们变得更好时对其评价要高得多。更一般地，在第 6 章我们将清楚地看到，对很多大单消费的项目，不大可能使用拟线性偏好的无差异曲线图的设定来对其建模。

练习 5A.6　在 5A.1 节中所描述的我对可口可乐和百事可乐的偏好是拟线性的吗？我妻子对冰茶和糖的偏好是拟线性的吗？为什么是或为什么不是？■

5A.2.3　位似偏好 VS 拟线性偏好　如果一种特定的商品与"另一种"商品的边际替代率仅取决于这种商品的绝对数量（从而与在他或她的消费束中"另一种"商品的多少无关），对该商品的偏好就是拟线性的。在图中，这意味着边际替代率在与我们对"拟线性"商品建模的轴垂直的直线上是相同的。另外，如果任何一个消费束上的边际替代率仅取决于一种商品相对于另外一种商品的数量，则偏好是位似的。在图中，这意味着跨无差异曲线的边际替代率在从图中的原点出发的射线上是相同的。如果你能接受如下这点，你将会理解二者之间的差别：

练习 5A.7　你能解释为什么完全替代偏好是所有偏好中仅有的既是拟线性偏好又是位似偏好的吗？[①]■

5A.3　"必要的"商品

还存在最后一个我们用来对无差异曲线图进行分类的维度：无差异曲线是否与我们图中的一根或两根坐标轴相交？迄今为止，我们所画的很多无差异曲线图都有收敛到图的轴的无差异曲线，而没有碰到这些轴。然而，有一些无差异曲线，如那些表示拟线性偏好的无差异曲线与一根或两根轴都相交。第一种和第二种无差异曲线图的区分将在下一章中变得重要起来，我们将考虑那些"最好的"，即在给定的经济处境下设法做到最好的个体所选择的消费束。

眼下，我们对此不过多涉及，只是指出这两种类型的偏好与两种商品对一个个体的福利多么"必要"有关。例如，考虑我对可口可乐与百事可乐的偏好。当我们

---

① 在章末习题 5.4 中，你将处理完全替代的极限情形，在这些情形中，无差异曲线会变成完全垂直或完全水平的。出于我们讨论的目的，我们把这样的极限情形当成完全替代家族的成员。

对这样的偏好建模时，没有任何一种商品本身显得很必要，因为我觉得包含两种商品的消费束和仅包含这两种商品中的一种的消费束无差异。对于完全互补的情形并不是这样的，比如冰茶与糖（对我妻子而言）。对于她来说，除非在她的消费束中同时有这两种商品，否则冰茶或者糖都没有任何用处。在那种意义上，我们称两种商品对她的福利是"必要的"，至少只要我们的模型假设她仅消费冰茶和糖就是这样的。

更一般地，假定我们比较图 5-6（a）中的无差异曲线图与图 5-6（b）中的无差异曲线图。在第一幅图中，无差异曲线收敛到纵坐标轴（没有碰到它），与横坐标轴相交，从而有不包含商品 x_2 的消费束（如 A 和 C），它与同时包含 x_1 和 x_2 的消费束（比如 B 和 D）恰好一样好。因而，在某种意义上，x_2 不像 x_1 那样必要。另外，在第二幅图 ［图 5-6（b）］ 中，为了使个体比他或她在原点什么东西都不消费更快乐，消费束总是包含每种商品中的一些。并且，仅当第二个消费束（如 F）也包含两个商品中的一些时，一个个体对包含两种商品（比如消费束 E）的任何消费束无差异在那种意义上，两种商品对个体的福利都是很必要的。

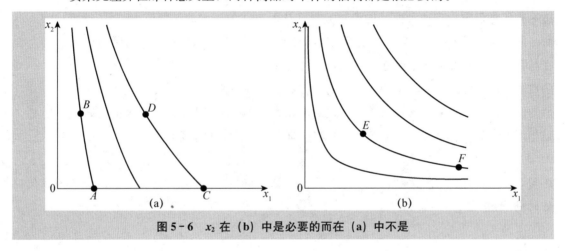

图 5-6 x_2 在（b）中是必要的而在（a）中不是

练习 5A. 8 判断正误：拟线性商品永远不是必要的。∎

5B 不同类型的效用函数

到目前为止，我们借助图示说明的不同类型的偏好当然也可以表示为效用函数，特定类型的效用函数可以被用来表示不同的可替代程度以及无差异曲线之间的不同关系。现在我们利用这个机会来介绍一些常见类型的效用函数，其精确地一般化了我们在 5A 节中借助图示说明的直观概念的类型。

5B. 1 可替代程度与"替代弹性"

在 5A. 1 节中我们描述了代表不同的可替代程度的不同的无差异曲线的形状。例如，我用图 5-1 中的线性无差异曲线来说明对可口可乐和百事可乐的偏好，图中展示了这两种商品之间完全可替代的无差异曲线的形状。对于两种商品之间没有替代性的相反的极端情形，利用我妻子对糖和冰茶这两种商品的偏好在图5-2中以 L 形无差异曲线来说明。从那些意味着相对大的替代程度到相对小的替代程度范围内的略不极端的无差异曲线用图 5-3 中的一系列图来说明。从这些讨论中，我们很快经历了一种感觉：可替代程度直接与当一个人沿着无差异曲线移动时无差异曲线斜率变化的速度相关。例如，在图 5-3（a）中，当两种商品相对可替代的时候，斜率改变相对较慢；在图 5-3（c）中，当商品不大可替代时斜率改变要快得多。

在对这些图的讨论中，我们非正式地提到的"可替代程度"通过一个被称为替代弹性的概念在数学上正式化了。[①] 如我们在本书中将一次次看到的，弹性（elasticity）是对反应程度的度量。例如，我们将在第 18 章中讨论，当一种商品的价格发生变化时一个消费者对该商品的需求的反应程度为"需求价格弹性"。在将替代性的概念公式化的情形中，我们试图用公式来衡量无差异曲线上的商品束随着那些无差异曲线的斜率（或边际替代率）的变化而多快地改变，或者，换言之，无差异曲线上的商品束对边际替代率的变化多么"灵敏"。

例如，考虑图 5-7（a）中无差异曲线上的 A 点（边际替代率为 -2）。为了找到边际替代率是 -1 而不是 -2 的 B 点，我们需要从初始的消费束（2，10）到新的消费束（8，4）。在图 5-7（b）中，从最初边际替代率为 -2 的 A 点到边际替代率为 -1 的 B 点的相似变化意味着消费束内显著较小的变化：从（2，10）到（4，8）。换句话说，在图（a）中，x_2 对 x_1 的比率随着边际替代率的下降（在绝对值上从 2 到 1）而快速下降（从 5 到 1/2）；而在图（b）中，该比率随着边际替代率的相同变化下降得不那么快（从 5 到 2）。

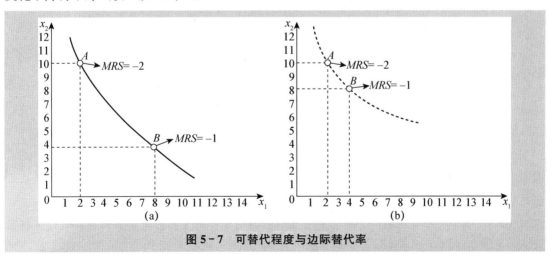

图 5-7 可替代程度与边际替代率

---

① 这个概念在 20 世纪 30 年代早期由 20 世纪两个主要的经济学家——约翰·希克斯（1904—1989）和琼·罗宾逊（1903—1983）——独立地引入，希克斯在 1972 年获得诺贝尔经济学奖。

经济学家已经用一种数学方法来对两种商品之间的可替代程度与无差异曲线上的两种商品的比率随着边际替代率的变化而变化的速度相关的直觉给出了表达式。定义两种商品的一个特定的消费束的替代弹性为沿着包含该束的无差异曲线，由 1‰ 的边际替代率的变化所引起的那两种商品的比率的百分比变化，或者，用数学公式表示为

$$替代弹性 = \sigma = \left| \frac{\% \Delta(x_2/x_1)}{\% \Delta MRS} \right| \qquad (5.1)$$

一个变量的"百分比变化"就是指这个变量的变化除以这个变量的初始水平。例如，如果两个商品的比率从 5 变化到 1/2 [如图 5-7 (a) 所示]，那么在比率中的百分比变化由 -4.5/5 或 -0.9 给出。类似地，在图 5-7 (a) 中，% ΔMRS 是 0.5。-0.9 除以 0.5 得到的值为 -1.8，或者绝对值为 1.8。这近似为图 5-7 (a) 中的替代弹性。[它仅是近似的，因为方程（5.1）中的公式精确地在一点求出了替代弹性的值（当变化很小时）。替代弹性的微积分版本会在本章附录中明确地讲解。]

练习 5B.1 对图 5-7 (b) 中的无差异曲线计算相同的近似的替代弹性。∎

我们将看到完全互补和完全替代的定义分别导致了替代弹性为极值零和无穷大，而位于这些极端之间的偏好与这两个极值之间的某些值相联系。

5B.1.1 完全替代 完全替代的情形——5A.1.1 节中的可口可乐和百事可乐（对我而言）——是指：额外 1 单位的 x_1（一听可口可乐）与额外 1 单位的 x_2（一听百事可乐）总是使我的幸福感增加相同的量。用效用函数来表示这种偏好的简单方式是把效用函数写为

$$u(x_1, x_2) = x_1 + x_2 \qquad (5.2)$$

在这种情形下，通过从我这里拿走 1 单位 x_1 并增加 1 单位 x_2 或者反过来，你总能使我保持无差异。例如，消费束（2，0）、（1，1）和（2，0）都给出了 2 的"效用"，这意味着所有三个消费束位于相同的无差异曲线上（如图 5-1 所示）。

练习 5B.2 图 5-1 中的三条无差异曲线应该由方程（5.2）中的效用函数附加什么数值标记？

练习 5B.3 假定可口可乐每听 8 盎司，百事可乐每听 4 盎司。画出无差异曲线并找到能得出那些无差异曲线的最简单的效用函数。∎

不用明确地做数学运算，我们就能直观地看到在这种情形下替代弹性无穷大

（∞）。如果我们思考一条接近完全替代的无差异曲线，那么这一点最容易被看到，比如图 5 - 8（a）中的无差异曲线图，其中的无差异曲线几乎是线性的。从 A 点开始，即使是 MRS 非常小的百分比变化也能使我们到达消费品比率发生很大变化的 B 点。用方程（5.1）来表述这一点：我们得到一个由一个大的分子除以一个很小的分母所确定的替代弹性，给出了该弹性的一个大的值。这条无差异曲线越接近于线性，分子越大并且分母越小，替代弹性越会随着无差异曲线图趋近完全替代而趋于∞。

练习 5B. 4　你能用相同的推理来确定你在习题 5B. 3 中推导的效用函数的替代弹性吗？ ■

　　5B. 1. 2　完全互补　类似地，很容易得出表示商品的 L 形无差异曲线的效用函数，这些商品是完全互补的［比如在 5A. 1. 2 节中的冰茶和糖（对我妻子而言）］。由于这两种商品只有在一起被消费时才对你有用，你从这些商品中得到的幸福感由这两种商品中较少的来确定。例如，当我妻子有 3 杯冰茶但只有 2 包糖时，她的幸福感与恰好包含这两种商品并且一种商品两单位而另一种商品至少两单位的冰茶和糖的任何组合给她带来的幸福感是相等的。因而，对任意消费束，幸福感是由这个束中包含的两种商品的较小数量决定的，或者

$$u(x_1,x_2)=\min\{x_1,x_2\} \tag{5.3}$$

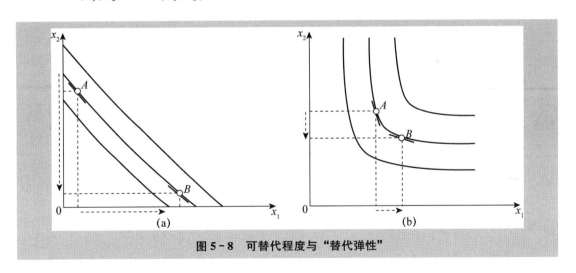

图 5 - 8　可替代程度与"替代弹性"

练习 5B. 5　把消费束（3，1），（2，1），（1，1），（1，2）和（1，3）代入这个效用函数并验证每个束的效用相同，从而位于相同的无差异曲线上（如图 5 - 2 所示）。这个效用函数应给图 5 - 2 中的三条无差异曲线赋予什么样的数值标记？

练习 5B. 6　如果冰茶为半杯而不是一杯，你的图和相应的效用函数怎么变化？ ■

　　我们再次直观地看到：完全互补的商品的替代弹性是零。与完全替代的情形一样，如果我们从一个与表示完全互补的无差异曲线图非常接近的无差异曲线图开始，

那么这一点最容易被看出，比如图5-8（b）中所画的无差异曲线图。从A点开始到B点，MRS发生了非常大的百分比变化，同时投入比率仅发生了小的百分比变化。根据方程（5.1）来考虑这一点，这意味着一个小的分子除以一个大的分母，结果得出一个小的替代弹性。随着这个图越来越接近表示完全互补的图，分子变得越来越小并且分母越来越大。这导致了随着无差异线图趋近于完全互补，替代弹性趋于零。

练习5B.7 你能直观地确定你在习题5B.6中所定义的效用函数的替代弹性吗？■

5B.1.3 柯布-道格拉斯函数

在经济学中使用得最广泛的效用函数可能是产生位于完全替代与完全互补这两个极端之间的无差异曲线的效用函数，并且，如我们将看到的，其替代弹性为1。它被称为柯布-道格拉斯效用函数，采用如下形式：

$$u(x_1, x_2) = x_1^\gamma x_2^\delta, \text{ 其中 } \gamma > 0, \delta > 0 \text{[①]} \tag{5.4}$$

尽管柯布-道格拉斯函数中的指数可以取任何正值，但我们经常限制指数之和为1。但是，由于从第4章我们知道，可以转换效用函数而不改变潜在的无差异曲线图，所以把指数之和限制为1被证明根本没有限制。例如，通过对u取$1/(\gamma+\delta)$的幂，得到

$$\begin{aligned}(u(x_1, x_2))^{1/(\gamma+\delta)} &= (x_1^\gamma x_2^\delta)^{1/(\gamma+\delta)} = x_1^{\gamma/(\gamma+\delta)} x_2^{\delta/(\gamma+\delta)} \\ &= x_1^\alpha x_2^{(1-\alpha)} \text{ (其中 } \alpha = \gamma/(\gamma+\delta)) \\ &= v(x_1, x_2)\end{aligned} \tag{5.5}$$

练习5B.8 通过说明u和v的MRS是相同的来证明这二者给出了相同形状的无差异曲线。■

从而，我们可以仅把柯布-道格拉斯形式的效用函数写成

$$u(x_1, x_2) = x_1^\alpha x_2^{(1-\alpha)}, \text{ 其中 } 0 < \alpha < 1 \tag{5.6}$$

在n种商品的情形中，柯布-道格拉斯函数的性质直接扩展为

$$u(x_1, x_2, \cdots, x_n) = x_1^{\alpha_1} x_2^{\alpha_2} \cdots x_n^{\alpha_n}, \quad \alpha_1 + \alpha_2 + \cdots + \alpha_n = 1 \tag{5.7}$$

下一节我们将证明这个柯布-道格拉斯函数仅是更一般的函数形式的特殊情形，一个替代弹性处处等于1的特殊情形。然而，在这样做之前，我们通过说明在表达

[①] 该函数最初是为生产者理论推导的，现在（如我们在后面章节中看到的）仍在被广泛地使用。它最初由努特·维克塞尔（Knut Wicksell，1851—1926）提出。然而，它以经济学家保罗·道格拉斯（1892—1976）和数学家查尔斯·柯布的名字命名。他们在维克塞尔过世后不久，首先在实证工作中使用了这个函数（集中在生产者理论中）。保罗·道格拉斯继续作为一个有影响力的美国伊利诺伊州的参议员服务了三届（1949—1967）。

式（5.6）中这些函数怎么随着 α 的变化而变化来得出一些以柯布-道格拉斯函数表示的偏好种类的直觉。图 5-9 中的一系列图提供了一些例子。

尽管这些图中的每个都属于柯布-道格拉斯效用函数簇（从而每个都表示替代弹性为 1 的偏好），你可以看到柯布-道格拉斯偏好是如何在事实上覆盖很多不同类型的无差异图的。当 $\alpha=0.5$（与图 5-9（b）一样）时，该函数中 x_1 和 x_2 的权重相同，得出了关于 45 度线对称的无差异曲线图。换言之，由于两种商品对称地进入效用函数，无差异曲线位于 45 度线以下的部分是位于 45 度线以上对应部分的镜像（当你设想沿着 45 度线放置一面镜子时）。这意味着 45 度线以上的 MRS 必须等于 -1；当具有这种偏好的个体有相同数量的两种商品时，他们愿意以 1:1 的比率交换它们。

另外，当 $\alpha \neq 0.5$ 时，这两种商品不对称地进入效用函数，从而关于 45 度线的对称性丢失了。如果 $\alpha > 0.5$（如图 5-9（c）），x_1 的权重相对更大。从而，如果一个具有这种偏好的消费者有相同数量的 x_1 和 x_2，那么他或她不愿意以 1:1 的比率交换它们。相反，由于 x_1 在效用函数中起更突出的作用，当消费者以每种商品数量相同为起点（即在 45 度线上）时，他或她将要求多于 1 单位 x_2 来换取放弃 1 单位 x_1，这意味着沿着 45 度线 MRS 在绝对值上大于 1。反之，随着 α 大于 0.5，$MRS=-1$ 的点落在 45 度线下方。当然，当更强调 x_2 而不是 x_1 时（如图 5-9（a）），α 下降到小于 0.5。

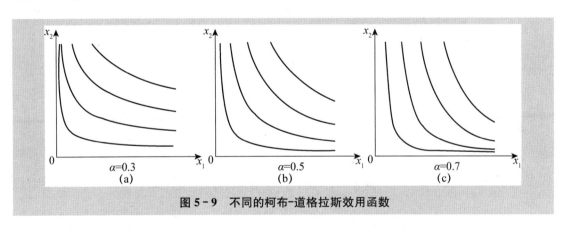

图 5-9 不同的柯布-道格拉斯效用函数

练习 5B.9 对柯布-道格拉斯效用函数推导 MRS，并说明当 α 变化时，沿着 45 度线无差异曲线的斜率发生了什么变化。∎

5B.1.4 更一般的模型：不变的替代弹性（CES） 到目前为止，我们已经研究了完全替代（替代弹性为 ∞）和完全互补（替代弹性为 0）这两种极端情形，也识别了柯布-道格拉斯函数的情形（其位于二者之间并且替代弹性为 1）。当然，还存在其他介于二者之间，即替代弹性位于 0 和 1 之间或 1 和 ∞ 之间的情形。经济学家已经识别了一个更加一般的效用函数，可以刻画所有这些（包括完全替代、柯布-道格拉斯和完全互补的情形）。所有采取这种形式的效用函数有一个共同点：替代弹性在所有消费束都是相同的。出于这个原因，这些函数被称为不变替代弹性效用

5

函数或者 CES 效用函数。[1]

对包含两种商品的消费束，这些函数采用如下形式：

$$u(x_1,x_2) = (\alpha x_1^{-\rho} + (1-\alpha) x_2^{-\rho})^{-1/\rho} \tag{5.8}$$

其中 $0 < \alpha < 1$ 且 $-1 \leqslant \rho \leqslant \infty$。[2]

对采取这种形式的效用函数明确地推导替代弹性的公式是有难度的，如果你好奇，可以仿效附录中的做法推导。然而，结果表明，替代弹性 σ 对这个 CES 函数采取如下非常简单的形式：

$$\sigma = 1/(1+\rho) \tag{5.10}$$

从而，随着 ρ 接近 ∞，替代弹性趋于 0，意味着潜在的无差异曲线趋于那些完全互补的。另外，如果 ρ 接近于 -1，那么弹性趋于 ∞，这意味着潜在的无差异曲线趋于那些完全替代的。从而，随着参数从 -1 变为 ∞，潜在的无差异曲线图从完全替代的变为完全互补的。对 α 设定为 0.5 的情形，我们以图示的方式在图 5 - 10 中进行了说明。当我们跨过三幅图向右移动时，ρ 增加，这意味着替代弹性减小，并且我们从商品相对可替代的偏好转换为商品更互补的偏好。

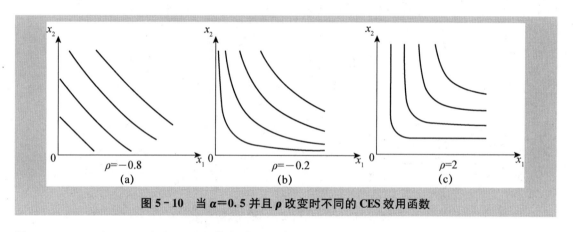

图 5 - 10　当 $\alpha = 0.5$ 并且 ρ 改变时不同的 CES 效用函数

练习 5B.10　图 5 - 10 中每幅图的替代弹性是多少？■

了解 CES 函数如何得出不同的无差异曲线图的办法是推导它的边际替代率，即

$$MRS = -\frac{\partial u/\partial x_1}{\partial u/\partial x_2}$$

---

① 这个函数首先是由肯·阿罗（1921— ）和罗伯特·索洛（1924— ）与切尼和米哈斯一起推导的（并在生产者理论的情境下被探究）。阿罗后来与希克斯（其原创地发展了替代弹性的概念）分享了 1972 年的诺贝尔经济学奖。索洛在 1987 年被授予诺贝尔奖。

② CES 效用函数也可以推广到多于两种商品的情形，n 种商品的 CES 函数如下：

$$u(x_1,x_2,\cdots,x_n) - \left(\sum_{i=1}^{n}\alpha_i x_i^{-\rho}\right)^{-1/\rho}，其中 \sum_{i=1}^{n}\alpha_i = 1 \tag{5.9}$$

$$=-\frac{(\alpha x_1^{-\rho}+(1-\alpha)x_2^{-\rho})^{-(\rho+1)/\rho}\alpha x_1^{-(\rho+1)}}{(\alpha x_1^{-\rho}+(1-\alpha)x_2^{-\rho})^{-(\rho+1)/\rho}(1-\alpha)x_2^{-(\rho+1)}} \tag{5.11}$$

$$=-\frac{\alpha x_1^{-(\rho+1)}}{(1-\alpha)x_2^{-(\rho+1)}}=-\left(\frac{\alpha}{1-\alpha}\right)\left(\frac{x_2}{x_1}\right)^{\rho+1}$$

例如，注意，当 $\rho=-1$ 时会发生什么变化？ MRS（的绝对值）简单地变成 $\alpha/(1-\alpha)$，并且不再取决于束（x_1，x_2）。换言之，当 $\rho=-1$ 时，无差异曲线的斜率就是直的平行线，表明消费者愿意用 $\alpha/(1-\alpha)$ 单位的 x_2 完全地替代 1 单位 x_1，不管这个消费者目前拥有两种商品中的每种多少。

我们也指出：柯布-道格拉斯效用函数 $u(x_1,x_2)=x_1^\alpha x_2^{(1-\alpha)}$ 表示 CES 效用函数的一种特殊情形。为理解这一点，考虑柯布-道格拉斯函数的 MRS，也就是

$$MRS=-\frac{\partial u/\partial x_1}{\partial u/\partial x_2}=-\frac{\alpha x_1^{(\alpha-1)}x_2^{(1-\alpha)}}{(1-\alpha)x_1^\alpha x_2^{-\alpha}}=\left(\frac{\alpha}{1-\alpha}\right)\left(\frac{x_2}{x_1}\right) \tag{5.12}$$

注意，当 $\rho=0$ 时，方程（5.11）中的 CES 函数的 MRS 简化为方程（5.12）中的柯布-道格拉斯函数的 MRS。从而，当 $\rho=0$ 时，CES 函数的无差异曲线与柯布-道格拉斯函数的无差异曲线取完全相同的形式，这意味着这两个函数表示完全相同的偏好。通过仅比较实际的 CES 函数和柯布-道格拉斯函数，这一点并不容易看出，因为在 $\rho=0$ 处，指数 $-1/\rho$ 没有意义，这时 CES 函数不再是明确的。但是通过推导这两个函数各自的边际替代率，我们可以看到 CES 函数实际上确实随着 ρ 趋于零而趋于柯布-道格拉斯函数。

最后，由于我们知道 CES 效用函数的替代弹性是 $\sigma=1/(1+\rho)$，所以我们知道当 $\rho=0$ 时，$\sigma=1$。那么这意味着柯布-道格拉斯效用函数的替代弹性事实上是 1，如同我们在对柯布-道格拉斯函数的介绍中所预示的。

练习 5B. 11[*]　你能描述无差异曲线在 45 度线上、在 45 度线之上以及 45 度线之下时，随着 ρ 变大（并且替代弹性因而变小），无差异曲线的斜率怎么变化吗？

练习 5B. 12　在与图 5-10 相联系的"探索关系"的动画中，对 CES 效用函数中 α 参数的作用建立一种直觉，并将它与图 5-9 中产生的进行比较。■

5B. 2　一些通常的无差异曲线图

在 5A 部分中，我们从逻辑上总结了定义了商品间可替代程度的个体无差异曲线的形状（shape）和在一个单一的无差异曲线图中无差异曲线相互间的关系（relation）之间的区别。我们探究了替代弹性的概念以及在所有消费束处有不变的替代弹性的偏好怎么变化，并用 CES 效用函数模拟公式化了可替代程度。现在我们转向研究两种无差异曲线的特殊情形，即那些在 5A. 2 节中被定义为"位似的"无差异曲线以及被定

义为"拟线性的"无差异曲线。

5B. 2. 1　位似偏好与齐次效用函数　回忆一下，只要无差异曲线图满足如下性质，即在一个特定束的边际替代率仅取决于该束中一种商品相对于另一种商品是多少，我们就定义相应的偏好为位似的。换言之，位似偏好的 MRS 在我们图中从原点出发的任何射线上都是相同的，这意味着每当我们以相同的比例增加特定束中的每种商品时，MRS 将会保持不变。

例如，考虑可以用方程（5.6）中的柯布-道格拉斯效用函数来表示的偏好。这个函数意味着 MRS 是 $-\alpha x_2 /(1-\alpha) x_1$。假定我们从一个特定的束（$x_1$，$x_2$）开始，然后将束中每种商品的数量增加到（$tx_1$，$tx_2$），其位于一条从原点出发且包含（$x_1$，$x_2$）的射线上。这意味着新的边际替代率是 $-\alpha tx_2 /(1-\alpha) tx_1$，但是这可以简化为 $-\alpha x_2 /(1-\alpha) x_1$，因为"$t$"同时出现在分子和分母中，从而可以约去。因而，柯布-道格拉斯函数表示位似偏好，因为沿着从原点出发的射线其 MRS 不变。

更一般地，位似偏好可以由任何有齐次性的效用函数表示。当且仅当

$$f(tx_1, tx_2) = t^k f(x_1, x_2) \tag{5.13}$$

时，一个函数 $f(x_1$，$x_2)$ 被定义为 k 阶齐次的。

例如，柯布-道格拉斯函数 $u(x_1$，$x_2) = x_1^\gamma x_2^\delta$ 是（$\gamma + \delta$）阶齐次的，因为

$$u(tx_1, tx_2) = (tx_1)^\gamma (tx_2)^\delta = t^{(\gamma+\delta)} x_1^\gamma x_2^\delta = t^{(\gamma+\delta)} u(x_1, x_2) \tag{5.14}$$

练习 5B. 13　证明当我们把柯布-道格拉斯效用函数的指数标准化（总和为 1）后，该函数是 1 阶齐次的。

练习 5B. 14　考虑如下将在生产者理论中起重要作用的 CES 函数的变体：$f(x_1$，$x_2) = (\alpha x_1^{-\rho} + (1-\alpha) x_2^{-\rho})^{-\beta/\rho}$。证明该函数是 β 阶齐次的。∎

很容易看到，齐次效用函数一定表示位似偏好。假定 $u(x_1$，$x_2)$ 是 k 阶齐次的。在束（tx_1，tx_2）处的边际替代率是

$$\begin{aligned}
MRS(tx_1, tx_2) &= -\frac{\partial u(tx_1, tx_2)/\partial x_1}{\partial u(tx_1, tx_2)/\partial x_2} = -\frac{\partial (t^k u(x_1, x_2))/\partial x_1}{\partial (t^k u(x_1, x_2))/\partial x_2} \\
&= -\frac{t^k \partial u(x_1, x_2)/\partial x_1}{t^k \partial u(x_1, x_2)/\partial x_2} = -\frac{\partial u(x_1, x_2)/\partial x_1}{\partial u(x_1, x_2)/\partial x_2} \\
&= MRS(x_1, x_2)
\end{aligned} \tag{5.15}$$

在这个推导中，在式（5.15）的第一行我们使用了齐次函数的定义，然后能把 t^k 项放到偏导数以外（因为这不是 x_1 或 x_2 的函数），约掉同时出现在分子和分母上的 x_2，最终得到在束（x_1，x_2）处的 MRS 的定义。从而，当我们使一个束中包含的每种商品以相同的比例 t 增加时，MRS 是相同的，意味着潜在的偏好是位似的。

5

进一步地，任何 k 阶齐次函数可以通过简单地对该函数取 $(1/k)$ 次幂而转换成一个一阶齐次函数。例如，我们已经在方程（5.5）中证明了，可以仅通过对其取 $1/(\gamma+\delta)$ 次幂，把柯布-道格拉斯效用函数 $u(x_1, x_2)=x_1^\gamma x_2^\delta$（其是 $(\gamma+\delta)$ 阶齐次的）转换为一个 1 阶齐次效用函数（采用形式 $v(x_1, x_2)=x_1^\alpha x_2^{(1-\alpha)}$）。

练习 5B. 15 利用齐次函数的定义，你能证明把一个 k 阶齐次函数以我们所建议的方式转换成一个 1 阶齐次函数通常是可能的吗？ ■

因此，我们判定位似偏好总可以表示为齐次函数，并且由于齐次函数总可以转换为 1 阶齐次函数而不改变潜在的无差异曲线，从而我们判定位似偏好总可以表示为 1 阶齐次的效用函数。[①] 很多常用的效用函数确实是齐次的，从而表示位似偏好，如你在练习 5B. 14 中看到的，包括我们在前面所定义的所有 CES 函数。

5B. 2. 2 拟线性偏好 在 5A. 2. 2 节中，当无差异曲线图在特定束的边际替代率仅取决该束包含多少 x_1（而不取决于它包含多少 x_2）时，我们就定义偏好在商品 x_1 上是拟线性的。正式地，这是说一个函数的边际替代率仅是 x_1 的函数而不是 x_2 的函数。这并非一般情形。例如，我们推导了柯布-道格拉斯效用函数 $u(x_1, x_2)=x_1^\alpha x_2^{(1-\alpha)}$ 为 $-\alpha x_2/((1-\alpha)x_1)$。从而，对可以表示为柯布-道格拉斯效用函数的偏好，边际替代率是 x_1 和 x_2 的函数，这使得我们马上判断这样的偏好在任何商品上都不是拟线性的。

然而，考虑可以写成如下类型的效用函数：

$$u(x_1,x_2) = v(x_1) + x_2 \tag{5.16}$$

其中 $v: \mathbb{R}_+ \rightarrow \mathbb{R}$ 仅是商品 x_1 的消费水平的函数。

从而 u 关于 x_1 的偏导数等于 v 关于 x_1 的导数，u 关于 x_2 的偏导数等于 1。因此，由这个效用函数得出的边际替代率是

$$MRS = -\frac{\partial u/\partial x_1}{\partial u/\partial x_2} = -\frac{dv}{dx_1} \tag{5.17}$$

它是 x_1 的函数，但不是 x_2 的函数。因此，我们称可以由表达式（5.16）给出的效用函数形式所表示的偏好在 x_1 上为拟线性的。尽管一些高级教材称商品 x_2（线性地进入效用函数的部分）为"拟线性"商品（注意这里我用了一个不同的术语），但我称商品 x_1 为拟线性商品。这个约定使我们在后面的章节中讨论经济的重要力

---

① 然而，即使一个函数不是齐次的，它也能表示位似偏好，因为把一个齐次函数（比如通过仅增加一个常数项）转化为一个非齐次函数是可能的。例如，函数 $w(x_1, x_2)=x_1^\alpha x_2^{(1-\alpha)}+5$，与效用函数 $u(x_1, x_2)=x_1^\alpha x_2^{1-\alpha}$ 有相同的无差异曲线，但是 w 不是齐次的而 u 是。但是，由于效用函数是我们用来表示偏好（无差异曲线）的唯一工具，当我们想对位似偏好建模时没有理由使用非齐次函数，因为哪怕我们仅使用 1 阶齐次的效用函数来对这样的偏好建模，也没有经济上的损失。

量时变得非常容易。

方程（5.16）最简单的可能形式产生于当 $v(x_1)=x_1$ 时。这意味着 $u(x_1, x_2)=x_1+x_2$，这是我们在 5B.1.1 节中推导的表示完全替代的方程。然而，v 可以采取多种其他形式，给出表示没有线性无差异曲线的拟线性偏好的效用函数。例如，图 5-11 中的无差异曲线是从函数 $u(x_1, x_2)=\alpha\ln x_1+x_2$ 中推导出来的，其中 α 如图 5-11 中所指出的那样变化。

5B.2.3 位似偏好 VS 拟线性偏好　很容易从描述拟线性偏好的图中看到，一般来说，拟线性偏好不是位似的，因为 MRS 沿着任意垂直线是不变的，从而沿着从原点出发的射线通常不是位似的。同样的直觉产生于我们表示拟线性偏好的数学公式。在方程（5.17）中，我们证明了由式（5.16）所表示的 MRS 是 $-(dv/dx_1)$。为使偏好是齐次的，MRS 在 (tx_1, tx_2) 的赋值一定要与 MRS 在 (x_1, x_2) 的赋值相同，这意味着 $dv(tx_1)/dx_1$ 将必须等于 $dv(x_1)/dx_1$。但是，使它成立的唯一条件是：v 是 x_1 的线性函数，其中 x_1 在我们求 v 关于 x_1 时导数时去掉了。

从而，如果 $v(x_1)=\alpha x_1$（其中 α 是实数），那么由式（5.16）表示的边际替代率仅是 α，这也意味着 MRS 对所有的 x_1 都是相同的，而不管 x_2 的值是什么。但这仅意味着无差异曲线是直线，与完全替代的情形一样。因而，完全替代表示仅有的也是位似的拟线性偏好。

5B.3 "必要的"商品

我们在 5A 节中做的关于无差异曲线图之间的最后一个区分是那些包含"必要的"商品与那些包含不必要的商品之间的区分。换言之，如果一种商品的消费能让个体获得比他或她什么都不消费时更高的效用，我们就定义该商品是"必要的"，只要无差异曲线与那些度量商品的轴没有交点，我们就判定商品为"必要的"。从不同 CES 效用函数的图中我们可以看到，这些函数大多隐性地假设所有商品都是必要的（完全替代的除外）。另外，从拟线性效用函数的图中我们很容易看到：这样的函数隐性地假设商品不是必要的。该区别将在我们下一章的讨论中变得重要起来。

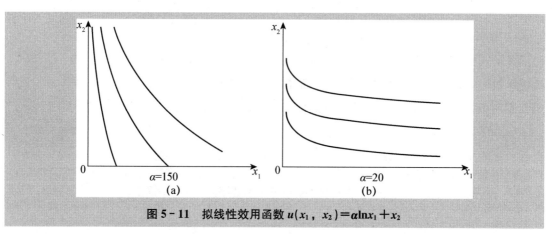

图 5-11　拟线性效用函数 $u(x_1, x_2)=\alpha\ln x_1+x_2$

练习 5B. 16　用对拟线性偏好的数学表达式来说明如果偏好在一种商品上是拟线性的，那么两种商品都不是必要的。

练习 5B. 17　证明如果偏好可以表示为柯布-道格拉斯效用函数，那么两种商品都是必要的。■

结论

　　该章通过把重点集中于经济分析中通常使用的偏好的特定特征来继续对偏好进行处理。我们把重点放在三个主要特征上：首先，无差异曲线的形状。无差异曲线是相对平坦的还是相对 L 形的，与商品对消费者的可替代程度密切相关。这个可替代程度在数学上被公式化为替代弹性，其简单地定义了当一个人沿着无差异曲线移动时无差异曲线斜率变化的速度。完全可替代和完全互补表示了两个相反的极端，对大多数商品的偏好居于其间某处。一类能产生在每个束有着相同的替代弹性的无差异曲线的特殊偏好可以表示为不变替代弹性效用函数簇。其次，边际替代率。不同无差异曲线的边际替代率之间的关系告诉了我们随着一个消费者消费更多的所有商品这些商品被评价的方式。位似偏好的边际替代率完全取决于束中一种商品相对于另一种商品的数量，而拟线性偏好的边际替代率仅取决于束中一种商品的绝对水平。前者可以表示为 1 阶齐次的效用函数，而后者仅可以表示为一种商品线性进入的效用函数。最后，无差异曲线是否与一根（或多根）坐标轴相交。这告诉了我们商品是不是"必要的"。

　　这些偏好特征中的每一个都会在下面的章节中我们研究消费者如何在模型"给定的处境下尽可能做到最好"时起突出的作用。可替代程度将在我们从第 7 章开始介绍的"替代效应"的定义中起关键作用，该定义在很多公共政策讨论中处于核心地位。不同无差异曲线的边际替代率之间的关系将会确定我们所称的"收入效应"或"财富效应"的大小，它们与替代效应一起定义了随着经济中的价格发生变化，消费者会如何改变行为。一种商品是不是必要的（从第 6 章开始）对于我们识别在我们的模型中消费者是否做出了"最优的"选择是重要的。有了在前面章节中探索的预算与偏好，现在准备继续分析当我们说消费者"在给定的处境下尽可能做到最好"的确切意思是什么。

附录：替代弹性的计算

　　如本章所指出的，弹性是一个变量关于另一个变量的灵敏度的度量。在替代弹性的例子中，我们衡量沿着一条无差异曲线，比率 $r=(x_2/x_1)$ 对 MRS 的灵敏度。用 r 来表示消费品的比率并用 σ 表示替代弹性，方程（5.1）中的公式可以写成

$$\sigma = \left| \frac{\%\Delta r}{\%\Delta MRS} \right| = \left| \frac{\Delta r/r}{\Delta MRS/MRS} \right| \tag{5.18}$$

把这个小的变化表示为微分记号，我们可以把这个改写为

$$\sigma = \left| \frac{dr/r}{dMRS/MRS} \right| = \left| \frac{MRS}{r} \frac{dr}{dMRS} \right| \tag{5.19}$$

用对数求导来计算这样的弹性是最简单的。为推导该式，注意

$$d\ln r = \frac{1}{r} dr$$

$$d\ln|MRS| = \frac{1}{MRS} dMRS \tag{5.20}$$

其中为保证对数存在，我们取了 MRS 的绝对值。将它们互除后，我们得到

$$\frac{d\ln r}{d\ln|MRS|} = \frac{MRS}{r} \frac{dr}{dMRS} \tag{5.21}$$

其（除了绝对值外）等价于方程（5.19）中关于 σ 的表达式。展开 r 项，我们可以把替代弹性写成

$$\sigma = \frac{d\ln(x_2/x_1)}{d\ln|MRS|} \tag{5.22}$$

你现在可以更直接地看到为什么 CES 效用函数的替代弹性确实是 $1/(1+\rho)$。我们已经在方程（5.11）中计算了 CES 函数的 MRS 是 $-(\alpha/(1-\alpha))(x_2/x_1)^{\rho+1}$。取绝对值并解 x_2/x_1，我们得到

$$\frac{x_2}{x_1} = \left(\frac{1-\alpha}{\alpha} |MRS| \right)^{\frac{1}{1+\rho}} \tag{5.23}$$

取对数，得到

$$\ln\frac{x_2}{x_1} = \frac{1}{1+\rho}\ln|MRS| + \frac{1}{1+\rho}\ln\frac{1-\alpha}{\alpha} \tag{5.24}$$

接着应用方程（5.22），得到

$$\sigma = \frac{1}{1+\rho} \tag{5.25}$$

练习 5B.18[*] 对柯布-道格拉斯效用函数 $u(x_1, x_2) = x_1^a x_2^{(1-a)}$，你能类似地证明 $\sigma = 1$ 吗？■

章末习题[①]

5.1 日常应用：从"莫扎特巧克力"推断偏好。我喜欢澳大利亚糖果莫扎特。

---

① * 在概念方面具有挑战性的问题。
　** 在计算方面具有挑战性的问题。
　† 答案见学习指南。

它们是我预算的一小部分，决定我对额外的莫扎特巧克力的支付意愿的唯一因素是我已经拥有了多少。

A. 假定你知道当我拥有消费束 A（每个月 100 个莫扎特巧克力和 500 美元的其他商品）时我愿意放弃 1 美元的"其他消费"来多得到一个莫扎特巧克力。

a. 当我对莫扎特巧克力的消费保持束 A 中的数量不变，但是我仅消费 200 美元的其他商品时，我的 MRS 是多少？

b. 我的偏好是拟线性的吗？它们可能是位似的吗？

c. 你注意到这个月我拥有消费束 B：600 美元的其他商品和仅 25 个莫扎特巧克力。当你质疑我的行为变化（相对于消费束 A）时，我告诉你我的幸福感与以前相同。下个月，你观察到我的消费束 C：400 个莫扎特巧克力和 300 美元的其他商品，并且我再次告诉你我的幸福感保持不变。关于 B 和 C 的新信息会改变你对 (b) 的答案吗？

d. （莫扎特巧克力以外的）消费对我来说是"必要的"吗？

B. 假定我的偏好可以建模成效用函数 $u(x_1, x_2) = 20x_1^{0.5} + x_2$，其中 x_1 指莫扎特巧克力，x_2 指其他消费。

a. 对这些偏好计算 MRS，并用你的答案验证我的偏好在 x_1 上是拟线性的。

b. 考虑定义在 A 部分中的束 A、B 和 C。验证当偏好由前面定义的效用函数描述时，它们位于同一条无差异曲线上。

c. 验证束 A 的 MRS 是如 A 部分所描述并推导的束 B 和束 C 的 MRS。

d. 验证束（100，200）的 MRS 与你对 A(a) 的答案相对应。

e. 当我的莫扎特巧克力消费下降到每月 25 个时，多少"其他商品"消费发生在包含（100，200）的无差异曲线上？当它上升到每月 400 个时呢？

f. 莫扎特巧克力对我而言是必要的吗？

5.2 啤酒以 6 包和 12 包的形式出现。在这道习题中，我们将看到你对啤酒和其他消费的偏好如何受啤酒的度量单位所影响。

A. 假定最初你最喜欢的啤酒仅以 6 包的形式出售。

a. 在一个以啤酒为横坐标轴、以其他消费（以美元计）为纵坐标轴的图上，假设对啤酒的度量单位是 6 包，描绘满足我们通常的 5 个假设的三条无差异曲线。

b. 现在假定啤酒公司摒弃了 6 包的形式并代之以 12 包的形式出售。如果现在你的图中 1 单位啤酒表示 12 包而不是 6 包，那么每个束的 MRS 会怎么变化？

c. 在第二个图中，说明你在 (a) 中所画的一条无差异曲线。在该无差异曲线上挑选一个束并画出通过该束的无差异曲线。假设我们现在是以 12 包来度量，你愿意在哪条无差异曲线上？

d. 这些无差异曲线相交的事实是否意味着当啤酒的度量单位从 6 包转为 12 包时，消费者对啤酒的偏好发生了变化？

B. 令 x_1 表示啤酒的美元数并令 x_2 表示其他消费的美元数。假定当 x_1 以 6 包的单位度量时，你的偏好可以由效用函数 $u(x_1，x_2)＝x_1x_2$ 刻画。

a. 其他商品对啤酒的 *MRS* 是多少？

b. 如果啤酒是以 12 包为度量单位，那么 *MRS* 必须是多少？

c. 当 x_1 被度量成 12 包时，给出一个表示你的偏好的效用函数，并通过检查确定它的 *MRS* 符合你的判断。

d. 你能用这个例子来解释为什么使用百分比项（如同对替代弹性的方程一样）而不是简单地基于不同束的斜率的绝对值来度量不同商品的替代性是有用的吗？

5.3 考虑你对 5 美元钞票和 10 美元钞票的偏好。

A. 假定你所关心的是你有多少钱，但你不关心特定的量是以更多还是更少的钞票来体现（并假定你可以部分拥有 10 美元和 5 美元的钞票）。

a. 以 5 美元钞票的数量为横坐标轴，并以 10 美元钞票的数量为纵坐标轴做图，说明你的无差异曲线图中的 3 条无差异曲线。

b. 你的 10 美元钞票对 5 美元钞票的边际替代率是多少？

c. 你的 5 美元钞票对 10 美元钞票的边际替代率是多少？

d. 平均严格好于极端吗？这与你的偏好是否表现出边际替代率递减的特征有关吗？

e. 这些偏好是位似的吗？它们是拟线性的吗？

f. 在你的坐标轴上有商品是"必要的"吗？

B. 继续你仅关心钱包里面的钱的数量的假设，并将 5 美元的钞票表示为 x_1，将 10 美元的钞票表示为 x_2。

a. 写出表示你在 A(a) 中显示的偏好的效用函数。你能想出也表示这个偏好的第二个效用函数吗？

b. 根据你在 B(a) 中写出的效用函数推导边际替代率，并把它与你在 A(b) 中的答案进行比较。

c. 这些偏好可以表示为 1 阶齐次的效用函数吗？如果可以，它们也可以表示为一个不是齐次的效用函数吗？

d. 参考章末习题 4.13，其中定义了"严格单调性"、"弱单调性"和"局部非饱和性"的概念。你在这个习题中所图示的偏好满足其中哪个？

e. 再次参考章末习题 4.13，其中定义了"严格凸性"和"弱凸性"的概念。你在这个习题中所图示的偏好满足其中哪些？

†**5.4** 假定两个人想知道在一个两商品世界中他们能否从相互交易中获利。

A. 确定在下面的每种情形中，贸易是否会使个人受益：

a. 他们一开始相互讨论，就发现他们相互拥有数量完全相同的每种商品。

b. 他们发现彼此是有着相同偏好的长期走失的双胞胎兄弟。

c. 这两个商品对他们每个人都是完全替代的，在无差异曲线内和无差异曲线之间有相同的 *MRS*。

d. 他们有相同的偏好并拥有不同的商品束，但是目前处在相同的无差异曲线上。

*B. 假定这两个个体有 CES 效用函数，个体 1 的效用由 $u(x_1, x_2) = (\alpha x_1^{-\rho} + (1-\alpha)x_2^{-\rho})^{-1/\rho}$ 给出，个体 2 的效用由 $v(x_1, x_2) = (\beta x_1^{-\rho} + (1-\beta)x_2^{-\rho})^{-1/\rho}$ 给出。

a. α、β 和 ρ 取什么值会使得拥有相同的束总意味着两个个体的交易不会产生收益？

b. 假定 $\alpha = \beta$，因而这两个个体有相同的偏好。$\alpha = \beta$ 以及 ρ 取什么值会使得不管他们当前拥有的束是什么，这两个个体都不能从交易中获益？

c. 假定个体 1 拥有的所有商品都是个体 2 的两倍。为使他们不能交易，α、β 以及 ρ 的值必须满足什么条件？

*5.5　日常应用：对考试成绩的偏好。假定你上两门课：经济学和物理。对于每门课，在学期中仅有两次考试。

A. 由于经济学家很友好，你的经济学教授会去掉较低的那个考试成绩并取两个成绩中的较高者作为你的总成绩。你的物理教授则做相反的事情：去掉较高的成绩并取较低的成绩作为你的总成绩。

a. 把第一次考试的成绩（范围从 0~100）置于横坐标轴并把第二次考试的成绩（也是 0~100）置于纵坐标轴，对你的物理课做无差异曲线并进行说明。

b. 对你的经济学课重复上述操作。

c. 假定你所关心的是一门课的总成绩并且你平等地看待每门课。考虑一组考试成绩 (x_1, x_2)，在注册课程之前你知道该组成绩将是什么，并且该组成绩对经济学课和物理课是相同的。为使你在注册经济学课和注册物理课之间无差异，这组考试成绩必须满足什么条件？

B. 考虑与 A 部分所描述的相同的情景。

a. 给出一个用于表示你的偏好的效用函数，如同用 A(a) 中描绘的无差异曲线来描述偏好那样。

b. 对你在 A(b) 所绘的无差异曲线所描述的偏好重复上述操作。

†5.6　日常应用：思考老年。考虑两个对生活采取非常不同的态度的个体，考虑这会如何形成他们对跨时权衡取舍的偏好。

A. 吉姆是一个 25 岁的运动员，他从昂贵并且剧烈的活动中得到了生活中的大部分快乐：在喜马拉雅山脉爬山，在亚马逊划皮划艇，在新西兰蹦极，在非洲狩猎以及在阿尔卑斯山滑雪。他不想过安静的老年生活，而是希望尽可能早地得到更多的快乐。肯则非常不同：他回避身体活动，喜欢在一个舒适的环境下读书。读得越多，他越想读并越想隐居在他舒适家中的豪华图书馆中。他寄希望于安静的退休生活，那时他可以做最喜欢的事。

a. 假定吉姆和肯都愿意用当前消费完全地替代未来消费，但是比例不同。给定他们的描述，画出两个不同的无差异曲线图，并指出哪个更可能是吉姆的以及哪个更可能是肯的。

b. 现在假定吉姆和肯都完全不愿意跨时替代。给定关于他们的描述，现在如何区分他们的无差异曲线图？

c. 最后，假定他们都允许一些跨时间段的替代性但是不如你在（a）部分中所考虑的那么极端。再次画出两个无差异曲线图，并指出哪个是吉姆的以及哪个是肯的。

d. 你画的无差异曲线图中的哪个可能是位似的？

e. 你能确定地说在（c）中吉姆和肯的无差异曲线图满足单交叉条件（如章末习题 4.10 中所定义的）吗？

B. 维持 A 部分给出的对吉姆和肯的描述，并用 c_1 表示现在的消费，用 c_2 表示退休的消费。

a. 假定吉姆和肯的偏好可以分别被表示为 $u^J(c_1, c_2) = ac_1 + c_2$ 和 $u^K(c_1, c_2) = \beta c_1 + c_2$。$\alpha$ 和 β 中哪个更大一些？

b. 你如何通过使用 α（对吉姆）和 β（对肯）来类似地得出如 A(b) 所描述的偏好的两个效用函数？

c. 现在考虑描述 A(c) 中的情形，他们的偏好现在由柯布-道格拉斯效用函数 $u^J(c_1, c_2) = c_1^\alpha c_2^{(1-\alpha)}$ 和 $u^K(c_1, c_2) = c_1^\beta c_2^{(1-\beta)}$ 描述。在这些函数中，α 和 β 相关吗？

d. 由给定效用函数描述的所有偏好都是位似的吗？它们中有拟线性的吗？

e. 你能证明 B(c) 中的偏好满足单交叉性质吗（如章末习题 4.10 中所定义的）？

f. B(a)～(c)中的所有函数都属于 CES 效用函数簇吗？

5.7 日常应用：个性与对当前消费和未来消费的偏好。考虑艾迪和拉里兄弟，尽管在相同的家庭中长大，但是他俩有着非常不同的个性。

A. 艾迪的朋友都知道他是"沉稳的"，因为他喜欢可预测性，并且想知道将来他是否还会拥有现在所拥有的。拉里的朋友都知道他是"疯狂的"，很容易适应变化的环境。某一年，他像一个喝醉了的水手一样消费他周围的所有东西。下一年，他又隐居在一个教堂，并通过体验贫困来获得满足。

a. 把艾迪和拉里的特征取极端值（在第 4 章所介绍的偏好的假设下），并在"当前消费"位于横坐标轴以及"未来消费"位于纵坐标轴的图上画出两条无差异曲线：一个是沉稳的艾迪的，一个是疯狂的拉里的。

b. 艾迪和拉里还有另外一个兄弟，名为达瑞尔，所有人都认为他的个性是他两个兄弟的极端的加权平均。假定他更像沉稳的艾迪，即他的个性是他的两个兄弟的加权平均，但是艾迪的个性所占的权重更大。在 45 度线上挑选束 A 并画出达瑞尔通过 A 的合理的无差异曲线。他的偏好能是位似的吗？

c. 一天，达瑞尔的头部受了撞击，突然看起来更像疯狂的拉里了，即在加权平均个性中的权重反过来了。（如果你从字面理解，将得出达瑞尔的无差异曲线上会出现一个扭结点。）他的偏好仍是位似的吗？

d. 在章末习题 4.10 中，我们给出了两个无差异曲线图满足"单交叉性质"的含义。你预期达瑞尔在事故前和事故后的无差异曲线图满足该性质吗？

e. 如果你被告知艾迪和拉里中一人每月为退休储蓄，而另一人则大量地抽烟，那么两个兄弟分别是在做什么？

B. 假定一个兄弟的偏好可以由效用函数 $u(x_1, x_2) = \min\{x_1, x_2\}$ 刻画，其中 x_1 表示当前消费的美元数，x_2 表示未来消费的美元数。

a. 这是哪个兄弟？

b. 假定当人们说达瑞尔的个性是他的兄弟的个性的加权平均时，他们所指的是其对未来消费的替代弹性介于他的兄弟之间。如果拉里和达瑞尔的偏好可以用章末习题 4.5 中的一个（或多个）效用函数描述，那么哪个函数可以应用于哪个人？

c. 在章末习题 4.5 中，哪个函数是位似的？哪个是拟线性的（以及在哪个商品上）？

d. 尽管如此不同，但沉稳的艾迪和疯狂的拉里的偏好是否可能表示为柯布－道格拉斯效用函数？

e. 他们所有的偏好是否可能都表示为 CES 效用函数？解释原因。

5.8 考虑你对右脚鞋子和左脚鞋子的偏好。

A. 假定你是那种非常挑剔的人，你右脚鞋子要被设计成右脚的尺寸，左脚鞋子要被设计成左脚尺寸。事实上你如此挑剔，以至于你从不会在右脚穿上左脚的鞋子以及在左脚穿上右脚的鞋子，你也不会选择（如果你能）在你的任何一只脚上不穿鞋子。

a. 在左脚鞋子的数量位于横坐标轴以及右脚鞋子的数量位于纵坐标轴的图上，说明作为你的无差异曲线图的一部分的三条无差异曲线。

b. 现在假定你伤了左脚并且必须绑上石膏（这意味着你的左脚不能穿鞋子）6 个月的时间。说明在此期间你所画的无差异曲线将怎么变化。你能想出为什么在这种情形下左脚鞋子这样的商品被称为中性商品吗？

c. 假定你伤了右脚。你在（b）中的答案将怎么变化？

d. 你所图示的这些偏好中有哪个是位似的吗？有拟线性的吗？

e. 在你所画的三个不同的偏好中，有商品是"必要的"吗？有商品不是"必要的"吗？

B. 继续你在 A 部分中所描述的偏好并令 x_1 表示右脚鞋子、x_2 表示左脚鞋子。

a. 写出表示如 A(a) 中所说明的偏好的一个效用函数。你能想出也表示这些偏好的第二个函数吗？

b. 写出表示图示在 A(b) 中的偏好的效用函数。

c. 写出表示图示在 A(c) 中的偏好的效用函数。

d. 你在 A 部分所图示的任何偏好中有可以表示为 1 阶齐次的效用函数的吗？

如果有，能否将它们也表示为一个非齐次的效用函数？

e. 参考章末习题 4.13，其中定义了"强单调性"、"弱单调性"和"局部非饱和"的概念。你在这个习题中所图示的偏好满足这些性质中的哪些？

f. 再次参考章末习题 4.13，其中定义了"强凸性"和"弱凸性"。你在这个习题中所图示的偏好满足这些性质中的哪些？

*5.9　日常应用：对纸夹的偏好。考虑我对纸夹与"所有其他商品"（以美元计）的偏好。

A. 假定我用纸夹交易其他商品的意愿不取决于我目前消费多少其他商品。

a. 这是否意味着"其他商品"对我是"必要的"？

b. 此外，假定我为其他商品交易纸夹的意愿不取决于目前我消费多少纸夹。在两个图中，每个都是纸夹位于横坐标轴，"其他商品"（以美元计）位于纵坐标轴，给出两个关于我的无差异曲线可能是什么形状的例子。

c. 在满足（b）部分条件的无差异曲线图内，MRS 可以发生多大的变动？在满足（b）部分条件的两个无差异曲线图之间，MRS 可以发生多大的变动？

d. 现在假定（a）中的陈述对我成立但是（b）中的陈述对我不成立。说明与此一致的无差异曲线图。

e. 在满足（d）部分条件的无差异曲线图内，MRS 可以发生多大的变动？

f. 你认为在某人的偏好（用纸夹交易其他商品的意愿与纸夹消费的水平无关或与其他商品消费的水平无关）中，哪个条件更容易满足？

g. 前面的无差异图中有位似的吗？它们中有拟线性的吗？

B. 将纸夹表示为 x_1，将其他商品表示为 x_2。

a. 分别针对你在 A(b) 中所图示的无差异曲线图的无差异曲线，写出两个效用函数。

b. 你写出的效用函数是位似的吗？如果答案是否定的，你能找到那些表示相同偏好并且是齐次函数的效用函数吗？如果答案是肯定的，你能找到不是齐次的但仍表示相同偏好的效用函数吗？

c. 你写出的函数是 1 阶齐次的吗？如果答案是否定的，你能找到 1 阶齐次的并且表示相同偏好的效用函数吗？如果答案是肯定的，你能找到不是 k 阶齐次的但是仍表示相同偏好的效用函数吗？

d. 在回答 A(d) 时你已经画出来的无差异曲线图中有可以表示为齐次效用函数的吗？它们为什么可以或为什么不可以？

*5.10　再次考虑位似偏好簇。

A. 回忆一下，必要的商品必须以正的数量出现在消费束中，以使个体得到一个高于他什么都不消费时的效用。

a. 除了完全替代的情形外，是否可能出现以下情形，即没有任何一种商品是必要的但其偏好是位似的？如果可能，你能给出一个例子吗？

b.　是否存在这样一个位似偏好，其中两种商品中的一种是必要的但另一种不是？如果存在，请给出一个例子。

c.　偏好是否可能是非单调的（越少好于越多）但仍是位似的？

d.　偏好是否可能既是单调的（越多越好）、位似的，又是严格非凸的（即平均比极端要差）？

B.　现在把无差异曲线图的位似性质与效用函数联系起来。

a.　除了完全替代的情形外，是否存在某种 CES 效用函数表示不必要的商品的偏好？

b.　所有 CES 函数都表示位似偏好。反过来，所有位似的无差异曲线图都可以由 CES 效用函数表示吗？（提示：根据你对 B(a) 的答案，如果它可以表示为一个 CES 函数，考虑你对 A(a) 的答案并自问。）

c.　判断正误：仅当潜在的偏好是位似的时，替代弹性在所有束都是相同的。

d.　判断正误：如果偏好是位似的，那么替代弹性在所有束都相同。

e.　能生成位似的但是非单调的偏好的 CES 效用函数的最简单变换是什么？

f.　这种转换的 CES 效用函数所表示的偏好是凸的吗？

g.　到目前为止，我们总是假设 CES 效用函数中的参数 ρ 落在 -1 和 ∞ 之间。你能确定当 ρ 小于 -1 时无差异曲线是什么样的吗？

h.　这样的偏好是凸的吗？它们是单调的吗？

i.　能改变你对前一个问题的两个答案的这个效用函数的最简单变换是什么？

*†**5.11**　在这个习题中，我们讨论替代弹性的概念。该概念在本章的 B 部分中进行了介绍。因此，整个习题与 B 部分的材料相关，但是 A 部分的问题可以通过了解替代弹性的公式简单地作答，而问题的 B 部分要求有本章 B 部分中进一步的材料才能作答。在 5B.1 节中，我们定义了替代弹性为

$$\sigma = \left| \frac{\%\Delta(x_2/x_1)}{\%\Delta MRS} \right| \tag{5.26}$$

A.　假定你仅消费苹果和橘子。上个月，你的消费束 $A=(100, 25)$，即 100 个苹果和 25 个橘子，并且你愿意用不超过 4 个苹果交换 1 个橘子。两个月以前，橘子当季了，你消费 $B=(25, 100)$ 并且你愿意用不超过 4 个橘子交换 1 个苹果。假定在过去两个月你的幸福感没有变化。

a.　在一个以苹果为横坐标轴且以橘子为纵坐标轴的图上，说明在过去两个月你所处的无差异曲线并在知道的地方标上 MRS。

b.　利用替代弹性的公式估计苹果对橘子的替代弹性。

c.　假定你知道替代弹性实际上在每个束对你都相同，并等于你在 (b) 中所计算出来的值。假定另一个束 $C=(50，50)$ 使得你的幸福感与在束 A 和束 B 相同。那么在束 C 的 MRS 是多少？

d. 考虑束 $D=(25，25)$。如果你的偏好是位似的，那么在束 D 的 MRS 是多少？

e. 假定你正消费 50 个苹果，你愿意用 4 个苹果交换 1 个橘子，并且你的幸福感恰好与在消费束 D 时一样。你将消费多少橘子（假设替代弹性相同）？

f. 称你在（e）中推导的束为 E。如果弹性与以前一样，那么在什么束你的幸福感将与在 E 一样，但是愿意用 4 个橘子交换 1 个苹果？

B. 假定你的偏好可以总结成效用函数 $u(x_1，x_2)=(\alpha x_1^{-\rho}+(1-\alpha)x_2^{-\rho})^{-1/\rho}$。

a. 为使你的这些偏好包含一条像你在 A(a) 中图示的包含束 A 的无差异曲线，ρ 的值必须是多少？α 呢？

b. 假定你被告知相同的偏好可以表示为 $u(x_1，x_2)=x_1^\gamma x_2^\delta$。根据你的答案，这可能吗？如果是这样，给定你的无差异曲线在 45 度线两边的对称性，γ 和 δ 需要满足什么条件？

c. 如果在包含束 A 的无差异曲线上标记的数字是 50，那么指数 γ 和 δ 的确切值是多少？如果标记的数字是 2 500 呢？标记的数字是 6 250 000 呢？

d. 验证当偏好被表示为你在 B(c) 中所隐性推导的三个不同的效用函数时，束 A、B 和 C（如 A 部分所定义的）确实位于相同的无差异曲线上。这些效用函数中哪个是 1 阶齐次的？哪个是 2 阶齐次的？第三个效用函数是否也是齐次的？

e. 这些效用函数对包含束 D 的无差异曲线的赋值分别是多少？

f. 判断正误：1 阶齐次意味着，在一个消费篮子中商品数量的翻倍会导致由这个齐次效用函数度量的效用翻倍，而大于 1 阶的齐次意味着一个消费束中商品数量的翻倍会导致效用增加至原来的 2 倍以上。

g. 证明不管使用 B(c) 中推导的三个效用函数中的哪一个，MRS 都不变。

h. 你能想出一个表示这些偏好的效用函数，使得其对包含束 A 的无差异曲线的赋值为 100 并对包含束 D 的无差异曲线的赋值为 75 吗？你所推导的效用函数是齐次的吗？

i. 判断正误：位似偏好总可以表示为 k 阶齐次函数（其中 k 大于零），但即使非齐次函数也可以表示位似偏好。

j. 判断正误：当且仅当潜在的偏好是位似的时，边际替代率是 0 阶齐次的。

第6章 尽力做到"最好"

我们是从这样一个简单的前提,即经济人在他们给定的处境下尽力做到最好,来开始我们对微观经济学的介绍的。[①] 在第 2 章和第 3 章我们展示了如何用选择集来说明三种类型的经济人——消费者、工人以及为未来规划的个人——在进行选择时所面临的处境。我们接着在第 4 章和第 5 章说明了如何对消费者的偏好进行建模,这给我们提供了一种方法来处理个人如何判断哪一个可得的选择确实是"最好的"。因此,第 2 章到第 5 章构建了个体选择集与偏好的基本模型(model),这是选择的经济分析的第一步。我们现在开始第二步,分析在我们的基本模型下个体如何最优化(optimize),也就是说,如果他们确实是在尽力做到最好,那么他们会怎么做。

6A 选择:结合经济处境与偏好

我们首先开始建立一些有关偏好与选择集如何相互作用来进行最优选择的直觉。这意味着我们在本质上回顾前面章节中的例子时,需要把第 2、3 章的图与第 4、5 章的图结合在一起。在这一过程中,我们将首先一窥市场价格在帮助我们挖掘潜在的贸易收益(gains from trade)时所起的巨大作用。在价格缺失的情况下,贸易收益将很难实现。接着,在 6A.2 节,我们考虑一个个体选择不购买任何数量的某种商品的情景,也就是一个我们称之为角点解(corner solution)的情景。在 6A.3 节,我们将发现一些消费者能找到多个对他们来说最优的选择的情景,这一情景发生在我们的选择集或者偏好展示出非凸性(nonconvexity)时。

6A.1 "最好的"裤子和衬衫束

假定我们回到我带着 200 美元去沃尔玛购买衬衫和裤子的情景,衬衫的价格是每件 10 美元,裤子的价格是每条 20 美元。从第 2 章的学习中我们知道,在一个裤

---

① 本章的阅读需要用到第 2、4、5 章的知识,并不需要第 3 章的知识。

子位于横坐标轴、衬衫位于纵坐标轴的平面上，我的预算线是一条纵截距为20、横截距为10的直线。其斜率给出了对额外一条裤子以我不得不放弃的衬衫数所表示的机会成本（为-2）。进一步假定：在所有裤子数量是衬衫数量的2倍的消费束上，边际替代率等于-2，在所有裤子和衬衫数量相等的消费束上，边际替代率为-1；在衬衫数量2倍于裤子数量的消费束上，边际替代率为-1/2。（这是我们在第5章中所称的"位似"偏好的一个例子。）我的预算线与选择集在图6-1（a）中绘出。代表我的偏好的无差异曲线图的一些无差异曲线在图6-1（b）中绘出。为了确定在我的处境下，哪一个可得的选择是"最好的"，我们需要把图6-1（a）和图6-1（b）中的信息组合在一起。

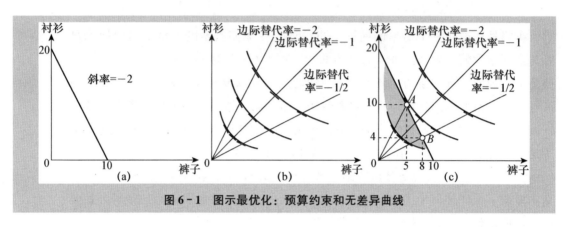

图6-1　图示最优化：预算约束和无差异曲线

这一点在图6-1（c）中实现了，具体做法是把图（b）简单地叠加到图（a）上。在我们所画的三条无差异曲线中，最外面的一条事实上只包含了我在给定的处境下不可得的消费束，这是因为整条曲线位于我的选择集的外部。最里面的无差异曲线有很多消费束位于我的选择集里面，但是这些没有一个对我来说是"最优的"，这是因为在左下角的阴影区域的消费束都位于我的选择集中并且在这一无差异曲线以上，也就是对于有着我这种偏好的某人来说，这样的消费束要"好一些"。现在可以设想我从一条类似这样的低的无差异曲线出发，向东北推移，到达越来越高的无差异曲线，但不离开我的选择集。这一过程将会在图6-1（c）中间的一条无差异曲线处终结。该无差异曲线上只包含一个位于选择集上的消费束（消费束A），并且在该无差异曲线上，没有任何消费束位于选择集中。那么，在给定我的处境时，如果我确实尽力做到最好，那么消费束A就是我将选择的消费束。更精确些，在我的最优消费束A，我将会消费5条裤子和10件衬衫。[①]

练习6A.1　在第2章，我们考虑了这样一种情景，即我妻子给我一张消费券，使用该消费

---

① 该最优消费束位于预算线（$x_2 = 20 - 2x_1$）与表示MRS为-2的所有点的射线的交点处。通过把第二个方程代入第一个方程并求解，我们将得到$x_1 = 5$，然后把x_1代入任一方程即可以得到$x_2 = 10$。

券能让裤子的有效价格下降到每条 10 美元。假定我的偏好，与之前相同，那么我最优的消费束是什么？ ■

6A. 1. 1 机会成本＝边际替代率 在图 6 - 1（c）的消费束 A 处，预算线的斜率与包含 A 点的无差异曲线的斜率有一种非常特别的关系：这两个斜率相等。这不是偶然的，其真实性在直觉上也是合理的。预算线的斜率表示裤子用衬衫表示的机会成本，也就是我为了多获得 1 条裤子而不得不放弃的衬衫的数量（给定沃尔玛对裤子和衬衫所收取的价格）。换句话说，预算线的斜率表示沃尔玛允许我把裤子转化为衬衫的比率。相比之下，无差异曲线的斜率代表边际替代率，也就是我在多获得 1 条裤子时，我愿意放弃的衬衫数量。如果我的购物篮中有一个消费束，使得我对裤子的评价（用衬衫表示）与沃尔玛允许我把裤子转化为衬衫的比率不同，那么我可以通过选择一个不同的消费束使自己的境况变得更好。因此，在最优消费束处，我愿意用裤子交换衬衫的比率与我必须交换它们的比率一定相等。

例如，假定在我的购物篮中有图 6 - 1（c）中的消费束 B（8 条裤子，4 件衬衫）。在 B 处的边际替代率是－1/2。这意味着我愿意用 1 条裤子来交换半件衬衫，但是沃尔玛对我放回货架上的每条裤子将会给我 2 件衬衫。如果我愿意用 1 条裤子来交换半件衬衫，而沃尔玛对于每条裤子将给我 2 件衬衫，那么我将会通过用裤子来交换更多的衬衫使自己的境况变得更好。换句话说，如果在我的购物篮中有 B，那么我赋予裤子的边际价值低于沃尔玛赋予裤子的边际价值，因此，对于裤子，沃尔玛愿意给予比我认为它们所值的更多（用衬衫表示）。因此，B 不可能成为一个"最优"的消费束，因为通过用裤子来交换衬衫，我可以使自己的境况变得更好。

练习 6A. 2 假定你与我都有 6 条裤子和 6 件衬衫，并假定裤子对衬衫的边际替代率为－1，而你的边际替代率为－2。进一步假定我们都不能去沃尔玛。建议一个能使我们的境况都变得更好的交易。 ■

6A. 1. 2 沃尔玛如何使我们在边际上都一样 在学年开始时，我并不是唯一冲去买衬衫和裤子的人，其他很多人也在做同样的事情。那些消费者中，有一些有着与我非常不同的偏好，因此他们的无差异曲线图看起来很不一样。有些人可能会有更大方的妻子（从而有更多的预算）；然而有些人可能会贫困些，只能够花费比我妻子允许我花的还少的预算。假定我们所有人——有些人富有而有些人贫困，有些人更需要裤子而有些人更需要衬衫——都到沃尔玛来尽力做到"最好"。进入沃尔玛的时候，我们将很不一样；而离开沃尔玛的时候，我们将会在一个很重要的方面变得完全一样：给定我们所购买的裤子和衬衫，裤子对衬衫的边际替代率都将是一样的。

例如，考虑两个消费者，其选择集与偏好在图 6 - 2（a）和图 6 - 2（b）中绘出。消费者 1 比较富有（因此有一个较大的选择集），而消费者 2 贫困些（因此有一个较小的选择集）。消费者 1 和消费者 2 同时也有很不一样的无差异曲线图。然而，最后，他们都选择了一个包含衬衫和裤子的最优消费束，其边际替代率都等于预算线的斜率。因为每条消费者预算约束的斜率都是由沃尔玛裤子和衬衫的价格比率决定的，并且因为沃尔玛对所有进入该店的消费者收取相同的价格，因此，一旦他们选择最优的消费束，这两个人的边际替代率就一定相等。换句话说，尽管这两个消费者进入商场时有着不同的收入与偏好，但他们离开商场时在边际上对裤子和衬衫有着相同的偏好。

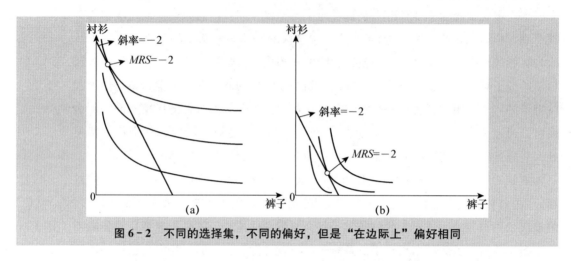

图 6 - 2　不同的选择集，不同的偏好，但是"在边际上"偏好相同

6A. 1. 3　沃尔玛如何消除我们进行贸易的任何需要　沃尔玛对于每个人收取相同价格的一个非常重要并且无意识的副作用是：裤子与衬衫交易的所有收益都发生在沃尔玛内，这消除了我们在离开商场后相互交易的需求。当我们都进入商场时，我们家中可能有不同数量的裤子和衬衫，但考虑到我们中的一些人愿意更容易地用衬衫交换裤子，我们可能会从裤子和衬衫的交易中获益。而一旦我们离开了沃尔玛，我们在边际上对裤子和衬衫的评价就完全一样，也就是说，我们关于裤子对衬衫的边际替代率都有相同。因此，对我们而言，不存在通过进一步交易使每个人的境况都变得更好的可能性，这是因为我们在沃尔玛的时候已经通过尽力做到最好而变得尽可能地好了。

这是第一个重要见解，在这本书的后面我们将得出一个更加一般的结果。只要两个消费者对他们所用商品的消费束在边际上有着不同的评价，就存在潜在的贸易收益，即使双方的境况都变得更好的潜在贸易。我们已经在第 4 章的章末习题 4.5 和第 6 章的练习 6A.2 中说明了这一点，但这里有另外一个例子。假定我愿意用 1 听可口可乐交换 1 听百事可乐（也就是说，我的边际替代率为－1），而我的妻子愿意用 1 听可口可乐交换 2 听百事可乐（也就是说，她的边际替代率为－2）。因此，只要在我们的消费束中都有可口可乐和百事可乐，我们就可以通过交易获益。特别地，我可以提议我妻子用 2 听可口可乐交换 3 听百事可乐。这会使我的境况变得更好，因为对于 2 听可口可乐，我本愿意只拿 2 听百事可乐，同样我妻子的境况也会变得更好，这是因为对于 2 听可口可乐，她本愿意给我 4 听百事可乐。我们的边际替代率不同以及我们对商品的评价在边际上不同的事实使得我们可能可以通过交易而让双方的境况都变得更好。

如果在某种情形下，无法通过改变该情形，使一些人的境况变得更好而同时没有任何人的境况变得更差，则经济学家称该情形是有效的。[①] 因此，如果我们能找到一种方法来改变该情形，使一些人的境况变得更好而同时没有人的境况变得更差，那么该情形是无效的。如果我们发现自己处在一种所有人对所拥有的商品的评价在边际上不相同的情形下，那么我们知道存在一种通过交易使所有人的境况都变得更好的方法。因此，人们对其所拥有的商品的边际替代率不相同的情形是无效的。由于沃尔玛对每个人都收取了相同价格这一方案导致了所有人在离开商场时其购物篮中商品的边际替代率都相同的情形，从而沃尔玛确保了在那些到沃尔玛购买裤子和衬衫的消费者中裤子和衬衫的分布是有效的。

练习 6A. 3 我们不断使用"在边际上"这个术语，例如，我们说那些离开沃尔玛的消费者的偏好"在边际上是一样的"。经济学家所说的"在边际上"这个术语的含义是什么？■

很难相信你会在沃尔玛的停车场走向某人，用你购物篮中的商品交换你看到的他或者她的购物篮中的商品。事实上有很好的理由可以说明这将是徒劳无益的，因为所有贸易的收益都已经在与沃尔玛的交易中耗尽了，商品的分配已经是有效的了。换句话说，只要我们离开了沃尔玛，任何交易提议就要么使我们的境况变得与没有交易的情形下一样好，要么使我们中某个人的境况变得更差。因此，我们没有必要费心去尝试。

6A. 2 买或不买

在上面所使用的无差异曲线图与预算集中，为了"尽力做到最好"，我在沃尔玛购买了裤子和衬衫两种商品。但是，有时候我们的偏好与处境使得尽力做到最好意味着我们选择不消费某种特定的产品。这当然会发生在那些我们认为"糟糕的"商品上，即那些我们偏好于消费更少而不是更多的商品。对我而言，花生酱就是一种这样的商品。我甚至不能想象为什么有些人会消费它，除非是出于诱导呕吐的即时需要。番茄酱对我而言是另外一种这样的商品。我从来不购买花生酱或者番茄酱。也有一些商品是我喜欢但从不消费的。例如，我同等喜欢可口可乐和百事可乐（事实上我分辨不出二者），但是一旦百事可乐比可口可乐更昂贵，我就不会购买百事可乐。在这种情形下，我对所喜欢的商品的偏好与我的经济处境一起导致了我的"最优"选择发生在我的预算约束的一个"角落"。

---

① 有时经济学家称它为帕累托有效或者帕累托最优。帕累托（Vilfredo Pareto, 1848—1923）是 19 世纪晚期第一批意识到经济分析并不要求效用客观可测，只要求个人能够对不同的选择进行排序这一点的经济学家之一。这引出了他对有效性的定义，这与早期的"功利主义"理论对人们"效用"的相加性的依赖形成了鲜明对比。

6A.2.1 角点解 考虑一下在偏好与经济处境结合的情形下我们在可口可乐和百事可乐之间进行选择的例子。假定我带着 15 美元来到一家商店购买软饮，并假定该商店只销售可口可乐和百事可乐。进一步假定可口可乐的价格是每听 1 美元，百事可乐的价格是每听 1.50 美元。图 6-3（a）给出了我的选择集与预算约束。在第 5 章，我们用包含边际替代率处处为－1 的无差异曲线的无差异曲线图说明了我对可口可乐与百事可乐的偏好。图 6-3（b）中再次绘出了这样的无差异曲线，该无差异曲线说明我不能分辨可口可乐与百事可乐的区别，因此我总愿意按 1∶1 的比率交易它们。

在图 6-3（c）中，我们再次把我的选择集（来自图（a））与我的无差异图（来自图（b））叠放在一起。我的目标是到达最高的并且包含选择集中至少一个消费束的无差异曲线。我可以从最低的无差异曲线开始，注意这一条无差异曲线上的所有消费束都位于我的选择集内，然后向着东北方向移动到更高的无差异曲线上。最终我将会到达图 6-3（c）的无差异曲线，该无差异曲线包含着一个消费束（消费束 A），其既在无差异曲线上，也在选择集内。因为比这更高的无差异曲线都在我的选择集的外部，消费束 A 是我"最优的"消费束。它包含 15 听可口可乐而没有百事可乐，并且是一个所谓的"角点解"，因为它位于我的选择集的一个角落。

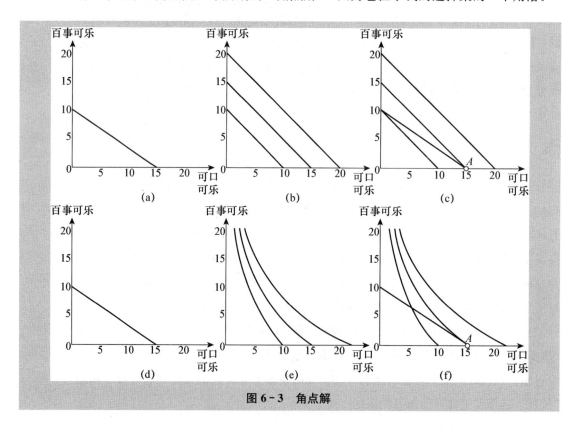

图 6-3 角点解

练习 6A.4* 在前面一节中，我们辩称沃尔玛对于所有消费者收取相同价格的这一方案确保了那些离开沃尔玛的人的购物篮中的商品再也无法通过进一步交易获取收益。这一辩称假定所有消费者最终都达到一个内点解，而不是角点解。你能明白为什么当一些人在角点解处（此处的

MRS 与那些在内点解处实现最优化的人的 *MRS* 很不一样)实现最优化时该结论仍然成立吗?

练习 6A.5 假设可口可乐与百事可乐的价格是一样的。说明现在对于一个偏好与我相同的人来说存在很多最优消费束。如果百事可乐比可口可乐便宜,我"最优的"消费束将是什么呢? ■

当然,为得出一个角点解,偏好不一定要是那种极端的完全替代的类型。例如,图 6-3 的 (d)、(e) 和 (f) 给出了一组稍微不极端的无差异曲线,其导致了在某种经济处境下的一个角点解。

6A.2.2 排除角点解 在第 5 章中,我们讨论了如果一个商品的无差异曲线与度量另外一个商品的坐标轴没有交点,那么该商品就是"必要的"。"必要的"是指:如果不消费任何数量该"必要的"商品,那么高于图中经过原点的消费束的效用是不可能达到的。如果在一个消费者偏好的特定模型中,所有商品都是"必要的",则角点解不可能产生。选择一个消费束,使得某一种商品的数量为零,那么这永远不会是最优的,因为这将等同于所有商品的数量都为零。然而,一旦无差异曲线与坐标轴相交,有些商品就不是"必要的",因此存在在某个经济处境下角点解为最优选择的可能。

例如,考虑在第 5 章中所描述的我妻子对冰茶与糖的偏好。假定每包糖花费 0.25 美元,每杯冰茶花费 0.50 美元,并假定我妻子每周对于喝冰茶有 15 美元的预算。她每周的选择集在图 6-4 (a) 中给出,她对冰茶与糖的偏好在图 6-4 (b) 中由三条无差异曲线给出(给定冰茶与糖对她而言是完全互补品)。图 6-4 (c) 则说明了她的最优选择在消费束 *A* 处有相同数量的冰茶与糖。

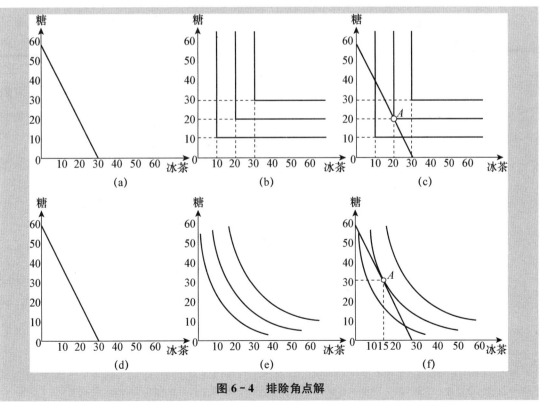

图 6-4 排除角点解

现在我们可以考虑改变冰茶和糖的价格，比如，让糖变得确实便宜或者让冰茶变得确实昂贵。尽管实现最优时冰茶与糖的总量不一样，但有一点是真实的，那就是我妻子将消费相同数量的冰茶与糖，实现最优的永不会是角点解。

完全互补偏好是一种极端情况，可以用来确保角点解永远无法实现最优。但是同样的逻辑对于不与任意坐标轴相交的无差异曲线图，或者，换句话说，对于任意必要的商品集，也成立。例如，图 6-4 中的 (d)～(f) 对我妻子关于冰茶与糖的偏好建立了一个稍微不极端的模型，允许一定程度的用糖交换更多冰茶的意愿，反之亦然。图 (e) 中的无差异曲线图中的无差异曲线仍然与任何一根坐标轴没有交点，这确保了一个实现最优时边际替代率恰好等于预算约束的斜率的内点解（interior solution）。

6A.2.3 排除角点解是否现实？ 在本书的很多应用中，我们都通过假定所有商品都是必要的来对偏好的无差异曲线图给出假设，以排除角点解。我们对此的第一个反应可能是这将很不现实。毕竟，我们都在角点解处，这是因为沃尔玛的很多商品都不会出现在我们的购物篮里。这当然是正确的，但是记住，当写出经济模型时，我们并不是对现实世界发生的一切都进行建模，而是把现实世界中那些对特定问题的适当分析而言必不可少的方面单独拿出来，因此，简单地从那些我们从不购买的商品抽象出来是合乎情理的。

例如，我可能对于你的经济处境发生变化时，你的住房选择会发生什么变化感兴趣。因此我可能把你对可口可乐与百事可乐的偏好、你对裤子与衬衫的偏好抽象掉，而只是简单地针对住房的平方英尺与"其他消费"对你的偏好建模。当然，在这种情况下，假定我们的无差异曲线图排除了角点解的可能性是完全有道理的，这是因为你几乎一定会选择消费一些住房和一些其他商品，而不管你的经济处境会发生什么变化。同样，当我对研究你在休闲与消费之间的选择感兴趣时，你很可能总会选择一些休闲与一些消费。当我对你在今年消费多少与明年消费多少之间的选择进行建模时亦然：很少有人故意计划只在今年消费或者只在明年消费，而不管个人的经济处境变化多么大。因此，在我们确定会一直处于一个角点解，即我们不消费很多类型的商品时，对相关选择的经济建模通常通过假定所有与我们相关的商品都是必要的来假设偏好禁止角点解，这是合情合理的。

6A.3 多于一个的"最好的"束？选择集和偏好的非凸性

到目前为止，在几乎所有的例子中，似乎我们的消费者总是能做出一个唯一的最优决策。[①] 事实上，可以证明我们模型中的"唯一性"的发生都是因为贯穿本章前面部分的两个假设是成立的：首先，预算约束是直线；其次，所有偏好都被假定满足"平均优于极端"的假设。更一般地，下面我们将会发现：在所建模

---

① 一个例外的情形是带有线性成分（比如完全替代的类型）的无差异曲线，对于这种情况，当价格比率等于无差异曲线的线性成分的斜率时，整个消费束的集合都是最优的（见 6A.2.1 节中的章末练习 6A.5）。

的问题中出现选择集或者偏好的"非凸性"时，"最优"选择的"唯一性"将会消失。

6A. 3. 1 扭结预算的最优化 如同我们在第 2 章和第 3 章所指出的，在不同的处境下，预算约束会产生两种不同类型的扭结："向外的"扭结与"向内的"扭结。我们在第 2 章是用针对裤子的两种类型的消费券来进行介绍的。我们首先考虑的是对前 6 条裤子给予 50% 折扣的优惠券（见图 2 - 4（a）），然后转而考虑对以常规价格购买的 6 条裤子之后的每条裤子给予 50% 折扣的优惠券。现在我们将说明多重"最优"消费束只会在第二种情况下产生，而不会在第一种情况下产生（现在假定我们的偏好满足第 4 章中列出的 5 条基本假设）。

图 6 - 5 考虑了三种不同类型的偏好在第一种优惠券的情形下所产生的同一个"向外的"扭结预算约束上（见 2A. 2 节）如何产生三个不同的最优消费束。在每种情形下，我们的标准无差异曲线的一般形状保证了只有一个"最优的"选择，这是因为不存在一种方法来画出无差异曲线的通常形状，使得它与我们向外的扭结预算约束有多于一个的切点。

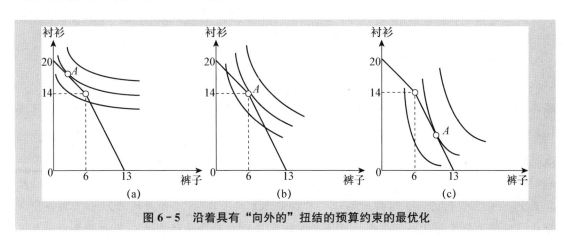

图 6 - 5 沿着具有"向外的"扭结的预算约束的最优化

相比之下，图 6 - 6 考虑的是在第二种优惠券（见 2A. 2 节）的情形下所产生的向内的扭结预算与产生两个"最优的"消费束（消费束 A 与 B）的特定偏好模型。你可以马上就明白这为什么是可能的：无差异曲线开始比较陡峭，而在向右移动时又变得平缓些，使我们有两个消费束上的预算约束在最优的无差异曲线处斜率相同的唯一方式就是预算约束本身在向右移动的时候也变得平缓一些。这可以发生在预算有一个"向内的"扭结时，而不可能发生在预算有一个如图 6 - 5 所示的"向外的"扭结时。

6A. 3. 2 选择集的非凸性 事实上，严格来讲，在无差异曲线图满足"平均优于极端"的假设时，预算中的"扭结"并不是可能存在多重"最优"消费束的必要条件。相反，必要的是一个被称为选择集的"非凸性"的性质。

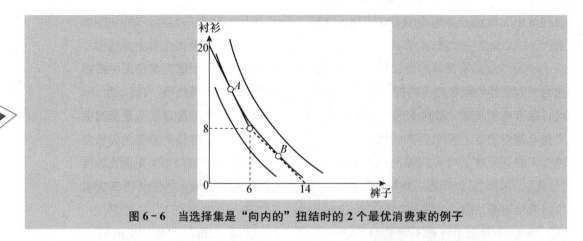

图 6-6 当选择集是"向内的"扭结时的 2 个最优消费束的例子

如果一条连接一个集合内两点的直线本身也被包含在这个集合内部，那么该点集是凸的（convex）。相反，如果连接一个集合内两点的直线有一部分位于该集合外部，那么该点集是非凸的（non-convex）。在图 6-5 的选择集中，不存在这样的非凸性。不管我们在图中任意挑选哪两点，连接它们的直线都位于该集合中。但是在图 6-6 的选择集中，很容易找到这样的一组点：它们的连线位于集合外部。例如，图 6-6 中的 A 点和 B 点都在选择集中，但是它们的连线在集合外。因此，图 6-6 中的选择集是非凸的。

练习 6A. 6 考虑一个实心球体的点集。该集合是否为凸的？包含在一个炸面圈中的点集又是什么情况？

练习 6A. 7 我们刚才已经定义了一个点集是凸的这一概念——它必须满足集合内任意两点的连线也完全在这个集合中这一条件。在第 4 章，我们定义了偏好在"平均优于极端（或者至少一样好）"时为凸。这样的偏好之所以被称为"凸的"，是因为比给定的任何消费束要好的消费束的集合是一个凸集。用一个偏好为凸的无差异曲线图的一条无差异曲线来说明这一点。■

现在，注意，只有在选择集非凸时，一条规则的无差异曲线才有可能与一个选择集的边界有多于一个切点。图 6-7 的一系列图集试图在直觉上说明这一点，我们从一个凸的选择集（图 6-7（a））开始，然后是一个线性的但仍旧是凸的预算（图 6-7（b）），接着是图 6-7（c）与图 6-7（d）的两个非凸的选择集。因此选择集产生多重"最优消费束"的重要特征不是扭结的存在而是非凸性的存在（可能包含扭结，也可能不包含扭结）。尽管我们能想到非凸性选择集的例子，但我们仍将发现凸选择集在我们本书接下来讨论的经济学应用中是最普遍的。

练习 6A. 8 判断正误：如果选择集非凸，那么对于一个偏好满足通常假设的消费者，一定存在多重"最优的"消费束。

练习 6A. 9　判断正误：若选择集是凸的，则存在唯一"最优的"消费束。假定消费者偏好满足我们通常的假设以及平均严格优于极端。■

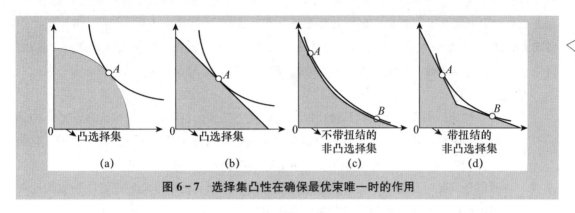

图 6-7　选择集凸性在确保最优束唯一时的作用

6A. 3. 3　偏好的非凸性　下面假设无差异曲线图有图 6-8（a）所示的无差异曲线。你可以证明这样的无差异曲线违反了"平均优于极端"（或者凸性）的假设，即考虑消费束 A 与 B 以及这两个消费束的平均，在图中标记为 C。因为 C 落入了包含 A 与 B 的无差异曲线的下方，所以它比 A 和 B 都要差。因此，平均消费束并不比两个更加极端的消费束好。正如我们在习题 6A. 7 中所指出的，我们称这样的偏好非凸的原因是好于给定消费束的消费束集合是一个非凸集。在我们的例子中，消费束 C 位于连接消费束 A 与 B 的直线上，但是它比 A 和 B 更差，而不是更好。因此，比那些包含消费束 A 的无差异曲线要好的消费束的集合是一个非凸集。

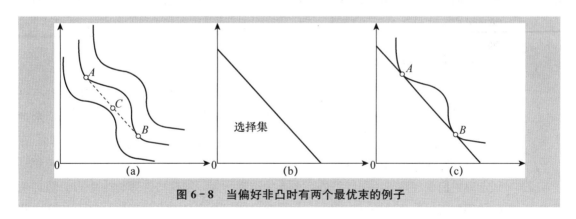

图 6-8　当偏好非凸时有两个最优束的例子

现在我们考虑一个偏好如图 6-8（a）中无差异曲线图所示的消费者，他试图在图 6-8（b）的线性（因此是凸的）预算下做到最好。这样就得到了图 6-8（c）的 A 与 B 为最优的。"平均优于极端"的假设通过明确地排除偏好的非凸性把这一可能性剔除了。我们在第 4 章辩称"平均优于极端"对大多数经济模型都是合理的。人们在有很多衬衫而只有相对较少的裤子时，更愿意用衬衫去交换裤子，这是很有道理的。因此，在大多数经济学模型中，我们习惯排除"非凸性"偏好，从而排除由它所导致的多重最优消费束。

练习 6A. 10 * 假定选择集由线性预算约束所定义，偏好满足通常的假设，但是包含有线性组成部分（或者是"平坦点"）的无差异曲线。判断正误：可能存在多种"最优"消费束，但是我们可以确定这些"最优"消费束集合是一个凸集。

练习 6A. 11 * 判断正误：当由于偏好的非凸性导致了多重"最优"消费束时，这些"最优"消费束集合也是非凸的（假定选择集为凸的）。■

然而，确实存在一些具体情况，使得我们认为偏好应该被建模成非凸的，应该允许多重最优解。例如，假定我们对牛排晚餐与鸡肉晚餐的偏好进行了建模，并假定我们考虑用一个模型来预测某个人是选择牛排晚餐还是鸡肉晚餐，或者是这二者的组合。此时允许一个人有非凸偏好是合理的，即一份牛排晚餐或者一份鸡肉晚餐是最优的，而半份牛排晚餐和半份鸡肉晚餐要差一些。同时，如果我们想对某人一周中对牛排晚餐与鸡肉晚餐的偏好（而不是他或者她对一顿饭的偏好）进行建模分析，非凸性假设就相对不合理一些了，这是因为在整个一周中，某人可能更愿意牛排晚餐与鸡肉晚餐都享用一些。

把本节与前一节的见解置于一处，我们得出以下结论：给定一个人的经济处境，在他或者她的选择集与偏好都没有展示出非凸性时，我们可以确定个体经济人有唯一的"最优"选择。更精确地，我们要求偏好为严格凸的（strictly convex）——平均严格优于极端（而不是一样好），这是因为就像我们在习题 6A. 10 中所看到的，在无差异曲线包含线性组成部分或者"平坦点"的时候，多重最优消费束（组成一个凸集）是可能的。

6A. 4 通过观察超市或实验室的选择了解偏好

你很难知道我喜欢可口可乐还是百事可乐，我是否喜欢花生酱，我是想拥有更多的衬衫而不是裤子还是反过来。我们并不会在衣袖上写上我们的偏好，好让全世界都可以看到。因此，你可能会认为这些关于偏好的"理论"就像天上的馅饼，它思路凌乱，没有基石，并且脱离真实世界。不是这样的！尽管偏好不能直接被观察到，但我们能观察到不同经济处境下人的选择行为，从这些选择行为中我们能对他们的偏好得出一些结论。事实上，如果我们能观察到足够多的现实选择，并且这些选择都是在足够多且不同的经济处境下的选择，那么我们就能在相当大的程度上确定一个人的无差异曲线图看起来是什么样的。经济学家与神经学家开始使用实验室里复杂的大脑扫描设备，通过一些脑部特征直接得出偏好。

6A. 4. 1 根据现实世界选择来估计偏好 要明白我们可以怎样通过人在现实世界中的选择行为来估计偏好并不困难（尽管对于一个经济学家而言，用来确定一个人的潜在偏好的统计方法相当复杂并且不在本书的讨论范围之内）。例如，采用我在沃尔玛购买裤子和衬衫的例子，并且假定你观察到在我有 200 美元预算且衬衫和裤子的价格分别为 10 美元和 20 美元时，我购买了 10 件衬衫和 5 条裤子。这就告诉你：我在消费束（5，10）的 *MRS* 等于我的预算线的斜率（−2）。现在假定我的经济处境发生了变化，即沃尔玛裤子的价格变为 10 美元，衬衫的价格变为 20 美元，假定你现在观察到我购买了 10 条裤子和 5 件衬衫。你现在知道我在消费束（10，5）的 *MRS* 是−1/2。如果你继续观察我的经济处境的变化以及我对这些变化做出的反应，即我的选择，你就可以继续搜集我在不同处境下购买的消费束的 *MRS* 的信息。你观察到的选择越多，就越容易估计我潜在的无差异曲线图看起来是什么样子的。

因此，经济学家已经研究出了一些方法，通过观察到的人们在不同经济处境下的选择来估计潜在的偏好。例如，很多超市会向消费者提供一些可以在结账柜台扫描的卡片，凭借这些卡片消费者能够在某些产品上享受一些折扣。每次我在当地超市购物时，我都向收银员出示我的卡片，以享受那些广告商品的折扣。那么超市将自动搜集关于我的消费模式的一些信息。它知道我在购物时买了什么，以及我的消费模式是如何随着超市折扣与价格的变化而变化的。经济学家用这些数据来发现特定消费者或者"平均消费者"潜在的偏好。

6A. 4. 2　了解大脑与偏好的联系　在过去一些年，经济学中产生了一个新的领域，称为神经经济学（neuroeconomics）。很多神经经济学家实际上是神经科学家，他们的专业就是理解大脑是怎么做决策的，他们中的一些人被训练成经济学家，并与神经科学家合作，并且这样的人越来越多了。他们的部分目标是打开偏好的"黑盒子"，去理解是什么决定了我们的偏好，偏好如何随着时间的推移而变化，偏好在什么程度上"硬连接到"我们的大脑，以及我们的大脑如何根据偏好做决策。在这一研究中，神经经济学家依赖选择的经济理论以及实验证据（这些证据来自实验室中观察到的个人所做出的选择，这些个人在做选择时生理的各个方面都可以被密切监视）。例如，神经科学家可以观察到个人在面临多种选择时，他们大脑的哪一部分在动以及是怎么动的，从而对偏好的特征（比如边际替代率）与大脑结构的映射做出一些推断。他们也可以看到当大脑被一些因素（如药物滥用）改变时，决策的过程是怎么改变的。这是很吸引人的研究，但是超越了本书的范围。然而，你很有可能会在一个相对短的期间内上一些神经经济学的课程，而且如果你对经济学与神经科学的交叉学科感兴趣的话，就应该考虑这样做。

6B　在数学模型中最优化

在 6A 部分，我们找到了用直觉图示描述最优化问题的方法，现在我们对这些直觉背后的数学知识进行说明。特别地，我们将会看到消费者面临数学家所说的受约束的最优化问题（constrained optimization problem）：在满足一定约束（选择集）的情况下，通过选择一些变量（消费束中的商品）来最优化（optimize）一个函数

（效用函数）。

6B.1 通过选择裤子与衬衫来最优化

设 x_1 和 x_2 分别表示裤子和衬衫，再次考虑我来到沃尔玛并选择消费束（x_1，x_2）的例子，给定每条裤子的价格是 20 美元，衬衫的价格是 10 美元，我妻子给我 200 美元供我消费。进一步假定我的偏好可以用柯布-道格拉斯效用函数 $u(x_1, x_2)$ $=x_1^{1/2}x_2^{1/2}$ 来表示，这可以得出 2A.1 所描述的图 6-1 中的无差异曲线。那么我所面临的数学问题是：选择 x_1 和 x_2 的数量，使我在担负得起（也就是，它们在预算集内）的情况下达到我用效用函数 u 表示的可能的最大效用。当然，这就是我们在图 6-1 中用图来解的相同的问题，其中我们是通过找至少包含预算集内一个点的最高的无差异曲线（因此代表最高水平的效用）来找到"最优的"消费束的。

换句话说，基于我在商品 x_1 和 x_2 上的总支出不超过 200 美元的约束，我将选择（x_1，x_2）来最大化函数 $u(x_1, x_2)$。正式地，我们把这写成

$$\max_{x_1,x_2} u(x_1,x_2) = x_1^{1/2}x_2^{1/2} \quad \text{s. t.} \quad 20x_1 + 10x_2 \leqslant 200 \tag{6.1}$$

该表达式最前面的记号"max"表示的是我们试图最大化或者对一个函数"得到可能的最大值"。紧跟着出现的记号"max"的下标说明哪些变量是我们将要选择的，即最优化问题中的选择变量。我能够选择两种商品的数量，而不能选择我将要以什么价格购买它们或者我的货币预算，因为这是我妻子决定的。因此，x_1 和 x_2 是该最优化问题中仅有的选择变量。然后是我们要最大化的函数，称为最优化问题的目标函数。最后，如果这个最优化问题有约束，那么它将作为该问题陈述中的最后一项出现，由"s. t."引出。在本教材中，我们将沿用这一一般形式来陈述最优化问题。

我们知道柯布-道格拉斯所表示的偏好满足"越多越好"的假设，因而我们可以进一步改写表达式（6.1），即解最优化问题的消费束（x_1，x_2）应该在预算线上，而不是选择集内。如果一个最优化问题的不等式约束的等号成立，那么我们称该约束是紧的（binding），因此我们可以把约束写成一个等式而不是一个不等式。表达式（6.1）则变成

$$\max_{x_1,x_2} u(x_1,x_2) = x_1^{1/2}x_2^{1/2} \quad \text{s. t.} \quad 20x_1 + 10x_2 = 200 \tag{6.2}$$

6B.1.1 两种解决问题的数学方法 我们将从一个数学家的视角来严格审视这个问题，并且我们将阐述两种等价的方法来求解（6.2）中的问题。

方法 1：把受约束的最优化问题转化为不受约束的最优化问题。

一种方法是通过把约束插入目标函数中，把受约束的最优化问题转化为一个不受约束的（unconstrained）最优化问题。例如，我们可以在约束两边同时减去 $20x_1$ 并除以 10，从而得到 $x_2 = 20 - 2x_1$。当我们把该式代入效用函数中取代 x_2 时，便得到了一个只有变量 x_1 的简单函数，我们记该函数为 $f(x_1)$ 并把式（6.2）中定义

6

的问题改写为

$$\max_{x_1} f(x_1) = x_1^{1/2}(20-2x_1)^{1/2} \tag{6.3}$$

图 6-9 绘出了这一函数，该图说明了函数 f 在 $x_1=5$ 处达到了最大值。进一步地，函数 f 在 $x_1=10$ 处得到值 0。回到基本的经济学，当 x_1（裤子的数量）等于 10 时，我没有多余的钱来买衬衫了。因为在偏好中衬衫和裤子都是"必要的"，所以当我不购买裤子的时候，该函数返回 0 值是合理的。

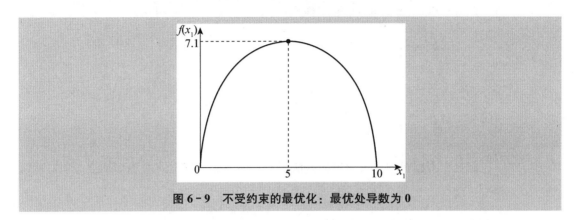

图 6-9　不受约束的最优化：最优处导数为 0

不通过对整个函数做图来找到最大值，我们可以转而用微积分的办法来找到最大值。更准确地说，因为一个函数在它达到最大值时有一个零斜率，所以如果要通过数理化的方法来找到这个最大值，那么所需要做的就是找到该函数的斜率（或者导数）在何处等于 0。对 f 求关于 x_1 的导数，我们得到

$$\frac{df}{dx_1} = \frac{1}{2}x_1^{-1/2}(20-2x_1)^{1/2} - x_1^{1/2}(20-2x_1)^{-1/2} \tag{6.4}$$

当我们进一步把这个等式设为 0 并解出 x_1 时，我们得到函数最大化时 $x_1=5$，正如图 6-9 所示。因此，我知道我将购买 5 条裤子（花费 100 美元），留下 100 美元来购买 10 件衬衫（价格是每件 10 美元）。通过数理化的方法我们找到了图 6-1 中用图示方法发现的："给定我的处境"时我的"最优"选择。

方法 2：解受约束的最优化问题的拉格朗日方法。

求解式（6.2）中所示类型的问题的第二种（更普遍的）方法是拉格朗日方法（Lagrange method）。如果你已经上了完整的微积分课程，那么你可能已经在微积分课程中学习了这一点，但是这种方法并不十分复杂，也不需要用到完整的微积分课程里的所有内容。这种方法本质上与我们在方法 1 中所做的一样：定义一个新函数，并且为了找到新函数的最大值，令导数为 0。我们定义的这个函数称为拉格朗日函数（Lagrange function），它总是由最优化问题的目标函数加上一个 λ 倍的约束（约束中所有的项被移到一边，另外一边等于 0）组合而成。例如，表达式（6.2）导出的拉格朗日函数 $\mathcal{L}$ 由

$$\mathcal{L}(x_1, x_2, \lambda) = x_1^{1/2} x_2^{1/2} + \lambda(200 - 20x_1 - 10x_2) \tag{6.5}$$

给出。

注意，函数 $\mathcal{L}$ 是三个变量，即两个选择变量（x_1，x_2）与 λ（称为拉格朗日乘数，Lagrange multiplier）的函数。我们不去确切地解释为什么下面的解法有效，只是告诉大家具体怎么做：对 $\mathcal{L}$ 关于三个变量分别求导，并令导数为 0，从而得出由三个方程组成的方程组，也就是我们求解如下被称为受约束最优化问题的一阶条件（first order conditions）的方程组：

$$\frac{\partial \mathcal{L}}{\partial x_1} = \frac{1}{2}x_1^{-1/2}x_2^{1/2} - 20\lambda = 0$$

$$\frac{\partial \mathcal{L}}{\partial x_2} = \frac{1}{2}x_1^{1/2}x_2^{-1/2} - 10\lambda = 0 \tag{6.6}$$

$$\frac{\partial \mathcal{L}}{\partial \lambda} = 200 - 20x_1 - 10x_2 = 0$$

解这个方程组的比较简单的办法就是在前面两个方程的两边都加上 λ 项，从而得到

$$\frac{1}{2}x_1^{-1/2}x_2^{1/2} = 20\lambda$$

$$\frac{1}{2}x_1^{1/2}x_2^{-1/2} = 10\lambda \tag{6.7}$$

接着把这两个方程相除，得到

$$\frac{x_2}{x_1} = 2 \tag{6.8}$$

在方程（6.8）两边同时乘以 x_1，有

$$x_2 = 2x_1 \tag{6.9}$$

把上式代入表达式（6.6）的第三个方程中，得到

$$200 - 20x_1 - 10 \times 2x_1 = 0 \tag{6.10}$$

由这个方程解 x_1，得到的答案与我们用方法 1 计算出来的相同：$x_1 = 5$。把其代入表达式（6.9），得出 $x_2 = 10$。在去沃尔玛买衬衫和裤子的例子中，在"给定我的处境"的情况下尽力做到"最好"再一次意味着我将购买 5 条裤子与 10 件衬衫。直觉上，条件式（6.9）告诉我们，根据我们所建模型中的偏好以及我在沃尔玛所面对的价格（20 和 10），对我来说最优的将是消费的衬衫数量（x_2）是裤子（x_1）的 2 倍，也就是说，在一条从原点出发的衬衫数量 2 倍于裤子的射线上选择消费束对我来说是最优的。这恰好是包含图 6-1（c）中 A 点的射线，其中我们用图示信息对相同的位似偏好进行了建模。事实上，上面的式（6.9）和式（6.10）这两步

正好与我们用 6A.1 节中的图示信息寻求最优解的步骤相同。

解受约束的最优化问题的拉格朗日方法受到经济学家的青睐，这是因为该方法最容易推广到多于两种商品的情形。例如，假设我在沃尔玛选择裤子（x_1）、衬衫（x_2）和袜子（x_3）的消费束，其中袜子的价格等于 5（所有其他商品的价格都与以前一样），并假定一个用来表示我的偏好的效用函数是柯布–道格拉斯效用函数 $u(x_1, x_2, x_3) = x_1^{1/2} x_2^{1/2} x_3^{1/2}$。那么我受约束的最优化问题可以写成

$$\max_{x_1, x_2, x_3} u(x_1, x_2, x_3) = x_1^{1/2} x_2^{1/2} x_3^{1/2} \quad \text{s. t.} \quad 20x_1 + 10x_2 + 5x_3 = 200 \quad (6.11)$$

拉格朗日函数可以写成

$$\mathcal{L}(x_1, x_2, x_3, \lambda) = x_1^{1/2} x_2^{1/2} x_3^{1/2} + \lambda(200 - 20x_1 - 10x_2 - 5x_3) \quad (6.12)$$

然后我们可以解一个令 $\mathcal{L}$ 关于它的每个选择变量（x_1，x_2，x_3）与 λ 的偏导数为 0 形式的四个方程所构成的方程组。

练习 6B.1 解方程（6.11）所定义的问题中的 x_1、x_2 和 x_3 的最优数量。[提示：如果你对效用函数取对数（你之所以能这样做是因为对数是不改变无差异曲线形状的保序变换），那么对该问题的求解将变得容易得多。] ■

6B.1.2 机会成本＝边际替代率：结合直觉与数学求解 当在图 6–1 中解我在沃尔玛面临的消费问题时，我们发现：在"给定我的处境"的情况下，在我做出"最优"选择后，只要我的偏好使得我最终对每种商品都有消费，我的衬衫对裤子的 MRS（在最优消费束处无差异曲线的斜率）就正好等于裤子的机会成本（由预算约束的斜率给出）。我们刚才所学的拉格朗日方法隐含地证实了这一点。

特别地，假定对一个在给定了价格（p_1，p_2）、外生收入 I 以及由效用函数 $u(x_1, x_2)$ 所总结的偏好的情况下选择消费束（x_1，x_2）的消费者来说，其一般的受约束的最优化问题可以写为：

$$\max_{x_1, x_2} u(x_1, x_2) \quad \text{s. t.} \quad p_1 x_1 + p_2 x_2 = I \quad (6.13)$$

接着我们把拉格朗日函数 $\mathcal{L}(x_1, x_2, \lambda)$ 写成

$$\mathcal{L}(x_1, x_2, \lambda) = u(x_1, x_2) + \lambda(I - p_1 x_1 - p_2 x_2) \quad (6.14)$$

我们知道，在最优消费束处，$\mathcal{L}$ 分别关于三个变量的偏导数都等于零。因此

$$\frac{\partial \mathcal{L}}{\partial x_1} = \frac{\partial u(x_1, x_2)}{\partial x_1} - \lambda p_1 = 0$$

$$\frac{\partial \mathcal{L}}{\partial x_2} = \frac{\partial u(x_1, x_2)}{\partial x_1} - \lambda p_2 = 0 \quad (6.15)$$

6

该一阶条件可以改写为

$$\frac{\partial u(x_1,x_2)}{\partial x_1} = \lambda p_1$$

$$\frac{\partial u(x_1,x_2)}{\partial x_2} = \lambda p_2$$

(6.16)

将这两个等式互除并乘以−1，得到

$$-\frac{\partial u(x_1,x_2)/\partial x_1}{\partial u(x_1,x_2)/\partial x_2} = -\frac{p_1}{p_2}$$

(6.17)

注意，等式（6.17）的左边是 MRS 的定义，而右边是预算线斜率的定义。因此，在最优消费束处，有

$$MRS = -\frac{p_1}{p_2} = x_1 \text{ 的机会成本(用 } x_2 \text{ 表示)}$$

(6.18)

在知道这一条件必定在最优处成立后，我们现在可以说明用来解式（6.2）所定义的受约束的最优化问题的第三种方法。

方法 3：用 $MRS = -p_1/p_2$ 来解受约束的最优化问题。

回到我去沃尔玛购买衬衫和裤子的问题，前面一节给定了我所面临的处境：裤子价格为每条 20 美元、衬衫价格为每件 10 美元以及预算为 200 美元。我们用两种方法解出了我"最优的"消费束（由效用函数 $u(x_1, x_2) = x_1^{1/2} x_2^{1/2}$ 来估计）。按每种方法得出的我的最优选择都是购买 5 条裤子和 10 件衬衫。然而，我们也可以简单地根据等式（6.17）在最优处一定成立的事实来得到相同的解。

特别地，对于效用函数 $u(x_1, x_2) = x_1^{1/2} x_2^{1/2}$，等式（6.17）的左边就简单地等于 $-x_2/x_1$（我们已经在第 3 章推导这样一个函数的 MRS 时推导过）。因此，整个等式（6.17）退化成

$$-\frac{x_2}{x_1} = -\frac{p_1}{p_2} = -2$$

(6.19)

上式同样可以写成

$$x_2 = 2x_1$$

(6.20)

在最优处，预算约束一定成立，因此我们可以把式（6.20）代入预算约束 $20x_1 + 10x_2 = 200$，得到

$$20x_1 + 10 \times 2x_1 = 200$$

(6.21)

解 x_1，我们得到 $x_1 = 5$，并把其代回式（6.20），得到 $x_2 = 10$，也就是 5 条裤子与 10 件衬衫的消费组合再一次是最优的。

注意，式（6.9）与式（6.10）正好等价于式（6.20）和式（6.21）。这不是偶然的。解受约束的最优化问题的方法 3 只是简单地将我们的直觉（也就是 $MRS =$

$-p_1/p_2$）代入进去的一种快捷方法，而这正是方法 2 所隐含的一部分。换言之，这两种方法有着相同的逻辑，只是一种方法单纯地使用数学，而另一种方法使用 $MRS = -p_1/p_2$ 的直觉（这一直觉是基于图 6-1 得出的）。

这也进一步证实了我们在 6A.1.2 节中的逻辑，即当所有消费者（如在沃尔玛中那样）面临相同的价格时，经过最优化后，他们的偏好在边际上是一样的。这是因为等式 $MRS = -p_1/p_2$ 对所有购买两种商品的消费者都成立，无论他们的潜在偏好和预算有多么不同。因此，即使消费者在选择他们的最优消费束时在边际上偏好一样，他们的偏好也仍可能是不同的。我们在 6A.1.3 节中关于贸易收益与有效性的讨论由此产生。

6B.2 买或不买：如何找到角点解

在本章的讨论中我们一直假设最优的选择总是包含对每一种商品的消费，我们在 6A.2 节中已经说明了这一点，即给定一定类型的偏好和经济处境，选择不消费某些商品，或者换言之，选择一个角点解（corner solution）是最优的。这对于到目前为止我们已经讨论的三种数理最优化方法是重要的，这是因为它们都假定存在一个内点解，而不是角点解。我们在这一节将会看到：当存在角点解时，数理方法会存在什么问题以及我们需要做出怎样的假设来确保 6B.1 节中的数理方法不会由于角点解的存在而陷入困境。

6B.2.1 角点解与一阶条件 例如，考虑当价格为 20 美元与 10 美元以及我的货币预算是 200 美元时我在沃尔玛购买裤子（x_1）和衬衫（x_2）的例子。然而，不同的是，我现在的偏好由下面的拟线性效用函数来适当地总结：

$$u(x_1, x_2) = \alpha \ln x_1 + x_2 \tag{6.22}$$

其中，"ln"表示自然对数。注意，在由该效用函数表示的偏好中，x_2 并不是必要的，从而无差异曲线与 x_1 所在的轴相交。该函数中 x_1 对 x_2 的 MRS 是 $-\alpha/x_1$。使用我们的最优化方法 3，这意味着最优消费束一定满足 $-\alpha/x_1 = -p_1/p_2 = -2$，从而 $x_1 = \alpha/2$。代入预算约束并解 x_2，得

$$x_2 = \frac{200 - 10\alpha}{10} \tag{6.23}$$

练习 6B.2 对该问题建立拉格朗日方程并求解，看你能否得到相同的答案。∎

现在假定效用函数（6.22）中 $\alpha = 25$。那么等式（6.23）中 x_2 为多少是最优的？这个解意味着我将消费负数量的衬衫（x_2），具体而言是负 5 件衬衫！这当然是说不通的，通过对该问题的图示，我们能看到数理方法的问题出在哪里。

更加具体地，在图 6-10（a）中，我们给出了由效用函数（6.22）（在 $\alpha = 25$

时）推导出的无差异曲线的形状以及预算约束。最优消费束，即消费束 A，包含 0 件衬衫与 10 条裤子。我们的数理最优化过程丢掉了这一点，这是因为我们没有明确地加入任何一个商品的消费量不能为负的约束，而只是简单地假设了一个满足 $MRS = -p_1/p_2$ 的内点解。然而，在实际的最优消费束 A 处，$MRS \neq -p_1/p_2$。

我们的数理方法（没有消费量不能为负的约束）实质上是把对问题的图示延拓到一个 x_2 的消费为负的象限，而这是我们通常不会画出来的。图 6-10（b）中对此给出了说明，图中由式（6.22）代表的无差异曲线被允许越界进入该图的这个新的象限，预算约束也如此。通过一阶条件所找到的"解"在图中表示为较高的（粗虚线）无差异曲线与延拓的预算线的切点，在该点 $MRS = -p_1/p_2$，这与最优解为内点解的情况是一样的。

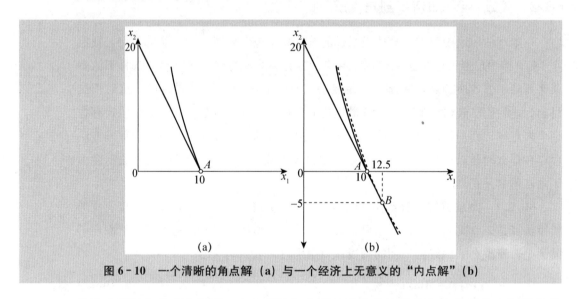

图 6-10 一个清晰的角点解（a）与一个经济上无意义的"内点解"（b）

从这个例子中你应该学到，在本章我们介绍的最优化的数理方法是假定实际的最优解是一个内点解，即对包括的所有商品的消费都为正。当这一点并未得到满足时，数学只能给我们一个无意义的答案，除非我们使用更加复杂的方法来明确引入对所有商品的消费非负的约束。[①] 然而，与其求助于一些更加复杂的方法，我们不如用常识来判断：当我们的解法表明在最优处消费水平为负时，真正的最优解是一个角点解。

练习 6B.3 说明拉格朗日方法（或者我们在本章介绍的一种相关的方法）在完全替代的情况下是如何明显失效的。你能解释在这种情况下拉格朗日方法能做什么吗？∎

---

① 这种更复杂的方法就是所谓的"库恩-塔克方法"，是拉格朗日方法的一般化，但超出了本章的范围。读者可以在研究生教材，例如 Mas-Colell 等（1992）中找到对该方法的深入研究。

6B.2.2　排除内点解　我们已经在 6A.2.2 节中总结出关于偏好的什么假设可以确保最优解是内点解而不是角点解。特定地，我们辩称，所有被建模的商品都是在第 5 章所定义的"必要的"商品，即无差异曲线可以收敛到任意坐标轴，但不能与坐标轴相交。这一点现在将变得更加清楚，我们可以看到当无差异曲线确实与坐标轴相交时，拉格朗日方法或者相关的方法是怎么失效的。因为数理解法只在假定代表我们偏好的效用函数中的商品都是必要的时才能保证发挥作用，对我们的经济处境建立模型并使用我们所介绍的解法的最简单方法就是只假设这样的效用函数。然而，这排除了拟线性这一重要的偏好，除非我们在拉格朗日（或者相关的）方法表明有一个负的最优消费水平时直截了当地把解修改为 0。

好的一面是当我们使用拉格朗日（或者相关的）方法时，我们因为得到了一个最优消费水平为负的无意义的解而丢掉了一个角点解，但如果我们在一个并非所有商品都必要的模型中使用这些方法，并得到对所有商品的消费水平都为正的解，则该方法仍能给出正确的答案。例如，如果等式（6.22）中 α 是 10，而不是 25，那么由式（6.23）得出的答案是消费 10 件衬衫（剩下的预算消费 5 条裤子）是最优的。图 6-11 中对这个解进行了说明，在这里，尽管裤子不是必要的（从而我的无差异曲线与衬衫所在的轴相交），但在我面临的这个经济处境下，我的最优选择是同时购买裤子和衬衫。

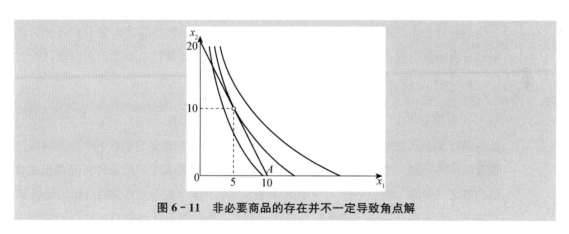

图 6-11　非必要商品的存在并不一定导致角点解

练习 6B.4　当 α 的值为多少时，拉格朗日方法能够正确得到消费 0 件衬衫的最优解？图 6-10 中的哪幅图描述了这种情况？ ■

6B.3　非凸性与一阶条件

当我们最优化问题中的所有商品都是必要的时——也就是说，无差异曲线不与坐标轴相交——我们已经证明了问题的最优解都满足拉格朗日问题的一阶条件。换句话说，当所有商品都是必要的时，一阶条件给出了某点为最优的必要条件。然而，当最优化问题中存在非凸性时，一阶条件系统可以有多重"解"（如同我们在本章6A.3节中说明的），但并非所有这些解都是真正的最优解（我们稍后将说明）。换言之，在出现非凸性时，受约束的最优化问题的一阶条件是某点为真正的最优解的必要但非充分条件。

出于这个原因，只有当我们知道该问题有一个内点解并且这个模型在选择集与偏好上都没有非凸性的时候，我们才可以简单地解一阶条件的方程并确切地知道该解是最优的。在下一节，我们将探索非凸性究竟是如何导致拉格朗日一阶条件的非最优解的。

练习6B.5 前一节我们得出：当并非所有商品都必要时，拉格朗日问题的一阶条件可能会产生误导。在那种情形下，这些一阶条件是必要的还是充分的？ ∎

6B.3.1 选择集的非凸性 在本章6A.3节，我们借助前面章节中有关优惠券的一个例子导出了非凸选择集的潜在可能。这个例子中的预算约束产生了一个扭结。有扭结的预算约束的最优化问题有点复杂，我们把它放在本章的附录中进行探索，在那里我们会解一个带有"向外的"扭结的问题。同样的逻辑可以用来解一个带有"向内的"扭结的非凸扭结预算问题。

当预算是非凸的并且不带有扭结时的最优化问题的数学解法多少有点不同。在微观分析中我们很少碰到这样的预算约束，因此，这里我们不会花太多时间讨论它们。这样一个问题可以用数学式子表达为

$$\max_{x_1,x_2} u(x_1,x_2) \text{ s. t. } f(x_1,x_2) = 0 \tag{6.24}$$

其中函数 f 表示非线性预算约束。解这个问题类似于用拉格朗日函数解一个带有线性预算约束的问题。图示例子可以更直观地说明了：仅利用几个一阶条件可能得出误导性的答案。例如，考虑图6-12中用阴影表示的选择集，它与无差异曲线相切于 A 点与 B 点。在这两点，MRS 都等于预算线的斜率，因此都是拉格朗日函数一阶导数方程组的解。但是从图中可以很清楚地看到，只有 B 点才是真正的最优解，这是因为它位于比 A 点高的无差异曲线上。因此，当我们解这样一个最优化问题时，我们必须从拉格朗日方法所产生的可能最优中仔细地识别真正的最优。换言之，现在一阶条件是识别最优消费束的必要但非充分条件。[①]

---

① 你可能在微积分课堂上学习了二阶条件。这些条件（包括二阶导数）确保了根据一阶条件所识别的点确实是最优的。对要全面了解有关二阶条件的数学知识，可以参考 E. Siberberg and W. Suen, *The Structure of Economics：A Mathematical Analysis*，3rd ed（Boston：McGraw-Hill，2001）或其他数理经济学教材。

6

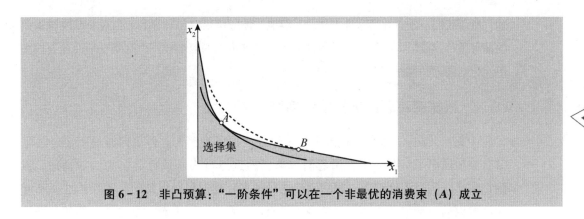

图 6 - 12　非凸预算："一阶条件"可以在一个非最优的消费束（A）成立

6B. 3. 2　偏好的非凸性　在 6A. 3. 3 节中，我们讨论了一个非凸偏好导致一个最优化问题有多重最优解的例子（见图 6 - 8）。当存在这种偏好的非凸性时，拉格朗日方法仍能识别这些最优的消费束，但也会识别那些非最优的消费束。这是因为：当受约束的最优化问题中出现非凸性时，我们用来寻求最优解的一阶条件是必要而非充分的。

图 6 - 13 在图 6 - 8 的基础上增加了一条新的无差异曲线，从而得到了三个点，在这三点上 *MRS* 等于价格之比。然而，在这个图中，我们马上可以看出来，消费束 *A* 和 *B* 是最优的，消费束 *C* 不是最优的（因为它所在的无差异曲线低于消费束 *A* 和 *B* 所在的无差异曲线）。拉格朗日方法会把这三个点都作为一阶条件方程组的解，这意味着，当我们知道潜在的偏好非凸时，我们必须检查拉格朗日方法所建议的哪一个点才是实际上最优的。一种方法是简单地把拉格朗日方法识别的消费束代入效用函数中，看哪一个给出的效用最大。在图 6 - 13 的例子中，消费束 *A* 和 *B* 得到了相同的效用，但是 *C* 得到的效用一些。因此，我们马上断定消费束 *A* 和 *B* 是最优的。

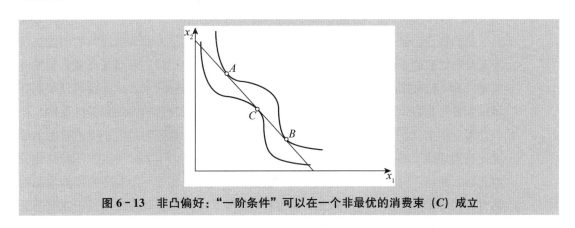

图 6 - 13　非凸偏好："一阶条件"可以在一个非最优的消费束（C）成立

尽管这种将"候选"最优点（由一阶条件所识别）代入效用函数的方法有用，但还有一种更普遍的办法可以确保拉格朗日方法只产生真正最优的点。这一方法需要检查二阶导数条件（在数学上被称为二阶条件）。因为我们很少需要把模型建立成非凸的，所以我们不重点介绍这种方法。一般地，你应该很容易意识到：当对非凸性很重要的情形进行建模时，我们也会在数理方法中引进更大的复杂性，而这些复杂性是我们在最优化问题为凸性时不需要担心的。

6B.4 根据观测到的选择估计偏好

在 6A.4 节中，我们明确地承认了偏好是不可观测的，但也同时说明了经济学家已经发展出了一些方法，用我们观测到的选择行为来估计潜在的偏好。我们看到，在不同的经济处境下，观测到的选择越多，我们可以得到的有关个体选择不同的消费束的边际替代率的信息越多。然而，这隐含了一个有意思之处，那就是该选择行为所隐含的偏好总是满足我们的凸性假设，哪怕一个消费者真正的潜在的偏好是非凸的。

为看到这背后的一个直觉，考虑这样一种情形：消费者的无差异曲线图包含画在图 6-13 中的无差异曲线。我们可以观察到该消费者选择消费束 A 和 B，但是我们绝对不会看到他的选择会位于 A 和 B 之间的无差异曲线的非凸部分（除非预算集采用一种非常奇怪的形状）。出现这一点的原因是：位于预算线与无差异曲线非凸部分的切点不会是真正的最优选择集，因为它们就像图 6-13 中的消费束 C。于是，因为我们绝对不会看到无差异曲线图非凸部分的选择行为，所以我们很少能从选择行为中推断出偏好中非凸性的存在。一个从图 6-13 中的无差异曲线观察到一个人的选择行为的经济学家会简单地认为无差异曲线在 A 和 B 之间存在"平坦点"，但是这样的无差异曲线不会包含潜在的非凸性。经济学家可能会怀疑无差异曲线中存在非凸性，但是没有办法非常容易地从观察到的消费者行为中识别这一点。

结论

我们现在已经分析了经济人在给定的经济处境下"尽力做到最好"的最优化行为。最终，我们所做的是把经济处境模型（第 2 章中的预算约束与选择集）与偏好模型（第 4 章和第 5 章中的无差异曲线与效用函数）结合起来。尽管我们只是刚开始探索最优化行为的所有含义，但我们已经得到了一些与现实世界相关的见解。我们在本章中定义了一种情形在经济上有效意味着什么，并证明了市场中消费者的最优化行为导致了商品在消费者之间的有效配置。换言之，市场价格组织了最优化的消费者，使得：一旦他们已经在市场上最优化了，他们在边际上对所购买的商品就都有相同的偏好。由于在边际上有着相同的偏好，所以消费者无法通过相互交易让双方的境况都变得更好即，在市场中没有发生的交易不存在收益。

进一步地，我们探索了最优化的一些细节。内点解只有在偏好被定义为所有商品都是"必要的"时才能确保，而当一些商品不是必要的时，会产生角点解。如果最优化问题在各个方面都是凸的，有凸的选择集与（严格）凸的偏好（平均严格优于极端），那么消费者最优化问题都有一个唯一的解。然而，当偏好被定义为平均可以与极端一样好，或者当偏好非凸时，解的"唯一性"可能会消失。在前一种情况下，一个消费束的凸集可能会成为解（与一条无差异曲线的"平坦点"相切），在后一种情形下，多重解的非凸集可能会产生。再进一步，当预算与偏好的非凸性成为消费者选择问题的一部分时，拉格朗日方法（或者它的导数）将把事实上不是最优的消费束当作解。

然而，在构建最优化模型的概念性的工具方面我们并未结束。相反，我们将进入第 7 章，探索最优化行为如何随着经济处境（收入与价格）的变化而变化。在第 8 章，我们将把这一分析拓展到劳动与金融市场。在第 9 章，我们将说明个人的最优化行为如何导致对商品的需求曲线以及对劳动和资本的供给曲线。最后，我们在第 10 章对消费者的最优化分析作结，其中将涉及消费者剩余的变化。

附录：带有扭结的预算的最优化问题

在 6A.3.2 节，我们通过考虑带有"向内的"扭结的预算约束（也就是图 6-6 那样的预算约束），引入了选择集的非凸性。我们进一步发现：在没有扭结 [如图 6-7 (c) 所示的预算约束] 时，也会出现非凸选择集。此时求解最优消费束的数学方法将在两个方面变得复杂起来：首先，在有扭结的预算约束中，最优化问题包含一个约束，该约束不能用单一的方程表示；其次，在没有扭结的非凸预算中，一阶条件并不能使我们充分识别最优消费束。

首先考虑图 6-14 (a) 中扭结的（但是为凸的）选择集（阴影部分），这复制了最初画在图 6-5 中的涉及优惠券的例子。该选择集的预算约束包含两条直线段，每条线段用点线延伸以指明截距。受约束的最优化问题现在可以写成两部分：

$$\max_{x_1,x_2} u(x_1,x_2) \text{ s. t. } x_2 = 20 - x_1, 0 \leqslant x_1 \leqslant 6$$
$$\max_{x_1,x_2} u(x_1,x_2) \text{ s. t. } x_2 = 26 - 2x_1, 6 \leqslant x_1 \tag{6.25}$$

真正的最优由达到较高效用的解表示。

解这样一个问题的最简单的办法就是用图 6-14 (a) 中延伸的线段表示问题中的预算约束，从而分别解以下两个最优化问题：

$$\max_{x_1,x_2} u(x_1,x_2) \text{ s. t. } x_2 = 20 - x_1, 0 \leqslant x_1 \leqslant 6$$
$$\max_{x_1,x_2} u(x_1,x_2) \text{ s. t. } x_2 = 26 - 2x_1, 6 \leqslant x_1 \tag{6.26}$$

对于图 6-14 (a) 中的凸预算，真正的最优点要么发生在扭结的左边 [如图 6-5 (b) 所示]，要么发生在扭结的右边 [如图 6-5 (c) 所示]，或者发生在扭结处 [如图 6-5 (d) 所示]。当解式 (6.26) 中两个单独的最优化问题时，我们可能得到几个相关解集中的一个。首先，两个最优化问题都可能导致最优处 $x_1 < 6$，在这种情

下，真正的最优是由第一个最优化问题产生的，这一最优化问题与 $x_1 < 6$ 相关，表示为图 6-14（b）中的 A 点。其次，两个最优化问题都可能导致最优处 $x_1 > 6$，在这种情况下真正的最优是由第二个最优化问题产生的，这一最优化问题与 $x_1 > 6$ 相关，由图 6-14（c）中的 B 点表示。再次，第一个最优化问题可能导致 $x_1 > 6$，而第二个最优化问题将导致 $x_1 < 6$ ［如图 6-14（d）所示］。在这种情况下，两个问题给出的解都在真实预算约束的直线段的点延伸线上，A 点和 B 点都位于选择集（阴影部分）的外部。在这种情况下，真正的最优点是扭结点（在灰色的无差异曲线上）。最后，两个最优化问题都可能导致 $x_1 = 6$，这再一次表明扭结点就是最优的［如图 6-14（e）所示］。

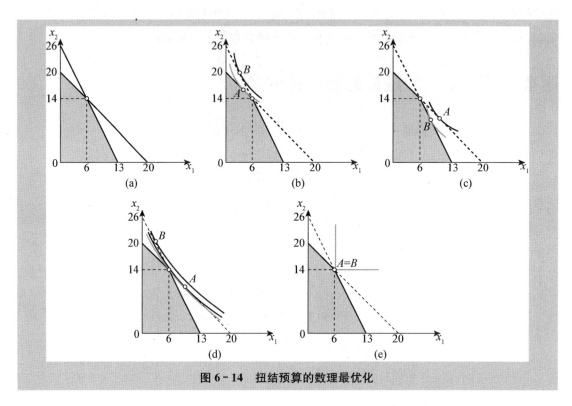

图 6-14　扭结预算的数理最优化

练习 6B.6　是否无差异曲线必须在预算约束的扭结处有一个扭结使得式（6.26）的问题中 $x_1 = 6$？ ■

　　当预算约束有扭结时，求解最优消费束的最好的数量方法是把数学与我们前面从图示分析中得到的直觉联系起来。尽管在这里我们对"向外的"扭结预算给出了说明，但同样的方法也适用于"向内的"（从而非凸的）扭结预算，这一点我们留作下面的练习。

练习 6B.7*　使用类似于图 6-14 的图示分析的直觉，说明当选择集非凸（由"向内的"扭结导致的）时，你如何求解真正的最优值。 ■

章末习题[①]

6.1　粗燕麦粉与麦片：在章末习题 4.4 中，我描述了自己对粗燕麦粉的不喜欢以及对可可麦片的钟爱。

A.　在习题 4.4 的 A 部分中，假定我的偏好满足凸性与连续性，请你利用一个粗燕麦粉位于横坐标轴而麦片位于纵坐标轴的图来说明无差异曲线。

a.　现在增加一条预算线（对于粗燕麦粉和麦片的某个正的价格以及我的某个外生收入 I）。给定偏好，说明我的最优选择。

b.　如果我的偏好是非凸的［如习题 4.4A 中的（b）］，你的答案是否会变化？

c.　在习题 4.4A 中的（c），你被要求想象我讨厌麦片并且我的偏好再一次是凸的。说明在这个假设下我的最优选择。

d.　当我的偏好是非凸的时［如习题 4.4A 中的（d）］，你的答案是否会变化？

B.　在习题 4.4 的 B 部分中，你推导了一个与我对粗燕麦粉的厌恶一致的效用函数。

a.　你能否解释为什么用拉格朗日方法来解这个效用函数的最优化问题是不奏效的？

b.　当偏好非凸时，如果你用一个效用函数来表示对粗燕麦粉与麦片的厌恶，拉格朗日方法将会给出什么最优解？用效用函数 $u(x_1, x_2) = -x_1 x_2$ 说明你的答案并用图形表示你的观点。

c.　当偏好为凸时，如果你用一个效用函数来表示对粗燕麦粉与麦片的厌恶，那么拉格朗日方法将会给出什么样的最优解？用效用函数 $u(x_1, x_2) = -x_1^2 - x_2^2$ 说明你的答案并用图形表示你的观点。

*6.2　咖啡、牛奶与糖。假定有三种不同的商品，它们分别以不同的单位表示：咖啡的杯数（x_1）、牛奶的盎司数（x_2）以及糖的包数（x_3）。

A.　假定这些商品的价格都是 0.25 美元并且你有一笔 15 美元的外生收入。

a.　在一个三维图上展示你的预算约束并清楚地标记所有的截距。

b.　假定从 1 杯咖啡中得到效用的唯一办法就是在 1 杯咖啡中加入至少 1 盎司牛奶和 1 包糖；从 1 盎司牛奶中得到效用的唯一办法就是至少有 1 杯咖啡和 1 包糖，从 1 包糖中得到效用的唯一办法是至少有 1 杯咖啡和 1 盎司牛奶。那么在你的预算约束上的最优消费束是什么？

c.　你最优的无差异曲线看起来是什么样子？

---

d. 如果你的收入下降到 10 美元，你的最优消费束将是什么？

e. 相反，如果收入未下降，但咖啡的价格上涨到 0.50 美元，那么你的最优消费束将会怎么变化？

f. 假定你的偏好不是很极端，你愿意用一些咖啡替换牛奶，用一些牛奶替换糖，用一些糖替换咖啡。假定你在（b）中表示出的最优消费束在这个不是很极端的偏好下仍是最优的。你能否在预算约束的图上画出你的最优无差异曲线？

g. 如果偏好仍是位似的［但是像（f）中讨论的那样不是很极端］，你在（d）或者（e）中的答案将会怎么变化？

B. 继续维持收入为 15 美元以及咖啡、牛奶与糖的价格都为 0.25 美元的假设。

a. 写出预算约束。

b. 写出一个代表 A(b) 中所描述的偏好的效用函数。

c. 相反，假定你的偏好不是很极端并且可以用效用函数 $u(x_1, x_2, x_3) = x_1^\alpha x_2^\beta x_3$ 表示。当你的经济处境由价格 p_1、p_2 和 p_3 所描述以及收入由 L 给定时，计算你对 x_1、x_2 与 x_3 的最优消费。

d. α 和 β 取什么值才能使得 A(b) 中所表示的最优在这个不是很极端的偏好下仍然是最优的？

e. 假定 α 和 β 如你在 B(d) 中得到的。如果收入下降到 10 美元或者咖啡的价格上涨到 0.50 美元，你的最优消费束在这一不是很极端的偏好下将会怎么变化？把这一答案与你在 A(d) 和（e）中对偏好更极端的情况下的答案进行比较。

f. 判断正误：就像无差异曲线的通常形状表示三维效用函数的二维"切片"一样，当有三种商品时，将产生三维的"无差异碗"，这些"碗"代表四维效用函数的切片。

*6.3 咖啡、可口可乐与百事可乐。假定有三种不同的商品，它们分别以不同的单位表示：可口可乐的听数（x_1）、咖啡的杯数（x_2）和百事可乐的听数（x_3）。

A. 假定所有这些商品的价格相同，都为 p，并且你有外生收入 I。

a. 在一个三维空间里说明你的预算约束，清楚地标记所有的截距与斜率。

b. 假定这三种饮料都有相同的咖啡因含量，并假定在饮料的所有特征中咖啡因是你唯一关心的。你的"无差异曲线"看起来是什么样子的？

c. 你的预算约束上哪个消费束是最优的？

d. 假定可口可乐与百事可乐变得更加昂贵。你的答案将会怎么变化？你现在的境况相比价格变化前是变得更好了还是更糟了？

B. 再一次假定这三种商品的价格相同，都为 p。

a. 写出你在 A(a) 中的预算约束的方程。

b. 写出一个表示 A(b) 中偏好的效用函数。

c. 你能否把偏好位似性的概念扩展到多于三种商品的情形。由（b）中效用函数所表示的偏好是不是位似的？

†6.4 从行为推断对玫瑰花（与爱情）的偏好：我每周通过购买 5 美元一支的玫瑰花来表达我对妻子永恒的爱。

A. 假定你已经认识我很长时间了并且你已经看到了我的经济处境随时间的变化。例如，在我读研究生的时候你就已经认识我了，当时我还在设法将我每周 125 美元的可支配收入在购买玫瑰花与"其他消费的美元数"之间进行分配。每周，我带着 25 支玫瑰花回家送给我的妻子。

a. 说明我作为研究生时的预算，其中玫瑰花位于横坐标轴，"其他消费的美元数"位于纵坐标轴。标出我在该预算下的最优消费束 A。你能否判断任一商品都不是"必要的"？

b. 当我成为一名助理教授后，我每周的可支配收入上升到 500 美元，我买给妻子的玫瑰花的价格仍是每支 5 美元。你观察到我每周仍然购买 25 支玫瑰花。在你的图上标出我新的预算约束以及最优消费束 B。从这一信息中，你能判断我的偏好关于玫瑰花是拟线性的吗？它们可以不是拟线性的吗？

c. 假定在本问题的剩余部分我的偏好事实上关于玫瑰花是拟线性的。如果在我当助理教授期间的某一天玫瑰花的价格下降到每支 2.50 美元，你能预测我将购买更多的玫瑰花还是更少的玫瑰花吗？

d. 假定我没有得到终身教职，我所能做的最好的就是从我妻子那里得到每周 50 美元的补贴。进一步假定玫瑰花的价格上涨回每支 5 美元。这个时候每周我将为我妻子购买多少玫瑰花？

e. 判断正误：拟线性商品的消费在收入变化时总是保持不变。

f. 判断正误：在不出现角点解的价格与收入范围内，价格的下降将会导致对拟线性商品的消费的增加，而收入的增加则不会。

B. 假定我对玫瑰花（x_1）与其他商品（x_2）的偏好可以由效用函数 $u(x_1, x_2) = \beta x_1^\alpha + x_2$ 表示。

a. 记玫瑰花的价格为 p_1，其他商品的价格为 1，我每周的收入为 I。把我每周对玫瑰花与其他商品的消费表示为 p_1 与 I 的函数。

b. 假设 $\beta = 50$，$\alpha = 0.5$。当 $I = 125$ 且 $p_1 = 5$ 时，我会购买多少玫瑰花？当我的收入上升到 500 美元时又会怎样？

c. 把你的答案与你在 A 部分的图进行比较，你在 A(b) 中所观察到的行为能否被由效用函数 $u(x_1, x_2)$ 所表示的偏好理性化？给出效用函数的另外一个例子，使其能理性化 A(b) 中所描述的行为。

d. 当玫瑰花的价格下降到每支 2.50 美元时，会发生什么？这是否与你在 A(c) 中的答案一致？

e. 当我的收入下降到 50 美元且玫瑰花的价格涨回每支 5 美元时，将发生什么？这是否与你在 A(d) 中的答案一致？你能否在图上说明此时数学方法是怎么给出一个错误的答案的?

6.5 日常应用:借与贷的不同利率。在章末习题 3.7 中,你首先分析了具有不同贷款与储蓄(或者借出)利率的跨期预算约束。

A. 假定你现在有 100 000 美元的收入,并且你预期 10 年后有 300 000 美元的收入,现在假定从银行贷款的利率是银行提供的储蓄利率的两倍。

a. 首先在以"现在的消费"为横坐标轴、以"十年后的消费"为纵标标轴的图上画出你的预算约束。(假定出于这个问题的目的,介于中间的消费被覆盖掉而不是被作为分析的一部分。)

b. 你能够解释为什么对于很多种偏好,某个当事人不储蓄或者借出是理性的吗?

c. 现在假定贷款的利率是储蓄利率的一半。画出新的预算约束线。

d. 举例说明某个消费者通过投硬币的方法来决定是否贷很多钱或者储蓄很多钱是理性的。

B. 假定你的收入如 A 部分所描述的那样,贷款的年利率为 20%,储蓄的年利率为 10%。同时假定你对现在的消费 c_1 以及 10 年后的消费 c_2 的偏好可以用效用函数 $u(c_1, c_2) = c_1^a c_2^{(1-a)}$ 来刻画。

a. 假定利息按年计算复利。你在 A(a) 中所画的预算约束的不同线段的斜率是多少?截距又是多少?

b. 当 α 在什么范围内时,既不借钱也不储蓄是理性的?

6.6 比萨与啤酒。有时我们能通过在两种不同的经济处境下所观察的仅有的两种选择来推断关于偏好的一些东西。

A. 假定我们只用外生设定的收入 I 消费啤酒与比萨(售价分别为 p_1 与 p_2)。

a. 把啤酒的数量置于横坐标轴,比萨的数量置于纵坐标轴,说明预算约束(清楚地标出截距与斜率)以及某个最初的最优(内点)消费束 A。

b. 当你的收入增加时,我注意到你消费了更多的啤酒与相同数量的比萨。你能够判断我的偏好是否可能是位似的吗?你能判断它们是否可能是在比萨或者啤酒上是拟线性的吗?

c. 如果我观察到在收入上升时,你减少了啤酒消费,你的答案将会怎么变化?

d. 如果啤酒和比萨的消费都与收入同比例增加,你的答案将会怎么变化?

B. 假定你对啤酒(x_1)与比萨(x_2)的偏好可以总结为效用函数 $u(x_1, x_2) = x_1^2 x_2$,并假定价格 $p_1 = 2$,$p_2 = 10$ 以及每周的收入 $I = 180$。

a. 通过简单地使用如下事实,即在任何内点解处,$MRS = -p_1/p_2$,计算出你每周对啤酒与比萨的最优消费束 A。

b. 该效用函数给包含你的最优消费束的无差异曲线分配的数值是什么?

c. 不使用前面关于价格与收入的具体数值,而只是简单地使用 p_1、p_2 与 I,

建立一个更一般的最优化问题，推导出作为 p_1、p_2 与 I 的函数的 x_1 与 x_2 的最优消费。

d. 把 $p_1=2$、$p_2=10$ 与 $I=180$ 代入你在 B(c) 中的答案并验证你得到的结果与最开始在 B(a) 中计算出的相同。

e. 使用你在 B(c) 中的答案，验证你的偏好是位似的。

f. A(b) 至（d）中的哪一个情景可能是由效用函数 $u(x_1，x_2)=x_1^2 x_2$ 所产生的？

6.7　假定对我而言可口可乐和百事可乐是完全替代品，左脚鞋子与右脚鞋子是完全互补品。

A. 假定我每月分配给可口可乐/百事可乐的消费金额是 100 美元，每月分配给左脚鞋子/右脚鞋子的消费金额也是 100 美元。

a. 假定可口可乐目前每听花费 0.50 美元，百事可乐每听花费 0.75 美元。然后可口可乐的价格上涨到了每听 1 美元。利用一个可口可乐位于横坐标轴、百事可乐位于纵坐标轴的图，说明我原始的与新的最优消费束。

b. 假定右脚鞋子与左脚鞋子是分别销售的。如果右脚鞋子与左脚鞋子最初都定价为 1 美元，那么利用一个右脚鞋子位于横坐标轴而左脚鞋子位于纵坐标轴的平面说明当左脚鞋子的价格上涨到 2 美元时我原始的与新的最优消费束。

c. 判断正误：完全互补是位似偏好在如下意义下唯一的特殊情况：不管收入是否增加或者商品的价格是否下降，最优消费束都位于从原点出发的相同射线上。

B. 继续保持 A 中关于偏好的假设。

a. 写出两个效用函数：一个表示我在可口可乐与百事可乐上的偏好，另一个表示我在右脚鞋子与左脚鞋子上的偏好。

b. 使用你在 B(a) 中导出的适当的方程，标出你在 A(a) 中画出的两条无差异曲线。

c. 使用你在 B(a) 中导出的适当的方程，标出你在 A(b) 中画出的两条无差异曲线。

d. 考虑两个表示完全互补的无差异曲线的不同方程：$u^1(x_1，x_2)=\min\{x_1，x_2\}$ 与 $u^2(x_1，x_2)=\min\{x_1，2x_2\}$。通过审视由这两个效用函数所得出的两条无差异曲线，确定那些偏好能用这些方程表示的个人的最优消费束所位于的射线的方程。

e. 说明为什么当商品为完全替代品时，拉格朗日方法看起来对于计算最优消费束并不奏效。

f. 说明为什么当商品为完全互补品时，拉格朗日方法并不能用于计算最优消费束。

6.8　我有两个五岁大的女儿，艾丽与珍妮。假定某一天我给了她们每人 10 个车子玩具和 10 个公主玩具。我接着让她们在一个车子玩具位于横坐标轴而公主玩具位于纵坐标轴的平面上画出她们的包含这个禀赋束的无差异曲线。

A. 艾丽的无差异曲线在她的禀赋束处的边际替代率显示为−1，而珍妮的无差异曲线在相同的消费束处的边际替代率显示为−2。

a. 你能建议一种交易方式使两个女孩的境况都变得更好吗？

b. 假定这两个女孩自己不能找出一种交易。因此，我开了一家商店，使得她们能够以1美元的价格买卖任何玩具。说明每个女孩的预算约束。

c. 这两个女孩中的任何一个会在我的商店里购买玩具吗？如果是，她们将会买什么？

d. 假定实际上我的商店里没有任何玩具，只是希望帮这两个女孩进行相互交易。假定我把公主玩具的买卖价格固定为1美元。在未指定车子玩具的价格的情况下，在同一幅图上使用两个女孩最终的无差异曲线，说明我的商店的价格实现了玩具的有效配置的一种情况。

e. 车子玩具的价格什么时候会达到（d）中答案所描述的有效交易中的水平？

B. 现在假定这两个女孩的偏好可以由效用函数 $u(x_1, x_2) = x_1^\alpha x_2^{(1-\alpha)}$ 来描述，其中 x_1 代表车子玩具，x_2 代表公主玩具，并且 $0 < \alpha < 1$。

a. （给定 A 部分中的信息）艾丽的 α 值必定是多少？珍妮的 α 值必定是多少？

b. 当我把玩具的价格都设为1美元时，艾丽将会怎么做？珍妮将会怎么做？

c. 给定公主玩具的价格为1美元，我是否需要提高或者降低车子玩具的价格，以使得一个没有存货，只是促进这两个女孩进行交易的商店能运行下去？

d. 假定我把车子玩具的价格提高到1.40美元，并假定能够销售少数玩具。我是否已经找到了一组使我不会有存货的价格？

†6.9 日常应用：住房市场的价格波动。假定你有400 000美元花费在住房与其他商品消费（以美元计）上。

A. 每平方英尺住房的价格是100美元，你选择购买的最优住房的大小是2 000平方英尺。下面所有问题中都假设你在住房上的花费仅考虑它的消费价值（不是你投资策略的一部分）。

a. 利用一个"住房的平方英尺数"位于横坐标轴、"其他商品消费的美元数"位于纵坐标轴的图，说明你的预算约束以及你的最优消费束 A。

b. 在你购买住房后，住房价格下降到每平方英尺50美元。给定你可以出售你的住房（如果你想的话），你的境况将会变得更好还是更差？

c. 假定你可以很容易地买卖房子，你现在会买一套不同的房子吗？如果是这样，你的新房子比你以前的房子大还是小？

d. 你对（c）的答案是否会随偏好关于住房是拟线性的还是位似的而不一样？

e. 如果住房的价格上涨到每平方英尺200美元而不是下降到每平方英尺50美元，你对（c）的答案将会怎样变化？

f. 当每平方英尺住房的价格上涨或者下降时，为了使你不出售2 000平方英尺的住房，偏好的形式必须是怎样的？

g. 判断正误：只要住房与其他消费有一定程度的替代性，每平方英尺住房价格的任何变化都会使房主的境况变得更好（假定买卖房子很容易）。

h. 判断正误：租房者的境况在住房出租价格下降时会变得更好，而在其上升时则会变得更差。

B. 假定你对"住房的平方英尺"（x_1）与"其他商品消费的美元数"（x_2）的偏好可以由效用函数 $u(x_1, x_2) = x_1 x_2$ 表示。

a. 将你的住房消费表示为住房价格（p_1）与你的外生收入 I 的函数（当然假定 p_2 根据定义等于 1），计算你的最优住房消费。

b. 利用你的答案，证明当你的收入为 400 000 美元且每平方英尺住房价格为 100 美元时，你将会购买 2 000 平方英尺的住房。

c. 现在假定住房价格下降到每平方英尺 50 美元，并且你选择卖出 2 000 平方英尺的房子。你将会买多大的房子？

d. 计算你最初有 2 000 平方英尺住房时的效用（由你的效用函数度量）以及你在购买新房子后的新效用。价格的下降是否会使你的境况变得更好？

e. 如果每平方英尺的住房价格不是下降，而是上升到 200 美元，那么你在 B(c) 和 B(d) 中的答案将会怎么变化？

6.10 假定你有 100 美元的收入花费在商品 x_1 和 x_2 上。

A. 假定你有位似偏好，该偏好碰巧有一个特殊的性质，即其在 45 度线一侧的无差异曲线恰好是 45 度线另外一侧的无差异曲线的镜像映射。

a. 用图示的方法说明在 $p_1 = 1 = p_2$ 时你的最优消费束。

b. 现在假定你购买的前 75 单位的 x_1 的价格是 1/3，而在此基础之上每一额外单位的价格为 3。x_2 的价格一直保持 1。说明你新的预算与最优消费束。

c. 现在反过来，假定前面 25 单位的 x_1 的价格是 3，而购买 25 单位之后每单位的价格是 1/3（x_2 的价格仍为 1）。说明你的预算约束并指出什么将是最优的。

d. 如果你的位似偏好不具备对称性，你的哪一个答案将不会改变？

*B. 假定你的偏好可以由柯布-道格拉斯效用函数 $u(x_1, x_1) = x_1^{1/2} x_2^{1/2}$ 总结。

a. 该效用函数所表示的偏好是否有 A 部分所描述的对称性？

b. 计算当 $p_1 = 1 = p_2$ 时的最优消费束。

c. 推导组成你在 A(b) 中所画的预算约束的两个方程，并在该预算约束下使用本章附录中所描述的方法来计算最优消费束。

d. 对于你在 A(c) 中所画的预算约束重复相同的工作。

e. 假定 $u(x_1, x_2) = x_1^{3/4} x_2^{1/4}$，重复（b）至（d），并在图中说明你的答案。

6.11 **政策应用**：汽油税与退税。出于对汽车尾气排放污染环境的担忧，很多人建议加征汽油税。当引进外部性的时候我们将考虑这样一个立法的社会收益。然而现在我们可以看看其对一个消费者的影响。

A. 假设一个消费者的年收入为 50 000 美元，汽油目前的价格为每加仑 2.50 美元。

a. 利用以"每年汽油的加仑数"为横坐标轴、以"其他商品消费的美元数"为纵坐标轴的图，说明该消费者的预算约束，并进一步说明如果政府对汽油征税使得汽油价格上涨到每加仑 5.00 美元，那么预算约束将有何不同。

b. 在税后的预算约束上选择某个消费束 A，并假定这是消费者的最优消费束。在你的图上说明这个消费者将支付多少税收（记为 T）。

c. 用汽油税来对抗污染的一个担忧是：它会给消费者（或许更重要的是选民）带来困难。因此，有人建议政府干脆把所有的汽油税收益返还给纳税人。假定我们的消费者收到了确定为 T 的退税，说明这将怎么改变消费者的预算。

d. 假定消费者的偏好对汽油是拟线性的，那么他在得到退税后会消费多少汽油？

e. 你能够判断我们的税收/退税政策是否成功，即与既没有税收也没有退税的情况相比，消费者是否消费了更少的汽油吗？

f. 判断正误：因为政府用退税的形式给消费者的数额恰好是它从消费者那儿收取的汽油税的数额，所以在税收/退税政策下消费者的境况既不会变得更好也不会变得更差。

B. 假定消费者的偏好可以由拟线性效用函数 $u(x_1, x_2) = 200x_1^{0.5} + x_2$ 给出，其中 x_1 代表汽油的加仑数，x_2 表示其他商品上的美元数。

a. 计算该消费者会消费多少汽油〔表示为汽油价格（p_1）与收入 I 的函数〕。提示：因为其他消费是以美元计的，所以，你可以简单地把它的价格（p_2）设为 1。

b. 在通过征税把汽油的价格提高到每加仑 5 美元以后，消费者今年会购买多少汽油？

c. 他支付了多少税收？

d. 你能否证明当政府送给他一张等于他支付的税收数额的退税支票时，他的汽油消费不会改变？

e. 与既没有税收也没退税的情况相比，在税收/退税政策下，消费者的年汽油消费量会有什么不同？

f. 说明消费者更偏爱既没有税收也没有退税的政策，但是，如果对汽油征税，那么他们更偏爱有退税而不是没有退税的政策。

*†**6.12 商业应用**：零售行业对夏令时的游说。2005 年，美国国会通过了一个议案，把夏令时提前到了初春且推迟到了晚秋（从 2007 年开始）。这个变化被作为能源法案的一部分，因为一些人声称夏令时通过日照时间的延长（这意味着使用人造光的时间缩短）而减少了能源的使用。然而，夏令时的最大拥护者是零售与餐饮行业，这是因为这些行业相信消费者会基于以下原因花费更多的时间在商场购物与用餐。

A. 考虑一个下午 6 点下班回家晚上 10 点睡觉的消费者。在 3 月没有夏令时的时侯，太阳晚上 7 点就下山了，但是在有夏令时的时侯，太阳直到晚上 8 点才下山。这个消费者下班后,她可以把时间花费在:(1)在家里给朋友发邮件和在网上冲浪/购物时吃她放在冰箱里的食物;(2)在当地商场里与朋友聚餐并购物。假定消费者从(1)和(2)中获得效用(如这里所定义的),但她同样也关注 x_3(被定义为下班后到睡觉前的时间中日照时间的比例)。

a. 利用一个横坐标轴表示"在商场的周小时数"、纵坐标轴表示"在家的周小时数"的图,说明该消费者在典型的一周里下班后的时间约束(每周可得的总时间为 20 小时,也就是 5 个工作日中每天有 4 个小时)。(出于这个问题的目的,假定该消费者从开车去商场的过程中与她就在商场里所得到的效用相同。)

b. 首先考虑 3 月没有夏令时的情形。这意味着在下班后到睡觉前的 4 个小时内只有 1 个小时的日照时间,也就是下班后日照时间的比例 x_3 是 1/4。给定这样一个下班后日照时间的比例,在(a)的预算约束中选取一个消费束 A 作为该消费者的最优消费束。

c. 现在假定夏令时被提早到了 3 月,从而每天下班后的日照时间延长到了 2 个小时。假定这改变了每个消费束的 MRS。如果零售与餐饮行业是正确的,那么这会在什么方向上改变 MRS?

d. 说明如果零售与餐饮行业是正确的,这会怎样导致每周更多的购物以及在商场更多的用餐?

e. 解释下面的陈述:"尽管从二维的无差异曲线图来看我们的偏好由于夏令时的变化而改变了,但实际上偏好一点都没改变,这是因为我们只是简单地画了相同的三维无差异曲面的二维'切片'。"

f. 商界能游说国会来改变我们进行决策时所面临的处境,但是国会没有能力改变我们的偏好。解释你对(e)的答案是如何说明这一点的。

g. 一些人辩称消费者因为引入夏令时而更多地购物是不理性的。你同意这一观点吗?

h. 如果我们不仅考虑制造光的能源,也考虑发动汽车以把人带到商场的能源,那么夏令时的改变必定节省能源是显然的吗?

B. 假定消费者的效用可以由函数 $u(x_1, x_2, x_3) = 12x_3 \ln x_1 + x_2$ 表示,其中 x_1 表示每周花在商场的小时数,x_2 表示每周下班后花在家里(不睡觉)的小时数,x_3 表示下班后(至睡觉前)日照时间的比例。

a. 对该效用函数计算 x_2 对 x_1 的边际替代率并进行检查,看它是否有零售与餐饮老板所假设的那种性质。

b. 消费者所关心的三件事情——x_1,x_2 与 x_3——中,哪些是消费者的选择变量?

c. 给定消费者每周下班后的总小时数(也就是 20),计算该消费者每周花费在商场与餐馆的小时数(表示为 x_3 的函数)。

d. 在没有夏令时的情况下,她每周会在商场与餐馆花费多长时间?引入夏令时后，她花在商场与餐馆的时间将怎么变化？

6.13 政策应用：社会保障的生活成本调整。每年对于老年人的社会保障支付按照如下方式进行调整：政府过去已经确定了一个平均年龄的老年人所消费商品的某个平均消费束。每年，政府会看看消费束中所有商品价格的变化并提高所要求的社会保障支付的百分比，以允许老年人能继续消费相同的消费束。这被称为生活成本调整或者 COLA。

A. 考虑生活成本调整对一个平均年龄的老年人的预算约束的影响。借助一个包含两种商品（将这两种商品简单地记为 x_1 与 x_2）的模型分析这一问题。

a. 首先在图上画出这样的预算约束，并在图中标记出已经被政府表示为 A 的"平均消费束"，并假定该消费束最初确实是平均年龄的老年人从他的预算中选出来的。

b. 假设两种商品的价格都以相同比例上升。在政府执行了 COLA 后，平均年龄的老年人的行为是否有可能发生变化？

c. 现在假定 x_1 的价格上升而 x_2 的价格保持不变。说明政府在计算并通过 COLA 时会如何改变平均年龄的老年人的预算约束？他们的境况会更好、更糟还是不变？

d. 如果 x_2 的价格上涨而 x_1 的价格保持不变，你的答案会怎么变化？

e. 假定政府支付给老年居民 COLA 的目标是确保老年人的境况在价格变化后既不会变得更好也不会变得更糟。如果价格变化是以一般的"通胀"形式发生，即所有的价格总是以相同的比例一起变化，那么目前的政策是不是成功的？如果通胀对一些商品的影响大于对其他商品的影响，那么结果又会怎样？

f. 如果你可以在这种系统上"选择"你的偏好，那么你会选择那些商品具备高度替代性的偏好还是选择那些商品具备高度互补性的偏好？

** B. 假定平均年龄的老年人的偏好可以由效用函数 $u(x_1, x_2) = (x_1^{-\rho} + x_2^{-\rho})^{-1/\rho}$ 所刻画。

a. 假定平均年龄的老年人每年的所有收入等于 40 000 美元，并假定价格由 p_1 和 p_2 给出，那么老年人会消费多少 x_1 与 x_2？（提示：解决这个问题的最简单的方法是利用有关 CES 效用函数的 MRS 的知识。）

b. 如果最初 $p_1 = p_2 = 1$，那么老年人对每种商品的消费会是多少？你的答案是否取决于替代弹性？

c. 现在假定 x_1 的价格上涨（$p_1 = 1.25$），为使老年人仍能购买到价格变化之前购买的消费束，政府需要增加多少针对老年人的社会保障支付？

d. 假设政府调整了社会保障支付以使老年人可以继续购买价格提高之前的消费束，如果 $\rho = 0$，那么老年人最终实际会购买多少 x_1 和 x_2？

e. 如果 $\rho = -0.5$ 或 $\rho = -0.95$，你的答案会如何变化？ρ 趋向于 -1 时，会出

现什么情况？

f. 当 $\rho=1$ 或 $\rho=10$ 时，你的答案会如何变化？当 ρ 趋向于无穷时，会出现什么情况？

g. 你能得出关于老年人从政府计算 COLA 的方法中获得的收益与老年人的偏好所展现的替代弹性的关系的结论吗？你如何从直觉上解释这是讲得通的，特别是依据 A（f）的答案？

h. 通货膨胀时所有价格同时上升并且彼此成比例，例如，p_1 和 p_2 同时从 1.00 上升至 1.25，在这种通货膨胀下 COLA 如何影响老年人的消费决策？

*6.14 商业应用：数量折扣与最优选择。在章末习题 2.12 中，你说明了在给定当地复印店给经济系的数量折扣的情况下，经济系在"以百计的复印页数"与"花在其他商品上的美元数"之间的预算约束。现在假定我们有着与 2.12A 相同的预算约束。

A. 在这个习题中，假定经济系的偏好不随时间的推移（或者谁恰好是经济系主任）发生变化。当我们问某人是否"尊重经济系的偏好"时，我们是指在经济系所面临的处境下，这个人是否使用经济系的偏好来做出最优的决策。以下各问中均假定经济系的偏好是凸的。

a. 判断正误：如果对经济系而言复印与其他支出有很强的替代性，那么你将会观察到经济系在当地的复印店要么有很少的复印量，要么有大量的复印量。

b. 假定去年我是经济系主任，每个月大概有 5 000 页的复印量。今年，我处于休假状态，一个代理经济系主任取代了我的位置。他选择每月复印 150 000 页。给定经济系的偏好不随时间的推移发生变化，你能否说要么是我要么是目前的代理主任没有尊重经济系的偏好？

c. 现在代理主任决定去休假一个月，并在上个月指定了他的代理人。这名代理人决定每个月复印 75 000 页。如果我过去一直尊重经济系的偏好，那么代理主任的代理人是否一定违背了它们呢？

d. 如果最初的代理主任和我都尊重了经济系的偏好，那么代理主任的代理人是否一定违背了它们呢？

B. 考虑前面描述的三位经济系主任做出的决策。

a. 如果第二个代理主任（也就是代理主任的代理人）和我都尊重经济系的偏好，那么你能否给出经济系偏好的近似替代弹性？

b. 如果第一个和第二个代理主任都尊重经济系的偏好，那么你能否给出经济系偏好的近似替代弹性？

c. 这三个经济系主任都尊重的经济系偏好能否由一个 CES 效用函数来表示？

*†6.15 政策应用：AFDC 与工作抑制。考虑章末习题 3.18 中所描述的对个人的 AFDC 项目。

A. 再一次考虑一个每天能以每小时 5 美元的工资工作 8 小时的人。

a. 复制你在 3.18A 中被要求说明的预算约束。

b. 判断正误：如果此人的偏好是位似的，那么他/她每天工作不会超过 1 小时。

c. 出于对该问题这一部分的考虑，定义一条 45 度线，假定纵坐标轴上的美元刻度是横坐标轴上小时刻度的十倍。这意味着这条 45 度线包含像（1，10）、（2，20）这样的消费束。如果此人的偏好是位似的并且关于 45 度线对称，那么他会工作多长时间？（"关于 45 度线对称"指的是无差异曲线在 45 度线一侧的部分是其在 45 度线另外一侧的部分的镜像映射。）

d. 假定你知道个人的无差异曲线是线性的，但是你不知道 MRS。预算约束上的哪一个消费束原则上是最优的？对应的 MRS 的范围是什么？

e. 假定你知道，对于面临这个预算约束的特定个人，存在两个最优解。在每个最优消费束处，此人分别得到了多少 AFDC 支付（假定此人的偏好满足我们通常的假设）？

B. 假设该工人的偏好可以总结为效用函数 $u(c, \ell) = c^{\alpha}\ell^{1-\alpha}$，其中 ℓ 代表休闲，c 代表消费。

a. 暂时忘记 AFDC 项目并假定我们工人的预算约束可以简单地写为 $c = I - 5\ell$。计算最优的消费与休闲（表示为 α 与 I 的函数）。

b. 在这个工人的 AFDC 预算约束图上，存在两个斜率为 -5 的线性部分：一个是在 0～2 小时的闲暇处，另一个是在 7～8 小时的闲暇处。这两个都位于由 $c = I - 5\ell$ 定义的直线上，所不同的是包含这两条线段的方程中的 I 不一样。为识别这些预算约束线段所在的正确方程，相关的 I 应该是什么？

c. 假定 $\alpha = 0.25$。如果该工人使用你在上面对于两个不同的 I 所表示的两个预算约束进行最优化，在每个约束下他将选择多少休闲？你能在图中说明你所发现的并告诉我们，该工人是在真正的 AFDC 预算约束上的哪一点进行最优化的吗？

d. 随着 α 增加，在每个消费束处的 MRS 将会怎么变化？

e. 对于 $\alpha = 0.3846$ 与 $\alpha = 0.4615$，分别重复 B(c) 中的练习。现在对于任意 $0 < \alpha < 0.3846$，你对该工人的休闲选择有何感想？进一步地，如果 $0.3846 < \alpha < 0.4615$，你对该工人的休闲选择有何感想？

f. 对于 $\alpha = 0.9214$ 重复 B(c) 并计算相关最优选择所对应的效用。把其与在扭结点（7，30）消费的效用进行比较，并把你的发现在图中加以说明。如果 $0.4615 < \alpha < 0.9214$，那么对于该工人的选择你能得出什么结论？

g. 如果 $0.9214 < \alpha < 1$，那么该工人会有多长时间的休闲？

h. 用语言描述在 AFDC 项目下一个工人为克服工作抑制而采用的措施给了你什么启示。

6.16 **政策应用**：食物消费券与食物补贴。在习题 2.17 中，你考虑了美国的食物消费券方案。在这一方案下，贫困家庭收到了一定数量的食物消费券，这些食物消费券可以像现金一样在百货店购买食物。

A. 考虑一个月收入为 1 500 美元的家庭并假定该家庭有资格获得 500 美元的

食物消费券。

a. 说明在有与没有食物消费券的情况下该家庭的预算（其中"花费在食物上的美元数"位于横坐标轴，"花费在其他商品上的美元数"位于纵坐标轴）。在什么情况下这个食物消费券方案与政府只是给予该家庭 500 美元的现金（而不是食物消费券）给该家庭带来的效用一样？

b. 考虑另外一种替代方案：政府告诉家庭它将对家庭的食物账单报销 50%。在一个不同的图上，说明有或没有这种替代方案时家庭的预算（在没有食物消费券的情况下）。

c. 在替代方案的预算线上选择一个最优的消费束 A，并算出政府需要向家庭支付多少（记这个数量为 S，表示为图中的垂直距离）。

d. 现在假定政府决定废弃这个方案，而是向家庭发放相同数量（S）的食物消费券。这将怎么改变家庭的预算？

e. 从第一个替代方案转换到食物消费券方案后，这个家庭会开心吗？

f. 如果一些政治家想增加贫困家庭对食物的消费而另外一些政治家只是想使穷人更加开心，那么他们会对哪个方案是最优的持有异议吗？

g. 判断正误：食物相对于其他商品的替代性越弱，等额的现金资助方案与食物补贴方案所导致的食物消费差额越大。

h. 考虑第三种替代方案：给现金而不是食物消费券。判断正误：在食物消费券方案变得越来越大方时，家庭会在某一点更偏好纯的现金转移而不是等值的食物消费券方案。

** B. 假定该家庭在食物上的支出（x_1）与在其他商品上的支出（x_2）可以由效用函数 $u(x_1, x_2) = \alpha\ln x_1 + \ln x_2$ 描述。

a. 计算该家庭在食物与其他商品上的购买水平〔表示为收入 I 与食物的价格 p_1 的函数（把其他商品的美元价格当作 1）〕。

b. 对于 A 部分所描述的家庭，当 α 的取值范围是什么时，可以使得 500 美元的食物消费券方案等价于 500 美元的现金支付？

c. 假定剩余问题中 $\alpha = 0.5$。在 A(b) 中所描述的替代方案下，该家庭会购买多少食物？

d. 在这种替代方案下，政府需要向该家庭支付多少（记这个数量为 S）？

e. 如果政府向该家庭支付数量为 S 的现金，同时废弃食物补贴方案，那么该家庭会购买多少食物？

f. 判断家庭更偏好哪一个方案——给家庭总量为 S 的价格补贴或者（e）中所描述的等值现金补贴。

g. 现在假定政府考虑对食物进行更大的补贴。计算家庭从三种资助方案中得到的效用：75% 的食物价格补贴方案（即政府对食物账单补贴 75%），食物消费券方案、现金补贴方案。

第 7 章 消费者商品市场的收入效应与替代效应

我们刚在第 6 章证明了如何使用我们有关选择集与偏好的模型来说明个体如消费者或工人的最优决策是如何制定的。[①] 现在我们转向研究当经济处境变化时这样的最优决策会怎么变化的问题。由于这个模型中的经济处境完全由选择集表示，所以我们可以换一个角度来陈述这个问题：当收入、禀赋或者价格变化时，最优选择将如何改变？

当我们深入研究时，很重要的一点是记住偏好（taste）与行为（behavior）的区别。行为，或者我们一直所称的选择，产生于偏好面对处境时，因为个体会在给定处境下尽力做到"最好"。如果因为酒的价格上升了，所以我购买的酒变少了，那么虽然我的行为已经变化了，但是我的偏好没有变化。酒尝起来仍与以前一样，只是更贵了。用我们已经定义的术语来说就是，我的无差异曲线图与之前完全相同，只是随着处境（即酒的价格）的变化移动到了一条不同的无差异曲线上。

在思考行为如何随着经济处境的变化而变化的过程中，我们将识别两种不同的原因，即所谓的收入（income）效应与替代（substitution）效应。[②] 乍看起来，对这些效应的区分是抽象的并且与我们所关心的现实世界的问题很不相关。然而，你后面将会看到，事实并不是这样的。与税收政策的有效性、社会保障与健康政策的有效性以及不同类型的扶贫项目的合意性等相关的深层次问题本质上都植根于与收入效应和替代效应相关的问题。尽管我们仍处于构建经济分析工具的阶段，但我希望在深入了解这些工具时你能有耐心并且对我多包容一些。

此外，至少给出一个初始的例子来激发我们在本章将要研究的效应是有帮助的。如果你已经完成了章末习题 6.11 的话，那么它就是一个你已经熟悉的例子。如你所知，社会各界对机动车的碳排放越来越担忧，政策制定者也越来越希望找到减少这种排放的方法。许多经济学家一直建议对汽油征收重税，以鼓励消费者找到

[①] 第 2 章以及第 4～6 章的内容对于阅读本章来说是必要的。第 3 章则没有必要。

[②] 约翰·希克斯（John Hicks）在他的有影响力的《价值与资本》（*Value and Capital*）一书中将这种区分完全引入了新古典经济学。该书最初于 1939 年出版。我们前面在第 5 章 B 部分已经提到过他，作为一个经济学家，他首次推导了一种用"替代弹性"来衡量可替代性的方法。希克斯于 1972 年获得了诺贝尔经济学奖（与肯·阿罗一起）。

节约汽油的方法（通过少驾驶或购买更节能的车）。这种政策的明显弊端是它给严重依赖汽车的家庭带来了巨大的困难，特别是贫困家庭将会被这种税冲击，其生活将变得更加困难。于是，一些经济学家提议把所有汽油税收益以退税的形式返还给纳税人。这导致很多专栏作家认为经济学家一定是疯了；毕竟，如果政府把所有的钱还给消费者，难道他们不会由于（至少在平均上）仍担负得起而恰好购买与以前相同数量的汽油吗？经济学家可能是疯了，但是我们的分析将告诉大家：当谈到这个政策建议会怎么改变行为预测时，他们也几乎肯定是正确的，而专栏作家几乎确定是错误的。解释完全在于对替代效应的理解。经济学家理解替代效应，但大多数非经济学家并不理解。我们将在对本章进行总结时回到这一点。

7A　收入效应与替代效应的图示阐述

　　使选择集（从而我们的经济处境）发生变化的方式主要有两种：第一，收入或财富的改变可以移动我们的预算约束而不改变它们的斜率，从而没有改变不同商品的机会成本。第二，经济中单个的价格——不管是以商品的价格、工资还是利率的形式体现——可能发生改变，进而改变预算约束的斜率与我们面对的机会成本。这两种变化方式导致了在行为上不同的效果，我们将在下面单独进行讨论。首先，我们将只考虑收入或财富发生变化而机会成本未发生变化时经济选择会发生什么变化（7A.1 节）。然后，我们将研究只有机会成本发生变化而实际财务状况未发生变化时决策会被如何影响（7A.2 节）。最后，我们将转而分析当收入和机会成本同时发生变化时会出现什么变化——结果显示，通常是经济中的相对价格发生变化。

7A.1　收入变化对行为的影响

　　当我们的收入由于工资上升而增加时，或当我们的财富禀赋因为未预期到的遗产而增加时，或当休闲禀赋由于某种时间节约技术的发明而增加时，我们的消费会发生什么变化？我们是否会消费更多衬衫、裤子、可口可乐、住房和珠宝？我们是否会消费更多的某种商品以及较少的其他商品，工作更长时间或更短时间，储蓄更多或更少？当收入和财富增加时，我们对所有商品的消费是否会以相同比例上升？

　　答案完全取决于偏好的本质，以及表示我们偏好的无差异曲线图。对大多数人而言，有可能对一些商品的消费会增加很多，而对其他商品的消费会增加得少些、保持不变，甚至减少。收入或财富的变化对消费决策的影响（在机会成本未发生变化时）称为收入效应或财富效应。

　　经济学上对于称该效应为"财富"效应还是"收入"效应并没有定论，我们将按如下方式使用这两个术语：在分析选择集的大小由外生给定的收入决定的模型（如第 2 章以及本章的剩余部分）时，我们称收入变化的影响为收入效应（income effect）；而当选择集的大小由禀赋的价值决定（如第 3 章以及下一章）时，我们称禀赋变化的影响为财富效应（wealth effect）。然而，我们应该理解的是：收入效应和财富效应都是指预算约束的平行移动对消费者决策的影响，这种移动并不包括机会成本的变化（表现为预算线斜率的变化）。

7A.1.1 正常品与低档品 在我读研究生的前几年，我妻子和我挣的钱相对较少。通常，我们的预算很少，晚餐倾向于选择相对便宜的食物，如土豆和面食。当我妻子的生意开始有起色后，我们的收入显著地增加了。结果是：我们对面食的消费随着我们收入的上升而下降，而我们对牛排和其他商品的消费增加了。这是如何在我们前面几章研究的一般模型的环境中体现出来的呢？

考虑一个简单的模型，它把每月消费的面食盒数放在横轴，并把每月消费的牛排磅数放在纵轴。我妻子和我开始时收入相对较低，随着我妻子生意步入正轨，我们的收入有所增加。这被表示为图7-1每幅图中预算约束的向外移动（从里面的一条到外面的一条）。当我们增加包含这两个预算约束下的最优选择的无差异曲线时，仅当（较高）预算线上的切点出现在较低预算线上的切点的左侧时，我们在较高收入下的面食消费较少。这种情况如图7-1（a）所示。另外，图7-1（b）说明了如果面食消费在收入增加时保持不变，两条无差异曲线会有什么关系；而图7-1（c）则说明了我们的面食消费随着收入增加而发生的变化。消费者行为随着外生收入变化而发生变化称为收入效应。

由于我的妻子观察到了我们对面食的消费随着收入增加而下降，我们的偏好看起来一定更像图7-1（a）中的那样：收入的增加对面食消费产生了负的影响。我们将说：只要外生收入的增加（机会成本未发生变化）导致了较少的消费，收入效应就是负的，且由负的收入效应描述消费的商品称为低档品（inferior goods）。相比之下，只要外生收入的增加（机会成本未发生变化）导致了更多的消费，收入效应就是正的。由正的收入效应描述消费的商品称为正常品（normal goods）。图7-1（c）说明了如果面食实际上对我们来说是正常品，那么我们的偏好看起来是什么样子的。

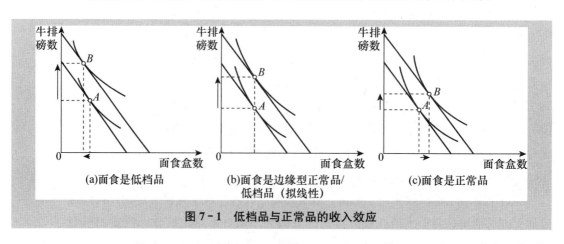

图7-1 低档品与正常品的收入效应

最后，图7-1（b）说明了一个对我们的面食消费没有产生收入效应的无差异曲线图。注意该无差异曲线图的如下定义性特征：沿着连接点 A 和 B 的垂直线的边际替代率是常数。在第 5 章，我们称由边际替代率为常数的无差异曲线所表示的偏好为拟线性的。图 7-1 各图的顺序则说明了拟线性偏好是如何成为仅有的对某些商品不产生收入效用的偏好类型，因而表示了介于正常品和低档品之间的情形的。

值得指出的一点是：一旦我们观察到了对所消费的某种商品存在负的收入效应，我们对消费的另一种商品就一定存在正的收入效应。毕竟，增加的收入一定会被用到某个地方，不管是增加今天某种商品的消费还是增加用于未来消费的储蓄。例如，根据图 7-1 (a)，我们在横轴上观察到了对面食消费的负的收入效应，同时，在纵轴上观察到了对牛排消费的正的收入效应。

练习 7A.1　如果我们在一种商品的消费上存在正的收入效应，则在另一种商品的消费上一定存在负的收入效应，这是正确的吗？

练习 7A.2　一种商品是否可能在所有收入水平上都是低档品？［提示：考虑消费束 $(0,0)$。］■

7A.1.2　奢侈品与必需品　我们刚才已经看到，拟线性偏好表示出了一种划分两种类型的商品（消费随着收入增加而增加的正常品和消费随着收入增加而减少的低档品）的特殊情况。这两种类型的商品在定义上的区别在于绝对（absolute）消费如何随着收入的变化而变化。另一种把商品划分成两种类型的方式是看不同商品的相对（relative）消费如何随着收入的变化而变化。换言之，我们看的是某种特定商品的消费占收入的比例是随着收入的增加而增加还是减少，而不再看某种特定商品的总消费随着收入的增加是增加还是减少，也就是说，看消费是否相对于我们的收入增加。

例如，考虑我们对住房的消费。在图 7-2 的每幅图中，我们对"住房的平方英尺数"和"其他商品的美元数"之间的选择建立模型。与前面的图一样，考虑随着收入翻倍，消费者的选择会怎么变化，其中束 A 表示在较低收入时的最优选择，而束 B 表示在较高收入时的最优选择。假定在每幅图中，个体在束 A 处在住房上花费了她收入的 25%。如果在收入增加时住房的消费比例保持不变，那么当收入翻倍时，最优消费束 B 将变为两倍的住房与两倍的"其他商品"。这个束将位于从原点出发并经过 A 点的射线上，如图 7-2 (b) 所示。如果随着收入增加分配给住房的收入比例下降，B 将位于这条射线的左边［如图 7-2 (a) 所示］；如果随着收入增加分配给住房的收入比例上升，B 将位于射线的右边［如图 7-2 (c) 所示］。结果显示，平均而言，不管人们的收入是多少，他们在住房上的花费都大约占收入的 25%，这意味着对住房的典型偏好看起来类似图 7-2 (b)。

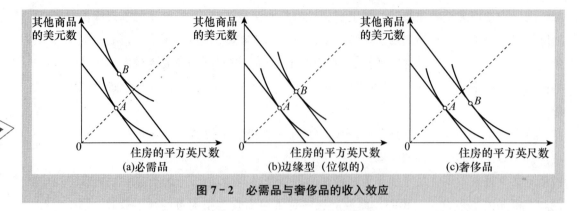

图 7-2　必需品与奢侈品的收入效应

经济学家称那些消费占收入的比例随着收入增加而下降的商品为必需品，而称那些消费占收入的比例随着收入增加而上升的商品为奢侈品。划分这两类商品的偏好是图 7-2（b）所表示的那种类型的偏好，也就是我们在第 5 章中所定义的位似偏好。（回忆一下，如果边际替代率沿着任意从原点出发的射线是常数，我们就说偏好是位似的。）从而，就像拟线性偏好表示正常品和低档品之间的边缘型偏好一样，位似偏好表示必需品和奢侈品之间的边缘型偏好。

练习 7A.3　所有低档品都是必需品吗？所有必需品都是低档品吗？（提示：第一个问题的答案是肯定的；第二个问题的答案是否定的。）解释之。

练习 7A.4　在一个特定的消费束处，可能两种商品（在两商品模型中）都是奢侈品吗？它们可能都是必需品吗？ ■

7A.2　改变机会成本对行为的影响

假定我的弟弟和我在不同的时间开始了为期一周的开曼群岛之旅。他和我在每个方面都相同，有着相同的收入、相同的偏好。[①] 由于开曼群岛上没有公共交通，一旦你下了飞机就只有两个选择：租车一周，或者坐出租车到旅店并依靠出租车满足任意额外的交通需求。在结束各自的假期返还家中后，我们通过比较发现，尽管我们住在完全相同的旅馆，但我选择了租车而我弟弟仅选择了使用出租车。你认为我们中的哪一个从旅馆出发后经历了更多的旅程？我和他的汽车搭载数量的差别就是我们所谓的替代效应。

7A.2.1　在度假时租车与打出租车　如果对我弟弟和我在到达开曼群岛的机场时所面对的选择问题进行建模，我们就会马上得到答案。本质上，我们选择在假期中以最好的方式乘车旅游。我们可以这样建模：把"旅行的英里数"放在横轴，并把

---

　　① 该假设只是出于说明的目的。我弟弟和我对于认为我们在每个方面都相同的观点感到震惊，他要求我在这部教材中予以澄清。

"其他消费的美元数"放在纵轴。根据我是租车还是打出租车,我将面对不同的预算约束。如果我租车,我最终将支付一周的租金费,不管我实际驾驶了多少英里。然后我还需要支付在岛上驾驶时使用的汽油费。如果我打出租车,我就需要按旅行的英里数付费,但是当然我为每英里支付的成本比相应的汽油费要高。转化到"旅行英里数"位于横轴和"其他消费的美元数"位于纵轴的预算约束上,这意味着如果我选择打出租车,我的预算将在纵轴上有较大的截距,因为我不需要支付固定的租金。同时,如果我选择打出租车,我的预算约束将会陡峭一些,因为我每英里旅行都有较高的机会成本。

因此,我弟弟和我在到达开曼群岛时所面对的选择是在两个不同的预算约束之间的选择:一个相对另一个有较高的截距和较陡的斜率〔如图 7-3(a) 所示〕。(这看起来很熟悉,因为你已经做过章末习题 2.6。)由于我弟弟和我在每个方面都相同并面对完全相同的选择,所以你可以合理地断定我们在这两个交通模型之间(从而在这两个预算约束之间)无差异。毕竟,如果一个选择明确地好于另外一个,那么我们最终将做出相同的选择。

因此,虽然我们做了不同的选择,但我们最终一定在相同的无差异曲线上。(该陈述——我们最终落在相同的无差异曲线上——之所以说得通,仅仅是因为我们知道彼此有相同的偏好、相同的无差异曲线以及相同的外生收入。)因而,图 7-3(b) 拟合了一条单一的无差异曲线,其与两个预算约束相切,说明我们在两个不同的预算约束下的最优选择导致了相同水平的效用。我弟弟的最优选择 A 比我的最优选择 B 的旅行英里数少。

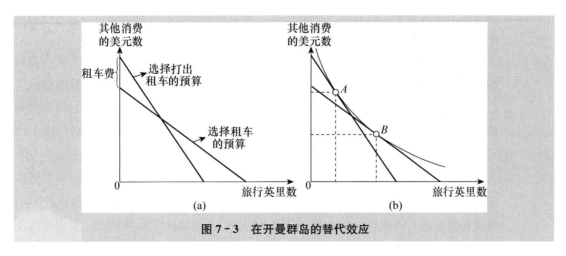

图 7-3　在开曼群岛的替代效应

模型预测背后的直觉是很直接的。一旦我驾驶我租的车驶向旅馆,那么我就需要支付租车费,不管我这个星期还要做什么。因此,驾驶一英里的价格或机会成本(一旦我决定租车后)仅仅是汽油的成本。我弟弟面对一个更高的机会成本,因为他需要对他旅行的每英里支付出租车的价格。尽管我们的选择使得我们的效用相同,但较低的机会成本使我比弟弟有着更多的旅行英里数并消费更少的其他商品，这一点是很明确的。

练习 7A.5 如果你仅知道我弟弟和我有相同的收入（但不一定有相同的偏好），那么你能否判断我们中的哪一个会驾驶更多的英里数：是租车的人还是坐出租车的人？ ■

经济学家经常说，只要我选择了租车，平坦的周租金费就成为沉没成本（sunk cost）。一旦我已经租了车，就没有任何办法取回我已经同意支付的固定租车费，并且在我离开租车场后，不管我做什么，这一费用都保持不变。因此，一旦我租了车，租车费就不再是我做任何事情的机会成本。这样的沉没成本一旦发生，就不会影响经济决策，因为我们的经济决策是由机会成本的选择形成的。我们将在讨论生产者行为时更广泛地探讨沉没成本的概念，并且将在第 29 章指出，一些心理学家与经济学家关于这一成本会不会对行为产生影响展开了争论。

7A.2.2 替代效应 我弟弟和我在开曼群岛上的行为差别就体现了所谓的替代效应。只要机会成本或价格发生变化，就会产生替代效应。例如，在例子中，我们分析了驾驶价格变化时消费者行为的差别，但是对替代效应的一般直观解释将贯穿本书中更一般的应用。

我们将更精确地定义替代效应：价格变化所引起的替代效应是纯粹由机会成本的变化而不是由实际收入的变化所导致的行为变化。实际收入（real income）指实际福利（real welfare），因此"没有发生实际收入的变化"应该意指"没有发生效用的变化"或"没有发生无差异曲线的变化"。开曼群岛的例子可以帮助我们把注意力集中在一条单一的无差异曲线上或一个单一水平的"实际收入"上，从而明确地把替代效应分离出来。[①]

束 B 一定位于束 A 的右边这一事实是一个简单的集合问题：与一条无差异曲线相切的较陡的预算线一定位于与相同的无差异曲线相切的较平坦的无差异曲线的左边。从而替代效应的方向总是朝着变得相对便宜的商品，并偏离变得相对昂贵的商品。注意，这有别于收入效应的方向取决于一种商品是正常品还是低档品的结论。

7A.2.3 替代效应有多大？ 尽管替代效应的方向是明确的，但该效应的大小完全取决于消费者潜在的偏好类型。给定我弟弟和我有不同的驾驶机会成本，但有相同水平的效用或福利。图 7-3（b）表明：我所驾驶的英里数和我弟弟所驾驶的英里数存在很大的差别。但是我也可以画出有更大曲率的无差异曲线，从而在驾驶英里数和其他消费的美元数之间有较低的可替代程度。一个消费者的偏好的可替代

---

① "实际收入"的定义与你在学习经济学的过程中可能会遇到的另一个定义（我们在较早的关于预算约束的一章中也使用过）有别。研究通胀的宏观经济学家，或想研究由通胀影响的行为的微观经济学家，通常定义"实际收入"为"通胀调整后的收入"。例如，当比较某个人 1990 年的收入与他或她在 2000 年的收入时，经济学家可能会根据 1990—2000 年间的通胀率来调整 2000 年的收入，从而汇报的是以 1990 年美元的实际价值表示的 2000 年的"实际收入"。

程度越低，由机会成本变化导致的替代效应就越小。

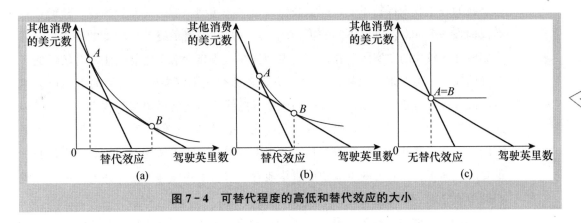

图 7-4　可替代程度的高低和替代效应的大小

　　例如，考虑图 7-4（b）中的无差异曲线，该无差异曲线相比图 7-4（a）中的无差异曲线有更大的曲率，从而有较低的可替代程度（沿着我弟弟和我进行选择的部分）。注意，尽管替代效应与以前一样指向相同的方向，但显著地变小了。图 7-4（c）通过描述完全互补的情形更清楚地说明了商品之间的可替代程度所起的作用。这样的偏好产生了商品间不存在替代性的无差异曲线，导致了束 A 和束 B 重合，因此替代效应也随之消失。

练习 7A.6　判断正误：如果你观察到我弟弟和我在假期驾驶了相同的英里数，那么我们偏好的一定是驾驶英里数和其他消费的美元数之间完全互补的情形。■

　　7A.2.4　希克斯替代与斯勒茨基替代　我们现在已经定义了替代效应为由没有"实际收入"变化的机会成本变化所导致的消费的变化，即没有无差异曲线的变化。这有时候被称为希克斯替代。一种稍微不同的替代效应产生于机会成本的变化改变消费者行为时（假定她购买初始束的能力保持不变）。这被称为斯勒茨基（Slutsky）替代。它与希克斯替代是非常相似的，因此我们把它留到章末习题 7.9 中进一步探索。我们也将使用章末习题 7.9（以及前面的章末习题 6.13）和章末习题 7.7（以及前面的章末习题 6.9）的观点。

7A.3　价格变化：结合收入效应和替代效应

　　当你阅读开曼群岛的故事时，你或许想知道为什么我选择了这样一个确实做作的例子。原因是我想在 7A.1 节中讨论了纯收入效应（发生在没有机会成本的变化时）后在 7A.2 节对纯替代效应（发生在没有实际收入或财富的变化时）的展开讨论。然而，现实世界中大多数机会成本的变化也暗示着实际收入发生了变化，从而收入效应和替代效应同步发生。

　　那么，让我们忘记开曼群岛，并考虑一种我们大多数人消费的商品的价格（比如汽油的价格），探讨在汽油价格上升时我们会有什么变化。当这个变化发生时，如果我的外生收入保持不变，那么我将再也无法达到以前的无差异曲线。从而，我不仅面临一个（对汽油）不同的机会成本，而且面临着最终效用较低的前景——或我们所称的较少的"实际"收入——因为我在一条与价格变化前相比相对较低的无差异曲线上。类似地，如果汽油价格下降，那么我不仅面临着汽油的不同机会成本，而且最终将处于一条相对较高的无差异曲线上，从而经历实际收入的增加。因此，价格的变化会同时导致收入效应和替代效应。尽管它们同时发生，但在概念上它们可以被分解开，并且在很多政策应用中，知道这些不同效应的相对大小是非常重要的。你将会在后面的章节中更清楚地看到这些重要性是如何体现的。现在，我们简单地分解集中在价格变化上的两个效应。

7A.3.1 汽油价格的上升 为了对汽油价格上涨对于行为的影响建模，我们再次把"驾驶英里数"放在横轴并把"其他消费的美元数"放在纵轴。那么汽油价格的上涨将导致预算线绕着纵截距向内旋转，如图 7-5（a）所示。我在价格上涨前的最优束为无差异曲线在 A 点的切线。

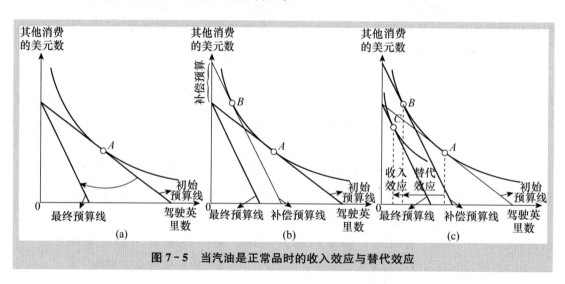

图 7-5　当汽油是正常品时的收入效应与替代效应

现在我们可以通过分析如果我只经历了机会成本的变化而没有经历实际收入的变化，那么我的消费束会怎么变化来分解收入效应和替代效应。换言之，我们可以问：如果我面对包括由价格变化所引起的较陡的新预算线，但是该预算大到使我能达到价格变化前一样的效应，大到足够使我保持在初始的无差异曲线上，此时我的消费决策会怎么变化？该预算线被表示为图 7-5（b）中与包含 A 点的无差异曲线相切的中间的预算线，被称为补偿预算（compensated budget）线。价格变化的补偿约束是将新的价格考虑在内，但是包括足够的货币补偿以使消费者的境况与价格变化前一样好的预算。如果收入是外生的（如我们例子中这样），那么补偿预算在价格上涨时要求正的补偿而在价格降低时要求负的补偿。

图 7-5（b）看起来非常像开曼群岛的例子中说明纯替代效应的图 7-4（b）。

这是因为我们已经详细说明了我在较高的汽油价格处被提供了足够的补偿以使我的实际收入不变,这是为了把重点放在我的消费(沿着一条单一的无差异曲线)因机会成本的变化而发生的变化上。与开曼群岛的例子一样,我们很快能看到 B 点的汽油消费比 A 点少。当实际收入不变时,替代效应告诉我们,我将由于汽油相对于其他商品变得更加昂贵而消费更少的汽油。

然而在现实生活中很少有人走到我面前并向我提供对价格变化的补偿。相反,我必须接受在价格上涨时我实际收入的减少。从而,在图 7-5 (c) 中,我们从补偿预算开始分析我的实际消费决策是如何有别于假想的结果 B 点的。在回答这个问题之前,注意到图 7-5 (c) 中的补偿预算和最终预算有着相同的斜率,从而仅有别于我们在描绘补偿预算时所假想的预算。因此,当从补偿预算走向最终预算时,我们仅分析我的外生货币收入变化的影响,即我们在 7A.1 节中所称的纯收入效应。

那么我在最终预算线上的最优汽油消费是大于还是小于 B 点的消费完全取决于汽油对我而言是正常品还是低档品。我们定义正常品为那些消费和外生收入的变化向相同方向移动的商品,而定义低档品为消费和外生收入的变化向相反方向移动的商品。从而,如果汽油是正常品,那么最终预算线上的最优消费可能位于 B 点的左边;如果汽油是低档品,那么最终预算线上的最优消费可能位于 B 点的右边。在后面一种情形中,如果收入效应小于替代效应,那么最终预算线上的最优消费可能位于 A 点和 B 点之间,如果收入效应大于替代效应,它可能位于 A 点的右边。在图 7-5 (c) 中,我们说明了当汽油是正常品,并且最优最终束 C 位于 B 点左边时的情形。在这种情形下,收入效应和替代效应都表明我由于汽油价格上升而减少了汽油购买。

7A.3.2 正常低档品与吉芬商品 注意,只要汽油是正常品,我们就可以明确地判定如果其价格上涨,我对汽油的消费将会减少〔如同图 7-5 (c) 中,如果束 C 是我最优的最终选择的情形一样〕。这是因为:替代效应与收入效应都意味着消费的减少。另外,如果汽油对我而言是低档品,那么我的汽油消费将会增加还是减少取决于最终的消费束是位于图 7-6 (a) 中的 A 点和 B 点之间还是位于图 7-6 (b) 中的 A 点的右边。从而我们能把低档品分为两类:随着价格上涨消费减少的低档品以及随着价格上涨消费增加的低档品(当外生收入保持不变时)。我们称前者为正常低档品(regular inferior goods),而后者为吉芬商品(Giffen goods)。

当最初介绍消费者可以在某种商品价格上涨时购买更多该商品的可能性时,学生们经常误解经济学家所指的内容。通常学生会想到的例子是某种每个人都知道它很贵且拥有较高声誉的商品。例如,一些关注宝马汽车的声誉价值的消费者更倾向于在价格(从而声誉价值)上升时去购买宝马汽车。然而,通常所说的吉芬商品并不是这样的。把声誉价值与宝马汽车的价格挂钩的人在他或她购买这辆车时实际上

7

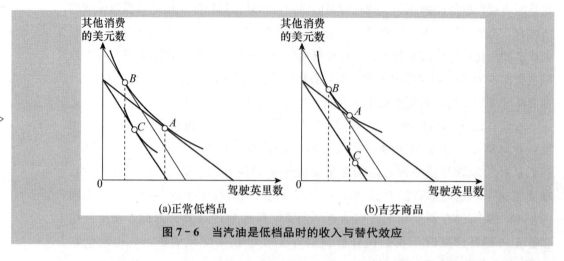

图7-6 当汽油是低档品时的收入与替代效应

购买的是两种不同类型的商品：汽车本身以及汽车的声誉价值。随着宝马汽车价格的上涨，汽车保持不变但是声誉价值上升。因此，随着价格上涨更可能购买宝马汽车的消费者不是购买更多的商品，而是购买不同的混合商品。当收入下降时（并且宝马汽车的价格保持不变时），消费者基本上不可能会去购买宝马汽车，这表明汽车自身（其声誉价值保持不变）是一种正常品。[1]

实际的吉芬商品非常不同，并且我们在现实世界里很少能观察到它们。经济学家一直努力从书本中找例子，这表明了它是多么稀少。19世纪末，阿尔弗雷德·马歇尔（Alfred Marshall，1842—1924，19世纪伟大的经济学家之一）在他的经济学教材中讲述了一个假想的例子，并把它归功于罗伯特·吉芬——一个与他同时代的经济学家。[2] 在过去的这些年里，很多人试图找到可信的而并非假想的历史例子，但是无功而返，尽管近年来的一篇论文证明了中国贫困地区的大米可能实际上是吉芬商品。[3]

在研究生院的朋友曾经告诉过我一个我所听过的最真实的吉芬商品的例子。他来自中西部一个相对贫穷的家庭，那里的冬天寒冷刺骨，他们在家里借助汽油供暖。每年冬天，他们都会与佛罗里达的亲戚们在一起度过圣诞节那一个月。在1973年能源危机时，汽油价格大幅上涨以至于他们担负不起到佛罗里达的年度假期。因

---

[1]　然而，仍存在价格上涨引起我们观察到的实物商品消费增加的情况，这样的商品被称为凡勃伦商品（Veblen Goods），其以索尔斯坦·凡勃伦（Thorstein Veblen，1857—1929）命名。其假设对某种商品的偏好随着价格上涨而增强，这能导致当价格上涨时消费增加。你可以在章末习题7.11中更仔细地思考这一点，其中要求你解释当价格上涨时古驰配件消费的增加。在第21章章末习题21.5中，我们将在网络外部性的环境中重新讨论凡勃伦商品。

[2]　以下内容引自他的教材："如同吉芬先生所指出的，面包价格的上涨造成了较贫困劳动家庭的物资短缺……他们被迫缩减对肉和更加昂贵的含淀粉食物的消费：面包成了他们负担得起并可以食用的最便宜的食物，他们对面包的消费更多，而不是更少了。"（A. Marshall, Principles of Economics（MacMillan：London，1895）.）尽管罗伯特·吉芬（1837—1910）是一位被高度认可的经济学家和统计学家，但没有人在他的任何著作中找到以他命名的这种类型的商品，而只在马歇尔的作品中发现了吉芬商品。

[3]　R. Jensen and N. Miller，(2007). "Giffen Behavior：Theory and Evidence," National Bureau of Economic Research working paper 13243（Cambridge，MA，2007）.

此，他们不得不留在中西部，同时需要再取暖一个月。尽管他们整个冬天都试图在汽油上节省，但最终由于额外取暖了一个月，他们消费的汽油比通常情况下更多。从而，他们对汽油的消费正是因为汽油价格上涨而增加了，收入效应超过了替代效应。这个例子以及近年来的研究都说明：随着价格上涨消费增加的"吉芬行为"，一定是缘于某种商品占一个人收入的比重较大，从而价格的变化引起了较大的收入效应。进一步地，该商品一定没有很好的替代品，这使得替代效应保持在很小的水平。考虑到现代社会中替代商品的多样性以及相当高的生活水平，在已经达到最低收入水平以上的社会里不大可能找到很多"吉芬行为"。

练习 7A.7* 你能否借助一个"每年消费汽油的加仑数"位于横轴以及"每年在佛罗里达的假期时间"位于纵轴的图，用收入效应和替代效应的术语重述中西部汽油取暖的故事？ ■

7A.3.3 裤子和衬衫的收入效应与替代效应 现在我们回到第 2 章的例子中：我的妻子把我送到沃尔玛，让我拿着固定的预算去购买裤子和衬衫。由于我知道沃尔玛裤子和衬衫的价格，所以我带着已经解决的最优束进入商场。现在假定一个沃尔玛的服务员递给我一张对裤子打五折的优惠券（有效地降低了裤子的价格）。我们已经知道这将导致我的预算线像图 7-7（a）那样向外旋转。然而，在有了该优惠券后，我们可以预测裤子和衬衫的消费是如何随着裤子和衬衫是正常品、正常低档品或吉芬商品而变化的。

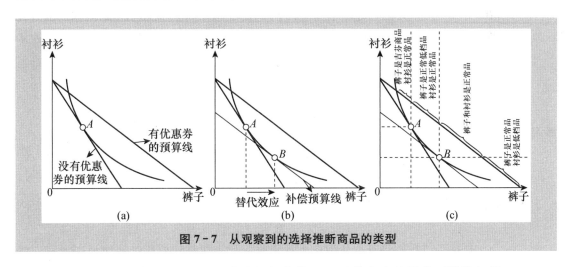

图 7-7 从观察到的选择推断商品的类型

首先，我们再次在图 7-7（b）中在新的价格下通过做出我的补偿预算线把替代效应分解出来。注意，在这种情形下，"补偿"是负的：为了保持我的"实际收入"（即我的无差异曲线）不变并仅关注机会成本变化的影响，你将会把我妻子给我的钱拿走一些。与之前一样，替代效应（从 A 到 B 的移动）表示我将从购买相对昂贵的商品（衬衫）转向购买变得相对便宜的商品（裤子）。

在图 7-7（c）中，我们接着把重点放在当我们从补偿预算线上假想的最优转到最终预算线上新的最优时会发生什么变化上。由于这不涉及机会成本的变化，所以当我们从补偿预算线上的最优点 B 跳到最终预算约束上的最终最优点时，我们得到了纯粹收入效应。假定裤子和衬衫对我来说都是正常品。这就是说，当收入经历从补偿预算到最终预算的变化时，我会购买比 B 点更多的裤子和衬衫；如果裤子是低档品并且衬衫是正常品，我将购买较少的裤子和更多的衬衫。考虑到我在这个例子中仅购买衬衫和裤子，不可能两种商品都是低档品，即我不可能购买比 B 点更少的裤子和更少的衬衫，所以我也不会在位于 B 点的西南方向的消费束上。由于"越多越好"，所以如果我可以从原有的最优点处移到一条更高的无差异曲线上，那么我将偏离原有的最优点。

现在假定你不仅知道裤子是低档品，同时还知道裤子是吉芬商品。吉芬商品意味着当外生收入保持不变时，我将会在其价格下降时减少消费。因此，我最终将不仅购买比 B 点更少的裤子，还会购买比 A 点更少的裤子。注意到这是我们不需要首先去找到替代效应的唯一情景：如果我们知道某种商品是吉芬商品并且我们知道其价格下降了，那么我们马上就能知道其消费也下降了。然而，在其他所有情景中，我们在运用正常品或低档品的概念之前需要找到补偿最优 B。

最后，假定你知道衬衫而不是裤子是吉芬商品。记住，为了观察到吉芬商品，我们必须观察到那种商品价格的变化（外生收入不变），因为吉芬商品是消费与价格同方向移动的商品（当收入是外生的并且不变时）。在这个例子中，我们没有观察到衬衫的价格变化，这意味着我们不能有效地运用吉芬商品的定义来预测消费会怎么变化。相反，我们简单地指出，由于所有吉芬商品都是低档品，所以在收入从补偿预算增加到最终预算时我将购买较少的衬衫。从而在这个例子中，知道衬衫是吉芬商品与知道衬衫是低档品是一样的。

练习 7A.8 复制图 7-7，对裤子价格的上涨（而不是下降）进行分析。■

7B 收入效应与替代效应的数学分析

在这一节我们将开始从数学上探索收入效应和替代效应。我之所以说我们将"开始"这样做是因为我们对这些效应的探索在下面几章时会变得更深入。现在，我们将试着说明在本章 A 部分所研究的直觉如何与一些特定的数学知识最直接地联系起来，在这一过程中我们将构建更一般的处理工具。在你阅读这一节时，毫无疑问你将会有些迷惑，除非你准备好铅笔和纸亲自动手紧跟着我们的计算过程。当你这样做时，你将会切身体会到我们如何使用到目前为止所介绍的不同的数学概念来精确地识别本章图中出现的 A 点、B 点和 C 点。再次阅读本章，并在一个诸如 Microsoft Excel 的软件中构建简单的表单将会对你更有帮助，我在写本节时正是这样记录出现在本教材中的不同数值答案的。建立这样一个表单可以帮助你很好地体会有关消费者选择的数学方法在具体例子中是如何运用的。

7B.1 改变收入对行为的影响

在第 6 章中我们解决了在特定的经济处境下（即对特定的价格和收入）的消费者受约束的最优化问题。在 7A.1 节，我们关注当外生收入变化时消费者行为的变化，我们发现答案取决于无差异曲线图的性质。现在我们把 7A.1 节中的一些分析转换成第 6 章中所研究的最优化的数学语言。

7B.1.1 低档品与正常品　例如，考虑我们在 7A.1.1 节中所介绍的面食和牛排的例子，并假定我妻子和我已发现当收入增加时面食的消费没有改变［如图 7-1（b）所示］。假定一盒面食的价格是 2 美元，一磅牛排的价格是 10 美元，面食盒数用 x_1 表示，牛排磅数用 x_2 表示。从 7A.1.1 节的讨论我们知道，仅当潜在的偏好关于面食是拟线性的，即当效用函数可以写成 $u(x_1, x_2) = v(x_1) + x_2$ 时，面食消费在收入增加时保持不变。对收入水平 I 以及对可以由效用函数 $u(x_1, x_2)$ 所描述的效用函数，受约束的最优化问题可以写成

$$\max_{x_1, x_2} u(x_1, x_2) = v(x_1) + x_2 \quad \text{s.t.} \quad 2x_1 + 10x_2 = I \tag{7.1}$$

其对应的拉格朗日函数为

$$\mathcal{L}(x_1, x_2, \lambda) = v(x_1) + x_2 + \lambda(I - 2x_1 - 10x_2) \tag{7.2}$$

利用前两个一阶条件，我们得到

$$\begin{aligned}
\frac{\partial \mathcal{L}}{\partial x_1} &= \frac{dv(x_1)}{dx_1} - 2\lambda = 0 \\
\frac{\partial \mathcal{L}}{\partial x_2} &= 1 - 10\lambda = 0
\end{aligned} \tag{7.3}$$

式（7.3）中第二个表达式可以改写为 $\lambda = 1/10$，代入式（7.3）中的第一个表达式，得

$$\frac{dv(x_1)}{dx_1} = \frac{1}{5} \tag{7.4}$$

注意，式（7.4）的左边仅是 x_1 的函数，而右边仅是一个实数，这意味着，当函数 v 有一个特定的形式时，我们可以求出 x_1 仅仅为一个实数。例如，如果 $u(x_1, x_2) = \ln x_1 + x_2$［意味着 $v(x_1) = \ln x_1$］，那么式（7.4）变为

$$\frac{1}{x_1} = \frac{1}{5} \text{ 或 } x_1 = 5 \tag{7.5}$$

从而，当潜在的偏好是拟线性的时，面食的最优数量（x_1）是 5（当面食和牛排的价格分别是 2 和 10 时）。从而不管在最优化问题（7.1）中外生收入 I 取什么值，最优值总是相同的。换言之，当我们解 x_1 时，变量 I 被消掉了。因此，边缘型正常品/低档品没有收入效应。

当然，对于不能表示为拟线性效用函数的偏好而言，这一点是不成立的。例如，考虑相同的问题，但是潜在的偏好可以由柯布-道格拉斯效用函数 $u(x_1, x_2) = x_1^\alpha x_2^{(1-\alpha)}$ 表示。那么拉格朗日函数是

$$\mathcal{L}(x_1, x_2, \lambda) = x_1^\alpha x_2^{(1-\alpha)} + \lambda(I - 2x_1 - 10x_2) \tag{7.6}$$

该问题的一阶条件是

$$\frac{\partial \mathcal{L}}{\partial x_1} = \alpha x_1^{(\alpha-1)} x_2^{(1-\alpha)} - 2\lambda = 0$$

$$\frac{\partial \mathcal{L}}{\partial x_2} = (1-\alpha) x_1^\alpha x_2^{-\alpha} - 10\lambda = 0 \tag{7.7}$$

$$\frac{\partial \mathcal{L}}{\partial \lambda} = I - 2x_1 - 10x_2 = 0$$

在第一个方程的两边加上 2λ，在第二个方程的两边加上 10λ，并把得到的方程相除，结果是 $\alpha x_2/(1-\alpha)x_1 = 1/5$ 或 $x_2 = (1-\alpha)x_1/5\alpha$。把其代入式（7.7）的第三个方程并求解 x_1，我们得到

$$x_1 = \frac{\alpha I}{2} \tag{7.8}$$

因此，对于这里设定的潜在的柯布-道格拉斯偏好，最优的面食盒数（x_1）取决于收入，较高的收入会导致更多的面食消费。因而柯布-道格拉斯偏好（以及所有其他位似偏好）表示图 7-1（c）中所绘的正常品的偏好。

最后，我们到目前为止所讨论的效用函数中没有一个表示对低档品的偏好。这是因为这样的偏好很难被简单的数学函数刻画，部分原因是没有哪种偏好会使得一种特别的商品总是低档品。为了理解这一点，假定从零收入开始，也就是从我们图中的消费原点（0，0）开始。现在假定我给你 10 美元。由于我们不能消费负数量的商品，所以与给你 10 美元之前相比你不可能消费更少的面食，从而不可能有表示在我们图中原点周围的低档品，因此所有商品至少在束（0，0）周围是正常品或边缘型正常品/低档品。商品仅在无差异曲线图的一些部分是低档的，这种逻辑结论使得很难用简单的效用函数表示这样的偏好。

7B.1.2 奢侈品与必需品 我们也在 7A.1.2 节中定义了奢侈品（luxury goods）和必需品（necessities），这两种边缘型商品由位似偏好表示。从第 5 章对

位似偏好的讨论中我们知道：这样的偏好（沿着从原点出发的射线）有边际替代率保持不变的特征，也正是这种偏好的这个特征保证了当外生收入增加 $x\%$（未发生机会成本的变化）时，我们对每种商品的消费也增加了 $x\%$，从而我们对一种商品的消费相对于另外一种商品的消费的比率不变。

例如，在方程（7.8）中，我们发现当我的偏好由柯布-道格拉斯效用函数 $u(x_1，x_2)=x_1^\alpha x_2^{(1-\alpha)}$ 刻画，面食的价格是 2 美元，牛排的价格是 10 美元且我的收入由 I 给出时，我的最优面食消费等于 $\alpha I/2$。当把该值代入对 x_1 的预算约束中并求解 x_2 时，我们也能确定我的最优牛排消费是 $(1-\alpha)I/10$。从而，我的面食消费和牛排消费的比率 (x_1/x_2) 在这些经济处境下是 $5\alpha/(1-\alpha)$。换言之，面食相对于牛排的消费与收入无关。由于我们知道柯布-道格拉斯效用函数表示位似偏好，所以这简单地证实了直觉已经告诉我们的：当潜在的偏好可以由柯布-道格拉斯效用函数表示时，面食和牛排都是边缘型奢侈品/必需品。

并不是所有类型的偏好都是这样的。如果我的偏好可以由拟线性效用函数 $u(x_1，x_2)=\ln x_1+x_2$ 表示，那么我们可以根据表达式（7.5）判定：不管我的收入水平是多少，我的面食消费都将等于 5 盒（当然，假定我至少有足够的收入来保障那么多的面食消费）。把其代入对 x_1 的预算约束中并求解 x_2，得到我的最优牛排消费是 $(I-10)/10$，即我的最优牛排消费是收入的函数而我的最优面食消费则不是。换言之，我的面食消费（相对于我的牛排消费而言）随着收入的增加而减少，使得面食成为必需品（牛排为奢侈品）。

7B.2 改变机会成本对行为的影响

我们在 7A.2 节中通过一个我弟弟在开曼群岛度假时选择打出租车而我选择租车的特定例子介绍了替代效应的概念。为真正把重点放在基本观点上，假定我弟弟和我在每个方面都相同，以便我们能从我们俩做了两个不同选择的事实推断出在到达开曼群岛的机场时他和我在租车和打出租车之间无差异。我们做出的选择是以下这种选择中的一个：从我们假期中的"行驶英里数"和"其他消费的美元数"之间的两个预算约束中择其一。租车有一笔较大的固定支付（从而降低了当驾驶很少或者没有驾驶时其他消费的可能水平），但是有行驶的额外英里数较为便宜的优势。使用出租车不涉及固定支付，但行驶的额外英里数较为昂贵。图 7-3（a）说明了所导致的选择集，图 7-3（b）说明了产生于那些选择集的不同机会成本的替代效应。

7B.2.1 租车与打出租车 假定你知道我弟弟和我计划花费 2 000 美元来开曼群岛度假，并且出租车价格为每英里 1 美元。设 x_1 表示"驾驶英里数"，x_2 表示"其他消费的美元数"。给定"其他消费的美元数"的价格是 1，我们知道我弟弟的预算线是 $2\,000=x_1+x_2$。假定我们也知道我弟弟（和我自己）的偏好可以总结为柯布-道格拉斯效用函数 $u(x_1，x_2)=x_1^{0.1}x_2^{0.9}$。解通常的受约束的最优化问题，我们可以确定我弟弟的最优消费束是 $x_1=200$，$x_2=1\,800$。

练习 7B. 1 建立我弟弟的受约束的最优化问题并求解，以检验他的最优消费束确实等于该结果。■

下面假定我丢了租车收据并且忘记了我被收取的驾驶一周的固定费用。我所知道的就是汽油每英里花费 0.20 美元。根据所有信息，我们可以计算出：为使得我租车与我弟弟使用出租车一样好，固定的租车费必须是多少。

具体地，我们可以简单地将 $x_1=200$ 和 $x_2=1\,800$ 代入效用函数 $u(x_1,\,x_2)=x_1^{0.1}x_2^{0.9}$ 中，得到近似值 $1\,445$，从而计算得到与我弟弟的最优无差异曲线相联系的值。尽管这个数字由于我们不能客观地量化效用而没有内在意义，但从 7A. 2. 1 节（和图 7-3）中的分析知道我最终落在了相同的无差异曲线上，从而有相同的效用水平，这一水平由我弟弟和我共同的效用函数度量。这给了我们充分的信息来找到束 B——我在图 7-3（b）中最优的驾驶英里数和其他消费的美元数的组合——通过使用基于图中的直觉的方法。我们所要做的就是找到最小的选择集（其预算线反映了我对驾驶英里数的较低的机会成本并与我弟弟已经达到的无差异曲线相切），即效用值为 $1\,445$ 的无差异曲线。

这可以用数学方法转化成如下问题：给定驾驶英里数对我的价格是 0.2（同时我的其他消费的美元数的价格固定为 1），我们想找到达到 $1\,445$ 的效用值〔由效用函数 $u(x_1,\,x_2)=x_1^{0.1}x_2^{0.9}$ 度量〕所需要的最小支出。设 E 表示支出，我们可以正式地把这表述为一个受约束的最小化问题：

$$\min_{x_1,x_2} E = 0.2x_1 + x_2 \quad \text{s. t. } x_1^{0.1}x_2^{0.9} = 1\,445 \tag{7.9}$$

受约束的最小化问题与受约束的最大化问题有相同的基本结构。式（7.9）的第一部分使我们知道如何通过选择 x_1 和 x_2 的值来最小化一个函数。我们试图最小化的函数或我们所称的目标函数（objective function）紧随其后并且只是最终的预算约束的方程（该方程反映了给定我支付固定费用租车后驾驶英里数的新的机会成本），现在面对一个较低的驾驶每英里的机会成本。式（7.9）的最后一部分告诉我们的是最小化问题的约束：我们努力达到值为 $1\,445$ 的无差异曲线。

找到一个最小化问题的解与找到最大化问题的解的方法非常相似。这种相似性的原因很容易从我们正在举的经济学例子中看出来。例如，在效用最大化的问题中，我们把预算线当成给定的，并试着去找到与那条线相切的无差异曲线。如图 7-8（a）所示，消费者面对一条固定的预算线并试着达到最高的无差异曲线（但该无差异曲线仍包含位于由固定预算线所定义的选择集内的束）。另外，在表达式（7.9）所定义的支出最小化问题中，我们把无差异曲线当成给定的并试着去找到给出商品的机会成本的最小选择集。如图 7-8（b）所示，我们试着用最小选择集去达到固定的无差异曲

线。因而在两种情形下，我们都试着去找到一个解——x_1 和 x_2 的组合，在该处无差
异曲线与预算线相切（假定该问题没有非凸性或角点解）。

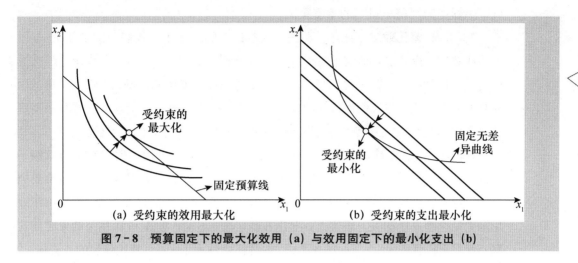

图 7-8　预算固定下的最大化效用（a）与效用固定下的最小化支出（b）

由于这个原因，在解最大化问题时使用的拉格朗日方法可以用来解我们新
定义的最小化问题。我们把目标函数与第二项（等于 λ 乘以被设定为零的约
束）组合在一起，构造拉格朗日函数，只是现在目标函数是预算约束，而约束
是无差异曲线。从而

$$\mathcal{L}(x_1, x_2, \lambda) = 0.2x_1 + x_2 + \lambda(1\,445 - x_1^{0.1} x_2^{0.9}) \tag{7.10}$$

接着我们再次对 $\mathcal{L}$ 关于选择变量（x_1 和 x_2）和 λ 取一阶导数，得到一阶条件

$$\frac{\partial \mathcal{L}}{\partial x_1} = 0.2 - 0.1\lambda x_1^{-0.9} x_2^{0.9} = 0$$

$$\frac{\partial \mathcal{L}}{\partial x_2} = 1 - 0.9\lambda x_1^{0.1} x_2^{-0.1} = 0 \tag{7.11}$$

$$1\,445 - x_1^{0.1} x_2^{0.9} = 0$$

对 x_2 解前两个方程，我们得到

$$x_2 = \frac{0.9 \times 0.2x_1}{0.1} = 1.8x_1 \tag{7.12}$$

将其代入第三个方程中并求解 x_1，我们得到 $x_1 = 851.34$。最后，把这个代回
表达式（7.12），我们得到 $x_2 = 1\,532.41$。这是图 7-3 中的 B 点，意味着我将在开
曼群岛度假期间用我租的车驾驶约 851 英里并消费大约 1 532 美元在其他商品上。

我们现在可以通过把最优消费水平 x_1 和 x_2 乘以那些商品的价格（x_1 的价格是
0.2，x_2 的价格是 1）并把这些支出加在一起，得到束 B 花费了多少：

$$E = 0.2 \times 851.34 + 1 \times 1\,532.41 = 1\,702.68 \tag{7.13}$$

由式（7.13）可知，束 B 总共花费了 1 702.68 美元。由于事先知道我是带

着 2 000 美元到达开曼群岛的,所以我度假的总货币预算与我在驾驶和其他商品上的总花费的差一定等于我支付的固定的租车费:297.32 美元。这等于图 7 - 3(a)中标记为"租车费"的垂直距离。

7B.2.2 替代效应 注意,在进行这些计算的过程中,我们识别了图 7 - 3 中的替代效应。换言之,假定偏好可以由效用函数 $u(x_1, x_2) = x_1^{0.1} x_2^{0.9}$ 表示,那么当机会成本是每英里 1 美元时,对于一个选择驾驶 200 英里并消费 1 800 美元在其他商品上的人来说,在我们保持他的实际财富或他的实际福利不变,而把驾驶一英里的机会成本变为 0.2 美元时,他将会减少其他消费并选择驾驶 851 英里。

7B.2.3 替代效应的大小 通过使用柯布-道格拉斯效用函数来表示前面例子中的偏好,我们选择了一个 [在第 5 章对不变弹性(CES)效用函数的谈论中我们所知道的] 替代弹性等于 1 的效用函数。我们计算的答案与这个柯布-道格拉斯效用函数的性质直接相关。事实上,利用在确定图 7 - 3 中与 A 和 B 相关的束时的答案,我们可以证明 $u(x_1, x_2) = x_1^{0.1} x_2^{0.9}$ 的替代弹性为 1。回忆替代弹性的公式:

$$替代弹性 = \left| \frac{\% \Delta (x_2/x_1)}{\% \Delta MRS} \right| \tag{7.14}$$

束 A(我弟弟的最优束)是(200,1 800),而束 B(我的最优束)是(851.34,1 532.41)。因此,我弟弟的 x_2/x_1 等于 1 800/200,即为 9,而我的 x_2/x_1 是 1 532.41/851.34,即为 1.8。因此,在相同的无差异曲线上从 A 到 B,x_2/x_1 的变化 [$\Delta(x_2/x_1)$] 等于 -7.2。$\% \Delta(x_2/x_1)$ 就是 x_2/x_1 的变化除以 x_2/x_1 在束 A 的初始水平,即

$$\% \Delta \left(\frac{x_2}{x_1} \right) = \frac{\Delta(x_2/x_1)}{x_2^A/x_1^A} = \frac{-7.2}{9} = -0.8 \tag{7.15}$$

类似地,束 A 处的 MRS 等于我弟弟的预算线的斜率,给定他的成本为每英里 1 美元时其等于 -1。另外,我在束 B 的 MRS 等于我的预算线的斜率,给定我的成本仅为每英里 0.20 美元时其等于 -0.2。从而,当我们从 A 到 B 时,$\% \Delta MRS$ 是 MRS 的变化除以 MRS 在束 A 处的初始,即

$$\% \Delta MRS = \frac{\Delta MRS}{MRS^A} = 0.8 \tag{7.16}$$

把式(7.15)和式(7.16)代入式(7.14)的替代弹性的表达式中,我们得到替代弹性等于 1。从而,当图 7 - 3 中的无差异曲线的边际替代率变化了 80%(从 -1 到 -0.2)时,其他消费(x_2)与驾驶英里数(x_1)的比率也变化了 80%(从 9 到 1.8)。内含在效用函数中的替代弹性决定了我们所计算的替代效应的大小!

这直接与我们在图 7 - 1 中建立的直觉联系了起来,其中我们证明了替代效应如何随着可替代程度(或者用更加数学化的语言表述为替代弹性)的增加而增

加。因而，如果用与柯布-道格拉斯效用函数中不同的替代弹性的效用函数来替代，我们所计算出来的替代效应将会不同，这取决于内含在那些效用函数中的替代弹性是更大还是更小。

例如，考虑 $\rho=-0.5$ 的 CES 效用函数，这意味着替代弹性为 2（而不是柯布-道格拉斯情形中当 $\rho=0$ 时的 1）。更精确地，假定我弟弟和我共同的效用函数是

$$u(x_1,x_2)=(0.25x_1^{0.5}+0.75x_2^{0.5})^2 \tag{7.17}$$

并再次假定我们在开曼群岛的假期的货币预算是 2 000 美元，每英里的出租车成本是 1 美元，每英里租车的成本是 0.20 美元。① 那么我弟弟的最优化问题是

$$\max_{x_1,x_2}(0.25x_1^{0.5}+0.75x_2^{0.5})^2 \quad \text{s. t. } x_1+x_2=2\,000 \tag{7.18}$$

与我们前面的例子一样，你可以证明这将得出 $x_1=200$ 和 $x_2=1\,800$ 的最优消费束。从而，A 点保持不变。然而，由于内含在式（7.17）中不同的替代弹性，A 点所在的无差异曲线与我们前面例子中的很不一样。当你把我弟弟的最优束代回我弟弟的效用函数式（7.17）时，你可以计算出他在由这个效用函数度量的效用为 1 250 的无差异曲线上。接着我们可以通过解与表达式（7.9）所陈述的相似但被用于正在使用的模型中的问题来重复计算束 B：

$$\max_{x_1,x_2}E=0.2x_1+x_2 \quad \text{s. t. } (0.25x_1^{0.5}+0.75x_2^{0.5})^2=1\,250 \tag{7.19}$$

你可以再次证明这将产生 $x_1=2\,551.02$ 和 $x_2=918.37$ 的最优束 B，意味着替代效应比我们用柯布-道格拉斯效用函数找到的要大得多。这是因为我们在效用函数方程（7.17）中构建了一个比前面的柯布-道格拉斯效用函数更大的替代弹性。这两个情景的差别在图 7-9 中已经说明。

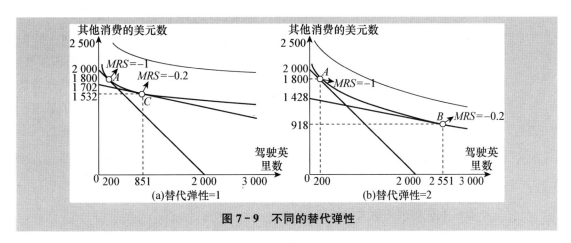

图 7-9　不同的替代弹性

练习 7B. 2　为了使我在这个例子中的境况与打出租车无差异，我需要支付多少固定租车费？

---

① 等式（7.17）中的指数是正的，因为 ρ 是负的并且 CES 效用函数中的每个指数的前面都有一个负号。

为什么这个数额比我们在前面的柯布-道格拉斯情形中计算的要大些？ ∎

表 7-1 对有不同替代弹性的 CES 效用函数进行了相似的计算。在每种情形下，CES 效用函数剩余的参数都会被设定，以确保我弟弟的最优选择保持不变：驾驶英里数为 200，其他消费的美元数为 1 800。[1]

表 7-1 $\qquad$ $u(x_1, x_2) = (\alpha x_1^{-\rho} + (1-\alpha) x_2^{-\rho})^{-1/\rho}$

当替代弹性变化时的替代效应		
ρ	替代弹性	替代效应
−0.5	2	B 的驾驶英里数比 A 多 2 351.02
0.0	1	B 的驾驶英里数比 A 多 651.34
0.5	0.67	B 的驾驶英里数比 A 多 337.28
1.0	0.50	B 的驾驶英里数比 A 多 222.53
5.0	0.167	B 的驾驶英里数比 A 多 57.55
10.0	0.091	B 的驾驶英里数比 A 多 29.67
∞	0.000	B 的驾驶英里数与 A 相同

7B.3 价格变换：收入效应与替代效应相结合

最后，我们在 7A.3 节中得出结论：大多数价格变化同时涉及收入效应与替代效应，因为它们同时涉及我们的实际财富（或我们最优的无差异曲线）的变化与机会成本的变化。接着，我们可以使用到目前为止我们所构建的所有数学工具来识别当价格变化时的收入效应和替代效应。下面我们将再次考虑在沃尔玛购买裤子（x_1）和衬衫（x_2）的例子（如我们在 7A.3.3 节中所做的那样）来说明我们如何单独地识别这些效应。假设我们有 200 美元用于消费，衬衫的价格是 10 美元，我们将重点关注当裤子的价格 p_1 变化时会发生什么变化。我们将在这一节（不实际地）假设可以消费非整数的衬衫和裤子。如果这使你困惑，那么你可以考虑一些连续性更强的商品，比如散装食品铺里的坚果和糖果，你可以随意地用勺子将它们装进一个袋子里，而不是像裤子和衬衫那样只能整件出售，这样你会感觉合理一些。

首先，假定我的偏好可以再次被描述为柯布-道格拉斯效用函数

$$u(x_1, x_2) = x_1^{0.5} x_2^{0.5} \qquad (7.20)$$

那么我受约束的最大化问题是

$$\max_{x_1, x_2} x_1^{0.5} x_2^{0.5} \quad \text{s.t.} \quad p_1 x_1 + 10 x_2 = 200 \qquad (7.21)$$

---

① 更精确地，可以利用效用函数 $u(x_1, x_2) = (\alpha x_1^{-\rho} + (1-\alpha) x_2^{-\rho})^{-1/\rho}$ 来做这些计算，其中 ρ 被设定为表中第一列所标出的数，并且 α 会被调整以确保 A 点保持在 (200, 1 800)。

以通常的方式求解，得到最优束

$$x_1 = \frac{100}{p_1} \text{ 且 } x_2 = 10 \tag{7.22}$$

练习 7B.3 验证该答案是正确的。∎

最初，我面对的价格是每条裤子 20 美元，这意味着我的最优束是 5 条裤子和 10 件衬衫。然后我妻子给了我一张针对裤子的五折优惠券，使用该优惠券可以有效地把裤子的价格从 20 美元降到 10 美元。由于裤子价格下降，我的最优消费束从（5，10）变化到（10，10）。这说明，图 7 - 10（a）中束 A 表示我的初始最优束，束 C 表示我新的最优束。

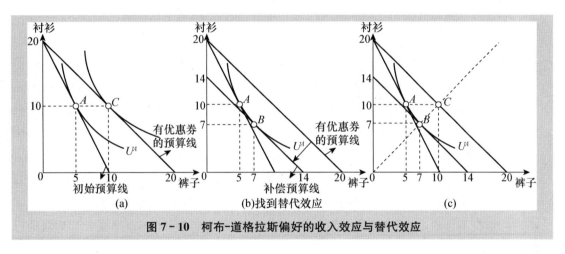

图 7 - 10　柯布-道格拉斯偏好的收入效应与替代效应

为了把我的行为的这种变化分解成收入效应和替代效应，我们需要计算当我面对相同的机会成本变化而没有经历实际财富的变化，即没有移动到一条更高的无差异曲线上时，我的消费将会怎么变化。从而，我们需要使用前面的方法来计算当我收到优惠券后我必须放弃多少钱以使得我的境况与最初没有优惠券时一样好。注意，这与我弟弟和我在开曼群岛的例子完全类似，其中我们需要计算：为使我租车与我弟弟打出租车的效用相同，固定的租车费为多少？在两种情形下，我们都位于一条固定的无差异曲线上，并试图找到当机会成本变化时能给我固定效应水平的最小选择集。

在图 7 - 10（b）中，我们说明了用图示的方法找到替代效应的问题。首先画出包含束 A 的无差异曲线 U^A 和我拥有优惠券后的预算线。接着把这条预算线向内移动，保持斜率和新的机会成本固定不变，直到无差异曲线上只有单一的点保持在选择集内。这个过程识别了补偿预算线上的束 B，也就是说，如果我面对有优惠券时的机会成本，但失去了足够多的货币，以使得我的境况与最初的消费束 A 一样好时会选择的束。

在数学上，我们把图 7-10（b）所画的过程称为受约束的最小化问题（试着在包含束 A 的无差异曲线上进行消费这一限制下最小化总支出或货币预算）。

我们可以把此写成如下形式：

$$\min_{x_1,x_2} E = 10x_1 + 10x_2 \quad \text{s.t.} \quad x_1^{0.5} x_2^{0.5} = U^A \tag{7.23}$$

其中 U^A 表示我在束 A 获得的效用水平。这个效用水平可以简单地通过把束 A（$x_1 = 5$，$x_2 = 10$）代入效用函数 $x_1^{0.5} x_2^{0.5}$ 中计算得到，其值为 $U^A \approx 7.071$。用我们在前一节开曼群岛的例子中使用的拉格朗日方法求解这个最小化问题，我们得到

$$x_1 = x_2 \approx 7.071 \tag{7.24}$$

练习 7B.4 验证最小化问题的解。∎

在价格 $p_1 = p_2 = 10$ 处消费这个束所要求的总支出是 141.42 美元，这意味着：如果你将从我最初的 200 美元中拿出 58.58 美元并给我一张五折优惠券，那么我的境况会与最初有 200 美元且没有这个优惠券时一样好。换言之，当我得到优惠券时，我的"实际收入"高出了 58.58 美元，因为当我得到优惠券时，你能从我这里拿走 58.58 美元并且不改变我的效用。因此，补偿预算（保持我的效用不变的预算）是 141.42 美元。

把图 7-10（a）和 7-10（b）组合成图 7-10（c），该图说明了束 A、B 和 C 以及对应它们我们所计算的值。替代效应是从 A 到 B 的移动，而收入效应是从 B 到 C 的移动，其反映出收到这张优惠券（相当于获得额外的 58.58 美元）后我的行为的变化。

练习 7B.5 注意，在束 B 和 C 处，裤子和衬衫消费的比率是相同的（=1）。柯布-道格拉斯偏好的什么特征导致了这个结果？∎

与我们在开曼群岛的例子中所识别的替代效应一样，这里替代效应的大小再次取决于可替代程度，这表现在无差异曲线的形状以及效用函数的形式上。类似地，收入效应的大小取决于偏好的潜在性质以及用裤子和衬衫表示正常品或低档品时的相符程度。

例如，假定我的偏好可以表示为拟线性效用函数

$$u(x_1, x_2) = 6x_1^{0.5} + x_2 \tag{7.25}$$

建立与式（7.21）类似的最大化问题

$$\max_{x_1,x_2} 6x_1^{0.5} + x_2 \quad \text{s.t.} \quad p_1 x_1 + 10x_2 = 200 \tag{7.26}$$

你可以证明其解为

$$x_1 = \frac{900}{p_1^2}, x_2 = \frac{20p_1 - 90}{p_1} \tag{7.27}$$

从而，当裤子的价格是 20 时，我们得到最优束（2.25，15.5），当价格由于优惠券的使用而下降到 10 时，我得到最优束（9，11）。没有优惠券时的总效用通过把 $x_1 = 2.25$ 和 $x_2 = 15.5$ 代入方程（7.25）得到，效用等于 24.5。这使得我们可以通过解有约束的最小化问题来找到替代效应

$$\min_{x_1,x_2} E = 10x_1 + 10x_2 \quad \text{s.t.} \quad 6x_1^{0.5} + x_2 = 24.5 \tag{7.28}$$

解式（7.28）得到：$x_1 = 9$，$x_2 = 6.5$。因此（忽视购买非整数单位裤子的事实）替代效应导致我对裤子的消费量从初始的 2.25 变为 9，收入效应没有引起我对裤子的消费量的任何变化，这是因为特定商品（在这种情形中是裤子）的拟线性偏好对该商品的消费不会产生收入效应。这样的商品是边缘型正常品/低档品。[①]

练习 7B.6　利用前面的计算，通过绘制与图 7-10 相似的图来说明当我的偏好由效用函数 $u(x_1，x_2) = 6x_1^{0.5} + x_2$ 表示时的收入效应与替代效应。■

结论

这一章我们已经在消费者商品市场的环境中讨论过收入效应和替代效应这两个重要概念。在 7B 部分中，我们进一步对一些非常具体的例子计算了收入效应和替代效应，目的是为了说明 7A 部分中的图是如何与我们到目前为止已经介绍的数学思想结合起来的。一个更一般的消费者行为理论将会在我们已经铺设的最优化模型的构建模块中产生，但是我们要到第 10 章才能完成对这个理论的构建。在这之前，我们首先把消费者商品市场中的收入效应和替代效应的概念以相似的思想转换到劳动和资本市场中（第 8 章）。我们将在第 9 章和第 10 章说明需求与消费者剩余的概念是如何直接地与这里介绍的收入效应和替代效应联系起来的。

现在没有特别的原因使得这些概念看上去很重要。后面当这些概念被应用到习题以及一些现实世界中的问题上时，其重要性会变得更明显。我们在引言中提到了一个例子，现在我们能赋予其更多的意义。我们虚构了一项政策，即政府可以通过对增加汽油税来减少汽油消费，然后通过返还支票的形式分配税收收益。很多人（包括一些非常聪明的专栏作家和政治家）认为，这样一个征收汽油税和退税的组

[①]　一个小缺陷是：当存在角点解时，这样的偏好对拟线性商品确实显示出收入效应。章末习题 7.1 将更详细地探讨这一点。

合没有任何意义。他们声称：总体而言，消费者将会拿回他们所支付的全部汽油税，所以这不会改变他们的行为。[①] 然而，现在我们已经分解了收入效应和替代效应，可以理解为什么经济学会认为这样一种征税再退税的政策确实会抑制汽油消费：税收提高了汽油的价格，从而产生了收入效应和替代效应（假定汽油是正常品），从而导致汽油消费减少。另外，退税并不是简单地把价格变回去，而是使人们的收入在征税后的基础上提升。因此，退税引起了一个相反方向的收入效应。来自价格增加的负的收入效应会被来自退税的正的收入效应大致抵消，最后留下来的是替代效应，这就明确导致了汽油消费的减少。

章末习题[②]

7.1 再次考虑我对可口可乐和百事可乐的偏好以及我对左脚鞋子和右脚鞋子的偏好（如章末习题 6.2 所描述的）。

A. 在两个独立的图上——在一个图上标出可口可乐和百事可乐，在另一个图上标出右脚鞋子和左脚鞋子——复制你在章末习题 6.2A（a）和（b）中的答案。标记初始最优束 A 和新的最优束 C。

a. 在可口可乐/百事可乐的图中，通过画出补偿预算线并在该预算线上标出最优束 B，把消费者行为的变化分解成收入效应和替代效应。

b. 对右脚鞋子/左脚鞋子的图重复（a）。

B. 现在考虑如下效用函数：$u(x_1, x_2) = \min\{x_1, x_2\}$ 和 $u(x_1, x_2) = x_1 + x_2$。这两个中的哪一个表示了我对可口可乐和百事可乐的偏好，哪一个表示了我对右脚鞋子和左脚鞋子的偏好？

a. 用适当的函数来表示 7.5A（a）图中束 A、束 B 和束 C 的效用值。

b. 对 7.5A（b）图中的束 A、束 B 和束 C 重复上述（a）。

7.2 回到章末习题 6.6 中啤酒和比萨消费的例子。

A. 假定你用外生设定的收入 I 仅消费啤酒和比萨（分别以价格 p_1 和 p_2 出售）。再次假设某个初始的最优（内点）束 A。

a. 在 6.6A（b）中，你能否判断啤酒是正常品还是低档品？比萨呢？

b. 当啤酒的价格上涨时，你消费了较少的啤酒。你能否据此判断啤酒是正常品还是低档品？

---

① 这个论点实际上是由 20 世纪 70 年代末期卡特政府所倡导的这样一项政策的反对者提出来的，该提议在美国国会众议院中只得到了（435 票中的）35 票。这并不是反对这项政策的唯一观点。例如，一些人声称这种汽油税覆盖的范围太狭窄了，可以改为对所有碳排放行为征收广泛的碳税来达到政策目的。

② ＊在概念方面有挑战性的问题。

＊＊在计算方面有挑战性的问题。

†答案见学习指南。

c. 当啤酒价格下降时，你购买了较少的比萨。你能否据此判断比萨是正常品？

d. 当比萨价格下降时，你购买了更多的啤酒。啤酒对你是低档品吗？比萨呢？

e. 如果你知道比萨和啤酒是可替代的，（d）中的哪一部分结论会改变？

B. 与章末习题 6.6B 一样，假设你对啤酒（x_1）和比萨（x_2）的偏好可以总结为效用函数 $u(x_1, x_2) = x_1^2 x_2$。计算啤酒和比萨的最优消费数量，将其表示为 p_1、p_2 和 I 的函数。

a. 说明当 $p_1 = 2$、$p_2 = 10$ 和收入 $I = 180$ 时的最优束 A。该效用函数对包含束 A 的无差异曲线分配的数值是多少？

b. 用你的答案证明当偏好可以总结为这个效用函数时啤酒和比萨都是正常品。

c. 当啤酒的价格上升到 4 美元时，说明新的最优束并将其标记为 C。

d. 如果你得到了足够幅度的加薪，使得你在啤酒的价格上涨后能保持与之前（在初始的 180 美元收入处）同样的效用，你将会购买多少啤酒和比萨？把其标记为束 B。

e. 在（d）中你的薪水需要增加多少？

f. 现在假定比萨的价格（p_2）下降到 5 美元（并假定啤酒的价格和你的收入最初在束 A 上分别为 2 美元和 180 美元）。在一个图中说明你的初始预算、新预算、初始最优束 A 和新的最优束 C。

g. 计算由比萨价格的变化引起的比萨和啤酒消费的收入效应和替代效应。在图中对此进行说明。

h. 判断正误：由于对啤酒的收入和替代效应指向相反的方向，因而啤酒一定是低档品。

7.3 这里我们考虑一些偏好和商品类型之间的逻辑关系。

A. 假定你将所有想消费的商品都考虑在内。

a. 所有这些商品在每个消费束处是否可能都是奢侈品？是否可能都是必需品？

b. 所有商品在每个消费束处是否可能都是低档品？是否可能都是正常品？

c. 判断正误：当偏好是位似的时，所有商品都是正常品。

d. 判断正误：当偏好是位似的时，一些商品可以是奢侈品，而另一些可以为必需品。

e. 判断正误：当偏好是拟线性的时，一种商品是必需品。

f. 判断正误：在两商品模型中，如果两种商品是完全互补的，那么它们一定都是正常品。

* g. 判断正误：在三商品模型中，如果两种商品是完全互补的，那么它们一定都是正常品。

B. 在以下每种情形中，假定偏好可以被描述为给定效用函数的人有收入 I 并且面对的所有商品的价格都为 1。用数学方法说明他或她对每种商品的消费如何随着收入的变化而变化，并根据你的答案判断该商品是正常品还是低档品，是奢侈品还是必需品。

    a. $u(x_1, x_2)=x_1 x_2$

    b. $u(x_1, x_2)=x_1+\ln x_2$

    c. $u(x_1, x_2)=\ln x_1+\ln x_2$

    d. $u(x_1, x_2, x_3)=2\ln x_1+\ln x_2+4\ln x_3$

    * e. $u(x_1, x_2)=2x_1^{0.5}+\ln x_2$

7.4 假定你有 24 美元的收入并且你能消费的两种商品是苹果（x_1）和桃子（x_2）。苹果的价格是 4 美元，桃子的价格是 3 美元。

    A. 假定你的最优消费是 4 个桃子和 3 个苹果。

    a. 用无差异曲线和预算线在图中说明。

    b. 现在假定苹果的价格下降到 2 美元，并且我从你这里拿走了一些钱，使得你的效用与最初一样。你会买更多的桃子还是更少的桃子？

    c. 在现实中，我实际上并不能如（b）所描述的那样从你这里拿走收入，所以在苹果价格下降后，你的收入仍为 24 美元。在苹果价格下降后，你没有改变你对桃子的消费量。你能否判断桃子对你而言是低档品还是正常品？

    B. 假定你的偏好可以由效用函数 $u(x_1, x_2)=x_1^{\alpha}x_2^{(1-\alpha)}$ 描述。

    a. 为了使你在初始价格下选择 3 个苹果和 4 个桃子，α 应该取什么值？

    b. 在 A(b) 所描述的情景中，你的消费束是怎样的？

    c. 我能从你这里拿走多少钱，使得你的效用与价格变化前相同？

    d. 在价格下降后你实际上会消费多少？

†**7.5** 回到通过购买玫瑰花表达我对妻子永恒的爱这一例子（在章末习题 6.4 中介绍过）。

    A. 回忆玫瑰花最初每支 5 美元，我每周用 125 美元的收入购买 25 支。然后，当我每周的收入增加到 500 美元时，我继续每周购买 25 支（以相同的价格）。

    a. 根据目前为止你所观察到的，玫瑰花对我而言是正常品还是低档品？是奢侈品还是必需品？

    b. 在一个每周玫瑰花消费量位于横轴、"其他消费"位于纵轴的图上，说明当我的周收入为 125 美元时的预算约束。然后说明当玫瑰花的价格下降到每支 2.50 美元并且我的收入保持每周 125 美元时我的预算约束的变化。假定在这个价格变化后我最优的每周玫瑰花消费量上升到 50 支，把这标记为束 C。

    c. 说明补偿预算线并用它来解释收入效应和替代效应。

    d. 现在考虑我的收入是 500 美元的情形，当价格从每支 5 美元变到 2.50 美元时，我最终每周消费 100 支玫瑰花（而不是 25 支）。假设在玫瑰花上存在拟线性，说明收入效应与替代效应。

    e. 判断正误：拟线性商品价格的变化对拟线性商品不产生收入效应，除非涉及角点解。

B. 再次假定，与 6.4B 一样，我对玫瑰花（x_1）和其他商品（x_2）的偏好可以表示为效用函数 $u(x_1, x_2) = \beta x_1^\alpha + x_2$。

a. 如果你还没这样做，那么假设 p_2 定义为 1，设 $\alpha = 0.5$，$\beta = 50$，计算我对玫瑰花和其他商品的最优消费（表示为 p_1 和 I 的函数）。

b. 当我的收入是 125 美元且玫瑰花的价格最初为每支 5 美元，后来变为每支 2.50 美元时，你在 7.5A(b) 中的原始情景图中包含角点解。你前面的答案支持这一点吗？

c. 验证你在 7.5A(d) 答案中的情景也与这个效用函数所描述的偏好一致，即验证束 A、束 B 和束 C 符合你的答案。

7.6 日常应用：火鸡与感恩节。每年感恩节，我妻子和我都要考虑如何准备我们要供应的（以及会剩下的）火鸡。我妻子喜欢以传统的方式准备火鸡：在炉子里面以 350 度烤大约 4 个小时。我喜欢在户外的火焰上用一大壶加热的花生油来炸火鸡。这两种方法有相同的成本和收益。传统的烹调火鸡的方法只有很小的设置成本（因为炉子已经在那里，只需要打开即可），但是有相对大的时间成本（需要花费数小时）。炸的方法有一些设置成本（取出火鸡炸锅，倒上数加仑的花生油，以及后面与它相关的清洗工作），但是火鸡（每磅）可以在仅 3.5 分钟内被相当快地烹调。

A. 作为一家子，我们看起来在一种方法和另一种方法之间无差异，有时候我们用烤炉，有时候我们用炸锅。但是事实上我们知道，与使用烤炉相比，使用炸锅可以烹调更多的火鸡。

a. 构造一个"烹调火鸡的磅数"位于横轴和"其他消费"位于纵轴的图。（这里"其他消费"通常并不是以美元为单位，而是一些考虑参与这样的消费所花费的时间之类的指数。）考虑用锅炸火鸡的设置成本以及烹调过程中的等待成本为主要的相关成本。你能否把家庭在感恩节是炸火鸡还是烤火鸡的选择称为在两条"预算线"之间的选择？

b. 你能解释在感恩节时，与烤火鸡相比，一旦我们把火鸡炸锅拿出来，我们将会吃更多的火鸡吗？

c. 我们的一些朋友每个感恩节也纠结于是炸还是烤，并且他们看起来也觉得这两个选择之间无差异。但是我们注意到，与选择烤时相比，他们在选择炸时烹调的火鸡只增加了一点点而没有增加很多。他们有什么不同呢？

** B. 假定如果我们没有烹调火鸡，那么我们可以花费 100 单位用于"其他消费"，但是用来烹调火鸡的时间需要从该消费中减去。设置火鸡炸锅花费 c 单位并且等 3.5 分钟（也就是烹调 1 磅火鸡所花费的时间）花费 1 单位。烤火鸡不涉及设置成本，但是烹调每磅火鸡花费 5 分钟。假定偏好被描述为 CES 效用函数 $u(x_1, x_2) = (0.5 x_1^{-\rho} + 0.5 x_2^{-\rho})^{-1/\rho}$，其中 x_1 是火鸡的磅数，x_2 是"其他消费"。

a. 所面对的两个预算约束是什么?

b. 你能计算有这个偏好的某人会烤多少火鸡吗(为 ρ 的函数)? 这个人会炸多少火鸡?(提示:不用借助拉格朗日方法来求解,而是利用 MRS 等于预算线的斜率并回忆一下第 5 章中所介绍的对于这种类型的 CES 效用函数,$MRS = -(x_2/x_1)^{\rho+1}$。)

c. 假定我的家庭有 $\rho = 0$ 的偏好而我朋友的家庭有 $\rho = 1$ 的偏好。如果我们都在这个感恩节烤火鸡,那么我们分别会烤多少?

d. 我们每个人会得到多少效用(由相关的效用函数度量)?(提示:在 $\rho = 0$ 的情形中,指数 $1/\rho$ 未被定义。利用当 $\rho = 0$ 时 CES 效用函数是柯布-道格拉斯函数这一点。)

e. 哪个家庭的效用更大?

f. 如果我们真的觉得烤和炸之间无差异,那么对我的家庭而言 c 必须为多少? 对我朋友的家庭而言它必须是多少?(提示:不要建立通常的最小化问题,利用你对(b)的答案,通过令炸时的效用与烤时的效用相等来确定 c。)

g. 给定你目前的答案,如果我们选择了炸而不是烤(并且由于我们面对不同的 c,我们真的觉得这两者之间无差异),那么每人会炸多少火鸡?

h. 比较你计算得出的我家庭的替代效应和我朋友家庭的替代效应,并利用一个火鸡磅数位于横轴、其他消费位于纵轴的图说明你的答案。把替代效应与替代弹性联系起来。

7.7 日常应用:住房市场的价格波动(第 2 部分)。与章末习题 6.9 一样,假定你有 400 000 美元用于"住房的平方英尺数"和"其他消费的美元数"。假定我也是这样。

A. 假定最初住房的价格是每平方英尺 100 美元,你选择购买一套面积为 2 000 平方英尺的住房。

a. 利用"住房的平方英尺数"位于横轴、"其他消费的美元数"位于纵轴的图说明这一点。然后假定,与习题 6.9 一样,在你购买 2 000 平方英尺的住房后住房的价格下降到每平方英尺 50 美元,标记你将转换到面积为 h_B 平方英尺的住房。

b. h_B 是小于还是大于 2 000? 你的答案是否取决于住房是正常品、正常低档品还是吉芬商品?

c. 现在假定住房价格在你购买最初的 2 000 平方英尺的住房之前下降到每平方英尺 50 美元。用 h_C 表示你可能已经购买的房子的大小并在图中说明这一点。

d. h_C 比 h_B 大吗? 它是否大于 2 000 平方英尺? 你的答案是否取决于住房是正常品、正常低档品还是吉芬商品?

e. 现在考虑我的情况。直到住房价格变为每平方英尺 50 美元,我才买了一套面积为 4 000 平方英尺的房子。然后房子的价格上升到每平方英尺 100 美元。我是否会卖出我的房子并买一套新的？如果是这样的话，新房子的面积 h_B 是大于还是小于 4 000 平方英尺？你的答案是否取决于住房对我来说是正常品、正常低档品还是吉芬商品？

f.　我是变得更好了还是更差了？

g.　假定我在低价时没有购买房子而是在价格上升到每平方英尺 100 美元时购买了一套面积为 h_C 的住房。h_C 是大于还是小于 h_B？它比 4 000 平方英尺大还是小？你的答案是否取决于住房对我来说是正常品、正常低档品还是吉芬商品？

B.　假定你和我都有由效用函数 $u(x_1, x_2) = x_1^{0.5} x_2^{0.5}$ 表示的偏好，其中 x_1 是"住房的平方英尺数"，x_2 是"其他消费的美元数"。

a.　计算 x_1 的最优水平（表示成住房的价格 p_1 和收入 I 的函数）。

b.　验证你的面积为 2 000 平方英尺的住房的最初选择和我的面积为 4 000 平方英尺的住房的最初选择在我们各自所面临的处境下是最优的（假定我们开始时都有 400 000 美元）。

c.　计算 A（a）和（c）中 h_B 和 h_C 的值。

d.　计算 A（e）和（g）中 h_B 和 h_C 的值。

e.　验证你对 A（f）的答案。

*†**7.8　商业应用**：山姆俱乐部与边际消费者。像好市多（Costco）和山姆俱乐部（Sam's Club）这样的超市不仅是企业的批发商，而且也面向那些为了得到这些商场里提供的较低的价格而愿意支付固定费用的消费者。出于这个习题的目的，假定你可以把"在超市出售的商品"表示为 x_1 并把"其他消费的美元数"表示为 x_2。

A.　假定所有消费者对 x_1 和 x_2 有相同的位似偏好，但他们的收入不同。每个消费者都面临两种选择：要么在 x_1 的价格有点高的商店购物，要么支付固定费 c 并去 x_1 的价格相对较低的超市购物。

a.　利用一个 x_1 位于横轴、x_2 位于纵轴的图，说明一个消费者（不是超市会员）的正常预算线与超市预算线，该消费者的收入能使两条预算线在 45 度线上相交。在你的图中标出一个垂直距离，使其等于超市会员费 c。

b.　现在考虑一个消费者的收入变为原来的两倍的情况。该消费者的两条预算线在哪里相交（相对于 45 度线）？

c.　假定消费者 1（来自（a））觉得买和不买会员资格之间无差异。她的行为是如何根据她是否购买了会员资格而改变的？

d.　如果消费者 1 觉得买和不买超市会员资格之间无差异，你能判断消费者 2（来自（b））是否也觉得二者无差异吗？（提示：给定偏好是位似的并且在消费者之间无差异，为使较高收入的消费者也觉得它们之间无差异，这两条预算线的交点应满足什么条件？）

e.　判断正误：假设消费者有相同的位似偏好，存在一个收入为 $\bar{I}$ 的边际消费者，使得收入大于 $\bar{I}$ 的消费者会购买超市会员资格，而收入低于 $\bar{I}$ 的消费者不会购买会员资格。

f. 判断正误：通过提高 c 以及（或） p_1 ，超市将会失去收入相对较低的消费者并留住收入高的消费者。

g. 假定你是一个超市经理并且你认为超市过度拥挤了。你希望减少消费者的数量但同时增加每个消费者的购买量。你怎么做到这一点？

B. 假定你管理一家超市，目前每年向会员收取会员费 50 美元/人。 x_2 以美元为单位， $p_2=1$ 。假定对那些在超市外购物的消费者， $p_1=1$ ，而你的店以 0.95 的价格出售 x_1 。统计学家已经估计出你的消费者的偏好可以由效用函数 $u(x_1, x_2)=x_1^{0.15} x_2^{0.85}$ 总结。

a. "边际"消费者每年有多少可供自由使用的收入（用于购买 x_1 和 x_2 ）？

b. 你能够证明具有比边际消费者更高的收入的消费者一定会购买会员资格而具有比边际消费者更少的收入的消费者则不会吗？（提示：计算边际消费者的收入（ c 函数）并证明当 c 变化时边际消费者的收入会怎么变化。）

c. 如果会员费从 50 美元增加到 100 美元，那么超市能使 p_1 降低多少而不用使会员数量增加到超过当会员费是 50 美元并且 p_1 是 0.95 时的水平？

7.9 政策应用：替代效应与社会保障生活成本调整。章末习题 6.13 中研究了政府对老年人的社会保障收入调整，以确保老年人担负得起一些不变的平均商品束。为简化分析，我们再次假设老年人仅消费两种不同的商品。

A. 假定去年老年人在由政府识别的平均束 A 处实现最优化。首先假设我们定义 x_1 和 x_2 的单位，以使得 $p_1=p_2=1$ 。

a. 假定 p_1 上升。利用一个 x_1 位于横轴、 x_2 位于纵轴的图，说明补偿预算以及给定老年人的偏好，使得在新的价格下老年人与以前一样好的束 B。

b. 在你的图中，比较老年人达到束 B 所需要的收入水平和使他回到束 A 所需要的收入水平。

c. 什么决定了当商品 1 的价格上升时使得老年人的境况与之前一样好所需要的收入与使得老年人仍买得起束 A 所需要的收入的差的大小？

d. 在什么条件下这两种形式的补偿是相同的？

e. 你应该意识到：从 A 到 B 的移动是我们在本章已经定义的纯替代效应。这种替代效应通常被称为希克斯替代效应，被定义为当机会成本发生变化但消费者获得了足够的补偿，从而幸福感不变时他的行为的改变。记 B' 为当补偿使得老年人担负得起初始束 A 时将会选择的消费束。从 A 到 B' 的移动通常称为斯勒茨基替代效应，被定义为当机会成本发生变化但消费者获得了足够的补偿，从而担负得起初始消费束时他的行为的变化。判断正误：政府通过利用希克斯替代而不是斯勒茨基替代原则来确定对社会保障接受者进行适当的生活成本调整能省钱。

f. 判断正误：价格变化越小，希克斯补偿和斯勒茨基补偿越接近。

B. 现在假定老年人的偏好可以由柯布-道格拉斯效用函数 $u(x_1, x_2) = x_1 x_2$ 刻画，其中 x_2 是复合商品（其价格根据定义等于 $p_2 = 1$）。假定老年人目前收到社会保障收入 I（并且没有其他收入）并用它购买束（x_1^A, x_2^A）。

a. 用 I 和 p_1 来确定（x_1^A, x_2^A）。

b. 假定 p_1 目前是 1 美元，I 目前是 2 000 美元。然后 p_1 上升到 2 美元。给定政府实际上计算生活成本调整的方法，其将会增加多少社会保障支付？这将如何改变老年人的行为？

c. 如果政府采用的是希克斯补偿而不是斯勒茨基补偿，那么它将会增加多少社会保障支付？这将如何改变老年人的行为？

*d. 你能用数学方法证明：随着价格降低，希克斯补偿和斯勒茨基补偿将会相互收敛，而当价格上涨时，二者将会相互发散吗？

e. 我们知道：柯布-道格拉斯效用函数是 CES 效用函数簇的一部分，其替代弹性等于 1。不借助数学方法，你能对位于 CES 簇的偏好估计斯勒茨基补偿超过希克斯补偿的范围吗？（提示：考虑替代弹性的极端情形。）

7.10 政策应用：公共住房与住房补贴。在习题 2.16 中，你考虑了 A(a) 和 (b) 中两个不同的公共住房项目，其中一个家庭以低于市场水平的租金租到了一套特别的寓所，另一个家庭由政府提供了住房价格补贴，家庭可以在任意私人租房市场使用。

A. 假定我们考虑一个每月挣 1 500 美元的家庭，其要么向一个私人市场的寓所支付每平方英尺 0.50 美元的月租或以每月 500 美元的政府价格接受一套面积为 1 500 平方英尺的政府公共住房。

a. 利用一个分别以"住房的平方英尺数"和"其他消费的美元数"为横坐标轴和纵坐标轴的图，说明家庭接受公共住房的两种结果：一种是这将导致他们与其他情况相比消费更少住房，另一种是这将导致他们与其他情况相比消费更多住房。

b. 如果我们使用家庭成员自己对家庭福利的评价，那么是否总是选择公共住房使得参与的家庭的境况变得更好？

c. 如果公共住房政策背后的目的是增加贫困家庭的住房消费，那么住房和其他商品之间越不可替代，该目的越可能还是越不可能实现？

d. 拥有一套面积为 1 500 平方英尺的公共住房时政府的机会成本是什么？从而政府向这个家庭提供公共住房会花费多少？

e. 现在考虑一种住房价格补贴。政府告诉有资格的家庭：它将在私人住房市场为他们支付一定比例的房租。如果该住房补贴的设置旨在使该家庭的境况与其在公共住房政策下一样好，那么它与公共住房政策相比会导致更多的还是更少的住房消费？

f. 提供这样一种住房价格补贴比提供公共住房花费更多还是更少？你的答案

取决于什么？

g. 假定政府转而仅给家庭现金。如果它给了充足的现金以使得家庭的境况与其在公共住房政策下一样好，那么政府将花费多于还是少于 250 美元？你能否判断在这样一个补贴政策下，家庭的住房消费会更多还是更少（相比在公共住房政策下）？

B. 假定家庭对住房的平方英尺数（x_1）和其他消费的美元数（x_2）的偏好可以表示为 $u(x_1, x_2) = \alpha\ln x_1 + (1-\alpha)\ln x_2$。

a. 假定实证研究表明我们在住房上花费了收入的大约四分之一。这意味着 α 是多少？

b. 考虑一个面对每平方英尺住房的价格 $p_1 = 0.50$ 且收入为 1 500 美元的家庭。当以 500 美元获得 1 500 平方英尺的公共住房时，α 该取什么值才不会让该家庭改变住房消费？

c. 假定该家庭有 B(a) 中推导的 α 值。为使该家庭的境况与在有该公共住房时一样好，政府需要给这个家庭提供多少住房价格补贴？

d. 在该补贴下这个家庭会租多大面积的住房？政府为提供这个补贴需要花费多少？

e. 假定政府转而给这个家庭现金（不改变住房的价格）。为了使家庭的境况不变，其需要给这个家庭多少现金？

f. 如果你是一个政策制定者，目标是在使纳税人的负担最轻的条件下使这个家庭的效用变大，你将如何对这三个政策排序？如果你的目的是增加家庭的住房消费呢？

*7.11 **商业应用**：古驰产品是吉芬商品吗？我们定义吉芬商品为（给定外生收入的情况下）当价格上升时消费者买得更多的商品。当学生第一次听说这样的商品时，他们经常考虑的是昂贵的古驰钱包与配件等奢侈品。如果古驰这样的企业的市场营销部门非常成功，那么它可能是找到了一种把价格与消费者心目中的"声誉"联系起来的方式，这使得它能提高价格并卖出更多产品。但是，那会使古驰产品成为吉芬产品吗？正如你在这个习题中将看到的，答案是否定的。

A. 假定我们对一个关注"古驰产品的实用价值与样式"、"其他消费的美元数"以及古驰产品的"声誉价值"的消费者建模。把它们分别表示为 x_1、x_2 和 x_3。

a. 消费者只需要购买 x_1 和 x_2——声誉价值 x_3 伴随古驰产品而来。记 p_1 表示古驰产品的价格，$p_2 = 1$ 为其他消费的美元价格。说明这个消费者的预算约束（假设外生收入为 I）。

b. 古驰的声誉价值 x_3 是不受个体消费者控制的。如果 x_3 被固定在某个特定水平 $\bar{x}_3$ 上，那么消费者在 x_1、x_2 和 x_3 的三维无差异曲线图的二维"切片"上做出选择。画出包含位于 (a) 中预算线上的消费者的最优束 A 的无差异曲线的"切片"。

c. 现在假定古驰设法提高其产品的声誉价值，从而 x_3 伴随着古驰产品的购买而产生。现在，假定他们做到了这一点，但没有改变 p_1。这意味着你移动到了三维无差异曲线图的一个不同的二维"切片"上。说明新的包含 A 的二维无差异曲线。A 处的新的 MRS 在绝对值上比之前大还是小？

*d. 在声誉价值增加后，消费者会消费更多还是更少的古驰产品？

e. 现在假定古驰产品设法说服消费者：古驰产品越贵，它们越值得被拥有。换言之，声誉价值 x_3 与 p_1（古驰产品的价格）相联系。在一个新图上，说明随着 p_1 上升消费者预算的变化。

f. 假定我们的消费者由于价格 p_1 上升而增加了她对古驰产品的消费。说明两条无差异曲线：一条给出了初始的最优束 A，另一条给出了新的最优束 C。这些无差异曲线可能相交吗？

g. 即使消费者行为与我们预期古驰产品是吉芬商品时一致，古驰产品在这种情形下也不是吉芬商品，解释为什么。

h. 在本章的一个脚注中，我们进行了如下定义：如果消费者对某种商品的偏好随着价格上升而改变，这个偏好的变化可能导致随着价格上升对该商品的消费也增加，那么该商品是凡勃伦商品。本题中的古驰产品是凡勃伦商品吗？

B. 考虑与 A 部分中相同的 x_1、x_2 和 x_3 的定义。假定消费者的偏好可以用效用函数 $u(x_1, x_2, x_3)=\alpha x_3^2 \ln x_1 + x_2$ 表示。

a. 建立消费者的效用最大化问题，记住 x_3 不是一个选择变量。

b. 解 x_1 的最优消费（将是声誉价值 x_3 的函数）。

c. x_1 是正常品还是低档品？它是吉芬商品吗？

d. 现在假定声誉价值是 p_1 的函数。特别地，假定 $x_3=p_1$。把其代入你关于 x_1 的解中。随着 p_1 上升，消费是增加还是减少？

e. 你如何解释 x_1 不是吉芬商品，尽管其消费随着 p_1 上升而增加？

†*7.12 政策应用：燃料有效性、汽油消费和汽油价格。政策制定者经常寻找办法来减少汽油消费。一个直接的选择是对汽油征税，从而鼓励消费者更少地驾驶以及转而使用燃料有效性更高的车。

*A. 假定你有对驾驶和其他消费的偏好，并一直假定你的偏好是位似的。

a. 利用一个"月驾驶英里数"位于横轴、"月其他消费"位于纵轴的图，说明两条预算线：一条是你拥有一辆耗油的车，它的月支付（不管这辆车驾驶多少英里，都必须支付）低，但是每英里的汽油消耗量高；另外一条是你拥有一辆燃料有效性高的车，其月支付（不管这辆车驾驶多少英里，都必须支付）高但每英里的汽油消耗量低。以一种使得你在拥有耗油车和燃料有效性高的车之间无差异的方式来作图。

b. 假定你确实觉得二者无差异。选择哪一种车你会驾驶得更多？

c. 能否判断对于哪种车你将使用更多的汽油？你的答案取决于什么条件？

d. 现在假定政府对汽油征收了一种税，这使得对两种类型的车，驾驶的机会成本翻倍了。如果你在征税之前觉得两种车之间是无差异的，现在你能说你将确定购买一种车还是另一种车吗（假定你直到征税后才买车）？你的答案取决于什么？（提示：在推导你对该问题的一般结论之前考虑完全替代和完全互补的极端情形是有帮助的。）

e. 实证表明：当汽油价格上升时消费者会转而使用燃料有效性更高的车。判断正误：这倾向于表明驾驶与其他商品的消费是相对互补的。

f. 假定汽油税的征收把燃料有效性高的车驾驶一英里的机会成本提高到在征税之前耗油车驾驶一英里的机会成本的水平。某个以前觉得燃料有效性高的车和耗油车之间无差异的人现用燃料有效性高的车驾驶的英里数比征税前其用耗油车驾驶的英里数更多还是更少？（继续假设偏好是位似的。）

B. 假定你的偏好由效用函数 $u(x_1, x_2) = x_1^{0.5} x_2^{0.5}$ 来刻画，其中 x_1 表示驾驶的英里数，x_2 表示其他消费。假定你每月有 600 美元的自由收入用于满足交通和其他消费需求，并假定每月对耗油车的支付是 200 美元。进一步地，假定汽油的初始价格对燃料有效性高的车而言是每英里 0.10 美元，而对耗油车而言是每英里 0.20 美元。

a. 假设你拥有一辆耗油车，计算你每月驾驶的英里数。

b. 假定你在耗油车和燃料有效性高的车之间无差异，那么对燃料有效性高的车每月的支付必须是多少？

c. 现在假定政府对汽油征税，使得驾驶这两种车每英里的价格都翻倍了。对每个新的预算约束计算最优消费束。

d. 你现在会改用燃料有效性高的车吗？

e. 考虑到目前为止你一直在用的 CES 簇的一种特殊情形 $u(x_1, x_2) = (0.5 x_1^{-\rho} + 0.5 x_2^{-\rho})^{-1/\rho}$。给定你在本问题 A(d) 中的结论，B(d) 的答案如何随着 ρ 的变化而改变？

7.13 政策应用：税收减免与税收抵免。回顾章末习题 2.15，请你思考税收减免对一个家庭的预算约束的影响。

A. 假定在之前的制度下，住房抵押贷款利息不可减免，现在引进了住房抵押贷款利息减免计划。

a. 做一个"住房的平方英尺数"位于横轴、"其他消费的美元数"位于纵轴的图（与习题 2.15 中所做的一样），说明替代效应的方向。

b. 为了使该税收减免计划的引进减少家庭的住房消费，住房必须是什么类型的商品？

c. 你如何利用一个包含减免前和减免后预算的图，说明政府给这个家庭提供的补贴的数额？

d. 假设政府向家庭返还与其税收额等量的现金（而不把其与住房消费联系起

来）。该家庭会购买更多还是更少的住房？

e.　家庭的境况会变得更好还是更差？

f.　你对（d）和（e）的答案是否取决于住房是正常品、正常低档品还是吉芬商品？

g.　在引进税收减免计划之前或之后该家庭会花费更多在其他消费上吗？借助收入效应和替代效应的术语讨论你的答案并假定"其他商品"是正常品。

h.　如果你观察到家庭在引进税收减免制度后消费了更多"其他商品"，那么该家庭的偏好是否可能在住房上是拟线性的？它们可能是位似的吗？

**B.　一般的家庭通常花费税后收入 I 的三分之一在住房上。设 x_1 表示住房的平方英尺数，x_2 表示其他消费的美元数。

a.　如果我们用柯布-道格拉斯函数 $u(x_1, x_2) = x_1^\alpha x_2^{(1-\alpha)}$ 来表示家庭的偏好，那么 α 的值应该是多少？

b.　利用你关于 α 值的答案，并记住房的价格是每平方尺 p_1，在隐性地以一个家庭的住房购买额所占的比例 t 进行补贴的税收减免计划下推导最优水平的住房消费（用 I、p_1 和 t 表示）。

c.　在税收减免计划下，当一个家庭的纳税等级（也就是税率 t）上升时，住房消费和其他商品消费会发生什么变化？

d.　确定由收入效应导致的住房消费变化的部分以及由替代效应导致的住房消费变化的部分。

e.　计算政府为补贴这个家庭的住房抵押贷款利息花费了多少钱。

f.　现在假定，不采用税收减免计划，政府仅以现金形式提供给家庭（e）中的量。计算现在的住房消费量并把它与你在税收减免计划下的答案进行比较。

第8章 劳动和资本市场的财富效应与替代效应

第7章，我们在把收入看作消费者最优化问题的外生变量的模型中介绍了收入效应和替代效应的概念，即消费者分配固定的资金预算来选择消费商品。[①] 现在我们开始考虑收入是内生的这种情况，即我们的收入并不是固定的预算，而是通过售卖我们所拥有的商品得到的。如果我们拥有某些可以在市场上售卖的东西，这种情况就会在消费者商品市场中出现。更重要的是，正如我们在第3章详细说明的，我们可以在劳动市场售卖闲暇时间，当我们为将来做打算时可以在资本市场买卖金融资产。

本章的分析在某种意义上与第7章其实差别不大。我们将再次观察由机会成本（即替代效应）和"真实收入"变化引起的行为改变，不同的是最后的结果相当直观。当汽油价格上升时，通常认为替代效应会使我们消费更少的汽油。但价格上升会使我们的境况变好（因此增加我们的"真实"收入）还是会使我们的境况变差（因此减少我们的"真实"收入）取决于我们是否拥有油井。我们大多数人都不拥有油井，因此当汽油价格上升时我们大多数人的境况都会变差。用第7章的语言表述，即我们经历了一个负的收入效应（如果汽油是正常品，那么这将导致我们的汽油消费减少）。但是如果你拥有油井，汽油价格的上升可能会使你的境况变好，因为你拥有的油井变得更有价值了。因此，你经历了一个正的收入效应，如果汽油是正常品，那么这将会使你增加汽油消费。

8A 财富效应、替代效应与禀赋

在第7章，我们使用"收入效应"一词来表示预算约束的平行移动对消费者行为的影响。之所以会出现"收入效应"，要么是由于模型中我们分析的固定收入直接发生了变化，要么是由于"真实"收入因价格变化而发生了变化。现在，我们开始考虑

---

① 阅读本章需要具备第2～7章的知识。

另一种情况：当商品价格变化时，由于我们所拥有的某件东西的价值发生了变化，因此我们的预算约束也改变了，所以出现的效应会与第 7 章不同。我们把这种新的效应称为"财富效应"，因为当价格变化时消费者的财富会发生变化，因而消费者拥有的财富价值会受到影响。正如我们看到的，替代效应对内生的选择集保持完全一致，但财富效应可以根据消费者所拥有的东西的不同而对方向产生影响。

8A.1　汽油价格的上涨对乔治·埃克森的影响

在第 7 章，我们分析了汽油价格上涨时汽油消费发生变化的方式，发现了两种效应：由汽油的机会成本的变化引起的替代效应，由价格变化导致我的真实收入（通过我能够达到的无差异曲线来衡量）减少引起的收入效应。这种情况对我一个想象中的朋友乔治·埃克森而言有点不同。乔治和我在许多方面都非常不一样，而不仅仅是他拥有一口大的油井而我没有。与模型中我的收入是外生的这一点不同，乔治的收入由于其汽油"禀赋"会内生地增加。

8A.1.1　回顾替代效应　图 8-1（a）描述了汽油价格上涨对乔治的预算的影响。E 点是乔治的禀赋点——他所拥有的汽油数量以及当他愿意只消费汽油而没有其他消费时他可以选择的汽油消费量。在第 7 章，汽油价格的上涨使我的预算约束向里转动，然而当价格同样上涨时乔治的预算线是沿着禀赋点向外转动的，直到预算线的斜率能反映新的机会成本。A 点表示价格上涨前乔治的最优消费束。

现在我们可以把由价格变化引起的乔治的行为变化分割为两个截然不同的部分，就像我们在前一章分析我的反应时那样。首先，假设他的真实收入（由他可以达到的无差异曲线衡量）保持不变，只是更陡的斜率反映了他的机会成本，我们分析他的行为会如何改变。图 8-1（b）引入了具有新斜率的补偿预算线，它与原来的无差异曲线相切（反映了真实福利没有变化）。通常来讲，替代效应使消费束从 A 移到 B，这表示乔治将减少那些变得相对昂贵的商品（汽油）的消费，增加那些变得相对便宜的商品的消费。

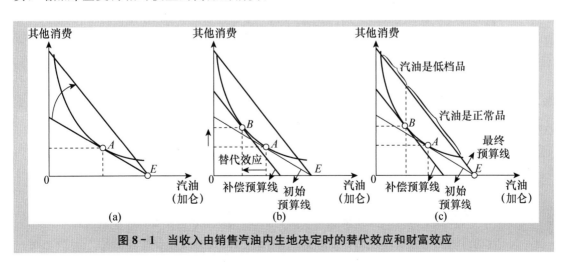

图 8-1　当收入由销售汽油内生地决定时的替代效应和财富效应

8A.1.2 财富效应，如何把一种商品价格的上涨看作另一种商品价格的下降

在图 8-1（c）中，我们确定了相对于 B 点乔治最终会选择在最外面的预算线上的哪一点进行消费。注意，最里面的补偿预算线与最终预算线是平行的。二者唯一的区别是：在由补偿预算线到最终预算线的移动过程中，乔治得到了可供消费的额外收入。与我不同，由于汽油价格上涨，乔治所拥有的财富的价值上升，他变得更富有了。如果汽油是正常品，那么由补偿预算线到最终预算线的移动所带来的收入的增加应该会增加汽油的消费量，从而最终预算线上新的最优点应该位于 B 点的右方，并且也可能在 A 点的右方。另外，如果汽油是低档品，随着来自补偿预算的收入的增加乔治会减少汽油消费量，那么新的最优点会在 B 点的左方。由于我们分析的模型中收入是内生决定的，所以我们称由 B 点到新的最优点的改变为财富效应（wealth effect）。这与前面讲的收入效应是类似的，在那个模型中收入是外生给定的。

对于我而言，当汽油价格上涨时，正如在第 7 章总结的那样，只要汽油是正常品，可以肯定我的汽油消费量将会减少（从最初消费束 A 到最终消费束 C），但当汽油是低档品时我们就不确定消费量是增加还是减少了，因为收入效应和替代效应的抵消程度不确定。而在乔治·埃克森的例子中正好相反：如果汽油对于他来说是低档品，那么他的汽油消费量肯定是减少的，但如果汽油是正常品，我们就不能确定汽油消费量到底是增加还是减少。在这里对乔治的预测与第 7 章对我的预测为什么会不一样呢？

尽管乔治和我都经历了相同的价格上涨，但我们的情况完全不同，因为他的收入是来自汽油而我的不是。事实上，如果你没有注意到该例子中的特殊情况，只简单地看到了图 8-1（a）中所表现出来的选择的改变，你将会认为该消费者经历了"其他消费"（纵坐标轴所代表的商品）价格的下降，而不是汽油价格的上涨。事实上这正是我们对乔治经历的价格改变所进行的分析，并且乔治对于价格改变（收入是外生的）和我们所分析的那种情况（收入是内生的）的感觉是完全一样的，因为它以相同的方式改变他的预算约束。这也是在乔治的例子中不确定能得出汽油对他来说是吉芬商品的原因，因为对他来说，实际上是"其他消费"的价格发生了改变。为了确定汽油是不是吉芬商品，我们需要观察汽油价格有效改变的情况，就像我们在第 7 章所做的一样。

练习 8A.1 既然乔治的情况与其他商品价格的下降是等价的（收入是外生的），分别说明当其他商品是正常品、正常低档品以及吉芬商品时乔治在最终预算线上所选择的消费点。■

8A.2 工资的变化

现在关于财富效应和替代效应的分析可以从商品市场的消费者选择模型延伸到劳动市场的工人选择模型。回顾第 3 章，工人的选择可以看作在闲暇与消费之间的

选择。闲暇时间是一种禀赋，就像石油于乔治·埃克森一样。在劳动市场上它的价值取决于工人可以赚得的工资，而工资反过来又可以决定工人把闲暇时间转换为商品消费的难易程度。就像在第 3 章中那样，我们的模型中将会把闲暇以小时为单位表示在横轴，把消费以美元为单位表示在纵轴。

8A. 2. 1　更高的工资会使我们工作更长时间还是更短时间？　假设我们回到第 3 章中的例子，在该例子中，你将自主选择每周工作多长时间，并且每周你一共有 60 小时的时间可以用来工作。进一步假设你没有别的收入，而这意味着如果你不工作就不能进行任何消费（对闲暇的消费除外）。这暗示着图 8-2（a）中的禀赋点 E 降到 60 小时的闲暇与无消费的点上。另外，再一次假设每小时你可以赚得工资 20 美元，在这种条件下每周工作 40 小时是最优的。该选择即由图 8-2（a）中的 A 点表示，该点代表 20 小时的闲暇，即当你一共有 60 小时可以用来分配给工作和闲暇时，留给工作的时间是 40 小时。

现在假设你每小时的工资增加了 5 美元，预算线围绕 E 点发生转动，如图 8-2（a）所示。当你面临新的选择时，你的工作时间会增加还是减少？一方面，你可能认为现在的工作报酬确实不错，因此你应该工作更长时间；另一方面，你可能认为既然每小时的工作可以获得更多的报酬，为什么不减少工作时间，同时依然享有比以前更多的消费呢？你会选择哪种做法并不是很清晰。这是因为你很可能面临着方向相反的财富效应和替代效应。

为了观察，我们再次画出补偿预算线，以保持你的真实收入不变，但是具有最终预算线的机会成本（或者斜率）。如图 8-2（b）所示的补偿预算线通常来讲意味着当实际收入未发生变化而又面临着新的机会成本时，你将会消费更多变得相对便宜的商品（消费）并消费更少变得相对更贵的商品（闲暇）。这就是纯替代效应，该效应使你觉得“现在工作报酬增加了，因此我应该工作更长时间”。

在图 8-2（c）中，我们把财富效应分离出来。财富效应是从补偿预算线上的消费束 B 点到（最外侧的）最终预算线的影响。该图与乔治·埃克森的图 8-1（c）看起来很相似，对作为工人的你的分析结果与对作为油井拥有者的乔治的分析结果相同。如果闲暇是低档品，那么当实际收入上涨时，随着对闲暇的消费减少，财富效应会超过替代效应。因此，最终点 C 会在 B 点的左侧。然而，闲暇看起来并不像是低档品，它对于我们中的大多数人来讲都是正常品。当你的真实收入从补偿预算线变到最终预算线时，你会对消费更多形成一种直觉：“既然每个小时赚得更多了，那么为什么不少工作一些呢”。

如果闲暇是正常品，那么工资增长会使你工作更多还是更少并不清楚。替代效应和财富效应方向相反，所以除非知道关于你的更多信息，否则结果就只能靠猜了。例如，假设你享受闲暇时间的唯一方式就是花钱参加滑翔伞运动。如果你的偏好果真如此极端，那么你的偏好中闲暇和消费的替代率是很小的——为了享受闲暇你必须消费。你的无差异曲线将会是闲暇和消费完全互补时的形状。通过做下面

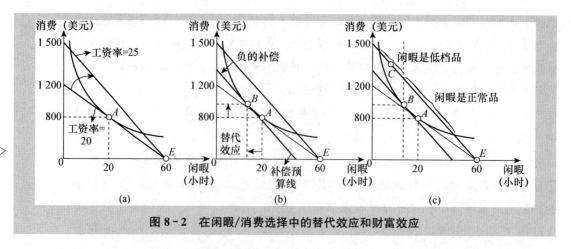

图 8-2 在闲暇/消费选择中的替代效应和财富效应

的练习，你可以看到这将会消除你的替代效应且只剩下财富效应，由此可以得出一个清晰的结论：随着你工资的上涨你会减少工作时间（消费更多闲暇）。

练习 8A.2 假设你对消费和闲暇的偏好是二者完全互补，说明替代效应和财富效应，即初始消费束（其包含了由工资上涨导致的替代效应）以及最终消费束（在工资上涨后选择）。■

另外，假设你对闲暇的偏好是拟线性的。在这种情况下，工资变化对你的劳动供给的唯一影响就是替代效应（因为拟线性偏好没有收入效应或财富效应）。这就意味着当你的工资上涨时你会工作更长时间（消费更少闲暇）。

练习 8A.3 在你对闲暇的偏好是拟线性的这一假定下，重做前一个习题。■

就像上面所讲的，那些研究工人的劳动供给和工人工资之间关系的劳动经济学家已得出结论，即对于一个普通的工人来说，当工资上涨时，最初（当其工资较低时）劳动供给会增加，随着工资继续上涨，该普通工人的劳动供给最终会减少。

练习 8A.4 说明一组无差异曲线，其像所描述的那样对于工资改变的反应是增加劳动供给。■

8A.2.2 劳动收入税 政治家总是希望让我们相信：他们的政策会帮助每一个人，而不会伤害其他人。例如，那些提出削减工资税的人经常辩论说，这样的税收削减不但会使工人受益，而且会增加政府税收收入，理由是当工人有更多收入时他们会更加努力地工作，因此即使税率降低了，他们的总体税收也会增加。[1] 这是真

---

[1] 支持这个结论的论据确实有些复杂。通常不仅要假定随着税后工资的上涨工人会工作更长时间，而且要假定这会对宏观经济产生影响——经济增长更快。既然第二部分属于宏观经济学要讨论的问题，在这里我们就不进行讨论了。

的吗？

关于对你的劳动/闲暇选择的分析表明：这完全取决于我们关于财富效应和替代效应的假设。对工人来讲，工资税的减少等价于工资的上涨。因此，我们前面关于工资上涨的分析可以在此直接应用。我们得出的结论是：当工资上涨时，替代效应会使工人增加工作时间，而随着工资上涨，财富效应更可能使工人减少他们的工作时间（假定闲暇是正常品）。因此，政治家更相信这会产生一个较大的替代效应和一个较小的财富效应。换句话说，持这种言论的政治家要么不诚实，要么相信以下一个（或两个）事实：（1）我们的偏好关于消费和闲暇有强大的替代性，这就意味着我们的无差异曲线相当平坦，使得替代效应较大；（2）闲暇是低档品，这使得工资水平改变引起的财富效应与替代效应的方向是相同的。只要他们相信闲暇和消费之间是互补的以及闲暇是正常品，那么他们的预言肯定就是错误的。

即使当税后工资上涨时，替代效应和财富效应的综合会使工人工作更长时间，对于政府来说，通过削减税收来增加政府收入也是没有保证的。为了弄清楚这一点，我们首先需要明白如何在单个工人的闲暇/消费图中说明税收收入。观察图 8-3，它包括一条没有税收的预算线，以及另一条因为有工资税所以实际工资降低的预算线。因此，在有税收的情况下工人的最优选择取决于税后（内侧的）预算约束，即图中的 A 点。在 A 点，我们可以直接看出某工人在支付 800 美元税款后在"其他商品"上的花费。既然图 8-3 中两条预算约束线的唯一差距是工资税，我们也就知道当不需要支付税款时该工人在其他商品上的消费是 1 300 美元，并且在 A 点他需要工作 40 小时。因此，A 点和 a 点之间的垂直距离就是政府得到的税收收入：500 美元。注意，这并不意味着我们假定在没有税收时工人选择在"a"点消费，我们只是简单地利用"a"点来说明该工人在税后预算线上选择 A 点时的税前收入。

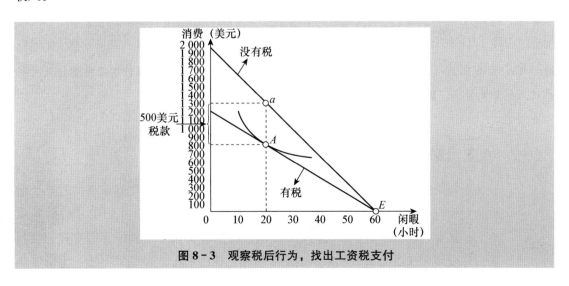

图 8-3　观察税后行为，找出工资税支付

现在考虑政府可以选择两种不同税率的情况，比如一种是20%，另一种是40%。进一步假设我们有两个不同的工人，当他们有更高的税后工资时，他们的财富效应和替代效应综合起来会使他们增加工作时间。图8-4（a）和图8-4（b）说明了这两种不同的可能性：A代表当工资税是20%时工人的最优选择点，A'代表工资税是40%时工人的最优选择点。在第一幅图中，工资税由40%减少到20%使得来自工人的税收收入减少（因为A与a之间的距离小于A'与a'之间的距离）。什么时候我们期望前者成立，什么时候期望后者成立的问题，在后面的章节中我们会再次探讨。

现在，对于理解劳动市场中的替代效应和财富效应，值得注意的最后一点就是税收。尽管随着税率下降税收收入不一定上升（反之亦然），但劳动市场中替代效应的存在表明当给定税率上升时我们可能高估了从中得到的税收收入，这是因为劳动市场中的替代效应使得工人在工资上涨时减少工作时间。除非闲暇是正常品并且其财富效应大到超过替代效应，否则随着税收增加工人的工作时间会更少（这意味着如果我们没有考虑这种行为上的"替代"变化的话，工人会支付比我们所预测的更少的额外税负）。

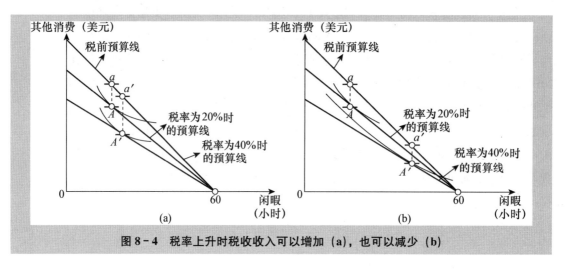

图8-4 税率上升时税收收入可以增加（a），也可以减少（b）

练习8A.5 判断正误：对于工资税的下降，替代效应对税收收入起正面作用而财富效应对税收收入起反面作用。■

8A.3 （实际）利率的改变

正如我们对消费和闲暇的选择受工资水平的影响一样，我们未来的财务计划也会受到财务收益规模大小的影响，财务收益来自储蓄或者我们借贷的财务成本——真实利率。在第3章我们用简单的模型进行了说明，其中我们看到了当利率变化时如何在当前消费和未来消费之间进行选择。在微观经济学中，值得强调的是，我们经常说到的真实（real）利率，或者利率，是经过通货膨胀调整的。电视上的媒体人关于利率的"CNBC-型"讨论说的是名义利率，它等于实际利率加上预期通货膨胀率。你在宏观经济学课程中将会对名义利率的作用（这体现了美联储通过货币政策影响名义利率的能力）进行更详细的了解。大多数宏观经济学家都认为货币政策（至少在长期中）不能决定实际利率，实际利率取决于资本市场中供给和需求的力量（正如我们将在后面章节所看到的）。

8A.3.1　更高的利率会使我们储蓄更多吗？　就像在劳动市场和商品市场上的选择一样，当消费者制订财务计划时，替代效应和财富效应会发挥很重要的作用。当我们在前面部分讨论工资上涨是否会使工人工作更长时间时，在分析财富效应和替代效应之前，我们对答案并不确定。类似地，对于更高的利率是否会引起储蓄增长这一问题，答案也不确定。一方面，你可能觉得储蓄回报率高了，因此你倾向于储蓄更多。另一方面，你可能觉得，既然储蓄账户里的每一美元可以在未来带来更多的利息收入，现在你知道更少的储蓄也会让自己在未来达到同样的消费水平，所以你可能会消费得更多。前者是对替代效应的不正式表述，而后者是对财富效应的表述。

例如，回到（第 3 章）我们的例子中，假设你把 1 000 美元的收入在这个暑假和下个暑假之间进行分配。在这个例子中你的禀赋点是图 8-5 中的 E 点，因为无论利率是多少，该点对你来说都是可行的。再假设你最初的计划是基于你知道自己可以赚得年利率是 10% 的利息，并得出结论：你将在这个暑假消费 5 000 美元，在下个暑假消费 5 500 美元，如图 8-5（a）中的 A 点所示。然后，假设你刚刚发现了一个新的投资机会，它的年收益率是 20%，于是你有了更大的（最外侧的）选择集（将其与不同的机会成本曲线画于同一幅图中）。

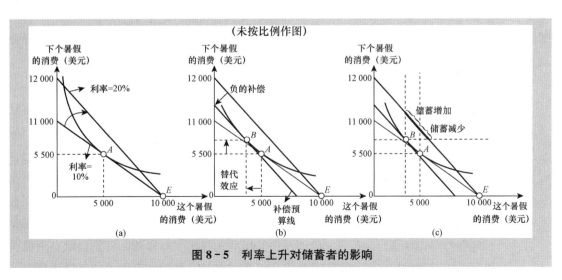

图 8-5　利率上升对储蓄者的影响

图 8-5（b）通过使假设的补偿预算线与开始的最优无差异曲线相切来分离替代效应。与通常一样，从 A 点到 B 点的移动使得对变得相对昂贵的商品（这个暑

假的消费）的消费减少，对变得相对便宜的商品（下个暑假的消费）的消费增加。替代效应的存在意味着你应该储蓄更多，因为这个暑假的消费相对于下个暑假的消费变得相对昂贵一些。

你的财富效应能够在多大程度上抵消替代效应取决于这个暑假的消费和下个暑假的消费是正常品还是低档品。假设两个时间段内的消费是正常品也合情合理，所以我们在这个例子中将使用该假设。从补偿预算线上的最优点 B 开始，我们预计，随着从补偿预算线到最终（最外侧的）预算线的移动，你的收入会上升，从而你会增加这个暑假和下个暑假的消费，如图 8-5（c）所示。

因此，新的最优点很可能位于最终预算线的加粗部分。在这部分的所有点的消费都比你原先计划在下个暑假要消费的 5 500 美元多，但是这并不意味着利率的上升已使你储蓄更多（即现在你将会向你的储蓄账户放入更多资金）。注意，最终预算线的加粗部分包含一些束，它们中有些代表的这个暑假的消费比 A 点多，有些代表的这个暑假的消费比 A 点少。既然储蓄——你放入储蓄账户的资金——只表示不在这个暑假消费的数量，我们就不能说你会储蓄更多还是更少，只知道你将会在下个暑假消费更多。即使这个暑假储蓄减少，下个暑假你也可能会增加消费，因为你的储蓄账户里的每一美元现在都比以前赚得更多了。如果你的最优点出现在加粗部分 A 点的右边，那么这将会成为可能。如果你的最优点出现在 A 点的左边，那么由于这个暑假的额外储蓄下个暑假你会消费更多。

如果不知道关于你的偏好的更多信息，我们就不能确切地说出这些情况中哪个会发生。现在我们知道的仅仅是：两个时期的替代性越强（即你的无差异曲线越平坦），替代效应就越可能超过财富效应，从而使得储蓄增加。两个时期的互补性越强，就越有可能出现相反的情况。

练习 8A.6 假设这个暑假和下个暑假的消费是完全互补品，解释利率上升时你的储蓄将会减少。■

8A.3.2 （实际）利率上升会使我们借款更少吗？ 前面例子中假定你的禀赋点是这个暑假的消费，因为该点是不管利率如何你都可以消费的。然而，现在我们假设你的禀赋点是下个暑假的消费。如果你这个暑假不工作，而是向银行借款，银行也知道你在下个暑假有能力偿付，那么这种情况就会发生。在第 3 章，我们利用了一个例子，在这个例子中，你的雇主向银行保证你可以在下个暑假赚得 11 000 美元，那么当利率是 10% 时银行最多愿意借给你 10 000 美元。因此，这个例子中开始的选择集（外侧的）与前面图 8-5（a）的例子中开始的选择集是一样的，只是禀赋点出现在纵轴而不是横轴罢了。如果两个例子中的选择集是一样的，那么你的最优选择集 A 也是一样的。

现在假设利率再一次上升到了 20%。尽管两个例子中初始预算线（斜率较小）

8

是一样的，但你的最终预算线（斜率较大）在利率变化后却相当不一样［如图 8 - 6（a）所示］。在两种情况下，斜率都会变得更加陡峭（代表新的利率），但现在它是绕着新的禀赋点旋转。然而，因为两个例子中的斜率是相同的，既然简单地假定在新利率水平下有不变的实际收入，那么补偿预算线应该也是一样的。不同的是现在的补偿预算线需要正的补偿而前面的需要负的补偿。因此，应该形成这样一种直觉：如果利率上升，并且你是一个储蓄者，那么你的境况会变好，因为只需要更少的钱就可以达到和以前一样的消费水平；如果你是一个借款者，那么利率的上升会使你的境况变差，你需要借更多的钱才能达到和以前一样的消费水平。

既然无差异曲线包括的 A 点在两个例子中是一样的，并且开始的状况以及补偿预算线也都是一样的，B 点也就会是一样的。因此，你又会经历一个替代效应，它会告诉你当利率上升（因此现在消费的成本也上升）时你应该减少当前消费，增加未来消费。然而，现在的财富效应与前面的例子中是相反的，因为从补偿预算线向最终预算线（斜率较小）移动时，你现在是损失收入而不是得到收入。如果两个时期中的消费是正常品（就像我们一直假设的），那么随着从补偿预算线到最终预算线的移动所带来的收入减少，在两个暑假你都会比 B 点消费更少。因此在图 8 - 6（c）中，你可能会在最终预算线的加粗部分停下来。

既然财富效应和替代效应都意味着你将会减少这个暑假的消费，我们可以很确定地得出结论，即这个暑假的消费将会减少。我们也可以确定地得出结论：你会减少借款。但是在图 8 - 6（c）中的纵轴上，替代效应和财富效应的方向是相反的，所以当利率上升且借款成本也上升时我们不确定下个暑假的消费到底是增加还是减少。因此，下个暑假你消费更多还是更少取决于这个暑假的消费和下个暑假的消费的替代性，因此取决于替代效应是否会超过财富效应。

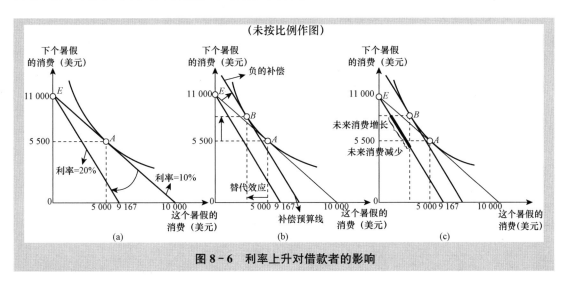

图 8 - 6　利率上升对借款者的影响

练习 8A. 7　如果这个暑假的消费和下个暑假的消费是完全互补品，说明下个暑假的消费会怎样随利率的上升而改变。■

8A.3.3 "别借债，莫放债……" 莎士比亚在《哈姆雷特》中建议我们："别借债，莫放债……"假设你记住这个建议了，并且已经决定在接下来的两个暑假中安排工作计划以使你这个暑假可以消费 5 000 美元且下个暑假消费 5 500 美元，没有借款也没有储蓄（储蓄相当于借款给银行）。我们假设通过找到一个老板（就像在第 3 章所做的那样）完成了这个计划，这个老板愿意雇用你暑假一半的时间，这个暑假的工资是 5 000 美元，下个暑假的工资是 5 500 美元。这意味着在我们的模型中出现了新的禀赋点，如图 8-7 中的 E 点所示。这是你的新禀赋点，因为这是不管利率怎样变化你都可以消费的点。

再次假设当你开始安排工作计划时的利率是 10%，后来利率又变为 20%。你的初始（斜率较小）选择集与前面两个例子中的完全一样，但你的最终预算约束线现在是围绕新的禀赋点转动的。我们可以说利率的变动使你违背了莎士比亚的建议吗？

这实际上就是我们没必要把行为变化分解为替代效应和财富效应的一个例子。在图 8-7（a）中我们可以观察到，在初始的无差异曲线上方（因此更偏好）的最终选择集都位于 E 点的左方。因此你的新的最优选择是这个暑假消费更少，也就是储蓄更多。于是，利率的变化促使你开通一个储蓄账户，变成一个把钱借给银行的"债权人"，从而违背了莎士比亚的建议。为了知道为什么会出现这样的情况，我们注意到图 8-7（b）中补偿预算线很靠近最终预算线（斜率较大），这意味着几乎全部的行为变化都是替代效应。不管无差异曲线代表了多强的替代性，剩下的很小的财富效应都不足以超过替代效应。（实际上，全部效应就是一个 7A.2.4 节中所讲的斯勒茨基替代效应。）

练习 8A.8 说明当利率上升时唯一能使你不违背莎士比亚建议的条件是：这个暑假的消费和下个暑假的消费是完全互补品。■

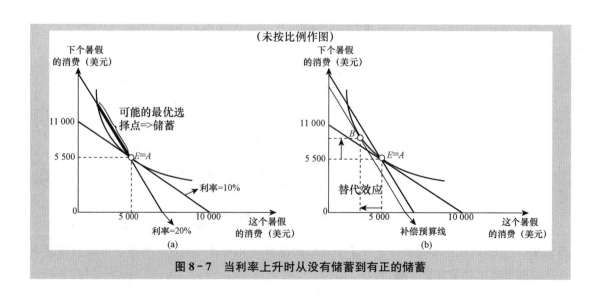

图 8-7 当利率上升时从没有储蓄到有正的储蓄

练习 8A.9　说明当利率下降而不是上升时你会违背莎士比亚的建议——不要成为一个借款人（除非这个暑假的消费和下个暑假的消费是完全互补品）。■

　　8A.3.4　一个有关政策的例子：IRA、401k 和退休政策　最近几年来，美国联邦政府通过对退休账户投资提供税收激励来鼓励人们增加个人储蓄，即众所周知的 IRA 和"401k 计划"。[①]本质上讲，这些账户是这样运作的：对于个人存进退休账户的每一美元，政府都不会征税，直到他/她退休后取走。这允许个人赚得一部分利息，要不然他们会将其作为税收交给政府。例如，如果我赚得 1 000 美元并且我适用的税率是 30%，那么我必须缴纳 300 美元的联邦收入税，然后留给自己可以用来为未来投资的为 700 美元。如果我把同样的收入存入 IRA 和"401k 账户"，那么我可以把全部的 1 000 美元都用来投资而把税收推迟到未来。假设投资的年回报率是 10%。在没有税收延迟储蓄计划的情况下，一年后我那 700 美元的投资将赚得 70 美元的利息，然后我需要为此再支付 30% 的税负。于是我的投资账户就有了 749 美元：原来的 700 美元加上 70 美元的利息再扣除 30% 的税收后的余额。在税收延迟储蓄计划下，我 1 000 美元的投资将赚得 100 美元的利息，并且只有当我把这些钱从账户中取出时才需要为这 1 100 美元付税。如果我真的从账户中取出并在接下来的一年中消费它，那么我需要对全部资金（1 100 美元）支付 30% 的税，然后我会有 770 美元而不是 749 美元的余额。尽管在一年之后的差别很小，但是在较长的时间段内这种差距可以迅速累积。例如，对比没有税收延迟储蓄计划时 30 年后的余额与有税收延迟储蓄计划时 30 年后的余额，可以发现：在后者的情况下我可以得到 12 215 美元而在前者的情况下只能得到 7 423 美元——差距是 4 792 美元！如果不相信，你可以自己设置一个电子表格，追踪 30 年间的利率和税负支付情况。

　　联邦退休政策对个人选择集最基本的影响是，通过把税负推迟到未来，为个人提供更高的回报率。这与我们所面临的利率上涨是等价的，我们也已经看到：在这样的变化下，储蓄到底是增加还是减少并不明确（在这里储蓄被定义为当前收入减去当前消费）。从某种意义上说，联邦退休政策的目标是增加现在的储蓄，但是这个计划可能并不成功，因为我们知道更高的利率可能导致更少的储蓄。同时，当联邦退休政策的目标是增加我们退休后的消费时，我们的模型就会预测该政策是成功的。毕竟，在 8A.3.1 节的结尾部分我们得出结论：尽管不知道今天的储蓄是否会增加，但是如果实际利率上升，我们知道未来的消费肯定会增加（要么是因为更少的储蓄带来的更高的回报率，要么是因为更多的储蓄带来的更高的回报率）。

---

　　①　IRA，或称个人退休账户，是个人建立的账户。"401k 计划"是由以营利为目的的公司建立的，这些公司可能会代表其员工投资或者/以及给员工用该账户自己投资的机会。非营利公司和组织可能为其员工建立类似的账户，这些账户被称为"403b 账户"而不是"401k 账户"。如果你已经做了章末习题 3.6，那么你应该已经做了与该部分类似的分析。

8B 有财富效应的受约束最优化

模型中关于禀赋的数学含义已经基本上介绍完了，我们再次把消费者（或者工人，或者投资者）看作在预算约束下寻求最大效用的人，但是现在预算约束里的"收入"被由经济中的价格决定的"财富"替代了。我们在第3章已经详细介绍了预算，现在我们把预算考虑进数学最优框架中。

8B.1 乔治·埃克森与汽油价格

在8A.1节，我介绍了我的朋友乔治·埃克森，他拥有很多油井，因此可以说他所有的收入都来自售卖石油。记每周他从地下抽取的石油①加仑数为 e_1，因此乔治每周从石油中得到的收入就取决于石油价格 p_1，它可以表示为 $p_1 e_1$。当然，他每周抽取多少石油随着他每周消费多少汽油而不同。记"每周汽油消费量"为 x_1，"每周以美元计的其他消费"为 x_2，因此我们可以把乔治每周的预算约束写为

$$p_1 x_1 + x_2 = p_1 e_1 \text{ 或 } x_2 = p_1(e_1 - x_1) \tag{8.1}$$

注意，式（8.1）中的第二个方程的左边只是非汽油消费，右边是售卖石油的收入中并没有直接被乔治消费掉的部分。该预算约束只是比第3章推出的有禀赋收入的预算约束

$$p_1 x_1 + p_2 x_2 = p_1 e_1 + p_2 e_2 \tag{8.2}$$

更具有一般性而已，除了在我们的例子中"每周以美元计的其他消费"的价格被定义为1（因此 $p_2 = 1$），以及乔治没有"每周以美元计的其他消费"的禀赋（因此 $e_2 = 0$）外。

现在假设乔治的偏好可以用柯布-道格拉斯效用函数 $u(x_1, x_2) = x_1^{0.1} x_2^{0.9}$ 表示。因此我们可以把他约束下的最优化问题表示为

$$\max_{x_1, x_2} u(x_1, x_2) = x_1^{0.1} x_2^{0.9} \quad \text{s.t. } x_2 = p_1(e_1 - x_1) \tag{8.3}$$

用来计算最优消费束的拉格朗日方程则为

$$\mathcal{L}(x_1, x_2, \lambda) = x_1^{0.1} x_2^{0.9} + \lambda(x_2 - p_1(e_1 - x_1)) \tag{8.4}$$

用通常的办法解方程，得到

$$x_1 = 0.1 e_1, \ x_2 = 0.9(p_1 e_1) \tag{8.5}$$

例如，假设石油价格 p_1 是每加仑2美元，乔治每周抽取的石油加仑数 e_1 是1 000。那么等式（8.5）就告诉我们：乔治的最优消费束是 $x_1 = 100$，$x_2 = 1\,800$，

---

① 为了简化问题，本章假设从地下抽取的石油可以零成本地转化为同样数量的汽油，所以石油的价格与汽油的价格相等。——译者注

即每周消费 100 加仑汽油以及 1 800 美元其他商品。

练习 8B.1 由前面段落中的数据可知，乔治每周的收入是 2 000 美元。验证：如果将此建模成受约束最优化问题（模型中每周 2 000 美元的收入是外生的），将得到同样的消费束。■

8B.1.1　回顾替代效应　现在假设因石油短缺，其价格上升到每加仑 4 美元。我们在等式（8.5）中会立刻看到它给乔治的消费带来的影响：他将继续每周消费 100 加仑的汽油，但是对其他商品的消费将会从 1 800 美元上升到 3 600 美元。在图 8-8（a）中，消费束 A 代表汽油价格是每加仑 2 美元时初始的最优消费，消费束 C 代表石油价格为每加仑 4 美元时新的最优消费。

然而，消费行为由 A 到 C 的改变包括替代效应和财富效应。为了从财富效应中分离出替代效应，我们应该首先计算出：如果从乔治手中拿走一部分收入，使得其真实收入与初始时一样多（即只有其机会成本改变，而用无差异曲线衡量的真实收入不变），那么当石油价格从每加仑 2 美元上升到每加仑 4 美元时，乔治的消费将有何变化？

为了找出此效应，我们在第 7 章定义了支出最小化问题，目的是找出乔治在新的石油价格每加仑 4 美元下所拥有的且依然能达到包括初始最优消费束（100，1 800）的相同的无差异曲线的尽可能低的外生货币收入。把该最优消费束添加到效用函数 $u(x_1, x_2) = x_1^{0.1} x_2^{0.9}$ 中，我们发现该无差异曲线被乔治的效用函数赋值为大约 1 348。因此，我们可以用支出最小化问题来表示替代效应

$$\max_{x_1, x_2} E = 4x_1 + x_2 \quad \text{s.t.} \quad x_1^{0.1} x_2^{0.9} = 1\,348 \tag{8.6}$$

注意，该问题并没有涉及乔治的禀赋，因为禀赋与寻找替代效应无关。换句话说，一旦我们知道希望乔治能达到的无差异曲线，那么为了达到它所需要的外生收入水平与乔治实际上所拥有的禀赋并没有关系。

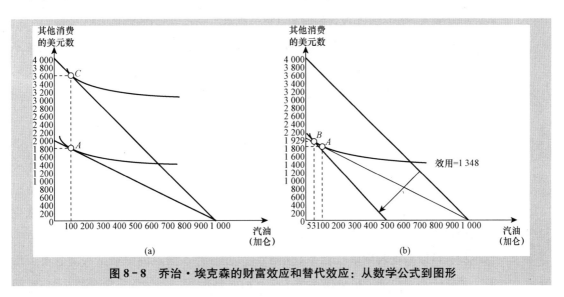

图 8-8　乔治·埃克森的财富效应和替代效应：从数学公式到图形

建立拉格朗日方程，解出 x_1 和 x_2，你可以自己验证

$$x_1 = 53.59, x_2 = 1\,929.19 \tag{8.7}$$

即乔治每周将消费 53.59 加仑的汽油以及 1 929.19 美元的其他商品。

练习 8B. 2 验证前面段落中的解释是正确的。∎

图 8-8（b）说明了我们刚刚所做的。从价格改变前的最优消费束 A 开始，我们找到了最小的新（最内侧的）预算线（或者我们在第 7 章所称的补偿预算线），它考虑了新的汽油价格而且使乔治依然能达到包含消费束 A 的无差异曲线。机会成本变化的影响因此就与由价格变化带来的财富变化的影响分离了，于是我们得到了一个纯替代效应。像通常一样，该替代效应，即乔治从消费束 A 到消费束 B 的行为变化告诉我们：机会成本变化会导致我们的消费者减少对那些变得相对昂贵的商品（汽油）的消费而增加对那些变得相对便宜的商品（其他商品）的消费。

练习 8B. 3 当汽油价格上升时，需要多少补偿才能使乔治的境况与之前一样好？∎

8B. 1. 2 财富效应 我们已经知道汽油价格为每加仑 4 美元时乔治的最终消费束［如图 8-8（a）所示］，现在我们可以把图 8-8（a）与图 8-8（b）结合起来说明替代效应（从 A 到 B）以及剩余的财富效应（从 B 到 C）。财富效应与第 7 章中的收入效应类似，在那里收入效应代表机会成本相同（即斜率相同）的两条预算线之间的行为变化。但是在该例子中，财富效应的方向与收入效应的方向是相反的：随着汽油价格的上升，乔治的真实收入是上升的而不是下降的。

因此，我们计算得到：乔治将会消费 C 点的 100 加仑汽油而不是 B 点的 53.59 加仑汽油。随着乔治的真实收入的增加（机会成本不变），乔治消费更多的汽油。因此，在这个例子中汽油是正常品。同样，因为真实收入的增加，乔治的其他消费也从 1 929.19 美元上升到 3 600 美元，这说明"其他商品"也是正常品。当然了，从对柯布-道格拉斯效用函数的分析中我们已经知道：用这个函数建模的商品就是正常品。

8B. 2 工资的变化

在 8A. 2 节，我们看到乔治·埃克森的例子与在劳动市场中当你的工资水平上升时选择多少小时的闲暇和工作的例子没有本质的区别。该分析之所以能够成立是因为，在两个例子中，收入都是通过售卖我们所拥有的商品得到的。在乔治·埃克森的例子中，他拥有也可以消费的汽油。同样，在你选择工作多少小时的例子中，你也拥有可以消费的闲暇，就像乔治消费汽油一样。当汽油价格是每加仑 2 美元时，消费一加仑汽油的机会成本是 2 美元的其他消费。当你的工资是每小时 20 美

元时，消费一小时闲暇的机会成本就是 20 美元的其他消费。因此，乔治·埃克森例子中汽油的价格就类似于你选择工作多少小时的例子中的工资水平。

8B.2.1 工资水平的上升会使你工作更长时间还是更短时间？ 在图 8-2（a）～（c）中我们已经说明了在劳动市场中替代效应和财富效应是如何起作用的。由于这些效应与乔治·埃克森例子中用数学方法说明的效应完全类似，所以对于当劳动市场中的工资水平改变时，如何运用我们的数学构架来解决替代效应与财富效应，我们已经给出了直觉上的图示说明。我们首先建立受约束的最优化问题。再次假设你每周有 60 小时可以用于工作或者闲暇，工资是 w，对消费（c）和闲暇（l）的偏好可以用一个效用函数来表示。因此，该问题的数学表达式即

$$\max_{c,\ell} u(c,\ell) \quad \text{s.t.} \quad c = w(60-\ell) \tag{8.8}$$

因此式（8.8）中的预算约束就简单地表示为在消费品 c 上的总支出等于工资 w 与工作小时［即你没有用于闲暇的时间（60－l）］的乘积。

假设你对消费和闲暇的偏好可以用拟线性效用函数表示：

$$u(c,\ell) = c + 400\ln\ell \tag{8.9}$$

运用拉格朗日模型，我们可以计算出最优的消费与闲暇组合是

$$c = 60w - 400, \ell = \frac{400}{w} \tag{8.10}$$

因此，我们知道当工资水平为每小时 20 美元时，图 8-9（a）中的最优束 A 点代表每周有 800 美元的消费以及 20 小时的闲暇（或者等价地说，用 40 小时来工作）。如果工资水平上升到每小时 25 美元，你对闲暇的最优消费减少到 16 小时（意味着要工作 44 小时），而对其他商品的消费增加到每周 1 100 美元。由于偏好可以用效用函数（8.9）表示，因此工资水平的上升会使你工作更长时间。

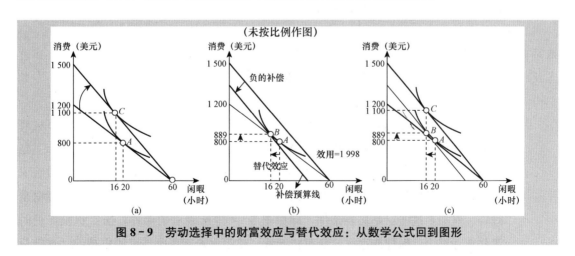

图 8-9 劳动选择中的财富效应与替代效应：从数学公式回到图形

为了弄清楚原因，我们再次把 A 到 C 的移动分解为替代效应和财富效应。为了找到替代效应，我们根据前面的思路确定一个最小化问题，即找到在能够达到当

工资是每小时 25 美元（而不是初始的每小时 20 美元）时 A 点的效应水平的前提下最小的支出。把 A 点的闲暇和消费代入效用函数（8.9），我们得到的效用水平大约为 1 998。相关最小化问题即为

$$\min_{c,\ell} E = c + 25\ell \quad \text{s.t.} \quad c + 400\ln\ell = 1\,998 \tag{8.11}$$

注意，就像我们在这种最小化问题中处理商品一样来处理"消费"与"闲暇"：我们只是想知道为了达到包含消费束 A 点的无差异曲线，在市场价格下对于这两种商品我们需要消费多少。"消费"的市场价格是 1 美元，而"闲暇"的市场价格就是工资水平（在我们的例子中是每小时 25 美元）。

练习 8B.4 解方程（8.11）。■

该最小化问题的解是 $c\approx889$，$\ell=16$。因此，在图 8-9（b）中的 B 点，你将每周消费 16 小时的闲暇，或者换句话说，你将会工作 44 小时。正如 8A.2 节的图解法所示的，工资上涨带来的替代效应会导致消费者减少对闲暇的消费，因为闲暇变得更加昂贵了。

把图 8.9（a）和（b）放在（c）中，我们可以在图形上表示刚刚用数学方法计算出来的结果：根据对闲暇（以及劳动供给）的影响，工资水平从每小时 20 美元上升到每小时 25 美元产生的替代效应为闲暇时间减少（以及劳动时间增加）了 4 小时，没有产生财富效应。当然，之所以出现这样的结果是因为潜在的效用函数（8.9）对于闲暇是拟线性的，这消除了闲暇的收入效应或者财富效应，结果只剩下替代效应。因为效用函数把闲暇看作正常品，所以财富效应变化的方向与替代效应变化的方向是相反的（很像乔治·埃克森石油价格改变的例子），于是工资上涨时你将工作更长时间还是更短时间变得模糊不定。

练习 8B.5 假设你的偏好可以更准确地用柯布-道格拉斯函数 $u(c,\ell)=c^{0.5}\ell^{0.5}$ 表示。解出财富效应与替代效应，并用图形表示你的答案。■

8B.2.2 税率与税收收入 我们在 8A.2.2 节提出了一个问题，即当工资税降低时劳动供给对于工资税变化的反应是否足够强，以至于能确保税收收入实际上是上升的。图示方法（见图 8-4）很清楚地告诉我们，当税率降低时，要使税收收入上升，最低条件是：要么闲暇是低档品，要么闲暇是正常品，但替代效应超过财富效应。然而，这些只是必要条件，即如图 8-4 中所表示的那样，当工资税降低时工作更加努力，但即使这样，从逻辑上看，税收收入下降也是可能出现的。继续分析我们的例子可以进一步理解它。

特别地，假设你的偏好可以用方程（8.9）来表示，你的税前工资为每小时 25

美元，每周用来工作的时间共有 60 小时。现在假设你发现政府以税率 t 征收工资税。因此，你的有效工资变为 $25(1-t)$ 美元，而不再是 25 美元。把等式（8.10）中的 w 用 $25(1-t)$ 代替，我们可以得到你对闲暇的最优消费为

$$\ell = \frac{400}{25(1-t)} \qquad (8.12)$$

你对劳动的最优消费是 $(60-\ell)$。政府从该工人那里获得的税收收入为税率 t 与工人税前收入 $[\text{即} 25(60-\ell)]$ 的乘积。表 8—1 计算了在不同税率（第一栏）下你将会工作的小时数（第二栏），以及政府的税收收入（第三栏）。另外，表中第四栏表示当你不根据税率调整劳动供给时（因此，不管税率是多少每周都工作 44 小时）人们预期的税收收入，第五栏表示第三栏中预测的税收收入与第四栏中更朴素的分析结果的差别。

通过把你对闲暇的偏好定义为拟线性的，我们就消除了分析中任何的财富效应，因此就得到了一个纯替代效应。因此，你在工作上的努力程度（由工作的小时数来表示）随着税后工资的下降而下降（见第二栏）。随着税率的上升，这导致了税收收入的增加，因为尽管随着税率的上升，你的工作时间更少了，但是你赚的每一美元都被征收更高的税了。然而，当税率继续上升时，你的工作时间将会减少，从而使得税收收入下降。在表 8-1 中，当税率由 50% 上升到 60% 时，这一结果将会发生。但是，如果你将表中的税率之间的间隔缩小（使得税率的变化是连续的）时就会发现，实际的转折点是当税率为 48.4% 时。因此，如果政府想从你这里得到最高的税收收入，那么它应该设定 48.4% 的税率。然而，注意，在转折点之前，实际收到的税收收入（第三栏）与没有把替代效应考虑在内时预测的税收收入大相径庭。

表 8-1 工资税对劳动供给及税收收入的影响

$$u(c, \ell) = c + 400\ln\ell, \quad L=60, \quad w=25$$

税率 t	劳动时间（小时）$(60-\ell)$	税收收入（美元）$t(25(60-\ell))$	不根据税率调整劳动供给时期望的税收收入（美元）	差别（美元）
0	44.00	0	0	0
0.05	43.16	53.95	55.00	−1.05
0.10	42.22	105.56	110.00	−4.44
0.15	41.18	154.41	165.00	−10.59
0.20	40.00	200.00	220.00	−20.00
0.25	38.67	241.67	275.00	−33.33
0.30	37.14	278.57	330.00	−51.43
0.35	35.38	309.62	385.00	−75.38
0.40	33.33	333.33	440.00	−106.67
0.45	30.91	347.73	495.00	−147.27
0.50	28.00	350.00	550.00	−200.00
0.55	24.44	336.11	605.00	−268.89
0.60	20.00	300.00	660.00	−360.00
0.65	14.29	232.14	715.00	−482.86
0.70	6.67	116.67	770.00	−653.33
0.75	0	0	825.00	−825.00

另一个需要注意的是，如果你用通常的办法解决最大化问题，当税率等于75%时，你的答案实际上意味着你将消费64小时的闲暇以及－25美元的其他商品。既然该消费束是不可能的——毕竟，你不能消费超过60小时的闲暇或者消费负数量的其他商品——你就立刻知道该问题实际上只能有一个角点解，在该点你将选择不消费，而只享受闲暇。实际上，当税率超过73.34%时，这种情况就会发生。

图8-10（a）中展示了该表中税率与税收收入的关系，图中横轴是税率，纵轴是税收收入。这是经济学家普遍预期到的形状，被称为拉弗曲线。[①] 简单地说，它表明了当税率足够高时，随着消费者选择尽可能少地消费被征税的商品，以避免被征税，最终税收收入将会下降。进一步地，正如图8-10（b）所表明的，拉弗曲线暗示着：随着税率的上升，实际的税收收入与在没有把经济行为的改变考虑在内的前提下所预测的税收收入的差别将会扩大。

练习8B.6[*]　图8-10中的拉弗曲线的方程是什么？

练习8B.7[**]　求出拉弗曲线的最高点（运用你在前一个练习中推出的方程），证明最高点出现在税率接近48.4%时。■

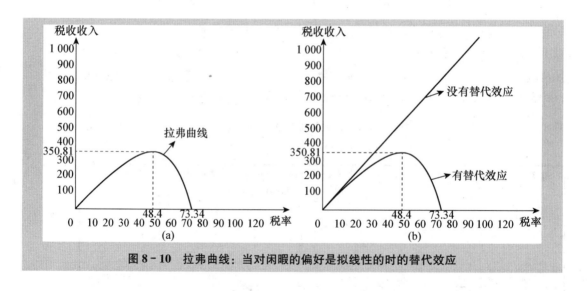

图8-10　拉弗曲线：当对闲暇的偏好是拟线性的时的替代效应

8B.3　（实际）利率的变化

在8A.3节，我们开始转向另一个问题，即在不同的情况下，实际利率的变化会如何影响你的消费、储蓄和借贷决策。我们重新回到对这个问题的讨论，在第3

---

① 该曲线被命名为拉弗曲线。拉弗（1940—　）是一名经济学家，他在20世纪70年代与80年代对政策周期的研究很有影响力。拉弗自己承认这个基本的思想并不是他原创的。《华尔街日报》副主编贾德·万尼斯基（Jude Wanniski）貌似是第一个命名这条曲线的人：1974年，拉弗与万尼斯基和切尼（Dick Cheng，当时为总统助理）会面时将这一曲线随手画在了餐巾纸上，之后，万尼斯基把这一曲线命名为"拉弗曲线"。

章的一个例子中，你将收入在这个暑假的消费和下个暑假的消费之间进行分配。尽管第 3 章中的数学模型允许我们分析更复杂的储蓄和借贷决策，但我们还是要先说明在两个时期中关于储蓄和借贷之间的替代效应和财富效应。在这样一个背景下，我们把这个暑假你得到的收入（或财富）记为 e_1，下个暑假你得到的收入（或财富）记为 e_2。因此，你的"跨期"预算约束为

$$(1+r)c_1 + c_2 = (1+r)e_1 + e_2 \tag{8.13}$$

其中，c_1 代表这个暑假的消费，c_2 代表下个暑假的消费，r 代表实际利率。

8B.3.1　更高的利率会使我们储蓄更多吗？ 我们再次以一个例子开始，这个暑假你赚得 10 000 美元，你将选择如何把这笔收入在这个暑假的消费和下个暑假的消费之间进行分配。在图 8-5 中，我们证明了，当不知道关于偏好的更多信息时，我们并不确定实际利率从 10％上升到 20％会使你这个暑假储蓄更多还是更少，尽管我们的结论是下个暑假你将消费更多。

根据式 (8.13)，在这个例子中，$e_1 = 10\,000$，$e_2 = 0$。因此，式 (8.13) 可以写为

$$(1+r)c_1 + c_2 = 10\,000(1+r) \tag{8.14}$$

现在假设你的偏好可以用柯布-道格拉斯效用函数 $u(c_1, c_2) = c_1^{0.5} c_2^{0.5}$ 表示。因此，你的效用最大化问题是

$$\max_{c_1, c_2} c_1^{0.5} c_2^{0.5} \quad \text{s.t.} \quad (1+r)c_1 + c_2 = 10\,000(1+r) \tag{8.15}$$

用通常的办法求解，我们得到这个暑假和下个暑假你的最优消费水平是

$$c_1 = 5\,000, \quad c_2 = 5\,000(1+r) \tag{8.16}$$

练习 8B.8 验证这确实是式 (8.15) 的解。■

因此，在初始利率水平（10％）下，你将选择在这个暑假消费 5 000 美元，且在下个暑假消费 5 500 美元；在新的利率水平（20％）下，你将选择在这个暑假消费 5 000 美元，但在下个暑假的消费增加至 6 000 美元。这分别对应于通常的消费束 A 和 C，我们可以说替代效应和财富效应一定恰好相互抵消，因为你的储蓄——这个暑假你没有消费的那部分——保持不变。

然而，对于很多利率政策问题，知道替代效应有多大很重要。我们可以用支出最小化方法来计算该效应，采用这个方法时，我们只需求出：为了使你在新的利率水平下与在初始利率水平下当你这个暑假的收入为 10 000 美元时一样快乐，我们需要给你多少收入（而不是这个暑假你可以赚得的 10 000 美元）？把 A 点——这个暑假的消费 5 000 美元与下个暑假的消费 5 500 美元——代入效用函数，借助用来代表你的偏好的柯布-道格拉斯效用函数，我们可以计算得出：你的效用水平为 5 244。

因此，为了计算通常的 B 点，我们需要求出

$$\min_{c_1, c_2} E = (1+r)c_1 + c_2 \quad \text{s.t.} \quad c_1^{0.5} c_2^{0.5} = 5\,244 \tag{8.17}$$

其中 r 是新的利率 20%。用通常的办法求解，得到

$$c_1 = 4\,787.14, \quad c_2 = 5\,744.56 \tag{8.18}$$

练习 8B.9 验证这确实是式（8.17）的解。■

因此，如果你面对的仅是机会成本的变化而真实收入（由你初始的无差异曲线表示）不变，那么这个例子中的替代效应暗示着利率上升将会使你这个暑假的储蓄增加 212.86 美元，但你增加储蓄并不是因为财富效应，事实上是因为更高的利率使你变得更加富有了。正如我们将在第 9 章更详细地展示的，这个结果（替代效应和财富效应恰好相互抵消）是柯布-道格拉斯偏好的一个特例，它的出现是因为替代效应等于 1 这个隐含的假定。在替代效应（CES）不变的更加一般的效用函数（其中柯布-道格拉斯函数是一个特例）中，我们将看到：当替代弹性小于 1 时，财富效应超过替代效应，使得储蓄随着实际利率的上升而减少。类似地，当替代弹性超过 1 时，替代效应超过财富效应，使得储蓄随着实际利率的上升而增加。

练习 8B.10 利用一组类似于图 8-5 的图形，标出我们刚刚计算出的点。■

8B.3.2 （实际）利率的上升会使我们借贷更少吗？ 在 8A.3.2 节接下来的部分中，我们考虑了另一种情况，并不是这个暑假你有 10 000 美元的收入而下个暑假没有收入，而是这个暑假你没有收入而下个暑假你有 10 000 美元的收入。在这种情况下，为了实现这个暑假的消费，你应该根据未来的收入进行借贷，使得当利率水平为 10% 时跨期预算约束与之前例子中的一样。随着利率上升到 20%，关于你的选择会受到什么影响的直觉如图 8-6 所示，而利率的上升必将使你这个暑假的消费减少（因此借贷更少），因为借贷的成本上升了，如果不知道关于你的偏好的更多信息，下个暑假的消费将增加还是减少就不清楚了。

然后继续假设你的偏好可以用柯布-道格拉斯效用函数 $u(c_1, c_2) = c_1^{0.5} c_2^{0.5}$ 来表示。相对于前面的数学分析，唯一变化的是你的预算约束。根据等式（8.13），现在我们有 $e_1 = 0$ 和 $e_2 = 11\,000$，新的预算约束是

$$(1+r)c_1 + c_2 = 11\,000 \tag{8.19}$$

按照与前面部分完全相同的步骤，你应该能够验证消费束 A 和 B 与之前完全一样（正如图 8-5 与图 8-6 中出现的直觉所表明的一样），但是新的消费束 C 将是

$$c_1 = 4\,583.33, c_2 = 5\,500 \tag{8.20}$$

因此，你下个暑假的消费相对于初始消费将不会改变。在这个例子中，用柯布-道格拉斯函数所描述的偏好暗示着替代效应和财富效应再一次恰好相互抵消。但是由于你下个暑假的消费从 A 点的 5 000 美元下降到 C 点的 4 583.33 美元，随着利率的上升你已经选择了减少 416.67 美元（其中 212.86 美元由替代效应解释，剩下的由财富效应解释）的借贷。

练习 8B.11 利用图来说明刚刚我们计算得出的结果。

练习 8B.12 当偏好可以用柯布-道格拉斯效用函数表示时，我们通过计算得出：当利率上升时下个暑假的消费并不会改变，这是因为该函数假设替代弹性等于 1。那么当替代弹性大于或者小于 1 时，结果将有何不同呢？■

8B.3.3 "别借债，莫放债……" 最后，我们在 8A.3.3 节考虑了另一种情况：你计划这个暑假赚 5 000 美元，下个暑假赚 5 500 美元，因为你知道在利率为 10% 时，为了能消费最优消费束——这个暑假消费 5 000 美元，下个暑假消费 5 500 美元——你将不用借入也不用借出。继续使用前面部分中的柯布-道格拉斯偏好，在给定这个暑假收入 5 000 美元而下个暑假收入 5 500 美元时，意识到我们又一次解决了同样的最大化问题，你可以验证这的确是最优消费束，除了现在 $e_1 = 5\,000$，$e_2 = 5\,500$ 之外。因此，预算约束式（8.13）将变成

$$(1+r)c_1 + c_2 = 5\,000(1+r) + 5\,500 \tag{8.21}$$

通过与之前一样的步骤，你将发现当利率上升到 20% 时，新的最优消费束是

$$c_1 = 4\,791.67, \quad c_2 = 5\,750 \tag{8.22}$$

替代效应解释了大部分的行为变化（正如 8A.3.3 节中图 8-7（a）与图 8-7（b）中所暗示的那样）。特别地，代表替代效应的消费束 B 是

$$c_1 = 4\,787.14, \quad c_2 = 5\,744.56 \tag{8.23}$$

比表达式（8.22）代表的消费束 C 只少了几美元。

练习 8B.13 验证式（8.22）与式（8.23）是正确的。■

结论

在本章，我们把对收入效应和替代效应的研究从收入是外生的延伸到收入是内生决定的。在此过程中，随着禀赋价格的改变以及个人财富的改变，我们定义了"财富效应"。这对于我们把基本模型应用于劳动/闲暇选择与财务计划选择有重要

作用。

现在我们已经准备好对商品市场的消费者（以及工人和财务规划者）需求进行分析。随着我们把之前学过的工具应用到现实世界的问题中去，理解隐含在需求与供给中的最优化动机变得很重要。第 10 章将分析消费者福利与无谓损失，到时我们将再一次看到理解替代效应与收入（或财富）效应之间的差别是多么重要。

章末习题[①]

8.1 在本章，我们首先考虑了汽油价格上升对乔治·埃克森的影响，他拥有很多油井。在这个练习中，假设乔治和我有相同的偏好，并且汽油和其他商品对于我们来说都是正常品。

A. 然而，与乔治·埃克森不同的是，我不拥有油井，我以妻子的外生收入为生。

a. 以汽油为横轴，其他商品的消费为纵轴，在图中画出当汽油价格上升时的收入效应和替代效应。

b. 假设乔治（其收入完全来自石油禀赋）的预算与价格上升之前我的预算完全一样。在同一个图中说明价格上升引起的预算变化。

c. 已知我们有相同的偏好，你能说出乔治的替代效应是大于还是小于我的替代效应吗？

d. 为什么我们的行为变化不能说是由替代效应引起的（在我的例子中是收入效应，在乔治·埃克森的例子中是财富效应）？

B. 在 8B.1 节，我们假设乔治·埃克森的效用函数是 $u(x_1, x_2) = x_1^{0.1} x_2^{0.9}$，其石油禀赋为 1 000 加仑。然后当汽油价格从每加仑 2 美元上升到每加仑 4 美元时我们就可以计算出替代效应和财富效应。

a. 现在考虑我拥有外生收入 $I = 2 000$ 的情况 。用与之前乔治·埃克森的相同的效用函数，推导出我对汽油的最优消费量的表达式［用 p_1（汽油的价格）和 p_2（其他商品的价格）表示］。

b. 在价格上升之前我和乔治·埃克森会消费同样多的汽油吗？在价格上升之后呢？

c. 计算价格变化带来的替代效应，与之前我们计算的乔治·埃克森的替代效应做对比。

d. 假设"其他商品"的价格由 1 美元降至 0.5 美元，而汽油价格依然是 2 美

[①] ＊为在概念方面具有挑战性的问题。
  ＊＊为在计算方面具有挑战性的问题。
  †答案见学习指南。

元。由替代效应引起的行为变化是什么？与由汽油价格上涨引起的替代效应对比。

e. 我会减少多少汽油消费？这与当汽油价格上升时乔治的消费变化为什么是一样的？用图直观地进行解释。

†**8.2** 正如本章所暗示的，随着工资上涨，知道工人会工作更长时间还是更短时间通常都是很重要的。

A. 在下面每种情况下，你能说出随着工资上涨，工人会工作更长时间还是更短时间吗？

a. 工人对消费和闲暇的偏好关于闲暇是拟线性的。

b. 工人对消费和闲暇的偏好是位似的。

c. 闲暇是奢侈品。

d. 闲暇是必需品。

e. 工人对消费和闲暇的偏好关于消费是拟线性的。

B. 假设偏好的形式是 $u(c, \ell) = (0.5c^{-\rho} + 0.5\ell^{-\rho})^{-1/\rho}$。

a. 建立工人的最优化问题，假设他的闲暇禀赋是 L，他的工资是 w。

b. 根据你的最大化问题建立拉格朗日方程。

c. 解出对闲暇的最优消费量。

* d. 当 w 上升时对闲暇的消费量会增加还是减少？你的答案的依据是什么？

e. 把这与此类问题中你所知道的替代效应和财富效应联系起来。

8.3 假设有一项发明使得每个人都能够每周减少 10 小时的睡眠时间，因此增加了他们每周的闲暇禀赋。

A. 对于下列每种情况，你能说出一个工人会工作更长时间还是更短时间吗？

a. 工人对消费和闲暇的偏好关于闲暇是拟线性的。

b. 工人对消费和闲暇的偏好是位似的。

c. 闲暇是奢侈品。

d. 闲暇是必需品。

e. 工人对消费和闲暇的偏好关于消费是拟线性的。

f. 你的答案与消费和闲暇的可替代程度有关吗？为什么？

B. 假设工人对消费 c 和闲暇 ℓ 的偏好可以用效用函数 $u(c, \ell) = c^\alpha \ell^{(1-\alpha)}$ 来表示。

a. 写出工人的受约束的最优化问题和拉格朗日函数。用 w 表示工资，用 L 表示闲暇禀赋。

b. 把解出的对闲暇的消费写成 w、α 和 L 的函数。L 的增加会导致闲暇消费增加还是减少？

c. 你能确定闲暇的增加会使工人工作更长时间吗？

d. 用效用函数 $u(c, \ell) = c + \alpha \ln \ell$ 重复（a）与（c）。

** e. 当偏好可以用 CES 效用函数 $u(c, \ell) = (\alpha c^{-\rho} (1-\alpha) \ell^{-\rho})^{-1/\rho}$ 表示时，你能

说明当闲暇禀赋 L 增加时工人将消费更多闲暇并且工作更长时间吗？（注意：代数运算有些复杂。你可以时不时地通过令 $\rho = 0$ 来检查你的结果，检验其与你所知道的柯布-道格拉斯效用函数 $u(c, \ell) = c^{0.5}\ell^{0.5}$ 是否匹配。）

8.4　商业应用：商品交换政策。假设你有 200 美元可以自由支配的收入，你可以用这笔钱购买 ABBA 的 CD 或者阿诺德·施瓦辛格的 DVD。

A. 在上班的路上，你在沃尔玛买了 10 张 CD 和 5 张 DVD，它们的价格分别为 10 美元和 20 美元。

a. 以 DVD 的数量为横轴、CD 的数量为纵轴做图，说明你的预算约束与最优消费束 A。

b. 在回家的路上，你路过那家沃尔玛时看到了大大的标语："所有 DVD 都半价——仅 10 美元！"你也知道沃尔玛有以下退换政策：消费者可以出示收据并按购买价获得退款；如果消费者不小心丢失了收据，可以得到同等金额的积分。[①] 那么你最多可以得到多少积分？

c. 假设你没有多余的现金了，只有一些 DVD 和 CD，你会再次去沃尔玛购买吗？

d. 第二天你在上班的路上依然经过那家沃尔玛，你注意到那个标语已经撤了。你猜测 DVD 的价格应该回到 20 美元了（CD 的价格一直不变），并且你注意到昨天你忘记把 CD 和 DVD 从车子里拿出来，它们正好还在你身边。你还会再去沃尔玛（假设你的钱包还是空的）吗？

e. 最后，在回家的路上你又经过沃尔玛，这次看到的标语是："大减价——所有 CD 仅 5 美元，所有 DVD 仅 10 美元！"你的购物袋依然还在身边，你的钱包也是空的，你会回到沃尔玛吗？

f. 如果你是沃尔玛"积分"政策的经理，你倾向于支持"所有其他的都一样"这种大范围的价格变化还是部分商品减价？

g. 判断正误：如果没有替代效应，商店就不用担心人们通过"积分"政策进行投机，就像该例子中你的做法一样。

B. 假设你对 DVD（x_1）和 CD（x_2）的偏好可以用效用函数 $u(x_1, x_2) = x_1^{0.5}x_2^{0.5}$ 来表示。假设购买非整数的 CD 或者 DVD 也是可能的。

a. 计算第一次去沃尔玛时你的消费束。

b. 计算第一天你在回家的路上去沃尔玛时（即当 p_1 降为 10 美元时）的消费束。

c. 如果为了获得积分你需要支付一定的费用，你最多愿意支付多少？

d. 如果按照 A 部分的步骤，你最终的消费束是多少？

**e. 假设代表偏好的效用函数是 $u(x_1, x_2) = (0.5x_1^{-\rho} + 0.5x_2^{-\rho})^{-1/\rho}$。你能证

---

① 积分政策是指你可以用这些积分为你在商店所买的任何商品支付。

明随着替代弹性接近零，你通过积分政策进行博弈的能力就会降低吗？

*†**8.5** **政策应用：储蓄行为与税收政策。** 假设你为三个家庭考虑储蓄计划：家庭 1、家庭 2 和家庭 3。每个家庭都计划今年的消费与明年的消费，每个家庭都预期今年收入 100 000 美元，明年无收入，实际利率是 10%。假设消费一直是正常品。

A. 假设政府对低于 5 000 美元的利息收入不征收任何税，但是对超过 5 000 美元的利息收入征收 50% 的税。

a. 以"本期消费" c_1 为横轴、"下期消费" c_2 为纵轴做图，说明三个家庭面临的选择集。

b. 假设你观察到家庭 1 储蓄了 25 000 美元，家庭 2 储蓄了 50 000 美元，家庭 3 储蓄了 75 000 美元。图示使这些家庭做出理性选择的无差异曲线。

c. 现在假设政府实施对第一个 7 500 美元的利息收入而不是第一个 5 000 美元的利息收入免税的政策。因此，在新的税收政策下，第一个 7 500 美元的利息收入不会被征税，但是利息收入若超过 7 500 美元就要被征收 50% 的税。假设在税收政策变化之前你就知道每个家庭的储蓄计划，现在你能说出每个家庭的储蓄会增加还是减少吗？（注意：在该问题中，按比例画图会很艰难，但若是不按比例，图就会变得很混乱。最简单的做法就是只关心围绕家庭的相关决策点的预算约束的大概形状。）

d. 假设没有发生（c）中的税收政策变化，政府承诺对第一个 2 500 美元的利息收入补贴 100%，而对超过 2 500 美元的利息收入部分征收 80% 的税。（因此，如果一个人有 2 500 美元的利息收入，那么他将会从政府那里收到额外的 2 500 美元的补贴；如果一个人有 3 500 美元的利息收入，他也会收到同样的 2 500 美元的补贴，但是也会支付 800 美元的税。）偶然听到一个家庭说："我们实际上并不关心到底是执行旧政策（即 A 部分描述的政策）还是新政策。"三个家庭中哪个家庭有可能会这样说？当执行新的税收政策时这个家庭会（比旧政策下）储蓄更多还是更少呢？

B. 现在假设三个家庭的偏好可以用效用函数 $u(c_1, c_2) = c_1^a c_2^{(1-a)}$ 来表示，其中 c_1 是指现在的消费，c_2 是指下一年的消费。

a. 假设现在对储蓄收入不征税。写出跨期预算约束，其中 r 代表实际利率，I 代表当前收入（假设消费者预期下一阶段没有收入）。

b. 写出受约束的最优化问题以及拉格朗日方程，然后解出 c_1（当前消费，用 a 表示）；解出暗含的储蓄水平（用 a、I 和 r 表示）。储蓄依赖于利率水平吗？

c. 如同 A 部分描述的那样，求出家庭 1 的 a 值。

d. 现在假设引入 A 部分中介绍的 50% 的税率。写出储蓄不多于 50 000 美元的家庭的预算约束（假设当前收入是 I，税前利率是 r）。（注意：不要写出有扭结点的预算方程，而是写出这个家庭期望的线性预算方程。）

e. 运用该预算约束写出受约束的最优化问题，在给定家庭储蓄多于 50 000 美

8

元的情况下解出其最优选择。解出 c_1 以及暗含的储蓄水平（用 α、I 和 r 表示）。

f. 正如 A 部分所描述的那样，家庭 3 的 α 值必须为多少？

g. 运用对家庭 1 和家庭 3 解出的 α 值，说明在 A 部分（c）中描述的税制对他们的影响。

h. 正如 A 部分所描述的那样，家庭 2 的 α 值必须取多少？

8.6 政策应用：劳动所得税抵免（EITC）。早在 20 世纪 70 年代初，美国政府就有了名为劳动所得税抵免的计划（第 3 章课后练习中提到过）。该计划的一个简化版本如下：除了雇主支付给你的工资外，政府还对你的收入补贴 50%，但是补贴只适用于你从雇主那儿得到的前 300 美元（每周）。如果你每周的收入超过 300 美元，政府就只对你收入的前 300 美元进行补贴，对额外的收入没有任何补贴。例如，如果你每周赚得 500 美元，政府将对你收入的前 300 美元补贴 50%，即 150 美元。

A. 考虑工人 1 和工人 2。在工资为每小时 10 美元的条件下，两个工人每周都可以工作 60 小时，在执行这种政策后你发现：工人 1 每周工作 39 小时，而工人 2 每周工作 24 小时。假设闲暇为正常品。

a. 分别说明在有和没有该计划的情况下工人的预算约束。

b. 你能说出该计划是否增加了工人 1 的工作时间吗？请解释。

c. 你能说出在执行该计划后工人 2 的工作时间相对于之前是增加了还是减少了吗？请解释。

d. 现在假设政府扩大了该计划，把补贴的界限由 300 美元改成 400 美元。换句话说，现在政府对每周收入的前 400 美元提供补贴。你能说出现在工人 1 会工作更长时间还是更短时间吗？工人 2 呢？

B. 假设工人对消费 c 和闲暇 ℓ 的偏好可以用效用函数 $u(c, \ell) = c^{\alpha} \ell^{(1-\alpha)}$ 来表示。

a. 假设你知道工人 2 在预算约束的哪一部分结束，你能写出为了解出其最优选择的最优化问题吗？解该问题，并且确定为了使工人 2 在 EITC 计划下每周工作 24 小时，α 必须取什么值。

b. 对工人 1 重复同样的处理，但是假定你知道工人是在 EITC 预算的不同部分，要确保你能正确地写出预算约束。（提示：如果你延长预算约束的相关部分到代表闲暇时间的坐标轴，你应该会发现它与该轴相交于闲暇时间为 75 处。）

c. 已经得出工人 1 和工人 2 的 α 值，确定相对于没有该计划时他们会工作更长时间还是更短时间。

d. 确定当 EITC 的界限从 300 美元上升到 400 美元后每个工人如何反应。

e. 如果工人选择你画的最初预算线的转折点处（即界限为 300 美元），那么 α 的取值范围是什么？

*8.7 **政策应用**：对储蓄提供补贴与对借款征税。在章末习题 6.9 中，我们分

析了当借款利率和储蓄利率不一样时的情况。二者不一样的部分原因可能是政府的政策。

A.　假设目前银行愿意以相同的利率借款和贷款。考虑一个现在收入为 e_1 且未来一段时间收入为 e_2 的个体，两个时期的利率都等于 r。在权衡之后，该个体决定选择借款而不是储蓄。假定个体的偏好是位似的。

a.　说明该个体的预算约束，并且说出他的最优选择。

b.　现在假设政府鼓励该个体为未来进行储蓄。一个提议可能是对储蓄进行补贴（通过一些计划，如"401k 计划"），即实施一项提高储蓄利率，但使借款利率保持不变的政策。说明这将如何改变预算约束。这项政策可以达到政府的目标吗？

c.　另一个可选择的政策是通过对银行获得的贷款利息征税来提高借款的实际利率。说明这将如何影响预算。这项政策可以促使个人减少借款吗？能促使他或她开始储蓄吗？

d.　事实上，政府经常执行与这两种政策相反的政策：对储蓄征税（合法的退休计划除外）而对其他形式的借款（尤其是住房抵押贷款）提供补贴。再次假设初始的借款利率和贷款利率是相同的，然后假设对储蓄征税（降低了有效的储蓄利率）和对借款提供补贴（降低了有效的借款利率）使得储蓄利率和借款利率降至 $r'(<r)$。个人将会对这项政策做何反应？

e.　假设不是对利率征税或者补贴，政府只是通过拿走个人目前的收入 e_1 的一部分并把它放进银行来替个人进行储蓄，为未来攒利息。这将如何改变个人行为？

f.　现在假设政府不拿走一个人的当前收入替他进行储蓄，只是增加社会保障福利（在未来一段时间）。个人会怎么做？

B.　假设你的偏好可以用效用函数 $u(c_1, c_2) = c_1^\alpha c_2^{(1-\alpha)}$ 来表示。

a.　假设你面对一个对储蓄和借款都一样的不变利率 r。你现在和将来各会消费多少（用 e_1、e_2 和 r 表示）？

b.　α 取什么值时你会选择借款而不是储蓄？

c.　假设 $\alpha = 0.5$，$e_1 = 100\,000$，$e_2 = 125\,000$ 以及 $r = 0.1$。你将储蓄或者借款多少？

d.　如果政府提出"财务文化"计划，该计划通过影响 α 来改变你对现在和将来的权衡，为了使你停止借款，这个计划应该怎样改变 α？

e.　假设"财务文化"计划对 α 没有影响。为了使你成为一个储蓄者，政府需要把存款利率［如在 A(b) 部分中描述的那样］提高多少？（提示：你首先需要用仅含有 r 的方程来确定 c_1 和 c_2。然后你可以用仅含有 r 的方程确定效用，在 r 足够高，以至于可以给你带来与借款同样的效用之前，你是不会储蓄的。）

f.　验证你得出的关于 A(c) 部分描述的政策影响的结论。

g.　验证 A(d) 中的结论。

h.　验证 A(e) 中的结论：假设政府从你的收入 e_1 中拿走 x，然后储蓄起来，

因此会使 e_2 增加 $x(1+r)$。

i. 最后，假设 A(f) 中描述的关于增加社会保障福利的政策实施了。你的借款数量将会如何改变？改变多少？

8.8 政策应用：税收收入与拉弗曲线。在本习题中，我们将考虑工资税税率与税收收入如何联系起来。

A. 正如在 B 部分介绍的那样，在以税率为横轴、税收收入为纵轴的图中，拉弗曲线代表了税率和税收收入之间的关系。（8B.2.2 节的脚注介绍了该曲线名字的由来。）因为人们关于工作多长时间的决策可能会受到税率的影响，所以推导出这种关系并不像很多人认为的那样直白。

a. 首先考虑一种极端情况，即闲暇和消费是完全互补品的情况。以闲暇时间为横轴、以消费的美元数为纵轴画图，说明税率的上升是如何影响消费者关于闲暇的最优选择（即劳动）的。

b. 接下来，考虑不那么极端的情况，即税后工资的上涨引起的替代效应和财富效应在代表闲暇的坐标轴上恰好完全抵消。在这种情况下，当税率上升时，税收收入会增长更快吗？

c. 在以税率（范围从 0 到 1）为横轴、税收收入为纵轴的图中，这种关系与（a）和（d）中的偏好有何不同？

d. 现在假设随着税后工资的改变，在代表闲暇的坐标轴上替代效应超过财富效应。解释并确定如何改变税率和税收收入之间的关系。

e. 拉弗认为（大多数经济学家也这么认为），代表税收收入（纵轴）和税率（横轴）之间关系的曲线一开始会向上倾斜，但是最终会向下倾斜，当税率接近 1 时将会与横轴相交。在这个问题中，我们描述的哪个偏好可以形成这种形状的曲线？

f. 判断正误：如果闲暇是正常品，那么只有闲暇和消费（至少在一些点上）是完全替代品以至于（对闲暇的）替代效应超过（对闲暇的）财富效应时，拉弗曲线才会出现倒 U 形的形状。

**B. 在 8B.2.2 节，我们推出了当对闲暇的偏好是拟线性的时的拉弗曲线。现在考虑一种情况，即偏好是柯布-道格拉斯形式 $u(c, \ell) = c^a \ell^{(1-a)}$。假设一个工人每周有 60 小时的闲暇禀赋，他可以在劳动市场上以工资 w 出售这些禀赋。

a. 假设工人的工资被征收税率为 t 的税。推导工人对闲暇的最优选择。

b. 对于一些有这种偏好的人来说，拉弗曲线会像 8B.2.2 节描述的那样出现倒 U 形的形状吗？为什么？这代表 A 中描述的哪种情况？

c. 现在考虑更加一般的 CES 函数 $(ac^{-\rho} + (1-a)\ell^{-\rho})^{-1/\rho}$。再推导出对闲暇的最优消费。

d. 当 $\rho = 0$ 时你的答案的简化结果与你预期的一样吗？

e. 要使对闲暇的消费随着 t 增加，确定 ρ 值的范围。

f. 如果 ρ 值落在你刚刚推导出的范围内，那么当 t 接近 1 时，你对闲暇的消费会发生什么变化？这意味着拉弗曲线会出现什么形状？

g. 假设 $\alpha=0.25$，$w=20$，$\rho=-0.5$。计算工人将选择的对闲暇的消费（用含有 t 的方程表示），然后推导这个工人的拉弗曲线方程，并画图。

†**8.9　政策应用**：国际贸易和童工。经济学家贾格迪什·巴格瓦蒂（Jagdish Bhagwati）在他的一场公开演讲中曾解释，国际贸易会引起某些发展中国家童工工资的上涨。然后他正式地讨论了：如果父母是"坏"的，童工就会增多；如果父母是"好"的，童工就会减少。

A. 假设这些发展中国家的家庭有两种商品："家庭中孩子的闲暇时间"和"家庭消费"。假设不管他们的孩子工作多长时间，家庭中一个成年人每周可以赚得 y 美元。假设孩子的工资为每小时 w 美元，孩子每周的闲暇时间最多是 E 小时。

a. 以"家庭中孩子每周的闲暇时间"为横轴，"每周家庭消费"为纵轴做图，说明家庭的约束以及它的斜率和截距。

b. 现在假设国际贸易的扩张使得孩子的工资增长到 w'。说明这将如何改变家庭预算。

c. 假设家庭偏好是位似的，家庭需要孩子出去工作，但也不是将全部的闲暇时间都用来工作。你能说出随着国际贸易的扩张孩子的工作时间会增多还是减少吗？

d. 在位似偏好模型的背景下，怎样区别"好"的父母和"坏"的父母？

e. 国际贸易在增加孩子的工资的同时，也可能会使得家庭中其他成年人的工资增加。因此，在我们的模型中，y 预期也会上升。如果真是这样，那么与我们定义为"好"的父母行为一致的行为会增多还是减少？

f. 在一些高童工率的发展中国家，政府制定了以下政策：如果父母同意把孩子送入学校而不是去工作，政府就会给家庭发放数量为 x 的补贴。（假设政府能够确定孩子确实是被送入了学校而没有去工作，假设父母把孩子待在学校的时间视为闲暇。）这将如何影响父母的选择集？对于孩子"闲暇"和家庭消费二者的替代性更强的家庭，这项政策是会成功还是会失败？

B. 假设父母的偏好可以用效用函数 $u(c,\ell)=c^{0.5}\ell^{0.5}$ 来表示。为了使问题简化，假设 $y=0$。

a. 确立父母的受约束的最优化问题，建立合适的拉格朗日方程。

b. 解出父母会为孩子选择多少时间的闲暇。w 对这个决定有什么影响吗？

c. 直观地解释你刚才所发现的。考虑 CES 效用函数（是柯布-道格拉斯方程的特殊形式）。根据巴格瓦蒂的定义，ρ 的取值范围是多少时我们可以说父母是"好"的？

d. 家庭消费是位似偏好的父母可能是"好"的吗？

e. 现在（根据初始的柯布-道格拉斯偏好）假设 $y>0$。如果国际贸易推高了其他家庭成员的收入，从而使得 y 提高，那么孩子的闲暇会发生什么变化？

f. 再次假设 $y=0$ 以及政府将引进 A(f) 部分介绍的政策。为了让家庭把孩子送入学校，x 值至少为多大（再次假设家庭把孩子待在学校的时间视为闲暇）？

g. 利用前面部分得到的答案，用语言表达为了使让孩子上学的家庭数超过让孩子工作的家庭数，政府需要投入的 x 占孩子时间的市场价值的比例是多少？

8.10 政策应用：负收入税。假设目前的税收政策是政府对你任何数量的劳动收入都征收固定比例 t 的税。

A. 议会中有些人提出了名为负收入税的税收政策：即使你不工作，你也肯定能得到一部分收入 x。然后，对于你在劳动市场赚得的任何收入，政府都要拿走固定比例（k）的税。为了向保障性收入 x 提供资金，该税收政策下的税率要高于目前的税率（即 $t<k$）。[①]

a. 以闲暇为横轴、消费为纵轴画图，说明在目前的税收政策下你的预算约束是什么，假设闲暇禀赋是 E，税前工资是 w，那么截距和斜率分别是多少？

b. 利用一个相似的图说明在另一个税收政策下的预算约束是什么。

c. 你听到我说："你知道吗，看过新税收提议后我真心觉得保持现有税收政策还是执行新的税收政策对我来说没有区别。"在不知道闲暇和消费对我来说是什么商品的情况下，你能知道在负收入税政策下我会工作更多还是更少吗？并给出解释。

d. 为了使你在两种政策下的效用相同并且你的工作时间一样，你的偏好需要是怎样的？

e. 判断正误：消费与闲暇之间的替代性越弱，当进行政策转换时政策制定者就越不用担心人们工作意愿的改变。

B. 考虑你每周决定工作多长时间，并且假设你一共有 60 小时可以在闲暇和工作之间进行分配。进一步假设你对消费和闲暇的偏好可以用效用函数 $u(c, \ell)=c\ell$ 来表示，市场上你的工资 w 为每小时 20 美元。

a. 写出两种税收政策下的预算约束，即用 c、ℓ 和 t 表示第一个预算方程，用 c、ℓ、k 和 x 表示第二个预算方程。

b. 推导出目前税收政策下你的最优选择（表示为 t 的函数）。若其他都不变，那么工资税的变化会引起工作时间改变多少？你能把答案（直觉地）与财富效应和替代效应联系起来吗？

c. 现在推导在负收入税的情况下你对闲暇的最优选择（以 k 和 x 表示）。现在 k 的增加或者 x 的增加对你的工作计划有何影响？

d. 假设 $t=0.2$。运用可以衡量幸福感的效用函数，计算在目前的税收政策下你能达到的效用水平。

e. 现在政府想使 $k=0.3$。假设你是一个关键的投票者。如果你支持采用负收

---

① 在一些提议中，$t<k$ 的要求并不成立，因为负收入税的支持者设想用保障性收入 x 来代替大量的社会福利计划。

入税计划，它就会通过。为了得到你的支持，在负收入税计划下，保障性收入 x 的最低水平是多少？

f. 如果该负收入税计划被执行，那么你的工作时间将会减少多少（假设 x 是能得到你的支持的最小值）？

8.11 政策应用：国会关于储蓄补贴的建议及其替代效应。假设你被邀请为一个今年收入为 100 000 美元但明年没有收入的家庭制订储蓄计划。

A. 假设这段时间的利率是 10%，我们在现在的消费与接下来一段时间的消费之间进行权衡。

a. 以"现在的消费"为横轴、"未来的消费"为纵轴画图，说明如果这段时间的利率上升到 20%，家庭的选择集将会有什么变化。

b. 假设你知道家庭对现在的消费和未来的消费的偏好是完全互补品。你能说出如果利率上升，家庭会储蓄更多还是更少吗？

c. 为了增加人们的储蓄，你向国会提议了一项储蓄补贴的政策。特别地，国会建议对人们从市场上赚得的利息收入额外给予 5% 的利息支付。你被要求评估下面的声明："假设消费一直是正常品，如果替代效应较小，那么这项政策会使储蓄减少；如果替代效应较大，那么这项政策会使储蓄增加。"

d. 判断正误：如果前面描述的政策的目的是增加人们未来的消费，那么只要消费一直是正常品，这项政策就会成功。

B. 假设关于现在的消费 c_1 和未来的消费 c_2 的偏好可以用不变替代弹性的效用函数 $u(c_1, c_2) = (c_1^{-\rho} + c_2^{-\rho})^{-1/\rho}$ 表示。

a. 假设实际利率是 r，并且没有政府计划对储蓄产生影响，写出受约束的最优化问题。

b. 解出 c_1 的最优水平（用 ρ 和 r 表示）。ρ 取什么值时家庭的储蓄计划不受实际利率的影响？

c. 已知 ρ 和替代效应的关系，你能把 A(c) 中的声明说得更精确一些吗？

第 9 章　商品需求与劳动和资本供给

如果你曾上过经济学的课程，那么你很可能学过如何画供给曲线和需求曲线。[①] 你可能对我们曾经不那么重视这些概念感到奇怪。其实我们之所以没有着重强调这些概念并不是因为供给曲线和需求曲线不重要，而是因为需求和供给来自个体的选择，更准确地说来自经济主体基于现状而做出的最优抉择。如果不了解这样的个体最优化决策如何产生了需求和供给，是很难完全理解供给和需求的概念的——很难明白它们告诉了我们什么或没有告诉我们什么。只有仔细了解经济学家如何分析个体基于他们的现状做出的最优决策后，我们才能了解个体的决策是如何影响某些形态的供给曲线和需求曲线的。

在经济中，我们已经着重分析了三种不同的角色是如何做出决策的：消费者在不同的商品之间做出选择，工人在消费和休闲之间做出选择，储蓄者/借贷者在当前消费和未来消费之间做出选择。作为消费者，个人成了商品和服务的需求者（demanders of goods and services）；作为工人，他们成了劳动的供给者（suppliers of labor）；作为储蓄者，他们又成了资金的供给者（suppliers of financial capital）；而作为借贷者，他们成了资金的需求者（demanders of financial capital）。因此，我们可以从中得到商品的需求曲线和劳动的供给曲线；根据个体是借贷者还是储蓄者，我们可以得到资本市场的供给曲线和需求曲线。在稍后的章节中，我们会增加一个角色（即生产者，他提供商品，而且需要劳动和资本），从而更加完整地刻画商品和服务市场、劳动市场以及资本市场。

9A　推导需求曲线与供给曲线

像以往那样，我们以一种非数学的方式来描述由个体最优化选择得出的供给曲线和需求曲线，我们将使用图形来说明你们可能在其他课上看到的供给曲线和需求

---

① 学习本章需要用到第 2 章及第 4～7 章的内容。学习 9A. 2 节、9A. 3 节及 9B. 2 节、9B. 3 节需要用到第 3 章和第 8 章的内容。

曲线是如何从这些模型中推出的。9A.1 节将从商品和服务市场的需求关系开始，稍后的部分会延伸至劳动和资本市场。

9A.1　对商品与服务的需求

前几章中我们已经分析了商品的需求量是如何随着潜在经济环境的变化而变化的，无论这些变化是收入、财富还是价格。我们的答案往往取决于由潜在偏好所引起的方向相反的收入（或财富）效应和替代效应。对正在考虑中的个体而言，一件商品是正常品还是低档品，是一般的低档品还是吉芬商品是非常重要的。对于我们更全面地理解需求关系而言，不同类型的偏好的区别是同等重要的。

下面我们将区分三种不同的需求关系（或者"曲线"）：收入需求曲线（income demand curve）、自价格需求曲线（own-price demand curve）和交叉价格需求曲线（cross-price demand curve）。收入需求曲线反映了（外生的）收入和商品需求量之间的关系，自价格需求曲线反映了一种商品的价格与其自身需求量之间的关系，交叉价格需求曲线反映了一种商品的价格和另一种商品的需求量之间的关系。在描绘这些需求曲线时，我们都把商品的需求量放在横轴，把收入或商品自身价格或其他商品的价格放在纵轴。

9A.1.1　收入需求关系　在我们感兴趣的三种需求关系中，收入和商品需求量之间的关系是最为直接的。收入与需求间的这种关系有时用恩格尔曲线[①]（Engel curve）来表示。

我们回到第 7 章列举的那个例子，假设对于我和我的妻子而言，面食是低档品，牛排是正常品。在该条件下，我们在图 9-1 中推导出了这两种商品的收入需求曲线。具体来说，在图 9-1（a）中，我们每周的收入为 100 美元，我们在每周消费的面食盒数和每周在其他商品上花费的美元数之间做出选择。纵轴上的商品以美元数表示，则商品价格恰为 1，预算线的斜率的绝对值就是面食的价格。当面食的价格是每盒 4 美元的时候，最优消费束在 A 点处，即每周消费 10 盒面食。这样我们在下方的收入需求图中找到了一个点：（纵轴上）收入为 100 美元时，面食的消费量为 10 盒。

现在假设我们的收入增加到 200 美元（面食的价格不变），由于面食对我们来说是低档品，所以面食的消费量会相应下降，也许变为 5 盒，就像图中新的预算线上的 B 点一样。这样我们在收入需求图中就找到了第二个点：收入为 200 美元时，面食的消费量为 5 盒。可以想象，在不同收入水平下重复这些步骤，我们每次都能在上方的图形中找到一个最优点并将它相应地表示在底部图形中，把底部图形中的这些

---

① 该曲线以德国统计学家和经济学家恩格尔（1821—1896）的名字命名。恩格尔研究了消费行为如何随收入的变化而变化，而他最著名的理论当推恩格尔定律，即随着收入的增加，即使人们在食物上的总支出增加（即食物是正常品），人们在食物上的支出占收入的比例也将下降（即食物是必需品）。

9

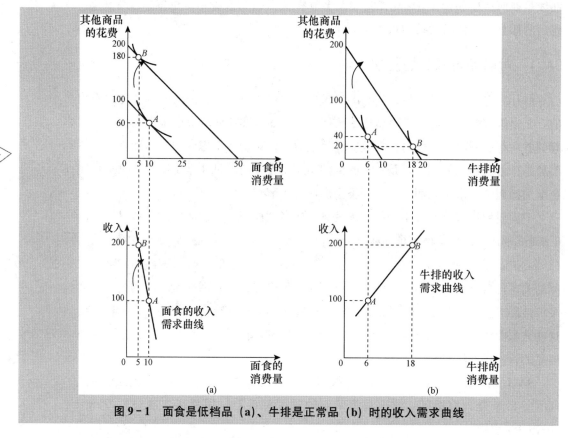

图9-1　面食是低档品（a）、牛排是正常品（b）时的收入需求曲线

点连起来就形成了收入需求曲线。在本例中，由于假定面食是低档品，所以我们会得到一条斜率为负的收入需求曲线，它表示收入与其消费量之间存在负相关关系。在图9-1（b）中，我们假定牛排价格为每磅10美元并重复同样的推导过程（在本例中我们假定我和我的妻子只消费牛排和面食）。就像你们想的那样，由于牛排对我们来说是正常品，所以我们得到了一条斜率为正的收入需求曲线。

练习9A.1　在先前的章节中，我们提到一种商品不可能在所有收入水平上都是低档品。你可以参照图9-1（a）中的底部图形说明原因吗？■

　　将顶部图形的最优选择相应地表示到底部图形中，是一种凭直觉形成收入需求曲线的方式。我们可以用数学方程更直接地进行表示，这样，在现实生活中，经济学家们不用像上文那样花时间一次次描点画图就能直接正确地描述这种关系。为此，我们使用本章B部分提供的方法。无论怎样，图形都将数学公式传递给我们的信息直观地描述了出来，它也是我们以后在这本书中将会经常使用的工具。

　　图9-1推导出来的收入需求曲线对顶部图形中商品的价格而言是正确的：面食的价格是每盒4美元，牛排的价格是每磅10美元。现在假设这些价格改变了，那么就会在顶部图形中产生新的最优点，从而得到新的收入需求曲线。特别地，对

于正常品和一般低档品，在收入水平不变的情况下商品价格的上升将会导致商品消费量的减少。这意味着：对于正常品和一般低档品来说，收入需求曲线在商品价格上升时向内移动，在商品价格下降时向外移动。另外，对于吉芬商品而言，在收入水平给定的情况下商品价格的增加会导致消费量的增加，商品价格的降低会导致消费量的减少。所以对吉芬商品而言，收入需求曲线在商品价格上升时向外移动，在商品价格下降时向内移动。

练习 9A.2　假如 X 商品是低档品，参照图 9-1 (a) 推导出 X 的收入需求曲线。说明在顶部图形的两种收入水平下，当 X 的价格下降时，X 为吉芬商品或一般低档品是如何影响底部图形的收入需求曲线的。■

9A.1.2　自价格需求关系　如果你曾听说过需求曲线，那很可能你听说过的就是自价格需求曲线（own-price demand curve）。商品（或者服务）的自价格需求曲线表示在其他条件不变的情况下，商品（或者服务）的价格和其需求量之间的关系。我们可以像推导图 9-1 中的收入需求曲线那样，用同样的方法推导出自价格需求曲线，只不过现在我们需要改变价格，而不是像图 9-1 顶部图形中那样改变收入（图 9-1 底部图形中的纵坐标也应由收入改为价格）。

在图 9-2 中，我们推导了正常品、一般低档品以及吉芬商品的自价格需求曲线。在每种情况下，我们都以感兴趣的商品为横轴，来分析消费者在该商品以及由美元计价的其他商品组合中面临的选择。

在上面的图中，我们都有相同的初始预算约束线（图中最陡的线）和相同的初始最优点 A，当横轴上的商品价格从 p 降到 p' 时我们分别分析几种不同的情况。为了尽可能清楚地解释，我们假设在每种情况下，无差异曲线的替代程度是相同的，这就意味着在三个例子中由替代效应引起的向补偿预算线（图中纵截距最小的线）上 B 点的移动是一样的，唯一的区别就在于收入效应的规模和方向。

首先我们在图 9-2 (a) 中考虑正常商品的自价格需求曲线的推导。在初始价格 p 处，顶部图形中的消费量是 x^A，对应到底部图形，在纵轴上找到对应的价格 p 并进行标注。补偿预算线上的最优选择 B 点对应更低的价格 p'。这样我们就能在底部图形中相应地标出消费量 x^B 和对应的价格 p'。然而，x^B 不是自价格需求曲线上的点，而是补偿预算线上一个假设的消费水平。我们将在第 10 章介绍的另一种不同关系中包含这个重点。

现在，我们把注意力放在顶部图形中 C 点所在的预算线（图中最外侧的线）上，这是最后实际做出的选择，因为我们假设图 9-2 (a) 中 x 是正常品，C 点落在 B 点的右侧。随着收入从补偿预算水平变为最后的预算水平，我们消费了更多的 x。x^C 是最后价格为 p' 时的消费量，我们同样在底部图形中进行标注。在前面的部分，

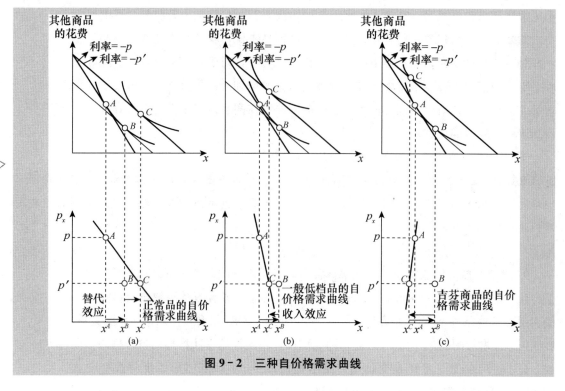

图 9-2　三种自价格需求曲线

可以想象经过很多次这样的练习，我们可以得到不同价格水平下 x 的最优消费量，最终得出 x 商品的价格和其需求量之间的关系。对于我们的目的而言，在底部图形中通过将 A 点和 C 点相连，我们就可以估计出自价格需求曲线上的其他点，这已经足够了。

　　下一步，我们可以看到，图 9-2（b）分析了当 x 是一般低档品时与当 x 是正常品时的差异。由于消费束 A 和 B 与图 9-2（a）中的相同，将这些点对应标注到底部图形的过程与正常品也相同。（这只是重申我们之前的发现——替代效应与一种商品是正常品还是低档品无关。）但是，当我们的收入由顶部图形中的补偿预算线（图中纵截距最小的线）上升到最终预算线（图中最外侧的线）时，最终我们将购买更少而非更多的 x，因为 x 是低档品。因此，数量 x^C 现在下降到 x^B 的左侧。又因为我们假设该商品是一般低档品（而不是吉芬商品），所以我们知道，它的收入效应小于替代效应，从而导致 C 下降到 A 和 B 之间。在底部图形中将 A 和 C 连接起来，我们就得到一条需求曲线，低档品的需求曲线比正常品更陡峭。出现这种现象的原因当然是现在收入效应和替代效应的方向相反。

练习 9A. 3　重复在拟线性偏好情况下自价格需求曲线的推导，并解释在这种情况下，拟线性偏好是如何成为介于正常品和低档品之间的偏好的。■

　　最后，我们可以将它与图 9-2（c）所示的吉芬商品的自价格需求曲线进行比较。不同的是，现在的收入效应不仅与替代效应方向相反，而且它的程度也更大了。其结果是，顶部图形及底部图形中的 C 点不仅落在 B 点的左侧，也落在了 A 点的左侧。这将导致一条向上倾斜而不是向下倾斜的自价格需求曲线，从而体现了吉芬商品的定义：吉芬商品的消费量与价格同方向变动。

练习 9A.4* 当收入下降时，图 9 - 2（a）到（c）中的自价格需求曲线将如何变化？（提示：你在图（a）部分的答案应该与你在图（b）和图（c）中的答案不同。）

练习 9A.5 如果要求当收入变化时，需求曲线不变，x 应该是什么商品？ ■

9A.1.3　交叉价格需求关系　假设你生产两种配套使用的商品，例如剃须刀头和刀片，或者打印机和墨盒。当你思考如何给你生产的这两种不同类型的商品定价时，你也许不仅想知道每种商品的消费量是如何随着它的价格变化而变化的，而且想知道一种商品的消费量如何随着另一种商品的价格变化而变化。正如我们在上一节里可以推导出自价格需求曲线一样，我们同样可以推导出不同情况下的交叉价格需求曲线。在这里我们只提供一个说明，其他这方面的问题留在本章最后讨论。

　　举个例子来说，假定你消费商品 x_1 和 x_2，你对于 x_1 的消费偏好是拟线性的，我们感兴趣的是如何推导当 x_2 的价格变化时 x_1 的交叉价格需求曲线。因此，我们将开始在图 9 - 3 中用模型说明当 x_2 的价格由 p_2 下降到 p'_2 时，你的选择是如何变化的。价格在 p_2 时的最佳消费束可以对应地表示在图 9 - 3 的底部图形中，此处我们标出最初价格 p_2 下的最优消费量。我们同样可以将消费束 B 表示在底部图形中，

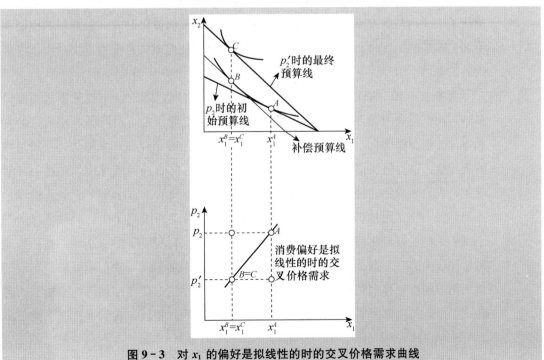

图 9 - 3　对 x_1 的偏好是拟线性的时的交叉价格需求曲线

但我们对消费束 C 最终会落在哪一点更感兴趣。既然我们已经在这个例子中假设你对于 x_1 的消费偏好是拟线性的，那么我们知道，当你的收入变化时，对 x_1 的消费量是不变的，而且对于补偿预算和最终预算约束也一样。因此，在顶部图形中消费束 C 位于消费束 B 的正上方，从而在底部图形中 C 点也对应地位于 B 点的正上方。所以，连接了 A 点和 C 点的交叉价格需求曲线是向上倾斜的。由于 x_2 的价格上升，所以对 x_1 的消费也增加。

练习 9A.6　如果交叉价格需求曲线向下倾斜，那么 x_1 应该是什么类型的商品？■

9A.2　劳动供给①

经济学家和政策制定者经常感兴趣的是劳动供给如何随着工资的变化而变化。他们一直致力于确定不同类型的工人如何对工资变化做出不同的反应，无论是女性与男性的不同反应，还是年老工人与年轻工人的不同反应，或者高薪工人与低薪工人的不同反应。工人如何对他们挣到的工资的变化做出反应将影响到我们的税收政策的制定和劳工问题的处理，比如最低工资的规定。这些问题的根源又一次回到了收入效应和替代效应的方向和相对大小上。

劳动供给曲线反映了个人在不同的工资率下选择向市场提供的劳动量，它取决于个人对于闲暇时间的分配，也就是说，消费多少闲暇，出售多少闲暇时间（即工作多少时间）获得收入并将其转变为对其他商品的消费。工资本身像经济领域的其他价格一样，当个人可以通过获得技能和得到更高层次教育的方式长期影响他们在市场上要求的工资时，他们通常必须在一套给定的技能和教育配置下接受由市场提供的工资。

再考虑一下，假设你每周有 60 个小时的闲暇时间，那么这个夏天你选择提供多少劳动？首先假设你可以要求每小时 20 美元的工资。之前我们已经用画图的方式将你的选择模型化，图形的横轴代表每周消费的闲暇小时数，纵轴代表每周消费的美元数。这种做法再一次被用到图 9-4 最上面一排的三种情况中，在每一种情况下，我们假设你的偏好使你在最初的每小时 20 美元的工资水平下的最佳选择是每周消费 20 小时的闲暇，这意味着提供 40 小时的劳动。因此，在图 9-4 底部的三个图中，A 点表示在每小时 20 美元的工资水平下你将每周工作 40 小时。这是劳动供给曲线上的一个点。但是请注意，与前一节中的图形不同，我们不能够简单地把顶部图形的横轴移动到底部图形的横轴，因为在每种情形下底部图形的横轴上的商品（工作）与顶部图形的横轴上的商品（休闲）不同。相反，我们进行以下两个步

---

① 没有阅读过第 3 章和第 8 章的学生应该跳过本节内容和下一节内容。

骤：在图 9-4 的中间一行图形中，我们得出闲暇需求曲线，采用的方法与我们在前一节得出需求曲线的方法大致相同；然后，我们在最后一行图形中得到每种情形下相对应的劳动供给曲线（labor supply curve），这是在给定劳动时间等于 60 小时减去闲暇时间的情况下，直接从闲暇需求曲线中得到的。

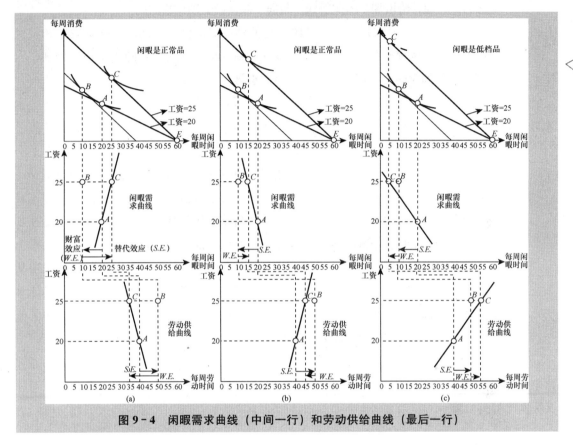

图 9-4　闲暇需求曲线（中间一行）和劳动供给曲线（最后一行）

现在假设你已经获得了一些额外的技能，你的市场工资增加到每小时 25 美元。上面的几种情况取决于财富效应的方向和大小。在图 9-4（a）中，假定闲暇是正常品，这就意味着替代效应的方向与财富（收入）效应相反。另外，假定此时的财富效应大于替代效应，则工资的上涨会导致顶部和中部图形的闲暇增加，而底部图形中的工作时间减少。因此，将底部图形中的 A 和 C 连接起来的劳动供给曲线是向下倾斜的。

练习 9.7　在对消费品的分析中，我们常常会发现正常品具有方向相同的收入效应和替代效应，但作为一种正常品，为什么闲暇的收入效应和替代效应方向相反呢？ ■

正如我们在前面的章节所提示过的，闲暇作为一种正常品，是导致劳动供给曲线向下倾斜的必要条件，但不是充分条件。图 9-4（b）指出了这一点——通过表明我们可以如何假设闲暇是正常品，从而得出倾斜方向相反的劳动供给曲线。与图 9-4（a）相比，图 9-4（b）中唯一的变化是财富效应，尽管它的方向还是与替代效应相反，但它在数量上小于替代效应。因此，工人在消费束 C 上（工资为每小时 25 美元）会比在束 A（工资为每小时 20 美元）上消费更少的闲暇，这将导致当工资上涨时，劳动供给增加，因此得到一条向上倾斜的劳动供给曲线。

最后，图 9-4（c）说明了当休闲是低档品时的情况。此时，财富效应和替代效应在以闲暇为横轴的方向上同方向变化，从而明确地表明：随着工资的增加，人们用于闲暇的时间会有所下降，工作时间会增加。

练习 9A. 8　判断正误：闲暇为低档品是劳动供给曲线向上倾斜的充分非必要条件。∎

正如我们前面已经指出的那样，不可能将这种情况与闲暇是吉芬商品而不是一般低档品的情况区分开来。这是因为，为了能够进行这样的区分，我们将不得不观察当收入是外生变量而不是内生变量时闲暇价格的等价变化，因为吉芬商品是在收入为外生变量的条件下相对于价格变化来定义的商品。然而，工资的变化在图形上与消费的价格变化是等价的，工资的增长相当于消费价格的降低。例如，当工资从每小时 20 美元上升到每小时 25 美元时，你无法消费更多横轴上的闲暇，但是能够消费更多纵轴上的其他商品。这完全是在一个收入为外生变量时，闲暇被当作其他任何一种商品的模型中，"消费"商品的价格下降时会发生的情况。

练习 9A. 9　你能说说在"其他商品"是吉芬商品这种不太可能的情况下，劳动供给曲线向什么方向倾斜吗？∎

9A. 3　金融资本的需求与供给曲线

最后，我们在第 3 章中介绍了一种建模的方法，当我们面临为未来计划做选择时，可以运用预算约束图形，即"跨期预算"，它表示了当期消费和未来某个时点的消费之间的权衡。而在第 8 章中，我们把这样的跨期选择与无差异曲线结合起来以说明收入效应和替代效应是如何在我们制定关于储蓄和借贷的决策过程中起作用的。现在，我们继续说明如何将这种分析扩展到金融资本的供给曲线和需求曲线的图形推导，这两种曲线可以解释当实际利率变化时，我们在金融市场中的行为将怎样变化。

9A. 3. 1　储蓄与"资本供给"　当为未来进行储蓄时，我们在不自觉地为市场提供金融资本。在通常情况下，我们把钱存进银行账户或者一些其他的金融机构（如证券市场），然后银行将钱借给其他人或者直接参与金融活动。比如，我在当地银行开设了一个储蓄账户，也许第二天你会来银行贷一笔款去买一辆车。在这种情况下，我基于某一市场利率间接地向你提供了你需要的金融资本。或者我可能将钱用于购买新发行的股票或公司债券，在这种情况下，发行这些股票或者债券的公司对于我所提供的资本有需求。或者，我可能购买政府国债，在这种情况下，我其实是直接把钱借给了政府。在以上的每一种情况中，"储蓄"等同于经济学中的"资本供给"。

考虑我们以前提到过的一种情况，假设今年夏天你挣了 10 000 美元，预期明年夏天没有收入，你决定储蓄多少钱留到明年夏天使用呢？像以前一样，我们假定不管消费发生在今年夏天还是明年夏天，它始终是正常品。假设年利率是 10%，你会发现在该利率下，为明年夏天储蓄 5 000 美元是最优的。这个"最优"选择被表示为图 9-5（a）和 9-5（b）顶部图形中的 A 点，这个束被相应地标在底部图形中，其中，我们画出了在这个利率水平下你将会选择的储蓄量。因此，在底部图形中，A 点处利率水平为纵轴上的 0.1，你在该利率水平下将储蓄 5 000 美元。请注意，在这种情况下，顶部图形的横轴代表的数量与底部图形的横轴代表的数量是相同的，因为你消费了 5 000 美元（顶部图形的数量），这意味着你储蓄了 5 000 美元，因为你开始有 10 000 美元的收入。然而，在一般情况下，在底部图形中横轴代表的商品与顶部图形中横轴代表的商品是不同的，就像我们绘制劳动供给曲线时，在消费图中用横轴代表休闲，而在画劳动需求曲线时用横轴代表劳动。相比上一节图 9-4 中我们所做的，实际上我们在绘制储蓄曲线之前跳过了绘制消费需求曲线的中间步骤。

接着，假设利率上升到 20%。和前面的章节一样，图 9-5（a）和图 9-5（b）中顶部的图形都说明了束 B 上的替代效应使你在这个夏天消费更少（从而储蓄更多）。当转换到底部图形时，B 点出现在较高利率水平上并且位于 A 点的右边，说明 B 点的储蓄比 A 点更多。注意，B 点在顶部图形中横轴的位置小于 5 000 美元，因为你的消费在今年夏天有所下降，但它在底部图形横轴的位置大于 5 000 美元，因为你现在的储蓄大于 5 000 美元。

最后，图 9-5（a）和图 9-5（b）说明了两个大小不同的财富效应（假设这两个夏天的消费是正常品）。在图 9-5（a）中，今年夏天消费的财富效应大于替代效应，导致在顶部图形中束 C 在束 A 的右侧，说明利率的上升导致你在今年夏天消费得更多。因为这意味着更少的储蓄，所以在图 9-5（a）的底部图形中，C 点落到了 A 点的左边，我们得到了储蓄和利率之间的一种负相关关系。相反，图 9-5（b）显示了一个较小的财富效应，这可能导致相反的结论：储蓄和利率之间呈现出一种正相关关系。基本的问题仍然是：今年夏天的消费能否相对替代明年夏天的消费，这引起一个大的替代效应和图 9-5（b）中利率和储蓄之间的正相关关系。或者可以这么说，如果跨越这两个时间段的消费是相对互补的，则替代效应小，从而导致了图 9-5（a）中利率和储蓄之间的负相关关系。

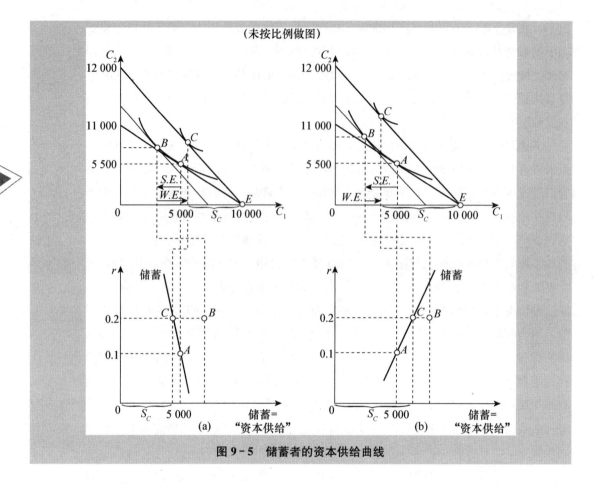

图 9-5　储蓄者的资本供给曲线

练习 9A. 10　如果这个时期的消费是一个低档品，那么利率/储蓄曲线是向上倾斜还是向下倾斜？ ■

9A. 3. 2　借贷和"资本需求"　正如"储蓄"等同于经济学中的"资本供给"，"借贷"则等同于"资本需求"。当你借钱买车或开启亚马逊之旅时，你对其他人提供的资本有需求。因此，我们可以分析"借款人"对利率变化的反应，以及资本的需求是如何随着利率变化的。

考虑我们以前提到过的一种情况：假设你预计明年夏天能挣 11 000 美元，你需要决定借款多少来支付这个夏天的消费。继续假设年利率是 10%，你认为在该利率下，为今年夏天借款 5 000 美元是最优的。这个"最优"被表示为图 9-6（a）和图 9-6（b）中的束 A，这一消费束被对应地表示到底部图形中，其中，我们画出了在不同利率水平下你将会选择的借款数量。既然在这种情况下你的借款数量与你这个夏天的消费量是相等的，我们就可以将顶部图形中横轴上的数量移到底部图形的横轴上来。

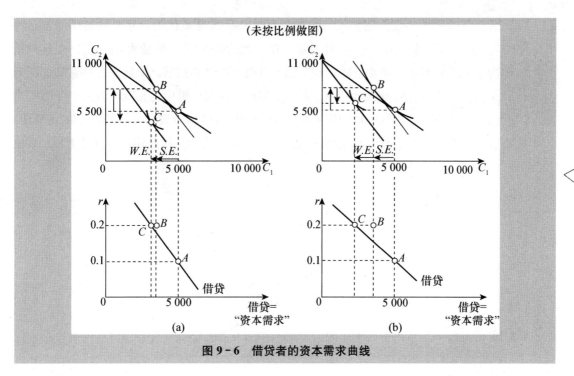

图 9-6　借贷者的资本需求曲线

接下来，假设利率上升到 20%。与前面的章节一样，我们现在可以得出两种可能的情况（消费无论在何时都是一个正常品的假设不变）。在第一种情况下（图 9-6（a）），由于财富效应大于替代效应，所以明年夏天的消费量将会下降，而在第二个方案中，因为替代效应大于财富效应，所以明年夏天的消费量将会上升。在这两种情况下，财富和替代效应在横轴上总是同向变化，这清楚地表明了当利率上升时，你在今年夏天将会消费更少（因此借款更少）。因此，无论在哪一种情况下，不管这两个时间段的跨期消费相互替代的程度如何，借款和利率之间的关系都是负相关的；在包含了束 A 的无差异曲线中，较大的替代效应的唯一影响是它能够使底部图形中的利率/借贷曲线变平坦。

练习 9A. 11　为了使图 9-6 中的利率与借贷之间呈现一种正相关关系，今年夏天消费的商品应该是什么类型？ ◼

9A. 3. 3　借贷和储蓄之间的转换　在前两节中，我们考虑了你将收入全部用于今年夏天（9A. 3. 1 节）或者明年夏天（9A. 3. 2 节）的两种特殊情况。这使得我们在 9A. 3. 1 节中将你明确定义为一个"储蓄者"或"资本供给者"，在 9A. 3. 2 节中将你定义为"借贷者"或"资本需求者"。一种更一般的情况是，你在今年夏天和明年夏天都会挣到一些钱，而且你在已知明年夏天将会挣多少钱的情况下，决定今年夏天储蓄和借贷的数量。

例如，考虑图 9-7 中的两个预算。束 E 表示禀赋约束，I_1 表示今年夏天的收入，I_2 表示明年夏天的收入。在高利率时，束 S 是最优的，此时的最优储蓄量为 $I_1-C_1^S$，而在低利率时，束 B 是最优的，此时的最优借贷量为 $C_1^B-I_1$。在这种情况下，消费者的决策将会随着利率的上升而在借贷和储蓄之间转换。这在底部图形中得到了体现：纵轴表示利率，而且正好位于顶部图形中的禀赋约束 E 的下方。当最优约束发生在顶部图形中束 E 的右侧时，最优的借贷则位于底部图形的正象限；相反，当最优约束发生在顶部图形中束 E 的左侧时，最优的储蓄（或负借贷）则位于底部图形的负象限。

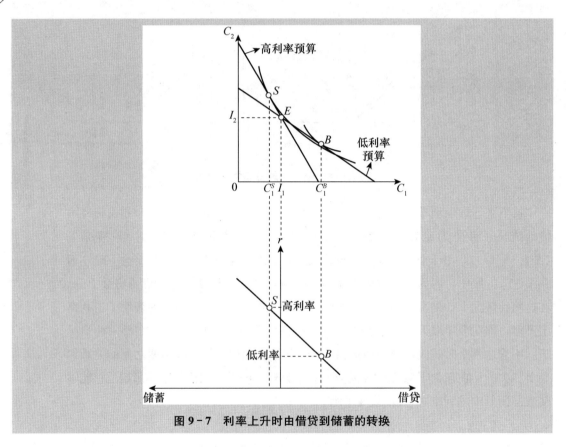

图 9-7　利率上升时由借贷到储蓄的转换

练习 9A. 12　一个人可能在低利率时是一个储蓄者，而当利率上升时转换成一个借贷者吗？

练习 9A. 13　在图 9-7 中，将纵轴置于禀赋点 E 正下方的方法同样可以运用到前面的图 9-5 和图 9-6 中，如果我们这样做的话，这两个图形将如何变化？■

9B　需求函数与供给函数

在 9A 节中，我们已经用图形推导出了需求和供给的各种关系。我们现在将证明，其实相对于更加普遍的需求函数和供给函数，我们绘制的"曲线"只是反映了一些特殊情况，其中只有一种变量发生变化，其他变量保持不变。在这个意义上，我们可以认为我们得出的图形是多维函数的两维"切片"。

我们应该立即指出，我们绘制反映需求和供给的关系的图形时所采用的方法有一个独有的特点，并且如果你比较爱好数学，可能已经发现了：经济学家形成了错误地绘制这些关系的习惯，将自变量（如收入或价格）置于纵轴（而不是它应该所属的横轴）而将因变量（如需求量或供给量）置于横轴（而不是它应该所属的纵轴）。例如，我买的奶油夹心饼的数量可能取决于我的外生收入，但是我的外生收入当然是不取决于我买的奶油夹心饼的数量的。或者在自价格需求曲线中，我需要的奶油夹心饼的数量取决于它的价格，但是杂货店里的奶油夹心饼的价格并不取决于我买的奶油夹心饼的数量（给定杂货店根本不知道我个人的存在）。这会使一个数学家把收入或者价格放在横轴上，把需求量放在纵轴上，而不是像我们在本章 A 部分中那样采取与其相反的做法。当我们将价格放在纵轴上时，我们画的实际上是进行数学计算后的需求函数的反函数。

利用反需求函数绘制需求曲线的这种传统可以追溯到阿尔弗雷德·马歇尔于 1890 年出版的《经济学原理》一书。[①] 纯粹出于习惯，经济学家从来没有改变过绘制经济关系图表的方式。而在 20 世纪下半叶，这一学科越来越数学化，这要求我们在从最初的原材料处理到将需求函数的属性映射到直观图形的特定阶段中更加小心。特别是，我们计算的需求函数的斜率将会以倒数的形式存在于绘制的需求曲线中，比如 1/2 的斜率将会变成 2，−3 的斜率将会变成 −1/3，等等。我已经考虑按照数学家们绘制需求曲线和供给曲线的方法写作本书，但是，当我将这个想法热情地说给我妻子时（她一生只上过两门经济学课程），她以一种怜悯的眼光看着我，并告诉我，我需要休假一年来恢复理智。而且，说实话，出于职业因素，在这些年绘制这些图形的过程中我也被洗脑了。因此，我不认为我们能够以一己之力说服这一学科改变它的惯例，因此，我们会服从惯例，只是在将数学转化为图表时更加小心谨慎。

练习 9B. 1　考虑函数 $f(x)=x/3$。先以 x 为横轴、$f(x)$ 为纵轴画出函数图形，然后再以 $f(x)$ 为横轴、x 为纵轴画出反函数的图形。

练习 9B. 2　当函数为 $f(x)=10$ 时，重复以上的练习。■

9B. 1　对商品与服务的需求

在之前的章节中，我们都会通过特定的例子来限定经济条件和偏好，以更直观

---

① 就这一点而言，马歇尔的方法与里昂·瓦尔拉斯（1834—1910）的方法相反。瓦尔拉斯直接绘制了需求曲线（而非反需求曲线），但无论优劣，马歇尔的方法后来都成了经济学中通行的做法。

地运用数学模型来解决最优化问题。现在，我们将用一种更一般的方法来将 9A 部分阐述的需求关系一般化。在上一章的一些章末习题中，我们已开始运用这种方法，现在我们将经济条件简化为无确定值的变量 I（收入）、p_1（商品 1 的价格）、p_2（商品 2 的价格），再解决最优化问题。

假设消费者的偏好可以被刻画成柯布–道格拉斯效用函数 $u(x_1, x_2) = x_1^\alpha x_2^{1-\alpha}$，则消费者的效用最大化问题可以表示成

$$\max_{x_1, x_2} x_1^\alpha x_2^{(1-\alpha)}, \ \text{s.t.} \ p_1 x_1 + p_2 x_2 = I \tag{9.1}$$

和一个相应的拉格朗日函数

$$\mathcal{L}(x_1, x_2, \lambda) = x_1^\alpha x_2^{(1-\alpha)} + \lambda(I - p_1 x_1 - p_2 x_2) \tag{9.2}$$

其中变量组合 p_1、p_2 和 I 作为一阶条件的参数代表给定的个体无法控制的经济条件。系数 α 表示个体无法控制的偏好。由此，一阶条件或者说 L 关于 x_1、x_2 和 λ 的一阶偏导可分别表示成

$$\frac{\partial \mathcal{L}}{\partial x_1} = \alpha x_1^{\alpha-1} x_2^{1-\alpha} - \lambda p_1 = 0$$

$$\frac{\partial \mathcal{L}}{\partial x_2} = (1-\alpha) x_1^\alpha x_2^{-\alpha} - \lambda p_2 = 0 \tag{9.3}$$

$$\frac{\partial \mathcal{L}}{\partial \lambda} = I - p_1 x_1 - p_2 x_2 = 0$$

用一般方式求解，我们得到

$$x_1 = \frac{\alpha I}{p_1} \quad \text{和} \quad x_2 = \frac{(1-\alpha)I}{p_2} \tag{9.4}$$

这些函数称为用柯布–道格拉斯函数 $u(x_1, x_2) = x_1^\alpha x_2^{1-\alpha}$ 所表示的消费者偏好的需求函数（demand functions）。更一般地，我们可以用抽象函数形式来刻画效用函数，将最优化问题写成

$$\max_{x_1, x_2} u(x_1, x_2), \ \text{s.t.} \ p_1 x_1 + p_2 x_2 = I \tag{9.5}$$

这样我们就可以将最优值 x_1，x_2 的一般表达式写为消费者经济条件的简单函数，如

$$x_1 = x_1(p_1, p_2, I), x_2 = x_2(p_1, p_2, I) \tag{9.6}$$

9B.1.1　收入需求关系　我们在图 9-1 中画出的收入需求曲线只是通过数学方法推导出的更一般的函数的一个"切片"，因此不具有一般意义。例如，对用于求解式（9.4）中需求函数表达式的柯布-道格拉斯效用函数，我们可以通过固定商品价格来看效用函数如何随着收入的变化而变化。对两种商品的需求函数分别求一阶导数，我们得到

$$\frac{\partial x_1}{\partial I}=\frac{\alpha}{p_1} \quad 和 \quad \frac{\partial x_2}{\partial I}=\frac{1-\alpha}{p_2} \tag{9.7}$$

并且由于 α 和商品价格均为正,我们知道在柯布-道格拉斯类型的偏好下,两个商品的收入和需求都是正相关的。此外,当价格固定时,收入与需求的关系是一个常数,也就是说收入需求曲线是一条斜率为正的直线(截距为零),即各个收入需求函数对收入的二阶导数均为零,这说明它的斜率保持不变。

为了将这些反应导入本章 A 部分的收入需求曲线中,我们首先通过公式(9.4)求得 I 的表达式

$$I_1=\frac{p_1 x_1}{\alpha}, I_2=\frac{p_2 x_2}{1-\alpha} \tag{9.8}$$

分别对 x_1、x_2 求偏导,我们得到

$$\frac{\partial I_1}{\partial x_1}=\frac{p_1}{\alpha}, \frac{\partial I_2}{\partial x_2}=\frac{p_2}{1-\alpha} \tag{9.9}$$

这些收入需求曲线的斜率等于表达式(9.8)中反需求函数的斜率,同时也是表达式(9.7)中需求函数的斜率的倒数。

例如,假设价格 $p_1=1$,$p_2=1$,$\alpha=0.75$,那么对于 x_1,收入需求曲线的斜率为 4/3;对于 x_2,收入需求曲线的斜率为 4。当 $p_1=1/2$,$p_2=1/2$ 时,两种商品的收入需求曲线的斜率分别为 2/3 与 2;当 $p_1=1/4$,$p_2=1/4$ 时,斜率分别变为 1/3 和 1。对于每组价格组合,我们得到了反需求函数上不同的"切片",将它们连接起来,就构成了特定价格组合下的收入需求曲线。图 9-8(a)和 9-8(b)描绘了两种产品不同的收入需求曲线。

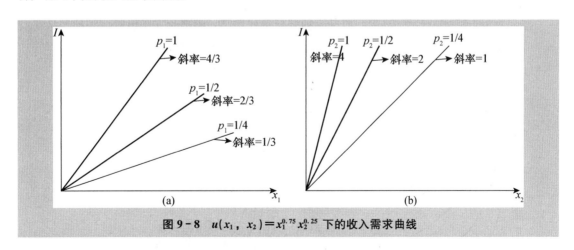

图 9-8 $u(x_1, x_2)=x_1^{0.75} x_2^{0.25}$ 下的收入需求曲线

柯布-道格拉斯类型偏好下的收入需求曲线的斜率为正这一事实并不令人吃惊。毕竟,我们在前面章节中了解到这种偏好表示消费的商品是正常品,即当消费者收入提高时,对这类商品的消费量也增加。除此之外,图 9-8 中的收入需求曲线只取决于一种商品的价格这一事实是柯布-道格拉斯类型偏好下的一个特例。其他类

型的偏好则具有以下特点：对每一种商品的需求同时取决于两种商品的价格（见式（9.6））。

练习9B. 3[*]　拟线性偏好是我们特别强调的另一种偏好类型。例如，考虑效用函数 $u(x_1, x_2)=100(\ln x_1)+x_2$，计算 x_1 的需求函数并对不同的价格推导出相应的收入需求曲线。■

9B. 1. 2　自价格需求关系　图9-2中得到的自价格需求曲线类似于式（9.6）中更具一般性的需求函数的反函数。这次我们关注商品的需求量与价格的关系（而非需求量与收入的关系）。当我们要绘制自价格需求曲线时，将所绘制的反需求函数表示成

$$p_1=p_1(x_1,p_2,I), \ p_2=p_2(x_2,p_1,I) \tag{9.10}$$

只需求解公式中的价格。在式（9.4）中的柯布-道格拉斯需求函数下，价格可表示为

$$p_1=\frac{\alpha I}{x_1}, \ p_2=\frac{1-\alpha}{x_2} \tag{9.11}$$

该需求曲线是当收入和其他商品的价格固定时的反需求函数的一部分。在柯布-道格拉斯函数这一特殊偏好下，每种商品的需求都独立于其他商品的价格，因此我们绘制需求曲线时只需保持收入不变。请参照在三个不同收入水平下针对商品 x_1 和 x_2 画出的图9-9（a）和图9-9（b）。注意，像柯布-道格拉斯这样的相对标准的消费者偏好函数，需求曲线通常是非线性的，因此只用两点确定曲线（像我们在图9-2中所做的那样）会缺失一些信息。此外，在图9-9中，当收入增加时，需求曲线右移。即，当 p_1 固定时，需求数量随收入的增加而增加，这再次说明每种商品都是正常品（即柯布-道格拉斯偏好）。假设一种商品是低档品，则当收入增加时，这种商品需求曲线将向左移动。当消费者对某种商品的偏好是拟线性的时，由于商品将介于正常品和低档品之间，所以需求曲线不会随着收入增加而发生移动。

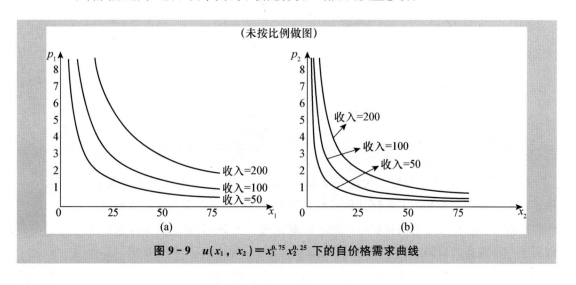

图9-9　$u(x_1, x_2)=x_1^{0.75}x_2^{0.25}$ 下的自价格需求曲线

对需求函数（见式（9.4））关于自价格求导，我们得到

$$\frac{\partial x_1}{\partial p_1} = -\frac{\alpha I}{p_1^2} \quad , \quad \frac{\partial x_2}{\partial p_2} = -\frac{(1-\alpha)I}{p_2^2} \tag{9.12}$$

对反需求函数（见式（9.11））关于需求量求导，我们得到

$$\frac{\partial p_1}{\partial x_1} = -\frac{\alpha I}{x_1^2} \quad , \quad \frac{\partial p_2}{\partial x_2} = -\frac{(1-\alpha)I}{x_2^2} \tag{9.13}$$

假设 $\alpha = 0.75$（正如图中所示），$I = 100$，且 $p_1 = p_2 = 1$。表达式（9.12）中的第一个等式告诉我们，当 $p_1 = 1$ 时，随着 p_1 的变化，需求函数的斜率是 $-\alpha I/p_1^2 = -75$。需求函数 $x_1 = \alpha I/p_1$ 也告诉我们，当 $p_1 = 1$ 时，$x_1 = 75$。将 $x_1 = 75$ 代入式（9.13）中的第一个等式，我们可以得到需求曲线的斜率是 $-\alpha I/x_1^2 = -1/75$，它是我们对需求函数求导所得出的计算结果的反函数。一般来说，经过相同的步骤，我们可以得到

$$\frac{\partial p_1}{\partial x_1} = -\frac{\alpha I}{x_1^2} = -\frac{\alpha I}{(\alpha I/p_1)^2} = -\frac{p_1^2}{\alpha I} = \left(\frac{\partial x_1}{\partial p_1}\right)^{-1} \tag{9.14}$$

其中我们将 $x_1 = \alpha I/p_1$（见式（9.4））应用于该表达式的中间部分。再一次说明，我们的需求函数将数量看作自变量，函数中每一点的斜率对应的是将价格看作自变量的需求函数的对应曲线的斜率的倒数。

练习 9B. 4　你可以得到关于 x_2 的相同的结果吗？

练习 9B. 5　在练习 9B.3 中，再一次考虑以效用函数 $u(x_1, x_2) = 100(\ln x_1) + x_2$ 代表的偏好。利用之前的练习中推导出的关于 x_1 的需求函数，绘制出收入等于 100 且 $p_2 = 1$ 时的自价格需求曲线。然后再次绘制出收入上升至 200 时的需求曲线。记住，你在绘制曲线时实际上是在绘制反函数。

练习 9B. 6　已知自价格需求曲线是自价格需求函数的反函数的图像，如果你画出真实函数（而非反函数）的图像，也就是当你将价格置于横轴上、物品数量置于纵轴上时，图 9-2 的下半部分看起来是什么样的？■

9B. 1. 3　交叉价格需求关系

最后，在 9A.1.3 节中我们注意到：一种商品的需求量往往不仅取决于这种商品自身的价格，也取决于其他商品的价格。因此，需求函数表达式（9.6）的一般形式中包含两种商品的价格，$x_1 = x_1(p_1, p_2, I)$，$x_2 = x_2(p_1, p_2, I)$。然而，9A.1.3 节中通过绘制这些函数的反函数得出了交叉价格需求曲线，即在给定收入和自身价格的情况下，这些曲线阐明了需求的数量是如何随着不同商品的价格变化而变化的。

柯布-道格拉斯偏好再次说明了一种特殊情况，即需求函数并非除商品自身价格以外的其他任何价格的函数。在表达式（9.4）中，我们对那些函数求导，得出

$x_1 = \alpha I/p_1$，$x_2 = (1-\alpha)I/p_2$。这些函数关于另一个价格的偏导（也就是 $\partial x_1 / \partial p_2$ 和 $\partial x_2 / \partial p_1$）是零，即零斜率。当我们反转横轴和纵轴以将价格置于纵轴时，零斜率就会变成正无穷的斜率。也就是说，我们得到了完全垂直的交叉价格需求曲线。

对于给定的偏好参数 α 以及给定的收入 I 和自身价格 p_1，物品 x_1 的需求是固定的，比如当 $\alpha = 0.75$，$I = 100$ 且 $p_1 = 1$ 时的情况。将这些值代入 x_1 的需求函数，我们可以得到 $x_1 = 75$。类似地，如果商品 x_1 的价格是 3，那么我们会得到 $x_1 = 25$；如果 $p_1 = 5$，则 $x_1 = 15$。得出的交叉价格曲线恰是在这些数量下的垂线，如图 9-10（a）中显示的那样。类似地，你可以针对不同的收入水平推导出垂直的交叉价格需求曲线。

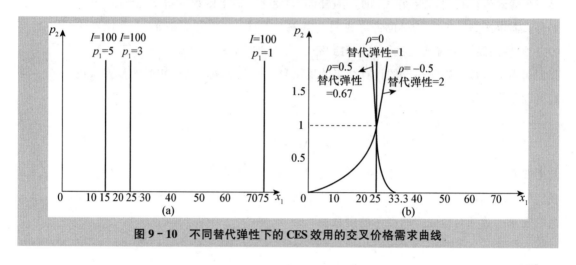

图 9-10　不同替代弹性下的 CES 效用的交叉价格需求曲线

练习 9B.7　需求函数的图像（而非图 9-10（a）中的反函数图像）看起来将会是什么样的？∎

在柯布-道格拉斯情况下，交叉价格需求曲线的形状是由于收入效应和替代效应恰好相互抵消而形成的。在 9A.1.3 节的图 9-3 中，我们画出了拟线性偏好的交叉价格需求曲线，这些偏好中收入效应是零，因此只有替代效应起作用。该替代效应意味着，只要 p_1 下降，消费者就会趋向于消费更多的 x_2 和更少的 x_1，在没有收入效应的前提下，这使得交叉价格需求曲线的斜率为正。然而，对于柯布-道格拉斯偏好而言，x_1 是一种正常品，这意味着 x_2 的价格下降引起的 x_1 消费的收入效应为正。对于一种正常品来说，图 9-3 中的消费束 C 会位于消费束 B 的右侧（可能也位于束 A 的右侧）。关于柯布-道格拉斯需求函数的分析告诉我们，当柯布-道格拉斯效用函数可以代表偏好时，束 C 一定会位于束 A 的正上方。

然而，回忆第 5 章中我们对偏好的讨论可以发现，相对于更一般的不变替代弹性（constant elasticity of substitution，CES）偏好来说，柯布-道格拉斯偏好是一种特殊情况，是一种替代弹性恰好等于 1 的情况。这种替代弹性决定了替代效应的大小，这意味着当弹性下降时，替代效应就会下降，因此将更多地被收入效应抵消。类似地，当替代弹性大于 1 时，替代效应会增大，因此不会再被收入效应抵消。

我们可以通过计算更一般的 CES 效用函数 $u(x_1, x_2) = (\alpha x_1^{-\rho} + (1-\alpha) x_2^{-\rho})^{-1/\rho}$ 的需求函数来检验这种直觉。该函数中替代弹性（如第 5 章所言）等于 $1/(1+\rho)$。使用这个效用函数通过代数方法解表达式（9.5）中的最大化问题，我们得到

$$x_1 = \frac{\alpha^{1/(1+\rho)} I}{(\alpha^{1/(1+\rho)} p_1) + ((1-\alpha) p_1 p_2^{\rho})^{1/(1+\rho)}}$$

$$x_2 = \frac{(1-\alpha)^{1/(1+\rho)} I}{((1-\alpha)^{1/(1+\rho)} p_2) + (\alpha p_2^{\rho} p_2)^{1/(1+\rho)}}$$

(9.15)

练习 9B. 8** 验证这些函数是用 CES 效用函数所表示的偏好下的正确的需求函数。■

注意，当 $\rho=0$ 时，这些函数变为式（9.4），因为当 $\rho=0$ 时，CES 效用函数就是柯布-道格拉斯函数。那么我们可以通过固定除了 p_2 以外的所有参数和变量来画出这个函数的不同的（反）交叉价格需求曲线。比如说，假设我们取 $\alpha=0.75$，$p_1=3$ 且 $I=100$。那么图 9-10（b）画出了关于 x_1 的方程，当 ρ 取三个不同值（0.5、0 和 -0.5），对应的替代弹性取 0.67、1 和 2 三个值时，x_1 随着 p_2 的变化而变化。图9—10（a）中间（垂直的）曲线表示柯布-道格拉斯偏好。注意，低于柯布-道格拉斯偏好的那条线的替代弹性导致了斜率下降的交叉价格需求曲线，高于柯布-道格拉斯偏好的那条线的替代弹性导致了上升的斜率。这可以通过当 $\rho>0$ 时，$\partial x_1/\partial p_2<0$ 且当 $\rho<0$ 时，$\partial x_1/\partial p_2>0$（回忆如何据此推出反函数的斜率）来确定。这可以证实我们的直觉：替代弹性越大，显示正交叉价格关系的替代效应就越大。替代弹性等于 1 的柯布-道格拉斯偏好代表了当这种替代效应刚刚足以抵消收入效应时的边界情况。

练习 9B. 9 在图 9-3 中，我们直觉地推断出当偏好是拟线性的时交叉价格需求曲线向上倾斜。当偏好可以用 $u(x_1, x_2)=100(\ln x_1)+x_2$，即你从练习 9B.3 中的需求方程推导出来的效用函数表示时，证明这个推断。画出收入为 2 000 且 $p_1=5$ 时 x_1 的交叉价格需求曲线。

练习 9B. 10 假设在练习 9B.9 中收入为 500 而不是 2 000。请判定在哪一点上最优化问题会产生角点解（通过计算 x_2 的需求方程并观察其何时变为负数）。说明这会如何改变你在练习 9B.9 中画出的交叉需求曲线。（提示：这种变化会在交叉价格需求曲线上 $p_2=5$ 处发生。）■

9B. 2 劳动供给①

在商品市场的需求关系中，我们已经获得了推导像图 9-4 中的劳动供给曲线

---

① 没有阅读过第 3 章和第 8 章的学生应该跳过本节及下一节的学习。

那样的曲线的基本技术。消费 c 的支出需要等于个人以市场工资 w 出售的劳动的价值，相关预算约束由此产生。假定个人初始休闲的禀赋为 L，"工作时间"等于"非休闲时间"，即 $(L-\ell)$。因此，在预算约束上，$c=w(L-\ell)$，或者写成

$$wL=c+w\ell \tag{9.16}$$

当写成这种形式时，预算约束非常像我们用于观察商品市场的那种形式，wL 等于财富禀赋（而非外生收入），商品 c 的价格等于1，且休闲的价格（或机会成本）等于 w。决定劳动供给的效用最大化问题的一般形式可以写成

$$\max_{c,\ell} u(c,\ell) \quad 使得 \quad wL=c+w\ell \tag{9.17}$$

这个最大化问题的解既包含休闲的最优数量，也包含消费的最优数量，是一个关于工资率和休闲禀赋的函数[①]

$$\ell=\ell(w,L) \quad , \quad c=c(w,L) \tag{9.18}$$

一旦我们推导出这个函数，我们就会知道对于任何工资 w 和休闲禀赋 L 来说一个人将选择的休闲数量，那么我们就快推导出劳动供给函数了。这是因为供给的劳动的数量恰好等于闲暇禀赋中未被作为闲暇消费掉的那一部分，即 $(L-\ell)$。运用式（9.18）中的最优闲暇消费等式，我们可以直接将劳动供给函数写为

$$l(w,L)=L-\ell(w,L) \tag{9.19}$$

现在，当我们固定闲暇禀赋时，这个劳动供给函数变成了一个更一般的函数的"切片"，在这个方程中，劳动供给仅是工资率的函数，因此可以被表示成二维的劳动供给曲线（此处应取其反函数）。注意这背后的数学运算是如何准确地反映图 9-4 中的图像推导的。首先，将 L 固定为 60，我们用图像表示满足消费和休闲之间的预算约束的最大化效用。然后，为了将我们的发现转化成劳动供给曲线上的点，我们从固定的休闲禀赋中减去最优闲暇水平并得到底部图形中的劳动供给。

练习 9B.11 图 9-4 中每组图的中间的图形描绘的是什么函数？图 9-4 中每组图的底部图形描绘的是什么函数？■

如消费者需求那一节一样，我们又一次看到特定的偏好是如何转化为劳动供给函数的。首先，考虑到偏好是闲暇的拟线性函数，可以用效用函数 $u(c,\ell)=c+\alpha\ln\ell$ 表示它。解式（9.17）中定义的这些偏好的最大化问题时，我们得到

[①] 事实上，这些函数也是关于消费品价格的函数，但鉴于我们将消费定义为"消费的美元价值"，于是这个消费品的价格恰好等于 1，因此它并没有被正式写入之前的等式中，如果使用可以变化的消费品价格，那么该价格将成为式（9.18）中的自变量之一，并且将出现在式（9.17）中的 c 项之前。

$$\ell=\frac{\alpha}{w} \quad , \quad c=wL-\alpha \tag{9.20}$$

并得到如下的劳动供给函数

$$l(w,L)=L-\frac{\alpha}{w} \tag{9.21}$$

练习 9B.12　验证这些结果。∎

比如说，假设我们像 9A.2 节中假设的那样，将 L 固定为每周 60 小时，并且假设偏好是 $\alpha=400$。然后，劳动供给函数就变成 $l(w)=60-(400/w)$，这个函数的反函数就是图 9-11（a）中的一条劳动供给曲线。（"$L=60$"表示我们已经将休闲禀赋设为 60。）类似地，描绘出休闲禀赋为每周 40 小时的第二条劳动供给曲线作为对比。（在每一种情况中，随着工资趋近于无穷大，劳动供给曲线也逐渐接近休闲禀赋。）

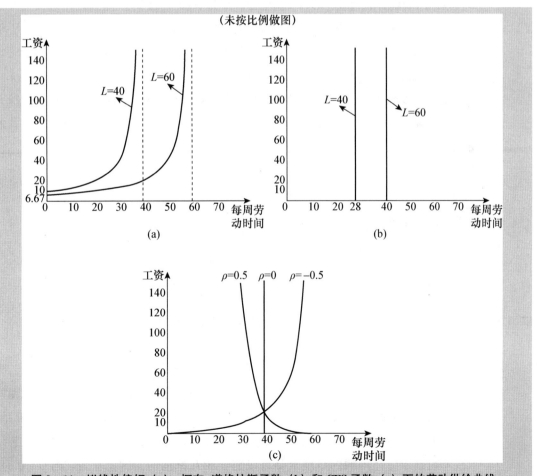

图 9-11　拟线性偏好（a）、柯布-道格拉斯函数（b）和 CES 函数（c）下的劳动供给曲线

考虑到我们在 9A.2 节中建立的关于替代效应和财富效应的直觉,对于闲暇是拟线性的偏好来说,劳动供给曲线是向上倾斜的这一事实并不令人惊奇。我们知道,替代效应意味着个人在工资上涨时会增加工作时间,因为此时闲暇变得相对更加昂贵。当偏好对于闲暇来说是拟线性的时,我们也知道没有可做抵消的财富效应。因此,替代效应是代表闲暇的坐标轴上的唯一效应,这导致随着工资上涨,对闲暇的消费减少,工作时间增加。

下面,考虑柯布-道格拉斯偏好可以用效用函数 $u(c, \ell) = c^{\alpha}\ell^{(1-\alpha)}$ 表示。解式 (9.17) 中这个效用函数的最大化问题,我们得到

$$\ell = (1-\alpha)L \quad , \quad c = \alpha w L \tag{9.22}$$

进而得到劳动供给函数

$$l(w, L) = L - (1-\alpha)L = \alpha L \tag{9.23}$$

因此,在这个特殊的柯布-道格拉斯函数中,劳动供给函数实际上并不取决于工资,这意味着劳动供给曲线是替代效应和财富效应相互抵消的垂直线(因为 $\partial l/\partial w = 0$)。比如说,假设 $\alpha = 2/3$,休闲禀赋 L 为每周 60 小时。那么,无论工资率是多少,每周劳动供给都是 40 小时。类似地,如果休闲禀赋是每周 42 小时而不是 60 小时,那么无论工资率是多少,劳动供给时间都是每周 28 小时。这些不同的劳动供给曲线就是图 9-11 (b) 中所描绘的。

最后,考虑更一般的不变的替代弹性(CES)效用 $u(c, \ell) = (\alpha c^{-\rho} + (1-\alpha)\ell^{-\rho})^{-1/\rho}$。解式 (9.17) 中效用函数的最大化问题,做一些冗长的代数演算,我们得到

$$\ell = \frac{L(1-\alpha)^{1/(\rho+1)}}{(\alpha w^{-\rho})^{1/(\rho+1)} + (1-\alpha)^{1/(\rho+1)}} \tag{9.24}$$

相关劳动供给函数为

$$l(w, L) = L - \frac{L(1-\alpha)^{1/(\rho+1)}}{(\alpha w^{-\rho})^{1/(\rho+1)} + (1-\alpha)^{1/(\rho+1)}} \tag{9.25}$$

练习 9B. 13** 验证已给出的 CES 函数的休闲需求和劳动供给函数。∎

从第 5 章来看,我们知道替代弹性和替代效应的大小关于参数 ρ 是递减的。更具体地说,当 ρ 趋向于 -1 时,无差异曲线就趋向于完全替代品;当 $\rho = 0$ 时,偏好就是柯布-道格拉斯函数;当 ρ 趋向于正无穷时,无差异曲线就趋向于完全互补品。从式 (9.23) 中我们也可以知道,当偏好是柯布-道格拉斯函数,即 $\rho = 0$ 时,替代效应和财富效应在闲暇的维度上是可以完全相互抵消的。这意味着,当 $\rho > 0$ 时,财富效应大于替代效应,因此劳动供给曲线的斜率为负;当 $\rho < 0$ 时情况则相反。

比如说，假设每周的休闲禀赋 L 再次被设定为 60 小时。图 9-11（c）绘制出了 ρ 取不同值时的劳动供给曲线，每一种情况下都设定 α 等于所需的水平，使得在工资为 20 时满足每周最优劳动供给等于 40 小时。（这是为了使得到的劳动供给曲线在 $w=20$ 时有相同的劳动供给。[①]）我们关于替代效应和财富效应的相对大小的直觉性思考由此可以被证实，即休闲和消费（$\rho<0$）之间的高替代性的偏好产生了替代效应大于财富效应的效果，休闲和消费之间的低替代性的偏好产生了财富效应大于替代效应的效果。你可以通过对式（9.25）求偏导并证明当 $\rho>0$ 时 $\partial l/\partial w<0$，当 $\rho<0$ 时 $\partial l/\partial w>0$ 来证实这个观点。

9B.3　金融资本的需求与供给

最后，我们可以再次说明 9A.3 节中推导出的金融资本的供给曲线和需求曲线，或者储蓄和借贷的需求曲线，仅仅是源于一般的跨期优化问题的更一般的（逆）函数。在第 3 章和第 8 章中，我们已经演示了包含两个时期的跨期预算约束可以写成

$$(1+r)c_1+c_2=(1+r)e_1+e_2 \tag{9.26}$$

其中 e_1 和 e_2 代表时期 1 和时期 2 的禀赋（或收入），r 代表相关的各时期的利率，c_1 和 c_2 代表两个时期的消费。由此，消费者面对如下最优问题

$$\max_{c_1,c_2} u(c_1,c_2) \quad \text{s.t.} \quad (1+r)c_1+c_2=(1+r)e_1+e_2 \tag{9.27}$$

对其求解，我们得到包含 c_1 和 c_2 的一般形式的需求函数

$$c_1=c_1(r,e_1,e_2) \quad , \quad c_2=c_2(r,e_1,e_2) \tag{9.28}$$

这些函数告诉了我们，对于消费者面对的任意一组经济条件，他/她会在这个时期和下个时期消费的数量。从 e_1 中减去 $c_1(r,e_1,e_2)$，我们得到时期 1 的消费和时期 1 的收入之间的差异，即消费者会在不同经济条件下选择的储蓄量。因此，我们可以计算出储蓄供给函数

$$s(r,e_1,e_2)=e_1-c_1(r,e_1,e_2) \tag{9.29}$$

当 $s(r,e_1,e_2)>0$ 时，消费者选择在这个时期储蓄（或供应金融资产），然而当 $s(r,e_1,e_2)<0$ 时，他/她选择借贷（或者需要金融资产）。当然，一个消费者会根据他/她面对的经济条件在储蓄和借贷之间转换。如我们在 9A.3 节中直观说明过的那样，如果 $e_1>0$ 且 $e_2=0$（9A.3.1 节），消费者会选择储蓄；如果 $e_1=0$ 且 $e_2>0$（9A.3.2 节），他/她会选择借贷；并且当 $e_1>0$ 且 $e_2>0$（9A.3.3 节）时，

[①]　当 $\rho=-0.5$ 时，α 的值是 0.240 25；当 $\rho=0$ 时，α 的值是 2/3；当 $\rho=0.5$ 时，α 的值是 0.926 7。

他/她会随着利率的变化在借贷和储蓄之间转换。

解式（9.27）中的最优化问题，即由效用函数 $u(c_1, c_2) = c_1^\alpha c_2^{1-\alpha}$ 表示的柯布-道格拉斯偏好，我们得到

$$c_1(r, e_1, e_2) = \alpha\left(\frac{(1+r)e_1 + e_2}{1+r}\right), c_2(r, e_1, e_2) = (1-\alpha)((1+r)e_1 + e_2) \quad (9.30)$$

进而得到储蓄函数

$$s(r, e_1, e_2) = e_1 - \alpha\left(\frac{(1+r)e_1 + e_2}{1+r}\right) \quad (9.31)$$

练习 9B. 14　验证这三个等式是正确的。∎

9B. 3. 1　储蓄和"资本供给"

回到那个假设你今年夏天收入 10 000 美元而明年夏天预计没有收入的例子。继续假设你认为两个夏天的消费价值等同，即 $\alpha = 0.5$。那么我们的储蓄函数式（9.31）将变成

$$s(r) = 5\,000 \quad (9.32)$$

换句话说，在柯布-道格拉斯情况下，你的储蓄是独立于利率的，这导致了储蓄和利率之间的垂直关系（当纵轴表示利率而横轴表示储蓄时）。我们从 9A. 3. 1 节中的直观分析可知，替代效应意味着储蓄会随着利率的上升而增加，财富效应则意味着相反的状况（当时期 1 的消费在柯布-道格拉斯偏好下是正常品时）。因此，这些偏好的替代效应和财富效应是可以完全抵消的。

储蓄和利率之间的关系是正相关还是负相关取决于替代效应和财富效应之间的相对大小。因此，随着时期 1 的消费和时期 2 的消费之间的可替代程度提高，导致替代效应更大时，二者之间会变成正相关关系；然而，当两个时期间的消费变得更加互补，导致替代效应更小时，二者之间的关系会变成负相关。

练习 9B. 15**　考虑到更一般的 CES 效用函数 $u(c_1, c_2) = (0.5c_1^{-\rho} + 0.5c_2^{-\rho})^{-1/\rho}$，求解你在本期赚 10 000 美元而未来赚不到任何钱的情况下的储蓄供给函数。然后验证当 $\rho = 0$ 时储蓄和利率之间的垂直关系，判定当 $\rho > 0$（意味着相对低的替代弹性）和 $\rho < 0$（意味着相对高的替代弹性）时，斜率是如何变化的。∎

9B. 3. 2　借贷和"资本需求"

类似地，我们可以考虑以下情况：你所有的钱都在明年夏天赚取，今年夏天消费的钱都是通过借明年夏天的收入获得的。再次假设你的偏好是 $\alpha = 0.5$ 的柯布-道格拉斯函数，继续假设你明年夏天的收入会是 11 000 美元。我们可以再次用式（9.31）来判定你今年夏天的储蓄。通过代入

$e_1＝0$ 和$e_2＝11\,000$，我们得到

$$s(r)=-\frac{5\,500}{1+r} \tag{9.33}$$

　　既然你今年夏天的收入是零，为了满足明年夏天的消费你自然需要借钱（如我们在 9A.3.2 节中推断出的那样），并且你借钱的数量（不像之前的例子中你储蓄的数量）将与利率有关。特别是，注意到$\partial s/\partial r>0$，这意味着你的负储蓄会随着利率的提高而变少。又或者，我们可以用借贷（而不是负储蓄）来描述你的行为，在此我们会考虑式（9.33）中的储蓄函数的负数。该函数关于利率的偏导将会是负的，意味着借贷会随着利率的增加而减少。这些推断再次与我们在 9A.3.2 节中的直觉一致。在那一节中我们演示了替代效应和财富效应都会导致借贷者随着利率的上升而减少他/她的借贷。

练习 9B.16[**]　　用练习 9B.15 中的 CES 效用函数，验证不管 ρ 值是多少，借贷和利率之间都是负相关的（只要 $e_1＝0$ 且 $e_2>0$）。∎

　　9B.3.3　借贷和储蓄之间的转换　我们通过以下例子推断出 9A.3 节一个消费者在两个时期都赚钱且根据利率选择借贷或者储蓄。当 e_1 和 e_2 均为正时，在我们的数学设定中这种类型的储蓄函数也是有可能的。比如，在柯布-道格拉斯情况下，假设 $e_1＝4\,600$，$e_2＝5\,400$，继续假设 $\alpha＝0.5$。将这些值代入储蓄函数（9.31）中，我们得到

$$s(r)=2\,300-\frac{2\,700}{1+r} \tag{9.34}$$

易知当利率等于 0 时，上式的结果是-400，但斜率（$\partial s/\partial r=2\,700/(1+r)^2$）是正的。并且当利率等于 17.39% 时，函数结果会变成正的。

练习 9B.17　在类似于图 9-7 的图中画出这个函数（图 9-7 是一个反借贷函数（而不是储蓄函数））。∎

结论

　　在仔细研究了"在给定环境下做到最好"或者"在约束情况下实现最优化"对于人们来说意味着什么之后，这一章又总结了在不同需求关系下这类最优化行为的结果。这使得我们在数学上推导出了消费者需求函数和劳动供给函数的概念，并且它让我们直观地得出了需求曲线和供给曲线的图解关系。这些曲线固定了消费者在

特定经济条件下的其他变量，只允许一个变量改变，然后画出了该变量和商品的需求量（或者劳动的供给量）之间的关系。从这种意义上来讲，需求（和供给）曲线只是允许特定经济条件下所有经济变量改变的多维需求（和供给）函数的（反函数的）二维曲线。

在很多本科生的教材中，需求曲线常被认为是能告诉我们一些超出目前的讨论范围的东西。特别是，这些教材常常指出：需求函数不仅告诉我们某一特定商品的需求量是如何随着一些经济参数（如价格）的变化而变化的，还告诉我们它们可以通过消费者剩余等概念来度量消费者福利。在下一章中，我们将看到这种说法在多大程度上是正确的，且在此过程中将推导出考虑消费者福利的更一般的方法。我们得到的结果是：这种说法仅在一种特定的偏好情况下是正确的，并不适用于其他更一般的偏好。当我们在之后的章节中更多地考虑政策问题时，这一点将会变得非常重要。

章末习题[①]

9.1 以下要研究在收入为外生时两商品模型中哪种交叉价格需求关系在逻辑上是可行的。

A. 判断以下各种关系是不是可能的并解释原因：

a. 一种商品是正常品，且有正的交叉价格需求关系。

b. 一种商品是正常品，且有负的交叉价格需求关系。

c. 一种商品是低档品，且有负的交叉价格需求关系。

d. 偏好是位似的，且有负的交叉价格需求关系。

e. 在位似偏好下，其中一种商品有负的交叉价格需求关系。

B. 考虑由特定的效用函数表示的特殊偏好：

a. 假设偏好由函数 $u=(x_1, x_2)=\alpha\ln x_1+x_2$ 表示。x_1 和 x_2 的交叉价格需求曲线的形状是怎样的？

b. 假设偏好是柯布-道格拉斯的。交叉价格需求曲线是怎样的？

c. 假设偏好可以由 CES 效用函数表示。不采用数学方法，你能确定 ρ 取何值时交叉价格需求曲线是向上倾斜的吗？

**d. 假设偏好可以由 CES 函数 $u(x_1, x_2)=(0.5x_1^{-\rho}+0.5x_2^{-\rho})^{-1/\rho}$ 表示。验证（c）中的直观答案。

[†]**9.2** 下面讨论在收入为外生时（除非另有说明）两商品模型中何种自价格需

---

① * 在概念方面具有挑战性的问题。

 ** 在计算方面具有挑战性的问题。

 † 答案见学习指南。

求关系在逻辑上是可行的。

A. 判断以下各种关系是否是可能的并解释原因：

a. 在位似偏好下，自价格需求关系是正的。

b. 一种商品是低档品，且它的自价格关系是负的。

c. 在内生收入模型中，一种商品是正常品，且它的自价格需求关系是负的。

d. 在内生收入模型中，一种商品是正常品，且它的自价格需求关系是正的。

B. 假设偏好可用柯布-道格拉斯函数 $u(x_1, x_2) = x_1^{\alpha} x_2^{1-\alpha}$ 表示。

a. 当收入是外生的时，推导出需求函数，说明自价格需求曲线的斜率为负。

b. 现在假设所有收入源于禀赋 (e_1, e_2)。如果 $e_2 = 0$，那么关于 x_1 的自价格需求曲线的形状是什么样的？

c. 继续（b）中的问题，如果 $e_2 > 0$，那么关于 x_1 的自价格需求曲线的形状是什么样的？

d. 假设偏好由更一般的 CES 效用函数表示，不做任何额外的数学上的推算，你能推断出为了使 $e_1 > 0$ 和 $e_2 = 0$ 时关于 x_1 的自价格需求斜率为正，ρ 应该满足什么条件吗？

9.3 讨论下面哪种收入—需求关系在逻辑上是可行的：

A. 判断以下各种关系是否是可能的并解释原因：

a. 一种商品是必需品，且它的收入-需求关系为正。

b. 一种商品是必需品，且它的收入-需求关系为负。

c. 一种商品是低档品，且它的收入-需求关系为负。

d. 商品是拟线性的，其中一种商品的收入-需求关系为负。

e. 在位似偏好下，其中一种商品的收入-需求关系为负。

B. 推导下列偏好的收入-需求关系：

a. $u(x_1, x_2, x_3) = x_1^{\alpha} x_2^{\beta} x_3^{(1-\alpha-\beta)}$，其中 α 和 β 处于 0 和 1 之间，且二者之和小于 1。

b. $u(x_1, x_2) = \alpha \ln x_1 + x_2$。（注意：为了完全确定这种情况下的收入-需求关系，你需要注意角点解。）画出 x_1 和 x_2 的收入需求曲线，并仔细标注斜率和截距。

*9.4 政策应用：税收政策和退休政策。在第 3 章中，我们说明了消费者在工作和闲暇之间以及在即期消费和远期消费之间的权衡取舍所面临的预算约束，我们借助这个模型来思考一下税收政策和退休政策。

A. 假设时期 1 表示在这个时期工人想劳动，时期 2 表示在这个时期工人希望退休。工人的工资为 w，有 L 小时的休闲时间可以用于工作 l 或者休闲消费 ℓ。这个时期赚取的收入可以用于现在的消费 c_1 或者留作以后退休的消费 c_2，利率水平是 r。假设在这两个时期消费和闲暇都是正常品。

a. 在一个以 c_1、c_2 和 ℓ 为坐标轴的三维图中画出这个工人的预算约束。

b. 对于特定类型的偏好（本题 B 部分的问题同样适用），本题中最优的劳动水平不随工资和利率的变化而变化，这意味着 ℓ^* 对这个工人来说永远是最优的。请说明这会如何影响（a）中工人在三维图中的预算上的决策。

c. 假设最优选择总是发生在你已经确定的二维平面上，说明你如何推导出 c_1 的需求曲线（以 c_1 为横轴，r 为纵轴）。这个曲线的斜率是正还是负？你的理由是什么？

d. 如果令 w 而不是 r 为纵轴，你能推导出类似的经济关系吗？你认为这个关系的斜率一定是正的吗（如果在两个时期消费均为正常品）？

e. 假设政府对工资征收更高的税，并用税收收入去补贴储蓄。请说明这个政策的每一部分——对工资的征税以及对储蓄的补贴（提高利率）——是如何影响当前消费和退休后的消费的。

f. 假设税收收入正好够补贴。不画图，你认为这对当前消费和退休后的消费有何影响？

g. 这项政府工程有以下两种实施方式：第一种方式是把从工人那儿收取的税收收入放到工人的储蓄账户中，用于对工人退休后的补贴；第二种方式是用当期的税收收入补贴当前的退休者，然后将以后从后面的工人那儿收取的税收用于对当前工人退休后的补贴。（第二种方式叫作"现收现付"。）知道了在这两种方式下当前消费和退休后消费会发生的变化，你能够计算出在第一种方式以及第二种方式下总的储蓄吗（注意，第一种方式下税收成为储蓄，第二种方式下不是这样）？

B. 假设工人的偏好可以用效用函数 $u(c_1, c_2, \ell) = (c_1^\alpha \ell^{1-\alpha})^\beta c_2^{1-\beta}$ 来表示。

a. 考虑消费者在工作和闲暇之间以及在即期消费和远期消费之间的权衡取舍，建立预算方程。

b. 建立这个工人的最优化问题，求出每个时期的最优消费水平和对闲暇的最优消费。（用效用函数的自然对数变换可以简化计算。）

c. 在 A 部分，我们假设无论工资和利率是多少，工人都会选择同样的工作小时数。这一点在本题的偏好下依然成立吗？

d. 退休前的消费会随着 w 和 r 的变化发生怎样的变化呢？你能用 A 中的图形分析得出答案吗？

e. 在 A(e) 中，我们描述了一种对工资征税 t 并对储蓄补贴 s 的政策。假设税收使工人收入减少到 $(1-t)w$，补贴使工人的储蓄利率上升到 $r+s$。在这个政策下，不重新求解最优化问题，那么关于最优水平 c_1、c_2，以及 ℓ 的等式会有什么变化呢？

f. t 和 s 的效应与你在 A(e) 中得出的结论一样吗？

g. 对一个给定的 t，政府的税收收入会增加多少？对一个给定的 s，会给政府带来多少成本？如果现在增加的税收收入和下一期引发的支出刚好抵消（注意，在被花费之前，税收收入会产生利息），那么 s 和 t 的关系是什么？

h. 你现在可以验证 A(f) 的结论了吗？

i. 在这种政策下，工人的个人储蓄额会有什么变化？如果我们考虑政府为了工人而去征税（这部分收入会在工人退休时以储蓄补贴的形式返还给工人），那么工人的总储蓄（他/她个人的储蓄加上税收形式的强制储蓄）会有什么变化？

j. 如果政府不是为当前工人以后的退休而收税，而是把税收收入花在当前退休的工人身上（即 A 部分所提到的现收现付制），那么关于工人总储蓄增加的结论会有什么变化呢？

†9.5 日常应用：向后弯曲的劳动供给曲线（backward-bending labor supply curve）。在这章中，劳动经济学家告诉我们：当工资很低时，劳动供给曲线斜率为正；当工资很高时，劳动供给曲线斜率为负。我们常常称之为向后弯曲的劳动供给曲线。

A. 下列哪个陈述是不符合向后弯曲的劳动供给曲线的实证发现的？

a. 对于一般工人而言，当工资很低时，闲暇是低档品；当工资很高时，闲暇是正常品。

b. 对于一般工人而言，当工资很低时，闲暇是正常品；当工资很高时，闲暇是低档品。

c. 对于一般工人而言，闲暇总是正常品。

d. 对于一般工人而言，闲暇总是低档品。

B. 假设关于消费和闲暇的偏好可以用一个不变替代弹性的效用函数 $u(c, \ell) = (0.5c^{-\rho} + 0.5\ell^{-\rho})^{-1/\rho}$ 来表示。

a. 假设闲暇禀赋为 L，推导劳动供给曲线。

**b. 说明当 ρ 为何值时，曲线向上倾斜；当 ρ 为何值时，曲线向下倾斜。

c. 向后弯曲的劳动供给曲线可能从 CES 效用函数描述的偏好中推断出来吗？

d. 通常，我们只需要担心模型的边界，例如消费者/工人现在的消费束。低工资的工人可能在工资上有一定的增长，但这样的增长不足以使他们突然变成高工资的工人，反之亦然。如果你对工人的行为建模，并用关于休闲和消费的 CES 函数来表示其偏好，那么你认为高工资的工人和低工资的工人的 ρ 值会有什么不同（假设你认为向后弯曲的劳动供给曲线是实证有效的）？

9.6 商业应用：好苹果和坏苹果。人们常常惊讶于农产品从遥远的生长地运送到市场时的质量，其平均质量通常比农产品原产地要高。这里我们试图去解释这种现象的出现是由于生产者意识到了由替代效应导致的相对需求差异。

A. 假设你拥有一个苹果园，生产两种苹果：高质量的苹果 x_1 和低质量的苹果 x_2。每磅高质量的苹果的市场价格高于每磅低质量的苹果的市场价格，即 $p_1 > p_2$。你将部分苹果放在当地市场上出售，然后将剩余的苹果运送到另一个市场上出售。每磅苹果的运输成本为 c。

a. 在你所居住的镇上的本地商店中，人们在高质量的苹果和低质量的苹果之间做选择，请画图说明消费者的预算线以及最优选择。

b. 使你愿意将苹果运送到更远的市场的唯一条件是在该市场上出售你可以获

得不少于在本地出售的利润，也就是说，在更远的市场上出售的苹果的价格要在原来的价格上加一个运输成本 c。那么此时，与本地消费者面对的预算线相比，更远的市场的消费者面对的预算线的斜率有什么不同呢？好苹果以坏苹果表示的机会成本是什么？

c. 对大多数消费者而言，苹果只占了其消费支出的很小的一部分，这意味着收入效应很小。由此，你可能会假设用于苹果消费的收入是这样一个数额，它使得消费者处于同样的无差异曲线上。你能确定消费者对高质量苹果的需求在何处更大吗，是在当地市场还是在更远的市场？

d. 请解释为什么在存在运输成本的情况下，与较近的市场相比，人们常常认为更大份额的高质量产品将会出现在更远的市场上。

B. 假设消费者偏好是 $u(x_1, x_2) = x_1^a x_2^{(1-a)}$。

a. 若 x_1 是好苹果，那么 a 必须满足什么条件？

b. 令消费者花在苹果上的收入为 I，推导出以 p_1、p_2、I 和 c（c 是每磅苹果的运输成本）表示的消费者对好苹果和坏苹果的需求函数。

c. x_1 与 x_2 的需求比率是多少？

d. 你知道哪个市场对好苹果的相对需求（相对于坏苹果）更大吗？是当地市场还是较远的市场呢？

e. 在 A 部分，我们认为由于苹果的消费支出占消费者预算的比例很小，所以通过固定消费者的无差异曲线来模拟消费者行为是合理的。你能解释这在 B 部分中有什么不同吗？更远的市场上的消费者一定会比当地市场的消费者（两者的偏好相同）消费更多高质量的苹果吗？我们还能认为更远的市场会有更大比例的好苹果吗？

9.7　商业应用：价格折扣、替代品和互补品。一个企业可能担心一种产品的价格影响另一种产品的需求量。在分析更加具体的例子之前，我们先探究在这种条件下该担心的重要性。

A. 首先假设一家企业出售两种商品：x_1 和 x_2。企业考虑给商品 x_1 一个 δ 的折扣，这会使得其价格从 p_1 下降到 $(1-\delta)p_1$。

a. 假设消费者对 x_1 和 x_2 的预算为 I，请在图中画出打折前后的预算线。

b. 假设消费者的偏好是位似的，推导 δ（位于纵轴）和 x_1（位于横轴）之间的关系。

c. 现在推导 δ 和 x_2 之间的关系，它的斜率是正还是负？为什么？

d. 假设 x_1 是打印机，x_2 是同一公司生产的打印机墨盒，这与 x_1 是健怡可口可乐而 x_2 是零度可口可乐有什么区别？在哪种情况下，对 x_1 打折的影响更大？

B. 假设偏好由效用函数 $u(x_1, x_2) = x_1^a x_2^{(1-a)}$ 表示。

a. 推导 x_1 和 x_2 的需求函数，用价格、I 和 δ 表示。

b. 它们关于 δ 是向上倾斜还是向下倾斜?

c. 用一个更一般的 CES 效用函数 $u(x_1, x_2)=(\alpha x_1^{-\rho}+(1-\alpha)x_2^{-\rho})^{-1/\rho}$，当 ρ 值发生变化时，你的答案有何不同?

9.8　在图 9-4 中，我们说明了你如何从休闲和消费选择的消费者模型中推导出劳动供给曲线。

A. 章末习题 3.1 中要求你以劳动为横轴，而不是以休闲为横轴来画出预算约束。假设此时你每周最多能工作 60 小时，再次写出该预算约束。

a. 现在在这个图中加入无差异曲线，使得每周工作 40 小时为最优解。

b. 在之前所得到的图形的基础上，像图 9-4（a）中顶部图形那样，说明当工资上升时的财富效应和替代效应。

c. 在之前所得到的图形的正下方以每周的工作时间为横轴、工资为纵轴推导出相应的劳动供给曲线。将结果与图 9-4（a）中的底部图形做比较。

d. 当财富效应和替代效应与图 9-4（b）中一样时，重复以上步骤。

e. 当财富效应和替代效应与图 9-4（c）中一样时，重复以上步骤。

f. 判断正误：我们既可以用 5 个关于偏好的基本假定来定义工人对休闲和消费的偏好以建立工人的选择模型，也可以用关于劳动和消费的偏好定义来建立该模型。只要放松后一种模型中的单调性假设，两种模型就会推导出同样的结果。

B. 现在假设一个工人对消费和休闲的偏好由效用函数 $u(c, \ell)=c^{\alpha}\ell^{(1-\alpha)}$ 来表示（假设工人每周拥有 60 小时的休闲禀赋）。

a. 先推导闲暇需求函数，再推导劳动供给函数。

b. 你如何定义一个关于消费和劳动（而非消费和闲暇）的效用函数，使得潜在偏好是一样的?

c. 对于你刚推导出的效用函数所表示的偏好，哪些我们常用的关于偏好的假定是不成立的?

d. 使用你刚推导出的效用函数来说明，通过在最优化问题中将劳动（而非闲暇）作为一个选择变量，你可以推导出同样的劳动供给曲线。

*†**9.9**　**政策应用**：对慈善的需求和税收的减免。政府支持经济活动的方式之一就是减少对该活动的税收。例如，假设你的边际所得税税率为 t，其中捐给慈善机构的部分占比是 δ，该部分是免税的。如果你给慈善机构捐了 1 美元，你就不用对 δ 美元付收入所得税，这样你最终在税收上就少付了 δt 美元。因此，给慈善机构捐款 1 美元实际上并没有花费你 1 美元，而是 $1-\delta t$ 美元。

A. 在下面的问题中，我将 $\delta=0$ 称作没有税收减免，$\delta=1$ 称作完全税收减免。假设捐款给慈善机构是正常品。

a. 在没有税收减免的情况下，捐款 1 美元实际上花费了你多少? 在完全税收减免的情况下，实际上花费了你多少?

b. 将给慈善机构的捐款额作为横轴，"其他商品的消费"作为纵轴，画图说明在没有税收减免和完全税收减免的情况下纳税人的预算约束（假设纳税人的税率为 t）。

c. 画图分析 δ（用纵轴表示，变化范围为 0 到 1）和给慈善机构的捐款额（用横轴表示）的关系。

d. 下一步，假设给慈善机构的捐款额是完全税收减免的，说明当 t 增加时消费者的预算线将如何变化。当税率增加时，给慈善机构的捐款额是增加还是减少？

e. 假设实证经济学家有如下发现："增加税收减免能够增加给慈善机构的捐款额，在完全税收减免的情况下，给慈善机构的捐款额在税率变化时保持不变。"这种行为是理性的个人的最优选择吗？

f. 奥巴马刚上任不久，就提议废除 2001 年由布什总统提出的税收减免政策，这样就将最高的个人所得税税率提高到了 39.6%，回到了 20 世纪 90 年代克林顿总统时期的水平。同时，奥巴马提出了一个有争议的政策，就是对向慈善机构的捐款减免税收，税率维持在 28%。对于那些在奥巴马政策下支付最高税率的人而言，δ 是多少？对于那些支付的边际税率为 33% 的人呢？对于那些支付的边际税率为 28% 的人呢？

g. 你预测奥巴马的政策会减少慈善捐款吗？

h. 支持奥巴马政策的人指出：在里根总统 1986 年实施税制改革后，最高的边际所得税税率为 28%，这意味着支付最高税率的人每 1 美元的捐款中有 72 美分给了慈善机构，这和奥巴马的政策一样。如果在里根时期这个政策已经很好了，那么现在它也应该是很好的政策。在什么意义上，这个类比是对的？在什么意义上，这是一种误导？

B. 现在假设赋税人有柯布-道格拉斯偏好，x_1 是给慈善机构的捐款额，x_2 是其他商品的消费额。

a. 推导纳税人对给慈善机构的捐款额关于收入（I）、税收减免程度（δ）和税率（t）的需求函数。

b. 赋税人的行为和 A(e) 中经济学家的实证发现一致吗？

第10章　消费者剩余与无谓损失

通常经济学家和政策制定者们想知道某项政策会使人们的福利增加还是减少，但有时候也需要量化这项政策使不同消费者的福利变化了多少。[①] 乍看上去这似乎是一个不可能完成的目标，因为按照我们在第4章中讨论的，幸福和满意程度是无法通过客观方式来衡量的。然而，事实上，通过已经研究开发的工具，我们将能够使用客观的术语来衡量消费者福利，从而避免直接衡量消费者的满意程度。准确地说，通过向消费者询问为了避免某种特殊情况的发生他们愿意付出多少钱，或者当情况发生改变时他们需要多少经济上的补偿，我们就可以找到方法来量化在不同经济情况下消费者福利变化了多少。

通过这种方式思考制度或者政策变化所带来的福利变化，我们就能够进一步讨论如下问题：至少在原则上，用受益者因政策变化所获利益的一部分来补偿受损者因政策变化而损失的利益是否可行？如果答案是肯定的，那么至少在原则上，有方法使得整个世界更加有效率，并且能够在不让任何其他人的福利降低的同时使得一部分人的福利增加。如果答案是否定的，我们就能知道新的情形会比原来无效率。换言之，如果某项政策的受益者所获利益多于利益受损者所损失的利益，那么原则上与这项政策伴随的将会是一个补偿机制，这个补偿机制会使得这项政策获得一致通过！

当然，这样一个补偿机制仅仅因为在原则上是可行的并不意味着在实际中也是可行的。在现实世界中，即使最好的政策也会伴随着不完美的补偿机制，因此，政策很少能够获得一致通过。因此，在实际中，我们不应该因为某些政策能够带来的利益大于损失而立刻对其表示赞成，因为在某些情况下我们可能把重心更多地放在利益受损者所损失的利益上，而不是受益者们获得的利益上。举个例子，假如一些富有的市民愿意为了某项政策的执行而付出1亿美元，而一些贫困的市民将因此损失100万美元。如果我们不能为这项政策研究出一个补偿机制来补偿那些利益受损

---

① 学习本章内容需要用到第2章、第4～7章以及第9章中9A.1节、9B.1节的内容。本章不对第3章、第8章以及第9章其余部分的内容做要求。

者，那么我们可能会得出结论，认为这项政策是不值得的。其实我们把重心更多地放在了那 100 万美元的损失上，而不是那 1 亿美元的利益上，因为这些损失是由我们中最弱势的人来承担的。

然而，在权衡利弊之前，我们首先要能够量化这些收益和损失，这将是我们在本章余下部分所要做的。关于了解总体收益大于损失对我们来说是否已足够，以及收益和损失的分配是否重要的问题，在书中很多部分都会出现，并且在第 29 章将会有明确的阐述。

10A 以美元度量消费者福利

我们通过量化在给定的市场价格下消费者为了能够自由购买商品而增加或者减少的福利来开始对消费者福利的计算。换言之，我们将询问某个消费者，如果得以参与一个市场而非被其排斥，那么他的福利会因此增加多少。由此，我们可以定义一些术语，如边际支付意愿和总支付意愿以及消费者剩余。我们将进一步阐述政策制定者们是如何分析在某种经济条件下特定政策是如何通过改变相对价格来影响消费者的。在阐述过程中，我们将再一次看到掌握收入效应和替代效应的区别的重要性，同时我们也将了解替代效应会如何引起整个社会的无谓损失，而收入效应却不会产生这一效果。

10A.1 消费者剩余

我们回到之前的例子，在以美元标价的汽油和一个商品组合中做出选择。在图 10-1 中，我们从一组特定的经济状况开始：我的选择是由石油的价格和我目前的（外生）收入决定的。因此，我的最优选择 A 将落在与我的选择集相切的无差异曲线上（假设不考虑角点解）。

练习 10A.1 复习前面章节所学的内容，你能说出在最优情况下，为了保证无差异曲线与预算线相切所必需的关于偏好的假设有哪些吗？ ■

现在我们提出如下问题：如果我不被市场排斥，而是能够以目前价格购买汽油，我的福利会增加多少？更准确地说，我愿意花多少钱来获得进入目前的汽油市场的机会？

10A.1.1 边际支付意愿 为了公式化地解决这个问题，我们先看我消费的每加仑汽油，然后回答：假如我选择了最优点 A，那么我愿意为获得这一加仑汽油支付多少？对于开始的第 1 加仑汽油，我可以通过求出无差异曲线在 1 加仑处的斜率——边际替代率——来计算我的支付意愿。假设所得的斜率是 -20，我们便知道我愿意用价值 20 美元的其他消费来交换获得第 1 加仑汽油。我们接着求出第 2 加

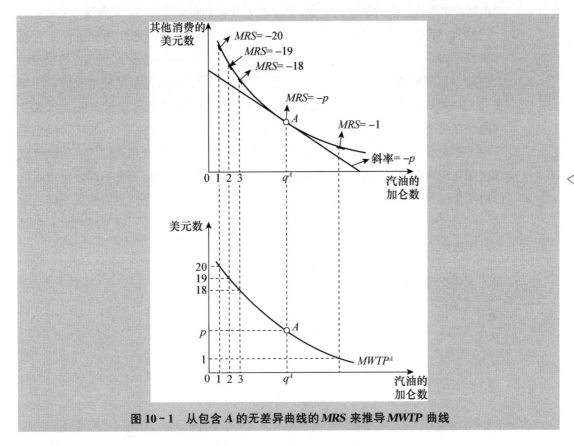

图 10-1　从包含 A 的无差异曲线的 MRS 来推导 MWTP 曲线

仑汽油的边际替代率。假设所得结果是 -19，我们便知道我愿意用价值 19 美元的其他消费来交换获得第 2 加仑的汽油。对于每加仑汽油我们都可以重复同样的步骤，使得 A 点的边际替代率等于汽油的价格。最后，我们将会识别出我对我消费的每加仑汽油以及所有其他我选择不消费的汽油的边际支付意愿（MWTP）。如图 10-1 下半部分所示，我们用横轴来表示汽油的数量（加仑），用纵轴表示价格（美元）。当某消费者的无差异曲线包含了束 A 时，该消费者的边际支付意愿曲线便可以用每一加仑汽油所对应的以美元表示的边际替代率（MRS）表示出来。

10A.1.2　边际支付意愿曲线与替代效应　然而，还有另外一种推导边际支付意愿曲线的方法。这种方法与我们刚刚所讲的略有不同，但这种方法更直接地建立在我们前面章节所学内容的基础上，而且与我们在第 9 章推导的自价格需求曲线更为相似。图 10-2 上方的图与图 10-1 有相同的初始预算和最优消费束 A。与直接在包含 A 点的无差异曲线上定义边际替代率不同，我们现在假设价格从 p 增长到了 p′，以此来说明我们在前面章节中推出的补偿预算线。通过补偿预算线，我们可以得到 B 点和替代效应。在第 9 章中，我们接着说明了最终选择 C 点会落在 B 点左侧还是右侧取决于横轴商品是正常品还是低档品。在这里，我们假设汽油是正常品，因此 C 点将会在 B 点的左侧。在第 9 章中，我们进一步把 A 点和 C 点向下平移到另一个坐标系中（纵轴表示以美元计的价格，横轴表示汽油的加仑数），从而得到自价格需求曲线。我们忽略了 B 点，因为它对于我们得到自价格需求曲线无关紧要。

然而，我们现在要把注意力集中在束 A 和束 B 上，而不是束 A 和束 C 上。具体来说，如图 10-2 下方的图所示，我们将表示出在束 A 以原价 p 所消费的数量以及在束 B 以新价格 p′ 所消费的数量（束 B 表示当我获得补偿后，使得我的福利与在 A 时一样的消费束）。需要注意的是，我们所做的仅仅是标示出包含束 A 的无差异曲线在两个不同数量上的斜率，与我们在图 10-1 中所做的一样。我们可以想象有很多不同的价格变化，而每次我们都通过这种方式找到与其相对应的补偿预算线和这条补偿预算线上的最优消费束。通过这样做，我们可以标示出不同数量所对应的边际替代率，这就得到了与图 10-1 下方的图显示的边际支付意愿曲线相同的曲线。因为这个原因，边际支付意愿曲线又被称作补偿需求曲线，而常规的需求曲线有时则被称为非补偿需求曲线。[1]

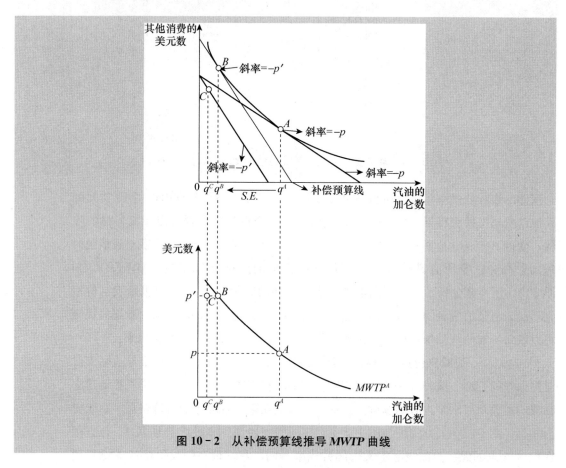

图 10-2　从补偿预算线推导 MWTP 曲线

在第 9 章，我们把之前的图中的消费束 B 相应地表示在其下方的图中，但并未对其多加阐述。那时我们关注的是如何得出连接 A 点和 C 点的自价格需求曲线，

---

[1]　非补偿需求曲线也被称为马歇尔需求，补偿需求曲线也被称为希克斯需求。这两种需求分别是以阿尔弗雷德·马歇尔和约翰·希克斯的名字命名的。

而对于 B 点则仅仅提到其在今后的学习中会有所帮助。现在它已经开始起作用了——它帮助我们得出边际支付意愿曲线并将其与自价格需求曲线进行比较。我们现在知道，由于 C 点与 B 点不同——C 点包括了收入效应和替代效应而 B 点没有——这导致这两条曲线通常是不同的。当且仅当需求曲线所对应的商品没有收入效应时，它的自价格需求曲线和边际支付意愿曲线是相同的，且对该商品的偏好必须是拟线性的。

练习 10.A.2　对于可用拟线性偏好来表示的商品，说明其自价格需求曲线和边际支付意愿曲线是相同的。

练习 10.A.3　利用前一章中的图 9-2，判断在什么条件下，自价格需求曲线比边际支付意愿曲线更加陡峭以及在什么条件下比边际支付意愿曲线更加平坦。

练习 10.A.4　如果两种商品是完全互补品，那么 $MWTP$ 曲线或者补偿需求曲线将会是怎样的？■

最后，你应该注意到，由于补偿需求曲线仅包括替代效应（没有收入效应），且替代效应的方向总是十分明显地远离越来越昂贵的商品，所以补偿需求曲线（或 $MWTP$）一定是向下倾斜的。这也说明，至少从理论上说，即使吉芬商品的收入效应足够大且与替代效应方向相反，也不可能使自价格需求曲线向上倾斜。（然而，根据我们在第 7 章介绍吉芬商品时了解到的，这种情况十分罕见，因此实际上自价格需求曲线几乎不会向上倾斜。）

10A.1.3　总支付意愿与消费者剩余　在 10A.1 节开始的时候，我们就提出了这个问题：我愿意用多少钱来获得进入目前汽油市场的机会而非被其排斥在外？只要我们进一步定义边际支付意愿曲线上的两个概念，问题的答案就可以从我们刚刚推导出的边际支付意愿曲线上得到。首先，我们需要确定我在市场上购买汽油的总支付意愿。其次，我们需要从这个数额中减去我实际在市场中需要支付的价格。两者的差就是进入这个市场给我带来的福利——也就是我愿意支付的价格比我实际支付的价格多多少。

图 10-3 再现了我们之前推导出的边际支付意愿曲线，当市场价格为 p 时我选择在束 A 处消费，它表示我对消费的每一加仑汽油（以及我不消费的每一加仑汽油）的边际支付意愿。我的总支付意愿等于我对第一加仑汽油的边际支付意愿加上我对第二加仑汽油的边际支付意愿，以此类推，结果大致相当于边际支付意愿曲线下方的总面积（图中阴影部分面积之和）。因此，我的总支付意愿就是边际支付意愿曲线下方到我所消费的数量为止的面积。

我实际需要支付的数额很容易计算，就是汽油的价格乘以我消费的汽油的加仑数，即图 10-3 中由等于价格的垂直直线和等于消费数量的水平直线所围成的四边形阴影部分的面积。

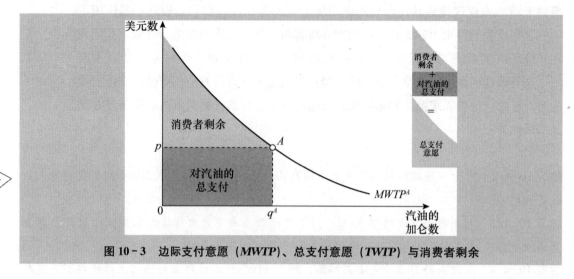

图 10-3　边际支付意愿（*MWTP*）、总支付意愿（*TWTP*）与消费者剩余

最后，消费者剩余，即我愿意为我消费的汽油所支付的数额减去我实际上支付的数额所得的结果，就是我们表示出来的两个面积的差值（图中阴影区域的上半部分）。这就是能够进入这个市场给我带来的福利，即我为进入价格为 p 的汽油市场所愿意支付的最大数量。

10A.2　*MWTP* 与自价格需求曲线

如果你曾经学习过经济学课程，那么你可能见过类似于图 10-3 的图。然而，你可能通过自价格（非补偿）需求曲线来计算消费者剩余，而并非通过我们刚刚得出的边际支付意愿曲线（补偿需求曲线）来计算。[①] 实际上，仅在一种特殊情况下，通过自价格需求曲线来获得消费者剩余是正确的：当偏好是拟线性的时。在其他所有情况下，我们之前所定义的消费者剩余都是不能由自价格需求曲线来获得的，而通过该曲线来判断消费者剩余变化的政策分析将会得出错误并且误导人的答案。在本节中，我们将会更加详细地探索需求曲线和边际支付意愿曲线的关系。

10A.2.1　对个人而言的多种 *MWTP* 与需求曲线　在 10A.1 节中，我们说明了假定消费者在某一无差异曲线上选择某一消费束消费时，如何获得其边际支付意愿曲线。我们将在图 10-1 和图 10-2 中推导的曲线记作 $MWTP^A$，上标 A 表示这条曲线是由包含消费束 A 的无差异曲线推导而得。因为我们假设消费者是在 A 点消费，所以我们就在例子中将这条无差异曲线作为与计算 $MWTP$ 相关的无差异曲线。当然，如果消费者在其他消费束上消费，我们会用一条不同的无差异曲线来推导 $MWTP$，得到的曲线也与 $MWTP^A$ 不同。

[①]　当利用（非补偿的）自价格需求函数计算时，这一面积常被称为马歇尔消费者剩余。时至今日，许多文献仍用这种方法定义消费者剩余，并单独计算补偿（希克斯）需求曲线下的福利变化。为了保持一致性，我们在此将一直利用补偿需求曲线计算福利，用非补偿需求曲线度量行为。

10

实际上，通常对于每一条不同的无差异曲线，都会相对应地有一条不同的 MWTP 曲线。这和自价格需求曲线十分相似。当我们推导自价格需求曲线时，我们保持收入固定不变，与我们在推导 MWTP 时保持无差异曲线（或者说"效用"）固定不变一样。如果收入变动，自价格需求曲线也会发生移动，正如当效用发生变化时，MWTP 曲线也发生移动一样。

考虑图 10-4 中的情况。在（a）和（b）上方的图中，我们画出了在相同的无差异曲线上的相同的消费束 A 和 B。在左边的图中，我们分别指出了以 A 和 B 为最优消费束的两个收入水平，在图 10-4（a）下方的图中，我们将这两个消费束相应地表示为分别代表较高收入和较低收入的两条不同的（非补偿）需求曲线上的两点。需要注意的是，这里隐含地假设 x_1 是正常品，也就是说，当收入下降时，对该商品的消费将减少。当然，我们会简单地猜测其余需求曲线的形状，且当要公式化地推导余下的需求曲线时，我们必须改变上半部分图中 x_1 的价格。

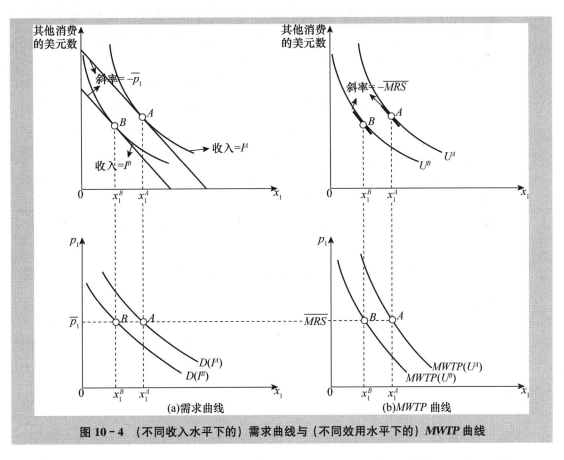

图 10-4 （不同收入水平下的）需求曲线与（不同效用水平下的）MWTP 曲线

练习 10A.5 如果 x_1 是低档品而非正常品，那么图 10-4（a）将会如何变化？ ■

在图 10-4（b）中，我们用上半部分图中的 A 点和 B 点来描绘两个不同的消费水平上的 MWTP，或者负的 MRS。由于在上半部分图中，消费束 A 和消费束 B

的 MRS 是一样的,所以在下半部分图中得到的点将有相同的高度。在图 10-4（a）中（非补偿）需求曲线的情况下,我们可以进一步猜测余下的 $MWTP$ 曲线的形状,同时可以用前面小节中得出的任何一种方法（如图 10-1 和图 10-2 所示）来正式地推导这些曲线。图 10-4（b）的下半部分描述了当效用发生变化时,$MWTP$ 曲线的移动情况,而图 10-4（a）的下半部分则描述了当收入变化时,自价格需求曲线的移动情况。

练习 10A.6 如果 x_1 是低档品而非正常品,那么图 10-4（b）将会如何变化？ ■

10A.2.2　将需求曲线与 $MWTP$ 曲线关联起来　把第 9 章推导的自价格需求曲线和本章介绍的 $MWTP$ 曲线画在同一个图中,这将有助于理解它们之间的关系。例如,我们考虑汽油消费的例子。在图 10-2 中,我们假设当汽油价格是 p 时我在束 A 处消费（此时我们将"其他商品的价格"简单地记为 1）。接着,我们阐述当汽油价格变为 p' 且我得到了足以使我达到与原来的效用水平的补偿时我的消费行为的变化,由此推导出 $MWTP$ 曲线。

图 10-5（a）中的上半部分重复了图 10-2,图中增加了消费束 C。消费束 C 是当价格增至 p' 时,我在没有任何补偿时的实际消费情况。消费束 C 也依照我们推导自价格需求曲线的方法被表示在了下半部分的图中。这使我们得以在同一个图中画出需求曲线和 $MWTP$ 曲线。需求曲线与我在消费束 A 处的收入水平关联起来了,$MWTP$ 曲线则与我在消费束 A 处的效用关联起来了。然而,$MWTP$ 曲线仅仅包含了替代效应,而需求曲线则既包含了收入效应,也包含了替代效应。因为我们假设汽油是正常品,因此需求曲线比 $MWTP$ 曲线更加平坦（比如,C 点落在 B 点左侧）。

图 10-5 的组图（b）重复了我们对商品 x_1 的操作,我们假设 x_1 是拟线性的,且其性质处于正常品和低档品之间,使得我的消费行为（相对于 x_1）不产生收入效应。由于自价格需求曲线和 $MWTP$ 曲线之间唯一的区别就是由收入效应产生的,所以收入效应的消失将会导致两条曲线完全一致。因此,当且仅当我们模型中对商品的偏好是拟线性的时,$MWTP$ 和（非补偿）需求曲线相同。因此,当且仅当偏好是拟线性的时,需求曲线才能正确测量消费者剩余。

练习 10A.7　在图 10-5（b）的下半部分中,包含消费束 C 的无差异曲线对应的 $MWTP$ 曲线应该处于什么位置？

练习 10A.8　当汽油是低档品时,图 10-5（a）的上半部分和下半部分各将发生什么变化？ ■

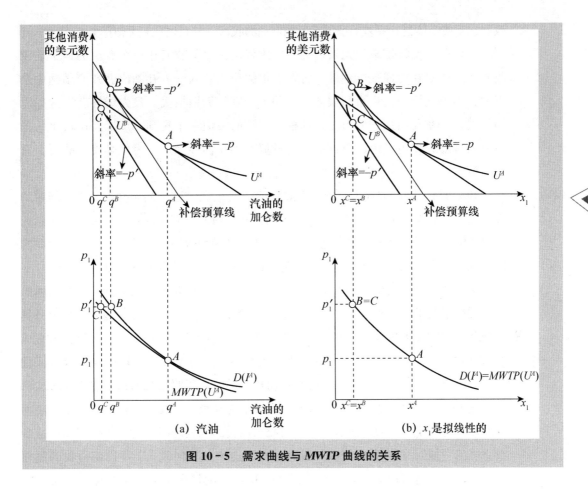

图 10-5　需求曲线与 MWTP 曲线的关系

10A.3　税收为什么如此糟糕? 为什么有桶漏现象?

政府通过税收来增加收入, 并用它们来支持各种各样的政府支出项目。这些项目可能会带来巨大的利益, 但就它们由税收支持的程度来说, 它们的产生在经济上带来了成本, 经济学家们称之为税收带来的无谓损失 (deadweight loss (DWL) from taxation)。通常, 学生们认为指出这一点使得经济学家们像疯狂的无政府主义者, 并且认为经济学家反对各种税收以及由税收支持的政府支出。但是, 认识到税收的经济成本并不意味着反对税收, 就如认识到看电影的成本并不意味着反对看电影一样。毕竟, 某些政府项目带来的利益可能远大于它们的成本, 就像看电影带来的乐趣可能远大于看电影的成本一样。然而, 这确实会让我们更仔细地思考不同税收的相对成本, 并且我们现在可以用学过的经济学方法来说明如何计算这些成本。

为了知道是什么使某项税收成本巨大以及如何客观地计算这个成本, 我们将尝试回答如下问题: 被征税的某人愿意花多少钱贿赂政府以使政府不征某项税? 然后我们将答案与他实际缴纳的税进行比较。如果他愿意贿赂政府的最大数额比他实际缴纳的税还多, 那么我们可以得知, 至少在理论上, 政府可以通过某种方法从这个人身上获取更多的收入而不使他的福利变差。假设的贿赂数额与实际的缴税数额之间的差就是政府在不使个体福利变差的情况下所能增加的收入，并且这就是无谓损失。

一种思考税收带来的无谓损失的方式就是：想象政府用一个有洞的桶来装税收收入，政府在传递这个桶的同时，桶里的税收收入一直在漏出。政府用桶中余下的数额来支持公共项目和服务，而漏出的则是无谓损失。没人能够获得这些无谓损失，除非我们找到一个更好的桶。问题的关键在于找到一个漏洞比较小的桶（一种税收），使得漏出的数额最小化。但首先我们要知道，为什么现在的桶会有一个洞？

10A.3.1 对无谓损失与税收无效率的一些直觉 这个问题并不夸张，问题的答案也不是显而易见的。实际上，学生们常常会对此感到困惑：为什么会有人愿意花比所缴纳的税更多的钱去贿赂政府使其放弃某种税收呢？为什么我们会认为我们能找到另外一种税收，从而在不使任何人的福利变差的情况下增加政府的收入？

考虑如下极端的例子。我想喝啤酒，尤其是进口的阿姆斯特淡啤。假设国内酿酒商美乐说服了政府对进口啤酒征收重税，导致了阿姆斯特淡啤的国内价格上升到了使我转而购买美乐淡啤的水平（因为我不知道美乐淡啤味道如何，所以我没有那么喜欢它）。[①] 要注意的是，因为我从（征税的）阿姆斯特淡啤转换到了（不征税的）美乐淡啤，所以我最终没有缴纳任何税。同时，很明显我的福利因为征收这项税而减少了，因此，尽管实际上我并没有缴纳这项税，但我愿意付出某些东西使得政府放弃这项税。当政府没有增加任何收入而我的福利却减少时，我们判断这是个没有底的"桶"；这项税的征收并没有使得政府增加任何收入，反而使得我的福利减少了。从更高层面说，在没有任何人获得利益的情况下，整个社会的利益减少了，这被称为无谓损失。这也是税收无效率的原因。

回顾第6章，如果存在一种方式能够改变目前状况，使得某些人的福利增加的同时没有任何人的福利减少，我们便认为目前的状况是无效率的。通过寻找一种不同的方式来增加收入，也就是找到另一个漏得少一些的"桶"，政府可以在增加收入的同时不使我的福利（相对于我喝美乐淡啤时）减少。因此，对进口啤酒征税是无效率的。例如，政府可以直接到我家向我收点钱，但不改变阿姆斯特淡啤的价格，而我也不会为了避免缴税转而购买美乐淡啤。这个例子虽然极端，却使我们了解了是什么造成了税收的巨大成本。税收通过调整经济中的相对价格使消费者、工人和储蓄者从征税的商品和服务转向不征税的商品和服务。只要有机会成本的变化，这种替代活动就会发生，且税收会增加替代效应，从这些角度来说，税收作为增加收入的手段是扭曲且无效率的。

许多实际上发生的例子可能没那么极端，税收可能使我们减少对征税商品的消费而增加对其他商品的消费，但是并没有完全排除我们对征税商品（如阿姆斯特淡

---

① 这里参考了20世纪最成功的广告之一。这个广告激起了人们对美乐淡啤畅销的原因的热烈讨论：是因为它好喝还是因为它不易产生饱腹感呢？

啤）的消费。但基本的感觉就是：税收改变了机会成本，并且因而使我们改变了消费安排，从这个角度来说，我们的福利减少了，而政府却没有因此增加收入，整个社会遭受了无谓损失。现在我们可以用学过的经济学方法，从公式的角度来说明整个无谓损失都是由替代效应造成的，这也是"桶"漏的潜在原因。

10A.3.2　通过消费者图解识别无谓损失　假设我们不对阿姆斯特淡啤征税，而对住房征税。我们可以在通常的两商品框架下模拟这样一种税，其结果使得房子的价格上升了。另外一种选择就是，我们可以模拟取消这种税所引起的房子价格的下降。图 10-6（a）说明了这项税导致的人们消费选择的改变，消费束 A 表示的是征税后某消费者的最优选择。

在第 8 章（见图 8-3）中，我们说明了当横轴表示的商品被征税时如何计算消费者的纳税总额。特别地，我们可以先定义 c^A 为当消费者的消费量为 h^A 时他税后负担得起的"其他商品消费"（以美元计）。然后，我们定义 c^a 为当没有税收且消费者购买相同数量的住房时他的"其他商品消费"（以美元计）。图 10-6（a）中的 T 所表示的就是这二者的差值，也就是消费者在征税时所支付的税收总额。就如在第 8 章中所说的，这并不意味着在没有税收时，消费者的最优消费束是 a。相反，消费束 a 仅仅能帮助我们判断 T 的大小。

图 10-6（b）重复了（a），但是回答了我们的第二个问题：我们可以拿走多少她的收入，使得在不改变机会成本的条件下，这个消费者的福利与她在住房被征税的情况下的福利一样？换句话说，在不改变其斜率且使其依然与无差异曲线 u^A 相交的前提下，税前预算线（最右侧的那条直线）可以平移的范围是多少？答案就是，我们可以向内平移预算线，直到其与无差异曲线 u^A 相切于 B 点（图中纵截距最短的直线）。这个平移引起的价格改变可以由纵轴（以美元为单位）来表示。同时，由于两条预算线是平行的，这段距离可以用两条线上任意一处的垂直距离表示出来。具体来说，这段距离就是消费束 a 下方的一段垂直距离，我们在图 10-6（b）中用 L 来表示。

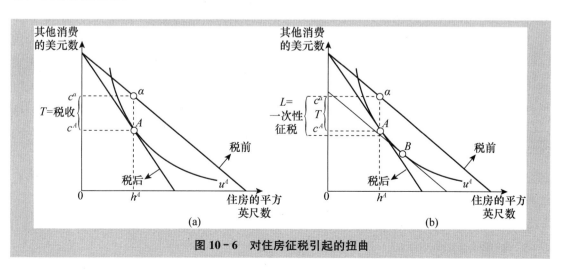

图 10-6　对住房征税引起的扭曲

L 所表示的是我们用一次性税收从这位消费者处所能征收的数额。一次性税收（lump sum tax[①]）是一种不会改变机会成本（比如，预算线的斜率）的税收。图 10-6（b）清晰地表明，在征一次性税收时，该消费者将愿意缴更多的税 L，而对房子收税时，该消费者则愿意支付较少的税 T，这两种税都使得该消费者在同一条无差异曲线上消费并获得相同的效用。T 和 L 的差就是对房子征税所带来的无谓损失。因此，就对房子征税这件事来说，一次性税收就是一种能够在不使得他人福利减少的情况下（消费者的效用不变）让某些人变得更好（政府收入增加）的方法。我们也可以说对房子征税是无效率的。

10A. 3. 3　无谓损失与替代效应　现在我们可以深入研究为什么大部分税收是无效率的且会导致无谓损失了。首先，我们考虑在图 10-6 中模拟的房产税，现在假设消费者认为房子和"其他商品"是完全互补的。图 10-7（a）说明了这种偏好，A 表示的是消费者税后的最优消费束，而 u^A 表示的是消费者在束 A 的无差异曲线。接着，如同在图 10-6（a）中所做的一样，我们可以计算出在征收房产税时消费者所支付的税收 T。但是，当考虑在征收一次性税收的条件下，我们可以从消费者手上拿走多少且保证他仍在无差异曲线 u^A 上消费时，我们发现消费者将在同一个消费束上消费（即 $B＝A$）。因此，在征一次性税收时我们可以从消费者那儿得到的税与我们从房产税中得到的是一样的（即 $L＝T$）。因此，我们可以判断，在这种情况下，房产税并没有造成无谓损失，因此是有效的。

图 10-7（a）中之所以 $B＝A$，是因为我们赋予了消费者一种能够消除替代效应的偏好。随着替代效应的消失，改变房子的机会成本的税收所带来的无谓损失也一同消失。而图 10-7（b）则不同，我们假设了一种会带来巨大替代性的偏好，使得消费束 A 和 B 相距甚远。其结果就是，L 明显大于 T，这意味着一个很大的无谓损失。随着房子和其他商品消费的可替代性越来越强——就如图 10-7（a）（替代性为零）到图 10-6（b）（有一定的替代性）再到图 10-7（b）（有很强的替代性）——无谓损失也随之增加。而随着可替代性的减弱，税收的"桶漏"现象也随之消失。

注意，这个分析告诉了我们另一个重要事实：消费者减少对征税商品的消费并不是导致税收无效率的原因。（毕竟，在图 10-7（a）中，消费者因税收而减少消费，使得消费与最外面那条预算线上的消费相比更小，但并没有因此而产生无效率。）替代效应才是消费者行为改变使得税收无效率的内在原因。就如一些章末习题中所体现的那样，对于闲暇来说，收入效应和替代效应的方向通常是相反的，这在劳动市场中是尤其重要的。

练习 10A. 9　*你是否能想象这样一个场景，即当一种商品被征税时，消费者并没有改变他对这种商品的消费，但税收仍然是无效率的？* ■

---

① 又可译为总量税、定额税。

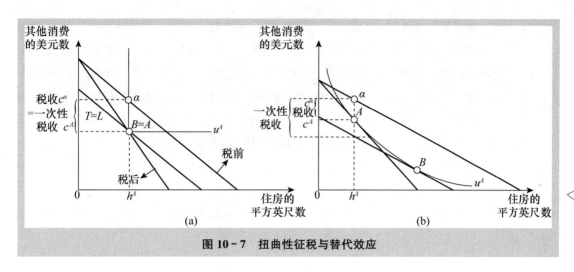

图 10 - 7 扭曲性征税与替代效应

几年前，我让学生们在某次期末考试中对如下描述进行评论："人们之所以讨厌税收是因为收入效应；经济学家之所以讨厌税收是因为替代效应。"一位学生认为这是对的，因为这意味着经济学家不是人。但即便如此，从另外一个角度来说，这个说法也是对的：纳税人在他们给税收机构写支票的时候很少会想到收入效应和替代效应——他们不喜欢写这些支票的原因是他们想把这些钱留给自己。另外，经济学家关心效率，只要财富在钱的转移过程中没有变少，或者没有人因为其他人获得利益而遭受损失，他们认为以支票方式使钱通过政府从一部分人这里转移到其他人那里就没有问题。但这种无谓损失正是当税收导致机会成本改变进而引起替代效应时会发生的。这是导致"桶漏"的原因。因此，虽然个体纳税人不容易发现图10-7(a) 中表示的税比图 10-7(b) 中表示的税更好，但经济学家们通常更加偏好（在其他条件相同的情况下）能够消除替代效应的税，因为这会使社会避免遭受无谓损失。经济学家们可能在桶的大小上会有分歧，但他们基本都同意，只要能做到，漏洞就越小越好。

10A.3.4 现实中的税收几乎全是无效率的 从到目前为止的讨论来看，我们可以认为在如下两种情形下税收可能会是有效率的：(1) 税收没有改变机会成本，也就是说，税收是一次性税收；(2) 即使税收改变了机会成本，它也并没有引起替代效应。（在第 21 章中，我们会加入外部性导致的第三种情形。）情形（2）很难实现，因为我们可以识别一些替代性相对较弱的商品组合，但是很难控制消费者的偏好（如我们在第 5 章中讨论的）。而情形（1）（一次性税收）很少能反映现实中的政策选择。结果就是，至少在开始讨论第 21 章的外部性之前，我们可以认为几乎现实世界的所有税收都会增加无谓损失，因而是无效率的。

为何一次性税收这么难实现？为了使某项税收真正地成为一次性税收，它必须确保消费者不能采用任何替代行为来规避任何一点税收。只要不同的税被加在了不同的商品上，随着不同商品机会成本的变化，这种替代行为就有可能随之产生。认真思考其中的含义，你就会很快发现：在实际中，真正实行一次性税收是多么困难。就拿我们征收房产税的例子来说，你可能认为，通过向"其他商品"征收相同数额的税，我们就能消除税收带来的"扭曲"（或"无谓损失"），从而保持预算线的斜率不变，保持机会成本不变。但"其他商品"中包括了如"储蓄"这样的商品。你可能会说，我们也对储蓄以同样的税率征税，这样就可以保持机会成本不变。但是，在"其他商品"中还有我们在两商品图形中没有模拟的，那就是闲暇。我们能不能找到一种简单的方法来对闲暇以同样的税率征税？如果不能，那么这个"桶"还是会有漏洞。

练习 10A. 10 以消费为纵轴、休闲为横轴做图表示对除闲暇外的所有消费征税所带来的无谓损失。■

最常见的税就是对不同形式的消费所征的税（销售税、增值税等）或对不同形式的收入所征的税（工资税、工资所得税、收入所得税、资本利得税等）。每一种税都能通过行为的改变进行一定程度的规避。某种税要成为真正的一次性税收，必须使消费者无法规避。例如在 20 世纪 90 年代早期，玛格丽特·撒切尔首相就尝试在英国课征这样一种税（当时被称为"人头税"）。人头税是一种固定的税额（比如，每年 2 000 美元），只要这个人有头，他就必须缴税。人们很难改变他们是否有头，因此，无法通过改变行为来避免缴税，这种税是真正的不会产生替代效应的一次性税收。然而，尽管支持者认为这种税十分有效率，但英国人几乎都不喜欢这项税收。玛格丽特·撒切尔在几个礼拜之后就下台了，她的继任者也立刻取消了人头税。

英国有关人头税的案例说明了为什么在现实世界中一次性税收很少被考虑以及为什么几乎所有现实世界中的税收都存在某种程度的无效率：一次性税收必须加在不可能改变的行为上，因此它违反了人们对公平的认识。对每个人征收同样的税看起来并不公平，同样，根据年龄、种族、性别或其他基因特质来征税也是不正确的。但诸如此类的东西通常对于避免替代效应和其带来的无效率常常是必不可少的。有时候"桶"没有漏，但是我们因为其他原因而不喜欢它。（一个可能的例外就是土地税，我们将在第 19 章中进行探讨。）

尽管分析表明：事实上，我们倡导的任何税收都是无效率的，而且会产生无谓损失，但它也表明不同的税收会因为大小不同的替代效应——即"桶"上的漏洞——而带来不同的无谓损失。我们会在下一节的末尾和后面的章节中更详细地解释这一点是如何影响税收政策的。

10A. 4　度量在 *MWTP* 曲线上的无谓损失

在 10A. 2 节中，我们说明了如何计算消费者剩余。消费者剩余就是边际支付意愿曲线左侧部分的面积。在拟线性偏好的特殊情况下，消费者剩余就是自价格需求曲线左侧部分的面积。现在我们将说明，无谓损失也可以类似地由边际支付意愿曲线算出（当偏好为拟线性的时，则为自价格需求曲线）。我们将在上一节讨论的征收房产税一例的基础上进行计算。

10A.4.1 边际支付意愿（$MWTP$）曲线上的 T，L 与无谓损失（DWL） 图 10-8（a）的上半部分同图 10-6（b）一样，通过消费者图推导出在无差异曲线 u^A 上消费者所支付的税 T、为了消除房产税消费者愿意支付的最大的一次性税收 L 以及由房产税带来的无谓损失 $DWL = (L-T)$。图 10-8（a）的下半部分画出了对应于包含消费束 A 的无差异曲线的边际支付意愿曲线。推导的过程与在图 10-2 中推导边际支付意愿曲线一样，唯一不同的是，现在我们在一个更高的（含税的）价格上来推导 $MWTP$ 曲线。

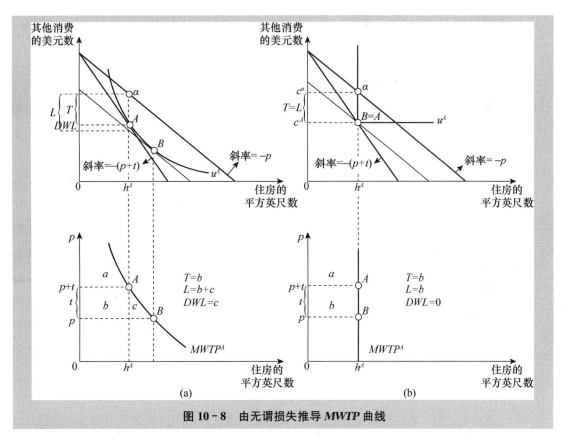

图 10-8 由无谓损失推导 $MWTP$ 曲线

仔细思考一下部分图中 A 和 B 所代表的含义，我们现在可以判断出上部分图中的距离 T、L 和 $L-T$ 在下部分图中对应的面积。A 点表示的是在征收房产税后，该消费者实际购买的房屋。纵轴上价格 $p+t$ 和价格 p 之间的差就是 t，这是消费者为每一平方英尺住房支付的税。因此，用消费者为每平方英尺住房支付的房产税 t 乘以房子的平方英尺数 h^A，我们就可以得到这个消费者支付的房产税总额。图 10-8（a）下部分中的区域 b 表示的就是这个总额（在上半部分图中则是 T）。

下一步，从 10A.2 节中所学的我们知道，区域（a）表示的是该消费者在以 $p+t$ 的含税价格购买了 h^A 平方英尺的房产后的消费者剩余。类似地，区域 $a+b+c$

表示的则是，在上半部分图中，当消费者在以消费束 B 为最优点的预算线上消费时她所获得的消费者剩余。换句话说，$a+b+c$ 表示的是，当消费者以税前价格 p 购买房产并支付对应于上图中预算线的一次性税收 L 时她所获得的消费者剩余。

因此，B 点的消费者剩余将大于 A 点的消费者剩余。但我们知道，消费者在 A 点和 B 点获得的效用是一样的，毕竟，这两点是落在相同的无差异曲线 u^A 上的。为什么消费者在 B 点获得了更多的消费者剩余，但是却得到了和 A 点相同的效用？答案就是，消费者在 B 点消费时要支付一次性税收，而在 A 点消费时则不用。换句话说，因为我们计算 A 点对应的消费者剩余时，已经考虑了消费者支付的是含税的房价（$p+t$），而在考虑 B 点的消费者剩余时我们并没有包含任何税赋。由于消费者在两点获得了相同的效用，但在 B 点获得了更大的消费者剩余，所以我们可以确定一次性税收的数额就是两种情况下消费者剩余的差，即 $b+c$。因此，上图中的距离 L 与下图中的面积 $b+c$ 是等价的。由于 T 等于面积 b，且无谓损失是 L 和 T 的差值，所以区域 c 就是税收带来的无谓损失。

10A.4.2　回顾替代效应　在 10A.3.3 节中我们已经展示了无谓损失的大小和税收带来的替代效应的大小是紧密相关的。当在边际支付意愿曲线上计算无谓损失时，我们可以再一次看到这个事实。

图 10-8（b）重复了图 10-8（a）的分析，不同的是现在我们假设消费者的偏好不会引起替代效应；也就是说，他们的无差异曲线表示房子和其他商品是完全互补品。上部分图与我们在图 10-7（a）中得到的一样，其中 $T=L$，因此房产税没有带来无谓损失。图 10-8（b）的下半部分接着说明了为什么对应于上半部分的无差异曲线 u^A 的 $MWTP$ 曲线是一条垂直的线：由于不存在替代效应（图 10-8（a）中，替代效应的存在导致 B 点移到了 A 点的右侧），A 点和 B 点所对应的价格不同，但数量相同。因此，图 10-8（a）中的面积 c 消失了，无谓损失也随之消失了。比较图 10-8 的下半部分，我们可以再一次看到，B 点离 A 点越远，无谓损失就越大。而使 B 点远离 A 点的唯一因素就是上半部分图中的替代效应。

10A.4.3　根据需求曲线计算 DWL　你们中的大部分人可能已经在之前的经济学课程中了解了税收带来的无谓损失，但你们可能没有使用边际支付意愿曲线而是简单地使用自价格需求曲线上的面积来计算无谓损失。实际上教你的老师此时假设了偏好是拟线性的，只有在这个假设下，使用自价格需求曲线计算出的消费者福利和无谓损失才是正确的。当然，只要我们认为收入效应足够小（也就是偏好接近拟线性），我们就可以在自价格需求曲线上估计无谓损失。但某些情况下收入效应可能会很大，这时使用自价格需求曲线来估计消费者剩余和无谓损失就可能导致错误的结果。[1]

---

　　[1]　根据自价格需求曲线计算无谓损失的历史可以追溯到阿尔弗雷德·马歇尔于 1895 年出版的《经济学原理》一书。而现在通行的计算消费者福利和无谓损失的方法则要归功于约翰·希克斯——我们在第 7 章曾经谈及他在将价格变化分解为收入效应和替代效应方面所做的贡献。

在图 10-9 中，我们对图 10-8 (a) 的下半部分图进行了一点延伸。我们增加了点 C，点 C 表示既没有房产税，也没有一次性税收时，消费者购买房产的情况。图 (a) 表示的是当房子是正常品时的情况，图 (b) 表示的是当房子是拟线性商品时的情况，图 (c) 表示的是（很少出现的）房子是低档品时的情况。

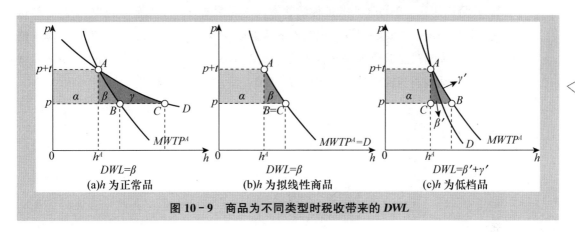

图 10-9 商品为不同类型时税收带来的 DWL

练习 10A.11 用图 10-8 (a) 验证自价格需求曲线和边际支付意愿曲线之间的关系可由图 10-9 来描述。■

现在，从这些图中我们可以很容易地看出：由自价格需求曲线所估计的 DWL 是高估还是低估了真实的房产税带来的 DWL。显然，当房子是拟线性商品时（图 10-9 (b)），使用 MWTP 曲线和使用需求曲线来计算无谓损失是没有区别的。在这种情况下，MWTP 曲线和需求曲线完全重合，其中任何一个都可以用来分析消费者福利。然而，当房子是正常品时，用需求曲线估计 DWL 会高估（图 10-9 (a) 中的 γ）真实的 DWL，而当房子是低档品时，则会出现低估（图 10-9 (c) 中的 γ′）的情况。在第 19 章中，我们将会看到，当讨论对劳动和资本收税时，使用非补偿曲线来估计 DWL 所带来的问题会严重得多。此时财富效应常常掩盖了产生税收无效率的关键原因——替代效应。

10A.4.4 DWL 的指数型增长与大税基情况 我们从对税收和无谓损失的分析中学到的有关税收政策的一点是，税收产生的替代效应越大，其带来的无谓损失就越大。现在我们知道了如何通过边际支付意愿曲线来计算无谓损失，就可以进入下一课：随着某种商品的税率逐渐上升，税收带来的无谓损失将会以更快的速度增长；也就是说，随着税率的上升，"桶漏"的速度也在加快。

你可以在房产税的例子中更加直观地看到这一点。本例中，我们假设对房子的偏好是拟线性的，因此 MWTP 曲线是与自价格需求曲线完全重合的。图 10-10 描述了一种特殊情形：需求曲线（以及 MWTP 曲线）是线性的。纵轴上标出了对应于五种不同房产税的房价，从不含税的价格（p）开始，税率按 t 递增，然后是 2t、

$3t$，直到 $4t$。对于每种房产税，我们可以找到相应的 DWL。比如，当税率为 t 时，DWL 为 a。当税率为 $2t$ 时，DWL 变为 $a+b+c+d$。由于每个字母对应一个面积相同的三角形，所以税率翻一番时，DWL 将会翻两番。当税率上升到 $3t$ 时，DWL 则变为了 $a+b+c+d+e+f+g+h+i$。因此，税率乘以 3 时，DWL 将乘以 9。你可以用税率乘以 4 来验证你的答案——无谓损失将变为原来的 16 倍。虽然这是个特殊情况——我们假设了拟线性的偏好以及线性的需求曲线——但这个例子使得经济学家通过经验法则得知：当税率乘以 x 时，无谓损失将以约为 x^2 的速度增加！换句话说，当税率呈线性增长时，DWL 呈"指数型增长"。[1]

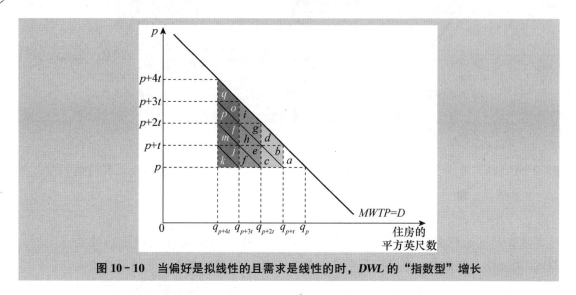

图 10 - 10 当偏好是拟线性的且需求是线性的时，DWL 的"指数型"增长

这使得政策制定者们普遍被建议，从效率的角度来说，税率较低但税基范围较广比税率较高但税基较小更合适。税基（tax base）指的是一组被课税的商品，不同商品的税率不同。例如，假设有独户住宅和公寓住宅两种市场，而且消费者对两种市场的偏好导致了完全相同的需求曲线和 $MWTP$ 曲线（如图 10 - 10 所示）。现在假设你是政策制定者，你需要在如下两种税收方案中做出选择：第一种，对独户住宅征收 $2t$ 的税而不对公寓住宅征税；第二种，对两种住宅都征 t 的税。第一种方案在较小的税基（独户住宅）上征收较高的税（$2t$），而第二种方案在较大的税基（独户住宅和公寓住宅）上征收较低的税（t）。第一种方案的 DWL 为 $a+b+c+d$，而第二种方案的 DWL 是 $a+a$，仅为第一种方案的一半。由于 DWL 随着税率的上升呈指数级增长，因此在一个较大的税基上以较低的税率征税通常能引起较少的 DWL。如果你对这方面感兴趣，就应该考虑上一些公共经济学的课程。

---

[1] 我在此处非正式地使用了"指数型"这一术语来指代某经济量以二次方的形式增长。我将在本章继续这样非正式地使用这一术语。

练习 10A. 12　两种方案也导致了不同的税收收入。哪种方案实际上带来了更多的政府收入？这与"在更大的税基上以更低的税率征税"吻合吗？■

10B　消费者福利的数学运算与对偶性

　　就像本章 A 部分直观上介绍的那样，对消费者福利的数学度量有两个目的：一个是让我们知道消费者模型的数学计算如何帮我们建立图形分析并从中得出一些感性认识；另一个是使我们得以使用目前学习的数学工具来描绘消费者理论的完整图景，也就是我们前几章所用过的效用最大化及支出最小化方法的对偶性问题。

　　该部分将与以前的章节不同，不会严格按照在 A 部分进行分析然后在 B 部分进行数学刻画的顺序。首先，我们将展示在 A 部分中直观得到的概念是如何帮助我们形成这样一个全面的图景的：怎样将消费者理论的感性认识和数学分析相互联系起来？我们将在 10B.1 节进行上面的分析，然后再分析对偶性在消费者福利、税收和无谓损失方面的一些应用。

10B. 1　效用最大化与支出最小化的对偶

　　在之前的章节，我们已经形成了两种解决最优化问题的方法，并且（它们大多）可以用无差异曲线和预算线的相切关系来刻画。我们在特定时期解决什么最优化问题取决于我们想要回答什么问题。当计算在某一经济状况（例如消费者的收入和市场价格）下一个消费者选择的实际消费时，我们实际上是在解决效用最大化问题

$$\max_{x_1,x_2} u(x_1,x_2) \quad \text{s. t. } p_1 x_1 + p_2 x_2 = I \tag{10.1}$$

　　另外，当我们试图求解当价格变化时，消费者为了保持效用不变而改变多少消费这一问题时，我们就是在求解当价格改变时，消费者达到同一条无差异曲线所需要的最小支出这样一个支出最小化问题

$$\min_{x_1,x_2} E = p_1 x_1 + p_2 x_2 \quad \text{s. t. } u(x_1,x_2) = u \tag{10.2}$$

我们在第 9 章中已经说明问题（10.1）的答案可以写成（非补偿）需求函数

$$x_1 = x_1(p_1,p_2,I), \ x_2 = x_2(p_1,p_2,I) \tag{10.3}$$

并且我们也说明了这些需求函数的（反）函数是如何与我们先前推导的需求曲线相联系的。现在我们来考虑问题（10.2）的解，它可以表示成如下等式：

$$x_1 = h_1(p_1,p_2,u), \ x_2 = h_2(p_1,p_2,u) \tag{10.4}$$

这些函数告诉我们在任何一组价格水平下，假设消费者恰好有足够的钱来达到效用水平 u，消费者会选择消费每种商品的数量。所以，表达式（10.4）中的函数通常被称为补偿需求函数，由于经济学家约翰·希克斯最先对它进行了定义，所以它也被称为希克斯需求函数。希克斯用"h"来表示式（10.4）中的函数，以将它们和式（10.3）中的（非补偿）需求函数区别开来。

10B. 1.1 补偿（或希克斯）需求与 $MWTP$ 曲线 在图 10 - 2 中，我们假设消费者总是能够获得足够的补偿以使其达到同一无差异曲线，并说明了如何通过追踪消费者在商品价格不同时的消费数量来得到 $MWTP$ 曲线。这正是用公式表达问题（10.2）的结果，因此，式（10.4）所表示的补偿需求函数是我们从图 10 - 2 中推导的 $MWTP$ 曲线的一个简单的一般化形式。实际上，当我们在 10A. 1.2 节中讨论这个推导过程时，我们提到，$MWTP$ 曲线有时候也称作补偿需求曲线。

更准确地说，我们注意到：补偿需求函数是关于价格和效用的函数。考虑函数 $h_1(p_1, p'_2, u^A)$，我们将 p'_2 设为 1（正如当 x_2 表示以美元计价的"其他商品"时我们所做的那样），且效用固定在与无差异曲线 u^A 相等的水平上。当函数的其他条件固定不变时，这个函数就变成了关于 p_1 的函数，也就是说，在假设消费者得到的补偿足以使其达到无差异曲线 u^A 时，他对 x_1 的消费是如何随价格 p_1 的变化而变化的。这个函数的反函数正是图 10 - 2 中的下半部分推导出的与无差异曲线 u^A 相对应的边际支付意愿曲线。从图 10 - 4（b）中我们得知，存在很多 $MWTP$ 曲线，它们各自对应着不同的无差异曲线，这直接告诉了我们如下数学结果：将与 u^A 不同的效用水平代入补偿需求函数，会产生不同的 $MWTP$（或者说补偿需求）曲线。

练习 10B. 1 在图 10 - 5（b）中，我们说明了当偏好是拟线性的时，$MWTP$ 曲线和自价格需求曲线是重合的。假设偏好可以用拟线性效用函数 $u(x_1, x_2) = \alpha \ln x_1 + x_2$ 来表示。在这个条件下，验证我们在图 10 - 5（b）中的直觉是对的，即关于 x_1 的需求函数和补偿需求函数是相同的。∎

10B. 1.2 在对偶图中将间接效用与支出函数联系起来 一旦我们（利用效用最大化）求出了需求函数并（利用支出最小化）求出了补偿需求函数，就可以进一步正式定义两个函数——我们在前面章节中提到过它们，但从未给它们命名：间接效用函数（indirect utility function）告诉我们，在任何经济状况（即价格和收入）下，当消费者做到最好时他所能获得的效用；支出函数（expenditure function）告诉我们，对于任何价格和效用水平，消费者需要多少预算才能达到这个效用水平。

要找到在不同经济状况下消费者可以获得的效用，我们需要做的就是把需求函数（它告诉我们在不同经济状况下消费者会消费的每种商品的数量）代入效用函

数。所以，间接效用函数 $V(p_1, p_2, I)$ 可以直接写成

$$V(p_1, p_2, I) = u(x_1(p_1, p_2, I), x_2(p_1, p_2, I)) \qquad (10.5)$$

类似地，用每种商品的补偿需求（它告诉我们当消费者刚好有足够的钱来达到效用水平 u 时，消费者消费的每种商品的数量）乘以其价格并把它们加总，我们就可以得到消费者在不同价格下，为获得特定的效用水平 u 所需要的钱是多少。由此，支出函数 $E(p_1, p_2, u)$ 可以写为

$$E(p_2, p_2, u) = p_1 h_1(p_1, p_2, u) + p_2 h_2(p_1, p_2, u) \qquad (10.6)$$

考虑一下柯布-道格拉斯效用函数 $u(x_1, x_2) = x_1^\alpha x_2^{(1-\alpha)}$。从效用最大化和支出最小化问题得出需求函数

$$x_1(p_1, p_2, I) = \frac{\alpha I}{p_1}, \ x_2(p_1, p_2, I) = \frac{(1-\alpha)I}{p_2} \qquad (10.7)$$

以及补偿需求函数

$$h_1(p_1, p_2, u) = \left(\frac{\alpha p_2}{(1-\alpha)p_1} \right)^{(1-\alpha)} u$$

$$h_2(p_1, p_2, u) = \left(\frac{(1-\alpha)p_1}{\alpha p_2} \right)^\alpha u \qquad (10.8)$$

练习 10B. 2 验证方程（10.8）给出的解。■

将式（10.7）代入柯布-道格拉斯效用函数，我们得到间接效用函数

$$V(p_1, p_2, I) = \frac{I\alpha^\alpha (1-\alpha)^{(1-\alpha)}}{p_1^\alpha p_2^{(1-\alpha)}} \qquad (10.9)$$

用式（10.8）乘以相应的价格并将其乘积加总，我们得到支出函数

$$E(p_1, p_2, u) = \frac{u p_1^\alpha p_2^{(1-\alpha)}}{\alpha^\alpha (1-\alpha)^{(1-\alpha)}} \qquad (10.10)$$

练习 10B. 3 验证式（10.9）和式（10.10）给出的解。■

注意：如果你令式（10.9）的左侧等于 u 并求解 I，你会得到式（10.10）的右侧。类似地，如果你令式（10.10）的左侧等于 I 并求解 u，你会得到式（10.9）的右侧。这是因为间接效用函数是支出函数的反函数，反之亦然。图 10-11 直观地展现了这一点。首先画出当 $p_1 = 4$，$p_2 = 1$ 且 $\alpha = 0.5$ 时关于收入的间接效用函数，并画出相同价格和 α 下关于效用的支出函数。二者的关联就是：我们将第一个图反转过来（交换效用和价格所在的坐标轴）就能得到第二个图。

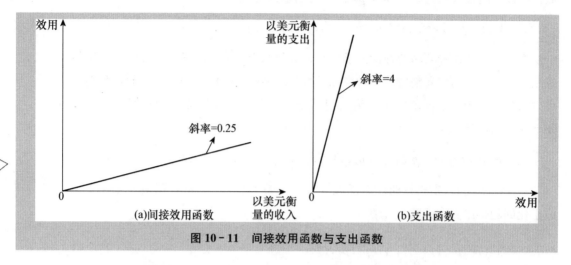

图 10-11　间接效用函数与支出函数

当你完全消化了这些函数代表的含义之后，你就能更直观地了解和判断效用最大化和支出最小化之间的关系了。例如，在需求曲线中，我们用支出函数代替需求函数中的收入变量 I，接着，我们不固定收入，而是构建一个新的需求函数，使得消费者总是有足够的收入来达到效用水平 u。但这正是补偿需求函数的准确定义。由此，我们可以得到如下的逻辑关系：

$$x_i(p_1, p_2, E(p_1, p_2, u)) = h_i(p_1, p_2, u) \tag{10.11}$$

类似地，假设在补偿需求中我们用间接效用函数替代效用 u。同样，不固定效用，而是假设你有足够的收入，可以达到收入为 I 时的效用水平，那么补偿需求函数能告诉我们最优消费水平是多少。换句话说，补偿需求函数会告诉你，当你的收入（而不是效用）固定时，你的最优消费束是什么。这就是常规的（非补偿）需求函数的定义：

$$x_i(p_1, p_2, V(p_1, p_2, I)) = x_i(p_1, p_2, I) \tag{10.12}$$

练习 10B.4　验证当偏好可用柯布-道格拉斯函数 $u(x_1, x_2) = x_1^a x_2^{(1-a)}$ 表示时，由效用最大化和支出最小化得到的式（10.11）和式（10.12）是正确的。∎

图 10-12 总结了我们本节学习的"对偶性"。通过图中所示的箭头，我们可以了解到目前为止我们学习的效用最大化问题和支出最小化问题之间的关系。箭头上标出的"罗伊恒定式"和"谢泼德引理"将在附录中阐述，而虚线上标出的"斯勒茨基方程"将在下面进行阐述。

10B.1.3　斯勒茨基方程　在我们的对偶性图中，还有最后一个联系，人们称之为斯勒茨基方程，它把非补偿的需求曲线（相对于价格）的斜率和补偿需求曲线

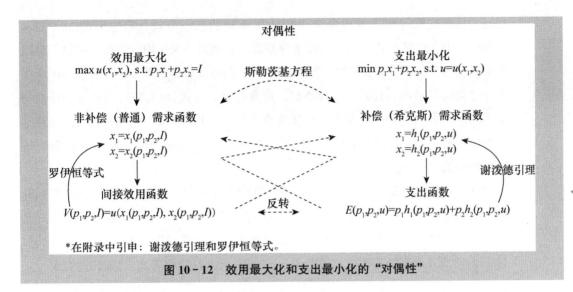

图 10-12 效用最大化和支出最小化的"对偶性"

的斜率关联起来了。[1] 更准确地说，我们从一个既在需求函数上，也在补偿需求函数上的点开始，推导在这一点处两个函数斜率之间的关系。在图 10-5 和图 10-9 中我们已经很直观地这么做了。在这些图中，共同的点就是 A 点，在这一点处我们可以根据商品是正常品还是低档品来判断哪条曲线更为陡峭。从表达式（10.11）开始我们对斯勒茨基等式的推导会相对容易，因为它已经把两个函数联系起来了（但是没有把它们的斜率联系起来）。为了判断它们的斜率之间的关系，我们只需对等式（10.11）的两侧分别求关于价格的偏导数。我们需要用到微积分的链式法则，因为函数的左侧包含支出函数 E，而它本身就是关于价格的一个函数：

$$\frac{\partial x_i}{\partial p_j} + \left(\frac{\partial x_i}{\partial E}\right)\left(\frac{\partial E}{\partial p_j}\right) = \frac{\partial h_i}{\partial p_j} \tag{10.13}$$

移项整理，并用 I 替换 $\partial x_i/\partial E$ 中的 E（在消费者模型里，支出和收入是一样的），我们可将这个等式写为

$$\frac{\partial x_i}{\partial p_j} = \frac{\partial h_i}{\partial p_j} - \left(\frac{\partial x_i}{\partial I}\right)\left(\frac{\partial E}{\partial p_j}\right) \tag{10.14}$$

等式（10.14）是关于商品 x_i 和价格 p_j 的。为准确地说明这个等式是如何与我们建立起的感性认识相关联的，假设我们关注商品的需求量 x_1 及其价格 p_1 的变动。等式（10.14）可以写成

$$\frac{\partial x_1}{\partial p_1} = \frac{\partial h_1}{\partial p_1} - \left(\frac{\partial x_1}{\partial I}\right)\left(\frac{\partial E}{\partial p_1}\right) \tag{10.15}$$

等式（10.15）的左侧是当价格 p_1 发生微小变动时，对商品的实际需求量 x_1 的

----

[1] 斯勒茨基方程以俄罗斯经济学家、统计学家尤金·斯勒茨基（1880—1948）的名字命名。约翰·希克斯也把该方程称为"价值理论基本方程"。

变动。尽管这里运用了微积分知识来计算价格的微小变动，但这与图 10-5 和图 10-8 中 A 点移动到 C 点的过程十分相似。右侧第一项是假设消费者获得了足以使得其效用保持不变的补偿时，其消费数量 x_1 的改变。这与图 10-5 和图 10-9 中 A 点移动到 B 点的替代效应十分类似。这意味着，等式（10.15）的最后一项就与图 10-5 和图 10-9 中 B 点向 C 点移动的收入效应十分相似。的确，这就是最后一项所暗示的：$\partial x_1/\partial I$ 是当收入改变时需求量 x_1 的改变，$\partial E/\partial p_1$ 则是当 p_1 改变时所需要的补偿。

首先，我们注意到 $\partial h_1/\partial p_1 < 0$。替代效应告诉我们当价格上升时，如果得到补偿，那么我们会减少对该商品的消费。现在假设我们知道某个消费者对 x_1 的偏好是拟线性的，即 x_1 是介于正常品和低档品之间的。这告诉我们：当价格发生变化时，对 x_1 的消费并没有随之改变，或者说，$\partial x_1/\partial I = 0$，这使得等式（10.15）变成

$$\frac{\partial x_1}{\partial p_1} = \frac{\partial h_1}{\partial p_1} \tag{10.16}$$

这正是我们在图 10-5（b）中所直观说明的，对于拟线性的商品来说，需求曲线和 $MWTP$（或者说补偿需求）曲线是重合的。原因就是：在这种特殊情况下，收入效应消失了，只留下了替代效应。

现在，假设我们知道 x_1 是正常品，在这种情形下，$\partial x_1/\partial I > 0$，只要我们所消费的商品的价格上升，为达到相同的效用水平所需要的支出就会增加，也就是 $\partial E/\partial p_1 > 0$。这两个论断表明：等式（10.15）的第二项是负值。因此，当 x_1 是正常品时，由于替代效应的存在（$\partial h_1/\partial p_1 < 0$），对商品的需求首先会下降。并且由于收入效应的存在（$-(\partial x_1/\partial I)(\partial E/\partial p_1) < 0$），需求再一次下降。然而，当 x_1 是低档品时，$\partial x_1/\partial I < 0$，这说明等式（10.15）右侧的第二项是正数。因此，收入效应和替代效应将指向相反的方向。这些正是我们在消费者选择图中所得出的结论。

10B.1.4 曲线图与其反函数曲线图 有时候学生们看诸如图 10-5 的下半部分的图时会感到迷惑，并且会尝试把图中的需求曲线和 $MWTP$ 曲线的斜率与等式（10.15）中的偏导数公式表示的斜率联系起来。例如，我们再一次假设 x_1 是正常品。由于 $MWTP$ 曲线的斜率（$\partial h_1/\partial p_1$）为负再加上等式（10.15）的第二项暗含着负数（收入效应），因此需求曲线的斜率（$\partial x_1/\partial p_1$）看起来是负的。这意味着在任何一点处需求曲线的斜率是一个负值，且其绝对值要大于在同一点处的 $MWTP$ 曲线的斜率的绝对值。换句话说，这意味着需求曲线是向下倾斜的，且比 $MWTP$ 曲线（也是向下倾斜的）更加陡峭。但图 10-5（a）却显示了相反的情况，即对于正常品来说，需求曲线会向下倾斜，但是比 $MWTP$ 曲线更加平坦。

在这个令人遗憾的事实中，图 10-5（a）和式（10.15）发生矛盾的原因能够再一次被揭示出来，这个不幸就是经济学家画出的需求曲线，事实上是需求函数的反函数。这样，数学等式中的斜率和图中的斜率事实上互为倒数。这一特点并不会

改变斜率的符号（也就是说，向下倾斜的线仍然是向下倾斜的），但是哪条曲线更加陡峭则会发生改变（也就是说，较陡的曲线变成了较平坦的曲线，反之亦然）。图 10-13 表明了这种关系：图（a）（表示了图 10-9 中的需求曲线和 $MWTP$ 曲线）中的需求曲线事实上是反需求函数，图（b）中则交换了横轴与纵轴，画出了和图（a）中相同的需求函数。每张图中的箭头始于正常品的需求曲线，终于吉芬商品的需求曲线。斯勒茨基方程中的斜率对应的是第二幅图的斜率。

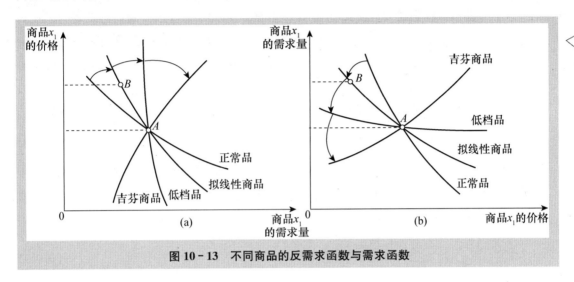

图 10-13 不同商品的反需求函数与需求函数

10B.2 税收、无谓损失与消费者福利

像 10A 部分所说的那样，消费者剩余和无谓损失这样的概念可以根据消费者图中的距离或者是 $MWTP$ 曲线下方的面积得出。曲线下的面积可以用积分的方法得出，但是我们不必非用微积分的方法来计算消费者剩余和无谓损失的变化。这个部分将用与 A 部分相同的房产税的例子来说明如何不通过微积分而仅用我们的对偶图的相应部分就计算出相关概念。（擅长数学的学生可以参见附录中关于补偿需求曲线下方面积与消费者图中距离对应关系的解释。）

10B.2.1 利用对偶性概念计算无谓损失 在 10A.3 节中我们已经知道：由于替代效应的存在，税收是无效率的。我们进一步通过对无谓损失（DWL）的度量来定义无效的程度——实际的税收收入 T 和在不减少消费者福利的情况下可得到的更高的税收收入 L 之间的差。这个差额可以由一次性税收代替。

假设 x_1 表示房屋的面积，t 表示购买房屋的消费者所支付的税率。税收收入 T 就是从消费者那里征收的税款，它等于税率 t 乘以消费者以税后价购买的房屋的面积 $x_1(p_1+t, p_2, I)$，此处 x_1 是对房屋的需求函数，p_1+t 是在征房产税的情况下消费者面临的价格。将数学公式代入我们的对偶图中，有

$$T = t x_1 (p_1+t, p_2, I) \tag{10.17}$$

使征税后消费者状况不变差的一次性税收比较难计算，但是可以很容易地从我们的图 10-6 (b) 中直观地得出。首先，我们要计算出在有房产税的情况下消费者的无差异曲线的效用水平值（图 10-6 (b) 中的 u^A）。这是消费者在收入水平为 I，含税房屋价格为 p_1+t 的情况下的效用水平。将相关的价格和收入代入间接效用函数就可以准确地算出效用值。换句话说，图 10-6 (b) 中的效用水平 u^A 就是 $V(p_1+t, p_2, I)$。

然后，我们还要计算出当房屋的价格是 p_1 而不是 p_1+t 时，消费者为了达到税后效用水平 $V(p_1+t, p_2, I)$ 所需要的最小支出（或收入）。这个可以用相关价格和效用水平下的支出函数表示，也就是 $E(p_1, p_2, u^A)$ 或者 $E(p_1, p_2, V(p_1+t, p_2, I))$。能够从消费者身上得到的一次性税收可以简单地用他/她最初的收入与这个支出水平间的差额来表示，即

$$L = I - E(p_1, p_2, V(p_1+t, p_2, I)) \tag{10.18}$$

例如，假设效用函数是 $u(x_1, x_2) = x_1^a x_2^{(1-a)}$，我们就可以计算出 10B.1.2 节中从式（10.7）到式（10.10）中的需求、补偿需求、间接效用和支出函数。通过这个公式，我们可以得到 T 和 L 的如下表达式：

$$T = \frac{t\alpha I}{p_1+t} \tag{10.19}$$

$$L = I - I\left(\frac{p_1}{p_1+t}\right)^\alpha = I\left[1 - \left(\frac{p_1}{p_1+t}\right)^\alpha\right]$$

练习 10B.5 验证式（10.19）对柯布-道格拉斯效用函数 $u(x_1, x_2) = x_1^a x_2^{(1-a)}$ 仍然成立。■

运用这些等式，又知道 $DWL = L - T$，我们就可以在不同的偏好参数 α、价格、收入和税率下计算出无谓损失了。举个例子，假设每平方英尺房屋的租金是 10 美元，其他商品的价格标准化为 1 美元，参数 α 为 0.25，房屋的税率使房屋的价格上涨了 2.5 美元。那么一个收入为 100 000 美元的消费者会将她对房屋的消费从 2 500 平方英尺减少到 2 000 平方英尺。并且在现在支付 5 000 美元住房税的基础上，她更愿意支付 5 425.84 美元的一次性税收来规避住房税。这样，税收就导致了约 426 美元，或者说相当于住房税收入的 8.5% 的无谓损失。换句话说，住房税对于这个消费产生的替代效应在整个社会中造成了约 426 美元的财富损失。

练习 10B.6 验证上面计算的结果是正确的。■

10B.2.2 无谓损失与替代效应 在 10A 部分我们已经知道税收的替代效应会带来无谓损失，如果有一种不存在替代效应的偏好（如图 10-8 (b) 所示），税收

就不会带来无谓损失。我们已经在数学上证明了这一点，现在我们凭直觉思考一下替代弹性（因此替代效应）变大时会发生什么。

假设偏好可以用 CES 效用函数来表示

$$u(x_1, x_2) = (\alpha x_1^{-\rho} + (1-\alpha)x_2^{-\rho})^{-1/\rho} \tag{10.20}$$

其中 σ 表示替代弹性，根据第 5 章的内容，它等于 $1/(1+\rho)$。进一步假设，在我们的例子中，房屋的租金是每平方英尺 10 美元，其他商品的价格标准化为 1 美元，收入为 100 000 美元。现在我们考虑在不同的替代弹性 σ 下，税收使得房屋的价格从每平方英尺 10 美元上升到 12.50 美元所产生的影响。

表 10-1 清楚地说明了这个情况。第一列表示替代弹性 σ 的不同取值，最右边一列 α 保证了在每种情况下消费者在不交税时会租 2 500 平方英尺的房屋。第三列表示税后消费者租用的面积，其他各列分别表示税收收入（T）、使消费达到相同效用的一次性征税（L）、无谓损失（DWL）以及无谓损失占税收收入的比重（DWL/T）。

表 10-1 　　　　　　　　　　　　　　　　　**住房税与替代弹性**

替代弹性增大时住房税的效应							
σ	$x_1(p_1, \cdots)$	$x_1(p_1+t, \cdots)$	T（美元）	L（美元）	DWL（美元）	DWL/T	α
0.50	2 500	2 172	5 430	5 650	220	0.041	0.010 989 00
0.75	2 500	2 085	5 212	5 537	325	0.062	0.096 885 00
1.00	2 500	2 000	5 000	5 426	426	0.085	0.250 000 00
1.25	2 500	1 917	4 794	5 316	523	0.109	0.396 906 00
1.50	2 500	1 837	4 593	5 209	616	0.134	0.508 780 00
1.75	2 500	1 760	4 399	5 103	705	0.160	0.588 816 00
2.00	2 500	1 684	4 211	5 000	789	0.188	0.646 110 70
2.50	2 500	1 541	3 852	4 799	947	0.246	0.719 525 00
3.00	2 500	1 407	3 516	4 606	1 090	0.310	0.762 938 00
4.00	2 500	1 166	2 916	4 244	1 329	0.456	0.810 349 97
5.00	2 500	961	2 403	3 914	1 511	0.629	0.835 118 37
7.50	2 500	580	1 450	3 215	1 766	1.218	0.864 020 47
10.00	2 500	343	856	2 674	1 817	2.122	0.876 799 51

表中的数字反映了住房税引起的扭曲效应的潜在大小。当替代弹性很小时，无谓损失也比较小；但是当替代弹性（或者说替代效应）增大时，无谓损失也会上升得十分迅速。对于房屋而言，由实证分析得出其替代弹性约为 1，这说明我们在先前部分讨论的柯布-道格拉斯效用函数（等价于当 $\sigma=1$ 时的 CES 效用函数）可能是与其相关性最强的。但是通常我们征税的其他商品可能会有更大或者更小的替代弹性。

10B.2.3　无谓损失的增长快于税率的增长　我们在 10A 部分学习的另一个方面就是当税率增长时无谓损失的变化情况。现在，我们用柯布-道格拉斯函数

（$\sigma=1$）的例子来计算当税率上升时其影响是如何变化的。表 10-2 说明：当税率 t 上升时，房屋的价格会由 10 增长到 $10+t$。注意，税收带来的无谓损失的增长要快于税率本身的增长，当税率是以前的两倍，即从 0.5 上涨到 1.0 时，无谓损失翻了两番；当税率是以前的三倍，即从 0.5 上涨到 1.5 时，无谓损失是以前的 9 倍。这与我们在图 10-10 中用线性需求曲线总结出的经验差不多。当税率增加 x 时，由税收带来的无谓损失增加了 x^2。（表 10-2 中无谓损失的增加比经验法则的预测稍微小一些，这是因为从柯布-道格拉斯偏好推导出的补偿需求函数有一定弯曲，这与图 10-10 中的线性函数不同。）

在表 10-2 的最后一列，无谓损失的指数型增长使得无谓损失与税收收益的比值稳定上升。这也是对任一特定税种的无效率程度的衡量方式，因为它告诉我们税收收益里损失了多少财富。

表 10-2　　　　柯布-道格拉斯偏好下住房税的增长（$\alpha=0.25$）

税率上升时住房税的效应						
t	$x_1(p_1,\cdots)$	$x_1(p_1+t,\cdots)$	T（美元）	L（美元）	DWL（美元）	DWL/T
0.50	2 500	2 381	1 190	1 212	22	0.018
1.00	2 500	2 273	2 272	2 355	82	0.036
1.50	2 500	2 174	3 261	3 434	173	0.053
2.00	2 500	2 083	4 167	4 456	289	0.069
2.50	2 500	2 000	5 000	5 426	426	0.085
3.00	2 500	1 923	5 769	6 349	579	0.101
4.00	2 500	1 786	7 143	8 068	925	0.130
5.00	2 500	1 667	8 333	9 640	1 306	0.157
10.00	2 500	1 250	12 500	15 910	3 410	0.273
25.00	2 500	714	17 857	26 889	9 032	0.506
50.00	2 500	417	20 833	36 106	15 272	0.733
100.00	2 500	227	22 727	45 090	22 363	0.984

结论

这一章介绍了一种当经济环境发生变化（例如消费者面临的价格变化）时度量消费者福利变化的方法。更准确地说，我们定义了边际支付意愿（或者补偿需求）曲线来度量福利的变化。在这个过程中，我们分析了在什么情况下，这些曲线和一般的需求曲线类似；在什么情况（例如有收入效应时）下，它和一般的需求曲线不同。我们在本章的 B 部分深入分析了如何用最优化的方法求解补偿需求曲线和非补偿需求曲线的一系列相似点，如何用"对偶"图表示我们目前的各种分析工具之间的逻辑关系。

通过使用边际支付意愿曲线这个新的分析工具，我们可以问当某种政策导致价格扭曲时"赢家"得到了多少，"输家"又失去了多少，以及是否存在一种用赢家所得来补偿输家的方式。如果后者的答案是可以，那么我们认为这个政策原则上说可以提高效率。如果一项政策的经济损失大于经济所得，我们就认为这项政策是无效的。

就像本章开头强调的那样，我们需要谨慎对待但是不用太细究这个问题。在第1章中，我们讨论了规范经济学和实证经济学的不同，我们注意到有时在做某种分析时二者的界限变得模糊。举个例子，我们可以从本章的福利分析中知道有的政策给"赢家"带来的经济所得大于"输家"的经济损失。这是一种实证描述，因为它仅仅是对事实的描述（假定分析是正确的），没有附加任何的价值判断。但是如果我们以一种支持者的口吻来介绍这个政策，这就是一种规范分析，因为我们加入了一些确切的价值判断，希望赢家以输家的损失为代价获利。

下面，我们来想一想本章对税收带来的价格扭曲的分析。我们知道，除了一小部分特例外，几乎所有税收都是无效的，因为价格扭曲下的税收带来了替代效应。我们也知道当税率线性增加时，这些税收带来的无效率（无谓损失）是以指数级增长的。这就意味着，大税基、低税率比小税基、高税率更加有效。只要不以政策支持者的口吻描述，这就是一种实证分析。实证经济学家要做的是向政策制定者提供几种可行政策的经济成本的估计，然后由政策制定者根据相关的成本来决定最好的政策。一个政策制定者可能选择相对低效率的税收政策，同时承担更大的无谓损失，因为他或她认为与更高效的税收政策相比，这种税收政策使得分配更加公平。

这些内容总结了我们到目前为止建立起的消费者理论。一开始，我们用模型来度量经济状况和消费者的偏好，然后把它们放在最优化的模型中，最后得到需求曲线和补偿需求（或 $MWTP$）曲线的概念。在我们之后几章的（在建立基本的生产者理论分析之后）分析中，请记住两种需求的用途：需求曲线（或者说劳动供给曲线）描述了当经济环境变化时行为的改变；补偿需求（或 $MWTP$）曲线（或者我们在第 19 章定义的补偿劳动供给曲线）是用于度量消费者（和工人）福利的改变的。它们并没有描述实际的行为，因此仅当我们想知道经济状况变化产生的福利影响时才能用到。

附录：谢泼德引理与罗伊恒等式

图 10-12 的两幅对偶图的括号中提到了两个更深入的关系，它们经常出现在更高层次的学习中，因此这里给有兴趣的同学提供一些补充资料，以供他们进一步学习。其中的第一个，也是更重要的一个，被称为谢泼德引理（Shephard's Lemma），写为

$$\frac{\partial E(p_1,p_2,u)}{\partial p_i}=h_i(p_1,p_2,u)^{①} \tag{10.21}$$

第二个关系被称为罗伊恒等式（Roy's Identity），用数学式子表示如下：

$$-\frac{\partial V(p_1,p_2,I)/\partial p_i}{\partial V(p_1,p_2,I)/\partial I}=x_i(p_1,p_2,I) \tag{10.22}$$

这两个结论都是对数学中的包络定理的直接应用。我们会简短地介绍这个定理，然后用它推导出谢泼德引理和罗伊恒等式。[②] 最后，我们会明白这些发现是如何将消费者福利转化为边际支付意愿曲线下相应的面积的。

包络定理

假设你遇到了一个最大化或者最小化问题，它被表述为如下形式：

$$\max_{x_1,x_2,\cdots,x_n} f(x_1,x_2,\cdots,x_n;\alpha_1,\alpha_2,\cdots,\alpha_m),\ \text{s. t.}\ g(x_1,x_2,\cdots,x_n;\alpha_1,\alpha_2,\cdots,\alpha_m)=0$$
$$\min_{x_1,x_2,\cdots,x_n} f(x_1,x_2,\cdots,x_n;\alpha_1,\alpha_2,\cdots,\alpha_m),\ \text{s. t.}\ g(x_1,x_2,\cdots,x_n;\alpha_1,\alpha_2,\cdots,\alpha_m)=0$$
$$\tag{10.23}$$

其中 $(x_1,x_2,\cdots,x_n)$ 是选择变量（类似于我们在效用最大化和支出最小化问题中的消费束），$(\alpha_1,\alpha_2,\cdots,\alpha_m)$ 是参数（相当于效用函数的参数或者价格和收入），关于这个问题的拉格朗日方程可以写为

$$\mathcal{L}(x_1,x_2,\cdots,x_n,\lambda)=f(x_1,x_2,\cdots,x_n;\alpha_1,\alpha_2,\cdots,\alpha_m)$$
$$+\lambda g(x_1,x_2,\cdots,x_n;\alpha_1,\alpha_2,\cdots,\alpha_m) \tag{10.24}$$

其一阶条件下的解与我们的非补偿需求或者补偿需求函数相似，写为

$$x_i^*=x_i(\alpha_1,\alpha_2,\cdots,\alpha_m),\ i=1,2,\cdots,n \tag{10.25}$$

最后，我们将得出的解代入目标函数式（10.23）并得到如下函数：

$$F(\alpha_1,\alpha_2,\cdots,\alpha_m)=f(x_1^*,x_2^*,\cdots,x_n^*) \tag{10.26}$$

由包络定理可知，对所有 $j=1,2,\cdots,m$，有

$$\frac{\partial F}{\partial \alpha_j}=\frac{\partial \mathcal{L}}{\partial \alpha_j}\bigg|_{(x_1^*,x_2^*,\cdots,x_n^*)}=\left(\frac{\partial f}{\partial \alpha_j}+\lambda\frac{\partial g}{\partial \alpha_j}\right)\bigg|_{(x_1^*,x_2^*,\cdots,x_n^*)} \tag{10.27}$$

其中，在竖线后面的"$(x_1^*,x_2^*,\cdots,x_n^*)$"可读作"在 $(x_1^*,x_2^*,\cdots,x_n^*)$ 处取值"或"在选择变量的最优解处求导"。

---

① 尽管此处我们将谢泼德引理和罗伊恒等式运用于两种商品的情形中，但事实上这两个关系在 n 种商品情形中的运用更加广泛。

② 谢泼德引理以罗纳德·谢泼德的名字命名。在其他学者开始在文章中使用这个定理的 20 年之后，谢泼德于 1953 年正式证明了这个结论。法国经济学家勒内·罗伊则 1947 年在一篇论文中证明了罗伊恒等式。

包络定理在支出最小化与效用最大化问题中的应用

我们接着讨论图 10 - 12 右图中的支出最小化问题。根据包络定理的定义，我们把这个问题写为

$$商品(x_1,x_2) 代表 (x_1,x_2,\cdots,x_n)$$

$$参数(p_1,p_2,u) 代表 (\alpha_1,\alpha_2,\cdots,\alpha_m)$$

$$E=p_1x_1+p_2x_2 \ 代表 \ f(x_1,x_2,\cdots,x_n;\alpha_1,\alpha_2,\cdots,\alpha_m)$$

$$u-u(x_1,x_2)=0 \ 代表 \ g(x_1,x_2,\cdots,x_n;\alpha_1,\alpha_2,\cdots,\alpha_m)=0$$

$$x_i^*=h_i(p_1,p_2,u) \ 代表 \ x_i^*=x_i(\alpha_1,\alpha_2,\cdots,\alpha_m)$$

$$E(p_1,p_2,u) \ 代表 \ F(\alpha_1,\alpha_2,\cdots,\alpha_m) \tag{10.28}$$

直接对式（10.27）运用包络定理，我们可以得到

$$\frac{\partial E(p_1,p_2,u)}{\partial p_i}=\left(\frac{\partial(p_1x_1+p_2x_2)}{\partial p_i}\right)\Big|_{(x_1^*,x_2^*)}+\lambda\left(\frac{\partial(u-u(x_1,x_2))}{\partial p_i}\right)\Big|_{(x_1^*,x_2^*)} \tag{10.29}$$

由于 p_i 在 $u-u(x_1,x_2)$ 中没有出现，所以可以知道 λ 右侧的式子值为 0。因此，表达式（10.29）可以简化为

$$\frac{\partial E(p_1,p_2,u)}{\partial p_i}=x_i\big|_{(x_1^*,x_2^*)}=h_i(p_1,p_2,u) \tag{10.30}$$

这就是谢泼德引理（可以直接拓展到两种商品以上的支出最小化问题）。另外，对于图 10 - 12 左图中的效用最大化问题，我们有

$$商品(x_1,x_2) 代表 (x_1,x_2,\cdots,x_n)$$

$$参数(p_1,p_2,I) 代表 (\alpha_1,\alpha_2,\cdots,\alpha_m)$$

$$u(x_1,x_2) 代表 \ f(x_1,x_2,\cdots,x_n;\alpha_1,\alpha_2,\cdots,\alpha_m)$$

$$I-p_1x_1-p_2x_2=0 \ 代表 \ g(x_1,x_2,\cdots,x_n;\alpha_1,\alpha_2,\cdots,\alpha_m)=0$$

$$x_i^*=x_i(p_1,p_2,I) \ 代表 \ x_i^*=x_i(\alpha_1,\alpha_2,\cdots,\alpha_m)$$

$$V(p_1,p_2,I) \ 代表 \ F(\alpha_1,\alpha_2,\cdots,\alpha_m)。 \tag{10.31}$$

运用包络定理，可以推出

$$\frac{\partial V(p_1,p_2,I)}{\partial p_i}=\left(\frac{\partial u(x_1,x_2)}{\partial p_i}\right)\Big|_{(x_1^*,x_2^*)}+\lambda\left(\frac{\partial(I-p_1x_1-p_2x_2)}{\partial p_i}\right)\Big|_{(x_1^*,x_2^*)} \tag{10.32}$$

由于 $\partial u(x_1,x_2)/\partial p_i=0$，所以等式（10.32）可以简化成

$$\frac{\partial V(p_1,p_2,I)}{\partial p_i}=-\lambda x_i\big|_{(x_1^*,x_2^*)}=-\lambda x_i(p_1,p_2,I) \tag{10.33}$$

由包络定理也可以推出

$$\frac{\partial V(p_1, p_2, I)}{\partial I} = \left(\frac{\partial u(x_1, x_2)}{\partial I}\right)\Big|_{(x_1^*, x_2^*)} + \lambda\left(\frac{\partial (I - p_1 x_1 - p_2 x_2)}{\partial I}\right)\Big|_{(x_1^*, x_2^*)} = \lambda$$

(10.34)

用式（10.33）除以式（10.34），并在等式两边同时乘以 -1，我们就可以得到罗伊恒等式：

$$-\frac{\partial V(p_1, p_2, I)/\partial p_i}{\partial V(p_1, p_2, I)/\partial I} = x_i(p_1, p_2, I)$$

(10.35)

谢泼德引理背后的直觉与支出函数的凹性

假设当 x_1 的价格为 p_1^A 且 x_2 的价格为 p_2^A 时，消费者最初的消费束为 A，达到 u^A 的效用水平。我们通过图 10-14（a）中无差异曲线和预算线的切点 A 来表示这一点，它包括了总支出水平 $E^A = p_1^A x_1^A + p_2^A x_2^A$。这是支出函数 $E(p_1, p_2, u)$ 上的一个点 $E(p_1^A, p_2^A, u^A)$。

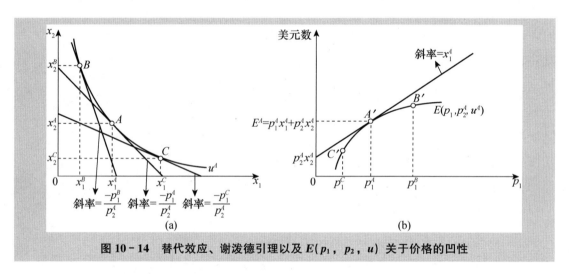

图 10-14 替代效应、谢泼德引理以及 $E(p_1, p_2, u)$ 关于价格的凹性

现在假设我们想画出支出函数的一条切线，使得 x_2 的价格 p_2^A 以及效用水平 u^A 不变，也就是说，$E(p_1, p_2^A, u^A)$ 的切线代表了随着 p_1 的变化支出是如何变化的。图 10-14（b）中的 A' 点是支出函数切线上的一点 $E(p_1^A, p_2^A, u^A)$。

不考虑替代效应，我们可以简单地假定在 p_1 变化时，一个消费者为了保持不变的效用，总是选择消费束 A。在这种情况下，支出函数的切线可以简单地表示为 $E = p_1 x_1^A + p_2 x_2^A$。在 p_1 为横轴、支出为纵轴的图上它可以表示为一条纵截距为 $p_2^A x_2^A$ 且斜率为 x_1^A 的直线（图 10-14（b）中的直线）。

但实际情况是个人会用更便宜的商品替代更贵的商品。举个例子，假设 x_1 的价格从最初的 p_1^A 上升到 p_1^B，在图 10-14（a）中表示为一条斜率更大的预算线与无差异曲线相切于 B 点。此时，在价格 (p_1^B, p_2^A) 下达到效用水平 u^A 的实际支出

为 $p_1^B x_1^B + p_2^A x_2^B$，而非图（b）中的直线所代表的 $p_1^B x_1^A + p_2^A x_2^A$，前者比后者更小（你可以看到当预算线的斜率更大时，消费束 A 在包含消费束 B 的预算线的范围之外）。因此，在图（b）中，事实上 $E(p_1^B, p_2^A, u^A)$ 点落在图中直线的下方，记为 B'。同样，当价格由 p_1 下降到 p_1^C 时，图（a）中斜率最小的预算线与无差异曲线 u^A 相切于 C 点，C 点的实际支出 $E(p_1^C, p_2^A, u^A)$ 在图（b）中同样落在预算线 $p_1^C x_1^A + p_2^A x_2^A$ 的下方。

因此，替代效应意味着随着横轴上价格的改变，支出函数的切线的斜率随之改变，并且支出函数是价格的凹函数，即

$$\frac{\partial E(p_1, p_2, u)}{\partial p_i} > 0 \quad 且 \quad \frac{\partial^2 E(p_1, p_2, u)}{\partial p_i^2} \leqslant 0 \tag{10.36}$$

练习 10B.7 为了使支出函数的二阶导数为零（即，使图 10-14（b）中支出函数的切线与图中直线相同），无差异曲线的形状应该是怎样的？∎

进一步来看，图 10-14（b）也是对谢泼德引理（以及包络定理背后的直觉）的图像化描述：p_1^A 处实际支出函数的斜率是 x_1^A，当价格为 (p_1^A, p_2^A) 时，在支出最小化下为达到效用水平为 u^A 的无差异曲线，商品 1 的消费量，即

$$x_1^A = h_1(p_1^A, p_2^A, u^A) \tag{10.37}$$

由于实际的支出函数切线上 A' 点的斜率为 x_1^A，我们可以得到：

$$\frac{\partial E(p_1^A, p_2^A, u^A)}{\partial p_1} = h_1(p_1^A, p_2^A, u^A) \tag{10.38}$$

这就是谢泼德引理的内容。由于我们是从任意初始价格和效用水平推导出这个结论的，所以这个结论对任意的价格和效用水平的组合都适用。

支出函数的凹性与补偿需求曲线的斜率

根据谢泼德引理和支出函数的凹性（式（10.36）中的推导），我们可以得到如下结论：

$$\frac{\partial h_i(p_1, p_2, u)}{\partial p_i} = \frac{\partial^2 E(p_1, p_2, u)}{\partial p_i^2} \leqslant 0 \tag{10.39}$$

这说明补偿需求曲线的斜率总是负的，也就是说独立于替代效应的补偿需求曲线必须向下倾斜。这是我们已有的直觉，根据附录中的附加材料我们也能很容易地从数学的角度来验证它。

练习 10B.8 有这样两幅图，上图中包含一条无差异曲线，下图是由无差异曲线推导出的 x_1

的补偿需求曲线。用该图描绘使式（10.39）的不等式变成等式的情形。（提示：记住我们的补偿需求曲线图是补偿需求函数的反函数图，因此斜率为零在图中即斜率为正无穷的情形。）■

用谢泼德引理来说明消费者福利(补偿需求曲线的相应面积)的改变

在 10A. 4 节及 10B. 2 节一开始，我们就表明可以用积分的方法来计算无谓损失。现在在对房屋征税的例子中，我们可以根据谢泼德引理直接用数学式子来表示它。特别地，考虑到一次性征税 L 和使得房屋的价格上涨 t 的税收是等价的（对于消费者效用来说）。L 的大小就是消费者实际收入与不改变任何价格时消费者达到其税后效用水平所需要的假定收入之间的差额。一种表示消费者收入的方法就是注意它和消费者的税后支出是相等的，也就是说 $I = E(p_1 + t, p_2, u^A)$，其中 u^A 代表税后的效用水平。使得消费者在税前价格下达到相同效用水平的补偿预算即 $E(p_1, p_2, u^A)$。那么我们有

$$L = E(p_1 + t, p_2, u^A) - E(p_1, p_2, u^A) \tag{10.40}$$

注意，由谢泼德引理可得

$$\frac{\partial E(p_1, p_2, u)}{\partial p_1} = h_1(p_1, p_2, u) \tag{10.41}$$

由此，我们可以将式（10.40）直接拓展到一般情形

$$L = E(p_1 + t, p_2, u^A) - E(p_1, p_2, u^A) = \int_{p_1}^{p_1+t} h_1(p_1, p_2, u^A) dp \tag{10.42}$$

换句话说，如图 10 - 8(a) 所示，计算税收产生的无谓损失所需要的 L 可以直接用补偿需求函数的积分来表示，而这个补偿需求函数是对应于税后效用水平 u^A 的。

章末习题[①]

*10.1 假设你的偏好不满足凸性假设，对应效用水平 u^A 的无差异曲线与图 6 - 8 所示的无差异曲线一样，商品 x_1 在横轴，其他商品消费在纵轴。请说明对应于效用水平 u^A 的 MWTP（补偿需求）曲线是什么样的。换一种情况，如果无差异曲线满足凸性假设，但有一部分是"平"的，即 MRS 为常数（但不为零也不为

---

① * 在概念方面具有挑战性的问题。
　** 在计算方面具有挑战性的问题。
　† 答案见学习指南。

无穷大），那么你的答案又会有什么变化？

†**10.2**　假设消费和休闲都是正常品，记住工资扭曲下的税收带来的无谓损失的真正成因并回答如下问题。

A.　下面的情况可能发生吗？说明理由。

a.　劳动供给曲线是垂直的，但是征收工资所得税带来了显著的无谓损失。

b.　劳动供给曲线是垂直的，且征收工资所得税不会带来无谓损失。

c.　劳动供给曲线是向下倾斜的，且征收工资所得税带来了无谓损失。

d.　劳动供给曲线是向上倾斜的，且征收工资所得税带来了无谓损失。

e.　劳动供给曲线是向下倾斜的，且征收工资所得税不会带来无谓损失。

f.　劳动供给曲线是向上倾斜的，且征收工资所得税不会带来无谓损失。

B. *　现在假设偏好可由 CES 效用函数 $u(c, \ell) = (0.5c^{-\rho} + 0.5\ell^{-\rho})^{-1/\rho}$ 表示，其中 c 代表消费，ℓ 代表休闲。

a.　是否存在一个 ρ 值，使得 A(a) 中的情况出现？

b.　是否存在一个 ρ 值，使得 A(b) 中的情况出现？

c.　是否存在一个 ρ 值，使得 A(c) 中的情况出现？

d.　是否存在一个 ρ 值，使得 A(d) 中的情况出现？

e.　是否存在一个 ρ 值，使得 A(e) 和 A（f）中的情况出现？

10.3　假设现在有当期消费和下一期消费，并且两时期消费都是正常品。进一步假设现在收入为正，下一期收入为零。

A.　下面的情况可能发生吗？说明理由。

a.　储蓄行为不受利率变化的影响，但是利息税会导致无谓损失。

b.　储蓄行为不受利率变化的影响，且利息税不会导致无谓损失。

c.　利率上升时储蓄下降，且利息税会导致无谓损失。

d.　利率上升时储蓄上升，且利息税会导致无谓损失。

e.　利率上升时储蓄下降，且利息税不会导致无谓损失。

f.　利率上升时储蓄上升，且利息税不会导致无谓损失。

*B.　现在假设偏好可由 CES 效用函数 $u(c_1, c_2) = (0.5c_1^{-\rho} + 0.5c_2^{-\rho})^{-1/\rho}$ 表示，其中 c_1 代表第一期的消费，c_2 代表第二期的消费。

a.　是否存在一个 ρ 值，使得 A(a) 和 A(b) 中的情况出现？

b.　是否存在一个 ρ 值，使得 A(a) 中的情况出现？

c.　是否存在一个 ρ 值，使得 A(d) 中的情况出现？

d.　是否存在一个 ρ 值，使得 A(e) 和 A(f) 中的情况出现？

10.4　考虑这样一种情况，消费者在商品 x_1 和商品 x_2 中选择。

A.　下面的情况可能发生吗？说明理由。

a.　商品的自价格需求是垂直的，但是会对商品征税产生一个无谓损失。

b.　自价格需求是向下倾斜的（不是垂直的），对商品征税不会产生无谓损失。

B. 假设消费者的偏好可以用 CES 效用函数 $u(x_1, x_2) = (0.5x_1^{-\rho} + 0.5x_2^{-\rho})^{-1/\rho}$ 表示。

    a. 是否存在一个 ρ 值，使得 A(a) 中的情况出现？

    b. 是否存在一个 ρ 值，使得 A(b) 中的情况出现？

    c. 如果偏好关于 x_1 是拟线性的，那么以上两种情况可能出现吗？

10.5 **日常应用：是否乘坐公交车。** 毕业后，你在一个小城市找到了一份工作，你的姐姐愿意让你到她家住。你的工资是一小时 20 美元，你一周工作 60 小时。问题是：你选择以怎样的出行方式去上班？

A. 你姐姐的住处和公司上班的地方非常近，所以你可以租一辆车去上班，每周支付 100 美元（包括保险和燃油费），不用把时间浪费在乘公交车上下班上。或者，你也可以乘坐公交去上班，但是从你姐姐的住处到公司并没有直达车，所以你每周可能要花费 5 个小时在乘车和转车上。

    a. 现在假设你不把花在通勤上的时间看作"闲暇"，也不把交通费用看作"消费"。在一个以"扣除通勤时间后的闲暇"为横轴和以"扣除交通费用后的美元消费"为纵轴的图中，分别画出你选择公交车时的预算线和选择租车时的预算线。

    b. 与租车相比，你会更偏好乘坐公交车吗？

    c. 假设你在去那个城镇前，发现工作通知书上有一个错误，你实际的薪水是每小时 10 美元，并不是每小时 20 美元，那么你的答案会有什么变化？

    d. 几周后，你的雇主发现你是一位优秀的雇员，决定将你的工资提高到每小时 25 美元。现在你会选择什么交通工具呢？

    e. 在一幅图中（不会直接从你目前的结果中推导出来）画出横轴的工资与你愿意为租车花费的最大金额之间的关系。

    f. 如果政府对汽油征税，那么租车上班的成本就会上涨（选择公交不需要额外支付），请预测对公交车的需求有什么改变，以及哪种雇员的需求会发生改变。

    g. 如果政府改善公共交通，减少一个人从一个地方到另一个地方的时间，那么此时会发生什么呢？

B. 现在假设你的偏好可以用效用函数 $u(c, \ell) = c^\alpha \ell^{(1-\alpha)}$ 来代表，其中 c 代表扣除交通费用后的美元消费，ℓ 代表扣除通勤时间后的休闲。假设你的休闲禀赋为 L，工资为 w。

    a. 假设你租车每周需要支付 Y 美元，这就意味着通勤时间为零。在这种情况下，推导你对消费和休闲的需求。

    b. 假设你乘坐公共汽车，这就意味着你每周要花费 T 小时的闲暇时间，但是金钱花费为零。在这种情况下，推导你对消费和闲暇的需求。

    c. 写出选择租车时关于 Y 的间接效用函数。

    d. 写出选择乘公交时关于 T 的间接效用函数。

    e. 使用间接效用函数，推导当你在乘公交和租车两种情况下达到相同效用时

Y 和 T 所满足的关系。这与你在 A(e)、A(f) 和 A(g) 中的结论一致吗？

f. 你可以跳过这些步骤，直接从预算约束中推导出这个关系吗？为什么？

[†]10.6 日常应用：点开胃菜。 最近我和家人一起出去吃饭的时候，我们决定点鸡翅作为开胃菜。我们有两种选择，一种是点 10 个，共 4.95 美元；另一种是点 20 个，共 7.95 美元。我认为我们应该点 10 个，我弟弟认为我们应该点 20 个，最后我们点了 20 个。

A. 在用餐结束的时候，我们发现剩下 4 个鸡翅没有吃完，我弟弟说："相比点 10 个，点 20 个才是正确的选择。"

a. 这句话对吗？即餐后剩下 4 个鸡翅足以说明我弟弟的选择正确吗？

b. 如果餐后没有鸡翅剩下，情况又是怎样的呢？

c. 如果剩下 10 个鸡翅呢？

d. 为了使我们在餐桌上剩下鸡翅，我们会违背哪一项关于偏好的假设？

B. 假设我们对鸡翅的边际支付意愿可以用函数 $MWTP = A - \alpha x$ 表示。

a. 由于有 4 个鸡翅剩下，A 和 α 之间有什么关系？

b. 假设 $A = 8/3$，我弟弟点 20 个而不是 10 个的决策是正确的吗？

c. 假设 $A = 2$，你的答案有什么改变吗？$A = 4$ 呢？

d. 如果我们的偏好是柯布-道格拉斯函数，我们会在餐桌上剩下鸡翅吗？

[*][†]10.7 日常应用：是否交易比萨优惠券——探究支付意愿和接受意愿之间的差别。 假如你和我在各方面都是一样的，有同样的外生收入，对比萨和"其他商品"有同样的偏好。唯一的不同就是我有优惠券，可以以 50% 的价格购买数量不限的比萨。

A. 现在假设你想跟我做一笔交易来买我手中的优惠券。在下列选项中，你认为哪种情况下这种交易是可行的？说明理由。

a. 以比萨为横轴，以"其他商品"为纵轴，请画图（垂直距离）说明你为了换取我手中的优惠券愿意支付的最高价格，记为 P。

b. 在另一类相似的图中，画图（垂直距离）说明我愿意接受的交易优惠券的最低价格，记为 R。

c. 在（a）和（b）中每一幅图下，沿着合适的边际支付意愿曲线（以面积的形式）表示出相同数量的 P 和 R。

d. P 比 R 大还是小？你的答案取决于什么？（提示：通过在下图中沿边际支付意愿画出的 P 和 R 的面积，你可以根据比萨的种类分辨出 P 和 R 哪个更大或者一样大。）

e. 判断正误：只要比萨不是正常品，你和我之间就会形成交易。请凭直觉解释你的答案。

B. 假设你和我的偏好可用柯布-道格拉斯函数 $u(x_1, x_2) = x_1^{0.5} x_2^{0.5}$ 来表示，我们有同样的收入 $I = 100$。记比萨为 x_1，记"其他商品"为 x_2，比萨的价格记为 p。

（"其他商品"以美元计价，x_2 的价格记为 1。）

  a. 计算我们对比萨和其他商品关于 p 的需求函数。

  b. 计算我们对比萨（x_1）和其他商品（x_2）关于 p 的补偿需求函数（忽略优惠券的存在）。

  c. 假设 $p=10$，使用优惠券后价格减少至原来的一半（降到 5）。假设我有优惠券，而你没有。在我们做出最优选择的时候，你和我的效用是多少？

  d. 如果你向我支付了你愿意为优惠券支付的最高价格，你会消费多少比萨？如果你向我支付了我愿意出让优惠券的最低价格，我会消费多少比萨？

  e. 计算我和你的支出函数。

  f. 用你之前推导出的答案，计算 R（我愿意出让优惠券的最低价格）和 P（你愿意为优惠券支付的最高价格）。（提示：用 A(a) 中的图形来确定支出函数中的参数值，从而决定我不得不放弃手中的优惠券时我的收入，这样你就能通过减去我的实际收入 $I=100$ 来计算你必须给我多少我才会放弃手中的优惠券。类似地，用 A(b) 中的图形就可以得到你愿意支付的数额。）

  g. 根据 A 部分的直觉加上已知的柯布-道格拉斯偏好，你认为我会将优惠券卖给你吗？

  h. 现在假设我们的偏好可以用效用函数 $u(x_1, x_2)=50\ln x_1+x_2$ 表示，用同样的步骤，重新计算出我愿意出让优惠券的最低价格和你愿意为优惠券支付的最高价格，并根据拟线性偏好的性质来解释答案背后的直觉。

  **i. 根据你已经计算出的两种偏好的补偿需求函数，你能证明这些函数中 P 和 R 的值等于函数下方区域的面积吗（像 A(c) 中的答案描述的那样）？（注意：这个部分要求你使用积分。）

10.8 日常应用：教师的工资和职业篮球选手的薪水。我们有优先次序吗？我们相信学龄儿童在学校被敬业的教师教授功课，但我们每年只向这些教师支付大约 50 000 美元。同时，我们出于娱乐目的看职业篮球赛，但我们向一些职业篮球选手支付的却是教师工资的 400 倍。

  A. 当面对这些事实时，许多人也无可奈何，他们得出了这样的结论：我们绝望地生活在这样一个混乱的社会中，我们把娱乐看得比孩子的未来更重要。

  a. 假设我们把社会看作一个个体。我们对教师的边际支付意愿是多少？我们对篮球明星的边际支付意愿是多少？

  b. 在美国的中小学中大约有 400 万名教师。我们对所有老师的总支付意愿最小为多少（以美元计）？

  c. 你认为我们实际给教师的总支付意愿高于这个最小值吗？为什么？

  d. 假设在任意给定的时间里都有 10 位篮球明星，我们对篮球明星的总支付意愿的最小值是多少？

  e. 我们实际给篮球明星的总支付意愿高于这个最小值吗？

f. 以上情况能够说明我们在问题开始时得出的那个结论，即与孩子的未来相比，我们更重视娱乐活动吗？

g. 亚当·斯密遇到过一个类似的困境：他通过观察发现，人们愿意为了钻石而支付大量的钱，而不愿意为水支付分毫。水是维持生命必不可少的东西，而钻石只能满足我们的虚荣心，我们怎么能认为钻石比水更有价值呢？这被称为钻石—水悖论。你能向斯密解释这个悖论吗？

B. 假设我们对教师（x_1）的边际支付意愿用 $MWTP = A - \alpha x_1$ 表示，我们对篮球明星（x_2）的边际支付意愿用 $MWTP = B - \beta x_2$ 表示。

a. 根据先前提到的事实，A 和 B 的最小值各是什么？

b. 如果 A 和 B 像你得出的结论一样，那么 α 和 β 分别是多少？

c. 我们对教师和篮球明星的边际支付意愿以及总支付意愿分别是多少？

d. 假设 $A = B = 1$ 亿美元，你能计算出相应的 α 和 β 吗？

e. 利用你刚推导出的参数值（$A = B = 1$ 亿美元），我们对教师和篮球明星的总支付意愿为多少？

†**10.9　商业应用**：迪士尼乐园的定价。在 20 世纪 70 年代，迪士尼收取门票，并要求顾客在玩每一个项目时单独再付一次费。在 20 世纪 80 年代，迪士尼改变了其收费方式，新的收费方式被沿用至今。现在顾客只用付门票就可以玩里面所有的项目。

A. 假设你拥有一个游乐园，里面有很多娱乐项目（为了简化，我们假定每个娱乐项目的运行成本都一样）。假设每位顾客一天最多能玩 25 个娱乐项目（这取决于玩每个项目的时间以及等候时间）。你的目标客户有外生的娱乐预算 I 用于在你的游乐园游玩或者其他提供者提供的娱乐项目。最后，假设对游乐园的偏好是拟线性的。

a. 画出对你游乐园的娱乐项目的需求曲线。假设你不收门票，但对每个娱乐项目单独收费。在保证顾客愿意在你的游乐园游玩一整天（也就是说，玩 25 个娱乐项目）的前提下，推导你能对娱乐项目收取的最高费用。

b. 在图上表明顾客会花费的总金额。

c. 假设现在你不仅对每个娱乐项目单独收费，而且收门票。那么你最高的收费是多少？

d. 假设你觉得对每个娱乐项目单独收费太麻烦，决定换一种收费方式，只收取门票。此时你的最高收费是多少？

e. 如果 x_1 是正常品而非拟线性的，那么你的分析会有什么改变？

B. 假设一个顾客到你的游乐园来玩，他的偏好可以用效用函数 $u(x_1, x_2) = 10x_1^{0.5} + x_2$ 来代表，其中 x_1 代表游乐园选择娱乐项目的数量，x_2 代表在其他娱乐方式上的花费。进一步假设消费者在娱乐上的外生预算为给定的 100 美元。

a. 推导关于 x_1，x_2 的需求函数和补偿需求函数。

b. 继续假设消费者在你的游乐园一天只能玩 25 个娱乐项目。假设你希望他能玩尽可能多的娱乐项目，这样他就可以帮你免费做宣传。那么对于每个娱乐项目你会怎么定价呢？

c. 在你的这个定价下，消费者的效用是多少？

** d. 如果除了以你算出的金额对每个娱乐项目收费外，你还收取门票，那么你最多能收取多少门票呢？（提示：你可以参考附录中的相关内容来解决积分方面的问题。）

** e. 假设你只收取门票，消费者只需购买门票就可以免费游玩所有的娱乐项目（你知道消费者一天最多玩 25 个娱乐项目），那么此时你会收取多高的门票价格呢？（注意：该部分的计算并不是很复杂，之所以带 ** 只是因为你需要用到前面的信息。）

** f. 如果消费者的效用函数是 $u(x_1，x_2) = (3^{-0.5})x_1^{0.5} + x_2^{0.5}$，那么你的分析会有什么变化呢？

*10.10　**商业应用**：代言合同的协商和行贿。假设你是一个业余运动员，你的叔叔拥有一家谷物食品公司"惠帝斯"。他给你提供一份每小时工资为 w 的工作。在与其他工作进行比较后，你觉得你每小时最多可以挣 w' 的工资，而 $w' < w$。你每周有 L 的闲暇禀赋可以用来工作。鉴于叔叔的公司工资较高，你决定在他的公司工作。

A. 你后来在奥运会上获得了金牌，一家燕麦粉制造商"格雷帝斯"想请你代言。只要把你的形象印刷在它们的包装盒上，它们每周就会付给你一个固定的金额。遗憾的是，如果你接受了"格雷帝斯"的协议，你的叔叔就会把你解雇（因为他非常讨厌这个竞争者）。因此，如果你接受了这个协议，你的薪水就会下降到 w'。

a. 在一个以消费量为纵轴、以闲暇为横轴的图上画出在格雷帝斯向你提供这个协议之前你的预算约束。

b. 在你取得奥运会金牌之前，如果你在其他公司而非你叔叔的公司工作，请在同一幅图上画出这种情况下的预算线。

c. 请画图说明格雷帝斯为了让你接受这个协议，成为其代言人，每周所需的最小支付额（记为 E）。

d. E 点的金额与让你在格雷帝斯代言协议下位于消费束 A 点所需要的金额相比有什么不同？

e. 现在假设你接受了格雷帝斯的代言协议，但遗憾的是，由于格雷帝斯破产，这个协议无法兑现了，而此时你已经被你叔叔解雇了。但是你的叔叔非常关心你，如果你想回到你叔叔的公司，你叔叔仍会给你之前的工作。现在的问题是，你要想见到你的叔叔，首先要通过他的秘书。这个贪婪的秘书告诉你，你必须每周向她支付一笔钱进行贿赂才可以见到你的叔叔。请在一个新图上画出你每周愿意支付的最高金额（记为 F）。

f. 如果你叔叔的秘书要求你每周支付的贿赂金会使你达到束 C，这与你不回惠帝斯工作时的境况一样，那么你会行贿吗？

g. 如果你的偏好使得由工资变化所导致的财富效应变化和替代效应变化刚好抵消，也就是说，无论薪水是多少，你都会选择不变的工作量（不考虑代言合同或行贿）。在这种情况下，你认为金额 E（最小的代言费）与金额 F（最大的贿赂金）相比更大还是一样大？

B. 假如你的效用函数是 $u(c, \ell) = c^{0.5} \ell^{0.5}$，c 为每周的消费量，$\ell$ 为每周的闲暇，你每周的闲暇禀赋是 L=60。

a. 如果你最初接受了惠帝斯的工作，你每周会工作多长时间？

b. 如果你接受了格雷帝斯的代言协议，该公司每周向你支付 E，此时每周你会工作多长时间？这与你在惠帝斯工作的时间相比是多还是少呢？

c. 假设惠帝斯每小时向你支付 w=50 美元，格雷帝斯（或是除了惠帝斯外其他任意可能的雇主）每小时向你支付 $w'=25$ 美元。当 E（格雷帝斯每周向你支付的代言费）最小为多少时，你会接受代言协议？

d. 如果你接受了金额为 E 的代言协议，你每周会工作多长时间？

e. 假设你接受代言协议后，格雷帝斯就破产了。为了回到你叔叔的公司惠帝斯，你每周最多愿意向他的秘书支付多少贿赂金？

f. 假设秘书收取了你愿意支付的最高贿赂金，从而让你回到了公司，此时你每周会工作多少时间呢？

g. 再画一遍 A 部分的图，并根据你的计算结果标出所有的点和截距。你在 A(g)中对于最大贿赂金和最小代言费的相对大小的预测仍然正确吗？

10.11 政策应用：有效的土地税。 本章中我们提到，税收很少是有效率的，也就是说，税收常常会带来无谓损失。经济学家则指出有一个例外：土地税。

A. 假设在可预见的未来，一块特定的商业用地每年可以给它的所有者带来大约 10 000 美元的收入。

a. 假设每年的利率是 10%，你最多愿意为这块地支付多少钱？（提示：回忆我们在第 3 章中的练习：当年利率为 r 时，未来的现金流 y 的贴现现值为 y/r。）

b. 现在假设政府宣布，从此以后对土地收入征收 50% 的税，那么对于你最多愿意为这块地支付多少钱这一问题的答案有什么变化？

c. 如果你现在拥有这块地，那么这个税收会对你产生什么影响？有什么方法可以使你通过改变自己的行为来避免部分税收，也就是说，是否存在能带来无谓损失的替代效应？

d. 如果你现在不拥有这块地，但是考虑买下它，对这块地征税会对你有什么影响？

e. 判断正误：无论现在的拥有者是否将这块地出售给我（在宣布征税之后），现在的拥有者未来支付的所有土地收入税都是有效的。

f. 根据你之前的答案，说明这为什么是有效税收的一个例子？

B. 考虑一个更一般的情况：这块地每年会产生 y 美元的收入。

a. 假设利率为 r，这块地的价值是多少？

b. 现在假设政府宣布对土地收入征税，税率为 t（$0 < t \leqslant 1$），土地的价值会发生什么变化？

c. 是现在的土地拥有者还是未来的土地拥有者会受到这次征税的影响？

d. 假如政府决定令 $t=1$，也就是说，对土地收入 100% 征税，土地的价格会发生什么变化？

e. 证明如下观点：对土地收入征收 100% 的税相当于政府没收土地并收取每年的租金，并且所有未来租金的现值与土地的当前价格相等。

†**10.12** **政策应用**：价格补贴。假设政府决定对燕麦粉进行补贴（而非征税）。

A. 考虑一个消费者，其消费燕麦粉和"其他商品"。

a. 以燕麦粉的消费为横轴、其他商品的消费为纵轴画出预算线，然后画出补贴后的预算线，这意味着对于消费者而言每盒燕麦粉的价格更低了。

b. 画出与新预算线相切的无差异曲线，切点即为燕麦粉的最优消费量，在图中将其标注出来。然后在图中表示出政府对消费者的补贴（记为 S）。

c. 然后，说明如果没有补贴政策，为保证你现在的效用与补贴政策下的效用相同，政府需要一次性给你的现金总额（记为 L）。

d. L 和 S 中哪个更大？

e. 在现有图形的下方画一幅图，在图中画出 $MWTP$ 曲线，并标出 S 和 L。

f. 如果 S 和 L 相同，那么你的偏好是怎样的？

g. 判断正误：基本上对所有偏好而言，价格补贴都是无效的。

B. 假设消费者的偏好可以用柯布-道格拉斯效用函数 $u(x_1, x_2) = x_1^a x_2^{(1-a)}$ 表示，其中 x_1 代表燕麦粉的盒数，x_2 代表价格为 1 的商品组合。消费者的收入是外生给定的（记为 I）。

a. 如果政府的价格补贴使得燕麦粉的价格从 p 下降到 $p-s$，那么政府在这个价格下需要为消费者提供的补贴 S 是多少？

b. 在这个价格补贴下，消费者的效用是多少？

c. 为保证消费者与其在价格补贴下具有相同的效用，需要给消费者多少现金 L？

d. 价格补贴下的无谓损失是多少？

e. 假设 $I=1000$，$p=2$，$s=1$，$\alpha=0.5$，在补贴前、补贴后以及在等效用现金补贴后消费者分别会购买多少燕麦粉？在价格补贴下的无谓损失是多少？

**f. 继续使用以上参数值。你能推导出你在 A(e) 中表示出的补偿需求曲线并验证无谓损失的面积与你计算的是否一致吗？（提示：你可以参考附录中的相关内容来解决积分方面的问题。）

10.13　政策应用：税收扭曲。假设你对燕麦粉和"其他商品"有偏好（其他商品的价格标准化为 1），而且你对燕麦粉的偏好是拟线性的。

A.　政府决定对燕麦粉征税，因此其价格从 p 上升到 $p+t$。

a.　以燕麦粉为横轴、以其他商品为纵轴，分别画出税前和税后的预算线。

b.　画出征税后你的最优消费点，并说明政府从你这里得到的税收收入 T 是多少。

c.　说明你为了不交税愿意支付的最高额度 L。

d.　你的答案是否依赖于你对燕麦粉的偏好是拟线性的这一前提？

e.　在你画的图的下方再画一幅图，推导出正常的需求曲线以及 $MWTP$ 曲线。

f.　在上一问画出的图中表示出 T 和 L，并说明图中的哪一部分代表税收造成的无谓损失。

g.　假设你只观察到该图中的需求曲线，对其他关于偏好的信息一无所知。如果燕麦粉是正常品（而不是拟线性商品），那么与假设它是拟线性商品相比，你是高估了还是低估了其无谓损失呢？

B.　假设你的偏好可以用效用函数 $u(x_1, x_2) = 10x_1^{0.5} + x_2$ 来表示，其中 x_1 表示每周燕麦粉的消费量，x_2 代表在其他早餐食品上消费的美元数。假设你每周的早餐预算是外生给定的 50 美元。

a.　推导出你对燕麦粉的补偿需求曲线和非补偿需求曲线。

b.　假设对燕麦粉征税使得其价格从每袋 1 美元上升至每袋 1.25 美元，那么你对燕麦粉的需求会发生什么变化呢？

c.　政府每周从你这里得到的税收收入 T 为多少？

d.　利用支出函数说明为了不交税你每周愿意支付的金额 L。

** e.　通过检查 L 是否与 $MWTP$ 曲线相应区域的面积相等，验证 L 是否正确。（你可以参考附录中的相关内容来解决积分方面的问题。）

f.　你每周的无谓损失是多少？

g.　假设现在我的效用函数是 $u(x_1, x_2) = x_1^{0.5} + x_2^{0.5}$，你的答案会有什么变化？

** h.　在这些新的偏好下，假设你只是用一般的需求曲线来计算无谓损失，并错误地假定其与 $MWTP$ 曲线一样，那么你在多大程度上高估了无谓损失？（提示：此处仍然需要用到积分的知识，注意对 $1/(p(1+p))$ 关于 p 积分的结果是 $\ln p - \ln(1+p)$。）

10.14　日常应用：是否去当地游泳池。尽管夏天很炎热，但是在我居住的地方大多数人都没有私人游泳池。于是，每个家庭，特别是有孩子的家庭总会试图在家附近寻找游泳池。我们当地的游泳池提供两种入场方式：我们可以一个季度购买一张"家庭卡"，也可以在每次想去游泳池的时候支付一次入场费。

A. 假设我们有 1 000 美元用于夏日娱乐，假设夏季游泳池有 100 天都开放。办家庭卡花费 750 美元，而单次算的话，整个家庭每次去花费 10 美元。

a. 以"游泳的天数"为横轴，以"在其他娱乐上的花费"为纵轴，画出不购买季卡的预算线。

b. 在同样的图上画出购买季卡的预算线。

c. 在仔细思考后，我们还是决定不了哪种方法更好，所以我们通过抛硬币来决定买或不买；正面朝上就购买季卡，反面朝上则不购买。最后结果是反面朝上，所以我们没有购买季卡。如果结果是正面朝上，那么我们游泳的次数会更多还是更少呢？利用你画的图说明答案。

d. 我弟弟购买了季卡。夏天过去了，我妈妈说："我不明白两个孩子怎么会如此不同，一个整个夏天都去游泳池游泳，另一个几乎不怎么去。"一个可能的解释就是，我和我的弟弟不一样；另一种解释是，我们很相似，但是我们面临不同的环境。在没有很大的替代效应的情况下，后一种解释可能正确吗？

e. 在另一幅图上，画出对应于我们全家这个夏天的效用水平 u^* 的补偿（希克斯）需求曲线。由于我们每天去游泳需要支付 10 美元，请画出我们夏天去游泳产生的消费者剩余。

*f. 如果我们购买了季卡，就不用支付进场费。那么你能确定我们此时的消费者剩余吗？（提示：请记住，一旦你有了季卡，你每天去游泳的价格就是 0。因此，季卡的成本与你这部分的答案无关。）

*g. 你能在图中用某一部分区域的面积表示季卡的价格吗？

B. 假设我的偏好用效用函数 $u(x_1, x_2) = x_1^a x_2^{(1-a)}$ 表示，其中 x_1 代表游泳的天数，x_2 代表花费在其他娱乐项目上的美元数量。

a. 在没有季卡的情况下，这个夏天我的家庭去游泳的最优天数是多少？（你的答案需要用 a 表示。）

b. 推导出关于 a 的间接效用函数。

c. 假设 $a=0.5$，我从 1 000 美元的娱乐费用中所得到的效用是多少？我去游泳的频率是多少？

d. 现在假设我购买了季卡（750 美元），那么我从 1 000 美元的娱乐费用中所得到的效用是多少？

e. 如果我去游泳了 100 次，那么我对游泳天数的边际支付意愿是多少？

f. 在与我今年夏天的效用相对应的补偿需求曲线上，分别标出我购买季卡和不购买季卡两种情况下对应的横、纵坐标。

g. 推导出这个问题中关于 p_1、p_2 和 u 的支出函数（$a=0.5$）。

*h. 在 A(g) 中，你在 MWTP 曲线图中用一个区域面积表示了季卡的成本，现在你能用数学方法算出这个区域的面积确实等于 750 美元吗？（提示：如果你画图正确，那么季卡的费用是由两个部分组成的：一部分是一个 2.5×100 的矩形的

面积，另一部分是纵轴 2.5～10 之间的补偿需求曲线左侧的面积。后者是支出函数 $E(p_1，p_2，u)$ 在 $p_1=2.5$ 和 $p_1=10$ 处取值的差（$p_2=1$，u 与你先前的无差异曲线图的效用值相同）。

10.15　政策应用：对储蓄征收利息税。 假设我只在乎今年和明年的消费，并且我今年有收入，但明年没有收入。

A.　政府宣布提高利息所得税，画出我税前和税后的跨期预算约束。

a.　在新税收政策下，假设我把收入的 50% 用来储蓄，画图说明下一年政府可以从我这里收取的税收，记为 T。

b.　请说明下一年为了让政府不再征收利息所得税我愿意支付的最高金额，并将其记为 L。

c.　L 和 T 的大小如何？你的答案取决于什么？

d.　如果消费是正常品，那么在不征税的情况下，明年我会消费更多还是更少？

e.　如果消费是正常品，那么在不征税的情况下，今年我会消费更多还是更少？

f.　你能重新画图说明对于今年的消费来说，你所付的税收 T' 以及为了避免这个税收你愿意支付的金额 L' 是多少吗？

B.　假设我的效用函数是 $u(c_1，c_2)=c_1^{\alpha} c_2^{(1-\alpha)}$，其中 c_1 代表当期的消费，c_2 代表下一期的消费。

a.　假设利率为 r。α 为多少时，拿出收入的 50% 作为储蓄是最优的？

b.　假设从现在起，α 为你计算出的那个值，我当前的收入为 200 000 美元。假设税率上升前的利率是 10%，税率上升后的利率为 5%。政府向我征收的税收收入 T 为多少？这个收入在当期的现值是多少？

c.　为了避免税收增长，我愿意支付的最高额度（L）是多少？

d.　如果税收增长，我当前的储蓄金额会改变吗？

e.　收税是有效率的吗？如果不是，无谓损失是多少呢？

利润最大化选择：生产者
（或企业）

在第 1 部分中，我们在当选择者的目标是使"幸福感"达到最大化时对个体的选择进行了建模。将该模型应用到消费者身上，就得到了对商品的需求曲线，它同时也可以应用到工人和储蓄者身上，从而得到劳动和资本的供给曲线。现在我们转向选择者的目标，代之以最大化某个更加具体的事物——利润——的情形。我们将经济中其目标是最大化利润的个体称为生产者（producer）或企业（firm），它们的决策可以推导出商品的供给曲线以及劳动和资本的需求曲线。一旦我们完成了这部分，我们就可以开始思考商品、劳动和资本市场中的供给与需求的相互作用。

我们将会看到，第 1 部分中我们模型背后的选择的基本逻辑也可以适用于生产者。除了他们在最大化时所选择的是什么以及他们所面对的约束是什么现在略有不同之外，与消费者一样，生产者们也尽量在给定他们所面对的约束的前提下最大化某个方面，在给定收入和所面对的价格约束下，消费者通过选择商品与服务来获得最大的"幸福感"。另外，企业选择像劳动和资本这样的要素，它们追求利润即收益和成本之差的最大化，他们既面临会限制其把要素转化为产出的容易程度的技术约束（technological constraints），也面临源于要素与产出价格的经济约束（economic constraints）。因此，我们现在选择要素的组合而非商品和服务，有更加具体的利润目标而非有点模糊的"偏好"。我们把由技术所施加的约束加到价格的经济约束上。

我们从第 11 章最简单的一种生产者模型开始：给定一种生产者可以得到的特别的技术，生产单一产出并投入单一要素（single input）的模型。我们接着将看到告诉我们可以多么容易地把要素转化为产出的技术是如何作为企业的约束的。企业可能希望不投入任何东西就生产出一些东西来，但是与消费者的消费超过他们自身能力一样，这在一个充满稀缺性的世界中再也不是一个选项了。在这个模型中我们也很容易看到，对利润的"偏好"由产出与要素的价格形成，当产出价格高并且要素价格低时，产生更多利润变得可能。把这些组合在一起，我们可以证明企业如何在可行的技术下，通过使用最低可能要素水平来生产所期望的产出，从而选择其最优（或利润最大化）水平的产出。从这个选择过程中，我们能说明产出供给（output supply）和要素需求（input demand）的关系，或产出与要素决策是如何被经济中的价格变化影响的。

第 11 章中不切实际的简化包括生产仅需要一种要素的假设。在现实中，商品通常可以通过把较少的劳动和大量的资本或者大量的劳动和较少的资本组合在一起，以多种不同的方式进行生产，这意味着利润最大的生产者通常需要选择最优的要素束并用其去生产。换言之，生产者不仅需要决定生产多少，同时也要决定怎么生产，在多大程度上依赖劳动与资本（或一些其他要素）。因而第 12 章把第 11 章的模型拓展到包括多种要素且使用多种方式来生产任意水平的产出。这使得我们有必要区分仅涉及不浪费任何要素的技术有效（technologically efficient）生产与涉及（给定市场中要素的价格）以最低可能成本生产的经济有效（economically efficient）生产。

在这个有多重要素的扩展的模型中，我们发现把生产者的问题分离成两个单独的阶段是有用的：首先，我们可以认为生产者仅观察它们的技术和要素的价格，并用这些信息来确定使用最低投入来生产不同水平产出的办法。我们称这部分问题为该企业的成本最小化（cost minimization）问题。解决这个问题后，企业知道生产任意水平的产出需花费多少，但它们还不知道什么水平的产出是利润最大化的。从而，直到它们比较生产不同产出水平的（来自于它们的成本最小化问题）成本与它们从不同产出水平得到的收益之后，企业才能确定利润最大化的产出水平。于是，找到收益和成本之间缺口最大的产出水平等价于找到利润最大化的产出水平（以及相应的利润最大化的要素投入水平）。

最后，我们在第 13 章介绍生产者短期（short-run）和长期（long-run）决策的区别。该区别的产生是因为企业经常面对比长期约束更严格的短期约束。例如，在短期，一家企业可能已经投入了一定的厂房空间（从而有一定水平的"资本"投入）。尽管生产者在投入这时所面临的经济处境是最优的，但当价格和技术发生变化时，它可能再也不是最优的了。在短期，企业被锁定在这个空间，且只能够决定多密集地使用这个空间。在两要素模型中，这意味着在短期中一个要素是固定的而另外一个可以变化，因此，短期被有效地描述为一个单要素生产过程（类似于我们在第 11 章开始介绍的那种）。然而，当改变厂房空间变得可能时，企业通常会重新评估对变化的处境的短期反应并多做一些反应。

这一部分我们将继续假设经济人、消费者和生产者等相对于经济环境是"小的"，即我们假设每个个体都是不能影响市场中产出和要素价格的"价格接受者"。在本教材的第 5 部分，我们将放松这个假设，并允许生产者充分"大"，以至于它们能通过决策影响经济中的价格。这将会涉及当我们继续把重点放在竞争环境上时所缺乏的策略性思维该发挥的作用。然而，后面将看到，我们所研究的生产者问题中"成本最小化"的部分即使在企业变大的情形下也可以使用。从而我们也已经在构建一个基石来思考那些等着我们去研究但在教材后面才出现的其他经济环境。

第 11 章　一种投入与一种产出：短期生产者模型

在对消费者选择模型的阐述中，我们从这样一个特定的视角来观察经济主体的行为：这些经济个体，无论是作为消费者、工人还是金融规划者，都试图在既定的经济环境下尽力做到最好。[①]。用 B 部分中更数学化的语言来讲就是：个体在一定的限制条件下实现最优化。现在我们将同样的视角从消费者选择模型转向生产者或者企业。这些经济主体把劳动、原材料和土地等"投入品"组合在一起生产出"产出品"，也就是我们在市场上消费的商品和服务。

同消费者模型一样，我们依然假设每一个经济主体（包括生产者）相对于市场来说很小，因此缺乏影响经济中价格的能力。用第 1 章中开发的语言来说，我们开始在"非策略性"环境中探讨作为经济主体的生产者。在这一环境中，它们的行为对大的经济整体没有影响，就像消费者那样，它们是"价格接受者"。只有在完全了解了在这样一个非策略性环境中行为最优化的含义后，我们才能在后面的章节中将企业强大到可以通过它们的行为影响价格这一条件纳入模型。

在一些方面，竞争性生产者和消费者并非完全不同：在既定的（他们不可控的）经济环境下他们都会做出可控的选择，并努力做到最好。事实上，生产者比消费者更简单明了，因为消费者可能有各种我们无法轻易发现的偏好，但生产者至少像我们模型中假定的那样非常简单：他们只在乎利润。但是在另一些方面，我们将发现生产者模型更加复杂。因此，在这一章我们从利用单一投入来生产单一产出的简单生产者开始学习。这会让我们以两种不同的方式来分析利润最大化的观点。首先，我们将直接展示生产者如何通过选择使他们位于最高的"无差异曲线"上的生产计划来实现利润最大化。其次，我们将展示我们可以把利润最大化问题拆分成两步（这将为第 12 章更为复杂的生产者分析奠定基础）。第二种方法实际上是非常直观的：我们假设生产者先分析他们的成本，一旦他们清楚不同的生产计划的成本，

[①]　前面章节中的内容在这一章中没有被直接使用。但本章多次用到消费者模型和第 2、4～6 章内容的类比。因此，强烈建议这些章节的内容先于第 11 章讲授。

就会根据产生的收益来判断哪种计划会带来最大的利润。最后，这两种利润最大化的方法得出的"解决方案"对生产者来说是完全一样的，但是有时候使用某一种更方便，有时候使用另一种更方便。

11A　短期一种投入/一种产出模型

我们考虑的最简单的可能的生产者会把单一投入转化成单一产出。其实，在现实生活中很难想到很多简单的生产过程，在我知道的几乎每一个生产过程中，生产者使用劳动和其他投入品来生产他们出售的产品。但是现实中还存在这样的生产过程：在这一过程中，短期内一些投入要素不能被改变。也许一个特定的厂房空间被出租一年，不管产量多少都要支付租金。这样的话，尽管生产者可以在租赁期满后选择更小的或更大的空间，但是在接下来的几年里，他们还是可能会把厂房要素锁定在某一水平。然而，尽管对生产者来说短期内改变工厂场地不太可能，但他们可能会改变场地利用的强度，比如，真正利用场地进行生产的工作小时数。在这样一个情景中，我们可以说生产者的厂房投入在短期是固定的，而劳动投入在短期是可变的。

比如说，前段时间，我有一个好想法：我注意到孩子们喜欢棒球卡片，但是这些将来要为我的社会保障福利付账的孩子们如此崇拜的对象却是棒球运动员，这一点让我很担忧。这真的能让他们成为具有生产力的公民吗？他们有能力保证维持我获得社会保障福利的产出水平吗？为什么不给他们一个更好的值得他们崇拜和效仿的英雄组合呢？我觉得将棒球卡片的概念运用到著名经济学家身上是个非常好的主意——把印有经济学家令人印象深刻的演讲姿势的照片放在卡片正面，在卡片反面印上一些专业数据，比如"学术发表数量"、"被其他经济学家引用的数量"。[①] 遗憾的是，我妻子拒绝为我这个小想法出资赞助，但这并不能阻止我假装无论如何都要坚持这个想法并在这一章告诉你们关于这个想法的一切。[②]

正如我的孩子们说的"让我们假装这样吧"。假定我想把我的绝妙想法付诸实践，并且假定我以前的一个学生（他实际上还是我的铁杆粉丝）已经为我安排了位于达勒姆（我居住的地方）的老烟草加工厂区一处免费的厂房。进一步假定此前被用来生产烟草包装盒的相同设备也可以用来生产经济学家卡片，同时，用来包裹香烟的纸也可以投入使用。这样一来我以前的学生就为我的创新免费提供了厂房、机器、原材料，而我要做的就是决定雇用多少工人开始生产。

---

① 后文中把这种卡片称为"经济学家卡片"。

② 在我请求妻子为我这个想法出资的一段时间后，实际上我发现我已经太晚了：密歇根大学本科生经济学俱乐部已经在生产这样的卡片，并且一个经济学课本出版商也正在把它们当作营销手段——把卡片和课本编写者、著名的经济学家融合在一起以使它的编写者看起来更优秀。在我为这本书与一个不同的出版社沟通时，我错过了让自己出现在某一张卡片上的机会。

11A.1 生产者面对的技术约束

在我作为生产者的角色中，我希望生产无限的经济学家卡片，然后将其销售给每一个需要英雄偶像的孩子，正如我作为一个消费者希望能够无限消费，能够购买属于我自己的"空军一号"以避开商业航班。我不能无限制地消费，因为我有限的资源限制了我的消费者选择集，同样，我不能无限制地生产，因为作为一个生产者我拥有的技术限制了我的生产者选择集。

11A.1.1 生产计划、生产者选择集与生产边界 我们从将生产计划（production plan）定义为投入和产出的计划束（a proposed bundle of inputs and outputs）开始研究。这与消费者理论中的消费束概念是类似的。在一个消费者只有两种可选商品的模型中，我们把所有可能的消费束集合表示为一个二维空间中的点，在该空间中商品 x_1 位于横坐标轴，商品 x_2 位于纵坐标轴。对于只有一种投入和一种产出的生产计划模型，我们同样可以采用完全相同的方法来处理。例如，在一个说明经济学家卡片所有可能的生产计划的模型中，可以把"每天的工时数"放在横坐标轴、"每天经济学家卡片的包数"放在纵坐标轴，而且每一个二维空间中的点都是一个生产计划，它表示一天中每生产一定数量的经济学家卡片所需要投入的一定数量的劳动时间。然而，在我所拥有的技术水平下，并非所有的生产计划都可行，正如消费者在一定的收入条件下面对固定的价格，并非所有的消费束都是可行的一样。

在消费者模型中，我们指出了一个对特定消费者可行的消费束的集合为消费者选择集。同样，我们现在可以用技术可行条件下的生产者选择集代表生产计划集合，这些计划通过充足的投入达到产出水平。这样生产者选择集就可以简单定义为在给定的可行技术条件下生产者的所有生产计划的集合。

图 11-1（a）中直线下的阴影区域说明了这样一个可能的经济学家卡片的生产者选择集。它假设在这样一个特定的潜在的技术水平下，每一工时可以转化为至多 4 包经济学家卡片。例如，生产计划 A 需要 10 工时才能转化成 40 包经济学家卡片，生产计划 B 需要 20 工时才能转化成 80 包经济学家卡片。当然逻辑上来说生产计划 C，即用 20 工时生产 40 包卡片也是可行的。既然我知道用 10 工时就可以生产这么多包经济学家卡片（在生产计划 A 中），我就不太可能多花费 10 工时却依然生产 40 包经济学家卡片。因此，C 点位于生产者选择集内，也就是说以生产计划 C 所要求的投入量我们可以获得更多的产出。另外，生产计划 D 在这个技术条件下是不可行的。我至少需要用 30 工时生产 120 包经济学家卡片（在生产计划 E 下），在可获得的技术条件下只用 20 工时生产那么多经济学家卡片是不可能的。因此，生产计划 D 位于生产者选择集之外。

再次注意与消费者选择集的类比。位于消费者选择集内的消费束意味着消费者预算有剩余，这意味着消费者可以做得更好（假设"越多越好"）。类似地，位于生产者选择集内的生产计划意味着部分投入闲置，在相同的投入水平下可以产出更多。我们之前将消费集的边界定义为预算约束，现在我们将生产集的边界定义为生产边界。只有沿着生产边界的生产计划才意味着没有投入被浪费。因此，正如消费者尽可能选择预算线上的消费束达到最优一样，生产者也会尽可能地选择生产边界上的生产计划。

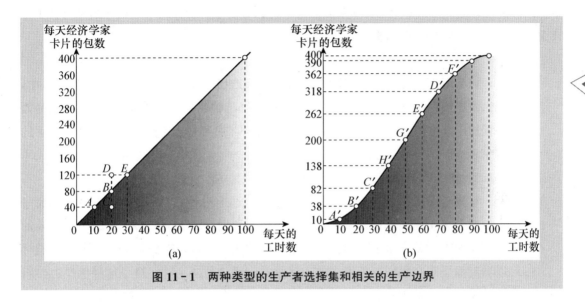

图 11-1　两种类型的生产者选择集和相关的生产边界

练习 11A.1　你能构建一个模型把工人作为"消费的生产者"，然后在单一投入、单一产出的生产者模型的环境下解释他（她）的选择集吗？■

然而，图 11-1（a）中的技术看起来是不现实的。在现有的工厂里，不管生产多少都保持相同的速率是不可能的。当我开始为我的工厂雇用工人时，他们无法做到专业化操作，很有可能此时每个人的产出都不及拥有更多工人时的产出。因此，假设沿着生产边界，随着工人的日益专业化，工人越来越有生产力似乎更符合实际。同时，我仅有这么多可供使用的厂房和机器，无限制地增加工人最终会因为工人在此空间内彼此相撞而导致产出越来越低。

因此，图 11-1（b）给出了关于这个例子的一种更为现实的技术：开始时工人的产出低于图 11-1（a）中相同数量工人下的产出水平，但是随着工时的增加，每一个增加的工时所带来的产出都比前一个工时更多（因为工人在特定的任务上开始变得专业）。比如，最初的每天 10 工时产出 10 包（A'），而之后的每天 20 工时可以生产 38 包（B'）。因此，第二个 10 工时生产了 28 包，比第一个 10 工时多生产18 包。类似地，下一个 10 工时我的产出将增加到 44 包，我可以按照 C' 代表的生产计划进行生产。然而最后，每个额外工时带来的产量增幅会下降（因为受限于厂房空间，工人开始彼此碰撞）。比如，每天 70 工时可以生产 318 包（D'），比 E' 点每天仅 60 工时时的产量多 56 包。但是接下来每天多出的 10 工时只能多生产 44 包（使我达到生产计划 F'）。

练习 11A. 2 图 11−1 中哪一个生产者选择集是非凸的？是什么导致了非凸性？

练习 11A. 3 假设我的技术是这样的：从第二个工时开始，每个额外工时的产出都比前一个低。我的生产者选择集是凸的吗？如果我的技术是从第二个工时开始每个额外工时的产出都比前一个高，情况会怎样呢？■

11A. 1. 2 生产边界的斜率：劳动的边际产出 在消费者选择集的发展过程中，我们对于预算约束的斜率给出了一个特殊的经济解释（以纵坐标轴上商品表示的额外增加一单位横坐标轴上的商品的机会成本）。换言之，我们称消费者预算约束的斜率表示以纵坐标轴上商品表示的额外增加一单位横坐标轴上的商品的边际成本（marginal cost）。生产边界的斜率被证明有类似的经济理解。

首先考虑图 11−1（a）中的生产边界。这个边界的斜率是 4，表明每增加一个工时会多生产出 4 包经济学家卡片。换句话说，图 11−1（a）中的生产边界的斜率是用增加的产量表示的额外一个工时的边际收益。转到图 11−1(b)，我们可以看到除了现在雇用额外工人的边际收益先增加后减少外，对于这种生产边界斜率的相同解释是仍然成立的，比如说，生产计划 A' 和 B' 之间的斜率大约是 2.8，这表明在我们已经有 10～20 工时的情况下，每增加额外一单位的工时的边际收益大约是 2.8 包经济学家卡片。另外，G' 和 E' 之间的斜率大约是 6.2，表明在我们已经有 50～60 工时的情况下，每额外增加 1 工时的边际收益大约是 6.2 包额外的经济学家卡片。

练习 11A. 4 在图 11−1（b）的生产技术下，当我们已经拥有 95 工时时，额外增加 1 工时的边际收益大约是多少？■

生产边界的斜率，或相对于使用额外要素所增加的产量表示的边际收益，对生产者来说很有经济意义，所以我们将它与生产边界区别开来，单独图示，并称其为边际产出曲线（marginal product curve）。从而，1 工时的边际产出表示为 MP_ℓ，指的是当所有其他投入保持不变时，由额外单位工时引起的总产出的增加，很明显，它也是当所有其他可能要素（如厂房）不变时单个要素的生产边界（图 11−1 中所示的类型）的斜率。图 11−2（a）和（b）绘出了图 11−1（a）和（b）中生产边界的劳动的边际产出曲线。尽管图 11−2（a）中的边际产出曲线是精准的，但在图 11−2（b）中我们也描绘出了"近似的"边际产出曲线。例如，给定当劳动投入从 10 上升至 20 时产出增加了 28，我们可以得出第 15 个工时的边际产出是 2.8。

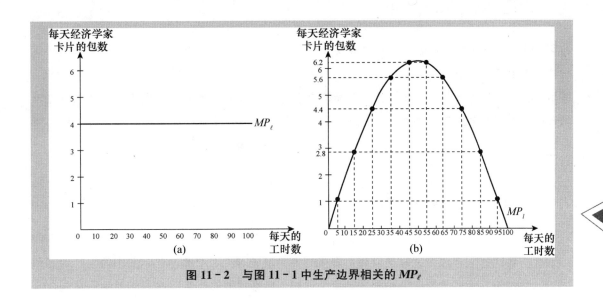

图 11-2 与图 11-1中生产边界相关的 MP_ℓ

练习11A.5 将练习11A.4中的答案与描绘在图11-2（b）中的 MP_ℓ 曲线上的一个点联系起来。

练习11A.6 对于练习11A.3中描述的技术，曲线 MP_ℓ 看起来是什么样子的？■

11A.1.3 边际产出递减规律 现在注意到从图11-1中更加现实的生产边界推导出来的边际产出曲线最终向下弯曲。这种向下倾斜是我们基于额外一工时最终增加的产出会比前一工时少的假设推导的直接结果。然而，这不仅仅是一个纯粹的假设，而是一个经济现实，基于我们生活在一个匮乏的世界里的事实，它被称作边际产出递减规律（Law of Diminishing Marginal Product）。

领会该规律的最简单的方法是考虑一种投入的边际产出永远不会下降的情况。首先，回想一下边际产出的定义：假设所有其他投入保持不变，增加额外一单位投入所得到的额外产出。假定在我的学生给我提供的固定厂房中，我在生产经济学家卡片的过程中劳动的边际产出永远不会下降。这意味着我可以为我的工厂找到越来越多的工人，并且每个我新雇用的工人（让他们用等量的纸和墨水）都会增加至少与上一个工人相同的产出。假定我的厂房是1 000平方英尺。我能够将多少人塞入这1 000平方英尺并且仍然使得他们能继续生产呢？如果劳动的边际产出永不下降，那么我能够将全世界的人都塞入我那1 000平方英尺的工厂工作，并且我塞入的最后一个人会为我增加至少与之前我雇用的任何一个人相同数量的经济学家卡片。我将不仅能够把所有这些人都塞入我那1 000平方英尺的工厂，而且能让他们用相同数量的纸和墨水生产越来越多的经济学家卡片。也许能够形成这种生产过程的技术存在于一个我们之外的世界中，但它不会是现在我们生活的以稀缺性为主要特征的世界，也不会是研究稀缺性的经济学家能够找到这种工人的世界。因此，至少在我们现在生活的世界中，像劳动这样的要素在某一点上的边际产出一定会下降。

练习 11A.7 判断正误：边际产出递减规律意味着单一要素模型中的生产者选择集必须从某一投入水平开始是凸的。

练习 11A.8 判断正误：如果在乳制品加工业中边际产出递减规律并不成立，那么我将可以用一头奶牛满足全世界对牛奶的需求。（提示：将这头奶牛当成一种固定投入，将奶牛的喂养当作可变投入，即将每天产出的牛奶看作边际产出。）■

11A.2 对利润的"偏好"

在消费者模型中，我们首先承认不同的消费者有不同的偏好。然而，对于生产者，我们将假设偏好是以相对直接的方式定义的：生产者，在他们作为生产者的角色中，相较于产生更少利润的生产计划，更喜欢能够产生更多利润的生产计划，且在能够产出相同利润的生产计划中他们并无偏好。利润（profit）被简单定义为所有经济收入（源于产出的销售）减去所有经济成本（源于要素的购买）。

11A.2.1 等利润线：生产者的无差异曲线 在经济学家卡片生产的单一投入/单一产出模型中，我们可以将"生产者无差异曲线"描述为所有能够产出相同利润的生产计划的集合，我们认为能够产生更多利润的生产计划比产生更少利润的生产计划更有价值。例如，考虑图 11-3（a）中的生产计划 A 和 B。计划 A 要求每天20个工时转化成每天120包经济学家卡片，同时计划 B 要求每天60个工时转化为每天280包经济学家卡片。现在在假定我需要雇用的这种劳动的市场工资是每小时20美元，并假定我正在生产的这种经济学家卡片的价格是每包5美元。计划 A 的收入是600美元，计划 B 的收入是1 400美元，而计划 A 的成本是400美元，计划 B 的成本是1 200美元。从收入中减去成本后，两种计划每天的利润都恰好是200美元。对于只关注利润的生产者来说，只要每包经济学家卡片都卖5美元并且每个工时花费20美元，A 和 B 就是同等合意的生产计划。

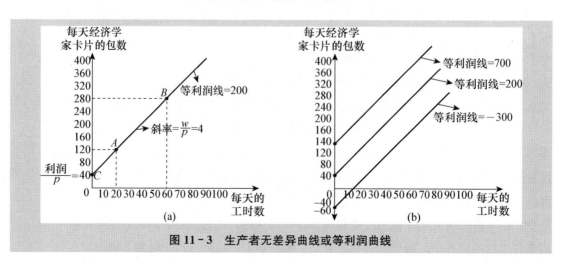

图 11-3 生产者无差异曲线或等利润曲线

但是，在假设的价格和工资下，这两种并不是仅有的可以每天产生 200 美元利润的生产计划。例如，生产计划 C 是一种不用任何投入即可每天生产 40 包经济学家卡片的计划，这违背了物理学规则，但是，如果这种计划可以实现，它每天也将产生 200 美元的利润。实际上，由于要素价格是产出的 4 倍，因此，只要我们保证在生产计划中新增要素投入是新增产出的 4 倍，我们就可以从生产计划 C 开始，找到任何一种每天可产生 200 美元利润的投入水平。比如说，生产计划 A 比计划 C 多 20 工时和 80 单位的产出，因此可以保持每天 200 美元的利润不变。当我们绘制维持 200 美元利润的每个水平的投入所需要的产出水平时，我们就得到了图 11 - 3（a）中的直线。注意，这条线的纵截距是 40（因为如果没有成本，那么产生 200 美元的利润需要消耗 40 包经济学家卡片），斜率等于 4，即工资率 w 与产出价格 p 的比值。如果我真的只关注利润，那么我必须在这条直线上所表示的所有生产计划之间保持无差异。像这样一条在完全竞争下的生产者的无差异曲线被称为等利润线（isoprofit curve），或者更具体地，图 11 - 3（a）所示的这条无差异曲线是当工资率是 20 美元且产品价格是 5 美元时与每日 200 美元利润相对应的等利润线。

与消费者无差异曲线一样，生产者的完整偏好当然也不是由一条无差异曲线或者等利润线表示的。每一利润水平都有一条等利润线，图 11 - 3（b）中最上面和最下面的等利润线分别表示能够产生 700 美元和－300 美元利润的生产计划。注意，由于等利润线的斜率是 w/p，所以从生产者的视角来说，工资和价格固定时所有等利润线都有相同的斜率。另外，纵截距仅仅是与等利润线相关的利润除以产出的价格。

练习 11A. 9　在不知道经济中的价格和工资时，你可以通过观察一条等利润线判定沿着这条曲线表示的生产计划的利润是正的还是负的吗？为使利润为零，等利润线必须满足什么条件？

练习 11A. 10　为了得到一条斜率为负的等利润线，需要满足什么条件？ ■

11A. 2. 2　价格在消费者与生产者模型中的作用　通过我们对生产者选择集和偏好（由等利润线表示）的研究，到目前为止我们强调了消费者和生产者模型之间的相似性。例如，由于消费者所面临的预算约束，只有某一些消费组合对于他们来说是可能的。就像因为生产边界的存在，只有某些生产计划在技术上是可行的。消费者和生产者都有由无差异的点所代表的偏好：在消费者模型中位于相同无差异曲线的消费束，以及在生产者模型中位于相同等利润线的生产计划。就像我们下一节即将看到的一样，一般来说，消费者和生产者都会在他们的选择集的边界上找到自己的"最优"点。

尽管这些相似性在概念上很重要，但消费者和生产者模型之间一些重要的概念上的区别同样值得指出。最重要的是，在两个模型中，经济中的价格对无差异曲线和选择集的影响是不一样的。在我们的消费者模型中，价格（包括工资和利率）影响消费者选择集的大小和形状，尤其是它还能决定预算约束的斜率。但是价格对消费者偏好和表示消费者偏好的无差异曲线没有任何影响。我喜欢花生黄油与否，我喜欢工作甚过闲暇多少，以及我是否能够判断可口可乐和百事可乐之间的差异，这些都是界定我是谁的内部特性，是产生于可能由心理学家和生物学家解释的一些过程内的特性，但是它们处于大多数经济学家的专业知识领域之外。① 经济学家经常把偏好当成既定的，并承认尽管最优的消费者选择与价格紧密相关，但是消费者对不同种类产品进行权衡取舍时主要是根据偏好，而非价格。

在生产者模型中，事情又恰好相反。价格对于生产者选择集没有任何影响，但是对于无差异曲线或者等利润曲线的形状却有很大影响。生产者选择集是技术可行的一系列生产计划的集合，这也意味着，生产者选择集的大小和形状是由技术决定的。换句话说，我的体能是否能支撑我花费 10 个工时来生产 200 包经济学家卡片与价格和工资无关，这是工程师和工厂经理需要解决的问题。生产者的无差异曲线完全是由经济中的价格决定的，无差异曲线的截距由价格决定，斜率由工资和价格共同决定。我们可以看出，通过问以下问题我们就能理解这一明显区别：随着经济中价格和工资的变化，是什么引起了图中生产者选择集和等利润线的改变？在图 11 -1 中，由于价格和工资都不是影响生产者选择集发展的因素，所以这些图（或相应的边际产出曲线图）中没有任何变化。等利润图（见图 11 - 3）将会发生变化。首先考虑小时工资率从 20 美元到 10 美元的变化。由于每条等利润线的纵截距是利润除以产出价格 p，所以工资 w 的变化不会改变截距。直观来看，在截距上的生产计划表示的是特定利润水平所对应的产出水平，这种特定利润水平假设的是生产计划中并没有想要雇用任何劳动。在等利润线的纵截距中，由于劳动不是生产计划的一部分，因此，这样的生产计划中的利润不受经济中工资率的影响。但是，由于在其他等利润线上的生产计划中，除了位于垂直轴上的生产计划外，其他所有生产计划都包含一些正的劳动投入，因而工资率成了相关因素。随着工资率从 20 美元下降到 10 美元，我们的斜率 w/p 也因此由 4 下降到了 2（假设固定的产出价格 $p=5$），导致每条等利润线的斜率变小。这种工资变化的影响在图 11 - 4 （a）中得到了阐释。

图 11 - 4 （b）中说明了产出价格 p 发生变化所产生的影响。举个例子来说，假定每包经济学家卡片的价格 p 由 5 美元上升到 10 美元（工资率保持在 20 美元不变）。等利润线的截距是利润除以价格 p，现在截距必须下降。此外，由于每条等利润线的斜率是 w/p，价格由 $p=5$ 增加到 $p=10$ 将导致斜率从 4 下降至 2。对于一个特定的利润水平（比如 200 美元），当产出价格上升时，等利润线的截距将缩小，整条线也会变得平缓些。这在直觉上也是说得通的：如果我可以以更高的价卖卡，那么我只需要对每个投入水平使用仅包含较少产出的生产计划就能得到相同的

---

① 我妻子认为用混沌理论来解释我的偏好会更合适。

利润。当然，在图 11-4 (a) 和图 11-4 (b) 中，我们仅说明了组成等利润图中的
无数等利润线中的一条发生的变化，其他每条等利润线也有类似的情况发生。

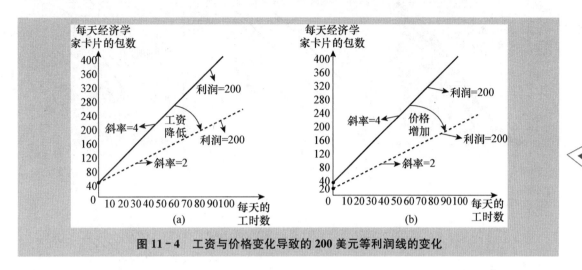

图 11-4　工资与价格变化导致的 200 美元等利润线的变化

练习 11A. 11　在图 11-3 (a) 中，如果工资上涨到 30 美元，等利润线将如何变化？如果产
出价格下降到 2 美元呢？■

11A. 3　选择最大化利润的生产计划

在我们单独地深入研究了消费者选择集和偏好之后（在第 2 章到第 5 章），我
们（在第 6 章）继续研究如何将选择集和无差异曲线图结合起来，从而识别消费者
在给定的经济情形中的最佳消费束。我们现在可以沿着相同的路径来分析一个像我
这样的单要素/单产出的生产者。更精确地，在前面两节中我们单独研究了我的生
产者选择集和偏好，从而可以继续直接地分析选择集和生产者偏好是怎么结合起来
以推导出利润最大化的生产者行为的。

11A. 3. 1　组合生产边界与等利润线　图 11-5 复制了图 11-1 (b) 中我的"现
实的"生产者选择集，而图 11-5 (b) 则复制了图 11-3 (b) 中的三条等利润线，它
们都假设我必须在劳动市场以每小时 20 美元的价格购买劳动并以每包 5 美元的价格
在"英雄卡片市场"上出售我的经济学家卡片。把前面两幅图组合在一幅图中就得到
了图 11-5 (c)。

从最低的等利润线开始，我们可以注意到很多导致－300 美元利润的生产计划
在给定它们位于阴影选择集内时是技术可行的。然而，作为一个生产者，当我移到
位于西北方向的等利润线时，我变得更好了。由于有既位于我们的选择集内又位于
最低的等利润线之上的生产计划，我知道我能比每天－300 美元的利润"做得更
好"。从图 11-5 (c) 中我也知道，某些利润水平在目前的经济和技术环节下是不
可行的。例如，产生 700 美元的生产计划的等利润线完全位于我的选择集之外，表

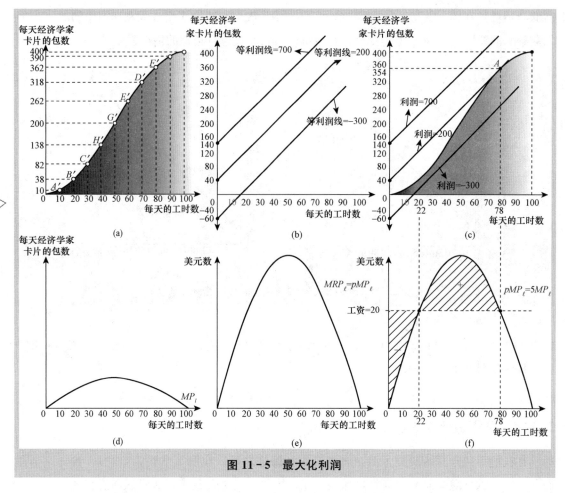

图 11-5 最大化利润

明每天产生 700 美元利润的生产计划都不是技术可行的。

就像当我作为追求效用最大化的消费者时，我的目标是在给定的预算约束下，找到至少包含一种可行的消费者的最高的无差异曲线，当我作为追求利润最大化的生产经济学家卡片的生产者时，我的目标是找到至少包含一种在技术上可行的生产计划的最高的等利润线。从图 11-5（c）中最低的等利润线开始并向着图中西北方向移动，我们在生产计划 A 处达到了最高的可能利润，该等利润线对应着 200 美元的利润，与我的生产选择集的边界相切。从而，在这种情形下生产计划 A 是利润最大化的计划。

11A. 3. 2　边际产出＝w/p（或边际收益产出＝w）　从图 11-5（c）中，你立即可以看到，在利润最大化生产计划 A 处，等利润线的斜率（w/p）等于生产边界的斜率（也就是劳动的边际产出 MP_ℓ）。通过图 11-2（b）中生产边界所推导的劳动的边际产出的变形来研究类似的利润最大化行为，有助于我们更直观地看到其意义。

从而，图 11-5（d）通过复制图 11-2（b）中的 MP_ℓ 曲线开始，其中纵截距出于做图方便的目的被重新进行了调节（这使得曲线出现了一个相比以前"略不陡峭的"小山峰）。回忆一下，这仅是图（a）中生产边界斜率的图示。图（e）接着绘出了边际产出曲线的一个轻微的变体，被称为边际收益产出曲线（marginal revenue product curve）。劳动的边际产出 MP_ℓ 表示多雇用一劳动小时所带来的产出的增加，而边际收益产出曲线 MRP_ℓ 表示增加一工时所带来的收益（revenue）的增加。收益是产出乘以产出的价格 p，即 $MRP_\ell = pMP_\ell$。换言之，当产出的价格是 1 美元时，MRP_ℓ 曲线与 MP_ℓ 曲线相同，而当产出的价格是 5 美元时（与我的经济学家卡片的例子一样），MRP_ℓ 曲线是 MP_ℓ 曲线的 5 倍。进一步地，MP_ℓ 在图（d）的纵坐标轴上以"产出"单位度量，MRP_ℓ 在图（e）中以美元度量。

图 11-5（f）则表示了如何将图（c）中的生产边界表示的利润最大化与 MRP_ℓ 曲线表示的利润最大化问题联系起来。沿着生产边界，我们注意到 $w/p = MP_\ell$，也可以转化为（在等式的两边同时乘以 p）$w = pMP_\ell$ 或 $w = MRP_\ell$。用语言描述就是，在最优处，我对我雇用的最后一个工时支付的工资就等于我从该工时得到的边际美元收益。边际产出递减意味着在我雇用最后一个工人之前，MRP_ℓ 或工时的边际收益产出比我支付的工资要高。更精确地，图 11-5（f）显示，实际上在我雇用的前 22 个工时上我遭受了损失，在每种情形下，我支付了一个比我从每个工时得到的边际收益产出高的工资水平。然而从第 23 个工时开始，我雇用的每个工时的边际收益产出都比我必须支付的工资要高，直到当这个边际收益产出（MRP_ℓ）再次等于工资率时我停止雇用。我不想雇用更多额外的工时，因为从 78 小时开始，额外工时的边际收益产出小于我必须为该工时支付的工资。我的 200 美元的总利润（从图（c）包含生产计划 A 的等利润线读取）是图（f）中工资＝20 横线上面阴影部分的面积减去该横线下面阴影部分的面积。

练习 11A. 12 从图 11-5（f）可以看出，当我每天使用 22 个工时时利润是最小的（即最负的）。对图（c）在每天 22 个工时处关于生产边界的斜率有什么结论？请解释。∎

11A. 3. 3 200 美元利润怎么这样特殊？经济成本与收益 此时你可能驻足，并对我可能的最好做法是实施图 11-5（c）中的生产计划 A 这一点提出质疑。毕竟，如果我每天仅能创造 200 美元的利润，那么待在这个行业里可能不值得，或许在经济学家卡片行业之外寻找更好的机会要更划算。然而，结果显示，假定我们正确地定义了所有的变量，实情也并不是这样的。

我们来更精确地探讨这个例子。当我们首先定义术语利润时，我们随意地提到过，它等于（从产出的销售中产生的）所有经济收益减去（从雇用的要素中产生的）所有经济成本。这个利润定义中两次提到的关键词是"所有"以及"经济"。收益被认为是生产的经济收益（当且仅当其从持续的生产中产生并且如果生产者停止生产将不存在）。类似地，成本被认为是发生在生产中的经济成本（当且仅当它与持续的生产直接联系并且如果生产者选择中断生产将不会产生）。这些陈述初看很琐碎，但是两个例子将说明：如果我们与令人厌烦的会计学家而不是令人激动的经济学家交谈，那么我们对成本与收益的理解会有多么不同。

首先，假定我的生意已经运行了一阵并且已在过去支付了城市税。今年，这个城市有预算盈余并决定以退税支票的形式将剩余返回给我，每个生意所收到的支票数量与它去年所支付的税收收益成比例。我在邮件中收到的支票是我的生意的"收益"吗？在会计的意义上，它很明显是；毕竟，我在我生意的支票账户上储蓄了钱。美国联邦政府也会把这个当成收益，因为根据美国的税收法律，任何州或当地的退税都必须支付联邦税。我很高兴收到这张支票。但这个支票是生产经济学家卡片获得的经济收益吗？换言之，它是与我的经济学家卡片的持续生产相联系，并且如果我停止生产将不会实现的收益吗？当以这种方式阐述时，你可以看到答案是否定的：从城市得到的支票是基于我过去所做的生产决策（其导致了我去年对城市的税收支付），不管我今年是每天生产 10 包、100 包、1 000 包还是不生产经济学家卡片，支票的数额都不会有区别。由于这个"收益"与目前我工厂的经济决策无关，所以它并不是与那些决策相关的收益或"经济"收益。

下面，假定我的小厂去年有一个排气阀出现了故障，导致了污染物被排入环境中（这是非法的）。进一步假定我在今年年初时发现了这个问题并悄悄地修好了这个排气阀，于是我轻舒一口气，庆幸自己没有被抓到。但是之后我收到了该市的一封信，信中告诉我：去年拍摄的卫星图像显示我的工厂排放了过多的污染物。因此，我被要求缴纳 10 000 美元的罚金并解决这个问题。由于我已经解决了这个问题，所以我仅需要支付罚金，我的会计告诉我这是我生意上的一笔损失。但它是生产的经济成本吗？换句话说，我欠城市的罚金的多少取决于我目前的生产决策吗？答案再一次是否定的：不管我现在或将来是否生产以及生产多少，罚金都是基于过去发生的某些事情的。与我孩子学费的增加相比，这也不会是一个经济成本，因为尽管二者对我的钱包来说都不是好消息，但二者都与我们目前在我的生意中所面临的经济选择无关。从我生意的角度来看，二者都是我们后面要介绍的所谓的沉没成本，不是经济成本。

练习 11A. 13 假定我已经与以前的学生签订了一份合同，该合同约定其向我提供厂房以及生意的原材料，我在来年每月向其支付 100 美元。这是与我今年是否生产以及生产多少的决策相关联的经济成本吗？ ■

那么这一切与你的担忧（每天仅有 200 美元利润，不值得待在这个行业，或者将我的精力投入到其他事情上能创造更多的利润）有什么关系呢？如果我重述你的担忧，那么情况也可能是：你担忧我没有把我的时间的机会成本（我的经济学家卡片生意的下一个最好的选择，例如，可能是写另一本更加有利可图的教材）考虑进去。但是，注意，我的时间的机会成本，与因去年的污染而被要求缴纳的城市罚金不同，是生产经济学家卡片的经济成本。换句话说，从这个生意耗费我时间的程度上看，这是必须包含在任何经济利润计算中的经济成本。但是这一点到目前为止还没有被明确地包括在模型中，我仅假设了：（1）我的时间的机会成本是每小时 20 美元的市场工资（以及我的工作小时是被雇用来作为生产经济学家卡片的投入的一部分）或（2）这个生意不花费我任何时间，可以自己运营。在第一种情形中，如果我在工厂每天花费 8 小时，那么我的利润计算中包括支付给我自己的每小时 20 美元的工资（每天总共 160 美元）。如果这是我的时间的机会成本，那么这就是我在任何其他地方工作的最优结果。而在我的生意中我最终会得到 360 美元——160 美元工资加上 200 美元利润，比我做任何其他的要多 200 美元。在第二种情形下，该生意不耗费我任何时间，这意味着在我这一方没有时间成本，这个 200 美元将是不这样做就不会有的轻易之财。

结论是：当你总结某人创造的大于零的经济利润时（假定你在计算中已经包括了所有应该被包括的东西），你根据定义总结出该人在这个经济活动中比在任何已知的选择中"做得更好"。不管在"我创造了 200 美元的经济利润"这一陈述背后的故事是什么，它都意味着"我在这个经济活动比在下一个最好的选择中会多获得 200 美元"。

11A.4　改变经济环境

根据以上分析，我们可以得出如下结论：在工资为每小时 20 美元、产出价格为 5 美元的情况下，我们可以通过每天使用 78 工时得到 354 张卡片。那么，当产出价格或者工资变化时，为了保证利润最大化，我们的生产决策会怎样变化呢？我们在生产决策方面对这种变化做出的反应是：（1）生产更多的经济学家卡片；（2）生产同样多的经济学家卡片；（3）生产更少的经济学家卡片；（4）关闭工厂并停止生产经济学家卡片。

11A.4.1　市场工资的改变　首先假定每小时工资从 20 美元下降至 10 美元。从图 11-4（a）中我们已经看到，这样的改变会引起等利润线的如下变化：斜率（w/p）从 4 下降到 2，而截距（利润/p）并没有变化。这意味着新的最优生产计划 B 一定位于最初的最优计划 A 的右侧，因为一条更平缓的等利润线要与生产边界相切，而生产边界在 A 点右侧也变得更平缓了。如图 11-6（a）中的上图所示，新的最优生产计划要求每天利用 90 个工时生产 390 包而不是原来的 354 包经济学家卡片。新的等利润线的截距是 209，这意味着在最优生产计划 B 处将产生 1 045 美元的利润。[①]

---

① 首先，它之所以显示出那样是因为最优等利润线上有一个新的截距，这个图与我们在这段开始时所说的矛盾，即工资改变斜率但是不改变等利润线的截距。然而，当工资变化时截距不变化的陈述适用于与特定数量利润相对应的任何特定的等利润线。例如，在组图（b）中，初始等利润线实际上确实会改变斜率，但是不改变截距。然而，在工资处，该等利润线不再是最优的等利润线，因此生产者会移到一条（相切于 B 的）更高的等利润线上。

11

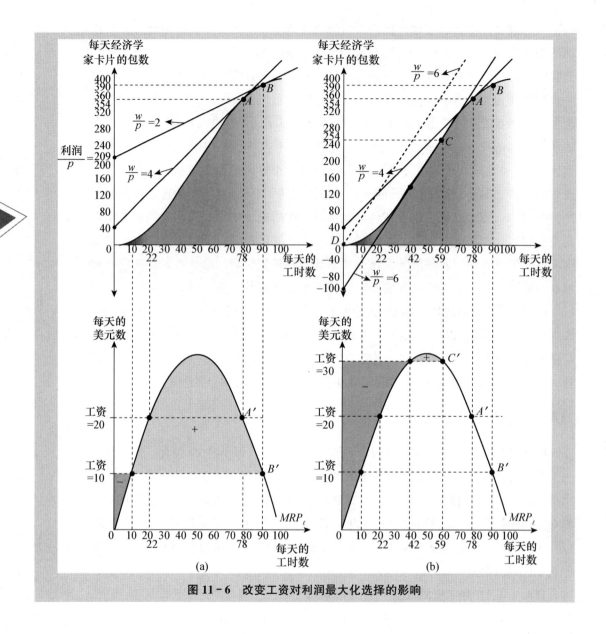

图 11-6 改变工资对利润最大化选择的影响

练习 11A. 14 在 A 点右侧还有很多生产计划可以选择，这里的生产边界的斜率也变得更小了。为什么我们不考虑这些点呢？ ■

图 11-6 (a) 中下方的图说明了由上图的生产边界得到的与边际收益产出曲线所示的相同的利润最大化行为。

练习 11A. 15 图 11-6 下面一组图中哪部分加起来是我在工资下降前赚取的 200 美元利润？哪部分加起来是我在工资下降后赚取的 1 045 美元利润？ ■

接下来，假定劳动市场上每小时工资上升到 30 美元。工资的增加使得等利润线的斜率增加到 6，这意味着其与生产边界的切点将在 A 点的左侧。图 11-6（b）给出了新的切点，即最优生产计划 C，在这一点上通过每天工作 59 小时可获得 254 包经济学家卡片。但同时请注意图 11-6（b）下图中边际收益产出曲线的变化：如果我按照 C 点所示的生产计划生产经济学家卡片，在工时小于 42 小时的部分我都将遭受损失，只有在 43~59 小时期间我才能获得高于工资的边际收益。因此，如果我雇用 59 小时的劳动（正如生产计划 C 所要求的），那么我的利润将是下图中"+"号区域阴影面积减去"－"号区域阴影面积（这很显然是负值）。观察上图我们可以发现，这一结果产生的原因是等利润线在 C 点的切线的截距是－100。

练习 11A. 16　给定这条等利润线的截距是－100，图 11-6（b）下图中由"+"号区域阴影面积减去"－"号区域阴影面积所代表的利润值是多少？■

因此，当工资上涨到每小时 30 美元时，我的最优行动不是实施生产计划 C，而是实施生产计划 D，即不雇用劳动并生产零包经济学家卡片，从而沿着图 11-6（b）中的虚线不产生任何利润。换言之，我应该继续从事下一个最好的可供选择的经济活动，并让经济学家卡片生意休整一下。这是生产者模型中角点解的一个例子。

练习 11A. 17　如果市场工资没有上涨那么多，那么我的最优行动还会是停止生产吗？

练习 11A. 18[*]　为了使最优生产决策始终保持在最初的 A 点，不受市场工资增加还是减少的影响，生产边界应满足怎样的条件？（提示：考虑折点在生产者决策中扮演怎样的角色。）■

11A. 4. 2　劳动需求曲线　在图 11-6 中，我们可以看到，当市场工资下降时，我将沿着 MRP_ℓ 曲线向下滑动到新的工资率，这意味着我需要雇用更多的工人（或者至少让他们工作更多工时）。类似地，当市场工资上涨时，我将沿着 MRP_ℓ 曲线向上滑动，只要能获利，我就会雇用更少的工人工作更少的工时。但是，当市场工资上涨到一定程度时，为了不使利润为负，此时我只需要停止生产并且不雇用工人即可（如图 11-6（b）所示）。因此，这条曲线的一部分构成了劳动需求曲线（demand curve for labor）——表示在不同市场工资水平下我将雇用的工时数的曲线。

图 11-7 通过先确定我可获得的最大利润为零时对应的工资率来更确切地说明了劳动需求曲线的确定过程。具体来讲，我们首先绘制出给定产出价格为 p 时的 MRP_ℓ 曲线，接下来确定使得在最初雇用的工时所获得的负利润与在最后雇用的工时所获得的正利润相等的市场工资率 w^* 是多少。当 $w < w^*$ 时，负的阴影面积变小，而正的阴影面积变大，从而产生正利润；当 $w > w^*$ 时，负的阴影面积变大而

正的阴影面积变小，从而产生负利润。因此，当市场工资低于（或等于）w^* 时，我将沿着 MRP_ℓ 曲线下降的部分雇用工人；当市场工资高于 w^* 时，我不会雇用任何工人。加粗的两部分线段代表了我的劳动需求曲线，根据边际产出递减规律，它必须是向下倾斜的。

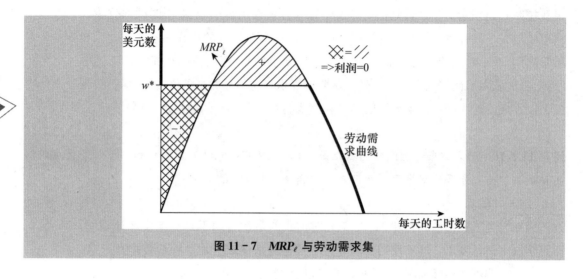

图 11－7　MRP_ℓ 与劳动需求集

练习 11A.19　当 $w=w^*$ 时，我可以获得的利润为零，为什么此时我选择继续生产在经济学上是理性的？

练习 11A.20　我之前的学生为我提供了生产空间，如果我与他签订合同，从明年开始每月定期付给他一定的租金，w^*——我能够保持生产的最高工资——会发生变化吗？ ■

11A.4.3　产出价格的变化　现在假定市场工资保持每小时 20 美元不变，但是"英雄卡片"（包括经济学家卡片）的市场价格上涨至每包 10 美元。同样，我们可以从图 11－4（b）中看出市场价格的增长会导致等利润线如何变化。需要注意的是，此时等利润线的斜率是 2（不是 4），与图 11－6（a）中工资下降到每小时 10 美元的时候的斜率相同。但是，如果等利润线的斜率又变成 2，那么最高等利润线与生产边界的切点又将回到 B 点，与图 11－6（a）中工资下降到每小时 10 美元的时候相同！因此，当价格增长到 10 美元时，表明最大利润点沿着生产可能性边界变化的图 11－8 的上图与图 11－6（a）的上图看起来完全相同。同样，每天花费 90 工时生产 390 包经济学家卡片是最优的。

尽管市场价格从 5 美元上升到 10 美元与每小时工资从 20 美元下降到 10 美元引起的最大利润点沿着生产可能性边界的变化完全相同，但在下图中我们仍然可以看到一些内在区别。首先，当工资改变时，边际收益产出曲线没有改变，因为边际收益产出 MRP_ℓ 等于价格 p 与边际产出 MP_ℓ 的乘积。然而，根据定义，价格 p 是边际收益产出 MRP_ℓ 的一部分，所以当价格变化时，边际收益产出曲线

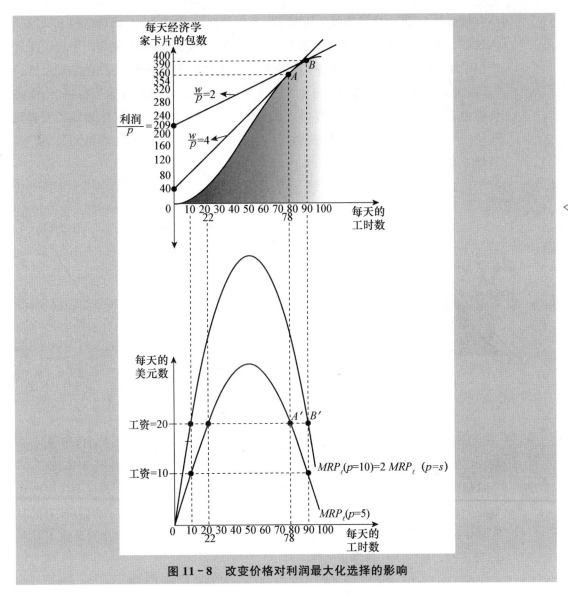

图 11-8　改变价格对利润最大化选择的影响

确实会移动。特别地，由于每包经济学家卡片的价格是以前的两倍，所以以美元
衡量的每小时劳动的产出也将是以前的两倍（尽管以产出单位衡量的产出保持不
变）。因此，新边际收益产出曲线上每一点的高度都是原始边际收益产出曲线的两倍。
虽然每包经济学家卡片的价格上升到 10 美元与每小时工资下降到 10 美元时的最优生
产计划相同，但我可以获得的利润显然在第一种情况下更高。

练习 11A. 21　图 11-8 下图中哪些部分加起来构成了我的新利润？这个新利润的美元价值是
多少（你可以通过上图中等利润线的截距计算出来）？

练习 11A. 22　你能从图 11-8 中看出当价格 p 变化时劳动需求曲线将如何变化吗？

练习 11A. 23　当价格 p 为多少时，等利润线会有与每小时工资上涨到 30 美元时（如图 11-6
（b）所示）相同的利润？在这种情况下，我的最优生产决策是什么？■

11A.4.4　产出供给曲线　从图 11-8 中我们可以看出，产出价格的上升（投入价格不变）将促使我毫不犹豫地生产更多产品，因为等利润线变得更平坦，而且产出增加使生产边界也变得更平坦了。图 11-9 (a) 在图 11-8 上图的基础上做了轻微的改动，调整了等利润线与生产边界相切的位置。如图所示，当价格 p^* 恰好使得相切的等利润线的截距为零时，其斜率为 w/p^*，这意味着，沿着这条等利润线的任何生产计划都将产生零利润，并且当价格为 p^* 时，最优生产计划是 A，即利用 ℓ^* 单位工时生产 x^* 单位产出。

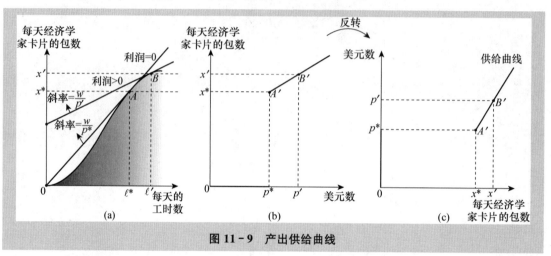

图 11-9　产出供给曲线

当价格高于 p^* 时，等利润线变得更平坦，这意味着最优生产计划位于 A 点右侧。比如，当价格为 p' 时，计划 B 是最优的，即利用 ℓ' 单位工时生产 x' 单位产出；当价格低于 p^* 时，等利润线变得更陡峭，这意味着其截距为负，并且最优生产计划位于 A 点左侧。此时，我只能获得负的利润，倒不如停止生产，并且用所有的时间陪伴我的妻子，让妻子成为我的新雇主。因此，当经济学家卡片的价格下降到 p^* 以下时，我的工厂将停止生产。

图 11-9 (b) 则把生产计划 A 和 B 的产出水平平移到了纵坐标轴上，并把这些产出水平达到最优时对应的产出价格（p^* 和 p'）绘在横坐标轴上。连接 A' 点和 B' 点，我们可以估计纵坐标轴上经济学家卡片的产出数量将怎样随着横坐标轴上高于 p^* 的价格的变化而变化。另外，我们用横坐标轴上 p^* 以前的粗线部分补充连接 A' 点和 B' 点的线段，这说明当市场价格在 p^* 以下时，我的最优产出水平是零。图 (c) 是将图 (b) 的横坐标轴和纵坐标轴互换后得到的（这样更符合我们描述需求曲线的习惯）。图 (c) 中得到的两条线段代表了我的工厂的供给曲线，这条曲线描述了我对产出所收取的价格与我生产的产出数量的关系。正如劳动需求曲线是向下倾斜的，产出供给曲线明显是向上倾斜的。

练习 11A.24　在图 11-9 中，我们隐含了工资不变的条件。如果工资发生变化，供给曲线将如何变化？■

11A.5 在利润最大化的过程中实现成本最小化

至此，我们探索了一个公司选择利润最大化产量的直接含义。尽管在一种投入/一种产出的情况下画出曲线是很直接的，但我们将在下一章中看到：当条件更复杂，即当我们拥有两种（例如：劳动和资本）而非一种投入要素（例如：仅劳动）时，情况会变得复杂得多。幸运的是，存在另一种将公司利润最大化进行概念化的方法。这种方法得出的结论是一样的，但在投入要素变成两种时，能够更简单地使用图表进行分析。因此，我们在此将阐述这种用于分析单要素模型的可供选择的概念性方法，以便我们在准备扩展到多要素模型时，能习惯于那些基本的观点。

这种方法开始于一种观察：任何利润最大化的生产者都将选择以最小的成本生产任何产量。这一阐述看似无关紧要。你当然会在成本最小化时生产任何产量。浪费投入是不符合利润最大化目标的。但是，这一发现使我们可以将利润最大化问题分解为两步：第一步，我们仅仅思考当公司生产任意产量时将产生多大的成本。这将使我们基于投入价格而非产出价格衍生出成本曲线。然后，我们可以进入第二步，继而思考：我应该生产多少产量以使得收益（通过在市场上出售产品获得）与成本（由第一步得出）之差最大化？

11A.5.1 总成本与边际成本曲线 图 11 - 10 得出了在我们以前使用的相同生产边界情况下的一系列图。我们已熟悉左侧的图（图 (a) 到图 (c)），在此基础上，我们推导出了劳动的边际产出曲线（MP_ℓ）与劳动的边际收益产出曲线（MRP_ℓ）的形状。我们要特别说明，生产边界曲线的斜率在开始时是上升的，这意味着最初我每一额外增加的工时都比之前的工时更有效率。但是最终，当产量过了图 11 - 10 (a) 中的 A 点后，斜率下降，这意味着每一增加的工时都比之前更无效率了。换言之，在达到 x^A 前，生产随着劳动效率的提高而变得越来越容易；但当达到 x^A 后，增加一单位产出变得越来越难。

上面陈述的逻辑含义就是：最初每一额外单位（直到 x^A）的生产都比上一单位更便宜，但是最终（即对高于 x^A 的生产）每一额外单位的生产都比它以前的一单位更昂贵。这一结论在图 11 - 10 右侧的图中得以表现。首先，图 11 - 10 (d) 是图 11 - 10 (a) 的反转：将 ℓ 轴由横坐标轴转为纵坐标轴，x 轴由纵坐标轴转为横坐标轴。结果，图 11 - 10 (d) 中表示的反生产边界有与图 11 - 10 (a) 中的生产边界相反的形状，陡峭的曲线变得平坦，反之亦然。对于任一产量 x，这个反转的生产边界表示生产这一水平的产量所需要的最小劳动时间。第一单位的产出需要很多劳动，但是之后边际产出需要的劳动变得越来越少，直到产量达到 x^A 水平。此时，为了获得额外产出所需要投入的额外劳动开始增加。这再次说明生产开始时是越来越容易的，但最终却越来越难。

图 11 - 10 (e) 将图 11 - 10 (d) 中反转的生产边界乘以工资率，将纵坐标轴上的单位从工时转为美元。尽管图 11 - 10 (d) 给出了以工时表示的总生产成本，图 11 - 10 (e) 把这转换成（总）成本曲线，告诉我们任一水平的产量承担了多少成

11

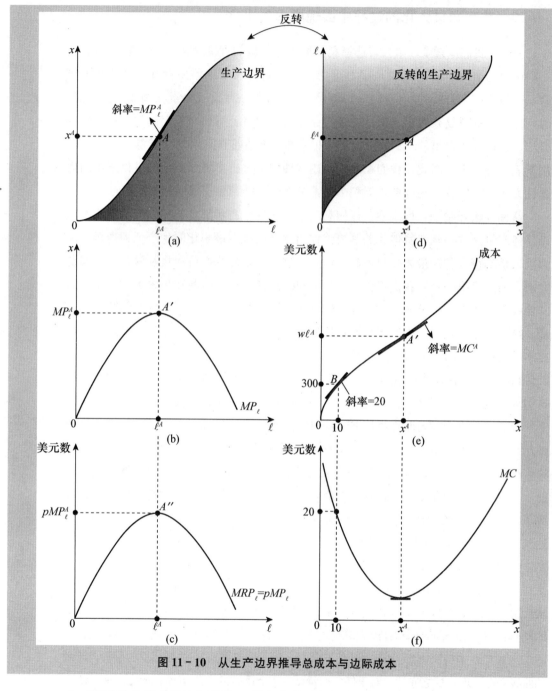

图 11 - 10 从生产边界推导总成本与边际成本

本（假设我总是雇用恰好能使工作完成的最少劳动）。图 11 - 10（d）中的成本曲线告诉我们：在产达到 x^A 水平之前，随着边际产量的增加，总成本增加得越来越慢，之后却增加得越来越快。因此，生产边界与成本曲线二者包含着同样的信息，它们均指出：最初多生产一单位的产品是越来越容易的，但最终这变得越来越难。图 11 - 10（a）中的生产边界通过劳动的生产效率传递了这一信息，即最初越来越有效率而最终则变得没有生产力了。图 11 - 10（e）中的成本曲线则通过边际产量对应的成本来说明这一道理，即最开始时额外产出越来越便宜而最终则变得越来越昂贵。图 11-10（a）中的生产计划 A 是曲线开始变得平坦（劳动变得不如从前有效率）的转折点，图 11-10（e）中成本曲线的转折点同样发生在产量达到 x^A 时。

最后，就如同图 11-10（b）通过图 11-10（a）绘制了生产边界的斜率那样，图 11-10（f）通过图 11-10（e）绘制了成本曲线的斜率。在本章中，我认为生产边界的斜率与劳动的边际产出非常相似，因为它告诉了我们当我雇用最后一工时时，总产量增加了多少。同样，图 11-10（e）中总成本曲线的斜率告诉了我们最后一单位产量使得总成本增加了多少，或当我准备生产更多时将会增加的成本。例如，考虑图 11-10（e）中的生产计划 B。生产边界在 B 点的斜率说明：当我生产10 单位而非 9 单位的产量时，总成本会增加多于 20 美元；当我生产 11 单位而非10 单位的产量时，总成本会增加多于 20 美元。这阐述了图 11-10（f）中边际成本曲线（marginal cost curve）上的一个点。特定一单位产出的边际成本被定义为多生产一单位产出导致的（总）成本的增加额。

练习 11A. 25 如果图 11-10 右侧图形中的工资率是 20 美元，你能否推导出图 11-10（a）中在 10 单位产量时生产边界的斜率？你能否推导出生产 10 单位产量需要投入多少劳动，以及在此劳动投入水平上，图 11-10（b）、图 11-10（c）中曲线的垂直数值是多少？

练习 11A. 26 如果生产者的选择集是严格凸的，那么 MRP_ℓ 和 MC 的形状是怎样的？图 11-1（a）中的生产边界的形状是怎样的？ ■

11A. 5. 2 成本曲线上的利润最大化 假设给定我的由生产边界描述的生产技术以及给定工资水平 w，像我们所做的那样已经推导出了我工厂的 MC 曲线。我们已经完成了利润最大化的新方法的第一步，也就是说，我们确定了在不浪费投入要素的情况下生产任意产量所产生的成本。这些都与产出（output）价格无关，毕竟，我的产品所能出售的价格与我花费的成本无关。在我们新的计算利润最大化的两步方法中，假设我们已知花费的成本，市场已经设定了我的产品所能出售的价格，我们现在需要确定产量是多少。

图 11-11（a）复制了图 11-10（f）中的 MC 曲线。现在假定我面临着每单位产出的售价 p^*。由于 p^* 低于 MC 曲线的初始端，我对第一单位产品要付出一个高于我从卖出这一单位产品所得的收益（被称为边际收益）的成本。对于第二单位产出也是这样：对该单位的 MC 表示当我生产 2（而不是 1）单位时总成本的增加。类似地，每额外一单位的生产将会给我带来的损失等于在 p^* 处的虚线与 MC 曲线之间的距离，直到产量达到产出水平 x^C（此时 $MC=p^*$）。如果我在 x^C 点停止生产，我会遭受图 11-11（a）中左边阴影部分的损失。然而，如果我继续生产，我将能以价格 p^* 卖出我生产的每一额外单位，其高于我为生产该单位所付出的额外成本，直到我的产出水平达到 x^D。如果我生产 x^D 单位的产出，那么我会遭受

图 11 - 11 （a）左边阴影部分的损失，并获得右边阴影部分的收益。如果继续生产更多，那么这将是没有意义的，因为 MC 又高于我的产品在市场上所能卖出的价格了。

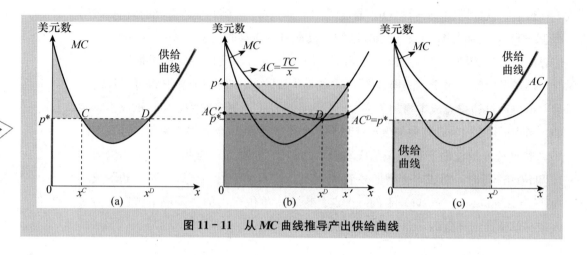

图 11 - 11　从 MC 曲线推导产出供给曲线

练习 11A. 27　判断正误：只要生产者是价格接受者，在一个产出位于横坐标轴、美元位于纵坐标轴的图中，边际收益曲线就一定总是平坦的直线。■

对于图 11 - 11 中的 p^*，左边阴影与右边阴影面积相同，这意味着生产 x^D 单位产出时我的总体利润为 0。如果价格低于 p^*，左边阴影面积扩大而右边阴影面积缩小，那么我的利润将为负，因此我将选择停止生产（从而利润为零）。这通过将 p^* 以下的纵坐标轴部分的线段描粗表示出来。如果产出价格高于 p^*，左边阴影面积缩小而右边阴影面积扩大，那么我在价格与 MC 曲线的交点生产时总体利润是正的。MC 曲线上高于"持平"价格 p^* 的粗体线段表明了当价格上升到 p^* 以上时，我选择向这个市场供给多少产品。两段粗体线段的结合表示了我的产品供给曲线，它与图 11 - 9（c）中当我们使用等利润线和生产边界直接推导时得出的产品供给曲线的形状完全相同。这是因为这两条曲线本质是相同的。我们在这里所做的就是将利润最大化问题一分为二：首先，我们确定任一产量的成本；然后，我们探究哪一产量使得总收益（通过出售产品得到）与总成本（从第一步中得出）之差最大。

11A. 5. 3　通过平均成本曲线找到 p^*　最终，我们发现有一种比利用加总阴影区域更简易的方法来确定 MC 上使得生产者选择停产的那个转折点。为此，我们需要介绍另一条成本曲线：平均成本曲线（average cost curve）。

平均成本（average cost）被简单地定义为总成本除以产量。例如，在图 11 - 10（e）的 B 生产计划处，总成本曲线表明我可以在总成本为 300 美元的情况下生产 10 单位产出。这意味着：当我一共生产 10 单位产出时，生产一单位产出的平均成本是 30 美元。注意，这与边际成本不同。边际成本是生产最后一单位（或额外生产一单位）产出的成本。平均成本曲线（AC）仅通过总成本除以产量描绘平均成本。如同边际成本曲线一样，这条曲线也是 U 形的，因为我们假设的生产技术在开始时生产边际产出越来越容易（引起平均成本下降），最终越来越难（使平均成本在某点后再次开始上升）。然而，AC 曲线与 MC 曲线的逻辑关系更为清晰：首先，两条曲线开始的纵截距是一样的；其次，当 MC 曲线穿过 AC 曲线时，AC 曲线达到其最低点［见图 11 - 11(b)］。

你可以通过思考你课程的平均分数与边际分数来理解平均成本与边际成本之间的关系。假设你某门课程的第一次作业的分数为 95%。此时，你的边际分数为 95%。由于你没有其他作业，所以你的平均分数也是 95%。因此，如果你一门课程只有一次作业，那么你的平均分数与边际分数是一样的，就像生产一单位产量的平均成本与边际成本相等一样。现在假定你并没有雄心壮志，不希望父母习惯于你优异的成绩。因此，你希望下一次作业的分数下降。那么你下一次作业的边际分数就必须低于你的平均成绩，在这个例子中就是低于 95%。假定你成功了，第二次作业的分数是 85%。那么两次作业以后你的平均分数就是 90%，因为第二次边际分数拉低了你的平均分数。现在你想达到更低的平均分数。你将再次取得低于平均分数的边际分数。直至最后一次作业，你最终将你的平均分数降低至 70%。假定此时你想获得比这更高的平均分数。为了达到这一目的，你最后一次作业的边际分数必须高于此时的平均分数。因此，当边际分数低于平均分数时，平均分数被拉低；当边际分数高于平均分数时，平均分数被拔高。平均成本与边际成本同理。

在图 11 - 11(b) 中，我描绘了 AC 曲线，使得它从与 MC 曲线相同的截距处开始，当高于 MC 曲线时下降，当低于 MC 曲线时上升。这意味着 MC 曲线必须在最低点穿过 AC 曲线，因为只要 MC 曲线高于 AC 曲线，它都将提高平均成本（如同当你的边际分数高于课程平均分数时，它将提升整体平均分数）。

练习 11A. 28＊ MC 曲线能在 AC 曲线上升的同时下降吗？（提示：答案是可以。）你能否给出一个类似的例子，说明在平均分数上升的同时，边际分数是下降的？■

此外，我把 AC 曲线的最低点描绘在 D 点，它就位于"盈亏点"p^* 处。这并非一个随意的选择。实际上，这具有逻辑必然性，这恰恰是 AC 曲线到达最低点的时候，因为当产出价格等于最低平均成本时，总体利润为零。

这一结论绝不是显而易见的，但我们可以很容易地推导出来。假设我面临的价格不是 p^*，而是图 11 - 11 (b) 中的 p'。我会选择在产品供给曲线上生产 x' 单位的产量，这意味着每单位产出的平均成本为 AC'。如果平均成本是 AC'，并且我生产总产出 x'，那么我的总成本（total cost）就是 AC' 乘以 x'，即深色阴影区域。（你也可以从 AC 的定义 $AC=TC/x$ 中推导出 $TC=x(AC)$。）此外，我的总收益等于产量（x'）乘以每单位产品的出售价格（p'），即图 11 - 11 (b) 中所有阴影区域。这意味着利润等于两块阴影区域的面积之差，或仅仅为图中浅色阴影区域。

现在，当产出价格为图 11-11(c) 的 p^* 时，我们可以做同样的计算。在这种情况下，我的产量为 x^D，平均成本为 AC^D。这意味着我的总成本为图中阴影区域。因为产出价格为 p^*，我能以价格 p^* 出售每一单位产出，从而我的总收益等于图 11-11（c）中的阴影区域。因为 $p^* = AC^D$，所以我的总收益与总成本相等，而如同我在图 11-11（a）中得出的结论，我的总利润为 0。因此，"盈亏平衡点"必定位于 AC 曲线的最低处，此时 MC 曲线穿过 AC 曲线。因此，如果我们把平均成本与边际成本画在同一幅图中，就可以立即在 MC 曲线高于 AC 曲线的部分得出产品供给曲线，而在更低的价格水平上，供给为零。

练习 11A. 29 如果生产者的选择集是凸的，那么边际成本曲线与平均成本曲线的形状是怎样的？ ■

11B   短期模型的数学分析

在 A 部分用图示方法建立的单一投入/单一产出模型很容易被转化成一个数学框架，在接下来的章节中，我们将看到这个数学框架可以很容易地扩展到更复杂、更真实的生产环境中。现在，我们将继续使用 A 部分中介绍的例子，我试图使用被表示为 ℓ 的"工时"的投入来生产用 x 表示的"经济学家卡片的包数"。（我知道我们以前在第 3 章和第 8 章用 ℓ 表示"闲暇时间"，但我不认为现在用它来表示"工时"会引起混乱。虽然当我偶然注意到最近给我修房子的施工人员的休息次数时曾问过自己，但我不知道有哪家公司会把他们的工人的闲暇时间作为生产性投入。）

11B. 1   生产者面临的技术约束

在第 2 章中，当介绍了消费者的选择集时，我们定义了用来描述点集的数学符号，定义的第一部分指明了点所占据的几何空间（即它们是 $\mathbb{R}^2_+$、$\mathbb{R}^3_+$ 等的元素），定义的后面部分说，这样的点必须满足一个等式（即预算方程）的形式。换句话说，定义的第一部分给出了点需要满足的必要条件，而第二部分给出了充分条件。当我们定义生产者选择集时，我们将遵循同样的做法，然后说明它的数学性质。

11B. 1. 1   生产者计划、生产者选择集和生产边界   如 A 部分中已经证明的，对于单一投入/单一产出生产过程的生产计划仅是二维空间中的点，就像两商品世界中的消费束一样。更精确地说，生产者选择集是位于生产边界之下的生产计划，生产边界是由生产函数所定义的。正式地定义一下，由生产函数 $f: \mathbb{R}^1_+ \to \mathbb{R}^1_+$ 定义的生产者选择集 C 可写为

$$C(f: \mathbb{R}^1_+ \to \mathbb{R}^1_+) = \{(x, \ell) \in \mathbb{R}^2 \mid x \leqslant f(\ell)\} \tag{11.1}$$

原则上，生产者选择集可以采取各种形状，但在本章的 A 部分，我们强调一种特殊的"S"形。我们有很多方式可以得到生产函数的这种形状，其劳动的边际产出有开始上升但最终下降的特点。（章末习题 11.6 对三种这样的方式进行了探索。）例如，考虑函数

$$f(\ell) = \begin{cases} \alpha(1-\cos(\beta\ell)), & 0 \leqslant \ell \leqslant \dfrac{\pi}{\beta} \approx \dfrac{3.141\,6}{\beta} \\ 2\alpha, & \ell > \dfrac{\pi}{\beta} \approx \dfrac{3.141\,6}{\beta} \end{cases} \tag{11.2}$$

由于 $\cos(0)=1$，这个函数从零劳动投入的零产出（即，$f(0)=0$）开始；并且，由于 $\cos(\pi)=-1$，当 $\ell=\pi/\beta$ 时产出达到 2α。在 $\ell=0$ 和 $\ell=\pi/\beta$ 之间，该函数是向上倾斜的，斜率最初递增（从而劳动的边际产出递增）但是最终递减（从而劳动的边际产出也递减）。[①]

练习 11B.1 如果我们不设定 2α 的产出水平，那么生产函数会是怎样的？ ∎

如图 11-1（b）所示的生产函数是从这个一般形式衍生出来的：$\alpha=200$ 且 $\beta=0.031\,416$（或 $\pi/100$）。即，我们使用了如下生产函数：

$$f(\ell) = \begin{cases} 200\left(1-\cos\left(\dfrac{3.141\,6\ell}{100}\right)\right), & 0 \leqslant \ell \leqslant 100 \\ 400, & \ell > 100 \end{cases} \tag{11.3}$$

练习 11B.2 定义生成图 11-1（a）中生产边界的生产函数并正式地定义相应的生产者选择集。 ∎

11B.1.2 生产函数的斜率：劳动的边际产出 现在把劳动的边际产出的定义 MP_ℓ 作为多增加一单位投入导致的总产出增加。一旦我们定义了一个生产函数 f，我们就把这个定义简单地重述为生产函数关于投入的导数，即，

$$MP_\ell = \frac{df}{d\ell} \tag{11.4}$$

回忆一下（$\cos x$）的导数是（$-\sin x$），式（11.3）中定义的生产函数的劳动的边际产出是

$$MP_\ell = 200\left(\frac{3.141\,6}{100}\right)\sin\left(\frac{3.141\,6l}{100}\right) = 6.283\,2\sin\left(\frac{3.141\,6\ell}{100}\right) \tag{11.5}$$

[①] 注意，我们这里使用 π 来表示圆周率（用于计算一个圆的周长和面积）的值。在其他地方我们用相同的希腊字母表示利润。

练习 11B. 3 给定 f 确实按照等式（11.3）定义，那么等式（11.5）要怎样修改才能精确地反映工时超过 100 时劳动的边际产出呢？

练习 11B. 4 用练习 11B. 2 中得到的生产函数推导劳动的边际产出。将其与图 11-2(a) 中图示的导数进行比较。■

11B. 1. 3 递减的劳动的边际产出 在 11A. 1. 3 节中我们认为，在一个匮乏的世界中，任何投入的边际产出最终必然下降。在知道边际产出就是生产函数的导数后，我们现在可以看到这个 "边际产出递减" 是如何直接与生产函数 f 的数学性质相关的。特别是，我们可以把边际产出递减规律转化为以下数学表达："对充分高的劳动水平，MP_ℓ 的斜率或导数是负的"。但既然边际产出 MP_ℓ 是函数 f 的导数，递减的边际产出就可以进一步被描述为 "对充分高的劳动水平，生产函数的二阶导数一定是负的" 或 "对所有 $\ell > \ell^*$，都存在 $\ell^* < \infty$，使得

$$\frac{dMP_\ell}{d\ell} = \frac{d^2 f}{d\ell^2} < 0 \tag{11.6}$$

成立。" 当然，这仅意味着生产函数必须在某一点开始变得越来越平坦。

练习 11B. 5 验证方程（11.3）中的生产函数满足（劳动的）边际产出递减规律。■

11B. 2 对利润的"偏好"

在通过生产者选择集定义技术约束后，11A. 2 节继续认为，追求利润最大化（以及价格接受）的生产者的无差异曲线一定是能产生等利润量的生产计划构成的直线。与利润水平 π 相对应的这样一条无差异曲线（或等利润线）的截距为 π/p，斜率为 w/p。

更正式地，当产出价格为 p、工资率为 w 时，包含所有能获得特定利润水平 π 的生产计划的等利润线 P 可以被定义为如下集合：

$$P(\pi, w, p) = \{(x, \ell) \in \mathbb{R}^2 \mid \pi = px - w\ell\} \tag{11.7}$$

其中，包含在这个集合定义中的方程恰好是我们在 11A. 2 节中推导出来的。更精确地，方程 $\pi = px - w\ell$（通过在两边加上 $w\ell$ 并除以 p）可以改写为

$$x = \left(\frac{\pi}{p}\right) + \left(\frac{w}{p}\right)\ell \tag{11.8}$$

其截距为 π/p，斜率为 w/p。图 11-3 和图 11-4 中的等利润线是在方程（11.8）中代入不同的 π、w 和 p 后绘制的。

11B. 3　选择最大化利润的生产计划

在对消费模型的研究中，我们最终设定了一个受约束的最优化问题，即我们把效用函数定义为被最大化的"目标函数"，把预算线定义为实现最大化的"约束"。在生产者模型中，我们已经把利润 π 作为最大化的目标，技术约束由限制了可行的生产计划集的生产函数所施加。

11B. 3. 1　建立生产者最优化问题　生产者选择的生产计划 (x, ℓ) 能够使他（她）的利润 $\pi = px - w\ell$ 在 (x, ℓ) 在技术可行的限制下实现最大化。用数学式子来表达就是，生产者求解问题

$$\max_{x, \ell} \pi = px - w\ell \quad \text{s. t. } x = f(\ell) \tag{11.9}$$

在第 6 章中，我们描述了几种可以解决这些受约束的最优化问题的方法，方法 1 简单地把约束代入目标函数，方法 2 建立了一个拉格朗日函数来微分。在单一投入/单一产出的模型中，方法 1 往往是最简单的，它使我们能够把等式（11.9）中描述的受约束的最优化问题转换成一个不受约束的最优化问题

$$\max_{\ell} \pi = pf(\ell) - w\ell \tag{11.10}$$

11B. 3. 2　边际产出 $= w/p$（或边际收益产出 $= w$）　解决无约束最优化问题（11.10）是一件简单的事情，只需对函数 π 取一阶导数并令其为零即可，即利润最大化问题（11.10）的一阶条件为

$$\frac{d\pi}{d\ell} = p\left(\frac{df(\ell)}{d\ell}\right) - w = 0 \tag{11.11}$$

重新整理，并用 MP_ℓ 代替 $df(\ell)/d\ell$，得

$$MP_\ell = \frac{w}{p} \text{ 或等价地 } pMP_\ell = MRP_\ell = w \tag{11.12}$$

因此，对于等式（11.3）中定义的我们一个生产过程的例子而言，这意味着最优生产计划已经满足条件

$$MP_\ell = 6.283\,2\sin\left(\frac{3.141\,6\ell}{100}\right) = \frac{w}{p} \tag{11.13}$$

图 11 - 5（c）及（f）中得出的结论马上就从图示背后的数学原理中表现出来了：在最优处，劳动的边际产出等于 w/p，劳动的边际收益产出等于 w。按照 A 部分所使用的语言，这仅仅意味着，作为生产者，只要额外一工时的收入的边际收益高于其边际成本（就工资方面），我就会沿下降的边际收益产出曲线雇用劳动力。例如，当 $w = 20$、$p = 5$ 时（如图 11 - 5 所示），式（11.13）简化为 $\sin(0.031\,416\ell) = 0.636\,6$，这对 $\ell = 22$ 和 $\ell = 78$ 成立。第一个解表示图 11 - 5(f) 中边际收益产出曲线与工资的第一个交点，因而代表利润"最小"而不是最大。第二个解 $\ell = 78$ 则

表示边际收益产出曲线向下倾斜部分的真实解。

11B.4 劳动需求、产出供给与"真正最优"

图 11-6 和图 11-8 都在 w 或 p 发生变化时，描绘了利润最大化的最优解。在求解不同经济条件下的最优化问题（11.10）时，都会用到生产函数（11.3）。事实上，解决最优化问题（11.10）的方法隐性地定义了劳动需求函数（labor demand function），给出了在任意工资率 w 和价格 p 下对劳动 ℓ 的需求量，即，

$$\ell = \ell(p, w) \tag{11.14}$$

最初在图 11-7 中推导出来的劳动需求曲线仅是劳动需求函数的一个简单的"切片"，其中 p 被固定在 5 美元处（即 $\ell(5, w)$）。更准确地说，正如在消费者需求曲线的情形中那样，经济学家已经习惯于通过做图表示反函数部分，图 11-7 中的劳动需求曲线实际上是 $\ell(5, w)$ 的反函数。我们在图 11-8（b）中注意到，MRP_ℓ 曲线随着 p 的上升向上（对于 p 的下降向下）移动。由于劳动需求曲线是 MRP_ℓ 曲线的一部分，所以当价格 p 由 5 美元增加到 10 美元时，劳动需求曲线将从切片 $\ell(5, w)$ 移动到切片 $\ell(10, w)$。当然，劳动需求函数 $\ell(p, w)$ 也可以类似地保持 w 固定而 p 不断变化的"切片"，从而给出把产出价格与劳动需求关联起来的曲线。

练习 11B.6 不通过数学计算，你能看出曲线 $\ell(p, 20)$ 是向上倾斜还是向下倾斜吗？它是如何与 $\ell(p, 10)$ 相关联的？■

一旦我们有了一个能告诉我们对于每个产出价格和工资率我将会雇用多少工时的函数 $\ell(p, w)$，我就能很快推导出产出供给函数，因为生产函数告诉了我对于任何水平的劳动投入所生产的产出。从而我工厂的产品供给（x）将是 p 和 w 的函数：

$$x(p, w) = f(\ell(p, w)) \tag{11.15}$$

例如，在图 11-6 中，我们只需把最优劳动需求（约为 78）代入生产函数，就可以得到产出量 $x = 354$。

从而，把产出价格与和产量关联起来的供给曲线的图也可以表示为当方程（11.5）中的工资被固定时的供给函数的（反）"切片"。特别地，图 11-9（b）表示工资被固定在每小时 20 美元时的函数 $x(p, 20)$，图 11-9（c）则绘出了它的反函数（被称为"供给曲线"）。

最后，根据产出供给和劳动需求的表达式，我们可以推导一个函数，这个函数告诉了我们，在价格和工资率发生任何变化的情况下，我的工厂将获得的利润额。

这个函数被称为利润函数 π，可以简单地写为：

$$\pi = \pi(p, w) = px(w, p) - w\ell(p, w) \tag{11.16}$$

11B.4.1 角点解 从图中我们已经注意到，对于工资和价格的某些组合，生产者的最佳选择便是停工，不再生产。然而，我们通过演算方法找到的最优解隐含地假设正水平的产出是最优的，并寻找等利润线和生产函数的一个切点。与消费者模型一样，如果真正的最优解涉及一个"内点解"（即正的生产水平），那么前面所描述的计算确实可以帮助我们找到那个解。

然而，考虑描绘在图 11-12 (a) 中的生产函数，价格 p 和工资 w 形成了斜率如图中所示的等利润线。如果我现在像式（11.9）和式（11.10）中那样建立最优化问题并使用我们在本教材中所介绍的基于微积分的求解方法，那么生产计划 A，即使用劳动投入 ℓ^A 生产 x^A 将是最优。然而，如果我继续计算我的利润 $\pi = px^A - w\ell^A$，便会发现 $\pi < 0$（图中负纵截距所指出的）。因此，角点解 B（产生的利润为零）将好于生产计划 A（由于事实上 B 位于较高的等利润线）。

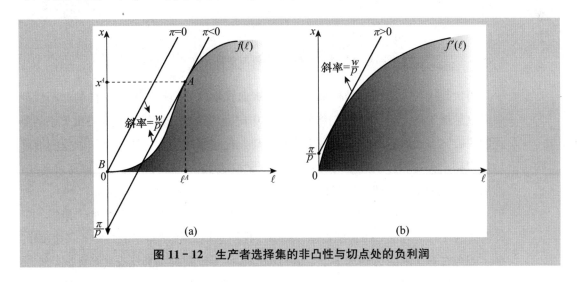

图 11-12 生产者选择集的非凸性与切点处的负利润

在计算利润最大化问题的解时，重要的是确保由我们的方法所建议的解不被角点解占优，特别是当端点解意味着停产时。换句话说，在确定某个特别的生产计划是利润最大化的之前，我们应该仔细检查以确保该生产计划中的利润至少为零。否则，我们就会知道，停工比生产占优。然而，当生产者选择集是凸的时我们无须检查等利润函数和生产函数之间相切所得出的解是否盈利（见图 11-12(b)）。

练习 11B.7 考虑一个劳动的边际产出自始至终（从第一个工时开始）递增的生产函数。判断正误：在这种情况下，数学优化问题将明确地给出一个利润为负的"解"。∎

11B.4.2 区分最小利润与最大利润 我们使用以微积分为基础的解决方法来

计算最大利润可能面临的第二个技术问题是出现多个"候选的"最优解。例如，考虑图 11-13 (a) 中所描绘的生产函数和等利润线。回想一下，我们的演算方法寻找的是在生产计划中，斜率为 w/p 的等利润线与生产函数相切的点。在这里所描述的情况下，这种方法将识别出 A 和 B 两个计划，但从图中可以很明显地看出 A 是真正的最优生产计划（事实上 B 只会得到负利润）。

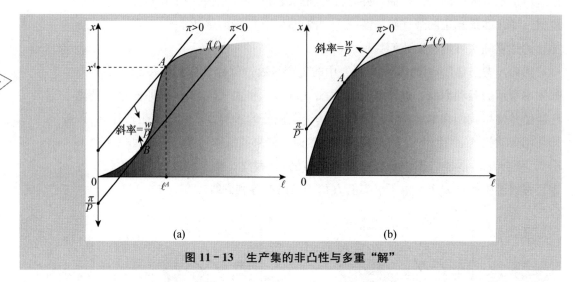

图 11-13 生产集的非凸性与多重"解"

再次，这种多重相切的根源在于生产者选择集的非凸性，而当这样的非凸性消失时（见图 11-13(b)），我们将使用本书中提到的微积分的优化方法得出单一的最优解决方案。虽然有计算真正最优的利润最大化问题的复杂方法，但如果我们准确地意识到正在处理什么类型的问题（即非凸性在哪里），便可以绕过这种复杂方法，然后进行检查，以确保我们计算出的最优解是真正的最优解。例如，利用方程 (11.13)，我们可以得出当 $w=20$ 且 $p=5$ 时，式 (11.3) 中生产函数的"最优"劳动需求为 $\ell=22$ 与 $\ell=78$。根据图 11-6，我们意识到数学给了我们一个不正确的解，因为在它给出的劳动水平下，w 与 MRP_ℓ 向上倾斜的部分相交，与此同时它又与向下倾斜的部分相交。这与图 11-13 (a) 中的 B 点非常相似，其真正的最优解其实是在 A 点。

练习 11B.8 考虑一个劳动的边际产出自始至终递增（从第一个工时开始）的生产函数。判断正误：在这种情况下，数学优化问题将给出一个单一的解，虽然这个解是利润最小的而不是利润最大的。■

11B.4.3 利润最大化的必要条件与充分条件 在 11B.4.1 节中，通常的观点认为，只要真正的能实现利润最大化的计划不在生产者选择集的角点，一阶条件（first order condition）（方程 (11.11)）就是生产者实现利润最大化必须满足的必要条件。有两个这样的角点：一个是不生产，而另一个则是无限生产。要使真正能实现利润最大化的计划不出现在这些角点，那么这些计划就必须满足一阶条件（11.11）。

练习 11B.9 给出生产者选择集和经济条件使得无限生产"最优"的一个例子。

练习 11B.10 在生产者是"价格接受者"的假设下，你在前一练习中所概述的场景合理吗？ ■

然而，在 11B.4.2 节中，我们发现，一个生产计划仅仅满足一阶条件（11.11）并不意味着它是真正的能实现利润最大化的生产计划，即使它没有落入上述"角点"。也就是说，可能会有几个生产计划满足一阶条件，其中有一些计划能比其他计划产生更多的利润。如果生产者选择集是凸的，那么一阶条件只能够得出生产计划是利润最大化的这样一个结论。这种凸性自动排除了端点解的可能性，并确保不会产生多个满足一阶条件的生产计划。因此，只要潜在的生产者选择集是凸的，我们就能得出：劳动需求函数和产出供给函数的一阶条件分别是利润最大化的必要条件和充分条件。

11B.5 利润最大化过程中的成本最小化

正如我们在 A 部分中讲到的，还有第二种推导生产者的利润最大化计划的方法，即，将利润最大化分为两部分：第一部分只是简单地关注它生产不同产出水平的成本；第二部分则是对于在市场上出售的商品，考虑到成本和价格，我们应该生产多少。

单一投入的生产过程的成本最小化是微不足道的，因为仅存在一种技术上有效的方式来生产任何水平的产出：通过使用位于生产边界的投入水平实现所期望的产出水平。（一旦我们有两种投入，这个问题就不再那么简单，因为我们可以采用许多不同的方式把劳动和资本结合起来，以生产相同的产出水平。）我们在图 11-10 中说明了一种投入的成本最小化问题。在图 11-10 中，生产 x^A 的产出要求 ℓ^A 的投入，成本是 $w\ell^A$。更正式地，从图 11-10（a）到图 11-10（d），我们所做的就是运用 $f(x)$ 的反函数得到

$$\ell(x) = f^{-1}(x) \tag{11.17}$$

这告诉了我们生产每一水平的产出需要投入多少单位的劳动。然后，从图 11-10（d）至图 11-10（e），我们简单地将这个函数乘以劳动成本 w，得到

$$C(w, x) = w\ell(x) \tag{11.18}$$

这告诉了我们对于任意产出水平的总成本。事实上，图 11-10（e）只是在保持 w

固定的情况下成本函数 $C(w, x)$ 的一个"切片"。由此，我们可以推导出边际成本函数与平均成本函数分别如下：

$$MC(w,x) = \frac{\partial C(w,x)}{\partial x} \quad , \quad AC(w,x) = \frac{C(w,x)}{x} \tag{11.19}$$

并且，当 MC 曲线位于 AC 曲线之上时，可以得出产出供给曲线。更准确地说，我们得出的产出供给曲线是更一般的供给函数 $x(p, w)$ 的反函数的一个"切片"。这个一般的供给函数告诉我们，在由产出价格 p 和工资 w 描述的经济处境下，生产者可以供给多少商品。为了得到这个供给函数，我们注意到，只要价格高于 AC 曲线的最低点，作为价格接受者的生产者就会一直生产，直到价格等于边际成本，即

$$p = MC(w,x) \text{，如果 } p \geq \min_x\{AC(w,x)\} \tag{11.20}$$

然后，我们可以通过求解方程 $p = MC(w, x)$ 得出 x，以获得位于 AC 曲线之上的供给函数 $x(p, w)$，在 AC 曲线之下供给等于零，即

$$x(p,w) = \begin{cases} MC^{-1}(p,w), & \text{若 } p \geq \min_x\{AC(w,x)\} \\ 0, & \text{若 } p < \min_x\{AC(w,x)\} \end{cases} \tag{11.21}$$

其中 MC^{-1} 仅突出 MC 函数关于价格的反函数。此外，只需把方程（11.17）中的 $x(p, w)$ 代入反生产函数 $\ell(x)$，我们就可以推导出需求函数中投入的劳动 $\ell(p, w)$。

11B. 5. 1 *MC* 与 *AC* 的关系 在推导出总成本、边际成本、平均成本的数学表达式后，我们现在也可以很容易地从数学上证明有关平均成本和边际成本关系的直观结论。尤其是，我们知道 MC 曲线和 AC 曲线相交于最低点，即 AC 曲线关于 x 的导数等于零处。用方程（11.19）中 AC 曲线的表达式并对其求关于 x 的导数，我们得到

$$\frac{\partial AC(w,x)}{\partial x} = \frac{\partial C(w,x)/\partial x}{x} - \frac{C(w,x)}{x^2} = \frac{MC(w,x)}{x} - \frac{C(w,x)}{x^2} \tag{11.22}$$

在等式两边同时乘以 x，得到

$$\frac{\partial AC(w,x)}{\partial x}x = MC(w,x) - \frac{C(w,x)}{x} = MC(w,x) - AC(w,x) \tag{11.23}$$

当 AC 关于 x 的导数为零时，这可以写成

$$MC(w,x) - AC(w,x) = 0 \quad \text{或} \quad MC(w,x) = AC(w,x) \tag{11.24}$$

从而，当 AC 达到最小值时，$MC(w, x) = AC(w, x)$。

11B. 5. 2 利润最大化的两种方法：*MP*$_\ell$ 严格递减的实例 由于 MP_ℓ（如方程（11.3）中的一个）的生产函数初始递增最终递减的复杂性，到目前为止，我们放

弃了确切地计算出供给和需求函数的做法，而仅仅介绍了两种计算方法。为了在一个计算更容易操作的环境下对这两种方法进行说明，我们将以一个例子结束本章。在这个例子中，我们不必担心存在角点解或多个可能的解的情形，因为从一开始我们就假设生产者选择集是严格凸的。本章后面的几个章末习题将会让你体验解决更复杂的生产函数的相同的一般方法。

假定生产者选择集和生产边界由如下生产函数定义：

$$f(\ell) = A\ell^\alpha \tag{11.25}$$

练习 11B. 11 为了使这个生产函数显示出劳动的边际产出递减的规律，α 必须满足什么条件？∎

建立利润最大化问题（这是计算投入需求和产出供给的第一种方法），我们可以得到

$$\max_{x,\ell} \pi = px - w\ell \quad \text{s. t. } x = A\ell^\alpha \tag{11.26}$$

或把约束条件代入目标函数中，得到

$$\max_{\ell} \pi = pA\ell^\alpha - w\ell \tag{11.27}$$

关于 ℓ 取一阶导数，我们得到一阶条件

$$\alpha A p \ell^{\alpha-1} - w = 0 \tag{11.28}$$

由此求解 ℓ，我们得到劳动需求函数

$$\ell(p,w) = \left(\frac{w}{\alpha A p}\right)^{1/(\alpha-1)} \tag{11.29}$$

练习 11B. 12 假定 $0 < \alpha < 1$ 且 $A > 0$。若价格固定，那么劳动需求函数关于工资向下倾斜吗？若工资固定，那么它关于价格是向上倾斜还是向下倾斜？你能用图解释为什么你的答案成立吗？∎

产出供给函数便是在 $\ell(p,w)$ 点赋值的生产函数

$$x(p,w) = f(\ell(p,w)) = A\left(\frac{w}{\alpha A p}\right)^{\alpha/(\alpha-1)} \tag{11.30}$$

练习 11B. 13 假定 $0 < \alpha < 1$ 且 $A > 0$。若工资固定，供给函数关于价格向下倾斜吗？若价格固定，供给函数关于工资是向上倾斜还是向下倾斜？你能用图解释为什么你的答案成立吗？

练习 11B. 14[*] 当 $\alpha > 1$ 时，前面两个练习的答案会怎样变化？你能对所发生的给出合理的解释吗？（提示：做图说明生产函数，并说明在不同的工资和价格下它与等利润线的切点。）∎

现在考虑第二种方法：利润最大化过程中的成本最小化。我们开始通过取生产函数的反函数得到方程（11.17）中的 $\ell(x)$，然后将其乘以 w，得到方程（11.18）中的成本函数。我们得到

$$\ell(x)=\left(\frac{x}{A}\right)^{1/\alpha} \quad \text{和} \quad C(w,x)=w\left(\frac{x}{A}\right)^{1/\alpha} \tag{11.31}$$

边际成本函数和平均成本函数分别是

$$MC(w,x)=\frac{\partial C(w,x)}{\partial x}=\left(\frac{w}{\alpha A^{1/\alpha}}\right)x^{(1-\alpha)/\alpha}$$

$$AC(w,x)=\frac{C(w,x)}{x}=\left(\frac{w}{A^{1/\alpha}}\right)x^{(1-\alpha)/\alpha} \tag{11.32}$$

注意，在这种情况下，当 $x=0$ 时，$MC(w,x)=AC(w,x)$，并且，无论何时，只要 $0<\alpha<1$，那么对所有 $x>0$，$MC(w,x)>AC(w,x)$ 均成立。因此，当 α 位于 0 和 1 之间时，对于这个生产函数，AC 曲线的最低点出现在 $x=0$ 处。因此，我们可以简单地设定价格等于 MC，解出 x，得到（如方程（11.21））

$$x(p,w)=\left(\frac{\alpha A^{1/\alpha}p}{w}\right)^{\alpha/(1-\alpha)} A\left(\frac{\alpha A p}{w}\right)^{\alpha/(1-\alpha)}=A\left(\frac{w}{\alpha A p}\right)^{\alpha/(\alpha-1)} \tag{11.33}$$

注意，当我们直接对相同生产函数求解利润最大化问题，而不是先求解成本函数，然后通过设定价格等于边际成本得出利润最大化的供给函数时，这恰恰是我们在方程（11.30）中所计算的供给方程。同样，如果我们现在将 $x(p,w)$ 代入方程（11.31）中的函数 $\ell(x)$，那么就像我们在利润最大化问题中得到方程（11.29）一样，我们可以得到

$$\ell(p,w)=\left(\frac{w}{\alpha A p}\right)^{1/(\alpha-1)} \tag{11.34}$$

练习 11B. 15 请做图说明，当 $0<\alpha<1$ 时，我们推导出产品供给函数的方法。当 $\alpha>1$ 时，有何变化？ ■

结论

本章探讨了最简单的生产者模型中的利润最大化行为：在这个模型中，单一投入"劳动"被转换成单一产出。生产计划被定义为将投入转化为产出的计划。生产边界将所有生产计划分为在技术上可行的和不可行的。因此，生产边界（用数学语言表述为生产函数），就是生产所面临的技术约束。生产者在生产边界上寻求能实现利润最大化的生产计划，我们通过将生产者的无差异曲线图阐释为等利润线图

（其斜率表示为投入与产出价格的比率）图示了这个过程。然后，我们探讨了在经济环境——价格和工资——发生变化时，利润最大化选择的变化，并通过分析推导得出了劳动需求曲线（和函数），以及产出供给曲线（和函数）。最后，我们证明了利润最大化过程有两步：其中第一步主要确定生产成本，第二步确定不同产出水平下的收益潜力。这一点在下一章中会有用。

　　通过这个非常简单的设定可以得出生产者模型背后的很多直觉，但是一些重要的细微之处被忽视了，其中最重要的是生产者在资本和劳动投入上做出的选择。换言之，因为到目前为止我们假定只有一个单一投入，因此生产者很清楚如何去生产特定数量的产出：他或她只需要投入最少的劳动来完成工作。但是，一旦我们引入了第二种可能的投入——比如机械，生产者就不仅要考虑生产多少，而且还要考虑以什么样的组合进行投入。因此，我们接下来将扩展我们的生产者模型，把重点放在与此相关的更为复杂的问题上。

章末习题[①]

　　11.1　在教材的整个 A 部分，我们一直使用的是图 11 - 1（b）中更"现实"的技术。

　　A.　假定现在整个生产选择集变为处处严格凸。

　　a.　说明用生产边界表示的这样一种技术看起来是什么样子的。

　　b.　画出该技术下的产出供给曲线，其中价格位于纵坐标轴，产出位于横坐标轴（与图 11 - 9 类似）。

　　c.　推导该技术的劳动需求曲线。

　　d.　现在假定在该技术下劳动的边际产出总是递增的，这对生产选择集的形状意味着什么？

　　e.　在这种情况下，如果企业要达到利润最大化，它应该有多少产出？（提示：考虑角点解。）

　　B.　假定企业面临的生产函数是 $x = f(\ell) = 100\ell^{\alpha}$。

　　a.　当 α 取何值时生产者选择集为严格凸的？取何值时为非凸的？

　　b.　假定 $\alpha = 0.5$，推导企业的产出供给函数和劳动需求函数。

　　c.　如果 $p = 10$，$w = 20$，那么企业会雇用多少劳动，对应的产出又是多少？

　　d.　劳动需求和产出供给如何随 w 和 p 的变化而变化？

　　e.　假定 $\alpha = 1.5$。你的答案会怎么变化？

---

　　①　＊在概念方面具有挑战性的问题。
　　　　＊＊在计算方面具有挑战性的问题。
　　　　†答案见学习指南。

11.2 在本题中我们将用两步法研究利润最大化的选择问题，该方法的第一步严格以成本为重点。

A. 与前面的习题一样，再次考虑产生严格凸的生产者选择集的生产过程。

a. 通过生产边界图推导出成本曲线。

b. 通过成本曲线图推导出边际成本曲线和平均成本曲线。

c. 通过图说明供给曲线。如果工资率上涨，它将有何变化？

d. 现在假定在生产过程中劳动的边际产出一直递增，请通过边际成本曲线和平均成本曲线推导成本曲线。

e. 你能利用这些曲线推导供给曲线吗？

f. 最典型的生产过程是边际产出先递增再递减，那么本题中提到的两种情况如何结合在一起形成这种典型情况？

B. 再次考虑（与前一个问题一样）生产函数 $x = f(\ell) = 100\ell^\alpha$。

a. 推导企业的成本函数。

b. 推导边际成本函数和平均成本函数，并确定它们相互之间的关系如何随 α 的变化而不同。

c. 当 $\alpha = 0.5$ 时，这个企业的供给函数是什么？企业的劳动需求函数是什么？

d. 当 $\alpha = 1.5$ 时，你的答案有何变化？

†**11.3** 考虑一家以利润最大化为目标的企业。

A. 解释下面的陈述是否正确：

a. 对于作为价格接受者且追求利润最大化的生产者来说，"约束"是由生产者所能找到的他（她）自身所处的技术环境决定的，而"偏好"是由生产者经营所处的经济环境决定的。

b. 每个实现了利润最大化的生产者都会自动地实现成本最小化。

c. 每个实现了成本最小化的生产者都会自动地实现利润最大化。

d. 只有当边际产出至少在某个点减少时接受价格的行为才有意义。

B. 考虑生产函数 $x = f(\ell) = \alpha\ln(\ell+1)$。

a. 该生产函数有递增还是递减的劳动的边际产出？

b. 建立利润最大化问题，并求解劳动需求函数和产出供给函数。

c. 我们知道 $\ln x = y$ 意味着 $e^y = x$（其中 $e \approx 2.7183$ 是自然对数的底），利用该公式求生产函数的反函数并由此推导成本函数 $C(w, x)$。

d. 确定边际成本函数和平均成本函数。

e. 由此推导产出供给函数和劳动需求函数，并将其与（b）中由最大化问题直接推导出的结果进行比较。

f. 在你的数学推导中，使生产者成本最小化的条件是什么？此外，为实现利润最大化又要满足什么条件？

11.4 在本题中，我们将探究产出和要素的价格变化如何影响产出供给曲线和要素需求曲线。

A. 假定你的企业有一种会使边际产出递减的生产技术。

a. 以劳动为横坐标轴、以产出为纵坐标轴做图，说明生产边界的形状。

b. 在你的图中，给定 p 和 w，说明你的最优生产计划。判断正误：只要存在这样一个生产计划，即在该点上等利润线与之相切，那么在该点生产即能达到利润最大化，而不应该关闭企业。

c. 说明在这种情况下的产出供给曲线看起来是怎样的。

d. 如果 w 上升，你的供给曲线会如何改变？如果 w 下降呢？

e. 说明你的劳动的边际产出曲线和劳动需求曲线看起来是怎样的。

f. 如果 p 上升，你的劳动需求曲线会如何改变？如果 p 下降，情况又会怎样？

B. 假设生产过程可以用生产函数 $x=f(\ell)=100\ln(\ell+1)$ 描述。出于本题的目的，假定 $w>1$ 且 $p>0.01$。

a. 建立你的利润最大化问题。

b. 推导劳动需求函数。

c. 劳动需求曲线是当 p 固定时劳动需求函数的反函数。你能证明当 p 变化时劳动需求曲线会发生什么变化吗？

d. 推导产出供给函数。

e. 供给曲线是当 w 固定时供给函数的反函数，当 w 变化时供给曲线会发生什么变化？（提示：回顾一下，$\ln x=y$ 意味着 $e^{y}=x$，其中 $e\approx2.718\,3$ 是自然对数的底。）

f. 假定 $p=2$，$w=10$。你的利润最大化的生产计划是什么？该计划的利润是多少？

*11.5　在第 6 章讨论消费者的最优行为时，我们说明了当偏好和消费者选择集中任意一个非凸时，可能有两个最优解。现在我们来探究在什么条件下生产者问题中可能会出现多个最优生产计划。

A. 只考虑利润最大化的企业，该企业的偏好（或等利润线）取决于价格。

a. 首先考虑劳动的边际产出先递增后递减的标准的生产边界。判断正误：如果在这个模型中存在两点，在这些点上等利润线和生产边界相切，那么较低的产量可能不是真正的最优生产计划的一部分。

b. 是否有可能两个切点都不是真正的最优生产计划？

c. 说明一种情况，其中有两个真正的最优解，但其中一个不发生在切点处。

d. 为了使两个真正最优的生产计划都有正的产出水平，生产边界看起来必须是怎样的？（提示：考虑劳动的边际产出可以多次进行递增和递减转换的技术。）

e. 判断正误：如果生产选择集是凸的，那么仅能有一个最优生产计划。

f. 如果在生产边界上劳动的边际产出总是递增的，那么最优生产策略会落在哪里？

g. 最后，假定劳动的边际产出一直恒定。在这种情形下，最优生产计划位于何处？

B. 在教材中，我们用余弦函数表示劳动的边际产出先递增后递减的生产过程，在章末的部分习题中，我们将会使用如下形式的函数，$x=f(\ell)=\beta\ell^2-\gamma\ell^3$，其中 β 和 γ 均大于零。

a. 说明利润最大化问题是如何产生两个"解"的。（提示：用求根公式解之。）

b. 你的两个"解"中哪个显然不是利润最大化问题真正的解？

c. 为确保另一个"解"是利润最大化问题真正的最优解，还要检查其他哪些条件？

d. 现在转而考虑由 $x=A\ell^\alpha$ 描述的生产过程，假定 $\alpha<1$。确定能实现利润最大化的生产方案。

e. 如果 $\alpha>1$ 呢？

f. 如果 $\alpha=1$ 呢？

11.6 本题旨在探究生产技术和劳动的边际产出之间关系的一些更为细节的问题。

A. 我们常常遇到这样的生产技术：劳动的边际产出最初递增，最终变为递减。

a. 判断正误：对这样的生产技术，只要随着劳动投入的增加，生产边界变得越来越陡峭，劳动的边际产出就是递增的。

b. 判断正误：如果当我们向着更多劳动投入移动时，生产边界变得越来越平坦，那么劳动的边际产出为负。

c. 判断正误：只要生产边界的斜率为正，劳动的边际产出就为正。

d. 判断正误：如果劳动的边际产出在某点变为零，我们就知道在该点生产边界变成了水平的。

e. 判断正误：如果劳动的边际产出为负，那么该劳动投入水平上的生产边界必定向下倾斜。

B. 到目前为止我们介绍了两种生产函数的一般形式，它们都能体现边际产出最初递增最终递减的特点。

**a. 作为教材中的一个例子，我们对第一个函数采用了最一般的形式：当 $\ell\leqslant\pi/\beta\approx3.1416/\beta$ 时，$f(\ell)=\alpha(1-\cos(\beta\ell))$，以及对所有的 $\ell>\pi/\beta\approx3.1416/\beta$，$f(\ell)=2\alpha$，其中 α 和 β 均被假设大于 0。求劳动的边际产出开始递减的劳动投入水平。（提示：回顾一下 $\pi/2\approx1.5708$ 的余弦值等于零。）

b. 劳动的边际产出会为负吗？如果这样，此时的劳动投入水平是多少？

c. 利用你所学的知识，你能描绘出（a）中的生产函数吗？在该生产函数中，劳动的边际产出看起来是怎样的？

d. 第二种生产函数的一般形式就是习题 11.5 中给出的，即 $f(\ell)=\beta\ell^2-\gamma\ell^3$。

确定劳动的边际产出开始递减时的劳动投入水平。

e. 劳动的边际产出会为负吗？如果为负，此时的劳动投入水平是多少？

f. 当 $\beta=150$，$\gamma=1$ 时，利用你所学的知识对生产函数 $f(\ell)=\beta\ell^2-\gamma\ell^3$ 进行说明。劳动的边际产出是怎样的？

g. 在前面每种情形下，你会发现劳动的边际产出最终会变为零或者为负，现在考虑如下新的生产技术：$f(\ell)=\alpha/(1+e^{-(\ell-\beta)})$，其中 $e\approx2.7183$ 是自然对数的底。确定劳动的边际产出开始递减时的劳动投入水平。

h. 劳动的边际产出会为负吗？如果为负，此时的劳动投入水平是多少？

i. 给定你已知生产函数 $f(\ell)=\alpha/(1+e^{-(\ell-\beta)})$，当 $\alpha=150$，$\beta=1$ 时，你能大致描述生产函数的形状吗？劳动的边际产出函数看起来是怎样的？

†**11.7** 我们已经说过有两种方法来求解生产者的利润最大化问题：一是直接求解；二是用两步法先实现成本最小化。

A. 本题回顾在边际产出先递增后递减的情况下这两种方法的等价性。假设以下问题中都是使用这样的生产过程。

a. 首先画出生产边界，其中劳动位于横坐标轴，产出位于纵坐标轴。在你的图中识别从递增回报转向递减回报的生产计划 $A=(\ell^A, x^A)$。

b. 假定工资是 $w=1$。在图中说明利用利润最大化生产计划 B 获得零利润的价格 p_0，B 点一定在生产边界上 A 点的上方或者下方吗？

c. 在刚才所画的图的旁边再画一幅图，其中价格位于纵坐标轴，产出位于横坐标轴，说明企业在价格 p_0 下的产量。

d. 假定价格上升到 p_0 以上。在你的图中，生产边界会发生什么改变？这对第二幅图中的供给曲线上的点会产生什么影响？

e. 如果价格降到零以下呢？

f. 在生产边界图的下方画图说明成本曲线。在生产计划 A 对应的点附近，这两幅图有何相同之处和不同之处？

g. 在成本曲线图旁，说明边际成本曲线和平均成本曲线，在产出数量为 x^A 时，哪条曲线达到了最低点？当产量为 x^B 时呢？

h. 在你的图中说明供给曲线，将之与你在（c）和（d）中得到的供给曲线进行比较。

**B. 假设生产者面临的技术可以用方程 $x=f(\ell)=\alpha/(1+e^{-(\ell-\beta)})$ 描述。

a. 假定劳动 ℓ 花费 w，产出 x 的销售价格为 p，建立利润最大化问题。

b. 推导这个问题的一阶条件。

c. 把 $y=e^{-(\ell-\beta)}$ 代入你的一阶条件中，并使用求根公式求解 y。接着，注意到 $y=e^{-(\ell-\beta)}$ 意味着 $\ln y=-(\ell-\beta)$，求解两个劳动投入水平，并识别利润最大化的最优解。（假定内部的生产计划是最优的。）

d. 利用你的答案求解供给方程（假设内点解是最优的）。

e. 现用两步法验证你的答案。首先在假设没有浪费的情况下，用生产函数解出 ℓ 来确定每个产出水平下的劳动需求函数。

f. 利用你的答案推导成本函数和边际成本函数。

g. 让价格与边际成本相等，求产出供给函数（假设内点解是最优的）。你能够把你的解写成直接求解最大化问题得出的供给函数的形式吗？

h. 利用供给函数和（e）问中的答案推导劳动需求函数（假设内点解是最优的）。这与你在（c）问中直接求解利润最大化问题得出的结果相同吗？

11.8 日常应用：把工人看作消费的生产者。通过把消费者理论中的模型用生产者的语言重构，我们可以看出消费者和生产者理论之间的一些联系。

A. 假定我们把工人看作"消费的生产者"，在工资 w 下，他每周最多能够出售 60 小时的闲暇时间。

a. 把劳动作为投入置于横坐标轴，把消费作为产出置于纵坐标轴，该"生产者"面对的生产者可行集是怎样的？

b. 这与通常情况下的生产者可行集和经济中的价格无关的情况有什么根本的不同？

c. 对于这种"生产者"，他的劳动的边际产出曲线是怎样的？

d. 假设工人对于消费和闲暇的偏好满足第 4 章中的 5 个假设，在（a）问中所画的图上说明这个生产者的"生产者偏好"是怎样的？这与一般情况下生产者无差异曲线由经济中的价格确定有何根本的不同？

B. 假设工人对消费和休闲的偏好满足柯布-道格拉斯生产函数，两个变量的权重相同。

a. 推导该模型中生产函数的表达式。

b. 与生产者的利润最大化问题相似，建立一个工人的最优化问题。

c. 推导"产出供给"函数，即在不同经济条件下工人"生产"的消费数量的函数。

11.9 日常应用：为了考试而学习。考虑如下问题，把你自己作为一个"考试分数的生产者"，分数在 0 到 100 分之间。作为一个学生，你面临的问题是：为了在考试获得一定分数，要投入多少去学习？

A. 假定在最初的时间里，学习的边际回报递增，随着学习时间的延长，学习的边际回报最终下降。

a. 以"为考试学习的小时数"为横坐标轴、"考试分数"（0 到 100 之间）为纵坐标轴画图，说明你的生产边界是怎样的。

b. 现假定你在闲暇时间（即非学习时间）和考试分数之间的偏好满足第 4 章中的一般性假设，那么你的生产者偏好是怎样的？（注意，横坐标轴上是学习小时数而不是闲暇小时数。）

c. 将你的生产边界与无差异曲线图结合起来，求出你学习的最佳小时数。

d. 假定你的朋友与你不同，他在每个可能的点的"生产计划"的边际替代率都比你小，谁会在考试中表现更好呢？

e. 注意，只要将努力程度作为投入、任务完成的好坏作为产出，我们就可以用同样的模型。从小到大，大人就告诉我们："值得去做的事情就一定要做好。"这是真的吗？

B. 现假设你与你的朋友拉里和达瑞尔都面临同样的"生产技术" $x = 3\ell^2 - 0.2\ell^3$，其中 x 是考试分数，ℓ 是学习小时数。进一步假设你们每个人的偏好都可以用效用函数 $u(\ell, x) = x - \alpha\ell$ 来表示。

a. 计算你的最佳学习小时数，将其表示为 α 的函数。

b. 假设你、拉里和达瑞尔的 α 值分别为 7、10 和 13。你们各自的学习时间是多少？

c. 在考试中你们将各得多少分？

d. 如果你们每天用来准备考试的时间有 10 个小时，那么你们每人都会得 100 分吗？如果确实是这样，为什么你们没有得 100 分？

†11.10　商业应用：对劳动规制的最优反应。政府通常会给企业强加成本，这与它们雇用多少劳动直接相关。例如，政府可能会要求企业提供一定的福利，例如健康保险或退休计划。

A. 假定我们对这样的政府规制进行建模，假设在工资 w 的基础上，政府的规制造成了每人每小时额外的成本 c，这都是直接付给工人的。假设你面对一种生产技术，其具有劳动的边际产出最初递增但最终递减的典型性质。

a. 说明该企业的等利润线（包括显性的劳动成本 w 和隐性的规制成本 c）。

b. 说明能实现利润最大化的生产计划。

c. 假设继续生产对你的企业来说仍然是最优的，那么当 c 上升时你的最优生产计划会如何变化？

d. 说明一种情形：当 c 增加到足够大时，企业会停止生产。

e. 判断正误：对于利润接近 0 的企业，额外的规制也许会对企业的行为产生很大的影响。

B. 假设你的生产技术可以用函数 $x = 100/(1 + e^{-(\ell-5)})$ 表示，其中 e 是自然对数的底。

a. 假定 $w = 10$，$p = 1$，建立利润最大化问题（包括显性的规制成本）。

**b. 求最优劳动需求和产出供给，并将其表示为 c 的函数。（提示：求一阶条件时，把 $y = e^{-(\ell-5)}$ 代入，解关于 y 的二次方程。求出 y 后，你会发现 $y = e^{-(\ell-5)}$，利用 $\ln e^{-(\ell-5)} = -(\ell-5)$，对两边取自然对数。这里是按照习题 11.7 中的步骤，其中我们采用了同样的生产函数。）

c. 当 $c = 0$ 时，利润最大化的生产计划是什么？

d. 当 $c = 2$ 时，你的答案又会如何变化？

e. 如果 $c=3$ 呢？（提示：检验利润发生的变化。）

11.11 商业应用：生产中的技术改变。假设你和你的朋友 Bob 都在从事生产某种卡片的行业。

A. 你们都面临同样的生产技术，工人劳动的边际成本最初递增但最终递减，你们都在完全竞争的市场上以价格 p 销售卡片，在完全竞争的劳动市场上以工资 w 雇用工人。

a. 假设 p 和 w 使得你和 Bob 都能获得正的利润，说明能让你们实现利润最大化的生产计划。

b. 现在假定你找到了一种无成本的方法来提高你企业的技术，可以明确地扩展你的生产者选择集，结果你比 Bob（他没有发现这种技术）生产得更多。说明这种技术是如何影响你的生产边界的。

c. 有了这种技术后，你能说出你一定会雇用更多还是更少的工人吗？

d. 你能肯定用了这种新技术就一定能得到更多利润吗？

e. 最后，假定 p 下降，说明 Bob 停止生产而你继续生产是怎样的情况。

B. 你和 Bob 最初面临的生产技术都是 $x=3A\ell^2-0.1\ell^3$，你们以价格 p 出售产品，以工资 w 雇用工人。

a. 推导劳动的边际产出并描述它的性质。

b. 假设产出价格为 p，工资 $w=20$，求利润最大化时棒球卡片的数量，并将其表示为 A 的函数。（使用求根公式。）

c. 如果 $A=1$，$p=1$，那么你们每个人会生产多少卡片？你们每个人的利润是多少？

d. 现假设你找到了一种更好的技术，把生产函数中的 A 从 1 变为 1.1。你的答案会有何改变？

e. 现在假定行业中的竞争加剧了并且卡片的价格降到了 $p=0.88$，你和 Bob 的生产计划将有何改变？

11.12 政策应用：生产"好感"的政客。考虑一个政客的问题，他正决定要在他的连任竞选中付出多少努力。

A. 我们可以对这样的政客进行建模，认为他们是"选民好感的生产者"。

a. 假设竞选中努力的边际回报最初递增但最终递减，以"努力"为横坐标轴、"选民好感"为纵坐标轴做图，说明这位政客可行的"生产计划"。

b. 假设这位政客不想投入更多努力，却希望提高由选民好感带来的成功连任的可能性。假设偏好是理性的、连续的、凸的，说明该政客的无差异曲线的形状。

c. 把你的两幅图组合在一起，说明该政客在连任竞选中的最优努力水平。

d. 现在假定这位政客的竞选对手有同样的"生产技术"。进一步假定对手的无差异曲线比在位者的更平坦，如果谁生产了更多的选民好感谁就胜出，那么谁将赢得这场选举，在位者还是挑战者？

B. 用 ℓ 表示"努力"，用 x 表示"好感"。假定政客的偏好被定义为 $u(x, \ell) = x - \alpha\ell$，并假定政客生产选民好感的生产边界可以由 $x = \ell^{\frac{1}{2}} - 0.25\ell^3$ 给出。

a. 当 ℓ 位于横坐标轴、x 位于纵坐标轴时，这位政客的边际替代率是多少？

b. 你的答案意味着无差异曲线的形状是怎样的？

c. 建立与利润最大化问题类似的问题，求解政客的最优努力水平。

d. 比较 $\alpha=1$ 的政客和 $\alpha=0.77$ 的政客不同的最优努力水平。

e. 谁能赢得选举？用直觉解释你的理由。

*†**11.13　政策应用**：确定最优班级规模。为了提高学生成绩，公共政策制定者常常受到缩小公立学校班级规模的压力。

A. 一种对学生成绩建模的思路就是把"教师/学生"这一比率看作投入。出于本题的目的，定义 t 是每 1 000 名学生拥有的老师数量，即 $t=20$ 表示每 1 000 名学生拥有 20 位老师，班级规模就是 $1000/t$。

a. 多数教育学者认为，当班级规模很大时，减小班级规模能让学生成绩提高很多，随着班级规模逐渐缩小，成绩的提高幅度就会下降。以 t 为横坐标轴、学生的平均成绩 a 为纵坐标轴做图，说明该情况下怎么将图中曲线转换为生产边界。

b. 考虑一个有 1 000 名学生的学校。如果老师每年的工资为 w，那么投入 t 每增加 1 单位（即每投入 1 单位 t）的成本是多少？

c. 假设 a 是某所学校在一次标准考试中的平均分，公众愿意为每单位 a 的增加支付的价格为 p，如果学校的行为类似于利润最大化的企业，说明当地学校董事会将选择什么样的"生产计划"。

d. 如果老师的工资增加，那么班级规模会发生什么变化？

e. 当公众愿意为每单位 a 支付的价格随着 a 的增加而减少时，你的图会如何变化？

f. 现在假定有两个不同的社区，这两个社区各有一所同等规模的学校，学校都是用校区所在地选民的税款援建的。它们的生产技术相同，但在每一个生产计划中，社区 1 愿意为 a 的边际提高所支付的价格都比社区 2 低，说明这两个社区的等利润线有何不同。

g. 说明这对两个社区班级规模的不同选择有何影响。

h. 假定除了社区 1 和社区 2 的平均收入水平不同外，在其他任何方面两个社区的居民都相同，你能分析出哪个社区的平均收入更高吗？

i. 高级别的政府通常会对地方政府，尤其是对贫困社区的公立教育进行补贴。当引进这种补贴后，社区的最佳班级规模会发生什么改变？

B. 假设学生平均成绩的生产技术可以用函数 $a=100t^{0.75}$ 表示，再次假定我们研究的学校只有 1 000 名学生。

a. 记老师每年的工资为 w，单位为千美元，社区对于学生成绩提高的边际支付意愿为 p，计算"能实现利润最大化的班级规模"。

b. 当 $w=60$，$p=2$ 时，最优班级规模是多大？

c. 当教师工资改变时班级规模会如何变化？

d. 当社区对于学生成绩提高的边际支付意愿改变时班级规模会如何变化？

e. 如果州政府补贴地方政府对学校的投入，情况会如何改变？

f. 现假设社区对于学生成绩提高的边际支付意愿是学生成绩的函数，可以用 $p(a)=Ba^{\beta-1}$ 表示，其中 $\beta \leqslant 1$，那么 β 和 B 为何值时该问题与你刚才求解的问题相同？

g. 若边际支付意愿为 $p(a)$，求最优的 t。当 $B=3$ 以及 $\beta=0.95$ 时，最优班级规模是多大？（再次假设 $w=60$。）

h. 在刚刚给定的参数下，老师工资对班级规模的影响与之前相同吗？

第 12 章　多要素生产

在第 11 章中，我们已经建立了一些关于竞争性生产者的基本概念和模型，但我们将研究限制在了仅有单一投入和单一产出的情况。[①] 从一开始，我们就没有隐藏这个事实：除了生产者也许在短期生产中只能改变其中一种要素投入的情况之外，这种简单的生产过程在现实世界中极少存在。然而，当我们局限于短期情况时，我们得以刻画生产者模型的基本情况。我们用二维的图示将生产计划表示出来，其中生产者可行集表达出了生产者所面临的技术限制，等利润线刻画了厂商对于利益的"偏好"。我们也示范了另外一种解决利润最大化问题的"间接"方法，即生产者先分析生产过程中的成本，然后再分析其所能带来的利润。

现在，我们将集中研究如何将模型扩展为多要素投入的模型。有了扩展后的模型，我们将不仅能解答一个处于竞争环境下的企业在不同的价格水平下会做出怎样的生产决策的问题，而且能解答它会采取怎样的要素投入组合（mix of inputs）的问题。在第 11 章所讲的短期模型中，我们不需要考虑这种问题，因为只要企业不浪费所投入的要素，就仅存在一种方法来生产出所给定的产量。可是，当企业使用多种要素，例如工人和机器时，一般会有多种方法来将这些生产要素组合起来（在不浪费的情况下）以生产特定的产量。我可以买一台神奇的机器给我的名片印上图案并开除所有的工人，或者我也可以摆脱所有的机器，然后雇用很多工人手工将图案印到名片上，或者我找到某种折中的解决方法，使用一部分机器并雇用一部分工人。一旦了解了这种多要素投入的生产过程，经济学家就能够就如何在这些选择中做出决定提供建议，比如，在我刚刚提到的情况中，我就能够向我自己提出建议。[②]

我们很快将会发现，在第 11 章中使用的直接"利润最大化"方法在此处变得十分烦琐，并且事实上，如果在看完令你气馁的图 12 - 1 后你仍赞同我的观点，你

---

① 读本章之前需要先阅读第 11 章。第 11 章之前的资料在本章中并未直接用到。然而，同第 11 章一样，本章包含了许多与消费者模型的类比（尤其是第 2 章、第 4 章、第 6 章）。B 部分的最后一节也同第 10 章做了类比。

② 但是，我老婆认为，我向别人透露了太多关于自己的信息，应该将这些信息留给我的医生。

就可以直接跳到 12A.2 节。因此，我们会很快继续开发能实现利润最大化的"间接"方法，即先分析成本，之后再分析利润。你将会看到，即使是多要素投入模型，最终也会回归到第 11 章末尾所使用的分析方法，并且这种方法会在本书后面的章节中被大量地应用。然而我们仅会部分采用这种方法，因为在考虑竞争性企业时，它过于依赖简单的图示说明，但它的可取之处在于，它所提供的一系列成本曲线（cost curve）在分析竞争性企业和非竞争性企业时都可以使用。这是因为，成本曲线是企业生产不同产量所使用的最小成本，而这与企业在完全竞争市场中是否为价格接受者无关。所有以利润最大化为目标的企业，无论竞争与否，都会寻求成本最小化，因此成本曲线（函数）构成了我们对于价格接受型企业，以及后面（第23 章、第 25～26 章）将讲到的拥有市场势力的企业的分析基础。

12A　两种要素模型的直观发展

生产者模型的基本假设可直接从单一要素投入扩展到两种要素投入。生产计划（production plan）先前被定义为一个二维空间上的点，表明为生产一定量的产出 x 需要多少劳动 ℓ。现在它被定义为一个三维空间上的点，表明在此生产计划下，为生产一定量的产出，两种要素各需要投入多少。为方便起见，我们会把其中一种要素投入再次叫作"劳动"（记作 ℓ），另外一种叫作"资本"（记作 k）。很明显，我们仍然将真实的世界大大简化了：遗漏了很重要的变量，例如"土地"和"企业家才能"，并且忽视了不同类型的劳动和资本的区别。

一个生产计划 A，之前被定义为点 (ℓ^A, k^A)，现在被定义为点 (ℓ^A, k^A, x^A)。我们将劳动投入 ℓ 表示为"劳动投入的小时数"，那么它在劳动市场的价格就是小时工资率 w。同样，我们可以将产量 x 表示为卖出的产量的单位，不管是"几包经济学家卡片"还是"几袋橘子"都可以。这就使得我们可以很简单地把产出的价格设定为产出市场上卖给消费者的每单位商品的价格。最后，只剩下资本 k 这个第一次被引入的变量，而且已经被记作"资本"。从某种程度上来说，鉴于"资本"的本质随着企业和产业的不同而不同，清晰地界定这种投入的天然计量单位更难。在一些情况下，资本仅仅指机器，比如复印机。在其他情况下，"资本"也许指企业对厂房和设备进行的所有类型的非劳动投资，因此也许最好可以将其作为"投入生产的资本的美元价值"。不管是哪种情况，我们都会把一单位资本的价格记为"租金率" r。

资本的租金率（rental rate）被定义为在日常生产中使用资本的机会成本（opportunity cost of using capital in current production）。为了直观地理解它的含义，我们需要问："当生产者使用一种特定形式的资本时，它放弃了什么？"比如，假设我们考虑一家名为 Kinkos 的企业的复印机，并且假设它所有的复印机都是租来的（但是需要支付复印机的维修费用、墨水和纸张费用）。那么，租金率就是 Kinkos

需要为每台复印机支付的（每周的，每天的，每小时的，或者任何其他我们试图建模的时间单位的）租金，因为这就是 Kinkos 为了使用一台复印机所放弃的机会。但如果我们假设 Kinkos 买了这些复印机，问题就有一点复杂了。此时为了使用这些复印机，Kinkos 放弃的是什么呢？实际上，它放弃的是在同样的租赁市场上将这些复印机租给其他使用者的机会，所以此时租金率同 Kinkos 从其他企业租借复印机的租金率是完全相同的。在我们学习企业生产理论的阶段，如果"资本"仅仅代表现有产出条件下的非劳动投资，那么为了投资所需的金融资本的租金率就是企业为了使用这些资本而需要支付的利率。

练习 12A.1　假定我们将所有非劳动投资都建模为资本，那么当企业使用自有资金或选择借钱投资时，其租金率有什么不同吗？■

12A.1　两要素生产者选择集的利润最大化

在第 11 章中的单一投入/单一产出模型中，利润最大化主要包括以下三步：第一步，我们需要定义技术上可行的生产计划，即生产选择集及其边界——生产边界。第二步，我们需要了解产出的市场价格和工资，以便画出等利润线。第三步，我们需要找到最高的等利润线，它至少包含了生产边界上的一个技术上可行的生产计划。最后一步通常包括找到等利润线和生产边界的切点（除非真实的利润最大化解包含了角点解）。

图 12-1（a）到（c）重复了在生产者选择集为凸集的情况下的这三步，其中用 π 来表示"利润"，这正是我们在第 11 章中所做的。图 12-1（d）到（f）的图示说明也遵循同样的步骤，只不过将一个简单的凸生产者选择集变成了一个稍微复杂些的两种要素投入的情况。你可以直接跳到 12A.2 节。我想要表达的仅仅是，在两种要素投入下的"直接"利润最大化是怎样的。剩余部分对生产者理论的研究主要依赖 12A.2 节开始部分的资料。

12A.1.1　两种要素投入下的生产选择集和生产边界　由于两种要素投入下的生产计划的点包含三个部分 ℓ、k 和 x，技术上可行的生产计划集就是一个三维的集合，比如在图 12-1（d）中位于生产边界下的所有点。图中这种特殊的生产边界可类比图（a）中的生产边界，因为它也形成了一个凸生产集（因为任意两个生产计划的连线都完全包括在这个集合中）。而且，当资本量固定为 k' 的时候，二维的生产集将三维的生产集切成了两片，切面就是一个如图（a）所示的二维的生产选择集。如果短期内资本量固定在 k'，这个切片就变成了一个单一要素投入的生产模型，从而可以分析生产者短期内的劳动需求以及产出供给决定。因此，即使我们在第 11 章最开始的地方就表示过很多生产过程都需要投入多种要素，但这种单一要素投入模型仍然能够成为一个有用的模型，因为当企业只有在长期内才能改变其多种要素投入时，它足以代表短期内企业所面临的生产环境。

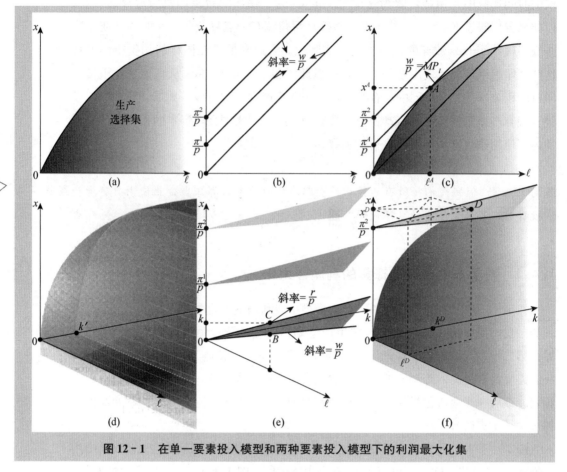

图 12 - 1　在单一要素投入模型和两种要素投入模型下的利润最大化集

12A. 1. 2　两种要素投入模型下的等利润线（面）　接下来，考虑在三维空间内产生同样利润的生产计划集是什么样子的。假设我们想要找到当产出价格为 p 且投入价格为 w 和 r 时，产生零利润的所有生产计划。在单一要素投入模型中，这种生产计划就是一条简单的从原点出发的斜率为 w/p 的射线（如图 12 - 1（b）中三条等利润线中最低的那条所示）。如图 12 - 1（e）所示，当生产计划受到不得使用资本的限制时，我们得到了同样的等利润线：包含生产计划 B 的线落在将 k 控制为零的二维切面上，其斜率为 w/p，其原因与图 12 - 1（b）中所示相同。它包含了资本使用量为零的情况下所有的零利润生产计划。另外，从原点出发并且经过生产计划 C 的射线落在了将劳动投入控制为零的二维切面上，其代表了在劳动使用量为零的情况下所有的零利润生产计划。这又是对单一要素投入生产模型中等利润线的类比，只是此时因为资本的价格是 r，这条线的斜率是 r/p。现在，你可以想象一下包含了这两条分割线段并且包括了同时使用资本和劳动但最终得到零利润的生产计划所组成的三维空间中的这个平面。其中，工资率为 w，租金率为 r，产出价格为 p。这个平面代表了三维空间中零利润生产计划下的等利润"线"。这个平面的纵向切点为原点（表明当零资本和零劳动生产出零产出时的零利润情况），当控制资本量不变时切面切线斜率为 w/p，而当控制劳动量不变时切面切线斜率为 r/p。

恰如单一要素投入的情况，我们认为其他等利润面平行于此零利润下的等利润面。当这样的生产计划平面平行于零利润面并且在其之上时，表明产生了正利润；当在其之下时，表明生产计划产生了负利润。

练习 12A. 2 说明为何三维空间下的等利润平面的纵截距是 π/p（其中 π 代表在等利润平面上的利润）。■

12A. 1. 3 利润最大化 图 12-1（f）将图 12-1（d）中的生产和图 12-1（e）中的等利润面组合到一起，最高的等利润面至少包含了在生产边界上的一个技术上可行的生产计划 D（如同图（c）中在单一要素投入下包含了生产计划 A）。这个利润最大化的生产计划 D 落在等利润面和三维生产边界的切点处，正如单一要素投入情况下，利润最大化的生产计划 A 落在等利润线和二维生产边界的切点处。如果我们将资本投入控制在 k^D，观察其切面（如图 12-1（f）所示），我们就可以注意到这个切面是一个二维的图像，恰如图 12-1（c）。也就是说，我们得到了一个二维的图像，其上的等利润面与短期（单一要素投入）生产边界相切（资本投入量固定为 k^D）。给定资本量为 k^D 时的边际产出并且给定现阶段我们使用 ℓ^D 小时的劳动，切线的斜率为 w/p，生产边界切面的切线是劳动的边际产出。因此正如单一要素投入的情况，在利润最大化的生产计划下，$w/p=MP_\ell$。同样，如果看一下图中劳动被固定为 ℓ^D 时的"切片"，我们就可以知道在利润最大化的生产计划下，资本的边际产出（MP_k）恰好等于 r/p。从而我们可以总结出

$$\text{利润最大化表明} \quad MP_\ell = \frac{w}{p} \quad \text{且} \quad MP_k = \frac{r}{p} \tag{12.1}$$

练习 12A. 3 我们刚刚总结了，当利润最大化时，$MP_k=r/p$。另外一种表达方式是，资本的边际收益产出 $MRP_k=pMP_k=r$。你能给出一个直观的说明吗？

练习 12A. 4 假设资本在短期内是固定的，但在长期不是。判断正误：如果企业长期的最优资本量是 k^D（如图 12-1（f）所示），那么它在短期选择的劳动量为 ℓ^D。若 12-1（c）中的 ℓ^D 不等于 12-1（f）中的 ℓ^D，那么这一定意味着企业没有使用长期最优资本量，因为它正做出的是有关短期劳动投入的决定。■

当然，我们可以用劳动和资本的边际收益产出把表达式（12.1）写为

$$\text{利润最大化表明} \quad MRP_\ell = pMP_\ell = w \quad \text{且} \quad MRP_k = pMP_k = r \tag{12.2}$$

这是对第 11 章的单一要素投入模型和图 12-1(c) 的结论的一个简单扩展。这

样我们就能从复杂的图 12-1（d）到（f）中得到满意的结果，即从单一要素投入模型扩展到多要素投入模型的利润最大化条件。对利润最大化的这种刻画的明显缺陷是，为了更好地进行经济学分析而画一个三维图对我们来说太难了。

幸运的是，我们不必一定这么做。我们可以用另外一种图示的办法来解决利润最大化问题，这种方法可类比于第 11 章中首次介绍的从"成本最小化"开始的两步法。这将使我们能够更简单地在两个方向上刻画整个过程。本章 12A.3 节将会介绍这种办法。然而，我们首先需要做一些工作来探索不同形状的生产选择集所包含的关于企业使用两种生产要素进行生产时所使用的技术的信息。

12A.2 两要素生产集：等产量线与规模报酬

当企业同时使用劳动和资本时，就像我们在图 12-1 中所见的那样，生产边界是三维的。由于我们的艺术天分没那么高，我们画多于二维的图形这件事情就不那么容易。幸运的是，当我们学习如何画出消费者的无差异曲线时，我们已经潜移默化地熟悉了在二维空间中画出三维物体。事实上，在第 4 章中我们就已经指出，画无差异曲线的方法就是你在小学地理课上学习画三维山的简单扩展，而现在我们要在生产边界部分将这种论点更加明晰地陈述出来（相较于第 4 章的 A 部分）。[①]

回想一下地理课上是如何教你用二维地图描绘三维山脉的地理课。二维地图提供了一种简单的办法来描绘经线和纬线，却难以描绘山脉纵向的高度。对此，地理学家并没有求助于三维图形，而是把山的等高线（或者水平面）画成一个个环，当越来越接近山峰的时候，等高线的环变得越来越小。举例来说，图 12-2（a）在三维空间中描绘了山——我十分机智地以自己命名——在不同高度的形状，但之后通过画出山的水平线并以相关的高度标识将这些形状降维到了二维空间（只有代表经度和纬度的轴）。移动一下图（b）的轴，我们就得到了图（c）中所画的山的二维图像。无差异曲线刻画的是没有顶峰的（鉴于总是假设更多的消费带来更高的效用）三维"效用山"的"水平面"，当我们画这些无差异曲线时，我们做的事情与你画真实的山时所做的事情相同。

在生产者理论中，我们现在可以对图 12-1（d）做同样的事情。图 12-3（a）中首先画出了一个三维生产边界的某些水平线。然后将这些水平线映射到二维的图（b）中，经过轴的旋转，将其变为正常位置的图（c）。这个最终的图看起来特别像无差异曲线，但是每条曲线现在都被称为等产量线（isoquant），我们将在生产理论中对其进行详细解释。更精确地，假设在这个过程中没有投入被浪费，对应于某一产出水平 x 的等产量线是生产出这个产出水平的要素投入水平（k 和 ℓ）的所有组合的集合。在二维空间中的等产量线图上的点可以被理解为要素投入组合（in-putbundles），包含了投入组合的等产量线的数值可以被理解为生产计划。例如，

---

① 如果你已经读过了第 4 章的 A 部分，那么你已经看过了下面这几段论证。

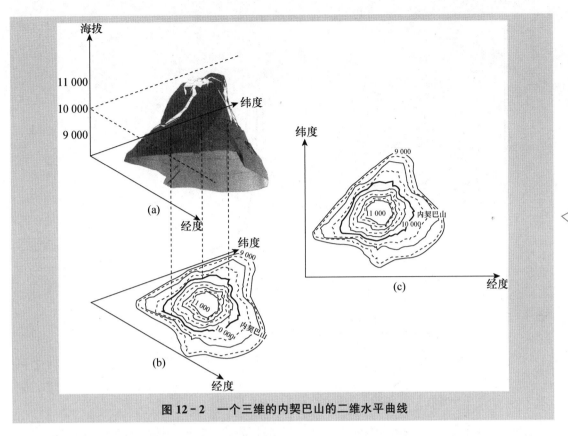

图 12 - 2　一个三维的内契巴山的二维水平曲线

图 12 - 3(c) 中的 A 点就代表要素投入组合 $(\ell, k) = (20, 10)$，它也可以表示生产计划 $(x, l, k) = (40, 20, 10)$。

练习 12A. 5　将等产量线的定义应用到单一要素投入的生产者模型中。此时的等产量线是什么样子的？（提示：每条等产量线都是一个单独的点。）■

　　考虑到等产量线和无差异曲线相似的"外形"，我们很有必要从一开始就回忆一下，它们各自的经济学解释在某些重要的方面极为不同。首先，等产量线是从生产边界中得到的，它表示了生产者所面临的技术约束（constraint）。而无差异曲线代表了消费者选择问题中的偏好（taste）而非约束。其次，在消费者理论中我们指出，效用（或者幸福感）本身无法用任何客观的方法来度量，因此无差异曲线的数值并不存在客观的解释，而仅仅表示序数关系。事实上，我们说过一个人可以任意改变无差异曲线图上的无差异曲线的数值（只要它们的排序没有改变），并且使得现代经济学家能够认为其与之前具有相同的偏好。然而，对于代表生产某一特定产量（output）而不是幸福感的要素投入集合的等产量线来说，却并不是这样。产量是我们可以客观度量的，将同一张等产量线图上的等产量值重新标记会以经济上有意义的方式改变三维的生产技术。例如，将消费者无差异曲线上的数值都加倍，

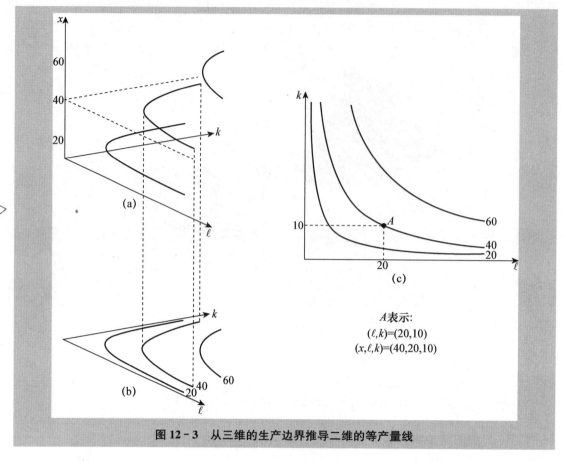

图 12-3 从三维的生产边界推导二维的等产量线

依然可以得到同以前一样的偏好，而将等产量线上的数值都加倍会改变生产技术，在新的技术环境下，任意的要素投入组合都能够生产出相当于以前的两倍的产出。

练习12A.6 我们强调了生产者理论中一种投入的边际产出的概念，但它并不是消费者理论中消费品的边际效用的类比概念，为什么这么认为？∎

12A.2.1 TRS 和边际产出 尽管等产量线的经济学解释在很多方面不同于无差异曲线的经济学解释，但我们有关无差异曲线研究的很多内容还可以直接应用到我们对等产量线的理解中。我们首先说明等产量线的斜率，即边际技术替代率（marginal technical rate of substitution）或简称为边际替代率（marginal rate of substitution）。等产量线的斜率为−3（例如，在图12-4（b）中）表明：在控制整体生产大致不变的情况下，3单位资本可以替代1单位劳动。边际替代率告诉我们的是，在每一个要素投入组合下，纵坐标轴上多少单位投入能够替代横坐标轴上一单位投入并维持产出水平不变。注意，通过说"它们告诉了我们，对于每一个消费组合，纵坐标轴上多少单位商品能够替代横坐标轴上一单位商品并维持效用水平不变"，我们几乎可以同样在生产者理论中表述边际替代率。尽管说"边际

技术替代率"是非常正确的，但我们还是坚持使用"边际替代率"并将其简写为
TRS。另外，我们沿用了传统，在等产量图中将劳动放在横坐标轴，并将资本放在
纵坐标轴，我们会将等产量线的斜率简单地称为 TRS，而不再总说"劳动相对于
资本"这个词组。

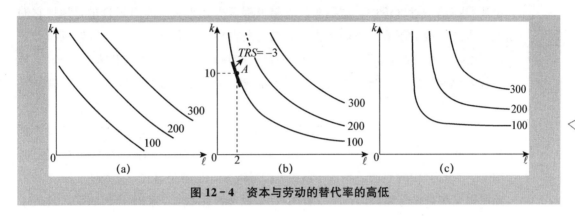

图 12-4　资本与劳动的替代率的高低

另外，我们现在可以识别等产量线的一个性质，而这个性质在分析无差异曲线
时未加以强调，那就是：TRS 和投入的边际产出的关系。到目前为止，我们都是
分别定义这些术语的，边际产出是另外一种要素投入量（one of the inputs）被固定
时生产边界切片的斜率，而 TRS 是当产出（output）固定时等产量线的斜率。之
后我们将会使用下面的关系，这不是一个假设，而是关于这些概念定义的一个合乎
逻辑的推断：

$$TRS = -\frac{MR_\ell}{MP_k} \tag{12.3}$$

简单一想，这个公式就会提供直觉上的解释：假设你现在在 100 单位产量的等
产量线上使用投入组合（ℓ, k）来生产 $x=100$，并且假设在该投入组合下 $MP_\ell=4$
且 $MP_k=2$。这表示，在你现有的投入组合下，一单位劳动是一单位资本的生产效
率的两倍。如果你得到了额外一单位的劳动，那么你可以放弃大概两单位的资本，
从而保持总产出大致稳定在 100 单位。但这仅仅是在这个投入组合下 $TRS=-2$ 时
的定义：我们可以替换掉纵坐标轴上 2 单位的资本，同时增加横坐标轴上 1 单位的
劳动，并保持产量不变。因此，$TRS=(-MP_\ell/MP_k)=-4/2=-2$。

练习 12A.7　当 $MP_k=3$ 且 $MP_\ell=2$ 时，重复上述推理过程。

练习 12A.8　在生产者理论中是否存在一种类似于方程（12.3）的关系？如果是，你认为我
们为什么没有在研究消费者理论的时候重点强调呢？■

12A.2.2　等产量线和消费者无差异曲线在技术上的相似性　我们还可以
指出一些等产量线和消费者无差异曲线在技术上的相似性。首先，我们假设：

（1）"越多越好"（单调性），因为越多的投入能够生产越多的产出；（2）"平均优于极端"（凸性），当两个极值的投入组合能够生产出同样的产出时，这两个极值的平均投入组合至少能生产同样（一般情况下更多）的产出；（3）当生产中的投入增加了一个极小的量时，"产出不会突然剧增"（连续性）。不管是在生产者理论还是在消费者理论中，这些假设看起来都至少在直觉上是有道理的，并且它们使得等产量线的图看起来同无差异曲线的图很相似。尤其是，凸性假设意味着等产量线上 TRS 递减（diminishing TRS）；正如在消费者模型中其意味着 MRS 递减一样，单调性假设意味着右上方的等产量线比左下方的等产量线代表了更高的产出值。①

其次，等产量线上的 TRS 改变率表明了生产过程中不同投入的替代程度，正如无差异曲线上 MRS 的改变率表明了消费者对不同商品偏好的替代程度。例如，图 12-4（a）中的生产边界（即那些等产量线）几乎就是直线，这表明了资本和劳动可以互相被轻易地替代；然后看图（b）的等产量线，它们所代表的生产过程中的资本和劳动的可替代性较差；最后看图（c），此生产过程中的投入几乎是完全互补品了。

练习 12A.9 以前，教授们习惯于手写其论文，然后交给秘书去打印。一旦草稿交到秘书的手中，就有两种要素投入了生产过程：秘书（劳动）和打字机（资本）。如果图 12-4 中有一幅图代表了学术论文的生产过程，那么会是哪一幅呢？■

最后，（在第 5 章）我们曾讨论过无差异曲线间的关系，特别定义了拟线性偏好和位似偏好的概念。回忆一下，我们曾说过，当且仅当在无差异曲线上画任意一条竖线，且其上的 MRS 都相同时，对于纵坐标轴上商品的偏好才是拟线性的；如果从原点出发画一条射线，MRS 在其上保持不变，那么此时的偏好是位似的。我们也可以用类比的手法，对等产量线图定义完全相同的概念，尽管在生产者理论中位似的等产量线图比拟线性的等产量线图更常用。正如在消费者理论中，位似性使得生产过程可包含从投入之间完全不可替代到完全可替代的各种情况，从而允许了不同种类的生产过程的存在（如图 12-4 所示的三种位似生产过程）。我们一般会假设生产过程是位似的，因为这使得我们能够简单地定义一些有用的新概念，比如我们接下来将要讲到的概念——规模报酬（returns to scale）。

---

① 当然，此时我们也隐性地假设了完备性和传递性。也就是说，生产边界可以说明在每一种投入组合下，所能生产的技术上可行的产量；并且，如果一个投入组合 A 可以比投入组合 B 生产出更高的产量，而投入组合 B 可以比投入组合 C 生产出更高的产量，那么投入组合 A 可以比投入组合 C 生产出更高的产量。在生产者理论中，这些表述都是很平常的，所以不经常被显性地说起。

练习 12A. 10 当投入之间完全不可替代和完全可替代时，等产量线图会是什么形状？为什么它们是位似的？ ■

12A. 2. 3 规模报酬和生产选择集的凸性

在正式定义位似等产量线情况下的"规模报酬"之前，简单区分一下消费者理论中所使用的"凸性"和生产选择集中有经济意义的"凸性"是很有帮助的。到目前为止，我们使用的"凸性"意味着"平均优于极端"。我们已经在一般形状的无差异曲线和等产量线上辨识了凸性，因为这些曲线表现出了递减的边际（技术）替代率。在无差异曲线或等产量线上方的要素投入集合，有时被称作"上水平集"，而我们所使用的"凸性"源于上水平集为凸的事实，即"平均优于极端"。

练习 12A. 11 请说明当等产量线的一个上水平集满足"平均优于极端"时的情况。此时上水平集是凸的吗？

练习 12A. 12 请说明当等产量线的一个上水平集不满足"平均优于极端"时的情况。此时上水平集是凸的吗？ ■

由于此时我们将要引入生产者理论中规模报酬的概念，所以我们隐性地引入了凸性的概念，而此概念区别于我们之前所学的一个（三维）生产集的凸性（不同于对生产集进行横切所产生的上水平集的凸性）。记住，如果一个集合是凸的，则你从集合中任选两点 A 和 B，它们的连线都在此集合中。对于我们的三维生产选择集，若使之凸，则它必须满足每一个水平切面所形成的集合都是凸的这一条件，否则我们就能够找到在这个非凸的等产量线上的点 A 和 B，使得 A 和 B 的连线在生产选择集之外。但是，仅仅知道"平均优于极端"不足以保证我们的三维的生产选择集本身是凸的，因为"平均优于极端"仅仅意味着生产选择集的水平切面是凸的。整个生产选择集都不是凸的，除非它的纵向切面也都是凸的（见图 12-5）。生产选择集的等产量线都满足我们之前对凸性的定义（"平均优于极端"），但是图（a）中三维的生产选择集是凸的，而图（b）中不是。这是因为，当我们沿着从原点出发的射线纵向切开生产选择集时，我们得到的切片在图（a）中是凸的，而在图（b）中不是。

练习 12A. 13[*] 假设有一座真实世界的山，山的每一个水平切面都是一个完美的圆。我从每个方向都爬了爬山，我发现一开始爬的时候都很容易，但是越接近山顶越难爬，因为山变得越来越陡峭了。这个山满足我们所提到过的关于凸性的两条描述中的任意一条吗？

练习 12A. 14[*] 判断正误：凸性的"平均优于极端"是生产选择集为凸集的一个必要不充分条件。 ■

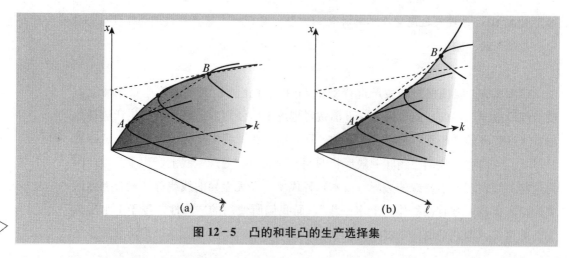

图 12－5　凸的和非凸的生产选择集

如果图 12-5 两幅图中的 x 都代表"效用"，那么这两幅图所代表的偏好就是完全相同的，因为（b）中仅仅效用轴的大小发生了变化，而无差异曲线的形状没有发生变化。然而，当 x 代表产出时，对纵坐标轴的大小进行变换有经济含义。因此，我们对于凸性的定义在生产者理论中有了经济含义，虽然它在消费者理论中没有意义（因此彼时我们甚至都没有提到）。现在，我们就可以把精力集中在对生产边界的从原点出发的射线形成的纵向切片的解释上，并且发掘其经济含义。

考虑图 12-6 中上面三幅图的三条位似的等产量线。三幅图唯一的区别在于，位于中间的曲线和最外面的曲线上的标识不同，它们标识了在三维生产边界上的等产量线的"高度"。例如中间的图（b），将投入量加倍（也就是说，将其移到离原点两倍远处）会导致生产水平同样加倍，将投入量增加为原来的三倍会导致生产水平同样增加为原来的三倍。这就是所谓的规模报酬不变（constant returns to scale）。而对于图（a），将投入量加倍会导致生产水平的增加小于两倍，这就是所谓的规模报酬递减（decreasing returns to scale）。在图（c）中，将投入量加倍会导致生产水平的增加多于两倍，这就是所谓的规模报酬递增（increasing returns to scale）。更一般地，当位似生产过程中将投入乘以 t 会导致产量也增加 t 倍时，我们会把位似生产过程定义为规模报酬不变。当位似生产过程中将投入乘以 t 会导致产量的增加小于 t 倍时，我们把位似生产过程定义为规模报酬递减。当位似生产过程中将投入乘以 t 会导致产量的增加大于 t 倍时，我们把位似生产过程定义为规模报酬递增。

练习 12A. 15　考虑一种具有递增的边际产出的单一要素投入的生产过程。这个生产过程是规模报酬递增的吗？图 11-10 中的生产过程呢？∎

现在来考虑图 12-6 中上面三幅图的三维生产选择集会是什么样的。先来考虑生产边界是规模报酬不变的这种情况（b）。想象一下，将三维的生产边界（从中得

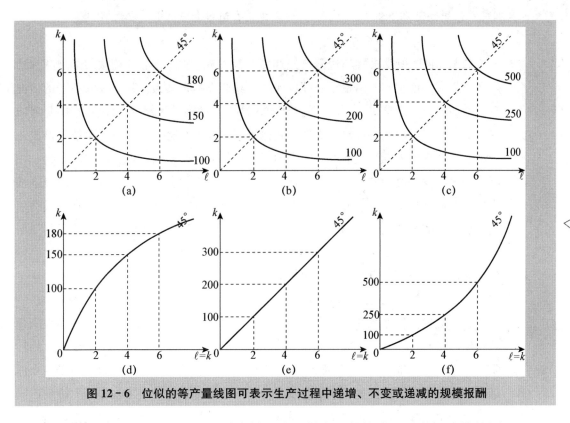

图 12-6 位似的等产量线图可表示生产过程中递增、不变或递减的规模报酬

到了等产量线）沿着图（b）中的 45°线做一个"纵向"的切片。这个切片就是图
（b）下面的图（e），此时 l 和 k 都被表示在了水平轴上（由于它们在图（b）中的
45°线上，所以彼此相等）。因为这个生产边界的特征是无论我们从哪里开始，在
45°线上对投入乘以 t，都会使产出也增加 t 倍，在图（e）中就表现为生产在这个切
片上沿着一条直线增加。同样的事情也会发生在任意一条从原点出发的射线对生产
边界做出的纵向切片上，它将使得生产选择集是（弱）凸的。[①] 然而在图（a）中，
同样的切片会得到图（d）中的凹形，从而得到一个凸的生产选择集。最后，图
（f）是图（c）的生产边界的切片图，它得到的是一个非凸的生产选择集。如果你假
设这些生产选择集是一些三维的"山"，那么第一种情况就是一开始很难爬，但随
着越爬越高，爬山变得越来越简单；而最后一种情况就是一开始很容易爬，但越接
近山顶，就越来越难爬了。换个说法，即图（a）中所代表的生产选择集就是
图 12-5 中的第一幅图，而图（c）中所代表的则是图 12-5 中的第二幅图。

练习 12A.16[*] 判断正误：对于位似的生产边界，生产选择集的凸性就意味着递减的规模
报酬。

练习 12A.17 如果图 12-6 中上面三幅图代表了消费者的无差异曲线，那么它们之间有一些有

---

① （弱）凸是指在选择集中的任意两个生产计划的任意组合都落在生产集的内部或者边界上。

意义的区别吗？你能说说为什么"规模报酬"这个概念在消费者理论中不重要吗？■

12A. 2.4 规模报酬与边际产出递减　我发现学生们通常对规模报酬递减和边际产出递减的区别不甚清楚。一种投入的边际产出被定义为在其他投入不变的情况下，增加一单位的该投入所引起的产出的增加。如果说所有投入的边际产出是递减的，那么当我们控制某种投入之外的其他所有投入不变时，增加额外单位的该投入所引起的产出增加会比之前引起的增加要少。例如，劳动的边际产出递减是指，控制资本量不变，增加的工作小时数最终引起的总产出的增加量越来越小。而资本的边际产出递减是指，控制劳动量不变，增加的机器（或者其他形式的资本）最终引起的总产出的增加量越来越小。由于当我们定义某种特定投入的边际产出时其他所有的投入都固定不变，所以边际产出就是控制其他投入不变时的生产边界切片的斜率，而边际产出递减意味着这个切片的斜率会越来越小。图 12 - 1（f）就是这样一个切片：将 k 控制在了 k^D 的水平。

这与规模报酬递减的性质十分不同（我们在 12A. 2.3 节已经讨论过规模报酬递减的性质了），是保持 l 和 k 的比值不变时从原点出发的一系列生产边界切片的性质（如图 12 - 5 和图 12 - 6 下面的那几幅图）。这是因为我们曾经说过，对于一个满足规模报酬递减的生产过程来说，投入增加 t 倍所带来的产出增加小于 t 倍。不同于边际产出递减的定义，规模报酬递减的定义并不是对每一个投入都成立，但是它显性地定义了当所有投入水平都成比例变化时产出的变化情况。尽管在单一要素投入模型（增加所有的投入就是增加其唯一的投入）中，规模报酬和边际产出之间有一种逻辑关系，但在两种要素投入的模型中这种关系就变得复杂了。

例如，考虑一下打印行业的生产过程，办公室助理使用电脑来录入手抄本（那些没有时间学习怎么用 word 编辑器的老教授们所写的学术文章）。关于这个生产过程有一个略微极端却并非完全不可能的模型，它将资本（电脑）和（办公室助理的）工作小时数看作生产中的完全互补品，为了生产额外的手抄本产出，必须同时增加资本和劳动的投入，而不是只增加其中的一种而不增加另外一种。更具体一点来说就是，假设使用一个小时的电脑加办公室助理一个小时的时间，这个打印服务就能够打出 10 页手抄本，但是电脑和办公室助理都不能仅凭自己打出一页手抄本。

练习 12A. 18　以横坐标轴为劳动小时数、纵坐标轴为电脑的使用时间，用图形表示生产 100 页、200 页、300 页手抄本时的等产量线。■

注意，我将规模报酬不变描述为在生产过程中投入要素加倍会使产出同样加倍。但是请考虑此时未明确说明的在此生产过程中劳动和资本的边际产出。例如，假设现在打印服务租用了每天 10 个小时的电脑使用时间和办公室助理 10 个小时的劳动时间，从而每天产出 100 页手抄本。给定 10 单位资本（10 个小时的电脑使用时间），对于这 10 个小时中的每个小时，一个小时的劳动的边际产出都是 10 页手抄本，但是，第 11 个小时的劳动的边际产出会降为零，因为我们已经用光了租到的电脑使用时间，从而使得第 11 个小时的劳动不能够再生产手抄本。因此，我们得到了在规模报酬不变的生产过程中边际产出递减的极端值。

练习 12A. 19　假设将打印手抄本这件事进行专业化分工（一些办公室助理负责处理那些数学公式，另外一些负责输入文本，还有一些负责合成图表）会带来好处。那么，尽管劳动和资本在生产中仍然可能是完全互补品，但生产过程会从规模报酬不变变为规模报酬递增。能不能在两种投入的边际产出都递减的情况下实现规模报酬递增的生产过程呢？

练习 12A. 20*　判断正误：在一个有两种投入的模型中，如果一种投入的边际产出是递增的，则生产过程具有递增的规模报酬。■

通过本节中所提供的工具，我们已经做好准备来说明如何在包含很多技术有效的生产计划的等产量线上鉴别经济有效的生产计划，并且，我们还会展示如何从成本曲线中推导出利润最大化的选择（在 11A.5 节的单一要素投入模型中已经提到）。

12A. 3　在利润最大化的过程中实现成本最小化

当我们在 11A.5 节得到了单一要素投入模型的总成本函数时，我们已经在图上解决了这个小问题。大体上，我们找到了最便宜可行的或者说最经济有效的（也就是说，没有资源的浪费）方法来生产某一个产出水平（投入价格给定，为 w），就是在生产边界上的可技术有效地生产出该产出水平的生产计划。而在两要素投入模型中，找到一种生产出给定产出水平的经济有效的方法并非小事一桩，因为现在有很多种方法来技术有效地生产出一个给定的产出水平，正如代表着所有没有投入浪费的产出水平的等产量线上的那些可行的要素投入组合所表明的那样。

12A. 3. 1　等成本线和成本最小化　例如，假设我们想要找到生产图 12 - 7 (a) 中 100 单位产量的最便宜可行的方法。图中的等产量线给出了所有能够生产出 100 单位产出的技术有效的投入组合（没有要素投入的浪费）。考虑到不同的投入会有不同的价格，即使一个生产计划是技术有效的（没有要素投入的浪费），这也不是该生产计划经济有效（最便宜）的充分条件。

练习 12A. 21　判断正误：在单一要素投入模型中，每一条等产量线都是由一个点组成的，这说明了所有技术有效的生产计划都是经济有效的。

练习 12A. 22　判断正误：在两要素投入模型中，每一个经济有效的生产计划都一定是技术有效的，但不是每一个技术有效的生产计划都一定是经济有效的。■

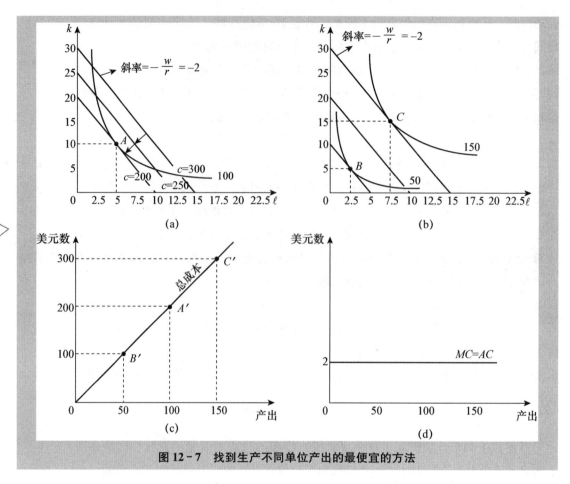

图 12-7 找到生产不同单位产出的最便宜的方法

我们可以假设给生产者一个预算，用此预算来购买小时工资率为 w 的劳动（ℓ）和租金率为 r 的资本（k）。这个假设的预算与我们给消费者的预算很像：如果小时工资率是 20 美元并且每单位资本的租金率是 10 美元，如果我们给生产者 300 美元，那么生产者的这个假设的预算就可以用图 12-7（a）中位于最外面的直线表示出来。这种假想的给生产者的预算就叫作等成本曲线（isocost curve），它表示给定投入的价格（w，r），一个生产者在所允许的成本水平上能够购买的要素投入的所有组合。最外面的等成本曲线使生产者生产 100 单位的产出成为可能，当我们减少给生产者的钱时，等成本曲线会向原点移动。比如，我们可以只给生产者 250 美元，这就是中间的那条线，但这依然比生产者生产 100 单位产品所需的钱还要多。从而，我们能够一直减少给生产者的预算，直到我们到达那条位于最里面的等成本线，在这条等成本线上，所有的投入组合都花费 200 美元。这条等成本曲线包含一个恰好能够生产 100 单位产出的投入组合 A——5 个小时的劳动和 10 单位资本。任何比这个更少的预算都意味着生产者不能够买到足够生产 100 单位产出的投入组合。此时，这个投入组合 A 就代表着给定投入价格为每小时劳动 20 美元和每单位资本 10 美元时能够生产 100 单位产出的最小成本。换句话说，A 所代表的生产计划 $(l，k，x)=(5，10，100)$ 是在给定投入价格时生产 100 单位产出的经济有效的方法。由于在成本最小化的要素投入组合上，等产量线的斜率一定等于等成本线的斜率，所以我们可以得到：

$$成本最小化意味着 \qquad -TRS = \frac{MP_\ell}{MP_k} = \frac{w}{r} \qquad (12.4)$$

练习 12A. 23 判断正误：当选择生产不同产出水平的技术有效的方法时，我们并不需要知道产出价格、工资或者租金率，但是当我们不知道这些价格时，一般不能得到生产任何产出水平时的经济有效的方法。■

12A. 3. 2 多种投入下的成本曲线 假想我们可以对每一条等产量线（即对每一个可能的生产水平）做如下的事情。例如，在图 12 - 7 (b) 中，我们指出生产 50 单位产出的成本最小的投入组合是 B，生产 150 单位产出的成本最小的投入组合是 C。最后，将要素投入组合 A、B、C 及其所对应的等产量线所代表的这三个生产计划都画到一个新图中，以表示生产 50 单位、100 单位和 150 单位产出所用的成本，如图 12 - 7 (c) 所示，横坐标轴为产出，纵坐标轴为美元数。比如，当投入的价格为 $w = 20$，$r = 10$ 时，生产 100 单位产出的成本最小的投入包括 5 小时劳动（一共花费 100 美元）和 10 单位资本（又花掉 100 美元），则生产这 100 单位产出的总成本为 200 美元（点 A'）。同样，生产 50 单位产出的总成本为 100 美元（点 B'），生产 150 单位产出的总成本为 300 美元（点 C'）。在图 (c) 中将这些点连接起来，就得到了（总）成本曲线（cost curve）的一个估计，这条曲线表示给定 $w = 20$ 和 $r = 10$ 时，最经济有效地生产不同数量的产出时的成本。

注意，此时的技术条件是规模报酬不变；也就是说，当投入乘以 t 倍时，会导致产量也增加 t 倍。因此，每增加一单位产量总会使总成本增加得同样多，导致生产的边际成本不变（每单位产出的成本为 2 美元），并且等于生产的平均成本。图 12 - 7 (d) 中的 MC 就恒为 2 美元且等于 MC。

练习 12A. 24 假设图 12 - 7 (a) 和 (b) 中的等产量线的数值分别是 50、80、100，而不是 50、100、150。那么总成本曲线、MC 曲线和 AC 曲线是什么样子的呢？这个生产过程是规模报酬递增的还是递减的？其递增和递减与成本曲线的形状有什么关系呢？

练习 12A. 25 在上题中，如果数值变为 50、150、300，那么你的回答又会是怎样的呢？■

在图 12 - 7 中，我们隐含地假设了生产技术是位似的。特别地，如果工资率为 w 且租金率为 r，我们很快就能找到一个经济有效的生产计划，我们也能知道经济有效的生产计划包括哪些，因为所有实现成本最小化的生产计划都会落在从原点出发的同一条竖直的射线上。不管生产技术是不是规模报酬不变的（图 12 - 7 中是规模报酬不变的），这个结论都成立。考虑图 12－8（a）中位似的等产量线，再次假设 $w＝20$，$r＝10$。如果我们知道等成本线的斜率为 $-w/r＝-2$，切点为 D，就知道使用 20 单位的资本和 10 个单位的劳动来生产 140 单位产出是经济有效的。而且我们还知道所有的从原点扩散出的等产量线在这条射线上的斜率都是 -2 并且穿过 D，因此我们知道所有的斜率为 -2 的等成本线的切线都沿着这条射线。因此，A 是生产 10 单位产出的经济有效的投入组合，B 是生产 40 单位产出的经济有效的投入组合，依次类推。

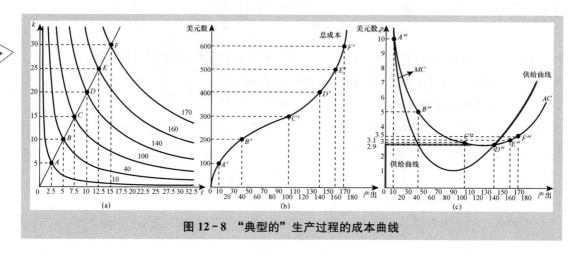

图 12－8 "典型的"生产过程的成本曲线

练习 12A. 26 *如果 w 增加，那么从原点出发的经济有效的生产计划会是一条更陡峭还是更平坦的射线呢（在等产量线图中）？如果 r 增加呢？* ■

图 12－8 中的等产量线图所示的生产技术与图 12－7 中所示的规模报酬不变的技术是不同的，因为它增加真实世界中的公司所具备的一个特点：最初规模报酬递增，但最终规模报酬递减。你能够通过等产量线上的标签很容易地辨别这种情形：最初它们以递增的速度增加，但最终它们增加的速度越来越慢。我们在第 11 章中所讲的典型的单一要素投入的生产过程可以作为这种生产技术的一个例子，产出一开始增加得越来越容易，但最终增加得越来越难。

现在我们可以通过图 12－8（a）中的 A 点到 F 点来推导（总）成本曲线的形状，只需要简单计算为了达到每一个产出水平所需投入的成本（就像我们对图 12－7 所做的那样）即可。例如，图 12－8（a）说明：当 $w＝20$，$r＝10$ 时，生产 140 单位产出的成本最小的方法是使用投入组合 D，其中包含了 20 单位资本和 10 单位劳动。这个投入组合的成本是 $10w＋20r＝10×20＋20×10＝400$。在图 12－8（b）中，我们画出了 D'，在此处生产 140 单位产出（在横坐标轴表示）需要花费 400 美元（在纵坐标轴表示）。在图 12－8（a）中对每一条等产量线重复这个过程，我们就能够得到（总）成本曲线的形状了，它一开始增加得越来越慢，最终增加得越来越快。这正是我们在第 11 章中对于单一要素投入的生产过程所得到的成本曲线的形状，而该生产过程就有生产一开始越来越简单最后越来越难的类似特征。

练习 12A. 27 在单一要素投入情况下的生产过程是什么样的？它与我们在图中沿着从原点出发的射线的三维生产边界的纵向切片的形状有何异同？ ■

我们可以像在第 11 章中那样，根据这个（总）成本曲线计算平均成本曲线和边际成本曲线。图 12-8（c）中的 AC 曲线就是通过六个不同产出数量下的平均成本画出来的，从而我们可以推断 MC 曲线的大致形状，因为我们知道从逻辑上来说 MC 曲线同 AC 曲线的起始点相同，并且在 AC 曲线到达最低点之前一直低于 AC 曲线（见 11A. 5.3 节的讨论）。

12A. 3. 3　根据成本曲线来最大化利润　在单一要素投入模型中推导利润最大化的逻辑在两种要素投入的情况下也成立——此时价格等于 MC（MC 曲线要在 AC 曲线之上）。此处不再重复之前的推理，如有需要可参见 11A. 5.3 节。在两种要素投入的情况下的推导过程与一种要素投入的情况下没什么不同，因为我们能够直接从 MC 曲线和 AC 曲线图中得到生产者的产出供给曲线，并不需要寻求 12A. 1 节中三维图的帮助。由当 $w=20$，$r=10$ 时图 12-8（a）中所示的生产边界所推导出的产出供给曲线已经在图 12-8 的最后一幅图中给出。

练习 12A. 28 判断正误：如果一个生产者要最小化成本，那么他或她并不需要最大化利润，但是如果这个生产者要最大化利润，那么他或她必须最小化成本。（提示：成本曲线上的每一个点都是生产者在生产某个产出水平时最小化成本得到的。） ■

在做出图 12-8 中的产出供给曲线时，我们已经意识到当产出的价格足够高（即高于 AC 曲线的最低点）时，这个生产者会得到一个内点解（即他或她会有一个正的产量），并且我们已经暗示了，当产出价格太低（即低于 AC 曲线的最低点）时，这个生产者会得到一个角点解（即不进行生产）。然而，当我们求解最初为规模报酬递增型而最后为规模报酬递减型的生产边界时，还有一种理论上可行的解没有出现。那就是生产者的最优选择可能是生产一个无穷大的产量。

我知道这听起来很荒谬，但是请给我一分钟的时间。假设生产边界一直具有递增的收益。你自己就可以证明 MC 曲线会一直在 AC 曲线下方，而这意味着 MC 曲线位于 AC 曲线上方的部分不存在，而这部分才是产出供给曲线。那么这意味着对于一个生产越来越容易的生产者来说，他永远都不应该生产吗？答案是否定的，这个生产者的最优选择是要么不生产，要么就生产无穷的量。如图 12-9 所示，就是一个具有递增的规模报酬的生产计划的 MC 曲线和 AC 曲线。在这里，MC 曲线和

AC 曲线都无限接近于 p^*。如果产出价格低于 p^*，那么无论生产者向市场投放多少产品，价格都会低于 AC，这意味着无论生产多少，利润都为负。在这种情况下，生产者就不会生产。但是，如果价格上升至超过 p^* 的水平，那么即使最初的生产会造成损失，生产者也可以通过生产无穷的产量来获得正的利润。

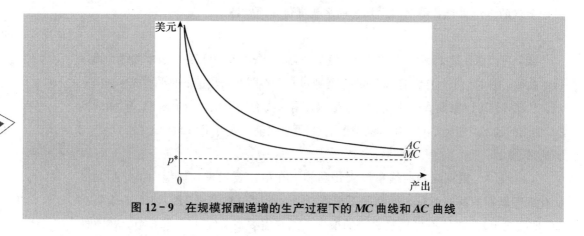

图 12 - 9 在规模报酬递增的生产过程下的 MC 曲线和 AC 曲线

练习 12A. 29[*] 假设一个生产过程最初具有递增的规模报酬，最后表现为不变的规模报酬，但从没经历递减的规模报酬，那么它的 MC 曲线会穿过 AC 曲线吗？ ■

那么，这样的生产过程存在吗？考虑个人电脑操作系统的生产。为了生产出第一个操作系统，企业付出了巨大的努力，不断地发现并纠正系统的问题。但最终生产额外一单位操作系统不过是制作一张 CD 或者将其上传到一个网站上供人们下载，而这实际上就不花费成本了。这样的生产过程中的 MC 曲线和 AC 曲线就与图 12 - 9 中的很相似，也许 MC 曲线最终会在某一点到达 p^*（制作 CD 的成本）。所以我们对于上个练习的回答是肯定的，这样的生产过程的确存在。但是，面对这样的生产过程的生产者的生产决定却没有被"价格接受者"这个模型恰当地表示出来。这样的生产者包括微软，它具有很大的市场势力，因而可以影响价格。因此，我们会将这种对生产者的利润最大化行为的讨论推迟到第 23 章，在该章我们会放松"价格接受者"这个假定。但需要注意的是，对于这些生产者，其利润最大化的成本最小化部分同这里是一样的，只有第二步不同，因为它们具有了市场势力，并不是单纯的价格接受者。

练习 12A. 30 图 12-7 中还画出了一种特别的情况。当产出价格变动的时候，这样的生产者会怎样选择利润最大化的供给呢？

练习 12A. 31 请说明一个生产边界呈现规模报酬递减特征的生产者的产出供给曲线（如图 12-1 的情况所示）。 ■

12A.4　把成本最小化和利润最大化结合起来

在这一节中我们讲了很多，在继续讲解之前，我们先暂停，来盘点一下即将在 B 部分的数学分析中介绍的"最重要的因素"，这些内容在第 13 章中也将扮演很重要的角色。同时，回顾和总结一下利润最大化和成本最小化的不同也尤其重要。

一个仅仅将成本最小化的生产者不会注意产出的价格，他/她所需要决定的是：对于给定的投入价格 (w, r)，找到在生产不同产出量时成本最小（或经济有效）的方法。在我们对两要素投入模型的图示分析中，这意味着一个成本最小化的生产者在所使用的投入组合处，等产量线的斜率等于等成本线的斜率（假设内点解实际上是经济有效的），即 $TRS = -w/r$。由于我们从 12A.2.1 节知道 $TRS = (-MP_\ell/MP_k)$，我们同样可以说，只要成本最小化的生产投入组合中每种要素都包括一些，

$$\text{成本最小化就意味着} \quad -TRS = \frac{MP_\ell}{MP_k} = \frac{w}{r} \tag{12.5}$$

而一个利润最大化的生产者还会考虑产出价格，并且会在每个要素的边际收益产出等于要素价格的时候进行生产。在利润最大化的两步法中，先进行成本最小化，这包括了对边际成本和边际利润的比较，其中后者等于产出价格（当生产者是价格接受者时）。因此，竞争市场中的利润最大化的生产者会（1）最小化成本；（2）在 $p = MC$ 时进行生产。这与我们在 12A.1 节中所讨论的"直接"利润最大化方法等价，在 12A.1 节，我们认为利润最大化的厂商会在等利润线与生产边界相切的点处进行生产，这意味着 $MP_\ell = w/p$ 且 $MP_k = r/p$，即，只要真实的理论最大化的解是个内点解（并且不是零产量或者无限产量），那么

$$\text{利润最大化表明} \quad MRP_\ell = pMP_\ell = w \text{ 且 } MRP_k = pMP_k = r \tag{12.6}$$

将式（12.6）的两个表达式相除，我们可知，利润最大化意味着 $MP_\ell/MP_k = w/r$，而这正是成本最小化所意味的。因此，利润最大化的生产者已经默默地成本最小化了。然而反过来不一定成立，因为 $MP_\ell/MP_k = w/r$ 并不能推出 $pMP_\ell = w$ 和 $pMP_k = r$。[①] 因此，只有当成本最小化的生产者依据 $p = MC$（只要 MC 大于等于 AC）来确定产出水平时，他们才能成为利润最大化的生产者，这与说利润最大化的生产者在边际收益产出等于要素价格处进行生产是一样的。

---

① 例如，如果 $pMP_\ell > w$ 且 $pMP_k > r$，那么 MP_ℓ/MP_k 仍然等于 w/r。考虑如下情况：$p = 1$，$MP_\ell = 20$，$MP_k = 10$，$w = 10$，$r = 5$。那么

$$\frac{w}{r} = 2 = \frac{pMP_\ell}{pMP_k} = \frac{MP_\ell}{MP_k} \tag{12.7}$$

但 $pMP_\ell = 20 > 10 = w$ 且 $pMP_k = 10 > 5 = r$。

12B 多要素模型背后的数学分析

A 部分一开始用图示方法表示利润最大化，从而说明了在要素投入多于一种的情况下的技术复杂性，然后建立了另外一种图示方法，其中成本最小化是作为价格接受者的生产者实现利润最大化的第一步。当我们采取一种更加数理化的方法时，直接求解利润最大化选择的困难就没有那么大了，因此也就不是那么迫切地需要另外一种解决方法了。然而，我们会发现另外一种成本最小化方法与消费者理论中的支出最小化方法几乎是相同的，并且如同我们在消费者理论中所得到的，我们会得到一个"二元"图。而且，成本最小化为我们推导适用于所有生产者的成本函数建立了基础，无论这些生产者是完全竞争市场中的"价格接受者"还是具有市场势力（即将在第 23 章中呈现）。

12B.1 生产者选择集和生产函数

在第 11 章单一要素投入的情况下，我们用 $f: \mathbb{R}^1_+ \to \mathbb{R}^1_+$ 的数学形式表达了从生产函数到生产边界的对应关系。多种要素投入下的生产是对这个模型的直接扩展，此时的生产过程所使用的 n 种要素投入用 $f: \mathbb{R}^n_+ \to \mathbb{R}^1_+$ 表示。例如，当仅有劳动 ℓ 和资本 k 这两种要素投入时，函数 $f: \mathbb{R}^2_+ \to \mathbb{R}^1_+$ 就说明了当没有投入浪费时，用要素投入组合 (ℓ, k) 所能生产的产出数量 $f(\ell, k)$。生产选择集（正如第 11 章中介绍的）被定义为技术可行的生产计划集 (x, ℓ, k)，即

$$C(f: \mathbb{R}^2_+ \to \mathbb{R}^1_+) = \{(x, \ell, k) \in \mathbb{R}^3 \mid x \leqslant f(\ell, k)\} \tag{12.8}$$

原则上，这样一个选择集不仅可以包括一些任意数量 n 的要素，还可以生产出 m 种不同的产出 $(x_1, x_2, \cdots, x_m)$，其产生相关的生产边界的函数形式为 $f: \mathbb{R}^n_+ \to \mathbb{R}^m_+$。多种要素的生产过程可能是两种形式：首先，可能是生产者有意地使用一些要素来一起生产一些在市场中销售的不同产出。比如，一个苹果园的主人可能会使用"苹果树"和"蜜蜂"（进行异花授粉）来生产"苹果"和"蜂蜜"以卖到市场上。其次，一个生产者可能无意地生产了一些他/她并不想（或者不能）卖到市场上的产品，但是这些产品可以影响其他人的生活。例如，这个苹果园的主人可能无意间就给他附近的梨园提供了"异花授粉"服务，或者加工蜂蜜的生产过程可能会给临近的小河造成"水污染"。这些无意间生产出来的产出在后面的章节中会被称为"生产的外部性"。而现在，我们会把研究局限在有意地生产单一产出 x 的生产过程上。

12B.1.1 边际产出与 *TRS* 再次考虑一种投入的边际产出的定义，即控制其他投入的量不变时，多使用一单位的该投入所能带来的总产出的增加量。将其转换成边际产出的数学定义就是生产函数关于该投入的偏导，即

$$MP_\ell = \frac{\partial f(\ell, k)}{\partial \ell}, \quad MP_k = \frac{\partial f(\ell, k)}{\partial k} \tag{12.9}$$

此情况下的要素投入为劳动 ℓ 和资本 k。由于求偏导时 k 不变得到了 MP_ℓ，这意味着劳动的边际产出就是 k 不变时生产函数的"切片"，而资本的边际产出就是控制劳动不变时生产函数的"切片"。这些"切片"如图 12-1 所示。

练习 12B.1　正如我们可以求生产函数关于它的一种投入的偏导数（并且将其称为"投入的边际产出"），我们也可以对效用函数关于其中一种消费品求偏导数（并且将其称为"该商品的边际效用"）。为什么第一个概念有经济含义而第二个没有呢？■

由于已经在 A 部分中做了大量的讨论，所以我们可以通过考虑生产函数的横"切片"来继续探索这些生产函数的性质。所谓的"切片"就是等产量线（isoquants）。在 A 部分中，我们论证了等产量线具有与消费者无差异曲线（只是它们是效用的横"切片"而不是成本函数的横"切片"）相似的性质这个假定的合理性。于是，从生产函数 $f(\ell, k)$ 中所得到的等产量线的斜率，即（边际）技术替代率（TRS）（technical rate of substitution）可以表示为

$$TRS = -\left(\frac{\partial f(\ell, k)/\partial \ell}{\partial f(\ell, k)/\partial k} \right) \tag{12.10}$$

这个公式可由第 4 章中推导 MRS 的公式推导出来。

练习 12B.2*　运用从效用函数中推导 MRS 公式的同样的方法来推导生产函数 $f(\ell, k)$ 中 TRS 的公式。■

由等式（12.9）中对边际产出的表达，也可以将边际替代率表示成要素边际产出之比：

$$TRS = -\frac{MP_\ell}{MP_k} \tag{12.11}$$

我们在 12A.2.1 节中已经直观地推导了上式。

12B.1.2　"平均优于极端"与拟凹性　对于生产选择集我们一般会做出的一个尤其重要的假设是"平均优于极端"，因为在同一条等产量线上的两个要素组合的均值组合会生产出至少和这两个极值组合一样多（一般更多）的产出。当我们在消费者理论中做出同样的假设的时候，我们称它为"凸性"，因为它给出了无差异曲线的凸的上水平集。事实证明，假设上水平集的凸性等价于假设其对应的生产函数是拟凹的（quasiconcave）。考虑一个函数 $f: \mathbb{R}^2_+ \to \mathbb{R}^1$ 拟凹性的定义：当且仅当对于任意在 $\mathbb{R}^2_+$ 中的两点 $A = (x_1^A, x_2^A)$ 和 $B = (x_1^B, x_2^B)$ 以及任意 $\alpha \in$

(0，1)，

$$\min\{f(x_1^A,x_2^A),f(x_1^B,x_2^B)\}\leqslant f(\alpha x_1^A+(1-\alpha)x_1^B,\alpha x_2^A+(1-\alpha)x_2^B) \quad (12.12)$$

时，一个函数是拟凹的（quasiconcave）。

现在假定我们在一个拟凹的生产函数 $f(\ell,k)$ 上选择了两个要素组合 $A=(\ell^A,k^A)$ 和 $B=(\ell^B,k^B)$。由于它们在同一条等产量线上，所以我们知道 $f(\ell^A,k^A)=f(\ell^B,k^B)$。通过我们对于拟凹性的定义，可以推断要素组合 A 和 B 的任意加权平均的产出都至少等于 A 和 B 所在的等产量线所代表的产量。因此，拟凹的生产函数代表了要素组合的均值的产量高于要素组合的极值的产量的生产过程。同样，你可以告诉自己，只要存在我们刚刚所定义的"平均优于极端"，那么就只有拟凹的函数才能表示这样的生产过程。因此，我们可以得到结论：拟凹的生产函数的等产量线有凸的上水平集，并且等产量线有凸的上水平集的生产过程一定具有拟凹的生产函数。由于在生产者理论中我们所有研究过的效用函数都具有"平均优于极端"的特征，所以我们可以马上知道，所有效用函数都是拟凹的。

练习 12B. 3 判断正误：边界是拟凹函数的生产选择集具有如下性质：所有选择集的横"切片"都是凸集。∎

然而我们可以很快注意到，具有"平均优于极端"这一性质的生产函数并不意味着它们一定是凹（concave）的，而只能说明它们一定是拟凹（quasiconcave）的。我们可以先通过定义两种要素下的凹函数来澄清：当且仅当对于 $\mathbb{R}_+^2$ 中的任意两点 $A=(x_1^A,x_2^A)$ 和 $B=(x_1^B,x_2^B)$ 以及任意 $\alpha\in(0,1)$，有

$$\alpha f(x_1^A,x_2^A)+(1-\alpha)f(x_1^B,x_2^B)\leqslant f(\alpha x_1^A+(1-\alpha)x_1^B,\alpha x_2^A+(1-\alpha)x_2^B)$$

$$(12.13)$$

时，函数 $f:\mathbb{R}_+^2\to\mathbb{R}^1$ 是凹的。

很容易看出，每一个凹函数都是拟凹的，因为对于任意两点 $A=(x_1^A,x_2^A)$ 和 $B=(x_1^B,x_2^B)$，以及任意 $\alpha\in(0,1)$，只要 f 满足公式（12.13），下面的不等式总是正确的：

$$\min\{f(x_1^A,x_2^A),f(x_1^B,x_2^B)\}\leqslant\alpha f(x_1^A,x_2^A)+(1-\alpha)f(x_1^B,x_2^B) \quad (12.14)$$

当 f 是凹的时，由式（12.13）和式（12.14）可推导出式（12.12）成立，即，f 凹说明 f 拟凹。

然而，反过来不成立。通过一个例子来研究这个问题可以让我们得到一些关于函数的拟凹性和凹性的直观认识。考虑柯布-道格拉斯生产函数 $f(\ell,k)=\ell^{1/3}k^{1/3}$（如图 12-10（a）所示）。生产计划 A 和 B 都落在 (ℓ,k) 平面的 45°线的纵"切片"上。由于生产函数的这个"切片"的斜率一开始很大，然后逐渐变小，所以连

接 A 和 B 之间的虚线落在函数的下方。这个虚线上的点对应的就是式（12.13）的左边，而"切片"的边界上的点对应的就是式（12.13）的右边。左边小于右边的这个事实满足凹性的定义。而图 12-10（b）是这个函数的平方即 $f(\ell,k)=\ell^{2/3}k^{2/3}$，但是这一次连接 A' 和 B' 的虚线上的点在函数上方，这意味着凹性的定义并不满足。

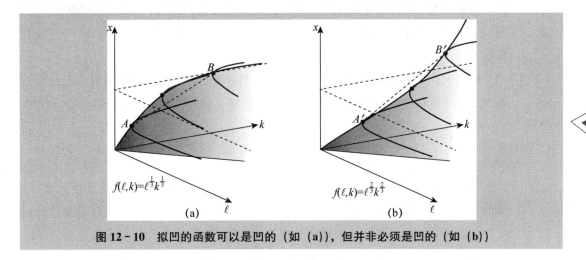

图 12-10 拟凹的函数可以是凹的（如（a）），但并非必须是凹的（如（b））

因此，图 12-10（a）表示一个凹的生产函数而（b）表示的生产函数不是凹的。你很快就能发现，这相当于说，图（a）中的生产选择集是凸集而图（b）中的生产选择集是非凸集。因此，凹的生产函数代表凸的生产选择集。同时，由于两幅图中同样灰度的等产量线的形状是一样的，所以如我们在消费者理论中所学的，对生产函数的变换（如将其平方）并不改变其投影在二维平面上的形状，尽管这种变换确实改变了三维函数。这些形状的等产量线具有凸的上水平集，说明这些函数都是拟凹的。

练习 12B.4 判断正误：所有拟凹的生产函数，但不是所有凹的生产函数，都有凸的生产选择集。

练习 12B.5 判断正误：拟凹的和凹的生产函数都表示生产过程具备"平均优于极端"的性质。■

12B.1.3 规模报酬和凹性 我们所讨论的生产函数的凹性与规模报酬的概念直接相关。在 A 部分中，我们做了如下定义：如果将投入乘以 t 导致的产出增加幅度小于 t 倍，那么位似的生产过程为规模报酬递减（decreasing returns to scale）的；如果将投入乘以 t 导致的产出增加幅度等于 t 倍，那么位似的生产过程为规模报酬不变（constant returns to scale）的；如果将投入乘以 t 导致的产出增加幅度大于 t 倍。那么位似的生产过程为规模报酬递增（increasing returns to scale）的，注意，图 12-10（a）中的生产函数具备这样的特征：沿着从原点出发的任意一条射线做纵"切片"（如图中所示），其斜率变得越来越小，表明沿着这条线将投入乘以 t 会导致产出的增加幅度小于 t 倍。反过来也是对的，如图（b）中的生产函数，沿着从原点出发的任意一条射线的纵"切片"的斜率变得越来越大。因此，位似生产函数是不是凹的会决定它们是不是有递减的规模报酬。换一种说法，当等产量线的图是位似的时，凸生产选择集的边界可由一个规模报酬递减的凹的生产函数来表示。而边际报酬递增表明生产选择集具有非凸性，生产函数具有非凹性。

事实上，如果这些生产函数是齐次的，那么我们可以就规模报酬对生产函数的意义下一个更精确的数学定义。首先，回忆一下，齐次函数都是位似的。当且仅当

$$f(t\ell, tk) = t^k f(\ell, k) \tag{12.15}$$

时，一个函数是 k 阶齐次的。

由于规模报酬不变的生产函数按照定义具有当投入增加 t 倍时产出也会增加 t 倍的特征，所以规模报酬不变的生产函数是一阶齐次的。类似地，规模报酬递减的生产函数是齐次的并且齐次的阶数小于 1，规模报酬递增的生产函数是齐次的并且齐次的阶数大于 1。例如，对于两种投入情况下的柯布-道格拉斯生产函数，如果其指数之和小于 1 则意味着生产函数是规模报酬递减的，如果其指数之和等于 1 则意味着生产函数是规模报酬不变的，如果其指数之和大于 1 则意味着生产函数是规模报酬递增的。然而需要注意的是，不是所有的位似函数都是齐次的。比如，有一个位似的生产函数，最初有递增的规模报酬，最终有递减的规模报酬（这将在一些章末习题中研究）。

练习 12B. 6 验证关于两种要素投入的柯布-道格拉斯生产函数的最后一个陈述。■

12B. 1. 4 规模报酬与边际产出递减 边际产出递减与规模报酬递减在概念上十分不同，因为第一个概念中控制除一种要素之外的其他所有变量不变，而后一个概念中所有要素都同比例变动。我们可以通过使用位似的（和齐次的）柯布-道格拉斯生产函数 $f(\ell, k) = \ell^\alpha k^\beta$ 来说明这些概念，从而得到更多的直观认识，其劳动和资本的边际产出为

$$MP_\ell = \alpha \ell^{(\alpha-1)} k^\beta, \quad MP_k = \beta \ell^\alpha k^{(\beta-1)} \tag{12.16}$$

当且仅当 MP 的导数为负时，这个生产函数具有递减的 MP：

$$\frac{\partial MP_\ell}{\partial \ell} = \alpha(\alpha-1)\ell^{(\alpha-2)}k^\beta, \quad \frac{\partial MP_k}{\partial k} = \beta(\beta-1)\ell^\alpha k^{(\beta-2)} \tag{12.17}$$

由于指数 α 和 β 是正的（在柯布-道格拉斯生产函数中它们总是正的），这意味着仅当每个指数都小于 1 的时候，劳动和资本的边际产出才是递减的。这是因为只

有当要素的指数小于 1 的时候，式（12.17）中的边际产出的导数才是负的。

图 12-11 说明了两个规模报酬递增的柯布-道格拉斯生产函数，一个有递减的边际产出，另一个有递增的边际产出。特别地，图（a）复制了图 12-10（b）的生产函数 $f(\ell, k) = \ell^{2/3} k^{2/3}$，但此时它说明的是当劳动供给为 ℓ^A 时生产函数的"切片"的形状。图（b）对生产函数 $f(\ell, k) = \ell^{4/3} k^{4/3}$ 做了同样的事情。对于式（12.17），由于这个生产函数的每个要素的指数都小于 1，所以我们可以期待图（a）中的生产函数将表现出对于每一种要素边际产出递减的性质；而由于这些相同的指数大于 1，我们会

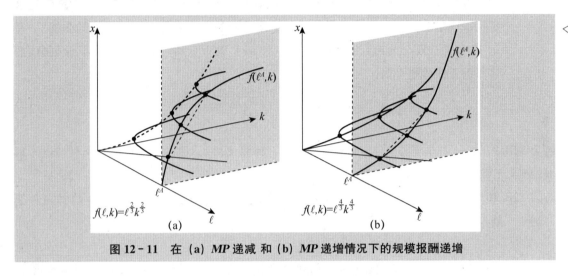

图 12-11　在（a）_MP_ 递减 和（b）_MP_ 递增情况下的规模报酬递增

期待图（b）中的生产函数表现出边际产出递增的性质。这就是这些函数的"切片"的形状所暗示的，图（a）中的 $f(\ell^A, k)$ 表现出递减的斜率（从而有递减的 MP_k），而图（b）中表现出递增的斜率（从而有递增的 MP_k）。

练习 12B.7　你能给出一个柯布-道格拉斯生产函数的例子，使其资本具有递增的边际产出而劳动具有递减的边际产出吗？这个生产函数是规模报酬递增、不变还是递减的呢？

练习 12B.8　判断正误：一个柯布-道格拉斯生产函数不可能对一种要素同时有递减的边际报酬和递增的边际产出。■

12B.2　等利润平面与利润最大化

在图 12-1 中，我们已经简单介绍了有两种投入时的利润最大化，它是在生产边界上"等产量平面"同生产边界相切处取到的。正如第 11 章中单一投入模型的情况，生产边界代表了生产者所面临的技术约束，而等利润线代表了在给定的经济环境中生产者对于利润的"偏好"。现在我们将对图 12-1 中所示的利润最大化用数学方式来进行说明，首先我们将正式地定义等利润，然后建立并解决整个利润最

大化问题。

12B. 2. 1　多种投入下的等利润线　正如我们在第 11 章中已经广泛讨论过的，我们假定一般情况下生产者的"偏好"可根据利润的数值直接量化。反过来，利润是由经济收益（卖出商品和服务的所得）和经济成本（在购买生产产出的要素投入时发生）的差值表示的。在只有劳动 ℓ 和资本 k 两种要素投入的情况下，生产计划 (x, ℓ, k) 下的利润 π 为

$$\pi = px - w\ell - rk \tag{12.18}$$

此时经济环境由产出价格 p 和要素价格 (w, r) 所刻画，而价格接受的生产者把这些当成既定的。等利润线 P 是作为价格接受者的生产者的一条"无差异曲线"，在第 11 章中被定义为给定经济环境 (p, w, r) 时可获得同样利润的生产计划集合。这可被正式地定义为

$$P(\pi, p, w, r) = \{(x, \ell, k) \in \mathbb{R}^3 \mid \pi = px - w\ell - rk\} \tag{12.19}$$

练习 12B. 9　在一个三维图中，x 在纵坐标轴上，你能使用式（12.18）来确定等利润线的纵截距吗？k 固定时，斜率是多少？

练习 12B. 10　当土地 L 被作为第三种要素投入并且其价格为 r_L 时，请确定此时的利润和等利润线。■

12B. 2. 2　多种要素时的利润最大化　图 12 - 1（f）所示的将三维的生产函数的等利润平面向最高值运动的过程可以被正式地用数学语言表示为求解以下利润最大化问题：

$$\max_{x, \ell, k} \pi = px - w\ell - rk \quad s.t. \quad x = f(\ell, k) \tag{12.20}$$

这个问题可以被解读为"在技术可行的情况下，选出最高的等利润平面上的那个生产计划"。它也可以通过将约束代入目标函数而写为一个无约束的利润最大化问题：

$$\max_{\ell, k} \pi = pf(\ell, k) - w\ell - rk \tag{12.21}$$

从而一阶条件就是 π（对两种选择变量）的偏导为零，即

$$\frac{\partial \pi}{\partial \ell} = p \frac{\partial f(\ell, k)}{\partial \ell} - w = 0$$

$$\frac{\partial \pi}{\partial k} = p \frac{\partial f(\ell, k)}{\partial k} - r = 0 \tag{12.22}$$

也可以写为

$$w = p \frac{\partial f(\ell, k)}{\partial \ell}, \quad r = p \frac{\partial f(\ell, k)}{\partial k} \tag{12.23}$$

或者

$$w = pMP_\ell = MRP_\ell, \quad r = pMP_k = MRP_k \tag{12.24}$$

这些正是图 12-1（f）中所出现的条件：在利润最大化的生产计划 A，控制资本在 k^D 时的生产边界的"切片"的斜率，等于将资本控制在 k^D（$w/p = MP_\ell$）时的等利润平面的"切片"的斜率；控制劳动为 ℓ^D 时的生产边界的"切片"的斜率，等于将劳动控制在 ℓ^D（$r/p = MP_k$）时的等利润平面的"切片"的斜率。

练习 12B.11　证明式（12.20）中问题的结果与此相同。■

从式（12.23）中的两个等式可以解出要素需求函数，从而知道生产者在面对经济环境（p，w，r）时会使用多少劳动和资本，即，

$$\ell(p, w, r) \quad \text{和} \quad k(p, w, r) \tag{12.25}$$

分别是生产者的劳动和资本的要素需求函数（labor and capital demand functions）。将两者代入生产函数中，我们就可以得到产出供给函数（output supply functions）

$$x(p, w, r) = f(\ell(p, w, r), k(p, w, r)) \tag{12.26}$$

从而知道在经济环境为（p，w，r）时，生产者会提供多少产出。

12B.2.3　一个利润最大化的例子　假设生产者所拥有的技术使之能够按照函数 $f(\ell, k) = 20\ell^{2/5}k^{2/5}$ 来组织生产。从而我们可以建立利润最大化问题

$$\max_{x, \ell, k} \pi = px - w\ell - rk \quad \text{s.t.} \quad x = 20\ell^{2/5}k^{2/5} \tag{12.27}$$

也可以写为

$$\max_{\ell, k} \pi = p(20\ell^{2/5}k^{2/5}) - w\ell - rk \tag{12.28}$$

那么一阶条件是

$$\frac{\partial \pi}{\partial \ell} = 8p\ell^{-3/5}k^{2/5} - w = 0$$

$$\frac{\partial \pi}{\partial k} = 8p\ell^{2/5}k^{-3/5} - r = 0 \tag{12.29}$$

也可以写为

$$w = 8p\ell^{-3/5}k^{2/5}, \quad r = 8p\ell^{2/5}k^{-3/5} \tag{12.30}$$

在第二个方程中解出 k，将其代入第一个方程，我们就得到了劳动的要素需求函数

$$\ell(p, w, r) = \frac{(8p)^5}{r^2 w^3} \tag{12.31}$$

将其代入第二个方程，就得到了资本的要素需求函数

$$k(p,w,r) = \frac{(8p)^5}{w^2 r^3} \tag{12.32}$$

最终，我们可以通过将式（12.31）和式（12.32）代入生产函数 $f(\ell,k) = 20\ell^{1/5}k^{2/5}$，得到产出供给函数

$$x(p,w,r) = 20\frac{(8p)^4}{(wr)^2} = 81\,920\frac{p^4}{(wr)^2} \tag{12.33}$$

练习 12B.12 证明：求解式（12.27）中的问题可得到同样的解。■

假定经济环境中每单位产出的价格为 5 美元，每小时劳动的价格为 20 美元，每小时资本设备的价格为 10 美元。将这些值代入式（12.31）、式（12.32）和式（12.33），从而我选择的生产计划中包含 128 个工时和 256 单位资本，用它们来生产 1 280 单位产出。我们可以通过一次改变其中一个价格，从而引起经济关系变化，以此来说明这些函数的不同"切片"。比如，我们可能对产出供给对产出价格的反应感兴趣，从而可以控制 w 为 20 美元和 r 为 10 美元不变，并画出函数 $x(p,20,10)$ 的图形。或者我们可能对于劳动供给对工资率变化的反应并画出函数 $\ell(5,w,10)$ 的图形感兴趣，或者对产出价格的改变如何影响劳动需求（$\ell(p,20,10)$）或租金率的改变如何影响劳动需求（$\ell(5,20,r)$）感兴趣。图 12-12 中画出了劳动供给和价格的关系及要素需求和每个要素价格的关系。这些就是众所周知的产出供给曲线和要素需求曲线，它们代表了"切片" $x(p,20,10)$，$\ell(5,w,10)$ 和 $k(5,20,r)$ 的反函数。

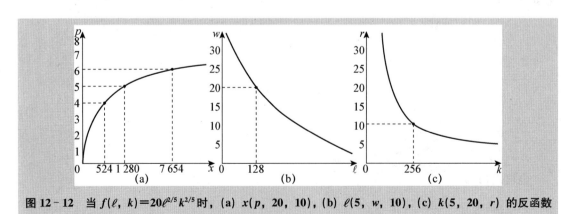

图 12-12 当 $f(\ell,k) = 20\ell^{2/5}k^{2/5}$ 时，(a) $x(p,20,10)$，(b) $\ell(5,w,10)$，(c) $k(5,20,r)$ 的反函数

练习 12B.13* 图 12-12 中的每一幅图都代表生产计划（$x = 1\,280$，$\ell = 128$，$k = 256$）对应的函数的反"切片"。对于每一个函数，另外两个"切片"是什么？它们是向上倾斜的还是向下倾斜的？■

12B. 3　在利润最大化的过程中实现成本最小化

到目前为止，我们将生产者问题的数学求解看作用一步求解的单一的利润最大化问题。然而，为了得到 A 部分中所说明的利润最大化，我们将会假设生产者将先判断出为了经济有效地生产每个产出水平会使用多少成本，然后利用这个信息求出利润最大化（价格等于边际成本）时的产量。我们会先说明在 11A. 5 节中仅有一种投入的情形下为了实现利润最大化的两步法，然后讲解在 A 部分中所提到的在有两种投入要素的情形下，可以如何拓展我们的逻辑。单一要素投入模型和两要素投入模型的区别在于：单一要素投入模型的技术有效的生产计划就是默认的经济有效的生产计划，而在两要素投入模型中，因为有两种要素投入，所以生产每个产出水平一般都会有很多种技术有效的方法，但是在给定资本和劳动的相对价格时，其中仅有一种方法是经济有效的。现在我们用数学语言来展示。

12B. 3. 1　将成本最小化扩展到多种要素的情形中　对于单一要素投入的情形，我们说明了计算产出供给函数的步骤［从式（11.17）到式（11.21）］。在多种要素投入的情形下，步骤基本都是相同的，除了在式（11.18）中求解成本函数的导数。这类似于我们在图 12-8 中用图形总结的探索一种新的方法来求解图（b）中的（总）成本曲线，然后求解图（c）中所示的供给曲线，因为我们已经得到了单一要素投入的生产过程中的成本曲线。

更精确一点，由于现在生产任意的产出水平都有很多种不同的技术有效的方法，所以推导成本函数时就需要我们对每一条等产量线找到其最经济有效的投入组合（而不是如我们在第 11 章中在单一要素投入的情形下对生产函数做的简单的反函数变换）。在 A 部分中，我们已经用图形描述了生产者为了得到每个产出水平下的可能的最小预算，或者，用数学语言来表示就是最低的等成本线与每条等产量线的切点。我们可以用数学语言将这个过程表示为一个受约束的成本最小化问题，其中我们试图确定为达到生产函数的每条等产量线所必需的最小成本，即

$$\min_{\ell,k} C = w\ell + rk \quad \text{s. t. } x = f(\ell,k) \tag{12.34}$$

拉格朗日函数为

$$\mathcal{L}(\ell,k,\lambda) = w\ell + rk + \lambda(x - f(\ell,k)) \tag{12.35}$$

一阶条件为

$$\frac{\partial \mathcal{L}}{\partial \ell} = w - \lambda \frac{\partial f(\ell,k)}{\partial \ell} = 0$$

$$\frac{\partial \mathcal{L}}{\partial k} = r - \lambda \frac{\partial f(\ell,k)}{\partial k} = 0$$

$$\frac{\partial \mathcal{L}}{\partial \lambda} = x - f(\ell,k) = 0 \tag{12.36}$$

将前两个方程中负的项放到另一边，然后相除，得到

$$\frac{w}{r} = \frac{\partial f(\ell,k)/\partial \ell}{\partial f(\ell,k)/\partial k} = -TRS \quad \text{或者} \quad TRS = -\frac{w}{r} \tag{12.37}$$

这正是我们通过图 12-7（a）直观地总结出来的，在图 12-7（a）中，我们用图示的方法说明了生产 100 单位产出时的成本最小化过程，并总结了经济有效的投入组合 A 所具有的性质：等产量线的斜率（或技术替代率（TRS））等于等成本线的斜率（$-w/r$）。

通过式（12.36）的三个方程，我们可以计算出在要素市场（w,r）的不同经济环境中，成本最小化的生产者在想要达到的产出量 x 的条件下会购买的劳动和资本的量。换一种说法，我们可以推导函数

$$\ell(w,r,x) \quad \text{和} \quad k(w,r,x) \tag{12.38}$$

它们被称作条件要素需求函数（conditional input demand functions），这是因为这些函数告诉了我们，在生产 x 单位的条件下，一个生产者在现行工资和租金水平下会使用多少劳动和资本。在图 12-8（a）中，当生产 40 单位产出时，若 $w=20$，$r=10$，那么劳动和资本的条件要素需求函数由投入组合 B 给出：5 小时劳动和 10 单位资本。然而，对条件要素需求函数的完整的图形推导并没有包含在此章的 A 部分中，但是将会在第 13 章的图 13-2 中给出。

练习 12B.14[*] 当我们在单一要素投入模型中求解成本最小化问题时我们计算"条件劳动需求"函数了吗？

练习 12B.15 为什么条件要素需求函数不是产出价格 p 的函数？■

接下来计算在这些投入价格下生产者生产 40 单位产出的可能的最小成本就很简单了：将投入的数量乘以其相对价格，然后将劳动和资本的总费用加总（一共花费 200 美元，见图 12-8（b）中的成本曲线图上的点）。更一般地，如果我们知道条件要素需求函数，我们就可以得到任意投入要素价格在任意产出水平上的最小成本，即（总）成本函数：

$$C(w,r,x) = w\ell(w,r,x) + rk(w,r,x) \tag{12.39}$$

一旦知道了成本函数，我们就能像在单一要素投入情形下一样计算边际成本函数 $MC(w, r, x)$ 和平均成本函数 $AC(w, r, x)$，并且当价格高于边际成本时通过设定价格等于边际成本来推导产出供给 $x(p, w, r)$。最后，通过把这个供给函数代回条件要素需求函数，推导出实际的（而不是条件的）要素需求函数。

12B.3.2 继续前面的例子 考虑我们在 12B.2.3 节使用的同一个生产函数 $f(\ell, k) = 20\ell^{2/5}k^{2/5}$，此时我们要从利润最大化问题中直接得到产出供给和要素需求。

使用成本最小化方法，我们首先用式（12.34）将这个问题定义为

$$\min_{\ell,k} c = w\ell + rk \quad \text{s. t.} \quad x = 20\ell^{2/5} k^{2/5} \tag{12.40}$$

拉格朗日函数为

$$\mathcal{L}(\ell, k, \lambda) = w\ell + rk + \lambda(x - 20\ell^{2/5} k^{2/5}) \tag{12.41}$$

一阶条件为

$$\frac{\partial \mathcal{L}}{\partial \ell} = w - 8\lambda \ell^{-3/5} k^{2/5} = 0$$

$$\frac{\partial \mathcal{L}}{\partial k} = r - 8\lambda \ell^{2/5} k^{-3/5} = 0 \tag{12.42}$$

$$\frac{\partial \mathcal{L}}{\partial \lambda} = x - 20\ell^{2/5} k^{2/5} = 0$$

将前两个方程中负的项放到另一边，然后相除，得到

$$\frac{w}{r} = \frac{k}{\ell} \quad \text{或者} \quad k = \frac{w}{r}\ell \tag{12.43}$$

将后者代入第三个一阶条件来求解 ℓ，我们得到劳动的条件要素需求函数

$$\ell(w, r, x) = \left(\frac{r}{w}\right)^{1/2} \left(\frac{x}{20}\right)^{5/4} \tag{12.44}$$

将其代回式（12.43），我们可以得到资本的条件要素需求函数

$$k(w, r, x) = \left(\frac{w}{r}\right)^{1/2} \left(\frac{x}{20}\right)^{5/4} \tag{12.45}$$

练习 12B. 16 假设你决定生产的产量为 $\overline{x}$。如果工资率上升，你会怎样改变你的生产计划？如果租金率上升呢？■

成本函数就是条件要素需求函数乘以要素价格之和，或者

$$C(w, r, x) = w\ell(w, r, x) + rk(w, r, x) = 2(wr)^{1/2} \left(\frac{x}{20}\right)^{5/4} \tag{12.46}$$

一旦有了成本函数，我们就能很容易地算出边际成本和平均成本

$$MC(w, r, x) = \frac{\partial C(w, r, x)}{\partial x} = \frac{(wr)^{1/2}}{8} \left(\frac{x}{20}\right)^{1/4}$$

$$AC(w, r, x) = \frac{C(w, r, x)}{x} = \frac{(wr)^{1/2}}{8} \left(\frac{x}{20}\right)^{1/4} \tag{12.47}$$

由于我们所使用的这个柯布-道格拉斯生产函数是规模报酬递减的，当 $x = 0$ 时，$MC = AC$，且对于所有的 $x > 0$，$AC < MC$，这就意味着从原点出发的 MC 曲线和 AC

曲线的斜率都越来越大，而 MC 曲线一直在 AC 曲线的上方。令 MC 等于价格，求解 x，我们可以得到

$$x(p,w,r)=20\,\frac{(8p)^4}{(wr)^2}=81\,920\,\frac{p^4}{(wr)^2} \tag{12.48}$$

这正如我们通过直接求解利润最大化问题得到的式（12.33）。同样，当我们将式（12.48）中的 $x(p,w,r)$ 代入式（12.44）和式（12.45）中的条件要素需求函数时，我们可以得到

$$\ell(p,w,r)=\frac{(8p)^5}{r^2 w^3},\quad k(p,w,r)=\frac{(8p)^5}{w^2 r^3} \tag{12.49}$$

这正是我们在式（12.31）和式（12.32）中所推导出的实际要素需求函数。正如我们所预期的，先最小化成本然后令价格等于边际成本的两步法可以得到与直接解决利润最大化问题完全一样的产出供给函数和要素需求函数。

12B.4 生产者理论中的对偶

此刻，在你的脑海中关于生产者理论的"对偶"图片应该逐渐变得清晰了，正如在第 10 章中讲消费者理论时一样。对消费者而言，效用最大化问题在图 10 - 12 的左边，支出最小化问题在右边。对生产者而言，对偶图请参见图 12 - 13，利润最大化在左边，成本最小化在右边。

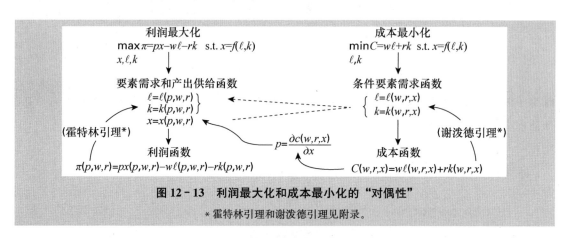

图 12 - 13 利润最大化和成本最小化的"对偶性"

＊霍特林引理和谢泼德引理见附录。

在比较消费者对偶图和生产者对偶图的时候，在右边有一个很显著的相同点：当用要素价格 (w, r) 代替商品价格 (p_1, p_2)，用生产者要素组合 (ℓ, k) 代替消费者商品组合 (x_1, x_2)，用生产函数 f 代替效用函数 u 时，消费者的支出最小化问题等同于生产者的成本最小化问题。注意，消费者理论中的补偿（或希克斯）需求函数类似于生产者理论中的条件要素需求函数，前者告诉我们假设消费者总是有足够的钱来达到一条给定的无差异曲线（或效用水平），那么在不同的产出价格下他/她将会购买的消费组合，而后者告诉我们假设生产者总是有足够的钱来达到

一条给定的等产量线（或产出水平），那么在不同的要素投入价格下他/她将会购买的要素投入组合。同样，消费者理论中的支出函数类似于生产者理论中的成本函数，前者告诉我们对于一个要达到效用水平 u 的消费者在不同的产出价格下所需的最小支出，而后者告诉我们对于一个要达到产量水平 x 的生产者在不同的要素投入价格下所需的最小成本。

然而，生产者的对偶图的左边不同于消费者的。对于其最基本的不同我们已经重复了很多遍：消费者理论中的效用函数是效用最大化中的目标方程，而生产者理论中的生产函数是利润最大化中的限制条件。在这幅图的右边，我们在消费者理论中论证了补偿效用函数曲线只反映替代效应。由于右边对生产者来说是相同的，我们在下一章中会看到相似的条件要素需求的替代效应。另外，图片左边的收入效应将消费者理论变得复杂，之所以出现这种情况是因为效用函数的最大化是在预算约束下进行的。而生产者则没有此预算限制：如果他们能够通过生产来获得利润，那么收益则可以支付成本。因此，在我们对生产者理论的讨论中不会出现收入效应，从而收入效应不会出现在生产者对偶图的左边。

结论

在本章中，我们从研究单一要素投入的生产过程过渡到了两种（或者，用数学语言表达，多种）要素投入的技术上。正如第 11 章仍然假设企业选择可以最大化利润的生产计划，但是当有多于一种要素投入时，这些企业会面临要素投入的成本不同时对劳动和资本的取舍。此时利润最大化问题的图形表达变得很有挑战性，但是我们在第 11 章中引入的两步法很自然地就可以扩展到两种投入的情形。这种分析方法将生产者的利润最大化选择看作首先找到不同产出水平的最小生产成本，然后根据成本最小化的结果和产出的价格水平共同决定应当选择的产量。这两种方法——直接利润最大化和通过成本最小化的利润最大化——都可以通过数学方法来建立，并且我们证明了在不同的环境下这两种方法最终都会得到关于生产者行为的相同的预测结果。在这个过程中，我们还通过等产量线图得到了对多种要素投入的生产技术的建模方法，这些等产量线图与消费者的无差异曲线有很多相同之处，尽管也有一些与之很不相同的经济解释。边际产出和规模报酬这些概念对效用函数或消费者无差异曲线并不是有意义的性质，但对于生产函数和等产量线就很有意义了。我们将会继续研究当经济环境变化时生产者会如何改变其生产选择。

附录：支出函数和利润函数的性质

当在图 12-13 中推导生产者的对偶图时，我们已经注意到这幅图的右边与图 10-12 消费者的对偶图的右边是相同的（除了符号不同之外）。从而，消费者理论中补偿需求函数的性质就与生产者理论中条件要素需求函数的性质相同，并且消费者理论中支出函数的性质就与生产者理论中成本函数的性质相同。因此，第 10 章附录包络定理在支出最小化中的应用在这里将几乎逐字重复一遍，但是我们会把这作为一个练习。很容易就可以注意到，我们在第 10 章附录中研究过的谢泼德引理在生产者理论中也成立，它可以表示为

$$\frac{\partial C(w,r,x)}{\partial w}=\ell(w,r,x), \quad \frac{\partial C(w,r,x)}{\partial r}=k(w,r,x) \tag{12.50}$$

而且通过类比消费者的支出最小化问题，我们可以知道成本函数 $C(w, r, x)$ 对 w 和 r 是凹的。因此，我们知道条件要素需求函数总是向下倾斜的，即

$$\frac{\partial \ell(w,r,x)}{\partial w}\leqslant 0, \quad \frac{\partial k(w,r,x)}{\partial r}\leqslant 0 \tag{12.51}$$

练习 12B. 17* 你能复制第 10 章附录中对支出函数的凹性的图示来证明成本函数对 w 和 r 是凹的吗？

练习 12B. 18* 如果式（12.51）中的关系仅在等式时成立，那么资本和劳动的替代弹性是多少？ ■

然而，消费者和生产者的对偶图的左边不同，这意味着我们不能把从效用最大化问题中所知道的直接套用在利润最大化问题中。

利润函数和霍特林引理

然而，我们可以再次应用包络定理来证明存在一个类似于消费者对偶图中的罗伊恒等式的关系。将这个定理应用（我们已经在第 10 章的附录中进行了两次）到图 12-13 左边的利润最大化问题中，可以得到下面所谓的霍特林引理：

$$\frac{\partial \pi(p,w,r)}{\partial p}=x(p,w,r)$$

$$\frac{\partial \pi(p,w,r)}{\partial w}=-\ell(p,w,r)$$

$$\frac{\partial \pi(p,w,r)}{\partial r}=-k(p,w,r) \tag{12.52}$$

其中 $\pi(p, w, r)$ 是利润函数，它表示对于任意的价格集合，一个利润最大化的价格接受者能得到的利润是多少。（这个利润函数与我们在第 11 章中定义的一样，为 $\pi=px(p, w, r)-w\ell(p, w, r)-rk(p, w, r)$。）

练习 12B. 19* 证明如何通过应用包络定理得到这些结果。 ■

如同我们在支出函数的情形中所做的，我们可以从一些图形推导中得到一些关于这个等式为何成立的直观认识。在单一要素投入模型中这么做是最简单的，但是同样的逻辑在多种要素投入时也成立。

假设我们已经知道：面对经济环境 (p^A, w^A) 时，我的最优生产计划是 (x^A, ℓ^A)，得到利润 $\pi(p^A, w^A) = p^A x^A - w^A \ell^A$。在图 12 - 14（a）中，我们使用了一个对应的生产函数 $f(\ell)$ 来说明，最优的生产计划 A 就是生产计划和斜率为 $\dfrac{w^A}{p^A}$（含有价格 p^A 和工资 w^A）的等利润线的切点。在图 12 - 14（b）中，A' 代表工资为 w^A 时的利润函数 $\pi(p, w^A)$ "切片" 上的一个点。

现在假定价格上升到 p^B。如果我不改变生产计划并维持生产计划 (x^A, ℓ^A)，我的利润将会是 $\pi' = p^B x^A - w^A \ell^A$，它落在一个截距为 $(-w^A \ell^A)$ 且斜率为 x^A 的直线上（由图（b）中的直线表示）。作为一个不随经济环境变化而作出改变的生产者，我的利润从 $\pi(p^A, w^A)$ 到 π' 的增加仅仅是因为我能够将产出以一个更高的价格卖出。然而，图（a）展示出，当产出价格从 p^A 上升到 p^B 时，我的利润最大化的生产计划是不相同的——它应该从 (x^A, ℓ^A) 变到 (x^B, ℓ^B)，从而得到利润 $\pi(p^B, w^A) > \pi'$。因此，图 12 - 14（b）中，在点 p^B，$\pi(p^B, w^A)$ 高于那条直线。

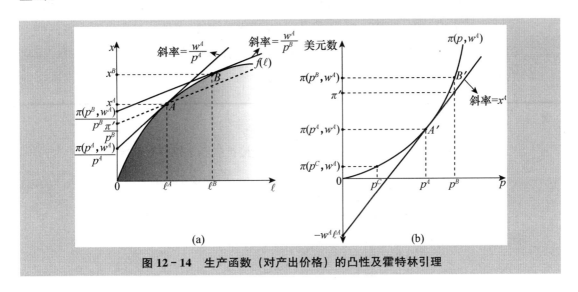

图 12 - 14　生产函数（对产出价格）的凸性及霍特林引理

练习 12B. 20*　如何通过 12 - 14（a）说明 $\pi(x^B, \ell^B) > \pi' > \pi(x^A, \ell^A)$？ ■

类似地，你可以知道，当价格下降为 p^C 时，$\pi(x^C, \ell^C)$ 比图 12 - 14（b）中直线所表示的利润还要大，这代表了一个不根据价格变化做出反应并继续生产最初的生产计划 (x^A, ℓ^A) 的生产者。

利润函数 $\pi(p, w^A)$（控制工资为 w^A）的 "切片" 的形状是一个凸函数，我们可以总结出利润函数关于产出价格是凸的。而且,这个函数在 p^A 的斜率为 $x^A = x$ (p^A, w^A),或者,换一种说法,

$$\frac{\partial \pi(p^A, w^A)}{\partial p} = x(p^A, w^A) \qquad (12.53)$$

这同霍特林引理是完全一致的。同样的论证对于多种要素投入的生产过程也成立,我们可以展示的"切片"$\pi(p, w^A, r^A)$ 关于 p 一定是凸的,因为对于价格变化做出反应的生产者总会比不做出反应的生产者(其利润如图 12-14(b)中直线所示)获得更多的利润。

你还可以证明控制产出价格不变而 w 改变的利润函数 $\pi(p^A, w)$ 的"切片"也是凸的,它不同于产出价格变化的"切片"(如图 12-14(b)所示),$\pi(p^A, w)$ 是向下倾斜的。再次假设经济环境可由 (p^A, w^A) 来刻画,并且在这个环境中的最优生产计划是 (x^A, ℓ^A),从而得到利润 $\pi(p^A, w^A) = p^A x^A - w^A \ell^A$。图 12-15 中的 A' 点就是图 12-14(b)中的 A' 点,但这是从另一个角度来看的(w 而不是 p 在纵坐标轴上)。现在假定工资上升到 w^B 且生产者不改变其生产行为,那么利润将会是 $\pi'' = p^A x^A - w^B \ell^A$,它落在图中的直线上,其截距为 $p^A x^A$ 且斜率为 $-\ell^A$。一个对经济环境的改变做出反应的生产者至少会与一个不随经济环境变化做出反应的生产者得到同样多的利润(但一般会得到更多利润)。因此,$\pi(p^A, w^B) \geqslant \pi''$。同样的逻辑也可以应用于工资下降到 w^C 的情况,这意味着 $\pi(p^A, w^C)$ 也会在直线的上方。因此,在控制价格不变而 w 可变的情况下对利润函数所做的"切片"是一个向下倾斜的凸函数,且

$$\frac{\partial \pi(p^A, w^A)}{\partial w} = -\ell(p^A, w^A) \qquad (12.54)$$

正如霍特林引理所指出的。这种逻辑可以直接扩展到多要素投入模型。

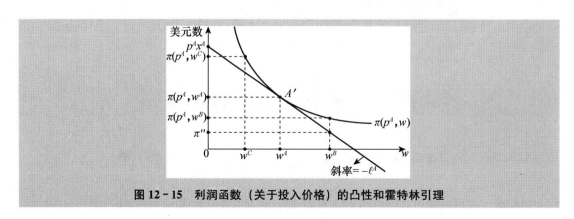

图 12-15 利润函数(关于投入价格)的凸性和霍特林引理

练习 12B. 21[*] 利用一个类似于图 12-14(a)的图推导出图 12-15。■

章末习题①

†12.1 当我们研究生产者理论时，我们发现假设生产技术是位似的会方便分析。

A. 在下面的每一道题中，都假设你面临的生产技术全部是位似的。假定你现在面临的投入价格为 (w^A, r^A)，产出价格为 p^A，并且在这些价格条件下你的利润最大化的生产计划是 $A = (\ell^A, k^A, x^A)$。

a. 以 ℓ 为横坐标轴、k 为纵坐标轴画图，说明那条通过投入组合 (ℓ^A, k^A) 的等产量线，指出当给定投入价格 (w^A, r^A) 时所有成本最小化的投入组合的位置。

b. 你能用你所知道的告诉我，你在（a）中所指出的那条射线上的生产计划的形状表示规模报酬递增还是规模报酬递减吗？

c. 你能说出在生产计划 $A = (\ell^A, k^A, x^A)$ 附近的生产边界是规模报酬递增的还是规模报酬递减的吗？

d. 现在假定工资上升到 w'。相比于你在（a）中所指出的利润最大化的生产计划的射线，你的新的利润最大化的计划会在哪里？

e. 当投入价格上升时供给曲线向左移动，基于此变化，你的新的利润最大化的投入组合相对于 x^A 的等产量线会落在哪里？

f. 结合你在（d）和（e）中的结果，你能判断出当工资上升到 w' 时新的利润最大化的组合所在的区域吗？

g. 如果工资下降，那么你对（f）的回答又会是怎样的呢？

h. 假定工资不变，产出价格上升到 p'。此时利润最大化的生产计划在图中会位于哪里？如果 p 下降呢？

i. 如果租金率 r 下降，你能判断出新的利润最大化的生产计划在图中所在的区域吗？

B. 考虑柯布-道格拉斯生产函数 $f(\ell, k) = A\ell^\alpha k^\beta$，其中 $\alpha, \beta > 0$ 且 $\alpha + \beta < 1$。

**a. 求解需求函数 $\ell(w, r, p)$ 和 $k(w, r, p)$，以及产出供给函数 $x(w, r, p)$。

**b. 求解条件要素需求函数 $\ell(w, r, x)$ 和 $k(w, r, x)$。

c. 给定初始价格 (w^A, r^A, p^A)，验证所有成本最小化组合在等产量线图中都位于同一条从原点出发的射线上。

d. 如果 w 上升，那么成本最小化组合所在的射线会怎样变化？

---

① ＊在概念方面具有挑战性的问题。

＊＊在计算方面具有挑战性的问题。

†答案见学习指南。

e. 利润最大化的投入组合又会怎样变化呢?

f. 如果 w 不升反降,你的答案又会怎样变化呢?

g. 如果 w 没有变化而 p 上升了,那么成本最小化组合所在的射线会变化吗?

h. 利润最大化的生产计划会在这条射线上的什么位置?

i. 如果 r 下降,那么成本最小化组合所在的射线会怎样变化? 利润最大化投入组合呢?

12.2 我们已经说过,经济利润等于经济收益减去经济成本,然而现金的流入和流出并不是"实际"经济收益或成本,除非它们实际上被企业的经济决定影响。假定一家企业同时使用劳动 ℓ 和资本 k 来生产 x,必须同时使用两种投入才可以生产出产出。

A. 然而在短期内,生产者只能改变劳动投入量,因为它已经确定在未来几个月中使用一个特定的资本投入水平。假设这个企业的位似生产过程具有最初递增后来递减的规模报酬,并且每个投入的边际产出都是开始时增加后来减少的(整个生产边界看起来像我们在图 12-16 中所画出的)。

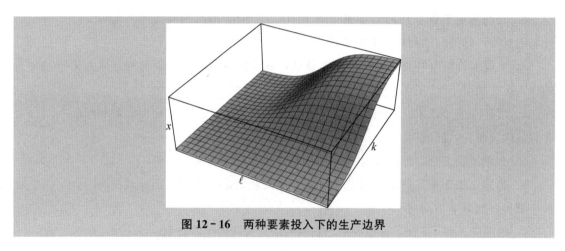

图 12-16 两种要素投入下的生产边界

a. 假设这个企业现在实行的利润最大化的生产计划是 $A=(\ell^A, k^A, x^A)$。给定投入价格 w 和 r,以及产出价格 p,那么企业所获得的利润的表达式是什么?

b. 考虑到短期内资本被固定在 k^A。画出这个企业的短期生产函数图。

c. 在图中加入与生产边界在 A 点相切的等利润平面的"切片",指出其斜率和纵截距。

d. 在第 11 章中我们已经学过,等利润线的纵截距等于(等利润线上)利润除以产出价格,那么在短期情况下,图中的纵截距表示什么呢?

e. 说明为何短期的经济利润会不同于长期的经济利润。

f. 判断正误:一家企业在长期可能得到零利润,但是短期可以获得正利润。

B. 假定除了 A 中描述的生产过程外,生产边界可以被表示为柯布-道格拉斯生产函数 $x=f(\ell, k)=A\ell^{\alpha}k^{\beta}$,$\alpha+\beta<1$,$A$,$\alpha$,$\beta$ 都大于 0。

a. 这个生产过程是规模报酬递增的、递减的还是不变的？

b. 建立利润最大化问题。

** c. 求解这个问题的最优生产计划。

d. 考虑短期中企业的资本使用量为 $\bar{k}$ 时的利润最大化问题。写出企业的短期成本函数和它的短期利润最大化问题。

* e. 求解短期的劳动需求函数和产出供给函数。

* f. 假设短期的固定资本投入等于你在（c）中求解出的长期最优值。证明此时企业会选择与长期一样的劳动投入量。

g. 最后，说明企业的短期利润大于企业的长期利润。

12.3 考虑我们求解生产者利润最大化问题的两种方法。

A. 假定一个位似的生产技术包含了两种投入——劳动和资本，并且它的生产选择集是完全凸的。

a. 在以劳动为横坐标轴、以资本为纵坐标轴的等产量线图中阐明此生产边界。

b. 这个生产过程是规模报酬递增的还是递减的？如何从你画的等产量线图中看出来？

c. 对于给定的工资 w 和租金率 r，请在图中指出成本最小化的投入组合在哪里。每一个要素投入组合有什么性质？

d. 在另一张图中画出包含所有这些成本最小化投入组合的（生产边界）的纵"切片"。

e. 假设产出可以以 p^A 卖出，用等利润平面的一个切面来表示利润最大化的生产计划。除了所有那些成本最小化的投入组合所具有的性质之外，利润最大化的计划还有什么性质呢？

f. 如果产出价格改变，你还会在生产边界的这个纵"切片"上进行利润最大化吗？供给曲线（以产出为横坐标轴、以价格为纵坐标轴）看起来是怎样的？

g. 现在请说明（总）成本曲线（以产出为横坐标轴、以美元为纵坐标轴）是如何从你所画出的生产边界的纵"切片"中得到的呢？

h. 求解边际成本曲线和平均成本曲线，并在图中指出供给曲线。

i. 你在（f）中画出的供给曲线与你在（h）中画出的相似吗？

**B. 假定这个生产计划可以被柯布-道格拉斯生产函数 $x=f(\ell, k)=A\ell^{\alpha}k^{\beta}$ 完全刻画，并且 $\alpha+\beta<1$，A，α，β 都大于 0。

a. 建立成本最大化问题（假设投入价格为 w 和 r，且产出价格为 p），并求解需求函数以及产出供给函数。（注：这与习题 12.2 的 B（b）和（c）完全一样，如果你已经做了，就可以跳到（b）。）

b. 建立成本最小化问题，并求解一阶条件。

c. 求解劳动和资本的要素需求函数。

d. 推导成本函数，并尽你所能简化这个函数。（提示：你可以通过练习 12.4

中给出的同样的生产过程来检查你所得出的成本函数。）然后从中求解边际成本函数和平均成本函数。

e. 用你所得的结果来推导供给函数。用你在（a）中得到的结论来求解。

f. 最后，求解劳动和资本的（非条件）要素需求函数。将你所得的结果与（a）中的结果进行比较。

12.4 在下面的章节中，我们通常会假设平均成本曲线是 U 形的。

A. 对下面每种陈述，说出你是否相信关于企业的这种描述会使其具有 U 形的平均成本曲线。

a. 企业的生产边界开始时表现为规模报酬递增，但从产量 $\overline{x}$ 开始，表现为规模报酬递减。

b. 企业的生产边界开始时表现为规模报酬递减，但从产量 $\overline{x}$ 开始，表现为规模报酬递增。

c. 企业的生产过程开始时表现为规模报酬递增，然后在产出区间 $\underline{x}$ 至 $\overline{x}$，它是规模报酬不变的，最后又变成规模报酬递减。

d. 企业的生产过程开始时表现为规模报酬递增，然后在产出区间 $\underline{x}$ 至 $\overline{x}$，它是规模报酬不变的，最后又变成规模报酬递增。

e. 企业的生产过程一直具有递减的规模报酬，但是在生产第一单位产出之前，企业每年都会有一个固定成本 FC（比如很高的许可证费用），必须在投入生产前进行支付。

f. 企业同（e）中一样，同样每年有一个 FC，但它的生产过程开始时表现为规模报酬递增，然后变成规模报酬递减。

B. 我们将会在习题 12.5 和习题 12.6 中探索规模报酬开始递增然后递减的生产过程。在这里，我们将会集中精力研究固定成本（例如每年的许可证费用）对成本曲线形状的影响。如同我们在习题 12.2 和习题 12.3 中所做的，考虑柯布-道格拉斯生产函数 $x=f(\ell,k)=A\ell^\alpha k^\beta$。在习题 12.3B（d）中，你应该已经得到这个生产过程的成本函数为

$$C(w,r,x)=(\alpha+\beta)\left(\frac{xw^\alpha r^\beta}{A\alpha^\alpha\beta^\beta}\right)^{1/(\alpha+\beta)} \tag{12.55}$$

a. 在习题 12.3 中，我们已经在 $\alpha+\beta<1$，A，α，β 都大于 0 的情况下得到了这个成本函数。那么在 $\alpha+\beta\geqslant 1$ 时这个生产函数还成立吗？

b. 这个生产过程的边际成本曲线和平均成本曲线是向上倾斜还是向下倾斜的？你是依靠什么得到该结论的呢？

c. 假设企业所承担的固定成本 FC 必须在每期生产开始前支付。这会如何改变（总）成本曲线、边际成本曲线和平均成本曲线？

d. 假定 $\alpha+\beta<1$，MC 和 AC 的关系是怎样的？

e. 如果 $\alpha + \beta \geqslant 1$，你的结果会怎样变化？如果 $\alpha + \beta = 1$ 呢？

†**12.5**　当没有重复发生的固定成本时（如习题 12.4 所示），我们在接下来的章节中提到的 U 形成本曲线常被假设当要素投入多于一种时，其对应的生产技术有一些特别的性质。

A.　考虑图 12-16 中的生产技术，产出位于纵坐标轴（范围从 0 到 100），两种要素投入，即资本和劳动分别位于两条横坐标轴（图中的原点在最左边的那个角）。

a.　假定产出和要素投入的价格导致了一个利润最大化的生产计划 A（不是角点解）。用语言描述相比我们在此章最开始时所描述的等利润平面，在 A 点有什么性质。

b.　你能说出这个生产边界有递增、不变还是递减的规模报酬吗？

c.　如果资本量被控制在最优水平 k^A，说明此时用图形表示的利润最大化问题的"切片"会是怎样的。

d.　当劳动投入量被控制在最优水平 ℓ^A 时，"切片"会有什么不同？

e.　这些图片中得到的利润最大化的生产计划要满足哪两个条件？

* f.　你认为在生产边界上还有另外一个生产计划满足这些条件吗？

* g.　如果产出价格下降，那么利润最大化的生产计划会做出相应改变，以满足你推导出的这两个条件。价格的下降有可能使一个没有满足这些条件的生产计划实现利润最大化吗？

* h.　你能说出当产出价格上升时最优生产计划的变化方向吗？

** B.　假设你的生产技术可以由下面的生产函数来刻画：

$$x = f(\ell, k) = \frac{\alpha}{1 + e^{-(\ell - \beta)} + e^{-(k - \gamma)}} \tag{12.56}$$

其中 e 为自然对数的底。考虑到你可能做过了第 11 章关于 $x = f(\ell) = \alpha/(1 + e^{-(\ell - \beta)})$ 的那道章末习题，你能看出图 12-16 是如何由这个函数扩展而来的吗？

a.　建立利润最大化问题。

b.　推导出这个最优化问题的一阶条件。

c.　将 $y = e^{-(\ell - \beta)}$ 和 $z = e^{-(k - \gamma)}$ 代入一阶条件。然后将 w 和 r 写在一阶条件的右侧，通过让那些一阶条件彼此相除来得到 $y(z, w, r)$ 及其反函数 $z(y, w, r)$ 的表达式。

d.　将 $y(z, w, r)$ 代入含有 r 的一阶条件。然后整理这个方程，直到其形式为 $az^2 + bz + c$ 为止（其中 a、b、c 可以是 w、r、α、p 的函数）。（提示：方程两边都乘以 r 会很有帮助。）这个二次形式使得你可以推导出 z 的两个"解"。选择负的解而不是正的解来作为"真实的"解 $z^*(\alpha, p, w, r)$。

e.　将 $z(y, w, r)$ 代入含有 w 的一阶条件，然后用你在上一步中求解 $z^*(\alpha, p, w, r)$ 时采用的相同的方法来求解 $y^*(\alpha, p, w, r)$。

f. 通过你在（c）中所做的替代，现在可以用 $e^{-(\ell-\beta)} = y^*(\alpha, p, w, r)$ 和 $e^{-(k-\gamma)} = z^*(\alpha, p, w, r)$。通过对两边取自然对数来求解劳动需求函数 $\ell(w, r, p)$ 和资本需求函数 $k(w, r, p)$（这些函数含有的参数为 α、β 和 γ）。

g. 如果 $\alpha=100$，$\beta=\gamma=5=p$，$w=20=r$，那么这家企业会需要多少劳动和资本？（将你所得的结果输入一个 Excel 表格中可能会很简单，因为在 Excel 表格中你可以给这个问题设置参数。）这个企业会生产多少产出？如果 r 下降为 $r=10$，你的结果会怎样变化？在这两种情况下企业会得到多少利润？

h. 假定你用了（d）和（e）中的另一个解，该二次形式的平方根项被加而不是被减。那么你在（g）中的答案会怎样变化？为什么我们会选择忽略掉这个"解"？

12.6 现在我们将重新考虑习题 12.5 中的问题，但是我们会将精力集中于首先考虑成本最小化的两步最优化方法。

A. 再次假设你面临如图 12-16 所示的生产过程。

a. 这个生产过程的水平切面——等产量线图——看起来会是怎样的？这个图满足我们一般的"平均优于极端"的凸性特征吗？

b. 从这个等产量线图中，你会怎样推断生产边界的纵向形状呢？你认为这个生产选择集是凸的吗？

c. 假设这个生产边界是位似的。对于一个给定的要素价格集 (w, r)，你能从等产量线图中总结出成本最小化的投入组合之间的关系吗？

d. 对于一个给定的要素价格集，你能够总结出成本曲线的形状吗？

e. 平均成本曲线和边际成本曲线会是怎样的？

f. 再次假设在现有价格下可以实现利润最大化的生产计划为 $A=(\ell^A, k^A, x^A)$（并且假设 A 不是一个角点解）。说明等产量曲线代表了使利润最大化的产量 x^A。你能证明使之成为利润最大化解的那些条件意味着生产者在 A 点处实现了成本最小化吗？

g. 成本最小化还在其他哪些地方成立？在这些地方，利润最大化条件也满足吗？

h. 如果 p 下降，那么产出会怎样变化？生产过程中资本和劳动的比率会怎样变化（假设生产过程是位似的）？

**B. 考虑我们在 12.5B 中引入的相同的生产函数。

a. 写下你将求解的问题以确定为了生产某一产出水平 x 时的最小成本投入组合。

b. 写出拉格朗日函数，并推导这个问题的一阶条件。

c. 为了使问题容易解决，将 $y=e^{-(\ell-\beta)}$ 和 $z=e^{-(k-\gamma)}$ 代入一阶条件，并解出用 w、r、x（和 α）表示的 y 和 z 的函数。

d. 意识到 y 和 z 分别替代了 $e^{-(\ell-\beta)}$ 和 $e^{-(k-\gamma)}$，用你的结果来解出条件要素需求函数 $\ell(w, r, x)$ 和 $k(w, r, x)$。

e. 从你的答案中推导该企业的成本函数，即推导能告诉你对于任意要素价格集和任意产出数量 x 所需的最小成本的函数。当 α、β、γ、w 和 r 固定时，你能猜出这个函数的形状吗？

f. 推导边际成本函数。你能猜出当 α、w 和 r 固定时它的形状吗？

g. 用你的边际成本曲线的表达式来推导供给曲线。你能画出当它被转化为供给曲线时的样子吗（投入价格固定）？

h. 在习题 12.5（g）中，要求你计算当 $\alpha=100$，$\beta=\gamma=5=p$ 且 $w=r=20$ 时实现利润最大化的产出水平。你是用利润最大化问题中计算出的要素需求函数来求解的。现在你可以用从成本最小化中得到的供给曲线来证明你的结果（应该有 91.23 单位产出）。然后证明当 r 下降为 10 时你的答案也与之前相同。

12.7 日常应用：学习还是睡觉？研究表明，要想考试取得好成绩需要准备（即学习）和休息（即睡觉）。只有其中之一考试是不能取得好成绩的，而这两者的正确组合能够使考试成绩达到最优水平。

A. 我们可以将考试成绩建模，将其作为一种需要花费学习时间和睡觉时间的生产过程。假设这个生产过程是位似的并且边际报酬递减。

a. 以睡觉时间为横坐标轴、学习时间为纵坐标轴做图，并说明代表一场特定考试成绩 x^A 的等产量线。

b. 假定你愿意为每小时的睡眠付出 5 美元，为每小时的学习付出 20 美元。在图上说明你为了达到考试成绩 x^A 的成本最小的方法。

c. 由于生产过程是位似的，所以为了达到其他考试成绩等产量线的另外那些成本最小化选择处于图中的什么位置？

d. 使用（c）中的答案，你能画出一个生产边界的纵"切片"，使之含有所有的成本最小化的睡觉/学习投入组合吗？

e. 假定你愿意为了考试成绩的每一点提高而付出 p 美元。你能在（d）图中说明给出最优考试成绩的"等利润""切片"吗？有必要使此时的考试成绩等于以前图中的考试成绩 x^A 吗？

f. 如果你对每一点考试成绩有一个更高的估值，那么结果将会有何不同？

g. 假设市场上推出了一种新的咖啡因/人参饮料，并且你发现它能使你的学习效率提高到原来的两倍。那么图中会发生怎样的变化？

B. 假定在 A 部分中提到的生产技术可由生产函数 $x=40\ell^{0.25}s^{0.25}$ 来表示，其中 x 为考试成绩，ℓ 为学习所花费的时间，s 是睡觉所花费的时间。

a. 再次假定你愿意为每小时的睡眠付出 5 美元，为每小时的学习付出 20 美元。如果你对每一点考试成绩的估值为 p，那么你的最优"生产计划"是什么？

b. 你能够用这个柯布-道格拉斯成本函数得到（与习题 12.4 中）同样的答案吗？

c. 当你对每一点考试成绩的估值为 2 美元时，你的最优生产计划是什么？

d. 你需要对每一点考试成绩做出怎样的估值，以便你付出学习和睡觉来在考试中得到 100？

e. 当你对每一点考试成绩的估值增加时，你的最优生产计划会怎样改变？

f. 如果在这个问题中考虑 A(g) 中提到的咖啡因/人参饮料，会发生怎样的变化？

†**12.8 政策和商业应用**：快餐店和油脂。假定你开了一家劳动工资率为 w 且仅生产汉堡的快餐店。然而，生产汉堡的同时一定会产出油脂。事实上，你只要生产一单位汉堡就必定会生产一盎司油脂。因此你还要花费钱（每盎司 q 元）来处理这些油脂。

A. 由于我们假定每生产一单位汉堡就必须处理一盎司油脂，所以我们可以将其看作由单一要素投入（劳动）来生产两种产出的生产过程。

a. 以劳动为横坐标轴、汉堡为纵坐标轴做图，并在假设规模报酬递减的情况下说明你的生产边界。然后在假设处理油脂不花钱的情况下（$q=0$）说明利润最大化的生产计划。

b. 现在假设 $q>0$。你能想办法将其放入图中并说明 q 的增加会怎样影响产出计划吗？

c. 说明有 q 和没有 q 的情况下的边际成本曲线。并再次说明处理油脂的成本（即 $q>0$）对利润最大化的生产选择的改变。

d. 当能源价格上升的时候，对于依靠厨房油脂的新能源汽车的需求就增加了，于是快餐行业声称它们不再需要为了处理油脂而付费了。事实上，它们因为生产油脂所得到的收入还在不断增加。（也就是说，以前你生产出的价格为负的产品现在价格为正。）这会如何改变你的快餐店生产的汉堡的数量？

e. 我们所有的分析都依赖于劳动是汉堡生产中唯一的要素投入的假定。现在假设需要投入劳动和资本来进行这个位似的、规模报酬递减的生产过程。你的那些结论会有变化吗？

f. 我们之前也一直假设生产一单位汉堡就会同时生产一盎司油脂。假设由于购买的汉堡中肉的油性不同，生产每单位汉堡时所生产的油脂数量也会不同。如果汽油价格上涨导致了对厨房油脂的需求的增加，那么你会预测快餐店的汉堡中胆固醇的供给增加吗？

B. 假设生产 x 个汉堡的生产函数为 $x=f(\ell)=A\ell^\alpha$，其中 $\alpha<1$。进一步假设每生产一单位汉堡，就会生产一盎司油脂。

a. 假设汉堡价格为 p，处理油脂的花费为 q（每盎司），设定利润最大化问题。

b. 推导你会使用的劳动时间和生产的汉堡数量。

c. 确定成本函数（表示为 w、q、x 的函数）。

d. 推导边际成本函数。

e. 应用边际成本函数来确定实现利润最大化时的汉堡数量，并且将你的答案同（b）中的答案做比较。

　　f.　你会投入多少劳动时间？

　　g.　当油脂变成一种人们会花钱消费的商品（而不是花钱来处理的东西）时，汉堡的生产会怎样改变？

　　*12.9　**商业和政策应用**：在总量管制与交易制度下对烟囱过滤器的投资。对于企业来说，它们没有很大的动力来对如烟囱过滤器等减少污染排放的技术进行投资。因此，政府开始越来越多地采取限额管制计划。我们在第 21 章中会更详尽地探讨，在这些计划下，政府对所允许排放的污染数量做了总量限制，只允许企业在其所拥有的污染许可证允许的范围内排放污染。如果一家企业并不需要这么多许可证，那么它就可以把这些许可证以市场价格卖给那些需要它们的企业。

　　A.　假定一家企业使用一种技术通过烟囱排放污染 x。这家企业必须确保它有足够的污染许可证 v 来排放这些污染，但是它可以通过安装一种更精密的烟囱过滤器 s 来减少污染。

　　a.　不考虑污染，假定需要资本和劳动来生产 x 的污染的技术是规模报酬不变的。对于给定的要素价格集合 (w, r)，边际成本曲线是怎样的？

　　b.　现在假定起初生产过程中排放的污染相对较少，但是由于工厂更加密集地生产，每单位产出的污染增加了，因此没有安装更精密的烟囱过滤器的企业需要购买更多的污染许可证来排放污染。假定每个污染许可证的价格为 p_v 并且假定这家企业不安装烟囱过滤器，这对边际成本曲线有何影响？

　　c.　认真思考"经济成本"的含义，你对（b）的答案取决于政府是否给企业一定数量的许可证或者这家企业是否没有许可证且必须购买那些满足其生产计划的任意数量的许可证吗？

　　d.　假设安装烟囱过滤器一开始能过滤很多污染，但是随着过滤器的增加，污染的边际减少量会下降。你可以认为企业使用另外两种要素投入（污染许可证和烟囱过滤器）来合法地生产产出 x。现在整个生产技术是边际报酬递增的、递减的还是不变的？

　　e.　现在，考虑一个将"烟囱过滤器"（s）放在横坐标轴、"污染许可证"（v）放在纵坐标轴的图。说明为了合法地（即不违法排放污染）达到一个特定的产出水平 $\bar{x}$，而采取的不同生产方法的等产量线。然后在给定 p_v 和 p_s 的情况下，说明为了达到这个产出水平的成本最小的方法（不考虑劳动和资本的成本）。

　　f.　如果政府通过减少市场中的污染许可证数量来对污染排放进行额外的控制，那么 p_v 就会上升。假设产出不变，这会如何影响企业所使用的污染过滤器的数量？你是凭借什么得出该结论的？

　　g.　当 p_v 上升时，企业的总边际成本曲线（包括生产的所有成本）会怎么变化？产出会增加还是减少？

　　h.　当 p_v 上升时，你能说出企业会买更多还是更少的烟囱过滤器吗？你认为这会造成更多还是更少的污染？

i. 判断正误：总量管制与交易制度能通过迫使企业更多地使用烟囱过滤器和减少产出来减少总的污染排放。

B. 假设企业的（不考虑污染的）成本函数为 $C(w, r, x) = 0.5w^{0.5}r^{0.5}x$，并且假设使用烟囱过滤器 s 和污染许可证 v 来实现合法生产的权衡取舍可以由柯布-道格拉斯生产技术 $x = f(s, v) = 50s^{0.25}v^{0.25}$ 来表示。

a. 在没有管制政策时，生产计划是规模报酬递增的、递减的还是不变的？

b. 暂时忽略资本和劳动的成本，求解在不同产出水平下关于烟囱过滤器价格 p_s 和污染许可证价格 p_v 的成本函数。（你可以直接求解，或者使用习题 12.4 中所知道的柯布-道格拉斯生产函数的成本函数形式。）

c. 总成本函数 $C(w, r, p_s, p_v)$ 是什么？边际成本函数是什么？

d. 对于给定的价格水平 p，求供给函数。

e. 使用谢泼德引理，你能得到烟囱过滤器的条件要素需求函数吗？

f. 使用你的结论，你能得到烟囱过滤器的（非条件）要素需求函数吗？

g. 用你的答案来说明控制产出不变时价格 p_v 的增加对烟囱过滤器的需求的影响，以及价格 p_v 的增加对利润最大化时烟囱过滤器的需求的影响。

12.10 政策应用：税收和企业。政府可以用很多种办法来对企业征税，包括对劳动、资本或者利润征税。我们将在第 19 章中看到，尽管税法中明确规定企业要为劳动和资本交税，但我们还不能很快看清楚企业是不是为劳动和资本交了税。现在，我们会假设投入的一部分税是企业的真实成本。我们也不清楚，政府能否轻易辨别企业获得的经济利润，或者那些作为价格接受者的企业是否总能获得利润（我们将会在第 14 章中讲解）。我们还是会假设这些问题现在都不是问题。

A. 假设一家企业应用位似的、规模报酬递减的技术，使用劳动 ℓ 和资本 k 来生产产出 x。

a. 假设在现有工资率为 w、租金率为 r 和产出价格为 p 的情况下，企业以 $A = (x^A, \ell^A, k^A)$ 作为利润最大化的生产计划。说明对应于 x^A 的等产量线，并且证明为何 (ℓ^A, k^A) 必须满足成本最小化的条件。

b. 将其表示在成本曲线图中，控制 w 和 r 不变，指出在你的等产量线图中成本函数对应的投入组合在何处。

c. 通过（b）中的成本曲线得出边际成本曲线，其上的利润最大化的 x^A 是如何出现的？

d. 现在假设政府对劳动征税，使得企业使用劳动的成本增加到 $(1+t)w$。那么图中什么发生了变化？这会怎样影响利润最大化的生产计划？

e. 如果政府对资本征税使得其真实成本变为 $(1+t)r$，那么情况又会怎样？

f. 如果政府同时对资本和劳动征税，使得资本和劳动的成本同比例上升（即变为 $(1+t)w$ 和 $(1+t)r$），那么此时又会怎样？

g. 现在假定政府对利润征税且税率 $t<1$。那么，如果企业的税前利润是 π，则其只能得到 $(1-t)\pi$。在此情况下，企业的利润最大化的生产计划会怎么改变？

B. 假设你的企业是规模报酬递减的，柯布-道格拉斯生产函数的形式为 $x=A\ell^k\beta$，你曾经用它计算过投入和产出需求以及成本函数（最后一个已经在习题 12.4 中给出）。

a. 如果你还没有做过，那么请你计算要素需求函数和产出供给函数。（你可以直接用利润最大化问题来求解，也可以使用习题 12.4 中所提供的成本函数来计算。）

b. 推导这个企业的利润函数，并且通过检查霍特林引理是否成立来检验你的结果。

c. 如果你还没有做过，那么请你推导条件要素需求函数。（你可以直接求解成本最小化问题，也可以使用习题 12.4 中所提供的成本函数来计算。）

d. 考虑对劳动征税的情况，这使得企业的劳动成本上升到 $(1+t)w$。这会如何影响企业的对偶图中的那些函数？

e. 当对资本征税时，企业的资本成本上升到 $(1+t)r$。重复上题。

f. 如果政府同时对资本和劳动征税，使得劳动和资本的成本变为 $(1+t)w$ 和 $(1+t)r$，重复上题。

g. 如果如同 A（g）中那样对利润征税，重复上述问题。

第 13 章　短期与长期的生产决策

　　假设你现在正在使用劳动和资本生产经济学家卡片的工厂里愉快地追求利润最大化。[①] 突然你意识到一个新政策的实施提高了你雇用工人的成本。如果在短期中资本是固定的，那么你现在将发现你处在第 11 章的境况，沿着一个短期生产边界做决策，产出仅仅随着你雇用的工人数量的变化而变化。我们在第 11 章中看到，你现在将雇用更少的工人，从而少生产一些经济学家卡片。但是随着时间的推移，你的企业将会有机会做更多决策，因为它将有机会去改变它使用的资本的数量，并接着重新评估它是否想要雇用更多或者更少的工人。现在你将开始发现你处在第 12 章的境况，劳动和资本都可以被调整，以满足劳动市场中新的经济条件。结果表明，你企业的短期问题随着时间的推移最终将变成面对更加复杂的长期问题的"切片"。在本章与下一章，我们的重点将转向随着潜在的条件变化，你的企业将怎样从（第 11 章的）短期转到（第 12 章的）长期。

　　更一般地，我们将思考经济（economic）环境或者技术（technological）环境的变化将如何影响生产者的跨时决策。我们继续用"经济环境"来表示价格接受者在尽力做到最好时被当成既定的产出与要素的价格，而继续用"技术环境"来表示如同生产边界所总结的把要素转化为产出的技术过程。短期中，我们典型地假定资本是固定的，而劳动是可变的，但当然这也从反面反映了一个短期中劳动是固定的而资本是可变的分析。我们将开始介绍企业的一种新型的"固定"成本，该成本并不与生产要素（如劳动或资本）相关。（实际上在章末习题 12.4 中最早有这样一个"重复发生的固定成本"。）然而，我们本章的重点仍然在于企业对变化的要素与产出的价格的反应，而下一章将考虑在一个竞争性行业中价格这样变化的起因。

13A　生产者行为随着条件变化的改变

　　我们已经看到，把利润最大化的企业最初看成成本最小化者，然后使用产出的

─────────────

[①]　这一章包含全书最具挑战性的内容，教师可能需要仔细选择使用哪一部分。第 11、12 章为学习本章的必读章节。与消费者模型（第 7 章）中的替代效应类似的内容也会出现。接下来的章节主要使用 13A.1 节的材料。

价格信息来决定使得收益与成本的差最大的生产计划是非常方便的。在开始考虑作为价格接受者的企业在短期与长期中如何适应变化的环境时，我们将因此经常考虑这样的变化会如何影响企业的成本曲线。我们也将发现对成本曲线的理解在我们阅读本书剩余的大部分内容时将仍然是很重要的，从而我们将在这里开始（13A.1节）花费较多时间讲解成本曲线是如何受变化的环境影响的。在本章的剩余部分，我们将更直接地说明价格与技术的变化如何影响决策。然而，接下来的章节主要是基于13A.1节中的材料。

13A.1　短期与长期不同类型的成本与花费

由于我们经常使用成本曲线的变化来得到有关一家企业的供给反应的结论，所以有必要了解在短期与长期中影响这些成本曲线的是什么。如果我们正确地定义成本，那么不管我们谈论的是短期的还是长期的，价格接受企业的供给曲线都永远是边际成本曲线（位于其平均成本曲线之上）的一部分。然而，需要记住最重要的理解是，即使我们试图把一些实际上不是成本的东西称为成本，也只有真实的经济成本（economic cost）能影响一家企业的行为。"什么构成"成本将根据我们是在考虑短期的还是长期的问题而有所不同。因此，13A.1.1节研究了"成本"与"支出"的区别以及这些区别如何与企业的短期与长期成本曲线联系起来。只有在对这些有了清楚的了解后我们才能研究不同类型的成本（和支出）以及改变成本与支出对企业短期与长期产品供给的影响。

13A.1.1　成本与支出　再次考虑你的经济学家卡片以及你正在经历的由于一个新政策的实施而增加的劳动成本。假定我们想使用你的短期成本曲线图来决定你将如何对增加的劳动成本马上做出反应。我们知道在短期中你已经承诺使用一定数量的资本，比如 $k=100$，这意味着你不得不为这个资本开出一张 $100r$ 美元的支票。毋庸置疑，你偏好于不开出这张支票，但在我们决定是否把 $100r$ 美元作为分析中的成本时我们所遇到的问题不是你是否喜欢开出这张支票，而是开出这张支票是否受你多生产还是少生产（或者根本不生产）的决策的影响。答案是，一旦你已经承诺了在短期租用 100 单位的资本，你就需要开出这张 $100r$ 美元的支票而不管你在企业里做出怎样的决策，哪怕你决定不使用任何资本。这意味着你对这 100 单位资本的支出不是短期生产的真实成本，它不是一个能以任何方式影响你的短期决策的经济成本（economic cost）。因此，它经常被称为"沉没成本"（sunk cost），"沉没"的意思是说不管你做什么，你都必须支付它。

在微观经济学课程中存在很多混淆，因为我们经常陷入使用术语"成本"而实际上指的并不是"经济成本"的坏习惯中。通过使用如下约定我们尽量避免这样的混淆：当我们所指的支出是 100% 的真实经济成本（比如我们例子中的短期劳动成本）时，我们将称它为"成本"。但是，如果支出包括沉没"成本"（比如在我们的例子中你为自己承诺使用的资本而开出的支票），我们将称它们为"支出"或"费用"（即使它们中的一部分表示实际成本）。有时，教材将区分"经济"成本与"会计"成本，其中"会计成本"与我们所称的支出相似。

因此，我们回到你目前的资本被固定在 $k=100$ 但是劳动由于在短期可以自由雇用和解雇而被调整的例子中。图 13-1（a）中给出了短期成本曲线 $C_{k=100}$，其与你的企业在不能改变所使用的资本水平时的短期决策相关。如果我们想说明你在企业中所开出的全部支票，包括你支付给工人的工资以及租用资本的花费，那么我们可以通过把在资本上的固定支出 $FE_{k=100}=100r$ 美元表示在纵坐标轴上来实现。即使这家企业什么都不生产，它也会发生这个支出，并且该支出在开始生产后也不会变化。剩下的总支出曲线 $TE_{k=100}$ 简单地位于 $C_{k=100}$ 曲线上方恰好 $100r$ 美元处，它包括实际经济成本以及（沉没）支出。由于这个原因，我们称其为"支出曲线"，因为短期中它被不是真实的经济成本的支出混淆，从而在你做短期决策时是"沉没的"或"不相关的"。[①]

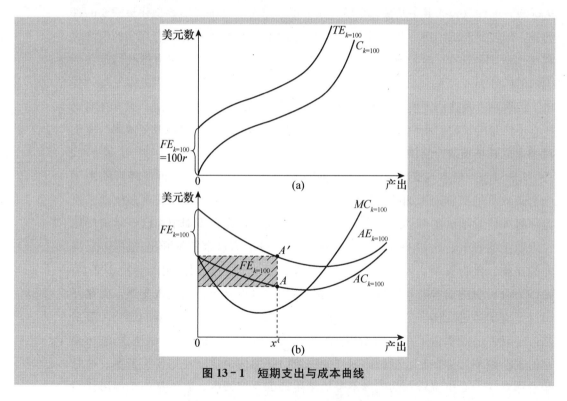

图 13-1 短期支出与成本曲线

图 13-1（b）把这些曲线转换成边际成本与平均成本（支出）曲线。因为即使我们不生产产出，固定支出也必须被支付，多生产一单位产出也不会有额外的成本（或者支出）。边际成本曲线 $MC_{k=100}$ 定义为当资本固定在 100 时生产额外单位的产

---

① 其他一些教材把固定支出称为"固定成本"，尽管它们在短期中是沉没的。同样，它们把我们的 TE 支出曲线称为"总成本"，尽管它们包含沉没成本。为区别这样的"总成本"与真实的经济成本，它们把真实的成本曲线称为"可变成本曲线"。

出时所发生的额外成本。它仅仅为 $C_{k=100}$ 曲线的斜率（与前面的章节一样）。同样，从边际成本曲线的截距开始，平均成本曲线（$AC_{k=100}$）仅在资本固定在 100 时表示真实的经济成本。最后从图（a）中 $TE_{k=100}$ 曲线所导出的平均支出曲线（average expenditure curve）。（$AE_{k=100}$）有一个比其他两条线的截距高 $FE_{k=100}$ 的截距，因为在第一单位产出处，平均成本与平均支出的差恰好等于真实成本与总支出的差。然而，当生产增加时，$AE_{k=100}$ 曲线与 $AC_{k=100}$ 曲线变得越来越接近，这是因为平均固定支出随着产出增加而减少。例如，在产出水平 x^A 处，每单位产出的平均固定支出等于 A 点和 A' 点的垂直距离并能在数学上表示为 $FE_{k=100}/x^A=100r/x^A$ 美元。当我们把该平均固定支出乘以产出水平 x^A 后，图中阴影面积等于 $FE_{k=100}=100r$ 美元，正是在截距上标记的相似的距离。

练习 13A. 1　你能否对其他产出水平找到相似的矩形面积使其等于 $FE_{k=100}$？给定这些矩形的面积相等，你能否看出为什么 AC 曲线和 AE 曲线在产出增加时变得越来越接近？

练习 13A. 2　你能否解释为什么 MC 曲线与 AC 曲线和 AE 曲线都在它们的最低点相交？

练习 13A. 3　你如何在图中确定"边际支出"曲线（从总支出曲线推导出来的）的位置？ ■

13A. 1. 2　短期支出与长期成本曲线　由于短期与长期的区别在于：在长期，企业有更多的机会去调整它们的要素束，所以从直觉上看，由于在选择要素投入组合上缺乏灵活性，短期的成本可能更高。这一点在如下意义下是正确的，即在短期要素的总支出事实上永远不会比长期的生产成本低。但是如我们已讨论的，短期中在固定要素上的固定支出不是一个真实的经济成本，从而认为企业的短期经济成本比长期经济成本高是不正确的。

为分析这一点，考虑我面对由图 13 - 2（a）中等产量线所表示的生产技术的情形，并假定资本是我短期中固定的投入要素，而劳动可以很容易地改变。进一步假定我又签了 $k^A=100$ 单位资本设备的租约。在我签订这个租约时，我准备每周生产 200 单位产出，我选择租用的资本单位，以成本最小的要素束（与 $\ell^A=50$ 工时一起）来生产 200 单位产出，假定工资率为 $w=20$。这一点表示为图 13 - 2（a）中 200 单位的等产量线上的投入束 A。

现在假定我改变了主意，想生产 100 单位而不是 200 单位产出。我想把我的劳动与资本投入同时减少到生产 100 单位产出的成本最小的水平（正如图中的要素束 B 所示），在长期中这正是我将做的。但是在短期中，我已经承诺租用 100 单位资本，这意味着我在短期中将使用要素束 D 而不是 B。同样，如果我再次改变我的主意去生产 300 单位产出，那么在短期中我将选择要素束 E，尽管在长期中我将选择要素束 C。注意，短期中我被限制在保持资本为 100 单位的等产量图的"切片"上操作。

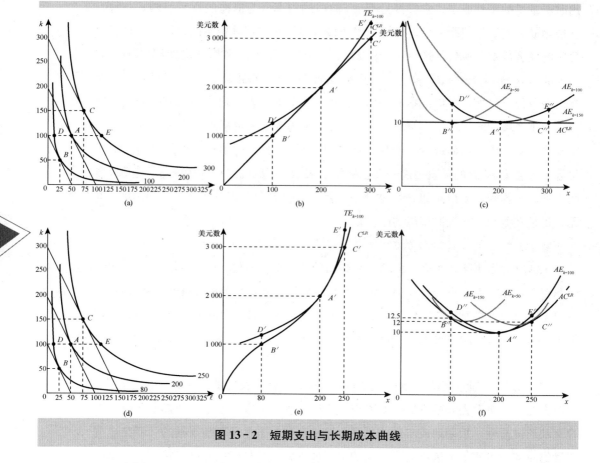

图 13 - 2 短期支出与长期成本曲线

在图 13 - 2（b）中，我们接着把图（a）中所标记的要素束必须支付的成本与支出描绘出来，仍继续假定资本的租金率是 10 美元，工资率是 20 美元。例如，要素束 A 使用了 50 小时劳动和 100 单位资本，总共花费 2 000 美元。由于要素束 A 产生了 200 单位产出，图（b）描绘出生产 200 单位产出的总的长期成本是 2 000 美元。类似地，我们可以推导出使用要素束 B 生产 100 单位产出以及使用要素束 C 生产 300 单位产出的长期成本。由于要素束 A、B 和 C 表示了假定我们能调整劳动与资本时生产不同数量产出的成本最小的方法，图（b）中的 A'、B' 和 C' 表示长期（总）成本曲线上的点。

练习 13A. 4 你能否从长期（总）成本曲线的形状判断生产过程是否有递增的、递减的或者不变的规模报酬？■

然而，在短期中，我恰好有用最小成本法来生产 200 单位产出的准确的资本数量，这意味着：如果我试着去生产多于或者少于 200 单位产出，那么我将会有一个更大的对劳动与资本要素的总支出（expense）。你可以在图 13 - 2（a）中马上看到这一点，注意，要素束 D（使用 100 单位资本去生产 100 单位产出）位于包含要素

束 B 的等成本线的上方，从而比在长期中生产 100 单位产出需要更多总的"预算"。同样，这对要素束 E 也成立。从而，如果我在短期中恰好有 100 单位资本，那么除非我恰好生产 200 单位产出，否则在短期中，我将发生比长期更高的要素支出。图 (c) 对平均成本与支出曲线给出了相同的说明，其中长期 AC 曲线位于当资本固定在 100 单位时短期 $AE_{k=100}$ 曲线的下方。

当然，我也可以通过假定资本固定在一些其他水平来推导短期总的支出曲线及平均支出曲线，在每种情形下，我都能断定生产的短期支出会比长期成本高，除了固定水平的资本恰好是长期中产量水平所对应的"正确的"水平外。图 (c) 中当资本固定在 50 单位与 150 单位时的平均支出曲线说明了这一情况。

图 13-2 的下面一组图在一个有着相同形状但不同等产量标记的生产技术下重复了相同的短期支出曲线与长期成本曲线的推导。这些新的标记把前面图 (a) 中规模报酬不变的生产过程转变为一个规模报酬先递增后递减的生产过程。

练习 13A. 5　验证图 13-2 (e) 与图 13-2 (f) 中成本曲线的推导。在什么情况下，短期支出曲线与长期成本曲线的关系与我们在上面的图中对规模报酬不变的生产过程的推导相似？

练习 13A. 6　在图 (f) 中，长期边际成本曲线位于哪里？

练习 13A. 7*　一个教材的作者（不是我！）曾经告诉他的出版商去画一幅像图 13-2 (f) 那样的图，并解释说他希望与不同水平的固定资本相关联的每条短期平均支出曲线都与 U 形的长期平均成本曲线相切于最低点。做图的艺术家（对经济学一无所知）不好意思地告诉作者这样一幅图在逻辑上画不出来。这个作者的说明有什么问题吗？■

13A. 1. 3　作为还是不作为：关闭与退出行业　使用到目前为止所分析的图，我们现在可以确定一家企业愿意容忍多么低的产出价格并继续生产，以及价格下降到什么程度便不值得继续生产下去，因为利润是负的。答案根据我们分析的是短期问题还是长期问题而有巨大差异，这是因为一家企业在一定时期内被限制在固定的资本水平上，实际上在短期内不可能完全消失。因为如果一家企业在短期内停止生产，我们将说它"关闭生产"；而如果它在长期中停止生产，我们将说它"退出行业"。你可以把"关闭"描绘为关闭工厂所有的门并在门上面挂上"关闭业务"的标志，而"退出行业"意味着你已经把工厂卖掉（或者不再续约），从而能证明你的企业存在的所有证据都消失了。

我们很快将看到一家企业的"关闭价格"比"退出价格"低，这是因为在短期企业可以更容易地弥补它的经济成本（这些成本并不包括那些不管企业在做什么都必须支付的固定资本的花费）。你可能已经知道了：一旦租约需要续期，你就不会续约，但同时会一直进行生产，直到你有机会通过不续约来解除工厂的负担。你将会经常看到一些进入当地餐饮市场的新餐馆：开业后几周内，一些餐馆红红火火而另一些却冷冷清清。你很快就可以判断出哪些餐馆一年后将不在这儿了，但是这些餐馆经常会继续营业一段时间，哪怕明显没有足够的顾客。餐馆的主人没看到你所看到的——他们餐馆的经营状况不会好转吗？可能不是；相反，这个主人可能已经签了一份为期 6 个月或者 1 年的租约，并且不能放弃该租约，这使得租约成为主人为了使继续营业合理化而不需要在短期中涵盖的花费。换言之，尽管长期利润是负的，但短期利润仍可能是正的，这意味着在短期中保持营业且在长期中不续约是经济理性的。

用我们的图来说，我们可以通过简单地定位短期与长期平均成本曲线的最低点来识别"关闭"与"退出"价格，因为只要价格不低于它的平均成本曲线（假定我们没有包括不属于实际成本的花费），企业就总会生产。在图 13-1 的短期图中，最低点位于 $AC_{k=100}$ 曲线上；在图 13-2 的长期图中，它位于图（c）和图（f）的 AC^{LR} 曲线上。我们接着结合短期图（图 13-1）与长期图（图 13-2）的理解来分析短期"关闭"价格与长期"退出"价格的关系。

特别地，考虑图 13-3。在此图中，我们假设企业目前使用图 13-2（d）中的要素束 A 生产 200 单位产出，A 正好是该产出水平上成本最小的要素束。这意味着短期平均支出曲线 $AE_{k=100}$ 与长期平均成本曲线 AC^{LR} 在产出水平为 200 单位处相交，但是在其他产出水平处前者超过后者（在图 13-2（f）中推导过）。从图 13-1 的短期图中，我们也知道短期平均成本曲线 $AC_{k=100}$ 位于短期 $AE_{k=100}$ 曲线的下方（因为它没有包含资本上的固定支出），我们现在可以在图 13-3 中包括这条短期平均成本曲线以及短期边际成本（$MC_{k=100}$）曲线。$MC_{k=100}$ 曲线的加粗部分就是短期供给曲线，它明显地延伸到了 AC^{LR} 曲线的最低点。从而，短期"关闭"价格 $\bar{p}$ 位于长期"退出"价格以下（在图中为 10 美元）。如果产出价格落到 $\bar{p}\sim10$ 美元的范围内，企业将在短期内保持营业但是在长期中将退出。

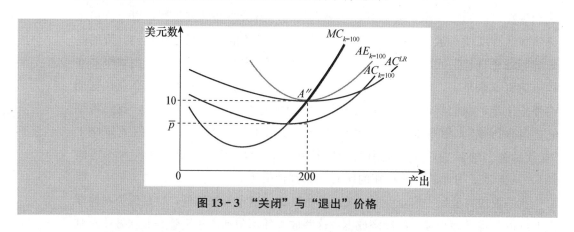

图 13-3 "关闭"与"退出"价格

练习 13A.8 说明当 $p=10$ 时企业的（长期）利润是零。■

为更清楚地看到一家企业（像那些没吸引多少顾客的新餐馆）如何在短期保持

营业而在长期中退出，图 13-4 很大程度上复制了我们在图 13-1 (b) 中所推导并包含在图 13-2 中的短期成本与支出曲线。假定产出的价格是 p^*。如果该企业生产，那么它将生产 x^*，以使得多生产一单位产出的额外成本正好等于卖出该单位产出的额外收益。这将会产生 $p^* x^*$ 的总收益，即图中的深色矩形阴影。在产出水平 x^* 处，企业的平均成本恰好等于 p^*，从而总的（短期）成本等于相同的深色矩形阴影。从而，企业创造了足够多的收益来恰好弥补它的短期经济成本。然而，这还不足以弥补它短期中必须租用的固定数量资本的固定支出 $FE_{k=100}$（由浅色阴影面积表示）。但是由于不管企业是否生产，它都必须支付 $FE_{k=100}$，所以在短期中进行生产不必弥补 $FE_{k=100}$。换言之，不管是否生产，它都需要为 $FE_{k=100}$ 开出支票，从而相对于用你的收益去弥补你的总账单，没有必要用你的短期收益去弥补你的这个支出。由于这个原因，我们说与固定要素相关的固定支出不是经济成本：它们不影响企业在短期中的经济决策，因为经济利润（economic profit）被定义为经济收益与经济成本的差额，所以当产出价格落到短期 $AC_{k=100}$ 曲线的最低点时经济利润恰好等于零。

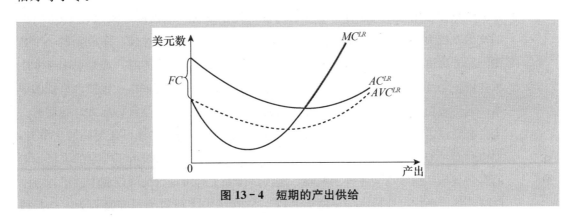

图 13-4 短期的产出供给

练习 13A. 9 你能否证明当价格下降到 $AC_{k=100}$ 与 AC^{LR} 曲线的最低点之间时，尽管总的支出超过了总的收益，但短期经济利润仍是正的？在该价格范围内长期经济利润是什么？

练习 13A. 10 在美国东海岸的很多度假胜地，夏天生意很火爆而冬天生意很冷清。在夏天，度假胜地的租赁以较高的每周比率卖空；而在冬天，它们以较低的每周比率仅部分被租赁出去。如果要以月为基础计算支出与收益，那么你将会基本确定地发现：在夏天这些度假胜地的收益比支出大；而在冬天这些度假胜地的支出比收益大。为什么这些度假胜地在冬天不干脆关门算了？ ∎

13A. 1. 4 （长期）固定成本 在短期中，我们使用"固定支出"（FE）来表示长期中可变的固定要素的"成本"。只要不管企业做何选择都需要支付这些固定支出，这些固定支出就不是真正的经济成本，从而对短期经济行为没有影响。并且，由于这些固定支出产生于能随着时间的推移而改变的要素，所以当它们在长期中变成真正的经济成本时就不再是"固定的"了。从而，对于在短期中不能改变的要素，只要实际上这些要素的固定支出在长期中可以变化，它们就不会成为长期中的固定成本。这样的成本称为（长期）可变成本（variable cost），因为在长期中它们"随着产出变化"。我们到目前为止所处理的经济成本（包括与可变劳动投入相关联的成本）都是这种类型的。因此，这种成本的变化同时影响长期的边际成本曲线与平均成本曲线。然而，在长期中一家企业可能会存在"固定的"（在它们不随着产出水平改变的意义上）但实际上代表可以避免的真实的经济成本的某种花费。我们称这样的成本为只有退出行业才能避免的固定成本，或者简单地称为长期固定成本，因为它们可以通过退出行业来避免，所以是长期中真实的经济成本。

例如，假定政府对生产某个产出要求一个年付的许可证。该许可证仅仅允许企业进行生产，但是对许可证收取的费用与企业生产多少产出无关。例如，当你去理发的时候，你可能已经注意到美发师的美容执照被突出展示出来；纽约的出租车司机需要有执照才能搭载你；等等。这些执照一般以年为基准续约并收取执照费。在一些情况下（比如出租车执照），这种执照的成本是相当大的。

一旦你在生意中为这样一个年许可证进行了支付（或者同意支付），该许可证的支出就成为一个沉没"成本"。但是每年接近 1 月 1 日的时候，你需要做一个真正的经济决策：你是将许可证延期并在下一年继续从事这个生意，还是退出这个生意并停止生产？在做这些决策的时候，你需要算算你的经济成本，包括许可证的成本。但是避免支付许可证的唯一办法是放弃你的生意并停止生产，因此，我们有一个只有通过退出才可避免的固定成本。在你快要做出是否将许可证延期的决策时，你将会面对如图 13-5 所示的来年的成本曲线，其中 AC 曲线由于固定的许可证费的存在与 MC 曲线有着不同的截距。虚线是排除了许可证费的固定成本的平均成本曲线，将"平均可变成本"标注为 AVC，它在图中之所以为虚线是因为它不是任何与企业长期决策实际相关的曲线，因为只要产出价格位于真实的平均成本曲线（在这种情形下是 AC 曲线）的最低点的上方时，企业就会（总）沿着 MC 曲线生产。

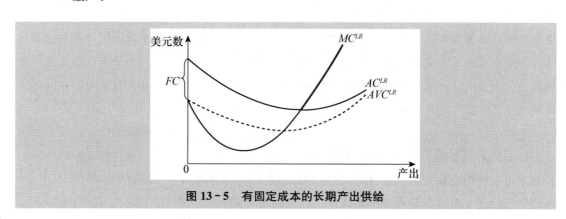

图 13-5　有固定成本的长期产出供给

练习 13A. 11 比较图 13-4 与图 13-5。为什么图 13-5 中的供给曲线始于较高的平均曲线而在图 13-4 中位于较低的平均曲线上？■

在现实世界中，第二种类型的固定成本是，无论在长期还是短期，与总是保持不变的要素投入相关的成本。例如，不同的企业家在管理企业的不同要素时，拥有不同水平的"管理技能"。面对相同的生产技术，一些生产者更善于找到激发工人或者完成其他组织目标的方法。然而，不像生产者所雇用的工时与资本的单位数量，企业家技能在企业内有着固定的供给。比尔·盖茨可以在增加生产时把微软的工人数量翻倍并且把设备和设施翻倍，但是他不能复制自身。他的领导技能或企业家技能是微软的一个固定要素，雇用这个固定要素的机会成本是一个固定成本。只要企业在生产的时候都有这样一个永远固定的要素，它就变成了一个像许可证费用那样的固定成本。例如，比尔·盖茨每年需要决定留在生产中并在微软中使用他的技能还是关掉企业并在其他地方使用他的技能。很多现实世界的生产都有一些这样的固定要素，因此，一家企业通常（尽管不总是）不能简单地通过把它的所有要素翻倍来生产两倍的产出。①

13A. 1. 5 成本与支出类型概述 追踪不同类型的能影响企业行为的成本与支出的变化令人困惑，但是本质上，我们只识别了三种能改变企业行为的成本。表 13-1 对每种类型给出了一个例子。第一个例子是我们刚在前一节讨论过的年许可证费。在短期中它是一个固定支出，因为企业不能马上避免支付它，而在企业决定是否继续生产并将许可证延期或者退出这个行业时它就变成了长期中的固定成本。因此，许可证费可能影响的仅是那些长期中的成本曲线，但是因为许可证费实际上并没有改变生产额外一单位产出的成本，所以 MC 曲线并不会发生变化。这一点在图 13-6（a）中得以说明：许可证费的增加把长期平均成本曲线从 AC 提高到 AC'，但不影响（长期）边际成本曲线。从而，企业的长期供给曲线不会移动，它仅仅随着虚线部分消失而变得"更短"。

表 13-1 成本与支出的例子

例子	对企业的影响		对 MC 与 AC 的影响	
	短期	长期	短期	长期
年许可证费	固定支出	固定成本	无	AC
资本成本	固定支出	（可变）成本	无	AC、MC
劳动成本	（可变）成本	（可变）成本	AC、MC	AC、MC

---

① 由于我是在 Mac 而不是基于 Windows 的 PC 上写下这些话的，所以我应该将史蒂夫·乔布斯而不是比尔·盖茨作为例子。但是，Mac 人都是慷慨的人，偶尔我们也会假装微软对我们有着一些实际的价值。

列在表 13-1 中的第二种类型的成本是资本成本，它是我们假设在短期中固定的一种要素。我们在 13A. 1.1 节中讨论过，这在短期中并不是真实的成本，因此，能被影响的成本曲线是那些长期的，但是在这里，在（总）成本曲线 C 以及平均成本曲线 AC 之外，MC 曲线也影响。这是因为，与许可证费不一样，在长期资本可变时，当我们生产更多产出时，为资本支付的量将增加。资本成本的增加在图 13-6（b）中可以表示为：随着长期 AC 曲线向上移动，MC 曲线也移动。

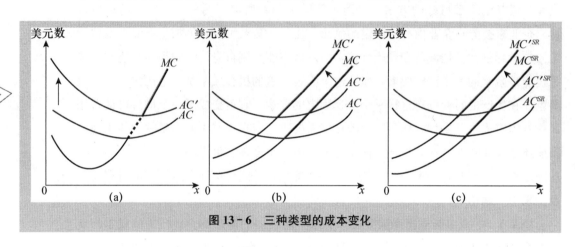

图 13-6 三种类型的成本变化

最后，表中列出了劳动成本，我们在短期与长期中都假定这种要素是可变的。因为我们必须支付的劳动量取决于我们在短期和长期中生产多少，所以它总是真实的成本，所有长期和短期的曲线都会受到影响。这一点通过图 13-6（c）中短期劳动成本的增加给出了说明。（长期成本曲线也同样变化。）长期 AC 曲线的最低点向左还是向右移动取决于潜在的技术，以及企业能替代资本与劳动的程度。我们将在下一节中进一步研究这一点。

练习 13A. 12 当许可证费增加时我们能够确定长期 AC 曲线的最低点将向右移吗？ ■

13A. 2 短期和长期的产出供给

在讨论短期与长期成本曲线时，我们已经通过强调"关闭"与"退出"的区别开始说明要素与产出价格的变化如何跨时影响产出供给。我们现在将更直接地思考这一点，首先研究产出价格的变化对供给的短期与长期影响，接着转向要素价格对短期与长期供给的影响。

13A. 2. 1 跨时的产出价格与供给 假定一个生产者目前面对经济环境（w^A，r^A，p^A）并按他（她）的长期利润最大化的生产计划 $A=(\ell^A, k^A, x^A)$ 生产。这在图 13-7 中可以表示为位于等产量线 x^A 上的 A 点，等成本线的斜率（$-w^A/r^A$）

等于 TRS^A。现在假定产出价格上升到 p'。从前面的分析我们知道，这在短期和长期中将引起产出的增加，从而有一个向更高的等产量线的移动。但在短期中，生产者不能改变资本，使其偏离目前的要素水平 k^A，从而一定在从图中纵轴上的 k^A 处引出的水平射线的要素束上操作。假定在短期中生产者选择要素束 B 是最优的。

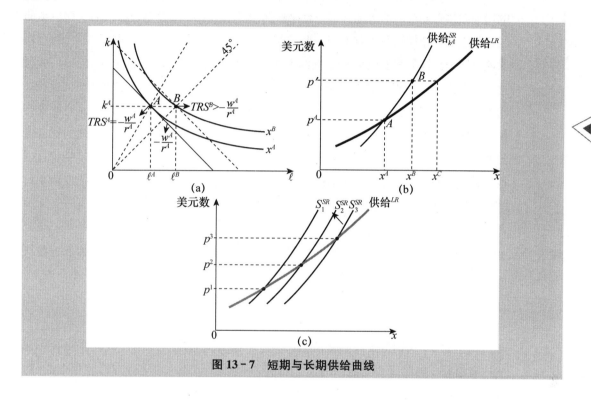

图 13-7 短期与长期供给曲线

练习 13A. 13 判断正误：$p' MP_\ell^B = w^A$。 ■

由于我们假定潜在的生产技术是位似的，所以与等产量线在 A 点的斜率（等于 $-w^A/r^A$）相比，在对角线右边的任何要素束与原点的连线较平坦。从而

$$TRS^B > -\frac{w^A}{r^A} \tag{13.1}$$

或给定 $-TRS = MP_\ell / MP_k$，有

$$\frac{MP_\ell^B}{MP_k^B} < \frac{w^A}{r^A} \tag{13.2}$$

把 MP_ℓ / MP_k 的分母和分子均乘以 p'，使得分数保持不变，这意味着我们可以把结论写成

$$\frac{p' MP_\ell^B}{p' MP_k^B} < \frac{w^A}{r^A} \tag{13.3}$$

同时，由于 B 点是当劳动完全可变时的短期最优，所以在 B 点的劳动边际产出收益一定等于工资 w^A，或 $p'MP_\ell^B = w^A$。从而不等式（13.3）仅当 $p'MP_k^B > r^A$ 时成立，即 B 点的资本的边际收益产出大于租金率。换言之，在短期最优 B 点处，生产者能雇用额外的资本，而其成本低于这些资本产生的额外收益。

当生产者在长期中能够调整资本时，他（她）将使用更多的资本，导致长期产出的增加超过短期产出的增加。这一点反映在图 13-7（b）中就是：较粗的长期供给曲线比较细的长期供给曲线要平坦一些。特别地，该图说明了把资本固定在 k^A 的短期供给曲线与允许资本变化的长期供给曲线之间的关系。这两条曲线相交于 x^A，因为这正是在给定目前的工资与租金率下使得 k^A 成为正确的长期资本数量的产出水平。当然，我们可能已经从另一个初始的价格以及相应的初始的利润最大化的要素束开始，并推导出资本固定在最初的要素水平下的短期供给曲线与允许资本变化的长期供给曲线的相似的关系。图 13-7（c）对三个初始的产出价格 p^1、p^2 和 p^3 说明了这一点。因此，长期供给曲线比短期供给曲线要平坦一些，表明生产者在长期比在短期对产出价格的变化反应更大。

练习 13A. 14 如果在长期中，劳动的边际产出随着使用的资本量的增加而增加，你能否判断生产者在长期中将雇用额外的劳动（超过 ℓ^B）？[①] 在图 13-7（a）中的长期最优等产量线中，你能从 A 点引出的射线上找到在 A 点之上的最小距离吗？ ∎

13A. 2. 2 长期供给与要素价格：生产中的替代效应

产出价格的变化会引起生产者沿着供给曲线改变他们的生产行为，而要素价格的变化将会移动供给曲线，因为这样的变化导致了成本曲线的移动。这些移动因为以下事实而变得复杂起来：随着要素相对价格的变化，生产者（至少在长期中）将会调整他们所使用的资本与劳动的比率来生产任意给定数量的产出。这是一个在单一要素模型中不存在的问题，因为在单一要素生产中，在不浪费要素投入的情况下，只有一种技术有效的方式来生产任意水平的产出。但是现在，当我们生产给定的产出水平时，我们有了由可能的要素束构成的整个等产量线，同时它们都是技术有效的。哪一个技术有效的要素束是经济有效的取决于要素的相对价格，这意味着对于生产任意给定的产出水平的经济有效的要素束也会随着要素价格的变化而变化。

例如，假定我们最开始面对要素价格 $w=20$ 和 $r=10$，生产边界表示为图 13-8 中的等产量线图（与我们第一次在图 12-8（a）中介绍的图相同）。因为等产量线图是位似的，所以经济有效的要素比对于任意产出水平都是一样的，可以表示在一条从原点出发的射线上且斜率为 $-w/r = -2$ 的等成本线与每条等产量线相切。现在

---

① 在本章末，我们将证明劳动的边际产出并不一定随着使用的资本量的增加而增加。它是否增加取决于生产中资本和劳动的替代程度。

假定工资率下降到 $w'=10$。图中每条等产量线上新的经济有效的要素束都将位于与斜率为 -1（而不是 -2）的等成本线的切点处，使得我们下滑到每条等产量线上的一个新的要素束，此处，经济有效的要素束再一次位于一条从原点出发的射线上。换言之，要素价格的变化将会激励我们替换掉那些变得相对来说更加昂贵的要素束，而倾向于使用相对来说更加便宜的要素束。

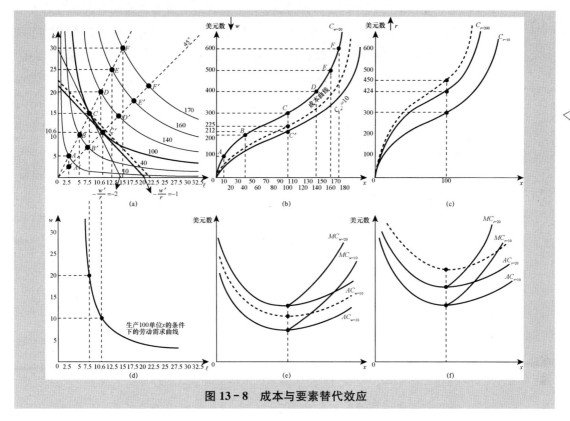

图 13 - 8　成本与要素替代效应

在图 13 - 8（a）中，当 w 从 20 美元下降到 10 美元时等成本线的变化表示为：沿着标注为 100 的等产量线，最初切点在要素束 C 处的等成本线变为切点在 C' 处的新的等成本线。其他等产量线的所有其他经济有效的要素束位于连接原点与束 C 的射线上。每个新的要素束现在都变得便宜些了，因为工资下降了，同时我们使用更便宜的劳动替换了资本。在图 13 - 8（b）中这表示为长期成本曲线从最开始的（最上面的一条）曲线（与我们在图 12 - 8（b）中推导的一样）变为最后（最下面）的曲线。这中间的虚线表示，如果生产者没有改变要素束而只是由于工资下降而承受较低的成本时总成本的变化，那么总成本的下降主要是由于由相对要素价格变化所引起的替代行为。

练习 13A. 15　你能否从图 13 - 8（a）中看出从 C 到 C' 的成本的不可替代性？能否验证图 13 - 8（b）中的数字是正确的？■

与消费者理论一样，要素替代效应的大小取决于生产过程中两个要素的替代程度。一种对此进行表示的方式是我们所谓的条件要素需求曲线，其告诉我们在给定的产出水平下，生产者对要素的需求如何随着要素价格的变化而变化。（我们已经在第 12 章的 B 部分推导了条件劳动需求函数的数学对照。）例如，图 (d) 说明了给定 100 单位产出水平时的条件劳动需求曲线。它表明，当工资从 20 美元下降到 10 美元时，生产者为了生产 100 单位 x，用劳动替代了资本。因此，条件劳动需求函数仅仅从表示 100 单位产出的等产量线与随着 w 的变化而变化的等成本线的切线推导出来。因此，它包含了仅仅由劳动的机会成本的变化所导致的纯的替代效应，就像消费者理论中的补偿需求曲线说明了由商品机会成本的变化导致的纯的替代效应一样。就像补偿需求曲线的斜率取决于沿着一条无差异曲线的消费与商品之间的替代程度一样，条件要素需求曲线的斜率取决于沿着一条等产量线的生产要素之间的替代程度。

例如，假定两种要素在生产中是完全替代品。那么替代效应将会消失，C 和 C' 都会落在相同等产量线的角落处，条件劳动需求曲线将会完全垂直。从而，（总）长期成本曲线将只落在图 13 - 8 (b) 中间的虚线，这是因为生产 100 单位（或任何其他数量）产出的成本之所以减少是因为目前要素投入花费更少所产生的直接效应，而不是因为生产者通过替换为变得更便宜的要素而获得的间接利益。两种要素之间的替代程度越高，替代效应越大，条件要素需求曲线越平坦，图 13 - 8 (b) 中的（总）成本曲线（最下面的一条）离虚曲线越远。

练习 13A. 16 这些是长期还是短期成本曲线？ ■

一旦我们推导出（总）长期成本曲线的变化，就可以推导长期 AC 和 MC 的变化并识别长期产出供给曲线在 w 下降时的移动。图 13 - 8 (e) 说明了这些曲线的移动，其中 AC 曲线的最低点保持在相同的产出水平上，从而 MC 曲线上有关供给曲线的那部分始于相同的产出水平（尽管以不同的价格）。这是一种特例，当要素价格变化时，没有什么特别的原因使得长期 AC 曲线的最低点依然保持在相同的产出水平处。最低点可能根据潜在的技术向左或向右移动。然而，对于固定的价格水平，供给的数量会随着工资的下降而增加，因为新的（下面的一条）供给曲线位于原始（上面的一条）供给曲线的右边。

现在假定不是工资从 20 美元下降到 10 美元，而是租金率从 10 美元上升到 20 美元。在这两种情况下，比率 w/r 都从 -2 变到 -1，表明等产量线的斜率变化与图 13 - 8 (a) 中完全相同。然而，现在一种要素的价格上升了，这意味着生产任意数量产出的长期总成本将会比原来高。（总）成本的变化表示在图 13 - 8 (c) 与 13 - 8 (f) 中。虚线表示如果生产者没有使用劳动替代资本，总成本与平均成本将会增加多少。图 13 - 8 (f) 中的结论将是：随着租金率上升，产出供给减少。

练习 13A. 17　能否验证图 13-8（c）中的数字是正确的?

练习 13A. 18[*]　假定原始的成本最小化的要素束保持在 C，如果图 13-8（a）中的要素的替代程度更高，那么图 13-8（c）中的哪一条曲线将会变得不一样（以及如何不一样）? 如果这两种要素在生产中是完全替代的，此图将会怎么变化? ■

　　当然在短期中，当资本被固定时图 13-8 中的替代效应将不会发生（就像第 11 章中替代效应没有产生于单一要素模型中一样）。短期供给曲线简单地显示为位于短期平均成本之上的 MC 曲线（如图 13-4 所示），可变要素的价格变化仅仅会引起短期 MC 与短期 AC 移动，因为任意给定的产出水平的生产都是在保持资本不变的生产计划上执行的。然而，可以证明，在长期中产出对要素价格变化的反应至少与在短期中一样大。

13A. 3　要素需求与经济环境的变化

　　由于两要素模型中短期的突出特征为一个要素是固定的，所以（与第 11 章的单一要素模型一样）短期的劳动需求决策必定仅发生在当工资变化时的（劳动的）边际收益产出曲线上。如我们在第 11 章中具体讨论的，MRP_ℓ 曲线下降段中有一部分（资本被固定在它的短期数量处）是短期劳动需求曲线。类似地，像第 11 章中的单一要素模型所描述的 p 的变化使 MRP_ℓ 发生移动一样（见图 11-8），p 的变化也会引起短期劳动需求曲线移动。然而，在长期，ℓ 和 k 都能被调整，这意味着长期劳动需求曲线有别于位于 MRP_ℓ 曲线上的短期劳动需求曲线。因此，下面我们研究在长期劳动需求曲线如何随着要素与产出价格的变化而变化。

练习 13A. 19[*]　在图 13-8（d）中，我们已经推导出条件劳动需求曲线，在其上资本可以调整。解释为什么这些不是长期劳动需求曲线。 ■

　　我们将再次在生产技术是位似的这一假设下分析本节的观点。如本章 B 部分所说明的，这些观点在更一般的意义上成立，但是位似性假设在很大程度上简化了图示方法，当相对要素价格发生变化时它给了我们一种便捷的方法来收窄成本最小化的要素束所在的等产量空间的区域。例如，假定图 13-9 中要素束 $A=(\ell^A, k^A)$ 是以要素价格 (w^A, r^A) 来生产 x^A 的成本最小化的方法。如果要素价格变化使等成本线变得更陡峭，则新的成本最小化的要素束必定位于连接 A 点与原点的射线的左边，这是因为只有该区域才存在等产量线与一条新的（陡峭的）等成本线的切点。类似地，如果要素价格变化使等成本线变得平坦一些，那么新的成本最小化的要素束必定位于上述射线的右边。

练习 13A. 20 你能否权根据等成本线与等产量线的切点 (ℓ^A, k^A) 来判断生产计划 $A = (\ell^A, k^A, x^A)$ 在价格 (w^A, r^A, p^A) 处是不是利润最大化的? ■

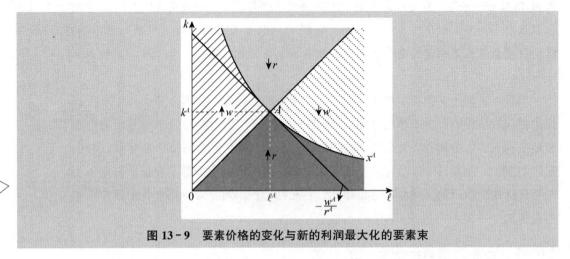

图 13-9 要素价格的变化与新的利润最大化的要素束

结合我们在 13A.2.2 节学的关于由要素价格变化所引起的供给曲线的移动,当要素价格变化时,我们能更加精确地收窄包含新的利润最大化的要素束的等产量空间的区域。例如,假定生产计划 $A = (\ell^A, k^A, x^A)$ 不仅在要素价格 (w^A, r^A) 处实现成本最小化,而且在给定产出价格 p^A 时也是长期利润最大化的。现在假定 w 下降,从而等成本曲线变得更平坦。这意味着新的利润最大化的要素束必定位于连接 A 点与原点的射线的右边(因为现在成本最小化的要素束位于这个区域),并且它必定位于与 x^A 单位产出相关的等产量线的上方,因为如我们在图 13-8(e)中看到的,产出供给在 w 下降时增加。这意味着新的利润最大化的要素束位于右斜线阴影区。另外,如果较平坦的等成本线产生于 r 的上升而不是 w 的下降,那么在图 13-8(f)中我们将看到产出供给将下降,这意味着新的利润最大化的要素束位于最下面的深色阴影区。类似地,我们可以断定 w 的上升或者 r 的减少(二者都使等成本线变得更加陡峭)意味着新的要素束位于连接 A 点与原点射线的左边,w 的增加使得我们位于包含 A 的等产量线的下方,从而进入最左边的左斜线区域。r 的下降使我们位于相同的等产量线的上方,进入浅色阴影区。

练习 13A. 21[*] 从图 13-9 中你是否看到长期劳动需求曲线(关于工资)一定向下倾斜,就像长期资本需求曲线(关于租金率)一样?

练习 13A. 22[*] 图 13-9 是否对劳动的交叉价格需求曲线(关于纵坐标轴上的租金率)在长期中向上倾斜还是向下倾斜给出了信息? ■

13A. 3.1 w 上升:机器人与计算机 假定我们经营一家公司,雇用劳动与资本,我们支付给工人的工资上升。首先,注意到从第 11 章我们的研究中可以知道:

在短期，当资本固定时，我们仅仅雇用更少的工人，这使得 MRP_ℓ 曲线向上移动。从而，一旦我们已经选择了新的短期最优数量的工人，劳动的边际产出（MP_ℓ）就会比工资上升前要高。这一点是说得通的：因为劳动变得更加昂贵，所以只有当工人的产出能够弥补更高的工资成本时，我们才会雇用工人。但是，当我们可以调整资本的时候，我们将怎么做？我们会使用更多还是更少的资本，反过来这对我们在长期解雇更多的工人意味着什么？结果证明，答案取决于我们公司使用的资本更像机器人还是更像计算机。

练习 13A. 23* 　当我们对短期劳动做出调整后，新的生产计划将会落在哪里？ ■

首先假定我们的企业同时雇用机器人与工人来生产汽车。在这种情形下，如果机器人可以完成很多与工人相同的任务，那么资本与劳动的替代程度将很高。我们知道，由于我们在短期中雇用更少的工人，所以 MP_ℓ 会上升，同样 MP_k 也会增加。毕竟，如果工人在我们的企业中非常像机器人，那么一种边际产出的变化将会粗略地等于另一种边际产出的变化。但是，如果 MP_k 增加了［这意味着我们想要雇用更多的机器人（还没变得更加昂贵）］，那么一旦我们能在长期用机器人代替工人，我们就应该解雇更多的工人（已经变得更加昂贵了）。因此，因为机器人与工人是可替代的，所以当我们在短期中雇用较少的工人时，MP_k 一定是增加的，这反过来意味着我们想要雇用更多的机器人，并在长期中用机器人替代额外的工人。因此，我们的劳动需求在长期中的变化将会比在短期中大，原因是：由于资本与劳动可替代，我们在长期中会增加资本。

练习 13A. 24* 　我们知道，在短期中，当 w 增加时，我们将减少产出，因为我们雇用了更少的工人。在机器人与工人的例子中，你认为如果我们在长期中雇用更多的机器人，那么我们会增加还是减少产出？ ■

下面假定实际上资本和劳动在生产中非常互补，比如一家计算机动画公司会雇用计算机作为资本并雇用计算机图形艺术家作为劳动。如果我们拥有的公司属于这种类型，那么由于与之前一样的原因，w 的上升会先引起公司所雇用的劳动的减少。但是现在劳动和资本更加互补（替代程度更低），因为没有计算机图形艺术家，计算机本身也没什么用。从而，在短期中，当我们减少劳动时，MP_k 下降（尽管 MP_ℓ 增加）。因此，当长期中能调整资本时，公司甚至将会减少计算机的使用。因为计算机与图形艺术家是相对互补的，所以随着工资上升，图形艺术家被解雇，MP_k 会下降，这反过来会引起计算机使用数量的下降，以及工人数量的进一步减少。与劳动和资本是互补的情形一样，我们再次断定劳动的长期减少超过了短期减少，但这会伴随资本的长期减少。

这两个例子说明：不管资本和劳动在生产中是怎样替代的，劳动需求对工资变化的长期反应都大于短期反应。长期资本需求对工资变化的反应取决于资本与劳动的替代程度。当然这其中也存在一种特殊情形，即资本与劳动既不太可替代也不太互补，其结果是：当 w 上升时，企业并不改变资本，尽管在长期中它能这样做。在这种特殊情形下，我们将看到，企业的长期劳动需求反应等于它的短期劳动需求反应。因此，可以更精确地再次陈述我们对长期劳动需求反应的结论：不管在生产中资本与劳动有多么可替代与互补，在长期中劳动对工资变化的反应至少和在短期中一样大。

13A. 3. 2 w 变化时对劳动与资本的需求 通过使用使得一个生产者在短期与长期利润最大化的两个主要条件一定成立的结构，我们现在可以更清楚地说明这一点：首先，每个要素的边际收益产出一定等于其价格；其次，负的 TRS（等于 MP_ℓ/MP_k）在长期中一定等于要素价格的比率（w/r）（从而使得我们在等成本线与等产量线之间有一个切点）。（注意，第二个条件逻辑上来自第一个条件，但是在这一节我们继续把它们当成不同的条件。）再次假定（与图 13-9 中一样）一个生产者目前正在生产计划 $A = (\ell^A, k^A, x^A)$ 处运作，此处是他（她）在经济处境（w^A, r^A, p^A）中实现长期利润最大化的生产计划。那么我们知道

$$p^A MP_\ell^A = w^A, \quad p^A MP_k^A = r^A, \quad -TRS^A \left(= \frac{MP_\ell^A}{MP_k^A} \right) = \frac{w^A}{r^A} \tag{13.4}$$

该生产计划在图 13-10（a），（b）和（c）中记为 A 点。

现在假定工资上升到 w'，引起所有的等成本线变得更陡峭并意味着新的长期最优要素束 C 将位于连接原点与 A 点的射线的左边，并在包含 A 点的等产量线的下方（如图 13-9 所说明的）。然而在短期，生产者不能调整资本，从而必须在位于保持资本在 k^A 的水平线上的要素束 B 处运作。

图 13-10（b）说明了一种特殊情形，图中新的长期最优要素束 C 与原始的要素束 A 有着相同的资本要素水平。在这种情形下，即使是在短期，也不存在任何因素使得生产者不能实施新的长期最优生产计划，这意味着短期最优要素束 B 与长期最优要素束 C 相同，劳动与资本需求的长期反应与短期反应完全相同。由于劳动在短期中可变，所以当企业按照第 11 章中单一要素模型中所描述的方法来调整它的劳动投入时，$p^A MP_\ell^B = w'$。由于新的等成本线恰好与等产量线相切于 B，所以

$$\frac{MP_\ell^B}{MP_k^B} = \frac{w'}{r^A} \text{ 或等价地，} \frac{p^A MP_\ell^B}{p^A MP_k^B} = \frac{w'}{r^A} \tag{13.5}$$

但是，由于 $p^A MP_\ell^B = w'$，所以这意味着 $p^A MP_k^B = r^A$；给定 $p^A MP_k^A = r^A$，这又意味着 $MP_k^A = MP_k^B$。从而，我们所画的新的等成本线与等产量线相切于 B 点，这意味着我们在图中已经表示了这样一种技术：短期劳动要素的减少使得资本的边际产出保持不变。这反过来意味着生产者在短期中达到了他（她）的长期最优，导致

了短期与长期劳动需求曲线在图 13-10（e）中重合，并且 w 与 k 之间的交叉价格关系如图 13-10（h）中那样垂直。

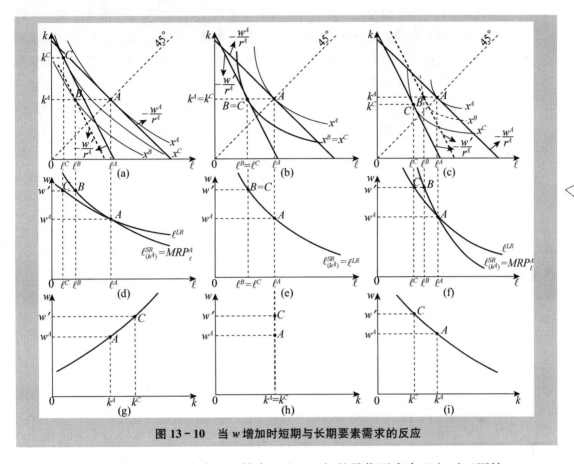

图 13-10 当 w 增加时短期与长期要素需求的反应

现在考虑图 13-10（a）中表示的技术。这里，新的最优要素束 C 相对于原始束 A 包含更多的资本投入，这意味着当资本在短期中固定时，生产者不能马上转变到长期最优状态。相反，在短期中生产者将转到要素束 B，包含 B 的等成本线与包含 B 的等产量线在上方相交，即 $TRS^B > -w'/r^A$，或等价地，

$$\frac{MP_\ell^B}{MP_k^B} < \frac{w'}{r^A}，\text{这意味着 } \frac{p^A MP_\ell^B}{p^A MP_k^B} < \frac{w'}{r^A} \tag{13.6}$$

在短期，我们知道企业会调整所雇用的劳动，直到 $p^A MP_\ell^B = w'$。那么前面的方程意味着 $p^A MP_k^B > r^A$（由于 $p^A MP_k^A = r^A$），从而 $MP_k^B > MP_k^A$。因此，在边际上，资本在 B 点比在 A 点更有生产力，这使得生产者用资本替代劳动，导致劳动需求的下降超过最初从 ℓ^A 到 ℓ^B 的下降，并一路下降到 ℓ^C。这导致了图 13-10（d）中的劳动需求曲线在长期中比在短期中平坦一些，并且 w 和 k 之间的交叉价格关系是向上倾斜的。图 13-10（a）中等产量线相对平坦表明，只有当生产中资本与劳动相对可替代时（如机器人与工人的例子），以及当劳动成本的增加导致了资本大量替代劳动时，上述情形才会发生。

最后，图 13-10（c）说明了相反的情形：当工资从 w^A 上升到 w' 时，生产者在长期中将所使用的资本调整到较低的水平。由于生产者发现调整短期中固定的资本是最优的，因此他（她）对工资上升的长期反应将再次有别于短期反应。在短期，他（她）会转到要素束 B，包含 B 的等成本线从下方与包含 B 的等产量线相交。使用与前面一段中相似的步骤，我们可以判断出 $MP_k^B < MP_k^A$，即当劳动要素在短期中被调整时，资本在边际上变得没有那么有生产力了，于是生产者在长期中会减少资本投入并进一步减少劳动投入，这再一次导致了一条在长期中比在短期中更平坦的劳动需求曲线（见图 13-10（f）），但是 w 和 k 之间的交叉价格关系是向下倾斜的（见图 13-10（i））。注意，这是从要素相对互补的等产量线图 13-10（c）中推导出来的，从而劳动成本的增加同时导致了劳动与它的互补要素资本的减少。

练习 13A.25[*] 假定劳动与资本在生产中完全互补。当 w 上升时，类似的图形是怎样的？

练习 13A.26[*] 证明图 13-10（c）中 $MP_k^B < MP_k^A$。

练习 13A.27[*] 当 w 增加时，产出的长期反应与短期反应有何联系？你的答案取决于什么？（提示：你应该可以从图 13-10 中看到答案。）■

由此我们可以得出，除了图 13-10（b）中的特殊情形外，长期劳动需求对 w 变化的反应比短期劳动需求要大（如同我们在本章前面所总结的产出供给对产出价格的变化在长期中比在短期中更大）。潜在的推理有点微妙：对于图 13-10（a），在生产中劳动与资本的相对替代程度较高的情形下（类似于"机器人"作为资本的例子），当 w 上升时，资本的边际产出由于短期劳动的减少而增加。其结果是：如果可以，企业将雇用更多的资本并进一步减少劳动，因为资本和劳动是相对可替代的。但是对于图 13-10（c），在生产中劳动和资本相对互补的情形下（类似于"计算机"作为资本的例子），当 w 上升时，资本的边际产出随着短期劳动的减少而下降。这会引起企业在长期中减少资本投入（如果可以的话），并且，因为劳动和资本是相对互补的，所以在长期中企业将减少所雇用的劳动，且减少幅度甚至会超过短期。因此，不管劳动和资本是相对替代还是相对互补，长期劳动需求的反应都会超过短期——尽管是由于不同的原因——并且对资本的需求要么增加要么减少，这取决于资本和劳动之间的替代程度。

13A.3.3 当 r 变化时对劳动与资本的需求 当 r 而不是 w 上升时，我们可以通过类似的步骤得到当劳动与资本在长期变化时一系列类似的结论。然而，由于我们一直假定在短期中资本是固定的，所以资本成本的增加在短期中是一个沉没"成本"，从而不影响关于劳动、资本或短期产出的生产决策。

再一次假定生产者目前在生产计划 $A = (\ell^A, k^A, x^A)$ 处运营，这是他（她）在经济处境（w^A，r^A，p^A）中实现长期利润最大化的生产计划。现在假定 r 上升，这使等成本线变得平坦一些。从图 13-9 中的分析我们知道：这将导致一个新的位于包含 A 的等产量线下方以及连接 A 与原点的射线右边的利润最大化的要素束。图 13-11 说明了三种情形。图 13-11（a）再次表示一个资本与劳动相对替代的生产过程而图 13-11（c）表示资本和劳动在生产中相对互补的情形。

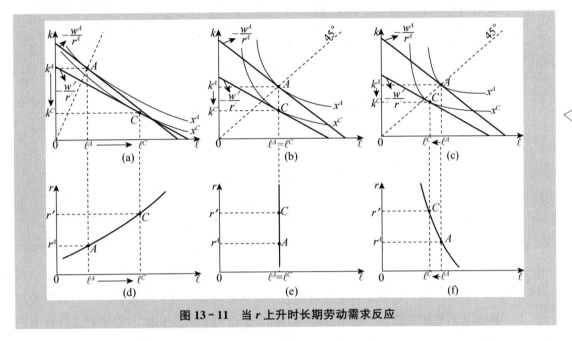

图 13-11　当 r 上升时长期劳动需求反应

由于在所有三种情形下，当 r 上升时，资本减少，我们可以断定长期资本需求曲线（关于 r）是向下倾斜的。然而，当劳动和资本相对替代时，r 和 ℓ 间的交叉价格关系可以向上倾斜，或者当劳动和资本在生产中相对互补时，它是向上倾斜的，这些表示在图 13-11（d）～（f）中。这一点发生的原因与我们分析潜在的 w 和 k 之间的交叉价格关系向上或向下倾斜时所提到的原因类似。

练习 13A. 28* 你能否再次使用机器人与计算机的例子直观地得到这些结论？ ■

13A. 3. 4　当 p 变化时对劳动与资本的需求 最后，从前面的介绍我们知道，产出供给曲线向上倾斜（因为 MC 曲线的相关部分是向上倾斜的），这意味着当产出价格 p 上升时，产出增加。由于产出价格变化本身并不影响等成本线的斜率（等于 $-w/r$），这意味着，对任意位似的生产过程，在生产中使用的劳动与资本的比率不会随着 p 的改变而变化。从而资本与劳动的需求都随着产出价格 p 的上升而增加。

然而，在短期，资本可以是固定的，这意味着短期产出的增加完全源于额外被雇用的劳动。短期中劳动需求的增加是高些还是低些再次取决于在生产中资本与劳动的相对替代性。例如，考虑在生产中资本与劳动完全互补的情形，如图

13-12（a）所示，A 再次是在产出价格上升之前初始的利润最大化的要素束。由于在这种情形下生产者只能通过同时调整资本与劳动来生产额外的产出，所以只要在短期中资本是固定的，他（她）就会保持产出不变，这就导致了 $A = B$。从而，当资本与劳动在生产中非常互补时，如果产出价格上升，那么短期劳动需求很少或者不会发生变化，产出的大部分增加发生在劳动与资本都可以按照相同比例进行调整的长期。

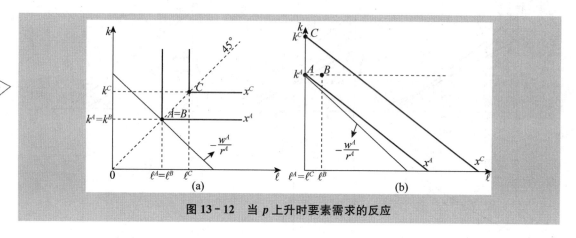

图 13-12　当 p 上升时要素需求的反应

现在考虑相反的极端情形：资本与劳动在生产中是完全替代的，如图 13-12（b）所示。假定资本比劳动相对便宜，这意味着生产者在原始要素束 A 处仅使用资本而不使用劳动。当产出价格升高而要素价格没有变化时，生产者最终将会在长期中使用更多的资本（束 C）生产更多的产出，但是在短期中，他（她）不能改变生产中的资本水平。由此，在短期中，生产者在能够调节资本之前也会雇用一些劳动。在这种情形下，当产出价格上升时，生产者在短期中的劳动需求会有一个短暂的增加，但是这个增加在长期中会消失。

根据这些极端情形，我们推断出：产出价格变化所导致的劳动需求在短期中的反应可能比长期中的反应更大或更小，这取决于在生产中资本与劳动的替代程度。我们将在 B 部分中用数学知识更详细地说明这一点。

练习 13A. 29[*]　在图 13-7（a）中，我们断定，如果企业能够调整资本，那么它将再一次位于较陡的射线上。在较高产出价格下新的（长期）要素束表示为 C。你能判断什么将决定 C 位于 B 的右边还是左边吗？■

13A. 4　技术变化

技术而非经济处境的变化将体现为生产边界的变化（以及潜在的等产量线形状的变化）。通常通过建模把这样的技术变化表示为三维生产边界按比例的向外扩张，劳动和资本的边际产出在所有生产计划处按照相互之间的比例增加。由于 $-TRS=$ MP_ℓ/MP_k，这样一个边际产出按比例的变化将使得 TRS 相对于所有要素束不变，从而等产量线的形状（但并不是与它们相关的产出数量）不变。然而同时，它将使得利润最大化的生产者雇用更多的劳动和资本来生产更多的产出。

例如，假定图 13 - 13（a）中要素投入的生产计划 $A=(100,\ell^A,k^A)$ 是初始的利润最大化的生产计划。接着假定发明了一种我可以在工厂中喷洒的气溶胶喷雾，它使得所有的机器与工人的生产力都变得更强了，并假定这个技术变化是前一段所描述的那种。由于技术替代率不受这种变化的影响，所以等产量线的形状保持原样，但是等产量线上的标注增加了：最下面一条的标注从 100 增加到 200，中间一条的标注从 x^B 变到 $\tilde{x}^B$，最上面一条的标注从 x^C 变到 $\tilde{x}^C$。换言之，劳动和资本在生产中的替代比率保持不变，但是每个要素束比以前生产得更多。

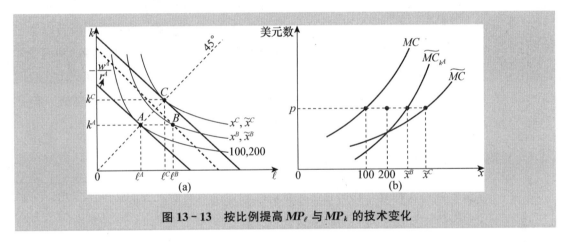

图 13 - 13 按比例提高 MP_ℓ 与 MP_k 的技术变化

由于 A 最初是利润最大化的，所以我们知道 $pMP_\ell^A=w$ 且 $pMP_k^A=r$。随着技术的变化，劳动和资本的边际产出（$\widetilde{MP}_\ell$ 和 $\widetilde{MP}_k$）在每个要素束处都更高。这意味着：如果生产者继续使用要素束 A，那么 $p\widetilde{MP}_\ell^A>w$，$p\widetilde{MP}_k^A>r$。从而，生产者将会在短期增加劳动，直到长期中可以调节资本，即从等产量线最初最里面的那条移到短期的中间那条，再移到长期的最外面的那条。这些生产的增加也可以使用图 13 - 13（b）中的 MC 曲线来加以说明：MC 曲线从最初最上面的 MC 移到中间的 $\widetilde{MC}_{k^A}$，长期移动到最下面的 $\widetilde{MC}$。由于产出价格没有变化，所以我们可以简单地沿着 MC 曲线得出产出的变化。

练习 13A. 30*　为什么下面两条边际成本曲线在产出水平 200 处相交？

练习 13A. 31*　如果资本与劳动是完全互补的，那么 A 点、B 点和 C 点将位于哪里？

练习 13A. 32*　生产技术的什么特征决定了在图 13 - 13（a）中 C 点是位于 B 点的右边还是左边？　■

当然，这是对一种非常特殊的技术变化的说明，其他类型的技术变化可能会改变等产量线的形状，从而很难精确地预测生产者会做出什么反应。然而，技术进步一般会以与图 13-13（b）中相似的方式减少边际成本。

13B　从短期到长期的数学转换

在图 12-13 的对偶图中，左边的利润最大化问题得出了产出供给与要素需求函数

$$x(p,w,r), \quad \ell(p,w,r) \quad 与 \quad k(p,w,r) \tag{13.7}$$

这些函数告诉我们，利润最大化的生产计划 (x,ℓ,k) 仅仅作为经济环境 (p,w,r) 的函数。在我们研究当经济环境变化时利润最大化的生产计划如何变化时，我们对这些函数关于产出与要素价格的偏导数感兴趣，尤其是对符号以及它们在短期与长期的区别感兴趣。当继续分析技术的变化如何影响生产者的利润最大化选择时，我们对当技术变化时生产函数对变化的技术的参数的导数感兴趣。我们在本节的一些分析将使用第 12 章附录中推导的结果，我们只在使用时陈述（但是不证明）它们。

13B.1　花费与成本

在本章的 A 部分，我们花了大量的时间讨论所谓的沉没的短期"支出"与影响企业经济行为的真实经济成本之间的差别。最终我们在表 13-1 中区分了企业的三种类型的支出：（1）一个短期的固定支出，它在长期只有通过退出才可以避免，是长期固定成本（比如重复发生的许可证费）；（2）与固定要素（比如资本）相关的短期固定支出，它在长期是可变的，从而会随着时间的推移变成可变成本；（3）与要素相关的一个可变成本，它在短期与长期都是可变的（比如劳动）。

13B.1.1　短期支出与没有固定成本的长期成本　例如，假定 k^A 是当要素价格为 (w^A, r^A) 并且要生产产出水平 x^A 时使用的经济有效的资本水平。如果资本在短期中被固定在该水平，那么生产任意给定产出水平 x 的短期成本最小化的要素束是 $(\ell_{k^A}(x), k^A)$，其中 $\ell_{k^A}(x)$ 是资本固定在 k^A 的情况下生产产出 x 所必需的最小数量的劳动。我们可以用第 11 章中所使用的完全相同的方式得到这个结论：短期的相关的生产函数可以简单地表示为长期生产函数当资本固定在 k^A 时的"切片"。我们可以把这一"切片"表示为 $f_{k^A}(\ell)$。例如，如果完整的（长期）生产函数是 $f(\ell, k) = A\ell^\alpha k^\beta$，那么当企业受限于保持资本在 k^A 时的短期生产函数是 $x = f_{k^A} = [A(k^A)^\beta]\ell^\alpha$（括号中的项被当成常数）。为找到在短期中生产 x 的成本最小化的劳动投入，我们简单地把这个反过来即可得到

$$\ell_{k^A}(x) = \left(\frac{x}{[A(k^A)^\beta]}\right)^{1/\alpha} \tag{13.8}$$

练习 13B.1 假定生产函数是三个要素——劳动、资本与土地——的函数，并假定劳动与资本在短期中都是可变的，而土地仅在长期中是可变的。现在我们如何在土地处于（短期）固定水平的条件下计算短期成本最小化的劳动与资本要素水平？ ■

当要素价格是 (w^A, r^A) 时，生产 x 时的短期支出是

$$E_{k^A}(x, w^A, r^A) = w^A \ell_{k^A}(x) + r^A k^A \tag{13.9}$$

而短期成本是

$$C_{k^A}(x, w^A) = w^A \ell_{k^A}(x) \tag{13.10}$$

练习 13B.2 你能否用这些表达式来证明图 13-1（a）中（总）成本与总支出曲线的区别以及图 13-1（b）中 AC 与 AE 之间的区别？ ■

然而，长期成本是通过求解如下成本最小化问题推导而得的：

$$\min_{\ell, k} w\ell + rk \quad \text{s.t. } x = f(\ell, k) \tag{13.11}$$

其中潜在的假定是资本与劳动都可以调整。如我们在第 12 章（以及图 13-2 中的直观说明）中所看到的，这些导致了条件要素需求 $\ell(x, w, r)$，$k(x, w, r)$ 与长期成本函数 $C(x, w, r) = w\ell(x, w, r) + rk(x, w, r)$。当要素价格为 (w^A, r^A) 时，长期成本是

$$C(x, w^A, r^A) = w^A \ell(x, w^A, r^A) + r^A k(x, w^A, r^A) \tag{13.12}$$

x^A 对于 k^A 是长期最优数量资本的产出水平等价于 $k^A = k(x^A, w^A, r^A)$。如果企业在短期中开始有 k^A 并决定生产 x^A，那么它可以把劳动（短期是可变的）设定到它的（长期）成本最小化水平，使得 $\ell_{k^A}(x^A) = \ell(x^A, w^A, r^A)$，这意味着企业的短期支出等于它的长期成本，即 $E_{k^A}(x^A, w^A, r^A) = C(x^A, w^A, r^A)$。然而，对任意其他产出水平，$k^A$ 通常不是长期最优水平，这意味着

$$E_{k^A}(x, w^A, r^A) \geq C(x, w^A, r^A) \tag{13.13}$$

只有当 $x = x^A$ 时，该表达式中的等号才成立，而这恰好是我们在图 13-2 中所证明的。

练习 13B.3 从这一点你能否推导出图 13-2 中说明的长期平均成本与短期平均支出的关系？ ■

通过设定价格等于从 $C_{k^A}(x, w^A)$ 推导出来的短期边际成本，可以计算得到短期供给曲线；而通过设定价格等于从 $C(x, w^A, r^A)$ 推导出来的长期边际成本，可以计算得到长期供给曲线。

练习 13B.4 在 U 形平均成本曲线的情形中，你怎么借助前面的数学表达式去证明短期的"关闭"价格比长期的"退出"价格要低？ ■

13B.1.2 一个例子 例如，考虑我们由生产函数 $f(\ell, k) = 20\ell^{2/5}k^{2/5}$ 模拟的规模报酬递减的生产过程的例子。在第 12 章中〔式（12.44）与式（12.45）〕，我们推导了该生产函数的条件要素需求为

$$\ell(w, r, x) = \left(\frac{r}{w}\right)^{1/2}\left(\frac{x}{20}\right)^{5/4} \quad 和 \quad k(w, r, x) = \left(\frac{w}{r}\right)^{1/2}\left(\frac{x}{20}\right)^{5/4} \tag{13.14}$$

以及（长期）成本函数（在方程（12.46）中）为

$$c(w, r, x) = w\ell(w, r, x) + rk(w, r, x) = 2(wr)^{1/2}\left(\frac{x}{20}\right)^{5/4} \tag{13.15}$$

例如，如果我们在要素价格为 $(w, r) = (20, 10)$ 时生产 1 280 单位产出，那么这些函数意味着我们将选择成本最小化的要素束 $(\ell, k) = (128, 256)$，并花费了 5 120 美元的（长期）成本。

练习 13B.5 验证这些数字是正确的。 ■

假定这是一个面对要素价格 $(w, r) = (20, 10)$ 的生产者目前所使用的要素束，并且生产者现在考虑生产一个不同水平的产出。在长期，通过把 $w = 20$ 与 $r = 10$ 代入方程（13.15）中的成本函数，即

$$C(x, 20, 10) = 0.668\,74x^{5/4} \tag{13.16}$$

可得出在这些价格下生产其他水平产出的成本。

然而，在短期，劳动的需求由短期生产函数 $f_{k^A=256} = (20 \times 256^{2/5})\ell^{2/5}$ 的反函数给出，也就是

$$\ell_{k^A=256}(x) = \left(\frac{x}{20 \times 256^{2/5}}\right)^{5/2} = \frac{x^{5/2}}{20^{5/2} \times 256} \tag{13.17}$$

这给出了短期支出函数

$$E_{k^A=256}(x, 20, 10) = 20\ell_{k^A=256}(x) + 10 \times 256 = \frac{x^{5/2}}{20^{3/2} \times 256} + 2\,560 \tag{13.18}$$

练习 13B. 6 短期成本（与支出相对）函数是什么？■

图 13 - 14 （a）中图示了方程（13.16）中的成本函数与方程（13.18）中的短期支出函数，而图 13 - 14 （b）则图示了对应的平均成本与支出函数。与我们直观得出的结论一样，这些函数之间的关系是平均短期支出永远不会比平均长期成本低。

练习 13B. 7 验证当 $x=1\,280$ 时，短期支出等于长期成本。■

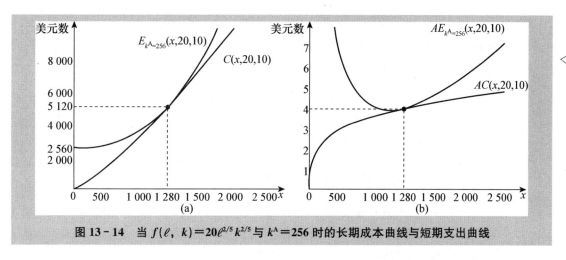

图 13 - 14 当 $f(\ell,\ k)=20\ell^{2/5}k^{2/5}$ 与 $k^A=256$ 时的长期成本曲线与短期支出曲线

13B. 1. 3 增加（长期）固定成本 到目前为止，在分析中我们包括了与要素相关的支出与成本，固定要素上的支出在短期中没有作为经济成本出现，但在长期中作为可变成本出现。在本章 A 部分，我们也介绍了一种称为"只有通过退出才可避免的固定成本"或"长期固定成本"类型的成本。对这样一种成本我们给出了两个例子：与重复的许可证费相关但是并不随产出水平的变化而变化的成本，以及与一种即使在长期也保持固定的要素（比如企业 CEO 的管理技能）相关的成本。这些是短期的固定支出，因此不影响短期成本（从而不影响短期生产决策），但在长期中它们是真正的经济成本。我们可以通过简单地把它们作为一个固定成本 FC 项包括在通常的成本函数 $C(x,w,r)$ 中。于是，新的成本函数变成

$$\bar{C}(x,w,r)=C(x,w,r)+FC=w\ell(x,w,r)+rk(x,w,r)+FC \qquad (13.19)$$

你很快可以看到，增加这样一个固定成本对边际成本函数没有影响，因为当我们对 $\bar{C}(x,w,r)$ 求关于 x 的导数时，FC 项被去掉了。然而，平均成本函数变成

$$AC(x,w,r)=\frac{C(x,w,r)}{x}+\frac{FC}{x}=AVC(x,w,r)+\frac{FC}{x} \qquad (13.20)$$

其中 AVC 表示与可变的资本和劳动要素相关的平均可变成本。由于 FC/x 随着 x 的增加而下降，所以新的平均成本曲线收敛到平均可变成本（如图 13 - 5 所示）。

这意味着长期供给曲线没有因为这样一个固定成本的增加而移动，而仅仅由于其起点（在 AC 的最低点处）随着 AC 曲线的向上移动而向上移动，因而变得"短些"。

练习 13B. 8 固定成本的引入是否会引起条件要素需求的任何变化？非条件要素需求呢？

练习 13B. 9 固定成本的引入是否会改变（短期的）"关闭"价格或（长期的）"退出"价格？ ■

13B. 2 产出供给与经济环境的变化

现在我们更加直接地转向产出供给函数 $x(p, w, r)$，分析为什么它是向上倾斜的，以及短期与长期供给曲线如何互相关联（如图 13 - 7 中所示的那样）。我们接着继续研究供给曲线如何随要素价格的变化而移动。注意，"供给曲线"可以简单地看作供给函数 $x(p, w, r)$ 在保持要素价格 (w, r) 固定时的一个"切片"，它说明了产出供给如何随产出价格 p 的变化而变化。更精确地说就是，我们在 A 部分所图示的产出供给曲线是供给函数的"反切片"（就像消费者需求曲线是需求函数的"反切片"一样），因为产出是价格的函数，所以它会出现在纵坐标轴而不是横坐标轴上，除非我们求反函数。

13B. 2. 1 供给曲线总是向上倾斜 在第 12 章的附录里，我们研究了两个与产出供给相关的概念，在本章中我们简单地把它们当成既定的。首先，方程（12.52）中的霍特林引理部分表明

$$\frac{\partial \pi(p,w,r)}{\partial p} = x(p,w,r) \tag{13.21}$$

我们从图 12 - 14 中得出的结论之一是：我们对偶图中的利润函数 $\pi(p, w, r)$ 关于 p 是凸的，即

$$\frac{\partial^2 \pi(p,w,r)}{\partial p^2} \geqslant 0 \tag{13.22}$$

结合这两个方程，我们得到

$$\frac{\partial x(p,w,r)}{\partial p} = \frac{\partial^2 \pi(p,w,r)}{\partial p^2} \geqslant 0 \tag{13.23}$$

即，产出供给函数在价格上是向上倾斜的。由于霍特林引理对一个有任意数量要素的生产函数都成立，所以它对短期生产函数（其中一些要素是固定的）也成立，从而所有的产出供给函数在短期与长期都向上倾斜。进一步注意到这些都不需要位似性的假设，我们在本章 A 部分使用这个假设仅仅是为了方便。

13B. 2. 2 短期供给曲线比长期供给曲线要陡峭 下面，假定资本在短期中被固定在数量 k^A 处（与图 13 - 7 中一样）。接着，尽管我们的长期供给函数是 $x(p, w, r)$，我们的短期供给函数 $x_{k^A}(p, w)$ 是由两要素生产函数当资本固定在 k^A 时

的"切片"所给定的单一要素生产函数推导出来的。例如，如同 13B.1.2 节中的例子所讨论的，如果长期生产函数是 $f(\ell, k) = 20\ell^{1/5}k^{2/5}$，资本固定在 k^A 的短期生产函数是 $f_{k^A}(\ell) = \left[20(k^A)^{2/5}\right]\ell^{1/5}$，其中括号中的项仅为一个常数参数。尽管 $x(p, w, r)$ 是通过使用函数 $f(\ell, k)$ 求解利润最大化问题推导出来的，$x_{k^A}(p, w)$ 是通过使用函数 $f_{k^A}(\ell)$ 求解利润最大化问题推导出来的，但我们很快将会看到，短期供给函数将不是 r 的函数，因为在固定数量的资本 k^A 上的支出在短期并不是经济成本。

更精确地，短期利润最大化的问题是

$$\max_{x, \ell} px - w\ell \ \text{使得} \ x = f_{k^A}(\ell) \tag{13.24}$$

这可以写成一个不受约束的最优化问题

$$\max_{\ell} pf_{k^A}(\ell) - w\ell \tag{13.25}$$

练习 13B.10 把固定支出 rk^A 引入短期利润最大化问题中（使得目标函数变成 $px - w\ell - rk^A$）是否会导致问题的解有差别？∎

采用与第 11 章中解单一要素利润最大化问题一样的方法，我们得到短期劳动需求函数 $\ell_{k^A}(p, w)$，并将其代回短期生产函数，然后得到短期产出供给函数 $x_{k^A}(p, w)$。在这个短期最优处，劳动的边际收益产出等于工资率，但是资本的边际收益产出一般不等于租金率，在短期中我们不能调整资本使其偏离固定数量 k^A。短期利润函数 $\pi_{k^A}(p, w) = px_{k^A}(p, w) - w\ell_{k^A}(p, w)$，没有包括资本上的支出项 rk^A，因为这在短期中是一个沉没"成本"。

现在假定要素和产出价格恰好使得 k^A 等于长期最优资本数量，即假定我们碰巧有合适的资本数量使得资本的边际收益产出等于其租金率。在那种情形下，短期利润减去固定资本上的支出恰好等于长期利润，即 $\pi(p, w, r) = \pi_{k^A}(p, w) - rk^A$。这一点从当资本在其长期最优处时短期总支出正好等于长期（总）成本这一结论直接得出。我们最初在图 13-2 中研究了这一结论并在 13B.1.1 节中用数学方法对它进行了分析。但是，如果 k^A 不等于资本的长期最优水平，那么短期利润减去 rk^A 一定小于长期利润，因为在长期中我们可以将资本调整到最优数量。这一点可以从图 13-2 以及方程（13.13）直接得到。我们证明了：只要资本不在其长期最优水平，短期总支出就超过长期（总）成本。因此我们的结论为

$$\pi(p, w, r) \geqslant \pi_{k^A}(p, w) - rk^A \tag{13.26}$$

仅当 k^A 实际上在其长期最优水平处时，该式的等号成立。

下面假定要素价格目前被固定在 (w^A, r^A)。我们可以设定 $g(p)$ 为长期利润与调整资本支出的短期利润的差，即

$$g(p) = \pi(p, w^A, r^A) - \pi_{k^A}(p, w^A) + r^A k^A \tag{13.27}$$

从目前所得到的结论我们知道，当 k^A 是产出价格 p 下的长期最优水平的资本时，$g(p)$ 等于零，但当不是这样时 $g(p)$ 大于零。该函数如图 13–15 所示，其中 p^A 是使得 k^A 为长期最优资本数量的价格（当要素价格被固定在 (w^A, r^A) 时）。

很明显，从该图可知，$g(p)$ 在 p^A 处达到最小值，这意味着 g 的二阶条件在 p^A 处是正的，即

$$\frac{\partial^2 g(p^A)}{\partial p^2} = \frac{\partial^2 \pi(p^A, w^A, r^A)}{\partial p^2} - \frac{\partial^2 \pi_{k^A}(p^A, w^A)}{\partial p^2} \geqslant 0 \tag{13.28}$$

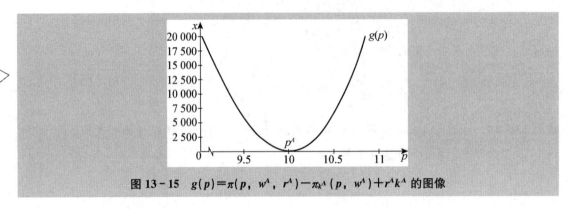

图 13–15　$g(p) = \pi(p, w^A, r^A) - \pi_{k^A}(p, w^A) + r^A k^A$ 的图像

霍特林引理对短期与长期利润函数都有效，从而，当我们对方程（13.28）中的利润函数应用霍特林引理时，可以把式子写成

$$\frac{\partial x(p^A, w^A, r^A)}{\partial p} - \frac{\partial x_{k^A}(p^A, w^A)}{\partial p} \geqslant 0 \tag{13.29}$$

或者简单地写为

$$\frac{\partial x(p^A, w^A, r^A)}{\partial p} \geqslant \frac{\partial x_{k^A}(p^A, w^A)}{\partial p} \tag{13.30}$$

这简单地陈述了我们在图 13–7 中所证明的：长期供给对产出价格的变化的反应要大于短期供给。注意，尽管我们使用了位似生产过程来证明这一点，但数学证明过程不要求这种生产上的限制。因此，该结果对所有生产过程都成立。

练习 13B.11　方程（13.30）也可以表示为"长期产出供给函数（关于价格）的斜率大于短期产出供给函数的斜率"。但是图 13–7 中的长期供给曲线与短期供给曲线相比看起来有一个较小的斜率。你如何协调数学上的结果与图中看起来的结果？■

13B.2.3　一个例子（续）　例如，在长期生产函数 $f(\ell, k) = 20\ell^{2/5} k^{2/5}$ 的例子中，我们已经在第 12 章中推导了长期产出供给函数与要素需求函数分别为

$$x(p, w, r) = 81920 \frac{p^4}{(wr)^2}$$

$$\ell(p,w,r)=32\,768\,\frac{p^5}{r^2 w^3}$$

$$k(p,w,r)=32\,768\,\frac{p^5}{w^2 r^3} \tag{13.31}$$

假定经济环境由 $(p,\,w,\,r)=(5,\,20,\,10)$ 表示，我们在第 12 章中给出了在该经济环境下的长期最优生产计划 $(x,\,\ell,\,k)=(1\,280,\,128,\,256)$。现在假定资本短期被固定在 256 处。那么短期生产函数由 $f_{k=256}(\ell)=20\times(256^{2/5})\ell^{2/5}=183.79\ell^{2/5}$ 给出。当我们运用该函数来确定短期利润最大化问题

$$\max_{\ell}\, p\,(183.79\ell^{2/5})-w\ell \tag{13.32}$$

时，所得出的短期产出供给函数与要素需求函数分别为

$$x_{k=256}(p,w)=3\,225\left(\frac{p}{w}\right)^{2/3}\quad\text{和}\quad \ell_{k=256}(p,w)=1\,290\left(\frac{p}{w}\right)^{5/3} \tag{13.33}$$

练习 13B.12　通过判断这些短期函数是否给出了与长期函数在 $(p,\,w,\,r)=(5,\,20,\,10)$ 时相同的答案来验证上面这些真实的短期产出供给函数与要素需求函数。■

求长期与短期产出供给函数关于 p 的导数，我们得到

$$\frac{\partial x(p,w,r)}{\partial p}=327\,680\,\frac{p^3}{(wr)^2},\quad \frac{\partial x_{k=256}(p,w)}{\partial p}=\frac{2\,150}{p^{1/3}w^{2/3}} \tag{13.34}$$

在 $(p,\,w,\,r)=(5,\,20,\,10)$ 处估值，得出长期供给函数的偏导数 1 024 以及短期供给函数的偏导数 170.67，这表明当我们从长期利润最大化的生产计划开始时，随着产出价格的变化，预测的长期产量变化比短期产量更大。例如，如果 p 从 5.00 美元上升到 7.50 美元，那么由方程（13.31）所给出的长期利润最大化的生产计划将从 $(x,\,\ell,\,k)=(1\,280,\,128,\,256)$ 变为 $(x,\,\ell,\,k)=(6\,480,\,972,\,1\,944)$，而新的短期生产计划（$k$ 固定在 256）将由方程（13.33）给出，为 $(x,\,\ell,\,k)=(1\,667,\,252,\,256)$，这意味着生产计划在短期中将由 1 280 单位上升到 1 667 单位，而在长期中当资本可以调整时上升到 6 480 单位。

13B.2.4　生产中的替代效应　在图 13-8 中，我们说明了当要素价格下降时，生产成本也下降，这既是因为导致目前成本最小化的要素束变得更便宜的直接效应（direct effect），也是因为较少密集使用相对较贵的要素的替代效应（substitution effect）。在前面的生产者对偶图中，我们已经计算了各种形式的生产函数，这里我们使用生产函数 $f(\ell,\,k)=20\ell^{2/5}k^{2/5}$ 来说明这一点。特别地，我们再一次回忆条件要素需求（从方程（13.14））

$$\ell(w,r,x)=\left(\frac{r}{w}\right)^{1/2}\left(\frac{x}{20}\right)^{5/4}\quad\text{和}\quad k(w,r,x)=\left(\frac{w}{r}\right)^{1/2}\left(\frac{x}{20}\right)^{5/4} \tag{13.35}$$

这些显然包括了替代效应和从图 13-8（d）中的单一等产量线推导出来的条件劳动需求曲线。前面由方程（13.15）给出的对应的成本函数包括了由于要素价格变化而产生的直接效应和替代效应，并由下式给出

$$C(w, r, x) = 2(wr)^{1/2} \left(\frac{x}{20} \right)^{5/4} \tag{13.36}$$

假定我们从要素价格 $(w, r) = (20, 10)$ 开始，并且 w 下降到 10 美元。成本函数在初始价格下的"切片"为 $C(w, 20, 10) = 0.668\,74x^{5/4}$，而在新要素价格下的"切片"变成 $C(x, 10, 10) = 0.472\,87x^{5/4}$。于是，（总）长期成本曲线下降了 $0.195\,87x^{5/4}$。通过求这些函数关于 x 的导数，我们也可以计算相应的边际成本曲线 $MC(x, 20, 10) = 0.835\,93x^{1/4}$ 与 $MC(x, 10, 10) = 0.591\,09x^{1/4}$；通过将总成本曲线除以 x，我们可以计算平均成本曲线 $AC(x, 20, 10) = 0.668\,74x^{1/4}$ 与 $AC(x, 10, 10) = 0.472\,87x^{1/4}$。总成本曲线与边际成本曲线的移动如图 13-16 所示，都是从最上面的一条移到最下面的一条。

现在假设当 w 从 20 美元下降到 10 美元时，生产者不会使用劳动来替代资本，我们据此来分离要素价格变化产生的直接效应。当要素价格是 $(20, 10)$ 时，对不同产出水平 x 的条件要素需求由 $\ell(20, 10, x) = 0.016\,72x^{5/4}$ 与 $k(20, 10, x) = 0.033\,44x^{5/4}$ 给出。如果生产者在工资下降到 10 美元时不改变他（她）的行为，那么这意味着他（她）的（总）成本由 $10\ell(20, 10, x) + 10k(20, 10, x) = 0.501\,6x^{5/4}$ 给出，比我们计算出来的包括替代效应的总成本（$C(x, 10, 10) = 0.472\,87x^{5/4}$）要高些。图 13-16 中中间的一条线表示由直接效应引起的成本曲线的变化，剩下的线则是由替代效应引起的成本曲线的变化。

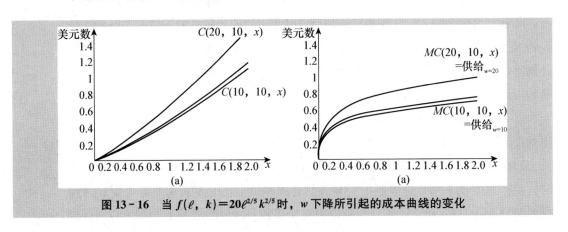

图 13-16 当 $f(\ell, k) = 20\ell^{2/5}k^{2/5}$ 时，w 下降所引起的成本曲线的变化

练习 13B.13 图 13-16（a）和图 13-16（b）与图 13-8（b）和图 13-8（e）类似。现在不再是工资从 20 美元下降到 10 美元，而是租金率从 10 美元上升到 20 美元，计算与图 13-8（c）和图 13-8（f）类似的相关曲线并对它们进行图示。∎

　　到此为止，清楚的一点是：替代效应的大小被体现在条件要素需求向下的斜率里。[①] 从而，当生产中的替代弹性增加时，要素需求曲线变得更平坦，使从而替代效应变得相对更加重要。表 13-2 用一个例子说明了这一点，例子中的生产函数是一个有着递减的规模报酬的广义 CES 生产函数。该函数的一般形式为

$$f(\ell,k) = A(\alpha \ell^{-\rho} + (1-\alpha)k^{-\rho})^{-\beta/\rho} \tag{13.37}$$

其中，与 CES 效用函数的情形一样，ρ 可以取 -1 到 ∞ 之间的值，替代弹性由 $1/(1+\rho)$ 给出。从而，当 $\rho=-1$ 时，等产量线是劳动与资本完全替代的直线，而当 $\rho=\infty$ 时，劳动与资本在生产中完全互补。这一系列 CES 生产函数与第 5 章中定义的 CES 效用函数的唯一区别是我们在生产中包括了额外的 β 与 A 项，这些项将在本章的后面使用。现在我们仅注意，β 表明函数的规模报酬（$\beta<1$ 表示递减的规模报酬而 $\beta>1$ 表示递增的规模报酬），A 把函数扩大或者缩小。我们将在章末习题中更具体地研究这一性质。[②]

表 13-2　替代性递减的情况下递减的替代效应（当 w 从 10 下降到 5 时）

当 w 下降且 $f(\ell, k)=100(0.5\ell^{-\rho}+0.5k^{-\rho})^{-0.5/\rho}$ 时生产 5 000 单位产出					
ρ	$\ell(5,10,5000)$	$k(5,10,5000)$	成本的变化（美元）	直接效应（美元）	替代效应（美元）
-1.00	5 000	0	$-25\,000$	$-12\,500$	$-12\,500$
-0.90	5 388	5	$-23\,004$	$-12\,500$	$-10\,504$
-0.75	5 384	336	$-19\,715$	$-12\,500$	$-7\,215$
-0.50	4 444	1 111	$-16\,667$	$-12\,500$	$-4\,167$
0.00	3 536	1 768	$-14\,645$	$-12\,500$	$-2\,145$
1.00	3 018	2 134	$-13\,572$	$-12\,500$	$-1\,072$
5.00	2 617	2 379	$-12\,855$	$-12\,500$	-365
25.00	2 538	2 472	$-12\,582$	$-12\,500$	-82
∞	2 500	2 500	$-12\,500$	$-12\,500$	0

　　[①]　在第 10 章的附录中，我们正式地证明了消费者理论中的补偿需求曲线总是向下倾斜的，并且，由于我们已经看到了补偿需求曲线与生产理论中的条件要素需求曲线完全类似，所以可以用相同的分析来正式证明条件要素需求曲线是向下倾斜的，即替代效应总是指向相同的方向。

　　[②]　尽管代数很烦琐，但你可以计算产生于广义 CES 函数的对偶图中的不同函数。例如，要素需求函数与产出供给函数分别是

$$\ell(p,w,r) = \left(\frac{w+r\gamma}{\beta Ap(\alpha+(1-\alpha)\gamma^{-\rho})^{-(\beta/\rho)}}\right)^{1/(\beta-1)}$$

$$k(p,w,r) = \gamma\left(\frac{w+r\gamma}{\beta Ap(\alpha+(1-\alpha)\gamma^{-\rho})^{-(\beta/\rho)}}\right)^{1/(\beta-1)}$$

$$x(p,w,r) = (Ap)^{-1/(\beta-1)}\left(\frac{w+r\gamma}{\beta(\alpha+(1-\alpha)\gamma^{-\rho})^{-(\beta/\rho)}}\right)^{\beta/(\beta-1)}(\alpha+(1-\alpha)\gamma^{-\rho})^{-\beta/\rho} \tag{13.38}$$

其中，

$$\gamma = \left(\frac{(1-\alpha)w}{\alpha r}\right)^{1/(\rho+1)} \tag{13.39}$$

练习 13B. 14 如果广义 CES 函数被作为效用函数而不是 A 与 β 设定为 1 的版本，由该函数所表示的潜在偏好是否会改变？■

为了推导表 13-2 中的结果而选择的特定形式的生产函数有如下性质：当 w 与 r 设定为 10 美元而 p 设定为 20 美元时，不管 ρ 取何值，利润最大化的生产计划都是 $(x, \ell, k) = (5\,000, 2\,500, 2\,500)$。表 13-2 展示了当工资下降到 5 美元并且生产保持在 500 单位产出时劳动与资本的条件要素需求，它表示了生产 5 000 单位产出时成本的总体变化，以及成本总体下降所导致的直接效应部分和替代效应部分。注意，当生产过程变为资本与劳动的替代性递减（沿着表格向下）时，w 在成本下降方面引起的直接效应（等价于图中从最上面的那条线移到中间的那条线）保持不变，而替代效应（等价于图中从中间的那条线移到最下面的那条线）显著下降。

练习 13B. 15 解释为什么表中的直接效应不取决于在生产中资本与劳动的替代程度。■

13B. 3 要素需求与经济环境的变化

在 A 部分中，我们说明了要素需求曲线向下倾斜以及短期要素需求曲线比长期要素需求曲线更陡。我们也证明了一种要素的需求与另一种要素的价格的"交叉价格"关系是不明确的，并取决于在生产中要素的相对替代性。类似地，我们证明了短期与长期劳动对产出价格变化的反应因要素的相对替代性而有区别。在这一节，我们将用数学方法来说明这些结果中的一部分并用一些特定的生产函数来说明另外一部分。

13B. 3. 1 要素需求曲线向下倾斜 在图 13-10（以及隐性地在图 13-9 与图 13-11）中，我们说明了要素价格变化对要素需求的影响。对于劳动与资本，我们发现自身价格要素需求曲线向下倾斜，也就是劳动的需求数量随着 w 的上升而下降，资本的需求数量随着 r 的上升而减少。尽管我们的图示说明是针对位似生产过程给出的，但结果表明它在更一般的意义上也成立，不可能存在向上倾斜的要素需求曲线（不像消费者理论中充分大的收入效应——生产者理论中没有——可能导致向上倾斜的消费者需求曲线）。像产出供给曲线向上倾斜的证明一样（在 13B. 2. 1 节中），这一点可以根据霍特林引理以及利润函数是凸函数的事实（第 12 章附录中分析出来的）很快加以说明。首先，霍特林引理表明：

$$\frac{\partial \pi(p, w, r)}{\partial w} = -\ell(p, w, r), \quad \frac{\partial \pi(p, w, r)}{\partial r} = -k(p, w, r) \tag{13.40}$$

利润函数的凸性意味着

$$\frac{\partial^2 \pi(p, w, r)}{\partial w^2} \geqslant 0, \quad \frac{\partial^2 \pi(p, w, r)}{\partial r^2} \geqslant 0 \tag{13.41}$$

把这些结合在一起我们得到

$$\frac{\partial \ell(p,w,r)}{\partial w} = -\frac{\partial^2 \pi(p,w,r)}{\partial w^2} \leqslant 0, \quad \frac{\partial k(p,w,r)}{\partial r} = -\frac{\partial^2 \pi(p,w,r)}{\partial r^2} \leqslant 0$$

$$(13.42)$$

即劳动与资本需求曲线关于它们自身价格向下倾斜。当求解最优化问题时，不管生产函数中有多少种要素，都可以应用利润函数的形状与霍特林引理，这意味着该结果对短期与长期要素需求曲线都成立（由于短期供给曲线是由更大维度生产边界的较小维度的"切片"推导出来的）。

练习 13B.16　证明在方程（13.33）和方程（13.31）中对生产函数 $f(\ell,k)=20\ell^{2/5}k^{2/5}$ 所计算出的短期与长期要素需求曲线是向下倾斜的。∎

13B.3.2　劳动需求曲线在长期比在短期更陡　接着，我们在图 13-10 中说明了短期劳动需求曲线比长期劳动需求曲线要陡一些；或者，换句话说，当工资变化时，劳动在长期中的调整幅度比在短期更大。该结果与 13B.2.2 节中产出供给在长期比在短期做出的反应更大的结果相似。事实上，步骤基本上与式（13.26）～式（13.30）的步骤相同，除了导数是关于 w 而不是关于 p 之外。因此，我将把它留作一道章末习题，要求你证明劳动需求对工资的反应在长期比在短期更大。

13B.3.3　ℓ 与 k 的替代程度和交叉价格要素需求曲线的斜率　在一些相同的图中（特别是图 13-10 和图 13-11），我们也说明了交叉价格需求关系可能是向上或向下倾斜的，这取决于生产中资本与劳动的替代程度。更具体地，我们证明了资本需求可能随着工资率的变化增加或减少，劳动需求可能随着资本租金率的变化增加或减少。并且我们说明了正的交叉价格要素需求关系产生于当要素是相对可替代的时，而负的交叉价格要素需求关系产生于当它们是相对互补的时。

我们将放弃正式地说明这一点并回到广义的 CES 生产函数 $f(\ell,k)=A(\alpha\ell^{-\rho}+(1-\alpha)k^{-\rho})^{-\beta/\rho}$ 加以说明。具体地，我们再次令 $A=100$，$\alpha=0.5$，$\beta=0.5$，并在表 13-3 中展示要素需求是如何随着要素替代弹性（由参数 ρ 刻画）的变化而变化的。与前一个表格一样，我们以经济环境 $(p,w,r)=(20,10,10)$ 开始。构造这个特别的经济与技术参数时，利润最大化生产计划不随着 ρ 的变化而变化。$(x,\ell,r)=(5\,000,2\,500,2\,500)$ 对所有要素替代程度都是最优的。①

---

① 这是一种非常特殊的情形，在这种情形下，最优生产计划通常在很大程度上随着要素的替代程度的不同而改变。这种特殊情形源于我们已经把 α 设定为 0.5 以及我们把最初的工资率与租金率设定为彼此相等的事实。你应该可以说服自己 $\alpha=0.5$ 意味着所有的等产量线均沿着 45 度线，斜率为-1。同样，当工资率与租金率彼此相等时，等成本线的斜率也为-1。从而，所有成本最小化的束位于 45 度线上，改变 ρ 只是简单地改变了等产量线的曲度而没有改变沿着 45 度线的斜率。进一步地，改变 ρ 不会改变生产选择集沿着 45 度线的垂直"切片"，这意味着成本最小化同时也是利润最大化的束将会在 ρ 改变时保持不变。我们将在一道章末习题中使用计算机模拟对此进行更加详细的研究。

表 13 - 3 　　　　当 w 增加（从 10 到 11）且 $\bar{k}=2\,500$ 时的交叉价格要素需求

当 w 增加且 $f(\ell, k)=100(0.5\ell^{-\rho}+0.5k^{-\rho})^{-0.5/\rho}$ 时的短期与长期生产计划						
ρ	$\ell(20,$ $10, 10)$	$\ell_k(20,$ $11, 10)$	$\ell(20,$ $11, 10)$	$k(20,$ $11, 10)$	$x_k(20,$ $11, 10)$	$x(20,$ $11, 10)$
−0.99	2 500	1 652	0. 36	4 965	4 556	4 965
−0.80	2 500	1 891	1 767	2 845	4 681	4 789
−0.60	2 500	2 021	2 016	2 558	4 749	4 775
−0.50	2 500	2 066	2 066	2 500	4 773	4 773
−0.25	2 500	2 147	2 133	2 422	4 815	4 769
0.00	2 500	2 201	2 167	2 384	4 843	4 767
0.50	2 500	2 271	2 200	2 345	4 880	4 766
1.00	2 500	2 314	2 217	2 326	4 902	4 765
5.00	2 500	2 425	2 250	2 287	4 961	4 763
50.00	2 500	2 490	2 266	2 270	4 995	4 762

我们以经济环境 $(p, w, r)=(20, 10, 10)$ 开始，然后思考当 w 从 10 上升到 11 时生产者的行为在短期和长期会怎么变化。特别地，当我们改变要素的替代弹性（由 ρ 刻画）时，对于从第一行中几乎完全替代的情形到最后一行中几乎完全互补的情形，表 13 - 3 展示了工资率变化后新的短期与长期劳动需求、新的长期资本需求以及新的短期和长期产出供给。首先，注意到劳动需求在短期和长期都（从最开始的 2 500）下降，并且在长期比在短期下降得更多。这与我们到目前为止关于劳动需求的结论是一致的。

练习 13B. 17 在生产中劳动与资本越互补，劳动的需求下降得越少（短期和长期均如此），你能否让这个事实变得合理？ ■

其次，考虑表示在较高工资率下的资本需求的那一列（$k(20, 11, 10)$），并回忆在 w 上升前包含 2 500 单位资本的最优生产计划。当 ρ 位于 −1 与 −0.5 之间并且要素之间因此相对互补时，资本需求随着工资率的上升而增加；而当 ρ 上升到高于 −0.5 的水平时，要素之间的替代弹性变得相对小一些，资本需求随着工资率的上升而下降。这正是我们在图 13.10 中直观推导出来的结果：当资本与工资的关系是从图（a）中相对平坦的等产量线推导出来时，它在图（g）中是向上倾斜的；而当其是从图（c）中替代弹性相对小的等产量线推导出来时，它在图（i）中是向下倾斜的。图 13 - 10（h）给出了"中间的情形"，其中随着工资率变化后的资本数量与最初工资率下资本的初始数量一样。在这种特殊情形中，生产者能够马上进入长期利润最大化的生产计划，因为没有必要改变多少资本使用量。

练习 13B. 18 在"中间情形"下，ρ 的值以及所隐含的资本与劳动的替代弹性是多少？ ■

最后，注意表 13 - 3 的另外一个特征：尽管产出在短期与长期中总是从工资率上升前的 5 000 单位开始下降，但当劳动与资本相对可替代时它从短期到长期增加，而当劳动与资本相对可互补时它从短期到长期减少。这也与图 13 - 10 一致，其中长期产出 x^C 与图 13 - 10（a）而不是图 13 - 10（c）中的短期产出 x^B 相比落在一条较高的等产量线上。这两种情形的分界线再次是资本要素随着 w 的上升而保持不变的情形，短期和长期的生产计划在图 13 - 10（b）中重合。

13B. 3. 4 p 变化时的劳动需求 最后，我们使用图 13 - 12 中的两套极端等产量集来分析，短期和长期劳动需求对产出价格变化的反应也取决于劳动与资本的相对替代性。这个结果后面的直观认识是比较直接的。当产出价格上涨时，从产出供给曲线的结果我们知道：生产者希望在短期多生产一些并在长期生产更多。假定劳动和资本是相对可替代的，并且资本与劳动相比相对便宜，那么生产者在生产过程中将主要依赖资本。但是，如果资本在短期固定，那么他们可以通过最初雇用更多的劳动来增加产出；以对产出价格上升做出反应。然而，在长期中，他们将用资本替代这些额外的劳动。从而，劳动需求在短期内随着产出价格的上升而增加，但是随着生产者进入长期，那些增加的劳动中有一部分会被解雇。同时，如果劳动和资本是相对更加互补的，那么短期的劳动增加可能还会得到补充（来源于随着资本在长期中被调整而额外增加的劳动）。

我们再一次用前面表 13 - 3 中使用的 CES 生产函数以及初始经济环境 $(p, w, r)=(20, 10, 10)$ 来说明这一点。表 13 - 4 再一次在第一列中变换 ρ：从第一行的几乎完全替代到最后一行的几乎完全互补。该表与表 13 - 3 的区别在于：把产出价格从 20 变为 25，而不是改变工资率。注意，在这个表中工资率与租金率的比率不变，在任意产出价格处长期利润最大化要素束将有着相同的劳动与资本比率，但是由于我们保持资本不变，所以在短期这个比率会发生变化。

表 13 - 4 可替代性与当 $\bar{k}=2\,500$ 时对 ρ 的变化（从 20 到 25）的反应

当 ρ 增加且 $f(\ell, k)=100(0.5\ell^{-\rho}+0.5k^{-\rho})^{-0.5/\rho}$ 时的短期与长期生产计划						
ρ	$\ell(20,$ $10, 10)$	$\ell_{\bar{k}}(25,$ $10, 10)$	$\ell(25,$ $10, 10)$	$k(25,$ $10, 10)$	$x_{\bar{k}}(25,$ $10, 10)$	$x(25,$ $10, 10)$
−0.99	2 500	5 270	3 906	3 906	6 230	6 250
−0.80	2 500	4 584	3 906	3 906	5 925	6 250
−0.60	2 500	4 088	3 906	3 906	5 707	6 250
−0.50	2 500	3 906	3 906	3 906	5 625	6 250
−0.25	2 500	3 579	3 906	3 906	5 480	6 250
0.00	2 500	3 366	3 906	3 906	5 386	6 250
0.50	2 500	3 116	3 906	3 906	5 275	6 250
1.00	2 500	2 975	3 906	3 906	5 212	6 250
5.00	2 500	2 666	3 906	3 906	5 074	6 250
50.00	2 500	2 520	3 906	3 906	5 009	6 250

练习 13B. 19 你能否识别表 13-4 中资本与劳动的替代性以及短期与长期劳动需求对产出价格上升的反应程度的关系? 这是否与图 13-12 中所得出的一致? ■

13B. 4 技术变化:β 与 A 在广义 CES 生产函数中的作用

在 A 部分中,我们描述了一种特定类型的技术变化的影响,这种变化保持等产量线不变,只是重新进行标注。使用广义 CES 生产函数时,我们在原则上可以允许技术以多种其他方式变化,但是我们这里仅研究当技术采取 A 部分中的方式变化时生产者选择的变化,这一点发生在当函数 $f(\ell, k) = A(\alpha \ell^{-\rho} + (1-\alpha)k^{-\rho})^{-\beta/\rho}$ 中的 β 和 A 发生变化而不是 ρ 和 α 发生变化时。

为了明白这一点,相对而言比较直接的做法是首先推导广义 CES 函数的 TRS

$$TRS = -\frac{\alpha k^{(\rho+1)}}{(1-\alpha)\ell^{(\rho+1)}} \tag{13.43}$$

练习 13B. 20 你能否使用式 (13.43) 来说明当 $\rho=0$ 时广义 CES 生产函数采取柯布-道格拉斯的形式? ■

由于参数 A 与 β 没有出现在 TRS 的表达式中,所以我们可以马上断定这些参数不影响等产量线的形状,而只是影响它们的标注。另外,参数 α 和 ρ 改变等产量线的形状,其中 ρ 改变替代弹性而 α 改变每个要素束处等产量线的斜率。例如,第 5 章中的图 5-10 在 α 设定为 0.5 时,利用 CES 效用函数对 ρ 的不同取值画出了无差异曲线,而图 5-9 则利用不同的 α 值 (当 ρ 设定为零时) 说明了三个无差异曲线图。由于 A 和 β 不改变等产量线的形状,所以这些图对任意的 A 和 β 值看起来完全一样。

练习 13B. 21 如何用你刚才所学的来解释为什么我们在 CES 效用函数中没有 A 和 β 参数? ■

如我们以前所指出的,参数 β 是对规模报酬的度量。更精确地来说就是,广义 CES 生产函数是 β 阶齐次的,这意味着当 $\beta<0$ 时有递减的规模报酬,当 $\beta=0$ 时有不变的规模报酬,当 $\beta>0$ 时有递增的规模报酬。通过证明当要素增加至原来的 t 倍时产出增加至原来的 t^{β} 倍的常规办法很容易加以证明:

$$\begin{aligned}
f(t\ell, tk) &= A(\alpha(t\ell)^{-\rho} + (1-\alpha)(tk)^{-\rho})^{-\beta/\rho} \\
&= A(t^{-\rho}(\alpha \ell^{-\rho} + (1-\alpha)k^{-\rho}))^{-\beta/\rho} \\
&= t^{\beta}A(\alpha \ell^{-\rho} + (1-\alpha)k^{-\rho})^{-\beta/\rho} = t^{\beta}f(\ell, k)
\end{aligned} \tag{13.44}$$

参数 A 仅把生产函数放大或缩小而不改变规模报酬特征，这使得在任意要素束处要素的边际产出彼此按照相同比例增加（如同我们在 A 部分中讨论技术变化时所讨论的那样）。

给定 CES 生产函数是位似的，成本最小化选择沿着等产量线图中的射线发生，由于技术的变化只是改变等产量线的标注而不改变它们的形状，所以利润最大化的厂商将因此沿着相关的射线改变要素束（只要要素价格保持不变）。当 β 和 A 上升时，在最优生产计划处的要素束的比率不变，但是最优计划需要投入更多的资本与劳动，同时获得更大的产出。

表 13-5 针对不同的 A 和 β 的组合说明了产出水平的变化（保持 $\rho=1$，$\alpha=0.5$）。首先，注意产出随着参数 A 的增大而增加，只有在最后一行当 β 被设定为大于 1 时出现了例外。由于我们知道 β 是如何与规模报酬相关的，因此我们知道最后一行对一个规模报酬递增的生产过程进行了建模，这意味着随着越来越多的要素被投入到生产过程中，生产变得越来越容易。然而，如果这样的话，那么作为价格接受者的生产者将会生产无限的产出。我们在图 12-9 中简要地研究了这一情形，并得出：如果建立一个模型表示作为价格接受者的生产者有规模报酬递增的生产过程，那么这是没有意义的。

表 13-5　　　　　　　　　　　　技术变化下的（长期）生产变化

	当 $(p, w, r)=(20, 10, 10)$ 时 $f(l, k)=A(0.5\,l^{-1}+0.5\,k^{-1})^{-\beta}$ 的最优 x					
A	$\beta=0.1$	$\beta=0.25$	$\beta=0.5$	$\beta=0.75$	$\beta=0.9$	$\beta=1.1$
5	4.629	5.386	12.5	263.7	3 783 403	3.589 (10^{-8})
10	10	13.52	25	4 219	3.874 (10^{10})	3.505 (10^{-11})
25	27.68	46.05	312.5	164 794	3.695 (10^{13})	3.675 (10^{-15})
50	59.79	116.0	1 250	2 636 718	3.783 (10^{16})	3.589 (10^{-19})
100	129.2	292.4	2 500	42 187 500	3.874 (10^{19})	3.505 (10^{-21})

$\beta>1$ 的情形也是拉格朗日求解方法（建立方程（13.38））得出错误答案的一种情形，因为实际的最优是一个角点解（包含无限数量的资本与劳动来生产无限水平的产出）。我们可以把此绘在一个二维图中，因为我们（从 CES 函数的位似性）知道，对给定的一组要素价格 (w, r)，不管 β 的值为多少（因为 TRS 不受 β 的影响），对任意产出水平 x，所有成本最小化的计划总是包含 $\ell(x, w, r)$ 对 $k(x, w, r)$ 的相同比率。从而，对给定的一组要素价格 (w^A, r^A)，我们可以沿着从原点开始且斜率为 $\ell(x, w^A, r^A)/k(x, w^A, r^A)$ 的射线做出生产函数的垂直"切片"，即包含所有 $-TRS=w^A/r^A$ 的要素束。图 13-17 对当 $A=100$ 并且要素价格是 $(w, r)=(10, 10)$ 时的两个 β 值给出了图示，所有成本最小化的要素束位于我们通常的等产量线图中的 45 度线上。ℓ 和 k 画在相同的横轴上（因为它们沿着我们通常的等产量线图的 45 度线彼此相等），而产出则画在纵轴上。与生产集"切片"相

切的线将是使得 A 在图（a）中为利润最大化的生产计划的等利润平面的"切片"，其中 β 设定为 0.5，从而生产函数有递减的规模报酬。在图（b）中，β 设定为 1.1，这导致了一个有着递增的规模报酬且非凸的生产选择集。拉格朗日法求出了生产计划 B，其位于等利润曲线与生产函数的切点处，但是因为生产过程的递增的规模报酬导致了非凸的生产选择集，所以该切点并不是真正的最优，所有阴影区域的计划产生了较高的利润。实际上，生产计划 B 处的利润为负。

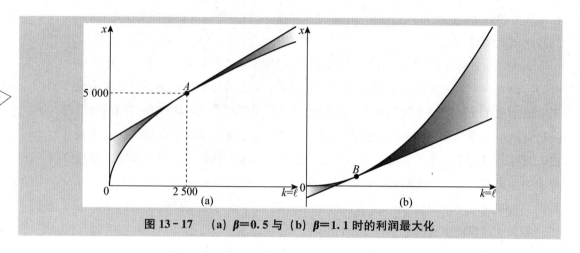

图 13 - 17　(a) $\boldsymbol{\beta}$=0.5 与 (b) $\boldsymbol{\beta}$=1.1 时的利润最大化

练习 13B. 22　你能否使用式（13.38）中最后一个方程确认，只要 $\beta<1$，产出就会随着 A 的变化而增加？（提示：尽管式子本身很凌乱，但关于 A 求导数是直接明了的。）

练习 13B. 23　如果 $\beta=1$，那么最优生产计划将会取什么值？ ■

　　通过表 13 - 5 我们也可以了解产出如何随着 β（而不是 A）的变化而变化：产出随着 β 的增加而增加（即规模报酬递增），只要 β 保持小于 1（或者只要我们记住，由于企业想生产无限产量，所以根据 $\beta=1.1$ 所推导出来的解并不是正确的）。这将会违反我们的直觉：当生产（随着 β 增加）变得越来越容易时，产出会上升。由于等产量线的形状不受 β 变化的影响，所以我们可以把生产函数的垂直"切片"像图 13 - 17 所示的那样画出来，以说明利润最大化。

结论

　　本章介绍了作为价格接受者的企业的生产。在这一章，我们首先找出了要素价格变化对成本曲线的影响，强调了这些曲线中必须包括企业真实的经济成本支出。当我们正确地做到这一点时，不管是在短期还是在长期，作为价格接受者的企业的供给曲线都等于边际成本曲线位于平均成本曲线之上的那一部分。我们发现：由于一些支出（比如那些在短期固定的要素上的支出）在短期并不是真实的经济成本，企业在短期经常会坚持营业，尽管它们已经决定了在长期退出该行业。这是因为当某些长期成本在短期并不是真正的经济成本时，即使长期利润是负的，短期利润也可以是正的，这意味着短期供给曲线延伸到长期供给曲线"之下"。我们进一步发现：长期中产出供给对价格变化的反应要大于短期中的反应，类似地，长期中劳动需求对工资率变化的反应也大于短期中的反应。

本章剩余的大部分内容将重点放在生产中的替代效应的作用上。我们发现：当一种要素价格相对于另一种要素改变时，企业会替代那些变得相对更加昂贵的要素并使用那些变得相对便宜的要素，以生产某个给定的产出数量。接着我们发现：生产过程中要素间的替代程度决定了交叉价格要素需求曲线是向上倾斜还是向下倾斜——随着资本价格的上升，长期劳动需求是增加还是减少，以及随着劳动价格的上升，长期资本需求是增加还是减少。类似地，我们得出：要素的替代程度决定了在短期当产出变化时劳动需求的变化比在长期大还是小。最后，我们简要地讨论了技术的变化如何影响企业的决策，或者如何影响成本曲线以及最优生产计划。一般地，技术变化会减少成本并增加产出。

现在我们把本章发现的一些细节留待后面介绍并继续讨论市场中需求方和供给方的交互作用。这意味着我们将把消费者理论中的发现与生产者理论中的发现结合起来，把消费者需求与产出市场的生产者供给放在一起，并把要素市场中的消费者供给和生产者需求结合起来。换句话说，我们从孤立地考虑个人选择的"最优化"的世界移步到"均衡"的世界，研究个体最优化行为的总体含义。当众多作为价格接受者的个体在一个各方面交互影响的市场中尽力做到最好时会发生什么？当潜在的条件变化时我们对该问题的答案会怎么变化？

章末习题[①]

13.1　下面的问题研究当资本在短期被固定时，短期利润和长期利润最大化的关系。

A. 假定你有一种位似的生产技术，并且面对产出价格 p 和要素价格 (w, r)。

a. 在一个劳动 ℓ 位于横坐标轴、资本 k 位于纵坐标轴的图上，画一条等产量线并把等产量线上的一点标记为 $(\bar{\ell}, \bar{k})$。

b. 假定你图中的一点表示一个利润最大化的生产计划，则该点必须满足什么条件？

c. 利用你的图说明企业在短期必须在其上操作的"切片"。

---

① ＊在概念方面具有挑战性的问题。
＊＊在计算方面具有挑战性的问题。
†答案见学习指南。

d. 价格生产技术始终都有递减的规模报酬。如果 p 下降，你能否利用图说明长期中新的利润最大化计划可能位于的所有的点？短期中呢？

e. 什么条件在长期中能得到满足而在短期中通常不能得到满足？

f. 如果生产过程的规模报酬先递增后递减，你需要对（d）中的答案给出怎样的附加条件？

B. 考虑柯布-道格拉斯生产函数 $x=f(\ell,k)=A\ell^{\alpha}k^{\beta}$。

**a. 对要素价格 (w,r) 与产出价格 p，假定 $0<\alpha,\beta\leqslant1$ 且 $\alpha+\beta<1$，计算长期要素需求曲线与产出供给函数。

b. 如果 $\alpha+\beta\geqslant1$，你的答案会怎么变化？

c. 假定短期资本被固定在 $\bar{k}$。计算短期要素需求函数与产出供给函数。

d. 对于这些函数，α 和 β 取什么值才是正确的？

e. 假定 $\bar{k}=k(w,r,p)$（其中 $k(w,r,p)$ 是你在（a）中计算出来的长期资本需求函数）。在那种情形下，你的最优短期劳动需求与产出供给分别是多少？

f. 你的答案与你在（a）中计算出来的长期劳动需求函数 $\ell(w,r,p)$ 和长期供给函数 $x(w,r,p)$ 相比有何区别？你能否使其在直觉上说得通？

13.2 下面研究的问题与习题 13.1 类似，但是不再直接思考利润最大化，而是思考以成本最小化的方式来实现利润最大化。

A. 假定你有一种位似的生产技术并且你面对要素价格 (w,r)。

a. 在一个劳动 ℓ 位于横坐标轴、资本 k 位于纵坐标轴的图上，说明对于给定的一组要素价格，所有成本最小化的生产计划可能位于的一条射线。你的答案是否取决于生产技术有递增还是递减的规模报酬（或者它们的一些组合）？

b. 利用你的图说明与某个产出水平 $\bar{x}$ 对应的等产量线。等产量线与射线的交点有什么性质？

c. 说明如果 w 上升到 w'，成本最小化要素束的射线会发生什么变化。然后说明你将如何对生产 $\bar{x}$ 推导条件要素需求函数。

d. 从这点开始，假定生产技术有递减的规模报酬。说明你将如何推导企业在初始价格下的长期成本曲线。

e. 当 w 增加到 w' 时，成本曲线会发生什么变化？

f. 假定你最初在初始的等产量线（与 $\bar{x}$ 对应）和初始的射线的交点处生产。如果 w 保持不变，在你的图中（短期）支出曲线与长期成本曲线将会落在哪里？

g. 把你的成本/支出曲线图转换成平均（长期）成本与平均（短期）支出曲线图。

h. 当 w 上升到 w' 时，平均（长期）成本曲线会怎么变化？如果你也画了剔除了替代效应的成本曲线，那么相对于初始的成本曲线，最后的成本曲线一般位于哪里？什么决定了它的精确位置？

i. 现在假定不是工资增加，而是资本的租金率从 r 下降到 r'。你在（c）中的条件劳动需求曲线发生了什么变化？

j. 对租金率的变化重复（h）。

B. 再一次假定（与习题 13.1 一样）生产过程由柯布-道格拉斯生产函数 $x = f(\ell, k) = A\ell^\alpha k^\beta$ 定义。

** a. 对要素价格 (w, r)，计算长期条件要素需求函数。

b. 为使这些有效，你是否需要假设 $0 < \alpha, \beta \leqslant 1$ 以及 $\alpha + \beta < 1$？

c. 推导长期总成本函数、边际成本函数和平均成本函数。

d. 假定产出价格是 p。利用你的答案来推导企业的（长期）利润最大化的产出供给函数。你是否需要做出 $0 < \alpha, \beta \leqslant 1$ 与 $\alpha + \beta < 1$ 的假设，以使其有效？（如果你已经做了习题 13.1，验证你的答案与习题 13.1B（a）中的结论是否一致。）

e. 从你的答案推导企业实现利润最大化的长期劳动需求函数与长期资本需求函数。（你可以再次检查你在习题 13.1 中直接通过利润最大化推导的答案，并进行比较。）

f. 现在假定在短期资本固定在 $\bar{k}$，推导短期劳动条件要素需求函数。

g. 推导短期（总）成本函数以及短期边际成本函数和短期平均成本函数。

h. 推导短期供给曲线。

i. 判断正误：只要生产函数有递减的规模报酬，（短期）平均支出曲线就是 U 形的，尽管短期平均成本曲线不是。

j. 长期平均成本曲线的形状是什么？柯布-道格拉斯生产函数能否产生 U 形的长期平均成本曲线？

13.3 在这个习题中，我们在分析中增加（长期）固定成本。

A. 假定一家企业的生产过程是位似的，并且有递减的规模报酬。

a. 在一个劳动 ℓ 位于横坐标轴、资本 k 位于纵坐标轴的图上，画一条与产出水平 $\bar{x}$ 对应的等产量线。对某个工资率 w 与租金率 r，说明生产 $\bar{x}$ 的成本最小化的要素束。

b. 在你的图中，针对这个工资率与租金率，指出生产边界沿着所有成本最小化要素束的"切片"。

c. 在两个不同的图上，画出（总）成本曲线与包括边际成本曲线在内的平均成本曲线。

d. 假定除了为劳动与资本进行支付外，企业还需要支付一个重复的固定成本（比如许可证费），那么你的图会有什么变化？

e. 在没有固定成本时企业的退出价格是什么？当增加固定成本时退出价格会怎么变化？

f. 当我们增加固定成本时，企业的供给曲线是否会移动？

g. 假定你在（a）中所画的生产 $\bar{x}$ 的成本最小化的要素束也是考虑固定成本前的利润最大化的生产计划，那么当我们的分析中包括了固定成本之后它是否仍为利润最大化的生产计划？

B. 与习题 13.2 和习题 13.2 一样，假定生产过程再次由生产函数 $x=f(\ell,k)=A\ell^\alpha k^\beta$ 来描述，其中 $0<\alpha,\beta\leqslant 1$ 且 $\alpha+\beta<1$。

a. 对该企业推导（长期）成本曲线（如果你在前面的习题中还没这样做的话）。

b. 现在假定，除了与要素相关的成本外，企业还需要支付一个重复的固定成本 FC。写出包含 FC 在内的成本最小化问题。条件要素需求函数是否会因为包括了 FC 而发生变化？

c. 写出新的成本函数并由它推导边际成本函数与平均成本函数。

d. 平均成本曲线的形状是什么？它的最低点如何随着 FC 的变化而改变？

e. FC 项的增加是否改变（长期）边际成本曲线？它是否改变长期供给曲线？

f. 对该企业你如何写出包括固定成本在内的利润最大化问题？如果你要求解这一问题，FC 项的作用是什么？

g. 不仅考虑数学，而且考虑潜在的经济学，FC 的增加对要素需求函数与产出供给函数有何意义？

13.4 假定规模报酬递增而不是递减，重复习题 13.3。在分析中什么会变化？什么不会变化？

†13.5 我们经常假定一家企业的长期平均成本曲线是 U 形的。该形状的出现有两个不同的原因，我们将在这道习题中研究。

A. 假定生产技术使用劳动 ℓ 与资本 k 作为要素。此外，本题中一直假定企业目前是长期利润最大化的，并且采用把它放在长期 AC 曲线最低点的生产计划。

a. 首先假定技术有递减的规模报酬，但是每年为了开始生产，企业需要支付一个固定的许可证费 F。解释为什么这使得长期 AC 曲线是 U 形的。

b. 对（a）所描述的生产过程画出 U 形的 AC 曲线。然后在其上增加短期 MC 曲线和短期 AC 曲线。短期 AC 曲线是否也是 U 形的？

c. 下面假定在长期中没有固定成本。相反，生产过程中每个要素的边际产出在开始时递增，最终递减，并且生产函数整体有最初递增但最终递减的规模报酬（这样一个生产过程的图由前一章的图 12-16 给出）。解释为什么长期 AC 曲线在这种情形下是 U 形的。

d. 画另一个有 U 形的 AC 曲线的图，然后在其上增加短期 MC 曲线和短期 AC 曲线。它们是否也是 U 形的？

*e. 如果生产过程的规模报酬先递增后递减，那么短期 AC 曲线是否可能不是 U 形的？

B. 首先假定生产过程是柯布-道格拉斯类型的，由生产函数 $x=f(\ell,k)=A\ell^\alpha k^\beta$ 刻画，其中 $\alpha,\beta>0$ 且 $\alpha+\beta<1$。

a. 在不存在固定成本时，你应该已经在习题 13.2 中得到该技术的长期成本函

数为

$$C(w,r,x)=(\alpha+\beta)\left(\frac{w^\alpha r^\beta x}{A\alpha^\alpha\beta^\beta}\right)^{1/(\alpha+\beta)} \tag{13.45}$$

如果企业有长期固定成本 F，那么长期平均成本函数是什么？平均成本曲线是不是 U 形的？

b. 固定资本水平 $\bar{k}$ 的短期成本曲线是什么？短期平均成本曲线是不是 U 形的？

c. 现在假定生产函数仍为 $f(\ell,k)=A\ell^\alpha k^\beta$，但是 $\alpha+\beta>1$。长期平均成本曲线与边际成本曲线是向上倾斜还是向下倾斜？短期平均成本曲线与边际成本曲线是向上倾斜还是向下倾斜？你的答案取决于什么？

** d. 现在假定生产技术由如下方程给出：

$$x=f(\ell,k)=\frac{\alpha}{1+\mathrm{e}^{-(\ell-\beta)}+\mathrm{e}^{-(k-\gamma)}} \tag{13.46}$$

其中 e 是自然对数的底。（我们在习题 12.5 与习题 12.6 中首次接触了它。）如果资本固定在 $\bar{k}$，那么短期生产函数是什么？短期成本函数是什么？

** e. 短期边际成本函数是什么？

f. 你应该已经在习题 12.6 中得出了长期 MC 函数是 $MC(w,r,x)=\alpha(w+r)/(x(\alpha-x))$ 并证明了 MC 曲线（从而长期 AC 曲线）在 $w=r=20$ 时对参数 $\alpha=100$，$\beta=5=\gamma$ 是 U 形的。现在假定资本被固定在 $\bar{k}=8$。用图形表示短期 MC 曲线并使用该信息去判定短期 AC 曲线也是 U 形的。

g. 该生产函数的什么性质导致了（f）中的答案？

*13.6 在图 13-3 中，我们说明了在特定水平的资本下短期平均支出（AE_k）曲线、短期平均成本（AC_k）曲线和长期平均成本（AC^{IR}）曲线之间的关系。图 13-3 中所选的资本水平使得 AE_k 曲线和 AC^{IR} 曲线在其最低点相切。

A. 考虑一家企业，其技术一直有递减的规模报酬，并面临一个重复的固定成本。记在长期中选择的长期 AC 的最低点的资本水平为 k^*。

a. 复制图 13-3 中的短期 MC 曲线与长期 AC 曲线。在你的图中长期 MC 曲线位于哪里？

b. 把 AC^{IR} 曲线画在一张单独的图上。假定短期中 $k<k^*$。说明现在 AE_k 一定位于何处。

c. 然后说明 AC_k 曲线与 MC_k 曲线位于何处。长期 MC 曲线是否与（a）中不同？

d. 在一张单独的图上，对于 $k'>k^*$ 这种情况，重复（b）与（c）。

e. 利用（a）中画的图说明你在（c）与（d）中画的短期 MC 曲线。该图与正文中的图 13-7 有何相似之处？

f. 判断正误：仅当 $k=k^*$ 时 MC_k 曲线与 AC^{LR} 曲线交于 AE_k 曲线的最低点。

g. 如果在句子开头加上"如果生产技术有不变的规模报酬并且没有固定成本……"这样的话，你对（f）的答案怎么变化？

h. 判断正误：除非生产技术有不变的规模报酬并且没有固定成本，否则仅当 $k=k^*$ 时短期 AE 曲线与长期 AC 曲线相切于最低点。

B. 假定一家企业的生产函数是 $x=f(\ell,k)=A\ell^\alpha k^\beta$，其中 $\alpha,\beta>0$ 且 $\alpha+\beta<1$。进一步假定企业有一个重复的（长期）固定成本 FC。

a. 习题 13.5 的方程（13.45）已经提供了一家企业在没有固定成本时的长期成本函数。企业的长期边际成本函数与平均成本函数是什么？

b. 推导出产出水平 x^*，其为长期平均成本曲线的最低点。

c. 从现在开始，假定 $\alpha=0.2$，$\beta=0.6$，$A=30$，$w=20$，$r=10$ 和 $FC=1\,000$，给定这些值，x^* 是什么？企业需要雇用多少 k^* 来生产 x^*？（注意：柯布-道格拉斯生产过程的条件要素需求函数通过习题 13.7 的方程（13.47）给出。）

d. 在 x^* 处，生产的长期边际成本是什么？长期平均成本呢？解释你的答案。

e. 对固定水平的资本 k，短期 MC、AC 和 AE 函数分别是什么？

f. 当资本固定在 k^* 时，$x=x^*$ 的短期 AE、AC 和 MC 分别是什么？它们与生产 x^* 的长期 AC 和 MC 相比有何不同？

g. 现在假定资本在短期被固定在 $k=200$。你对（f）的答案怎么变化？如果资本被固定在 $k=400$ 呢？解释你的答案。

*†13.7　商业应用：转换技术（Switching Technology）。 假定一家企业有两种不同的位似的、规模报酬递减的技术可以使用，但是其中一种技术受制于专利，要求向专利所有人支付重复的许可费 F。在这道习题中，假定所有要素（包括选择使用哪种技术）都是从长期视角来考虑的。

A. 进一步假定两种技术都使用资本 k 和劳动 ℓ 作为要素，但是专利技术更加资本密集。

a. 画两条等产量线：一条表示略不资本密集的技术，另一条表示更加资本密集的技术。然后假定工资率 w 和租金率 r 在每种情形下都一样，说明在每幅图中一家企业将会选择在其上运行的"切片"。

b. 假定专利技术足够先进，使得对任意一组要素价格，总存在一个产出水平 $\bar{x}$，在该产出水平下，转换到这种技术都是（长期）成本有效的。以产出 x 为横坐标轴、美元数为纵坐标轴画图，说明与两种技术相对应的两条成本曲线并定位 $\bar{x}$。当一家企业在 $\bar{x}$ 处转换到专利技术时，说明考虑了此情况的成本曲线。

c. 如果使用专利技术的许可费 F 上升，那么 $\bar{x}$ 将发生什么变化？是否可能判断在资本的租金率 r 上升时发生了什么？

d. 在 $\bar{x}$ 处，哪种技术一定有较高的边际成本？在一个不同的图上，对这两种技术的边际成本曲线加以说明。

e. 在 $\bar{x}$ 处，企业在使用这两种技术之间是成本无差异的。意识到边际成本曲线刻画了所有不固定的成本，而排除了固定成本的总成本可以表示为边际成本曲线下的面积，你能否在图中识别出表示重复发生的固定许可费 F 的面积？

f. 假定产出价格 p 使得在非专利技术下生产 $\bar{x}$ 是利润最大化的。记其为 $\bar{p}$。你能否用边际成本曲线分析当你转换到专利技术时将会生产更多还是更少？

g. 当产出价格为 $\bar{p}$ 时，你使用专利技术还是非专利技术的利润高些？（提示：确定在每种技术下当企业在 $\bar{p}$ 生产时的总收益。在边际成本曲线下方的适当区域内，确定使用非专利技术的总成本，并把它与使用专利技术时表示为另一个边际成本曲线下的面积加上固定费用 F 的总成本进行比较。）

h. 判断正误：尽管在产出水平 $\bar{x}$ 处两种技术的总成本函数是一样的，但如果价格使得 $\bar{x}$ 在非专利技术下是利润最大化的，那么利润最大化的企业就会选择使用专利技术。

i. 说明企业的供给曲线。（提示：供给曲线不是连续的，并且不会连续在一个低于 $\bar{p}$ 的价格处发生。）

B. 假定你的两种可供选择的技术可由生产函数 $f(\ell, k) = 19.125\ell^{0.4}k^{0.4}$ 和 $g(\ell, k) = 30\ell^{0.2}k^{0.6}$ 表示，但是技术 g 有一个重复发生的费用 F。

a. 在习题 13.2 中，你推导了两要素柯布-道格拉斯条件要素需求和成本函数的一般形式。[①] 利用这一点来确定在这两种技术下资本与劳动的比率（为 w 与 r 的函数）。哪种技术是更加资本密集的？

b. 确定两种技术的成本函数（并确保在适当的时候包括 F）。

c. 确定产出水平 $\bar{x}$（为 w、r 与 F 的函数），使从技术 f 转换到技术 g 变得成本有效。如果 F 增加，能否判断 $\bar{x}$ 是增加还是减少？如果 r 上升呢？

d. 假定 $w=20$，$r=10$。确定价格 $\bar{p}$（为 F 的函数），使得使用技术 f 的企业将生产 $\bar{x}$。

e. 如果使用技术 g 的企业面对 $\bar{p}$，它将会生产多少？你能否判断，不管 F 的大小，它是大于 $\bar{x}$ 还是小于 $\bar{x}$（其在企业使用技术 f 并面对价格 $\bar{p}$ 时是利润最大化的）？

f. 柯布-道格拉斯生产函数 $f(\ell, k) = A\ell^{\alpha}k^{\beta}$ 的（长期）利润函数是

$$\pi(w, r, p) = (1-\alpha-\beta)\left(\frac{Ap\alpha^{\alpha}\beta^{\beta}}{w^{\alpha}r^{\beta}}\right)^{1/(1-\alpha-\beta)} \tag{13.47}$$

你能否以此来确定 F（作为 p、w 和 r 的函数）的最高水平（这里利润最大化的企业将会从技术 f 转换到技术 g）将其表示为 $\bar{F}(w, r, p)$。

---

① 对于柯布-道格拉斯生产函数 $x=f(\ell, k) = A\ell^{\alpha}k^{\beta}$，你应该已经推导了条件要素需求函数
$$\ell(w, r, x) = \left(\frac{\alpha r}{\beta w}\right)^{\beta/(\alpha+\beta)}\left(\frac{x}{A}\right)^{1/(\alpha+\beta)}, k(w, r, x) = \left(\frac{\beta w}{\alpha r}\right)^{\alpha/(\alpha+\beta)}\left(\frac{x}{A}\right)^{1/(\alpha+\beta)} \tag{13.48}$$
成本函数以前在式（13.45）中给出过。

g. 根据你在（f）中的答案，确定价格 p^*（作为 w、r 和 F 的函数），这里，利润最大化的企业将会从技术 f 转换到技术 g。

h. 在此假定 $w=20$，$r=10$。p^*（为 F 的函数）是多少？把其与你在（d）中计算得到的 $\bar{p}$ 进行比较，并结合你在 A（i）中所做的来解释你的答案。

i. 假定（除了我们到目前为止所设定的参数的值外）$F=1\,000$，那么 $\bar{p}$ 和 p^* 分别是多少？利润最大化的企业在使用技术 f 和技术 g 之间无差异的价格处，当用 f 时它会生产多少？当使用 g 时，它会生产多少？[①]

j. 继续使用之前假设的值（包括 $F=1\,000$），你能否用（a）的答案确定在两种技术下企业在 p^* 处会雇用多少劳动和资本？你如何通过其他办法对此进行计算？

k. 利用你在（i）和（j）中所计算的来证明：在价格为 p^* 时，一家企业不管是使用技术 f 还是使用技术 g，得到的利润确实都是一样的（问题的其他参数与我们在（i）和（j）中所设定的一样）。（注意：如果你对前面的一些数字进行了四舍五入处理，那么你在两种情形下将得不到完全相同的利润，但是如果差别很小，就基本上可以确定只是近似误差。）

*13.8 商业应用：转换技术：短期与长期。 在习题 13.7 中，我们把所有要素（包括被选择的技术）都看成可变的，也就是说，我们是从一个长期的角度看待这些要素的。

A. 现在考虑与习题 13.7 相同的设定，但一直假定：劳动是瞬时可变的，资本在短期是固定的，而在中期是可变的；技术的选择在短期和中期是固定的，而在长期是可变的。

a. 假定你目前是长期利润最大化的。画出你在习题 13.7 的 A（i）中推导出来的（长期）供给曲线并指出价格 p 与数量 x 的组合，使得它与使用非专利技术的情况下是一致的。

b. 下面假定产出价格上升到 $\bar{p}$，并且该上升使得你希望自己事实上已经租用了专利技术。说明你的产出水平如何在中期调整到 x^{IR}。

c. 在短期，你的企业不能改变它的资本水平。相对于你的 x 与 x^{IR}，你的短期最优产出水平 x^{SR}（在新的 $\bar{p}$ 处）位于哪里？你的答案如何受非专利技术中资本与劳动的相对替代性的影响？

d. 长期中，你的最优生产水平 x^{IR} 位于哪里？

e. 假定价格下降到 $\underline{p}$ 而不是上升到 $\bar{p}$。指出你短期、中期和长期的产出水平位于何处。

f. 在一个新图上，给定初始价格 p 和初始最优产量水平 x，说明你的企业的短

---

① 根据习题 13.1，柯布－道格拉斯生产过程 $f(\ell, k)=A\ell^{\alpha}k^{\beta}$ 的供给函数为

$$x(w,r,p)=\left(\frac{Ap^{(\alpha+\beta)}\alpha^{\alpha}\beta^{\beta}}{w^{\alpha}r^{\beta}}\right)^{1/(1-\alpha-\beta)} \tag{13.49}$$

期、中期和长期供给曲线。

g.　如果你最初面临价格 $\bar{p}$，并且最初在长期最优生产水平 x^{IR} 处生产，那么你的上一个图是什么样子的？

B.　假定与习题 13.7 一样，你的两种可供选择的技术可以由生产函数 $f(\ell,k)$ $=19.125\ell^{0.4}k^{0.4}$ 和 $g(\ell,k)=30\ell^{0.2}k^{0.6}$ 表示，但是技术 g 有一笔重复发生的许可费 F。进一步假定 $w=20$，$r=10$ 和 $F=1\,000$。

a.　如果 $p=2.25$ 并且目前企业是长期利润最优化的，那么它会生产多少？（你可以利用习题 13.7 中所学的并利用方程 (13.49)。）

b.　现在假定产出价格从 2.25 上升到 2.75。企业在短期（资本与技术都不能变化）会将产出调整至多少？[①]

c.　它在中期（其中资本可以调整而技术保持固定）将会增加多少产出？

d.　它在长期会将产出调整至多少？

e.　企业在短期、中期和长期雇用的劳动与资本的数量会怎么变化？

f.　假定产出价格不是上升，而是从 2.25 下降到 2.00，那么短期、中期和长期的产出会发生什么变化？

g.　假定企业已经按照较高的产出价格 2.75 完全调整产出，接着产出价格下降到 2.25，那么短期、中期和长期的产出会发生什么变化？

*13.9　**商业与政策应用**：用于石油勘探的固定数量的土地。假定你的石油公司是竞争性行业的一部分，并使用三个而不是两个要素——劳动 ℓ、资本 k 和土地 L——来生产原油（表示为 x 桶）。假定政府出于对环境的担忧，限制了用于石油勘探的可得土地的数量，并假定它给每家石油公司分配了 $\bar{L}$ 英亩这样的土地。本题假定石油以市场价格 p 售出，劳动的市场价格为 w，资本的租金率为 r，并且这些价格不随着政府政策的改变而改变。

A.　以下假定生产技术是位似的且规模报酬不变。

a.　假定一旦土地被分配给一家石油公司，就不要求该公司为使用该土地进行石油勘探而支付（但是如果它选择不勘探，它不能做任何其他事情），那么你的石油公司将会使用多少土地？

b.　尽管三要素生产边界有不变的规模报酬，但如果考虑到可得的土地是固定的，那么你能否确定有效的生产规模报酬是什么？

c.　当随着时间的推移劳动与资本都是可变的时，你公司的平均成本曲线与边际成本曲线是怎样的？

d.　现在假定政府考虑对分配给你公司的每一英亩土地的使用收取租金 q，但是

---

① 了解如下知识对本题是有帮助的，即对于形式为 $f(\ell,k)=A\ell^\alpha k^\beta$ 的柯布-道格拉斯函数，要素需求函数是

$$\ell(w,r,p)=\left(\frac{pA\alpha^{(1-\beta)}\beta^\beta}{w^{(1-\beta)}r^\beta}\right)^{1/(1-\alpha-\beta)},\quad k(w,r,p)=\left(\frac{pA\alpha^\alpha\beta^{(1-\alpha)}}{w^\alpha r^{(1-\alpha)}}\right)^{1/(1-\alpha-\beta)} \tag{13.50}$$

一家被分配了 $\overline{L}$ 英亩土地的石油公司只能选择租赁所有 $\overline{L}$ 英亩土地或者完全不租赁任何土地。考虑到迁移石油勘探器材需要时间，在短期中你不能对这个变化进行调整，那么你将会改变石油产量吗？

e. 在长期（当你可以从土地中移走器材时），你的公司的平均成本和边际成本怎么变化？你是否会改变你的产出水平？

f. 假定政府采用了一个不同的政策，对每英亩土地租赁仍收取租金 q，但是允许公司租用 0 和 $\overline{L}$ 之间任意英亩数的土地。在这种情形下长期平均成本与边际成本分别是怎样的？是否会出现一家企业租赁的土地少于 $\overline{L}$ 英亩的情况？（提示：这些曲线应该有一个水平的部分以及一个向上倾斜的部分。）

g. 与（d）分析的情形相比，你现在将生产多少？

h. 现在假定在第二种政策下政府把租金提高到 q'。你的公司在短期是否会改变它的产出水平？

i. 长期平均成本曲线与边际成本曲线分别会怎么变化？如果你继续在较高的土地租金下生产石油，你的产出水平将会减少、增加，还是保持不变？

j. 判断正误：只要石油公司不退出该行业，政府制定的土地租金 q 就对石油生产水平没有影响。（提示：这是正确的。）

B. 假定你的石油勘探技术可以由生产函数 $x=f(\ell，k，L)=A\ell^{\alpha}k^{\beta}L^{\gamma}$ 描述，其中 $\alpha+\beta+\gamma=1$（所有指数都是正的）。

a. 证明该生产函数有不变的规模报酬。

b. 再次假定政府分配 $\overline{L}$ 英亩土地给你的公司用于石油勘探，土地不存在租赁费，但是你不能把土地用于任何其他用途。给定可得的固定数量的土地，你现在的生产函数是什么？证明它有递减的规模报酬。

c. 习题 13.2 中要求你推导两要素柯布-道格拉斯生产函数的（长期）成本函数。你能否用你的结果（在习题 13.5 的方程（13.45）中也给出过）推导石油公司的成本函数？与此相联系的边际成本函数是什么？

d. 下面，考虑政府对每英亩土地收取租金 q，但是公司只有租用所有 $\overline{L}$ 英亩土地或者不租赁任何土地这两种选择。写出你的新的（长期）成本函数并推导边际成本函数与平均成本函数。你能推断边际成本曲线与平均成本曲线的形状吗？

e. 当政府以这种方式对土地的使用收费时，（长期）边际成本函数是否会发生变化？

f. 现在假定政府不再要求你的公司租用全部 $\overline{L}$ 英亩土地，但是同意以土地租金率 q 最多租给你 $\overline{L}$ 英亩土地。在你可租的土地没有上限时，你的条件要素需求函数与你的总成本函数分别是什么？

g. 从现在开始假设 $A=100$，$\alpha=\beta=0.25$，$\gamma=0.5$，$\overline{L}=10\,000$，并进一步假定每周工资率是 $w=1\,000$，每周资本租金率是 $r=1\,000$ 以及每周土地租金率是 $q=1\,000$。在产出水平 $\overline{x}$ 为多少时你的生产过程不再呈现规模报酬不变的特征（给定

土地限制 $\bar{L}$)？在产出水平达到 $\bar{x}$ 之前石油勘探的边际成本与平均成本分别是什么（表示为 x 的函数）？

h. 在产出水平达到 $\bar{x}$ 以后，石油勘探的边际成本与平均长期成本分别是什么（表示为 x 的函数）？把 $\bar{x}$ 处的边际成本与你在（g）中的边际成本的答案进行比较，并解释这如何转换到在这种情况下企业的边际成本曲线。

i. 当 q 增加时 $\bar{x}$ 会发生什么变化？这会如何改变边际成本曲线与平均成本曲线的图像？

j. 如果每桶油的价格是 $p=100$，那么你的利润最大化的生产水平是多少？

k. 假定政府现在把 q 从 1 000 提高到 10 000，你的石油生产计划会发生什么变化？如果政府把 q 提高到 15 000 呢？

13.10 **政策与商业应用：最低工资劳动补贴**（Minimum Wage Labor Subsidy）。假定你的生产过程是位似的、规模报酬递减的，且需要最低工资劳动 ℓ 和资本 k，其中最低工资是 w，资本的租金率是 r。

A. 政府出于对缺乏最低工资工作的担忧，同意对你雇用的最低工资工人进行补贴，从而将你需要支付的工资有效地减少到 $(1-s)w$（其中 $0<s<1$）。假定在补贴前你的长期利润最大化的生产计划是 (ℓ^*, k^*, x^*)。

a. 从包含对应于 x^* 的等产量线的等产量图开始，并指出该图中成本最小化的要素束为 A。图中的什么区域包括了所有可能的生产计划，使得当有效工资下降到 $(1-s)w$ 时这些生产计划是潜在的长期利润最大化的？

b. 利用该图说明在短期中当资本固定时你被局限的生产边界的"切片"。在该"切片"上选择一个可信的点作为新的利润最大化的生产计划 B。该点应满足什么条件？

c. 资本的边际产出如何随着你转换到新的利润最大化的生产计划而改变？对此你可以得到什么结论？

d. 你在长期是否会比在短期雇用更多的工人？

e. 你在长期是否会比在短期使用更多的资本？

f. 如果你在（b）中定位了 B，那么你现在能够利用它来收窄（你最初在（a）中所指出的）区域（长期利润最大化的生产计划一定位于那里）吗？

B. 与前面的习题一样，你的生产函数是 $f(\ell, k)=30\ell^{0.2}\ell^{0.6}$。

a. 假定 $w=10=r$ 且 $p=5$。在劳动补贴前你的利润最大化的生产计划是什么？

b. 在补贴 $s=0.5$ 的政策被执行后，短期利润最大化的生产计划是什么？

c. 如果资本可以被调整，那么新的长期利润最大化的计划是什么？

d. 对任意柯布-道格拉斯函数 $f(\ell, k)=A\ell^{\beta\alpha}k^{\beta(1-\alpha)}$，CES 生产函数 $g(\ell, k)=A(\alpha\ell^{-\rho}+(1-\alpha)k^{-\rho})^{-\beta/\rho}$ 收敛到 f（当 ρ 趋于 0 时）。对生产函数 $x=30\ell^{0.2}k^{0.6}$，A、α 与 β 分别取什么值可以实现这一点？

** e. 对于在教材正文注释中方程（13.38）给出的 CES 生产函数，使用表单软件来对产出供给函数与要素需求函数进行编程，证明你的长期生产计划与你对当

ρ 趋于 0 并且 α 与 β 适当时设定的柯布-道格拉斯函数所计算出来的计划互为镜像。

**f. 最后,利用 CES 生产函数推导有固定资本的短期利润最大化问题的一阶条件。接着,利用你的表单,检验当你把(b)计算出来的短期利润最大化的劳动数量代入时那些一阶条件是否成立。

†13. 11 政策与商业应用:商业税(business tax)。 在本题中,假定你的汉堡店"麦肯文迪"有一个位似的规模报酬递减的生产函数,使用劳动 ℓ 和资本 k 生产汉堡 x。你能以 w 雇用劳动,以租金率 r 租用资本,但同时你需要向麦肯文迪的母公司支付一笔固定的年特许经营费。你可以以价格 p 出售你的麦肯文迪汉堡。

A. 假定你的餐馆在长期利润最大化生产计划(ℓ^*,k^*,x^*)处运营时,产生了零长期利润。在(b)到(h)所建议的各个方案中,假设价格 w,r 和 p 保持不变。① 从(b)开始,在每部分指出你短期和长期的最优生产计划将会发生什么变化。

a. 说明你的短期 AC 曲线和 MC 曲线以及长期 AC 曲线。在图中短期利润位于何处以及它由什么组成?

b. 假定政府认定你去年的利润高得不正常,并对去年你的商业利润的 50% 征收了一次性的"暴利税"。

c. 从现在开始政府对短期利润征收 50% 的税。

d. 从现在开始政府对长期利润征收 50% 的税。

e. 政府转而对特许经营费征税,使得麦肯文迪的母公司把费用增加到 $G > F$。

f. 政府转而对你的餐馆使用的资本以税率 t 征税,使得你对使用的每单位资本不仅需要支付 r,还需要支付 tr。

g. 不对资本征税,而是以与(f)中对资本征税相同的方式对劳动征税。

h. 最后,不再使用任何上面的做法,政府对汉堡征收了税率为 t 的"健康税",即对你卖出的每个汉堡收取 t 美元的税。

B. 在前面的习题中,我们在方程(13.50)中给出了一家面对价格(w,r,p)与技术 $f(\ell, k) = A\ell^\alpha k^\beta$(其中 α,$\beta > 0$ 且 $\alpha + \beta < 1$)的企业的要素需求函数,并在方程(13.49)中给出了其长期产出供给函数。本章前面的章末习题的脚注中给出了它们。

a. 当你增加一个重复发生的固定成本 F 时,这些函数会受到何影响?(提示:你需要对这套价格设置限制,使得函数是有效的,你可以利用习题(13.7)中用 A、α、β 表示的利润函数以及(w,r,p)严格地做这个练习。)对给定的 $\bar{k}$,短期劳动需求函数与产出供给函数分别是什么?

b. 在习题 A 部分的(b)到(h),指出你在(a)中推导出来的函数是否会(以及如何)被影响。

---

① 这只是对现在的一个假设,但正如我们将在第 14 章中看到的,其通常不成立。

竞争性市场与"看不见的手"

在第 1 部分，我们推导出了商品的需求曲线（与函数）以及劳动和资本的供给曲线（与函数），它们都源于个人以最大化其幸福感为目标这样一个基本模型。在第 2 部分，我们用类似的方法推导出了商品的供给曲线（与函数）以及劳动和资本的需求曲线（与函数），它们都源于厂商以最大化其利润为目标这样一个基本模型。因此，我们在投入和产出两个市场都已建立起了各自的需求和供给关系，于是便可以将它们联合起来分析整个市场。此时我们将首次讨论均衡（equilibrium）这个概念，这也使我们能够分析价格是如何形成的，而不是将价格视为给定的（正如我们到目前为止所做的）。这也允许我们能更详尽地说明一些我们到目前为止只能浮光掠影地提及的细节：在特定条件下，竞争性市场形成了一种自发的秩序，在这种秩序中，数以百万计的个体决策联合起来，以一种可使资源有效分配的方式指导个体行为，并最终决定价格。我们称这个结论为福利经济学第一定理（first welfare theorem）。

第 14 章从单个行业的供给和需求分析开始。我们将再次强调短期（short run）和长期（long run）的区别，但此处我们从不同于（但也与之相关）第 13 章的视角考察这一区别。在由许多小厂商的存在所刻画的竞争性行业中，厂商短期内无法轻易进入或退出行业，而长期内可以自由进出。根据经济利润的定义（指的是一个行业中的生产者尽其所能获得至少为零的利润），我们可以确信，当最后一家企业进入或退出行业时，任何竞争性行业的长期利润总是为零。因此，一方面，行业的短期供给取决于已经存在的厂商各自的供给曲线；另一方面，长期供给由厂商进入或退出行业的决策决定。该决策会影响价格，使其达到该行业的边际企业的利润为零的水平。无论在短期还是长期，我们都会看到市场价格由市场供给曲线和需求曲线的交点决定背后的逻辑，以及通过市场中许多个体之间的互动关系产生的"自发的秩序"这一过程背后的经济学原理。

第 15 章则在此之上对这一秩序进行了评价。我们再次强调这一秩序的产生一方面是源于供给和需求的相互作用，另一方面是源于这一作用产生的市场价格对个人的决策和行为的指导。我们将看到：一方面，由个体冲动所激励的自愿的贸易行为是如何让市场中的所有参与者都成为赢家的；另一方面，市场形成的价格是如何提供所有必要的信息，从而使所有个体做出能最大化剩余的决策的。特别地，我们也会看到，假如有一个无所不知而又仁慈的社会计划者，那么为了使社会总剩余最大化，他往往会以一种与无计划的、分散决策的市场相同的方式分配稀缺资源。因此，经济学家有时会说，市场被"看不见的手"（invisible hand）引导和控制着，好像有个社会计划者在冥冥之中分配着资源，但话说回来，这只"看不见的手"其实仅仅是市场中所有个体对于价格信号做出的最好决策的总和。

　　但我们会在第 15 章中立即指出，这一被称为福利经济学第一定理的结论背后其实有一些隐含的假设，一旦这些假设被违背，市场自发的行为就会与我们神秘的社会计划者的意愿相背离。第一，这一定理假设价格在形成时不被干预；第二，没有外部性的存在，即个人决策不会对市场以外的其他人产生直接的影响；第三，不存在信息不对称使得一部分人可以利用另一部分人缺乏的信息而获利；第四，每个人都很 "微小"，因此没有人拥有市场势力。本书的第 4 部分和第 5 部分会研究当这些假设不成立时市场自身是如何 "失灵" 的，同时也会说明此时非市场机构是如何通过 "公共物品" 的概念将个体联合起来，从而支配市场活动的。

　　换句话说，对福利经济学第一定理及其背后假设的理解为我们社会中的非市场机构发挥作用提供了思考的框架。当这些假设成立时，事实上非市场机构并没有起到 "有效率" 的作用，因为市场已经以最大化社会福利的方式分配好了社会稀缺资源。尽管如此，但我们也不一定会对这一结果感到满意，因为有效率并不意味着就是 "好的"。比方说，有时我们会认为资源分配的结果应该比市场分配更平均，尽管市场创造了最大的社会福利。因此，就算福利经济学第一定理的假设全部满足，非市场机构仍可能承担一个分配者的角色，以追求更高的 "公平性"。当然，在现实世界中这一定理的假设不能成立时，非市场机构还会扮演一个额外的效率追求者的角色，因为此时市场不能再最大化社会福利了。

　　于是本书接下来的主要部分就是考察当福利经济学第一定理的这些假设不成立时，市场是如何失效的，以及分析此时我们的非市场机构（指民间团体和政府）扮演着什么角色。然而在这之前，我们要先看看在两个额外的设定下福利经济学第一定理的内容。

　　在第 14 章和第 15 章中，我们只考察单个孤立的行业，而在第 16 章中我们将说明一个更一般的模型的更基本的架构。我们将这种只考虑单个行业而没有考虑行业间相互作用的模型称作局部均衡（partial equilibrium）模型。换句话说，在第 14 章和第 15 章的分析中，我们不是将经济体看作一个封闭的系统，而是只关注经济体的一个部分。在某些特殊的情况下，这是完全合适的，但是在其他一些情况下，一个市场中发生的事情会对其他市场有重要的溢出效应。在单个市场环境下不能做这样的分析，但第 16 章的内容试图引导你建立一些关于分析市场间相互作用的一般均衡（general equilibrium）模型的直觉，看看它们是如何产生与我们在第 15 章中分析局部均衡时所得到的结果相似的结果的。尽管第 16 章中的例子看起来限制性很强，但我们会指出相同的结果在更一般的设定中也成立，并且事实上，福利经济学第一定理（以及相关的结论）已经在基于我们例子的更一般的设定下发展得相当成熟。我们也将更清楚地说明"有效率"的结果也意味着我们许多人认为的"不公平"的结果，这就为我们的非市场机构提供了一个分布函数。更精确地说，福利经济学第二定理将告诉我们，只要非市场机构（如政府）可以无成本地重新分配资源，市场就会给我们一个更"公平"且仍然"有效率"的结果。与此同时，我们会强调政府其实几乎没有无成本重新分配资源的手段，这就意味着我们会面临一个非常基本的权衡取舍，即效率和公平的选择。

最后，我们将以分析市场如何处理风险（risk）问题来总结这一部分内容，这是现实生活中一个非常普遍的特征，但我们将在这里第一次正式接触。我们之所以在此处才将风险引入模型，是因为只有在这个时候我们才能说明我们是如何在个人决策和一般均衡的基础上直接建立风险模型的。因此，第17章就为风险选择问题建立模型，并且介绍一些像可以有效分配资源的无风险市场一样有效分配风险的市场（如保险市场）。当然，这里福利经济学第一定理的推导同样有需要注意的地方，即它需要满足的假设一旦被违背，就又为我们的非市场机构担任效率追求者的角色敞开了大门。

第 14 章 竞争性市场均衡

到目前为止我们大部分时间都在推导经济变量和诸如消费者、工人、生产者（或厂商）等经济人行为之间的关系。[①] 更具体地说，我们是从建立"模型"开始的，而模型是现实世界的简化，其中我们假设了经济人"给定他们所处的经济环境尽力做到最好"。这样一个"最优化"过程，推导出了价格和行为之间的关系，诸如供给曲线、需求曲线以及交叉价格需求曲线和交叉价格供给曲线。我们现在正是利用这些关系来进行经济分析的最后一步：描述模型中当众多个体做最优化选择时我们所谓的经济环境（经济人将其视为给定的）是如何产生的。这样的一个经济环境叫作竞争性均衡（competitive equilibrium）。

在本章和下一章中，我们将集中研究一个"市场"或一个"行业"（这两个名词可以交替使用）。不同的企业如果生产相同的产品，可能会被认为是在相同的市场（或行业）中运营。如果一个市场（或行业）中的所有企业都足够小，以至于它们不能单独地操控并影响经济环境，那么这样一个市场（或行业）就被认为是"竞争性"的。我们将揭示均衡市场价格在这样的竞争性行业中所扮演的重要角色。也许这样的价格最吸引人之处在于它们是"自发"形成的，而没有任何人计划这一过程。因此，我们将要分析的这一均衡是一个"去中心化的市场均衡"。顾名思义，这一均衡不是通过中央计划，而只是通过不同个体的分散决策来实现的，而这些个体对这样一个过程是无法控制的，甚至是察觉不到的。另外，生产是由利己主义和市场价格的形成所指导的。而事实上在许多情况下，生产的发生甚至不需要这一过程中的大多数参与者了解他们正在生产的产品的本质。并且我们将在第 15 章中看到，这样一个由利己主义和价格的结合产生的"自发的秩序"会为社会创造巨大的收益。

从第 14 章和第 15 章的分析中得到的直觉可能是经济规律中最重要的了。它们从一个反直觉却又内在一致的模型中得出：秩序的诞生不需要计划参与，而利己主

---

① 本章需要读者对本书第 2 章、第 4～6 章，以及 9A.1 节和 9B.1 节有比较好的理解，但仅需对属于劳动和资本市场的部分有一个简要的了解。本章也需要读者对 13A.1 节和 13B.1 节中的成本曲线有较好的理解。

义又不（必定）与"社会福利"相矛盾。这个模型也说明了现实世界的摩擦可能会为产生的这一秩序带来利己主义和社会福利之间的冲突。因此，我们将开始定义社会中非市场机构的角色。换句话说，在本章以及下一章中我们将要讨论的观点就是：当社会力量自身不够强大时，求助于非市场机构，使其为了社会利益调整利己行为。

14A 均衡：组合需求曲线与供给曲线

我们将从一个行业开始说明竞争性均衡的含义，该行业由许多小厂商构成，有诸多消费者。我们仍假设每个经济人相对于行业或整个经济都很"小"，以至于没有哪一个可以仅通过自己的力量去改变均衡的结果。那么相应地，对经济人来说，简单地将世界视为给定，并在其中做出他能做出的最好决策才是理性的行为，尽管均衡是由所有个体的最优化决策共同决定的，经济环境也由此形成。在后面的章节中，我们将研究当经济人力量比较"大"，以至于他们的行为可以显著地改变经济环境时，我们对均衡的理解将怎样变化。总之，"小"的经济人在战略上不需要考虑自己的行为对经济环境的影响，这样的策略性行为对于"大"的经济人来讲至关重要。

14A.1 短期中的均衡

正如我们将要看到的，行业中的均衡被定义为市场（或行业）中需求曲线和供给曲线的交点。导出短期中一个具体行业的这些曲线是很容易的，仅仅将由个体最优化问题所得出的所有需求曲线和供给曲线加总起来即可。举例来说，在图 14-1 (a) 中，我们画出了个体的两条需求曲线 D^1 和 D^2，以及当市场仅由这两个个体组成时市场的需求曲线 D^M。当价格大于 90 美元时，第二个消费者不会购买任何数量的 x_1，也就是说消费者 1 成为市场中仅存的消费者，此时他的需求曲线就成为整个市场的需求曲线（对于 $p>90$）。然而，当价格小于 90 美元时，两个消费者都会购买一些。举例而言，当价格为 80 美元时，如果消费者 1 购买 20 单位 x_1，而消费者 2 购买 10 单位 x_1，那么市场总需求就是 30 单位。图 14-1 (b) 中展示了一个相似的过程，个体供给曲线加总得到了短期市场供给曲线（short-run market supply curve）S^M，并且当价格小于 40 美元时只有厂商 2 提供产品，而当价格高于 40 美元时两个厂商都提供产品。加总两条以上的需求曲线或供给曲线的过程是上述过程的直接扩展。

我们将在本章后面看到：长期市场供给曲线的推导会略有不同，也就是说，通过加总供给曲线推导市场供给曲线的做法只适用于短期。不过现在我们将继续分析短期曲线及由此得出的短期均衡。我们也将在第 15 章中看到，我们必须非常小心地解释市场需求曲线。

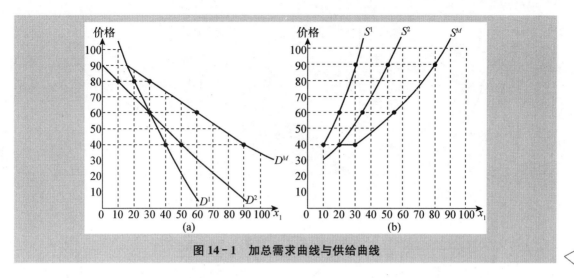

图 14-1 加总需求曲线与供给曲线

14A.1.1 商品市场中的短期均衡 在一个消费者和生产者相互影响的竞争的世界中，市场（或行业）的需求曲线或供给曲线是帮助我们预测经济指标的强大工具，它们也能帮助我们预测这些指标是怎样随着根本制度和技术水平限制的变化而变化的。换句话说，这些曲线可以帮助我们预测指导个体行为的经济环境。如果你以前上过经济学课程，那么你肯定学过，需求曲线和供给曲线是用来描述均衡的市场价格和商品数量的。我们这一章的工作就是揭示这一分析背后的原理是什么，并且明确从这类建立于市场需求和供给的分析中能得出什么，不能得出什么。

举例来说，考虑图 14-2 中的推导过程。在图（a）中，我们从消费者理论最基本的骨架部分开始：无差异曲线（代表偏好）和预算（代表当商品 x_1 的价格变化时不同的经济环境）。由图（a）中的预算线，我们可以找出不同价格下的最优化决策点，从而得出图（d）中这个消费者对 x_1 的需求曲线 D^i。如果我们对市场中所有的消费者采取同样的分析方法，那么我们便可以得出许多不同的需求曲线，然后加总得到图（e）中的市场需求曲线 D^M（图中的 $\sum D^i$ 读作"所有个体需求曲线 D^i 的和"）。

类似地，对于生产者一方，我们从图（b）中生产者模型的基本元素开始：生产选择集表示技术约束（此处为一个单一投入要素模型），图（c）则从生产可能性边界导出了总成本曲线（假设给定要素价格），接着我们便可以导出一个生产者的平均成本曲线和边际成本曲线（如图（f）所示）。边际成本曲线中位于 AC 曲线以上的部分便是一家利润最大化企业的供给曲线 S^i。我们对市场中每一个生产 x_1 的生产者重复进行这样的分析，就可以得到许多个体供给曲线，再把它们简单加总就得到了图（e）中的市场供给曲线 S^M。

注意，图（e）展示了市场上商品 x_1 的简单的需求曲线和供给曲线，两条曲线的交点表示了市场均衡价格 p^* 和均衡产出 X_1^*。如果市场价格超过这一均衡价格，那么 x_1 的供给量会超过需求量，生产者的库存会越来越多，于是它们就会降价促

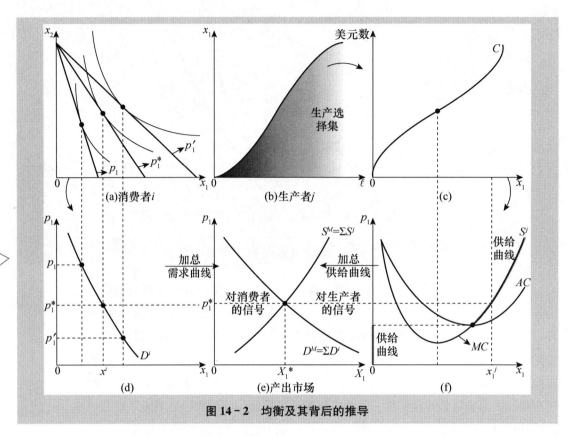

图 14 - 2　均衡及其背后的推导

销。类似地，如果市场价格低于 p^*，那么消费者的需求量会超过生产者愿意供给的量，此时生产者无法给前来排队的消费者提供足量的该商品，于是生产者有动机提高价格并减少排队人数。因此，价格会上升。p^* 成为均衡价格的原因在于，当价格不等于 p^* 时，每个生产者都有一种自然的让价格向 p^* 调整的倾向。换句话说，只有当所有生产者收取的价格都为 p^* 时，才没有哪一个生产者有动机去调整它的价格。

不需要任何个人有意促使 p^* 的形成，只要每个消费者和生产者仅仅为自己做出最优化的决策，市场价格就有一个自然的趋势到达 p^*。p^* 一旦形成，就会指导个体行为，告诉每个消费者买多少产品，每个生产者生产多少产品。因此，市场通过均衡价格向消费者和生产者发出信号，用一种分散化的方式协调他们的行为，并且在某些情况下这一方式是"有效的"，我们将在第 15 章中看到这一点。在上图的例子中，p^* 这样一个信号告诉模型中的每个消费者购买 x_1^i 单位商品，告诉每个生产者生产 x_1^j 单位商品，市场一共生产 X_1^* 单位商品。

14A.1.2　要素市场中的短期均衡　类似地，当许多行业中不同的生产者为雇用工人而竞争时，劳动市场中也会出现一个分散化的均衡。图 14-3 说明了这一点，图（a）中的生产者面临生产选择集，并由此导出了图（d）中的边际收益产出曲线，这条曲线的一部分就是单个生产者的短期劳动需求曲线。对工人一方来说，他们从图（b）中对消费和闲暇的偏好开始，在不同的工资水平下有着不同的最优闲暇选择。图（c）画出了一条典型的闲暇需求曲线，图（f）表示隐含的劳动供给曲线。分别加总生产者的劳动需求曲线和工人的劳动供给曲线，我们得到模型中所刻画的这种劳动需求曲线和劳动供给曲线，它们的交点表示均衡工资率 w^*，并且它本身又会作为一种信号来指导生产者和工人的行为。这一信号使得我们模型中的生产者雇用 ℓ^j 工时的劳动，工人提供 ℓ^i 工时的劳动，那么整个市场的交易量就是 L^* 工时的劳动。

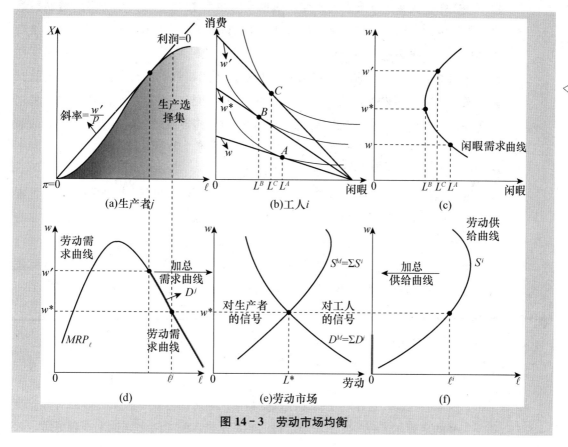

图 14-3　劳动市场均衡

注意，产品市场中的需求曲线来自所有消费我们模型中商品的消费者（consumer），劳动市场需求曲线却来自所有那些雇用我们模型中的劳动力的生产者（producer）。因此，在我们的劳动市场图中，劳动需求曲线是通过这样一些生产者的行为加总得到的，即可以生产不同的商品，但都雇用同类劳动力作为投入的生产者。对于供给一方，在产品市场中我们只考虑生产模型中那种特定商品的生产者，相应地，在劳动市场中我们只考虑那些提供模型中那种劳动的工人。

练习 14A.1　请解释为什么当所有个体都做出对自己最有利的决策时，工资会有自然地向均衡工资移动的趋势？ ∎

类似地，在资本市场中，我们也可以推导出一条生产者的资本需求曲线，但要注意，当生产者的短期资本固定时，它应是一条长期的资本需求曲线。资本供给曲线是由消费者对现在消费和未来消费（也就是为未来消费储蓄）的权衡取舍得出的，并且市场中的均衡价格就是均衡利率。

14A.2 长期均衡中的市场（或行业）

正如我们在图 14-2 和图 14-3 中看到的，一开始我们可能认为长期的情形应该不会在短期的基础上有多大改变。毕竟我们在第 13 章中探讨生产者的短期行为和长期行为的差别时，我们只是简单地说商品市场供给曲线和要素需求曲线在长期中会比短期中更平坦（因为长期的"退出"成本比短期的"关闭"成本更高），这样看我们似乎只需对之前的两张图稍加改动就可以得到有关生产的长期均衡的图形。然而，事实并非如此。生产者除了在长期中的投入要素种类比短期中更多之外，在长期中还有进入或退出行业的机会，这就意味着虽然短期行业里生产者的数量是固定的（尽管有些生产者会关闭），但长期中这个数量是可变的，因为长期中生产者会随着市场环境的变化进入或退出行业。

规范地说，我们将生产者的"长期"定义为它可以调整那些短期中固定的要素投入水平的时期，对于一个行业来说，"长期"是指生产者可以进入或退出行业的时期。然而需要注意的是，这两个"长期"定义的背后都有一个相似的原因。生产者在短期中可能有一个固定投入水平的要素（比如一个固定的工厂规模），这就使得只有在长期经济环境改变时它才能调整资本投入量。这样一个生产者短期内不能退出一个行业，也不能进入一个新行业，其原因是相同的：生产者短期内固定的资本投入只有在长期中才能进行调整。因此，对一个行业来说，"长期"就是生产者可以进入或退出的时期，当我们这样说时，也相当于说长期是允许资本投入进行调整的时期，比如当一个生产者退出行业时会废弃一个工厂，进入行业时会新建一个工厂。所以"长期"这样一个概念在行业和生产者之间往往有一个美妙的对称。唯一不一样的地方在于有些生产者固定自己的资本投入的时间比其他生产者更短，并且只有当足够多的生产者可以进入和退出行业时才能成为一个行业的"长期"。

14A.2.1 回顾进入和退出决策 在第 13 章中，我们将生产者短期中"关闭"和长期中"退出行业"做了区分。短期定义为在这一时期中生产者的某种投入要素（特别是资本）水平是固定的，并且在这一时期中与这个固定投入相关的成本是一笔固定的支出（或者称为沉没成本）。短期中生产者是否生产取决于它是否能收回短期经济成本［不包括固定投入要素上的支出或其他类型的固定支出（比如许可证费）］。于是，生产者的短期供给曲线就是（短期）MC 曲线在短期 AC^{SR} 曲线之上的部分。然而在长期，生产者需要收回它所有的经济成本［此时就包括了短期中那些固定投入的支出以及其他固定成本（如许可证费）］。因此，如果一个生产者可以收回成本，那么它就会进入某个行业并赚得一些利润，如果不能则它会退出该行业。

因此，长期中如果商品价格低于长期 AC 曲线，那么生产者会退出所在行业。

举例来说，假设我们考虑这样一种情况：短期中有一笔固定的投入，或者更具体地说，为了经营，我每年需要支付一笔固定的许可证费。图 14-4 中画出的 AC^{SR} 曲线表示了短期中我所有的经济成本，此时我的固定投入，也就是这笔许可证费就是沉没成本。AC 曲线考虑了短期中的固定投入（也就是每年更新许可证的费用），那么它也就表示了我长期中所有的经济成本。在短期中，只要价格不低于短期 AC^{SR} 曲线的最低点 p'，我就会继续经营；在长期中，只要价格低于 AC 曲线的最低点 p，我就会退出这个行业。存在这样一个价格范围，当价格处于这个范围内时，我可以收回短期成本（但不包括固定费用），可以在短期中继续经营，但长期中会退出。如果价格高于 p，那么（长期中）我可以获得正利润，这就意味着我会进行生产，并且当我不在该行业中时，会选择进入该行业。

14

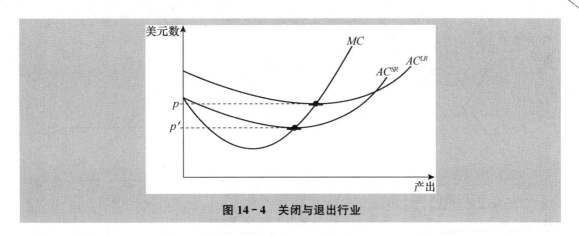

图 14-4 关闭与退出行业

练习 14A.2 假设你的企业只使用劳动（注意，不是资本）作为投入，并且该劳动投入总是可变的。如果你的企业需要每年支付一笔许可证费，那么在这个例子中 AC 曲线和 AC^{SR} 曲线会相交吗？

练习 14A.3 为什么 AC^{SR} 曲线与长期 AC 曲线的差异源于投入要素（例如资本）在短期内固定时，两曲线可能相交？（提示：回顾图 13-2 和图 13-3。）

练习 14A.4 解释为什么图 14-4 中的短期 MC 曲线和长期 MC 曲线在练习 14A.2 中是一样的，而在练习 14A.3 中是不同的。∎

14A.2.2 所有生产者同质时的长期均衡价格 现在想象有许多像我一样的英雄卡片生产者。每个生产者都想赚取尽可能多的利润，所以一直在四处寻找最佳的机会。短期中这些局限于当前的某个行业，但长期中一旦发现更好的机会就会在行业间进行转移。换句话说，我们可以画出许多不同行业的 AC 曲线，并且一旦生产者发现某个行业中的 AC 曲线低于其产品价格，它们就知道进入该行业有利可图，于是就会进入。我们中的一些人也许比其他人更敏锐地发现商机，或动作更快。但无论什么决定了我们中谁先捕捉到新的机会，最终我们都会抓住这样的机会，这也就意味着我们一起移动了新进入市场的供给曲线，并且在获利机会消失之前这条供给曲线会一直移动。

举例来说，考虑图 14-5。假设商品 x 的市场在图（a）中的市场供给曲线和需求曲线交点处达到短期均衡，出清价格为 p'。这样的价格信号告诉每个生产者：在图（b）中的供给曲线上生产 x' 单位商品，可赚得图（b）中阴影部分表示的长期利润（假设我们已经在 AC 曲线中包括了所有相关的长期成本）。回忆我们在第 11 章中所讨论的经济利润，无论利润多小，都意味着这个生产者在这里经营比在其他任何地方经营都好。因此，由于我们这里假设所有生产者都是一样的，所以会有在其他行业中的生产者发现在生产 x 的行业中可以赚得正利润，这也在逻辑上意味着它们正在当前所处的行业中赔钱。

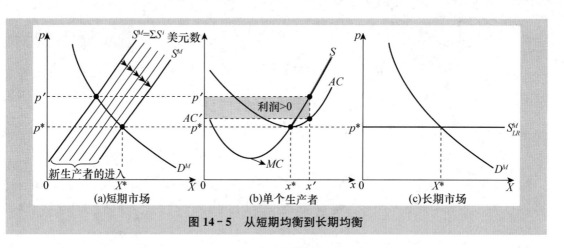

图 14-5 从短期均衡到长期均衡

给定当前价格 p'，就有更多生产者有动机进入该行业，并且每个生产者的进入都会使图（a）中的供给曲线按箭头方向移动一点点。只要该行业中的（长期）利润是正的，即价格高于 p^*，这样的进入动机就会一直存在。因此。当图（a）中的短期供给曲线没有到达最右侧那一条的位置，也就是价格降到 AC 曲线的最低点时，这样的移动不会停止。一旦我们到达这个新的短期均衡，行业中的每个生产者赚取的（长期）利润就为零，任何其他生产者都不再有动机进入，并且现存的生产者也没有动机退出。

如果我们一开始把图（a）中的市场需求曲线和供给曲线的交点画在低于 p^* 的位置，那么我们可以类似地画出一组移动方向相反的短期供给曲线。此时，短期供给曲线移动的原因是厂商由于赚取负利润而退出行业，也就是说，它们在其他地方经营会更好。因此，当不同的生产者面对相同的成本时，只要产品的短期均衡价格落在了与（长期）AC 曲线最低点不同的位置，生产者的进入和退出就会将长期均衡价格拉到这一最低点。在图（c）中，市场长期供给曲线是水平的并且处在 AC 曲线的最低点。换句话说，当长期中生产者可以进入和退出行业时，市场会以位于

AC 曲线最低点 p^* 的价格提供所需的任意商品数量。这就意味着长期市场（或行业）供给曲线并不是通过加总单个生产者的供给曲线得来的，而是通过生产者的进入和退出决策影响价格，使得它们的长期利润为零得到的，即价格会最终落在单个生产者的长期 AC 曲线的最低点。

练习 14A.5 你能画出当短期均衡价格小于 p^* 时的一系列类似的图吗？

练习 14A.6 图 14-2 中均衡的整体情形在长期中有何不同？◼

14A.2.3 劳动市场中的长期均衡 对于产品市场的某一种商品，生产者的进入和退出使得市场的长期和短期均衡有所不同，但一般来讲，同样的事情对劳动市场均衡来说却并不适用，至少当某个行业相对于整个经济比较小时是不成立的。这是因为图 14-3 中的劳动市场是由许多不同行业中的生产者组成的，当某个行业相对整个经济很小时，影响该行业的因素往往并不会影响整个劳动市场。因此，单个行业中生产者的进入和退出就不能被认为是引起劳动需求曲线移动的重要原因了。

如果某类劳动力的工资变化足够显著，导致工人选择再教育或者新一批工人选择与过去工人不同程度的教育，那么进入和退出就会影响到劳动供给曲线了。举个例子，在过去的 10 年里，年轻的拿到哲学博士学位的经济学家所拿到的薪水有了显著的提高，但仅通过接受"再教育"变成一个经济学家是非常不容易的，因此可以预想到，在长期中，当年轻经济学家的工资上涨时，会有更多的大学高年级学生选择攻读经济学博士学位，这样一来长期中经济学家的供给就会增加，他们的工资就又会因此而下降。我们看到，每个劳动市场中的工资都会与相应工人的机会成本有关，这是一个你可以（如果你感兴趣的话）在劳动经济学课程中了解到更多细节的课题。

练习 14A.7 你如何看待"劳动市场的长短期变化之间的时滞与工人们面临的'进入壁垒'有关"这一观点？比如进入经济学博士市场的壁垒是获得学位的成本？◼

14A.2.4 生产者不同时的长期市场供给 我们在图 14-5（c）中推导水平的行业长期供给曲线时，明确假设了所有生产者拥有相同的技术水平，也因此有相同的 AC 曲线和 MC 曲线。为了使这一结论（市场长期供给曲线是水平的）成立，事实上只需要假设所有生产者的技术水平使它们的 AC 曲线最低点在相同价格上即可，而不用管曲线其他部分的形状如何。

练习 14A.8 你能解释上面这句话为什么正确吗？◼

现在假设不同的生产者所拥有的生产技术有显著的不同，那么就有可能在一个给定的产品价格下，有些生产者可以获利，但有些不能。这也影响到当市场环境变化时，哪些生产者会进入，哪些生产者会退出，从而影响着长期市场供给曲线的形状。

比如，考虑图 14-6（a）中需求曲线和供给曲线的交点 A 表示的短期市场均衡（市场均衡价格是 p^*）。进一步假设该行业有很多潜在生产者。为了使图像简单易操作，假设每个生产者的（长期）AC 曲线都在 x^* 处达到了它的最低点，但有些 AC 曲线在每一点都比其他曲线要低。图（b）中画出了 6 条这样的曲线，并且我们可以想象还有很多生产者的形状相似的 AC 曲线落在了这些曲线之间。当价格为 p^* 时，生产者 1、生产者 2、生产者 3 都会赚得非负的利润，而生产者 4、生产者 5、生产者 6 如果生产的话在长期中就会亏损。因此，那些有较低的 AC 曲线的生产者——即生产 x 会"更好"的生产者——会留在这个行业里，那些成本较高的生产者就会选择退出这个行业。

接着，假设市场需求曲线从 D^M 移动到 $D^{M'}$，使得图（a）中（短期）市场均衡价格从 p^* 上升到 p'。生产者 4 会发现现在它可以在这个行业中赚取正利润了，因此就有进入行业的动机，之前亏损的另外两个生产者也一样。图（a）中的短期供给曲线会随着新生产者的进入而移动，但是这种移动会在价格回落至 p^* 之前就停止，原因在于新进入的生产者有着比行业中原有的生产者更高的成本。在我们的图中，生产者 5 是最后一个进入的，所有成本比 p'' 低的生产者都会进入，但是成本比生产者 5 高的那些生产者就不会进入了。总的来看，图（a）中市场需求曲线从 D^M 移动到 $D^{M'}$ 使得短期中均衡从 A 移到 B，长期中均衡落在 C，短期中价格从 p^* 移动至 p'，长期中落在 p''。图（c）画出了一条从 A 到 C 的长期市场供给曲线，说明了当生产者拥有不同的成本曲线时，长期市场供给曲线是向上倾斜的。再次强调，长期市场供给曲线不是由单个生产者的供给曲线决定的，而是仅仅由生产者 AC 曲线最低点的分布决定的。像这样具有向上倾斜的（长期）市场供给曲线的行业被称为成本递增行业（increasing cost industry）。

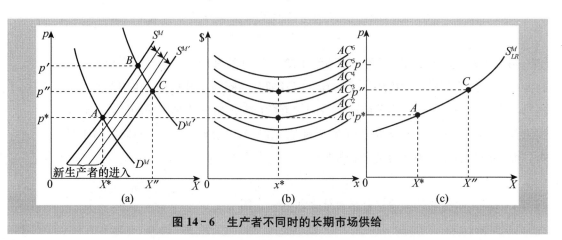

图 14-6　生产者不同时的长期市场供给

练习 14A. 9　假设市场需求向内移动而不是向外移动。你能像图 14 - 6 那样通过画图说明市场将发生的变化吗?

练习 14A. 10　判断正误: 长期生产者的进入和退出保证了长期市场供给曲线总是比短期的更平坦。■

　　理论上来讲, 当生产者的成本随着行业扩张而下降时, 长期市场供给曲线也有可能是向下倾斜的。比如, 当某行业的扩张导致专供该行业的投入要素的市场竞争加剧时, 所有生产者的成本都会下降, 就有可能出现这种情况。这样的行业称为成本下降行业。由于适合用完全竞争建模的行业相对少见, 所以这里我们不着重研究, 只是为了论述的完整性而提及。[①]

练习 14A. 11[*]　判断正误: (在成本递增行业中) 由于生产者的成本不同, 长期市场供给曲线向上倾斜, 但即使生产者的成本相同, 在成本递减行业中, 长期行业供给曲线也是向下倾斜的。■

　　14A. 2. 5　长期中边际生产者的零利润　最后, 注意, 生产者进入与退出行业的过程直到边际生产者 (在长期中) 赚取零利润时停止。"边际生产者"指的是行业中成本最高的生产者。在所有生产者有相同成本的例子中 (如图 14 - 5 所示), 所有生产者都是边际生产者, 因此所有生产者 (在长期中) 都赚取零利润。另外, 在不同生产者拥有不同的生产技术从而成本曲线不同的情况下, 除了边际生产者外, 所有生产者 (在长期中) 都赚取正利润。类似地, 如果所有潜在生产者和已经在行业中的生产者的成本相同, 那么所有的潜在生产者都是边际生产者, 如果它们 (在长期) 进入行业, 那么它们都会赚取零利润。然而, 当生产者的成本不同时, 那些长期均衡时不在行业中的生产者一旦进入行业就会亏损, 因为它们的成本比行业中的边际生产者 (赚取零利润) 要高。

练习 14A. 12　判断正误: 当存在固定成本 (或固定支出) 时, 处于长期均衡中的短期利润总是为正。■

14A. 3　改变条件与改变均衡

　　在现实世界中, 市场的经济条件是经常变化的, 比如有竞争力的新产品进入市场, 劳动和资本的价格变化, 政府税收以及规制性政策的改变等。然而, 短期均衡和长期均衡的概念不仅对那些长期处于稳定的经济环境的行业很重要, 而且对那些

---

　　① 在第 21 章中, 我们将给出外部性的定义, 并在该章的章末习题中给出另一个由正的外部性导致的成本下降行业的例子。我们在这个例子中可以类似地看到, 即使所有企业技术相同, 我们也仍可以通过负的生产外部性得到向上倾斜的行业供给曲线。

频繁经历经济条件变化的行业也是如此。无论我们是已处在一个特定的均衡中很久，还是在经济条件又一次改变之前达到了一个静态均衡，了解一个经济的最终均衡情况都是了解我们的经济将去向何方，并且就算在达到新的均衡之前经济条件再次改变了，这一概念也是很有帮助的。这有点像预测天气：天气似乎从来不会处于均衡，但是自然的力量会不断地使其向均衡方向发展。因此，如果我们知道一个新的高气压气团正在向我们所在的区域移动，我们就可以预测天气的变化，因为我们知道天气将如何"试图"向一个新的均衡发展。一个经济体也是：当一股新的力量产生作用时，我们可以通过了解经济将要趋向的新均衡来预测经济条件的变化。

在我们的竞争性行业模型中，"经济条件的变化"可以在某种程度上表示为需求曲线和供给曲线的变化，在此情况下，短期或长期均衡就会发生变化。在本章接下来的部分中，我们会接触一些对某个行业有短期或长期影响的变化。对于生产者一方，条件的改变可能来自：（1）可变成本（比如与劳动力有关的成本）的变化；（2）与短期中固定投入有关的固定支出的改变；（3）只有退出行业才能避免的固定成本的改变。对于消费者一方，消费者偏好的改变或者市场中新产品的出现可能会使市场需求曲线移动。对于这些情况中的每一种，我们都会先假设经济在新的潜在扰动来临之前都处于一个长期均衡的状态，我们的分析就从这样一个假设开始。

14A. 3. 1 长期均衡中的短期均衡 假设我们的行业现处于一个长期均衡状态，这意味着边际生产者赚取（长期的）零利润，因此它们在（长期）AC曲线最低点的价格水平下生产。图14-7展示了这一点，图（a）的需求曲线和供给曲线都是由个体的需求曲线和供给曲线加总得到的，它们相交得到p^*，这个价格落在图（b）中该行业边际生产者的（长期）AC曲线的最低点。由于图（b）表示的是行业的边际生产者，所以我们知道行业之外的所有生产者的成本都不小于这个边际生产者。因此，行业外的所有生产者如果进入该行业，则会赚取（长期）零利润或负利润。类似地，行业内的生产者的成本均不超过边际生产者，因此行业内的所有生产者均会赚取非负的（长期）利润。除非条件变化，否则这个行业就已处于长期均衡状态，因为没有生产者有动机进入或退出行业。

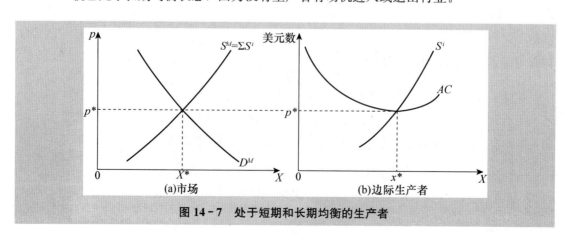

图14-7　处于短期和长期均衡的生产者

与此同时，注意行业中每个生产者在短期中都赚取正利润，这是因为短期经济成本被完全包含在了短期 AC 曲线中，并且短期 AC 曲线的最低点低于长期 AC 曲线的最低点，因为某些成本（与固定投入有关的或属于长期固定成本）不属于短期经济成本。因此，图 14 - 7（b）中的短期供给曲线会向下延伸穿过（长期）AC 曲线的最低点，正如之前图 14 - 4 所示。

练习 14A. 13　你能画图说明长期均衡中边际生产者的短期利润和长期利润吗？（提示：你可以在图 14 - 4 中加入 AC^{SR} 曲线。）■

我们由此开始分析条件的变化对长短期均衡产生的影响。在每一个例子中，我们都需要弄清楚图中的哪一条曲线受到了条件改变的影响，从而总结出生产者行为的变化是如何导致均衡变化的。为了说明问题，我们在本章接下来的部分假设所有生产者具有相同的成本曲线，因此所有生产者都是边际生产者。关于生产者具有不同成本曲线的图形有何区别，我将留作章末习题供读者思考。在继续讨论之前，注意到我们已经将生产者一方简化到只剩下那些与我们的分析密切相关的曲线：长期 AC 曲线和从下方穿过其最低点的短期供给曲线。然而我们应始终牢记，短期供给曲线是 MC 曲线的一部分，因此它随着（短期）边际成本的变化而移动。

14A. 3. 2　改变长期固定成本　首先假设一个行业中的生产者每年都需承担一笔固定的与投入无关的支出。由政府收取的年许可证费就是这样一个例子：企业为了继续经营，每年必须向政府支付一笔费用。另一个适用的例子是每年的保费，如为保护企业免受财产损失或者来自消费者和工人的债务控诉所缴纳的保费。这些费用一旦支付，就变成了沉没成本，而不会影响到短期成本曲线。然而在长期，这样的成本确实是留在行业中的经济成本，且因此构成了长期 AC 曲线的一部分。

现在假设这笔费用提高了（如图 14 - 8 所示）。由于它不属于短期平均成本或边际成本的一部分，因此也就不属于企业短期成本的一部分，也不会影响到企业的短期决策。因此企业的短期供给曲线（图（b）中并未画出）保持不变。由于短期市场供给曲线 S^M 是所有生产者供给曲线的加总，所以市场供给曲线在短期也保持不变，进而均衡价格 p^* 在短期中保持不变。因此这笔固定年费的提高在短期内对行业没有影响。

然而，提高的费用会使得（长期）AC 曲线向上移动，如图 14 - 8（b）中 AC' 曲线所示。尽管生产者的短期利润保持不变，但它的长期利润下降了，并且由于在起初的均衡中这个利润为零，所以它现在就变成了负利润。这就使得长期中一些生产者退出行业，从而引起（短期）市场供给曲线 S^M 向内移动。特别地，随着一些生产者的退出，图（a）中市场供给曲线 D^M 的移动抬高了市场价格，并且会持续有生产者退出，直到新均衡价格达到图（b）中 AC' 曲线的最低点。只有当市场价格上升到 p' 时，行业内的生产者才能再次赚得零利润，此时就没有生产者有动力进人或退出了。当图（a）中的短期市场供给曲线上升到了 S^M 曲线的位置时就会停止移动。此时留在行业中的单个生产者的产量为 x'，比原来的 x^* 要多，但整个行业生产得少了（如图（a）中是 X' 而不再是 X^*）。

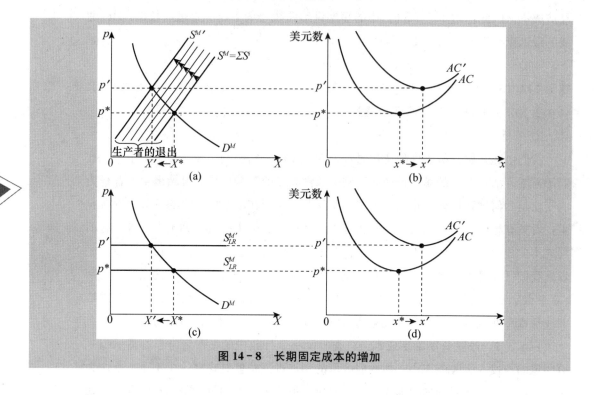

图 14-8　长期固定成本的增加

练习 14A.14　为什么提高费用后新的 AC' 曲线收敛于原来的 AC 曲线？

练习 14A.15　如果你在上面的图（b）中加入生产者的长期供给曲线，那么它会与两条平均成本曲线交于哪里？对生产者最初的短期供给曲线也一样吗？（提示：对于第二个问题，记住当生产者的产出增加时会改变它的资本投入水平。）■

　　类似地，我们可以通过仅分析图像上与长期相关的曲线来说明均衡的长期变化。这在图（c）和图（d）中得以说明，图（c）中的长期市场供给曲线被画为水平的，因为我们假设行业中所有生产者都是一样的。随着单个生产者的 AC 曲线最低点向上移动，我们知道价格在长期也要升高相同的幅度，这样才会使得生产者再次在位于它们 AC 曲线最低点的位置生产并赚取零利润。因此，水平的长期供给曲线（总是位于与单个生产者 AC 曲线最低点的价格相对应的位置）上移，使价格升至 p'，行业产出降至 X'（见图（c）），留在行业中的单个生产者的产出升至 x'（见图（d））。当然，这与我们在图（a）和图（b）中所得到的结论是相同的，只不过在图（a）中我们说明了市场是如何从旧的长期均衡移向新的长期均衡的，但在图（c）中我们仅画出了新旧两个均衡点。

　　14A.3.3　改变短期固定投入的价格　下面考虑资本价格上升，注意资本是一个短期中固定但长期中可变的投入。举例来说，当资本市场环境变化使得资本的均衡价格上升时，这种情况就可能会发生。或者当政府对资本征税，使得资本市场中的租金率上升时，这种情况也会发生。

由于我们假设资本在短期中是固定投入，所以这种变化只影响长期成本，不会影响与短期决策有关的任何成本曲线。不同于固定费用［一个长期（重复发生的）固定成本］的增加，它是长期可变成本而不是长期固定成本的增加。因此，这里每个生产者的（长期）AC 曲线的移动会和之前一小节介绍的 AC' 曲线收敛于 AC 曲线有所不同。更特别的是，尽管平均成本曲线一定会上移，但是它的最低点可能位于偏左或偏右的地方，这在之前取决于生产技术水平。正如我们在第 13 章中所做的，我们会画出一种 AC 曲线上移但最低点产出保持不变的的情况（见图 14-9），但这仅仅是更一般的情况中的一种特例。

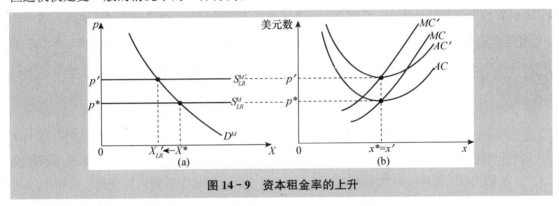

图 14-9　资本租金率的上升

练习 14A. 16　如果长期固定成本增加，那么 AC 曲线会类似地移动吗？ ■

这在一开始会让人很迷惑，因为这看起来像一个逻辑悖论：我们既然知道短期 MC 曲线在新的长期均衡中会从最低点处穿过（长期）AC 曲线，那么 AC 曲线的最低点怎么能在移动时保持产出不变呢？毕竟，短期 MC 曲线不是仅包括劳动成本而不包括上升的资本成本吗？然而，如果我们认识到当 r 上升时，生产者可以用更多的劳动去代替资本，那么这一明显的悖论就可以解决了。这意味着，从一个短期的视角来看（在一个新的长期均衡里），由于生产每单位产出需要更多的劳动，所以成本上升了。正因为如此，向新均衡的移动导致了短期 MC 曲线的移动，但这只在长期企业用劳动替代资本时才会发生。

图 14-9（b）说明了这一点，图中 AC 曲线和 MC 曲线表示初始的成本曲线，AC' 曲线和 MC' 曲线表示新的成本曲线。（长期）AC 曲线向上移动，同时保持它的最低点在产出水平 x^* 上不变。一旦企业在长期中可以调整它的资本投入水平，由于生产者用劳动代替资本，它就会面临一条新的更高的短期 MC' 曲线，并且短期 MC 曲线仅包括劳动力成本，因为这里资本在短期中是固定的。因此，尽管劳动成本没有上升，MC 曲线又仅包括劳动成本，但在新的长期均衡中短期 MC 曲线还是上升了，因为每个生产者生产每单位产出时会用更多劳动代替资本。

接下来均衡如何变化就类似于上一小节固定费用上升时的情况了。短期中什么都没变（因为任何一条短期曲线在短期中都没有受到短期固定成本增加的影响）。然而，现在市场中每个生产者都亏损了，这意味着一些生产者会退出行业。随着生产者退出，均衡价格上升，直至所有生产者盈亏平衡时为止。因此，行业长期供给曲线上升，如图 14-9（a）中所示，行业产出下降至 X'，价格落在新的 AC' 曲线的最低点 p' 处。我们这两个小节所讨论的情况的唯一区别在于：由于 AC 曲线的移动不同，所以我们不再能确定每个生产者是否比之前生产得更多。当 AC 曲线移动如图 14-9 所示时，每个生产者的产出都不变。

练习 14A. 17 你能否用类似于图 14-8（a）和（b）的方式说明从短期到长期的变化过程？

练习 14A. 18 考虑两种情况，在这两种情况下，资本费用增加，使得长期 AC 曲线上移，且 AC 曲线最低点上移相同幅度。但是在第一种情况下，AC 曲线的最低点向右移动；在第二种情况下，AC 曲线的最低点向左移动。那么长期均衡价格一样吗？长期均衡时行业中的生产者数量有变化呢？∎

14A. 3. 4　改变可变成本　现在假设某行业中生产者的可变成本瞬间提高，这可能是由于国家劳动市场的变化使劳动成本上升，或者政府对该行业征税或实施规制。以上任何一种情况都能使图 14-10（b）中的三条曲线发生变化，供给曲线从 S^i 移至 $S^{i'}$。如果这对行业中所有生产者都成立，那么这当然会使短期市场供给曲线左移（见图（a）），因而短期中产品价格会上升。

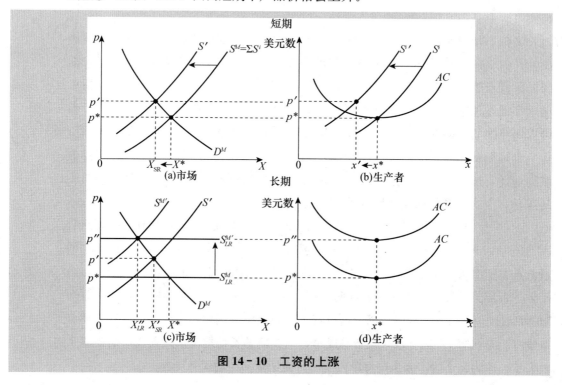

图 14-10　工资的上涨

在短期中，整个行业产出会从 X^* 下降为 X'_{SR}。假设所有生产者都是一样的，短期中它们都会继续生产，但产出会下降（从 X^* 变为 X'，见图（b））。因此，短期中价格会上升得足够多（到 p'）以保证短期利润大于零。（如果我们假设一些生产者的成本比另一些低，那么一旦高成本生产者不能再赚取非负的利润，它们在短期内就会关闭。）

在长期中，价格必须调整至新的 AC' 曲线的最低点，这意味着图（c）中的长期市场供给曲线从开始的水平线 S_{LR}^M 上升至新的 $S_{LR}^{M'}$，价格变为 p''。如果我们继续假设 AC 最低点的产出保持不变，则行业中的每个生产者都与成本上升前生产得一样多（见图（d）），但由于在更高价格下行业产出下降，所以当从短期走向长期时，一些生产者不得不退出行业。正因为如此，我们才能在图（c）中画出 S' 作为新的市场供给曲线（由所有生产者的短期 MC 曲线上升所引起）与需求曲线交于一点（小于长期价格 p''）。生产者因在价格 p' 下长期利润为负而退出，于是供给曲线从 S' 移至 S^M 处。因此，尽管行业中的每个生产者都与成本上升前生产得一样多，但因为行业规模缩小，市场产出下降至 X'_{LR}。[①] 因此，举例来说，劳动价格上升的长期影响类似于资本价格的长期上升。两种情况的区别体现在短期中，因为我们假设劳动在短期中可变而资本不是。

练习 14A. 19 请解释生产者为什么会在赚取短期正利润（因此短期中保持经营状态）的同时，长期中利润为负（使得一些生产者退出，从而产品价格上升）？■

然而请再次注意，当工资上升时，如图 14 - 10 所示，AC 曲线的最低点可能左移也可能右移。如果最低点向右移动，我们可以类似地知道：由于工资上升，行业中的生产者数量会下降（正如 AC 曲线最低点垂直上移的情况一样）。这是因为整个行业（在更高的价格下）生产得少了，而 AC 曲线最低点右移时，每个生产者却都比之前生产得更多。如果最低点向左移动，那么行业中生产者的数量变得更多还是更少就不再那么明确了：一方面，整个市场的产量和之前一样下降了（因为价格上升时消费者需求减少了）；另一方面，只要每个生产者都生产得足够少，就依然有可能出现由更多的生产者来生产更低的行业产出的情形。在这个例子中，图 14 - 10（c）中的 p'' 和 p' 会反过来，也就是价格在短期上升得足够多，以吸引新的生产者进入行业。

练习 14A. 20 如果政府对每包经济学家卡片收取一个从量税（而不是工资上升），那么会发生什么？■

---

① 事实上，还有一些细微的变化我们没有画出来。因为随着生产者用资本代替劳动，短期 MC 曲线本身也会在长期中再次移动。

14A.3.5　改变需求　正如我们在生产者成本不同的条件下考察长期市场供给曲线的形状时（如图 14-6 所示），市场不仅会被成本的改变影响，而且会被市场需求的改变影响。举例来说，在标准便携式音乐播放器市场上，当新的 MP3 播放器流行起来时，原来那种标准便携式音乐播放器的需求曲线就会向内移动，它的市场自然也就受到了影响。MP3 播放器的市场需求也会受到影响，因为它使得从互联网上购买音乐变得更容易，而不用再像以前那样必须借助磁带或 CD 播放了。像这样的市场需求的变化可能来自消费者口味的变化（组成市场需求曲线的个人需求曲线发生了变化），或者来自相关市场新产品的引入，也可能是由于新的消费者群体进入了市场。像这样的需求变化是不会影响到生产者的成本曲线的，意味着我们不需要对生产者的成本曲线做任何改变。

举例来说，如图 14-11（a）所示，商品 x 的需求增加，并且我们继续假设所有生产者的成本结构相同。我们从一开始的市场均衡开始，市场在 p^* 的价格下生产 X^* 的产量。当需求曲线从 D^M 上升到 $D^{M'}$ 时，价格立刻上升到 p'，因为现存的个体供给曲线与加总得到的市场供给曲线不变，而现存生产者面临着新的需求。但是，由于生产者最初在长期赚取零利润，所以价格的上升使得它们现在能赚取正的长期利润了。这就使得新的生产者有了进入行业的动机，于是（短期）市场供给曲线就随着新生产者的进入向外移动。这又导致市场价格有了下降的压力。只要行业中的生产者仍赚取正利润，这个压力就会持续存在。因此，只有当价格降至原来的 p^*，所有生产者又赚取长期零利润时，新生产者的进入才会停止（假设所有生产者的成本相同）。因此最终短期市场供给曲线落在 $S^{M'}$ 的位置。

图（a）中通过展示新生产者的进入导致的供给曲线的移动，说明了市场从一开始的短期均衡到最终的长期均衡的转化过程，而图（c）则是将关注点放在不发生变化的长期供给曲线 S^M_{LR}，来说明市场从一开始的长期均衡到最终的长期均衡的变化过程（因为生产者的 AC 曲线的最低点不移动）。在图（a）和图（c）中，我们看到短期中市场产出上升到 X'_{SR}，而最终在长期达到一个更高的产出水平 X'_{LR}。在图（b）中，我们进一步看到一开始行业中每个生产者都增加了自己的产出，但图（d）说明了每个生产者最终会生产与需求增加之前相同的产出。因此也就说明了，整个市场产出的增加仅仅是因为新生产者的进入扩大了整个行业的规模。

14A.3.6　影响单个生产者的变动与影响整个行业的变动　我们在这一节中已经讨论过的所有内容都是基于这样一个假设，即我们分析的条件变化会影响到市场中的每一个生产者。然而有的时候可能只是行业中的某个生产者发生某种变化。这种针对生产者特有变化的分析会变得相当简单，因为每个生产者对于竞争行业都是足够小的，所以任何单个生产者的行为变化不会影响行业的短期均衡和长期均衡。

举例来说，假定我是生产英雄人物卡片的生产者之一（我生产经济学家卡片）。注意，我只是其中一个生产者，所以我的行为不会影响整个市场的经济条件。现在假定政府对我很反感，因为经济学家总是对政策指手画脚，因此政府认为经济学家对

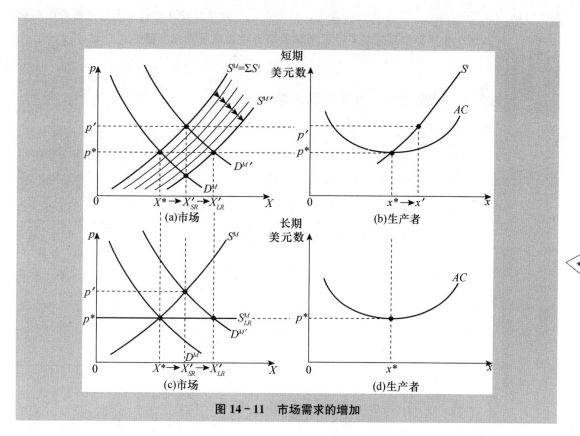

图 14-11　市场需求的增加

孩子而言是不合适的英雄人物。因此，政府提高了我每年的经营许可费，但不针对
其他生产者。那样的话，短期中我会继续生产，就好像什么都没发生一样，直到我
该交下一年的经营许可费了。因为我（和行业中其他生产者一样）一开始赚取零利
润，现在如果我交了营许可费并继续生产，长期中我就会发生亏损。因此我会退出
行业，但市场均衡并不会因此改变（因为我只是众多生产者中的一个，我并不能凭
一己之力移动市场供给曲线）。

　　有时，仅影响单个生产者的成本变化比刚刚那个政府只对我征税的例子要隐晦
从而难识别得多。举例来说，假定我发现我生产经济学家卡片的工厂坐落在一片地
下有丰富的石油储量的土地上。这一新消息意味着我工厂下面的这块土地比我最初
认为的要值钱得多，那么使用这片土地生产卡片的机会成本就会增加。因此，我的
AC 曲线会上移，这意味着如果我继续生产经济学家卡片的话就只能赚取负利润了。
我会因此退出这个行业而去做石油生意，或者把这片土地卖给一家石油公司。增加
的成本把我逐出了英雄卡行业，尽管我去做石油生意会更好（或者通过把土地卖掉
来赚更多的钱）。另外，如果这片土地只是我租来的而不是我所拥有的，那么这片
土地的租金就会增加，我的 AC 曲线也会上升并且使我离开英雄卡行业，只不过此
时是土地拥有者获利而不是我。不管是哪一种情况，我作为一个英雄卡生产商而增
加的机会成本都会迫使我离开这个行业。

练习 14A. 21 判断正误：不管是何种成本，只要是一个竞争型行业里的某个生产者的成本独自增加，那么这个生产者短期可能不会关闭但长期会退出这个行业。∎

14A. 4 影响企业和行业的变化总览

在本章中，我们第一次将竞争性市场中的消费者和生产者综合在一起进行研究。为了理解产品市场中生产一方的影响因素，我们描绘了受影响的行业中几种关于价格和产量水平的市场条件变化的短期和长期影响。表 14 - 1 总结了我们的主要结论。

表 14 - 1　条件改变对企业和行业的影响（假设所有企业相同）

例子	受影响的成本		市场价格	行业产出	企业产出	长期企业数量
	短期 (SR)	长期 (LR)				
↑许可证费	无	AC	$_{SR}$ $↑^{LR}$	$_{SR}$ $↓^{LR}$	$_{SR}$ $↑^{LR}$	↓
↑r	无	AC, MC	$_{SR}$ $↑^{LR}$	$_{SR}$ $↓^{LR}$	$_{SR}$ $?^{LR}$	?
↑w	AC, MC	AC, MC	$↑^{SR}$ $↑^{LR}$	$↓^{SR}$ $↓^{LR}$	$↓^{SR}$ $?^{LR}$	?
↑需求	无	无	$↑^{SR}$ $_{LR}$	$↑^{SR}$ $↑↑^{LR}$	$↑^{SR}$ $_{LR}$	↑

这张表中对我们阐述过的四种一般的市场条件各举了一个例子：（1）（长期）固定成本（如许可证费）的改变；（2）与那些短期中固定但长期中可变的要素相关的成本（如资本价格 r）的改变；（3）与短期也可变的要素相关的成本（如劳动力价格 w）的改变；（4）消费者对该行业生产的产品的需求的改变。对于每一种情况，这张表首先指出了哪些关键的成本曲线在长期与短期中受到影响，然后指出了均衡价格、行业产出水平以及单个生产者产出水平在短期和长期的变化。单箭头（即↑）代表小的改变，双箭头（即⇑）表示某变量短期和长期的变化方向相同；水平线（即 _）表示与初始均衡比较没有变化；问号（即?）表示该理论在没有附加假设的前提下，变化方向不定。最后一列表示该变化使长期中的生产者数量增加还是减少，即生产者面对变化时是退出还是进入行业。[1]

练习 14A. 22* 仿照表 14 - 1 再列一张表，总结需求及可变成本下降而不是上升时的情况。∎

14B　行业（或市场）均衡的数学分析

由于我们已经非常仔细地对不同情景推导了需求和供给，要加深对 A 部分中

---

[1]　表 14 - 1 中各行细节参见图 14 - 8、图 14 - 9、图 14 - 10、图 14 - 11 及相关讨论。

行业或市场均衡相关概念的直观理解，数学上已没有太多需要增补，因而这一章 B 部分将简单地介绍一个例子，以说明我们如何用已学到的一些经济学基础知识来计算行业均衡。这明显会是一个程式化的例子，并不能模拟真实世界的行业。融会贯通不是对各部分知识进行简单加总，因此，我认为我们将从对行业均衡的深入研究中受益匪浅。

我们从消费者出发，将他们对商品 x 和"所有其他商品" y 的偏好表示为拟线性效用函数

$$u(x,y)=50x^{1/2}+y \tag{14.1}$$

你可以自己验证这样的消费者的需求函数为

$$x^d(p)=\left(\frac{25}{p}\right)^2=\frac{625}{p^2} \tag{14.2}$$

其中我们假设复合商品 y 的价格是 1，并令 p 表示商品 x 的价格。

练习 14B.1 为什么这个需求函数不是收入的函数？■

进一步假定生产者在竞争性要素市场中经营，其中劳动成本 $w=20$，资本成本 $r=10$，商品 x 的所有生产者（和潜在生产者）面临相同的技术，该技术可用如下生产函数表示

$$f(\ell,k)=20\ell^{2/5}k^{2/5} \tag{14.3}$$

注意，这与我们在第 12 章计算对偶图形的方程相同，都是规模报酬递减的技术。然而，假定除了投入 ℓ 和 k 外，企业还必须从政府那儿购买一个需定期续费的运营许可证，其花费是 1 280 美元。正如你在章末习题 12.4 中得出的结论，在规模报酬递减的生产过程上附加一项固定成本会导致生产者拥有 U 形的长期平均成本曲线。

把在其他地方（大部分）已经推导过的结果汇总一下，我们就能证明这一结论。在第 12 章（方程（12.46））中，我们推导出生产函数（14.3）的成本函数是 $C(w,r,x)=2(wr)^{1/2}(x/20)^{5/4}$。加上 1 280 美元的重复固定成本后，方程（14.3）中生产过程的长期成本函数变为

$$C(w,r,x)=2(wr)^{1/2}\left(\frac{x}{20}\right)^{5/4}+1\,280 \tag{14.4}$$

或，当 $w=20$，$r=10$ 时，

$$C(x)=0.668\,74x^{5/4}+1\,280 \tag{14.5}$$

这意味着（当 $w=20$，$r=10$ 时）AC 函数为

$$AC(x) = 0.668\ 74x^{1/4} + \frac{1\ 280}{x} \tag{14.6}$$

它是 U 形的并且在 $x = 1\ 280$ 时达到最小值每单位 5 美元。

练习 14B.2 证明这个平均成本函数是 U 形的，并且在 $x = 1\ 280$，$AC = 5$ 处达到它的最低点。（提示：你可以通过证明 AC 的导数在 1 280 处为零，小于 1 280 时为负，大于 1 280 时为正，来证明函数是 U 形的。）■

14B.1 短期行业均衡

短期行业均衡仅由市场需求曲线和供给曲线的交点决定，其中需求曲线和供给曲线分别由已在市场中的所有单个消费者的需求曲线和单个生产者的供给曲加总表示。把我们例子中的需求曲线加总特别容易，因为所有消费者的需求函数（方程（14.2））完全相同（因为他们享有相同的拟线性偏好，从而他们的收入不影响需求）。因而对所有消费者"加总"需求曲线只要对方程（14.2）乘以商品 x 的市场中的消费者数量。例如，假定市场中消费者的数量是 64 000，那么市场需求 $D^M(p)$ 是

$$D^M(p) = 64\ 000 x^d(p) = 64\ 000 \left(\frac{625}{p^2}\right) = \frac{40\ 000\ 000}{p^2} \tag{14.7}$$

14B.1.1 短期行业供给 为计算市场供给曲线，我们需要每个生产者的短期供给函数并类似地"加总"这些函数。在第 11 章的方程（11.33）中，我们总结出对技术为 $f(\ell) = A\ell^\alpha$ 的生产者，供给函数为

$$x(p, w) = A \left(\frac{w}{\alpha A p}\right)^{\alpha/(\alpha-1)} \tag{14.8}$$

如果资本在短期被固定在 k^A，那么方程（14.3）的生产函数化简为

$$f(\ell) = A\ell^\alpha, \text{ 其中 } A = 20(k^A)^{2/5}, \ \alpha = 2/5 \tag{14.9}$$

例如，假定 $k^A = 256$，我们很快将在 14B.2 节中证明在长期均衡中的确如此。使用方程（14.9）中设定的 A 和 α 的值，并将其代回方程（14.8）中，我们得到短期供给函数

$$x(p, w) = 3\ 225.398 \left(\frac{p}{w}\right)^{2/3} \quad \text{或} \quad x^s(p) = 437.754 p^{2/3}, \text{ 当 } w = 20 \text{ 时} \tag{14.10}$$

由于我们假设所有生产者是相同的，所以"加总"这些供给函数得到短期市场供给曲线再次等价于对供给函数乘以目前在行业中经营的生产者数量。假定生产者

数量是1 250个（我们很快将证明这在长期均衡中是正确的），那么短期供给函数 $S^M(p)$ 是

$$S^M(p) = 1\,250 x^s(p) = 1\,250(437.754)p^{2/3} = 547\,192 p^{2/3} \tag{14.11}$$

14B.1.2 短期行业均衡 有了方程（14.7）和方程（14.11）中给出的市场需求和市场供给，我们现在通过把两方程联立来计算短期均衡价格，即解

$$S^M(p) = 547\,192 p^{2/3} = \frac{40\,000\,000}{p^2} = D^M(p) \tag{14.12}$$

求得 $p=5$。从而，当有 64 000 个消费者和 1 250 个生产者且偏好和技术分别由方程（14.1）和方程（14.3）给出时，短期资本 k^A 被固定在 256 单位并且工资率为 $w=20$，市场需求和供给相交处的均衡价格 $p^*=5$。把它代回单个消费者和生产者方程，得出市场中的每个消费者消费 25 单位 x，每个生产者通过雇用 128 工时生产 1 280 单位产出。

练习 14B.3 验证单个生产者的产出和单个消费者的消费数量。∎

为确保每家企业确实能得到非负的短期利润，我们可以比较总收益与总短期经济成本。总收益可以简单地用产出数量（1 280 单位）乘以价格（5 美元）得出，共 6 400 美元。在这种情形下短期经济成本仅包括劳动成本：以 20 美元工资率劳动的 128 工时，即 2 560 美元。从而每个生产者的短期利润是 3 840 美元。同时，生产者还需对 256 单位资本承担每单位 10 美元的短期固定花费，以及 1 280 美元重复发生的固定许可证费，共计 3 840 美元，这笔支出不计入短期成本。

练习 14B.4 我们已经指出 $k=256$ 实际上是当 $(p, w, r)=(5, 20, 10)$ 时的最优长期资本数量。那么你能从前面一段的信息中判断行业是否处在长期均衡吗？（提示：只有当没有生产者有动力进入或退出这个行业时，才可以说行业处于长期均衡。）∎

14B.2 处于长期均衡的行业

我们已经通过方程（14.6）总结出每个生产者的长期 AC 曲线（假设 $w=20$，$r=10$）是 U 形的并在产出为 1 280 单位处达到它的最低点 5 美元。我们也知道：在长期均衡中，市场中生产者的数量会调整到保持均衡价格处于 AC 曲线最低点的水平，即在长期中，均衡价格是 5 美元。市场需求由方程（14.7）给出，这意味着 x 的总产量为 1 600 000 单位，这也是当价格为 5 美元时市场的需求量。并且，由于每个生产者在长期均衡时都在 AC 曲线的最低点生产，所以每个生产者将会生产 1 280 单位 x，这意味着行业中将恰好有 1 250 个生产者。

因此，我们在前一节所计算的短期均衡也是长期均衡，短期资本的固定数量（每个生产者 256 单位）恰好等于当前价格下每个生产者所需使用的资本量。图 14-12 中画出了行业均衡，其中图（b）给出了短期行业需求曲线，其交点给出了图（a）中典型消费者的价格以及图（c）中典型生产者的价格。注意，供给曲线和需求曲线再次按照反供给曲线和反需求曲线绘制，因为它们是价格的函数，但是价格出现在纵坐标轴上。

这个图看起来与我们在 A 部分中常看到的相似，除了短期生产者供给曲线开始于图（b）中的原点，而我们在 A 部分的图中把它们画成开始于短期平均成本 AC^{SR} 曲线的最低点。然而，当你思考图 14-12 背后的假设时，产生这个差别的原因变得很明朗。短期生产函数（由方程（14.19）给出）一直是规模报酬递减的，这意味着 MC 是一直递增的。在 A 部分的图中，我们默认假设了在第 11 章中介绍的 S 形的短期生产函数，即在规模报酬递减前，起始部分是规模报酬递增的。这个假设导致了 U 形的 AC^{SR}，MC 位于 AC^{SR} 之上的部分形成了短期供给曲线。然而，在我们一直有规模报酬递减的短期生产函数的情形中，AC^{SR} 不是 U 形的，其最低点在原点。

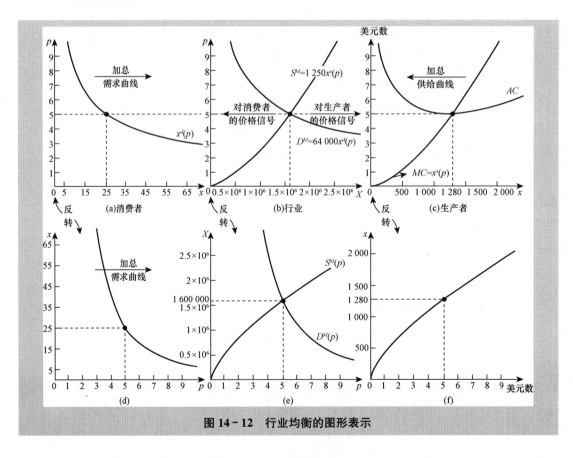

图 14-12 行业均衡的图形表示

练习 14B.5 你能在图 14-12（c）中画出 AC^{SR} 吗？ ■

14B.3 改变条件与改变均衡

我们继续采用 A 部分的方法来证明短期均衡和长期均衡怎样随着经济环境的变化而变化。首先指出，我们总是从一个处于长期均衡的行业出发，可以把短期均衡想成内嵌于这个长期均衡之中。这正是我们所计算并图示在图 14 - 12 中的：给定产出为 1 280 单位，假设每个生产者都在使用长期最优的资本量，短期供给曲线由此给出。现在每个生产者都在（长期）AC 曲线最低点进行生产，且这个最低点位于短期供给曲线上，因此该行业已处于长期均衡。在这个行业中，总的生产者数将恰好使得短期行业供给[*]曲线与市场需求曲线在 5 美元处相交，行业保持在长期均衡，没有任何生产者有动力进入或退出行业。

从这个均衡开始，我们接下来会说明以下这些变化所带来的影响：长期固定成本变化（在我们的例子中表示为重复发生的许可证费），与在短期固定但是在长期可变的要素（在我们的例子中表示为资本成本）相关的成本的变化，与可变要素（在我们的例子中表示为劳动成本）相关的成本的变化，以及对行业产出需求的变化。与 A 部分中一样，我们将考虑每一项发生正向变化的情况，并把反向变化的情况留给你们研究。

14B.3.1 长期固定成本的增加 假定政府试图通过把所有的许可证费提高 75％来弥补赤字，这意味着重复发生的许可证费从 1 280 美元增加到 2 240 美元。由于许可证费不出现在方程（14.10）的短期供给函数中，所以短期市场供给曲线不移动并且在短期中没有任何变化。然而，在长期，生产者将会遭受每期 960 美元的损失，因而其中一些生产者有动力退出该行业。这将引起市场供给曲线向上移动，直到在行业中的利润再次为零。

练习 14B.6 如果没有发生变化，那么为什么长期利润变成了－960 美元？ ∎

为得出利润为 0 时产品价格为多少，我们只需找出每个生产者的新的 AC 曲线的最低点位于何处。与方程（14.6）中的 AC 曲线不同，许可证费的增加导致新的 AC' 曲线为

$$AC'(x)=0.668\,74x^{1/4}+\frac{2\,240}{x} \tag{14.13}$$

这仍是 U 形的，但是现在最低点大约在 $x=2\,000$ 处，平均成本大约为每单位 5.59 美元。因此，我们知道达到新的长期均衡时的产出价格大约为 5.59 美元（高于之前每单位 5 美元的价格），保留在行业中的每个生产者每期生产 2 000 单

---

[*] 原文为需求，错误。——译者注

位产出（高于之前行业中每个生产者的产出 1 280 单位）。把这个新价格代入方程（14.7）中的市场需求曲线，我们发现在这个新的长期均衡价格下，每期将需要生产大约 1 280 000 单位产出。行业中的每个生产者大约生产 2 000 单位，这意味着在新的长期均衡处将有大约 640 个生产者，低于许可证费增加之前的 1 250 个。最后，我们把新的价格代入方程（14.2）的单个消费者的需求曲线中，得出每个消费者将降低他或她的需求量，具体来说是从每期 25 单位 x 下降到约 20 单位 x。

练习 14B.7 验证这些计算。

练习 14B.8 把由许可证费增加所引致的变化与图 14-8 所预测的变化进行比较。■

14B.3.2 资本成本的增加 下面，假定许可证费没有增加，但资本成本 r 从每单位 10 美元上升到每单位 15 美元。由于资本在短期是固定投入，所以这个变化同样不改变生产者的短期供给曲线（方程（14.10）），从而对短期市场均衡没有影响。然而，随着资本在长期变成可变投入，它变成经济成本，除非产品价格上升，否则每个生产者的利润将变成负的。从而，生产者有动力退出行业，这会引起产品价格上升，直到所有留在行业中的生产者的长期利润等于零。

价格上升多高仍取决于生产者（长期）AC 曲线的最低点向上移动了多少。把工资 $w=20$ 和新的租金率 $r'=15$ 代入方程（14.5）中的总成本函数中，我们得到的成本是产出的函数，即

$$C(x)=0.819\,036\,x^{5/4}+1\,280 \tag{14.14}$$

其对应的平均成本为

$$AC'(x)=0.819\,036\,x^{1/4}+\frac{1\,280}{x} \tag{14.15}$$

这个新的 AC' 大约在 $x=1\,088$ 处达到它的最低点，其中平均成本大约为每单位 5.88 美元，高于 r 增加前的每单位 5 美元。从而，新的长期均衡价格必须大约为 5.88 美元，留在行业中的每个生产者每期生产 1 088 单位 x。在这个价格下，市场需求函数告诉我们：消费者将大约需要 1 156 925 单位 x，这意味着达到新的长期均衡时将大约有 1 063 个生产者，少于最初的 1 250 个。

练习 14B.9 验证这些计算。

练习 14B.10 这些结果与图 14-9 是否一致？

练习 14B.11 在 r 上升之前和之后，行业中分别会使用多少资本和劳动？■

14B.3.3 劳动成本的增加 我们在 A 部分分析的最复杂的成本变化是工资率

w 的上升，因为劳动在短期和长期都可以调整。例如，假定工资率从 20 美元上升到 30 美元（资本成本保持在每单位 10 美元，许可证费保持在 1 280 美元）。由方程 (14.10) 我们知道，每个生产者的短期供给函数是 $x(p, w) = 3\,225.398(p/w)^{2/3}$，这意味着供给曲线从 $w = 20$ 时的 $x^s(p) = 437.754p^{2/3}$ 移动到

$$x^s(p) = 334.069p^{2/3} \tag{14.16}$$

行业中有 1 250 个生产者时，短期行业供给曲线从 $S^M(p) = 547\,192p^{2/3}$ 移动到

$$S^{M'}(p) = 417\,586p^{2/3} \tag{14.17}$$

令市场供给等于（无变化的）市场需求 $D^M(p) = 40\,000\,000/p^2$，我们得到短期均衡价格近似为 5.53 美元（高于最初的 5.00 美元的均衡价格）。在这个价格下，每个生产者每期大约生产 1 045 单位产出（从 1 280 单位下降），获得约 5 782 美元的收益。

练习 14B. 12　验证这些计算。∎

在短期，与资本和许可证费相关的花费不是经济成本，劳动成本是唯一的短期经济成本。每个生产者的资本固定为 256 单位，大约雇用 77 单位劳动来生产 1 045 单位产出，这意味着短期经济成本大约是 2 310 美元。给定 5 782 美元的收益，剩下了 3 472 美元的短期经济利润。

练习 14B. 13　在短期，行业生产怎么变化？∎

然而，在长期，许可证费以及与资本相关的成本变成经济成本。如果企业继续像它在短期均衡中那样生产，那么总成本将包括 2 560 美元资本投入和 1 280 美元许可证费，这意味着每个生产者每期将获得 −367 美元的长期经济利润。从而，企业有动力退出，直到所有留在行业中的生产者的长期利润再次为零。这时价格达到新的（长期）AC' 曲线的最低点，且长期产出价格大约为 5.88 美元（高于短期中的 5.53 美元）。在这个长期均衡价格处，留在市场中的每个生产者将会生产大约 1 088 单位产出（高于短期的 1 045 单位）而市场需求下降到大约 1 156 925 单位（低于短期的 1 306 395 单位）。这为行业中的约 1 063 个生产者留下了生存空间（因为少于 1 250 个）。

练习 14B. 14　验证这些计算，并把结果与图 14 - 10 中我们对工资率上升的图示分析进行比较。∎

14B.3.4 市场需求的增加 最后，我们在 A 部分简要分析了当市场需求增加时行业在短期和长期会怎么变化。例如，由于某条新闻意外地提及神奇的 x 商品有益健康，这使得市场的消费者从 64 000 增加到了 1 000 000，市场需求曲线从最初的 $D^M(p) = 64\,000 x^d(p) = 40\,000\,000/p^2$，移动到

$$D^{M'}(p) = 10\,000 x^d(p) = 100\,000 \left(\frac{625}{p^2} \right) = \frac{62\,500\,000}{p^2} \tag{14.18}$$

短期市场供给 $S^M(p) = 547\,192 p^{2/3}$ 保持不变（由于每个生产者的成本曲线保持不变）。令它等于新的需求函数，我们将得到新的短期均衡价格大约为 5.91 美元（高于 5.00 美元）。在这个价格，1 250 个现存的生产者每个生产（给定它们从方程（14.10）中得出的短期供给曲线）大约 1 431 单位产出（多于 1 280 单位），行业供给增加到大约 1 789 234 单位（多于 1 600 000 单位）。

练习 14B.15 最初在市场中的单个消费者的消费量在短期如何变化？ ∎

在这个新的短期均衡价格下，每个生产者获得正的经济利润，从而为新的生产者进入这个行业提供了激励，直到产品价格被迫回到行业中所有生产者获得零利润时的 5.00 美元。在产品价格为 5 美元处，新的市场需求曲线告诉我们：消费者的需求量将为 2 500 000 单位。每个生产者再次在其平均成本曲线的最低点生产（其中 $x = 1280$），这意味着在新的长期均衡中将大约有 1 953 个生产者（多于 1 250 个）。

练习 14B.16 验证这些计算并把结果与图 14-11（我们用该图说明了市场需求增加的影响）进行比较。 ∎

结论

在本章中，我们第一次把消费者和生产者模型的结果结合起来说明竞争性或分散化市场均衡是怎么产生的。这些均衡是基于这样的假设，即个体——生产者和消费者——相对于经济是"小的"，从而不能独自影响他们所处的经济环境。换言之，竞争均衡产生于个体为价格接受者时，此时他们没有动机去思考自己的行为会如何影响价格变动。后面我们将看到当经济中的一些个体不"小"时均衡的概念会怎样变化。

生产者的短期和长期之间的差别被定义为所有要素变成可变的时所需要的时间，而行业的短期和长期之间的差别被定义为新的生产者进入或旧的生产者退出所需要的时间。一旦生产者能释放在短期内的不变要素，它们就可以退出行业，这意

味着短期转变成长期的时间范围从生产者和行业的视角是相同的（如果在相同的时间段固定要素对所有生产者是固定的）。一旦生产者能释放它们在其他行业的固定投入，并把这些固定投入转换成它们希望进入的行业的投入，它们就能进入该行业。我们方便又不失可信度地假设，这与我们分析的行业内要素不变的时间长度接近。这里最重要的观点是：短期均衡产生于行业中消费者需求和现存生产者的供给的交点，而长期均衡完全取决于生产者的进入和退出决策，这也推动了（边际企业的）长期利润归零。

如我们在本章开头所指出的，竞争均衡中值得关注的点在于它描述了一种"自发的秩序"，这里说的"秩序"是指这样一种机制：它通过市场价格发出信号，使得千百万个体行为人知道该如何与市场中的其他人合作。这里说的"自发"是指秩序的形成无须任何人规划；每个人只需简单地考虑自己所处的经济环境并尽力做到最好。我们现在转向另一个值得注意的结果：在一定条件下可以证明，这些自发的秩序利用从社会可得的稀缺资源，实现了总体收益最大化。

章末习题[①]

†14.1 表 14-1 中最后一列指出了一个行业的经济条件变化时所预测的生产者（企业）数量的变化。

A. 该表对两种情形做出了明确的预测，但是对其他两种情形没有做出预测。

a. 首先解释为什么我们能明确地说企业的数量随着重复发生的固定成本（即许可证费）的增加而下降。把你的答案与我们知道的关于企业的长期产出和价格的信息联系起来。

b. 考虑需求增加的情形，重复回答（a）。

c. 现在考虑工资率上升的情况。首先假定这会引起长期 AC 曲线向上移动，并且不会改变该曲线最低点的产出水平。你能预测在这种情形下，企业的数量会增加还是减少吗？

d. 重复（c），但是这次假设 AC 曲线的最低点向上并向右移动。

e. 再次重复（c），但是这次假设 AC 曲线的最低点向上并向左移动。

f. 关于新的企业均衡数量的分析与 r 发生变化时有什么不同吗？

g. 当 w 下降时，AC 曲线的最低点向哪个方向移动会使我们无法确定企业的数量是增加还是减少？

B. 考虑一个适用柯布-道格拉斯生产函数 $f(\ell, k) = A\ell^\alpha k^\beta$ 的企业，其中 α，

[①] ＊在概念方面具有挑战性的问题。

＊＊在计算方面具有挑战性的问题。

†答案见学习指南。

$\beta>0$ 并且 $\alpha+\beta<1$。

a. 假设没有固定成本，成本函数由习题 13.5 的式（13.45）给出。假定有一个额外的重复发生的固定成本 F，那么这家企业的平均成本函数是什么？

**b. 推导长期 AC 曲线到达其最低点时的产出水平 x^* 的方程。

c. x^* 如何随着 F、w 和 r 的变化而变化？

d. 判断正误：对企业面临有着重复发生的固定成本的柯布-道格拉斯生产过程的行业，我们预测行业中企业的数量随着 F 的增加而增加，但是我们不能预测企业的数量随着 w 或 r 的上升是增加还是减少。

14.2 构建表 14-1 的前提假设：行业中所有企业都是相同的。

A. 假定在一个行业中所有企业都有 U 形的长期平均成本曲线。

a. 抛开标有"企业产出"的一列，如果不同企业有不同的成本结构，即一些企业相比其他企业有较低的边际成本和平均成本，那么表中会发生什么变化？

b. 相比所有企业相同时该行业被称为"成本不变行业"，（a）中描述的这种行业有时也被称为"成本递增行业"。你能推导出这些术语的基本原理吗？

c. 不少人认为，在一些行业，所有企业的平均成本和边际成本会随着更多企业进入市场而减少。例如，这样的行业可能使用特殊的劳动技能，当更多企业有此需求时，供给会因更多工人为此接受培训而更充足。在这种情形中长期行业供给曲线与我们在教材中讨论的以及在（a）中所描述的有何不同？

d. （c）中描述的那些行业有时候被称为成本递减行业。你能解释原因吗？

14.3 日常与商业应用：快餐店和油脂（续）。在习题 12.8 中你研究了部分依靠汉堡生产中产生的油脂运行的混合动力汽车对快餐店生产的汉堡数量的影响。然而，你忘记了考虑均衡对价格的影响，而错误地假设对油脂的需求的变化不会影响汉堡的价格。

A. 再次假定你使用一个规模报酬递减的生产过程来生产汉堡，仅使用劳动力，并且每生产 1 个汉堡就会生产 1 盎司的油脂。此外，假定你处于竞争行业并且每家企业每周都有一个重复发生的固定成本 F。

a. 假定运出油脂的成本是每盎司 $q>0$。说明你的边际成本曲线和平均成本曲线的形状（给定你也面对一个重复发生的固定成本）。

b. 假定所有餐馆是相同的，说明你在长期均衡中生产的汉堡数量。

c. 现在假定，由于对混合动力汽车的使用增加了，你以前雇来运走你的油脂的公司现在愿意为它运走的油脂付钱。你的成本曲线会怎么变化？

d. 描述这对汉堡的均衡价格和你生产的汉堡数量的短期影响。

e. 你的答案在长期会如何变化？

f. 如果假定餐馆在汉堡的生产中同时使用劳动和资本，你的答案会改变吗？

g. 在习题 12.8 中，你判定如果餐馆能选择使用更多还是更少的肥肉，那么汉堡中的胆固醇含量会随着对混合动力汽车的需求的增加而增加。你的结论是否仍成立？

B. 假定与习题 12.8 一样，你的生产函数由 $f(\ell) = A\ell^\alpha$ 给出（其中 $0 < \alpha < 1$），运走油脂的成本是 q。此外，假定现在每家餐馆都有一个重复发生的固定成本 F。

a. 推导你的餐馆的成本函数。

b. 推导边际成本函数和平均成本函数。

c. 你在长期会生产多少汉堡？

** d. 汉堡的长期均衡价格是多少？

e. 根据你的结果，确定长期均衡价格和每家餐馆的产出水平会如何随着 q 的变化而变化。

†**14.4 商业应用**：品牌名称和特许权费。假定你目前经营一家汉堡餐厅，它是你所在的城市的竞争行业的一部分。

A. 你的餐厅在位似生产技术上与其他餐厅相同：雇用劳动 ℓ 和资本 k，规模报酬递减。

a. 每周除了为劳动和资本支付外，每家餐厅还必须支付重复发生的周费 F。说明你的餐厅每周平均的长期成本曲线。

b. 在另一幅图上说明你所在城市每周对汉堡的需求曲线以及汉堡的短期行业供给曲线。假设该行业处于长期均衡中，那么每周你会卖出多少汉堡？

c. 当你幸福地在这个长期均衡位置生产汉堡时，一个来自国际麦肯文迪连锁店的代表来到你的餐厅，请你加入他们。你并不需要费钱费力，仅需要让麦肯文迪公司来安装一块麦肯文迪的指示牌，置换一些家具，并向你的员工提供新的工作服，而对于所有这些麦肯文迪的母公司都很乐意支付。然而，麦肯文迪将会对成为镇上唯一的麦肯文迪餐厅的特权收取每周为 G 的特许权费。当你想知道为什么你会同意交纳特许权费时，麦肯文迪的代表拿出经过市场调研的有说服力的文件，证明消费者愿意为麦肯文迪旗下的每个汉堡多支付 y 美元。如果你接受这个交易，那么你所在的城市的汉堡的市场价格是否会变化？

d. 利用平均成本曲线图，说明如果你接受麦肯文迪的交易你会生产多少汉堡。

e. 对给定的 y，说明能让你接受麦肯文迪交易的最大的 G 是多少。

f. 如果你接受这个交易，你最终将雇用的工人会更多还是更少？你将使用的资本会更多还是更少？

g. 你在麦肯文迪交易下对使用多少工人和资本的决策取决于特许权费 G 的大小吗？

* h. 假定你接受了麦肯文迪的交易，并且由于你的餐厅的汉堡销量增加，你所在城市有一家汉堡餐厅关闭了。假定汉堡的总消费量保持不变，请你推测你所在城市的汉堡行业中（劳动的）总使用量是上升还是下降？（提示：考虑所有餐厅在相同的规模报酬递减的技术下运营的事实。）

B. 假定行业中所有餐厅使用相同的技术，使得长期成本函数为 $C(w, r, x)$ $=0.028\,486(w^{0.5}r^{0.5}x^{1.25})$，该成本函数作为工资 w 和租金率 r 的函数，给出了每周生产 x 个汉堡的成本。[1]

a. 假定在你所在城市运营的每家汉堡餐厅都必须支付 4 320 美元的重复发生的周费，并且 $w=15$，$r=20$。如果餐厅行业在你所在城市处于长期均衡，那么每家餐厅每周卖出多少汉堡？

b. 在你所在的城市中，汉堡以什么价格出售？

c. 假定你所在的城市每周对汉堡的需求是 $x(p)=100\,040-1\,000p$，那么这个城市有多少汉堡餐厅？

d. 现在考虑麦肯文迪在本习题 A（c）中的提议。特别地，假定麦肯文迪所要求的特许权费是 $G=5\,000$ 美元，并且消费者愿意对麦肯文迪旗下的每个汉堡多支付 94 美分。如果你接受麦肯文迪的交易，那么你最终会生产多少汉堡？

e. 你会接受麦肯文迪的交易吗？

f. 假设在你所在的城市中出售的汉堡总数量大致保持不变，那么这个城市中汉堡餐厅的数量是否会因为你接受这个交易而变化？

g. 为使你愿意接受这个交易，麦肯文迪代表最高能收取你多少费用？

h. 假定雇员平均每周工作 36 个小时。你能用谢波德引理来确定如果你接受这个交易，那么你会使用多少雇员吗？这是否取决于你所支付的特许权费？

i. 这与参与竞争的非麦肯文迪汉堡餐厅使用的雇员数相比如何？鉴于你在（f）中的答案，你的餐厅成为一家麦肯文迪餐厅会使你的城市中汉堡行业的总雇员数增加还是减少？

14.5 商业应用："经济租金"与来源于企业家技能的获利。假定与习题 14.4 一样，你正在经营一家处于竞争行业的汉堡餐厅。现在你同时是店主，且假设餐厅的店主始终是工人之一，并按每周投入的工作时长获得与其他工人同样的工资。（当然，除此之外店主还得到全部周利润。）

A. 再次假设所有餐厅店主使用相同的位似的规模报酬递减的技术，但是现在的投入除了每周劳动 ℓ 和资本 k 以外，还包括企业家技能 c。与习题 14.4 一样，也假设所有餐厅都必须支付重复发生的周固定成本 F。

a. 首先，假设所有餐厅的店主拥有相同的企业家技能 c。画出一家餐厅（对每周汉堡生产的）长期 AC 曲线，并指出这家餐厅每周会卖出多少汉堡以及价格是多少（假设行业处于长期均衡中）。

b. 下面假定你是特殊的，你比其他餐厅的店主拥有更多的企业家技能和管理者技能。由于你的 c 更高，所以对于任意 ℓ 与 k 的组合，你对劳动和资本的边际产出比所有竞争者高出 20%。长期均衡价格会因此有任何不同吗？

---

[1] 那些乐此不疲地想证明这一点的人可以验证这个成本函数产生于柯布-道格拉斯生产函数 $f(\ell, k)=30\ell^{0.4}k^{0.4}$。

c. 如果对任何 ℓ 和 k 的组合，你的企业家技能会使得劳动和资本的边际产出比竞争者多 20%，那么你的等产量图与他们的有何不同？对给定的工资和租金率，你会使用和你的竞争者相同的劳动-资本比率吗？

d. 你会比你的竞争者生产得更多还是更少？通过画图比较你的餐厅的长期 MC 曲线和 AC 曲线以及竞争者的 AC 曲线来说明这一问题。

e. 在图中说明你每周会从你的异常高的企业家才能中获得多少利润？

f. 假定一家新的计算机公司——巨软——的所有者有兴趣雇用你成为它的一家分公司的经理。假设你在两种情形下每周都能工作 36 小时，并且在餐厅的工资率是每小时 15 美元，为使你放弃餐厅生意，它需要向你提供多高的周工资？

g. 一个企业家从他的技能中得到的收益有时候被称为经济租金，因为他可以把该技能租出去，而不是用在自己的生意上。如果企业家才能的经济租金作为一个成本包含在你所经营的餐厅生意中，你将在餐厅生意中创造多少利润？

h. 把这个技能的经济租金记为餐厅生意的一项成本是否影响你生产多少汉堡？它将如何改变你图中的 AC 曲线？

B. 假定所有餐厅使用相同的生产函数 $f(\ell, k, c) = 30\ell^{0.4}k^{0.4}c$，其中 ℓ 表示每周的工时，k 表示每周租用的资本的时长，c 表示店主的企业家技能。注意，除了 c 之外，这与习题 14.4 中使用的生产技术相同。你所在的城市对汉堡的周需求与习题 14.4 一样，为 $x(p) = 100\,040 - 1\,000p$。

a. 首先，假定对所有的餐厅店主，$c = 1$，并且 $w = 15$，$r = 20$，此外，经营餐厅还必须支付一个固定的周成本 4 320 美元，并且行业处于长期均衡中。请确定每家餐厅每周出售的汉堡的数量、汉堡的价格，以及正在经营的餐厅数量。（如果你已经完成习题 14.4，你应该能使用其中的结论。）

b. 下面，假定你是唯一一个与其他餐厅店主不同的店主，因为你是一个更好的经理和企业家，这体现为你的 $c = 1.245\,73$。请确定你的长期 AC 函数和 MC 函数。（注意，不要使用习题 14.4 中给出的成本函数，因为 c 不再等于 1 了。你可以转而参考习题 13.5 中在方程（13.45）中给出的对柯布-道格拉斯技术所推导的成本函数（并记得加上固定成本）。）

c. 你在长期均衡中会生产多少汉堡？

d. 给定你较高的 c 的水平，在长期均衡中将存在多少餐厅？

e. 相比竞争者，你使用了多少工人（包括你自己）以及多少单位资本？（回忆一下，我们假设工人平均每周工作 36 小时。）

f. 你的餐厅每周的长期利润与其他餐厅有什么不同？

g. 假定如 A（f）所述，巨软想雇用你。为使你退出餐厅生意并接受巨软的提议，巨软必须向你提供多高的周工资？

h. 如果你决定接受巨软的提议并退出餐厅生意，餐馆行业的总雇员数会增加还是减少？

14.6 **商业与政策应用：资本利得税。** 资本利得税是针对投资收益或"资本所得"，而不是劳动收入。在一定程度上，资本利得税是对资本收益所征收的税，关于它对资本租金率的影响我们会在后面的章节探讨。现在，我们将简单地研究资本利得税引发的资本租金率上升对一个行业内企业的影响。

A. 假定在一个所有企业都相同的竞争市场中，你正在运营一个加油站。你每周使用位似规模报酬递减的生产函数来雇用劳动 ℓ 和资本 k 进行生产，此外你还要承担一个周固定成本 F。

a. 假设行业处于长期均衡，我们从你的企业的长期周平均成本曲线出发，并把它与你所在的城市对汽油的周需求曲线以及短期周总供给曲线联系起来。用 x^* 表示你所在城市每周的汽油销售量，p^* 表示销售价格，X^* 表示你所在城市每周的汽油销售总量。

b. 现在假设资本利得税税率上升提高了资本 k 的租金率（在短期中对每个加油站是固定的），那么在短期是否有什么会发生变化？

c. 在长期中 x^*、p^* 和 X^* 怎么变化？借助图形解释这种变化。

d. 你能判断出由资本利得税税率上升导致的租金率上升将使你雇用更多还是更少的工人吗？如果不能，那么什么信息有助于判断这一点？

e. 你能够判断这个城市的加油站数量由于租金率上升会增加还是减少吗？你的答案可能取决于什么因素？

f. 你能判断加油站雇用的劳动是增加还是减少吗？资本的使用呢？

B. 假定你的生产函数为 $f(\ell, k) = 30\ell^{0.4}k^{0.4}$，$F = 1\,080$，每周你所在城市对汽油的需求是 $x(p) = 100\,040 - 1\,000p$。进一步地，假定工资率是 $w = 15$，目前的租金率是 32.156 8。汽油价格通常是以十分之一美分的形式来表示的，请依此进行回答。

a. 假定行业处在没有资本利得税的长期均衡中。假设你能雇用整数的资本数量并生产整数的汽油数量，你会生产多少汽油且以什么价格卖出你的汽油？（使用习题 13.5 的方程（13.45）中给出的对柯布-道格拉斯技术推导的成本函数（并记住加上固定成本）。）

b. 在你所在的城市有多少加油站？

c. 现在假定政府的资本利得税税率上升使资本租金率增加了 24.39% 至 40 美元。在新的长期均衡中你的汽油的销售会受到什么影响？

d. 汽油的新价格是多少？

e. 你会改变你雇用的工人数量吗？你租用的资本数量呢？

f. 在你所在的城市中会存在更多还是更少的加油站？你的答案如何与城市中汽油总销量的变化保持一致？

g. 加油站雇用的工人总数量会由于资本利得税税率上升发生什么变化？直观地解释这是怎么发生的。

*h. 你认为你的哪个结论与生产函数（只要它是规模报酬递减的）是定性无关的？哪个结论不是？

*i. 你认为你的哪个结论是与需求函数定性无关的？哪个结论不是？

14.7 商业与政策应用：使用许可证费创造正的利润。假定你拥有一家生产特定药 x 的制药公司，行业内公司很多且它们相同。

A. 你的生产过程是规模报酬递减的，但是你需承担一个每年重复发生的固定成本 F 来经营你的企业。

a. 假设产出价格使你获得零长期利润。首先说明你的企业的平均长期成本曲线并确定你的企业的产出水平。

b. 在你的图的旁边，利用市场需求曲线和短期市场供给曲线，证明零利润价格即为均衡价格。

c. 下面，假定政府开始对每家生产这种药的企业征收一笔每年重复发生的许可证费 G。假设你的企业留在这个行业中。假设长期利润在新的均衡中再次为零，那么你的企业和市场会由于 G 的引入而在短期和长期发生什么变化？

d. 现在假定 G 的引入使得在新的长期均衡中维持零利润价格的企业数量不是一个整数。特别地，假定符合这一要求的企业数量是 6、5 家。由于现实中不存在非整数家企业，所以实际上在长期中会有多少家企业？

e. 这会如何影响长期均衡价格、你企业的长期产出水平（假设你的企业留在行业中），以及你企业的长期利润？

f. 判断正误：充分大的固定成本实际上可能允许同质的企业在竞争行业中获取正的长期利润。

g. 判断正误：充分大的许可证费可能会使一个竞争行业变得更集中，也就是说有较少的企业来争抢消费者。

B. 假定行业中的每家企业均使用生产函数 $f(\ell, k)=10\ell^{0.4}k^{0.4}$，并且重复发生的年固定成本为 175 646 美元。

a. 如果 $w=r=20$，请确定每家企业在长期均衡中会生产多少。（你可以使用习题 13.5 中方程（13.45）给出的对柯布-道格拉斯技术推导的成本函数（并记得加上固定成本）。）

b. 在这个行业中，消费者为这种药支付的价格是多少？

c. 假定消费者的总需求函数为 $x(p)=1\,000\,000-10\,000p$。这个行业中有多少家企业？

d. 假定政府要求每家企业花费 824 354 美元购买一个年运营许可证。你对（a）、（b）和（c）的答案在短期和长期中怎么变化？

e. 在行业中保持活跃的企业在新的长期均衡中是变得更好了还是更差了？

f. 现在假定政府的年运营许可证的费用为 558 258 美元。计算使长期利润等于零的价格。

g. 假设存活的企业数可为小数，这意味着在长期均衡中将会有多少企业生存下来？

h. 由于企业数量不能是小数，所以在长期中实际上存在多少家企业？验证这将意味着均衡价格大约为 48.2 美元。（提示：使用习题 13.7 脚注中的式（13.49）对柯布-道格拉斯生产过程给出的供给函数。）

i. 这意味着剩下的企业实际创造的利润是多少？

14.8 政策与商业应用：商业税（续）。在习题 13.11 中，我们介绍了一些可能的商业税，假设价格 w、r 和 p 保持不变，然后考虑企业会做何反应。现在既然已经介绍了均衡价格形成的概念，我们就可以回顾这个习题。

A. 假定餐馆行业处在长期均衡中，所有餐馆使用相同的位似的规模报酬递减的技术，并且所有餐馆都必须支付固定的年特许经营费 F。

a. 说明一家餐馆的平均成本曲线以及这个行业的（短期）供给曲线和需求曲线图形。

b. 回顾习题 13.11 的 A（b）到 A（h），并解释价格保持不变的假设是不是正当的，如果不是，原因是什么。

B. 考虑使用与习题 13.11 相同的技术及重复发生的固定成本 F。

**a. 推导长期均衡价格 p^* 和产出水平 x^*，将其表示为 A、α、β、w 和 r 的函数。（你可以使用习题 13.5 中由方程（13.45）给出的成本函数以及习题 13.7 中由方程（13.48）给出的利润函数。）

b. 在习题 13.11 中，我们着重考虑了 A（d）到 A（h）的政策对产出供给函数和要素需求函数的影响。现在请你使用（a）中的结果来确定每个政策对长期均衡价格和企业产出水平的影响。

14.9 政策与商业应用：最低工资劳动补贴（续）。在习题 13.10 中，我们研究了政府对雇用最低工资工人给予补贴时企业的决策。我们默认假设政策对问题中的企业所面临的产品价格没有影响。

A. 再次假定你经营一家企业，使用最低工资工人 l 和资本 k。最低工资是 w，资本的租金率是 r，你的企业是这个行业中众多相同企业中的一家，每家企业使用位似的、规模报酬递减的生产过程并面临一项重复发生的固定成本 F。

a. 假设企业处于长期均衡中，首先画出一家企业的平均成本曲线并把它与行业中的（短期）供给和需求联系起来。

b. 现在政府提供工资补贴 s，使得雇用最低工资工人的实际成本从 w 降低到 $(1-s)w$。在短期中企业和行业会发生什么变化？

c. 与初始的数量相比，价格和（企业与市场的）产出长期中会发生什么变化？

d. 能否确定在新的长期均衡中企业数量会增加还是减少？

e. 能否判断长期价格比短期价格更高还是更低？这如何与你对（d）的回答联系起来？

B.　假定行业中的企业使用生产技术 $x=f(\ell,k)=100\ell^{0.25}k^{0.25}$ 并支付重复发生的固定成本 $F=2\,210$ 美元。进一步假定最低工资是 10 美元，资本的租金率是 $r=20$。

a.　最初的长期均衡价格和企业产出水平分别是多少？

b.　假定 $s=0.5$，这意味着雇用最低工资工人的成本下降到 5 美元。你对（a）的答案会如何变化？

c.　与旧的均衡相比，在新的均衡中企业对各项投入多买或少买了多少？（已推导柯布-道格拉斯生产过程的要素需求函数并在习题 13.8 的方程（13.50）中给出。）

d.　如果价格对 x 的需求量影响不大，在长期中企业的数量是增加还是减少？

e.　假定需求为 $x(p)=200\,048-2\,000p$，那么在初始的长期均衡中有多少企业？

f.　推导短期市场供给函数并说明它推导出的最初的长期均衡价格。

g.　验证当对工资提供补贴时，短期均衡价格下降到大约 2.69 美元。

h.　在短期每家企业的产出变化了多少？

i.　确定当对工资提供补贴时，在长期均衡中企业数量的变化，并用短期均衡结果对此进行解释。

†14.10　政策应用：教育券与私立学校市场。在美国，私立学校收取学费并与不收取学费的公立学校竞争。一个存在争议的政策建议是：通过发放教育券增加对私立学校的需求。教育券就是一张简单的印着美元金额 V 的纸，如果父母把他们的小孩送到私立学校，他们可以用这张纸来支付一定比例的私立学校学费。（然后私立学校用这张券从政府兑换 V 的收益。）始终假设私立学校会努力最大化自身利润。

A.　假定私立学校有 U 形的平均（长期）成本曲线，并且在大都市区的私立学校市场目前处于长期均衡中（在没有教育券时）。

a.　首先画出学校的平均长期成本曲线（私立学校的座位数位于横坐标轴）。然后，在旁边的另一幅图中，说明城市范围内的私立学校座位的需求曲线，它是学费价格 p 的函数。最后，画出短期总供给曲线，其与需求曲线相交于一个使得私立学校市场处于长期均衡的价格。

b.　说明政府向城市内每户家庭发放金额 V 的教育券对需求曲线的影响。每个现存的私立学校中的座位数量会发生什么变化？在短期学费水平 p 会发生什么变化？

c.　下面考虑当额外的私立学校能进入这个市场时的长期情况。学费水平 p、每个学校的座位数量，以及就读私立学校的学生总数会怎么变化？

d.　私立学校教育券的反对者担忧这种券的实施将只引起私立学校学费的增加，而不会引起私立学校学生数的实质变化。从短期和长期视角评价这种担忧。

e.　私立学校教育券的支持者认为：增加私立学校的可得性将会倒逼公立学校提供较高质量的教育。如果这是真实的，那么你对（b）和（c）的答案会如何变化?

f. 如果居住在这个城市内的所有人都可以得到私立学校教育券（但是那些居住在郊区的人得不到），那么那些以前选择居住在郊区并把孩子送到郊区公立学校的家庭现在可能转而选择居住在市区并把孩子送到私立学校。这会如何影响你对（b）和（c）的回答？

B. 在本题中，所有的美元金额以千美元计。假定总的城市范围对私立学校座位数的需求由 $x(p)=24\,710-2\,500p$ 给出，并且每个私立学校的平均长期成本函数由 $AC(x)=0.655x^{1/3}+900/x$ 给出。

a. 已知 $w=50$，$r=25$，私立学校面对的固定成本为 900，验证 $AC(x)$ 产生于柯布-道格拉斯生产函数 $x=f(\ell,\,k)=35\ell^{.5}k^{0.25}$。一单位 x 可以理解为学校内的一个座位（或一个孩子），ℓ 可以理解为一个老师。由于美元金额是以千美元表示的，所以 $w=50$ 表示老师的薪水为 50 000 美元以及 900 的固定成本代表 900 000 美元重复发生的年成本。

b. 为使私立学校市场处于长期均衡，需要有多少孩子在私立学校上学？每个私立学校收取的学费（对学校的每个座位收取的费用）是多少？

c. 给定你知道潜在的生产函数，你能确定每个私立学校的班级大小吗？（提示：你已经在（a）部分确定了孩子的总数，现在需要确定每个私立学校老师的数量。[①]）

d. 多少私立学校在运营？

e. 现在假定政府对每个孩子可给家长 5.35（即 5 350 美元）的私立学校教育券，那么这会如何改变对私立学校座位的需求函数？（提示：注意正确加入教育券，即，使需求曲线向上移动。）

*f. 给定这个需求的变化，假设学校的数量固定并且在短期中没有新的学校进入，那么在现存的私立学校中，短期学费和上私立学校的人数会发生什么变化？（提示：你需要知道目前的资本水平，推导私立学校的短期供给函数，并把现存的学校加总。）

g. 私立学校的班级大小在短期会发生什么变化？

h. 当长期中新学校可以进入时，你的答案会如何变化？

*14.11 政策应用：公立学校教师薪水、班级大小与私立学校市场。在习题 14.10 中，我们指出在美国城市中，收取学费的私立学校与公立学校并存。在政策界，关于公立学校老师工资（由当地或州政府制定）以及（确定公立学校班级大小的）公立学校教师数量有很多讨论。

A. 再次假定私立学校给孩子提供座位并面临 U 形的长期 AC 曲线，此外私立学校市场目前处在长期均衡中。

---

① 对照习题 13.8 中的方程（13.50）是有帮助的。

a. 首先画两幅图，一幅是私立学校的长期 AC 曲线，另一幅是私立学校市场处于长期均衡时的需求曲线与（私立学校座位的）短期总供给曲线（私立学校学费 p 位于纵坐标轴）。

b. 现在假定政府为公共教育发起一项重要投资，使得公共教育老师薪水上涨。你预期在私立学校老师的市场中（私立学校老师薪水在纵坐标轴并且私立学校老师数量在横坐标轴），这项公共教育投资会引发什么结果？

c. 这在短期会如何影响私立学校学费水平、私立学校座位数和上私立学校的孩子的总体数量？

d. 随着在长期中私立学校能进入并且退出行业，你的答案会怎么变化？

e. 政府将投资计划改为雇用更多的公立学校教师（政府从其他州招聘额外的教师），从而减少班级大小，而没有提高教师薪水。假定这对教师的均衡薪水没有影响，但是使家长对公立学校的好感增强，那么这在短期和长期会如何影响私立学校市场？

f. 如果政府雇用更多的公立学校教师也引起了均衡教师薪水增加，你对（e）在长期中的回答如何变化？

B. 与习题 14.10 一样，假设城市范围内对私立学校座位的需求函数是 $x(p)=24\,710-2\,500p$，每个私立学校的平均长期成本函数由 $AC(x)=0.655x^{1/3}+900/x$ 给出。再次把所有的美元金额表示为千美元。

a. 计算每个学校在初始长期均衡处收取多少学费以及市场中有多少私立学校。

b. 如果你已经做了习题 14.10 的 B（a），你就已经证明了这个 $AC(x)$ 曲线产生于柯布－道格拉斯生产函数 $x=f(\ell,\ k)=35\ell^{0.5}k^{0.25}$（在 $w=50$，$r=25$ 以及当私立学校面对 900 的固定成本的情况下）。如果你还没有这样做，那么可以使用这些信息来确定每个学校会雇用多少教师以及使用多少资本。

c. 假定公立学校教师加薪使得私立学校的均衡工资从 50 涨到了 60（即从每年 50 000 美元涨到每年 60 000 美元）。在短期中均衡学费会发生什么变化？

d. 学校大小与班级大小会发生什么变化？

e. 你对学校大小、学费水平和班级大小的答案在长期会怎么变化？（提示：你可以使用习题 13.5 在方程（13.45）中给出的成本函数来推导 AC 曲线，确保你没有落下 900 的固定成本。）

f. 在长期中会有多少私立学校留在市场中？

14.12 政策应用：对产品征收污染税。假定你的企业是很多把原油提炼成汽油的企业中的一家。自然，这个过程会产生污染，因而政府宣布对炼油厂生产的每加仑汽油征收一项 t 美元的新税收——污染税（由炼油厂支付）。

A. 出于本题的目的，假定把原油炼制成汽油的过程是规模报酬递减的，且面临一项重复发生的固定成本。

a. 首先说明行业的税前均衡、一家企业的平均成本曲线以及使行业处于均衡的（短期）市场供给和需求。

b. 征收污染税后短期内每家企业和该行业会发生什么变化？

c. 在长期它们会发生什么变化？

d. 判断正误：尽管炼油厂在短期会承受这项税的一些负担，但是在长期它们将把所有的税转移给消费者。

e. 我最近在一个电视新闻节目中听到了如下评论（提及的税收与我们这里分析的相似）："规制者特别担忧行业中的公司设法把污染税完全转嫁给消费者，还认为这表明该行业可以策略性地操控汽油价格，因而不是竞争性的。"对此你怎么认为？

f. 炼油厂在长期会改变它们投入的劳动和资本的比率吗（假设它们继续运营）？

g. 这里引用另一则最近的电视分析："与这家炼油厂厂主交谈后，他表示不打算解雇任何工人来应对对提炼汽油征收的污染税。因此，这个行业的工作现在看起来是安全的。"你赞同吗？

B. 再次假定在汽油炼制行业中所使用的生产函数是 $f(\ell, k) = A\ell^\alpha k^\beta$，$\alpha$，$\beta > 0$ 且 $\alpha + \beta < 1$，并假定每家炼油厂必须支付重复发生的固定成本 F。

a. 推导在长期 AC 曲线达到其最低点时，产出水平 x^* 的表达式。（这应该是 A、α、β、w 和 r 的函数。）

b. x^* 在征税后如何变化？

c. 你能否确定汽油炼制厂的数量由于税收是增加了还是减少了？

d. 确定税前的长期均衡价格 p^*（A、α、β、w 和 r 的函数）。它在征税后会怎么变化？

e. 你能根据你的答案确定税收实际由谁支付吗？

f. 税收会导致污染减少吗？如果会，是为什么？

第 15 章 "看不见的手"与福利经济学第一定理

在第 14 章，我们把消费者模型和生产者模型的各部分结合在一起，从而得到了市场均衡或行业均衡的定义。[①] 我们由偏好和预算约束得出了个体的产出需求曲线和要素供给曲线，并通过将所有消费者加总在一起，得出了产出市场需求曲线和要素市场供给曲线。对于生产者，类似地我们通过将生产边界与价格结合在一起得出了单家企业的供给曲线和要素需求曲线，并通过将所有企业加总在一起，得出了短期市场供给曲线和要素市场需求曲线。进一步地，我们根据企业的进入与退出得出了有别于短期商品市场供给曲线的长期市场供给曲线。

个体需求和供给关系是通过考虑经济环境的变化——要素与产出价格的变化——是如何改变消费者、工人和企业的行为而推导出来的。然而，经济环境本身产生于经济中很多个体决策的均衡，这些决策产生了均衡价格。在一个竞争性的市场中，当消费者和生产者在决定他们的行为时，这些价格被他们视为既定的。因此，产生于均衡的价格起到了协调市场中多个个体的作用，向消费者传递了他们应该消费多少的信号，向工人传递了他们应该生产多少的信号。没有人规划这一点——它是随着经济中的每个人尽力做到最好而"自发地"发生。因此，所导致的均衡有时候被称为市场力所创造的"自发的秩序"。

秩序可以在没有任何人规划的情况下产生的观点其本身是相当惊人的。然而，更加不同寻常的是，在一定条件下，产生于分散市场的自发秩序可以精确地模仿出一个中央计划者在了解全部个体信息的条件下所期望的行为。换言之，不仅分散市场中的激励产生了一个可预测的均衡，而且在一定条件下，没有任何方式能够改变现有的情况，使得在不使任何人的效用变差的情况下使一些人的效用增加。用我们在本书前面使用的语言来表述就是：在一定条件下，分散市场的自发秩序是完全有效的。本章以及本书剩余的大部分将说明这个重要的结果。我们将说明这个结果成立的必要条件以及可能引起这个结果失效的现实世界条件，为民间团体或政府机构

---

① 本章建立在第 14 章的基础之上，并用到了第 10 章介绍的边际支付意愿和消费者剩余的概念。

改进市场的自发秩序创造空间。

15A 均衡中的福利分析

为证明市场的福利性质，我们需要衡量每个经济人能够从参与市场中得到的收益。在产出市场，这要求我们度量消费者和生产者的收益，而在要素市场，我们需要衡量工人的、企业的，以及那些提供资本的人的收益。资本的供给者通常是那些通过储蓄借出金融资本的人，而资本的需求者通常是为生产商品和服务而投资的企业。

幸运的是，我们已经定义了进行该分析的基本构建模块。对消费者而言，我们在第 10 章提出了"消费者剩余"的概念，即消费者从参与一个市场中所得到的收益。我们可以直接把这个概念拓展到工人，把"工人剩余"定义为工人从在劳动市场卖出他们的劳动中得到的收益，类似地我们可以定义那些从能够为未来规划而给市场提供资本的人所得到的剩余。对生产者来说，定义一种衡量生产者从市场运作中获得多少福利的方法则更加直接：由于生产者关注利润，所以我们将简单地使用利润（也可以称其为"生产者剩余"），作为对生产者的相关度量。在说明在一定条件下市场如何最大化生产者剩余和消费者剩余之和以前，我们将依次讨论其中的每个要素。

15A.1 消费者与工人剩余

在第 10 章，我们说明了个体消费者剩余可以被度量为补偿需求（或边际支付意愿）曲线以下以及消费者用以消费的价格以上的区域的面积。然而，除非我们所分析的商品的消费者偏好是正常品和低档品的边缘情形（从而偏好关于感兴趣的商品是拟线性的），否则个体消费者的补偿需求曲线与我们在第 14 章加总起来推导市场需求的常规需求曲线是不一样的。这马上告诉我们，通常，我们不能沿着用来推导均衡的市场需求曲线来说明市场中所有消费者的总的消费者剩余。（然而，记住从常规消费者需求曲线所推导出来的市场需求曲线仍是预测均衡的正确的需求曲线，因为这一需求曲线告诉了我们消费者是如何对变化的激励做出反应的。）

既然我们知道如何在个体需求曲线和补偿需求曲线上度量消费者剩余，那么在市场需求曲线和供给曲线图中度量消费者（以及工人和储蓄者）剩余的最简单方式就是把市场中所有消费者（以及工人和储蓄者）当成一个单一的"代表性经济人"。这乍听起来很奇怪，因为我们指出了重要的一点，那就是在一个竞争市场中产生的均衡源于简单地把经济环境当成既定的很多个体的分散化行为。然而，我们将看到：在一些情形下，我们可以把所有这些个体看成一个单一的个体，其也把经济环境当成既定的。当这些条件成立时，我们可以奢侈地假设市场需求曲线与个体需求曲线有相同的性质，我们可以把市场需求曲线看成一个单一消费者在给定的经济处境下做出最好的选择时产生的需求曲线。并且我们可以假设代表性消费者的补偿需求曲线可以精确地衡量总的消费者剩余。

15A.1.1 **"代表性消费者"** 我们首先研究在什么条件下通过简单加总所有个体需求曲线得出的市场需求曲线与个体需求曲线有相同的性质。为得到一些直觉，首先假定"市场"仅由我和我妻子组成，市场需求曲线简单地为我们的"家庭需求曲线"，其产生于我们的个体需求曲线的加总，而这进一步产生于我和我妻子在给定我们个体的经济处境时总是能独自地尽力做到最好。更具体一些，假定当我们去沃尔玛购买衣服（表示为 x_1）和"其他商品"（表示为 x_2）时，我妻子——我们家庭的真正主人——有外生的可支配收入 $I^1 = 800$，并且她慷慨地允许我有可支配收入 $I^2 = 400$。在沃尔玛，我们面对相同的价格（p_1 和 p_2），并且最终在两个不同的收银台为不同的两篮子商品（A^1 和 A^2）结账。这些篮子中商品的组成取决于我们个体的偏好、个体的收入以及我们面对的共同价格。

如果我们在婚礼上所说的誓言的真正意思是我们两人是一个整体，那么我们可能认为我们的"家庭需求"确实就像产生于单个消费者尽力做到最好一样。换言之，如果我们的家庭像一个个体那样行动，那么家庭的外生收入如何在我和我妻子之间划分并不重要。从而，如果对我们外生收入不平等的义愤填膺导致你从我妻子的钱包拿出 200 美元放到我的钱包，以至于现在我们都带着 600 美元走进沃尔玛，那么我们一起走出沃尔玛时应与我们初始预算有相同的衣服和其他商品。在收银台我们个体的篮子中商品可能不一样（我的购物筐里面有更多的东西），但是当我们把买的东西放在我们车的后备箱时，最终，我们有着与之前一模一样的东西，如同你没有干预一样。仅当这一点是真实的时，我们才像婚礼上所说的誓言那样如同一个整体。

但是，这并不一定意味着我妻子和我有完全相同的偏好。例如，假定开始时我妻子和我分别面对图 15-1 中最外面和最里面的预算线，她到达收银台，消费组合 A^1 是其最优篮子，我在我的篮子中有消费组合 A^2。接着我们想象在进沃尔玛之前你义愤填膺地把 200 美元从她的钱包转移到了我的钱包，使得我们俩都面对图中中间的预算线，而不是最初各自的预算线。为使我们最终在家庭车的后备箱中放置相同的总体商品篮子，我妻子从她最初的预算线到新的预算线的最优篮子的变化必须完全被我从最初的预算线到新的预算线的最优篮子的变化抵消。换言之，图中把我妻子初始的最优 A^1 到她的新的最优 B^1 联系起来的箭头一定与把我的初始最优 A^2 与我新的最优 B^2 联系起来的箭头完全平行。因而，我们个体的偏好可能非常不同，但是随着收入在我们之间再分配，我们个体行为的变化使得总体消费束不变。只要这在我们感兴趣的经济环境的相关范围内成立，我们"神秘的"联盟就是完整的，并且我们的表现像一个单一的"代表性经济人"。这意味着总体上我们的表现像一个有着理性偏好的单一个体，该偏好产生的需求曲线和补偿需求曲线刚好与我们在教材的第 1 部分对一个单一消费者所分析的需求曲线和补偿需求曲线的解释相同。

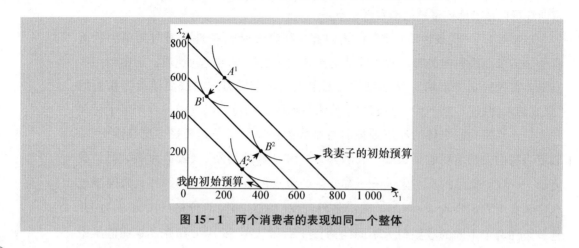

图 15 - 1　两个消费者的表现如同一个整体

练习 15A. 1　假定我的偏好和我妻子的偏好是完全相同的。如果我们的偏好也是位似的，那么我们家庭的表现是否像一个单一的代表性经济人？如果我们的偏好是拟线性的并且没有任何一个个体的选择在角点解处呢？

练习 15A. 2　你能说明一种情形，其中我们的偏好是相同的但是我们的表现不像一个代表性经济人吗？

练习 15A. 3　假定我妻子和我有位似偏好，但它们是不相同的。这是否仍意味着我们的表现像一个单一的代表性经济人？ ■

15A. 1. 2　消费者剩余与拟线性偏好的特殊情形　在本章 B 部分，我们用公式来表述刚才阐述的直觉认识，并精确地设定能够使我们假设可以把一群消费者当成单一消费者的个体偏好的范围。然而，为了实现以上目的，我们把重点放在一种特殊情形下就足够了，即当我的偏好和我妻子的偏好在商品 x_1 上均是拟线性的情形。

考虑我和我妻子的预算线与图 15 - 1 的完全相同，且当我们的收入分别是 800 美元和 400 美元时，我妻子和我与初始时相同的最优篮子分别是 A^1 与 A^2。接着假定你成功地从我妻子的收入中拿出 200 美元重新分配给我，从而我们两人现在都面对图中中间的预算。如果我们的偏好确实关于 x_1 是拟线性的，那么我们知道沿着通过 A^1 的垂直虚线上的所有消费组合，我妻子的 MRS 与在商品篮子 A^1 处是一样的，类似地，沿着通过 A^2 的垂直虚线上的所有消费组合，我的 MRS 与在商品篮子 A^2 处是一样的。既然当你把收入从我妻子转移给我时我们个体预算的斜率没有发生变化，那么我妻子的新的最优篮子就会位于中间预算线上的 B^1（其在 A^1 的正下方），而我的新的最优篮子就会位于中间预算线上的 B^2（其位于 A^2 的正上方）。由此，我们在收银台处时每人的篮子中有数量完全相同的 x_1（从而有相同的总的数量），我妻子篮子中 x_2 的减少完全被我篮子中 x_2 的增加抵消。这是因为表示我妻子行为变化的向下的箭头完全与表示我行为变化的向上的箭头平行（如图 15 - 2 所示）。

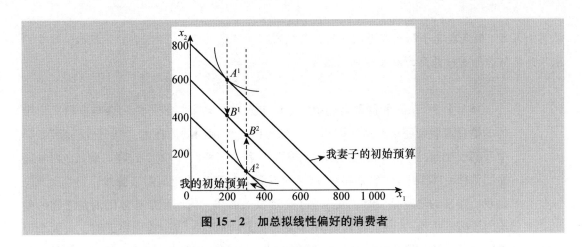

图 15-2　加总拟线性偏好的消费者

我们的拟线性偏好假设足以使我们联合的行为如同我们是单个消费者一样，并且我们总体的消费束仅取决于我们的家庭收入，而不是收入在我们之间分配的方式。[①] 更具体一些，如果我们的个体偏好是拟线性的，那么我们的表现如同我们的家庭是一个也有拟线性偏好的个体一样，因为不管我们家庭的收入变得多大，我们对 x_1 的消费保持相同（只要我们面对的价格是相同的）。这在直观上是说得通的：加总消费者并把他们看成一个单一消费者的全部挑战在于当我们在一个组内被重新分配收入时，个体消费者会改变他们消费束的事实。换言之，该挑战源于使人们改变消费的收入效应的存在。当假设收入效应不存在时，比如当我们假设偏好是拟线性的时，加总消费者的问题也就不存在了。

练习 15A. 4　判断正误：只要每个人都有拟线性偏好，群体的表现就会像一个代表性经济人一样，即使并不是所有的个体都有相同的偏好（假设没有人处于角点解处）。如果所有人都有位似偏好，相同的结论也成立。■

　　然后假定我们摆脱我的家庭的简单例子并考虑一个特定产出市场的所有消费者。如果我们能假设所有的消费者对产出的偏好是拟线性的，那么我们可以用与对我的家庭消费进行分析时的相同的逻辑，把市场需求曲线（加总所有的个体需求曲线）当成它是产生于一个代表性消费者那样，该消费者有着相同的拟线性偏好。由于补偿需求曲线和常规需求曲线之间唯一的差别产生于收入效应，并且由于拟线性偏好不产生收入效应，我们可以进一步假设常规需求曲线也是补偿需求曲线，并且这条需求曲线也表示边际支付意愿曲线，所以我们能用这条线度量消费者剩余。于是，我们就识别了为了使我们使用（非补偿的）市场需求曲线来度量总的消费者剩余，个体偏好必须满足的条件。

---

　　①　这一点的一个微小缺陷是该结论仅在我们中没有任何一个人达到角点解时成立，但是对于我们通常有兴趣分析的经济处境的范围，相关的经济人没有处在角点解的假设是成立的。

练习 15A. 5 假定我妻子和我有着相同的位似偏好(并不是关于完全替代的)。我们的家庭需求曲线将与边际支付意愿曲线相同吗? ■

15A. 1. 3 工人和储蓄者剩余 度量工人在劳动市场获得的剩余与度量产出市场的消费者剩余完全类似,因为工人行为产生于相同的潜在的"消费者模型",其中我们仅把商品 x_1 和 x_2 替换成"休闲" L 和"消费" c。重要的区别是:在两种商品的消费者模型中,当 x_1 和 x_2 被建模成商品时产生了产出需求曲线,但当 L 和 c 是我们建模的"商品"时,其产生了劳动供给曲线(休闲禀赋和休闲消费之间的差给出了劳动供给),我们将在第 19 章更详细地研究这一点。我们将证明工人剩余可以通过补偿劳动供给曲线以上的面积来度量,正如同消费者剩余可以通过位于补偿产出需求曲线以下的面积来度量一样。然而,当偏好是拟线性的时,补偿曲线再次与常规曲线重叠。因此,当所有工人对休闲的偏好都是拟线性的时,每个工人的劳动供给曲线是他或她的补偿劳动供给曲线,市场劳动供给曲线可以被当成产生于一个单一工人的选择,该工人的偏好自身在休闲上也是拟线性的。

图 15-3 在处于均衡的产出市场和劳动市场两幅图中分别绘出了消费者剩余和工人剩余。你在前面的经济学课程中也应该看到了这些图,但是通过对潜在消费者模型的分析我们知道:这些图仅在特定的情况下是正确的,即消费者和工人能被建模成(图(a)中在 x_1 上,图(b)中在休闲上)有拟线性偏好的代表性经济人。更精确一些,不管关于偏好的潜在的假设是什么,对于均衡价格和数量的描述都是正确的,但对于消费者和生产者剩余面积的描述仅在拟线性偏好的特殊情形下是正确的。

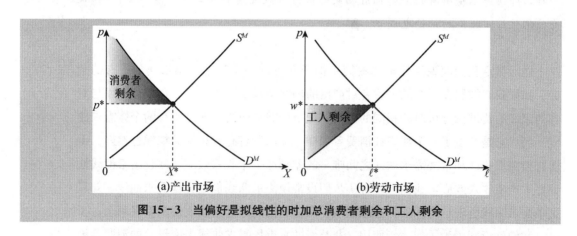

(a)产出市场 (b)劳动市场

图 15-3 当偏好是拟线性的时加总消费者剩余和工人剩余

最后,我们能画出相似的图来表示那些储蓄金融资本(并把它以市场利率借给其他人)的人所获得的剩余。然而,注意,假设产生了资本供给曲线的潜在的偏好是拟线性的就变得特别有问题了。回忆一下,这些曲线产生于消费者模型中的选择,其中横轴代表本期的消费,纵轴代表未来某期的消费。每期的消费偏好都是拟线性偏好这一假设看起来并不可信，因为可能在该期既不是正常消费的也不是低档消费的消费，在另一期却是正常的。你或许会认为，消费不管发生在什么时候都是正常的。因而，当对那些在金融市场上为未来储蓄的人进行福利分析时我们需要特别谨慎。

15A. 2　"生产者剩余"或利润

尽管起初对消费者如何通过参与市场获得一美元价值的收益不是很清楚，但对于生产者而言获得这样一美元价值是很容易的。毕竟，生产者在经济活动中是为了获利而存在的，如果一个生产者能获得正的经济利润，那么根据定义，该生产者从参与市场活动并获得的利润数量的角度看变得更好了（而不是追寻他的下一个最好的选择）。经济利润是对生产者通过参与市场活动所得到的"剩余"的度量。因而，我们将交替地使用生产者剩余（producer surplus）和经济利润（economic profit）的术语。[①]

15A. 2. 1　在供给曲线上衡量生产者剩余　在对生产者理论的阐述中，我们（在没有固定成本时）使用了两种方法来图示利润，即使用 MC 曲线或 AC 曲线。结果表明，我们可以把这些说明利润的方法组合在一起，以证明利润也可以表示为生产者供给曲线上方的面积。

首先考虑图 15 - 4 （a）中所画的 AC 曲线。假定均衡价格是 p^* 并且初始时你考虑生产与 AC 曲线最低点对应的产量 x^A。在那种情形下，你的总收益将是 p^* 乘以 x^A，而你的总成本将是 $AC_{\min}$ 乘以 x^A，图中这两个面积的差将等于阴影区域的面积。

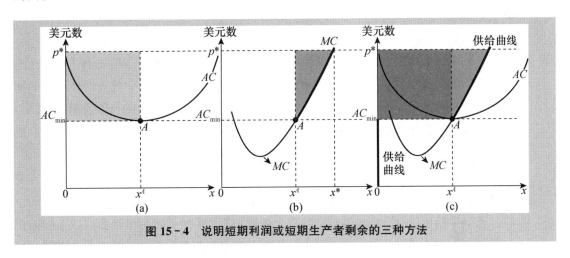

图 15 - 4　说明短期利润或短期生产者剩余的三种方法

当然，从前面所学的我们知道，如果面对图 15 - 4 （a）的处境，追求利润最

[①]　一些教材对"生产者剩余"和"经济利润"的术语做了区分，前者指我们所称的短期经济利润，后者指我们所称的长期经济利润。

大化的生产者将会生产多于 x^A 的产量。特别地，生产者将会一直生产到价格等于 MC 时。因而，在图（b）中我们画出了 MC 曲线，位于 AC 曲线之上（从而位于图（a）中的 A 点之上）的 MC 曲线的部分被突出显示出来。我们已经知道能用图（a）中阴影区域的面积来度量生产者生产 x^A 单位产出时的利润，因此我们现在感兴趣的是生产者通过生产 x^* 而不是 x^A 会得到多少额外的利润。这个额外的利润等于该生产者所得到的额外的收益与额外的成本之差。这个额外的收益表示为由垂直距离 p^* 乘以水平距离 $x^* - x^A$ 形成的面积，而额外的成本表示为在 x^A 和 x^* 之间位于 MC 曲线之下的面积。这两个面积之差表示生产 x^* 而不是 x^A 获得的额外利润，是图（b）中阴影区域的面积。

由于图（a）中阴影区域是当生产 x^A 时生产者创造的利润，图（b）中的阴影区域是当生产 x^* 而不仅是 x^A 时生产者所创造的额外利润，这两个面积加在一起等于在价格 p^* 处生产 x^* 所得到的总利润。该总利润可以表示为图（c）中的阴影面积，你可以看到这个阴影面积为供给曲线左边（或"上方"）到均衡价格的面积。

利润表示为生产者供给曲线以上的面积的论述可以应用到短期利润和长期利润中。在短期利润的情形下，图（a）中的阴影沿着短期 AC 曲线度量；而在长期利润的情形下，其沿着长期 AC 曲线度量。类似地，在短期利润情形下，图（b）中的阴影沿着短期 MC 曲线度量；而在长期利润的情形下，其沿着长期 MC 曲线度量。在图（c）中，利润是沿着短期企业供给曲线还是长期企业供给曲线度量，取决于我们想度量短期利润还是长期利润。

练习 15A. 6 这个长期利润的度量也可以应用到企业的长期（重复发生）的固定成本的情形中吗？ ∎

15A. 2. 2　把行业中的生产者当成单一"代表性生产者" 在关于"代表性消费者"的讨论中，我们指出了把市场需求看作它产生于一个单一代表性经济人的困难。该困难产生于为使一群消费者被看成单一消费者，需要知道个体的偏好以使得收入在这个群体的个体间的再分配不会导致对感兴趣的商品的总体需求的变化。换言之，把一组消费者当成一个单一消费者的困难源于收入效应的存在。

对生产者来说，在加总生产者并把他们看作单一"代表性生产者"方面没有类似的由收入效应的存在所引起的困难。因而，当我们把单个生产者的供给曲线加总成市场供给曲线时，市场供给曲线以上的面积为单个生产者的供给曲线以上的面积的加总，在市场供给曲线上度量出的生产者剩余为行业中企业的单个生产者剩余的加总。也就是说，我们可以把市场供给曲线当成单一"代表性生产者"的供给曲线。

15A. 2. 3　劳动市场的生产者剩余 我们可以对在企业的劳动需求曲线以下的面积做类似的论述。回忆一下，对劳动的短期需求产生于图 15-5（a）中劳动产品的边际收益曲线向下倾斜的部分。更精准一些，存在一个"持平"工资 w^A，使得生产者以这个工资水平雇用 ℓ^A 个工时恰好得到零利润。在该工资处，从雇用最初的 ℓ 个工时遭受的损失完全被雇用的剩余的工时的收益抵消。（你应该能在图中找到与这些收益和损失对应的区域。）如果均衡工资低于这个持平工资，那么企业将会沿着图 15-5（a）中粗体部分雇用工时，这与企业的短期劳动需求曲线 D^ℓ 对应。

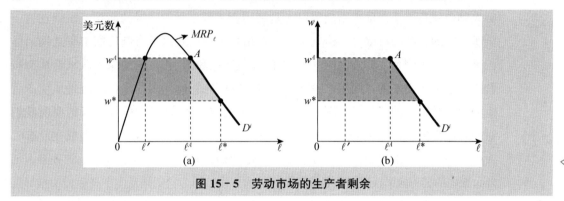

图 15-5　劳动市场的生产者剩余

例如，假定市场工资是 w^* 并且企业在 ℓ^A 处停止雇用，那么我们可以问企业：该情况与持平工资对应的零利润相比创造了多少额外利润？由于企业需要对每个工时少支付 $w^A - w^*$，这使得 ℓ^A 个工时中的每个工时都为企业创造了剩余（或利润）。因而，加总所有的 ℓ^A 个工时，因此以市场工资 w^* 雇用 ℓ^A 个工时所得到的总剩余与图 15-5（a）中深色阴影区域的面积相等。

当然，如果市场工资是 w^*，那么生产者不会在 ℓ^A 处停止雇用，而是会雇用 ℓ^* 个工时。对企业雇用的超过 ℓ^A 的每个额外的工时，额外的剩余将是该工时的 MRP_ℓ 与工资 w^* 的差。从而在超过 ℓ^A 后雇用的工时所创造的额外利润等于图（a）中浅色阴影区域的面积，总的生产者剩余就是图（a）中阴影区域面积的加总。

在图（b）中，我们仅图示了生产者完整的短期劳动需求曲线，包括在图（a）中 MRP_ℓ 的粗体部分以及在工资位于持平工资 w^A 以上的在 $\ell=0$ 处的垂直直线部分。图（b）中阴影区域的面积恰好等于图（a）中深色阴影区域和浅色阴影区域面积的加总，表示短期生产者剩余。注意，这个生产者剩余等于位于企业的劳动需求曲线下方直到市场工资的面积。对长期劳动需求曲线和企业剩余的处理变得有些复杂，因而这里我们就不过多涉及了。

15A.2.4　把所有剩余放在一起　图 15-6 完成了我们从图 15-3 开始所做的。图 15-6（a）描绘了处于均衡的产出市场，行业生产 X^* 产出并以价格 p^* 卖出。在消费者具有拟线性偏好的假设下，我们前面判定图中浅色阴影区域的面积表示总体消费者剩余。从这一节的研究中我们总结出：能把生产者剩余（或利润）表示为行业供给曲线之上到均衡价格之间的区域的面积。因此，图中深色阴影区域的面积表示生产者剩余，这两个区域放在一起表示了由于商品 X 的存在而使生产者和消费者所获得的总剩余。

练习15A.7 如果一个行业中所有企业都面对相同成本并且处于长期均衡下，那么这个图会有什么不同？在该情形下长期生产者剩余将是多少？■

在图15-6（b）中，之前我们已经判定出在休闲是拟线性偏好的假设下，总的工人剩余就是位于劳动供给曲线以上直到均衡工资之间的区域的面积。根据在这一节所研究的，我们可以进一步判定在劳动市场需求曲线以下直到均衡工资之间的面积等于生产者剩余。注意，图（a）中的浅色区域和图（b）中的深色区域是从消费者模型中推导出来的，而图（a）中的深色区域和图（b）中的浅色区域是从生产者模型中推导出来的。从而，图（a）中的浅色区域和图（b）中的深色区域要求我们对偏好进行拟线性假设，因为这个假设使得我们能够把市场需求曲线当成在没有收入效应的情况下由单个"代表性经济人"尽力做到最好时所推导出的经济关系。另外，图中的另外两个区域并不要求任何特定的假设，因为它们是从生产者模型中推导而来，并不受使个体经济关系的加总和福利衡量的说明产生问题的收入效应的影响。

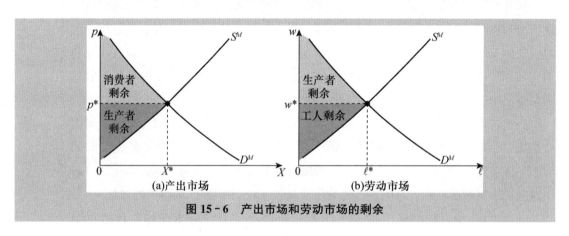

图15-6 产出市场和劳动市场的剩余

练习15A.8 假定我们并不担忧生产者剩余和工人剩余的识别，而只是想预测均衡工资和被雇用的工人数，那么我们还需要假设休闲对工人是拟线性的吗？■

15A.3 看不见的手与福利经济学第一定理

现在我们已经做好准备来认真地考虑分散市场势力在最大化社会总剩余方面做得如何的问题。为做到这一点，我们需要解出社会能完成的某个理想基准，并将市场所能达到的水平与这个基准进行比较。经济学家通过假想有一个无所不知的仁慈的"社会规划者"负责研究并规定在经济中每种商品被生产多少，哪个企业生产什么，以及每个消费者消费多少而不是由市场势力决定每个行业生产多少来建立这种理想的场景。

15A. 3. 1 作为仁慈的社会规划者的"巴尼" 我有年幼的小孩，因而要忍受数小时的"巴尼"，即一只紫色的 PBS 恐龙。"巴尼"的存在使得我的孩子一直恼人地唱着"我爱你，你爱我，我们是幸福的一家"，直到我再也不能忍受并戴上耳麦来听我 iPod 里播放的舒缓的声音。我假想经济学家所使用的虚构的"社会规划者"为无所不知的"巴尼"的一个版本，即一只知道我们所有愿望和梦想，知道世界上所有企业中所有可能的不同的生产技术，并期望为世界创造最大的可能剩余的恐龙。这只仁慈的并且无所不知的恐龙会怎么做？

我们从最简单的可行的世界开始，其中巴尼知道所有人对商品 x 的偏好都是拟线性的（从而巴尼不需要考虑收入效应）。接着巴尼将通过找到以最低的可能成本来生产 x 的那些企业来试着计算应该生产多少 x，并努力把企业所生产的商品与那些对 x 估值最高的人配对。特别地，首先巴尼会努力找到与其他人相比对第一单位 x 估值更高，从而愿意比其他人支付更多的人。类似地，他努力找到能以最低可能成本生产第一单位 x 的企业。假定对第一单位 x，第一个消费者有边际支付意愿 $MWTP^A$，并且第一个生产者有边际成本 MC^B。这些数量图示在图 15-7 中第一单位 x 上。接着，在第一单位 x 被生产出来并被卖给正确的消费者后，巴尼继续安排下一单位的生产和销售，具体做法是：找到对下一单位有最高支付意愿的消费者，并将其与能以最低边际成本生产这一单位的生产者配对。通过继续这样做，巴尼将慢慢地对所有水平的产出画出边际社会收益 MSB（marginal social benefit）和边际社会成本 MSC（marginal social cost），如图 15-7 所示。

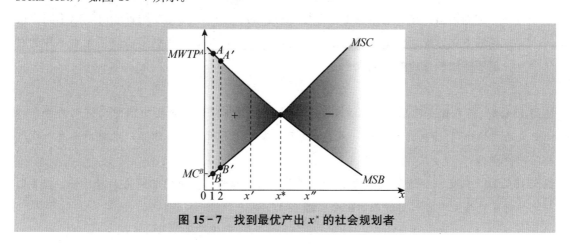

图 15-7 找到最优产出 x^* 的社会规划者

对第一单位 x，社会的总剩余将是社会从该单位 x 获利多少与它花费了社会多少成本之间的差额。只要一单位 x 的唯一受益者是消费该单位的人，$MWTP^A$ 就是对边际社会收益的度量，并且只要社会成本仅由那些生产 x 的生产者产生，MC^B 就是对边际社会成本的度量（因为生产中使用的资源的价值可以在社会其他某个地方使用）。从而，连接 A 点和 B 点的虚线是第一单位产出的社会剩余。同样，这一点对于增加的单位产出也成立；增加的单位产出的社会剩余表示为

MSB 曲线和 MSC 曲线的垂直差距。只要该差距是正的，继续生产就是值得的。并且只要巴尼的产量小于 x^* —— MSB 和 MSC 交点处的产出水平，这个差距就会保持为正，但是对任何超过 x^* 的产出水平，这个差距将是负的。

因而社会总剩余在产出水平 x^* 处达到最大，左边阴影部分表示这个剩余的最大水平。例如，如果巴尼在到达 x^* 之前的 x' 处停止生产，那么社会将仅留下 x' 左边的阴影部分，而放弃了 x' 右边的阴影部分。类似地，如果巴尼在超过 x^* 的 x'' 处生产，那么社会将会得到所有 x^* 左边的阴影区域，但是将会损失 x^* 与 x'' 之间的阴影区域。

15A. 3. 2　市场与巴尼　到现在为止，你应该猜到了所有这一切会走向何处。只要消费者得到了消费产出的收益，图 15 - 7 中的 MSB 曲线就是市场中所有消费者的总体 $MWTP$ 曲线，并且如果所有的消费者对 x 有拟线性偏好，那么总体 $MWTP$ 曲线就是市场需求曲线。类似地，只要生产者承受了所有生产的成本，图 15 - 7 中的 MSC 曲线就是行业供给曲线。因而，在我们所做的假设下，在给定消费者和生产者的处境的分散化市场情况下，他们仅自私地实现自身利益最大化所产生的市场需求和供给的交点与图 15 - 7 中 MSB 和 MSC 曲线的交点完全相同。因此，如果社会规划者的目标是最大化社会总剩余，那么分散化市场生产的数量与社会规划者所选择的产量完全相同。

这个结果可能是经济学家曾经推导出来的最重要的结果，这个结果可能比此刻看起来的更加一般。它指出，在一定条件下，分散化市场可以最大化社会剩余，同时不留下任何可能的方式使得任何人（即使是无所不能的社会规划者）去改变这种情形，以使某些人变得更好而又不使任何其他人变得更差。换言之，福利经济学第一定理指出：在一定条件下，市场是有效的。当然，社会规划者能决定以不同于市场的方式分配社会剩余，与市场相比给予消费者或生产者更多，但是无所不知的巴尼不能增加总的馅饼的大小。

练习 15A. 9　想象你是巴尼并且你希望给予消费者一份与分散化市场中消费者得到的份额相比更大的"馅饼"。你怎么完成这一点？（提示：给定你无所不知，你不一定要向所有人收取相同的价格。）

练习 15A. 10　假定社会边际成本曲线是完全水平的，如同长期中的相同生产者一样。作为巴尼，你是否能给生产者一些份额的剩余？■

为理解这个结果，想象一下为达到分散化市场自身所得到的结果，巴尼需要拥有并处理多少信息。他需要知道每个人的偏好，以及对于每个市场中每种商品的潜在生产者的成本。然后他需要计算每个人的需求曲线和供给曲线并进行加总，而且随着条件变化，他将不断地重新计算。这是一个荒谬并且不可行的任务：世上没有任何人能哪怕接近完成巴尼的任务所要求的必要信息，也没有超级计算机能快到随着信息持续变化而持续对它们进行处理。

考虑最简单的任务，即我们在第 1 章中提到的：确保对铅笔赋值充分大的消费者在他们需要的时候能得到 2 号铅笔。然而铅笔并不那么容易被生产出来：需要种植正确的树种并砍伐木材，然后将木材正确地切割并用化学物质处理；需要开采并提炼石墨，并将其切割成正确的形状，制成铅笔芯；橡皮擦需要用不同的原生材料制造；在铅笔上固定橡皮擦的金属需要被生产并成型；黄色的油漆，以及表示它是什么类型的铅笔的黄漆上的黑色字母，需要被生产和应用，然后最外面加上一层起固定作用的涂层才完成。铅笔的生产涉及了成千上万个步骤，每步都要求不同的专家，以及从世界各个角落以正确的方式集聚在一起的原材料。说世界上没有任何一个人真正清楚怎么生产 2 号铅笔并不夸张。相反，成千上万个个体以某种正确的方式被协调在一起，他们总是在给定的情况下被自己想要做到最好的心愿激励，在某种意义上，如同被看不见的手指引[①]，他们的行为使得商店里有大量便宜的铅笔可供购买。这些个体中的大多数都不清楚他们正在参与生产铅笔的一系列事件，然而它还是发生了。由于生产过程的复杂性，所以如果这个世界是一个由单一的个体负责整个生产流程的中央计划经济，那么这将导致铅笔总是大量短缺。

15A. 3. 3 包含在价格中的信息的关键作用 那么一个分散化的并且没有规划的市场到底是怎么完成连规划者都未能完成的任务的？关键在于包含在市场价格中的信息。价格，不管是在投入市场还是在产出市场，都向消费者和生产者传递了他们所需要的信息，以使得他们 "尽力做到最好"。如果纽约市的牛奶供应量减少，那么价格将上升，这给牛奶的供给者传递了以下信息：他们可以通过把牛奶运到纽约获得利润。生产铅笔所需要的石墨的短缺使得石墨的价格上升，这向世界范围内的采矿公司传递了通过增加生产可以获取利润的信号。于是矿工需要挖到更多的石墨，这使得在采矿公司相互竞争劳动力时矿工的工资会上升，而矿工工资的上升使得从事其他工作的工人想转而开采石墨矿的工作，因而价格处处刻画了巴尼如此渴望得到的信息，从而把世界上数以千计的市场上的数百万种行为协调起来。

因为信息隐性地包含在价格中，所以个体在尽他们所能做到最好时，不需要知道他们个人处境以外的任何事情来确定他们下一步将做什么。市场中任何单个行动者都不需要知道他的行为如何与更大的背景衔接起来，因为价格确保了他们的行为相互融合。这是分散化市场的一个巨大优势：市场不要求任何一个人拥有不易获得的信息。另外，依赖中央计划，要求我们依赖中央计划者，也就是神秘的巴尼，来搜集并处理大量的信息。20 世纪分散化市场经济在与中央计划经济的竞争中取得成功很大程度上与这个洞察相关。[②]

---

① 市场运行过程被称为 "如同被看不见的手指引" 源于在《国富论》中创造了这个词的亚当·斯密。

② 价格中所包含的信息被 F. A. 哈耶克（1899—1992，于 20 世纪 70 年代获得诺贝尔经济学奖）在 20 世纪 40 年代关于中央经济与分散化经济的大争论中更有力地表现了出来。其被总结在如下（非常值得阅读）文章中：F. A. Hayek，"The Use of Knowledge in Society," *American Economic Review*，1945，35（4）：519-530。这篇文章值得任何对市场的作用感兴趣的人一读。

15A. 3. 4 自利的关键作用 分散化市场的第二个优势是：有效市场均衡的产生不要求像巴尼的社会规划中那样存在任何一方的任何仁慈。相反，市场明确地依赖于个体（包括消费者、工人和生产者等），根据这些个体对于"什么对他们来说是有利的"这一问题的感知来行动。

亚当·斯密（1723—1790）是最早强调由分散化市场势力所产生的自发秩序的经济学家之一，他给出了消费者从一个面包师那儿购买面包的例子。他委婉地问：当我们得到面包师的面包时我们是受面包师的仁慈所吸引吗？我们展示我们对面包的需求并要求他谨慎地思考是否应该给我们面包吗？或者相反，我们会根据他的自身利益，提议支付给他一个比他对这个面包的估值更高的数额？反过来，当他要求我们支付时他要求我们的仁慈了吗？他是否给了我们一个他需要或值得被提供一些钱以使得他能购买他的家庭所需要的衣服和遮蔽所的所有原因的清单？或者他仅仅是被我们的自身利益吸引而同意接受一个比我们对面包的估值还低的数额？当然，答案是我们在市场中相互作用，并清楚地理解我们每个人都尽力做到最好，而且这种自利行为产生了市场需求曲线和市场供给曲线并实现了最大化社会剩余的均衡。

因此，分散化市场之所以产生了最大化社会剩余的结果，不仅是因为它们有效地处理了信息，也是因为它们依赖于掌控我们大多数行为的人性。中央计划之所以陷入困境不仅是因为它在搜集和处理必要的信息方面面临着巨大的障碍，也是因为它依赖于强有力的中央规划者展示出实际中并不会出现的仁慈。尽管这个结果有很多现实局限性（我们很快将讨论到），但如同我们已经说的，它仍是我们理解经济学家所做的大部分事情的关键。

15A. 3. 5 把福利经济学第一定理扩展到包括所有理性偏好 然而，在讲解福利经济学第一定理的局限之前，我们需要指出：虽然理性偏好的假设使后面一些章节中的政策分析变得清晰明了，但它并不是竞争性市场导致有效产出水平这个结果的必要条件。例如，假定商品 x 是正常的，在这种情形下，我们完全可以像以前一样找到市场均衡：通过把个体（常规）需求曲线加总得到总的市场需求曲线，并找到市场需求曲线与市场供给曲线相交的位置。在图 15-8（b）中，这导致了市场供给曲线 S^M 与市

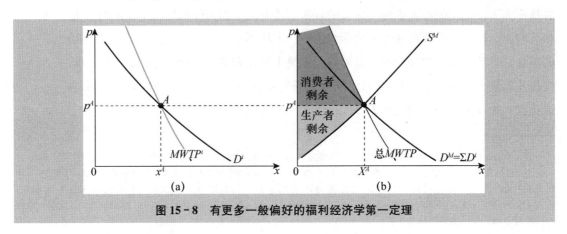

图 15-8 有更多一般偏好的福利经济学第一定理

场需求曲线 D^M 在价格 p^A 处相交。市场需求曲线是由如图（a）中所示的个体需求曲线构成的。

如果对商品 x 的偏好是正常的，我们就知道对每个消费者均存在一条 $MWTP$ 曲线，其与个体的常规需求曲线从上面相交于均衡价格 p^A 处，即它比需求曲线更陡。$MWTP$ 曲线是从表示个体处于均衡状态下的无差异曲线推导出来的，如图 15-8（a）中的浅色曲线所示。与个体需求曲线一样，这些曲线也可以加总并放在图（b）的市场图中，消费者剩余现在被适当地由这条总 $MWTP$ 曲线标明的深色阴影区域度量。不假设个体的收入效应相互抵消，我们就不能把市场需求和总 $MWTP$ 曲线看成它们来自一个单一"代表性消费者"。但是注意到，与拟线性偏好下的需求曲线与 $MWTP$ 曲线相同的情形一样，此时生产出来的每单位商品的边际社会成本（由供给曲线表示）仍低于边际社会收益（由 $MWTP$ 曲线表示），并且如果任何额外的商品被生产出来，那么其边际社会价格将会低于边际社会成本。从而，市场再次在 x 的市场总剩余最大的地方生产，福利经济学第一定理的有效性并不取决于关于个体消费者偏好的特别假设。在偏好不是拟线性的时，我们仅需要在确定消费者剩余的精确大小时保持谨慎，但是关于有效性的结果仍成立。

练习 15A. 11 如果商品 x 对所有消费者都是低档品，那么图 15-8 会是什么样子的？

练习 15A. 12 判断正误：沿着市场需求曲线来度量，如果商品是正常品，那么我们将低估消费者剩余；如果商品是低档品，那么我们将高估它。∎

然而，通过不允许将市场需求建模成单一"代表性消费者"的偏好的方式引进的收入效应增加了一个重要的问题：在没有收入效应时，不管巴尼决定如何在个体之间分配收入，巴尼对 x 的总体产出水平都保持不变；但是在有收入效应时，巴尼所选择的 x 的产出水平依赖于经济中其他资源如何被分配。换言之，如果巴尼在个体间的理想收入分配与实际收入分配不同，那么在偏好关于 x 不是拟线性的情况下，巴尼所选择的 x 的产出水平将会与市场选择的不同。他之所以这样做并不是因为市场的产出水平是无效的，相反，是因为他偏好一个不同的有效产出水平，该产出水平可以满足他对经济中总体资源进行一种不同分配的愿望。市场仍产生有效性，并且在收入效应存在的情况下福利经济学第一定理仍是成立的，但是市场结果可能违背"公平"的概念。这将在章末习题 15.5 和习题 15.6 中进一步研究。对资源进行不同的有效配置的可能性，以及其中一些令人震惊的更公平的配置方式，将在第 16 章和第 29 章中进一步讨论。事实上，我们将能够证明：巴尼可以通过首先简单地再分配收入，然后让市场找到 x 的有效水平来达到他偏好的结果。

我们将在接下来的几章中看到，福利经济学第一定理实际上是非常具有一般性的，能扩展到超越我们目前说明的模型。然而，现在我们将通过陈述这个定理的一些局限性来给本部分作结，在这一过程中我们将为本书剩下的很多章节设置场景。

15A.4 福利经济学第一定理背后的条件

这时候，你们中的某些人可能会担心地问自己：所有这些是不是变得太意识形态了？到目前为止，我们看起来都是在说：如果把一切留给市场，就能进入这个美妙的巴尼的世界，并把我们的烦恼抛在脑后。然而，我们使用严谨的模型来研究在处理自利个体的问题时分散化市场的作用，其中的好处就是能把意识形态从中抽取出来，使我们可以通过模型的逻辑视角来研究问题。是的，到目前为止我们的模型似乎表明了竞争性市场在组织经济去配置资源以实现它们最有效的用途中的重要作用。但是在这些模型中也有一些内嵌的假设，一些是显性的而一些是隐性的，这些假设对市场拥有我们讨论过的美妙的性质是至关重要的。通过了解这些假设是什么，我们可以更好地理解分散化市场的收益与成本。换言之，通过理解在我们的模型中生成福利经济学第一定理的条件，我们能判断在现实世界中什么时候这些条件被违背了，以及什么时候政府或公民社会机构能改进一个纯粹的分散化的市场结果。

因此，本书剩下的大部分都将研究破坏福利经济学第一定理的现实世界条件。毕竟，我们在现实世界中看到很多问题，这些问题看起来不能被分散化市场势力充分地处理：过多的污染、太多的贫困与人类痛苦、对某些自然资源的开采等。我们的模型到目前为止没有对这样的现象给出任何特定的解释，因为它排除了一些现实世界的摩擦，这些将削弱福利经济学第一定理。也正是这些摩擦占据了很多经济学家的研究，其研究目标是发现现实世界的制度安排，以作为允许分散化市场以较少的摩擦运行并得到更好结果的润滑剂。我们仅在这里简要地提及这些并指明后面的章节将更加综合地处理这些问题。

15A.4.1 价格的政策扭曲 我们所做的第一个隐性假设是市场价格实际上如建模的那样运行，它们被允许以向市场中众多的行动者发送无扭曲的信号的方式形成。使这个信号变得扭曲的一个主要原因在于像税收、价格规制、工资控制、补贴项目，或在某些情形下一个市场显性的禁止等的刻意的政府政策。然而，说这样的政策扭曲市场价格，从而把市场远离最大化社会剩余的情形，与说我们不应该有这样的政策并不一定相同。正如我一直指出的，在一些情形下，政策制定者完全意识到价格扭曲政策会收缩到目前为止我们所衡量的总的社会剩余，但相信这个政策也能达到其他充分有用的目的。在其他一些时候，社会剩余的损失看起来如此明显——以及一旦我们考虑对市场的影响，这个扭曲的政策与其所陈述的目的如此矛盾——以至于很难相信政策制定者真正地认为该政策服务于一个充分有用的社会目的以使得其社会成本变得有正当理由。[1]

---

[1] 在这样的情形下，经济学家往往寻找解释，把那些政策制定者自身当成自利的个体，他们（至少部分地）在心目中根据个体的福利来制定政策。我们将在第 28 章对此做更多的说明。

我们将在第 18~20 章考虑一些通常的价格扭曲政策。

15A.4.2 外部性、社会成本与产权 在图 15-7 中说明边际社会收益（*MSB*）和边际社会成本（*MSC*）曲线与社会需求和供给曲线相同时，我们做了一个非常关键的假设：特定单位 x 的生产影响的仅是该单位的生产者和消费者的福利。然而，情况并非总是如此。例如，考虑特定行业的企业所排放的温室气体，实际上世界上的每个人都被全球变暖的污染影响。因而，*MSC* 比市场供给曲线的生产者成本更高。类似地，我对特定商品的消费，比如，我乘着会导致污染的车旅行，可能以不表现为对汽车的需求（或甚至 *MWTP* 曲线）的方式影响其他人。每当情形是这样的时，我们将说存在外部性（externality）。每当外部性存在时，*MSC* 和 *MSB* 的交点将与市场需求和供给的交点不同。从而，在有外部性时，分散化市场不能生产有效的数量，市场价格以不能最大化社会剩余的方式发送给消费者和生产者去协调他们的行为。我们将在第 21 章和第 27 章中更详细地讨论这些。在第 21 章，我们也明确地揭示政府的最重要的加强效率的功能：确保产权良好建立并被执行以使得当产权被"共同"拥有时产生的外部性的无效性最小化。

15A.4.3 不对称信息 除了外部性的缺失外，我们还隐性地假设了所有的经济人对市场的相关方面有相同的信息。消费者和生产者可以都看着商品 x，并且完全知道其作用与质量；雇主能完全辨别工人的质量，那些卖出二手车的人与那些潜在的买家对车的情况知道得一样多。但是，当然，这一切并不总是这样的，当情况不是这样的时，知道更多信息的一方能使用他们的信息去利用那些知道较少信息的一方，于是新的问题就进入到分析中了。我们将在第 22 章更详细地考虑这一点。

15A.4.4 市场势力 到目前为止贯穿整个教材，我们总是假设经济人——消费者、工人、金融规划者和生产者——相对于市场是"小的"。从而我们假设了每个经济人把他的经济处境当成外生给定的，没有任何人能控制经济中的价格。换言之，我们假设了经济中没有人有市场势力（market power），也就是影响经济环境本身的能力。但是当一个行业由单一企业或仅由几个企业组成时，每个企业将会足够大以至于影响行业中的经济环境。（当对于特定的商品仅有一个或少数几个消费者组成了所有的需求时这同样也成立。）当竞争性行为的假设放松后，我们在这一章以福利经济学第一定理的形式所总结的将并不一定成立。我们也没有对由创造新商品和新市场的创新性活动所创造的剩余，以及在生成新的剩余而不是现存市场上生产剩余的利润动机的作用做过多关注。我们将在第 23~26 章更具体地处理这一情形。

15A.4.5 有效性 VS 其他社会目标 最后，我们做了一个隐性假设：有效结果是社会最渴望的目标。在某种意义上，这有直觉上的吸引力：如果我们找到一种方式来组织社会以使得总的"馅饼"尽可能大，那么将有更多的馅饼供分配，那么为什么不使它变得尽可能大呢？但是当然，我们中的大多数不仅关心馅饼的大小，也关心它的分配。如果馅饼是巨大的，但是仅有一个人享用它而其他人将饿死，那么很少有人会认为我们实现了一个"良好的社会"。市场不仅（在一定条件下）最大化总的馅饼，而且它也把馅饼在生产者和消费者之间以及企业和工人之间以我们认为不那么有吸引力的方式划分。我们将在不同的时间提及这个担忧并在第 29 章回到对有效性以外的其他考虑的明确处理。

15B 均衡中的福利分析：预备知识与一个例子

福利经济学第一定理的完全一般化的版本非常综合，并涉及很多数学知识。第 16 章将包含这个定理实际上如何被建立并与其他重要结果联系起来的一些说明。现在，我仅以更数学化的细节说明当前模型的一些直觉。

15B.1 消费者剩余

我们已经在 A 部分研究了市场需求曲线不能自动地被当成它们有与个体需求函数相同的性质的要点，即它们似乎完好地拟合成从单一的理性偏好集所推导出来的对偶图。然而，对拟线性偏好的特殊情形，我们说明了我们能把市场需求当成如同它们由单一的"代表性消费者"从最优化理性（以及拟线性）偏好所产生的。我们在图 15-1 中建立了如下直觉，只要个体偏好使得收入可以在个体消费者之间充分分配而不引起总需求的变化，市场需求就具有个体需求曲线更一般的特性，即这样再分配所导致的需求的变化相互之间完全抵消。我们现在更正式地处理这个专题并更精确地证明 A 部分中的直觉是怎么转换成消费者模型中的数学推导的。

15B.1.1 "代表性消费者" 再次考虑我和我妻子的加总的家庭需求，以及该家庭需求能否被当成它产生于理性的"家庭偏好"的例子。直观地看，我们认为，在图 15-1 中，当且仅当我的家庭对每种商品的需求与谁在我的家庭中控制钱无关时，我的家庭需要确实能被当成一个个体的需求函数。换言之（且在图 15-1 中容易看出来），当收入变化时我对商品 x_i 的需求的变化必须与当我妻子的收入变化时她的需求的变化完全相同，不管初始时收入被如何划分。用上标 n 表示我，用上标 m 表示我妻子，这意味着

$$\frac{\partial x_i^m}{\partial I^m}=\frac{\partial x_i^n}{\partial I^n} \quad \text{和} \quad \frac{\partial^2 x_i^m}{\partial (I^m)^2}=\frac{\partial^2 x_i^n}{\partial (I^n)^2}=0 \tag{15.1}$$

为了使收入再分配引起的需求变化相互抵消，需求关于收入的一阶导数必须相同；为使我们不管从哪里开始变化总是相互抵消，二阶导数必须为零。为了使一个需求函数关于收入的二阶导数为零，收入除了线性部分外（以便当我们取一阶导数时去掉了）的其他部分不能以任何形式进入函数。借助少量工作（要求在接下来的章内练习中这样做），我们看到需求函数必定采取如下形式：

$$x_i^m(p_1,p_2,I^m)=a_i^m(p_1,p_2)+I^m b_i(p_1,p_2)$$
$$x_i^n(p_1,p_2,I^n)=a_i^n(p_1,p_2)+I^n b_i(p_1,p_2) \tag{15.2}$$

其中 a_i^m 表示关于商品 i 和个体 m 的函数，b_i 表示关于商品 i 但是对所有人都相同的函数。

练习 15B.1 证明式（15.1）中的条件满足式（15.2）中的函数。

练习 15B.2 你能看到为什么方程（15.2）表示满足方程（15.1）中条件的最一般的形式吗？■

微观经济学中称这种类型的需求函数满足高曼形式（Gorman Form），只要个体需求函数满足高曼形式，总需求函数就可以被当成产生于一个代表性消费者的效用最大化问题。[①]

15B.1.2 拟线性偏好的特殊情形 在 A 部分中，我们把重点放在特殊的拟线性偏好上，在图 15-2 中证明了随着收入再分配个体（对 x_1 和 x_2）的需求变化完全相互抵消。例如，假定知道我妻子和我关于 x_1 的偏好是拟线性的，她的偏好表示为效用函数 $u^n(x_1, x_2) = v^n(x_1) + x_2$，我的偏好表示为 $u^m(x_1, x_2) = v^m(x_1) + x_2$。从前面章节的工作中，我们知道我们两人对 x_1 的需求函数不是收入的函数，而我们对 x_2 的需求仅由在购买 x_1 的量之后（不取决于我们的收入）剩下的收入确定，即

$$x_1^m = x_1^m(p_1, p_2) \quad \text{和} \quad x_2^m = \frac{I^m}{p_2} - \frac{p_1 x_1^m(p_1, p_2)}{p_2}$$

$$x_1^n = x_1^n(p_1, p_2) \quad \text{和} \quad x_2^n = \frac{I^n}{p_2} - \frac{p_1 x_1^n(p_1, p_2)}{p_2} \quad (15.3)$$

你可以验证这些需求函数满足高曼形式，从而满足方程（15.1）中的一阶和二阶导数条件。进一步地，总的（家庭）需求采用的形式与当它从一个单一的拟线性效用函数推导出来时采取的形式一致。

练习 15B.3 如果我妻子的和我的个体需求如方程（15.3）所示，那么我的家庭（对 x_1 和 x_2）需求函数是什么？家庭需求函数是否满足高曼形式？■

15B.1.3 总消费者剩余 从第 10 章的内容我们已经知道，对于商品 x 市场的个体消费者剩余可以通过 $MWTP$（或希克斯或补偿需求）曲线以下到价格的面积（其中相关的 $MWTP$ 曲线是从包含个体所选择的消费束的无差异曲线推导而来）来衡量。这在数学上可以表示为如下积分：

$$x_1 \text{ 市场的消费者剩余} = \int_{p_1}^{\infty} h_1(p_1, p_2, u) dp \quad (15.4)$$

---

① 该条件经常以间接效用函数的条件来表示，（对个体 m）的偏好满足高曼形式 $V^m(p_1, p_2, I^m) = \alpha^m(p_1, p_2) + \beta(p_1, p_2) I^m$ 导致了高曼形式的间接效用函数，其中 α 和 β 是函数。

其中 $h_1(p_1, p_2, u)$ 是补偿（或希克斯）需求函数。$\int_{p_1}^{\infty}$ 是函数在 p_1 上的积分，其简单地指"价格 p_1 以上函数下方的面积"。在很多情形下，我们可以用一个严格的线性函数来近似地表达这个函数，这样消费者剩余可以简单地计算为与这个积分等价的三角形的面积。当所有个体的偏好都是拟线性的时，我们可以用非补偿需求函数 $x_1(p_1, p_2, I)$ 来代替方程（15.4）中的补偿需求函数 $h_1(p_1, p_2, u)$。

最后，当所有个体需求满足高曼形式时，我们知道我们可以把总市场需求当作产生于一个单一的代表性消费者。从而，由于拟线性需求函数满足高曼形式，我们可以避免通过计算所有的个体需求函数并加总个体消费者剩余来计算总的消费者剩余。相反，我们可以把总需求函数当作产生于一个有着拟线性偏好的代表性消费者的最优化问题。因此，应用方程（15.4）中的公式，用（非补偿）总需求函数代替 $h_1(p_1, p_2, u)$ 将给出虚拟的代表性消费者的消费者剩余，这反过来与我们加总个体消费者剩余得到的数相同。

例如，在我们第 14 章中所计算的均衡并图示在图 14-12 中的例子中，潜在的个体偏好被假设为拟线性的，这意味着个体需求函数等价于 $MWTP$ 曲线并且总需求曲线可以被理解为如同它们产生于一个有着拟线性偏好的单一代表性消费者。在图 15-9（a）中，我们复制了图 14-12（b）——有着我们一直在使用的数值例子的市场均衡的图。在这个图上，我们增加了标记（a）、（b）和（c）来表示面积，我们在本章 A 部分的研究表明：深色区域（a）等于消费者剩余，浅色区域（b）等于生产者剩余（或利润）。

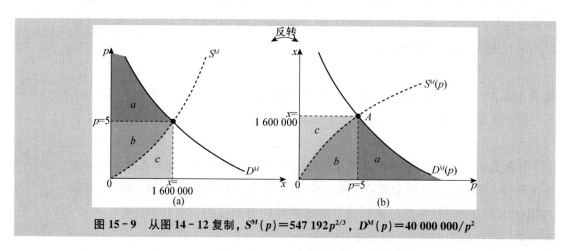

图 15-9　从图 14-12 复制，$S^M(p)=547\,192p^{2/3}$，$D^M(p)=40\,000\,000/p^2$

然而，如第 14 章所指出的，这个图显示了潜在的需求函数和供给函数的反函数。图 15-9（b）把图（a）反转过来得到了一个我们用数学方法计算的实际需求曲线和供给曲线。现在面积（a）清楚地展示为需求曲线以下开始于均衡价格 $p=5$ 的面积，或者是方程（15.4）中识别的积分。对在第 14 章我们使用的数值例子，市场需求函数是 $D^M(p)=40\,000\,000/p^2$。从而，如果你比较适应积分的计算，消费者剩余可以被计算为

$$消费者剩余 = \int_5^{\infty} \frac{40\,000\,000}{p^2} dp = 8\,000\,000 \tag{15.5}$$

15B.2 生产者剩余

我们已经在图 15-4 中证明了利润（或生产者剩余）可以被度量为个体（以及总的）供给曲线以上的面积，在图 15-9 中，这等价于该图的两个图中的面积（b）。使用图（b）中的供给函数（与图（a）中的反供给函数相对），我们看到这等价于供给曲线下方到由短期供给函数（对短期生产者剩余）或长期供给函数（对长期生产者剩余）度量的市场价格的面积。对一个单一的企业，用方程表示为

$$短期生产者剩余 = \int_0^p x_{k^A}(w,p)dp$$

$$长期生产者剩余 = \int_0^p x(w,r,p)dp \tag{15.6}$$

$x_{k^A}(\ell, p)$ 和 $x(\ell, r, p)$ 是短期和长期供给函数（假设资本在短期被固定在 k^A 处）。由于成本函数（其构成供给函数）可以被加总（为市场供给函数），并且市场供给函数可以被理解为产生于单一的代表性企业，所以总生产者剩余可以使用与方程（15.6）中相同的公式进行衡量，个体供给函数由总市场供给函数代替。

例如，在图 15-9 所示的短期均衡中，我们对市场中的每家企业假设了潜在的生产函数 $f(\ell, k)=20\ell^{2/5}k^{2/5}$，每家企业发生一个重复的固定许可证费 1 280 美元并且短期固定的资本水平为 $k^A=256$。使用第 13 章的方程（13.31）和方程（13.33），我们对每家企业推导出了如下的短期和长期要素需求与产出供给函数

$$短期：x_{k^A=256}(p,w)=3\,225\left(\frac{p}{w}\right)^{2/3} \quad 和 \quad \ell_{k^A=256}(p,w)=1\,290\left(\frac{p}{w}\right)^{5/3}$$

$$长期：x(p,w,r)=81\,920\frac{p^4}{(wr)^2}, \quad \ell(p,w,r)=\frac{(8p)^5}{w^3r^2} \quad 和$$

$$k(p,w,r)=\frac{(8p)^5}{w^2r^3} \tag{15.7}$$

练习 15B.4 假定企业面对重复发生的固定成本 1 280 美元，前面函数中的哪一个实际上考虑了这个固定成本？ ■

当价格是 $(p, w, r)=(5, 20, 10)$ 时，我们在第 14 章进一步判断存在 1 250 家企业。在那些价格处，每家企业生产 1 280 单位，总的产出水平是 1 600 000，行业收益（在 $p=5$ 处）是 $1250\times1280\times5=8\,000\,000$（美元）。在第 14 章的方程（14.11）中，我们用这个信息计算了在 $w=20$ 处的短期市场供给函

数为 $S^M(p) = 547\,192p^{2/3}$。另外，长期供给函数是在企业 AC 曲线最低点的水平线，在我们的例子中发生在 5 美元处。再次使用积分的概念来计算一个函数下方的面积，我们能计算短期和长期生产者剩余为

$$短期生产者剩余 = \int_0^5 547\,192p^{2/3}\,dp = 4\,800\,000$$

$$长期生产者剩余 = 0 \tag{15.8}$$

长期生产者剩余为零仅源于长期供给曲线在 $p=5$ 处是水平的这一事实。

我们通过更直接地计算每家企业在短期和长期的利润来检验这是正确的——仅把适当的经济成本从收益中减掉——并在均衡中存在的企业之间把这些利润相加。把价格 $(p, w, r) = (5, 20, 10)$ 代入方程 (15.7)，我们得到每家企业使用 128 单位劳动和 256 单位资本来生产 1 280 单位产出。在短期，企业对劳动发生了 2 560 美元的成本并获得了 6 400 美元的收益。由于在短期固定的许可证费和资本的成本不是经济成本，从而每个生产者获得的剩余等于 3 840 美元，并且由于在均衡中有 1 250 家企业，总的（短期）生产者剩余是 4 800 000 美元，与我们对方程 (15.8) 求积分得到的结果一样。长期中，每家企业发生 1 280 美元的额外的许可证费以及 2 560 美元的资本成本，导致了每家企业的长期利润为 0。

15B.3 福利经济学第一定理

我们把对福利经济学第一定理的更正式的处理放在下一章，但是现在我们能给出它在图 15-9 的例子中的应用。为这样做，我们再次考虑编造的仁慈的社会规划者，即 A 部分中的仁慈的"巴尼"所面对的最优化问题。

本质上，我们可以把巴尼看成一个同时是代表性消费者和生产者并简单地试图最大化他自身福利的人。他知道生产 x 的长期成本，在我们的例子中我们已经假设为每单位 5 美元。这使得他能画出社会生产可能性边界，也就是一个社会范围的预算约束，即当我们根据复合商品 y 来生产更多的 x 时所面临的权衡取舍。由于复合商品 y 是以美元计价的，1 单位 x 花费 5 单位 y，我们能生产的最多的 y 等于社会中所有消费者的总收入 I。

如果我们现在知道效用函数 $U(x, y)$ 可以表示"代表性消费者"的偏好，我们就可以把巴尼试图最大化世界的社会剩余的问题写成

$$\max_{x, y} U(x, y) \quad \text{s.t.} \quad I = 5x + y \tag{15.9}$$

练习 15B.5 *画出前面所描述的生产可能性边界。如果长期市场供给曲线向上倾斜，那么它有何不同？（提示：对向上倾斜的供给曲线，社会面对生产 x 的递增的成本，这意味着社会范围的生产可能性边界的权衡取舍必须反映那个递增的成本。）*∎

结果表明，确实能修复一个效用函数，使其能产生第 14 章我们例子中的需求函数 $D^M(p) = 40\,000\,000/p^2$。例如，你可以自己检验效用函数 $U(x, y) = 12\,649.11x^{1/2} + y$ 来达到这个目的。使用这个效用函数解方程（15.9），给出巴尼将会生产 $1\,600\,000$ 单位 x 的解，这恰好是市场中生产的均衡数量。

练习 15B.6 请验证情形确实是这样的。

练习 15B.7 一种验证代表性消费者的效用函数确实"有代表性"的方法是计算所隐含的需求曲线并看它是否等于我们试着去表示的总需求曲线 $D^M(p) = 40\,000\,000/p^2$。对效用函数 $U(x, y) = 12\,649.11x^{1/2} + y$ 说明情形是这样的。■

结论

15

在这一章，我们从预测（predicting）（竞争性均衡）转向了评估（evaluating）（竞争性均衡），从我们所称的"实证的"经济学转向了有更多的"规范"意味的东西。我们通过想象如果经济由一个无所不知的并且仁慈的"社会规划者"所管理，分散化市场竞争会如何不同来做到这一点，该社会规划者的目标是得到社会最大的总体"剩余"。我们总结，在到目前为止所假设的明显的条件下，社会规划者实际上集中地采用了市场通过个体的分散化选择所决定的市场生产。这些个体只知道他们自己的处境，并且他们的自利行为由他们接受到的市场价格信号指引。换言之，市场"自发的秩序"至少在一定条件下是"有效的"，这并不是说它一定是"好的"，这个判定要求比简单的经济学家所提供的（至少在当下）更深层次的哲学思考。但这仍是一个非凡的结果——一个我们已经指出了其局限性，但仍非常出色的结果。

在这一过程中，我们已经涉及了一些将会贯穿本书剩余部分的问题。首先，我们看到简单地把群体当成个体并不是那么简单的，偏好不能被简单地"加总"，我们不能把群体所做的选择简单地看成它们是由一个个体所做的，除非我们限制这组成员的偏好的类型。在第 28 章中，当我们思考一个群体的政策决策时，这个主题会以略有不同的形式再次出现。其次，我们再次介绍了在评估个体福利变化时收入效应的重要性，事实上，在收入效应出现时，我们不能简单地沿着通常的需求（或供给）曲线来度量消费者（或工人或投资者）剩余。这一点将会在贯穿本教材的大量应用中重复出现，其中忘掉收入效应的错误将导致错误的结论。再次，我们通过列举福利经济学第一定理背后的隐性条件并指出本书剩余的大部分将围绕这些条件在现实世界中经常违背的事实而组织来结束本章。最后，我们已经提到"有效的"与"好的"并不相同，但是大多数经济学家并不特别擅长谈论"好的"。我们将在本教材结尾的第 29 章回到这个问题。

我们将在第 4 部分的第 18 章开始对福利经济学第一定理当期潜在的条件在现实世界中被违背时将会发生什么进行分析。但是在开始之前，我们现在转向一个不同的方式来思考福利经济学第一定理和相关结果（第 16 章）以及讨论经济学家如何思考在我们的模型中包括了风险的结论（第 17 章）。

章末习题[①]

15.1 日常应用：家庭劳动节约型技术。 考虑如洗衣机或自动真空吸尘器这样的发明。这些发明减少了个体在基础家务上花费的时间，从而在本质上增加了他们的休闲禀赋。

A. 假定我们希望确定这种劳动节约型技术对工资为 w 的特定劳动市场的总影响。

a. 画一个图，其中休闲位于横轴，消费位于纵轴，并假设对工人 A 有一个初始的低水平的休闲禀赋。对于这个现行的工资 w，指出该工人的预算约束和他的最优选择。

b. 在相同的图上，说明有着相同的休闲禀赋和相同的工资 w 但选择工作更多的第二个工人 B 的最优选择。

c. 现在假定发明了一种家庭劳动节约型技术（如自动真空吸尘器），两个工人的休闲禀赋都有相同的增加。如果休闲对两个工人都是拟线性的，是否会对劳动市场产生影响？

d. 转而假定偏好对两个工人都是位似的。你能判定一个工人增加的劳动供给会比另外一个工人多吗？

e. 你的答案如何表明经济中的工人一般不能被建模成如同一个"代表性工人"，即使他们面对相同的工资？

*B. 考虑加总经济中经济人的问题，其中我们假设个体有外生收入。

a. 在本章的一个脚注中，我们指出当对个体 m 的间接效用函数可以写为 $V^m(p_1, p_2, I^m) = \alpha^m(p_1, p_2) + \beta(p_1, p_2)I^m$ 时，需求可以写成方程（15.2）的形式。你能否通过使用罗伊恒等式证明这是正确的？

b. 现在考虑工人在消费（定价为 1）和休闲之间进行选择的情形。假定他们面对相同的工资 w，但是不同的工人有不同的休闲禀赋。两个工人的上标分别为 n 和 m，为使休闲禀赋的再分配不影响这些工人（一起）在这个劳动市场的总体劳动

---

① * 在概念方面具有挑战性的问题。
 ** 在计算方面具有挑战性的问题。
 † 答案见学习指南。

供给量,你能推导出休闲需求方程 $\ell^m(w, L^m)$ 和 $\ell^n(w, L^n)$ 吗?

c. 你能根据劳动供给方程 $\ell^m(w, L^m)$ 和 $\ell^n(w, L^n)$ 改写上述方程吗?

d. 你能验证这些劳动供给方程有如下性质,即休闲在两个工人之间的再分配不影响总体劳动供给吗?

†15.2 **商业应用**:迪士尼乐园定价回顾。在章末习题 10.10 中,我们研究了你对像迪士尼乐园这样的游乐园娱乐项目的不同定价方式。现在我们回到这个例子。始终假设消费者从不在一个角点解处。

A. 再次假定你拥有一个游乐园并假设该游乐园是这个地区唯一的,即假定你没有竞争对手。你计算了运营这个游乐园的成本曲线,结果表明你的边际成本曲线一直向上倾斜。你也估计了对你的游乐园娱乐项目的向下倾斜的(非补偿)需求曲线,并且你判定消费者偏好对所有消费者看起来是相同的并且关于娱乐项目是拟线性的。

a. 如果目标是最大化你的游乐园给社会提供的总剩余,说明你对每个娱乐项目所收取的价格。

*b. 现在想象你并不担忧社会剩余,而仅关注你自己的利润。在你的图上标出一个比你在(a)中指出的稍微高的价格。在这个较高的价格处你的利润比(a)多还是少?

c. 判断正误:在没有竞争时,你没有动力以最大化社会剩余的方式来对娱乐项目定价。

d. 下面假定你决定按照你在(a)中确定的价格对每个娱乐项目收费,但是,除此之外,你还想收取门票。因此,现在你的顾客将支付门票费进入公园,并且对每个娱乐项目付费。在不影响消费的娱乐项目的数量的前提下,你能收取的门票价格最高是多少?

e. 那些到你游乐园的顾客是否会改变他们关于游玩项目的数量的决策?"沉没成本"的概念在什么意义上相关?

f. 假定你收取你在(d)中推导的门票。在你的图中指出消费者剩余和利润的大小(假设你运营公园的过程中没有固定成本)。

g. 如果你面对固定成本 FC,你的答案怎么变化?

h. 判断正误:在每个项目的价格的基础上收取门票的能力弥补了你在仅能收取每个项目的价格时所损失的有效性。

i. 在有固定成本时,如果不能收取门票,你会关闭公园吗?若能收取门票,则会保持开放吗?

B. 与习题 10.10 一样,假定你的消费者的偏好可以建模为效用函数 $u(x_1, x_2) = 10x_1^{0.5} + x_2$,其中 $x_1 = x$ 表示娱乐项目数,x_2 表示其他消费的美元数。进一步假定你的边际成本函数由 $MC(x) = x/250\,000$ 给出。

a. 假定你在任何给定的一天有 10 000 个顾客,计算对娱乐项目数的(总)需求函数。

b. 如果你的目标是最大化总剩余，那么你会收取什么价格？会消费多少娱乐项目？

c. 在没有固定成本时你在该价格的利润是多少？

d. 假定你收取的价格提高了 25%，你的利润有何变化？

e. 推导你的顾客的支出函数。

*f. 使用这个支出函数，计算为使你不把（b）中的价格增加 25%，消费者愿意支付多少。你能否以此来论证尽管把价格提高 25% 会增加你的利润，但这样做不是有效的。

**g. 下面在不改变游乐项目的需求的情况下继续收取你在（b）中所确定的每个项目的价格，确定你所能收取的门票的数量。

h. 你现在的利润是多少？消费者剩余会发生什么变化？其是否有效？

i. 假定运营公园的固定成本是 200 000 美元。如果你必须对每个项目收取有效的价格但是不能收取门票，你是否会运营它？如果你能收取门票呢？

15.3　商业与政策应用：许可证费和没有收入效应的剩余。在前面的章节中，我们研究了重复的许可证费对行业的产出与价格的影响。我们现在考虑它们对消费者剩余和生产者剩余的影响。

A. 假定在引进重复发生的许可证费之前快餐行业的所有企业有着 U 形的平均成本曲线。它们的唯一产出是汉堡。始终假设汉堡对所有消费者都是拟线性的。

a. 首先，假设所有的企业都是相同的。说明长期市场均衡并指出这个行业的消费者剩余和长期生产者剩余（即利润）是多少。

b. 说明许可证费的引入所导致的长期市场均衡的变化。

c. 假定许可证费还没被引进。在考虑是否收取许可证费时，政府试图确定消费者成本，为使消费者不变得更糟，政府询问一个消费者群体需要获得多少补偿（以现金形式）。在你的图中说明代表这个量的区域面积。

d. 转而假定政府问消费者群体其愿意支付多少来避免这个许可证费，答案会怎么变化？

e. 最后，假定政府仅计算在许可证费被施加前和被施加后的消费者剩余并从前者中减去后者。政府对许可证费花费了消费者多少的答案是否会改变？

f. 如果并非所有的企业都是相同的，而是有些企业相比别的企业有较高的成本（但是所有的企业都有 U 形的平均成本曲线），你的答案会发生什么变化？

B. 假定每个企业的成本函数都由 $C(w, r, x) = 0.047\,287w^{0.5}r^{0.5}x^{1.25} + F$ 给出，其中 F 是重复发生的固定成本。[①]

a. 假设工资 $w = 20$，租金率 $r = 10$，汉堡的长期均衡价格 x（表示为 F 的函

---

① 你可以自己验证这是产生于生产函数 $f(\ell, k) = 20\ell^{0.4}k^{0.4}$ 的成本函数。

数）是多少？

b. 假定在收取许可证费以前，企业重复发生的固定成本 F 是 1 280 美元。收取许可证费以前的均衡价格是多少？

c. 当一笔 1 340 美元的许可证费被引入时汉堡的长期均衡价格会发生什么变化？

d. 假定市场中所有 100 000 个消费者对汉堡 x 和复合商品 y 的偏好可以被描述为效用函数 $u(x, y) = 20x^{0.5} + y$，并假设所有的消费者对 x 和其他商品 y 有 100 美元的预算。在收取许可证费前后会有多少汉堡被售出？

e. 推导有这些偏好的消费者的支出函数。

*f. 使用支出函数来回答 A(c) 中的问题。

*g. 使用支出函数来回答 A(d) 中的问题。

**h. 对收取许可证费前给予你消费者剩余的需求函数积分并重复以得到对收取许可证费后消费者剩余的积分。

i. 由价格增加导致的消费者剩余的变化有多大？把你的答案与（f）和（g）中所计算的进行比较。

15.4　商业与政策应用：许可证费与有收入效应的剩余。在这个习题中，假设与习题 15.3 中的设定相同，但这次我们假设汉堡对所有消费者来说是正常品。

A. 与习题 15.3 一样，我们将考虑快餐馆的许可证费对消费者剩余的长期影响。在习题 15.3 的（a）和（b）中，你应该已经判定出由于许可证费的存在长期价格上升了。

a. 考虑你在习题 15.3（c）中的图。你所指出的面积是高估还是低估了为使消费者接受许可证费而需要被（以现金）补偿的量？

b. 该面积是高估还是低估了消费者为了避免许可证费而愿意支付的量？

c. 如果汉堡转而对所有消费者都是低档品，那么你对（a）和（b）的答案有何不同？

d. 你的任何结论是否取决于所有企业都相同这一假设（在习题 15.3 中显性地给了出来）？

B. 假定消费者的偏好被描述为效用函数 $u(x, y) = x^{0.25} y^{0.75}$ 并且每个消费者有对汉堡 x 和其他商品 y 的 100 美元的预算。

a. 计算当汉堡的价格是 5 美元（"其他商品"的价格是 1 美元）时，每个消费者消费多少汉堡，以及获得多少（由这个效用函数度量的）效用。

b. 对一个有着这样偏好的消费者推导支出函数。

c. （与习题 15.3 一样）假定许可证费导致价格上升到 5.77 美元。你对（a）的答案怎么变化？

*d. 使用支出函数，计算为使消费者同意支付许可证费，政府需要补偿给每个消费者的现金数量。

* e. 计算消费者为避免许可证费愿意支付的现金数量。

** f. 假定你使用需求函数来估计由许可证费的收取所导致的消费者剩余的变化。将你的估计与（d）和（e）的答案比较。

** g. 你能否用补偿需求曲线的积分来达到你对（d）和（e）的答案？

† **15.5 政策应用**：没有收入效应的收入再分配。考虑一个社会当其希望最大化有效性但也确保社会中"幸福感"的总体分配满足某个"公平"概念时所面临的问题。

A. 假定经济体中的每个人有对 x 和复合商品 y 的偏好，所有偏好在 x 上是拟线性的。

a. 这样一个经济体中（对 x）的市场需求曲线是否取决于收入如何在个体之间进行分配（假设没有任何人最终出现在角点解上）？

b. 假设政府向你征求建议，且政府有着最大化有效性以及确保某个"公平"概念的双重目的。特别地，政府考虑了两个可能的建议：在建议 A 下，在允许 x 的市场运行前，政府把较富有的个体的收入再分配给较贫困的个体。另外，在建议 B 下，政府允许 x 的市场马上运营，然后在市场达到均衡后把富人的钱再分配给较贫困的个体。你会推荐哪一个？

c. 下面假定政府被一个无所不能的社会规划者取代，其不依赖市场过程，但是有着前面政府的双重目标。这个规划者会选择与在（b）中建议 A 或建议 B 下所选择的不同的 x 的产出水平吗？

d. 判断正误：只要钱可以在个体之间轻易地转移，在这个经济中达到很多不同的"公平"的概念与获得 x 市场的有效性之间就并无紧张关系。

e. 为对这个习题增加额外的现实，假定政府为了在个体之间再分配收入使用了扭曲性税收。是否在有效性和公平的不同概念之间仍没有权衡取舍？

B. 假定有两个类型的消费者：类型 1 消费者有效用函数 $u^1(x, y) = 50x^{1/2} + y$，类型 2 消费者有效用函数 $u^2(x, y) = 10x^{3/4} + y$。进一步假定类型 1 消费者有 800 的收入，类型 2 消费者有 1 200 的收入。

a. 对每个消费者类型计算对 x 的需求函数。

b. 当每个消费者类型有 32 000 人时计算总需求函数。

c. 假定对 x 的市场是完全竞争性的，其有着相同的企业并且在 $p = 2.5$ 时获得零长期利润。确定这个行业的长期均衡产出水平。

d. 每个消费者类型消费多少 x？

e. 假定政府决定以这样一种方式来再分配收入，在再分配后，所有消费者有相同的收入，即所有消费者有 1 000 的收入。x 市场的均衡会发生变化吗？任何消费者的 x 的消费会发生变化吗？

f. 转而假定不是竞争性市场，而是一个社会规划者决定每个消费者消费多少 x 和多少 y。假定社会规划者既关心每个消费者的绝对福利，又关心财富在消费者之间的分配，越平等的收入，消费者越期望得到。社会规划者是否会生产与竞争性市场相同的 x？

g. 判断正误：社会规划者通过允许 x 的竞争性市场运营，并简单地把 y 在个体之间转移，以得到一个对社会幸福感的令人满意的分配，来达到令他满意的结果。

h. 如果市场供给函数是向上倾斜的，你的分析是否会变化？

i. 经济学家有时候称所有个体有拟线性偏好的经济为"可转移效用经济"，这意味着在这样的经济中，政府可以把幸福感从一个人转移到另一个人。你能看出当我们使用效用函数作为幸福感的精确度量时为什么是这样的情形吗？

15.6 政策应用：有收入效应的再分配收入。与习题 15.5 一样，再次考虑一个希望最大化有效性并达到某种"公平"概念的社会所面临的问题。

A. 再次假定每个人对 x 和复合品 y 有偏好，但是现在假定偏好是位似的。

a. （对 x 的）市场需求曲线是否取决于收入如何在个体之间分配？

b. 如果你认为每个人有相同的（位似）偏好，你对（a）的答案有何不同？

c. 假定再次被问及对习题 15.5A（b）中的建议，你现在的答案是什么？

d. 对这个经济体重复习题 15.5A（c）。

e. 回忆我们定义了一种情形是"有效的"，即如果没有其他方式来改变这种情形并使某些人变得更好而又不使某些人变得更差。一般而言（即不仅在这个习题例子的环境下），是否可能有两个有效的结果使得其中一些个体偏好第一个结果而其他人偏好第二个结果？

f. 判断正误：如果政府在 x 的市场运营前在个体之间重新分配收入，那么只要收入可以没有成本地再分配，这个结果就将是有效的。

g. 判断正误：在习题 15.5 的拟线性例子中，所有有效的结果（除了那些涉及角点解的外）将会涉及 x 的相同产出水平，但是在当前习题的例子中情况再也不是这样了。

h. 判断正误：假设再分配发生在市场开放之前，在这个经济体中有效性和公平的权衡取舍仅出现在当个体之间钱的再分配涉及扭曲性税收的使用时。

i. 你在（h）中的结论在更一般的非位似性偏好中也成立吗？

B. 与习题 15.5 一样，再次假定经济体中有两种类型的个体。类型 1 有效用函数 $u^1(x, y) = x^\alpha y^{(1-\alpha)}$，类型 2 有效用函数 $u^2(x, y) = x^\beta y^{(1-\beta)}$（$\alpha$ 和 β 二者都落在 0 和 1 之间）。进一步假定类型 1 个体有收入 I，类型 2 个体有收入 I'。

a. 假设 x 的价格是 p，y 的价格是 1，每个类型对 x 的需求函数是什么？

b. 如果在经济体中每个类型有相同的数量 N，对 x 的市场需求函数是什么？

c. 假定 $\alpha = \beta$ 并且钱可以在个体之间无成本地转移。x 市场的均衡产出水平是否会被收入再分配政策影响？个体的 x 的消费水平是否会被这样的政策影响？

d. 下面假定 $\alpha \neq \beta$。X 市场的均衡产出水平是否会被收入再分配政策影响？

e. 再次假定你被问及在习题 15.5A(b) 中所描述的两个可供选择的政策的建议（再次假定政府有着最大化有效性和达到某种"公平"概念的双重目标）。假设个体在他们购买 x 后不能相互交易商品，你现在的建议是什么？

f. 再次假设政府被无所不知的社会规划者替代，其有着前面提及的政府的双重目标。这个社会规划者对生产多少 x 的决策是否会反映出你在（e）中所考虑的两个政策中的任何一个的结果？

15.7 政策应用：住房抵押贷款利息补贴的无谓损失。美国税法通过减少住房抵押贷款利息来补贴住房。对新的家庭拥有者，住房抵押贷款利息组成了其住房支付的大部分，通常占据一个家庭收入的 25％。假设住房是正常品。

A. 对于这个问题的目的，我们假设一个家庭的所有住房支付代表了抵押贷款利息支付。对于新的房主来说，抵押货款利息占了其住房支付的大部分，而其住房支付占家庭收入的 25％左右。假定住房自始至终是一种正常品。

a. 说明一个消费者的需求曲线，指出有住房价格减免和没有住房价格减免的情况。

b. 在同一幅图上，假设住房成本是可减免的，说明这个消费者的补偿（或 $MWTP$）曲线。

c. 在你的图上指出一个消费者愿意接受现金而不是通过税法获得的住房补贴的量的位置。

d. 在你的图上指出无谓损失的面积。

e. 如果你使用常规需求曲线来估计无谓损失的大小，那么你会在多大程度上高估或低估它？

B. 假定挣得 60 000 美元（税后）的家庭的效用函数为 $u(x, y)=x^{0.25}y^{0.75}$，其中 x 表示住房的美元价值，y 表示其他消费的美元价值。（从而我们隐性地设定了 x 和 y 的价格是 1 美元。）

a. 在没有税收减免时家庭会消费多少住房？

b. 如果家庭的边际税率是 25％（并且如果所有的住房支付是可减免的），那么这个家庭会消费多少住房？

c. 对这个消费者的隐性住房补贴会花费政府多少？

d. 推导这个家庭的支出函数（保持其他消费的价格在 1 美元但是把住房的价格表示为 p）。

e. 假定政府考虑消除在住房支出上的税收减免，为使家庭同意这一点，它需要对这个家庭补偿多少？

**f. 你能推导出与补偿需求系数的积分相同的量吗？

*g. 假定你只知道这个家庭的（非补偿）需求曲线并使用它估计因消除在住房支出上的税收减免带来的消费者剩余的变化。请你估计这将有多大。

h. 如果你使用（非补偿）需求曲线，那么你会高估还是低估补贴的无谓损失？

i. 假定美国所有的 50 000 000 个房产所有者与你刚才所分析的相同。在住房支出上减免的年无谓损失是多少？在这种情形下，如果你使用总需求曲线，那么你在多大程度上高估或低估了这个量？

15.8 政策应用：市场、社会规划者与污染。福利经济学第一定理的一个重要条件是没有外部性（externality）。在现实世界中，最重要的外部性来自生产所引起的污染（我们将在第 21 章更加具体地研究）。

A. 假定我们考虑某种商品 x 的生产并假设消费者有对 x 和复合商品 y 的偏好，其中 x 是拟线性的。

a. 在一个 x 位于横轴以及 x 的价格 p 位于纵轴的图上说明市场均衡。假设供给曲线是向上倾斜的，这要么是因为你在考虑一个行业的短期，要么是因为行业由有着不同成本曲线的企业组成。

b. 在你的图上，说明消费者剩余和生产者利润（或生产者剩余）。

c. 在没有外部性时，为什么市场均衡产出水平与希望最大化社会剩余的社会规划者选择的产出水平相同？

d. 现在假定生产每单位 x 引起的污染排放导致了 δ 的社会损害。如果你不仅想说明生产的边际成本（由供给曲线所刻画），也想说明污染的额外边际成本（不被生产者感知），那么"社会边际成本"曲线位于图中的什么位置？

e. 在没有任何非市场干预的情形下，企业是否有动力思考污染的边际成本？市场均衡是否会由于在生产过程中排放的污染而改变？

f. 希望最大化社会剩余的社会规划者是否会把污染的边际社会成本考虑进去？在你的图中说明这个社会规划者会选择的产出数量并把其与市场将生产的数量进行比较。

g. 对如下两条曲线重新画图：需求曲线以及边际社会成本曲线（同时包含生产者的边际成本和所生成的污染给社会带来的成本）。在你的图中也指出社会规划者希望生产的数量 x^* 以及市场将会生产的数量 x^M。你能在图中识别出单纯依赖竞争性市场所产生的无谓损失吗？

h. 解释产生污染的生产过程如何在完全竞争下导致了无效的结果。如果政府强迫生产者支付每单位 δ 的税收，你的答案会怎么变化？

B. 在习题 15.2 中，你应该已经从 10 000 个偏好可以被描述为 $u(x, y) = 10x^{0.5} + y$ 的消费者中推导出总需求函数 $X^D(p) = 250\,000/p^2$，假定它精确地描述了当前问题中的市场的需求方。进一步假定市场供给曲线由方程 $X^S(p) = 250\,000p$ 给出。

a. 推导市场中的竞争性均衡价格和生产的数量。

**b. 推导消费者剩余和利润（或生产者剩余）的大小。

c. 考虑希望最大化社会剩余的社会规划者。这个社会规划者会如何达到与市场相同的产出数量？

d. 现在假定生产的每单位 x 导致了对社会的 0.61 美元的污染成本。在没有任何非市场干预的情形下的市场结果是什么？

e. 验证，当每单位 x 导致了 0.61 美元的污染成本时，社会规划者将会选择 $x = 160\,000$ 作为最优产出水平。

f. 计算在完全竞争性市场结果下污染的总社会成本。与在没有污染的情况下相比社会剩余减少了多少？

** g. 在社会规划者所偏好的结果下计算总的社会剩余（包括污染的成本）。

h. 由于市场过多生产导致的无谓损失是多少？

†15.9 **政策应用**：反哄抬物价法。我们将在第 18 章更具体地讨论，政府有时候通过对企业能收取的价格施加限制来干预市场。一个这样的通常的例子是所谓的"反哄抬物价法"，其限制了在突然的市场供给冲击下企业的利润。

A. 最近一场飓风影响了美国东海岸加油站的汽油供给。这个区域的一些州起诉这些加油站由于自然灾害而提高价格，诱发汽油供给的下降。

a. 在一幅每周汽油加仑数位于横轴以及每加仑价格位于纵轴的图上，说明供给曲线突然向左移动的结果（在没有任何法律管制价格时）。

b. 假定汽油对消费者是拟线性商品。画一幅与（a）中相似的图，但是仅包括飓风后的供给曲线（以及没有变化的需求曲线），说明当价格被允许设定在其均衡水平时的消费者剩余和生产者利润。

c. 现在考虑一个州禁止由于自然灾害所引起的供给冲击而调整价格，那么这个州会供给多少汽油？需求为多少？

d. 假定有限的汽油被以危机前的价格分配给那些支付意愿最强的人。说明消费者剩余和生产者利润。

e. 在一个单独的图上说明确保汽油被给予对其评价最高的消费者并设定汽油的数量与（c）中交易的水平相同的社会规划者所得到的总剩余。该社会剩余是否与你在情景（d）中得到的不一样？

f. 转而假定社会规划者分配社会有效量的汽油。社会剩余会多多少？

g. （f）中的总社会剩余与你在（b）中计算的当不存在反哄抬物价法时的市场获得剩余相比结果如何？

h. 判断正误：通过价格信号的干预来交流什么地方最需要汽油，反哄抬物价法在供给中断期间会限制汽油流到最需要它们的地方。

** B. 再次假定产生于 10 000 个有着拟线性偏好的当地汽油消费者的总需求函数是 $X^D(p) = 250\,000/p^2$（与习题 15.8 相同）。

a. 假定行业处于长期均衡中，并且在这个长期均衡中总的短期行业供给函数是 $X^S(p) = 3\,906.25p$。计算（每周）当地汽油消费以及每加仑的价格。

b. 消费者剩余和（短期）利润的分别是多少？

c. 下面假定飓风导致了供给曲线移动到 $\overline{X}^S = 2\,000p$，计算新的（短期）均衡价格和产出水平。

 d. 如果市场可调整到新的短期均衡，那么消费者剩余和（短期）利润加总后为多少？

 e. 现在假定州政府不允许汽油价格上升到你在（a）中所计算的价格之上，那么汽油供给将为多少？

 f. 假设有限供给的汽油被那些对其估值最高的人买到，计算在这个政策下的总剩余（即消费者剩余和（短期）利润）。

 g. 在灾难引起的供给冲击下不允许提高价格的政策所导致的损失的剩余是多少？

第16章　一般均衡

到目前为止，我们对竞争市场的分析集中在一个单一的市场上。它还没有把整个经济当成一个有着跨市场均衡力的相关联的系统来对待，因此，这个模型也被称为局部均衡模型（partial equilibrium model）。[1] 根据拟线性偏好的假设，该模型不仅给出了在单一市场中说明均衡的简便方法，也使得我们沿着市场需求和供给曲线来衡量福利时所采用的方式与这些材料如何典型地在初级经济学教材中被展示相一致。该模型因为简单而成为经济学家得出有关市场的深刻洞见的强有力的工具，并且，如我们已经在上一章所指出的，它为我们思考可能"扭曲"市场的经济力量提供了一个方便的基准。

与此同时，局部均衡模型在多方面是有局限性的。我们已经说明了对偏好的拟线性的偏离由于收入或财富效应而产生了关于简单的"初级经济学"方法的复杂性。此外，我们必须假设正在被分析的市场相对于其他市场而言是"小的"，从而不影响那些市场中的价格。但通常市场是相互关联的，一个市场的变化会通过要素价格的变化、通过消费者在产品之间转换的替代效应以及通过（由于非拟线性偏好而形成的）财富效应外溢到其他市场。因而，一般均衡模型（general equilibrium model）把整个经济视作关联市场的一个封闭的系统，明确而具体地考虑局部均衡分析的假设中所忽略的影响。这样的模型在政策分析中将会特别重要，因为政策表现能影响很多市场的制度变迁并产生当我们一次仅考虑一个单一的市场时可能忽视的反馈效应。

因此，在过去的 50 年，经济学家已经开发了大量越来越复杂的"一般均衡"模型，不同的模型根据特定的应用做了不同的简化假设。[2] 现在这些模型几乎以不同的形式出现在不同的经济学分支中。对这些方法提供一个彻底的回顾已经超出了本教材的范围，你将在以后的课程中以不同形式接触到它们。现在，我们仅说明一

---

[1] 本章是建立在如第 6 章所展示的消费者理论以及如第 11 章所展示的生产者理论的基础之上的。

[2] 这个领域的先驱是肯·阿罗（1921—　），吉拉德·德布鲁（1921—2004）和莱昂内尔·麦肯齐（1919—　）。1972 年，阿罗被授予了诺贝尔经济学奖，其后于 1983 年德布鲁被授予诺贝尔经济学奖。

些非常简单的例子，并证明当我们偏离局部均衡模型的假设后，福利经济学第一定理是如何仍然保持完好无损的。在这些简单的一般均衡模型中，我们能进一步说明其他一些重要的一般均衡概念——"福利经济学第二定理"，其是一个被称为"核"的资源配置稳定性的概念，以及这个"核"事实上收敛到通过分散的市场势力所产生的结果。在本章最后，我们将讨论一些一般均衡效应的重要性的例子，这些例子使用的分析工具超出了我们描述的范围。

16A 一般均衡的图示阐述

在市场经济中发生了三种基本的经济活动：生产、交换，以及源于这些活动的消费。大量企业和消费者从事经济活动的丰富的一般均衡模型已经用我们在本教材中介绍的基础工具被数学化地发展了，但是这些模型背后的概念和观点可以通过一些小例子加以说明，这些例子自身可以借助图示方法展示，同样的见解可以一般化到更加丰富的设定中。

我们将分两步来介绍这些观点：在 16A.1 节中，我们先介绍所谓的纯交换经济，其中没有生产发生，两个消费者仅交易他们已经拥有的两种类型的商品。然后我们证明在有很多消费者和很多商品的设定中也成立的一般均衡的基本观点和结果（16A.2 节）。在 16A.3 节中，我们考虑一个经济体中的生产，在该生产中一个单一的经济人同时是生产者和消费者。

16A.1 纯交换经济

我们从对纯交换经济（pure exchange economy）的研究开始，它被定义为一个没有生产，并且消费者被赋予不同商品束的经济。显然，我们并不是将这个没有生产的经济作为一个完全刻画现实的模型。相反，它为我们提供最简单的设定，并在该设定下说明了一般均衡理论的基本见解和方法。

也许最简单的交换经济是一个有两个消费者和两种商品的经济。例如，假定我和妻子在一个周末去巴哈马群岛中一个偏远的小岛上度假，住在岛上的一所偏僻小屋里。在赶航班时，我们随便拿了一些水果以度过这个周末。假定她拿了 10 个橘子和 4 个香蕉，而我拿了 3 个橘子和 6 个香蕉。因而在考虑这个周末的处境时，我们共有 13 个橘子和 10 个香蕉，并且我们每个人对研究一笔能使我们都变得更好的交易感兴趣。

更正式地，将我们的小经济简单地定义为：（1）经济中的个体（我和妻子）；（2）我们对商品的偏好；（3）在经济中我们所拥有的商品的禀赋（我们的橘子和香蕉的组合）。如果我们所做的就是消费我们个人的禀赋，那么我们每个人将到达无差异曲线图上特定的无差异曲线。这些无差异曲线的说明见图 16-1（a）和（b），图（a）中的束 E_2 表示我妻子的禀赋束，图（b）中的束 E_1 表示我的禀赋束。我妻子和我现在对探究是否存在关于我们联合禀赋的其他可行的能使我们的处境都变得更好的分配，从而导致一个互利的交易感兴趣。

当我妻子和我的处境分别如图（a）和图（b）所示时，不容易看出这样的交易是否可能。从19世纪的经济学家弗朗西斯·埃奇沃思（1845—1926）开始，经济学家已经开发了一种图示技巧，使得我们能在一个单一的图中看到这个交换经济的基本原理。[①]在图（c）中，我们简单地将图（a）"反转"，使得原点位于东北（即右上）角而不是西南（即左下）角。接着我们在图（d）中复制图（b），并把图（c）移到这个图上，使得点 E_2 恰好位于点 E_1 的上面。尽管点 E_1 和点 E_2 现在看起来是相同的点，但从轴上读出的橘子和香蕉的相关水平不同，其中我的原点在左下角，而我妻子的原点在右上角。

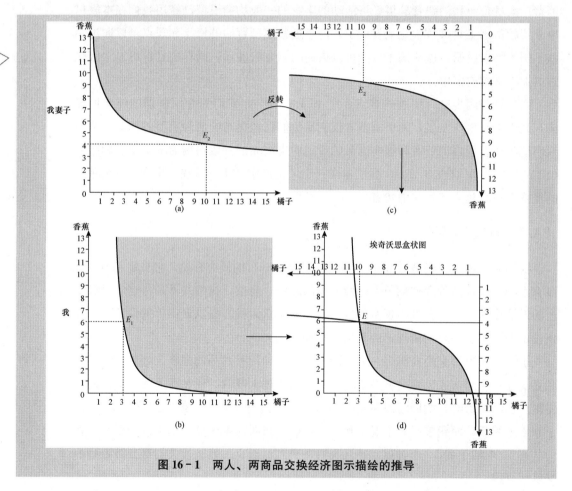

图 16-1　两人、两商品交换经济图示描绘的推导

图（d）中的盒状图被称为埃奇沃思盒状图（Edgeworth Box）。注意，通过移动点 E_2 到点 E_1 之上，我们已经使得盒状图的宽度为 13 个橘子、高度为 10 个香

---

① 一般认为埃奇沃思也是第一个在他 1881 年的《数学物理》（*Mathematical Psychics*）一书中画出无差异曲线的人，在书中他也提出了"核"的概念以及"核收敛"的观点，这些都在本章后面介绍并在附录中进一步介绍。

蕉，13 个橘子和 10 个香蕉表示我妻子和我共同拥有的总的禀赋。因而，盒状图内的所有点表示把我们小经济中总的禀赋在我和我妻子之间划分的不同方式。从而禀赋点 $E=E_1=E_2$ 表示划分经济中总的禀赋的一种方式：对我而言，3 个橘子和 6 个香蕉；对我妻子而言，10 个橘子和 4 个香蕉。

练习 16A. 1 如果橘子在纵轴，香蕉在横轴，那么这个例子中的埃奇沃思盒状图看起来是什么样子的？

练习 16A. 2 如果我妻子的坐标轴的原点在左下角，而我的坐标轴的原点在右上角，那么这个例子中的埃奇沃思盒状图看起来是什么样子的？■

16A. 1. 1 埃奇沃思盒状图中的互利交易

由于对我来说"越多越好"，所以任何位于我的无差异曲线上方的商品束将对我更好。类似地，在图 16-1（a）中位于我妻子外侧的无差异曲线上方或图（c）中外侧的无差异曲线下方的束对我妻子而言更好。对我妻子来说，这些区域由图（a）和图（c）中的阴影区域标出，而对我而言，则由图（b）中的阴影区域标出。在埃奇沃思盒状图中，这将意味着在图（d）中落在透镜状区域的所有分配情形对我以及我妻子都要更好。因此，正是这个透镜状区域表示了我们在交易中能达到的并且对我们都要更好的分配情况，即我妻子和我都发现了这种相比不交易并消费个人禀赋更吸引人的情形，也就是由图中表示出的交易方法。

然后，假定我带着如下浪漫的提议来到我妻子身边说："如果你给我 2 个橘子，作为交换，我将给你 2 个香蕉。"这将导致我们从点 E 移到一个新的点 A，我有 5 个橘子和 4 个香蕉，我妻子有 8 个橘子和 6 个香蕉。点 A 位于我们已经判断的透镜状区域内，从而对我们两人是互利的，这被绘在图 16-2（a）中。我们在点 A 都要比在点 E 更幸福，这使得我所提议的交易变得如此浪漫。

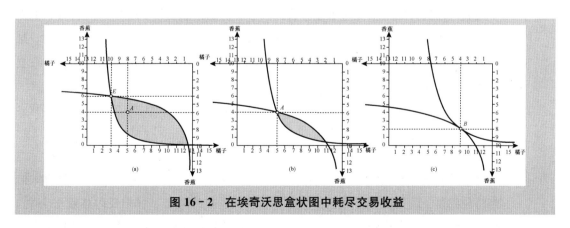

图 16-2 在埃奇沃思盒状图中耗尽交易收益

在图（b）中，假定我妻子已经同意了我提议的交易，现在我们有了一个新的禀赋束 A。通过画图表示出通过该点的我的无差异曲线以及我妻子的无差异曲线，我们现在可以探寻是否存在由进一步的交易带来的额外的收益。由于在我们的无差异曲线之间再次存在一个阴影区域，所以我们可以判断，尽管在点 A 我们处境比在初始的禀赋点 E 都好些了，但仍存在额外的来自交易的收益，因为只要有可行的消费束位于我的无差异曲线的上方和我妻子的无差异曲线的下方，我们就可以通过进一步交易而做得更好。仍存在更加浪漫的交易空间！

练习 16A.3 判断正误：从点 A 开始，任何互利的交易都涉及我用香蕉来交换橘子的交易，并且用香蕉交换橘子的任意交易都是互利的。（提示：该陈述部分是对的，部分是错的。）■

因此，假设我和我妻子将继续进行交易直到我们的无差异曲线之间不再形成如上文所示的透镜状区域是合理的。图（c）说明了这样一点：在点 B，我有 9 个橘子和 2 个香蕉，我妻子有 4 个橘子和 8 个香蕉。如果交易达到了点 B（在该处，从初始禀赋点 E 我已经放弃了 4 个橘子，以交换 6 个香蕉），我们发现任意提议的进一步交易都将使我或我妻子的处境变得更糟。换言之，如果我们到了埃奇沃思盒状图中的点 B，我们已经耗尽了所有贸易收益，从而到达了对经济禀赋进行有效划分的位置。没有来自交易的进一步收益，我们现在将不得不找到其他办法来表达我们对彼此的浪漫倾向。

练习 16A.4 在第 6 章，我们论证了消费者离开沃尔玛时"在边际上"有着相同的偏好，即他们购买的商品之间有着相同的边际替代率，这个事实意味着所有来自交易的收益已经被耗尽了。这如何与交换经济中一个经济禀赋的有效分配的条件类似？■

16A.1.2 契约曲线：埃奇沃思盒状图内的帕累托有效点 回忆下，什么情况是有效的，或经常被称为帕累托有效的，即没有办法使某些人的处境变得更好而又不使其他任何人的处境变得更差。我们的小经济的禀赋在图 16-2（c）的点 B 的划分就是这种情形的例子：不管我们在埃奇沃思盒状图中从点 B 朝哪个方向移动，某个人的处境都将变得更差。另外，点 E 和点 A 不是有效的，因为我们找到了在盒状图中移动，以使我妻子和我的处境都变得更好的方法。

然而，点 B 绝不是经济禀赋的仅有的帕累托有效分配。这样来思考：假定我妻子得到了所有禀赋——所有的 13 个橘子和 10 个香蕉，并且，其结果是，我一无所有。在埃奇沃思盒状图中，该点位于盒状图的左下角，或者我的轴的原点。这一点同样也是帕累托有效的，因为任何离开该点的移动，尽管使我的处境变得更好，但是将使我妻子的处境变得更差。当然，尽管我爱我的妻子，如果我以禀赋 E 开始，那么我绝不会同意移到这一点，但是这并不意味着，如果我们以某种方法到达了该点，那么它将不是帕累托有效的。

练习 16A.5 开始于我妻子得到经济的整个禀赋的点，在埃奇沃思盒状图中存在使我妻子的处境变得更糟而又不使我的处境变得更好的点吗（假设香蕉和橘子对我而言都是必需品）？

练习 16A.6 位于埃奇沃思盒状图右上角的点是帕累托有效的吗？

练习 16A.7[*] 如果橘子对我和我妻子来说都是必需品，那么轴上是否存在一点（除了埃奇沃思盒状图右上角和左下角的点外）是帕累托有效的？ ■

现在考虑我的任意一条浅灰色的无差异曲线，如图 16-3（a）所示。然后我们可以从我妻子的一条相对低的无差异曲线（比如图中外侧的曲线）开始并问是否能使她的处境变得更好而不使我的处境低于已经挑选的无差异曲线。只要在浅灰色曲线和外侧曲线之间有一个透镜状区域，答案就是肯定的，我们能移到我妻子的越来越高的无差异曲线。这一过程当我们达到图中我妻子过 C 点的无差异曲线时停止，该无差异曲线恰好与我的无差异曲线相切于 C 点。一旦我们到达了 C 点，任何对我妻子而言更高的无差异曲线就都意味着我最终将落在开始时的无差异曲线的下方。

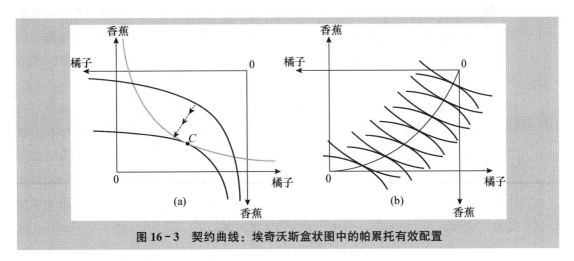

图 16-3 契约曲线：埃奇沃斯盒状图中的帕累托有效配置

那么点 C 表示另一个帕累托有效点，即一个不可能使我们中的一个人的处境变得更好而又不使另一个人的处境变得更差的经济禀赋的配置。当然我们也可以挑选我的另外任意一条无差异曲线并通过完全相同的过程去找到与我妻子的无差异曲线的一个切点，从而再一次到达一个帕累托有效配置。图 16-3（b）则说明了存在帕累托有效点的整个范围：始于埃奇沃斯盒状图的左下角并扩展到右上角。（图 16-2（c）中的）点 B 和（图 16-3（a）中的）点 C 仅是两个例子。做如下假设是合理的：不管经济中的初始禀赋落在什么地方，个体都会找到导致经济禀赋的有效配置的交易（或"契约"）。经济禀赋的帕累托有效配置的全集称为契约曲线。

练习 16A.8[*] 如果香蕉和橘子对我和我妻子来说都是完全互补的，那么契约曲线看起来是什么样子的？（提示：它是一个区域而不是一条"曲线"。）如果它们对我来说是完全互补的而对我妻子来说是完全替代的呢？

练习 16A. 9＊　如果香蕉和橘子对我和我妻子都是完全替代的（一对一的），那么契约曲线看起来是什么样子的？（提示：其结果是你将会在埃奇沃斯盒状图中得到一个大的区域。）■

16A. 1. 3　互利有效交易与"核"　我们已经指出了香蕉和橘子的一个特定配置是帕累托有效的并不意味着我们预期该配置产生于我和我妻子都认同的交易的简单事实。毕竟，我已经知道我可以仅通过消费我的禀赋 E_1 来确保一个最低效用水平，同样我妻子也知道她通过消费她的禀赋 E_2 可以保证一个最低效用水平。不管我们多擅长或多不擅长相互之间的谈判，都没有理由去预期我们中的任何一个将同意使得我们比在开始交易之前变得更糟的交易。与此同时，我们也看到了只要香蕉和橘子的配置不是帕累托有效的，我们就有激励相互进行交易。

因此，预测我们将（1）在我们到达位于契约曲线上的有效配置之前一直交易；（2）我们两人中任何人的处境都不会比在各自的禀赋点（E）更差是合理的。从而，在图 16 - 4 中，我们画出了我和我妻子仅消费禀赋所能获得的无差异曲线、表示我俩都能变得更好的配置集的阴影的区域，以及与表示我们的无差异曲线相切的有效配置的（浅灰色的）线。我们将（1）耗尽所有交易的收益；（2）仅同意提高我们福利的交易的预测将意味着我们能认同的可能配置将位于契约曲线的粗体线段部分。

在对我们的相对讨价还价能力没有更多的了解的前提下，很难说明更多了。我妻子很明显是我们婚姻中更好的谈判者，这导致我预测我们可能最终在粗体线段较靠下的部分，我妻子最终比我从交易中享受了更多好处。如果我在讨价还价方面完全无竞争力，我妻子最终可能会说服我在该粗体线段最下面的点交易，使得我的处境最终与在点 E 处恰好一样好而她的处境却变得好多了。但是，即使我贫乏的谈判技能也能使我充分远离那些比其更差的任何情况。

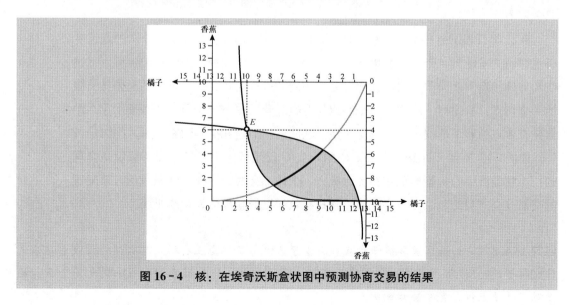

图 16 - 4　核：在埃奇沃斯盒状图中预测协商交易的结果

契约曲线上的这个粗体线段通常被称为二人交换经济的核。当且仅当经济中不存在个体的子集通过相互交易可以使他们的处境变得更好时，一个配置位于核中。在只有两个个体的交换经济的例子中，这意味着，为使禀赋的配置位于核中，不能存在一种方式使两人都变得更好。在两个个体的情形下，核等价于位于透镜状互利区域的帕累托有效配置的集合。然而，正如我们很快将讨论的，当经济由多于两个个体组成时，核通常是契约曲线粗体部分的一个子集。

16A. 1.4 埃奇沃斯盒状图中的竞争性均衡 现在假定你发现自己也处在相同的偏僻的岛上并且你同意分担我妻子和我相互谈判的痛苦。为最小化婚姻冲突（以及最大化婚姻幸福），你提议如下：你将试着去找到橘子和香蕉的一组价格，使得我同意卖给你一些我的香蕉以及我妻子同意卖给你一些她的橘子，你反过来以相同的价格卖给我一些你从我妻子那里买的橘子（并卖给她一些你从我这里买的香蕉）。我妻子和我反过来许诺把你采用的那些价格当成既定的，并基于那些价格进行交易，即我们同意做一个"价格接受者"。然而，你的问题是，由于你自己不拥有香蕉和橘子，你必须找到一组价格，使得我将卖给你的是我妻子同意去买的，并且我将从你这里买的是我妻子同意卖的。换言之，你将试着找到一组价格，使得两种商品的需求都等于供给。

首先，回忆一下第 2 章和第 3 章中我们研究预算约束时，若收入完全基于禀赋（而不是外生给定的货币收入）这样的约束是怎么产生的。由于不管采用什么价格，我总可能消费我的禀赋 E_1，而不在那些价格处进行任何交易，所以 E_1 总位于我的预算约束上。你所报的价格将确定我通过点 E_1 的预算线的斜率。更准确地，比率 $-p_1/p_2$ 或商品 1（橘子）的价格相对于商品 2（香蕉）的价格确定了通过我禀赋 E_1 的预算线的斜率。由于当收入是由禀赋定义时价格的比率是关键的，所以我们可以简单地把其中一个价格设定为 1 并把重点放在另一个价格上。从而，我们可以通过把横轴上的商品（橘子）的价格设定为 1，并把重点放在纵轴上的商品（香蕉）的价格上。（价格设定为 1 的商品通常被称为计价物。）

假定你首先把香蕉的价格也设定为 1，从而使得价格的比率为 1。本质上，你设定了价格，使得 1 个橘子可以交易 1 个香蕉。图 16－5（a）说明了我的预算约束，而图（b）说明了我妻子的预算约束，她的图被"反转"，如其在埃奇沃斯盒状图中所显示的那样。其结果是，你注意到我在这个预算上选择 A 作为我的最优点：提供 3 个香蕉给你的商店并需求 3 个橘子。另外，我的妻子选择 B 作为她的最优点：提供 5 个橘子并需求 5 个香蕉。你应该很快注意到你遇到问题了：我的妻子供给的橘子比我从你这里需求的多，而我供给的香蕉比她从你这里需求的少。因而你选择的价格并没有使供给等于需求，而是引起了橘子的过度供给和香蕉的过度需求。这一点可以在图（c）中的埃奇沃斯盒状图中看出来，其中我妻子和我在你设定的价格下选择了香蕉和橘子的不同配置。换言之，在目前价格下，我妻子和我最终落在埃奇沃斯盒状图中不同的点上，你没有办法使得我们的愿望都实现。在所设定的价格下，我们处于非均衡中。

唯一使供给等于需求的方式是，在你所报的价格下，我妻子愿意放弃的橘子的数量与我希望买的恰好一样多并且我愿意放弃的香蕉的数量与她愿意买的恰好一样多。由于设定香蕉的价格等于橘子的价格（如我们在图 16-5 中所做的）导致了橘子的过度供给和香蕉的过度需求，合理的一点是你把香蕉相对于橘子的价格设定得太低了。假定下面你试着把香蕉的价格提高到 1.5（仍把橘子的价格设为 1）。所导致的价格比率是 2/3，形成了图 16-6 中埃奇沃斯盒状图中的预算约束。

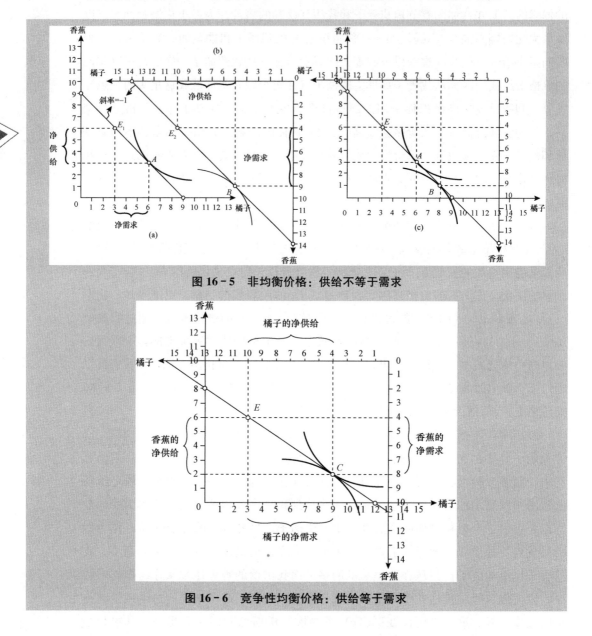

图 16-5　非均衡价格：供给不等于需求

图 16-6　竞争性均衡价格：供给等于需求

练习 16A. 10　在我妻子的关于橘子和香蕉的轴上，这个预算的截距是多少？ ■

由于橘子变得相对便宜而香蕉变得相对昂贵了，我最终选择需要更多的橘子，我妻子决定需要较少的香蕉。如果你恰当地提高香蕉的价格，这将导致我妻子和我需求的和供给的量完全相等，这进一步导致了我们将会在埃奇沃斯盒状图中选择相同的点作为最优点。当然，由于我妻子的消费束与我的消费束是在不同的轴上读出来的，所以这并不意味着我们消费相同的束。在图 16-6 中，我妻子卖出 6 个橘子（挣得 6 美元）并（用 6 美元）购买 4 个香蕉，而我卖出 4 个香蕉（挣得 6 美元）并（用 6 美元）购买 6 个橘子。需求等于供给并且我们最终选择了配置 C。从而你成功地找到了一组价格，我和我妻子最终都在 C 实现最优化。由于当我妻子和我作为价格接受者时这些价格导致了需求等于供给，因此它们是我们经济的竞争性均衡价格。

练习 16A. 11 假定橘子和香蕉对我和我妻子都是正常品。对我和我妻子分别做图，给出当价格都等于 1 时的初始预算约束以及当香蕉的价格增加到 1.5 时的新的预算约束。使用替代效应和财富效应，说明为什么我对橘子的需求确定增加并且我妻子对香蕉的需求确定减少。你能确定地说我对香蕉的需求以及我妻子对橘子的需求会发生什么变化吗？

练习 16A. 12 假定你决定使香蕉的价格保持为 1 并改变橘子的价格。为达到相同的均衡结果，你将把（橘子的）价格设定在什么水平上？

练习 16A. 13 假定你把橘子的价格设定为 2 而不是 1。香蕉的什么价格会导致相同的均衡结果？ ∎

当然，在这个练习中有一些假设的东西：为什么在一个两人经济中的个体会是价格接受者呢？在这样一个环境下，假定这两个个体通过讨价还价而不是假定某个固定的价格来找到他们达到有效结果的方式是更合理的。但是这里我们把自己限制在两人交换经济中的唯一原因是它允许我们图示一些基本的直觉并推导一些本质的结果。结果显示，相同的直觉对更大的经济也奏效。在更大的经济中有很多个体，由于每个个体相对于经济来说都很小，所以我们可以合理地假设他们把价格当成既定的。

在我们继续讲解前需要指出的最后一点是：到目前为止我们隐性地假设了在像由我和我妻子所组成的交换经济中仅存在一个竞争性均衡。在我们通常研究的数学例子中，实际上是这样的。但是大家可以想象，我和我妻子的无差异曲线图可能导致多于一个均衡是可能的。我们将在一些章末习题（比如习题 16.7）中探索这种类型的情景。

16A. 2 福利经济学基本定理与其他结果

三个基本结果位于一般均衡理论的核心，对这些的了解反过来对于体会市场所起的作用、它们的局限性，以及非市场制度安排能提高市场结果的程度有重要意义。其中第一个我们已经在竞争性市场的局部均衡模型中接触了。这就是福利经济学第一定理，它解释了在什么条件下市场结果是有效的。第二个被称为福利经济学第二定理，它在某种意义上是第一定理的逆定理，它指出：只要政府能以一次性转移的方式重新分配禀赋，任何有效的配置实际上都是市场均衡。从而，（举例而言）如果最初的禀赋导致了产生不可接受水平的不平等的均衡，那么在出现一次性总量重新分配时，政府在重新分配一些禀赋后能依赖市场产生更加公平的结果。最后，已经被证明的是，随着经济变大，经济的核收缩到仅为市场均衡结果的集合，这是我们称之为核收敛（core convergence）的结果。这可能是这些结果中最抽象的，但是它提供了我们认为竞争市场均衡的概念是强有力的预测结果的概念的真正原因。由于可以合理地预期个体会利用他们讨价还价的技能，相互之间进行交易直到他们到达核中的一个配置，所以该结果表明当很多消费者进入一个经济中导致个体讨价还价的能力被稀释时，竞争性均衡结果实际上是我们应该预期会产生的唯一结果。我们将依次讨论这些结果。

16A.2.1　福利经济学第一定理　在前面一章，我们研究了单一市场的局部均衡模型，推导了我们所谓的福利经济学第一定理的第一个版本。该定理简单地陈述了，在一定条件下一个市场的竞争性均衡是有效的。我们现在可以看到在交换经济（其中我们分析了跨几个市场（比如橘子和香蕉的市场）的均衡）的"一般均衡"模型中相同的定理成立（也是在前一章结束时所归纳的条件下）。

在埃奇沃斯盒状图中的两人、两商品的交换经济中，该结论在图 16 - 6 中几乎立刻可见：由于一个均衡价格导致了两个消费者在埃奇沃斯盒状图中相同点处的预算最优化，也由于他们的无差异曲线与相同斜率的预算约束相切，无差异曲线相互相切。如我们在前面所看见的，当埃奇沃斯盒状图中的一个配置使得通过该配置的无差异曲线相切并因而在无差异曲线之间不产生透镜状区域时，该配置是帕累托有效的。该结论对很多个体与很多商品的交换经济也成立，其直觉几乎与从简单的埃奇沃斯盒状图中所产生的相同。

练习 16A.14　判断正误：当福利经济学第一定理成立时，交换经济的竞争性均衡导致了位于契约曲线但并不一定在核中的配置。■

16A.2.2　福利经济学第二定理　尽管我们在第 15 章中详细地进行了讨论，福利经济学第一定理包含显著的见解，然而，这并不意味着我们一定要相信产生于竞争性市场价格的商品配置是"好的"。相反，该定理仅仅是告诉我们，在第 15 章所概括的条件下，商品的市场配置是有效的。然而，在对契约曲线的推导中我们已经看到，存在很多不同的"有效"配置，我们中的大多数可能会认为这些中的一些比另外一些更加令人合意。例如，在很多"平等"或"公平"的概念下，如果经济中的配置使得一个人几乎得到了全部，而所有其他人得到很少或者近乎没有，那么即使该配置是帕累托有效的，我们也会受到困扰。

沿着这些线索思考使我们推导出了被称为福利经济学第二定理的第二个一般均衡见解。该定理在某种意义上是第一个的镜像。其指出只要最初的禀赋被适当地重新分配，任何帕累托有效的配置都能产生于竞争性均衡。从而，福利经济学第一定理说竞争性均衡是有效的，而福利经济学第二定理则说任何有效的配置都可以是一个竞争性均衡配置，只要政府能重新分配禀赋，并且在这一过程中经济不收缩。

再一次，这个直觉很容易从两人、两商品交换经济的埃奇沃斯盒状图中看出来。与前面一样，假定图 16-7 中的 E 是这个经济的初始禀赋点，但是由于某个原因，我们想使有效配置 D 为竞争性均衡配置。很清楚地，不存在香蕉和橘子的一组价格可能导致我妻子和我从 E 交易到 D；毕竟，包含 D 的无差异曲线位于 E 以下，这意味着我的妻子偏好于消费她的初始禀赋，而不是同意交易到 D。

如果 D 要成为一个均衡配置，则一定是我们能在埃奇沃斯盒状图中画出一个预算约束，使得该约束经过 D 并且与在点 D 两条无差异曲线的斜率完全相同。图 16-7 中的直线满足这些条件，从而为使 D 成为均衡配置，该直线必须是均衡预算约束。但是，由于预算线总是通过禀赋点，那么该直线成为预算约束的唯一方式是我们的禀赋点位于该直线上。例如，如果我们的初始禀赋是 E' 而不是 E，那么 D 将是均衡配置。

本节开始时所陈述的福利经济学第二定理说的是只要初始禀赋被合理地重新分配，任何有效的配置都能成为均衡配置。在我们图 16-7 的例子中，一个对初始禀赋 E 的"适当的"重新分配将我妻子的 5 个橘子和 2 个香蕉再分配给我，从而创造出新的禀赋点 E'。

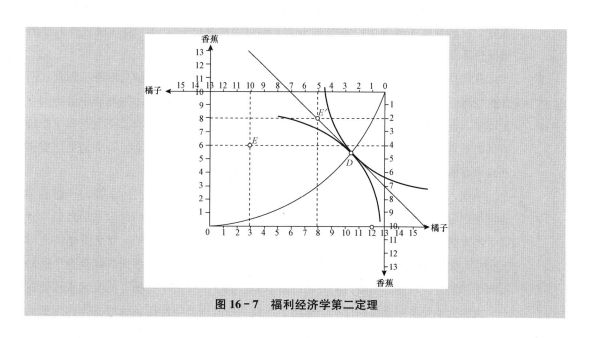

图 16-7 福利经济学第二定理

练习 16A. 15 你能否想出橘子和香蕉的其他再分配使得其对于确保 D 是竞争性均衡结果是"适当的"？∎

乍看起来，福利经济学第二定理是非常强有力的，因为它似乎表明了，如果我们发现竞争市场结果是不公平的，我们能以一种更加"公平的"方式重新分配经济中个体的禀赋并允许市场再一次找到有效的新的均衡。从而，该定理似乎表明了在公平和有效性之间没有权衡取舍，我们可以通过禀赋的再分配并依赖可以保留有效性的市场来获得更加公平的市场结果。

然而，考虑到在前面几章中所学到的，我们需要非常小心，不要过多地陷入福利经济学第二定理所陈述的这种"第一眼"的印象。该定理的隐含假设是我们能无成本地进行再分配，以及我们可以再分配而不收缩经济。换言之，福利经济学第二定理假设"总量转移再分配"——通过一次性总量税收和补贴再分配——是可能的。然而，如我们在前面几章所分析的，一次性总量税收和补贴在现实世界中相当稀少，基本上现实世界中的税收和补贴都会产生无谓损失。换言之，通过现实世界（扭曲的）税收和补贴获得的再分配收缩了经济（或埃奇沃斯盒状图）。从而，由于现实世界再分配会导致无效性，从而不太可能像福利经济学第二定理所预想的那样"适当地再分配"。由此，如果经济中的禀赋被不公平地分配了，导致了有效但是不公平的市场结果，那么公平和有效之间的权衡取舍便产生了，再分配导致了非有效性但是潜在地有更多公平（取决于如何定义什么是公平的）。我们将在第 29 章更明确地讨论这一点。

16A. 2. 3 均衡与核 我们通过问两个个体（像我妻子和我）可能会在什么地方进行交易来开始我们对埃奇沃斯盒状图交换经济的讨论。我们的结论是假设个体将会继续交易，直到没有进一步的互利交易是合理的，这将意味着他们最终将位于核（即在契约曲线上并在通过原始禀赋的无差异曲线之间）中的某个经济禀赋的配置处。它们在核中的确切位置取决于个人相对讨价还价的能力，但是核之外的任何情况都不可能持续，因为个体始终有激励找到互利交易。

我们接着定义一个非常严格（并且看起来不相关）的工具来预测埃奇沃斯盒状图交换经济中的个体最终的位置：竞争性价格。我们一开始就承认，在经济中仅有两个个体时，竞争或"价格接受"行为的假设是愚蠢的，但是我们预示了产生于竞争性价格（而不是讨价还价能力）的交易条款在有着很多个体的一般均衡经济中是更加现实并且重要的。

然而，其结果是一个交换经济中的核与竞争均衡配置非常相关。从我们所做的你应该能很容易地说服自己相信竞争性均衡配置一定位于核配置集中，但是后者通常比前者要大很多。然而，在我们目前所做的不明显的一点是，随着一个交换经济变得"更大"，核配置的集合收缩；当经济的规模变得非常大时，核收缩到恰好是竞争性均衡配置的集合。从而，如果我们要通过简单地找到位于经济中"核"的配置来预测在一个大的交换经济中谁得到什么，这将是与找到所有由竞争性市场价格支撑的配置的集合完全相同的练习。换言之，在大的经济中，只有稳定的配置（其中没有子群能找到使其变得更好的方式）才能作为竞争性均衡产生，并且不能作为竞争性均衡产生的配置没有这种稳定性。

如果这对你而言非常有趣，那么你可以在本章的附录中更加细致地探索这个结果背后的直觉。该结果背后的基本直觉如下：我们知道当经济中仅有我和我妻子时，我有讨价还价的能力，因为我妻子进行交易的唯一方式是与我交易。但是当我们想象经济中有很多像我一样的其他消费者时，我妻子突然有了选择：如果我不和她交易，她可以找到某个与我非常像的其他人进行交易。从而，来自其他像我这样的人的增加的竞争降低了我讨价还价的能力。类似地，随着经济变大，有很多其他像我妻子这样的人，她的讨价还价能力与我的一样，且因为相同的原因降低。值得注意的一点是，我和像我一样的消费者之间的竞争当我们试着进行讨价还价而没有参考任何价格时将导致的结果与我们在一个市场价格（而不是在讨价还价中与其他人的竞争）掌控每个人的行为的经济均衡中完全相同。

这样思考该问题：假定你比较两个国家，这两个国家在所有方面都相同，除了其中一个国家的购物中心张贴价格（"讨价还价"是不允许或不能容忍的），而另一个国家的购物中心不张贴价格（每个商家与你讨价还价）。在第一个国家中，我们将预测谁得到什么由竞争市场过程确定，其中个体行为由所张贴的价格引导。在第二个国家中，我们将预测谁得到什么取决于当所有人试图对最好的交易讨价还价时的技能。但是如果街边有很多相同的商店，那么我们的结果表明相似厂商之间的竞争将会与第一个国家中的价格机制产生完全相同的结果。

16A.3　一个简单的"鲁滨逊·克鲁索"生产经济

假定在去巴哈马群岛的途中，我妻子和我遇到了意外的气流，我在恐慌中按下"喷射"按钮时被意外地喷射出飞机。幸运的是，我旅行时总有一个降落伞缚在我背上，因此我得以安全地着陆在巴哈马群岛众多岛屿中的一个上。但是我生命中至爱的她，有飞行员执照，同时又不那么轻易地恐慌，最终把飞机安全地着陆在另一个岛上，把我留在我的岛上自生自灭，没有我们带来的橘子和香蕉的供给。

因此，如果我想存活下去，就需要花费一些努力来寻找食物，假定我发现在这个岛上生长的唯一食物就是香蕉。那么你可以把我想成是一个生产者和消费者：我是一个用劳动生产香蕉的生产者，并且我是一个为了吃放弃休闲的消费者。我就像小说中的人物鲁滨逊·克鲁索，这正是我所处的"经济"经常被经济学家称为鲁滨逊·克鲁索经济的原因。[①] 这是包含一个生产者和消费者的最简单的经济。

---

① 丹尼尔·迪福在 1719 年出版了小说《鲁滨逊漂流记》。这部小说探索了一个英国漂流者（名为鲁滨逊·克鲁索）在一个偏远的热带孤岛上束手无策的虚构的生活。尽管鲁滨逊·克鲁索最初发现自己很孤独，但他最终遇到了当地人，即他称为"星期五"的一个很特别的人，并逃离了我们的"鲁滨逊·克鲁索生产经济"。

如果你认为我和我妻子交易橘子和香蕉的交换经济是低级的，你一定会发现我同时作为香蕉的生产者和消费者的鲁滨逊·克鲁索经济同样很低级。乍看起来，这两种类型的经济都是低级的。但是，正如我们已经重复说过多次的，在一个我们能使用图示的简单设定中，它们说明了能够在复杂得多的经济中继续成立的见解。因此，如果单一消费者与单一生产者的竞争性行为确实困扰了你，那么只要记住该分析对大量相同的消费者和生产者是等价的即可。该结果可以进一步推广到有很多不同类型的消费者和生产者的经济。

16A. 3. 1　鲁滨逊·克鲁索的最优化问题　我们可以把我对香蕉的搜寻想象成由简单生产边界内的可行生产计划的集合所描述，如图 16－8（a）所示。这里，生产中唯一的投入是位于横轴的每周劳动时间 ℓ，唯一的产出是纵轴上每周收获的香蕉的数量 x。我们假定生产选择集在 $\ell=60$ 处结束，从而我有一个每周 60 小时的总的休闲禀赋。

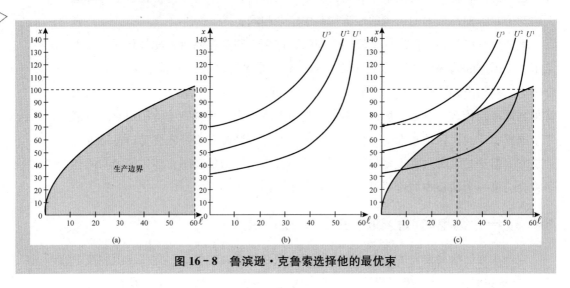

图 16－8　鲁滨逊·克鲁索选择他的最优束

练习 16A. 16　该生产边界是规模报酬递增、规模报酬递减还是规模报酬不变？劳动的边际产出递增、不变还是递减？■

在图（b）中，我们再次在一个劳动小时数位于横轴和香蕉位于纵轴的图上说明了我的一组无差异曲线。由于我们在横轴上用劳动而不是休闲说明这些无差异曲线，所以当我的消费束移到图中的西北方向时，劳动更少（即休闲更多）且消费更多，我的处境变得更好。

练习 16A. 17　如图 16－8 中所示，我们关于偏好的通常假设——理性、凸性、单调性、连续性——中哪一个被违背了？■

生产边界描述了所有我能选择的可行的消费束，图 16-8 (c) 把前面两个图组合在一起，说明了我在这个岛上的最优决策。一旦我到达了让我每周工作 30 小时并消费 72 个香蕉的束，我就到达了仍至少包含 1 个位于我的生产选择集内的束的最高的无差异曲线。

16A. 3. 2　人格分裂的鲁滨逊·克鲁索　到目前为止，这里还没有太多市场；我仅从我的选择集中选择我的最优束，没有人以任何特定的价格交易任何东西。但是现在我们假定我人格分裂，我的一部分仅作为一个利润最大化的生产者，而我的另一部分仅作为一个效用最大化的消费者。我们进一步假定我的两部分都表现为价格接受者，把劳动的价格 w 和香蕉的价格 p 当成既定的。

在图 16-9 (a) 中，我们仅图示了生产者的利润最大化问题，其中等利润线表示作为生产者的我的无差异曲线。这与第 11 章中对单要素生产的分析相同，其中每条等利润线对应于产生给定利润水平的所有生产计划。如我们在第 11 章所推导的，等利润线的截距等于沿着该生产计划集的利润 π 除以价格 p，每条等利润线的斜率是 w/p。实现利润最大化的生产计划 A 是每周使用 11 小时的劳动并生产 43 个香蕉的计划。

在图 (b) 中，我们完全从我作为一个面对香蕉的价格为 p 与每工时的工资为 w 的消费者的角度来审视这个问题。此外，不管企业生产利润 π 到什么程度，我们都将假定，作为企业的主人，把利润作为我收入的一部分并可以用它来购买香蕉。和前面章节中所做的一样，假设我每周有 60 小时的休闲总禀赋，可以潜在地用于获取收入（通过以工资 w 出售休闲）。

即使我完全不工作，我也有可得的企业利润用于购买香蕉。例如，如果我从企业获得的利润是 60 美元并且香蕉的价格是 $p=10$，那么我可以购买 6 个香蕉而不花费任何劳动。从而我的预算约束开始于截距 π/p。在我卖出劳动时，我可以获得工资 w，用来购买额外的香蕉。对于卖出的第一小时，我将挣得 w，如果香蕉的价格是 1 美元，这允许我购买 w 个香蕉；如果香蕉的价格是 p，这允许我购买 w/p 个香蕉。从而，我的预算线的斜率（其开始于截距 π/p）是 w/p，我的预算约束在我卖出了所有 60 小时的休闲后结束。

我们接着可以把图 16-8 (b) 中的无差异曲线加入图 16-9 (b) 中来找到给定该预算约束时的最优消费束 B：每周 36 小时的劳动和 94 个香蕉。

16A. 3. 3　在鲁滨逊·克鲁索经济中的非均衡与均衡　从图 16-9 (a) 和图 16-9 (b) 中可明显看出：当工资和价格被分别作为生产者和消费者的我当成给定的时不是均衡价格。作为生产者，我每周想要雇用 11 小时的劳动去生产 43 个香蕉，但是作为消费者，我每周想要卖出 36 小时的劳动去消费 94 个香蕉。因此，在这个工资和价格下，存在劳动过度供给和香蕉过度需求。

一旦我们注意到图 16-9 (b) 中的预算约束与图 16-9 (a) 中的最优等利润线完全相同，我们就可以在一个单一的图中说明这个非均衡。把这两个图叠加在一起，我们得到图 16 - 10（a），生产者选择可行的束 A，消费者选择这个经济中不可行的束 B。为使这个经济处于均衡，p 和 w 必须改变，以使得生产者的最优生产计划与消费者的最优消费计划一致。

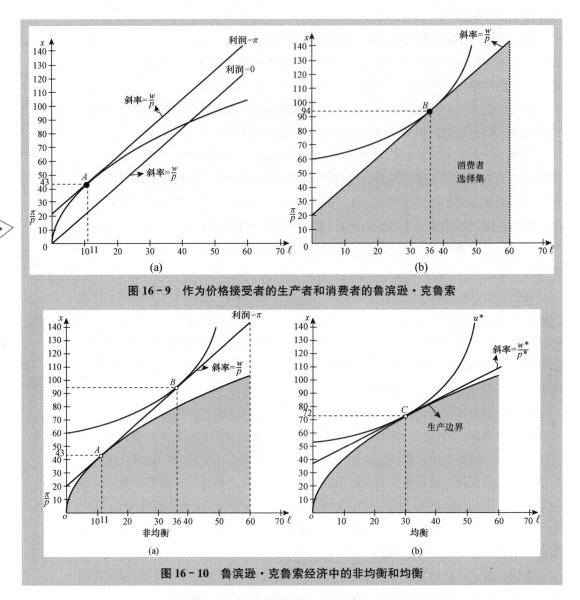

图 16 - 9　作为价格接受者的生产者和消费者的鲁滨逊·克鲁索

图 16 - 10　鲁滨逊·克鲁索经济中的非均衡和均衡

图 16 - 10（b）则说明了导致这样一个均衡的 w^* 和 p^* 的组合。这里，生产者和消费者（他们都把 w^* 和 p^* 当成既定的）选择导致在劳动与产出市场需求等于供给的最优计划（点 C）。

16A.3.4　福利经济学第一和第二定理　回忆福利经济学第一定理是指定条件使得竞争性均衡是（帕累托）有效的定理。在一个有着单一个体的经济中，帕累托有效仅意味着单一个体（给定鲁滨逊·克鲁索的处境）正最优化他的行为。在 16A.3.1 节中，我们说明了我是如何在这个荒岛上选择最好的束的：我简单地找到了仍包含一个可行消费束的最高的无差异曲线（见图 16-8）。在图 16-10 (b) 中，我们说明了竞争性市场均衡，其受市场价格 p^* 和 w^* 的约束，作为生产者，我最大化利润；作为消费者，我最大化效用。如果在图 16-10 (b) 中仅移走等利润线（其同时也作为消费者预算约束线），恰好留下了图 16-8 (c)，这说明了我是如何"给定我的处境进行最优化的"。从而，鲁滨逊·克鲁索经济中的竞争性均衡是帕累托有效的，福利经济学第一定理成立。同样，我们很快可以看到福利经济学第二定理在鲁滨逊·克鲁索经济中也成立。回忆一下福利经济学第二定理说的是经济中的任何帕累托最优可以作为一个均衡被支持。一个帕累托最优看起来像图 16-8 (c)，其中的无差异曲线与生产边界相切。但是这意味着我们能拟合一条与生产边界和最优无差异曲线都相切的直线，该直线定义了比率 w/p，其导致了只要生产者和消费者都把 w 和 p 当成既定的，这个最优就会成为一个均衡。在章末习题 16.5 中，我们将说明这个结论的一个警告：福利经济学第二定理只有在生产选择集和偏好为凸时才能确保成立。（相同的警告适用于交换经济的福利经济学第二定理。）

16.4 一般均衡分析与政策

公共政策通常都是关于在一个经济中进行大的制度变化，以改变消费者所面对的预算约束、生产者所面对的生产约束，以及/或者双方所面对的价格变化的。福利经济学第一定理表明：这样的政策变化将会产生无效性，除非在工作中已经存在扭曲性力量并且政策是被设计来与这些力量的影响进行对抗的。本书剩余的大部分都仔细地分析了使福利经济学第一定理无效并因而产生了非市场制度提高有效性的可能性的扭曲性力量的类型。

但是也存在源于采取政策分析的一般均衡视角的更一般的教训。例如，我们将在接下来的几章中看到，税收和补贴改变特定市场的价格。有时，这些变化以这样一种方式发生，使得我们能孤立一个市场并卓有成效地分析，而不用考虑经济中的一般均衡，但是经常地，即使一个政策明确地仅改变了一个单一的价格，紧随其后的个体决策也会使影响以重要的方式"外溢"到其他市场中。这极大地使政策分析复杂化了，但是经济学家已经证明紧随政策变化的一般均衡效应（或无意的结果）通常比政策制定者心目中最前面的最初的局部均衡效应（或有意的结果）更重要。尽管我们研究的工具并不总是允许我们证明那些更复杂的模型所能证明的，但我们将在接下来的几章反复地看到这些基础主题的提示。然而，现在，我只想提供一个在我自己的一些研究中非常重要的情形的一个例子。

假定我们想要分析学校被资助的方式。在美国，公共学校由当地和州税来资助，孩子们根据父母居住地被录取到公立学校。这导致了一个特别的均衡，其中当地公立学校的质量反映在住房价格中，好的公立学区的住房通常显著地比差的公立学区的住房昂贵得多。由此，尽管公立学校名义上是"免费的"，但家长通过对好的学区支付比差的学区更高的住房价格有效地支付了学费。因此，公立学校通过住房市场的定价支撑了其在质量上差异显著的均衡，贫困的家长之所以归属于差的公立学区是因为他们担负不起好的学区的住房。

现在假定政府考虑一项新政策：私立学校优惠券。这种优惠券仅仅是一张张其上印着美元数额的纸，这种优惠券的持有者可以用其支付私立学校的学费（私立学校可以将其出示给政府用于报销）。如果仅从"局部均衡"的角度来思考这个政策，我们可以分析由于收到优惠券家庭的预算约束会如何变化，并由此判断谁将会采用优惠券并转到私立学校。（这一点已在章末习题 14.10 中完成。）但是结果显示：这样的局部均衡分析将会丢失那些源于政府资助的私立学校优惠券的最重要的效应。

这样来思考：考虑为了把孩子送到好的公立学校而增加其预算以在好的学区买一个相对小的房子的"边际"家庭。现在这个家庭收到了使得私立学校成为一个真正的选择的优惠券。如果该家庭选择使用这个优惠券，那么它会继续在好的公立学区支付高的住房溢价吗？答案是它不会，由于它再也不关心那个区域的公立学校了，所以这个家庭可能在差的公立学区找到真正划算的住房交易。因而，这个家庭使用优惠券后会搬到另一个区域的更大的房子里，这进一步推动了对这种住房的需求，从而导致了差的公立学区的住房价格的提高（以及好的公立学区的住房价格的相应下降）。这进一步意味着在那些差的学区拥有住房的人将会看到他们财富的增加（因为他们的住房价值更高了），而那些在好的公立学区拥有住房的人将会看到他们财富的下降（由于他们住房的价格下降了）。因而，引进私立学校优惠券的目标在于改变个体关于学校教育的决策，产生了住房市场的一般均衡价格效应，这又进一步导致了改变个体决策的财富效应。对此的研究表明：大多数家庭在住房市场上的一般均衡变化应该比仅在学校市场上的变化大，这意味着忽视一般均衡效应的学校优惠券的分析将会导致关于这个政策将让谁受益和将让谁受损的错误的预测。[①]

练习 16A.18 在对学校优惠券的投票的表决中，研究者发现租房者与住房拥有者投票不一样。考虑在一个差的公立学区的租房者与住房拥有者。你认为谁更可能钟爱学校优惠券以及谁更可能反对？

练习 16A.19 你认为目前住在好的公立学区和差的公立学区的老年人（其没有小孩在学校但通常拥有住房）对学校优惠券的投票会如何不同？

练习 16A.20 如果你考虑在引入私立学校优惠券后建立一所私立学校，你是更可能在贫困的区域还是富裕的区域开办学校？

练习 16A.21 假定针对优惠券有两个不同的提议：第一个提议是把优惠券的资格限制在贫困线以下的家庭，而第二个提议则把优惠券的资格限制在那些住在差的公立学区的家庭。哪个政策更可能导致住房市场的一般均衡效应？ ■

---

① 例如，参见 T. Nechyba, "Mobility, Targeting and Private School Vouchers," *American Economic Review* 90, no.1 (2000), 130–146.

这只是太狭隘地着重于局部均衡效应的政策分析如何具有误导性的一个例子。在这一点上，从我们的例子得出的一个一般结论是，在思考了一个政策的局部均衡效应后，我们应该谨慎地问：是否存在其他市场可能被这个政策以显著的方式影响？如果是这样，这些效应可能会怎么改变我们的预测？

16B　竞争性一般均衡的数学分析

一般均衡理论是现代经济学很多数学分支中的一个，在这里我们仅触及 20 世纪后半叶的丰富文献的一些皮毛。其核心包含本章 A 部分研究的基本见解——竞争性均衡价格的本质，福利经济学第一定理和第二定理以及如果经济变大，那么经济的"核"收敛到竞争性均衡的集合的观点。我们将在这一节证明交换经济的模型如何被正式化到多个个体与多种商品，我将更加正式地证明福利经济学第一定理。但是我们的主要关注点将是说明如何能用到目前为止所学的基本工具来计算纯交换经济和鲁滨逊·克鲁索经济的均衡。

16B.1　纯交换经济

当在 16A.1 节中引进交换经济的概念时，我们把它定义为一个没有生产并且消费者被赋予不同商品束的经济。更正式地，我们可以把交换经济定义为有着禀赋和偏好的消费者的集合。例如，假定经济包含 N 个消费者（记为 $n=1, 2, \cdots, N$），他们在 M 种商品中选择（记为 $m=1, 2, \cdots, M$）。一个交换经济被完全定义为

$$(\{(e_1^n, e_2^n, \cdots, e_m^n)\}_{n=1}^N, \{u^n: \mathbb{R}^M \to \mathbb{R}^1\}_{n=1}^N) \tag{16.1}$$

其中 $(e_1^n, e_2^n, \cdots, e_m^n)$ 给出了个体 n 的 M 种商品中的禀赋，$u_n: \mathbb{R}_M \to \mathbb{R}^1$ 是个体 n 在 M 种商品上的效用函数。记号 $\{\}_{n=1}^N$ 简单地表示出现在花括号中的是对经济中 N 个不同的消费者列出来的。[①] 在本章中我们约定个体以上标出现且商品以下标出现，从而 e_m^n 读作"个体 n 的商品 m 的禀赋"。

假定我们回到（16A.1 节）我和我妻子带着橘子和香蕉到一个荒岛上开始周末之旅的例子。在这种情形下，$N=2$（由于只有两个消费者），$M=2$（由于仅有的商品是橘子和香蕉）。在这个例子中，我被赋予 3 个橘子和 6 个香蕉，而我妻子被赋予 10 个橘子和 4 个香蕉。用 x_1 表示橘子，用 x_2 表示香蕉，并且用上标 1 表示我，用上标 2 表示我妻子，那么我们可以把禀赋表示为 $(e_1^1, e_2^1)=(3, 6)$ 和 $(e_1^2, e_2^2)=(10, 4)$。进一步地，我们的偏好由我的效用函数 $u^1: \mathbb{R}^2 \to \mathbb{R}^1$ 和我妻子的效用函数 $u^2: \mathbb{R}^2 \to \mathbb{R}^1$ 表示，在 A 部分的很多图中我们显性地假设了 $u^1(x_1, x_2)=$

[①]　一个定义交换经济的更"纯的"形式是仅对每个消费者设定偏好序，而不是设定表示那个偏好序的效用函数。

$x_1^{3/4} x_2^{1/4}$ 和 $u^2(x_1, x_2) = x_1^{1/4} x_2^{3/4}$。

这种经济中的禀赋点，如我们在埃奇沃斯盒状图中所看到的，仅是在经济中的个体之间划分经济禀赋的一种可能的方式。只要我们对一种商品的配置没有超过总体上可以得到的，任何其他在个体之间的商品的配置就是可行的（feasible）。对任何商品 m，我们定义经济的总体禀赋 E_m 为简单地把所有个体禀赋加总，即

$$E_m = e_m^1 + e_m^2 + \cdots + e_m^N \tag{16.2}$$

然后我们定义一个交换经济中的可行配置集（set of feasible allocation）FA 为

$$FA = \{\{(x_1^n, x_2^n, \cdots, x_M^n)\}_{n=1}^N \in \mathbb{R}_+^{NM} \mid x_m^1 + x_m^2 + \cdots + x_m^N = E_m,$$
$$对所有的 \ m = 1, 2, \cdots, M\} \tag{16.3}$$

"|" 符号的左边仅陈述需要对每个个体设定这 M 种商品中的每种应该配置多少。由于有 M 种商品和 N 个个体，所以这意味着我们必须设定 NM 个数，从而是一个在 $\mathbb{R}_+^{NM}$ 中的点。"|" 符号后面的陈述表示对 M 种商品中的每一种所给出的总和一定要等于该经济中（该种商品）可得的总禀赋。我们可以把方程（16.3）中的全部陈述读成"个体的商品可行配置集使得每种商品在个体之间配置的总量等于经济中该种商品的经济禀赋"。当在我们的例子中 $M = N = 2$ 时，该集等价于我们在埃奇沃斯盒状图中被画出来的配置，并且可以用数学形式写成

$$FA = \{(x_1^1, x_2^1, x_1^2, x_2^2) \in \mathbb{R}_+^4 \mid x_1^1 + x_1^2 = 13 \ 和 \ x_2^1 + x_2^2 = 10\} \tag{16.4}$$

练习 16B.1 你能看出我们在 A 部分中所画的埃奇沃斯盒状图是如何包含这个集合中所有的配置的吗？

练习 16B.2 判断正误：埃奇沃斯盒状图展现了一个允许我们在一个二维图片上图示位于四维内的点的技巧。∎

16B.1.1 互利交易 在我们进行任何交易前，我妻子和我通过仅消费我们的禀赋能够获得某个水平的"效用"。我们称这种在自己身上获得的效用水平为我们的保留效用。为使交易是互利的，源于交易的经济禀赋的划分必须至少给予我们每个人我们的保留效用。将个体 n 的保留效用记为 U^n，我们通过简单地评价在禀赋处的效用计算出适当的保留效用值，即

$$U^n = u^n(e_1^n, e_2^n, \cdots, e_M^n) \tag{16.5}$$

练习 16B.3 在我们的例子中（给定前面设定的效用函数），我和我妻子的保留效用分别是多少？∎

经济中对每个人都是互利的（经济的禀赋的）配置的集合（记为 MB），为至

少给予每个消费者他或她的保留效用的可行配置集，即

$$MB=\{\{(x_1^n,\ x_2^n,\ \cdots,\ x_M^n)\}_{n=1}^N\in FA\mid u^n\ (x_1^n,\ x_2^n,\ \cdots,\ x_M^n)\geqslant U^n,$$
$$\text{对所有的}\ n=1,\ 2,\ \cdots,\ N\} \qquad (16.6)$$

"|"符号的左边仅表示这个配置必须是可行的，而"|"符号的右边则表示，给定 N 个个体中每个人被给予的，每个人必须至少获得的他的或她的保留效用。我们可以把方程（16.6）中的全部表示读成"互利配置的集合等于使得每个个体至少获得他的或她的保留效用的商品的可行配置集"。这等价于埃奇沃斯盒状图中在通过禀赋点的无差异曲线之间的透镜状区域中的配置集。

练习 16B. 4 对于我和我妻子的例子，以方程（16.6）的形式写出互利配置集。你能看出图 16-2 中埃奇沃斯盒状图中的透镜状区域与这个集合等价吗？ ■

16B. 1. 2 契约曲线 如我们在 A 部分中建立埃奇沃斯盒状图时看到的，并不是所有的互利交易都一定会导致帕累托有效配置，同样并不是所有有效的配置都位于互利交易的透镜状区域内。例如，在图 16-2 中，我妻子和我最初从我们的禀赋交易到点 E，但是我们通过点 A 的无差异曲线仍形成一个透镜状区域，在其中我们两人都能变得更好。因此，从我们最初的禀赋来看，点 A 是互利的，但不是有效的，因为我们仍能想出方法使我们的处境都变得更好。另外，我的妻子被给予经济的全部禀赋的配置是有效的，因为没有一种方式使我们中的一个人变得更好而又不使另一个人变得更差。与此同时，这个配置从我们最初的禀赋来看不是互利的。

因而，为计算帕累托有效配置集，或者我们所称的契约曲线，我们需要找到埃奇沃斯盒状图中的配置，在埃奇沃斯盒状图中无差异曲线相互相切，从而不存在互利交易的透镜状区域。我们可以定义这个集合 PE（对更一般的 N 个个体和 M 种商品的设定）为

$$PE=\{\{(x_1^n,\ x_2^n,\ \cdots,\ x_M^n)\}_{n=1}^N\in FA\mid \text{不存在}\ \{(y_1^n,\ y_2^n,\ \cdots,\ y_M^n)\}_{n=1}^N\in FA,$$
$$\text{其中}\ u^n(y_1^n,\ y_2^n,\ \cdots,\ y_M^n)\geqslant u^n(x_1^n,\ x_2^n,\ \cdots,\ x_M^n),$$
$$\text{对所有的}\ n=1,\ 2,\ \cdots,\ N, \qquad (16.7)$$
$$u^n(y_1^n,\ y_2^n,\ \cdots,\ y_M^n)>u^n(x_1^n,\ x_2^n,\ \cdots,\ x_M^n),\ \text{对某个}\ n\}$$

再一次，"|"符号的左边仅表示配置必须是可行的。"|"符号的右边表示不存在另外一个可行的配置使得每个人至少一样好并且至少有一个人变得更好。

练习 16B. 5 你能看出在埃奇沃斯盒状图的 PE 集中没有配置能有穿过其的无差异曲线使得在它们之间形成一个透镜状区域吗？ ■

回到我和我妻子有橘子和香蕉的例子，再次假定我们的偏好可以分别由效用函数 $u^1(x_1, x_2) = x_1^{3/4} x_2^{1/4}$ 和 $u^2(x_1, x_2) = x_1^{1/4} x_2^{3/4}$ 表示，并且我们的禀赋分别表示为 $(e_1^1, e_2^1) = (3, 6)$ 和 $(e_1^2, e_2^2) = (10, 4)$。在埃奇沃斯盒状图中，如果我被给予消费束 (x_1^1, x_2^1)，这意味着我妻子将收到剩余的可得商品，即 $(x_1^2, x_2^2) = (13 - x_1^1, 10 - x_2^1)$（由于经济总体被赋予了 13 个 x_1 商品和 10 个 x_2 商品）。只要我们的无差异曲线在埃奇沃斯盒状图中相切，即当我的边际替代率 $MRS^1(x_1^1, x_2^1)$ 等于我妻子的边际替代率 $MRS^2(13 - x_1^1, 10 - x_2^1)$ 时，帕累托有效配置就会发生。对于给我和我妻子设定的效用函数，我们的无差异曲线相切将意味着

$$MRS^1(x_1^1, x_2^1) = \frac{3x_2^1}{x_1^1} = \frac{(10 - x_2^1)}{3(13 - x_1^1)} = MRS^2(13 - x_1^1, 10 - x_2^1) \quad (16.8)$$

解表达式（16.8）中间的部分求 x_2^1，我们得到

$$x_2^1 = \frac{10x_1^1}{(117 - 8x_1^1)} \quad (16.9)$$

这个方程表示我所有的橘子和香蕉的消费束，其中我和我妻子的无差异曲线恰好在埃奇沃斯盒状图中相切。换句话说，方程（16.9）是我们在图 16-3 中所识别的契约曲线。更正式地，我们可以用这个方程来定义这个交换经济的 PE 集为

$$PE = \left\{ (x_1^1, x_2^1, x_1^2, x_2^2) \in \mathbb{R}_+^4 \mid x_2^1 = \frac{10x_1^1}{(117 - 8x_1^1)}, \ x_1^2 = 13 - x_1^1 \ \text{和} \ x_2^2 = 10 - x_2^1 \right\}$$

$$(16.10)$$

练习 16B.6 验证我们推导的契约曲线是从埃奇沃斯盒状图的一个角落到另一个角落。

练习 16B.7* 找到契约曲线的另一种方式是最大化我的效用，限制条件是我妻子的效用保持在效用水平 u^* 处不变以及她的消费束是在我的消费束后被给定后所剩下的。用数学语言来表示就是

$$\max_{x_1, x_2} x_1^{3/4} x_2^{1/4} \quad \text{s.t.} \quad u^* = (13 - x_1)^{1/4} (10 - x_2)^{3/4}$$

（其中给定所有变量都表示我的消费，我们去掉了上标。）证明该式得到的解与我们在式（16.9）中推导出来的相同。∎

16B.1.3 核 两人交换经济的核在 A 部分中被定义为给定经济中个体所有的禀赋的情况下帕累托有效配置集也是互利的。换言之，在两人情形下核仅为集合 MB 和 PE 的交集，即

$$Core = MB \bigcap PE \quad (16.11)$$

对于我和我妻子的例子，我们可以定义核为契约曲线 PE 的子集，其包含的配置产生的效用超出我们的保留效用。我们的保留效用仅通过把禀赋（3，6）和（10，4）代入我们的效用函数的方法求出，这产生了保留效用 $U^1 = 3^{3/4} 6^{1/4} = 3.57$ 和 $U^2 = 10^{1/4} 4^{3/4} = 5.03$。核可以被改写为

$$Core = \{(x_1^1, x_2^1, x_1^2, x_2^2) \in PE \mid (x_1^1)^{3/4}(x_2^1)^{1/4} \geqslant 3.57 \text{ 和 } (x_1^2)^{1/4}(x_2^2)^{3/4} \geqslant 5.03\}$$

$$(16.12)$$

这对应于我们在图 16-4 中图示推导的核配置。然而，注意到这个作为 MB 和 PE 的交集的核的定义仅对两人交换经济成立。更一般地，核被定义为配置的集合，在其中没有个体的"联合"使他们自己能做得更好。仅有两个个体时，这等价于说当两个个体不能重新配置商品使两人的处境都变得更好时一个配置位于核中，留给了我们 MB 和 PE 的交集。在附录中，我们将处理当经济中有多于两个个体时交换经济的核是怎么演变的更一般的情形。

16B.1.4　竞争性均衡　在消费者理论的发展中，我们在收入是外生给定的模型和当消费者卖出一些禀赋时收入内生地产生的模型之间做了一个区分。当收入是外生给定的时，对某个商品 m 的（非补偿性）需求函数采取形式 $x_m(p_1, p_2, \cdots, p_M, I)$，其中 p_m 表示商品 m 的价格，I 表示外生收入。当收入由禀赋内生地导出时，I 这一项被消费者禀赋的市场价值或 $p_1 e_1 + p_2 e_2 + \cdots + p_M e_M$ 取代。例如，在交易由价格掌控的两商品交换经济中，个体 n 对商品 m 的需求表示为 $x_m^n(p_1, p_2, (p_1 e_1^n + p_2 e_2^n))$。为缩减记号，我们将在本节剩余部分假设两种商品、两人的交换经济，但是你应该能明白我们所做的一切都能用额外的记号更一般地写出。

在均衡中，商品的市场价格必须使得供给等于需求。如果在市场价格下他或她的需求小于他或她的禀赋（即 $x_m^n(p_1, p_2, (p_1 e_1^n + p_2 e_2^n)) - e_m^n < 0$），那么消费者 n 变成商品 m 的净供给者；如果消费者的需求大于他或她的禀赋（即 $x_m^n(p_1, p_2, (p_1 e_1^n + p_2 e_2^n)) - e_m^n > 0$），那么他或她就成为一个净需求者。一旦净供给者的供给量恰好抵消净需求者的需求量，供给就等于需求。因此，对两人、两商品交换经济的一组均衡价格可以被定义为一组价格 (p_1, p_2)，使得

$$(x_1^1(p_1, p_2, (p_1 e_1^1 + p_2 e_2^1)) - e_1^1) + (x_1^2(p_1, p_2, (p_1 e_1^2 + p_2 e_2^2)) - e_1^2) = 0$$
$$(x_2^1(p_1, p_2, (p_1 e_1^1 + p_2 e_2^1)) - e_2^1) + (x_2^2(p_1, p_2, (p_1 e_1^2 + p_2 e_2^2)) - e_2^2) = 0$$

$$(16.13)$$

或者，我们可以通过在两边增加禀赋项，把均衡价格的相同条件改写成

$$x_1^1(p_1, p_2, (p_1 e_1^1 + p_2 e_2^1)) + x_1^2(p_1, p_2, (p_1 e_1^2 + p_2 e_2^2)) = e_1^1 + e_1^2$$
$$x_2^1(p_1, p_2, (p_1 e_1^1 + p_2 e_2^1)) + x_2^2(p_1, p_2, (p_1 e_1^2 + p_2 e_2^2)) = e_2^1 + e_2^2$$

$$(16.14)$$

即对每种商品的总需求（在方程的左边）等于该种商品的总供给（在方程的右边）。

例如，假定我们回到我和我妻子的例子中，我的禀赋是 $(e_1^1, e_2^1)=(3, 6)$，我妻子的禀赋是 $(e_1^2, e_2^2)=(10, 4)$，我们的偏好由效用函数 $u^1(x_1, x_2)=x_1^{3/4} x_2^{1/4}$ 和 $u^2(x_1, x_2)=x_1^{1/4} x_2^{3/4}$ 表示。解我们的最优化问题（使用我们禀赋的价值作为"收入"），得到需求

$$x_1^1(p_1, p_2)=\frac{3(3p_1+6p_2)}{4p_1} \quad 和 \quad x_2^1(p_1, p_2)=\frac{(3p_1+6p_2)}{4p_2}$$

$$x_1^2(p_1, p_2)=\frac{(10p_1+4p_2)}{4p_1} \quad 和 \quad x_2^2(p_1, p_2)=\frac{3(10p_1+4p_2)}{4p_2} \tag{16.15}$$

练习 16B.8 验证这些是这个问题的正确需求。∎

我们在埃奇沃斯盒状图的讨论中断定了这个交换经济中的一组均衡价格不能被确定，除非我们把其中一个价格标准化，因为每个个体的预算约束总是以斜率 $-p_1/p_2$ 经过禀赋点。换言之，如果我们找到一组均衡价格，给出了"正确的"斜率使得两个个体都在埃奇沃斯盒状图中的相同点上最优化，任何给出相同价格比率的其他组价格将同样奏效。从而，我们能做的是确定一个创造均衡的相对价格。

首先考虑表达式（16.14）中的两个方程：对商品 1 的需求等于供给。代入式（16.15）中相关的表达式，我们得到

$$\frac{3(3p_1+6p_2)}{4p_1}+\frac{(10p_1+4p_2)}{4p_1}=3+10 \tag{16.16}$$

其可以化简成

$$p_2=\frac{3}{2}p_1 \tag{16.17}$$

这意味着，为使商品 1 市场处于均衡中，商品 2 的价格必须为商品 1 价格的 1.5 倍。标准化 p_1 等于 1，那么 p_2 在均衡中必须等于 3/2。

练习 16B.9 利用来自式(16.15)中的适当的表达式，写出 x_2 市场（从表达式（16.14）中的第二个方程得到）的均衡条件并解出均衡价格比率。你应该可以得到相同的答案。∎

为确定我妻子和我在均衡中会消费什么，我们可以仅把均衡价格 $p_1=1$ 和 $p_2=3/2$ 代入表达式（16.15）中，得到

$$(x_1^1, x_2^1)=(9, 2) \quad 和 \quad (x_1^2, x_2^2)=(4, 8) \tag{16.18}$$

即在均衡中，我最终将消费 9 个橘子和 2 个香蕉，而我的妻子最终会消费 4 个橘子和 8 个香蕉，恰好是我们在图 16-6 中绘出的均衡。

我们在不先把其中一个价格标准化的情况下仅能找到一个价格比率（并不是精

确的价格）的原因可以在有禀赋的预算约束图中看出来，其中的价格比率确定了预算线的斜率，禀赋点确定了在每个消费者最优化问题中它的位置。在数学上，这产生于需求函数是关于价格的零阶齐次函数的事实。只要价格上升相同的比率，消费者就恰好一样好，因为尽管商品变得更加昂贵，但禀赋的价值更高。从而，对任何个体 n 和商品 m，$x_m^n(p_1, p_2, (p_1 e_1^n + p_2 e_2^n)) = x_m^n(tp_1, tp_2, (tp_1 e_1^n + tp_2 e_2^n))$ 对任意 $t>0$ 成立。

练习 16B.10 证明：如果 $p_1=2$ 并且 p_2 是 p_1 的 1.5 倍，即 $p_2=3$，商品的相同的均衡配置会产生。■

　　一个交换经济的竞争均衡被定义为一组价格与一组配置，使得在这些价格下，经济中的每个个体都会选择均衡配置并且供给等于需求。[1]

练习 16B.11 你能否证明我们推导出来的我和我妻子的均衡配置位于方程（16.12）所定义的核中？■

16B.1.5　瓦尔拉斯定律

在我们计算两人、两商品经济的竞争性均衡时，你可能想知道为什么我们不需要解表达式（16.14）中两个方程来求均衡价格比率。相反，这两个均衡方程都产生了相同的结果。其原因是我们隐性地有第三个方程，其是个人最优化的自然结果。

为了更精确一些，我们知道每个个体的预算约束在最优处是紧的，即在最优处，一个消费者的无差异曲线与预算约束相切。在数学上，这对消费者 n 可以简单地表述为 $p_1 x_1^n + p_2 x_2^n = p_1 e_1^n + p_2 e_2^n$，即消费者 n 的花费（在方程左边）等于收入（在方程右边）。但是如果这对每个个体消费者都成立，那么它对整个经济也成立：经济总体的预算约束是紧的。在两人、两商品经济中，经济的总体预算约束简单地变成

$$p_1(x_1^1+x_1^2) + p_2(x_2^1+x_2^2) = p_1(e_1^1+e_1^2) + p_2(e_2^1+e_2^2) \tag{16.19}$$

该条件被称为瓦尔拉斯定律。[2] 由于它直接从个体的最优化行为而来，显然，当我们写出表达式（16.14）中的第一个方程时，第二个方程也成立，即商品 1 的

---

[1]　与交换经济相关的几个技术问题在这里没有讨论。一个问题与这种均衡的存在性相关。竞争均衡事实上存在的条件的正式证明可以在比如 MasColel，Whinston 和 Green（1996）这样的研究生教材中找到。所需的主要条件为偏好是凸的，一个章末习题将说明当偏好非凸的时候这样的均衡可能不存在。第二个问题与均衡的唯一性相关。在什么样的条件下仅存在一个单一的竞争性均衡配置？你也能在研究生教材中找到正式的处理方法，但是一般地可能存在多于一个单一的这种均衡配置。然而，对于我们在本教材中所使用的效用函数形式，通常在我们的例子中只有一个单一的均衡。最后，经济学家关注了在什么条件下均衡是稳定的，你将再次在研究生教材中找到在什么条件下产生稳定性的处理。对于这个教材中的例子，均衡总是稳定的。

[2]　瓦尔拉斯定律以里昂·瓦尔拉斯（1834—1910）命名，瓦尔拉斯是建立了一般均衡理论的最初基石的最早的数理经济学家之一，他被很多人认为是"一般均衡理论之父"。他也是把 p 放在横轴并把 x 放在纵轴，以数学方法正确地图示需求函数的执行者，但是专业者在该方面忽视了他，并继续图示反需求函数为需求曲线。

市场需求等于供给必然意味着商品 2 的市场需求等于供给。因此，我们可以简单地解表达式（16.14）中两个方程中的一个来求均衡价格比率。

更一般地，如果我们处理一个有 N 人、M 种商品的交换经济，我们能写出 M 个不同的"需求等于供给"的方程，如表达式（16.14）中那样，但是由于瓦尔拉斯定律，我们仅需要解 $(M-1)$ 个方程来求出 M 种商品的相对价格，因为如果在 $(M-1)$ 个市场中"需求等于供给"成立，那么其必然在最后一个市场中也成立。

16B.2 福利经济学基本定理与其他结果

与本章 A 部分一样，我们现在转向一些一般均衡理论的主要结果，这些结果为我们思考市场经济的有效性建立了一个基准。这些结果包括福利经济学第一定理、福利经济学第二定理和核收敛定理。

16B.2.1 福利经济学第一定理 福利经济学第一定理仅陈述（在一定条件下）竞争均衡是有效的。我们在埃奇沃斯的环境中对两人、两商品交换经济直觉地看到了这个结果。我们现在用到目前为止所研究的记号稍微数学化地对它进行证明，并将再次把我们自己局限在两人、两商品的交换经济中，为的是使记号最少化。然而，完全相同的逻辑可以用来对 N 人、M 商品的交换经济证明福利经济学第一定理，尽管记号变得有一些繁杂。

那么假定 $\{p_1, p_2, x_1^1, x_2^1, x_1^2, x_2^2\}$ 是由 $\{e_1^1, e_2^1, e_1^2, e_2^2, u^1, u^2\}$ 所定义的交换经济的竞争性均衡，其中 u^1 和 u^2 分别是表示两人偏好的效用函数。我们将用反证法来说明均衡配置 $(x_1^1, x_2^1, x_1^2, x_2^2)$ 一定是帕累托有效的。"反证法"是一种证明一个陈述为真的逻辑方法，其假设该陈述不是真实的并证明这样的假设如何导致一个逻辑矛盾。如果我们能证明假设该陈述是不真实的会导致一个逻辑矛盾，那么就证明了这个陈述一定是真实的。

因此，假定均衡配置 $(x_1^1, x_2^1, x_1^2, x_2^2)$ 不是有效的。这将意味着存在经济中商品的另一个可行的配置使得没有人的处境变得更差并且至少有一个人的处境在这个配置下变得更好。我们称这个配置为 $(y_1^1, y_2^1, y_1^2, y_2^2)$。假定实际上两个人的处境都在这个配置下变得更好（相对于均衡配置）。由于每个个体都在均衡价格 (p_1, p_2) 处做到最好以达到均衡配置，则一定是 (y_1^1, y_2^1) 对于个体 1 而言在均衡价格处负担不起并且 (y_1^2, y_2^2) 在那些价格下对于个体 2 而言也负担不起，从而

$$p_1 y_1^1 + p_2 y_2^1 > p_1 x_1^1 + p_2 x_2^1 \quad 并且 \quad p_1 y_1^2 + p_2 y_2^2 > p_1 x_1^2 + p_2 x_2^2 \qquad (16.20)$$

把这些不等式的两边相加，得到

$$p_1(y_1^1 + y_1^2) + p_2(y_2^1 + y_2^2) > p_1(x_1^1 + x_1^2) + p_2(x_2^1 + x_2^2) \qquad (16.21)$$

该方程的右边与方程（16.19），也就是瓦尔拉斯定律的左边相同。因而，由方程（16.19）和方程（16.21）可以得出

$$p_1(y_1^1+y_1^2)+p_2(y_2^1+y_2^2)>p_1(e_1^1+e_1^2)+p_2(e_2^1+e_2^2) \tag{16.22}$$

其可以改写为

$$p_1(y_1^1+y_1^2-e_1^1-e_1^2)+p_2(y_2^1+y_2^2-e_2^1-e_2^2)>0 \tag{16.23}$$

由于价格是正的，这意味着 $y_1^1+y_1^2-e_1^1-e_1^2>0$ 或 $y_2^1+y_2^2-e_2^1-e_2^2>0$ 或二者都大于零，这进一步意味着 $y_1^1+y_1^2>e_1^1+e_1^2$ 和/或 $y_2^1+y_2^2>e_2^1+e_2^2$。但这意味着配置 $(y_1^1,\ y_2^1,\ y_1^2,\ y_2^2)$ 是不可行的，因为它至少在一种商品上配置得比经济体拥有的要多。因此，假设存在一个可行的配置 $(y_1^1,\ y_2^1,\ y_1^2,\ y_2^2)$，其比均衡配置 $(x_1^1,\ x_2^1,\ x_1^2,\ x_2^2)$ 更受偏好，这便导致了一个逻辑矛盾，这意味着不存在这样一个广泛更受偏好的配置。从而，均衡配置 $(x_1^1,\ x_2^1,\ x_1^2,\ x_2^2)$ 一定是有效的。

练习 16B.12[*]　在证明中，我们开始假设存在一个配置 $(y_1^1,\ y_2^1,\ y_1^2,\ y_2^2)$，其比 $(x_1^1,\ x_2^1,\ x_1^2,\ x_2^2)$ 严格受每个人偏好，然后证明在这个经济中不存在这样一个配置。你能否看出如果我们假设存在一个配置 $(z_1^1,\ z_2^1,\ z_1^2,\ z_2^2)$ 被其中一个人严格偏好而对另一个人来说与 $(x_1^1,\ x_2^1,\ x_1^2,\ x_2^2)$ 无差异，那么相同的逻辑也说得通吗？∎

对有 N 个个体和 M 种商品的更复杂的情况，我们刚才所经历的相同步骤将会推出一个结论，即任何对每个人至少一样好并且至少对一个人要好些的配置会类似地导出这个可替代的选择在给定的经济禀赋下是不可行的。

练习 16B.13[*]　你能证明对 N 人、M 商品的经济情况也是这样吗？∎

16B.2.2　福利经济学第二定理　福利经济学第二定理指出：存在一个经济禀赋的再分配使得契约曲线上的任何点在再分配后都可以被支撑为一个竞争均衡。其证明要困难一些。它进一步假设偏好是凸的（福利经济学第一定理不要求这一点）。[①] 我们在这里不再进行正式的证明[②]，但直觉是相对直接的。例如，我们可以再分配禀赋，使得其与契约曲线上的帕累托有效配置一致，然后证明存在一组价格，使得事实上每个个体都选择留在这个新的禀赋点处。（当然，以这种方式形成的预算线上的任何其他禀赋配置也有效。）

福利经济学第一定理的强大在于它告诉我们存在一定的条件使得竞争均衡是有效的。福利经济学第二定理，如我们在 A 部分中所讨论的，不太强大，因为它假定我们能无成本地重新分配禀赋，即存在我们在前面所称的不改变替代效应的"总量

---

① 在章末习题 16.5 中，你被要求在一个两人、两商品经济的埃奇沃斯盒状图的环境中研究为什么偏好的凸性对福利经济学第一定理不是必要的，但是对福利经济学第二定理是必要的。

② 感兴趣的读者可以参考研究生教材如 MasColel，Whinston 和 Green（1996）。

税"。它进一步假定我们有经济中个体的充分信息，因而能以正确的方式得到契约曲线上我们偏好的作为一个均衡产生的点。不过，福利经济学第二定理表明，只要禀赋的再分配是可能的，竞争市场就可以得到一个比产生于经济禀赋的初始分配"更公平"的均衡结果。换言之，我们认为禀赋被"不公平地"分配的事实并不意味着市场在再分配发生后不能起到重要的作用。

16B. 2. 3　均衡与核　一旦我们认识了交换经济中的福利经济学第一定理，马上就会明白二人交换经济的竞争性均衡一定位于经济的"核"中。记住当经济中仅有两个消费者时，核就是帕累托有效配置中被每个个体共同偏好的禀赋的子集。福利经济学第一定理保证了竞争性均衡是帕累托有效的。进一步地，个体最优化的逻辑意味着每个个体在均衡价格下愿意放弃他的或她的禀赋而移到均衡配置。毕竟，每个个体总有一些选项，不管经济中的价格是什么都不交易并消费他的或她的禀赋。因而，均衡配置对每个个体来说必定至少与那个个体的禀赋一样好。从而，均衡配置位于帕累托有效集 PE（即在契约曲线上）并且所有市场参与人都认为其比禀赋配置要好。①

第二个涉及竞争性均衡与核的结果是，当经济在每种类型有很多个体的意义上扩张时，核收缩到竞争性均衡的集合。这被称为核收敛定理。我们把这个结果的直观证明留在本章的附录。由于核配置的集合是可行地产生于个体和群组的讨价还价的配置的集合，所以核收敛定理告诉我们：当讨价还价的竞争由于大量的消费者而变得充分激烈时，每个人讨价还价的能力被充分地消弱，这使得任何讨价还价过程的结果都变得与市场中竞争行为的结果相同。

16B. 3　一个简单的"鲁滨逊·克鲁索"生产经济

在 A 部分中，我们图示说明了可以如何思考一个简单经济，其中我是选择利用休闲时间去生产香蕉的唯一的人。如那里所表明的，这不再是一个现实的经济，但是它表示了在一般均衡模型中引入生产的最简单的方式并允许我们得到在更加复杂的环境中继续成立的基本见解。

16B. 3. 1　鲁滨逊·克鲁索"最优化"　在图16-8中，我们说明了给定我在荒岛上的处境，我是如何实现我的最优消费计划的——用来生产香蕉消费所花费的最优劳动量。例如，假定生产边界被定义为生产函数

$$x=f(\ell)=A\ell^{\beta} \tag{16.24}$$

并假定我的偏好可以被总结为效用函数

$$u(x,(L-\ell))=x^{\alpha}(L-\ell)^{1-\alpha} \tag{16.25}$$

① 该段中的逻辑对二人交换经济成立。在较大的经济中，均衡位于核中的结果仍成立，但是结果后面的逻辑更加复杂。其原因为：核是配置的集合，经济中的任何子群通过与较大经济分割开来，利用他们的禀赋都不能做得更好。二人经济中的子群就是个体，这意味着核的要求简化为每个人用他的或她的禀赋都不能做得更好。

注意，我们用 ℓ 表示劳动时间，但是定义休闲的效用为休闲禀赋 L 与劳动时间 ℓ 之间的差额。我的最优化问题是最大化效用，限制条件是我面对的生产约束，可以写成

$$\max_{x,\ell} x^{\alpha}(L-\ell)^{(1-\alpha)} \quad \text{s. t.} \quad x=A\ell^{\beta} \tag{16.26}$$

建立相应的拉格朗日函数，取一阶条件并以通常的方式求解，我们得到

$$\ell=\frac{\alpha\beta L}{1-\alpha(1-\beta)} \quad \text{和} \quad x=A\left(\frac{\alpha\beta L}{1-\alpha(1-\beta)}\right)^{\beta} \tag{16.27}$$

练习 16B. 14　验证方程（16.27）中的结果。∎

例如，在图 16-8 至图 16-10 中，我们使用了这些函数形式，其中 $A=13.15$，$\beta=0.5$，$\alpha=2/3$，$L=60$。把上述结果代入方程（16.27），得到的结果是我将选择工作 30 小时以及消费 72 个香蕉（如图 16-9 所示）。

16B. 3. 2　作为消费者和生产者的鲁滨逊·克鲁索　在 A 部分中，我们接下来考虑一个竞争经济。基于劳动和香蕉的市场价格，我分别确定了生产多少香蕉以及消费多少香蕉。因而，作为生产者，我把香蕉价格 p 和工资 w 当成既定的，并求解利润最大化问题

$$\max_{x,\ell} px-w\ell \quad \text{s. t.} \quad x=f(\ell)=A\ell^{\beta} \tag{16.28}$$

其可以被替代地写为（通过把约束代入目标函数）

$$\max_{\ell} pA\ell^{\beta}-w\ell \tag{16.29}$$

求解该问题，得到利润最大化企业的最优要素需求 ℓ^{D} 为

$$\ell^{D}(w,p)=\left(\frac{\beta pA}{w}\right)^{1/(1-\beta)} \tag{16.30}$$

把其代入方程（16.24）所示的生产函数中，我们得到产出供给

$$x^{S}(w,p)=A\left(\frac{\beta pA}{w}\right)^{\beta/(1-\beta)} \tag{16.31}$$

练习 16B. 15　验证这是正确的解。∎

劳动市场的供给方和香蕉市场的需求方由作为消费者的我的行为确定。由于我拥有企业，所以我不仅通过卖出休闲获得收入，而且获得企业每周的利润。我们可以通过从收益 $px^{S}(w, p)$ 中减掉劳动成本 $w\ell^{D}(w, p)$ 来计算利润函数，即

$$\pi(w,p)=(1-\beta)(Ap)^{1/(1-\beta)}\left(\frac{\beta}{w}\right)^{\beta/(1-\beta)} \tag{16.32}$$

因此，作为消费者，我可以花费在香蕉上的收入等于 $\pi(w, p)$ 加上我放弃休闲所得到的劳动收入。假定每周共有 L 小时的休闲，写出我的消费者效用最大化问题为：

$$\max_{x,\ell} u(x, (L-\ell)) = x^\alpha (L-\ell)^{(1-\alpha)} \quad \text{s.t.} \quad px = w\ell + \pi(w, p) \tag{16.33}$$

利用通常的方法（需要通过一些枯燥的代数运算）求解，我们可以得到劳动供给为

$$\ell^S(w, p) = \alpha L - \frac{(1-\alpha)\pi(w, p)}{w} = \alpha L - \frac{(1-\alpha)(1-\beta)}{\beta}\left(\frac{\beta p A}{w}\right)^{1/(1-\beta)} \tag{16.34}$$

对香蕉的需求为

$$x^D(w, p) = \frac{\alpha}{p}(wL + \pi(w, p)) = \frac{\alpha w}{p}\left(L + \frac{1-\beta}{\beta}\left(\frac{\beta p A}{w}\right)^{1/(1-\beta)}\right) \tag{16.35}$$

练习 16B. 16 验证这些劳动供给和对香蕉的需求的解是正确的。∎

从而，我们已经推导出了劳动和香蕉市场的需求和供给方程。这些假设我作为消费者和生产者两个角色在两个市场都是价格接受者，一般没有理由认为对某个任意选择的 w 和 p 供给将等于需求。例如，在图 16-9 中，我们说明了经济中的一组价格，其中我将选择每周用 11 小时劳动生产 43 个香蕉（图中的生产计划 A），但是在我作为消费者的角色中我将需要 94 个香蕉并供给 36 小时劳动（图中的消费计划 B）。你可以检查这是当 $A=13.15$，$\beta=0.5$，$\alpha=2/3$ 和 $L=60$ 时并且当产出价格 p 是 10 且工资是 20 时（如我们在画图时所假设的）的近似结果。[①]

16B. 3. 3 鲁滨逊·克鲁索经济中的均衡 为计算这个简单经济的均衡价格，我们需要确保在劳动和产出市场中需求等于供给。然而，由于这两个市场相互关联，所以一个市场的均衡必然意味着另一个市场也处于均衡中（正如我们在交换经济中发现的）。这一点最容易从图 16-10 中所示的均衡中看出来，其中我们说明了最优的等利润线也是消费者的预算约束线，均衡产生于等利润线和最优无差异曲线与生产边界同时相切。

通过设定方程（16.30）中的 ℓ^D 与方程（16.34）中的 ℓ^S 相等，我们可以求解均衡工资 w^* 为产出价格 p 的函数，得出

$$w^* = \beta A\left(\frac{1-\alpha(1-\beta)}{\alpha\beta L}\right)^{1-\beta} p \tag{16.36}$$

或者，我们可以在香蕉市场中通过令方程（16.31）中的 x^S 与方程（16.35）

---

① 这些解是近似的。劳动需求的实际解为 10.81，产出供给的实际解是 43.23，劳动供给的实际解是 36.40，产出需求的实际解是 94.41。

中的 x^L 相等来求解 w 和 p 之间的均衡关系，如果我们在数学上是正确的，那么得到的表达式与我们在求解劳动市场的均衡价格时的表达式相同。

练习 16B. 17[**] 验证通过解 $x^S = x^D$ 价格和工资之间有相同的均衡关系。■

因此，与交换经济的情形一样，我们能解出均衡价格比率，任何满足这个比率的一组 w 和 p 都能支撑经济中的一个均衡。对于 A 部分图中所使用的值 $A=13.15$，$\beta = 0.5$，$\alpha = 2/3$ 和 $L = 60$，方程（16.36）变成

$$w^* = 1.200\,4p \qquad\qquad (16.37)$$

这意味着任意一组使得工资近似是价格的 1.2 倍的价格将会导致劳动与香蕉市场的均衡。例如，如果 $p=10$、$w=12$，你可以证明劳动需求和供给将等于每周 30 小时并且香蕉的供给和需求将为每周 72 个。同样，你可以证明相同的组合也会成立，不管 $p=1$、$w=1.2$ 还是 $p=2$、$w=2.4$（有一些小的近似误差）。

练习 16B. 18 你能否从图 16.10 所示的均衡中判断满足特定比率的 w 和 p 的任意组合都会生成劳动和香蕉市场的相同均衡？

练习 16B. 19 你能从图 16‐10 所示的均衡中判断利润是否会受满足均衡比例要求的 w 和 p 的不同选择的影响吗？验证你的直觉在数学上是否成立。■

16B. 3. 4 鲁滨逊・克鲁索经济中的福利定理 我们已经在 A 部分的鲁滨逊・克鲁索经济的环境中说明了福利经济学第一定理和第二定理背后的直觉，因而不在这里多述了。然而你应该很高兴地注意到我们的数学例子已经针对我们所选择的特定函数形式证明了这一点。特别地，当我们仅问在没有单独地看生产和消费决策时我是怎么选择的时，我们（在 16B. 3. 1 节中）解出了最优或帕累托有效的结果。这导致了方程（16.27）中描述的劳动和香蕉消费束，当 $A = 13.15$，$\beta = 0.5$，$\alpha = 2/3$，$L = 60$ 时，$\ell = 30$ 且 $x = 72$（与 A 部分图中的情形一样）。把方程（16.37）中 w^* 的表达式代入方程（16.30）的劳动需求的表达式中（或者把 w^* 代入方程（16.34）的劳动供给 ℓ^S 的表达式中），我们能非常容易地推导出均衡劳动供给和需求为

$$\ell = \frac{\alpha\beta L}{1 - \alpha(1-\beta)} \qquad\qquad (16.38)$$

这恰好是我们在方程（16.27）中给出的劳动的有效水平。你可以类似地证明均衡工资 w^* 导致了香蕉消费的最优水平。从而，这个问题中的帕累托有效配置与均衡配置相同，并且均衡与帕累托最优相同。

练习 16B. 20　证明均衡的香蕉消费（和生产）等于香蕉消费的最优水平。■

结论

我们现在已经扩展了第 15 章的结果——从局部均衡到一般均衡的环境，当不存在扭曲性力量时，竞争性均衡导致了稀缺资源的有效配置。正如本章反复表明的，这个结果比其最初看起来要更加一般。它对有多种商品、多个消费者和多个生产者的经济成立。我们在简单的环境中说明了这个结果，但更一般的结果通常仅涉及额外的记号。这个见解进一步扩展到涉及不同时间段消费的环境中，仅仅有一个时间下标出现在现在消费品上，证明非常相似。这个一般结论告诉我们，当不存在第 15 章结束时提到的扭曲性力量时，竞争市场有效地配置了稀缺资源。此外，核与竞争性均衡配置的集合的关系表明，当经济变大时，个体的子群将永远不能对结果讨价还价，这使得结果比他们在竞争市场中得到的结果更好。因此，竞争性均衡所要求的"价格接受"的假设在经济变大时非常合理。

我们也一直指出：有效性并不一定是我们判断一个经济的唯一标准。在很多伦理标准下，如果资源的有效配置导致了个体之间较大程度的不平等，就会被评判为"不公平的"。然而，福利经济学第二定理表明，即使是这种情形，竞争市场的重要作用仍在。特别地，在政府能以什么程度有效地重新分配禀赋（以总量的方式），以及一个禀赋的更加平等的重新分配将在什么程度上允许市场达到稀缺资源"更公平的"配置的问题上，这将再次是有效的。然而，在政府通过重新分配创造无效性的问题上，平等和有效之间的权衡取舍产生了。但即使是那样，市场的有效性功能仍存在——扭曲性再分配缩小了"饼"，但是市场价格再次使我们在这个现在较小的"饼"中获得了有效的结果。

我们现在转向现实世界中个体所面临的其中不存在扭曲性力量的最后一个问题。到目前为止，在本书中，我们假定了个体在一个没有风险的环境中运作。当然，在现实世界中，个体需要在风险环境中做决策。当不存在风险时，我们已经建立了关于个体决策制定的理论以及竞争市场的理论，我们现在可以转向下一章的对风险的引入如何使我们的模型更加复杂的研究中。我们将再次发现，只要没有扭曲性力量出现，新的（处理风险的）竞争市场的集合将确保有效性。

附录：　核收敛

我们已经在本章中证明了二人交换经济的竞争性均衡位于核配置的集合中。我们也陈述了第二个结果：随着交换经济变"大"，核配置收缩到竞争性均衡配置。从而，在极限上，核配置集合等价于竞争性均衡配置的集合，这个结果我们称为核收敛（core convergence）或核等价（core equivalence）。

　　核配置具有的特性是：任何个体或任何个体的联合无法通过使他们的禀赋与较大的经济独立来提高他们的福利。如果我们预期个体总是寻找办法来使他们变得更好，那么我们将因而预期核配置将产生于个体间的自愿交易被允许的经济中。核收敛结果则指出，对大的经济，我们预期会产生的唯一的配置的集合是在那些由竞争价格掌控的交易下所产生的。

　　我们从本章中所讨论的两人、两商品交换经济开始去得到一些关于为什么当经济增长时经济的核配置收缩的直觉。在图 16－11 中，点 E 表示两个个体的禀赋，标记为 U^1 和 U^2 的无差异曲线分别表示两个个体的保留效用水平。连接埃奇沃斯盒状图的两个原点的灰线表示契约曲线，点 A 和点 B 之间的加粗部分表示核配置的集合。

　　现在假定我们"复制"这个经济，即我们考虑一个四人、两商品的交换经济，其中我们有两个"类型 1"的个体和两个"类型 2"的个体。相同类型的个体被假定有相同的偏好和相同的禀赋。这个复制的经济的核配置需具备这样的性质，即不存在经济中几个个体的联合，通过相互交易，能比这些人在核配置下做得更好。

　　我们现在可以检查一个在两人经济的核配置中类似 A 那样的点是否在四人（复制的）经济中仍是核配置。假定配置 A 被提议了，每个个体由点 A 标出的得到的商品数量从相关的轴上读出。现在假定当他们考虑是否同意从点 E 移到点 A 时，两个"类型 1"个体与一个"类型 2"个体联合在一起，看他们能否使得每个人都比在点 A 变得更好。例如，从点 E 开始，"类型 1"个体可以建议如下交易条款，对于他们每个人收到的一个 x_2 商品，放弃一个 x_1 商品。这意味着个体 2 将同意接受 2 个 x_1 商品来交换 2 个 x_2 商品，因为有两个"类型 1"个体和一个"类型 2"个体。任何在该条款下进行的交易都意味着新的"类型 2"配置（交易后）在（囊括了提议的交易条款的）预算线上与点 E 的距离将会两倍于新的"类型 1"配置。

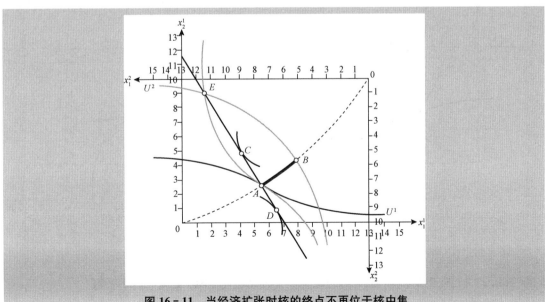

图 16－11　当经济扩张时核的终点不再位于核中集

然后，假定由两个"类型1"个体和一个"类型2"个体所组成的子群同意以这样一种方式交易：使得在图 16-11 中"类型1"个体最终在点 C，而"类型2"个体最终在点 D（与点 E 的距离两倍于点 C）。再次，这三个个体的联合在逻辑上是可能的；他们只不过是重新配置了在点 E 的所有资源。但是这意味着"类型1"个体将会最终移到经过点 C 的无差异曲线上，而一个"类型2"个体将移到经过点 D 的无差异曲线上，即这个联合中的所有三个个体在相互交易后都比他们在点 A 变得更好。从而，点 A 的配置不在四人经济的核中，尽管其在两人经济的核中。经济学家称两个"类型1"个体和一个"类型2"个体的联合阻击了所提议的配置 A，他们称这个联合为阻击联合（blocking coalition）。

练习 16B. 21　为什么在这个经济的两人版本中没有联合阻击 A？

练习 16B. 22[*]　你能证明两个"类型2"个体与一个"类型1"个体的联合将会阻击配置 B 吗？■

16

现在假定你把通过点 E 的线稍微变得平坦一些，如图 16-12（a）所示。这使得这条线与两人交换经济的核的交点进一步移到点 A'（从而对于"类型1"个体其位于 E 之上的无差异曲线上）。你应该能说服自己对两个"类型1"消费者和一个"类型2"消费者的联合继续阻击位于这条较平坦的线上的核配置。从 E 到 C' 的距离表示两个"类型1"个体愿意接受的交易，而从 E 到 D' 的距离表示相应的一个"类型2"个体愿意接受的交易。从而，两个"类型1"个体和一个"类型2"个体将会在四人交换经济中阻击配置 A'。

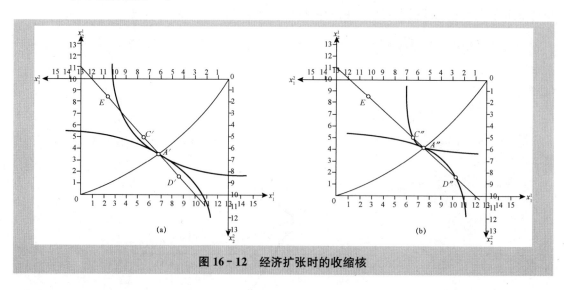

图 16-12　经济扩张时的收缩核

习题 16B. 23[*]　为什么 E 和 D' 之间的距离一定两倍于 E 和 C' 之间的距离？■

然而，如果该直线变得充分平坦，这个联合将不再可能阻击那条线上的两人核配置（如图 16 - 12 （b）所示）。（这里，从 E 到 C'' 使得"类型 1"个体的处境与他们在契约曲线上的配置 A'' 下一样好；相应地，"类型 2"个体从 E 到 D'' 的交易使得他或她的处境也刚好与在 A'' 下一样好。任何较小的交易都将会使得"类型 1"个体的处境比在 A'' 下差一些，而任何较大的交易都将会使"类型 2"个体的处境比在 A'' 下差一些。从而，从两个"类型 1"个体到一个"类型 2"个体之间没有交易使得这个联合中的任何人的处境变得更好而又不使其他人的处境变得更差，这意味着这个联合不再阻击 A''，因而 A'' 在四人交换经济的核中。从而核会收缩，但是并不会消失。特别地，核（如同我们刚才已经证明的）从下方收缩，并且由于类似的原因它从上方收缩。然而，我把它作为一个习题，要求你证明均衡配置仍在新的较小的核中。

练习 16B. 24[*] 证明竞争性均衡配置一定位于复制的交换经济的核中。∎

随着经济进一步被复制，额外的"类型 1"和"类型 2"个体加入到经济中，可能的阻击联合的数量增加了。前面所讨论的联合仍存在，这意味着核不比当每个类型有两个消费者时更大。但是其他可能的联合的数量的增加意味着以前在核中的配置进一步被一些新的联合阻击了。然而，你应该能够看到，均衡配置总是在核中。尽管我们不会在这里正式地证明这一点，但能够被严格证明的重要的结果是，随着经济变得更大，核配置的集合最终将收缩到仅为均衡配置的集合。

章末习题[①]

16.1 考虑两人、两商品交换经济，其中对于商品 x_1 和 x_2 个体 1 被赋予 (e_1^1, e_2^1)，个体 2 被赋予 (e_1^2, e_2^2)。

A. 假定两个个体的偏好都是位似的。

a. 画出这个经济的埃奇沃斯盒状图，在每根轴上指出这个盒状图的维度。

b. 假定这两个个体有相同的偏好。说明契约曲线，即两种商品所有有效配置的集合。

c. 判断正误：埃奇沃斯盒状图中相同的配置意味着不存在互利交易。

d. 现在假定这两个个体有不同的（但仍是位似的）偏好。判断正误：契约曲线将会位于连接埃奇沃斯盒状图左下角和右上角的连线的一边，即它与这条线永不在埃奇沃斯盒状图内相交。

---

① ＊在概念方面具有挑战性的问题。

＊＊ 在计算方面具有挑战性的问题。

† 答案见学习指南。

B. 假定个体 1 和个体 2 的偏好可以由效用函数 $u^1 = x_1^\alpha x_2^{(1-\alpha)}$ 和 $u^2 = x_1^\beta x_2^{(1-\beta)}$ 描述（其中 α 和 β 都位于 0 和 1 之间）。下面一些问题中，如果你也用 $E_1 = e_1^1 + e_1^2$ 表示 x_1 的经济禀赋，用 $E_2 = e_2^1 + e_2^2$ 表示 x_2 的经济禀赋，那么在记号上将会略容易追踪。

a. 记 $\bar{x}_1$ 表示个体 1 的 x_1 的配置，记 $\bar{x}_2$ 表示个体 2 的 x_2 的配置。经济禀赋中的剩余部分被配置给个体 2，个体 2 的 x_1 和 x_2 的配置分别为 $E_1 - \bar{x}_1$ 和 $E_2 - \bar{x}_2$。推导契约曲线，将其表示为 $\bar{x}_2 = x_2(\bar{x}_1)$ 的形式，即个体 1 的 x_2 的配置为个体 1 的 x_1 的配置的函数。

b. 在偏好相同，即 $\alpha = \beta$ 的假设下，化简你的表达式。这意味着在埃奇沃斯盒状图中契约曲线呈现出什么形状？处于什么位置？

c. 下面，假定 $\alpha \neq \beta$。验证契约曲线从埃奇沃斯盒状图的左下角扩展到右上角。

d. 考虑当 $\bar{x}_1 = 0$ 和 $\bar{x}_1 = E_1$ 时契约曲线的斜率。如果 $\alpha > \beta$，那么它们与连接埃奇沃斯盒状图的左下角和右上角的直线的斜率相比孰大孰小？如果 $\alpha < \beta$ 呢？

e. 利用你的结论，分别对 $\alpha > \beta$ 的情形以及 $\alpha < \beta$ 的情形图示契约曲线的形状。

f. 假定这两个个体的效用函数转而采取更加一般的不变替代弹性的形式 $u = (\alpha x_1^{-\rho} + (1-\alpha) x_2^{-\rho})^{-1/\rho}$。如果这两个个体的偏好是相同的，那么你对（b）的答案会怎么变化？

16.2 与习题 16.1 一样，再一次考虑两人、两商品的交换经济，其中对于商品 x_1 和 x_2，个体 1 被赋予（e_1^1, e_2^1），个体 2 被赋予（e_1^2, e_2^2）。

A. 再次假定偏好是位似的，并且始终假设偏好也是相同的。

a. 画出埃奇沃斯盒状图，并把禀赋点放在连接盒状图左下角和右上角的直线的一边。

b. 说明你在习题 16.1 中推导的契约曲线（即有效配置的集合）。接着说明互利交易的集合以及核配置的集合。

c. 为什么我们会预期这两个个体会通过相互交易到达核中的一个配置？

d. 在这种情形下，竞争性均衡位于何处？通过画出产生于均衡价格的预算线说明这一点。

e. 均衡配置是否位于核中？

f. 为什么当两个个体有不同的讨价还价能力时，你的预测与此不一样？

B. 假定与习题 16.1 一样，个体 1 和个体 2 的偏好可以由效用函数 $u^1 = x_1^\alpha x_2^{(1-\alpha)}$ 和 $u^2 = x_1^\beta x_2^{(1-\beta)}$（其中 α 和 β 都介于 0 和 1 之间）描述。

a. 推导这两个个体对 x_1 和 x_2 的需求，将其表示为价格 p_1 和 p_2（以及他们的个人禀赋）的函数。

b. 记 p_1^* 和 p_2^* 表示均衡价格。推导比率 p_2^*/p_1^*。

c. 推导这个经济中的均衡配置，即推导每个个体在经济均衡中将消费的 x_1 和

x_2 的数量（表示为他们的禀赋的函数）。

d. 现在假定 $\alpha=\beta$，即这两个人的偏好是相同的。根据你对于（c）的答案，推导个体 1 的均衡配置。

e. 你对于（d）的答案是否满足习题 16.1B（b）中帕累托有效配置（即契约曲线上的配置）的条件?[①]

†16.3　假定你和我对 x_1 和 x_2 有相同的位似偏好，对两种商品的禀赋分别为 $E^M=(e_1^M,\ e_2^M)$（对我）和 $E^Y=(e_1^Y,\ e_2^Y)$（对你）。

A. 始终假定，当 $x_1=x_2$ 时，我们的 MRS 等于 -1。

a. 假设 $e_1^M=e_2^M=e_1^Y=e_2^Y$，画出这种情形下的埃奇沃斯盒状图，并指出禀赋点 $E=(E^M,\ E^Y)$ 位于何处。

b. 画出我们两人通过点 E 的无差异曲线。该禀赋配置是否有效？

c. 把 x_2 的价格标准化为 1，并记 p 为 x_1 的价格。均衡价格 p^* 是什么？

d. 埃奇沃斯盒状图中所有有效配置的集合是什么？

e. 挑选另一个有效配置，并说明在我们之间重新配置禀赋的一种可能方式，使得这个新的有效配置变成一个由均衡价格支撑的均衡配置。这个均衡价格是否与（c）中所计算的 p^* 相同？

B. 假定我们的偏好可以表示为 CES 效用函数 $u(x_1,\ x_2)=(0.5x_1^{-\rho}+0.5x_2^{-\rho})^{-1/\rho}$。

a. 记 p 如 A(c) 中所定义的。写出我和你的预算约束（再次假设我的禀赋是 $E^M=(e_1^M,\ e_2^M)$，你的禀赋是 $E^Y=(e_1^Y,\ e_2^Y)$）。

b. 写出我的最优化问题，并推导我对 x_1 和 x_2 的需求。

c. 类似地，推导你对 x_1 和 x_2 的需求。

d. 推导均衡价格。如果与 A 部分一样假设 $e_1^M=e_2^M=e_1^Y=e_2^Y$，那么该价格是什么？

e. 假设 $e_1^M=e_2^M=e_1^Y=e_2^Y$，推导帕累托有效配置的集合。你能看出为什么不管我们如何重新分配禀赋，均衡价格总是 $p^*=1$ 吗？

*16.4　与习题 16.3 一样，假定你和我对 x_1 和 x_2 有相同的位似偏好，对于两种商品，我的禀赋是 $E^M=(e_1^M,\ e_2^M)$，你的禀赋是 $E^Y=(e_1^Y,\ e_2^Y)$。

A. 再次假定与习题 16.3 一样，只要 $x_1=x_2$，就有 $MRS=-1$。

a. 首先，考虑 $e_1^M+e_1^Y=e_2^M+e_2^Y$ 的情形。判断正误：只要这两种商品不是完全替代的，契约曲线就由埃奇沃斯盒状图中的 45 度线组成。

b. 对于完全替代的偏好，契约曲线是什么样子的？

c. 下面假定，对这个问题下 A 部分的剩余内容，有 $e_1^M+e_1^Y>e_2^M+e_2^Y$。现在契

---

① 你应该已经推导出了描述契约曲线的方程为 $\bar{x}_2(x_1)=(E_2/E_1)x_1$。

约曲线位于哪里？你的答案是否取决于两种商品之间的可替代程度？

d. 在埃奇沃斯盒状图中（在 45 度线的任何一边）挑选某个任意的束，并说明均衡价格。均衡配置是什么？

e. 如果移动禀赋束，那么均衡价格会改变吗？均衡配置呢？

f. 判断正误：当经济中 x_1 的禀赋相对于 x_2 的禀赋增加时，均衡价格 p^* 下降。

g. 判断正误：当商品变得更加互补时，在 x_1 的禀赋比 x_2 的禀赋多的经济中均衡价格将下降。

B. 与习题 16.3 一样，假定我们的偏好可以由 CES 效用函数 $u(x_1, x_2) = (0.5x_1^{-\rho} + 0.5x_2^{-\rho})^{-1/\rho}$ 表示。

a. 推导契约曲线并把其与 A(c) 部分中你的图示答案进行比较。契约曲线的形状是否取决于替代弹性？

b. 如果你在习题 16.3 中还没有这样做，那么现在来推导我的需求函数和你的需求函数，令 p 表示 x_1 的价格，令 x_2 的价格等于 1。然后推导均衡价格。

c. 均衡价格是否取决于经济中总的禀赋是被如何分配的？

d. 当经济中 x_1 的禀赋增加时，均衡价格会发生什么变化？将此答案与你在 A(f) 中的直觉答案进行比较。

e. 假定 $e_1^M + e_1^Y = e_2^M + e_2^Y$，均衡价格是否取决于替代弹性？

f. 假定 $e_1^M + e_1^Y > e_2^M + e_2^Y$。你对（e）的答案是否会改变？

*†**16.5** 在这个习题中，我们探索交换经济和鲁滨逊·克鲁索经济中的一般均衡理论的一些技术问题。与其他习题不同的是，A 部分和 B 部分同时适用于那些重点在 A 部分的材料与重点在 B 部分的材料。尽管我们是在简单经济中得出这些见解的，但它们可以更一般地应用在复杂得多的模型中。

A. 交换经济凸性的作用。在以下每个部分中，假定你和我是经济中仅有的个体，挑选埃奇沃斯盒状图中某个配置作为我们的初始禀赋。始终假定你的偏好是凸的，并且契约曲线是连接埃奇沃斯盒状图左下角和右上角的直线。

a. 首先我们刻画均衡。你能否在我的偏好中引入非凸性，使得均衡消失（尽管契约曲线保持不变）？

b. 判断正误：如果允许偏好是非凸的，那么交换经济中竞争性均衡的存在性不能确保。

c. 假定尽管我的偏好显示出一些非凸性，但确实存在一个均衡。判断正误：即使偏好非凸，福利经济学第一定理也成立。

d. 判断正误：即使偏好非凸，福利经济学第二定理也成立。

B. 鲁滨逊·克鲁索经济中凸性的作用：考虑一个鲁滨逊·克鲁索经济。始终假定工人的无差异曲线和生产技术在某个束 A 处相切。

a. 首先假定生产技术产生凸的生产选择集。说明当偏好为凸时的一个均衡。

接着证明如果你允许偏好有非凸性，那么即使无差异曲线仍与生产选择集相切于 A，A 也可能不再是一个均衡。

b. 下面，再次假定偏好是凸的，但是现在让生产选择集存在非凸性。再次证明 A 可能不再是一个均衡（尽管无差异曲线仍与生产选择集相切于 A）。

c. 判断正误：在鲁滨逊·克鲁索经济中，当偏好或者生产存在非凸性时，竞争均衡可能不存在。

d. 判断正误：即使偏好和/或生产存在非凸性，福利经济学第一定理也成立。

e. 判断正误：不管偏好或生产是否存在非凸性，福利经济学第二定理都成立。

f. 基于你在 A 和 B 部分所做的分析，评价如下陈述："在一般均衡经济中，非凸性可能会导致竞争均衡不存在，但是如果一个均衡存在，它就会导致资源的有效配置。然而，仅当非凸性不存在时，我们才能得出存在某个总量的重新分配使得任何有效的配置也是一个均衡配置的结论。"（注意：你对此的答案在这个问题的例子以外也成立，其原因与这里的直觉非常相似。）

†16.6 日常应用：孩子、父母、生育高峰与生育低潮。经济学家通常思考父母和孩子之间的跨时交易。当孩子很小时，父母照顾孩子；当父母年迈之后，孩子通常也会照顾他们的父母。我们将在一个两期模型中考虑这个问题，其中孩子在第 1 期没有收入，而父母在第 2 期没有收入。出于这个问题的目的，我们假设父母在第 1 期时无法为未来储蓄，并且孩子在第 1 期时无法向未来借贷。从而，父母和孩子只能相互依赖。

A. 假定在他们挣得收入的期间（即父母的第 1 期和孩子的第 2 期），父母和孩子挣得相同的量 y。进一步假定每个人有位似偏好，当 $c_1 = c_2$ 时，$MRS = -1$。

a. 首先假定只有一个家长和一个孩子。把当前消费 c_1 放在横轴并把未来消费 c_2 放在纵轴，以说明埃奇沃斯盒状图。指出禀赋配置所处的位置。

b. 给定每个人都有位似偏好（并假设现在的消费和未来的消费不是完全替代的），那么互利交易的区域在哪里？

c. 记 p 为以未来消费表示的当前消费的价格（并令未来消费的价格标准化为 1）。说明竞争均衡。

*d. 现在假定有两个相同的孩子和一个家长。使埃奇沃斯盒状图保持与 (a) 中相同的维度。然而，因为现在有两个孩子，每个孩子的行为都被父亲两倍的对应行为来平衡，在埃奇沃斯盒状图中对此进行建模。均衡价格 p^* 是上升还是下降？（提示：现在一个均衡由预算线上父亲移动的距离是每个孩子移动的距离的两倍远来描述。）

*e. 孩子现在的消费和父母未来的消费会发生什么变化？

*f. 相反，假定有父母两人和一个孩子。再次证明均衡价格 p^* 会发生什么变化。

*g. 孩子现在的消费和父母未来的消费会发生什么变化？

h. 如果我们假设有两个孩子和父母两人，那么最初的一个孩子和一个家长的均衡是否会有任何改变？

*i. 尽管把竞争模型应用到一个单一家庭可能看起来有点不明智，但我们可以把这个模型理解为表示当前和将来资源的代际竞争。基于你的分析，如果他们的孩子出生在生育高峰期或生育低潮期，那么他们是否会拥有更好的退休生活？为什么？

*j. 如果孩子出生在生育高峰期或生育低潮期，那么他们是否更被溺爱？

*k. 考虑两种类型的政府支出：（1）对退休者的社会保障支出；（2）投资于未来一代的清洁环境的支出。这个模型预测什么时候环境会更好，是在生育高峰期还是生育低潮期？为什么？

B. 假定情况与 A 和 A(a) 中所述的相同，$y=100$，偏好由效用函数 $a(c_1, c_2) = c_1 c_2$ 描述。

a. 给定这些偏好，整个埃奇沃斯盒状图的内部是否等于（相对于禀赋配置）互利配置的区域？

b. 令 p 的定义与 A(c) 中相同。推导父母和孩子对 c_1 和 c_2 的需求，并将其表示为 p 的函数。

c. 推导在有一个家长和一个孩子的情形下的均衡价格 p^*。

d. 在父母和孩子之间的跨时消费的均衡配置是什么？

e. 假定有两个孩子和一个家长，重复（c）和（d）。

f. 假定有父母两人和一个孩子，重复（c）和（d）。

g. 假定有两个孩子和父母两人，重复（c）和（d）。

16.7 日常应用：父母、孩子与跨时替代性程度。再次考虑与习题 16.6 完全相同的场景。

A. 然而，这次假定父母和孩子把现在消费和未来消费看成完全互补的。

a. 在埃奇沃斯盒状图中说明一个家长和一个孩子的均衡。

b. 你在（a）中所画的均衡是唯一的吗？如果不是，你能否识别所有的均衡配置集？

*c. 现在假定有两个孩子和一个家长。保持埃奇沃斯盒状图在相同的维度，但是通过意识到，在任何均衡预算线上，现在父母从禀赋 E 处移动的距离一定是孩子的两倍（由于有两个孩子，从而每个孩子的任何均衡行为一定是父母的均衡行为的一半）来对其进行建模。你在（b）中所识别的父母和孩子的均衡配置是否仍为均衡配置？（提示：考虑埃奇沃斯盒状图的角落。）

*d. 假定有父母两人和一个孩子。你的答案会怎么变化？

e. 对于现在消费和未来消费对父母和孩子都是完全互补的情形重复（a）到（d）。

f. 对于现在消费和未来消费对父母是完全互补而对孩子是完全替代的情形重复（a）到（d）。

*g. 判断正误：消费对于父母越互补（相对于孩子），并且每个父母的孩子越多，交易中的收益就越多地落在父母身上。

B. 假定父母和孩子的偏好可以由 CES 效用函数 $u(c_1,c_2)=(0.5c_1^{-\rho}+0.5c_2^{-\rho})^{-1/\rho}$ 表示。假设父母在第 1 期和孩子在第 2 期的收入均是 100。

a. 令 p 表示现在消费的价格，未来消费的价格标准化为 1，推导父母和孩子对现在和未来消费的需求，并将其表示为 ρ 和 p 的函数。

b. 均衡价格是什么？这对父母和孩子之间跨时消费的均衡配置意味着什么？你的答案是否取决于替代弹性？

c. 假定有两个孩子，但仅有一个家长，你的答案会有何不同？

d. 假定有父母两人，但仅有一个孩子，你的答案会有何不同？

e. 解释你的答案如何与你对父母和孩子都把跨时消费当成完全互补的极端情形所画的图关联起来。

f. 解释你的答案如何与你对父母和孩子都把跨时消费当成完全替代的极端情形所画的图关联起来。

16.8　商业应用：对均衡中的土地进行估值。假定我们考虑一个鲁滨逊·克鲁索经济，即一个工人有对休闲和消费的偏好，以及一家企业对土地和劳动要素使用规模报酬不变的生产过程。

A. 假定这个工人拥有一片固定供给的可得的土地用于生产。在整个问题中，把产出的价格标准化为 1。

a. 解释为什么我们可以把这个经济中的三个价格之一标准化（其中另外两个价格是工资 w 和土地租金率 r）。

b. 假定每单位土地可以吸引正的租金，在均衡中工人会出租多少给企业（给定他或她的偏好仅在休闲和消费上）？

c. 给定你对（b）的答案，解释我们如何把企业的生产边界当作仅使用劳动生产产出的单一要素生产过程？

d. 这种单一要素生产过程有怎样的规模报酬？在一个劳动位于横轴、产出位于纵轴的图上画出生产边界。

e. 在这个图中工人的无差异曲线是怎样的？假设工人把生产边界当成他或她的约束，说明这个工人的最优束。

f. 说明工人的预算以及企业的利润线，其使得工人和企业二者都选择你在（e）中识别的束为最优。这个预算/等利润线的斜率是什么？这个预算/等利润线是否有正的截距？

*g. 在教材中，我们把这个截距理解为工人因为拥有企业而得到的收入的一部分。然而，这里，工人拥有企业使用的土地。你能否在这个模型的环境中重新理解这个正的截距（记住企业的真实的潜在生产边界有不变的规模报酬）？如果土地被标准化为 1 单位，那么在你的图中土地租金率 r 位于何处？

*B. 假定工人的偏好可以由效用函数 $u(x,(1-\ell))=x^{\alpha}(1-\ell)^{(1-\alpha)}$ 表示（其中 x 是消费，ℓ 是劳动，休闲禀赋被标准化为 1）。进一步假定企业的生产函数是 $f(y,\ell)=y^{0.5}\ell^{0.5}$，其中 y 表示企业租用的土地的英亩数，ℓ 表示雇用的劳动时间。

a. 在问题的剩余部分中，把产出的价格标准化为 1，并令土地租金和工资率分别等于 r 和 w。写出企业的利润最大化问题，考虑企业需要同时雇用土地和劳动。

b. 求企业利润最大化问题的一阶条件。工人无法从他或她的土地中得到消费价值，因而将他或她的整单位土地租给企业。从而，你可以把一阶条件中的土地用 1 代替，接着解 ℓ 的每个一阶条件，并由此推导出 w 和 r 之间的关系。

c. 工人通过他或她的劳动以及把他或她的土地出租给企业来获取收入。用 w 表示工人的预算约束并求解工人的劳动供给函数，将其表示为 w 的函数。

d. 通过令劳动供给等于劳动需求（由你在（b）中的一阶条件显性地推导出来），推导经济中的均衡工资。

e. 工人所拥有的土地的均衡租金是多少？

f. 现在假定我们适度地重构这个问题：假定企业的生产函数是 $f(y,\ell)=y^{(1-\beta)}\ell^{\beta}$（其中 y 是土地，ℓ 是劳动），并且工人的偏好可以由效用函数 $u(x,(L-\ell))=x^{\alpha}(L-\ell)^{(1-\alpha)}$ 表示，其中 L 是工人的休闲禀赋。将此与我们在教材中公式化鲁滨逊·克鲁索经济的方式进行比较。如果土地供给被固定为 1 单位，我们教材中公式的哪个参数必须被设定为 1，以使得我们的问题与教材中的相同？

g. 判断正误：通过把土地变成固定要素，我们已经把规模报酬不变的生产过程转化为一个规模报酬递减的过程。

h. 与本问题的前面部分一样，假定 $\beta=0.5$ 并且工人的休闲禀赋再次被标准化为 $L=1$。再次将产出的价格标准化为 1，利用教材中均衡工资的解去推导现在的均衡工资。

i. 使用教材中方程（16.32）的利润函数来确定企业的利润（给定均衡工资和这里使用的参数的值）。把其与你在（e）中推导出来的均衡土地租金进行比较。直觉地解释你的结果。

16.9 **商业应用**：雇用一个助手。假定你是一个忙碌的有大量消费但是休闲相对较少的 CEO。另外，我仅有一个兼职工作，从而有大量的休闲和相对少的消费。

A. 你觉得是时候雇用一个助手了，其可以帮着你做一些生活中的基本事情以使你有更多的休闲时间。

a. 在一个休闲位于横轴、消费位于纵轴的埃奇沃斯盒状图中说明我们目前的情形。指出一个符合问题描述的禀赋束并利用无差异曲线在图中说明一个区域，其中我们两个人都会从我作为你的助手的工作中受益。

b. 下面说明均衡是怎样的。你在图中何处可以看到我被支付的工资？

c. 假定任何人都能做你将要求助手所做的工作，但是有些人会非常高兴地做而其他人则带着情绪在做。你讨厌后者而偏好前者。假定你能读出我的幸福感，当你对我的印象发生变化时，埃奇沃斯盒状图中会发生什么变化？

d. 你对我的印象——我是多么高兴——会如何影响互利交易的区域？

e. 我增加的幸福感会如何改变均衡工资？

*f. 你的图上可能有新的均衡（该均衡有增加的幸福感），其发生在一条位于你以前的均衡（在该均衡处我的幸福感稍微少一些）以下的无差异曲线上。这是否意味着由于我变得更加快乐，所以你的处境将变得更差？

B. 假定我的偏好可以由 $u(c,\ell)=200\ln\ell+c$ 表示，而你的偏好可以由 $u(c,\ell,x)=100x\ln\ell+c$ 表示，其中 ℓ 表示休闲，c 表示消费，x 表示你的助手的幸福感。假定在没有为你工作时，我有 50 小时的休闲和 10 单位的消费而你有 10 小时的休闲和 100 单位的消费。

a. 把 c 的价格标准化为 1。推导我们的休闲需求，将其表示为工资 w 的函数。

b. 计算均衡工资，将其表示为 x 的函数。

c. 假定 $x=1$。均衡工资是什么？我会为你工作多久？

d. 当我的幸福感 x 增加时你的 MRS 会怎么变化？

e. 当 x 增加到 1.2 时，均衡工资会发生什么变化？我为你工作的均衡时间怎么变化？如果我变得情绪化并且 x 下降到 0.4，情况会怎样呢？

*†**16.10　政策应用：重新分配的扭曲性税收。** 考虑一个两人交换经济，其中我拥有 200 单位 x_1 和 100 单位 x_2，你拥有 100 单位 x_1 和 200 单位 x_2。

A. 假定你和我关于 x_1 的偏好是拟线性的，并假定我在竞争性均衡中在无税的情况下向你出售 x_1。

a. 在一个埃奇沃斯盒状图中说明没有税收的竞争性均衡。

b. 假定政府对交易的所有 x_1 施加一个每单位的税收 t（根据 x_2 支付）。这在卖方收到的和买方支付的价格之间引入了一个 t 的差别。这个税收如何导致了扭曲的预算约束？

c. 判断正误：税收永远不可能高到使我从一个卖方转变为一个买方。

d. 说明在埃奇沃斯盒状图中税收意味着我们在盒状图中面对不同的预算线，但 x_1 的需求和供给仍必须相等。对此进行说明并证明经济中 x_2 的禀赋以及我们消费的量之间的差额是怎么产生的。该差额是什么？

e. 假设政府简单地拿出它收集的 x_2，把它均分为两半，并返还给我们。在一个新的埃奇沃斯盒状图中，说明将通过我们最终消费的配置的无差异曲线。你如何判断税收和 x_2 的转移这个组合是无效的？

B. 假定我们的禀赋如开始时所设定的。我的偏好可以由效用函数 $u^M(x_1,x_2)=x_2+50\ln x_1$ 表示，你的偏好可以由 $u^Y(x_1,x_2)=x_2+150\ln x_1$ 表示。

a. 推导我们的需求函数并用它们计算均衡价格 p，将其表示为 x_1 的价格，x_2 的价格被标准化为 1。

b. 我们之间互相交易多少 x_1？

c. 现在假定引进每单位税收 t（根据 x_2 支付）。记 p 为买方最终支付的价格，$(p-t)$ 为卖方收到的价格。推导 p 和 $(p-t)$ 的均衡水平，将其表示为 t 的函数。（提示：你需要用二次公式解一个二次方程，由这个公式给出的较大的解是正确的解。）

d. 考虑 $t=0.25$ 的情形。说明税后配置是无效的。

e. 假定政府把 x_2 的收益返还给我们，给我一半，给你另一半。你前面的答案会改变吗？

**f. 构造一个表，把 t 与税收收益、买方价格 p、卖方价格 $(p-t)$、我对 x_1 的消费水平，以及你对 x_1 的消费水平联系起来，其中 t 以 0.25 的增量从 0 增加到 1.25。（通过把相关的公式放入一个 Excel 表中并改变 t，这一点最容易实现。）

g. 如果政府拿出它收集的 x_2 的收益并以某种方式在我们之间分配，表中是否会发生变化？

16.11 政策应用：一般均衡中的扭曲性税收。与习题 16.10 一样，考虑一个两人交换经济，其中我拥有 200 单位 x_1 和 100 单位 x_2，你拥有 100 单位 x_1 和 200 单位 x_2。

A. 假定你和我有相同的位似偏好。

a. 画出这个经济的埃奇沃斯盒状图，并指出禀赋配置 E。

b. 把 x_2 的价格标准化为 1。说明 x_1 的均衡价格 p^*，以及在没有税收时商品的均衡配置。谁买 x_1？谁卖 x_1？

c. 假定政府对所有 x_1 的交易施加税收 t（以 x_2 的形式支付）。例如，如果我把一单位 x_1 以价格 p 卖给你，我将仅能留下 $(p-t)$。解释这将如何在我们的预算约束中创造一个扭曲。

d. 假定税后均衡存在并且对买方的价格增加而对卖方的价格下降。在这样一个均衡中，我将仍能卖给你一些数量的 x_1。（你能解释为什么吗？）在这个新均衡中你和我所面对的预算约束的相关部分看起来是怎样的？我们将在何处实现最优化？

e. 当在消费者理论的发展中讨论位似偏好的价格变化时，我们指出通常存在竞争的收入（或财富）效应和替代效应。这里相对于我们对 x_1 的消费是否有这样的竞争效应？如果是这样，我们能否确定在均衡中交易的数量在 t 被引入时会少些？

f. 你应该看到，在新均衡中，x_2 的一部分没有配置给任何人。这是以税收形式支付给政府的量。画一个新的埃奇沃斯盒状图，其在 x_2 轴上被调整，以反映 x_2 的一些部分再也没有在我们两人之间进行分配的事实。然后定位你在前面图中所推导的均衡配置点。为什么这个点不是有效的？

g. 判断正误：x_1 的交易上的扭曲性税收的无谓损失源于在税收被施加后我们的边际替代率不再相等的事实，而并不是源于政府提高了收益，从而降低了我们消

费的 x_2 的量。

h. 判断正误：尽管税后均衡不是有效的，但它位于互利交易的区域中。

i. 重新分配禀赋的税收（如福利经济学第二定理所预见的）与这个问题中分析的价格扭曲性税收有何不同？

B. 假定我们的偏好可以由效用函数 $u(x_1,x_2)=x_1x_2$ 表示。我们的禀赋按本问题开始那样设定。

a. 推导我们的 x_1 和 x_2 的需求函数（表示为 p——当 x_2 的价格被标准化为 1 时 x_1 的价格——的函数）。

b. 推导均衡价格 p^* 以及商品的均衡配置。

c. 现在假定政府引进如 A(c) 中所设定的税收 t。给定我是卖出 x_1 的人而你是买入 x_1 的人，你现在如何写出考虑了 t 后的需求函数？（提示：有两种方法可以做到这一点：要么定义 p 为税前价格并让相关的买方价格为（$p+t$），要么定义 p 为税后价格并让相关的卖方价格为（$p-t$）。）

d. 推导新的以 t 表示的税前和税后均衡价格。（提示：利用二次形式来解二次方程（其给出两个解），你会得到一个点。在这两个答案中，较大的一个是这个问题的正确答案。）

e. 如果 $t=1$，你和我会消费每种商品各多少？

f. 如果 $t=1$，政府会收到多少收益？

g. 证明在该税收下的均衡配置不是有效的。

16.12 政策应用：一般均衡中的拉弗曲线。与习题 16.11 一样，考虑一个两人交换经济，其中我拥有 200 单位 x_1 和 100 单位 x_2，你拥有 100 单位 x_1 和 200 单位 x_2。

A. 再次考虑我们有相同的位似偏好。

a. 在习题 16.11 中，你在埃奇沃斯盒状图中说明了（在习题 16.11 的 A(c) 中进行了定义）税收 t 的影响。现在从一个仅有我的禀赋和我的预算约束（在埃奇沃斯盒状图之外）的图开始，说明该约束如何随着 t 的增加而改变（假设均衡价格对卖方来说下降，对买方来说上升）。

b. 重复（a）。

c. 判断正误：当 t 增加时，你将减少对 x_1 的购买量，并且对充分高的 t，你将会完全停止购买 x_1。

d. 判断正误：当 t 增加时，我将减少我卖出的 x_1 的量，并且对充分高的 t，我会完全停止卖出 x_1。

e. 你能否根据刚才所做的来解释如何产生一条拉弗曲线？（回忆一下拉弗曲线绘出了位于横轴的 t 与位于纵轴的税收收益之间的关系，拉弗的论断是这种关系是倒 U 形的。）

f. 判断正误：只要 t 没有充分高到停止 x_1 的交易，埃奇沃斯盒状图的均衡配置就会在核中。

g. 如果你已经完成了习题 16.10，那么你能否判断当偏好是拟线性的时，相同的倒 U 形的拉弗曲线也会产生？

**B. 与习题 16.11 一样，假设我们的偏好可以由效用函数 $u(x_1, x_2) = x_1 x_2$ 表示。我们的禀赋如本题开始那样设定。

a. 如果你在习题 16.11 中还没有这样做，那以现在推导作为 t 的函数的均衡的税前和税后价格。

b. 构造一个表格，把以 0.25 递增的 t 与税收收益、买方价格 p、卖方价格 $(p-t)$、我对商品 1 的消费水平 x_1、你对商品 1 的消费水平 x_1 联系起来。（通过把相关的方程放入一个 Excel 表中并改变 t，这很容易实现。）

c. 在表中你能否看到这个例子中的拉弗曲线？

d. 倒 U 形拉弗曲线是否也产生于像习题 16.10 中我们假设的那种拟线性偏好的情形中？

16

第17章 风险存在时的选择与市场

生活充满了风险，然而到目前为止我们做的所有分析中，都假设个体在一个不包含风险的经济环境中生活。[①] 有时候我们所面临的风险是针对个体的：一个煤矿工人所面对的肺部疾病增加的风险或者我们在路上死于一场车祸的风险。在我写本书时，我面临的风险是：在一本我认为很伟大的书上花费了很多时间但是最终没有人去读它，更不用说我不得不向我的妻子承认没有任何人关注我睿智的想法。在其他一些时候，风险更多地体现在财务上：当我们购买一个价格可能上升或下跌的房子时，当我们对退休组合做投资决策时，或者当我们购买一台不确定它是否会在三个月内崩溃的新计算机时。即便我不介意承受写一本无人愿意读的书的耻辱，我也仍旧面临一种可以以其他方式利用时间来赚钱而不是把那些时间用于一个未能如我们所希望的在财务上得到了应有补偿的项目的财务风险。

然而，在存在风险的同时，也存在降低风险的产品的潜在市场。在很多情况下，这种产品采取保险的形式——如健康保险、伤残保险或者人寿保险——但它们同样可以以对我所购买的计算机延长保修的协议或者通过平衡不同风险资产的金融规划策略的形式出现。出版社已经为我写这本书提供了一些保险：预先向我支付了一些未来的版税，如果这本书畅销，这笔预付款可以在以后收回，不然就不收回了。

在本章我们将会看到：一些已经使用过的方法将会被调整，使我们能把对选择（与市场）的分析拓展到风险对进行选择的个体的担忧而言至关重要的处境中。在本章的大部分，我们将使用人寿保险的例子来说明一个可以用于各种包含风险的情形的模型。此外，偏好与约束的组合将决定选择，不同的人对风险有不同的态度（或者偏好），市场价格决定了个人处理他们面临的风险时所做出的选择。我们将再一次发现，当不存在第15章结尾提到的那些扭曲性力量时，竞争性市场会导致有效

---

① 这一章的大部分是基于对像第6章所刻画的消费者理论的基本理解，并简要地参考了一下第11章的材料。只有在17A.3节与17B.3节快结束时我们才基于第16章的一般均衡理论。如果你还没有仔细阅读第16章，这些小节可以（并应该）跳过去。

产出。然而，在第 22 章，基本上很显然地，我们发现处理风险的市场经常面临着由不对称信息所引起的扭曲，也正是由于这些扭曲，我们将在后面发现非市场制度对于提高涉及风险的市场结果的作用。[①]

17A 风险存在时的选择的直观模型

只要面临风险，我们本质上就面临着对一个赌局的选择，存在好些的与差些的结果，但我们不确定这些结果中哪一个将会最终实现。保险提供了一种改变这个赌局的方式，改善了坏的结果，同时在好的结果下放弃了一些东西。最容易分析的就是那些结果只与钱有关的例子。例如，当在股票市场中投资时，我们关注的是最终能够从投资中得到多少回报。在一定程度上，这个投资回报简单地决定了我们所面临的预算约束，但是我们对消费的商品的偏好（或无差异图）不受股票投资组合表现的好坏的影响。另外，当我们考虑对伤残保险进行投资时，除了考虑我们有多少钱之外，还可能关注更多其他方面，这取决于我们是否会变残疾；伤残本身，除了它涉及的财务问题之外，可能是我们有着很强感触的某种东西。换句话说，当考虑适当水平的伤残保险时，我们面临这样一种情形，即我们对所消费的商品的偏好（或无差异图）取决于我们是否残疾。

在 17A.1 节，我们将从一种简单的情形开始：风险选择只涉及钱。后面，我们将称这些情形包含"状态独立效用"，因为我们的偏好（或效用）与最终所面临的"世界的状态"独立。（在 17A.2 节中）我们将概述一个更加复杂的模型，使我们在不同风险结果发生时能对消费做不同的评价，我们将会发现第一个模型（只有钱要紧）是第二个模型的特殊情况。后面的模型允许"状态相关效用"，也就是，偏好（或效用）取决于发生什么样的"世界状态"。在研究了个体如何在这些模型中进行选择后，我们可以使用第 16 章中用过的方法来研究涉及风险的情形下竞争性市场均衡如何产生（17A.3 节）。最后，我们是在人寿保险市场的环境中建立了所有这些观点，我们将在本章的 A 部分作结，简要地讨论这个模型也可以如何被用来处理金融市场中的风险。

17A.1 涉及钱的风险选择

那么，我们从一个个体对消费的偏好与最终面临的风险结果独立的模型开始。换言之，我们将在这一节假定消费者用相同的规则来评价消费的价值，而不管是"好"结果发生还是"坏"结果发生。尽管我们把自己限制在一个只有两种可能结果的赌局中，但该模型原则上可以拓展到包含大量可能结果的情形。

---

① 本章从头到尾选择人寿保险作为例子的原因是：这个市场不太可能像其他市场那样面临着源于不对称信息的巨大问题。

17A.1.1 效用与期望效用 假定我妻子和我做出这样的决定：我专门挣钱养家，而我妻子则专门操持家务，抚养孩子，照顾我的日常生活，等等。对于我的妻子而言，这是一个有点风险的决策，因为如果我发生任何事情，她将会处于一个危险的财务处境。为了简单起见，我们假设我死亡，从而留给我妻子一个显著下降的生活水平的可能性（或"概率"）为 δ（其中 $0 < \delta < 1$），我活着并继续履行我的承诺的可能性为 $(1 - \delta)$。[①]

我们现在认为我妻子的福利将会因我过早死亡的风险的引入而受到影响，并且现在我们假设（本章后面将被放松）我给我妻子提供福利的唯一方式是通过我的薪水。我们也对一些事情做了假设，这些假设比我们处理不存在风险的选择时更强——我妻子能够度量不同消费水平的效用。这并不是说我们假定效用本身是客观可测的，只是说我妻子，出于她自身的思考，能够用一个可量化的术语（而不仅仅是"序数的"）来衡量她自身的效用。（在 B 部分中，我们将证明这对我们实际所需要的也是一个太强的假设，实际上我们在这里所做的事情都不是"基数的"，但是我们需要运用一些基础数学来做到那一点。）这就允许我们对我妻子的效用像一个单一要素生成过程那样进行建模（第 11 章），其中生产要素是年消费（用美元度量），而产出是"效用"。如图 17 - 1（a）所示，所导致的"生产边界"意味着递减的边际消费效用；也就是，每额外一美元的消费都产生了比前一美元更小的效用增加。这与第 11 章中"递减的劳动边际产品"类似，在那里劳动（而不是消费）被置于横轴上。注意，为了简单起见，我们把所有的消费品加总起来当成一个复合商品。

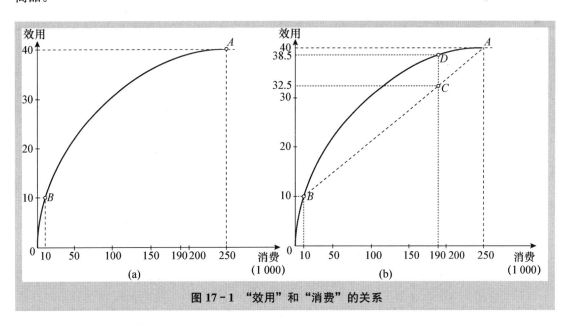

图 17 - 1 "效用"和"消费"的关系

练习 17A. 1 如果图 17-1（a）中所描绘的关系是一个单一投入生产函数，该函数是否有递增、递减或者不变的规模报酬？ ■

现在假定我财务表现良好，每年都能赚回 250 000 美元。然而，如果我一败涂地，那么我的家庭将只剩下微薄的 10 000 美元的年收入（来自我妻子继承的一些储蓄）。出于说明的方便，进一步假定我在工作中不是很受欢迎，有 25% 的概率某个人会安排我提前离职（也就是，$\delta = 0.25$），并且，再一次出于说明的方便，我们假设，当我妻子思考家庭因过于依赖我的收入而承担的风险时，能向前展望一年，从而未雨绸缪。

从我妻子的角度，她知道有 0.75 的概率消费 250 000 美元，有 0.25 的概率消费 10 000 美元。她的期望消费（expected consumption）（定义为好结果的概率乘以 250 000 美元加上坏结果的概率乘以 10 000 美元）将是 190 000 美元。我们有时也把它称为她所参与的赌局的期望值（expected value）。

练习 17A. 2 验证我妻子的期望家庭消费是 190 000 美元。 ■

从图 17-1（a），我们也可以读出我妻子在不同情形下的效用：如果我幸存下来，这一年我带回家 250 000 美元的薪金，她的效用在点 A 处为 40；如果我死了，她只留下 10 000 美元，她的效用在点 B 处仅为 10。那么向前展望一年，我妻子的期望效用（expected utility）——定义为好结果的概率乘以 40 加上坏结果的概率乘以 10——是 32.5。

这一点从几何上来看相对比较直接，如图 17-1（b）所示。连接 A 与 B 的虚线在图中是用不同的权重对点 A 和点 B 进行平均而得到的点集。例如，这条线的中点简单地取 A 和 B 的平均值。点 C 位于 A 和 B 距离的四分之三处，从而表示 A 与 B 的加权平均，其中 A 的权重是 0.75，而 B 的权重是 0.25。那么点 C 就像我妻子那样对好结果与坏结果给予了相同的权重，给定她知道我这一年有 75% 的概率幸存下来，我们可以在点 C 读出我妻子的期望效用是 32.5。

17A. 1. 2 对风险的不同态度 如果我只是给了你图 17-1（a）并让你判定我妻子的期望效用，那么你或许已经尝试了如下方式：首先，计算出她的期望消费是 190 000 美元，然后借助我妻子在 190 000 美元处的效用是 38.5 这个事实来回答我的问题。推理的问题是我的妻子确定有 190 000 美元时的效用是 38.5，但我们实际想知道的是她以 0.75 的概率得到 250 000 美元和以 0.25 的概率得到 10 000 美元的效用是多少。在图 17-1（b）中（以及我们的计算中），我们发现我妻子面对这个风险的期望效用（从点 C 读出）小于她确定收到 190 000 美元（从点 D 读出）时所得到的效用。原因是，在描绘收入与效用的关系时，我们隐含地假定了我妻子是风险厌恶（risk-averse）的，从而偏好于拥有确定的 190 000 美元而不是面临可能收到一个更高数量同时也可能收到一个更低数量的风险，即使在两种情形下她得到的期望收入将是相同的。换句话说，一个风险厌恶的人对一个赌局中期望值的效用总是高于这个赌局的期望效用。

当然，不同的人对风险有不同的态度，并不是每个人都会像我妻子一样厌恶风险。在图 17 - 2 中，我们展示了三种不同的偏好。其中图（a）复制了我们刚才对我妻子建立的图，它代表着一个风险厌恶的人的情形，即偏好一个"确定的结果"甚于一个有着相同期望值但是包含风险的赌局。在图（b）中，我们考虑了风险中性（risk-neutral）偏好，或者一个认为"确定的事情"与有着相同期望值的赌局没有差异的人。在图（c）中，我们考虑了一个风险喜好（risk-loving）的人，其偏好一个赌局而不是确定地得到这个赌局的期望值。

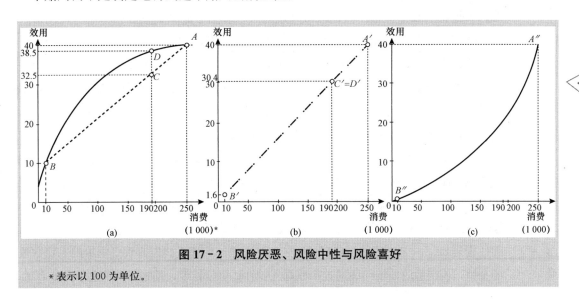

图 17 - 2　风险厌恶、风险中性与风险喜好

＊表示以 100 为单位。

练习 17A. 3　递增、不变与递减的边际消费效用与风险喜好、风险中性和风险厌恶偏好的关系是什么？

练习 17A. 4　我们说"一个风险厌恶的人对一个赌局中的期望值的效用总是高于这个赌局的期望效用"。对于风险中性的人与风险喜好的人来说，这个陈述会如何变化？■

首先假定我妻子的偏好精确地图示在图（b）中。在点 A' 处，她在 250 000 美元处的效用是 40，而她在 10 000 美元处（点 B'）的效用只有 1.6。给定她将有 0.75 的概率获得 40 的效用而有 0.25 的概率获得 1.6 的效用，这意味着她的期望效用是 30.4。与以前一样，这可以从连接 A' 与 B' 的直线四分之三处的 C' 点读出，不同的是现在这条直线位于消费/效用的关系之上。如果要问我妻子在确定得到 190 000 美元时会有多少效用，我们将从完全相同的点读出 30.4。换句话说，当风险厌恶情形下的图（a）中的消费/休闲关系的曲率减小后，点 D 越来越接近点 C，当消费/效用关系变成线性的后，这两个点就像图（b）中那样重合。在这种情形下，我妻子将在确定地得到 190 000 美元与以 0.75 的概率得到 250 000 美元而以 0.25 的概率得到 10 000 美元的风险之间无差异。她不关注这个风险而只关注她所面临的赌局的期望值。

练习 17A. 5 说明如果偏好是（c）中所描述的那样，那么我妻子偏好"风险的赌局"（以 0.75 的概率得到 250 000 美元而以 0.25 的概率得到 10 000 美元）甚于有着相同期望值的"确定的结果"（确定的 190 000 美元）。■

17A. 1. 3　确定性等价与风险溢价　到目前为止，我们已经证明了一个风险厌恶的人被要求碰一下运气时偏好得到这个赌局的期望值而不是去面对这个赌局的风险。例如，在图 17 - 2（a）中，我妻子偏好确定地得到 190 000 美元而不是面对一个期望值为 190 000 美元的赌局。但是有些人比其他人更加厌恶风险，这就提出了一个问题：我们如何量化风险厌恶的程度，使得我们能够在不同的人之间进行比较（而不只是识别某个人是风险厌恶的、风险喜好的或风险中性的）？

一种方法是首先问如下问题：我至少需要（确定地）支付给一个人多少，才能使她同意完全不参与这个赌局？对于我妻子参与的关于我的赌局的环境，我们需要给她多少钱以便她同意离开，同时既得不到 250 000 美元（如果我这一年生存下来），也得不到10 000 美元（如果我没有生存下来）？在图 17 - 3 中，我们通过再次说明我妻子的风险厌恶偏好来回答这个问题。我们从到目前为止所做的得知她参与这个赌局在点 C 的效用是 32.5。如果我们想花钱让她脱离这个赌局，那么我们需要提供给她一定数量的金钱，使得她的处境与面对这个赌局无差异。也就是说，给她一个效用为 32.5 的

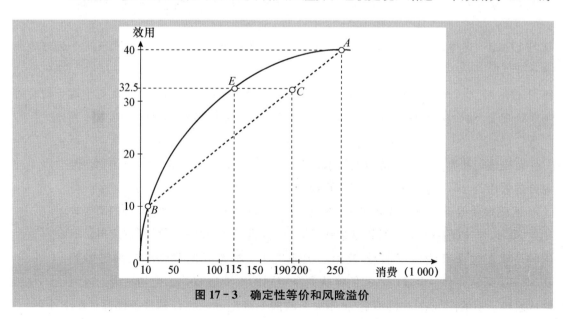

图 17 - 3　确定性等价和风险溢价

数额。我们能很容易地求出需要花费多少才能达到这一点。通过让效用为 32.5 的虚水平线与消费/效用关系相交，我们找到了点 E。点 E 位于消费轴的 115 000 美元处，在这一点，如果她确定地得到 115 000 美元的消费，那么她将得到 32.5 的效用。因此，她将在对我下赌注与无风险地收到 115 000 美元之间无差异。

　　某个人为了不参与赌局愿意（确定地）接受的最小数量，称作赌局的确定性等价（certainty equivalent of the gamble）。因此，我妻子面对的以 0.75 的概率得到 250 000 美元并以 0.25 的概率得到 10 000 美元的赌局的确定性等价是 115 000 美元。一个赌局的风险溢价（risk premium）是一个赌局的期望值与它的确定性等价的差。因此，我妻子的风险溢价是 75 000 美元，这代表了为了消除所面对的风险她在期望值上愿意牺牲的数量。

练习 17A.6　如果我妻子的效用函数可以用图 17-2（b）表示，那么她的确定性等价与风险溢价分别是多少？

练习 17A.7　在图 17-2（c）中，风险溢价是正的还是负的？你能否把此与该图中偏好所代表的是风险喜好者的情况这一事实统一起来？

练习 17A.8　判断正误：当一个人变得更加风险厌恶时，其对一个风险赌局的确定性等价会下降，风险溢价会上升。■

　　17A.1.4 "精算公平的"保险市场　因为我妻子是风险厌恶的，所以她可能想找到一个安排，使得在其之下，她可以支付一定的数量来减少或者消除她所面临的风险。换言之，她可能对投资于我的人寿保险感兴趣。当然，这恰好是保险的要点：通过预先支付一笔数额来减少我们面临的风险。

　　更精确地，一个保险合同（insurance contract）或者保险单（简称为保单）（insurance policy）由两部分组成：一部分是保费（insurance premium），即消费者在知道她所面临的结果是什么之前同意支付的金额；另一部分是保险收益（insurance benefit），即被保险人在最终面对"坏"结果时有权享有的金额。例如，如果我妻子同意用 10 000 美元的保费为我买一份 100 000 美元的人寿保险，那么这本质上是她同意在她面临"好结果"时减少 10 000 美元消费（因为她必须支付 10 000 美元的保费而不能从保险公司得到任何东西）来交换在她面临"坏"结果时增加 90 000 美元消费（因为尽管她已经支付了 10 000 美元的保费，但最终她将从保险单中收到 100 000 美元的保险收益）。

　　接着，假定存在一个对个人所面临的风险有着完全信息的竞争性保险行业。[①] 为简单起见，假定有很多其他消费者发现他们处在与我妻子相同的境地，保险公司

---

　　① 我们将在第 22 章中看到，保险公司并不总是有这样的完全信息，这导致了保险市场的信息不对称问题（我们在这里简单略过）。然而，我们在第 22 章的讨论会表明，这在人寿保险市场可能是一个很小的问题。

会竞相追逐消费者。假定个体之间的风险是不"相关的",这意味着在任何一年,那些被保险人中有25%将会得到保险公司的支付,有75%将会发现他们面临"好结果",因而不要求保险公司支付。

保险公司可能会提供多种保险合同,一些有高的保费和高的收益,一些有低的保费和低的收益。因为每家保险公司覆盖了很多消费者,所以可以合理地确定它需要向25%的消费者支付收益而向所有人收取保费。换言之,保险公司会向100个消费者提供一份收益为 b 且保费为 p 的保单,从而收到 $100p$ 的收益并发生 $25b$ 的成本。从而,如果 b 小于或者等于 $4p$,保险公司将会盈利(假定它在收取保费与支付收益时的成本忽略不计)。在完全竞争下,每家保险公司将会得到零利润,这意味着长期均衡中保险合同的收益将4倍于保费。更一般地,如果出现"坏"结果的概率是 δ,那么在均衡中 $b = p/\delta$。

练习 17A.9 验证 b 和 p 之间的零利润关系如前面一句中所描述的那样。■

我们刚才所描述的保险合同被称为精算公平的(actuarily fair)保险合同。一份精算公平的保险合同降低了一个消费者所面临的风险,但没有改变购买保险的消费者所面临的赌局的期望值。在期望上,一个购买精算公平的保单的消费者支付的数量等于他收回来的(从而使得保险公司获得零利润)。我们很快将看到,例如,这样一份精算公平的人寿保险合同可能有20 000美元的保费和80 000美元的收益,或者40 000美元的保费与160 000美元的收益,或者60 000美元的保费与240 000美元的收益。

假定我妻子购买一张保费为20 000美元且收益为80 000美元的保单,这意味着如果我今年生存下来并带回家250 000美元,我妻子将只剩下230 000美元,因为她需要支付20 000美元的保费。如果我没有生存下来,我妻子仍需要支付20 000美元的保费,但是将收到80 000美元的收益,从而剩下60 000美元,而不是没有保险时的10 000美元。通过购买这张保单,我妻子有0.75的概率面对有230 000美元的"好"结果,有0.25的概率面对有70 000美元的"坏"结果。然而,她的期望消费(expected consumption)仍保持在190 000美元不变。因此,她的风险减少了,但她的期望消费水平没变。

练习 17A.10 验证在这张保单下我妻子的期望收入仍为190 000美元。■

我妻子是否会对这样一张保单感兴趣呢?为了分析这一点,我们可以重新回到我妻子的消费/效用关系的图中并找到她在这个方案下的期望效用。在图17-4(a)中,我们像之前一样假定我妻子没有为我购买人寿保险,点 A 表示在"好"结果下相应的点,点 B 表示在"坏"结果下相应的点。如果她购买了 $b = 80\ 000$ 美元和

$p = 20\ 000$ 美元的保单，那么"好"结果移到点 A_1，而"坏"结果移到点 B_1。现在我们可以再一次通过连接点 A_1 和点 B_1 并找到位于 B_1A_1 连线 3/4 处的点的效用水平（36.5）来读出在这张保单下当我妻子的消费水平为 190 000 美元时她的期望效用。因为我妻子在没有保险时的期望效用是 32.5，而有了这张保单后她的期望效用是 36.5，所以我们可以断定她偏好持有这张保单而不是完全没有保险。给定我妻子是风险厌恶的，这一点在直觉上说得通：精算公平的保单没有改变她所面临的赌局的期望值（190 000 美元），但是降低了风险。

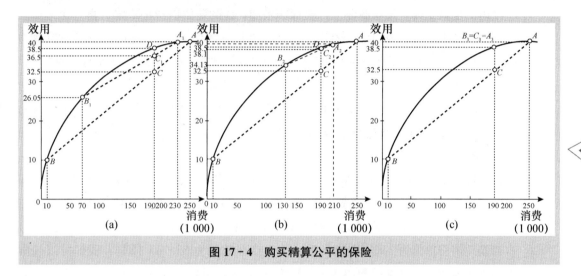

图 17 - 4　购买精算公平的保险

图 17 - 4（b）中说明了在第二张保费为 40 000 美元且收益为 160 000 美元的保单下与好结果和坏结果相关的点 A_2 和点 B_2。40 000 美元的保费使我妻子在好结果下的消费降低到 210 000 美元，保费以及收益使她在坏结果下的消费增加了 120 000 美元至 130 000 美元。此外，你可以检验我妻子处境的期望值保持不变，但是这张保单进一步降低了我妻子所面临的风险。从而，你可以从这个图中（以与以前相同的方式）读出我妻子在第二张保单下的期望效用是 38.1，比第一张保单 36.5 的期望效用要高。

最后，考虑用 240 000 美元的收益来交换 60 000 美元的保费的第三张保单。如果我生存下来，那么这笔保费将会使我妻子的消费降到 190 000 美元；如果我没能生存下来，那么收益与保费相抵后，她的消费会从 10 000 美元提高到190 000 美元。从而在这个方案中我妻子在如下意义下全保（fully insured）了，即通过使好结果和坏结果都恰好等于她所面临的初始赌局的期望值而消除了所有风险。那么她的期望效用就仅是拥有 190 000 美元收入时得到的效用，可以从消费/效用关系中直接读出。因为这比任何其他保险合同都要高，所以我们判定她一定会选择全保。

练习 17A. 11　其他一些不提供全保的精算公平保险合同的例子有哪些？它们中的每一个是否都能使保险公司获得零利润？你能否明白为什么我妻子没有偏好它们中哪一个甚于全保吗？

练习 17A.12[*]　参考你们在图 17-3 中所学的，如果在精算公平保险市场中全保了，那么我妻子的消费者剩余是什么？

练习 17A.13[*]　风险喜好的消费者将会购买的精算公平保单是什么？你能在图 17-2（c）中的背景下说明你的答案吗？（提示：收益以及保费水平将是负的。）

练习 17A.14　判断正误：所有精算公平的保险合同对于一个风险中性的消费者来说无差异。■

17A.1.5　非精算公平的保险　现在假定提供给我妻子的保险方案不是精算公平的。也就是说，随着我妻子的投保额增加，她的期望消费将下降。再一次考虑三个方案：第一个保费为 20 000 美元，第二个保费为 40 000 美元，第三个保费为 60 000 美元。在前面一节中我们看到：如果每个方案中相关的收益是保费的四倍，即分别为 80 000 美元、160 000 美元和 240 000 美元，这些方案就是精算公平的。为了使这些方案实际上是"非精算公平的"，每个方案中相关的收益必定小于保费的四倍。例如，假定与这些方案相关的收益分别为 65 000 美元、100 000 美元和 122 000 美元。

图 17-5 中的三幅图说明了这些方案的期望效用。注意，第一个方案（见图 (a)）给予我妻子的期望消费是 186 250 美元，另外两个方案使期望消费分别减少到 175 000 美元和 160 500 美元。第一个方案，在连接 B_1 与 A_1 的直线的四分之三处，当期望消费价值为 186 250 美元时，读出期望效用为 35.75。同样，我们可以读出第二个与第三个方案的期望效用分别为 36 和 35.5。

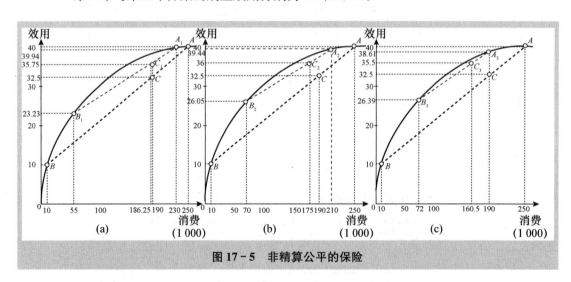

图 17-5　非精算公平的保险

从而，所有这些方案都优于完全没有保险，因为它们都给出了高于 32.5 的效用。但是保费为 40 000 美元且收益为 100 000 美元的方案产生了最大的效用。因此，当面对这些选择时，我妻子将不会购买最接近全保的方案。

练习 17A.15　验证图 17-5 横轴上的数字。■

这是一个更加一般的结果的例子：我们在前一节发现，当保险市场是精算公平的时，风险厌恶的个体会选择全保；当保险市场不是精算公平的时，情况并不是这样的。

练习 17A. 16* 判断正误：在一个完全竞争的保险行业中，面对重复发生的固定成本与递增的边际管理成本，在均衡中风险厌恶的个体不会选择全保。

练习 17A. 17* 假定保险行业只提供全保的合同，即只提供确保我妻子有着同样好的财务状况的合同，而不管我发生了什么。我妻子将会同意购买哪种非精算公平的保险合同？（提示：参考图 17 - 3。）■

17A. 2　涉及多重状态的风险选择

到目前为止我们的讨论有点乏味并且（我希望）有点不现实。毕竟我们已经假设了我妻子所关注的就是钱，我的存在不会增加她的消费的效用，并且我最终的死亡不会引起她的痛苦并减少她消费的快乐。我们来面对这一点：对于我妻子，当我在身边时，空气呼吸起来更甜蜜，鸟叫声也更悦耳，并且如果我消失了，就像乌云笼罩着一切。对她来说，用钱来代替我看起来一点也不容易，并且我知道她对我而言是无价之宝。用经济学家的术语来说，有我的生活与没有我的生活对我妻子而言代表着两种非常不同的世界状态。在我在身边的"好"状态下，每一美元的消费比我不在身边的"坏"状态下每一美元的消费更有意义。换言之，我妻子之所以从消费中得到效用在某种意义上是因为彼此的出现，当我不在身边时，消费（或收入）对她的意义少很多（就像我妻子不在，没人分享时消费的效用对我来说也少很多一样）。因此，只要我妻子在两种状态下的收入一样，她就会同等快乐，这样的观点是不对的。

这个例子说明了前面一节所介绍的简单模型的局限性，它表明这个模型只有在一些处境下才是有用的。例如，如果我们分析的赌局涉及一个有风险的投资机会，我们就可以认为这个模型是完全合适的，因为当一个投资支付或多或少时，（除了我们的收入之外）没有什么本质的改变。但在坏状态本身就是不合意的并且影响我们如何评价钱的处境下，我们需要一个更一般的面临风险时的选择模型。我们将看到，现在引进的模型可以把我们前一节所讨论的模型当成一种特殊情况，但同时也允许对诸如我妻子为我购买保险的决策这种更现实的情况进行分析。

17A. 2. 1　不同"世界状态"下的消费模型　当消费者被赋予不同数量的两种商品而没有任何其他收入来源时，这个一般的模型与一个两商品世界的消费者选择模型有着很强的相似性。在图 17 - 6 （a） 中，我们把"好状态下的消费"（记为 x_G）放在横轴且把"坏状态下的消费"（记为 x_B）放在纵轴，在每种情形下消费都以（千）美元计（从而隐性地假设了在每种世界状态下商品的消费可以被建模成一个单一的复合商品）。在没有保险时，如果这一年我得以生存，我妻子的消费就是 250 000 美元，如果我没有生存下来，她的消费就是 10 000 美元。这由她的禀赋点 E 表示。

图中的 45 度线表示在"好"状态与"坏"状态下消费恰好相等的点（在 45 度线以下的点表示消费在"好"状态下比在"坏"状态下要高的情形），以及消费者不在 45 度线上时面临财务风险。我妻子的禀赋点 E 恰好位于这个区域内，因为她在没有保险时面临这种财务风险。

17A. 2. 2 在精算公平的保险下的选择集 我们现在来决定当保险市场提供精算公平的保险时我妻子的选择集是什么。回忆一下，这样的合同使得我妻子的消费在"坏"状态时增加，而在"好"状态时减少，但财务期望值保持不变（190 000 美元）。为了使她消费的期望值（在她知道自己处于什么状态之前）保持不变，我们已经确定了保险合同提供的收益必须等于保费的四倍。例如，我们在前面一节说明了三种方案：方案 A 的保费为 20 000 美元，收益为 80 000 美元；方案 B 的保费为 40 000 美元，收益为 160 000 美元；方案 C 的保费为 60 000 美元，收益为240 000美元。

在方案 A 下，我妻子在"好"状态下的消费将会下降到 230 000 美元，而她在"坏"状态下的消费将增加到 70 000 美元。图 17 - 6（b）中说明了这一点。类似地，点 B 和点 C 对应于我妻子在方案 B 和方案 C 的"好"状态与"坏"状态下所能达到的消费水平，其中方案 C 表示了两种状态下消费相等的全保，从而规避了所有财务风险。当然也存在大量其他精算公平的保险合同，它们都具有支付的保费增加 1 美元时"坏"状态下的消费增加 3 美元的特征。那么经过点 E、点 A、点 B 和点 C 并且斜率为 -3 的直线代表了所有可能的精算公平的保单。

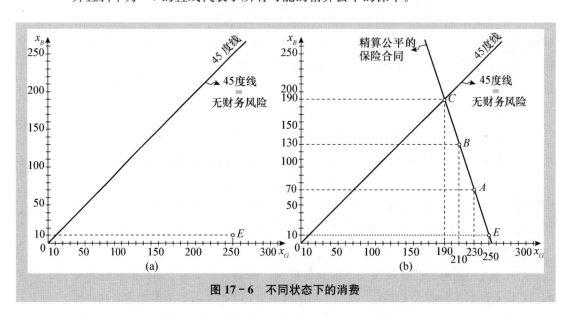

图 17 - 6 不同状态下的消费

练习 17A. 18 当精算公平的保险的收益是保费的四倍时，为什么"坏"状态下的消费只增加保费的三倍？■

　　注意，所有 45 度线以下的保单表示在该保单下消费者没有全保，从而使得在"坏"状态比在"好"状态下的消费要少些；而 45 度线以上的保单导致了"过度保险"，在该保单中，消费者在"坏"状态下的消费比在"好"状态下的消费要多。

　　17A. 2. 3　当"只有钱重要"时的无差异曲线　现在假定我们考虑具有通常形状的无差异曲线。与我们以前的消费者选择模型一样，消费者的最优选择涉及无差异曲线与由精算公平的保险合同集创造的预算线的一个切点。这位于何处呢？

　　我们首先从一种特殊情形开始，即我妻子只关心钱而不关心我是否在身边；也就是，考虑我们在前一节中处理的情形。我们在上一节中已经说明了仅当钱是至关重要的时，任何风险厌恶的消费者在给定所有精算公平的保险合同的选择时都会选择对风险全保。从而，在这种特殊情况下，我们知道最优的无差异曲线与预算集的切点将会位于 45 度线上的点 C（如图 17-7 所示）。这意味着点 C（以及所有 45 度线上的点）的边际替代率恰好等于 -3，即由精算公平的保险合同所构造的预算集的斜率。增加经过点 A、点 B 和点 C 的无差异曲线，我们看到当我妻子购买的保额不断增加直到她被全保时她移到了越来越高的无差异曲线上。

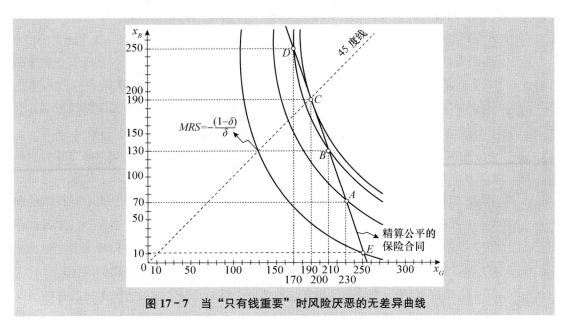

图 17-7　当"只有钱重要"时风险厌恶的无差异曲线

　　更一般地，如果记"坏"状态的概率为 δ，"好"状态的概率为 $(1-\delta)$，那么预算约束的斜率将为 $-(1-\delta)/\delta$。对于两种"状态"没有差别，"只有钱重要"的特殊情况，这意味着风险厌恶的消费者的边际替代率沿着 45 度线也等于 $-(1-\delta)/\delta$。

练习 17A. 19　为什么预算约束的斜率是 $-(1-\delta)/\delta$？　■

　　在离开这一特殊情形之前，你可以看到这个模型是如何对隐含在无差异曲线的通常形状中的凸性这一性质做出特定的直觉解释的。凸性意味着当我们有像 B 和 D

这样的极端束（位于相同的无差异曲线上）时，那些束的平均（如 C）被偏好。因为沿着经过 B、C 和 D 的线的期望消费保持不变，所以只要赌局的期望值保持不变，更少的风险（C）就好于更多的风险（B 或 D），但这也正是风险厌恶的定义。从而，当这个模型中的无差异曲线满足凸性时，消费者是风险厌恶的。

练习 17A. 20 一个风险中性的消费者的无差异曲线是什么样子的？他或她会购买什么保单？

练习 17A. 21 一个风险喜好的消费者的无差异曲线是什么样子的？他或她会购买什么保单？■

从而，这个模型中风险厌恶的消费者的无差异曲线看起来与我们在无风险时习惯看到的对商品束的无差异曲线非常相似，由精算公平的保险合同集所组成的预算约束也与我们通常的预算约束非常相似。然而，需要记住的重要差别是：在我们以前那些没有风险的消费者模型中，束 (x_1, x_2) 是 x_1 单位的第一种商品与 x_2 单位的第二种商品组成的束。在有风险的模型中，点 (x_G, x_B) 表示两个永远也不会一起达到的分离的消费水平。相反，如果遇到"好"状态，x_G 是可得的消费量；如果遇到"坏"状态，x_B 是可得的消费量。

17A. 2. 4 当"状态"不同时的无差异曲线与选择集 我们现在证实，如果在"好"状态和"坏"状态之间没有内在差别（除了与每种状态相关的不同收入水平外），对风险厌恶的消费者的无差异曲线将有通常的凸性并且沿着 45 度线的 MRS 等于 $-(1-\delta)/\delta$。现在我们假定这两种状态有内在差别，且并不是"只有钱重要"。

在本节开始我陈述了当我不在身边时消费对我妻子而言并不是简单地意味着同样的东西。我们珍惜彼此的陪伴，享受愉快的假期、舒适环境中的驾车，以及一起出去用餐，但是如果不能跟我一起消费，我妻子可能会在美国和平护卫队中寻找新的意义。在那种情况下，即使她不喜欢风险，也没有理由让她选择"全保"以使得她在"好"状态与"坏"状态下的收入相等。相反，因为现在当我在身边时消费变得更加有意思，所以她不愿意放弃太多以确保当我不在身边时她能得到更多的消费。

在图 17-8 中，我绘出了她在这种情形下对人寿保险的最优决策是怎样的。禀赋点与以前一样，组成我妻子的选择集的精算公平的保险集也与以前一样。与对我妻子而言"只有钱重要"从而她选择在 45 度线与预算约束相交的地方进行全保的情形不同，我们现在画出了一条与预算约束相切于点 A 的无差异曲线，在该点，我妻子用 20 000 美元的保费为我购买了 80 000 美元的人寿保单，从而把她在"好"状态下的消费减少到 230 000 美元而把她在"坏"状态下的消费提高到 70 000 美元。尽管风险厌恶在一个"只有钱重要"的"状态独立"的模型中意味着全保，但这说明了在"状态相关"模型中风险厌恶与低于全保一致。因此，当我们观察到一个个体没有全保时，可能是由于保险市场不是精算公平的，也可能是由于该个体有状态相关效用。

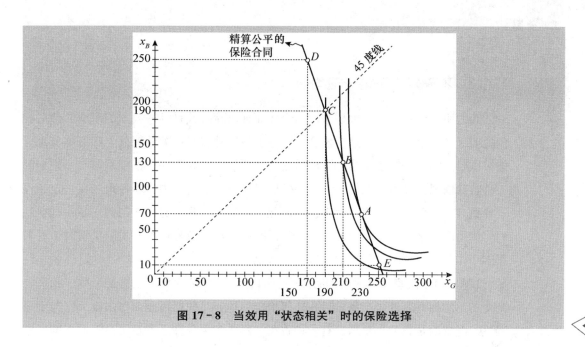

图 17 - 8 当效用"状态相关"时的保险选择

练习 17A. 22 我们在前面总结过，当两种状态相同时（除了与每种状态相关的收入水平外），沿着 45 度线 $MRS = -(1-\delta)/\delta$。在我们刚才所讨论的情形中，你能否判断沿着 45 度线 MRS 是大于还是小于该值？

练习 17A. 23 假定我妻子对我的出现非常失望并只因为我会赚钱而容忍我的存在。由于失望，我在身边对于她在"好"状态下的消费并不是非常有意义，但是如果我不在身边，她就能环游世界并真正地享受生活。这使她可以购买比为我购买的"全额"人寿保险更多的保险？你如何在一个图中说明该点？■

这里我们给出一个将在章末习题 17.4 中进一步充分说明的例子：运动爱好者经常喜欢就他们最喜欢的球队打赌。我们对此如何解释呢？如果这些爱好者赞同对他的队伍获胜的投注，如果"只有钱重要"，那么我们需要假设该爱好者是风险喜好的来解释他的打赌行为。（毕竟，如果运动爱好者认同对他的球队的获胜概率的赌注，那么通过对这个比赛打赌，他只会引进风险而不会改变消费的期望水平。）但是对于因球队表现糟糕而沮丧且因球队获胜而激动的真正爱好者来说，其状态取决于他最喜欢的球队是获胜还是失败。就像对我妻子而言，当她能够和我一起消费时，钱的意义更大（与当她不得不独自消费相比），对于运动爱好者而言，当他的球队获胜且他想走出小镇进行庆祝时，钱的意义也更大（与当球队失利，他想爬到床上哭着睡相比）。从而，一个运动爱好者就自己球队打赌的行为可能并不是因为风险喜好，相反可以由如下事实解释：赢得赌局能够使他进入一种完全不同的状态，在那里消费有更大的意义。

练习 17A. 24 你能否想出一种不同的情景，使得一个运动爱好者就自己喜欢的球队打赌是合

理的？■

17A.3 不确定性下的一般均衡

我们所研究的第一个模型假设当个体面临风险时钱是唯一要紧的东西。然后我们说明了第二个模型，在这个模型中，除了与每种状态相关的钱外，状态本身也可能很重要。第二个模型比第一个模型更加一般化，因为第一个模型是第二个模型的一种特殊情况。最后，我们讨论这些模型如何与其他章节中竞争性市场在一定条件下导致有效结果（在福利经济学第一定理中）的见解联系起来。与前一章一样，我们将借助图示来对非常简单的"经济"说明这一点，但是这些基本的见解对于有着很多个体与很多种商品的更加一般的经济也成立。

17A.3.1 没有总体风险的有效性 假定你和我是荒岛上仅有的个体。我拥有半个岛，你拥有另外半个岛，且在任何给定的季节，我们可能面对多雨天气与干旱天气。碰巧的是我的半个岛上有一种香蕉，其在多雨条件下产量更高，而你的半个岛上有一种香蕉，其在干旱条件下产量更高。因此，我们有两种"状态"——雨季和旱季，我们的禀赋取决于哪一种状态会发生。然而，现在我们将假定整个岛上香蕉的产量总是一样的，天气只是决定香蕉在哪里生长。这个假设意味着无总体风险（no aggregate risk），因为在总体上，这个经济生产相同的东西而不管发生哪种状态。把雨季状态下的消费放在横轴，旱季状态下的消费放在纵轴，我们可以与前一节一样在图中说明我的"禀赋"。具体地，图 17-9（a）说明了点 E^1，其中 e_d^1 表示旱季状态下的香蕉，e_r^1 表示雨季状态下的香蕉，u^1 表示仅通过接受上天赐予我双手时我能得到的效用水平。同样，我们在相似的图中说明你的禀赋 E^2，只不过你的禀赋将像图（b）那样位于 45 度线以上。利用我们把这两种情况在一个单一的埃奇沃思盒状图中进行说明的技巧，我们得到了图（c）。

练习 17A.25 我们例子中的哪一个假设导致了埃奇沃思盒状图是正方形的？■

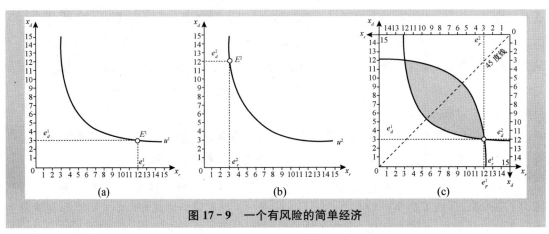

图 17-9 一个有风险的简单经济

图 17 - 9（c）看起来完全像通常的埃奇沃思盒状图，我们各自的无差异曲线的弯曲形状表明，如果我们仅接受上天的结果并只吃自己的香蕉，那么我们的处境不是有效的。相反，我们可能希望签订一份合同，以规定当发生雨季状态时我将给你多少香蕉，当发生旱季状态时你将给我多少香蕉。这个合同的条款可以记为 p_r/p_d，这个比例告诉我们：通过在雨季状态下放弃一个香蕉我们可以在旱季状态下购买多少消费。这与没有风险时价格在构造预算的过程中所起的作用没有差别，因此将产生一条预算线（非常像我妻子的保险合同条款为她构造的预算线）。当找到合同条款使得我们最终都在埃奇沃思盒状图的相同点处最优化时我们将实现一个有效的结果。如同我们在第 1 章中看到的，在这样一个点处，埃奇沃思盒状图中的无差异曲线有完全相同的斜率。

首先，假设我们的效用不是状态相关的，也就是说，不管是下雨还是晴天，我们都从每个香蕉中得到了同样的效用。我们从前面一节的分析中知道，沿着 45 度线，无差异曲线的边际替代率等于雨季状态的概率除以旱季状态的概率。假定旱季状态的概率是 δ（相应地，雨季状态的概率是（$1-\delta$））。这意味着沿着埃奇沃思盒状图的 45 度线，$MRS^1 = MRS^2 = (1-\delta)/\delta$。

练习 17A. 26 判断正误：在这种情况下，45 度线是契约曲线。■

为找到将执行的合同的竞争性均衡条款 p_r^*/p_d^*，我们需要找到条款来构造一条通过点 E 的斜率为 $-(1-\delta)/\delta$，也就是 $-p_r^*/p_d^* = -(1-\delta)/\delta$ 的预算线。这在图 17 - 10（a）中得以说明。根据前一章中对埃奇沃思盒状图的研究，你将会立即明白导致的任何均衡配置 A 都一定是有效的，也就是说，福利经济学第一定理成立。在偏好不是状态相关的时，我们合同的均衡条款有着"精算公平"的特征。

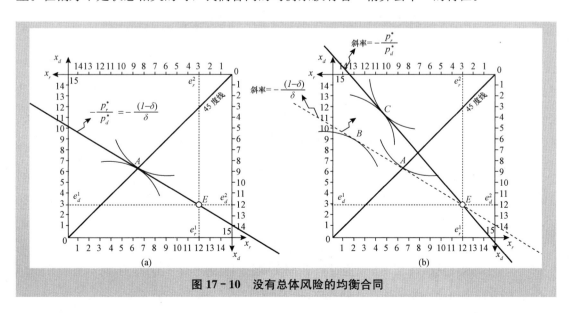

图 17 - 10 没有总体风险的均衡合同

下面继续假定我的偏好是"状态独立的",但你给予雨季状态下消费香蕉比旱季状态下消费香蕉更高的价值。在产生斜率为（$-(1-\delta)/\delta$）的预算的"精算公平的"合同条款下，这意味着我将选择处于 45 度线上的 A 而你则不会这样。该点说明在图 17-10（b）中，你将选择 B，这意味着这些合同条款再也不是一个竞争性均衡。相反，现在这个均衡合同包含的价格比率 p_r^*/p_d^* 更有利于我（$p_r^*/p_d^* > (1-\delta)/\delta$），并且这将产生一个位于 45 度线以上的均衡配置 C。福利经济学第一定理继续成立。

练习 17A.27 在这种情况下契约曲线是怎样的？

练习 17A.28 假定你在雨季状态下比在旱季状态下更喜欢香蕉。均衡将在何处达到？

练习 17A.29 假定你有状态独立偏好并且相比在雨季状态下消费香蕉，你更看重在旱季状态下消费香蕉。均衡将在何处达到？ ■

17A.3.2 引入总体风险 现在假定除了你和我所面对的个体风险以外，我们的小经济还存在一个总体风险。特别地，假定在我们的小岛上，雨季状态下香蕉的总收成是旱季状态下的两倍。图 17-11（a）展示了所得出的埃奇沃思盒状图，其长是高的两倍，因为在雨季状态下该经济收获了两倍的香蕉，点 E 再次表示了禀赋点，e_r^1 和 e_d^1 表示在两种状态下生长在我的半个岛上的香蕉，e_r^2 和 e_d^2 表示生长在你那半个岛上的香蕉。

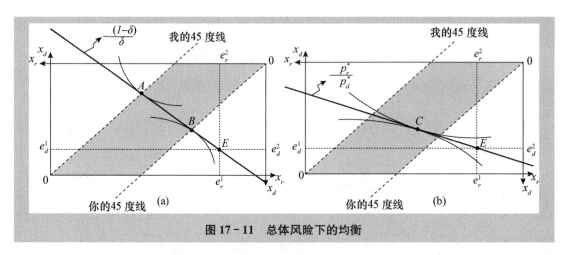

图 17-11 总体风险下的均衡

由于我们的埃奇沃思盒状图再也不是一个正方形，现在从我的原点（左下角）发射出来的 45 度线与从你的原点（右上角）发射出来的 45 度线不再相同。如果我们的偏好是状态独立的，我们就知道沿着 45 度线的边际替代率等于 $-(1-\delta)/\delta$。但是这意味着我们无法在一个竞争性均衡合同中达成 $p_r/p_d = (1-\delta)/\delta$ 的精算公平的条款。更精确地，如果通过点 E 的实线的斜率为 $-(1-\delta)/\delta$，我将会选择在点 A 最优化而你将选择在点 B 最优化。

注意到现在使得我们的无差异曲线能够彼此相切的唯一区域位于我们的两条 45 度线之间。这是因为在我的 45 度线以上，我的无差异曲线的斜率比 $-(1-\delta)/\delta$ 要大，但你的无差异曲线只有在位于 45 度线以下时才会如此。从而任何均衡配置都必须落在阴影区域之中，在那里我们的无差异曲线的斜率都要比 $-(1-\delta)/\delta$ 小。从而我们断定 p_r^*/p_d^* 一定比 $(1-\delta)/\delta$ 要小。换言之，与没有总体风险（见图 17-10（a））相比，我在雨季状态下放弃一个香蕉以在旱季状态下增加的香蕉并没有那么多。所导致的均衡见图（b）。

这个结果可以一般化为：当存在总体风险时，"坏"状态下的商品在总体风险更大的情况下有着相对更高的价值。我们很快将会看到这是如何与金融中的重要主题联系起来的。

练习 17A. 30　给定雨季状态下经济中总体上有更多的香蕉，考虑一个在旱季状态下有着相对多的香蕉与另一个在雨季状态下有着相对多的香蕉的禀赋。如果你可以选择禀赋，那么你更想要哪一个禀赋（假定我们都有状态独立的偏好并且总体禀赋差别不大）？ ■

17A. 3. 3　金融资产市场　我们对风险的讨论大部分集中在保险市场，这是因为保险都是在试图减少生活中我们所面临的风险。由于很多原因，保险市场非常有趣，其中的一些只有当我们接触第 22 章中关于不对称信息的主题时才会明朗。但是保险市场并不是以风险处理为核心的唯一市场。另外一个重要的例子来自金融市场。例如，当我们进行投资时，我们有着不同的选择，比如政府债券（通常有相对低的回报，但风险也低）、不同类型的股票（通常有相对较高的平均回报，但是也有较高的风险）和"垃圾债券"（承诺一个相当高的回报，但是也有一个失去所有价值的高风险）。一些投资有"顺周期性"的回报，或者当总体经济运行良好时回报高，当总体经济低迷时回报低，其他一些投资有"逆周期性"的回报。这些资产的价格是在一个一般均衡经济中被决定的，其中具有不同风险厌恶水平的不同类型的投资者（有潜在的状态独立的偏好）会努力优化自己的行为，且通常伴随着总体风险。

在最简单的处境中，你应该能够明白如何用与我们在这一节所描述的相似的方式对这些资产进行建模。资产在不同"状态"下有不同的回报，并且资产交易改变了我们投资的预期收益以及我们所面临的风险。从而，通过金融资产交易，投资者可以在由所有投资者总的交互作用所决定的价格下管理风险。在现实世界中，大多数投资者利用金融中介机构来管理风险。在过去几十年中，这些金融中介机构发现了新的、创新的方法来管理风险，这些方法可以在一般的框架下进行建模。出于我们的目的，重要的一点是，缺少那些我们到目前为止没有引入的扭曲（特别地，缺少的由不对称信息引起的扭曲将在第 22 章中介绍）。我们在这里的分析表明：当风险成为模型的一部分时，市场导致了有效的结果。很明显，关于这一点还可以继续展开，如果你觉得有趣，可以考虑再修一些金融经济学课程。

练习 17A. 31 当对金融市场中可能产生的均衡交易条款进行建模时，你是否可能假定状态相关或者状态独立偏好？

练习 17A. 32 假定世界的两种"状态"是萧条与繁荣。如果你把经济繁荣时的消费放在横轴，那么埃奇沃思盒状图的高度会比它的宽度大些还是小些？ ■

17B　对风险存在时的选择的数学分析

根据我们在 A 部分中的图来引入数学分析将会说明一些在我们的直觉思维中不好处理的微妙之处。特别地，我们将会更清楚地看到在期望效用理论中假设了什么以及没有假设什么，同时我们将用一些数值例子来说明前一部分的一些基本见解。我们将不使用用于构造 A 部分相应章节的图的函数形式的通常练习［把这些作为章末习题（如章末习题 17.1）］，而是提供一些把图示与数学联系起来的练习。然而，我们将会回到我妻子对人寿保险方案的选择的例子中，这次我们将在章内练习中要求你画出描绘了我们所推导出来的数学结果的图。

17B. 1　"效用"与期望效用

在 A 部分中，我们从图 17-1 中潜在的"消费/效用"关系开始。我们把这与一个单要素生产过程联系起来，把"消费"作为一种投入，并把"效用"作为一种产出，我们还说明了当我妻子潜在地面对一个"坏"结果与一个"好"结果，即 x_B 与 x_G 时，这个函数的形状是如何与风险厌恶的概念联系起来的。我们接着建立了一个一般模型，其中我们在一个 x_G 位于横轴且 x_B 位于纵轴的图上说明了无差异曲线。我们现在将看到：在这个更一般的模型中（允许状态独立效用与状态相关效用同时存在），无差异曲线确实代表了基于风险赌局的偏好，潜在的"消费/效用"关系是对这些无差异曲线建模的副产品。

假定我们再次关注我妻子以概率 δ 进行低消费 x_B 并以概率 $(1-\delta)$ 进行高消费 x_G（这取决于我是否生存）的例子。现在我们再一次假定我妻子所关注的只是钱（而不在乎我是否在身边，除了这对她的消费水平的意义以外）。接着我们想用一个效用函数 $U(x_G, x_B)$ 表示我妻子对 x_G 和 x_B 的各种可能的组合的偏好，该效用函数产生了如图 17-7 所示的无差异曲线。对于任何一组 (x_G, x_B) 的特定的无差异曲线图，存在很多效用函数可以产生该特定的无差异曲线图。然而，约翰·冯·诺依曼（1903—1957）与奥斯卡·摩根斯坦（1902—1977）[①] 推导出了一个条

---

① 冯·诺依曼对很多领域如量子力学、计算机科学、统计学以及数学做了奠基性的贡献，他同时也是曼哈顿计划（成立于第一次核爆炸时期）的核心成员。他与普林斯顿的同事奥斯卡·摩根斯坦一起，于 1944 年撰写了博弈论方面的第一本经典教材——《博弈论与经济行为》（*Games and Economic Behavior*）。

件，在该条件下存在一个潜在的函数 $u(x)$ 使得我们能把我妻子对 x_G 与 x_B 的无差异曲线图用如下形式的效用函数表示：

$$U(x_G, x_B) = \delta u(x_B) + (1-\delta) u(x_G) \tag{17.1}$$

如果我们把效用函数 $u(x)$ 理解为衡量消费的效用，上式就是一个简单的"期望效用"的效用函数。（实际上存在很多这样的适用于某个人的函数，这一点我们在章末习题 17.2 中说明。）我们能找到这样一个函数 $u(x)$ 的条件被称为独立性公理（independence axiom），附录 1 中解释了关于它的更多细节。这并不是一个很强的假设，我们简单地把它当成既定的，就像我们在研究没有风险的消费者理论时把理性公理当成理所当然的一样。（同时，我们需要承认的是：存在一些著名的"悖论"，它们可以被用来说明对独立性公理的违背，其中一个在附录 2 中研究，另一个在章末习题 17.7 中研究。）采取期望效用形式并且表示一个消费者对风险赌局的潜在的无差异曲线的效用函数 $U(x_G, x_B)$ 经常被称为冯·诺依曼-摩根斯坦期望效用函数（von Neumann-Morgenstern expected utility function）。

　　A 部分图 17-1 中"消费/效用"关系是一个潜在函数 $u(x)$ 的简单图示，即它是一个"消费的效用函数"图，使得我们能把我妻子对风险赌局的效用表示成期望效用（expected utility）。从而，这个"消费/效用"关系并不是我妻子的消费水平与她的幸福感之间的某个"真实的"潜在关系。它是一个简单的数学函数，使得我们能够把她对风险赌局的"真实"偏好表示成"期望效用函数" $U(x_G, x_B)$ 的形式。换言之，我们并不需要假设我妻子实际上有某个内在的对效用的生产函数，使得她能以某种量化的方式来度量她的幸福感（如同我们在 A 部分开始所隐含假设的）。我们仅需要假设她对风险赌局有无差异曲线（比如图 17-7 中那样的），就像我们在早期研究无风险的消费者理论时所假设的人们对消费束有无差异曲线一样。

　　假设使得我们能够把我妻子对涉及 x_G（概率为 $(1-\delta)$）与 x_B（概率为 δ）的赌局的偏好用期望效用函数 $U(x_G, x_B)$ 表示的函数是

$$u(x) = 0.5 \ln x \tag{17.2}$$

练习 17B.1　设 x 表示以千美元计的消费，说明我妻子的消费/效用关系在 1～250 的范围内（理解为从 1 000 美元到 250 000 美元）的近似形状。

练习 17B.2　当消费的范围在 0 到 1 之间（相应地为 0 到 1 000 美元）时效用函数的图是什么样子的？■

　　利用"标尺" $u(x) = 0.5 \ln x$ 作为工具来衡量效用，我们可以说我妻子在消费 x_B 时的效用是 $u(x_B) = 0.5 \ln x_B$，而在消费 x_G 时的效用是 $u(x_G) = 0.5 \ln x_G$。再一次，这并不意味着我们在用任何一种客观的方式来衡量我妻子在消费水平 x_B 与 x_G 的幸福感，但是我们选择以这样一种方式选择衡量她的幸福感的"标尺"使得我们

能够把她面对特定赌局 (x_G, x_B)（概率分别为 $(1-\delta)$ 和 δ）时的效用表示成冯·诺依曼-摩根斯坦期望效用函数

$$U(x_G, x_B) = E(u) = \delta u(x_B) + (1-\delta)u(x_G) = 0.5\delta\ln x_B + 0.5(1-\delta)\ln x_G \tag{17.3}$$

根据我们在 A 部分中的讨论，假定如果我生存下来，那么我妻子的消费是 250 000 美元；如果我没有生存下来，那么我妻子的消费是 10 000 美元。由于 x 以千美元计，所以有 $x_B = 10$ 和 $x_2 = 250$。再一次与 A 部分一样，进一步假定我没有生存下来的概率是 25%，即 $\delta = 0.25$。因此我妻子的期望消费水平是

$$E(x) = \delta x_B + (1-\delta)x_G = 0.25 \times 10 + 0.75 \times 250 = 190（千美元） \tag{17.4}$$

同时，利用方程（17.3），她的期望效用为

$$E(u) = 0.5 \times 0.25\ln(10) + 0.5 \times 0.75\ln(250) \approx 2.358 \tag{17.5}$$

练习 17B.3 收到期望收入的效用是多少（表示为 $u(E(x))$）？在等式（17.2）的一个图上说明 $E(x)$、$E(u)$ 与 $u(E(x))$。

练习 17B.4 判断正误：如果 u 是一个凹函数，那么 $u(E(x))$ 大于 $E(u)$；如果 u 是一个凸函数，那么 $u(E(x))$ 小于 $E(u)$。∎

17B.1.1 风险厌恶与 $u(x)$ 的凹性

在章内练习（17B.3）中，你应该得到了这样的结论，即我妻子对于她所面临的赌局的期望值的效用是 2.624。由于我们根据方程（17.5）判断她对于自己所面临的这个赌局的期望效用只有 2.358，我们知道她将偏好于收到确定的 190 千美元而不是碰运气（以 0.75 的概率有 250 千美元和 0.25 的概率有 10 千美元）。换言之，如果我妻子能够无风险地保持赌局的期望值，则她偏好消除面临这个赌局的风险。如果一个消费者偏好降低风险，那么当被提供这样的机会而不需要放弃期望消费时，我们就说这个消费者是风险厌恶的。

另外一种表达相同意思的方式是：当且仅当这个赌局的期望值的效用比这个赌局的期望效用要高，也就是说，当且仅当 $u(E(x)) > U(x_G, x_B)$ 时，一个个体是风险厌恶的。这可以展开表示为

$$u(\delta x_B + (1-\delta)x_G) = u(E(x)) > U(x_G, x_B) = \delta u(x_B) + (1-\delta)u(x_G) \tag{17.6}$$

现在回忆，我们在第 12 章首先看到，一个凹函数可以被定义为一个函数 f，使得对所有 $x_1 \neq x_2$ 以及所有介于 0 和 1 之间的 δ，有

$$f(\delta x_1 + (1-\delta)x_2) > \delta f(x_1) + (1-\delta)x_2 \tag{17.7}$$

方程（17.6）利用期望效用函数（以及使得我们能用期望效用形式表示偏好的适当函数 $u(x)$）来定义偏好的风险厌恶。方程（17.7）定义了一个函数的凹

性。比较一下，你很快会发现方程（17.6）意味着函数 $u(x)$ 是凹的。从而，如果对涉及 x_B 与 x_G 的赌局的偏好表现出风险厌恶，那么任何能帮助我们把这些偏好用期望效用函数 $U(x_G, x_B)$ 表示的函数 $u(x)$ 一定是凹的。尽管 A 部分中的讨论可以引导我们相信风险厌恶从某个潜在的效用函数 $u(x)$ 中推导出来，但实际情况却是个体的风险厌恶意味着任何一个使得我们能用期望效用函数来表示这样一个偏好的函数都必定是凹的。换言之，我们不是因为假设 $u(x)$ 具有凹性而得到了风险厌恶的偏好，而是如果对风险赌局的潜在偏好表现出风险厌恶并且 u 可以被用来以期望效用的形式表示对 (x_G, x_B) 的无差异曲线，我们就可以推出 $u(x)$ 一定是凹的。

尽管记住一个赌局的期望效用 $E(u)$ 以及这个赌局期望值的效用 $u(E(x))$ 的差别开始时有点令人混乱，直接可以证明二者相同的唯一情形是当 $u(x)$ 是线性的时。例如，假定 $u(x)=\alpha x$，那么

$$E(u)=\delta\alpha x_B+(1-\delta)\alpha x_G=\alpha(\delta x_B+(1-\delta)x_G)=\alpha E(x)=u(E(x)) \quad (17.8)$$

也就是说，我妻子将在接受一个有风险的赌局与这个赌局确定的期望值之间无差异。这是风险中性偏好的定义。

练习 17B.5 如果我妻子消费的效用由凸函数 $u(x)=x^2$ 给出，那么她的 $E(u)$ 与 $u(E(x))$ 将分别是什么？在同一个图中说明你的答案。

练习 17B.6 函数 f 的凸性的定义与凹性类似，只是方程（17.7）中的不等式的方向相反。你能证明一个表现出风险喜好的偏好（与风险厌恶相对）一定意味着任何用来定义期望效用函数的 $u(x)$ 是凸的吗？ ▰

17B.1.2 $u(x)$ 的凹性与偏好的凸性 到目前为止，我们已经证明了如果我妻子的偏好表现出风险厌恶，那么我们用来度量她的消费效用的任何函数 $u(x)$ 一定是凹的，如果我们想用期望效用函数 $U(x_G, x_B)=\delta u(x_B)+(1-\delta)u(x_G)$ 表示她对束 (x_G, x_B) 的无差异曲线。稍微做点工作，我们现在就可以进一步证明这反过来意味着我们在 A 部分中的无差异曲线的凸性一定与风险厌恶相关。

记住当我们建立消费者理论时，如果"平均优于极端"，那么无差异曲线通常表现出凸性。通过这一点我们是说，如果一个消费者在两个束之间无差异，那么她将偏好那两个束的任何加权平均甚于我们开始时的任何一个更加极端的束。在我们模型中的结果束 (x_G, x_B) 的处境下，假定我们开始于两个这样的束，即 (x_G^1, x_B^1) 与 (x_G^2, x_B^2)，我们关于它们无差异，也就是说，两个束使得

$$U(x_G^1, x_B^1)=U(x_G^2, x_B^2)=\overline{U} \quad (17.9)$$

现在考虑这两个结果束的一个加权平均 (x_G^3, x_B^3)，即对介于 0 和 1 之间的某

个 α，考虑 (x_G^3, x_B^3) 使得

$$x_G^3 = \alpha x_G^2 + (1-\alpha)x_G^1 \quad \text{和} \quad x_B^3 = \alpha x_B^2 + (1-\alpha)x_B^1 \tag{17.10}$$

通过简单地利用期望效用函数 $U(x_G, x_B)$ 的定义以及 $u(x)$ 的凹性，我们有如下结论：

$$
\begin{aligned}
U(x_G^3, x_B^3) &= \delta u(x_B^3) + (1-\delta)u(x_G^3) \\
&= \delta u(\alpha x_B^2 + (1-\alpha)x_B^1) + (1-\delta)u(\alpha x_G^2 + (1-\alpha)x_G^1) \\
&> \delta[\alpha u(x_B^2) + (1-\alpha)u(x_B^1)] + (1-\delta)[\alpha u(x_G^2) + (1-\alpha)u(x_G^1)] \\
&= \alpha[\delta u(x_B^2) + (1-\delta)u(x_G^2)] + (1-\alpha)[\delta u(x_B^1) + (1-\delta)u(x_G^1)] \\
&= \alpha U(x_G^2, x_B^2) + (1-\alpha)U(x_G^1, x_B^1) \\
&= \alpha \overline{U} + (1-\alpha)\overline{U} = \overline{U}
\end{aligned}
\tag{17.11}
$$

第一行仅把平均束 (x_G^3, x_B^3) 代入期望效用函数 $U(x_G, x_B) = \delta u(x_B) + (1-\delta)u(x_G)$ 中；第二行把式（17.10）中的 x_B^3 与 x_G^3 代入；第三行（不等式）是对 $u(x)$ 凹性的定义的直接应用；第四行简单地重组这些项；第五行由第四行括号中的项恰好等于初始的更极端的束的期望效用这个事实推导而来；最后一行利用了两个初始的束都在相同的无差异曲线 $\overline{U}$ 上的事实。把这些组合在一起，我们有

$$U(x_G^3, x_B^3) > \overline{U} = U(x_G^2, x_B^2) = U(x_G^1, x_B^1) \tag{17.12}$$

也就是说，由那些位于相同无差异曲线上的更极端的束构成的平均消费束比那些更加极端的结果束更被偏好。从而，我们现在已经证明了风险厌恶意味着 $u(x)$ 的凹性，$u(x)$ 的凹性意味着对结果 (x_G, x_B) 的无差异曲线的凸性。

练习 17B.7 * 你能否用类似的步骤证明 $u(x)$ 的凹性意味着对结果 (x_G, x_B) 的无差异曲线的凸性？ ■

17B.1.3 确定性等价与风险溢价 一个赌局的确定性等价（certainty equivalent）是一个人为了不参与这个赌局最少要接受的量。例如，我们计算了我妻子参与这个赌局（依赖我的收入但是面临我不能存活的可能性）的期望效用为 $U(250, 10) = E(u) = 2.358$。为了确定她面对这个赌局的确定性等价，我们需要找到一个值 x_{ce}，使得她得到的这个效用等于面对这个赌局的期望效用。也就是说，我们需要找到使得方程 $u(x_{ce}) = 2.358$ 成立的值 x_{ce}。利用我们前面的函数 $u(x) = 0.5\ln x$，这意味着我们需要求解方程 $0.5\ln x_{ce} = 2.358$，或者换种表示形式，$\ln x_{ce} = 2.358/0.5$，解之得近似解 $x_{ce} \approx 111.8$。[①]

---

① 回忆一下，自然对数 $\ln$ 是以 $e \approx 2.7182818$ 为底定义的，从而 $x_{ce} = e^{2.358/0.5}$。

练习 17B. 8　利用我妻子的效用函数 $u(x)=0.5\ln x$，在一个图上说明 x_{ce} 与风险溢价。∎

17B. 1. 4　精算公平的保险市场　现在假定向我妻子提供不同的保险合同（或政策）的选择。这样的保险由两部分组成：一部分是在我没能存活这个事件中收到的保险收益 b，另一部分是在她知道我是否能存活前必须支付的保费 p。不管在我身上发生什么，我的妻子都需要支付 p，这意味着在我没能存活时她购买保险的净收益是 $(b-p)$。如果我存活，那么她的收入为 (x_G-p)；如果我不能存活，那么她的收入为 (x_B+b-p)。

现在假定她面临的保险市场是精算公平的保单的全集，也就是那些不改变她的期望收入但是降低了风险的保单。（在 A 部分中我们辩称这将是一个成本可忽略的完全竞争性行业在均衡时预期提供的合同集。）由于在任何给定的合同 (b, p) 下，她有 δ 的概率得到（净）支付 $(b-p)$ 并有 $(1-\delta)$ 的概率必须支付 p，所以只要 $\delta(b-p)=(1-\delta)p$（或者求解 b，只要 $b=p/\delta$），她的期望收入就保持不变。从而，当且仅当 $b=p/\delta$ 时，一个保险合同 (b, p) 是精算公平的。

我们接着想问一下，如果我妻子能够从一个全集中选择，她将会选择哪种精算公平的保单，是低保费且低收益的，还是高保费且高收益的？她从一个精算公平的政策 (b, p) 中得到的期望效用是

$$U\,(x_G, x_B)=\delta u\,(x_B+b-p)+(1-\delta)\,u\,(x_G-p)\,，\text{其中 } b=\frac{p}{\delta} \quad (17.13)$$

或者，代入 $b=p/\delta$，得

$$U(x_G, x_B)=\delta u\Big(x_B+\frac{(1-\delta)p}{\delta}\Big)+(1-\delta)u(x_G-p) \quad (17.14)$$

从精算公平的保险合同的全集中选择意味着我妻子通过选择最优的保费 p（从而最优的收益 $b=p/\delta$）来最大化式（17.14）。当 $u(x)=\alpha\ln x$（当 $\alpha=0.5$ 时与方程（17.2）一样）时，我们可以把最优化问题写成

$$\max_p \delta\alpha\ln\Big(x_B+\frac{(1-\delta)p}{\delta}\Big)+(1-\delta)\alpha\ln(x_G-p) \quad (17.15)$$

对方程（17.15）求一阶导数，令其为零并求解 p，我们得到最优保费

$$p^*=\delta(x_G-x_B) \quad (17.16)$$

接着，把其代入精算公平的保险的条件中（$b=p/\delta$），其对应的最优保险收益为

$$b^*=x_G-x_B \quad (17.17)$$

练习 17B. 9　验证 p^* 与 b^* 的表达式。∎

在 A 部分中，我们论证了在面对一个精算公平的保险市场时，这个模型中一个风险厌恶的人总是选择全保，也就是，不管发生什么状态都能确保收入是一样的。在保单 $(b^*，p^*)$ 下，根据我是否能存活，我妻子的消费是 $(x_B+b^*-p^*)$ 或 (x_G-p^*)，你可以检验二者都可以简化为

$$x=\delta x_B+(1-\delta)x_G \tag{17.18}$$

例如，当 $x_B=10$，$x_G=250$ 与 $\delta=0.25$（如同贯穿本章的人寿保险的例子）时，我妻子的最优保单使她支付 6 万美元的保费来交换 24 万美元的保险收益，这意味着不管我是否存活，我妻子都将得到 19 万美元的消费。换言之，她会选择精算公平的保险合同来确保她对我过早死亡的风险有全面的防备。

练习 17B.10 尽管我们没有利用 A 部分中与用来做图的潜在函数相同的效用函数，但是我们得到了与最优精算公平的保单相同的结果。为什么？ ∎

17B.2 涉及多种"状态"的风险选择

到目前为止，我们说明了我妻子采取了一个有两种不同"状态"的赌局的模型：一种状态是有我，另一种状态是没有我。但是这个模型假定，如果我在周围，那么除了提供收入外，我在这个世界的存在完全是装饰性质的，对我妻子评估消费没有直接影响。如果当没有我时我妻子消费起来或多或少愉快一些，这个世界的两种状态就有不同，这一点在我妻子只是从中拿到钱的赌局的模型中没有得到体现。

17B.2.1 不同"状态"下的消费模型 接下来，假定世界的状态 B（我不在）与世界的状态 G（我在）在如下意义上有区别，即我妻子在两种不同状态下对消费的收益有着不同的评价。这意味着对结果束 $(x_G，x_B)$ 的无差异曲线现在将与我妻子对消费的看法和状态无关时有区别。然而，冯·诺依曼和摩根斯坦的结果的一个推广意味着现在存在两个关于 x 的函数，即 $u_B(x)$ 与 $u_G(x)$，使得这些无差异曲线可以由如下形式的期望效用函数表示：

$$U(x_G，x_B)=\delta u_B(x_B)+(1-\delta)u_G(x_G) \tag{17.19}$$

这与我们前面的期望效用函数的唯一差别是在两种不同的状态下用来度量效用的函数采取不同的形式，而在前面，当状态与我妻子对消费的感觉无关时，一个单一函数 $u(x)$ 被用在期望效用函数 $U(x_G，x_B)$ 中，从而状态相关的偏好可以建模成我妻子在状态 G 时利用 $u_G(x)$ 来评估消费而在状态 B 时利用 $u_B(x)$ 评估消费。当偏好是状态独立的时，$u_G(x)=u_B(x)$，这也是状态独立的情形是状态相关模型的一种特殊情形的原因。

拓展我们在前一节的模型中使用的 u 的函数形式，我妻子现在可以有 $u_B(x)=$

$\alpha \ln x$ 和 $u_G(x)=\beta \ln x$ 这样的效用函数来形成方程（17.19）中的期望效用函数。从而表示对结果组 (x_G, x_B) 的无差异曲线的期望效用函数变成

$$U(x_B, x_G)=\delta \alpha \ln x_B + (1-\delta)\beta \ln x_G \tag{17.20}$$

练习 17B.11 推导方程（17.20）中的边际替代率。现在假定 $\alpha = \beta$。沿着 45 度线，即当 $x_B = x_G$ 时，MRS 为多少？把这个结果与我们在图 17-7 中展示出来的结果进行比较。

练习 17B.12 你能否看出由方程（17.20）中 $U(x_G, x_B)$ 生成的无差异曲线是柯布-道格拉斯类型的？把该函数写成柯布-道格拉斯函数并推导 MRS。当偏好不是状态相关的时，沿着 45 度线的性质是否一定成立？

练习 17B.13* 判断正误：期望效用函数 $U(x_G, x_B)$ 可以用消费者理论中的效用函数进行变换且不改变潜在的无差异曲线，但是这样的变换意味着期望效用形式的丢失。■

17B.2.2 精算公平的保险下的选择集 现在我们已经知道在 (x_G, x_B) 空间里无差异曲线是如何形成的了，下面将探索当个体有机会以一种精算公平的方式防御风险时预算约束会如何产生。我们可以从类似于第 3 章讨论预算时所称的禀赋点开始，这在我们的例子中简单地为 (e_G, e_B)，也就是在我妻子没有购买保险时所面对的情形。令消费以千美元计，则 $(e_G, e_B)=(250, 10)$，这是因为（在没有保险时）我妻子在状态 B 的消费是10 000美元而在状态 G 时为 250 000 美元。

一个保险合同将是一个不管我妻子最终面对什么状态她都必须支付保费 p 以交换在状态 B 发生时获得收益 b 的合同。如同我们已经讨论的，当且仅当 $b=p/\delta$ 时，这个合同是精算公平的。这意味着从禀赋点 (e_G, e_B) 处开始，对于我妻子在状态 G 下放弃的每一美元，她都将在状态 B 下得到 $(1-\delta)/\delta$。[①] 因此，从点 (e_G, e_B) 出发的预算线的斜率是 $-(1-\delta)/\delta$。如果我妻子支付溢价 e_G（从而放弃她在状态 G 下的所有消费），那么她将在状态 B 下收到净收益 $(1-\delta)e_G/\delta$，这意味着她在状态 B 的总消费（包括她在状态 B 的禀赋 e_B 以及她从保险中得到的净收益）将是 $e_B+(1-\delta)e_G/\delta$，它可以改写为$(\delta e_B+(1-\delta)e_G)/\delta$。这将是由精算公平的保险的可得性形成的预算线的纵截距（为了与 A 部分中的图一致，我们把状态 B 画在纵轴上）。

然后，我们可以利用刚才计算出来的截距与斜率来表示由精算公平的保险得出的预算线，方程为

$$x_B=\frac{\delta e_B+(1-\delta)e_G}{\delta}-\frac{(1-\delta)}{\delta}x_G \tag{17.21}$$

或者，两边同时乘以 δ 并合并项，得

---

① 更精确地，她将得到收益 $1/\delta$，但是她仍需要支付 1 美元的溢价。从而，她在状态 B 下的净收益为 $((1/\delta)-1)$，也可以表示为 $(1-\delta)/\delta$。

$$\delta e_B + (1-\delta)e_G = \delta x_B + (1-\delta)x_G \tag{17.22}$$

练习 17B. 14　在一个 x_G 位于横轴、x_B 位于纵轴的图上，利用从我妻子选择保险合同的例子中推导出来的值来说明预算约束，并把其与图 17-6（b）进行比较。■

17B. 2.3　对精算公平的保险合同的选择　利用方程（17.19）中由状态相关的期望效用函数表示的偏好与方程（17.22）中设定的预算线，我们现在可以写出一个面对精算公平的保险合同全集的消费者所面临的最优化问题为

$$\max_{x_G, x_B} U(x_G, x_B) = \delta u_B(x_B) + (1-\delta)u_G(x_G) \tag{17.23}$$

$$\text{s. t. } \delta e_B + (1-\delta)e_G = \delta x_B + (1-\delta)x_G$$

或者，利用方程（17.20）中 $U(x_G, x_B)$ 的函数形式，将该最优化问题表示为

$$\max_{x_G, x_B} \delta \alpha \ln x_B + (1-\delta)\beta \ln x_G$$

$$\text{s. t. } \delta e_B + (1-\delta)e_G = \delta x_B + (1-\delta)x_G \tag{17.24}$$

用通常的方式解之，我们得到

$$x_B^* = \frac{\alpha(\delta e_B + (1-\delta)e_G)}{\delta \alpha + (1-\delta)\beta} \text{ 和 } x_G^* = \frac{\beta(\delta e_B + (1-\delta)e_G)}{\delta \alpha + (1-\delta)\beta} \tag{17.25}$$

练习 17B. 15　验证方程（17.25）中的结果。■

本节开始时认为"只有钱重要"的模型是在不同状态下消费与福利以不同方式关联起来的模型的特殊情况。在我们的环境中，你可以通过假设 $\alpha = \beta$，从而使得 $u_G(x) = u_B(x)$ 来看到这一点。在有关 x_B^* 与 x_G^* 的方程中用 α 替换 β，我们得到

$$x_B^* = \delta e_B + (1-\delta)e_G = x_G^* \tag{17.26}$$

换句话说，当效用不是"状态相关的"时，我妻子将会选择一个精算公平的保单以使得她在"好"与"坏"两种状态下的消费相等。

练习 17B. 16　分别用 10 美元与 250 美元作为我妻子在没有保险时在状态 B 与状态 G 下能达到的消费水平，当她选择最优的精算公平的保单时她在每种状态下所能得到的消费水平是多少？（与以前一样，假定状态 B 发生的概率是 0.25，状态 G 发生的概率是 0.75。）■

现在假定 $\beta > \alpha$，这意味着当我在周围时（即状态 G 下）每美元对我妻子福利的边际贡献比我消失时（即状态 B 下）要好。通过检查 x_B^* 与 x_G^* 的方程，你很快将会看到这意味着在我妻子的最优保险合同下 $x_B^* < x_G^*$。当 $\alpha > \beta$ 时相反的情况会成立。

利用我们前面一直使用的例子（$e_B = 10$，$e_G = 250$ 与 $\delta = 0.25$），表 17 - 1 给出了不同比率（α/β）下的结果。换句话说，该表说明了当效用是状态相关的时，保险行为如何随着比率 α/β 的变化而变化。比率 α/β 给出了在两种状态下消费的效用有多大差别。当 $\alpha/\beta = 1$ 时，效用不是状态相关的且消费者全保。当 $\alpha/\beta < 1$ 时，消费在状态 G（当我妻子可以和我一起消费时）下比在状态 B 下更有意义。表的前四行说明在不同的场景下我妻子将由于她偏好的状态相关性而选择"超额"保险。而当 $\alpha/\beta > 1$ 时，消费在状态 B（当我妻子最终摆脱了我并能真正享受生活时）下更有意义。表的最后四行说明了在不同的场景下我妻子将由于这种类型的状态相关而选择"不足额"保险。

表 17 - 1　　　　　　　　　"超额"保险与"不足额"保险

当状态有差别时的最优保险合同				
α/β	x_B（美元）	x_G（美元）	p（美元）	b（美元）
1/10	24 516	245 161	4 839	19 355
1/4	58 462	233 846	16 154	64 615
1/2	108 571	217 143	32 857	131 429
3/4	152 000	202 667	47 333	189 333
1/1	190 000	190 000	60 000	240 000
4/3	233 846	175 385	74 615	298 462
2/1	304 000	152 000	98 000	392 000
4/1	434 286	108 571	141 429	565 714
10/1	584 615	58 462	191 538	766 154

练习 17B. 17**　利用 Excel 表单，你能否验证表 17 - 1 中的数字？

练习 17B. 18　利用与图 17 - 8 相似的图，说明 $\alpha/\beta = 1/4$ 的情况（表中的第 2 行）。

练习 17B. 19　利用与图 17 - 8 相似的图，说明 $\alpha/\beta = 2/1$ 的情况（表中的第 7 行）。■

17B. 3　风险下的一般均衡

我们目前已经介绍了一个在其中定义不同"状态"下的风险的模型，并且对于每种状态，我们定义了状态相机消费水平（state contingent consumption level）。原则上这可以推广到多种类型的消费，并设定在每种状态下对于每种商品的状态相机消费水平。这是一件仅仅把模型的符号复杂化的事情（并使建立图示版本变得不可能），但重要的是要记住我们正在做的可能比一开始就比较明显的要通用得多。

保险合同表示在一种状态下卖出状态相机消费来购买另一种状态下的相机消费的特定方式。并且，正如在 A 部分末尾所指出的，其他类型的合同（比如涉及金融资产的投资合同）能够达到相同的目的。于是，我们能把所有这些类型的市场建模为状态相机资产（state-contingent asset）的市场，在这样一个市场中，个体以由市场决定的价格跨"状态"进行交易。有风险的一般均衡模型使我们得以研究这些价格如何在均衡中被决定。我们在 A 部分中已经看到，其机制与我们在前面一章中对交换（或埃奇沃思盒状图）经济的处理没有什么差别。

我们将在一个两消费者模型中用数学方法来说明 A 部分中用直觉思维介绍的基本见解，其中消费者效用可以是状态相关的。在这个模型中，消费者对他们所面临的个体风险（individual risk）的信念可能有区别，同样整个经济也可能存在总体风险（aggregate risk）。更准确地说，每个消费者在每种状态下都会被赋予某个消费水平，e_i^j 表示消费者 j 在状态 i 下的消费禀赋。消费者 1 在状态 1 和状态 2 下的效用由 $u_1^1(x)=\alpha\ln x$ 与 $u_2^1(x)=(1-\alpha)\ln x$ 给出，而消费者 2 在这些状态下的效用由 $u_1^2(x)=\beta\ln x$ 与 $u_2^2(x)=(1-\beta)\ln x$ 给出。

练习 17B. 20 α 和 β 取什么值时这两个消费者是效用状态独立的？ ■

最后，我们允许这两个消费者对每个状态实际发生的可能性有着不同信念，消费者 1 对状态 1 设置的概率是 δ，消费者 2 对状态 1 设置的概率是 γ。那么我们可以把消费者 1 的期望效用写成

$$U^1(x_1,x_2)=\delta\alpha\ln x_1+(1-\delta)(1-\alpha)\ln x_2 \tag{17.27}$$

且把消费者 2 的期望效用写成

$$U^2(x_1,x_2)=\gamma\beta\ln x_1+(1-\gamma)(1-\beta)\ln x_2 \tag{17.28}$$

练习 17B. 21 我们是否通过假定对每个消费者在两种状态下对消费的对数设置的效用权重相加等于 1 施加了任何实质的限制？ ■

17B. 3. 1 计算状态相机消费交易的均衡价格

在均衡中，把一个状态下的消费转换为另一个状态下的消费的条款是由反映了消费者放弃一单位状态 2 下的消费可以得到状态 1 下的多少消费的价格比率 p_2/p_1 决定的。但为了使这个价格能支撑一个均衡，与我们在前一章处理交换经济时完全一样，对状态相机消费品的需求一定等于其供给。那么计算这个均衡比率的数学知识就与没有风险的交换经济完全一样。

首先我们给定价格 p_1 和 p_2 并写出每个消费者的最优化问题。对消费者 1，这可以写成

$$\max_{x_1^1,x_2^1} \delta\alpha\ln x_1^1+(1-\delta)(1-\alpha)\ln x_2^1 \quad \text{s. t.} \quad p_1e_1^1+p_2e_2^1=p_1x_1^1+p_2x_2^1 \tag{17.29}$$

练习 17B. 22　你如何对消费者 2 写出相似的最优化问题？◼

　　对此进行求解（并对消费者 2 求解相似的问题），我们可以推导出每个消费者对 x_1 的需求为

$$x_1^1(p_1,p_2)=\frac{\alpha\delta(p_1e_1^1+p_2e_2^1)}{(\alpha\delta+(1-\alpha)(1-\delta))p_1} \ 与 \ x_1^2(p_1,p_2)=\frac{\beta\gamma(p_1e_1^2+p_2e_2^2)}{(\beta\gamma+(1-\beta)(1-\gamma))p_1}$$

$$(17.30)$$

　　在均衡中，价格必须使得需求等于供给，其中需求由上面给出而供给由经济中禀赋的和给出。在状态 1 下需求等于供给意味着

$$x_1^1(p_1,p_2)+x_1^2(p_1,p_2)=e_1^1+e_1^2 \tag{17.31}$$

　　由我们在前一章的研究（以及由埃奇沃思盒状图中的直觉）可知，我们只能计算出均衡价格比率且任何满足这个比率的两个价格都将会导致完全相同的均衡。因此，我们设 $p_1^*=1$ 并简单地通过把式（17.30）中的需求代入方程（17.31）中来求解 p_2^*。经过一些烦琐的代数运算，我们有

$$p_2^*=\frac{(1-\alpha)(1-\delta)(\beta\gamma+(1-\beta)(1-\gamma))e_1^1+(1-\beta)(1-\gamma)(\alpha\delta+(1-\alpha)(1-\delta))e_1^2}{\alpha\delta(\beta\gamma+(1-\beta)(1-\gamma))e_2^1+\beta\gamma(\alpha\delta+(1-\alpha)(1-\delta))e_2^2}$$

$$(17.32)$$

练习 17B. 23　假定经济中总的禀赋在两种状态下相同（即 $e_1^1+e_1^2=e_2^1+e_2^2$）；每个消费者有状态独立效用（即 $\alpha=1-\alpha$，$\beta=1-\beta$）；并假定两个消费者以相同的方式来评估风险（即 $\delta=\gamma$）。你能否说明均衡的交易条款将是精算公平的，即 $p_2^*/p_1^*=(1-\delta)/\delta$？

练习 17B. 24　在前面一个练习所描述的情景下，你能否使用个人需求函数来说明每个消费者将会选择使两个状态间的消费相等？这意味着均衡将会落在埃奇沃思盒状图中何处？◼

　　（设定 p_1^* 为 1 时）推导均衡价格 p_2^* 是乏味的，但所得到的回报是我们现在有了一种简单的方法来说明均衡如何随着总体风险、个人对风险的感知、禀赋以及个人偏好的改变而改变。在下面几节，我们将使用一个简单的 Excel 表单来设定禀赋、效用函数中的参数、风险水平，然后利用方程（17.32）来计算均衡价格。最后，我们把均衡价格代回需求函数（方程（17.30）），得出每个消费者在每种状态下的均衡消费水平。

17B. 3. 2　有个体（但无总体）风险的一般均衡　我们首先讨论当经济总体无风险且个体对经济中两种状态可能性的认知有一致意见的情形。这与我们在 A 部分中的例子相似，在这个例子中，你和我拥有一个岛的不同部分并且我们都意识到下雨与干旱的可能性。不管是否下雨，香蕉生产的总量都是一样的，但是对于我们各自的半个

岛上所收获的香蕉的比例取决于天气情况。那么无总体风险意味着 $e_1^1 + e_1^2 = e_2^1 + e_2^2$，并且我们每个人都知道下雨与干旱的可能性意味着 $\delta = \gamma$。

练习 17B.25 表示一个经济中 $e_1^1 + e_1^2 = e_2^1 + e_2^2$ 的埃奇沃思盒状图的形状是怎样的？ ■

在练习 17B.23 中，你被要求做这些假设，并额外假设每个消费者的效用函数是状态独立的。你应该已经证明了这将导致均衡价格 $p_2^* = (1-\delta)/\delta$，并且在练习 17B.24 中你应该已经总结出：这导致了个体全保并且均衡位于埃奇沃思盒状图的 45 度线上（如图 17 - 10（a）所示）。

现在假定这两个消费者的效用是状态相关的。表 17 - 2 提供了三组对所导致的均衡的性质的预测。在每种情况下，$\delta = 0.25 = \gamma$，即两个个体都认同他们面对状态 1 的概率是 0.25，面对状态 2 的概率是 0.75。这两个个体的禀赋是对称相反的，$e_1^1 = 250$，$e_2^1 = 10$，$e_1^2 = 10$ 以及 $e_2^2 = 250$。从而，当不存在状态相机消费的交易时，个体 1 在状态 1 下将有很多消费而在状态 2 下没什么消费，个体 2 则恰好反过来。

表中前三行保持消费者 1 的效用独立，中间一行（$\alpha = \beta = 0.5$）表示消费者 2 的效用也是状态独立的，从而两个消费者在精算公平的价格 $p_2^* = (1-\delta)/\delta = 3$ 处全保。我们之所以判断出全保是因为 $x_1^1 = x_2^1$ 且 $x_1^2 = x_2^2$，即在交易了状态相机消费后，每个人最终都消费相同的数量，而不管他或她面对什么状态。

练习 17B.26 为什么你认为个体 1 比个体 2 在全保时最终有着较少的消费？ ■

表 17 - 2　　　　　　$\delta = 0.25 = \gamma$，$e_1^1 = 250$，$e_2^1 = 10$，$e_1^2 = 10$ 与 $e_2^2 = 250$

状态相关效用的均衡						
α	β	p_2^*	x_1^1	x_2^1	x_1^2	x_2^2
0.50	0.25	7.15	80.36	33.74	179.64	226.26
0.50	0.50	3.00	70.00	70.00	190.00	190.00
0.50	0.75	1.51	66.27	131.69	193.73	128.31
0.75	0.75	1.00	130.00	130.00	130.00	130.00
0.75	0.60	1.49	132.45	88.86	127.55	171.14
0.75	0.40	2.64	138.20	52.35	121.80	207.65
0.75	0.25	4.47	147.33	32.99	112.67	227.01
0.25	0.25	9.00	34.00	34.00	226.00	226.00
0.25	0.40	5.02	30.02	53.82	229.98	206.18
0.25	0.60	2.75	27.75	90.91	232.25	169.09
0.25	0.75	1.83	26.83	132.26	233.17	127.74

最上面一行引入了个体 2 的状态相关效用，该个体对状态 1 的消费赋予更少的权重，对状态 2 的消费赋予更多的权重。现在的均衡价格 p_2^* 翻了一倍还多，使得

把状态 1 的消费转移到状态 2 的成本更高。从而，个体 1（其偏好没有变化）保留了他在状态 1 下更多的消费，因此选择不足额"保险"。类似地，个体 2 选择"不足额"保险，因为她不是很在意在状态 1 下的消费。接着第三行执行相反的模拟，现在个体 1 对状态 1 下的消费赋予了更多的权重。现在个体 1（其偏好没有改变）选择"超额"保险，这是因为把消费转移到状态 2 的均衡价格从精算公平的保费处下降了大约一半。同样，个体 2 也选择"超额"保险，因为她对状态 1 的消费看得更重。

练习 17B. 27　你能否在埃奇沃思盒状图中画出第一行与第三行中的均衡？ ■

表 17-2 中第二组与第三组的结果则说明了当两个消费者都有状态相关效用时的情况。如你所看到的，基于偏好的状态相关性以及它们与禀赋分布的关系，均衡价格可能会差别很大。例如，在第二组结果的第一行中，两个人都对状态 1 的消费设置了很大的权重，这导致了一个把状态 1 的消费转移到状态 2 的消费的相对较低的价格 p_2^*。这时我们看到两个个体恰好都全保了：个体 1 把很多状态 1 的消费转移到状态 2，因为它便宜（尽管在状态 1 的消费上有一个如此大的效用权重）；个体 2 把很多状态 2 的消费转移到状态 1，尽管它很昂贵，这是因为他在状态 1 的消费上设置了如此大的效用权重。当个体 1 对状态 1 的消费设置的权重少一些（在接下来的三行中 β 下降）时，价格 p_2^* 上升，因为状态 2 的消费有很大的需求。因此，因为价格较高，个体 1 将减少他在状态 2 的消费以保留更多状态 1 的消费，个体 2 则增加状态 2 的消费（尽管价格上升），因为随着 β 下降它变得更合意了。

练习 17B. 28*　你能否对表 17-2 中的第三组结果提供一个相似的直观解释？ ■

17B. 3. 3　引入对风险的不同信念　到目前为止，我们假设了每个个体对每个状态发生的概率持有相同的信念，即 $\delta=\gamma$。现在假定他们对这些概率持有不同的信念。观察每个消费者在方程（17.27）和方程（17.28）中的期望效用 $U^1(x_1, x_2)$ 与 $U^2(x_1, x_2)$，明显的一点是：这将导致与那些对两种状态设置不同的值时（即当 $\alpha \neq \beta$ 时）相似的影响。例如，在消费者 1 的期望效用函数 U^1 中对状态 1 实际赋予的权重是 $\delta\alpha$，而在消费者 2 的期望效用函数 U^2 中对状态 1 实际赋予的权重是 $\gamma\beta$。当他们对状态 1 相关的概率的信念一样时（$\delta=\gamma$），唯一使消费者 1 对状态 1 赋予更小的权重的方式是 $\alpha<\beta$，但是同样的权重差也会产生于当 $\alpha=\beta$ 且 $\delta<\gamma$ 时，即消费者 1 比消费者 2 更相信状态 1 不可能发生。

17

练习 17B. 29* 假设 $\alpha=\beta=0.25$。δ 和 γ 取什么值时均衡将与表 17-2 第一行中的一样？（提示：这比它看起来要难一些。在表的第一行中，$\beta\gamma=1/16$ 且 $(1-\beta)(1-\gamma)=9/16$。因此，置于状态 2 的总体权重是置于状态 1 的总体权重的 9 倍。当你现在把 β 从 0.25 变成 0.5 时，你需要确定的是当你改变 γ 时，置于状态 2 的总体权重将再次是置于状态 1 的总体权重的 9 倍。）■

然后，表 17-3 复制了表 17-2，但是现在假定状态独立效用（$\alpha=\beta=0.5$）并通过消费者的不同信念生成了相同的均衡。

表 17-3　　　　　　　$\alpha=0.5=\beta$，$e_1^1=250$，$e_2^1=10$，$e_1^2=10$ 与 $e_2^2=250$

不同信念的状态独立效用						
δ	γ	p_2^*	x_1^1	x_2^1	x_1^2	x_2^2
0.25	0.100 0	7.15	80.36	33.74	179.64	226.26
0.25	0.250 0	3.00	70.00	70.00	190.00	190.00
0.25	0.500 0	1.51	66.27	131.69	193.73	128.31
0.50	0.500 0	1.00	130.00	130.00	130.00	130.00
0.50	0.333 3	1.49	132.45	88.86	127.55	171.14
0.50	0.181 8	2.64	138.20	52.35	121.80	207.65
0.50	0.100 0	4.47	147.33	32.99	112.67	227.01
0.10	0.100 0	9.00	34.00	34.00	226.00	226.00
0.10	0.181 8	5.02	30.02	53.82	229.98	206.18
0.10	0.333 3	2.75	27.75	90.91	232.25	169.09
0.10	0.500 0	1.83	26.83	132.26	233.17	127.74

17B. 3. 4　引入总体风险　最后我们通过改变不管哪个状态发生时经济中总的禀赋都相同（即 $e_1^1+e_1^2=e_2^1+e_2^2$）的假设来引入总体风险。换言之，我们采用 A 部分中的例子的背景，不再假设下雨简单地改变香蕉产量在岛上的分布，而是假设下雨会增加或者减少总的香蕉产量（同时也改变它在岛上的相对分布）。

例如，假定我有下雨时（在"状态 1"中）表现良好的土地而你有干旱时（在"状态 2"中）表现良好的土地。如果没有总体风险，我在下雨时与你在干旱时做得一样好。到目前为止，我们的例子已经假定了消费者 1（在这个例子中是我）的禀赋是（$e_1^1=250$，$e_2^1=10$），而消费者 2（在这个例子中是你）的禀赋是我的禀赋的镜像（$e_1^2=10$，$e_2^2=250$）。这意味着经济中总的禀赋在两种状态下是一样的。现在假定在旱季生产的香蕉只有在雨季时生产的香蕉的一半，从而我的禀赋变成（e_1^1，e_2^1）=（250，5），而你的禀赋变成（e_1^2，e_2^2）=（10，125）。这就引入了总体风险，因为现在经济总体在雨季（状态 1）有 260 个香蕉，而在旱季（状态 2）只有 130 个香蕉。在这个例子中，我们将假定我们认同雨季发生的概率是 0.25（即 $\delta=\gamma=0.25$）并且我们的偏好是状态独立的（即 $\alpha=\beta=0.5$）。

所导致的均衡在表 17-4 第一行中给出并且可以与第二行给出的无总体风险的均衡进行比较。由于在状态 2 下香蕉产量减半（第一行相对于第二行），用状态 2 的消费来交易状态 1 的消费的价格现在变得更高了。我的禀赋在这两行间的差别并不是很大，因为它主要来自雨季（状态 1），但是 p_2^* 的增大导致我在旱季（状态 2）的香蕉消费减半。同样你也被强迫在旱季缩减香蕉的消费，因为你的产量下降了。

表 17-4　　　　　　　　$\alpha = 0.5 = \beta,\ \delta = 0.25 = \gamma$

总体风险（状态独立与相同信念）								
e_1^1	e_2^1	e_1^2	e_2^2	p_2^*	x_1^1	x_2^1	x_1^2	x_2^2
250	5	10	125	6.00	70.00	35.00	190.00	95.00
250	10	10	250	3.00	70.00	70.00	190.00	190.00
250	20	10	500	1.50	70.00	140.00	190.00	380.00
250	10	5	125	5.67	76.67	40.59	178.33	94.41
250	10	10	250	3.00	70.00	70.00	190.00	190.00
250	10	20	500	1.59	66.47	125.56	203.53	384.44
125	5	10	250	1.59	33.24	62.68	101.76	192.22
250	10	10	250	3.00	70.00	70.00	190.00	190.00
500	20	10	250	5.67	153.33	81.18	356.67	188.82
250	10	250	10	75.00	250.00	10.00	250.00	10.00
250	10	130	130	8.14	82.86	30.53	297.14	109.47
250	10	10	250	3.00	70.00	70.00	190.00	190.00

练习 17B.30　你能否从需求方程中看出为什么雨季消费保持不变？■

现在假定发明了一种新的肥料，该肥料能使旱季香蕉的产量成倍增加而对雨季香蕉的产量没有影响。现在禀赋变成表 17-4 中的第三行，并且由于香蕉在旱季（状态 2）增加的富余，现在把消费从状态 1 转移到状态 2 的价格降低了。我们两人都会增加在雨季的香蕉消费。

练习 17B.31*　你能否在两个埃奇沃思盒状图中画出第一行与第三行的均衡？■

表 17-4 的第二组模拟保持了我的土地的生产力不变而改变了你的土地的生产力但仍保持你的土地在旱季（状态 2）有着较高的产量。当你的土地的生产力变得越来越高后，旱季香蕉的供给相对于雨季将会增加，从而压低了把雨季（状态 1）的消费转移到旱季（状态 2）的价格。因为我的土地的生产力保持不变，我只是通过 p_2^* 的变化受到影响，从而我把雨季的消费替换到旱季的消费。另外，你将会变得更加富有，因为你的土地的生产力变得更高了，最终你将会在两种状态下增加消费。这个结果也是 A 部分中所介绍的一般原理的例子，当存在总体风险时，交易

条款将不利于那些准备把高总体产出状态下的消费交易到低总体产出状态下的消费的个体。在第二组模拟的第一行，高产出状态是雨季（状态 1），从而购买旱季的状态相机消费是昂贵的（即 p_2^* 较高）。这是不利于我（个体 1）的交易条款，因为我想用雨季的消费交易旱季的消费，但条款对于你是非常有利的，因为你想进行另一个方向的交易。在第二组模拟的最后一行，当旱季（状态 2）是高产出状态时，相反的结果成立。

练习 17B. 32 在表 17－4 的第三组结果中，保持你的土地的生产力不变而改变我的土地的生产力。结果是否说得通？■

在最后一组模拟中，我们再次保持我的土地的生产力不变而改变你的土地的生产力，但是这次我们从你的土地开始，其与我的土地一样，然后通过提高旱季（状态 2）生产力并降低雨季（状态 1）生产力的方法改变雨季与旱季的相对生产力。当我们的土地是一样的时，均衡价格是如此之高，以至于我们都不从禀赋处改变我们的消费，从而没有通过对状态相机商品的交易产生保险。因此，尽管有巨大的总体风险，但没有办法使我们互保，因为我们的个体风险是一样的。这是一个重要的见解：为了让保险市场能使一个人去保护另一个人的个体风险，风险不能如此相似地分布。不容易对萧条进行全保，这是因为萧条冲击了整个经济，但对我们住所的火灾进行保险是可能的，这是因为这样的灾害并不会同时冲击所有人。当我们增加旱季（相对于雨季）你的土地的生产力时，出于与我们互保时同样的原因，跨状态交易的收益产生了。

结论

在本章中我们建立了一个框架，使得我们能够把个人选择理论以及一般均衡理论扩展到个人面对风险的情形。我们已经做到了这一点，既对一种狭义的情形，即不管在个人身上发生什么，他们都以相同的方式评价消费（状态独立偏好），也对一种更加一般的情形，即对状态的偏好是状态相关的。在状态独立偏好的情形中，我们证明了只要保险合同的条款是精算公平的，风险厌恶的个体就总是希望全保，但是当他们的偏好状态相关时，个体可能选择"超额"保险或者"不足额"保险。当在一般均衡设定下引入风险时，我们进一步发现竞争性市场再一次导致了资源的有效配置，以及风险的有效分布。这并不意味着风险可以被消除（不存在风险时的有效性意味着每个人得到了他们想要的一切），这一点对于总体风险（比如萧条）来说更加真实（相对于分布更加随机的个体风险（比如住房火灾））。

我们因此发现了福利经济学第一定理的另一个版本，但是，与以前一样，这个市场有效性的结果再次受制于第 15 章中首先提出来的缺陷：我们仍假定产权被很好地确立，不存在对将产生的交易条款的价格扭曲与限制，不存在外部性与市场势力，没有不对称信息。我们将在第 22 章中看到，没有不对称信息的假设对于某种保险市场来说非常不现实，从而会产生很大的相关性，因为我们对风险的很多处理都是在保险环境中进行的。

这给我们对有效性市场的处理画上了句号。在下一部分我们将转到福利经济学第一定理的假设被违背的情形，由于这些违背，福利经济学第一定理不再成立。换言之，我们把注意力转移到当市场没有来自政府或者民间团体（或公民社会）制度安排的纠错行为时，将不会导致有效的结果。然而，市场中无效性的存在仅仅是非市场制度安排引起的有效性加强的一个必要条件，它不是充分的，除非我们知道这样的非市场干预是如何改善市场结果的。进一步地，正如我们反复说的，市场无效性的缺乏并不否定非市场制度安排在社会上有用的功能，除非有效性只是一个社会的唯一价值。

附录 1： 期望效用与独立性公理

本章所建立的期望效用理论是基于我们到目前为止没有精确处理而只是在 B 部分略微提及的一个假设。这个假设被称为独立性公理，它构建了期望效用理论的基石，就像第 4 章中一些关于偏好的假设构建了没有风险时的选择理论的基石一样。只要个体面临风险，他们就（如同我们一直说的）面临一个赌局。但是个体可以选择参与哪一个赌局，像保险合同这样的安排给我们提供了选择有别于上天所给予的赌博的方法。风险存在时的选择本质上涉及对不同风险与期望值的选择。期望效用理论从个体对赌局有"口味"或者"偏好"这样的假设开始，与对消费品的偏好非常相似。在本章，我们已经把这些解释成对结果组 (x_G, x_B) 的无差异曲线，但我们可以进一步回过头来并简单地把它们看成偏好关系。使用第 4 章的记号，我们可以把一个像"$G_1 \succeq G_2$"这样的陈述读成"赌局 1 比赌局 2 更被偏好（或至少一样好）"，而把一个像"$G_1 \succ G_2$"这样的陈述读成"赌局 1 严格好于赌局 2"。独立性公理是一个个体对赌局的偏好关系的假设。

在陈述这个假设之前，我们需要定义把两个不同的赌局"混合在一起"的含义。例如，假定赌局 1 对结果 1 设置 0.60 的概率并对结果 2 设置 0.40 的概率，而赌局 2 对结果 1 设置 0.20 的概率并对结果 2 设置 0.80 的概率。现在假定我有一半的时间参与赌局 1，有一半的时间参与赌局 2。总体上，我有一半的时间以 0.60 的概率达到结果 1，有一半的时间以 0.20 的概率达到结果 1，从而达到结果 1 的总体概率是 0.40。[①]

---

① 我们所做的就是把参与某个特定赌局的概率乘以在该赌局中达到结果 1 的概率。我们对每个可能面临的赌局都这样做，并把这些概率加总。例如，在这种情形下，我们求出一半的时间参与赌局 1 与一半的时间参与赌局 2 时，达到结果 1 的概率为 $0.5 \times 0.60 + 0.5 \times 0.2 = 0.40$。

练习 17B. 33 如果我们有一半的时间参与赌局 1 且有一半的时间参与赌局 2，那么达到结果 2 的概率是多少？ ■

在这种情形下，我们说通过把赌局 1 和赌局 2 平均我们创造了第三个赌局，我们将把第三个赌局表示为 $0.5G_1 + 0.5G_2$。当然，有很多通过对两个赌局采取不同的加权平均来混合赌局的方式。例如，如果我们对赌局 1 设置权重 α（其中 $0 < \alpha < 1$），我们将会得到一个新的赌局，记为 $\alpha G_1 + (1-\alpha)G_2$。

练习 17B. 34 我需要赋予赌局 1 和赌局 2 什么样的权重才能使达到结果 1 和达到结果 2 的概率各为 0.5？ ■

独立性公理假设如下：假定存在三个赌局，即 G_1，G_2，和 G_3，那么

$$\text{当且仅当 } \alpha G_1 + (1-\alpha)G_3 \succsim \alpha G_2 + (1-\alpha)G_3 \text{ 时}, G_1 \succsim G_2 \tag{17.33}$$

在语言上，我们所说的既简单又微妙：当且仅当赌局 1 与赌局 3 的混合比赌局 2 与赌局 3 的相同混合更受偏好时，赌局 1 好于赌局 2。从而，当这些赌局与任何一个其他赌局混在一起时，一个个体对两个赌局的偏好保持相同，或者，换言之，一个个体对两个赌局的偏好独立于所混合的其他赌局（只要它们以相同的方式混合在一起）。

这个公理在直觉上有很强的吸引力。假定我喜欢轮盘赌甚于扑克。假定你邀请我在当地一个赌场参与这两个游戏之夜中的一个并问我选择在哪个晚上来。在第一个晚上，我们将掷一个硬币，如果正面向上就玩轮盘赌，如果反面向上就玩老虎机。在第二个晚上，我们将掷一个硬币，如果正面向上就玩扑克，如果反面向上就玩老虎机。如果我喜欢轮盘赌甚于扑克，那么我应该在第一个晚上来。在任何一个晚上我都会有 50% 的机会玩老虎机这样一个事实并不会削弱有机会玩轮盘赌的晚上应该好于有相同机会玩扑克的晚上的事实。

以下结果将形成用来分析有风险时的选择的期望效用理论的基础：如果一个个体对赌局的偏好满足独立性公理，这些偏好就能由期望效用函数表示。换言之，当偏好状态不相关时，只要对赌局的偏好满足独立性公理，我们就能够找到消费的效用函数 $u(x)$，从而把以概率 $(1-\delta, \delta)$ 发生的结果组 (x_G, x_B) 的无差异曲线表示成冯·诺依曼-摩根斯坦期望效用函数 $U(x_G, x_B) = \delta u(x_B) + (1-\delta)u(x_G)$。[①] 这里

---

① 当偏好是状态相关的时，独立性公理的拓展同样意味着我们可以找到函数 $u_G(x)$ 与 $u_B(x)$，使得以概率 $(1-\delta, \delta)$ 发生的结果组 (x_G, x_B) 的无差异曲线可以表示成期望效用函数 $U(x_G, x_B) = \delta u_B(x_B) + (1-\delta)u_G(x_G)$。进一步地，该结果拓展到了两个以上的结果组。例如，如果有三个可能的消费结果，即 x_1, x_2 和 x_3，它们分别以概率 δ_1, δ_2 和 δ_3 发生，那么我们就能够找到一个效用函数 $u(x)$（当偏好是状态独立的时）使得 $U(x_1, x_2, x_3) = \delta_1 u(x_1) + \delta_2 u(x_2) + \delta_3 u(x_3)$，或者当偏好状态相关时，可以找到三个 u 函数使我们可以再一次用期望效用函数来表示无差异曲线。

我们不正式地证明这个结果，但你可以参考微观经济学的研究生教材来看一看正式的证明。

附录 2：　阿莱悖论与"后悔理论"

几乎从有期望效用理论的设想开始，学术界就研究了一些违背该理论预测的相互矛盾的例子，近些年这样的例子增多了，它们激发了经济学家对行为经济学（我们将在第 29 章讨论）的兴趣，该经济学的分支试图通过在经济学中引入心理学与神经生物学的原理来解决这样的悖论。

这些悖论中最古老而又最著名的一个——至少可以追溯到 1953 年——被称为阿莱悖论（Allais Paradox）。[①] 与其他悖论一样，它由本章开始于三个（而不是两个）可能的结果的例子衍生而来。例如，假定在一个游戏节目中，主持人向你出示三扇看起来一样的门，告诉你在其中一扇门后有一个放了 500 万美元的盆，在另一扇门后有一个放了 100 万美元的盆，而在第三扇门后的盆是空的。

接下来你被要求在两个游戏中选择：在游戏 1 中你有 100％的概率找到其后放了 100 万美元的门，而在游戏 2 中你有 10％的概率找到放了 500 万美元的门，89％的概率找到放了 100 万美元的门，1％的概率找到没有放钱的门。你将会选择哪个游戏呢？结果表明大多人都会选择参与游戏 1。

现在假定你被要求在另外两个游戏中选择：在游戏 3 中你有 11％的概率找到放了 100 万美元的门，89％的机会找到没有放钱的门；在游戏 4 中你有 10％的概率找到放了 500 万美元的门，90％的机会找到没有放钱的门。你现在将选择哪个游戏？大多数人选择了游戏 4 而不是游戏 3。

然而，个体不可能以期望效用理论所预测的方式行动，并在第一种情形中选择游戏 1 而在第二种情形中选择游戏 4。假定我们找到了一个潜在的函数 $u(x)$，使得我们能够用期望效用函数来表示一个人在风险结果上的无差异曲线，并假定从 500 万、100 万和 0 美元中得到的效用（用函数 $u(x)$）分别表示为 u_5、u_1 和 u_0。每个游戏的期望效用仅为每个结果的概率乘以与该结果相关的效用水平的加总。一个人选择游戏 1 而不是游戏 2 意味着：游戏 1 的期望效用比游戏 2 的期望效用大，或

$$u_1 > 0.1u_5 + 0.89u_1 + 0.01u_0 \tag{17.34}$$

在该方程的两边同时加上 $0.89u_0$ 并减去 $0.89u_1$，得到

$$0.11u_1 + 0.89u_0 > 0.1u_5 + 0.9u_0 \tag{17.35}$$

注意，方程（17.35）的左边是游戏 3 的期望效用，而右边则是游戏 4 的期望

---

① 该悖论是以莫里斯·阿莱（1911—　）的名字命名的，他因对市场理论的研究而在 1988 年获得诺贝尔经济学奖。

效用。因此，期望效用理论意味着任何选择游戏 1 而不是游戏 2 的人都会选择游戏 3 而不是游戏 4，然而选择游戏 1 而不是游戏 2 的人倾向于选择游戏 4 而不是游戏 3。不管构成期望效用理论基石的独立性公理有多么合理，它对以如此方式行动的人都不成立。

练习 17B. 35[*] 如果人们的偏好是状态相关的，那么该悖论是否仍成立？（提示：答案为是的。）■

像这样的例子已经激发了一些被称为后悔理论（regret theory）的研究。人们偏好游戏 1 而不是游戏 2 的原因可能是：任何人在可以确定地得到 100 万美元时都很难接受一无所有的可能性，尽管一无所有是一个非常小概率的事件。从而，预想到未来可能后悔，此人将会选择确定的事情。另外，在游戏 3 和游戏 4 之间选择时，在任何一个游戏中一无所有的概率都很大，因此后悔不太可能成为一个考虑因素，从而个体会选择追求拥有 500 万美元的机会，尽管这样会稍微增大一无所有的概率。

关于阿莱悖论的另一种观点是：我们不应该对现实世界的选择有过多的担忧，因为这个悖论只会在非常小概率的例子（比如在游戏 2 中 1‰ 的概率一无所有）中产生。然而，由行为经济学给出的另一个解释在章末习题 29.2 中研究。[①]

章末习题[②]

17.1 在这个习题中，我们复习当偏好状态独立时对风险态度的一些基本知识。在 B 部分中，我们也验证出现在本章 A 部分图中的一些数字。

A. 假定一个赌局有两种可能的结果：在结果 A 下，你将得到 x_1 美元，在结果 B 下，你将得到 x_2 美元，其中 $x_2 > x_1$。结果 A 以概率 $\delta = 0.5$ 发生而结果 B 以概率 $1 - \delta = 0.5$ 发生。

a. 说明三个不同的消费/效用关系：一个对风险厌恶偏好建模，一个对风险中性偏好建模，一个对风险喜好偏好建模。

b. 在每个图中，在横轴上说明你的期望消费并在纵轴上说明面临这个赌局时的期望效用。期望消费或期望效用中的哪一个不取决于你的风险厌恶程度？

c. 在每个图中，赌局的期望效用与期望消费水平的效用怎么区别？

---

① 另一个著名的悖论称为 Machina 悖论，它同样是处理非常小概率的事件。我们将在章末习题 17.7 中研究其细节。

② ＊ 在概念方面具有挑战性的问题。

＊＊ 在计算方面具有挑战性的问题。

† 答案见学习指南。

d. 假定我向你提供 $\overline{x}$ 美元，以换取不用去面对这个赌局。如果它恰好使得你在拿走 $\overline{x}$ 与留下来面对这个赌局之间无差异，在你的每个图中说明 $\overline{x}$ 位于何处。

e. 假定我向你提供一些保险：对于结果 A 发生时你同意支付给我的每一美元，我同意在结果 B 发生时支付给你 y 美元。如果我向你提供的交易不改变你的消费的期望值，那么 y 值为多少？

f. 如果你购买这种类型的保险，那么你的三个图将会怎么变化？它将如何影响你横轴上的期望消费水平以及纵轴上的剩余赌局的期望效用？

B. 假定我们能够用函数 $u(x)=x^a$ 表示消费/效用关系，这允许我们用期望效用函数表示你对风险结果的无差异曲线。假定其他设定与 A 中描述的一样。

a. 如果你是风险厌恶的，那么 α 能取什么值？如果你是风险中性的呢？如果你是风险喜好的呢？

b. 写出这个赌局的期望消费水平以及期望效用的表达式。哪一个与 α 有关？为什么？

c. 写出描述期望消费水平的效用的方程。

d. 考虑 A(d) 中定义的 $\overline{x}$。你需要求解什么方程来找到 $\overline{x}$？

e. 假定 $\alpha=1$。求解 $\overline{x}$ 并从直觉上解释你的结果。

f. 假定实际上不是两个可能结果，而是三个，即 A，B 和 C，其对应的消费水平分别为 x_1，x_2 和 x_3，发生的概率分别为 δ_1，δ_2 和 $(1-\delta_1-\delta_2)$。写出这个赌局的期望效用。

g. 假定 u 采取如下形式：

$$u(x)=0.1x^{0.5}-\left(\frac{x}{100\,000}\right)^{2.5} \tag{17.36}$$

该方程用于得到本章 A 部分中大多数图，其中 x 以千美元表示，但是将全部值代入方程，即图中 200 的消费表示 $x=200\,000$。证明图 17-1 与图 17-3 中的数字。（注意，图中的数字是近似的。）

*†17.2　在研究消费者理论时，我们以较大的篇幅指出新古典经济学不相信度量效用（用幸福感单位或者"utils"表示）的观点。相反，我们的消费者行为理论是建立在一个人能够简单地把一组束按照他们更偏好哪一个或者他们是否在这两个之间无差异进行排序的假设上的。在这种意义上，我们称新古典消费理论是序数的而不是基数的。我们现在来研究这对风险下的选择理论是否仍然成立。

A. 回到习题 17.1 的例子，其中消费水平根据结果 A 发生还是结果 B 发生而有差别（其中 A 以概率 δ 发生而 B 以概率 $1-\delta$ 发生）。在没有保险时，这些结果分别为 x_1 与 $x_2(x_1<x_2)$。

a. 在一个图上把结果 A 下的消费 x_A 放在横轴并把结果 B 下的消费 x_B 放在纵轴。接着定位 (x_1,x_2)——在没有保险时根据哪个结果发生你所能达到的消费水平。

b. 如同你在习题 17.1 的 A(e) 中那样，如果你同意在结果 B 发生时给我 1 美元，计算我需要在结果 A 发生时给你多少（假定我们希望你的期望消费水平保持不变）。

c. 现在在图中识别所有可能得到的束，假定你和我愿意进行基于这些条款（即保持你的期望消费不变）的这种类型的交易。指出你刚才所画的线的斜率（用 δ 表示）。

d. 如果你是风险中性的，你是否严格偏好于你所画线上的某个特定的束？

e. 如果面对两个能产生相同的期望消费水平的赌局，一个人偏好有着更小的风险的那一个，我们就可以定义这个人是风险厌恶的。使用该定义，一个风险厌恶的人会偏好我们线上的哪个束？同样一个束对于某个风险喜好的人是否可能是最优的？

f. 现在我们假设个体能对两个束进行序数的比较，即当面对图中的两个束时，他们能告诉我们他们更偏好哪一个或者它们是否无差异。如同我们在本教材前面研究消费者理论时所定义的那样，假定这种排序是"理性的"，"越多越好的"并且"无突然跳跃"。这是否足以使我们假定存在向下倾斜的无差异曲线来描述一个人对我们所图示的风险赌局的偏好？

g. 当偏好为风险中性的时，你对（d）的答案关于无差异曲线进一步意味着什么？

h. 现在考虑风险厌恶的情形。在你图中所画的"预算线"上离开 45 度线的地方挑选一个束 C。鉴于你对（e）的答案，"预算线"与 45 度线的交点 D 是否更受偏好？这一点对于通过 C 点的无差异曲线的形状意味着什么？

i. 你对（e）的答案意味着在你图中沿着 45 度线的 MRS 是什么？

j. 判断正误：风险厌恶意味着对不同结果的消费束上的无差异曲线的严格凸性，且所有风险厌恶的偏好在偏好是状态独立的时沿着 45 度线都有相同的 MRS。

k. 判断正误：在每个结果的概率发生变化时，无差异曲线也会发生变化。

l. 是否需要做任何要求使得我们能够用"基数"术语来度量效用？判断正误：尽管风险厌恶看起来产生于我们在消费/效用关系的图中是怎么度量效用的（比如习题 17.1），但潜在的对风险赌局的偏好理论事实上并不要求这样的基数测度。

m. 对于某个风险喜好的人的情形重复（h）。

B. 再一次考虑由 $u(x)＝x^{\alpha}$（$\alpha＞0$）所描述的消费/效用关系的情形。在习题 17.1B（a）中，你应该总结出：$\alpha＜1$ 意味着风险厌恶，$\alpha＝1$ 意味着风险中性，$\alpha＞1$ 意味着风险喜好，因为第一个导致了凹关系，第二个导致了向上倾斜的直线，而第三个导致了凸关系。

a. 记 x_A 表示在结果 A（发生的概率为 δ）下的消费，x_B 表示在结果 B（发生的概率为（$1－\delta$））下的消费。假定我们事实上可以用 $u(x)$ 把对风险赌局的偏好表示为期望效用。定义期望效用函数 $U(x_A, x_B)$。

b. 下面，考虑由期望效用函数 U 所表示的无差异曲线的形状。首先推导 $U(x_A, x_B)$ 的 MRS。

c. 当 $\alpha=1$ 时 MRS 是多少？这如何与你在 A(g) 中的答案进行比较。

d. 不管 α 的大小，沿着 45 度线的 MRS 是多少？这在风险厌恶偏好下如何与你在 A(i) 中的答案进行比较？

e. 该 MRS 是否为递减的并产生了凸偏好？你的答案是否取决于 α 取什么值？你的答案如何与 A(h) 进行比较？

f. 当 $\alpha>1$ 时无差异曲线是怎样的？

g. 无差异曲线的形状是否随着 δ 的改变而改变？你的答案如何与 A(k) 的答案进行比较？

h. 假定我们利用 $u(x)=\beta x^{\alpha}$（而不是 $u(x)=x^{\alpha}$）来计算期望效用。由期望效用函数产生的无差异曲线图是否会变化？

i. 假定我们利用 $u(x)=x^{\alpha\beta}$（而不是 $u(x)=x^{\alpha}$）来计算期望效用。由期望效用函数产生的无差异曲线图是否会变化？

j. 判断正误：期望效用函数所表示的偏好不受用于计算期望效用的消费/效用关系 $u(x)$ 的线性转换的影响，但是受所有正转换的影响。

k. 考虑利用 $u(x)=x^{\alpha}$ 的期望效用函数 $U(x_A, x_B)$。在任何保序转换下潜在的无差异曲线是否会变化？

l. 判断正误：期望效用函数可以像所有不改变潜在的无差异曲线的效用函数那样变换，但是这样的变换不能如同这两个不同的效用值的期望值产生于同一个潜在的函数 u 那样写出来。

m. 鉴于所有这些，你是否认可期望效用理论不是一种基于效用的基数的理论的断言？

17.3　我们已经在几个设定下说明了精算公平的保险合同 (b, p)（其中 b 是在"坏"状态下的保险收益，p 是在任意一种状态下都需要支付的保费）的作用。在这个问题中，我们将用一种稍微不同的方式来进行讨论，这种方式将在第 22 章中用到。

A.　再一次考虑在本章中大量涉及的我妻子与我的人寿保险的例子。我不能生存的概率是 δ，在没有保险的情况下，在我不能生存时我妻子的消费将是 10，而在我能够生存时它将是 250。

a. 现在假定我妻子被提供了精算公平的保险合同的全集。这意味着 p 如何与 δ 和 b 联系起来？

b. 在一个 b 位于横轴、p 位于纵轴的图上，说明所有精算公平的保险合同的集合。

c. 现在思考在这个图中无差异曲线是什么样子的。首先，它们朝哪一个方向倾斜（给定我妻子不喜欢支付保费但是她喜欢收益）？

d. 在图中我妻子必须朝哪个方向移动以使得她的处境明确地变好？

e. 我们知道，如果我妻子是风险厌恶的（以及她的偏好为状态独立的），她将会全保。这意味着如果 $\delta = 0.25$ 她将会购买什么保单？

f. 把无差异曲线放置到图（b）中，为了使我妻子选择你在（e）中推导的政策，这些无差异曲线看起来是什么样子的？

g. 如果她是风险中性的，那么她的无差异图是什么样子的？如果她是风险喜好的呢？

B. 假定 $u(x) = \ln(x)$ 使得我们能用期望效用函数来写出我妻子对赌局的偏好。再一次假定当我不在身边时我妻子的收入是 10，而当我在身边时我妻子的收入是 250，且我不在身边的概率是 δ。

a. 给定在没有保险时她在"好"状态与"坏"状态下的收入，你能否利用期望效用函数推导出她对保单 (b, p) 的效用函数？

b. 在一个 b 位于横轴、p 位于纵轴的图上推导出无差异曲线斜率的表达式。

c. 假定 $\delta = 0.25$ 并且我妻子在保单 $(b, p) = (240, 60)$ 下全保了。她现在的 MRS 是多少？

d. 你在（c）中的答案如何与通过把所有精算公平的保险合同（如 A(b)）进行映射而形成的预算线的斜率进行比较？

17.4 日常应用：体育赛事上的赌局。一些人就体育赛事打赌完全是为了挣钱，而其他一些人则更直接地关注哪个队会赢。

A. 考虑你这个周末的消费水平，并假定你有 1 000 美元可以支配。在周五晚上，杜克在一场 NACC 篮球锦标赛中迎战 UNC。你有一个机会对这场比赛下注 X 美元（$\leq 1\,000$ 美元）。如果你下注了 X 美元并输了这个赌局，那么你将只有 $(1\,000 - X)$ 美元，但是如果你赢了，你将有 $(1\,000 + X)$ 美元。在这种情形下，我们将说你有一个公平概率（因为你在获胜时得到的奖金与你在失败时遭致的损失一样多）。假定你相信每个队都有 50% 的概率获胜（如果比赛结果为平局，将会进入加时赛，直到平局被打破）。

a. 首先假定你对体育并不关注，而只是关注哪个队将获胜以增加你的消费。我向你提供一个对每个队下注 $X = 500$ 美元的赌局。你是否接受这个赌局？

b. 假定你有一点酒醉了，在比赛的中场醒过来后你发现自己在杜克上下注了 500 美元。你注意到比赛和局了，你问我你是否能够离开这个赌局。你愿意支付多少以离开这个赌局？

c. 假定在你意识到自己在酒精的作用下下了赌注后，杜克已经在得分上领先了，现在你认为杜克获胜的概率 $\delta > 0.5$。如果此时我给你一个自由退出的机会，那么你是否会考虑留在这个赌局？

d. 假定你实际上是一个风险喜好者。如果你能选择下注（你担负得起）的量，你会对这场比赛下注多少（假定你再次认为每个队有相同的概率获胜）？

e. 再一次说明你对（a）和（c）的答案，但这一次是在一个 x_D 位于横轴且 x_{UNC} 位于纵轴的图上（这两个轴表示在杜克获胜"状态"下的消费（在横轴上）与在 UNC 获胜"状态"下的消费（在纵轴上））。（提示：图中的"预算约束"在你重新回答（a）到（c）时没有变化。）

f. 假定你喜欢杜克并讨厌 UNC。当杜克获胜时，你对一切的感觉都好一些；当 UNC 获胜时，除了躺在床上外你什么都不想做。你现在是否愿意（在比赛开始前）参加我的赌局，即使你一般是风险厌恶的并且一点都没醉酒？说明你的答案。

g. 判断正误：如果下注者对每个结果发生的概率的估计与总体不同，那么风险厌恶的个体的赌局可能产生。或者，它也可能产生于状态相关的偏好。

h. 判断正误：如果你被提供一个有着公平概率的赌局并且你认为这个概率是不一样的，那么你应该接受这个赌局。

B. 再次考虑 A 部分中所描述的赌局的类型，并假定函数 $u(x)=x^a$ 使得我们能用期望效用函数表示你对赌局的无差异曲线。

a. 假定 $\alpha=0.5$。对一个队下注 500 美元时你的期望效用是多少？这与你不参与赌局时的效用相比如何？

b. 考虑 A(b) 中的情景。你愿意支付多少以离开这个赌局？

c. 考虑 A(c) 中的情景。δ 取何值时你将选择留在赌局中？

d. 假定 $\alpha=2$，你会下注多少？

e. 考虑你在 A(e) 中被要求做的。你能否证明当 δ 变化时 MRS 会怎么变化？（提示：把期望效用函数用 x_{UNC} 与 x_D 表示并推导 MRS。）对怎样的 δ，对杜克下注 500 美元的赌局是最优的？

f. 现在假定 $u_D(x)=\alpha x^{0.5}$ 与 $u_{UNC}(x)=(1-\alpha)x^{0.5}$ 是两个能使我们用期望效用函数表示你对赌局的偏好的函数。假定你认为每个队获胜的概率实际上为 0.5，你的无差异曲线图的 MRS 的方程是什么？α 取什么值时赌注为 500 美元的赌局将是最优的赌局？

†17.5　日常应用：职场女性的性行为与节育。考虑一个职场女性思考是否应该与异性伴侣发生性行为的例子。她考虑得很长远并预期到没有因怀孕而中断她的职业生涯时对其终身消费有一个现值贴现水平 x_1。然而，如果她怀孕了，她将会中断她的职业生涯，从而预期她的终身消费的净现值将下降到 x_0，明显低于 x_1。

A. 假定在没有节育时怀孕的概率是 0.5，并假定职场女性并未预期在有孩子时对消费有不同的评价。

a. 把终身消费的净现值 x 置于横轴并把效用置于纵轴，假定某人是风险厌恶的，说明消费/效用关系。说明她选择发生性行为时消费的期望效用。

b. 用终身消费表示的性行为的满足感至少要有多少时才能使她选择进行性行为？

c. 现在考虑节育的作用，这将降低怀孕的概率。你将如何改变你的答案？

d. 假定她的伴侣相信他将来的消费路径将与她一样取决于是否怀孕，但他是风险中性的。对任意一种特定的节育方法（以及相关的怀孕概率），假定没有其他偏好上的差别，谁更愿意进行性行为？

e. 随着职业生涯的回报增加，即 x_1 增加，该模型对职场女性性行为的程度会做出什么预测（假定节育的可得性与有效性保持不变并假定风险中性）？

f. 在风险厌恶的条件下，你认为你对（e）的答案会变化吗？

g. 假定政府实施了一个项目，使日托变得更加便宜，从而提高了 x_0。根据这个模型，风险厌恶的职场女性进行性行为的数量会如何变化？

*B. 现在假定效用函数 $u(x) = \ln(x)$ 使得我们能用期望效用函数来表示一个职场女性对涉及终身消费的赌局的偏好。令 δ 表示当这个职场女性进行性行为时怀孕的概率，并再次用 x_0 与 x_1 表示两个终身消费水平。

a. 写出期望效用函数。

b. 什么方程定义了确定性等价？利用数学结果 $\alpha \ln x + (1-\alpha) \ln y = \ln(x^\alpha y^{(1-\alpha)})$，你能否把确定性等价表示为 x_0，x_1 与 δ 的函数？

c. 现在推导方程 $y(x_0, x_1, \delta)$，该方程告诉我们一个职场女性为了进行性行为对其所做的最小估值（用消费表示）。

d. 当节育的有效性增加时 y 有什么变化？这对进行性行为的职场女性的比例（当节育的有效性增加时）有何影响（假定除了对性行为的估值外所有职场女性都是相同的）？[①]

e. 当职业生涯的回报增加即 x_1 增加时，y 有什么变化？这对进行性行为的职场女性的比例有何含义（所有其他变量都相等）？

f. 当政府颁布政策，使继续工作变得更加容易时，即当它增加 x_0 时，y 会发生什么变化？这对进行性行为的职场女性的比例有何影响？

g. 对于一个风险中性的职场女性，即其对涉及终身消费的赌局的偏好可以用函数 $u(x) = x$ 表示成期望效用函数时，你的答案将会怎么变化？

h. 如果 $u(x) = x^2$，你的答案将会怎么变化？

17.6 日常应用：参与者持有不同信念的赌局。假定你和我考虑如下赌局：我们都在桌上放 y 美元，然后掷一枚硬币。如果正面向上，那么我得到桌上所有的钱；如果背面向上，那么你得到桌上所有的钱。

A. 假定我们本周都有 $z > y$ 用于消费并假定我们是风险厌恶的。

a. 给定我是风险厌恶的，画出我的（周）消费/效用关系。假定我们使用了一枚公平的硬币，即该硬币一半的时间正面向上而另一半的时间背面向上，在你的图上说明该赌局的期望值及其期望效用。

---

① 回忆一下如下数学结果有助于解答本题，即 x^α 关于 α 的导数等于 $x^\alpha \ln x$。

b. 如果该硬币是公平的，那么我是否同意参与这个赌局？

c. 现在假定我把游戏硬币换成一个加重了的硬币，其出现正面向上的次数比出现背面向上的次数更多。在你的图上说明当硬币变得充分不公平后我现在要怎样才会同意参与这个赌局。

d. 现在考虑我们两个人都在一个埃奇沃思盒状图中，并再一次假定硬币是公平的。画出埃奇沃思盒状图，其中在"正面"下的消费 x_H 位于横轴，在"背面"下的消费 x_T 位于纵轴。说明我们在赌局前的"禀赋"束 E 以及我们参与赌局后的结果束 A。

e. 说明通过 E 和 A 的无差异曲线。我们会参与赌局吗？不参与赌局是不是有效的？

*f. 下面假定我有一个不公平的硬币，其被加重后正面向上的概率为 $\delta > 0.5$。这将导致我的无差异曲线如何变化？

*g. 你不知道这个不公平的硬币，但是你非常高兴听到我刚使得这个赌局对你而言变得美好起来：如果正面向上，我同意把我的奖金的一定比例（k）给你。画出一个新的埃奇沃思盒状图，给出禀赋束 E 以及由我对赌局所做的变化导致的结果束 B。

*h. 你能说明现在我们都参与这个赌局可能成为一个有效均衡吗？

i. 判断正误：如果个体对不同状态发生的潜在概率有不同的信念，状态相机消费交易可能有收益，那么当个体对潜在的概率意见一致时不会产生这种交易。

*B. 假定函数 $u(x) = \ln x$ 使得我们能够用期望效用函数表示我们两个人对赌局的偏好。进一步假定 z 和 y（与 A 部分中的定义一样）的取值为 $z = 150$ 和 $y = 50$。

a. 计算参与这个赌局（假定硬币公平）的期望效用并与不参与的效用进行比较。我们是否有人同意参与这个赌局？

b. 假定正面向上时，我把我的奖金的一定比例（k）给你。k 至少为多少时才能使你同意参与这个赌局（假定你认为我们在使用一个公平的硬币）？

c. 如果我把 k 设置为使你进入这个赌局的最小值，判断一个非公平硬币所要求的最小的 δ 使得我能参与这个赌局。

d. 假定我的非公平硬币正面向上的概率是 75%。定义我和你的期望效用函数，将其表示为 x_T 与 x_H 的函数，假定我知道这个硬币是非公平的而你不知道。

e. 定义 p 为用 x_T 的消费表示的价值 1 美元的 x_H 消费的价格。假定你想构造一个线性预算（x_H 的价格为 p 而 x_T 的价格为 1），该约束包含我们的"禀赋"束以及参与赌局的结果束（其中如果正面向上，我就把奖金按比例 k 返还）。推导 p（为 k 的函数）。

f. 利用我们的期望效用函数以及预算约束（为 k 的函数），推导我们对 x_H 与 x_T 的需求，将其表示为 k 的函数。

g. 判定导致均衡价格的 k 的水平并证明由此导致的均衡结果束是与我们分析的赌局相关联的结果。记其为 k^* 并在埃奇沃思盒状图中说明你所做的。

h. 当 $k=k^*$ 时由赌局所选择的配置是不是有效的？

i. 假定我向你提供了最小可能的 k，即你在（b）中所推导的 k 来诱使你参与这个赌局。在那种情况下由赌局所选择的配置是不是有效的？它作为某个有均衡价格的均衡结果能否得到支持？

j. 在埃奇沃思盒状图中说明（i）与（g）的区别是什么。

17.7 日常应用：威尼斯与后悔。假定你现在能选择参与到两个赌局中的一个：在赌局 1 中，你有 99％的概率赢得去威尼斯旅游的机会和 1％的机会赢得一张票去看一部关于威尼斯的电影；在赌局 2 中，你有 99％的概率赢得相同的旅游机会但是有 1％的概率得不到任何东西。

A. 假定你非常喜欢威尼斯，并且如果你被要求对这三个可能结果进行排序，你想把去威尼斯旅游排在第一位，去看关于威尼斯的电影排在第二位，一无所有排在第三位。

a. 假定你能构造如下消费指数：什么都得不到记为 0 消费，得到电影票是 $x_1 > 0$，而得到旅游是 $x_2 > x_1$。记赌局 1 的期望值为 $E(G_1)$，赌局 2 的期望值为 $E(G_2)$。哪一个赌局的期望值更高？

b. 在一个 x 位于横轴且效用位于纵轴的图上，说明表现出风险厌恶的消费/效用关系。

c. 在你的图中说明你从赌局 1 与赌局 2 中得到的期望效用。你将选择参与哪一个赌局？

d. 下面，假定偏好是风险中性的。再次画图并说明你将选择哪个赌局。（提示：精确地把这两个赌局的期望值差别化。）

e. 结果表明（更加清楚的原因在 B 部分中列出）：风险厌恶（或中性）与一个其行为由期望效用理论解释的人如何在这些赌局之间进行选择无关。在另外一个图上，再次说明消费/效用关系，但是这次假设风险喜好。在图中说明你对两个赌局的选择如何与（c）和（d）中的一样。你能否想到这些为什么在事实上必须是相同的？

f. 结果表明，很多人在面对这两个赌局时，最终会选择赌局 2。假定这些人确实把这三个结果按照我们的方式进行排序，那么是否存在一种方式使得这样一种选择可以由期望效用理论进行解释（把由期望效用理论给出的选择与风险厌恶无关当成理所当然的）？

g. 该结果称为 Machina 悖论。[①] 对它（即大多数人选择赌局 2 而不是选择赌局 1 的事实）的一个解释是：期望效用理论没有考虑到后悔。你能想出这如何解释人

---

① 该悖论以 Mark Machina（1954— ）命名，因为其最先识别了它。

们选择赌局 2 而不是赌局 1 的矛盾选择吗？

B.　再次假定，与 A 部分一样，个体偏好到威尼斯旅游甚于去看关于威尼斯的电影，并且他们偏好电影票甚于一无所有。进一步地，假定存在一个函数 u，对得到旅游机会的效用赋值 u_2，对得到电影票的效用赋值 u_1，而对一无所获的效用赋值 u_0，并假定这个效用函数 u 使得我们能用期望效用函数表示对风险结果组的偏好。

a.　怎样的不等式定义了 u_1 和 u_0 的关系？

b.　现在在（a）中的不等式两边同时乘以 0.01，并加上 $0.99u_2$。你现在得到了怎样的不等式？

c.　把你在（b）中推导出的不等式与这个例子中两个赌局的期望效用联系起来。期望效用理论预测一个人会选择哪个赌局（假定这些结果按照我们排列它们的方式进行排列）？

d.　当思考一个"赌局"时，我们在思考以不同的概率发生的不同结果。但我们同样也可以思考"退化"的赌局，即一种结果确定发生的某个赌局。定义如下三个"赌局"：赌局 A 有 100% 的概率去威尼斯旅游，赌局 B 有 100% 的概率得到电影票，而赌局 C 有 100% 概率一无所获。对于某个偏好旅游甚于电影票，偏好电影票甚于一无所获的人来说，如何对这些退化的"赌局"进行排序？

e.　利用附录 1 中介绍的混合赌局的概念，定义赌局 1 与赌局 2 为我们刚才在（d）中所定义的退化的"赌局"。解释附录 1 中的独立性公理是如何意味着赌局 1 一定比赌局 2 更受偏好的。

f.　判断正误：当个体（其按我们假设的方式对结果进行排序）选择赌局 2 而不是赌局 1 时，期望效用理论失效了，这是因为违背了独立性公理。

g.　如果我们假定偏好状态相关，悖论是否会消失？（提示：与附录 2 中的阿莱悖论一样，答案是否定的。）

17.8　商业应用：为受到保护而选择黑手党。考虑桑尼，他从事犯罪活动。桑尼是风险厌恶的，他知道如果他没有被抓，那么他将享受 x_1 的消费水平，而如果他被抓并被投进监狱，则消费水平为 x_0（远低于 x_1）。他估计被抓的概率是 δ。

A.　假定有各种黑手党组织，它们与地方检察官办公室有联系并能够影响法院对案件的判决。最初假定桑尼的偏好是状态独立的。

a.　首先，考虑一个非常强大的黑手党，它可以确保被抓的成员马上被释放。如果桑尼是风险厌恶的，你能否说明这样一个黑手党将收取桑尼多少钱？如果桑尼是风险喜好的呢？

b.　下面，假定当地的黑手党不是那么强大，只能使判决减轻，从而实际上提高了 x_0。它向桑尼提供了一项交易：当你没有被抓时，付给我们 p，如果你确实被抓了，我们将把你的消费水平提高 b。如果当地的黑手党保护是完全竞争的（除了支付在监狱中增加的消费外不存在其他成本），那么 b 与 p 的关系是什么？（提示：

注意，现在这里与教材中保险的例子有点区别，教材中不管结果好坏我妻子都需要支付 p。）

c. 假定桑尼能选择任何满足你在（b）中所推导的 b 和 p 的关系。如果他是风险厌恶的，他将会选择什么？如果他是风险喜好的呢？

d. 为什么风险喜好的桑尼在（a）中加入黑手党而在（c）中不加入（如果"负的"保险是不可能的）？

e. 如果桑尼是风险厌恶的，那么当他购买他偏好的（b，p）组合时他将得到多少消费者剩余，即桑尼愿意再支付多少以消除风险？

f. 构造一个图，把 x_G 定义为没有被抓时的消费，放在横轴，把 x_B 定义为被抓时的消费，放在纵轴。以预算线的形式说明当地黑手党向桑尼所提供的保险合同的组合。

g. 当他是风险厌恶的并且他的偏好是状态独立的时，说明他的最优选择。如果腐败的狱卒把黑手党提供给监狱中的桑尼的每一美元提走比例 k，那么这会产生什么影响？

h. 你能否在这种类型的图中说明，如果桑尼是风险喜好的，他将在哪里最优化？

i. 最后，假定桑尼在监狱中被强迫消费时与在外面消费时从消费中得到的效用不一样。你能否讲一个直觉的故事来说明这将如何使得桑尼挑选一个对他"超额"保险或者"不足额"保险的 b 与 p 的组合？

B. 假定我们每年把消费以千美元计且 $x_0 = 20$，$x_1 = 80$。进一步假设 $\delta = 0.25$。函数 $u(x) = x^\alpha$ 是使得我们通过期望效用函数表示对赌局的偏好的消费的效用函数。

a. 首先考虑能消除被抓后的任何惩罚的强大的黑手党（来自 A(a)）。如果 $\alpha = 0.5$，那么桑尼愿意支付多少去加入这个黑手党？如果 $\alpha = 2$ 呢？

b. 上面中的一个代表风险厌恶偏好，另一个代表风险喜好偏好。鉴于这一点，你能否直观地解释你的答案？

c. 下面，考虑一个能提高监狱中消费水平的弱一点的黑手党。假定这个黑手党要求桑尼在他没有被抓时支付 p，以换取他在监狱里时增加消费 b。如果你在问题的 A 部分中还没有这样做，推导当黑手党保护市场是完全竞争的时（除了向监狱中的成员支付 b 以外没有其他成本）p 与 b 之间的关系。

d. 利用函数 $u(x) = x^\alpha$，建立桑尼的最优化问题，他考虑应从所有满足你在（c）中推导的关系的组合中选择哪个 b 与 p 的组合。接着推导他与黑手党的最优保护合同。

e. 如果 $\alpha = 0.5$，参加黑手党后桑尼的消费者剩余是多少？

f. 为什么当 $\alpha > 1$ 时你对（d）的解给出了错误的答案？利用 $\alpha = 2$ 的例子来解释。

g. 再次假定 $\alpha = 0.5$。当狱卒对走私进监狱的每一美元提走比例 k 时会产生什么影响？

h. 最后假定偏好是状态相关的，并且函数 $u_B(x)=0.47x^{0.5}$，函数 $u_G(x)=0.53x^{0.5}$（其中 u_B 应用于他在监狱中时，而 u_G 应用于他在监狱外时）使我们能用期望效用函数表示桑尼对赌局的偏好。假定桑尼仍从你在（c）中推导出的满足 b 和 p 关系的保险合同中选择，他将挑选什么合同？如果 $u^B(x)=0.53x^{0.5}$ 且 $u_G(x)=0.47x^{0.5}$ 呢？你能否对你的答案做一些直观的解释？

17.9 商业应用：在商业周期中分散风险。假定你有一门在经济处于扩张期时表现良好而在经济处于萧条期时表现差劲的生意，其中经济萧条的概率是 δ。设 x_E 表示你在扩张期的消费水平并设 x_R 表示你在萧条期的消费水平。这些消费水平表示为 $E=(e_E, e_R)$，其中 e_E 为你在扩张期的收入而 e_R 为你在萧条期的收入（$e_E > e_R$）。你对消费的偏好在萧条期与扩张期是一样的，并且你是风险厌恶的。对于这里所描述的任何资产的购买，假定你用所有收入进行支付，而收入取决于经济处于萧条期还是扩张期。

A. *假定我有一家财务公司来管理资产组合。当我经营我的生意时我所关注的是期望回报，我所卖出的任何资产均由 (p, b_R, b_E) 描述，其中 p 是 1 单位资产我收取多少，b_R 是在萧条期该资产将会支付给你多少（比如说，红利），b_E 是该资产在扩张期会支付给你多少。

a. 与我类似的只关注期望回报的人是风险厌恶的、风险喜好的还是风险中性的？

b. 假定我提供的资产都有如下特征，即购买这些资产的人不会由于购买我的资产而改变预期消费水平。推导出把我资产的价格 p 用 δ，b_R 和 b_E 表示的方程。

c. 当我卖出更多或者更少这样的资产时，我的期望回报会怎么变化？

d. 假定你购买了一个满足我们（b）中方程的资产 (p, b_R, b_E)。由此你在扩张期与萧条期的消费会如何变化？

e. 我所提供的这类资产以怎样的比率使得你把扩张期的消费机会转移到萧条期？在一个图上把 x_E 放在横轴并把 x_R 放在纵轴，说明这类资产的可得性为你构造的"预算线"。

f. 在你的图中说明资产的最优选择。

g. 萧条期的总体产出小于扩张期。假定所有人都是风险厌恶的。我们最终能否做到你在（f）中所总结的那样？（我们将进一步在习题 17.10 中进行研究。）

B. 假定函数 $u(x)=x^a$ 使得我们能够用期望效用函数表示对赌局的偏好。

a. 如果你在 A 部分中还没这样做，推导把资产的价格与萧条期的概率 δ、萧条期的红利支付 b_R 以及扩张期的红利支付 b_E 联系起来的表达式 $p(\delta, b_R, b_E)$，假定这类资产的购买保持预期消费水平不变。

b. 假定你购买了 k 单位的相同资产 (b_E, b_R)，其以你在（a）中推导的方式

定价并且 $(b_R - b_E) = y > 0$。推导 x_R 的表达式，其定义了你在萧条期的消费水平（给定你在萧条期的收入水平为 e_R），假定你购买了这些资产。类似地，推导你在扩张期的消费水平 x_E 的表达式。

c. 建立你选择 k——你购买的这类资产的数量——的期望效用最大化问题，然后求解 k。

d. 在萧条期与扩张期你将分别消费多少？

e. 你的答案对于怎样的 α 是正确的？

f. 判断正误：只要在萧条期相对于扩张期支付更多红利的资产能够以"精算公平的"价格买到，你就能够全保以防范商业周期的冲击。

g. 通过创造并卖出 $b_E > b_R$ 的资产，你能否实现相同的结果？

*†**17.10 商业应用**：在一般均衡中根据商业周期分散风险。在习题 17.9 中，我们考虑了我通过交易资产把消费从扩张期转移到萧条期。再一次假定你在扩张期的收入是 e_E，在萧条期的收入是 e_R，萧条的概率是 $\delta < 0.5$。

A. 再一次假定我的偏好是风险中性的而你的偏好是风险厌恶的，$e_E > e_R$。然而，我的消费机会禀赋与你的相反，e_R 等于我在扩张期的收入，e_E 等于我在萧条期的收入。

a. 画一个埃奇沃思盒状图表示你和我的经济。

b. 说明这个经济的均衡。在均衡中你将会按你在习题 17.9 中所总结的那样做吗？

c. 下面假定经济中有第三个人，即你的孪生兄弟，他与你有着相同的偏好与禀赋。假定把一种状态下的消费转移到另一种状态下的交易条款保持不变，并假定存在一个令所有人最终达到一个内点解的均衡。现在给定只有我和你们俩，说明这看起来将是怎样的。（提示：在盒状图中无差异曲线再也不相切了，这是因为现在的均衡意味着你们的两个交易必须被我的一个交易刚好抵消。）

d. 是否有人会在商业周期中全保以防止消费波动？所有人都会这样吗？

e. 现在继续前面的例子，但是假定我的偏好不再是风险中性的，而是风险厌恶的。相同的交易条款是否仍会产生均衡？

f. 当我们所有人都是风险厌恶的时交易条款为支持一个均衡需要做何改变？

g. 是否有人全保，即是否有人在萧条期与扩张期享受相同的消费水平？

h. 把你的结论与经济中经历扩张期与萧条期的总体风险的存在性联系起来。你更希望成为谁，我还是你？

**B. 假定 $u(x) = \ln x$ 使得我们能把你对赌局的偏好表示成期望效用。再次假定你在扩张期的收入为 e_E，在萧条期的收入为 e_R，$e_E > e_R$。

a. 设 p_R 为萧条期 1 美元消费的价格，p_E 为扩张期 1 美元消费的价格。解释为什么我们可以简单地标准化 $p_R = 1$ 并把扩张期 1 美元消费的价格表示为 $p_E = p$。

b. 利用标准化的价格，写出你的预算约束以及你的期望效用最大化问题。

c. 求解你对 x_R 与 x_E 的需求。

d. 对我重复（b）和（c），假定我与你有相同的偏好但是我在萧条期的收入是 e_E，在扩张期的收入是 e_R，恰好是你在商业周期上收入的镜像。

e. 假定我们是经济中仅有的人，推导均衡价格或者两种状态下的交易条款。

f. 在这个均衡价格下我们每个人在扩张期与萧条期分别消费多少？

g. 现在假定经济中有你们俩和我。均衡价格会发生什么变化？

h. 现在你在萧条期是否比在扩张期消费得少一些？我呢？

17.11　商业应用：局部保险与全国保险。自然灾害是局部现象，影响一个城市或者一个州的一部分，但是很少影响整个国家，至少当国家地理范围很大时是这样的。为简化分析，假定有两个截然不同的区域可能会经历局部灾害。

A. 定义"状态 1"为区域 1 经历一场自然灾害，并定义"状态 2"为区域 2 经历一场自然灾害。我生活在区域 2 中而你生活在区域 1 中。我们两人有相同的风险偏好与状态独立偏好，当我们自己所在区域发生一场自然灾害时，我们的消费水平从 y 下降到 z。状态 1 的概率是 δ，状态 2 的概率是 $1-\delta$。

a. 把状态 1 下的消费 x_1 放在横轴并把状态 2 下的消费 x_2 放在纵轴，假定你和我分别是我们所在区域仅有的人，说明埃奇沃思盒状图，并在盒状图中说明我们的"禀赋"束。

b. 假定一家保险公司想向我们提供保险以防御自然灾害风险。在精算公平的保险下，将状态 2 下消费的机会成本用状态 1 下的消费表示出来，将状态 1 下的消费用状态 2 下的消费表示出来二者中哪一个是你的埃奇沃思盒状图中精算公平的预算的斜率？

c. 在你的埃奇沃思盒状图中，说明由所有精算公平的保险合同的集合所产生的预算线。如果我们是风险厌恶的，那么你和我将会选择在何处消费？

d. 这个结果如何与你和我可以简单地在两种状态间进行状态相机消费交易时的均衡结果相比较？

e. 假定这个世界上有两个我和两个你。情况是否会发生什么变化？

f. 现在假定住在区域 2 的两个我去一家只在区域 2 运营的当地保险公司。为什么这家公司不能向我们提供精算公平的保单？

g. 不再考虑用保险来防御自然灾害的后果，假定我们转而考虑用保险来防御非传染性疾病。一家面对这类问题的当地保险公司在这种情况下是否能提供精算公平的保险？

h. 当地保险公司针对当地自然灾害提供保险的情形与全国保险公司提供保险防御经济周期对消费的影响有着怎样的相似性？国际信用市场是如何通过允许保险公司借与贷来帮助解决这个问题的？

B. 与习题 17.10 一样，假定 $u(x) = \ln x$ 使得我们能把对赌局的偏好表示成期望效用。假定设置与 A 中所描述的相同。

a. 设 p_1 为状态 1 发生时 1 美元消费的价格，p_2 为状态 2 发生时 1 美元消费的价格。令 $p_2 = 1$ 并把状态 1 发生时 1 美元消费的价格记为 $p_1 = p$，写出你的预算约束。

b. 给定这个预算约束，求解期望效用最大化问题，得到你对状态 1 的消费需求 x_1 以及你对状态 2 的消费需求 x_2。

c. 对我重复（a）和（b）。

d. 推导均衡价格。其是否是精算公平的？

e. 我们在每种状态下分别消费多少？

f. 如果有两个你和两个我，均衡价格是否会变化？

g. 最后假定两个我试图只在我们两个之间进行状态相机消费交易。均衡价格将是什么？

h. 我们是否会设法交易？

i. 你能否在埃奇沃思盒状图中说明这一点？均衡是不是有效的？

17.12 政策应用：更多的警察还是更多的监狱？执行与威慑。考虑一个人正在思考是否进行犯罪活动。他知道，如果被捕，他将入狱并维持消费水平 x_0，但是如果没有被捕，他将能够消费 x_1（显著高于 x_0）。

A. 假定这个人只是关注他的消费水平（即他有状态独立偏好）。

a. 在一个消费 x 位于横轴且效用位于纵轴的图上，说明这个人的消费/效用关系，假定他是风险厌恶的。

b. 假定被捕的概率 δ 是 0.25，说明选择进行犯罪活动的期望效用。如果 $\delta = 0.75$ 呢？

c. 重新画出消费/效用关系图并假定 $\delta = 0.5$。设 $\bar{x}$ 表示该人所需要的使得其在诚实谋生与犯罪之间无差异时诚实谋生的收入。

d. 参议员 C 认为司法系统在识别犯罪方面花费了太多的努力而在严厉惩罚罪犯方面不够努力。他建议了一项旨在增强威慑的政策，该政策加重了对犯罪的惩罚并减少了执法成本。这意味着 x_0 与 δ 减小。假定在该政策下一个从事犯罪活动的人的预期消费水平保持不变。一个以前在诚实谋生与犯罪之间无差异的人现在是否在二者之间仍无差异？

e. 参议员 L 认为我们对犯罪过于严厉了。他建议了一项旨在增强执行的政策，把更多的资源用于抓住罪犯但是降低罪犯被抓后所施加的惩罚。因此，该政策增大了 x_0 以及 δ。假定一个从事犯罪活动的人的期望消费水平在该政策下仍不变。一个以前在诚实谋生与犯罪之间无差异的人现在是否仍在二者之间无差异？

f. 判断正误：如果罪犯是风险厌恶的，那么旨在增强威慑的政策比旨在增强执行的政策在减少犯罪方面更有效。

g. 如果罪犯是风险喜好的，你的答案将如何变化？

B. 假定 $x_0 = 20$，$x_1 = 80$（我们可以把这些数字当作以千美元计），且被捕的概

率是 $\delta=0.5$。

a. 如果一个选择犯罪，那么该人的期望消费水平是多少？

b. 假定罪犯对赌局的潜在偏好可以用对消费进行评价的函数 $u(x)=\ln(x)$ 表示成期望效用函数。此人从犯罪生活中得到的期望效用是多少？

c. 期望效用与期望消费水平的效用相比哪个更大？你能否据此判断这个罪犯是不是风险厌恶的？

d. 考虑不进行犯罪的话这个人所能达到的消费水平。通过诚实谋生达到什么样的消费水平可以使此人在犯罪与诚实谋生之间无差异？记该消费水平为 $\bar{x}$。

e. 现在考虑 A(d) 中描述的旨在增强威慑的政策。特别地，假定该政策会加重对犯罪的惩罚，使 x_0 下降到 5。如果生活的期望消费水平保持不变，δ 能下降多少？

f. 由于实施旨在增强威慑的政策，$\bar{x}$ 会发生什么变化？

g. 现在考虑 A(e) 中所描述的旨在增强执行的政策。特别地，假定 δ 增加到 0.6。为使犯罪的预期消费水平保持不变，x_0 能增加多少？

h. 由于实施旨在增强执行的政策，$\bar{x}$ 会发生什么变化？

i. 假定潜在的罪犯是风险厌恶的，哪一项政策在减少犯罪方面更有效？

j. 假定使得我们能把个人对赌局的偏好用期望效用函数表示的函数是 $u(x)=x^2$。你的答案将怎么变化？

†17.13　政策应用：更多的警察还是更多的教师？执行与教育。再次假定（与习题 17.12 一样）从事犯罪活动而没有被捕时的支付是 x_1，被捕时的支付是 x_0（显著低于 x_1），δ 表示被捕的概率。假定每个人都有相同的偏好，但是我们在（合法的）劳动市场上能挣得的收入的数量有差别，（合法的）收入均匀地分布在 x_0 与 x_1 之间。

A. 假定有两种方式可以降低犯罪率：在警察配备上花费更多的钱，使得那些从事犯罪活动的人更可能被抓到，或者在教师上花更多的钱，使得潜在的罪犯能挣得更多的诚实收入。第一项政策增加 δ，第二项政策通过提供更好的教育增加个人的（诚实）收入。

a. 首先画出一个风险厌恶的个体的消费/效用关系图并假定一个较高的 δ。标出相对应的 $\bar{x}$，使得有这样一个（诚实）收入水平的人在诚实谋生与犯罪之间无差异。

b. 考虑一个投资教育并导致所有（诚实）收入有一致增加量 $\tilde{x}$ 的政策。在图中横轴上指出哪些类型的个体（由他们的政策前收入水平识别）会从犯罪转向诚实谋生。

c. 下面考虑另一种投资于更多执行，从而增加罪犯被抓的概率 δ 的政策。在你的图中指出犯罪的期望消费水平必须移动多少才能使该政策减少的犯罪量与（b）中相同。

d. 如果通过教育投资使每个人的收入实现 1 美元的增加与使犯罪的期望消费水平实现 1 美元的减少所花费的成本相同,给定我们从一个已经很高的 δ 开始,哪项政策在减少犯罪方面更加成本有效?

e. 如果 δ 开始时很小,你的答案会怎么变化?

f. 判断正误:假定人们是风险厌恶的,那么从我们的期望效用模型中可以得到以下精确的政策结论:当前的法律执行水平越高,在教育上的投资相对于在额外法律执行上的相同投资越有可能导致犯罪的减少。

B. 与习题 17.12 一样,现在假定 $x_0 = 20$ 且 $x_1 = 80$(我们可以把这些数字当作以千美元计)。

a. 再次与习题 17.12 一样,假定由 $u(x) = \ln x$ 表示的对消费的效用使得我们能用期望效用函数表示对赌局的偏好。如果 $\delta = 0.75$,那么使得一个人在犯罪与诚实谋生之间无差异的收入水平 $\bar{x}$ 是多少?

b. 如果教育投资导致收入的一致增加量为 5,在政策实施前收入水平是多少的人将会从犯罪转为诚实谋生?

c. δ 需要增加多少才能实现同等程度的犯罪减少?这将使犯罪的期望消费水平改变多少?

d. 如果通过教育投资把收入增加 1 美元与通过增大 δ 来减少犯罪的期望消费水平有着相同的成本,那么哪项政策在减少犯罪方面更加成本有效?

e. 如果开始时 $\delta = 0.25$,你的答案会怎么变化?

图书在版编目（CIP）数据

中级微观经济学：直觉思维与数理方法．上册/
（美）托马斯·J. 内契巴著；曹小勇，宫之君，张晓燕译
．-- 北京：中国人民大学出版社，2024.5
（经济科学译丛）
书名原文：Microeconomics：An Intuitive
Approach with Calculus
ISBN 978-7-300-31779-3

Ⅰ.①中… Ⅱ.①托… ②曹… ③宫… ④张… Ⅲ.
①微观经济学-教材 Ⅳ.①F016

中国国家版本馆 CIP 数据核字（2023）第 136247 号

"十三五"国家重点出版物出版规划项目
经济科学译丛
中级微观经济学——直觉思维与数理方法（上册）
托马斯·J. 内契巴　著
曹小勇　宫之君　张晓燕　译
Zhongji Weiguan Jingjixue

出版发行	中国人民大学出版社		
社　　址	北京中关村大街 31 号	**邮政编码**	100080
电　　话	010 - 62511242（总编室）		010 - 62511770（质管部）
	010 - 82501766（邮购部）		010 - 62514148（门市部）
	010 - 62515195（发行公司）		010 - 62515275（盗版举报）
网　　址	http://www.crup.com.cn		
经　　销	新华书店		
印　　刷	涿州市星河印刷有限公司		
开　　本	787 mm×1092 mm　1/16	**版　　次**	2024 年 5 月第 1 版
印　　张	42.5 插页 2（上册）	**印　　次**	2024 年 5 月第 1 次印刷
字　　数	879 000（上册）	**定　　价**	218.00 元（上、下册）

"十三五"国家重点出版物出版规划项目

经济科学译丛

中级 微观 经济学

下

直觉思维与数理方法

Microeconomics

An Intuitive Approach
with Calculus

Thomas J. Nechyba

托马斯 · J. 内契巴 / 著

曹小勇　宫之君　张晓燕 / 译

中国人民大学出版社
· 北京 ·

目 录

第 4 部分　"看不见的手"在竞争性市场中的扭曲

"看不见的手"在竞争性市场中的扭曲

在第 1 部分和第 2 部分里，我们已经建立了个人选择的模型，并在第 3 部分里说明了如何根据个人选择推出竞争性均衡都是有效的。基于前几部分知识，在本部分中我们研究的问题是，完全竞争市场中"看不见的手"的理论的扭曲是如何导致无效率的。我们已经说过，有关自发秩序市场的效率的福利经济学第一定理是基于如下四个假设的：第一，价格的形成没有扭曲；第二，没有外部性；第三，不存在信息不对称使得市场一方占据信息优势的情况；第四，没有市场势力。

本部分将研究完全竞争（competitive）市场，即市场中没有任何人有市场势力，市场将会走向"错误"的情况。迄今为止我们的研究范围限于完全竞争的环境，因为所有工具的得出都是基于这个假设——个体相对于市场而言微不足道，所以只能作为价格接受者去采取行动而没有任何能力（以及任何动机）去影响其他人面对的价格。然而，具有市场势力的个人可以直接通过制定价格来影响经济环境，因此他们有动机进行策略性的思考。基于此，在第 5 部分中，我们将在博弈论的启发下探求新的理论工具来处理违背福利经济学第一定理的问题。在完全竞争市场中，价格的扭曲（通常由一些不当的政府政策造成）、外部性的存在以及信息不对称的存在都会导致无效率。

第 18 章到第 20 章，我们将研究阻碍市场有效运行的三种价格扭曲的类型和形成机制。我们已经说过，价格包含信息，而个人需要必要的信息来作出选择以使社会福利最大化。因此毫无疑问，价格的扭曲也会使指导个人作出有效选择的信息变得扭曲。在研究价格扭曲的影响的过程中，我们将明确价格弹性（price elasticity）的概念，你可能在之前的经济学课程里遇到过这个概念。

第 18 章开篇将研究最明显和最直接的价格扭曲。出于一系列原因，政府可能会限制一些商品的最高价格，并限制另外一些商品的最低价格，这些政策就是著名的价格上限（price ceilings）和价格下限（price floors）政策，实行这些政策将导致市场价格无法依据市场中的交易变化而自发变化。由于一些机制的缺失，我们将会发现这些政策会造成商品的非均衡的短缺（disequilibrium shortages）或者盈余（surpluses），但是我们没有专门的理由可以解释这些短缺或盈余会持续。例如，如果人为地制定价格上限使市场价格低于无扭曲的均衡水平，那么为了成为低价的获利者，个体消费者有动机付出额外的努力。比方说，他们为购买到低价商品，在商店营业之前就得开始排队，费时费力。在新均衡里，一个新的非价格配给（non-price rationing）机制将出现，再一次使得需求和供给在强制执行的价格上相等。这里，很重要的一点是，市场价格机制是众多稀缺产品配给机制中的一种：产品被分配到愿意为之支付最高价格的购买者手里。如果这种配给机制被破坏，价格不能充分地被用于配给,一个新的能够决定谁应是产品获得者的非价格配给机制就要出现。这个非价格配给机制正是我们要研究的会导致无效率的机制。

通过分析我们可以识别价格上限和价格下限的赢家和输家,而且可以针对如下问题得到一些启示,为什么在民主政治环境里,虽然价格上限和价格下限是无效率的,但依然被政策制定者使用,尤其是对于一些政策而言,赢家是政治上容易组织起来的集中的少数人,而输家则是分散的大多数人,他们甚至都不知道自己如何就沦落到输家的田地。与此同时,我们会关注伦理问题激发价格上限和价格下限的情况,比如,大多数国家的政府都设定肾脏市场的价格为零,允许个人无偿捐赠自己的肾脏,但不允许以任何高于零的价格售卖。

在第 19 章,我们再次回顾税收(taxes)和补贴(subsidies),税收和补贴是迄今为止导致市场价格扭曲的最常见的政策。在第 10 章我们已经讨论过税收是如何造成替代效应并产生无谓损失的。但是通过已建立的市场模型我们可以更清晰地看出,税收(和补贴)是如何导致价格变化的、消费者或生产者是否会受到影响更大程度上取决于相对的价格弹性以及哪种类型的税收(和补贴)会有可能导致更高或更低程度的无效率。贯穿第 19 章始末,我们强调,认识到税收(和补贴)导致的无效率这个问题并不意味着不应当征税(或实行补贴)。政府开支需要有税收收入提供资金,许多有开支的项目带来的效益高于税收所带来的效率成本。但是,意识到征税会带来社会成本,并明白这些社会成本与对应的税收类型是如何联系起来的是很重要的。

接着我们进入第 20 章,在这里市场的边界跨越了地理区域和时间范围,市场由那些寻找低买高卖机会的出口商(exporters)和投机者(speculators)的活动联系成一个整体。这些投机活动使跨期的和跨区域的价格相等,但有时候政府会通过对跨市场的交易征税[如征收关税(tariffs)]或者强加特定的配额(quotas),限制交易量介入市场活动的过程。我们将研究这些政策如何再次扭曲价格并造成无效率、商品市场中明确的贸易是否受限,以及劳动市场中政策是否以限制工人或者厂商迁移(migration)为目的这三方面的内容。

但是政府征税和价格政策并不是造成完全竞争市场无效率的唯一因素。第 21 章介绍外部性(externalities)——一些个人活动对其他没有参与给定的市场交易的人的影响。商品生产过程中所产生的污染是一个极好的例子,但是其他正、负类型的外部性在现实世界中也非常普遍。第 21 章将阐述在完全竞争的环境里,这样的外部性怎样造成市场上的产品相对于有效率水平过多或过少地生产,因为完全竞争市场中的个人不再承担由其行为带来的全部成本或者占有其行为所带来的全部效益。在没有外部性的情况下，完全竞争市场的税收和补贴是无效率的，但是如果正确地加入外部性，则可能实现有效率。或者说，有的政策会使新市场形成，在这种市场中，外部性的施行者需要承担其行为的全部成本。在此方面，一个重要的例子就是污染许可证市场（pollution voucher markets）的建立。

在某些情况下，新市场的形成解决了由外部性造成的市场的效率问题，接着指向了与外部性有关的更深层次的问题。外部性的存在会造成完全竞争市场的无效率问题，特别地，我们把这种无效率称为市场失灵（market fail-ure），我们同样可以说，外部性的存在证明市场失灵的存在（failure of mar-kets to exist）。换种说法，外部性正是重要市场的缺失所造成的。尽管要想建立这些缺失的市场在技术上不可行，但是理解外部性造成无效率的根本原因可以帮助我们创造性地理解涉及这类无效率的非市场组织。

另外，市场缺失（missing markets）的问题并不局限于外部性。在第22章，我们转向信息不对称问题。信息不对称是由市场中拥有信息的一方凭借信息优势"利用"缺乏信息的一方造成的。如果这类信息不对称问题出现过多，整个市场可能因此完全停滞，因为缺乏信息的一方过分疑虑而不愿意与拥有信息的一方交易。这种现象所导致的市场问题就是著名的逆向选择（ad-verse selection）问题，而保险市场就是一个极好的例子。在这类市场里，想要买保险的人比保险公司更清楚地了解自己可能面对的风险，拥有更多的信息。这样的话，保险公司就不愿意同这类人签订保险合同。换句话说，如果保险公司有足够的理由认为自己是高成本投保人的逆向选择的受害者，它们可能不能提供低成本投保人所愿意接受的保费。在第17章里，信息完整的完全竞争保险市场会有效分散风险，但是信息不对称会造成这类市场不完整，因此导致风险无法有效分散。

但是信息不对称的问题不仅仅局限于保险市场。另一个重要的例子就是劳动市场中的信息不对称问题，尤其是在此类市场中种族歧视和性别歧视的问题。竞争中可能存在这种歧视，例如一个偏执狂的区别对待所造成的福利损失，不过非偏执狂也可能由于信息不对称而古板地认为个体的性格是人类普遍存在的性格中的一种，这也可能造成歧视。理解信息不对称如何导致市场的缺失问题以及与歧视有关的问题，能帮助我们更好地理解非市场组织是如何帮助解决信息不对称所带来的问题的。在某些情况下，类似市场的组织可能自发地解决问题，在另外一些情况下，政府政策也可能扮演解决问题过程中的一个角色。

第18章　弹性、价格扭曲政策与非价格配给

前几章我们已说明在完全竞争市场里价格是如何形成的。[1] 价格向经济体中所有相关的活动者发出重要的信号，经济体中每个活动者都据此选择自己在市场中的行为，并保证市场以最低的成本生产产品，并保证产品能够顺畅地流通到对其估值最高的地方去。在一个以稀缺性定义的世界里，价格因此代表着对稀缺资源配给（rationing）的一种方式，该方式决定哪个消费者消费哪种商品，每个人工作多少，现在以及未来的消费量是多少，每个人面对的风险是多大。

我们可能不总是喜欢在生活中以竞争价格系统定量配给稀缺产品的方式。也许我们不喜欢这些事实——在一个未被规范的劳动市场里，除非他们有更丰富的工作经验或者获得更熟练的工作技能和更高的学历，不然一些个人只能赚取很低的工资；一些地方的房租太高，导致穷人没有住处；农业的创新淘汰了一些传统的小家庭农场。因此，我们经常让政府来完善价格系统，提出能得到我们更喜欢的结果的方法。这样的例子有最低工资法、牛奶价格管制、租赁管制，以及其他一些致力于以某种方式改善市场结果的政策。

最后，人们不同意这些政策也有一些很好的理由。但是大多数的异议是由于不能充分理解市场介入和政策干涉背后的经济学道理，并且这在某种程度上也是不同观点形成的原因，经济学家扮演着权衡者的角色。这些权衡的最重要的基础是理解世界的稀缺性，而正是稀缺性导致产品的配给。换句话说，总有某种机制能够决定谁可以获得商品而谁不可以。市场价格代表这样的一种配给机制，当我们加上其他一些制度以提高市场机制的效率，我们会自觉或不自觉地掺入其他配给机制。正如一些经济学家所言，没有免费的午餐，没有能够解决稀缺性问题的魔杖，至少在我们当今的世界里还不存在这种能力。

这章的目的就是利用通常所谈论的致力于提高市场产出水平的政策来阐述这类

---

[1]　本章建立在对第14章的需求和供给的理解的基础上，并要利用第15章的消费者剩余和生产者剩余的观点，边际支付意愿和需求意愿之间的区别被拟线性方法假定了。

政策如何"扭曲"价格以及改变稀缺产品的配给。这在第 14 章和第 15 章的"局部均衡"的模型框架下研究最容易。在此章和接下来的几章里,价格扭曲的影响大小不同取决于消费者和生产者对价格变化的反应程度,也就是消费者或者生产者行为的弹性(elasticity)。我们反复提到弹性的概念,现在我们来看看弹性究竟是什么。

事实上,对于我们讨论过的有争议的政策,许多经济学家最终都选择了自己所支持的一方,因为他们相信意图良好的政策所带来的意外结果要好于预期的收益。但这里我们并不是要讨论应该对政策持支持还是反对的态度,而是要简单地应用模型的逻辑来说明在政策争论中我们应该如何权衡,然后不同的人再根据自己所了解的情况来决定是支持还是反对某种特定的政策。通过找出一种政策的"赢家"和"输家",我们会明白为什么民主的政治决策过程会优于一些其他决策过程,即使根据经济学分析得出的结果是这些其他的政策要优于被选的那一种。

18A 市场与价格扭曲政策的相互作用

本章以对完全竞争市场的两种主要的政策类型分析开始:一种是以降低价格以使消费者受益为目标,一种是以提高价格以使生产者受益为目标。这样的政策有可能会产生很大的无谓损失,不过也有可能会让经济体中的一部分人受益而另一部分人受损。现实生活中像这类政策的例子有很多,章末习题里也有这样的习题。本章的关注点是为读者提供一个易于自行政策分析的框架。

不过在开始之前,我想先回顾一下完全竞争市场均衡,来说明市场相互作用的好处是如何通过市场过程在消费者和生产者(或者说是工人与雇主)之间进行分配的。为了简化分析起见,本章我们的关注点是消费者的偏好在一些商品上是拟线性的这种特例。这样我们就可以有目的性地抽象出边际支付意愿与需求意愿的区别,以及从一般均衡角度考虑,通过产出的需求曲线和劳动者的供给曲线来衡量消费者和工人的福利剩余。下一章,我们将回归到更一般的例子,并且在计算消费者(和工人)福利剩余时更加小心。

18A.1 弹性与剩余的分割

市场的功能不仅仅是分配稀缺商品和服务。另外,由于经济体中的个体是非常微不足道的,因此市场还可以不受任何人控制地决定市场相互作用的好处怎样在不同的经纪代理人中分配。

如图 18-1 的组图(a)所示的市场需求和供给曲线,我们在第 15 章已经研究过。此处有需求曲线和供给需求相交而得的均衡价格 p^*,又由于假设消费者对商品的偏好是拟线性的,我们可以将需求曲线解释为总的边际支付意愿曲线。代表消费者剩余和生产者剩余的阴影部分在这里相当于市场中消费者和生产者产生的剩余的总大小。换句话说,这些区域代表着消费者和生产者能从一个市场的相互作用中受益多少，或者说，市场中产生的总剩余是如何在两者之间分配的。在每个小区域里，毫无疑问有的消费者和有的生产者相对收益更多，特别是对商品估值很高的消费者和能以低成本生产的生产者。

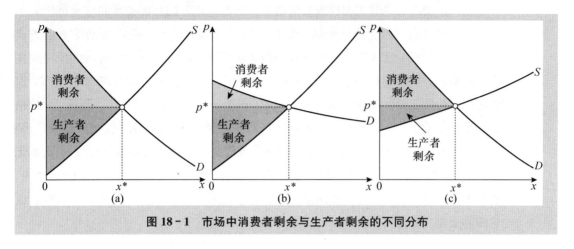

图 18-1 市场中消费者剩余与生产者剩余的不同分布

图 18-1 的组图（a）说明市场中总体社会福利在消费者和生产者之间较为公平地分配。但是这只是因为我们画的需求曲线和供给曲线比较特殊。组图（b）和组图（c）相应地描述了需求曲线和供给曲线的形状不同所导致的福利分配的迥异。在组图（b）中，大多数的剩余被生产者获取，这是因为需求（以及边际支付意愿）曲线相对平缓，而组图（c）的情况刚好相反，因为需求曲线比供给曲线更为陡峭。

练习 18A.1 用你在前面几章中所学到的知识分析，在一个所有的生产者都面对相同成本的长期竞争性均衡中，市场活动所产生的社会福利在消费者和生产者之间是怎样分配的？ ■

第一眼看上去，图 18-1 似乎表明，社会剩余在消费者和生产者之间的分配取决于需求曲线和供给曲线的相对斜率。这是正确的，不过经济学家使用了一种更好的方法来完善这种描述——用"价格弹性"的概念。

有关需求曲线和供给曲线的斜率的问题是，曲线的斜率取决于横轴与纵轴的计量单位。比如说，我们是该用美元、美分、法郎还是用英镑来计量？如果说商品 x 代表了啤酒，我们是用听、升还是箱来计量呢？如果单位改变，曲线的斜率就会变化，但是不会改变其背后的基本的经济学含义。弹性（elasticity）的引入，使得行为的变化从绝对值的变化转变成了百分比的变化。

18A.1.1 线性需求的价格弹性 经济学家用"弹性"来代表"反应"。我的经济学课程的指导老师在他的课程里非常形象生动地说明了这个概念，他用新内衣和旧内衣做引入，旧内衣没有弹性，而新内衣很有弹性。旧内衣对腰围的变化不再敏感，而新内衣恰恰相反。在经济学里，弹性就是指行为对价格变化（或者其他经济变量）的反应程度，正像我的经济学指导老师所指的内衣松紧对腰围大小的反应。

在图 18-2 的组图（a）所示的特殊的线性需求曲线中，商品 x 的价格无论怎样变化，消费者总是购买相同数量的商品。当然，正常的经济关系并不允许所有的价格水平都这样，因为这样的话，即使价格无限高，消费者也购买同等数量的商品。而商品的稀缺性表明，需求曲线的斜率最终是负的。但在我们所画的价格范围内，消费者对价格变化的反应非常迟钝，或者说，消费者的需求价格弹性是零，需求是完全价格无弹性（perfectly price inelastic）的。另外，组图（b）表示，x 价格上涨即使非常微小，消费者也不再愿意消费任何数量的商品。不过，价格和数量的这种水平关系不会永远持续下去，因为这样的话，消费者愿意在此价格 p 上购买无限多的 x。最后，需求曲线的斜率也必须是负的。但是在组图（b）所示的范围内，消费者对价格的上涨反应极度敏感，我们说，消费者的价格弹性是负无穷大或者说它的需求是完全价格弹性[1]（perfectly price elastic）的。

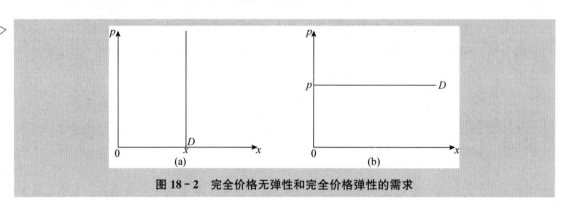

图 18-2　完全价格无弹性和完全价格弹性的需求

练习 18A.2　判断正误：如果一个个体消费者对某种商品的需求曲线是完全价格无弹性的，则该商品可能是介于常规劣等品和吉芬品之间的商品。■

当然，真实的需求曲线并非都这样极端，在不太极端的需求曲线方面，价格弹性的概念变得有点儿微妙。例如，考虑图 18-3 中的特别的线性需求曲线，出于我们选取的计量单位的原因，需求曲线的任何部位的斜率都是 $-1/2$，这表明，只要价格上升 1 美元，需求量就会下降 2 单位。但是现在我们要问：假如价格变动 1%，需求量会怎么变化？

假设起初价格是 200 美元，消费量是 400 单位（图中点 A）。价格上升 1%，即价格从 200 美元上升到 202 美元，相应的消费量会下降 4 单位到 396 单位，也就是消费

---

[1]　当我把价格弹性介绍给我的孩子时，我告诉他一个小技巧去记住这些极端的例子：组图（a）的需求曲线是完全价格无弹性的，因为无弹性的英文首字母是 I，而组图（b）的需求曲线是完全价格弹性的，因为在图的顶端加上水平线就可以把它变成一个大写字母 E 了。

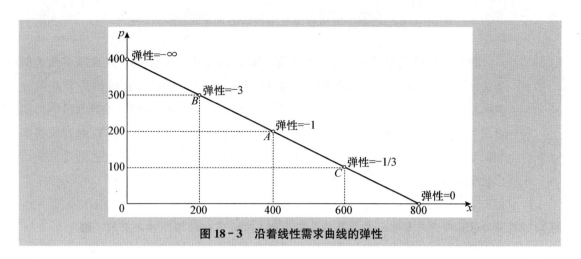

图18-3 沿着线性需求曲线的弹性

量下降1%。因此，如果开始价格是200美元，价格变动1%会造成消费量变动1%。如果开始价格是300美元（点 B），价格上涨1%相当于增加3美元，这会造成消费量从200单位下降到194单位，或者说下降3%。另外，假设开始价格是100美元，价格上涨1%也就是上升1美元，将会使需求量从600单位下降到598单位，只有1/3%的下降。

需求价格弹性是指价格变化1%带来的数量变化的百分比。因此，根据上述计算，图18-3中需求曲线的需求价格弹性在 A 点是-1，B 点是-3，C 点是-1/3，而在每个点上，消费量对价格变化1美元的绝对值反应都是下降2单位。需求量的百分比变化（percentage change）不同取决于其在需求曲线上所处的位置。由于我们用百分比变化来衡量价格弹性，所以无论用什么数量单位和价格单位来衡量都不会造成影响。

练习18A.3 图18-3中的价格单位是美元，如果将美元改为便士，需求曲线是什么样的呢？你能计算产出水平分别为200单位、400单位和600单位时的价格弹性，并证明你的结果和上述推导的结果相同吗？■

更一般地，给出至少两个点，你就可以大致计算出需求曲线某个特定部位的价格弹性。例如，你不知道完整的图18-3，但知道当价格是100美元时，消费者对商品 x 的需求量是600单位（点 C），当价格是300美元时，需求量是200单位（点 B）。若给定曲线上的两个点，取两点的中点，然后你可以用下面的公式来计算价格弹性：

$$\text{中点的价格弹性} = \frac{\dfrac{x \text{ 的变化}}{x \text{ 的平均值}}}{\dfrac{p \text{ 的变化}}{p \text{ 的平均值}}} = \frac{\Delta x / x_{avg}}{\Delta p / p_{avg}} \qquad (18.1)$$

因此，我们的例子就可以写成：

$$价格为 200 美元时的价格弹性 = \frac{(600-200)/400}{(100-300)/200} = -1 \qquad (18.2)$$

弹性计量的符号是负的表明消费量和价格的变化方向相反（只要需求曲线斜率为负）。价格为 200 美元时的需求价格弹性是 -1，意味着在价格为 200 美元时，价格上涨 1% 会造成消费量下降 1%，或者说，价格下降 1% 会增加 1% 的消费量。注意，这就是已知整个需求曲线后的计算结果。（用近似方程得到的答案相同是因为潜在的需求曲线是线性的。若需求曲线是弯曲的，则上述公式只能给出近似结果。）

练习 18A. 4 判断正误：如果一个商品不是吉芬品，那么需求价格弹性是负的。■

你可以记住如下结论：对于任意的线性需求曲线，需求价格弹性在需求曲线的中点处是 -1，在中点以上部分小于 -1，在中点以下部分大于 -1。事实上，章末习题 18.1 试图说明，需求价格弹性在需求曲线接近横轴的时候趋向 0，在需求曲线接近纵轴的时候趋向负无穷。

18A. 1. 2 价格弹性和消费者支出 当商品的价格上涨或是下降时，一个消费者是增加还是减少对某一种特定商品的消费取决于她对价格变化的反应程度。如果她对价格变化反应不敏感，价格变化后她可能减少对该种商品的消费，但是她的支出相比以前会增加，因为她要为继续购买该商品而支付更高的价格。相反，如果她对价格变化很敏感，那么她最终会大量减少对该种商品的消费以使消费支出减少，因为购买每单位商品要承担更高的成本。

换句话说，价格变化对消费者支出的影响要由需求价格弹性来决定。例如，图 18-4 复制了三个图 18-3 中的线性需求曲线的图。我们考虑每个图中商品价格上升 50 美元的情况。不过在组图（a）中，在消费者所处的需求曲线的位置上，价格弹性为 $-1\sim0$；在组图（b）中，在消费者所处的需求曲线的位置上，价格弹性约为 -1；在组图（c）中，消费者所处位置在价格弹性小于 -1 的区间上。给定商品的任意价格，消费者的总支出就是价格乘以她所消费的数量，或者说是纵轴的价格长度乘以横轴的消费数量的长度所得的矩形。深色阴影部分代表着由价格上升引起的对 x 的消费量的下降导致的支出的下降。而浅色阴影部分代表着在价格上升的情况下她消费相同数量 x 相比以前所追加的支出。因此，浅色阴影部分面积和深色阴影部分面积的差就是她的总支出的增加。

我们可以观察到，组图（b）中的两块阴影部分的大小相等（即说明她的开支没有净变化），但是组图（a）的浅色阴影部分面积要比深色阴影部分面积大（说明开支增加），而组图（c）情况恰恰相反（说明开支减少）。结合图表中的数字，你可以计算出这些区域的大小来确保你的眼睛没有骗你。

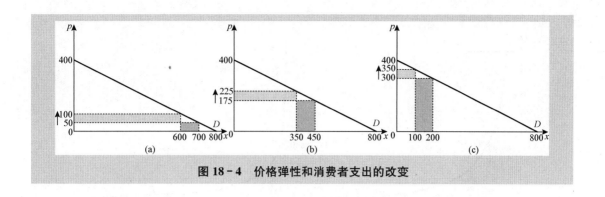

图 18-4 价格弹性和消费者支出的改变

练习 18A.5 在图 18-4 中，分别计算组图（a）到组图（c）中消费者在两种价格下的总开支，并计算出该商品价格变化造成的消费者支出变化的大小和方向。∎

因此，我们发现：若价格弹性小于 0 大于 −1，价格上涨会造成消费者开支增加；若价格弹性为 −1，价格上涨对消费者开支没有影响；若价格弹性小于 −1，价格上涨会导致消费者开支下降。上述结论也可以通过直觉获得：若价格上涨 1%，消费量下降 1%，消费者购买的商品数量减少 1% 但却需要多支付 1%，最终的开支总量不变。需求量的大幅下降会造成开支下降，而需求量的小幅下降却会造成开支增加。因此可以说：当需求价格弹性大于 −1 小于 0 时，需求对价格变化相对无弹性或者说反应相对不敏感；当需求价格弹性低于 −1 时，需求对价格变化相对有弹性或者说反应敏感。

练习 18A.6 假设长途电话收费标准下降，我每月的长途电话费用会上升。你能从我的长途电话费用的变化得出什么关于我的需求价格弹性的结论？∎

18A.1.3 非线性需求曲线的价格弹性 由于沿着线性需求曲线的价格弹性介于负无穷大和 0，而需求曲线的斜率（负）处处相同，因此，一般来说，价格弹性在需求曲线不同的点差异是很大的。我们已经在图 18-2 中说明了需求曲线的价格弹性处处是 0 和负无穷大的两个例外，还有另一个例外，即需求曲线处处具有相同的需求价格弹性，如图 18-5 的组图（a）所示，价格弹性处处为 −1。判断这个弹性不变的最简单的方式就是判断无论在需求曲线的什么位置，价格的上升是否会导致消费者支出的改变。例如，在 A、B、C 和 D 四个点上，消费者的总支出都是 800 美元。这种需求曲线具有单一价格弹性（unitary price elasticity）。

当然，并不是所有具有不变的价格弹性的需求曲线的弹性只局限于 0、负无穷大或者 −1。不变的价格弹性可以是任何负数。例如，组图（b）中的需求曲线的不变价格弹性为 −2。

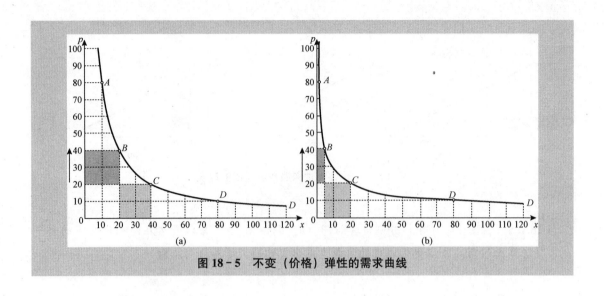

图 18-5　不变（价格）弹性的需求曲线

练习 18A.7　钻石行业的营销努力形成了一些约定俗成的规矩：订婚戒指总正好是那个幸运新郎 3 个月的工资。对于钻石行业企图让我们购买的钻石大小来看，这其中隐含着的钻石需求价格弹性是怎样的？■

　　18A.1.4　其他类型的弹性　弹性衡量了经济变量对变化的反应程度。到目前为止，我们已经看了一个特定类型的反应：当一种商品的价格变动时，消费者对这种商品的需求发生变化。我们同样可以定义消费者的需求相对于其他商品的价格变化的反应程度，即"交叉价格弹性"。同样地，我们可以定义"需求的收入弹性"，即当收入变化 1% 时，消费者需求量的变化程度。章末习题 18.2 和 18.3 提供了一些对这些概念的练习。

练习 18A.8　需求的收入弹性是正的还是负的？（提示：你的回答取决于商品是劣质品还是正常商品。）

练习 18A.9　什么样的商品的需求的收入弹性是完全无弹性的？

练习 18A.10　在一个有两种商品的模型里，如果一种商品 x_1 是普通的劣质品，那么该商品的需求的交叉价格弹性是正的还是负的？（提示：商品 x_1 的交叉价格需求曲线是向上还是向下倾斜的？）■

　　当然，消费者不是经济体中唯一对经济变量的变化有反应的经济主体。用完全相同的公式可以类似地用价格弹性的概念表示出生产者（producer）对价格变化的反应程度。完全价格弹性和完全价格无弹性的供给曲线看起来与图 18-2 中的完全价格弹性和完全价格无弹性的需求曲线一模一样。然后我们就可以沿着一条线性向上的供给曲线来分析供的价格弹性，我们会再次发现，在一般情况下，供给的价格弹性沿着这样一条曲线会有所不同。然而，与需求价格弹性不同（当然商品不是吉芬品），供给曲线的价格弹性是正数，因为价格的上涨会促使生产者更多地增加生产（而导致消费者消费减少）。

练习 18A. 11 用你在第 13 章中所学到的知识分析，从长期来看（相比于短期内），完全竞争厂商的价格供给弹性是更大还是更小？

练习 18A. 12 用你在第 14 章中所学到的知识分析，如果在长期里所有的厂商都具有相同的成本，那么行业的供给价格弹性是多少？

练习 18A. 13* 假设供给曲线从原点出发并且是线性的，则供给的价格弹性是多少？■

最后，我们当然也可以考虑工人对工资变化的反应，或者说储户对利率变动的反应。这里我们提出"劳动供给的工资弹性"和"资本供给的利率弹性"的概念，这将在章末习题 18.3 和 18.4 中做进一步的探讨。类似地，我们可以从生产者角度讨论"劳动需求的工资弹性"和"资本需求的租金弹性"的概念。

18

练习 18A. 14 如果劳动供给曲线是"向后弯曲"的（也就是工资较低时向上倾斜，工资较高时向下倾斜），那么当工资增长时，劳动供给的工资弹性如何变化？

练习 18A. 15 判断正误：劳动需求的工资弹性总是负的。■

18A. 2 价格下限

现在，我们可以开始研究一些常见的直接作用于市场上买卖双方交易价格的政府政策。这样一个政策设置了一个价格下限。价格下限是在一个特定的市场中政府授权的最低的法定价格。低于这个价格下限的交易是非法的。价格下限如果低于均衡价格，则不会对市场有任何影响。因为市场会自动设置一个价格下限以上的价格，而买家和卖家以这个市场价格交易。例如，如果每包"英雄卡"的市场价格是10 美元，政府设置了一个 5 美元的价格下限，则该政策没有任何约束力，因为市场总"想"以高于 5 美元的价格交易。但是，如果价格下限高于均衡价格，则该政策将会产生影响，因为买家和卖家被迫以高于均衡价格的价格交易，而市场作用形成的均衡价格就成非法的了。

实行一个高于均衡价格的价格下限会出现商品过剩（surplus）。除非出现一种非价格配给（non-price rationing）机制，将产品分配给那些需求量比价格下限处的需求量少的消费者。如图 18 - 6 所示，价格下限 p^f 高于市场需求曲线和市场供给曲线的交叉点。在价格下限 p^f 上，需求曲线上的需求量 x_d 小于供给曲线上的供给量 x_s。也就是说，由于政府干预机制，市场价格不再是需求曲线等于供给曲线时的均衡价格 p^* 了，而在更高的价格 p^f 上，此时生产者愿意提供更多的商品，消费者却不愿多消费。因此价格下限导致市场进入非均衡（disequilibrium）状态。

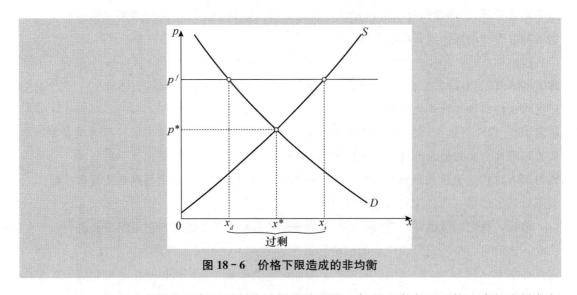

图 18 - 6　价格下限造成的非均衡

　　虽然政府设定了高于均衡价格的价格下限，但是生产者不可能一直超出销售额地生产。毕竟，这意味着生产者生产的商品总是不能卖光，而这种情况不符合经济规律：经济主体会在现有资源环境中做到最优。因此，只有出现某种非价格配给机制来再次确保需求量等于供给量，经济才能再次达到均衡的状态。这种非价格配给机制一方面可能由政府来实现——在意识到这种由设定价格下限产生的问题后，政府会制定相应的政策；另一方面也可能与政府的干预无关，而由一些其他形式的非价格配给机制造成，这些机制有使市场到达新均衡的趋势。

练习 18A. 16　非均衡剩余的大小是如何随着需求和供给的价格弹性的变化而变化的？■

　　18A. 2. 1　有价格下限的市场中的非价格配给　首先考虑政府没有明确想解决价格下限造成的非均衡问题的情况。在实行价格下限的情况下，若每个个体生产者都知道所有的生产者在试图卖出超出消费者需求的更多商品，他们愿意付出额外的努力来试图说服消费者选择自己的商品。生产者这种额外的努力也是额外的成本，无论是积极宣传还是游说政府给予特殊优势从而促使消费者选择某一家而非另一家生产者的商品。因此，无论采取何种形式的努力，生产者的 MC 和 AC 曲线将向上移动，这反过来又导致市场供给曲线向上移动，直到它与市场需求曲线在数量为 x_d 处相交。如果最初市场上生产者面临着不同的成本曲线，那些成本较低的生产者最容易通过付出额外成本来吸引消费者，而其他生产者这样做可能会退出市场。

练习 18A. 17　结合第 14 章中学过的产业的曲线和厂商的曲线，解释如果实行价格下限，每个厂商的成本会怎么变化？■

图 18 - 7 的组图（a）的走势描绘了由个体厂商的成本曲线变化造成的市场供给曲线的变化，S 供给曲线是实行价格下限之前的市场供给，S' 供给曲线是实行价格下限之后的市场供给。稍微低于这个价格下限的价格仍然会造成供给大于需求，这意味着生产者仍然生产过量，而市场处于非均衡状态。当新均衡出现时，成本上升的大小就是图 18 - 7 的组图（a）中箭头的长度，其长度为（$p^f - p'$）。这是一个新的均衡，因为需求再一次等于供给，生产者和消费者也再一次通过努力使自己在限定的条件下最优。也就是说，消费者根据自己的预算限制（已考虑价格的上涨）来决定消费，此时他们的边际支付意愿（考虑边际替代率）等于新的价格（或者他们得到不再购买 x 的角点解），而生产者选择的生产量就是新的价格与其新 MC 的交点处的生产量（或者他们一起退出市场）。

市场产出的减少不仅取决于政府制定了多高的价格下限，也取决于需求价格弹性。例如在组图（b）中，价格下限与组图（a）完全一样，但需求价格弹性更大，也就是需求对价格反应更敏感。因此，x_d 下降更多，而要使市场达到均衡，供给不大于需求，则需要更多企业退出市场，这样生产者才不会超额生产。但在组图（c）中，需求价格弹性比组图（a）中的要小，从而价格下限不会导致产出大量下降，生产者不必花费太多的努力就可以留住消费者。

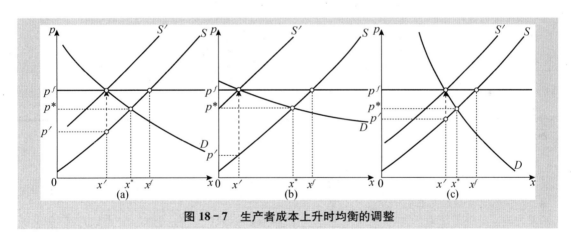

图 18 - 7　生产者成本上升时均衡的调整

练习 18A. 18　当需求具有完全价格弹性时，用图表示出价格下限对市场中厂商的产出量的影响，然后再考虑需求完全价格无弹性的情况。

练习 18A. 19　如果长期均衡中所有厂商的成本相同，则 p' 是多少？ ■

18A. 2. 2　价格下限下政府的非价格配给　另一种情况是，政府很清楚设定价格下限将导致市场产出减少，因此，政府将实行其他政策来抵消价格下限所产生的市场反应。例如常见的"农产品价格支持"政策，政府设定某些农产品的价格下限，同时承诺购买所有由于价格下限所导致的农产品剩余。

实行这类政策时，生产者没有动机再努力吸引消费者，因为卖不出去的农产品

都将由政府以价格 p^f 收购。因此，市场供给曲线不会变动，如图 18-6 所示，生产者生产 x_s，而消费者购买 x_d。两者的差额由政府来解决。消费者和生产者都努力最优化自己的利益，由于政府购买多余产品，市场又处于均衡状态（$x_d < x_s$）。

练习 18A. 20 政府设定价格下限并保证收购盈余产品会造成生产者进入或退出市场吗？

练习 18A. 21 政府购买的量是如何随着需求和供给的价格弹性的不同而改变的？ ■

18A. 2. 3 福利的变化和价格下限 DWL 的产生 依然给定我们在这章的假设：消费者对商品 x 的偏好是拟线性的（因此需求曲线也就是边际支付意愿曲线）。有了市场供给曲线和需求曲线，我们就可以很容易地分析实行价格下限时新均衡带来的市场总剩余的变化。图 18-8 和图 18-6 类似，但是为了便于理解实行价格下限时的两种均衡状态下的不同的剩余，我们标记不同的区域。比如，我们可以先研究没有实行价格下限，市场均衡价格为 p^*，生产量为 x^* 时的剩余。消费者剩余是区域（$a+b+c$），生产者剩余是区域（$d+e+f$）。

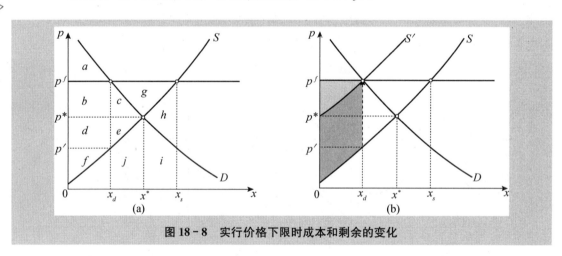

图 18-8 实行价格下限时成本和剩余的变化

再考虑政府实行价格下限而不辅以其他政策时的新均衡。由于生产者需要多加努力以吸引消费者造成成本增加，供给曲线上移。消费者只会消费 x_d 的量，消费者剩余为区域（a），如果你能仅仅通过看而非在图上移动供给曲线就得出结论的话，这个图像会更简单，因为你不必明确地画出来就可以巧妙地分析生产者剩余。

我们在图 18-7 的组图（a）和图 18-8 的组图（b）中已经表明，供给的变动是由于边际成本的增加（$p^f - p'$）造成的（箭头的长度）。在图 18-8 的组图（b）中，浅灰色阴影部分代表着新的生产者剩余，而深灰色阴影部分代表着生产者增加的成本。不过不用画出新的供给曲线，而仅仅减去多增加的生产成本并观察，我们就可以看出组图（a）的消费量与之相同并且每单位商品的价格为 p'。用这种方法减去增加的成本，就可以沿着原来的供给曲线算出剩余的边际成本（由于价格下限没有变化）。因此区域（f）恰好等于组图（b）中的浅灰色阴影部分，区域（$b+d$）与组图（b）中的深灰色阴影部分相等。

　　总结一下，消费者和生产者总剩余从之前的区域（$a+b+c+d+e+f$）缩减为区域（$a+f$）。生产者成本的增加——区域（$b+d$）的大小由生产者面对的具体的成本类型决定。比如，成本可以用在向消费者传达少量信息的广告上，但这是一种社会性的浪费。广告是一种使消费者从信息中受益的生产者利益的转移。因此，区域（$b+d$）部分代表着社会浪费，部分代表着经济中生产者利益向消费者的转移。区域（$c+e$）就是明确的损失。因此，实行价格下限出现的新均衡所带来的无谓损失 DWL 至少是区域（$c+e$），有时候可以达到区域（$b+c+d+e$）。

练习 18A. 22　需求价格弹性不同会造成无谓损失大小不同吗？ ■

　　下面再考虑政府实行价格下限并辅以政府购买政策来冲抵价格下限造成的非均衡时的新均衡。市场中的消费者只会购买 x_d，消费者剩余为区域（a）。生产者生产 x_s，而 x_s 与 x_d 之间的差额由政府购买，因此生产者所有的产品都可售罄。新的生产者剩余为价格下限之下供给曲线 S 之上的部分，增加为区域（$b+c+d+e+f+g$）。这并非最终结果，政府购买的支出也是一种社会成本。政府以 p^f 购买（x_s-x_d），总成本为 $p^f(x_s-x_d)$，表示在图中就是矩形（$c+e+g+h+i+j$）。消费者和生产者总剩余减去政府购买的成本就是区域（$a+b+d+f-h-i-j$）。

　　因此，实行价格下限之前的总剩余是区域（$a+b+c+d+e+f$），而实行之后的总剩余变为区域（$a+b+d+f-h-i-j$）——这里假设政府购买完多余商品就将之扔掉。这样，价格下限就产生了大小为（$c+e+h+i+j$）的无谓损失。假设政府并没有扔掉购买的商品，而是把商品卖给对之估值最高的消费者。由于对商品的估值高于 p^f 的消费者已经在市场中购买了商品 x_d，因此接下来对商品估值最高的消费者正处于需求曲线上 x_d 到 x_s 之间的部分。在本例中，我们把需求曲线解释为边际支付意愿曲线。消费者对政府购买的那部分商品的估值就是 x_d 与 x_s 之间低于需求曲线的部分，在图中表示就是区域（$c+e+i+j$）。这样政府就可以得到（$c+e+i+j$）大小的剩余。从无谓损失中减去此部分，就只有区域（h）了。无谓损失的大小取决于政府如何把所购买的商品再次推销给消费者，而这个无谓损失可能低到（h），也可能高达（$c+e+h+i+j$）。

练习 18A. 23　当需求价格弹性和供给价格弹性变化时，无谓损失的大小会怎么变化？ ■

　　初级微观经济学里最常见的价格下限的例子就是最低工资（minimum wage）标准。最低工资是影响劳动市场的一种价格下限，政府要求雇用者支付高于均衡工资的工资给劳动者，而这样的劳动市场一般都是与相对缺少技术含量的劳动挂钩。用本部分学习的理论，你就可以分析在这类市场上最低工资法对工人和生产者的影响，章末习题 18.7 就涉及这方面。

18A.3 价格上限

政府强制实行的高于均衡价格的是价格下限，而低于均衡价格的则是价格上限（price ceiling）。更详细地说就是，价格上限是法律上强制执行的最高价格，以任何高于此上限的价格交易都是违法的。价格上限若高于均衡价格，则对市场毫无影响，因为市场作用形成的均衡价格本来就低于价格上限。因此，价格上限只有在低于均衡价格时才有效力。

例如，如图 18-9 所示，价格上限 p^c 低于市场均衡价格 p^*。价格上限的设定使得最初的均衡价格 p^* 变得非法，由此迫使生产者与消费者以合法的最高价格 p^c 交易。但是在这个价格上，市场上的生产者只愿意生产 x_s，市场上产生短缺，消费者的需求有（$x_d - x_s$）得不到满足，此时市场因供不应求而处于非均衡状态。

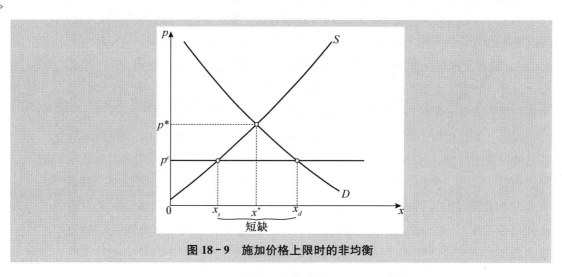

图 18-9 施加价格上限时的非均衡

练习 18A.24 当需求和供给的价格弹性变化时非均衡造成的商品短缺会如何变化？∎

不过，若是非均衡造成商品不足，某些形式的非价格配给将取代市场的价格配给的地位来将现有的商品分配给消费者。和前面说的类似，非价格配给一方面可能是由政府的有目的的政策所致，另一方面也可能是不依靠中央控制自发形成的。无论是怎么造成的，必须有某种方式来决定在执行价格上限情况下有限的商品由谁获得，还必须出现一种机制来使市场恢复到供求平衡的均衡状态。

18A.3.1 价格上限下的非价格配给 在执行价格下限时，在商品盈余的情况下，我们说，生产者将需要花费一些额外的努力来说服消费者购买他们的产品，而不是别人的产品。这造成生产的边际成本增加，使市场供给曲线上移，直到市场达到新的均衡。相反，价格上限产生短缺的情况，由于产品供不应求，想要得到产品的消费者必须付出额外的努力才可以得到产品。这些额外的努力是消费者必须付出的成本，因此，消费者对每单位产品的边际支付意愿都降低。这意味着，需求曲线将下降，因为消费者需要把付出的额外努力的成本考虑进去以获得生产数量受限的产品。这些努力可能有很多种形式，例如排队或者加入候选者名单，有时甚至是贿赂生产者或者政府官员以减少为获得产品的排队时间。

举个例子，如图 18-10 中的组图（a）所示，市场若想使所有的经济主体在给定的环境下都努力达到最优化的新的均衡，最初的需求曲线 D 必须下降（因为消费者需要付出额外的努力）到可以达到供求均衡的新的需求曲线 D' 处。新均衡中每单位额外努力的成本就等于虚线箭头的竖直长度。

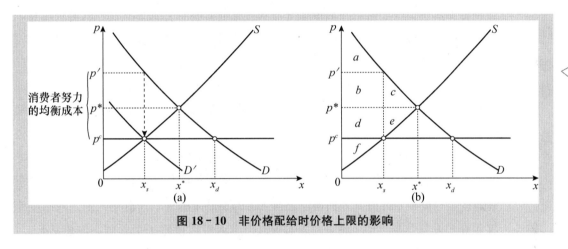

图 18-10　非价格配给时价格上限的影响

我们再来看看原来的需求曲线 D 和供给曲线 S 相交得到的均衡市场在实行价格上限后剩余是如何变化的，以及在实行价格上限后这种新市场均衡的情况。不用像组图（a）那样变动需求曲线，我们可以像组图（b）那样用更简洁的图来分析。这里，我们仅可以看出需求曲线潜在的变动会增加消费者成本（$p'-p^c$），也就是组图（a）中箭头的竖直长度。假如消费者最终将支付的价格是需求曲线 D' 上的 p^c 加上努力的成本如箭头所示的（$p'-p^c$），这也就是说，消费者最后支付更高的价格 p'。当新均衡产生时，消费者实际支付的价格为 p'。

消费者剩余从最初的（$a+b+c$）变为（a），生产者剩余从最初的（$d+e+f$）变为（f）。是否有人能获得（$b+d$）取决于决定新均衡的非价格配给的性质。例如，产品将被分配给排队的消费者。排队的损失就是一种无谓损失（$b+d$），对谁都没有好处。如果想要得到产品的人利用"副业"（如贿赂）而得到产品，箭头的每单位成本对消费者来说是成本，而对受贿者来说是收益。这样，消费者的额外成本就是经济中其他人的收入，而非无谓损失。但区域（$c+e$）并不能被弥补，因为产生此部分剩余的产品不再被生产了。因此，价格上限所造成的总的无谓损失的大小在（$c+e$）到（$b+c+d+e$）之间，这取决于决定新均衡的非价格配给的具体形式。[①]

练习 18A. 25 需求价格弹性和供给价格弹性不同对价格上限造成的无谓损失的大小有什么影响？ ■

18A. 3. 2　为消除价格上限造成的商品短缺的政府政策　当然，政府也可能非常明确地想要采取措施来消除价格上限造成的非均衡商品短缺。在章末习题 18.5 里，我们研究政府以国内价格上限的价格在国际市场（没有价格上限）上购买商品，并把所购的商品卖给国内消费者的影响。经过练习你会发现这种政策会带来额外的无谓损失。

但是，在执行价格上限的情况下，政府通常更可能会执行配给机制来决定有限的商品由谁获得。例如，一些市级政府实行"租金控制"政策，设定房屋市场的租金上限。这种政策造成的短缺不仅是由排队造成的，还是由谁有资格排队有明确的标准造成的。但是无论什么政策都不可能改变一个事实：干预市场价格机制会造成无谓损失。这个结论你可以通过章末习题 18.11 总结得出。（章末习题 18.6 会考察非政府组织执行价格上限的情况。）

18A. 3. 3　对一些价格上限为零的"市场"的伦理思考　还存在一些非经济学家没有想到的但非常有趣的执行价格上限为零的市场的例子，例如肾脏市场。你也许知道，有很多人等待肾脏捐赠以替换自己的不健康的肾脏。有些人主张政府应该放开肾脏买卖市场，允许健康的人卖肾（一个人可以依赖一个肾健康地生活）。但另一些人主张应该建立一种系统：个人可以将自己对肾的拥有权卖给某些组织，组织在捐献者意外需要肾脏移植的时候提供渠道。但是，政府将肾脏市场的价格设定为零，允许个人捐赠但不允许买卖肾脏。这样的价格上限的规定导致了肾脏短缺，因此一个复杂的动态调整的排队系统已经建立起来，使肾功能不断衰竭的人尽快获得移植。

章末习题 18.13 会研究肾脏市场的例子，在这儿我们仅仅是提醒你，生活中有很多离你很近的例子。虽然价格上限不可避免地会造成很大的无谓损失并引发伦理思考，但是这并不在经济学家的考察范围内。例如，在肾脏市场上，由于政府设定的零价格上限造成的无谓损失非常大，而且这些无谓损失还包括不必要的死亡，很多人等了很多年也没能等到他们需要的肾脏来移植。尽管如此，出于伦理考虑，很多人可能赞成现在的价格上限系统（或许有些人会不赞成），它既不准

[①]　若非价格配给机制需要排队并且不允许花钱雇人来代为排队，则无谓损失可能变得更大。若某个人对商品 x 的边际支付意愿最高，同时他排队所浪费的时间的机会成本也非常高，则他不愿意排队。这样的话，排队的都是那些边际支付意愿较低的人。

卖肾脏，也不允许卖对肾脏的拥有权。

个人究竟是否有权利卖器官呢？我不知道如何回答这个深刻的人类学问题，姑且留给别人吧。作为经济学家，我在思考如果开放肾脏市场，穷人会不会受到一个肾脏 5 万美元或者 10 万美元的诱惑而大量卖肾。即使生命因为移植而再焕生机，但这么做对不对？这里再次强调，经济学家能做的就是告诉你组织的变化如何影响个体的行为，但更深刻的伦理评判就是我们作为非经济学家去思考的事了。其他领域也有这样的问题，例如，出于生育目的而捐献精子与卵细胞；在夫妇放弃婴儿的情况下，生产诊所售卖冷冻的婴儿胚胎；为科研目的进行胚胎买卖；或者一些儿童"领养市场"的明确的定价问题。

18A.4 "集中分享收益，分散承担成本"的政治

有时价格上限的执行是出于伦理考虑（例如肾脏市场），而现实世界中执行的价格上限和下限往往不仅是出于伦理考虑，尤其当全面分析这类政策的影响时。这类政策可能是由不同的利益团体控制的政治决策过程的结果，这些利益团体通过制定对它们有利的政策来获得更大的利益。我们将在第 28 章做更详细的讲述，不过这里我想介绍一个一些经济学家和政治学家研究出来的方法，去思考为什么一些会带来无谓损失的政策被执行了，而其他备选政策却未被执行。在这本书剩余的部分里，我们将看看基础的政治行为"模型"是如何解释现实生活里很多政策的制定过程以及这些政策是如何作用于现实世界的。

基本的观点是：利益团体可以影响政策的制定过程，如果政策利益集中由少数人获得，那么特定的受益团体会更有效率；如果政策利益过于分散，那么成本会很高。例如，考虑政府的农产品价格支持政策，政府在承诺购买多余农产品的前提下执行价格下限。谁会从此政策里获益？谁来承担成本？一方面，受惠者相对集中，即能以较高价格销售更多农产品的农民（无论是卖给消费者还是政府），或者是那部分能从政府手里购买到农产品的人（政府将购得的农产品以更低的价格卖给他们）。另一方面，承担成本的基本是每个人，即所有购买农产品的人（支付更高的价格）和所有的纳税人，因为政府支出的资金都来自纳税人的税收。

政策的受惠者只是少部分人而受损者是大部分人，这可能违反直觉，而民主的过程很有可能导致这样的政策决策。但是如果政策制定过程受到利益团体的左右，利益团体要想实现影响力就必须进行组织或者游说，那么将能从这一政策中得到巨大好处的这些人组织起来当然更容易。受到农产品价格支持政策的影响，食品价格可能只轻微上扬，这样消费者就只承担少许成本，甚至都没意识到为什么价格上涨了。想组织大多数人不容易，但是组织起少数的农民来支持农产品价格支持政策就很容易。"集中分享收益，分散承担成本"的政策因此就可以解释为什么要让少数人受惠而多数人承担成本了，即使这样总成本会远远大于总收益。

这就给政策制定者提出了一个很大的挑战：要是执行某些政策的总成本大于总收益，那么就应该出于大多数人的考虑不执行政策，取而代之地直接对受惠者进行补贴。也就是说，无论是否有无谓损失，一个政策的执行应该至少要在某一方没有损失的情况下使另一方得到改善，甚至双方都应得到改善。但是，这样的做法以及防止利益团体再次游说是很艰难的政策挑战。[①]

18A.5 关于一般均衡考虑的一个注解

这章对价格扭曲政策的分析完全在局部均衡框架内，明确假定在一个市场上执行价格上限和价格下限不会影响其他市场，也就是说其效果没有"溢出"。这没有什么特殊的，但是对政策进行全面分析就要求考虑这种溢出效应，这样的话，对政策的影响的分析就会有所不同。对于这个问题的全面分析超出了本书的研究范围，这里可以简单地举个例子来看看一般均衡的重要性。

例如，章末练习18.7要求你在局部均衡框架内分析最低工资标准。你会得出标准的结果——最低工资标准会导致劳动市场受到影响，就业率的下降受最低工资标准影响，未被解雇的工人的剩余可能有所增加（但被解雇的工人的剩余降低），雇用受最低工资标准保护的工人的厂商的成本会增加。[②] 但是一些经济学家认为，对最低工资法效果的全面分析必须包括一般均衡分析，分析厂商成本的增加是怎么转化到经济体其他产品价格上的。这是正确的，例如，受最低工资标准影响的工人倾向于在产品和服务不成比例地由低收入水平家庭消费的工厂工作。由于这些工厂的成本不成比例地增加，其产品价格也会不成比例地增加。劳动市场中一些家庭可能因收入增加而受益，但是又不得不面对产品和服务价格的上涨，开支增加。很明显，要想追踪最低工资标准增加带来的对一般均衡价格的影响是非常复杂的，要想统计出谁是最终的受惠者、受惠多少也是非常不容易的。但如果不这么分析价格扭曲政策，我们会遗漏非常重要的经济影响。[③]

练习 18A.26[*] 考虑第16章提到的鲁滨逊·克鲁索生产经济，假设目前经济处于工资为 w^* 和价格为 p^* 的均衡状态。现在假设政府要求这个经济体中的工资不能低于 kw^*（$k>1$），那么要怎样才能使经济再次回到均衡？ ■

---

① 例如，1996年，国会通过了一项大型农场法案，总统也签字通过了。该农场法案的目的就是大力补贴农民因农产品价格下降而受到的损失，这也是一个致力于减少无谓损失的政策的例子，保证政策受惠者不会再次受损。农场利益团体支持这项政策。但是，几年后，农产品价格支持政策取代了农场法案。

② 这个结果有一些争议，在20世纪90年代一个研究声称发现由于最低工资标准提高，就业率上升。但是一些经济学家仍然认为这个结果不正常，这可能是由于研究者的计量方法不科学，因为研究没有展现最低工资标准增加后的一些明显的效果。

③ 一个对最低工资标准的一般均衡分析表明，1/4的低收入工人受益于最低工资标准，3/4的工人受损于最低工资标准（T. MaCurdy, and F. McIntyre, "Winners and Losers of Federal and State Minimum Wages," Public Policy Institute of California, 2001）。

18B　弹性与价格扭曲的数学分析

价格弹性的数学表现形式比较直白，只需要用到简单的弹性公式和微积分符号。类似地，一旦我们明白了像价格上限和价格下限这样的价格扭曲政策背后潜在的经济学道理，那么这些变化的数学描述就能非常直截了当地从 A 部分的图中看出来了。因此，本章的这部分就会比较短，着重强调基本功，并会在章末给你留一些习题。

18B.1　弹性

我们在 A 部分讨论过用弹性衡量经济行为对经济变量的反应程度。例如，术语"需求价格弹性"就是指需求对价格变化的反应；"需求收入弹性"就是指需求对收入变化的反应；"交叉价格弹性"就是指对某种商品的需求对其他商品价格变化的反应。

18B.1.1　需求价格弹性　在 A 部分中，我们简单地计算了一些基本的需求价格弹性，但没有用到微积分去推导需求价格弹性的表达式。需求曲线上两点的价格弹性可以表示为：

$$\varepsilon_d = \frac{\Delta x/x_{avg}}{\Delta p/p_{avg}} = \frac{\Delta x}{\Delta p}\frac{p_{avg}}{x_{avg}} \tag{18.3}$$

在线性需求曲线的特例中，用该方程可以精确地算出价格弹性，但是若需求曲线不是线性的，得出的结果就只是近似值了。计算需求曲线上某一点的价格弹性的方式是计算价格和数量的微小的变化，用微积分符号表示微小的变化就是把式（18.3）中的 Δ 变成 d，即：

$$\varepsilon_d = \frac{dx}{dp}\frac{p}{x(p)} \tag{18.4}$$

在近似方程里求需求价格弹性时，可取变量的平均值，而现在用变量的实际值（价格和数量）来估计弹性的大小。

例如，图 18-3 所示的线性需求曲线用方程表示为 $p=400-(1/2)x$，写成 x 的方程就是：

$$x(p)=800-2p \tag{18.5}$$

对之求导，$dx/dp=-2$，将之代入价格弹性的方程中，我们得到价格弹性的一般表达式：

$$\varepsilon_d = -2\left(\frac{p}{800-2p}\right) = \frac{-p}{400-p} \tag{18.6}$$

分母是需求方程 $x=800-2p$。这样我们就可以把价格弹性表示为价格的方程。

练习 18B. 1 你能将价格弹性表示为需求的方程吗？（提示：考虑替换分子。）■

上述方程告诉我们，价格弹性在 $p=300$ 时是 -3；当 $p=200$ 时是 -1；当 $p=100$ 时是 $-1/3$。这分别与我们在图 18-3 中得到的点 B、A 和 C 的结果相同。

练习 18B. 2 用你在练习 18B. 1 中得到的价格弹性方程，验证当 x 等于 200、400 和 600 时，价格弹性与上述结果相同（分别对应于图 18-3 中的点 B、A 和 C 的价格弹性）。■

我们也可以正式地提出：当需求曲线是线性的时，需求曲线中点上的价格弹性为 -1。假如需求曲线为 $p=A-\alpha x$，即在线性需求曲线图上，价格的截距为 A，斜率为 $-\alpha$，则方程还可以写成 $x(p)=(A-p)/\alpha$。代入价格弹性公式，就是 $\varepsilon_d=-p/(A-p)$。设定 ε_d 等于 -1，解得当 $p=A/2$ 时价格弹性为 -1，此时价格是纵截距 A 的一半，也就是需求曲线的中点。

18B. 1. 2 价格弹性和消费者支出 接着我们在 A 部分讨论了当价格弹性介于 -1 和 0 之间时，价格增加会使消费者支出也增加，而当价格弹性小于 -1 时，价格增加会使消费者支出减少。这在数学上很好证明。

现在假设需求方程是一般的 $x(p)$[①] 形式。价格上涨导致的总的消费者支出的变化可以表示为对 TS 求价格的导数，用链式法则可以写成：

$$\frac{\mathrm{d}(TS)}{\mathrm{d}p}=x(p)+p\frac{\mathrm{d}x}{\mathrm{d}p} \qquad (18.7)$$

只要这个表达式为 0，即只要 $p(\mathrm{d}x/\mathrm{d}p)=-x(p)$，消费者支出就不会随价格小幅度增加而变化。把 $p(\mathrm{d}x/\mathrm{d}p)=-x(p)$ 写成：

$$\frac{p}{x(p)}\frac{\mathrm{d}x}{\mathrm{d}p}=-1 \qquad (18.8)$$

等式左边为价格弹性 ε_d 的公式。当 $\varepsilon_d=-1$ 时，价格的微小变动不会使消费者支出有所改变。当 $p(\mathrm{d}x/\mathrm{d}p)>-x(p)$ 时，消费者支出会随价格上升而增加，将该式两边同除以 $x(p)$ 得到：

$$\frac{p}{x(p)}\frac{\mathrm{d}x}{\mathrm{d}p}=\varepsilon_d>-1 \qquad (18.9)$$

---

① 我们在消费者理论中推导出来的需求方程的一般形式，不仅是需求的价格方程，也是需求的收入方程。例如，在有 M 种消费商品的模型里，需求方程的一般表达式是 $x_i(p_1, p_2, \cdots, p_M, I)$。将需求方程表示为 x 的表达式 $x(p)$，这只不过是保持其他价格不变的更一般的需求方程，对于收入方程也一样。

所以，当需求价格无弹性（$\epsilon_d > -1$）时，消费者支出会随价格上升而增加，随价格下降而下降。

练习 18B.3* 证明当需求价格弹性小于-1时，消费者支出随价格上升而减少，随价格下降而增加。■

18B.1.3 不变价格弹性的需求曲线 对于很多种偏好而言，个人最大化行为的需求曲线的价格弹性是常数，而非在需求曲线上处处不同。例如，拟线性偏好的效用方程是 $u(x_1, x_2) = \alpha \ln x_1 + x_2$。你也可以自己推导出 x_1 的需求方程，即：

$$x_1(p_1, p_2) = \frac{\alpha p_2}{p_1} \tag{18.10}$$

用上式计算需求价格弹性的公式，可得：

$$\epsilon_d = \frac{dx_1}{dp_1}\left(\frac{p_1}{x_1(p_1, p_2)}\right) = \left(\frac{-\alpha p_2}{p_1^2}\right)\left(\frac{p_1}{\alpha p_2/p_1}\right) = -\left(\frac{\alpha p_2}{p_1^2}\right)\left(\frac{p_1^2}{\alpha p_2}\right) = -1 \tag{18.11}$$

因此，这个效用方程所表示的偏好就表明拟线性的商品 x_1 有着单位弹性的需求方程。

练习 18B.4 如果偏好是柯布-道格拉斯函数形式的，即效用方程是 $u(x_1, x_2) = x_1^\alpha x_2^{(1-\alpha)}$，$x_1$ 和 x_2 的需求价格弹性是多少？〔提示：在这种情况下需求方程为 $x_1(p_1, I) = \alpha I/p_1$ 和 $x_2(p_2, I) = (1-\alpha)I/p_2$。〕■

单位弹性的需求曲线是不变价格弹性的需求曲线的一个例子，不变价格弹性的需求曲线的价格弹性也可能不是-1，例如，拟线性偏好的效用方程的形式是 $u(x_1, x_2) = \alpha x_1^\beta + x_2$，$x_1$ 的需求曲线可以写成如下形式：

$$x_1(p_1, p_2) = \left(\frac{\alpha \beta p_2}{p_1}\right)^{1/(1-\beta)} \tag{18.12}$$

再用价格弹性的公式推导可得 $\epsilon_d = -1/(1-\beta)$。例如，当 $\beta = 0.5$ 时，x_1 的需求曲线的价格弹性就为-2。图 18-5 给出了价格弹性为常数-1和-2的两个例子。

18B.1.4 其他类型的价格弹性 我们已经注意到，弹性是一种描述受经济变量变动影响的经济行为的变动的一般概念。在章末习题里，我们将集中介绍其他类型的弹性。例如，需求收入弹性——收入变动1%造成需求变动多少个百分点，用数学公式表达就是：

$$\varepsilon_I = \frac{\mathrm{d}x}{\mathrm{d}I} \frac{I}{x(I)} \tag{18.13}$$

x_i 相对于其他商品 x_j 的价格 p_j 的交叉价格弹性是：

$$\varepsilon_{x_i, p_j} = \frac{\mathrm{d}x_i}{\mathrm{d}p_j} \frac{p_j}{x_i(p_j)} \tag{18.14}$$

类似地，我们可以写出供给价格弹性，即：

$$\varepsilon_s = \frac{\mathrm{d}x_s}{\mathrm{d}p} \frac{p}{x_s(p)} \tag{18.15}$$

在每个等式里我们都用到了用 x 函数表示的简化符号，这表示保持方程中其他变量不变。

练习 18B. 5　你能从收入弹性的表达式中看出弹性的符号取决于 x 是正常品还是劣质品吗？

练习 18B. 6　你能看出交叉价格弹性的符号取决于交叉价格需求曲线的斜率吗？ ■

18B. 2　在价格下限和价格上限下计算均衡

一旦理解表示价格上限和价格下限的影响的图，而且需求曲线和供给曲线都是线性的，就不难算出这些图的各个组成部分的大小。接下来，我们要迅速地用一个例子进行说明，其他的留作课后练习。不过，若需求曲线和供给曲线不是线性的，那么算起来就具有一定的挑战性。大体上，我们需要用到积分（不像是在线性情况下直接加总集合区域那么简单）来计算消费者剩余和生产者剩余。对积分掌握得比较好的同学，本书会为你们提供第二个非线性的需求曲线的例子。在例子中我们看看价格下限的情况，章末习题中有关于价格上限方面的练习。

18B. 2. 1　需求曲线和供给曲线线性时的价格上限和价格下限　假设需求曲线的方程是 $p = A - \alpha x_d$，供给曲线的方程是 $p = B + \beta x_s$。两个曲线被表示在图 18-11 中，截距和斜率如图所示。把方程写成数量关于价格的形式，则需求曲线方程和供给曲线方程分别是：

$$x_d(p) = \frac{A - p}{\alpha}, \; x_s(p) = \frac{p - B}{\beta} \tag{18.16}$$

当处于均衡（没有价格扭曲）时，上述两个式子应该相等，即 $x_d(p) = x_s(p)$，解得均衡价格 p^* 为：

$$p^* = \frac{\beta A + \alpha B}{\alpha + \beta} \tag{18.17}$$

练习 18B. 7　你能将图 18-11 中的 x^* 表示成需求曲线和供给曲线方程的参数 A，α，B，β 的形式吗？ ■

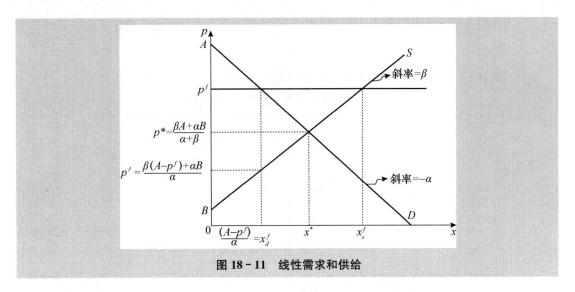

图 18-11 线性需求和供给

现在假定政府设定一个高于均衡价格 p^* 的价格下限 p^f，市场上的交易数量由一个更高价格上的消费者需求决定。将价格下限 p^f 代入就可以得到：

$$x_d(p^f)=(A-p^f)/\alpha$$

练习 18B. 8 初始非均衡中的商品 x 的剩余是多少？■

从 A 部分的内容我们知道，在没有任何其他项目存在的时候，为了以较高的价格把商品卖给数量较少的消费者，生产者现在会付出额外的努力。这些额外的努力是生产者的成本，从而使供给曲线向上移动，一直到其与需求曲线相交在 p^f 处，对应的消费者需求为 $(A-p^f)/\alpha$。换言之，生产者将得到的实际价格 p'（除去额外发生的成本之后的价格）在新的均衡中必须满足方程：

$$\frac{A-p^f}{\alpha}=\frac{p'-B}{\beta} \tag{18.18}$$

求解 p'，我们得到：

$$p'=\frac{\beta(A-p^f)+\alpha B}{\alpha} \tag{18.19}$$

练习 18B. 9 供给曲线会上移多少？用需求曲线和供给曲线方程的参数以及 p^f 来表示。■

一旦我们找到价格下限执行前和执行后的均衡，已知需求曲线和供给曲线的线性性质，消费者剩余和生产者剩余就非常容易计算（即求三角形和长方形的面积）。在表 18-1 中，我们设定 $A=1\,000$，$B=0$，$\alpha=\beta=10$。随着价格下限 p^f 的提高，需求量 x_d^f 下降（是新均衡的交易数量），生产者接收到的价格 p'（除去努力成本）下降，消费者剩余和生产者剩余（$CS_{p'}$ 和 $PS_{p'}$）也下降。最后，在每个价格下限下净损失的大小的下界和上界在表的最后两列中给出，其中上界包含了生产者的努力成本。

表 18 - 1　　　　　需求曲线和供给曲线线性时价格下限下的均衡

（$A=1\,000$，$B=0$，$\alpha=\beta=10$）

p^f（美元）	x_d^f	p'（美元）	CS_{p^*}（美元）	CS_{p^f}（美元）	PS_{p^*}（美元）	PS_{p^f}（美元）	DWL_{low}（美元）	DWL_{high}（美元）
500	50	500	12 500	12 500	12 500	12 500	0	0
600	40	400	12 500	8 000	12 500	8 000	1 000	9 000
700	30	300	12 500	4 500	12 500	4 500	4 000	16 000
800	20	200	12 500	2 000	12 500	2 000	9 000	21 000
900	10	100	12 500	500	12 500	500	16 000	24 000
1 000	0	0	12 500	0	12 500	0	25 000	25 000

练习 18B. 10　你能用图说明为什么随着价格下限的提高，无谓损失的上界和下界最终会重合吗？

练习 18B. 11　你能用需求方程和供给方程以及 p^f 将生产者付出的额外的努力成本表示成一个方程吗？■

在表 18 - 1 的例子中，需求曲线和供给曲线斜率的绝对值相等，这就造成价格下限对消费者剩余和生产者剩余的影响是对称的。表 18 - 2 显示的是需求曲线和供给曲线斜率不同时价格下限 $p^f=600$ 美元的影响。执行价格下限之前的均衡是 $p^*=500$ 美元，$x^*=50$。在表的第一部分，需求曲线不变（截距 $A=1\,000$，斜率 $-\alpha=-10$），但是供给曲线更平坦，斜率 β 变小（截距 B 被调整以保持执行价格下限之前的均衡不发生改变）。在表的第二部分，供给曲线不变（截距 $B=0$，斜率 $\beta=10$），而需求曲线的斜率 α 变小（截距 A 被调整以保持执行价格下限之前的均衡不发生改变）。最后，表的第三部分中的需求曲线和供给曲线同时变平坦。

表 18 - 2　价格弹性变化时价格下限下的均衡（$p^*=500$ 美元，$x^*=50$，$p^f=600$ 美元）

$A=1\,000$　$\alpha=10$								
β	B	x_d^f	CS_{p^*}（美元）	CS_{p^f}（美元）	PS_{p^*}（美元）	PS_{p^f}（美元）	DWL_{low}（美元）	DWL_{high}（美元）
10	0	40	12 500	8 000	12 500	8 000	1 000	9 000
8	100	40	12 500	8 000	10 000	6 400	900	8 100
6	200	40	12 500	8 000	7 500	4 800	800	7 200
4	300	40	12 500	8 000	5 000	3 200	700	6 300
2	400	40	12 500	8 000	2 500	1 600	600	5 400
0	500	40	12 500	8 000	0	0	500	4 500

续前表

			$B=0$	$\beta=10$				
α	A	x_d^f	CS_{p*}（美元）	CS_{pf}（美元）	PS_{p*}（美元）	PS_{pf}（美元）	DWL_{low}（美元）	DWL_{high}（美元）
10	1 000	40	12 500	8 000	12 500	8 000	1 000	9 000
8	900	37.50	10 000	5 625	12 500	7 031	1 406	9 844
6	800	33.33	7 500	3 333	12 500	5 556	2 222	11 111
4	700	25.00	5 000	1 250	12 500	3 125	4 375	13 125
2	600	0	2 500	0	12 500	0	15 000	15 000
			$B=0+\gamma$	$A=1\,000-\gamma$				
$\alpha=\beta$	γ	x_d^f	CS_{p*}（美元）	CS_{pf}（美元）	PS_{p*}（美元）	PS_{pf}（美元）	DWL_{low}（美元）	DWL_{high}（美元）
10	0	40	12 500	8 000	12 500	8 000	1 000	9 000
8	100	37.50	10 000	5 625	10 000	5 625	1 250	8 750
6	200	33.33	7 500	3 333	7 500	3 333	1 667	8 333
4	300	25.00	5 000	1 250	5 000	1 250	2 500	7 500
2	400	0	2 500	0	2 500	0	5 000	5 000

练习 18B. 12 用图说明表 18-2 的每一部分的第三行的信息，并尽可能地标注这些信息。

练习 18B. 13* 为什么表 18-2 的后两部分的无谓损失的下界和上界最终重合而第一部分的却没有？■

18B. 2. 2 非线性的需求曲线 当市场的需求曲线和供给曲线非线性时，计算价格上限和价格下限的影响与计算线性情况下的影响很相似，唯一的不同就是为了更加精确地计算消费者剩余和生产者剩余，需要用到积分。如果你对积分计算不太熟悉，你可以跳过这一部分。

例如，假定市场需求方程和供给方程分别是：

$$x_d(p)=\frac{40\,000\,000}{p^2}, \; x_s(p)=547\,192p^{2/3} \tag{18.20}$$

这与我们在第 14 章和第 15 章遇到的需求曲线和供给曲线一样，需求曲线是从拟线性偏好中推导出的，供给曲线代表着短期市场供给曲线，从特定的生产技术中推导而来。如图 18-12 的组图（a）和组图（b）所示，组图（a）表示的是反需求函数和供给函数，组图（b）表示的是实际的方程。

练习 18B. 14 需求价格弹性是多少？供给价格弹性呢？■

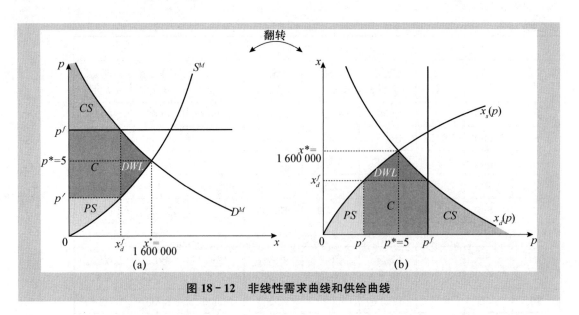

图 18 - 12　非线性需求曲线和供给曲线

你可以再证明这些需求方程和供给方程的市场均衡是 $p^* = 5$ 美元且 $x^* = 1\ 600\ 000$。现在假设政府强制执行价格上限 $p^f > 5$ 美元〔即组图（a）中的水平实线，组图（b）中的垂直实线〕，市场交易量由减少的消费者需求决定：

$$x_d(p^f) = \frac{40\ 000\ 000}{(p^f)^2} \tag{18.21}$$

生产者为了达到这个供给量，有效价格 p'（将他们为了吸引一部分消费者而付出的额外努力成本考虑在内）必须满足一个条件：$x_d(p^f) = 547\ 192(p')^{2/3}$。将方程（18.21）代入这个条件，解出 p'，得到：

$$p' = \frac{625}{(p^f)^3} \tag{18.22}$$

在图 18 - 12 的组图（b）中，我们很容易看出执行价格下限 p^f 之后的消费者剩余就是低于需求曲线 $x_d(p)$、高于垂直实线 p^f 的区域。也就是说，消费者剩余是：

$$CS = \int_{p'}^{\infty} x_d(p)\mathrm{d}p = \int_{p'}^{\infty} \frac{40\ 000\ 000}{p^2}\mathrm{d}p = \frac{40\ 000\ 000}{p^f} \tag{18.23}$$

另外，从图 18 - 12 的组图（b）中可以看出生产者剩余就是供给曲线 $x_s(p)$ 与价格 p' 之间的区域（努力成本已经从交易成本 p^f 中减去），即：

$$PS = \int_0^{p'} x_s(p)\mathrm{d}p = \int_0^{p'} 547\ 192 p^{2/3}\mathrm{d}p = \left(\frac{3}{5}\right)547\ 192(p')^{5/3} \tag{18.24}$$

将等式（18.22）代入，写成价格下限 p^f 的函数的形式就是：

$$PS = \left(\frac{3}{5}\right)547\ 192\left(\frac{625}{(p^f)^3}\right)^{5/3} \approx \frac{15\ 000\ 000\ 000}{(p^f)^5} \tag{18.25}$$

生产者用来吸引较少数量的消费者的额外努力成本 C 跟之前一样等于 $(p^f - p')x_d^f$，

将等式（18.22）中的 p' 和（18.21）中的 x_d^f 代入其中就可以写成：

$$C = \frac{((p^f)^4 - 625) \times 40\,000\,000}{(p^f)^5} \tag{18.26}$$

最后，无谓损失有下界和上界，实际无谓损失取决于成本 C 是损失了还是被转移到其他经济主体上了。更详细地说就是，无谓损失最小只有图 18-12 的 DWL 区域那么小，最大有 DWL 和 C 的总和那么大。

练习 18B.15[**] 你能推导出无谓损失的上界和下界关于 p^f 的函数吗？■

用我们学过的众多方程，表 18-3 计算出了不同价格下限下的均衡产出，第一行表示没有执行价格下限时的均衡（也就是完全竞争的均衡价格）。

表 18-3 　　　　　　　　非线性需求和供给情况下不同价格下限下的均衡
（除了 p^f 和 p' 外，所有的值均以 1 000 为单位）

p^f（美元）	x_d^f	p'（美元）	CS（美元）	PS（美元）	C（美元）	DWL_{low}（美元）	DWL_{high}（美元）
5	1 600	5.00	8 000	4 800	0	0	0
6	1 111	2.89	6 667	1 929	3 452	753	4 204
7	816	1.82	5 714	892	4 227	1 966	6 193
8	625	1.22	5 000	458	4 237	3 105	7 342
9	494	0.86	4 444	254	4 021	4 080	8 102
10	400	0.63	4 000	150	3 750	4 900	8 650
15	178	0.19	2 667	20	2 634	7 480	10 114
20	100	0.08	2 000	5	1 992	8 803	10 795

结论

在一系列章节中，本章首次讨论了当福利经济学第一定理不成立时，完全竞争市场可能会带来无效率产出的情况。其中一种情况就是价格信号被政策扭曲，本章的前面部分我们已经看到价格下限和价格上限带来的扭曲可能会造成无谓损失（或者无效率）。无谓损失的存在表明至少在理论上应该存在一种消除价格扭曲政策的方法来使每个人都更好，因为价格扭曲政策造成的所有人的总体损失大于总体收益。同时，我们注意到，有的价格扭曲政策产生的原因不在我们的研究范围内，它可能包含着复杂的伦理思考，非经济学家可能更感兴趣。你应该记住，我们的分析适用于没有其他扭曲的完全竞争市场。后面我们将看到，在没有某些扭曲时会产生无效率的政策也可能在存在其他扭曲时减少无效率的发生。

当然，价格扭曲带来的无谓损失的大小与特定的市场有关，因此我们到现在才提到价格弹性的概念，不同的市场参与者受价格扭曲政策影响的大小与价格弹性关系很大。下一章也类似，我们将思考形式没那么明显的价格扭曲的状况，并将回顾在消费者理论中遇到过的问题。特别是，我们会看看税收和补贴政策是如何扭曲价格的，并且再次研究价格弹性在这些政策效果的发挥中所扮演的重要角色。

章末习题[①]

18.1 考虑向下倾斜的需求曲线。

A. 在本题中，我们要考察当需求曲线接近纵轴和横轴时，价格弹性会怎么变化。

a. 首先画一个斜率为负常数的需求曲线。选取需求曲线上大概三分之一处的一个点 A，画出该点的价格和数量。

b. 然后，假设价格下降一半，在需求曲线上画出这个点 B。从点 A 到点 B 的数量变化的百分比的绝对值比价格变化的百分比的绝对值大还是小？

c. 接着，价格再下降一半，在需求曲线上画出该点 C。价格从点 B 下降到点 C 与从点 A 下降到点 B 的百分比相同，那么数量变化的百分比是不是也相同呢？

d. 若向下移动需求曲线，需求价格弹性将怎么变化？

e. 当接近横轴时，需求价格弹性会怎么变化？

f. 从需求曲线上的四分之一处的点 A' 开始，在需求曲线上画出该点，然后选取消费量是点 A' 一半的点 B'。从点 A' 到点 B' 价格变化的百分比的绝对值比数量变化的百分比的绝对值是大还是小？

g. 然后再选取消费量是点 B' 一半的点 C'，从点 B' 到点 C' 的数量变化的百分比与从点 A' 到点 B' 数量变化的百分比相等吗？价格变化的百分比相等吗？

h. 若向上移动需求曲线，那么需求价格弹性怎么变化？若我们不停地重复该行为从而越来越接近纵截距，价格弹性会怎么变化？

B. 考虑线性需求曲线 $p = A - \alpha x$ 的情况。

a. 推导出需求价格弹性。

b. 求价格无限趋近零时的需求价格弹性的极限。

c. 求价格无限趋近 A 时的需求价格弹性的极限。

18.2 在本习题中，我们将探索（非补偿）需求价格弹性以外的其他情境下的弹性的概念。（假设只有两种商品。）

A. 判断下面的每个问题的正误并解释。

a. 吉芬商品的需求收入弹性是负的。

b. 若偏好是同位的，需求收入弹性为正。

---

c. 若商品 x 的偏好为拟线性的，需求收入弹性为 0。

d. 若商品 x_1 的偏好为拟线性的，交叉价格弹性为正。

e. 若偏好是同位的，交叉价格弹性总为正。

f. 补偿需求价格弹性总是正的。

g. 两种商品的替代性越强，补偿需求价格弹性的绝对值越大。

B. 首先考虑柯布–道格拉斯偏好需求函数 $x = \alpha I / p$。

a. 得出需求收入弹性并解释符号。

b. 已知柯布–道格拉斯偏好是同位的。在同位偏好的性质下，你怎么回答（a）的问题？

c. 需求的交叉价格弹性是什么？你能解释吗？

d. 如果不知道能描述拟线性偏好的精确函数形式，怎么证明需求收入弹性一定为 0？

e. 考虑需求函数是 $x_1(p_1, p_2) = (\alpha p_2 / p_1)^{\beta}$ 的情况，推导需求的收入弹性和交叉价格弹性。

f. 是否可以说这个需求函数的偏好是拟线性的或者是同位的？

†**18.3** 在劳动市场上也可以讨论需求和供给的反应程度，也就是弹性。

A. 判断下列表述是否正确，并说明原因。

a. 若闲暇和消费是正常品，劳动供给的工资弹性一定为正。

b. 在章末习题 9.5 中，我们提到劳动供给曲线是向后弯曲的。在本例中，劳动供给的工资弹性在低工资水平上为正，而在高工资水平上为负。

c. 劳动需求的工资弹性总为负。

d. 劳动需求的工资弹性在长期的绝对值至少与短期一样大。

* e. （在第 19 章里我们详细讲了补偿劳动供给曲线，即无论工资多少都能保证你能达到相同的无差异曲线的劳动供给曲线。）补偿劳动供给的工资弹性一定为负。

* f. 长期的劳动需求关于（资本）租金率的弹性（即交叉价格弹性）总为正。

* g. 劳动需求价格弹性是正的，而且随着时间的变长而增加。

** B. 假设消费和闲暇的偏好是柯布–道格拉斯形式的。

a. 推导劳动供给方程。

b. 此例中的劳动供给工资弹性是多少？解释这与柯布–道格拉斯形式的偏好的弹性有什么关系。

c. 接着，假设生产过程需要劳动和资本作为投入品，并且存在规模报酬递减，生产函数是柯布–道格拉斯形式的。推导劳动需求的长期的工资弹性。[1]

---

① 柯布–道格拉斯方程的形式是 $f(\ell, k) = A\ell^{\alpha}k^{\beta}$，劳动需求函数是：

$$\ell(w, r, p) = \left(\frac{pA\alpha^{(1-\beta)}\beta^{\beta}}{w^{(1-\beta)}r^{\beta}} \right)^{1/(1-\alpha-\beta)}$$

(18.27)

d. 推导劳动需求的租金率弹性。这个弹性是正的还是负的？

e. 推导劳动需求的长期产出价格弹性。这个弹性是正的还是负的？

f. 在短期资本固定不变。你能推导出短期的劳动需求价格弹性吗？你能将之与问题（c）中的长期弹性相联系吗？

g. 你能推导劳动需求的短期产出价格弹性吗？将之与长期弹性进行比较。

18.4 在本题中，资本的租金率等于实际利率。

A. 现在我们考虑储蓄和借款行为相对于利率变化（以及其他价格）的反应程度，也就是弹性。假设现在和未来的偏好是同位的，并进一步假设生产边界（以资本和劳动作为投入）也是同位的。

a. 对于一个现在能获得收入而未来不能的年轻人来说，储蓄的利率弹性（或者说资本供给的弹性）是正的还是负的？

b. 对于一个现在不能获得收入而未来可以的人来说，借贷的利率弹性（或者说资本需求的弹性）是正的还是负的？

c. 公司的资本需求的利率弹性是正的还是负的？

d. 公司的资本需求的工资弹性是正的还是负的？

e. 资本需求的产出价格弹性是正的还是负的？

** B. 假设跨期消费偏好是柯布-道格拉斯形式的，并假设生产技术（以劳动和资本作为投入）也是柯布-道格拉斯形式的，并存在规模递减。

a. 假设你本期的收入是 e_1，未来的收入是 e_2。建立跨期效用最大化问题，推导现在的消费需求 c_1。

b. 假设你的所有收入都是在本期获得的（即 $e_2=0$），那么你的储蓄函数是什么？储蓄（资本供给）的利率弹性是多少？

c. 假设你的所有收入都发生在下期（即 $e_1=0$），那么借款（资本需求）的利率弹性是多少？

d. 推导公司的资本需求的利率弹性。这个弹性是正的还是负的？[1]

e. 计算资本需求的工资弹性以及公司的资本需求的产出价格弹性。

18.5 在讲述价格下限的部分，我们说明了一个政府购买市场上产生的所有剩余的例子。现在考虑价格上限，类似地，政府将在国际市场上购买产品以弥补非均衡造成的短缺。

A. 假设美国对咖啡的需求曲线和供给曲线交于 p^*，将它作为咖啡的世界价格。

a. 假设政府现在对国内咖啡销售强制执行一个低于 p^* 的价格上限 p^c。说明国

---

[1] 知道以下信息会很有帮助：柯布-道格拉斯函数采取 $f(\ell,k)=A\ell^\alpha k^\beta$ 的形式，其中资本的需求函数是：

$$k(w,r,p)=\left(\frac{pA\alpha^\alpha\beta^{(1-\alpha)}}{w^\alpha r^{(1-\alpha)}}\right)^{1/(1-\alpha-\beta)} \tag{18.28}$$

内咖啡市场将会出现的非均衡短缺。

b. 如果市场中没有政府干预会怎么样？

c. 接下来，假设政府将在世界市场购买咖啡（以世界价格 p^* 购买），将其作为价格上限政策的一部分，并以 p^c 卖给国内未能从生产者手中买到咖啡的消费者，你的分析会有什么变化？

d. 结合国内咖啡的需求曲线和供给曲线用图表示政府项目所造成的无谓损失（假设需求曲线大约就是边际支付意愿曲线）。

B. 假设需求函数和供给函数分别是 $x_d = (A-p)/\alpha$ 和 $x_s = (p-B)/\beta$（假设需求曲线等于边际支付意愿）。

a. 推导没有政府干预的均衡价格 p^*。

b. 假设政府强制执行低于均衡价格 p^* 的价格上限 p^c。推出非均衡短缺的表达式。

c. 若类似 A 部分，政府可以在世界市场上以世界价格购买到任何数量的商品 x，并执行 A（c）中所言的项目，政府需要为这个项目付出多大的成本？

d. 执行价格上限和政府从世界市场上购买咖啡支持国内市场项目的组合所带来的无谓损失有多大？

†**18.6 日常应用：学院篮球赛黄牛票。** 在许多大学里，学院篮球赛非常受欢迎，如果票以市场价销售，很多想要看球赛的学生就支付不起。因此，大学就提出一种非价格配给机制来分配篮球赛的票。

A. 假设本题需求曲线等于边际支付意愿曲线，没有人愿意为篮球赛的票支付超过 250 美元。

a. 首先，假设只有一部分学生对篮球赛感兴趣。画出篮球赛票的需求和供给曲线，已知比赛场馆可以容纳 5 000 人，需求曲线和供给曲线相交于价格为 100 美元的地方。

b. 假设学生时间的机会成本是每小时 20 美元。大学根据有效的学生证来分发免费票，但是排队的人中只有前 5 000 人能得到票。在均衡状态下，为篮球票排队的人有多少，也就是学生需要排多长时间的队来得到票？

c. （b）中提到的免费票所造成的无谓损失有多大？

d. 现在假设学校职员同学生一样对篮球赛感兴趣。但不同的是，他们时间的机会成本是每小时 100 美元。在（b）的政策下，会不会有学校职员观看篮球赛（假设不允许学生把票卖给职员）？

*e. 现在假设排队得到票的任何人都可以以任何价格来卖票，画出需求曲线和供给曲线，不过这次大学将票免费分发给排队的学生，供给者就是排队并获得票的人，供给曲线就是想要卖票的人的意愿。供给曲线是什么样的？需求者是谁？

*f. 若市场是二级市场的话，即原来的买者变成了卖者，一般法律不允许倒票就相当于对这样的市场设定零的价格上限。在这样的政策下，在二级市场中会交易

多少票？

g. 不允许倒票会造成多大的剩余损失？是否有人因此而受损？

h. 不实行这样的政策的话，观看比赛的人会怎么变化？

B. 假设学生对票的总需求曲线是 $p = 250 - 0.03x$，不考虑相关的收入效应。职员对票的总需求与学生一样，与 A 部分相同，还是总共有 5 000 个座位。

a. 学生和职员的总需求函数是什么？如果按市场价格来分配票，价格会是多少？

b. 如果学校只向学生售票，谁会排队？

c. 如果票会被分配给排队的学生，你是否需要知道学生对时间价值的估计来计算这种机制所造成的无谓损失？

*d. 再假设只把票分配给学生，并禁止他们卖票或把票倒卖给职员。推导出二级市场的需求和供给曲线，在二级市场中，学生是潜在的供给者，职员是潜在的需求者。

e. 如果允许学生卖票，二级市场的票价是多少？

f. 参与观看比赛的人中职员所占比重是多少？

g. 不允许倒票的政策会造成多大的无谓损失？

h. 比较（a）和（e）的结果。在以市场价格卖票和将票免费分给排队的学生并允许其倒卖的两种情况下，观看比赛的人的组成会有什么不同？

18.7 商业和政策应用：最低工资法。大多数发达国家都禁止雇用者支付给工人的工资低于最低工资标准。这就是劳动市场中存在价格下限的例子，只要最低工资 $\underline{w}$ 大于没有工资扭曲政策干预的均衡工资 w^*，这项政策就会产生影响。

A. 假设 $\underline{w}$ 大于 w^*，劳动供给曲线斜率大于 0。

a. 解释劳动市场和最低工资标准对就业的影响。

b. 如果最低工资标准产生的失业非均衡使一部分工人更难找到工作，你能用图说明工人花费在找工作上的额外努力的均衡成本吗？

c. 如果闲暇是拟线性的（因此你可以通过劳动供给曲线衡量工人的剩余），最低工资造成的无谓损失最大可能是多少？

d. 最低工资标准（相对于没有该标准时的水平）会造成与劳动需求的工资弹性相关的就业率下降多少？

e. 给定一个工资水平，想要工作的人数与能够找到工作的人数之间的差别就是失业数。若劳动供给和需求的工资弹性影响最低工资标准，那么失业人数有多少？

*f. 受最低工资标准的影响，有些工人需要更加努力地找工作，额外努力的均衡成本是多少？

B. 假设劳动需求函数是 $\ell_D = (A/w)^\alpha$，供给函数是 $\ell_S = (Bw)^\beta$。

a. 劳动需求和供给的工资弹性是多少？

b. 没有扭曲的均衡工资是多少?

c. 没有扭曲的劳动就业的均衡是多少?

d. 假设 $A = 24\,500$,$B = 500$,$\alpha = \beta = 1$。计算均衡工资 w^* 和均衡劳动就业水平 ℓ^*。

e. 假设最低工资是 10 美元,新的就业水平 ℓ^A 和就业下降(即 $\ell^* - \ell^A$)是多少?

f. 最低工资水平下的失业最大是多少? 用 U 表示失业,即想要工作的人数与实际找到工作的人数之差。

g. 如果工人更加努力地寻找工作,达到新的均衡,那么努力成本 c^* 是多少?

h. 用 w^*,ℓ^*,ℓ^A,$(\ell^* - \ell^A)$,U 和 c^* 作为变量制作表格。第一行填上在条件 $A = 24\,500$,$B = 500$,$\alpha = \beta = 1$ 下计算的结果。

i. 再考虑 $A = 11\,668$,$B = 500$,$\alpha = 1.1$,$\beta = 1$ 的情况,在第二行填入计算结果,并解释如果工资弹性变化则结果会怎么变化。

j. 最后,考虑 $A = 24\,500$,$B = 238.1$,$\alpha = 1$,$\beta = 1.1$ 的情况,在第三行填入计算结果,再解释如果工资弹性变化则结果会怎么变化。

†18.8 商业和政策应用:高利贷法。借方向贷方要求支付利率的惯例向来就有很大争议。过去有些大宗教不允许收取高利息,政府也通过实施高利贷法(usury law)来限制收取的利息。

A. 高利贷法就是价格上限在金融资本市场上的一个例子。

a. 画出金融资本市场的需求曲线和向上倾斜的供给曲线(以利率作纵轴)。用 r^* 来表示没有扭曲的均衡利率。

b. 如果高利贷法禁止利率高于 r^*,这项法律会不会有效?

c. 假设法定的最高利率 r 低于 r^*,金融资本的供给量会如何变化?

d. 鉴于金融资本是经济增长的关键,高利贷法的实施对经济增长有何影响?

e. 如果资本需求的利率弹性受高利贷法的影响,金融资本的下降与资本需求的利率弹性有什么关系? 高利贷法与供给的利率弹性有什么关系?

*f. 如果在金融市场实行这样的高利贷法,新均衡可能是多少? 资本减少对经济增长的阻碍作用有多大,你能想到阻碍经济增长的其他相关的因素吗?

*g. 需求和供给的利率弹性会怎么影响这个因素(与寻求金融资本的努力相关)?

B. 如果需求曲线和供给曲线与章末习题 18.7 中的形式相同,即需求函数是 $k_D = (A/r)^\alpha$,供给函数是 $k_S = (Bw)^\beta$。

a. 推导资本需求和供给的利率弹性。

b. 没有价格扭曲时的均衡利率是多少?

c. 没有价格扭曲时的金融资本交易的均衡水平是多少?

d. 假设 $A = 24\,500$,$B = 500$,$\alpha = \beta = 1$。计算均衡利率 r^* 和金融资本的均衡

水平 k^*。

e. 假设高利贷法设定最高利率为 $r=5$，那么金融资本交易的新水平 k' 是多少？由于高利贷法的限制，金融资本 (k^*-k') 下降了多少？

f. 如果投资者更加努力地争取获得金融资本，并达到新的均衡，则均衡的努力成本 c^* 是多少？

g. 以 r^*，k^*，k'，(k^*-k') 和 c^* 作为变量制作表格，考虑在 $A=24\,500$，$B=500$，$\alpha=\beta=1$ 时的情况，并将你计算的结果填入第一行。

h. 再考虑 $A=11\,668$，$B=500$，$\alpha=1.1$ 和 $\beta=1$ 的情况，将计算结果填入第二行，并解释如果利率弹性变化则结果会怎么变化。

i. 最后，再考虑 $A=24\,500$，$B=238.1$，$\alpha=1$ 和 $\beta=1.1$ 的情况，将计算结果填入第三行，并解释如果利率弹性变化则结果会怎么变化。

18.9 商业和政策应用：通过价格下限补贴玉米种植。假设国内玉米的需求和供给曲线交于均衡价格 p^* 处，并假设世界价格也是 p^*（由于国内价格等于世界价格，本国就不需要从外国进口也不需要出口）。在分析玉米市场时忽略收入效应。

A. 假设国内政府设定一个高于均衡价格 p^* 的价格下限，并且可以阻止玉米进口。

a. 画出由于实施价格下限所造成的非均衡短缺或者盈余。

b. 如果什么都不做，非均衡怎么才能恢复？消费者和生产者剩余会发生什么变化？

c. 接着，假设政府同意从世界市场上购买国内生产者无法以价格下限提供的商品（不过购买量非常小，不足以影响玉米的世界价格）。解释如何重建均衡，并计算这项政府项目所造成的国内消费者和生产者剩余的变化。

d. 实施价格下限并辅以政府购买政策所造成的无谓损失是多少？如果不附带政府购买政策呢？

e. 在实施政府购买政策时，政府注意到从世界市场上购买玉米存在一定的困难，并且在再次销售出去之前玉米都腐烂了。政府能否成功在世界市场上销售玉米是如何决定该政策所造成的无谓损失的大小的？

f. 如果不实施政府购买政策，消费者或是生产者会支持价格下限吗？

g. 如果实施政府购买政策，谁会赞成实施价格下限？这是否取决于政府能够成功地销售多余的玉米？他们为什么能在政治过程中获得好处？

h. 随着需求和供给的价格弹性变化，价格上限所造成的无谓损失会如何变化？

B. 假设国内玉米的需求曲线是 $p=24-0.000\,000\,002\,25x$，而国内供给曲线是 $p=1+0.000\,000\,000\,25x$，分析中依然不考虑收入效应。

a. 计算均衡价格 p^*（没有政府干预）。下面假设世界市场上玉米价格也是 p^*。

b. 国内消费和生产的玉米数量是多少？（注：在这个每蒲式耳的价格下所生产

的数量近似等于美国平均每年生产和消费的数量。)

c. 国内玉米市场上的总社会剩余（消费者剩余和生产者剩余）是多少？

d. 然后，假设政府对每蒲式耳的玉米实施 $\bar{p}=3.5$ 的价格下限。玉米市场的非均衡短缺和盈余是多少？

e. 如果没有任何政府购买政策的干扰，价格下限实施后最大的剩余可能是多少？这意味着最小的无谓损失是多少？

f. 接下来假设政府可能购买生产者愿意以价格下限 $\bar{p}$ 销售而不能卖给国内消费者的任何数量的玉米，政府需要购买多少？

g. 消费者剩余是多少？生产者剩余是多少？

h. 假如政府以均衡价格 p^* 出售其在世界市场上购得的玉米，那么总剩余是多少？

i. 若政府在执行价格下限的同时还实施政府购买政策，则无谓损失在价格下限 $\bar{p}=4$ 的时候是多少？在价格下限 $\bar{p}=5$ 的时候呢？

18.10 **商业和政策应用**：通过价格下限进行玉米补贴。基本假设与章末习题 18.9 相同。

A. 假设价格下限 $\bar{p}$ 高于均衡价格 p^*，政府承诺购买市场上超过需求的多余的玉米。

a. 如果你没有做章末习题 18.9，那么解释当没有政府购买政策时，无谓损失最小可能是多少，若政府购买多余的玉米然后再把它们以世界价格 p^* 销售，那么无谓损失是多少？

b. 如果政府能够以某种方式将其购得的玉米分给对玉米估值最高的消费者，那么无谓损失会如何变化？

c. 如果政府设定某个价格使得多余的玉米都得以售出，并且能够阻止已经以价格下限买到玉米的人再次以更低的政府价格购买，在这种情况下的无谓损失是多少？

d. 比较（b）和（c），答案应该是一样的。你能较为直观地解释吗？

*e. 考虑（c）中提到的政策。在消费者在实施价格下限的情况下购买的初始背景下，解释剩余消费者的需求曲线和政府的玉米供给曲线。政府的玉米供给弹性是多少？没有以价格下限购买到玉米的消费者的需求曲线与这条供给曲线在什么价格水平上相交？

*f. 最后，假设每个人（包括那些边际支付意愿超过价格下限的人）都想以较低的政府价格购买，但是政府坚持购买在那个价格下限下生产者愿意供给的任何数量。这将会出现什么问题，它又会怎么样影响社会净损失？

g. 你的答案为什么再一次和前面的政策的结果相同？

B. 与章末习题 18.9 相同，需求函数是 $p=24-0.000\,000\,002\,25x$，供给函数是 $p=1+0.000\,000\,000\,25x$。

a. 假设价格下限是 $\bar{p}=3.5$，计算消费者剩余与生产者剩余在 A（b）情况下的无谓损失。

b. 考虑 A（c）中所描述的情况。若愿意以价格下限购买商品的消费者都如愿以偿，推导需求曲线。

c. 给定政府向剩余的需求者提供的供给量，政府要想全部卖出多余的玉米需要要价多少？计算消费者剩余和生产者剩余，验证此处的无谓损失和（a）中的相等。

d. 最后，考虑 A（f）的情况，验证政府的要价与（c）中的要价相同，再计算消费者剩余、生产者剩余以及无谓损失。

18.11　政策应用：租金控制。纽约市的一部分房屋市场被限制租金的政策管制。本质上，这样的政策就是对受政策影响的房东的要价设定价格上限（低于均衡价格）。

A. 为简便起见，假设房屋市场的偏好是拟线性的。

a. 画出公寓的需求曲线和供给曲线，纵轴表示租金，横轴表示公寓。若出租人愿意以管制的价格来出租，解释因此出现的非均衡短缺。

b. 假设纽约市政府能够很容易地找出谁从租赁公寓中获益。如果公寓供不应求，政府就想办法让获得剩余最多的消费者取得居住权（以管制价格）。解释这项政策所造成的消费者剩余和生产者剩余以及无谓损失是多少。

c. 假设纽约市政府不能轻易找出获益最大的人，因此也就不能像（b）所言地将公寓分给他们。取而代之的是市长提出的一个办法：每月交些好处费的人才能住进租金管制的公寓里。假设市长设定的好处费恰好能使所有的公寓都被租出去，计算每月的好处费是多少。

d. 在（b）情况下和（c）情况下，住进租金管制的公寓里的人会有所不同吗？消费者剩余和生产者剩余会不同吗？无谓损失呢？

e. 接着，假设通过彩票的方式来分配租金管制的公寓。想要租房的人把自己的名字写进彩票里，市长随机抽取相当于公寓数目的名字数。假设中签者可以将自己的租房权卖给愿意接受出价的人。你觉得谁最终会住进租金管制的公寓里（与前面政策的结果相比）？

*f.（e）中赢得彩票的人变成可以提供以管制价格出租公寓的人，没有赢得彩票的人就是需求者。假如出售你的租赁权就意味着放弃住进公寓，相应地可获得每月价值为 q 的支票。你能画出租赁权的需求和供给曲线并找出均衡点吗？

*g. 相比于（c）中收取的好处费，每月租赁权的均衡价格 q^* 是多少？在你最初的公寓市场的图中无谓损失是多少？若不允许赢得彩票者专卖租赁权，则无谓损失会怎么变化？

h. 最后，假设把公寓分配给排队的人，谁将得到公寓的租赁权？无谓损失是多大（假设每个人的时间价值都一样）？

B. 假设每月的总需求曲线是 $p=10\,000-0.01x$，供给曲线是 $p=1\,000+$

$0.002x$。下面依然假设不考虑每月收入效应。

a. 计算没有价格干扰时的均衡的公寓数 x^* 和均衡的租金 p^*。

b. 假设政府实施一个 1 500 美元的价格上限，新的公寓的均衡数是多少？

c. 若只有为公寓支付价格最高的人才能获得租赁权，被分配到租赁权的但是只想以最低价格支付租赁权的人每月愿意支付多少租金？

d. A（c）中描述的每月上交的好处费是多少？

*e. 假设如 A（e）中所述在租金管制下通过彩票分配公寓租赁权，剩余的没有赢得彩票的人对公寓的总需求函数是 $x = 750\,000 - 75p$，A（f）中公寓租赁权 y 的需求函数是什么？市场上的供给函数是什么？（提示：你需要给出那些没有得到 y 的需求的人以及那些得到了 y 的供给的人的边际支付意愿。记住，拥有公寓比有权以管制价格占有公寓更有价值。）

f. 每月以管制价格占有公寓的租赁权的均衡价格是多少？将答案与（c）进行比较。

g. 计算每种情况下租金管制的无谓损失。

h. 若排队是唯一能够实施租金管制公寓的配给机制的方法，那么无谓损失是多少（每个人的时间价值都一样）？

18.12 政策应用：纽约市出租车许可牌制。 只有拥有纽约市出租车委员会颁发的特殊牌子，你才可以开出租。假设出租车委员会已经售出了 50 000 个牌子，并且不再多颁发牌子了。这也是政府无效率地通过限制供给来干扰价格的一种方式。

A. 为方便起见，不考虑收入效应。我们将分析出租车经营一天的里程（我们称之为出租车每日行程）的需求和供给。

a. 以出租车每日行程为横轴，美元为纵轴来画图，解释纽约市出租车每日行程的总需求曲线，许可牌的供给固定，解释在许可牌制下的供给曲线。

b. 说明出租车司机每日收入（由于我们定义数量为出租车每日行程，因此每单位产出的价格就是每日收入）。

c. 在没有实行许可牌制时，出租车运营市场可以自由进出。假设每个人运营出租车的成本都相同，出租车长期的供给曲线会是什么样的？用图解释没有许可牌制时出租车里程会增加。指出出租车的长期每日价格以及运营的出租车数目。

d. 假设你拥有一个许可牌，并且被允许出租许可牌。用图说明均衡的每日租赁费用。那些租牌运营出租车的人的收入怎样？这与拥有许可牌运营出租车的人的收入有什么不同？

e. 判断正误：若不再是有许可牌才能运营出租车，许可牌拥有者是唯一的受损者。

f. 用图表示许可牌制所带来的无谓损失。你能想出使大家都更好的政策吗？

B. 以 x 表示出租车每日行程，假设对 x 的需求是 $p = 2\,500 - (x/100)$。

a. 假定许可牌总共有 50 000 个，那么最有价值的出租车每日行程的价格是多少？

b. 假设运营出租车的每日成本是 1 500 美元（未支付许可牌费用），则均衡时的许可牌的每日租赁费用是多少？

c. 假设每个人都希望许可牌的租赁费用在未来保持不变，要是每天的利率是 0.01%，你想以什么价格卖掉许可牌？

d. 如果废除许可牌制，纽约市的街上会多出多少出租车（若允许出租车运营市场可以自由进出）？

e. 许可牌制的每日无谓损失是多少？

f. 你觉得废除许可牌制的最大障碍是什么？

†**18.13 政策应用**：肾脏市场。有很多病人受到肾脏器官退化疾病的侵扰，最终需要移植一个新肾才能存活。健康的人有两个肾，不过只需要一个肾就可以存活。捐肾就可以救活一些人，也就是说，捐肾不像捐心脏等器官，捐献者依然可以生活（肾相似度高的人受捐之后也可以健康地生活）。但是政策一般不允许健康的人卖肾，只允许免费捐赠。这个政策实际上就是在肾脏市场上设定价格为 0 的价格上限。

A. 考虑肾脏的供给和需求。

a. 以肾脏为横轴，价格为纵轴画图，解释肾脏的需求和供给曲线。图中要反映出有些人愿意免费捐赠自己的肾。

b. 解释禁止卖肾会造成的肾脏短缺。

c. 允许卖肾的政策是怎样消除短缺的？这是否意味着没有一个病人会因肾病而死亡？

d. 假设每个人都有相同的偏好，但是每个人的能力不同，因此生财之道也不同。这样的话，收入水平不同的人是如何出现在肾脏供给曲线上的？这能否提供一些关于卖肾人的信息？

e. 需要健康肾脏的收入水平不同的人的需求曲线是什么？当均衡时，无法得到肾脏移植的是谁？

f. 在你的图中说明禁止卖肾的无谓损失最小可能是多少？假设需求曲线大约就是边际支付意愿曲线。（提示：在价格上限下，当得到肾脏捐赠的人恰好就是愿意支付最高价格的人时，无谓损失可能最小。）

g. 卖肾者大多是穷人的事实是否会改变我们的结论——对肾脏市场强制实行为 0 的价格上限是无效率的？

h. 不考虑伦理问题，是否应该反对卖肾的政策？为什么反对卖肾的声音这么广泛？

i. 有些人想要卖器官，如不可或缺的心脏，来为自己爱的人或是家人提供经济来源，即使这样他们可能会死掉。若每个人都完全理性，则禁止卖肾所造成的无谓损失会变化吗？反对买卖重要器官的声音很一致。用不太极端的方式说，反对的原因是否与反对肾脏交易的原因部分一样？

　　B.　假设肾脏市场的供给曲线是 $p=B+\beta x$。

　　a.　若想（在价格上限为 0 时）普遍捐肾的现象出现，需要什么因素？

　　b.　捐肾的人会得到正的剩余吗？怎么衡量呢？怎么直观地解释呢？

18.14　政策应用：石油冲击和汽油价格。 1973 年，石油输出国组织（OPEC）国家突然大幅削减世界市场上的石油供给，导致石油价格暴涨，国内炼油厂的汽油生产成本也猛增。2008 年，石油供给的不稳定性以及发展中国家对石油需求的增加，又一次造成油价上涨，国内炼油厂的汽油生产成本又一次猛增。虽然造成油价上涨的原因不同，国内炼油厂所受到的影响却一样。在 1973 年，汽油供给大量不足，导致汽车排很长时间的队才能加到油，政府定量配给汽油。但是在 2008 年，这样的短缺现象并没有出现。本题我们将看看其中的不同之处。

　　A.　二者的不同是由 1973 年实行的政策干预造成的，1973 年政府强制执行价格管制即价格上限来应对通胀压力，但是 2008 年政府并未这样做。

　　a.　考虑 1973 年的情况，画出在石油冲击前汽油市场的均衡。

　　b.　再解释 OPEC 国家的举动对国内汽油市场的影响。

　　c.　随着汽油价格的上升，政府设定价格上限，高于石油冲击前的价格但低于没有政府干预可能出现的价格。在图中解释这个价格上限。

　　d.　如果考虑排队加油的成本，消费者面对的有效的汽油价格是多少？

　　e.　再考虑 2008 年的情况，政府没有对汽油市场实行价格上限，汽油价格则在短期里上升了四倍。解释此时的均衡以及没有出现短缺的原因。

　　f.　假设炼油厂的边际成本受到的冲击在 1973 年和 2008 年是一样的，因为最初的供给曲线和需求曲线相同。若考虑 1973 年的排队成本，哪一年消费者面临的实际价格上升得更高？

　　g.　政府统计通货膨胀大小，汽油价格上涨造成的通货膨胀哪一年更严重？

　　B.　假设汽油的需求曲线两个年份都是 $p=A-\alpha x$，石油冲击前的供给曲线是 $p=B+\beta x$。

　　a.　求石油冲击前的均衡价格 p^*。

　　b.　假设在两个年份里，石油冲击的出现使得供给曲线变成 $p=C+\beta x$（$C>B$），推导 2008 年的均衡价格 p'。

　　c.　再考虑 1973 年的情况，政府在均衡价格 p^* 和 p' 之间设定价格上限 $\bar{p}$，推导消费者实际支付的价格 p''（考虑排队成本）。

　　d.　你能证明 $p''>p'$ 吗？

第 19 章 扭曲性税收与补贴

在第 18 章中，我们讨论了在竞争性市场中改变或是"扭曲"市场价格的政策怎样制造了无谓损失。[①] 但是，这些政策并不仅限于在均衡价格上下设立明确的价格下限和价格上限。实际上，最常被用来扭曲市场价格的政府政策包括税收和补贴政策，而不是直接设定价格的管制性政策。联邦、各个州和当地政府主要是靠税收资金维持，而且在大多数经济体中，所有的政府开支占到税收的 40% 以上，因此若要理解价格扭曲如何影响福利，税收政策是一块非常重要的内容。

由于税收在大多数经济体中都发挥着重要的作用，我们已经在前面的章节中，尤其是第 10 章，介绍了很多对理解税收政策非常关键的概念。我们已经从这种发展中了解到：对市场中的消费者（或者是工人或储蓄者）来说，税收会导致无谓损失或者无效率，这种无效率是指提高替代效应（substitution effect）的无效率。既然我们把生产者加入模型中，我们就可以更加明确地讨论当市场的各方都应对激励的改变时，税收对均衡时经济行为的影响。如此就使得我们可以明确地了解到哪一方对特定税收的影响最大，例如哪一方在均衡状态下最终纳税，这又如何转换成消费者、生产者和工人以及整个社会的福利变化。

需要再次注意的是，在指出税收导致无谓损失出现的逻辑性上，经济学家并没有发出反对税收本身的声音。当然，经济学家的工作是识别成本和收益，而把评价成本和收益的某一政策好坏的任务留给他人。税收拥有政策制定者所熟悉的潜在成本，且一些税收的潜在成本高于其他税收。类似地，一些税收表面上看来影响一类群体，但实际上，根据经济分析，这类税收对另一个群体的影响更大。理解这类问题是本章的重点，在随后的章节我们会更加清楚地知道，为什么尽管税收有潜在成本，但我们仍然需要用到它。和前面的章节一样，这里仍然需要指出，由税收导致的无效率是在一个竞争的背景下，这里不存在其他扭曲。我们会在接下来的章节中

[①] 除了通常的消费者理论内容外，该章还包括劳动和资本市场的内容，包括第 3 章和第 8 章中模型发展的内容以及其后第 9 章的内容。没有阅读这些内容的学生可以跳过 19A.2.2、19A.2.3、19B.3 这些章节。本章假设你对以下内容有一个基本了解：第 11 章的生产者理论、第 14 和第 15 章的局部均衡理论，以及第 18 章第一部分的弹性理论。

看到，在非竞争环境或是存在其他扭曲的情况下，税收和补贴可能提高效率。最后，我们会在局部均衡的框架下总结本章的主要观点（集中在一个市场），但是最后我们会提供一个例子以阐释为什么一般均衡效应在很多背景下具有重要性。这个主题将在第 20 章探讨。

19A　竞争性市场中的税收与补贴

如前所述，几乎所有的税收都会改变经济中的一些机会成本。换句话说，几乎所有的税收都在一定情况下扭曲了市场价格，而使市场的各方达到一个均衡的产出。结果是，几乎所有的税收都造成了无谓损失和或多或少的无效率。但是，并不是所有的税收都一样地无效率，也不是所有的税收都以同样的方式影响所有的群体。因此，我们会先分析哪一方在均衡时最终缴税，如此得以直观地对税收进行分析，然后再探讨无谓损失和在现实世界中税收有效率的可能性这两个话题。

在我们开始之前需要注意的是：税收和补贴的作用在改变价格方面是非常类似的。实际上，我们可以把补贴当作负的税收。例如，政府对在市场上的每一件物品都征 10% 的税收或是对每一件物品都给予 10% 的补贴。10% 的税收会造成市场上所有物品价格的上升，而 10% 的补贴则会造成价格的下降。税收会增加政府收入，相反，负的税收（或补贴）则增加政府开支。因此，即使我们没有在本章明确地分别分析税收和补贴，你也应该可以对它们进行经济分析。

19A.1　谁支付税收以及谁收到补贴？

由于市场中存在两方，即买方和卖方，政府大体上可以通过制定不同的法律条文来对物品征税。政府可以通过制定法律条文的方法使买方在买征税物品时向政府缴税。同样，政府也可制定法律条文使卖方缴税，或者是使买卖双方都缴税。以美国工资税为例，它是美国社会保障制度开支的主要来源，政府要求工人支付其中的一半税收，雇主支付另外一半。因此，在每一份随同薪水到达你手中的工资单上你都会发现雇主从中扣除了工资税，并以你的名义交给了政府。你所不知道的是，你的雇主向政府寄送了另一份其分内的工资税。

19A.1.1　法定归宿与经济归宿　　最终看来，政府怎样制定税法以及是否要求买方或卖方承担税负都不重要。经济学家用法定归宿这个术语指出在法律规定中应负责缴纳税金的人是谁。以美国工资税为例，工资税的法定归宿平均地落在雇主和雇员两方身上。与之相区分的是经济归宿，它是指当税负出现，在达到均衡时，买方和卖方的实际税负负担。

例如，如果对每一单位的产品 x 都向厂商征税 t，从法定归宿上说，每生产一单位 x，厂商就负担税负 t。如此就提高了生产的边际成本，幅度为 t，市场中每个厂商的 MC 曲线（和 AC 曲线）都会上升。短期内，市场中的供给曲线是所有 MC

曲线（在 AC 曲线之上）的加总，这就意味着短期市场供给曲线会上升 t。与此相类似，由于长期市场供给曲线取决于（长期）AC 曲线的最低点，因此，长期市场供给曲线也会上升 t。图 19-1 的组图（a）阐述了这种市场供给曲线的上扬变动（上扬幅度为用箭头表示的垂直距离），市场供给曲线由最初的供给曲线 S 变动至曲线 S'。由此，市场价格由 p^* 上升至 p'，并且使市场中产品 x 的数量从 x^* 减少到 x'。

练习 19A. 1 由税收导致的价格上升从长期看是更大还是更小？（提示：长期供给价格弹性和短期供给价格弹性是如何相关的？）■

现在假设政府转而向产品 x 的消费者征收单位税 t，在这种情况下，生产者的成本依旧保持不变，但是以往愿意支付价格 p 的消费者在知道他必须向政府支付单位税 t 后，现在只愿意支付价格（$p-t$）。因此，需求曲线将会下降 t，在图 19-1 的组图（b）中由箭头标出，由此产生了新的均衡价格 p''。乍一看，由于法定归宿不同，虽然组图（a）和组图（b）中是大小相同的单位税，但是二者之间仍然有很大差别。

然而，只要你思考一下组图（a）和组图（b）所包含的信息，你就会发现二者在对买方和卖方的税收的预测影响方面是完全相同的。在组图（a）中，产品 x 的售价虽然是 p'，但是卖方得到的价格实际上没有达到价格 p'，他们需要向政府支付单位税，因此他们得到的净税价格是（$p'-t$），而买方支付的价格是 p'。在组图（b）中，商品 x 以更低的价格 p'' 成交，但是由于买方需要支付税负 t，因此在此图中买方实际支付的价格为（$p''+t$），而卖方得到的是 p''。在这两种情况下，卖方最终得到的都是买方支付的价格减去 t。

一旦我们认识到这一点，我们就可以简单地在组图（c）中描绘税收的经济归宿而不是法定归宿。在组图（c）中，我们在均衡点的左边、需求曲线的下方和供给曲线的上方放置一条垂直的线段，使这条直线的长度等于单位税，直线与需求曲线相交于价格 p_d，与供给曲线相交于价格 p_s。由于组图（c）中粗虚线线段的长度和

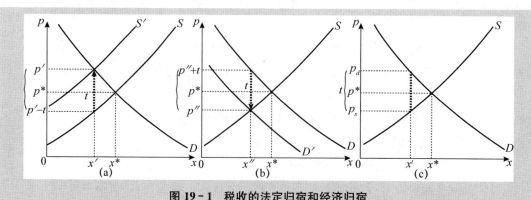

图 19-1 税收的法定归宿和经济归宿

组图（a）和（b）中的箭头虚线段的长度相同，相应地可以推出组图（a）中的价格 p' 等于组图（c）中的价格 p_d，组图（b）中的价格 p'' 等于组图（c）中的价格 p_s。p_d 就是征税后买方支付的价格，p_s 则是卖方收到的价格，二者之差 t 流向政府。你还可注意到组图（c）中的 x^t 等于组图（a）和组图（b）中的 x' 和 x''。

练习 19A.2　现在需要你自己用铅笔重新画出组图（a）和组图（b），但是这一次，你必须清楚地标出买方最终支付的价格和卖方最终收到的价格，并且在组图（a）中由卖方支付税负，在组图（b）中由买方承担税负。接着，你要擦掉两个图中的移动曲线。现在看看，两个图是不是相同的，并且它们和组图（c）是不是也相同？（你的答案应该是肯定的。）■

　　无论法律条文规定税负怎样支付以及是由哪一方承担，图 19‑1 的经济分析都表明：税收的经济归宿是一样的，即买方和卖方共同承担征税的负担，买方比先前支付更高的价格，而卖方得到的收入则比以前少。由于可将补贴看作负的税收，因此补贴的效果也可这样分析。图 19‑2 阐述了单位补贴的影响，给予卖方补贴后，卖方收到的新价格 p_s 要高于买方支付的新价格 p_d。

练习 19A.3　如果将补贴给予卖方（这将减少他们的边际成本），解释一下均衡将怎样变化。然后比较一下将补贴给予买方（这将移动需求曲线）所造成的均衡。你能在图 19‑2 中看出这两种类型补贴的经济结果吗？■

　　19A.1.2　经济归宿和价格弹性　到目前为止，我们的分析可能导致你坚定地得出这样的结论：税收的经济负担（和补贴的经济利益）是平等地分摊在买方和卖方身上。得出这样的结论的唯一原因是我们在图 19‑1 和图 19‑2 中使用的需求曲线和供给曲线恰好如此。然而，税收和补贴的经济归宿取决于买方和卖方对价格变动的相关反应。

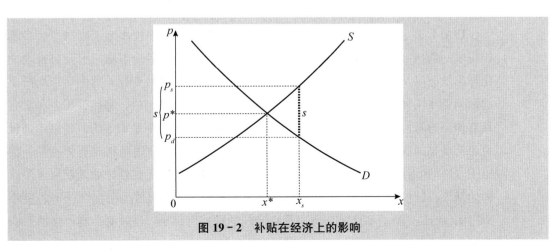

图 19‑2　补贴在经济上的影响

例如，对香烟征税。研究显示，大多数的吸烟者对香烟价格的变动不敏感，他们在高价时的吸烟量和低价时的吸烟量大致相同。因此向香烟征收的税负会相应地传递给消费者，而不论谁是税收的法定归宿。这一情况可在图 19-3 的组图（a）中表现出来，图中需求曲线相对缺乏弹性。税收 t 带来的买方支付价格的提高程度要大，而香烟公司承受的价格的减少程度要小。

现在再考虑向石油征税。至少在短期内，石油的供给是固定的，从而石油市场拥有较陡峭的供给曲线。图 19-3 的组图（b）告诉我们，税收会引起卖方得到的价格大幅下降，而只会造成买方支出价格的小幅提升。因此，税收的经济归宿不成比例地分摊在对价格变化不敏感的那一方。

练习 19A. 4　在 2008 年美国总统大选期间，石油价格剧增。一些候选人提倡石油税收的"免税期"以帮助消费者。另一些候选人认为此举在短期来说对石油价格影响甚微。假如双方都是诚实的，他们的潜在价格弹性预期会有多大不同？

练习 19A. 5　试在图 19-3 中阐述补贴对买方和卖方的经济影响。补贴的经济影响和相对价格弹性相关吗？■

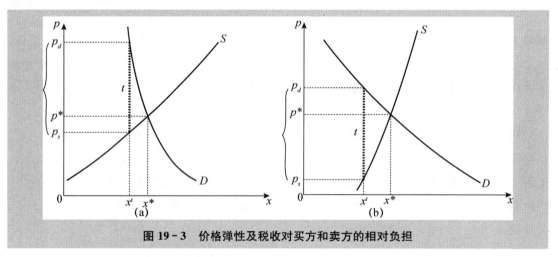

图 19-3　价格弹性及税收对买方和卖方的相对负担

19A. 1. 3　征税对市场产出和税收收入的影响　价格弹性决定了哪一方会多承担税收的负担（或是多享受补贴的好处），它还决定了有多少市场产出会对税收变化作出反应以及税收收入会提高多少。图 19-4 阐述了这些变化，其中对市场产出的影响是在三种不同情况下进行分析的。在该图中的每一组中，都假设买方和卖方具有相似的对价格变化的反应程度，因此税收负担对双方都是均等的。各组中的税负也都是相同的。然而，组图（a）中的需求曲线和供给曲线是相对有弹性的，而组图（b）和组图（c）中的需求曲线和供给曲线则越来越无弹性。如此就造成了这样的结果：征税后，组图（a）的市场产出下降很多，产出值少于组图（b）、更小于组图（c）。因此，买方和卖方对价格变化的敏感度越小，税收对市场产出的影响就越小。

练习19A. 6 补贴对市场产出的影响会随着买方和卖方的价格敏感度的提高而提高吗？ ■

此外，图19-4中的每一组都用灰色阴影区域表示了交给政府的税收收入。这些区域的面积大小是垂直距离（代表单位税收）乘以代表征税后的产出的水平距离的积。注意当需求和供给变得更加有弹性时税收收入是如何变化的。当然可以有这样的直觉：如果消费者和生产者对价格反应十分敏感，他们对征税的反应会减少政府收入。

练习19A. 7 假设在图19-4中政府已经征过税，现在考虑提高税款。你能否在图中观察出在何种情况下提高税款反而会减少整体的税收收入？ ■

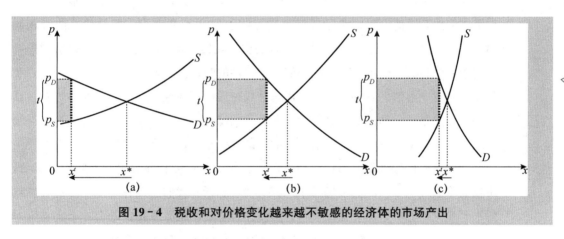

图19-4 税收和对价格变化越来越不敏感的经济体的市场产出

19A. 1. 4 税收对其他市场的差异化影响 局部均衡模型主要研究一个单一市场的均衡，当我们分析局部均衡时我们简单假设其他商品价格都是固定的，因此其他商品可以被当作一个大的整合商品。我们在分析中也认为其他商品是没有征税的。然而，经常发生这样的情况：当对一个市场征税时，通常会对其他市场造成不同的影响。例如，假如政府对石油征收一大笔税，则很可能发生这样的情况：节能型汽车受到的影响和非节能型汽车受到的影响不同，而曲别针市场则可能根本不会受到影响。

如此一来就给税收政策分析员带来很多麻烦。例如，假设当政府在考虑对石油征税时已经对汽车征税了。一方面，由于石油税收的增加，节能型汽车的销量会增加，这很可能导致节能型汽车的税收增加。另一方面，节能型汽车的税收也有可能减少，这是因为对节能型汽车的需求减少了。当考虑对那些已经存在很多税收的市场征收新的税种或是提高已有税种的税率时，对这种变化的完整的经济影响的分析就需要考虑那些被影响的其他市场的反应。这种对其他市场的次级影响有可能比对原先市场的初始影响还大。这是因为，一些税收在单独分析时看起来很好，但有可能在更充分的经济分析中会产生不好的作用；反之也是有可能的。[①]

练习19A.8 假如节能型汽车的税收较低，高油耗的汽车税收较高。是否有这种可能，我们对石油税收的局部均衡分析将导致我们高估或者低估税收对政府收入的影响？ ■

19A.2 重温税收的净损失

市场需求和供给曲线是由价格变化导致的预期行为变化的充分描述。因此，这两条曲线也是预测税收和补贴带来的经济变化的合适工具，例如买方支付的价格和卖方收到的价格将怎样变化，政策对市场产出的影响等。然而，正如我们已在第10章讨论的，这些并不是用来分析福利变化的必需曲线。

我们知道消费者剩余（和消费者剩余的变化）可以用边际支付意愿曲线（或补偿需求曲线）下的区域来表示。只有当这些曲线和正常需求（非补偿）曲线相同时，市场需求曲线才可用来衡量消费者需求。我们从第10章还知道，补偿和非补偿需求曲线只有在对潜在商品的偏好是拟线性的时才是相同的。正是因为这样，我们在前几章学习消费者剩余和市场需求曲线时假设拟线性。如果我们知道消费者认为潜在商品是正常品或劣质品的话，那么我们已经在图10-9中阐述了当在非补偿需求曲线上衡量福利变化时，消费者的无谓损失是怎样被高估和低估的。

我们将再次假设偏好是拟线性的，然后分析对买方和卖方的福利影响，接着，市场需求曲线可以在商品市场用来计算消费者剩余，我们会向你展示，由税收导致的福利变化的分析是怎样在假设行为拟线性时造成政策严重错误的。

19A.2.1 当偏好是拟线性的时，由税收和补贴引起的无谓损失 图19-5中的组图（a）阐释了税收 t 的经济影响，组图（b）阐释了补贴 s 的经济影响。假如偏好是拟线性的且需求曲线可被阐述为补偿需求曲线，那么，消费者和生产者剩余的变化就可以很容易地找到，就如我们在前面的章节中所做的那样。

在组图（a）中，当消费者面对更高的税后价格 p_D 时，消费者剩余由 $(a+b+c)$ 缩减为 (a)；当生产者面对更低的税后价格 p_S 时，生产者剩余由 $(d+e+f)$ 缩减为 (f)。在征税之前，政府没有税收收入，但在征税后它的税收收入为 $(b+d)$，社会总剩余在征税后由 $(a+b+c+d+e+f)$ 变为 $(a+b+d+f)$，如此变化使得无谓损失是 $(c+e)$，在图19-5的组图（a）中由阴影区域表示。

组图（b）中的补贴使得消费者和生产者的境遇都得到了改善，但我们也需要将政府的那部分支出考虑进去。当消费者面对更低的消费价格时，消费者剩余由

[①] 这种类型所暗含的效应分析通常被称为"次优"分析。我们隐性地假设了我们的分析开始于一个完全有效的"最优"世界，然而，"次优"分析则开始于在一个"次优"世界的模型中引入税收，在这个"次优"世界的其他地方已经存在税收扭曲了。

（$g+h$）升为（$g+h+i+n+m$）；而当生产者面对更高的消费价格时，生产者剩余由（$i+j$）升为（$h+i+j+k$）。然而，补贴的损失则是每单位补贴乘以交易量（sx^s），在图中由（$h+i+k+l+m+n$）表示。将消费者剩余和生产者剩余之和减去补贴的损失（补贴的损失在发放补贴前为 0），我们就会得到总剩余，总剩余由初始的（$g+h+i+j$）变为（$g+h+i+j-l$），无谓损失为（l），在图 19-5 的组图（b）中由三角形阴影表示。一旦我们知道由税收或补贴导致的无谓损失可以看作是和市场均衡相关的三角形，我们就可以很容易地探求无谓损失怎样受需求和供给价格弹性的影响了。以图 19-4 中的三个组图为例，无谓损失是阴影矩形旁的三角形。当需求和供给变得更加无弹性时，三角形就变小了。实际上，如果需求和供给曲线中的一个完全无弹性的话，无谓损失就会消失，这时税收就是有效率的。由补贴导致的无谓损失也是一样的情况。

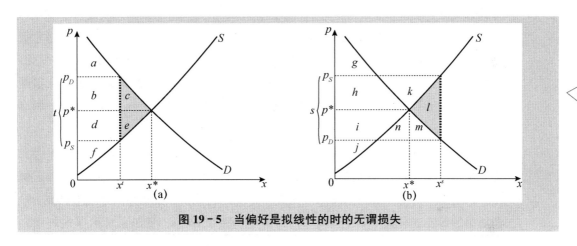

图 19-5 当偏好是拟线性的时的无谓损失

如果你已经在以前的经济学课程中了解到了无谓损失，那么很可能你也已经知道了我们前述的关于无谓损失的内容。然而，需谨记，前述的各种分析只有在偏好是拟线性的时才成立，因为只有在那时补偿需求曲线和非补偿需求曲线才相同。无论商品是劣质品还是正常品，我们在此应用非补偿需求曲线会低估或是高估无谓损失，原因我们已经在第 10 章中讲述过了。然而，当我们分析劳动和资本市场的税收时，知晓补偿曲线和非补偿曲线的不同会更加重要，在这两种市场中我们前述所用来分析无谓损失的方法是错的。

19A.2.2 劳动市场和资本市场的无谓损失 政府征收的大部分税收收入来自收入税，而收入税对应的收入来自劳动或投资（比如储蓄）。收入税会改变闲暇的机会成本或现在还是将来消费的机会成本。当对劳动收入征税时就改变闲暇的机会成本，当对储蓄收税时就改变未来消费或现在消费的机会成本。正如我们在前面所指出的，这样的税收（通常）会对劳动和资本供给产生极端的收入效应和替代效应，从而使（非补偿的）劳动和资本供给曲线至少在一定程度上掩盖了能够增加税收产生的无谓损失的替代效应。

例如，假设你被告知所有的工人对工资的变化都是迟钝的，即当工资变化时，他们还是工作相同的时间。这正如图 19-6 的组图（a）所示，市场劳动供给曲线是完全无弹性的垂直的曲线 S。再插入市场劳动需求曲线 D，就得到一个均衡工资 w^*。如果政府在这个市场对每小时劳动征税 t，这不会对工人的工作时间产生影响，雇主付给工人的小时工资也不会变化。然而，由于劳动供给的无弹性，工人将会承担所有的税收负担，其税后工资为 $(w^* - t)$。政府额外收入为组图（a）中的阴影区域。以上看起来正是用市场曲线来预测税收的经济影响的过程。

但是，我们注意到在方块区域旁没有三角形，这一点会导致我们认为不存在无谓损失。然而，正是在这一点上，市场需求和供给曲线是具有误导性的，因为实际上是存在无谓损失的，但是在图 19-6 中并没有显示出来。另外，如果有无谓损失的话，它一定是对工人施加的，或者说会影响劳动市场的供给方，因为生产者支付的工资不受税收的影响。

想象一个潜在的消费者进行选择的画面，其产生个体的劳动供给曲线，接着把所有工人汇总，得到市场劳动供给曲线。图 19-6 的组图（b）就显示了这种变化，横轴代表闲暇，纵轴代表消费。税收的所有经济负担都落到了工人身上〔从组图（a）可以看出〕，这意味着工人的预算约束线由最初的斜率为 $-w^*$ 的直线变成斜率为 $-(w^* - t)$ 的直线。

如果工人真的对工资的变化反应迟钝，那么组图（b）中的闲暇的选择不会发生变化。组图（b）中税前的选择为 A，税后的选择为 C，由于工人的行为缺乏弹性，C 位于 A 的上方。我们添加了无差异曲线 u^A（使得在征税后 A 为最优点的 u^A）和加粗的虚线表示的补偿预算线（使得效用仍然是 u^A 但工资是税后水平的补偿预算线），发现完全抵消的替代效应和财富效应造成了工人行为缺乏弹性。

补偿预算相当于征收了一个使得工人在 B 点与在有工资税下的 A 点效用一样的一次性总量税收。然而，总的税收提高收入等于两条平行线之间的垂直距离，而工资税收提高收入等于 A 和 C 的垂直距离。换句话说，总的税收提高收入为 L，而工资税收提高收入为 T，这意味着存在无谓损失，在图中表现为 DWL。

为什么在组图（b）中存在单个工人的无谓损失，但是在组图（a）中没有无谓损失三角形呢？这是因为对工人的无谓损失只来自替代效应，而替代效应在劳动供给完全无弹性时被相反方向的财富效应抵消了。组图（c）则呈现了一条完全无弹性的非补偿劳动供给曲线和一条向上倾斜的补偿劳动供给曲线（这代表着当效用保持在 u^A 时工人劳动选择的变化），前者既包括财富效应，也包括替代效应，而后者只包括替代效应。

在工资税的条件下，工人得到的工资是 $(w^* - t)$，在图 19-6 的组图（c）上位于 A 点。工人剩余可用补偿劳动供给曲线来衡量（正如消费者剩余用补偿需求曲线来衡量），税后剩余为 (b)。若使在征税条件下工人获得一样的效用，则这一点是 B 点，此时的工资为 w^*。工人剩余为 $(a + b + c)$，比 A 点的税后剩余大 $(a +$

c)。然而，在 A 点工人已经支付了工资税（a）（等于图中矩形阴影区域的面积），而在 B 点我们则没有把这个工人已经支付了一次性总量税收从而使得他们与在 A 点有同样效用的事实考虑进去。由于工人在 A、B 两点是同等效用的［在组图（b）中可以看出］，B 点的工人剩余却比 A 点大（$a+c$），因此课税总额使收入提高了（$a+c$）。工资税收入和课税总额收入的差即为无谓损失，无谓损失为（c）。

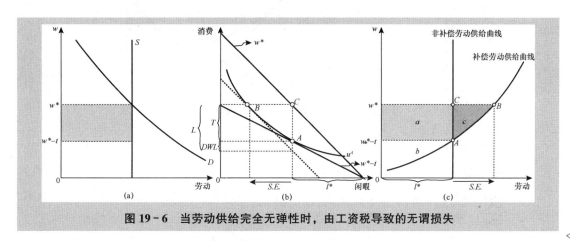

图 19-6 当劳动供给完全无弹性时，由工资税导致的无谓损失

当然，劳动供给并不总是完全无弹性的，它有时候甚至是向下倾斜的，但是注意替代效应总是意味着补偿劳动供给曲线是向上倾斜的。因此，无论我们在劳动市场的市场均衡中是否看得到，只要闲暇和消费存在替代性，工资税就总是会有无谓损失，而闲暇和消费的替代性几乎必然存在。

练习 19A. 9* 运用前述方法，作出和图 19-6 相似的图，分析当工人对工资变化完全无反应时工资补贴的无效率程度。（提示：若你在分析图中遇到困难，可以先阅读下一部分再来分析这一问题。）■

19A. 2. 3 补贴所造成的劳动或资本市场的无谓损失 当我们使用（非补偿的）储蓄利率，即用资本供给曲线来预测储蓄补贴的福利效应时，我们会产生相同的错误。例如，若单个人对储蓄率是完全无反应的，他们总是在储蓄账户中放入相同的钱。正如图 19-7 的组图（a）所示，资本供给曲线是完全无弹性的。若有储蓄补贴，则补贴的所有好处使得储户的储蓄率由最初的均衡利率 r^* 增加到（r^*+s），单位储蓄补贴为 s。[①] 组图（a）中的阴影区域是政府的成本，储蓄资本不发生改变。

再一次地，似乎不存在无谓损失三角形，补贴似乎是有效率的。但是这种看法是错误的，因为资本供给曲线掩盖了替代效应，而替代效应正说明了补贴的无效率。这个问题可以轻松地通过在组图（b）中画出一个具有完全无弹性的储蓄者的行

---

① 如果你不能理解补贴为何会导致此种现象发生，你可以尝试在供给曲线趋于完全无弹性时，画出补贴的效应（正如我们在上一章中所做的一样），然后使供给曲线渐渐接近完全无弹性，直到你看到图 19-7 的组图（a）出现为止。

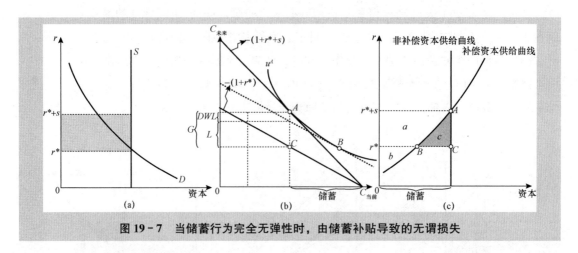

图 19-7　当储蓄行为完全无弹性时，由储蓄补贴导致的无谓损失

为得到解决。补贴行为使得预算由最初的下面的预算线变为后来的上面的预算线，补贴前的最优点为 C 点，补贴后的最优点为 A 点（两者的储蓄水平相同）。然后，我们添加无差异曲线 u^A，由于补贴提高了储蓄率，因此 A 点的效用高于补贴前。随后，我们在 u^A 这条无差异曲线上寻找与加粗虚线表示的补偿预算线相切的切点，这一点和 A 点效用相同，但是利率却是补贴前的利率。这位工人无弹性的行为反应的原因是他的替代效应完全被相同大小但方向相反的财富效应抵消了。

我们还可以在这张图中看出补贴是无效率的。政府由于补贴而对单个储蓄者支付的成本可以用 A 点和 C 点之间的垂直距离衡量，记为 G。然而通过观察上面的实线预算线和下面的虚线预算线的差别，我们可以知道仅仅补贴 L 就可以使这个人的状况与在政府支付数量为 G 的扭曲性补贴时一样好。G 和 L 之差即为对单个储蓄者的无谓损失。

将 A、B、C 三点转移到同一张图中，在这张图中，横轴代表资本，纵轴代表收益率。如此，我们可以看出当试图在组图（a）中寻找无谓损失时所出现的错误。更具体地说，我们在组图（c）中用垂直的非补偿资本供给曲线表示了组图（b）中的 A 点到 C 点之间的距离，此外，还在组图（c）中表示出了补偿资本供给曲线 [在组图（b）中是 A 点到 B 点之间的部分]，即效用水平 u^A。通过这条补偿曲线，我们可以知道在扭曲性补贴下储蓄者剩余为（$a+b$），在总补贴下仅为（b）。由于储蓄者在 A 点和 B 点的满足感是相同的，B 点的加总补贴一定等于（a）。但是扭曲性补贴花费（$a+c$），其中比加总补贴大（c）。因此，组图（b）中的无谓损失等于组图（c）中的（c）。

19A.2.4　当税率提高时的无谓损失和税收收入　在第 10 章中，我们阐述了这样一种观念：对于市场中的消费者来说，当税率提高 k 时，无谓损失大致提高 k^2。既然我们已经熟悉了税收变化影响消费者和生产者的过程，我们就可以将这个观念更加一般化。

例如，市场需求和供给曲线如图 19-8 中组图（a）所示，为了使分析尽可能地简单，假设对商品 x 的偏好是拟线性的，如此就使得我们假设市场需求曲线等于加总边际支付意愿曲线。无税收时的市场价格为 p^*。若施加单位税 t，则市场产出从 x^* 降为 x^t，消费者支付的价格升高了，生产者得到的价格下降了。单位税导致的无谓损失等于图中的右边小三角形，其中一半的无谓损失由消费者承担，另一半的无谓损失由生产者承担。若税收为 $2t$，则消费者支付的价格升高，生产者得到的价格降低，产出则为 x^{2t}。无谓损失增加的区域为三角形左边的梯形区域。

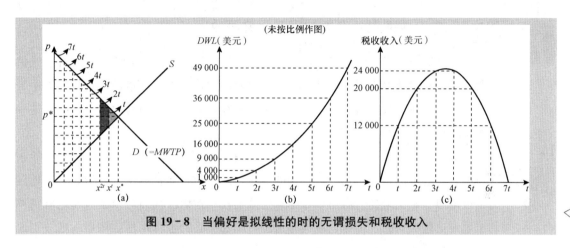

图 19 - 8　当偏好是拟线性的时的无谓损失和税收收入

假设每个三角形（例如当税收为 t 时图中出现的上下两个代表无谓损失的小三角形）都等于 500 美元，这意味着每个正方形都代表 1 000 美元，例如包含在深灰色阴影区域的正方形代表 1 000 美元。将这些区域的值相加，即可得到当税收为 t 时的无谓损失为 1 000 美元，当税收为 $2t$ 时的无谓损失为 4 000 美元。税收增加一倍导致无谓损失是以前的四倍。我们若持续增加税收，增加到 $3t$、$4t$ 直至 $7t$，则对应的无谓损失值也会增加。我们在图 19 - 8 的组图（b）中阐述了税率和无谓损失的关系。如图所示，当拥有线性需求和供给曲线时，当税率增加 k 时，无谓损失增加 k^2。

练习 19A.10　当税率为 $3t$ 时，无谓损失是多少？当税率为 $4t$ 时，无谓损失是多少？■

我们也可用相同的方法得出当税收增加时的政府税收收入。当税率为 t 时，税收收入为 tx^t，等于组图（a）中的 12 个正方形或 12 000 美元，此时每个正方形代表 1 000 美元。类似地，当税率为 $2t$ 时，税收收入为 $2tx^{2t}$ 或 20 000 美元。税率和税收收入的关系表示在图（c）中，呈现为倒 U 形曲线。当没有征税时，税收收入为 0；当税率足够大时，税收收入再次为 0。这就是我们前述的拉弗曲线，即当税率足够高时，政府将没有税收收入。

我们以上的分析都是在线性需求和供给曲线情况下进行的，这样会导致消费者和生产者承担的税收份额是一样的。尽管如此，以上结论仍然适用于更一般的情况（即使税率、无谓损失和税收收入的情况不同）。因此，这个在第 10 章已经讨论过的简单结论，是经济学家经常告诉政府的建议：在税基大的情况下征收低税率比在小税基下征收高税率更有效率。

练习 19A. 11 仿照图 19 - 8，作出与组图（a）中相同的供给和需求曲线，然后仿照组图（b）和组图（c）阐述补贴率、由补贴导致的无谓损失以及补贴成本之间的关系。■

19A. 3 对土地征税：有效的现实世界税收

学习到这里，你可能已经放弃寻找充分有效的税收了。正如前所述，需求或供给曲线不可能足够地无弹性以使得税收是有效率的，因为无价格弹性的行为关系会很好地掩饰潜在的替代效应。然而，存在一种经济学家们认为有效率的税收。这种税收是对土地价值的征税或地租。

土地价值即土地的市场价格，而地租则来自一定数量的土地在一段时间的收入。尽管土地价值和地租是两个不同的概念，但它们是紧密联系的。毕竟，土地拥有价值的原因是土地拥有者可以每年从土地上获取地租。我们可以很容易地从耕种的土地讨论这个问题，但是它也同样适用于非农产品的生产用地或住房用地。土地的特殊之处在于，它不是生产出来的，因此它的供给是固定的。[①]

19A. 3. 1 土地价值和地租的关系 有时候，我很讨厌一直讨论经济学并且向往回归土地，但是这种方式我妻子并不欣赏。然而，假设我说服了妻子和我一起搬到艾奥瓦州并且买 100 亩农田，如此我就可以通过自己直接种土豆赚钱或是将土地租给别人种土豆，自己收取地租赚钱。为了使自己种地是值得的，我要使得自己的时间的机会成本和将要使用的土地的机会成本得到补偿。我拥有的其他市场时间的机会成本取决于我拥有的其他市场的机会，这个机会或许是去教经济学。使用土地的机会成本是将土地租给别人所获得的收入。我的租金则取决于土地的质量和别人有能力支付的价格。

例如，假设我可以将这 100 亩土地以每年 1 000 美元的价格租出，我的时间价值为每年100 000 美元。为了使自己种地是有价值的，我必须每年至少通过种地得到 110 000 美元，否则，我每年做其他工作得到 100 000 美元再加上地租 10 000 美元将会过上更好的生活。与此平衡，只有那些相对擅长种田的人才会最终选择成为农民，而其他的人则会做另外的活计。若种地是一个竞争性的市场，农民们就只有零利润，他们所赚的恰好等于时间的机会成本加上必须要付的土地租金（不论他们是直接支付还是拥有这块土地不必支付租金）。

换句话说，土地本身每年产生 10 000 美元的收入流：我们假设每年年底收土地

---

① "生产"土地的确是存在的，例如在荷兰，通过开发大坝和征税，一些海洋被再造成土地；在佛罗里达州，沼泽地被转化成了住房用地。但是即使是在这些实例中，土地在未经改造前也是存在的。

租金。但是土地的价值，即市场上的出售价格，则不仅仅取决于当年的收入流，还取决于未来所有能从这块土地上产生的收入流。在第 3 章中，我们讨论了如何将未来的收入流在当今利率下转为现值。例如，若年利率为 r（用十进制形式表示），则距今一年的 10 000 美元价值 $[10\,000/(1+r)]$ 美元，距今 n 年的 10 000 美元价值 $[10\,000/(1+r)^n]$ 美元。土地价值即所有未来土地租金的现值，或等于 $[10\,000/(1+r)]$ 美元（来自未来第一年这块土地的租金）加上 $[10\,000/(1+r)^2]$ 美元（来自未来第二年这块土地的租金）等等。所有的土地租金的现值相加等于最终的土地价值，为 $(10\,000/r)$ 美元。或者，更一般地，土地价值 LV 和土地租金 LR 相关，如下列公式所示：

$$LV = \frac{LR}{(1+r)} + \frac{LR}{(1+r)^2} + \cdots = \frac{LR}{r} \tag{19.1}$$

19A.3.2　土地租金的税收　现在假设政府要求土地拥有者支付土地租金的 50% 作为税收。在这里，我们称 50% 的土地租金税。图 19-9 阐述了一种特殊类型的土地的出租市场，这是艾奥瓦州的一种特殊质量的土地。这种土地的供给是固定的，即供给曲线是完全无弹性的。由此导致税收的全部负担由出租土地给农民的地主承担（若土地拥有者自己种地，则自己承担税收），每年的出租收入则会减少 50%（出租费不发生改变）。

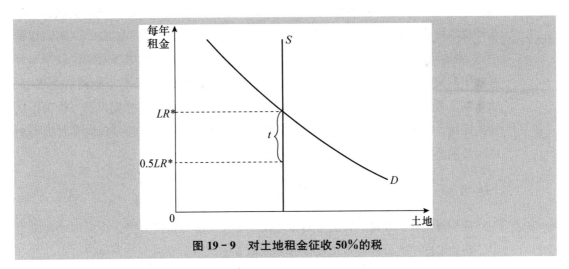

图 19-9　对土地租金征收 50% 的税

作为土地的拥有者，我没有其他选择，只能接受较低的（税后）租金。我可能对此非常沮丧并试图卖掉这块土地，但是请记住，土地的价值等于所有未来土地租金的和的现值。由于所有的未来税后土地租金都减少了 50%，土地价值从 (LR^*/r) 减少到 $(0.5LR^*/r)$。换句话说，50% 的土地租金税收导致我拥有的资产价值减少了 50%，且我没有其他的替代方法，并且也无法避免税收。如果我继续持有这块土地，我每年都会少收入 50%。如果我决定卖掉这块土地，我现在将会减少 50% 的收入且放弃了未来的租金。在现值算法下，我无论是持续持有土地，还是卖掉土地，还是持有一段时间再卖掉，这三种情况带来的收入都是相同的。

你或许会认为，若我将土地作为他用会获得更高的收入，但是若是对未经开发的土地的租金征税，税收大小就与土地的用途无关，因为只有未经开发的土地的价值被征税了。不论我用这块土地耕种，还是生产回形针，还是将其用作住房，土地租金税收仍然是对土地租赁价值本身征税。所以，我没有办法避免支付这种税收，因此不可能出现替代效应以使得征税无效率。土地租金税收是将财富从土地拥有者到政府的一个简单转移。土地拥有者的财富减少了，而政府拥有了所有土地拥有者丧失的财富。正是由于这个原因，一位名为亨利·乔治的作家在100年前建议所有的政府开支都应由土地租金的税收支付。实际上，亨利·乔治还提出进一步的建议：对于所有的土地租金都应征100%的税。[①]

练习 19A. 12 对土地租金征收100%的税的经济影响是什么？ （提示：对土地拥有者征税。）■

这种对土地租金征税的建议逐渐地被美国地方政府参考，它们依靠财产税来获得大部分收入。财产税不仅仅是土地租金税，因为财产税对土地租金和土地改进品（例如住房）收入征税。因此，在一定程度上，财产税改变了改进土地的机会成本，这种税收可能引起了会产生无效率的替代效应（通过将资本从住房中调离而作他用），当地政府可以通过降低对改进品的税收从而提高对土地本身的征税以获得更有效率的税收。[②]在发展中国家，财富往往聚集在相对较少的一些土地拥有者手中，政策制定者经常讨论对土地租金征税以用来资助政府开支和再分配财产。你可以从其他课程，例如城市经济学和公共财政学中了解到更多土地税收以及它和其他类型的税收的关系（例如财产税）。

19A. 4 一般均衡 VS 局部均衡税收归宿

我们对税收的经济归宿的分析至今仅集中在局部均衡模型中，在局部均衡模型中，我们实际上假设税收负担仅仅落到征税方。但正如我们所见，税收规定在哪一方征税是没有多少关系的——无论是买方还是卖方，因为哪方最终承担了税收取决于需求和供给曲线的相对弹性。换句话说，税负可能从卖方转移给买方，也可能从

[①] 亨利·乔治（1839—1897）于1879年在他的著作《发展和贫穷》中提出这个观点，此后的亨利·乔治定理由地方财政和城市经济学家由上得出。亨利·乔治的建议，即所有的政府开支都应由土地租金的税收支付，部分是基于哲学概念。这种哲学概念也被认为是"乔治主义"，即每个人都应该拥有他们所创造的东西，但是所有在大自然中所发现的，例如土地，则平等地属于每一个人。

[②] 对土地和构建物施以不同的税率的财产税经常被称为分裂税率税收。你可以在章末习题19.12中分析关于此的更多细节。

买方转移给卖方，这都取决于谁的经济行为更加缺乏弹性。

然而，税负的转移不仅仅局限在被征税的这个市场中的活动者当中。在很多情况下，税负（和税收归宿）会转移出被征税的市场而到达那些没有法律税负义务的市场的活动者身上。当这种情况发生时，就不仅存在我们已经分析过的局部均衡影响，还存在一般均衡税收归宿影响。

例如，考虑住房税。我们认为住房税是对投资在住房市场上的资本所征的税收，当征收此税时，住房资本回报率降低，投资者承担了部分住房税的负担。但是资本拥有者同时有其他的投资渠道。在征收住房税之前，资本的均衡回报率必须等于其他所有形式的资本（至少是与它有关联风险的其他形式的资本）的均衡回报率。如果住房税造成住房资本的回报率降低，理性的投资者会退出住房市场，转而投资其他拥有较高回报率的市场。由此，住房资本供给曲线将会向内移动，这会造成住房资本的税后回报率升高；其他资本市场供给曲线将会向外移动，其回报率会相应降低。当住房资本的税后回报率和其他非住房资本的回报率相等时，市场就达到了一个新的均衡。因此，住房税的负担就从住房资本的拥有者身上转移到了所有资本的拥有者身上。[①]

我们将会在第 20 章看到很多其他的例子，并探讨只对一个区域征税时的税收的作用。这和我们以上的住房税的例子类似。在住房税的例子中，税收负担从住房市场转移到其他资本市场。同时，税收也会从征税区域转移到其他非征税区域。税收的一般均衡影响非常重要，这也因此大大增加了税收政策的复杂性。如果你对税收的一般均衡影响这个话题很感兴趣，你可以考虑在以后的学习中学习公共财政学或公共经济学。现在，你只需要开始接受这个观念：被征税的投入和商品都是在市场上流动的，一个市场上的税收将会对其他市场产生一般均衡税收归宿影响。它类似于在局部均衡模型中决定税收归宿时的价格弹性的作用：那些"不愿意"承担税收负担的人可以将税收负担转移到那些"愿意"承担的人身上。同一道理，那些在市场中拥有更大"流动性"的参与者可以将税负转移到流动性较小的参与者身上。

19B　税收（与补贴）的数学分析

在这一部分，我们将会继续探讨由征税导致的税收归宿和无谓损失（对类似的补贴归宿和无谓损失的分析将放在章末习题中）。在 19B.1 小节中，我们将对税收归宿和价格弹性的关系做一个大致的阐释，更加正规地证明市场参与者承受税收的

---

① 财产税是一种对土地和住房征收的税收，通常被认为是征收在土地（这是有效率的）和住房资本上的税收，它在一般均衡中变成对所有资本的税收。关于财产税的另外一种观点即"受益论观点"认为，当结合严格的区划法时，住房和土地很相似，因此财产税的住房税部分有一些土地税的性质。你可以在公共财政学课程中学到更多关于财产税的不同观点。

负担程度随着价格弹性的变小而增大。在 19B.2 和 19B.3 小节，我们将会继续演示如何计算无谓损失，先是计算线性条件下的无谓损失，然后计算更加一般化的工资税情况下的无谓损失。在看到税收归宿取决于非补偿的需求和供给曲线之后，我们将再一次看到无谓损失的计算取决于补偿曲线。最后，我们将在一般均衡的环境下讲述一个税收归宿的简单例子，即如果资本是可自由流动的，住房税可以转移到其他形式的资本上。

19B.1 税收归宿和价格弹性

用 $x_d(p)$ 代表需求，$x_s(p)$ 代表供给，未征税前的均衡价格为 p^*，均衡数量为 x^*。现在引入税收 t，消费者每消费一单位 x 要多支付 t。这意味着买方支付的价格 p_d 比卖方收到的价格 p_s 大 t，即 $p_d = p_s + t$。这也可表达为：

$$\mathrm{d}p_d = \mathrm{d}p_s + \mathrm{d}t \tag{19.2}$$

即消费者支付价格 p_d 的变化等于生产者获得价格 p_s 的变化加上 t 的变化。在新的均衡中，需求和供给相等，将需求和供给用相应的价格表示，即

$$x_d(p_d) = x_s(p_s) \tag{19.3}$$

对两边分别微分，得到

$$\frac{\mathrm{d}x_d}{\mathrm{d}p_d}\mathrm{d}p_d = \frac{\mathrm{d}x_s}{\mathrm{d}p_s}\mathrm{d}p_s \tag{19.4}$$

再将等式（19.2）代到等式（19.4）中，得到

$$\frac{\mathrm{d}x_d}{\mathrm{d}p_d}(\mathrm{d}p_s + \mathrm{d}t) = \frac{\mathrm{d}x_s}{\mathrm{d}p_s}\mathrm{d}p_s \tag{19.5}$$

整合等式，得到

$$\left(\frac{\mathrm{d}x_d}{\mathrm{d}p_d} - \frac{\mathrm{d}x_s}{\mathrm{d}p_s}\right)\mathrm{d}p_s = -\frac{\mathrm{d}x_d}{\mathrm{d}p_d}\mathrm{d}t \tag{19.6}$$

征税前，均衡点位于供给和需求曲线的交点 (x^*, p^*)，这一点同时在供给和需求曲线上。用 p^*/x^* 乘以等式（19.6），得到

$$\left(\frac{\mathrm{d}x_d}{\mathrm{d}p_d}\frac{p^*}{x^*} - \frac{\mathrm{d}x_s}{\mathrm{d}p_s}\frac{p^*}{x^*}\right)\mathrm{d}p_s = -\frac{\mathrm{d}x_d}{\mathrm{d}p_d}\frac{p^*}{x^*}\mathrm{d}t \tag{19.7}$$

在上个式子中，你会看到几个弹性术语（用征税前的均衡估值）。重新用价格弹性替代等式，得到

$$(\varepsilon_d - \varepsilon_s)\mathrm{d}p_s = -\varepsilon_d\mathrm{d}t \tag{19.8}$$

其中，ε_d 是需求价格弹性，ε_s 是供给价格弹性。重新变换等式的顺序，得到

$$\frac{\mathrm{d}p_s}{\mathrm{d}t}=-\frac{\varepsilon_d}{\varepsilon_d-\varepsilon_s} \tag{19.9}$$

从这个式子可以看出什么？假设供给是完全无弹性的，$\varepsilon_s=0$，那么等式就是 $\mathrm{d}p_s/\mathrm{d}t=-1$ 或 $\mathrm{d}p_s=-\mathrm{d}t$。用文字表述就是，生产者的价格完全随税收而变化，生产者因而承担了所有的税收负担（或归宿）。另外，如果需求是完全无弹性的（$\varepsilon_d=0$），$\mathrm{d}p_s/\mathrm{d}t=0$ 或 $\mathrm{d}p_s=0$，则生产者的价格并不发生改变，生产者完全不承担税收负担。这和我们从简单的图形中得到的结论是吻合的。最后，假设在最初的征税前均衡中，消费者和生产者对价格变化的回应是相同的，需求和供给的价格弹性的绝对值是相同的，也即 $\varepsilon_s=-\varepsilon_d$。将此式代入等式（19.9），我们得到 $\mathrm{d}p_s/\mathrm{d}t=0.5$ 或 $\mathrm{d}p_s=0.5\mathrm{d}t$，此时生产者承担了税收负担的二分之一。上式因此意味着税收归宿将会失衡地落在相对缺少价格弹性的市场参与者身上。这和我们在图 19-3 中得出的结论是相同的。

练习 19B.1 *　证明只要 ε_d 的绝对值小于 ε_s，消费者就会承担大于二分之一的税收负担，反过来，如果 ε_d 的绝对值大于 ε_s，消费者就会承担小于二分之一的税收负担。

练习 19B.2 *　你能证明 $\mathrm{d}p_d/\mathrm{d}t=\varepsilon_s/(\varepsilon_s-\varepsilon_d)$ 吗？〔提示：请注意，等式（19.2）意味着 $\mathrm{d}p_d/\mathrm{d}t=(\mathrm{d}p_s/\mathrm{d}t)+1$。〕■

你可以从补贴的经济归宿中得到相似的结论，我们把这块内容放到了章末习题 19.1 中。

19B.2　拟线性偏好下征税的净损失

在局部均衡模型中，税收归宿取决于非补偿的需求和供给曲线的相对价格弹性。而无谓损失的计算则取决于补偿的需求和供给曲线的弹性。我们从消费者理论的发展中知道，当收入效应消失时，非补偿和补偿之间的区别就消失了，而当偏好是拟线性的时，收入效应就消失了。因此我们从偏好拟线性的情况开始讨论无谓损失的数学计算。正如我们将会看到的，你可以通过计算需求和供给曲线下的区域来得到无谓损失（正如我们在本章的 A 部分所做的），你也可以应用我们从第 10 章中得出的支出函数来计算，从而避免了积分。

在前面的章节中，我们证明当 $u(x,y)=\alpha\ln x+y$ 时，对拟线性商品 x 的需求是 $x_d(p_x,p_y)=\alpha p_y/p_x$，你也可以自行证明得到 y 的需求为 $y_d(p_y,I)=(I-\alpha p_y)/p_y$。为了在局部均衡模型中仅仅关注商品 x，我们将 y 当作复合商品，且 $p_y=1$。如此我们就可以将对这两种商品的需求写为如下形式：

$$x_d(p)=\frac{\alpha}{p},\quad y_d(I)=I-\alpha \tag{19.10}$$

其中 p 在此处代表商品 x 的价格。

练习 19B.3 商品 x 的需求价格弹性是多少？商品 y 的交叉需求价格弹性是多少？■

然后假设市场上对商品 x 的需求来自一个具有代表性的消费者，他拥有拟线性偏好且收入水平为 I。进一步假设，市场上的供给曲线为 $x_s = \beta p$。

练习 19B.4 供给的价格弹性是多少？■

使供给和需求相等得到 p，我们就得到了无税收情况下的均衡价格 $p^* = (\alpha/\beta)^{1/2}$，均衡的交易数量为 $x^* = (\alpha\beta)^{1/2}$。

现在假设政府对生产者征收单位税 t，这意味着当消费者支付 p_d 时，生产者将会收到（$p_d - t$）。新的均衡仍然要求供给和需求相等，但此时供给是用生产者价格衡量，需求则是用消费者价格衡量，即 $\beta(p_d - t) = \alpha/p_d$。对等式两边同时乘以 p_d 再减去 α，我们得到 $\beta p_d^2 - \beta t p_d - \alpha = 0$，通过二次方程式[①]，得到在新的均衡价格下，消费者支付的价格为

$$p_d = \frac{\beta t + \sqrt{(\beta t)^2 + 4\beta\alpha}}{2\beta} = \frac{t + \sqrt{t^2 + 4(\alpha/\beta)}}{2} \tag{19.11}$$

在新的均衡价格下的生产者价格（净税收价格）为

$$p_s = p_d - t = \frac{-t + \sqrt{t^2 + 4(\alpha/\beta)}}{2} \tag{19.12}$$

例如，假设 $\alpha = 1\,000$，$\beta = 10$。图 19-10 画出了由此产生的需求和供给曲线（以及它们的翻转图），假设 $t = 10$。由 A 部分的所学可知（因为对商品 x 的偏好是拟线性的），消费者剩余从最初的区域（$a + b + c$）缩减到只有（a），而生产者剩余从（$d + e + f$）缩减到只有（f），税收收入由原来的 0 增长到区域（$b + d$），产生的无谓损失为（$c + e$）。

19B.2.1 用积分计算无谓损失 如果你乐意用基本的积分运算，那么我们可以用积分计算消费者剩余和生产者剩余。（如果你不乐意用积分运算，你可以跳过此小节至 19B.2.2。）利用图 19-10 中组图（b）的函数，消费者剩余变化（$b + c$）为

$$\Delta CS = \int_{p^*}^{p_d} x_d(p)\,\mathrm{d}p = \int_{p^*}^{p_d} \frac{\alpha}{p}\,\mathrm{d}p$$

---

① 回忆一下：等式 $ax^2 + bx + c = 0$ 通过二次方程式求解办法求出两个解：$x = (-b - \sqrt{b^2 - 4ac})/2a$ 和 $x = (-b + \sqrt{b^2 - 4ac})/2a$。此处第二个解是合适的。

$$= \alpha(\ln p_d - \ln p^*) = 1\,000 \times [\ln(16.18) - \ln(10)] \approx 481 \quad (19.13)$$

生产者剩余的变化（$d+e$）为

$$\Delta PS = \int_{p_s}^{p^*} x_s(p)\mathrm{d}p = \int_{p_s}^{p^*} (\beta p)\mathrm{d}p = \frac{\beta}{2}((p^*)^2 - p_s^2) = 5 \times (10^2 - 6.18^2)$$

$$\approx 309 \quad (19.14)$$

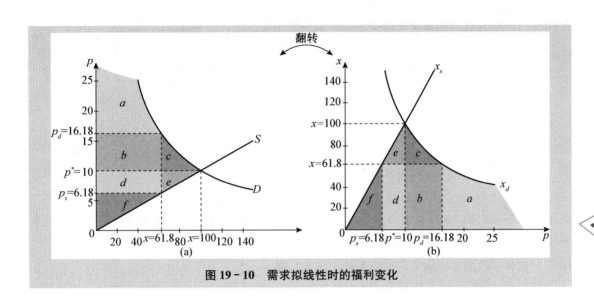

图 19-10 需求拟线性时的福利变化

练习 19B.5 通过计算图 19-10 中矩形（d）的面积和三角形（e）的面积，你能证明我们关于 ΔPS 的结果是正确的吗？ ∎

　　将消费者剩余变化和生产者剩余变化相加，我们得到总剩余损失大概等于 790 美元。政府得到的税收收入等于单位税 10 美元乘以在征税情况下的交易数量 61.8，结果大概等于 618 美元。因此无谓损失大致等于 172 美元。

　　19B.2.2　用支出函数计算无谓损失　在第 10 章，我们还使用过支出函数的方法计算消费者剩余的变化，尤其是，我们总结出以下结论：ΔCS [即（$b+c$）的面积] 等于代表性消费者愿意为避免这种扭曲性税收而支付的最大税收数。将等式（19.10）中的需求 $x_d(p)$ 和 $y_d(I)$ 代入效用函数 $u(x,y) = \alpha\ln x + y$，我们可以得到间接效用函数 $V(p,I) = \alpha\ln(\alpha/p) + I - \alpha$。[①] 然后反过来用效用值 u 代替 V，我们可得到支出函数如下

$$E(p,u) = u + \alpha - \alpha\ln\frac{\alpha}{p} \quad (19.15)$$

----

　　① 由于对商品 x 的偏好是拟线性的，因此只要不是角点解，收入水平是什么并不重要。在此种情况下，只要 $I > \alpha$，就存在内点解。

练习 19B. 6 你能通过支出最小化问题更直接地推导出支出函数吗？ ■

在扭曲性税收下，代表性消费者的效用为

$$u_t = V(p_d, I) = \alpha \ln x_d(p_d) + y_d(I) = \alpha \ln \frac{a}{p_d} + (I - \alpha) \tag{19.16}$$

在没有扭曲价格的情况下，为了达到效用水平 u_t 所必需的支出为

$$E(p^*, u_t) = u_t + \alpha - \alpha \ln \frac{\alpha}{p^*} = \alpha \left(\ln \frac{\alpha}{p_d} - \ln \frac{\alpha}{p^*} \right) + I$$

$$= \alpha [\ln\alpha - \ln p_d - (\ln\alpha - \ln p^*)] + I = \alpha(\ln p^* - \ln p_d) + I$$

$$= \alpha \ln \left(\frac{p^*}{p_d} \right) + I \tag{19.17}$$

其中我们运用了对数公式 $\ln(a/b) = \ln a - \ln b$。

练习 19B. 7 证明：在征税前的价格水平下，为达到税后的效用水平而必需的支出小于（或等于）I。

练习 19B. 8 $E(p^*, u_t) = I$ 成立的条件是什么？ ■

最后，代表性消费者愿意为避免承受扭曲性税收［图 19-10 中的面积 $(b+c)$］而放弃的最大金额是消费者收入和 $E(p^*, u_t)$ 的差，即

$$\Delta CS = I - E(p^*, u_t) = I - \left(\alpha \ln \left(\frac{p^*}{p_d} \right) + I \right)$$

$$= -\alpha \ln \left(\frac{p^*}{p_d} \right) = -1\,000 \ln \left(\frac{10}{16.18} \right) \approx 481 \tag{19.18}$$

练习 19B. 9 证明：一般来说，在替代特定的税前和税后价格之前，等式（19.13）（我们用积分推出）和等式（19.18）（我们用支出函数推出）会产生相同的结果。 ■

代表性消费者因此愿意为避免征税而支付 481 美元。消费者的税收收入份额仅为 382 美元（即 $6.18 \times 61.8 \approx 382$ 美元），这意味着市场中消费者方造成了大概 99 美元的无谓损失。在生产者方，类似地，我们可以计算出税前和税后的利润，然后比较由生产者实际支付的税收导致的利润的改变。在我们的例子中，供给曲线是线性的，我们可以从图 19.10 看出生产者方的无谓损失为三角形 (e) 的面积，即 $(100 - 61.8) \times (10 - 6.18)/2 \approx 73$ 美元。将市场中消费者和生产者的无谓损失相加，我们得到总的无谓损失大约为 172 美元（正如我们在前面的章节用积分计算的那样）。

表 19-1 举例说明了不同水平的单位税的影响。正如我们无数次注意到的那样，无谓损失增加的速率远高于税率。然而，由于需求价格弹性为 -1（你在练习 19B.3 中也会得到这个结论），不存在足以关闭市场的高税率。实际上，考虑到需求价格弹性和消费者支出的关系，我们知道需求价格弹性为 -1 意味着：无论价格是多少，消费者都会消费相同数量的商品 x，这也意味着税收收入随着税率的增加而增加。

表 19-1　　　　单位税导致的福利变化 ($x_d(p)=1\,000/p$, $x_s(p)=10p$)

t	p_d（美元）	p_s（美元）	$x_d=x_s$	ΔCS（美元）	ΔPS（美元）	收益（美元）	DWL（美元）
0	10.00	10.00	100.00	0.00	0.00	0.00	0.00
1	10.51	9.51	95.12	49.98	47.56	95.12	2.42
2	11.05	9.05	90.50	99.83	90.50	181.00	9.34
3	11.61	8.61	86.12	149.44	129.18	258.36	20.27
4	12.20	8.20	81.98	198.69	163.96	327.92	34.73
5	12.81	7.81	78.08	247.47	195.19	390.39	52.27
10	16.18	6.18	61.80	481.21	309.02	618.08	172.19
25	28.51	3.51	35.08	1 047.59	438.48	876.95	609.12
50	51.93	1.93	19.26	1 647.23	481.46	962.91	1 165.76
100	100.99	0.99	9.90	2 312.44	495.10	990.20	1 817.34
1 000	1 000.10	0.10	1.00	4 605.27	499.95	999.90	4 105.32

练习 19B.10　拉弗曲线在这个例子中有顶点吗？为什么？ ■

当偏好不拟线性时，替代效应会导致补偿需求曲线和非补偿需求曲线不同，这意味着福利变化（和无谓损失）不能再在市场需求曲线上衡量。我们将在下一节劳动市场的例子中碰到这种情况，且我们会在章末习题 19.2 中的商品市场中解决它。在这种情况下，你可以用我们此节应用的支出函数方法计算消费者剩余。

19B.3　劳动(与资本)市场税收的净损失

现在假设我们回到了第 9 章中的一个例子中，工人们对闲暇和消费拥有柯布-道格拉斯偏好，效用函数为 $u(c,\ell)=c^\alpha\ell^{(1-\alpha)}$，闲暇禀赋用 L 表示，这意味着对闲暇和消费的需求满足

$$\ell=(1-\alpha)L, c=\alpha wL \tag{19.19}$$

劳动供给等于闲暇禀赋减去闲暇消费，这意味着劳动供给函数是完全无弹性的，如下所示

$$l_s = L - (1-\alpha)L = \alpha L \tag{19.20}$$

练习 19B. 11 验证这个劳动供给函数的供给工资弹性为 0。∎

例如，假设一位工人每周有 60 个小时的闲暇时间（$L=60$）且 $\alpha=2/3$，那么劳动供给函数意味着这位工人无论工资多少，每周都会工作 40 个小时。如果劳动市场中存在着 1 000 位拥有相同闲暇禀赋和偏好的工人，那么这就意味着存在一条垂直的劳动供给曲线，且每周有 60 000 个小时的闲暇时间。进一步假设市场对劳动的需求为 $l_d(w) = 25\,000\,000/w^2$。使需求与无弹性劳动供给 60 000 个小时相等，我们得到均衡工资 $w^* = 25$。

练习 19B. 12 劳动需求的工资弹性是多少？∎

19B. 3. 1 计算劳动市场中的无谓损失 现在假设每工作一小时生产者需要缴纳 10 美元的工资税。在劳动市场中劳动供给是完全无弹性的，这会导致均衡价格降至 15 美元，生产者完全没有受到影响（由于他们现在支付每小时工资 15 美元和每小时税负 10 美元，相加还是等于 25 美元）。如此我们就可以完全集中于分析市场中的工人方面以求出税收造成的无谓损失。

分析一个在低工资下仍然每周工作 40 个小时的工人的情况。为了求出这位工人由税收所导致的无谓损失，我们可以这样思考（正如我们在整本书中所用的方式一样）：这位工人的工资从 25 美元降为 15 美元相当于我们从这位工人手中拿走了多少钱？或者更一般地说，这位工人的工资从 w^* 降为（$w^* - t$）相当于我们一次性从工人手中拿走多少钱？

为了回答这个问题，我们首先需要求出在征税情况下这位工人的效用。由于这位工人总是在闲暇上花费（$1-\alpha$）L，他的消费为 $\alpha(w^* - t)L$。将这些代入效用函数，我们得到税收为 t 时的效用 u_t

$$u_t = (\alpha(w^* - t)L)^\alpha((1-\alpha)L)^{(1-\alpha)} = \alpha^\alpha(1-\alpha)^{(1-\alpha)}(w^* - t)^\alpha L \tag{19.21}$$

接下来，我们要计算当工资仍是 w^* 时，为了取得效用水平 u_t 所需要的支出。支出函数由工人的支出最小化问题得出

$$\min_{c,\ell} E = w\ell + c, \quad u_t = c^\alpha \ell^{(1-\alpha)} \tag{19.22}$$

首先解得补偿的闲暇和消费需求

$$\ell^c(w) = \left(\frac{1-\alpha}{\alpha w}\right)^\alpha u_t, \quad c^c(w) = \left(\frac{\alpha w}{1-\alpha}\right)^{(1-\alpha)} u_t \tag{19.23}$$

将上式再代入 $E = w\ell + c$，得到支出函数为

$$E(w,u_t)=\frac{w^{(1-a)}u_t}{\alpha^a(1-\alpha)^{(1-a)}} \tag{19.24}$$

练习 19B.13 验证上式。∎

在上面的例子中，$L=60$，$\alpha=2/3$，当面对税收 t 时，工人的工资由 $w^*=25$ 减为 $(w^*-t)=15$，我们可以用等式（19.21）来计算税后效用，得到 $u_t\approx193.1$。将结果代入等式（19.24），我们得到在不存在税收的情况下，为达到这个效用水平所需的支出为 $E(w^*,u_t)\approx1\,067.07$。由于这个工人的闲暇禀赋的价值为 1 500 美元（即他的闲暇禀赋为 60 小时乘以工资 25 美元），我们从工人手中拿走大概 432.93 美元就可以使他达到承受 10 美元税收时的幸福水平。但是，在 10 美元的税收情况下，我们仅仅从工人手中得到 400 美元，这意味着有大概 32.93 美元的无谓损失。当市场中存在 1 000 名工人时，总的无谓损失大概为 32 930 美元。

更一般地，我们可以将每位工人的无谓损失表达为

$$DWL(t)=[w^*L-E(w^*,u_t)]-tl_s(w-t) \tag{19.25}$$

其中，方括号中的是我们一次性从工人手中拿走的钱数，此时工人并不比在征税情况下过得差。方括号以外的是从工资税中实际得到的税收。

练习 19B.14 你能在图 19-6 的组图（b）中以及其他图中找到上述的各种数值吗？∎

表 19-2 举例说明了不同水平的工资税的福利和收入效应。

表 19-2　　　　　　　　　单位工资税导致的单位工人福利的变化

$(u\,(c,\ell)=c^\alpha\ell^{(1-\alpha)}$，$\alpha=2/3$，$\ell=60)$

t	(w^*-t) （美元）	$l_s(w^*-t)$	$l_s^c(w^*)$	u_t	$E(w^*,u_t)$ （美元）	剩余变化 （美元）	收益 （美元）	DWL （美元）
0	25.00	40.00	40.00	271.44	1 500.00	0.00	0.00	0.00
1	24.00	40.00	40.53	264.15	1 459.73	40.27	40.00	0.27
2	23.00	40.00	41.08	256.76	1 418.89	81.11	80.00	1.11
3	22.00	40.00	41.63	249.27	1 377.46	122.54	120.00	2.54
4	21.00	40.00	42.19	241.66	1 335.40	164.60	160.00	4.60
5	20.00	40.00	42.76	233.92	1 292.66	207.34	200.00	7.34
10	15.00	40.00	45.77	193.10	1 067.07	432.93	400.00	32.93
15	10.00	40.00	49.14	147.36	814.33	685.67	600.00	85.67
20	5.00	40.00	53.16	92.83	512.99	987.01	800.00	187.01
25	0.00	40.00	60.00	0.00	0.00	1 500	1 000.00	500.00

19B.3.2 用补偿劳动供给计算无谓损失 在图 19-6 的组图（c）中，我们认为存在着另一种在补偿劳动供给曲线上求无谓损失的方法。然而，这将会再次用到积分的方法，如果你不喜欢用这种方法，你可以直接跳到下一章节学习（毕竟我们已经应用支出函数求出了无谓损失）。

正如非补偿劳动供给曲线是闲暇禀赋减去非补偿闲暇需求，补偿劳动供给曲线 l_s^c 是闲暇禀赋 L 减去补偿闲暇需求 ［从等式（19.23）得出］，即

$$l_s^c(w, u_t) = L - \ell^c(w) = L - \left(\frac{1-\alpha}{\alpha w}\right)^\alpha u_t \tag{19.26}$$

在图 19-11 的组图（b）中，上述函数（其中 $u_t = 193.1$，$L = 60$，$\alpha = 2/3$）和无弹性的非补偿劳动供给曲线都画了出来，组图（a）则是将组图（b）转换坐标轴，以方便和图 19-6 做比较，在图 19-6 中，我们首次讨论了无谓损失可以在补偿劳动供给曲线上算出。

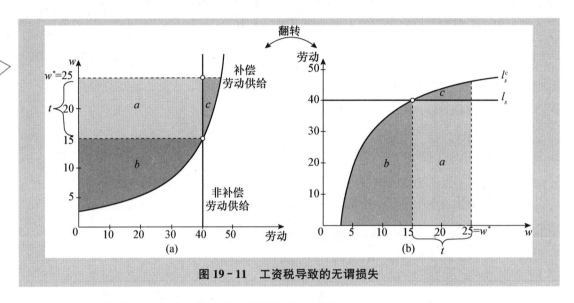

图 19-11　工资税导致的无谓损失

补偿劳动供给曲线下的区域用积分计算得：

$$\int l_s^c(w, u_t)\mathrm{d}w = \left(Lw - \frac{w^{(1-\alpha)}u_t}{\alpha^\alpha(1-\alpha)^{(1-\alpha)}}\right) \tag{19.27}$$

当 w 从 15 到 25（$u_t = 193.1$，$L = 60$，$\alpha = 2/3$）时，可得到 $(a+c)$ 的面积为

$$(a+c) = \int_{15}^{25} l_s^c(w, u_t)\mathrm{d}w \approx 432.93 \tag{19.28}$$

这个值恰好等于与工人在工资税 $t = 10$ 时获得相同效用水平的总量税收。再用此数减去实际税收收入 ［(a) 区域的面积］，我们再次得到了大致为每个工人 32.93 美元的无谓损失，即区域（c）的面积。

19B.3.3 资本的税收 本章章末习题 19.4 和 19.5 是类似于图 19-7 的例子，其中

涉及了储蓄决策和税率导致的无谓损失，有关补贴的情况将会在章末习题 19.3 中讨论。

19B.3.4 税率提高时的无谓损失和收入 在图 19-8 中，我们图示了当需求和供给曲线线性时，税率提高对税收收入和无谓损失的影响（在非补偿需求和补偿需求相同的假定下）。对于税收收入，我们得到一个倒 U 形的拉弗曲线，这意味着存在一个使税收收入最大的税率。对于无谓损失，和前面的章节一样，我们认为，当提高税收的程度为 k 时，无谓损失增加的程度大致为 k^2。

例如，需求和供给函数分别为 $x_d(p)=(A-p)/\alpha$，$x_s(p)=(p-B)/\beta$（并假设不存在收入效应）。由此可得到消费者均衡支付价格 p_d 和生产者均衡价格 $p_s=(p_d-t)$，即

$$p_d=\frac{\beta A+\alpha B+\alpha t}{\alpha+\beta}, \; p_s=\frac{\beta A+\alpha B-\beta t}{\alpha+\beta} \tag{19.29}$$

均衡数量 x_t 为

$$x_t=\frac{A-B-t}{\alpha+\beta} \tag{19.30}$$

练习 19B.15 验证上述式子。■

税收收入等于单位税率乘以交易数量 x_t，即

$$TR=\frac{(A-B)t-t^2}{\alpha+\beta} \tag{19.31}$$

这就是图 19-8 中组图（b）的函数表达式，且当对单位税率求导为零时，税收收入取得最高点。你可以自己证明当 $t=(A-B)/2$ 时税收收入取得最高点。

通过求导得出无谓损失的过程是烦琐的，但是如果你注意到了其中的代数步骤，你可以证明

$$DWL(t)=\Delta CS+\Delta PS-TR=\frac{t^2}{2(\alpha+\beta)} \tag{19.32}$$

练习 19B.16** 验证无谓损失的表达式（提示：存在两种方法。第一种，将供给和需求函数对价格求积分；第二种，利用图形中三角形和矩形的面积。）■

由此，若税率 t 乘以 k，则相应的无谓损失就是 k^2 乘以原来的结果，即

$$DWL(kt)=\frac{(kt)^2}{2(\alpha+\beta)}=k^2\,\frac{t^2}{2(\alpha+\beta)}=k^2 DWL(t) \tag{19.33}$$

在局部均衡模型中，在线性的需求和供给曲线条件下，拉弗曲线和税率的上升对无谓损失的上升的影响结果都为税收政策提供了指导思想。然而，正如我们在上

一节表19-1中的例子中所看到的，这些知识的经验法则并不是在所有的模型中都适用。例如，在表19-1的单位价格需求弹性中，拉弗曲线并没有峰值，它仅随着税率上升而收敛到最大的税收收益。这是关于单一价格需求弹性的一个直接结果，意味着花在征税物品上的消费者支出不会减少。当然了，在现实世界中，不可能真实存在价格弹性总是为−1的需求曲线，因此我们可以看到拉弗曲线的最终下滑。类似地，在表19-2中，由于劳动供给曲线的完全无弹性，工资税的税收收入随着税率的增加而增加。

你也许已经注意到了表19-1中的无谓损失，尽管它以上升的速率增加，但是却不是线性增加的。税率增加 k 倍，无谓损失增加 k^2 倍的经验法则是一个来源于线性情形的经验法则。另外，在表19-2中，工资税增加 k，而无谓损失的增长却大于 k^2。因此，尽管税率的增长和无谓损失的增长的经验法则并不总是成立，无谓损失的增长速率大于税率的增长速率的结论却是成立的，这也就得出了一个通常的政策建议：在大税基上征收低税率与在小税基上征收高税率相比，对提高税收收入来说，前者更有效。

19B.4 对土地征税

我们曾在 A 部分中认为，地租税收是一个真实世界中的税收，且并不造成无谓损失，因此是有效率的。关于此的数学分析已经在 A 部分中学习过了，你可以在章末习题 19.7 和 19.12 中进一步探讨这个问题。

19B.5 一般均衡税收归宿的简单例子

在 A 部分中，我们已经简单地了解到，税收负担不仅仅落在征税市场中买方和卖方的身上（在本章的局部均衡模型中，税收负担仅由征税市场的买方和卖方承担），税收负担还可能通过一般均衡效应转移到征税市场外的其他方身上。我们还提到了住房税导致资本从住房市场转移到其他市场，因此造成非住房资本的回报率降低，将一部分的税收负担转移到了非住房资本的拥有者身上。

我们可以在一个简单的条件下阐述这个道理。假设我们将资本的拥有者模型化为一个代表性投资者，他共拥有 K 单位资本以投资住房市场和其他资本市场。投资在住房市场的资本记作 k_1，投资在其他资本市场的资本记作 k_2。假设征收住房税之前的住房回报率是由生产函数 $f_1(k_1) = \alpha k_1^{1/2}$ 决定的，而其他未征税资本市场的回报率是由生产函数 $f_2(k_2) = \beta k_2^{1/2}$ 决定的。政府对住房市场征收税率为 t 的税收。

这位代表性投资者希望在两个市场中通过最优化分配资本 K，以使税收收入最大化。换句话说，他希望解决以下最大化问题：

$$\max_{k_1, k_2}(1-t)f_1(k_1) + f_2(k_2), \quad k_1 + k_2 = K \tag{19.34}$$

解得

$$k_1^* = \frac{(1-t)^2\alpha^2 K}{(1-t)^2\alpha^2+\beta^2}, \quad k_2^* = \frac{\beta^2 K}{(1-t)^2\alpha^2+\beta^2} \tag{19.35}$$

表 19-3 阐释了，当这位代表性投资者拥有 1 000 单位资本，且 $\alpha=\beta=100$（这意味着投资人会在住房市场和其他资本市场投入等量的资本）时，住房税 t 是怎样转移到其他资本市场的。表的最后一列代表未征税市场的每单位资本的边际产品，在均衡时它要等于税后征税市场中每单位资本的边际产品（即倒数第二列）。在未征税时，两个市场的单位资本的边际产品都为 2.24，随着住房税的提高（表向下走），由于资本从征税市场（税收收入也下降）撤出并注入未征税市场，住房市场的边际产品下降。因此，虽然是对住房市场征税，税收负担却均等地落在每一个资本市场上。当然，我们假设资本在各市场是完全自由流动的。

练习 19B.17　验证，当 $t=0.5$ 时，表 19-3 中的边际产品的数值是正确的。

练习 19B.18　如果资本是某个市场专用的，不可以从一个市场转移到另一个市场，那么你还认为住房税会转移吗？请解释。■

表 19-3　住房税转移到其他形式的资本上　$(K=1\,000，\alpha=\beta=100)$

t	k_1^*	k_2^*	$MP_1(k_1^*)$	$(1-t)MP_1(k_1^*)$	$MP_2(k_2^*)$
0	500.00	500.00	2.24	2.24	2.24
0.1	447.51	552.49	2.36	2.13	2.13
0.2	390.24	609.76	2.53	2.02	2.02
0.3	328.86	671.14	2.76	1.93	1.93
0.4	264.71	735.29	3.07	1.84	1.84
0.5	200.00	800.00	3.54	1.77	1.77
0.6	137.93	862.07	4.26	1.70	1.70
0.7	82.57	917.43	5.50	1.65	1.65
0.8	38.46	961.54	8.06	1.61	1.61
0.9	9.90	990.01	15.89	1.59	1.59

除了市场中资本的流动灵活程度，其他市场资本的拥有者受住房税的影响程度还取决于征税前住房市场的资本和非住房市场的资本的相对规模。在表 19-3 中，我们设置两个市场的初始资本相同。而在表 19-4 中，我们使 α 加 β 等于 200，但 α/β 的值小于 1，这就使住房市场的资本相对于非住房市场的资本减少了。表 19-4 最后一列表示的是当征收 50% 的住房税时资本的边际产品的下降比例。

练习 19B.19　为什么其他市场资本的拥有者受住房税的影响程度与征税前住房市场的资本的相对规模有关？■

表 19 - 4　　　　　　　　税收转移取决于住房市场的相对资本规模
$$(K=1\,000,\ t=0.5,\ \alpha+\beta=200)$$

α/β	$(k_1/k_2)_{税前}$	$(k_1/k_2)_{税后}$	$MP_{税前}$	$MP_{税后}$	变化比例（%）
1	1.000 0	0.250 0	2.236	1.768	−26.471
1/2	0.250 0	0.062 5	2.357	2.173	−8.466
1/3	0.111 1	0.277 8	2.500	2.404	−3.972
1/4	0.062 5	0.015 6	2.608	2.550	−2.275
1/5	0.040 0	0.010 0	2.687	2.648	−1.473
1/10	0.010 0	0.002 5	2.889	2.878	−0.373
1/50	0.000 4	0.000 1	3.101	3.100	−0.015

结论

　　只要满足一系列的条件，福利经济学第一定理就会保证市场产出的效率。在本章（和前面章节）中，我们看到了当价格被扭曲时无效率是怎样出现的（福利经济学第一定理不再成立），在第 18 章是由于价格上限和价格下限，在本章是因为税收（和补贴）。在这两种情况下，我们都可以看到最终承担价格扭曲负担的群体并不是我们最先认为的那个，价格扭曲的经济归宿是在均衡中决定的，且经常取决于市场中不同参与者的相对价格反应度。价格调控的成本和税收的成本因此可以从市场中的一方转移给另一方，这种方法可以在局部均衡模型中看到。类似地，我们也发现不是所有的价格扭曲政策或税收（和补贴）政策都是同样无效率的，不同的价格扭曲政策的相对无效率也经常取决于它们在市场中的价格反应度。我们在本章再次发现由替代效应导致的无效率可能会被收入或财富效应遮盖，从而阻止我们仅仅依赖于（非补偿）市场需求和供给曲线来分析福利（和效率）。最后，我们简洁地指出，价格调控、税收和补贴的影响会通过一般均衡越过特定的市场对其他的市场产生影响。我们将会在第 20 章继续探讨这个问题，在多个相关市场中研究税收或政策的影响，在那个市场中，政策对自由贸易形成了障碍。

　　像从前一样，我们会再次指出不要误解本章的内容：尽管经济学家详尽地指出当使用扭曲性税收提高收入时会有无效率成本，但这并不意味着经济学家一直都反对用税收来增加收入。类似地，我们也不后悔指出使用补贴的有效成本。当补贴对政策决策者有帮助时，我们也没必要把所有的补贴都认为是缺少社会价值的。经济学家的任务是指出经济体中税收和补贴对个人的影响，它们的成本是多大，以及若要减少成本可以怎样做。

章末习题[①]

19.1　在讨论经济归宿和法定归宿时，课本集中于对税收的研究。这个习题探索由补贴导致的利益归宿的相似问题。

A．在局部均衡模型中，对商品 x 施加价格补贴。

a．解释为什么政府无论将单位补贴 s 给消费者还是生产者，结果都是相同的。

b．如果在无补贴均衡时，需求曲线和供给曲线的斜率的绝对值是相等的，这对于补贴利益在消费者和生产者之间的分配产生怎样的影响？

c．如果在无补贴均衡时，需求曲线比供给曲线陡峭，你对于上题的答案是什么？

d．如果在无补贴均衡时，需求曲线比供给曲线平缓，你的答案是什么？

e．你能用价格弹性得出存在价格补贴时消费者和生产者的相对获利关系吗？这和我们关于税收归宿的结论如何类似？

f．你的答案中的哪些取决于 x 的拟线性偏好？

*B．在 19B.1 节，我们得到边际单位税对卖方收到价格的影响，即 dp_s/dt。

a．s 代表单位补贴，用类似方法分析单位补贴并导出 dp_s/ds。

b．dp_d/ds 是什么？

c．当需求价格弹性为 0 时，从（a）和（b）能得出关于单位补贴的经济归宿的什么结论？当供给价格弹性为 0 时的结论又是什么？

d．当供给和需求价格弹性在无补贴均衡中数值相等（绝对值相等）时，补贴的经济归宿是怎样的？

e．更一般地，当需求价格弹性的绝对值小于供给价格弹性时，市场中的哪一方获得了更大的好处？

19.2　在本章中，我们在对征税商品的偏好拟线性时讨论了对消费商品征税导致的无谓损失，也讨论了当偏好不拟线性时的工资税所导致的无谓损失。在这个习题中，我们将计算当对征税商品的偏好不拟线性时由对消费商品征税所导致的无谓损失。

A．假设对于消费者来说，x 是正常品。

a．画出 x 的市场供给和需求曲线，并阐述当引进单位税收 t 时对价格（对于消费者和生产者的价格）以及产出水平的影响。

b．如果我们假设所有消费者对 x 的偏好是拟线性的，你关于（a）的答案会不

同吗?

c. 在一位消费者的图中,将 x 放在横轴,其他商品(用美元计价)放在纵轴,阐释税收对消费者预算的影响。

d. 在(c)中的图里表示出由这位消费者所承担的无谓损失比例。

e. 在第三张图中画出消费者的需求曲线,这个消费者的消费图和(d)中的图一样。然后,在这张图上表示出你在(d)中求的无谓损失。

f. 现在回到(a)中的图。在图中表示出无谓损失。和拟线性的需求曲线相比,此处的无谓损失有什么不同?

g. 判断正误:如果我们用市场需求曲线来计算对正常品征税所导致的消费者剩余变化,我们将高估无谓损失。

B. 假设所有拥有柯布-道格拉斯偏好的消费者都可以用以下效用函数表示:$u(x,y)=x^{\alpha}y^{(1-\alpha)}$。每个消费者的收入为 I。假设商品 y 的价格始终为1。

a. 推导出一个消费者对 x 的非补偿需求。

b. 假设收入的单位为1 000美元且每位消费者收入 $I=2.5$(即收入2 500美元)。市场中有1 000名消费者。计算市场需求函数。

c. 假设市场供给为 $x_s=\beta p$。求出市场均衡的价格和产出。

d. 假设 $\alpha=0.4$,$\beta=10$。求出当 $t=10$ 时的均衡 p_d、p_s 和 x_t。这个结果和19B.2.1节图19-10中(这里我们假设 $\alpha=1\ 000$,$\beta=10$)拟线性偏好条件下的结果有什么不同?

e. 税前和税后的交易数量分别是多少?

f. 如果用市场供给和需求曲线来计算无谓损失,结果是多少?

g. 计算这种情况下的真实无谓损失,并解释为什么结果不同于19B.2.1节中的例子,在19B.2.1节中市场供给和需求曲线与此题是相同的。

†**19.3** 在课本中,我们讨论了在劳动供给完全无弹性的情况下由工资税产生的无谓损失。在本题中我们将探讨工资补贴的问题。

A. 假设目前市场上的工资为 w^*,所有工人的劳动供给都是完全无弹性的。然后,政府同意给予雇用者每小时工作时间 s 美元的补贴。

a. 雇用者会从这项补贴中获益吗?被雇用者呢?

b. 在一个关于消费者的图中,横轴为闲暇 l,纵轴为消费 c,阐释补贴对工人预算约束的影响。

c. 找出补贴前的最优点和补贴后的最优点。

d. 在图中找出代表补贴的垂直距离 S。

e. 如果要使工人达到具有工资补贴时的效用,我们需要支付给工人的钱数 P(在无扭曲性工资下)是多少?在图中找出代表工资补贴的无谓损失的垂直距离。

f. 在另一张图中,画出无弹性的劳动供给曲线以及该曲线上补贴前和补贴后的点。然后画出测量无谓损失的补偿劳动供给曲线。找出无谓损失的位置。

g. 判断正误：只要闲暇和消费是可替代的，补偿劳动供给曲线的斜率就是向上的，且工资补贴会创造无谓损失。

B. 假设，正如我们在对待工资税时的情况，对消费 c 和闲暇 l 的偏好可以用效用函数 $u(c,l)=c^{\alpha}l^{(1-\alpha)}$ 表示，且所有的工人都拥有闲暇禀赋 L（无其他收入来源）。再次像课本中一样进一步假设不存在扭曲时的均衡工资为 $w^*=25$。

a. 如果政府向被雇用者提供每小时 11 美元的工资补贴，雇用人的工资成本是多少？工人收到的工资是多少？

b. 进一步假设 $\alpha=0.5$，工人在存在补贴的情况下的效用水平 u_s 是多少？（用闲暇禀赋 L 表示。）

* c. 如果我们想使工人们放弃补贴，则至少应该向每位工人支付多少钱？（用闲暇禀赋 L 表示。）

* d. 补贴所造成的单位工人的无谓损失是多少？（用闲暇禀赋 L 表示。）

** e. 用补偿劳动供给曲线验证你的结果。

19.4 这个习题复习了前面的章节中关于消费者理论的一些概念，可以为习题 19.5 做准备。

A. 考虑这样一位储蓄者，她现在赚取收入，却预期在未来一段时间不会赚取收入，因此她必须储蓄。

a. 用现在消费 c_1 代表横坐标，未来消费 c_2 代表纵坐标，画出消费图。假设利率为 r，画出跨时预算约束，然后画出含有最优点 A 点的无差异曲线。

b. 现在假设利率升至 r'。画出新的预算约束，若储蓄者在利率改变时不改变储蓄决定，那么新的最优点 C 点在哪里？

c. 为使利率由 r 变为 r'，这位储蓄者愿意为此支付多少钱？请用未来的美元表示。如果她支付了这笔钱，她的储蓄会变多还是变少？

d. 假设一开始利率为 r'，然后降为 r。我为了补偿这位储蓄者利率的降低，需要给她多少钱？如果我确实这样做了，这位储蓄者和在高利率情况下相比，储蓄是变多了，还是变少了？

e. 在一张新的图上，画出这位储蓄者的无弹性储蓄供给曲线，然后画出分别对应于利率 r 和 r' 的效用水平的补偿储蓄供给曲线。

f. 判断正误：补偿储蓄供给曲线斜率是向上的。

B. 假设你对现在消费 c_1 和未来消费 c_2 的偏好可以通过效用函数 $u(c_1,c_2)=c_1^{\alpha}c_2^{(1-\alpha)}$ 来表示。现在收入为 I，且你未来没有收入。从现在到未来的实际利率为 r。

a. 推导出现在和未来消费的需求函数 $c_1(r,I)$ 和 $c_2(r,I)$。

b. 定义"储蓄"为现在收入和现在消费之差。推导出你的储蓄或资金供给函数 $k_s(r,I)$。（提示：这个方程不是 r 的函数。）

c. 推导出间接效用函数 $V(r,I)$，即给出利率为 r 和收入为 I 时的效用函数。

d. 接着推出现在和未来消费的补偿需求函数 $c_1^c(r,u)$ 和 $c_2^c(r,u)$。

e. 定义支出函数 $E(r,u)$。此方程为在利率为 r 时，为使效用水平达到 u 而所需的现在收入。

f. 你能通过比较 $V(r,I)$ 和 $E(r,u)$ 来验证你的答案吗？

g. 最后，假设最初利率为 $\bar{r}$，并得出 $V(\bar{r},I)$。定义补偿储蓄或补偿资金供给函数为 $k_s^c(r,\bar{r})=I-c_1^c(r,V(\bar{r},I))$。

h. 储蓄的利率弹性是多少？在不精确计算的情况下，你能说出补偿储蓄的利率弹性的正负吗？

19.5（这道习题建立在习题 19.4 的基础上，你应该完成习题 19.4 之后再做本题。）通过收入法条文，政府通常向多数的利息收入征税，但是，通过一些退休法，政府也向一些利息收入施以补贴。

A. 假设所有的劳动都由个人提供，他们为此现在取得收入，然而他们并不期望在未来的某一时间赚钱，因此会储存现在的一些收入。进一步假设，这些个人在利率改变时并不改变他们的现在消费（因而也不会改变存款数）。

a. 利息收入补贴的经济归宿是什么？利息收入税收的经济归宿是什么？

b. 在课本中，我们揭示了当储蓄行为不受利率变化影响时补贴利息收入所造成的无谓损失。现在考虑对利息收入征税。在一张消费者的图中，用现在消费 c_1 代表横轴，将来消费 c_2 代表纵轴，阐释对储蓄者征税所造成的无谓损失，这位储蓄者的（非补偿）储蓄供给是完全无弹性的。

c. 无谓损失的规模取决于什么？在偏好是什么的情况下，无谓损失会消失？

d. 在另一张图中，画出无弹性的储蓄（或资金）供给曲线，然后画出补偿储蓄供给曲线，这条曲线可供你测量对利息收入征税所造成的无谓损失。找出这张图中的无谓损失的位置。

e. 如果在时间轴上消费的互补性增强，补偿储蓄供给曲线会怎样变化？所造成的无谓损失会怎样变化？

f. 对利息收入征税没有造成无谓损失与完全无弹性的非补偿储蓄供给曲线会同时存在吗？

B. 假设每个人的偏好和经济环境与习题 19.4 的 B 部分相同，此时 $\alpha=0.5$，$I=100\,000$。[①]

a. 进一步假设有 $10\,000\,000$ 名这样的消费者，且他们是经济体中唯一的资金来源。不管利率大小，资金供给是多少？

b. 下一步假设对资金的需求为 $k_d=25\,000\,000\,000/r$。在不存在价格扭曲时的

---

① 在其他方程中，你可得出非补偿和补偿储蓄函数：

$$k_s(r,l)=(1-\alpha)l,\quad k_s^c=\left[1-\alpha\left(\frac{1+\bar{r}}{1+r}\right)^{(1-\alpha)}\right]l \tag{19.36}$$

均衡实际利率 r^* 是多少？

c. 假设，对每一美元的利息所得，政府都将提供给储蓄者一个 50 美分的补贴。储蓄者获得的新的（包含补贴的）利率是多少？借贷者支付的利率是多少？如果政府对利息收入征 50% 的税呢？

d. 应用（c）中的补贴。在这项补贴下，每位储蓄者的间接效用 V 是多少？

e. 每位储蓄者的现在收入需要是多少才能在补贴前利率为 r^* 的条件下取得相同的间接效用 V？用未来美元表示，政府需要一次性花掉多少钱才能使每一位储蓄者达到使用补贴时的满意程度？

f. 在存在补贴时，政府需要付给每位储蓄者的（未来）利息是多少？用这个结果和上题答案推导出每位储蓄者的无谓损失，用未来美元表示。考虑到经济体中的储蓄者数量，全部的无谓损失是多少？

g. 在补贴前的效用水平 V 下，推导出补偿储蓄函数（r 的函数）。

**h. 用（g）的答案推导加总的补偿资金供给函数，然后找到对应于无谓损失的区域。将此结果与（f）的结果相比较。

**i. 考虑（c）中提到的对利息收入征税，再重复（d）到（h）的计算。

**j. 你已经计算了在一年之内可行的利率的无谓损失。如果考虑人们在长期内（例如当他们计划退休时）的决定的扭曲时，25 年是比较合理的时间范围。不存在扭曲时的年市场利率为 0.05，你能用补偿储蓄函数（在本题的脚注中）分别计算使有效回报率提高 50% 的补贴所造成的无谓损失和使有效回报率降低 50% 的税收所造成的无谓损失吗？

19.6 商业和政策应用：城市工资税。在美国，很少有市政府的税收收入来自工资，然而，联邦政府对工资征收相当的税收，然后将这些收入返回给市政府。

A. 在这个习题中，我们将探讨当地税收政策和联邦税收政策不同的原因以及为什么市政府可能实际上"雇用"联邦政府，使联邦政府征收工资税，然后返回给市政府。

a. 首先考虑一个联邦劳动市场。尽管工人可以跨越国界来逃避本国税收，但是假设这对于我们所假设的劳动市场来说是非常昂贵的。画出本国劳动市场的供给和需求曲线（假设供给是向上倾斜的）。指出无税收均衡工资和雇用水平以及工资税的影响。

b. 接着，考虑一个面对资金短缺的市政府，它打算施加一项工资税。为什么你会认为市政府眼中的供给和需求曲线比国民政府眼中的更有弹性？

c. 在（b）答案的条件下，画出两条拉弗曲线：一条是当税收是全国性的时的城市税收收入；另一条是当税收仅在本地征收时的城市税收收入。说出两条拉弗曲线顶点的关系。

d. （b）和（c）的答案怎样解释以下问题：为什么市政府通常并不使用工资税来增加收入？

e. 假设你是一个城市的市长，你想要征收工资税，但也明白其中的问题。你请求联邦政府提高全国性的工资税，然后再将这些多余的收入分配给各个城市。为什么这么做是有意义的？

f. 在那些有工资税的城市中，大多数是大城市。为什么你认为征收当地工资税的小城市很少？

g. 你以上的分析有哪些取决于劳动市场中是否存在财富（或收入）效应？

B. 假设劳动供给和需求是线性的。$l_d = (A-w)/\alpha$，$l_s = (w-B)/\beta$。

a. 如有单位工资税 t，计算出就业水平和税收收入。

b. 考虑两个场景。场景 1 中 $(A-B)$ 的值大，场景 2 中 $(A-B)$ 的值小。如果在两种场景下的无税收均衡的雇用水平是相同的，两个场景中的 $(\alpha+\beta)$ 存在怎样的关系？

c. 假设上题中的两个场景，一个对应于向全国征税时的本地城市的税收收入，另一个对应于向本地征税时的税收收入。哪个场景对应于哪种情况？

d. 找出市政府收入最大的税率 τ。

e. 证实向本地征税时的所在城市的税收的拉弗曲线更先达到顶点。

f. 当城市变小时，$(A-B)$ 的值的限制会发生什么变化？当地城市税收的拉弗曲线的顶点限制会发生什么变化？

†**19.7 商业和政策应用**：土地使用政策。在大多数西方民主国家，法律规定，政府不能仅为了公众目的征地。这种征地被称作"拿走"，且即使政府有很多的理由支持它"拿走"某人的财产以作公用，它也必须补偿土地拥有者。然而，政府在不补偿的情况下征用私人土地的情况确有发生，在这种行为未构成违宪的"拿走"时，政府在多大程度上随便没收了私人土地，宪法律师对这一问题所持的观点不一致。

A. 任何一种对改变土地用途的限制，从土地拥有者的角度来说，都减少了土地的年租赁价值，因而可被当作租赁价值的税收。

a. 解释为什么这个陈述是正确的。

b. 假设实施一项土地使用管制政策（从土地拥有者角度）相当于由土地拥有者缴纳土地租金的 $t\%$（$0 < t < 1$）作为税收。它会怎样影响土地的市场价值？

c. 我打算从你手中购买一亩土地用来种植。就在我们对价格达成一致意见前，政府施行了一个新的区划管制政策，这项管制政策限制了我在土地上的作为。谁的境况会因为这件事情而变糟糕？

d. 假如你拥有 1 000 亩土地，且这块土地现在被规划为住宅开发用地。假设政府认为你的土地是一种稀有的蝶螈的生活家园，为了保护濒危物种，政府不主张在这块土地上寻求经济利益。你认为这项管制政策相当于对你的土地租金施加了多大的税率？这是强制用地吗？

e. 假设政府没有在你的 1 000 亩土地上禁止一切经济活动，而是将你建造住房的个数减为一个。你的答案会怎样？如果政府仅限制 500 亩土地，你认为这是强制用地吗？

* B. 假设人们从住房设施 h 和其他消费 x 中获得效用，偏好可用效用函数 $u(x,h)=\ln x+\ln h$ 表示。消费用美元表示（价格标准化为 1）。另外，住房设施则来自生产过程 $h=k^{0.5}L^{\alpha}$，其中 k 代表单位资金，L 代表土地亩数。假设 $0<\alpha<1$。记资金的租金率为 r，且假设每个人都有收入 1 000。

a. 写出效用最大化问题。假设 R 为土地租金率，写出土地的需求函数。

b. 假设你所在的城市有 100 000 名这样的人，因此有 25 000 亩土地可用。每亩土地的均衡租金率是多少（表示为 α 的函数）？

c. 利用上述结果，求出每人消费的土地量。

d. 假设政府实施区域管制政策，这会造成系数 α 的值从 0.5 降到 0.25。土地均衡租金率会发生什么变化？

e. 假设你以上所计算的是土地的月租金率。若假设你们用 0.5% 的月利率来贴现未来的值，那么这些区域管制会使一亩土地的总值发生什么变化？

f. 假设政府没有将 α 的系数从 0.5 降到 0.25，而是对土地市场租赁征税 t，且条文要求承租人支付。如果每亩的市场土地租赁率为 R，那些使用土地的人必须为了每一亩所使用的土地支付大小为 tR 的税。建立承租人的效用最大化问题，推导出土地的需求，并将100 000 个人的需求加总，然后将每亩的均衡土地租金用 t 的函数表达出来（假设 $\alpha=0.5$）。

g. 每个家庭消费的土地数量改变了吗？

h. 假设你拥有土地且将它租了出去。t 为多少时才会使以下两种情况下的满意程度相同，一种情况是区域管制使 α 从 0.5 变为 0.25，另一种情况不改变 α，而仅征收土地出租税。

i. 假如政府用条文规定从拥有者而不是租赁者那里收取土地租赁税，那么税率为多少时才会使土地拥有者在区域管制和税收两种情况下的感受是相同的？

19.8 商业和政策应用：玉米的价格下限。它是税收还是补贴？ 在习题 18.9 和习题 18.10 中，我们探讨了对玉米市场实施价格下限的政策。

A. 我们将要探讨价格限制的作用是否等价于税收或补贴的作用。为简单起见，假设对玉米的偏好是拟线性的。

a. 在习题 18.9 中，我们首先考虑了没有其他附加政府项目的价格下限。画出价格下限对消费者支付的玉米价格以及生产者收到的玉米价格的均衡影响。

b. 如果你要设计一个税收或是补贴政策以达到和单独的价格下限一样的作用，那会是什么？

c. 在习题 18.19 中，我们考虑了价格下限和一项政府购买计划的结合。该项购买计划为：政府保证以价格上限购买任意多余的玉米，然后将它们以足够低的价格卖出。请图示这个项目的作用以及无谓损失。

d. 如果你想要设计出一项税收或补贴以得到和（c）中边际消费者和生产者相同的结果，你会怎样建议？

e. 你对消费者和生产者盈余的建议结果会和以前相同吗？无谓损失还是相同的吗？

B. 假设与在习题18.9和习题18.10中一样，每蒲式耳玉米的国内需求曲线函数为 $p=24-0.000\,000\,002\,25x$，国内供给曲线函数为 $p=1+0.000\,000\,000\,25x$。

a. 假设政府实施 $p=3.5$ 的价格上限（正如在习题18.9中一样）。如果不实施其他的措施，则消费者支付的（每蒲式耳）钱数是多少？在卖方由于生产者和消费者竞争而产生多余的边际成本后，卖方获得的（每蒲式耳）价钱为多少？

b. 如果你想要通过税收或补贴得到相同的结果，你会建议实施什么样的政策？

c. 进一步假设政府用一项购买计划来补贴（a）中的价格下限，它会购买所有多余的玉米，然后将它们以最高的可能价格卖出。这个价格会是多少？

d. 如果你想设计出一项税收或补贴政策以使得对边际消费者和生产者有相同的作用，这个政策会是什么？

19.9 政策应用：租金控制是税收还是补贴？在习题18.11中，我们分析了对住房租赁市场施加价格上限的租赁控制政策的作用。这项政策的用意往往是使人们买得起房。在回答这个问题前，你可能希望再看一遍习题18.11的答案。

A. 首先阐释价格上限对房主获得的价格的影响以及租赁者最终支付的均衡价格。

a. 为什么租赁者实际支付的价格并不是价格上限？

b. 如果你想要施行一项税收或补贴政策以得到和租金控制政策一样的结果，这项政策是什么？

c. 你能自信地认为你在（b）中施行的政策也会使人们更加买得起房吗？

d. 如果你的确希望使人们能更加买得起房（而不是试图复制租金控制政策的作用），你会选择补贴还是税收？

e. 说明你在（d）中的建议以及房主获得的租金价格和租赁者支付的租金价格的变化。在你的新政策下，可供租赁的住房数量会发生什么变化？

f. 判断正误：使人们更加买得起房的政策必须总是提高了住房的均衡数量的，且租金控制政策不成功的原因是它减少了住房的均衡数量，而补贴则因相反的原因而获得成功。

g. 判断正误：尽管租金补贴成功地使人们更加买得起房（而租金控制政策失效了），我们也不能说无谓损失在一项政策中比另一项少或者多。

B. 假设，再次和习题18.11中一样，加总的月需求曲线为 $p=10\,000-0.01x$，供给曲线为 $p=1\,000+0.002x$。为简单起见，再次假设不存在收入效应。

a. 在没有任何价格扭曲的条件下计算住房的均衡数量 x^* 和均衡的月租金 p^*。

b. 在习题18.11中，你被要求考虑1500美元的价格上限的影响。什么样的房屋税收或补贴会达到同样的经济影响?

c. 假设你想要用税收或补贴政策将租金减少到 1 500 美元,即达到租金控制政策的目标,你会采取什么政策?

d. 考虑你在 (b) 和 (c) 中推导出的政策。在哪种政策下的无谓损失更大?

[†]**19.10　政策应用**:美国社会保障税的归宿。在美国,社会保障系统由一项 12.4% 的收入(或工资)税提供资金,且这项税收平均地分配在雇用人和工人身上,即社会保障税的法定归宿一半落在雇用人身上,另一半落在工人身上。

A. 在这个习题中,我们分析这种法定归宿怎样影响劳动市场。假设劳动供给斜率是向上的。

a. 画出劳动供给和需求曲线图,并指出在无税收情况下的市场工资 w^* 和雇用水平 l^*。

b. 若一项条文要求雇用人支付工资的 6.2% 给政府,则哪条曲线会移动? 若一项条文要求工人支付工资的 6.2% 作为社会保障税,则哪条曲线发生移动?

c. 假设劳动供给和需求的工资弹性的绝对值在征税前相等,那么当社会保障税的两部分都被考虑在内时,你能解释税前均衡的市场工资可能和初始均衡工资 w^* 相等吗?

d. 在你的图中,阐释两部分社会保障税的施行对工人带回家的工资 w_w 意味着什么,对工厂的实际劳动成本 w_f 又意味着什么。

e. 如果政府将所有的 12.4% 的税收都施加在工人身上(不让雇用人承担),那么市场中的均衡工资会怎样变化? 如果将税收都加在雇用人身上呢?

f. 如果实施 (e) 中的两项税收改革,则工人带回家的工资和工厂的实际劳动成本是什么?

g. 以上的这些分析哪些取决于劳动市场中是否存在财富效应?

B. 假设,就像在习题 19.6 中一样,无税收时的劳动供给和需求分别为 $l_d = (A-w)/\alpha$,$l_s = (w-B)/\beta$。

a. 求出均衡雇用水平 l^* 和均衡工资 w^*。

b. 现在假设政府对工人施加单位税 t,对雇用人施加单位税 t。推导出新的劳动需求和供给曲线。

c. 求出新均衡下的工资和雇用水平。在什么情况下,在施加两部分工资税后新的均衡工资不会改变? 有没有使雇用人数不减少的方法呢?

d. 求出工人带回家的工资 w_w 和工厂的实际劳动成本 w_f。

e. 假设你不知道工资税的法定归宿,而仅知道这项税收共为 $2t$。你会怎样计算经济归宿,即你将怎样计算 w_w 和 w_f?

f. 比较你在 (d) 和 (e) 中得到的结果。你能得出法定归宿是否重要的结论吗?

19.11　政策应用:抵押贷款利息的可抵扣性、土地价值和资金的均衡回报率。

在课文中，我们建议财产税可以部分地被认为是土地的一种税收和部分地被认为是投资在住房的资金的税收。在美国，财产税通常由当地政府征收，联邦住房政策的大部分条例都被包含在联邦税收条款中，联邦税收条款允许个人在计算应付的税收前（从收入中）抵扣住房抵押贷款。

A. 鉴于我们可以将财产税作为一种对土地和住房征收的税收，我们可以认为联邦税收条款中的住房拥有者补贴是一种对土地和住房的补贴。

a. 如果你的边际联邦所得税税率为 25%，且你住房价值的 100% 都靠贷款获得，那么通过法律条文，你的住房消费将会有多少补贴？如果你只为你的住房价值的 50% 进行贷款呢？

b. 假设住房拥有者在以下两点都是相同的：边际税率和他们为自己的住房贷款的钱数。假设每消费住房或土地 1 美元则资助 s 美元的补贴。你将如何对比这项政策所带来的郊区住房土地价值变化（假设供给是固定的）？

c. 当实施补贴 s 美元的政策时，谁会从这个土地补贴中获益，是现在的住房拥有者还是未来的住房拥有者？

d. 现在考虑对住房资本补贴 s 美元。你认为联邦税收条款会使住房变大还是变小？

e. 假设经济体中的资本总量是固定的，且资本可自由跨地域流动。因此，任何一单位资本都可以投资在住房市场上或者其他回报率比住房高的市场上。如果市场中的资本总量是固定的，投资在住房市场上的资本会发生什么变化？

f. 请预测非住房市场上的资本的回报率会怎样变化并解释。

g. 判断正误：虽然法律条文规定只有住房资本有补贴，但这项补贴的经济归宿平等地落在各种形式的资本上（只要资本在各市场可自由流动）。

B. 假设我们将资本的拥有者模型化为一个"代表性投资者"，他在住房市场和其他市场上拥有 K 单位资本。k_1 代表投资在住房上的资本，k_2 代表投资在其他领域的资本。假设两个市场的生产函数为 $f_1(k_1) = \alpha k_1^{0.5}$ 和 $f_2(k_2) = \beta k_2^{0.5}$。

a. 在没有任何政策扭曲的情况下，计算出投资在住房领域的资本。

b. 联邦税收条款的隐性住房补贴会造成什么改变？

c. 非住房领域的资本的边际产品会发生什么变化？

d. 资本的均衡回报率会发生什么变化？

e. 判断正误：住房资本的隐性补贴平均地落在每一种资本形式上。

†**19.12 政策应用**：分裂税率的财产税。正如我们多次提到的，财产税通常是两种税：一种是对土地价值（或土地租金）征税；另一种是对土地上的建筑物的价值（或资本投资租金）征税。通常的财产税为每一部分都设置相同的税率，但是在越来越多的地区，政府正在改革财产税以对土地实施高税率而对建筑物等改善土地的部分实施低税率。这种税收被称作分裂税率的财产税。

A. 假定你的社区对来自资本和来自土地的租金收入以同样的税率征税。假设该社区的土地数量是固定的。

a. 当地税收系统的哪一部分是扭曲的，哪一部分没有扭曲？

b. 接着，假设你的社区降低了对资本收入的税收，增加了对土地租金的税收，然而总的税收收入却不发生改变。你认为这种税收改革提高了效率吗？

c. 你的社区有固定数量的土地，但是资本可以进出你的社区，因此资本的改变取决于经济状况。你认为税收改革会造成当地的土地或多或少地集约利用吗，即你认为将会有或多或少的资本投资在上面吗？

d. 你认为在这项税收改革上，当地的土地边际产品会发生什么变化？土地的租金价值因此必须发生什么变化（在支付土地租金税收前）？

e. 假设你所在社区的土地有一半和生产上的资本可相互替代，另一半的社区土地和生产上的资本可相互补充。这项税收改革会造成社区中部分土地的价值增大而另一部分土地的价值减小吗？如果会是这样的结果，那么哪一部分的土地价值在土地租金税收增加的情况下还是会增大？

f. 这项税收改革会造成你所在社区的总产出增加还是减少？

g. 判断正误：在生产上的可替代土地和资本越多，对分裂税率的（即对土地实施更重的赋税）财产税的税收改革越可能造成帕累托改进。

*B. 假设我们标准化土地的亩数，因此一块特定区域的土地总亩数为一单位。生产函数有固定的替代弹性，$y = f(k, L) = (0.5L^{-1} + 0.5k^{-1})^{-1}$。政府通过一项财产税取得收入，这项税收以 t_L 的税率向土地租金征税，以 t_k 的税率向资本租金征税，总税收收入为 $TR = t_L R + t_k \bar{r} K$，其中 R 是一单位土地的租赁价值，$\bar{r}$ 是当地经济体的利率，K 是当地的总资本。（注意我们已经定义了资本单位，因此利率等于资本的租金率。）

a. 假设当地足够小，因此不会影响全球经济体的租金率，即资本的供给是完全有弹性的。如果当地以 t_k 的税率向资本的租金价值征税，当地利率为 $\bar{r}$，投资者愿意在这里投资吗？

b. 假设在当地税收的环境下，土地得到了最优化利用。这意味着资本的边际产品必须等于 $\bar{r}$。定义为了计算投资于本地的资本水平而必须求解的方程。

c. 假设 $r = 0.06$，求出本地投资于一单位土地的资本水平 K（用 t_k 的函数表示）。

d. 你能求出土地的租金价值吗？（提示：推导出土地的边际产品并在前一部分得出的资本水平上计算它，且计算边际产品值。）

e. 现在考虑这种情况，当地税收系统为 $(t_L, t_k) = (0, 0.5)$。求出投资在当地的总资本 K，土地租金价值 R，土地价值 P（假设未来收入以 $r = 0.06$ 的利率贴现），生产水平 y，以及税收收入 TR。（你会发现建立表格进行计算会很方便。）

**f. 重复计算当税收系统分别为 $(t_L, t_k) = (0.05, 0.363\,7)$、$(t_L, t_k) = (0.1, 0.174\,8)$ 和 $(t_L, t_k) = (0.135\,3, 0)$ 时的 K、R、P、y 和 TR，并将它们列成表格（记住

尽管 r 一直为 0.06，但 $\bar{r}$ 随 t_k 变化）。（提示：三个税收系统的税收收入相同。）

g. 利用你的表格讨论一下从一个仅仅对资本（如建筑）征税的税收系统逐步转向一个依赖对土地租金征税的收益中性的税收系统将会怎样影响当地经济。在你的表格中的哪一列能看出在不同的替代弹性的假设下的数量差别？

19

第20章 跨市场价格与扭曲

到目前为止，从字面上我们通常这样理解市场：买方和卖方聚集在一起，通过相互之间的竞争，产生均衡价格并以此价格进行交易的地方。[①] 但是实际上市场复杂得多，商品通常在跨地理的市场上进行交易，例如在城市和城市、地区和地区以及国家和国家之间交易。在像信息技术这样日益增长的行业中，随着通信成本越来越低，在一个国家执行的服务通常是面向全世界的消费者的。[②] 如同跨空间交易一样，商品也进行跨时间交易，有些人现在购买而在未来卖出，而另一些人则在今天卖出他们在过去买进的东西，或者如我们将看到的，他们在将来准备买进的东西。

在这些情形下，我们可以把交易想象成既发生在市场内也发生在市场间。当商品在城市之间运输时，我们通常不太注意这样的交易，但是当商品跨越国界时，我们称那些把商品带入一个国家的人为进口者（importers），把商品输出一个国家的人为出口者（exporters）。另外，若某个人在今天的市场中买进，目的是在将来价格上升时卖出，我们称这个人为投机者（speculator）。在这一章中，我们将证明出口者、进口者以及投机者在市场中扮演着重要而且有效的角色。那些打乱市场相互联系的政策再一次打乱了包含协调市场的信息的价格信号，并且出于这个原因，这样的政策经常再次引起净损失。

因此，本章是阐述对于福利经济学第一定理的违背的第 3 个章（也是最后一章），这个违背是由政府政策带来的价格扭曲所导致的。在第 18 章，我们以审视政府通过价格上下限来控制价格的直接尝试开始，在第 19 章，我们通过审视一个单一市场中的政府税收和补贴造成的间接价格扭曲来继续这一内容。现在我们通过研究影响价格的政策来对此进行总结，而价格是相互作用的市场之间交易的基础。这将要求我们在某种程度上采取更加"一般均衡"的视角，这在第 19 章中我们就提及过，当时我们简要地讨论了税收负担从被征税部门（如住房）通过资本的流动性

[①] 本章假定对第 14 章和第 15 章中发展的一般均衡有一个基本的了解并使用在第 18 章的第一部分发展出来的弹性的概念。它也使用第 19 章的 19A.1 节中讲到的税收归宿的概念。

[②] 例如，在我最近打电话给当地电话公司的支持热线时，我有一种预感，与我通话的人并不住在附近的街区。我问了一下他，果然，我的电话一直被转到印度并由那里的某个人回应。

转移到非征税部门（如非住房资本）。在这里我们将看到相同的现象：当一个税仅在多个市场中的一个中被施加时，通过某种形式的商品或要素的移动可产生跨市场的税收的移动。我们将从本章的材料以及上一章章末习题中住房税的处理中得到一些联系。我们将在本章的章末习题中进一步看到，本章的见解可以远远地拓展到本章所覆盖的基础例子之外。

20A 出口者、进口者与投机者

与市场竞争导致相邻的商场收取相同的价格一样，相邻市场之间的竞争导致了市场之间价格的均等，只要这些市场之间的交易是相对无成本的。在前一种情形中，这种结果的发生是因为消费者自身将会搜寻较低的价格从而在市场中提供了一个"约束力"。在跨市场竞争的情形中，如果价格不同，将会产生既不是生产者也不是消费者的新经济行为人，因为当价格不同时，通过"低价买进并且高价卖出"可以赚钱。我们接着将看到这些新经济行为人如同消费者一样在市场内施加了相同类型的"约束力"。

20A.1 低价买进并且高价卖出

例如，我们研究一下我们的两个英雄卡市场，一个在佛罗里达，另一个在纽约，并假定在这两个市场中的消费者和生产者的需求与供给曲线如图 20-1 中所描绘的一样。如果这些市场完全独立运行，则英雄卡在佛罗里达产量为 x^{FL} 并以价格 p^{FL} 出售，在纽约产量为 x^{NY} 并以价格 p^{NY} 出售。假定在一次旅行中我注意到了这些市场价格的差异，意识到这将使我变得富有，我无所顾忌地兴奋地转向我妻子，忘乎所以，我的妻子则以非常严肃的方式告诉我"请谨慎驾驶"。当然，我激动的原因是我从区域间价格的差异性中看到了仅通过在低价的佛罗里达购买英雄卡并在高价的纽约卖出就可以赚钱的机会。换句话说，我可以通过从佛罗里达出口英雄卡并把它们进口到纽约去卖而赚钱，但是我的同伴似乎并不完全欣赏我的想法。

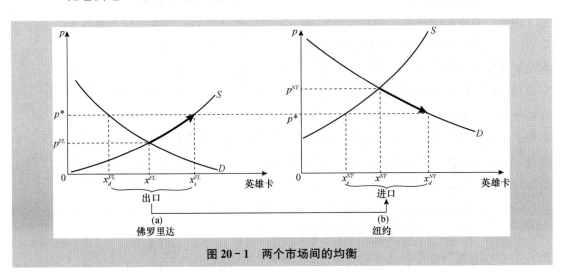

图 20-1 两个市场间的均衡

当然，我不是唯一一个寻找赚钱机会的人。在每个经济体中总有一些个体把找到低价买进并且高价卖出的机会作为他们的事业，并且他们当中的每个人都可以找到相同的机会。出口者将会进入佛罗里达市场并在他们购买英雄卡时移动需求曲线，使得佛罗里达的价格上升。当他们接着在纽约出售相同的卡片时，他们将移动供给曲线，从而迫使纽约的价格下降。只要存在比把这些卡片从一个市场转移到另一个市场的交通成本大的价格差异，这一过程就会继续下去。如果我们不计这些交通成本，低价买进并且高价卖出的过程将会继续，直到两个市场的价格相等，图中的箭头指出了英雄卡从佛罗里达出口到纽约所导致的均衡的移动。

如果我们从一个在佛罗里达和纽约之间贸易不被允许的初始的均衡开始，这两个市场之间贸易的开放将会导致一个在佛罗里达和纽约两个城市里具有相同价格 p^* 的新均衡。这意味着佛罗里达的生产者将会把他们的产量从 x^{FL} 增加到 x_s^{FL}，而佛罗里达的消费者将会把他们的消费量从 x^{FL} 降低到 x_d^{FL}，因为二者在贸易被允许后都面对比以前高的价格。图中被生产的与被消费的卡片的差额将被出口到纽约，在那里消费者把他们的消费从 x^{NY} 增加到 x_d^{NY}，生产者把他们的产量从 x^{NY} 降低到 x_s^{NY}，因为二者都面对比以前低的价格。在纽约被消费的与被生产的卡片之间的差额就是从佛罗里达进口的。

20A.1.1 出口者与进口者的利润 当我们从"没有贸易"的均衡转换到贸易均衡时，出口者和进口者通过低价买进并且高价卖出可以很明显地创造经济利润。但是请注意，在新均衡中，该模型表明出口者以与他们在纽约出售的相同的价格在佛罗里达购买卡片。他们为什么要这样做？

答案是这个模型给了我们新均衡的一个近似。出口者与进口者，与世界中任何其他人一样，面对着机会成本，这包括他们自己时间的成本以及从一个地方到另一个地方运输商品的成本。在均衡中，他们必须挣得足够多的钱来弥补他们的机会成本。如果不是这样的话，他们将获得负的经济利润，这表明通过进行别的活动他们能做得更好。价格将不会完全相等，因为需要保留价格差异以使得出口者和进口者能弥补他们的经济成本。然而，假如出口者和进口者运输大量的商品，这个保留的差异在大多数市场中通常较小，因而每单位商品价格仅需要一个微小的差异就可以继续使商品从一个地方被输送到另一个地方。

出口者和进口者在从没有贸易均衡转换到贸易均衡的过程中赚取利润，这与当经济条件变化时早期生产者在从一个均衡转换到另一个均衡期间能创造正的利润的过程是一致的。这是一个厂商进入和退出都能够发生的时期，也正是这种任意进入和退出最终使得个人的利润为零。因而，如果出口/进口行业也是竞争的（即在行业中每个经济人相对于整个行业而言都较小），我们从前面已得的结论得知，在新均衡中每个经济人的利润都为零。只要利润是正的，额外的经济人就会进入出口/进口行业，因为他们将比在其他任何行业中做得更好。

出于我们讨论的目的，我们将继续用跨区域贸易来解释均衡，在这个跨区域贸易中，商品从低价市场出口并被进口到高价市场中，直到价格完全相等。但是我们这样做是基于对新均衡的一个隐性理解，即这是对新均衡的近似，在现实中，当开展贸易时，价格仍可以稍有差别。

20A.1.2 跨区域贸易的赢家与输家 不需要做进一步过多的分析，我们就已经能够从以前相互封闭但现在允许跨区域贸易的市场中识别出赢家和输家。一方面，佛罗里达的英雄卡的消费者将会对新均衡不满意，因为他们现在必须支付比以前更高的价格；另一方面，佛罗里达的生产者能够以更高的价格生产更多，因而他们最终在赢家的这一方。[①] 类似地，纽约的消费者由于英雄卡的价格下降而获利，而纽约的生产者由于他们面对更低的价格而变得更糟糕。

练习 20A.1 在从最初均衡到新均衡的转换中，哪些生产者创造了正的利润以及哪些生产者可能创造负的（长期）利润？ ■

20A.1.3 当贸易被允许时总剩余的变化 尽管我们确实对不同群体的福利的变化感兴趣，尽管这几乎一定对关于贸易所作出的政策有影响，但从纯粹的有效性视角来看，一个相关的问题就是贸易到底是使馅饼总体变得更大了还是更小了。换言之，跨区域贸易是增加还是减少了总剩余。

为说明剩余怎么变化，再次假设对英雄卡的偏好是拟线性的，因为这允许我们把市场需求曲线理解成总的支付意愿曲线，沿着它我们能度量消费者剩余。当偏好不拟线性时结论保持相同，但是由于我们要在分析中引入额外的曲线，图将会变得更加复杂。

接着，考虑图 20-2，我们从图 20-1 中复制了市场需求与供给曲线。在两个区域间没有贸易发生时，佛罗里达的最初的消费者剩余由面积（$a+b$）给出，也就是从佛罗里达消费者支付的价格到他们的边际支付意愿曲线的区域的面积。佛罗里达最初的生产者剩余由面积（c）给出，即生产者收到的价格与他们的供给曲线之间的区域的面积。一旦展开贸易，消费者剩余由于消费者面对较高的价格而减少到面积（a），而生产者剩余增加到面积（$b+c+d$）。因此，佛罗里达总的剩余增加了面积（d），因为生产者剩余的增加多于消费者剩余的减少。另外，在纽约总剩余也增加了面积（h）——因为在纽约消费者得到的要比生产者失去的要多。

图 20-2 中的阴影面积表示由于出口者和进口者在两个市场之间进行交易，因此总剩余有所增加。注意在分析中我们没有在任何地方对出口者和进口者的剩余说

---

① 当然，如果所有消费者都面对相同的成本，他们将再一次在新的均衡中最终创造零利润。在那种情形下，长期市场供给曲线将是完全弹性的。图 20-1 中的图隐含地假设生产者面对不同的成本，这导致了一条向上倾斜的长期供给曲线。更多的细节在第 14 章中有所阐述。

过任何内容，因为我们知道，只要出口/进口行业是竞争的，出口者和进口者的经济利润都将是零。贸易在总体上使两个区域变得更好，尽管它引起某些经济人受损（佛罗里达的消费者和纽约的生产者）而其他人受益（佛罗里达的生产者和纽约的消费者）。但是因为在贸易中的总剩余增加了，用贸易中赢家的收益来补偿贸易中的输家至少在原则上是可行的，从而导致了从没有贸易均衡到新均衡的严格的帕累托改进。

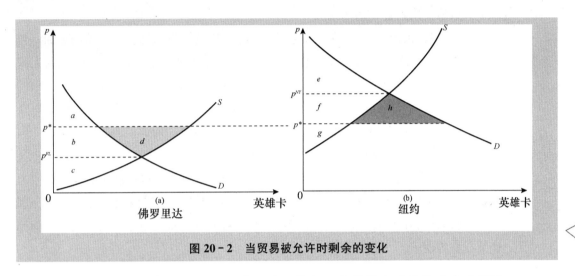

图 20-2 当贸易被允许时剩余的变化

20A.1.4 限制贸易与"哄抬物价" 毫无疑问，贸易是在政治争论中反复被讨论的话题，一方辩论限制贸易的好处而另一方辩论允许展开贸易的好处。自第二次世界大战以来，国际社会已经做了大量的努力来减少跨国贸易的壁垒，这很大程度上是由于在总体上所有的国家从贸易中获利的通识。同时我们清楚地从我们的分析中看到（并且我们将在本章剩余部分的一些分析中进一步看到）减少贸易壁垒确实会产生赢家与输家。那些倡导限制贸易的人在一些情形下这样做可能是因为他们没有意识到贸易将会对所有区域产生总体利益，也可能是因为那些钟爱限制贸易的辩称是基于对那些开展贸易时受损的各方的担忧。尽管在原则上能对那些部门进行补偿且仍使得其他人变得更好，但这样的补偿在减少贸易壁垒之外还不得不涉及额外的努力。

然而，存在一些情形，政府对贸易的限制产生于在特定处境中对贸易的伦理方面的深层次的担忧。例如，一场自然灾害对特定地区的袭击会带来这个地区经济环境的变化。例如飓风袭击了北卡罗来纳东部并暂时限制了那个区域的饮用水的供给。在没有贸易时，北卡罗来纳东部的饮用水的供给曲线的移动将显著地提高饮用水的价格。然而，在大多数州有严格的反价格欺诈法，禁止那些有饮用水的人以显著高的价格出售他们的水。这样的法令实际上是限制贸易的，因为它们使个体不能利用在北卡罗来纳西部以低价买进水并在北卡罗来纳东部以较高的价格出售的机会。由此，由反价格欺诈法所施加的水价的价格上限导致了水的短缺以及我们在第

18 章中讨论的一些类型的非价格配给。

在没有反价格欺诈法时，我们的经济分析表明个体将会观察到在一个地方水价低而在另一个地方水价高的现象，个体将会试着通过低价买进并且高价卖出在跨市场的失衡中获利。我们向着新均衡转移意味着水被进口到北卡罗来纳东部，在增加水供给的同时降低水的价格。该分析预测这将单纯地因为个体的自利动机而发生，个体试着从北卡罗来纳东部变化的经济处境中获利，但最终也正是这些自利动机把水带到最需要用到它的区域。

不过，政府看起来并不允许在危机时期市场以这种方式运行。严厉的惩罚，包括牢狱之灾，被施加在那些试图在这样的灾难中从其他人的不幸之中获利的人身上，尽管这种自利动机可以帮助解决水资源短缺问题，从而可以缓和被影响区域的痛苦。作为一个严格的经济学家，我认为既然我们知道这将使在最需要的地方以及最需要的时候有更多的水，那么我们何不允许市场利用这种个人的自利动机呢？但是作为一个人，我对那些对从人类痛苦中获利的行为进行惩罚的愤怒的动机产生共鸣。因此纯粹的经济分析在对反价格欺诈法的争论上可能是也可能不是最有说服力的论据，但是在这样的情形中，市场里的利益效果的识别应该至少是争论的一部分，尽管对自利行为的限制的期望最终战胜了对一般商品使用这样的自利动机获得经济收益的期望。

20A.2 通过关税和进口配额限制贸易

关于贸易的经常性的争论不是是否允许跨国贸易，而是这样的贸易以什么条款被允许。政府在考虑贸易的限制（与禁止相对）时有两种选择：通过对贸易商品征税来影响商品的价格，从而限制跨界的商品流，或者直接施加对贸易的数量限制。原则上，税收或配额可以被施加在出口与进口上，但是在实践中政府政策通常着重进口。[①] 施加在进口上的税收称为关税（tariff），而限制进口的配额称为进口配额（import quota）。

20A.2.1 进口上的关税 由于在进口上的税收或关税可以提高政府收入，因此政府会为了平衡其支出而征收一定的税。实际上，在美国建国时联邦政府的大部分收入是通过关税来获得的。然而，今天，施加关税的动机很少是为了提高收入，而通常是为了保护某些国内的行业免于国外竞争。不管动机是什么，关税仍是一种税收，我们到目前为止对税收的分析表明，在某种程度上它们扭曲了在竞争性市场中的价格信号，导致了无效性。

在跨国贸易的环境中，进口税收的主要影响是限制出口者和进口者的活动。尽管出口者和进口者经常也是商品的生产者，出于我们分析的目的，简单地把他们看成是独立的个体是比较方便的。如我们在前一节所讨论的，这些经济人试图低价买

---

① 美国实际上有限制政府对出口进行征税的能力的宪法屏障。

进并且高价卖出。征收关税的本质是施加在这个经济活动上额外的经济成本。如果一个经济人看到在一个国家低价买进并在一个不同的国家以高价卖出相同商品的机会，但是在进口这个商品时，他需要对每单位进口的商品支付较高的税收，那么他将不大会利用这样一个机会。

例如，假定佛罗里达和纽约是不同的"国家"，它们目前在没有贸易障碍的情况下进行贸易，现在纽约对从佛罗里达进口的所有英雄卡施加了一个大小为 t 的关税。在施加关税以前，由于在贸易均衡中创造零利润的出口者与进口者的活动，两个市场的英雄卡的价格相等。这是我们在图 20-1 中所说明的，其中消费者和生产者二者都面对均衡价格 p^*，这个初始均衡被复制在图 20-3 中。

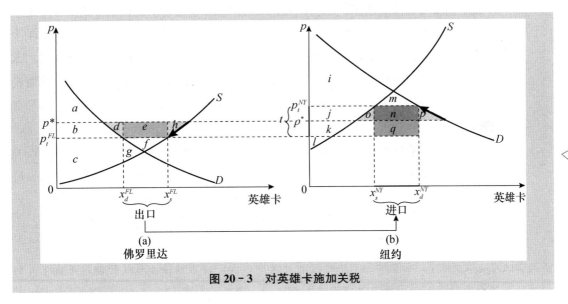

图 20-3　对英雄卡施加关税

当施加关税 t 后，出口者与进口者不再创造零利润，因为他们必须为每个进口的商品支付这个税收。由此，他们将减少他们在佛罗里达的需求数量以及在纽约的供给数量，如图中箭头所示，均衡沿着佛罗里达的供给曲线向下移动以及沿着纽约的需求曲线向上移动，引起了佛罗里达的价格下降，纽约的价格上升。这个过程一直持续到出口者和进口者再次创造零利润，一旦佛罗里达的价格位于纽约的价格的 t 美元之下，这种情况就会发生。在那一点上，出口者和进口者能在佛罗里达以价格 p_t^{FL} 购买英雄卡并以价格 p_t^{NY} 在纽约出售英雄卡。再次把这理解为一种近似，并且这两个区域的价格将会有点差别，所以出口者和进口者能弥补他们其他的经济成本，我们已经到了一个新的均衡，出口者再次创造零利润。在这个新均衡中，被出口到纽约的数量是纽约生产者所制造的数量（x_s^{NY}）与纽约消费者所需求的数量（x_d^{NY}）之差。

仅通过看佛罗里达和纽约的新价格来识别关税实施中的赢家与输家也是相当容易的。由于佛罗里达价格下降，那里的消费者的状况将会变得更好而生产者的状况将会变得更差，而在价格由于关税的结果上升的纽约，则相反的结果成立。但是为了识别来自关税的净损失，我们需要比较总剩余的变化。再一次地，我们假设对英雄卡的偏好是拟线性的，这使得我们能沿着需求曲线来度量消费者剩余。

一方面，考虑在佛罗里达剩余的变化。在关税前，消费者和生产者以价格 p^* 交易，导致了大小为 (a) 的消费者剩余和大小为 $(b+c+d+e+f+g+h)$ 的生产者剩余。一旦达到了有关税的新均衡，佛罗里达的消费者和生产者面对较低的价格 p_t^{FL}，产生了大小为 $(a+b)$ 的消费者剩余和大小为 $(c+g+f)$ 的生产者剩余。总剩余减少了阴影面积 $(d+e+h)$，这表示在佛罗里达的净损失。

另一方面，在纽约，价格由于关税而上升，引起消费者剩余从 $(i+j+m+n+o+p)$ 减少到 $(i+m)$，以及生产者剩余从 $(k+l)$ 增加到 $(k+l+j)$。从而，生产者和消费者的总剩余减少了面积 $(n+o+p)$。但是纽约从关税中得到了额外的收益：产生于关税的税收收益。这个收益等于税率乘以进口的数量，而前者由纵轴上的粗线的垂直距离表示（即佛罗里达和纽约的价格之差），后者由横轴上粗线的水平距离表示。把这些相乘得到税收收益等于 $(n+q)$，即阴影部分的面积。尽管消费者和生产者联合失去了 $(n+o+p)$，但政府获得了 $(n+q)$，使得纽约总体变好了 $(q-o-p)$。

然而，注意佛罗里达那个图的面积 (e) 恰好完全等于纽约的图中的面积 (q)。佛罗里达遭受了 $(d+e+h)$ 的损失而纽约获利 $(q-o-p)$，这意味着纽约和佛罗里达一起损失 $(d+h+o+p)$，因为纽约的收益 (q) 完全被佛罗里达的损失 (e) 所抵消。跨佛罗里达和纽约的总体净损失等于两个图中的最浅灰色的阴影面积。

练习 20A. 2 在我们第 19 章单一市场税收的处理中，我们得出结论，税收的翻倍导致了大约四倍的净损失。这个结论对关税是否成立？ ■

20A. 2. 2 把税收的负担传送到其他区域 在图 20-3 中，纽约总体上能从关税的施加上获利，因为它把一部分关税负担转移到了佛罗里达中去。我们在第 19 章中看到一个市场中的税收负担不成比例地被那些相对价格无弹性的经济行为的一方所承担。出于这个原因，在一定程度上，纽约转移给佛罗里达的关税负担再次取决于价格弹性。由此，仅当佛罗里达的供给曲线充分价格无弹性时，纽约总体上能从对佛罗里达的进口上施加的关税中获利。

为说明这点，假定我们执行与图 20-3 中相同的分析，但是假设佛罗里达的长期供给曲线是完全弹性的（如果所有潜在的英雄卡的生产者面对相同的成本曲线）。这在图 20-4 中给出了说明。在这种情形下，自由贸易意味着在佛罗里达没有贸易的条件下的价格与在有贸易的条件下的价格 p^* 相同，因为出口者能仅在那个价格购买他们希望购买的任意数量。这意味着在纽约在自由贸易条件下价格也是 p^*，x_d^{NY} 和 x_s^{NY} 之间的差从佛罗里达进口。当关税 t 被引进时，这仅把纽约的价格恰好提高了 t，达到了 p_t^{NY}，再一次保持佛罗里达价格不变。尽管在佛罗里达没有任何东西因为关税而变化（在消费者剩余和生产者剩余的意义上），纽约的消费者剩余从 $(b+c+e+f+g+h)$ 下降到 $(b+e)$；生产者剩余从 (d) 上升到 $(c+d)$；以及政府收益从零上升到 (g)。把这些关税施加前和后的收益加总起来，结果显示纽约承受了等于阴影面积 $(f+h)$ 的净损失。事实上，纽约承担了施加跨区域关税的全部净损失（佛罗里达没有发生净损失）。

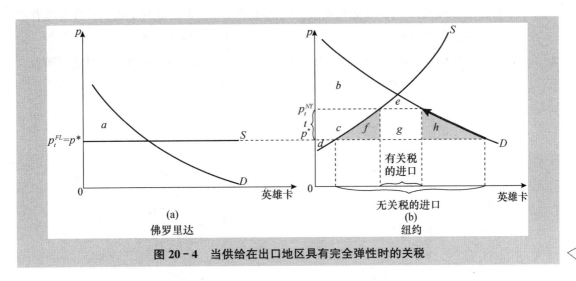

图 20-4　当供给在出口地区具有完全弹性时的关税

从而，进口市场的供给曲线越有弹性，纽约越有可能从关税的施加中遭受剩余的损失。这是因为佛罗里达的供给曲线越有弹性，把一部分关税转嫁给佛罗里达人就越困难。

练习 20A.3　如果供给曲线在两个区域中都是完全弹性的（纽约的供给曲线位于一个比佛罗里达更高的价格处），这些分析将怎么改变？■

20A.2.3　在区域或国家间的贸易　我们已经在图 20-3 中证明了存在一些情况：对一个区域而言施加进口上的关税，即使其引起了两个区域组合上的净损失，但仍是经济有效的。与此同时，如果供给曲线在出口区域是完全弹性的，进口区域将会遭受净损失（图 20-4）。然而，即使纽约能在总剩余上获利，出口区域（佛罗里达）的损失要多于进口区域（纽约）的所得，这使得两个区域达成一个贸易协定，在其中佛罗里达为减少或消除关税来补偿纽约至少在原则上是可行的。从而，两个区域（或国家）间协商的贸易协议总能提高两个区域（或国家）的剩余。

更一般地，记住所有国家不仅需要出口也还需要进口。从而，在佛罗里达可能出口英雄卡到纽约时，纽约也可能出口冰冻比萨到佛罗里达。这意味着尽管纽约在原则上能够从在英雄卡市场上施加的关税中获利，佛罗里达也类似地可能从施加在冰冻比萨上的关税中受益。然而，当佛罗里达和纽约被同时考虑时，两个关税是无效的，两个区域将会从同时降低多重关税的协定中受益。从而，在实践中，贸易协议，比如北美自由贸易协议（NAFTA），通常同时减少很多关税。

20A. 2. 4　进口配额　与关税不一样，进口配额对特定商品有多少可以被进口施加了严格的上限，而关税在名义上允许任意数量的进口。然而，进口配额对价格的影响，与关税的影响十分相似。

我们再次考虑佛罗里达出口英雄卡到纽约的例子。图 20-5 从两个区域在均衡价格 p^* 处自由交易的初始均衡开始，这在图 20-1 中已进行了说明。我们接着考虑纽约设定了一个进口配额 q 的情形，其低于在自由贸易时英雄卡出口的数量（如果进口配额被设定在当前贸易水平之上，它将没有影响）。特别地，假定配额被设定为组图（b）中横轴上的粗线段的长度所表示的量。

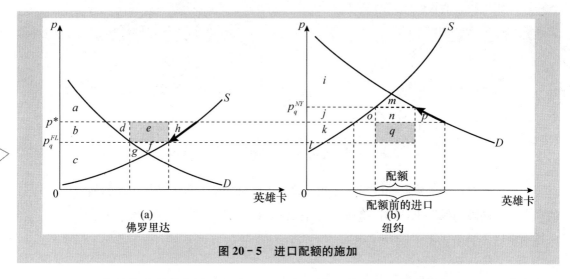

图 20-5　进口配额的施加

市场势力通常会导致实际进口量大于被允许的进口量，完全进口配额将会使得进口量达到一个新的均衡。但是由于这涉及一个比以前低的量，佛罗里达的出口者将会减少他们对英雄卡的需求，从而降低佛罗里达的价格。类似地，纽约的进口者将会在纽约市场上提供较少的英雄卡，从而驱使纽约市场的价格上升。新的均衡一定是纽约市场的价格使得消费者需求恰好比纽约生产者所供给的多 q，而佛罗里达的价格使得佛罗里达消费者恰好比佛罗里达生产者所生产的少 q。这发生在纽约的价格 p_q^{NY} 处和佛罗里达的价格 p_q^{FL} 处。我们可以通过在佛罗里达的供给与需求曲线的交叉点之上以及在纽约二者的交叉点之下插入水平区域（q）来在我们的图中定位这些价格。

注意，与关税的情形一样，新均衡导致了在纽约和在佛罗里达对英雄卡所收取的价格之间的差。实际上，对每个配额存在着一个关税使得其对佛罗里达和纽约的价格有完全相同的影响。并且，由于配额对价格的影响与关税对价格的影响完全相同，消费者剩余和生产者剩余以完全相同的方式变化。从我们在图 20-3 中的工作中（把图中的区域用相同的字母表示）我们知道佛罗里达消费者和生产者的总剩余下降了（$d+e+h$），而纽约的消费者和生产者的总剩余下降了（$n+o+p$）。

练习 20A. 4 在两个地区中分别识别在进口配额前与后的消费者剩余和生产者剩余，并验证上述关于剩余的变化的论断是正确的。■

在关税的情形中，我们下面需要考虑的是在关税下的税收收入对社会带来的好处。但是在进口配额下，没有税收收入。然而，由于英雄卡在佛罗里达以比它们原先的价格更低的价格被购买，现在出口者和进口者能获得他们以前不能获得的利润。特别地，在我们关税分析中被识别为税收收益的区域现在变成由出口者和进口者在这个进口配额下获得的利润。这是区域 $(n+q)$，或由于 $(e)=(q)$，所以是 $(n+e)$。如果我们假设区域 (e) 被佛罗里达的出口者获得而区域 (n) 被纽约的进口者获得，那么施加配额所产生的净损失是小三角形之和：$(d+h+o+p)$。

练习 20A. 5 当在佛罗里达英雄卡的供给曲线是完全弹性的时，在纽约进口配额的经济影响是什么？■

这个分析不十分正确，因为我们还没有解释如何确定出口者和进口者在一个均衡中获取利润的很好的位置。假设每个出口者和进口者都想参与这个博弈，这意味着出口者和进口者需要付出额外的努力（从而发生额外的成本）以在进口配额中获利。（这个观点与我们在第 18 章中对价格下限的分析类似，其中生产者付出努力来竞争成为以人为的高价出售的那些人。）这样的努力在一定程度上是社会浪费，区域 (e) 和 (n) 的一部分可能实际上是净损失。

20A. 3 移民与外包

我们到目前为止仅对跨区域的商品贸易进行了讨论。但是贸易也可以发生在劳动市场中，与贸易对劳动影响相关的争辩经常充斥在对一般意义的自由贸易的辩论中。使用到目前为止发展的分析工具，我们现在看看与这些争论相关的经济问题。

为集中我们的分析，我们将特别地考虑劳动可以跨区域贸易的两种方式。在第一种情形，我们所称的"外包"中，高工资国家的企业在把商品运回并在国内市场（或其他地方）出售之前，把一部分劳动密集型的工作送到国外。听起来这可能要涉及过多的交通成本，但是对美国的很多制造部门（如纺织）来说，把大部分劳动密集型工作转送到国外已经变得普遍起来了。对电话营销或计算机处理等行业的企业来说它变得更加容易，其中营销电话可以直接从海外打到美国，计算机处理结果可以通过因特网返回美国。

我们将考虑的第二种情形是，不再把生产移到国外以利用其他地方的低工资，而是工人们移到工资较高的地方。像这样的移民流很明显地被移民法所限制，但是一些国家逐渐把重点放在通过形成跨国家界限的共同劳动市场来减少劳动移动的障碍，对来自其他国家的"外来工人"的暂时移民许可被广泛地讨论，正如对有特殊技能的移民的签证一样。

自始至终，我们将隐性地假设工人的技能水平从而工人的生产力在国家间是相同的。这当然一般不是真实的，例如，美国工人通常比在工资较低的发展中国家的工人更有生产力（因为他们获得了更高水平的教育），而发展中国家工人工资水平较低部分是因为低水平的人力资本（由低教育水平导致的）。记住这一点很重要，因为我们关于贸易或移民将会消除工资差异的明显的预测是基于国家间具有相同工人生产力的人为假设的。在习题20.2中，我们将给出一个例子来说明这节中的见解怎样随着不同国家技能水平的差异而改变。

20A.3.1 外包 外包生产中的劳动密集型工作到其他比国内市场劳动力价格相对便宜的国家，对追求利润最大化的企业是很有吸引力的。为了产生外包，国家间的工资率必须有差别。考虑一个像美国这样有着相对高工资的国家，其有一个可以从在相对低工资国家如印度雇用工人而受益的生产部门。与我们在商品贸易中所做的一样，我们可以从劳动市场独立的状态出发，高工资 w^{US} 表示一种特定劳动类型的美国市场的工资，而印度相同的市场的工资则由低工资 w^I 描述。两个劳动市场独立运行的初始均衡被绘制在图 20-6 中。

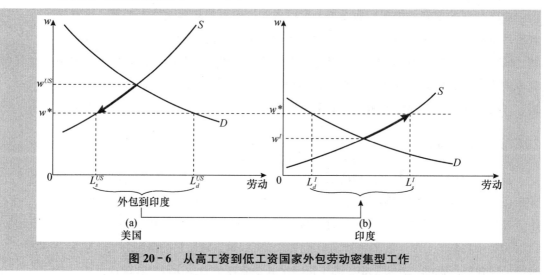

图 20-6 从高工资到低工资国家外包劳动密集型工作

现在假定外包变为美国生产者的一个经济可行的选择，并进一步假定外包的额外的非劳动成本（比如商品的运输）是可忽略的，那么美国生产者在美国的劳动需求将会减少而在印度的劳动需求将会增多。这将施加美国劳动市场工资向下的压力并且施加印度劳动市场工资向上的压力，并且如果充分多的生产者使用外包，这些压力将会继续指导新的均衡产生，其中这两个国家特定类型的劳动的工资将会在工资 w^* 处相等。在这个工资水平上，美国生产者需求 L_d^{US} 的劳动，但是美国工人仅愿意供给 L_s^{US}，而印度生产者需求 L_d^I 的劳动并且印度工人供给 L_s^I。新均衡在美国劳动市场中需求和供给的差等于印度劳动市场中供给和需求的差时达到。[①]

不难看出在这个外包的实践中谁将受益、谁将受损。美国劳动市场的工人的工资下降了，而印度工人的工资上升了，从而使得美国工人的境况变得糟糕些而使得印度工人的境况变得更好些。相反的情况对生产者成立，美国生产者经历了更低的劳动成本而印度生产者则面对增加的工资。

20A. 3. 2　移民　现在考虑一种发生劳动贸易的可供选择的方式，即劳动而不是生产从一个国家转移到另一个国家。假定不可以外包但是工人可以自由地跨界移动。由于生产不是从一个国家转移到另一个国家，劳动需求在这两个国家将会保持不变，但是劳动供给曲线会随着印度为获得较高的工资而移民到美国的劳动的移动而移动。这将增加美国的劳动供给并减少印度的劳动供给，从而再一次施加美国工资向下的压力以及印度工资向上的压力。假定劳动移民是相对无成本的，这样的移民将会继续直到两个劳动市场的工资在 w^* 处完全相等，美国劳动市场需求与供给的劳动的差表示移民到美国的印度工人所提供的劳动数量。类似地，在新工资 w^* 处印度劳动市场供给与需求的劳动的差表示印度工人在美国所提供的劳动。

我刚才所描述的过程被绘制在图 20 - 7 中。注意此图与对外包进行解释的图 20 - 6 完全相同。唯一的例外是美国工资向下的压力和印度工资同时向上的压力（由箭头表示）在外包下沿着供给曲线产生而在移民时沿着需求曲线产生。这是因为当公司转移工作时，市场工资的压力产生于两个国家中劳动需求曲线的移动，而当工人在两个国家间自身移动时，该压力产生于两个国家中劳动供给曲线的移动。然而，一旦达到新均衡，最终的效果将完全相同。

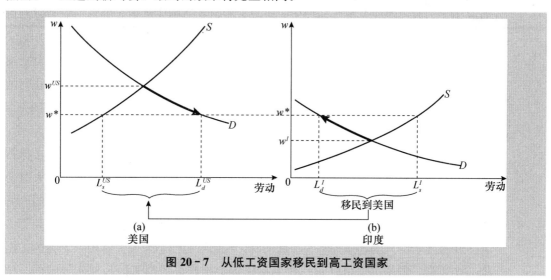

图 20 - 7　从低工资国家移民到高工资国家

[①]　从第 9 章对劳动供给的讨论中，你可以回忆一下劳动经济学家通常估计劳动需求曲线在充分高的工资时向后弯曲。然而，外包倾向于在相对低工资的市场发生，其中工人们处在他们劳动供给曲线向上倾斜的部分，从而允许我们在两个市场中仅假设向上倾斜的市场劳动供给曲线。此外，总量劳动供给曲线倾向于向上倾斜是因为新工人在工资上升时被吸引到劳动市场中。

20A.3.3 移动商品还是移动人？

在高工资国家和低工资国家竞争的例子中，外包要求商品的移动，而移民则要求人的移动。外包要求交易商品的障碍较低，以使得高工资国家的公司能将生产部门移到低工资国家，并接着把商品运输回需求不成比例的高工资国家。另外，移民要求较低的劳动移动障碍以使得工人能够移动到工资较高的地方。图 20-6 和图 20-7 说明了"移动商品"（出于外包的结果）与"移动人"（通过劳动移民）二者对工资有相同的终极影响的预测，这是因为两种机制都提供了整合两个劳动市场的方式。在两种情形下，高工资国家的人在本质上从低工资国家雇用工人来为他们生产产品。

当然，这两种整合市场的方式之间存在一定的差别，从低工资国家中被雇用来为高工资国家生产的工人在外包情况下留在他们自己的国家但是在移民情况下被转移到高工资国家。这些又在东道国（即高工资国家）造成了对不同文化与语言整合的相关担忧。还可能产生其他潜在的政府成本——移民的工人有小孩上学、卫生保健需求等，但是他们也交税。移民对东道国的净财政产生正的还是负的效果或多大程度的效果取决于当国外劳动通过外包被雇用（而不是移民）时所没有发生的多种其他因素。例如，在美国，这可能是为什么相对于低技能的工人（这些人可能更多地使用美国的公共服务，而在收入、消费和工资税上支付较少），移民政策更加欢迎高技能的外国工人的原因。从而，尽管商品贸易和劳动移民之间确实有重要的相似性，但这两者之间的差别也可以解释现实世界中的贸易额与移民政策。

话虽如此，但事实是贸易和移民尽管增加了所有国家的总剩余，但也在国家间带来了赢家和输家。这就是在美国为什么劳动工会反对开放的移民法令和反对减少贸易障碍的政策的一个很好的理由。对政策制定者的挑战是在减少贸易障碍时意识到那些可能从这样的政策中受损的人，并通过用其他政策对他们加以补偿的方式实现总剩余的增加。例如，你会经常看到高工资国家在讨论贸易政策的同时有对上岗培训计划的争论，政策制定者想找到培训那些被贸易逆向影响的人的方式。我们的分析表明，由于总剩余随着贸易增加，至少在原则上当这样的政策被同时实施时，通过降低贸易与移民障碍可以使每个人都变得更好。

当然，从一个更加全球化的视角去说服高工资国家应该为了工人的利益去保持贸易和移民的障碍是困难的，尽管一些被影响的美国劳动市场在补充政策缺失时会遭受总剩余的损失，印度的工人会获得收益。那些担忧欠发达国家人们痛苦的人可能因此倡导为增加贸易而制定更加开放的移民政策，因为这样的政策将会提高那些国家中最痛苦的人的物质福利。与此同时，我们可能愤怒于欠发达国家工人的工作条件与工资，即使这是由外包一些劳动密集型生产部门的美国公司所导致的。像"血汗工厂"这样的术语经常被用来表示这样的愤怒，对我们来说，减少障碍，增加美国公司在国外建立这样的"血汗工厂"的贸易是不人道的。然而，经济学的逻辑给出了明确的预测，尽管国外工人条件相对于我们预期的在美国的条件可能还要艰苦一些，但仍比贸易障碍没有减少时的状况要好。换言之，经济分析允许我们把我们对"血汗工厂"的本能反应与没有被贸易释放的经济力量的内涵区分开来。它把我们从问国外"血汗工厂"的工人是否都不如美国工人这样的无聊的问题转向去问国外工人在没有美国公司的情况下是否会更好。

练习 20A.6 假定美国政府试图通过要求外包企业在任何国外的生产过程中应用美国的劳动标准（即好的工作条件、健康利益等）来缓和国外工人的痛苦。请说明这样的行为在图 20-6 中的影响。这个模型的逻辑是否表明这将会提高国外工人的生活水平？它是否惠及美国国内的工人？ ■

20A.3.4 外包结果的最终一般均衡的缺陷 我们所展示的是假定所有其他因素都保持相同，外包和移民在高工资和低工资国家的结果。然而，当把这些结果应用到现实世界的政策讨论时，我们必须对假设十分小心并希望考虑一些可能由外包行为导致的一般均衡的变化。如果美国公司节省了劳动成本，它们会把这些节省下的资金投资到新的创新上去吗？这些新的创新是否会增加对其他类型的劳动的需求？这些创新能否导致其他国家的生产成本较低？一般生产成本的降低能否转变成较便宜的消费品并进而使得实际工资增加？如果是这样的话，外包或移民在美国对工资的整体影响也可能在总体上是正的，尽管一些部门可能经历工资降低。

20A.4 跨时贸易

到目前为止，我们贸易的例子涉及在固定的时间点上两个市场间的贸易。但是现实世界的贸易也可以跨时发生。那些搜寻机会来在市场间低价买进并且高价卖出的人可能在等待一个特定的商品的价格现在碰巧比较低而他们预期价格将会在未来上升的机会。这将允许他们现在购买商品并储藏，在未来价格增加时再出售它们。这样的行为经常被称为"投机"，因为它们要求个体去推测价格在未来是否会上升。在现实世界中，一些企业有完整的部门，这些部门由识别这样机会的市场预测者所占据。在任意给定的时间，与跨区域的贸易会使区域间的价格相等的效果一样，由投机者所发起的跨时贸易有在市场中跨时稳定价格的趋势，否则市场将会经历价格波动。

然而，我们不应该过分强调这种趋势，因为在一些情形下，"跨时贸易"——与"跨空间贸易"不同——可能导致稳定性下降。跨空间贸易和跨时贸易的重要区别是前者发生在相对确定（certainty）的环境中而后者发生在相对不确定（uncertainty）的环境中。出口者和进口者能看到跨区域价格的差异从而能在任意给定时间低价买进和高价卖出，但是投机者需要猜测跨时的价格差异。若投机者的猜测基本上是正确的，他们的行为将倾向于稳定对价格的跨时影响，就像出口/进口行为对跨空间的影响一样；但是当投机者出错时，同样的影响并不成立。对这种情形的详细研究超越了本书的范围，但是在章末习题 20.6 中，我们将带着你体验一个导致这样的不稳定性的例子。

20A. 4. 1 对汽油的季节性需求　考虑美国的汽油市场。这个市场有可预测的消费者需求的季节性变化，消费者在暑假月份由于假期旅游会需求更多的汽油。在美国较寒冷的区域，用于家庭取暖的汽油也有着相似的在需求上可预测的季节性波动。你可能已经注意到了我们往往听到在暑假月份靠近时汽油价格将上涨的报告，这些报告预测"如果目前的趋势"继续，那么随着需求的增加，进入暑假月份后，汽油价格将会达到前所未有的水平。然而几乎无一例外，这些可怕的预言从未实现，汽油价格在夏天需求增加时一直保持稳定。对于家庭取暖用油的价格在冬季到来时将慢慢上涨的预测也有类似的情况。

我们可以把汽油市场模拟成时间上的两点（就像我们把英雄卡市场模拟成空间上的两点一样）：春季与夏季。这在图 20-8 中完成，其中市场的需求和供给曲线的交点导致了在春季相对较低的汽油价格 p^{Spr} 以及在暑假没有跨时贸易时相对较高的汽油价格 p^{Sun}。从而，只要储存汽油的成本相对较低，一个低价买进并且高价卖出的机会就产生了。出于说明的目的，假定这样的储存成本是可忽略的。投机者将会在春季购买低价汽油并在夏季卖出，导致春季需求增加和夏季供给增加。这将造成春季汽油价格向上的压力以及夏季汽油价格向下的压力，具体由图中箭头指出，在第一幅图中大括号表示的数量表示春季储存、夏季出售的数量（等于第二幅图中大括号表示的数量）。与我们对跨区域贸易的分析一样，价格通过贸易而相等，投机者保证了汽油在最被需要时是充足的。

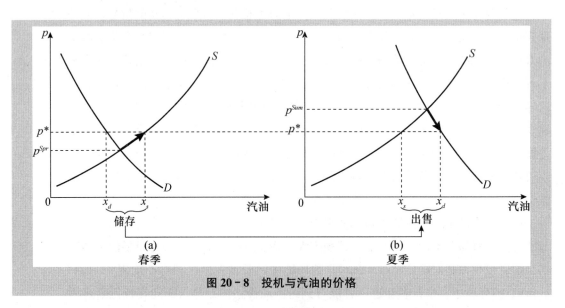

图 20-8　投机与汽油的价格

随着夏季的临近，汽油价格实际上会上升的事实表示储存汽油的成本实际上是不可忽略的。随着夏季的临近，汽油能被储存的时间越来越短，越来越多的汽油会被储存。从而，汽油价格在夏季来临时上升，导致了"如果目前的趋势随着在夏季的需求增加而继续",价格预测将会涨到很高。但是由于消费者在夏季增加需求,投机者为了逃离,开放了他们的储备,这导致汽油价格上升随着消费者需求增加而结束。

练习 20A. 7 如果储存汽油的成本被引进来,图 20-8 将会怎样变化? 你能说明随着储存汽油的成本增加,跨时价格波动是怎么变糟的吗? ■

20A. 4. 2 投机者的"多头"与"空头"头寸 我们在前面投机者预期汽油价格上升的例子中很容易看到投机者是怎么通过现在低价买进并在未来高价卖出赚钱的。在金融市场中,这种类型的投机(打赌价格将上升从而现在买进)被称为在市场中采取多头头寸(take a long position)。但是如果你现在注意到一个你认为高的价格并认为它在将来可能下降又怎么样呢? 如果投机者在这种情形下不持有高定价的任何这种商品,他们能否起到均衡价格的作用?

事实证明答案是肯定的。只要经济中的任何人持有你目前认为定价太高的储备,你就可以要求借出他们的一些汽油储备(交付一些利息),并以目前的(高)价格出售。接着,当价格下降时,你可以购买你所借的数量并把其返还给有汽油储备的人。你在本质上是现在"高卖"并在未来"低买"(只要你对未来价格下降的预测是正确的)。在金融市场中,这被称为卖空汽油(sell gasoline short)或空头头寸(take a short position)。

练习 20A. 8 在一个与图 20-8 相似的图中说明"高卖"和"低买"怎样实现汽油跨时价格的稳定。 ■

更一般地,考虑你作为一个投资者在任何资产或商品市场的选择,比如英雄卡市场。如果你认为我们在英雄卡售卖的初始阶段并且这些卡片的价格将上升,你将简单地通过现在购买英雄卡并未来出售它们的计划而采取"多头头寸"。但是如果你认为我们在一个潮流的终结处,例如,英雄卡目前定价在每包 10 美元并将在接下来的 3 个月下降到每包 5 美元,你可能走到我(英雄卡的生产者)跟前并要求用每月 1 000 美元(即每包每月 1 美元利息)的费用来借 1 000 包这样的卡片。由于你相信英雄卡市场将经历一个低迷时期,你将以每包 10 美元的价格马上卖出那些借来的卡片,收入总共是 10 000 美元。

假定你是对的并且从现在开始 3 个月后英雄卡的价格仅为每包 5 美元。在这时,你可以支付给我 3 000 美元的利息,仅留下你原始的 10 000 美元中的 7 000 美元。但是现在英雄卡的价格仅为每包 5 美元,你可以用 5 000 美元购买 1 000 包,返还你所借的数额(并停止支付我利息),并留下 2 000 美元的利润。

"卖空"资产或商品对大多数人而言是一个神秘的概念,但是简单的英雄卡的例子说明了它的本质。由于有卖空的可能性，投资者在任何时间正确地识别价格处于不平衡后都有利可图，并且这并不仅仅是理论的构造：实际上存在着几乎所有你能想到的任何资产或商品的卖空的市场。当然，一旦投机者凭借他们对价格失衡的直觉作出交易，如果结果表明他们在直觉上是错误的，投资者将会遭受损失。另外，如你将在章末习题20.7中看到的，当他们在金融或商品市场中采取空头而不是多头头寸时，投机者面对的风险将会大得多。

此外，投资者有很多方式在资产或商品市场中采取多头或空头头寸，但是我们所做的一切是展示每种方式的本质。例如，你可能已经听说了期权，合同的持有人有权利但不是义务在一个给定日期或以前以一个设定的价格买入或卖出资产或商品。看涨期权给了期权的持有人购买的权利，而看跌期权则给了持有人卖出的权利。看涨期权表示在市场中采取多头头寸的另一种方法，而看跌期权则是采取空头头寸的另一种方法。你将会在章末习题20.8中探索这些，以及这样期权合同的定价。

练习20A.9 你能说明为什么当投资者认为资产的价格可能上升时，他们希望持有看涨期权，以及为什么当他们认为价格将可能下降时，他们希望持有看跌期权吗？ ■

如果你对这样的专题有兴趣，你可以考虑在金融经济学或金融学中选修进一步的课程。这里，我们仅能了解到这一迷人并且相当复杂的专题的表面。在离开这一专题之前，我们再次指出，尽管我们的结论表明投机者的行为将会导致跨时价格的稳定，但是有一些明确的金融"泡沫"的例子（比如在大萧条前股票价格的上涨，20世纪90年代互联网股票价格的上涨，或导致2008年金融危机的房地产价格的上涨），其中的投机者的行为将会加重价格的不稳定性。在这些专题的进一步学习中，你将能更清楚地识别投机导致稳定化的处境以及投机导致不稳定的异常。

20B 跨市场交易的数学分析

除去A节中图形背后的数学分析，没有什么新的东西，因而我们将在这节不增加太多新的东西，并将把大部分细节留到章末习题中。首先，我们将通过一个练习来说明我们怎么用数学来解决这种类型的问题。跨市场交易的更深入的处理将会涉及一般均衡模型的拓展，该专题超越了本书的范围。（如果对该专题有兴趣，你可以考虑选修一门国际贸易的课程。）

20B.1 贸易、关税与配额

考虑在两个不同区域的线性的需求和供给函数的情形，区域变量有上标1和2，分别表示区域1和2；即对区域1，

$$x_d^1(p) = \frac{A-p}{\alpha}, \ x_s^1(p) = \frac{B+p}{\beta} \tag{20.1}$$

对区域 2，

$$x_d^2(p) = \frac{C-p}{\gamma}, \ x_s^2(p) = \frac{D+p}{\delta} \tag{20.2}$$

在两个区域之间没有贸易时，每个区域的均衡价格可以和前面的章节一样通过仅设定每个区域的供给和需求相等而求解，得到

$$p^1 = \frac{\beta A - \alpha B}{\alpha + \beta}, \ p^2 = \frac{\delta C - \gamma D}{\gamma + \delta} \tag{20.3}$$

如果 p^1 和 p^2 互不相等，区域之间的贸易就会发生，直到价格相等。假定 $p^2 >$ p^1，那么在贸易均衡中，区域 1 将出口一些数量 X 到区域 2，引起区域 1 的需求和区域 2 的供给增加 X，即

$$\tilde{x}_d^1(p) = \frac{A-p}{\alpha} + X, \ \tilde{x}_s^2(p) = \frac{D+p}{\delta} + X \tag{20.4}$$

记 $\tilde{x}_d^1(p) = x_s^1(p)$ 并且 $x_d^2(p) = \tilde{x}_s^2(p)$，再次求解每个区域的价格，我们得到

$$\tilde{p}^1 = \frac{\beta A - \alpha B + \alpha \beta X}{\alpha + \beta}, \ \tilde{p}^2 = \frac{\delta C - \gamma D - \gamma \delta X}{\gamma + \delta} \tag{20.5}$$

从区域 1 到区域 2 的均衡出口水平必须使这两个价格相等。从而，设定 $\tilde{p}^1 = \tilde{p}^2$ 并求解 X，我们得到出口的均衡水平为

$$X^* = \frac{(\alpha + \beta)(\delta C - \gamma D) - (\gamma + \delta)(\beta A - \alpha B)}{(\gamma + \delta)\alpha \beta + (\alpha + \beta)\gamma \delta} \tag{20.6}$$

练习 20B.1　你能否验证当出口为 X^* 时，两个区域的价格相等？ ■

接着我们可以以一种直接的方式计算关税和配额的影响。首先假定进口区域 2 对所有的进口施加了一个大小为 t 单位的关税。不再有 $\tilde{p}^1 = \tilde{p}^2$，所导致的均衡将是 $\tilde{p}^1 = \tilde{p}^2 - t$。求解这个均衡，在关税 t 下均衡水平的出口变成

$$X^*(t) = \frac{(\alpha + \beta)(\delta C - \gamma D) - (\gamma + \delta)(\beta A - \alpha B) - (\alpha + \beta)(\gamma + \delta)t}{(\gamma + \delta)\alpha \beta + (\alpha + \beta)\gamma \delta} \tag{20.7}$$

对 $X^*(t)$ 关于 t 求导，我们得到增加 1 单位关税 t 导致的从区域 1 到区域 2 的出口的减少，即

$$\frac{\mathrm{d}X^*(t)}{\mathrm{d}t} = -\left(\frac{(\alpha + \beta)(\gamma + \delta)}{(\gamma + \delta)\alpha \beta + (\alpha + \beta)\gamma \delta} \right) \tag{20.8}$$

现在假定不使用关税，区域 2 的政府施加了一个进口配额 $\overline{X} < X^*$。这两个区域的价格将不会相等，有

$$p^1(\overline{X}) = \frac{\beta A - \alpha B + \alpha \beta \overline{X}}{\alpha + \beta}, \quad p^2(\overline{X}) = \frac{\delta C - \gamma D - \gamma \delta \overline{X}}{\gamma + \delta} \tag{20.9}$$

$p^2(\overline{X})$ 减去 $p^1(\overline{X})$ 告诉我们这两个区域由进口配额 $\overline{X}$ 创造了多大的价差，有

$$p^2(\overline{X}) - p^1(\overline{X}) = \frac{\delta C - \gamma D}{\gamma + \delta} - \frac{\beta A - \alpha B}{\alpha + \beta} - \frac{((\gamma + \delta)\alpha\beta + (\alpha + \beta)\gamma\delta)\overline{X}}{(\alpha + \beta)(\gamma + \delta)} \tag{20.10}$$

可以用方程（20.3）中的无贸易均衡价格 p^1 和 p^2 将其写成

$$p^2(\overline{X}) - p^1(\overline{X}) = p^2 - p^1 - \frac{((\gamma + \delta)\alpha\beta + (\alpha + \beta)\gamma\delta)\overline{X}}{(\alpha + \beta)(\gamma + \delta)} \tag{20.11}$$

换言之，这 2 个区域价格之间的差异将按比例缩小与进口配额成比例的大小。

练习 20B. 2 你能否证明 $t = p^2(\overline{X}) - p^1(\overline{X})$ 的关税将会导致与进口配额 $\overline{X}$ 相同的区域 1 的出口水平，以及（两个区域中）相同的均衡价格？ ■

20B. 2　一个数值例子

为在这个例子中增加一些数字，假定 $A = 1\,000 = C$，$\alpha = \beta = 1 = \gamma = \delta$，$B = 0$，以及 $D = -400$。因而在两个区域中需求和供给曲线除了供给曲线的截距项外都是相同的。把这些值代入方程（20.3）中，我们得到 $p^1 = 500$ 和 $p^2 = 700$，在没有贸易时的均衡数量是 $x^1 = 500$ 和 $x^2 = 300$。把适当的值代入方程（20.6）中，我们得到在自由贸易下的均衡出口水平 $X^* = 200$，方程（20.5）意味着贸易均衡价格 $p^* = 600$。

练习 20B. 3 用图说明两个区域的需求曲线和供给曲线（价格位于纵轴，数量位于横轴）。标记每个截距以及无贸易均衡价格和数量，接着说明自由贸易下的均衡。

练习 20B. 4 假定需求曲线也是边际支付意愿曲线，计算禁止贸易造成的净损失。 ■

接着我们可以问不同水平的关税和配额怎么影响贸易。例如，假定一个施加在区域 2 的进口上的每单位 100 美元的关税。方程（20.7）告诉我们出口将下降到 100。

练习 20B. 5 说明每单位 100 美元的关税对你在练习 20B. 3 中已经标示出来的均衡的影响。

练习 20B. 6 再次假定需求曲线是边际支付意愿曲线，当孤立地考虑每个区域时，区域 1 和区域 2 的剩余发生什么变化？当联合考虑两个区域时，净损失发生什么变化？ ■

我们将在章末习题中对这个以及相关的数值例子做更多的工作。

结论

前面这三章关于由政府引发的价格扭曲导致资源不能有效配置的讨论到现在结束了。这章与前两章的区别在于它考虑了既不生产也不消费但是寻求"低价买进"和"高价卖出"的经济人的行为。尽管这样的个体不生产任何东西，他们的活动可以通过让市场间的价格平衡而对社会有效。在均衡中，这样的个体将获得零经济利润（只要有很多这样的人相互竞争）而同时增加两个市场的剩余。

在每一个方面，扰乱市场间价格的政策与扰乱市场内价格的政策一样创造净损失。两个政府扭曲市场间价格的方式是对进口的税收（被称为关税）和对进口数量的限制（被称为进口配额）。与其他政策一样，关税和进口配额创造"赢家"和"输家"，净损失产生于赢家所赢得的比输家所失去的要少的事实。这使得移除关税和进口配额以使原有的可能遭受损失的每个人都变得更好在原则上是可能的。我们也证明了关税（以及进口配额）的负担将会转移到那些消费者和生产者（相对于价格）更无弹性的区域中去，就像市场内的税收将会转移到市场中更无弹性的一方。

最后，我们把在跨市场贸易上的结论扩展到两个其他市场。首先，我们证明了"商品贸易"与"劳动移民"之间结果上的对称性。在自由贸易的环境中，外包到低工资国家会使生产的商品增加，并且企业部门可转移到劳动成本最低的地方；当劳动者可以自由移动时，移民到高工资国家的劳动者会增加，并且他们会移到企业进行生产的地方。这两种情形本质上都是高工资国家从低工资国家雇用工人来生产商品，但是在外包情形下工人仍留在他们的祖国，而在移民情形下工人会移动到高工资国家。其次，我们说明了跨时贸易是怎么与跨区域贸易相似的，例外的一点是价格差异在后者中是可以被（出口者和进口者）直接观察的，但在前者中仅被（投资者）猜测。另外，与跨区域贸易引起这些区域间价格相等一样，跨时贸易能使跨时价格稳定化，至少当投机者对未来的猜测是正确的或当季节性需求或供给波动相对可预测的时候。

章末习题[①]

20. 1 在教材中，我们认为关税负担以类似于税收负担在消费者和生产者之间

[①] ＊概念性挑战难题。
  ＊＊计算性挑战难题。
  †答案见学习指南。

转移的方式在市场间转移。

A. 考虑两个国家，在国家间没有任何贸易时，在国家 1 中产品 x 将以 p^1 出售，在国家 2 中它将以 p^2 出售。一直假定 $p^2 > p^1$。

a. 用图说明自由贸易均衡，假设可忽略交通运输成本。

b. 说明国家 2 对 x 施加的每单位 t 的进口税（或关税）是怎么改变均衡的。

c. 如果不是国家 2 施加了一个每单位 t 的进口税，而是国家 1 施加了每单位相同量 t 的出口税，（b）的答案将怎么变化？

d. 在你的图中，说明在贸易上所征的税 t 的经济归宿，即说明总体税收收益中有多少是从国家 1 中收取的以及有多少是从国家 2 中收取的。

e. 如果你使得国家 1 的供给曲线更加有弹性而保持 p^1 不变，你的答案将怎么变化？如果你使需求曲线变得更有弹性呢？

f. 在第 19 章中，我们认为在一个市场内每单位税收是施加在生产者还是消费者身上并不重要，其经济影响将是相同的。你在这个习题中发现的结果与这个结果相似吗？

g. 如果国家 1 的供给曲线是完全无弹性的，国家 2 是否支付任何关税？

B. 现在考虑需求和供给函数，对国家 1 有 $x_d^1(p) = (A-p)/\alpha$ 和 $x_s^1(p) = (B+p)/\beta$，对国家 2 有 $x_d^2(p) = (C-p)/\gamma$ 和 $x_s^2(p) = (D+p)/\delta$（与本书 B 部分一样）。

a. 建立一个 Excel 表单，计算每个国家的生产和消费水平，其为需求和供给参数 A，B，α，β，C，D，γ 和 δ 以及国家 2 所施加的每单位关税 t 的函数。如果我们取而代之要分析国家 1 的每单位的出口税，你的表单是否不同？

b. 让 $A = 1\,000 = C$，$\alpha = \beta = 1 = \gamma = \delta$，$B = 0$，以及 $D = -400$。验证当 $t = 0$ 和 $t = 100$ 时，对相同的参数你得到了与本书 B 部分所报告的相同的结果。

c. 建立一个表，每行对应于当我们改变参数 B 和 β 的情景，第一行为 $(49\,500, 100)$，接下来 8 行为 $(12\,000, 25)$，$(2\,000, 5)$，$(500, 2)$，$(0, 1)$，$(-250, 0.5)$，$(-375, 0.25)$，$(-450, 0.1)$ 和 $(-495, 0.01)$。接着在每行中报告 p^1 和 x^1，即在没有贸易时国家 1 中的价格和数量；$p^* = \bar{p}^1 = \bar{p}^2$，即在自由贸易下的世界价格；$X^*$，即在自由贸易下的出口水平；$X^*(t)$，即当 $t = 100$ 被施加时的出口水平；$\bar{p}^1(t)$ 和 $\bar{p}^2(t)$，即当每单位关税 $t = 100$ 被施加时的价格；以及关税中被转移到国家 1 的比例 k。

d. 解释在你的表中当我们按行向下移动时将发生什么。

e. 接下来，建立一个表，其中每行对应于当我们改变参数 A 和 α 时的情景，从第一行中的 $(50\,500, 100)$ 开始，到接下来 8 行中的 $(13\,000, 25)$，$(3\,000, 5)$，$(1\,500, 2)$，$(1\,000, 1)$，$(750, 0.5)$，$(625, 0.25)$，$(550, 0.1)$ 和 $(505, 0.01)$。［继续保持在（b）中初始设定的参数。］接着报告与你在（c）中所构造的表中相同的列。

f. 你的两个表是否有任何区别？请解释。

†**20.2** 没有限制的贸易将会引起进行贸易的国家之间的工资收敛的预测看起来非常明显。如果贸易没有被限制,美国的工资确实会收敛到发展中国家的工资吗? 我们将在这里考虑这个问题。

A. 美国的工人相对于孟加拉国的工人有显著更多的人力资本——教育、技能等。由此,美国的工人有较高的边际产出。

a. 用两个并排的图说明美国和孟加拉国的劳动市场,其中在没有贸易和移民时,孟加拉国需求曲线和供给曲线相交在一个比美国更低的水平上。

b. 假定美国工人每小时的生产力是孟加拉国工人的 20 倍。为考虑这点,把图中美国工人的工资理解为"每小时的工资"并把孟加拉国工人的工资理解为"每 20 小时的工资"。当美国和孟加拉国之间的贸易开放并且美国公司外包生产时将会发生什么?

c. 你的图与本书中我们的外包的图看起来是否有任何差别? 这是否仍意味着美国工人的工资将会收敛到孟加拉国工人的工资?

d. 判断正误:为使在贸易和外包中工资的真实收敛发生,发展中世界的国家需要首先在教育上以及其他形式的人力资本积累上投资。

e. 判断正误:在跨世界的完全自由贸易体制下,国家间工资的差别将完全产生于工人在技能与生产力水平之间的差异。

B. 考虑美国工人的生产力是孟加拉国工人生产力 k 倍的情形。假定孟加拉国的劳动需求和供给由 $l_d^B(w)=(A-w)/\alpha$ 和 $l_s^B(w)=(B+w)/\beta$ 给出,而美国的劳动供给由 $l_s^{US}(w)=(D+w)/\delta$ 给出。由于企业同时关注工资成本以及劳动生产力,假定美国的劳动需求由 $l_d^{US}(w)=(C-(w/k))/\gamma$ 给出。

a. 推导在没有贸易或移民时美国工人的工资 w^{US} 和孟加拉国工人的工资 w^B。

b. 假定美国和孟加拉国之间的贸易开放,并且美国公司外包一些以前发生在美国的生产到孟加拉国。假定在劳动市场的影响等价于 X 个孟加拉国工人移民到美国。确定孟加拉国和美国的新工资 $w^B(X)$ 与 $w^{US}(X)$。

c. 在移民的均衡水平 X^* 处,$w^{US}(X^*)$ 和 $w^B(X^*)$ 之间的关系是什么?

d. 使用这个关系来计算与外包美国生产等价的移民水平。

e. 假定 $A=16\,000$,$B=-1\,000$,$C=160\,250$,$D=-10\,000$,$\alpha=0.000\,18$,$\beta=0.000\,02$,$\gamma=0.000\,7$ 和 $\delta=0.000\,2$。进一步假定 $k=20$,即美国工人的生产力是孟加拉国工人的 20 倍。在没有贸易时 w^B 和 w^{US} 是多少? 美国和孟加拉国的就业水平是多少?

f. 当贸易被开放时我们确定有一个与自由贸易等价的移民水平 X^*,请问 X^* 是多少?

g. 在新均衡中美国和孟加拉国的均衡工资是多少? 两个国家的就业率是多少?

20.3 日常应用:生活质量指数。每年有不同的杂志会发表"10 个生活最好的城市"或"10 个生活最差的城市"的名单。这些清单是杂志通过不同的因素，如气候、公共设施、当地税收以及住房价格加权而成的。经济学家经常对这些名单嗤之以鼻。如下问题会解释为什么会这样。

A. 考虑两个在所有方面都相同的城市：相同的气候，相同的公共设施，相同的住房价格。为简单起见，假定除非特别说明，每个人都租房并且每个人都有相同的偏好和收入。

a. 首先并列画出城市 A 和城市 B 的住房市场的图。

b. 假定城市 A 选举了一个非常能干的新市长。他找到了改进学校、降低犯罪率、修建更好的公园同时降低当地税率的方法。城市 A 的住房需求会发生什么变化？城市 B 呢？

c. 描绘新的均衡。住房价格在这两个城市仍相等吗？为什么？

d. 去年，两个杂志独立地把城市 A 和城市 B 的生活质量排序为相等。今年，其中一个杂志排序城市 A 的生活质量高于城市 B 的生活质量而另一个则相反。当被要求给出一个解释时，第一个杂志强调了城市 A 中所有的改进，而第二个杂志则强调了城市 A 中出奇高的房价以及城市 B 中便宜的房价。哪一个杂志是正确的？

e. 城市 A 和城市 B 的人口大小会发生什么变化？城市 A 和城市 B 的平均住房和停车位大小会发生什么变化？

f. 判断正误：如果城市 A 相对于国家住房市场是大的，那么市长的行为使得国家中的每个人变得更好，即市长才智的所有收益并不是都留在城市 A 中。

g. 如果你比中等水平的个体更喜欢公共设施，你会变得更好吗？如果你没有比中等水平的个体更喜欢呢？

h. 判断正误：如果城市 A 相对国家住房市场是小的，市长行为的主要受益者是城市 A 中的住户（即那些在市长的行为之前在城市 A 中拥有土地和住房的人）。

B. 假定个体对住房 h、消费 x 和公共设施 y 有偏好，并且这些偏好可以由效用函数 $u(h, x, y) = h^{0.25} x^{0.75} y$ 表示。假定所有人租房而不是拥有住房。

a. 在城市 A 中，一个中等居民获得 50 000 美元的收入，面临每平方英尺 5 美元的住房出租价格，并享受公共设施水平 $y = 10$。假设每个人效用最大化，中等居民将会获得什么效用水平？（提示：注意 y 不是一个选择变量。）

b. 假定在整个国家中住房市场处于均衡中。如果家庭能在城市间移动来最大化效用，你能判断这对在城市 B 中的家庭所获得的效用水平意味着什么吗？

c. 现在假定城市 A 中的新市长能把公共设施水平 y 从 10 增加到 11.25。如果居民的效用由于增加的房价保持不变，每个家庭的住房消费需要下降多少？

d. 假定城市 A 相对于国家是小的从而不影响其他地方的住房价格。你能判断由于市长的创新住房出租价格从最初的 5 增加了多少吗？

e. 城市 A 中的租户由于市长的创新结果变好了吗？对拥有土地和住房的住户呢？

* **20.4　日常应用**：贸易、移民和理发的价格。在本书中，我们讨论了外包和移民之间的相似性以及与其伴随的贸易商品和移动工人之间的相似性。然而，我们的讨论中的隐性假设是实际上可以在任何地方生产"商品"并在任何地方出售它们。交通成本的显著降低使得这个假设在很多但并不是所有的情形中是合理的。在这个习题中，我们考虑这个假设不成立的一个情形：理发。

A.　假定理发在墨西哥比在美国要显著地便宜。

a.　当美国和墨西哥之间商品流动的障碍被移除时（但是移民的障碍仍存在），为什么你可以预期在美国理发的价格不收敛到在墨西哥理发的价格，但是在墨西哥的苹果的价格会收敛到在美国的苹果的价格？

b.　假定存在移民的障碍而不是贸易的障碍，你对（a）的答案会有什么不同？

c.　现在更加细致地考虑这个问题。通过考虑墨西哥经济中的两个部门开始：可贸易部门（如苹果）和不可贸易部门（如理发）。在墨西哥和美国的任何贸易和移民之前，假定墨西哥的劳动市场处在均衡中，这两个墨西哥部门之间的工资相等。在两个图中说明墨西哥的初始的劳动市场的均衡：一个是可贸易部门的需求与供给；另一个是不可贸易部门的需求与供给。

d.　假定美国和墨西哥之间商品的贸易开放了。由此，一些生产可贸易商品的美国公司迁往墨西哥，雇用墨西哥的低工资的工人，然后把商品出口到美国（以及其他国家）。在可贸易部门墨西哥人的工资发生什么变化？

e.　假定工人可以在部门之间移动，即以理发谋生的人也可以在一个苹果处理工厂工作。如果是这样，墨西哥劳动市场会发生什么变化？墨西哥理发价格会发生什么变化？

f.　判断正误：即使当跨越国家界限的劳动移民不被允许时，我们仍将预期商品贸易障碍的减少将导致工资的变动，只要劳动在一个经济中的各部门之间是可以替代的，这种变动在两个经济体内的贸易和非贸易部分就是相似的。

g.　在美国可贸易和不可贸易部门之间会发生相似的过程吗？你能预期墨西哥和美国理发价格收敛吗？

B.　考虑美国和墨西哥经济的两个部门：可贸易部门（如苹果）和不可贸易部门（如理发）。假定在可贸易部门墨西哥的劳动需求和供给由 $l_d(w)=(A-w)/\alpha$ 和 $l_s(w)=(B+w)/\beta$ 描述。假定非贸易部门也一样，并假定在美国和墨西哥之间没有初始的贸易和移民，墨西哥两个部门之间的工资相等。

a.　让 $A=100\,000$，$B=-1\,000$，$\alpha=0.01$ 和 $\beta=0.001$。墨西哥的均衡工资是多少？每个部门的就业水平是多少？

b.　下面假定美国和墨西哥之间商品的贸易开放。由此，可贸易部门对劳动的需求增加，A 在可贸易部门增加到 $210\,000$。如果在墨西哥没有跨部门的劳动移动，墨西哥可贸易部门的工资是多少？

c.　假定在墨西哥劳动可以容易地跨越部门流动，那么墨西哥的均衡工资是多少？

d. 在（c）中的新均衡中每个部门的就业水平是多少？

*†20.5　**日常和商业应用**：补偿性工资差异和增加的工人安全。为什么一些工人选择对工人的健康和安全有危险的职业（如煤矿开采）？答案是：这样的工作通常比要求相似技能水平的其他工作支付得更多。在安全的工作和有风险的工作之间的供给的差异是劳动经济学家所称的补偿性工资差异（compensating wage differential）。在下面的习题中，假定煤炭开采与石油钻井工作需要相同的技能，以及在这两个行业之外的工人不能轻易地转换到这两个行业中。

A. 假定最初煤炭开采和石油钻井的工资是相同的。

a. 在两个不同的图中说明在劳动市场上对石油工人和煤炭矿工的需求和供给。对一个工人在煤炭开采工作中所接受的风险水平相对于他在石油钻井工作中所接受的风险水平而言，这两个部门相同的工资告诉了我们什么？

b. 假定一个新的开采技术刚被发明，这使得煤炭开采工作比以前更为安全。（为简单起见，假定煤炭开采企业应用这个技术本质上无成本。）在石油行业工人的供给会发生什么变化，在煤炭行业工人的供给会发生什么变化？

c. 这两个行业的工资会发生什么变化？这怎么与补偿性工资差异关联起来？

d. 每个行业的工人变得更好了吗？

e. 下面假定石油行业相比于煤炭行业更大，大到石油行业工资的变化非常小，不易察觉。是否有任何工人由于煤炭开采的安全创新而变得更好？

f. 在石油行业非常大（相对于煤炭行业）的情形中，有一些生产者变得更好吗？

g. 判断正误：劳动市场在跨行业间越竞争，对生产者在竞争行业找到提高就业安全条件的方法的激励越大。

B. 假定所有工人的年效用可以由效用函数 $u(s, w) = (\alpha s^{-\rho} + (1-\alpha) w^{-\rho})^{-1/\rho}$ 给出，其中 s 是一个工人的安全指数，范围从 0 到 10（0 表示最不安全，10 表示最安全）以及 w 是以万美元计的年工资。

a. 假定目前煤炭矿工技能类型的所有工人在他们被雇用的所有经济部门中得到效用 u^*。确定在经济体中提供给这样的工人的工资与安全条件的相关关系，即找到 $w(s)$（其自身将是 u^*、α 和 ρ 的函数）。

b. 假定 $\alpha = 0.5$ 和 $\rho = 0.5$，并假定在煤炭开采和石油钻井行业中的工人目前面对的安全指数是 5，并挣得 8 万美元的年工资。在这个经济体中像煤炭矿工这样的工人获得的效用水平 u^* 是多少？

c. 假定学校老师——面对的安全指数是 10——也可以平等地选择成为煤炭矿工。他们的工资是多少？煤炭矿工的工资中有多少是对他们所面对的风险的均衡补偿？

d. 假定煤炭开采的安全指数被提高到 6。假设煤炭行业雇用这种技能类型工人中的一小部分，煤炭矿工的新的均衡工资是多少？他们是变好了还是变差了？

e. 下面构造一个表，展示补偿性工资差异是怎么随着安全指数对工资的替代弹性变化的。让你的表的第一列给出 ρ 并让接下来的四列给出 u^*，石油钻井工人的工资，煤炭开采工人的工资（在安全性被提高之后）和教师的工资，所有的项目都是以万美元计的。[继续假设 $\alpha = 0.5$ 和煤炭开采与石油钻井行业初始的年工资是 8 万美元（在煤炭开采的安全性被提高之前）。] 对下面的 ρ 值填表：-0.99，0.01，0.5，5，10。

f. 理解你表中的结果。

g. 如果 α 降低或增加，你认为表中的每一行会怎么变化？在与前面表相似的一个表中验证你的直觉，在这个表中把 ρ 固定在 0.5 并让 α 取如下的值：0.1，0.25，0.5，0.75，0.9。

20.6　日常和商业应用：适应性预期与石油价格的不稳定性：我们在书中提到跨时贸易和跨空间贸易在个体找到低价买进和高价卖出的机会上相似。然而，与个体跨空间贸易的情形不一样，跨时贸易的投机者需要猜测未来的价格是什么。如果他们的猜测正确，他们将会带来更大的对时间的价格稳定性（就像出口者均等化跨区域的价格一样）。我们现在想问如果不是这样的情形将会发生什么。更精确地，我们将假设个体将形成适应性预期。在这样的预期下，人们预期未来的价格会模仿过去的价格模式。

A. 首先考虑石油行业的情形。增加额外的石油生产容量需要时间，因此石油公司为了判断为增加抽取更多原油的设备所支付的大额固定成本是否经济划算，它们需要预测未来的石油价格。在本质上它们是投机者，尽力判断是现在花费资源以便在未来增加石油生产，还是在预期到未来较低的油价时让现有的生产设备贬值。

a. 画出石油的需求和供给曲线，线性供给曲线比线性需求曲线要更陡，并把均衡价格标记为 p^*。

b. 假定意外的事件引起价格上涨到 p_1。下面，假定石油公司有如下的适应性预期，它们相信未来的油价将会和目前的价格保持一致。它们将在额外的容量上投资吗？

c. 如果需求曲线保持不变但是未来的石油行业生产了它将在价格保持在 p_1 时将会生产的相等的量，指出将来将会产生的实际价格 p_2。（提示：在供给曲线上识别出石油行业在 p_1 价格水平下将会生产多少后，找到为使石油公司卖出它们新的产出水平，价格将会下降到什么地方。）

d. 再次假定石油公司有适应性预期并相信价格现在将保持在 p_2。如果它们调整它们的容量到这个新的"现实"并且需求曲线不变，在下一期价格将发生什么变化？如果你使这个过程一期期地继续下去，我们最终会收敛到 p^* 吗？[1]

---

① 这个模型经常被称为蛛网模型。如果你画一条在 p_1 的水平线，然后把这条线画下来到需求曲线，接着画一条在 p_2 的到供给曲线的水平线，然后把它向上连接到需求曲线 p_3 的位置，等等，你可能会看到为什么它叫蛛网模型。

e. 重复 (b) 到 (d)，但是这次分析需求曲线比供给曲线更陡的情形。你的答案怎么变化？

f. 如果需求和供给同等地陡峭，你的答案会怎么变化？

g. 尽管这个例子简单地说明了投机性行为能导致价格波动而不是价格稳定，经济学家对这样简单的解释表示怀疑（并不是说他们在人们怎么形成不正确的解释上对所有涉及心理学因素的解释表示怀疑）。为看到为什么会这样，假定你是一个投机者（并不是石油生产者）并掌握现在所发生的事情的信息。你将会做什么？在不同场景下你所识别的石油价格的模式会发生什么变化？

B. 再次假定对石油 x 的需求函数由 $x_d(p) = (A-p)/\alpha$ 给出，供给函数由 $x_s(p) = (B+p)/\beta$ 给出。一直假定 $B=0$ 和 $\beta=0.00001$。

a. 如果 $A=80$ 和 $\alpha=0.000006$，均衡价格 p^* 是多少？

b. 下面假定一些意外的事件导致了 $p_1=75$ 的价格，但是背后的本质——供给和需求曲线——保持不变。如果是有供给者预期在期间 2 价格将保持在 75 美元，它们在期间 2 会生产多少？期间 2 的实际价格 p_2 是多少？

c. 假定期间 2 如你在 (b) 部分中推导的一样，现在石油供给者预期价格保持在 p_2。它们在期间 3 将会生产多少？期间 3 的价格 p_3 是多少？

d. 如果相同的过程继续，在期间 10 的价格将是多少？在期间 20 呢？

e. 下面假定 $A=120$ 和 $\alpha=0.000014$。均衡价格 p^* 是多少？

f. 假定 p_1 意外地为 51 但是经济的本质保持不变。现在［定义在 (b) 和 (c) 中的］p_2 和 p_3 是多少？在期间 10 和 11 的价格是多少？

g. 最后，假定 $A=100$ 和 $\alpha=0.00001$。如果 p_1 意外地是 75，那么随着时间变化的价格模式是什么？如果 p_1 意外地是 51，那么它又是什么？

h. 如果你是 A(g) 所描述的那种类型的投机者，在我们所研究的这每个场景中在期间 2 你将会怎么做？你的行为的结果将是什么？

20.7 商业应用：卖空的风险。在教材中，我们指出如果投资者是很不正确的，与采取更加传统的购买策略并持有资产的多头头寸相比，卖空需要承担更多的风险。

A. 假定石油目前的售价为 50 美元一桶。考虑两个不同的投资者：拉里认为石油价格将上升，达瑞尔认为它将下降。因此，拉里将在石油市场采取多头头寸，而达瑞尔则采取空头头寸。他们两人都有足够的信用来借到 10 000 美元的现金或同等数量（在目前的价格）的石油。（出于这个习题的目的，不要考虑与利率相关联的任何机会成本；仅假设零利率并假定石油能无成本地储存。）

a. 首先考虑拉里。如果他把他所有的钱投资在石油上并且石油一年后 75 美元一桶，一年后他将有多少钱？

b. 现在考虑最差的情景：一种新的能源被找到，一年后石油不再值任何价钱。拉里对未来的猜测全然错误。他损失了多少钱？

c. 下面考虑达瑞尔。如果一年后石油的价格是 25 美元一桶（并且如果他采取卖空石油的策略），一年后他有多少钱？

d. 假定达瑞尔对未来的预测是全然错误的并且在下一年油价为 100 美元一桶。如果他在那一点离开石油市场，他损失了多少钱？

e. （d）中的情景对达瑞尔是最差的情景吗？通过"执行空头"，达瑞尔损失多少是否有极限？拉里可能遭受的损失是否有极限？

f. 不借助这个例子，你能否直观地解释为什么对于预测错误的投资者来说在市场中处于空头比多头有更大的风险？

*B. 更一般地，假定一桶石油在目前的现货市场，即被定义为目前正被出售的石油的市场，以 p_0 价格出售。进一步假定你预期一桶石油的价格在 n 年后的现货市场上为 p_n，假定年利率为 r。

a. 你能否写出一个方程 $\pi_n^L(p_0, p_n, r, q)$，用以表示在今天购买 q 桶石油并在市场中采取 n 年多头头寸策略的利润（以目前的美元表示）？

b. 比率 p_n/p_0 必须为多少以确保在石油市场中以这种方式处于多头是合理的？你能对此作出直观解释吗？

c. 下面，写出方程 $\pi_n^S(p_0, p_n, r, q)$，用以表示现在借入并卖空 q 桶石油并在 n 年后偿还 q 桶石油的利润。〔假设你借石油的人期望你返还原数量 $(1+r)^n$ 倍的石油，即他用石油的桶数来收取利息。〕

d. p_n/p_0 为多高能保证这种类型的卖空策略？你能对此给出直观解释吗？

*†**20.8　商业应用**：定价看涨和看跌期权。在本书中，我们提到了被称为"看涨"和"看跌"期权的合同，以此作为一个人在市场中采取的空头和多头头寸的更加复杂的方式的例子。

A. 与习题 20.7 一样，假定石油目前的价格是 50 美元一桶。一个人可以购买两种类型的合同：合同 1 的主人有一年后以目前的 50 美元一桶的价格出售 200 桶石油的权利。合同 2 的主人有一年后以目前的 50 美元一桶的价格购买 200 桶石油的权利。在这个习题中假定年利率是 5%。

a. 与习题 20.7 一样，拉里认为石油的价格将会增加而达瑞尔认为它将下降。首先考虑拉里并假定他相当确定一年后石油价格将会为 75 美元一桶。他最多愿意支付多少来购买合同 1？他最多愿意支付多少来购买合同 2？

b. 下面考虑达瑞尔，其相当确定一年后石油将在 25 美元一桶处被交易。对这两个合同他最多愿意支付多少去购买？

c. 在石油期权市场，哪个合同使你采取空头头寸，哪个合同使你采取多头头寸？

d. 假定合同 1 目前的售价为 6 000 美元。它对市场对一年后石油价格的预测告诉我们什么信息？

e. 转而假定合同 2 目前的售价为 6 000 美元。它对市场对一年后石油价格的预测告诉我们什么信息？

B. 在 A 部分中，我们每次仅考虑一个单一的看涨或看跌期权，在现实中，这样的期权合同的更大变体能在任意时间存在。

a. 假定看涨期权给了其主人一年后以 50 美元的价格买进 200 桶石油的权利。你观察到在市场中这个期权合同正以 3 000 美元出售。市场对一年后关于石油价格的预测是什么？（再次假定 0.05 的利率。）

b. 假定某个人刚刚贴出了另一个看涨期权合同来出售。它使得主人能在一年后以 43 美元的价格购买 200 桶石油。你预测这个合同能卖多少钱［把你对（a）的答案当成已知］？

c. 然后一个看跌期权合同被张贴出售，其允许主人一年后以 71 美元的价格出售 200 桶石油。你认为这个合同会被市场定价为多少？

d. 令 $P^C(\bar{p}, p, q, r, n)$ 表示当市场利率是 r 并且市场预期 n 年后石油的实际价格是 p 时，n 年后以价格 $\bar{p}$ 购买 q 桶石油的看涨期权的价格。定义 P^C 的方程是什么？

e. 令 $P^P(\bar{p}, p, q, r, n)$ 表示当市场利率是 r 并且市场预期 n 年后石油的实际价格是 p 时，n 年后以价格 $\bar{p}$ 购买 q 桶石油的看跌期权的价格。定义 P^P 的方程是什么？

f. 实际上石油在任何时间出售的价格 p 被称为现货价格。在一个未来现货价格位于横轴和美元位于纵轴的图上，说明你刚才发现的结果。首先图示 P^C 与 p 的关系（保持 $\bar{p}$，q，n 和 r 固定）。标记截距与斜率。接着对 P^P 做相同的图示。它们一定相交在什么地方？请解释。

g. 在第二个图中说明相同的事情，这次把看涨或看跌价格 $\bar{p}$ 放在横轴上。P^C 和 P^P 现在交于何处？请解释。

*20.9 **商业和政策应用**：财产税的一般均衡效应。在第 19 章中，我们介绍了财产税实际上是由两种税收组成的：对土地的税收以及对土地改进的税收，我们可以把对土地改进的税收想成是在住房上的资本投资。

A. 出于这个问题的目的，我们仅集中讨论作为住房资本税收的财产税的部分。假设，除非特别说明，资本可以自由地在住房和其他用途之间移动。

a. 首先画一个图，住房资本 h 位于横轴并且住房资本的租金率 r_h 位于纵轴。画出相交于 r_h^* 的需求和供给曲线并说明单独考虑这个市场时财产税 t 对资本的供给者所得到的租金率 $r_h^s(t)$ 的影响。

b. 接着（a）中的图，画出在施加住房市场的财产税前对非住房资本的需求与供给曲线。均衡租金率 r^* 与税前均衡住房资本租金率 r_h^* 是什么关系？假定资本在这两个部门间移动。你在（a）中对住房市场所识别的税后"局部"均衡在我们考虑资本跨部门之间的移动之后可能会成为住房市场的"一般"均衡吗？

c. 你对（b）的答案意味着在住房和非住房部门资本的供给曲线将会发生什么变化？

d. 说明考虑了对财产税反应的跨部门资本移动的新的一般均衡。在非住房部门资本的租金率会发生什么变化？

e. 在什么意义上财产税负担的一部分被转移到非住房资本上？

f. 出于一些比例的税收负担跨部门移动的一般均衡的结果，住房资本的租用者是变得更好还是更差了？他们与最初的局部均衡预测相比将消费更多还是更少的住房？

g. 判断正误：财产税将导致更小的住房以及更多的在商业机器上的投资，但是如果我们不把税收的一般均衡效应考虑进去，我们将低估住房会小多少以及高估将会有多少更多的商业机器。

B. 假定在住房和非住房部门对资本的需求和供给是相同的，形式为 $k_d(r) = (A-r)/\alpha$ 和 $k_s(r) = (B+r)/\beta$（与书中 B 部分的例子一样）。在这个例子中，让 $A = 1$，$B = 0$，$\alpha = 0.000\,000\,15$，以及 $\beta = 0.000\,000\,01$。

a. 确定对非住房资本和住房资本的均衡租金率 r^* 和 r_h^*，并把这些想象成利率。在每个部门多少资本被交易？

b. 下面假定 $t = 0.04$ 的税率在住房部门通过财产税的形式被施加了。如果你假设住房部门与经济中的任何其他部门没有联系，住房资本供给者收到的利率 r_h^s 和住房资本的需求者支付的利率 r_h^d 会发生什么变化？

c. 下面假定在这两个部门之间资本自由流动。有多少资本会流出住房部门？〔提示：你可以把这看作是任何涉及两个部门之间贸易的其他问题，其中开始的价格互相不等。资本流被完全定义为像书中所推导的 X^*。为应用这个公式，你需要重新定义在住房部门的需求（或供给）曲线来包括 $t = 0.04$，即简单地把 A 向下（或 B 向上）移动 0.04。〕

d. 经济中资本的供给者能得到的新的均衡利率会发生什么变化？在什么意义上财产税的一部分将被转移到所有形式的资本上？

e. 住房部门的消费者所支付的资本租金率会发生什么变化？

f. 描述税收在一般均衡意义上的经济归宿。

*20.10　商业和政策应用：财产税的局部差异。由于财产税在美国被局部地设定，它们在社区之间有差别，因此不同的社区面对住房资本上不同的税收。（注释：这个习题假定你已经完成了习题 20.9。）

A. 考虑财产税的一般均衡效应，即产生于资本跨部门之间流动的效应并且是你在习题 20.9（a）部分中所预测的初始的局部均衡以外的效应。

a. 随着非住房资本变得更有弹性，这个一般均衡效应是变得更大还是更小？

b. 比较下面两种情形：在情形 1 中，只有当地社区 i 施加了财产税 t，而在情形 2 中，（相同程度的）国家财产税 t 在整个国家中被施加。给定你对（a）的答案，在哪种情形下，社区 i 中的住房资本的出租者被更多地影响？

c. 现在考虑所有社区被施加财产税的情形，但是一些社区比别的社区被施加了更高的财产税。我们可以把国家财产税系统看成有两个组成要素：第一，有一个平均财产税税率 $\bar{t}$ 在整个国家被施加；第二，每个社区 i 有一个辅助性的当地税率，可能为正，可能为负，取决于其财产税是位于国家平均水平之上还是之下。把国家平均税率当作像（b）部分中情形 2 那样的，你认为美国财产税系统的这部分国家平均税率的一般均衡分担是什么？

d. 现在考虑社区 i 并假定该社区对财产的征税水平比国家平均水平要高。结合你对（b）部分情形 1 的见地，你认为社区 i 征税水平位于国家平均水平之上的部分的税收归宿是什么？

e. 对财产征税水平低于国家平均水平的社区 j，你的答案会怎么变化？

f. 判断正误：所有其他条件相同，社区 j 将会比社区 i 有更大的房子。

g. 判断正误：美国财产税系统（当地财产税税率在不同的社区不同）导致了所有形式资本回报的均匀减少，非住房资本的商业决策在国家内以相同的方式被影响。

B. 假定对住房资本和非住房资本的需求和供给与习题 20.9 中的 B 部分相同。

a. 假定在美国的当地财产税系统导致了一个 $\bar{t}=0.04$ 的平均财产税率。使用你在习题 20.9 中计算的结果来确定这种财产税系统对资本主人在资本回报率上的影响。

b. 假定社区 i 与国家平均征税水平偏离，并设定一个 $t_i=0.05$ 的当地财产税税率。住房资本供给者收到的租金率是多少，以及社区 i 中住房资本的租用者所支付的租金率是多少？

c. 假定社区 j 与国家平均征税水平偏离，并设定一个 $t_j=0.03$ 的当地财产税税率。住房资本供给者收到的租金率是多少，以及社区 j 中住房资本的租用者所支付的租金率是多少？

d. 判断正误：社区 i 和社区 j 之间的当地财产税税率的全部差别由租用者消耗，即社区 j 中的租用者支付的租金率小于社区 i 中的租用者支付的租金率，其差额等于当地财产税税率的差额。

20.11 政策应用：美国的移民政策。美国的移民法是建立在配额系统之上的，即对每个国家有一个被允许的最大的移民数量，对不同的国家设置不同的配额。在这个习题中，我们考虑另一种可供选择的方式来假定每个国家有相同的移民水平。为使该习题是可操作的，假设世界上所有的工人都是同质的。[1]

A. 假设移民的主要动机是获得较高的工资。

---

① 当然，在现实中，工人有不同的技能和教育水平，移民法对拥有一些特定技能的人相对于其他人而言会有偏好。

a. 画出美国对工人的供给和需求曲线，在其旁边画出世界其他地方的供给和需求曲线。假定（在没有贸易和移民时）美国有着较高的均衡工资。

b. 说明没有移民限制时的均衡，假设移民是相对无成本的。

c. 现在假定美国引进一个移民配额，其允许比在没有限制时自然发生的更少的移民。说明这样一个配额对美国的劳动市场和对世界其他地方的劳动市场的影响。

d. 假定美国还没有施加移民配额但是通过收取每个工人 T 的移民税来调节从世界其他地方到美国的移民。说明 T 需要多大才能导致相同水平的从世界其他地方来的移民。

e. 判断正误：在这个例子中，国家特定的移民配额等价于国家特定的移民税。

B. 假设世界其他地方的劳动需求和供给函数分别为 $l_d^1(w)=(A-w)/\alpha$ 和 $l_s^1(w)=(B+w)/\beta$，美国的劳动需求和供给函数为 $l_d^2(w)=(C-w)/\gamma$ 和 $l_s^2(w)=(D+w)/\delta$。

a. 让 $A=C=100\,000$，$B=-1\,000$，$D=0$，$\alpha=0.002$，$\beta=\gamma=\delta=0.001$。如果在美国和在世界其他地方的情况相互独立，则均衡价格是多少？

b. 如果劳动能完全地并且没有成本地移动，那么均衡工资是多少？移民到美国的移民水平有多高？

c. 假定美国政府对世界其他地方设定了 $1\,000\,000$ 的移民配额。美国和世界其他地方的均衡工资将会如何被这个政策所影响？

d. 为达到相同的结果，美国需要设定多高的移民税？

†**20.12　政策应用**：针对"不公平"竞争的贸易障碍。一些国家对它们的一些行业设置了很重的补贴，这导致了美国生产者游说对这些行业的产品施加关税。通常认为有较低补贴的国家，如美国，需要施加这样的关税以保护美国免于不公平的外国竞争。

A. 假定美国最初对钢铁的国内需求和供给曲线相交在与欧洲相同的价格。

a. 在并排的图中说明这点。

b. 下面假定欧洲对每吨钢铁引进补贴。请说明在产生与美国的任何贸易之前这对欧洲的钢铁的买方所支付的价格的影响。

c. 假定美国不引进任何对钢铁的关税来抵消欧洲给出的补贴。在美国，钢铁价格会发生什么变化？为什么？

d. 在美国的图中，说明消费者和生产者剩余的变化（并为简单起见假设在钢铁市场中没有收入效应）。美国钢铁生产者在应对欧洲钢铁补贴时对钢铁关税的游说理性吗？

e. 美国的总剩余发生什么变化？基于纯粹的有效性的理由，你倡导美国施加关税以对欧洲在钢铁上的补贴作出反应吗？

f. 不用在你的图中精确地指明，你认为欧洲的补贴对贸易来说是增加了还是减少了净损失？

g. 为消除欧洲钢铁补贴对美国市场的影响，美国需要施加多大的关税？

h. 假定钢铁行业在欧洲和美国都是完全竞争的。判断正误：实施欧洲钢铁补贴，如果不紧跟着在美国对欧洲钢铁施加关税，将会在长期内消除美国钢铁行业，而且与此同时增加美国的总剩余。

B. 现在考虑对欧洲钢铁的需求和供给函数分别为 $x_d^1(p)=(A-p)/\alpha$ 和 $x_s^1(p)=(B+p)/\beta$ 以及对美国钢铁的需求和供给函数分别为 $x_d^2(p)=(C-p)/\gamma$ 和 $x_s^2(p)=(D+p)/\delta$。让 $\alpha=\gamma=0.00006$，$\beta=\delta=0.0001$，$A=C=800$ 和 $B=D=0$。

a. 计算在没有贸易时欧洲和美国的钢铁的价格和数量。有任何理由产生贸易吗？

b. 下面假定欧洲对每吨钢铁设置了 250 美元的补贴。在没有任何贸易时，1 吨钢铁的购买价格发生什么变化？卖方收到的价格发生什么变化？

c. 如果没有贸易障碍，那么有多少钢铁现在将会从欧洲出口到美国去？美国的钢铁的均衡价格是多少？

d. 为防止欧洲钢铁补贴影响美国的钢铁市场，美国需要在钢铁上施加多少关税？

e. 这样一个关税在美国造成的净损失是多少（假设没有收入效应）？

第 21 章　竞争性市场中的外部性

学到这里，你可能会产生这样的观点：经济学家们相信市场机制无疑总是产生有效的结果，市场在不受其他制度干预的情况下运行将会达到总剩余最大。[①] 如果真是如此，那么社会上的非市场制度就不会起任何有效的作用，它们存在的唯一作用就是关注社会剩余的分配，关注稀缺资源市场分配的公平问题。尽管在证明非市场制度（包括政府）的合理性上，公平确实起到了重要的作用，但基于某些条件，这些制度存在的原因更多的是效率而非公平。我们将在本章和下一章中学习这些条件，它们包括了所有能够使福利经济学第一定理（第 15 章）的假设不再成立的可能因素，包括市场势力以及信息不对称。

在讨论信息不对称以及市场势力之前，我们先来讨论第三种会使市场失灵的条件。即便市场是完全竞争的，仍然有一些因素会导致市场在没有其他制度干预的情况下出现净损失，我们称这些因素为外部性（externalities）。当市场中的一方作出的决策对经济中另一个当事人产生了直接影响，而这些影响无法受市场价格所控制时，外部性就出现了。举例来说，当厂商在生产过程中对空气造成了污染，这种污染就对相当多的当事人产生了潜在的直接影响。换言之，污染这种行为实际上是具有社会成本的，但是这种社会成本并没有被市场定价。除非有其他制度去向厂商征收这笔成本，否则它将不在这些厂商的考虑范围之内。当我决定上车并驶入一条拥挤的公路时，我实际上也类似地增加了这条道路的总拥挤程度，从而拖延了其他人到达其目的地的时间。但是当我在作出是否上车的决定时我并没有考虑其他人的感受。当我在自己家的庭院里大声地放着音乐时，我的邻居也能够"享受"到它。以上都是外部性的例子，这些"外部的成本或收益"并没有被市场内在化的原因在于市场参与者不需要为它们进行支付。

[①]　本章再次建立在第 14 和 15 章的局部均衡模型基础之上。21B.3 部分建立在第 16 章对交换经济的讨论上，如果你还没读过第 16 章，可以将其跳过。

21A 外部性问题

外部性的基本特征是无论是生产还是消费所带来的成本或收益，都会直接地作用于非市场参与者。由于非市场参与者既不是商品的需求者，也不是供给者，市场的需求曲线和供给曲线都不受这些外部性成本或收益的影响。这样，由作为价格承担者的消费者和生产者所组成的竞争性市场将继续在需求和供给相交的均衡点处进行生产。然而，尽管总边际支付意愿曲线仍然允许我们衡量消费者参与市场所获得的收益，供给曲线仍然允许我们衡量生产者产生的成本，但是现在增加了非市场参与者，他们也同样产生收益或成本。因而我们不能再简单地使用生产者和消费者剩余来衡量市场存在带来的社会净收益。换言之，在计算总剩余时，我们需要把被完全竞争市场忽略的外部性成本和收益增加到考虑范围之内。

在我们开始之前，需要注意的一点是我们要把消费者和生产者会出现的双重身份严格区分开来，也就是市场中的消费者和生产者以及会从外部性中受益或受损的个体。作出这样的假设通常不会使我们蒙受损失。举例来说，即便生产者会因为生产中排放的污染而受到健康威胁，个体生产者仍然不会将这些成本放在生产考虑范围之内。这是因为，在竞争性市场中，每一个生产者的行为对于整个市场的影响是微乎其微的，个体生产者对整个污染的影响也是可以忽略不计的。这样在研究生产者时，我们就可以只考虑他们的生产成本，然后再将他们与经济中所有受到工业总污染影响的经济人放在一起考虑。换句话说，我们可以将生产者看成是做供给决策时只考虑他们自己生产成本的个体，然后我们再将其中一部分受到总污染影响的生产者看作一个独立的个体。

21A.1 生产外部性

让我们回到生产英雄卡产业的例子，现在假定生产者在成本最少的生产过程中会释放对环境产生影响的温室气体。这样，除了每个英雄卡生产者要面临的生产成本之外，污染的成本也被强加于社会的其他成员。我们将重新考虑一个问题：在社会规划者掌握一切相关成本和收益的信息且寻求社会剩余最大化时，他会生产多少张英雄卡。也就是说，如果是我们在第 15 章提到的那位无所不知而且仁慈善良的巴尼来配置资源的话，那么产量是多少。我们在第 15 章的分析中将类似于污染的这种生产外部性排除在外了，得出的结论是巴尼不会比竞争性市场做得更好。现在将外部性增加到我们的分析中，上述观点将不再成立。

21A.1.1 巴尼与市场 在图 21-1 中，我们从组图（a）开始讨论英雄卡的市场需求和供给曲线。无论是否存在生产外部性，市场都会在价格 p^M 上生产 x^M 的产量，此时所有的消费者和生产者都会尽他们所能来达到均衡。假定对英雄卡的偏好是拟线性的，那么消费者在上面部分阴影区域得到消费者剩余，同时生产者在下面部分阴影区域得到生产者剩余。然而，如果在英雄卡的生产过程中出现了污染，那么每生产一张英雄卡都会向社会增加一单位的污染成本，而这个成本既不由购买英雄卡的人承担，也不由生产它的人承担。

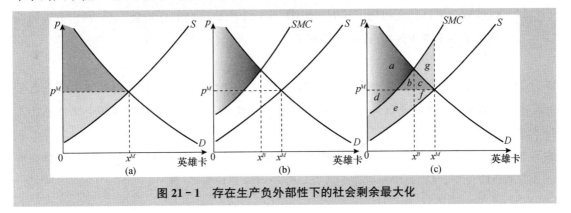

图 21 - 1　存在生产负外部性下的社会剩余最大化

组图（b）在组图（a）的基础上增加了一条"SMC"曲线（供给曲线上面的那条）。这条曲线代表英雄卡的社会边际成本（social marginal cost）。它不但包括了由市场供给曲线所决定的生产者边际成本，而且还包括了强加于他人的额外成本。这样社会边际成本曲线一定位于供给曲线之上，因为它包括了生产者负担之外的成本。当社会边际成本曲线与供给曲线平行时，表示每生产一张英雄卡时产生的污染导致的边际成本是不变的；当 SMC 曲线远离供给曲线时，表示每生产额外的一张英雄卡都会比上一张带来更大的额外污染成本。无论它与供给曲线的相关性有多大，这条曲线都确实准确地反映了社会范围内的生产成本。

作为结果，只要消费者边际支付意愿所表示的生产收益大于社会总的额外生产成本，我们无所不知又仁慈善良的巴尼就将决定继续生产。换句话说，巴尼将必定生产第一张英雄卡，因为存在着某个消费者，这张卡对于他的价值要大过由 SMC 衡量的社会承担的全部成本。他还将继续生产直到 SMC 曲线穿过边际收益曲线。这时他将不会继续生产了，因为一旦 SMC 高过消费者的边际支付意愿，额外一单位英雄卡的社会成本就会高于收益。这样巴尼就会选择在 x^B 点生产，产生一个由阴影区域表示的总剩余。

我们可以看到，寻求总剩余最大化的社会规划者将生产少于市场自发选择的产量。这表明在没有任何非市场制度缩减生产的情况下，市场将生产一个无效率的高产出水平。这将在组图（c）中更为清楚地阐明，现在可以用我们在图中标出的区域来计算市场生产下社会的净损失。（$a+b+c$）区域就等于组图（a）中上面部分阴影区域代表的消费者剩余（假设非补偿需求等于边际支付意愿），同时（$d+e+f$）区域等于组图（a）中下面部分阴影区域代表的生产者剩余。此时，生产者和消费者只是作为他们本身生产者和消费者的身份存在而并不受到污染的影响，因而会得到和没有污染时相同的剩余。然而我们也知道，在存在污染的情况下我们需要考

虑到当市场生产 x^M 产量时制造出污染的总成本。$(b+c+e+f+g)$ 区域就显示了生产者承担的成本与 SMC 曲线所表示的成本的差值。这样我们就需要从消费者和生产者剩余中减去这部分，以得到市场生产下的社会总剩余 $(a+d-g)$。在巴尼的仁慈专政下，社会得到了等同于组图（b）中阴影区域的总剩余 $(a+d)$。市场因而产生了一个等于区域（g）的净损失。

练习 21A.1 假设在生产英雄卡时制造的"污染"是一种对人类无害但对消灭当地蚊虫数量有特殊效果的物质，也就是假设污染现在有更多的益处而不是危害。这时市场会比巴尼生产得多还是少呢？

练习 21A.2 如果我们放松对总需求曲线等于总边际支付意愿曲线的假设，我们的分析会有什么基本的改变吗？（你的回答应该是不会，你能解释原因吗？）■

21A.1.2 另一种有效的税收 到目前为止的分析告诉我们在存在污染负外部性的情况下，竞争性市场会生产过量。作为结果，政府的潜在政策就是要提高效率，减少或消除市场生产过量的净损失。我们在第 19 章中已经看到商品税是减少市场产出的一种政策工具。在不考虑外部性时它是无效率的，因为资源的市场分配在开始时是有效的。然而，在存在外部性情况下无效率的产出的减少能够减少而不是增加净损失。

举例来说，假设你同时知道市场需求曲线、供给曲线以及巴尼会选择的最优生产水平 x^B。图 21-2（a）描述了这一信息。根据我们在第 19 章学到的税收及税收归宿，你可以很容易地确定将市场产出从 x^M 减少到 x^B 所需的税率 t，使 t 等于图中粗线表示的垂直距离即可。作为结果，市场中的买者将面对更高的价格 p_B，而卖方将接受更低的价格 p_S，二者之差就表示每单位的税收支付。在存在生产负外部性的情况下，为以减少市场产出来达到有效产量而征收的税叫做庇古税（Pigouvian tax）。[①]

在组图（b）中，我们进一步更直接地分析这种税是如何有效的。在没有税收的情况下，市场在价格 p^M 处生产 x^M 的产出。你可以用我们在图 21-1（c）中所用过的相似的方法来自己检验：竞争性市场自己生产的总剩余等于 $(a+b+e+h-j)$，而三角形（j）再次表示净损失。然而在税率 t 下，消费者剩余（a）和生产者剩余（h+i）与正的税收收入 $(b+c+e+f)$ 及污染社会成本 $(c+f+i)$ 结合在一起形成一个总剩余 $(a+b+e+h)$。这与在图 21-1（b）中仁慈的巴尼实现的最大化剩余完全相等，并消除了净损失（j）。换言之，我们在第 19 章得到的税收无效

---

① 这种税赋以阿瑟·塞西尔·庇古（1877—1959）的姓氏命名，他是英国的经济学家，也是阿尔弗雷德·马歇尔的学生（他接任了马歇尔剑桥大学政治经济学教授的职位）。庇古在他最有影响力的作品《财富与福利》中发展了有关私人和社会边际成本的区别的理论。

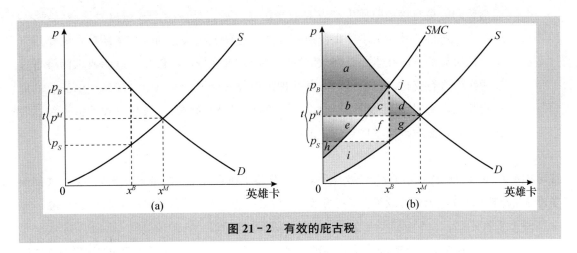

图21-2 有效的庇古税

率的原因是它扭曲了能协调生产者和消费者使其有效合作的价格信号，但是在存在外部性的情况下，价格信号已经扭曲了，因为它没有有效地协调生产与消费。这时税收消除了扭曲，并使市场将"外部性内在化"。

为使政府能够征收有效的庇古税 t，它必须清楚它想要市场达到的最优产量 x^B，以及在此产量上市场的需求与供给曲线的差值。换言之，政府必须了解由最优产量上的污染所导致的边际社会损失。如果掌握了这一信息，那么政府就可以简单地通过使每单位产出的税收与污染的边际社会损失相等来达到社会剩余的最大化。

练习21A.3 如果政府仅知道在均衡产出点 x^M 处污染带来的边际社会损失并使税率与这个数量相等，那么将会出现什么情况？在最优产量下，这个结果会被生产出来吗？如果不会，SMC 和供给曲线必须要有怎样的关系才能使这时的税收发挥作用？■

原则上讲，让政府搜集充分的信息去实施庇古税以使市场恢复有效的生产并不是一件难事。然而假设现在有许多不同的产业都会产生污染。为设定最优的庇古税，政府现在需要从每个产业了解这些相同的信息，然后为每个产业设定单位税。因为在最优条件下边际社会损失在每一点都是不同的，这就使得税率在这些污染产业之间变化不定。这将导致一个在各个产业中存在不同庇古税的复杂系统，而且随着技术的变化，这些税率也将不断调整。这样可能出现的最坏的结局是：除非厂商无论何时找到减少污染的方法，政府都会相应地调整庇古税税率，否则，每个产业中的个体厂商将不会从自发应用减污技术中获得任何收益，因为它们仍要面对与之前相同的税率。这样看来，尽管向污染产业的产出征收庇古税原则上看起来可能是容易的，但当付诸实践时却要难得多。而且一些企业会更容易地通过一些其他办法，而不是单纯地因为税收去减少产量的办法来减少污染，但是对这些企业的同步鼓励是很难做到的。

因为这个原因，大多数经济学家都不会推荐对产出征收庇古税，作为代替，他们会转向能更直接地驱使生产者对减少污染（通过减少生产或通过发展减污技术）还是支付污染的社会成本作出权衡的方法。这种关注焦点的改变在新技术的作用下是可能实现的，该技术要允许政府准确定位是谁在排放污染物，进而要求污染者直接为污染进行支付。这既可以通过一种污染税（pollution tax）（与向产出征收的庇古税相反）来实现，又可以通过设计以市场为基础的政策来实现。我们将先对后者进行讨论，然后再简单地与前者进行比较。

练习 21A. 4　在第 18 章，我们讨论了政府命令下的价格上限和价格下限带来的效率损失。在增加了对污染外部性的考虑后这些政策会变得有效吗（假设政府有充分的信息实施这些政策）？ ■

21A. 1. 3　以市场为基础的环境政策

最常见的以市场为基础的环境政策是这样发挥作用的：政府确定一个可接受的总污染水平（包括每一种污染），然后发放允许所有者每周（或每月、每年）排放一定量不同种类的污染物的文件。这些文件被称为污染许可证（pollution vouchers）或可交易污染许可证（tradable pollution permits），代表了在一定程度上"可以污染的权利"。然后政府就通过拍卖或简单地下放给不同产业的不同厂商来释放这些权利。政府具体采取何种方式分配这些许可证被证明是无关大局的，我们分析的重点在于拥有这些许可证的个体可以向其他个体卖掉它们，如果他们愿意这样做的话（他们就会把"污染权利"转移给那些愿意支付比对原主价值更多的人）。实质上，这个政策通过调整并限定污染许可证的数量对污染进行"总量管制"，同时允许许可证的"交易"以决定谁可以排放污染物。因此就出现了被称为限额交易（cap-and-trade）的政策。

污染许可证对生产者来说是有价值的，因为它允许生产者在他们的生产过程中排放污染。同时，无论何时生产者选择去使用这个许可证，都会产生一个经济（或机会）成本，因为他本可以选择将这个许可证出卖（或出租）给其他人。这样每一个生产者都会权衡使用污染许可证的成本和收益，而且每个生产者都知道他使用许可证数量越少，他生产得就越少，而他使用减污技术就越多。由于某些生产过程本身就会更易于接受减污技术，所以在另一些产业中厂商将对这种许可证有比其他产业厂商更大的需求。通过向经济中引入污染许可证（并禁止没有许可证的厂商排放污染物），政府就制造了一个新的市场：污染许可证市场。

练习 21A. 5　无论是政府发放可交易污染许可证，还是厂商需要购买它们，厂商是如何应对污染成本的？ ■

图 21 - 3 描述了这个市场，以污染许可证为横轴，以每张许可证的价格为纵轴。通过引入有限数量的许可证，政府在一个确定的量上提供了一个完全无弹性的

供给，这个量是考虑了所有产业全部污染水平的结果。在生产过程中排放污染物的厂商是这些许可证的需求者，需求的大小取决于生产不同类型产品时需要排放多少污染物，以及这些厂商通过各种手段去减少污染物排放的难易程度。换言之，那些很难减少污染的厂商，将比那些很容易在排污口上加一个过滤设备的厂商愿意为污染的权利支付更多。在均衡点上，污染许可证在价格 p^* 被出售。

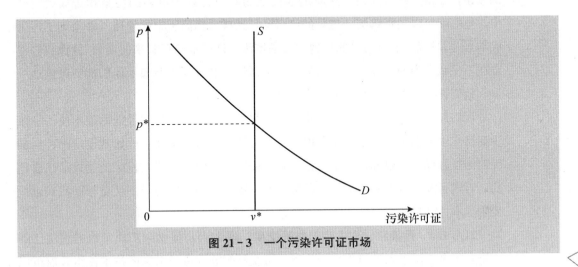

图 21 - 3　一个污染许可证市场

　　假设政府能够有效地监督污染的产业（由于环保局在各地广泛地推行污染监督，这变得越来越容易，而且在侦测污染排放的精确地点方面，卫星技术也变得越来越有效），污染许可证系统就会达到以下效果：首先，污染者需要为他们排放的污染物购买充足的权利，这就为他们增加了一个成本，由于污染许可证成了生产过程中的一项投入，厂商的 MC 曲线向上移动，这又改变了污染产业的市场供给曲线，进而导致了这些污染产业产出更少。其次，该系统为厂商寻找（或投资）减污技术提供了一个激励。只要减少污染的成本低于购买污染许可证的价格，那么厂商就有减少污染的激励。最后，这个系统为独立投资研发减污技术的新厂商的出现创造了激励。这个系统增加了对这种科技的需求，否则污染者为了生产就不得不为购买污染许可证而进行支付。

　　作为结果，该系统在社会成本最小化点达到了污染的全面降低，且政府不需要对条件的变化进行政策的调整。政府既无须忙于调查哪个产业减少了多少的哪种污染，也不用去根据减污技术的应用（某些产业比其他产业更适合应用）而调整这些政策。政府需要做的只是设定一个总污染目标并印发相应数量的污染许可证。新生成的许可证市场就会使那些已得到许可证的，没得到许可证的，因减少污染成本过大而选择使用许可证的和其他选择以更低廉价格减污的厂商相互配给供应。换句话说，污染许可证是这样一种政府干预行为，政府在可能成本最小化及排除进一步干预的前提条件下，利用新建立市场的力量来获取减少污染所需要的信息。

练习 21A.6　如果政府在建立污染许可证市场后决定对许可证的销售征税，这会引起污染的进一步减少吗？（提示：答案是不会。）■

　　对这个系统还有最后一步检验：到目前为止，我们曾说过在污染许可证市场中是污染者构成了需求曲线，但是原则上每一个个体参加这个市场都是被允许的。举例来说，如果一群深受污染影响的居民认为政府允许了过多的污染物排放到空气中，他们就可以集资购买一定量的许可证，这样就提高了它的价格（并增加了污染成本），同时减少了供给（如果他们仅是将污染许可证储存起来的话）。就像我们将要在下一章看到的那样，这群人面临一个搭便车的难题，但如果他们能够做到这一点，他们就有能力影响总污染水平而并不需要游说政府。

　　我们最后一个需要澄清的注意点是：尽管污染许可证为用最低的成本使污染减少到目标水平提供了一个机制，但污染许可证系统不能保证一开始就设定出社会最优的污染目标。如果确定这个目标的政治程序是有效的，那么目标就是被最优设定的，否则目标可能太高或太低。限额交易系统为我们所做的全部就是帮助我们以最少的成本达到目标。

　　21A.1.4　污染税、庇古税和限额交易　庇古当初提出向产出征税的想法已经不符合很多经济学家的口味，允许建立可交易污染许可证市场的技术使得政府可以直接对污染（而不是产出）征税。有人怀疑如果庇古知道探测污染排放地点的技术是可行的，那他很有可能更赞同对污染而不是产出征税。直接向污染征税与庇古税有相同的优势，在限额交易系统中我们就指出过这一点，如果每单位污染税税率与在限额交易系统中出现的每单位污染价格一致的话，那么污染税实际上就等同于建立可交易污染许可证。两个系统都为厂商投资减污技术提供了激励，而且都不需要政府随环境变化而调整税率（在对产出征收的庇古税中出现的处境）；总污染以成本最小的方法被减少，当厂商能够较容易地减少污染时，它们就不会承担污染成本（通过支付污染税或使用污染许可证）；另外，除非政府对有效税率或有效污染许可证的数量掌握充分的信息，否则两种系统都不会自动地形成完全有效的结果。

练习 21A.7　在 2008 年的一场预备选举辩论中，一位候选人提倡对碳税采用限额交易系统，他的理由是碳税会通过高价的形式部分地传递到消费者身上。另一位候选人也支持限额交易系统，他认为无论碳税以多大程度传递到消费者身上，在限额交易系统中（可交易污染许可证的）真实成本是相同的。那么谁是对的？[①]■

　　尽管污染税和限额交易系统非常相似，环境政策制定者仍会讨论它们的相对价

---

　　① 这番争论发生在 2008 年 1 月 5 日在圣安塞尔姆学院举行的民主党预备选举中。第一位候选人是新墨西哥州的州长比尔·理查德森，第二位则是时任参议员的贝拉克·奥巴马。

值。一些人认为设定精确的污染目标水平是重要的，限额交易系统中允许一个较容易建立这个目标的方法，然后通过可交易污染许可证市场决定的每单位污染价格来实施这个目标。另一些人认为直接地去指明税收施加的每单位污染成本以允许厂商相应地去计划更为重要，厂商根据税收作出反应而产生一个降低的污染水平。而且，如果每单位污染税与限额交易系统中"总量管制"所出现的每单位污染价格设定相等，则这两个政策就有相同的效果，但有的人更希望得到精确的目标污染水平，同时其他人更希望得到精确的每单位污染成本。

关于限额交易政策的讨论提出的第二个问题有关于政治和执行。一些人担心一个国家的甚至国际的限额交易系统会导致过度的政府官僚主义来控制各种各样的污染许可证市场，同时其他人认为管理污染税会引发类似的问题。然而实际上，环境政策制定者支持限额交易系统有一个重要的政治原因：它对克服受污染影响较深产业的集中反对有一个内在的机制。这些产业面临着增加的边际成本，包括污染税和限额交易系统，但是污染许可证会被免费地发放到一些产业去"购买"它们的政治支持。

这实质上包含了一个财富的转移（以可交易污染许可证的形式出现），而没有改变排放污染企业增加的机会成本。在污染税政策下，也可以类似地用纳税人的钱去摆脱产业的反对，但这会出现更多的政治争端。[1]

练习 21A.8 假设污染税的提倡者提出对关键产业减税，否则就会遭到这些产业对政策的反对。这与在限额交易系统中给关键产业免费发放污染许可证有什么不同？ ■

最后要说的是，污染问题已经从地区问题（例如酸雨）发展为全球问题（例如温室气体），政策制定者可能会赞同限额交易系统，因为它允许建立一个可交易污染许可证的全球市场以达到污染的全球性减少，并允许通过国际谈判建立一套初始国家专用的"总量管制"方案。这一系统并不一直遵守国家专用总量管制，因为许可证的交易是跨越国界的。正像发放污染许可证可以得到特定产业支持一样，最初就拨给一些国家相对更多的许可证也会更容易地得到这些国家的支持。

练习 21A.9 不发达国家经常指出，美国这类国家没有承担它们在发展阶段大量排污所造成的后果，进而提议发达国家应不按比例地分担降低国际污染的成本。你能想办法把这一问题纳入我们对全球限额交易系统的讨论中吗？ ■

---

[1] 就在本书出版之际，一个有关总量管制和排放交易的议案已经被美国议员代表通过而等待参议员采取行动了。该议案实际上为有政治力量的产业提供了几年"免费的"污染许可证，一些代表只是在议案包含了这项财富转移后才选择支持的。

21A.2 消费外部性

我们目前仅仅考虑了生产商品产生的外部性，并且除了练习 21A.1 中所提到的外部性，我们都将外部性限定在对他人产生的消极影响上，我们目前所提到的都是负外部性（negative externalities）。然而，外部性可以在生产中出现，也可以在消费中出现，并且它既可以是积极的，又可以是消极的。我们现在将阐明外部性对消费者方面的影响，并且与我们到现在为止所研究的不同，我们将开始分析正外部性。

例如，假设英雄卡的生产并不需要排放任何污染物，而且无论何时消费者为孩子购买了英雄卡，这个世界都会变得更好。特别地，假设对每个得到了英雄卡的孩子来说，他们未来的犯罪率可能会下降而且更有可能成为好公民。如果考虑到现实背景，这个例子可能听起来很可笑，这样的论证却经常被儿童电视节目市场或艺术品市场所采用。这些论断的本质通常是相同的：除了消费者从消费中直接获得的私人收益外，社会中的其他个体也会通过非市场定价的方式间接地获得收益。

21A.2.1 消费正外部性 图 21-4 对正外部性进行了一系列描述，与图 21-1 对负外部性的描述非常类似。组图（a）简单地说明了在市场供给与需求曲线上的消费者和生产者剩余（仍然服从需求被认为是边际支付意愿的假设）。组图（b）引入了一条新的 SMB 曲线，或者称为社会边际收益（social marginal benefit）曲线。这条曲线包含了社会从每单位消费中获得的全部收益。因此，它不但包括所有消费者获得的私人收益（由需求曲线来衡量），还包括其他个体获得的社会额外收益。与 SMC 和供给的情况类似，SMB 和需求在很多方面相互关联，但在正外部性下，SMB 必须高于需求（或边际支付意愿）。

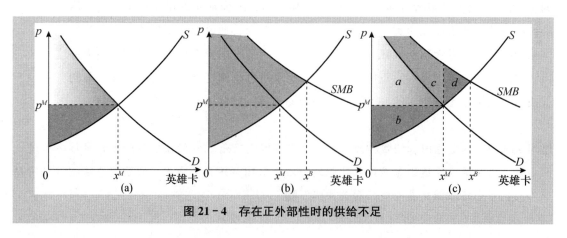

图 21-4 存在正外部性时的供给不足

我们仁慈的社会规划者进而会用 SMB 去衡量生产每张英雄卡时的边际收益（当负外部性不存在时用供给曲线来衡量边际成本）。他因而会选择在组图（b）中的 x^B 处进行生产，阴影区域就是社会总剩余。这样，市场就在无效率的低水平下生产商品，并显示出消费正外部性。我们可以准确地在图 21-4（c）标出的区域中得到净损失。在竞争性市场均衡下，消费者剩余为区域（a）［等于组图（a）中上面那部分的阴影区域］，生产者剩余为区域（b）［等于组图（a）中下面那部分的阴影区域］。因为市场生产了产量水平 x^M，外部性带来的额外社会收益就由区域（c）给出。这样，市场得到的社会总收入等于区域（a+b+c）。另外，我们的社会规划者会在上述区域再加上（d），代表在没有非市场制度引导额外生产的情况下社会会产生一个净损失（d）。

21A.2.2 庇古补贴 从前文我们知道增加市场产出水平的一个非市场制度是政府价格补贴。假设政府知道它要把英雄卡市场的产量提高到在市场产量 x^M 之上的 x^B。图 21-5（a）意味着政府需要增加一个等于粗线垂直距离的补贴 s，这样把买方的价格降低到 p_B，同时把卖方的价格提高到 p_S。我们在第 19 章对补贴的经济归宿的讨论更加具体化，且说明买方和卖方对于价格变化的反应程度取决于市场需求和供给曲线的相对价格弹性。当这样的补贴用于"内在化"正外部性时，就被称为庇古补贴。就像征收庇古税时的情况一样，它能够使被外部性扭曲的市场价格恢复效率。

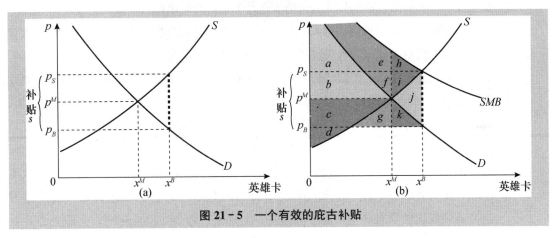

图 21-5 一个有效的庇古补贴

（为了简化）再次假设对两种英雄卡的偏好是拟线性的，我们因而可以将市场需求曲线作为对于消费者的总边际支付意愿曲线。在组图（b）中，我们可以计算出在补贴之前和之后组成剩余的区域。在补贴之前，消费者和生产者剩余即（a+b+c+d），非市场参与者得到额外剩余（e+f）。这样纯粹市场分配的总剩余就为（a+b+c+d+e+f）。在有补贴时，消费者剩余为（a+b+c+g+k），生产者剩余为（b+c+d+f+i），非市场参与者剩余为（e+f+h+i+j）。从这些区域的加和中，我们需要减去补贴的成本，为（b+c+f+g+i+j+k），得到总剩余为（a+b+c+d+e+f+h+i）。这样，补贴下的总剩余现在就等于图 21-4（b）的阴影区域，也就是我们推出的社会最大可能性收入，补贴消除了在纯粹市场分配中出现的净损失（h+i）。

练习21A. 10 假设英雄卡没有带来消费正外部性，实际上反而转移了孩子学习的注意力，从而增加了消费负外部性。这种外部性怎样像生产负外部性一样被模型化呢？■

21A. 2. 3 慈善捐赠、政府政策与公民社会 就污染所带来的生产负外部性来说，我们阐明了政府是如何创造新的污染许可证市场来有效地将污染减少到政府设定的某一水平上，而不是每年都要计算"正确的"庇古税。对消费正外部性而言，我无法提供类似的在现实讨论中的市场政策，但是我们应该注意如果市场在我们第1章所提到的被称为公民社会的无政府以及非市场的制度中运行的话，我们在模型中预测的市场结果可能未必是现实中的结果。"公民社会"这个词没有一个清晰的定义，经常被用来表示很多不同的事物。在这里，我将这样一种制度称为"公民社会制度"，即它不是由政府明确建立，并没有严格按照自利动机产生的明确的市场价格来运行。公民社会制度是发生于政府环境和显性市场价格之外的个体之间相互作用的集合。这种制度更多地出现于个体劝说而不是政治程序，用来解决大家关注的市场无法解决的问题。正如我们看到的，消费正外部性给出了一个例子，即当不存在非市场制度时，市场很少会生产一种产品，它们的社会价值远超过了它们的简单购买价值。

毫无疑问，很多机构耗费大量精力试图让人们了解社会问题并努力劝说他们去自愿地捐献时间或金钱，为解决这些问题筹备力量。拿电视节目的例子来说，我们都看到过在电视上呼吁私人捐款增加基金这类的节目。这些呼吁慈善捐款的努力会遇到我们将在第27章更明确讨论的"搭便车"问题，这样无法保证一个完全有效的结果，但当正外部性使市场自己生产得更少时，它们仍然在很多处境中起到了重要的作用。

这时仅剩下的问题是观察我们讨论过的三种制度，即政府、市场和公民社会，在得到有效结果时面临的障碍。如同我们看到的，市场在正外部性下趋于生产供不应求，在负外部性下趋于生产过剩。政府的问题是在通过税收或补贴（或其他方法）达到最优结果时确定所需要的信息，尤其是当社会处境变化时，它们会面对我们将在第28章明确研究的政治制约。而依赖严格的非市场参与者自愿性承诺的公民社会力量，面临着全部由非市场参与者从事但每个人往往依赖他人去解决问题的困难。但它们都在现实世界中发挥了自己应有的作用。

最后，正如污染许可证代表政府对应用市场势力寻找解决过度污染问题的有效方法作出的努力，政府也经常会让公民社会制度参与进来。在美国最明显的一个例子是收入税法，它为主动投身慈善事业的人给予税收减免，这就对这些慈善事业进行了补贴，同时不需要政府对哪些慈善机构成为非市场参与者作出明确的决定。这样，当政府在为每个可以产生正外部性的产业设计明确的补贴面临太多困难时，它可以提供这种一般性的补贴，旨在为公民社会机构寻找非市场、非政府解决方案时减少困难。

练习 21A. 11　对慈善贡献的税收减免多大程度上代表了补贴慈善机构的其他方法？

练习 21A. 12　在收入累进税（边际税率随着收入增加而增加）系统中，高收入人群对慈善救济的评价是否比低收入人群更具有隐性偏好？如果每个人都可以获得一个等于他们慈善贡献一部分的税收抵免 k，情况还会一样吗？

练习 21A. 13　我们没有直接地讨论公民社会制度在纠正负外部性所导致的市场失灵中所发挥的作用。你能举出在真实世界中起到这样作用的例子吗？■

21A. 3　外部性：市场失灵或市场存在的失败？

到目前为止，我们已经看到市场自己在生产商品时会产生无效率的产量，显示出消费和生产的正外部性或负外部性。在不存在政府干预的情况下，公民社会力量可能会贡献更多效率。政府政策可以被设计为会直接改变市场产出（如庇古税和庇古补贴），或间接地利用市场势力的优势（如限额交易系统）或公民社会制度（如税收减免和慈善捐赠）去增加效率，减少净损失。在我们更全面地研究市场、政府和公民社会在为社会实现最佳效率所面临的诸多障碍之后（在接下来的章节），我们在本书的第 30 章将就如何根据要解决的社会问题的详情，确定市场、政府和公民社会力量的适当平衡，得到一个一般性的方法。

然而同时，通过进一步地探索外部性所导致的基础性问题，我们可以看到另外一种任由政府使用的可以加强效率的工具。我们已经看到在存在外部性的情况下市场自己倾向于"失灵"，这通常使经济学家把外部性归结为潜在的市场失灵（之一）。在这一章中，我们将看到由于竞争性市场无论何时都会产生外部性这一事实，这种市场失灵是如何发生的，我们可以追查当缺少市场或不存在市场时的外部性所导致的生产过量或者不足。

21A. 3. 1　污染和市场缺失　再次考虑市场中的污染是生产的副产品的情形。在这种情况下，市场会过量生产的基本原因（联系效率产量）是生产者没有被迫去面对他们在做生产决定时施加于社会的全部成本。特别地，如果产生的是空气污染，除非一些机制（如庇古税、污染税或污染许可证）可以生效，否则生产者将免于为生产过程中所使用到的"干净空气"支付成本。如果在生产过程中每一种被用到的投入都有各自的市场，包括"干净空气"的市场，那么生产者将必须支付他们造成的全部成本。因此空气污染作为一个抑制市场效率的问题出现是因为生产中的这种投入不是被买卖得来的。

我知道这听起来很可笑——怎么可能会存在一个"干净空气"的市场呢？没有人拥有空气，因而也没有人能够把干净空气出售给厂商供它们在生产过程中使用。这听起来很可笑。不过，如果我们能够暂时停止一刻的怀疑，我们能够发现概念性的一点，那就是外部性之所以是一个问题，是因为我们无法找到一种创造干净空气的市场的方法。如果有这样一个市场，且如果所有的空气都被不同人群所有，那么所有干净空气的使用者都将为其使用进行支付。干净空气的消费者，包括把干净空气作为投入的生产者，将像厂商必须为劳动和资本支付那样必须为干净空气进行支付。这样的干净空气的市场将进而导致一个市场价格，并且在任何其他的外部性不存在的情况下，达到在干净空气的市场的社会总剩余的最大化。生产者将仔细考虑包括了污染的生产，他们将面对一个干净空气的价格，这样便使他们的边际成本曲线上移，市场供给曲线上移并等于生产的社会边际成本（SMC），而不是排除了污染社会成本的私人边际成本。这将进而出现一个产生污染的产出中最有效的产量结果，这时的社会剩余又一次仅仅因为市场势力而达到了最大。[①]

在一个抽象的概念意义上说，外部性产生的市场失灵可能要追溯到市场存在的失败。意识到这一点会使我们接近问题的解决吗？在污染情形下，正是我们上述的认识使得经济学家提出了创造污染许可证市场的建议。污染许可证市场不同于干净空气的市场，但是它们都代表了在无市场（干净空气的市场）存在的基础上建立一个可以发挥作用的另一种形式的市场来解决问题的一种尝试。认识到外部性产生的市场失灵其实是一种市场存在的失败，可以为革新政府干预创造一个机会，这至少在一定情况下可以比履行其他政府解决方案更有效。

21A.3.2 公地悲剧 这一观点指明了政府的一个大的作用就是更普遍地去行使权力以使市场更有效。如第15、第16和第17章那样，我们一直以来对市场效率都做了一个隐含的假设，那就是市场对各种诸如劳动和资本的投入都是实际存在的。假设这样的市场存在并假定个体有可以交易的资源，这就假定了有一个特定的机制可以保护拥有资源的个体的产权。厂商不能剥夺我的闲暇并把它用作劳动投入；它们需要劝说我来出卖给它们我的闲暇并提供我一个我认为充分的工资。相似地，它们也不能剥夺我的储蓄或退休金账户，并用这些钱去购买劳动、土地和设备；它们必须以支付给我利息的方式对使用我的金融资产作出支付。所有的这些需要一个建设完备的法律上生效的产权系统，而且这一系统实际上需要政府的保护以及一个完备的法律系统去捍卫。[②]

外部性，正如我们所看到的，源于这些产权还未被建立。污染的问题源于对于干净空气不存在一个产权系统去强迫厂商为它们在生产中作为投入所使用的干净空气进行支付。实际上，如果没有其他制度在合适的位置上，厂商能轻易地为生产商品免费地使用像干净空气等这些我们并没有规定像劳动和资本这样作为投入品的东西。如果它们能够轻易地剥夺我的闲暇和资本，如果在这些投入市场没有一个产权系统，那么我们将应对更加糟糕的外部性问题。无论何时，只要有一种资源没有明

---

① 值得注意的是对于效率目标来说谁拥有干净空气的权利是无所谓的。无论是个人还是厂商拥有这个权利，为生产中使用的干净空气定价的市场都会形成。如果是污染者拥有权利，他仍然会承担污染成本，因为他在生产中使用干净空气的机会成本是把它出售给市场中的其他人。后面我们将对此进一步讨论。

② 我们中的大多数，包括我自己在内，都认为政府必须提供这种产权保护是理所当然的，而且通常情况下确实如此。但是一些经济学家和哲学家对此持相反的观点，我们将在第30章对此进一步讨论。

确地归属于某人，这就可能使一些经济主体占用这些资源并且不支付成本，即便这向社会施加了成本。它进而产生了一个逻辑结果：如果政府建立一个当前无明确归属资源的产权系统是可行的，那么政府干预就能够创造一个新的市场，该市场能够通过强迫市场参与者去面对他们的真实社会成本而减少外部性所带来的问题。

因此，经济学家把由市场缺失所导致的外部性问题称为"公地悲剧"（tragedy of the commons），当资源是"公共"的而不是私人拥有时，社会损失的"悲剧"就出现了。我们可以举例来说，干净的空气是所有人共有的，但这仅仅意味着它并不特别地属于某个人。家长们很清楚这种悲剧。当我们把玩具像公共财产共享一样没有任何指导和规则地给予我们的孩子们时，孩子们就会疯狂地厮打来使这些玩具归属于他们自己。这样大多数的家长都会很快地意识到如果建立起明确的玩具所有制，这样的争端就会少很多，每个孩子都知道（取决于孩子们完全认识到此问题的程度）他们在使用其他孩子的玩具时是需要获得许可的。在家长意识到了这一点后，他们的做法就和理解了公地悲剧的经济学家的做法一样了。

练习 21A. 14　世界上的大部分森林都是公有的，而且没有对其开采进行保护。指明这一案例里的"公地悲剧"和与之联系的外部性问题。

练习 21A. 15　为什么在公海里会出现过度捕捞的问题？■

21A. 3. 3　道路拥挤　然而，我们没有必要去挖掘历史上非市场基础社会的例子，或者在干净空气的市场问题上继续研究，以探寻一个理解公地悲剧的相关性进而找到解决外部性问题的方法。经济学家在评估以美国为例的外部性社会成本时发现，浪费在拥挤道路上时间的社会成本，超过了污染导致环境破坏的社会成本。想想你自身的交通拥堵的经历。即便是一段短时间的交通拥堵也是让人心烦意乱的，因为我们时间的机会成本是很大的。在我们的一些大城市里，乘通勤车上下班的人们每天都会花费大量的时间在交通拥堵方面。

道路拥挤问题是公地悲剧的一个例子。道路，大体上说是公共所有的，也就是说它们并不属于任何人。当你我来到道路上时，我们可能会考虑到道路关卡的成本、我们时间的成本、我们使用的汽油以及我们的车辆的折损成本。然而，我们没有考虑我们施加到其他每一个在路上的人的成本。换言之，我们每一个人都对其他每一个在道路上的人施加了一个负外部性，因为我们都增加了道路的拥挤程度。在没有一个使我们面对由我们自己的私人行为所产生的社会成本的机制时，我们将倾向于多次行驶，而我们将在"错误"的时间出现在道路上。你可能会说我一个人对道路拥挤的促成作用是非常小的，但是我们所有人共同导致了在大城市拥挤的道路上浪费每周价值上百万美元的时间的拥挤问题。如果我进入公路导致上千其他人在驶向他们的目的地的过程中多花费了哪怕一秒钟，我也是在无意的情况下，向其他人施加了一个社会成本。

练习 21A. 16 你能想到其他当我们决定进入公共道路时我们没有想到的成本吗？ ■

对这种特殊的公地悲剧的解决方法还在发展当中，科技的发展在构造这些解决方法时起到了重要的作用，新的允许侦测污染的科技构造了新的环境政策（如污染税及限额交易系统）。为个体找到一种方法去内部化他们在道路上施加给他人的社会成本的困难之处在于建立一个能为这种社会成本定价的市场是困难的。过去，经济学家经常会提出的有点直接的政策被划分为一般性的两类：第一，我们可以对汽油征税，增加驾驶成本进而减少个人承担的驾驶量；第二，当有足够多的个体在一个足够大密度的地理区域时，政府就可以设计一个类似于地铁的公共交通系统，这类系统很昂贵但是一旦建设起来就会为城市提供额外的有吸引力的交通方式。

建设公共交通可能会减少拥挤程度，但是它没有从自身上解决公地悲剧留在公共道路上的问题，而且如果公共交通的定价方式会造成公共汽车、地铁等的拥挤，那么它可能还会创造另一个不同的公地悲剧。尽管如此，它仍然代表了解决某些市区道路拥挤问题的重要方法。对汽油征税的合理之处在于它确实提高了驾驶的成本，并使个人在交通高峰时期作出是否驾驶的决定与其社会成本更加具有一致性，但它也增加了不存在拥挤问题的非高峰时期的驾驶成本，这就产生了一个在这些时间内的净损失，正如它减少了高峰时期的净损失一样。

练习 21A. 17 征收汽油税还有其他的以外部性为根据的原因吗？ ■

然而，近几年来，对在拥挤道路上的驾驶进行定价更直接地通过过路费的方式施行。在能够使这种方式更为简便的电子设备出现以前，过路费一直在收费站进行，这种方式本身就可能在收费站周围制造拥堵，因为车辆经过时必须要减速行驶。随着科技的进步，我们开始观察到出现了越来越多的有效的收费机制，它们不需要人们停下翻他们的钱包并把钱付给收费站人员。作为结果，我们看到城市里越来越多地使用可以随人们选择使用道路的不同时间而变动收费的电子收费方式。这种收费方式下的使用费用代表了希望使个体考虑在高峰时间驾驶的社会成本的尝试。至少在原则上，这种科技可以允许更直接地建立道路市场，在这个市场内道路网络是私人拥有的，道路的使用也是被市场定价的。随着科技和我们对于潜在的道路外部性的构成原因理解的不断变化，我们看到政府政策在联系市场以减少重要的外部性的社会成本时出现了新的方式。如果你对这一命题感兴趣，你可以考虑在一定时间参加有关城市的或交通的经济学课程。

练习 21A. 18　一些人反对使用过路费的方式解决道路拥挤的外部性问题，原因是有钱人在支付过路费的时候不存在问题，但是穷人则不然。这是否在使用过路费的效率问题上作出了一个有根据的反对呢？■

21A. 4　较小的外部性、法庭与科斯定理

到目前为止，我们主要关注的都是外部性对许多个体的影响，如污染和拥挤。但是许多我们平时在日常生活中常常能感觉得到的外部性却远比上述问题要小得多，例如你隔壁房间嘈杂的音乐声，你同班那个坚持坐在你身边又很少洗澡的同学身上的气味，公交车上好像在大声自言自语而实际上是对着隐藏手机讲话的旁若无人的人，抑或是那个刚刚停止刺激我们听觉神经的尖叫又开始影响我们嗅觉神经的婴儿。这些都是负外部性，但我们同样也可以想到正外部性。当我在过道工作时微笑，一些人有可能一天都会受到我欢快情绪的直接影响，或者当我为一个搬着重重书本（例如你们正在读的这本——抱歉，我不懂怎样长话短说）的学生开门时，那个学生今天的生活可能就会变好那么一点点，如果正巧我是在那一刻准备演出催人奋起的那首《我的太阳》，可能改变甚至会更多。如果你认真去想，外部性是无处不在的，每个人都会施加外部性给临近他的那个人，在工作场所，在餐厅或在社区里。而有时这些外部性会导致我们将彼此告上法庭。

21A. 4. 1　你的游泳池上的阴影的案例　举例来说，考虑一下这个案例：你和我彼此相邻居住，安静而和谐。突然，我通过彩票赢得了一些钱并准备扩建我的房屋，所以我拟订了一个为我的房屋增加一层楼的计划。通常情况下你不会在意这件事情，但是结果是增加的这层楼挡住了阳光，给你的房子投射了一道长长的阴影。特别地，你的房子目前包含了一个美丽的（而且阳光充裕的）游泳池。你对你的游泳池以后要一直在阴影中而感到十分不满，所以你走上了法庭并要求法官停止我的建造计划。你合理合法的理由是我对你施加了一个我并未考虑到的负外部性。"他必须被阻止。"你向法官坚持着。

法官了解了你的观点，但他希望更仔细地处理问题并尝试去弄清楚在考虑你的诉求之后我是否还能为我自己的房屋增加一层楼。可能我为我的房屋新添一层楼获得的快乐要多于你因游泳池上的阴影而损失的快乐，或者也许是相反的情形。也许对你而言搬到另一个房屋去住并找来一个对游泳池上的阴影毫不在乎的人来住你的房子（这样就消除了我们所担心的负外部性）的成本是很小的。又或者也许对我而言在其他地方找到一个更大的房子来住是容易的，并且对我来说搬家的成本是相对低的。除非法官掌握了大量有关这一案例的细节，否则事实究竟怎样都很难讲。有人可能会认为按原则而不是效率裁决此事将会非常困难。无论怎样，我们都将为外

部性的存在平等地负责：如果我不试图增加一层楼，那么外部性就不会存在，但如果你不去坚持让你那破游泳池阳光照耀的话，它也是不存在的！

21A. 4. 2 科斯定理 罗纳德·科斯，芝加哥大学的一位经济学家，产生并发展了一个可以使法官的生活变得简单许多的简洁的观点。[①] 科斯认为之所以你带我去法庭，是因为我们对于谁拥有何种"产权"没有一个清楚的认识，而这种模棱两可造成了在以最优方式解决我们之间的问题时出现了困难。举例来说，假设你知道法官会裁定我来建造房屋而不考虑这对你造成的损失，你可能就会邀请我喝一杯咖啡，然后问我是否有一种方式使我确保不去建造那一层楼。一方面，如果给你造成的损失大于我从多一层楼中获取的快乐——如果对我来说不建造新的一层楼是有效的——你实际上就会对我进行一笔支付来让我不去盖楼。也许我会寻找其他的方式去扩建我的房屋，或者也许我会用你给我的这笔钱搬出去。另一方面，如果你的损失要小于（以美元衡量的）我的快乐——如果对我来说建造新的一层楼是有效的——在喝咖啡的过程中你会发现这一点，然后不愿意支付我足够的钱去停止建造。可能你会就那么忍受着有阴影的游泳池，也可能你会搬到其他地方。但是要注意到一旦你知道我有全部的权利去建造新的一层楼，你就有激励去弄清楚对我付钱是否可以让我停止建造，而一旦你弄清楚了，你就会确保出现有效的结果。

相同的事情发生在我知道你有"产权"的情况，那就是你有权阻碍我建楼。在那种情况下，我有激励去请你喝杯咖啡，然后看我能否劝说你让我继续建下去。一方面，如果这层楼对我的意义比它对你的伤害更大，那么你就会接受我为了让你放弃反对而对你进行的支付。另一方面，如果我从这层楼所得到的小于你的损失，那么我就不会愿意支付足够的钱去让你停止你的反对意见。这样，如果最初的"产权"在你这一边，我就是那个有激励去弄清我的收益是否大于你的损失的一方了，这驱使我们向着有效的结果前进。要注意实际上我们两个人都没有考虑效率，但是一旦我们知道谁拥有了权利，我们的个人激励就会使找到的效率结果与我们的自身利益相一致。

练习 21A. 19 判断正误：虽然对于效率来说，法官以哪种方式进行裁决是无关紧要的，但是你和我仍然会在意他裁决的结果。■

在一定程度上，我们认为这个推理很有说服力，科斯表明法官仅仅只关注效率的

---

① 罗纳德·科斯（1910—2013）因为在该领域中的贡献而获得 1991 年的诺贝尔经济学奖。他是少有的不使用数学工具的经济学家，据他自己说（很可能不是真的），他没办法数清楚他手稿的页数。他发表科斯定理的论文［"The Problem of Social Cost," *Journal of Law and Economics* 3（1960），1-44］对数学厌恶者有很大的可读性，顺便提一句，这篇论文是整个经济学界被引用次数最多的论文之一。

维护：无论法官如何决定，你和我都会达到效率的结果；最重要的是法官需要对产权进行界定，这样我们就可以坐下来喝杯咖啡，然后看看我们究竟该协商什么。在我家，我对这一问题是十分了解的，因为我经常被要求做"法官"，为我两个八岁女儿之间的产权争端进行裁决。我只需掷一枚硬币去决定谁获得产权，然后再让她们自行协商解决就好了。[①]

21A. 4. 3　讨价还价、交易成本和科斯定理　科斯定理表明：在存在负外部性的情况下，产权的清晰界定是基本条件；但这些产权具体如何界定并不是基本条件。这听起来很熟悉，因为我们之前强调了市场缺失的外部性实际上就是真正潜在的外部性问题。科斯有相似的论断，除了他并不坚持认为我们在外部性上必须有一个竞争性的市场；我们需要做的全部就是去决定谁拥有权利，然后让人们通过谈判自行解决问题。在我要建设新的一层楼会给你的游泳池投上阴影的例子里，建立一个新的（竞争性的）市场是毫无希望的，但我们可以通过更多地明晰产权来给我们搞清楚怎样解决外部性问题以更多的激励。

然而，科斯并不会天真地认为在产权已经被完全界定后，人们聚在一起就他们自己的外部性问题进行谈判是不存在障碍的。这些障碍被称为交易成本（transactions cost），并且如果它们足够高的话，你和我可能就不会有机会喝那杯咖啡并商量如何继续下去。如果我们就是不能忍受彼此出现在同一间房屋里，那么聚在一起就存在交易成本。如果真是这样的话，那么法官的决定突然就变得更加关系重大了。如果有效的结果是我去建新的楼层，而法官的裁决是支持你的，这些交易成本可能会使我无法和你见面并提供给你一个可以使建楼进行下去的支付。类似的情况是如果有效的结果是我不去建新的楼层，法官的裁决是支持我的，交易成本会再一次地使我们无法见面来让你为我不去建楼而进行支付。这样在存在足够高的交易成本的情况下，法官需要弄清有效的结果是什么并相应地进行裁决，这样就没必要使我们通过私下支付来见面解决问题了。完整的科斯定理阐述如下：如果交易成本足够低的话，只要产权足够清晰，那么存在外部性时的有效的结果就会出现。

我们进而看到只要交易成本是低的，科斯定理对我们解决外部性问题来说就是一个转移主要矛盾的方法，而更少的人受外部性影响会使交易成本变得更低。如果仅仅是你我之间讨论我是否该建新的楼层，只影响到我们两个人，那么我们可以认为当产权的分配需要进行谈判时，我们进行谈判寻找解决方案的交易成本是足够小的。因此，我们可能不需要为每天都要发生的只会影响很少量人的外部性而担忧。相比于只掌握少量信息的政府去做行政命令而获得有效的结果，人们自行解决而获得有效的结果的可能性要大得多。换言之，如果外部性问题需要在法庭上作出裁决，只要在"小的外部性环境"下的人们对法律如何对待外部性问题有合理的预

---

① 我妻子认为我不是个好家长，有点怪怪的。

期，那么这些问题最好的解决方式就是在通常的定价-管制市场背景之外的公民社会中由人们自发地相互完成。

练习 21A. 20 运用科斯定理解释：为什么政府不会干预我的收音机开到足够大的音量对我的邻居造成的严重影响，而会去干预污染造成的全球变暖问题。■

21A. 4. 4　蜜蜂与蜜：市场与公民社会的作用　科斯定理适用于一切类型的正外部性和负外部性。到目前为止，我们一直停留在我新建的楼层会在你的游泳池投上阴影这个负外部性的例子上。一个经典的正外部性的例子是养蜂人和苹果园主的案例。尽管它最初是作为解释庇古补贴的动机的例子而存在的，然而这个例子证明了科斯的见解以及更多关于市场和产权普遍性的并在真实世界被证明正确的普遍观点，而且似乎不需要进一步的庇古式的干预了。[①]

在养蜂人和苹果园主的案例中的外部性有很多。为了使苹果树产出果实，蜜蜂需要在树与树之间来回飞行，在"雄性"和"雌性"的树之间搬运花粉。为使蜜蜂生产蜂蜜，养蜂人需要一些花去采。（你可能会回忆起"鸟和蜜蜂"的故事，我最近经常给孩子们讲起。）养蜂人让他们的蜜蜂随意飞行就对苹果园的种植者们增加了一个正外部性（从异花授粉中受益）。即便我们能够想出用市场解决此问题的一般性方法，这里还有第二个问题：蜜蜂不会停留在它们被放出的地点的准确财产上。所以如果一个果园主雇用了异花授粉的服务（或投资自己的蜜蜂），蜜蜂仍然会跨越到邻居的果园为他提供服务，也同时会增加蜂蜜产量。

在没有可以为这些外部性定价的市场存在的情况下，我们的理论预测苹果园会有很少的蜜蜂，导致很少的异花授粉和蜂蜜。然而，这些被证明对于养蜂人和苹果园主来说是不惊奇的。为养蜂人放出他们蜜蜂的更高级的市场会自然地出现，这些市场会在一个政府的唯一作用就是确保界定产权的合约的完整性的环境下自发地建立起来。一方面，苹果树上的花被证明不会产出太多的蜂蜜，导致外部性近乎完全地从养蜂人那里转移到苹果园主自身上。（你在超市货架上能够找到的"苹果蜜"只有非常少的部分是在苹果树上产出的，它主要来源于生长在果园区域内的野花。）另一方面，车轴草却能产出成吨的蜂蜜。这样车轴草的种植者对养蜂人产生了一个净正外部性。苹果种植者会对养蜂人在果园放出蜜蜂而支付费用，养蜂人则向车轴草种植者对允许他们在车轴草农场放出他们的蜜蜂来支付费用。这是当产权被合理建立时竞争性市场分解外部性问题的一个例子。

---

① 这个养蜂人与苹果园主之间的外部性问题是由经济学家詹姆斯·米德（1907—1995）提出的，他在 1952 年提出该问题需要庇古补贴来补救。米德因其在国际贸易方面的贡献获得了 1977 年的诺贝尔奖，这证明了即便是诺贝尔奖得主也会犯错（米德提出的养蜂业的补贴）。他的可取之处在于他观点的提出要比科斯提出的被称为科斯定理的观点早了八年时间。

练习 21A. 21　你认为实际上在这个例子中相关产权在多大意义上被合理建立？ ■

但这并没有解决在苹果园主之间的"当地"的外部性。如果一个苹果园主雇用了蜜蜂服务，这些蜜蜂会跨越到其他果园去使那里的苹果园主受益（同样也使养蜂人受益）。另一位经济学家仔细地研究过这个问题，在公民社会中他识别出了一个社会习俗的出现，它出现在明显以市场为基础的交易以及政府干预领域之外。[①] 这曾被戏称为"果园习俗"，它意味着在一定范围内的苹果园主之间，每一个园主都会与这一区域的其他园主雇用每英亩同样数量的蜂房。科斯定理逐字地解释了个体可以通过谈判解决这些"当地"的外部性问题，这阐明了这个定理所展示的另一种可能的方法：有时在公民社会中的小团体之间对可持续的恰当行为产生共同的当地化认识，要比总是需要用协商来解决究竟每个人该雇用多少个蜂房要容易得多。（在章末习题 24.17 的 B 部分，我们深入研究了对"果园习俗"的博弈论解释。）

21B　外部性的数学分析

我们从竞争性市场开始我们对外部性的数学分析（与 A 部分一致），首先看一个在局部均衡下污染产业激励的例子。运用线性的供给和需求曲线，我们可以说明如何计算出最优的庇古税。接下来，我们将研究污染市场的建立是如何在原则上达到与设定最优庇古税情况下增加相同的效率的，以及在不考虑减污技术的情况下，实际上限额交易政策与任何庇古税政策是等同的。然而，若将这种技术考虑进来，像 A 部分一样我们将得到污染许可证市场（以及直接污染税）在产出上比庇古税具有内在优势的结论。同时我们没有将正外部性（以及伴随的庇古补贴）具体地考虑进来，其数学分析实际上等同于潜在的庇古税，所以只留作章末习题考虑。

进而我们将深入分析外部性及外部性带来的无效率是如何成为市场缺失的基础性问题的。特别地，我们将说明在一个包含消费外部性的交换经济中新市场是如何被界定的，以及这些新市场的建设原则上应如何解决外部性带来的无效率。我们将在第 16 章的两人交换经济的例子的扩展中阐明这个问题，之后我们将以对科斯定理的讨论作为结束。

21B. 1　生产外部性

在掌握充分信息的情况下，确定污染产生的净损失程度或得到最优的庇古税

---

① 这位经济学家是张五常，他同时发现了车轴草和苹果种植者与养蜂人订立的合约。这些在一篇论文中被更详细地讨论，该论文是 "The Fable of the Bees：An Economic Investigation，" *Journal of Law and Economics* 17（1973），53—71。

在数学上都是不难的。这里我们将通过例子对其简要说明，这将应用到线性需求、供给和社会边际成本（SMC）曲线。为方便起见，我们将假设（非补偿）市场需求曲线实际上也正是边际支付意愿曲线，通过这条曲线能够衡量消费者剩余。

21B.1.1　巴尼与市场　我们可以从我们在前面章节得到的线性市场需求和供给方程开始：

$$x_d = \frac{A-p}{\alpha}, \quad x_s = \frac{B+p}{\beta} \tag{21.1}$$

在此基础上我们计算得到竞争性市场的均衡为：

$$p^M = \frac{\beta A - \alpha B}{\alpha + \beta}, \quad x^M = \frac{A+B}{\alpha + \beta} \tag{21.2}$$

现在假设每单位产出 x 生产出 δ 单位的二氧化碳，并假设污染带来的损失以新排入空气中污染的平方速度增长。特别地，假设外部性成本给定为 $C_E(x) = (\delta x)^2$。这样每单位 x 的边际外部成本即 $C_E(x)$ 对 x 求的导数，或 $MC_E = 2\delta^2 x$。式（21.1）中的供给曲线的反函数是产业的边际成本曲线，即 $MC_s = -B + \beta x$。这两个曲线合在一起就构成了社会边际成本曲线：

$$SMC = -B + (\beta + 2\delta^2)x \tag{21.3}$$

练习 21B.1　假设 $A = 1\,000$，$\alpha = 1$，$\beta = 0.5$，$\delta = 0.5$，以及 $B = 0$。在图上表示市场需求与供给曲线以及 SMC 曲线，以 x 为横坐标。■

我们虚构出来的巴尼会选择的产出，也就是最优的效率水平 x^{opt}，出现在 SMC 曲线与反需求曲线 $p = A - \alpha x$ 的交点处。求解方程 $-B + (\beta + 2\delta^2)x = A - \alpha x$ 中的 x，我们得到

$$x^{opt} = \frac{A+B}{\alpha + \beta + 2\delta^2} \tag{21.4}$$

你可以立刻发现这一结果小于在式（21.2）中的竞争性均衡产量 x^M。

练习 21B.2　假设"污染"的排放实际上是无害的并会消灭该地区内蚊子的数量。污染的边际社会成本可能是负的；也就是说，这种污染可能实际上会带来社会收益。现在的效率产量会比市场产量多还是少呢？把结论在这个例子中展示出来。■

21B.1.2　有效的庇古税　现在我们可以确定最优的庇古税 t^{opt} 以确保市场生产有效的产出水平。如果想让消费者购买到 x^{opt}，他们必须面对一个价格 p_d，使得

$x^{opt}=x_d(p_d)=(A-p_d)/\alpha$。类似地，为使生产者在均衡水平供给 x^{opt}，他们必须面对一个价格 p_s，使得 $x^{opt}=x_s(p_s)=(B+p_s)/\beta$。解这些方程，并把 x^{opt} 代入式（21.4）中，我们得到

$$p_d=\frac{(\beta+2\delta^2)A-\alpha B}{\alpha+\beta+2\delta^2},\ p_s=\frac{\beta A-(\alpha+2\delta^2)B}{\alpha+\beta+2\delta^2} \tag{21.5}$$

p_d 与 p_s 相减以得到我们求解最优庇古税 t^{opt} 需要的消费者与生产者的价格之差，也就是

$$t^{opt}=p_d-p_s=\frac{2\delta^2(A+B)}{\alpha+\beta+2\delta^2} \tag{21.6}$$

练习 21B. 3　通过用图说明并标注这个例子中的庇古税来完成练习 21B.1。

练习 21B. 4　使用上一个练习的图形，计算消费者剩余、生产者剩余、外部成本，以及不存在庇古税下的总剩余。然后在考虑庇古税的情况下重新计算以上内容，并把税收收入的增加考虑进来。在不收庇古税时的净损失是怎样的？ ■

21B. 1. 3　限额交易　现在假设除了向产出征税 t 之外，政府还要求生产者对在生产过程中每一单位二氧化碳的排放持有污染许可证。由于每单位产出 x 制造 δ 单位的污染，因此生产者必须为其生产的每单位污染持有 δ 单位的污染许可证。如果许可证的租金是 r，这意味着产业的边际成本从（$-B+\beta x$）变化到

$$MC=-B+\beta x+\delta r \tag{21.7}$$

练习 21B. 5　在图上说明供给曲线是如何变化的（假设 $A=1\,000$，$\alpha=1$，$\beta=0.5$，$\delta=0.5$，以及 $B=0$）。 ■

将其与（反）需求函数（即 $p=A-\alpha x$）相等并解出 x，我们得到新的均衡产量（给定许可证租金为 r）为

$$x^*(r)=\frac{A+B-\delta r}{\alpha+\beta} \tag{21.8}$$

从练习 21B. 5 的图形中你应该很清楚地知道，只要许可证的租金价格大于零，那么市场就会生产得更少。但这还没有解答出许可证的租金价格是怎样确定的。如图 21-3 所示，这个价格是在污染许可证的新市场中由政府确定的，它把许可证的数量限定在水平 V 上。

每单位产出制造了污染 δ，进而需要 δ 单位的污染许可证。在没有任何新引进的减污技术存在的情况下，一个总的许可证数量 V 表示市场会将产出减少到 $(1/\delta)V$。把它替换到式（21.8）的等式左边并解出 r，我们得到许可证的均衡租赁

价格（许可证总供给 V 为给定值）为

$$r(V)=\frac{\delta(A+B)-(\alpha+\beta)V}{\delta^2} \tag{21.9}$$

现在要注意的是如果政府提供精确的许可证数量可以使市场生产出 $x^M=(A+B)/(\alpha+\beta)$ 的产量会发生什么，也就是说假设政府设定 $V=\delta(A+B)/(\alpha+\beta)$。把该式代入式（21.9）中，我们得到均衡许可证价格为零：许可证给予我污染的权利将不再有任何价值。对于任何小于该值的 V 而言，式（21.9）告诉我们许可证将有一个正的租金价格。

联系图 21-3，我们讨论过厂商会在许可证市场构造一个需求曲线，而政府将通过给定的许可证数量（也就是固定的污染量）设定一个完全无弹性的供给。事实上，式（21.9）是污染厂商对许可证的需求曲线（或反需求函数），该式的反函数

$$v(r)=\frac{\delta(A+B)-\delta^2 r}{\alpha+\beta} \tag{21.10}$$

是厂商需求量关于租金价格 r 的需求函数。

练习 21B.6 验证许可证价格为零会使市场产出与这个需求函数对应。

练习 21B.7 表示出污染许可证的需求曲线并标出它的斜率和截距。∎

这里有另一种（也可能更为直观的）污染许可证需求的推导过程：一个厂商对允许其生产额外一单位产出的最大支付意愿，取决于该厂商认为它能卖出多少该产出，以及厂商的其他成本如何。举例来说，在图 21-6（a）中，如果政府将市场产量限制到 x_1，边际厂商会愿意支付等于灰色阴影中间的粗虚线距离的总额去进行生产，因为这是该厂商的边际生产成本与边际消费者对该产出的边际支付意愿之差。类似地，如果政府将总产出限制到 x_2，那边际厂商将最多愿意支付等于灰色阴影右边的粗虚线距离的总额。

现在假设我们以许可证数量为单位衡量产出 x，已知对一单位产出 x 我们需要 δ 单位的许可证。当产量用 x 来衡量时，边际收益（或反需求）函数就是需求曲线 $MB=A-\alpha x$。举例来说，如果现在我们用 $1/\delta$ 产量来衡量 x，这样此方程的纵截距就要除以 δ，得到截距 A/δ 作为我们新的边际收益曲线的截距。另外，原始边际收益曲线的横截距需要由 A/α 变为 $\delta A/\alpha$。由此，我们可以算出新边际收益曲线的斜率，用（负的）纵截距除以横截距，即 $(-(A/\delta)/(\delta A/\alpha))=-\alpha/\delta^2$。这样，当产出用许可证数量表达时，边际收益曲线为

$$MB(v)=\frac{A}{\delta}-\frac{\alpha}{\delta^2}v=\frac{\delta A-\alpha v}{\delta^2} \tag{21.11}$$

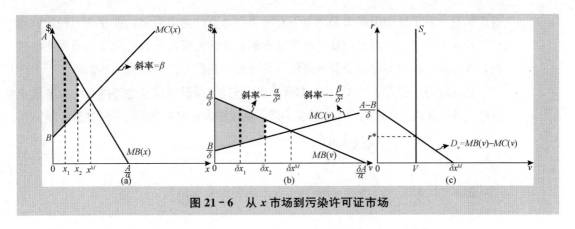

图 21 - 6　从 x 市场到污染许可证市场

而且，对生产者边际成本曲线 $MC = -B + \beta x$ 应用简单的逻辑变换，当产出用许可证数量表达时，边际成本曲线为

$$MC(v) = \frac{-\delta B + \beta v}{\delta^2} \tag{21.12}$$

图 21 - 6 的组图（b）表示出了这些边际收益和成本曲线。

练习 21B.8　在组图（a）和（b）中，左边长粗虚线与右边短粗虚线长度的关系是什么？

练习 21B.9　在图 21 - 6（b）中，我们隐性假设 $\delta = 2$。如果 $\delta < 1$，或者说，如果每单位产出会制造出小于一单位的污染，这时图形会如何变化？ ■

边际厂商对许可证的支付意愿最大值即 $MB(v)$ 与 $MC(v)$ 的差值：

$$MB(v) - MC(v) = \frac{\delta(A + B) - (\alpha + \beta)v}{\delta^2} \tag{21.13}$$

它是式（21.9）中许可证需求曲线准确的表达。图 21 - 6（c）中画出了这个方程，而且许可证市场上的均衡价格 r^* 就由这条需求曲线与由政府设定为 V 的无弹性供给曲线的交点所决定，或者从数学上说，即用 V 替换式（21.13）里的 v。

练习 21B.10　如果 $V = \delta x_2$，图 21 - 6（a）和（b）中哪段距离等于 r^*？

练习 21B.11　当 $A = 1\,000$，$\alpha = 1$，$\beta = 0.5$，$\delta = 0.5$，以及 $B = 0$ 时（就像我们在之前练习中假设过的），当 $V = 250$ 时污染许可证的租金是多少？当利率为 0.05 时，每张污染许可证的价格是多少？ ■

21B.1.4　污染许可证与税收　在 A 部分，我们给出了庇古税（向产出征收）和向厂商排放的污染征收的污染税。在我们这里的数学例子中，向产出征税与向污染征税有一个一一对应的关系，因为我们已经假设了每单位产出制造 δ 单位污染。这样，在我们简化的例子中，庇古税和污染税的区别就没有那么明显了，我们可以得出结论，对于每个限额交易政策下对污染许可证的总量管制，都存在一种税收可达到相同的结果。然而要记住，真实世界的复杂性使庇古税和污染税是有现实区别的，在解释过税收与限额交易政策的等价之后，我们会来讨论这一问题。

假设政府知道式（21.4）中的最优产出水平 x^{opt} 以及每单位生产排放的污染量 δ。这些信息结合我们已知的供给和需求曲线，就足够设定出最优的许可证数量，即

$$V^{opt}=\delta x^{opt}=\frac{\delta(A+B)}{\alpha+\beta+2\delta^2} \tag{21.14}$$

把 V^{opt} 代入式（21.9），得到许可证的均衡租金价格为

$$r^*(V^{opt})=\frac{2\delta(A+B)}{\alpha+\beta+2\delta^2} \tag{21.15}$$

为生产一单位的产出，我们需要租赁 δ 单位的许可证，这说明生产的边际成本增加了

$$\delta r^*(V^{opt})=\frac{2\delta^2(A+B)}{\alpha+\beta+2\delta^2} \tag{21.16}$$

注意它正好等于我们在式（21.6）中得到的最优庇古税，也就是

$$t^{opt}=\delta r^*(V^{opt}) \tag{21.17}$$

这样，只要政府正确地设定许可证的数量，这些许可证市场就会得到一个价格。这个价格等于政府愿意征收的并且曾经选择用庇古税取代的税收水平。实际上，如表 21-1 中你曾经在本章中多次做过练习的例子，对于任何产出的征税都存在着一个等价的许可证水平，其许可证租金价格与税收对生产者有同样的影响。

练习 21B. 12 假设政府仅发放污染许可证。为什么在税收和限额交易政策下净损失是相同的，都满足 $t=\delta r^*(V)$（即使一个为政府创造了收入而另一个没有）？

练习 21B. 13 在表 21-1 中当 $t=400$ 时，用图表明净损失。当 $t=100$ 时呢？ ■

表 21-1　　　　　　　　　税收与污染许可证政策的等价

（$A=1\,000$，$\alpha=1$，$\beta=0.5$，$\delta=0.5$，以及 $B=0$）

t	V	$r^*(V)$	x	x^{opt}	DWL
0 美元	333	0 美元	667	500	27 778 美元
50 美元	317	100 美元	633	500	17 778 美元
100 美元	300	200 美元	600	500	10 000 美元
150 美元	283	300 美元	567	500	4 444 美元
200 美元	267	400 美元	533	500	1 111 美元
250 美元	250	500 美元	500	500	0 美元
300 美元	233	600 美元	467	500	1 111 美元
350 美元	217	700 美元	433	500	4 444 美元

续表

t	V	$r^*(V)$	x	x^{opt}	DWL
400 美元	200	800 美元	400	500	10 000 美元
450 美元	183	900 美元	367	500	17 778 美元
500 美元	167	1 000 美元	333	500	27 778 美元

然而，需要注意的是我们的数学例子因为其简便性而使在污染产业对产出征税和直接对污染征税的区别变得模糊。这是因为我们的证明是在单一产业中进行的，没有考虑到多产业污染的事实，而且也没有考虑到潜在减污技术的作用。即使在一个单一产业，对产量征收庇古税也会与污染税有区别，因为后者允许厂商通过引进减污技术来减少其税收责任，但前者无法这样做（除非对其不断重新定价）。这样，在产业中庇古税与污染税等价的成立条件是假设当厂商引入减污技术时，政府对产出征收的庇古税要进行调整。当考虑跨产业污染时，情况将更加复杂，因为减污技术的引入所带来的税负减轻在各个产业中是不同的，这样所有庇古税与污染税的等价条件都要假设当减污技术在不同环境中被引入进来时，政府会连续地调整每单位的庇古税。另外，限额交易与污染税政策的等价在引入了这些现实的复杂性之后是稳健的。

21B.2　消费外部性

我们对理解消费外部性的图形背后的数学解释几乎与生产外部性是等同的。因此，我们将只在章末习题 21.1 中对这个问题作出分析，这里就不做深入讨论了。接下来，我们将继续我们的进程，在一个普通均衡的环境下考虑消费外部性，这样我们就能更准确地阐明前文提到的外部性的存在可能代表市场缺失，如果市场能够建立起来就会减少由外部性所带来的无效率的观点。

21B.3　外部性与缺失的市场

使用（污染许可证）市场来解决污染带来的外部性问题的想法，与更普遍地将外部性作为一个"市场缺失"问题（或者说市场存在的失败，像我们在 A 部分提到过的）来理解紧密相连。在我们了解了缺失的市场是如何界定的以及这些市场的定价如何使释放外部性的个体承担他们对其他人施加的成本（或收益）之后，这背后的凭直觉感知的知识就不难被发现了。使用我们在第 16 章中的工具，这里我们需要对市场缺失和这些市场的建立如何解决竞争下外部性带来的无效率这两个问题做更为精确的分析。现在我们将在一个交换经济的外部性中讨论这个问题，而在一个有生产的经济中也可以做类似的说明。[①]

---

① 这种阐明"市场缺失"是外部性的一个方面的方法由肯尼思·阿罗（1921—　）（我们在第 16 章中提到的 1972 年诺贝尔奖获得者，他在建立现代一般均衡理论中有突出贡献）在《经济活动机构：市场选择与非市场分配相关问题》中提出。该论文发表于 *Public Expenditure and Policy Analysis*，R. Havenman，and J. Margolis，eds.（Chicago：Markham，1970）。随后我们在附录部分将提到这里一带而过的模型化外部性市场时的一个技术性问题。

21B.3.1　在交换经济中引入消费外部性　在第 16 章，我们定义交换经济为一组消费者形成的经济，其中消费者记为 $n=1，2，\cdots，N$，每个消费者以他对 M 种不同商品的投入为全部特征，而且他的偏好被概括为由 M 种商品定义的效用函数。这样，一个交换经济可以被简单地表示为

$$(\{(e_1^n，e_2^n，\cdots，e_m^n)\}_{n=1}^N，\{u^n：\mathbb{R}^M \to \mathbb{R}^1\}_{n=1}^N)^{①} \tag{21.18}$$

因为每个消费者只关心他自己对每种商品的消费（也因为没有其他的例如生产者的参与者），在这个交换经济中是没有外部性的。外部性（在不存在生产的情况下）出现于一个消费者的消费直接进入了其他消费者的效用函数时。原则上说，交换经济中的这种消费外部性可以在任何方向上出现，每个消费者对任何一种商品的消费进入其他任意一个消费者的效用函数里都是可以的。

我们可以考虑消费 M 种商品的消费者 n，并且我们会受到他对其他所有也消费该 M 种商品的消费者的"印象"的影响。例如，假设我们令 x_{ij}^n 表示第 n 个人对第 j 个人消费商品 i 所产生的印象。如果 x_{ij}^n 进入第 n 个人的需求函数里，那么第 j 个人就对消费商品 i 产生了一个消费外部性。但如果每个人对每件商品的消费都潜在地进入每个人的效用函数中，那么每个人实际上都消费了 NM 种不同的商品而不是像以前一样的 M 种。举例来说，如果 $N=2$，$M=2$，消费者 1 就会消费（x_{11}^1，x_{21}^1，x_{12}^1，x_{22}^1）。

练习 21B.14　这四种商品中的哪两种代表在不存在外部性的交换经济中的第 1 个人存在的消费水平 x_1^1 和 x_2^1？■

我们因而得到并界定了一个有 M 种商品的经济，每个人都有 NM 种商品进入他的效用函数。用式（21.18）定义的交换经济在加入了消费外部性后可以重新写为

$$(\{(e_1^n，e_2^n，\cdots，e_m^n)\}_{n=1}^N，\{u^n：\mathbb{R}^{NM} \to \mathbb{R}^1\}_{n=1}^N) \tag{21.19}$$

21B.3.2　有外部性的交换经济中的市场缺失　我们现在引入了"对其他人消费的印象"，并将其作为显性的新商品。但这意味着我们已经隐性地将生产纳入交换经济中，因为每当消费者作出决定去消费一些 M 商品时，他都"生产"了（$N-1$）种这种新定义的商品。当我消费商品 1 时，我生产了一个对我消费商品 1 的印象，它潜在地进入了其他每个人的效用函数中。但我们的交换经济并没有市场来为这种商品定价，也就没有市场机制去支配我的生产决策。

举例来说，假设第 j 个人对 i 商品的消费以正的方式进入第 n 个人的效用函数

---

① 如果你对这个定义不熟悉，请复习第 16 章中的式(16.1)前后的讨论。

中。在这种情况下，第 j 个人就是产出 x_{ij}^n 的生产者，消费者 n 愿意去支付该产出，但是因为没有市场也没有价格，所以他没有那么做。或者假设 x_{ij}^n 以负的方式进入第 n 个人的效用函数中，表示消费者 j 通过购买商品 i 释放了一个消费负外部性。在这种情况下，消费者 j 把 x_{ij}^n 作为投入生产了他自己对商品 i 的消费。但是，仍然因为没有为这种投入定价的市场，消费者 j 在决定购买多少商品 i 的时候并不需要购买这种投入 x_{ij}^n。

练习 21B. 15 如果有两个消费者和两种商品，那么有多少潜在的市场缺失？更一般地，当有 M 种商品和 N 个消费者时，有多少市场缺失呢？ ■

在某些情况下，外部性会影响每一个消费者而在另外的情况下外部性只会影响一些消费者。举例而言，假设消费者 j 选择的商品 i 代表了他驾驶汽车的行程数，每段汽车的行程都会排放导致全球变暖的污染气体。在这种情况下，他的汽车行程等量进入了每个消费者的效用函数中（即便不同的消费者对该外部性的恶劣程度有不同的看法）。换言之，在这个例子中

$$x_{ij}^n = x_{ij}，对所有的 n \neq j 成立 \tag{21.20}$$

也就是说，每个除了 j 的个体都会等量地感受到 j 驾驶汽车所带来的影响。在其他情况下，外部性是更加"局部性"的，对一些人的影响要与其他人有所不同。举例来说，如果 j 选择的商品 i 代表在后院播放的音乐，离他最近的邻居对此受到的影响要比其他较远的邻居要大。在这种情况下，x_{ij}^n 会根据个体 j 和 n 的距离远近而有所差别。

21B. 3. 3 引入产权和新市场

为了在这个交换经济中建立能对外部性效应进行定价的新市场，我们要具体地从一些新的产权入手。如果我在驾驶汽车过程中制造了污染，那么我是否有权利污染，或者说其他人是否有权利不受这种污染的影响？如果我在平台上大声地播放音乐，那么我是否有权利随心所欲地这么做，或者其他人是否有权利不被我的音乐打扰？然而，为了效率的目的，如何建立产权被证明是构造市场最关键的因素。就现在而言，我们将在一个简单的例子中阐明在市场建立后，市场如何为外部性定价，我们将在第 27 章回过头来讨论产权的分配究竟有多大程度的影响。

对在新市场中如何建立产权的一种思考是扩大个人禀赋以使其包含新产品。在这种方法中，权利的分配有许多不同的方法，虽然我们将一般性地认为产权应该严格地用某一种方式来建立，也就是说，要么有人有权污染，要么污染者有权不被污染影响，除非他们决定出售自己的权利。但一旦我们建立了一个产权系统，我们就达到了一个交换经济，比从前有更多的商品，而且每种商品都用一个效用函数来表示，意味着当市场环境扩大时，从技术上说就没有更多的外部性了。我们知道没有

外部性的交换经济是这样一个竞争性的均衡，无论经济中有多少商品，多少消费者，它都是有效的，因此，建立这些新市场就会形成一个有效的竞争性均衡中的经济，该经济中新定义的商品的价格会使外部性释放者承担他们行为的全部边际（社会）成本或收益。

21B.3.4 一个数值例子 在第16章，我们曾研究过两人两商品的交换经济，表示为：$(e_1^1, e_2^1) = (3, 6)$，$(e_1^2, e_2^2) = (10, 4)$，$u^1(x_1, x_2) = x_1^{3/4} x_2^{1/4}$ 以及 $u^2(x_1, x_2) = x_1^{1/4} x_2^{3/4}$。通过他或她的效用函数来体现每个人自己的消费，这表示了一个没有外部性的经济。然而，现在假设个体1对商品1的消费被代入了个体2的效用函数。应用我们的标记方法表示为 x_{11}^2，意味着个体2对个体1消费商品1的看法，代入 u^2 中。为使我们在这个例子中的标记方法尽可能简单，令 $x_3 = x_{11}^2$，然后将个体2的效用函数重新定义为

$$u^2(x_1, x_2, x_3) = x_1^{1/4} x_2^{3/4} x_3^{\gamma} \tag{21.21}$$

根据 γ 和0比较的大小，个体1会向个体2施加一个正或负的外部性。当 $\gamma = 0$ 时，这个例子即变回我们在第16章中没有外部性的例子。

我们首先要解释这个交换经济中的竞争性均衡是什么。当 x_3 的市场不存在时，对这个经济均衡的计算方法与第16章没有什么基础性的改变：个体1将在和以前相同的预算约束下最大化相同的效用函数，进而将得到相同的需求方程。个体2将在以前的预算约束下最大化用式（21.21）表示的新的效用函数，但在我们对需求方程求解时 x_3^{γ} 将被消掉，这样就得出与第16章中相同的需求。由于两个个体显示出同样的需求，我们就得到与以前相同的竞争性均衡，即 $p^2/p^1 = 3/2$，$(x_1^1, x_2^1) = (9, 2)$ 和 $(x_1^2, x_2^2) = (4, 8)$。

练习 21B.16 验证个体2对 x_1 和 x_2 的需求函数不会因为 x_3 进入其效用函数而改变。

练习 21B.17 你认为个体2对 x_1 和 x_2 的需求函数不变的结论（练习21B.16）在不考虑效用函数形式的情况下依然会成立吗？ ■

现在我们假设商品 x_3（价格为 p_3）的市场被引入进来，让我们首先令外部性为负（即 $\gamma < 0$），并假设产权分配的情况为个体2有权不受外部性的影响，除非他自愿那么做。一方面，这意味着个体1将不仅需要支付每单位他所消费的 p_1，而且要支付 p_3（因为 $x_1^1 = x_3$）。对于消费者1而言的最优化问题变为

$$\max_{x_1, x_2} u^1(x_1, x_2) = x_1^{\alpha} x_2^{(1-\alpha)}, \quad p_1 e_1^1 + p_2 e_2^1 = (p_1 + p_3) x_1 + p_2 x_2 \tag{21.22}$$

用通常方法求解，得到

$$x_1^1 = \frac{\alpha(p_1 e_1^1 + p_2 e_2^1)}{p_1 + p_3}, \quad x_2^1 = \frac{(1-\alpha)(p_1 e_1^1 + p_2 e_2^1)}{p_2} \tag{21.23}$$

另一方面，个体 2 将以 p_3 的价格接受每单位个体 1 排放的 x_3，但是因为个体 2 被给予了 x_3 的"产权"，将由个体 2 来选择究竟出售多少 x_3。个体 2 的最优化问题就变为

$$\max_{x_1, x_2, x_3} u^2(x_1, x_2, x_3) = x_1^\beta x_2^{(1-\beta)} x_3^\gamma, \quad p_1 e_1^2 + p_2 e_2^2 + p_3 x_3 = p_1 x_1 + p_2 x_2 \quad (21.24)$$

求解，我们得到

$$x_1^2 = \frac{\beta(p_1 e_1^2 + p_2 e_2^2)}{(1+\gamma)p_1}, \quad x_2^2 = \frac{(1-\beta)(p_1 e_1^2 + p_2 e_2^2)}{(1+\gamma)p_2}, \quad x_3 = \frac{-\gamma(p_1 e_1^2 + p_2 e_2^2)}{(1+\gamma)p_3}$$

$$(21.25)$$

练习 21B.18　验证这些需求函数。（提示：首先对效用函数求自然对数会使代数计算变得简单。）

练习 21B.19　当外部性趋近于零（即 γ 趋近于零）时，需求函数会趋近于我们在没有外部性下得到的结果吗？ ■

我们现在可以解出均衡价格。如同在第 16 章，我们仅能解出相对价格，那么就可以把这些价格的其中之一设定为 1。假设我们设定

$$p_1 = 1 \quad (21.26)$$

设需求等于市场中对商品 2 的供给，也就是设定 $x_2^1 + x_2^1 = e_2^1 + e_2^2$，我们可解得 p_2 为

$$p_2 = \frac{(1-\alpha)(1+\gamma)e_1^1 + (1-\beta)e_1^2}{\alpha(1+\gamma)e_2^1 + (\beta+\gamma)e_2^2} \quad (21.27)$$

除此之外，需求等于 x_3 市场中的供给一定是正确的，消费者 2 愿意售出的 x_3 的量必须等于消费者 1 愿意购买的 x_1 的量，也就是说，$x_1^1 = x_3$。求解，我们得到用 p_2 表示的 p_3（再次设定 p_1 为 1）为

$$p_3 = \frac{-\gamma(e_1^2 + p_2 e_2^2)}{\alpha(1+\gamma)(e_1^1 + p_2 e_2^1) + \gamma(e_1^2 + p_2 e_2^2)} \quad (21.28)$$

在表 21-2 中，我们计算了当商品 x_3 的市场被建立后竞争性均衡的价格和产量。该表从 γ 的负值开始，即表示当个体 1 消费商品 1 时对个体 2 施加了负外部性的情形。沿着该表向下，外部性的影响越来越小，当 $\gamma = 0$ 时就不存在外部性。最后，表格来到 γ 的正值部分，表示个体 1 对商品 1 的消费对个体 2 产生正外部性影响。需要注意只要消费外部性是负的，那么 p_3 就是正的，这表示负外部性的存在导致个体 2 获得了个体 1 的消费负外部性的补偿。但是当外部性为正时，p_3 变为负，表明现在个体 2 为其获得的正效应 x_1^1 对个体 1 进行了补偿。这样，缺失市场的建立导致在外部性为负时，个体 2 向个体 1 对商品 1 的消费征收了一种"税"，

而当外部性为正时则进行了一个"补贴"。

表 21-2　　　　　　　　　　"缺失的市场"建立后的均衡

$(\alpha=3/4,\ \beta=1/4,\ (e_1^1,\ e_2^1)=(3,\ 6),\ (e_1^2,\ e_2^2)=(10,\ 4))$

γ	p_1	p_2	p_3	x_1^1	x_2^1	x_1^2	x_2^2
−0.4	1.00 美元	3.79 美元	6.64 美元	2.52	1.70	10.48	8.30
−0.3	1.00 美元	2.72 美元	1.61 美元	5.54	1.76	7.46	8.22
−0.2	1.00 美元	2.13 美元	0.64 美元	7.21	1.85	5.79	8.15
−0.1	1.00 美元	1.76 美元	0.23 美元	8.27	1.93	4.73	8.07
0.0	1.00 美元	1.50 美元	0.00 美元	9.00	2.00	4.00	8.00
0.1	1.00 美元	1.31 美元	−0.15 美元	9.54	2.07	3.46	7.93
0.2	1.00 美元	1.17 美元	−0.25 美元	9.94	2.14	3.06	7.86
0.3	1.00 美元	1.05 美元	−0.32 美元	10.27	2.21	2.73	7.79
0.4	1.00 美元	0.96 美元	−0.38 美元	10.53	2.28	2.47	7.72

当然，就像在第 16 章提到的，无论外部性存在与否，当市场的每一方都只有一个个体的时候，期待市场价格支配交换是不合理的。两人交换经济仅仅提供了一个有用的工具来阐明市场在一般均衡时是怎样设定价格的。当竞争性价格接受行为变得更现实时，假设有许多"类型 1"和"类型 2"的个体，那么前面的分析可以用完全同样的方法继续下去。对于"两人情形"我们可以借助于科斯定理，我们已经在 A 部分提到过科斯定理，现在来进一步地进行检验。

21B.4　小"市场"和科斯定理

在 A 部分，我们引入了罗纳德·科斯对那些可以使我们厌恶到将彼此诉诸法庭的外部性的见解。我们给出的例子是我为房屋建造新的楼层使你将我告上法庭，因为我的新楼层会在你美丽的游泳池上投上阴影。在这种"小"的背景下，即便我们建立我们讨论过的那种"市场"，这种"市场"也不会存在太多，因为市场的每一边只有一个或几个人在运作。而且，即使出现市场使我们能在理论上探索市场价格的可能性，但是相比之下，以"谈判"作为在这种"市场"中解决外部性争端的方法是更为现实的。

21B.4.1　完全信息和不完全信息下的谈判　按定义来说在竞争性条件下谈判是不会发生的，因为在竞争性条件下每个消费者和生产者都是价格接受者。因而我们直接跳到在科斯定理下的谈判问题。在我们喝咖啡时，你和我肯定不是价格接受者，因为我们要讨论你为了让我停止修建而支付给我的补偿水平（如果法官的判决是支持我的），或者我为了能继续修建下去而向你支付的补偿水平（如果法官的判决是支持你的）。换言之，我们要考虑一个"策略性"条件，在该条件下你和我在我们的经济环境中有一些现实性的控制。

经济学家（特别是博弈论理论学家）近几十年建立起了一个关于谈判的定义明

确的理论，其中一些理论就是以科斯对其理论的自信为直接灵感的，也就是当考虑外部性时，在一个产权被充分界定的环境里谈判会得到有效的结果。一些理论（如一些在第 24 章中的博弈论理论）假设你和我对我的新楼层为彼此带来的成本和收益拥有完全信息。在这种条件下，科斯似乎是正确无疑的：理论预测了你和我将实际上达到一个谈判，并在科斯预想的条件下能得到有效率的结果。① 直觉上这并不难证明：如果我在 A 部分讲的关于我们如何通过自己的方式谈判以达到有效率的结果的故事是有道理的，那么你就会产生基本的直觉。当我们掌握了一些博弈论理论工具并在章末习题 24.9 中阐明两个个体是怎样在完全信息下进行谈判的，我们将对此做更正式的证明。

21B.4.2　不完全信息下的谈判　然而在 A 部分，我们隐性地假设了我们刚刚明确提出的条件，那就是你和我都知道我为房屋的扩建给你的游泳池造成的阴影对你的成本是多少（与你通过其他方法消除有阴影的游泳池带来的影响有关）以及房屋的扩建给我带来的收益是多少（与我用其他方式解决我对扩建房屋的需求相关）。令你的成本为 c，我的收益为 b。如果 $b>c$，那么我着手开始扩建就是有效率的，而只要产权已经确定而且交易成本足够低，那么我们的谈判就会出现有效率的结果。

但是假设你并不确定 b 是什么而我并不确定 c 是什么。作为代替，你拥有对 b 的信念，我拥有对 c 的信念。令我的信念为对于任何的 $c>0$，有 $0\leq p(c)\leq 1$，其中，$p(c)$ 是我给你施加的成本小于或等于 c 的概率。相似地，令你的信念表示为对于任何的 $b>0$，有 $0\leq \delta(b)\leq 1$，其中，$\delta(b)$ 为你对我产生的收益小于或等于 b 的概率。现在假设法官的判决是支持你的，也就是说，你现在有权拥有一个没有阴影的游泳池。除非得到你的同意，我就无法加盖新的楼层。

因而，我将邀请你喝杯咖啡，并根据我对你成本的信念给你提供一个补偿。为确定我给你的报价，我将要计算能使我预期收益最大化的报价 p。对于任何的报价 p，我的预期收益为报价被接受的概率乘以当我的报价被接受时我从中获得的收益。对于任何的报价 p，我认为你的真实成本小于或等于 p 的概率为 $\rho(p)$，这意味着我认为你会接受我报价的概率为 $\rho(p)$。如果报价被接受，我会获得的收益是我从加盖楼层中获得的收益 b 减去我对你进行的支付 p，也就是说，如果报价被接受，我获得的收益为 $(b-p)$。因此要求解以下的最优化问题以计算给定我的信念下的最优报价：

$$\max_{p}\rho(p)(b-p) \tag{21.29}$$

我将明显不会做任何 $p>b$ 的报价，而你将不会接受 $p<c$ 的报价。但是，根据我的信念，我可能会提出一个报价 p^* 使我的预期收益最大，但 $p^*<c$，即便 $b>c$。这样，根据我对你真实潜在成本的信念，如果法官的判决是支持你的，那么即便加

① 在收入（或禀赋）效应重要时（例如偏好不是拟线性时），我们必须更加小心，因为效率结果会随着产权的分配而发生改变。这将在章末习题 21.4 中进一步讨论。

盖楼层实际上是有效率的，我也不会去那么做了。①

练习 21B. 20 假设法官的判决是支持我的。在你过来喝咖啡以求我不要加盖楼层而提供支付时，你要求解的最优化问题是什么？对于你认为我从新楼层中获得的特定的收益的信念 δ 来说，还会发生有效的结果不会出现的情形吗？ ∎

我们现在可能需要或不需要去对科斯定理进行补充，这依赖于我们对"交易成本"的界定。如 A 部分所述，定理说明了只要产权在存在外部性时是足够明晰的，如果交易成本足够低的话，那么通过分权化的决定，有效的结果就会出现。如我们刚刚看到的，在了解产权如何分配后，个体之间的策略性谈判可能也不会出现有效的结果，即便并没有能够使其无法见面的交易成本。但是获得与成本和收益相关信息的成本就其本身而言也被视为是一种交易成本，在这种情况下我们可以保持科斯定理原有的叙述。

结论

本章首先介绍了使我们福利经济学第一定理失效的市场势力：市场，就其本身而言，在存在外部性的情况下就无法再有效地最大化社会剩余。上一章给出了在微观经济学中，政府的任何干预都会内在无效率的观点，但我们现在看到市场其实无法单独地有效地运行。市场的存在隐含假设了一个潜在的产权系统，这个系统实际上需要政府的隐性参与。如果产权不存在，我们要面对被称为"公地悲剧"的问题，个体有激励去过度使用资源。这时如果存在外部性，那么它完全就是由"公地悲剧"造成的：我们都"拥有"空气（或者说，我们没有人拥有它），作为结果就是没有人会对我们制造的污染进行支付。我们都"拥有"道路，这样当我们在高峰时间驾驶时就没有人因为拥挤而向我们收费。外部性导致的市场失灵实际上源于"市场存在的失败"。

这不是说市场会自己解决外部性问题。空气污染作为一个问题出现的原因是没有空气市场存在，但是去建立这样的市场并不容易。然而，如果旨在改善这些外部性带来的无效率的政策可以被更完善地建立的话，它们最终必须做市场会做的事：它们必须使经济中的行为者去承担他们行为中完全的边际成本（和收益）。通过庇古税和补贴来强迫个人承担比他们的私人选择更大的社会成本和收益，这个目标原则上可以被实现。我们看到这个目标还可以通过开创性地建立类似于污染许可证这样的市场来完成，此时通过要污染个体购买许可证的需求，再一次强迫污染者去支付至少是他们生产选择中造成的社会成本的一部分。或者这个目标还可以通过对道路的电子收费或直

---

① 在第 24 章 B 部分，你将学到更多我们已经潜在应用到的均衡概念，该均衡被称为贝叶斯纳什均衡。章末习题 21.2 的例子将同样作出讨论。

接污染税来完成。或者像科斯告诉我们的那样，在较小的外部性问题上这个目标可以通过明晰产权，明确每个人实际有权去做什么，然后依赖自利的个体通过他们自己的谈判去达到有效的结果来完成。然而，所有这些政策的关键都在于使私人成本和社会成本相一致。政府的政策（例如庇古税和补贴）、培育新的市场（例如交易许可证）以及在公民社会明晰的产权（可以使个体在以价格为基础的市场系统之外进行谈判）都可以在存在外部性的情况下提供更多的效率。

在接下来的一章，我们将看到竞争性市场自身无法得到有效的结果的另一个重要的例子：当信息共享不一致时的广泛案例。我们将看到信息不对称导致的一种新的外部性形式，它阻止了新的重要市场的形成并为非市场制度提高效率提供了机会。

附录：　存在外部性时的本质非凸性

在研究存在外部性时缺失市场的建立怎样恢复效率时，我们曾经见过一个被称为本质非凸性的技术性问题。问题的本质是这样的：假设我们重新考虑消费者 1 对商品 1 的消费（像我们在本章提到过的那样）存在消费负外部性的交换经济的例子。进一步假设消费者 2 有权不去忍受外部性，且可通过接受由外部性的释放者提供的相应的支付去获得有效的结果，他必须被说服去接受买卖这个权利。我们知道如果价格 p_3 是 0，消费者 2 将不会出售任何消费商品 1 的权利给消费者 1（这样消费者 2 就会在非补偿的情况下忍受外部性）。现在假设 $p_3 > 0$（像我们在表 21-2 中得到的均衡那样）。有什么会使消费者 2 不想出售污染的无限权利，从而制造一个消费商品 1 和 2 的无限的收入呢？换言之，如果对个体 2 可出售权利的数量不加限制的话，一个正的价格会导致消费者愿意出售无限量的 x_3，而一个非正的价格将使他不会做任何的出售。无论 p_3 如何设定，消费者 2 都会偏好一个角点解。[①]

但是如果消费者 2 仅愿意出售零或者无限量的 x_3，x_3 市场不会存在任何均衡，对于 x_3 市场的建立，全部权利都分配给负外部性的受害者事实上也不会出现使外部性的无效率减少的竞争性均衡。为使我们在表 21-2 中讨论的均衡出现，必须对消费者 2 可以出售的权利有一个数量上的限制。

这个本质非凸性问题的解法在于在外部性市场上找到产权的"划界"方法，例如，当价格为正时，污染的受害者事实上无法出售很大的或无限的这些权利。然而在外部性市场的环境下这并不如在我们交换经济的例子中那样容易完成，我们事实上已经证明了当"权利"在用污染许可证的归属方法来界定的时候，这是可以完成

---

① 该问题被称为"本质非凸性"是因为它代表污染权利生产集的非凸性。在外部性市场中的本质非凸性问题首先被 D. Starrett 提出，见 "Fundamental Nonconvexities in the Theory of Externalities," *Journal of Economic Theory* 4（1972），180−199。

的。这里，这些权利的有限数量在经济中的分配减少了本质非凸性的问题。[1]

练习 21B. 21 为什么我们求解消费者 2 对 x_3 的需求的数学方法没有暴露这个问题？ ■

章末习题[2]

[†]21.1 考虑消费正外部性情形。

A. 本题假设：需求和供给曲线为线性，需求曲线等于边际支付意愿曲线，每单位消费得到的额外社会收益为一个常数 k。

a. 画出两个图形：它们有相同的需求曲线，其中一条供给曲线是缺乏弹性的，另一条是富有弹性的。哪种情况市场产出更接近于最优产量呢？

b. 庇古补贴得到的最优产量水平会在问题（a）中你的两个图上有所不同吗？

c. 画出两个图形：它们有相同的供给曲线，其中一条需求曲线是缺乏弹性的，另一条是富有弹性的。哪种情况市场产出更接近于最优产量呢？

d. 庇古补贴得到的最优产量水平会在问题（c）中你的两个图上有所不同吗？

e. 判断正误：庇古补贴的规模不随需求曲线和供给曲线斜率的变化而变化，低产量水平会随着这些曲线变得更有弹性而增加。

f. 在你的每个图里，说明谁从庇古补贴中受益更多，生产者还是消费者？

B. 假设需求为 $x_d = (A-p)/\alpha$，供给为 $x_s = (B+p)/\beta$。

a. 求竞争性均衡价格和产出水平。

b. 假设每单位产出的边际正外部收益是 k。社会边际收益 SMB 曲线的函数形式是什么？

c. 求最优产量水平。

d. 庇古补贴是什么？表示出它对消费者支付价格和生产者接受价格产生的影响，并证明它达到了最优产量。

e. 接下来，假设总外部社会收益给定为 $SB = (\delta x)^2$。市场产出会改变吗？最优产出呢？

f. 现在求出庇古补贴，并再次证明它达到了社会最优。

21.2 科斯定理经常被应用于法律案件上，在存在外部性的情况下两方都寻求澄清究竟谁有权利做什么。再次考虑（在书里谈到的）我为房屋建新的楼层会给你

---

[1] 博伊德（J. Boyd）和康利（J. Conley）对其做了进一步研究，见 "Fundamental Nonconvexities in Arrovian Markets and a Coasian Solution to the Problem of Externalities," *Journal of Economic Theory* 72（1997），388–407。

[2] ＊概念性挑战难题。

＊＊计算性挑战难题。

[†]答案见学习指南。

的游泳池投上阴影这个例子。假设我从新楼层中获得的收益为 b，而给你造成阴影的成本为 c。本题均假设交易成本为零。

A. 在这部分中，假设你和我都知道 b 和 c 的值是多少。

a. 如果我们都知道 b 和 c 的值，为什么我们不见面喝杯咖啡来解决争端，而是要诉诸法庭呢？

b. 如果法官（需要决定我是否有权建新的楼层）同样知道 b 和 c 的值，为他判决这个案件提一个合理又有效率的规则。

c. 法官很难与原告和被告掌握的信息一样多。因而对于法官来说，假设他无法轻易得到 b 和 c 的值是合理的。如果他的判决是支持我的，按科斯的预测会发生什么？

d. 要是他以相反的支持你的角度判决会发生什么？

e. 在何种情况下会一直与问题（b）有相同的结果，在何种情况下不会？

B. 接下来，假定我知道 b 的值而你知道 c 的值，但我不知道 c 的值，而你不知道 b 的值。

a. 假设法官支持你，现在我试图说服你无论如何都要让我建新的楼层。我将去你家然后提供一个报价，根据我所相信的你的成本会在概率 $\rho(\bar{c})=\bar{c}/\alpha$ 下小于 $\bar{c}$，我的报价会是多少？

b. b 和 c 怎样组合会达到无效率的结果？

c. 假设法官的判决更有利于我，因而你会来我家并说服我不要建新的楼层，即便我有权那么做。你会给我提供一个报价，根据你所认为的我从新的楼层得到的收益小于等于 $\bar{b}$ 的概率为 $\delta(\bar{b})=\bar{b}/\beta$，你会提供什么报价？

d. b 和 c 怎样组合会达到无效率的结果？

e. 解释获得信息的成本会被认为是一种交易成本，并说明你在这里得到的结果是符合科斯定理的。

†**21.3** 我们在课文中讨论过存在外部性时的"市场失灵"也可以被看作是"市场存在的失败"，而且我们讨论了一些相关的想法，也就是即便市场不是竞争性的，建立产权也会允许个人解决外部性问题。

A. 在纯粹的消费外部性的情况下，我们将进一步研究这个问题：是否真有一个"正确"的方法去建立产权。

a. 设想这样一个例子，你在寝室里放着的音乐打扰到了隔壁的我。令 x 表示你每天选择放音乐的分钟数，并令 e 表示你被允许放音乐的分钟数。如果 e 为 0 分钟，那么谁拥有音乐从你的房间传到我这里所经过的这片空气的"产权"呢？

b. 如果 e 为 1440 分钟（等于一天的分钟数）呢？

c. 以每天放音乐的分钟数为横轴作图，范围为 0～1440 分钟。在 0 分钟处画一纵轴，在 1440 分钟处再画另一纵轴。表示出你对每分钟音乐的边际支付意愿（在左边纵轴中衡量）以及我对减少每分钟音乐的边际支付意愿（在右边纵轴中衡量），并假设这些与 e 如何设定无关。有效率的分钟数 m^* 是多少？

d. e 在问题（a）中的赋值表示了一种你无权播放音乐的极端情况，而在问题（b）中的赋值则表示了正好相反的极端情况：我没有要求一个安静环境的权利。运用科斯定理的内在逻辑证明只要交易成本很低，那么无论 e 为 0 分钟还是 e 为 1 440 分钟，都可以达到有效的结果。

e. 因为 e 为 0 分钟以及 e 为 1 440 分钟是产权的两种极端赋值，我们可以轻易地想出许多中间情形。科斯定理是否也适用于这些中间情形呢？解释原因。

f. 从纯粹效率的观点上看，如果科斯定理是正确的，还有其他对 e 特殊赋值的情形吗？

B. 假设你的偏好用效用函数表示为 $u(x, y)=\alpha\ln x+y$，其中，x 为每天播放音乐的分钟数，而 y 是一个复合商品。另外，我的偏好表示为 $u(x, y)=\beta\ln(1\,440-x)+y$，其中 $(1\,440-x)$ 代表每天没有播放音乐的分钟数。我们俩都有一些日常收入 I，且 y 的价格为 1，给定 y 是用美元衡量的复合商品。

a. 令 e 为像 A 部分中对权利的分配，也就是说，e 表示在没有我允许的情况下，你被允许播放音乐的分钟数。当 $x<e$ 时，我向你支付 $p(e-x)$ 来使你播放比你被允许的更少的音乐，而当 $x>e$ 时，你为了播放超过你的权利的分钟数而向我支付 $p(x-e)$。你的预算约束是什么？

b. 我的预算约束是什么？

c. 运用你在问题（a）中得到的预算约束，建立效用最优化问题，并解得需求 x。

d. 建立我的效用最优化问题并解得我的需求 x。

e. 如果交易成本为 0，解出我们将一致同意的 p^*，并解出你将播放音乐的分钟数。你的答案依赖于 e 的设定大小吗？

f. 根据你的结果，如果我不在乎是否安静，那么你会播放多少分钟的音乐（即如果 $\beta=0$）？如果你不在乎音乐播放的多少呢（即 $\alpha=0$）？

g. 判断正误：音乐播放的总分钟数不依赖于 e，但是你我仍然会在意 e 是如何被赋值的。

*21.4 在习题 21.3 的背景中，我们开始研究存在外部性时分配产权的不同方法。

A. 再次考虑你播放的音乐打扰到我的这个例子。

a. 从习题 21.3A 部分问题（c）画图的假设开始。进一步假设见面的交易成本为 k。在你的图中，标明 e 在怎样的范围内可以使交易成本阻止有效的结果的达成。

b. 如果 e 的值在上述范围之外，结果将是什么？

c. 接下来，假设收入（或财富）效应是重要的，也就是说，偏好不是拟线性的。在习题 21.3 中我们还用考虑到它吗？

d. 特别地假设这种禀赋效应只对你有影响，对我没有影响，已知音乐对你来说是正常品。在图上表明当 e 增加时，播放音乐时间的长短如何变化，我们一致决定的价格如何变化?

e. 如果禀赋效应对你和我的影响是相似的,那么一致决定的播放音乐时间的长短是否仍然不受 e 的影响?

f. 当禀赋效应影响播放音乐时间的长短时,产权被以不同的方式分配了,在这种情况下科斯定理是错的吗?

g. 判断正误:只要交易成本为零,我们就将达到有效的结果,但是这个结果(如播放音乐时间的长短)可能会根据收入效应是否重要而不同。

**B. 首先再次假设我们的偏好在习题 21.3 的 B 部分已经给定。

a. 如果你还没完成习题 21.3,现在完成它并检查在不存在交易成本时,播放音乐的时长是否取决于产权的分配 e。

b. 接下来,假设现在你的偏好用效用函数表示为 $u(x, y) = x^\alpha y^{(1-\alpha)}$($\alpha$ 在 0 和 1 之间)。我的偏好保持不变。这时有多长时间的音乐被播放?你的答案取决于 e 吗?均衡价格 p^* 取决于 e 吗?

c. 接下来,假设我的效用函数也是柯布-道格拉斯函数,即 $u(x, y) = (1\,440 - x)^\beta y^{(1-\beta)}$。再次求音乐被播放的时长(假设交易成本为零)。你的答案取决于 e 吗?均衡价格取决于 e 吗?

d. 直观地解释你的结果。

e. 在 21B.3.4 部分,我们通过一个数字上的练习说明了当存在外部性时,在简单交换经济中产权的建立是如何解决"市场失灵"问题的。回想之前书中的例子。注意到书中我们将在新市场中的产权分配给第 2 个人,也就是外部性的受害者。但是我们本可以将产权通过其他多种方式进行分配(像我们音乐例子中给出的那样)。再次定义 x_3 为个体 1 对 x_1 的消费对个体 2 产生的影响,也就是说,$x_3 = x_{11}^2$。我们可以通过赋予个体 1 共有 e_3 单位的商品 x_3 建立一个市场。这意味着个体 1 可以生产出 e_3 单位的 x_3,换句话说,个体 1 能够消费到 e_3 单位的 x_3 而无须支付市场价格 p_3。但是如果他想生产更多的 x_3,他必须向个体 2 对每一超过 e_3 的额外单位支付价格 p_3。类似地,当少于个体 1 的禀赋 e_3 时,个体 2 必须向个体 1 为每一低于 e_3 的单位支付价格 p_3,然后为每一超过 e_3 的额外单位得到价格 p_3。在书中的数值例子里,我们隐性地将 e_3 设定为什么?

f. 当个体 1 被指定 e_3 的产权时,写出个体 1 的预算约束。[提示:如果 $x_1 < e_1$,个体 1 将收入 $p_3(e_3 - x_1)$,但如果 $x_1 > e_1$,他将需要支付 $p_3(x_1 - e_3)$。]

g. 接下来,写出个体 2 的预算约束。

h. 如果将你在(e)的答案代入预算约束(f)和(g)中,你应该得到我们在课文中使用的数值例子中的预算约束,是这样吗?

i. 现在假设 $u^1 = x_1^\alpha x_2^{(1-\alpha)}$ 和 $u^2 = (1\,440 - x_3)^\beta x_2^{(1-\beta)}$。进一步假设 $p_1 = 0$,$p_2 = 1$ 而且 $p_3 = p$,并令 $e_2^1 = e_2^2$。你现在能推导出你(个体 1)用音乐打扰我(个体 2)

这个例子的一般均衡模型吗？

j. 解出 p 和 x_3（等于 x_1^1）。你的答案与你在问题（c）中假设我们具有柯布-道格拉斯偏好时的结果是相同的吗？

21.5 日常应用：孩子的玩具和古驰的产品。 在大多数我们的消费者理论中，我们都假设偏好与其他人的行为无关。然而一些商品并不是这样。如孩子对玩具的偏好将随着他的朋友们的拥有量而激增，这意味着他们的边际支付意愿随着玩具在同龄人里的受欢迎程度的增加而增加。另外，我熟识的一些比较傲慢的人，喜欢成为被关注的焦点，从而更愿意去购买很少有其他人拥有的商品。他们为这些商品的边际支付意愿会随着同类人群购买同类商品的增加而降低。[①]

A. 我们提到的这两个例子是正的和负的网络外部性。

a. 首先考虑孩子的玩具。假设对给定数量 N 的同龄人来说，对某种玩具 x 的需求是线性的和向下倾斜的，但儿童"连带人数"的增加（即 N 的增加）会引起需求曲线向上平移。表示出对应着连带规模水平 $N_1 < N_2$ 的两条需求曲线。

b. 假设小孩最多买这些玩具中的 1 种，这些玩具是在不变的边际成本上生产的。对于 p 和 x 结合的均衡，如果均衡是依赖于连带规模 N_1 的需求曲线的，关于 x，什么一定是正确的？

c. 假设你从这个均衡开始分析且边际成本（进而价格）下降。经济学家对这两种效应进行了区分：一种是在连带规模 N_1 的需求曲线上发生的直接效应，而另一种是攀比效应。连带规模的增加会导致需求的增加。标出你的原始均衡 A，发生连带效应前的"暂时"均衡 B 和你的新的均衡 C。假设这个新的均衡要依赖于对应于连带规模 N_2 的需求曲线。

d. 均衡 C 中有多少玩具被出售？用一条线 $\overline{D}$ 连接 A 和 C。$\overline{D}$ 是这个玩具的真实需求曲线吗？解释原因。

e. 如果你是一位在玩具公司工作的拥有有限预算的市场经理，你会在产品刚刚公共展出后就大规模地使用预算在广告上，还是会等待它传播开来后再投放广告？解释原因。

f. 现在假设对我高傲的熟人而言，如果他们的朋友很少有人拥有古驰的产品，他们就更喜欢古驰的产品。对于任意给定的同样拥有古驰产品的朋友数量 N，他们的需求曲线是线性的和向下倾斜的，但当 N 下降时他们的需求曲线的斜率也会下降。表示出对应着连带规模水平 $N_1 < N_2$ 的两条需求曲线。

g. 为方便起见，假设每个人最多只买一件古驰产品。用 A 表示初始均衡，此时生产 N_1 的古驰产品并在某个初始价格 p 上出售；第二个均衡为 C，此时生产 N_2 的古驰产品并在价格 $p' < p$ 上出售。你能再次识别出两种效应吗？一个是直接效

[①] 这些都是凡勃伦商品的例子。我们在第 7 章曾经提到过在不是吉芬品的情况下这些商品的需求曲线可能会向上倾斜。

应，类似于你在问题（c）中所了解到的；另一个是虚荣效应，可以类比于孩子玩具中的攀比效应。虚荣效应与攀比效应有什么区别呢？

h. 判断正误：攀比效应使需求在价格上更富有弹性而虚荣效应使需求在价格上的弹性更小。

*i. 在习题 7.11 中，我们给出了一个对古驰产品向上倾斜的需求曲线，向上倾斜是因为随着古驰产品价格的提高，效用是增加的。在考虑到这里的网络外部性后，同时具有直接效应和虚荣效应的需求曲线还会是向上倾斜的吗？（提示：答案是不会。）

B. 再次考虑之前描述过的正的和负的网络外部性。

a. 首先考虑正网络外部性，诸如玩具的例子。假设对于一个给定的连带规模 N，需求曲线给定为 $p=25N^{1/2}-x$。这会使需求曲线对不同的 N 都保持线性且平行，其中需求随着 N 的增加而增加吗？

b. 假设最多只买 1 个这种玩具。假设我们现在处于 $N=400$ 的均衡中。x 的价格必须是多少？

c. 假设价格下降到 24 美元。只考虑直接效应对价格变化的影响，也就是说，如果孩子们对 N 的看法不变，x 的消费水平会发生怎样的变化？

d. 你能验证当价格下降到 24 美元时，真实均衡（包括攀比效应）会变为 $x=N=576$ 吗？这里与攀比效应相关的直接效应有多大？[1]

e. 接下去考虑古驰例子中的负的网络外部性。假设给定连带规模为 N，对古驰产品的市场需求曲线为 $p=(1\,000/N^{1/2})-x$。这会使需求曲线对不同的 N 都保持线性平行，其中需求随着 N 的增加而降低吗？

f. 假设没人会购买超过 1 件古驰产品。假设我们现在处于 $N=25$ 的均衡中。x 的价格必须是多少？

g. 假设价格上升到 65 美元。只考虑直接效应对价格变化的影响，也就是说，如果人们对 N 的看法是不变的，x 的消费水平会出现怎样的变化？

h. 你能验证真实均衡（包括虚荣效应）会变为 $x=N=62$ 吗？这里与虚荣效应相关的直接效应有多大？

i. 尽管对于固定水平 N 的需求曲线是线性的，你能画出同时包含了直接效应与虚荣效应的需求曲线吗？

†21.6 **商业应用：公有湖的渔业。** 在书中我们引入了公地悲剧的概念，并发现了它外部性的源头在于没有建立合理的产权。这道习题用稍微不同的方法说明同一个道理。

A. 设想一个独立的湖承载了将要在市场上以价格 p 出售的鱼。假设此湖渔业的主要投入是渔网，以每周 r 的租金对其进行租赁，又假设鱼的单一投入生产边界

---

① 如果需要对连带外部效应下的需求曲线进一步分析，请看习题 21.8 中相似的例子。

的收益按规模递减。

a. 以渔网数为横轴，鱼的产量为纵轴作图。画出渔网的边际产量。

b. 回想"边际"产量和"平均"产量的关系，在你的图中加入平均产量曲线。

c. 如果你拥有这片湖，渔网的边际产量和你利润最大化时的价格（p，r）的关系是什么？

d. 在你的图中表明使利润最大化的渔网的数量 n^*。然后，在其下方画出鱼的生产边界，表示出投入市场的鱼的数量 x^*。

*e. 假设你对捕鱼人带到你湖中的每张渔网都按周收取费用，鱼的产量和使用网的数量会改变吗？

f. 接下来，考虑一个临近的湖，除了它是公有的之外其他都与之前相同，也就是没有人管制谁可以来湖上打鱼。假设所有网使用的强度都是相同的，被带到湖上的每张网都被期望打到一周捕鱼总数的平均值。在图上表明多少张网（$\bar{n}$）将被带到湖上来，同时有多少鱼（$\bar{x}$）每周相应地被投入市场。

g. 哪个湖每周产出更多的鱼？哪个湖在捕鱼时是有效率的？

h. 假设重要的不仅仅是现在的鱼的收成，未来湖中鱼的数量也同样重要。解释为什么私人拥有的湖更有可能在长时间内保持一个稳定的鱼的数量，而公有湖却更有可能随着时间的推移而枯竭。

i. 在非洲的一些地方，象鼻或象牙的交易使得大量大象被杀死，大象数量急剧减少，而其他地方却没有。捕猎者经常屠杀整个兽群，取走象鼻，留下残骸。在非洲的一些地方，四处漫步的大象是公共财产；在其他地方大象是被私人所有于它们的主人的，对其的接触有严格的限制。亚洲一些地区大象的族群相对稳定，然而其他地区却濒临灭绝，你能从我们湖的例子中猜到这地区间的区别吗？

j. 你认为为什么美国西部的野水牛已濒临灭绝，而同一地区家养的牛却数量充足呢？

B. 再次令 n 表示湖中使用渔网的数量，并假设 r 是每张网每周的租赁成本。每周从湖中捕捞到的鱼的数量为 $x = f(n) = An^\alpha$，其中 $A > 0$ 且 $0 < \alpha < 1$，鱼在市场上出售的价格为 p。

a. 假设你拥有该湖且你禁止除你之外的任何人在此捕鱼。在你利润最大化的前提下，每周你会打到多少鱼？

b. 假设你现在允许其他人捕鱼，对每张网收取一个费用，且你想要最大化你的费用收入。每周打到的鱼的数量会有什么变化？

c. 接下来，考虑最近刚被开发的离你很近的一个类似的湖。此湖是公有的，每个人都可以随心所欲地在此捕鱼。在那个湖里，每周会捕到多少鱼？

d. 假设 $A = 100$，$\alpha = 0.5$，$p = 10$ 且 $r = 20$。在问题（a）、（b）和（c）中，每周会有多少鱼被收获？每种情况会用到多少张网？

e. 每周湖的租赁价值是多少？如果我们计算你的全部成本，包括拥有湖的机会成本，那么当你是你的湖中唯一捕鱼的人时，你每周会得到多大的利润？

f. 如果你通过向每张网收费来允许其他人在你的湖里捕鱼，那么你的利润是多少（包括在你自己湖上捕鱼的机会成本）？在你的湖上交费并捕鱼的人的利润是多大呢？

g. 在临近的公有湖上捕鱼的渔人的利润是多少？

h. 如果政府拍卖临近的湖，周利率是 0.12% 或 0.001 2，你认为能达到一个怎样的价格？

i. 如果政府拍卖临近的湖，并附加一个条件是每周送到市场上的鱼的数量必须与之前一样，这样该湖会达到怎样的价格？

21.7 商业和政策应用：公有湖捕鱼的外部性。 在习题 21.6 中，我们展示了免费捕鱼会造成对湖里鱼的过度捕捞，因为渔人会继续进行捕捞直到投入的成本（即我们这里的渔网）等于平均而不是边际收益产品。

A. 假设习题 21.6 中的湖是公有的。

a. 在这个湖中渔人们彼此施加到对方的外部性是什么？

b. 把这个问题看作外部性的一部分，你会怎样着手通过对渔网设定一个庇古税来修复这个问题？要计算结果你还需要哪些信息？

c. 假设该湖被某人竞拍得到，他向在这个湖捕鱼的渔人们按每张网收取费用［像习题 21.6A（e）一样］。与最优化的庇古税比较，你认为一个利润最大化的湖的拥有者该怎样收取费用呢？

d. 你认为在问题（b）中政府搜集需要的信息来征收一个庇古税或者在问题（c）中湖的拥有者搜集需要的信息来向每张网收费是容易的吗？谁有更强的激励去获取正确的信息呢？

e. 比较政府对每张网收取的费用与它在（b）中征税额的大小。

f. 假设政府试图对渔人捕鱼设定许可证的限制，渔人现在去公有湖捕鱼需要用许可证。如果政府设定了许可证最优的总量限制，并将它们拍卖，那么每张许可证的价格将是多少？

g. 前面公地悲剧问题的每个解决方法有哪些相同的地方？

h. 代表某地区的议员们经常竞争由政府资助的工程项目。你能对此和在公有湖内渔人对鱼的竞争做一个类比吗？（第 28 章的章末习题 28.2 会对此问题做进一步的研究。）

*B. 令 N 表示每个人用渔网的总数，$X=f(N)=AN^\alpha$ 表示每周的总捕捞数。像在习题 21.6 中那样，令 r 为每周每张网的租赁成本，令 p 为鱼的市场价格，然后令 $A>0$，且 $0<\alpha<1$。

a. 这个湖对任何想捕鱼的人都是免费的。每个个体渔人在使用一张网时会得到多少收益？

b. 当一个渔人多使用了一张网时，其他每个在湖中捕鱼的人收益的损失是多少？

c. 假设每个渔人在选择带多少张网 n 的时候，会将其他人收益上的损失考虑进他们的利润最优化问题中来。写下这个最优化问题。它会解决外部性问题吗？

d. 一个庇古税被最优化地设定为等于一个行动造成的边际社会损失，当在市场最优水平上评价这个行动时，在 N 的最优水平下评估你对（b）的回答，进而求对渔网的最优庇古税。

e. 假设所有的渔人只在意他们自己的利润，但政府已经施加了你在（d）中所推导出来的庇古税。写出渔人的最优化问题并说明 N 的总量的影响。该庇古税能否得到有效的结果？

f. 假设政府使这个湖变为私有，允许拥有者改变每张网的收费。拥有者可能会做如下的事：首先，计算仅他或她自己在湖中捕鱼，用最优化数量的网获得的最大化利润（不考虑湖的租赁价值）；其次用他或她使用的网的数量去除该利润，设定对每张网收取的费用。这意味着对每张网要收多少钱？

g. 比较（f）与（d）的答案。你能解释为什么这两个答案是一样的吗？

h. 假设 $A=100$，$\alpha=0.5$，$p=10$ 和 $r=20$。最优化的（每张网的）庇古税是多少，湖的所有者会收取的利润最大化的每张网的费用是多少？

21.8 **商业应用**：网络外部性以及微软和苹果之争。许多与科技产品有关的市场都存在网络外部性，因为对于消费者而言这种产品的价值取决于还有多少其他的"连带"消费者。举例而言，对于因特网而言，如果世界上没有其他任何人在因特网上，那么它几乎就是毫无用处的；对于电话而言，越多人拥有电话，它就越有用；电脑操作系统同样也是越多人使用就越有用，因为依靠这种操作系统运行的软件的市场会增加，这又反过来在那个系统培育了更优秀的创新软件。假设我们在分析电脑的消费者市场，且每个消费者最多只买一台电脑。

A. 考虑微软 Windows 系统与苹果 Macintosh 系统在 20 世纪 80 年代竞争时的 PC 市场。微软和苹果追求完全不同的策略：微软允许多家 PC 制造商使用 Windows 系统去和其他家竞争从而使 PC 的价格下降。而苹果不允许 Macintosh 系统外用并只把它与自己的苹果电脑一同出售，价格也更加高昂。

a. 假设在买一台个人电脑时人们的兴趣会变化很大，但是他们对电脑的支付意愿随着其他使用相同操作系统的电脑的连带关系的开发而增加，也就是说，当连带网络中只有一个人时，此人对电脑的支付意愿为 B；当连带网络中有 N 个人时，那么人们对同一台电脑的支付意愿为 $BN^{1/2}$。取 N 的三个不同等级，即 $N_1 < N_2 < N_3$，表示出线性总需求曲线 D_1，D_2，D_3，它们对应着使用某个特定操作系统的电脑的 N 的等级。

b. 假设需求曲线 D_1 告诉我们在价格 p 上有 N_1 的电脑被需求。当消费者在消费决策中考虑网络外部性时，在什么意义上它是一个均衡？

c. 现在假设价格从 p 下降到 p'。如果每个人都假定连带规模保持在 N_1 不变，这表明还将有多少台电脑被售出？为什么此时的均衡和我们之前情况的均衡不是同一个方式的均衡？

d. 现在已知人们意识到连带规模会随着价格的下降而发展。当在 D_3 上价格为 p' 时的电脑需求量为 N_3 时会发生什么？表示出新的均衡，并解释为什么一些经济学家认为网络外部性是引起直接效应以及攀比效应的原因。

e. 你认为当价格由 p 下降到 p' 时，从原始均衡到最终均衡的移动过程是怎样随着时间的推移而显现出来的？判断正误：这种网络外部性会导致需求在价格上更富有弹性。

f. 微软在它的许可政策上取得领先，制造了竞争并使个人电脑市场价格急剧下降，而苹果电脑的定价长期高于其他个人电脑的平均水平。你能运用这个模型去解释微软 Windows 系统是怎样成为最具统治力的操作系统的吗？

g. 假设苹果电脑的质量要远比其他参与竞争的个人电脑要好，且它可以被竞争性地定价。为什么这不足以使苹果成为电脑市场上的主导？你认为你分析过的网络外部性是怎样导致一个不效率的市场结果的？

h. 解释下面这句由科技公司主管提出的陈述："在瞬息万变的科技市场，不求最好，只求最快。"

i. 在对操作系统的更新中，苹果引入了一个新的特征，允许客户就传统的 Macintosh 系统和微软 Windows 系统作出选择。根据我们在这道习题中关于网络外部性所了解的内容，你认为这是一个不错的进步吗？

B. 现在更仔细地考虑在 A 部分描述的网络外部性的类型。假设对电脑的总需求函数为 $x=(AN^{1/2}-p)/\alpha$。

a. 通过这条需求函数会得到你在 A 部分分析的平行需求曲线（对不同的连带规模等级而言）吗？

b. 如果连带规模 N 等于电脑售出的数量，那么市场中消费者一方就达到均衡。请由此求得将网络外部性完全加入考虑的真实需求曲线 $P(x)$。

c. 假设 $A>2\alpha$。这条需求曲线是什么形状的？解释原因。

d. 通过画出 $A=100$ 和 $\alpha=1$ 时的需求曲线来检验你在（c）中的答案。在本题剩下部分继续使用这些参数值。

e. 在一个这样的模型中，如果一个均衡不依赖于需求曲线中向上倾斜的部分，我们称它是稳定的（stable），你能猜猜为什么吗？（提示：假设 x^* 对应于某些价格水平 p^* 时，处于需求曲线向上倾斜部分的均衡数量。）当购买数量略多于 x^* 时将会如何？购买数量略少于 x^* 时又会如何？

f. 假设供给曲线与横轴的交点为 $p=2\,000$。我们的模型预示有三个均衡：两个是稳定的而另一个是不稳定的。连带规模与每个均衡有什么联系呢？

g. 假设我们从一个没有人拥有电脑，生产电脑的边际成本是 2 000 美元的均衡开始。为什么厂商会在商店出售它们前发起热烈的电脑赠送活动？有多少它们赠送的电脑会"助推启动"市场呢?

21. 9[†] **商业应用**:污染增加厂商成本——市场结果。我们为方便起见假设污染的负面效应是被不是生产者和消费者的人们所感受到的。考虑下面的情形:一个完全竞争的产业位于一个湖边,湖中包含了一些对生产 x 极其重要的物质。生产每单位产出 x 都会对湖造成污染。这个污染的唯一效应就是它向湖中投入了化学品,这种化学品使得厂商需要强化它们的管道以防被腐蚀,而它对这片区域的其他人和野生动物是无害的。

A. 我们现在建立了一个例子,假设污染唯一影响的对象正是制造污染的厂商。假设生产每单位 x 会使每个厂商的固定成本增加 δ。

a. 假设所有厂商都有相同的规模报酬递减的生产过程,唯一的固定成本就是由污染造成的。对于给定的产业生产量,个体厂商的平均成本曲线是什么形状的?

b. 在我们对长期均衡的讨论中,在第 14 章我们得出长期产业供给曲线是水平的这一结论,所有厂商都有相同的成本曲线。你能回忆起原因吗?

c. 现在考虑本例,为什么产业长期供给曲线现在是向上倾斜的,即使在所有厂商都相同的情况下?

d. 在厂商的成本曲线的并列图形和(长期)产业供给和需求曲线中,表示出厂商和产业的长期均衡。

e. 通常我们在需求和供给曲线图中可以找到表示生产者剩余或厂商利润的区域。这里生产者剩余是哪个区域表示的?为什么你的回答与通常情况有所不同?

f. 在第 14 章我们简要地提到过成本递减产业,这些产业的长期产业供给曲线是向下倾斜的,尽管所有的厂商都有相同生产技术。假设在我们的例子中污染为厂商制造了一个递减的而不是递增的固定成本。这种正外部性会是产生成本递减产业另外的原因吗?

*B. 假设每个厂商(长期)成本曲线被给定为 $c(x) = \beta x^2 + \delta X$,其中,$x$ 是厂商的产出水平,X 是整个产业的产出水平。注意 x 是被包含在 X 当中的,这样我们可以写出成本函数为 $c(x) = \beta x^2 + \delta x + \delta \bar{X}$,其中 $\bar{X}$ 为所有其他厂商的生产产出。当每个厂商都对产业的影响很小时,每个单一厂商的污染对它自己的生产成本的影响可以忽略不计,这样可以近似地(可以使问题简单许多)写出单一厂商的成本曲线为 $c(x) = \beta x^2 + \delta X$,并把 X 视作不受厂商影响的定值。而且,如果所有厂商都是相同的,假设所有厂商都生产相同的产量水平 $\bar{x}$ 是合理的。令 N 表示厂商的数量,我们可以进而写出 $X = N\bar{x}$ 并重新写出对于个体厂商的成本函数为 $c(x) = \beta x^2 + \delta N\bar{x}$。

a. 与竞争性市场中"价格接受"的厂商类似,我们应该如何看待厂商对自己成本的贡献?

b. 求单一厂商的边际和平均成本函数(使用我们最终的近似成本函数)。(注意要意识到从厂商角度来看,成本函数的第二部分是一个固定成本。)

c. 假设厂商在一个长期均衡中,所有厂商都获得零利润。使用你在(b)中的答案求每个厂商生产的产量水平，即用 δ，β，N 和 $\bar{x}$ 来表示的函数。

d. 既然所有厂商都相同，那么在均衡中我们分析的单一厂商将生产与其他每个厂商相同的产量，也就是说，$x=\bar{x}$。求单一厂商的产出水平 $x(N)$，请表示为 δ，N 和 β 的函数。假定厂商在均衡中获得零利润，关于均衡价格 $p(N)$（为 δ 和 N 的函数），这意味着什么？

e. 既然每个厂商都生产 $x(N)$，用其乘以 N 就得到总产出水平 $X(N)$，然后求它的反函数，得到关于 β，δ 和 X 的厂商数量函数 $N(X)$。

f. 将 $N(X)$ 代入 $p(N)$ 得到函数 $p(X)$。你能解释为什么这是可以自由进入与退出的长期供给曲线吗？

g. 假设 X 的总需求由需求曲线 $p_D(X)=A/(X^{0.5})$ 给出。设定产业供给曲线等于需求曲线以得到均衡市场产出 X^*（作为 A，δ 和 β 的函数）。[①]

h. 用你在（g）中的答案确定均衡价格水平 p^*（作为 A，δ 和 β 的函数）。

i. 用你在（g）中的答案确定均衡厂商数量 N^*（作为 A，δ 和 β 的函数）。

j. 假设 $\beta=1$，$\delta=0.01$ 且 $A=10\,580$。X^*，p^* 和 N^* 分别是多少？每个个体厂商生产多少？（与习题 21.10 比较得出最优解。）

21.10　政策应用：污染增加厂商成本——巴尼的解：考虑在习题 21.9 中描述过的相同情形。

A. 再次假设污染的唯一影响对象是厂商，产业每生产一单位的 x，厂商都会增加 δ 的固定成本。

a. 假设在习题 21.9 中描述的均衡中有 N 家厂商。厂商 i 再生产一单位 x 的话，污染相关的成本是多少？

b. 这种污染相关成本中有多少是厂商 i 没有考虑进来的？如果厂商 i 是很多厂商中的一家，可以近似地说厂商 i 没有考虑任何污染相关成本吗？这与我们对竞争性厂商的"价格接受"假设在什么意义上是相似的？

c. 假设我们仁慈的社会规划者巴尼可以告诉厂商应该考虑进多少成本。请表明巴尼对每个单一厂商的边际成本曲线的建议是如何与厂商原来使用的边际成本曲线相联系的？（给定产业中一个固定的企业数量 N）？

d. 你的答案表明的厂商的 AC 曲线与巴尼建议厂商应有的 AC 曲线的关系是什么？

e. 判断正误：如果厂商使用巴尼建议的成本曲线，长期产业供给曲线将向上倾斜，就像在习题 21.9 中没有巴尼时得到的一样，但是现在它应该位于习题 21.9 的位置之上。

---

① 注意需求函数是对效用函数 $U(x,y)=2Ax^{0.5}+y$ 求效用最大化而得到的（y 代表复合商品）。这样需求曲线就可以被看作由一个对 x 拥有拟线性偏好的代表性参与者产生，表示边际支付意愿和非补偿需求曲线的真实加总。可在第 15 章回顾这点。

f. 判断正误：在有效的结果之下，产业将在最高价生产得更少。

g. 如果一个公司拥有在湖边的所有厂商，那么这个公司考虑污染成本的方式会更像巴尼还是更像个体竞争性厂商呢？（在习题 23.11 中，你会在垄断的背景下被要求重新来看这一题。）

*B. 考虑与习题 21.9 的 B 部分相同的安排。在前面的情形中我们得到了市场均衡，我们说在一个有多家厂商的模型中，假设每个个体厂商不去考虑它自身对污染的影响是合理的，为简化模型，成本函数表示为 $c(x)=\beta x^2+\delta N\bar{x}$（其中后者为固定成本）。

a. 现在考虑仁慈的巴尼会对每个厂商应用的成本函数：从社会规划者的角度，厂商的可变成本（由 βx^2 表示）依然会造成影响，就像污染带来的固定成本一样（用 $\delta N\bar{x}$ 来表示，其中 $\bar{x}$ 代表每个厂商的产量，N 是产业中厂商的数量）。但是巴尼同样会考虑如下事情：厂商 i 生产的每单位 x 会造成每个厂商的成本 δ 增加。这意味着巴尼认为厂商 i 施加给社会的污染成本是 δNx。也就是说，巴尼认为每个厂商的成本函数为 $c_B(x)=\beta x^2+\delta N\bar{x}+\delta Nx$。从中求巴尼会对每个厂商使用的边际成本和平均成本函数。

b. 使用巴尼会对每个厂商为达到 N^*，p^* 和 X^* 所用的成本函数，重复习题 21.9 的 (c) ～ (i) 部分。

c. 比较你的答案与习题 21.9 有何不同。

d. 像在习题 21.9 (j) 部分那样假设 $\beta=1$，$\delta=0.1$ 以及 $A=10\,580$。求 X^*，p^* 和 N^*。每个个体厂商生产多少？

e. 比较这些答案与你在习题 21.9 中得到的答案。尽管污染仅仅影响产业中的厂商，你能就为什么这些答案不同给出一个直觉上的解释吗？

f. 为使竞争性厂商实现你刚刚在 (d) 中算出的均衡，需要的庇古税是多少？这时，消费者应支付什么价格？生产者会接受什么价格？

g. 验证你的庇古税实际上导致了使需求和供给达到你在 (d) 中得到的产出水平的消费者价格和产业价格。（注意：做这部分练习时你需要回头看看你在习题 21.9 中的答案。）

21.11 政策应用：污染增加厂商成本——解决政策。这道习题仍然建立在习题 21.9 和 21.10 的基础上。与之前做相同的假设：位于湖周边的厂商排放的污染会导致所有厂商的（经常性）固定成本增加。

A. 继续假设生产的每单位产出会导致产业内所有厂商的固定成本 δ 增加。

a. 首先，表示出市场需求曲线和长期产业供给曲线，标出市场均衡点 A。

b. 接下来，在不增加任何曲线的情况下，在你的图中标出如果厂商承担它们排放的污染的全部成本则市场的产出所在的点 B。

c. 表示出使市场移动到均衡点 B 的庇古税。

d. 假设 N^* 是在市场作用下产业内厂商的数量，N^{opt} 是最优厂商数量，δ 的界定和以前一致。为了实施庇古税，政府需要知道什么？政府需要知道的内容比税收更容易观测到吗？

e. 在你的图中指出消费者剩余在税收前后的位置。

f. 记住你在习题 21.9 中得出的结论，（长期）生产者剩余或者上期产业利润会因为税收的结果而改变吗？

g. 判断正误：在这个例子中庇古税下的污染成本等于在税收下得到的税收收入。

h. 在市场作用下有额外污染损失吗（在不存在税收的情况下）？

i. 不采用这种税会有净损失吗？

j. 假设政府想要在这个湖上引入限额交易系统，其中污染许可证规定生产者在生产一单位产出时制造的污染量。当政府想得到有效的结果时，污染许可证的"总量管制"是什么？当这样的许可证被交易时，它的租金率应该是多少？

k. 当政府在污染许可证的数量上设定"总量管制"时需要了解些什么？

B. 继续使用在习题 21.9 和 21.10 中成本和需求函数的基本形式。依然按之前的习题假设 $\beta=1$，$\delta=0.1$ 以及 $A=10\,580$。

a. 如果你还没有做习题 21.9 中的 B（f）部分，确定使生产者会像社会规划者希望的那样做行为决策的庇古税。消费者最终会支付什么价格？如果保持这个税收水平，厂商的最终价格是什么？

**b. 计算（在我们的数值例子中）在存在和不存在庇古税时的消费者剩余。（如果你不会做微积分，那么跳过这个问题。）为什么这个产业中的（长期）生产者剩余或者长期利润在税收中都是不变的。

c. 请确定在征税前后的总污染成本。

d. 请确定庇古税的税收收益。

e. 税收前后的总剩余是多少？在不存在税收的情况下净损失有多大？

f. 接下来假设政府引入可交易的污染许可证或者许可证系统，1 单位许可证可以使厂商排放使其生产 1 单位产出的污染量。求对这种许可证的需求函数。

g. 政府售卖许可证的最优水平是什么，如果政府这样做，那么许可证的租金率是多少？

21.12 政策应用：社会规范和私人行为。当被要求解释我们的行为，我们有时只简单地回答："那是应该做的正确的事。""正确的事"是通过观察其他人的行为所形成的，我们观察别人做"正确的事"越多，我们就越相信那确实是"正确的事"。在这种情况下，我的行为"去做正确的事"直接促成了社会规范，部分地支配了其他人的行为，我们也进而得到一个外部性的例子。

A. 考虑使用可观察的绿色科技的例子，如驾驶混合动力汽车。假设有两种类型的汽车购买者：（1）一种是一小部分"环保者"，对他们来说绿色科技是有吸引力的，不管其他人怎样做，他们对绿色汽车的需求独立于有多少其他人使用绿色汽车；（2）另一种是一大部分"普通人"，他们不在乎环境问题，但更在乎"去做正确的事"。

a. 画出"环保者"的总需求曲线 D_0。假设绿色汽车在市场价格 p^* 上的供给是竞争性的，然后画出在那个价格上的绿色汽车的完全弹性供给曲线。

b. 在这个问题中有两类外部性。第一类是绿色汽车对环境产生的积极影响。假设与这个外部性相关联的社会边际收益有 k 的量，在你的图中标出"环保者"的汽车的有效数量 x_1，然后指出可以消除市场无效率的庇古补贴 k。

c. 第二个外部性出现在形成社会规范的例子中，也是一种形式的网络外部性。假设"普通人"看到在路上行驶的绿色汽车越多，他们越会相信购买绿色汽车是应该做的"正确的事"，即便他们现在还没那么相信。假设"普通人"对绿色汽车的线性需求为 D_1，当有 x_1 辆绿色汽车在路上行驶时，纵截距小于（p^*-k）。请在分开的图中表示出 D_1，并表示出当有 x_2（$>x_1$）辆绿色汽车在路上行驶时"普通人"对绿色汽车的需求曲线 D_2。D_2 会有一个大于 p^* 的截距吗？

d. （b）中的补贴对"普通人"的行为有什么影响？在不存在网络外部性时，它是有效的吗？

e. 将补贴提高到庇古水平之上会如何比最初征收的庇古税产生一个深远得多的影响？如果网络外部性充分强，是否最终能完全消除补贴，使得不管怎么样，绝大多数"普通人"都会使用绿色汽车？

f. 解释实施更大的初始补贴是怎样改变"社会规范"的，其中社会规范可以代替补贴成为驱使人们驾驶绿色汽车的最重要的因素。

g. 有时人们提倡所谓的"罪恶税"，即对香烟和色情作品征税。在不存在网络外部性的情况下，解释你需要对这种税做怎样的假设才能使它被证明是有效的。

h. 在网络外部性下，像这样的罪恶税是怎样被证明是一种保持社会禁忌和标准的方法的？

B. 假设你居住在一个有 150 万潜在汽车拥有者的城市。在这座城市中，"环保者"和"普通人"的需求曲线给定为 $x_g(p)=(D-p)/\delta$ 和 $x_m(p)=(A+BN^{1/2}-p)/\alpha$，其中，$N$ 是道路上绿色汽车的数量，p 是绿色汽车的价格。本题假设：$A=5\,000$，$B=100$，$D=100\,000$，$\alpha=0.1$ 以及 $\delta=5$。

a. 令汽车产业为完全竞争性的，其中汽车的价格等于边际成本。假设一辆绿色汽车 x 的边际成本是 25 000 美元。"环保者"会买多少辆车？

b. 解释如何使"普通人"不会购买绿色汽车成为可能？

c. 假设对绿色汽车的购买带来了价值 2 500 美元的正外部性。对于在（a）中描述的情形来说，内在化外部性的庇古补贴的影响是什么？你认为这种补贴有可能吸引到任何"普通人"市场吗？

d. 如果补贴提升到每辆绿色汽车 5 000 美元，你的答案会改变吗？如果提升到每辆绿色汽车 7 500 美元呢？

**e. 假设每辆绿色汽车 7 500 美元的补贴被实施了，并且假设市场根据以下步骤来调整它：首先，"环保者"在时期 0 调整他们的行为；然后，在时期 1"普通人"根据他们对时期 0 中道路上绿色汽车的数量的观察来购买绿色汽车；从此之后，在每个时期 n，"普通人"根据他们对时期 $(n-1)$ 的观察来调整他们的需求。建立一个表格，表示出在时期 1~20 中，"普通人"购买绿色汽车的数量 x_g 和"环保者"购买的数量 x_m。

f. 用网络外部性和变化的社会规范来解释你在表格中所看到的内容。

*g. 现在从另一个稍微不同的角度看同一个问题。假设"环保者"驾驶绿色汽车的数量为 $\bar{x}$。道路上总的绿色汽车的数量为 $N=x_m+\bar{x}$。用该式求出"普通人"对绿色汽车的需求曲线 $p(x_m)$，并解释当 $\bar{x}=16\,000$ 时它的形状。

h. 联系我们在习题 21.8B（e）中介绍的"稳定"与"不稳定"均衡。假设你可以计算不同价格的 $\bar{x}$，当 $p=25\,000$ 时，稳定均衡是什么？当 $p=22\,500$ 时呢？当 $p=17\,500$ 时呢？

i. 解释为什么 2 500 美元和 5 000 美元的补贴都预期不会对"普通人"的行为造成影响，但是 7 500 美元的补贴就会造成一个巨大的变化。

j. 比较当补贴为 7 500 美元时你对 x_m 的预测与在问题（e）你的表格中 x_m 的演变。当我们趋向新的均衡时，如果补贴减少到 2 500 美元，你预测 x_m 会发生什么？如果它完全取消了呢？

21

第 22 章　竞争性市场中的信息不对称

我们在第 21 章处理外部性时，第一次在我们的模型中引进了导致一个竞争性市场在没有其他市场或非市场制度安排下无效地分配稀缺资源的经济势力（不同于政府诱导的价格扭曲）。[①] 我们进一步说明了由外部性所引起的问题是与某些市场的不存在性相关的问题，这使得一个新市场的建立或者一些非市场制度安排的市场势力的微调成为必要。在这一章我们将看到另一个导致特定市场不存在并导致了在存在的市场中稀缺资源配置的无效性的经济势力的例子。这一经济势力产生于某些类型的潜在市场参与者之间的信息不对称，我们将看到，它与产生于过程中的一种特定类型的外部性紧密相连。

当然，信息在买方和卖方之间总是不同的，买方知道他们对某种商品需求背后的偏好与经济环境，而卖方知道他们供给决策背后的生产成本。市场的一个重大优势是形成市场价格，当价格对买方和卖方发送"正确的"关于稀缺的资源怎样在市场中被配置的信号时，这样的信息以有效的方式被使用。然而，在市场中引起外部性问题的信息不对称有别于简单地对我们个人偏好与成本的不同程度的了解。它们涉及逆向影响其他人的隐藏信息，因为这些信息可以用来"利用"在市场另一边的人。

信息不对称（information asymmetries）发生在当买方和卖方对被交易的产品（或服务）的本质或者是提供产品（或服务）的真实成本有着不同的信息的时候。它的一个常见的例子发生在保险市场中。例如，我到一个健康保险公司表现出我对购买健康保险的兴趣。我自己比保险公司有更多的信息。特别地，我更多地了解我自己的健康状态以及我需要保险医疗的可能性，而且我更多地知道如果我被保，我的生活状态会怎么变化。这是保险公司非常想要拥有的信息，可用来确定对我提供保险的可能成本。如果我被保了，我的健康状况越糟糕或我越有可能从事危险行为，保险公司为我提供健康保险的可能成本越大。当我到保险公司来得到好的健康

[①] 这一章假定对第 14 和 15 章中的局部均衡模型有一个很好的理解并概念性地参考第 21 章中的外部性的材料。本章的 B 部分也建立在第 17 章的非一般均衡部分之上。

保险交易时，我有动机隐藏糟糕的健康状况或倾向风险行为的情形。如果保险公司不能区分那些隐藏健康信息的人与那些简单地需求保险但是没有任何隐藏的人，那么保险公司最终将无法提供使健康的个体愿意购买的保险计划。因此，信息不对称的问题以及那些与在保险市场上隐藏信息的"逆向选择"相关的问题能导致丢失市场。

同样的问题也产生于其他市场。例如，在二手车市场中，二手车的主人对车的质量比潜在的买方拥有更多的信息。在劳动市场上，工人对他们的真实资格比雇主们知道得更多。在抵押贷款市场上，潜在的屋主对他们未来进行房贷支付的实际能力比贷款给他们的银行知道得更多。在制药市场上，药物公司对特定药的实际效果相比于病人甚至医生知道得更多。在金融市场上，公司高管对公司真实的财务健康状况比普通股东知道得更多。这些情形中的每个都与保险市场有一些相同的特征，市场中的一方比另外一方有着内在地更多的与市场交易相关的信息，这可以使得另外一方对进入交易有所犹豫。另外，在每个情形中存在着其他市场机制，例如公民社会机制或政府政策，这可以缓和市场所面对的信息不对称问题。

这章与其他章的组织安排有所不同，其中 A 部分对第 17 章中风险的专题内容不做要求。即使你没有完全理解我们是怎么对风险建模的，你也会对在信息不对称情况下市场所遇到的问题有所了解。然而，由于信息不对称表示一个处理风险的保险市场的特定问题（如第 17 章所描述的），本章 B 部分建立在我们在第 17 章介绍的风险下的保险框架上。如果你只了解了第 17 章直观的第一部分，那么你可以继续阅读注重以图示说明信息不对称在保险市场的影响的（B 部分的）子节。出于这个原因，B 部分的数学阐述将限制在单独的子节里面。

22A　信息不对称与有效性

在这一部分我们将发现市场中有一方隐藏信息的现象能通过导致外部性问题生成无效性。在一些情形下，这将导致如果信息能更加普遍地获得，那么每个人将变得更好的市场不存在。在其他情形下，它将导致市场扭曲，我们能看到原则上更多的信息将会导致更大的有效性。我们在通过一组更熟悉的图来说明净损失之前首先通过一个假设的保险市场的案例来开展这些观点。接着，在本章 A 部分的最后两节，我们将讨论与保险市场不相关的一些其他现实世界的逆向选择问题的例子。

22A.1　成绩保险市场

让我们以一个有点傻的例子开始。假定我在学期开始时联系你们的教授并告诉他我想在你们班上出售"成绩保险"。它的原理如下：如果一个学生想确保他在班上至少得到成绩 x，他可以购买价格为 p_x 的保险来确保成绩 x 是他的最低成绩。保证越高成绩的保险需要越高的价格。在学期末，教授和我将会坐下来看看正式成绩的分布,尤其是那些从我这里购买了保险的人所获得的成绩。一方面,如果一个在本学期开始时购买了保险的学生所获得的成绩低于 x,我将付款给教授来打消他的顾虑并提升成绩,支付的大小取决于正式成绩和已经通过保险担保的成绩的差。另一方面,如果为成绩 x 购买保险的学生实际上得到了一个等于或者高于 x 的成绩,那么就不需要调整成绩,从而我的成绩保险公司没有发生成本——我就正好留下学生支付给我的保费而不需要给教授分一杯羹。

为了使这个例子更加具体,我们假定成绩保险市场是完全竞争的(这意味着每个成绩保险公司在均衡时将最终创造零经济利润)并假定你们的成绩(在我通过付款给教师来提升成绩之前)围绕 C 按比例加分,10% 的学生得 A,25% 的学生得 B,30% 的学生得 C,25% 的学生得 D,以及 10% 的学生得 F。[①] 最后,我们假定最少需要支付 c 使得教授把成绩提升 1 个字母等级(支付 $2c$ 可提升 2 个字母等级,支付 $3c$ 可提升 3 个字母等级,等等)。

22A.1.1 A-保险与逆向选择问题 为把重点放在成绩保险市场所面对的一个特定问题上,首先假定只提供 A-保险并且不管一个学生是否购买保险,学生的行为将是完全一样的。从而在学期开始时购买保险的学生将会在班上与他们没有保险时一样努力学习。学生们对自己在课上表现很好还是糟糕有一个很好的了解,但是作为一个刚来的外人,我对任何个体学生一无所知,而只知道最终将产生的成绩的分布。

假设每个人都被强迫购买 A-保险,如果我们知道成绩保险市场的每个人在均衡时都将创造零利润,那么不难确定均衡保费 p_A。我将需要为班上 10% 的得 F 的每个学生支付 $4c$,对班上 25% 的得 D 的每个学生支付 $3c$,对班上的 30% 的得 C 的学生支付 $2c$,以及对班上 25% 的得 B 的每个学生支付 c。保费将是

$$p_A = 0.1 \times 4c + 0.25 \times 3c + 0.3 \times 2c + 0.25c = 2c \tag{22.1}$$

A-保险的保费简单地由提升 1 个等级你的成绩需要支付给你的教授多少钱来决定。如果那个价格是 100 美元,保费将等于每个学生 200 美元。

练习 22A.1 在一个强迫所有学生购买保险的系统里,如果唯一被提供的保险是用来确保 B 的,均衡的保费是什么?如果唯一被提供的保险是用来确保 C 的呢? ■

然而,假定我们并不强迫每个人购买特定的保险而只是简单地由每个个体学生来决定是否购买保险。如果能合理地预期到选择购买保险的学生集是班上的一个随

---

① 给杜克大学的学生的一句话:我了解杜克大学成绩通胀的现象,因此请不要给我发邮件告诉我说这不是一条"杜克"曲线。

机样本，我们前面用的完全相同的逻辑将会导致完全相同的保费。① 然而，似乎那些选择购买保险的学生将不代表一个随机样本，那些在班上预期得 A 的学生对购买保险不是很感兴趣。从而，如果我收取式（22.1）中的保费，我将损失钱。

现在假定所有的学生都愿意支付 $2c$ 来把他们的成绩提升一个档次以及 $0.5c$ 来把他们的成绩额外提升一个档次。换言之，一个得 F 的学生愿意支付 $2c$ 把其成绩提升到 D，支付 $2.5c$ 把其成绩提升到 C，支付 $3c$ 把其成绩提升到 B 以及 $3.5c$ 把其成绩提升到 A。

练习 22A. 2 在一个成绩保险的有效配置中（仅当 A-保险被提供时），谁将购买 A-保险？（提示：比较每个学生类型成绩提升的总成本与每个学生类型所产生的总收益。）

练习 22A. 3 如果所有类型的保险都可得——A-保险、B-保险等，在有效性下谁将拥有什么类型的保险？（提示：把每个类型的学生成绩提升一个水平的边际成本与边际收益进行比较。）■

这将意味着如果 A-保险以 $2c$ 的保费被提供，班上 90% 的学生都将愿意购买 A-保险。但是我的保险公司将会遭受较高的成本。如果班上有 100 个学生，我将对 25 个得 B 的学生发生成本 c，对 30 个得 C 的学生发生成本 $2c$，对 25 个得 D 的学生发生成本 $3c$ 以及对 10 个得 F 的学生发生成本 $4c$，从而总成本是 $200c$ 或者每个购买保险的 90 个学生的平均成本是 $2.22c$。因此为使我得到零利润，我需要对 A-保险收取 $2.22c$ 的保费。但是在那个价格上，得 B 的学生将不再愿意为 A-保险支付，因为价格高于他们愿意为提升 1 个成绩水平支付的价格。这意味着如果只有得 C、D 和 F 的学生愿意购买我的保险，我需要为相同的保险方案收取大约为 $2.69c$ 的保费来保证不赔本。

练习 22A. 4 验证如果仅有 65 个得 C、D 和 F 的学生购买保险，A-保险的不赚不赔的保费水平将近似为 $2.69c$。■

但是现在得 C 的学生不愿意支付保险了，因为他们只支付 $2.5c$ 就可以把他们的成绩提高两个档次：第一个档次 $2c$ 和第二个档次 $0.5c$。从而，只有得 D 和 F 的学生愿意为我的 A-保险支付 $2.69c$。但是如果他们是仅有的购买的人，你可以证明我的保费需要上涨到大约 $3.29c$——充分高到只有得 F 的学生对 A-保险有兴趣，从而使得 $4c$ 的保费成为必要，但是那样的话即使是得 F 的学生也不愿意支付了。从而，假设学生被允许选择是否购买 A-保险，如果学生知道他们是什么类型的并

---

① 一个随机样本有时候包含相对好的学生而其他一些时候包含相对差的学生，这确实将会对保险公司造成一些风险，但是如果这个保险公司在不同的教室里面出售很多这种类型的保险，风险将会消除。

且我不知道，那么在均衡中我将不能卖出任何保险。这是一个可能产生于信息不对称（或隐藏）市场的一般被称为逆向选择问题的例子。

在我们的例子中产生了逆向选择，因为每个学生比我的保险公司对于如果我把保险卖给他我将遭受多少成本有着更多的信息，从而学生将"逆向地"选择从我这里购买保险，"高成本"的学生比"低成本"的学生更可能需要保险。在我们的例子中得 B 和 C 的学生持有 A-保险是有效的（你应该已经在练习22A.2中得出了该结论），但是二者都没有这样做。[①] 与第21章中外部性的情形一样，竞争性均衡是无效的。即使学生在没有保险时不能完美地预测他们所能获得的成绩，他们也比我对他们获得一个好成绩的概率有更多的信息。从而，即使在没有保险的情况下那些最终得 A 的学生愿意在学期初购买保险，在平均上他们仍比那些最终获得糟糕成绩的学生愿意支付更少的保费。因此出于这个逆向选择问题，排队在我这里购买保险的学生通过提高保险的平均成本（从而我必须提高收取的保费）在市场中施加了一个负外部性。他们进入这个市场的决策"逆向地"影响了其他学生。这就是产生于信息不对称的负外部性，正因为这个外部性的出现，我们例子中的市场均衡将不存在。

练习 22A.5 如果学生总是愿意为他们成绩等级的每一次提升支付 $2c$，我是否能够出售 A-保险？其所导致的均衡是否有效？ ■

22A.1.2 信息、逆向选择与统计歧视 我们已经看到 A-保险市场中的信息不对称是怎么通过逆向选择所产生的负外部性导致保险市场不存在的。为更进一步把重点放在信息不对称怎么引起这一点上，我们可以考虑如果我能获得到目前为止假设只有学生能拥有的信息，均衡（或非均衡）将怎么改变。

首先假定在每学期开始的时候我能看到学生的成绩单，并且从这个成绩单我可以推断在没有保险的情况下在学期结束的时候每个学生将会得到的成绩。接着我将提供给每个学生一个保单规则的列表并依据信息对它们定价。例如，对一个得 B 的学生，我可以以价格 c 提供 A-保险（从而我利润为零），而这个学生将愿意支付更多。对得 C、D 和 F 的学生，我可以类似地把 A-保险分别定价为 $2c$、$3c$ 和 $4c$，其中得 C 和 D 的学生愿意支付这个价格而得 F 的学生不愿意（因为这样一个保险对他们只值 $3.5c$）。从而通过消除信息不对称，我们修复了 A-保险的市场。此外我们用一种有效的方式做到了这一点，保险只卖给那些意愿支付超过保险产品成本的那些学生。

---

① 得 B 和 C 的学生持有 A-保险（当只有 A-保险能选择时）是因为提高他们成绩的成本分别是 c 和 $2c$，而他们从获得 A 成绩得到的收益分别是 $2c$ 和 $2.5c$。对于得 D 的学生收益等于成本，因此有或没有保险都是有效的。但是得 F 的学生收益是 $3.5c$ 而成本是 $4c$。

然而，现实世界永远不那么确定，学生和我都不能完美地预测在没有保险的情况下他们在学期末得到的成绩是什么。假定我从学生的成绩单观察到学生"在平均上"已经得到了什么样的成绩从而能够把学生分类为"A 学生"，"B 学生"，"C 学生"和"D 学生"。假定我通过查看课程中学生过去的表现得知"A 学生"75% 的时候得到 A 和 25% 的时候得到 B，所有其他的学生 25% 的时候得到比他们通常成绩高一个档次的成绩，50% 的时候得到通常的成绩以及 25% 的时候得到低于通常成绩一个档次的成绩。假定学生不比我知道更多的信息，我可以再次对每个类型的学生提供不同的保单规则，其保费会使我有一个期望的零利润。

例如，由于我知道我有 25% 的概率对一个"A 学生"支付 c 的成本，我可以把"A 学生"的 A-保险定价在 $0.25c$。同样地，由于我知道购买 A-保险的"B 学生"以 25% 的概率不花费我任何东西，50% 的概率花费 c，25% 的概率花费 $2c$，我把对"B 学生"的 A-保险定价在 c。你可以自己证明 A-保险的均衡价格对"C 学生"为 $2c$，对"D 学生"为 $3c$。

练习 22A.6　如果一个"F 学生"以 75% 的概率获得 F 并以 25% 的概率获得 D，那么均衡价格 P_A^F 是多少？ ∎

注意到如果成绩结果是不确定的，只要从学生的角度和从我的角度是同等地不确定，就没什么事情发生本质的改变。只要学生不比我有更多的信息，不管那些信息是否涉及不确定性，逆向选择问题都将不会产生，A-保险的均衡价格将会存在，并因为购买该保险的学生类型不同而不同。当我对每个学生掌握有完全的信息并能完美地预测他在没有保险的情况下能得到的成绩时，我将基于学生的个人特征进行歧视。然而，当我和学生都对这个学期将发生什么有一些不确定性时，我最终将会基于我认为的一个特定的学生获得特定成绩的概率的统计证据进行歧视。这样的基于一个个体所属群体背后的特征的价格歧视被称为统计歧视（statistical discrimination）。

22A.1.3　道德风险问题　在我们整个看起来有点傻的 A-保险市场问题的讨论中，我们做了一个夸张的假设，学生在有成绩保险时将会和没有的时候一样努力和勤奋地学习。但他们会这样吗？或者我的保险公司提供的确保一定成绩的保险是否会引起一些学生不理会那些科目，停止上课，停止学习，甚至可能旷考？如果你以各种方式坚持学习这门课程到第 22 章，你很可能是通过实际学习而不是仅通过成绩单上的成绩而对这门课获得满意结果的那种类型的学生。甚至你可能是那种即使没有考试和成绩约束仍将努力学习的稀有学生。但是在一门课程中学生对成绩相对于实际学习的价值的认识各不一样，这意味着在我的保险下学生改变行为的程度将因人而异。在进入一个合同后个人以这种方式改变行为的问题被称为道德风险问题（moral hazard problem），这使得合同的另外一方在执行这个合同时的成本变得更昂贵。

如果所有的学生对被保险作出相同的反应，那么我至少可以预测与他们继续如同他们没有保险时的行为相比我将多花费多少。例如，如果班上随机选择的一半学生从我这里买了 A-保险，我们在前面计算了在没有道德风险时 $2c$ 的保费将使我的期望利润为零。但是，如果每个购买保险的学生都充分地改变他们的行为，最终将会导致与没有改变时低一个档次的成绩，我将需要收取 $3c$ 的保费来得到零期望利润。对那些我为其提供保险的人的道德风险行为的预期意味着与没有该行为的时候相比我要收取更多费用，它产生于当被保时个人倾向于从事更有风险的行为的保险市场。

然而，如果学生一旦有保险后其行为就变得不一样了，假定学生比我更了解他们自己，那么我们面临一个不仅仅是更高保费的更大的问题。再一次，我比学生自己拥有有关他们的更少的信息，这将会加强我们在没有道德风险情况下所讨论的逆向选择问题。即使我能够从成绩单识别 A、B、C、D 和 F 学生并精确地知道他们在没有保险时所获得的成绩，我现在仍需要忧虑他们中的一些人一旦被保后将会比别的学生展示出更大的道德风险。例如，知道其在课程中可以得 B 并且知道如果被保他将同样努力学习的 B 学生与那些有了 A-保险后更能享受海滩的 B 学生相比不愿意支付那么多保费。从而，学生们将会基于一旦被保后他们展示出来的道德风险的水平"逆向选择"进入我的保险池。只要他们知道这个信息并且我不知道，我们将会迎来与我们最初逆向选择例子中相同类型的保险市场的瓦解。

那么，一方面，由于"高成本"消费者在抬高保险价格时强加给"低成本"消费者的"逆向"外部性，逆向选择引起了保险公司的问题并可以使得保险公司在均衡时不再运转。另一方面，在我们的例子中道德风险本身是一个保险公司可以通过用保费的定价来处理的问题。然而如果道德风险由于保险公司不能识别不同的个人在被保后怎么从事不同水平的风险行为而创造了信息不对称问题，那么这创造了另外一个再次破坏市场存在性的逆向选择问题。经济学家已经写了很多关于保险公司（以及其他面临道德风险的市场）通过安排合同来最小化道德风险行为的最优方法。尽管我们在本章对此没有正式地展开讨论，你可以思考我的保险公司可能施加在那些购买成绩保险的人身上的可能条件。比如，作为合同的一部分，我可能要求你的教授认证那些从拥有成绩保险中受益的学生实际上有去上课、交了作业并参加了考试。（像这样一些问题经常被包含在合同经济学的课程中。）对于现在，我们简单地注意到在某种程度上保险公司在出售保险时通过合同安排最小化了道德风险，它们限制了伴随着道德风险存在的逆向选择问题。

22A.1.4 逆向选择下的不极端均衡

到目前为止，我们已经证明了逆向选择问题可能导致市场不存在。这是对逆向选择问题的一个极端说明，并不是所有受困于逆向选择的市场都将会完全消失。例如，假定你的教授不允许我出售 A-保险，但同意我出售 B-保险，即可以保证一个学生在课程中至少可以获得 B 的保险。为使例子尽可能简单，让我们假定没有道德风险问题，学生精确地知道他们将获得什么成绩，我没有任何个体学生的信息，并且去对个体学生搜集有用的信息是非常昂贵的。

当然，我们马上知道，没有 A 或 B 学生会对购买我的保险感兴趣。在一个有100 个学生的班上，只有 65 个 C、D 和 F 学生是潜在的顾客。如果他们最终都从我这里购买了保险，我知道我将会对 30 个 C 学生发生成本 c，对 25 个 D 学生发生成本 $2c$，对 10 个 F 学生发生成本 $3c$。我对每个顾客的平均成本是 $110c/65$ 或者近似为 $1.69c$。由于学生愿意为他们成绩一个水平的上升支付 $2c$ 并为额外水平的上升支付 $0.5c$，我们知道 C、D 和 F 学生对 B-保险分别愿意支付 $2c$、$2.5c$ 和 $3c$，从而都愿意支付我规定的 $1.69c$ 的持平保费。在这种情形下，逆向选择问题并没有足够大到可以消除 B-保险市场的均衡的水平。

练习 22A. 7 在只有 B-保险被允许的条件下，该均衡是否有效？ ∎

现在假定学生对成绩保险的需求稍微有点不一样：假定一个学生愿意为他成绩的一个水平的提升支付 $1.5c$ 并为额外的提升支付 c。这意味着 C 学生愿意为 B-保险支付 $1.5c$，这比当所有的 C、D 和 F 学生都购买保险时我收取的用来持平的保费 $1.69c$ 要少。如果我因此把保险只提供给 35 个 D 和 F 学生，你可以证明我将需要收取一个大约为 $2.29c$ 的持平保费。由于这一保费小于 D 和 F 学生对 B-保险的估值，均衡将会导致 35 个 B-保险被卖给那些学生。现在，逆向选择的外部性导致了被出售的保险变少，但是均衡仍存在。

练习 22A. 8 在只有 B-保险被允许的条件下，该均衡是否有效？ ∎

如果教授允许我出售所有形式的保险，这个例子将会变得复杂得多。在章末习题 22.1 中，我们将更进一步研究这个问题。假设个体对他们将得到的确切成绩不确定并且对他们的通常成绩支付 $1.5c$ 而对他们通常成绩之上的成绩支付 $0.5c$。在这种情形下，购买确保通常成绩之外的任何保险都是无效的。这是因为确保通常成绩的成本是 c，而收益是 $1.5c$，但是把成绩提到高于通常成绩之上的每个水平的价值只有 $0.5c$ 而成本是 c。如我们将在这个习题中所证明的，逆向选择将会再一次导致无效性。

22A. 1. 5 信号与信息的甄别 到此为止，我们已经说明了信息不对称是怎么引起我们成绩保险市场的问题的。然而，从我们的例子中，清楚的一点是"好"或"低成本"的学生有动机通过一些办法来向我的保险公司提供可信的信息以便我能给他们一个好的交易条件。同样地，我的保险公司有动机用不同的方式搜集信息，比如通过得到成绩单、面试学生等。换言之，学生有动机提供信息给我，我有动机来甄别申请群体。你可以在章末习题 22.2～22.4 中探索在不同的关于成绩保险市场的假设下这样的信号与信息的甄别是怎样增加市场有效性的以及怎样可能是浪费的？在下一节我们发展了一个更加图示化的模型后，我们将在一个不同的也是更加现实的环境中重新回溯这个问题。

22A.2 通过信号与甄别显示信息

现在让我们远离那些虚构的成绩保险市场并更一般地考虑保险的情形。尽管这一节的处理方法可以应用到所有类型的保险上，我们将用汽车保险来架构我们的讨论。假定有两种类型的潜在消费者：类型 1 消费者是可能卷入车祸的"高成本"消费者，而类型 2 消费者是安全驾驶的"低成本"消费者，他们要求保险公司为他们的损失进行赔付的可能性较低。我们可以把类型 1 消费者的汽车保险的期望边际成本设为 MC^1，而把类型 2 消费者的汽车保险的期望边际成本设为 MC^2，并且 $MC^1 > MC^2$。为使例子尽可能简单，我们进一步假定需求曲线等于边际支付意愿曲线并且类型 1 消费者的总需求曲线 D^1 与类型 2 消费者的总需求曲线 D^2 是一样的。

图 22-1 的组图（a）说明了如果只有类型 1 消费者，汽车保险市场将是什么样子，而组图（b）则说明了如果只有类型 2 消费者，汽车保险市场将是什么样子。在每种情形下，可以很直接地预测竞争性市场是怎么样配置资源的（假定运营保险公司没有很显著的重复固定成本）。在组图（a）中，均衡价格 p^1 将引起类型 1 消费者购买能最大化社会剩余的有效的 x^1 份保险。在组图（b）中，均衡价格 p^2 将同样地引起类型 2 消费者购买 x^2 份保险，再一次有效地配置了资源。如果一个竞争性保险行业可以把类型 1 消费者与类型 2 消费者区分开来，保险将被定价在与购买保险的消费者类型相关的边际成本上。

图 22-1 的组图（c）接着把组图（a）和（b）合并成一个单一的图。如果保险公司能区分安全驾驶员与不安全驾驶员，类型 1 消费者将会得到等于面积（a）的消费者剩余，而类型 2 消费者将得到等于面积（$a+b+c+d+e+f$）的消费者剩余。由于保险公司创造零利润，总的社会剩余将等于（$2a+b+c+d+e+f$）。

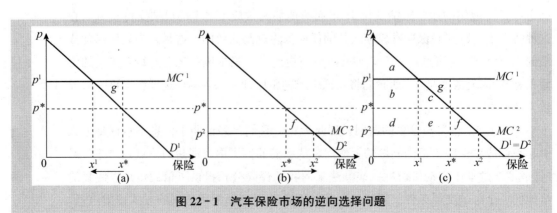

图 22-1 汽车保险市场的逆向选择问题

22A. 2. 1　信息不对称的净损失　现在假定保险公司不能区分类型 1 消费者和类型 2 消费者从而不能基于上门的每个消费者的期望边际成本对汽车保险定价。保险公司所拥有的唯一信息是一般来说驾驶者一半是类型 1 消费者,而一半是类型 2 消费者。那么每个保险公司随机选择驾驶员,它们顾客的一半是高成本的,一半是低成本的。在把保险公司的利润驱动到零的完全竞争下,这意味着对汽车保险收取的单一价格将会位于 MC^1 与 MC^2 的中间处,由图 22-1 的组图 (c) 中的 p^* 表示。

练习 22A. 9　假定目前汽车保险市场的价格小于 p^*。在自由进入与退出的完全竞争下会发生什么?如果相反,汽车保险的市场价格大于 p^* 呢? ∎

很容易看到高成本的消费者将会从我们引进的信息不对称中获益:他们的汽车保险的价格将会从完全信息下的 p^1 下降到 p^*。类似地,类型 2 消费者将会由于信息不对称而受损,他们的汽车保险的价格从 p^2 增加到 p^*。然而一些消费者变得更好而另一些消费者变得更糟的事实本身并不产生有效性问题。相反,有效性问题产生于总的消费者剩余由于信息不对称而下降这一事实。

更精确地,我们可以在图 22-1 (c) 中看到类型 1 消费者的消费者剩余增加到 $(a+b+c)$,而类型 2 消费者的消费者剩余下降到 $(a+b+c)$,总剩余为 $(2a+2b+2c)$。(b) 的面积和 (d) 的面积是相等的,这意味着我们可以重写总剩余为 $(2a+b+2c+d)$。进一步注意到三角形 (c) 在大小上等于三角形 (f),这意味着我们可以进一步把总剩余写为 $(2a+b+c+d+f)$,把其与完全信息下 $(2a+b+c+d+e+f)$ 的剩余比较,我们损失了面积 (e),也就是引进信息不对称使得保险公司不能对类型 1 与类型 2 消费者的保险制定不同的价格的净损失的大小。[①]

为提供一些净损失来自何处的直观解释,我们可以进一步注意到图 22-1 的两个几何事实:面积 (g) 等于面积 (e) 的一半;面积 (f) 等于面积 (g)〔从而也等于面积 (e) 的一半〕。从而,净损失的大小为面积 $(f+g)$。组图 (a) 仅把面积 (g) 置入类型 1 消费者的图中,其中当保险政策按照边际成本定价时,那些消费者将会购买数量为 x^1 的保险。一直到 x^1,边际收益(由需求曲线表示)超过边际成本,从而提供保险直到 x^1 是有效的。然而,超过 x^1 之后,提供额外保险的边际成本超过了边际收益,使得提供超过 x^1 的保险是无效的。当类型 1 消费者购买 x^* 时,这个保险的"过度消费"的净损失将是面积 (g)。在组图 (b) 中对低成本消费者来说相反的结果成立,对这些类型的消费者,边际收益超过边际成本,直到 x^2,但是在平均价格 p^* 下他们的消费减少到 x^*。从而,类型 2 消费者现在保险"消费不足",而净损失 (f) 则直接产生于这个消费不足。

---

①　看起来我们的分析可能太多地依赖于对称性的假设,即类型 1 和类型 2 消费者的数量或需求是一样的。章末习题 22.5 说明了在这些假设被放宽的更加复杂的情形下分析是相似的。

练习 22A. 10 判断正误：MC^1 与 MC^2 的差别越大，由信息不对称带来的净损失越大。

练习 22A. 11 假定对类型 1 消费者来说汽车保险更有价值，这意味着 D^1 位于 D^2 之上。你能否说明在什么情形下信息不对称的引进将使得类型 2 消费者不再购买任何汽车保险？类型 1 消费者将会支付什么价格？ ∎

注意，汽车保险市场的逆向选择问题非常像我们在上一小节成绩保险市场中第一次遇到的问题：投保成本较小的消费者——安全驾驶员或好学生——由于那些投保成本较高的消费者的逆向选择所导致的增加的保费而被赶出保险市场。图 22-1 的结果在某种意义上不会那么极端，即并不是所有的低成本的消费者都被赶出市场，并且也并不是所有的高成本的消费者都进入市场。但是基本的经济原理是一样的。

22A. 2. 2　甄别消费者　图 22-1 中的信息不对称均衡［被复制在图 22-2 的组图（a）中］被称为混同均衡（pooling equilibrium），这是因为所有类型的消费者最终都会在有着相同的保险合同的保险"池"里。同时，基于不同类型的消费者的边际成本而收取不同价格的完全信息均衡被称为分离均衡（separating equilibrium）（因为这些类型的消费者最终面对分离的保险合同）。然而，当信息不对称导致不同类型的保险混同时，将有利于保险公司找到一个办法来"甄别"出高成本的消费者并仅提供保险给"低成本"的消费者。

假设存在着对识别哪些是安全驾驶员的"甄别服务"的需求，我们可以想象一个"甄别行业"将形成，这是一个甄别消费者并把信息转售给保险公司的竞争性行业。首先假定该甄别行业变得非常善于搜集消费者的信息，以至于对某个特定的驾驶员搜集信息的边际成本几乎为零。在那种情形下，甄别行业的竞争将会把（由保险公司支付的）甄别服务的价格驱动到零。换言之，如果甄别行业变得非常善于搜集驾驶员的信息，信息将会以大约为零的成本披露给保险公司。这将把我们带回到完全信息下的分离均衡，其中高成本的驾驶员被收取价格 p^1，低成本的驾驶员被收取价格 p^2。从而以低成本甄别消费者的甄别行业的出现修复了有效均衡并恢复了混同均衡下的净损失。

练习 22A. 12 类型 1 消费者损失多少？类型 2 消费者获利多少？对消费者总剩余的净效果是多少？ ∎

但是现在假定信息根本不是那么容易被搜集的。特别地，假定对每个驾驶员需要花费 q 来搜集充分的信息以使甄别公司区分类型 1 驾驶员和类型 2 驾驶员。如果保险公司能够使所有申请政策的驾驶员都购买这个信息，保险公司将不得不把甄别成本传递到消费者身上以使其维持零利润。但是它们不能把它传递到类型1消费者那里去，因为如果对高成本消费者的保险的价格上升到高于 p^1，一个新的保险公司将会出现并简单地以价格 p^1 出售保险。因此，为使保险公司得到零利润，它们必须把对低成本消费者的保险定价在 MC^2 以上，用来支付甄别公司对类型1和类型2消费者的甄别价格。从而，新的分离均衡将是 $p^1 = MC^1$ 和 $p^2 = MC^2 + \beta$，其中 $\beta > q$ 并足够对两个类型的消费者覆盖所有的甄别成本。

接着，假定每个驾驶员的甄别成本 q 使得保险公司在分离均衡中对类型1消费者收取 $p^1 = MC^1$ 时，为得到零利润要求 $\beta = (p^* - MC^2)$。这意味着 $p^2 = p^*$，即对低成本的驾驶员的保费由于甄别成本在混同均衡下保持不变。但对高成本驾驶员的保费上升到 MC^1，因为现在保险公司能够区分哪些是不安全的驾驶员从而不再以低于边际成本的价格对他们提供保险。在图22-2（a）中，类型1驾驶员的消费者剩余下降了 $(b+c)$ ［从 $(a+b+c)$ 到只有 (a) ］，而类型2驾驶员的消费者剩余保持不变，从而总的消费者剩余下降了 $(b+c)$，提高了已经存在于最初混同均衡中的净损失。情况变得更糟了！甄别消费者的成本被支付给创造零利润的甄别公司从而对任何人来说都没有收益。在图22-2（a）中，该成本等于面积 $(d+e)$，这意味着移到分离均衡而导致的净损失增加额是 $(b+c+d+e)$。

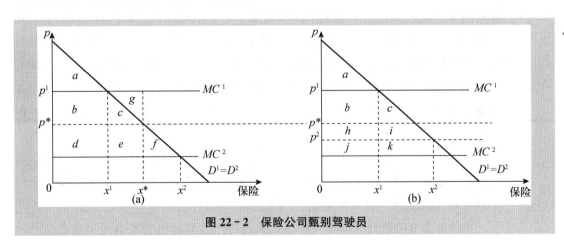

图22-2 保险公司甄别驾驶员

练习22A.13 为什么甄别成本等于 $(d+e)$ 的面积？

练习22A.14* 为什么在这种情形下公司支付一个不允许它们降低任何保费的甄别成本？（提示：假定所有其他人会支付甄别成本并发现谁是安全和不安全的驾驶员，一个个体公司能够通过不甄别它的潜在消费者哪个是类型1和哪个是类型2而变得更好。）■

从而，当甄别成本上升时，从信息不对称下的混同均衡移到分离均衡（其中信息不对称通过甄别消除）变得无效。这是因为搜集信息本身对社会是有成本的，而有人将不得不承受那个成本。尽管没有甄别的混同均衡产生了净损失，那些净损失能通过甄别减少，但这仅当搜集信息的成本相对较低时成立。

图 22-2 的组图（b）说明了一种不那么极端的情形，其中分离均衡价格 p^2 位于混同均衡价格 p^* 之下，因为甄别成本比前面假设的低一些。类型 1 消费者在他们的保费上升到 MC^1 时他们的消费者剩余仍损失 $(b+c)$ 部分，但是类型 2 消费者现在获利 $(h+i)$ 的消费者剩余。从而总的消费者剩余变化了 $(h+i-b-c)$。甄别成本进一步等于 $(j+k)$，意味着当甄别均衡时社会剩余的总体变化是 $(h+i-b-c-j-k)$。注意到随着甄别成本朝着零下降，$(j+k)$ 趋于零而 $(h+i)$ 趋于 $(d+e+f)$。由于 $(d+e+f)$ 毫无疑义地大于 $(b+c)$，从而总剩余相对于充分低的甄别成本而增加。

练习 22A. 15 是否存在一个甄别导致的分离均衡使得 p^2 比 p^* 要高？

练习 22A. 16 如果保险公司确实是它们自己甄别而不是雇用一个单独行业的公司来为它们甄别，你的分析是否不一样？ ■

22A. 2. 3 消费者信号 下面假定保险公司发现去甄别消费者太昂贵了，因此在我们的混同均衡中，所有的驾驶员被收取 p^*。如我们已经证明的，这意味着低成本驾驶员支付"太多"，而高成本驾驶员支付"太少"。从而低成本驾驶员有兴趣找到一种办法来向保险公司发送信号说明他们是安全驾驶员，并且如果他们成功地给出了他们所属的类型的信号，高成本类型也变得有兴趣去发送错误的信号说他们是安全驾驶员。那么通过消费者发送信号的保险市场是否会产生分离均衡取决于发送你真实类型信号的成本以及发送说你是与实际类型不一样类型的错误信号的成本。

考虑一种极端情形，其中类型 2 驾驶员发送他们是安全驾驶员的信号无成本，而类型 1 驾驶员错误地发送他们也是安全驾驶员的成本很高。由于类型 2 驾驶员可以轻易地披露那些不容易被类型 1 驾驶员掩盖的信息，一个保费为 $p^1 = MC^1$ 与 $p^2 = MC^2$ 的完全信息分离均衡将产生，从混同产生的净损失将通过消费者信号消除。如果类型 1 驾驶员冒充类型 2 驾驶员同等地无成本，这将不能发生，我们简单地保持在混同均衡中，没有有用的信息被传递给保险公司。

练习 22A. 17 判断正误：当讲真话无成本而撒谎成本很大时，消费者信号传递将会明确地消除逆向选择的无效性。 ■

现在假定事情变得阴暗一些，即类型 2 消费者花费 δ 来传递他们是安全驾驶员的信号，类型 1 消费者花费 γ 来装作是安全驾驶员。假设行业目前把所有驾驶员混同在一个单一的价格为 p^* 的保险合同中，如果他们能可信地传递他们是安全驾驶员的信号，类型 2 驾驶员将能够把他们的保费减少到 MC^2，从而没人得到收益（$p^* - MC^2$）。只要 $\delta < (p^* - MC^2)$，目前支付 p^* 的类型 2 消费者吸收发送他们类型的信号的成本并把他的保费降到 MC^2 都是有道理的。

接着，假定类型 2 消费者成功地发送了他们类型的信号并导致了一个分离均衡，在其中行业对类型 2 消费者收取 MC^2 并对类型 1 消费者收取 MC^1。这成为真正均衡的唯一的方式是类型 1 消费者错误地发送他们是安全驾驶员信号的成本非常大，并且在一个分离均衡中一个类型 1 消费者最多愿意支付（$MC^1 - MC^2$）——低的与高的保费的差额——来装作是一个安全的类型！从而，如果 $\delta < (p^* - MC^2)$ 并且 $\gamma > (MC^2 - MC^1)$，即如果发送信号成本加上低成本的保费小于安全驾驶员的混同保费，并且如果说谎的成本比低成本和高成本保险的差额大，我们能得到一个分离均衡。该结果一定是有效的吗？与甄别的情形一样，答案再次取决于 δ——显示信息的成本——有多高。

练习 22A. 18　假设 $\delta = (p^* - MC^2)$ 并且 $\gamma > (MC^1 - MC^2)$，从最初的混同均衡到分离均衡，净损失增加了多少？

练习 22A. 19　判断正误：如果 δ 和 γ 使得消费者在发送信号过程中产生了分离均衡，所导致的信息不对称问题的解决是否加强有效性的问题仅取决于 δ 的大小，而不依赖 γ 的大小。■

但有另外一种可能性：假定 $\delta < (p^* - MC^2)$ 且 $\gamma < (MC^1 - p^*)$，即假定真实传递你是一个安全驾驶员信号的成本小于安全驾驶员在我们最初混同均衡中过度支付的数量，并且说谎的成本小于不安全驾驶员少支付的数量。这将可能得到一个信号混同均衡，其中两个类型的驾驶员都发送信号说他们是安全驾驶员，但是因为两个类型都发送这些信号，没有实际的信息传达给保险公司，从而保险公司继续对所有的驾驶员定价在 p^*。已知所有人都发送"我是安全的"信号，不发送这样一个信号可能被理解为你是"不安全的"，从而每个人由于别人正在发送它们而发送它们。[1] 这当然确定是无效的：消费者发送有成本的信号但是没有显示任何实际的信息，从而没有改变保险行业的任何事情。

练习 22A. 20* 在这些条件下是否可能也存在一个混同均衡，其中没有人发出任何信号？（提示：在这样一个均衡中如果保险公司确实看到某人发出"我是安全的"信号，它们将会相信什么？）

练习 22A. 21* 假定（$p^* - MC^2$）$< \delta = \gamma < (MC^1 - p^*)$，是否存在分离均衡？

---

① 面对那些偏离其他人行为并不发送"我是安全的"信号的这些人，保险公司应该相信什么这一点并不清楚，可能保险公司将会相信这样的个体是类型 1 的。我们将在第 24 章的 B 部分讨论经济学家是怎么思考这些"远离均衡"的信念的。

练习 22A. 22 为什么一个发送信号的均衡可能导致一个没有信息被显示的混同均衡，但是当公司进行甄别时不可能有这样的混同均衡？ ■

22A. 2. 4 信息成本与信息不对称下的净损失 汽车保险的例子已经说明了两个本质的要点：第一，如在成绩保险例子中已经证明的，信息不对称的存在可能引致混同均衡，其行为基于平均特征而不是个体特征。这将导致产生净损失，一些人将会过度消费，而另一些人将消费不足（相对于有效水平），或者如果问题充分严重，整个市场将会不存在。第二，信息不对称可能通过信息显示来补救，或是因为市场中知情的一方"发送信号"，或是因为对市场中不知情的一方进行"甄别"。但是这仅在传递信息的成本相对低并且用来交换的信息实际上信息量大（并从而导致分离均衡）的时候才能导致更大的有效性。我们将在章末习题中进一步探究这一点，包括一些在成绩保险市场中我们将研究的可能结果的例子。但是现在我们转向讨论一些非常流行的信息不对称起着非常重要作用的现实世界的情形。你将会看到在这些情形中，尽管很多事情可以用我们在保险环境中发展的工具理解，但是它们与保险完全不相关。

22A. 3 现实世界逆向选择问题

在本书前面的部分我们发展市场的基础需求与供给的模型时，区分了三种不同类型的市场：消费者需求由生产者供给的商品的产出市场、生产者需求由工人供给的劳动的劳动市场，以及生产者需求来自投资者（或储蓄者）的资本的金融市场。信息不对称可以出现在这些市场中的任何一个，因此我们将在下面的部分中对它们中的每个进行单独处理。与以前一样，我们将指出三种类型的制度安排来改善由逆向选择所创造的外部性问题。新的市场，像我们汽车保险例子中的甄别公司，可能出现并促进隐藏信息的交换；非市场公民社会制度安排可能起相同的作用，或者精心制定的政府政策也可以用来处理这些问题。在现实世界的很多例子中这些方法被组合在一起使用。

22A. 3. 1 产出市场的逆向选择 我们已经在一个"产出"为保险的特定产出市场广泛地讨论了逆向选择问题。在一些保险市场中，有很多保险公司可以观察到关于个人的信息（从而产生相对少的逆向选择问题），而在其他一些保险市场存在着很多隐藏信息。例如，在人寿保险的例子中，只要保险公司知道一些像消费者年龄、性别、健康状况以及消费者是否抽烟的基本信息，消费者"使用"保险的概率就可以被合理地预测。（有高收益的人寿保险方案可能要求基本的健康检查。）尽管一些消费者在他们的生命被保之后可能会表现得更鲁莽一些（从而产生能加强逆向选择的道德风险问题），大多数消费者可能不会仅因为如果他们死了，他们的继承人将收到一个支付而显著地改变行为。[①] 因此保险公司可以用相对无成本的"甄别"

---

① 一个例外是试图自杀的个体，因此自杀通常被排除在触发保险支付的死因之外。

来把消费者分类成不同的"风险类型"并相应地制定保费。由此,我们在保险市场中很少听到有关政府干预人寿保险市场的呼吁,因为保险公司雇用了一支"精算师"队伍来预测不同类型消费者过早死亡的概率。

练习 22A.23　另一个在人寿保险市场中缓和逆向选择问题的因素是对人寿保险有需求的人群来自青年到中年的人而不是老年人,这有什么作用? ■

　　另外,在失业保险的例子中,市场可能在克服逆向选择问题上面对显著多的困难。在某人走到一家保险公司并询问失业保险政策时,保险公司很难判断这个消费者寻求这样一个保险是不是因为他知道他将被解雇。年龄或健康检查(像在人寿保险的情形中那样)并不提供有用的甄别,因为发掘隐藏的知识要困难得多。消费者自身可能也找不到简单的方式来发送有关他们"类型"的信号。因此在没有非市场制度安排刺激的市场中,发送信号与甄别对于大范围的失业保险市场来说成本巨大。例如,在政府参与对每个人都投保前,某些公民社会机构使用有关个人声誉的局部知识在个体声誉相对被了解的小型社区提供保险。在大多数发达国家,当政府对每个人制定了强制的失业保险时,这样的机构就会消失。(不会自愿购买失业保险的)有着终生工作保障的终身教职的教授以及那些命运随着经济周期很大程度波动的行业的工人们都为该系统进行支付,以期望总体消费者剩余得到提高,即使这可能是不需要的服务,因为逆向选择问题在私人市场和公民社会机构十分常见,这使得提供的保险太少。

练习 22A.24　在我们汽车保险的例子中,信息不对称使市场创造了一个混同均衡,其中一些人过度消费而另外一些人消费不足。为什么在失业保险市场中当那些有着高保险需求的人更可能是那些有着较高概率被解雇的人的时候这种情况不成立?(提示:你能够想到用与我们在成绩保险中所研究的相似的原因来解释市场吗?)

练习 22A.25　强制参与政府失业保险是否有效,或者你是否认为它比市场供给更有效? ■

　　然而在其他保险市场中,这些方法的组合产生了。例如,在美国,对非老年人的健康保险很大程度上由私人保险公司提供。然而,对于总群体的一些部分(老年人与贫困人口),政府通过对这部分人群支付大部分健康保险账单的医疗保险与医疗补助的方式进行直接覆盖,使他们如同在私人运行的医院与医生诊所那样被对待。另外,对于退伍军人,美国政府已经建立了一个单独的医院系统进行直接运作与融资。它同时给那些提供员工私人健康保险的雇主补贴,大的雇主对大的"工人池"提供保险,其在运作上与为个体或者较小的群体投保相比有着更小风险的优势。医学界的道德"公民社会"标准(通常被整理成法律)要求医生在急诊室治疗没有医保的病人，从而对没有正式保险的人提供至少某种形式上的隐性保险。对这是不是市场、公民社会与政府在医疗保险市场的正确平衡的争论，特别是随着没有医疗保险的美国人的数量的增加，在美国已经变得更加激烈了，卫生保健立法很可能马上通过，并将在很大程度上改变健康保险被监管与融资的方式。在其他国家，政府着手处理健康保险更像美国处理失业保险，在某些情形下（如加拿大），与在美国限于老年人的医疗保险系统相似，政府直接对每个人投保，在其他情形下（如英国），则政府直接雇用医生并运营医院（在美国仅对退伍军人这样做）。我的目的并不是对一个相当复杂的问题集指出什么是最好的方法，而仅仅是指出逆向选择问题（和道德风险问题）与围绕这些问题的政策争论相关。你将会在公共经济学与健康经济学的课程中以及章末习题 22.7、22.8 和 22.9 中更多地了解这一点。

练习 22A. 26　健康保险市场中的逆向选择问题是什么？这样的市场的道德风险问题又是什么？

练习 22A. 27　健康保险公司经常被提议不允许基于"已经存在的健康条件"进行歧视。这将会缓和或加剧逆向选择问题吗？为什么这样的提议经常伴随着每个人都被要求办理健康保险的提议？■

然而，保险市场并不是唯一可能受困于逆向选择问题的产出市场。例如，二手车市场也受困于逆向选择问题，但是这次隐藏的信息驻留在供给者而不是消费者一方。当你购买一辆新车时，你可能已经听说当你把其开出库的瞬间，其价值将下降几千美元的说法。为什么会这样？因为如果你在购买这车一周以后就试着把这车卖给别人，潜在的买家将（理直气壮地）想知道你是否已经发现了对他们而言不可观察的车的某个迹象以及你是否可能不是逆向选择（作为一个卖家）进入二手车市场的。二手车市场的消费者将使用不同的"甄别"方式来尽力得到潜在的隐藏信息，比如把二手车送到一个可信任的机修工那里，他可以给出一个对质量的独立的第三方认证。二手车交易商也可能会向消费者提供有关汽车质量的保证书。一些被熟知的品牌的车有较少的问题，因此品牌名称可以发送质量的信号。因此，品牌名称、保证书以及第三方认证都表示可以发掘隐藏信息并且至少可以部分克服逆向选择问题的方式。

练习 22A. 28　考虑小镇上的二手车经销商，声誉与品牌名称在处理信息不对称问题时起相同的作用吗？■

在一个产品复杂性递增的世界里，潜在地对消费者隐藏的产品质量问题当然可以扩展到二手车市场之外。我在商场所看到的大多数东西的质量——例如计算机、电视机、厨房电器、非处方药品等——对我来说都很难评价。再一次，保证书可以传递质量的信号，如同有着好的声誉的品牌名称一样。第三方认证组（如《消费者报告》杂志）已经产生。它们定时地检测产品并在分离的市场（例如通过《消费者报告》杂志或者网站）把信息出售给我，市场外的消费者倡导群体也提供相似的服务。美国心脏协会在一些食物上放置批准标签。行业群体已经建立了行业标准，有时候要求第三方认证来确保质量。即使是我的内衣也有贴纸来试着传递质量的信号，告诉我"检测员 10"已做过这个工作。尽管所有这些信号都有成本并使用了一些社会资源，然而它们可能是（并通常是）对社会有利的，如果它们不是"太花成本"以及如果它们能表示克服市场中逆向选择外部性的更广泛的信息。与此同时，一些生产者能够至少在短期发送他们的产品的质量比实际要高的信号，努力来隐藏他们的真实类型，以使得最终有一个高质量生产者的"混同均衡"。因此，正如汽车保险的例子那样，发送信号在一些情形下是用于欺骗的，这浪费了社会资源，或者尽管能带来信息不对称问题的解决，但它们也可能成本太大。

练习 22A.29　《消费者报告》与我们在对汽车保险的讨论中的什么类似？■

最后，与保险市场一样，政府也会经常涉入。香烟包装上有由法律规定的严重警告，我的理发师在他的镜子上有一个标记告诉我他被许可理发。在后面的章节中我们将看到我的理发师可能存在其他的一些不良的原因来取得许可证来运营，从而我们可能在理解这样的政府涉入单纯地是为了减少逆向选择的目的上要谨慎一些。然而，我们在这里的目的不是挑选出这些着眼于逆向选择问题的不同的信号传递与甄别的方法哪些是"好的"以及哪些是"糟糕的"，哪些确实增加社会剩余以及哪些是社会浪费的。相反，我只想说服你，各种市场、公民社会和政府支持的信号传递与甄别至少被部分地运作，因为市场本身在存在逆向选择时不能达到最优。

22A.3.2　劳动与资本市场的逆向选择　在雇主雇用雇员之前，其对潜在的雇员可以确定的信息仅有一些而已，从而在劳动市场中的逆向选择问题发生在当工人对他们自己的生产力信息有所隐藏时。教育经历、工作经历以及推荐信是给我们的雇主发送信息信号的几种方式。但是即使是有着相同简历的工人，在工作时也可能十分不同。在甄别申请人的工作面试中，可以从一些不太正式的方面获得一些额外信息。比较传递信号的相对收益和成本，如果他们传递真实信息，那么这样的努力是富有社会成效的，而如果他们发送了错误的信息或者成本太大，这就是在浪费社会资源。

例如，我们经常被引导着去相信更多的教育总是"好的"。如果某人取得更多的教育的唯一原因是真正地增加在工作中的生产力（以及如果对该学生来说额外教育的边际成本大于其边际收益），这可能是真的。但在有些情况下，教育可能只是作为伪装工人潜在生产力的信号。如果得到关于教育水平的"信号"的成本充分低，则低生产力的工人也会获取教育并得到与高生产力工人一样的混同均衡。尽管这将使低生产力的工人变得好一些，但是它淡化了信号的信息且不能用于传递雇主们所搜寻的信息。[①] 如果你们上一门关于教育经济学或者是劳动经济学的课程，你们可能会发现你们自己将在你的学院真的增加了你的真实生产力还是只是一种传递你的某种信息的筛选机构这个问题上进行争论，其中这种信息在你开始作为一名新生的时候就已经存在于那里了。（章末习题 24.14 将更详细地探究这一点。）

练习 22A. 30　下面哪一种情况更可能使高的大学入学率是有效的：（1）大学主要提供提高边际产出的技能，或（2）大学主要认证那些有高边际产出的人？ ■

　　同样的问题也发生在金融市场中。银行与抵押贷款公司比那些申请贷款的人拥有较少的信息。申请人寻求传递他们信誉信号的方式，而银行寻求甄别申请人的方式。在过去，当个人搬迁较少并更多地居住在小社区时，一个人的非正式声誉（reputation）是一个重要的信号。如果每个人都知道乔是一个撒谎者，把钱借给他是没有意义的。在当今世界里，这样的非正式声誉不那么有效了，但是其他机构已经取代了这些机制的地位。信用公司对那些曾经有信用卡、贷款或银行账号的每个人保持详细的记录。我们经常被告知要精确地"建立信用历史"，因为它在我们申请抵押贷款时传递了关于我们的某些方面的信号。随着非正式声誉变得不那么有效，新的市场形成了，这些市场搜集并出售关于我们信用的信息。在很多情况下，我们的信用报告已经成为我们在信用市场中的声誉。

　　当我们试着决定在哪里投资我们的钱时，我们面对着相似的信息问题。公司试图使我们购买它们的股票，银行努力卖给我们有着不同风险与回报的不同类型的储蓄工具。通常，我们考虑投资的公司对它们自己的真实价值比我们有更多的信息，从而我们需要花费精力，或者雇用某些人代替我们花费精力，来搜集那些可能隐藏的信息。很多不同的金融咨询公司善于搜集这样的信息并以一定的价格（或佣金）出售给我们，非营利性（或"公民社会"）机构提供关于企业的信息（通常在潜在投资者可以触及的网站上）。此外，政府也制定了它自己的监管机制，要求公开交易的公司作出财务披露声明并通过银行存款保险来提供它的"批准印章"。（在本书英文原书即将付印之际，这在某种程度上也是一种不稳定的状态，因为 2008 年的金融危机导致了建议重组金融监管框架以巩固金融部门的建议。）

22A. 4　种族与性别歧视

　　很多社会，包括美国，一直致力于克服产生于遗留的种族与性别歧视的社会问

---

　　① 注意如果企业很容易解雇那些被证明比他们最初看起来不富有生产力的那些工人的话，那么逆向选择问题将没有那么严重，但是很多法律法规和对工人的工会保护使得企业解雇工人是有成本的。

题。这样的歧视有很深的历史渊源，可以追溯到一些偏见普遍存在并且经常被政府政策支持的历史的黑暗期。尽管现在的立法宣布这样的歧视不合法，但研究仍然表明即使有着相同的可观察的条件，（劳动市场的）就业申请或（金融市场的）信用仍被提供不同的工资或利率，那些不受欢迎的交易多被提供给女性与少数族裔。在这一节我们将看到如果市场具有本章一直讨论的那种信息不对称的特点，那么即使旧偏见已经消失了，这样的歧视仍可以在市场中存在。

22A. 4. 1　统计歧视与性别　首先考虑在人寿保险市场中市场交易的性别歧视特征。我们已经讨论了人寿保险公司是怎么计算个体过早死亡的期望概率的。例如，烟民被要求比非烟民支付更高的人寿保费，因为平均而言，烟民比非烟民要死得更早一些。同时，很多人都知道一些人终身吸烟但最终能活到高龄。吸烟看起来对某些人比对其他人危害更大，有些人幸运地有着能够保护他们免于承担吸烟的不良后果的基因。即使我知道我的家人能够像一个烟囱那样吸烟并能活到高龄，保险公司如果知道我抽烟的话，它们将在它们的定价政策上对我进行歧视。因为它们缺乏我被抽烟影响的个体概率的信息，它们基于对烟民群体的统计证据（statistical evidence）进行歧视，它们参与统计歧视是源于使得它们不能完全了解我的个体特征的信息不对称。

在人寿保险市场中引起对烟民的统计歧视的相同原因也引起了在这些市场中对男人的统计歧视。女人平均而言比男人活得更长一些，从而我的妻子，尽管她的家族比我的看起来更倾向于患癌症和心脏疾病，最终在人寿保险上得到了一个比我好的交易条件。同样的事情对汽车保险市场中的年轻人也成立：你可能是一个比我好得多的驾驶员，但是因为我年长一些并且处于我的年龄段的人平均而言卷入较少的事故，你最终将比我支付更高的汽车保费。统计歧视——基于一个所属的人口群体的平均特征的歧视——在由不对称信息所描述的保险市场上是经济理性的。

练习 22A. 31　在这些市场中我们隐含地对甄别申请人的成本作出了什么样的假设？■

尽管在特定的保险市场中我们可能看不到产生于这样的统计歧视的大的道德问题，但当相同类型的歧视发生在其他市场时我们可能会更显著地被困扰。例如，平均而言，女人在一定的时间段为了抚养孩子更可能退出劳动市场。但是对某些女人来说这完全不正确，越来越多的男人开始在抚养孩子上承担更大的责任。然而，雇主在识别那些女人和男人在个体上更可能退出劳动市场来抚养孩子的概率上存在很大的困难，但是对他们来说识别雇员或者潜在的雇员是男的还是女的是容易的。作为这个信息不对称的一个结果，雇主可以用男人和女人平均行为的背后特征来推断一个特定的雇员将在一个公司里面待一段较长时间的可能性。由此，这可能对女性雇员有统计歧视，雇主预计她们离开公司的可能性会更大，从而提供给她们较低的工资或者较少的工作培训。注意，从一个纯经济的角度，这与我妻子和我在购买人寿保险时保险公司的统计歧视并没有什么差别。因为公司没有完全的信息，它使用可得的统计证据来推断对平均而言是正确的，但是对某个个体而言可能是错误的。就像在人寿保险的例子中，导致均衡的歧视可能与公司内在偏好哪一种性别完全无关。

练习 22A. 32　判断正误：统计歧视导致同时有"分离"与"混同"特征的均衡。■

22A. 4. 2　基于偏见与统计歧视的性别歧视

当我们观察到性别歧视的发生时，很难知道该歧视是否产生于内在的偏见或源于信息不对称的经济考虑。基于偏见的歧视是由相对于一个团体更偏好另一个团体的本身的内在的歧视产生的，而统计歧视产生于信息不对称。对女性收取较低保费的人寿保险公司这样做并不是因为它们喜欢女人甚于男人；它们这样做是因为女人平均而言比男人活得更长一些。同样地，在劳动市场上歧视女性的雇主可能仅是出于对信息不对称的经济考虑。让我说得更清楚一点：我不是说这样的歧视不可能是由公司董事会的老家伙对允许女性有更多经济机会感觉不舒服这样类似的更有害的原因造成的。我仅仅是指出人寿保险公司偏好女性（以及针对吸烟者）的歧视的相同逻辑可能同样在我们在劳动市场上可能观察到的针对女性的一些歧视上成立。我也不是想说仅有基于偏见的偏好歧视困扰我们，但是理解歧视的根源可以帮助我们更好地制定消除所有形式的性别歧视的方法。

练习 22A. 33　假定公共学校投资更多的资源用于性别敏感性训练，寄希望于缓和未来的性别歧视。如果你知道性别歧视仅单纯地是一个统计歧视，你是否会推荐这个办法？■

例如，市场倾向于"惩罚"有基于偏见的歧视的雇主。假定除了公司 A 由一个对女性工作有偏见的公司董事会管理而公司 B 不是之外，竞争性市场中的公司 A 和 B 在每个方面都相同。这意味着公司 B 可以从一个更大的人才库选拔人才并通过雇用合格的女性赢得一个在公司 A 之上的竞争性优势。在均衡中两个公司都可以运营，但是有偏见的公司将获得较少的美元利润，因为它的一部分"利润"来自有偏见的公司领导从排除女性中得到的"效用"。股东将偏好于投资可以挣得更多美元利润的公司 B，这意味着公司 B 的股票将比公司 A 的股票有更好的市场价值。[1]

现在考虑第三个公司 C，除了公司 C 存在统计歧视而 B 不这样之外，公司 C 的其他条件与公司 B 相同。如果劳动市场信息不对称并且女性平均而言更可能离开劳

---

[1]　当然，这里假定并不是所有的股东都有相似的偏见。但是即使一些股东是有偏见的并从拥有针对女性存在歧视的公司的股票中得到效用，只要不是所有的股东都是有偏见的，股票市场就会通过较高的股票价值回报非歧视的公司。

动市场来抚养小孩，那么公司 C 将会有统计歧视，使得其可能创造更多的利润。尽管市场倾向于"惩罚"存在基于偏见的歧视的公司，但它会回报存在统计歧视的公司。最后，假定存在第四个公司 D，它已经开发了一种有效的甄别工具，可以区分（两种性别的）所有申请人个体以及那些可能离开劳动市场的与那些不可能离开的人。这个公司当然将会通过使用该信息来消除所有形式的歧视而做得更好。

练习 22A.34　在过去，性别歧视经常体现在法律上面，使得公司在某些岗位雇用女性或学校招收女性学生是非法的。如果你是公司 A 的一个董事会成员，即使你所关心的问题是在你的公司里面没有女性，为什么你还可能赞同这样的法律？如果你是公司 C 的一个董事会成员，你是否同样赞同这样一个法律？■

　　当社会考虑消除劳动市场中所有形式的性别歧视的方法时，根据歧视发生的形式不同，适当的策略有所不同。偏好歧视（源于偏见）与统计歧视（源于信息不对称）都会在市场中持续，但是市场倾向于"惩罚"前者而"回报"后者。偏好歧视随着旧偏见从人们的偏好中消失而消失，但是只要公司能够通过在信息不对称时进行歧视获得经济回报，统计歧视就会持续。因此，只要性别间背后的统计差别持续，统计歧视就会倾向于持续，除非有一些其他制度安排的植入使得统计歧视不是那么有利可图了。例如，如果平均而言男人需要相同数量的时间来离开劳动市场去抚养孩子，那么劳动市场的性别统计歧视的根源就消失了。此外，一些政府已经制定了在孩子进入一个家庭后两个性别的强制的休假制度，一些政府则着重于对孩子的照顾进行补贴，使得女性更容易回到劳动市场，有些政府则制定了严格的反歧视法律来用政府制裁手段抵消来自统计歧视的"回报"。最后公司（比如我们例子中的公司 D）存在着激励来找出更有效的方式区分两个性别的潜在雇员。再一次，这里的目的不是倡导一种形式的制度解决方法，而仅仅是表明存在着多样的政府与非政府制度安排来处理劳动市场中导致性别统计歧视的信息不对称问题。

　　22A.4.3　种族歧视　与劳动市场的性别歧视可能产生于内在的偏见或者信息不对称一样，持久的种族歧视也有两个相同的根源。我们在人寿保险市场上开始我们关于性别歧视的讨论，其中保险公司针对男性存在价格歧视，因为女性有着较高的平均预期寿命。事实证明，出于多种复杂的原因，在美国非裔美国人比白人有着较短的平均预期寿命。然而，在保险市场的性别歧视是合法的，而种族歧视则不是。因此，倾向于使非裔美国人的人寿保费较高的统计歧视是不被允许的，这使得保险公司不能如同它们对男人那样实行针对非裔美国人的显性的价格歧视。即使在没有法律障碍时，只要有大量的潜在客户在看到保费表对不同的种族有不同的规定时被激怒，人寿保险定价过程中的种族歧视的糟糕公开性可能充分到使其不能发生。与此同时，保险公司也可能通过不那么激进地向非裔美国人宣传它们的保险产品而"在雷达屏幕之下"进行歧视。

然而，尽管有这些禁止种族歧视的法律规定以及在过去一些年代减少种族歧视有了长足的进展，但这样的种族歧视仍然在市场中有所存留，而且仍然很难确定在那些市场中观察到的歧视的哪一部分是基于偏见的歧视，哪一部分是基于信息不对称的统计歧视。在种族歧视的情形中，这样的统计歧视也可能是由于产生于过去的（以及现在的）其他地方种族歧视的历史遗留的组间的平均差别。

例如，证据确凿的一点是非裔美国人小孩平均而言与非少数族裔小孩相比上的是更糟糕的公共学校。在过去，这源自至少在美国南部对非裔美国人建立不同学校系统的显性的公共政策，这些系统以非常不同的水平被资助，如同最高法院公开陈述的那样，这导致了非裔美国人小孩有一个隔离的并且不平等的教育。但是即使是在今天，能否进入公共学校是由小孩父母的居住地决定的，这些不成比例地服务于少数族裔小孩的学校（一般）比那些主要服务于非少数族裔小孩的学校要更糟糕一些。因而多种经济因素继续使得少数族裔小孩在平均上比非少数族裔小孩上更糟糕的公共学校，即使公共学校系统总体上已经在官方上变得更加协调了。

现在假定雇主面对两个具有相同高中成绩单的申请人，一个是非少数族裔，一个是非裔美国人。这个雇主所知道的是这个非裔美国人有很多细微的特征使得他是一个比那个非少数族裔申请人好得多的雇员。但是该雇主同样也知道，一般来说非裔美国人小孩上的是更糟糕的公共学校，从而没有得到与非少数族裔小孩相同的获得技能的机会。因此，该雇主在面对我们在本章一直讨论的信息不对称问题时将试图针对非裔美国人进行统计歧视，即使在他内心没有（来自恶性偏好的）偏见。注意，对他来说进行歧视是"经济理性的"，但这并不意味着对这种歧视的道德认同。不管劳动市场的种族歧视是产生于偏见还是信息不对称，我们很多人都深感不安。然而，认识到这样的歧视即使在没有显性的偏好歧视下仍能存留只是表明当背后的平均组差产生于其他地方的歧视时，市场势力本身在消除种族歧视上是不充分的。这也进一步表明，即使所有形式的种族歧视是非法的，微妙的与难于检测的种族歧视仍可能存留在市场中，只要这些市场信息不对称。

练习 22A. 35 判断正误：在前面的例子中，导致针对非裔美国人的统计歧视的信息不对称仍植根于基于偏见的歧视，但是它更可能主要植根于过去的基于偏见的歧视。∎

在短期内可以通过多种公民社会和政府制度安排对这样的歧视宣战。例如，如果基于恶性偏好的内在偏见下降导致越来越多的人更注重多样性的价值，雇主可能会克服其进行统计歧视的诱惑，因为其非少数族裔雇员将会从知道他们在一个多元化的环境下工作而获得"效用"。另外，如果公民社会倡导组织宣传某个公司劳动力的特点单一，那么其顾客将会感到被冒犯。作为补充，政府已经制定了多种不同形式的提携政策来明确地鼓励更加多样性的工作环境。然而，在长期内我们在这里提到的统计歧视只有在更加平等可得的教育机会被提供给所有种族和民族的时候才能被消除。一个成功地、平等地提供这样机会的社会将消除导致信息不对称的统计的群体之差，这些信息不对称进一步导致了统计歧视。留存在市场中的种族歧视的倾向并没有被完全消除，除非人们偏好中的态度是非歧视的，并且对不同群体的机会是真正平等的。

22B 两个风险类型的保险合同

本章一开始就指出，我们在这一章将从通常的练习中偏离出来，不再把我们在 A 部分中用直觉思维得出的东西用数理化来正式化。A 部分建立在你没有学习那些有时候可供选择的（来自第 17 章的）风险的专题的假设上，这限制了我们只能思考一个消费者是否会购买保险，而不能思考购买多少保险。现在我们将在与我们在第 17 章介绍的保险市场相关的专题上直接构建一个逆向选择模型。在第 17 章的模型中，我们考虑了从没有保险到全保的精算公平保险合同的一整个系列。如果你前面已经学习了第 17 章的 A 部分，你可以只把重点放在本节把逆向选择构建到你前面已经看到的图示保险模型中去的非数学部分。出于这个原因，涉及数学的部分 22B.1.2、22B.2.2 和 22B.3.3 被放在不同的子节里面，这使得你如果偏好于图示说明的话，你可以简单地跳过它们，尽管我们在这些模型中会发展出一些新的直觉与见解。我们应该注意到之前的汽车保险模型实际上也可以被重新理解以产生相似的见解。我们将在章末习题 22.7 和 22.8 中在健康保险的环境中让你练习。

下面假定消费者（像第 17 章中我的妻子）面对坏状态时消费 x_1 以及面对好状态时消费 x_2。进一步假定有两个消费者类型，其中类型 δ 的消费者以概率 δ 面对结果 x_1 [以概率 $(1-\delta)$ 面对结果 x_2]，类型 θ 的消费者以概率 θ 面对结果 x_1 [以概率 $(1-\theta)$ 面对结果 x_2]。我们约定 $\delta < \theta$，这意味着类型 δ 的消费者比类型 θ 的消费者面对更小的风险。此外，这两个类型的消费者完全一样，都有 $x_1 < x_2$ 并且每个类型都有相同的潜在偏好，我们将一直假定这些偏好与世界所处的"状态"无关。与第 17 章一样，我们进一步假定每个个体对风险赌博的偏好可以表示为期望效用。我们还假定每个类型知道他或她所面对的风险，但是保险公司不一定知道每个个体的类型。在下面的例子中，保险公司只知道总体中类型 δ 的消费者的比例为 γ，类型 θ 的消费者的比例为剩下的 $(1-\gamma)$。

保险公司提供由保险溢价 p 和保险收益 b 所定义的保险合同（见第 17 章）。如果消费者购买了保险合同 (p, b)，他或她在好状态下的消费下降到 $(x^2 - p)$，而同时他或她在坏状态下的消费上升到 $(x_1 + b - p)$。与我们在第 17 章中证明的一样，由于我们假定对消费的偏好是独立的，每个类型的消费者只要面对完全的并且公平的保费保险市场，就将会选择完全投保。

22B.1 没有逆向选择的均衡

在第 17 章中，我们图示了 x_2 位于横轴、x_1 位于纵轴的无差异曲线，我们同时在相同的图中图示了精算公平保险合同集。我们将在章末习题 22.4、22.5 和 22.8 中回到对保险的这样的建模方式中。然而，在章末习题 17.3 中，我们证明了我们可以用另一种方式来图示无差异曲线，在图中我们把保险收益 b 放在横轴上并把保费 p 放在纵轴上。如果保险公司能单独地提供公平保费（从而得到零利润）合同给每个人，这些合同可以类似地图示在这样的图上。从第 17 章的工作中我们知道，这样的合同对消费者类型 δ 有 $p = \delta b$ 并对消费者类型 θ 有 $p = \theta b$。

练习 22B.1 解释为什么这样的合同是保费公平的。∎

22B.1.1 没有逆向选择的均衡的图示 图 22-3 的组图（a）对一个类型 $\delta = 0.25$ 的消费者给出了说明，其中 $x_1 = 10$，$x_2 = 250$ 且 $\delta = 0.25$，与第 17 章中我妻子对人寿保险的决定的例子一样。注意在图中该消费者在其向着东南方向移动时变得更好些，这是因为向东南方向有着更高的保险收益和更低的保费。该图也包含着表示对该消费者类型的精算公平保险合同集的线 $p = \delta b$。由于在这个例子中偏好是状态独立的，我们在第 17 章中的工作意味着我们风险厌恶的消费者将完全投保，购买方案 $(b, p) = (240, 60)$，在此点，她的无差异曲线一定与表示她的保险选择的直线相切。

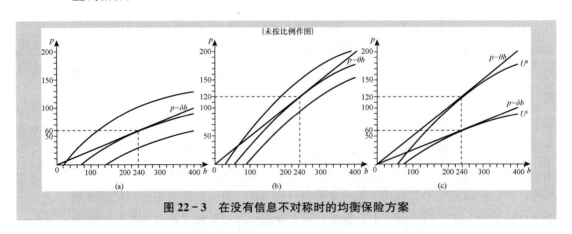

图 22-3 在没有信息不对称时的均衡保险方案

练习 22B.2 为什么 $(b, p) = (240, 60)$ 是一个为类型 δ 的消费者提供全保的保险合同？

练习 22B.3 风险中性的消费者的无差异曲线是什么样子的？风险厌恶的呢？∎

该图的组图（b）接着对假定 $\theta = 0.5$ 的消费者类型 θ 进行了完全相同的解释，假设该消费者类型遇到坏状态的概率为另一类型的两倍。风险厌恶再一次意味着该消费者在面对一个精算公平保险合同集时会选择完全投保，但是由于保险公司有两倍可能来支付收益，所以这样的合同对类型 θ 的消费者来说有两倍之贵。

练习 22B.4 证明对类型 θ 的全保意味着与对类型 δ 的全保相同的收益水平。■

如果保险公司能够区分消费者在选择保险合同时的类型，组图（c）给出了竞争性均衡，其中全保合同 $(b^\delta, p^\delta)=(240, 60)$ 出售给类型 δ 的消费者且全保合同 $(b^\theta, p^\theta)=(240, 120)$ 出售给类型 θ 的消费者，保险公司得到零利润。该均衡是有效的。不存在任何办法使得任何消费者或保险公司变得更好而又不使得任何其他人变得更糟。

22B.1.2　没有逆向选择的均衡计算　图 22-3（以及本章剩余的图）假设（状态独立的）消费的效用由函数 $u(x)=\alpha\ln x$（再一次与第 17 章一样）描述。这导致了保险合同 (b, p) 对类型 δ 的消费者的期望效用为

$$U^\delta(b, p)=\delta\alpha\ln(x_1+b-p)+(1-\delta)\alpha\ln(x_2-p) \tag{22.2}$$

以及对类型 θ 的消费者的期望效用为

$$U^\theta(b, p)=\theta\alpha\ln(x_1+b-p)+(1-\theta)\alpha\ln(x_2-p) \tag{22.3①}$$

练习 22B.5 这些消费者类型是风险厌恶的吗？■

如果类型 δ 的消费者面对由 $p=\delta b$ 所描述的精算公平保险合同集，那么他将选择 (b, p) 来最大化受约束于 $p=\delta b$ 的方程（22.2）。解该问题得到最优选择为

$$b=x_2-x_1, \ p=\delta(x_2-x_1) \tag{22.4}$$

这完全保障了该消费者。

练习 22B.6 对类型 θ 的消费者建立期望效用最大化问题并推导最优选择，假定他们面对精算公平保险合同集。

练习 22B.7 该结果怎么与图 22-3 中的值联系起来？■

22B.2　自我选择分离均衡

现在假定保险公司不能把低风险类型 δ 消费者与高风险类型 θ 消费者区分开来，除非一些信息通过发送信号或甄别显示了出来。在这章的 A 部分，我们研究

---

① 如果你对我们怎么得到期望效用的理解有困难，你应该复习一下第 17 章的概念。

了消费者怎样发送显性的信号来试着显示他们的"类型"以及企业怎样投资于显示信息的甄别,我们隐性地假定了这样的信号与甄别可以以一定的成本购买。但是存在另一种方式使得当多种不同的保险合同被提供给不同的消费者时,保险的消费者可以识别他们自己:根据他们属于哪一种风险类型,他们简单地选择不同的合同从而自我选择(self-select)到不同的保险群中。因此保险公司希望设计出一组保险合同,使消费者通过他们的行为显示他们的类型。我们在 A 部分的汽车保险的例子中不能研究这种可能性,因为我们在那里假定保险决策是一个离散的决策——你要么购买保险,要么不购买保险——而没有涉及购买多少保险的选择。

图 22-3 的组图(c)所描绘的完全信息均衡在保险公司不知道谁属于哪一种类型时就不再是均衡的了。在完全信息下,保险公司对类型 δ 的消费者提供所有的精算公平保险合同($p=\delta b$)是没有问题的,因为它们知道谁是类型 θ 的消费者,可以简单地阻止他们购买为低成本类型 δ 消费者准备的保险合同。但是如果保险公司不能分辨谁是高成本的类型,它们将不能提供所有的 $p=\delta b$ 合同,因为类型 θ 的消费者最终将会购买那些实际上不是为他们准备的合同。保险公司将会产生负的利润,因为在类型 θ 的消费者身上产生了较高的成本但是卖给了他们低成本的保险。在不知道谁是什么类型时,保险行业必须限制它所提供的合同的种类。

22B.2.1 自我选择分离均衡的图示说明 接着我们研究哪个保险合同在均衡中不会被提供,其中保险公司得到了个体基于他们的风险类型自我选择到不同的保险群体中的结果。首先,注意到在这样一个均衡中一定是高风险类型消费者在公平保费下仍得到了全保。如果不是这样的话,仍存在新保险公司进入并提供这样的公平保费全保给高风险类型消费者的空间。这意味着被限制的保险合同将是那些给低风险类型消费者的合同。由于那些类型的消费者面对较低的风险,相比于高风险类型的消费者,他们选择放弃某些保险的成本更低,且能得到一份更好的保险合同,对他们来说放弃某些保险不那么有成本。这使得低风险类型消费者通过选择一个对他们来说保费公平但是并不是全保合同的保险合同来发送他们实际上是低风险类型消费者的信号,这可以很简单地通过保险公司不提供公平保费的、全保的保险合同给低风险类型消费者实现。

这一点在图 22-4 的组图(a)中进行说明,其中我们再次有两条(直线)公平保费合同线,一条是高风险类型 θ 的而另一条是低风险类型 δ 的。高风险类型 θ 再次沿着精算公平保险合同集进行最优化,得到全保合同 A。然而,相比于精算公平保险合同 A,他们部分更偏好于所有位于 U^θ 以下阴影面积中 $p=\delta b$ 的合同,相比于 A,在那条线上位于 B 右边的合同更吸引他们。如果保险公司希望诱导高风险和低风险类型消费者自我选择进入不同的精算公平保险合同中,它们不能提供位于 B 右边的任何 $p=\delta b$ 的合同。

在一个风险类型的消费者通过他们所购买的保险合同识别他们自己的分离均衡

(separating equilibrium) 时，仅有的能够提供的精算公平保险合同是那些位于图 22-4 的组图（a）中 $p=\delta b$ 线上粗体的部分。在这些合同中，由于所有其他被提供的合同包含更大的风险（但在结果的期望值上没有改变），类型 δ 的风险厌恶的消费者将只需要由 B 点所表示的合同。

练习 22B.8 假定保险公司提供所有的精算公平保险合同给类型 θ 的消费者。你能否在图 22-4 的组图（b）中识别出表示类型 δ 的消费者将会购买而不是从为类型 θ 的消费者提供的合同集中进行选择的保险合同的区域？

练习 22B.9 在你在练习 22B.8 中所识别的合同的区域中，你能否识别保险公司将会感兴趣提供的子集，假定它们意识到高风险类型可能试着去得到低成本的保险？

练习 22B.10 从练习 22B.9 中所识别的合同中，你能否识别在保险行业完全竞争的情况下这些合同中的哪些在均衡中不会被提供？ ■

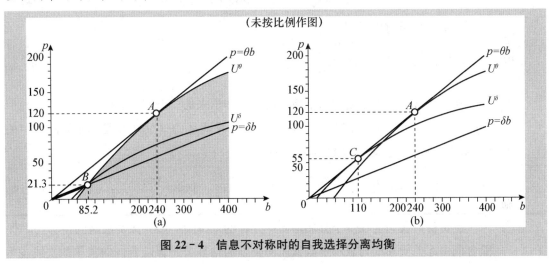

图 22-4 信息不对称时的自我选择分离均衡

你应该能马上看到这个例子中的竞争性分离均衡不是有效的。特别地，在没有信息不对称的竞争性均衡中［在图 22-3 的组图（c）中］，低风险类型 δ 消费者有较高的效用，而任何其他人都没有变得更差（因为在两种情形下高风险类型 θ 消费者做得同样好并且保险公司创造了零利润）。非有效性产生于存在市场缺失这一事实——在信息不对称的情况下并不是所有的对类型 δ 消费者的精算公平保险合同都被提供了。而市场缺失产生于逆向选择问题，即如果低风险类型消费者的全保市场缺失了，高风险类型消费者将会逆向地选择进入低风险类型消费者的保险市场中去。

22B.2.2 计算分离均衡 图 22-4 的组图（a）背后的数学关系在原则上相对直接：保险合同 B 被识别为在精算公平保险合同下全保的高风险类型 θ 消费者的无差异曲线与表示所有对低风险类型 δ 消费者的精算公平保险合同的直线的交点。类型 θ 消费者的全保意味着在每个状态下确定的 $\{(1-\theta)x_2+\theta x_1\}$ 消费水平，这意

着对类型 θ 消费者的全保的效用是

$$U_f^\theta = u((1-\theta)x_2 + \theta x_1) = \alpha\ln((1-\theta)x_2 + \theta x_1) \qquad (22.5)$$

练习 22B.11 你能够验证全保意味着 $((1-\theta)x_2 + \theta x_1)$ 的消费吗？ ■

类型 θ 与全保结果无差异时的无差异曲线由 b 和 p 的全部组合给出，此时期望效用 $U^\theta(b, p)$ 等于（22.5）式中的 U_f^θ，即

$$U^\theta(b, p) = \alpha\theta\ln(x_1 + b - p) + \alpha(1-\theta)\ln(x_2 - p)$$
$$= \alpha\ln((1-\theta)x_2 + \theta x_1) = U_f^\theta \qquad (22.6)$$

接着我们消掉 α 项并利用对数法则把这个方程的中间部分写成

$$(x_1 + b - p)^\theta (x_2 - p)^{(1-\theta)} = (1-\theta)x_2 + \theta x_1 \qquad (22.7)$$

由此我们求解 b 得到

$$b = \left(\frac{(1-\theta)x_2 + \theta x_1}{(x_2 - p)^{(1-\theta)}}\right)^{1/\theta} + p - x_1 \qquad (22.8)$$

尽管图 22-4 不是使用这个精确的函数作出来的，但当我们代入 $\theta = 0.5$，$x_2 = 250$ 与 $x_1 = 10$ 时，这是图 22-4（a）中无差异曲线的（反）方程，即我们图中的 U^θ 无差异曲线等价地可以被描述为方程

$$b = \left(\frac{(1-0.5)\times 250 + 0.5\times 10}{(250 - p)^{(1-0.5)}}\right)^{1/0.5} + p - 10 = \frac{130^2}{250 - p} + p - 10 \qquad (22.9)$$

逻辑告诉我们能在一个分离均衡中存在的低风险类型 δ 保费最高的精算公平保险合同由无差异曲线与表示所有低风险类型的精算公平保险合同的菜单的直线 $p = \delta b$ 的交点给出。用 b 来表示，该直线为 $b = p/\delta$，当 $\delta = 0.25$ 时（如我们在图中所假设的）该直线为 $b = 4p$。在图中 B 点的保费由方程（22.9）与精算公平保险合同集 $b = 4p$ 的交点给出。这意味着我们需要解方程

$$4p = \frac{130^2}{250 - p} + p - 10 \qquad (22.10)$$

这可以改写为

$$3p^2 - 740p + 14\,400 = 0 \qquad (22.11)$$

应用二次公式，我们得到 $p = 225.37$ 和 $p = 21.30$，这表示两个保费，此时无差异曲线与下面的那条直线在图 22-4（a）中相交。在我们的图中，B 点位于这些保费的较低处，$p = 21.30$，相应地，$b = 4p = 85.20$。在竞争性分离均衡中，我们有两个保险合同卖出，即 $(b^\theta, p^\theta) = (240, 120)$ 与 $(b^\delta, p^\delta) = (85.2, 21.3)$，其中高风险类型 θ 消费者在前面的合同中全保，而低风险类型 δ 消费者通过购买保费低于全保合同的合

同显示他们的类型。

练习 22B.12　你能否数理地（通过评估效用）证明该均衡相对于图 22-3（c）中识别的均衡是无效的？

练习 22B.13　判断正误：在完全竞争（并假定保险公司除了它们要付出的保险金外不发生其他成本）下，有着状态独立偏好的风险厌恶的个体将在不存在信息不对称时全保而在出现信息不对称时不全保。

练习 22B.14　你能否验证图 22-4（b）中 C 点的截距？■

表 22-1 接着表示了随着高风险类型变得"具有更多风险"，即随着 θ 的增加，低风险类型 δ 的均衡保险。对我们特定的例子，低风险类型将继续找到某个保险而不管类型 θ 有多少风险（除非 θ 达到 1），但是因为高风险类型变得具有更多风险，低风险类型在分离均衡中购买的保险显然较少。换言之，随着高风险类型变得具有更多风险，来自逆向选择的外部性更严重。在保险只能以"离散"单位售出的情形中，比如在 A 部分中那些成绩保险并不连续的情况，低风险类型可能会完全退出保险市场。

表 22-1　低风险类型 δ 的均衡保险（$\delta=0.25$，$x_1=10$，$x_2=250$）

θ	p	b	x_1+b-p	x_2-p
0.25	60.00	240.00	190.00	190.00
0.33	31.05	124.20	102.10	219.30
0.50	21.30	85.20	73.90	228.70
0.75	12.19	48.76	46.57	237.81
0.90	5.77	23.08	27.31	244.23
0.99	0.68	2.70	12.03	249.32
1.00	0.00	0.00	10.00	250.00

练习 22B.15　以 b 为横轴，以 p 为纵轴，作图说明表 22-1 第 4 行数字组合的分离均衡。■

22B.3　信息不对称下的混同合同

在我们的自我选择分离均衡的处理中，我们隐性地假设了保险公司不能通过提供同时吸引高风险与低风险类型进入相同的保险池中的保险合同而获得正的利润。我们现在将研究这样一种可能性会怎么产生以及它怎样使得我们到目前为止分析的自我选择均衡不可能达到。我们很快将看到这种可能性关键地依赖于经济中高风险类型的数量相对于低风险类型的数量。

假定保险公司将要提供一个对两种风险类型都比在我们前面识别的分离均衡中的合同更有吸引力的合同。如果总体中类型 δ 的比例是 γ，类型 θ 的比例是（$1-\gamma$），那么这样一个保险公司将预期支付 δb 给它的 γ 比例的低风险消费者以及支付 θb 给它的（$1-\gamma$）比例的高风险消费者。因此，当

$$p=\gamma\delta b+(1-\gamma)\theta b=[\gamma\delta+(1-\gamma)\theta]b \qquad (22.12)$$

时，保险公司将预期获得零利润。

22B.3.1 消除自我选择分离均衡的混同合同 注意，当 $\gamma=0$ 时，上式可以简化为对高风险类型零利润的直线 $p=\theta b$。当 $\gamma=1$ 时，上式简化为对低风险类型零利润的直线。因此，随着 γ 从 0 增加到 1，两种类型购买相同保险的零利润直线从高风险零利润直线旋转到低风险零利润直线。例如，图 22-5（a）绘出了当 $\gamma=0.5$ 时的零利润混同直线，该直线恰好位于个体风险类型的零利润直线的中间。

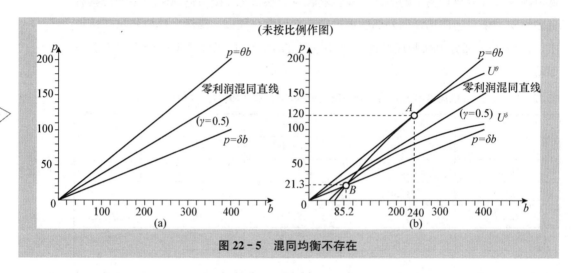

图 22-5 混同均衡不存在

我们现在在这个例子中思考一个混同保险合同打破自我选择分离均衡的可能性。图 22-5（b）复制了图 22-4（a）并说明了类型 θ 和 δ 将会在一个分离均衡中购买的合同 A 和 B。此外，图 22-5（b）表示了当一半的消费者是类型 δ 以及一半的消费者是类型 θ 时（即当 $\gamma=0.5$ 时）所产生的零利润混同直线。注意在这种情形中，经过合同 B 的类型 δ 的无差异曲线位于零利润混同直线的东南方向，这意味着低风险消费者更愿意选择 B 而非其他任意零利润混同合同来表现自己是低风险的类型。不存在混同合同同时吸引两种风险类型的消费者并导致保险公司在提供 B 时获得非负利润的情形。自我选择分离均衡成立。

但是现在假定 γ 等于 $2/3$ 而不是 $1/2$，即假定总体的 $2/3$ 是低风险的，总体的 $1/3$ 是高风险的。由此将导致图 22-5（b）发生什么变化？两种类型个体的零利润直线由 $p=\delta b$ 与 $p=\theta b$ 给出从而不受 γ 变化的影响。类似地，两种类型个体的偏好没有变化（因为个体的偏好与经济中的每种类型有多少其他人无关），这意味着图中的无差异曲线

保持不变。唯一改变的是代表给保险公司零利润的可能的混同合同的直线！随着 γ 的提高，该直线变得平缓一些（但不改变截距），并且随着其变得更平坦，它最终将与类型 δ 的无差异曲线相交。

练习 22B.16　使用方程 (22.12)，你能否证明最后一句是正确的？■

　　图 22－6 的组图 (a) 说明了当 $\gamma＝2/3$ 时的零利润混同直线并说明了与该直线相切在点 D 的类型 θ 的无差异曲线。点 B 是在没有类型 θ 等着去模仿时允许类型 δ 识别他们自己的最好的可能的合同，现在稍微位于该无差异曲线的西北方向，这意味着低风险类型将会（稍微）偏好 D，尽管该保险从他们的角度不是保费公平的。同样地，类型 θ 相对于保费公平的全保合同 A 更偏好 D，即尽管合同 D 没有全保他们，但它表示着（从他们的角度）比保费公平更好的条款。我们已经识别了合同 D，其被两个风险类型偏好，它好于前面分离均衡中的合同 B 和 A，同样地对稍微位于 D 的西北方向的合同也成立，这些将导致保险公司正的利润。这使得我们不能维持我们在 $\gamma＝0.5$ 时能维持的分离均衡：通过提高 γ 到 $2/3$，我们使得去找到每个人都偏好的混同合同变得充分容易。当然随着 γ 的进一步提高，这将会变得更加简单。

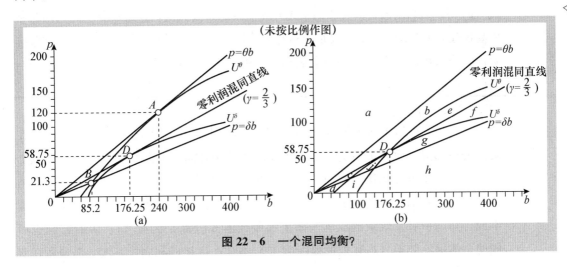

图 22－6　一个混同均衡?

练习 22B.17　在点 D，类型 θ 的消费者的消费期望值是多少？它与全保下的消费期望值相比是更高还是更低？

练习 22B.18　在点 D，类型 δ 的消费者的消费期望值是多少？它与没有保险下的消费期望值相比是更高还是更低？■

22B.3.2　几乎混同均衡　我们到目前为止已经证明了当经济中相对于高风险

类型存在着充分多的低风险类型时分离均衡将会瓦解，因为这允许提供相对于分离均衡合同两个类型都更偏好的混同合同并产生正的利润，然而，检查是否存在混同均衡相对棘手。我们不仅需要识别瓦解分离均衡的零利润合同（比如图 22-6 中的 D），还需要进一步证明当其他公司都提供合同 D 时，不存在其他合同使得提供这个合同的公司产生正的利润。

练习 22B. 19 为什么任意潜在的混同均衡合同 D 位于零利润混同直线上？■

　　图 22-6 的组图（b）再一次说明了在零利润混同直线上的点 D，但是这一次同时给出了包含点 D 的高风险类型和低风险类型的无差异曲线。我们接着研究在指定区域里面（由小写字母标记）是否存在保险合同使得在所有其他公司提供合同 D 时一个个体保险公司将挣得正的利润。

　　首先，注意到落在区域（a），（b），（c）或（d）的所有保险合同位于两条无差异曲线的东北方向，从而提供在那些区域的合同的任何公司将吸引不到消费者。其次，位于区域（e）和（f）内的合同位于低风险类型无差异曲线的东北方向和高风险类型无差异曲线的东南方向，这意味着这样的合同只吸引高风险类型 θ，从而产生负的利润（假定所有这些合同位于高风险类型的零利润直线的下面）。再次，区域（g）和（h）内的合同位于两条无差异曲线的东南方向，这意味着它们将同时吸引高风险和低风险类型。但是所有这样的合同都位于零利润混同直线下方，这意味着保险公司在提供这样的合同时将挣得负的利润。最后，留下了区域（i）和（j），这些区域的合同将只吸引低风险类型 δ。然而，落在区域（i）中的合同位于类型 δ 的零利润直线的下方从而得到负的利润。

　　从而我们仅留下了区域（j）中的合同，一个提供这个区域的合同的公司在其他公司都提供政策 D 时挣得正的利润。在没有摩擦的市场中，对每个人提供 D 并不是一个竞争性均衡。然而，存在一些方式使得我们仍可以产生混同均衡 D：首先，提供有别于市场提供的保险政策的政策可能会有一些开办成本，如广告成本或告知消费者新政策的成本。如果那些成本充分高，区域（j）中的合同也可能使个体保险公司（当其他都提供 D 时）不会产生正的利润。其次，消费者在寻找流行的市场政策以外的其他东西时可能会发生一些搜寻成本，如果这个成本充分高，区域（j）中的政策可能不会位于低风险类型的无差异曲线的东南方向。最后，如果市场中的公司迅速地对变化的处境作出调整，有可能目前提供 D 的公司知道，只要它们在区域（j）中获得正的利润，其他公司将会提供离零利润直线 $p=\delta b$ 更近的政策从而将利润压缩到零。如果公司预料到这一点，它们将不提供区域（j）中的政策。然而，这开始把我们带进公司这一方的策略性思维领域，这是后面章节的主题。

练习 22B. 20＊ 为了使有问题的区域（j）消失，在点 D 的两个类型的无差异曲线必须满足什么条件？解释为什么这将意味着点 D 是一个竞争性均衡混同合同？

练习 22B. 21 对于 $\gamma = 1/2$ 及混同均衡不存在的情形，你能否把可能的保险合同集划分成不同的区域并说明没有公司有动机来提供那些除了分离均衡以外的任何合同？■

22B. 3. 3 计算几乎混同均衡 从我们的图示说明中可以清楚地看到竞争性混同均衡只有在以下情况下才能产生：零利润混同合同集［由方程（22.12）给出］中的低风险类型 δ 的最优保险合同对于类型 δ 产生了比区分类型 δ 和类型 θ 的保险合同更高的效用。我们可以首先计算满足 $p = [\gamma\delta + (1-\gamma)\theta]b$ 的合同集 (b, p) 中的最优保险合同，即我们可以解最优化问题

$$\max_{b, p} U^\delta(b, p) = \alpha\delta\ln(x_1 + b - p) + \alpha(1-\delta)\ln(x_2 - p) \tag{22.13}$$

$$s. t. \; p = [\gamma\delta + (1-\gamma)\theta]b$$

以通常的方式求解，我们得到

$$b = \frac{(1-\delta)x_1}{\gamma\delta + (1-\gamma)\theta - 1} + \frac{\delta x_2}{\gamma\delta + (1-\gamma)\theta} \tag{22.14}$$

和

$$p = \frac{(\gamma\delta + (1-\gamma)\theta)(1-\delta)x_1}{\gamma\delta + (1-\gamma)\theta - 1} + \delta x_2 \tag{22.15}$$

在图 22-6（a）中，我们假定 $\gamma = 2/3$（$\delta = 0.25$，$\theta = 0.5$，$x_1 = 10$ 以及 $x_2 = 250$）。把这些代入方程（22.14）和（22.15），我们得到 $(b, p) = (176.25, 58.75)$，也就是图中的点 D。把这些代回到类型 δ 的效用函数，我们得到效用 $5.152\,2\alpha$。低风险类型 δ 将选择购买合同 $(b, p) = (85.2, 21.3)$（由点 B 表示），这使得他们能区别于高风险类型，但是把这个合同代入类型 δ 的期望效用函数给出了 $5.150\,0\alpha$ 的效用，正好低于混同高风险类型时所得到的效用。当 $\gamma = 2/3$ 或 $\gamma > 2/3$ 时，δ 个体相对于 B 更偏好 D。

练习 22B. 22 能否用数学说明相对于分离合同 A［其中 $(b, p) = (240, 120)$］，类型 θ 也偏好 D？

练习 22B. 23 当 $\gamma = 0.5$ 时，方程（22.14）和（22.15）给出 $(b, p) = (154.67, 58)$。你能否说明包含这点的无差异曲线"低于"类型 δ 通过购买允许分离的合同 B 获得的无差异曲线？■

表 22-2 表明了更高的 γ 值的结果。随着类型 δ 在总体中的比例更接近于 1，保险合同将趋向于低风险类型 δ 的保费公平的全保合同。

表 22 - 2 混同合同 ($\delta=0.25$，$\theta=0.5$，$x_1=10$，$x_2=250$)

γ	p	b	x_1+b-p	x_2-p
2/3	58.75	176.25	127.50	191.25
0.80	59.29	197.62	148.33	190.71
0.85	59.47	206.86	157.39	190.52
0.90	59.66	216.93	167.27	190.34
0.95	59.83	227.93	178.10	190.17
1.00	60.00	240.00	190.00	190.00

练习 22B. 24 你能够直觉地解释当你沿着表 22 - 2 向下移动时混同合同的变化吗？当我们沿着表向下移动时我们图中有问题的区域 (j) 会发生什么变化？ ■

22B. 4 竞争性均衡的不存在性

在图 22 - 6 (b) 中，我们给了一个例子说明了当 γ 充分高使得分离均衡不存在时，竞争性市场为什么在维持一个混同均衡上有困难。特别地，我们对一组特别的无差异曲线进行说明，除非有一些"摩擦"使得个体保险公司很难在竞争性市场中从共同提供的"混同"保险合同中偏离，个体保险公司存在着激励去在标记为 (j) 的区域中找到低风险类型相对于混同合同 D 更偏好的并使得偏离的公司挣得正的利润的合同。但是区域 (j) 中也没有能成为均衡的合同政策。如果 γ 充分高，使得低风险类型相对于分离更偏好潜在的混同合同，那么竞争性均衡实际上并不存在。（对其他无差异曲线，这样的均衡存在，如同你已经在练习 22B. 20 中得出的那样。）

我们应该怎样理解这样的均衡的不存在性？这可能导致我们认为这样的保险市场将会简单地来回摇摆，公司来回转变政策来吸引消费者，在转换政策前挣得利润并再一次对变化的市场进行调整。这也意味着市场将会寻找其他方式——显性地发送信号和甄别——来把不同的风险类型区别在不同的保险池中。如我们在 A 部分中所论述的，可能存在公司只能获得将导致统计歧视的噪声信息的情形。保险行业也可以发展特定的规范或行业标准来限制能被提供的保险合同的集合。换种方式，你能看到政府是怎样在原则上解决不存在性（或稳定性）问题的，它们提供单一的保险合同（如 D）并且不允许保险行业在这个市场上运作，或者对保险市场进行规制并强制规定市场中只提供 D。然而，没有一个"解"能有效地实施，除非它能找到无成本地显示信息不对称给所有各方从而允许行业达到完全信息竞争性均衡的方式。

结论

由信息不对称所引起的主要问题就是逆向选择问题。例如，高成本消费者"逆向地"选择进入低成本消费者的市场，从而通过驱动价格上涨对低成本消费者形成负的外部性；或者低质量生产者"逆向地"选择进入高质量生产者的市场，从而通过降低价格使得维持高质量很难。我们已经证明了这样的逆向选择——有时候被道德风险加剧——将会引起一些产品的过度消费以及其他产品的消费不足，并对社会总体产生净损失。在一些情形中，我们甚至已经看到信息不对称能引起整个市场消失。我们的主要应用是保险市场，在那里，逆向选择的概念可以被表示为多种不同形式，如可能为在信息不对称问题没有解决时所产生的混同均衡，以及通过发送信号或甄别可以产生的分离均衡。我们也已经看到理解逆向选择和信息不对称能帮助我们理解社会所经历的一些基本的挣扎，像克服遗留的歧视这样的挣扎。在一些章末习题中，我们将进一步说明效率目标（这是本章的重点）和其他社会优先权（比如全民健康保险的支持者基于每个人在一定的道德意义上都有权享有这种保险的前提所主张的那些观点）之间的一些紧张关系。

本章完成了我们对产生于竞争性市场的无效性的处理。在第 18 章到第 20 章，这样的无效性来自政策诱导的市场价格的扭曲；在第 21 章，它们产生于由于外部性的存在而没有完全刻画所有边际社会收益或成本的市场价格；在这一章，无效性产生于信息不对称，市场中的一方有着更多的与市场交易直接相关的知识，能够潜在地"利用"另外一方。在政策诱导的价格扭曲的情形中，我们表明对这些扭曲怎么产生的理解可以允许政府找到少扭曲一些的方式来达到它们的目标。另外在外部性或信息不对称的情形中，我们讨论了额外的市场、非市场"公民社会"制度安排以及政府（从有效性方面）改善市场结果的方式。

现在我们将转到第 5 部分，我们将开始思考怎样对个体并不"小"以及策略性思考变得重要的经济环境中的行为建模。在一定程度上，我们已经开始在这条路上前行。例如，在我们处理逆向选择问题时，我们考虑了个体能够通过偏离其他公司的均衡行为而获益，在前一章我们讲述科斯定理时，我们考虑了在法庭分配产权后个体的谈判。但是从现在开始，我们将放开完全竞争的任何概念并更多地集中在经济生活的策略性元素上。在我们即将研究的设定中，个体再也不能把经济环境当成"既定的"，因为他们的行为能够以可识别的方式帮助形成经济环境。这将使我们在思考中引进"市场势力"的概念并远离"价格接受"行为。这同时也开放了另一种没有达到有效结果的市场失灵的方式：当市场不再完全竞争时，一些个体会使用市场势力来增加他们自己的利益。

章末习题[①]

[†]22.1 再次考虑成绩保险的例子。假定学生知道他们是不是典型的 A、B、C、D 或 F 学生,其中 A 学生有 75% 的机会得到 A,25% 的机会得到 B,而 B、C 和 D 学生则有 25% 的机会获得高于他们的通常成绩的水平,50% 的机会获得他们的通常成绩和 25% 的机会获得低于他们的通常成绩的水平;F 学生有 25% 的机会得到成绩 D 和 75% 的机会得到成绩 F。假定成绩与前文所述有相同的钟形分布,即在没有成绩保险时,10% 的成绩是 A,25% 的成绩是 B,30% 的成绩是 C,25% 的成绩是 D,10% 的成绩是 F。

A. 与书中一样,假定成绩保险公司在一个竞争性市场中运营并且对那些持有保险的学生的每一个成绩水平的变化发生成本 c。假定 $A \sim D$ 学生愿意支付 $1.5c$ 来确保他们得到他们的通常成绩并对每个高于他们的通常成绩的水平支付 $0.5c$;F 学生愿意为得到 D 支付 $2c$ 并为高于 D 的每个成绩水平支付 $0.5c$。

a. 首先假定教师只允许我在你的教室里面出售 A-保险。我能否卖出一些保险?

b. 下面假定教师只允许我出售 B-保险。我能否卖出一些保险?

c. 如果我只被允许出售 C-保险或 D-保险呢?

*d. 如果它们是仅有的被提供的保险,那么 A-保险和 D-保险能否在竞争性均衡中同时吸引消费者?在均衡中,谁会购买哪个保险?(提示:只有 C、D 和 F 学生在均衡中会购买保险。)

*e. 如果它们是仅有的被提供的保险,那么 A-保险和 C-保险能否在竞争性均衡中同时吸引消费者?(提示:答案是否定的。)

*f. 如果它们是仅有的被提供的保险,那么 B-保险和 D-保险能否会在竞争性均衡中同时吸引消费者?(提示:答案再一次是否定的。)

g. 不做其他进一步的分析,你认为是否可能有一个均衡使有多于两种的保险政策能吸引消费者?

h. 你所识别的均衡是否有效?(提示:考虑确保每个学生得到他或她的通常成绩的各级保险的边际成本和边际收益。)

B. 在 A(d) 中,你识别了一个特别的均衡,其中当不可能仅售 A-保险时能出售 A-保险和 D-保险。

a. 这与我们在书中 B 部分介绍的自我选择分离均衡概念相似吗?

---

① * 概念性挑战难题。
** 计算性挑战难题。
† 答案见学习指南。

b. 它有什么不同？

22.2 假定成绩保险市场的所有一切都如习题 22.1 所述，但是信息不对称不再确定，我们现在讨论如果学生可以传递信息那么将会发生什么。始终假定只要知道学生的类型，没有保险公司会把 A‑保险出售给 A 以外的学生，把 B‑保险出售给 B 以外的学生，等等。

A. 假定一个学生可以花费成本为 c 的努力发送一个精确的关于他的类型的信号。进一步地，假定每个学生可以通过对高于其真实水平的每一个级花费额外的努力 c 来发送他是一个比他实际要好的学生的信号。例如，C 学生可以通过花费努力 c 发送他的真实类型，但是也能通过花费努力 2c 来发送他是一个 B 学生的虚假信号以及通过花费 3c 来发送他是一个 A 学生的虚假信号。

a. 假定每个人发送真实的信号给保险公司并且该保险公司知道信号是真实的，那么 A‑保险、B‑保险、C‑保险和 D‑保险的价格将是多少？

b. 每个类型的学生得到了多少剩余（考虑发送真实信号的成本 c）？

c. 现在研究讲真话能否成为均衡的一部分。B 学生能够通过发送更贵的错误信号而得到更多的剩余吗？C、D 和 F 学生呢？

d. 如果讲真话是无成本的但是每对真相夸张一个水平会花费 c，均衡是否会不一样？（假定 F 学生愿意为得到 F 支付 1.5c，就像其他学生愿意为他们的通常成绩支付 1.5c 一样。）

e. (d) 中的均衡是否有效？（c）中的均衡呢？（提示：考虑对每个类型提供更多保险的边际成本与边际收益。）

f. 你能否直觉地解释为什么在这种情形中发送信号处理了保险市场所面对的问题。

B. 在书中的 B 部分，我们在没有保险时坏状态是 x_1、好状态是 x_2 的环境中考虑了保险政策 (b, p) 的情形。我们进一步假定两种风险类型：类型 δ 以概率 δ 面对坏状态，类型 θ 以概率 θ 面对坏状态，其中 $\theta > \delta$。

a. 假定两种类型都是风险厌恶的并有状态独立偏好。证明，在精算公平保险合同下，两种类型将选择相同的收益水平 b 但是会支付不同的保费。

b. 本题剩余部分假定保险公司从不卖出多于全保的保险，即它们从不卖出高于你在（a）中所确定的收益水平为 b 的保险。在 B 部分，我们重点分析自我选择均衡，其中保险公司限制它们提供的合同的集合为的是使不同类型的消费者能自我选择不同的保险政策。在本章的 A 部分，与本题的 A 部分一样，我们着重分析消费者可能发送的使保险公司知道他们的类型的显性的信号。一个类型 θ 的人愿意支付多少来发送她是一个类型 δ 的人的可信信号，使得她能得到对类型 δ 的完全精算公平保险合同？

c. 在本题的剩余部分假定 $u(x) = \ln x$ 是一个允许我们以期望效用形式表示每个人对赌博的偏好的函数。设 $x_1 = 10$，$x_2 = 250$，$\delta = 0.25$ 和 $\theta = 0.5$。进一步假定我们目前在一个我们在书中之前讨论的类型的自我选择均衡处（其中并不是所有的保费公平政策都被提供给类型 δ）。[①] 一个类型 δ 的人愿意支付多少来发送一个可信的信号给保险公司使它们相信他实际上是类型 δ 的人？

d. 假定我们目前在分离均衡处，但是刚刚发现一种新的发送你的类型的信号的方式。记 c_t 为显示你真实类型的信号的成本，并记 c_f 为发送你是一个不同类型的人的错误信号的成本。当 c_t 和 c_f 的取值范围是什么的时候，这个市场的有效保险配置可以通过消费者发送信号来修复？

e. 假定 c_t 和 c_f 在你在（d）中设定的范围之内，有效性被修复了吗？

22.3 在习题 22.2 中，我们证明了有着完备保险市场集合的有效均衡是怎么通过消费者发送真实信号来重建的。我们现在来说明发送信号可能不总是达到这一目的。

A. 再一次开始假定与习题 22.1 相同的条件。假定花费 c 来真实地显示你是谁，并对每个水平的夸张花费 $0.25c$，即对 C 学生，显示他是 C 学生需要花费 c，虚假地发送他是 B 学生的信号花费 $1.25c$，虚假地发送他是 A 学生的信号花费 $1.5c$。

a. 首先假定保险公司在它们收到的信号都真实的假设下对 A-保险、B-保险、C-保险和 D-保险竞争性地定价。在这种情形下是否有学生想要虚假地发送信号？

*b. 在均衡中 A-保险能够被售出吗（假定谁购买保险，谁的保费最终将位于零利润处）？（提示：随着保费被调整到零利润水平，学生们的剩余会发生什么变化？）

*c. B-保险在均衡中能够被售出吗？C-保险和 D-保险呢？

*d. 基于你对（b）和（c）的答案，你能否解释为什么在这种情形中只有 D-保险被售出并被 D 和 F 学生购买？这种情况是否有效？

e. 现在假定学生赋给成绩的价值不同：他们愿意支付 $4c$ 来确保他们的通常成绩并对在其上的每个成绩水平再支付 $0.9c$。进一步假定自己讲真话的成本仍是 c，但是对真相的每个水平进行夸张的夸张成本是 $0.1c$。如果 A-保险定价为 $2c$，每个学生类型从发送他是一个 A 学生的信号中获得的剩余是多少？

f. 假定保险公司认为任何 B-保险的申请人是 B、C、D 和 F 学生的总体中的一个随机学生；任何 C-保险的申请人是 C、D 和 F 学生的总体中的一个随机学生；任何 D-保险的申请人是 D 和 F 学生总体中的一个随机学生。它们将会怎样竞争性地定价 B-保险、C-保险和 D-保险？

g. 此外，假定保险公司不把保险出售给那些没有发送他们是什么类型的学生。在这些假设下，每个人都发送他们是 A 学生的信号是不是一个均衡？

---

① 在这个分离均衡处，类型 δ 的人购买保险 $(b, p) = (85.2, 21.3)$。尽管书中的 u 函数被乘以了 α，我们证明了无差异曲线与 α 所取的值无关，因此在这个问题中把其设定为 1，我们什么都没损失。

h. 在这个均衡中有两种无效性的来源。你能够区分它们吗？

B. 在习题22.2B中，我们介绍了一个新的"发送信号技术"，其可以在自我选择分离均衡中将最初的无效配置修复成保险的有效配置。假定保险公司认为所有没有发送他是类型 δ 的人一定是类型 θ 的。

a. 假定 c_f 低于你在习题22.2的B（d）中所计算的范围。你能否描述一个混同均衡，其中两个类型都全保且都发送他们是类型 δ 的信号？

b. 为使这成为一个均衡，为什么关于非信号的信念很重要？如果公司认为两个类型同等可能地不发送信号，那么将发生什么？

c. 判断正误：为使像你在（a）中所描述的均衡成为一个均衡，企业坚信在均衡中不会发生某些事件是很重要的。

†22.4 再次假定来自习题22.1的基本设置。

A. 我们现在将研究与消费者发送信号相对的企业甄别的作用。

a. 假定一个保险公司能甄别学生。更精确地，假定一个保险公司能用费用 c 获得一个学生的成绩单并从而知道一个学生是什么类型的。如果保险公司将只出售给被甄别为类型 i 的学生类型 i 的保险，假设完全竞争（并且没有重复的固定成本），每种保险的均衡保费是什么？

b. 在均衡中是否每个保险类型都会被提供与购买？

c. 为使保险市场消失，获得成绩单的成本需要有多高？

d. 在发送信号的情形中，我们必须考虑"混同均衡"的可能性，其中相同的保险被出售给不同类型的学生，这些学生充分介意较高的成绩，愿意支付零利润保费，而某些人还愿意支付发送他们虚假类型信号的成本。如果保险公司能甄别相关的信息，假定学生对较高的成绩充分介意，是否可能有几个不同类型得到相同保险的情形？（提示：假定保险公司试图制定一个保险政策使得几个不同类型通过购买这种保险得到正的剩余。另一个保险公司是否有激励来竞争一些潜在的顾客以使这种保险退出市场？）

e. 对顾客的甄别所导致的分离均衡是否依赖于在班上每种不同的类型有多少人以及在这个班上确切的分布曲线是什么？

f. 假定我们目前在这样一个市场中：大量的保险公司把不同的保险以零利润价格出售，这些保险公司在甄别顾客后确定类型 i 的保险只出售给类型 i。现在假定一个新的保险公司进入了这个市场并设计了"对 C 学生的 B-保险"。这个新公司能否成功地找到顾客？

g. 如果学生愿意支付 $1.5c$ 来保证他们的通常成绩以及对每高于通常成绩一个水平的成绩支付 c（而不是 $0.5c$），你对（f）的答案会怎么变化？

h. 判断正误：当保险公司甄别学生时，相同的保险合同将绝不会以相同的价格被出售给不同类型的学生，但是有可能不同类型的学生将确保相同的成绩。

*B. 现在考虑在书中 B 部分的自我选择分离均衡中引进甄别。与之前一样，

假定在没有保险时坏状态下的消费是10，好状态下的消费是250，类型δ有0.25的概率得到坏状态而类型θ有0.5的概率得到那个结果。进一步假定个体是风险厌恶的并且他们的偏好是状态独立的。

a. 不再把b画在横轴及p放在纵轴上，开始把x_2（好状态下的消费）置于横轴并把x_1（坏状态下的消费）置于纵轴。标出"禀赋点"E，即在没有保险时的消费。

b. 对两种类型的消费者说明精算公平保险合同，并指出在一个自我选择分离均衡中被提供的两个保险政策。

c. 假定"甄别公司"——一个能够识别保险申请人的类型并且对每个保险申请人收费为k的公司——产生了。如果保险公司给申请人支付k（作为申请费）的选择使保险公司能够支付给甄别公司甄别费，类型θ是否会支付它？

d. 类型δ同意支付的最高的k是多少？在图中说明这一点。

e. 申请人是否支付费用的决策实际上是是否发送信号的决策。这与我们在习题22.3中的分析有何不同？特别地，为什么类型θ的发送信号的行为在习题22.3中重要而在这里不重要？

f. 假定不再要求申请人支付甄别费，保险公司在确定它们所提供的保险合同的条款之前向甄别公司进行支付以得到所有申请人的信息。能改变自我选择分离均衡的最高的k与你在（d）中得到的是否不同？

g. 如果甄别公司最终把信息卖给保险公司，保险的配置是否有效？

*22.5 我们在22A.2节汽车保险的例子中发展了我们的第一个逆向选择的图示模型，其中我们假定提供汽车保险给类型1的不安全驾驶员的边际成本MC^1大于提供汽车保险给类型2的安全驾驶员的边际成本MC^2。

A. 继续假设$MC^1 > MC^2$。在这个习题中，我们将研究我们之前的结论怎样通过改变$D^1 = D^2$［两个类型驾驶员的需求（和边际支付意愿）曲线相同的假设］而被影响。

a. 假定需求曲线继续是斜率为α的和线性的，但是类型1驾驶员的垂直截距是A^1而类型2驾驶员的垂直截距是A^2。首先假定$A^1 > A^2 > MC^1 > MC^2$。请说明均衡。p^*仍与书中之前的情形一样位于MC^1与MC^2的中间吗？

b. 在你的图上识别信息不对称的净损失。

c. 如果相反$A^2 > A^1 > MC^1 > MC^2$，均衡将是什么？p^*与你在（a）中所描绘的相比有何不同？

d. 再次识别信息不对称的净损失。

e. 为使安全的驾驶员在均衡中不购买保险，A^1，A^2，MC^1和MC^2必须满足什么关系？

f. 为使不安全的驾驶员在均衡中不购买保险，A^1，A^2，MC^1和MC^2必须满足什么关系？

B. 在我们 B 部分的模型中，我们假设相同的消费/效用关系 $u(x)$ 可以被用于高成本类型 θ 和低成本类型 δ 的消费者，以表示他们对具有期望效用函数的风险赌博的偏好。

a. 这个假设是否意味着这两种类型的消费者对风险赌博的偏好是相同的？

b. 在一个 x_2（好状态下的消费）位于横轴以及 x_1（坏状态下的消费）位于纵轴的图上说明精算公平保险合同。接着说明所有满足相同条款的保险合同集所创造的选择集，即有形式 $p=\beta b$（其中 b 为收益，p 为保费）的保险合同。

c. 沿着这个选择集，类型 θ 或类型 δ 的消费者会需求更多的保险吗？

d. 判断正误：类型 θ 的消费者类似于该题 A 部分汽车保险中类型 1 驾驶员，而类型 δ 的消费者则类似于类型 2 驾驶员。

e. 假定有相等数量的类型 δ 和类型 θ 的消费者并假定保险行业出于某种原因提供了一个单一的保险合同集 $p=\beta b$ 并使得其得到零利润。$p=\beta b$ 直线是否会位于这两种风险类型的消费者的精算公平保险合同线的中间？

f. 假定保险行业提供了能全保的单一保险政策，并且保险公司在此得到零利润。包含该政策的合同线是否位于你图中两条精算公平保险合同线的中间？这与前面部分的区别是什么？

22.6 日常应用：非随机选择无处不在。 我们最初讨论的成绩保险市场中的问题是逆向选择导致了保险池的非随机性：尽管每个人都愿意支付使得有着随机被选择的保险池的保险公司创造零期望利润的保费，但在较高成本的学生逆向地选择进入池子后就没人愿意支付了。然而，这种非随机选择并不局限在保险市场里面，也发生在我们身边的其他事情中。[①]（本习题的 A 部分和 B 部分都可以在没有完成本章 B 部分的前提下解答出来。）

A. 考虑如下例子并描述能够导致观察者得到错误结论的非随机选择，就像保险公司如果不考虑非随机选择的效果就会收取"错误的"保费一样。

a. 假设我想知道一个湖中鱼的平均重量，于是你拿出一条船并用一个有 1 英寸网眼的网捕鱼。你整天捕鱼、测重、取平均值，然后将数据汇报给我。

b. 一个电视报道如下：一个最近的调查显示每周吃两次菠菜的人平均比不吃菠菜的人要多活 6 年。该报告下结论说食用菠菜将会增加生命预期。

c. 一个雪茄公司的人员进行一个关于吸烟对健康的影响的研究。为比较吸烟者与不吸烟者的平均健康状况，他们在一个健康中心招募了吸烟者和不吸烟者。特别地，他们在有氧运动项目里招募了吸烟者并在减肥班里招募了不吸烟者。他们发现了"令人惊奇的结果"：吸烟者比不吸烟者更健康。

---

① 调查研究经常称出于这样一个非随机选择结果的错误的结论为选择偏误（selection bias）。如果你修了计量经济学课程，你将学会怎样用统计方法调整这样的偏误。很多这样的技巧出自诺贝尔奖得主詹姆斯·赫克曼（1944— ）的工作。

d. 一个生产一款牙刷的公司从接受其免费提供的牙科产品的医生样本中得出结论：五个牙医中有四个推荐了这款特别的牙刷。

e. 在购买并使用一种面霜一年后，95％的女性在被调查时证实了该面霜确实能使皮肤看起来更年轻。

f. 私立学校的小孩比公立学校的小孩表现要好一些，从而一个观察者判断，私立学校比公立学校要好一些。（注意：选择偏误可能会转向任何一个方向。）

g. 一个比较高收入家庭和低收入家庭孩子的分数的研究证实了高收入家庭小孩的得分显著地比低收入家庭小孩的得分要高。一个观察者下结论说可以通过把高收入家庭收入重新分配到低收入家庭来缩小这种分数的差距。

B. 通常所说的社会科学研究的"黄金标准"是进行一个随机的实验，其中一些被实验者分配给实验组而其他一些则随机地分配给对照组。如下是一个例子：一个教育券项目被限制为只能有 1 000 个人参与，但是有 2 000 个小孩申请，每个孩子都在一个标准的考试中进行了测试。该项目的管理人随机地选择了 1 000 个小孩给予教育券，即实验组，并把剩下的 1 000 个小孩当成对照组。一年后，他们再次测试了这些孩子并比较两个群体中孩子的平均成绩。他们发现那些被随机分配到实验组的孩子在平均意义上有显著较高的测试分数。

a. 假定每个组的 1 000 个小孩参加了一个导致每组平均分数的计算有所改变的测试，你是否还会心安理得地下结论说是有权使用教育券引起了学生表现的改善？

b. 假定在每个组只有 800 个学生在该项目第一年结束时参加了测试，但是他们是在每个组随机被选取的。如果只使用这些被选取学生的测试成绩的平均变化，你对（a）的答案会怎么变化？

c. 假定这些孩子的家庭在这一年结束时有是否参加测试的选择权。但是在实验组的家庭被告知其唯一能继续使用另外一年教育券的方式是让其孩子参加测试；而在对照组的家庭被告知新的教育券的空缺将会开放（因为一些得到教育券的家庭已经从这个项目中退出了），但是在对照组中家庭得到教育券的唯一方式是让其孩子参加测试。在实验组里面，你认为哪种家庭将更可能自我选择去让孩子参加测试：是那些对教育券有一个好的体验的家庭还是有一个糟糕体验的家庭？

d. 在对照组里，你认为哪种家庭会自我选择去让孩子参加测试：是那些在教育券项目之外有好的体验的家庭还是那些有糟糕体验的家庭？

e. 再次假定每个组里面有 800 个学生参加了测试，但是现在家庭出现了让孩子参加测试的激励。这怎么影响你对（b）的答案？

f. 从研究者的角度，非随机选择进入测试是怎么被描述为逆向选择的？逆向选择掩盖了你能从观察两组的平均测试成绩的差别得出来的结论。这个例子与 A(c) 哪里相似？

22.7 商业应用：健康保险的竞争供给。考虑向以不同概率生病的人群供给健康保险的挑战。

A.　与我们汽车保险的例子一样，假定有两个消费者类型：容易生病的类型 1 消费者以及相对健康的类型 2 消费者。设 x 表示健康保险的水平，其中 $x=0$ 意味着没有保险，而越来越高的 x 表示越来越慷慨的健康保险。假定每个消费者有线性需求曲线（同边际支付意愿曲线），d^1 表示类型 1 消费者的需求曲线，d^2 表示类型 2 消费者的需求曲线。进一步假定提供额外健康保险给一个个体的边际成本是常数，$MC^1 > MC^2$。

a.　为简单起见，通常假定 d^1 和 d^2 有相同的斜率。进一步假定，除非特别说明，d^1 比 d^2 有更大的截距。你认为假设类型 1 有较高的保险需求是合理的吗？

b.　首先画一个有 d^1，d^2，MC^1 和 MC^2 的图，假定需求曲线的纵截距都位于 MC^1 之上，指出两种类型的有效保险水平 $\bar{x}^1$ 和 $\bar{x}^2$。

c.　假定行业以价格 $p=MC^1$ 提供任意水平的 x。如果这是唯一购买保险的方式并且消费者购买了他们最优的保险合同 A，在你的图中说明类型 1 消费者将得到的消费者剩余，并且类型 2 消费者会得到多少消费者剩余。

d.　下面假定你提供了一个额外的保险合同 B，该合同如果只被类型 2 消费者购买将得到零利润，且类型 2 消费者比起 A 更偏好于 B，并且类型 1 消费者与他们在（c）中的选项下一样好。在你的图中标出 B。

e.　暂时假定行业仅提供合同 A 和 B 是一个均衡〔并假定实际的 B 稍微位于你在（d）中所标出的 B 的左边〕。判断正误：尽管保险公司在消费者走进保险公司的办公室购买保险时不知道他们是什么类型的消费者，但它们在那些消费者离开时知道那些与它们签了合同的消费者的类型。

f.　为了使这成为均衡，一定会有如下情形，即保险公司不可能提供一个"混同价格"来至少获得零利润并同时吸引类型 1 和类型 2 消费者。（这样的政策有一个位于 MC^1 和 MC^2 之间的单一价格 p^*。）注意到目前为止所画的需求曲线仅是对每种类型的一个个体给出的。为知道零利润价格 p^* 是否吸引两种类型的消费者，你还需要知道什么额外的信息？

g.　判断正误：类型 1 消费者的比例越大，越不可能有这样一个"混同价格"存在。

h.　假定没有这样的混同价格存在。假设健康保险公司不能观察到它们的消费者的健康条件。行业只提供合同 A 和 B 能否形成一个竞争性均衡？这是一个混同均衡还是分离均衡？

i.　如果 $d^1=d^2$，你是否仍可能识别满足（d）中的条件的合同 B？如果 $d^1 < d^2$ 呢？

B.　本习题的 A 部分试图用一个不同类型的保险模型来形式化我们在书中 B 部分中得到的关键直觉。

a.　我们在该章 B 部分的模型不是通过区分不同类型的边际成本，而是通过设定类型 1 和类型 2 消费者处在坏状态的概率 θ 和 δ 开始我们的分析的。把这映射到本习题 A 部分的模型中，类型 1 与类型 2 消费者如 A 部分所定义的，δ 和 θ 的关系是什么？

b. 为把故事与本章 B 部分的模型拟合起来，我们可以假设坏的健康状态关键的冲击是它们对消费的影响，偏好是状态独立的。（我们将在习题 22.8 中放松这个假设。）假定对两个类型的消费者，我们能把在赌博上的偏好写成冯·诺依曼-摩根斯坦期望效用函数，使用相同的函数 $u(y)$ 表示"消费的效用"（消费表示为 y）。写出两个类型消费者的期望效用函数。

c. 我们使用相同的 $u(y)$ 来表示两个类型消费者的期望效用的事实是否意味着这两个类型消费者对风险赌博有相同的偏好，从而对保险有相同的需求？

d. 如果保险公司能分辨谁是什么类型，它们将（在一个竞争性均衡中）规定价格等于每个类型的边际成本。这怎么用本章 B 部分得到的模型进行说明？

e. 在 A 部分识别的分离均衡中，保险公司为类型 1 消费者提供有效的合同 A，但是提供非有效的合同 B 给类型 2 消费者。从本章 B 部分中提取模型并说明相同的 A 和 B 合同。它们与我们在本习题 A 部分得到的合同是否相似？

f. 在本习题 A 部分中，我们也研究了潜在的混同价格或混同合同的可能性，其瓦解了提供 A 和 B 合同的分离均衡。在这里用不同的模型说明相同的因素是怎样在确定是否存在这样一个混同价格或混同合同上起作用的。

g. 再次评估 A（g）中的判断正误的陈述。

*†**22.8** **政策应用**：扩大健康保险覆盖面。一些国家正致力于解决扩大拥有良好健康保险的人口比例的问题。

A. 保持习题 22.7 中的设定，x 为个体所购买的保险覆盖的量的定义。以下一直假定健康的人（类型 2）对健康保险的需求相对于那些不健康的人（类型 1）对健康保险的需求要低一些，即 $d^1 > d^2$。

a. 说明 d^1，d^2，MC^1 和 MC^2 并识别习题 22.7 中的合同 A 和 B。

b. 假定不健康（类型 2）的消费者的比例充分高，以至于没有混同合同能阻止这成为均衡。在 MC^1 线上标出所有能在这个均衡中被提供的合同（尽管只有 A 被选择）。类似地，在 MC^2 线上标出所有能在均衡中被提供的合同（尽管只有 B 被选择）。

c. 判断正误：在这个均衡中的保险公司限制了能以价格 $p = MC^2$ 购买的保险的数量，这是为了使类型 1 消费者在那个价格不购买保险。

d. 为什么所导致的分离均衡是无效的？净损失有多大？

e. 假定政府以如下方式规制保险行业：它识别了零利润混同价格 p^* 并要求保险公司对每单位 x 收取 p^*，但是并不强制每个消费者消费多少 x。在你的图中说明在这种政策下类型 1 和类型 2 的消费者会消费多少保险。总的保险覆盖的量是增加了还是减少了？

f. 作为这个规制的结果，每种类型消费者的消费者剩余变化了多少？总的消费者剩余增加了吗？

g.　判断正误：该政策是加强有效性的但并不导致有效性。

h.　政府可能很难实施上面的价格规制 p^*，因为它没有充分的信息去这样做。一些人建议把保险水平设在某个 $\bar{x}$ 处并接着让保险公司对这个保险水平进行价格竞争。你能够在一个新图中建议一个水平 $\bar{x}$ 使其比规制价格产生更大的有效性吗？（出于如下原因你需要在一个新图上完成这个建议：如果政府设定 $\bar{x}$ 在零利润价格规制 p^* 下类型 1 和类型 2 消费者的消费量之间，所导致的竞争价格 $\bar{p}$ 应该低于 p^*。）

B.　现在再次考虑我们能否从本章 B 部分的模型中找到与习题 22.7 类似的结论。

a.　像习题 22.7 一样解释模型。在一个保险收益 b 位于横轴和保费 p 位于纵轴的图上说明分离均衡。在你的图中画出零利润混同直线。

b.　你怎么理解在这个模型的环境下 A（e）中所提议的价格规制？

c.　在你的图中说明如果政府施行了这个政策，保险覆盖程度会怎样增加？

d.　现在在一个健康时的消费水平 y_2 位于横轴以及生病时的消费水平 y_1 位于纵轴的图上考虑相同的问题。说明两个类型在没有保险时的"禀赋点" $E = (\bar{y}_1, \bar{y}_2)$。

e.　说明类型 1 和类型 2 消费者的精算公平保险合同。接着假设偏好状态独立，指出分离均衡合同 A 和 B 位于什么地方。

f.　在你的图中引进零利润混同直线使得分离均衡确实是一个均衡。接着说明所提议的政府规制是怎样影响两个类型消费者的选择的。

g.　假定政府不是规制价格，而是设定一个保险收益水平 $\bar{b}$［与 A（h）中一样］并接着允许产生竞争价格。这所导致的对两个类型消费者全保的合同在你的图中位于什么地方？

h.　接下来假定偏好是状态相关的，我们需要 $u_1(y)$ 和 $u_2(y)$ 函数来得到我们的期望效用函数。如果 u_1 和 u_2 对两个类型的消费者都相同，我们的价格规制将会引起保险覆盖程度增加的主要结论是否会变化？

22.9　政策应用：医疗改革中的道德风险与逆向选择。之前我们只是简要地提到了道德风险，主要讨论了怎样加剧逆向选择的问题。在这个习题中，我们将在健康保险的情况下更多地研究道德风险（本题的 A 部分和 B 部分都不需要在完成本章 B 部分的前提下完成。）

A.　下面一直假定个体不会为获得健康保险而采取更危险的生活模式。

a.　这个假设是怎么消除我们可能担忧的一种形式的道德风险的？

b.　假设一单位的医疗服务 x 能以相同的、不变的边际成本提供给所有病人。说明一个病人对 x 的需求曲线以及提供 x 的 MC 曲线。

c.　假定对医疗服务的需求等于边际支付意愿。如果病人为医疗服务倾囊相付，假定医疗服务是竞争性定价（医疗供给者面对可忽略的重复固定成本）的，病人将会消费多少？

d. 下面假定病人有健康保险可以支付所有与健康相关的花费。他或她现在会消费多少 x？

e. 道德风险是指进入合同的一个人所产生的行为的变化。你刚才是否发现了健康保险市场中的一种道德风险的来源？解释这个来源如何导致了无效性。

f. 现在把你的图复制为两个：一个针对道德风险问题较小的病人，一个针对道德风险问题较大的病人，如果保险公司不能辨别这两个个体的区别，这种信息不对称如何可能导致逆向选择？

B. 考虑两个可供选择的医疗改革提议：在提议 A 下，政府强制每个人必须购买健康保险，限制保险公司去提供单一类型的有着丰厚收益的保险政策，并让公司竞争性地向消费者出售保险；在提议 B 下，政府为每个人设立"医疗储蓄账户"并允许保险公司只提供有高的"免赔额"的保险政策。在后面一种政策下，消费者使用他们医疗储蓄账户的基金来支付大多数与健康相关的花费，并且在他们达到 65 岁时，其他任何余额都被转到退休账户中。在提议 B 下的保险仅针对支付多于免赔额的"灾难性"事件。

a. 假定你担忧过多的医疗成本。这两个不同的提议是怎样解决这个问题的？

b. 如果你认为主要问题来自本题 A 部分中所分析的道德风险，你将钟爱哪一个政策？

c. 假定相反，你认为主要问题来自与日益严重的逆向选择问题（与在 A 部分分析的道德风险问题无关）相关的递增的健康保险成本和越来越多的无保险人群。你可能更钟爱哪一个政策？

22.10 政策应用：随机的汽车搜查中的统计分析。 当地执法官员有时候进行"随机的"汽车搜查来寻找非法物品。然而，看看随机搜查的数据，搜查的模式看起来通常不是随机的。

A. 假设随机搜查有一种威慑效果，即一个人认为他或她越可能被搜查，他或她越不可能运输非法物品。

a. 首先假定有记录显示，在所有其他条件相同的情况下，非法物品更可能通过装载卡车而不是载人小车运输。换言之，如果装载卡车车主与载人小车车主以相同的概率被搜查，执法官员随机地搜查一个装载卡车比随机地搜查一个载人小车更可能找到非法物品。如果警察的目标是在有限的资源下（从而不能搜查每个人）找到最多的非法物品，对他们来说随机的搜查是不是最优的？

b. 假定警察决定以概率 δ 搜查装载卡车并以概率 γ 搜查载人小车（其中 $\delta > \gamma$）。在这个政策几个月后，警察发现他们平均在每个搜查的装载卡车上发现 2.9 克非法物品，平均在每个搜查的载人小车上发现 1.5 克非法物品。假定他们资源有限，你建议警察怎样改变他们的搜查政策以使得他们增加被发现的非法物品的数量？

c. 给定你对（b）的答案，如果对这两种类型的交通工具的搜查概率被最优地设定（相对于警察找到最多非法物品的目标），在装载卡车与载人小车中找到非法物品的概率满足什么关系？

d. 如果你仅观察到 $\delta > \gamma$，你能否判断警察在挑选装载卡车上有内在的偏见？

e. 为使你认为警察对挑选装载卡车有内在的偏见，对不同类型的交通工具每次搜查的非法物品的平均收益必须满足什么关系？

f. 是否可能 $\delta > \gamma$ 并且警察展示出对载人小车有内在偏见的行为？

g. 我们已经使用了感情中性的"装载卡车"和"载人小车"的类别。现在考虑更加与实证相关的"少数族裔的人"与"非少数族裔的人"，执法人员经常对前者比后者有显著较高的概率去搜查他们的车。你能够辩说这样的执法人员的行为不是内在地出于对一个群体的仇恨的种族主义，相反，其可以被简单地解释为一种在威慑贩卖非法物品上最大化汽车搜查的有效性的统计歧视吗？你需要寻找什么样的证据来支持你的论点？

B. 假定警力有足够的资源来每天执行 100 个汽车搜查任务并且一半的交通工具是装载卡车，一半是载人小车。在装载卡车中找到非法物品的概率是 $p_t(n_t) = 9/(90 + n_t)$，其中 n_t 是所执行的装载卡车搜查的数量。在载人小车中找到非法物品的概率是 $p_c(n_c) = 1/(10 + n_c)$（其中 n_c 是所执行的载人小车搜查的数量）。

a. 假定警察的目标是最大化搜查到的非法物品的数量。写出最优化问题，其中 n_t 和 n_c 是选择变量，约束是 $n_t + n_c = 100$。

b. 根据警察的目标函数，每天应该搜查多少辆装载卡车和多少辆载人小车呢？

c. 如果执行（b）中所计算的搜查数量，在装载卡车上阻断非法物品的概率有多大？在载人小车上阻断这样物品的概率又是多少？

d. 如果以你在（b）中所推导出来的概率搜查装载卡车和载人小车，平均每天将阻断多少非法物品？

e. 如果相反，警察随机地搜查交通工具，平均而言每天每种类型的车将会有多少被搜查？

f. 如果警察实行随机搜查，在这两种交通工具类型中找到非法物品的概率分别为多少？比较这个结果与你在（c）中的答案？

g. 如果警察执行随机搜查而不是按照你在（d）中所推导的那样的概率进行搜查，平均每天将会有多少非法物品被阻断？

h. 为什么你对（d）的答案与你对（g）的答案不一样？

i. 保险公司对年轻的驾驶员相对中年驾驶员收取较高的保费。它们的行为是否与执法部门在（b）中相对于载人小车更多地搜查装载卡车相似？

策略性决策中
"看不见的手"的扭曲

到目前为止几乎在我们所做的一切分析中，我们都典型地假设了个体决策制定者，不管是消费者，或是工人，还是企业，相对于市场是充分"小的"，以至于他们不能影响市场的价格。由此，我们称这样"小的"决策制定者所展示的行为为"价格接受"行为；或者，我们称这样的行为为"非策略性的"，因为在我是这样一个小的经济人的世界中，我没有办法通过策略性地改变我的行为来改变由价格所描述的一般经济环境。这种非策略性的或价格接受行为对福利经济学第一定理是根本的，该定理仅在竞争性（价格接受）环境中成立（假设没有价格扭曲、外部性或信息不对称）。

现在，在第5部分，我们转向对个体相对于其经济环境不"小"以至于其行为能改变环境的经济设定时所产生的策略性行为（strategic behavior）的分析。这使我们超越了竞争性市场的模型并允许我们证明当一些个体获得市场势力（market power）时福利经济学第一定理的有效性预测是怎么不再成立的。在这一过程中，我们将看到这要求我们引进一些新的工具。

如果我们能把完全竞争市场想成是一个极端，那么我们也能把完全垄断（monopoly）市场（即一个单一的企业是生产一种特定商品的唯一企业）想成是相对的极端。第23章开始于这种相对的极端并说明了这样集中的市场势力通常是怎么导致无效性的。在这一章中，我们将研究垄断者在充分利用他们的垄断势力时能使用的不同策略。在一些情形中，我们将发现垄断的存在有良好的经济原因，比如处在一个有着非常高固定成本的行业中。在这样的情形下，政策问题集中在什么样的政策可以缓和净损失而同时又保持垄断，或者说以什么样的方式固定成本能被公开分担从而允许在可变成本上的竞争。在其他情形中，我们发现如果垄断没有外部竞争的威胁，它将变得更有问题，但是我们也会发现政府面临的信息问题，这使得在任何给定的情形中确定一个从效率角度来看最可取的政策并不是那么简单。

在我们讨论垄断者不同的定价策略时，我们开始使用一些博弈论（game theory）中潜在的推理但没有对其命名或者将其明显地指出来。博弈论的很多内容都是常识，这是我们在没有完全定义它之前可以使用它的原因（事实上我们在前面几章中已经非常不正式地使用了几次）。但是当我们深入策略性思考很重要的经济环境时，首先发展这个直觉性的工具是很有用的。我们在第24章中做这件事情。

在过去大约50年的时间里，博弈论作为思考策略性行为的主要工具出现在经济学和其他社会科学中。它以博弈的形式来对经济情形建模，其中参与人面对与那些有着市场势力的个体在现实世界中所面对的相同的激励。因而，在一个博弈论模型中，我们可以研究这样的策略性行为怎么影响均衡。竞争性模型可以被重构为博弈论模型，其中个体没有激励去策略性思考，但是随着经济环境变得不那么具有竞争性，策略性思考变得逐渐重要。一个特定类型的博弈是囚徒困境（Prisoner's Dilemma），它将会在接下来的章节中变得尤为重要。

我们在第 24 章对博弈论的发展环境给出了一些经济例子，同时我们将在第 5 部分剩下的章节中研究被更好定义的问题。第 25 章和第 26 章考虑位于完全竞争和完全垄断的极端之间的市场结构，在这些市场结构中，有市场势力的竞争者在确定最好的行动之前必须考虑其他人会怎么做。第 25 章开始于一个被称为寡头垄断（oligopoly）的市场结构。在寡头垄断的行业中，企业生产相同（或在某些情形下有些差异性）的产品，但是高的进入壁垒使得企业的数量较少。例如，如果企业面临足够高的经常性固定生产成本，那么该市场就不能（与完全竞争市场一样）合理地假定能够维持很多小企业。如果由此产生的少数企业（组成 "寡头垄断"）合并成一个单一的企业，它将是我们在第 23 章中所讨论的垄断者。但是在寡头垄断的行业中有几个企业，没有任何一个企业有垄断者所享有的完全垄断势力。我们将接着证明寡头将会发现很难执行它们之间的合谋协议（因为在囚徒困境博弈中所获得的激励）。寡头竞争将导致定价和生产水平落在完全竞争与完全垄断之间。在我们第 25 章的讨论中，我们将指出寡头的存在本身并不总是一个政策问题。在这样一个市场中，潜在的合谋对于政府和潜在的竞争者都是很有吸引力的，因为这样的合谋限制了寡头竞争，但它产生了无谓损失。

在第 26 章中，我们接着介绍更加完全的差异性产品的市场，该市场为消费者的特定需求服务，企业能找到方法生产有些不同的产品来满足有些不同的消费者偏好。垄断竞争（monopolistic competition）发生在很多企业生产这样的差异性产品时，考虑到每个企业的产出都与每个其他企业的产出略有不同，每个企业都有一些市场势力。尽管存在进入壁垒，但是它在垄断竞争市场中较低，导致了比我们在寡头市场中所观察到的更多的企业数量。每个企业的市场势力被它所面对的生产相似（尽管不相同）产品的其他企业的竞争所限制。现实世界中的很多行业可以用这种方式建模，行业中的每个企业持续地搜寻新的方式来把其产品与其竞争者的产品差异化。这种类型的市场结构特别有趣，因为尽管每个个体企业都拥有市场势力导致个体企业低效率地生产，但是通过产品创新（innovation）获取市场势力（从而增加利润）的预期导致了产品种类的增加以及新产品的形成，这越来越有效地满足了消费者的需求。因此，垄断竞争是否真的会导致低效率还远不清楚，尽管在任何时刻都可以肯定地说：如果停止创新，那么这种低效率肯定存在。

　　尽管不同类型的不完全竞争无疑展示了策略性选择变得很重要的最明显的情形，但是还有其他有趣的专题涉及这样的策略性思考。我们将用两章来研究这样的专题。在第27章中，我们回到外部性问题（在第21章中讲述过），但是把重点放在一些特殊类型的外部性问题上，其产生于市场、公民社会或政府提供公共物品（public good）时。到目前为止，我们的重点是私人物品（private good），这样的商品只能被单一的个体消费。但是有很多商品可以被多个个体消费，随便列举几个，如游泳池、烟花、警察保护服务、学校和国防。当我们试图以分散化的方式来提供这些商品时，需要处理另一个版本的囚徒困境，即"搭便车"问题，也就是个体在其他人生产这样的商品时有"搭便车"的倾向。与此同时，我们将看到个体通常有激励去错误地表示他们对公共物品的真实偏好，这使得确定公共物品供给的最优水平更加困难。

　　尽管我们在第27章中将说明一个人可以聪明地设计一个"机制"以使得私人激励与社会目标一致（从而个体不会"搭便车"并将显示他们对公共物品的真实偏好），但是显示我们对公共物品的偏好的最通常的方式是投票。因而第28章通过审视民主政治选举过程的黑盒子的内部来结束我们对策略性决策的讨论。我们将说明这样的政治是凌乱的，并且在某种意义上，它要求太多的政治过程来为我们提供连贯的总体偏好，用于作出社会选择。我们将看到政治过程通常受制于那些可以影响投票议程的人的策略。因此，策略性思考从（非竞争）市场扩展到了自利的政治家和公共利益集团的政策的形成中。

第23章 垄 断

从本章起，我们将抛弃完全竞争这一我们运用至今的极端前提假设，转而分析与其相对的情况。[①] 在完全竞争的前提下，我们假定一个行业是由许多不会影响我们经济决策的小厂商组成的。因此，我们可以认为行业中的每个厂商在决定使其自身利润最大化的产量时都可以将价格当作是给定的。而在垄断这一市场结构中，厂商不仅需要确定自身产量，还要考虑定价问题。也就是说，在垄断的情形下，没有"市场"去确定价格。从这种意义上看，垄断厂商拥有一些竞争性厂商所不具有的对市场（即价格）的控制权。

虽然我们经常将"垄断"当作一个固定的概念来讨论，但我们还是应该牢记垄断势力是源于某种程度的集中性。在完全竞争市场中，由于有很多厂商会在市场给定的价格下生产相同的产品，所以每个厂商所面临的产品需求曲线都是具有完全弹性的。那么，不论何时，只要一个厂商所面临的需求曲线不是具有完全弹性的，该厂商就具有一定的市场势力。举例来说，我可能在近似完全竞争的软饮料市场中生产一种特定的软饮料，不过我所生产的软饮料有一些与众不同：从某种意义上来说。我的饮料是一种拥有独立市场的独立商品。当然，从另外一方面来看，我的饮料也只是整个市场的一部分，只不过其他厂商只能生产出近似但并不完全的替代品。那么，我生产的软饮料所面临的需求曲线就可能不是具有完全弹性的，只不过我的市场势力仍受制于市场中其他的近似替代品。如果我们对这种近似替代品的考量更进一步，即我们假设软饮料市场是可以自由进入的，在这种情况下，我的市场势力将受到更多的限制。在第26章中，我们将探讨这种具有"垄断竞争"性质的市场。

当然，在某些前提假设下，特定厂商所生产产品的替代品并不容易获得。假设市场壁垒存在并阻止潜在竞争者去生产替代品，此时我的垄断势力将变得更为显著，而我的产品所面临的需求也将变得更加没有弹性。目前，我们暂时简单地将垄

---

① 本章的内容将建立在读者已对需求理论有很好理解的基础上，并会经常涉及出现在第14章和第15章中的局部均衡模型的内容。此外，读者还需对第13章所总结的在第11章中推导出的成本函数有基本理解。

断组织看作是在市场壁垒存在并阻止其他厂商进入市场生产替代品的情况下，那些拥有向下倾斜产品需求曲线的厂商们。另外，我们需要注意，垄断者产品需求弹性的大小与其垄断势力的强弱紧密相关。当我们学习到第 26 章时，我们将清楚地认识到我们这一章所介绍的完全垄断模型只是一个极端情况，并且在现实世界中很难实现，但是它是我们探讨市场势力问题的一个很好的出发点，正如完全竞争可以为我们研究竞争理论提供一个有效的立足点一样。

23A 垄断者的定价决策

要分析垄断势力，我们首先分析当厂商面临着向右下方倾斜的需求曲线时如何运用边际成本等于边际收益这个利润最大化条件作出最优决策。首先，我们假设厂商运用定价策略时，它对每一单位产品、每一个消费者只能定一个价格。然后，我们开始思考垄断者如何尽可能地对不同的消费者索取不同的价格以及在什么样的条件下这种差别定价是可行的。最后，我们将确切地分析可以导致真实世界里垄断现象的种种进入壁垒以及厂商进入壁垒的本质如何决定垄断势力，进而研究需要政府进行管制的程度。

然而，在讲新内容之前，我们回忆一下在第 11 章中讲过的分析完全竞争厂商利润最大化的两种方法。首先，我们基于两个假设分析利润最大化问题：完全竞争厂商把价格看作是固定的；厂商通过寻找等利润线与生产可能性边界的切点来达到利润最大化。但这种方法不再适用于对垄断厂商的分析了，因为这种方法的前提假设是厂商把价格看作是给定的。然后，我们提出了关于利润最大化的"两步分析法"：第一步主要集中在成本方面（厂商尽可能降低成本），第二步把收入考虑在内（厂商定价，这在完全竞争下是市场给定的）。既然在第一步厂商只关注"怎样才能在不同产出水平上使成本最低"，价格在减少成本方面并没有影响，所以这一步对垄断厂商来说和完全竞争厂商的情况是一样的。两者不同的是在比较收入与成本的第二步，因为垄断厂商的收入取决于厂商自己制定的价格（而不是由市场给定的价格），因此我们可以利用之前所学过的关于成本曲线的一些知识，例如边际成本、平均成本、固定成本等。在运用分析垄断厂商利润最大化决策的"两步分析法"时，我们将重点放在第二步。

23A.1 需求、边际收益与利润

对于完全竞争厂商来说，销售价格等于边际收益。换句话说，完全竞争厂商知道它们可以以市场价格卖出它们能生产出来的任何数量的产品，所以每单位产品的边际收益就恰好等于由生产者和消费者相互作用至市场均衡时的价格。当然，它可以选择以低于市场价格的价格出售其产品，但这并没有使其利润最大化。另外，如果它试图以高于市场价格的价格出售其产品，那么消费者将会去它的竞争者那里购

买该产品。因此尽管在完全竞争市场中市场需求曲线是向右下方倾斜的，但在确定的市场价格下单个完全竞争厂商面临的需求曲线都是具有完全弹性的。

由于在垄断市场中只有一个厂商，所以对于一个垄断市场来说，市场需求就是厂商需求。因此，垄断厂商需要在市场需求曲线上选择一个点，选择什么样的点也就同时选择了什么样的产量与价格。当一个垄断厂商决定提高产量时，它将面临以下权衡：一方面，它将向消费者出售更多的产品；另一方面，它必须以低于之前价格的价格出售其全部产品。因此，当垄断厂商增加产出时，其边际收益就不再与开始时索取的价格相等了，这是因为要想卖掉这些增加的额外产品，它必须降低价格。

23A.1.1 边际收益及市场需求曲线　观察第18章图18-3中的需求曲线，我们把它复制到图23-1（a）中。垄断厂商生产的第一单位产品面临的市场需求使它可以卖到大约400美元。因此，第一单位产品的边际收益大约为400美元。

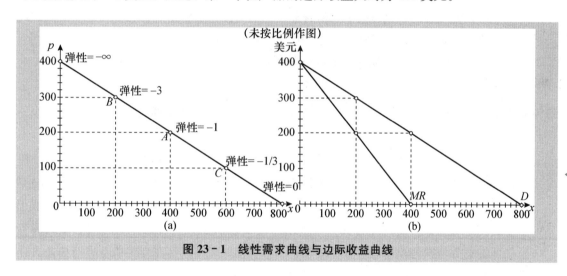

图23-1　线性需求曲线与边际收益曲线

接下来，假设垄断厂商目前生产了199单位的产品，单价为300.50美元。如果该垄断厂商增加2单位的产出，那么为了卖掉所有的201单位的产品，它必须把价格降低到单价299.50美元。由于多卖掉了第200单位与第201单位的产品，它的总收入将增加599美元，但对于之前生产的199单位产品，它将每单位损失1美元的收入。因此来自多生产的2单位额外产出的边际收益是400美元，或者说每单位产品的边际收益是200美元。

接下来，我们假设垄断厂商生产了399单位的产品，以每单位200.5美元的价格出售。现在厂商考虑增加2单位的产出，为了卖掉额外增加的2单位产品，它必须降低价格到单价199.50美元，这2单位产品使收入增加了399美元，但原先的产品收入将下降399美元，这是因为对于原有的399单位产品的单价都要降低1美元。因此，来自多生产的2单位额外产出的边际收益是0。

图23-1（b）描述了垄断厂商的边际收益曲线。它的起点与需求曲线相同，因为第1单位产品的边际收益接近于400美元。当垄断厂商选择市场需求曲线上的B点

时，我们已经证明了它来自额外 1 单位产品的边际收益大约是 200 美元；当垄断厂商选择了需求曲线上的 A 点时，它来自额外 1 单位产品的边际收益是 0。连接这些点，我们得到一条与需求曲线截距相同但斜率不同，即更靠近价格坐标轴的曲线。

练习 23A. 1　如果厂商选择了图 23-1 中需求曲线上的 C 点，那么它多生产 1 单位产品的边际收益是多少呢？ ■

　　23A. 1. 2　需求价格弹性与收益最大化　在图 23-1 中我们已经看到，当价格弹性低于 -1 时它的边际收益是正的；当需求弹性接近 -1 时，边际收益接近于零（当价格弹性在 -1 至 0 之间时，其边际收益就变成负的了）。这就表明当厂商的产量沿着需求曲线向下移动时，在移动到价格弹性等于 -1 的中点之前，垄断厂商的总收入是增加的，当越过中点沿着需求曲线继续向下移动时，总收入是减少的，此时的价格弹性介于 -1 到 0 之间。因此，垄断厂商收入最高点出现在线性需求曲线的中点，在该点价格弹性等于 -1。

练习 23A. 2　当价格弹性介于 -1 至 0 之间时，MR 曲线位于哪里？ ■

　　上述内容与我们在第 18 章中讨论的消费者支出和价格弹性紧密相关。在图 18-4 中我们说明了当需求缺乏弹性时，价格上升，消费者支出也随之上升，当需求富有弹性时，价格上升，消费者支出则下降。对于垄断厂商而言，消费者支出即厂商收益。因此，一方面，当垄断厂商发现消费者对自己产品的需求缺乏弹性时，它知道只要提价收益就会增加；另一方面，当垄断厂商发现消费者对自己产品的需求富有弹性时，它可以通过降价来使收益增加。因此消费者支出（即厂商收益）在需求价格弹性等于 -1 的时候达到最大。

练习 23A. 3　当垄断厂商面临的是单位弹性的需求曲线（如图 18-5）时，其收益最大化的点在哪？ ■

　　23A. 1. 3　垄断厂商的利润最大化　然而，垄断厂商像其他生产者一样，它并不追求收益最大化——它追求的是利润最大化，利润等于经济收益减去经济成本。因此，为了弄清垄断厂商到底选择一个什么样的价格—产量组合（假定它选择生产），我们不仅需要知道边际收益为多少，还要知道边际成本为多少。

　　首先，假定生产者的边际成本为零。在这种情况下，垄断厂商的 MC 曲线是与水平坐标轴重叠的水平线，如图 23-1（b），与 MR 曲线相交于 400 单位产量点。如果垄断厂商没有可变成本，收入最大化与利润最大化是同样的含义，所以垄断厂商自然就选择需求曲线上的 A 点，在该点价格弹性等于 -1。这 400 单位的产品以每单位 200 美元的价格出售，总收益或总利润（没有考虑固定成本）等于 80 000 美元。只要固定成本不超过 80 000 美元，厂商无论是在短期还是在长期，都会选择 400 单位的产量水平。

练习 23A.4　判断正误：如果固定成本是 40 000 美元，那么垄断厂商在短期内的经济利润是 80 000 美元，而在长期中的经济利润是 40 000 美元。■

接下来，假定垄断厂商有着一般情况下的 U 形 MC 曲线，如图 23-2（a）所示。如果该垄断厂商选择生产，那么它将会选择 MC 与 MR 相交处的产量水平 x^M 以及可以使它卖掉所有它生产出来的产品的价格水平 p^M。只要在 x^M 处的短期平均（可变）成本低于 p^M，在短期内垄断厂商就会选择继续生产；只要在 x^M 处的长期成本（包括固定成本）低于 p^M，在长期内厂商也会选择继续生产。

练习 23A.5　假设有一个有着如图 23-1 中所示类型的市场需求曲线的垄断厂商，它每单位产品的 MC 都等于 200 美元，那么它在需求曲线上将选择什么样的产量水平进行生产？■

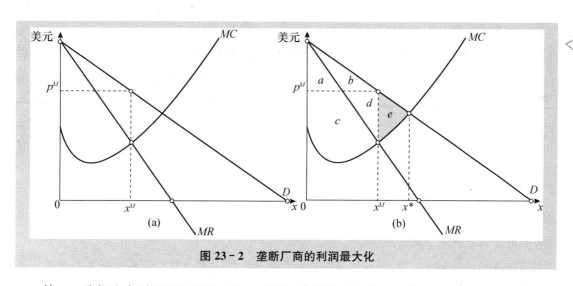

图 23-2　垄断厂商的利润最大化

第一，我们注意到只要 MC 是正的，垄断厂商就会选择在需求曲线富有弹性的部分进行生产。这是因为，对于任何正的 MC，MC 和 MR 的交点必定位于 MR 与水平轴交点的左方，而 MR 与水平轴的交点对应的产量则恰好是需求价格弹性等于 -1 对应的产量。由直觉可知：如果垄断厂商发现自己处于需求无弹性范围内，它将可以通过减少产量、提高价格来使收益增加。如果生产有成本，这意味着只要垄断厂商处于需求无弹性范围内，它就可以通过减少产量、提高价格来提高收益和降低成本。因此，垄断厂商在需求无弹性范围内进行生产是没有意义的。

练习 23A. 6 假设严寒使佛罗里达州的橙子减产 50%，橙子价格上升。结果我们发现佛罗里达州的橙子销售收入反而上升了。我们可以把佛罗里达州的橙子产业看作是垄断产业吗？（提示：答案是否定的。）■

第二，分析完全竞争厂商时提出的"供给曲线"概念在我们讨论的垄断市场中没有任何意义。供给曲线描述了由市场给定的价格与由厂商利润最大化决定的产量之间的关系。但是垄断厂商没有"市场"来给定价格，垄断厂商自己确定价格。因此，对于任何给定的需求曲线与任何方法导出的成本曲线，垄断厂商选择的仅仅是一些供给点（supply point）。

23A. 1. 4 垄断与无谓损失 最后，我们观察图 23-2，可以看出垄断厂商的利润最大化选择导致了无效率的低产量生产。在组图（b）中，消费者剩余（假设没有收入效应）对应（$a+b$）部分，垄断者剩余（短期情况，或者不存在固定成本）对应（$c+d$）部分。但是厂商依然还有能力来继续生产额外的一部分产品，对于这部分产品，其边际成本低于消费者愿意支付的价格。这部分额外的产出可以一直增加到 MC 曲线与需求曲线相交的产量 x^* 处，即如果生产是由一位善良的社会规划者而不是一个垄断者组织来决定，那么消费者剩余将会增加（e）部分。因此，面积（e）是无谓损失（deadweight loss），其源于垄断决策者为了提高价格来获得最大化利润而策略性地限制产出。

我们注意到无谓损失并没有增加是因为垄断厂商获得了利润。即使社会规划者强制垄断厂商生产 x^* 的产量，并以需求曲线决定的价格出售，垄断者仍然可以得到一部分利润，只是利润没有像垄断厂商通过限制产出将价格提高到 p^M 时那样大而已。当然了，无谓损失是由于垄断者运用它的势力限制产出以提高价格产生的。垄断者的市场势力引起了自身利益与社会福利的冲突——至少当社会福利是效率的评价标准时，除非某种力量进行干预使垄断厂商增加产量。

练习 23A. 7 假设需求如图 23-1 所描述，并且 $MC=0$。垄断厂商的利润最大化产量是多少？最有效的产出是多少？当 $MC=300$ 时呢？

练习 23A. 8 判断正误：MC 曲线形状的不同将使有效产出水平位于需求曲线上富有弹性的位置或是不富有弹性的位置。

练习 23A. 9 判断正误：如果生产存在负的外部性，垄断厂商有可能生产有效的产量水平。

练习 23A. 10 判断正误：如果需求不等于边际支付意愿（可能是由消费者方面的收入效应引起的），无谓损失面积可能增加也可能减小，但无疑肯定是存在的。■

23A. 1. 5 垄断者的寻租行为与无谓损失 我们已经证明了如果厂商通过某种方式获得了一些垄断势力，它们就能够获得经济利润。我们也进一步证明了这种经济利润会造成社会成本，因为垄断厂商为了使价格超过边际成本，其产出水平将低于社会最优产出水平，我们把这种社会成本称为无谓损失。然而，实际的无谓损失可能会远远超过我们现在推导出的数值，因为垄断厂商为了获得和维持垄断地位从而获得垄断利润，可能会进行一些无任何意义的社会活动。

可以产生垄断势力的进入壁垒有好多种，在本章随后的部分我们将会进行介绍。一个例子就是垄断势力是由政府干预产生的：政府赋予某个特定的厂商以生产某种商品的排他性的权利。在这种情况下，厂商可能会相互竞争以期得到这种政府支持，在这个过程中就会有游说政府官员的费用支出。厂商为了得到政府赋予的垄断势力而愿意支付的最大费用等于未来厂商可以利用这种垄断势力得到的垄断利润的现值。不难想象厂商为了得到垄断势力愿意花费与垄断利润相等的成本，我们也可以想象到将会有很多资源都浪费在这种社交性的活动上。这就是所谓的政治上的"寻租"，即在政界寻找"租金"或"利润"。从这种程度上说，政府寻租活动是一种社会性的浪费，它将使无谓损失远远超过之前我们在图中标出的部分。

23A.2　市场分割与价格歧视

至今我们一直假设垄断厂商对所有的消费者只能索取同样的价格。这种假设在垄断厂商不能有效区分消费者类型并发现其边际支付意愿的情况下，或在对不同类型消费者索取不同价格违法的情况下是正确的。在本节中，我们将假设对不同的消费者索取不同的价格，即允许实施价格歧视（price discrimination），并且垄断者可以把消费者分成两部分：一部分愿意支付相对较高的价格，另一部分愿意支付相对较低的价格。不过，即使垄断者可以根据不同的消费者划分出不同的市场类型，它也必须要有办法来阻止二次销售（resale），即阻止以低价购买的消费者把商品出售给本需以高价购买的消费者的行为。

接下来，我们讲述在不同的情况下垄断者实施价格歧视的三种不同的方式。我们首先讲到的第一种情况就是垄断者可以完全确定每个消费者的需求，并可以以特定的价格为每个消费者提供特定数量的产品。达到这种目的的一种方式就是向每个消费者索取能够获得购买权的固定费用和为购买每单位产品所支付的费用，并且针对不同的消费者，固定费用和产品单价也都不相同。这就是完全（或称"一级"）价格歧视。然后，我们考虑这样一种情况：垄断厂商依然能够完全区分每个消费者的需求并可以向每个想消费多单位产品的不同消费者索取不同的单位产品价格（但是没有固定费用），我们称这种情况为不完全（或称"三级"）价格歧视。最后我们考虑的一种情况是，垄断者知道存在具有不同消费需求的不同类型的消费者，但是它不知道每个特定的消费者属于哪种消费类型。因此垄断厂商设置了价格/数量组合，或固定费用与单位产品价格（简称单价）的组合，使消费者自己去"揭示他们的消费类型"。这就是"二级"价格歧视。

23A.2.1　完全或"一级"价格歧视　我们有另一个极端的假设：垄断者非常

清楚地了解它的每个消费者，因此也就非常清楚每个消费者愿意为其产品支付的价格。例如，假设我是一个拥有自己画室和画廊的艺术家，并且我是可以画出我这种风格的唯一的画家，我了解我的每一位顾客，我每次只邀请一位顾客一边共饮葡萄酒，一边观赏我的画。为了使分析尽可能地简单，我们再假设每个顾客只买一幅画。（毕竟，我的艺术是如此独一无二，以致每幅画都会使我的顾客非常陶醉地观赏并忘记时间。）

对我的画的需求曲线是由许多不同的消费者选择构成的，每个消费者愿意为我的一幅画支付特定的价格。当我完成作品时，我可以首先邀请愿意为我的画支付最多价钱的购买者，他也就在我面临的需求曲线的最顶端了。假设这位有完美品位的消费者愿意为我的一幅画支付 10 000 美元，在这种情况下，我就会向这位消费者索取 10 000 美元的价格。接下来，我邀请我的第二大粉丝，他愿意为我的一幅画支付 9 900 美元。因此我的第一幅画的边际收益就是 10 000 美元，第二幅画的边际收益是 9 900 美元。既然我可以向我的每位顾客索取不同的价格，那么我完全可以在不放弃第一幅画的利润的情况下画第二幅画进行销售。因此，当我可以对顾客进行完全价格歧视时，需求曲线就变成了边际收益曲线。

图 23-3 描述了利润最大化生产者可以用这种方法进行完全价格歧视时的情形。既然需求等于 MR，该生产者自然就选择 MC 曲线与需求曲线的相交点处 x^M 的产量水平。既然能够向每个消费者都索取他们所愿意支付的价格，厂商也就不会索取单一价格。因此消费者剩余为零，所有的剩余，即阴影部分，都属于垄断厂商。在这个过程中，厂商达到了有效的产量水平，任何额外产出的成本都将超过其社会价值。

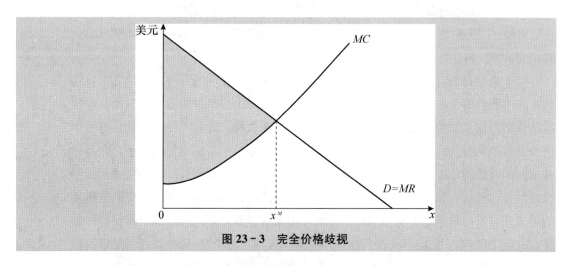

图 23-3 完全价格歧视

当消费者购买多单位产品并且被索取他们为每单位产品愿意支付的价格时，这种完全价格歧视的形式也被称为一级价格歧视。尽管完全价格歧视使产出达到了有效的产量，但很明显，它使消费者的状况比之前没有价格歧视的时候变糟了。这是因为消费者现在没有得到消费者剩余，而没有价格歧视时消费者是可以获得消费者剩余的

（即使产量水平比较低）。我们知道，效率是由总剩余决定的，并没有说剩余如何分配
是令人满意的。

练习 23A. 11 *　我们假设每个顾客只买一幅画来简化分析。试想如果每个消费者购买多幅画，
你将如何扩展完全价格歧视（导致需求与 MR 相等）的概念？（答案将在下节中给出。）■

　　23A. 2. 2　不完全或"三级"价格歧视　完全价格歧视假设垄断厂商不仅能清楚
地了解每个消费者的需求类型，而且还完全可以向每个消费者索取他们愿意支付的最
高价格。在我的画室这个例子中，我们假设每个消费者只购买一幅画（隐含的意思是
对于每个消费者来说第二幅画的边际价值是零）。因此，完全价格歧视意味着我可以
对一幅画单独定价，它等于每个消费者对一幅画所愿意支付的最高价格。

　　更一般的是，消费者有着向右下方倾斜的需求曲线，因此他们不只买 1 单位产品。
例如，考虑两种类型的消费者，他们的需求曲线分别是图 23 – 4 （a）和图 23 – 4 （b）中
的 D^1 和 D^2。再假设厂商有着每单位 10 美元的固定边际成本。在完全价格歧视下，
厂商将向类型 1 消费者销售 200 单位的产品，向类型 2 消费者销售 100 单位的产
品，并向类型 1 消费者与类型 2 消费者分别索取图 23 – 4 （a）、图 23 – 4 （b）中需
求曲线与 x 轴之间的剩余。因此，当消费者不只购买 1 单位的产品时，完全价格歧
视意味着垄断厂商不能再对每单位产品索取不同的价格，而是对每个消费者消费的
产品都索取一个相同的单位收入，也就是固定费用加单位产品价格。

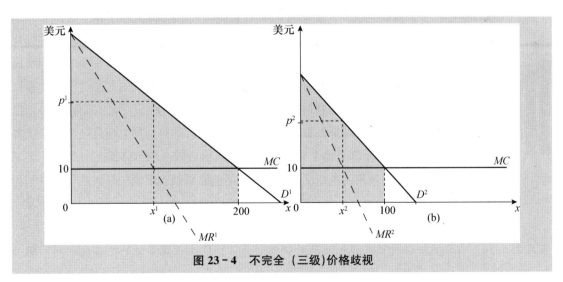

图 23 – 4　不完全（三级）价格歧视

练习 23A. 12　固定费用加单位产品价格的定价方法被称为"两部收费制"。它包括不由消费
者购买产品数量决定的固定费用以及消费者选择消费的产品的单位产品价格。如果垄断厂商
运用两部收费制实行完全价格歧视，那么你可以分清在图 23 – 4 中对于两类消费者来说哪部
分是固定费用，哪部分是单位产品价格吗？■

在许多情况下，这听起来并不现实。事实可能是可以区分不同消费者类型的垄断厂商对产品只能索取单位产品价格，这个价格对不同的消费者类型是不同的，但是购买数量在某个范围内的消费者被索取的价格都是相同的。如果是这样，那么垄断厂商就不能实施完全价格歧视（意思是攫取全部消费者剩余），只能实施不完全价格歧视了。这种价格歧视也被称为三级价格歧视。

在图 23-4 的例子中，它意味着垄断厂商决定两种不同类型的消费者各自的边际收益曲线，然后确定固定不变的 MC 曲线与 MR 曲线相交点处的产出水平。这也使得垄断厂商对类型 1 消费者索取价格 p^1，这些消费者选择消费 x^1 数量的产品［如图 23-4（a）所示］；类似地，厂商对类型 2 消费者索取价格 p^2，这些消费者选择消费 x^2 数量的产品［如图 23-4（b）所示］。因此，当垄断厂商对可以区分的不同类型的消费者索取不同的单位产品价格时，它们将会把产量限制在低于完全价格歧视时的有效的产量水平。结果就是，不完全（三级）价格歧视会导致无谓损失。

练习 23A. 13 在关于我经营的画室的例子中，每个消费者只购买一件产品，在这种情况下，一级价格歧视与三级价格歧视之间有区别吗？请解释。（提示：答案是否定的。）■

尽管我们知道三级价格歧视会导致无谓损失，但是如果消除垄断厂商这种价格歧视的定价能力，无谓损失会变小还是变大，这一点我们并不清楚。如果这种价格歧视确实是违法的，垄断者向消费者将只能索取单一价格：对于高需求的消费者群体来说价格较低，对于低需求的消费者群体来说价格较高。可以想象，这个统一价格将会使低需求者不再消费任何数量的产品，因此该产品市场将会对低需求者关闭。我们需要在低需求消费者的福利损失加上垄断厂商的利润减少与高需求消费者得到的福利增加之间进行权衡。根据不同消费者的需求类型，三级价格歧视的取消可能会使总体福利增加（如果高需求消费者的福利增加超过低需求消费者和垄断厂商的福利减少），也可能会使总体福利减少（如果低需求消费者和垄断厂商的福利损失超过高需求消费者的福利增加）。由于并不知道每个特殊情况下三级价格歧视的具体信息，所以关于怎样对待实施三级价格歧视的垄断厂商，我们就不能简单地给出统一形式的、以效率为基础的政策建议。

练习 23A. 14 在考虑一级价格歧视的福利效应时，为什么没有出现类似的不确定问题？■

23A. 2. 3 非线性定价与"二级"价格歧视 有时候厂商可以利用外部信号区分它所面临的消费者类型。电影院知道学生和已经工作的成年人一般有不同的需求，它们也因此可能会提供与普通价格不同的学生价格（非学生消费者不享受学生价格），这是三级价格歧视的一个例子。但是在现实生活中，厂商可能没有这样的信号可以利用，因此也就不能随时确定它所面临的消费者属于哪种类型。换句话说，仅凭长相通常很难判断一个人是"高需求者"还是"低需求者"，即使厂商知道高需求者与低需求者的数量比例。

然而，即使这样，垄断者也试着寻找增加利润的定价策略。但是由于垄断厂商不能分辨它所面临的消费者属于何种类型，它不得不以某种方式设置价格，给消费者一些激励使他们自我分组。这涉及单一非线性定价策略的设定，或者给不同数量的产品制定不同的价格。这样的定价策略没有很明确地区分不同类型的消费者，因为对所有消费者来说，不同数量的产品都有相同的价目表。事实是，一旦消费者看到垄断者的非线性价目表，他们将基于自我选择来支付不同的均价。

例如，假设垄断者知道有两种类型的消费者，就像前述图 23-4 一样。但是现在假设它不知道进入它的商店的消费者属于哪种类型；它知道的只是经济体中两种类型的消费者各占一半。在图 23-5（a）中，我们用外侧线代表类型 1 消费者的需求曲线 D^1，用内侧线代表类型 2 消费者的需求曲线 D^2，并且假定边际成本恒定不变，为 10 美元。如果垄断厂商能够实施完全价格歧视，它将向类型 1 消费者提供 200 单位的产品，D^1 曲线以下的面积可代表得到的收入（2 000 美元＋a＋b＋c）。类似地，它将向类型 2 消费者提供 100 单位的产品，D^2 曲线以下的面积代表可得收入（1 000 美元＋a）。若每种类型的消费者各一个，那么结果将是没有消费者剩余，垄断者则可得到（$2a$＋b＋c）部分的生产者剩余。

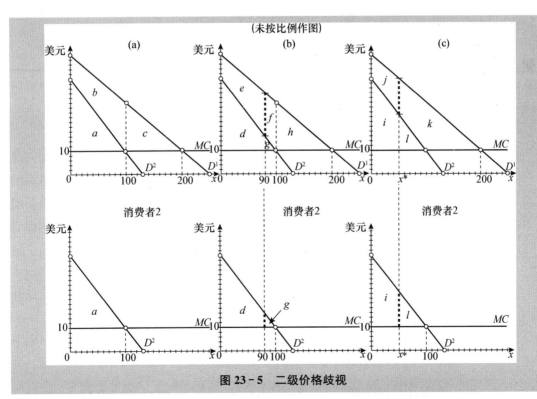

图 23-5　二级价格歧视

练习 23A. 15 解释对练习 23A. 12 中两种类型的消费者来说，这是如何代表其独立的"两部收费制"的？■

当垄断者不知道哪些消费者属于类型 1、哪些消费者属于类型 2 的时候，它就不能实施完全价格歧视（当然它也不能像图 23-4 中那样实施三级价格歧视）。这是因为类型 1 消费者会假装成类型 2 消费者，以（1 000 美元＋a）的价格购买 100 单位的产品，从而得到 b 部分的消费者剩余。如果垄断者以一级价格歧视的价格分别提供 100 单位和 200 单位的产品组合，它完全可以预见没有人会买那个 200 单位的产品组合，生产者剩余就只剩下（$2a$）部分。[①]

练习 23A. 16 在图 23-4 中，垄断者为什么不能提供两个单位产品价格？■

为了使类型 1 消费者与类型 2 消费者的消费行为不同，垄断者必须想出另一个不同的价格/数量组合。例如，垄断者一方面继续以（1 000 美元＋a）的价格提供 100 单位的产品，另一方面减少那 200 单位产品的价格到（2 000 美元＋a＋c）。这将使类型 1 消费者在两种产品计划下的剩余变得相等，因此类型 1 消费者的最优行为就是购买 200 单位的产品。[事实上，要想使类型 1 消费者比起 100 单位的产品更偏好于 200 单位的产品，垄断者对于 200 单位的产品索取的价格必须要低于（2 000 美元＋a＋c）。]这样，垄断者可以得到（$2a$＋c）部分的剩余，大于之前的价格/数量组合中得到的（$2a$）部分的剩余。

练习 23A. 17 在练习 23A. 12 中，我们介绍了"两部收费制"的概念。你能根据两部收费制解释一下上段中隐含的定价策略吗？■

然而，在图 23-5（b）中，我们看到垄断者可以通过减少类型 2 消费者感兴趣的产品组合（100 单位的产品组合）的吸引力，对 200 单位的产品组合索取更高的价格。例如，考虑这样的组合：垄断者分别提供 90 单位和 200 单位的产品组合。类型 2 消费者将以（900 美元＋d）的价格购买 90 单位的产品。但是现在垄断者可以对 200 单位的产品索取（2 000 美元＋d＋f＋g＋h）的价格，总剩余为（$2d$＋f＋g＋h）部分。图 23-5（a）中（$2a$＋c）的剩余与图 23-5（b）中（$2d$＋$2g$＋h）的剩余是相等的，这意味着当垄断者由开始提供 100 单位的产品转向提供 90 单位的产品时，其剩余也改变了（f－g）。f 区域的面积比 g 大，所以利润增加了。

但是一旦垄断者意识到它可以通过减少面向类型 2 消费者的产品组合的吸引力来

① 在第 24 章中，我们将介绍序贯行动博弈，其中一些参与者首先采取行动。这样我们可以说垄断者在和消费者进行这样的博弈，在知道消费者在第二阶段会作出最优选择的情况下，垄断者会在第一阶段中制定价格。

使利润增加，它可以做到更好。在图 23-5（b）中，D^2 和 MC 之间的垂直线部分代表如果垄断者减少类型 2 消费者的产品组合（从 90 单位减到 89 单位）时大约的利润损失，D^2 和 D^1 之间的垂直线部分代表由于可以对 200 单位的产品索取更高的价格，从而在类型 1 消费者那里得到的利润增加额。只要第一条垂直线比第二条垂直线短，垄断者就可以通过减少计划 2 的产品数量来使利润增加。因此，一个有远见的垄断者将会减少计划 2 中的产品数量到 x^*（在这一点两段距离相等），如图 23-5（c）。

练习 23A.18 在图 23-5（c）中，垄断者分别对数量 x^* 的产品和 200 单位的产品索取什么样的价格可以达到利润最大化？

练习 23A.19* 在我们的例子中，我们假设两种类型的消费者数量相当。如果垄断者知道类型 1 消费者的数量是类型 2 消费者的数量的两倍，我们的分析将如何改变？

练习 23A.20 在第 22 章中，我们分析了在消费者和生产者之间信息不对称时的情况（如保险市场）。就像试图实施二级价格歧视的垄断者所面临的问题一样，当保险公司不了解它的顾客属于哪种风险类型时，你能说出它面临什么样的问题吗？ ■

例子中的问题恰是许多寻求价格歧视但分不清消费者类型的垄断厂商所面临的，随后我们将看到更多的例子。在现实世界中，提供给不同类型消费者的产品组合可能不仅与数量相关，还会与质量相关。例如，在航空业中，同一航班对商务舱乘客与经济舱乘客的价格经常会差很多，因为商务舱乘客在何时换票、怎样换票方面有着更少的限制。如果你对这些话题感兴趣，你应该考虑去上产业组织理论的课程。

23A.3 进入壁垒与对无效垄断行为的补救

至今为止，我们只是简单地假设一个特定的厂商在市场上对商品 X 有垄断势力。但厂商是如何得到这种垄断地位的呢？它们又如何维持呢？我们在这部分将简单地讨论一下政治上的寻租及其对无谓损失的影响。现在我们将试着挖掘得更深一点，更明确地指出垄断厂商为了赚得长期正的利润，对新厂商必须制造一些进入壁垒。这些壁垒的出现可能是由于生产技术的自然属性，也可能是由于不同类型的合法限制，后者我们讲政治寻租活动时介绍过，或者也可能是通过其他的渠道产生的壁垒。

23A.3.1 进入的技术壁垒与自然垄断 在关于完全竞争厂商的讨论中，我们从来没有考虑过厂商具有持续规模报酬递增的情况。但是，我们关注过那些在生产过程最初低产量时规模报酬递增但随着产量继续增加最终规模报酬递减的厂商。正因为此假定，MC 曲线和 AC 曲线最终向上倾斜。尽管在第 11 章我们认为每单位的边际产量最终减少这一说法不需要推导支持，但并没有特定的原因说明生产过程本身不能在很大范围的投入规模上都是规模报酬递增的。

练习 23A. 21 回顾如何推导生产过程在边际产量递减的情况下依然存在规模报酬递增。■

现在假定对商品 X 的生产过程一直都是规模报酬递增的，如图12-9所示，这意味着 MC 曲线一直是向下倾斜的，并且一直位于 AC 曲线的下方，这又意味着任何一个完全竞争厂商在价格给定的情况下有可能一点都不生产，也有可能生产无限数量的产品。但是，在资源稀缺的现实世界中，消费者对于有着正的价格的商品的需求不可能是无穷的，也就是说在规模报酬递增的情况下厂商的价格接受行为假设并不合理。就是因为这个原因，没有哪个竞争性行业的厂商的生产过程一直是规模报酬递增的。

当生产过程有一个很大的初始成本或伴随着不变的边际成本时，情况类似，如图23-6（a）所示。这种情况在不同背景下经常出现。例如，在疫苗研发上一笔大的投资在生产前就需要投入，但是一旦研究完成，疫苗就可以很简单地以不变的边际成本生产；或者公共事业公司为了以不变的边际成本为市民供电，需要一笔巨大的投资来事先在城市内铺设电缆；或者软件开发公司为了以接近于零的边际成本向消费者提供在网上可下载的软件，可能需要先工作几年来研发出一个软件。

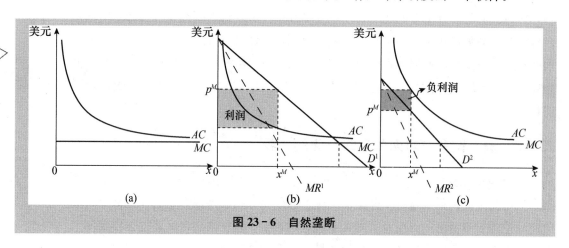

图 23-6 自然垄断

自然垄断（natural monopoly）厂商被定义为在全部产出数量水平上其 AC 曲线一直向下倾斜的厂商。该向下倾斜的 AC 曲线可能是由规模报酬递增引起的，或者是由反复出现的固定成本与不变边际成本引起的。无论是哪种情况，我们都不能找出一条 MC 曲线位于 AC 曲线上方的"供给曲线"，因为 MC 曲线不可能超过 AC 曲线。因而这样一个厂商很"自然"地成了一个垄断厂商。

练习 23A. 22 有着向下倾斜的 AC 曲线的完全竞争厂商根据价格来决定要么不生产，要么生产无限产量的商品，这一点在图23-6（a）中你可以看出来吗？

练习 23A. 23 假设由于技术原因使 AC 曲线是 U 形的，但是当 AC 曲线出现向上倾斜时产量

相对于市场需求来说已经很大了，那么"自然垄断"会出现吗？■

图 23-6 中（b）和（c）都是在（a）成本曲线基础上增添了需求曲线和 MR 曲线。在图（b）中，需求相对较"高"，一般单一的利润最大化价格 p^M（MC 曲线与 MR 曲线的交点处产量 x^M 对应需求曲线上的价格）就能使垄断厂商获得正的利润。在组图（c）中，需求量相对较"低"，如果垄断厂商生产由 MR 曲线和 MC 曲线交点决定的产量将会亏损。

为了获得正的利润，面临如组图（c）情况的厂商必须运用前面讨论的多种价格歧视策略对不同产量制定不同的价格。由于没有区分不同消费者类型的能力，这意味着为了进行生产，厂商需要运用制定多于一个单位产品价格的定价策略。对于自然垄断厂商（没有价格管制）最常用的策略就是练习 23A.12 中提到的"两部收费制"，即固定费用加单位产品价格。例如公共事业公司，它每个月都会收取一个固定费用，然后根据消费的每一度电再收取一部分费用。

由于技术限制，许多行业的厂商都有较高的单位成本，政府通常会对自然垄断厂商实施一些管制来减少垄断定价产生的无谓损失。这种管制中最具代表性的就是价格管制：在保证自然垄断厂商有一个"公平的市场收益率"的情况下，调整产量至接近社会最优产出的水平。因为一旦垄断厂商开始运作，固定成本即变成沉淀成本，所以有效的产出水平应该出现在 MC 曲线与需求曲线的交点处。但是因为 AC 曲线位于 MC 曲线的上方，强制自然垄断厂商根据 MC 曲线定价则意味着垄断厂商会亏损。

练习 23A.24 在类似于图 23-6（b）的情况中，说明为什么如果垄断厂商根据 MC 曲线与需求曲线的交点定价，厂商就会亏损。

练习 23A.25 假设固定成本是一个一次性的固定的入门成本，它大到足以导致像组图（c）描绘的那种情况。判断正误：如果政府为厂商支付固定成本，那么为了确保厂商能获得利润就不用非得进行管制了，但是此时垄断产出是无效率的。■

例如，假设垄断厂商面临着较高的反复出现的固定成本，那么试图使自然垄断厂商达到有效率产出水平的管制者可能会以通过 MC 曲线制定价格为目标，并允许垄断厂商向消费者额外索取一个独立于消费水平的"固定费用"。例如，电力公司可能向消费者索取一个固定的"接入"费（连接家庭与供电设备的费用），另外还根据消费的每度电再收入一部分费用，或者电话公司每月收取固定月租费加上按每分钟计费的总通话费用。自然垄断厂商可以以这种方式制定一个固定费用来获得利润，即使单位价格并不能弥补任何固定成本。

练习 23A. 26 这个例子中描述的是两部收费制吗？它的结果是有效的吗？ ■

尽管原则上很容易看出这类管制是如何运作的，但事实上很不幸的是管制者并不知道实施最优两部收费制的所有信息，尤其是，管制者不知道自然垄断厂商的成本状况，自然垄断厂商为了得到更多的固定费用补贴以及更高的单位产品价格，它有很强烈的动机向管制者放大其成本。现实世界中就有这样的例子：垄断厂商为了显示比实际发生的成本更高的成本，狡猾地计划从二级厂商那里得到假账单，而管制者也很难辨认出这种成本记录的篡改。此外，即使垄断厂商会很诚实地说出实际发生的成本规模，它也没有特别的动机去进行一些能减少成本的研发创新。

由于这些原因，越来越多的政策制定者努力向这种由于政府支付固定成本而使 AC 曲线向下倾斜的行业引入竞争。例如，在公共事业行业，政府可以向城市中所有住户提供（以及维护）电缆，然后允许任意一家公共事业公司利用这些电缆向家庭送电。这很像政府修路而不同的运输公司可以利用它运输货物。由于固定成本是由政府支付的，所以单个电力提供厂商只有很小部分的可变成本，因此 MC 曲线是平坦或者向上方倾斜的。这使得许多不同的电力公司对向家庭用户供电进行竞争，而家庭用户根据服务的质量与价格选择供应商。

练习 23A. 27 假设现在是由私人公司建设基础设施，再由竞争性电力公司使用电网。这将如何引起一系列与垄断定价相关的效率问题呢？如果政府把修电网的权利拍卖给一个私人公司，这些问题是否还会出现呢？ ■

23A. 3. 2 合法的进入壁垒

虽然垄断势力可以由技术壁垒产生（技术壁垒使几个厂商不能同时运作），但它也可能由合法的进入壁垒产生。这些合法的进入壁垒可能来源于普通专利和版权的法律保护，它赋予那些有专利和版权的厂商（在某些年内）生产特定产品的排他性权利。这些法律的动机并不是鼓励垄断势力的形成，而是想通过保证这些创新者在一定时期内因其创新而获得利润来激励创新。我们将在第 26 章更详细地讨论专利和版权的作用。

然而，专利和版权并不是唯一合法的进入壁垒。如同我们已经看到的，自由进入（缺乏技术壁垒）可以使经济利润变为零。因此，如果厂商能够成功地游说政府来保护来自竞争者的攻击，并且这种游说所需的成本小于合法壁垒形成后所得的垄断利润的现值，那么厂商就会花费资源努力达到游说目标。我们已经知道，这种游说是纯粹的社会浪费活动，政府"建立"的垄断引起的无谓损失可能会超过在垄断利润最大化动机驱使下的产量减少引起的损失。

历史上政府已经赋予了多种公司以垄断势力。例如，在 15 世纪和 16 世纪，英国国王赋予海运公司在西印度以及世界其他地方确定运输路线的排他性的权利。航空路线也以类似的方式建立起来，使航空公司对美国境内的某个航线有排他性的权利（发生在航空管制之前）。在 19 世纪 70 年代之前的货物运输行业和电话行业都是这种情况。今天，美国邮政服务公司继续有这种排他性的权利来运输一级邮件，尽管政府现在也允许其他运输公司像 UPS 快递公司、FedEX 快递公司运输快递和大的陆运包裹。在以上每个情况中，你应该能够看得到到经营某个行业的排他性权利的公司是如何受益于政府的进入壁垒的，以及它如何在从事社会浪费的游说活动中得到既得利益以保持其垄断势力。

23A.3.3　限制垄断势力　正如我们已经提到的，政府是赋予某些公司垄断势力的主犯——无论使情况变得更好还是更坏，政府日益意识到垄断势力引起了潜在的社会损失，因此政府也制定一些政策来限制垄断势力。关于何时以及在何种情况下政府有必要干预是一个复杂的问题。我们已经讨论过，垄断厂商为了提高价格限制产出无疑会导致无谓损失。同时，对创新专利的保护使得一些产品的出现成为可能，要不然这些产品可能永无见天日的机会，这就意味着社会剩余的增加，尽管如果强制垄断厂商生产更多会带来更多的社会剩余。（我们将在第 26 章更详细地讲解。）某些行业存在的规模报酬递增使得垄断厂商的单位产品成本更低，即使厂商努力运用其垄断势力提高价格到高于边际成本的水平。

我们将在章末习题 23.9 中讨论针对无论是低效率还是事与愿违的垄断厂商提出的一些可能的补救措施，如从量税和利润税。我们已经讨论过（在自然垄断的管制中），由于管制者并不知道厂商的真实成本，并且这些管制将会降低垄断厂商进行创新的积极性，所以直接对垄断厂商定价进行管制会有信息限制。这并不意味着在许多情况下管制是不合适的政策，只是说管制并不是所有情况下的万能药。在许多情况下，政府需要强制垄断厂商解体（例如许多年前巨大的石油公司以及最近的电话公司），在另一些情况下，政府需要通过分离基础设施建设需要的固定成本和提供服务需要的边际成本，从根源上来解决自然垄断的产生。还有在一些情况下，政府需要积极阻止较大的公司的合并以防止过大垄断势力的出现。最后，人们越来越认为应该放松对一些行业的管制，在这些行业中监管会引起垄断（如航空行业）。如果你对这些话题感兴趣，你可以考虑去修反垄断经济学或法律与经济的课程。

然而，在许多情况下，管制垄断势力最有效的工具可能不是政府采取的直接行动，更可能是在垄断厂商利用垄断势力获取垄断利润时，其他厂商会有很强烈的动机寻找新方式来挑战它的垄断势力。例如，一个厂商可能获得了市场中很大的销售份额，原因很可能是最早的行动和正确聪明的决策（例如微软公司和它的 Windows 操作系统）。这些厂商无疑会利用垄断势力获取垄断利润，但它们也可能比我们在简单静态模型中预测的更能意识到来自竞争者的威胁（竞争者会寻找方法生产替代品）。垄断厂商越多地利用其垄断势力，其他厂商寻找生产替代品的方式的动机就越大，所以一个有远见的垄断者在制定产品当前价格时应该把这些考虑在内，接下来我们将会讲到这点。有时候在开始看起来很坚固的进入壁垒可能会在技术创新出现后变得很脆弱，例如手机、网络电话以及电话电缆设备的突然出现都是传统电话公司所面临的挑战。在这种情况下，若已经存在的公司想通过立法或监管（例如阻止电缆公司或网络公司提供电话服务）来建立进入壁垒，政府则能够有效阻止这种进入壁垒的形成。正如创新者有很大的动机去寻找破除已经存在的公司建立的进入壁垒，已经存在的公司也有很大的动机去寻找另一些途径不断巩固这些进入壁垒以保护垄断势力。

练习 23A. 28 19 世纪 80 年代当石油输出国组织（OPEC）国家充分发挥垄断势力提高石油价格时，据说沙特石油部长已警告过它们："记住，石器时代的终结并不是因为石头用完了。"解释他的意思以及他说的话如何与垄断者所面临的管制相联系。∎

23B 垄断的数学分析

从数学的角度来看，垄断厂商像完全竞争厂商一样，也面临着同样的最优化问题，除此之外，它还有额外的变量需要选择。两种类型的厂商都面临一些源自成本最小化问题的成本函数，成本函数可以告诉厂商生产任何产量 x 的总成本 $c(x)$。在一开始需要指出在这部分中大多数情况下我们都假设 $dc(x)/dx = c$，即厂商有固定不变的边际成本。这简化了很多分析，在本章的最后部分我们将探讨不同的边际成本的情况。

练习 23B. 1 解释为什么在第 13 章厂商对偶图中，无论它们是垄断厂商还是完全竞争厂商，关于成本最小化的问题都是一样的。∎

被限制只能设定单一单位产品价格的垄断厂商需要解决问题：

$$\max_{x,p} \pi = px - c(x) \tag{23.1}$$
$$p \leqslant p(x)$$

垄断厂商在试图出售 x 数量的产品时所收取的价格不能超过反需求函数 $p(x)$ 上对应该产量点的价格。完全竞争厂商面临的问题可以以相同的公式表达，只是对完全竞争厂商来说反需求函数是简单的 $p(x) = p^*$，其中 p^* 是市场价格。因此，当价格是由竞争性市场给定的时候，价格就不再是一个选择变量，但是对于面临着向右下方倾斜的需求曲线的垄断厂商来说，价格是一个选择变量。

既然垄断厂商会把价格尽可能地提高至可以卖出其所生产的所有产品的水平，那么 $p \leqslant p(x)$ 将被限制为 $p = p(x)$。因此，垄断厂商的最优化问题就可以表示为：

$$\max_x \pi = p(x)x - c(x) \tag{23.2}$$

注意，一旦我们将约束条件代入最优化问题中的目标函数，垄断厂商选择最优产量 x^M，也就隐含地选择了最优价格 $p^M = p(x^M)$。由于产量与价格的一一对应关系，垄断厂商的最优化问题也可以表示为：

$$\max_p \pi = px(p) - c(x(p)) \tag{23.3}$$

其中，$x(p)$ 是市场需求函数 [与前面问题中的反市场需求函数 $p(x)$ 相对应]。我们可以看到，垄断厂商无论是用等式（23.1）选择产量，还是用等式（23.3）选择价格，最后得出的垄断产量和价格都是一样的。

当垄断厂商没有被限制只能设定单一单位产品价格时，它将如我们在 A 部分讨论价格歧视时看到的一样有另外的选择。选择问题的本质依赖于厂商所了解的情况以及可以选择的定价策略。如果厂商可以在消费者进行消费选择前分清消费者类型，一级和三级价格歧视就可行（假设转售可以被制止）；如果厂商只知道每个类型的消费者的数量分布，二级价格歧视可行。这些不同形式的价格歧视会受到公司所允许的定价策略的进一步限制，本章稍后将会讲到这点。然而，从根本上讲，厂商依然只是通过制定产量决策和采用差别定价策略来使利润最大化。

23B.1 需求、边际收益与利润

假设垄断厂商面临的市场需求函数是

$$x(p) = A - \alpha p \tag{23.4}$$

则反需求函数为

$$p(x) = \frac{A}{\alpha} - \frac{1}{\alpha}x \tag{23.5}$$

为了保持一致性，在本章以及接下来介绍在其他市场结构中厂商如何运作的章节里，我们都将使用这个形式的市场需求函数。

23B.1.1 边际收益与价格弹性 对于垄断厂商来说，总收入等于价格与产量的乘积，而价格由反需求函数决定，因此

$$TR = p(x)x = \left(\frac{A}{\alpha} - \frac{1}{\alpha}x\right)x = \frac{A}{\alpha}x - \frac{1}{\alpha}x^2 \tag{23.6}$$

在 A 部分，我们认为垄断厂商的边际收益曲线与需求曲线有着相同的截距但是斜率是需求曲线的两倍。这用数学可以很简单地证明。边际收益即 TR 对产量求导

$$MR = \frac{\mathrm{d}TR}{\mathrm{d}x} = \frac{A}{\alpha} - \frac{2}{\alpha}x \tag{23.7}$$

更一般的是，我们可以把反需求函数写为 $p(x)$，总收入写为 $TR = p(x)x$。利用这个表达式，对 TR 求导得到

$$MR = p(x) + \frac{\mathrm{d}p}{\mathrm{d}x} x \tag{23.8}$$

现在假设我们在等式（23.8）右边提出 $p(x)$，我们可以得到关于 MR 的表达式

$$MR = p(x)\left[1 + \frac{\mathrm{d}p}{\mathrm{d}x}\frac{x}{p(x)}\right] \tag{23.9}$$

回顾一下，由反需求函数得到的需求价格弹性可以表示为 $\varepsilon_D = \left(\frac{\mathrm{d}x}{\mathrm{d}p}\right)\left(\frac{p(x)}{x}\right)$，这正是等式（23.9）中括号中第二部分的倒数。因此，关于 MR 的表达式可以写为

$$MR = p(x)\left(1 + \frac{1}{\varepsilon_D}\right) \tag{23.10}$$

例如，假设我们目前正位于线性需求曲线［见图 23-1（a）］的中点，需求价格弹性为 -1，等式（23.10）就告诉我们在该点的边际收益等于 0，恰好与图 23-1（b）所描述的一样。

练习 23B.2 利用等式（23.10）验证图 23-1（b）中边际收益曲线的垂直截距。∎

23B.1.2 收益最大化 为了最大化总收入 TR，垄断厂商自然会令 MR 等于 0。利用公式（23.10）我们知道，当 $\varepsilon_D = -1$ 时收入最大。利用关于线性需求的公式（23.4），这意味着产出水平为 $A/2$。

练习 23B.3 建立厂商所面临的收益最大化问题。验证此时产出水平使收入最大化，并且在此产出水平上 $\varepsilon_D = -1$。∎

23B.1.3 利润最大化 垄断厂商的利润最大化与收益最大化不一样，因为利润最大化时成本被考虑在内。关于这个问题，在本部分的开头就已提到过，可以表示为

$$\max_x \pi = p(x)x - c(x) \tag{23.11}$$

其中，$c(x)$ 代表总成本函数（由本书前面有关生产者理论的章节中的生产函数引申得到）。[①] 利用一阶条件，我们得到

$$MR = p(x) + \frac{\mathrm{d}p}{\mathrm{d}x}x = \frac{\mathrm{d}c(x)}{\mathrm{d}x} = MC \tag{23.12}$$

---

① 回顾一下，成本函数是产出 x 和投入价格的函数。由于投入市场不是我们讨论的重点，我们将忽略投入价格的影响。

练习 23B.4 你现在可以根据等式（23.10）证明，只要$MC>0$，垄断厂商将在$\varepsilon_D<-1$处生产吗？■

例如，假设如等式（23.4）所描述的市场需求是线性的以及$c(x)=cx$，那么$MC=MR$的条件意味着

$$\frac{A}{\alpha}-\frac{2}{\alpha}=c \qquad (23.13)$$

即垄断厂商的产出x^M与价格p^M为

$$x^M=\frac{A-\alpha c}{2}, \quad p^M=\frac{A+\alpha c}{2\alpha} \qquad (23.14)$$

练习 23B.5 说明当$MC=c$接近0时，利润最大化即收入最大化。

练习 23B.6 验证：在有着线性需求曲线与固定不变边际成本c的例子中，计算厂商最大化利润时，无论是选择x还是p作为变量，对结果都无影响［如公式（23.2）与公式（23.3）所描述的］。■

23B.1.4 不变需求弹性与垄断加成 另一种表达最优垄断价格的方式为：把由需求弹性表示的MR等式（23.10）代入表示$MR=MC$条件的等式（23.12）中，得到

$$p\left(1+\frac{1}{\varepsilon_D}\right)=MC \qquad (23.15)$$

经过整理，我们得到

$$\frac{p-MC}{p}=\frac{-1}{\varepsilon_D} \qquad (23.16)$$

价格与边际成本之间的差额（即$p-MC$）被称为垄断加成（monopoly markup），因为它代表了与完全竞争厂商相比，垄断厂商把价格提高了多少。等式（23.16）的左边被称为垄断加成率（monopoly markup ratio），是垄断加成与垄断厂商设定的价格的比率。［垄断加成率也被称为勒纳指数（Lerner index）。］既然需求价格弹性ε_D是负的，其与等式右边的负号相抵消，所以垄断加成率就是正的。

然后，我们假设垄断厂商面临的不是每个点弹性都不同的线性需求曲线，而是弹性处处都等于$-\varepsilon$的$x=\alpha p^{-\varepsilon}$形式的需求曲线。等式（23.16）告诉我们垄断加成率与需求价格弹性成反比。这意味着当需求价格弹性趋于负无穷大时，垄断加成率（及垄断加成本身）趋于0。我们就很直观地得知：随着需求价格弹性趋于负无穷大，垄断厂商面临的需求曲线也越来越类似于完全竞争厂商所面临的需求曲线。当分析有不变弹性的需求曲线时，需求价格弹性成为衡量厂商到底有多

大程度的垄断势力的一个很有用的工具。

23B.2 当消费者类型可区分时的价格歧视

在本章的 A 部分，我们区分了三种不同类型的价格歧视，垄断厂商根据它对消费者的了解以及能够阻止消费者破坏价格歧视的程度来确定使用哪种类型的价格歧视。当垄断厂商可以区分每个消费者的需求时，那么只要存在某种机制阻止消费者之间互相买卖商品，它就可以实行完全（一级）价格歧视，攫取全部消费者剩余。当垄断厂商被禁止索取不同的单位产品价格，但其可以对所有消费者（垄断厂商也可以区分其需求）制定相同的单位产品价格时，我们已经知道在再次假定消费者不能进行二次销售的前提下，厂商可以实行三级价格歧视。最后，如果垄断厂商知道消费者有不同的需求但是不能区分每个消费者属于哪种类型，我们看到厂商可以设计（非线性）价格/数量组合使消费者根据自己的需求类型选择产品组合，从而实行二级价格歧视。从这部分开始，我们将对一级和三级价格歧视进行简单的数学分析，在这里我们假定厂商能够在制定价格策略之前区分消费者类型。

23B.2.1 完全或一级价格歧视 正如我们在本章 A 部分讲的，一级价格歧视意味着厂商可以向消费者索取其对每单位消费品的最高支付意愿价格。假设垄断厂商面临着不变边际成本 MC，$p^c = MC$ 代表完全竞争情况下的价格。对于某个特定的消费者 n，CS^n 代表在完全竞争价格下，消费者选择消费 p^c 与需求曲线 D^n 交点处的产品数量时的消费者剩余。正如 A 部分所讲，分析完全价格歧视的一种方式就是分析垄断厂商在收取单位产品价格 p^c 的同时，也需要消费者支付一个固定费用以获得购买某种商品的权利。注意，对于消费者来说这笔固定费用一旦支付就会变成沉淀成本，因此它对消费者的消费数量并没有影响。

消费者唯一的问题就是他是否愿意为了从垄断厂商那里获得购买权利而支付这笔固定费用。既然当没有固定费用而只有单一产品价格时消费者有 CS^n 部分的剩余，那么当固定费用小于等于 CS^n 时消费者就愿意支付这笔固定费用。因此垄断厂商可以设置两部收费制，即对消费者 n 索取的总支付 P^n 等于

$$P^n(x) = CS^n + p^c x \tag{23.17}$$

在两部收费制下，垄断厂商可以为消费者 n 制定一个价格，使得消费者剩余变为零，但会达到有效的消费量水平。对于每种不同类型的消费者，固定费用也都是不同的，这意味着如果消费者有着不同的需求，垄断厂商为了实施一级价格歧视必须知道每个消费者的需求类型。

练习 23B.7 画图表示出等式（23.17）中两部收费制中不同的两个部分。■

23B.2.2 三级价格歧视 现在假设垄断厂商分别向两个不同的市场出售商品，

但每个市场只能制定一个价格［因此不能实施公式（23.17）那样的两部收费制］。根据两个市场的反需求函数 $p^1(x)$ 和 $p^2(x)$，垄断厂商通过选择在每个市场生产多少产品来使利润最大化（因此也要选择每个市场上的价格），即垄断厂商需要解决以下问题：

$$\max_{x^1,x^2} \pi = p^1(x^1)x^1 + p^2(x^2)x^2 - c(x^1 + x^2) \tag{23.18}$$

其中，c 是厂商的总成本。取一阶导数，我们得到

$$\begin{aligned}\frac{\partial \pi}{\partial x^1} &= p^1(x^1) + \frac{\mathrm{d}p^1}{\mathrm{d}x^1}x^1 - \frac{\mathrm{d}c}{\mathrm{d}x} = 0 \\ \frac{\partial \pi}{\partial x^2} &= p^2(x^2) + \frac{\mathrm{d}p^2}{\mathrm{d}x^2}x^2 - \frac{\mathrm{d}c}{\mathrm{d}x} = 0\end{aligned} \tag{23.19}$$

也可以简单地表示为

$$MR^1 = MC = MR^2 \tag{23.20}$$

其中 MR^1 是由第一个市场的反需求函数推导出的边际收益函数。根据等式（23.10）我们知道怎样用价格弹性表示 MR 函数，因此我们得到

$$p^1\left(1 + \frac{1}{\varepsilon_{D^1}}\right) = MC = p^2\left(1 + \frac{1}{\varepsilon_{D^2}}\right) \tag{23.21}$$

这是由等式（23.15）延伸到两个分离的市场所得出的，因为每个市场的垄断加成都反映了每个市场的价格弹性。因此

$$\frac{p^1}{p_2} = \frac{(\varepsilon_{D^2} + 1)\varepsilon_{D^1}}{(\varepsilon_{D^1} + 1)\varepsilon_{D^2}} \tag{23.22}$$

用语言表达就是，当边际成本 MC 固定不变时，不管 MC 是多少，一个市场上的价格相对于另一个市场上的价格仅仅依赖于在两个市场上的需求价格弹性。

例如，假设垄断厂商有固定不变边际成本 c，两个不同市场的需求函数分别是 $x^1 = A - \alpha p$，$x^2 = B - \beta p$，由需求函数可求得反需求函数（即需求曲线）

$$p^1 = \frac{A - x^1}{\alpha}, \; p^2 = \frac{B - x^2}{\beta} \tag{23.23}$$

一阶导数条件意味着两个市场中的边际收益等于边际成本

$$x^1 = \frac{A - \alpha c}{2}, \; x^2 = \frac{B - \beta c}{2} \tag{23.24}$$

以及

$$p^1 = \frac{A + \alpha c}{2\alpha}, \; p^2 = \frac{B + \beta c}{2\beta} \tag{23.25}$$

练习 23B. 8 验证例子中的等式（23.22）。（弹性一定要在利润最大化时的产出水平下计算。）

练习 23B. 9[*] 判断正误：在存在（三级）价格歧视时，定价较高的那个市场的价格弹性较低。■

正如我们在本章 A 部分有关三级价格歧视的讨论中知道的，消除这种价格歧视引起的福利变化是不明确的，需要分析低弹性的消费者所得的福利增加相对于高弹性的消费者（以及垄断厂商）的福利减少的大小。

23B. 3 当消费者类型不可区分时的价格歧视

由于厂商都清楚了解消费者类型，所以实施一级和三级价格歧视都相对比较简单。当厂商不知道消费者类型仅仅知道每个类型的消费者的比例时，垄断厂商的问题变得更加困难，需要更多的策略思考，尤其是当垄断厂商没有关于消费者类型的外部信号时，它必须设计自己的定价策略使消费者自己通过选择购买类型来显示出他们的消费类型。在本章 A 部分你也可能注意到了，垄断厂商的这种定价方式其实就是两部收费制：

$$P^n(x) = F^n + p^n x, \; n = 1, 2 \tag{23.26}$$

换句话说，我们可以把针对两种类型消费者的每个定价策略都用两部收费制来表达。在这些策略中不同的是有些情况我们需要设定固定费用 F^n 为零，有些情况我们限制垄断厂商只能制定单一价格计划。表 23-1 将这一说法运用于我们已经讲过和即将讨论的价格歧视形式。例如，在 23B 部分的一开始我们讲到垄断厂商对所有的消费者只能索取单一单位产品价格，即在第一栏假设 $F^1 = F^2 = 0$ 以及 $p^1 = p^2$。另外，在一级价格歧视时，厂商对固定费用和单价的设定没有限制。

表 23-1 不同价格歧视形式对两部收费制的限制（F^n 是消费者 n 的固定费用；p^n 为消费者 n 的单价）

	无歧视	一级价格歧视	三级价格歧视	单一两部收费制	分离的两部收费制
F^1	$=0$		$=0$		
F^2	$=0$		$=0$	$=F^1$	
p^1					
p^2	$=p^1$			$=p^1$	

在三级价格歧视时，不允许有固定费用（即 $F^1 = F^2 = 0$），但是不限制厂商可索取的单价。我们稍后分析以下这种情况：在固定费用和单价上都没有限制（就像一级价格歧视），但厂商有信息限制，即不能在消费者制定购买计划之前知道消费者类型。这就是在表 23-1 的最后一栏所表示的二级价格歧视。但是现在我们要建立这种二级价格歧视，首先我们要考虑的一种情况是厂商不知道消费者类型，并且只能采用单一两部收费制（而不是对不同的消费者类型实施分离的两部收费制）。表 23-1 的倒数第二栏表示了我们在本章的 A 部分没介绍过的情况。

为了简化分析，在本部分我们用一个偏好参数来区分不同的消费者类型。[①] 假设消费者 n 对垄断厂商产品 x 的偏好的效用函数是

$$U^n = \theta_n u(x) - P(x) \tag{23.27}$$

其中，$P(x)$ 是消费 x 的总费用。[②] 消费者偏好的不同由 θ_n 值的不同表示。注意这不是我们用过的典型效用函数形式，因为该效用函数中只包含一种产品。然而，正如在附录中证明的，当在产品 x 上的总花费只占消费者收入的一小部分，并且偏好可以分割（在其他产品的消费与产品 x 的消费之间可分割）时，就可以用这种"简化型"的效用函数。[实际上，附录证明，当只有消费者的收入不同时，我们可以假定完全一致的（可分割的）消费者偏好，并且在简化型的效用函数中，θ_n 值的不同也仅仅与消费者收入相关。]

23B.3.1 单一两部收费制的二级价格歧视 正如已经提到过的，我们从在本章 A 部分中没有涉及过的有约束的情况开始分析二级价格歧视，即垄断厂商对两种类型的消费者只能用单一两部收费制（而不是对两种不同的消费者类型采用两种不同的两部收费制）。如果垄断厂商有此限制，$P(x)$ 的形式即

$$P(x) = F + px \tag{23.28}$$

其中，F 是固定费用，p 是单价，两者均没有带 n 的上标（因为对两种类型消费者的价格都相等）。在由等式（23.28）表示的两部收费制的情况下，利用等式（23.27）最大化消费者效用的问题可简化为

$$\max_x \theta_n u(x) - F - px \tag{23.29}$$

其一阶条件为

$$\theta_n \frac{\mathrm{d}u(x)}{\mathrm{d}x} = p \tag{23.30}$$

如果我们假设效用函数为以下形式，那么分析就会变得更加清晰：

$$u(x) = \frac{1-(1-x)^2}{2} \tag{23.31}$$

该式对 x 的一阶导数恰好是（$1-x$）。把它代入等式（23.30）解出 x，然后我们可以得到消费者的需求函数

$$x^n(p) = \frac{\theta_n - p}{\theta_n} \tag{23.32}$$

注意，这种方式的优先选择使我们再次得到了线性需求曲线，$x(p) = A - \alpha p$，

---

① 在之前，我们允许不同的消费者类型拥有截距和斜率都不一样的需求曲线。

② 引自 J. Tirole, *The Theory of Industrial Organization* (Cambridge, MA: The MIT Press, 2001)。对于对这方面感兴趣的同学而言，这是一部很好的关于市场势力的参考书，但也确实很有难度。

其中 $A=1$，$\alpha=\dfrac{1}{\theta_n}$。

练习 23B. 10 直观地看，两部收费制中的固定费用 F 为什么没有出现在需求函数里？

练习 23B. 11 垄断厂商边际成本固定为 c，推导其实施三级价格歧视时对消费者 n 索取的价格。■

在图 23 - 7 中，我们画出反需求曲线，当单价为 p、固定费用 F 为 0 时，表示消费者剩余的三角形 CS^n 的大小为

$$CS^n(p)=\frac{(\theta_n-p)x^n(p)}{2}=\frac{(\theta_n-p)^2}{2\theta_n} \tag{23.33}$$

现在假设垄断厂商面临两种类型的消费者，类型 1 和类型 2，他们的偏好参数分别为 θ_1 和 θ_2，并且 $\theta_1<\theta_2$。假定垄断厂商知道类型 1 消费者所占的比例为 $\gamma<1$，那么类型 2 消费者的比例为（$1-\gamma$）。最后假定垄断厂商有固定不变边际成本 c。无论垄断厂商选择什么样的单价，它都必须考虑到如果固定费用 F 超过 $CS^1(p)=$ $(\theta_1-p)^2/(2\theta_1)$[①]，低需求的类型 1 消费者就不会再消费任何数量的产品。因此，给定一个单价 p，垄断厂商的最优固定费用即 $CS^1(p)$。

了解了这些，垄断厂商需要决定两部收费制中的最优单价。一种方式是将其看作是垄断厂商在知道每个消费者类型的比例的前提下，最大化来自每个消费者的期望利润的过程。这样，期望利润是

$$E(\pi)=CS^1(p)+\gamma(p-c)x^1(p)+(1-\gamma)(p-c)x^2(p) \tag{23.34}$$

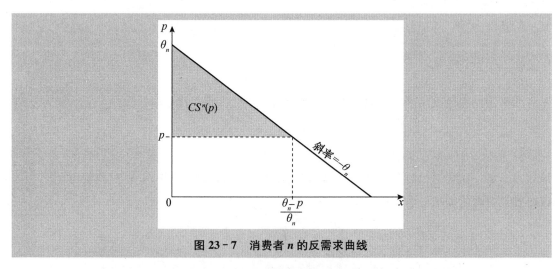

图 23 - 7 消费者 n 的反需求曲线

我们已经总结过，$CS^1(p)$ 是在厂商实施两部收费制时两种类型消费者都会支付的那部分固定费用。因此，对于每个光顾的顾客，厂商都会确定地有这部分收

[①] 这个限制通常被称为个人理性限制（individual rationality constraint）。

入。假设光顾的这位顾客是以价格 p 购买 $x^1(p)$ 单位产品的类型 1 消费者的概率是 γ，其消费量乘以价格 p 与边际成本 c 的差额，我们将得到从这种类型消费者那里获得的附加期望利润。类似地，消费者是类型 2 的概率即 $(1-\gamma)$，附加期望利润为 $(p-c)x^2(p)$。

把我们推导出的 $CS^1(p)$，$x^1(p)$ 以及 $x^2(p)$ 代入等式（23.33）和等式（23.32），整理公式，得到期望利润

$$E(\pi)=\frac{(\theta_1-p)^2}{2\theta_1}+(p-c)\left[1-\left(\frac{\gamma}{\theta_1}+\frac{(1-\gamma)}{\theta_2}\right)p\right] \tag{23.35}$$

练习 23B. 12 验证上述等式是正确的。∎

在期望利润等式中，垄断厂商唯一的可选择变量为 p。因此，在只能运用单一两部收费制这一隐含条件的制约下，期望利润最大化问题可简化为通过选择 p 的值来最大化 $E(\pi)$。上式对 p 求一阶导数，可得到最优单价 p^*。

$$p^*=\frac{c[\gamma\theta_2+(1-\gamma)\theta_1]}{2[\gamma\theta_2+(1-\gamma)\theta_1]-\theta_2} \tag{23.36}$$

练习 23B. 13** 验证上述等式是正确的。∎

在图 23-8(a)中，直线 $CS^1(p^*)+p^*x$ 代表两部收费制中的 $P(x)$，即对任何数量的产品 x 向消费者收取的总价格。而看出这是两部收费制是因为该直线有一个纵截距，即对购买该厂商产品的顾客收取的固定费用。如果该直线经过原点，我们将会得到一个单一的单位产品价格。

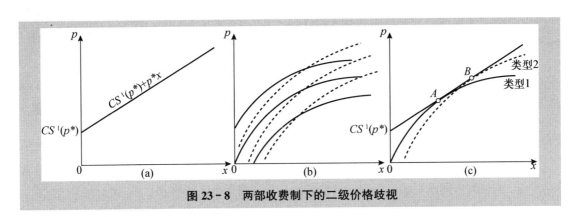

图 23-8 两部收费制下的二级价格歧视

在组图（b）中，我们给出了两种类型的消费者的无差异曲线，实线代表类型 1 消费者的无差异曲线，虚线代表类型 2 消费者的无差异曲线。消费者当然喜欢更低的价格以及更多的产品，所以当他们向着图的东南方向的无差异曲线移动

时，他们的状况渐渐变好。

练习 23B. 14 这些偏好是凸性的吗？

练习 23B. 15 我们注意到每组类型 1 消费者无差异曲线与类型 2 消费者无差异曲线都有一个交点，而在交点处类型 2 消费者无差异曲线比类型 1 消费者无差异曲线更陡峭。对此，你能给出一个直观的解释吗？ ■

最后，在组图（c）中，我们把无差异曲线与两部收费制推导出的预算线放进一个图里，并以此来说明消费者的最优选择，类型 1 消费者的最优选择在 A 点，类型 2 消费者的最优选择在 B 点。注意类型 1 消费者的最优无差异曲线经过原点，这意味着类型 1 消费者在 A 点的状况与在（0，0）点的状况一样好，即在（0，0）点不消费产品从而无费用支付。换句话说，在厂商制定的两部收费制前提下，类型 1 消费者选择在 A 点消费时，其消费者剩余为零。

练习 23B. 16 如果给定厂商构造两部收费制的方式，关于这点你能给出一个直观的解释吗？ ■

尽管实施两部收费制的厂商在消费者做决策之前不知道他们属于什么类型，但是这个图表明两部收费制可以让厂商在消费者做决策之后知道他们属于什么类型。用第 22 章的表述换句话说就是厂商得到了一个分离均衡，消费者通过自己的消费选择表明自己的消费类型。

23B. 3. 2 更一般的二级价格歧视 在本章 A 部分关于二级价格歧视的定义中我们并没有限制垄断厂商只能使用单一两部收费制，而是允许厂商制定价格/数量组合，这实际就是允许了厂商可以制定不同的固定费用和不同的单价。为了使我们现在的分析与 A 部分的图尤其是图 23-5 统一起来，我们可以使用需求曲线而不是无差异曲线来思考该问题。图 23-9（a）说明了类型 1 消费者的需求曲线（偏下）与类型 2 消费者的需求曲线（偏上）以及单一两部收费制中的单价 p^*。

练习 23B. 17 基于我们一直用的偏好理论，解释为什么两条需求曲线有相同的横截距。 ■

既然垄断厂商在两部收费制中设定的固定费用等于类型 1 消费者在只有单价的情况下的消费者剩余，那么区域（a）就等于固定费用 F。这意味着类型 1 消费者的消费者剩余是零，类型 2 消费者的消费者剩余是区域（f）。

然而，在从本章 A 部分开始的对二级价格歧视的解释中，我们假设厂商把单价设定在 $MC=c$（而不是 p^*），即对类型 1 消费者索取最大可能的固定费用，对类型 2 消费者索取尽可能高的费用（这仍然会导致其行为与类型 1 消费者的行为不一样）。在图 23-9（b）中，我们将这些添加到我们现在研究的需求曲线中来，并用

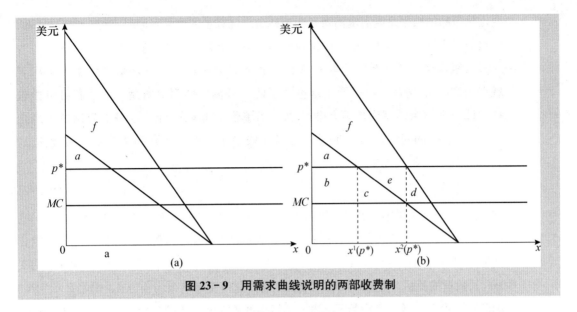

图 23 - 9　用需求曲线说明的两部收费制

一种特殊的方式画出以缩小我们必须分析的区域。在确定单价等于 MC 之后，厂商向类型 1 消费者索取 $F^1 = (a+b+c)$ 的费用（因此攫取了类型 1 消费者的全部消费者剩余），向类型 2 消费者索取 $F^2 = (a+b+c+d)$ 的费用。在该定价策略下的不确定类型消费者的期望利润是 $(a+b+c+(1-\gamma)d)$，而在前面的单一两部收费制中我们计算得到的期望利润是 $(a+b+(1-\gamma)(c+e))$。

练习 23B. 18　在给定单价是 MC 以及对类型 1 消费者索取的费用是 $F^1 = (a+b+c)$ 的条件下，为什么厂商对类型 2 消费者索取的可能的最高固定费用 $F^2 = (a+b+c+d)$？

练习 23B. 19　在前面部分讨论的单一两部收费制中，为什么期望利润是 $(a+b+(1-\gamma)(c+e))$？ ∎

　　在这个例子中很容易看出索取不同的固定费用（以及等于 MC 的单价）实际上可能使垄断厂商比在单一两部收费制下获得更多的利润。例如，假设 $\gamma = 0.5$，那么在不同固定费用与边际成本定价下，来自给定的不知类型的消费者的利润是 $(a+b+c+0.5d)$，但在单一两部收费制中以 p^* 为单价的情况下的利润是 $(a+b+0.5(c+e))$。既然区域 c 与 e 是相等的，那么来自两部收费制的利润也可以写成 $(a+b+c)$，这比索取两个不同的固定费用并把单价定在边际成本的情况要低。

练习 23B. 20　你可以想出另一种两部收费制下利润更多的情况吗？ ∎

　　但是在图 23 - 5 中我们也说明了，当垄断厂商可以设计固定费用和单价都不相等的组合时，它可以通过提高为低需求消费者设定的单价，继而增加高需求消费者的固定费用，最终达到自身的优化。所以，当有不同类型的消费者时，完全不限制厂商定价策略的结果是高需求消费者购买社会最优数量的产品，同时支付一个较高的固定费用，而低需求消费者购买次优数量的产品，但只需支付一个较低的固定费用。

二级价格歧视（类似于本章 A 部分推导的）中的潜在利润最大化水平再次表现在图 23-10 中。它可以看作是包括了两个分离的两部收费制，消费者可自由选择。针对低需求消费者的两部收费制包括单价 $\bar{p}$ 和在单价 $\bar{p}$ 水平下与消费者剩余 $CS^1(\bar{p})$ 相等的固定费用。在这个两部收费制中，类型 1 消费者选择消费数量为 $x^1(\bar{p})$ 的产品，其总支付是

$$P^1 = CS^1(\bar{p}) + \bar{p}x^1(\bar{p}) \tag{23.37}$$

它是图 23-10 中阴影 1 区域和阴影 1 区域下面的长方形区域 $cx^1(\bar{p})$ 的总和。针对高需求消费者的两部收费制包括等于边际成本 c 的单价和尽可能高的固定费用，以阻止类型 2 消费者选择为类型 1 消费者设计的两部收费制。这会导致类型 2 消费者购买 $x^2(c)$ 数量的商品，并且在没有固定费用时，其消费者剩余为阴影 1、阴影 2、阴影 3 的总和。由于类型 2 消费者可以通过选择为低需求消费者设计的两部收费制来获得阴影 2 部分的消费者剩余，因此厂商可以对类型 2 消费者索取的最高固定成本为阴影 1 加上阴影 3 所代表的部分，即在针对类型 2 消费者的两部收费制中，P^2 为

$$P^2 = \left\{ \left[CS^1(\bar{p}) + (\bar{p}-c)x^1(\bar{p}) \right] + \left[\frac{(p^2(x^1(\bar{p})) - c)(x^2(c) - x^1(\bar{p}))}{2} \right] \right\}$$
$$+ cx^2(c) \tag{23.38}$$

其中，第一部分代表阴影 1 区域，第二部分代表阴影 3 区域，两者一起构成了对类型 2 消费者收取的固定费用。

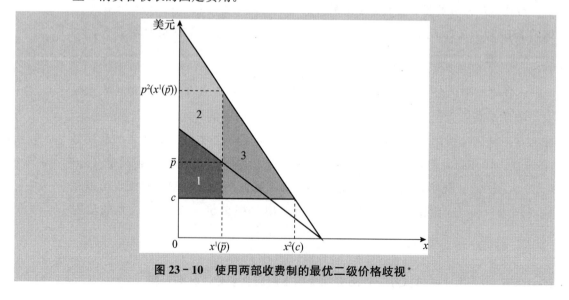

图 23-10　使用两部收费制的最优二级价格歧视*

---

　*　阴影 1 为低需求消费者在消费数量（0，$x^1(\bar{p})$）区间上的消费者剩余；阴影 2 为两种类型消费者在消费数量（0，$x^1(\bar{p})$）区间上的消费者剩余差值；阴影 3 为高需求消费者在消费数量（$x^1(\bar{p})$，$x^2(c)$）区间上的消费者剩余。——译者注

这意味着厂商对于类型 1 消费者的期望利润是

$$\pi^1(\bar{p}) = CS^1(\bar{p}) + (\bar{p} - c)x^1(\bar{p}) \tag{23.39}$$

对于类型 2 消费者的期望利润是

$$\pi^2(\bar{p}) = CS^1(\bar{p}) + (\bar{p} - c)x^1(\bar{p}) + \left[\frac{(p^2(x^1(\bar{p})) - c)(x^2(c) - x^1(\bar{p}))}{2}\right] \tag{23.40}$$

一个未知类型的消费者的期望利润是 $E(\pi) = \gamma\pi^1(\bar{p}) + (1-\gamma)\pi^2(\bar{p})$ 或者

$$E(\pi) = CS^1(\bar{p}) + (\bar{p} - c)x^1(\bar{p}) + (1-\gamma)\left[\frac{(p^2(x^1(\bar{p})) - c)(x^2(c) - x^1(\bar{p}))}{2}\right] \tag{23.41}$$

表达式 $E(\pi)$ 中唯一在垄断厂商控制下的变量是 $\bar{p}$，因为 $\bar{p}$ 的值决定了对于两种类型消费者所征收的固定费用的大小，并且我们已经知道了针对类型 2 消费者的单价是 c。因此，垄断厂商的问题就是选择一个 $\bar{p}$ 来最大化 $E(\pi)$，然后分别为两种类型的消费者制定两部收费制。

将我们在这部分使用的参数项代入等式 $E(\pi)$ 中，那么厂商面临的问题可以表示为

$$\max_{\bar{p}} E(\pi) = \frac{(\theta_1 - \bar{p})^2}{2\theta_1} + (\bar{p} - c)\frac{(\theta_1 - \bar{p})}{\theta_1} + \frac{(1-\gamma)}{2}\left[\frac{\theta_2\bar{p}}{\theta_1} - c\right]\left[\frac{(\theta_2 - c)}{\theta_2} - \frac{(\theta_1 - \bar{p})}{\theta_1}\right] \tag{23.42}$$

将上式进行简单整理，可根据该最大化问题的一阶导数条件求出 $\bar{p}$

$$\bar{p} = \left(\frac{\theta_1\gamma}{\theta_1 - (1-\gamma)\theta_2}\right)c \tag{23.43}$$

根据该式，可以得出两部收费制 P^1 和 P^2。

因此我们推出了有两个两部收费制形式的二级价格歧视，对两种不同类型的消费者有不同的固定费用及不同的单价，并且垄断厂商在实现其利润最大化的同时可以使每个类型的消费者都选择为他设计的两部收费制（前提是垄断厂商不能够提前区分消费者类型）。

对于关注这个价格策略的垄断厂商来说还有一个最后的警告：如果有足够多的高需求消费者（即 γ 充分低）或者高需求消费者比低需求消费者有足够大的需求（即 θ_2 比 θ_1 大很多），那么忽略类型 1 市场，然后只是简单地设定单一两部收费制来尽可能地索取类型 2 消费者的消费者剩余，对垄断厂商来说可能更好。关于这点，你可以在图 23-10 中清晰地看到。例如，假设 $\gamma = 0.5$，这代表着类型 1 与类型 2 的消费者数目是一样多的。若选择二级价格歧视，则垄断厂商选择放弃攫取类型 2 消费者的剩余，即阴影 2 部分，而去攫取类型 1 消费者的剩余，即阴影 1 部分。此

时，对于厂商而言，还有另外一个选择是攫取类型 2 消费者的剩余即阴影 2 部分，而不向类型 1 消费者提供产品，即放弃阴影 1 部分的消费者剩余。我们注意到，在图中阴影 2 要比阴影 1 大。因此，如果 $\gamma=0.5$，垄断厂商对类型 2 消费者实施一级价格歧视（不向类型 1 消费者提供产品）要比实施二级价格歧视好。

练习 23B.21 在垄断厂商只能实施单一两部收费制（而不是两个对两种消费者类型的分离的费率）的情况下，它放弃使用二级价格歧视而对高需求消费者实施一级价格歧视的可能性是变大还是变小了？■

23B.3.3 比较不同的垄断定价策略：一个例子

我们注意到，在我们开始关于二级价格歧视的讨论时，我们就提到过可以把每个已介绍过的定价策略都看成是两部收费制 $P^n(x)=F^n+p^n x$ 的不同形式。在一些策略中，我们假设固定费用 F^n 等于零；而在另一些策略中，我们需要它们在不同消费者类型之间都是相等的（正如表 23-1 所总结的）。这给了我们一个方便的途径来比较不同形式的价格歧视。

表 23-2 用一个具体的例子来说明这种比较，其中 $\theta_1=100$，$\theta_2=150$，$\gamma=0.5$，边际成本 $c=25$。表中第一栏表示了垄断厂商没有实行价格歧视时的结果，接下来两栏分别代表了厂商在知道每个消费者类型时实施一级和三级价格歧视的结果，最后两栏分别代表厂商在不知道每个消费者的类型时被限制只能使用单一两部收费制和允许对两种不同类型的消费者采用分离的两部收费制的结果。在每种情况下，我们先考量对两种类型消费者索取的固定费用和单价，然后分析消费水平、消费者剩余以及厂商的期望利润。表格的最后一行加总了消费者剩余与厂商利润，从而得到总剩余。

表 23-2 垄断价格歧视的不同形式（$\theta_1=100$，$\theta_2=150$，$\gamma=0.5$，$c=25$）

	无价格歧视	一级价格歧视	三级价格歧视	单一两部收费制	分离的两部收费制
F^1	0 美元	28.13 美元	0 美元	23.63 美元	12.50 美元
F^2	0 美元	52.08 美元	0 美元	23.63 美元	33.33 美元
p^1	72.50 美元	25.00 美元	62.50 美元	31.25 美元	50.00 美元
p^2	72.50 美元	25.00 美元	87.50 美元	31.25 美元	25.00 美元
x^1	0.275 0	0.750 0	0.375 0	0.687 5	0.500 0
x^2	0.516 7	0.833 3	0.416 7	0.791 7	0.833 3
CS^1	3.781 3	0	7.031 3	0	0
CS^2	20.020 8	0	13.020 8	23.372 4	18.750 0
$E(\pi)$	18.802 1	40.104 2	20.052 1	28.255 2	29.166 7
TS	30.703 1	40.104 2	30.078 1	39.941 4	38.541 7

在分析中我们知道一级价格歧视的结果是有效的，全部剩余都归于厂商。所以在一级价格歧视下，厂商利润和总剩余均是最大的，这一点我们并不吃惊，此外，

对于这是消费者最不喜欢的结果，我们也不感到吃惊，因为消费者的全部剩余都被垄断厂商所制定的固定费用抵消。当然，当厂商不能实施任何一种形式的价格歧视时其利润最小。毕竟，我们可以从表23-1中看到厂商在哪种情况下最受限制，在哪种情况下不能索取固定费用，在哪种情况下也不能通过单价区分不同的消费者类型。在三级价格歧视时，这些限制减弱了一部分，因此带来了较高的厂商利润，而在一级价格歧视时，这些限制则全部消失了。因此我们可以很自然地想到厂商在三级价格歧视时的利润介于没有价格歧视与完全（一级）价格歧视之间。

当厂商可以进行价格歧视但是不知道消费者类型时（即表中最后两栏的情况），我们也不会对此时的厂商利润高于没有价格歧视时的厂商利润这一事实感到吃惊，当然，厂商采取分离的两部收费制（最后一栏）要比只能采取单一两部收费制赚取更高的利润（倒数第二栏），这一事实也不会令我们吃惊。理论上，唯一不清楚的就是在三级价格歧视情况下与最后两栏二级价格歧视的两种形式下，厂商利润大小的比较。在我们这个具体的例子中，二级价格歧视下的两种情况均比三级价格歧视时获取的利润多，但是对于其他例子，可能会出现相反的结果。

练习 23B. 22　如表23-1所示，厂商在二级价格歧视下的定价限制看起来明显要少于三级价格歧视时的定价限制。理论上为什么存在厂商的利润在三级价格歧视下更高的情况呢？■

我们用两组式子来表示这些含义，式子之一是

$$\pi(无价格歧视) \leqslant \pi(单一两部收费制) \leqslant \pi(分离的两部收费制) \leqslant \pi(一级价格歧视) \tag{23.44}$$

式（23.44）比较了二级价格歧视与两个极端情况，即无价格歧视与一级价格歧视时的利润大小。式子之二是

$$\pi(无价格歧视) \leqslant \pi(三级价格歧视) \leqslant \pi(一级价格歧视) \tag{23.45}$$

这个式子比较了三级价格歧视与两个极端情况的利润大小。

练习 23B. 23[*]　你能想象出上述所有不等式都变成等式的情况吗？（提示：考虑每个消费者只买一单位产品）。■

从利润转到消费者剩余，对于低需求消费者我们可以推出下面的式子：

$$0 = CS^1(一级价格歧视) = CS^1(单一两部收费制) = CS^1(分离的两部收费制)$$
$$\leqslant CS^1(无价格歧视) \leqslant CS^1(三级价格歧视) \tag{23.46}$$

练习 23B. 24　关于为什么一定是这个结果，你能给出直观的解释吗？■

然而，对于高需求消费者来说，关于消费者剩余的结果就不是那么明确。我们可以给出确定的结论

$$0 = CS^2(一级价格歧视) \leqslant CS^2(三级价格歧视) \leqslant CS^2(无价格歧视) \quad (23.47)$$

以及

$$CS^2(一级价格歧视) \leqslant CS^2(分离的两部收费制) \leqslant CS^2(单一两部收费制)$$

$$(23.48)$$

但是，我们仍然不清楚高需求消费者在无价格歧视和三级价格歧视情况下的消费者剩余与二级价格歧视情况下的两种形式的消费者剩余的大小比较。在我们的例子中，对于高需求消费者来说，三级价格歧视的结果恰好要比二级价格歧视两种形式的结果都要糟糕，但是也没有比二级价格歧视结果更好的价格歧视形式了。

理论上对于高需求消费者利润和消费者剩余大小的不确定性导致了不同垄断行为中关于总体效率（或总剩余）大小的不确定性。然而，不管对于何种消费者类型，我们唯一可以确定的结论就是在一级价格歧视情况下总剩余最多。例如，只是把我们的例子中的 γ 从 0.5 改成 0.4，总剩余的排列顺序就从二级价格歧视的总剩余大于无价格歧视的总剩余大于三级价格歧视的总剩余（即表 23-2 所展现的）转变成无价格歧视的总剩余大于三级价格歧视的总剩余大于二级价格歧视的总剩余。因此，从以效率为评判标准的角度看，在干预垄断定价行为之前尽可能多地了解潜在需求是很重要的。此外，政策制定者相对于垄断利润来说可能更关心消费者福利，在这种情况下，总剩余就不是政策制定者考虑的最重要的因素了。

练习 23B. 25 如果政策目标是最大化消费者福利（不考虑厂商利润），那么你能想出一些具体政策措施吗？

练习 23B. 26 解释表 23-2 中的所有的零值。

练习 23B. 27 在表 23-1 中，我们注意到对于两种消费者类型无论是在一级还是二级价格歧视情况下都没有单价限制，而厂商在一级价格歧视时可以区分消费者类型但是在二级价格歧视时却不能。但在表 23-2 中，当厂商实施一级价格歧视，即其可以区分消费者类型时，它对两种类型的消费者索取的单价相等；而当其实施二级价格歧视，即不能区分消费者类型时，它却索取不相同的单价。针对上述内容给出直观的解释。■

23B. 4 进入壁垒与自然垄断

在本章 A 部分的最后，我们讨论了促进垄断产生的进入壁垒，尤其考虑了具有向下倾斜平均成本曲线的自然垄断情况。关于这些垄断的数学推导比较直观，因此我们把它留在章末习题 23.8 中。在第 25 章和第 26 章中，我们将重新分析进入

壁垒在创造垄断势力中所起的作用。

结论

在本章中，我们分析市场势力时首先关注了一种极端情况，即针对一种特定产品只有一家厂商控制整个市场，因此它面临着向右下方倾斜的市场需求曲线，而不是像完全竞争厂商那样具有完全弹性的需求曲线。首先，我们注意到"市场势力"是一个与厂商面临的需求价格弹性紧密相连的概念，无穷大的价格弹性代表着没有市场势力的极端情况。然后我们说明了垄断厂商如何利用市场势力来增加利润，包括对所有消费者都索取单一的单位产品价格及根据厂商可以利用的定价策略来实施多种形式的价格歧视，当然，这些价格歧视的可行性将取决于是否有可能阻止二次销售以及厂商了解多少关于消费者类型的信息。除非厂商有能力实施完全价格歧视，否则我们认为垄断行为是会造成无谓损失的，因为垄断厂商将会策略性地限制产量以提高价格。如果厂商为了得到或者维持垄断势力进行一些社会浪费活动，这种无谓损失甚至可能更大。同时，我们注意到我们的模型在很多情况下可能会过度预测无谓损失的大小，因为对于对一种特定产品市场有控制力的垄断厂商而言，其垄断势力会因为担心未来可能出现的竞争者而有所限制。而在政府引起的垄断情况中，如果垄断者花费资源游说政府保护垄断势力，我们的模型又可能低估了无谓损失。

市场势力引起的无谓损失增加了政府干预市场的可能性，通过政府干预市场以达到增进效率的目的。但是这些干预是否会增进效率取决于垄断的本质以及政策制定者可得到的信息。在一些情况下，垄断有很好的存在理由，像自然垄断，它的成本曲线使得在市场内存在多家厂商是无效率的。在这种情况下，政府干预需要知道成本曲线的信息，但这对管制者来说并不是很容易得到的，另外的问题是厂商有明显的动机来谎报它们的真实成本，并且如果政府只是简单地保证一个"公平的市场回报率"，厂商会有不积极创新的可能性。同时，我们讨论了有市场导向的干预，比如为避免自然垄断的产生，政府提供有固定成本的基础设施，然后再由几家厂商竞争提供服务。

通常，存在垄断是因为政府制造了市场势力。如同我们将在第 26 章更清晰地看到的，政府以版权和专利的形式提供了市场势力，目的是为厂商创新提供强大的动力，要不然就没有创新了，来自这些创新的剩余可能会超过由垄断势力引起的减产所带来的无谓损失。同时，政府可能会赋予厂商市场势力是因为厂商为寻求利润会进行游说活动，因此垄断势力厂商获得"集中利润"，尽管其产生的"传播成本"可能会超过那些利润。在这些情况下，效率和消费者福利将通过移除垄断势力而得到明显提高。最后，当垄断厂商运用其垄断势力实施价格歧视时，我们发现通过政府干预仅仅是缓和一下价格歧视，并不一定能增进社会福利。结果是，在反托拉斯法中进行裁判的法院需要对手中的案子相当了解才行。

在本章我们把注意力集中在厂商运用市场势力进行定价来增加利润的各种方式。然而，还存在一些厂商可以运用其市场势力进行决策的其他方式，包括在不同的消费者间提供不同质量的产品，策略性地绑定不同的产品使市场势力从一个市场延伸到另一个市场中去。利用一个完整的课程来教授这些知识将会更容易，比如反托拉斯经济学或产业组织课程。如果你对本章内容感兴趣，你可以在未来学习中选修这样的课程。

我们将在第 25 章和第 26 章中介绍介于完全竞争市场和垄断市场两个极端之间的市场结构。然而，在这之前，我们需要提出一些帮助经济学家思考策略性行为的概念，而这些概念属于博弈论的内容。其实在本章我们在考虑垄断厂商在不同定价策略中的策略性选择时已经不经意地运用这些概念了（正如我们将在下一章章末习题 24.11 中所说明的）。我们将阐述这些概念以及其他一些概念，然后再回到市场势力以及其在更广泛背景下对效率的影响中去。

附录： 从可分离偏好中推导递减形式的效用函数

在 23B.3 部分中，我们引入了简化型的效用函数，它代表对垄断产品 x 的偏好，形式是

$$U^n = \theta_n u(x) - P(x) \tag{23.49}$$

其中，θ_n 是用来区分消费者类型的偏好参数，$P(x)$ 是对消费 x 的消费者索取的总费用。当时我们指出这种代表单一产品偏好的效用函数可以从代表对产品 x 和产品 y 偏好的典型的效用函数中推导出来，进而我们指出，可以假定消费者实际上有相同的潜在的偏好以及参数 θ_n 只是对消费者收入的一个衡量，即消费者需求的不同仅因为收入而不同。现在我们对这个问题进行更多的说明。

假设消费者的潜在偏好可以由以下效用函数表示

$$\overline{U}(x, y) = u(x) + v(y) \tag{23.50}$$

如果花费在垄断产品 x 上的费用对于消费者的收入 I 来说只是一小部分，我们可以把效用函数大致写为

$$\overline{U}(x, I) \approx u(x) + v(I) - P(x)\frac{dv(I)}{dI} \tag{23.51}$$

当我们通过选择 x 来最大化 $\overline{U}(x, I)$ 时，$v(I)$ 对一阶导数条件无影响，只剩 $(u(x) - P(x)dv(I)/dI)$ 部分与最大化问题有关。由此我们可以定义 $\theta = \dfrac{1}{\dfrac{dv(I)}{dI}}$，并将效用函数中与一阶导数相关的那部分乘以 θ，得到

$$\widetilde{U}(x,\theta)=\theta u(x)-P(x), \theta=\frac{1}{\dfrac{\mathrm{d}v(I)}{\mathrm{d}I}} \tag{23.52}$$

θ 是"边际收入效用"的倒数。在我们对边际收入效用进行定义时，通常会假定边际收入效用是递减的，即 $\mathrm{d}v(I)\mathrm{d}I<0$，由于 θ 是边际收入效用的倒数，这意味着 θ 是随收入递增的，即 $\dfrac{\mathrm{d}\theta}{\mathrm{d}I}>0$。

然后，假设我们有两种偏好一致的消费者，他们可由等式（23.50）中分离的效用函数表示，但其收入有 $I_1<I_2$。为了决定垄断产品 x 的需求，我们可以用以下等式表示他们的偏好

$$U(x)=\theta_n u(x)-P(x), \theta_1<\theta_2 \tag{23.53}$$

因此，低需求消费者的收入要比高需求消费者的收入低。这就意味着，例如，在完全二级价格歧视下，低需求消费者购买垄断产品时会支付一个比高需求消费者更高的单价，但是固定费用要低一些。

章末习题①

†23.1 假设垄断厂商产品 x 的需求曲线是 $p=90-x$ 以及垄断厂商的边际成本曲线是 $MC=x$。

A. 在本部分我们集中进行图形分析，这需要你温习一下 B 部分中简单的数学知识。

a. 画一个有需求曲线和边际成本曲线的图。

b. 假设垄断厂商对 x 只能索取一个单价，那么边际收益曲线在图中的位置应该在哪？

c. 说明垄断厂商的利润最大化"供给点"。

d. 假设不存在任何固定成本，那么在你所画图中哪部分区域代表垄断厂商的利润？（实际上有两部分都可以用来代表利润，你能都找出来吗？）

e. 假设需求曲线也是边际支付意愿曲线，说明消费者剩余与无谓损失为哪一部分。

f. 假设垄断厂商的固定成本使得厂商实际利润为零，那么在你画的图中平均固定成本曲线的位置应该在哪？特别地，这个平均成本曲线与需求曲线有何关系？

g. 在一个新图中，再一次标出需求曲线、MR 曲线以及 MC 曲线。然后假设

---

① ＊概念性挑战难题。
＊＊计算性挑战难题。
†答案见学习指南。

固定成本是（f）中固定成本的一半，画出垄断厂商的平均成本曲线。

h. 在你的图中，说明利润由哪一部分表述。判断正误：固定成本只决定垄断厂商是否生产，而不是生产多少。

B. 重新思考本习题在开始时画出的需求曲线与边际成本曲线。

a. 推出边际收益曲线的表达式。

b. 利润最大化时的生产水平 x^M 是多少？利润最大化时的价格 p^M 是多少（假设垄断厂商对所有消费者只能索取一个单价）？

c. 假设不存在固定成本，垄断厂商的利润是多少？

d. 消费者剩余和无谓损失是多少（假设需求等于边际支付意愿）？

e. 如果固定成本足够高以至于垄断厂商的利润为零，成本函数是什么？

f. 利用该成本函数建立垄断厂商的最优化问题，验证你对（b）的答案。

g. 参照 A(f) 的结论，平均成本曲线与需求曲线有关吗？

h. 如果固定成本是（e）中的一半，那么利润最大化问题如何改变？对问题的结论也会改变吗？

23.2 日常与商业应用：钻石是每个女孩最好的朋友。 历史上，世界上大多数的钻石矿都是被少数几个厂商和政府所控制。钻石厂商聪明的市场营销活动使得很多消费者开始相信"钻石是每个女孩最好的朋友"，因为"钻石是永恒的"。实际上，该主张表示唯一显示真爱的方式就是花费三个月的薪水来定制一枚订婚钻戒。（我们将通过关于该主张的练习来进行分析。）

A. 为了得到该题的结果，假设钻石只能用来定制订婚戒指，没有订婚戒指的二级市场，钻石行业如同垄断。

a. 用 x 代表钻石的重量（克拉）。画出对 x 的需求曲线（纵轴是每克拉钻石的价格），使该需求曲线的形状与开始时问题中描述的一致。

b. 如果这一主张是真实的，那么钻石的需求价格弹性是多少？

c. 钻石垄断厂商最大化其收入时的价格是多少？（假设该主张影响需求。）

d. 利润最大化时的价格是多少？

e. 如果说服我们相信该主张的市场营销活动很成功，并且如果钻石行业真的有垄断势力，那么订婚戒指的钻石会有多少克拉？

f. 判断正误：通过观察订婚戒指钻石的重量，我们可以得出结论，市场营销活动并不成功，钻石行业也不是真正的垄断行业。

B. 假设钻石重量的需求函数是 $x=(A/p)^{(1/(1-\beta))}$。

a. 为了使该主张是正确的，β 应该是多少？

b. 如果该主张成立，钻石垄断厂商可以赚得多少收入？这依赖于设定的价格吗？

c. 推导出边际收益函数（假设该主张成立）。假设 $MC>0$，那么 MR 曲线与 MC 曲线会有交点吗？

d. 如果 $MC=0$，利润最大化时的订婚戒指钻石有多少克拉？

e. 假设钻石垄断厂商有固定成本，并且使得利润为零。如果边际成本是零，需求曲线和平均成本曲线之间有什么联系？

g. 假设 $\beta=0.5$ 和 $MC=x$，利润最大化时的钻石是多少克拉？

h. 那么当 $\beta=-1$ 时呢？

†**23.3 商业和政策应用：健康保险市场上的垄断定价。** 在第22章，我们分析了高需求与低需求消费者竞争购买保险产品的模型。考虑消费者可能选择购买的健康保险水平为 x，x 水平越高，保险责任范围越广。

A. 假设存在相对来说不那么健康的类型1消费者和相对来说比较健康的类型2消费者。提供额外保险的边际成本分别是 MC^1 和 MC^2，并且 $MC^1 > MC^2$。除非特别说明，我们假定 $d^1=d^2$，即产品 x 的需求曲线对两种类型的消费者来说很相似。也假定类型1和类型2消费者数量相等，需求曲线的一部分位于 MC^1 的上面。

a. 首先画出两种类型消费者的需求曲线 d^1 和 d^2 以及边际成本曲线。两种类型消费者的健康保险的效率水平分别是多少？

b. 假设垄断厂商不能区分消费者类型，并且对两种类型的消费者只能索取一种价格，那么价格是多少？每种类型的消费者对保险的购买水平是多少？

c. 如果垄断厂商可以实施一级价格歧视，你的答案将如何改变？

d. 如果厂商能实施三级价格歧视呢？

e. 假设你在美国司法部门的反托拉斯部门工作，并且你只关心效率。在健康保险市场上你会控诉一个实施一级价格歧视的垄断厂商吗？如果你关心的是消费者福利呢？

f. 我们讲过，通常不太可能知道每一个具体的事例中垄断厂商实施三级价格歧视比没有实施价格歧视时的效率是低还是高。在该事例中，对于类型1消费者而言，如果没有价格歧视，情况是否会更好？对于类型2消费者呢？

g. 如果组织垄断厂商实施三级价格歧视，平均消费者剩余会提高吗？该政策会更有效吗？

B. 假设接下来我们规范化健康保险责任范围，使类型 n 消费者的需求函数为 $x^n(p)=(\theta_n-p)/\theta_n$。你可以把 $x=0$ 理解为没有保险以及把 $x=1$ 理解为全保。对于两种类型的消费者，我们让 $\theta_1=20$ 和 $\theta_2=10$，让 $MC^1=8$ 和 $MC^2=6$。

a. 对于每个消费者类型，确定其保险效率水平是多少。

b. 如果垄断厂商分不清哪些消费者属于哪个类型，只能索取一个单价，那么当类型1消费者的比例是 γ，类型2消费者的比例为 $(1-\gamma)$，并且 $\gamma<0.5$ 时，垄断厂商将会怎么做？

c. 如果 $\gamma=0$，垄断厂商会制定什么样的垄断价格？如果 $\gamma=\dfrac{2}{7}$ 呢？在保证类型2消费者依然购买保险的前提下，γ 最大值是多少？

d. 假设垄断厂商实施一级价格歧视，那么每个类型的消费者保险购买水平是多少？为购买的保险支付的价格为多少？

e. 如果垄断厂商实施了三级价格歧视，对于（d）的答案会如何改变？

f. 我们规定消费者 n 支付给垄断厂商的费用为 $P^n = F^n + p^n x^n$。用 F^1、F^2、p^1 和 p^2 表示问题（c）、（d）和（e）的答案。

g. 假设 $\gamma = 0.5$，即类型 1 和类型 2 消费者各占一半。你能按从最有效率到最没效率的顺序排列（c）、（d）和（e）中的三个场景吗？

h. 你能根据它们对每个类型消费者的福利的影响排序吗？那根据消费者福利的加权平均数进行排序呢？

*23.4 商业和政策应用：健康保险市场上的二级价格歧视。在习题 23.3 中，我们分析了健康保险卖方垄断的情况。现在我们把分析延伸到二级价格歧视中，x 仍然代表保险责任范围。

A. 考虑与习题 23.3 的 A 部分相同的假设，假设类型 1 和类型 2 消费者的数量相等。

a. 首先还是先画出两种类型消费者的需求曲线 d^1 和 d^2 以及边际成本曲线。两种类型消费者的健康保险的效率水平分别是多少？

b. 在二级价格歧视下，垄断厂商不知道哪些消费者属于哪个类型。垄断厂商向消费者提供两种什么样的保险水平 x 与价格 P（可以有一个单价再加上固定费用）的组合？（提示：你可以假定如果消费者对两种组合是无差异的，他们就购买为他们设计的那种组合。）

c. 该结果是有效的吗？相对于垄断厂商的其他定价策略，消费者更偏好于这种定价吗？

d. 假设类型 1 消费者的需求比类型 2 消费者的需求大，d^1 与 MC^1 的交点位于 d^2 与 MC^2 的交点的右边。对于垄断厂商实施的一级或者三级价格歧视来说，有什么基础的东西改变了吗？

e. 说明实施二级价格歧视的垄断厂商如何设计那两种健康保险组合来使利润最大化。有不向比较健康的消费者提供健康保险的可能吗？

f. 判断正误：在二级价格歧视下，最可能不买任何健康保险的是比较健康的人和相对年轻的人。

**B. 再次思考习题 23.3 中 B 部分的情况。假设 γ 是类型 1 消费者所占的比例，$(1-\gamma)$ 则是类型 2 消费者所占的比例。在分析二级价格歧视时，使类型 n 的总支付 P^n 用两部收费制 $P^n = F^n + p^n x^n$ 的形式表示。

a. 开始假设垄断厂商设定 $p^2 = \bar{p}$，$p^1 = MC^1 = 8$。用含有 $\bar{p}$ 的函数表达类型 2 消费者的保险水平 x^2。然后用含有 $\bar{p}$ 的方程表示类型 2 的消费者剩余 $CS^2(\bar{p})$ 并进行解释。

b. 为什么一旦实施二级价格歧视的垄断厂商清楚 $\bar{p}$ 等于多少，它就会设定

$F^2 = CS^2(\bar{p})$？在 $\bar{p}$ 和 $F^2(\bar{p})$ 条件下类型 2 消费者向垄断厂商支付的费用 $P^2(\bar{p})$ 是多少？

c. 假设 $MC^2 < \bar{p} < MC^1$。如果厂商可以设定 $p^1 = MC^1 = 8$，那么对于 $\bar{p}$ 的范围，厂商向类型 1 消费者索取的最大可能的 F^1 等于多少？（提示：画出两条需求曲线的图，然后求出在不向类型 2 消费者出售产品以及向类型 1 消费者出售为类型 2 消费者设计的产品组合的情况下，类型 1 消费者的消费者剩余。）

d. 假设 $MC^1 < \bar{p} < 10$，那么当类型 1 消费者不再购买类型 2 的保险时最大可能的 F^1 是多少？（仍然假定 $p^1 = MC^1 = 8$。）（提示：利用前面部分的另一个图。）

e. 已知类型 1 消费者的比例是 γ〔那么类型 2 消费者的比例是 $(1-\gamma)$〕，那么当 $MC^2 < \bar{p} < MC^1$ 且 $p^2 = \bar{p}$ 时，来自每个消费者的期望利润 $E(\pi(\bar{p}))$ 是多少？当 $MC^1 < \bar{p} < 10$ 时呢？

f. 对于两种情况，即 $MC^2 < \bar{p} < MC^1$ 和 $MC^1 < \bar{p} < 10$，设定最优化问题即实施二级价格歧视的垄断厂商决定 $\bar{p}$ 的问题，然后根据 γ 解出 $\bar{p}$。（提示：你在两种情况下得出的结果应该一样。）

g. 当 $\gamma = 0$ 时确定 $\bar{p}$ 值。你对答案会有种直觉吗？当 $\gamma = 0.1$，$\gamma = 0.2$，$\gamma = 0.25$ 时呢？判断正误：随着类型 1 消费者的比例上升，类型 2 消费者的保险责任范围缩小了。

h. 当 γ 取什么值时，类型 2 消费者将不再购买保险？如果我们解释类型之间的差异是因为收入的不同（正如在附录中所概括的），你能说出对于低收入消费者来说哪种形式的价格歧视是最好的吗？

23.5　商业和政策应用：工会可利用市场势力。联邦反托拉斯法禁止厂商之间在价格设定上采取多种形式的共谋。然而，在反托拉斯法中工会除外，它被允许利用市场势力为其会员提高工资。

A. 考虑一个竞争性行业，行业内的工人加入了工会，现在工会正与行业内的厂商重新协商会员的工资水平。

a. 为了保证习题适当简单，假设每个厂商的产出依赖于劳动的投入量。每个厂商的劳动需求曲线是怎样从利润最大化推导出来的呢？图示一个厂商的劳动需求曲线（水平轴代表工人数量）。（注意：既然是竞争性厂商，这部分与市场势力无关。）

b. 再画一个图，标出在工会成立之前整个行业的劳动需求曲线和供给曲线。

c. 标出竞争性工资 w^*，利用它在你画的第一个图中标出一个厂商在工会成立之前雇用的工人的数量。

*d. 假设工会利用市场势力与厂商协商，目标是最大化其会员的总收益。进一步假设工会的力量足以影响结果。解释工会将如何选择工资水平和决定该厂商雇用的会员的数量。（提示：在这里工会被假设是有垄断势力的，一个会员的边际成本就是会员的竞争性工资 w^*。）

e. 如果该行业的所有厂商都成立工会，那么这对行业内的就业有什么影响呢？

用图说明。

f. 假设那些没有被选入工会的工人会迁移到没有工会的行业。这对没有工会的行业的工资有何影响?

*B. 假设行业内每个厂商都有相同的技术,生产函数都为 $f(l)=Al^a$,其中 $a<1$,并且假设厂商在该行业的生产有一些固定成本。

a. 推导出每个厂商的劳动需求曲线。

b. 假设该行业内技术工人的竞争性工资是 w^*。如果根据 A(d) 中的表述,工会想达到最优的工人规模和最优工资,那么工会必须解决的最优化问题是什么?(设立最优化问题时选择 w 而不是 l 为选择变量可能会使问题更简单。)

c. 如果工会有市场势力决定其会员工资,求出该工资水平 w^U。它对厂商雇用工人的数量有什么影响?

d. 你能从工会的角度找出 MC 与 MR,然后使它们相等来验证你的答案吗?

e. 已知行业内生产需要固定成本,你希望行业内厂商的数目是增加还是减少?

*23.6 **商业和政策应用**:买方垄断:劳动市场唯一的买者。我们讨论的市场势力只集中在供给方,但是这种市场势力也可以出现在需求方。当一个买者拥有这种市场势力时,我们称他为买方垄断者。例如,假设在一个中等大小的镇里劳动市场由一个唯一的雇主所控制(像一个大的工厂或者一所大学)。在这样一个背景下,雇主有能力影响工资水平,就像一个典型的垄断者有能力影响产品价格一样。

A. 假设对于某种类型的劳动只有一个雇主,为了简化分析,假设雇主雇用的劳动只用来生产。假设厂商对所有的工人都支付相同的工资。

a. 首先画出线性劳动需求曲线与供给曲线(假设劳动供给曲线是向上倾斜的)。说明如果这是一个竞争性的市场并且有效的劳动 l^* 被雇用,那么工资水平 w^* 就是确定的。

b. 我们怎样理解劳动需求曲线是厂商的边际收益曲线?

c. 雇用第一单位劳动的成本是多少?如果厂商对第二单位劳动可以支付比第一单位劳动更多的工资,那么雇用第二单位劳动的成本是多少?

d. 我们假定厂商对所有的工人都支付相同的工资,即不能进行工资歧视。这意味着雇用第二单位劳动的边际成本要比(c)情况下的边际成本更大还是更小?

e. 在劳动市场上厂商的垄断势力是怎样造成劳动供给和厂商的劳动边际成本之间的背离的?这就像具有垄断势力的厂商在产出需求曲线和厂商边际收益曲线之间产生的背离一样。

f. 利润在 $MR=MC$ 处最大。在图中说明边际收益曲线与边际成本曲线交点的位置。厂商会比在竞争性市场中雇用更多还是更少的工人呢(假设它与这里的垄断厂商对劳动有相同的需求)?

g. 在垄断厂商决定生产多少后,它会在可以卖出所有生产出来的产品的前提下把价格尽可能地提高。类似地,在买方垄断者决定购买多少产品后,它会在可以购买这种质量的产品的前提下尽可能地压低价格。你能在图中说明垄断厂商支付给工人的价格 w^M 吗?

h. 如果政府设定一个最低工资 w^* [如(a)中所定义的],这会增进效率吗?

i. 为了考虑劳动市场上的买方垄断,我们给了在一个中等大小的镇里有一个雇主的例子。随着人们在城市之间可以更方便地流动,你认为我们所定义的垄断行为在现实世界中是否具有重要意义?

j. 工会允许工人在劳动市场的供给侧产生市场势力。在厂商在劳动市场已存在垄断势力的前提下,工会的存在是有潜在效率的吗? 城市之间工人流动性的增加会加强还是减弱这种效率?

B. 假设厂商生产函数是 $f(l)=Al^{\alpha}(\alpha<1)$,劳动的供给曲线是 $w_s(l)=\beta l$。

a. 有效的雇用水平 l^* 是多少?(提示:你应该首先计算出厂商生产的边际收益曲线。)

b. 工资水平 w^* 是多少时会出现这个有效的劳动供给?

c. 定义厂商的利润最大化问题,记住厂商必须支付的工资依赖于 l。

d. 对利润最大化问题进行一阶求导处理。你能根据边际收益和边际成本来解释吗?

e. 垄断厂商雇用的劳动 l^M 是多少? 与 l^* 相比呢?

f. 厂商支付的工资 w^M 是多少? 与 w^* 相比呢?

g. 考虑一个有着生产函数 $f(l)$ 和劳动供给函数 $w(l)$ 的垄断厂商的更一般的情况,从利润最大化问题中推导出 $MR=MC$ 条件(这与边际收益产品等于 MC 是一样的)。

h. 你能把 MC 这一边的式子用劳动供给的工资弹性表达出来吗?

i. 判断正误:随着劳动供给的工资弹性的提高,垄断厂商的决策越来越接近在完全竞争情况下的结果。

23.7 商业和政策应用: 对垄断产出征税。在完全竞争条件下,我们发现税收的经济归宿(即最终承担了税收而收入减少的人)与税收的法定归宿(即在法律规定上对税收负有责任的人)并没有关系。

A. 假设政府想对商品 x 征税,商品 x 是由具有向上倾斜的边际成本曲线的垄断厂商生产的。

a. 首先画出需求曲线、边际收益曲线以及边际成本曲线。在你的图中,标出在没有税收时垄断厂商选择的利润最大化的供给点 (x^M, p^M)。

b. 假设政府对商品 x 的每单位生产征收 t 的税负,因此使边际成本提高了 t 单位。说明垄断厂商的利润最大化供给点会怎样变化。

c. 消费者支付的价格发生了什么变化? 垄断厂商索取的价格发生了什么变化(已支付了税负)?

d. 在(a)中的图的基础上画一个新图。现在假设政府对该商品的每单位的消

费征收税收 t。你所画的图中的哪条曲线受影响了？

e. 在你画的图中，标出新的边际收益曲线，说明消费税对垄断厂商利润最大化的产出水平的影响。

f. 消费者支付的价格发生了什么变化（包括征税）？垄断厂商接受的价格发生了什么变化？

g. 对于由谁来承担税负，政府采取哪种方式对商品 x 征收单位税对此有影响吗？

h. 由税收引起的无谓损失是多少？（假设需求等于边际支付意愿。）

i. 垄断厂商为什么不能利用它们的市场势力把税负全部转嫁给消费者呢？

B. 假设垄断厂商有边际成本 $MC = x$，需求曲线是 $p = 90 - x$，与习题 23.1 相同。

a. 如果你还没这么做，计算出在没有税收情况下的利润最大化供给点（x^M, p^M）。

b. 假设政府征收如 A(b) 所描述的那样的税收，那么新的利润最大化产出水平是多少？垄断厂商索取的价格是多少？

c. 假设政府改为征收如 A(d) 所描述的那样的税收。建立垄断厂商的利润最大化问题然后求解它。

d. 比较你对 B(b) 和 B(c) 的答案。税收的经济归宿会受税收的法定归宿的影响吗？

e. 当垄断厂商是法律上的征税对象时转嫁给消费者的税负比例是多少？当消费者是法律上的征税对象时转嫁给垄断厂商的税负比例是多少？

23.8 商业和政策应用：自然垄断：微软与公共事业公司。 我们讲过可能是由于技术上的原因，垄断厂商需要进入壁垒的存在。在这个习题中，我们考虑两个例子。

A. 微软与你所在地的公共事业公司有一个共同点：它们都有高固定成本和低可变成本。在微软，固定成本涉及开发软件的成本，但是软件一旦开发出来，就可以以低成本多次生产。在公共事业公司，固定成本涉及维护向居民输电的基础设施的成本，如果基础设施处于良好状态，那么实际输电的成本相对来说很小。

a. 首先看微软。在图中先画出低的固定不变的边际成本以及向下倾斜的需求曲线；再画出微软的边际收益曲线；在需求曲线上标出微软选择的点（直到下一章之前假设不用担心有潜在竞争者）。然后再画出公共事业公司的一个类似的图。

b. 微软与公共事业公司存在一个明显的不同：微软不向政府寻求允许它经营的帮助，但是会受到全世界政府的严格监管，这使得其不会滥用垄断势力。而公共事业公司经常向政府寻求关于调整价格的援助，以获得一个合理的利润。在你的图中是否遗漏了什么可以解释这种差异的因素？

c. 从政府的角度用语言表达两种情况下的"问题"（假设政府关心的是效率）。

d. 在微软，怎样用授予软件版权来解释"问题"的存在呢？微软为了这个版权愿意支付多少？

e. 现在考虑公共事业公司的"问题"。如何设定一个两部收费制来使公共事业公司的利润为零？如果结构合理，其产出水平是有效的吗？

f. 解释让政府铺设和维护输电基础设施的替代方案如何解决相同的"问题"？

g. 政府在软件行业将会有什么样类似的干预？为什么你可能认为这并不是一个好主意？（提示：考虑创新。）对于让政府提供输电基础设施的建议，你能想到一种类似的批评方式吗？

B. 我们并没有讲过关于自然垄断的基本数学分析，因此我们利用该练习的剩余部分来做一下。假设对商品 x 的需求曲线是 $p(x) = A - \alpha x$。进一步假设商品是由垄断厂商生产的，其成本函数是 $c(x) = B + \beta x$。

a. 推出垄断厂商利润最大化时的供给点，即在没有价格歧视的假设下的价格和产量 (p^M, x^M)。

b. 在产出水平 x^M 上，垄断厂商的平均成本是多少？

c. 如果选择你计算出的供给点并且在保证厂商有非负利润的前提下，固定成本最高可以是多少？

d. 微软为得到版权保护愿意支付多少给其律师？

e. 假设微软与公共事业公司有相同的需求函数，并且它们也有相同的成本函数，固定成本 B 除外。给定微软和公共事业公司关于"问题"的描述，谁的 B 更高？

f. 假设 B 的存在使得公共事业公司如果像你在（a）中推出的那样运作将不能取得利润，并且假设有 N 家住户。设计一个两部收费制使得公共事业公司一方面利润为零，一方面能生产有效的电量水平。

g. 假设由政府来建设和维护给居民输电的基础设施，并且允许任何一家电力公司以 δ（每输送一单位电的费用）的费用使用基础设施。该电力行业可能是竞争性的吗？为了使该行业的输电水平是有效的，这个费用应该为多少？

†23.9 **政策应用**：对于垄断问题的一些可能的"补救措施"。至少当我们关注效率时，垄断厂商的问题来自它们策略性地压低产量，而不是垄断厂商赚得利润的事实。但是针对垄断的政策措施经常是基于垄断厂商获得过高利润这个问题的。

A. 假设垄断厂商的边际成本 $MC = x$，需求曲线与习题 23.1 中一样是 $p = 90 - x$。除非特别说明，假设没有固定成本。解释接下来的所有政策建议对消费者福利和无谓损失的影响。

a. 政府对经济利润征收 50% 的税。

b. 政府对每单位产品 x 征税 t。（在习题 23.7 中，你应该已得出"无论是对产量还是对消费量征税，结果都是一样的"这样的结论。）

c. 政府设定一个等于 MC 与需求曲线的交点处的价格的价格上限。（提示：这使边际收益曲线怎样变化?)

  d. 政府对垄断产品每单位补贴 s。

  e. 政府允许厂商实施一级价格歧视。

  f. 如果厂商有固定成本,这些问题的分析将有何变化?

  g. 判断正误:因为市场势力的扭曲,价格扭曲政策可以是有效的。

  B. 假设需求和边际成本都与 A 部分一样。除非特别说明,假设没有固定成本。

  a. 确定垄断厂商的最优供给点(假设没有价格歧视)。如果政府对经济利润加收 50% 的税,结果会改变吗?

  b. 假设政府对每单位产品 x 征收 6 美元的税。找出新的利润最大化供给点。

  c. 垄断厂商在最有效的产量水平下会有一个价格上限吗?

  d. 固定成本在什么范围内,垄断厂商会在(a)、(b)、(c)中的政策被引进之前进行生产而在被引进之后则不进行生产?

  e. 如果垄断厂商可以实施完全价格歧视,那么利润最大化的产出水平是多少?

  f. 为了使垄断厂商处在有效的产出水平,政府应该为每单位的产品补贴多少?

  g. 固定成本在什么范围内,垄断厂商在没有(f)中提到的补贴时不会生产,有补贴时才会生产?如果固定成本在这个范围内,垄断厂商在有补贴时的生产数量是有效的吗?

  23.10 政策应用:污染与垄断。在第 21 章,我们讨论了完全竞争市场下有污染的行业的外部性。

  A. 现在假设污染厂商是一个垄断者。

  a. 首先为垄断厂商画一条线性(向下倾斜)需求曲线和一条向上倾斜的 MC 曲线。标出没有外部性时最有效的产出水平。

  b. 画出边际收益曲线,标出垄断厂商利润最大化时的"供给点"。

  c. 假设厂商在生产过程中会有污染产生,社会边际成本 SMC 在垄断厂商边际成本曲线之上。垄断厂商利润最大化的目标会有什么变化吗?

  d. 画出一条具有足够的污染成本以使得垄断厂商的产出选择变得有效的 SMC 曲线。

  e. 判断正误:存在负的生产外部性,使垄断厂商采取更有效行为的税收可能是正的也可能是负的(即税收或者补贴的形式)。

  f. 假设生产外部性是正的而不是负的。判断正误:在这种情况下,垄断厂商的产出水平将会无效率地过低。

  B. 假设垄断厂商的成本函数是 $c(x)=\beta x^2$,但是商品 x 的每单位产出都会造成污染损失 B。

  a. 垄断厂商的边际成本函数是什么?社会边际成本函数呢?

  b. 假设需求曲线是 $p(x)=A-\alpha x$。确定垄断厂商的产出水平 x^M(假设没有价格歧视）。

  c. 垄断价格是多少？

  d. B 在什么水平时垄断厂商的产出是有效的？

  23.11 政策应用：在公共场合的垄断势力管制。 在习题 21.9 和习题 21.10 中，我们分析了许多厂商都向一个湖中排放污水的案例。我们假设该污染唯一的影响就是提高了在湖边生产的厂商的边际成本。

  A. 回顾习题 21.10 的 A(g)。

  a. 不管污染的外部性有多大，沿湖所有厂商都合并（合并成一个厂商），它们怎样解决外部性问题呢？

  b. 假设你是一个关心效率的反托拉斯管制者，你被要求审查所有厂商合并成一个厂商的提议。如果你发现尽管沿湖厂商合并成一个生产 x 的厂商，但仍然有许多其他生产 x 的厂商，该市场仍然是竞争性的，你会有怎样的决定？

  c. 假设沿湖所有厂商合并成一个厂商，新出现的厂商获得了生产 x 的市场垄断势力。现在你觉得合并是不是一个好主意呢？

  d. 如果沿湖厂商的外部性降低了而不是提高了每个厂商的边际成本，那么你对（c）和（d）的答案有何变化呢？

  B. 在习题 21.9 和习题 21.10 中，假设沿湖每个厂商都有一个成本函数 $c(x) = \beta x^2 + \delta X$，其中，$x$ 是该厂商的产出水平，X 是沿湖所有厂商的总产出。

  a. 在习题 21.10B（a）中，我们讨论了从社会规划者的角度每个厂商的成本函数都不一样。回顾该话题，当沿湖所有厂商都合并成一个拥有全部生产设备的厂商时，这意味着什么？

  b. 这个单一厂商所做的决策会与社会规划者在习题 21.10 中所做的决策不一样吗？你的答案的依据是什么？

第24章 策略性思考与博弈论

在本书的多数章节中，我们通常假定个体足够"小"，以至于他们不能改变在竞争性均衡条件下由个体决策产生的经济环境，从而也没有动力去策略性地思考个人在世界中的角色。[①] 在第 23 章中，我们开始背离这一假设，去思考足以构成垄断者的"大"企业，我们发现这样的企业变成了"价格制定者"，它们可以刻意地操纵它们所处的经济环境。但垄断者只是一系列使刻意地或称策略性地思考变得举足轻重的经济设定的例子之一。策略性思考可能会变得比我们在第 23 章中所遇到的情况复杂得多。

在我们可以对策略性行为进行更加一般化的分析前，我们必须介绍一些新的工具。这些被统称为博弈论的工具，首先由约翰·纳什在其 20 世纪 40 年代和 50 年代的开创性工作中提出，而在以后的几十年中，博弈论与诸多社会科学研究融为一体。[②] 对那些策略性思考比较重要的经济情形而言，博弈论把该情形最突出的特点模拟成一个"博弈"，在该博弈中，虚拟的"参与人"所面对的激励与现实生活中的决策者在所处的经济环境中所面对的激励相似。1994 年，当约翰·纳什和其他两个成功的博弈论理论家——约翰·海萨尼和莱因哈德·泽尔腾共同获得诺贝尔经济学奖时，博弈论获得了整个经济学界的认可。纳什引人注目的人生故事已经通过电影《美丽心灵》被搬上了银幕（这部电影对博弈论进行了一定的艺术性的改编，这一点将在本章章末习题 24.1 中进一步体现）。

虽然博弈论将策略性思考引入经济学模型，但是博弈论仍然延续着我们在完全竞争市场模型中所介绍的思路：首先，定义一个模型；其次，我们分析个体如何在给定条件下尽可能做到最好；最后，我们研究"均衡"是怎么产生的，在这个均衡中，我们探索在其他人行为给定的情况下每个人都做到最好时的经济环境。它与竞争性模型唯一的区别在于个体将有动力策略性地思考他的行为会如何影响市场的均衡，而这个影响是个体太小时所不具备的。本章我们的目标是系统性地介绍个人如

---

① 本章将介绍一种新的工具，与先前章节所介绍的内容没有直接的联系。

② 你同样会发现，博弈论已经被引入生物进化理论中，其中科学家将生物的进化归结为基因的策略性行为。

何通过策略性思考来影响模型的均衡，在习题和后面的章节中，我们留有许多应用以供同学思考。

然而，在开始之前，我们将介绍不同类型博弈的两个基本区别，这些区别产生了四种类型的博弈。在一些经济环境中，我们有充足的理由假设所有的经济行为人（在博弈中被称为"参与人"）拥有完全信息。完全信息意味着每个参与人都知道其他所有人在博弈的不同进展情况下的收益。在其他情况下，经济人拥有不完全信息，即他们并不能完全知晓其他所有参与人在不同环境下的收益，也就是说他们不能轻易地站在对方的角度思考。这种博弈的特征被命名为不完全信息。比如在拍卖中，如果你和我为了价值 100 美元的业务竞价，我们可以清楚地知道对方对这个业务的估价。但是当我们为一幅画竞价时，我们并不能清楚地知晓对方对它的估价，除非我们真正地非常了解对方。

在不同的博弈中，第二种重要的区别是所有的参与人是同时采取行动还是行动时间有先后之分。我们可以将所有参与人同时采取行动的博弈称为同时行动博弈，并将参与人采取行动有先后之分的博弈称为序贯行动博弈。在后者中，随着时间的推进，一些参与人至少知晓一点其他参与人在博弈中的行为。同时行动博弈有时被称为"静态博弈"，而序贯行动博弈经常被称为"动态博弈"。在长途旅行中，我的孩子们玩的"石头、剪刀、布"游戏就是同时行动博弈，而国际象棋属于序贯行动博弈。[1]

结合这两种区别，我们可以得到博弈的四种基本类型：（1）完全信息，同时行动博弈；（2）完全信息，序贯行动博弈；（3）不完全信息，同时行动博弈；（4）不完全信息，序贯行动博弈。从（1）到（4）的博弈变得越来越复杂，我们将在 A 部分讨论（1）和（2）——完全信息下的博弈。在 B 部分中，我们将扩展至不完全信息博弈，即（3）和（4）。[2] 除此之外，许多博弈同时拥有同时行动和序贯行动的阶段，这将在讨论重复静态博弈的章节中展现给大家。在这种博弈中，参与人重复地博弈，同时每个博弈又都是静态博弈。这些重复的互动将会影响在均衡条件下的预期行为。类似地，在 B 部分中，我们将会看到这样一些博弈，其中一些参与人拥有完全信息，而其他的参与人只拥有不完全信息。在这些博弈中，缺少信息的参与人希望通过完全信息者的策略性选择获得一些他们的信息。事实上我们在第 22 章已经遇到了关于不完全信息问题的例子（其中，保险公司拥有的信息少于客户），同时还有在第 23 章中二级价格歧视垄断者的例子（其中垄断者知道的关于消费者类型的信息少于消费者本人）。

---

[1] 如果你并不熟悉"石头、剪刀、布"游戏，那么请看章末习题 24.7A（a），它会对其进行介绍。

[2] 这四种博弈在吉本斯（John Gibbons）的 *Game Theory for Applied Economists*（Princeton，NJ：Princeton University Press，1992）中有更加广泛的讨论。本书的基本框架和一些例子及练习，都基于吉本斯的那本书的基本框架。一些章末习题则是受到 Martin J. Osborne, *An Introduction to Game Theory*（New York：Oxford University Press 2004）的启发。

24A 完全信息下的博弈论

在本节，我们将在完全信息下介绍博弈的基本理论。在 24A.1 中，我们将用我们所说过的一些概念阐述完全信息博弈，规定参与人类型，介绍每个参与人可能的行动以及博弈怎么进行才能得到收益。在 24A.2 中，我们把"均衡"的概念拓展为包括策略性元素的概念，而这在我们的竞争性市场的定义中是没有的。为了描述一种结果，即每个人的均衡策略都是其他人均衡策略的"最优反应"，我们必须首先定义"策略"这一概念。在这个过程中，我们将给出几个博弈的例子，在其中一些例子中，策略性元素不影响任何效率，而在其他的例子中，策略性行为将会导致无效的结果（或用我们前面的话说，将会违背福利经济学第一定理）。然后在 24A.3 中，我们将把重点放在将导致无效后果的一个特别的博弈上：囚徒困境。在这个博弈中，所有的参与人都知道，如果他们相互合作，他们的境况将都变得更好，但是他们的个人激励使得他们在均衡中选择不合作。这个博弈已经在现实世界中得到了很多的应用，而且已经成为社会学者分析包含自愿合作问题的主要工具。我们也将用"囚徒困境"的例子来介绍重复同时行动博弈，其中每个参与人互动多次并且每次都同时进行相同的博弈，同时，我们将会得出某些相互作用的策略性重复可能会彻底地改变我们所观察到的均衡类型的结论。最后在 24A.4 中，我们将介绍"混合策略"的概念，其中参与人将会根据他人的行动采取一定概率的随机的行动，而不是对某一行动采取概率为 1 的策略。最后一节在一定意义上来说是选修节，因为在本书的剩余部分，我们将很少运用到"混合均衡"的概念，但无论如何这是博弈论理论家在建立策略行为模型时的一种很重要的方法，特别是当模型不存在"纯策略"均衡时。

24A.1 参与人、行动、顺序与收益

我们首先通过定义完全信息博弈的基本结构开始介绍本章的具体内容。完全信息博弈的结构包括参与人是谁，能采取哪些行动，参与人将以什么顺序行动以及不同参与人的行动组合的收益是多少。在本章的剩余部分中，我们有时也将参与人称为"行为人"或者"行动者"。

24A.1.1 参与人和行动 在一个给定的博弈中，N 位参与人中的每一位都被允许采取 M 种行动中的一种。我们将集合 $A^n = \{a_1^n, a_2^n, \cdots, a_M^n\}$ 定义为参与人 n 的行动可能集。在博弈中所有参与人所能选择的行动经常是一样的，此时我们可以舍去上角标，将所有参与人的共同行动可能集定义为 $A = \{a_1, a_2, \cdots, a_M\}$。有时，正如我们将在章末习题及后面的章节所看到的，行动可能集会被定义为连续的。例如，参与人 n 可以在区间 $[0, 1]$ 上选择任意值代表他的行动，在这个例子中，我们简单地将参与人 n 的行动可能集定义为 $A^n = [0, 1]$。

思考一个简单的博弈例子：假设两个人是小镇上仅有的两位司机。他们可以选择是靠右行驶还是靠左行驶。在这个例子中，两位参与人拥有相同的行动可能集 $A=\{左，右\}$。或者我们也可以思考只有一个生产者和一个消费者的博弈模型，其中生产者可以选择对产品设定高价或低价，而消费者可以选择购买或者不购买该产品。在这个博弈中，生产者的行动可能集是 $A^p=\{高价，低价\}$，同时消费者的行动可能集是 $A^c=\{买，不买\}$。或者，一个雇主可以选择给工人提供高工资和低工资，而工人可以选择接受或者拒绝工作，所以他们的行动可能集分别是 $A^e=\{高工资，低工资\}$ 和 $A^w=\{接受，拒绝\}$。

练习 24A.1　在这几个例子中，将哪一个行动可能集定义为连续集更为合适？ ■

24A.1.2　行动顺序　正如我们在本章开头所提到的，博弈论的一个特点就是不同的参与人的行动顺序。在一些例子中，我们会遇到所有参与人同时行动的经济环境，而在其他的一些例子中，我们将可能处理一些参与人序贯行动的经济问题，其中先行动的参与人的行动将会被后行动的参与人观察到。前者是同时行动博弈，而后者是序贯行动博弈。例如，在一条街两端的加油站的拥有者在早上来上班时将同时面临如何制定油价的问题，并且早高峰将马上开始。当然如果其中的一位晚半个小时开工，那么他在做决定前就能观察到他的竞争者所制定的价格。因此在博弈中，我们不仅要考虑参与人所能选择的行动可能集，也要考虑在其做决定前是否能观察到对手的行动。

24A.1.3　同时行动博弈的收益矩阵　一旦我们定义了博弈中参与人的行动可能集和行动顺序，我们就必须给出每一个参与人面对不同的行动组合时的结果。这些"结果"被称为收益，参与人 n 的收益不仅仅依赖于自己的行动，也会依赖于其他人所采取的行动。

练习 24A.2*　假如对博弈中的每一个参与人 n 而言，他的收益不仅仅依赖于他自己的行动，也依赖于其他所有参与人行动的总和，而没有任何一个其他参与人的行动能单独对参与人 n 的收益产生明显的影响。这样的一个博弈是否描述了一个策略性思考很重要的情形？ ■

在只有两个参与人的同时行动博弈中，如果两个参与人拥有离散的行动可能集，那么他们的收益通常能被表示成如表 24-1 所示的收益矩阵的形式。在这个博弈中，每个参与人各拥有两种可行的行动。参与人 1 的行动 a_1^1 和 a_2^1 在矩阵的左侧，参与人 2 的行动 a_1^2 和 a_2^2 在矩阵的上方。参与人 1 的收益将会以效用值或者美元的形式在矩阵中体现，同时定义 $u^1(a_1^1, a_1^2)$ 为当参与人 1 和 2 同时采取行动 a_1 时参与人 1 所获得的效用（或美元）收益，定义 $u^1(a_1^1, a_2^2)$ 为当参与人 1 采取行动 a_1

而参与人 2 采取行动 a_2 时参与人 1 所获得的收益，依此类推。同样地，$u^2(a_1^1, a_1^2)$ 代表了当两位参与人同时采取行动 a_1 时参与人 2 所获得的收益，$u^2(a_2^1, a_1^2)$ 代表当参与人 1 采取行动 a_2 而参与人 2 采取行动 a_1 时参与人 2 的收益，等等。

表 24 - 1　　　　　　　　　　　　两人同时行动博弈的收益矩阵

		参与人2	
		a_1^2	a_2^2
参与人1	a_1^1	$u^1(a_1^1, a_1^2), u^2(a_1^1, a_1^2)$	$u^1(a_1^1, a_2^2), u^2(a_1^1, a_2^2)$
	a_2^1	$u^1(a_2^1, a_1^2), u^2(a_2^1, a_1^2)$	$u^1(a_2^1, a_2^2), u^2(a_2^1, a_2^2)$

例如，我们再次考虑在小镇中两位司机决定靠公路哪边行驶的例子。两位司机并不在乎具体靠哪边行驶，只要双方在同侧行驶而不发生碰撞事故即可。这个博弈的收益可以被表示成表 24 - 2 所示的收益矩阵的形式，假设当二者采取相同的行动时，个人获得 10 单位的收益，但是如果二者采取不同的行动，那么二者都获得 0 单位的收益。

表 24 - 2　　　　　　　　　　　　靠左或靠右行驶

		参与人2	
		靠左	靠右
参与人1	靠左	10, 10	0, 0
	靠右	0, 0	10, 10

正如我们将在后面的应用中（章末习题及后面的章节）所看到的，如果博弈中参与人的行动可能集是连续的，如 $A=[0, 1]$，那么参与人的收益可以被表示成收益函数的形式，并且此函数反映了该参与人 n 的收益与其他参与人任意的行动组合之间的对应关系。在两人博弈中，我们发现参与人 n 的收益可以被表示成函数 $u^n(a^1, a^2)$，其中函数 u^n 表示了参与人 n 的收益和参与人 1、参与人 2 的行动组合之间的关系，并且两人的行动都落在区间 $[0, 1]$ 上（如果两位参与人的行为可能集都是 $A=[0, 1]$）。

24A. 1. 4　序贯行动博弈的博弈树　序贯行动博弈经常被表示成博弈树的形式，该形式表示了序贯行动博弈的行动顺序，而且也表示了参与人在采取不同行动之后每个参与人所获得的收益。图 24 - 1 展现了一个博弈树的例子，其中两个参与人分别拥有两种可选的行动，且参与人 1 先于参与人 2 行动。对参与人 2 而言，其拥有两个可能的"信息节点"（或者称为节点），其中出现哪个将取决于参与人 1 采取了哪种行动。如果参与人 1 采取行动 a_1，那么参与人 2 有足够的信息知道她做抉择的节点是在左边。相反，如果参与人 1 选择行动 a_2，那么参与人 2 知道她将在博弈树的右节点做选择。在博弈树的最末端，每个参与人根据每种可能的序贯行动得到的收益将以效用值的形式表示。

考虑我们在表 24 - 2 中给出的靠左或靠右行驶的例子，只是这里将两个参与人同时选择的假设改为参与人 1 先开车上路，而参与人 2 在看见参与人 1 作出的选择后再

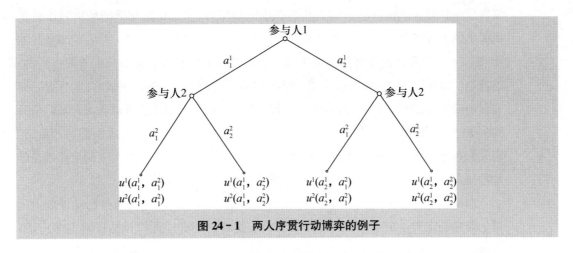

图 24 - 1 两人序贯行动博弈的例子

进行选择。图 24 - 2 表示了这个序贯行动博弈的博弈树。博弈树末端的收益和我们在表 24 - 2 的收益矩阵中所看到的一样，即如果选择同侧行驶，每个参与人获得 10 单位的收益，但是如果他们因为选择不同侧行驶而发生事故，每人只获得 0 单位的收益。

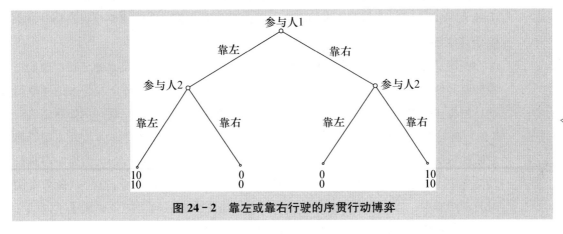

图 24 - 2 靠左或靠右行驶的序贯行动博弈

博弈树为我们提供了一种便捷的方法来表示每个参与人具有离散的（和有限数量的）可选行动的序贯行动博弈，然而在我们区分了序贯行动博弈中的"策略"和"行动"概念以后，我们同样可以用收益矩阵的形式来表示这样的博弈。同样，我们可以用博弈树的形式表示同时行动博弈（只要参与人的可选行动是离散并且有限的），只要我们指出参与人 2 在采取行动时不知道她所处的节点即可。（这将在本章 B 部分中进行更加深入的介绍，并且在本章的章末习题中，我们将介绍参与人并不确定其所处节点的博弈树模型。然而在 A 部分中，我们始终假定序贯行动博弈中的参与人在作出决定时清楚地知道其所处的节点。）

24A. 2 "尽可能做到最好"与均衡的产生

在博弈中，当给定其他所有参与人如何参与博弈，博弈中的所有参与人都已尽可能做到最好时，均衡就产生了。注意"给定其他所有参与人如何参与博弈"的意义区别于"给定其他所有参与人在博弈中正如何行动"。这两句话的区别并不只是语义上的，前者意味着其他所有参与人在参与博弈时的整个计划，而后者却是其他所有参与人所采取的随着博弈的展开所能被观察到的行动。正如我们将要提到的，这就是"策略"与"行动"的区别，而这个区别在序贯行动博弈中变得尤为重要，即先行动参与人必须知道后行动参与人在他们的每个决策节点上会采取什么计划，从而知晓提前采取哪些行动能使先行动者自己"尽可能做到最好"。首先我们将"策略"定义为对每个参与人而言的行动计划，随后我们会说明如果每个参与人的策略都是其他参与人所采取策略的最优反应，那么博弈在此时将达到均衡。

24A. 2. 1　策略　在同时行动博弈中，所有参与人必须同时选择行动计划，这里的策略的定义是最直接的。每个参与人在这样的博弈中既可以选择确定的行动，也可以将一定的概率赋予不同的行动。如果一个策略以等于 1 的概率采取一个特定的行动，那么该策略就被称为纯策略，同时如果一个策略将小于 1 的概率赋予多于一个的行动，那么该策略就被称为混合策略。在本章的大部分内容中，我们更多地只关注纯策略均衡，但是我们将以混合策略均衡及其在博弈论模型发展上的作用作为 A 部分的结尾。事实上所有的策略都能被看作混合策略，纯策略仅仅是将 0 概率赋予其他行动的特殊例子。

在序贯行动博弈中，策略变得相对复杂，因为当一些参与人做决定时，他们已经知晓其他参与人的行动，所以除了第一个行动的参与人外，每个参与人的完整行动计划将包括参与人在博弈树中所处的所有可能节点上的行动计划。例如在图 24 - 2 中，参与人 2 的纯策略包括其在参与人 1 选择靠左时的行动及在参与人 1 选择靠右时的行动。纯策略在同时行动博弈中仅需要参与人选择一个行动，然而在序贯行动博弈中，纯策略需要参与人在博弈树上的所有节点各选择一个行动。（就像在同时行动博弈中一样，序贯行动博弈中的混合策略是将总和为 1 的概率赋予不同的行动，但是我们将只在同时行动博弈中讨论混合策略。）

当我们仅仅考虑纯策略时，在图 24 - 2 所表示的博弈中，参与人 2 拥有四种可能的策略，尽管她只有两种行动可以选择。这些策略是：

策略 1：总是选择靠左。

策略 2：总是选择靠右。

策略 3：当参与人 1 选择靠左时，选择靠左；当参与人 1 选择靠右时，选择靠右。

策略 4：当参与人 1 选择靠左时，选择靠右，当参与人 1 选择靠右时，选择靠左。

我们可以将这四种策略表示为（靠左，靠左），（靠右，靠右），（靠左，靠右），（靠右，靠左），以上组合的第一个行动表示参与人 2 处在博弈树左边节点时的行动计划，而第二个行动表示参与人 2 处在博弈树右边节点时的行动计划。

练习 24A.3 判断正误：在同时行动博弈中，每个参与人拥有的纯策略的数量一定等于其拥有的可行行动的数量。■

一旦我们意识到在序贯行动博弈中，后行动者拥有的纯策略数量大于其可行行动数量，我们就可以用收益矩阵替代博弈树来表示博弈的结构。我们所要做的就是列出参与人在所有纯策略组合下得到的支付。在选择靠右或靠左行驶的序贯行动博弈中，参与人 1 只有两个纯策略（等于其可以采取的行动数量），然而参与人 2 拥有四个纯策略。图 24A-2 中表示的序贯行动博弈也可以被表示成表 24-3 中的形式。[①]

表 24-3 　　　　　　　　　　收益矩阵形式的序贯行动博弈

		参与人2			
		（靠左，靠左）	（靠右，靠右）	（靠左，靠右）	（靠右，靠左）
参与人1	靠左	10, 10	0, 0	10, 10	0, 0
	靠右	0, 0	10, 10	10, 10	0, 0

练习 24A.4 核实表 24-3 中表示的收益和图 24-2 中表示的一样。■

24A.2.2 同时行动博弈的纯策略纳什均衡 约翰·纳什是第一个正式定义博弈均衡概念的学者，因此我们接下来要介绍的概念被称作纳什均衡。要定义这样的一个均衡的概念，最好首先定义"最优反应"的概念。参与人 n 对于其他所有参与人策略的最优反应即给定其他所有参与人的策略，能使参与人 n 得到最高收益的策略。纳什均衡就是在博弈中所有参与人都采取最优反应策略的状态，即给定所有其他人所采取的计划，每个人的计划都是可选计划中最好的。在一些例子中，所有参与人在其他参与人的策略给定时很容易找到每个人都努力做到最好时的纳什均衡。有时这些纳什均衡是唯一的，有时却不唯一。根据博弈的结构，我们可以找到只存在纯策略均衡的博弈，而在很多博弈中，往往还存在着混合策略均衡。事实上，当博弈不存在纯策略均衡时，混合策略均衡往往存在。[②] 如果博弈中存在多个纯策略均衡，那么通常来说也会存在混合策略均衡（在 24A.4 节中我们将看到相关表述）。

让我们重新考虑表 24-2 中的收益矩阵所表示的博弈，假设你是参与人 1，而我是参与人 2，再假设你在苦思应该采取哪种纯策略。如果我选择靠左行驶，你知道如果你也选择靠左行驶将会获得 10 单位的收益，但是如果你选择靠右行驶将会得到 0 单位的收益，那么你对我靠左行驶的策略的最优反应就是靠左行驶。同样，

---

① 被表示成收益矩阵形式的博弈常常被称为标准式，然而博弈树形式的博弈常常被称为扩展式。

② 事实上在纳什对纳什均衡存在性的开创性研究中，他已经证明只要均衡的定义包含混合策略，博弈的混合策略均衡就一定存在。

如果我现在靠右行驶，你的最优反应也是靠右行驶。在这个例子中，我们可以清楚地发现，你模仿我时可以做到最好，而我也面对着相同的激励。

我们可以找到四个可能的结果，同时可以检测这些结果是不是基于最优反应的纳什均衡。获得 0 单位收益的两种结果不可能是纳什均衡，因为我们在发现我们要相撞时，可以通过改变自己的选择来改善收益。而在获得 10 单位收益的结果下我们都可能达成均衡。如果谁选择了靠左行驶，那么另一位参与人的最优反应就是选择靠左行驶，而如果其中一位选择了靠右行驶，那么另一位参与人的最优反应就是选择靠右行驶。换句话说，如果我们采取了收益矩阵左上角的策略，那么我们两人中没有一个人有动力改变我们的行动，这意味着我们达到了均衡。收益矩阵右下角的策略组合也同样达到了均衡。

在这个例子中，我们并不知道哪个均衡会出现：是同时选择靠右行驶还是同时选择靠左行驶。在现实中，习俗和法律保证了每一个人知道该向哪个均衡努力。正如你知道的，在一些社会中，靠右行驶这一习惯形成了一种均衡，而在其他一些社会中，均衡为靠左行驶。这种博弈有时被称为协调博弈，因为博弈的关键是通过参与者的协调而达到其中一种纯策略均衡。

练习 24A. 5　我们所发现的这两个纯策略均衡是不是有效的？ ∎

到现在为止，看起来均衡似乎必须使所有参与人达到最高的可能收益。如果总是这样的话，似乎每个人的分散化决策将会达到有效的结果并且满足福利经济学第一定理。但是并不是所有博弈都是这样。假如我们改变表 24 - 2 中的收益矩阵，且我们对靠左行驶有一种先天的偏好，这就意味着如果最终都靠右行驶，我们将只得到 5 单位的收益。在这个例子中，我们都选择靠右行驶同样是博弈的均衡：如果其中一人选择靠右行驶，那么另一个人的最优反应还是靠右行驶。当博弈有多个均衡时，有些均衡的结果可能对每个人来说都好于其他均衡的结果。在这些例子中，非市场机制的作用就是努力将每个个体从次优均衡转到更有效的均衡。

24A. 2. 3　同时行动博弈中的占优策略均衡　即使在只有唯一纯策略纳什均衡的博弈中，也不能保证这个纳什均衡会使参与人获得最大的可能收益。考虑在表 24 - 4 和表 24 - 5 中收益矩阵所表示的博弈。在第一个博弈中，我们可以很清楚地看出，无论其他参与人如何行动，对每个参与人而言最优策略总是采取向上的行动。因为无论其他参与人如何行动，每个参与人采取向上行动的收益总是高于采取向下行动的收益。这是一个具有占优策略的博弈例子，即无论其他人如何行动，参与人总是有动力采取某一行动。即使你认为你的对手将会采取向下的行动，对你而言向上的行动仍是最好的，因为这样的话你会得到 7 单位的收益，否则只有 5 单位的收益。因为两个参与人都面临着相同的激励，所以将会产生一个纯策略均衡，即所有参与人采取向上的行动并获得 10 单位的收益。表 24-4 中的博弈因此毫无疑问地推导出了所有参与人获得最高可能收益的均衡；这个纳什均衡是有效并且吸引人的，因为它不但是唯一的均衡，而且使每个参与人在无论其他参与人怎么做的情况下都选择了对他来说最优的策略。

表 24-4 唯一且有效的纯策略纳什均衡的博弈

		参与人2	
		向上	向下
参与人1	向上	10, 10	7, 7
	向下	7, 7	5, 5

练习 24A.6 判断正误：如果在同时行动博弈中，一个参与人拥有占优策略，那么无论其他参与人采取什么策略，这个策略都是最优反应。∎

现在我们考虑表 24-5 中的博弈，假设你和我在一起参与这个博弈。一方面，在我选择向上时，如果你也选择向上，你将获得 10 单位的收益；如果你选择向下，你将获得 15 单位的收益。你对应于我选择向上的最优反应是选择向下。另一方面，当我选择向下时，如果你选择向上，你将获得 0 单位的收益；如果你选择向下，你将获得 5 单位的收益，所以选择向下也是你对我选择向下的最优反应。换句话说，选择向下是你的占优策略，因为无论我的选择是什么，这都是你的最优反应。因为我们面对相同的激励，我们将都会选择向下，导致均衡的结果的收益为（5, 5），在收益矩阵右下角。虽然，我们都比较偏好在矩阵左上角的（10, 10），但是这个博弈中的激励使得我们最终还是选择了右下角的收益（5, 5）。因此，这个博弈的唯一均衡是无效的，但它也和我们在表 24-4 中发现的均衡一样吸引人，因为这是这个博弈中唯一的纯策略纳什均衡，并且包含唯一的占优策略。

表 24-5 唯一且无效的纯策略纳什均衡的博弈

		参与人2	
		向上	向下
参与人1	向上	10, 10	0, 15
	向下	15, 0	5, 5

在 24A.3 中，我们将更详细地讨论这种被称为"囚徒困境"的博弈，因为它可以用来分析许多现实中的经济情景。到目前为止，我们可以了解到，当个体参与人有动力来策略性地做决策时，我们没有办法找到一个像竞争性市场中福利经济学第一定理那样的结论。换句话说，我们并不能保证在博弈论建模的经济环境下，依据个体分散化决策推导出的均衡都是有效的。有时均衡是有效的，而有时却不是。

练习 24A.7 假如参与人 2 有表 24-4 中的收益，而参与人 1 有表 24-5 中的收益。写出这个博弈的收益矩阵。在这个博弈中存在占优策略均衡吗？这个博弈有唯一的纳什均衡吗？如果有，它是有效的吗？

练习24A.8 假如两个参与人的收益和表24-5大都相同，除了参与人1在二者都选择向上时的收益为20，是否存在占优策略均衡？是否有唯一的纳什均衡？如果有，它是不是有效的？

练习24A.9 假设收益矩阵和练习24A.8中的大都一样，除了参与人2在选择向下时的收益减少了10（无论参与人1如何行动），是否存在占优策略均衡？是否有唯一的纳什均衡？如果有，它是不是有效的？ ■

24A.2.4 序贯行动博弈中的纳什均衡
如果我们将序贯行动博弈的结构用收益矩阵的形式表示，并列出每一种策略组合的收益，那么纳什均衡的概念可以直接被运用在序贯行动博弈中。例如在表24-3中，我们用矩阵形式列出了两位驾驶员先后选择行驶方向的序贯行动博弈结构。

练习24A.10 你能否找出在表24-3中哪种策略将构成纳什均衡？（提示：你应该能找出四种组成纳什均衡的策略组合。） ■

一个更加有趣的现象同样产生于参与人对靠左行驶拥有固有偏好的假设，这使得如果他们都选择靠左行驶，每人将获得10单位的收益；如果都靠右行驶，每人只能获得5单位的收益，但是如果他们选择在不同方向上行驶，那每人只能获得0单位的收益。在这个例子中，当参与人同时行动时，我们发现了两个纯策略均衡：一个是二者都选择靠右行驶，另一个是二者都选择靠左行驶。这样我们就发现了一个存在无效均衡的同时行动博弈。当参与人2在参与人1之后做选择时，收益矩阵如表24-6所示（类似于在24A.2.1中我们推导出的结果）。

表24-6 　　　　　　　　　　　**具有靠左偏好的靠左或靠右序贯行动博弈**

		参与人2			
		（靠左，靠左）	（靠右，靠右）	（靠左，靠右）	（靠右，靠左）
参与人1	靠左	10, 10	0, 0	10, 10	0, 0
	靠右	0, 0	5, 5	5, 5	0, 0

在这个博弈中，出现了几个新的纳什均衡。均衡结果在表24-6中用阴影标出。其中一个纳什均衡是参与人1选择靠右，而参与人2选择（靠右，靠右）。当参与人2总是选择靠右时，对1而言选择靠右就是最优反应，而假定参与人1选择靠右时，参与人2选择（靠右，靠右）的策略就是最优反应。所以在这个序贯行动博弈中，两人都（无效地）选择靠右行驶仍然是一种可能的纳什均衡。

练习24A.11 参与人1选择靠右而参与人2选择（靠左，靠右）是不是一个纳什均衡？如果

不是，那为什么在靠右还是靠左行驶无差异时它却是一个纳什均衡？■

　　在参与人 1 首先选择行驶路线的博弈中，这个均衡似乎违背直觉。这是一个纳什均衡的唯一理由是参与人 2 有效的威胁，即无论参与人 1 如何选择，参与人 2 都将选择靠右行驶。但是这个威胁根本是不可信的，因为参与人 1 知道当参与人 2 看见参与人 1 已经选择了靠左行驶时，参与人 2 选择靠左行驶的收益要高于其选择靠右行驶的收益。因为这个原因，博弈论理论家为序贯行动博弈定义了一个更加精炼的纳什均衡概念，这个精炼的概念剔除了均衡中包含不可信威胁的策略。这个概念被称为子博弈完备均衡。

　　24A.2.5　序贯行动博弈中的子博弈完备均衡　我们有理由假设在序贯行动博弈中，先行动的参与人能够向下观察博弈树，并且判断后面的参与人的策略中哪些是可信的，并且只有可信的策略才会出现在均衡中。这意味着，参与人 1 将通过观察序贯行动博弈的博弈树的每个节点来判断参与人 2 的最优策略是什么。由此，参与人 1 就可以推断出参与人 2 在观察到他自己（或参与人 1）的行动以后的策略。

　　考虑图 24-3 中的博弈树，它描述了表 24-6 中的收益矩阵。参与人 1 可以观察到参与人 2 所面对的两个节点，在这些节点对应的单独的子博弈中，参与人 2 是唯一的参与人。如果参与人 2 面临左边的节点（即参与人 1 选择了靠左行驶），那么对她而言，靠左行驶是最好的选择，我们已经在图中加粗分支以作强调。所以参与人 1 就可以推测自己如果选择靠左行驶，就将获得 10 单位的收益。如果到达了右边的节点（参与人 1 选择了靠右行驶），那么参与人 1 知道参与人 2 的最优选择是靠右行驶，这会导致参与人 1 获得 5 单位的收益，我们同样也在图中加粗强调。所以对参与人 1 而言，选择靠右还是靠左就是选择获得 10 单位收益还是选择获得 5 单位收益，这样，参与人 1 一定会选择靠左行驶。对参与人 2 而言，唯一理性的反应就是同样选择靠左行驶，这将导致唯一的均衡，即二者都靠左行驶。

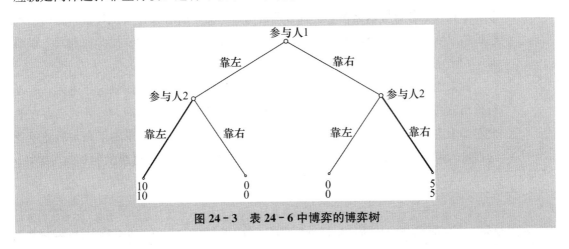

图 24-3　表 24-6 中博弈的博弈树

虽然二人都选择靠右行驶的结果可以从参与人 2 选择（靠右，靠右）的策略的纳什均衡中得出，但是这个结果不可能在参与人 1 忽略不可信威胁的均衡中得出。剔除由不可信威胁支撑的纳什均衡，就导出了子博弈完备均衡的结果。[①]

练习 24A. 12 判断正误：在序贯行动博弈中，所有的纯策略子博弈完备均衡都是纯策略纳什均衡，但不是所有的纯策略纳什均衡都是子博弈完备均衡。■

现在假设我们的参与人一个来自美国，而另一个来自英国，二人对行驶方向有不同的偏好，具体而言，如果二人最终都靠左行驶，参与人 1 将获得 10 单位收益；如果二人最终都靠右行驶，参与人 1 只获得 5 单位收益。参与人 2 恰恰相反，如果二人都靠左行驶，他将只获得 5 单位收益；如果都靠右行驶，他将获得 10 单位收益。此时，图 24-3 中博弈树唯一的改变是最后一行的 10 和 5 位置互换。但参与人 1 仍然知道参与人 2 在左边节点时将选择靠左行驶，而在右边节点时，只会选择靠右行驶。所以，参与人 1 还是知道如果选择靠左行驶他将会获得 10 单位收益，而如果选择靠右行驶只能获得 5 单位收益，这将导致唯一的子博弈完备均衡，即两个参与人都靠左行驶。尽管参与人 2 可能威胁将总是会采取靠右行驶的策略，希望以此获得二人都靠右行驶的纳什均衡，但是参与人 1 将会理性地忽视这样的不可信威胁。这将会导致参与人 1 享有先发者优势，因为他依靠优先行动获得了最有利于他的结果。

练习 24A. 13 在这个博弈中，如果参与人 2 先于参与人 1 行动，那么纳什均衡和子博弈完备均衡分别是什么？■

但是正如我们将在后面的章节中要看到的，在博弈中，并不是所有的先发者都会使博弈按他设想的方向前行。例如，我们考虑在某一市场中目前只存在一家垄断公司，这家公司担心可能有第二家公司进入市场与其竞争。为了使博弈简单，我们假设已存在的公司可以选择高价或者低价出售产品，而潜在公司在观察到公司的现有价格以后，可以选择进入还是不进入市场。假设每家公司的收益（或利润）如图 24-4 所示。

如果潜在公司选择不进入，它将获得 0 单位的利润，但是如果选择进入，若现行价格偏高，它将获得正利润，若价格偏低，它只能获得负利润。另外，已存在的公司如果定了高价并且没有竞争者，它将获得最高利润，但如果定了高价后竞争者选择进入市场（并且为了赢得顾客降低价格），那么它只能获得最低的利润。接着，

[①] 子博弈完备均衡的概念的得出要归功于泽尔腾，他与纳什一起获得了诺贝尔经济学奖。正如我们将在 24A. 3.2 中提及的，子博弈完备均衡可以等价地定义为在实际序贯行动博弈的每一个子博弈中都是纳什均衡的均衡策略。

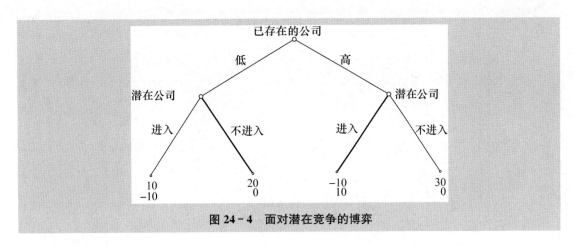

图 24 - 4 面对潜在竞争的博弈

已存在的公司观察博弈树中潜在竞争者面对的每个节点，并且分析在每个节点处竞争者将采取的行动。当价格较低时，竞争者将不会进入（因为进入就意味着－10单位的利润），但是当价格较高时，竞争者将选择进入。而在选择高价还是低价时，已存在的公司事实上是在 20 单位的收益和－10 单位的收益之间做选择，因此为了防止潜在公司进入，它将选择低价。这将产生一个会导致已存在的公司制定低价而潜在公司不进入的子博弈完备均衡。注意，在这个例子中，子博弈完备均衡不能产生先发者最偏好的结果，并且这个均衡是由一个可信的威胁支撑的，即当价格被定得较高时，潜在公司将进入市场。

练习 24A. 14 假如这个博弈存在第三阶段，即已存在的公司能够在新公司进入市场的情况下重新制定价格，这样图 24－4 中的博弈将被改写成图 24－5 中的博弈。在这个例子中的子博弈完备均衡是什么？■

从图 24－4 的序贯行动博弈中我们还能看到，和同时行动博弈一样，博弈的均衡并不能保证是有效的，即不一定能满足福利经济学第一定理。（从参与人角度来看）有效的结果是最大化各参与人利润（收益）总和的结果。在我们的例子中，这个结果是已存在的公司获得 30 单位的利润，而不面对潜在公司进入的竞争。但是正如图 24－4 所示，这并不是子博弈完备均衡。子博弈完备均衡出现在已存在的公司获得 20 单位利润而潜在公司获得 0 单位利润时。但是从两个公司的角度看，将结果调整为已存在的公司制定高价而潜在公司不进入市场，将会在不使一个参与人的境况变差的前提下让另一个参与人的境况变好，但是在不存在非市场机制改变博弈激励的情况下，这个结果不像博弈均衡那样可以维持。

练习 24A. 15 在图 24－4 所表示的例子中，从两个参与人的角度来看，子博弈完备均衡是无效的，那么对社会而言，它可能是有效的吗？■

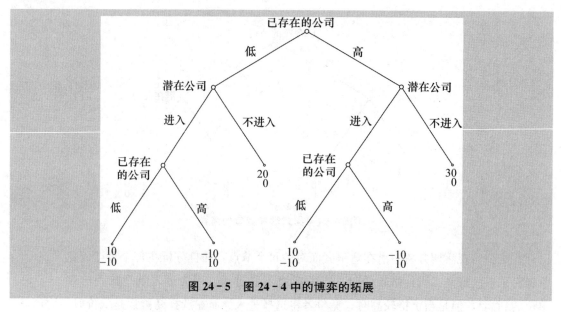

图 24 - 5 图 24 - 4 中的博弈的拓展

24A. 2. 6 求解（纯策略）纳什均衡和子博弈完备均衡 虽然我们已经找到了一些博弈的均衡，但是我们有必要重新思考求解这些均衡的方法。无论是同时行动博弈还是序贯行动博弈，在两个参与人拥有有限个行动选择的博弈中，我们以收益矩阵开始分析。现在，我们把其策略出现在矩阵的每一行中的参与人称为"行参与人"，而将其策略出现在矩阵的每一列中的参与人称为"列参与人"。为了寻找纯策略纳什均衡，我们以行参与人的第一个策略开始，寻找列参与人对此的最优反应。对列参与人的每一个最优反应策略，我们将检验是否对行参与人而言第一行策略是最优反应。当我们发现第一行策略是行参与人对列参与人最优反应的最优反应时，我们就发现了一个纳什均衡。对每一行都做类似的工作，那么我们就找到了所有的纯策略纳什均衡。

在同时行动博弈中，当参与人的行动可能集不是有限的时，例如集合 A 是在连续区间 $[0，1]$ 内参与人可以选择的任意一点时，我们就不能使用收益矩阵来表示博弈（因为矩阵只能表示有限个数行动组合的收益）。我们在本章的章末习题中将遇见一些这样的例子，同时我们将在后面的章节中建立新的方法来明确解决这些博弈问题。在这里，我们只要记住策略和均衡的逻辑保持不变，我们所要做的就是定义"最优反应函数"，且在均衡时不同参与者的最优反应函数将会相交。这和我们在 24A.4 中解出离散行动可能的混合策略均衡的方法是相似的。

在参与人拥有有限个行动选择的序贯行动博弈的子博弈完备（纳什）均衡的例子中，我们必须以博弈树而不是收益矩阵开始分析。特别地，我们将从博弈树的底部开始，寻找最后的参与人在每个节点上的最优行动，且只有这些行动会出现在参与人的可信策略中，因此我们假设这些正是在相应节点上会被采取的行动。然后我们将注意力转移到倒数第二阶段的参与人身上，考虑假定最后参与人会在后一阶段理性地行动，倒数第二阶段参与人（在每个节点上）的行动是什么，这样我们就能找出倒数第二阶段参与人的最优行动，同时也将此作为倒数第三阶段参与人抉择时的给定条件。通过这个方法，我们可以反向回推到最高点，并找出这个博弈的全部子博弈完备均衡。需要注意的是，均衡是由最优反应策略定义的，而不仅仅是由博弈在均衡中会以什么路径展开定义的。换句话说，参与人"偏离均衡路径"的计划常常对让其他参与人"保持在均衡路径上"举足轻重。我们将会遇到一些参与人具有连续的可行集的博弈；我们也将在章末习题及后面的章节中看到，求解这些博弈的基本逻辑类似于求解拥有有限行动可能集的博弈。

24A.3 囚徒困境

在表 24-6 中，我们列举了一个每个参与人拥有占优策略的同时行动博弈，并且这个博弈的纳什均衡被证明是无效的。这种类型的博弈往往被称为"囚徒困境"，而且在微观经济学中拥有很重要的地位，因为它直白地说明了策略性行为的结果可以如何通过一些非市场机制得到改善。

"囚徒困境"这一名字出现于 1950 年。当时，数学家塔克（1905—1995，他也是纳什毕业论文的导师）试图用一个故事为斯坦福大学的心理学本科生解释博弈的基本动机。[①] 这个博弈的故事如下：一个检察官知道被羁押的两位犯罪嫌疑人曾经进行过持枪抢劫，但是除了两人非法持有枪支，这个检察官缺少充足的证据证明他们有罪。因此，他将两人带进两个不同的房间并且告诉他们，他们可以选择坦白或者否认持枪抢劫。如果一个人坦白而另一个人否认，坦白的人将被假释出狱，而否认的人由于另一个人的证词将被判处最高 20 年有期徒刑。如果两人都坦白，那么每个人将签署认罪协议并被判处 5 年有期徒刑。如果两人都不坦白，那么他们将仅仅因为非法持有枪支而被判处 1 年有期徒刑。

表 24-7 便是检察官为两人设计的收益矩阵。你会发现坦白对于两人而言都是占优策略，这意味着存在唯一的纳什均衡结果，即两人都坦白并且同时被判处 5 年有期徒刑。当然，两人都更偏好他们只坐一年牢的结果。但是这需要他们都否认持枪抢劫，也就要求他们都采取非最优反应的策略。毕竟无论另外一个犯罪嫌疑人如何行动，对每个犯罪嫌疑人而言，坦白总是最优策略。从犯罪嫌疑人的角度说，检察官为他们建立了一个将会得到无效结果的博弈激励（这也会导致他们即使无罪也错误地选择承认罪行）。

练习 24A.16 为什么从两个参与人的角度说结果是无效的？对社会而言这个结果是有效的吗？ ■

[①] 接下来的博弈例子在那时已经很出名，并且在兰德公司运用博弈论研究全球各国原子能策略计划中扮演重要的角色。

正如我们在后面的章节中看到的，很多经济环境拥有与之相似的激励。我们可能希望我们生活在充满微笑、彼此友善的社会中。但是，微笑和友善需要付出，因此无论其他人友善与否，对个人而言，可能既不微笑也不友善才是占优策略。我们希望生活在邻里之间相互帮助的世界中，但是帮助他人需要付出，或许"各人自扫门前雪，莫管他人瓦上霜"在现实中才是占优策略。一旦你处在类似于囚徒困境的激励结构中，你将会看见这些激励到处都是。我们想生活在为了共同利益相互帮助的世界中，但是往往我们自己不去合作却期待他人合作。个人在竞争性市场中会无意间合作并且达到社会剩余最大化的结果（正如福利经济学第一定理所言），这并不意味着他们在一个有动力去策略性行动的环境里就会自愿地合作。

一旦你明白了囚徒困境中的激励，那么你就不会因为现实世界缺少合作而惊讶。值得惊讶的是，即使有囚徒困境预测的结果，现实世界中我们仍然能看到许多合作的例子。虽然这些例子可能没有我们想要的多，我们还是可以看见邻里之间相互帮助，人们可以为陌生人伸出援助之手，慈善机制为受饥饿和疾病折磨的人集资募捐，战士为了保护他人而牺牲。我们也可以看到犯人在面对表 24 - 7 中那样的激励时否认罪行，公司合谋定价——即使它们可以比合谋合同允许的某些情况下再生产更多来获得更多利润（我们将在第 25 章的卡特尔模型中具体讨论这个例子）。一旦我们明白了囚徒困境背后的道理，问题就不再是"为什么人们不能多互相合作"，而是"这些情况下怎么可能出现合作"。

表 24 - 7   **囚徒困境**

		嫌疑犯2	
		否认	坦白
嫌疑犯1	否认	1, 1	20, 0
	坦白	0, 20	5, 5

24A. 3. 1   重复囚徒困境博弈与"合作的阐明"   你可能认为对现实世界中的合作来讲，一种可能的解释是在一些经济环境中，参与人重复地参与博弈，从而建立了一种合作关系。但是事实表明，对博弈论而言，在与囚徒困境类似的环境中，重复的相互作用不足以预测合作。

假如你和我每次博弈时都面对表 24 - 8 中的收益。

表 24 - 8   **另一个囚徒困境（收益以美元为单位）**

		你	
		合作	不合作
我	合作	100, 100	0, 200
	不合作	200, 0	10, 10

练习 24A. 17   这为什么是一个囚徒困境？ ■

现在假设我们都知道我们将相互博弈 100 次，每次我们都将面对表 24-8 中的激励。这意味着我们现在在一个序贯行动博弈中，除第一次以外，每次博弈我们都知道对方在前一次博弈中的行动，但每次我们又是在一个同时行动博弈中。我们可以应用子博弈完备均衡的逻辑来预测将会发生的结果。子博弈完备均衡要求我们从博弈树的最底层开始，在这个例子中，我们从第 100 次博弈开始。我们会问在我们第 100 次（最后一次）相遇时将会发生什么？

因为我们知道我们在最后一次相遇后将不会再次博弈，这就好像我们仅仅参与了一次博弈，并且在博弈中我们的占优策略都是不合作。因此，当我们在第 99 次相遇时，除了承诺不合作，对于第 100 次博弈的任何承诺和威胁都是不可信的。换句话说，我们在第 99 次相遇时都知道在第 100 次博弈时我们都将会选择不合作。因此，在第 99 次博弈时我们没有任何理由合作，而且无论你在第 99 次时怎么做，对我而言不合作都将使我的境况更好。同样地，在第 98 次相遇时，我们都知道在之后的博弈中双方都将会选择不合作，顺着这个逻辑我们可以知道，在任何一次博弈中，我们都将选择不合作。子博弈完备均衡的预测告诉我们，在囚徒困境中，即使我们知道将会博弈 n 次，我们也将选择不合作。无论 n 多大，只要 n 是有限的，这一点都将成立。

为什么即使在重复博弈下合作仍然不会产生？我们可能认为，我知道我们将博弈 100 次，我可能会对你说："既然合作能使我们俩的境况都变得更好，我们为什么不从重复博弈的一开始就选择合作呢？"你可能认为我说的是真的。我甚至可能会尝试着用胡萝卜加大棒的方式告诉你，只要你选择合作我也会合作，但是一旦你不合作，那么我将会惩罚你，再也不跟你合作了。但是问题是我合作的承诺是不可信的，因为只要你沿着博弈树往下看，你就会发现我在第 100 次博弈时将选择不合作，这意味着在第 99 次博弈时我们没有合作的动机，这同样意味着，在第 98 次博弈中也将没有动机选择合作，依此类推。

练习 24A.18＊　对具有唯一纯策略纳什均衡的重复同时行动博弈而言，相同的逻辑是否都适用？换句话说，子博弈完备均衡是否要求博弈中的参与人总是简单地重复同时行动博弈的纳什均衡？　■

24A.3.2　无限次重复博弈、触发策略与合作　合作在重复的囚徒困境中不能出现的理由在于我们都可以看到我们最后一次相遇的情形，依此往上逆推，从而明白不存在任何可信的（子博弈完备均衡的）方法来支持任何合作。但是如果没有"最后一次"呢？我们如果持续地没有尽头地博弈将会发生什么？或者，更现实地讲，如果我们不确定是否会继续相遇，但是每次相遇我们都知道我们很有可能在同样的情形下再次相遇，这时会发生什么？

练习 24A. 19　判断正误：在一个无限次的重复囚徒困境博弈中，每个序贯行动博弈的子博弈都和开始的博弈相同。■

在回答这个问题前，我们需要简短地说明一下在无限次重复博弈中"子博弈完备均衡"这一概念是什么意思。到目前为止，我们仅仅简单地认为子博弈完备均衡就是从博弈的底部往上，将不可信策略一个个剔除，但是现在没有"底部"了！我们可以稍微换一种方式描述这个概念，将子博弈完备均衡应用到无限次重复博弈中：当我们反向求解有限次序贯行动博弈时，我们事实上要保证在该纳什均衡中，每个子博弈——从博弈树每一个节点开始的博弈——也都是均衡的。换句话说，我们要求不在均衡路径上的且未被选择的子博弈，在假设它被选择的情况下，仍然有互为最优反应的策略。我们可以如下重新定义子博弈完备均衡的概念：在完全信息序贯行动博弈中，如果序贯行动博弈的所有子博弈（无论它们是否在均衡路径上）都包含纳什均衡策略，那么纳什均衡是子博弈完备均衡。

现在让我们回到我们的的问题：在互动没有明确终点的重复囚徒困境博弈中，子博弈完备均衡是什么？政治学者罗伯特·阿克塞尔罗德（1943—　）撰写了一系列著名的文章，在理论上和实践上对这一问题进行了分析。考虑你和我重复相遇的问题，每次相遇时我们都知道再次相遇的概率为 γ。在最初相遇时我们就决定了我们的策略。注意，我的"策略"是每次相遇时我将采取的行为的完整计划，在这个计划中我的行为取决于我们先前的行为。阿克塞尔罗德区分了两种我们可能会采取的策略："好"的策略与"不好"的策略。"好"的策略是指参与人不会率先停止合作；"不好"的策略是指参与人率先停止合作。

练习 24A. 20　判断正误：如果两个参与人在重复囚徒困境博弈中都执行"好"的策略，那么他们在每次相遇时都会选择合作。■

假设我的策略是在第一次见到你时选择合作，并且只要在之前的相遇中我们都是合作的，我就将持续选择合作；但是如果在某一个时点上我们没有选择合作，那么作为惩罚，我再也不选择合作。根据这个策略，一次不合作的行为将会触发永远不合作的行为，因此这种类型的策略有时也被称为触发策略。

练习 24A. 21　解释为什么这种触发策略是"好"的策略。■

你对于这种策略的最优反应是什么？一种可能的最优反应是你也选择执行相同的策略，结果是我们总是选择合作。这是因为不合作的惩罚成本太高，以至于一次不合作获得的效益无法弥补未来不合作所带来的损失。在现阶段你选择不合作而欺骗我是否值得取决于两件事：我们将会再次遇见的概率 γ 和你对未来收益的贴现率。如果 γ 足够大而且你对未来的贴现率并不低，那么相较于你现阶段欺骗我而获得的一次收益，你会更加看重未来合作所获得的收益。

练习 24A. 22 在你看来，"总是合作"是否也可能是应对我的触发策略的最优反应？这样一来我的触发策略又是否会成为你"总是合作"策略的最优反应？ ■

如果你执行触发策略是你应对我的触发策略的最优反应，那么对我而言当你执行触发策略时这当然也是最优反应。如果我们都执行这个策略，那么我们将总是选择和另一个人合作。因此，在没有明确终点的重复囚徒困境博弈中，可能存在纳什均衡使得合作的结果出现并且维持。但是这样的纳什均衡是不是子博弈完备均衡？鉴于我们对子博弈完备均衡的重新定义，每个子博弈中的策略都是纳什均衡的策略，我们必须要问我们已经找出的纳什均衡在每个无限重复博弈的子博弈中是否都是纳什均衡。虽然每个子博弈都和最初的一样无限重复，但是每个子博弈都拥有不同的"历史"。所以和我们第一次相遇时不同，我知道一些你先前博弈的信息，而你也知道一些我先前博弈的信息。

当我们到达一个特定的子博弈，我们在将可能看到两种历史：我们在之前所有的相遇都选择了合作，或者在之前我们曾经选择过不合作。假设我们先前一直选择合作，那么假定我们选择触发策略，现在这个子博弈和我们第一次相遇时的情形完全一样：我们都选择合作，并且计划持续合作下去，除非我们其中一人选择了背离。如果我们执行的触发策略是对第一次博弈的纳什均衡，那么对于这个子博弈而言，这个策略也是纳什均衡。同时，我们也必须考虑在先前相遇的某一点，我们有人选择了不合作而偏离均衡路径的子博弈。在这种情况下，我们的触发策略在接下来的子博弈中将都是"永不合作"。假定你将会永不合作，对我而言，最优反应是永不合作，反之亦然。在这种情形的子博弈中，我们都处在最优反应中。因此可以看到，我们都执行触发策略是无限重复博弈中每个子博弈的纳什均衡，所以这个策略是子博弈完备均衡。

换句话说，在这个例子中维持我们合作的威胁是可信的。事实上，正如我们在附录中所证明的，在无限重复囚徒困境中，通过类似的触发策略，任何介于从不合作和总是合作之间的情形都是子博弈完备均衡的一部分。所以，当囚徒困境博弈被重复无限次时，将会出现很多子博弈完备均衡，虽然在次数很多但有限次的重复囚徒困境博弈中，只存在唯一的子博弈完备均衡。

练习 24A. 23 为什么相同类型的触发策略在有明确终点的重复囚徒困境中不能推持合作的结果？

练习 23A. 24 如果你模拟囚徒困境来决定你是否对你所遇见的人友好，你可能会预期在小城

镇中的人比在大城市中的人更加友好，为什么？ ■

24A.3.3 合作的"演化"和"以牙还牙"的出现 阿克塞尔罗德不仅仅对重复博弈中合作的出现感兴趣，他还想知道在现实中个人会采取哪些策略来维持这种合作。这个问题的答案并不明显。一旦博弈没有明确的结束时间（不从博弈树底部往回推倒），很多的策略——一些维持合作而另一些不维持——都可能会成为子博弈完备纳什均衡。哪一种才是人们的选择呢？

为了回答这个问题，阿克塞尔罗德做了一些非常聪明的实验。[1] 首先，他询问了世界上最顶尖的博弈论理论家，要求他们提交他们认为的在没有明确终点的重复囚徒困境博弈中最可能被应用得当的策略。他没有限制策略的复杂程度，并且将所有策略都录入了计算机模拟中，使得任何策略都能被随机地相遇。一个相当简单的策略明显胜过所有其他策略，它被广泛地称为"以牙还牙"策略。

在以牙还牙策略中，一个参与人在第一次相遇时选择合作，而在以后相遇时都选择模仿对手在上一次相遇时的行动。如果其他参与人选择合作，那么以牙还牙的参与人在下一次相遇时也选择合作；如果其他参与人选择不合作，那么作为惩罚，以牙还牙的参与人在下一次遇见时会选择不合作，并在之后每次的相遇中持续选择不合作，直至其他参与人在某一次表现良好地选择合作。如果这样，以牙还牙的参与人将会重新开始合作。这个策略使我想起了妈妈在我小时候送我去操场和其他小孩子一起玩时所说的话。"和其他孩子好好相处，"她说，"但是如果有人欺负了你，你就还手，直到他们再次和你友好相处为止。"

阿克塞尔罗德同样用博弈论学者们所提供的策略做了其他模拟，其中如果参与人能获得更高的平均收益，策略将会被复制，同时，使参与人获得较低收益的策略将会减少出现概率。在模拟过程中，不成功的策略被淘汰，而成功的策略越来越多。最后，他发现只有一个策略留了下来：你可能猜到了——以牙还牙。最后阿克塞尔罗德说明一个能"在演化中稳定留存"的策略必须拥有和以牙还牙策略相同的特点。[2] 换句话说，策略要演化稳定，必须（1）试图合作，且相互合作时尽量维持合作（即策略必须是"好"的），（2）惩罚不合作，但（3）在参与人已经释放可以再次合作的信号时，原谅不合作的行为。

24A.3.4 通过机制维持（囚徒困境中的）合作 正如我们所看见的，在囚徒困境中，只要相同的参与人重复相遇且没有明确的终点，合作就可能出现。即使在这样的情况下，非合作的均衡也是可能出现的。而在其他情况下，合作在子博弈完备均衡中被阐明。但是我们将在本书剩下的部分中看到，当每次相遇参与人

---

[1] 如果你对此感兴趣并想了解更多，你可以阅读 R. Axelrod, *The Evolution of Cooperation* (New York: Basic Books, 1984)。

[2] 演化稳定这一概念在博弈论的分支——演化博弈中有明确的定义（这不在本章的内容范围之内）。

自身的激励不足时，存在其他方法来维持合作，即通过市场或者非市场机制来维持合作。

　　一种可能性是让囚徒困境中的参与人签订合同，对不合作行为施加足够严厉的处罚。如果有方法实施处罚，那么这样的合同本质上就改变了矩阵中的收益，从而消除了"困境"。例如表 24-6 中所描述的囚犯可能是黑手党中的一员。黑手党规定与检察官合作的人将会受到严厉的惩罚。在加入黑手党时，个人要签署协议，使得当他的行为与黑手党的目标相背离时（例如，与检察官合作），他将受到严厉的惩罚。当囚犯知道他坦白并被释放后将会被以很恐怖的方式杀害时，提前出狱就少了许多吸引力。

　　但不是所有的机制在解决囚徒困境的问题上都像黑手党那样残忍。例如宗教可能会使人相信我们可以从合作中获得永恒的收益，所以这就改变了囚徒困境中的收益，因为我们可以从合作中获得"效用"。私募基金为我们设计了"个性化"的帮助穷人的方法，从而使得我们改变对帮助穷人获得的收益的看法。例如，你可能见过一些组织，它们通过让每个人资助特定的孩子来帮助发展中国家的穷孩子，并向资助者分享孩子的故事或照片。虽然即使收到照片的资助者当初没有捐钱，这些孩子也不一定得不到帮助，但是使用这种方式的确使得人们资助得更多。

　　在一些情况下，政府政策会改变囚徒困境博弈中的收益，这有时效果不错，但有时，正如我们将要看到的，效果不那么令人满意。如果个人在资助慈善机构问题上面对着囚徒困境的激励，为慈善捐助减税（或给予其他形式的政府补贴）或许会改变人们的行为，达到更高的效率（我们将在第 27 章讨论这个问题）。同时，如果垄断的大型企业在尝试串通制定高价格，它们也面临着囚徒困境的激励，它们也可能希望政府扮演它们串通行为的强制执行者（我们将在第 25 章详细讨论寡头垄断这个问题）。现在，我仅仅是想让你认识到政府政策和公民社会机构经常会寻找改变囚徒困境中收益的方法。

练习 24A. 25　判断正误：当参与人面对一个囚徒困境时，如果有人可以改变每个参与人的行为，那么这是有利可图的。

练习 24A. 26　你上一问题的答案如何帮助我们解释以下问题：为什么在现实世界的囚徒困境中，合作多于我们从激励限制中得到的预期？ ■

　　24A. 3. 5　通过"信誉"维持（囚徒困境中的）合作　使合作在囚徒困境中出现的另一种方法是通过建立可信的信誉来维持合作。在有限次重复博弈中，这要求参与人对其对手类型的认识存在不确定性。换句话说，这要求用重复互动的不完全信息的序贯行动博弈建模，这将在本章 B 部分中讨论。我们将在 24B. 3 中回到有限重复囚徒困境博弈的信誉问题。

24A.4 混合策略

在序贯行动博弈中最能明显看出"策略"和"行动"的区别。（至少对一些参与人而言，）博弈的计划有别于仅仅选取一个行动。在同时行动博弈中，纯策略仅仅是选取一个行动，但是对混合策略而言不是这样，现在我们将探究这一点。

考虑如下的博弈：你和我往桌子上放硬币，如果我们的硬币同一面朝上，那么我得到你的硬币；如果我们的硬币一正一反，那么你得到我的硬币。这个简单的博弈被称为硬币配对，如表 24-9 所示。

表 24-9 　　　　　　　　　　　　硬币配对

		你	
		正面	反面
我	正面	1, -1	-1, 1
	反面	-1, 1	1, -1

你应该可以很快地意识到在这个博弈中不存在纯策略纳什均衡；我对于你的任何行动的最优反应都是与你的硬币同一面（即配对），而你对于我的任何行动的最优反应却是和我的硬币异面。在这个博弈中，博弈本身结构的原因使得博弈无法预测确定的结果。思考这个问题的常用的方法是运用"混合策略"。

一个参与人的混合策略就是不同纯策略的一个概率分布。（虽然我们只在同时行动博弈问题中讨论混合策略，这些定义对序贯行动博弈仍然成立。）例如，我在硬币配对的博弈上有两个纯策略：正面和反面。混合策略就是两个概率的组合 $(\rho, 1-\rho)$，其中，$0 \leqslant \rho \leqslant 1$。如果我决定采用混合策略 $(0.5, 0.5)$，这意味着我将以 0.5 的概率出正面，以 0.5 的概率出反面。更一般地，如果参与人有 n 个可行的纯策略，那么混合策略就是 n 个概率的组合 $(\rho_1, \rho_2, \cdots, \rho_n)$（其中 $\rho_i \geqslant 0$，$\sum_{i=1}^{n} \rho_i = 1$，$i = 1, 2, \cdots, n$）。

练习 24A.27 注意我们总是可以将纯策略写成混合策略的形式，只要将一个概率设置为 1，将其他概率设置为 0。你应如何将"出正面"这一纯策略写成混合策略的形式？ ■

24A.4.1 混合策略的最优反应 现在假设我认为你出正面的概率是 λ，并思考我如何设定出正面的概率 ρ 来获得最优反应。我的目标就是和你的硬币配对。所以如果我认为 $\lambda > 0.5$，为了做到最好，我会总是出正面，即设定 $\rho = 1$。同样地，如果我认为 $\lambda < 0.5$，那么我将总是出背面，这意味着 $\rho = 0$。但是如果我认为你会令 $\lambda = 0.5$，那么我可以总是出正面（即 $\rho = 1$）或者总是出背面（即 $\rho = 0$），我的期望收益在这两种情况下是完全一样的。

练习 24A. 28　当我总是出正面，而你使用以 0.5 的概率出正面这一混合策略时，我的期望收益是多少？■

此外，如果你设定 $\lambda = 0.5$，我可以使用任何混合策略并得到相同的收益。因为，如果你最后出了正面（发生这个结果的概率是 0.5），那么我得到你的硬币的概率是 ρ，我失去我的硬币的概率是 $1 - \rho$，所以我的期望是 $\rho - (1 - \rho) = 2\rho - 1$。如果你最后选择反面（以一半的概率发生），我得到硬币的概率是 $1 - \rho$，而失去硬币的概率是 ρ，那么我的期望是 $(1 - \rho) - \rho = -2\rho + 1$。这两种期望的概率是相等的，这意味着当我认为你将以 0.5 的概率出正面时，我以 ρ 的概率出正面的混合策略的期望收益为 $0.5(2\rho - 1) + 0.5(1 - 2\rho) = 0$，这与我总是出正面或出反面（当你以 0.5 的概率出正面时）所获得的期望收益是一样的。

在图 24 - 6（a）中，我们画出了我对你可能使用的所有混合策略的最优反应。我们以 λ 为横轴（λ 是你出正面的概率），以 ρ 为纵轴。对任意 $\lambda < 0.5$，我的最优反应为 $\rho = 0$，而对任意 $\lambda > 0.5$，我的最优反应是 $\rho = 1$。最后，当 $\lambda = 0.5$ 时，我的最优反应是将 ρ 设为介于 0 和 1 之间的任意常数。

图 24 - 6（b）则对你的最优反应做了相同的描述：对我可能选择的 ρ，你会设定 λ 为多少。最后我们将两幅图放入图 24 - 6（c）中，注意我们的最优反应交于 $\lambda = \rho = 0.5$ 处。

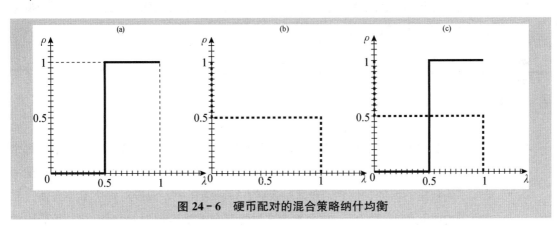

图 24 - 6　硬币配对的混合策略纳什均衡

24A. 4. 2　混合策略纳什均衡　纳什均衡要求每个参与人的策略都是其他参与人策略的最优反应。这在混合策略中没有区别：当且仅当你设定的概率 λ 是对我设定的概率 ρ 的最优反应，而我设定的概率 ρ 是对你设定的概率 λ 的最优反应时，我们才处在纳什均衡中。换句话说，只有我们的最优反应在图 24 - 6（c）中的交点时，我们才处在纳什均衡中。在我们的硬币配对模型中，只存在一个纳什均衡，那就是我们都使用每个纯策略被分配 0.5 概率的混合策略。

硬币配对博弈可以用来很好地展示混合策略和混合策略均衡的概念，因为在这个博弈中不存在任何纯策略均衡。但即使在存在纯策略均衡的博弈中，也可能存在另外的混合策略均衡。例如，考虑表 24-2 所示的靠左或靠右行驶博弈。在图 24-7 中，我们再次画出了你和我在面对对方不同混合策略时的最优反应。在组图（a）中，我的最优反应函数与硬币配对博弈中我的最优反应函数十分类似。这是因为在两个博弈中我都试图与你的行动匹配。而在组图（b）中，你的最优反应函数就和硬币配对博弈中的不同，因为在硬币配对中，你试图和我的行动相反，而在这里你的目标却是和我的行动相同。结果，当我们把二人的最优反应函数都放在组图（c）中时，它们相交于三个点：$\rho=\lambda=0$，$\rho=\lambda=1$ 和 $\rho=\lambda=0.5$。

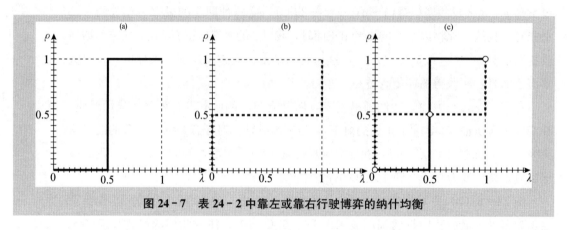

图 24-7 表 24-2 中靠左或靠右行驶博弈的纳什均衡

注意到其中的两个交点表示我们以概率 1 采取纯策略，这就是我们先前分析的纯策略纳什均衡。除此之外，我们还发现了第三个纳什均衡，即我们以 0.5 的概率采取 2 个可能纯策略中的一个。

练习 24A. 29 在靠左或靠右行驶博弈中，混合策略均衡相比于纯策略均衡是更有效还是更无效？■

因为我们所选择的特定的收益值，我们目前找到的两个混合策略均衡中的每个参与人都为不同纯策略分配了相同的权重。但是我们很容易找到在混合策略均衡中分配不同权重的博弈。例如，在靠左或靠右行驶博弈中，假设对每个参与人而言靠右行驶的收益由 10 变为 5，你会发现这时的混合策略均衡为 $\rho=\lambda=1/3$。我们同样可以想到两个参与人分配权重不同的情况，例如当二者都选择靠左行驶时，参与人 1 获得 10 单位收益而参与人 2 获得 5 单位收益，而当二者同时选择靠右行驶时，参与人 1 只获得 5 单位收益而参与人 2 获得 10 单位收益。（这个博弈有时被称为"性别战"，详见章末习题 24.8。）

练习 24A. 30* 找出上句话所描述的博弈的混合策略纳什均衡。■

24A. 4. 3 纳什均衡的存在性 纳什于 1950 年证明了所有定义明确的博弈都至

少存在一个纳什均衡。这个证明运用了不动点定理，这已经超出了本书的范围，但是它的基本原理比较简单：在表示对混合策略的最优反应的图中，每一个参与人的最优反应一定和 45°线相交，这就保证了两个参与人的最优反应函数至少相交一次（尽管这个交点可能不在 45°线上）。当它们相交时，我们就有了纳什均衡。正如我们在硬币配对博弈中看到的，不是所有的博弈都有纯策略均衡。同样地，你应该意识到在囚徒困境中不存在混合策略纳什均衡，只存在唯一的纯策略纳什均衡。你可以记住以下原则：如果你分析的博弈中不存在纯策略纳什均衡，那么必定存在混合策略纳什均衡；如果存在唯一的纯策略纳什均衡，那么你在同一博弈中不可能找到混合策略纳什均衡；但是如果存在两个纯策略纳什均衡，那么至少存在一个混合策略纳什均衡。

练习 24A. 31 画出囚徒困境博弈的混合策略的最优反应函数，说明这个博弈中只存在唯一的纯策略纳什均衡。∎

24A. 4. 4 我们如何解释混合策略？ 通常学生都很难理解混合策略的概念。从字面上解释，混合策略就是参与人以某种方式随机地执行纯策略。但许多博弈论学者都认为另一种解释更有道理。特别地，如果我们将完全信息博弈（每个参与人知道所有人的收益）变为十分类似的但是具有少量不完全信息的博弈（一些参与人对其他某些参与人的收益不是很清楚），那么在完全信息博弈中的混合策略均衡可以被看成是在不完全信息博弈中的纯策略均衡。换句话说，这个"混合"可能来自对其他参与人收益的不确定性。在 B 部分中，我们将关注不完全信息博弈，在章末习题 24.4 中，你将了解完全信息博弈中的混合策略均衡是如何与不完全信息博弈的纯策略均衡联系起来的。章末习题 24.7 也给你提供了一些现实世界中的例子，你将从中获得一些关于混合策略纳什均衡的感悟（如同硬币博弈那样）。

24B 不完全信息下的博弈论

我们区分完全信息和不完全信息的标准是是否所有参与人都拥有所有人的收益信息。到目前为止，我们只讨论了完全信息下的博弈，但是在许多重要的经济环境中，参与人所获得的信息是不完全的。例如在一个密封投标拍卖中，你和我为一幅画竞价，我只知道那幅画对我来说价值多少，但并不知道它对你来说价值多少。因此，我只知道我赢得拍卖时我会得到多少收益。或者想象两家公司（在一个非完全竞争的市场中）竞争，它们并不准确知道另一家公司的生产成本等信息。每家公司只知道自己在不同产品价格下的利润，但是不知道另一家公司的利润。现在我们开始讨论不完全信息博弈的问题，并且仍然要区分同时行动博弈和序贯行动博弈。不完全信息博弈也被称为贝叶斯博弈。

24B.1 同时行动的贝叶斯博弈

当我们介绍完全信息博弈时，我们首先说明 N 个参与人他们各自可能的行动以及每个参与人在不同的行动组合下所获得的收益。特别地，我们假设一个参与人 n 可以从行动可能集 A^n 中选择行动。参与人 n 的收益被定义为函数 $u^n: \mathbb{R}^N \rightarrow \mathbb{R}^1$，其中 $u^n(a^1, a^2, \cdots, a^N)$ 表示对应 N 个参与人的所有行动的可能组合，参与人 n 所能获得的收益。在不完全信息博弈中，我们同样需要定义 N 个参与人和行动可能集 A^n，但是这时收益不再是共同信息。我们必须引出信念的概念来表示一些参与人对其他参与人收益的猜测。

24B.1.1 类型和信念 不妨假设参与人有许多可能的类型，并且参与人 n 的收益取决于他的类型 t 和所有参与人的行动可能集 $(a^1, a^2, \cdots, a^N)$。如果参与人 n 有 T 种不同的类型，那么他就有 T 种可能的收益函数 $(u^n_1, u^n_2, \cdots, u^n_T)$，其中 $u^n_t: \mathbb{R}^N \rightarrow \mathbb{R}^1$ 代表了 n 为类型 t 时的收益 $u^n_t(a^1, a^2, \cdots, a^N)$。我们假设每个参与人在采取行动之前都知道自己的收益函数（这等价于每个参与人都知道自己的类型），但是至少有一些参与人仅仅对其他参与人的类型有一个信念。类型的集合，正如我们将在下面的例子中看到的，可以是有限数量的（见 24B.1.5），也可以是连续的（见 24B.1.6）。

更准确地说，信念是一个参与人的可能类型的概率分布。假设有两个参与人，你和我，我们两个人都有三种可能的类型。如果我知道我自己的类型，那么我将会面对三种可能的情形：你可能是类型 1、2 或 3。在这个博弈中，我的信念可以被描述为一个概率分布 (ρ_1, ρ_2, ρ_3)，其中 $0 \leqslant \rho_i \leqslant 1$，$i=1, 2, 3$，$\sum_i \rho_i = 1$。这意味着我相信你是类型 1 的概率是 ρ_1，是类型 2 的概率是 ρ_2，是类型 3 的概率是 ρ_3。如果有三个参与人和三种可能的类型，那么我就面对着 6 种可能的情况（假设我知道自己的类型），这时信念可以被表示成概率分布 $(\rho_{11}, \rho_{12}, \rho_{13}, \rho_{21}, \rho_{22}, \rho_{23})$，其中 ρ_{ij} 表示参与人 1 是类型 i，而参与人 2 是类型 j 的概率。如果一个参与人的类型分布在一个如 $T=[0, 1]$ 的连续区间上，我们将在 24B.1.6 中看到这个例子，这时概率分布就被表示成函数 $\rho: T \rightarrow \mathbb{R}^1$，其中 $\rho(t)$ 表示参与人的类型小于等于 t 的概率。

练习 24B.1 如果有 N 个参与人和 T 种可能的类型，那么我的信念由多少种可能组成？ ■

注意这种作为概率分布的信念结构可能使某个参与人 n 的收益被所有人确切地知道；其他参与人对参与人 n 的其他类型的概率可以标记为 0。我们不需要所有人对其他人的类型都同样了解，但只要有一个参与人对其他参与人的类型不确定的话，我们就把这个博弈叫做贝叶斯博弈（不完全信息博弈）。

24B.1.2 "自然"的作用 为了使博弈简单化，我们常常在贝叶斯博弈中引入一个非策略性行动的虚拟参与人，我们称之为"自然"（没有收益），它在所有其他参与人之前行动。所以，即使在同时行动的贝叶斯博弈中，也存在着一个序贯结构，即自然首先行动，然后其他人再一起行动。自然的唯一作用是分配所有参与人的类型，同时使得每个参与人的类型成为他们自己的私人信息。在某些博弈中，自然也可能与一些参与人分享另外一些参与人的信息，使得一些参与人相较于其他人具有更多的信息。只有当有关参与人类型的所有信息都被分享给所有参与人时，这个博弈才变成了完全信息博弈。在这种意义下，我们可以将完全信息博弈看作不完全信息博弈的一个特例。我们需要做的最重要的假设是：所有的参与人都知道自然分配类型的概率分布，并且每个参与人获得的类型都是独立于其他参与人的。换句话说，每个参与人在博弈开始时（自然行动之前）对其他参与人的类型都有相同的信念。

24B.1.3 策略 在完全信息博弈中，策略被定义为博弈开始之前的一个完整的行动计划。在完全信息同时行动博弈中，纯策略是参与人 n 从行动可能集 A^n 中选取的一个行动，但是在序贯行动博弈中，对于后行动的参与人来说，策略却不仅仅是选择一个行动这么简单。特别地，在一个序贯行动博弈中，一个策略包括面对每一种可能的历史都指定一个行动。在一个两人博弈中，参与人 2 的策略包括在面对参与人 1 在第一阶段每一个可能行动时的行动，即使参与人 1 在均衡中不会采取其中一些特定的行动。

以上的说明与我们讨论的同时行动的贝叶斯博弈相关，因为我们已经把只有参与人的同时行动博弈嵌入一个虚拟自然先行的序贯行动博弈中。因为博弈是从自然行动开始的，又因为策略是行动开始之前的一个完整的行动计划，所以在这里策略必须包括参与人在面对自然分配给自己的每一种可能类型时的行动。换句话说，引入自然作为博弈的第一个参与人，我们就隐含着这样一个要求，即要求每个真实的参与人都在知道自己的类型之前制订一个如何参与博弈的计划。

乍一看，这似乎很愚蠢。既然参与人"自然"仅仅是虚构的，那么为什么我们不能假设每个参与人在知道自己的类型之后再制订自己的行动计划？但是换种方式想想：假如你和我都在同时行动贝叶斯博弈中，我知道了自然给我分配的类型。现在我要找出我最优的行动方式。为了做到这一点，我必须思考你的策略是什么，你的策略又会根据你对我的策略的想法而确定。因为只有我自己知道自己的真实类型，你只能通过信念来推断我的行为，这就是说，你必须考虑我会根据我的类型所采取的行动，同时合理地根据你对我类型的信念来对我的行为分配一定的概率。因此，你必须思考我在面对每一种可能类型时的行动。同时，我必须要考虑如果我被赋予了另一种类型我会怎么做，因为当你思考你会怎么做的时候你会考虑这种可能。

因此，在同时行动贝叶斯博弈中，一个策略是指针对自然分配的任何可能类型制订的一个行动计划。如果一个参与人的类型是从可能的类型集合 T 中选定的，并且她可以从集合 A 中选择行动，那么她的策略是一个函数 $s: T \rightarrow A$，即一个把每个 T 中可能的类型对应到 A 中行动的函数。这种策略有可能使参与人不论自己是什么类型都采取同样的行动，也可能使参与人针对自己被赋予的不同类型选择不同的行动。我们把第一种策略称作"混同策略"，第二种策略称作"分离策略"。要记住，如果没有全面描述策略，我们将无法找到贝叶斯博弈的均衡，这与在完全信息序贯行动博弈中如果我们没有描述全部策略就无法找到均衡是一样的。换句话说，"偏离均衡路径"的行动计划在上述两种情形中都会影响均衡的本质。

练习 24B. 2 从何种意义上说，纳什均衡和子博弈完备均衡关于"偏离均衡路径"的行动计划（即那些不会在均衡中被执行的计划）的区别是重要的？ ∎

24B. 1. 4 贝叶斯纳什均衡 在我们已经完全理解了同时行动贝叶斯博弈的设定以及每个参与人的策略的含义之后，纳什均衡的定义就几乎和以前一模一样了，除了结尾有一处改动：在不完全信息同时行动博弈中，假定参与人关于博弈如何进行的信念是一致的，一个（贝叶斯）纳什均衡是指每一个参与人的策略都是给定其他参与人策略的最优反应。

"结尾处的改动"（即把纳什均衡的概念扩展至不完全信息博弈的部分）在同时行动博弈中很重要，其原因在于：我们已经提到，我们假设每个人都知道在同时行动博弈开始之前，自然赋予参与人类型的概率，那么除非在博弈进行过程中有新信息的披露（而这种情况在同时行动博弈中不会出现），每个人的信念就只是关于自然赋予参与人类型的概率。（这一点在不完全信息序贯行动博弈中将会改变，因为此时在博弈中先行动的参与人所采取的行动将会披露一定的信息。）因此，在同时行动贝叶斯博弈中，"关于博弈如何进行的信念是一致的"是指均衡信念必须与自然采取的行动相一致。

练习 24B. 3 你是否同意以下观点：完全信息和不完全信息下的同时行动博弈都可以被刻画为自然先行动的博弈，只不过在完全信息博弈中自然只采取纯策略，而在不完全信息博弈中自然采取混合策略。 ∎

24B. 1. 5 一个简单的例子 我们考虑类似练习 24A. 8 和练习 24A. 9 的两个（完全信息）博弈，图 24-8 的底部描述了这两个博弈。* 这两个博弈只有参与人 2 的收益不同，在第一个博弈中策略右的收益比第二个博弈多 10。在两个博弈中，参

---

* 在练习 24A. 8 和练习 24A. 9 中参与人 2 的选择为上、下而不是左、右，与图 24-8 中所描述的参与人的选择是左、右不符，但英文原书如此。

与人 2 都有一个占优策略，但是参与人 1 的最优反应取决于参与人 2 的策略。特别地，参与人 1 对左的最优反应是上（得到收益 20，而非 15），他对右的最优反应是下（得到收益 5，而非 0）。因为在两个博弈中，参与人 1 的收益都一样，所以这些针对参与人 2 的策略采取的最优反应在两个博弈中也都一样。

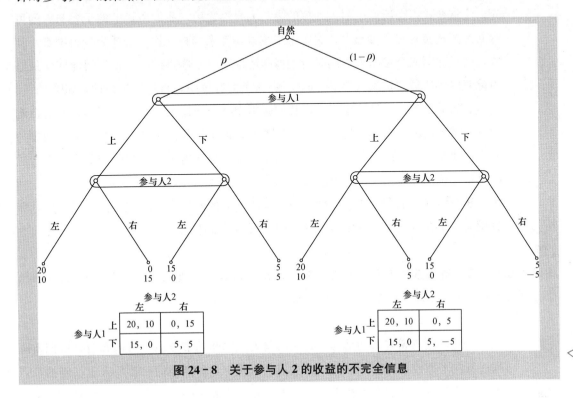

图 24-8　关于参与人 2 的收益的不完全信息

练习 24B. 4　在这两个博弈中，参与人 2 的占优策略分别是什么？■

　　现在假设参与人 2 有 ρ 的概率是类型 Ⅰ（收益如第一个博弈），有（$1-\rho$）的概率是类型 Ⅱ（收益如第二个博弈）。参与人 2 在博弈开始前知道自己的类型，但是参与人 1 不知道他面对的参与人 2 是什么类型。这就是一个同时行动贝叶斯博弈，参与人 2 可能是两种类型中的一种。为了建模，我们引入第三个参与人"自然"，它先于这个同时行动博弈行动，并以 ρ 的概率赋予参与人 2 类型 Ⅰ，以（$1-\rho$）的概率赋予其类型 Ⅱ。如果 $\rho=1$，则此博弈是一个参与人 1 与类型 Ⅰ 的参与人 2 进行的完全信息博弈，即两个参与人进行如图 24-8 左下角收益矩阵所示的博弈。如果 $\rho=0$，则此博弈也是一个完全信息博弈，但这次参与人 1 将与类型 Ⅱ 的参与人 2 进行博弈，即两个参与人进行如图 24-8 右下角收益矩阵所示的博弈。在第一种情况中，参与人 1 将在均衡中选择策略下，在第二种情况中，他将选择策略上。但是如果 $0<\rho<1$，他将如何选择呢？

练习 24B.5 *为什么我们能确定参与人 1 将在左边博弈的均衡中选择下,而在右边博弈的均衡中选择上?* ■

在回答这个问题之前,我们需要先用收益矩阵或博弈树来描述这种博弈。首先,注意在我们在博弈中引入虚拟的参与人自然之后,我们所说的两个参与人的贝叶斯博弈其实有三个参与人,这使得用收益矩阵来刻画这样一个博弈变得困难。其次,注意这第三个参与人给同时行动博弈增加了一个序贯结构,这使得此博弈最好由博弈树(或称"扩展式")来描述。在这个博弈树中,自然首先行动,如图 24-8 所示。如果参与人 1 第二个行动,我们必须想办法描述出参与人 1 所不知道的自然的行动结果,因为自然只把参与人 2 的类型告诉了参与人 2 自己。我们通过把参与人 1 在博弈树中的两个节点放到一个信息集里来描述这一点,左边的节点对应自然把类型 I 赋予参与人 2,右边的节点对应自然把类型 II 赋予参与人 2。在图 24-8 中,我们用一个把参与人 1 的两个节点都圈进去的椭圆来表示这个信息集,它意味着参与人 1 在行动时不确定自己处于两个可能节点中的哪一个。

练习 24B.6 *已知所有参与人知道类型被赋予的概率,当博弈进展到参与人 1 的信息集时,你怎样描述他关于自己所处的节点的信念?* ■

然后,注意到当这两个参与人在参与人 1 左侧的节点下进行博弈时,他们实际在进行左下方收益矩阵表示的(完全信息)博弈,而当他们在参与人 1 右侧的节点下进行博弈时,他们实际在进行右下方收益矩阵表示的(完全信息)博弈。为了在博弈树中描述(有自然行动的)贝叶斯博弈,我们需要想办法在博弈树中描述收益矩阵表示的完全信息博弈。在 A 部分中,当我们展示序贯行动博弈如何用收益矩阵表示时,我们就暗示了(完全信息)同时行动博弈能用博弈树形式表示,但因为我们不太需要,而且也缺少信息集这个概念,所以我们当时没有进一步解释这一点。

有了这个新工具,我们需要做的就是保证在自然行动之后的节点上的信息集对任何参与人的行动不会传递新的信息,因为所有参与人都在自然行动之后同时行动。因此,参与人 2 不知道参与人 1 选择上或下,也就是说参与人 1 的所有行动都处于参与人 2 的同一信息集中。换句话说,我们不允许参与人 2 从参与人 1 采取的特定行动中推断出任何信息,因为参与人 2 是与参与人 1 在同一时间行动的,虽然在博弈树上看,他是在更下方进行决策的。但是参与人 2 明确知道自然赋予他的类型是 I 还是 II,从而知道自己处于图中左侧还是右侧的博弈中。因此,参与人 2 的信息集不会从博弈树的一侧横贯到另一侧。

练习 24B.7 *判断正误:如果我们在博弈树中描述(完全信息)同时行动博弈,每个参与人*

只有一个信息集。

练习24B. 8 你如何把图24-8中的收益矩阵所表示的完全信息博弈转化为以参与人2（而非参与人1）在上方的博弈树？ ■

注意，图24-8的博弈树能够反映出同时行动贝叶斯博弈的全部特征：每个参与人可能的行动、参与人可能被自然赋予的类型、以概率 ρ 表示的信念以及对应每个参与人及每种类型的收益。从上往下看博弈树，我们发现自然首先行动，它以 ρ 的概率向左，以 $(1-\rho)$ 的概率向右。然后我们可以看到参与人1的信息集，它显示当参与人1需要选择行动上或下时，他无法分辨自然是怎么行动的。我们也从参与人2的两个信息集中知道，参与人2不知道参与人1选择了上还是下，但他知道自然选择了左还是右。因此，参与人2比参与人1拥有更多信息。

练习24B. 9 你也可以把图24-8画成参与人2先行、参与人1后行的博弈，那么此时信息集该如何表示呢？ ■

虽然在图24-8底部，每个博弈的（纯）策略都仅仅是一个行动，但图中表示的贝叶斯博弈对于参与人2却变复杂了，因为他必须在整个博弈开始之前制订出全部行动计划，这是要在自然开始行动之前做的。换句话说，参与人2必须为他每一个信息集制订行动计划，即要为他的类型是Ⅰ和类型是Ⅱ的时候都制定策略。另外，参与人1在博弈中只有一个信息集，这意味着对参与人1来说，他的纯策略只是为那一个信息集制订行动计划。

练习24B. 10 判断正误：参与人2有4个可能的策略，参与人1有2个可能的策略。 ■

图24-8底部的两个同时行动博弈中的每一个对参与人2来说都有一个占优策略，如果参与人2被赋予类型Ⅰ，他将采取行动右，如果他被赋予类型Ⅱ，他将采取行动左。参与人1知道这个信息，他还知道他以 ρ 的概率处于信息集的第一个节点，以 $(1-\rho)$ 的概率处于信息集的第二个节点。这意味着他选择上的期望收益是 $0\rho+20(1-\rho)$，选择下的期望收益是 $5\rho+15(1-\rho)$。如果 $\rho<0.5$，则前者大于后者。因此，如果 $\rho<0.5$，参与人1将选择上，如果 $\rho>0.5$，他将选择下。（如果 $\rho=0.5$，这两个行动对他来说是无差异的，因此选择哪一个都行。）

练习24B. 11 如果图24-8底部的两个博弈被替换为表24-5和练习24A.7中的博弈，那么博弈的结果将如何变化？ ■

24B.1.6 另一个例子：密封拍卖 不完全信息同时行动博弈的最常见应用之一出现在拍卖领域。例如，在密封拍卖中，不同参与人同时向同一物品提出密封投标，他们都不太知道其他参与人对该物品的估价。考虑这样一个拍卖，对该物品投标最高的参与人能够获得拍品，他支付的价格就是自己的投标价，这种拍卖叫做第一价格密封拍卖。（你可以对比章末习题 24.10 中的第二价格密封拍卖。）

假设你和我为一幅画竞拍。我知道这幅画对我来说最多值 t^i，你知道这幅画对你来说最多值 t^j。但是我不知道这幅画在你眼中的价值，你也不知道这幅画在我眼中的价值。假设我们都知道的是，对任何潜在竞拍者 n 来说，画对他的个人价值 t^n 服从区间 $[0, 1]$ 上的均匀分布（且彼此独立）。[①] 因此，$T = [0, 1]$ 是竞拍者可能的类型集，并且自然赋予竞拍者一个小于 $\bar{t}$ 的类型（对任意 $0 \leqslant \bar{t} \leqslant 1$）的概率是 $\bar{t}$。

练习 24B.12 自然赋予竞拍者一个大于 $\bar{t}$ 的类型的概率是多少？ ■

每个参与人 n 都要选择一个行动 a^n，这个行动即他对这幅画的竞价。如果一个参与人赢得了竞拍，他的收益就是他的消费者剩余 $(t^n - a^n)$。如果参与人输掉了竞拍，他得不到画，也不用付出任何费用，因此收益是 0。最后，我们假设当两个参与人给出相同的竞价时，拍卖人将抛硬币决定结果，这使得每个参与人有 50% 的概率赢得拍卖，因此期望收益是 $(t^n - a^n)/2$（但是我们将忽略平局的情况，因为它发生的概率是 0）。

练习 24B.13 这个博弈的行动可能集 A 是什么？ ■

对拍卖中的每个竞拍者来说，一个策略依旧是指参与人对自己每种可能的类型的全部行动计划。在这个博弈中，类型是由自然分配给参与人的估价 t^n 决定的，它在连续区间 $[0, 1]$ 上任意取值。因此，策略必须是函数 $s^n: [0, 1] \rightarrow \mathbb{R}^1$，此函数把参与人每个可能的估价都对应成一个竞价。可以证明，这种策略在均衡中可以表示成线性形式：$s^n(t^n) = \alpha_n + \beta_n t^n$。[②]

然后假设你采取的策略是 $s^j(t^j) = \alpha_j + \beta_j t^j$。我对于这个策略的最优反应是最大化我的期望支付，即（忽略平局）

---

① 假设个人估价独立的意思是你不能从你的估价中推断出任何和我的估价相关的信息。假设均匀分布的意思是区间 $[0, 1]$ 中的每个值以相等的概率被抽中。

② 要解释这个式子需要用到微分方程，这超出了本书的范围。想知道更多数学公式的读者请参考吉本斯的教材。

$$\max_{a^i}(t^i-a^i)\mathrm{Prob}\{a^i>\alpha_j+\beta_j t^j\} \tag{24.1}$$

移项化简该不等式，我们可以把概率部分写成

$$\mathrm{Prob}\{a^i>\alpha_j+\beta_j t^j\}=\mathrm{Prob}\left\{t^j<\frac{a^i-\alpha_j}{\beta_j}\right\} \tag{24.2}$$

回忆一下，给定自然分配类型的分布为在 $[0，1]$ 区间上的均匀分布，$t^j<\bar{t}$ 的概率就是 $\bar{t}$。这意味着

$$\mathrm{Prob}\left\{t^j<\frac{a^i-\alpha_j}{\beta_j}\right\}=\frac{a^i-\alpha_j}{\beta_j} \tag{24.3}$$

因此我们可以把式（24.1）改写成

$$\max_{a^i}(t^i-a^i)\frac{a^i-\alpha_j}{\beta_j} \tag{24.4}$$

解得

$$a^i=\frac{t^i+\alpha_j}{2} \tag{24.5}$$

练习 24B.14　验证上式是正确的。∎

我对你采取 $s^j(t^j)=\alpha_j+\beta_j t^j$ 的策略的最优反应是 $s^i(t^i)=\alpha_i+\beta_i t^i$，其中 $\alpha_i=\alpha_j/2$，$\beta_i=1/2$。如果我采取 $s^i(t^i)=\alpha_i+\beta_i t^i$，那么同样的步骤意味着你的最优反应是 $s^j(t^j)=\alpha_j+\beta_j t^j$，其中 $\alpha_j=\alpha_i/2$，$\beta_j=1/2$。但是 $\alpha_i=\alpha_j/2$ 和 $\alpha_j=\alpha_i/2$ 当且仅当 $\alpha_i=\alpha_j=0$ 成立时才同时成立，这意味着我们的均衡策略是

$$s^i(t^i)=\frac{t^i}{2}，\ s^j(t^j)=\frac{t^j}{2} \tag{24.6}$$

也就是说，在均衡中我们都选择我们自己估值的一半竞价。

练习 24B.15　假设两个竞拍者都知道他们两人对这幅画的估价，即假设这个博弈是完全信息博弈，那么竞价行为的纳什均衡是什么？这与不完全信息博弈的均衡有什么不同？∎

当然，这是一个非常简单的拍卖设定，现实中存在着许多不同的拍卖设定和可以引入设定的不同的经济学相关的信念。实际上，在过去 20 年中，有大量的关于拍卖的文献被发表（现在有一门专门关于拍卖的课），它们都基于有潜在激励的博弈理论建模。这些文献为大型拍卖的设计提供支持，比如拍卖联邦土地的伐木权，或拍卖特定频率的播音权。然而，很多拍卖都引入了序贯结构，这超出了我们到目前为止定义的同时行动贝叶斯博弈的范围。

24B.2 序贯的贝叶斯信号博弈

虽然我们可以想到一些不完全信息同时行动博弈在经济上有趣的应用，不完全信息序贯行动博弈的应用显然更多。这种博弈的特点是，有些参与人不仅有私人信息，他们还会在他们先发的行动中向其他参与人透露出一些、透露全部或者不透露他们的信息。在本书关于信息不对称的章节中，我们已经遇到了这种问题，例如买方比卖方拥有的信息更少（如二手车市场），工人比潜在雇主拥有更多（关于他们生产率的）信息，保险客户比保险公司拥有更多（关于他们风险类型的）信息，等等。上述信息不对称的例子正是不完全信息序贯行动博弈的例子，在此类博弈中拥有更多信息的一方能够发出信号来披露关于自己的信息，或是拥有更少信息的一方能据此建立激励机制以获取信息。

正如在完全信息序贯行动博弈的情形下我们需要把纳什均衡的概念拓展至子博弈完备纳什均衡一样，在不完全信息序贯行动博弈的情形下我们需要把贝叶斯纳什均衡的概念拓展至（子博弈）完备贝叶斯纳什均衡。我们如此做的理由与以前完全相同：我们需要从均衡路径上剔除那些不可信的行为导致的不可能发生的纳什均衡解。然而，要想这么做，我们需要把信念（不仅仅是策略）当作均衡的一部分。准确地讲，我们需要明确在均衡路径和偏离均衡路径时参与人分别拥有何种信念，以便能确保均衡策略是均衡的一部分；我们也需要确保博弈早期的行动所披露出的信息能够使参与人更新他们的信念（相对于博弈开始前他们的信念而言）。我们将稍后再正式讨论以上问题，首先我们需要在具体的模型设定中描述它们，在此我们仅仅使用子博弈完备的逻辑来寻找序贯贝叶斯博弈的合理均衡。"子博弈完备的逻辑"是指我们从"底部"来解决序贯行动博弈，正如在 A 部分的完备信息博弈中我们所做的那样。

24B.2.1 信念不起作用的简单信号 我们运用不完全信息博弈中最常见的一类来解释。这类博弈叫做信号博弈，这种博弈是指一个参与人首先（从自然那里）发现他自己所属的类型，然后他在另一个参与人采取能影响他们双方的行动之前，给另一个参与人发出一个"信号"。因此，发信号的参与人最开始拥有私人信息，他可以选择在另一个参与人行动之前披露这些信息。

这类博弈的最简单设定是一个参与人（我们叫他发送者）是两种可能类型之一，他能够发送两种可能的信号中的一种。另一个参与人（我们叫他接收者）则从两种行动中选择一种。例如，考虑我们在图 24-8 中介绍的同时行动博弈的序贯版本。在那个博弈当中，参与人 2 是两种可能类型中的一种，他的收益取决于他属于哪种类型。把这个博弈变成信号博弈，参与人 2 将首先得知他的类型，然后可以在参与人 1 之前选择策略左或右，而参与人 1 则可以在观察到参与人 2 的信号后采取策略上或下。因此，参与人 2 是发送者，他通过选择行动左或右来发送信号，而参与人 1 则是接收者。表述这个博弈的新结构的一种简便方法如图 24-9 所示。

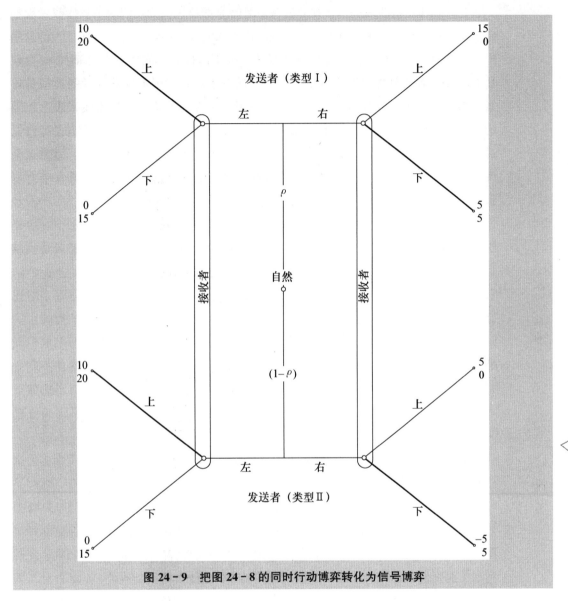

图 24 - 9 把图 24 - 8 的同时行动博弈转化为信号博弈

　　和我们以前看到的博弈树不同，这个博弈树以自然披露发送者的类型为开端（图形中部），它以 ρ 的概率赋予发送者类型 Ⅰ，以（$1-\rho$）的概率赋予其类型 Ⅱ。在明确自己的类型后，发送者选择策略左或右。接收者只观察到发送者的行动而非他的类型。因此，接收者左侧的两个节点（在发送者选择"左"的行动之后）位于同一个信息集内，接收者右侧的两个节点（在发送者选择"右"的行动之后）也是如此。注意在同时行动博弈中我们所谓的参与人 2 拥有私人信息，因此他在信号博弈中先行动。当你比较图 24 - 9 和图 24 - 8 的收益时，记住在序贯行动博弈中每个终点的第一个收益是在同时行动博弈图中参与人 2 的收益。

练习 24B. 16 检验图 24 - 9 中列出的收益是否对应于图 24 - 8 中的收益。∎

首先，注意接收者的（子博弈完备）策略非常容易找到，因为一旦接收者观察到了发送者的行动，他就准确知道了他应该采取何种行动，尽管他对他处于信息集中的哪个节点并不确定。具体来讲，如果发送者选择左，则不论发送者的类型是什么，接收者的最优反应都是上；如果发送者选择右，则不论发送者的类型是什么，接收者的最优反应都是下。这在图中用接收者每个节点处的粗线来表示。因此，接收者的（子博弈完备）策略一定是（上，下），其中第一个行动表示当发送者选择左时他的行动，第二个行动表示当发送者选择右时他的行动。因为无论发送者的类型如何，这个策略对接收者都是最优的，所以信念在这个博弈中并不重要。

其次，让我们考虑发送者可能选择的全部策略。回忆一下，在贝叶斯博弈中，一个策略是指在自然行动之前的所有行动计划的集合。因此，发送者必须制订一个与他类型相关的行动计划。因此他有四种可能的纯策略：（左，左）；（右，右）；（左，右）；（右，左）。其中每一个策略的第一个行动是当他是类型Ⅰ时选择的行动，第二个行动是当他是类型Ⅱ时选择的行动。如果他取后两个策略中的一个，那么他就向接收者披露了他的类型，因为他针对自己不同的类型采取不同的行动。这叫做分离策略，因为依据发送者被赋予的不同类型可以观察到不同的行动。而前两个策略则不会向接收者提供任何额外信息，接收者只知道自然赋予不同类型的概率。这种策略叫做混同策略，因为不同类型的发送者采取的行动一致。[1]

然后我们就可以分析发送者的每一个策略是不是均衡的一部分。假设发送者选择（左，左），我们已经确定无论发送者披露任何信息，接收者的最优策略都是（上，下），所以（上，下）是（左，左）的最优反应。我们现在需要做的就是检查是否（左，左）也是发送者对接收者采取（上，下）策略的最优反应。注意两种类型的发送者如果改变策略为右都将变得更糟，因为接收者会选择下作为回应，此时类型Ⅰ的发送者将得到收益 5 而非 10，类型Ⅱ的发送者将得到收益 -5 而非 10。因此，发送者选择（左，左）、接收者选择（上，下）是（子博弈完备）均衡的一部分。你也可以进一步验证发送者的任何其他纯策略都不可能是一个（子博弈完备）均衡，因为假定接收者选择（上，下），在每种情形中都有至少一个类型的发送者有动机偏离。

练习 24B. 17 请解释为什么发送者剩下的三种纯策略不是（子博弈完备）均衡之一。

练习 24B. 18 假设博弈树右下角的收益从 -5 改成 0，我们还能得到同样的子博弈完备均衡吗？（右，右）可以是一个（并非子博弈完备的）纳什均衡的一部分吗？

练习 24B. 19 假设我们把图 24-9 的收益 -5 改成 20。请证明这意味着只有分离策略（左，

---

[1] 当类型多于两种时，也许会产生混合策略（hybrid strategy），其中有些类型混同，有些类型分离。

右）才会出现在均衡中。■

因为在我们找到的均衡中两种类型的发送者都选择同样的"信号"——左，接收者将不能通过观察发送者的行动来得到关于发送者类型的任何信息，也因此不能更新他博弈开始时持有的信念，即自然会以 ρ 的概率赋予发送者类型 I，以 $(1-\rho)$ 的概率赋予发送者类型 II。因此，这个信念也就是接收者的均衡信念。但是在此博弈中，接收者的信念不起作用，这是因为他对发送者的任何行动的反应都是明确的且独立于他的信念。这在信号博弈中并不是普遍现象，在其他情况下，信念会起到非常关键的作用。

24B. 2. 2 信念起作用的信号博弈 现在假设我们稍微改变了一下图 24-9 中的博弈，我们将接收者右上方的收益（此时类型 I 的发送者选择右，接收者选择上）从 0 改为 10。图 24-10 画出了这种情况，因为这种改变，当接收者观察到发送者选择右的时候，他的最优行动不再与他认为自己处于信息集中的哪个节点的信念无关了。具体来说，当发送者是类型 I 且选择右时，接收者的最优反应是选择上，当发送者是类型 II 且选择右时，接收者的最优反应是选择下（这在图中用粗线表示出来）。当接收者观测到发送者选择左时，他将毫不犹豫地选择上。

回忆一下，通过强调序贯行动博弈的纳什均衡由每个序贯行动博弈的子博弈的纳什均衡组成，我们把纳什均衡的概念拓展至子博弈完备纳什均衡。子博弈被定义为开始于博弈树的某一特定节点的博弈。我们现在的问题是在图 24-9 和图 24-10 中，这样的子博弈是找不到的。当接收者在观测到发送者的信号后将要行动时，他发现他并不是在一个特定的节点处；他发现他处于一个包含两个节点的信息集中，并且对自己处于具体哪个节点有一定的信念。这些信念对于接收者在观测到右时确定自己的最优反应来说至关重要。

练习 24B. 20 在前面的部分我们讨论的子博弈完备策略在此处不生效。为什么？■

假设当观察到右后，接收者关于发送者是类型 I 的信念是 δ，类型 II 的信念是 $(1-\delta)$。因此，他选择上的期望收益是 $10\delta+0(1-\delta)$，选择下的期望收益是 $5\delta+5$ $(1-\delta)=5$。当 $\delta<0.5$ 时，后者比前者大，也就是说当且仅当接受者的信念是发送者更可能是类型 II 而非类型 I 时，接收者对观测到右的最优反应是选择下。于是，如果观测到左，那么无论接收者对发送者类型的信念是怎样的，他都将选择上。在接收者观测到右后，当且仅当他相信发送者是类型 I 的概率至少有 0.5 时，他才会选择上，否则，他将选择下。

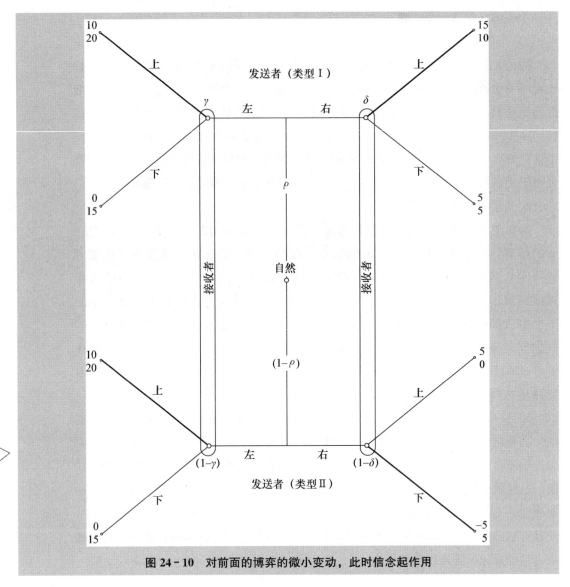

图 24-10　对前面的博弈的微小变动，此时信念起作用

现在我们可以检验混同策略（左，左）对发送者来说是否还是一个均衡。如果发送者采取这个策略，我们知道接收者会选择上，使得两个参与人分别获得（10，20）的收益（不论发送者是何种类型）。现在考虑是否有一种类型的发送者能够通过选择右来变得更好，答案取决于当接收者看到信号右时他会怎么做。如果（左，左）就是均衡的一部分，那么实际上接收者永远不会看到信号右，但是一个完备的行动计划仍然要求他为看到右制订一个计划，我们需要知道那个计划是什么，才能回答是否有某种类型的发送者能通过选择右而非左变得更好。如果接收者在看到信号右后计划选择上，那么类型Ⅰ的发送者选择右确实比选择左要更好，这就意味着（左，左）不是均衡的一部分。正如我们上一段总结的那样，当且仅当$\delta > 0.5$时，接收者在看到右后才会选择上。为了让混同策略（左，左）是一个均衡策略，当接收者观察到右后他必须相信发送者更可能是类型Ⅱ。换句话说，接收者的信念也必须作为混同均衡的一部分被恰当地表述出来。我们将在这个例子中看到，"偏离均衡路径"上的信念对于维持均衡来说至关重要；也就是说，对于 $\delta < 0.5$ 的均衡 $\{(左，左)，(上，下)\}$ 来说，接收者在看到右时的信念很重要，虽然右实际上在均衡中不会被观测到。

练习 24B. 21　有什么方法使得（右，右）是发送者的均衡策略吗？（答案应该是否定的。你能解释为什么吗？）■

我们也可以考虑此时是否有分离均衡，即发送者在均衡中将选择策略（左，右）或（右，左）。首先考虑策略（左，右），在这种策略下接收者能够明确地知道发送者是何种类型，因为不同类型的发送者会选择不同的行动，而这些行动能被接收者观测到。因此，接收者将会更新他的信念，即若观察到左，则发送者是类型 Ⅰ 的概率 γ 是 1，若观察到右，则发送者是类型 Ⅰ 的概率 δ 是 0。这意味着当观察到左时接收者将选择上，当观察到右时接收者将选择下。在接收者的这种反应下，类型 Ⅰ 的发送者不能通过把自己的信号变为右来变得更好，因为这会使他的收益从 10 变成 5。但是给定接收者的反应，类型 Ⅱ 的发送者能通过把自己的信号从右变为左来使自己获得更多收益。因此，（左，右）不可能是均衡的一部分。

练习 24B. 22　通过上一段所述方法来改变信号，类型 Ⅱ 的发送者能多获得多少收益？■

下面来考虑另一个分离策略（右，左）。如果发送者选择这个策略，当接收者观测到右时他知道发送者是类型 Ⅰ（即 $\delta = 0$），当接收者观测到左时他知道发送者是类型 Ⅱ（即 $\gamma = 0$）。在任何一种情况下，他的最优反应都是选择上。为了使这是一个均衡，我们需要保证没有任何一个类型的发送者能够做得更好（给定接收者总是选择上）。如果类型 Ⅰ 的发送者改变策略，他的收益将从 15 降为 10，如果类型 Ⅱ 的发送者改变策略，他的收益将从 10 降为 5。因此，任何类型的发送者都不会从偏离策略（右，左）的做法中得益，这说明我们找到了一个分离均衡 $\{(右，左)，(上，上)\}$，其均衡信念为 $\delta = 1$ 且 $\gamma = 0$。（初始时自然分配类型的概率 ρ 不再重要，因为在发送者的分离均衡中，策略中的所有信息都被披露出来了。）

练习 24B. 23[*]　对于图 24–10 所示的博弈，我们找到了一个分离均衡和一个混同均衡，但对于混同均衡来说，我们需要对偏离均衡路径的信念设置约束。你认为这个约束在这个例子中合理吗？[①]　■

───────────────

　　① 这是一个至关重要的问题，它引起了博弈论学者的广泛关注。毕竟，为什么关于非均衡路径的信念会是合理的呢？学者们提出了一种"直观标准"的解释方法。你可以在吉本斯书上的 4.4 部分看到更多内容。

24B.2.3 信念和自然的概率起作用的信号博弈 在上述例子中，我们看到接收者关于偏离均衡路径的信念对于维持混同均衡来说很重要。这是因为均衡路径外的信息集中的两个节点处的最优反应是不一样的。混同均衡路径上的信念还没有发挥关键作用，因为迄今为止在我们的例子中，混同均衡路径上的信息集中的两个节点处的最优反应都是一样的。

现在假设我们又稍稍改变图 24-10 所示的博弈，把在面对选择左的类型 I 发送者时接收者选择上的收益从 20 调整至 10。这个新博弈被表示在图 24-11 中，并且每个节点处接收者的最优反应被粗线标出。注意，在此时的博弈中，接收者在两个信息集内的不同节点的最优选择都不同。

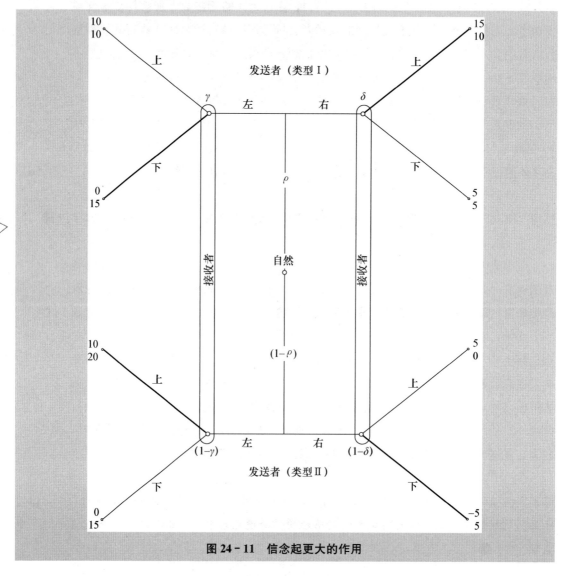

图 24-11 信念起更大的作用

首先，从接收者出发，考虑在每个信息集中他将选择什么行动。如果他观测到左（即从左侧信息集中选择），他选择上的收益是 $10\gamma + 20(1-\gamma) = 20 - 10\gamma$，选择

下的收益是 $15\gamma+15(1-\gamma)=15$。只要 $\gamma<0.5$，前者就比后者大，这意味着如果接收者相信发送者是类型 I 的概率比 0.5 小，他将在观测到左后选择上，如果他认为概率大于 0.5，则他将在观测到左后选择下。类似地，由我们前文中的推导我们知道，如果 $\delta>0.5$，接收者将在看到右后选择上，如果 $\delta<0.5$，他选择下。

然后，我们仍从混同策略（左，左）开始来看它是否仍是均衡的一部分。接收者的反应取决于他的信念 γ（如前所述），但是如果两种类型的发送者都总是选择左，接收者关于他面对的是哪种类型发送者的概率的信念应该与博弈初始时相同。由于我们假设所有参与人都知道自然分配类型的概率 ρ，这就意味着当发送者策略是（左，左）时，$\gamma=\rho$。又因为我们已经确定出当时 $\gamma<0.5$，接收者位于左边的信息集且他将选择上，这就意味着只要 $\rho<0.5$，面对混同策略（左，左）时，接收者会选择上，而若 $\rho>0.5$，接收者会选择下。但是，如果接收者选择下，类型 I 的发送者通过选择右会使自己的收益变好，因为此时无论接收者打算如何做，发送者的收益都比 0 大。因此（左，左）在 $\rho>0.5$ 时不可能是一个混同均衡，只有 $\rho\leqslant0.5$ 时才是。

练习 24B. 24　当 $\rho<0.5$ 时，为了使（左，左）是均衡混同策略，δ 应该满足什么条件？ ■

我们也可以验证第二个混同策略（右，右）是否可能是均衡的一部分。如果（右，右）被采用，发送者就仍然没有披露自己的任何信息，这意味着接收者观察到右后不应改变任何关于发送者类型的信念，因此 $\delta=\rho$。因为当 $\delta>0.5$ 时，处于右边信息集的接收者将选择上；而当 $\delta<0.5$ 时，接收者将选择下，所以我们知道他在 $\rho>0.5$ 时将选择上，在 $\rho<0.5$ 时将选择下。但是如果接收者选择下，类型 II 的发送者可以通过改变策略为左来使自己变得更好，因为此时他可能的收益都大于 -5。所以（右，右）在 $\rho<0.5$ 时也不可能是均衡的一部分。

当 $\rho>0.5$ 时，为了保证（右，右）在接收者观察到右而选择上的情况下是一个均衡混同策略，我们现在需要确保类型 II 发送者不能通过偏离而变得更好。因为这类发送者在我们假定的均衡中可以得到 5 的收益，这意味着他不会认为当接收者观察到左之后会选择上（因为这会使得类型 II 的参与人得到收益 10）。我们以前总结过，如果接收者相信 $\gamma>0.5$，他将在看到左后选择下。因此，（右，右）和（下，上）在 $\rho>0.5$ 且 $\gamma>0.5$ 时是均衡混同策略。因为均衡中总是不采取左，任何关于 γ 的信念都是偏离均衡路径的信念，因此 γ 可采用任何形式，包括 $\gamma>0.5$。但是，尽管在这个混同均衡中不会采取左，当且仅当接收者认为信号左（它永远不会出现）更有可能暗示发送者是类型 I 时，我们才能得到均衡。因此，我们得到一个混同均衡 {（右，右），（下，上）}，其中信念 $\delta=\rho>0.5$，$\gamma>0.5$。

最后，考虑分离均衡策略（右，左）。如果发送者选择这个策略，接收者的最优反应是（上，上），这使得类型 I 与类型 II 的发送者分别得到 15 和 10 的收益。

任何类型的发送者都无法通过偏离来做得更好，这说明我们找到了一个分离均衡 $\{(右，左)，(上，上)\}$，其中 $\delta=1$，$\gamma=0$。这里，发送者披露了他的类型，因此接收者在选择行动时已经知道了发送者的类型。

练习 24B. 25 在这种情况下，分离策略（左，右）可能是均衡的一部分吗？

练习 24B. 26* 假设在图 24-10 的博弈中，我们把面对选择左的类型 II 发送者时选择上的接收者的收益从 20 改为 5。这个博弈存在分离均衡吗？对于所有 ρ 值都存在纯策略均衡吗？∎

24B. 2. 4 信号（及其他）博弈中的完备贝叶斯纳什均衡 截至目前，我们已经讨论了几种不同的信号博弈，描述了分离均衡和混同均衡的可能性以及信念在支持这些均衡中所起的作用。有了这些直觉，我们现在可以更准确地阐述我们在信号博弈等不完全信息序贯行动博弈中所指的均衡了。

回忆一下，不完全信息博弈（或称贝叶斯博弈）有如下组成部分：（1）每个参与人的行动；（2）每个参与人的类型；（3）参与人对其他参与人的类型的信念；（4）基于实际博弈中特定类型及特定行动产生的收益。我们一直假设所有参与人都知道自然赋予每个人类型的概率，这些概率形成了每个人的初始信念。在同时行动博弈中，这些初始信念自始至终没有改变，因为在行动之前，没有关于其他参与人类型的信息被披露出来。但是在序贯行动博弈中，若他人的行动会披露新信息，则参与人会更新他们的信念。

我们在考虑信号博弈中发送者的分离策略时已经看到了这种信念更新。在那种情况下，发送者通过他发送的信号完全披露了他的类型，让接收者能更新信念。而在发送者没有披露额外信息（因为使用了混同策略）的情况下，当接收者到达他的信息集时他没有做任何更新，还是保留着博弈开始时的信念。在偏离均衡路径的情况下，我们没有限制接收者的信念，因为我们还没有弄清楚人们是如何形成针对零概率情况的信念的。（我们在一道练习中给出了一点暗示，博弈论学者已经在偏离均衡路径的信念方面发展出了合理的限制条件，这超出了本书的范围。）

更一般地，在序贯贝叶斯博弈中信念的更新满足贝叶斯法则。在序贯贝叶斯博弈中贝叶斯法则被简单地阐述为：考虑一个包含节点 N_1，N_2，…，N_k 的信息集 I，$P(N_i)$ 表示到达节点 N_i 的概率［因此到达信息集 I 的概率是 $\sum_{i=1}^{k} P(N_i)$］。现在假设随着博弈的进行，确实到达了信息集 I，那么在到达信息集 I 后到达节点 N_i 的更新后的概率是

$$P(N_i \mid I) = \frac{P(N_i)}{P(I)} \tag{24.7}$$

例如，假设参与人 1 在博弈中先行动，他有三个可能的行动 a_1，a_2，a_3。假设参与人 1 采取混合策略，给 a_1 和 a_2 赋予 1/4 的权重，给 a_3 赋予 1/2 的权重。再假

设参与人 2 能够分辨参与人 1 是否采取了行动 a_1，但是不能分辨参与人 1 采取行动 a_2 还是行动 a_3。因此，参与人 2 有两个信息集 $I_1 = \{a_1\}$ 以及 $I_2 = \{a_2, a_3\}$。现在假设参与人 2 在到达信息集 I_2 后面对新的决定，即假设参与人 2 知道参与人 1 没有采取行动 a_1，那么根据贝叶斯法则，参与人 2 现在相信参与人 1 采取行动 a_2 和 a_3 的概率分别是 1/3 和 2/3，因为

$$P(a_2 \mid I_2) = \frac{P(a_2)}{P(I_2)} = \frac{1/4}{3/4} = \frac{1}{3}, \quad P(a_3 \mid I_2) = \frac{P(a_3)}{P(I_2)} = \frac{1/2}{3/4} = \frac{2}{3} \tag{24.8}$$

而 $P(a_1 \mid I_2) = 0$。另外，如果参与人 2 到达信息集 I_1，那么贝叶斯法则就使得更新后的概率是 $P(a_1 \mid I_1) = \frac{1/4}{1/4} = 1$ 以及 $P(a_2 \mid I_1) = P(a_3 \mid I_1) = 0$。

注意，在信号博弈中我们已经隐含着运用过很多次贝叶斯法则来更新信念了。假设发送者选择混同策略左，因此接收者以 1 的概率到达博弈树左侧的信息集。我们把这个信息集叫做 I_L，它包括表示发送者类型为 I 或 II 的两个节点。为了表述方便，我们把类型 I 记作 T_1，把类型 II 记作 T_2。接收者知道自然在博弈开始时以 ρ 的概率赋予发送者 T_1，以 $(1-\rho)$ 的概率赋予发送者 T_2。如果之后发送者采取了混同策略使得接收者从信息集 I_L 中做选择，贝叶斯法则表明接收者的信念应该为 $P(T_1 \mid I_L) = P(T_1)/P(I_L) = \rho/1 = \rho$ 和 $P(T_2 \mid I_L) = P(T_2)/P(I_L) = (1-\rho)/1 = (1-\rho)$。换句话说，因为发送者的混同策略没有新增任何信息，所以也就没有发生任何信念更新。而在类型 I 发送者选择左，类型 II 发送者选择右的分离策略下，贝叶斯法则说明 $P(T_1 \mid I_L) = P(T_1)/P(I_L) = \rho/\rho = 1$，$P(T_2 \mid I_R) = P(T_2)/P(I_R) = (1-\rho)/(1-\rho) = 1$ 并且 $P(T_2 \mid I_L) = 0 = P(T_1 \mid I_R)$。

练习 24B. 27 如果发送者采取混同策略（左，左），为什么根据贝叶斯法则，接收者关于信息集 I_R 的节点的信念是不明确的？∎

在前面我们说过，假定参与人的信念与博弈的进展一致，每个参与人的策略都是对其他所有参与人策略的最优反应，则达到贝叶斯纳什均衡。我们现在把这个定义正式拓展，即在序贯贝叶斯博弈中，一个（子博弈）完备贝叶斯纳什均衡是一个这样的贝叶斯纳什均衡，它的所有"子博弈"（这些"子博弈"开始于每个信息集）中的所有策略和信念对每个"子博弈"来说也是贝叶斯纳什均衡。（此处，我们把子博弈加引号是因为子博弈通常被定义为开始于一个节点。因此，我们现在定义的均衡概念通常被称为完备贝叶斯纳什均衡，而非子博弈完备贝叶斯纳什均衡。）这个定义与完全信息博弈下，纳什均衡和子博弈完备纳什均衡之间的关系完全类似，完全信息下序贯行动博弈的子博弈完备要求所有子博弈都必须处于均衡状态（因此排除了那些基于博弈树上不可信策略的纳什均衡）。序贯贝叶斯博弈的不同之处在于，它的某些"子博弈"的信息集开端不止有一个节点，这就要求均衡要对信息有

明确界定。

上述所有信念都必须"与博弈的进展一致",在最初的同时行动博弈(这种博弈不会因参与人的行动而产生新信息,也不会使参与人更新信念)中,它的意思是指所有参与人的信念都与自然概率一致;而在序贯行动博弈中,它则是指在任何贝叶斯法则能适用的时候都要使用该法则来更新信念(初始信念仍然与自然概率相一致)。贝叶斯法则可适用于在均衡策略下能以正概率达到的信息集。而对那些达到概率为 0 的信息集则无法使用贝叶斯法则,因此信念是不受限制的,但这与信念没有被界定的说法是不一样的。为了维持均衡的稳定,这些"偏离均衡路径"的信念必须被明确界定,使得均衡策略在所有无法达到的"子博弈"上也是参与人对彼此的最优反应。

练习 24B. 28 贝叶斯纳什均衡是否一定是完备贝叶斯纳什均衡?完备贝叶斯纳什均衡是否一定是贝叶斯纳什均衡?请解释原因。

练习 24B. 29 判断正误:在一个所有信息集都只包含单一节点的博弈树中,子博弈完备纳什均衡与完备贝叶斯纳什均衡是等同的。■

24B. 3 有限重复的囚徒困境中的"声誉"

在本章 A 部分,我们重点介绍了囚徒困境,因为正如我们在之后的内容中将要看到的那样,囚徒困境是与很多经济环境都相关的博弈。我们求解同时行动的囚徒困境,发现存在单一的纳什均衡,此时尽管两人相比不合作的结果都更偏好合作的结果,但双方在均衡时仍然选择不合作。我们还发现,如果双方有限重复这个博弈,那么唯一的子博弈完备纳什均衡仍然是双方在每一阶段的博弈中都选择不合作。但我们注意到,在实验环境及许多现实世界的环境中,我们可以观察到的合作情况比这个博弈中所预测的要多得多。因此我们发现了一种方法来重新考虑重复囚徒博弈,即博弈双方在每一阶段并不确定下一回合他们是否还要博弈,或者说参与人是否进行无限次的博弈。在这样的设定下,我们说合作是有可能出现的,并且我们在附录中证明了任何介于不合作与完全合作之间的情况都可能会在无限重复囚徒困境博弈中出现(假设参与人对未来的贴现率不太低)。

这些结果看上去有些奇怪。在有限重复囚徒困境博弈中,在子博弈完备下完全不可能出现合作,但是在无限重复博弈中(即参与人不确定他们下一期是否继续博弈但认为继续博弈的可能性足够大),所有程度的合作都能在子博弈完备下存在。从某种意义上说,一个模型似乎把合作可能性预测得太低,而另一个似乎预测得太高。

我们将把贝叶斯元素引入重复囚徒困境博弈中,此时参与人不确定他们对手的类型(而不是不确定他们下一期是否会再次博弈)。我们将会发现,引入对类型的不确定性甚至会使有限重复囚徒困境博弈中也出现合作均衡。特别地，我们将会看到引入一个参与人关于其对手类型的不确定性会使对手可能建立合作的"声誉"，这种声誉使得即使在理性参与人面对有限重复囚徒困境时，合作也能维持一段时间。

24B.3.1 对"以牙还牙"参与人可能性的介绍 假设在一个包含你我两人的有限重复囚徒困境博弈（将我称为参与人 1，将你称为参与人 2）中，自然最先行动，假设（在自然行动之后）此博弈每一期的收益如表 24-10 所示。自然的行动决定我的类型，以 ρ 的概率赋予我"以牙还牙"的类型 t_1，以（$1-\rho$）的概率赋予我"理性参与人"的类型 t_2。如果我被赋予"以牙还牙"的类型，我会采取以牙还牙策略，即"初始采取行动 C，之后每一期都模仿对手上一期的行动"。而如果我是"理性参与人"类型，我会简单地采取我们一直假设的最大化个人效用的策略。正如信号博弈中设定的那样，假设我知道我自己的类型但你不知道我的类型。

注意这与我们以前介绍的不完全信息贝叶斯博弈不同，那时自然把不同的收益赋予不同的类型。此处，自然则是以 ρ 的概率赋予我一个特定的策略（以牙还牙），因此我被赋予该类型后没有了选择其他策略的可能性。你可能会认为我们假设自然以 ρ 的概率使我"不理性"，但这只是以一种特殊的方式不理性。你也可以通过改变第一种类型的收益来使我们的模型与以前的模型更一致，这样以牙还牙就是最优策略了。[①]

表 24-10 　　　　　　　　　　　囚徒困境

		参与人2	
		合作 (C)	不合作 (D)
参与人1	合作 (C)	10, 10	0, 15
	不合作 (D)	15, 0	5, 5

24B.3.2 考虑一个两阶段重复的囚徒困境博弈 假设我们已经知道我们将进行两阶段囚徒困境博弈，为了简化分析，我们假设不对未来贴现。从之前的讨论可知，一个典型的理性参与人在博弈第二阶段会选择 D。如果我最终成了类型 t_2 的（"理性的"）参与人，那么当我们进行第一阶段博弈时我就知道这一点，因此我会在两个阶段都选择 D。如果我是类型 t_1 的参与人，除了进行以牙还牙策略，我别无选择。但是这给你留下了思考的余地：你是否应该抱着我是以牙还牙类型的期望，因而在第一阶段选择 C，从而你在第一阶段的博弈中拿到 10 单位的合作收益，并在第二阶段拿到 15 单位收益（此时以牙还牙类型选择 C，而你会选择 D）？如果你遇到以牙还牙类型，那么选择先 C 后 D 的策略将使你得到的两阶段总收益为 25，但如果我是"理性的"类型 t_2 的参与人，选择这个策略后你只能得到 5 单位收益。也就是说，你采取先 C 后 D 的策略的期望收益是 $25\rho+5(1-\rho)=20\rho+5$，而你采取

---

① 例如，我们可以简单假设我被灌输了在生活中以牙还牙是符合道德的做法的思想，我深深地认同这种做法，如果选择别的做法我会感到非常难受。

两阶段都选 D 的策略的期望收益是 $10\rho+10$。

练习 24B. 30 验证最后一句话。∎

因此，如果 $\rho>0.5$，你选择先 C 后 D 的期望收益比总选择 D 的期望收益要大。因此，如果比起"理性的"类型 t_2 的参与人，我更可能是一个以牙还牙的参与人，那么完备贝叶斯纳什均衡是你选择（C，D），我在以牙还牙类型下选择（C，C），在"理性的"类型下选择（D，D）。

练习 24B. 31 支持这个完备贝叶斯均衡的信念是什么？∎

24B. 3. 3 考虑一个三阶段重复囚徒困境博弈 假设现在我们一开始就知道我们要进行三阶段博弈，并假设 $\rho>0.5$。我一开始就知道我是不是以牙还牙类型，但你只有在观察到我违反了以牙还牙策略之后才知道我是类型 t_2 的参与人。

假设我发现我是类型 t_2 的参与人（因此我可以不选择以牙还牙策略）。如果我第一阶段博弈选择 D，那么我就暴露了我不是以牙还牙类型，从而在第二阶段博弈开始前，你根据贝叶斯法则更新信念，认为我是类型 t_2 的概率为 1。这将使你在第二阶段、第三阶段博弈中的最优选择都是 D。如果我在发现我自己是类型 t_2 的参与人后，仍在第一阶段博弈中选择 C，这时，我在博弈开始时选择混同策略假装我是以牙还牙的参与人。根据贝叶斯法则，你此时对我的类型的信念不进行任何更新，这意味着进入第二阶段博弈后，我们的信息与前面分析过的两阶段重复博弈的初始信息是一样的。这就是说，如果你在第一阶段也选择了 C，那么以牙还牙类型的参与人将在第二阶段选择 C，第二阶段博弈的开始将与两阶段重复囚徒困境完全一致，因此我们以前的分析将完全成立。换句话说，如果我们都在第一阶段合作，我们就知道你在第二阶段和第三阶段将分别选择 C 和 D，而如果我是以牙还牙类型的参与人，我将在剩下两阶段都选 C，如果不是，我将在剩下两阶段都选 D。而如果你发现我在第一阶段选择了 D，你在之后的两阶段都将选择 D。我们现在想解决的问题是下述策略是不是完备贝叶斯纳什均衡的一部分：

如果我是类型 t_2 的参与人，我的策略如下：第一阶段选择 C，第二、第三阶段选择 D。

你的策略如下：第一阶段选择 C。如果你观察到我第一阶段也选择 C，那么你在第二阶段会选择 C；否则，你在第二阶段将选择 D。最后，你在第三阶段选择 D。

练习 24B. 32 验证：如果我们选择这样的策略，你的期望收益是 $35\rho+15(1-\rho)=20\rho+15$，我作为类型 t_2 的参与人的收益是 30。∎

现在假设我确实采取了这样的策略，那么你在第一阶段选择 D 会使你的境况更好吗？因为我们知道你在第三阶段（即最后阶段）博弈中选择 D 是最好的，那么如果你在第一阶段选择 D 的话，你在这三个阶段的策略只能是 $D-D-D$ 或 $D-C-D$。如果选择 $D-D-D$ 且你遇到的是以牙还牙类型（他会在第二、第三阶段模仿你的策略 D）的对手，你的收益是 $15+5+5=25$，这与你遇上"理性的"类型 t_2 的参与人（他选择均衡策略 $C-D-D$）的期望收益是一样的。因此你选择 $D-D-D$ 的期望收益是 25。而在选择 $D-C-D$ 的情况下，如果你遇到的是以牙还牙类型的对手（他会选择 $C-D-C$），你的收益是 $15+0+15=30$；如果你遇到的是"理性的"类型 t_2 的参与人，你的收益是 $15+0+5=20$；因此你选择 $C-D-C$ 的期望支付是 $30\rho+20(1-\rho)=20+10\rho$。因为我们始终假设 $\rho>0.5$，你选择 $D-D-D$ 的期望收益（即 25）将比选择 $D-C-D$ 的期望收益（即 $20+10\rho$）低，这意味着假如你在博弈第一阶段偏离原本的选择 C，你会选择策略 $D-C-D$。但是，你选择我们建议的均衡策略时的收益是 $20\rho+15$，在 $\rho>0.5$ 时这比你选择 $D-C-D$ 得到的期望收益更高。因此，面对类型 t_2 的我，我们建议的均衡策略是你的最优反应（假设我是以牙还牙类型的参与人的概率 $\rho>0.5$）。

现在我们可以检验我是否有激励偏离这个策略。从两阶段重复博弈中我们得知，如果我在第一阶段不通过选择 D 来偏离均衡，那么在第二、第三阶段我将无法通过选择 C 获益（因为如果我们两个在第一阶段都选择 C，从第二阶段开始的博弈将与两阶段重复博弈完全一样）。因此唯一的问题就是，在第一阶段我能否通过选择 D 而非 C（这样的话我将在第一阶段暴露我是类型 t_2 的参与人）来获益。如果我这么做了，我将在第一阶段博弈得到 15 单位收益，在下两期博弈中各得到 5 单位收益，我的总收益是 25。而如果我采用建议策略，我的收益是 30。因此偏离建议策略将不会使我获益，这意味着建议策略是我对你建议策略的最优反应。

因此我们已经证明，你的建议策略是对我的建议策略的最优反应，我的建议策略也是对你的建议策略的最优反应。在"三阶段重复"囚徒困境中，只要我是以牙还牙类型的参与人的概率足够高，我们两人都在第一阶段博弈中选择合作将成为完备贝叶斯纳什均衡的一部分。其原因是，现在对我这个理性参与人来说，试图建立我是以牙还牙类型的参与人（或者更普遍来讲，是一个合作性参与人）的"声誉"，以使你跟我合作一段时间的做法是符合我的利益的。

24B.3.4　N 阶段重复囚徒困境与声誉的作用　从直觉上来说，如果我们试图证明在一个参与人在博弈开始后的一段时间采取合作策略的 N 阶段重复囚徒困境博弈中存在完备贝叶斯纳什均衡，那么这样的前期合作均衡在 $(N+1)$ 阶段重复囚徒困境博弈中也应存在。因此，通过论证当我"以牙还牙"的概率足够高时你和我（我作为类型 t_2 的参与人）在三阶段重复囚徒困境博弈中的第一阶段可能选择合作，我们就找到了一个看似不太可能的博弈来论证我们的结果。当 N 变得越来越大，博弈早期的合作变得越来越容易维持，甚至可以在我是以牙还牙类型的参与人的概率更小时也出现这种情况。事实上，对于很大但是有限的 N，这个概率可以非常接近 0，也就是说，即使参与人是以牙还牙类型的参与人的概率非常小，我们还是能够在有限重复囚徒困境博弈中观察到合作现象。

进一步，对于表 24-10 所示的博弈收益来说，只要 $\rho > 0.5$，在 N 阶段重复囚徒困境博弈中就存在一个完备贝叶斯纳什均衡，使得除了最后两阶段博弈之外的所有阶段博弈参与人（你我两人，且我是类型 t_2 的参与人）都采取合作策略。因此，在 N 阶段重复囚徒困境博弈中，只要其中一个参与人是以牙还牙类型的概率足够高，合作将存在很长一段时间，准确来讲是 $(N-2)$ 期。随着 ρ 的降低，这种合作持续的时间自然也随之降低。

如果你对这个问题做过一些思考，你会觉得这些结果对于 N 阶段重复囚徒困境博弈来说是很直观的，但是想要正式证明需要花点时间。因此在此我们放弃正式证明，仅用完备贝叶斯纳什均衡的概念来给出对以下问题的一种解释：为什么在子博弈完备表明合作不会在理性参与人中出现时，我们仍然能在有限重复博弈中观测到合作现象？这个解释的本质是说，在参与人不确定博弈对手的类型的情况下，参与人（如文中的"我"）可能会愿意建立易于合作的声誉来维持一段时间的合作。

结论

在本章中，我们发明了许多工具来帮助我们思考一些经济情况。在这些情况中，个人有激励进行策略性思考，因为他们的行动将会影响到我们面临的经济环境的均衡。在第 23 章讲垄断的时候我们已经开始研究这个问题了，但是本章我们建立的博弈论的工具将会把我们关于策略性思考的分析拓展至其他领域，在这些领域中，个人相对于其经济环境较"大"。

在有些方面，我们现在做的和我们之前一直做的并无差别：我们假设个人在给定其他所有人"在做"的事情时会寻求自己能做的最好方式，或者更准确地说，是给定其他人"计划要做"的事情时。在策略性环境下，这意味着个人必须要有完整的行动计划（或者说策略），并且在给定他人的计划时做到最好，也就是说对其他参与人的所有策略采取"最优反应"。当所有参与人都对"所有其他参与人"采取"最优反应"时，我们就得到了一个纳什均衡（在涉及不完全信息时，是贝叶斯纳什均衡）。而在序贯行动博弈中，若参与人在最优反应中不会相信任何不可信的威胁，我们就得到一个子博弈完备纳什均衡（在不完全信息中，是完备贝叶斯纳什均衡）。（在贝叶斯博弈中，我们看到，这些均衡策略必须伴随着能让参与人计算不同策略对应的期望收益的均衡信念。）

这一章的基本观点之一是明白博弈论模型的均衡未必是有效的。换句话说，博弈中存在着除了均衡之外所有参与人都更偏好的结果，但是如果没有非市场机制的干预，参与人的理性个人（分散化的）决策将无法达到那些更好的结果。用之前我们提到的术语来说就是，在策略性环境下，分散化的决策过程也许会违反福利经济学第一定理作出的有效性预测。

在生产者为消费者提供产品的市场环境下，策略性动机来源于相对于市场较"大"的那些生产者的市场势力。通过选择市场上产品的供给量，这些生产者有能力影响市场价格（我们从垄断那里已经看到过这一点）。在接下来的两章中，我们将更专注于这种类型的市场势力，但是没有第 23 章讲的垄断情况那么极端。那时我们将看到，策略性思考对生产者选择来说至关重要，我们还将看到策略性选择是怎样造成无谓损失的（因而它违背了福利经济学第一定理）。在接下来的两章，我们将应用本章介绍的博弈论工具来分析问题。策略性激励也可能来自外部性和信息不对称。我们将把我们在生产者部分对市场势力的处理方法应用到策略性思考起重要作用的其他情况中，比如公共物品的市场供给（第 27 章），到时我们将再度审视外部性话题，再比如政治家的决策（第 28 章）。

附录：　无限重复博弈与无名氏定理

考虑图 24-12 的组图（a）中的囚徒困境博弈（标注 C 的行动代表"合作"，标注 D 的行动代表"不合作"）。四个可能的收益组合在组图（b）中被表示出来。如果两名参与人总是选择具有同时行动博弈中收益的行动，这些收益组合当中的每一个当然也是这个无限重复博弈中可能的（每个阶段的）平均收益。但是通过在序贯行动博弈的不同阶段选择不同的行动组合，每个阶段平均收益的其他组合也成为可能。例如，如果我们交替采取都选择 C 和都选择 D 的策略，那么我们的收益将在 5 和 10 之间转换，从而每人得到 7.5 单位的平均收益。如果我们交替采取都选择 D 和参与人 1 选择 D、参与人 2 选择 C 的策略，那么参与人 1 将得到 10 单位的平均收益，参与人 2 将得到 2.5 单位的平均收益。

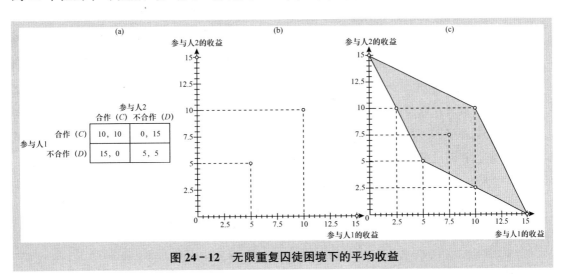

图 24-12　无限重复囚徒困境下的平均收益

练习 24B. 33 设计一种策略使得参与人 1 的平均收益是 5，参与人 2 的平均收益是 12.5。∎

你应该能够发现，通过在博弈的不同阶段选择不同的策略组合，组图（c）中阴影区域内的任何收益组合都可能是无限重复博弈中两名参与人的平均收益。现在，我们想研究的问题变为这之中的哪个平均收益组合会在子博弈完备纳什均衡中出现。

答案显而易见。[1] 我们将首先阐述在子博弈完备条件下完全合作平均收益（10，10）能够出现，然后再讨论同样的逻辑将怎样使得其他许多平均收益产生。

假设博弈中的每个参与人都采取下述触发策略：在无限重复博弈的第一期选择 C，之后只要双方参与人在以前所有期博弈中都合作，则继续选择 C，否则选择 D。我们首先验证这些策略之间互为最优反应。假定参与人 1 采取这种策略。如果参与人 2 也采取同样的策略，她将在每期得到 10 单位的收益。回忆一下，对于 $0 < \delta < 1$，$1 + \delta + \delta^2 + \cdots = 1/(1-\delta)$，每期都得到 10 单位收益的贴现值是

$$10 + 10\delta + 10\delta^2 + \cdots = \frac{10}{(1-\delta)} \tag{24.9}$$

其中，下一期的 1 美元在当期的现值为 $\delta < 1$。如果参与人 2 决定偏离这个触发策略，她将选择 D，这使得她这一期的收益是 15，但是因为未来都不再有合作，所以未来每期的收益都被降低到 5。因此，她的偏离策略的贴现值是

$$15 + 5\delta + 5\delta^2 + \cdots = 15 + 5\delta(1 + \delta + \delta^2 + \cdots) = 15 + \frac{5\delta}{(1-\delta)} \tag{24.10}$$

只要 $\delta > 0.5$，等式（24.9）的值就大于（24.10）的值，因此偏离触发策略从期望值的角度来说并不足取。换句话说，只要参与人未来贴现率不太低（低到下一期的 1 美元在这一期还不值 50 美分），触发策略就是每个人对其他人策略的最优反应，因此也就组成了纳什均衡策略。

为了验证这些策略是否也是子博弈完备的，我们需要验证它们是否在这个无限重复博弈中的每个子博弈中也是纳什均衡策略。每个子博弈都与原博弈完全相同（因为子博弈也是无限重复囚徒困境），且每个子博弈只可能有以下两种博弈历史之一：或者在以前各期参与人全都选择 C，或者至少在以前某一期中至少有一个参与人选择了 D。在第一种情形下，我们在子博弈中仍采取与原博弈完全相同的触发策略，我们已经论述过这些触发策略是一个纳什均衡。在第二种情形下，我们采取"永远选择 D"这一策略。假定另一个参与人 i 选择这个策略，参与人 j 的最优反应是选择同样的策略，这样我们就又在子博弈中得到了纳什均衡。因此我们得出结

---

[1] 重复博弈的这个问题首先在 J. Friedman, "A Non-cooperative Equilibrium for Supergames," *Review of Economic Studies* 38（1971），1—12 中被提出。

论：我们提出的触发策略是子博弈完备的，它们会使得参与人选择完全合作，每人每期得到平均收益 10。

然而，无名氏定理阐述了更多内容。我们特定的触发策略不仅使得完全合作变为可能，局部合作也是可能的。我们说的局部合作意思是指那些使得两个参与人的平均收益比非合作的平均收益 5 要高的均衡行动的序列。这对应着图 24-13 中阴影区域内部的平均收益组合。

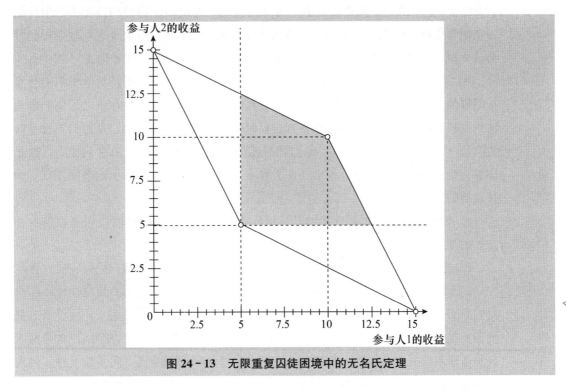

图 24-13 无限重复囚徒困境中的无名氏定理

应该不难理解这些收益是怎样出现在无限重复博弈的子博弈完备纳什均衡中的。选取图 24-13 中阴影区域内任意的一个收益组合。由定义可知，这些收益比参与人在非合作情况下得到的要高。决定一个能保证你得到你选择的平均收益组合的行动序列，然后定义这样一个触发策略："如果另一个参与人按设定的策略进行行动，则选择这个策略序列；否则，将永远选择 D。"你也可以看到，只要 δ 足够接近 1（即未来贴现率不太低），双方都选择这个触发策略就是一个子博弈完备均衡。

你也可以发现，同样的逻辑可以被拓展至囚徒困境以外的其他博弈，通过采用类似的触发策略，我们可以在子博弈完备中得到高于同时行动纳什均衡的收益。因此，无名氏定理除了在重复囚徒困境博弈中应用，还有许多更广泛的应用。事实上，关于它的拓展将在我们第 25 章讨论寡头行为时起作用。

章末习题[①]

†24.1 在好莱坞电影《美丽心灵》中，由罗素·克劳饰演的约翰·纳什在他普林斯顿大学的博士毕业论文中提出了纳什均衡的概念。在电影前期的一个场景中，纳什和他的三名（男性）数学博士生同学一起在酒吧里，这时酒吧里走进了五名女性。[②] 这些博士生们全被其中一名女性吸引，他们四个都想约她出去。纳什的一个同学提醒其他人说，亚当·斯密认为在与他人的竞争中追求个人利益会得到社会最优结果，但是纳什灵光一闪，声称"亚当·斯密的理论需要被修正"。

A. 在影片中纳什解释道，如果他们四个人都相互竞争，则在竞争中他们会互相阻碍他人，最后没有人能够约到他们感兴趣的那位女性，并且在这之后他们也无法约到其他同行的女性（因为在得知自己只是别人的第二选择后，女性们不会答应约会）。相反，他们应该都放弃他们感兴趣的那位女性，转而去追求其他人。这是能够约会成功的唯一途径。他立马回去写下了他的论文，影片暗示他刚刚发现了纳什均衡的概念。

a. 如果每位博士生都选择纳什建议的策略，每个人都选择除吸引自己的女性之外的其他女性，这是一个纯策略纳什均衡吗？

b. 是否有可行的纯策略纳什均衡，使得没有人追求那位他们都感兴趣的女性？

c. 假设我们简化这个例子，只有纳什和另外一位学生遇到了两位女性，那么我们只需要考虑每个博士生的两个纯策略：追求女性 A 或追求女性 B。假设两人都把与女性 A 约会的"收益"视为 10，而与女性 B 约会的"收益"视为 5。如果两人分别邀请不同的女性，两人都将约会成功；但是如果他们邀请了同一位女性，两人都将被拒绝，从而两人都得到 0 单位收益。写出这个博弈的收益矩阵。

d. 这个博弈的纯策略纳什均衡是什么？

e. 这个博弈存在混合策略纳什均衡吗？

f. 现在假设还存在女性 C，与 C 约会的收益和与 B 约会等同。同样，如果他们邀请了不同的女性，他们都将约会成功，而如果他们邀请了同一位女性，他们都将被拒绝（因此都得到 0 单位收益）。然而，现在每个博士生有三个纯策略：A、B 和 C。写出这个博弈的收益矩阵。

g. 这个博弈的纯策略纳什均衡是什么？在这些均衡中有女性 A 没有约会成功的情况吗？

h. 在影片中，纳什解释说："亚当·斯密说最优结果产生于群体中的每个人都

---

① ＊概念性挑战难题。

　＊＊计算性挑战难题。

†答案见学习指南。

② 实际上纳什是和另外四名同学在一起，但接下来的情节是围绕他们中的四个人展开的。

采取最有利于自己的行为。"他接着说："……不完整……不完整……因为最优结果应该产生于群体中的每个人都采取对他们自己和对集体都最有利的行动……亚当·斯密说错了。"影片中描述的情节阐明了这段话吗？

i. 这段话与纳什均衡的概念几乎无关，那么博弈论，特别是类似囚徒困境的博弈，是通过什么方式质疑亚当·斯密所说的利己主义可达到集体的"最优"结果的？

B. 考虑 A（c）中描述的二人博弈。[注意：下面的（a）和（b）可以不用到本章 B 部分的知识。]

a. 假设参与人序贯行动博弈，参与人 1 首先选择 A 或 B，参与人 2 在观察到参与人 1 的选择后再做决定。子博弈完备纳什均衡是什么？

b. 是否存在参与人 2 与女性 A 约会的纳什均衡？如果存在，维持此均衡是否需要一个不可信威胁？

c. 接下来再次考虑 A（c）中的同时行动博弈。把这个同时行动博弈用博弈树表示出来，并将参与人 1 的决策画在博弈树最顶端。（提示：对参与人 2 采用适当的信息集以保证这个博弈是同时行动博弈。）你能够描述使得 A（d）和 A（e）中的均衡出现的参与人 2（在到达他的信息集时）的不同信念吗？

d. 继续假设如果他们邀请同一位女性，他们都得到 0 单位收益。与以前一样，如果参与人 1 是唯一邀请女性 A 的人，他将得到的收益为 10；如果他是唯一邀请女性 B 的人，他将得到的收益为 5。但是参与人 2 可能是两种类型之一：如果他是类型 1，他与参与人 1 的偏好一致；如果他是类型 2，那么如果他是唯一邀请女性 A 的人，他将得到的收益为 5，如果他是唯一邀请女性 B 的人，他将得到的收益为 10。在博弈开始之前，自然以 δ 的概率赋予参与人 2 类型 1，以（$1-\delta$）的概率赋予参与人 2 类型 2。画出此博弈的博弈树，在必要处用信息集来联结节点。

e. 这个博弈的纯策略均衡是什么？δ 的取值会影响结果吗？

24.2 考虑一个被称作"蜈蚣博弈"的序贯行动博弈。在此博弈中，两个参与人中的每个人都在他的博弈回合中选择左或右。但是，当且仅当参与人选择右而不是左时，这个博弈才会自动进行到下一期。

A. 参与人 1 先开始，如果他选择左，博弈结束，收益是（1, 0）（本题中的第一个收益是参与人 1 的收益，第二个收益属于参与人 2）。但如果他选择右，博弈继续，轮到参与人 2。如果参与人 2 选择左，博弈又结束，这次的收益是（0, 2）。但是如果他选择右，博弈继续，轮到参与人 1。接着，如果参与人 1 选择左，博弈结束，收益为（3, 1）。如果他选择右，博弈继续，轮到参与人 2 选择。这时，无论参与人 2 怎么选，博弈都将结束，但是如果他选择左，收益是（2, 4），如果他选择右，收益是（3, 3）。

a. 画出此博弈的博弈树。这个博弈的子博弈完备纳什均衡是什么？

b. 写出这个博弈的 4×4 收益矩阵。这个博弈的纯策略纳什均衡是什么？你从

（a）中得到的子博弈完备纳什均衡在其中吗？

c. 为什么博弈中的其他纳什均衡不是子博弈完备的？

d. 假设你把收益（2，4）换成了（2，3），现在有多于一个的子博弈完备纳什均衡吗？

e. 此时（b）的答案将如何改变？

f. 重新考虑原博弈，但假设我作为一个局外人可以把最终期的收益从（2，4）和（3，3）变为（2，2）和（4，4）。此时博弈双方分别愿意为这种改变付给我多少钱（假设参与人总是选择子博弈完备均衡策略）？

B. 考虑 A 部分最初描述的蜈蚣博弈。假定在博弈开始前，自然先以 ρ 的概率赋予参与人 2 类型 1，以（1$-\rho$）的概率赋予参与人 2 类型 2。类型 1 是懂得子博弈完备的理性的参与人。

a. 假定类型 2 是超级幼稚的参与人，只要有机会，他永远选择右。ρ 取何值时参与人 1 将在第一局选择右？

b. 假定类型 2 永远在第一轮选择右，在第二轮选择左。你的答案将如何改变？

c.（注意：本小题及下一小题要求你阅读过第 17 章。）我们在本章中并未明确指出，但是博弈论理论家们经常假设收益以效用的形式给出，这里的效用用函数 u 来测度，函数 u 使得赌博能被期望效用函数表示出来。在本题的范围内，你能说说这是为什么吗？

d. 假设蜈蚣博弈的收益用美元而非效用表示。你在（a）与（b）中的答案说明参与人 1 的风险厌恶程度是什么样的？

24.3 考虑一个同时行动博弈，在这个博弈中双方参与人都在"合作"（表示为 C）与"叛变"（表示为 D）中进行选择。

A. 假设博弈的收益如下：如果双方都选择 C，他们各得到收益 1；如果都选择 D，则各得到 0；如果双方一个选择 C，一个选择 D，那么选择合作的一方得到 α，选择叛变的一方得到 β。

a. 写出该博弈的收益矩阵。

b. 为了使该博弈为囚徒困境博弈，α 和 β 需要满足什么条件？假设从现在开始，这些条件被满足。

*B. 现在考虑这个博弈的重复版本，其中参与人 1、2 博弈两次。假设你是参与人 1，并假设你知道参与人 2 是以牙还牙类型的参与人，即他在该博弈中不采取策略性行为，他只是简单地采取以牙还牙策略。

a. 假设你不对未来贴现，你会与这位参与人合作吗？

b. 假设你对第二期的 1 美元以 δ 的贴现率贴现且 $0<\delta<1$。在什么条件下你会在博弈中选择合作？

c. 假定博弈重复三期。你会与这位参与人合作吗（假设你不对未来贴现）？（提示：用你知道第三期的最优行动这个事实来减少你需要考虑的可能情况的数量。）

d. 在三阶段重复博弈中，你可能在第一期选择 D 的直观理由是什么？

e. 如果参与人 2 是策略型的，他可能在以上两个重复博弈中的任何一个中选择以牙还牙策略吗？

f. 假定每次两名参与人相遇时，他们都知道他们下次会以 $\gamma > 0$ 的概率再相遇。从直觉上解释：为什么当 γ 相对大（即接近 1）时，以牙还牙策略对博弈双方来说可能是均衡策略，而在 γ 相对小（即接近 0）时则不是。

†24.4　解释性别战中的混合策略。早期博弈论课程经常提到的一个著名的博弈是"性别战"，这与我们提到的当你是英国人而我是美国人时我们选择在街道某侧行驶的博弈非常类似。在"性别战"博弈中，一对处于热恋期的恋人对于约会时做什么有着不同的偏好，但他们都十分想和对方在一起。假设我们在讨论你和你的恋人，你喜欢歌剧而你的恋人喜欢足球比赛。① 你们两人今天都可以选择去看歌剧或足球比赛，如果你们两人不在一起，每个人将得到的收益为 0；如果你与你的恋人去看了你喜欢的活动，你将得到的收益为 10；如果你与他（她）去看了他（她）喜欢的活动，你将得到的收益为 5。

A. 在这道题中，我们将集中讨论混合策略。

a. 首先请将这个博弈用收益矩阵的形式表示出来。

b. 令 ρ 为你赋予去看歌剧的概率，令 δ 为你的恋人赋予去看歌剧的概率。δ 取何值时你在去看歌剧与去看足球比赛之间是无差异的？

c. ρ 取何值时你的恋人在两项活动之间是无差异的？

d. 这个博弈的混合策略均衡是什么？

e. 假设你们采取混合策略均衡，你和你的恋人的期望收益分别是多少？

*B. 在教材中，我们说完全信息博弈中的混合策略均衡能被表示为相关的不完全信息博弈中的纯策略均衡。我们将要在这里证明它。假设你和你的恋人都知道对方对歌剧和足球的序数效用，但是你们并不确定对方会给最偏好的结果赋值多少。特别地，你的恋人知道你对两人去看足球比赛的收益是 5，但是他（她）认为你对两人去看歌剧的收益是（$10+\alpha$），他（她）不确定 α 是多少。同样地，你知道你的恋人对两人去看歌剧的收益是 5，但是你认为他（她）对两人去看足球比赛的收益是（$10+\beta$），你不确定 β 是多少。我们假设 α 和 β 都以相等的可能性从区间 0 到 x 中取值，即 α 和 β 是从 $[0, x]$ 的均匀分布中随机取值的。由此，我们把原来的完全信息博弈变成了一个相关的不完全信息博弈，这里你的类型由随机选取的 α 值确定，你恋人的类型由随机选取的 β 值确定，$[0, x]$ 定义了你们两人可能的类型的集合。

① 因为这个博弈可追溯至好几十年前，你可以把这两位博弈者想象为"丈夫"和"妻子"的前身。我试图不带任何性别（或其他）偏见地来写这个博弈，也要向那些不是歌剧迷的读者道歉。

a. 假设博弈中你的策略是如果 $\alpha > a$ 则去看歌剧（否则就去看足球比赛），α 落在区间 $[0, x]$ 内。解释为什么你去看歌剧的概率（不必知道 α 是多少）是 $(x - a)/x$。你去看足球比赛的概率是多少？

b. 假设你的恋人采取类似的策略：如果 $\beta > b$ 则去看足球比赛，否则就去看歌剧。你的恋人去看足球比赛的概率是多少？他（她）去看歌剧的概率是多少？

c. 假定你已经知道（b）的答案。对于一个给定的 α，你去看歌剧的期望收益是多少？你去看足球比赛的期望收益是多少？

d. 假定你的恋人知道（a）的答案。你的恋人去看歌剧的期望收益是多少？他（她）去看足球比赛的期望收益是多少？

e. 假定（c）的答案，什么样的 α 值（用 b 和 x 表示）会使你在去看歌剧与去看足球比赛之间无差异？

f. 给定（d）的答案，什么样的 β 值（用 a 和 x 表示）会使你的恋人在去看歌剧与去看足球比赛之间无差异？

g. 令 a 等于你在（e）中计算的 α 值，令 b 等于你在（f）中计算的 β 值。然后求解关于 a 和 b 的方程组（使用二次公式）。

h. 为什么这样的 a 和 b 的值使得在（a）和（b）中定义的策略成为纯（贝叶斯纳什）均衡策略？

**i. 在均衡中你去看歌剧的可能性有多大？你的恋人去看足球比赛的可能性有多大？当 x 趋近 0 时你的答案将如何变化？这与你在 A 部分中得到的混合策略均衡的概率相比如何呢？（提示：运用求极限法则，在本题中，在求极限之前你必须先对分子和分母求导。）

j. 判断正误：完全信息"性别战"博弈的混合策略均衡可被表述成一个几乎与原完全信息博弈一模一样的不完全信息博弈的纯策略贝叶斯均衡，这使我们能够把完全信息博弈中的混合策略解释为是从参与人对另一位参与人的不确定性中产生的。

24.5 日常应用：分配奖金池。假设两名参与人被要求以一种双方都同意的方式来分 100 美元。

A. 博弈的结构如下：参与人 1 首先行动，他只需要在 0 到 100 之间说一个数字。这个数字代表他对参与人 2 的"出价"，即参与人 1 对参与人 2 出一个价，参与人 1 拿走剩下的数额。例如，如果参与人 1 说"30"，那么他把 100 美元中的 30 美元给参与人 2，自己保留 70 美元。参与人 1 提出一个价格后，参与人 2 只从两种行动中进行选择：或者"接受"这个出价，或者"拒绝"它。如果参与人 2 选择接受，这 100 美元就按照参与人 1 提出的方式分配；如果参与人 2 选择拒绝，两个人都得不到任何东西。（这一类博弈被称为"最后通牒博弈"。）

a. 如果限制参与人 1 必须采取整数"出价"（即假设参与人 1 必须说一个整数），那么这个博弈的子博弈完备均衡是什么？

b. 现在假定出价可以精确到美分，即类似 31.24 美元的出价是可行的。这将怎么改变子博弈完备均衡？如果我们假设美元可以被分到任意小的单位上（即可以是美分的分数），结果又会怎么样？

c. 我们发现，这个博弈最多只有两个子博弈完备均衡（如果美元充分可分，只有 1 个），但是不论参与人 1 怎么出价，都存在数量众多的纳什均衡（如果美元充分可分，则有无数多个纳什均衡）。那么，你能求出一个使得参与人 2 得到 80 美元的纳什均衡吗？为什么它不是子博弈完备的？

d. 在实验环境下，这个博弈在许多文化环境中进行过，不同文化得到的平均"出价"不尽相同，但通常落在 25 美元到 50 美元之间，低于这个值时参与人经常会拒绝这个出价。一个可能的解释是不同文化环境下的个人对于"公平"有不同的定义，他们从"坚持正义"中获得效用。假设参与人 2 愿意为抵抗"不公正"付出 30 美元，而除 50-50（即平分）之外的任何出价都被他视为不公正。如果美元被视为无限可分的，此时的子博弈完备均衡是什么？如果只能够进行整数出价，那么会有什么样新增的子博弈完备均衡出现？

e. 现假设参与人 2 对于"不公平"结果的愤怒程度与该结果离"公平"结果的距离成正比，参与人 2 从拒绝不公平出价中得到的效用等于实际出价与"公平"出价的差值。假定参与人 2 相信"公平"的结果是平分这 100 美元。因此，如果参与人被提供了一个 $x<50$ 的出价，他从拒绝这个出价中获得的效用就是 $(50-x)$。现在，在美元无限可分和只能以整数出价这两种情况下，子博弈完备均衡分别是什么？

B. 考虑和 A 相同的博弈，假设你是那个要对 100 美元进行分配的人，而我是决定接受或者拒绝你的分配的人。你认为我是一个理性人典范的可能性很高，即我只关心从博弈中拿到可能的最高收益。但是你跟我并不熟，所以你认为存在 ρ 的可能性使得我是一个自以为是的道德家，我会拒绝任何对我来说比 50-50 更差的出价。（下面都假设美元无限可分。）

a. 把这个博弈描述成一个不完全信息博弈。

b. 这个博弈有两个纯策略均衡（取决于 ρ 的取值），它们分别是什么？

c. 如果我作为一个自以为是的道德家（这种情况的概率是 ρ）会拒绝所有使我得到小于 10 美元的出价，那么你的答案将如何改变？

d. 如果只有出价小于 1 美元时道德家才会拒绝这个出价，答案将如何改变？

e. 我们隐含的关于风险厌恶的假设是什么？

24.6 日常应用：分配奖金池的另一种方法。如习题 24.5 一样，假设两名参与人要分配 100 美元。

A. 现在，并不是参与人 1 提出分配方法，参与人 2 接受或拒绝，而是参与人 1 把 100 美元分成两份，由参与人 2 先选他偏好的那一份。

a. 这个博弈的子博弈完备均衡是什么？

b. 你能找出一个非子博弈完备的纳什均衡吗（其结果要与子博弈完备均衡不一样）？

c. 在习题 24.5 中，我们考虑了把出价限制为整数、精确到美分等分法的可能性。而此处，这些不同的限制会使我们的预测结果不同吗？

d. 假定奖金池里一共有 99 美元，参与人 1 只能以整数分配。你希望做哪个参与人，参与人 1 还是参与人 2？

e. 假定参与人 2 有三个可能的行动：选取较小的那一份；选取较多的那一份；全都扔掉。你能找出一个非子博弈完备的纳什均衡吗？

B. 在习题 24.5 中，我们接下来考虑了一个不完全信息博弈，其中你分配 100 美元，我以 ρ 的概率是一个自以为是的道德家。假设对手在某些概率下是某种奇怪的类型有时会使我们得到的实验结果异于博弈论的预测。

a. 为什么我们要在习题 24.5 中引入这个奇怪的类型，而不是在本题中引入？

b. 如果我们要把参与人 2 以 ρ 的概率选择非"理性"策略的可能性引入博弈中，存在某种方法使得参与人 1 在博弈中得到少于 50 美元吗？

24.7 日常应用：现实世界的混合策略。在课本中我们讨论了"硬币配对"博弈，表明此博弈只存在混合策略均衡。

A. 考虑下列陈述并解释（当题中有新的要求时，按新要求执行）为什么你认为不存在纯策略均衡以及为什么混合策略均衡是合理的。

a. 考虑在长途旅行中孩子们经常玩的游戏——"石头、剪刀、布"。规则很简单：两人同时出石头、剪刀、布手势中的一种，如果两人的手势相同，则游戏平局；否则，石头胜过剪刀，剪刀胜过布，布胜过石头。

b. 我的一个学生反驳道："我能理解剪刀胜过布以及石头胜过剪刀，但是布不可能胜过石头。布可以奇迹般地包裹住石头让它无法动弹吗？为什么布不能对剪刀这么做呢？为什么布不能对人这么做呢？让我来告诉你为什么：因为布根本就不能战胜任何东西！"[①] 如果石头确实能够胜过布，是否仍然存在混合策略纳什均衡？

c. 在足球比赛中，罚球常用来解决平局。发球者必须选择将球射向门的哪一边，而因为球速太快，守门员也必须同时决定要守住门的哪一边。

d. 足球的例子与职业网球选手发球的例子有什么相同点？

e. 因为某些我无法解释的原因，20 世纪 50 年代的青少年会玩一种"懦夫博弈"。两个少年驾车以极高的速度在同一车道相向而行，谁最先转弯以避免相撞就输掉比赛。有时，两辆车相撞，两名少年都受了重伤（或者更糟）。如果这个游戏

---

① 我的学生继续说道（我做了一些修改，使其能通过编委会的审查）："当我玩'石头、剪刀、布'游戏的时候，我总是选石头。然后，如果某人声称他用布击败了我，我就用我早就握紧的拳头狠狠打向他的脸，然后说：'哦，抱歉，我以为你的布能够保护你，傻瓜。'"

行为存在均衡，那么这个均衡可能是纯策略的吗？

B.　如果你做了习题 24.4 的 B 部分，那么请把完全信息应用到不完全信息博弈中来直观解释 A（e）中的懦夫博弈的混合策略均衡。

*24.8　日常应用：烧钱、重复剔除占优策略和"性别战"。再考虑习题 24.4 中描述的"性别战"。回忆一下你和你的恋人在思考约会时去看歌剧还是足球比赛。如果你们两人不在一起，你们都将得到 0 单位收益。如果你们都去看歌剧，你得到的收益为 10，你的恋人得到的收益为 5；如果你们都去看足球比赛，则你俩的收益对调。

A.　在这部分的练习中，你将有机会测试你对完全信息博弈中最基本的概念的理解，而在 B 部分中，我们将引入一个与占优策略相关的新概念。A、B 两部分都不需要用到本章 B 部分的知识。

a.　假设你的恋人上夜班而你上白班，因此你们每天早晨都无法碰面，因为你正好在恋人到家之前去上班。你们都不能在工作时间见对方，你工作后直接去约会。因为你们无法在约会前事先协商，所以你们只能各自决定去看歌剧还是去看足球比赛。用收益矩阵的形式描述这个博弈的结果。

b.　为什么这是一个"协调博弈"的例子？

c.　这个博弈的纯策略纳什均衡是什么？

d.　在你们错过太多次约会之后，你想到了一个好主意：在早晨去工作之前，你可以选择在你恋人的床头柜上烧掉 5 美元，你也可以选择不烧。你的恋人可以观察到你是否烧了 5 美元。所以我们现在有了一个序贯行动博弈，你首先决定是否要烧 5 美元，然后你与恋人同时（在知道你是否烧了 5 美元之后）决定去哪里约会。在这个新博弈中你的四种策略是什么？

e.　（假定你的恋人可能会或可能不会观察到烧钱后的痕迹取决于你是否选择烧钱。）你的恋人的四种策略是什么？

f.　假设原收益用美元计价，请写出新博弈的收益矩阵。纯策略纳什均衡是什么？

B.　在书中，我们定义如果无论对手采取什么样的策略，参与人采取某一策略都比采取任何其他策略要好，那么这种策略就叫做占优策略。现在考虑这个定义的较弱版本：对于某参与人来说，如果无论对手做什么，他选择 A 都至少和选择 B 一样好，那么我们就说策略 B 是策略 A 的弱占优策略。

a.　在 A（f）的收益矩阵中，对你来说存在弱占优策略吗？你的恋人存在弱占优策略吗？

b.　看上去你们两人都不希望对方采取弱占优策略的想法是合理的，所以请把你的收益矩阵中的弱占优策略全部剔除。剔除后的博弈叫做简化博弈。在简化博弈中，对你和你的恋人来说存在任何弱占优策略吗？如果存在，再把它们剔除，得到更简化的形式。一直反复剔除，直至你再也找不到任何弱占优策略。最后剩下了什么？

c. 在重复剔除弱占优策略后，每个参与人应该只剩下一个策略。这些策略是你从 A（f）中得到的均衡策略吗？

d. 用重复剔除弱占优策略的方法来选出纳什均衡的做法运用了迭代占优思想。考虑 A（a）中的原博弈（我们引入烧钱的可能性之前的博弈）。运用迭代占优思想能够缩小该博弈的纳什均衡集吗？

e. 判断正误：通过引入一个最后不会被采用的行为，你使得你与恋人最终去看歌剧的可能性提高了。

*†24.9　日常与商业应用：对固定金额的讨价还价。 考虑习题 24.5 中的博弈的重复版本。这里，我们不会把所有的出价权交给一个人，而是想象博弈双方不停地对对方出价并讨价还价，直到他们达成一致。在该习题的 A 部分，我们分析这个讨价还价博弈的简化版本。在该习题的 B 部分，我们用该习题的 A 部分得到的结论来考虑一个无限重复讨价还价博弈。（注意：该习题的 B 部分在概念上依赖该习题的 A 部分，但是不需要任何本章 B 部分的知识。）

A. 考虑一个三阶段博弈，两位参与人要分配 100 美元。参与人 1 首先说出一个数额 x_1，表示她得到 x_1 而参与人 2 得到（$100-x_1$）。参与人 2 可以接受这个出价，这时参与人 1 得到 x_1，参与人 2 得到（$100-x_1$），博弈结束；或者参与人 2 可以拒绝，则博弈进展至第二期。在第二期，参与人 2 可以出价 x_2，表示参与人 1 得到 x_2，而参与人 2 得到（$100-x_2$）。此时，参与人 1 可以接受出价（并得到相应收益）或者拒绝它。如果出价又被拒绝，博弈进行到第三期，此时参与人 1 得到 x，而参与人 2 得到（$100-x$）。假设本题中的参与人都是没有耐心的，对她们而言，下一期的 1 美元的现值是 $\delta(<1)$ 美元。再假设每个参与人在接受与拒绝无差异时都选择接受。

a. 假定参与人 1 知道如果博弈进行到第三期时她将得到 x，那么她在第二期会接受的最低出价是多少（考虑她对未来的贴现）？

b. 如果参与人 2 在第二期的出价与你在（a）中推出的答案相同，那么她会得到多少收益？如果她在第二期的出价少于那个值，那么她从博弈中得到的收益的贴现值（贴现到第二期）是多少？

c. 根据（b）的答案，你认为参与人 2 在第二期的出价是多少？

d. 在博弈开始后，参与人 2 可以向前追溯并且知道你上面得出的所有结论。你能利用这些信息得出在第一期参与人 2 能够接受的最低出价吗？

e. 如果参与人 1 的出价与（d）中的答案相同，那么参与人 1 在第一期得到的收益是多少？如果她给自己的出价高于那个值，她将得到多少收益（用现值表示）？

f. 基于（e）的答案，你认为参与人 1 在第一期会出价多少？这说明该博弈应如何在子博弈完备均衡中展开？

g. 判断正误：参与人 1 在第三期能够得到的越多，她在第一期提供给参与人 2

的数额就越少（参与人 2 总是在博弈开始时接受参与人 1 的出价）。

B.　现在考虑这个博弈的无限重复版本，即假设在奇数期参与人 1 对参与人 2 出价，然后参与人 2 选择接受或拒绝，在偶数期则反过来。

a. 判断正误：从第三期开始的博弈（假设博弈能进展到这个阶段）与从第一期开始的博弈完全一样。

b.　假设在从第三期开始的博弈中，参与人 1 出价 x 然后参与人 2 接受它是均衡的一部分。给定（a）的答案，在从第一期开始的博弈中，参与人 1 出价 x 然后参与人 2 接受它是否也是均衡的一部分？

c.　在该习题的 A 部分，你应该已经总结出当博弈在第三期以设定好的收益 x 及 $(100-x)$ 人为终止时，参与人 1 会在第一期出价 $x_1=100-\delta(100-\delta x)$，并且参与人 2 会接受。如果我们假设在开始于第三期的无限重复博弈中，均衡是参与人 1 出价 x，参与人 2 接受出价，那么我们的无限重复博弈在哪方面与我们 A 部分分析过的博弈相类似？

d.　在你答案的基础上分析为什么必有 $x=100-\delta(100-\delta x)$？

e.　利用上问的观点回答以下问题：在无限重复博弈的第一期，参与人 1 将会出价多少？参与人 2 会接受吗？

f.　在这个无限重复讨价还价博弈中，先发者有优势吗？如果有，为什么？

24.10　日常与商业应用：拍卖。 许多商品不是在市场上贩卖，而是通过拍卖卖出，拍卖中的竞拍者不知道其他人对拍品的估值。我们在此将研究一个简单直观的拍卖过程，具体来说本题中的大部分内容是分析一个在本章 B 部分讲过的不完全信息博弈。但是即使你没有读过 B 部分，本题的内在逻辑对你做题来说也足够清晰。考虑下述第二价格密封拍卖。在这种拍卖中，所有人同时对他们感兴趣的拍品 x 提交一个密封的竞价。出价最高的人将以出价第二高的价格拍下这个拍品 x。

A.　假设有 n 个不同的竞拍者，他们对于拍品 x 有不同的边际支付意愿。参与人 i 关于 x 的边际支付意愿用 v_i 表示。假设初始时这是一个完全信息博弈，即每个人都知道所有人关于拍品的边际支付意愿。

a.　每个参与人 i 都出价 v_i 是一个纳什均衡吗？

b.　假设 j 有最高的边际支付意愿，那么 j 出价 v_j 而其他人出价 0 是一个纳什均衡吗？

c.　你能找出这个拍卖的一个其他的纳什均衡吗？

d.　假设参与人只知道自己的边际支付意愿，而对其他人的边际支付意愿并不清楚。你能解释为什么此时所有人都出价等于他们的边际支付意愿的价格是最令人信服的纳什均衡吗？

e.　现在考虑一个序贯第一价格密封拍卖，拍卖师不断以很小的幅度提高拍品 x 的价格，当潜在的竞拍人想要支付那个价格时，她就会给拍卖师发出一个信号。（假设竞拍人对拍卖师发出的信号不会被其他竞拍人观察到。）当只有一个竞拍人示意愿意支付这个价格时，拍卖结束，胜者即以这个价格购得拍品 x。假设拍卖师提价的间隔足够小，那么每个竞拍人最后的出价大约是多少？

    f. 在均衡时，序贯拍卖的胜者大概会付什么价格？

    g. 判断正误：第二价格密封拍卖的结果大致上等于序贯第一价格密封拍卖的结果。

    B. 在这部分，我们分析一个 A 部分的拍卖被应用于现实世界的例子。我在成为杜克大学经济系的系主任后，每年都要思考如何把研究生分配给教师来帮助他做助教、助研工作。系里会给学生发津贴，但对于教师来说，学生的工作是免费的。

    a. 在这个体系下，教师们总是抱怨"助教短缺"。你认为这是为什么呢？

    b. 我把这个体系做了如下改动：除了一些非常关键的大课的助教必须分配研究生之外，我不再把任何学生分配给教师。相反，我让教师们用美元为分配到研究生的权利而竞价。如果我们有 N 个可分配的研究生，我就选择最高的 N 个竞价，告诉那些教师他们有资格选择一个学生，然后让学生和教师之间互相沟通达成配对。然后，每个成功竞价的教师都被（从教师账户里）收取最低成功竞价的费用，我叫它"市场价格"。（学生津贴仍然由系里发放。从教师账户收的钱被汇总到学系账户中去，然后再以一次性分配的方式分配给所有教师。）已知我们有数量庞大的教师队伍，那么每个教师的竞价会明显影响"市场价格"吗？

    c. 在这个分配助教权拍卖刚开始的时候，我在每年写给教师的邮件中这样写道："对于你们中那些不是博弈论理论家的人，请注意，以分配助教权在你心中真正的估值来竞价，将会是一个占优策略。"你同意这句话吗？为什么？

    d. 在我接下来担任系主任期间，我再也没有听到过关于"助教短缺"的抱怨，你对此感到惊奇吗？为什么？

    e. 你认为我为什么要把最低的成功竞价叫做"市场价格"？你能够想出几种能让分配学生的过程变得更有效的分配方法吗？

    24.11 商业应用：垄断与价格歧视。在第 23 章中，我们讨论了垄断者的一阶、二阶、三阶价格歧视。这种价格决定是能够用博弈论来刻画的策略性选择，我们在此将继续这个问题。假设在本题中，垄断者能够防止以低价购买商品的消费者把商品以高价转卖他人。

    A. 假设垄断者面对两种类型的消费者：高需求消费者和低需求消费者。再假设垄断者能够分辨消费者属于低需求消费者还是高需求消费者，即消费者类型对垄断者是可观测的。

    a. 你能够把垄断者的定价决策刻画成一个具有不同的消费者类型的序贯行动博弈吗？

    b. 假设垄断者能够构造任意类型的两部收费制，即一个单位产品价格加一个针对每种消费者类型的不同的固定费用。这个博弈的子博弈完备均衡是什么？

c. 判断正误：一阶价格歧视会在子博弈完备均衡中出现，但是不会出现在其他纳什均衡中。

d. 这个分析与习题 24.5 的博弈有什么相似之处？

e. 下一步，假设垄断者无法收取固定费用，只能收取每单位价格，但是他能针对不同类型的消费者设定不同的单位价格。此时你的博弈的子博弈完备均衡是什么？

B. 下面，假设垄断者无法观察到消费者类型，只知道低需求消费者类型占总人数的比例为 ρ，高需求消费者类型占总人数的比例为 $(1-\rho)$。假设公司能够提供任意的价格/数量组合。

a. 你能够把垄断者的价格决定过程刻画成一个不完全信息博弈吗？

b. 从第 23 章讲的概念出发，这个博弈的完备贝叶斯均衡是什么？请解释。

**24.12　商业应用：胡萝卜加大棒：绩效工资与解雇威胁。 在我们早期关于劳动需求的讲解中，我们假设公司能够观察到工人的边际收益产品，因此能够雇用合适的工人数量直至工资等于边际收益产品。但是假设公司不能完美地观察到工人的生产效率，并且工人通过选择努力工作或是"偷懒"，对自己的生产效率有一定的控制力。在本题 A 部分，我们将考虑刻画这个现象的博弈的子博弈完备均衡，在 B 部分我们将看到这个博弈的拓展形式，该博弈结果预测公司有可能把"高于市场"的工资与解雇没有效率的工人结合起来。这种工资被称为绩效工资，使得公司对工人应用"胡萝卜加大棒"的策略：给工人高工资（胡萝卜），因而使得解雇威胁更加有效。（注意：你最好能在看完整章后再做这道题。）

A. 假设公司以给工人支付工资 w 开始博弈。一旦工人观察到公司的出价，他就选择接受或者拒绝。如果工人拒绝，博弈结束，工人将以他的市场工资 w^* 就职于其他公司。

a. 假设工人的边际收益产品 $MRP=w^*$。如果边际收益产品不是努力的函数，博弈的子博弈完备均衡是什么？

b. 下面假设博弈稍微复杂了些，工人的努力与边际收益产品相关。假设他接受了公司的工资，工人可以选择付出努力 $e>0$ 或不努力。公司无法观察到工人是否努力，但是能观察到公司整体的运作情况。特别地，假定如果工人努力的话公司从雇用工人中得到的收益是 $(x-w)$，如果工人偷懒则公司的收益是以 $\gamma<1$ 的概率得到 $(x-w)>0$，以 $(1-\gamma)$ 的概率得到 $(-w)$。对于工人来说，如果工人付出努力，他的收益是 $(w-e)$，如果不努力，收益是 w。如果工人偷懒，则公司的期望收益是多少？

c. 为了使偷懒工人不会被公司雇用是有效的，w^* 必须与 γ 和 x 有怎样的关系？

d. 假定工人如被雇用则将付出 e 的努力。因为 e 对工人来说是成本，那么为了使不偷懒的工人被公司雇用是有效的，w^* 必须与 $(x-e)$ 有怎样的关系？

e. 假定 w^* 与 γ、x 和 e 有特定关系，使得工人只有在不偷懒时才能被公司雇用是有效的。如果你在（c）和（d）中得到的条件成立，那么子博弈完备均衡是什么？公司能够雇用工人吗？

f. 你刚才得到的子博弈完备均衡是没有效的。为什么？这种无效性的内在理由是什么？

B. A 部分定义的博弈存在的问题是，我们没有充分考虑到工人被公司雇用后公司和工人之间的互动不仅仅只发生一次。假定我们现在把工人与公司之间的关系考虑为可以重复无限次。每天，公司都将以对工人工资出价 w 开始，工人选择接受或者拒绝这个出价，如果拒绝，则工人离开公司（结束互动）并赚取市场工资 w^*；如果接受，则工人可以选择付出 e 的努力或者偷懒，而公司则在当天结束时观测到一个收益，可能是 $(x-w)$（如果工人努力工作则可以确定得到这个结果；如果工人偷懒，则只能以 $\gamma < 1$ 的概率得到这个结果），也可能是 $(-w)$（此结果只可能在工人偷懒的情况下发生）。每个人在一天结束后都回家，然后第二天再相遇（他们都知道所有以前的结果）。

a. 考虑公司的如下策略：在第一天出价 $w = \overline{w} > w^*$；并且只要所有以前的日子的收益都是 $(x-\overline{w})$，则继续出价 $w = \overline{w}$；否则出价 $w = 0$。这是触发策略的一个例子吗？

b. 考虑工人的如下策略：若 $w \geq w^*$，则接受出价 w；否则拒绝。进一步地，只要以前的工资（包括当期工资）都达到 $\overline{w}$，则付出努力 e；否则偷懒。这是触发策略的另一个例子吗？

c. 假定每个人把下一期的一美元在本期都看作 $\delta < 1$ 美元。再假定当公司总是出价 $w = \overline{w}$ 并且工人总是接受出价并且付出努力时，P_e 是工人全部收益的贴现值。解释为什么等式 $P_e = (\overline{w} - e) + \delta P_e$ 永远成立。

d. 用上面的公式来求解工人的贴现值 P_e（它是关于 $\overline{w}$、e 和 δ 的函数），假设对于工人来说工作时付出努力是最优的。

e. 假设公司出价 $w = \overline{w}$。注意公司能够得知工人偷懒的唯一办法是观察到某天的收益是 $(-\overline{w})$ 而非 $(x-\overline{w})$，而我们已经假设当工人不努力时某天的收益为 $(-\overline{w})$ 的概率是 $(1-\gamma)$。因此，工人也许会决定碰碰运气来偷懒，期待着公司还能够得到 $(x-\overline{w})$ 的收益（这发生的概率只有 γ）。工人这么做的立即收益（当天收益）是多少？

f. 假设工人不走运，第一次偷懒就被发现，因此从第二天开始他只能得到市场工资 w^*。此时，开始于第二天的博弈的贴现值是多少？〔注意：$\delta + \delta^2 + \delta^3 + \cdots$ 的无限和等于 $\delta/(1-\delta)$。〕

g. 假设工人从总是偷懒中得到的期望收益是 P_s。如果工人第一天偷懒没有被抓，那么他第二天的情况就与第一天完全相同，也就是说从第二天开始的博弈的期望收益仍然是 P_s。把它与你在（e）、（f）中得到的答案相结合，解释为什么下述等式必然成立：

$$P_s = \overline{w} + \delta \left[\gamma P_s + (1-\gamma) \frac{w^*}{1-\delta} \right] \tag{24.11}$$

从这个式子中推导出 P_s，用 δ、γ、$\overline{w}$、e 和 w^* 表示。

h. 为了使工人在（b）的策略是对公司在（a）的策略的最优反应，必须有 $P_e \geqslant P_s$。为了使工人不偷懒，工人要求高于市场工资 w^* 的薪水是多少？这个升高的薪水如何随努力成本 e 的变化而变化？它如何随被发现偷懒的概率而变化？这个薪水有意义吗？

i. 为使得公司在（a）的策略是对工人策略［（b）中的策略］的最优反应，最高的 $\overline{w}$ 是多少？把这个答案与（h）的答案相结合，为使得（a）、（b）的策略能够组成纳什均衡，$(x-e)$ 与 w^*、δ、γ、e 有什么关系？再考虑你在 A（d）的答案，只要有效则公司会雇用不偷懒的员工这一论点总是成立吗？

24.13　政策应用：与海盗、恐怖分子（和孩子）谈判。虽然我们总认为海盗已经是过去式了，但是在国际海域海盗行为呈上升趋势。通常，海盗会劫下一艘商船，然后要求一笔赎金以放走这艘船。这与某些恐怖主义的形式类似，例如恐怖分子由于不满而绑架了某个国家的公民，然后要求该国为交换人质而做一些事情。

A. 通常，国家都有明确的政策说"我们不会与恐怖分子谈判"，但是我们还是经常发现国家（或者拥有商船的公司）为了解决事件会付赎金或者采取恐怖分子要求的某些行动。

a. 假设许多国家的船只都是海盗的目标。在每起海盗事件中，一国都要面临是否谈判的决策。如果海盗们发现受害者在谈判的问题上容易妥协，他们就会更有可能再次作案。你能用囚徒困境的逻辑来解释为什么即使嘴上说不，许多国家还是都会选择谈判吗？（假设海盗在登船之前无法分辨船属于哪国所有。）

b. 假设恐怖分子的目标只有一个国家。囚徒困境仍然适用吗？

c. 如果你必须猜测，你认为大国和小国谁更有可能与海盗和恐怖分子谈判？

d. 孩子有时候就像恐怖分子：一边为想要的东西大吵大闹，一边暗示如果父母妥协就不会再吵闹。每当这时，父母总觉得似乎给孩子们他们想要的是一个诱人的选择，但是他们知道这会让孩子们觉得他们总能通过吵闹来得到想要的东西，因此这些"小恐怖分子"会更经常爆发。如果孩子与单亲共同居住，会有囚徒困境吗？

e. 如果孩子与双亲住在一起会怎么样呢？如果孩子在一个大家庭中长大，其中每个人都照顾每个人的孩子，又会怎样呢？

f. 其他条件都相同，你认为哪个孩子吵闹得最厉害：单亲家庭的孩子，双亲家庭的孩子，还是大家庭的孩子？

†**24.14　日常、商业与政策应用**：用教育作为信号。在第 22 章，我们简单介

绍了教育的信号作用，即许多人接受更高教育的部分原因不是为了学更多知识，而是为了向潜在雇主发出更高生产率的信号（以期得到更高的工资）。我们将在本题的 B 部分在不完全信息博弈中研究这个问题（建立在本章 B 部分的概念之上），但是首先在完全信息博弈中考虑没有信号作用的例子。在本题中，我们假定有两种类型的工人，类型 1 的工人生产率较低，类型 2 的工人生产率较高，全体工人中有 δ 的比例是类型 2，有 $(1-\delta)$ 的比例是类型 1。两种类型都能通过努力得到更高教育，但是类型 1 要花费 e 的努力得到特定的教育水平 e（$e>0$），而类型 2 只需要花费 $e/2$ 的努力。如果雇主以 w 的工资雇用一个类型 2 的工人，他将得到 $(2-w)$ 的利润，如果以 w 的工资雇用一个类型 1 的工人，他将得到 $(1-w)$ 的利润。（如果不雇用工人，雇主将得到零利润。）我们假设工人在第一期决定要接受多少教育；然后在第二期他去找两个同时决定给多少工资 w 的竞争性的雇主；在第三期，工人决定要接受哪个雇主。

A. 首先假设工人的生产率能被雇主直接观察到，即雇主能仅仅通过观察就确定工人属于类型 1 还是类型 2。

a. 逆向求解这个博弈，在第三期选择接受工资时，工人将应用什么策略？

b. 假定雇主知道在第三期将要发生什么，在第二期的同时行动博弈中，雇主会给两种类型的工人多少工资（假设他们的行为都是对对方的最优反应）？（提示：思考一下两位雇主是否会给同类型的工人不同的工资，如果不会，他们之间的竞争是如何影响均衡工资的。）

c. 注意我们已经假设工人的生产率不会被该工人在第一期选择的教育水平 e 所影响，那么 e 的值可能对工人均衡时得到的工资有影响吗？

d. 如果雇主序贯行动，他们提供的工资会有差异吗？假设雇主 2 在选择提供的工资前能够观察到雇主 1 提供的工资。

e. 在达到子博弈完备均衡时，两种类型的工人的 e 各是多少？

f. 判断正误：如果教育不会对工人生产率产生影响，并且雇主能够直接观察到应聘者的生产率水平，工人将不会为得到教育而付出努力，至少不会为了拿到一个工资高的工作而接受教育。

B. 现在假设雇主不能直接区分工人的生产率水平，他们仅仅知道有高生产率的工人的比例为 δ，他们也知道应聘者的教育水平为 e。

a. 与 A 部分相比，工人在第三期的行为会发生改变吗？

b. 假设存在一个分离均衡，类型 2 的工人接受的教育 $\bar{e}$ 与类型 1 的工人接受的教育程度不同，因而雇主能够通过观察教育水平来区分应聘者的生产率。在分离均衡中类型 1 的工人一定会选择什么水平的教育？

c. 竞争性的雇主会给两类工人提供什么样的工资？陈述其完整策略以及支撑策略的信念。

d. 给定你上面的答案，在分离均衡中 $\bar{e}$ 将取什么值？假设 $\bar{e}$ 落在这个范围内，请描述分离的完备贝叶斯纳什均衡，包括工人和雇主的策略以及支撑均衡所必需的全部信念。

e. 假设均衡是一个混同均衡，即所有工人都选择同一教育水平 $\bar{e}$，雇主无法区分应聘者的生产率。第三期的策略会有什么改变吗？

f. 假设每个应聘者是类型 2 的概率为 δ，是类型 1 的概率为 $(1-\delta)$，雇主在第二期将会提供什么样的工资？

g. 什么样的教育水平 $\bar{e}$ 能够在这样一个完备贝叶斯混同均衡中存在？假设 $\bar{e}$ 落在这个范围内，描述这个混同的完备贝叶斯纳什均衡，包括工人和雇主的策略以及支撑此均衡所必需的全部信念。

h. 是否存在一个教育水平 $\bar{e}$，在分离均衡中高生产率的工人会选择这个教育水平，而在混同均衡中所有工人都将选择这个教育水平？

i. 当 δ 趋近于 1 时，混同均衡的工资相对分离均衡中可能达到的最高工资会如何变化？这个变化合理吗？

24.15 日常、商业与政策应用：对抗还是放弃。 在许多情况下，我们要考虑是否对参与某一活动的对手发起挑战。例如，在人际关系中，我们要考虑是否要用自己的计划来推翻同事的计划；在商务关系中，潜在的新公司要决定是否挑战现有公司（我们在课本上已经讨论过这样的例子）；在选举中，政治家必须决定是否挑战拥有更高选举竞争力的在任者。

A. 考虑下述研究挑战者与在任者的选择的博弈。潜在挑战者先行动，他在不挑战、认真准备并挑战、不准备就挑战中进行选择。我们把这三种行动叫做 O（代表不参与），P（代表准备并进入）和 U（代表不准备但进入）。然后，在任者需要选择对抗挑战（F）或者放弃挑战（G）；如果没有发生挑战，则挑战者选择 O，博弈直接结束。

a. 假设五种可能的行动组合的收益如下，其中每组的第一个收益代表挑战者的收益，第二个收益代表在任者的收益：(P, G) 得到 $(3, 3)$；(P, F) 得到 $(1, 1)$；(U, G) 得到 $(4, 3)$；(U, F) 得到 $(0, 2)$；O 得到 $(2, 4)$。画出带有行动和收益的完整的序贯行动博弈树。

b. 用收益矩阵来描述这个博弈（仔细考虑所有策略）。

c. 找出该博弈的纯策略纳什均衡并且说明其中哪一个是子博弈完备的。

d. 下面假设在任者只能观察到挑战者是否发起挑战，但不能看到挑战者是否经过了准备。你能用子博弈完备的逻辑来预测均衡吗？

e. 下面假设 (P, G) 的收益变为 $(3, 2)$，(U, G) 的收益变为 $(4, 2)$，(U, F) 的收益变为 $(0, 3)$（其他两个组合的收益保持不变）。假设在位者既能观察到挑战者是否要发起挑战，又能观察到挑战者是否经过了准备，则子博弈完备均衡是什么？

f. 你能像（d）中一样再次用子博弈完备的逻辑来预测当在任者不能区分挑战

者是否经过了准备时的均衡结果是什么吗？

B. 考虑 A（f）中的博弈。

a. 假设在任者相信发起挑战的挑战者准备过的概率是 δ，没准备的概率是 $(1-\delta)$。在任者选择 G 的期望收益是多少？选择 F 的期望收益是多少？

b. δ 落在什么范围内时，对在任者来说选择 G 是最优反应？δ 落在什么范围内时，对在任者来说选择 F 是最优反应？

c. 什么策略组合与（在任者的）信念组成了一个纯策略完备纳什均衡？（注意：在均衡中，在任者的信念与挑战者实际选择的策略不一致的情况是不存在的！）

d. 下面假设 (P, G) 的收益变为 $(4, 2)$，(U, G) 的收益变为 $(3, 2)$〔其余收益组合不变，如 A（e）所示〕。你能得到同样的纯策略完备均衡吗？

e. 在哪个均衡中〔（c）中的均衡或是（d）中的均衡〕在任者的均衡信念看上去更可信？

＊24.16 日常与政策应用：举报犯罪。 我们大多数人生活在一个犯罪会被举报并处理的社会，但是我们倾向于让别人承担举报犯罪的重任。假设某犯罪过程被 N 个人目击到，并假设拿起电话举报犯罪的成本是 $c>0$。

A. 首先假设每个人赋予犯罪被举报的价值 $x>c$，如果犯罪不被举报，每个人的收益都是 0。〔因此，如果你举报，我的收益是 x，如果我举报，则我的收益是 $(x-c)$。〕

a. 每个人都必须同时决定是否拿起电话举报犯罪。是否存在一个纯策略纳什均衡使得没人举报犯罪？

b. 是否存在纯策略纳什均衡使得多于一个人举报犯罪？

c. 这个博弈有很多纯策略纳什均衡。它们共同的特点是什么？

d. 下面假设每个人都以 $\delta<1$ 的概率打电话举报。为了使这是一个混合策略均衡，对每位参与人来说打电话的期望收益与不打电话的期望收益有什么关系？

e. 如果每个人都以 $\delta<1$ 的概率打电话，那么打电话的收益是什么？

f. 如果每个人都以 $\delta<1$ 的概率打电话，那么不打电话的期望收益是什么？〔提示：一个人不打电话的概率为 $(1-\delta)$，$(N-1)$ 个人不打电话的概率为 $(1-\delta)^{(N-1)}$。〕

g. 用你（d）至（f）的答案，将 δ 表示为 c、x 和 N 的函数，使得每个人以 δ 的概率打电话是一个混合策略均衡。当 N 上升时这个概率会如何变化？

h. 在这个混合策略均衡中犯罪被举报的概率是多少？〔提示：从（f）中，你应该能总结出没有其他人举报犯罪的概率 $(1-\delta)^{(N-1)}$ 在混合策略均衡中等于 c/x。因此没人举报犯罪的概率就是最后一个人也不举报犯罪的概率。〕随着 N 的增大，这个概率如何变化？

i. 判断正误：如果是否举报犯罪由这样的混合策略行为决定，那么只有少数人目击犯罪更好；而如果是否举报犯罪是由纯策略纳什均衡行为决定的，有多少人目击到犯罪并不重要。

j. 如果每个人举报犯罪的成本不同（但总是比 x 小），纯策略纳什均衡集会不一样吗？不通过推导，你能猜测混合策略均衡会受到怎样的影响吗？

B. 假设从现在开始每个人对举报犯罪赋予的价值都不相同，参与人 n 认为举报犯罪的价值是 x_n。假设每个人举报犯罪的成本仍然是一样的 c。每个人都知道 c 对每个人是一样的，参与人 n 在考虑是否要举报前知道 x_n。但是每个人关于其他人的 x 值只知道它们落在区间 $[0, b]$ 中，c 也落在该区间中，每个人的 x_n 比 x 小的概率用 $P(x)$ 表示。

a. $P(0)$ 是多少？$P(b)$ 是多少？

b. 从现在起，假设 $P(x) = x/b$。你在（a）中的答案成立吗？

c. 考虑是否存在一个贝叶斯纳什均衡，其中对于每个参与人而言，当且仅当 x_n 大于等于某个临界值 y 时，他才会选择举报犯罪。假设除 n 之外的每个人都选择这个策略，那么除 n 之外至少有一个人举报犯罪的概率是多大？〔提示：给定这个策略，参与人 k 不举报犯罪的概率等于 x_k 小于 y 的概率，即 $P(y)$。K 个人不举报犯罪的概率就是 $(P(y))^K$。〕

d. 对于 n 来说（他认为举报犯罪的价值为 x_n）不举报犯罪的期望收益是多少？举报犯罪的期望收益是多少？

e. 如果 $x_n < y$，n 不举报犯罪的条件是什么？当 $x_n \geq y$ 时，n 举报犯罪的条件是什么？

f. 什么样的 y 值能使我们找到一个贝叶斯纳什均衡？

g. 当 N 增大时犯罪被举报的均衡概率是多少？

h. （在这个均衡中）犯罪被举报的概率是怎样被 c 和 b 影响的？这合理吗？

24.17　政策应用： 一些囚徒困境。在本章中我们提到的囚徒困境的动机在现实世界中经常出现。

A. 对于下列各题，解释为什么它们是囚徒困境，并提出一个解决这种博弈中的激励问题的方法。

a. 当我在大班（大班每周会以小班的形式召开一次会议）讲授囚徒困境的问题时，我有时提供下述额外加分作业：我给每名学生 10 分，然后他们必须决定将其中的多少分捐赠给"小班账户"并把结果私下提交给我。每个学生的收益是一个额外得分，它等于他们没有捐赠的那部分得分加上所有注册了这个小班的学生的平均捐赠的两倍。例如，如果一个学生向小班捐了 4 分，而小班所有学生的平均捐赠为 3 分，那么这名学生的额外得分就是 12 分：其中 6 分是因为这个学生只捐赠了 10 分中的 4 分，另外 6 分是因为他得到了对小班的平均捐赠的两倍分数。

b. 人们开车上路，却从不考虑这对道路上其他司机造成的影响，在某些可预测的时段，这通常会导致道路拥堵问题。

c. 在你社区中的每个人都希望在下次美国独立日时在社区里看到一些壮观的

焰火，但是不知为何，你的社区没有任何人放焰火。

d. 人们喜欢下载免费的盗版音乐，但是希望艺术家们继续创作出很多美妙的音乐。

e. 小商店的店主都喜欢在"工作时间"开店，而在晚上和周末闭店。在某些国家，他们成功地游说了政府来强制商店在晚上及周末闭店。

B. 在第 21 章，我们介绍了科斯定理，我们在 21A.4.4 节介绍了蜜蜂与苹果园的例子。（被蜜蜂频繁光顾的）苹果树不会产太多蜜，但是蜜蜂对异花授粉很关键。

a. 在一个有很多苹果园的地区，每个果园主人都要保证有足够多数量的蜜蜂光顾果树并进行关键的异花授粉。但是蜜蜂不容易被留在一个果园中，也就是说一个拥有蜂巢的果园主人也为周围的果园提供了异花授粉服务。为什么说果园主人也面临一个囚徒困境？

b. 科斯定理表明果园主人将会怎样处理这个问题？

c. 我们在第 21 章提到了"果园习俗"，它是指每个果园主人都会在每亩地上保留和其他果园主人同样的蜂巢数量。为什么这样的习俗成了无限重复博弈的均衡结果？

24

第 25 章　寡头垄断

到目前为止，我们讲述了两种极端的市场结构：完全竞争市场——拥有大量的生产同一种产品的小企业；以及垄断市场——由于一些形式的进入壁垒（同时也没有其他企业生产相近的替代产品），市场上只有单一的没有竞争对手的企业。[①] 这两种代表着截然相反的市场结构的模型非常有用，因为它们可以在一定程度上帮助我们去分析现实经济社会中的重要经济力量。但是，现实中很少有这两种极端的市场结构形式，因此我们转向介于这两者之间的一些市场结构形式。

第一种情况是寡头垄断（oligopoly）。寡头垄断市场结构是指由于某些进入壁垒，市场上只有少数几个企业，外部不能对它们构成竞争威胁。与垄断情形类似，进入壁垒可能是技术性的（例如具有高固定成本），或者法律性的（例如政府管制竞争）。我们将在本章寡头垄断的分析中假设寡头企业生产同质产品，企业产品的差异化问题将在第 26 章详细讨论。如果寡头垄断市场中的企业组合成一家企业，则成为像第 23 章中介绍的垄断企业。另外，如果进入壁垒消失，只要有正的利润，新企业就会不断进入，直至变成完全竞争市场。

由于垄断市场中只有少数几个企业，我的企业产量的多少会影响其他企业所收取的价格，或者我的企业的定价决策会决定其他企业能收取的价格。垄断企业因此处于一种策略性环境中，它们的决策直接影响它们所在的经济环境。你可以看到航空企业如何相互观察以决定票价或者某条特定航线上有多少架飞机，少数大汽车企业如何决定新车销售的融资规模，在这些例子中都可以看到这种策略性环境。在下面的章节里，我们将通过不同的方法研究寡头垄断企业所面临的受限的和策略性的竞争。

---

① 本章主要建立在第 23 章和第 24 章的 A 部分的基础之上。本章只有 25B. 3 节要求来自第 24 章 B 部分的知识，如果你只读了第 24 章的 A 部分，这一节可以跳过。本章还假设你已理解前面生产者理论中所涉及的不同类型的成本（如第 13 章第一节所总结的）并对第 18 章第一节中的需求和弹性有基本的理解。

25A 寡头垄断的竞争与合谋

尽管我们可以把寡头垄断市场想成有多于两家的企业，但是我们主要讨论寡头垄断市场结构中只有两家企业的情形（通常叫做双寡头市场）。由此得到的基本见解可以被推广到有多于两家企业的寡头垄断市场的情形，但是随着企业数目的增加，寡头垄断市场变得越来越像完全竞争市场。同样，为了简化分析，我们假设两个企业是同质的（面临同样的成本结构），并且具有不变的边际成本。在章末习题中，我们接着探索基本假设的变化如何影响我们所得的结论。

为了清晰理解，我们假设这样一个具体情形：我是一家经济学家卡片生产商，但是我最近发现你也生产同样的卡片。假设我们两家同时对此申请版权，政府将对我们两家授予版权，未来将不会对其他人再授予版权。由于大众缺乏对经济学的深刻理解，购买这种卡片的人都是参加每年一月份美国经济协会年会的经济学家，你和我需要决定在会议上销售卡片的策略。

在寡头垄断市场上的两家企业本质上需要制定两个基本决策：（1）生产多少；（2）销售价格。如果在美国经济协会年会现场卡片也非常容易复制，我们就可以只决定一个价格，并将其公示在我们的摊位前，需要多少卡片就生产多少。在这种情况下，价格就是策略性变量，我们必须在会议开始前确定价格，并通过广告告知参会者以吸引他们到我们的摊位购买。另一种情况是如果卡片不能在现场制作，我们需要在美国经济协会年会开始前制作出卡片并将其带到我们的销售摊位上。在这种情形下，产量就成为策略性变量，因为我们需要在会议前决定带多少卡片去销售摊位，然后根据到达后实际有多少人购买再调整价格从而把卡片卖出去。正确的策略性变量究竟是价格还是产量取决于寡头垄断企业面临的情形，我们称之为企业运作的经济环境。因此我们建立两种形式的模型：产量竞争（quantity competition）模型和价格竞争（price competition）模型。

寡头垄断模型的另一个特点是寡头垄断企业或同时、或序贯地确定它们的策略性决策。我可能需要花费更长的时间将我的广告材料整理齐全，因此只能在你之后再公布我的价格，也可能我在一个地方性市场上，不得不在你之前确定产量。如我们在博弈论中讨论的那样，我们在同时决策的情况下使用纳什均衡的概念，在序贯决策的情况下使用子博弈完备纳什均衡的概念。通常，我们会发现谁先行动会有影响。

因此，我们需要讨论四种不同的模型：（1）价格竞争，企业同时决定价格策略决策；（2）价格竞争，企业序贯地决定价格策略决策；（3）产量竞争，企业同时决定产量策略决策；（4）产量竞争，企业序贯地决定产量策略决策。我们将先从价格竞争开始再到产量竞争，两者都考虑同时决策和序贯决策两种情形，我们将发现，如果寡头垄断企业简单地联合起来像一个单一垄断企业一样行动，寡头垄断企业在原则上会做得更好。讨论完寡头垄断价格和产量竞争，我们将考虑在何种情形下的寡头垄断企业更能成功形成卡特尔，从而消除寡头垄断企业之间的竞争，像垄断企业一样行动。

25A.1 寡头价格（或"伯特兰"）竞争

寡头垄断企业的策略性定价竞争被称为伯特兰竞争（Bertrand competition），伯特兰（1822—1900）是法国数学家。伯特兰对另一位法国数学家古诺（1801—1877）提出了挑战，古诺通过研究产量竞争（下一节讨论），认为寡头垄断企业产品定价将介于完全竞争和完全垄断价格之间。伯特兰提出了不同且令人吃惊的结论：他认为古诺将产量作为策略性产量是错误的，如果企业进行价格竞争而不是产量竞争将有不同的结论。特别地，伯特兰认为，即使只有两家寡头垄断企业，如果它们进行价格竞争，会导致寡头垄断市场价格等同于完全竞争时的价格（价格等于边际成本）。

25A.1.1 同时定价策略决策 伯特兰的逻辑很容易从如下模型中看出，在该模型中两个相同的企业同时做决策，并具有不变的边际成本（无固定成本）。假设没有固定成本，我们在美国经济协会年会现场可以非常容易地调整卡片的产量。因此，我们需要决定一个价格并公布出去，然后根据这个价格下消费者的需求量进行生产供应。但是，我们在考虑公布价格时，不得不考虑竞争对手将公布什么价格和消费者对不同价格的组合将如何反应。一个非常直接的结论是：如果我们宣布不同的价格，那么消费者都会奔向价格较低者，另一个企业将不能卖出任何一张卡片。

因此，第一，我不会为了吸引顾客而定价过低以至于利润为负。由于我们假设没有固定成本和具有不变的边际成本，这意味着我的定价不会低于边际成本。第二，假设你的企业的定价同样不会低于边际成本，我的定价不会高于你，因为那样我将会失去所有顾客。换言之，无论你定什么样的价格，低于边际成本和高于你的定价都不是我的"最优反应"。这对你也同样适用，这就意味着，在给定对手策略我们都选择了最优决策的任何纳什均衡上，我们的定价水平相同，且不低于边际成本。

但是，不仅如此，假定我们宣布的价格高于边际成本，那么我并不是在选择"最优反应"，因为你宣布了一个高于边际成本的价格，我可以改变价格，定一个只比你低一点点的价格就可以获得整个市场，这样我可以变得更好。只有当两家企业都宣布价格等于边际成本时，才不存在这种改进。假定你的定价等于边际成本，我既不能通过降低价格（这将导致负利润）而获益，也不能通过定一个高的价格（我将失去所有顾客）而获益。如果我的定价在边际成本上，这也同样适用于你。因而，宣布一个等于边际成本的价格是我们对对方策略的"最优反应"，这个结果就是纳什均衡。

练习 25A.1 你可以看出为什么这是唯一可能的纳什均衡吗？这个纳什均衡是占优策略吗？

练习 25A. 2 如果超过两家寡头垄断企业进行伯特兰竞争，纳什均衡还是唯一的吗？ ■

25A. 1. 2 使用"最优反应函数"验证伯特兰的逻辑 由于伯特兰的价格竞争导致寡头垄断企业像完全竞争企业一样定价的结论在逻辑上是非常直观的，所以这是一个很好的机会来发展在我们的讨论中将非常有用的一个工具：最优反应函数（best response function）。这个函数就是给定对方的特定策略选择，画出另一方的最优反应。与我们第 24 章多数博弈论例子中博弈各方的离散型行动相比，最优反应函数在博弈方连续性地同时行动博弈时更有用。将博弈双方的最优反应函数画在一个坐标图中可以帮助我们很简单地识别纳什均衡。

假设我是企业 1，你是企业 2。考虑图 25 - 1 的组图（a），在横轴上我们画出价格 p_1（我收取的价格），在纵轴上画出 p_2（你收取的价格）。我们接着画出对于我宣布的不同价格你的最优反应函数。我们知道，你不会选择低于边际成本（MC）的定价，假如我愚蠢地选择了低于 MC 的定价，任何 $p_2 > p_1$ 的定价都是你的最优反应（即使这将导致你卖不出任何产品，而我得到整个市场）。为了作图方便，我们简单假设你对 $p_1 < MC$ 的最优反应是 $p_2 = MC$。如果我宣布一个高于 MC 的价格 p_1，我们知道，你将选择一个稍低于 p_1 的价格，这时你将获得整个市场。因而，对于 $p_1 > MC$，你的最优反应函数是 $p_2 = p_1 - e$（这里 e 是一个接近于 0 的小数）。由于 $p_1 = p_2$ 是坐标图中的 45°线，这意味着在组图（a）中你的最优反应函数线在 $p_1 > MC$ 时稍微低于 45°线。

在图 25 - 1 的组图（b）中，我们对我的企业做相同的分析，只是现在价格 p_2（在纵轴上）对企业 1 是给定的，企业 1 对不同水平的 p_2 找到其最优反应。如果你的定价低于边际成本（MC），我的最优反应函数还是简单地为 $p_1 = MC$，如果你的定价 p_2 高于 MC，我的最优反应函数为 $p_1 = p_2 - e$（其稍微高于 45°线）。

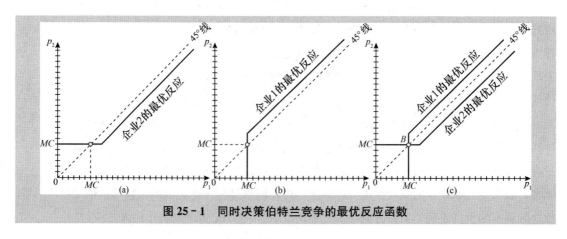

图 25 - 1 同时决策伯特兰竞争的最优反应函数

在第 24 章，我们将纳什均衡定义为给定对方策略，每个参与人的策略都是相互之间最优反应的策略集。为了在我们的价格竞争模型中出现均衡，我的价格必须是你给定价格的最优反应，同时你的价格必须是我的定价的最优反应。换言之，当我们将两个最优反应函数画在一个图中时［见组图 (c)］，均衡发生在两个最优反应函数相交时。这发生在 $p_1 = p_2 = MC$ 时，恰好和我们的直观推测结果一致。

25A. 1. 3　序贯定价策略决策　在现实世界中，通常一个企业需要在对手之前决定自己的策略性变量，而第二个企业在轮到它行动时能观察到第一个企业的决策。我们在博弈论的章节里面学习过，有时行动的先后会使结果大有不同。第一个行动者在对手行动之前宣布自己的意图可能会获得一定的优势（或劣势）。然而，我们可以很容易地知道，在伯特兰竞争中我们两个企业并不会有这种不同。

假设我先行动，你观察到我宣布的价格之后再宣布你自己的价格。需要知道，在这种序贯的情况下，子博弈完备要求我不得不考虑面对我宣布的任何决策你将如何去做。但是我们之前的讨论已经告诉了我们答案：只要我选择 $p_1 > MC$，你就会将价格定在稍微低于 p_1 的价格上，我将失去整个市场。我的定价不会低于边际成本，这就意味着我将选择价格 $p_1 = MC$ 并且你也将选择这个定价水平，我们通过使定价等于边际成本来平分这个市场。

练习 25A. 3　假如伯特兰序贯行动博弈有三个企业，你认为子博弈完备均衡将是什么（企业 1 最先行动，企业 2 接着行动，企业 3 第三行动）？ ■

25A. 1. 4　伯特兰价格竞争结果的现实世界缺陷　尽管伯特兰的逻辑是非常直观的，但是没有经济学家认为他的结果真正符合现实世界中寡头垄断市场的特征。有一些现实世界的原因在相当大的程度上削弱了伯特兰有关寡头垄断价格竞争的预测，这里我们仅简要介绍其中几个。（在章末习题中，我们将探讨随着引入企业不同的成本假设，伯特兰预测将如何改变。）

首先，纯粹的伯特兰模型假定企业可以生产任何产量以满足在宣布的价格上的需求。这个条件可能在某些市场上成立，但是在大多数情况下都无法被满足。因此，现实世界中的企业在考虑价格的时候也要考虑"生产能力"，如我们将在 25A. 2. 2 中提到的，企业会引入产量作为策略性变量。一旦进行伯特兰产量竞争和模型预测，每个企业也将宣布一个相同的价格，但是这个价格将高于边际成本，这与严格产量竞争的方式非常相似（这将在下一节证明）。[①]　其次，我们一直假定寡头垄断中的两个企业只进行一次博弈，不管是同时进行，还是序贯进行。但是在现实世界中，企业经常是重复多次博弈的，这就意味着伯特兰价格竞争将在重复博弈环境下进行。因而，我们可以预期在一个均衡中，寡头垄断企业在每一期都会宣布一个相同的价格。在非重复博弈中，我们认为唯一的均衡价格必须等于边际成本，若

---

　　① 伯特兰"悖论" $p = MC$ 的"解"首先由弗朗西斯·埃奇沃思（1845—1926）在 19 世纪末期发展并从那时候起就被用现代经济学工具形式化了。

非如此，任何企业的策略性选择都不是最优反应。但是，当假定企业进行重复性价格竞争时，考虑 $p>MC$ 的情况是否在给定的时期可以出现。每个企业的"策略"必须对任何可能的先前价格历史设定一个价格，这导致了如下形式的"触发策略"：我将定一个价格 $p>MC$ 以开始我们的重复性博弈，只要我们双方在前面的阶段都保持这个定价，未来阶段将持续这个价格，否则，我将在未来所有的阶段都定价 $p=MC$。假设我们双方都使用这一策略。这时，在任何给定的阶段，我不得不权衡定一个稍微低于 p 的价格所获取的短期收益（在这个阶段赢得所有顾客）是否会超过由未来定价都是 $p=MC$ 所带来的长期损失。由于这种短期收益很有可能会小于长期损失，所以我的策略也是对你的最优反应（同时，你的策略也是对我的最优反应）。在无限重复博弈中，或者在未来很可能再次相遇的博弈中，我们也可以看到，$p>MC$ 可能是价格竞争的均衡点。

练习 25A. 4 假设我们知道会进行 n 次博弈，并且以后再也不会相遇，那么在这种情况下假设我们进行纯策略价格竞争，$p>MC$ 还会是子博弈完备均衡的一部分吗？ ∎

最后，伯特兰假设企业都被限制生产完全同质的产品。如果我们允许消费者在他们的偏好上有差别，比如经济学家卡片的外观以及背面印刷的内容，我们可以决定印刷有些稍微不同的版本的经济学家卡片——通过这种产品差异化可以使定价 $p>MC$。这是因为对我印刷的卡片种类有较强偏好的消费者愿意付出某个稍高的价格从我这里购买，同样地，对你印刷的卡片种类有较强偏好的消费者愿意付出某个稍高的价格从你那里购买。因此，产品差异化同样可能使价格竞争中出现 $p>MC$。这种情况我们在第 26 章中将做更多的展开分析。

25A. 2　寡头产量竞争

伯特兰竞争隐含的假设就是企业确定价格后可以很容易地调整产量。在我们的例子中，我们假设了我们可以在美国经济协会年会现场生产出任何产量的卡片。但是，就像我们刚提到的，许多企业不得不为它们的生产线设定生产能力，一旦这样做了，它们的产量就不能很容易地偏离它。就如我们很可能无法将卡片生产工厂建在美国经济协会年会处，这就意味着我们必须提前生产出卡片并且将它们带到销售摊位上。在这种情况下，假设企业首先选择生产能力（或"产量"），然后将其生产出来的产品卖到尽可能高的价格。这种情形是经济学家古诺在研究寡头垄断模型的竞争时考虑的情形，下面我们就转向这种情况。我们将发现古诺模型（Cournot model）对于寡头垄断企业生产的均衡价格有非常不同的解释。同前面一样，我们将通过寡头垄断企业是同质的并且面临不变的边际成本来继续我们的研究。

25A. 2. 1　同时产量策略决策：古诺竞争　我们仍然使用最优反应函数研究在

两个企业同时做生产能力决策的时候纳什均衡是什么。在图 25-2 的组图（a）中，对于企业 1 设定的不同的产量 x_1，我们开始考虑企业 2 的最优反应。如果我设定产量 $x_1=0$，那么你将知道你在美国经济协会年会上销售经济学家卡片时具有垄断势力。根据我们第 23 章所学，我们通过解答垄断问题可以很容易地确定最优产量。组图（b）绘制了这个过程，其中 D 是市场需求曲线，MR 是你垄断时的边际收益曲线，两者具有相同的纵截距，但 MR 的斜率是市场需求曲线的两倍。企业 2 将按照边际收益等于边际成本（$MR=MC$）确定产量（并且制定垄断价格 p^M）。这时产量 x^M 就是当 $x_1=0$ 时你的最优反应，这就确定了组图（a）中的最优反应函数的纵截距。

现在，假如我选定产量 $x_1=\bar{x}_1>0$，由于我供应了 $\bar{x}_1$ 的市场需求，现在你知道你面对的需求曲线不再是整个市场。换言之，你现在面对的市场需求正好等于市场需求 D 减去 $\bar{x}_1$。在图 25-2 的组图（c）中，由于我满足了一部分市场需求，我们将需求曲线向左移动 $\bar{x}_1$，得到一个剩余需求曲线 D^r。此后，我们可以计算适用于你的剩余边际收益曲线 MR^r。你再次通过 $MR^r=MC$ 最大化利润，得到给定 $\bar{x}_1$ 的新最优产量，记为 $x_2(\bar{x}_1)$，这就是我选择 $x_1=\bar{x}_1$ 时你的最优反应。这里 $x_2(\bar{x}_1)$ 必然低于 x^M，因为随着 x_1 的增加，你的最优反应产量减少。我们可以想象对所有给定的产量 x_1 做同样的处理，就得到如组图（a）中所绘的企业 2 的最优反应函数。

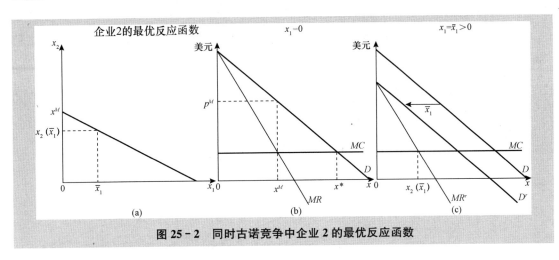

图 25-2　同时古诺竞争中企业 2 的最优反应函数

练习 25A.5　你能识别图 25-2 的组图（a）中企业 2 的最优反应函数横截距所对应的组图（b）中的产量吗？

练习 25A.6　图 25-2 的组图（a）中的最优反应函数的斜率是多少？（提示：可使用练习 25A.5 中的答案来得到这里的答案。）■

我们可以用在伯特兰竞争中同样的方法，将两个企业的最优反应函数画在一个图中，找出它们的交点。因为我们两个企业是同质的，我的最优反应函数可以用同样的方法得到，见图 25－3 的组图（a），其恰好是我们在前一个图中推导的企业 2 的最优反应函数的镜像。在组图（b）中，这两个最优反应函数相交于 $x_1 = x_2 = x^C$ 点，因此，x^C 就是我们每个寡头垄断企业的古诺-纳什均衡产量。

25A.2.2　比较并调和古诺模型、伯特兰模型和垄断模型的结果　在图 25－3 的组图（c）中，我们可以看到如何比较垄断、古诺竞争和伯特兰竞争情况下的生产数量。如组图（b）所示，C 点表示在古诺（数量）竞争下每个企业的产出。从构建最优反应函数的过程中，我们知道企业 2 最优反应函数的纵截距和企业 1 最优反应函数的横截距就是垄断时的产量。我们将对应的两点连接起来〔组图（c）中最里面的斜虚线〕，结果就是企业 1 和企业 2 垄断产量的生产组合。假如两个企业合谋，则两个企业平分垄断产量，都生产 x^M 的一半，即处于 M 点。因而，古诺竞争时的产量肯定大于垄断时的产量。

我们同样可以对比古诺竞争的产量与伯特兰竞争的产量。从上一节我们知道，伯特兰价格竞争导致两个企业定价相同，并等于边际成本（MC）。如图 25－2 的组图（b）所示，在这个价格上，市场需求将等于 x^*。假如在古诺竞争中企业 1 决定自己的产量为 x^*，这时企业 2 决定其最优反应。这意味着企业 2 的剩余需求等于需求曲线 D 向左移动 x^*，这时剩余需求曲线的纵截距为 MC。在给定企业 1 生产 x^* 数量的情况下，企业 2 的任何产量水平都不得不在低于边际成本（MC）的价格水平上销售，这样企业 2 的最优反应就是生产 $x_2 = 0$。在 $x_1 = x^* = 2x^M$ 的点上，企业 2 的最优反应函数为 0，并且企业 2 的最优反应函数的横截距也在 x^* 处。（这就是练习 25A.5 的答案。）由于两个企业是同质的，这对于企业 1 的纵截距依然成立。

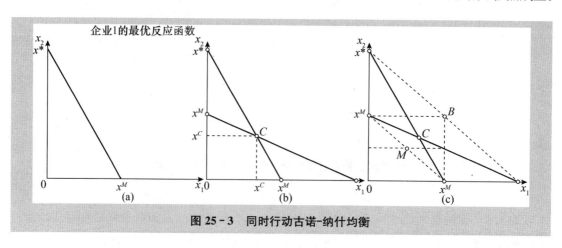

图 25－3　同时行动古诺-纳什均衡

如图 25－3 的组图（c），如果我们将企业 2 最优反应函数的横截距点同企业 1 最优反应函数的纵截距点连接起来（最外面的斜虚线），我们得到两个企业生产 x^* 数量时的产量分配的所有情形，这个数量就是在伯特兰竞争中 $p = MC$ 时的销售量。如果我们假定两个企业都按照 $p = MC$ 定价，两个企业将平分整个产量，如图 25－3

的组图（c）中的 B 点所示，每个企业生产 x^* 一半的量。因而，无疑伯特兰竞争的产量大于古诺竞争的产量。

练习 25A.7　*哪种寡头垄断同时竞争决策行为带来更大的社会福利剩余：产量竞争还是价格竞争？*

练习 25A.8　*判断正误：在伯特兰竞争下，$x_1^B = x_2^B = x^M$。*　■

在第 26 章我们将再次指出伯特兰竞争和古诺竞争的巨大差异似乎非常奇怪，我们并不能很容易地从直觉上在这两个模型中作出选择：一方面，现实世界中的企业似乎经常提前定价（当企业不是处在完全竞争的环境中时），这似乎更符合伯特兰模型。（例如在第 26 章我给出了一个苹果公司生产一种新电脑的例子，它在决定生产多少数量之前会先制定销售价格。）另一方面，即使只有两个企业，伯特兰预测价格也将等于边际成本，这又不如古诺模型符合实际。古诺模型不但直观地预测在只有两个寡头垄断企业时，价格在垄断价格与完全竞争价格之间，而且证明随着寡头垄断企业数目的增加，寡头垄断价格将向完全竞争价格收敛（我们将在本章 B 部分给出证明）。经济学家做了大量的工作来调和这两个寡头垄断竞争模型。

其中一个最突出的结论（我们在对伯特兰竞争的讨论中已经提到过）是这样的：即使企业真需要确定价格（像伯特兰模型假设的那样），它们也需要在宣布价格之前先确定生产能力（这就像古诺模型产量竞争的情况）。在合理的情况下，这种伯特兰价格竞争均衡结果会导致古诺竞争的产量和价格。[1] 因此，经济学家通常把寡头垄断竞争在长期看作生产能力竞争（像古诺预想的那样），在短期生产能力固定的情况下，看作价格竞争（像伯特兰预想的那样）。两个模型都有其有用之处，在我们研究寡头垄断竞争中都起到了重要的作用。

25A.2.3　序贯产量策略决策：斯塔克尔伯格模型　在伯特兰竞争中，我们的结论是不管企业同时还是序贯地决定它们的价格，结果都一样，不会有什么不同；在任何情况下，均衡时企业最终都将按照 $p = MC$ 定价。我们将发现在产量竞争中，情况不再是这样。

序贯产量竞争的模型被称为斯塔克尔伯格模型（Stackelberg model）[2]，其中最先行动的企业叫做斯塔克尔伯格领导者（Stackelberg leader），第二个行动的企业叫做斯塔克尔伯格追随者（Stackelberg follower）。在序贯行动博弈中，通过第 24 章我们知道，在子博弈完备纳什均衡的限制下，所有不可信威胁都将被剔除，最先行动者会向前看，根据博弈中后面对手的情况确定最优反应。在确定生产能力的时

---

[1]　这点由以下文献证明：D. Kreps and J. Scheinkman, "Quantity Precommitment and Bertrand Competition Yield Cournot Outcomes," *Rand Journal of Economics* 14 (1983), 326-337。

[2]　该模型以一个德国经济学家斯塔克尔伯格（1905—1946）的姓氏命名。

候，斯塔克尔伯格领导者会考虑追随者的整个最优反应函数，因为这个最优反应函数准确地告诉领导者，一旦追随者发现领导者生产的产量，追随者将如何作出反应。此时领导者不是猜测对手会生产多少数量（就像同时产量策略决策时的情况），领导者现在有通过第一阶段自己的行动影响追随者生产数量的能力。

现在假设你（企业 2）是追随者，我（企业 1）是领导者。我现在已经知道我设定的每个产量下你的最优反应函数；我们在图 25-2 的组图（a）中已经做过推导，现在我们直接将它复制到图 25-4 的组图（a）中。在决定我的生产能力是多少时，我仅需要简单地根据你的最优反应函数确定我的剩余需求曲线。组图（b）中灰色的需求曲线 D 是市场需求曲线。对于任何产量水平 $x_1 \geqslant x^*$，我们知道你的最优反应是简单地不生产，这就意味着如果我选择高于 x^* 的产量，我知道这样我就拥有市场总需求曲线。因而，对于大于 x^* 的产量，我的剩余需求等于市场需求。

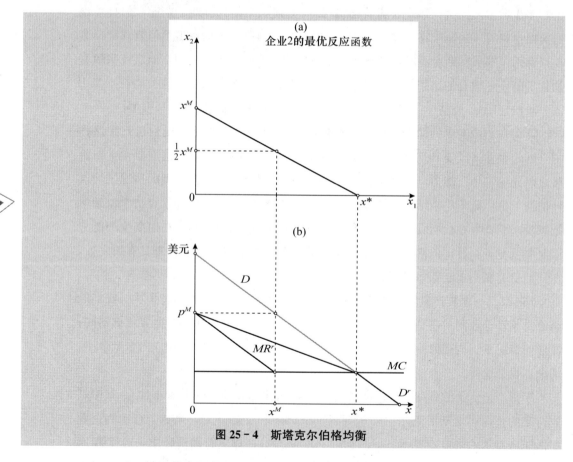

图 25-4　斯塔克尔伯格均衡

然而，当我设定的生产能力低于 x^* 时，一旦你发现我的决策，你就会按照你的最优反应函数进行生产。为了得到我的剩余需求，我必须减去你会为任意 $x_1 < x^*$ 生产的产量。如果我将生产能力定为接近 x^*，你将选择生产相对很小的量，但是随着 x_1 的下降，你的最优反应产量将上升，直至达到当 $x_1 = 0$ 时的垄断产量 x^M。因此，我的剩余需求曲线 D^r 开始于垄断价格 p^M（当我设定产量 $x_1 = 0$

时你的定价），到达市场需求曲线 D 与边际成本 MC 的交点。

一旦我们确定了企业 1 的剩余需求，我们就可以确定企业 1 的最优生产能力：简单画出剩余需求曲线 D^r 对应的剩余边际收益曲线 MR^r，找出其与边际成本曲线 MC 的交点。因为所有的关系都是线性的，交点正好对应于 0 与 x^* 的中点，这时正好得到垄断产量 x^M。因此，斯塔克尔伯格领导者即企业 1 将设定产量 $x_1 = x^M$，斯塔克尔伯格追随者根据其最优反应函数将生产这个数量的一半。给定作为领导者我在第一阶段的行为，作为追随者，你作出了能做的最优反应。给定可以预测的第二阶段你的产出决策（像你的最优反应概括的那样），我作出了我的最优反应。我们达到了子博弈完备纳什均衡。

练习 25A. 9　用 p^M（垄断时的定价）和边际成本 MC 表示斯塔克尔伯格价格。∎

将这个结果与我们在图 25-3 中预测的伯特兰、古诺和垄断情形下的产出水平一起考虑，我们可以看出，斯塔克尔伯格产量竞争的总产出大于同时古诺竞争的总产出但是小于伯特兰价格竞争的总产出。

练习 25A. 10　图 25-3 的组图（c）中的哪一点是斯塔克尔伯格预测的产出结果？∎

25A. 2. 4　序贯与同时产量竞争的区别　现在我们稍微回想一下，为什么斯塔克尔伯格模型和古诺模型有着根本的不同。例如，当你和我同时竞争的时候，为什么我不能威胁你使得我能像斯塔克尔伯格领导者那样行动？

假设在美国经济协会年会之前，你和我同时确定产量，但是我提前打电话告诉你我将生产斯塔克尔伯格领导者产量。如果我这样威胁你，你会有理由相信我吗？答案是你不会严肃地对待我的威胁。毕竟，如果你认为我相信你会生产 $x^M/2$ 的产量，我的最优反应（根据图 25-3 我的最优反应函数）是生产小于 x^M 的产量！〔从组图（c）中可以看出，当你的生产水平是 $x^M/2$ 时，穿过 M 点的水平虚线与我的最优反应函数相交在 $x_1 = x^M$ 的左方。〕如果我生产低于 x^M 的产量，你的最优反应是生产大于 $x^M/2$ 的产量。因此，我这样简单地通过电话威胁你我将生产 x^M 的产量是不可信的。

当博弈是一个序贯结构时，不管怎样，威胁就变成了实际，因为在你决定生产多少的时候，你已经知道我生产了多少。这就不再是我只会说生产斯塔克尔伯格领导者产量的空头威胁，因为我已经这样做了。现在，你生产斯塔克尔伯格追随者产量也是你真正的最优反应，若你这样做，我的最优反应也是生产斯塔克尔伯格领导者产量。正是序贯的博弈结构导致了均衡行为的差异，如果没有序贯结构，我除了按照古诺产量进行生产，没有任何办法可产生可信威胁，从而背离这个产量。

25A.3　在位企业、固定进入成本和进入威慑

寡头垄断产量竞争的序贯结构改变了竞争的结果，这使得我们思考序贯决策也可能产生其他方面的影响。一个重要的实例是，一个在位企业现在拥有整个市场，但是另一个企业威胁可能会进入这个市场，将市场由垄断变成寡头垄断。在位企业是否可以做一些事情（除了找人砸它）去阻止潜在企业进入市场呢？结论取决于两个因素：（1）潜在进入者实际进入市场并进行生产的成本大小；（2）在位企业威胁潜在进入者的可信程度。

25A.3.1　情形 1：首先考虑进入决策，随后在位企业进行产量决策　为了能进行生产，假设潜在进入者需要一次性付出固定进入成本 FC。现在我们考虑这种情形，在任何企业没作出产量决策之前，潜在进入者做决定是否进入。图 25-5 的组图（a）和（b）描述了两个这样的情形。在这两个组图中，企业 2 首先决定是否进入，如果它不进入，企业 1 将设定产量为 x_1。如果企业 2 进入，两个企业或者按照组图（a）那样进行同时产量策略决策，或者像组图（b）那样进行序贯产量策略决策。

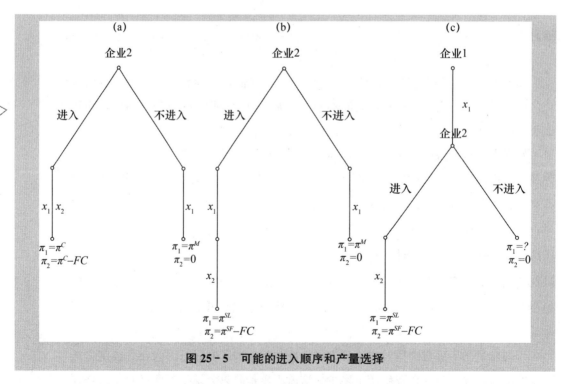

图 25-5　可能的进入顺序和产量选择

回想我们通过逆推法寻找这种情况下的子博弈完备纳什均衡。如果企业 2 不进入，我们知道企业 1 会生产垄断时的产量以最大化其利润，这时企业 1 获得垄断利润 π^M，企业 2 的利润为 0。如果企业 2 进入，在图 25-5 的组图（a）的情况下，两个企业进行同时古诺竞争，每个企业获得古诺利润 π^C，但是企业 2 还要付出固定进

入成本 FC。因此，企业 2 会预测未来，根据（$\pi^C - FC$）是否大于 0 作出是否进入决策。换句话说，只要在古诺价格上生产古诺产量商品所获得的利润大于固定进入成本，企业 2 就进入市场。同理，在图 25-5 的组图（b）中，企业 2 知道如果它进入市场将成为斯塔克尔伯格追随者，只要在斯塔克尔伯格价格上生产斯塔克尔伯格追随者产量获得的利润 π^{SF} 大于固定进入成本，企业 2 就进入市场。

练习 25A.11 判断正误：一旦潜在进入者付出了固定进入成本，这个成本就变成了沉淀成本，因此，这个成本就和生产多少的选择无关。

练习 25A.12 在图 25-5 的组图（a）或组图（b）中，在哪种情况下阻碍企业 2 进入市场的最小固定进入成本较大？ ■

注意，在两种情形下，在位企业（企业 1）都不能做任何事情去影响企业 2 的进入决策，这是因为在产量确定之前进入决策就已经作出了。这意味着企业 2 的进入决策只取决于固定进入成本 FC 的大小。企业 1 没有任何办法能对企业 2 形成可信的威胁，但是如果企业 1 在企业 2 作出进入决策之前可以作出自己的产量决策，这种情况就会发生改变。

25A.3.2 情形 2：首先在位企业进行产量决策，随后考虑进入决策 现在考虑图 25-5 的组图（c）中的序贯行动博弈，在潜在进入者（企业 2）作出是否进入市场的决策前，在位企业（企业 1）选择它的产量 x_1。同样，我们可以从企业 2 作出进入市场的决策开始，用逆推法找出博弈的结果。给定企业 1 的产量（企业 2 在企业 1 作出产量决策后得知），企业 2 的最优决策可简单地由它的最优反应函数（如图 25-2 所示）确定。企业 1 知道企业 2 的最优反应函数，这就意味着如果企业 2 进入市场，企业 1 就是一个斯塔克尔伯格领导者。因而，如果企业 2 进入市场，均衡的结果就是斯塔克尔伯格利润，企业 1 的利润为 π^{SL}，企业 2 的利润为 π^{SF} 减去固定进入成本。

然而，在位企业很想保持市场上只有一家企业的现状。除了找一些壮汉拿着棒球杆把企业 2 打到不能营业，唯一阻止企业 2 进入在位企业（垄断）市场的方法就是在位企业确保企业 2 进入市场后不能获得正的利润，即在位企业确定一个较大的产量，从而有效降低产品价格，使得企业 2 不再有机会进入市场。而企业 1 是否可以如此做，并以此获得比斯塔克尔伯格领导者更多的利润仅仅取决于企业 2 的固定进入成本 FC 的大小。

这在图 25-6 中的两个图里进行了阐明。组图（a）中画出了如果企业 1 仍是市场上的唯一企业，在位企业在不同产出水平上的利润。最大的可能利润发生在垄断产量水平 x^M 上（我们可以看到，这也是斯塔克尔伯格领导者的产量水平 x^{SL}）。如果固定进入成本很高，在位企业可以仅仅生产 x^M，在这个垄断水平上，任何潜在进入者都因进入市场的成本太高而不会进入。这种情况在组图（b）中有所描述，

如果 $FC \geq \overline{FC}$，企业 1 生产 x^M（如最右侧灰色水平直线所示），企业 2 将不进入市场（因而生产量为 0）。如果固定进入成本非常低，企业 1 就无法阻止企业 2 进入市场，因此，企业 1 会生产斯塔克尔伯格领导者产量 x^{SL}，而接受企业 2 生产斯塔克尔伯格追随者产量 x^{SF}。这种情况如组图（b）$FC \leq \underline{FC}$ 时所示。

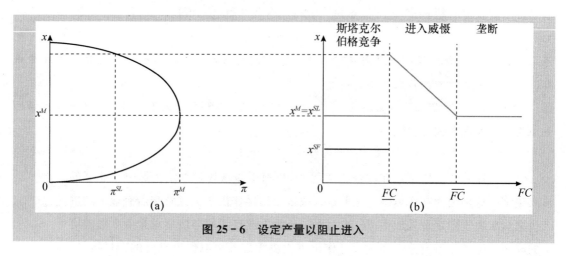

图 25-6 设定产量以阻止进入

有趣的进入威慑情况发生在固定进入成本在 $\underline{FC}$ 和 $\overline{FC}$ 之间时。例如，假设 FC 仅仅稍低于 $\overline{FC}$，如果企业 1 像斯塔克尔伯格领导者那样生产 x^{SL}，企业 2 进入市场后只会获得一点点正的利润。企业 1 如果稍微多生产大于 x^{SL} 的产量，就可以使企业 2 进入市场后不能获得正的利润。因此，在位企业就可以通过生产高于 x^{SL} 的产量而阻止对手进入。这也意味着企业 1 的利润会低于垄断利润，而与企业 2 进行斯塔克尔伯格竞争也是可以选择的了（在这种情况下企业 1 仅仅获得 π^{SL}）。随着固定进入成本的下降，企业 1 越来越难阻止企业 2 进入，因为需要越来越高的产量水平。但是，只要在位企业的利润高于斯塔克尔伯格领导者利润 π^{SL}，这就是值得的。因此，企业 1 为了形成进入威慑而愿意生产的最大产量 $x_{\max}^{ED}$ 就是保证利润 π^{SL} 的产量。如果固定进入成本低于 $\underline{FC}$，在位企业阻止进入的成本太高，企业 1 就将仅仅生产斯塔克尔伯格领导者产量。

至此，关于第 23 章提到的如果垄断者受到潜在竞争者的威胁，垄断者可能克制自己的行为（并可能生产高于垄断的产量），我们给出了更严密的讨论。注意，在位企业如果成功阻止了一次进入，在位企业会希望减少产量到垄断产量 π^M，但是，阻止可以成功的唯一方法是企业 2 在作出进入决策前，在位企业将自己置身于这种产量水平上。正是这一措施使得进入威慑可信；如果不是这样，威胁就不可信，进入就不能被阻止。在现实世界中，在位企业通过将可观察到的生产能力置于垄断水平之上，使得这种承诺变得可信。

这就像在战场上，将军希望通过告诉敌人自己的军队将拼死战斗，将对战斗的恐惧留给敌人。当然，仅仅说"我们将拼死战斗"并不是可信的——每个人都可以这样说。因此，将军在过了一座桥进入战场之后下令烧掉桥，从而切断任何可能的退路，这就必定使拼死战斗的威胁更为可信，在位企业只有实际生产这么多，即中断所有可能的退路时，其威胁一旦进入将提高产量的进入威慑策略才会可信。

25A.4 合谋、卡特尔与囚徒困境

到目前为止，我们假设在寡头垄断市场里，你和我作为竞争者，或者在价格决策上，或者在产量决策上，进行策略性竞争。现在假如在美国经济协会年会之前我给你打电话说："为什么我们不放弃相互竞争，通过协调我们的行为来看我们是否可以做得更好？"

从逻辑上看，如果我们放弃竞争，那么我们可以做得更好。毕竟，如果我们像一个垄断企业那样行动，我们至少可以和生产寡头垄断竞争产量获得相同的收益。但是，通过图 25-3 的组图（c）我们知道，垄断生产的产量低于古诺、斯塔克尔伯格或者伯特兰竞争时的产量。如果我们能找到一个方法划分垄断产量，定一个高于任何竞争结果的价格，我们的联合利润将会因此而比竞争时有所提高。因此，我们有动力去发现一种使合谋取代竞争的方法。

25A.4.1 合谋和卡特尔 卡特尔是指一个限制产出以将价格提高到寡头垄断竞争水平之上的（寡头垄断企业之间的）合谋协议。世界上最著名的卡特尔是石油输出国组织（OPEC），它是由生产世界上大部分石油的国家组成的。OPEC 成员国的石油部长定期举行会晤以确定每个成员国的生产份额。OPEC 宣称这么做是为了稳定世界油价，但是它们真正的目的是获得更高的油价。还有许多其他产品的生产者试图组建卡特尔的例子，我们将在章末习题中分析更多。

假设我们两个企业正在进行古诺竞争，如图 25-3 的组图（b）所示，我们每个企业生产 x^c。这样很容易看到我们如何做得更好：我们需要找出垄断时的产出 x^M，并且每个企业同意限制自己的产量，使其只有垄断产量的一半。这样在美国经济协会年会时，我们两个企业就可以以垄断价格 p^M 卖出经济学家卡片，我们每个企业将获得独立垄断企业一半的利润。如果我们当前进行伯特兰竞争，同样的卡特尔协议可以使我们每个企业变得更好。

练习 25A.13* *如果我们目前进行斯塔克尔伯格竞争，卡特尔协议将会有什么不同？（提示：对于两个企业，考虑卡特尔利润与斯塔克尔伯格利润的对比，使用在练习 25A.9 中你确定的斯塔克尔伯格价格。）* ■

25A.4.2 囚徒困境：卡特尔成员的欺骗动机 接着，假定你和我为了获得最大化的联合利润，达成了合谋的卡特尔协议，决定每个企业生产 x^M 一半的产量。无疑，签署这样一个协议是有利于我们共同利益的。但是，在我们准备将经济学家卡片带到美国经济协会年会的时候，遵守达成的协议还是最优的选择吗？

假设我认为你将遵守协议。我们这时可以考虑若比卡特尔协议份额多生产一张经济学家卡片，我将获得什么。在图 25-7 的组图（a）中，我们假定已经同意联合成为一个垄断者共同生产 x^M 的产量，这就使我们可以在价格 p^M 上售出所有卡片。作为一个垄断者，如果我们多生产一张卡片，我们不得不为了多售出这一张卡片降低一点价格。这里由于不能继续在价格 p^M 上售出原先的 x^M，利润会降低，这正好等于图中横向长方形区域的面积。由于我们多卖出一张卡片，我们将获得利润的增加，这等于图中纵向长方形区域的面积。作为垄断者，由于横向长方形区域稍微大于纵向长方形区域，因此产量 x^M 是利润最大化的产量；也就是说，如果我们多生产一张卡片，我们的联合利润将下降。

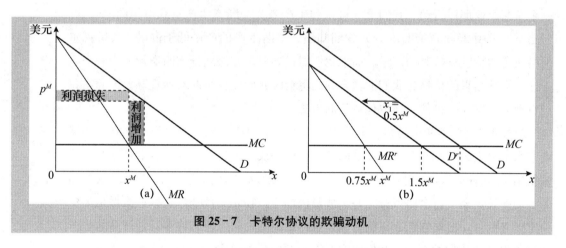

图 25-7　卡特尔协议的欺骗动机

但是，现在我们从签署协议成为垄断者的卡特尔成员的角度再次考虑一个成员是否会多生产一张卡片。在我们的卡特尔协议中，我将生产垄断产出 x^M 的一半，你将生产另一半。如果你多生产一张卡片，你将接受稍低于 p^M 的价格，对于在卡特尔协议下你生产的 x^M 的一半，你的利润损失是横向长方形区域面积的一半，但是由于你多生产了一张卡片，你将获得等于整个纵向长方形区域面积的利润增加。由于横向长方形区域只是稍微大于纵向长方形区域，所以横向长方形区域的一半一定小于图中纵向长方形区域的全部，这就意味着，如果你欺骗我，通过生产比卡特尔协议约定的产量多一张的卡片，你的利润会增加。

图 25-7 的组图（b）用另一种方法来看这种情况，不但考虑你背离卡特尔协议多生产一单位产出是否最优，并且考虑如果你认为我将遵守协议生产 x^M 的一半，你将多生产多少。由于我的生产量 $x_1 = 0.5x^M$，你面对的剩余需求曲线 D^r 等于市场需求曲线 D 减去 $0.5x^M$，剩余需求曲线与边际成本曲线 MC 相交于产量等于 $1.5x^M$ 处。相对应的剩余边际收益曲线 MR^r 的斜率是剩余需求曲线的二倍，因此与边际成本曲线 MC 相交于产量 $0.75x^M$ 处，这说明你的最优生产量为 $0.75x^M$，而不是卡特尔协议里面要求的 $0.5x^M$。总之，如果你认为我会生产 $0.5x^M$，你的最优反应是生产 $0.75x^M$。

练习 25A. 14 你能仅仅通过观察我们在图 25-2 中推出的最优反应函数验证最后一句话吗？ ■

现在，如果你足够聪明，那么你就会发现在卡特尔协议中进行欺骗是符合你的最大利益的，同样地，这也适用于我。但这意味着除非我们可以发现一个方法来强制执行卡特尔协议，否则由于我们的欺骗，卡特尔将解散。另外，如果每个企业都知道对方会进行欺骗，我们马上会回到古诺竞争，最后将像从来没有卡特尔协议一样。

用我们前面研究的博弈论语言来说就是我们现在面临着经典的囚徒困境：合谋并且按照协议生产低于相互竞争（伯特兰或古诺竞争）的产量会使我们都获益，但是我们双方都有动机来欺骗（不管对方是否欺骗），带比许诺的更多的卡片去美国经济协会年会。这就像我们在囚徒困境中讨论的那样，除非双方找到强制协议执行的方法，这种类型的博弈不会导致双方的最优结果。对我们比较麻烦的是，卡特尔协议通常都是违法的。（通常，但并非总是，我们将在后面看到。）

练习 25A. 15 你和我试图维持一个卡特尔协议时所面临的囚徒困境最终会使我们的情况都更糟。从社会整体的角度，这个囚徒困境看起来如何？ ■

尽管卡特尔成员有动机去破坏卡特尔协议，但在现实世界中有持续时间很长的卡特尔协议。它们可能不能总是成功地保持垄断产量，但是它们往往能限制产能，使其低于古诺竞争预测的产量。这就带来一个问题，这些企业怎么能克服囚徒困境的诱惑——如果不加检查，这通常导致卡特尔的完全解体。

我们可以考虑两个实现它的方法：第一，像经典的囚徒困境中的情形，两个囚犯可能加入了"黑手党"，这就使他们在受到检方审问的时候保持沉默，这里企业也可以通过雇用第三方企业来强制执行卡特尔；第二，我们在第 24 章讨论重复囚徒困境博弈时发现，如果博弈是无限重复的，或者在更现实的情况下，如果两个企业知道在一次博弈后未来很可能会再次相遇，那么合作就可能成为囚徒困境的子博弈完备纳什均衡策略。我们下面就分别简要介绍每种可以使寡头垄断市场中的各方合作的路径。

25A. 4. 3 通过政府保护强制执行卡特尔协议 在大萧条期间的 1933 年，在新任总统富兰克林·D. 罗斯福的推动下，美国国会通过了《国家工业复兴法案》(NIRA)，罗斯福宣称这是美国国会颁布的"最重要和影响最深远的"法案。这个法案代表美国一改过去自由放任的产业制度，转向在新成立的国家工业复兴总署领导下，产业领导者们可以协调生产和价格以"营造一个公平的竞争环境"的更多计划参与的经济制度。本质上，这个法案使得一些主要生产部门的卡特尔合法化，因而，使得寡头垄断在某些特定市场定价定产背后有了法律的力量。总体上，它受到了大企业集团的强力支持，但是受到了小企业的反对。①《国家工业复兴法案》成为美国寡头垄断如何利用政府作为卡特尔协议限产提价强制执行者的最明显例子。在法案实施不到两年时，美国最高法院一致同意宣布《国家工业复兴法案》中成立卡特尔的部分是违反宪法的。

练习 25A. 16 为什么不能自愿维持卡特尔协议的寡头希望有这么一个强制性法案？ ■

随着《国家工业复兴法案》的终止，大规模组建卡特尔的现象在美国消失了，但是在其他国家，类似的法律时常管理着产业，并且时常更委婉地企图通过国家行为去组建卡特尔，比如典型的是宣称为了"公共福利"，但是实际的结果是限制产量和提高价格。例如，在20世纪90年代，美国国会批准了东北州际乳业联盟，允许新英格兰地区的六个州设定牛奶的最低批发价格（修改了联盟成立之前的许多有关牛奶的联邦价格规制），并可以实施限制其他地区牛奶生产商竞争的措施。同样地，其他地区的牛奶卡特尔也获得了批准。这个法案宣称目的是"保证东北部奶业的持续性生存能力，保证在公平公正的价格上，消费者可以获得本地供应的充足、有益于健康的纯牛奶"。联盟认为"剧烈的价格波动及明显的下降趋势威胁了东北奶业地区的生存能力"，并且"相互合作，而不是单一州行动，可以更有效地纠正市场混乱"。但是，这个卡特尔的最终目的还是和其他卡特尔一样：削弱竞争和提高价格。可以预见，这种法案将受到消费者的强烈反对，但生产卡特尔产品的企业会拥护它。②

在一些情形中，政府发起组建卡特尔的目标是限制竞争以提高价格。例如，没有人会认为这不是石油输出国组织的主要使命，其成员国相关负责人频繁地会晤以确定各成员国的生产份额。然而，我们并不能在石油输出国组织官方使命声明里看到这一点。它声明："石油输出国组织的使命是保证消费者能获得有效的、经济的和正常的石油供应，生产者获得稳定的收入和石油行业相对公平的投资回报，协调一致成员国的石油政策并保持石油价格的稳定。"这些语句很像曾经用来宣扬1933年《国家工业复兴法案》时用过的，并将继续被用于类似企业想借助政府强制实施卡特尔协议的情形中。

25A. 4. 4　寡头垄断重复博弈中的自我强化卡特尔协议　另一种情况是寡头在知道它们将多次相遇的情形下建立的卡特尔协议。通过博弈论那章我们知道这并不足以保证合作的结果：如果企业知道它们将重复博弈，但是在未来某个时刻这种相互作用将停止，通过博弈树的逆推法，我们知道这会导致合作从一开始就会解体。

---

① 该法案也鼓励通过工会集体讨价还价，设定最高工作时间和最低工资并禁用童工。
② 对于牛奶卡特尔本打算保护的家庭私有的小奶业，法案显得不是很成功。经济收益的大部分归于较大的公司制农场，很少有证据说明卡特尔延缓了这些较小的低效率农场的消失。

企业知道在最后一期，没有企业会有动力去遵守卡特尔协议。但是这意味着，由于没有可信的方式去惩罚最后一期的非合作方，在倒数第二期企业也没有动力去进行合作。同理，由于两个企业都知道在最后两期是非合作的结果，它们在倒数第三期也不会合作。出于同样的逻辑，在任何阶段都不会出现合作。

但是现实世界中很少存在有明确终点的有限重复博弈情形。在更多的时候，企业知道它们在一次相遇之后未来会再次相遇，为了实现我们的研究目的，我们可以将这种情形看作无限重复。像我们在第 24 章重复博弈的囚徒困境中讨论到的，因为没有明确的最后一期的互动，这就消除了有限重复博弈中的"解散"特征。它开启了简单的"触发策略"的可能性，一开始企业遵守卡特尔协议，只要每个企业都遵守原先的行为方式，合作就会一直继续，但是一旦有成员偏离了协议，所有企业将进入寡头垄断竞争情形。只要偏离卡特尔协议的短暂收益不超过卡特尔协议消失变成寡头垄断竞争而带来的长期损失，这种策略就会维持卡特尔合作。

实际上，企业可能不能确定其他企业是否违反了协议，这种策略在现实世界中变得更加复杂。例如，假设石油企业无法观察任何给定企业的产油数量，它们仅仅可以知道市场上石油的销售价格。进一步假设给定阶段的油价取决于两个因素，一是寡头垄断企业供应的石油总量，二是不可预测（并且不可观测）的石油市场的需求冲击。如果在一个时期，一个企业观察到不可预期的低价格，这可能是由于卡特尔成员进行了欺骗并生产了高于协议规定的石油，但是也有可能是由于石油市场的逆向需求冲击。这时市场上的企业就会发现确定卡特尔成员是否进行了欺骗十分困难，并且有可能将低价误认为是欺骗。经济学家将这些复杂因素引入寡头垄断和卡特尔经济模型中，这使得观察重复寡头垄断博弈中卡特尔协议失败和再次出现的均衡变得更加可信。这和观察到的一些产业的卡特尔行为比较吻合。

练习 25A. 17　在企业无法确定给定时期的需求条件下，为什么一个允许合作再次出现的更宽容的触发策略（如以牙还牙策略）比一个阶段不合作则永远进行处罚的极端的触发策略更好？■

25B　寡头垄断的数学分析

在本节的大部分中，为了简化，我们假定企业面临不变的边际成本 $MC=c$（并且没有重复发生的固定成本），寡头垄断产品的市场需求曲线形式是

$$x=A-\alpha p \tag{25.1}$$

在本章的一些章末习题中，我们将探讨不同的假设如何影响各种寡头垄断模型，包括企业间边际成本不同和存在固定成本。现在，在目前的假设下需要知道，

如果寡头垄断联合像一个垄断企业，从第 23 章的推导 [方程（23.14）] 可知，如果没有价格歧视，企业将生产垄断产量 x^M，并且在垄断价格 p^M 上进行销售，这里

$$x^M = \frac{A - \alpha c}{2}, \quad p^M = \frac{A + \alpha c}{2\alpha} \tag{25.2}$$

练习 25B.1　验证方程（25.2）中的 x^M 和 p^M。∎

25B.1　伯特兰竞争

从本章 A 部分的学习我们知道，无论是同时的还是序贯的伯特兰竞争，都会导致两个企业的定价等于边际成本。因此，我们可以很简单地得到伯特兰寡头垄断的总产量水平，仅将 $MC = c$ 代替市场需求曲线中的价格，就得到共同的产量水平 $x = A - \alpha c$。假定如果我们制定相同的价格，我们两个企业将得到相同数量的顾客，这意味着我们两个企业的伯特兰产量水平是

$$x_1^B = x_2^B = \frac{A - \alpha c}{2} \tag{25.3}$$

我们在伯特兰价格 $p^B = c$ 上进行销售。因而，对于我们使用的线性需求和不变 MC 的模型，伯特兰预测每个企业将生产与一个垄断企业自己决定生产策略时相同的产量水平，因为，"竞争性"产量是垄断产量的两倍。

在第 26 章，当企业可以将它们的产品进行差异化时，我们将看到伯特兰模型会更有趣；也就是说，企业不生产完全相同的产品但是仍是寡头垄断的一部分。在章末习题 25.1 中，我们将证明重复的固定成本和不同的边际成本的差异将怎么改变单纯的伯特兰预测。

25B.2　产量竞争：古诺与斯塔克尔伯格

在 25B.3 节考虑其他方面的产量竞争之前，像 A 部分一样，我先简要介绍一下古诺和斯塔克尔伯格竞争的数学模型。

25B.2.1　古诺竞争　为了计算在 A 部分介绍的生产经济学家卡片的两个企业的最优（产量）反应函数，我在假定你生产 $\bar{x}_2$ 的情况下，开始 [见图 25-2 的组图（c）] 计算我的剩余需求。如果市场需求由方程（25.1）给出，那么在你生产 $\bar{x}_2$ 的情况下，我的剩余需求仅为

$$x_1^r = A - \alpha p - \bar{x}_2 \tag{25.4}$$

为了让它与我们在图 25-2 的组图（c）中描述的剩余需求曲线相似，我们需要将它写成反需求函数形式，即

$$p_1^r = \left(\frac{A - \bar{x}_2}{\alpha}\right) - \left(\frac{1}{\alpha}\right)x_1 \tag{25.5}$$

练习 25B. 2　验证 p_1^r 确实是正确的反需求函数。■

从第 23 章的学习中我们知道，任何线性反需求函数的边际收益曲线自身也是一个线性函数，其同反需求函数有相同的截距，但是斜率是其二倍，即在我假定你将生产 $\bar{x}_2$ 的情况下，我相应的边际收益函数就是

$$MR_1^r = \left(\frac{A - \bar{x}_2}{\alpha}\right) - \left(\frac{2}{\alpha}\right)x_1 \tag{25.6}$$

练习 25B. 3　用微积分方法推导边际收益函数 MR。■

给定我的剩余边际收益，现在我可以将方程（25.6）等于边际成本 $MC = c$，确定最优产量（假定我认为你将生产 $\bar{x}_2$）。解这个方程得到 x_1

$$x_1 = \frac{A - \bar{x}_2 - \alpha c}{2} \tag{25.7}$$

由于假定我们两个企业是同质的，你认为当我的产量为 $\bar{x}_1$ 时你的最优反应是对称的。总之，对于任何我生产的产量 x_1，现在我们可以得出你关于 x_1 的最优反应；对于任何你生产的产量 x_2，我们可以得出有关 x_2 的我的最优反应。我们的最优反应函数 $x_1(x_2)$ 和 $x_2(x_1)$ 为

$$x_1(x_2) = \frac{A - x_2 - \alpha c}{2}, \quad x_2(x_1) = \frac{A - x_1 - \alpha c}{2} \tag{25.8}$$

在纳什均衡中，我预测的你将生产的产量 $\bar{x}_2$ 必将是给定我的产量的你的最优反应，即 $\bar{x}_2 = x_2(x_1)$。现在我们可以将 $x_2(x_1)$ 代入我们的表达式 $x_1(x_2)$ 中解出 x_1，这样我们得出我的古诺产出水平为

$$x_1^C = \frac{A - \alpha c}{3} \tag{25.9}$$

由于我们两个企业同质，你的纳什均衡产量也将与此相同。

练习 25B. 4　验证这是正确的。

练习 25B. 5　验证这个产量确实是纳什均衡产量，即验证给定你生产的产量，我的最优选择是生产相同产量，以及给定我的产量，你的最优选择也是这样的。■

注意，这意味着我们两家总共将生产 $2(A - \alpha c)/3$，这个产量大于我们在

（25.2）方程推出的垄断产量 $(A-\alpha c)/2$，并小于伯特兰竞争产量 $(A-\alpha c)$。

练习 25B. 6 垄断价格 p^M［由方程（25.2）推出］与古诺均衡价格相比如何？与伯特兰价格相比呢？ ■

25B. 2. 2 多于两个企业的古诺竞争 我们也可以证明随着企业数量的增加古诺竞争如何变化。为更加一般化一些，假定市场反需求函数是 $p(x)$，所有的企业都有相同的成本函数 $c(x_i)$，这里总生产成本是企业生产水平 x_i 的函数。假定寡头垄断市场上有 N 个企业，将除了企业 i 之外其他企业的所有产量水平记作 $x_{-i}=(x_1,\ x_2,\ \cdots,\ x_{i-1},\ x_{i+1},\ \cdots,\ x_N)$。给定 $\overline{x}_{-i}$，那么企业 i 的利润最大化问题就是

$$\max_{x_i} \pi_i = p(x_i,\ \overline{x}_{-i})x_i - c(x_i)$$
$$= p(\overline{x}_1 + \overline{x}_2 + \cdots + \overline{x}_{i-1} + x_i + \overline{x}_{i+1} + \cdots + \overline{x}_N)x_i - c(x_i) \tag{25.10}$$

一阶条件为

$$\frac{\mathrm{d}p(x_i,\ \overline{x}_{-i})}{\mathrm{d}x}x_i + p(x_i,\ \overline{x}_{-i}) - \frac{\mathrm{d}c(x_i)}{\mathrm{d}x_i} = 0 \tag{25.11}$$

可以写为

$$MR_i = \frac{\mathrm{d}p(x_i,\ \overline{x}_{-i})}{\mathrm{d}x}x_i + p(x_i,\ \overline{x}_{-i}) = \frac{\mathrm{d}c(x_i)}{\mathrm{d}x_i} = MC_i \tag{25.12}$$

如我们在垄断一章中的方程（23.9），我们可以将 MR_i 表示为

$$MR_i = p\left(1 + \frac{\mathrm{d}p}{\mathrm{d}x}\frac{x_i}{p}\right) \tag{25.13}$$

由于我们假设所有企业都是同质的，在均衡时它们将生产相同的产量。这也意味着 $Nx_i = x$，这里我们可以将 MR_i 方程写成

$$MR_i = p\left(1 + \frac{\mathrm{d}p}{\mathrm{d}x}\frac{x_i}{p}\frac{N}{N}\right) = p\left(1 + \frac{\mathrm{d}p}{\mathrm{d}x}\frac{x}{p}\frac{1}{N}\right) = p\left(1 + \frac{1}{N\varepsilon_D}\right) \tag{25.14}$$

这里 $\varepsilon_D = (\mathrm{d}x/\mathrm{d}p)(p/x)$ 是市场的需求价格弹性。用其去表示 MR_i，我们看到在均衡点上，所有企业的边际成本都是相同的［即使我们允许 MC 不再是不变的，将成本表示为 $c(x)$］，我们可以将方程（25.12）写为

$$MR_i = p\left(1 + \frac{1}{N\varepsilon_D}\right) = MC \tag{25.15}$$

注意，随着 N 的变大，价格趋近于完全竞争情况下的 MC。因而，随着寡头垄断市场上同质企业数量的增多，古诺竞争趋向于完全竞争（伯特兰竞争也是如此）。

练习 25B.7　将垄断一章中的方程（23.15）与这个方程相对比，它们有什么联系？

练习 25B.8　你能举例说明为什么古诺模型直觉上给出了比伯特兰模型有关同质企业生产同质产品的寡头垄断更合理的预测吗？■

25B.2.3　斯塔克尔伯格竞争　现在假设我们回到线性需求和不变 MC 的例子，如果我们序贯地设定产量，我（企业 1）是斯塔克尔伯格领导者，你（企业 2）是斯塔克尔伯格追随者。子博弈完备均衡需要我首先在第一阶段确定对于任何 x_1 你的最优反应。而这就是你的最优反应函数，我们已经计算出来了〔即方程（25.8）〕，即

$$x_2(x_1) = \frac{A - x_1 - \alpha c}{2} \tag{25.16}$$

用市场需求减去我所知道的你的产量，就可以确定我的产品的剩余需求，即

$$x_1^r = A - \alpha p - x_2(x_1) = A - \alpha p - \frac{A - x_1 - \alpha c}{2} \tag{25.17}$$

为了得到图 25-4 的组图（b）绘制的反剩余需求曲线 D^r，我们解出方程里面的 p，得到

$$p_1^r = \frac{A + \alpha c}{2\alpha} - \frac{1}{2\alpha} x_1 \tag{25.18}$$

练习 25B.9　验证这是我的正确的反剩余需求函数。

练习 25B.10　在图 25-4 的组图（b）中，剩余需求曲线在 MC 水平上有一个折点，验证我们原先推出的方程在 $p = MC$ 处与市场需求曲线相交。如何在数理上完全刻画剩余需求曲线的特征（考虑有折点的事实）？■

我们知道剩余边际收益曲线同反剩余需求曲线具有相同截距，但斜率是它的两倍，现在，我们可以从 p_1^r 的方程推导出剩余边际收益曲线，即

$$MR_1^r = \frac{A + \alpha c}{2\alpha} - \frac{1}{\alpha} x_1 \tag{25.19}$$

现在，我们令其等于 $MC = c$，并解出我的斯塔克尔伯格领导者最优产量

$$x_1^{SL} = \frac{A - \alpha c}{2} \tag{25.20}$$

给定企业 1 的这个产量水平，企业 2 的最优反应函数意味着斯塔克尔伯格追随者的最优产量为

$$x_2^{SF} = \frac{A - \alpha c}{4} \tag{25.21}$$

练习 25B.11 斯塔克尔伯格总产量水平与垄断产量和古诺产量有何关系？哪一个模型更有效（从社会有利的角度）：古诺或斯塔克尔伯格竞争？

练习 25B.12 斯塔克尔伯格产出的价格是什么？这与古诺和垄断价格有何关系？

练习 25B.13 你能画出类似图 25-3 的组图（c）的图并指出垄断结果（假设两个企业将分割垄断产量水平）、古诺结果、斯塔克尔伯格结果和伯特兰结果吗？仔细地标出所有的点。■

25B.3 信息不对称的寡头竞争

到目前为止，我们假设每个企业都知道其他企业的成本，但是在现实世界中往往不是这样。例如，假设我们有一个相对新的寡头垄断市场，企业 2 成功进入了这个市场，这样企业 1 就失去了市场垄断地位。这样就可以合理地假设企业 1 的成本是已知的（由于其垄断历史），但是企业 2 的成本可能就不被外界所知。或者，假设企业 2 新发明了一种生产方式，但是这种生产方式的成本并不被外界所知。这些情况中的任何一种都使寡头垄断市场中的企业 2 知道企业 1 的成本，但是企业 1 不知道企业 2 的成本。总之，信息不对称使得一方（企业 1）信息不完全。这样寡头垄断产量博弈的结果就是同时贝叶斯博弈的例子。（如果你还没有学习第 24 章的 B 部分，你可以跳到 25B.4 节。）

更具体一些，假设寡头垄断企业再次面临相同的市场需求 $x = A - \alpha p$，反市场需求函数为 $p = (A/\alpha) - x/\alpha$。在双寡头垄断情况下，这个反需求函数可以再次写为 $p = (A - x_1 - x_2)/\alpha$，这里 x_i 表示企业 i 的产量水平。如前面一样，我们假定企业 1 的边际成本为 c，但是企业 2 可以为"高"边际成本 c^H，也可以为"低"边际成本 c^L，这里 $c^H > c^L$。企业 2 为高成本类型的概率为 ρ，这样为低成本类型的概率就是 $(1-\rho)$。企业 2 知道自己的类型，但是企业 1 只有关于企业 2 类型的信念（每种类型发生的概率）。我们将看一下这种情形的古诺竞争（并将通过两个简略的章内练习探究一下伯特兰竞争）。

直觉上，企业 2 应当根据自己的成本是高还是低生产不同的产量水平。因此，企业 2 的产量确定"策略"就会依赖于企业到底是高成本类型还是低成本类型。[①] 但是企业 1 就不能根据企业 2 的成本结构确定其产量了。它只能根据企业 2 是高成本类型的概率来确定一个产量。总之，企业 1 需要解决下面的最优化问题

$$\max_{x_1} \left[\rho \left(\frac{A - x_1 - x_2^H}{\alpha} - c \right) x_1 + (1-\rho) \left(\frac{A - x_1 - x_2^L}{\alpha} - c \right) x_1 \right] \tag{25.22}$$

[①] 回忆在第 24 章中一个涉及"自然"首先分配类型的同时贝叶斯博弈，每个参与人的策略涉及每个可能类型的概率。

这里 x_2^H 和 x_2^L 表示企业 2 是高成本类型和低成本类型时的产量水平。根据企业 2 被分配的类型（由"自然"进行分配），它的最优化问题为

$$\max_{x_2^i}\left(\frac{A-x_1-x_2^i}{\alpha}-c^i\right)x_2^i \tag{25.23}$$

对企业 1，由方程（25.22）最优化问题的一阶条件，得到

$$x_1=\frac{A-\alpha c-\rho x_2^H-(1-\rho)x_2^L}{2} \tag{25.24}$$

对企业 2，由方程（25.23）最优化问题（对于两种类型）的一阶条件，得到

$$x_2^H=\frac{A-x_1-\alpha c^H}{2}, \quad x_2^L=\frac{A-x_1-\alpha c^L}{2} \tag{25.25}$$

练习 25B.14 证明当企业 1 的不确定性消失时，即 ρ 趋于 0 或 1 时，企业 1 的一阶条件趋向于企业 2 某种类型的一阶条件。∎

将企业 2 的一阶条件代入方程（25.24）中，解出 x_1，我们得到企业 1 的最优产量 x_1^* 为

$$x_1^*=\frac{A-2\alpha c+\alpha(\rho c^H+(1-\rho)c^L)}{3} \tag{25.26}$$

现在假设企业 1 实际上知道企业 2 的类型。如果它为高成本类型的企业，企业 1 将生产 $(A-2\alpha c+\alpha c^H)/3$，如果它为低成本类型的企业，企业 1 将生产 $(A-2\alpha c+\alpha c^L)/3$。但是，由于不知道对手的类型，企业 1 将生产两者之间的一个产量，即低于完全信息下面对高成本类型对手时的产量，并高于面对低成本类型对手时的产量。

企业 2 具有信息优势，我们将在下面看到它如何利用这个优势。例如，假设它具有高边际成本 c^H。用方程（25.26）代替企业 1 的产量水平代入 x_2^H 的表达式（25.25），我们可以得到高成本类型企业 2 的产量水平，即

$$x_2^{H^*}=\frac{2A+2\alpha c-\alpha(3+\rho)c^H-\alpha(1-\rho)c^L}{6} \tag{25.27}$$

通过加上和减去 $\alpha\rho c^H$，我们可以将其写成

$$x_2^{H^*}=\frac{A+\alpha c-2\alpha c^H}{3}+\frac{\alpha(1-\rho)}{6}(c^H-c^L) \tag{25.28}$$

如果没有信息不对称，高成本类型企业 2 会只生产方程的第一项，这意味着当企业 2 知道自己为高成本类型而对手不知道时，企业 2 将生产比完全信息时多的产量。当面对高成本类型对手时，企业 1 将生产比完全信息时少的产量。企业 2 因此利用信

息优势获得一定优势。

同样，我们可以解出 $x_2^{L^*}$，得到

$$x_2^{L^*} = \frac{A+\alpha c - 2\alpha c^L}{3} - \frac{\alpha\rho}{6}(c^H - c^L) \tag{25.29}$$

我们可以看到，企业 2 将比知道它是低成本类型的完全信息情况下生产的数量少，企业 1 将生产更多。

练习 25B. 15[**] 验证最后一个方程。

练习 25B. 16[*] 在这种信息不对称下的古诺价格是高于还是低于完全信息下的价格？（提示：对于高成本和低成本两种情形，总产量是高于还是低于没有信息不对称的情况？）

练习 25B. 17[*] 假设两个企业进行价格（伯特兰）竞争，并假设 $c > c^H$。你认为均衡价格将是什么？

练习 25B. 18[*] 再次假设两个企业进行价格（伯特兰）竞争而不是产量竞争，并假设 $c^L < c < c^H$。如果我们假定序贯伯特兰竞争将更容易进行分析，企业 1 先制定价格，企业 2 在观察到价格 p_1（并发现自己的成本类型）后设定自己的价格。这时你认为的均衡价格将是什么？你的答案随 ρ 的变化而变化吗？ ■

25B. 4 固定进入成本与进入威慑

在 25A.3 节我们证明了，对于特定的固定进入成本，如果在位企业在潜在进入者作出进入决策之前可以设定生产，在位企业可以阻止新企业进入市场。结合前面的学习，现在我们看一下我们在 A 部分凭直觉得到的固定成本的范围是不是精确的。回忆进入威慑要求的行动次序，首先是在位企业设定产量，接着是潜在进入者的进入和产量决策。〔这个顺序如图 25-5 的组图（c）所示。〕

首先，看一下固定进入成本多高会导致在位企业无须担心潜在进入者的挑战。假设企业 1 生产垄断产量 x^M〔见方程（25.2）〕，我们已经知道，这就是在线性需求和成本假设下，斯塔克尔伯格领导者的产量 x^{SL}〔见方程（25.20）〕。企业 2 如果进入，它的最优反应是生产斯塔克尔伯格追随者的产量 x^{SF}〔见方程（25.21）〕并按照斯塔克尔伯格价格进行销售，练习 25B.12 已经计算过，这个价格应该是

$$p^S = \frac{A + 3\alpha c}{4\alpha} \tag{25.30}$$

现在，企业 2 进入的利润 π_2 等于收入减去生产成本再减去进入的固定成本 FC，即

$$\pi_2 = p^S x^{SF} - c x^{SF} - FC = \frac{(A - \alpha c)^2}{16\alpha} - FC \tag{25.31}$$

练习 25B. 19 验证这个方程的正确性。■

因此，我们可以判定，只要 $FC>(A-\alpha c)^2/16\alpha$，如果在位企业生产垄断产量水平，企业 2 进入的利润就是负的，这时企业 2 就不会进入，企业 1 也将毫无威胁地生产 x^M。根据图 25-6 的组图（b）的注释，这意味着

$$\overline{FC}=\frac{(A-\alpha c)^2}{16\alpha} \tag{25.32}$$

接下来，我们看一下在位企业选择接受斯塔克尔伯格结果而不是提高产量以阻止进入时的固定进入成本。在回答这个问题之前，我们首先需要确定，对于给定的 FC，企业 1 为了阻止企业 2 进入需要生产多少数量。不管 x_1 的产量是多大，企业 2 将按照最优反应函数 $x_2(x_1)$〔见方程（25.8）〕进行生产。这允许我们能计算在企业 2 进入市场时，对于任意的产量 x_1，企业 1 能预期的价格是

$$p(x_1)=\frac{A}{\alpha}-\frac{x_1+x_2(x_1)}{\alpha}=\frac{A-x_1+\alpha c}{2\alpha} \tag{25.33}$$

练习 25B. 20 验证方程 $p(x_1)$ 的推导是正确的。■

如果 $(p(x_1)x_2(x_1)-cx_2(x_1))>FC$，企业 2 将进入。将 $x_2(x_1)$ 和 $p(x_1)$ 代入，这意味着只要

$$\frac{(A-x_1-\alpha c)^2}{4\alpha}>FC \tag{25.34}$$

则企业 2 将进入。

练习 25B. 21 验证这个推导是正确的。■

当企业 2 做进入决策的时候，企业 1 可以完全控制 x_1 的量，这就意味着企业 1 需要确保不等式（25.34）反向（如果它想阻止企业 2 进入）。企业 1 因此需要解出下式的 x_1：

$$\frac{(A-x_1+\alpha c)^2}{4\alpha}\leqslant FC \tag{25.35}$$

这样，我们得到企业 1 阻止企业 2 进入的最小产量为

$$x_1^{ED}=A-\alpha c-2(\alpha FC)^{1/2} \tag{25.36}$$

当固定进入成本低于 $\overline{FC}=(A-\alpha c)^2/(16\alpha)$ 时，在位企业就要作出选择：它或者

生产进入威慑产量 x_1^{ED} 阻止企业 2 进入，或者生产斯塔克尔伯格领导者产量并接受企业 2 的竞争。如果在位企业接受企业 2 的进入，生产斯塔克尔伯格领导者产量，它的利润 π_1^{SL} 将是

$$\pi_1^{SL} = \frac{(A-\alpha c)^2}{8\alpha} \tag{25.37}$$

练习 25B. 22 验证此方程是正确的。当 $FC=0$ 时，斯塔克尔伯格领导者的利润正好是斯塔克尔伯格追随者的利润［我们在方程（25.31）中所计算的结果］的两倍，这符合情理吗？ ■

作为市场的唯一生产者生产产量 x 时的利润［如图 25-6 的组图（a）所示］是

$$\pi = (p(x) - c)x = \left(\frac{A-x}{\alpha} - c\right)x = \left(\frac{A-x-\alpha c}{\alpha}\right)x \tag{25.38}$$

由于在位企业总是可以决定做一个斯塔克尔伯格领导者，它愿意生产的阻止进入的最大产量就是方程（25.37）和（25.38）相等时的产量。解出此时的 x（使用二次公式），我们得到阻止进入的最大产量为[1]

$$x_{max}^{ED} = \frac{(2+2^{1/2})(A-\alpha c)}{4} \tag{25.39}$$

练习 25B. 23 如脚注所述，二次公式同样给出了第二个解，也就是 $x = (2-2^{1/2})(A-\alpha c)/4$。你能在图 25-6 的组图（a）中标出这个解吗？ ■

令其等于方程（25.36），我们可以计算出进入威慑仍然是企业 1 的最优选择时的最低的固定成本 $\underline{FC}$ 为

$$\underline{FC} = \left(\frac{(2-2^{1/2})(A-\alpha c)}{8}\right)^2 \tag{25.40}$$

因而，如果进入的固定成本低于 $\underline{FC}$，在位企业不会阻止企业 2 进入，两家企业将进行斯塔克尔伯格博弈。如果进入的固定成本在 $\underline{FC}$ 和 $\overline{FC}$ 之间［来自方程（25.32）］，在位企业将提高产出到 x_1^{ED}［来自方程（25.36）］，因而成功阻止企业 2 进入市场。最后，如果进入的固定成本高于 $\overline{FC}$，在位企业将安全地生产垄断产量 x^M，不用担心企业 2 进入。

---

[1] 二次公式给出了两个 x 的解。然而，其中的一个小于斯塔克尔伯格领导者产量，因而我们可以把这个解当作是与经济无关的，从而舍弃。

25B.5 动态合谋与卡特尔

我们在 A 部分讨论的卡特尔和合谋背后的数学分析相对简明。我们现在将用数学方法先简要介绍卡特尔成员相互欺骗的动机，然后再介绍在正确的条件下，动态合谋将如何出现。

25B.5.1 一阶段卡特尔协议欺骗的动机 假设同前面一样，市场需求继续为 $x=A-\alpha p$，我们已经计算过，面对这个需求的垄断者将生产 $x^M=(A-\alpha c)/2$，并将按照 $p^M=(A+\alpha c)/2\alpha$ 的价格进行销售。由于在寡头垄断中的两个同质企业面对相同的市场需求，因而，如果两家企业达成协议各生产垄断产量的一半，就将最大化它们的联合利润，即 $x_i^{Cartel}=x^M/2=(A-\alpha c)/4$。[①] 如果两家企业都遵守卡特尔协议，这意味着每家卡特尔成员 i 的利润为

$$\pi_i^{Cartel}=(p^M-c)\frac{x^M}{2}=\left(\frac{A+\alpha c}{2\alpha}-c\right)\frac{A-\alpha c}{4}=\frac{(A-\alpha c)^2}{8\alpha} \tag{25.41}$$

现在假设企业 i 和 j 已经达成了这种卡特尔协议，但是企业 i 不是盲目地遵守协议，而是思考自己是否可以通过生产其他的产量而获得更多的收益。如果企业 j 遵守协议按照 $x^M/2$ 进行生产，这意味着企业 i 将选择 x_i 以达到

$$\max_{x_i}\pi_i=\left(\frac{A-(x^M/2)-x_i}{\alpha}-c\right)x_i=\left(\frac{3(A-\alpha c)-4X_i}{4\alpha}\right)x_i \tag{25.42}$$

解出一阶条件，我们这时可以得到企业 j 遵守卡特尔协议时企业 i 的最优产量。将这个数量表示为 x_i^D，

$$x_i^D=\frac{3(A-\alpha c)}{8} \tag{25.43}$$

这个产量比卡特尔协议给企业 i 指派的产量高出了一半。这样，在假定企业 j 不偏离卡特尔协议的情况下，可以计算出偏离的利润 π_i^D 为

$$\pi_i^D=\frac{9(A-\alpha c)^2}{64\alpha} \tag{25.44}$$

练习 25B.24 验证 π_i^D。它一定比 π_i^{Cartel} 大吗？∎

25B.5.2 有限重复寡头垄断产量博弈中的合谋 从我们刚才的推导可以清楚地看出，除非外部有什么强制机制可以使两家企业遵守卡特尔协议，两家企业不可能维持协议下的均衡。如我们在 A 部分指出的那样，两家企业正陷入经典的囚徒

---

① 当然，对这两个企业其他的生产配额也可以最大化联合利润，只要配额加起来等于垄断产量。章末习题 25.9 探究这些配额在原则上怎么不相等。

困境：它们都知道强制的卡特尔协议可以使它们都获益，但是没有强制，两家企业都会理性地去欺骗。尽管有卡特尔协议，最后的均衡仍然为古诺均衡。同时，如 A 部分所述，这种状况并不会因为两家企业有限次数的重复博弈而有所改变（因为重复的囚徒困境博弈的合作在子博弈完备均衡情况下会从最底层向上全部瓦解）。

如 A 部分所述，尽管如此，现实世界中还有很多寡头垄断合谋的例子，这让我们怀疑有限重复寡头垄断博弈的子博弈完备纳什均衡不能达到合谋的结果与现实世界不符。在 A 部分我们已经讨论了现实世界的一些考虑可以导致与理论结果不符的企业合谋。例如，可能是企业发现了一个可以强制实施卡特尔协议的方法，在一些方面这可能是通过政府实现的。这也可能如我们第 24 章所讨论的，这个情况可能存在。例如，企业 1 有可能不能确定它是否面对这样一个对手，这些对手即使在不符合它们最优利益的情况下也实行以牙还牙的策略。我们已经知道，即使遇到这种"非理性"以牙还牙对手的概率是很小的，或者只有一个企业可能是这种对手，但这就足以让"理性"企业有意愿建立自己乐于合作的名声。或者可能的情况是企业不确定它们是否会再次相遇，这种有限重复博弈本质上就成为无限重复博弈的模型了。

25B.5.3　无限重复寡头垄断博弈　从第 24 章我们知道，有限重复博弈的囚徒困境合作决裂的原因是博弈方明确知道它们相互作用的终结点。在现实世界中，我们很少知道和某人打交道的最后时点是什么时候，这对寡头垄断中的企业也可能适用。我们可以用模型直接描述这种情况，企业现在在相互作用，它们也将有一定的概率未来再次相遇。或者，我们可以将这个博弈建模为无限重复博弈，这时企业把未来做一个贴现。这里我们进行后一种情况的分析，假设下一阶段的 1 美元折现到现在是 δ 美元，这里 $\delta < 1$。这表示从现阶段起的每期收入 y 的现金流贴现到现在值 $y/(1-\delta)$，从下一期开始的每期收入 y 的现金流贴现到现在是 $\delta y/(1-\delta)$。

我们现在将展现假如企业对未来的贴现率不是很大，在无限重复博弈中的寡头垄断企业可能出现合谋。我们在第 24 章提出的一种可能性是博弈方可以采用"触发策略"，这种策略假定一开始是合作状态，如果某一期出现了非合作将触发合作终止，未来永远是非合作状态。卡特尔协议规定其两家同质寡头垄断企业成员每家在每期生产垄断产量的一半，这个策略就是："第一期生产 $x^M/2$ 之后，如果每家成员在上一期遵守卡特尔协议，下一期都生产 $x^M/2$，如果有任何成员在某一期违背了卡特尔协议，下一期每家成员都将按照古诺产量 x^C 进行生产。"一个非合作因此"触发"了从此以后的古诺均衡。

如果博弈双方都使用这种触发策略，只要一家企业在一期背叛的当期额外利润不足以弥补未来卡特尔利润的损失，这就是无限重复博弈的子博弈完备纳什均衡。总之，当企业 i 考虑是否背叛时，它知道在背叛这期它将获得方程（25.44）中的 π_i^D，但是损失是以后各期的利润将是古诺利润 π_i^C。所以，一方面，背叛后的利润将

是 $\pi_i^D + \delta\pi_i^C/(1-\delta)$；另一方面，如果不背叛，每期利润将是方程（25.42）中的 π^{Cartel}，这样折合成现值就是 $\pi_i^{Cartel}/(1-\delta)$。只要满足下式，企业偏离触发策略就是不值得的

$$\frac{\pi_i^{Cartel}}{(1-\delta)} > \pi_i^D + \frac{\delta\pi_i^C}{(1-\delta)} \tag{25.45}$$

之前［在方程（25.9）中］我们计算过古诺数量将是 $x^C = (A-\alpha c)/3$，在练习 25B.6 中，你已经推导出古诺价格应该是 $p^C = (A+2\alpha c)/3\alpha$。这意味着每家企业的古诺利润将是 $\pi_i^C = (A-\alpha c)^2/(9\alpha)$。

练习 25B.25　验证古诺均衡的这个每期利润是正确的。∎

将相关的数量表达式代入不等式（25.45），我们得到

$$\frac{(A-\alpha c)^2}{8\alpha(1-\delta)} > \frac{9(A-\alpha c)^2}{64\alpha} + \frac{\delta(A-\alpha c)^2}{9\alpha(1-\delta)} \tag{25.46}$$

解出 δ，这时我们得到

$$\delta > \frac{9}{17} \approx 0.53 \tag{25.47}$$

因而，只要下期的 1 美元现值大于现期的 0.53 美元，没有企业想偏离这个触发策略，这也意味着两家企业将根据它们的卡特尔协议进行合谋。

当然，就像我们在第 24 章附录里面讨论的无名氏定理那样，这并不是维持无限重复寡头垄断博弈合谋的唯一方法。由于现实世界比我们这里假设的要更不确定，这里我们提出的触发策略要永久惩罚偏离就显得非常地严厉。例如，考虑这样一个世界，寡头垄断企业不能观察其他企业的产量，仅仅能观察到每期的均衡价格。在一个双寡头市场中，只有企业完全知道市场需求才能推导出其他企业的产量。如果每期市场的真实需求都有一些不确定性——像我们在 A 部分提出的那样，如果有未被观察到的需求"冲击"，那么判断出一个低于预期的价格是出于某期未被预期到的低市场需求还是出于其他企业违背了卡特尔协议就变得非常困难。许多经济学家详细研究了这种情况并得出结论，一个更宽容的触发策略在卡特尔的角度上可能是更优的，价格低于某种水平会"触发"一段时间的惩罚，但是最终合谋将再次恢复。我们这里需要指出的唯一一点就是，虽然在有限重复博弈中企业有偏离卡特尔协议的动机，但当企业相互影响且并不知道它们的博弈行为将在哪个时点上停止时，合谋很可能被维持下去。

结论

我们已经分析了从企业无策略性行为（它们的行为不会影响价格）的完全竞争模型到第 23 章的完全垄断模型，再到处于中间位置的寡头垄断情况。只要是偏离了完全竞争的模型都引入了策略性考虑，企业不可能再作为完全的价格接受者。在垄断情况下，我们引入了垄断者可以策略性改变其经济环境的不同类型的价格政策，在寡头垄断情况下，只要寡头垄断企业不组建卡特尔和进行完全的伯特兰竞争，我们分析了寡头垄断企业将达到完全竞争和完全垄断之间的价格和产量水平。在这个过程中，我们还展示了假如进入成本足够低，潜在的竞争威胁可以增加垄断者（或在位企业）的产量，使之向有利于社会需求的方向改变。

不同形式的寡头垄断竞争的福利是相对明显的，但是以提高效率为目的而处理寡头垄断市场的政策问题还是如同我们在垄断一章所讨论的那样非常复杂。通常，与自然垄断存在的理由一样，寡头垄断的存在也有一些很好的基本经济理由。例如，在进行汽车生产之前，企业必须付出较大的固定成本，这就导致了 U 形平均成本曲线，U 形的底部发生在相对市场需求较大的产量水平上。在这种情况下，生产的本质不允许存在作为价格接受者竞争的许多小企业，即使强制进行这样的市场安排也不是有效的（由于要收回固定成本，这将导致每家企业生产汽车的平均成本很高）。因此，古诺竞争者价格高于边际成本造成的效率损失很容易被少数企业在平均成本曲线上的更低点生产所带来的效率收益所抵消。

因此，寡头垄断市场反垄断的主要着眼点集中在发现和阻止寡头垄断企业的合谋，这些合谋企业试图通过组建卡特尔像垄断企业那样运行以避开寡头垄断竞争。然而，由于不知道寡头垄断企业的成本方程（同样也不知道消费者方面的需求状况），负责寡头垄断市场竞争行为的管理者通常不易发现合谋，寡头垄断企业（像自然垄断者一样）也没有特别的动机向管理者透露自己的真实成本曲线。合谋嫌疑企业经常因违反反垄断法（它规定反竞争合谋是违法的）被告上法庭，这时，法庭将负责调查相关市场的根本经济状况以确定实际上合谋发生的程度和这种合谋导致的损失。[①] 合谋企业在某种程度上可能明显有讨论和协调价格及生产决策的相互往来，此时不需要明确的成本方程知识就可以发现合谋的证据，但是在确定观察到的价格和生产水平偏离寡头垄断竞争的程度以衡量损失时，仍旧需要这些信息。但是我们知道，企业可以非常聪明地达成合谋并且不作出任何卡特尔协议以留给法庭当证据。这些复杂性将导致法庭用很有趣的方式或成功或失败地处理合谋案件，如果你对这些感兴趣，反垄断经济学（或者法和经济学）课程会吸引你。

---

① 这些案件可能由联邦监管机构发起诉讼，更一般的是由与合谋企业存在竞争关系的企业提起诉讼，其一般由民事法庭审理。在评估损失时，消费者的损失和未能参与竞争的竞争者损失均被考虑在内。

　　然而，寡头垄断市场结构并不是处于完全竞争和完全垄断两种极端之间的唯一结构形式。完全竞争假设没有进入壁垒，而垄断和寡头垄断市场对于新进入者需要相当大的壁垒。因而在第 26 章，我们将引入最后一种市场结构叫做"垄断竞争"，这种市场进入壁垒比较低（不像寡头垄断和垄断市场结构），但是垄断竞争企业可通过创新差异化它们的产品（不像完全竞争企业，我们假设所有企业生产同质产品）。通过创新进行产品差异化的潜力在寡头垄断市场（或者垄断企业，由于担心潜在进入者进行创新）同样存在，我们将在第 26 章对此进行详细讨论。

章末习题[①]

　　*[†]**25.1**　在本章中，当没有固定成本并且边际成本为常数时，我们证明了两个寡头垄断企业在价格上竞争所产生的均衡。在这个习题中，继续假设企业仅在价格上竞争并能生产它们想生产的任何数量。

　　A.　我们现在研究当这些假设中的一些条件发生改变时会发生什么变化。保持我们之前做的假设并仅改变在习题的每个部分提到的那些。一直假设成本永不会高到在均衡中没有生产发生，并一直假设价格是策略性变量。

　　a.　首先，假定两个企业都支付固定成本进入市场中。这是否会改变企业设定 $p = MC$ 的预测？

　　b.　转而假定每个企业有一个重复固定成本。首先考虑企业 1 设定其价格然后企业 2 跟随（假设两个企业有一个选项是不生产并且不支付重复的固定成本）的情形。子博弈完备均衡是什么？［如果你遇到困难，在（f）中有提示。］

　　c.　考虑与（b）中相同的成本。当两个企业同时行动时它们能否在均衡中同时生产？

　　d.　同时行动的纳什均衡是什么？（实际上有两个。）

　　e.　判断正误：重复固定成本被引进伯特兰模型中导致了 $p = AC$ 而不是 $p = MC$。

　　f.　你应该已经得出了伯特兰模型的重复固定成本的情况导致了在寡头垄断企业中一个单一的企业生产的结论。考虑到这个企业怎么对产出定价，该结果是有效的吗，它是否比两个企业都生产更有效？

　　g.　下面假定除了重复固定成本之外，每个企业的边际成本曲线是向上倾斜的。假设重复固定成本充分高到 AC 与 MC 相交到需求曲线的右边。使用到目前为止你

――――――――――――

　　① 　＊概念性挑战难题。

　　　　＊＊计算性挑战难题。

　　　　†答案见学习指南。

在这个系统中使用的相似的逻辑,你能再次识别这个序贯伯特兰模型的子博弈完备均衡以及同时行动的纯策略纳什均衡吗?

B. 假定需求由 $x(p)=100-0.1p$ 给出并且企业成本由 $c(x)=FC+5x^2$ 给出。

a. 假设 $FC=11\,985$。推导在伯特兰竞争下这个行业的均衡产出 x^B 和价格 p^B。

b. 能维持至少一个企业在这个行业中生产的最高重复固定成本 FC 是多少?(提示:当你到达一个你需要使用二次公式的点时,你可以仅从平方根下的项推断答案。)

25.2 在习题 25.1 中,我们检查了在伯特兰结论(从把价格当成策略性变量得来)中当我们改变一些关于固定成本和边际成本的假设时会有什么影响。现在我们把产量当成同时行动古诺均衡的策略性变量,再做相同的事情。

A. 除了你被要求特定地改变的一些条件之外,维持书中所有假设。

a. 首先,假定两个企业都支付固定成本进入市场。这是否改变古诺模型的预测?

b. 让 x^C 表示在书中的假设下所推导出来的寡头垄断中两个企业各自生产的古诺均衡产量。接着假定每个企业有一个重复固定成本 FC(如果企业不生产,则不需要支付 FC)。假设两个企业通过生产 x^C 仍能创造非负利润,FC 的出现使得这不再成为一个均衡了吗?

c. 你能对你(b)中的结论用一个产生两个企业生产 x^C 的单一纯策略纳什均衡的最优反应函数的图来加以说明吗?(提示:你应该说服你自己对对手的低产量的最优反应函数与以前一样,但是在对手的某个产量水平,选择 0 作为最优反应。)

d. 你能否说明一种 FC 的情形使得两个企业都生产 x^C 是三个不同的纯策略纳什均衡中的一个?

e. 你能否说明一种 FC 的情形使得两个企业都生产 x^C 不再是一个纳什均衡?在这种情形下两个纳什均衡是什么?

f. 判断正误:对充分高的重复固定成本,古诺模型表明仅有一个企业生产并其行为像一个垄断者。

g. 假定不再是重复固定成本,而是每个企业的边际成本是线性的并且向上倾斜的,第一单位的边际成本与书中所假设的不变的边际成本一样。不具体地计算,你认为最优反应函数会发生什么变化以及这将怎么影响古诺均衡中的产量?

B. 假定古诺模型中的两个企业都有成本函数 $c(x)=FC+(cx^2/2)$,需求函数由 $x(p)=A-\alpha p$ 给出(与书中一样)。

a. 推导最优反应函数 $x_1(x_2)$(给定企业 2 的产量)以及 $x_2(x_1)$。

b. 假设两个企业都在纯策略纳什均衡中生产,推导古诺均衡产量水平。

c. 均衡价格是多少?

d. 假定 $A=100$,$c=10$,$\alpha=0.1$。在这个行业中的均衡产量和价格是多少?假设 $FC=0$。

e.　*FC* 可以上升多少以使得这个均衡保持唯一？

f.　*FC* 可以上升多少以使得至少有一个纳什均衡的事实不会改变？

g.　*FC* 在什么范围内会使得没有两个企业都生产的纯策略均衡但是有两个仅有一个企业生产的均衡？

h.　如果 *FC* 位于你在（g）计算的范围之内会发生什么变化？

25.3　在习题 25.2 中，我们在同时古诺模型的设定中考虑了产量竞争。我们现在转向这个问题的序贯斯塔克尔伯格版本。

A.　假定企业 1 首先决定它的产量并且企业 2 在观察到 x_1 后跟进。假设最初与书中一样没有重复固定成本并且边际成本是常数。

a.　假定两个企业有重复的 *FC*（如果企业不生产的话则不需要支付）。对低水平的 *FC*，书中所推导的斯塔克尔伯格模型是否会变化？

b.　是否有一个 *FC* 的范围使得在其下企业 1 可以以一种企业 2 不生产的方式而策略性地生产？

c.　在什么 *FC* 下企业 1 不需要担忧企业 2？

d.　*FC* 能否高到没有任何企业生产？

e.　转而假定（即再次假定 *FC*＝0）企业有线性的、向上倾斜的 *MC* 曲线，第一单位的 *MC* 等于书中的不变的 *MC*，你猜斯塔克尔伯格均衡会怎么改变？

f.　企业 1 能进行进入威慑以把企业 2 保持在生产之外吗？

*B.　再次考虑需求函数 $x(p)=100-0.1p$ 和成本函数 $c(x)=FC+5x^2$（与你在习题 25.1 和习题 25.2 的后面的部分所做的一样）。

a.　首先假定 *FC*＝0。推导企业 2 在观察到企业 1 的产量水平 x 之后的最优反应函数。

b.　企业 1 将会选择什么产量水平？

c.　这意味着企业 2 将会选择什么产量水平？

d.　均衡斯塔克尔伯格价格是多少？

e.　现在假定有一个重复的固定成本 *FC*＞0。假定企业 1 有激励把企业 2 保持在市场之外，使企业 2 保持生产正的产量水平的最高的 *FC* 是多少？

f.　企业 1 不需要进行策略性的进入威慑以使得企业 2 保持在市场之外的最低的 *FC* 是多少？

g.　没有企业会生产的最低的 *FC* 是多少？

h.　在 0＜*FC*＜20 000 的条件下描述均衡。

25.4　**商业应用**：企业家技能与市场条件。我们经常把所有的企业当成它们内在地面对相同的成本，但是企业管理或企业家技能有时候能导致生产的边际成本下降。我们在第 14 章的习题 14.5 中的竞争性环境下研究了这一点，现在我们研究在寡头垄断中有效的管理者根据其所面对的市场条件利用其技能的程度。

A.　假定寡头垄断中的两个企业面对线性需求曲线，具有不变的边际成本 MC_1

和 MC_2，以及没有重复固定成本。假设 $MC_1 < MC_2$。

a. 首先假定市场条件使得企业在价格上竞争并能容易地生产在它们报出的价格上的任何需求量。如果企业同时报价，在均衡中会发生什么？

b. 如果企业序贯地报价，企业 1 先报价，你的答案会变化吗？

c. 当企业面对相同的成本时，我们判断伯特兰均衡是有效的。当企业面对不同的边际成本时，相同的结果是否仍成立？

d. 下面转而假定企业需要选择生产能力从而它们会进行产量竞争。当两个企业面对具有与我们在这个习题中所假设的 MC_1 和 MC_2 的平均数相等的边际成本的企业时，在均衡中会发生什么？

e. 是否可能企业 2 在古诺均衡中不进行生产？如果是这样，企业 1 生产多少？

f. 如果企业序贯地设定产量，你认为是企业 1 还是企业 2 先行动重要吗？

*g. 在（b）中你被要求在企业 1 先行动的序贯伯特兰定价市场中找到子博弈完备均衡。如果企业 2 先行动你的答案会怎么变化？在其中是否有一个子博弈完备均衡可以达到有效结果？什么子博弈完备均衡导致了最无效的结果？（提示：考虑企业 2 在第一阶段中所有可能策略的收益，假设它预测了企业 1 的反应。）

B. 两个寡头垄断企业在需求为 $x = A - \alpha p$ 的市场中运作。没有企业面对任何重复固定成本，两个都面对相同的边际成本。但是企业 1 的边际成本 c_1 小于企业 2 的，即 $c_1 < c_2$。

a. 在同时行动的伯特兰模型中会产生什么价格，每个企业生产多少？

b. 如果伯特兰竞争是序贯的且企业 1 先行动，你对（a）的答案会怎么变化？如果企业 2 先行动呢？（假设子博弈完备。）

c. 如果两个企业是古诺竞争者（假设在均衡中两个企业都生产），你的答案会怎么变化？

d. 如果两个企业进行斯塔克尔伯格竞争，企业 1 是先行者呢？如果企业 2 是先行者呢？

e. 如果它是一个垄断者，每个企业会怎么行动？

**f. 假定 $A = 1\,000$，$\alpha = 10$，$c_1 = 20$，$c_2 = 40$，使用你从（a）到（e）的结果来计算在每种情形下的均衡结果。在一个 p、x_1 和 x_2 的表中对这些情形进行汇总来说明你的答案。结果在直觉上是否说得通？

**g. 在你的表中加上一列并在其中计算每种情形的利润。在这个例子中为使好的经理去利用他的技能，他最钟爱的市场条件是什么？

h. 有效结果是什么？在你的表中加上一行说明有效结果会发生什么变化。

i. 在你的表中哪一个寡头垄断或垄断场景是最有效的？哪一个是对消费者最好的？

**j. 在你的表中是否有任何场景会产生与两个企业的边际成本都等于我们所假设的边际成本的平均值（即 $c_1 = c_2 = 30$）时的总产量相同的总产量？

* 25.5 商业应用：退出时间，即什么时候退出一个需求下降的行业。[①] 我们在书中说明了产生于一个被潜在的市场进入者威胁的垄断者的策略性问题，并且在第 26 章中我们将研究企业进入一个需求增加的行业。在这个习题中，假定对该行业产出的需求随时间递减。假定仅剩下两个企业：一个大的企业 L 和一个小的企业 S。

A. 由于我们的重点是有关是否退出的决策，我们将假定每个企业 i 有固定的生产能力 k^i，这是其仍在运营时的任何期间能生产的产量，即如果企业 i 生产，它生产 $x=k^i$。由于 L 大于 S，我们假设 $k^L > k^S$。产出是以不变的边际成本 $MC=c$ 被生产的（一直假设只要一个企业退出了这个行业，它将再也不在这个行业中生产）。

a. 由于需求随着时间下降，当两个企业一起生产某个产量 $\bar{x}$ 时所能被收取的价格随着时间下降，即 $p_1(\bar{x}) > p_2(\bar{x}) > p_3(\bar{x}) > \cdots$，其中下标表示时间段 $t=1$，2，3…。如果企业 i 是在时间 t 剩下的仅有的企业，它的利润 π_t^i 是什么？如果两个企业在时间 t 都仍生产呢？

b. 让 t^i 表示最后一个期间，其中需求对企业 i 充分到如果它是市场中仅有的企业仍是有利可图的（即令利润大于或等于零）。下列哪一个更大些：t^L 还是 t^S？

c. 若开始于期间 (t^S+1)，这两个企业的子博弈完备策略是什么？

d. 从期间 (t^L+1) 到 t^S，这两个企业的子博弈完备策略是什么？

e. 假定两个企业在期间 t^L 开始时在企业作出它们是否退出的决策之前仍在运营中。两个企业在这期的生产能够成为子博弈完备均衡的一部分吗？如果不是，这两个企业中的哪个必须退出？

f. 假定两个企业在期间 (t^L-1) 开始时（在作出退出决策之前）仍在运营中。在什么条件下两个企业都会保持运营？为使其中一个退出需要什么条件，并且如果它们中的一个退出了，它将是哪一个？

g. 让 $\bar{t}$ 表示使得 $(p_t(k^S+k^L)-c) \geqslant 0$ 的最后一个期间。描述从期间 $t=1$ 开始，随着时间的流逝，即随着经过 $\bar{t}$，t^L，t^S，子博弈完备均衡会发生什么变化？是否有一个价格随着行业需求减少而上升的时间？

h. 假定小企业不能接触信用市场从而不能采取任何债务方式融资。如果大企业知道这一点，这将会怎么改变子博弈完备均衡？判断正误：尽管小企业不需要接触信用市场以使得它是行业中的最后一个企业，但是如果它没有能够接触信用市场，在大企业退出之前，它将会被迫退出这个市场。

i. 现在价格在这个需求递减的行业里有什么不同的演变（当小企业不能接触信用市场时）？

B. 假定 $c=10$，$k^L=20$，$k^S=10$，而且 $p_t(\bar{x})=50.5-2t-\bar{x}$，直到价格是 0。

[①] 这个习题从 Martin J. Osborne，*An Introduction to Game Theory*（New York：Oxford University Press，2004）中衍生而来。

a. 这个例子怎么表示一个衰退的行业？

b. 计算习题 A 部分所定义的 t^S，t^L，t。

c. 推导产出价格随着行业衰退的演变。

d. 当企业 S 有 A(h) 中所描述的信用约束时，即当小企业不能接触信用市场时，你的答案会怎么变化？

e. 如果是大的（而不是小的）企业有这个信用约束，你的答案会怎么变化？

f. 假定企业 S 仅能举债 n 个时间段。让 $\bar{n}$ 为最小的使得没有信用约束的子博弈完备均衡成立的 n 且 $n < \bar{n}$ 意味着你在 A(h) 中所描述的均衡。$\bar{n}$ 是多少？（假设没有贴现。）

g. 如果 $n < \bar{n}$，产出价格随着行业衰退怎么演变？

†25.6 **商业应用：在产量竞争下为策略性投资融资。** 假定你拥有一个企业，你发明了一个受专利保护的产品，你有垄断势力。专利仅持续一个固定的时间段，与专利相联系的垄断势力也是这样。假定你在专利保护快结束的时候并且你有投资一个将能减少你产品的边际生产成本的专利的机会。

a. 如果这是当专利的保护时间耗尽时的事态，你会改变你的产量水平吗？你的利润会有什么变化？

b. 假定你可以开发一个改进的生产过程，把你的边际成本降低到 $MC' < MC$。一旦开发了，你将有这个技术上的一个专利，这意味着你的竞争者不能采用它。假设在专利的生命期间的重复固定成本为 FC，你将对这个新技术的固定成本进行融资。如果你这样做，你认为你的产量将发生什么变化？

c. 如果 MC' 相对于 MC 很近，你能否把你的竞争者保持在市场之外？在这种情形下，是否仍值得投资这个技术？

d. 如果该技术很大程度地减少边际成本，这是否可能使得你的竞争者保持在市场之外？如果是这样，产出价格会发生什么变化？

e. 你认为像这样的投资——打算阻止竞争者的生产——可以增强效率吗？

f. 假定潜在的竞争者也投资这个技术，是否存在一种情形使得你的企业投资而你的竞争者不投资？

*B. 再次假定需求由 $x = A - \alpha p$ 给出，目前没有固定成本，所有的企业都面对不变的边际成本 c，并且你将面对一个竞争者（因为在你生产的产品上的专利的保护时间快要耗尽了）。

a. 如果你仅通过先生产而进行竞争，你的产量水平会发生什么变化？你的利润会发生什么变化？

b. 如果你通过采取一个重复的固定成本 FC 把你的边际成本下降到 $c' < c$，假定你的竞争者仍进行生产，你的利润将是什么？（如果你已经完成了习题 25.4，你可以使用那里的结果来回答这个问题。）

c. 假定 $A = 1\,000$，$c = 40$，$\alpha = 10$。如果新的边际成本 $c' < c$，并且假设竞争

者不能得到相同的技术，使你决定继续投资的最高的 FC 是多少？把这表示为 $\overline{FC_1}(c')$。

d. 现在考虑竞争者。假定他看到企业 1 已经投资了这个技术（从而降低它的边际成本到 c'）。企业 2 发现企业 1 在技术上的专利已被废除了，从而使得企业 2 用重复的固定成本 FC 采用这个技术变成可能。企业 2 在均衡中采取这个技术的最高的 FC 是什么？把其表示为 $\overline{FC_2}$。

e. 假定 $c'=20$。对什么范围内的 FC 企业 1 将采取而企业 2 将不采取这个技术，即使它被允许这样做？

25.7　商业应用： 在价格竞争下为一个策略性投资融资。在习题 25.6 中，我们研究了企业为可获得较小边际成本的技术的融资激励。我们在一个企业设定产量的序贯环境中这样做过，其中在位企业先行动。你能在企业序贯地在价格上竞争的假设下（企业 1 先行动）重复这个习题吗？

†25.8　商业应用： 划算或不划算——在位企业对新兴企业的并购。大的软件企业通常生产不同种类的软件，有时候一个小的新兴企业会开发一种竞争性产品。大的软件企业面临着是否与这个新兴企业竞争或是否并购它的选择。并购一个新兴企业意味着支付给它的主人足够多的钱使其放弃企业并加入你的企业。由于这两个企业联合比并购在这个产品上创造较少的钱，这两个企业需要对并购价格进行协商。将产生什么价格取决于企业所面对的市场条件以及讨价还价的展开方式。在章末习题 24.5 和章末习题 24.9 中，我们讨论了两个在这里应用到的讨价还价模型。第一个被称为最后通牒博弈，一个企业采取要么拿、要么不拿的提议，另外一个企业要么接受、要么拒绝。第二个模型为双方做交互提议，直到一个提议被接受。[①]

A. 假定企业面对一个线性的、向下倾斜的需求曲线，相同的不变的边际成本，并且没有重复的固定成本。

a. 让 Y 表示如果一个交易被裁定行业在利润上的总体收益。在以下三种讨价还价的环境中 Y 怎么在企业之间被划分：一个在位企业建议收购价格的最后通牒博弈；一个新兴企业建议价格的通牒博弈；一个交互提议博弈？

b. 如果企业 2 非常不耐心而企业 1 有耐心，你在（a）中的答案会怎么变化？

c. 让 Y^B 表示当交易是伯特兰竞争时的总体利润，让 Y^C 表示当交易是古诺竞争时的总体利润，让 Y^S 表示当交易是斯塔克尔伯格竞争时的总体利润。哪一个最大？哪一个最小？

d. 让 π^M 表示垄断利润，π^C 表示一个企业的古诺利润，并让 π^{SL} 和 π^{SF} 表示斯塔克尔伯格领导者和追随者利润。用这些表示，在三个讨价还价的环境中，如果是伯特兰竞争，收购的价格是多少？如果是古诺竞争或斯塔克尔伯格竞争呢？

---

① 在习题 24.5 中，你应该已经断定在子博弈完备均衡中给出提议的一方得到了所有的收益，在习题 24.9 中你应该已经断定它们把收益平分了。在整个习题中假定这些讨价还价的结果。

e. 这些收购价格中哪一个最大？哪一个最小？

f. 对一个给定的讨价还价模型，你认为在古诺竞争下的收购价格比在斯塔克尔伯格竞争下的价格会更大吗？你的答案是否取决于我们在使用哪个讨价还价模型？

g. 如果一部分谈判涉及什么类型的经济环境将在没有交易时盛行，你将会建议新兴企业在第一次与在位企业谈判时说什么？你的答案是否取决于你预期的讨价还价模型？

h. 你的建议对在位者是否有所不同？

B. 让企业 1 表示大的在位企业，企业 2 表示新兴企业。假定它们都没有重复的固定成本并且二者都面对相同的不变边际成本 c。对产品的需求由 $x(p)=A-\alpha p$ 给定。

a. 假定这些企业不能认同一个收购价格，它们预期会是伯特兰竞争。如果企业 1 是最后通牒讨价还价博弈中的提议者，子博弈完备的收购价格是多少？如果企业 2 是提议者呢？

b. 如果两个企业进行交互提议博弈，收购价格是多少？

c. 当两个企业预期是古诺竞争时重复（a）问题。

d. 如果两个企业预期是古诺竞争，重复（b）问题。将这与你在（b）中的答案进行比较。

e. 如果两个企业预期企业 1 是斯塔克尔伯格领导者，重复（a）问题。

f. 如果两个企业预期企业 1 是斯塔克尔伯格领导者，重复（b）问题。

g. 假定 $A=1\,000$，$c=20$，$\alpha=40$，你前面分析的每个情形中的收购价格是多少？你能对这做直觉意义上的解释吗？

25.9　商业和政策应用：在卡特尔协议下的生产配额。 在习题 25.8 中，我们在不同的讨价还价模型与经济环境中研究了一个在位企业可能支付给一个竞争者的收购价格。与企业并购或企业合并不同，在寡头垄断中的两个企业可能选择达成一个卡特尔协议，其中它们承诺生产一定量的生产配额（并不多生产）。

A. 再次假定两个企业面对线性的、向下倾斜的需求曲线，有相同的不变的边际成本，并且没有重复的固定成本。

a. 考虑习题 25.8 中所描述的不同的讨价还价模型与经济环境①，两个企业在卡特尔协议中创造的利润用 π^M，π^C，π^{SL} 和 π^{SF} ［如习题 25.8 中的 A(d) 所定义的］表示是什么？［如果你已经这样做了，跳过（b）。］

b. 结果是像这样的例子：$\pi^C=(4/9)\pi^M$，$\pi^{SL}=(1/2)\pi^M$ 和 $\pi^{SF}=(1/4)\pi^M$。使用这个信息，你能对每个（a）中的讨价还价模型与经济环境确定在卡特尔协议中

① 共有 9 个这样的情形：3 个市场环境（伯特兰、古诺、斯塔克尔伯格）和 3 个讨价还价模型（企业 1 提议的最后通牒博弈、企业 2 提议的最后通牒博弈和交互提议博弈）。

每个企业利润的相对份额吗？

c. 假定卡特尔协议设定 x^M——垄断产量水平——为两个企业间的组合产量配额，在我们分析的不同的讨价还价模型和经济环境中，x^M 的什么比例将被企业 1 生产以及什么比例将被企业 2 生产？

d. 假设每卡特尔协议导致 x^M 被生产，每个企业生产一个被协商得出的份额。判断正误：对任意这样的卡特尔协议，企业的收益也可以通过一个企业以某个价格并购另外一个企业而获得。

e. 解释为什么企业会寻求政府规制去迫使它们生产卡特尔协议中所规定的产量。

f. 在里根政府的早期年代，美国汽车行业强烈地推动对日本汽车进口施加保护性关税。相反，美国政府直接要求日本汽车企业同意对美国的"自愿的出口配额"，美国政府确保那些企业遵守这些规定。你能解释为什么日本汽车企业同意这些规定吗？

g. 假定企业不能使得政府巩固它们的卡特尔协议。解释如果每次企业一生产，它们就期盼着在未来在行业中有很高的概率它们将再次作为生产的唯一企业，那么为什么这样的卡特尔协议能被维持为一个子博弈完备均衡。

h. 如果你是司法部门反垄断分支的一个律师并负责侦查一个卡特尔协议中的企业之间的合谋，并且如果你认为这些协议通常被触发策略所维持，在什么市场环境中（伯特兰、古诺或斯塔克尔伯格）你预期这将最经常发生？

B. 再次假定企业所面对的需求函数是 $x(p)=A-\alpha p$，它们都面对边际成本 c，都不面对重复的固定成本。

a. 对在习题 25.8 中所讨论的每个讨价还价模型和经济环境，确定两个企业的产出配额 x_1 和 x_2。

b. 证明在不同环境中每个企业所采取的总体卡特尔生产的比例是你在 A（c）中所判定的。

c. 假定 $A=1\,000$，$c=20$ 和 $\alpha=40$。在你所分析的每个讨价还价模型和经济环境下这两个企业各自的卡特尔份额是多少？

d. 从企业利润的角度，卡特尔协议的结果是否与习题 25.8 中所协商的收购价格的结果不同？

*e. 假定两个企业为了无限次的互动进入一个卡特尔协议。进一步假定离现在一期的 1 美元现在值 $\delta<1$ 美元。在每个讨价还价中卡特尔协议被两个企业遵守、要不然就变为古诺竞争的最低水平的 δ 是多少？

*f. 对伯特兰和斯塔克尔伯格竞争者的情形重复（e）。

g. 假设卡特尔配额使用交互提议、讨价还价的方式进行分配，哪个卡特尔最可能被维持：那些将转化为伯特兰竞争、古诺竞争还是斯塔克尔伯格竞争的卡特尔？你能直观地解释它吗？哪个是第二个最可能被维持的？

25.10 **政策应用**：合并、卡特尔与反垄断执行。在习题 25.8 和 25.9 中，我们说明了一个寡头垄断的企业怎么通过合并或通过形成卡特尔协议而合谋。我们对不同的讨价还价模型和经济环境分析这个问题并判定对企业的支付可能依赖于企业之间协商发生时的经济环境。现在假定你是司法部门反垄断分支的一个律师，你负责限制寡头垄断的合谋行为的效率成本。

A. 假定卡特尔协议总是通过交互提议来协商，即假定企业总是把形成卡特尔的收益五五分成。进一步假定，除非特别说明，需求曲线是线性的，企业面对相同的边际成本且没有重复的固定成本。

a. 假定你限制了追踪反垄断调查中使用的资源。假定瓦解一些形式的合谋比瓦解其他形式的合谋有更大的效率收益，你将会把重点放在哪些企业上：那些将转化为伯特兰竞争、古诺竞争还是斯塔克尔伯格竞争的企业？

b. 假定一些卡特尔相比于其他卡特尔更可能持续下去，如果你想抓到尽可能多的企业，你将会追踪哪一种卡特尔？

c. 假定一种形式的合谋比其他合谋更可能持续下去，你将把重点更多地放在通过合并和并购合谋上还是通过卡特尔协议合谋上？

d. 假定你被要求把重点放在通过合并和并购合谋上。重复固定成本怎样影响你是否去追查已经合并的企业的反垄断案例？你需要考虑什么样的选择取舍？

B. 假定需求由 $x(p)=1\,000-10p$ 给出并等于边际支付意愿。企业面对相同的边际成本 $c=40$ 和相同的重复固定成本 FC。

a. 假定古诺寡头垄断企业已经合并了。对什么范围的 FC 你认为对拆开合并者来说没有有效的情形。

b. 对斯塔克尔伯格寡头垄断的情形重复（a）。

*c. 对伯特兰寡头垄断的情形重复（a）。

d. 经常争论的一点是反垄断政策是用来最大化消费者剩余的，而不是有效的。如果你仅关注消费者福利而不是有效性，你的结论会怎么变化？

25.11 **政策应用**：补贴寡头垄断。在很多国家，政府对一些大的寡头垄断行业的商品进行生产补贴是很普遍的。通常的例子包括飞机制造行业和汽车行业。

A. 假定一个有两个企业的寡头垄断市场面对一个线性的、向下倾斜的需求曲线，每个企业面对相同的不变的边际成本，并且没有重复的固定成本。

a. 如果补贴的目的是使行业生产有效的产量水平，对伯特兰竞争者的补贴应该是什么？

*b. 如果每个企业面对一个重复的固定成本，你对（a）的答案会怎么变化？

c. （作为补贴的结果）对指定产量（而不是价格）的企业最优反应函数会发生什么变化？这将怎么影响古诺均衡？

d. 你预期这将怎么影响斯塔克尔伯格均衡？

e. 假定政策制定者要么通过补贴设定产量的垄断企业使得它们生产有效的产

量，要么通过投资降低行业的进入壁垒使得行业变得有竞争性。讨论你怎么处理在选择一个而不选择另一个时所涉及的选择取舍。

f. 如果你知道政府搜集关于企业成本的信息是困难的，你的答案将会被怎么影响？

g. 假定重复的固定成本充分高以使得只有一个企业在产量竞争的情况下可以生产。补贴是否可能导致第二个企业进入市场？

B. 假定需求由 $x(p)=A-\alpha p$ 给出，所有企业面对不变的边际成本 c，并且没有重复的固定成本。

a. 如果政府引入一个单位补贴 $s<c$，每个企业的边际成本发生什么变化？

b. 作为补贴的结果，垄断、伯特兰、古诺和斯塔克尔伯格均衡会怎么变化？

** c. 假定 $A=1\,000$，$c=40$ 和 $s=15$。在每个经济环境中补贴的经济分配是什么，即什么比例的补贴被传送给消费者以及什么比例的补贴由生产者保留？

** d. 如果相反地，政府施加了一个每单位 $t=15$ 的税收，你对（c）的答案会怎么变化？

e. 为使得在四个市场条件下产量水平达到有效，税收或补贴应被设定为多少？

f. 假定在政策上你对政府提出两个建议：要么补贴寡头垄断中的企业；要么降低使行业不是完全竞争的进入壁垒。对四个市场条件中的每一个，确定你愿意让政府发生的成本，以使得行业是竞争的而不是需要补贴。

* g. 假定在这个行业中产生了污染，每单位产出排放不变水平的污染，每单位产出有 b 的成本被施加在市场外的个体上。在每个市场条件下 b 需要多大使得结果是有效的（没有任何政府干预）？

25.12 政策应用：政府捐赠与作为卡特尔的城市。在习题 19.6 中，我们探索了城市工资税的相关观点且指出它相当稀少且主要发生在非常大的城市。我们通过指出劳动供给和需求在局部比在全国范围有更大的工资弹性来加以解释，因为相对于从一个国家转移到另一个国家，企业和工人可以更容易地从一个城市转移到另一个城市。我们接着表明了一个（希望通过对工资征税来提高收益的）城市要求国家政府全国性地增加工资税并把收益以捐赠的方式返还给城市是合理的。回顾这背后的逻辑，如果城市说服国家政府这样做，在什么方式上它们克服了囚徒困境？它们是否找到了一种成功合谋的方式（一种与卡特尔相似的方式）？

25

第 26 章　产品差异性与市场中的创新

在所有我们关于不同市场结构的讨论中，到目前为止，我们都假定我们讨论的产品有一个特定的市场。[①] 这使市场看起来是静态的，即过去的一些事情导致了特定产品、特定市场的存在，且现在也没有什么来改变这种状况。所有可发生的事情就是不同市场结构以不同方式满足现有消费者的需求，并在消费者、生产者或可能的无谓损失中划分总的潜在盈余。在这种静态的世界里，公司仅仅生产某人在某时点上发明的产品，为了盈利而去寻求一些策略性定价优势，并且在此过程中不会浪费任何资源。

但是，现实世界似乎在不断地变化，公司试图通过各种方法"获得一种优势"，比如发现新的和更好的生产技术、改变现有产品的特征并发明出新产品、通过市场营销和广告改变产品形象。现实世界不存在我们前面章节模型中的静态特点；相反，它是动态的，不断地变化去适应新情况。公司也不再假定它们的决策是生产或不生产一定组合的现有产品；它们试图通过差异性和创新来建立更符合顾客需求的新市场，同时也获得一定的市场势力并以此增加利润。现在，我们将转向产品差异性和创新这两个阶段。[②]

尽管如此，一开始我们必须承认给"创新"建模不像描绘"均衡"行为的模型那样自然。一旦聚焦于典型模型的均衡概念，我们实际上就是关注于描绘每个人"给定别人所做的他们所能做到最好"这样的一种状态。然而，通过将市场的产品差异性引入模型，我们可以开始讨论公司进行创新并与其他公司区别开来的动机。

26A　差异性产品与创新

在本部分，我们将分几步展开。首先，放弃寡头公司生产同质产品的假设，假

[①] 这一章建立在第 23～25 章的知识上，但不会用到第 24 章 B 部分的知识。

[②] 这一章的构建方式与 J. Tirole, *The Theory of Industrial Organization*（Cambridge MA：The MIT Press, 1992）一书中第 7 章的构建方式相似。

定寡头公司为了减轻价格竞争而生产差异性的产品，我们看一下这有什么启示。我们从 26A.1 部分开始考虑，当产品存在差异性时，伯特兰价格竞争预测的"价格等于边际成本"这一结果会有什么变化。接着，我们引入两种思考市场产品差异性的途径，一种适用于考虑寡头企业策略性地选择产品特征（26A.2 部分），另一种适用于考虑竞争性更强的市场中存在的产品差异性（26A.3 部分）。这些模型不仅可以让我们确定产品差异性是公司降低价格竞争的方法，而且还可以让我们看到产品差异性和创新是更有效地满足消费者需求的方法。这会引导我们学习垄断竞争（monopolistic competition）模型，垄断竞争是指这样一种市场结构，企业因其生产的产品在某种程度上存在差异性，从而获得一定的市场势力（26A.4 部分）。同时，我们也将看到其如何与均衡结果相一致，即只要存在进入市场的固定成本，这些公司实际上将获得零利润。那么，垄断竞争代表了一种处于寡头和完全竞争之间的市场结构，这种结构允许企业相对自由地进入和退出（类似于完全竞争时），同时公司通过差异性和创新获得很小的垄断势力。这给我们提供了更详细地讨论动态现实社会中创新的机会，公司通过寻找满足消费者需求的新方法来获得市场势力，我们认为在这种情况下，创新产生的大量额外盈余将多于市场势力导致的无谓损失。最后，我们将会讨论公司如何使用广告和营销作为策略来区分产品，从而获得市场势力，并以此作为本部分结尾（26A.5 部分）。

26A.1　寡头市场中的差异性产品

　　从上一章我们知道，寡头公司同时决策时可以进行两种不同的竞争：价格竞争（或者叫做伯特兰竞争）和数量竞争（或者叫做古诺竞争）。当两家公司生产同质产品（在不变的边际成本和无固定成本情况下）时，伯特兰竞争似乎显得不那么重要，因为只要寡头市场存在两家公司，这种竞争的结果就是价格等于边际成本。换言之，市场上只有两家公司还是有更多家公司对结果是没有影响的，只要存在至少两家公司，寡头就会像完全竞争时一样定价。而在另一种情形，即古诺竞争中，寡头公司生产的均衡数量将导致介于垄断和完全竞争之间的价格（随着寡头公司数量的增加，寡头价格将趋向于完全竞争价格）。

　　考虑到古诺模型更接近现实的预测，一些人可能想知道我们为什么还要讨论伯特兰模型。但同时，当考虑到寡头公司如何确定其策略性变量的时候，伯特兰模型似乎又更加直观。一旦所有寡头公司将它们的产品引入市场，我们真的认为公司是先确定一个生产数量，然后等着价格魔术般地出现吗？还是有些时候我们会想，公司应首先宣布一个价格，然后通过生产去满足相应需求？我正在使用苹果 G4 笔记本电脑创作这本教材，当苹果公司发布这款电脑时，它会马上宣布一个价格并在未来一年内保持不变。然后，苹果公司根据不同地区的需求量生产并配送 G4 笔记本电脑。总之，它不是生产出一定数量的产品然后坐等价格"出现"，而是在电脑发布的那一刻就定好了价格。

26

像我们在第 25 章预示的，一旦我们允许公司的产品存在差异性（如同苹果电脑所做的），伯特兰模型的预测结果就不显得愚蠢了。也正是出于这层原因，伯特兰模型依然在经济学上扮演着重要的角色，不过并不是重视它原先关于价格等于边际成本的预测，而是其在公司确定产品价格并试图将它的产品与其他竞争者的产品区别开来时，这个模型是更真实和直接的。[①]

26A. 1. 1 可口可乐和百事可乐 尽管实际上很多人在口味上并不能区分出可口可乐和百事可乐，但大多数人在两者之间还是有一个偏好的。换句话说，虽然很多人确实认为两者在某种程度上是可替代的，但大部分消费者并不认为可口可乐和百事可乐是同一种产品。探讨生产具有差异性软饮料产品的寡头市场的一种方法是我们可以认为可口可乐的需求取决于可口可乐和百事可乐两者的价格，可口可乐价格下降和百事可乐价格上升均会导致可口可乐的需求增加。我们稍后会证明这种形式的需求是如何导致在伯特兰竞争中寡头企业定价高于边际成本的结果出现的。

这在直觉上非常明显：如果可口可乐和百事可乐在所有消费者心目中是完全一样的，那么每个人都会买较低价格的那种，这就会像伯特兰预测的那样将价格压低到边际成本。但是如果当两者定价相同时，一些消费者选择可口可乐而不选择百事可乐，那么即使在未来可口可乐定价高于百事可乐，可口可乐也不会失去所有市场。实际上，即使百事可乐免费供应它的饮料，而可口可乐定价高于边际成本，一些消费者仍会选择购买可口可乐。因为在一些消费者眼中，可口可乐和百事可乐是不同的。因此，这就意味着可口可乐如果定价高于百事可乐，它的需求也不会发生急剧的转移，这就给生产商提供了定价高于边际成本的可能性。

当可口可乐和百事可乐在消费者心目中有某种程度差别时，我们能得到确定价格竞争的最优反应函数的一些启示。在图 25 - 1 中，我们已经描述了消费者认为两种产品无差异时的最优反应函数，并得出唯一的均衡点就是两个寡头都选择价格等于边际成本。如果我们将百事可乐的价格放在横轴上，将可口可乐的价格放在纵轴上，并假设消费者可以区别两种可口可乐，那么，如果百事可乐定价为零，可口可乐的最优反应仍可能为高于边际成本的价格。因而，可口可乐的最优反应函数有一个正截距，并且有正斜率，因为给定百事可乐任何提价，可口可乐在保持现有客户需求的前提下提价将变得更加容易。这时你会很容易地看到可口可乐和百事可乐最优价格反应曲线将在价格高于边际成本处相交。如果这还不够清晰，那么等我们讨论完图 26 - 3，它将变得更明了一些。

练习 26A. 1 判断正误：假设可口可乐知道如果自己定价等于边际成本，它将有正的消费者

[①] 正如我们在第 25 章中所提到的，在重复博弈的设定下和在确定价格前需确定生产能力的情况下，伯特兰模型将给出更为合理的预测。

需求。在这种情况下，可口可乐将把价格定在边际成本之上。■

26A.1.2　产品特征选择模型　在生产商进行价格竞争但是可以将其产品差异化的市场上，由于价格和产品特征都是策略性变量，因此我们面临更复杂的寡头情形。在我们关于可口可乐和百事可乐的讨论中，我们还没有作出这个跨越，因为我们仅仅认为可口可乐和百事可乐就是在生产有某些差异性的产品，而没有考虑它们开始是如何选择产品特征的。为使在价格竞争环境下的产品特征选择分析更易处理，我们将建立一个新的模型来处理这种复杂的情况，我们将看到，在公司为了避免伯特兰模型中可预见的激烈价格竞争时，产品差异性是如何在寡头公司中形成的。

我们将从这样一种情形开始，产品只在一个特征上有所不同，这个特征可以用 $0 \sim 1$ 之间的值来表示。公司将选择在这个间距上的任意位置去选定它的产品，从而决定它在多大程度上将它的产品与竞争对手的区别开来。为了使分析尽量简单，我们同样假设每个消费者在这个市场上只有一件产品的需求量，并且消费者都有一个在 $[0, 1]$ 之间的"理想点"。因此，我们定义消费者 $n \in [0, 1]$ 是指该消费者的理想产品特征为 n。如果消费者最终选择的产品特征 $y \neq n$，这时我们认为消费者在他或她付出的产品价格之外还有一个额外成本，n 离 y 越远，额外成本增加得越多。我们同样假设消费者的理想点在间距 $[0, 1]$ 上平均分布，或者说，我们假设消费者的理想点在 $[0, 1]$ 上均匀分布。

这种类型的产品差异性模型叫做霍特林模型（Hotelling model），其在分析双寡头产品差异性时非常有用。[1] 图 26-1 的组图（a）代表了这个模型中可能的产品特征集合（同样也代表了消费者可能的理想点集合）。图 26-1 的组图（b）则介绍了另外一种用圆圈而不是直线代表可能的产品特征的方法。[2] 当我们考虑有超过两家公司，或是公司进入市场需要付出一定的固定进入成本的情况时，这种代表可能产品特征的方法就更加有用。尽管如此，其基本思想和霍特林模型非常相似，产品特征与消费者的理想点可位于圆圈上的每一处，且随着产品特征 y 与消费者的理想点 n 之间距离的增加，消费者 n 需要付出的额外成本（在产品价格之外）也增加。注意在组图（a）中，由于与两端相比，中间可以使更多的消费者靠近公司，那么这就存在了"好的"和"坏的"的特殊点以供选择。而在组图（b）中，只要消费者的理想点在圆圈上是均匀分布的，圆圈上就没有"好的"和"坏的"这些特殊点。

26

---

　①　这个模型由霍特林（1895—1973）建立，霍特林是一位数理统计学家和经济学家。除此之外，他还由于说服阿罗，一位诺贝尔奖获得者，从研究数理统计转为研究经济学而广受赞誉。

　②　该模型请见 Steven Salop, "Monopolistic Competition with Outside Goods," *Bell Journal of Economics* 10 (1979), 141-156。

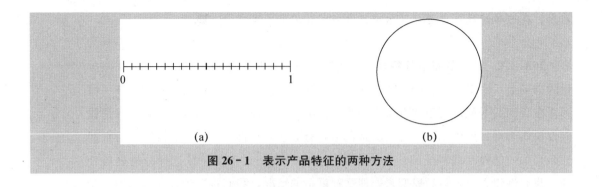

图 26 - 1 表示产品特征的两种方法

练习 26A. 2 我们说过在产品差异化的情况下，我们预期可口可乐的需求数量将受到可口可乐价格和百事可乐价格两者的共同影响。当厂商位于产品特征间距（或圆圈）上的不同位置时，你能看出产品差异化模型如何使公司准确面对这种类型的需求吗？ ■

我们将从 26A.2 部分开始讨论双寡头并且有着图 26 - 1 中组图 （a） 中产品特征模型的情形。在 26A.3 部分，我们将在公司可以选择是否进入市场并生产差异性产品的情况下，考虑组图 （b） 中的模型。在 26A.4 部分，我们将开始讨论差异性产品市场的进入问题，而这种市场叫做垄断竞争市场。

26A. 2 寡头产品差异性的霍特林模型

假设只有一个产品特征可以被差异化，即软饮料的甜度，假如我们认为这个特征是如图 26 - 1 中组图 （a） 所示在 0～1 范围内。进一步假设在间距上消费者有一个"理想点"，每一个消费者都想得到离他的或她的理想点最近的软饮料。同样假设消费者的理想点是在间距 $[0,1]$ 上均匀分布的并且每个消费者仅需要一个产品。可能这在软饮料市场上不是一个很自然的假设，这在轿车或电脑市场上更自然，因为大多数消费者在一段时间内通常只会购买一件这些产品。这时我们可以考虑两家公司会在多大程度上进行产品差异化，每家公司如何在间距上选择"甜度特征"。

26A. 2. 1 无价格竞争时的产品差异性 首先假设软饮料市场是受到管制的，两个公司都被要求制定一个大于或等于边际成本的固定价格 p，并且不能进行价格竞争。总之，假设唯一的策略性变量是产品特征，它可以是 0～1 之间的任何值，而价格根本不再是策略性变量。这时我们可以推导出每个公司关于其他公司产品特征的最优反应函数。如果可口可乐将其产品特征定为 $y_1 < 0.5$，那么百事可乐的最优反应函数是选择产品特征 $y_2 = y_1 + \varepsilon$，这里 ε 是使得消费者在 y_1 和 y_2 之间不存在理想点的一个很小的数。通过这种方式，百事可乐可以获得小于 0.5 的 y_1 右边的所有消费者，由于假定消费者在间距 $[0,1]$ 上均匀分布，这意味着百事可乐将获得超过一半的市场。相反的情况依然成立，如果可口可乐制定特征 $y_1 > 0.5$，这时百事可乐的最优反应函数是选择 $y_2 = y_1 - \varepsilon$，这里 ε 依然是使得消费者在 y_1 和 y_2 之间不存在理想点的一个很小的数。最后，假设可口可乐将制定特征 $y_1 = 0.5$。这时如果百事可乐制定高于或低于 y_1 的特征 y_2，百事可乐将只能得到不到一半的市场，这意味着，只要我们假定当 $y_1 = y_2$ 时两家公司将平分市场，那么对于 $y_1 = 0.5$，百事可乐的最优反应就是 $y_2 = 0.5$。

图 26-2 中组图（a）画出了公司 2（百事可乐）的最优反应函数，当 $y_1 < 0.5$ 时，$y_2 = y_1 + \varepsilon$；当 $y_1 > 0.5$ 时，$y_2 = y_1 - \varepsilon$；当 $y_1 = 0.5$ 时，$y_1 = y_2 = 0.5$。当百事可乐选择 y_2 时，可口可乐的最优反应函数也可用同样方法得到，在组图（b）中以灰色实线显示（百事可乐以黑色实线显示）。两个最优反应曲线相交于 0.5 处，这意味着两公司都将其特征定在 0.5 处是唯一的纳什均衡点。总之，如果没有价格竞争，模型预测将不会存在产品差异性。

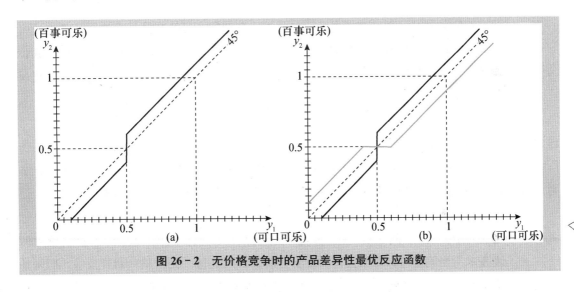

图 26-2　无价格竞争时的产品差异性最优反应函数

练习 26A.3　如果一家公司先于另一家公司宣布其产品特征，均衡的结果会有所不同吗？■

26A.2.2　产品差异性对价格（伯特兰）竞争的影响　现在假设两家公司都选择了极端的产品差异性，公司 1 在 $y_1 = 0$ 处，公司 2 在 $y_2 = 1$ 处。这时我们可以考虑，两家公司如果进行本质上的伯特兰价格竞争将会对结果有什么影响。

我们还可以考虑给定其他公司的行动，每家公司的最优反应函数是什么。不像上一节把价格固定，将产品特征作为策略性变量，现在我们的情况是将产品特征固定（这里 $y_1 = 0$，$y_2 = 1$），而将价格变为策略性变量。进而，在图 26-3 的组图（a）中将公司 1 的价格放在横轴，将公司 2 的价格放在纵轴。我们讨论对于公司 1 选择的不同价格，公司 2 的最优价格反应是什么。

假设公司 1 将其价格定为 0。这时很有可能仍会有理想点接近 1 的消费者愿意以高于边际成本的价格在公司 2 购买产品，而不是在公司 1 那里免费得到"相对差

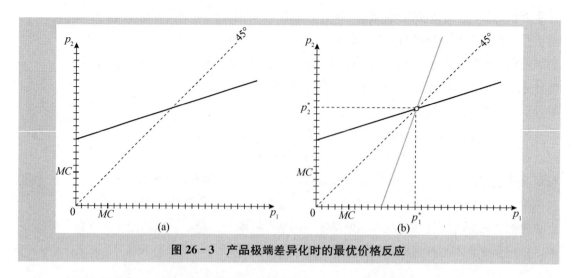

图 26-3 产品极端差异化时的最优价格反应

的"特征的产品。假定消费者的偏好足够区分两种产品的特征，因此，对于 $p_1=0$，公司 2 的最优价格反应将有如组图（a）所示的截距。此外，如果公司 1 提高其价格，公司 2 也将能够在保留住消费者的情况下提高其价格。因而，公司 2 的最优反应函数必然有正斜率。

练习 26A.4 假定当公司 1 将价格 p_1 定为 0 时，对于任何等于或高于边际成本 MC 的定价 p_2，公司 2 的产品的需求都为 0。此外，当公司 1 将价格定在介于 0 和 MC 之间的 $\bar{p}$ 时，公司 2 的产品的需求在 $p_2=MC$ 上为正。公司 2 的最优反应函数是什么样的？ ∎

对于公司 1，问题是对称的，它的最优反应函数在组图（b）中由斜率较大的线表示。当均衡时，每家公司的价格必须是针对其他公司价格的最优反应，即两条最优反应函数的交点。再次，由于两个公司的对称性，交点必然会在 45°线上，在均衡时两家公司为它们差异性的产品制定相同的价格。但是，它们的价格在边际成本之上，也就是价格高于当产品没有进行差异化时伯特兰价格竞争模型预测的价格。

练习 26A.5 考虑练习 26A.4 例子的情形，假定两家公司是对称的。结果依然会是 $p>MC$ 吗？你能看出消费者心目中产品差异性的缩小如何导致结果趋向于 $p=MC$ 吗？（提示：随着 $\bar{p}$ 趋于 MC，产品差异性在消失。） ∎

因此，我们证明了在极端产品差异化情况下的公司利润高于无差异性时的公司利润，因此，当公司进行价格竞争时，公司有动机将自己的产品与别人的产品区分开来。另外在图 26-2 中，我们讨论了在没有价格竞争的情况下就没有差异性的原因。由于策略性的产品差异化可以使寡头公司减弱它们所面临的价格竞争的激烈程度，因此产品差异性的动力源于价格竞争。

26

26A. 2. 3　产品特征的选择与价格　这时候，我们还没有分析霍特林模型中寡头公司面临的完整博弈。可以用一个两阶段合情理的方法来描述这个博弈：在第一阶段公司选择产品特征，在第二阶段每个公司在已经选择产品特征的基础之上制定价格。因此这个博弈由两个同时发生的博弈构成，一个是以产品特征为策略性变量，另一个是以价格为策略性变量。这个博弈是序贯发生的。子博弈完备纳什均衡首先需要在第一阶段已选定的产品特征（y_1，y_2）的基础上解出同时决定的价格，接着每家公司在知道产品特征组合如何在第二阶段转变为价格和利润的情况下解出第一阶段的产品特征博弈。

你可以想象，这种产品特征和价格的序贯博弈均衡依赖于博弈的根本特征，因此不大量使用数学方法很难进行求解。在 B 部分我们将列举一个产品特征的直观模型，并将证明，当消费者的理想点在间距 [0，1] 上均匀分布时，为了第二阶段最小化价格竞争程度，公司实际上将选择最大化产品差异（$y_1 = 0$，$y_2 = 1$）。这在技术上很难正式证明，但是一旦我们意识到产品差异性可以让公司都索取更高的价格，这个道理实际上就非常明显了。

26A. 2. 4　从霍特林模型到现实世界　为了降低伯特兰价格竞争程度，霍特林模型阐明了寡头公司有动机去策略性地生产差异化的产品。同时，模型预测会产生极端或最大化的产品差异性，即公司将分布在产品特征间距 [0，1] 的两端。产品差异性可以被寡头公司策略性地用来降低价格竞争程度，这个直觉是非常吸引人的，它具有十分重要的现实意义，如同霍特林模型预测的，现实世界中确实存在着最大化差异性的推动力。

第一，我们已经阐述了当价格竞争被消除时，产品差异性的动机也将消失。例如，如果政府对寡头价格进行管制，公司就没有动机去追求产品差异性。这在过去严重管制的行业里确实存在，例如 20 世纪 70 年代放松管制之前的航空运输业。政府试图对寡头公司进行价格管制的潜在成本就是受管制行业产品差异性的消失。当消费者口味变得更加多种多样时，这个成本也将变得更大。相关的价格管制是对寡头公司为了获得更进一步的产品差异性而进行创新的反激励。

第二，霍特林模型假设消费者口味（或者理想点）在产品特征区间上是均匀分布的。然而，更合情合理的假设经常是消费者的口味容易在区间的中间部分聚集，大部分消费者具有中间的理想点，较少的消费者具有更极端的口味。将这种消费者口味的分布引入霍特林模型，自然就引入了极端产品差异性的阻力，因为，公司想通过产品差异性降低价格竞争程度，它们同样希望将它们的产品特征定在消费者需求多的地方。因此，可以设计这样一个霍特林模型，在特定的产品特征需求聚集的情况下，公司仍然差异化它们的产品，但是在比我们预测的极端情况缓和很多的程度上（例如 $y_1 < y_2$），策略性产品差异化就得到平衡（例如，$0 < y_1$，$y_2 < 1$）。

第三，我们从空间差异性来考虑产品差异性，当公司在一个城市里选址时，公司相距比较近可能会给彼此带来额外收益。比如，在一些市场上，消费者可能不得不花费大量时间去搜寻所提供的不同产品，那么消费者很可能会选择去一个多公司聚集的地方购物。因此，由于多公司聚集增加的消费者需求可能超过聚集带来的价格竞争激化的效应，使得多公司聚集可能获得一定的优势。（例如，你可能已经注意到了，汽车经销商倾向于相互聚集。）当然，公司寻求聚集可能还有其他外部性。例如，当高科技公司距离很近时，它们的员工可以有更多机会相互接触，从而分享重要信息以利于单个公司。（最明显的例子就是加利福尼亚州的硅谷。）

26A.3　差异性产品市场的进入

像我们前面提到的，霍特林模型对考虑双寡头公司的产品差异性是有用的，它阐述了为避免简单伯特兰模型的激烈的价格竞争，公司有动机进行产品差异化。但当我们考虑在竞争者超过两家公司或产品可以差异化等情况下寡头公司数量如何增加时，这个模型就没有多少用处了。因此，我们转向我们介绍的图 26-1 中组图（b）中的第二个产品差异性模型，在这个模型中，我们将圆圈周长标准化为 1，产品特征分布于圆圈中。

假设公司进入这个市场需要付出固定进入成本 FC，而一旦它们付出这个成本后将面临不变的边际生产成本。这时，固定进入成本就是唯一的"进入壁垒"，只要市场上的利润可以弥补固定进入成本，公司就会进入市场。另外，我们假设圆圈代表了不同的产品特征，消费者的理想点在圆圈上是平均（或"均匀"）分布的。同样我们再假设，随着消费者"理想点"与实际消费选择的产品特征 y 之间距离的增加，他们付出的成本（产品本身价格除外）也会上升。因而，在圆圈上拥有理想点 n 的消费者将从生产距离 n 最近的有产品特征 y 的公司购买（假定所有公司定价相同）。

这时我们可以考虑这个两阶段（序贯）博弈，它包括两个同时进行的序贯博弈。在第一阶段，大量的潜在公司决定是否付出固定进入成本 FC 来进入市场，在第二阶段，第一阶段选择进入的公司将策略性地选择它们的产品价格，这时它们知道自己及竞争者选择的产品特征。由于这是一个序贯博弈，子博弈完备纳什均衡要求我们先从第二阶段开始求解，即在给定第一阶段结果的情况下，公司将制定什么样的价格。然后我们考虑第一阶段，在知道第二阶段不同进入决策会带来何种价格的情况下，公司将选择是否进入市场。由于在作出产品特征决策之前所有公司都是同质的，我们可以合理地假设：在均衡点上，所有在第一阶段作出进入决策的公司将在圆圈上均匀选择它们的产品特征，即两公司之间在圆圈上的距离相等。正是在这个假设下，我们开始讨论第二阶段的价格选择问题。

26A.3.1　第二阶段：策略价格决定　假设第一阶段 N 家公司进入市场，它们在产品特征圆圈上均匀分布且相互之间距离相等。因此，第二阶段的博弈是以 N 家进行伯特兰价格竞争的寡头公司生产差异性产品开始的。从霍特林模型我们已知这种产品差异性可以降低价格竞争的激烈程度，产品差异性使伯特兰竞争的均衡价格高于边际成本 MC。

由于 N 家公司都面临相同的不变边际成本 MC，并且彼此之间距离相同，因此在均衡时，它们将最终选择相同的定价。给定其他公司的定价，每家公司的最优价格反应函数实际上都是一样的。在 B 部分我们将对其进行规范的证明，但是规范分析得出的预测是直接且直观的：给定空间上均匀分配的 N 家公司，在伯特兰均衡时每家公司将选择相同的价格 $p^*(N)$，并且只要 N 是有限的就有：$p^*(N) > MC$。更进一步，第一阶段选择进入的公司数量 N 越多，均衡价格 $p^*(N)$ 越接近于边际成本 MC。随着公司数量的增加，相邻公司间产品的差异性逐渐消失，价格趋向于边际成本 MC。

练习 26A. 6 如果没有第一阶段进入决策，由于进入壁垒，寡头公司的数目是固定的，你能看出这种情况下的博弈均衡吗？ ■

这和霍特林模型所预测的结果在直觉上完全相符：两个相邻公司产品差异性越大，越可以降低伯特兰价格竞争程度。随着第一阶段进入的公司数量的增加，公司在产品特征圆圈上的距离不得不更近。公司数量 N 可能很大，在均衡上，每家公司实际上只面对两个竞争者，即在圆圈上相临的两家公司。当这些竞争者相互离得更近时（随着 N 的增加），相关竞争者生产的产品相互更相似，由于直接竞争者缺少了产品差异性，因此公司面临着更激烈的价格竞争。这时，这个激烈的价格竞争会导致更低的价格。

26A. 3. 2 第一阶段：进入决策

由于公司数量是由在第一阶段潜在公司制定的进入决策决定的，所以在第二阶段可将其看作是固定的。因为子博弈完备纳什均衡要求公司在预先制定它们的进入决策时要抛开其他公司在第二阶段中有关定价的不可信威胁，所以我们只在固定数量的公司中考虑定价阶段。因此，进入决策是在有关价格的可信预期基础上作出的，这个价格是在所有付出固定进入成本 FC、决定进入的公司之间的价格竞争中形成的。

由于我们假定固定进入成本是唯一的进入壁垒，所以在均衡时，只要公司预期进入的利润（在给定的可信均衡定价预期下）能够弥补固定进入成本，公司就会进入。这时，第一阶段均衡时的公司数量 N^* 就是使进入利润（包括固定进入成本）等于零的厂商数。更精确一点说，在均衡数量的基础上，再多进入一家公司就会导致进入利润为负。

练习 26A. 7 在上一段有关这个模型的描述中，为什么说最后一句比倒数第二句更精确？ ■

因此，固定进入成本越高，均衡的进入数量越少，进入第二阶段均衡的公司数量越少，已进入的公司的定价就会越高。相反，低固定进入成本意味着第一阶段会有更多的公司进入，同时意味着更低的价格，如果固定进入成本为零，如同完全竞争模型预计的那样（无进入成本），进入的公司数量将很大，价格将趋向于边际成本 MC。

练习 26A. 8 判断正误：只要固定进入成本 $FC>0$，行业中的公司就将获得正的利润，而行业外的公司进入就将获得负的利润。■

产品差异性的圆圈模型通过使用行业固定进入成本完全填补了完全竞争市场和垄断市场之间的空白。当有非常高的固定进入成本时，将只会有一家公司进入，也就是垄断的情形。随着固定进入成本下降，可能仅有一家公司，但是它要降低价格以进行策略性进入威慑（如第 25 章所叙述的）。在某个点上，固定进入成本的下降使得策略性进入威慑不再可信，那么第二个公司就会进入（在圆圈的正相反位置）。这时是产品差异性的伯特兰模型，每家公司使用价格作为其策略性变量，并且如同图 26-3 所展示的每家公司制定高于边际成本 MC 的价格。随着固定进入成本的进一步下降，公司数量增加，市场势力下降，直到固定进入成本完全消失，这时是一个没有进入壁垒的完全竞争市场。

练习 26A. 9 判断正误：现在我们需要产品差异性模型使伯特兰竞争能够填补完全竞争和垄断之间的空白，而对于古诺模型，除了第 25 章我们介绍的之外，我们不需要任何东西就可以做相同的事情。■

26A. 4 垄断竞争与创新

在我们有关进入差异性产品市场（圆圈的产品特征可能集）进行价格竞争的讨论中，我们看到这样一种市场结构，市场中的公司有一定的市场势力（这允许它们的定价高于边际成本 MC 从而获得正的利润，但是新公司无法进入。对于固定进入成本已经是沉没成本的在位公司，它们可以通过使定价高于边际成本而获得正利润，但是对于潜在进入者来说，固定进入成本仍然是真实存在的经济成本，一旦它们选择进入，这可能使它们获得负的利润。正是因为固定进入成本的存在，一些公司获得正的经济利润与缺乏新公司进入的现象得以同时出现。

这种思想贯穿于产品差异性的博弈理论模型。[1] 然而，如果不用博弈论，经济

---

[1] 这一观点由同时独立研究这一课题的美国经济学家张伯伦（1899—1967）和英国经济学家罗宾逊（1903—1983）提出。他们的工作在很大程度上开启了不完全竞争领域的研究。罗宾逊的研究范围还远不止于不完全竞争这一领域，很多人认为她的成就应该使她获得诺贝尔经济学奖。如果她获得了诺贝尔经济学奖，她将是在本书出版（2009 年）之前唯一一位女性诺贝尔经济学奖获得者。2009 年的诺贝尔经济学奖由威廉姆森和奥斯特罗姆（她其实是一名政治学家）共同获得。现今，学术机构中的女性经济学家越来越多，将来如果罗宾逊获诺奖，那将是经济学领域女性获得诺奖的一个开端。

学家可用另一种方法来考虑这个问题，这种方法可以很好地和我们之前讨论垄断的方法相联系。虽然自身没有直接研究动态创新，但这些垄断竞争模型仍可以告诉我们很多有关动态创新的事情。

26A.4.1　固定成本和平均成本定价　假定公司 i 是市场中很多公司中的一个，这些公司都生产稍微有些不同的产品。例如，你最近一次走在超市的货架走道里，那里可能有早餐麦片、洗发水或者卫生纸。你可能意识到有很多种类不同的麦片、洗发水或卫生纸，每种和其他产品稍有不同。或者我们可以考虑大城市的餐馆，每家都提供和别家有些不同的菜单。尽管这些种类的产品是非常相近的替代品，但许多消费者对这些产品仍有不同的口味偏好，这就使每种产品有向下倾斜的需求曲线。像我们在开始讨论垄断时一样，这种市场里单个公司的市场势力依赖于需求曲线的需求价格弹性。

我们完全可以像开始讨论垄断时一样来阐述公司 i 的产量和价格决策（假定不存在价格歧视），因为市场中的这些公司都面临向下的需求曲线，所以都具有一定的市场势力。这在图 26-4 的组图（a）中进行了刻画，D^i 表示公司 i 的需求曲线，MR^i 是由需求曲线 D^i 推导出的边际收益曲线。如组图（a）灰色部分所示，这时利润可以定义为总收益和可变成本之差。

练习 26A.10　在图 26-4 的组图（a）中，假定公司定价为 p^i，哪部分是公司的总收益？当公司的生产数量是 x^i 时，哪部分是公司的可变成本？■

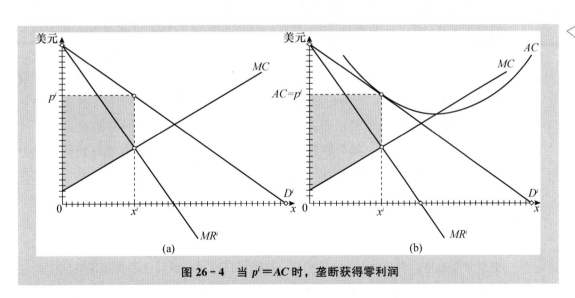

图 26-4　当 $p^i = AC$ 时，垄断获得零利润

然而，在垄断竞争市场上，只要进入的利润为正，公司就会进入，当利润为零时，公司会停止进入。因而，在均衡时，公司 i 在组图（a）中所示的利润必须正好等于潜在进入者面临的固定进入成本。这是因为，就像我们的圆圈模型，这种固定成本确实是进入者的真实经济成本，那些在市场外的潜在进入者会将其计算到进入的期望利润之中。总之，对于潜在进入者，相关的利润概念是指总收益减去可变成本再减去固定成本，在均衡时，利润必须等于零。这也可以简单地认为，在均衡时，总收益减去可变成本应该等于固定进入成本。

在组图（b）中，我们画出了符合这种情况的一种情形。除了加入潜在进入公司的平均总成本（包括可变成本和固定成本）曲线 AC，这个图在各方面都和组图（a）完全一样。这条曲线与需求曲线 D^i 在价格等于 p^i 处相切，这时总成本（包括固定进入成本）正好等于公司进入市场的收益。可以简单地推导一下，总成本等于平均成本乘以产量，即 $AC \times x^i$，而总收益等于价格乘以产量，即 $p^i \times x^i$。当平均成本曲线与需求曲线 D^i 在价格等于 p^i 处相切时，$p^i = AC$，总收益等于总成本。总之，当拥有如组图（b）所示的平均成本曲线时，固定进入成本正好等于组图（a）和（b）所画出的阴影区域。

练习 26A. 11 判断正误：如果每家公司的利润定义恰当，在均衡时，行业内的公司获得正的利润，行业外的公司进入这个垄断竞争市场将获得零利润或负利润。■

26A. 4. 2 一个有关垄断竞争市场创新的"故事"

在回家的路上，我听着收音机，听到一则关于鸡蛋市场创新的故事。这个市场已经有一些产品差异性了，有的厂家卖棕色鸡蛋，有的厂家卖大个鸡蛋，有的厂家卖农场饲养的鸡下的蛋，有的厂家只卖有机谷物饲养的鸡下的蛋，等等。然而，我在收音机上听到一种非常灵巧的创新：经处理后的鸡蛋（在煮时）可以自己告诉你什么时候是半熟的（蛋黄是软的，蛋白是硬的），什么时候是全熟的。（这和前几年在火鸡市场上出现的创新相似，一些火鸡现在有"自动弹起"的温度计告诉你什么时候做熟了。）[1] 我夫人根本不理会这个创新，她仅吃摊鸡蛋，只是关心下蛋的鸡是否受到了人道的待遇。而我，作为吃半熟的煮鸡蛋长大的奥地利人，非常讨厌鸡蛋煮得太嫩（蛋白还是流动的）或者太老（蛋黄部分变成了硬的）。因此，对于这个发明，我非常兴奋。如果收音机上的故事是真实的，在这本教材到达你手上而你正在阅读的时候，我可能已经购买了这类新型鸡蛋。若果真如此，我将非常高兴。

因为有像我一样的人存在，所以不管谁最终发明了这种自动定时的鸡蛋，都将开辟新的市场空间，并且在这个空间上将具有一定的市场势力。由于这个生产者，至少在开始时，是这个市场空间的唯一供给者，他或她很可能收回用于发明生产这些自动定时鸡蛋的固定成本，因此进入市场可以获得正的利润。总之，如图 26-5 的组图（a）所示，生产者的平均成本曲线 AC 可能在产量 x 时低于价格 p。

---

① 警告：如果你选择将包含温度计的火鸡放在锅中煎着吃而非用烤箱烤着吃，会有很恶心的事情发生。（自从"事故"发生后，我都只能在最严格的监视下煎我们的感恩节火鸡。）

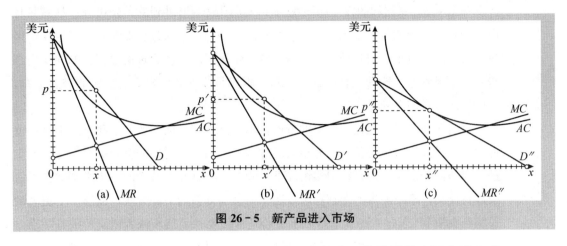

图 26 - 5 新产品进入市场

但是，考虑到垄断竞争市场是自由进入的（除去进入者需要付出固定进入成本），这个故事不会就这么结束了。自动定时鸡蛋公司在短期可能受到竞争保护，比如这家公司可能获得专利以阻止别人模仿，这可能减缓新公司挑战自动定时鸡蛋公司的进程。但是如果这种鸡蛋真如收音机上说的那样，我确信其他潜在的公司会嗅到其中的利润，将会发现其他生产方法以生产出类似的产品，或者可能出现我从未想到的创新产品。（毕竟在收音机上听到之前，我从未想过会有自动定时的鸡蛋。）

随着其他公司逐渐找到挑战这家公司的方法，这家自动定时鸡蛋公司将会面临什么变化？公司的成本还是不变（没有其他创新），因此，成本曲线可能不发生移动。然而，随着新进入者生产竞争性的产品，它们将蚕食一部分需求，这家公司面临的需求曲线将发生变化。特别地，我们可以合情合理地假定图 26 - 5 的组图（a）中需求曲线的截距和斜率都将发生变化，截距将下降（即使是最热心的消费者也倾向于为自动定时鸡蛋付出更少的花费），斜率也将变得更平缓（所有的消费者变得对价格更敏感）。只要进入市场的利润大于零，这个过程就将继续，当进入市场的利润变为零时进入过程将停止。

在图 26 - 5 的组图（b）中，需求曲线变为 D'，导致更低的价格 p' 和更低的单位产品利润（利润的定义中包含固定成本），自动定时鸡蛋公司的市场势力被"削减"。在组图（c）中进入过程完结，这时需求曲线 D'' 和平均成本曲线 AC 相切于利润最大化的数量点 x''，这时单位产品利润（利润的定义中包含固定成本）为零。在组图（a）中，自动定时鸡蛋的创新使垄断竞争的鸡蛋市场失去了均衡，为新公司提供了进入市场并获得正利润的机会（或者为在位厂商提供了改变鸡蛋生产方式以获取额外利润的机会）。从组图（b）到组图（c）的过程转变展示了垄断竞争的鸡蛋市场均衡的再次出现，结果就是，在这个市场上在位公司获得正的利润（不考虑固定或者沉没成本），但是潜在进入者不能通过进入获得正利润（在没有创新的情况下）。

26A. 4. 3　专利和版权　如同我们在鸡蛋的故事里讲到的，公司进行创新并且通过创新使垄断竞争的市场进入非均衡状态，公司可以通过获得专利或产权保护以在一段时间里阻止其他公司进行模仿，从而延缓了新均衡出现的时间。如同我们在垄断一章提到的，这种政府授予的专利和版权是一种政府建立的短暂的进入壁垒，可以形成暂时的垄断。

之前我曾经对政府建立壁垒的价值表示怀疑，在之前的章节里我曾指出这些壁垒常常是无效的，更有甚者，公司会通过游说试图巩固它们的垄断势力，这会产生进一步的社会浪费。但是在很多情况下专利和版权是非常特殊的一个类别，在下一节我将提到，不断涌现的专利和版权法作为激励创新的一种方法，能够产生更大的长期社会福利。（有一些争论是关于市场是否需要激励创新或者创新若没有激励是否也可以很好，但是有相当一部分经济学家认为对专利和版权的保护在发展创新时非常重要。）

然而，我们在看垄断竞争公司均衡的图［图 26 - 4 的组图（b）和图 26 - 5 的组图（c）］时会得到非常不同的结论。这种均衡下的每家公司生产的数量都低于需求曲线与边际成本曲线相交时的数量，这意味着我们在原则上可以通过让公司增加产量（同时降低价格）来产生额外的社会福利。即使它在竞争的环境下运营，竞争使得利润（包括固定成本）为零，但它毕竟还是垄断者。所以在这种情况下，均衡图没能展示出全部内容。

例如，假设一种新药进入市场，与现行药相比，新药在治疗患某种病的病人时更有效果。给予制药公司这种药的专利权，我们就赋予了它某种市场势力，这将会导致我们图上次优的生产水平。让制药公司降低价格、增加产量以治愈更多病人的诱惑是巨大的，因为这些病人用这种药获得的收益超过生产的边际成本。但是，如果我们这样做，我们就降低了公司从事创新以研发新药、好药的动力，因为这些公司有理由认为，与获得专利保护相比，它们被压低到与之前同样的低利润水平上。因此，专利和版权法试图在以下两方面获得平衡：（1）通过赋予垄断势力 n 年的保护提供创新的激励；（2）在这 n 年中所产生的"产量不足"（在没有其他创新来取代最初创新的情况下）。年份 n 的增加为创新提供了更大的动力，但是同样也延长了产量不足的时间。因此，一定存在着一个位于零（没有专利）和无穷（给予无限长时间的专利）之间的最优的 n。最近有关专利和创新的研究显示，美国不断完善的专利法做得很好，它将 n 设定在 14～20 年的范围内，正是大部分情形下的正确平衡点。尽管如此，并不是所有的人都同意这一观点，一些人认为 n 应该更接近于零，这并不会明显减少产品创新。

练习 26A. 12　许多支持降低专利法保护期限 n 的学者都用到"软件社区的公开资源创新在爆炸式增长"这一例子。你能看出原因吗？■

26A. 4. 4　真实世界中的市场创新　如同这本书前面提到的，"均衡"的概念非常有用，它给我们提供了没有新变化时市场将要达到的一个稳态，就像气象学上"均衡"的概念就是在没有新气象扰动的情况下现在的气象将要达到的稳态。当然由于新的变量不断进入环境中，气象实际上永远也不能达到不变的稳定均衡状态。在许多有趣的现实世界市场中创新所起到的作用也就是如此。

我之所以用鸡蛋市场的故事作为例子是因为我现在非常迷恋收音机所讲故事成为事实的可能性，这样我从此以后都在早餐时都可以真正吃到用自动定时鸡蛋煮成的非常完美的软黄鸡蛋。但是，看看一些现在正在经历重要创新的有趣的市场。例如，软件市场由许多生产者组成，通过生产下一代软件包以图获得更大的市场势力，它们总是不断地试图在激烈的竞争中获得一定的优势。拥有新软件的新公司的出现会蚕食一部分对现有软件的需求，在位公司不断创新它们的产品以进一步侵占竞争对手的市场。用我们模型的语言来说就是，这些公司不断地想办法让它们的需求曲线有更高的截距和更陡峭的斜率以获得更大的市场势力，但是新公司和竞争者们也在做着同样的事情。软件市场并不处于在位公司生产现有产品组合而潜在公司不能通过进入市场获得正利润的静态均衡中。相反，从静态的观点上看，市场处于非均衡状态，新的创新会改变每家公司产品的需求曲线，一些公司会获得暂时的市场势力而其他公司会被抛在后面。在这种动态的环境下，成功的就是那些可以不断创新从而发现满足消费者需求的好方法（或者用更低的成本生产现有产品）的公司。

诚然，也有一些相当成熟和稳定的市场，在这种市场上创新所能获得的收益很小，因此它们更像处在一个静态模型的状态。其中一些像完全竞争市场，每家公司生产本质上相同的产品，如同我们在完全竞争模型预测的那样，价格等于边际成本。低脂牛奶毕竟只是低脂牛奶，不论是哪家公司生产的，我们多数人无法区分出低脂牛奶相差 2% 的差异。[①] 其他一些市场是垄断竞争的，很少有新的创新会扰动静态的均衡。谷物有很多不同的种类和形状，至少达到让孩子不用父母告诉自己就能通过看谷物包装上的"爱探险的朵拉"和"巴尼"而觉得产品会有所不同的程度，这种能够扰动均衡的创新是非常有限的。但是，其他市场更适合于相对稳定的寡头特征，有高的固定进入成本和一些产品差异性特征。只有一些公司生产汽车，这些提供给消费者的汽车在特征上又有所不同。在创新才发生时，有时这个创新（例如微型汽车的发明）是非常剧烈的，有可能真正会超出我们静态均衡模型的预测范围。但是其他时候，创新可能非常小，我们可以认为产业大致处于稳定均衡的状态。

我们已经看到，所有的市场通过为消费者、工人、公司所有者产生社会盈余——有时是有效水平的而其他时候不是——而增加社会福利（至少是经济学家认为的福

---

① 但这也不完全对，有些牛奶厂商可以使它们的牛奶被区分出来，如有机牛奶。

利）。达到均衡状态的成熟市场接近于我们静态均衡模型描述的状态而创造出不变数量的盈余。然而，以创新为特征的市场通过创造出改变我们生活方式的新产品而增加额外的盈余。我至今仍记得 20 世纪 80 年代中期当我看《早安美国》节目时，当帕瓦罗蒂展示了光盘这种听歌的新方式时（而不是易退化的磁带、易磨损的黑胶唱片或看起来傻透了的 8 轨胶带），我直接被迷住了。但是现在我将所有的光盘中的数千首歌转变成电子格式放入我的苹果数码播放器中。因为创新，我们现在可以将很多高品质歌曲装入我们的口袋随身携带，这些歌比过去人们一生所听的歌还多。同时，这个播放器上还存放着数千份我孩子的照片和录像资料，我可以非常高兴地在听卢奇亚诺·帕瓦罗蒂的歌时经常浏览。自从我在 20 世纪 80 年代中期收看《早安美国》节目之后，世界真是变化了很多。

当然，这点个人小故事仅是沧海一粟。新药的创新在延长我们的生命的同时也提高了我们的生活质量；新的运输货物的方式使我可以享用到世界各地的物品，而不用像原先一样只有通过昂贵的旅行才能获得；因特网也不断创造新的获取信息的方式，而之前只能通过到远处的图书馆查阅才能得到信息。如果没有创新造就出的漂亮的苹果笔记本电脑使我可以坐在远离办公室的美丽公园的长椅上工作，我可能也不会写这本教材。仅仅一二十年前，没有一台超级计算机能像现在这个小小的笔记本电脑一样可以做这么多的事情。

这里不是过度激烈地讨论，而是慢慢阐述现实世界中创新表现出来的驱动力量，并且进一步指出我们不同市场结构的均衡模型没能很好地将创新过程完全包含进来。我们习惯在创新只能带来较低边际收益的成熟产业中找出稳定均衡点，但是我们需要超越静态模型来考虑创新可以带来高边际收益的不是很成熟的产业。成熟产业中那些管理良好的公司可以通过之前的创新维持盈余，但是创新型公司在现在和将来需要不断地找出生产盈余的新方法。总之，在许多方面，创新产生的市场不平衡正是发展的引擎，给你可能想去选修的创新和经济发展课程提供了主题。

26A.5 广告与营销

到目前为止，我们总是假设消费者知道市场上供应的产品的类型和公司对这些产品的定价。我们同样假设消费者知道他们自己消费的产品的物理特征。当这些假设不被满足时，企业就不仅需要考虑生产产品，还要考虑进行广告和营销。

这时我们可以区分两种广告观点，我们称之为信息性广告和形象营销。信息性广告的观点来源于经济学家的典型假设：消费者是"理性的"（如我们在消费者偏好讨论中所定义的那样），但是可能缺乏信息。形象营销的观点更多根植于心理学，对消费者理性表示怀疑，公司确实有可能通过改变产品的形象（而不是产品本身）来操纵消费者方面的"不理性"。对于区分这两种观点的描述一种来源于经济学家，另一种来源于心理学家，并不是说实际中没有经济学家持有广告心理学的观点。著名的并且非常受尊敬的经济学家，例如第一位诺贝尔经济学奖获得者保罗·萨缪尔森（1915—

2009）及 20 世纪最有影响力的经济学家和公共知识分子之一约翰·肯尼思·加尔布雷斯（1908—2006）都持有后一种观点。相同地，我认为现在的心理学家也有强调前者的。但是，我们仍然可以说信息性广告的观点来源于经济学家，强调消费者的理性假设，而形象营销来自心理学家，强调消费者的非理性假设。并且，广告的形象营销观点正是我们这一章所讲的，因为它将广告看作是公司"人造的"产品差异性，产品本身可能没有这么多不同。在多说一点信息性广告之后，我们将简要讨论这种观点。

26A.5.1 信息性广告 假设消费者实际上是"理性的"，他们对不同的产品拥有完备的、可传递的偏好，但是假设消费者没有产品的价格和类型的完全信息。在这种假设下，不用引入正式的模型，我们就可以很容易地看到广告实际上起到了对社会有利的作用。没有这种广告，消费者将不知道有更多产品提供商的存在或者更多可选的价格，公司将受到免受竞争的保护。如果广告被禁止（至少在某些程度上，像香烟和烈性酒等产品在美国的情况），市场将低于应有的竞争水平，从而使公司有更高的市场势力。如我们以前看到的，公司会限制产量以提高价格，这种市场势力将导致无谓损失。

当这些市场上允许投放广告时，不管其他公司如何做，单家公司都有动机去做广告，因为如果使更多的消费者了解自己的产品和价格，它将赢得更多的消费者。但是，如果每家公司都有进行信息性广告的动机，所有公司都将这样做，最终，将同没有广告时那样，每家公司获得大致相同的市场份额，只是现在由于消费者都知道各家公司的产品，市场竞争将更加激烈。当然，广告本身成本也很高，成本会转入产品价格中去，但是可以想象，在很多情况下，成本增加带来的价格上涨的压力可能比不上竞争激烈带来的价格下降的压力。因此，这种信息性广告大体上可能产生额外的社会盈余。正式的模型已经对此进行了证明，实际上，一些模型预测在这种投放情况下的均衡广告数量是社会最优的（我们将在 B 部分一个特别的例子中看到）。

练习26A.13 考虑一个寡头市场，消费者只是知道部分公司的产品和价格，假如寡头公司决定进行信息性广告投入，从哪种意义上说它们可能面临着囚徒困境？

练习26A.14 假如你听说一个行业组织试图劝说政府禁止该行业投放广告。考虑练习 26A.13 中你的答案，你会怀疑行业协会的动机吗？ ∎

26A.5.2 形象营销：作为操纵偏好工具的广告 现在假设广告的目的不是用于传递信息而是通过改变我们对真实产品所产生的印象而操纵偏好。如同我们前面看到的，信息性广告会增加不完全竞争市场中的竞争因素，但是，与之替代的"形象营销"正好相反：在有相当竞争性的市场上抑制竞争。因此，那些认为广告主要

26

是形象营销的人一般认为广告是一种社会浪费。

他们观点背后的逻辑非常直观。假设一个特定行业中的公司面临激烈的竞争。有可能这个行业就是完全竞争的，或者可能这个行业只有两家公司，但是它们生产同样的产品并且从事伯特兰价格竞争。在这种情况下，如同我们本章看到的，每家公司都有动机通过产品差异性将其产品与其他公司的产品区别开来。在本章中，我们已经假设这种产品差异性实际上意味着生产不同特点的产品。但是，公司可能发现通过改变其产品形象来进行人为差异化比真正改变产品特征可能更节省成本（当消费者具有某种"非理性"时）。谷物食品公司非常流行以这种方式对儿童进行营销：同样的谷物食品，之前儿童们可能不怎么关注，但是在盒子上贴上最近的卡通人物，儿童们就会疯狂去抢它。盒子里的谷物食品本身——他们所吃下去的产品其实并没有什么变化，但是相关的消费者对这个谷物食品的感觉被"人为地"改变了。在这个过程中，即使价格比较高，大量的孩子也会让他们的父母来买这种产品，谷物食品公司也会获得一定的市场势力。由于市场竞争水平的下降和谷物食品公司从事这种广告的成本的增加，社会损失将增加。

当读到上面一段文字时，许多经济学家可能感到非常矛盾，我承认自己也不例外。一方面，我可以清楚地看到这种形式的广告——将卡通形象贴在谷物食品盒上而不改变谷物食品本身——如何在不实际改变产品的同时增加了市场势力并且增加了广告支出的社会浪费。另一方面，我确认这种观点是因为我比消费者更了解产品本身是什么。当卡通形象出现在谷物食品盒子上时，不管我怎么说产品并没有变化，在那些突然想拥有它的孩子的眼中，它已经发生了变化。这些儿童不只关心盒子里面谷物食品的类型，他们还关心盒子本身，当"爱冒险的朵拉"的盒子出现在早餐桌上时，他们会高兴地咯咯笑。[①] "爱冒险的朵拉"盒子并不改变产品，除非谷物食品本身是不同的才算产品的差异性，这种观点是家长式的考虑，谷物食品盒子不应该改变儿童对产品本身的感觉。但是经济学家倾向于尊重消费者主权，接受消费者的品位而不进行价值判断。

因此，如果我们认为经济学家尊重消费者主权到了极致，那么信息性广告和操纵偏好的广告的差别大部分就消失了。考虑谷物食品公司两种不同的差异化产品的方法：第一种，公司可能增加谷物食品中的葡萄干数量，从而改变谷物食品本身的物理特征，这时它可以进行一系列的广告投放，告诉消费者它们的谷物食品现在包含两匙葡萄干而不是一匙；第二种，公司可以将"爱冒险的朵拉"贴在谷物食品盒上，并告诉大家它们的产品展示了这种流行的卡通人物。这两种广告都给消费者提供了产品变化的信息，这里的"产品"在第一种情况下被定义为盒子里的谷物食品，在第二种情况下被定义为谷物食品和盒子的组合。说后者不包含有用信息而前

---

① 这使我忽然想到了一个和之前生产经济学家卡片相类似的营销手段：为什么不把著名经济学家的图片印在谷物食品盒子上呢？如果孩子们对"爱冒险的朵拉"十分狂热，那么他们也应该对霍特林的照片有所反应。

者包含就如同说在消费者做决策的过程中包装盒不是一个有效的产品特征而所含葡萄干的数量是有效的产品特征。但是这两种广告的成功取决于消费者他们自己在做决策的过程中强调哪种产品特性。如果没有人关心谷物食品中的葡萄干含量，但是很多人关心谷物食品的包装，消费者就是在告诉我们对他们来说盒子是重要的产品特征而葡萄干含量不是。什么才应该算是真正意义上的产品特征？如果我们对这个问题不再抱着家长式的观点，那么外包装上"爱冒险的朵拉"在早餐桌上带来的孩子的欢笑就有社会价值。并且，如果这样就不能得到"塑造谷物食品形象的广告必然比告知消费者谷物食品中现在包含两匙葡萄干而不是一匙的广告造成更多的社会浪费"这样的明显结论了。

我承认我自己也很矛盾，我当然支持通过改变谷物食品盒子对儿童进行营销是一种社会浪费的观点（更不用说给家长带来的烦恼），但是我同样看到我们所谓的信息性广告和形象营销的界限是非常模糊的，并且涉及规范评价，即"应该是"什么。这种形象营销并不是传统经济学的一个组成部分，有关它的探讨只是最近在经济学的分支"行为经济学"中变得越来越多。行为经济学试图将传统的经济模型与心理学和神经系统科学的相关知识结合起来。我们将在第 29 章中继续学习。

26A.5.3　在现实世界中区分信息性广告和形象营销　我们承认信息性广告和形象营销在某些程度上存在差异，是否有办法可以告诉我们实际发生的广告是什么类别的？至少在某种程度上，我认为这是可以的。考虑我们经常在报纸上看到的代表性广告和在电视上看到的代表性广告。我在本地报纸上看到的新闻广告主要是商店广告，它们告知在特定的价格上销售的特定产品的信息。这向我传递了实际信息，我有时会对这个信息作出反应。得知沃尔玛正在以有吸引力的价格销售一款我正在寻找的数码相机时，这个广告对我是有用的，尤其是如果同时这个报纸还有另一则广告，告诉我同样的产品在凯马特以比较高的价格售卖时。新闻广告似乎都多多少少包含了一些信息性内容，消费者不可能注意到他们在本地市场上所有的可能选择。

现在考虑典型的电视广告。我很少在这类广告里看到任何有关价格的信息，很多这类广告都是在向我介绍一种实际上地球上每个人都一样熟悉的产品，如可口可乐和百事可乐。除非它是用广告的方法来树立可口可乐的形象，让我们更多地去选择可口可乐而不是百事可乐，否则可口可乐投放产品广告（不宣布任何新的价格或者新的可口可乐种类）的可能原因还会是什么？得知勒布朗·詹姆斯（他是美国职业男篮非常成功的职业运动员）饮用可口可乐或者百事可乐会对两者的口味产生任何影响吗？或者这会对人们了解可口可乐和百事可乐的口味带来任何有用的信息吗？特别是当我知道勒布朗·詹姆斯在广告中的出现被偿付了数百万美元时。（实际上，在一些情况下它可能传递了一些有用信息，我们在章末习题 26.5 中会探讨，我们将发现一些无聊的但是显著的广告支出可能会传递出一些不易被观察到的产品质量信息。）

26

练习26A. 15 在我的经验中,电视中的汽车广告是不同的。与我们刚才讨论的可口可乐和百事可乐广告相比,你会认为它们更接近于信息性广告的类型吗? ■

至少对我来说,可口可乐和百事可乐的电视广告非常容易地代表了广告主要是用于塑造产品形象的情形,报纸广告常常容易被归入信息性广告的类别。同时,一些情形处于两者之间,创造性的营销公司将信息和形象管理融为一体。我刚刚谈到,知道勒布朗·詹姆斯在被偿付了数百万美元后在电视上说他喜欢可口可乐,我不能确定这可能带来什么信息性内容。但是,假如我知道勒布朗·詹姆斯同意在电视上说他喜欢某种特定的运动鞋(他同样被偿付了数百万美元),并且他的合同里面包括他将在他所有的篮球比赛中穿着它,这又将如何? 无疑,这里仍然有形象营销的成分,但是,由于勒布朗·詹姆斯不会轻易地去穿阻碍他打篮球的鞋,这里也有一些真实的信息被传递出来。现实世界中的情形经常是这样,抽象的类别(这里指信息性广告和形象营销)实际上经常混合在一起。

26B 差异性产品市场的数学分析

正如我希望你已经在 A 部分中看到的,企业有动机去差异化它们的产品来赢得市场,这是合乎直觉道理的,企业可以通过产品差异化来成功吸引一部分消费者需求。我们在这里将用与 A 部分相同的方式开始我们的分析,最开始(在26B.1部分中)我们将仅用数学方式说明在一个寡头垄断中,市场中现存的产品差异性是如何缓和价格竞争并导致 $p>MC$ 的伯特兰均衡的。接着我们开始着手改进霍特林模型,为了方便了解一个两阶段模型,我们对这个模型中的消费者效用进行了特殊的设定,其中企业在第一阶段选择产品差异性的程度,而在价格被宣布后的第二阶段,产生预期伯特兰均衡(26B.2部分)。在26B.3部分中,我们进入产品差异性的"圆圈模型"中并考虑企业在设定收取的价格之前选择是否进入一个差异性产品的市场。在这个模型中,我们将推导出一个均衡,其中在行业中的企业有市场势力并挣得正的利润,但是行业外的企业由于有固定进入成本而没有动机进入该市场。26B.4部分接着发展一个垄断竞争市场的更现代化的版本,其与 A 部分中垄断竞争概念的差别在于消费者显性地对产品多样性赋予价值,我们用餐馆市场作为例子。最后,我们在26B.5部分将再次回顾我们关于广告的讨论。我们将展示一个信息性广告的模型,其中广告提供最优水平的信息给消费者,我们将使用一个稍加变动的霍特林模型去说明形象营销是如何导致社会浪费的。

26B. 1 寡头市场的差异性产品

在 A 部分,我们简单地讨论了可口可乐和百事可乐的例子,在很多消费者的心目中，两者是充分差异性的产品，这使得很多消费者对于其中一个而言，更偏好另一种（所有其他因素相等时），但如果价格非常不同，他们愿意用一个去替代另一个。当可口可乐和百事可乐服务相似的市场，但它们在消费者心目中是有些不同的产品时，这两个产品各自的需求就取决于可口可乐的价格和百事可乐的价格。如果寡头中有两个企业，我们可以把对 x_i 的需求表示为 $x_i(p_i, p_j)$。企业 i（生产 x_i）通过求解最优化问题［见式（26.1）］来选定其价格 p_i。

$$\max_{p_i} \pi_i = (p_i - c)x_i(p_i, p_j) \tag{26.1}$$

其中 c 在此表示生产的不变的边际成本。假定企业 i 设定 $p_i = c$，如果对其商品的需求 $x_i(c, p_j)$ 大于零，我们知道通过把价格设定在高于边际成本的地方，它可以做得更好。这是因为如果 $p_i = c$，利润将等于零，但如果价格被增加到稍微高于边际成本，利润将更高些［假定 $x_i(p_i, p_j)$ 关于 p_i 是连续的、向下倾斜的］。

为使事情变得更具体一些，假定可口可乐和百事可乐面对的需求函数采取如下形式

$$x_i = A - \alpha p_i + \beta p_j, \ \alpha > \beta \tag{26.2}$$

练习 26B.1 你能解释为什么假设 $\alpha > \beta$ 是合理的吗？ ■

对可口可乐的需求会随着可口可乐提高价格而下降，随着百事可乐提高价格而上升，同样地，对百事可乐的需求会随着百事可乐提高价格而下降，随着可口可乐提高价格而上升，那么每个企业面对如下形式的利润最大化问题

$$\max_{p_i} \pi_i = (p_i - c)(A - \alpha p_i + \beta p_j) \tag{26.3}$$

求解 p_i 的一阶条件，我们得到给定 p_j，i 的最优反应函数为

$$p_i(p_j) = \frac{A + \alpha c + \beta p_j}{2\alpha} \tag{26.4}$$

练习 26B.2 假定 $p_j = 0$。用 $x = A - \alpha p$ 时我们推导的最优垄断数量和价格去解释企业 i 的最优价格反应。 ■

由于这两个企业是对称的，企业 j 对 p_i 的最优反应是 $p_j(p_i)$ ［方程（26.4）中的 i 和 j 反过来］。把 $p_j(p_i)$ 代入 $p_i(p_j)$ 并求解 p_i，我们得到

$$p_i^* = \frac{A + \alpha c}{2\alpha - \beta} = p_j^* \tag{26.5}$$

只要 $c < A/(\alpha - \beta)$，其比边际成本 c 要大。

练习 26B.3 在分析我们具体的例子之前，我们验证了伯特兰竞争将会在 $x_i(c, p_j) > 0$ 时导致价格在边际成本之上。在我们的例子中，我们发现在均衡中只要 $c < A/(\alpha-\beta)$，则 $p > c = MC$。你能使一般结论与这个例子中的结论协调一致吗？ ■

26B.2 平方成本的霍特林模型

我们已经证明了以下预测：当寡头中企业生产的产品有差异性的时候，寡头中的价格竞争并不会导致价格等于边际成本的结果。鉴于这一点，把参与价格竞争的寡头建模成有两个策略性变量即价格和产品特征将会更加现实。我们在 A 部分开始改进的模型是致力于研究这样情形的霍特林模型。

回忆该模型假设产品特征 y 能够取区间 $[0, 1]$ 之间的任意值并且每个消费者 $n \in [0, 1]$ 有某个理想的产品特征 n。假定一个消费者 n 为消费有特征 y 的产品，在其必要支付的产品价格之外，需支付的成本是 $\alpha(n-y)^2$。换言之，假定一个消费者为消费远离他或她的理想产品所发生的成本是该产品与他或她的理想点的距离的平方。我们现在将问，若两个企业首先同时选择它们的产品特征 y_1 和 y_2，并在紧随着的第二阶段中同时选择产品价格 p_1 和 p_2（在知道它们在第一阶段选择的产品特征的情况下），预期在第二阶段的博弈中将产生一个什么样的均衡。

在我们开始之前，注意在这种情形中，给定任意价格和产品特征的组合，每个企业面对的需求可以仅通过识别那些从企业 1 和企业 2 购买产品无差异的消费者 $\bar{n}$ 计算得出，在 $\bar{n}$ 左边的每个人将会从产品特征在 $\bar{n}$ 左边的企业购买而在 $\bar{n}$ 右边的每个人将会从另一个企业购买。例如，假定 $y_1 \le y_2$，那么在企业之间无差异的消费者 $\bar{n}$ 从企业 1 购买的有效价格就等于从企业 2 购买的有效价格，即 $\bar{n}$ 使得

$$p_1 + \alpha(\bar{n}-y_1)^2 = p_2 + \alpha(\bar{n}-y_2)^2 \tag{26.6}$$

其中我们可以求解得到

$$\bar{n} = \frac{(p_2-p_1)+\alpha(y_2^2-y_1^2)}{2\alpha(y_2-y_1)} = \frac{y_2+y_1}{2} + \frac{(p_2-p_1)}{2\alpha(y_2-y_1)} \tag{26.7}$$

由于在区间 $[0, \bar{n}]$ 中的每个人将会从企业 1 消费，表达式（26.7）也表示到企业 1 的消费者需求的份额。在右边加上 y_1 并减去 $2y_1/2$，我们可以把其写为

$$D^1(p_1, p_2, y_1, y_2) = y_1 + \frac{y_2-y_1}{2} + \frac{(p_2-p_1)}{2\alpha(y_2-y_1)} \tag{26.8}$$

区间 $[\bar{n}, 1]$ 中剩下的需求 $(1-\bar{n})$ 就是企业 2 的产出需求。经过一些代数运算后（与我们推导 D^1 时相似），我们可以把企业 2 的产出需求写成

$$D^2(p_1, p_2, y_1, y_2) = 1-\bar{n} = (1-y_2) + \frac{y_2-y_1}{2} + \frac{(p_1-p_2)}{2\alpha(y_2-y_1)} \tag{26.9}$$

练习 26B. 4　推导等式（26.9）的右边。∎

26B. 2.1　第二阶段：设定价格（给定产品特征）　为求解子博弈完备均衡，我们开始于第二阶段，即企业已经知道了每个企业在第一阶段所选择的产品特征。将产品特征分别表示为 y_1 和 y_2，并（不失一般性地）假设 $y_1 \leqslant y_2$。在第二阶段同时设定价格的博弈中，我们需要计算每个企业对另一个企业制定的价格的最优反应函数。为计算企业 1 对企业 2 设定价格的最优反应函数，我们需要选择 p_1 来最大化企业 1 的利润 $\pi^1 = (p_1 - c)D^1(p_1; p_2, y_1, y_2)$，其中 c 是不变边际成本；p_2、y_2 和 y_1 被企业当成是固定的。用方程（26.8）代替 D^1，我们可以把这个问题写成

$$\max_{p_1}(p_1 - c)\left(y_1 + \frac{y_2 - y_1}{2} + \frac{(p_2 - p_1)}{2\alpha(y_2 - y_1)}\right) \tag{26.10}$$

解这个问题的一阶条件，我们得到企业 1 的最优反应函数

$$p_1(p_2) = \frac{p_2}{2} + \frac{c + \alpha(y_2^2 - y_1^2)}{2} \tag{26.11}$$

对企业 2 进行相同的处理，我们能类似地推导企业 2 对 p_1 的最优反应函数为

$$p_2(p_1) = \frac{p_1}{2} + \frac{c - \alpha(y_2^2 - y_1^2) + 2\alpha(y_2 - y_1)}{2} \tag{26.12}$$

练习 26B. 5　建立企业 2 的最优化问题并验证最优反应函数 $p_2(p_2)$。∎

为使价格设定博弈达到均衡，这些最优反应函数必须相交。把方程（26.12）代入方程（26.11）中，我们求解企业 1 的均衡价格

$$p_1^*(y_1, y_2) = c + \alpha\left(\frac{y_2^2 - y_1^2 + 2(y_2 - y_1)}{3}\right) \tag{26.13}$$

把其代入方程（26.12）中，我们得到企业 2 的均衡价格

$$p_2^*(y_1, y_2) = c + \alpha\left(\frac{y_1^2 - y_2^2 + 4(y_2 - y_1)}{3}\right) \tag{26.14}$$

26B. 2.2　第一阶段：选择产品特征　在博弈的第一阶段中，企业知道价格将基于在第一阶段被设定的产品特征并于第二阶段产生。企业 1 把企业 2 对 y_2 的选择以及将会在博弈第二阶段产生的 $p_1^*(y_1, y_2)$ 和 $p_2^*(y_1, y_2)$ 当成既定的而选择 y_1。也就是说，为得到在第二阶段企业 1 的（子博弈完备）最优反应函数，我们求解

$$\max_{y_1} \pi^1 = (p_1^*(y_1, y_2) - c) D^1(y_1; y_2, p_1^*(y_1, y_2), p_2^*(y_1, y_2))$$

$$(26.15)$$

其中，代入方程（26.8），可以写成

$$\max_{y_1} \pi^1 = (p_1^*(y_1, y_2) - c)\left[y_1 + \frac{y_2 - y_1}{2} + \frac{(p_2^*(y_1, y_2) - p_1^*(y_1, y_2))}{2\alpha(y_2 - y_1)}\right]$$

$$(26.16)$$

我们定义模型已经设定的一个隐性约束是 $0 \leqslant y_1 \leqslant y_2 \leqslant 1$，这个约束复杂化了执行最优化问题的机制，因为不等式约束的出现使得我们通常的拉格朗日方法不可用。但是容易的是建立一个 Excel 表并在对 y_2 和 y_1 的选择基础上计算利润。这被呈现在表 26-1 中，其中，对于不同的 $y_2 \geqslant 0.5$ 的水平，我们针对选择不同 y_1 的企业 1 进行利润的报告（我们不需要考虑 $y_2 < 0.5$ 的情形，因为我们已经假设了 $y_1 \leqslant y_2$ 并且这与 $y_2 < 0.5$ 不兼容）。

表 26-1 当 $c=5$，$\alpha=10$ 时企业 1 的利润（假设 $y_1 \leqslant y_2$）

在第一阶段设定产品特征						
y_1	$y_2=0.5$	$y_2=0.6$	$y_2=0.7$	$y_2=0.8$	$y_2=0.9$	$y_2=1.0$
1.0						0.000 0
0.9					0.000 0	0.845 0
0.8				0.000 0	0.760 6	1.604 4
0.7			0.000 0	0.680 6	1.440 0	2.281 7
0.6		0.000 0	0.605 0	1.284 4	2.041 7	2.880 0
0.5	0.000 0	0.533 9	1.137 8	1.815 0	2.568 9	3.402 8
0.4	0.467 2	1.000 0	1.601 7	2.275 6	3.025 0	3.853 3
0.3	0.871 1	1.401 7	2.000 0	2.669 4	3.413 3	4.235 0
0.2	1.215 0	1.742 2	2.336 1	3.000 0	3.737 2	4.551 1
0.1	1.502 2	2.025 0	2.613 3	3.270 6	4.000 0	4.805 0
0.0	1.736 1	2.253 3	2.835 0	3.484 4	4.205 0	5.000 0

练习 26B.6 解释最后一句话括号中的内容。∎

由于企业 1 在第一阶段的唯一选择变量是它自身的产品特征 y_1，我们可以通过向下查看每列去发现企业 1 创造最高利润的位置，从而描绘出企业 1 在第一阶段的最优反应函数。你很快将看到的是，不管企业 2 选择什么产品特征，企业 1 通过选择 $y_1 = 0$ 实现"最优反应"。如果我们给定企业 1 的 y_1 的选择描绘出企业 2 的利润的对称表，我们将类似地看到企业 2 的最优反应（假设 $y_1 \leqslant y_2$）总是设定 $y_2 = 1$。因此，所产生的均衡产品特征被描述为最大化产品差异性；这两个企业尽可能远地选择它们的产品特征，因为它们知道这将使第二阶段的价格竞争最小化。

练习 26B.7　假定我们并不限制 y_1 小于 y_2。给定我们所做的，你能绘出两个企业分别对另一个企业所选择的产品特征的最优反应函数并说明第一阶段的纯策略均衡吗？有多少这样的均衡？（提示：一旦约束 $y_1 \leqslant y_2$ 没有了，有两个这样的纯策略均衡。）■

现在我们知道企业在第一阶段将会选择 $y_1 = 0$ 和 $y_2 = 1$，我们可以把这些代入方程（26.13）和（26.14）中去计算均衡价格，得到

$$p_1^* = p_2^* = c + \alpha \tag{26.17}$$

回忆 α 进入这个问题的唯一地方：它定义了一个消费者在购买一单位非理想产品时所需支付的成本 $\alpha(n-y)^2$（除价格外）的大小。当 α 趋于零时，消费者没有购买他们理想产品所导致的成本消失了，而企业想通过差异化它们的产品以谋取利润的能力也一样消失了。另外，随着 α 的增加，消费者更加倾向于选择到他们理想点的附近，并且企业能够利用这一点，通过产品差异化，使自己可以收取高于边际成本的价格。

练习 26B.8　给定 $y_1 = 0$ 和 $y_2 = 1$ 在第一阶段被选择的条件，你能画出两个企业在博弈的第二阶段中的最优反应函数吗？清晰地标记斜率和截距。这些价格与你在练习 26B.7 中所识别的阶段 1 中的两个纯策略均衡相同吗？■

26B.2.3　比较寡头产品创新与最优差异化　在消费者有偏离理想产品特征的平方成本霍特林模型中，我们接着问：与一个被限制仅能选择两个产品特征进行生产的社会规划者的选择相比，寡头均衡是怎样的？注意我们已经建立的这种平方成本霍特林模型意味着偏离一个消费者理想点的边际成本随着离理想点的距离的增长是递增的。这使得当消费者的理想点均匀地沿着区间 [0, 1] 分布时，最优的产品差异化水平很容易被确定。

特别地，社会规划者想要最小化消费者的理想点和他们最近的产品特征之间的平均距离。这一点在社会规划者把产品特征定位在区间 [0, 1] 的中点和端点之间的中间时能做到，即当社会规划者设定 $y_1 = 0.25$ 和 $y_2 = 0.75$ 时。为看出这是怎么比均衡结果更有效的，假定在区间 [0, 1] 上每点均有一个消费者，比较 $(y_1, y_2) = (0, 1)$ 的情形与 $(y_1, y_2) = (0.25, 0.75)$ 的情形。在两种情形下，在区间 [0, 0.5) 上的消费者从企业 1 购买并且在区间 (0.5, 1] 上的消费者从企业 2 购买（消费者 0.5 在这两个企业之间无差异），但是当非极端产品差异化的情况发生时，消费者所导致的总体成本要少些。在下面我们使用一个简单的积分来说明这点，但是，如果你对积分不熟悉，你可以简单地跳到下一页的 26B.3 部分中。

当 $(y_1, y_2) = (0, 1)$ 时，消费者 $n \in [0, 0.5]$，在 $y_1 = 0$ 购买时导致成本 αn^2。由于 $[0, 1]$ 区间的第一半和第二半部分是对称的，我们能推出当 $(y_1, y_2) = (0, 1)$ 时消费者所导致的总成本为

$$2\int_0^{0.5} \alpha n^2 \, \mathrm{d}n = \frac{\alpha}{12} \tag{26.18}$$

而当 $(y_1, y_2) = (0.25, 0.75)$ 时，区间 $[0, 0.25]$ 的消费者所带来的成本与 $[0, 1]$ 另外三个四分之一区间的消费者的成本相对称，这意味着我们可以把消费者的总成本表示为

$$4\int_0^{0.25} \alpha n^2 \, \mathrm{d}n = \frac{\alpha}{48} \tag{26.19}$$

因为寡头策略性地使用了产品差异性来弱化价格竞争，所以带来了过多的产品差异性。

练习 26B.9 假定成本不是我们在这里模拟的平方形式，消费者 n 消费一个特征 $y \neq n$ 的产品支付的成本是线性的，即假定这个成本是 $\alpha|n-y|$，其中 $|n-y|$ 表示 y 和 n 之间的距离。如果两个寡头最大化产品差异性（即 $y_1 = 0$ 和 $y_2 = 1$），这个产品差异性是否仍是过多的？[①] ■

26B.3 企业进入决策与产品差异性

当一个寡头市场中的两个企业有机会进行产品差异性的竞争时，霍特林模型十分适用。但是很多现实世界的市场不是寡头的，因为除了固定的进入成本外没有严格的潜在企业进入的障碍。我们现在转向考虑这样的市场并假设存在的仅有的障碍是固定进入成本 FC。一旦这个成本被支付了，它就是沉没成本，但是潜在进入者在考虑是否进入一个存在产品差异性的特定市场时将考虑这个成本。

因而我们再次假设消费者有不同的偏好，且偏好被表示为用产品特征描述的不同的理想点。然而，一旦我们继续考虑有可能多于两个企业的情形，用一种对空间中任何一个特定的位置都没有自然优势的方式定义产品特征空间会更自然一些。霍特林模型中的线段 $[0, 1]$ 不满足这个要求，因为中心附近的位置较极端的位置吸引了更多的消费者。出于这个原因，我们现在定义产品特征位于一个圆圈上并不失一般性地假设该圆圈的周长为 1 [在图 26-1（b）中被说明过]。

与 A 部分的讨论一样，我们可以思考如下的二阶段博弈：在第一阶段，面对

[①] 注意在这个习题中我们假设企业仍在第一阶段选择 $y_1 = 0$ 和 $y_2 = 1$。这在线性成本模型下并不是一个均衡。事实上，我们假设平方成本的原因是在线性成本模型中不存在纯策略均衡（仅有混合策略均衡）。

固定进入成本 FC 和边际生产成本 c 的潜在企业决定是否进入市场。假设进入的企业沿着产品特征的圆圈相互之间等距离定位是合理的，我们从一开始就假设这一点成立（而不是对进入决策与在圆圈上的定位决策同时建立模型）。[①] 接着，在第二阶段，在知道所有竞争者在产品特征空间的定位后，企业策略性地选择它们收取的价格。与在霍特林模型中一样，我们将做进一步简化的假设，理想点均匀分布在圆圈上的消费者仅对购买一单位商品感兴趣。另外，我们将假设一个消费者为一个商品支付的有效价格等于企业收取的价格加上消费者的理想点与产品特征之间距离的线性函数，即对一个有着理想点 n 并在收取价格为 p_i、产品特征为 y_i 的企业进行消费的消费者的有效价格是 $p_i + \alpha|n - y_i|$，其中 $|n - y_i|$ 表示沿着圆圈 n 和 y_i 之间的距离。这与我们在霍特林模型中的处理不一样，那里假设了一个距离个人理想点的平方成本，这个情形我们将留给你在章末习题 26.7 中去解决。

26B. 3. 1　第二阶段：设定价格　一旦企业的数量和它们的位置在第一阶段被确定了，为确定所生产产品的均衡价格，我们需要设定一个对企业产品的需求，将其表示为价格的函数。在均衡中，一定是所有企业收取相同的价格。因此，考虑企业 i 对所收取价格为 p 的其他企业的最优反应，并考虑在圆圈上与企业 i 在产品特征上相近的企业 j。一个理想点 $\bar{n}$ 位于 y_i 和 y_j 之间的消费者从企业 i 或从企业 j 消费无差异，如果两个企业产品的有效价格相同，即如果

$$p_i + \alpha|\bar{n} - y_i| = p + \alpha|y_j - \bar{n}| \tag{26.20}$$

假设不失一般性，我们让 $y_i = 0$。如果市场中有 N 个企业并且所有相邻的企业都等距离地位于周长为 1 的圆圈上，$y_j = 1/N$。代入方程（26.20）中，该方程变为

$$p_i + \alpha\bar{n} = p + \alpha\left(\frac{1}{N} - \bar{n}\right) \tag{26.21}$$

由此解 $\bar{n}$，我们得到

$$\bar{n} = \frac{p - p_i}{2\alpha} + \frac{1}{2N} \tag{26.22}$$

从而，当给定企业 i 的 p_i 的选择（以及给定所有其他企业的选择 p）时，所有理想点定位在 y_i 和 $\bar{n}$ 之间的消费者将会从企业 i 消费。由于圆圈的对称性，这对那些理想点位于 y_i 的另一边的消费者也成立，这意味着对企业 i 的产品需求是 $2\bar{n}$，即

$$D^i(p_i, \ p) = 2\bar{n} = \frac{p - p_i}{\alpha} + \frac{1}{N} \tag{26.23}$$

---

① 这实际上并不是一个微不足道的事情。一个更完整的博弈可能包括三个阶段，其中企业首先考虑是否进入市场，接着决定从产品特征的角度如何定位并最后决定收取什么价格。在章末习题 26.7 考虑的平方成本的情形中，企业实际上会定位在相互之间的等距离处。

为确定企业 i 对其他选择 p 的企业的最优反应价格,我们因此简单地解如下问题

$$\max_{p_i}\pi^i=(p_i-c)D^i(p_i,\ p)=(p_i-c)\left(\frac{p-p_i}{\alpha}+\frac{1}{N}\right) \tag{26.24}$$

练习 26B.10 为什么在这个问题中没有引入固定进入成本 FC?如果你确实在利润的定义中包括了它,它是否有任何影响? ■

取一阶条件并求解 p_i,我们得到了企业 i 对收取 p 的其他企业的最优反应函数为

$$p_i(p)=\frac{p+c}{2}+\frac{\alpha}{2N} \tag{26.25}$$

练习 26B.11 验证 $p_i(p)$。 ■

在均衡中,所有企业行为都必须是相互之间的最优反应,且 $p_i(p)=p$。因此,用 p 代替 $p_i(p)$ 并求解 p,我们得到均衡价格

$$p^*(N)=c+\frac{\alpha}{N} \tag{26.26}$$

用语言表示,即企业将在价格竞争阶段收取高于边际成本的价格,该价格的"加成"与消费者对在他们理想点附近消费介意的程度(即 α)成正比并且与市场中企业的数量成反比。当企业的数量变得越来越大,加成趋向于零,企业收取等于 MC 的价格,并且随着消费者失去了他们对产品差异性的偏好(α 趋向于零),企业进行一般性的伯特兰竞争,让价格趋向于 MC。

26B.3.2 第一阶段:企业进入决策 根据在第二阶段的预期的价格 $p^*(N)$,企业在第一阶段决定是否进入市场中去。只要进入的利润(包括固定进入成本 FC)不是负的,企业将进入,这意味着进入将会把利润(包括固定进入成本)压迫到零。因此,在计算包括固定进入成本在内的利润时,第一阶段进入的均衡企业数量使得单个企业获得零利润,即对每个进入的企业 i,

$$\pi^i=(p^*-c)D^i(p^*,\ p^*)-FC=0 \tag{26.27}$$

当 p_i 与其他企业的价格相等时,方程(26.23)中的需求 D^i 缩减为 $1/N$,我们接着把方程(26.26)中的 p^* 代入这个利润函数中去并写出零利润条件为

$$\left(c+\frac{\alpha}{N}-c\right)\frac{1}{N}-FC=0 \tag{26.28}$$

这转而意味着进入企业的均衡数量 N^* 为

$$N^* = \left(\frac{\alpha}{FC}\right)^{1/2} \tag{26.29}$$

从而博弈第二阶段的均衡价格变成

$$p^* = c + (\alpha FC)^{1/2} \tag{26.30}$$

练习 26B. 12 验证 p^* 和 N^*。 ■

因而，在均衡中，我们预期企业的数量随着固定进入成本下降以及消费者对他们理想点附近消费的介意程度（即 α）的增加而增加。此外，在边际成本上的加成将随着消费者更加关注他们理想点附近的消费以及随着固定进入成本的上升而增加。如果固定进入成本消失，那么所有的进入壁垒被移走了并且市场变得完全竞争。这个结果恰好是我们完全竞争的模型所预测的：大量的小企业，每个收取 $p=MC$ 的价格。正如 A 部分中所描述的，当价格是行业内企业的策略性变量时，这个圆圈模型完全地填充了完全垄断和完全竞争之间的空隙。

26B. 3. 3 与最优状态比较的企业的数量 与霍特林模型一样，我们预测企业将策略性地进行产品差异化。我们在霍特林模型中发现，在双寡头企业差异化它们的产品的情形中，我们预测了社会将存在过多的产品差异化，社会规划者（被限制在仅使用两个企业）生产比在寡头均衡中更相似的产品。在这一节分析的差异性企业进入决策情形中，社会产生了过度产品差异化的类似结论仍然成立，但是这次是因为太多的企业进入了这个市场。

为证明这一点，我们需要问我们慈善的社会规划者在他或她选择行业中企业的数量时想要考虑什么。第一，社会规划者将会考虑每个进入市场中的企业都必须支付固定进入成本 FC 的事实，当企业的数量被设定为 N 时，固定进入成本共有 $N(FC)$。第二，他或她将考虑消费者在没有消费他们理想的产品时所产生的成本。当有 N 个企业均匀地分布在我们的产品特征圆圈上时，每个企业服务了 $1/N$ 比例的消费者，一半来自企业的"左边"，一半来自企业的"右边"。由于我们已经把圆圈的周长标准化为 1，这意味着他或她的企业的产品 y_i 与最远的一个消费者理想点之间的距离为 $1/(2N)$，而最近的则是 0，平均消费者的理想点位于离 y_i 的 $1/(4N)$ 处。对 y_i 右边的消费者相同的结论也成立。因此，在选择 N 时，社会规划者把消费者的平均成本设定在 $\alpha/(4N)$（因为我们已经假设了一个消费者的成本是 α 乘以到他或她的理想点的距离）。当我们假设在周长为 1 的圆圈上每一点都对应一个消费者时，这意味着我们已经把总体大小标准化为 1，从而消费者总的（没有消费他们的理想点的）成本恰好是这个 $\alpha/(4N)$ 的平均成本。把这两个因素——消费者成本和建立企业的固定成本——考虑进去，寻求找到有效企业数量的社会规划者将面对如下问题：

26

$$\min_{N}\left(N(FC)+\frac{\alpha}{4N}\right) \qquad (26.31)$$

解之得

$$N^{opt}=\frac{1}{2}\left(\frac{\alpha}{FC}\right)^{1/2} \qquad (26.32)$$

注意这恰好是方程（26.29）告诉我们的在均衡中的企业的实际数量的一半。只有当固定进入成本趋近于零并且市场变得完全竞争（企业的数量趋于无穷大）时，社会规划者的解 N^{opt} 才会趋于市场解 N^*。因而，我们找到了因市场势力而违背福利经济学第一定理的另一个模型，而市场势力的消除（通过消除固定进入成本）意味着（在自由进入的完全竞争条件下）福利经济学第一定理成立。从实践的角度，这有多少的政策相关性并不明晰，因为政府远远不是无所不知的社会规划者。然而，如果政府施加额外的固定进入成本，比如在获得产权或专利保护上的成本，这样的成本事实上可能使市场更加接近社会最优状态。

练习 26B. 13 在霍特林模型和圆圈模型两个情形中，我们都出于方便假设每个消费者总是仅从生产离他或她的理想产品最近的企业消费商品。这个假设怎么使得我们在我们的有效分析中不用考虑产出的价格（尽管我们知道企业的最终定价在 MC 之上）？ ■

26B. 4 垄断竞争与产品种类

在 A 部分中所略述的垄断竞争模型是有用的，因为其帮助我们以一种非正式的方式讲了一个关于创新与产品差异性的故事。如我们在当时所指出的，该模型可以追溯到 20 世纪 30 年代，并代表着一个市场结构建模的早期尝试，在这种市场结构中，企业有市场势力（设定 $p>MC$），但是不存在能在进入后获得正利润的潜在进入者（由于固定进入成本的存在）。

更近一些，对垄断竞争有了更多现今的处理方法，这将是本节的重点。[1] 这与前面两节中的模型有些差别，在那里我们定义可能产品特征的集合（沿着一条线的一段区间或一个圆圈），在其上企业选择定位它们的产品。在那些模型中，我们将两个产品之间的"产品差异性程度"用产品特征的距离表示，我们假设了消费者仅能选择这些产品中的一个并将选择那些离他们"理想点"最近的产品特征。但是在很多市场上，消费者实际上并不仅选择一种产品类型而是有一个"多样性的偏好"。例如餐馆。很少有人每次外出时总是去相同的餐馆，相反，我们会偏好于有很多不

---

① 在过去一些年代不同的垄断竞争的模型已经得到了发展。这里描述的模型基于迪克西特（1944— ）、斯蒂格利茨（1943— ）以及斯彭斯（1943— ）的研究。斯蒂格利茨和斯彭斯两人都获得了诺贝尔经济学奖，尽管主要是针对他们在信息不对称经济学上的贡献，而不是在这里我们将展示的工作。

同餐厅的区域以便于随时更换。在这样一个市场中，产品差异性不能用我们到目前为止所发展的工具建立模型，这是因为这些工具假设每个消费者总是挑选他或她的"最喜欢的"那个餐馆。

因而，我们下面将展示的模型将放弃消费者仅选择与理想点最近的一个商品这样的假设。相反，我们构建一个选择越多消费者变得越满足的市场。他们将选择把他们的消费分散到能提供不同类型的差异性产品的市场中。假设企业 i 生产单一类型的产品，记为 y_i，我们再假设这个产品与相同市场中其他企业生产的其他产品 y_j "不同"，但是有一定的替代性。例如，企业 i 可能提供意大利面，而企业 j 可能提供中国食物。因此我们将从相同市场中两个产品之间的"产品差异性程度"的问题中抽象出来并转而考虑整个市场越"多样化"，它包含的企业就会越多。与前面几节一样，我们继续假设在原则上有很多潜在的企业可以进入市场，但是进入需要承担固定进入成本 FC。

26B.4.1　对多样化产品的消费者偏好　我们将 y 市场中所有的产品表示为 y_i，其中 i 表示生产 y_i 的企业。我们事先假设在 y 市场中企业的数量是 N，然后我们将找出在均衡中确切的 N 是多少。我们也将假设有很多消费者消费其他商品。在差异性产品市场 y 以外的商品，我们将用一个以美元衡量的单一复合商品 x 来表示（与我们在消费者理论的章节中一样）。最后，我们假设我们能用一个"代表性消费者"来表示经济中的消费者方，其偏好可以用如下形式的效用函数刻画：

$$u(x, v(y_1, \cdots, y_N)) = u(x, [y_1^{-\rho} + y_2^{-\rho} + \cdots + y_N^{-\rho}]^{-1/\rho})$$

$$= u(x, [\sum_{i=1}^{N} y_i^{-\rho}]^{-1/\rho}) \quad (26.33)$$

其中，$-1 < \rho < 0$。[①] 你可以从我们对消费者理论的阐述中回忆使用形如 $v(y_1, y_2, \cdots, y_N) = [y_1^{-\rho} + y_2^{-\rho} + \cdots + y_N^{-\rho}]^{-1/\rho}$ 的效用函数表示对 y 商品有不变替代弹性（CES）的偏好并且替代弹性 σ 由 $\sigma = 1/(1+\rho)$ 给出。因而我们已经以这样一种方式构造了偏好，使得存在对 y 商品的 CES 子效用函数 v，通过把 ρ 限制在 -1 和 0 之间，我们假设子效用函数的替代弹性位于 ∞ 和 1 之间。一个无穷大的替代弹性表示完全替代的商品，而一个等于 1 的替代弹性表示柯布-道格拉斯偏好。我们有目的地限制了 y 商品的互补性，因为，毕竟我们试图对一个商品相对可替代的差异性产品市场进行建模。

我们将要证明的一些结论将对任何采取方程（26.33）形式的效用函数都成立（如我们进一步在章末习题 26.2 中所探究的），但是为了使分析变得更加具体一些，我们用如下的特殊情形讨论：

---

① 这种形式的函数也可以使用积分而不是使用加总符号来定义，通常被称为迪克西特-斯蒂格利茨（Dixit-Stiglitz）效用函数。

26

$$u(x, v(y_1, y_2, \cdots, y_N)) = x^\alpha \Big(\Big[\sum_{i=1}^{N} y_i^{-\rho} \Big]^{-1/\rho} \Big)^{(1-\alpha)} = x^\alpha \Big(\sum_{i=1}^{N} y_i^{-\rho} \Big)^{-(1-\alpha)/\rho}$$

(26.34)

从这个方程的第一种形式，你能看到我们已经把在 y 商品上的 CES 子效用嵌入了一个柯布-道格拉斯偏好设定中，x 有 α 次方而 CES 子效用有（$1-\alpha$）次方。[①]

练习 26B. 14　x 和在 y 商品上的子效用之间的替代弹性是什么？■

柯布-道格拉斯偏好有这样的特征，即当指数相加等于 1 时，这些指数表示消费者在对应商品上的花费占总预算的份额。如果 $\alpha=0.9$，我们知道消费者将会花费 $0.9I$ 美元在复合商品 x 上以及 $0.1I$ 美元在所有的 y 商品上（I 表示代表性消费者的外生收入）。进一步地，由于 y_i 商品以相同的方式进入 y 商品的每个子效用函数中，消费者将会把他或她在 y 商品上的消费均等地在所有可能的 N 个选项之间划分，如果这些选项被相等地定价在 $\bar{p}$ 处，消费者将会选择

$$x=\alpha I, \ y_i = \frac{(1-\alpha)I}{\bar{p}N}$$

(26.35)

效用为

$$u = (\alpha I)^\alpha \Big[N \Big(\frac{(1-\alpha)I}{\bar{p}N} \Big)^{-\rho} \Big]^{-(1-\alpha)/\rho} = (\alpha I)^\alpha N^{-(1-\alpha)(1+\rho)/\rho} \Big[\frac{(1-\alpha)I}{\bar{p}} \Big]^{(1-\alpha)}$$

(26.36)

将其关于 N 求导使我们有

$$\frac{\partial u}{\partial N} = \frac{-(1-\alpha)(1+\rho)}{\rho} (\alpha I)^\alpha N^{-[(1-\alpha)(1+\rho)+\rho]/\rho} \Big[\frac{(1-\alpha)I}{\bar{p}} \Big]^{(1-\alpha)}$$

(26.37)

其在 $-1<\rho<0$ 时大于零。消费者效用随着 y 商品支出在更多的差异性产品之间扩散而增加。

为了量化这个模型中产品多样性潜在重要性的程度，表 26-2 说明了随着 N 的上升，当我们假设（与我们在 26B.4.5 节中的例子一样）消费者有 100 万美元的可支配收入，$\alpha=0.9$（这意味着消费者将会把他们收入的 10% 花费在差异性产品市场里面）以及在差异性产品市场中的每个企业收取的价格是 $\bar{p}=100$ 时，代表性消费者效用会如何变化。此外，我们假设在 y 商品之间的替代弹性是 2（通过设定 $\rho=-0.5$）。

表中的第一行设置了差异性企业的数量 N，第二行表示在假定价格为 100 和消

---

① 机敏的读者可能注意到这个效用函数不十分满足在第 15 章中推导出来的代表性消费者效用函数的条件。我们将在章末习题 26.2 中处理这一点。

费者把其收入的 10% 用于购买所有类型 y 商品的条件下，代表性消费者购买的 y_i 商品的潜在数量。第三行则计算 y 商品市场的子效用，第四行展示代表性消费者的总效用。最后一行推导消费者为交换在 y 市场从没有产品差异的基准情形（当在第一行中 $N=1$ 时）增加的多样性而愿意接受的总体收入的下降百分比。如你所看到的，尽管消费者继续花费仅 10% 的收入在 y 市场上，在那个市场中提供的多样性的纯粹增加对这个消费者而言是值得的。特别地，消费者愿意放弃超过 20% 的收入去换来 10 个不同的企业的产品而不是在 y 市场中只消费 1 个企业生产的产品，放弃约 37% 的收入去换取 100 个不同企业生产的产品而不是 1 个企业生产的产品，放弃约 50% 的收入去换取 1 000 个不同企业生产的产品而不是 1 个企业生产的产品，放弃约 60% 的收入去换取 10 000 个不同企业生产的产品而不是 1 个企业生产的产品。来往在很多餐厅之间对于消费者而言比仅在个别餐厅消费要更好，尽管他或她的用于餐厅的总体预算在两种情形下是一样的。

表 26-2　　随 N 变化的效用（$\alpha=0.9$，$\rho=-0.5$，$I=10$ 亿美元，$\bar{p}=100$）

N	1	10	100	1 000	10 000
y_i（以 10 000 计）	10 000	1 000	100	10	1
$(v(y_1,\cdots,y_N))^{(1-\alpha)}$	3.981	5.012	6.310	7.943	10.000
$u(x,y_1,\cdots,y_N)$（以百万计）	455.85	573.88	722.47	909.53	1 145.03
等价收入百分比	100%	79.43%	63.10%	50.12%	39.81%

26B.4.2　效用最大化与需求　代表性消费者面对预算约束

$$x + p_1 y_1 + p_2 y_2 + \cdots + p_N y_N = x + \sum_{i=1}^{N} p_i y_i = I \tag{26.38}$$

其中 I 再次表示代表性消费者的（外生）收入。我们能把消费者的效用最大化问题写成不受约束的最大化问题，其中他或她通过方程（26.38）解得 x 并代入效用函数中去，如果我们简单地假设剩下的收入都被花费到 x 商品中去，则代表性消费者的最优化问题可以被写成

$$\max_{y_1,y_2,\cdots,y_N} u = \left(I - \sum p_i y_i\right)^{\alpha} \left(\sum y_i^{-\rho}\right)^{-(1-\alpha)/\rho} \tag{26.39}$$

其中我们把从 $i=1\sim N$ 的加总当成既定条件在很大程度上简化了记号。如果我们通过取自然对数来进行 u 的正的单调变换，问题变得容易解得多，把 u 重写为如下形式的 $\bar{u}$

$$\bar{u} = \alpha \ln\left(I - \sum p_i y_i\right) - \frac{1-\alpha}{\rho} \ln\left(\sum y_i^{-\rho}\right) \tag{26.40}$$

对于所导致的最优化问题的一阶条件，把 u（关于每个 y_j）的偏导数设为零，即

$$\frac{-\alpha p_j}{I - \sum p_i y_i} + \frac{(1-\alpha)\rho y_j^{-(\rho+1)}}{\rho \sum y_i^{-\rho}} = 0 \quad \text{对所有的 } j=1,2,\cdots,N \text{ 成立}$$

$$\tag{26.41}$$

重新整理，我们得到

$$y_j = \left[\frac{(1-\alpha)(I - \sum p_i y_i)}{\alpha \sum_i y_i^{-\rho}} \right]^{1/(\rho+1)} p_j^{-1/(\rho+1)} \tag{26.42}$$

因为我们假设 N 是无穷大的，y_j 对加总符号下面的项的值没有主要的影响，这使得我们把方程（26.42）近似为

$$y_j(p_j) \approx \beta p_j^{-1/(\rho+1)}, \quad \beta = \left[\frac{(1-\alpha)(I - \sum p_i y_i)}{\alpha \sum y_i^{-\rho}} \right]^{1/(\rho+1)} \tag{26.43}$$

其表示了代表性消费者对商品 y_j 的用 p_j 表示的近似需求的函数。

练习 26B. 15 证明对 y_j 的需求价格弹性是 $-1/(\rho+1)$。∎

26B. 4.3 企业定价 注意 y 市场中的每个商品是由单一企业生产的，这意味着企业 j 知道对其产出的需求由方程（26.43）给出。因此，在确定收取什么价格时，企业 j 需解如下问题

$$\max_{p_j} \pi^j = (p_j - c) y_j(p_j) \approx (p_j - c) \beta p_j^{-1/(\rho+1)} \tag{26.44}$$

练习 26B. 16 为什么固定进入成本没有被引入这个问题？∎

通过设定 π^j（关于 p_j）的导数等于零，我们能求得企业 j 对产出 y_j 收取的价格 p_j 为

$$p_j = -\frac{c}{\rho} \tag{26.45}$$

我们已通过设定 $-1 < \rho < 0$ 假设了 y 商品是相对可替代的，这意味着在前面方程中的 p_j 是正的并且 $p_j > c$。因此企业收取超过边际成本的价格，但是随着替代弹性趋向 ∞（即当 ρ 趋于 -1 时），价格趋向边际成本。这与我们在本章前面所做的讨论相符合：当产品差异性趋于零（y 商品变得可完全替代）时，价格竞争变得更激烈并达到价格等于边际成本的无差异性产品伯特兰结果。

由于 y 市场中的每个企业都面临相似的问题，该价格将是所有企业在市场中收取的价格，即均衡价格 p^* 是

$$p^* = p_1 = p_2 = \cdots = p_N = -\frac{c}{\rho} \tag{26.46}$$

26B. 4.4 企业进入均衡 但是在均衡中一定是所有潜在企业不能进入 y 市场并产生正利润的情形，并且如果进入意味着将产生负的利润，则没有企业进入这个

市场。因此，进入市场的利润（包括固定进入成本 FC）一定是零（尽管一旦进入市场中，企业创造正的利润，因为固定进入成本已经变成沉没成本）。[①] 这个零（进入）利润条件可以被写成

$$(p^* - c)y_i = \left(-\frac{c}{\rho} - c\right)y_i = -\left[\frac{1+\rho}{\rho}\right]cy_i = FC \tag{26.47}$$

这意味着，在完全均衡中，

$$y_i = \frac{-\rho}{1+\rho}\left(\frac{FC}{c}\right) = y^* \text{ 对所有的 } i = 1, 2, \cdots, N \text{ 成立} \tag{26.48}$$

因此企业进入 y 市场的零利润条件意味着企业在完全均衡中必须供给 y^*，企业没有进一步的激励进入市场。由于我们把 ρ 限制在 -1 和 0 之间，$-\rho/(1+\rho)$ 这项在 0（当 ρ 趋于 0）和 ∞（当 ρ 趋于 -1）之间。因而，y 市场的每个企业生产正的数量，并且随着（1）y 商品对消费者而言变得更加可替代（即 ρ 从 0 移到 -1），（2）固定进入成本 FC 增加，以及（3）边际生产成本 c 减少，产量将会增加。

练习 26B. 17　对这三个引起 y 市场的产出增加的因素，你能给出直观上的解释吗？ ■

如果在均衡中 y^* 被每个企业生产并以 p^* 出售，则代表性消费者一定在 p^* 处，对均衡中每个生产 y 商品的企业的需求恰好为 y^*。换言之，需求一定等于供给。

消费者所有的对 y 商品的［方程（26.42）中的］需求都是从消费者效用最大化问题中推导出来的，从而满足方程（26.41）中的一阶条件。由于所有的企业收取相同的价格 p^* 并生产相同的数量 y^*，我们可以把一阶条件中的所有 p_i 和 y_i 用 p^* 和 y^* 代替。这使得我们简化加总项，

$$\sum p_i y_i = Np^* y^*, \sum y_i^{-\rho} = Ny^{*-\rho} \tag{26.49}$$

用 p^* 代替剩余的 p_j 并用 y^* 代替剩余的 y_j，则方程（26.41）中的一阶条件简化为

$$\frac{\alpha p^*}{I - Np^* y^*} = \frac{(1-\alpha)}{Ny^*} \tag{26.50}$$

求解可以产生

$$N = \frac{(1-\alpha)I}{p^* y^*} \tag{26.51}$$

---

① 在这种类型的代表性消费者模型中，通常假设代表性消费者也是经济中所有企业的所有者，从而从企业利润中获得收入。然而，由于企业利润是零，我们可以方便地忽视企业利润为消费者最优化问题中的消费者收入的来源。

用方程（26.46）和（26.48）代替 p^* 和 y^*，这给了我们市场中企业的均衡数量

$$N^* = \frac{(1-\alpha)(1+\rho)I}{FC} \tag{26.52}$$

因此，一旦我们从企业最优化问题［把消费者的近似需求函数 $y_i(p_i)$ 当成给定的］中确定了企业收取的均衡价格 p^*，我们用它来确定每个企业生产的均衡数量 y，确保零（进入）利润条件成立。接着，为确保需求等于供给，我们把这些代入消费者问题的一阶条件中去求解企业的均衡数量 N^*。

y 市场中企业的数量（从而差异性产品的数量）（1）随着消费者对 y 赋予更多的价值［即随着 $(1-\alpha)$ 的增加］，（2）随着 y 商品的替代性变得更小（即随着 ρ 从 -1 移到 0），（3）随着可支配收入 I 增加，以及（4）随着固定进入成本 FC 下降，而增加。

练习 26B.18 对以上四个增加 y 市场中的差异性产品的因素你能给出一个直观的解释吗？∎

在我们看一个简要的例子之前对这个模型进行一个最后的观察：你可能已经注意到了仅有 ρ、成本参数 c 和 FC 进入了 y^* 和 p^* 的表达式中。这表明这些可能实际上与我们假设的柯布-道格拉斯函数形式独立并可能对我们在开始讨论垄断竞争时所介绍的更一般形式的效用函数（包括对 y 商品的 CES 子效用）成立。事实上，正是如此，你自己可以在章末习题 26.2 中进行探索。然而，我们所计算的企业的均衡数量 N^* 确实依赖于柯布-道格拉斯偏好设定。

26B.4.5 一个例子 假定 y 商品表示城市中餐厅的餐桌并且这个城市的消费者有 10 亿美元可支配收入用于分配在"其他消费"和"外出吃饭"两个选择上。进一步假定我们的消费者花费 10% 的可支配收入用于外出吃饭。我们从对柯布-道格拉斯偏好的讨论中知道，当柯布-道格拉斯指数加起来等于 1 时，每种商品上的指数表示一个消费者的预算中分配给那种商品消费的份额。因此，知道消费者将花费他们 10% 的可支配收入用在外出吃饭上意味着 $(1-\alpha)=0.1$，或在方程（26.34）效用函数中 $\alpha=0.9$。在企业这边，假定花费 100 000 美元去建立一个餐厅并且在餐厅中设置一张餐桌的平均边际成本是 100 美元，即假定 $FC=100\,000$ 美元并且 $c=100$ 美元。

表 26-3 在不同的关于餐厅之间的替代弹性的假设下，使用我们推导出来的方程去计算垄断竞争均衡。特别地，第一行假设不同的 ρ，其在第二行被转换为替代弹性 σ，我们从对 CES 效用函数的阐述中知道 $\sigma=1/(1+\rho)$。剩下的几行则表示在每个餐厅的每个餐桌上收取的均衡价格 p^*、每个餐厅的餐桌的均衡数量 y^* 和城市

中餐厅的均衡数量 N^*。

表 26-3　　　　均衡价格、餐桌数量和企业数量 ($\alpha=0.9$, $I=10$ 亿美元，
$FC=100\,000$, $c=100$)

ρ	-0.05	-0.25	-0.50	-0.75	-0.95
σ	1.05	1.33	2.00	4.00	20.00
p^*	2 000.00 美元	400.00 美元	200.00 美元	133.33 美元	105.26 美元
y^*	52.63	333.33	1 000.00	3 000.00	19 000.00
N^*	950.00	750.00	500.00	250.00	50.00

练习 26B.19　验证 $\rho=-0.50$ 这列的值。

练习 26B.20　如果消费者收入上升，表中的什么值会变化？如果消费者发展了更多一种外出吃饭的偏好，即如果 α 下降呢？如果建立餐厅的固定进入成本增加呢？■

消费者偏好中包括了"多样性的口味"的垄断竞争模型在城市经济学领域起到了非常重要的作用，在其中，经济学家试图去理解现代城市的特征。在保持所有其他条件都相等的情况下，为什么有人想要到城市的中心居住以及为什么在均衡中事实上只有一部分人选择在那里居住？对城市的理解要求对这些问题作出正确的解释。一种思路是把消费者想成当所有其他条件都相同时，希望在地理密集区域被提供更好的产品多样性选择，居住在离密集区域较远的人则不那么容易接近提供多样性产品的市场（例如郊区餐厅较少）并且需要支付交通成本来获得在城里提供的产品。这样的模型预测土地价格将随着离城市中多样性产品市场距离的增加而下降，人们在郊区的土地（和住房）消费与多样化的消费可能性（如餐厅）之间进行取舍。当然，也有其他同样重要的因素，比如在美国郊区有很多进入好学校的机会或较低的犯罪率。把这些因素和"多样性的口味"模型结合在一起有助于解释为什么人们一开始支付较高的住房价格去居住在城市里，而当他们有了小孩，他们可能选择搬到郊区使孩子进入更好的学校，大家一起住上较大的房子，并且减少他们外出到好的餐馆吃饭的次数。

26B.5　广告与营销

在 26A.5 节中，我们区分了广告的两种类型，我们称之为信息性广告和形象营销。信息性广告的目标是向消费者提供关于产品的存在性和它们的价格的信息，而形象营销目标是通过改变消费者的印象差别化相同的潜在产品。我们在 26A.5 节中总结到这种区分实际上很不明确，我们现在将在特定的环境中对每一个进行说明。

26B.5.1 信息性广告 让我们用最简单可能的环境来考虑信息性广告。[1] 假定一个市场是完全竞争的，有很多企业以边际成本 c 在没有任何固定成本时生产相同无差异的产品 x。进一步假定有 n 个相同的消费者，他们愿意对一单位 x 支付大于 c 的 s，但是对额外的单位支付小于 c。由于没有企业会以低于边际成本 c 的价格卖出产品，这意味着只要价格 p 小于 s，每个消费者将会产生一单位 x 需求。因此，在消费者没有任何信息约束时，这个市场的经济均衡将是企业设定价格等于边际成本并且每个消费者购买一单位 x。

练习 26B. 21 如果 $s<c$，均衡是什么？如果 $s=c$ 呢？■

但是假定消费者没有意识到企业和它们价格的存在，除非他们收到了邮件中的广告并得知一个特定的企业正在生产 x 并以 p 出售。进一步假定企业能将任何数量的广告随机地发给消费者，每个花费 c_a。给定在市场中存在 n 个消费者，任何特定广告到达一个特定消费者 i 的概率等于 $1/n$。

如果消费者没有收到来自任何企业的广告，他将不会购买任何 x，因为没有广告，消费者就没有意识到这个产品是可得的。如果消费者收到一个广告，只要 $p \leqslant s$，他或她就会从那个企业以那个企业收取的价格购买产品。如果消费者收到多个广告，他或她将会从最低定价的企业购买产品（再次假定这个企业收取低于 s 的价格）。由于发出宣布价格高于 s 的广告是无意义的，我们知道所有广告将会宣布价格不高于 s，并且由于企业在产品的价格低于边际成本加上发送广告的成本之和时会亏钱，我们知道没有企业会宣布低于 $c+c_a$ 的价格。任何广告中宣布的价格都将满足

$$c+c_a \leqslant p \leqslant s \tag{26.53}$$

这意指，为使问题有意义，$s>c+c_a$。

练习 26B. 22 如果 $c \leqslant s < c+c_a$，均衡是什么？■

不用太多数学工具，我们现在推理出在均衡中一定产生什么结果。假设有大量企业（如我们已做的）和大量消费者存在。由于进入这个市场没有障碍，这一定意味着所有企业预期获得零利润。企业营销的唯一方式是做广告，但是广告并不保证销售的成功，因为收到这个广告的消费者可能收到了另一个企业的广告并被告知了一个较低的价格。让 $x(p)$ 表示一个宣布价格 p 的广告会导致消费者从那个做广告

---

① 详见 Gerald Butters，"Equilibrium Distribution of Prices and Advertising，"*Review of Economic Studies* 44 (1977)，465-492。

的企业以那个价格购买那个产品的概率。发出一个宣布价格 p 的广告的期望收益是 $(p-c)x(p)$，而发出广告的成本是 c_a。使期望利润为零的唯一方式是每个被发送的广告的期望利润是零，即

$$(p-c)x^*(p)-c_a=0 \tag{26.54}$$

其中 $x^*(p)$ 是宣布价格 p 的广告会导致成功销售的均衡概率。$x(p)$ 看起来像一个向下倾斜的需求函数，它告诉我们对任意可能出现在广告中的价格，消费者有多大概率会通过购买被广告宣传的商品而对收到广告作出反应。被广告告知的价格越低，销售成功的概率越高，即 $\mathrm{d}x(p)/\mathrm{d}p<0$。

一个有意思的结论是没有特别合适的理由去预期在每个发出的广告中出现同一个单一的价格。较高定价的广告导致销售成功的概率较低，但是如果它们确实导致了一个销售，将带来一个较高的利润。我们将预期很多满足表达式（26.53）的价格会出现在自由进入的企业的广告上，确保每个广告的期望利润保持为零。例如，即使当一个企业发出一个 $p=s$ 的广告，存在某个概率 $x(s)$ 使得接收的消费者没有收到任何其他广告并因而从那个企业购买。从式（26.54）中的零利润条件我们知道在自由进入均衡中一定是

$$x^*(s)=\frac{c_a}{s-c} \tag{26.55}$$

不管企业发出多少广告，总有特定消费者收不到广告的概率，因为广告是被随机送出的。如果那个概率大于 $x^*(s)$，一个企业能进入并通过发出一个宣布价格 $p=s$ 的广告而得到正的期望利润。在均衡中，一个给定的消费者没有收到广告（并因而不消费 x）的概率等于 $x^*(s)$，即在均衡中

$$一个消费者不消费 x 的概率=\frac{c_a}{s-c} \tag{26.56}$$

那么，我们就有了一个企业定价高于边际成本但是最终由于告知消费者它们产品的存在性而获得零期望利润的情形。换言之，竞争性市场由于通过有成本的广告去传递信息而有了垄断竞争市场的特点。

我们接着研究在这个垄断竞争下的均衡结果怎样与一个社会规划者指令的有效结果联系起来，这个社会规划者需要通过相同形式的广告来告知消费者产品的存在。社会规划者不需要烦恼地思考关于价格的东西；他或她仅把产品给那些由于已经收到广告而意识到其存在性的那些消费者就可以了。因此只要送出广告的成本不大于接收者还没有收到广告的概率乘以把产品给尚未收到广告的消费者所获得的社会剩余多，社会规划者就会持续送出广告。社会收益是 $(s-c)$，发送广告的成本是 c_a。让一个广告到达一个还没有收到广告的消费者那里的概率是 $P(a)$，其中 a 是已经发出去的广告的数量。社会规划者持续发送广告直到 $P(a)(s-c)=c_a$，或直到

$$P(a) = \frac{c_a}{s - c} \tag{26.57}$$

注意 $P(a)$ 恰好等于在垄断竞争市场中一个消费者接收不到一则广告的概率 [与在方程（26.56）中推导出来的一样]！因此社会规划者选择了广告的量，导致了一个与给定的消费者不会被告知产品 x 的存在性的完全相同的概率，从而与垄断竞争市场一样留下了一样多的没有产品 x 的消费者。换言之，我们已经获得了一个模型，其中信息性广告导致了社会有效信息通过广告被传递。尽管这对信息性广告而言不是一个一般的"福利经济学第一定理"（因为这个结果在其他形式的合理的模型中不成立），但它使得信息性广告是社会有效的并且传达对社会有用的信息。

练习 26B. 23 假定社会规划者决定以 $p = c$ 卖出产品，这与按照这个社会规划者的解投放广告获得的消费者剩余是否相同？如果不同，总剩余怎样可以相同？ ■

注释：在 26A. 5 节中，我们在一个消费者知道一些但并不是所有的企业以及广告的出现增加了竞争者意识以增进竞争的市场中讨论了信息性广告。我们可以通过假设消费者最初知道一个企业（在没有广告时，其有市场势力）而建立一个这样的模型。这将会导致 26A. 5 节中的直观结果，即当消费者意识到有更多的企业竞争者时会导致更大的竞争，企业自身潜在地有禁止广告的偏好。

26B. 5. 2 形象营销 如我们在 26A. 5 节中提到的，对形象营销背后观点的掌握既容易，又困难。它容易从一个直觉的角度分析；我们都可以看到一个可口可乐的典型超人广告是如何形成这个产品的形象的，而不是产品（即什么在瓶子内）自身。与此同时，如果消费者对这种形象营销作出反应，那么在可口可乐所提供的产品当中存在着他们看中的某个东西；某种相关联的东西，比如勒布朗·詹姆斯的推荐使得至少一些消费者认为可口可乐更加差异化于百事可乐。因此，当产品不仅仅是看瓶子里面包含的东西时，产品本身没有改变这个事实并不是那么明晰。经济学家在对这种类型的某些东西进行建模时并没有采用比较静态分析。但是我们试着多做一点来说明这样的形象营销实际上是怎么导致社会浪费的。

假定我们转回思考霍特林模型并假定现在区间 $[0, 1]$ 并不表示真正的产品差异性，而是表示在消费者心目中的营销诱导的产品差异性。特别地，让我们完全与我们的霍特林模型一样假设消费者均匀地沿着区间 $[0, 1]$ 分布并只要能收到一个非负的剩余，那么他就对 y 有需求且只消费一单位 y。与我们前面霍特林模型的处理一样，消费者 $n \in [0, 1]$ 为消费一单位 $y \in [0, 1]$ 要承担 $\alpha(n - y)^2$ 的效用成本，除此之外，现在我们把 α 当作发生在这个行业的广告水平的函数，即 $\alpha = f(a_1, a_2)$，其中 a_i 表示企业 i 购买的广告的单位。如果我们选择 f 使得 $f(0, 0) = 0$，我们已经定义了这样一个模型，其中在没有广告时，企业的产品是完全可替代的，消费者 n 消费商品 $y \neq n$ 不会发生效用损失。

现在考虑一个三阶段博弈：在第一阶段，每个企业选择其广告水平 a_i，它可以以每单位成本 c_a 购买。在第一阶段的结尾，参数 α 表示消费者对一个产品在 [0,1] 区间上位置相对于他们理想点远近的关注程度且 $\alpha=f(a_1, a_2)$。在第二阶段，企业在 [0,1] 区间上选择它们的位置 y_1 和 y_2，并且在最后一阶段它们进行价格竞争并设定它们的价格 p_1 和 p_2。

子博弈完备要求我们从第三阶段开始并倒推。但是由我们在 26B.2 节中的探讨我们已经知道在第三阶段的均衡价格 [方程（26.17）] 将采取如下形式

$$p_1=p_2=c+\alpha \tag{26.58}$$

其中 c 再次是边际生产成本。由于 α 完全由第一阶段的广告选择确定，我们可以把这写成

$$p_1=p_2=p(a_1, a_2)=c+f(a_1, a_2) \tag{26.59}$$

从我们 26B.2 中的阐述中可以知道，只要 $\alpha>0$，企业在第二阶段就会定位它们的产品在位置 $y_1=0$ 和 $y_2=1$。如果 $\alpha=0$，即在第一阶段没有广告时，企业把它们的产品定位在什么地方并不重要，因为消费者把区间 [0,1] 上所有位置都视为完全可替代的。

因此所剩下的是考虑在博弈的第一阶段将发生什么。为使我们的例子具体化，假定通过广告使产品差异化的技术要求两个企业都对自身的"形象差别"进行广告并采取柯布-道格拉斯形式

$$\alpha=f(a_1, a_2)=a_1^{1/3}a_2^{1/3} \tag{26.60}$$

企业 i 在给定企业 j 的广告选择 a_j 的条件下，将选择它的广告水平 a_i，求解问题

$$\max_{a_i} \pi^i=(p(a_1, a_2)-c)\frac{1}{2}-c_a a_i \tag{26.61}$$

其中每单位利润 $(p(a_1, a_2)-c)$ 被乘以 1/2 是因为这两个企业在均衡时将各自拥有一半的消费者（假定所有消费者在均衡中仍购买产品）并且其中 $c_a a_i$ 是企业承担的做广告的成本。这个问题的一阶条件的解是

$$a_i(a_j)=\frac{a_j^{1/2}}{6^{3/2}c_a^{3/2}}=\left(\frac{a_j}{216c_a^3}\right)^{1/2} \tag{26.62}$$

练习 26B.24　验证这个最优反应函数是正确的。∎

那么，这是企业 i 对企业 j 的广告水平 a_j 的最优反应。由于这两个企业是相同的，它们的最优反应函数是对称的，我们求解广告的均衡水平

$$a^* = a_1^* = a_2^* = \frac{1}{216c_a^3} \tag{26.63}$$

这意味着"形象差异化"的均衡水平为

$$a^* = f(a_1^*, a_2^*) = \left(\frac{1}{216c_a^3}\right)^{1/3} \left(\frac{1}{216c_a^3}\right)^{1/3} = \frac{1}{36c_a^2} \tag{26.64}$$

练习 26B. 25 你能确定企业在均衡中是否创造正的利润吗？当形象营销广告的成本变大后会发生什么？当它趋于零会发生什么？你能用这个模型解释吗？■

  企业在第一阶段进行策略性的形象营销，以使得把它们原本相同的产品定位在区间 $[0, 1]$ 的不同端点，达到缓和竞争并提高利润的目的。在没有这样的形象营销时，在模型中没有任何东西可以阻止激烈的伯特兰价格竞争，价格最终在边际成本处且利润为零。尽管利润随着价格上升到边际成本之上而逐渐增加，但是消费者福利会下降，既因为消费者支付了较高的价格，也因为当 $\alpha > 0$ 时导致了效用损失。在这个模型中，消费者支付的最高价格，仅是从消费者到企业的转移支付，从而不带来任何效用损失（由于我们假设消费者总是最终购买一单位的产品）。但是效用损失不会使任何人获益，企业发生的广告成本是社会浪费。这恰好是形象营销怀疑者所预测的结果。

  但是无效性结果也只是这个模型的一个人造结果。更精确地，我们可以适度地改变这个模型，得到完全相同的关于行为的均衡预测，但是有相反的关于福利的预测。我们假设消费者 n 在消费一个类型为 y 的产品时，$\gamma \geq 0$，发生了 $\gamma\alpha - \alpha(n-y)^2$ 的效用变化。上面的模型仅是当 $\gamma = 0$ 时的一种特殊情形，因而从消费者理想点的偏离导致了一个 $\alpha(n-y)^2$ 的纯效用损失。假设 $\gamma > 0$ 等价于假设形象营销使得 y 产品更加吸引人（通过增加 $\gamma\alpha$ 到消费该产品的效用），同时也对 n 施加了一个 n 远离 y 的程度上的效用成本。如果 $\gamma > 1/4$，只要距离 $|n-y|$ 不大于 $1/2$（在两个企业分别位于 $y_1 = 0$ 和 $y_2 = 1$ 的均衡中，对所有消费者都是这样的情形），那么从形象营销中获得的效用收益将至少与效用损失一样大。

练习 26B. 26 假定男孩们喜欢"弗雷德打火石"而女孩们喜欢"爱冒险的朵拉"。当一个谷物食品公司在其生产的谷物食品盒子上印刷"爱冒险的朵拉"以示自己的产品和其他产品的区别，而另外一个公司则将"弗雷德打火石"印刷在盒子上时，请用我们的模型加以解释，你认为对目标消费者（如小孩子）来说，$\gamma > 0$ 吗？■

  然而，允许 γ 大于 0 并不会改变企业和消费者均衡时的任何行为。企业将在博弈的第三阶段如方程（26.59）那样设定价格，只要 $\alpha > 0$，它仍将选择 $y_1 = 0$ 和

$y_2 = 1$，并仍将选择如方程（26.63）中推导出来的均衡广告水平 a^*。这是因为对企业定价起关键作用的不是所有消费者从消费一个 y 产品得到的绝对效用水平（这是在 $\gamma > 0$ 时所被影响的）而是产品已经被差异化的程度。这种差异化带来了价格竞争、在区间 [0，1] 上的位置选择以及最优广告水平的弱化。同样地，如果 $n < 0.5$，消费者将会在企业 1 购物，如果 $n > 0.5$，他们会在企业 2 购物，因为他们的决策取决于他们在哪里能得到更多效用，而不是是否所有的 y 的位置已经变得更吸引人。

尽管均衡行为与 $\gamma \geq 0$ 的值无关，但是这个模型的福利预测并不是如此。当 γ 充分高并且做广告的成本 c_a 充分低时，很可能会出现形象营销实际上是福利增强的情景。由于在福利增强情景下的行为预测与在福利损失情景下的行为预测完全相同，用行为观察来区分它们是不可能的，至少不是在这个模型中。在这样一个情形下，尽管行为预测是可行的，但福利分析也没有什么意义。换言之，我们的模型告诉我们，至少在我们特定的假设下，形象营销减少价格竞争并增加企业利润，但是它不能告诉我们这是否提高或降低了社会福利。

表 26-4 说明了这一点，其中对增加的 γ 值（当我们假设 $c = 1$ 和 $c_a = 0.1$ 时）我们计算出了不同的均衡变量。前四个变量——均衡广告水平（a^*）、产品形象差异化程度（α）、价格（p^*）和企业利润（π^i）——在 γ 增加时都不改变。该表接着报告了由在所有消费者之间进行广告所引起的效用变化，其中由价格增加到边际成本之上引起的效用变化没有被计入（因为它仅是没有效用损失地转移到企业的）。当加入广告的总成本时，我们得到了最后一行中的广告收益或损失。如你能看到的，增加 γ 改变了形象营销的福利内涵，较大的 γ 导致较低的社会成本，或者说充分大的 γ 带来了净社会收益。

表 26-4　　　　　　　　　当 γ 变化时来自形象营销的福利（$c = 1$，$c_a = 0.1$）

γ	0	0.1	0.25	0.5	1
a^*	4.623	4.623	4.623	4.623	4.623
α^*	2.778	2.778	2.778	2.778	2.778
p^*	3.778	3.778	3.778	3.778	3.778
π^i	0.926	0.926	0.926	0.926	0.926
效用变化	−0.232	0.046	0.463	1.157	2.546
总广告成本	0.926	0.926	0.926	0.926	0.926
社会收益（损失）	(1.157)	(0.880)	(0.463)	0.231	1.620

结论

从没有进入壁垒而存在着大量企业生产相同产品的完全竞争市场模型开始，我们已经走上了漫漫征途。完全竞争市场作为我们福利经济学第一定理的基准，其市场结果确定是有效的。在第 23 章，我们介绍了一个与之正好相反的垄断市场，在该市场中由于存在高的进入壁垒而将潜在竞争者排挤在外。在第 25 章，我们考虑了继续从进入壁垒中受益但是相互之间存在竞争，要么在古诺模型中设定产量，要么在伯特兰模型中设定价格的寡头的情形。但是直到这一章我们才考虑产品差异性（或产品创新）的作用。

现实世界中处处存在着产生于任何市场结构的，几乎不可想象的产品差异性。这里我们把这样的差异性的重点放在介于完全竞争和完全垄断两个极端之间的两个市场结构中，即在寡头和垄断竞争市场中。这两个市场结构的差别通常内生地产生于固定进入成本的大小，相对于需求表现出高的固定进入成本而形成包含几个企业的寡头，相对于需求表现出低的固定进入成本而形成有很多企业的垄断竞争。在每种情形下，在没有其他进入壁垒时，行业内的企业获得正的利润（当固定进入成本被当成沉没成本时），而行业外的企业如果进入这个行业将获得负的期望利润（因为固定进入成本对它们是真实的经济成本）。

我们在这一章进一步强调了企业获得市场势力的动机（在没有人造的进入壁垒时）。当成功的企业使用市场势力来限制生产和提高价格时会带来一些社会成本，但是当企业成功找到新的或更好的满足消费者需求的方式时，也可以产生社会剩余。在很多垄断竞争的环境中，后者超过前者，市场势力驱动的创新提供了经济增长的动力而又被控制在竞争中。该结论通常在寡头行为的静态模型中失效，其中在任何给定的时间很容易看到市场势力造成的社会损失，但是如果没有从均衡模型之外进行思考，就很难看到形成市场势力的创新的社会收益。

如我反复提到的，关于完全竞争情形之外的市场结构和策略性企业行为的经济学文献是广泛的，如果你对我们在过去几章所覆盖的专题感兴趣，你应该在产业组织和相关课程中进行进一步的学习。我们只是通过介绍模型而接触了那些使人着迷的表面内容。例如，我们甚至没有考虑（将在章末习题 26.5 中简要地考虑）由垂直而不是水平产品差异性所引起的问题。更精确地，在这章我们假设了企业仅致力于通过使它们的产品有些"不同"去差异化它们的产品以吸引市场中的一些需求，但是企业也进行"垂直"差异化，其目标是为了吸引那些愿意为质量较高的相同产品支付更多的消费者。

接下来我们即将离开对企业行为和市场结构的分析，但是我们不会离开我们的策略性决策制定问题。在下一章，我们将回顾外部性的情形，这些我们前面在第 21 章的竞争性市场中已经提到过，并着重分析一种特定类型公共物品的外部性。与市场势力产生无效性的情形一样，我们将看到一种政府可以增强社会福利的例子。换言之，我们将再次能够在原则上达成共识，在其中，慈善的政府有充分的信息能改变市场运作的制度安排并因此带来企业和消费者关于公共物品的更一致的集中决策。但是，如我们反复提到的，政府确实面对信息约束，并且即使是完全慈善的，它在带来私人激励与社会目标一致的能力上也受到限制，在必要信息的获得上也是需要成本的。在第 28 章，我们将进一步看到我们把政府决策者作为策略性角色进行建模的方式。在民主环境下政治当局的策略性决策有时候并不是社会有效的。

章末习题[①]

†26.1　我们在一个简单的两个企业的价格制定模型中介绍了差异性产品，其中对每个企业产品的需求随着另一个企业产品的定价的提高而增加。我们所研究的特定环境是那种不完全替代的情况。

A.　假定对每个企业的产品的需求在 $p=MC$ 处是正的，尽管另一个企业把其价格设定在 0。进一步假定企业面对不变的 MC 以及没有固定成本。

a.　假定这两个企业所生产的产品不再是替代的而是互补的，即假定企业 j 的价格的增加引起企业 i 的产品的需求减少而不是增加。假定两个企业最终都在均衡处结束生产，图 26-3 将怎么变化？

b.　介于两种情况之间的图是什么样的，即当企业 j 产品的价格对企业 i 产品的需求没有影响时最优反应函数看起来是什么样子的？

c.　假定我们的三种情形——替代（在书中之前提到）、互补 [在（a）中提到] 和中间情形 [在（b）中提到]——有如下共同特征：当 $p_j=0$ 时，企业 i 设定 $p_i=\bar{p}>MC$ 是最优反应。$\bar{p}$ 怎么与我们在第 23 章中所称的垄断定价联系起来？

d.　假定两个企业在每种情形下生产，比较三种情形下的价格（和产出）水平。

e.　这三种情形中的哪一种可能没有两个企业都生产的均衡？

B.　考虑相同的企业 1 和 2，假定对企业 i 的产品的需求由 $x_i(p_i, p_j)=A-p_i-\beta p_j$ 给出。假设边际成本是不变的 c 并且没有固定成本。

a.　什么范围的值分别对应于产品 x_i 和 x_j 是替代品、互补品和习题 A 部分所定义的中间品？

b.　推导最优反应函数。截距和斜率是什么？

c.　最优反应函数的斜率是正的还是负的？你的答案取决于什么？

d.　用 A，α，β 和 c 表示的均衡价格是什么？确认你对 A(d) 的答案。

e.　当两种产品相对互补的时候在什么条件下只有一个企业生产？

**26.2　在本章的 B 部分，我们对多样性产品推导了一个偏好模型，然后应用这种偏好的一个特别函数形式去推导结果，一些结果我们已证明对更一般的情形也成立。

B.　我们首先在方程（26.33）中介绍了表示这样偏好的一般效用函数，然后在

26

方程（26.34）中把对 y 产品的子效用嵌入柯布-道格拉斯偏好情景中。现在考虑方程（26.33）更一般的版本。

a. 从把预算约束代入效用函数中的 x 项（如我们在本章中柯布-道格拉斯偏好情形中所做的）开始。

b. 推导效用关于 y_i 求微分的一阶条件。

c. 假定企业的数量充分大以使得 y_i 仅起很小的作用而可以被近似为一个常数。然后使用你在（b）中的一阶条件来推导一个仅有关 p_i 和一个常数的近似需求函数。这个（近似）需求函数的价格替代弹性是什么？

d. 给定你推导的需求函数，建立企业 i 的利润最大化问题。接着求解企业将会收取的价格 p_i。

e. 判断正误：我们在本章中对柯布-道格拉斯偏好情形推导的均衡价格 $p^* = -c/\rho$ 不依赖于柯布-道格拉斯设定。

f. 回忆我们在第 15 章中把消费者群体当作像一个"代表性消费者"一样行为的讨论，如果你担忧我们在本章中使用的柯布-道格拉斯函数在技术上不满足一个代表性消费者的条件，你将会采用什么形式的效用函数？导致的均衡价格是否与柯布-道格拉斯偏好情形不同？

26.3 日常应用：城市与土地价值。我们在这一章介绍的模型有一些被使用在对土地的模式与城市区域的住房价格的建模中。

A. 城市中心是人们为了工作和购物需要经常到的地方。

a. 考虑用霍特林直线 $[0, 1]$ 表示产品特征空间。转而假定这条线表示物理距离，一个城市定位在位置 0 而另一个城市定位在位置 1。考虑沿着这条直线分布的家庭，分布在 $n \in [0, 1]$ 的家庭需要用交通工具到这两个城市中的一个，除非 $n=0$ 或 $n=1$。这对消费者的理想点的分布意味着什么？

b. 如果沿着霍特林直线的土地被相等地定价，每个人将希望定位在什么地方？如果在位置 0 的城市比在位置 1 的城市大，并且如果大的城市提供较多的工作和购物机会，这将对你的答案造成什么影响？

c. 如果在每个位置的土地是稀少的并且在直线上的每个点只有一个家庭，你的答案对沿着霍特林直线的土地价值的分布意味着什么？

d. 假定多于一个家庭可以潜在地定位在直线上的每个点，但是如果多个家庭定位在同一点，每个消费者将消费较少的土地。（例如，100 个家庭分享一座高楼大厦。）假定这将在霍特林直线的中点形成没有被占据的农场用地。你预期沿着这条线的人口密度怎么变化？

e. 最近几十年，一个被称为"地缘城市"的现象已经产生了，在较大城市的附近形成了较小的城市，土地价值相应地调整。当地缘城市出现在霍特林直线上的时候土地价值的分布将会怎么变化？

f. 如果公共交通成本下降，你认为沿着霍特林直线的土地价值的分布会发生什么变化？沿着这条线的人口密度会怎么变化？

g. 类似地考虑我们的圆圈模型，如果城市被定位在圆圈的不同点上，土地价值会怎么分布？

B. 现在考虑 26B.4 节中多样性产品市场偏好的模型。

a. 你能否用从这个模型中获得的直觉去解释为什么在本习题 A 部分中在霍特林直线（或圆圈）上的大城市将有较高的土地价值？

b. 考虑在相同的一般区域内的两个城市（但是它们离得充分远使得消费者很少有两地往来）。假定在本章中用来推导表 26 - 2 的模型是用来表示在这个状态下的合适的模型，并假定城市 A 有 100 个餐厅，城市 B 有 1 000 个餐厅。如果在这个经济体中典型的家庭有 60 000 美元的年收入并且在城市 A 中典型的公寓租金为每年 6 000 美元，你估计相同的公寓在城市 B 的租金将会为多少？

26.4　商业和政策应用：兼并与相关产品市场的反垄断政策。在习题 26.1 中，我们研究了不同的产品 x_i（由企业 i 生产）和产品 x_j（由企业 j 生产）在价格竞争下是如何相互关联的。我们现在研究在这样的环境中两个企业合并成一个单一企业的动机以及这可能会引起反垄断规制者多大的担忧。

A. 一种分析在相关市场竞争的企业的办法是思考它们在设定价格时相互之间所施加的外部性。例如，如果两个企业生产相对可替代的产品［如（a）中所描述的］，企业 1 在提高 p_1 时对企业 2 提供了正的外部性，因为当它增加自己的价格时，也增加了对企业 2 的需求。

a. 假定两个企业生产如下情形的相对可替代的产品，即当一个企业的产品价格上升时，这将增加对另一个企业产品的需求。如果这两个企业合并，你是否会预期这个垄断企业对以前由竞争企业生产的产品收取更高或更低的价格？（假设这两个企业在它们竞争时没有考虑进入的外部性。）

b. 下面，假定两个企业生产在如下意义上相对互补的产品，即一个企业产品价格的增加减少了对另外一个企业产品的需求。外部性现在有什么不同？

c. 当（b）中的两个企业合并，现在你预期价格是增加还是减少？

d. 如果你是一个反垄断规制者，你会更担忧哪个合并，（a）中的那个还是（c）中的那个？

e. 相反，假定企业生产不相关市场中的产品（一个企业的价格不影响对另一个企业产品的需求）。你预期如果这两个企业合并价格将会发生什么变化？

f. 为什么我们在这个例子中遇到的正的外部性对社会是好的？

B. 假定我们有两个企业，即企业 1 和企业 2，在价格上竞争。对企业 i 的需求由 $x_i(p_i,\ p_j)=1\,000-10p_i+\beta p_j$ 给出。

a. 计算均衡价格 p^*，将其表示为 β 的函数。

b. 假定这两个企业合并成一个最大化总体利润的企业。推导新的垄断者将会收取的这两个企业产品的价格（用 β 表示），记住垄断者现在通过解一个单一的最优化问题来设定两个价格。（给定需求的对称性，你应该知道垄断者会对两个企业产品收取相同的价格。）

c. 创造如下的表：在第一行设定 β 的不同值，范围从 -7.5 到 7.5，增量为 2.5，接着，（对每个 β）当两个企业竞争时推导均衡价格并把其写在第二行中。在第三行，对每个 β 值计算（由两个企业合并所产生的）垄断者所收取的价格。

d. 你的结果是否应验了你在习题 A 部分中的直觉？如果是这样，是如何应验的？

e. 如果作为合并的结果，它们对两种产品收取了比它们能分别收取的价格更低的价格，那么为什么企业还要合并？

f. 在你的表中增加两行，首先计算在竞争寡头均衡中两个企业一起创造的利润，然后计算企业在合并后作为一个垄断者创造的利润。结果与（e）的答案一致吗？

*26.5 **商业应用：作为质量信号的广告。** 在本章中，我们讨论了两种可能的做广告的动机，一种关注于提供信息（关于产品的可得性或产品的价格）而另一种则关注于搭建产品形象。另一种可能的动机是高质量企业对消费者传递它们生产高质量的产品的信号，消费者在购买一个产品之前不能判断差别。考虑描述这点的如下博弈：在两个阶段的每个阶段中，企业设定一个价格并且消费者决定是否购买产品。在第一阶段，消费者不知道一个企业是生产高质量还是低质量的产品，他们所观察的是企业设定的价格以及企业是否做了广告。但是如果消费者在第一阶段从一个企业购买产品，消费者体验了企业产品的质量，从而在第二阶段当他或她做一个是否从这个企业购买的决策时知道这个企业是一个高质量还是低质量的企业。在这里我们假设在第一阶段没有从任何企业购买的消费者直接退出博弈并且不进入第二阶段。

A. 假定在每个阶段企业和消费者进行一个序贯博弈，企业首先提供一个价格，消费者接着选择是否购买。但是在第一阶段，企业有通过做广告来说服消费者相信其产品价值的选择。

a. 首先考虑第二阶段。确保一个消费者进入第二阶段的唯一方式是他或她在第一阶段中从这个企业购买了产品，并且假定他或她会按照所体验的产品的质量进行判断，如果可以的话，是否有任何企业选择在第二阶段做广告？

b. 假定两个企业生产它们的产品时都发生了等于 MC 的边际成本。高质量企业生产被消费者估值在 $v_h > MC$ 的产品，而低质量企业生产被估值在 $v_\ell > MC$ 的产品 $(v_h > v_l)$。在任意子博弈完备均衡中，每个企业在第二阶段将会收取什么价格，消费者策略将是什么（他们在观察价格后决定是否去购买）？

c. 现在考虑第一阶段。如果消费者认为做广告的企业是高质量企业而不做广告的企业是低质量企业，在第一阶段中（在他们观察到价格和企业是否已经做广告之后）他们的子博弈完备策略是什么？

　　d. 如果一个高质量企业认为消费者将会把广告理解为该企业在生产高质量的产品，那么该企业将愿意采取的广告的最高成本 a_h 是什么（每单位产出）？

　　e. 如果一个低质量企业认为广告可以愚弄消费者相信它生产了高质量的产品（当实际上它生产的是低质量的产品时），这个低质量企业愿意发生的最高成本 a^* 是什么？

　　f. 考虑一个花费 a^* 的广告水平。对什么水平的 a^* 你认为高质量企业做广告而低质量企业不做广告是一个均衡？

　　g. 给定在第一阶段消费者企业之间的信息不对称，这样的广告是否可以是有效的？

　　h. 我们经常看到企业赞助运动赛事，把这样的赞助解释为本章中我们讨论的这样的"信息性广告"是困难的，为什么？在这个习题中的模型怎么能够被理性化为信息性广告（而不是简单的形象营销）？

　　B. 假定一个企业为高质量企业 h 的概率是 δ 并为低质量企业 ℓ 的概率是 $(1-\delta)$。企业 h 生产被消费者评分为 4 的产品，而企业 ℓ 则生产被消费者评分为 1 的产品，两个企业每单位产出的边际成本为 1。（假定没有固定成本。）

　　a. 推导在均衡中发生的广告水平 a^*（定义在 A 部分中）。

　　b. 高质量企业做广告但是低质量企业不做广告的最有效的可能均衡是什么？

　　c. 到目前为止你的答案依赖 δ 吗？

　　d. 到目前为止你识别的均衡是分离均衡，因为两个企业在均衡中的行为不同，从而允许消费者从观察到的广告判断一个企业是在生产高质量还是低质量的产品。现在考虑两个企业都选择 (p, a)，从而企业采用混同策略，是否能成为均衡的一部分。为什么第二阶段与这个问题无关？

　　e. 如果企业使用混同策略 (p, a)，消费者从第一阶段的购买中获得的期望收益是多少？用 δ 表示这意味着 p 的最高价格可能是混同均衡的一部分。

　　f. 假定消费者相信一个企业为低质量企业并且其偏离了混同均衡。如果其中有一个企业有动机偏离混同策略，它将是哪一个？为使 (p, a) 成为混同均衡的一部分，这意味着 p 相对于 a 的最小值是什么？

　　g. 使用你在（b）和（c）中的答案，确定用 δ 和 a 表示的 p 的范围，使得 (p, a) 能成为贝叶斯纳什混同均衡的一部分。

　　h. 当消费者决定是否在第一阶段购买时，消费者在混同均衡中持有的均衡信念是什么？什么均衡外的信念支撑整个均衡？

　　i. 在混同均衡中广告是有效的吗？

26.6　商业应用：在差异性产品市场中的价格领导。我们已经考虑了在差异性产品市场中当企业同时选择价格时寡头企业是怎么定价的。现在假定在霍特林直线 $[0, 1]$ 上两个企业有最大的差异性产品并且产品特征的选择不再是一个策略性变量。但是我们现在假定你的企业先行动，并宣布一个你的对手在制定他或她自己的价格之前能观察到的价格。除了现在企业是制定价格而不是产品数量之外，这类似于我们在第 25 章所讨论的斯塔克尔伯格产量领导者模型。

A. 假定你是企业 1，你的对手是企业 2，两个企业面对不变的边际成本（没有固定成本）。

a. 首先在两个企业生产无差异性产品的纯伯特兰环境中回顾序贯定价后面的逻辑。为什么序贯（子博弈完备）均衡定价和同时价格设定均衡没有差别？

b. 现在假定你们在霍特林直线上生产差异性最大的产品。当企业 2 看到你的价格 p_1 时，在 p_2 位于横轴和 p_1 位于纵轴的图上说明它的最优反应。

c. 在你的图中标明 45°线并指出如果你和你的竞争者同时设定价格，价格均衡将落在哪里？

d. 令 $\bar{p}$ 为导致对你的产品的需求为零的价格，其中假设你的竞争者在设定它的价格之前观察到了 $\bar{p}$。在你的图中合理的位置指出 $\bar{p}$。接着，在它旁边的图中，把 p_1 放在纵轴以及你的企业生产的产品产量 x_1 放在横轴。给定你考虑竞争者反应的条件，你的需求曲线开始于纵轴上的什么地方？

e. 画一条对 x_1 的需求曲线并预测你的竞争者对你设定的任何价格作出反应时对 x_1 的需求。在你的图中画出 MC 和 MR，并指出你将会选择的价格 p_1^*，给出你的竞争者观察到你的价格后的价格反应。

f. 最后，在你最初的图上找到竞争者的价格 p_2^*。p_1^* 看起来是大于还是小于 p_2^*？

g. 在霍特林直线上谁将有更大的市场份额，是作为价格领导者的你，还是你的竞争者？

B. 假定消费者承担的成本（除了价格外）与本章中一样是平方形式的，即一个理想点是 $n \in [0, 1]$ 的消费者 n 消费一个特征为 $y \in [0, 1]$ 的产品会发生成本 $\alpha(n-y)^2$。继续假设企业 1 把其产品定位在 0，企业 2 把其产品定位在 1，即 $y_1 = 0$ 和 $y_2 = 1$。企业发生不变的边际成本 c（并且没有固定成本）。

a. 第 25 章的伯特兰模型对应于一个怎样的 α？在这种情形下，一个企业先宣布一个价格或企业同时宣布价格对均衡价格有无影响？（假设在序贯情形下的子博弈完备。）

b. 现在假定 $\alpha > 0$。如果企业同时设定价格，均衡价格是什么？

c. 假定企业 1 首先宣布它的价格，企业 2 在设定其自己的价格之前观察到企业 1 的定价。使用我们在产量竞争的斯塔克尔伯格模型中使用的相同逻辑，推导企业 1 将收取的价格（作为 c 和 α 的函数）。（提示：你可以使用本章中推导的企业 2 的最优反应函数代替 $y_1 = 0$ 和 $y_2 = 1$，去建立企业 1 的最优化问题。）

d. 这意味着企业 2 在观察到 p_1 后将会设定什么价格？哪个价格更高？

e. 推导企业 1 和企业 2 的市场份额。在斯塔克尔伯格产量博弈中，先行动的企业有较大的市场份额。在这里为什么不是这种情形？

f. 推导这两个企业的利润。哪个企业做得更好，是领导者还是追随者？判断正误：在斯塔克尔伯格模型中的产量领导者有一个先发者优势，而在霍特林模型中的价格领导者有一个先发者劣势。

g. 判断正误：相比较于同时定价，两个企业都更加偏好霍特林模型中的序贯定价（假定最大化产品差异性）。

26.7 **商业应用：**时尚行业的演变。考虑衣服的市场并假定有 100 个不同的样式被生产并（同等距离地）排列在一个圆圈上。在以百万计的衣服的消费者中，每个都在圆圈上某个地方有一个理想的样式（要么在可以被潜在地生产的 100 个样式中或在那些样式的两两之间）。样式离消费者的理想点越远，吸引力越小。为简单起见，假定生产任何样式的衣服的边际成本是不变的（一旦开始生产，固定成本已经被支付了），并假定进入这个行业的企业必须支付固定进入成本。

A. 首先假定仅有一个企业在行业中运作（并生产 100 个样式中的一个）并且开始生产的固定成本充分高以至于没有第二个企业希望进入。

a. 解释行业中的企业为什么可以创造正的经济利润而外面的企业一旦进入则创造负的经济利润。

b. 在过去一些年代，用于生产衣服的设备价格已经下降了，从而降低了进入衣服行业的固定进入成本。当成本下降到第二个企业进入，你预期那个企业将会在圆圈上什么位置定位它的衣服样式？

c. 假定两个企业是价格竞争者，衣服的价格会发生什么变化？

d. 假定进入成本充分地下降使得 100 个不同的企业进入服装行业中。现在假定进入成本进一步下降并且企业继续是价格竞争者。为使另一个企业进入这个市场，进入成本需要降到多低（假设仅有 100 个样式可以潜在地被生产）？

e. 假定时尚的发展促成了圆圈上所有的衣服样式变得可能被生产而不仅仅是最初的 100 个。随着进入成本下降，当下一个企业发现进入仍是有利可图的，你预期会有多少新的进入者？

f. 这个行业最初包含 100 个企业，进入成本在任何额外的竞争者进入行业时下降，你预期价格会下降吗（假设存在的企业可以在新企业在做是否进入的决策之前置信地宣布它们的价格）？

g. 假定进入成本完全消失，价格会发生什么变化？

B. （这个习题的 B 部分并不直接与 A 部分相关，而是对本章中使用的版本做适度的修改，提供你一个求解圆圈模型的机会。）在我们的 26B.3 节中对圆圈城市的处理中，我们假设了消费者 $n \in [0, 1]$ 消费有特征 $y \in [0, 1]$（而不是他或她的理想点）的产品发生的成本随着 n 和 y 之间的距离线性增加，即成本是 $\alpha |n-y|$。在我们对霍特林线性模型的处理中，我们转而假设这个成本随着距离的平方增加，即成本是 $\alpha(n-y)^2$。

a. 考虑圆圈模型博弈的第二阶段，即在第一阶段已经进入的 N 个企业把它们的产品等距离地分布在（周长为 1 的）产品特征圆圈上。价格圆圈上的每个点 y 包含一个理想点为 y 的消费者 n。消费者 n 的理想点离最近企业的产品的最远距离是多少？

b. 假定除了企业 i 外所有企业都收取价格 p 并假定企业 i 的产品特征是 $y_i = 0$。$\bar{n}$ 表示从企业 i 和相邻的企业 j（企业 j 生产 y_j）之间购买无差异产品的消费者，假设企业 i 收取价格 p_i。给定消费者消费特征产品的总成本包括他或她必须支付的价格和远离他或她的理想点的成本，当从企业 i 购买与从企业 j 购买时发生的总成本 $\bar{n}$ 必须满足什么？用一个方程表示它并求解 $\bar{n}$。

c. 给定行业中有 N（等距离被隔开）个企业，（当 $y_i = 0$ 时）y_j 是什么？把这代入你对 $\bar{n}$ 的表达式中。企业 i 面对的需求 $D^i(p_i, p)$ 是什么？请解释。

d. 使用你的 $D^i(p_i, p)$ 的表达式，推导企业 i 对所有其他设定价格 p 的企业的最优（价格）反应函数（所有的企业都面对不变边际成本 c）。

e. 由于所有企业最终在均衡中收取相同的价格，给定 N 个企业在圆圈博弈的第一阶段已经进入了，用 c，α 和 N 表示的均衡价格 $P^*(N)$ 是什么？

f. 假设企业进入市场中必须要在博弈的第一阶段支付固定进入成本 FC，有多少企业会选择进入市场（假定它们预测到第二阶段的 p^*）？把这表示为 N^*。作为结果，将产生的均衡价格是什么？

**g. 现在考虑社会规划者所面对的问题，其在决定要满足最大化社会效率的条件，需要有多少企业在圆圈上。设定企业的数量为 N。解释为什么消费者没有选择理想点的成本是 $2N\int_0^{1/(2N)} x^2 \, dx$。

**h. 社会规划者将会建立的社会最优数量的企业 N^{opt} 是多少？它与均衡的企业数量 N^* 怎么比较，为使这两个数量相互收敛，必须满足什么条件？

†**26.8 商业应用**：阻止另一个汽车公司进入市场。假定目前有两个汽车公司形成了一个寡头市场，其面对不变的边际成本。它们的策略性变量是价格和产品特征。

A. 使用霍特林模型去构架你对这个习题的思路并假定这两个公司已经最大差异化了它们的产品，公司 1 选择特征 0 而公司 2 选择特征 1，其所有可能的产品特征的集合是 $[0, 1]$。

a. 解释为什么在这个模型中这样的产品最大差异化可能是一个均衡结果。

b. 假定一个新汽车公司计划进入这个市场并选择 0.5 作为它的产品特征，假定已存在的公司再也不能改变它们的产品特征。如果新公司以这种方式进入，汽车价格会发生什么变化？在什么角度我们可以把这看成是两个不同的霍特林模型？

c. 新公司相对于原来的两个公司会创造多少利润？

d. 假定已存在的公司在新公司作出它是否进入的决策之前宣布它们的价格。进一步假定已存在的公司同意宣布相同的价格。如果新公司在开始生产之前必须支付一个固定的成本，你认为是否存在一个固定成本的范围使得公司 1 和公司 2 可以策略性地阻止其进入？

e. 什么确定了固定成本的范围，使得已存在的公司能成功地阻止其他公司进入？

f. 如果已存在的公司已经预见了定位在 0.5 的公司新进入的潜在可能，你认为它们是否可能进行产品差异最大化以使得彼此之间的价格竞争缓和？

g. 我们前面一直假设进入者将定位在 0.5，为什么这对进入者可能是最优的？

B. 考虑 26B.2 节中的霍特林模型，并假定有两个寡头汽车公司在关于有多少公司可以进入汽车行业的政府规制中被保护，它们已安定在区间 [0, 1] 上的 0 和 1 的均衡产品特征上。进一步假定 $a = 12\ 000$ 和 $c = 10\ 000$ 并始终假设汽车公司一旦已经选择了产品特征便不能改变它们。

a. 这两个公司收取的价格是多少？假定它们不发生任何固定成本（并且假定我们已经把总体大小标准化为 1），它们创造多少利润？

b. 现在假定政府许可第三个公司在 0.5 的位置进入汽车市场，但是这个公司需要支付固定进入成本 FC。如果第三家公司进入，我们现在分开考虑区间 [0, 0.5] 和 [0.5, 1]，并把每个区间当成一个单独的霍特林模型。推导 $D^1(p_1, p_3)$，接着推导 $D^3(p_1, p_3)$。（注意现在相关的区间是 [0, 0.5] 而不是 [0, 1]。）

c. 确定最优反应函数 $p_1(p_3)$ 和 $p_3(p_1)$。然后计算均衡价格。

d. 这三个公司将会创造多少利润（不考虑它们三个中为进入市场必须支付的 FC）？

e. 如果公司 3 在公司 1 和公司 2 制定它们的价格决策时同时做了它是否进入并且制定什么价格的决定，与新汽车公司进入市场相对应的最高的 FC 是什么？

f. 相反，假定公司 3 在决定是否进入之前，公司 1 和公司 2 能承诺一个价格。进一步假定公司 1 和公司 2 合谋去阻止新公司进入并同意在公司 3 决策前宣布相同的价格。公司 1 和公司 2 最多愿意把价格降到多少以阻止新公司进入？

g. 现在与公司 3 不进入相对应的最低的 FC 是什么？（小心地考虑企业 3 的最优价格反应以及其对市场份额的含义。）

*26.9　**政策应用**：汽车进口税游说。在习题 26.8 中，我们研究了已存在的汽车公司有通过降低汽车的价格来阻止新公司进入的激励。当潜在的新汽车公司是一个想进入国内汽车市场的国外生产者时，另一种阻止这种进入的方式是通过政府来征收进口费/或进口关税。

A. 始终假定国外汽车公司具有产品特征 0.5，而国内公司则具有霍特林模型中的最大差异性产品特征 0 和 1。

a. 首先假定政府要求国外汽车公司为出口它所想的尽可能多的车到国内市场的权利支付一个大的费用。如果政府从这个政策中创造了收益，当所有的决策同时被制定时，它是否会对汽车市场有什么影响？

b. 对给定的费用 F，为什么国内汽车行业在这个政策上不会进行游说？为什么这可能造成很多花费？

c. 假定国内公司在预料到进入后可以在制定价格上合谋（并能可信地承诺那个价格）。判断正误：现在有一个 F 的范围使得国外公司不进入市场，尽管在（a）所给条件下它已经进入了。（假定如果进入发生了，该行业进行一个同时的纳什定价均衡。）[①]

d. 在（c）的条件下，你对（a）的答案是否会变化？使得国外公司不进入这个市场但是国内公司为较高的费用游说的费用范围是什么？

e. 转而假定政府对所有进口汽车施加了一个每单位 t 的税收。与在没有任何政府干预的情况下进行比较，你认为国内和国外汽车价格会被怎样影响？

f. 在这个关税下国内和国外汽车的市场份额有什么不同？

*g. 假定政府施加了一个使得没有国外的车被销售的最低的关税。你认为国内汽车公司能够收取与国外汽车被完全从国内市场禁止时相同的价格吗？

h. 基于你对（g）的答案，即使在目前的关税水平上没有汽车被进口，国内公司可能为较高的进口关税游说吗？

B. 再一次，与习题 26.8 一样，考虑 26B.2 节中霍特林模型的一个版本，其中国内汽车公司已经在 [0，1] 区间的产品特征空间上定位在 0 和 1 的均衡产品特征上。再次假定 $\alpha = 12\,000$ 和 $c = 10\,000$。一直假定国内公司不能改变它们的产品特征。

a. 如果你还没这样做，完成习题 26.8 的（a）到（e）。

b. 假定政府要求国外公司在进入国内市场时支付 F（而在多少车可以被进口上没做任何限制）。假定在国外公司决定是否进入前国内公司没有任何办法来可信地承诺价格。假定没有其他固定进入成本，国内行业将会游说的最低的 F 是多少？对较高费用的强制接受是否有更强烈的游说动机？

c. 如果在国外公司决定是否进入之前国内公司有办法可信地承诺一个价格，你的答案将会怎样变化？（假定国内公司同意宣布相同的价格。）对什么范围的 F，国内公司将会主张增加 F？〔注：在尝试这部分之前推理习题 26.8 的（f）和（g）是有帮助的。〕

d. 下面，转而假定政府对所有的进口汽车施加了一个每单位 t 的关税。把这当成是进口公司的边际成本的增加，即从 c 增加到 $(c+t)$。推导国内公司和进口公司收取的作为 t 的函数的均衡价格。你对这个关税的税收分担能说些什么？

e. 推导公司 1（和公司 2）作为 t 的函数的市场份额。什么水平的 t 将会实现与通过进口配额将国外汽车限制到市场的三分之一（假定没有固定进入成本）相同的效果？

f. 确保没有国外汽车在国内市场上出售的最低水平的 $t = \bar{t}$ 是什么（假定没有

[①] 我们不考虑国内公司变成价格领导者的情形，这种情形我们在习题 26.6 中单独地分析过了。

固定进入成本)?

　　g.　如果 t 被设定在 $\bar{t}$，国内汽车公司将会收取什么价格?

　　h.　解释设定 $\bar{t}$ 为什么与国外汽车的进口被禁止的情形不同?

　　i.　什么水平的 $t>\bar{t}$ 等价于禁止国外公司的进入?

　　†**26.10**　**商业和政策应用**：软件行业。当个人计算机第一次登上舞台之后，编写软件的任务比起今天要相对困难得多。在接下来的一些年里，消费者对软件的需求随着个人计算机在家庭与商业中变得越来越流行同时也随着编写软件变得容易一些而增加。从而，这个行业已经是一个有着扩充需求和递减固定进入成本的行业。

　　A.　在习题的这个部分，使用 26A.4 节中的垄断竞争模型以及我们前面寡头模型中的结论分析软件行业的演变。

　　a.　首先考虑第一个企业作为一个垄断者进入的情形，即生产软件刚刚获得利润的情形。在一个图中用一个向下的需求曲线、一个不变的 MC 曲线和一个固定的进入成本说明这点。

　　b.　在整个问题中假定边际成本保持不变。在一个单独的图中说明需求的增加怎么影响垄断者的利润以及固定进入成本的下降怎么改变进入这个行业的潜在利润。

　　c.　假定策略性进入威慑的可能性，垄断者将会做什么来阻止新企业的进入?

　　d.　假定策略性进入威慑不再是有利可图的并且第二个企业进入了。你预期这个将进入的企业会与已存在的企业生产相同的软件吗? 你预期两个企业都在这一点上创造利润吗?

　　e.　随着行业的扩张，你预期策略性进入威慑的作用是更大还是更小? 在什么意义上这个行业永不处在均衡中?

　　f.　随着行业的扩张，在软件市场中的企业的利润会发生什么变化? 如果行业到达均衡，对行业中的每个企业那个图看起来是什么样子的?

　　g.　如果你是一个反垄断规制者，要么负责照顾消费者，要么最大化有效性，为什么尽管出现了市场势力你仍不想干预这个行业? 如果政策制定者建议用价格规制来消除市场势力，你将会担忧发生什么危险?

　　h.　在什么意义上开放资源软件的产生进一步弱化了对软件行业的规制? 在什么意义上这破坏了在软件上的长期持续的版权保护?

　　B.　在习题的这个部分，使用来自 26B.4 节中的垄断竞争模型。让可支配收入 I 为 1 亿美元，$\rho=-0.5$，边际成本 $c=10$。

　　a.　在软件产品之间被假设的替代弹性是什么?

　　b.　解释为什么在模型中增加的需求可以被看成是要么增加 I、要么减少 α 的结果? 这两个改变都会改变市场中收取的价格吗? 请解释。

　　c.　我们在习题的 A 部分指出软件行业的固定进入成本开始下降了。这能用来解释在这个模型中下降的软件价格吗?

　　d.　判断正误：只要软件产品的替代弹性保持不变，在这个模型中唯一能解释下降的软件价格的理由是下降的边际成本。（你认为软件行业中现实世界的变化可能与这是一致的吗？）

e. 现在考虑需求的价格和成本的减少怎么转换成软件企业的均衡数量。假定最初 $\alpha=0.998$。这意味着花费在软件产品上的收入是多少？假定固定进入成本是 1 亿美元，在这个模型的参数下这个模型预测在均衡中会有多少企业存在？当 FC 下降到 1 000 万美元、100 万美元、10 万美元时，企业的数量会发生什么变化？

f. 假定 FC 是 10 万美元。当 α 从 0.998 以 0.002 的增量下降到 0.99 时，对软件的需求①会发生什么变化？

g. 假定 FC 是 1 000 000 美元并且 $\alpha=0.99$。当需求由于收入增加 10% 而增加时会发生什么变化？

26.11 政策应用： 对广告征税还是不征税。在本章中我们讨论两种不同的广告评论，一种主要产生于经济学角度，而另一种主要产生于心理学角度。对广告行业的公共政策的本质的理解将取决于一个人采取哪种广告观点。

A. 考虑两种观点：信息性广告和形象营销。

a. 在什么意义下信息性广告潜在地纠正了一个违背福利经济学第一定理的市场？

b. 在什么意义下形象营销导致了潜在的负外部性？它可能产生正外部性吗？

c. 如果你想列举出对广告征税有效的例子，你会怎么做？如果你想列举出对广告施行补贴有效的例子，你又会怎么做？

d. 假定一个公共利益集团在为被管制的可执行广告数量做游说。解释这对企业利益有什么好处。

B. 考虑 26B. 6 节中的三阶段形象营销，但是假定 $f(a_1, a_2)=a_1^{1/2}+a_2^{1/2}$。进一步假定消费者 n 消费 y 的成本是 $\alpha(n-y)^2-\gamma\alpha$，除非特别说明，$\gamma=0$。

a. 用倒推的办法求解这个博弈（目的是找到子博弈完备均衡），博弈的第二阶段和第三阶段是否有什么变化？

b. 每个企业选择的广告水平是什么？

c. 假定两个企业可以对采取的广告的数量进行合谋（但是博弈剩余部分保持相同）。它们会不会选择不同水平的 a_1 和 a_2？

d. 为什么当 $\gamma=\bar{\gamma}$ 时，补贴或征税是无效的？如果 $\gamma>\bar{\gamma}$ 呢？如果 $\gamma<\bar{\gamma}$ 呢？

e. 是否有什么方法从观察到的消费者和企业行为中得到关于 γ 水平的结论？

---

① 随着更多消费者有计算机，代表性偏好也有所扩张。

第27章 公共物品

公共物品（public good）是可以同时被多个个体共同消费的商品，而私人物品（private good）是只能被一个个体消费的商品。①当我拿出午餐三明治时，我可以咬一口或者让你咬一口，但是我们两个不能同时咬一口（除非我们考虑一些很粗俗的情景）。咬一口三明治就是经济学家所谓的"竞争性"，竞争性是私人物品的特征。另外，当我在我的后院点一些烟花时，我和你都能在不妨碍对方享受的情况下享受同样的烟花美景。这里的烟花美景就是经济学家所谓的"非竞争性"，非竞争性是公共物品的特征。公共物品会引起一些外部性，正如当我决定要放多少烟花时，并没有考虑你也可以从中获得享受。我们在讨论时会回到在第21章已经部分解释的话题中，但是现在我们要借助于在第24章学到的一些理论工具来分析它们。

尽管我们经常考虑一些非竞争性和竞争性的极端例子，但是实际上，我们开始考虑一些介于完全竞争性和完全非竞争性之间的商品是更合适的。完全非竞争性是指我们可以一直增加消费者，无论我们增加多少，每个新进入的消费者都可以在不妨碍其他消费者享受的前提下享受同样的消费水平。国防就是这样一个极端的例子：美国的国防体系保护全部的公民，当有新的移民或者新的公民出生时，"消费者"的数量增加了。当面临外部威胁时，这些新增的"消费者"在可以享受到原来公民所享受的保护水平的同时，也不会减少原来公民所享受到的保护水平。但是如果市民人口增加，为了维持公共安全在同样的水平上，我们将需要更多的警察，这意味着地方公共安全并没有像国防那样有非竞争性。或者你和我在同一个大游泳池中游泳不会降低彼此的享受程度，但是随着更多的人加入，游泳池将会变得"拥挤"，当新的消费者继续加入时，我们的享受程度就会降低。在起居室里的电视机在某种程度上是非竞争性的，但是起居室比游泳池更容易变得"拥挤"。

一件商品在多大程度上属于公共物品取决于"非竞争性"的程度。三明治就是

---

① 本章使用了第24章A部分博弈论中基本的概念，也经常会参考在第21章关于外部性的分析方法。第25章和第26章对本章无影响。

一个极端的例子，即使增加一个人都会使我的消费变得没有意义。国防是另一个极端的例子，国家的安全保护伞可以保护的人数是没有上限的。然而在这两种极端情况之间会有很多中间商品，这些商品可以被多个消费者同时消费，但是情况容易变得"拥挤"。换一种说法就是，当更多的人消费该公共物品时，每个个体的享受程度就会下降。在所有的公共物品中，有一些是很局部的，例如我的电视机或者地方的游泳池；还有很多可以在大范围的地理区域内被消费，例如国防、温室气体排放的减少等。前者有时被称为局部公共物品，例如当地公共安全，这些是（尽管不总是）可以在它们被提供的范围内产生挤出效应的典型。

尽管商品的竞争性程度可以作为我们区分不同商品（延伸到地理范围的非竞争性商品是另一回事）的标准，但对我们来说，更加重要的事情是，我们能否可以通过排除其他消费者消费该商品来区分不同商品。如果你是我的邻居，我不能排除你享受我的烟花（除非我把你打晕使你没有意识），但是我可以不让你进入我的起居室，因此你就不能看我的电视了。这将在公共物品的提供中扮演显而易见的角色：如果排他性是可能的，那么在原则上（实际中也经常这样）的情况就是厂商向消费公共物品的消费者收费，而消费者决定为了得到消费许可而付出的价格到底值不值得，就像对私人物品一样。但是如果商品是非排他性的，选择权一般就不在我们手中了。相对于不具有排他性的公共物品，厂商更愿意提供具有排他性的公共物品。

表27-1根据竞争性和排他性这两个标准区分了四种典型商品。假定商品都是竞争性的，根据排他性区分纯私人物品和普通私人物品。我们遇到的私人物品一般是排他性的，那些没有为这种商品支付的消费者就会被排除在该种市场之外。而在第21章，我们讨论了可以有多个人一起消费的（竞争性的）私人物品。这些物品包括公共森林中的木材或者海鱼，这些物品不被任何一个人所拥有，而是"大家共有的"。然后我们证明了这种缺乏拥有权（或者是"产权"）的私人物品会导致"公地悲剧"，每个人都会过度使用私人物品，而不会考虑他们的行为对那些也正希望消费这种物品的消费者产生的影响，然后就导致了具有非排他性的"大家共有"的私人物品的过度消费。

现在我们转向表中（至少是某种程度上）具有非竞争性的公共物品。当消费者很难被排除在对一种物品的消费之外时（就像国防或者我后院的烟花的例子），我们就称这种物品是"公共物品"，或者如果对它们的消费被局限于很小的地理范围内，它们就被称为"局部公共物品"。在某种程度上，新的消费者可以在不影响目前消费者消费公共物品的前提下加入进来，这些公共物品就可能是"纯公共物品"（如国防和烟花），如果当前的消费者被"挤出"（如城市公共安全和公共游泳池），这些公共物品可能就是局部公共物品，当存在一种可以排除消费者的机制时（比如游泳池和我的电视机的例子），我们有时候就称这种物品是"俱乐部物品"。再一次说明，现实情况比表27-1所列的情况丰富得多，因为许多情况是介于两种极端情况之间的，但是当我们考虑商品可以由市场、政府和公民社会等不同方式提供时，这种分类是有用的。

表 27 - 1 公共物品和私人物品的不同种类

	竞争性（私人）	非竞争性（公共）
排他性	纯私人物品	俱乐部物品
非排他性	普通私人物品	公共（或局部公共）物品

27A 公共物品及其外部性

我们从缺乏外部性的完全非竞争性物品，或者在表 27 - 1 中我们可称之为"纯"公共物品的情况开始。在 27A.1 部分中，我们解释为了使这种公共物品的提供达到最优数量水平需要满足的条件。我们将会看到个人的分散化行为会导致一个基本的外部性问题，即"搭便车问题"，这使得个体会根据自身情况来提供公共物品的数量。我们也将看到这个基本问题又是囚徒困境的另一个典型例子。换句话说，在"纯"公共物品的情况中，福利经济学第一定理并不成立——分散的个体行为不能导致最优结果——因为引导个体行为的策略性考虑会导致外部性的产生。

对于本章 A 部分的剩余内容，我们将研究这种搭便车问题的各种不同的解决办法。经典的解决办法就是期望政府的干预，我们将在 27A.2 中说明。在 27A.3 部分中，我们不禁会提出疑问，既然我们已经知道外部性是"市场失灵"问题，那么市场力量在多大程度上可以帮助提供一些类型的公共物品，尤其是这些排他性的（在表 27 - 1 中的"俱乐部物品"）和那些局部公共物品。在此过程中我们将会意识到阻碍政府和市场解决搭便车问题的第二个基本问题：个体经常会有动机隐瞒他们对公共物品的真实偏好。在 27A.4 部分中，我们讨论公民社会可能的角色并且在此过程中，我们将会回顾第 21 章介绍的科斯定理，当然也会考虑个体如何通过改变偏好来解决部分搭便车问题，这些改变包括对给予的特殊偏好。最后在 27A.5 部分，我们将会回到隐瞒对公共物品偏好的动机上来以及在多大程度上政府或私人机构可能通过设计一种聪明的激励机制来使人们说出真实情况。

27A.1 公共物品与搭便车问题

在图 27 - 1（a）中，我们把第 14 章中的图 14 - 1（a）复制过来。在该图中，我们说明了当物品是私人物品时如何加总个人需求曲线。既然私人物品是竞争性的并且只能由一个人来消费，那么这个加总需求曲线本质上是"水平的"；对于每个额外消费者，我们只是简单地把消费者在每个价格水平上的需求加到之前的需求曲线上。公共物品并不这样，因为它们是非竞争性的，即它们可以在同一时间内被多个消费者消费。因此，为了推导对于每单位的公共物品总的边际支付意愿，我们需要依次加总这个商品对于每个消费者的价值。当偏好是拟线性的时，我们也可以说是把需求"垂直"加总。这在图 27-1（b）中说明。

27A.1.1 公共物品的最优水平 现在假设横轴上的商品数量可以以不变边际成本生产。在私人物品情况中，有效的产出水平出现在边际成本曲线与总（或市场）需求曲线 D^M 相交的交点处（正如我们在第 15 章中所说明的）。在该交点上，每个消费者的边际支付意愿与生产的边际成本相等，当私人物品代表着以美元单位标价的商品组合时，这其实就是说每个消费者的边际替代率（MRS）与生产的边际成本相等。

现在考虑公共物品的情况，它也可以以不变的边际成本生产。该情况仍然是只要边际收益比边际成本大，商品就应该继续生产，但是现在的情况是，消费相同公共物品的所有消费者通过这种行为来得到边际收益。说公共物品的提供达到有效水平出现在边际成本等于边际收益时，就等于说出现在所有消费者边际收益的总和等于边际成本时。实际上，由于私人物品不能由多个人消费，这里边际收益的总和即是单个消费者的边际收益，除此之外，和私人物品的情况都是严格一样的。

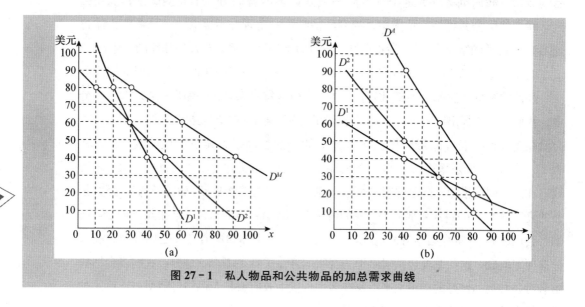

图 27-1 私人物品和公共物品的加总需求曲线

练习 27A.1 判断正误：公共物品提供的有效水平出现在边际成本与加总需求曲线相交的地方。

练习 27A.2* 你能解释为什么当对公共物品的偏好是拟线性的时只有一个有效水平，而不是拟线性的时会有多个有效的生产水平吗？（提示：考虑在不同情况下的收入效应。）■

我们还有另外一种方式来推导公共物品最优生产的条件。回想"帕累托最优"或"帕累托有效"，它是指一种处境，即没有任何一种方式改变现在的处境，使得一些人情况变好而不使任何一个人情况变糟。假设现在我们考虑一种情况，即有两个消费者且他们偏好私人物品 x 和公共物品 y 的组合，并且其禀赋分别为 e_1 和 e_2。假设存在一种符合凹函数性质的生产技术函数，可以把私人物品 x 转化成公共物品 y。然后我们可以画出有两个消费者的"社会"所面临的取舍，图 27-2（a）中曲线代表"生产可能性边界"，两个消费者可以只消费纵轴上的私人物品数量（等于 e_1+e_2），或者可以同时消费公共物品和私人物品。凹的生产技术函数意味着生产第一单位的公共物品消耗的私人物品相对来说较少，但是对于生产更多的公共物品，消耗的私人物品将会越来越多。结果是，两者之间的平衡取舍可用图 27-2（a）代表，开始时曲线比较平缓，但随着生产的公共物品越来越多，曲线也将会更陡。该图的斜率代表多生产一单位 y 所需要的 x 的单位数，或者多生产一单位 y 的用 x 表示的（负的）边际成本（$-MC_y$）。

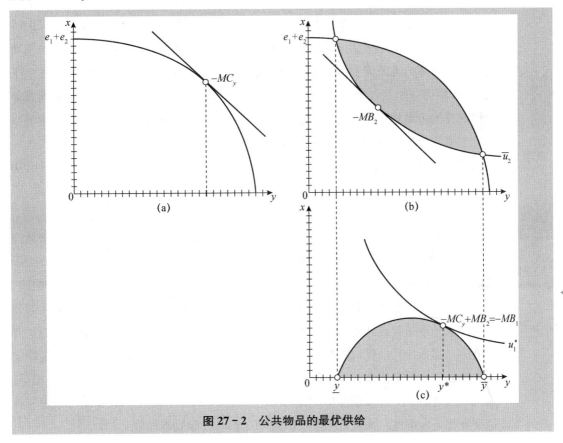

图 27-2 公共物品的最优供给

练习 27A.3 该生产技术代表着递增的或递减的生产规模吗？

练习 27A.4 如果生产技术的规模报酬与你刚刚推导出的相反，图中的关系是怎样的？ ■

在图 27-2（b）中，我们将消费者 2 的无差异曲线放进生产可能性边界的图中。无差异曲线的斜率是边际替代率，即消费者 2 为了得到更多单位的 y 愿意放弃 x 的数量。另一个表达该含义的方式是无差异曲线的斜率，即负的消费者 2 由 x 表示的每增加一单位 y 的边际收益（$-MB_2$）。

假设我们使消费者 2 的状况至少与无差异曲线 $\bar{u}_2$ 一样好，现在我们来看消费者 1 的无差异曲线最高可以到多少。如果我们如图 27-2（b）所示生产 $\underline{y}$，我们必须把所有的 x 商品给消费者 2 以使其维持在无差异曲线 $\bar{u}_2$ 水平上，因此我们不能给消费者 1 留下任何 x 商品。当我们生产 $\bar{y}$ 水平时是一样的道理。但是对于介于 $\underline{y}$ 和 $\bar{y}$ 之间的公共物品水平，我们可以有剩余的 x 商品留给消费者 1。图 27-2（c）就说明了对于介于 $\underline{y}$ 和 $\bar{y}$ 之间的 y 留给消费者 1 的 x 商品的数量。

练习 27A.5　为什么图 27-2（b）和（c）中的阴影面积必须相等？　■

在图 27-2（c）中，我们可以很容易地看到，在把消费者 2 维持在无差异曲线 $\bar{u}_2$ 水平的前提下，消费者 1 可以达到多高的无差异曲线。我们需要做的就是使消费者 1 达到最高的无差异曲线，它要至少包括我们推导出的阴影部分的可能性水平 (x, y) 中的一个点，结果是 y^* 水平的公共物品数量，在该水平上，无差异曲线与阴影部分的边界相切，如图 27-2（c）所示。阴影部分的边界即生产可能性边界减去无差异曲线 $\bar{u}_2$，这意味着阴影部分的边界的斜率即生产可能性边界的斜率与无差异曲线 $\bar{u}_2$ 的斜率的差，即 $-MC_y-(-MB_2)=-MC_y+MB_2$。切点出现于公共物品水平是 y^* 时，该斜率等于无差异曲线 u_1^* 的斜率，这意味着 $-MB_1=-MC_y+MB_2$，整理得 $MB_1+MB_2=MC_y$。

我们刚刚所做的唯一貌似武断的部分是我们仅仅取了消费者 2 的部分无差异曲线。但是我们注意到只要存在阴影部分，结果就不依赖于我们在图 27-2（b）中所选取的无差异曲线。因此，无论我们选择的是哪种可行的消费者 2 的无差异曲线，找到确保我们不能使消费者 1 的状况变得更好而不使消费者 2 的状况变得更坏的公共物品水平意味着选择使 $MB_1+MB_2=MC_y$ 的 y。因此，在我们能够想象到的所有可能的（帕累托）最优解决办法中（即我们变换 $\bar{u}_2$），它们所有的共同点就是制定公共物品的水平来使公共物品的边际收益的总和与生产公共物品的边际成本相等。这与私人物品中的有效条件形成鲜明对比，在该条件下，对于私人物品（假设所有消费者都是内部解）来说，每个个体的 MB_i 都与边际成本相等。

练习 27A.6[*]　无论我们开始选择消费者 2 的哪个无差异曲线，公共物品的最优水平 y^* 都是一样的，我们有理由这样认为吗？当对于公共物品的偏好是拟线性的时，你的答案会如何改变？这与在练习 27A.2 中的答案有何联系？　■

27A.1.2　分散化的烟花供应

现在假设我们考虑一个具体的例子。法定假日就要来了，你和我正打算在我们的后院燃放烟花来庆祝。这就导致烟花是一种公共物品：我从我燃放的烟花中得到的享受程度并不会降低你的享受程度，我也会从你燃放的烟花中享受快乐而不会降低你的享受程度。我们或许应该联合起来，把我们的烟花放在一起来使烟花达到最优水平 y^*，正如我们刚刚所推导的，这意味着 y^* 的水平将会使我们的边际收益的总和等于每燃放额外一单位烟花所带来的成本。但是，我们将研究决定我们各自需要燃放的烟花的最优数量，并且知道对方也会这么想。

为了得到我们每个人需要燃放多少数量的烟花，我们需要计算对方燃放多少。在一个纳什均衡中，我燃放的烟花数量必须是对你所燃放烟花数量的一个最佳回应，反之亦然。因此我们开始考虑对于你所有可能燃放的烟花数量我的最佳回应。

如果我认为你不会燃放任何数量的烟花（即 $y_2=0$），我将会购买烟花直到燃放额外一单位烟花的成本等于我可以得到的边际收益；即我将会设置 $y_1(0)$ 使 $MB_1=MC$。如果我认为你会燃放 $\bar{y}_2$ 数量的烟花，我将会重新考虑我要燃放的烟花的数量，因为我知道我已经可以从你的烟花中享受到 $\bar{y}_2>0$ 数量的烟花了。你购买烟花的行为与我相像，因为我现在可以从你的烟花中得到享受，所以我会有额外的可支配收入花在私人物品上。如果所有的商品都是正常物品，这些额外的收入就会分配给所有商品，这意味着我将不会把所有有效的额外收入花费在公共物品上。换句话说，当你购买一些烟花时，我就不会再消费更多的烟花了，我将会购买得更少。

练习 27A.7 在一个以 y 为横轴，混合私有物品 x 为纵轴的图中，说明当 $\bar{y}_2=0$ 时我的预算约束。当 $\bar{y}_2>0$ 时预算线将会如何变动？如果偏好是位似的，说明当 $\bar{y}_2>0$ 时我将会停止消费更多的 y，但是我自己将会购买更少的 y。当 y 和 x 都是正常物品时这个结论依然会成立吗？如果 y 是低档品呢？■

在图 27-3 (a) 中，以 y_2 为横轴，以 y_1 为纵轴，我们可以描述出对于你可能选择的不同 y_2 值我的最优反应方程。我们的思考意味着在该最优反应方程中，当 $y_2=0$ 时，$y_1(0)$ 大于 0（即我将会购买烟花使 $MB_1=MC$），但是该方程有负的斜率（即随着 y_2 的增加，我将会购买更少的烟花）。在组图 (b) 中，我们把你的最优

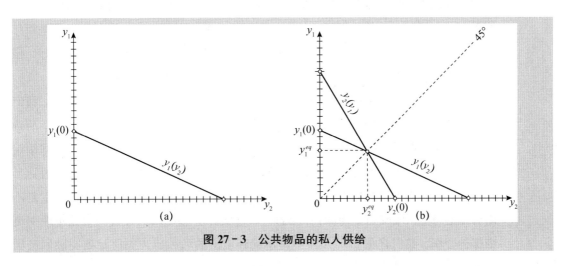

图 27-3 公共物品的私人供给

反应方程放在我的上面，并假定你像我一样，两个最优反应方程因此相交于 45°线。交点代表当我们都是对方行为的最佳反应时，我们将会购买的烟花水平为（y_1^{eq}，y_2^{eq}）的均衡状态。

练习 27A.8 如果你和我有相同的偏好，但是我的收入要比你多，那么均衡会位于 45°线的上方、下方还是正好处在线上呢（假定所有商品都是正常品）？ ■

现在我们可以问烟花的总量 $y^{eq} = y_1^{eq} + y_2^{eq}$ 是不是有效的。在均衡点上，给定你所购买的烟花数量 y_2^{eq}，只要我购买额外一单位烟花的边际收益大于边际成本，我就会继续购买，我会力所能及地做到最好；即当 $MB_1 = MC$ 时我才会停止购买。既然你也可以从我在后院燃放烟花中得到效益，这就意味着当 $MB_1 + MB_2 > MC$ 时我才会停止购买，这意味着均衡状态下的烟花数量比之前我们通过 $MB_1 + MB_2 = MC$ 得出的效率水平 y^* 要小。因此，$y^{eq} < y^*$；在均衡状态上，我们燃放的烟花要比有效的数量水平低。

在我们已理解第 21 章中的外部性问题后，这个结果就会变得很直观，并且容易理解。当我决定购买多少数量的烟花时，我对你产生了正的外部性，但是我并没有动机把它考虑在内。这对你来说也是一样的。因为我们没有动机把对别人产生的效益考虑在内，我们消费的烟花数量就会偏低。这也经常被称为搭便车问题（free-rider problem）：在别人生产的公共物品上，我们每个人都在"搭便车"。

27A.1.3 搭便车问题：另一个囚徒困境

该搭便车问题是囚徒困境的另一个例子。毕竟在去烟花店之前，你和我可以一起商量购买并平分最优数量烟花所需的成本。而我们却独自行动并不合作。但即使我们事前选择合作并且我们关于各自购买多少烟花达成一致意见，不管我们会认为对方怎么做，我们也没有动机去遵守约定。这是因为我们的个人动机是与前面图 27-3 中讲到的最优反应方程一致的，即使我们的私人边际收益等于边际成本。因此，为了保持合作，当我们去商店时，我们需要一个机制来迫使我们遵守约定。我们的动机其实和制定卡特尔协议的垄断厂商很相像；遵守约定相对于我们独自行动实际上可以使我们双方都会变得更好，但是，如果没有确保我们一定遵守约定，那么个人动机会使我们欺骗对方。

在我们烟花的例子中，我们可能很容易想到一个让我们遵守约定的机制。我们需要做的就是让我们中的一方去买最优数量的烟花，然后让另一方支付一半的费用，然后到你的后院或者我的后院一起燃放所有的烟花。即使缺少让我们遵守约定的机制，只要想到我们可能在以后很长时间内继续做邻居，并还会有合作的机会，就足够保证我们不背离约定。正如我们已经在第 24 章看到的，引入我们会重复不断合作的可能（不知道该博弈何时结束），这实际上就足以保证我们会在不断交流中保持合作。我们将在 27A.4 节中对不同环境下的私人行为如何找到突破囚徒困境的方法进行更多的思考。

然而更一般的情况是，有许多涉及公共物品的情况很难找出克服囚徒困境的出路。许多公共物品会涉及很多博弈方，对于众多博弈方而言，很难采取像我们在烟花例子中所用的方法。此时更难强制合作，而且博弈方越多，搭便车的动机就会越大。（在习题 27.1 中你可以进行更多探讨。）我们每个人都可以从癌症研究中获益，但当美国癌症协会呼吁大家为此捐款时，人们并不能轻易地意识到癌症研究的巨大社会效益。同样，我们每个人都会因为有警力保护我们安全而获益，但是也并不容易看到有警察随意在大街上走来走去来搜集对这项有意义工作的捐款。出于这个原因，我们经常需要非市场机构，如政府，来调整我们的私人动机，以使其与公共物品的最优投资水平相符合。

27A.2　通过政府政策解决囚徒困境

正如我们在前面章节中已经看到的，政府经常作为非市场机构强制执行走出囚徒困境的方法。政府至少有两种可能的途径来做到这一点：第一，在许多情况下，政府只承担提供公共物品的义务并且利用职权来对个体征税；第二，也有一些情况政府并不直接提供公共物品，而是对一些提供公共物品的私人企业进行补助。假定政府有充分信息，每个方法都可以保证公共物品的提供达到最优水平。

27A.2.1　政府提供和"挤出"　也许解决公共物品或搭便车问题最简单的方法就是政府直接提供。大多数国家的国防或者国内警察力量机构都属于这种情况。但是对于政府提供公共物品的论证也一直被用来证明大多数西方民主国家中的收入再分配计划，该计划假定大多数公民都支付一些钱，使得最低收入人群在某种程度上受到照顾。假定是这种情况，对抗饥饿的捐助实际上就是对公共物品的捐助，因为每个关心这个问题的人都会从减少贫困中获益。①

当政府并不能准确地知道某种商品的最优水平时（因此也不会提供最优水平），或者如果政治过程没有效，那么政府就不能形成一个最优的经济政策，一个被称为"挤出"的特殊问题就会出现。例如，考虑这样一个例子，政府对公共广播进行资助。在美国，公共广播的部分运营成本实际上是由联邦政府资助的，但是广播站在接受政府资助的基础上，还会尽力从听众那里得到私人捐赠。结果是，在公共物品"广播"的提供中，政府只是所有资助者中的一个，公共广播的听众将会借鉴其他人捐赠的多少来考虑自己的捐赠水平，这里的"其他人"包括政府。

这里的"博弈"与之前你和我决定为烟花资助多少钱是一样的，只不过这里有了另外一个参与者，即政府。在前面的部分中，我们推导出了个人最优反应方程，即关于对方会提供多少公共物品的方程，我们会注意到当对方提供的数量增多时，

---

①　章末习题 27.8 更详细地探讨该问题。当然，再分配计划存在的另一个原因是，当逆向选择使私人市场失灵时，选民愿意资助成立一个保险市场。我们在第 22 章讨论了像失业保险这样的情况。

每个人的最佳反应就是减少供给。因此当政府依赖私人机构提供公共物品（如公共广播）时，随着政府投资的增加，私人投资就会减少，或者用经济学家的话来说，即政府投资"挤出"了私人投资。实际上，正如我们即将在 B 部分看到的那样，如果政府为一个公共物品融资而向个人征税时，模型预测那些为公共物品纳税的个体会减少捐赠，减少的数额正好等于政府为相同的公共物品融资时所征收的税额。因此，只要个体代表个人利益，我们预测增加政府的资助会导致私人投资等额减少。

练习 27A.9 判断正误：现在如果每个"人"都为某公共物品捐赠，包括政府，那么根据这个模型，政府的参与对缓解私人供给公共物品的低效率没有任何作用。∎

当然，在公共广播的例子中，并不是每个纳税者都会自愿为公共广播进行资助。因此对这些本不愿为公共广播进行资助的人征税，不会导致私人投资的减少，因为这些人已经处于一个"角点解"上，在该点他们不愿意为公共广播进行任何数量的资助。正是由于这部分原因，我们在现实世界里才不会看到政府对公共物品的资助和私人投资有着同等数额的减少。在公共广播的例子中，政府资助每增加 1 美元，就会伴随私人投资减少 10~20 美分。[①]

练习 27A.10 政府对公共物品的资助的增加有可能导致本来愿意资助公共物品的人变为不资助吗？这种类型的人的最优反应方程是什么样子的？∎

27A.2.2 扭曲性税收下的政府提供 正如我们在本书前面强调过的，在真实世界里政府面临的另一个问题是，政府很难有非扭曲性税收来取得收入。如果政府确实已经找到一个非扭曲性税收或者有效税收，那么政府最好提供 y^* 水平的公共物品，使得人们的边际收益总和等于公共物品提供的边际成本。但是如果为了取得公共物品收入而征集扭曲性税收，那么政府提供公共物品的社会边际成本会高于只提供公共物品的边际成本，因为每一美元的税收收入都会带来一部分无谓损失。因此，在用于资助公共物品的资金中，随着税收收入比重的增大，政府提供的公共物品的最优水平就会降低。（这将在章末习题 27.9 中有更深入的探讨。）

练习 27A.11 我们已经知道无谓损失占税收收入的比例，那你认为随着由政府资助的公共物品数量的增多，某种特定公共物品的最优数量会如何变化？

练习 27A.12 如果当政府对某一特定公共物品的提供给予部分资助时会有部分挤出，那么在

[①] 参见 Bruce Kingma, "An Accurate Measurement of the Crowd-out Effect, Income Effect, and Price Effect for Charitable Contributions," *Journal of Political Economy* 97, no.5 (1989), 1197-1207。

存在扭曲性税收的情况下，政府不去资助该公共物品是最优选择吗？■

27A.2.3 自愿资助补贴 关于政府对公共物品的提供，另一个可选政策是对该物品的私人提供进行补贴。只要我们意识到正的外部性会导致搭便车问题，那么补贴就是很直观的想法了。在第 21 章我们关于外部性的讨论中，我们实际上已经说明了由正的外部性导致的供给偏低问题，我们可以利用补贴来修正，这种补贴被称为"庇古补贴"。

例如，假设当地政府发现我们各自燃放烟花而成为囚徒困境的牺牲者是一个很愚蠢的事情，政府决定通过让我们每个人都支付购买烟花所用 s 比例部分的资金来使购买烟花变得更加有效率。你和我依然会进行我们之间那样的博弈，只是现在我们的最优反应方程改变了。回想当你购买任何 y_2 水平的公共物品时，我对此的最优反应是由我从最后一单位公共物品得到的边际收益等于我购买所需的边际成本这个条件决定的。如果政府对我购买的每一单位烟花都有补贴，那么我的边际成本就会降低，这意味着对于任何我期望的烟花数量 y_2，我将会购买比以前更多的烟花。在图 27-4 中，组图（a）到（c）描述了当补贴增高时，我们两个的最优反应方程（因此是纳什均衡）是如何改变的。在组图（a）中，我们都没有获得补贴，我们每个人购买的烟花都比最优水平 y^* 的一半要少。在组图（b）中，适当的补贴改变了我们的购买数量使之更接近于最优水平。组图（c）显示了使我们购买的数量恰好都是最优数量的一半所需的补贴（我们购买烟花的总和即 y^*）。

练习 27A.13 在 B 部分，我们将用数学说明，当你和我都有相同偏好时的最优补贴是政府承担烟花成本的一半。通过思考外部性的规模（或者是总收益的多少并不被单个消费者考虑在内），从直觉上来说，这是有意义的吗？

练习 27A.14 如果政府只对所有消费者中的一个进行补贴，这也会使烟花数量达到最优水平吗？■

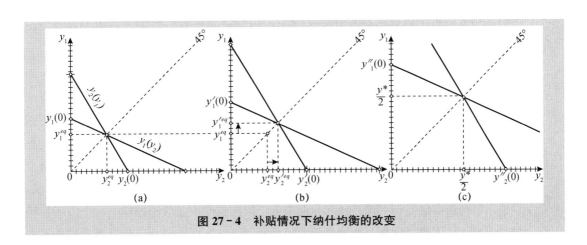

图 27-4 补贴情况下纳什均衡的改变

在真实世界里，在私人投资提供公共物品时，政府的资助大多数都是通过减税的方式来实现的。例如，美国税收规则允许个人向慈善机构进行捐助，并且对向这些机构所捐的款项不征收税款。因此，如果我为美国癌症协会捐赠 100 美元，那么这 100 美元就会从我的收入中扣除，否则就得交税。如果我的边际收入税率是 30%，我可以选择从 100 美元收入中交税 30 美元，剩余 70 美元用来购买我想要的商品，或者我可以把这 100 美元捐助给美国癌症协会。因此捐款 100 美元给美国癌症协会只花费私人消费中的 70 美元。因此，通过降低慈善捐款税率，政府为我的捐助补贴了 30%。

练习 27A.15 判断正误：假设所得税的边际税率随着收入增加而增加，当慈善捐款免征税款时，富人从慈善捐款中每美元得到的补贴要大于穷人。■

至少在某种程度上，美国人很好地利用这些补贴资助慈善机构来提供公共物品。收到这些补贴性资助的机构包括教堂、医院、筹资进行科研的机构（如美国癌症协会）、艺术馆以及博物馆等等。如果你在一所美国大学中修这门课，那么你的大学已经从一些人那里收到不菲的私人捐赠了，这些人的捐赠是要从其所得税中免除税负的，并且你的大学会通过你所在学校的师资来进行科研活动，以提供公共物品，比如知识。

练习 27A.16 如果对私人捐赠需要的补贴只能通过扭曲性税收来完成，假如补贴又可以由有效的总量税来完成，那么你觉得最优补贴比之前更大还是更小？■

27A.3　通过建立市场解决囚徒困境

在第 21 章我们已经看到，在基本水平上，由外部性引起的"市场失灵"其实是一个"已存在市场的失灵"。我们认为，假设如果存在足够数量的市场，外部性因此将会消失，并且随着外部性的消失，福利经济学第一定理将会再次成立。因此，接下来我们将要考虑在某种程度上如何通过市场来解决公共物品的问题。

我们可以把这个假想用于烟花的例子中。那个基本的公共物品（或搭便车）问题是由一个事实引起的，即当我消费烟花时，我也为你生产烟花消费。但是没有一个市场来对为你所生产的烟花消费定价，即当我为你生产有价值的东西时，你不需要支付给我一个价格。因此，我不会把你从我的烟花中所得的收益考虑在内。这里有一个正的外部性，这也等同于说当我制定我的消费决策时，我所生产的商品缺少一个市场。但是我们一点都不清楚如何为我生产的烟花消费建立这个缺失的市场，也不清楚该市场是否只涉及你和我两个人。因此重点不是争论这样的一个市场是否可以建立。但建立这样一个抽象的"缺失的市场"存在困难并不意味着我们找不到解决问题的某些市场化方法，正如我们在负的污染外部性和污染许可证市场的例子中看到的那样。

因此我们想考虑一些条件，在这些条件下如果某种类型的市场可以确立，那么公共物品的分散化提供就能够出现。为了有机会使得公共物品可以由这样一个分散化的市场提供，看起来我们至少需要假定公共物品的消费是排他性的，即我们需要假定公共物品的生产者能够阻止那些没有为物品付费的个人来消费物品。这并没有消除商品的非竞争性，即公共物品依然可以在同一时间被多个消费者一起消费。例如，一个大的游泳池可以被多个家庭同时使用，但是游泳池的提供者可以把那些没有付费的人排除在外。

练习 27A. 17　你能想出一些非竞争性的但是有排他性的其他商品吗（至少在某种程度上）？■

27A. 3. 1　林达尔价格歧视以及说谎动机　分散化的市场交换是由价格主导的，在我们典型的竞争均衡中，这意味着每个人都面临着相同的市场价格，每个消费者选择在该价格上最优的数量水平。一样的价格，不一样的数量。现在让我们看看一个典型的纯公共物品的"市场"是什么样子的。纯公共物品是指所有的消费者可以在同一时间消费同样数量的物品。所以，在纯公共物品的"市场"上，每个人都消费同样数量的公共物品。但是，为了使该数量是在给定预算约束下选择的数量，不同的消费者就面临着不同的价格。不一样的价格，一样的数量，这与私人物品的分散化市场均衡恰恰相反。

考虑烟花的例子，假设燃放烟花的生产者拥有足够大的土地，以至于要想看到烟花必须进入生产者的土地。另外还假设生产者在他的土地周围都竖起了电网，即电网里有足够大的电流可以在擅自闯入者无意识的情况下击倒他。进入这块土地的唯一方法就是穿上一种进入的靴子，这样生产者就可以向进入的人索取进入费。

现在假设生产者知道每个消费者对烟花表演的需求曲线，因此我们可以确定在某一假日向天空发射的最优烟花数量 y^*。我们可以垂直加总需求曲线，找出加总需求曲线与边际成本曲线的交点来计算 y^*。我们是烟花的生产者，因此我们可以为每个消费者制定个人价格，使得每个消费者都选择 y^* 作为在其个人价格线上的最优消费量。消费者 i 的个人价格是消费 y^* 数量公共物品时产生的边际收益，既然边际收益总和等于在 y^* 上的边际成本，那么个人价格总和就等于边际成本。

练习 27A. 18　用一个含两个不同消费者且有两条不同需求曲线的图说明，生产者怎样计算 y^*？为了使每个消费者在其最优偏好约束下选择 y^*，生产者需要向每个消费者索取什么样的价格？

练习 27A. 19　生产者在可以抵消边际成本的个人价格水平下能不能获得足够的收入？■

在均衡时，公共物品的单一生产者对消费者索取不同的价格，使得每个消费者都选择消费相同数量水平的公共物品。这是公共物品从私人物品竞争均衡中类比过来的，被称为林达尔均衡（Lindahl equilibrium）。[①] 该均衡中的价格是林达尔价格（Lindahl prices）。注意，这里涉及生产者的价格歧视，即向对公共物品需求较大的消费者索取较高的价格。但是为了实行价格歧视，生产者需要知道每个消费者的需求（或偏好）。这是林达尔均衡所解决的问题。

既然我知道我被索取的进入看烟花的价格是生产者根据我对烟花的偏好的判断来制定的，那我就有动机隐瞒我对烟花的真实偏好。"我真不敢相信我竟然又要去看另一场无聊的烟花表演！"我就会在我去大门的路上这样嘟囔，声音正好可以让烟花生产者听到。换句话说，我有动机对我的真实偏好说谎。此外，更糟糕的是，当更多的人都排队进入场地看烟花时，这种动机会更加强烈。如果只有你和我是要去看烟花的人，当我决定对烟花的兴趣说多大程度的谎言时，我会面临一个权衡取舍：一方面，任何谎言都会减少燃放烟花的数量（因为这会影响 y^* 的计算），但是另一方面，如果我说谎，那我就不用支付那么多的费用。所以我会稍微说一下谎但是不会宣称我对烟花表演一点都不感兴趣。然而，如果有 10 000 个人排队进入可以观看烟花表演的场地，我只是很多人中的一个，那么这意味着我的谎言对 y^* 的影响很小，但是我的谎言对我所支付的价格的影响依然很大。随着消费者数量的增多，说谎的动机就会增大，因为一个谎言对于 y^* 的影响会减少，但是对我所需要支付的价格的影响不会减少。除非公共物品的生产者已经知道很多关于消费者的偏好，否则在有许多消费者根据个人价格来选择其最优消费量的情况下，并不会出现一个林达尔均衡，因为这些消费者有很强的动机来隐瞒他们对公共物品的真实偏好。

练习 27A. 20 考虑在工作日电影院的座位坐不满时的进场费情况。如果老人和学生对于在电影院新上映电影的需求较低的假设一般是成立的，你能解释对老人和学生进场费的折扣是在试图达到林达尔均衡吗？ ■

你可以认为这样的隐瞒动机问题在私人物品市场中也会存在；即当你和我协商我为一加仑牛奶所支付给你的价格时，我也有动机假装牛奶对我并不值那么多钱，以使得你可能会以一个较低的价格卖给我。这确实是真的，但不同的是，我对牛奶的偏好说谎的动机会随着牛奶消费者的增多变得越来越小，因为如果我宣称不喜欢牛奶，那你只需要去别人那里卖就行了。因此，在私人物品市场中，隐瞒偏好的动机随着市场的增大会慢慢消失，而在公共物品市场中，这种动机会随着市场的增加

[①] 该名字是由林达尔（1891—1960）的姓氏命名的，他是瑞典经济学家，于 1919 年提出该观点。

而增大。我会怀疑为了得到更低的价格，你可能会去告诉地方超市管理者你真的不在乎牛奶的价值。如果我告诉你随着你对国防的偏好的增加，你的税负会增加，而你增加的税收收入对国防水平的影响很小，你可能很快就假装是一个和平主义者，唱着"给和平一个机会"。[①]

27A.3.2　"俱乐部"、地方公共物品市场以及"用脚投票"　学术界对林达尔均衡的概念很感兴趣，但在现实世界中它很有局限性，因为生产者需要知道消费者的偏好并且消费者本身也有隐瞒偏好的动机。然而，这并不意味着其他形式的市场力量不会在塑造我们所选择的各种各样的具有排他性的公共物品中扮演重要的角色。房屋所有者机构提供安保、游泳池还有高尔夫课程；各种各样的"俱乐部"向付费的消费者提供进入公共空间的许可；当地政府提供各种各样的公共服务。由这些机构提供的公共物品不是具有非竞争性的"纯"公共物品，但是它们每个又都可以被多个消费者同时消费。在每个例子中，市场力量发挥很重要的作用。

该观点由蒂布特（Tiebout，1924—1968）提出，他完成了所有经济学文献中最好的文献之一。[②]蒂布特提出了一个简单又直观的假定：当存在一些既不是完全非竞争性又不是完全竞争性的商品时，并且当存在一种机制可以把不付费的消费者排除在外时，我们可以推导出一些条件，在这些条件下，这些商品的提供商将会在一个类似市场的背景下进行竞争，然后提供有效数量水平的商品。蒂布特把当地社区作为提供者，这些当地公共服务只向该社区边界以内的居民提供。就像不同的购物中心提供消费者关心的不同种类的店铺和不同数量的商品的特点（如停车场的灯光、保护商场的私人安全力量等）一样，我们可以考虑不同的社区提供不同的公共服务，这些公共服务对社区的居民索取不同的费用。正如商场相互之间竞争消费者一样，相对于其他购物商场或购物中心，这些消费者将会决定他经常去的某一个，社区是在竞争居民。成功的购物商场会找到具有相似偏好的最有效的消费者数量来创造一个有效的大客户群，一个成功的社区也是如此。

在某种程度上，各个购物中心之间有足够的竞争，使得每个中心的利润大致为零。消费者在给定预算约束下，可以在不同的购物中心选择最能满足自己偏好的最

---

① 在第 16 章，我们认为一旦我们认识到世界上固定的分配，那么竞争性均衡就变得尤其引人注目，从而形成了核配置的概念，其随着经济体的变大收敛于竞争性均衡。也可以证明，对于公共物品来说，相反的情况也是成立的：随着经济体的扩大，核配置开始膨胀以远远离开林达尔均衡支撑的分配。这与随着经济体的扩大隐瞒个人偏好的动机变得更强烈有紧密的联系。

② 该观点被发表在一篇很容易找到的文章里，参见 C. Tiebout, "A Pure Theory of Local Expenditures," *Journal of Political Economy* 64 (1956), 416-24, 该期刊已成为经济学界引用最多的期刊之一了。这篇文章被发表的时候，蒂布特还是密歇根大学的一名研究生。但是他年纪轻轻就去世了，他的亲戚显然都还没意识到他的贡献有多重要。我是从个人经历知道这些的：之前有一次我在一个大学研讨班里做报告，后来一个老人告诉我说，关于我 90 分钟的演讲他不知道我到底说的是什么，但是他想知道我题目中对于蒂布特理论的引用是否和他的堂兄查尔斯有关系。后来证明是的。

优数量。当地相似的社区之间也存在足够的竞争，这些社区向消费者提供各种相似的可供选择的商品和服务，每个社区的选择都由竞争性的市场力量主导。在社区的例子中，土地成为实施排他性的服务装置，因为在某一社区中，只有那些拥有或者租赁土地（以及住房）的人们才能有资格使用社区提供的公共服务。这些社区可以是私人运营的（例如由房屋所有者运营），或是公共管理的（例如地方学校）。即使当地方政府通过政治途径进行运营，政治家们也要面临市场压力以保证公共服务和地方税收能够吸引足够数量的地方居民。

练习 27A. 21 在这样一个蒂布特均衡中，为什么消费者对其偏好说谎时与在林达尔均衡中有着不一样的动机？ ■

那些与土地供给没有联系的俱乐部提供了蒂布特观点的另一个适用情况。例如，可以将教堂作为一种特殊的俱乐部来提供公共物品，比如宗教服务，它们之间竞争有不同偏好的布道者，这些布道者偏好不同类型的音乐、布道及布道机构。尽管一般教堂不会收取入场费，但它们也会寻找其他方式来让人们为教堂进行资金上以及非资金上的捐助（正如我们稍后将详细讨论的）。或者我们也可以考虑那些至少提供一些具有公共学校服务性质的私立学校，这些学校在课程类型和学费水平方面进行竞争。再或者，我们可以考虑私人运营的游泳池和健身俱乐部，当有人使用在某种程度上属于非竞争性的商品时，他们会索取费用，并且与其他有相同做法的俱乐部相互竞争。

练习 27A. 22 近些年，在许多迅速成长的大都市中出现了很多提供局部安保设备的带栅门的社区。你能从俱乐部的视角来解释这种现象吗？ ■

想对这些话题有更丰富的讨论，你可以考虑选修公共财政或者城市经济学的课程，在那里可以详细讨论蒂布特的观点。正如许多经济学理论一样，该观点在实际生活中很难完美成立，但是在如何提供公共物品的领域中确实发挥着重大作用。现在，我们主要的观点仅仅是在谈论"私人物品"和"公共物品"之间存在一个粗略的区别时，我们忽略了那些处于两种极端之间的商品，这些中间情况的例子经常是被公民社会、市场以及政府提供的。

27A. 3. 3　灯塔：另一个非排他性的及市场供给的例子

在我们关于市场提供的公共物品的讨论中，如果这些物品是通过市场力量提供的，我们关于公共物品的"外部性"有一些重要的假定。毕竟，如果不能排除那些不想付费的搭便车行为，提供者怎么可能期望获得足够多的收入来提供接近最优数量水平的公共物品呢？

提供者（而不是可以使用税收形式的政府）必须寻找方法来资助公共物品，这在直观上很好理解，并且这会涉及一些排除非付费者的机制。但是我们有时会低估提供者寻找这种创造性方法的程度。在一篇著名的文章中，科斯研究了18世纪灯塔的例子。直到科斯的研究，灯塔经常被作为书本中用以说明没有政府的直接供应很难会有其他人提供这种至关重要的公共物品的例子。在现代航海技术还没有被发明之前，灯塔在引导船只安全驶过危险海域方面发挥着重大作用，在那些危险海域，如果没有灯塔的引导，船只很容易迷失方向。由灯塔提供的服务是典型非竞争性的，无论由灯塔引导的船只数量有多少，额外增加的船只都可以利用灯塔发出的灯光。经济学家在灯塔提供的问题中提到，灯塔的私人提供者很难找到排除那些不付费的船只的方法。

然而，科斯研究了很多关于灯塔是如何被提供的例子，他发现私人提供者确实已经找到向从灯塔获益最多的人们收费的方法来筹资建立灯塔。事实证明，私人提供者把作为公共物品的灯塔与私人物品捆绑在一起，尤其是由灯塔引导船只至某港口的码头灯。[①] 尽管对于那些只使用灯塔但不停靠在港口的船只来说会有正的外部性，但这些外部性相对于那些使用当地港口的船只所获取的收益来说很小。尽管英国政府在产权保护以及灯费收取中扮演重要角色，但是并没有必要让政府直接提供灯塔。

练习27A.23 你能像科斯发现灯塔供应情况那样，分析公寓中可免费进入的游泳池的供应情况吗？ ■

27A.4 公民社会与搭便车问题

我们在第24章介绍囚徒困境时指出，根据模型预测的完全不合作与现实世界的经验是相违背的。在实际生活中，人们并不像模型预测的那样搭便车。因此，我们的模型没能成功地为我们预测公共物品的自愿捐助水平。模型也没能解释慈善捐助的分配；或者，更精确地说，实际上模型不能解释为什么一个人可能经常会为许多不同的慈善项目捐款。

这样考虑：从某种程度上说，我们中的大多数都关心大的公共物品，比如疾病的治疗研究、缓解贫困以及保护环境等等。但是，除了像比尔·盖茨这样的人，我们中的大多数都只能适度地自愿捐赠来解决这些大问题。如果我们都考虑捐赠多少以及捐赠给谁，理性行为将会为我们找出我们最关心的以及我们的捐赠会有最大效应的那些公共物品。因此我们应该决定把捐赠的总额都给一个且唯一一个慈善机

---

① 在英格兰、苏格兰以及威尔士建立灯塔的"灯塔费"都是由港口的海关收取的，这有效地创造了灯塔使用和港口使用的捆绑。更详细的讨论参见 Coase, R., "The Lighthouse in Economics," *The Journal of Law and Economics* 17, no.2 (1974), 357–376。

构。例如，假设我最关心的是发展中国家的贫困儿童，并且我想尽我所能来帮助他们。尽管我之前已为此捐赠过 1 000 美元或者 10 000 美元，但对我来说，我很难想象自己已经为缓解发展中国家的贫困做到足够好，以至于我接下来的捐助会投向不同的公共物品，如对阿尔茨海默病的研究或者当地的女童子军。我只是世界上渺小的一分子，我的捐赠很难对我所最关心的问题产生重大的影响，以至于我很难相信我自己已经"解决"了那个问题而转向下一个问题。

但是大多数情况是，我们在实际中看到人们会把他们的时间和金钱投向多个目标。假设我们只考虑捐赠带来改善的模型不能理性地解释该行为，所以当我看到其他人（或者我自己）为多个公共物品捐赠时，肯定会有另外的模型来解释这种捐赠模式，就像肯定会有模型来解释为什么我们会尽我们所能来捐赠一样。"另外的模型"经常与现在公民社会机构说服我们捐赠的方式有关。正如我们即将看到的，在很多情况下，我们可能会看到科斯定理（在第 21 章我们介绍的）是成立的，在另外一些情况下，公民社会机构说服我们，捐赠不仅会有公共效益而且还有私人效益。在该部分，我们将会深入探讨公民社会机构采用的方法以及为什么在某些时候会比其他时候更加成功。最后，公民社会机构可能会设计一些激励计划来克服囚徒困境。在章末习题 27.5 中，我们给出这样的一个例子，其背景是公民社会机构所采用的某种类型的筹资活动。

27A. 4. 1　小公共物品及科斯定理　在第 21 章，我们在外部性的大背景下介绍了科斯定理，并且我们也说明了科斯的观点是只要产权明确并且交易成本非常小，分散化的议价就会导出最优结果。我们在一个有负外部性的例子中说明了该定理，但是该观点在正外部性情况下也是成立的（如由公共物品产生的正外部性）。

再次考虑你和我燃放烟花的例子。在这个情况下，产权问题是很好解决的：你有权利不用付费就可以观赏我燃放的烟花（当然我也有权利观赏你的）。如果我把你告上法庭，向你为观赏我的烟花索要补偿，法庭很可能给我一击，然后告诉我赶紧离开。因此我可能会去你的屋里喝杯咖啡，然后讨论一下整个烟花问题，看看我们能否找到一个你能捐助的方法，以使我们可以共同解决囚徒困境。如果交易成本，包括实施我们协议的成本，都很低，我们就应该能解决我们的困境。

这可能有助于解释为什么对关系很亲近的人，我们经常自愿提供多种公共物品，尤其是当我们把对科斯定理的理解与从博弈论中得到的直觉相结合起来时，而后者是说囚徒困境的博弈方之间的合作可以在有重复交易的情况下出现（每次都相信他们之间还会有良好合作）。但是这也不能解释为什么我们以自己的方式来为公共物品捐助更多，如博物馆、大学、医院，甚至可能会有经济学系。

27A. 4. 2　公共捐助的私人收益："暖光效应"　假设我正在写支票来支持对阿尔茨海默病的研究，这不仅是因为我相信我的支票会对找到治疗疾病的办法有正的边际影响，而且也是因为当我写这样一个支票时，我会想起因为此病而逝世的祖母，通过我的捐助，我会很欣慰地想起她。在这种情况下，经济学家称我在为公共物品捐助的过程中有了"暖光效应"。即使我的捐助实际上并没有为治疗阿尔茨海默病作出多大贡献，我也感觉很好。从某种程度上讲，我的慈善捐款使我获得了一种私人满足，当我们认为自己的捐助是在购买自己的午餐时，我们就不会再遭遇搭便车问题。然而在某种程度上搭便车问题还存在于作为公共物品的对阿尔茨海默病的研究中，但它与我在写支票中得到的私人收益部分相抵消。我对于对阿尔茨海默病的研究的捐助，不仅仅是在帮助寻找治疗办法，它还使我从纪念我的祖母中看到我的贡献，越是这样，留给我们克服的搭便车问题就越小。

在我为对阿尔茨海默病的研究进行捐助的例子中，我的"暖光效应"有着特殊的几个原因，但是在其他例子中，慈善机构故意制造这样的原因来向市场推销它们自己。在前面的章节中，我们提到了救济机构帮助发展中国家的贫困家庭和部落的例子。你也应该看到一些机构做的广告，像每月捐出 20 美元，你就可以改变某个孩子的命运等。不仅仅是这样，该机构还为你选定某一孩子并且与孩子的家庭建立联系，给你发照片等。其实看起来如果你停止发支票，这些机构很大程度上不可能停止帮助某一特定家庭，这意味着你的捐助实际上是为缓解发展中国家贫困这个更大的公共物品做贡献。但是通过使你的捐助私人化，机构努力把抽象的公共物品具体化为私人物品：帮助某一特定家庭，并永远帮助下去。用我们之前章节的语言来讲，即"想象中的市场"的例子，在该市场中，为了更可能地让你认为你的捐助是一个私人物品而不是公共物品，机构改变了你对要求你进行捐助的印象。

练习 27A. 24　在存在"暖光效应"的前提下，如何解释我为缓解发展中国家贫困问题和对阿尔茨海默病的研究都进行捐助的行为是理性的？ ■

因此非营利机构可以利用想象中的市场，从而像营利性企业那样作为。除此之外，我们认为成功的想象中的市场会带来更多的慈善捐款，因为它作为一个社会性的正面结果可以帮助人们克服囚徒困境动机。教堂宣传的信念是我们是在为下辈子的奖励而工作，因此我们这辈子应该"无私地"捐赠；地方宗教机构为人们提供一种通过自愿为无家可归的人建造房屋，从而与人建立无私关系的机会；大学以捐赠最多的人的名字作为建筑的名字来表明对捐赠公共物品的一种私人奖励；公共广播发给捐赠者车尾贴让他们可以在自己的车上骄傲地宣传。在公民社会中，没有任何机制能够保证这些努力可以使公共物品以最优的数量水平被提供，但是在某种程度上所有的这些努力又都通过为捐赠者提供"暖光效应"而克服了囚徒困境。

根据科斯的观点我们认识到，某个个体拥有"所有权"对外部性的解决是很重要的，并且保证人们拥有很低的这种所有权的交易成本也同样重要。思考公民社会提供公共物品的方法从而考虑这样一些机构，即当所有权已被确立时，寻找使人们获得"所有权"的有效方式以及减少参与降低外部性无效率情况的交易成本。把你对缓解发展中国家贫困问题的捐助与你想帮助的某一特定家庭联系起来，就是在人们都有想做"有影响"的事的意愿前提下建立所有权的。这也是机构协调许多个体之间的捐赠，从而减少个体在缺少这样的公民社会机构时所面临的交易成本的方式。

练习27A.25 你能利用"暖光效应"解释为什么政府对公共物品的捐赠（比如公共广播）不能完全挤出私人捐赠吗？ ■

27A.4.3 公民社会、暖光效应以及"临界点" 历史上也偶尔有一种情况出现，就是许多很大的公共物品从公民社会中突然出现，它独立于政府或者市场机制。例如，我们可以看一下20世纪大的社会运动：20世纪60年代的公民权利运动，那时白人和黑人放弃了要求社会改变的时机（经常伴随很大的风险）；或者我们也可以考虑波兰的团结工会运动，它为东欧铁幕的倒塌打下了基础；再或者"民权"示威活动使得一些地方例如菲律宾的独裁者逃亡。这些大的社会活动的目的在于影响我们所有人的社会变革，它们努力同样地提供大的公共物品（像更多的民主、更多的人权等）。但是我们大多数的模型都认为这样的活动几乎不可能获得很大的动力，因为活动越大，它们遇到的搭便车问题就越严重。对我来说，翘一天班和家人在公园进行已经有上百万人参加的游行集会真的很重要吗？我的参加会使集会真的有所不同吗？

然而，在许多情况下，人们可能真的愿意冒很大的危险来成为这种活动的一分子，并且有时候这些活动会在没有政府作为的情况下很成功地带来公共物品（比如更多的公民权利）。解释此现象的理论基于一个假定，即如果有更多的朋友参加，那么我们就可能从参加这种活动中获得更多的私人收益。（我们在第21章的章末习题中已了解到此观点，在那里我们的模型是在商业和政策背景下的网络外部性。）那些对某一特定问题有着强烈感情的人可能会首先站上街头，很多时候这也是活动结束的地方。可能有一小部分人对那个问题也很关注（或者对那家伙感觉很同情），就同他一块站在那里为他提供一些支持。但是有时候，随着其他人的加入，会有更多的人加入，使得活动就像滚雪球一样不能停止。在一个重要的临界点上，这些活动若能越过"临界点"，就会得到自我保持的动力，而那些不能越过"临界点"的活动就会很快平息而成为回忆。

假设团体（比如一个教堂会众）里的每个人对公共物品 y（比如帮助穷人）有着不同的需求，但是每个人从对公共物品捐助中获得的"暖光效应"会随着前段时间（你可以认为这段时间指的是一天、一周或一个月，根据具体情况而定）其他人捐助的增多而增大。这样的模型倾向于至少拥有两个纯策略纳什均衡。在第一个均衡中，有很少的人捐助，而且由于参加的人太少导致人们从中得到的"暖光效应"很少。在第二个均衡中，大多数的人都捐助了，而且因为这么多的人都捐助了，人们会从中得到很大的"暖光效应"。因此社会企业家（比如执管集会的年轻的理想主义的部长）经常会面临挑战，即开始时是低水平的捐助均衡，他需要寻找方法来使更多的人参加从而越过"临界点"以达到高水平的捐助均衡。他们首先必须寻找那些深深信服的人，然后希望这些人有着广泛的社会联系，这些人都不太关心已拥有的公共物品，但是随着参加活动的人数的增加就会关心更多。[①]

练习 27A. 26[*]　假设我从参加上街游行（因为某些有价值的原因）得到的"暖光效应"取决于你在街上游行的次数，反之亦然。我们花在游行示威上的时间的比例范围是 0～1，假设除非你花在游行示威上的时间超过一半，否则我不能从中得到足够的"暖光效应"，并且你也感觉如此（你的"暖光效应"与我是否参加有关）。请说明我们对彼此在街上的时间的最优反应方程，以及两个稳定的纯策略纳什均衡在哪里，临界点在哪里。■

27A. 5　偏好显示机制

正如我们在本章开始时就看到的那样，如果我们知道人们对公共物品的偏好，公共物品的最优提供问题就能得到解决。然后我们就可以把个人需求加总，找到公共物品的总需求曲线与提供该物品的边际成本曲线相交的点。然后对公共物品，我们也可以实施林达尔价格，当人们从我们提供的公共物品中获得边际收益时，它能保证可以从使用者那里征收费用。但是，正如我们在林达尔定价中讨论的那样，我们面临一个基本的隐含问题：如果人们为公共物品的捐助与他们对公共物品的偏好相联系，他们就有动机来隐瞒自己对公共物品的真实偏好。经济学家感到很难想出办法来克服此问题，他们已经提出了用"机制"来把这种动机问题考虑在内。建立一种能使个人有动机真实地说出个人信息（像对公共物品的偏好）的机制被称为机制设计。

机制设计者面临的基本问题如下：如果他奇迹般地知道了人们的偏好，他就会很明确地知道自己应该怎么做。但是因为他不知道这些偏好，他需要想出一种激励计划来使人们有最大的兴趣把他们最真实的偏好告诉机制设计者。这样的计划应该使个人在知道机制设计者在搜集到这些信息后会将其考虑在内的情况下出于个人的最佳利益说出其真实的个人信息。机制设计者为了设计最优公共物品数量愿意知道人们对公共物品的偏好，所以他需要做的就是定义人们可以发给他的"短讯"，"短讯"包括决定最优公共物品数量的信息。他需要定义一个方法，通过这种方法并利用这些"短讯"来决定要生产的公共物品的数量水平。这个"方法"相应地需要拥有一个特性，即需要提供个人发送其对公共物品偏好的真实信息的动机。

① 有多个均衡点以及临界点的模型不只是适用于社会活动以及与公共物品的提供相关的情况。如果你想看在各种有趣的情况下关于在低均衡和高均衡临界点的精彩讨论，我强烈推荐格拉德威尔（Malcom Gladwell）最近很畅销的一本书，*Tipping Point：How Little Things Can Make Big Difference*（New York：Little Brown and Company，2000）。

练习 27A. 27 假设你有一件艺术品，你想把它送给最需要它的人，但是你不知道人们的偏好。解释二级密封拍卖（章末习题 27.10 所描述的拍卖）是如何作为一个能引导所有感兴趣的人说出真实信息的机制来完成这项工作的。■

27A. 5. 1 一个机制的一个简单例子 假设你和我居住在一个死胡同的尽头，现在还没有路灯。市政府愿意帮助我们，但是只有在你和我对路灯投入的实际资本超过 1 000 美元时政府才会帮我们设立路灯。我们尽我们所能巧妙地用语言表达我们是如何希望拥有一盏路灯的，还不时地强调我们对黑暗的恐惧。但是市政府知道为了得到税收收入来投资建造我们街上的路灯，我们有动机夸大对路灯的期望以及对黑暗的恐惧。因此市政府需要一种能使我们说出真实期望的方法。

所以，市长提出了以下建议。开始时，他把 1 000 美元分成两份，让我们每个人给他写一张 500 美元的支票。然后他要求我们告诉他愿意投在路灯上的钱比 500 美元高（或低）多少。换句话说，他要求我们向他发送的仅仅是一个数字"短讯"，它可能是负的（如果我们告诉他我们想要投在路灯上的钱少于 500 美元），可能是正的（如果我们告诉他我们想要投在路灯上的钱多于 500 美元）。把你和我发的短讯分别定义为 m_1 和 m_2。只有当我们暗示投在路灯上的资金多于 1 000 美元时，市政府才会建造路灯。既然我们发送的短讯是关于我们投在路灯上的钱比 500 美元高多少，这意味着仅当 $m_1 + m_2 \geqslant 0$ 时，市政府才会建造路灯。然后市长又告诉我们如果市政府最终建成路灯，他将会退给我你所发送的 m_1 数量的资金而退给你我所发送的 m_2 数量的资金。如果你发送的 $m_1 > 0$，那么我将会得到一部分的退款，但是如果你发送的 $m_1 < 0$，那我需要再写一张支票（$-m_1$）。另外，如果市政府没有建造路灯（因为 $m_1 + m_2 < 0$），市长将会退回我们 500 美元的支票。

因此市政府发起了"短讯发送"游戏的即时活动，我们每个人都要决定发送关于我们对路灯真实偏好的信息。用 v_1 和 v_2 表示你和我对于路灯超过 500 美元的真实价值。如果路灯建成了，你将会从享用路灯中得到超过 500 美元的真实价值 v_1，并且如果 $m_2 > 0$，你还可以收到市长支付的等于 m_2 的退款，或者如果 $m_2 < 0$，你将要写一张等于 $-m_2$ 的支票。如果路灯建成了，你的总支付因此会是 $v_1 + m_2$，而如果路灯没有建成，那你的总支付就等于 0（因为你的 500 美元会被退回来）。

在你决定向市场发送什么样的 m_1 短讯时，你不知道我会发送什么样的 m_2 短讯，可能 $-m_2 \leqslant v_1$，或者可能 $-m_2 > v_1$。如果 $-m_2 \leqslant v_1$，我们可以在不等式两边都加上 m_2 得到 $v_1 + m_2 \geqslant 0$。因此，如果你发送了真实的短讯 $m_1 = v_1$，$m_1 + m_2 \geqslant 0$，路灯将会被建造。你最后的收获是 $v_1 + m_2 \geqslant 0$，这与你发送错误的信息使得路灯不被建造而得到的 0 收获至少一样好。因此，如果 $-m_2 \leqslant v_1$，你应该发送真实信息 $m_1 = v_1$。现在假设另一个情景是真实的，即 $-m_2 > v_1$。在这种情况下，如果你又一次发送了真实的信息 $m_1 = v_1$，那么 $m_1 + m_2 < 0$，路灯不会被建造，你将得到 0 收获。相

反，如果你发送了错误的信息，使得路灯被建造了，你的收获将是 $v_1 + m_2 < 0$，所以这再一次证明最好发送争取让 $m_1 = v_1$ 的信息。因此，不管我发送什么样的信息 m_2，你最好的策略就是发送关于你自己偏好的真实信息。换句话说，说实话是该活动的占优策略。既然我面临和你一样的动机，我们俩都会发送真实信息，仅当我们认为路灯的价值大于它所花费的成本时，路灯才会被建立。

如果有 $N > 2$ 个人居住在死胡同尽头，市政府也可以类似地设计出使我们都说实话的机制。不是开始时对每个人索取 500 美元，市政府在开始时会向每个人索取 $1000/N$ 的费用，仅当信息总和至少等于 0 时，路灯才会被建造。然后市政府会向每个人退还等于其他人信息总和数量的钱。

练习 27A.28[*] 假设有 3 个人居住在死胡同的尽头，并且假设市长宣称采用同样的机制，唯一不同的是现在他在开始向你要求 333.33 美元（而不是 500 美元）的支票，你被告知（作为活动者 1）如果 $m_1 + m_2 + m_3 \geq 0$，你将会得到等于 $m_2 + m_3$ 的退款，路灯会被建造。（反之，你将会只收回 333.33 美元，路灯不会被建造）。你能解释为什么说实话对你来说是一个占优策略吗？∎

27A.5.2 说实话机制及其问题 我们已经举了机制的一个简单例子，其中，政府引导出需要的信息来决定一个公共物品是否被建立。这样做的问题是每个人的收获不依赖于他们所发出的信息，但是某种程度上每个人的信息对该公共物品的提供有着很重要的决定权。记住，如果路灯被建造了，你的收获就等于 $v_1 + m_2$，否则就是 0。你自己的信息 m_1 不会在你的收获里出现，它只影响到市政府是否建路灯的决定。所以你所做的就是说出这件事到底值不值得，当然你知道这关系到路灯是否会被建造，并且在制定决策时，市政府强迫你考虑别人发出的关于他们觉得路灯价值多少的信息。换句话说，我们设计的机制强迫你考虑其他人眼中路灯的价值，他们支付给你的钱恰好等于他们心目中路灯的价值（大于 500 美元）。

当然，典型的公共物品决策不仅包括公共物品是否被提供，而且还包括提供多少。例如，一个城市需要决定到底雇用多少警察来保证公共安全，以及一个高级别的政府需要决定在国防上花费多少。在 B 部分，我们将说明另一种类型的机制，这种类型的机制将允许决定连续数量的最优公共物品，我们可以再一次找到能让人们关于他们自己的偏好说实话的方法。[①]

在我们的简单机制里，第二个问题是它一般不会产生足够的收入来资助公共物品。因此，尽管机制引导出了真实信息令市政府决定是否投资该公共物品，但它没有产生足够的收入来支付成本。这也是一个问题，我们将在 B 部分进行更加详细的

---

① 在 B 部分我们对更加精确的机制的讨论相对来说不是数学意义上的，在那部分主要根据图形就可以理解。有兴趣的没有数学背景的读者因此也可以更加深入地了解此机制，虽然本书 B 部分一般都是数学意义上的。

解释，在那里我们将会展现一种机制，该机制不但可以引导出真实信息，而且可以产生至少满足资助最优数量水平的公共物品所需的资金收入。

练习27A.29 你能想出一种简单机制且该机制能产生路灯所需的足够收入的情况吗？

练习27A.30 你能想出一种机制引导出一个结果，即市政府需要筹集比路灯成本多的资金来实施该机制的情况吗？ ■

正如我们即将在 B 部分讨论的那样，更一般的情况是，如果我们的目标是说实话是一个占优策略（纳什）均衡，那么偏好显示机制不能达到有效的结果，但是如果说实话是一个纳什均衡策略就可以做到。（现在，我们讨论的重点是，我们可以想出机制来引出人们对公共物品偏好的真实信息，顺便克服为了搭便车而隐瞒偏好的动机。）然而，这些机制所需的成本使得实施它们在许多情况下变得很难。实际上，这种机制只有偶尔在某些公共物品的提供中能够得到运用。

27A.5.3 更一般的机制设计 然而，并不是所有的机制都把提供公共物品作为目标。正如我们在本书前面所看到的，许多情况是某方拥有比其他各方更多的相关信息。在这些情况中，被设计的机制使个人显示出私人信息，当然他们知道，一旦这些信息被揭示将会发生什么。例如，经济学家在机制设计中充当重要角色，通过这种机制，公共物品以一些方式被拍卖，这些方式可以由投标者为公共持有者揭示出私人价值。经济学家也设计另外一些机制，在缺少市场价格的情况下，它能导出购买者和售卖方之间最优的"匹配"。例如，决定哪些医院与哪些医学院的实习生相匹配是经过经济学家设计的，还有一些机制用在肾脏捐助者与病人之间的匹配上。（在肾脏捐助中的问题是，我可能更愿意把我的肾脏捐助给我的亲属，你可能更愿意把你的肾脏捐助给你的亲属，但是我们都没有匹配的肾脏给我们想捐助的人。然而，如果你的亲属和我的肾脏可以很好地结合，你的肾脏和我的亲属也可以结合，如果我们可以找到正确的机制来决定这些匹配如何进行，我们就仍有办法使我们的亲属都能得到肾脏。）在过去的几年里，经济学家在像波士顿、纽约这样的城市已经设计出了大的公共学校选择机制，在这些机制中，家长提供他们对学校的偏好信息，然后机制在孩子们之间进行学校匹配。[①]这已超过本书的范围。在真实世界里，当市场不能达到有效的结果时，把达到更有效的结果作为目标的经济学家对机制设计这一领域的兴趣越来越高。这是一个你可能想要学习更多的很有意思的领域。

---

① 提供更多关于此内容的信息以及努力把它应用到现实世界中的是阿尔文·罗思（1951— ）（哈佛大学经济学教授）以及他的许多著名的合作者。有兴趣的学生可以浏览阿尔文·罗思教授的网页，上面有很多最近的发展。

27B 公共物品的数学分析

在 27B.1 部分我们通过说明公共物品达到最优数量所需要的基本必要条件开始对公共物品的数学分析。尽管上述条件适用于有多个消费者的一般情况，但我们在这里介绍一个涉及具有明确和相同偏好的两位消费者的简单例子，本章我们将利用该例子来说明 A 部分形成的直觉背后的数学含义。随着例子在我们的直觉中的发展，我们将会证明搭便车问题是正外部性的产物，除非人们的选择被非市场机构所牵制，否则个人一般不会将其考虑在内。27B.2 部分介绍政府对公共物品的提供和补贴的直接政策，确立某种类型市场的间接"政策"将在 27B.3 部分介绍。27B.4 部分会考虑公民社会的干预，尤其是捐助的"暖光效应"。27B.5 部分扩展了在 A 部分讨论的简单的偏好显示机制。

27B.1 公共物品与搭便车问题

正如我们已经看到的，公共物品会产生外部性，我们在之前的章节也知道了存在外部性的分散化市场行为一般不能导出有效的结果。我们从推导最优公共物品的必要条件开始，该条件与总边际收益必须等于生产公共物品的边际成本很相似（正如我们在 A 部分得出的）。然后我们继续进行分析，就像我们在 A 部分所做的那样，说明搭便车问题使得分散化市场行为不能导致有效的结果。

27B.1.1 公共物品的有效水平 假设 x 代表复合私人物品，y 代表公共物品。经济体中有 N 个消费者，$u^n(x_n, y)$ 代表第 n 个消费者对复合私人物品 x_n 和公共物品的偏好。再假设 f 代表用复合私人物品生产 y 的生产技术函数，即假设 $y = f(x)$。最后，假设复合私人物品的总可用水平（没有公共物品的生产时）是 X。

我们首先对推导公共物品的生产达到有效水平 y^* 的必要条件很感兴趣。对于一个有效的状态，我们需要设置 y^* 满足如下条件：任何改变都不能使一个消费者的状况变好而不使其他消费者的状况变坏。因此我们可以通过固定其他变量在任意水平以及在约束条件 $y = f(X - \sum x_n)$ 下选择消费水平 $(x_1, x_2, \cdots, x_N)$ 以及 y 来计算，以最大化消费者效用水平。

练习 27B.1 解释约束条件 $y = f(X - \sum x_n)$。∎

为了我们正式写下最优问题时符号可以更简化，我们可以定义一个方程 $g(\sum x_n, y) = y - f(X - \sum x_n)$。然后我们可以表达出最优问题来导出达到公共物品最优水平 y^* 的必要条件，即

$$\max_{(x_1,\cdots,x_N,y)} u^1(x_1,\ y)\ ;\ u^n(x_n,\ y)=\bar{u}^n\ ;\ n=2,\ \cdots,\ N\ ;\ g\Big(\sum_{n=1}^{N}x_n,\ y\Big)=0 \tag{27.1}$$

那么最优化问题的拉格朗日方程为

$$\mathcal{L}=u^1(x_1,\ y)+\sum_{n=2}^{N}\lambda_n(\bar{u}^n-u^n(x_n,\ y))+\lambda_1 g\Big(\sum_{n=1}^{N}x_n,\ y\Big) \tag{27.2}$$

其中 $(\lambda_2,\ \cdots,\ \lambda_N)$ 是约束的拉格朗日乘数，约束通过固定 N 来把消费者的效用水平固定，λ_1 是生产约束的拉格朗日乘数。为了得到一阶条件，我们用 $\mathcal{L}$ 分别对每一个选择变量求微分，得到

$$\frac{\partial \mathcal{L}}{\partial x_1}=\frac{\partial u^1}{\partial x_1}+\lambda_1\frac{\partial g}{\partial x}=0$$

$$\frac{\partial \mathcal{L}}{\partial x_n}=-\lambda_n\frac{\partial u^n}{\partial x_n}+\lambda_1\frac{\partial g}{\partial x}=0\ ;\ n=2,\ \cdots,\ N$$

$$\frac{\partial \mathcal{L}}{\partial y}=\frac{\partial u^1}{\partial y}-\sum_{n=2}^{N}\lambda_n\frac{\partial u^n}{\partial y}+\lambda_1\frac{\partial g}{\partial y}=0 \tag{27.3}$$

其中，我们可以把 $\partial g/\partial x_i$ 简单地表示为 $\partial g/\partial x$（因为任意 x_i 的边际增加对 g 方程的第一个参数都有同样的影响）。一阶条件的第一项可以表示为 $\partial u^1/\partial x_1=-\lambda_1\partial g/\partial x$。然后我们可以用 $\partial u^1/\partial x_1$ 分解第三个一阶条件的第一项和用 $-\lambda_1\partial g/\partial x$ 分解其余项。两边都减去最后一项，那么最后一个一阶条件变成

$$\frac{\partial u^1/\partial y}{\partial u^1/\partial x_1}+\sum_{n=2}^{N}\frac{\lambda_n}{\lambda_1}\frac{\partial u^n/\partial y}{\partial g/\partial x}=\frac{\partial g/\partial y}{\partial g/\partial x} \tag{27.4}$$

第二个一阶条件可以写成

$$\frac{\lambda_n}{\lambda_1}=\frac{\partial g/\partial x}{\partial u^n/\partial x_n}\ ;\ n=2,\ \cdots,\ N \tag{27.5}$$

把 λ_n/λ_1 代入等式（27.4），该式成为

$$\frac{\partial u^1/\partial y}{\partial u^1/\partial x_1}+\sum_{n=2}^{N}\frac{\partial u^n/\partial y}{\partial u^n/\partial x_n}=\frac{\partial g/\partial y}{\partial g/\partial x} \tag{27.6}$$

该等式的第一项可以被写入第二项中，最后方程取倒数再乘以 -1 得到

$$\sum_{n=1}^{N}-\frac{\partial u^n/\partial x_n}{\partial u^n/\partial y}=-\frac{\partial g/\partial x}{\partial g/\partial y} \tag{27.7}$$

现在注意到等式左边就是经济体中所有消费者的边际替代率总和，或者称用美元表示的边际收益总和，因为我们把 x 解释为用美元标价的复合私人物品。等式的右边因为给定 $g\big(\sum x_n,\ y\big)=y-f\big(X-\sum x_n\big)$，其中 $\partial g/\partial y=1$，$\partial g/\partial x=\partial f/\partial x$，因而可以简化为 $\dfrac{\partial f}{\partial x}$，这正是每多生产一单位 y 所需要的边际成本（以 x 为单位）。等式（27.7）因此可以简单地写成

$$\sum_{n=1}^{N} MB_y^n = MC_y \tag{27.8}$$

即公共物品的总边际收益一定等于生产它的边际成本。[①]

27B.1.2　一个简单的例子　我们举一个例子使得上面所述更加具体，我们将在此部分的其他地方也使用该例子，假设我们的经济体有两个消费者，他们有着相同的柯布－道格拉斯偏好，可以用以下效用函数表示

$$u^n(x_n, y) = x_n^\alpha y^{(1-\alpha)} \tag{27.9}$$

再假设一个简单的生产技术函数 $y = f(x) = x$，它允许我们从一单位的复合私人物品中生产出一单位的公共物品，并且假设我们拥有的唯一资源就是两个消费者的收入 I_1 和 I_2。

为了找到公共物品的有效水平 y^*，我们再次可以通过选择 x_1、x_2 以及 y 以最大化消费者效用水平来计算，其中把其他消费者的效用水平固定在任意无差异曲线 $\bar{u}$ 并且满足只有消费者的收入可以被用来资助公共物品的约束条件，即我们可以解决最优化问题

$$\max_{x_1, x_2, y} u^1(x_1, y), \ u^2(x_2, y) = \bar{u}, \ y = (I_1 + I_2 - x_1 - x_2) \tag{27.10}$$

取效用函数的自然对数，把 $y = (I_1 + I_2 - x_1 - x_2)$ 代入关于 y 的效用函数就可以很好地解决这一问题。然后我们就可以把最优化问题表示为

$$\max_{x_1, x_2} \alpha \ln x_1 + (1-\alpha) \ln(I_1 + I_2 - x_1 - x_2)$$
$$\alpha \ln x_2 + (1-\alpha) \ln(I_1 + I_2 - x_1 - x_2) = \bar{u} \tag{27.11}$$

解出两个一阶条件，我们得到

$$x_1 + x_2 = \alpha(I_1 + I_2) \tag{27.12}$$

这意味着

$$y^* = I_1 + I_2 - x_1 - x_2 = (I_1 + I_2) - \alpha(I_1 + I_2) = (1-\alpha)(I_1 + I_2) \tag{27.13}$$

练习 27B.2　验证该最优化问题的结果。[提示：从前两个一阶条件中解出 λ，再利用解出的结果推导出用 $(x_1 + x_2)$ 表示的方程。] ■

就像在 A 部分做的那样，我们还可以通过加总需求曲线来验证这是公共物品的最优数量。我们知道柯布－道格拉斯偏好函数为 $u(x, y) = x^\alpha y^{(1-\alpha)}$，据此推导出

---

① 公共物品的最优条件经常被称为"萨缪尔森"最优条件，因为其原始形式是由保罗·萨缪尔森（1915—2009）推导出来的，他是 1970 年的诺贝尔经济学奖获得者。萨缪尔森是麻省理工学院的经济学教授。他是在诺贝尔奖自 1969 年建立以来第二个获奖的经济学家。

的需求曲线是 $y=(1-\alpha)I/p$。写出反需求函数，消费者 n 的需求即 $p=(1-\alpha)I_n/y$。如果我们考虑两个消费者有着相同的偏好但是不同的收入，那么（垂直）加总的结果是

$$\frac{(1-\alpha)I_1}{y}+\frac{(1-\alpha)I_2}{y}=\frac{(1-\alpha)(I_1+I_2)}{y} \tag{27.14}$$

当生产 y 的生产技术采取简单形式 $y=f(x)=x$ 时，生产额外一单位 y 的边际成本 $c=1$，因此，只要等式（27.14）比边际成本大，一个愿意提供最优水平公共物品的社会规划者就会生产，当满足等式（27.15）时，才会停止生产。

$$\frac{(1-\alpha)(I_1+I_2)}{y}=1 \tag{27.15}$$

解出 y，我们再次得到公共物品的最优水平

$$y^*=(1-\alpha)(I_1+I_2) \tag{27.16}$$

练习 27B. 3 如果例子中那种类型（即有相同的柯布-道格拉斯偏好但是有不同的收入）的消费者有 N 个而不是 2 个，y^* 是什么样的？如果每个人的收入都一样，又会出现什么情况？■

27B. 1. 3 公共物品的分散提供 假设现在继续我们的例子，我们要求两名消费者对公共物品进行自愿提供。换句话说，假设我们要求每个消费者 n 在其收入（或者复合私人物品）中决定捐助 z_n，当然每个消费者知道公共物品 y 是他们联合捐助的函数

$$y(z_1, z_2)=z_1+z_2 \tag{27.17}$$

消费者处于同时动态博弈中，即他们需要在把其他消费者的捐助当作给定的条件下选择他们的私人捐助水平。为了找到消费者 1 对消费者 2 的捐助 z_2 的最优反应方程，消费者 1 需要解决如下问题

$$\max_{x_1, z_1} u^1(x_1, y),\ I_1=x_1+p_1z_1,\ y=z_1+z_2 \tag{27.18}$$

其中我们隐含地假定了 x 的价格是 1，因为 x 是以美元标价的复合私人物品。我们也假设了 p_n 作为提供公共物品的"价格"，如果对提供公共物品没有补贴，那么 p_n 就等于 1。（我们包括了补贴的可能性，为讨论政府对私人捐助的补贴做准备。）

练习 27B. 4 解释在缺乏对公共物品捐助的补贴时，为什么对两个消费者来说 $p_1=p_2=1$。■

把 $y=(z_1+z_2)$ 和 $x_1=I_1-p_1z_1$ 代入柯布-道格拉斯效用函数的自然对数方程（27.9），问题就可以写成

$$\max_{z_1} \alpha\ln(I_1 - p_1 z_1) + (1-\alpha)\ln(z_1 + z_2) \tag{27.19}$$

其中一阶导数条件现在仅涉及以 z_1 表示的效用函数的导数。解出该一阶条件，然后写出消费者 1 以 z_2 表示的最优反应方程

$$z_1(z_2) = \frac{(1-\alpha)I_1}{p_1} - \alpha z_2 \tag{27.20}$$

再对消费者 2 做同样的计算，可以得到消费者 2 以 z_1 表示的最优反应方程为

$$z_2(z_1) = \frac{(1-\alpha)I_2}{p_2} - \alpha z_1 \tag{27.21}$$

练习 27B.5 用一个类似于图 27-3 的图画出两个消费者的最优反应方程。仔细地标出斜率和截距。∎

在该博弈的纳什均衡中，每个人都对对方作出最好的回应。把等式（27.21）代入（27.20），我们可以得到消费者 1 的均衡捐助为

$$z_1^{eq} = \frac{I_1 p_2 - \alpha I_2 p_1}{(1+\alpha)p_1 p_2} \tag{27.22}$$

把上式代回方程（27.21），我们得到消费者 2 的均衡捐助为

$$z_2^{eq} = \frac{I_2 p_1 - \alpha I_1 p_2}{(1+\alpha)p_1 p_2} \tag{27.23}$$

个人捐助的总和，即自愿捐助下的公共物品的均衡水平 y^v 是

$$y^v(p_1, p_2) = z_1^{eq} + z_2^{eq} = \frac{(1-\alpha)(I_1 p_2 + I_2 p_1)}{(1+\alpha)p_1 p_2} \tag{27.24}$$

现在假设消费者实际上得不到对公共物品捐助的任何补贴，这意味着 $p_1 = p_2 = 1$。那么等式（27.24）简化为

$$y^v(\text{没有补助}) = \frac{(1-\alpha)(I_1 + I_2)}{(1+\alpha)} < (1-\alpha)(I_1 + I_2) = y^* \tag{27.25}$$

其中对于所有的 $\alpha > 0$ 不等式都成立。因此，只要消费者有一点私人物品消费，自愿捐助的公共物品数量肯定要小于最优数量水平，因为每个消费者都想搭其他人捐助的便车。

练习 27B.6 为什么当 $\alpha = 0$ 时对公共物品的私人捐助就能达到最优水平？

练习 27B.7 考虑将公共物品的均衡水平作为最优水平的一部分。在我们的例子中，该比例最低是多少以及重要参数是什么？∎

27

随着消费者数量的增加，你可以很容易地看到公共物品在自愿捐助下的低水平供应情况会持续（实际上会更糟）。例如，假设每个人在每方面都相同，无论是他们的柯布-道格拉斯偏好还是收入，对慈善捐助也没有补贴。但是现在不是有两个而是有 N 个消费者。在一个对称均衡（在该均衡上相同的博弈方有相同的策略）中，我们可以把等式（27.20）简化为

$$z=(1-\alpha)I-\alpha(N-1)z \tag{27.26}$$

其中 $(N-1)z$ 是指 $(N-1)$ 个而不是最优反应方程的那一个博弈方的捐助。解出 z，我们得到

$$z^{eq}=\frac{(1-\alpha)I}{1+\alpha(N-1)} \tag{27.27}$$

公共物品最后的均衡水平 y^{eq} 就等于 Nz^{eq} 或者

$$y^{eq}=\frac{N(1-\alpha)I}{1+\alpha(N-1)} \tag{27.28}$$

在练习 27B.3 中，你应该可以推导出有 N 个人时的公共物品的最优水平为 $y^*=N(1-\alpha)I$，这意味着我们可以把等式（27.28）重新写为

$$y^{eq}=\frac{y^*}{1+\alpha(N-1)} \tag{27.29}$$

随着公共物品消费者数量 N 的增加，该等式右边的分母就会增加，这意味着随着 N 的增加，公共物品的均衡数量占最优数量的比例是下降的。换句话说，随着公共物品消费者数量的增加，搭便车问题变得越来越严重。

表 27-2 说明了该情况，其中所有的消费者都是 $I=1\,000$ 和 $\alpha=0.5$。表的最后一行是公共物品的均衡水平占最优水平的比例。当只有一个消费者时它是 1，因此就不存在搭便车问题。但是随着我们增加消费者数量，该比例迅速下降，当 $N=100$ 时它已经达到 0.020 了。

表 27-2　　　人口增加时的搭便车问题 （$I=1\,000$，$\alpha=0.5$）

	$N=1$	$N=2$	$N=5$	$N=10$	$N=25$	$N=100$
y^{eq}	500	666.67	833.33	909.09	961.54	990.10
y^*	500	1 000	2 500	5 000	12 500	50 000
y^{eq}/y^*	1.000	0.667	0.333	0.182	0.077	0.020

练习 27B.8　随着 N 变得越来越大，在表 27-2 的例子中 y^* 和 y^{eq} 都趋于什么值？公共物品的均衡水平占最优水平的比例趋于什么值呢？■

27B. 2 处理搭便车问题的直接政府政策

正如 A 部分，我们将考虑政府对公共物品问题可能采取的两种直接方式：第一种，政府可能自己直接提供公共物品；第二种，政府可能利用补贴来降低个人捐助公共物品的"价格"。为了达到公共物品的最优水平，两种方式都需要知道消费者的偏好信息（一般政府都不知道，我们将在 27B. 5 部分中讨论该话题）。

27B. 2. 1 政府提供与"挤出" 我们已经看到一个以效率为目标的政府是如何计算公共物品的最优水平的，在章末习题 27.9 中你还可以看到当政府只能用无效税收来取得资助公共物品所必需的收入时对它有什么影响。不管是因为对偏好没有足够的信息还是因为政治过程无效，现在假设政府决定资助公共物品的数量为 g（而不是最优数量 y^*），并且假设通过比例收入税 t 来完成。因为假定收入是外生的（而不是劳动-闲暇选择的结果），在我们的例子中这样的一个税收将不会引起无谓损失。为了获得资助 g 的足够收入，必须使 $t(I_1 + I_2) = g$，或者移项得

$$t = \frac{g}{I_1 + I_2} \tag{27.30}$$

练习 27B. 9 你能更详细地解释为什么这种情况下的税收是有效的吗？ ∎

在已知政府已资助 g 时，每个消费者都要决定自己对公共物品的捐助量 z_n。在给定消费者 2 的捐助量 z_2 以及政府补贴量 g 时，分析消费者 1 的捐助量。使得等式（27.19）的最优化问题变为

$$\max_{z_1} \alpha \ln((1-t)I_1 - p_1 z_1) + (1-\alpha)\ln(z_1 + z_2 + g) \tag{27.31}$$

或者，把 t 代入，

$$\max_{z_1} \alpha \ln\left(\frac{(I_1 + I_2 - g)I_1}{I_1 + I_2} - p_1 z_1\right) + (1-\alpha)\ln(z_1 + z_2 + g) \tag{27.32}$$

解出 z_1 的一阶条件，我们得到消费者 1 对（z_2, g）的最优反应方程为

$$z_1(z_2, g) = \frac{(1-\alpha)I_1(I_1 + I_2 - g)}{(I_1 + I_2)p_1} - \alpha(z_2 + g) \tag{27.33}$$

类似地，消费者 2 对（z_1, g）的最优反应方程为

$$z_2(z_1, g) = \frac{(1-\alpha)I_2(I_1 + I_2 - g)}{(I_1 + I_2)p_2} - \alpha(z_1 + g) \tag{27.34}$$

练习 27B. 10 说明随着 g 趋于 0，这些最优反应方程收敛于等式（27.20）和（27.21）。 ∎

把消费者 2 的最优反应方程代入消费者 1 的，解出 z_1，我们得到以政府捐助表示的消费者 1 对公共物品的均衡捐助水平

$$z_1^{eq}(g) = \frac{(I_1 + I_2 - g)(I_1 p_2 - \alpha I_2 p_1)}{(1+\alpha)(I_1 + I_2)p_1 p_2} - \frac{\alpha g}{(1+\alpha)} \tag{27.35}$$

消费者 2 的均衡捐助水平为

$$z_2^{eq}(g) = \frac{(I_1 + I_2 - g)(I_2 p_1 - \alpha I_1 p_2)}{(1+\alpha)(I_1 + I_2)p_1 p_2} - \frac{\alpha g}{(1+\alpha)} \tag{27.36}$$

把个人的捐助与政府的捐助加在一起，我们得到公共物品的均衡水平 $y^{eq}(g)$ 为

$$\begin{aligned} y^{eq}(g) &= z_1^{eq}(g) + z_2^{eq}(g) + g \\ &= \frac{(1-\alpha)(I_1 p_2 + I_2 p_1)}{(1+\alpha)p_1 p_2} - g\left[\frac{(1-\alpha)(I_1 p_2 + I_2 p_1)}{(1+\alpha)(I_1 + I_2)p_1 p_2} + \frac{2\alpha}{1+\alpha}\right] + g \\ &= y^v + g - g\left[\frac{(1-\alpha)(I_1 p_2 + I_2 p_1)}{(1+\alpha)(I_1 + I_2)p_1 p_2} + \frac{2\alpha}{1+\alpha}\right] \end{aligned} \tag{27.37}$$

其中 y^v 是在没有政府捐助时我们先前得出的自愿捐助水平［从等式（27.29）得出］。政府为公共物品捐助 1 美元，私人捐助就减少等式中括号部分的数量。如果等式中括号部分等于 1，那么政府对公共物品的捐助会完全挤出私人捐助，当 $p_1 = p_2 = 1$ 时，这种情况会发生，你可以自己验证。换句话说，当政府对私人捐助没有补贴时（即 1 美元的捐助就是 1 美元的成本），政府对公共物品的捐助会对私人捐助产生完全的挤出效应。

然而，只有当政府增加对公共物品的捐助，消费者以相同数量减少对公共物品的捐助时，我们的完全挤出结论才能成立。如果一个消费者处于角点解上，即他不会进行捐助，那么随着政府捐助的增加，该消费者还是处于该角点解上。例如，考虑一个简单的情况，两个消费者有相同的收入 I，政府对私人捐助没有补贴（即 $p_1 = p_2 = 1$），那么等式（27.35）和（27.36）就成为

$$z^{eq}(g) = \frac{(1-\alpha)I}{1+\alpha} - \frac{g}{2} \tag{27.38}$$

这意味着当

$$g = \frac{2(1-\alpha)I}{1+\alpha} \tag{27.39}$$

时，私人捐助是零，并且因为政府捐助要比这个大，所以没有挤出效应。（在章末习题 27.8，你可以证明当个体数量是 N 而不是 2 时相同的挤出结果也会成立。）

练习 27B.11 在这个例子中，当政府提供最优数量水平的公共物品时，由政府花费的最后 1 美元会不会有任何的挤出？◼

27B. 2. 2　税收和补贴　最后，假设政府想提供补贴 s 来降低人们为捐助公共物品所需要支付的有效价格。正如我们在 A 部分讲述的，政府可能会直接这么做，或者通过为慈善捐款减免税负的方式。为了资助该补贴，政府对收入征收所得税 t，并且既然假定收入是外生的，这样的税收将是有效的。通过选择一个政策 (t, s)，政府因此就将消费者 n 的收入降低到 $(1-t)I_n$ 且将捐助公共物品的价格降低到 $(1-s)$。把政策 (t, s) 中的新价格和收入代入等式（27.24），我们可以写出捐助公共物品的总量为

$$y^v(t, s) = \frac{(1-\alpha)\big[(1-t)I_1(1-s) + (1-t)I_2(1-s)\big]}{(1+\alpha)(1-s)^2}$$

$$= \frac{(1-\alpha)(1-t)(I_1+I_2)}{(1+\alpha)(1-s)} \tag{27.40}$$

但是政府不能用 t 和 s 的所有组合，因为它需要平衡预算。换句话说，税收收入必须能够足够支付补贴。如果政府想用补贴来减少公共物品的有效水平 $y^* = (1-\alpha)(I_1+I_2)$，它就必须要获得收入 $sy^* = s(1-\alpha)(I_1+I_2)$。它的收入为 $t(I_1+I_2)$，这意味着，对于使公共物品达到有效水平 y^* 的补贴 s，政府需要设定 t，使得

$$t(I_1+I_2) = s(1-\alpha)(I_1+I_2) \tag{27.41}$$

上式可以简化为 $t = s(1-\alpha)$。把它代入等式（27.40），我们可以把捐助水平用 s 的方程表示，假定政府实际上是平衡预算的以及设定税率 $t = s(1-\alpha)$，即

$$y^v(s) = \frac{(1-\alpha)(1-s(1-\alpha))(I_1+I_2)}{(1+\alpha)(1-s)} \tag{27.42}$$

为了保证对公共物品捐助数量的最优水平，必须使 $y^v(s) = y^*$，或者

$$\frac{(1-\alpha)(1-s(1-\alpha))(I_1+I_2)}{(1+\alpha)(1-s)} = (1-\alpha)(I_1+I_2) \tag{27.43}$$

运用代数运算，解出 $s = 1/2$。因此，捐助公共物品的最优所得税率和补贴组合是

$$(t^*, s^*) = \left(\frac{1-\alpha}{2}, \quad \frac{1}{2}\right) \tag{27.44}$$

在章末习题 27.1 中，你可以证明，在有 N 个人的情况里，最优补贴水平变为 $s^* = (N-1)/N$（在章末习题 27.2 中，你可以探讨如果个体对政府需要用他们的捐助来使得预算平衡的行为进行策略性思考，那么结果将如何改变）。

练习 27B. 12　你能为 $s^* = 1/2$ 提供一个直观的解释吗？随着消费者人数的增多，你认为该结果会如何改变？

练习 27B. 13　之前我们得出公共物品的最优数量水平是 $(1-\alpha)(I_1+I_2)$。你能利用我们关

于 s^* 和 t^* 的结论来说明，当政策 (s^*, t^*) 被实施时该水平是由两个个体的自愿捐助达到的吗？ ■

27B.3 建立公共物品市场

如果我们知道每个人对公共物品的需求，我们已经知道很容易推出公共物品的最优数量；正如我们在 A 部分看到的，也很容易推出不同消费者的个人价格，在该价格下消费者会选择最优数量的公共物品并且同时其他人（在其个人价格下）也会如此。这种均衡概念被称为林达尔均衡，它是一种与竞争性私人物品的均衡相类似的公共物品的均衡。在某种意义上，它是竞争性均衡的一个镜像，在竞争性均衡中每个人在相同的价格下选择不同的数量，而在林达尔均衡中，每个人在不同的价格下选择相同的数量。在下一部分，我们将对有两个人的例子的林达尔均衡进行数学推导，然后简单地将其扩展至局部公共物品的情况。

27B.3.1 林达尔价格与公共物品外部性的市场 假设一个厂商生产公共物品，以 p_n 的价格售卖给消费者 n。问题是厂商只能生产所有消费者都消费的单一数量的 y，因此需要寻找个人价格，使得（1）所有消费者都可以选择消费以其个人价格生产的数量 y，（2）生产者可以弥补生产成本。为了使结果是有效的，生产的数量（以及每个消费者的需求量）必须是 y^*。

已知一个简单的生产方程 $y = f(x) = x$，每生产额外一单位 y，生产者都有着不变的边际成本 $c = 1$。因此，为了满足生产者成本可以被弥补的条件（无固定成本），需要具备如下条件

$$p_1 + p_2 = 1 \tag{27.45}$$

我们从柯布-道格拉斯偏好中知道消费者会为每一商品都分配一部分收入，该部分就等于效用函数中该商品的指数。因此，我们知道消费者 n 对 y 的需求为

$$y_n = \frac{(1-\alpha)I_n}{p_n} \tag{27.46}$$

价格 p_n^* 将会引导消费者 n 去购买最优数量的公共物品 $y^* = (1-\alpha)(I_1^n + I_2)$，该价格可以由以下等式解出

$$(1-\alpha)(I_1 + I_2) = \frac{(1-\alpha)I_n}{p_n} \tag{27.47}$$

所以

$$p_n^* = \frac{I_n}{I_1 + I_2} \tag{27.48}$$

因为每个消费者都被索取这样的价格，所以价格总和为 1〔因此满足条件

(27.45)]，并且每个消费者选择 $y^* = (1-\alpha)(I_1 + I_2)$。

练习 27B.14　如果每个人都是柯布-道格拉斯偏好的，在 N 个消费者的情况中，p_n 是什么样的？如果他们都有相同的收入又会怎样呢？■

　　27B.3.2　局部公共物品和俱乐部物品　正如我们在 A 部分讲述的，对（局部）公共物品提供另一个"市场"的办法是当公共物品有排他性时，让俱乐部或者局部社区在消费者或者居民中进行竞争。在章末习题 27.4 中，我们将进一步探讨，这种竞争的结果与竞争性均衡中的概念相近，即就像每个人选择超市和购物商场一样，每个人选择俱乐部和社区。蒂布特创作了很多文章来探讨这些知识，其中进行的数学推导也超出了本书的范围。感兴趣的同学可以考虑选修局部公共金融及城市经济学的课程。

27B.4　公民社会与搭便车问题

　　在 A 部分我们注意到如果我们关注的是公共物品的总体水平而不是这个水平是如何达到的，我们就不会看到对多个公共物品捐助的情况。这是很明显的：我们的捐助相对于被资助的公共物品的总量是很渺小的。这意味着我们捐助的边际效应不太可能引起公共物品总量的足够大的改变，这样就保证了捐助对象的一致性。如果在我写支票前慈善团体 A 是捐助的最好选择，那么在我写完支票后它依然是最好的选择，因为我的支票相对于总体需求来说很小。

　　它的数学推导并不难。假设有三个慈善团体 a，b 和 c，在我写我的支票前，它们已经收到的总捐助分别为 Y_a，Y_b 和 Y_c。在我考虑将我的捐助捐赠给谁时我会判断这个慈善团体会为社会增加多少价值，可以通过方程 $F(Y_a, Y_b, Y_c)$ 来表示我的判断。如果我有 D 数量的钱可用来捐助，我会选择一个捐助方式，使得根据我的判断 F 来最大化我对世界的影响；即我需要解决问题

$$\max_{y_a, y_b, y_c} F(Y_a + y_a, Y_b + y_b, Y_c + y_c), D = y_a + y_b + y_c \tag{27.49}$$

其中 y_i 是我对慈善团体 i 的捐助。当 D 相对于每个 Y_i 很小时，达到"内部解决方案"的（其中对于 $i = a$，b，c，$y_i > 0$）唯一方式在于能否在有我的捐助之前，满足如下条件：

$$\frac{\partial F}{\partial Y_a} = \frac{\partial F}{\partial Y_b} = \frac{\partial F}{\partial Y_c} \tag{27.50}$$

　　在这种情况下，我需要确保我能"平衡"我的捐助使得这个等式在我捐助后依然成立。但是如果 $\partial F / \partial Y_a$ 比 $\partial F / \partial Y_b$ 和 $\partial F / \partial Y_c$ 大，那么我将通过设定 $y_a = D$ 以及 $y_b = y_c = 0$ 来解决我的最优化问题，因为我的（相对）小的捐助不可能以任何方式降低 $\partial F / \partial Y_a$。注意，在某种程度上我并不确定我对慈善团体捐助的边际

27

影响，这是判断我的捐助在哪个慈善团体中影响最大的 F 方程的一部分，所以如果个人只在意其捐助对世界的影响时，不确定性不能终止关于人们只捐助一个慈善团体的争论。

练习 27B.15 对于比尔·盖茨来说，有哪些不同使他理性地对多个慈善团体进行捐助？

练习 27B.16 假设我只对当地小型慈善团体捐款。在什么情况下我可以像比尔·盖茨一样对多个慈善团体进行理性的捐赠？

练习 27B.17 你能解释为什么当有风险和不确定性存在时理性做法是分散化私人投资而同样的观点对慈善捐款就不成立吗？ ∎

假定个人为慈善团体少量捐助的频率，并且个人的捐助额高于纯搭便车模型所预测的，那么，我们考虑随着个人在捐助中获得公共和私人收益，我们的预测将如何改变。与本章 A 部分中的类比不一样，我们将首先介绍另一个关于科斯定理的讨论〔由于存在交易成本，它只适用于"小的"公共物品，并且仅当信息对称时成立（在第 21 章介绍的）〕，直接把暖光效应融入我们关于自愿捐助的模型中。

27B.4.1 公共物品与"暖光效应" 现在假设，消费者关心他们的个人捐助本身，即假设消费者除了知道他们的捐助会增加公共物品的数量外，还可以从中获得暖光效应。我们可以用柯布-道格拉斯效用函数来代表偏好

$$u^n(x_n, y, z_n) = x_n^\alpha y^\beta z_n^\gamma = x_n^\alpha \Big(z_n + \sum_{j \neq n} z_j\Big)^\beta z_n^\gamma \tag{27.51}$$

其中公共物品 y 是所有个体捐助的总和。因此消费者 n 的个人捐助 z_n 被两次代入效用方程：一次是因为它增加了公共物品的水平；另一次是因为个人在为公共物品写支票的时候得到了效用。随着消费者数量的增加，第 n 个捐助对 y 的效应会减少（会加剧搭便车问题），但是暖光效应保持不变，因为在本质上它是一个私人物品。

考虑一个有 N 个消费者的简单例子，每个人都有相同的收入 I 和相同的偏好〔可以由等式（27.51）表示〕。既然所有个体都是一样的，均衡时每个人对公共物品的捐赠应该也一样，记为 z。把每个人的捐赠当作给定的，因此我们就可以通过解决问题

$$\max_{z_1} \alpha \ln(I - z_1) + \beta \ln(z_1 + (N-1)z) + \gamma \ln z_1 \tag{27.52}$$

来确定个体 1 为公共物品捐赠的 z_1。其中我们已经把个人的预算约束 $x_1 = I - z_1$ 代入方程，并且我们对效用函数（27.51）取对数来使一阶条件变得不那么复杂。一阶条件（在合并同类项后）可以写成

$$(\alpha + \beta + \gamma)z_1^2 + (\alpha + \gamma)(N-1)zz_1 = (\beta + \gamma)Iz_1 + \gamma(N-1)Iz \tag{27.53}$$

在给定其他人捐赠 z 后可以解出个体 1 的最优反应方程 z_1。但是我们知道在均衡

时 $z_1 = z$，然后把它代入一阶条件解出 z，从而得到每个个体均衡时的捐赠水平为

$$z^{eq} = \frac{(\beta + \gamma N) I}{\beta + (\alpha + \gamma) N} \qquad (27.54)$$

如果你作为一个社会规划者来选择 z（假定你约束自己选择每个人的捐赠和其他人的捐赠水平都一样），那你将会设定

$$z^* = \frac{(\beta + \gamma) I}{\alpha + \beta + \gamma} \qquad (27.55)$$

练习 27B.18 验证我们推导出的 z^{eq} 和 z^*，然后说明随着 β 趋于零，z^{eq} 趋于 z^*。对此你能给出直观的解释吗？ ∎

在表 27-3 中，我们可以再一次看出随着人数的增加公共物品均衡水平与最优水平的对比。这与表 27-2 中的练习相似，在那里我们假定没有暖光效应，因此只存在搭便车问题。在两种情况中，我们设定私人物品 x 的指数与公共物品 y 的指数相等，但是现在我们允许 γ 比零大以产生暖光效应（表 27-2 隐含地假定了它等于零）。注意，之前我们的预测是随着人数的增多，由于搭便车，私人捐助将等于零，但现在该结论不再成立，因为个人可以从捐助中得到收益。

表 27-3 人口增加时暖光效应中的搭便车问题（$I = 1\,000$，$\alpha = 0.4$，$\beta = 0.4$，$\gamma = 0.2$）

	$N=1$	$N=2$	$N=5$	$N=10$	$N=25$	$N=100$
y^{eq}	600	1 000	2 059	3 750	8 766	33 775
y^*	600	1 200	3 000	6 000	15 000	60 000
y^{eq}/y^*	1.000	0.833	0.686	0.625	0.584	0.563

27B.4.2 市场公共物品 要求自愿捐助的公民社会机构努力呼吁暖光效应，当我们是因为我们觉得值得的原因捐助时就会有该效应。这些机构可能会以各种方式来市场化它们的行为以增加暖光效应。考虑国际扶贫机构支持发展中国家贫困家庭的例子。从某种程度上讲，缓解发展中国家的贫困就是一个公共物品，并且在某种程度上我们大多数人对此都关心，它是一个伴随有巨大搭便车问题的巨大的公共物品，因为其中有很多效用方程。但是假设这些机构可以在我们与我们（并且是只有我们，如果我们相信市场的话）资助的家庭之间建立联系，使得我们觉得对此公共物品的捐助是一个私人物品，我们可以把这看成是公民社会机构的市场分支，让我们忽略效用函数中的 β，只注意 γ。换句话说，在柯布-道格拉斯例子中我们认为指数之和等于 1，扶贫机构——即使它们不能改变我们对私人物品 x 的消费的关心程度（因此不能改变作为指数和的一部分的 α）——可能会说服我们 γ 会比 β 大。

这有多大作用呢？考虑表 27-4 中的简单例子。在这里，我们假定有 10 000 个相同的个体考虑对公共物品 y 进行捐赠。我们设定 $\alpha = 0.4$ 以及 $(\beta + \gamma) = 0.6$，然

后考虑随着作为暖光效应的 $(\beta+\gamma)$ 的增加，每个人的捐赠会如何改变（即相对于 β 的 γ 的增加）。该效应相当巨大。如果我们每个人都独自考虑对 y 的捐赠，我们将捐赠 15 美分。但是如果慈善团体可以使我们觉得即使是很小的捐赠都是一个私人物品，我们的捐赠量就会很明显地上升，并且慈善团体中的市场部门做得越成功，我们的捐赠就会持续上升得越多。慈善团体的总体捐赠是表中的最后一行。因此暖光效应可以通过让人们把捐助看作既有公共效益又有私人效益来帮助缓解搭便车问题。然而，该效应从来都没有克服搭便车问题，除非像练习 27B.18 中那样的极端例子。

表 27-4　暖光效应增加时的个人及总体捐赠　($I=1\,000$，$N=10\,000$，$\alpha=0.4$，$\beta+\gamma=0.6$)

单位：美元

	$\gamma=0$	$\gamma=0.1$	$\gamma=0.2$	$\gamma=0.3$	$\gamma=0.4$	$\gamma=0.5$	$\gamma=0.6$
z^{eq}	0.15	200.08	333.38	428.60	500.01	555.56	600.00
y^{eq}	1 500	2 000 800	3 333 800	4 286 000	5 000 100	5 555 600	6 000 000

练习 27B.19　假设一个牧师的例子，他有 1 000 个成员从对教堂的捐助 y 中获得效用并且他们的个人捐助为 z_n。每个成员都有 50 000 美元的收入并且偏好由等式（27.51）表示，其中 $\alpha=0.5$，$\beta=0.495$，$\gamma=0.005$。牧师需要筹集 100 万美元来建一个新教堂。他可以努力使信徒规模翻倍，或者他也可以把精力放在对当前信徒激情地布道中，布道会使得 γ 变为 0.01，β 变为 0.49。你能说明这两种行为对他能筹集到多少钱有大致相同的影响吗？■

27B.4.3　公民社会与"临界点"

现在假设对暖光效应的衡量不只是简单地考虑我们在自己捐赠的公共物品中所获得的东西，还要考虑我们有多少朋友也捐助该公共物品。尤其是，假设柯布-道格拉斯指数 γ 取决于由其他人捐助的 z，即

$$\gamma(z)=\delta_1+\delta_2\,\frac{z}{I} \tag{27.56}$$

把该等式加进一阶条件（27.53），我们可以再一次解出均衡私人捐助水平。然而当你做这个的时候，你将会注意到解出 z^{eq} 会很艰难并且你必须用二次公式来解出两个而不是一个解：一个低的 z^{eq}_{low} 和一个高的 z^{eq}_{high}。[1] 对 δ_1 和 δ_2 的一些参数选择使得这些解都是可行的，这意味着我们有两个不同的纳什均衡。此外，既然均衡捐助水平通过影响 γ 来塑造偏好，那么这两个均衡就会根据我们达到的均衡水平得出

---

[1]　把 $\gamma(z)$ 代入等式（27.54）然后十字相乘，我们得到

$$\beta z+\alpha Nz+\gamma(z)Nz=\beta I+\gamma(z)NI \tag{27.57}$$

再用 $\delta_1+\delta_2(z/I)$ 代替 $\gamma(z)$，（经过多步整理）我们得到

$$\frac{\delta_2 N}{I}z^2+(\beta-(\delta_2-\alpha-\delta_1)N)z-(\beta+\delta_1 N)I=0 \tag{27.58}$$

这就是二次方程可以适用的表达形式。

不同的偏好。

　　在表 27-5 中，我根据不同的 δ_2 值计算出一个低的和一个高的捐助水平的均衡，这仅仅是为了说明在这些情况下的多种均衡有何不同。（模型中的剩余参数值在表中也有。）以中间一栏 $\delta_2 = 1$ 为例。在低捐助水平的均衡中，我们的捐助额相对于高捐助水平的均衡甚至不到 3%！这是因为在低捐助水平的均衡中，γ（当 α，β 与 γ 的标准和是 1 时）是 0.008 4，或者本质上是 0。因此，我们几乎不能从捐助中获得私人收益（因为我们的捐助都如此少），我们本质上正是在玩标准的搭便车游戏。从另一角度来看，在高捐助水平的均衡中，γ 标准化为 0.422，我们每个人都会从公共捐助中得到很大的私人收益。

表 27-5　当暖光效应外生时的多种均衡（$I=1\,000$，$N=10\,000$，$\alpha=0.4$，$\beta=0.4$，$\delta_1=-0.01$）

单位：美元

	$\delta_2=0.6$	$\delta_2=0.8$	$\delta_2=1.0$	$\delta_2=1.2$	$\delta_2=1.4$	$\delta_2=1.6$
z_{low}^{eq}	56.59	25.57	16.79	12.53	10.00	8.32
z_{high}^{eq}	293.34	486.88	593.17	662.44	711.40	747.90

练习 27B.20* 　假设 $\delta_2=1$。利用 $\delta_1=-0.01$ 及表中的 z_{low}^{eq} 和 z_{high}^{eq} 的值，求出两个均衡中 γ 的潜在水平。（注意这些并不会与本章中讨论的那些相匹配，因为表中并没有把效用函数的指数和标准化为 1。）然后，利用表中的参数 I，N，α 和 β，利用等式（27.54）来验证 z_{low}^{eq} 和 z_{high}^{eq}。■

　　在博弈论中没有什么办法可以把这些均衡中的某个变得多多少少比其他的更合理一些。如果当他们的朋友也捐助时他们更在意自己捐助的价值的话，这些只是两种个体协调他们行为的不同的简单方式。但是如果一个公民社会机构发现自己正处在一个低捐助水平的均衡，它可能就会寻找方法来协调个体行为从而达到高捐助水平的均衡。如果可以使足够多的个体"临时"偏离他们的低捐助水平，那么这就会吸引更多其他的人来跟随。偏离的程度是很重要的，因为如果偏离不够大，人们很可能会回到低捐助水平的均衡。但是如果机构可以引发足够大的偏离，我们就可以穿过"临界点"，这时捐助会自然趋向高捐助水平的均衡。

27B.5　偏好显示机制

　　正如在本章 A 部分所说的，如果人们对公共物品的捐助与对公用物品的特定偏好密切相关，那么人们就会有隐瞒对公共物品的真实偏好的动机。因此经济学家努力思考怎样克服这种问题，他们提出了考虑动机问题的"机制"。对可以使人们说出私人信息（比如他们对公共物品的偏好）的机制的一般研究被称为机制设计。我们首先介绍一般性概念，然后描述一个有关该机制的更加一般的例子（比 A 部

27

分中介绍的例子更加一般），在例子中人们将向需要信息的机构说出他们对公共物品的真实偏好。

27B. 5. 1　机制设计　假设 A 表示我们希望获得的可能结果，$\{\succeq\}$ 表示人们认为比这些结果更好的可能偏好。例如，在公共物品情况中，A 可能表示不同水平的公共物品以及资助它们的不同方式。政府之类的机构可能会考虑一些方程 f：$\{\succeq\}^N \rightarrow A$，它会从 A 中根据方程 f 决定的标准把 N 个不同个体的偏好转化成"最好"的结果。例如，在公共物品的情况中，政府可能希望达到公共物品的有效水平，这取决于人们的偏好。如果政府知道所有人的偏好，它这样做就行了。

然而，政府需要人们发送"短讯"给政府来得到关于人们偏好的信息。用 M 表示人们可以向政府发送的可能的信息。然后政府需要把收集到的所有信息转化成一个结果，即它需要定义一个方程 g：$M^N \rightarrow A$。这个机制是人们可以向政府发送的短讯类型与这些短讯转化成结果的方式的综合，即这个机制就是 (M, g) 的组合。

机制设计者的挑战在于定义 M 和 g，使得从人们发来的信息中产生的结果与政府可以直接观察到人们的偏好时所选择的结果相同，然后利用方程 f 来找出结果。如果人们知道政府会利用方程 g 来把信息转化成结果，他们的均衡策略依然是发送能够真实揭示政府所需要的他们的偏好信息的短讯，那么该机制就涉及"说实话"问题。如果把 g 应用到人们发送的均衡信息得出的结果与把 f 应用到人们的真实偏好产生的结果是一样的，我们就说机制 f 得以实施。如图 27-5 所示，在图中，通过设立一个机制 (M, g) 来建立一个"信息博弈"，其中每个博弈方在已知这些信息会通过 g 被转化成结果的情况下选择发送什么样的信息，而不是通过直接观察 $\{\succeq\}^N$ 以及实施 f 来从 A 中选择一个社会结果。

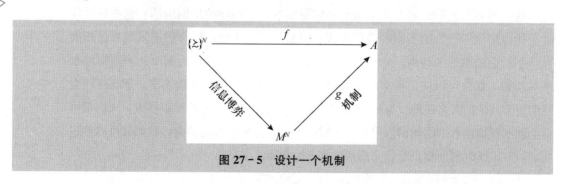

图 27-5　设计一个机制

27B. 5. 2　公共物品的"格罗夫斯-克拉克"机制　假设我们考虑一个有 N 个不同个体的世界，人们都可以从提供公共物品 y 中获得收益，并且公共物品可以以不变的边际成本 MC 进行生产。我们的目标 f 是提供有效水平的公共物品并且筹集资金来支付成本。为了决定公共物品的最优数量 y^*，我们需要知道每个人对 y 的需求，但是我们一般不知道这些需求。因此我们需要定义一组人们可以发送的可能信息 M 来使这 N 个个体说出他们的需求，然后设计一个机制 g，通过它我们将确定公共物品的水平及每个人的支付数额。格罗夫斯-克拉克机制就是这样一个机制。[1]

该机制按如下方式运行，(1) 定义 M，(2) 和 (3) 一起定义 $g: M^N \rightarrow A$：

(1) 首先，人们被要求说出他们对公共物品的需求，每个个体 i 的需求被记为 $RD_i(y)$。消费者 i 的显性需求曲线如图 27-6 (a) 所示。可能信息组 M 因此就是一条向下倾斜的需求曲线。

(2) 假定显性需求就是人们的真实需求，实施该机制的机构据此来决定 y^*。因此加总 RD_i，然后通过设定显性需求总和与生产公共物品的边际成本 MC 相等来确定 y^*，即：

$$\sum_{i=1}^{N} RD_i(y^*) = MC \tag{27.59}$$

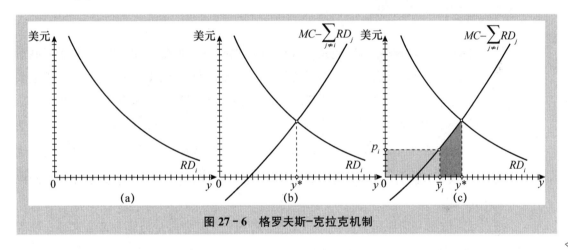

图 27-6 格罗夫斯-克拉克机制

(3) 每个个体都会以某种任意的方式来定一个"价格" p_i，该价格与人们所揭示的没有关系，只有一个限制就是个体的价格 p_i 的总和等于边际成本 MC，即 $\sum p_i = MC$。对于每个个体 i，$\bar{y}_i$ 就被确定为使得 $p_i = \left[MC - \sum_{j \neq i} RD_j(y) \right]$ 成立时的数量，对每个个体 i 索取的总支付 P_i 就被设为

$$P_i(p_i) = p_i \bar{y}_i + \int_{\bar{y}_i}^{y^*} \left(MC - \sum_{j \neq i} RD_j(y) \right) \mathrm{d}y \tag{27.60}$$

图 27-6 清楚地说明了该机制所提出的内容。在组图 (a) 中，我们画出消费者 i 的显性需求曲线 RD_i，这是第 (1) 步传递的信息。在组图 (b) 中，我们在图中加进曲线 $\left(MC - \sum_{j \neq i} RD_j \right)$，两条曲线在交点处有 $\left(MC - \sum_{j \neq i} RD_j \right) = RD_i$，这意味着等式

---

① 该机制以西奥多·格罗夫斯 (1942—) 和爱德华·克拉克 (1939—) 的姓氏命名，他们分别在 20 世纪 60 年代末和 70 年代初各自形成了不同的版本。威廉·维克瑞 (1914—1996) 在早期的拍卖工作中提出了类似的机制，所以该机制也经常被称为"维克瑞-格罗夫斯-克拉克机制"。维克瑞获得了 1996 年的诺贝尔经济学奖，但是他在获奖后的第三天就去世了。

（27.59）得以满足并且我们确定了 y^*。最后，在组图（c）中我们确定了消费者 i 的支付额。首先，我们使 $p_i = \left[MC - \sum_{j \neq i} RD_j(y) \right]$ 来确立 $\bar{y}_i$。因此个体 i 的支付额包括了等式（27.60）的两部分：$p_i \bar{y}_i$ 等于长方形阴影部分，而剩余的就是在 $\left(MC - \sum_{j \neq i} RD_j(y) \right)$ 方程下 $\bar{y}_i$ 和 y^* 之间的梯形区域。消费者 i 的总支付 $P_i(p_i)$ 就是两部分的总和。

图 27-6 的组图（c）假设了 $\bar{y}_i < y^*$，但是也可能是我们对个体 i 定义了一个足够高的 p_i 使得相反情况成立。在那种情况中，等式（27.60）整体上就是负的，这意味着消费者 i 面临着一个少于 $p_i \bar{y}_i$ 的支付。

练习 27B. 21 在一个类似于图 27-6 的图中说明如果 p_i 足够高使得 $\bar{y}_i > y^*$，那么该个体的支付额 $P_i(p_i)$ 是什么样的。■

27B. 5. 3 在格罗夫斯-克拉克机制中的均衡信息 现在我们可以问在这种机制下每个个体在均衡时将会传达什么样的信息。注意：个体 i 的支付 $P_i(p_i)$ 取决于很多变量，这些变量中除了一个以外其他都不会受个体 i 发送的信息的影响。更精确地说，个体对 p_i 没有控制力，它是由机制设计者规定的。此外他对边际成本 MC 或者其他人发送的信息 $RD_j(y)$ 也没有控制力。因为 $\bar{y}_i$ 是由 $\left(MC - \sum_{j \neq i} RD_j \right)$ 决定的，所以他对 $\bar{y}_i$ 也没有控制力。实际上就只剩下 y^* 会受个体 i 的信息的影响！这是使机制发挥作用的关键。

机制的第一阶段是一个同时行动博弈的过程，其中每个博弈方都会选择一种策略。在该阶段个体把他们的需求曲线信息发送给机制设计者，然后我们可以考虑在给定其他人的策略时，消费者 i 的最优策略是什么。事实证明我们建立起了一个同时行动博弈，其中每个博弈方都有一个占优策略，即不管其他人发送什么样的信息，这都是他的最优反应。

我们可以在图 27-7 的组图（a）中说明不会受个体 i 发送信息影响的全部问题。用向上倾斜曲线标明曲线 $\left(MC - \sum_{j \neq i} RD_j \right)$，同时标明向消费者 i 索取的"价格" p_i。然后我们可以加总这些浅灰色需求曲线即消费者 i 的真实需求曲线（只有他本人知道）。如果一个人选择说实话并据此传达信息，结果就是生产 y^t 数量的公共物品，消费者 i 将被索取等于阴影部分 1 和 2 区域面积的费用。

在组图（b）和（c）中，如果消费者低报或者高报对公共物品的需求，他的收益将会如何？考虑第一种情况，他上报的是组图（b）中的曲线 $RD_i^u(y)$。他需要支付的费用是 $(d+e+f)$，而不是他说实话时需要支付的 $(b+c+d+e+f)$。因此，如果他低报对公共物品的真实需求，他将会节省 $(b+c)$。但是同时，他低报需求将会引起公共物品的生产数量从 y^t 下降到 y^u。如果我们用真实需求曲线 D_i 当作边际支付意愿曲线①，我们可以得出如下结论：公共物品的减少会导致他因较低的公共物品产量而损失（a+b+c）部分的价值。因此，尽管他会省下（b+c）的支付，但也会因为减少的公共物品数量而失去（a+b+c）部分的价值，总体上他会损失（a）部分的价值。因此低报需求会适得其反。

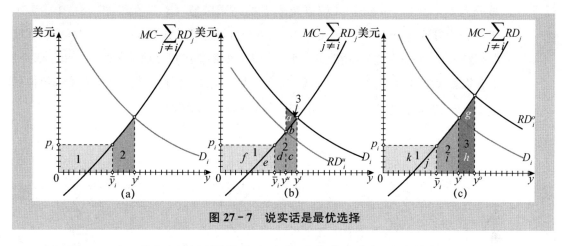

图 27-7 说实话是最优选择

在组图（c）中，我们可以用同样的方法来看消费者高报对公共物品的需求 RD_i^o 对他是否有利。当消费者高报需求时，其支付会从说实话时的（i+j+k）增加至（g+h+i+j+k），因此支付额增加（g+h）。但是因为公共物品数量增加（从说实话时的 y^t 增加到高报需求时的 y^o）而增加的价值仅是 h。因此，发送信息 RD_i^o（高报需求）而不是说实话会损失（g）。因此高报需求也是适得其反的。

练习 27B.22 在图 27-7 中，我们考虑的情况是 $\bar{y}_i < y^t$。当 p_i 足够高以至于 $\bar{y}_i > y^t$ 时，重新分析说明低报或者高报需求都是适得其反的。■

由于我们的分析没有对除了个体 i 之外的其他人是否说了实话做任何假定，所以我们得出结论，说出对公共物品的真实需求实际上是消费者 i 的占优策略。该分析对所有的消费者都成立，这意味着在格罗夫斯-克拉克机制中说实话是一个占优策略均衡。这反过来也意味着机制将会保证生产最优水平 y^* 的公共物品。

27B.5.4 格罗夫斯-克拉克机制的可行性 尽管我们现在知道当面临着格罗夫斯-克拉克机制的激励时，个体会说出对公共物品的真实需求，然而，除非机制设计者会获得足够的收入 TR 来支付生产 y^* 数量的公共物品所产生的总成本（如果没有固定成本，那么它等同于 $TC=MCy^*$），否则，该机制仍然不可行，很容易说明这就是真实情况。

---

① 从消费者理论章节中我们知道，当且仅当偏好为拟线性偏好时非补偿需求曲线才可以被解释为边际支付意愿（或者希克斯）曲线。为了简化，我们假定潜在偏好是拟线性的。然而，尽管图会有一些复杂，但是对于任何不是拟线性的偏好，该分析也会成立。

对于每个受该机制影响的个体，根据赋予个体的 p_i 会有三种情况发生：
(1) $\bar{y}_i < y^*$；（2）$\bar{y}_i = y^*$；（3）$\bar{y}_i > y^*$。这三种情况都画在了图 27-8 的三个图中。

在组图（a）中，$\bar{y}_i < y^*$，它会使得 $P_i(p_i)$ 等于（$a+b+c+d$）。这部分区域被分为 $p_iy^* = (a+b+c)$ 区域以及剩下的阴影区域（d）。在组图（c）中，$\bar{y}_i > y^*$，这会导致 $P_i(p_i) = (e+f+g+h)$，这部分区域也可以分为 $p_iy^* = (e+f+g)$ 区域与阴影区域（h）。在这两种情况下，我们知道我们将会有 p_iy^* 加上一些额外的收入。只有在组图（b）中 $\bar{y}_i = y^*$，支付 $P_i(p_i)$ 恰好等于 p_iy^*。因此，我们从消费者那里得到的总收入 TR 至少是 $\sum p_iy^*$，又由于 $\sum p_i = MC$，我们可以得出

$$TR \geqslant \sum_{i=1}^{N} p_iy^* = MCy^* = TC \tag{27.61}$$

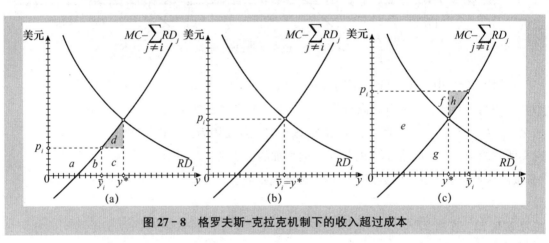

图 27-8 格罗夫斯-克拉克机制下的收入超过成本

此外我们从图 27-8 中还可以看出使得等式中的不等号成为等号，即使得总收入恰好等于总成本的唯一方式是使制定的"价格"恰好对所有人满足 $\bar{y}_i = y^*$〔正如组图（b）所说明的〕。在这种特殊情况下，我们制定的"价格"类似于个体需要支付的真实价格。在这种特殊情况下，所有的个体在我们制定的单价下都会选择最优的公共物品水平 y^*。换句话说，在这种特殊情况下，p_i 即所有消费者的林达尔价格，并且我们也有了一个林达尔均衡。当然这仅仅在格罗夫斯-克拉克机制中才能出现，因为 p_i 是在不知道个体潜在需求的情况下制定的价格。

27B.5.5 机制设计中的一个基本问题 在格罗夫斯-克拉克机制中我们得出的结论是收入经常会超过提供最优水平的公共物品所需要的成本，这就引起一个问题：我们应该怎么处理超出的收入？我们在努力实施一个对公共物品问题有效的解决办法，这意味着抛弃超额收入肯定不会是我们的答案。毕竟，如果我们真的把超额收入抛弃，那么我们可以很容易想到一个使某些人情况变好而不使其他人情况变坏的办法：把超额收入退还给一个或一些或所有的消费者。但是这也会引起另一个问题：如果我们退还这些超额收入，那么除非偏好是拟线性的，否则这将会产生收入效应，这

就意味着我们改变了公共物品的最优水平。换句话说，退还这些额外收入会改变 y^*，这意味着我们之前进行的所有工作都将前功尽弃。由于这个原因，格罗夫斯–克拉克机制只有在假设人们的偏好拟线性时才会实现帕累托最优，这是一个很强的对偏好的假定，而在格罗夫斯–克拉克机制开始时我们并不知道。如果对公共物品的偏好是拟线性的，我们就可以将所有超额收入退还给人们而不改变 y^*。

这就是机制设计者面临的更加一般的问题，该问题在著名的吉伯德–萨特思韦特定理（Gibbard-Satterthwaite theorem）[①] 中得到了系统阐述。我们在这里不做详细介绍，但是它与我们将在第 28 章 B 部分中介绍的另一个定理非常相似。从本质上讲，该定理认为：只要机制设计者在图 27–5 中的 f 方程把超过一个人的偏好考虑在内，除非我们开始就给人们的偏好施加约束，否则方程在任何以说实话为占优策略的机制中都不能被实施。例如，在格罗夫斯–克拉克机制里，我们实现一个有效的结果的唯一办法就是假设人们只有拟线性偏好。

吉伯德–萨特思韦特定理的确使机制设计者想出了一个可以实施 f 方程的方法（它把所有的偏好都考虑在内并且对允许的偏好没有先验的约束），只要设计者对说实话是一个纳什均衡而不是一个占优策略均衡，这个结果就令人满意。因此，例如可以以这种方式修改格罗夫斯–克拉克机制来使说实话成为纳什均衡，使公共物品的生产达到最优数量且总收入正好等于总成本。这样的机制实际上已经被推导出来了，并且其中有一些要求消费者发送的信息相当简单。已经有一些机制在现实世界中被实施了。[②]

结论

公共物品提供的中心问题是建立在两个基础上的：这些物品存在正的外部性以及除非某种东西可以使个人的私人动机与社会的有效目标一致，否则个人在消费和生产选择中不会将其考虑在内。如果没有一些协调机制，这些个体会陷入囚徒困境，每个人都有搭便车的动机，如果他们能找到加强合作的方法，那么所有人的境况都会变好。另外，至少从某种意义上讲，非竞争性物品由各组合市场、社会机构和政府来提供。当这些物品是排他性的，我们发现它们是由家庭、教堂、当地居民区、竞争性企业以及俱乐部提供的。在这些背景下，人们都找到了至少可以部分地克服搭便车问题的方法以及囚徒困境激励，不管是通过重复交易、政府补贴、科斯议价、蒂布特竞争还是通过他们偏好的"暖光效应"。尽管在一些情况下公民社会生产是唯一的方法，但这些物品一般是通过市场、公民社会以及政府联合提供的。

---

① 该理论以吉伯德（1942— ）和萨特思韦特（1945— ）的姓氏命名，在 20 世纪 70 年代初他们分别提出了这个基本结果。

② 有关这种机制最著名的文章是 Theodore Groves and John Ledyard, "Optimal Allocation of Public Goods: A Solution to the 'Free Rider' Problem," *Econometrica* 45 (1977), 783–810。

然而，随着物品变得非排他性以及更加非竞争性，依赖市场或者公民社会机构提供变得更加困难，因为搭便车问题和隐瞒真实偏好动机变得更加突出，并且由中央政府提供这样的物品压力也会变大。

当然，政府有它们自己的挑战需要克服。例如，在公共物品情况中，最优的政策一般需要知道个人偏好，然后由政府加总来确定公共物品的大体水平。在本章我们讨论的偏好显示机制就提供了一种收集这种信息的方法，但是至今它还没有被证明在现实世界公共物品环境下是实用的。另一个可以传递公共物品偏好的方法是民主政治手段，在此过程中我们每个人都直接进行投票或者间接地由我们的选举代表投票支持还是反对一个提议。

在第 28 章，我们会接受挑战来考虑民主政治过程以及搜集选民偏好信息的方式，然后从这些信息中产生政策结果。因为投票（一般）是匿名的，所以我们不会再遇到人们会有隐瞒对公共物品偏好的动机这种问题了，尽管我们将会看到非匿名立法者经常也会有这样的策略动机。我们将会看到民主过程会产生一个全然不同的特殊问题。

章末习题[①]

27.1 在教材中我们讨论了当我们依赖私人资助公共项目时所面对的基本的外部性问题。在这个习题中，我们考虑随着参与人数的增加这将怎么改变。

A. 假定有 N 个个体消费公共物品。

a. 以图 27-3 的组图（a）中的最优反应函数开始，即当 $N=2$ 时一个人的捐赠对另一个人捐赠的最优反应。在这个最优反应函数的图中画出 45°线。

b. 现在假定 N 个个体都是相同的，就像我们在图 27-3 中假定两个个体是一样的。给定问题的对称性（从每个人都相同的角度），在均衡中每个人的贡献相互之间是怎么联系起来的？

c. 在你的图中，把 y_2（第 2 个人的捐赠）用 y 代替并让 y 为除了第 1 个人以外其他人的捐赠（假定他们都捐赠了相同的数量）。随着 N 的增加，第 1 个人的最优反应函数会发生什么变化？请解释并把你的答案与搭便车问题联系起来。

d. 基于你在（b）和（c）的答案，当 N 增加时个体 1 的均衡贡献会发生什么变化？（提示：在最优反应函数上均衡配置位于什么地方？）

e. 当 $N=2$ 时，个体 1 在决定他的捐赠水平时所考虑的他的贡献的总体收益是多少？当 $N=3$ 或 4 时，结果会怎么变化？当 N 越来越大呢？

---

① ＊概念性挑战难题。

＊＊计算性挑战难题。

†答案见学习指南。

f.　随着 N 的增加，你的答案对为促使人们贡献到公共物品的有效水平所必要的补贴水平 s 意味着什么？［定义 s 为引起对公共物品 1 美元的贡献仅花费 $(1-s)$ 美元的补贴。］

g.　请解释，随着 N 的变大，最优补贴政策怎么变得大致等价于政府直接提供公共物品。

B.　在 27B. 2. 2 节中，我们考虑两个个体怎么对政府对他们对公共物品的自愿捐赠的补贴进行反应的。再次假定个体有被效用函数 $u(x, y)=x^{a}y^{(1-a)}$ 所表示的偏好，其中 x 是私人消费的价值（用美元表示），y 是花费在公共物品上的美元。所有的个体收入均为 I，个体 n 对公共物品的私人捐赠为 z_n。政府以比率 $s\leqslant1$ 补贴私人捐赠，补贴资金来源于所得税 t。

a.　假定有 N 个人。有效水平的公共物品资金是多少？

b.　由于个体是相同的，对任何政策 (t, s) 的纳什均衡反应都是对称的，即在均衡中所有个体最终的捐赠量都相同。假定除了 n 外所有个体捐赠 z。推导个体 n 的最优反应函数 $z_n(t, s, z)$。（n 的最优化问题可以定义为仅有 z_n 作为选择变量的无约束的最优化问题，效用函数为以对数形式表示的柯布-道格拉斯效用函数，这样就容易多了。）

c.　使用你对（b）的答案推导个体私人捐赠 $z^{eq}(t, s)$ 的均衡水平。它怎么随着 N 的变化而变化？

d.　对政策 (t, s)，公共物品的均衡数量是多少？

e.　为使政策 (t, s) 带来最优水平的公共物品资金，如果政府用它收取的税收收益来覆盖补贴的成本，那么 t 和 s 之间的关系是什么？

f.　把你从（e）中得到的对 t 的表达式代入（d）的答案中，接着确定为使私人捐赠达到你在（a）中所确定的产出水平所必要的 s 的水平。

g.　推导通过自愿捐赠导致有效水平的公共物品供给的最优政策 (t^{*}, s^{*})。当 $N=2$ 时最优政策是什么？（你的答案应该与我们在 27B. 2. 2 节中两个人的情形下的计算结果一样。）如果 $N=3$ 或 $N=4$ 呢？

h.　当 N 是 2、3、4 时，你能从随着 N 增加外部性变化的角度来解释 s^{*} 吗？s^{*} 对 $N=1$ 在直觉上说得通吗？

i.　当 N 变大时最优政策收敛到什么？理解其含义。

*27. 2　在章末习题 27.1 中，我们把补贴自愿捐赠的分析从两个人扩展到 N 个人。在这一过程中，我们简单地假设了政府将会设定 t 来弥补它的成本，个体在他们作出捐赠多少的决策时把 t 当成既定的。我们现在研究当个体预测到他们的捐赠怎么转化为税收时策略性环境怎么改变。

A.　再次考虑有 N 个相同的人享受公共物品的情形。

a.　首先，假定 $N=2$ 并假定政府以比率 s 补贴私人捐赠。如果个体 n 捐赠 y_n 给公共物品，为弥补对他捐赠的补贴，他需要支付的税收比例是多少？

b. 比较个人不把他的捐赠的税收效果考虑进去与考虑进去的情形。在前后两个例子中对于公共物品的捐赠，你预期个体 n 的最优反应函数会如何变化？在哪种情形下你预期对补贴 s 的均衡反应要更大一些？

c. 解释为什么如下陈述是正确的：当 $N=2$ 时，个体不考虑补贴的预算平衡的税收结果时补贴为 s 的情形与他们考虑该结果时补贴为 $2s$ 的情形有着相同的影响。

d. 给定你在（c）中的答案（并给定在章末习题 27.1 中得到的当 $N=2$ 时最优补贴水平是 0.5），你认为为了使个体在考虑预算平衡的税收结果时获得有效水平的公共物品，s 需要为多少？

e. 下面假定 N 很大。解释为什么在个体选择他对公共物品的贡献水平时（与章末习题 27.1 一样）假设个体 n 把 t 当成既定的现在是一个好的近似？

f. 判断正误：如果个体把增加对公共物品捐赠的补贴的税收含义考虑进去，有效水平的补贴在当 $N=2$ 与 N 很大时是一样的。

g. 最后，假定我们开始于 $N=2$ 并增加 N。随着 N 的增加，个体 n 的捐赠决策在什么程度上影响个体 n 的税收义务？随着 N 的增加，搭便车问题的大小发生了什么变化？在我们思考私人捐赠的均衡水平时，你在什么意义上引进了抵消的力量？

B. 考虑与章末习题 27.1 相同的设定，但是现在假定每个个体认为政府会平衡其预算，因此考虑当补贴 s 大于 0 时他的捐赠对税率的影响。

a. 这个问题再次在所有人都相同的意义上是对称的，因此，在均衡中，所有个体最终会捐赠相同的数量给公共物品。假定除了个体 n 外所有（$N-1$）个个体在补贴为 s 时都捐赠 z。假设个体 n 捐赠 z_n，而所有其他人捐赠 z，把预算平衡的税率表示为 s 的函数。

b. 个体 n 知道他的税后收入将是 $(1-t)I$ 而捐赠 z_n 的成本是 $(1-s)z_n$。使用你在（a）中的答案，把个体的私人物品消费表示为 s 与 z_n 的函数（假定其他所有人都捐赠 z）。

c. 对个体 n 解效用最大化问题来确定他的最优反应函数（假定其他人都捐赠 z）。接着求解作为 t 和 s 函数的 z_n。（当把该问题看作一个仅有 z_1 作为选择变量的无约束最优化问题并且效用被表示为柯布-道格拉斯函数形式时最容易求解。）

d. 使用在均衡中 z_n 必须等于 z 的事实来求解作为 s 函数的均衡的个体捐赠 z^{eq}。[你应该可以把你表达式的分母简化成 $(1+\alpha(N-1)(1-s))$。]

e. 如果每个人占了公共物品资金有效水平的一个相等的份额，每个人将捐赠多少？用这来推导最优水平的 s。它是否取决于 N？

f. 判断正误：当个人把政府补贴的私人捐赠的税收含义考虑在内时，不管 N 是什么，最优补贴率都是相同的，并且它等于当 N 变大并且人们不考虑补贴的捐赠对税率的影响时的情形（如章末习题 27.1 所研究的）。

27.3 日常应用：三明治、象棋俱乐部、电影院与烟花。 之前我们提到了尽管我们通常把公共物品和私人物品当成不同的概念，很多物品实际上因为"挤出"而处于这两个极端之间。

A. 我们可以把挤出的水平想成是确定对物品的消费的最优群组的大小，而最优群组定位在纯私人物品与纯公共物品之间的连续的物品集上。

a. 一种对不同类型的物品进行模拟的方式是从获得一个额外组员来享受商品的边际成本和边际收益的角度进行的。从咬一口你的午餐三明治开始考虑。接纳第二个人对这块三明治的消费的边际收益是多少？最优群组人数是什么？如何把一口三明治与私人物品的概念联系起来？

b. 下面考虑象棋俱乐部。做一个图，群组人数 N 在横轴上，美元在纵轴上。对更多的会员，你需要得到更多的象棋板，额外会员的边际成本线应当为平坦的。额外会员的边际收益可能最初是递增的，但是如果俱乐部变得太大了，它就会变得不个性化从而不是很有意思。画出边际收益和边际成本曲线并指出最优群组人数。在什么情况下象棋俱乐部不是一个纯公共物品？

c. 考虑一个与有 N 个座位的电影院相关的类似的习题，但是你通过让人们坐在或站在过道里而增加额外的人。每个消费者提高了混乱水平从而增加了清洁成本。边际成本和收益曲线现在看起来是什么样子的？

d. 重做关于烟花的练习。

e. 你认为哪一个例子能由市场和/或公民社会相对有效地提供，以及哪一个例子需要一些政府援助？

f. 为什么在国家假日里燃放的烟花通常由当地政府提供，但是迪士尼能在没有政府援助的情况下每晚都燃放烟花？

B. 仅从成本方面考虑这部分习题，一些离散公共物品的成本由函数 $c(N) = FC + \alpha N^\beta$ 给出，其中 $\alpha > 0$ 和 $\beta \geq 0$。一直假定在公共物品的消费上没有群聚效应。

a. 推导接纳额外消费者的边际成本。为使在生产中有群聚效应，β 必须为多大？

b. 在平均成本函数的最低点求出群组会员费。这怎么与当群组对在市场中多个供给者而言充分小时的最优群组人数联系起来？

c. 对纯私人物品，α，β 和 FC 的关系是什么？

d. 假定商品是纯公共物品。α 取什么值可以使得情况如此呢？如果 $\alpha > 0$，β 取什么值可以使得情况如此呢？

e. α 会怎么影响群组人数？FC 和 β 呢？解释你的答案。

27.4 日常、商业与政策应用：竞争的局部公共物品和俱乐部物品生产。 在章末习题 27.3 中，我们考虑了一些我们区分位于纯私人物品和纯公共物品之间的物品的方法。

A. 考虑一个用（重复的）固定成本 FC 来生产公共物品 y 的情形，因为群聚效应，生产相同水平的 y 的边际成本随着群组人数 N 的增加是递增的。

a. 再次考虑一个图，群组人数 N 位于横轴，美元位于纵轴。画出随着 N 的增加提供给定水平的 y 的平均成本和边际成本。

b. 假定你所画的平均曲线的最低点发生在 N^* 处，N^* 大于 1 但是显著低于总人数。假设物品具有排他性，当提供物品的企业（或俱乐部）可以自由进入并且/或者退出时，你预期在长期均衡中的接纳价格是多少？

c. 到目前为止你考虑了企业生产给定水平 y 的情况。下面假定企业可以选择拥有较低的重复固定成本的较低水平的 y（较小的游泳池，班级规模较大的学校，等等）。如果人们对 y 有不同的需求，随着企业的竞争，你预期在均衡中将发生什么？

d. 转而假定公共物品不是在通常意义上排他性的，而是它仅能被居住在物品被生产的地方周围的人消费（例如一个公共学校）。用你所画的平均成本曲线确定最优社区的大小（其中社区提供公共物品）。

e. 当地政府经常用财产税来为公共物品的生产筹资。如果不同类型的家庭能自由购买不同大小（和价值）的房子，为什么较高收入的家庭（购买较大的房子）会担心低收入家庭的搭便车行为？

f. 很多社区实行分区规定，要求房屋和地块达到一定的最小尺寸。你能从对搭便车的担忧的角度解释这样的"排他性分区"的动机吗？

g. 如果当地公共物品使得最优群组人数充分小从而形成竞争性很强的环境（其中社区为居民竞争），排他性分区怎么导致非常相似的社区，即在社区中家庭相互之间非常相似并且居住在非常相似类型的房屋里？

h. 假定法庭要求（如现实世界中的法庭已经做的）富有的社区必须留出一定比例的土地用作"低收入住房"。对在富有的社区中的低收入住房的价格与在低收入社区中的相同的住房的价格之间的区别，你是如何预期的？你怎么预期在这些不同社区的相同的低收入住房中居住的居民平均收入之间的比较？

i. 判断正误：这个习题的见解表明当地社区竞争可能导致当地公共物品的有效供给，但是也会产生对"平等"的担忧，其中穷人对某些当地公共物品（比如好的公立学校）有较少的获得机会？

B. 再次考虑成本函数 $c(N) = FC + \alpha N^\beta$，其中 $\alpha > 0$ 和 $\beta \geq 0$（与习题 27.3 一样）。

a. 在竞争性企业提供排他性公共物品的情形下，计算你预期的长期均衡接纳价格。

b. 考虑一个小镇，在任意给定时间，23 500 个人有兴趣到电影院去。假定一个电影院的每个观众席/屏幕的成本被这个问题中的函数描述，其中 $FC = 900$，$\alpha = 0.5$，$\beta = 1.5$。确定最优观众席的容量 N^*，每张票的均衡价格 p^*，以及电影屏幕的均衡数量。

c. 假定一个空间有限的公共物品由当地社区提供，该社区通过财产税资助公共物品的生产。经济理论者已经证明了如果我们假设可以相对容易地从一个社区搬到另一个社区，除非社区找到方式去排除那些试图搭便车的人，否则均衡可能不存在。你能解释这一点的直观含义吗？

d. 对社区成员设定最小收入水平的（违反宪法的）实践是建立均衡的一种方式吗？排他性分区的（习题 A 部分所定义的）实践是怎么完成相同的事情的？

e. 在极端情形下，有排他性分区的模型可能导致家庭对社区的充分自我选择，在社区中的每个人都和其他任何人相同。在这种情形下，财产税是怎么模仿对公共物品的人均使用费的？

* f. 鉴于你对 A(g) 的答案，如果分区规定在社区中并不是一致相同的，你能否辩说相同的社区可能是真实存在的？

* **27.5　日常与商业应用：通过"认购活动"为路灯筹钱。** 有时候，一个公民社会机构的目标用所需要的美元价值可以清晰地描述。例如，考虑当我们希望为我们黑暗的死胡同的路灯融资时你和我面对的问题。我们知道路灯的总成本是 C，因此我们确切地知道我们需要筹多少钱。我们筹钱的一种方式是通过"认购活动"。认购活动按照如下方式进行：我们把货币"许诺瓶"放在两个家庭之间，从你许诺一个数量 x_1^Y 开始。接着我们以一天为基础交替为瓶中放置一个许诺，我在第二天放入一个许诺 x_2^M，接着在第三天你放进一个许诺 x_3^Y，我在第四天放进 x_4^M。依此类推，当有足够的钱被许诺并达到路灯的成本 C 时，我们为路灯进行支付，你对你已经许诺的全部金额写一张支票，我对我已经许诺的全部金额写一张支票。

A. 假定你和我对路灯的价值评估都为 1 000 美元，但是路灯实际上花费了 1 750 美元。我们俩都是特别没有耐心的人，明天的 1 美元在今天仅值 0.50 美元。为简单起见，假设在付钱的那一天路灯就能被建立起来。

a. 假定最终花费了 T 天，我们筹到了足够的许诺金额。让 x_T^i 表示在我们到达目的之前最后的许诺。子博弈完备意味着 x_T^i 是多少？（提示：个人 j 留下一个在第 T 天小于个人 i 意愿的最大的许诺金额是子博弈完备的吗？）

b. 下面，考虑在第 $(T-1)$ 天轮到许诺的个人 j，x_{T-1}^j 是多少？〔提示：个人 j 知道，除非他捐赠了一个必要的量，使得 i 完成在第 T 天所需要的许诺，否则最终他将必须再次在第 $(T+1)$ 天捐赠一个量（等于你所计算的量 x_T^i），从而把拥有路灯的时间推迟一天。〕

c. 继续倒推，需要花费多少天来搜集足够的许诺金额？

d. 我们每个人需要为路灯支付多少（假设你先行动）？

e. 我们每个人愿意为政府支付多少以使得政府收取等于我们最终捐赠量的税收，但是可以今天就这样做，从而在今天就建起路灯？

f. 在认购活动中无效性的来源是什么？

g. 为什么认购活动对一个教堂牧师为新建建筑筹钱是一个好方法，但是对美国癌症协会为癌症研究融资不是一个好方法？

B. 现在考虑更一般的情形，其中你和我对路灯的估值都是 V 美元，它花费 C 美元，并且明天的 1 美元等价于今天的 $\delta < 1$ 美元。一直假定均衡是子博弈完备的。

a. 与 A(a) 一样，假定我们在第 T 天个体 i 放置最后一个许诺后搜集到足够的许诺金额。用 δ 和 V 表示 x_T^i 是多少？

b. x_{T-1}^j 是多少？x_{T-2}^i 呢？

c. 基于你在（b）中的答案，你能对 t 从 1 到 $(T-1)$ 推断许诺金额 x_{T-t} 吗？

d. 今天的许诺金额是多少，即在第 0 期中的许诺金额是多少？

e. 用开始于第 0 天并结束于第 T 天的 $(T+1)$ 个许诺来支付路灯的全部成本的最高的 C 为多少？

f. 回忆 $\sum_{t=0}^{\infty} \delta = 1/(1-\delta)$，认购活动如果能无限期地进行使得我们能把活动的时间近似为无穷，我们所能筹到的最高金额是多少？

g. 判断正误：只要修建路灯是有效的，认购活动最终将成功地筹到必要的资金。

h. 判断正误：在认购活动中，我们应该预期最初的许诺很小并且随着时间的流逝，活动"展示出递增的动力"，许诺在我们接近目标时递增。

27.6 商业应用：对社会企业家的营销挑战。社会企业家是使用他们的才能来实现与某种类型的公共物品相联系的社会目标的企业家。他们在公民社会的挑战是激励个人为正在被倡导的项目捐赠充分的资金。除了对政府援助的游说外，我们可以想出两个一般方式使得社会企业家可以成功地增加对他们的捐赠。两个方式都涉及营销：一个目标在于增加那些意识到这个公共物品的重要性从而扩大捐赠池的人数；另一个目标在于说服人们他们得到了某个确实值得捐赠的东西。

A. 我们可以把社会企业家的劳动想象成两个不同的生产过程的投入：一个目标在于扩大捐赠池，另一个目标在于增加捐赠者在参与后得到的利益。

a. 假定两个生产过程都是规模报酬递减的。这对每个生产过程的边际收益产品意味着什么？

b. 如果社会企业家最优地分配他的时间，他在两个生产过程中劳动的边际收益产品有什么联系？

c. 另一种看待社会企业家问题的方法是他的固定的劳动时间 L 形成了一个时间约束。图示这样的预算约束，横轴表示用来扩大捐赠池的时间 ℓ_1，纵轴表示用来说服现有的捐赠者的时间 ℓ_2。

d. 这个两要素生产过程的等产量线看起来是什么样子的？你能把这理解为社会企业家的无差异曲线吗？

e. 说明社会企业家在这个图中会怎么最优化。你能把你的结果理解成与你在

（b）中所推导的一样吗？

　　f. 从我们所讨论的捐赠的暖光效应的角度，你能否把 ℓ_2 理解成说服个人公共物品有私人利益的努力？

　　g. 当一个人把这个模型应用到一个把活动资源分配到群发邮件与参加政治集会的政治家（或"政治企业家"）时，你会怎么重新理解我们的模型？

　　h. 我们在书中讨论到有时候在使个人从事公共事业捐助的过程中存在"临界点"。如果社会企业家试图跳过这样的临界点，那么应该怎么改变他在努力进行资金筹备时的策略？

　　B. 假定在 A 部分介绍的两个生产过程是 $f_1(\ell_1)$ 和 $f_2(\ell_2)$，对 $i=1,2$ 有 $\mathrm{d}f_i/\mathrm{d}\ell_i < 0$，并且每个过程中的产出被定为"筹集的美元"。

　　a. 假定社会企业家有 L 小时可以分配，建立他的最优化问题。你能证明 A(b) 中的结论吗？

　　b. 假定 $f_1(\ell_1)=A\ln\ell_1$ 和 $f_2(\ell_2)=B\ln\ell_2$，A 和 B 都大于 0。推导最优的 ℓ_1 和 ℓ_2。

　　c. 在方程（27.54）中我们在暖光效应下确定了个人的均衡捐赠量。假定这表示社会企业家合作的捐赠者的均衡捐赠水平。假定 $I=1\,000$，$\alpha=0.4$，$\beta=0.6$。对于没有社会企业家作出努力的这部分，$N=1\,000$，$\gamma=0.01$。社会企业家在没有投入任何努力时能筹到多少捐赠资金？

　　** d. 下面假定 $N(\ell_1)=1\,000(1+\ell_1^{1/2})$ 以及 $\gamma(\ell_2)=0.01(1+\ell_2^{1/2})$，并假定社会企业家总共有 $1\,000$ 个小时用于筹集资金。假定他实际上把所有的 $1\,000$ 个小时都用于努力筹集资金，从而 ℓ_2 等于（$1\,000-\ell_1$）。创建一个表，ℓ_1 位于第一列，从 0 到 $1\,000$，以 100 小时为增量。在接下来的三列中计算所隐含的 ℓ_2，N 和 γ，接着在最后两列报告个人捐赠的均衡水平 z^{eq} 和总共筹集的资金 y^{eq}（很明显，在电子表格中解决这个问题最容易）。

　　e. 你将会怎么建议社会企业家把他的时间分配在召集更多的捐赠者以及与已有的捐赠者合作？

　　** f. 假定问题的参数除了 $\gamma=0.01(1+\ell_2^{0.5}+0.001N^{1.1})$ 外，其余都相同。通过修改你在（d）中的表，你能确定社会企业家应该投放在他的两个资金筹备活动的最优小时数吗？他将会筹到多少？

　　27.7　政策应用：对慈善品的需求与税收减免。在第 9 章的章末习题 9.9 中，我们研究了不同的美国所得税对慈善捐赠水平的影响。如果你还没完成这个习题，现在做这个习题并研究在美国过去几十年里税收政策变化的不同方式对慈善捐赠的可能影响。

　　†**27.8　政策应用**：反贫困需要努力提供公共物品吗？对政府参与反贫困项目以及对一般的政府再分配项目有很多基于平等或公平的争论。是否存在政府对收入进行再分配的有效例子呢？一种可能性是把政府的反贫困努力看成是一种公共物

品，但是这是不是一种可信的争辩取决于我们如何看待对反贫困项目的捐赠。

A. 假定有一个奉献于反贫困项目的个体集合 A 以及从这样的项目中收到收入转移支付的不同的个体集合 B（并假定总体中的所有人都在这两个集合中的一个）。

a. 考虑在政府的反贫困努力干预中能否形成一种有效的情形，我们必须考虑那些收到收入转移支付的人所增加的福利吗？

b. 捐赠给反贫困项目的个体应怎么看待这样的项目，以使得在私人捐赠上没有外部性？

c. 如果你对（b）的答案实际上是个体怎么看待反贫困努力的答案，在没有政府干预时反贫困努力是否有效？如果政府通过对那些作出了私人捐赠的人征税来为反贫困项目筹资，在什么程度上你预期政府项目能"挤出"私人努力？

d. 为使得这样的项目是纯公共物品，个人应如何看待他们对反贫困项目的捐赠？

e. 如果在（d）中的条件成立，政府再分配项目为什么存在一个有效的情形？

f. 如果政府再分配项目是通过对那些自愿捐赠给反贫困项目的人征税筹资的，那么为了完成一些目标，为什么政府的项目必须很大？

g. 如果存在第三个个体集合，他们既不对反贫困项目进行捐赠，也不从中受益，但是被征税（与那些私人捐赠给反贫困项目的人一起）来为政府再分配项目提供资金，你对（f）的答案将怎么改变？

h. 一些人争辩说私人反贫困项目本质上更加有效，因为公民社会反贫困项目能使用政府项目不能得到的信息。因此，公民社会反贫困项目相比于政府再分配项目对花费的每一美元会使穷人福利提高得更多。如果确实是这样的话，考虑当一个人思考在反贫困努力中最优的政府涉入时所产生的选择取舍。

B. 个人 n 的私人物品消费为 x_n，政府对反贫困努力的捐赠为 g 以及个人 n 对反贫困努力的捐赠为 z_n。个人 n 的偏好被定义为 $u^n(x_n, y, z_n) = x_n^\alpha y^\beta z_n^\gamma$。（假设反贫困努力纯粹是对穷人的货币转移支付。）

a. 使反贫困努力为严格的私人物品必须满足什么条件？

b. 使反贫困努力为纯公共物品必须满足什么条件？

c. 假定你在（a）推导的条件成立［并保持这个假设直到题（g）］，进一步假定有 N 个不同收入水平的个人，个人 n 的收入表示为 I_n。当 $g=0$ 时，私人反贫困努力是否被有效地融资？当 $g=0$ 时，随着 N 变大，对反贫困项目的私人捐赠的均衡水平是多少？

d. 如果政府没有通过提高税收来增加 g，对反贫困项目的私人努力是否会受到影响［仍假定在（a）中推导的条件成立］？（提示：个人的最优化问题怎么变化？）

e. 假定政府转而对所有的收入征收了一个比例税 t 并完全用这些资金去为 g 融资。这个政府项目将会挤出多少对反贫困项目的私人捐赠？对反贫困项目的总体贡献（包括政府的贡献）会改变多少？（再次考虑对个人最优化问题的影响。）

f. 这个在反贫困努力上的政府干预能否在有效性的角度上被证明是正当的？

g. 转而假定你在（b）中所推导的条件成立。为简化分析，假定关注反贫困项目的 N 个人都有相同的收入水平 I（以及相同的偏好）。当 $g=0$ 时，对反贫困项目的均衡水平的融资是多少？

h. 当政府增加 g 而又不改变税收时，总体融资（包括公共的和私人的）怎么变化？

i. 如果政府转而施加了一个比例所得税 t 并完全把收入用来为 g 融资，对总体反贫困努力的融资会怎么变化？假定在均衡中，N 个人仍捐赠正的贡献。

j. 在什么条件下，预算平衡的 (t, g) 政府项目会提高反贫困项目的总体融资水平？

27.9　政策应用：扭曲性税收与国家安全。 在现实世界中，政府供给公共物品通常使得使用扭曲性税收来增加所要求的收入成为必须。考虑"国防"这种由政府专门供给的纯公共物品（没有私人贡献）。

A. 考虑国家税收系统中不同程度的无效性。

a. 在我们对税收净损失概念的发展中，我们发现当税率增加 k 倍时，税收中的净损失通常以 k^2 的速率增加。定义"资金的社会边际成本" $SMCF$ 为对政府花费的每一额外美元社会所发生的边际成本。$SMCF$ 曲线的形状是什么样的？

b. 判断正误：如果公共物品被定义为"在国防上的支出"，那么为公共物品增加 1 美元资金的边际成本是有效税收系统下的 1 美元。

c. 随着税收系统变得更加无效，提供这个公共物品的边际成本会怎么变化？

d. 使用你对（c）的答案解释如下陈述：随着税收系统的无效性的增加，政府的最优水平的国防支出下降。

e. 你是怎么理解下面这个陈述的：设计了更有效的税收系统的国家比有着无效税收系统的国家更有可能赢得战争。

B. 假定我们通过假设一个代表性消费者有着效用函数 $u(x, y)=x^{1/2}y^{1/2}$ 和收入 I 来近似对商品的需求，其中 x 是私人消费（以美元表示），y 是国防支出（以美元表示）。

a. 如果政府能使用总量税收来增加收入，有效水平的国防支出是多少？

b. 下面假定政府仅能得到产生净损失的无效的税收。特别地，假定它在收入 I 上使用一个税率 t，税收收入为 $TR=tI/(1+\beta t)^2$。这怎么表明净损失？如果税收是有效的，β 为多少？

c. 假定其必须使用税收来为国防融资，推导有效税率和国防水平。（建立一个最优化问题，其中 t 是唯一的选择变量，效用函数转化为对数形式，这样考虑最简单。）它怎么与你在（a）中的答案进行比较？

27

d. 假定 $I=2\,000$。当 $\beta=0$ 时，国防支出与税率 t 为多少？当 $\beta=0.25$ 时，它们怎么变化？如果 $\beta=1$ 呢？ $\beta=4$ 呢？ $\beta=9$ 呢？

e. 下面假定政府提供两个纯公共物品：在国防上的支出 y_1 和在缓和贫困问题上的支出 y_2（其中后者以在章末习题 27.8 中的方式成为公共物品）。假定代表性消费者的偏好能被描述为 $u(x,\ y_1,\ y_2)=x^{0.5}y_1^{\gamma}y_2^{(0.5-\gamma)}$。把（c）中的最优化问题修改成适合以下条件的问题：政府现在选择税率 t 以及税收收入中花费在国防上的比例为 k［与花费在缓和贫困问题上的 $(1-k)$ 相对应］。

f. 最优税率有别于你前面推导的结果吗？税收的什么比例将被花费在国防上？

27.10 政策应用：社会规范与私人行为。 在第 21 章的章末习题 21.12 中，我们研究了社会规范在确定一个城市的街上的"绿色汽车"的数量中的作用。回到这个问题并把你的结论与从本章得出的临界点结合起来。

†27.11 政策应用：政治拨款公共物品。 在代议制民主国家，立法者在立法机构中代表地区。我们经常听到"政治拨款"一词。典型地，这是指立法者在立法机构的法令中包含的特殊项目，这些项目对立法者所在的区域有直接的收益，但是对之外的区域没有。在这个习题中，我们将把这些当成公共融资的私人物品，其收益被局限在地区的地理界线内的一些比例的消费者中。（在章末习题 27.12 中，我们将考虑不同类型的当地公共物品的情形。）

A. 假定有 N 个不同的立法地区，每个都有相同的人口比例。为简化推理，假定所有的居民都是相同的并且税法同等地影响所有的个体。进一步假定所有的项目花费 C，一个项目的总收益 B 被完全包含在项目被执行的区域内。

a. 地区 i 中的居民支付多少由立法机构通过的项目成本？

b. 如果项目被定在地区 i 中，地区 i 中的居民收到多少收益？如果不是呢？

c. 假定能带到地区 i 的可能项目的收益范围为从 $B=0$ 到 $B=\overline{B}$，其中 $\overline{B}>C$。如果立法机构仅关注有效性，哪个项目应该在地区 i 中被构建？

d. 现在考虑一个代表地区 i 的立法者，其收入与他的地区从他带来的项目中获得的收益成正比。这个立法者将会将什么项目包含在通过的立法机构的法令中？

e. 如果仅有一个单一的区域（即 $N=1$），那么（c）和（d）的答案有何不同？

f. 立法者包含在法令中的无效项目的集合会怎么随着 N 的增加而变化？

g. 在什么意义上立法者有动机建议无效的项目，尽管所有成员在没有无效项目落在任何区域时都会变得更好？你能把这描述为囚徒困境吗？你能把它与公地悲剧联系起来吗（其中你把纳税人的钱当成公共资源）？

B. 考虑以稍微不同的方式模拟相同的问题。不再考虑每个地区多个不同的项目，假定每个地区有一个单一的项目，但是其大小能改变。让 y_i 表示在地区 i 中政府项目的大小。假定一个大小为 y 的融资项目的成本是 $c(y)=Ay^{\alpha}$，其中 $\alpha>1$，并假定这样一个项目给地区带来的总收益是 $b(y)=By^\beta$，其中 $\beta \leqslant 1$。

    a. 条件 $\alpha > 1$ 和 $\beta \leqslant 1$ 的含义是什么？它们看起来是合理的假设吗？

    b. 假定除了地区 i 以外，所有的地区得到了大小为 $\bar{y}$ 的项目，地区 i 得到了大小为 y_i 的项目。让区域 i 的立法者得到收入 π^i，这相当于他所在地区的居民从所有政府项目中得到的净收益的比例 k 部分。假设政府把所有项目的成本平均分摊到所有区域的税收系统，则 $\pi^i(y_i, N, \bar{y})$ 是多少？

    c. 立法者 i 将选择什么水平的 y_i 包含在政府预算中？$\bar{y}$ 是多少重要吗？

    d. 所有的立法者会为他们的地区要求什么水平的 y^{eq}？

    e. 每个地区的有效水平 y^* 是多少？它与均衡水平有什么差别？

27.12 政策应用：作为政治拨款项目的当地与国家公共物品。与章末习题 27.11 一样，再次考虑代表地区的立法者的政治激励。在章末习题 27.11 中，我们把政治拨款项目考虑成公共融资的私人项目，其中在目标地区的居民都获得了享受且每个人都支付了成本。这导致了一个公地悲剧，立法者把纳税人资源的池子当成一个公共的池子，为他们地区偏爱的项目融资。其结果是，这样的政治拨款项目被过度供给（就像渔民过度在公共拥有的湖中捕鱼一样），导致了无效的高的政府支出。

    A. 现在假定问题中的项目不是私人物品而是当地公共物品，也就是说，假定地区 i 中一个项目的收益 B 是地区 j 中 n 个居民同等享受的收益。

    a. 你在章末习题 27.11 中的从 A(a) 到 A(f) 的答案会以什么方式改变？

    b. 你从章末习题 27.11 中得到的基本结论仍成立吗？

    c. 下面假定每个项目尽管只落在一个地区，但是受益的是国家的所有 Nn 个人，即假定那些项目是国家公共物品而且没有利益被限制的地理界线。你的基本结论现在会改变吗？

    d. 判断正误：立法者要求的项目在多大程度上是无效的，取决于项目的收益在什么程度上是国家的而不是当地的。

    B. 现在我们以章末习题 27.11 的 B 部分思考这些问题的方式进行思考。每个地区得到一个项目，其成本和收益随着项目的大小而变化。在一个地区中，提供 y 的成本也是 $c(y)=Ay^\alpha$，但是项目的收益由这个区域的 n 个居民中的每个人获得，即收益是 $b(y)=Bny^\beta$。再次假定 $\alpha > 1$ 和 $\beta \leqslant 1$。

    a. 重复章末习题 27.11 中的从 B(b) 到 B(e) 的问题并确定 y^{eq} 和 y^*。

    b. 这些项目是否再次无效地大？无效性随着 N 的变化是怎么变化的？

    c. 假定每个项目的收益在所有 nN 个居民中扩散。在每个项目都是一个国家公共物品的情形下，推导 y^{eq} 和 y^*。

    d. 让立法者为他们所在的地区请求实施这些项目是否仍是无效的？

第28章　政府与政治

在整本书中我们都认为，在给定所处环境的情况下，不管是消费者、工人还是公司，个体都会试图做到最好。[①]尽管我们通常假定公司将最大化它们的效益看作是"最好的"，什么是"最好的"一般还是个体的主观判断。在一些情景中，我们发现个别现实政策是无效率的（并且有时是不平等的），因此我们会暗示自己我们可能要以同样的方式看待政客；也就是说，我们可能要放弃民主政治家将完全执行"人民的意愿"这种理想化的观点，而采取一种更为现实的观点，即他们是使用激励机制来指导政治行为的。

这正是我们将要在本章中讨论的。这来源于肯·阿罗的一个著名结论，阿罗用分析性的方法证明了这样一个论断：在某种意义上，没有"人民的意愿"这回事。我知道这可能听起来有点奇怪，但它是完全正确的。阿罗想要说明的（也是我们将在本章的B部分说明的）是：像把所有选民的偏好加总起来的这种民主进程通常无法得到一个合理的、能将社会选择清楚地从最好到最坏排序的"社会偏好顺序"（这个偏好顺序被称为"人民的意愿"）。与之相反的是，由于民主进程总是倾向于对社会偏好排序，这让政客，特别是一些有能力设定投票程序的政客更容易操纵民主进程来满足他们自己的利益。

出于上述原因，在过去的几十年中，经济学家和政治学家们广泛地研究了不同种类的政治制度，因为在民主社会中正是这些政府制度中包含的激励机制最终决定了政府的政策结果。有一些政治制度使得政客们更难去操纵民主进程，另外一些则让这变得更容易。但是，不管这些政治制度设计得如何精巧，民主仍是一项复杂的任务。用本书的语言来说，对于政客来说，福利经济学第一定理是不存在的；也就是说，不像市场竞争能达到帕累托最优，民主社会中的政治竞争通常无法产生有效的结果。对给予政策建议的经济学家们来说，认识到以下这点是很重要的：就像市

[①]　这一章要求对第2章以及第4～6章的消费者理论有基本理解。虽然没有正式地要求博弈论，但是本章运用了第24章中的一些概念并且提及了第25章与第26章中所讨论的寡头概念。然而，即使对于这些没有很多了解，阅读本章也是相对容易的。

场和公民社会团体一样，政府同样面对着一系列问题。在决定社会中的哪一部分（如果有的话）应该参与到问题的解决中时，结果至少应当部分取决于当我们希望看到的事情发生时，社会中的哪一部分面临的问题最小。

本书中每个章节的 A 部分通常与 B 部分是大致对应起来的，但在本章我们将稍微改变一下。因为我在这里想要介绍的政治经济学的主要观点并不是特别需要数学技巧，它们能够相当容易地被直观的图形表现出来。其中一个例外是对阿罗定理的说明，它包含了一些数学概念和较严密的推理。因此，本章的 B 部分的主要任务是对阿罗定理做一个详细的讨论。

28A 思考政治的经济学方法

虽然在 B 部分之前我们都不会正式地讨论阿罗定理，但了解一下阿罗定理的起源并稍微理解这个影响广泛的定理，知道它是如何塑造我们看待政府政策形成的思维方式仍然是非常重要的。几个世纪以来，政治学家们的发言中都少不了"人民的意愿"这样的词，人们也往往理所当然地认为政策结果就是这种"意愿"的现实表达。举个例子，在美国 2000 年的总统选举当中，为了各自的胜利，双方都把"人民的意愿"作为各自的道德标准。但是，阿罗问道，当我们使用这些短语时，它们究竟意味着什么呢？更进一步去想，它们真的有意义吗？

我认为，当我们使用诸如"人民的意愿"这样的短语时，大部分人心中浮现的是这样一种政治进程，即把我们对一些社会结果的偏好"加总"起来的过程，这些结果都是我们所关心的，包括税收、公共物品、对于私人产权的管制、核能、战争与和平、堕胎、干细胞研究、公民自由以及宗教自由等等。然后，我们将这种产生了政治结果的"集体偏好"当作"人民的意愿"。这一切正是阿罗心中所想：他将民主进程看作社会尝试去加总公民偏好的方式，这样产生的集体偏好或者叫社会偏好能够被用来做决策以及权衡一些重要的议题。然而，不同的民主进程可能会导致不同的把个人偏好加总形成社会偏好的方式，这意味着即使是对同一批人，不同的民主进程也可能会导致不同的"意愿"。因此阿罗问道：我们将更想要看到哪种社会偏好以及哪种"人民的意愿"在民主进程中出现？

他的发现既令人吃惊又令人失望，这事实上产生了一个与政治科学有交集的全新的经济学分支。如果我们将应该在民主进程中出现的社会偏好当作没有违反一致观点的，不能够被控制政治议程的政客所操控的，尊重最低级别民主的偏好，那是我们运气不好，根本不存在这样一般的民主进程。事实上，根本就不存在"人民的意愿"这样的东西。当我们都在说"我们"时，事实上，也不存在"我们"这回事。虽然"我们"想当然地通过政治制度来做决策，但阿罗定理暗示，这些决策并不是被所谓的"社会偏好"或者是"人民的意愿"来指导的。

然而，阿罗的意图不是要去反对民主，恰恰相反，他是要让我们开始认真地思考：为什么一些民主制度比另一些要好，以及如果我们对民主有一个更深的理解，我们应怎样做来让它运转得更好？阿罗证明了民主进程的结果不仅依赖于这些进程的设计方式和演进形式，在很大程度上也取决于在政治领域中谁有权利来制定议程去规定哪部分公民能投票以及政治机构在多大程度上能够去限制这个人去滥用他的权力。就像我们之后会看到的那样，我们可以举出一些例子，这些例子中的政治进程看起来和真正的民主进程别无二致，但其中"议程制定者"有着近乎独裁者的权力。同时，我们也会给出一些正式的或非正式的用来限制政治议程制定者的政治制度的例子。总之，阿罗提出了对政治制度的研究，因为在事实上没有"人民的意愿"这句看起来不可思议的话被揭露之后，政治制度和它们的激励机制对我们投票时的选择就是"重要"的。

因此，我们将在这一章中描述一些政治制度"起作用"的方式以及我们如何不能够一般性地认为民主政治制度必然会导致达到任何特定的目标的政策，不管这个目标是经济上有效益的，是某种意义上社会公平的，还是仅仅是确保花朵在任何时候都遍地开放。在这个过程当中，我希望你找到一些思考方式，在这种方式下我们能够像思考消费者和生产者一样去思考政治演员们的一些行为：当给定他们的处境，有各自偏好的演员们试图做到他们的最好结果。

28A.1 议程设定与政策操纵

我们将在一些非常简单的背景下开始我们对政治制度的讨论。首先我们将讨论当我们投票的议题能够整洁地排成一个维度时，一个投票均衡将如何出现。我们可以将以下的例子看作是一个维度的问题：在给定我们只能通过比例税来增加税收时，我们愿意花多少钱在当地的公共学校上。政治学家们也会使用这样的"单维度问题空间"作为表达更加复杂偏好问题的简化方式，其中政策集合是从政治意义上的"右派"到政治意义上的"左派"的一个集合。当我们考虑的问题属于这样的一个单维度问题时，我们能够推导出使得投票者的偏好达到平衡的条件，这个条件与第 26 章中介绍的在不存在价格差异的情况下的霍特林模型惊人地相似。接下来我们看一看当潜在的模型被微调时，议程制定者的角色是如何迅速地出现的，不管是以我们考虑的投票者偏好的形式还是以"问题空间"维度的形式。

28A.1.1 单维度政治学和"中位投票者定理" 接下来让我们从以下这个例子开始：假设存在一个关于公立学校开支的投票，并且假设此时不存在私立学校。因此每一个家庭不得不将孩子送往公立学校。进一步假设学校的开支是唯一需要考虑的，每一位投票者有一个需要上学的孩子，每一个家庭都有对于学校开支 y 和私人物品组合 x 的偏好。最后假设家庭都理解更多的学校支出必须通过税收来支持，因而 y 的任何一个增加都会导致 x 比例性地减少。

在图 28-1 的组图（a）中，我们画出了一个特定的投票者 i 在 y 和 x 之间面临的权衡选择，这个权衡选择与我们通常的预算线看起来一模一样。所不同的是该线

的斜率不是由 y 的相对价格来决定的，而是由消费者为了获得更多的 y 而必须付的
税收额来决定的。另外，消费者实际上不能选择其最喜欢的集合，只能选择在集体
投票中被大家决定的消费集合。

练习 28A.1　假设 y 被定义为公立学校中每一个小学生的花费。如果存在 N 个不同的纳税人
和同样数量的学生，并且如果所有的纳税人都平等地分担公立学校的融资，那这条预算线的
斜率是多少？

练习 28A.2　反过来假设 y 被定义为公立学校的总开支。在与练习 28A.1 相同的条件下，预
算线的斜率是多少？ ■

在组图（b）中，我们接着画出了投票者的三条无差异曲线，最上面那条无差
异曲线给出了消费者最偏好的公立学校的花费水平 y_i^*。另两条无差异曲线都两次
穿过了预算线，给出了一高一低两个消费者效用无差异的公立学校的开支水平。最
后，在组图（c）中，我们画出了消费者在不同的公立学校的开支水平下能够达到
的效用水平。注意画出来的图是单峰的；也就是这个投票者有一个最偏好的公立学
校的开支水平 y_i^*，并且随着实际的公立学校的开支水平向两个方向偏离理想水平
而递减。

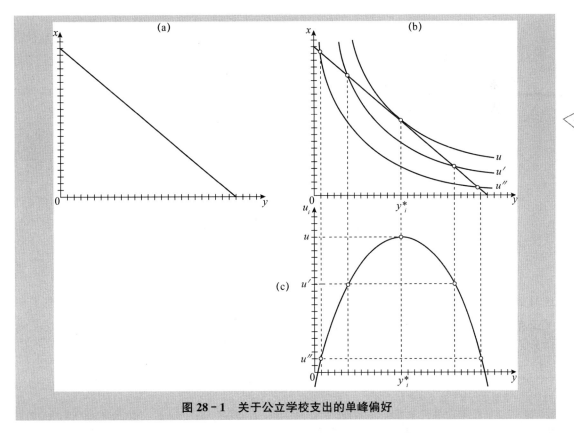

图 28-1　关于公立学校支出的单峰偏好

练习 28A. 3 假设税率是累进的，即税率随着税收收入的增加而递增。对于 y 的偏好是否还是单峰的呢？ ■

现在我们想象有五位学校董事会的成员，他们需要对每一个小学生的开支水平达成一致的决定，假设这个民主程序是不断成对地比较任何为成对投票设计的方案直到只有一个方案留下来。换句话说，假设我们从对两个方案的投票开始，然后对胜利者和第三个方案进行投票，然后再对胜利者和第四个方案进行投票，如此进行下去。如果存在政治学家们所说的"孔多塞胜者"（Condorcet winner）的话，那么这个过程将得出一个确定的结果：一个在成对投票中击败其他所有方案的方案。[①]

在我们描述的背景下，事实上存在一个孔多塞胜者。考虑在图 28-2 中画出的对每个小学生开支存在单峰偏好的五位投票者。"峰值"落在中间的投票者区域，即偏好被粗线强调的投票者，他被标志为"中位投票者"。任何理想点位于 y_m^* 右边的投票者认为这位中位投票者所偏好的政策 y_m^* 比任何落在它左边的方案即 $y < y_m^*$ 的方案都要好，因为他们理想的点距离 y_m^* 比距离 y 要更近。因此，投票者 4 和 5 会加入中位投票者的阵营来击败任何 $y < y_m^*$ 的方案。相似地，任何 $y' > y_m^*$ 的方案在与 y_m^* 进行比较时将被投票者 1、2 和中位投票者否定。因此，不存在能够打败 y_m^* 的政策方案，这就使得选 y_m^* 的人成了孔多塞胜者。

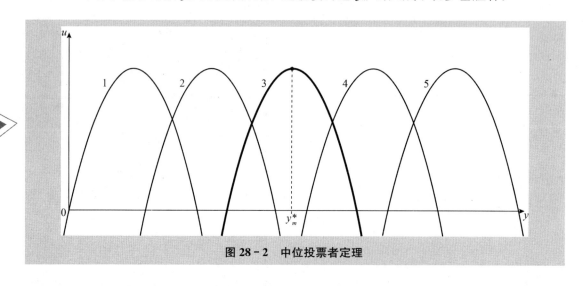

图 28-2 中位投票者定理

练习 28A. 4 在图 28-2 中，我们画出的单峰偏好都有同样的形状，仅仅在它们的理想点位置上有所区别。在形状不同而不是理想点的位置不同的单峰偏好条件下，孔多塞胜者还是同一个人吗？ ■

---

① "孔多塞胜者"这个名词与孔多塞（1743—1794）有关，他第一次表明大多数人的偏好可能不是传递性的（像我们接下来就会看到的那样）。孔多塞不仅仅是哲学家、数学家、政治学家，他也是一位在法国大革命中有影响力的人物，因为在罗伯斯庇尔的"恐怖统治"期间，他在被逮捕的两天后就离奇死亡，所以他也是受害者之一。

不管有多少人，我们刚刚为五位投票者推导出的结果对任何奇数的投票者都是成立的。比如说，我们可以将一场总统选举模拟成一场这样的竞争：两个候选人在从政治极左到政治极右的意识形态范围上有各自的定位。大量的选民在总统选举中投票，我们可以将这个大数目的选民近似成理想地分布在这个范围上的一系列消费者，被选举出的总统的理想位置离选民的理想点越远，则每一个选民的境况就变得越糟。接下来我们可能会问候选人将如何定位自己，并且这个模型预测如果其中任何一个候选人的定位点并不是选民的理想点，那么另一个候选人就可以通过选择中位投票者的位置来打败他。因此，在均衡时，我们认为两个候选人都将去迎合中位投票者。

练习 28A. 5 当公司被限制收取同样的产出价格（意识形态上的评价刻度被产品差异化所替代）时，对这个均衡的预测与霍特林模型中的均衡是一致的吗？

练习 28A. 6 在美国总统选举中，在竞选一个党派的提名者之前，一个潜在的候选人首先需要获得他所在党派的党内初次选举的胜利。举个例子，在与共和党的提名人在普选中竞争之前，竞选民主党提名的多个候选人首先必须在只有民主党人士参与的竞争中获胜以赢得该党派的提名。你能够使用我们的中位投票者定理来论证民主党提名的候选者起初会将他们自己定位在中位投票者的左边但他们最终在普选中的成功取决于他们能够"向中心移动"的程度吗？■

迄今为止，我们模型的观点能够被总结成所谓的中位投票者定理：只要我们进行投票的议题落在一个单维度的刻度上，并且投票者们在这个刻度上有单峰偏好，根据多数决定原则进行的成对的选择将会使中位投票者的理想点成为选举的结果。注意这个定理陈述中的两个警示：对于这些问题的投票者的偏好必须是单峰的，并且"问题空间"也必须是单维度的。在接下来的两节中，我们将会看到中位投票者定理有多么地敏感以及当我们放松其中任何一个重要的假定时，它的结果将消失得多么迅速。

28A. 1. 2 通过制定议程进行操控：非单峰偏好 假设我们用以下方法来放松这个关于小学生开支投票的模型：在公立学校的开支太低的情况下，允许一些投票者将他们的孩子送去私立学校读书。这样的话，对于一些投票者来说，他们对于公立学校开支的偏好可能就并不是单峰的。我们这样来思考：如果公立学校的开支落在某个临界值以下，这些投票者将会把孩子送往私立学校。但是就算他们将孩子送往私立学校，他们仍然需要为他们没有使用的公立学校纳税。所以在使得投票者们选择私立学校的开支范围内，当公立学校的开支（也就是投票者的纳税额）降低时，投票者的境况会改善。接下来，图 28-3 说明了这种投票者在公立学校不同的开支水平 y 下对应的效用。公立学校的开支水平 y_i 是投票者 i 为其孩子选择公立学校的最低开支水平，并且对于任何在 y_i 之下的公立学校的开支，她会选择私立学校。当她选择私立学校时，她将偏好于更少的公立学校支出，因此在最开始公立学校开支和效用水平之间有向下倾斜的关系。但是一旦她将孩子送往了公立学校，她将更偏好于更多的公立学校开支，直到到达她的理想值 y_i^*。

接下来是一个对于单维度问题的非单峰偏好的例子。我举这个例子仅仅是想要说明即使是在只针对一个问题来进行表决的这个简单的背景下，这样的偏好仍然是相当合理的。但是我们接下来也会看到这意味着孔多塞胜者不可能存在；也就是说，不存在一个能够打败某人可能作出的任何可选择提议的小学生的支出水平。

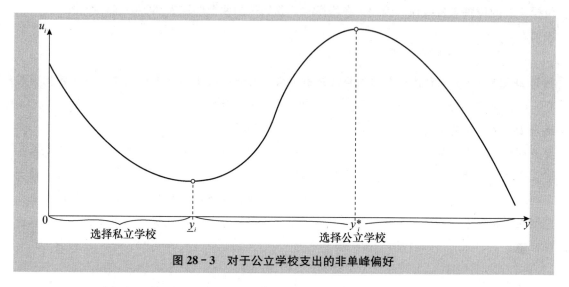

图 28-3 对于公立学校支出的非单峰偏好

假设我们有三个开支水平供考虑，其中 $y_1 < y_2 < y_3$。接着假设三个投票者的偏好给定如下：

$$\begin{array}{l} 投票者 1：y_1 比 y_2 好，y_2 比 y_3 好。\\ 投票者 2：y_2 比 y_3 好，y_3 比 y_1 好。\\ 投票者 3：y_3 比 y_1 好，y_1 比 y_2 好。\end{array} \tag{28.1}$$

练习 28A. 7 这些投票者中的哪一个对于公立学校的开支有单峰偏好？∎

现在我们将不同的提议互相对比，来看哪一个将会赢得大多数的选民。将 y_1 与 y_2 进行对比时，我们可以从投票者的偏好中看出投票者 1 和 3 会投向 y_1，因此 y_2 将会被击败。将 y_2 与 y_3 进行对比时，我们可以从投票者的偏好中看出投票者 1 和 2 会投向 y_2，因此 y_3 将会被击败。在多数决定原则下，这给出了以下结果：

$$y_1 击败 y_2 击败 y_3 击败 y_1 \tag{28.2}$$

不存在孔多塞胜者，因为在成对的比赛中，三个提议中的每一个都被剩下两个中的一个所击败。借用阿罗的原话来说，这种情形下的社会偏好不是理性的，因为他们违背了传递性，并且当传递性被违背时，作出决策是很困难的。不存在"人民的意愿"的原因就是因为"人民"不断地击败每一个提议。在我们的例子中，我们最后很容易落入没有结论的无尽循环的投票中，除非某个人想出了使得投票停止的规则。

我们将这样的"某个人"称为议程制定者。议程制定者可能是投票者中的一员或者他可能根本没有投票，但是他的确有权决定我们如何实施多数决定原则，规定在什么时候投票停止并作出决策。图 28-4 画出了议程制定者接下来可能会执行的三个自然的投票议程。在组图（a）中，首先需要在 y_1 和 y_2 中做决策，获胜的提议将接着与 y_3 进行对比。赢得第二次选举的任何提议将是被执行的提议。组图（b）与（c）中的议程在哪一对首次被表决上不同，但是所有这三个议程，自始至终都完全符合多数决定原则。

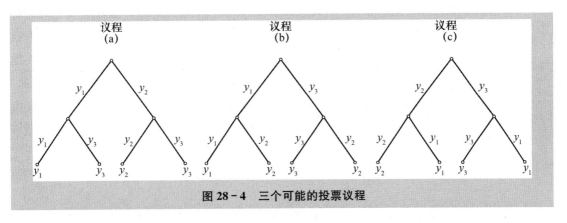

图 28-4　三个可能的投票议程

我们接着看这三个议程中的每一个并且看看根据多数投票将得出什么结果。在图 28-5 中，我们重复了这三个议程，但是这次用粗线表明了在给定我们从表达式（28.2）中得出的结论时，每一次选举的结果将是什么。注意即使他自己并不一定有权投票，制定议程的那个人也决定了将要作出的选择。这就是当这样的偏好违背了传递性时，根据多数决定原则产生的社会偏好存在的问题：因为不存在孔多塞胜者，这种不可传递性使得大多数投票都受制于议程制定者的操控。换句话说，当没有一致的"人民的意愿"时，根据多数决定原则投票的结果可能只是满足了"议程制定者的意愿"。

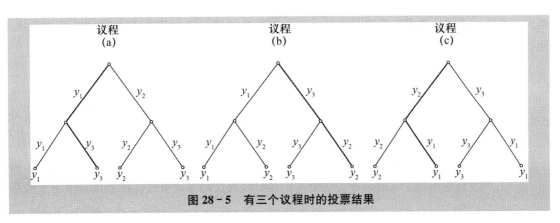

图 28-5　有三个议程时的投票结果

你看到这个结果之后，可能会想到让一个议程制定者以这种方式来操纵自己的投票者肯定很天真。你是对的。但即使投票者们不天真，我们例子当中的议程制定者仍然能达到他的目的。考虑同样的三个议程，在图 28-6 中再次重现。这一次，我们假定我们的三个投票者是"老练"的；也就是我们假定投票者们从"投票树"往下看他们第一次投票后会发生什么。因此在组图（a）中，我们强调从投票树中两个可能的节点得出第二次投票的结果。如果到达第一个节点并且 y_1 与 y_3 进行比较，那么我们知道 y_3 会获胜，如果到达第二个节点，y_2 与 y_3 进行比较，那么我们知道 y_2 会获胜。因此，在议程（a）下，一个提前看到第二次投票结果的老练的投票者知道一个对 y_1 与 y_2 进行表决的投票其实是一个对 y_2 与 y_3 进行表决的投票，并且如果投票者是老练的，这将意味着 y_2 将赢得第一次选举。这种情形下的关键投票者是投票者1：如果她天真地投向她真实的偏好，那么她将在第一次选举中投给 y_1，因为 y_1 是她最偏好的结果。但是当投票者 1 以一种老练的方式思考时，她将意识到给 y_1 投票事实上是给 y_3 投票，因为在下一轮投票中 y_1 将输给 y_3。因此，既然 y_3 是她最不偏好的结果，她将策略性地投给 y_2 而不是 y_1，尽管 y_1 是她最偏好的政策。

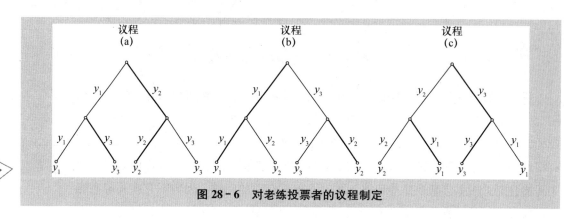

图 28-6　对老练投票者的议程制定

练习 28A.8 竞选行政办公室职位（比如州长和总统）的立法者（比如参议员）经常面临媒体质问他们在立法过程中作出的表决似乎与他们声称的立场相矛盾的情况。有时你可能会听到一些政客回应道，给定投票安排的次序，他们反对某事的表决事实上是支持某事的表决。他们是在狡辩还是在说真话？■

因此图 28-6 中的第一个议程在老练的（或者是策略性的）投票中将导致结果 y_2，而在真实的投票中（见图 28-5）将导致结果 y_3。然而，对另外两个议程重复同样的分析再一次意味着对于每一个我们可能想要实施的结果我们都有一个议程。如果投票者是更加策略性的而不是天真的，那么现在对于实施某个特定结果所必需的议程就不同了，但是议程制定者仍然可以通过简单地操纵议程来达到他想要的任何结果。

这就是国会中的每个席位对一个政党都如此重要的潜在原因，因为占大多数的政党得以制定投票的议程。大多数从政的人们都能很好地理解这一点。较少被注意到的是在像美国众议院这样的机构中存在着由重要委员会的首领来选择委员会中投票的顺序的情形，并且存在着决定用什么规则来表决或者是修订立法议案的强大的"规则委员会"。这样制定议程的权力是十分重要的，因为它们能够影响投票的结果。即使委员会的主席自己对议案并不投票，该权力也同样重要。

28A.1.3　多维度的政治和"任何事都可能发生"定理　保证存在一个孔多塞胜者的中位投票者定理有以下的条件要求：（1）单峰偏好；（2）单维度的问题空间。我们刚刚已经看到了当偏好不单峰时将会发生什么：我们失去了一定存在孔多塞胜者这个保证，并且这个损失把权力赋予了（不投票的）议程制定者。当我们允许问题空间"多维度"时，同样的事情将以一种更加戏剧性的方式发生。

比如说假设存在两个普通政府的预算要去决定：国内支出 y 和军用支出 z。在图 28-7 中的组图（a）中，我们将国内支出放在横轴，军用支出放在纵轴。接着我们能够在一个二维问题空间中思考投票者 i 的偏好。这样的一个投票者理解为了对政府任何一种开支融资，我们不得不纳税（至少在某些时候），所以投票者的偏好不能够满足对于任何水平的 y 和 z 都是"越多越好"这个假定。最终，付出更多的税收这个代价高到我们不愿意想要更多的开支了。所以在（y，z）空间的某个地方，我们的投票者有一个他最偏好的理想点。不管我们在这个二维问题空间中沿哪个方向远离我们的理想点，投票者的境况都会变糟。为了简单起见，比如说，我们可以假定他变差的程度仅仅取决于（y，z）这个组合离投票者的理想组合（y_i^*，z_i^*）的距离。这使得我们可以在投票者的理想点周围画一些圆圈，每一个圆圈代表一条无差异曲线，并且随着圆圈越来越大，效用将递减。

练习 28A.9　对于分别声称他们保守、开明或者自由的投票者来说，理想点有什么不同呢？■

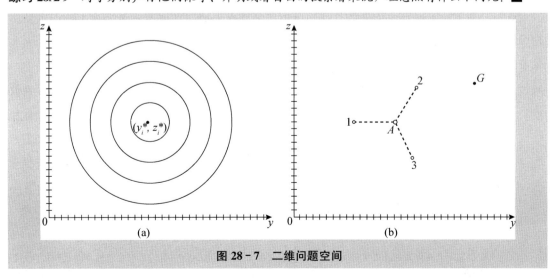

图 28-7　二维问题空间

注意我们刚刚画出的偏好是在二维问题空间上的单峰偏好。如果我们将效用想象成第三个坐标轴，那么我们将得到有一个峰顶的单峰效用。更进一步，因为我们作出了这个简化假定：关于效用，唯一重要的东西就是某个特定的政策组合距离投票者的理想点有多远，当我们识别投票者的理想点时，毫不夸张地说，我们拥有了关于投票者偏好所需的所有信息。因此，我们可以通过简单地标明投票者的理想点而在一幅图上表示出许多投票者的偏好，然后我们可以挑出任何两个政策组合来验证每一个投票者将投给哪个组合，这取决于这两个组合距离每一个投票者理想点有多远。

比如说，在图 28-7 的组图（b）中，我们通过画出标有"1""2""3"的不同的理想点来表示三个投票者。在同一张图中，我们用 A 来表示一个政策。从每一个理想点我们都画出了一条到达政策 A 的虚线，并且我们将知道对于任何一个在投票中被提出来的与政策 A 对比的政策 B，当且仅当投票者理想点到 B 的距离比到 A 的距离要小的时候，每一个投票者才会选择 B。存在很多不能击败 A 的政策是显而易见的，因为 A 相对于投票者的理想点来说落在中心的位置上。比如说，远远位于图中右上角的政策 G 在与 A 进行比较时将毫无异议地被打败。

但是现在我将作出一个大胆的声明：如果你让我负责制定一个议程，即使成对比较中获胜的提议能够去对抗序列中的下一个提议，我可以通过使这三个投票者投给 G 而不是 A 而使极端政策 G 成为多数决定原则下的投票结果。事实上，我可以通过精心思考设计出一个个以 A 与其他政策相对比开始的议程，使得二维问题空间中的任何政策成为投票结果。更进一步，你可以在投票序列的开始以任何政策来考我，我都能够构造出一个使我们达到任何其他政策的序列。

我们在这里将不会正式地证明这一点，但是我至少将向你展示如果我们仅仅在 A、G 之间投票，当所有的投票者都一致地认为 G 应该被击败时，我如何能够将结果从 A 变成 G。为了达到我们的目的，我们将假定投票者们都真实地投票，如果每一种投票者都有很多的话，他们也很可能这样去做。从这个简单的例子当中你可以很快地看到这个我称为"任何事都可能发生"的一般性定理为什么事实上一定是正确的。[①]

我们将从我在图 28-8 的组图（a）中提出用政策 B 来成为政策 A 的替代选择开始。注意 B 距离投票者 2 的理想点比 A 要远得多，而它距离投票者 1 和 3 只是稍微近一点，因此投票者 1 和 3 将会投给 B 而不是 A。在组图（b）中，我们接着从在前一次选举中获胜的政策——政策 B——开始，并且我将提出政策 C 成为我投票议程中的另一个选择。由于选择了 C，我放弃了投票者 3 并且关注投票者 1 和 2，在确保 C 距离这两个投票者的理想点仍然比 B 要更近的情况下，我将 C 离投票者 1

---

① 这个定理实际上被称为麦凯尔维定理，它是根据在论文《多维度选举模型中的不可传递性和对议程控制的一些影响》[《经济理论杂志》，12（1976），472—482]中证明了它的政治学家麦凯尔维（1944—2002）的姓氏来命名的。

和 2 尽可能地远。这就确保了投票者 1 和 2 会投给 C 而不是 B，也就反过来确保了 C 会赢。接下来，在组图（c）中，我忽略了投票者 1，关注投票者 2 和 3，选择了更加极端但仍然距离投票者 2 和 3 的理想点比 C 更近的政策 D，这确保了 D 会打败 C。

组图（d）到组图（f）继续了这个同样的过程。每一次我在这个序列中思考下一个政策，为了选出一个更加极端的将要获胜的政策，我会放弃一个为先前的政策投票的投票者。当我到达组图（f）时，我已经到达了我大胆地声称我可以通过多数决定原则实施的政策 G。除了我以外，没有人十分喜欢政策 G，并且我在这一路上甚至都没有投票。但是因为我是议程制定者，我能够在使得这个进程从头至尾看起来完全民主的条件下来实现我的理想点。我当然也能够使政策向外地螺旋式继续进行并且甚至到达我所想要的更加极端的政策。

练习 28A. 10　你能够解释组图（d）到组图（f）是如何通过一系列成对投票序列来实施政策 G 的吗？■

这个结果是显著的。它说明了当问题变得复杂并且不能够通过单维度来建模的时候，给定投票者的偏好不会加总成为一个一致的"人民的意愿"，因为议程制定者几乎总是控制所有的事情。（在章末习题 28.2 中，你能够探索一个这个结果不成立的特例。）我们将简要地看看政治机构、规则和惯例是如何限制议程制定者的权力的。但是如果你怀疑议程制定者是否在原则上将做我们刚刚在图 28-8 中所做的事，我建议你阅读一下一个实验经济学的奠基者如何在他的航行俱乐部正好如此做的精彩故事。长话短说，他被任命来负责设计一个能够表达出俱乐部成员在选择为航行俱乐部购买新的飞机舰队时的意愿的"民主"议程。在理解到很可能不存在"俱乐部成员的意愿"这回事后，查利斯·普洛特开始设计一个将实施他先前决定的特定结果的议程，并且他精确地记录下了在使得俱乐部成员民主地决定实施他在开始时想要的结果的这件事上他做得有多么成功。[①]

28A. 2　政策操控的制度约束

当然，世界并不是都那么混乱。议程制定者们不可能得到他们想要的所有东西，并且他们自己必须首先到达能够控制政治议程的位置（这可能意味着他们的偏好可能不像在我们之前例子中的那样极端）。一个没有找到限制议程制定者独裁的方法的政治系统也不会在更加成功的一列。因此，如果说一个慎重的制度设计被证

[①] 查利斯·普洛特（1938—　）是加州理工学院的经济学教授，他在那里成立了第一批实验经济学实验室中的一个。他关于议程设定的直接经验在与迈克尔·列文合作的文章《议程的影响和含义》［《弗吉尼亚法律评论》，63（4），1977，561-604］中有所讲述。

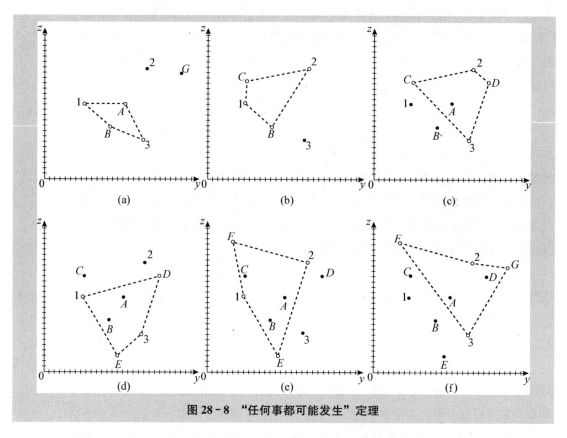

图 28-8 "任何事都可能发生"定理

明是可以使在多数决定原则下出现的混乱的特点大幅度减轻的,这是一点都不会让人吃惊的。我们在我们中学的民主课上学到了一些关于行政部门、立法部门和司法部门之间权力平衡的基本知识。我们现在将把这分解成精密的细节并且考虑在民主立法进程中起到重要作用的两种特殊的政治机构。

28A. 2. 1　结构引致的投票均衡:分解复杂的问题　现实世界中的立法部门在处理民主进程中可能发生的混乱时采用这样一种方法,即严格限制在完整的立法机构中投票的提案的数量并且将这个投票过程限制在一些特定的规则当中。比如说美国的国会通过了对政府的预算,但是处理更加精确的问题的委员会和子委员会产生更加具体的预算。因此国会中的委员会结构将多维度的问题空间(这时国会最终选择政策)分解成了与我们中位投票者定理中处理的单维度问题更加接近的问题。有一个处理军用支出的委员会,一个处理福利支出的委员会,还有一个处理社会安全问题的委员会,等等。

为了看明白这如何抑制了我设计的使我们从一个看起来相对一致的政策 A 到一个极端的政策 G 的这个过程,我们考虑一个有很多人最终不得不选择政策组合 (y, z) 但依赖委员会分别提出关于 y、z 的议案的立法机构。比如说,在图 28-9 的组图 (a) 中,我们画出了这个立法机构十个成员的理想点。然后我们想象这个立法机构的领导者挑选出一些人来成为提出对开支水平的建议的委员会中的一员。

特别地,假设理想点被圆圈包围的成员被派去一个负责对 y 的开支水平提出建议的 y 委员会而理想点被方块包围的成员被派去一个负责对 z 的开支水平提出建议的 z 委员会。

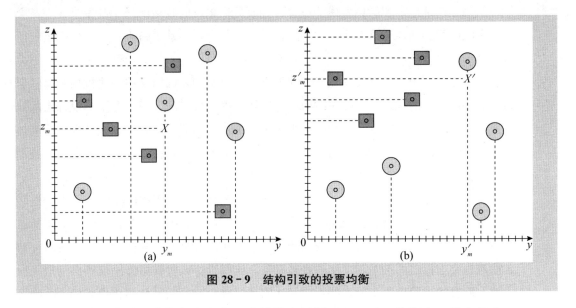

图 28 - 9　结构引致的投票均衡

当这些委员会委员聚集起来考虑一个单维度问题 y 和 z 时,他们在二维空间中的单峰偏好转变成了他们正在考虑的单个问题的单峰偏好。结果是,我们可以简单地发现维度中的理想点正好是委员会为自己考虑的中位理想点,并且根据中位投票者定理,这就是委员会中孔多塞胜者的提议。比如说,在 y 委员会中,这将导致中位的提议 y_m 而在 z 委员会中这将导致提议 z_m。当这两个提议都在立法机构中提出来时,二者结合产生了如图中 X 所示的提议。立法机构现在被要求对提议 X 采取一个直接表决(或者被要求在 X 与一些已经存在的现有政策之间进行表决)。

这种投票均衡叫做结构引致的投票均衡,因为它的结果是由能够在委员会中产生孔多塞胜者的委员会的结构导致的。在图 28 - 9 的组图(a)中,这个过程导致了看起来与立法机构成员的所有个人的理想点的中心非常接近的一个提议。但是这是将成员委派到委员会的一种人为方式。在组图(b)中,我重新将同样的成员在委员会中进行了不同的分配。结果提议 X' 比我们在组图(a)中产生的结果要更加极端,包含有更多的 y 和 z。因此,通过更换委员会的分配,立法机构中的议程制定者仍然对最终的提议是什么样子有很大的影响。

练习 28A. 11　如果你想比我们在图 28 - 9 的组图(a)中得到更少的对 y、z 的支出,你将如何分配成员到委员会中去?如果你想要更多的 y 和更少的 z 呢?■

注意"议程制定"现在采取了一种不同的形式:立法机构的领导者可能不能聪

28

明地构造一个像我们在上一个部分中列出的投票序列，但是他能够聪明地通过选择委员会的成员来影响立法机构的结果。因此虽然这个议程制定者对于立法过程的最终结果保留了很大的控制力，你也应该注意到委员会系统限制了民主投票产生的极端结果。特别地，如果你发现了包含所有成员理想点的政策的最小凸集合，委员会产生的政策必须位于这个集合中。这在图 28-8 中并不是正确的，因为 G 远远位于集合的外面。

立法机构中的委员会是随着时间的推移而产生的，因为这些立法机构一直在努力想出起作用的程序。在很多方面，它们都是慢慢形成的，而不是明确设计出的非正式机构。相似的制度，比如立法机构辩论的规则和能够用来限制成员提出的能够上立法议程的对法案的修订的种类，产生之后就很少有直接的变化。其他的一些制度是被更加精心地设计出来的。美国的创建者们将立法机构（众议院和参议院）分成两个分离部分的部分原因是让这些机构互相监督彼此。美国的宪法将一些问题转移给了州，州继而将一些问题转移给了当地政府。当地政府通常在功能上有所区分，学校区与防火区和水区是分离的，而它们转而又是和行政区分离的。有时候政治进程要求投票者们对单个问题直接投票，比如说什么时候将公民投票摆到选民面前。所有的这些机制——这些正式设计的和这些随着时间变化演化出来的——都部分地完成了加强构建民主投票结构的这个任务，其中的这个结构能够帮助决定最后将出现什么结果。

关于投票产生的不同结构如何导致不同的结果的政治经济学文献很广泛，太广泛了以至于我们都不能够在这里开始破译它。（你也许会希望上一门政治经济学的课程来进一步探索本章的这些话题。）到目前为止，你应该从我们已经做过的事情中得到的主要教训就是当任何复杂问题需要政治上的解决方法时，任何投票过程都会受制于议程制定者的操控，但是结构性的投票能够缩小这样的操纵所导致的极端结果的程度。

28A.2.2 表示偏好的强度：投票交易和互惠 在现实世界的立法机构中，政客们经常会找到将不同的问题整合成需要直接投票的单个立法的方法。我们在第27章中的两个章末习题当中（我们将在本章的章末习题 28.11 中进行总结）研究了这与立法者所在行政区的特殊项目开支之间的关系，或者叫做"政治拨款"。我们发现这样的支出通常由于"公地悲剧"而无效率，这种无效率随着立法区的数量 N 的增加而增加，因此每一个立法者只需面临项目成本的$1/N$。（这有时被称为"$1/N$定律"。）我们现在更一般地考虑可能与政治拨款没有关系的政策，再一次将很多内容留给你将来可能要学的很多课程去探索。

首先，注意将一些特定的政策混到一起成为单条立法对于政客来说是一种交易选票的方式，这种行为有时被称作互助赞成票（logrolling）。即使我一点都不关心你的宠物计划，但如果你同意将我最喜欢的宠物计划加入你最喜欢的宠物计划的提案当中，我可能决定与你联合。再者，这种投票交易的过程允许我们不仅仅表达出我们是否喜欢一个特定计划，也允许我们表达出我们有多么喜欢它。如果我真的喜欢我的宠物计划，我将愿意加入一个也包含很多我不喜欢内容的联合立法，而如果我只是有一点喜欢我的计划，我将不那么乐意加入这样的联合。

考虑表 28-1 中列出的计划 A 到计划 E。假设这些计划在一个由分别代表三个区的投票者 1、2、3 组成的简单立法机构中被考虑，那么这个表就表明了每一个区从每一个计划中所能得到的净收益。你能够用美元的方式来思考这些净收益，此时负的数量表示为了某个计划从这个区的成员收集的税收额超过了这个区能够从这个计划中得到的货币收益。比如说，计划 E 可能是通过 1 区的正中心、2 区的一小部分，但对 3 区没有影响的一条道路。因为每一个地方的纳税人都不得不为这条道路付款，3 区的境况被这个计划弄得更糟了，因为它的赋税没有带来任何的收益，而 1 区得到了最大的净收益，因为这条道路直接通过了这个区。

首先假设议程上只有 A 和 B。它们中的任何一个项目都不能够得到大多数的选票，因为事实上只有一个投票者为每一个计划投票。但是投票者 1 和 2 可以形成一个联合并且将两个计划合成一项直接投票的立法。这个组合的立法将得到来自投票者 1 和 2 的赞成票，因此作为一个组合的这两个计划能够通过多数决定原则得以实施。实际上投票者 1 和 2 交易了选票，其中投票者 1 对计划 A 的投票被用来交换投票者 2 对计划 B 的投票。

表 28-1 　　　　　　　　　　　　　五个计划对于三个投票者的净收益

	A	B	C	D	E
投票交易					
投票者 1	−1	3	0	−1	3
投票者 2	3	−1	−4	3	−1
投票者 3	−1	−1	2	−3	−3
社会净收益	1	1	−2	−1	−1

在这种情况下结果是有效的，因为每一个计划在三个区的净收益都是正的。因此投票交易克服了让两个创造社会净收益的计划互相攻击的无效率的结果。但是我们不能保证投票交易总会产生有效的计划。考虑一下这样的情形，计划 D 和 E 的净收益对投票者 1 和 2 来说与 A 和 B 带来的净收益是相似的，但对投票者 3 来说不是这样。因为和以前相同的原因，D 和 E 不能够简单地通过多数决定原则来实施，除非发生了投票交易并且两个计划捆绑到了一起。但是现在两个计划的总的净收益是负的，这意味着投票交易将导致无效率的组合计划。

就像前面部分所说的一样，不管是谁对在事实上能够捆绑到一起的议程施加了控制，都能够行使很大的权力。比如说，假设计划 A 和 B 正在被考虑，这时投票者 3 突然变成了负责制定将被委员会考虑的议程的委员会主席。通过将 C 引入议程，新的主席将确保投票者 1 和 2 的联合被打破，投票者 1 将加入一个与他组成的

新联合来实施计划 B 和 C。结果不再那么有效：计划 C 有负的净收益而计划 A 不是，但是新的委员会主席喜欢计划 C 而不是 B。

将不同的计划捆绑成一条立法对于立法者来说是一种交易选票的可能方式，进而能够实施他们自己不能实施的计划。对于立法者来说也有一些其他的方法来达到这个目的。其中一种方法是通过一种"互惠规范"发展，这在本质上是一种立法者之间理解的"如果你帮助我，我也会帮助你"的长期合约。因为立法者们理解他们将重复地博弈，这样的规范能够很容易地得到发展，投票者 1 欣然地投给了计划 B，因为他知道这意味着投票者 2 将"欠他一个人情"并且在需要投票时将投给计划 A。因此，即使计划没有明显地组合在一起，隐形的联合也可能发生。

28A.3 寻租、政治竞争与作为"利维坦"的政府

在上半个世纪中，关于政治经济学的研究已经演化出不同的"学派"，其中不同的假设指导着不同的学派的发展并影响着它们看待民主政治竞争和效率的方法。这些学派主要关注的是政客在多大程度上能够通过政治过程去为他们自己寻租。寻租的政客们有着自己的目的，并可能与选民的目标相矛盾：他们将政治行为看作是获取利益等价物的方法。从某种意义上来说，他们与以寻求利益最大化为目标的企业并无不同。我们已经发现在竞争性公司的前提下，竞争可能会带来公司盈利潜能的下降，在某些极端情况下甚至是消失。很自然地，我们会好奇政治竞争是否也会拥有与市场竞争相似的功能，导致政治租金变为 0，恰似市场竞争将公司利润变为 0 那样。

这个问题与我们到目前为止已经分析的问题有一点点不同之处。在本章的前面的部分，我们简单地假设了政客对于政策结果具有偏好，并且我们已经看到了，在不存在孔多塞胜者的情况下，那些控制政治议程的人拥有很大权力，足以影响政策结果使之符合他们自己的偏好。由于政策制定者并不一定关心经济效率问题，政策制定者们所决定的政策结果可能会极大地偏离经济学意义上的效率。我们的问题基于如下前提：假定政客的偏好包括了对于政治租金的偏好，这种偏好可能仅仅是看到某人所偏好的政策（极有可能是无效率的）得到施行所获得的满足感，或者也可能是更加私人化的寻租需求，比如说安逸的办公室，管理大量的员工，由政客冠名的大型工程，等等。

按照芝加哥学派的政治经济学的结论，政治竞争与市场竞争追求的目的事实上是相同的。无须对细节作出过多探究，在研究寡头垄断的简单伯特兰模型中你就会看到这个结论的直观解释：在模型中，即便是在只有两个公司竞争的情况下，最后也会达到一个和边际成本相等的价格水平。与此相似，芝加哥学派认为政治候选人的目标是赢得选票，为此将被迫通过降低他们一旦选举成功所能获得的租金去进行竞争，并且就像利润在伯特兰模型中降为 0 一样，政治租金也在政治竞争中降为了 0。

　　而另一个政治经济学派弗吉尼亚学派，也被叫做"公共选择学派"，则对伯特兰式竞争对政治租金的限制作用持怀疑态度。伯特兰竞争中对寡头公司的研究方法同样也会帮助我们理解为何会有这种疑虑。我们发现公司生产同质的（或者完全替代的）产品这个假设对于我们得出伯特兰的结论至关重要。一旦我们允许第 26 章中的产品差异化的存在，伯特兰竞争就不会导致价格与边际成本趋同，因此这种产品差异化为正利润的存在打开了大门。按照同样的思路，政治竞争的芝加哥学派有效的结果只在候选者被看作是完全替代品时成立。就像公司能够策略性地差异化它们的产品，政治候选人也能策略性地让自己变得与众不同（比如说，附属的意识形态的划分以及政党的隶属），并且这（与进入"政治市场"的门槛结合在一起）也为政治寻租打开了大门。在伯特兰竞争下，更进一步的情景是消费者能意识到不同生产商的不同产品，而对此未曾察觉就会导致正的利润。相似地，在政治进程中，消费者可能意识不到某些对他们的福利只有边际影响的问题，这就为政客们在这些领域进行政治寻租打开了大门。因此在这个部分，我们将简要地讨论一些来源于公共选择学派[①]的观点。

　　28A. 3. 1　利益群体：收益集中和成本分散的政治学　以在第 18 章中对价格上下限的探讨为开端，在对政府政策的一些讨论中，我们已经对经济上无效率的政策如何在政治流程中幸存下来提出了疑问。如果价格上下限的界定所导致的弊端大于优点，它们又是如何赢得民主机构的支持的呢？如果总的来说贸易能够产生社会剩余，为什么降低贸易壁垒在政治上会如此难于执行呢？在之前的讨论中，我们成功地认识到在通常情况下政策的成本和收益并非平均分配。而这种观点正来自我们刚刚介绍过的公共选择学派。

　　在之前的章节中我们的一个基本观点是当政策的收益是集中的并且成本是分散的时，那些从政策中获益的政治利益群体更有可能成功地影响政治决策。这个观点所隐含的假设是组织一个政治利益群体需要付出很大的代价。如果不是这样，那些在政策中失利的人就会倾尽他们的资源来与那些在政治竞技场中胜利的人竞争，而如果失去地位的人所丧失的比赢得地位的人所得到的还要多，人们就会渴望在政治舞台上获得胜利。但是如果组织一亿个分散的牛奶消费者来对抗牛奶的价格支持政策的行为成本极端昂贵的话，这些政策的集中获益者——比如说一些规模较大的奶农——极有可能会施加巨大的政治影响力，并且缺乏相应的对手。以自我利益为中心的政客需要得到选民在政治和经济上的积极支持，因此对这些政客来说，听从集中获益者（并接受他们的钱）显得异常简单，而他们也清楚地知道政策的成本是由众多的消费者来承担的，而这些消费者则只是部分地认识到了这项成本，同时消费者们由于

---

　　① 公共选择学派与 1986 年诺贝尔奖获得者詹姆斯·布坎南（1919—　）的观点紧密一致。想要更详细地了解他的观点，可以参阅约翰·布伦南和詹姆斯·布坎南的《征税的力量：财政宪法的分析基础》（剑桥：剑桥大学出版社，1980）。对于芝加哥学派的观点，也可参阅威特曼的《民主失败之谜：为什么政治机构是有效的》（芝加哥：芝加哥大学出版社，1995）。

数量过于庞大而不可能进行有效的组织行动。

练习 28A. 12 将集中的收益与分散的成本这个观点与代表政策受益者与受害者的利益团体所面临的搭便车问题联系到一起。■

你可能注意到这个论点在某种意义上与科斯有关对外部性的分散的解决办法的论点有些相似。科斯强调了交易成本：如果成本足够低，那么受外部性影响的当事人就可以解决外部性问题（只要产权得到确立）。与之相似，如果政治利益群体在政策的制定中起到作用，那么只要组织这些政治利益群体的交易成本足够低，我们就有理由期待政策的有效性。但是如果这样做的成本很高（就像在很多情况下那样），那么即使这样的政策产生了社会净损失，有集中的收益和分散的成本的政策也很可能胜利。

28A. 3. 2 规制俘获 公共选择学派关于集中的收益和分散的成本所扮演的角色的观点不仅被应用于政策制定的过程，也被扩展到了政策执行的过程中。立法机构撰写一些宽泛的政策，随后由政策代理人负责在一些特定的例子中对政策进行说明。比如说，联邦通信委员会广义上负责为消费者提供电话、电视和收音机服务的政策，但是委员会本身在决定什么时候干涉电话、电视机和收音机服务的私人供应商所做的分散化决定的过程中发布了大量相关制度。

政府机构不是由市场竞争所制约的机构，而是寻租的个人可能用来寻求更高职位的自然场所。在原则上，它们是被民主机构监督的（在政府立法和行政两个方面），但是它们也受制于来自其他机构以及那些对代理人所着手的事项持有大量股权的外部个体的政治压力。不管是间接地通过政客对管理性的代理人施加压力，还是直接游说管理性的代理人本身，集中获益者的声音很可能会盖过那些承担成本的更加分散的选民。

我们在之前对管制垄断或寡头的分析中也曾提到过这一点。立法机构设立管理性的代理机构来监督寡头行业，这么做的目的通常是希望通过限制行业中的反竞争性行为来增加消费者的福利。而消费者就是承担行业中反竞争性行为成本的分散群体（并且从降低反竞争性行为中获得收益）。另外，寡头公司收获了来自反竞争性行为的集中收益（并且承担由于限制这种行为产生的集中的成本）。因此，在政策实施过程中被管理机构听到声音而收益最大的将是寡头本身。至此，公共选择理论提出了这样一种可能性：相关机构被那些原本应受到管制的经济体所"俘虏"，规章制度也在实践过程中逐渐变得与被管制者的愿望趋同。在公共选择理论中，这被称为"规制俘获"（regulatory capture）。

在罗斯福新政中工业改革最初实行时的情况是一个极好的研究案例。在第25章中，我们讨论了导致国家复兴管理局（NRA）成立的那些改革，该局的目的是"创造公平的竞争"。在它存在的短暂时期中（后来被最高法院取消），实际上是工业领袖们自己在负责管理 NRA 所产生的规章，并且这些规章中的绝大多数事实上是在为合法地强化限制竞争的垄断联盟服务，这种情况是相当明显的。公共选择理论方面的经济学家们举出了大量的其他例子，这些例子似乎都在表明，与我们的直觉恰恰相反，原本应起到限制作用的被管制者最后成了对规章的最大支持者。

28A.3.3　作为集中获益者的（自我推动）官僚制度　米尔顿·弗里德曼，作为 20 世纪最著名的经济学家之一以及对政府的深刻批评者，曾经说过政府的项目代表了地球上最接近永生的东西。这简洁地描述了来自公共选择理论的另一个观点：一旦一个政府项目得以开始，通常都有一个官僚机构与之相伴，而这个官僚机构中的个人都有兴趣保持并扩大这个项目，因为这能够保持并扩大这些人的事业机遇。如果这个项目有效，这当然很好，但是如果这个项目无效，仍然会有一个强有力的机构变成集中获益者。那些在这个官僚机构中的人很可能为了额外的筹资去游说，因为这会使他们获益，并且他们是一个能够很容易组织起来进行活动的集中群体。因此关于集中的收益和分散的成本的公共选择理论认为，政府官僚机构将变得无效率地庞大，并且将推动那些甚至没有满足立法者最初期望的项目。

28A.3.4　限制"庞然大物"的宪法和政府竞争　虽然对于公共选择理论如何预测到政治过程将导致无效政策的产生我们仅仅给出了简要描述，但应注意的是，即使是从对这些公共选择理论观点的简要描述中，我们也能得出以下结论：该理论预测了一个无效率的庞大的政府的出现。一些人将此称为政府的"庞然大物"模型，其中"庞然大物"来源于犹太人对庞大的（通常是恶毒的）怪兽的印象。然而只有很少的公共选择理论者认为政府应该被废除，相反，正像阿罗一样，他们感兴趣的是对民主政府的制度性制约——限制"庞然大物"并使政府更加"仁慈"。

在对多维度投票的讨论中，我们已经提到了一些这样的制度性限制。虽然政治经济学中的芝加哥学派依赖于使用民主竞争来限制这个庞然大物，但是公共选择理论往往强调对民主过程的两个进一步检查：（1）限制政府管辖范围的广义的宪法束缚；（2）政府间竞争的形成。注意这两个重点都来自公共选择学派对导致低效的、庞大的（并且能使自身永久存在的）政府活动的渠道的认知，而这些活动产生于一种假设，即过分强调政策的集中获益者，而不强调强加在整个社会的分散成本。

例如公共选择理论家经常将美国宪法的创建者看作是公共选择现代学派的先驱者，特别是那些强调对强大的地方政府（比如说州）的需求以及在联邦政府三个部门中保持权力平衡需求的人。公共选择现代学派强调这样的渠道正是限制立法和管理机构赘余的合适的工具，其中宪法明确了政府能够立法并且管制的领域，并且联邦制也创造了能够在投票者对投票箱所施加的约束之外的限制政治进程的等级性和水平性的竞争。

28

28B　阿罗不可能定理

尽管我们刚才所讨论的公共选择学派在数百年前的政治哲学家的著作中发现了自身产生的根源，但是大多数政治制度和流程的更加微观基础的建模首先来源于我们一直提到的阿罗定理。实际上，针对公共选择学派的常见的批评之一是它完全没有与这些微观经济基础联系起来，而是依赖于对政府行为的更加非正式的见解。然而，在过去的几十年，政治经济学的这些不同分支越来越多地融合，那些由阿罗定理所激发的分支接受了越来越多的挑战，包括从不断增加的微观基础到现在公共选择理论的观点。因此，对阿罗见解的理解变得越来越重要。

如我们在介绍中所提到的，阿罗定理在使用微观经济学思想来思考政治流程以及识别不同的政治制度安排怎么产生不同的政策结果方面都为我们带来了挑战。如果民主本身简单地给出了社会偏好良好定义集的表达，那么这些问题都将变得不再必要。但是由于阿罗证明了这样良好定义的社会偏好一般不存在，他隐晦地针对我们对政治制度建模时所面临的取舍以及民主制度所必须做的取舍给了我们指示。换言之，阿罗告诉我们政治至关重要，政治制度安排的细节至关重要，以及我们不能简单地假设民主制度安排能产生满足任何特别社会目标（比如经济有效性）的结果。

由于阿罗定理在政治经济学的发展中的重要性，我们把本章的这一节用于对该定理的完整阐述。该阐述开始于社会选择函数的概念，该函数把个体偏好转换成对政府机构政策的加总的社会偏好。如我们将看到的，阿罗的基本问题是我们能否期待一个特定的社会选择函数能产生于民主流程中。他接着证明在民主下产生的函数是受那些在政治制度安排中形成议程的人所操控的函数，并且这些制度安排的类型在每个方面都与我们民主选举的结果及选民的潜在偏好密切相关。

28B.1　社会选择函数与公理化方法

社会选择函数（social choice function）是一个加总个体对社会结果的偏好到一个单一的偏好序的函数 f。让 $\{\succeq\}$ 表示在一组社会结果 A 上可能的偏好关系的集合，$N=\{1, 2, \cdots, N\}$ 表示被那些社会结果影响的 N 个个体的集合。社会选择函数采取形式 $f: \{\succeq\}^N \to \{\succeq\}$，其把任何个体偏好 $\{\succeq^n\}_{n=1}^N = \{\succeq^1, \succeq^2, \cdots, \succeq^N\}$ 组合转换成一个单一的偏好序 $\{\succeq\}$。

然后阿罗采取了公理化方法。该方法开始于设定社会选择函数 f 为促进社会决策制定应满足的一组公理。接着它研究所有可能的社会选择函数被这些公理在多大程度上缩小。在下面我们所做的一切中，我们将假设至少存在两个个体并且至少有三个可能的社会偏好，但是我们所推导的结果对比其大的任何有限数量的个体以及社会状态都成立。

28B.2　阿罗的五个公理

阿罗的理论开始于定义他认为对任何社会选择函数都满足并合理的五个基本公理。前面三个公理非常基础，仅要求社会选择函数不限制个体的偏好，尊重一致性，并包含至少一些民主元素。后面两个公理是希望能禁止由社会选择函数所表示的民主流程被那些控制议程的人所操控。在证明没有社会选择函数同时满足所有的五个公理之前我们将先定义每个公理。

28B.2.1　自由域(UD) 公理　阿罗的出发点是我们不能决定个体对待社会结果的感觉，这意指我们必须允许他们有他们实际所拥有的任何偏好。我们可能不喜欢他们的个体偏好，我们可能在我们的社会选择函数中不太重视他们中的一些，但是我们必须允许人们带着他们与生俱来的偏好。我们所允许的唯一限制是个体的偏好必须合理，用我们在本书阐述消费者偏好时使用的语言来说，这仅意味着个体偏好关系$\succsim^n$是完备的和传递的（或者是我们所称的"理性的"）。稍微更正式一些，我们希望社会选择函数 $f:\{\succsim\}^N \to \{\succsim\}$ 的域 $\{\succsim\}^N$ 无约束地接纳所有理性个体偏好的组合。出于这个原因，我们称这个公理为自由域（universal domain，UD）公理。

28B.2.2　帕累托一致性(PU) 公理　阿罗对社会选择函数的第二个要求是当社会选择被制定时一致持有的观点应该被尊重。如果相对于 $y \in A$，所有人偏好于选择 $x \in A$，那么社会偏好序应该将 x 排在 y 前面。正式地说，如果 $x \succsim^n y$ 对于 $n = 1, 2, \cdots, N$ 都成立，那么对 $\succsim = f(\succsim^1, \succsim^2, \cdots, \succsim^N)$ 有 $x \succsim y$。注意在大多数实际在总体中发生的偏好组合中，这个公理对社会选择过程的实际结果没有施加任何限制，因为所有人同意一个事情比另一个事情好大概是很罕见的。这个公理所说的全部是指如果每个人碰巧喜欢一个事情多于另一个，那么社会选择过程的结果应该认同那个偏好序。阿罗最开始称这个为帕累托公理，但是它与帕累托最优并不一样，我们将称其为帕累托一致性（PU）公理。

练习 28B.1　帕累托最优与帕累托一致性的概念区别是什么？■

28B.2.3　非独裁性(ND) 公理　阿罗最根本的兴趣在于民主社会选择过程，也就是不止一个人的偏好起作用的社会选择过程。因此他很自然地假定社会选择函数的一个公理是社会选择过程不应该是独裁的。但是他对独裁者的定义是一个非常强大的独裁者，与我们通常的控制许多但并不是所有人的独裁者的概念不同。出于这个原因，阿罗试图在社会选择过程中禁止的独裁者的类型被称为阿罗独裁者。

如果一个个体是阿罗独裁者，对每组社会状态 (x, y)，每当所有其他人偏好 x 多于 y 并且他是唯一不同意的人时，社会选择函数会支持他并反对其他所有人。更正式地，如果 n 是阿罗独裁者，对所有的 $x \in A$ 以及所有的 $y \in A$，每当对所有的 $j \neq n$ 有 $x \succeq^j y$ 但 $y \succ^n x$，社会偏好序 $\succeq = f(\succeq^1, \succeq^2, \cdots, \succeq^N)$ 是这样的：$y \succeq x$。非独裁性（ND）公理可简单地陈述为没有个体在社会选择过程中有这样的力量；也就是社会选择函数 f 不允许一个个体每当他是仅有他一个人的少数派时总是得到他想要的。注意这个公理与存在一个个体在他是仅有一个人的少数派时几乎总是得到他想要的并不矛盾。它只是不允许一个个体总是得到他想要的。

练习 28B. 2 在 A 部分中我们阐述了"中位投票者定理"，说的是当选民对一个单维度问题的偏好是单峰的时候，在多数决定原则下得出的结果是中位投票者所偏好的结果。如果我们定义社会选择函数是多数决定原则，在这种原则下这能使这个中位投票者是阿罗独裁者吗？（提示：答案是否定的。）

练习 28B. 3 图 28-5 中的议程制定者是阿罗独裁者吗？我们所讨论的"任何事都可能发生"定理中的议程制定者是阿罗独裁者吗？ ■

28B. 2. 4 理性（R）公理

当我们在消费者理论中介绍偏好的概念时，我们强调完备性和传递性是在分析消费者选择时为取得更多进展而非常必要的性质，因为没有它们，"最好的"消费束就不能被清晰地定义。完备性可简单地表达为当面对两个消费束时，一个消费者必须能告诉我们他更偏好哪一个或是两个无差异。传递性是说消费者不能喜欢 x 胜于 y，喜欢 y 胜于 z 并且喜欢 z 胜于 x。如果这个性质被违背，消费者最终将会在无终止的环中，选择 x 胜于 y，y 胜于 z，z 胜于 x，等等，从而实际上永远不能作出决定。我们把完备性和传递性的性质加总在一起并称其为"理性"。

阿罗强调这个基本的理性性质也必须对社会偏好成立。我们在 A 部分中已经看到，如果这不成立（如在多数决定原则下当对单维问题的偏好不是单峰的时候），这就开放了"议程制定者"操控社会选择过程的结果来达到他自身的目的的可能性。因此我们要求社会选择函数 f 有这样的性质：对在总体中可能产生的所有理性偏好组合 $\{\succeq^n\}_{n=1}^N$，社会偏好 $\succeq = f(\{\succeq^n\}_{n=1}^N)$ 一定是理性的，即它们必须满足完备性和传递性。

28B. 2. 5 不相关选择的独立性（IIA）公理

在阿罗设定的五个公理中，最后一个是最不好被理解并且最有争议的。它所讲如下：对群体中的一个特定偏好组合，假定社会选择过程导致了 x 胜于 y 的社会偏好，那么对所有其他保持个人对 x 和 y 的排序与在总体中的偏好一样的个人偏好组合，相同的社会选择过程导致的社会偏好仍是选择 x 而不是 y。换言之，当社会在 x 和 y 之间进行选择时，重要的是

个体对 x 和 y 的偏好，而不是个体对其他组合社会结果的偏好。这确保了"议程制定者"不能通过增加与 x 和 y 的选择无关的社会状态到可能的社会状态 A 中所包含的选择中而影响社会对 x 和 y 的偏好。注意这并不是说 x 被选择为最好的结果，而不管在这个可能选择集 A 中有什么其他选择可以被考虑。它只是说，当选择只是在 x 和 y 之间时，在选择集 A 中还有什么其他选择就不重要了。这也可以表述为不管在消费者的预算约束中还有什么其他消费组合，消费者对于需要他们比较的两个不同消费束的感觉应该不变。

更正式地，我们把这个公理陈述如下：假定当个体偏好的形式为 $\{\succeq^n\}_{n=1}^N$ 时，社会偏好序 $\succeq=f(\{\succeq^n\}_{n=1}^N)$ 导致了 $x\succeq y$，那么对所有的个体偏好组合 $\{\succeq'^n\}_{n=1}^N$，其中当且仅当 $x\succeq^n y$ 时 $x\succeq'^n y$，则一定是新的社会偏好 $\succeq'=f(\{\succeq'^n\}_{n=1}^N)$ 导致了 $x\succeq' y$。当这点成立时，我们称在 x 和 y 之上的社会选择独立于其他与 x 和 y 之间的选择无关的选项。当这对所有社会状态的组别成立时，我们称其为不相关选择的独立性公理，社会选择过程 f 满足该公理。

28B.3 联盟的"决断"

当我们想要得到满足所有五个阿罗公理的社会选择函数 f 并不存在的结果时，定义被称为联盟的"决断"的概念就会很有帮助。一个联盟 D 为所有个体集合的一个子集，即 $D\subseteq N$。你可以把 D 想成是一个个体，而不是有着固定偏好的个体的集合。我们接着将定义联盟 D 在社会选择函数 f 下在组 (x, y) 上是决断的。如果这个联盟的成员一起关于社会状态的组 (x, y) 有阿罗独裁者的能力，我们将称 D 的成员对于 (x, y) 是决断的，如果每当他们都相比 x 更偏好 y 并且联盟外的每个人都偏好 x 胜于 y（或如果相反的情况成立），那么联盟的偏好是那些遵守社会选择函数 f 的偏好。

我们将在两个步骤中正式化这个概念。首先我们将定义联盟的决断的有限概念：对一组社会状态的决断。接着我们定义这个概念更加广义的一个版本：对所有社会状态组的完全决断。尽管这些看起来是一个联盟所有的能力的完全不同的概念，我们将证明一个令人惊奇的事实，即在任何满足阿罗公理的社会选择函数 f 下，一定有如果一个联盟对一组社会状态是决断的，则对所有组社会状态都是决断的。注意如果联盟 D 仅由一个成员组成并对所有社会状态组都是决断的，那么那个联盟的单一成员被称为阿罗独裁者。

28B.3.1 有限和完全联盟决断 我们现在在社会选择函数 f 下更精确地陈述两个不同的联盟决断的概念。首先，假定存在两个社会状态，$x\in A$ 和 $y\in A$，并假定我们有如下性质的社会选择函数 f，对某个 $D\subseteq N$ 有

$$x\succeq^i y\,\forall\,i\in D,\ y\succeq^j x\,\forall\,j\notin D\Rightarrow x\succeq y \tag{28.3}$$

$$y \succsim^i x \, \forall \, i \in D, \, x \succsim^j y \, \forall \, j \notin D \Rightarrow y \succsim x \tag{28.4}$$

其中 $\succsim = f(\{\succsim^n\}_{n=1}^N)$（符号 $\forall$ 意指"对所有的"，符号"$\Rightarrow$"意指"意味着"）。换言之，我们有一个联盟 D，每当联盟的成员一致地同意他们在组 (x, y) 之上的排序并且所有其他人不同意时，在社会选择过程 f 下联盟的成员得到了他们在 y 之上的选择 x。我们称这样一个联盟 D 在 f 下对 (x, y) 是决断的。

联盟的决断的初始定义被限制在仅有一组社会状态。当一个联盟在社会选择函数 f 下对集合 A 中所有可能的社会状态组都是决断的时，我们称这个联盟在 f 下是完全决断的。由定义可知，完全决断的联盟在组 (x, y) 之上是决断的，但是在一组社会状态上的有限决断在逻辑上并不意味着（对所有可能组的）完全决断。然而，结果表明，当 f 被假设满足所有五个阿罗公理时，有限决断确实意味着完全决断，我们下面将对这个问题进行证明。

28B. 3. 2　在阿罗公理下有限决断意味着完全决断　假定在某个满足所有五个阿罗公理的社会选择函数 f 下，一个联盟 $D \subseteq N$ 在集合 A 中所有可能社会状态中的一组 (x, y) 上是决断的。自由域公理意味着个体应该能对集合 A 中的社会状态有理性偏好。然后，假定个体偏好 $\{\succsim^n\}_{n=1}^N$ 碰巧导致了在选择 x，y 和 z 上的偏好序如下：

$$x \succsim^i y \succsim^i z \, \forall \, i \in D$$
$$y \succsim^j z \succsim^j x \, \forall \, j \notin D \tag{28.5}$$

那么给定 D 在组 (x, y) 上是决断的，则一定有社会偏好序 $\succsim = f(\{\succsim^n\}_{n=1}^N)$ 在 y 之上挑选 x，即

$$x \succsim y \tag{28.6}$$

练习 28B. 4　解释为什么这个结论由联盟 D 在 (x, y) 上决断的定义得出？∎

进一步，由于 f 满足帕累托一致性公理，所以一定有社会偏好序在 z 之上选择 y（由于每个人都认为 y 好于 z），即

$$PU \Rightarrow y \succsim z \tag{28.7}$$

给定结论（28.6）和（28.7），理性公理意味着社会偏好序在 z 上选择 x，即

$$R \Rightarrow x \succsim z \tag{28.8}$$

但是这意味着联盟 D 的成员似乎在组 (x, z) 之上也是决断的。毕竟，只有 D 的成员偏好 x 胜于 z，而所有其他人偏好 z 胜于 x，我们刚才已经判定了社会偏好序将会支持 D 的成员。进一步，IIA 公理意味着这个在 x 和 z 之上的社会偏好序独立于人们是

怎么认为 y 的，也就是说 y 在式（28.5）中的个体偏好序中的位置可以变换但不影响 $x \succsim z$ 的结论。因此，每当 D 的成员偏好 x 胜于 z 并且每个其他人偏好 z 胜于 x 时，社会偏好序将在 z 之上选择 x。

练习 28B. 5[*]　*通过改变式（28.5）中的个体偏好序并进行相同的步骤，你能证明每当 D 的成员偏好 z 胜于 x 并且所有其他人不同意时，产生于 f 的社会偏好序也会在 x 之上挑选 z 是真实的吗？■*

相同的推理对出现在集合 A 中的可能的社会状态中的任何其他社会状态也都清楚地成立，因此，我们判定如果联盟 D 在 f 下对一组社会状态是决断的，那么如果 f 满足阿罗的五个公理，那么联盟 D 在 f 下对所有社会状态一定都是决断的。

28B. 4　证明阿罗定理

现在我们准备证明没有社会选择函数 f 同时满足所有五个阿罗公理的阿罗定理。我们将采用反证法来证明。我们首先假设定理是错的，即实际上存在同时满足阿罗五个公理的社会选择函数。然后我们用这些公理来证明这样一个函数 f 存在的假设导致了一个逻辑上的矛盾从而实际上这不可能是真实的。

28B. 4. 1　ND⇒决断联盟存在　阿罗公理中有一个是非独裁性（ND）公理。回忆该公理排除了在社会选择函数 f 下阿罗独裁者的存在；也就是说，它排除了在社会偏好序中每当他或她是只有自己一个人支持的少数时总能得到他或她想要的结果的单一个体的存在性。因此我们定义一个包含 N 中除了一个人外所有人的联盟 D，例如，让 $D = \{2, 3, \cdots, N\}$（其中我们把个体 1 排除在外）。由于个体 1 不能是阿罗独裁者，因此至少存在一组社会状态，个体 1 对该状态的感觉与其他人相反，进而他或她不能实现他或她想要的社会偏好序。将那个社会状态组表示为 (x, y)。[①]

从前面一节我们知道对一组社会状态的有限决断实际上意味着那个联盟对所有社会状态组的完全决断。因此，由于我们的联盟 $D = \{2, 3, \cdots, N\}$ 在 (x, y) 上是决断的，所以它在 A 中所有其他组上也是决断的。

练习 28B. 6　这个推理意味着除了一个人外所有人的所有联盟都一定是决断的。$D = \{2, 3, \cdots, N\}$ 和 $D' = \{1, 2, 3, \cdots, N-1\}$ 怎么可以都是决断的？■

---

①　在技术上，ND 公理仅要求偏好序的一个单一例子，在其下个体 1 属于少数并且其偏好没有达成。IIA 公理意味着如果这个单一例子涉及组 (x, y)，个体 1 对于组 (x, y) 的偏好与其他所有人不同，个体 1 将不会得逞，对其他与 x 和 y 相关的选择的偏好序与对这组的偏好序无关。

28B. 4. 2　UD，PU，R，IIA⇒决断联盟包含着更小的决断联盟　我们现在知道在满足阿罗公理的社会选择函数下决断联盟总是存在。让我们以这样一个联盟 $D \subset N$ 开始分析，其中 D 至少包含两个成员（因为 ND 排除了一个人决断的情形）。现在我们把 D 划分为两个子集，即 $B \subset D$ 以及 $C \subset D$，使得 $B \cup C = D$ 和 $B \cap C = \varnothing$。UD 公理意味着我们不限制个体的偏好，即偏好可能使得

$$x \succsim^i y \succsim^i z \ \forall i \in B$$

$$z \succsim^j x \succsim^j y \ \forall j \in C$$

$$y \succsim^k z \succsim^k x \ \forall k \notin D \tag{28.9}$$

由于我们假设产生于 f 的社会偏好序是完备的，因此 y 和 z 的组一定被排序了。因此，要么 $z \succ y$，要么 $y \succsim z$。

如果 $z \succ y$，那么社会选择规则为仅有联盟 C 中的成员偏好 z 胜于 y 并且所有其他人不赞成联盟 C 的成员。由 IIA 公理可得，社会偏好序对所有在 y 和 z 上相互排序保持不变的其他个人偏好组合都成立。在联盟 C 的成员偏好 z 胜于 y 并且在所有其他人不同意的每个情形中，联盟 C 都得到了其所想要的，即联盟 C 在组 (y, z) 上是决断的。由于我们有限决断的结果意味着在阿罗公理下的完全决断，所以联盟 C 是完全决断的。

现在转而假定 $y \succsim z$，即社会选择函数在式（28.9）中的偏好组合下在 z 之上选择了 y。由于我们开始于 D 是决断的这一假设，我们知道 $x \succ y$，因为 D 中的每个人都偏好 x 胜于 y 并且 D 外面的每个人都不同意。在 R 公理中的传递性要求意味着 $x \succsim z$。但是这意味着，在 x 和 z 的社会排序中，社会选择函数支持联盟 B 的成员并反对所有其他人，IIA 公理意味着这对所有其他保持对组 (x, z) 的个体排序的个体偏好序成立。每当联盟 B 的成员偏好 x 胜于 z 并且所有其他人不同意时，B 的成员会得到他们想要的。因此，联盟 B 在组 (x, z) 上是决断的，由于有限决断意味着在阿罗公理下的完全决断，因此联盟 B 是完全决断的。

注意，我们开始于一个决断的联盟 D（我们知道给定 ND 公理它是存在的），我们把那个联盟分成两个子联盟并发现不管是哪一个，这两个子联盟中有一个是决断的。因此，只要 D 包含至少两个成员，任何决断的联盟 D（在满足阿罗公理的 f 下）都可以被划分成更小的子联盟，那些子联盟中的一个仍是决断的。

28B. 4. 3　证明阿罗定理　我们现在基本上完成了我们对阿罗定理的证明。我们通过假设我们有一个满足所有五个阿罗公理的社会选择函数 f 开始。我们证明这意味着存在一个完全决断的联盟 $D \subset N$。我们接着证明只要这个联盟包含至少两个成员，它就可以被划分成两个子联盟，其中的一个是完全决断的。但是只要这些子联盟再次包含至少两个成员，它就可以被（由相同的推理）再次划分成两个子联盟，这些中的一个再次是完全决断的。我们可以继续这样做，迟早我们将终结在有

一个单一成员的决断联盟上。当我们达到那一点时，我们将最终有一个阿罗独裁者，一个单一的个体，每当他是 1 个人的少数时，其偏好被社会偏好序选择。但是那与我们的社会选择函数 f 满足阿罗的五个公理的假设矛盾。由于假设这样一个社会选择函数存在导致了逻辑的矛盾，我们判定这样的函数实际上并不存在。

这使我们可以用两种不同的方式来正式地陈述阿罗定理。第一个把结果描述为负面的：

阿罗不可能定理：在一个至少有两个个体并且至少有三个社会状态可供选择的世界里，不存在一个满足 UD、ND、PU、R 和 IIA 公理的社会选择过程。

可替代地，我们可以把这个定理描述为一个正面的结果：

阿罗可能定理：在一个至少有两个个体并且至少有三个社会状态可供选择的世界里，存在满足 UD、PU、R 和 IIA 公理的社会选择过程。但是，那个社会选择过程违背了 ND 公理从而形成了一个阿罗独裁者。

结论

这章结束了在经济人相对他们的经济环境不"小"的情形下我们对他们的策略性思考的讨论。我们的讨论开始于第 23 章中的垄断定价，接着在第 24 章转向对博弈论的介绍，这些已经变成制定策略性决策的经济学家和其他社会科学家的基本工具。我们首先把这些见解应用到在非竞争性环境下运作的企业上，并说明了策略性思考是如何引起企业行为偏离我们在竞争（非策略性）环境中所推导的最优社会行为的。我们接着在第 27 章中考虑了当与具有外部性的商品联系起来时，策略性决策是怎样在消费者选择中起作用的。最后，我们以分析当旨在制定和执行纠正个人动机偏离了社会目的的情形的政策时为什么政策机制中的人所做的策略性决策是重要的这一话题结束了本章。

在整本书中，我们强调了社会由三个基本制度支柱组成：市场、公民社会和政府。在这些制度中经济激励起了关键的作用，特定的经济问题有时候被这些支柱的其中一个很好地解决，而有时候需要这三个支柱的一些组合。我们将在我们结论性的章节（第 30 章）中再次回到这点，在那里我们将试图把这本书的精髓组合在一起，以帮助你在思考处理基本经济问题时使用不同机制的相对优点和缺点时形成一个更加全面的框架。但是在回到这个大框架之前，我们需要对我们实际上希望这些制度安排达到什么作出更多的外在的思考。因而，在下一章，我们将转向"什么是好的"这一问题，例如思考我们希望不同的制度安排把我们引向怎样的"好的"情况。问题的答案对不同的人而言可能不同，这将会帮助你把微观经济学的知识用于构造自己的思考方式，使市场、公民社会以及政府达到最优均衡。

章末习题[①]

*28.1 在第 4 章中，我们考虑了用不同的方法来思考在二维问题空间上的单峰偏好。我们特别地在章末习题 4.11 中这样做了，你现在可以回顾一下该题。

[†]28.2 在本书中，我们讨论了中位投票者所钟爱的政策也是孔多塞胜者主张的政策的两个主要条件。

A. 回顾孔多塞胜者的定义。

a. 我们能预测中位投票者是孔多塞胜者的两个条件是什么？

b. 我们假设了一个奇数的选民数量（使得存在一个单一的中位投票者）。当有偶数选民并且中位投票者定理的条件被满足时你能预测在成对选举中不能被击败的可能政策的范围吗？

c. 假定问题空间是二维的，与我们必须选择国内支出和军用支出的情形一样。考虑如下特别情形：所有的选民有位于二维空间中向下倾斜直线上的理想点，并且他们的理想点与实际政策之间的距离越大，选民变得越糟糕。在这种情形下是否有孔多塞胜者？

d. 回顾书中的"任何事都可能发生"定理。假定在我们的二维政策空间内目前的政策 A 位于所有理想点所在的直线上的"中位投票者"的理想点。如果你是议程制定者并且你能建立一个序列的成对选举，假定在序列的第一个投票中需要拿出一个政策来反对 A，你将会选择哪些其他政策？

e. 在我们对"任何事都可能发生"定理的讨论中，我们提出了将单一问题委员会作为约束政治进程的机制（从而限制在完全立法机关中作为一个投票出现的建议的集合）的可能性。这样的结构是否一定在我们的理想点落在二维政策空间相同直线上的特殊情形中？

f. 在我们允许理想点位于任何地方的更一般的情形下，议程制定者仍对何种政策选择在一个结构诱导的均衡（其中单一问题委员会在起作用）中被建立有一些控制。在现实世界立法机关中，议程制定者提名委员会成员的能力经常被随时间而形成的资历规则所限制，即根据立法者服务的年限给予一定的委员会配置"权力"。我们能把这样的规则或规范想成是对民主决策制定的"任何事都可能发生"的混乱的进一步限制吗？

B. 考虑一下在仅有单一维度问题下对政策的单峰和非单峰偏好是如何自然出现的。一个选民有一个可以由效用函数 $u(x, y) = xy$ 表示的偏好，其中 x 是私人

---

① *概念性挑战难题。
　**计算性挑战难题。
　†答案见学习指南。

消费而 y 是公共物品。对 y 的唯一贡献者是政府，其适用一个比例税 t。假定 $y = \delta t$。

a. 假定个体有收入 I。把他的效用写成 t, δ 和 I 的函数。

b. 这个函数关于政策变量 t 是什么形状的？

c. t 取什么值时这个函数到达它的最大值？

d. 假定有着收入 I 的个体可以在私有市场上以每单位 1 美元的价格购买 y 的完全替代品。作为 I 的函数，在什么水平的 t 处，个人效用将在购买私人替代品和消费公共物品之间无差异？

e. 假设 $\delta > I/4$，这对个体在政策变量 t 之上的偏好的真实形状意味着什么？

28.3 日常应用：为什么选举？选举是有成本的。如果你是亲自投票，你必须找到你的投票点并排队，直到你投完票。如果你通过缺席投票来投票，你必须弄清楚怎么得到一个这样的票。在这两种情形下，你可能都要做一些工作来弄清楚谁是候选人以及问题是什么。

A. 很多人有目的地选择不投票，他们经常给出如下原因："我认为这不重要。"正如我们将在这个习题中看到的，如果这样做，那么他们可能意指两个意思中的一个，并且他们至少在一种意义上是正确的。

a. 假定我们非常严肃地采取中位投票者模型并认为它准确地预测了我们将选择的两个候选人的情况。这会怎么使那些不投票的人的借口变得合理？

b. 在现实世界中存在很多摩擦使得中位投票者模型的预测不能完全变成现实。例如，候选人首先需要赢得党派提名，然后再参与普选，这意味着我们往往以选择中位左边的或中位右边的候选人而结束选举。有鉴于此，在（a）中给出的借口在现实世界中是正当合理的吗？

c. 下面考虑"这不重要"的陈述可能意指一种不同的含义：可能一个选民意识到了哪个候选人获胜要紧（意思是世界将会因哪个人获胜而向不同方向改变），但是他相信将会获胜的候选人会几乎确定地获胜，而不管这个选民是否到投票站去投票。你认为这在现实世界中真实吗？

d. 鉴于你对（c）的答案，很多人不投票是理性的吗？

e. 在 2008 年美国总统选举中，奥巴马以接近 1 000 万张选票获胜。在什么意义上说，与其说是为什么更多的人没有投票，倒不如说是为什么如此多的人（大约 60% 的合格选民）进行了投票？

f. 假定我们认为政府越有效，越多的选民将会参与选举。在什么意义上这意味着选民有产生搭便车行为的囚徒困境的激励？

g. 在第 27 章中，我们证明了一种慈善组织解决潜在的捐赠者搭便车问题的方法是找到在捐赠者中诱发捐赠中的"暖光效应"的方法。你能找到一种类似的解释来使这么多人在大型选举中投票理性化吗？

h. 假定那些不投票的选民是那些"幻想破灭的"人。如果幻想破灭的选民

（不投票的人）是那些不能在距他们理想点的 3/16 的距离内能找到一个候选人的人，那么在霍特林区间 [0，1] 上两个候选人可能位于什么位置？我们能否有一个在政治光谱的端点不投票的情况下的均衡？我们能否有一个中位投票者不投票的均衡？

B. 在 2000 年美国总统选举中，布什在佛罗里达州以多出 537 张选票的结果打败了戈尔，并且也就是靠那 537 张选票赢得了大选。

a. 在 2000 年大选中的这个小的差距经常被政治家引用为你应该"不相信你的投票不重要"的证据。我认为这证明了相反的观点：即使是在势均力敌的选举中，几乎不可能有一张选票定音的情形。你怎么想？

b. 在 2000 年的总统大选中，拉尔夫·纳德，绿党候选人，在佛罗里达州大约收到了 100 000 张选票。很多人认为如果纳德的名字没有在投票板上，戈尔将会赢得佛罗里达州，并赢得总统。如果是这样的话，这表明阿罗公理中的哪个被美国选举总统的方式违背了？

c. 一些选举系统要求获胜的候选人至少赢得 50% 加 1 张的选票，并且如果没有候选人达到这点，那么就在选票最高的两个候选人之间进行决选。由于看起来在 50 多个州产生决定美国总统的总统选举团来投票是很难实施的，有些人建议了一个即时决胜投票系统。在这样一个系统中，选民把候选人从最偏好到最不偏好进行排序。在第一轮投票计数中，每个选民排序最高的候选人被认为收到了那个候选人的一张选票，并且如果一个候选人得到了 50% 加 1 张的选票，他或她就被宣布为胜者。如果没有候选人收到那么多选票，选举当局找到在第一轮投票中收到最低选票的人并把那个候选人的选票重新分配给被那些选民排在第二的候选人。如果那个候选人达到了 50% 加 1 张的选票，他或她获胜；否则，选举当局重复相同的步骤，这回把最初排在倒数第二的候选人的选票再分配第一顺位的人。这个过程就这样继续下去，直到某个人得到了 50% 加 1 张的选票。如果佛罗里达州在 2000 年使用了这个系统，你认为总统选举结果有可能不同吗？

*d. 纳德经常被称为"剧透者"，因为很多人认为他把选举的结果"剧透"给戈尔了。判断正误：在一个即时决胜投票系统中第三个候选人不太可能成为"剧透者"，但是如果第三个候选人充分强大则仍有可能。

28.4 日常应用："赢者通吃"选举与美国总统选举团。 在美国，总统选举并不是由赢得全国普选的候选人来赢得的（如果是以这种方式赢得，戈尔在 2000 年就成为总统了），而是每个州被给定等于该州在美国国会中的代表数量的"选举人"。在几乎所有的州中，得到最多选票的候选人得到那个州的选举人的支持，总统由至少获得了 270 个选举团的选票的候选人赢得。[①]

---

① 如果是 269∶69 的平局或在竞赛中有三个候选人而没有候选人得到 270 个选举团的选票，则由美国众议院决定获胜的候选人。我们在这里忽视这种可能性。

A. 考虑这个系统的一个简单版本，其中仅有两个州，州 1 是州 2 大小的 2 倍还多，并且其选举团投票数量是州 2 的 2 倍。假定所有的偏好沿着一个"左/右"连续体是单峰的。n_i 是中位投票者在州 i 中的理想点，$n_1 < n_2$。在州范围平局的事件中，假设那个州的选举团的票被平分。

a. 如果总统候选人的目的仅是获胜，其在均衡中会采取什么位置？

b. 假定有四个州，州 2 和州 3 小（每个有 10% 的选举团投票数量），而州 1 和州 4 大（每个有 40% 的选举团投票数量）。进一步假定在每个州中位投票者的理想点为 $n_1 < n_2 < n_3 < n_4$。你现在预期这些候选人会采取什么位置？

c. 解释这怎么与大多数美国总统选举实际发生在州的子集中（经常被称为"战场州"）而国家的其他部分则被很大程度地忽视的普遍观察联系起来？

d. 在章末习题 28.3 中，我们建议了一种做出是否投票的决策的方式是比较投票的边际收益与边际成本。投票的边际收益包括一个人的投票将会确定选举结果的概率。如果这是人们在做出是否投票的决策中的一个主要考虑，你期望在不同州内参加总统选举的选民有何不同？

e. 总统选举团系统赋予每个州两个选举人并外加一个代表该州众议院的选举人（众议院的代表人数与人口成比例）。评估如下陈述：在这样一个系统中，我们将预期在所有其他条件相同的情况下，小的州的选举人不成比例地花费更多。

f. 一些州考虑从"赢者通吃"的系统转向另一个系统，在该系统中州的选举人所代表的每个候选人的得票数与那个州收到的总投票数成比例。[①] 你的哪个答案将会被这个变化影响？

g. 作为民主党或共和党的候选人，在进入普选之前，一个政治家首先需要赢得一个政党的提名。这主要在每个州举行的"初级"（或"党团"）选举中完成。在共和党提名战中，基本上所有这样的初级选举都是"赢者通吃"的（像普选中的选举团系统一样），但是在民主党这边，大多数初选投票都是按比例地分配给每个候选人。你预期在哪个政党中将会有更多的州在提名战中被忽视？

B. 在章末习题 28.3 中，我们使用了 2000 年的总统选举以及关于纳德的参与的争论来表明我们选举美国总统的方式违背了阿罗的 IIA 公理。是否有理由相信如果美国按比例地分配初选投票给每个候选人来选举它的总统，这将不那么正确？

28.5 日常应用：进入或不进入竞赛。 假定有三个可能的候选人竞选公职，每个人都决定是否进入竞赛。假定选民的理想点被定义为在第 26 章中的霍特林直线上，即理想点均衡地分布在区间 [0，1] 上。

A. 让 π^i 表示候选人 i 赢得选举的概率。假定一个候选人参加竞赛的报酬是

---

① 通常这样的提议经常被设想在众议院区一级的"赢者通吃"的选举中，与选民在大的州中按照比例分配非常接近。实际上缅因州和内布拉斯加州以这种方式分配它们的一些选民，内布拉斯加州是 2008 年选举中分割其选举投票的唯一的州。

$(\pi_i - c)$，其中 c 是展开竞选的成本。

a. 为使一个候选人进入竞赛，被选上的概率必须为多高？

b. 考虑如下模型：在阶段 1，三个潜在的候选人同时决定是否进入竞赛并支付成本 c。接着，在阶段 2，他们选取霍特林直线上的位置，然后选民在选举过程中进行选择，其中得到最多投票数的候选人获胜。判断正误：如果在博弈的阶段 2 中存在一个纳什均衡，则在阶段 1 进入竞赛的每个人一定有相同的获胜概率。

c. 假定不管在阶段 1 三个候选人中有多少进入竞赛都有一个纳什均衡。是什么决定了是有一个、两个、还是三个选举人参与选举？

d. 假定在阶段 2 获胜的概率是参与竞选的候选人数以及花费在选举中的成本的函数，候选人在进入阶段 1 时可以选择不同水平的成本 c，但是为筹集选举现金面对递增的边际成本 $p(c)$。因此现在候选人的报酬是 $(\pi_i - p(c))$。特别地，做如下假定：选举的花费仅在能导致平局的问题（每个人将以相同的概率获胜）中运行时才起作用。在那种情形下，谁花费得最多，谁赢得选举。你预期在阶段 1 可能的均衡是什么（其中是否进入与选举的花费被同时决定）？

e. 假定在位者是一个潜在的候选人，他首先决定是否进入竞赛以及花费多少。在这种情形下，你能否看到与我们对被潜在的进入者威胁的垄断者所发展的相似的策略性进入威慑的作用？

f. 在筹集额外资金来建立竞选战资金库的边际成本增加时，在位者是否仍允许另一个候选人的进入？

B. 考虑在阶段 2 中纳什均衡的存在性。

a. 三个候选人在博弈的第二阶段可能采取哪两种方式使得你在 A(b) 中的结论成立？

b. 在 A 部分所设定的条件下这两种方式中的任何一个是否可能达成一个均衡？

c. 假定投票人的理想点不是均匀分布在霍特林直线上，而是所有选民的三分之一位于中位投票者的位置（剩下的三分之二均匀地分布在霍特林直线上）。你对阶段 2 时三个候选人的纳什均衡存在性的结论会怎么变化？你从 A(c) 中得出的结论仍然成立吗？

28.6 日常应用：公民候选人。 每当我们对参选的政治候选人进行建模时，我们都假设了他们仅关心获胜并能以任何方式来完全地改变他们的位置去最大化获胜的概率。现在考虑一个不同的思考政治候选人的方式：假定候选人再次拥有在霍特林直线 [0，1] 上均匀分布的理想点。在任何选举举行前，每个市民决定是否支付成本 $c > 0$ 来作为一个候选人竞选，并且赢得选举得到 $(\pi - c)$ 的报酬的可能性为 π。

A. 假定候选人不能从他们的理想点改变他们的位置，没有成为候选人的居民得到的报酬等于在 [0，1] 上获胜的候选人的位置与他们自己的位置之间的距离的相反数。因此，一个非候选人最高可获得的支付是 0（失败的候选人除了他们参与竞选花费的成本 c 之外，与没有竞选的市民得到相同的报酬）。

a. 对什么范围的 c 如下情况是一个均衡：在中间位置 0.5 的市民是唯一进入并从而获胜的候选人。

b. c 必须多高才能使如下情况成为一个可能的均衡：一个在位置 0.25 的市民作为唯一候选人进入竞赛并从而获胜。c 必须多高以使位置 0 上的市民是唯一竞选人（并从而获胜）是一个均衡？

c. c 在什么范围内会使两个在位置 0.5 的市民在选举中的竞争是一个均衡？

d. c 在什么范围内会使在位置 0.25 和位置 0.75 的两个市民的竞争是一个均衡？

e. c 在什么范围内会使在位置 0 和位置 1 的两个市民的竞争是一个均衡？

B. 考虑与 A 部分相同的设定。

a. 让 $x \in [0, 0.5]$。c 在什么范围内使得在位置 x 处的市民成为竞选公职的唯一候选人是一个均衡？你的答案是否与 A(b) 中你推导的结论一致？

b. c 在什么范围内会使两个人竞争是一个均衡，其中一个选取位置 x，而另一个则选取位置 $(1-x)$？你的答案是否与你对 A(d) 和 A(e) 的答案一致？

c. 让 ε 任意接近于 0。c 在什么范围内会使两个位置为 $(0.5-\varepsilon)$ 和 $(0.5+\varepsilon)$ 的候选人能够在均衡中互相竞选？当 ε 收敛到 0 时，这个范围收敛到什么？

d. 你在（c）中计算的范围与使两个位置在 0.5 的候选人在均衡中相互竞选成为可能的 c 的范围［如 A(c) 中所推导的］相比如何？

†28.7 **商业和政策应用：用分投票。** 查尔斯·博尔达（1733—1799），一个法国当代的孔多塞，认为民主系统偏离了我们通常的多数决定原则。该系统作用原理如下：假定有 M 个提议。每个选民被要求对这些提议进行排序，被一个投票人排序为第一的提议给 M 分，排序为第二的给 $(M-1)$ 分，依次类推。[①] 将每个提议的分数在所有投票人之间加总，最高的 N 个提议被选择，其中 N 可能低到 1。这个被称为博尔达计数的投票模型被应用在多种公司和学术环境以及世界一些国家的政治选举中。

A. 假定有五个表示为 1~5 的投票人，有 5 个可能的项目 $\{A, B, C, D, E\}$ 被排序。投票人 1~3 以字母顺序对项目进行排序（其中 A 排序最高）。投票人 4 将 C 排最高，紧跟着是 D, E, B，最终是 A。投票人 5 将 E 排最高，紧跟着是 C，D, B，最后是 A。

a. 博尔达计数会怎么对这些项目进行排序？如果仅有一个项目被实施，它将是哪一个？

---

① 存在着博尔达方法的其他版本，比如对最高排序的选择分配 $(M-1)$ 分而对最后排序的留下 0 分。出于这个问题的目的，用在问题中所定义的版本来定义这个方法。

　　b. 假定项目 D 在选民排序这些选项的投票之前被收回。博尔达计数现在怎么排序剩下的项目？如果仅有一个项目能被实施，它将是哪一个项目？

　　c. 如果 D 和 E 二者都被收回呢？

　　d. 假定我能够决定哪些项目被考虑并且我能谨慎地消除那些很明显没有获得广泛支持的项目。通过策略性地挑选哪些项目留下，我能否操控博尔达计数的结果？

　　B. 阿罗定理告诉我们任何非独裁的社会选择函数一定至少违背剩下的四条公理中的一个。

　　a. 你认为博尔达计数违背帕累托一致性公理吗？自由域与理性公理呢？

　　b. 本习题 A 部分中的你的结果以什么方式说明了博尔达计数是否违背了不相关选择的独立性（IIA）公理？

　　c. 给定在 A 部分所描述的投票人的偏好，再次推导博尔达计数的排序。

　　d. 假定投票人 4 改变了他的主意，现在把 B 排第 2 并把 D 排第 4（而不是反过来的方式）。进一步假定投票人 5 也同样在他的偏好序中改变了 B 和 D 的位置，把 B 排第 3，D 排第 4。如果社会选择函数满足 IIA 公理，哪个社会排序不受这个偏好变化的影响？

　　e. 在博尔达计数下项目的社会排序会怎么变化？博尔达计数是否违背了 IIA 公理？

　　28.8　政策应用：利益集团、交易成本与投票购买。假定一个立法机关必须为两个互相排斥的提议投票：提议 A 或 B。两个利益集团愿意花钱来使它们所偏好的提议被执行，利益集团 1 愿意支付最多 y^A 来使 A 被执行，利益集团 2 愿意支付最多 y^B 来使提议 B 被执行。如果对方的提议被执行了，则另一个利益集团的报酬是零。立法者首先关注竞选捐款并将投票给捐助了更多钱的支持者的提议，但是他们对提议 B 有一个如下意义的弱偏好，即如果他们从两个利益集团收到相同数量的钱，他们将投票给 B。

　　A. 为简化分析，假定仅存在三个立法者。进一步假定利益集团 1 首先捐款，利益集团 2 紧随其后。

　　a. 如果 $y^A = y^B$，在子博弈完备均衡中是否有任何竞选捐款？

　　b. 假定 $1.5y^B > y^A > y^B$。你对（a）的答案有什么变化？

　　c. 假定 $y^A > 1.5y^B$，现在子博弈完备均衡是什么？

　　d. 假定提议 B 扩展了牛奶价格支持项目而提议 A 则消除了这样的项目，并假定 $y^A > 1.5y^B$，因为牛奶价格支持项目是无效的。利益集团 1 代表牛奶消费者而利益集团 2 代表牛奶生产者。你认为哪个利益集团将发现它能更容易地动员它的成员给必要的资金来购买立法者的选票？

　　e. 假定 $y^A > 3y^B$。对立法者的每 1 美元的捐献，利益集团 2 恰好花费 1 美元，但是由于组织成员的交易成本，对立法者的每 1 美元的捐献，利益集团 1 花费了 c

美元的成本。为使无效提议被通过，c 需要为多高？

f. 搭便车问题是如何成为不按比例地影响利益集团 1 的交易成本的一部分的？

B. 考虑第 27 章所推导的结论中利益集团所面对的问题。特别地，假定利益集团 1 的所有成员有偏好 $u^A(x, y) = x^a y^{(1-a)}$，其中 x 是私人消费，y 是提议 A 被实施的可能性的函数。利益集团 2 的成员同样地有偏好 $u^B(x, y) = x^\beta y^{(1-\beta)}$，其中 y 是提议 B 被实施的可能性的函数。假定利益集团成功地说服成员相信 y 等于他们对利益集团的捐赠之和。每个人有收入 I，利益集团 1 有 N^A 个成员，利益集团 2 有 N^B 个成员。

a. 这两个利益集团的均衡捐赠是多少？

b. 再次假定提议 B 是对一个有着集中的收益和扩散的成本的无效政府项目的采用以及提议 A 是对该项目的废除。这对 N^A 和 N^B 之间的关系意味着什么？这对 α 和 β 之间的关系意味着什么？

c. 假定 $N^A = 10\,000$，$N^B = 6$，$I = 1\,000$，$\alpha = 0.8$ 和 $\beta = 0.6$。每个利益集团会筹集多少资金？如果 N^A 是 100 000，你的答案会怎么变化？如果它是 1 000 000 呢？

d. 假定 β 也是 0.8（从而与 α 相等）。如果购买选票过程与 A 部分所描述的一样，有 1 000 000 个成员在利益集团 1 中而仅有 6 个成员在利益集团 2 中，提议 B 会被通过吗？

e. 最后，假定仅有一个单一的提议 B 的获益者。当 $\beta = 0.8$ 时，他会捐献多少？如果 $\beta = 0.6$ 呢？在这个例子中，一个集中获益者可能阻止一个除了他之外其他人都不获益的提议吗？

28.9 政策应用：政治联盟与公立学校融资政策。 在这个习题中，我们考虑一些与对学校的公共支持相关的政策问题以及可能形成的决定政治均衡的收入群体之间的联盟。

A. 自始至终，假定个体仅在所面临的单维问题上投票，并考虑被建模在霍特林直线 $[0, 1]$ 上并且收入在那条线上递增的总体。（个体 0 有最低的收入，个体 1 有最高的收入，个体 0.5 有中间收入。）

a. 首先考虑在没有私立学校存在时公立学校的融资情形。你认为中位投票者定理在这种情形下成立吗？其中公立学校的融资水平由中位收入家庭的理想点决定。

b. 下面假定私立学校与公立学校竞争，私立学校收取学费而公立学校由每个人的税收融资。这会怎么改变公立学校融资的政策？

c. 一些人认为对公立学校的融资的政治争论是由"终点反对中点"所驱动的。用我们模型的术语，其意思是在霍特林直线收入分配的终点上的家庭将相互形成联盟，在中位的家庭形成反对联盟。为使这个"终点反对中点"的场景展开，对私立学校不成比例地需求的人需要满足什么条件？

d. 假设私立学校学生的集合来自高收入家庭。这个模型对新的中位投票者的收入水平的预测是什么？

e. 考虑两个因素：首先，私立学校的引入引起了中位投票者的收入水平的变化；其次，我们现在有了支付税收但并不使用公立学校而上私立学校的家庭。有鉴于此，你能够判断随着私立学校市场吸引了小于总体数量一半的家庭，每个公立学校的花费是增加还是减少吗？如果它们吸引了多于一半的家庭呢？

f. 到目前为止我们在没有参考公立学校的当地属性的情况下处理了公立学校的融资问题。在美国，公立学校传统上由当地融资，低收入家庭经常被限制在提供低质量的公立学校的地区。这怎么解释"终点反对中点"联盟钟爱私立学校倡导者（他们为家庭提供公共资金来支付私立学校的学费）？

*g. 在 20 世纪 70 年代，加利福尼亚州把公立学校融资从当地的融资转向了全州（并且相等）的融资，由此全州学校花费显示已经下降了。一些人对此的解释是收入分布偏左，全州的中位收入低于全州的平均收入。假定当地的融资意味着每个公立学校由大致相同的家庭融资（如我们在第 27 章蒂布特模型中所描述的，这些家庭自我选择进入不同的区），而全州的融资意味着公立学校的花费水平由州的中位投票者确定。你能解释全州收入分布的倾斜怎么能解释全州公立学校的支出随着从当地融资转向全州融资而下降吗？

*B. 假定在私人消费 x、公共物品 y 和闲暇 ℓ 上的偏好可以用效用函数 $u(x, y, \ell)=x^\alpha y^\beta \ell^\gamma$ 描述。个体被赋予相同的闲暇量 L 并享有相同的偏好，但是有不同的工资。直到题（e）为止，税收是外生的。

a. 假定一个按比例 t 的工资税被用来为公共物品 y 融资并且税率 t 导致了 $y=\delta t$ 的公共物品水平。计算对 x 的需求函数以及劳动供给函数。（注意：由于 t 不在个体的控制下，t 和 y 在此时都不是选择变量。）

b. 转而假定人均税 T 被用来为公共物品融资，即每个人需要支付相等的量 T。假定人均税 T 导致了 $y=T$ 的公共物品水平。计算对 x 的需求函数以及劳动供给函数。

c. 判断正误：由于工资税没有导致劳动供给决策的扭曲而人均税导致了，所以前者没有净损失而后者有。

d. 计算（a）的间接效用函数（它为 L，w 和 t 的函数）。

e. 现在假定举行投票来确定工资税税率 t。在多数决定原则下什么税率将被实施？［提示：使用你对（d）的答案来确定投票者的理想点。］

f. 假定 y 是公共教育上每个小学生的支出水平，这意味着 δ 是多少（用人均收入 $\bar{I}$、纳税人的数量 K 以及学校中孩子的数量 N 表示）？

g. 现在假定存在一个私立学校市场，它提供那些对退出公共教育感兴趣的人所需求的支出水平（并假设人们在评估学校质量时支出是非常重要的因素）。参加私立学校的人再也不参加公立学校但是仍支付税收。不借助任何额外的数学公式，你认为在一个投票均衡中可能的公立学校的每个小学生的支出水平 y 是多少（假设公共教育通过按比例的工资税融资)？谁将会到什么类型的学校？

h. 你能想出私立学校市场的引入导致这个模型中的帕累托改进的必要和充分条件吗？

i. 在（e）中你应该已经判定了，在按比例的工资税下，所有人一致认同（当没有私立学校时）的税率应该是什么。如果学校是通过人均税 T 融资的，那么还是这样吗？

†**28.10　政策应用：政府竞争、利维坦与仁爱。** 假定政府能把纳税人的资源花费在有着社会利益的公共物品和有利于政府官员的私人利益的政治"租金"上。在某种程度上政府强调后者胜于前者，我们称它们为"利维坦"，这个习题研究政府的竞争在什么程度上限制这个利维坦。在政府强调前者的角度上，我们称它们是"慈善的"。在习题的 B 部分，我们考虑这样的慈善政府之间的竞争。

A. 考虑使用当地产权税来为公共物品和当地政治租金融资的 N 个当地政府的集合。假定当地政府是纯利维坦，即它们仅搜寻政治租金。为简化分析，也假定所有的家庭是相同的。

a. 分析开始于一个社区（对住房）的简单的需求和供给的图。如果当地利维坦政府是一个政治垄断者，它不面对其他社区的竞争压力，它将会怎么设定税率来最大化其租金？

b. 现在考虑家庭在管辖界限之间完全移动并可选择居住在其效用最高的地方的情形。在均衡中，在任何管辖区域 i 的效用必须如何与在任何其他管辖区域 j 的效用联系起来？

c. 假定产权税在所有社区都是零。考虑社区 i 的利维坦市长。如果他把 t_i 增加到零以上并把收益仅用在政治租金上，当税收被实施后在社区 i 中的住房价格（相对于它被实施以前）会发生什么变化？（提示：考虑来自家庭移动性的竞争压力。）

d. 判断正误：只要住房供给不是完全弹性的，在（c）中的利维坦市长就能提高财产税来为政治租金融资。

e. 现在考虑所有的当地政府设定某个税率 t，并使用收益在政治租金上。如果 t 很低，一个单一社区的利维坦市长能否从提高他的税率中受益？如果 t 很高，一个单一利维坦政府能从降低税率中受益吗？

f. 使用你对（e）的答案来说明在竞争的社区之间一定存在某个水平的利维坦税收从而形成一个纳什均衡。

g. 评价如下陈述："除非住房供给是完全弹性的，在利维坦政府之间的政府竞争不足以消除政治租金，但是它限制了利维坦政府集聚这样租金的能力。"

h. 判断正误：当政府行为在一定程度上有寻租现象时，政府之间更大的竞争会加强有效性。

B. 下面考虑相反类型的政府，即慈善政府，它仅在为它认为值得的公共物品融资时才增加税收。再次假定有 N 个这样的政府使用当地财产税来为当地公共物品融资，并假定所有从这样的公共物品获得的收益被包含在每个政府的管辖区域内。

a. 与 A(a) 一样，假设在跨管辖区域之间没有流动从而没有政府面对任何竞争压力。它们会生产有效水平的当地公共物品吗？

b. 下面考虑竞争的情形。如果有当地政府融资的项目是真正的当地公共物品，在什么意义上慈善政府所施加的税收被收到的收益所抵销？

c. 假定政府的税率较低，导致了低水平的公共物品。如果社区 i 提高了它的税率并提供更多的公共物品，在社区 i 中的人口会增加还是减少？住房价格会上升还是下降？

d. 考虑慈善的当地政府提供有效水平的当地公共物品的均衡。任何政府通过增加或降低税率都能增加财产价值吗？判断正误：当地政府最大化财产价值的行为像一个慈善的当地政府所做的那样。

e. 下面假定当地财产税由家庭和企业支付，但是仅有家庭从当地公共物品（如学校）中受益。如果企业是移动性的，在什么意义上社区 i 对企业的财产征税的决策对其他社区产生了正外部性？

f. 在（e）中所描述的环境中，当竞争压力增加时，你对（e）的答案对慈善的当地政府的支出水平意味着什么？

28.11 政策应用：政治拨款项目与"$1/N$ 定律"。如果你在第 27 章中还没研究这些，你现在可以完成章末习题 27.11 和 27.12，以探究政治拨款项目和"$1/N$ 定律"的问题。

28

第
6
部
分

思考怎样使世界变得更好

到目前为止，我们几乎都是围绕着福利经济学第一定理来组织我们的讨论的。这个定理准确地告诉了我们在什么条件下我们可以期待市场达到一个有效的结果。如果追求经济效率是我们的目标，它也因而暗示了我们在现实世界中的哪些条件下市场是需要公民社会或者是政府机构来进行微调操作的。在这个进程当中，我们也已经看到社会上的这三种制度安排所面临的各种重要挑战。对于市场来说，这些挑战仅仅来源于违背了福利经济学第一定理的一些条件。但是我们也会看到公民社会制度安排经常会被"搭便车"问题以及与之联系的囚徒困境的激励机制所困扰，而政府面临着信息上的束缚以及如何通过一些民主制度安排来将公民们的个人偏好合成一致的社会偏好的难题。这些民主制度安排大多数都几乎处于那些控制着日常事务议程的少数人的操纵之下。

在第 30 章，我们将回到这些主题，给出一个对于我们微观经济学的发展中那些重要课程的结论性的概述。然而，在这之前，我们绕道而行，在第 29 章中思考一些新古典主义微观经济学的局限性以及它主要对效率的重视。我们发现这些局限性的来源有两个。一个是心理学家们已经汇集了一系列经济预测上的不正常现象。不正常是指（在实验室或者在现实生活中）观察到的人类行为与基于模型所作出的预测有所不同，就像我们在课本中所讨论的一样。这也就促进了行为经济学（behavioral economics）领域的发展。在这个领域，研究者们通过适当调整对偏好和约束的建模方式来解释一些在我们做某类决定时显得很重要的系统性心理偏误。虽然行为经济学家延续了"给定人们的处境，每个人都试图做到最好"这个基本的前提，但在他们的模型里"最好"和"处境"包括了在标准的微观经济学框架中所没有考虑到的心理上的一些因素。

在回答"什么是好的"这个问题上，行为经济学家的工作可能是很重要的，因为它挑战了一些被主流经济学家们所共同认可的基本观点。最突出的一个例子就是关于扩大选择集的问题。典型的经济学家通常都认为扩大选择集对于人们来说是好的（除非违反了福利经济学第一定理的条件）。然而，行为经济学家却向我们展示出在某些情况下在做决定时所产生的心理偏误事实上可能导致我们认为缩小选择集是好的方式。在我们深度考虑"效用"和"幸福"这些概念以及它们到底对于人们和我们的模型意味着什么之前，我们将在第 29 章关于行为经济学的讨论中探讨这个问题以及与之相关的话题。

这就自然地带我们来到了经济学的一个分支——规范经济学（normative economics）。它与为我们之前大多数章节定下框架的实证经济学迥然不同。在某种程度上，由于我们在之前的章节中隐含地假定了"效率是好的"，我们实际上已经采取了一种特殊的规范视角来分析问题，但就像我们不断指出的那样，它很可能还需要我们进一步思考。第 29 章的后半部分正是关于此问题的探讨，我们将各种类型的道德标准加入对一个"好的社会"实际上是什么样子的分析当中。虽然经济学家不是要被训练成哲学家，并且哲学家有时也将经济学家定义成"坏的哲学家"，但是我们发现经济学中规范性的分支与某些哲学的分支实际上是有交叉的。同时，我们认为哲学家们很可能对一些规范经济学中我们敷衍对待的问题思考得更深刻，并且在哲学和经济学之间仍然存在着很大的对话空间。

第 29 章　什么是好的？来自心理学与哲学的挑战

就像我们在本书的开始就提及的那样，人类远比那些经济学家们使用的简化的模型要复杂得多，然而模型的目的并不是要完全再现一个人意味着什么。① 恰恰相反，它的目的是去预测并理解个人和集体的行为，并且在许多情况下，利用我们日益增强的理解去发现更多的改善人类福利的方法。然而，在对行为很好地建模与我们知道"什么是好的"之间还存在着巨大的鸿沟。如果模型没有把"我们是谁"这个问题的复杂性包括进去，那么我们从考虑"是什么"这个问题转变到"什么是好的"这个问题又有什么用呢？

我们已经在全书中含蓄地尝试过以最适度的方式去解决以上问题，例如通过使用一些概念，比如说消费者剩余、将要获得的利润，去研究无谓损失以及改善效率的政策。福利经济学第一定理给我们提供了一个考虑个人的激励机制是如何与社会的目标偏离的框架，特别是当这些目标是以如何达到一个能够攫取所有有效剩余的结果为中心时。但是经济学并不是思考人类福利（human welfare）的唯一学科，并且"人类福利"有着很丰富的意义，远比"剩余"这个定义所能够描述的要多得多。"剩余"这个定义来自我们很容易地认为用简洁的方式考虑了人类条件的那些奇异的模型。因而，经济学也不是调查人类行为（behavior）的唯一学科，尤其是在心理学已经展示出了一系列在某些情况下的行为将背离经济学模型所预测的方式的这一现实下。当然，哲学家们也会以一些更深层次的方式来思考人类条件。而我们将会看到这些方式是与规范经济学有所交叉的。在思考"什么是好的"这个问题的背景下，我们也会在本章中考虑我们的观点将可能如何被其他学科的观点所影响。

在我们的某些章节当中，我们已经做了关于这方面的一些工作，比如说，在我们考虑合作是如何在囚徒困境中作为最终结果出现的情况时。这是由于我们有时能

---

① 这一章基于对第 1 章到第 7 章消费者理论的基本理解和在第 15 章中所介绍的以效率为核心的福利经济学基本定理的一些基本观点。第 16 章中所讲的埃奇沃思盒被简要地提及，但对于这一章的 A 部分来说，它并不是必需的。本章的 B 部分是建立在第 17 章中的前两部分详细阐述的期望效用理论的一些观点上的。

够借用网络效应的作用而将双方聚集到一起以达到一个临界点。在章末习题中，我们将会进一步强调社会规范准则的作用，比如说像"公平"的观念就可能使我们选择参与一些看起来与我们的既得利益相违背的行为，但它能够进一步强化我们为伸张正义而体现的个人价值。其中的一些话题不仅仅与心理学的一些领域相交，同时随着经济学家与社会学家在许多有着共同兴趣的话题上的合作越来越频繁，它与社会学也有许多交叉。

我们现在将更加直接地考虑经济学与这两个特定的学科的交叉部分。我们希望明确地阐释从考虑"是什么"这个问题到"什么是好的"这个问题的复杂性并且希望能够清楚地了解新古典经济学的一些可能的局限性。更准确地说，我们将会谈及经济学与心理学的交叉，并且考虑来自心理学的一些观点在某些条件下是否不仅能够改善我们模型的预测力，并且能够改变我们思考在市场、民间团体、政府这三个背景下"什么是好的"这个问题的方式。我们也将调查经济学与哲学的分支，再一次考虑实证模型如何帮助我们找到"什么是好的"这个问题的答案。

29A　我们到底是谁，而这又意味着什么？

这一章的重点并不是要像我们给出"当汽油的价格变为原来的两倍，人们将会怎么做"这个问题的答案一样给出"什么是好的"这个问题的答案，而是在我们考虑实证理论与一些微观经济学核心理论时，为我们如何处理这个规范性问题提供一些视角。就像我们将会看到的那样，经济学向心理学的一点点倾斜意味着一些经济学家依靠直觉认为"不好"的情况，当我们将心理学的一些观点加入对我们行为建模的实证模型中时，反而变"好"了。举个例子，除非违背了福利经济学第一定理，如果一个人的选择集 A 严格地包含了一个稍小一点的选择集 B，那么选择集 A 将被经济学家通常认为更好。因为这个人总是有能力选择不去利用相比选择集 B 所多出来的那些选择，因而这些额外的选择自然不会让他们的境况变得更糟。但是我们凭我们的日常生活经验就可以意识到在有些情况下我们主动地想要约束我们的选择，比如我们选择将剩下的蛋糕扔掉而不是保存在冰箱里以防止我们晚上回来后吃得更多。我们将看到当我们引入心理学的一些观点后，我们就能够解释为什么我们有时候会自制，并且为什么有时候我们会得出更少的选择比更多的选择更好的这一结论。我们也会看到生活中的一些小事以及它们将如何改变我们思考"什么是好的"这个问题的方式，这将比传统经济学中所认为的要更重要。

虽然我们在 29A.1 中通过扩展行为经济学中的实证模型来研究心理学对经济学的影响以回答"什么是好的"这个问题，本章的剩余部分都是从一个更加规范性的角度来处理这个问题的。我们将从 29A.2 开始讨论"幸福"到底意味着什么并且它与我们试图去定义的"好的"是否有联系。这将需要我们对一些有关"幸福"的调查结果和成因有个简要的讨论，并且带领我们从一个哲学化的角度展开讨论。这

29

都意味着实证经济学家们对"幸福"建模来进行预测缺少人们认为的它所应有的深度。当我们记着这些警告时,我们将在29A.3部分讨论如何使用结果主义的方法来解决规范经济学问题,在29A.4部分我们将以一种更注重"过程公平"而不是"结果公平"的哲学方法来结尾。

29A.1 心理学与行为经济学

大多数针对新古典主义经济学的批评都是因为看到了经济学与心理学这两门学科之间的冲突以及经济学家们认为每一个人都以一种明显的方式表现出理性与自私的这一观点(这通常是错误的)。但是,虽然这两门学科之间的冲突是不可否认的,它们之间也在近几年发生了综合。它们之间的综合为行为经济学的一些新的子领域奠定了基础。行为经济学将来自心理学的观点都加入了经济学的模型当中(甚至是神经经济学的一些新的子领域,在这些领域当中,神经系统科学家们与经济学家们一起调查大脑的生理机能是如何影响在不同情况下人们作出决定的过程的)。

这种交叉学科之间合作的动力来源于对"异常行为现象"的广泛记载。这是一种观察人类行为在某些情况下表现出与经济学的预测所不同的系统性的方法。随着关于这些"异常行为现象"的证据基于经验而变得越来越有说服力,经济学家们开始探讨当对一些以心理学为基础的传统的新古典主义经济学假设作出修改后,新的经济学模型如何能更好地去预测行为。这在经济学家中并不是没有争论的,他们其中的一些认为这些"不正常"现象可以通过一些更仔细的不是从心理学中借用而来的经济学模型来很容易地加以合理化。这些互相竞争的模型,一些更加依赖于心理学,一些更加依赖于扩展的新古典主义假设,随着关于经济学与心理学需要彼此的程度的辩论的继续,它们也在不断地被检验(来看哪一个能与可获得的数据更好地相符)。我们在这部分不讨论这个辩论,而是展现一些主要的"不正常现象"和大多数关于它们的有说服力的解释。

在我们继续之前,我们应该注意到行为经济学的子领域在不同的群体里是被不同地理解的,如果我们考虑到经济学与心理学的融合是相对而言最近发生的现象,那么这并不是意料之外的。一些把他们自己看作行为经济学家的学者专攻于在实验室的环境下记录不正常现象的例子。在这种环境下,我们能够观察到人们在能够被控制的环境当中作出决定的过程。因而这样的学者也是最近相对较新的子领域实验经济学(experimental economics)的实践者。然而,通过有控制的实验获得数据对于大多数经济学家来说并不像对于哲学家来说一样来得自然。同时很多经济学家认为实验设置看起来非常人工化,并且与现实世界中作出决定的各种各样的设置是不符的。他们也不赞同那种发生在现实世界中的学习效应,而且他们经常依赖于某一特定的群体(大学本科生)作为他们的实验主体。事实上,存在大量的证据表明并不是所有的实验结果都是经得起重复检验与学习的。但还是存在很多实验证据,由于在不同的环境下重复地被检验是如此地有说服力,以至于它们对我们的学科都产生了影响。这通常是因为我们从来自现实世界的数据中看到了同样的现象从而产生了回响。然而我们应该牢记于心的是，即使是实验结果证明了被行为经济学家放进现有经济模型中的新特点有多有用，实验本身也不能定义行为经济学是什么。

虽然我们偶尔会提及一些实验，对于我们的目的而言，行为经济学的真正作用在于为我们开启了一条概念性的道路并且它允许我们修改之前一些模型的方式也能帮助解释现实世界中的一些否则很难与经济分析相协调的现象。行为经济学并不要求我们放弃与微观经济学相联系的基本方法，那就是"给定他们所处的环境，人们试图去做到最好"。它反而为我们强调了"什么是好的"的几个方面和哪几种"环境"是重要的。换一种说法，它帮助我们思考偏好的特点（在 29A.1.1 和 29A.1.2 部分）和那些可能重要却没有被爱挑剔的心理学家指出的被我们忽视的约束条件（在 29A.1.3 部分）。

29A.1.1　现在偏误偏好和自制问题　大多数吸烟者计划在将来的某个时候戒烟，即使他们发现现在戒烟的代价很大，他们也相信他们将来会成功戒烟。我们总是计划着明年要开始锻炼身体并且合理饮食。当我们把一个用信用卡付款的大屏幕电视机搬回家时，我们总想着要为退休而存点钱。再有，当你为了期中考试连续熬夜几个晚上以后，你发誓再也不要让这一幕发生在期末考试周，但首先你需要一些时间来缓解压力并且暂时摆脱学校那些杂事的束缚。这些例子都暗示着行为具有时间不一致（time inconsistent）的偏好，这些类型的偏好使我们认为未来的某样东西是值得我们等待的，但在其他条件不变，仅有时间改变的情况下，当未来真正来临时，我们的偏好也改变了。换一种说法，这种行为暗示我们"现在"即"此时此刻"有一种特殊的属性，因为未来随着时间的流逝将肯定地变成"现在"，所以当未来真正来临时，它会变得相似地"特别"。这种现在偏误（present-bias）将会导致偏好颠倒现象。这并不会让那些对人类自制问题（self-control problems）研究了很长时间的心理学家感到特别惊讶。但当通过普通微观经济学家的关于时间一致性的代际选择模型的视角来看时，它们就显得很出乎意料。这是一种除非环境改变了，否则人们最后会按照他们原本的计划而进行的选择模型。

考虑一个简单的例子，我们假设 $t+1$ 时期的 1 美元对于你来说在 t 时期总是值 δ 美元，它小于 1 美元。你现在处于 0 时期并且在思考你在 $t=1$ 时期将怎么做，比如说学习，或者戒烟，或者进行一项虽然会在此刻花费你 c 美元但却能在 $t=2$ 时期给予你 b 美元收益的储蓄。从 $t=0$ 时期往前看，贴现到现在的 c 美元在一段时间之后将变为 δc 美元，而贴现到现在的 b 美元在两个时期之后就变为 $\delta(\delta)\,b=\delta^2 b$ 美元。所以你会向前看，并得出在 $t=1$ 时期代价很高的行为值得等待这么长时间的结论，因为 $\delta c<\delta^2 b$，它也可以简化成 $c<\delta b$。所以在 $t=1$ 时期，你实际上应该采取代价很高的策略，这会使你现在花出成本 c，但会使你在之后的一个时期得到收益 b，折回到现在就等于 δb，所以只要 $c<\delta b$，在下一时期你就会采取此行动。你对于未来下一时期的看法与你现在的看法是一样的，因为我们并没有假设"现在"有

29

什么特别之处使你在未来成为现在时改变主意。因此，若你在 $t=0$ 时期往前看来决定是否在 $t=1$ 时期投资所依据的原则与你在 $t=1$ 时期面临相同选择时遵循的原则是一样的，那么你的偏好完全符合时间一致性。表 29-1 的第一行很好地阐释了这一点。

但是假设我们评价成本和收益的方法是有一点不同的。与其把下一时期的 1 美元等同于现在的 δ 美元，把 2 个时期之后的 1 美元等同于现在的 δ^2 美元，我们把下一时期的 1 美元等同于现在的 $\beta\delta$ 美元，把 2 个时期之后的 1 美元等同于现在的 $\beta\delta^2$ 美元。现在让我们重新回顾是否采取在第一时期花费 c 美元以换取在 $t=2$ 时期的收益 b 的策略的决定。当我们在现在思考我们的决定时（$t=0$），我们将把一个时期之后的 $\beta\delta c$ 美元等同于现在的 c 美元，把 2 个时期之后的 $\beta\delta^2 b$ 美元等同于现在的 b 美元，我们可以预测只要 $\beta\delta c < \beta\delta^2 b$（与之前一样，它可简化成 $c < \delta b$），则我们在时期 1 时采取的行动就是值得的。这就是表 29-1 中的"β-δ 模型"在 $t=0$ 时期的第一条记载所表示的。但是当我们发现我们不得不在 $t=1$ 时期做这个代价高昂的决定时，$t=1$ 变成了"现在"，我们现在面临着一个即刻的花费 c，并且下一时期的收益 b 等同于现在的价值 $\beta\delta b$，这暗示着只要 $c < \beta\delta$，我们将采取这一策略。如果 $\beta \neq 1$，那么当未来变成现在时，我们作出决定所依据的原则就改变了。如果 $\beta < 1$，这意味着如果我们从 $t=0$ 时期看 $t=1$ 时期时认为这项投资值得，那么当 $t=1$ 时期到来时，我们可能发现这个投资实际上没有那么有价值。这就是时间不一致性。

表 29-1　偏好颠倒现象（在 $t=1$ 时期投资 c 以在 $t=2$ 时期得到 b 的条件）

	$t=0$	$t=1$
δ 模型	$c+\delta b > 0$	$c+\delta b > 0$
β-δ 模型	$c+\delta b > 0$	$c+\beta\delta b > 0$

练习 29A.1　假设 $c=100$，$b=125$，$\delta=0.95$，$\beta=0.8$。当从 $t=0$ 时期看时，进行一项花费为 c 的投资在 $t=1$ 时的期望价值是多少？当从 $t=1$ 时期看时呢？■

这个模型被称作贝塔-德尔塔模型[①]（beta-delta model），它是从一些自 20 世纪中期以来用来解释动物行为的模型中改编而来的，现在被许多行为经济学家用来解释对于个人自制问题的实证研究结果。注意这与新古典主义的代际选择模型只在术语 β 上不一样，在这个模型当中，β 出现在通常的贴现因子 δ 的前面。因为 β 既出现在 δ 的前面又出现在 δ^2 的前面，所以当我们考虑在未来完全受牵制的权衡时，它被消掉了。（就像你可以在表 29-1 中的第一行所看到的，我们仅仅考虑我们是

---

① 这个模型是与哈佛大学经济学家戴维·莱布森（1966—　　）紧密联系在一起的。他的贝塔-德尔塔模型也被称为准双曲线折扣模型，是对之前在其他学科（在 B 部分有更详细的讨论）用到的更加普遍的双曲线模型的简化。

否应该在 $t=0$ 这个有利时期作出在 $t=1$ 时期投资的决定）。但是当未来真正变成了现在，因为我们的模型考虑到了现在这个时期有其特殊属性这一条件，β 就变得很重要了。因此关于这种时间偏好的贝塔-德尔塔模型只是改变了我们对现在与未来的关系的思考方式，却没有改变我们对未来与更远的未来之间的关系的思考方式。

练习 29A. 2　当心理学家给人们提供两个选择：现在的 50 美元和明年的 100 美元时，人们会倾向于立刻选择现在的 50 美元。但当同样的人面临两个选择：五年以后的 50 美元和六年以后的 100 美元时，他们通常会选择 100 美元。试解释这为何与通常的代际选择模型不同，但是与前一段中所谈论的经过修改的模型是符合的。∎

　　引入这种现在偏误模型的一个危险之处在于学生经常误认为这个模型是要将不耐心表示出来而不是将现在偏误表示出来。如果一个人认为现在的消费比未来的消费更有价值，那么他就是不耐心的，这就意味着他将对未来消费贴现很多，最后结果是他现在会比更耐心的人消费更多，但投资更少。但是不耐心没有任何的时间不一致性，如果你真的不耐心，你将会非常期待时期 $t=1$ 的到来，并且知道你将不愿意现在花费 c 美元以换取将来下个时期的 b 美元（除非 b 相对于 c 而言非常大），这正是当 $t=1$ 时期变成现在时你所需要决定的。当你计划在未来做某事，但是当仅有时间改变了，未来变成现在，你却不能坚持你的计划时，一个时间不一致问题就产生了。在贝塔-德尔塔模型当中，不管人们耐心与否，没有能力坚持计划是由一直跟随着现在偏误所导致的，并且这也定义了我们马上要讨论的自制问题。

　　表 29-2 展示出了不耐心与现在偏误之间的区别。在表的第一部分，我们展示了在时期 2 的收益 b 需要多大才能使在时期 1 投资 c 的这个策略被认为是值得的。我们假设 $\delta=1/1.05 \approx 0.952$；换句话说，基本上在时期 $t+1$ 的 1 美元等同于在时期 t 的 0.95 美元。但是我们也假定如果考虑到不同 β 的潜在价值，你可能会有现在偏误。如果依你贴现的方式，你未来的计划将不会因为加入了 β 而受到影响，所以当你在时期 $t=0$ 朝前看时，只有 δ 这个贴现因子是起作用的。这意味着只要 $(b/c)>1.05$，你就会认为这项投资是值得的。［就像在 "$t=0$ 时的未来计划" 所在的那一行所表明的一样。］当 $\beta=1$ 时，贝塔-德尔塔模型没有任何偏误，所以只要 $(b/c)>1.05$，在 $t=1$ 时期仍应决定投资。但是当 $\beta<1$ 时，我们有现在偏误。比如说，表 29-2 告诉了我们 $\beta=0.5$ 意味着当我们真正决定是否需要投资时，我们立马需要 $b/c>2.1$ 让我们放弃现在的 c 以得到下一时期的 b，即使是在我们原本打算在 $(b/c)>1.05$ 时就投资的情况下。从某种意义上说，$\beta=0.5$ 就暗示着当 $t=1$ 时期来临时，我们需要在对未来与现在做权衡时采取不耐心的态度，即使当我们从 $t=0$ 时期往前看时，我们在 $t=1$ 时期是应该相对耐心的。

　　表 29-2 的第二部分推导出了为使我们的策略在 $t=1$ 时期与第一部分中存在现在偏误一样所需要的 δ（如果 $\beta=1$）。

29

表 29 - 2　　　　　　　　现在偏误与不耐心（使投资合理的 b/c 比率）

现在偏误的时间不一致的贝塔-德尔塔模型（$\delta=1/1.05$）							
β	0.50	0.75	0.90	0.95	1.00	1.05	1.10
$t=0$ 时的未来计划	1.050	1.050	1.050	1.050	1.050	1.050	1.050
$t=1$ 时的现在偏误	2.100	1.400	1.167	1.105	1.050	1.000	0.955
不耐心的时间一致模型当中等同的 δ（$\beta=1$）							
δ	0.476	0.714	0.857	0.905	0.952	1.000	1.047
$t=0$ 时的未来计划	2.100	1.400	1.167	1.105	0.952	0.955	0.955
$t=1$ 时的决策原则	2.100	1.400	1.167	1.105	1.050	1.000	0.955

比如说，$\delta=0.476$ 给了我们与存在 $\beta=0.5$ 的现在偏误时一样的决策原则。不同之处在于，当 $\delta=0.476$ 时，我们知道我们是不耐心的，并且我们知道我们未来的决策与我们现在的计划并不冲突，所以我们对此能够接受。结果是，不管我们的耐心程度如何，我们在 $t=0$ 时的未来计划与我们在 $t=1$ 时的实际决策原则是一样的。但是我们可以看到，当相同的决策原则出现在 $\beta=0.5$ 时，我们在 $t=1$ 时不同意我们在 $t=0$ 时所制订的计划。

练习 29A.3　$\beta>1$ 在贝塔-德尔塔模型当中意味着什么？

练习 29A.4　再次考虑练习 29A.2 中的例子。假设 $\delta=1/1.05\approx0.952$。要使例子当中的选择成立，$\beta$ 的最大取值是多少？当 $\beta=1$ 时，要使现在的选择成立，δ 的取值应是多少？为什么这没有帮助我们解释例子中的双重结果呢？■

我们可能会问，这样的一个模型对我们分别在市场、民间团体或政府这三个背景下思考"什么是好的"有什么影响呢？举个例子，有些人可能会担心不耐心将导致人们过少地投资和过多地消费，比如说很多哲学家认为没有任何道义上的合理性去将未来贴现。所以耐心有时被看作一种美德，而不能很容易地强加于人。这通常需要政府借助人们对不耐心的担心而采取一种家长式作风或者是通过赞助的形式强制个人进行更多投资，即使是在他们更倾向于消费时。从一个更有效的角度来看，这样的政策恰恰是帕累托改进的反面，因为有一些人的境况变得更糟了（在他们自己看来），而其他人（不需要强迫也是耐心的人）的境况也没有得到改善。由于信贷市场的借款有一个上限，因此即使是运作良好的信贷市场也可能会约束个人依据他们的不耐心而采取行动的程度，但是这样的一个市场也对现在就卖出而不是以后才卖出感兴趣，所以它也能从消费者的不耐心当中获益。然而，一整套民间社会机构——父母、家人、教会——都试图说服我们应采取更长远的视野，即当我们现在做决定时我们应该思考将来，并且这些机构对个人自愿作出的未来与现在的权衡所产生的重要影响也是合理的。在某种情况下，耐心是一种美德，而公民社会认为美德是能够被培养的，所以如果不耐心变得无法控制了，这也许就是公民社会的失败了。

但是现在偏误偏好以及与之相伴的自制问题引发了许多不同的议题。事实上，那些了解自己自制问题的个人会寻找克服这些问题的方法，也就是当未来成为现实时，为了避免放弃他们自己计划的诱惑而在将来"束缚自己"的方法。换句话说，如果你知道坚持你自己的计划存在问题，你将会花费一些资源来"解决这个问题"，也就是对经济学家所说的承诺机制进行投资。承诺机制将会强迫你在未来采取你现在想在未来采取的但通过理性的预期未来的你不会想要采取的行动。在荷马著名的希腊经典史诗《奥德赛》（Odyssey）中，男主角在特洛伊战争后 10 年的归家旅程中，穿越了海妖塞壬的土地。即使是最坚强的战士也会被她令人沉醉的歌声引诱进致命的陷阱。奥德赛想要听塞壬的歌声，但并不想被她的咒语引入陷阱。但是，他明白他一旦听见了歌声，他将没有使自己脱身的自制力。因此他设计了一个承诺机制，让他的船员将他捆在船的桅杆上而船员们塞住了自己的耳朵，所以他们听不见歌声也听不见奥德赛请求为他松绑。他的自制意识阻止他屈从于他知道的他在未来将会有的现在偏误，并且承诺机制阻止他屈从于他知道的即将要到来的诱惑。

当我们发现我们与奥德赛是在相似的境地时，我们有我们自己构造承诺机制的方式。你会向你的配偶承诺你将戒烟，希望通过她发现你吸烟时的失望来阻止你违背你的承诺。你会开始一个以月为单位、在你不按规律存款时就惩罚你的储蓄计划，或者是将你的退休金放入 401（k）这种惩罚提前支取的养老保险制度。也许你会让你的老师给你一个家庭作业的最终期限，而不是相信你会随着期末考试的来临而调整自己的速度。很多人会仪式性地中止他们的信用卡（在他们最近一次疯狂购物之后）以防止自己再受诱惑去滥用它。他们把他们的储蓄投入流动性很差的资产上。当他们心痒痒地想要消费时，这种资产是不容易被卖出去的，或者他们会将自己束缚在为孩子准备的政府设计的大学基金上。有自我意识的瘾君子会再多吸一口可卡因，然后就将自己送入阻止自己再吸毒的戒毒中心。或者我可能会让我的妻子将剩下的无比美味的蛋糕扔掉以防止我被诱惑而吃得过多。关于那些寻找承诺机制来约束将来的自己的人，我们发现了许多这种机制的例子——一些是在市场上出售的，一些是被民间团体资源提出来的，一些是由政府设计的。给予许多自由的选择对于那些不能够很好控制自己的人来说并不是最优的策略，因此从有自我意识的个人的角度而言，选择约束是令人渴望的，就像聪明的奥德赛不给自己选择的自由，而将自己捆在船的桅杆上一样。

练习 29A. 5　很多人购买了健身俱乐部的会员卡却从来没有使用过。但是他们仍然坚持拥有它们并继续长时间地付每月的费用。应怎么解释对这种会员卡的购买呢？人们拥有会员卡却从不使用它们这个事实告诉我们他们是怎么看待自己所做的决定的呢？

练习 29A. 6　即使是在两种抵押贷款的利率相同、30 年的抵押贷款允许人们按意愿提前支付

（因此可在15年内还清）时，一些金融顾问仍然推荐人们选择15年的月供更高的抵押贷款而不是30年的月供稍低的抵押贷款。当我们从一个传统的经济学模型的角度来看时，这是没有道理的，那么从一个行为经济学家的角度来看，这是如何有道理的呢？

练习29A.7 在2007年的次贷危机之前，对于人们来说再一次买房是很容易的。假定人们选择了15年（而不是30年）的抵押贷款作为承诺机制（就像练习29A.6中所提到的那样）。对于有自我意识但却有现在偏误的人来说，这种很容易的再买房选择是否让他们的境况更糟了呢？■

但是我们认为每一个有自制问题的人都能完全了解自己存在这个问题很可能是不合理的。在某些例子当中，我们认为像市场这样的机构并没有适当的激励机制来使你意识到自己的问题。"再来一杯？为什么不呢？好男人！"酒吧的服务员可能一边说着，一边满足他有酒瘾的顾客的需求，就像是即使在你的信用卡快刷爆了的时候，电子产品商店还会让你再买一套新奇的电子产品。初看时，政府的干预似乎促进了与政府在让我们表现得更有耐心以使我们更有"美德"的尝试中表现出的一样的家长式作风，并且一些社会评论员也因此对研究现在偏误的行为经济学家得出的结果对制定政策的借鉴意义存有疑惑。然而事实却是很多行为经济学家支持那些不那么有威慑力的政策干预。我们常称这种干预为"自由意志家长制"。这是一种不用假定政府知道得最多的家长式作风的形式，可通过设立一些"助推"来使这些存在自制问题的人去做最终最符合他们自己利益的事（在他们自己看来），同时对那些没有此问题的人也不会造成很大的损失。[1]在谈论完一些会对政策产生影响的经济学与心理学的共同话题之后，我们以一些政策的例子来作为关于行为经济学的这一部分的结尾。

29A.1.2 基于参照水平的偏好、损失厌恶、禀赋效应 你可能知道在杜克大学（我所任教的地方）篮球文化盛行。篮球场几乎没有足够的空间来适应需求，所以学生们需要克服各种麻烦来得到门票。即使克服了这些麻烦，需求量还是会超过供给量（当杜克大学篮球队打进全国大学体育协会锦标赛的决赛时），这时可使用彩票来从这些克服各种困难的学生当中挑选最后的得票人。举个例子，杜克大学商学院的一个心理学家决定召集那些中了彩票的学生来协商一个让获胜者愿意卖出他们门票的价格。他也召集了那些与中了彩票的同学一样对杜克大学篮球队满怀热情的失利者们来看他们愿意为门票出价多少，他们的热情已经被他们为克服所有同样的困难所付出的努力而证明了。他的结论是彩票获胜者愿意卖出门票的价格平均为

---

① 我从最近一本关于行为经济学的令人愉悦的书［Richard Thaler and Cass Sunstein, *Nudge* (New Haven, Conn.：Yale University Press, 2008)］的标题中借用了"助推"这个词。理查德·塞勒（1945— ）是行为经济学的先驱者之一，凯斯·桑斯坦（1954— ）是芝加哥大学的法律学者，他通过行为经济学的观点来研究法律，他被奥巴马发掘，成了白宫信息和监管事务办公室主任。

1 400 美元，而彩票失利者只愿意为门票付 170 美元。[①]

练习 29A. 8[*]　判断正误：如果人们对于篮球票的偏好是拟线性的，那么人们愿意接受的价格就应该与人们愿意支付的价格是一样的。（提示：你可能已经在第 10 章的章末习题 10.7 中做过一个与之相似的更详细的练习了。）■

　　由于学生们是被随机地选择成为"赢家"和"输家"的，所以我们可以假定他们的偏好和经济境况在平均意义上来说大概是一样的。如果我们做此假定，那么他们之间的唯一区别就在于"赢家"拥有一张篮球票而"输家"没有。换句话说，二者之间唯一的区别就是一个相对而言很小的禀赋效应。事实上，这个差距小到让我们认为"输家"的边际支付意愿与"赢家"的边际接受意愿是几乎没有差别的。因此，我的心理学同事发现的实际结果是几乎不可能被普通的新古典主义经济学所解释的。因此，我们的典型模型的失败也指出，心理学家发现了一个更广泛的现象，并且行为经济学家将它引入了经济学当中。

　　结果证明，人们有时似乎不是在一个绝对意义上去评价一个选择，而是通过与一个常常（但不总是）与他们现在的禀赋有关的参照点做比较而得出结论的。[②]　结果就是我们的决定有时是参照点依赖的。比如说，在我们的例子当中，学生 1 是彩票的"输家"，在他的无差异曲线图上他达到了效用水平 u_1，学生 2 是"赢家"，达到了效用水平 $u_2 > u_1$，除此之外，其他都是一样的。当他们分别被要求去卖或者买一张门票时，两个学生都会根据自己的禀赋（是否拥有一张门票）这个参照点形成自己的反应。这意味着学生 2 会把卖出这张门票看作是"失去门票"，而学生 1 会把买入这张门票看作是"得到门票"。到目前为止还不错——没有什么阻止我们期待他们提出大概一样的价格。但是心理学家发现有时偏好的另一个特点会起作用：当我们相对于参照点来评价得失时，我们倾向于赋予"失去"更大的权重。因此，即使是当他们跨越各种困难以得到这张对他们来说价值一模一样的门票时，学生 2 将卖出门票看作是"失去门票"的这种"损失"比认为买票是令人愉悦的学生 1 的"得到"在心理上来说是更痛苦的。

　　第二种观点为损失厌恶（loss aversion）。它与我们根据参照点评价得失的观点一起可以帮助解释行为经济学家所说的禀赋效应（endowment effect）[有时被称为

29

---

　　① 丹·艾瑞里（1968— ）是我的心理学同事。他也是畅销书《可预测的非理性》（*Predictably Irrational*，New York：Harper Collins，2008）的作者，这本书收集了很多心理学的实验，讲述了它们与决策之间的关系，并且其中的结论对新古典主义经济学至关重要。虽然这本书在很多方面都算得上是令人着迷的阅读体验，但实证经济学家提出艾瑞里的一些预测有时是与来自实验室之外的实证证据相矛盾的。练习 29A.11 就是一个很好的例子。

　　② 这个观点以及与之相关的观点都由心理学家卡尼曼（1934— ）和特韦斯基（1937—1996）提出的前景理论（prospect theory）有紧密的联系。由于卡尼曼在行为经济学中所作出的成就，卡尼曼与实证经济学家弗农·史密斯（1927— ）一起获得了 2002 年的诺贝尔经济学奖。

现状效应（status quo effect）]。这种效应基本上是指所有权（ownership）或者是现状（status quo）起作用的方式有时并不能被我们的新古典主义模型所描述出来。在我们拥有了所有权之后，我们会更看重我们所拥有的东西，这是与我们的现状联系在一起的。在章末习题 29.9 中，在房产市场的背景下，消费者似乎形成了可能会产生禀赋效应的特定的心理情结，我们将探讨这将如何改变我们先前对消费者理论研究的一些观点。这些在很多心理学实验中出现的禀赋和现状的影响肯定能够帮助我们解释为什么即使是在那些其他条件都一样的没有票的学生并不愿意付出那么多钱去买门票的情况下，杜克大学那些赢了篮球票的学生仍不愿意轻易放弃他们的门票。事实上，如果禀赋效应真实存在的话，当禀赋中包含了一些我们赋予情感的东西时，比如说我们的家，或者是看到我们的球队击败讨厌的对手的希冀，我们就会认为禀赋效应显得特别重要。

练习 29A. 9 我们考虑一个非常相似的情形：两个人其他条件相同，其中一个人拥有一张比萨的优惠券。我们认为，只要比萨不是正常品，这两个人就能够协商出一个交换这张优惠券的价格。如果存在禀赋效应，这两个人是更可能交换这张优惠券还是更不可能呢？ ■

　　人们所做的一件非常令人沮丧的事情也可由损失厌恶这一概念来解释。令人沮丧是从一个经济学家的视角来看的：不管我们如何鼓吹，总有些时候人们会把沉没成本看作真正的经济成本。（实话说，我的妻子经常指出我这么干的一两个情形，虽然我坚持认为是她偷偷地麻痹我以便抓到我所做的与自己所说的相矛盾的情况。）只是简单想一想一个例子，你很可能就能想到这是如何发生的。这个例子是：买了一张电影票后，在电影的头几分钟就发现电影很糟糕。有多少次你是痛苦地看完了电影而不是立刻走出电影院，这仅仅是因为你付钱买了电影票。也许你作出留下的决定是与一个参照点相关的——你拥有一张电影票。从这个参照点出发，承担一个损失在心理上是痛苦的。

练习 29A. 10 有好几次我都发现我的一个同事特地跑一趟出租电影光盘的地方去归还一部否则会过期的电影光盘，而不是等到明天上班时顺路去还。迟还的罚款是 1 美元。如果（在一个他没有电影光盘要到期的晚上）我打电话告诉我的这个同事，出租电影光盘的地方的某部电影光盘背后藏有 1 美元，如果他现在就过来，他几乎肯定能得到这 1 美元，他绝不会认为为这 1 美元特地跑一趟是值得的。你能够用包含损失厌恶的参照点依赖偏好来解释我同事的行为吗？ ■

　　从基于参照点的决策制定中还衍生出了许多其他的含义，其中的一些——特别是那些与风险相关的，我们将会在 B 部分以及很多章末习题当中讨论。这当然对我们对于这种决策制定的了解可能如何改变我们一些关于"什么是好的"的这个问题的结论也有影响。如果我们确实愿意比"得到"放弃得更多来避免"损失"，比如说，向禀赋收税，也就是，向人们拥有的一些东西征税，从一个效率的角度来看，这与对收入征税相比使人们的境况更糟，即使是一个普通的模型也可能会表现出相反的结果。当我们对收入征税时，与其在雇员拿到工资的年末叫他立马交税（一旦他拿到税前的工资），从雇员的薪水支票中直接扣除税收（所以他永远不会拿到税前的工资）的做法要好得多。破产法当中关于允许人们保留他们的房子的这一相对宽松的条款可以从中找到合理的支持。它也可能改变我们思考宏观经济学中权衡平滑经济周期与刺激增长的潜在方式。（就像我们将在章末习题 29.14 中讨论的一样。）

练习 29A. 11　在我的同事心理学家丹·艾瑞里的著作《可预测的非理性》一书当中，他指出（最后并不正确）对汽油征税并不会对长期的汽油消费产生很大的影响，因为他假设人们将会调整他们的参照点，所以人们主要会在短期内产生反应而不是在长期。这与一个新古典主义经济学家作出的预测是相反的。你明白他是如何得出他的预测的吗？[①]　■

　　然而，当参照点并不是你自己所拥有的禀赋而是你邻居的消费量，那么基于参照点的决策制定就会引起一些深层次的道德问题。就像我们在关于"幸福的文学"当中所看到的那样，事实上一些行为经济学家认为这正是我们如何定义我们在生活中的位置的方法。这并不是从一个绝对意义上考虑的（也就是，不是"我现在到底做得有多好"），而是从一个相对意义上考虑的（"我是不是比我高中的伙伴要做得好呢"）。这样一种关于人类本性的观点有时强烈要求极端平等的政策。这些政策的目标是最小化人们之间的差异，但这些政策将引起的激励机制问题很可能是以大幅度地降低每一个人的生活标准为代价的。极少数的经济学家赞成这个观点，也许是因为我们已经被说服，认为人类的福利更可能是被绝对的因素而不是相对的因素所影响，或者是因为将影响范围很广的政策基于人们嫉妒彼此的程度来制定是不适宜的。我们将会在接下来有关幸福的部分以及章末习题 29.4 回到这些问题上来。

　　29A. 1.3　一些被忽略了的约束条件：约束、有限理性以及其他　假设你非常有环境保护意识并面临三个选择：选择 1 是将一辆每 8 英里耗油 1 加仑的耗油大车换成一辆每 10 英里耗油 1 加仑的更有效的小汽车；选择 2 是将一辆每 25 英里耗油 1 加仑的车换成一辆每 40 英里耗油 1 加仑的车；选择 3 是将一辆每 50 英里耗油 1 加仑的车换成一辆非常有效率的每 100 英里耗油 1 加仑的混合动力车（这主要是基

[①]　事实上，很多实证研究都预测短期的汽油需求的价格弹性大约为 -0.25，而长期的弹性大约为 -0.6，这个结果与标准的经济理论是一致的，与基于参照点的模型的预测却是不一致的。心理学家肯定能够发现经济学家所作出的预测中的不正常现象，类似地，经济学家也会指出很多心理学家所作出的预测当中的很多类似的不正常现象。

于对大自然的热爱）。假设在接下来的几年里，每一辆车都行驶相同的英里数，你会选择哪一辆来最优化减少的污染对环境产生的积极影响？

现在假设我给你另外三个选择：选择 A 是将一辆每 1 000 英里耗油 125 加仑的车换成每 1 000 英里耗油 100 加仑的车；选择 B 是将一辆每 1 000 英里耗油 40 加仑的车换成每 1 000 英里耗油 25 加仑的车；选择 C 是将一辆每 1 000 英里耗油 20 加仑的车换成每 1 000 英里耗油 10 加仑的车。现在你会选择哪一个呢？

我猜你还在试图跟上我的思路：选择 1 与选择 A 是相似的；选择 2 与选择 B 是相似的；选择 3 与选择 C 是相似的。每一组选择都给了你关于原来的汽车与将要替换它们的汽车的燃料利用效率信息，但是第一组选择在"每加仑多少英里"上进行约束，而第二组选择在"每 1 000 英里多少加仑"上进行约束。信息是相同的，但听起来很不一样。结果是，约束对于我们作出什么选择是很重要的。这个事实很久之前就被广告商和帮助广告商操纵我们的心理学家所明白了。[①]

练习 29A. 12 试解释这两组选择为什么是等同的。

练习 29A. 13 几年前，国会通过了一项允许商店对使用现金的消费者和使用信用卡的消费者收取不同费用的法律。当法律的通过变得很显然时，信用卡的游说团坚持要求法律当中所用的语言应该是"使用现金时打折"而不是"使用信用卡时要多收费"。考虑包含损失厌恶的参照点依赖偏好，你对信用卡公司为此努力游说的这一现象怎么看？■

关于约束为什么重要存在很多解释，它可以被当作心理学的一门课程去深层次地讨论。在某些情况下，它之所以重要，是因为我们的有限理性，我们有限的吸收与处理信息的能力使我们使用简单的"经验法则"而不是将问题真正地思考透彻。这样的"经验法则"可能会对某物如何被约束产生不同的反应，并且它们也可能随着时间的流逝而得到改进，从而帮助我们更容易与更有效地解决问题。但是因为世界已经改变了（比过去改变的速度更快），一些在进化上有效的规则现在对它们从未预料到的例子而言变得不合适了。

在其他一些例子当中，心理学家发现了一些即使是在只要求三年级数学知识的情况下也会使我们犯错的系统性方式，比如说没有识别出每加仑多少英里和每英里多少加仑其实是等同的。在另一些情况下，心理学家发现了一些人们很难将有关随机事件概率的基本知识内化的系统性方式（我们将会在章末习题 29.3 中的一些例子中进行说明）。就像在章末习题 29.6 提供的一些例子一样，约束的影响几乎与计算上的局限性没有什么关系。以心理学家卡尼曼和特韦斯基的话来说："就像感知上的幻觉一样。"举个例子，没有道德原则的民意调查者们（那些为了得到调查数

[①] "每加仑多少英里"与"每英里多少加仑"的例子是从杜克大学福库商学院的两位管理学教授索尔和拉里克的文章中借用的。

据愿意说任何顾客想要听到的东西的调查者）知道如何去设计问卷以使人们朝着某个方向回答问题。当然某种类型的决定也会受到我们复杂大脑中的化学物质产生的作用的影响，所以神经科学家和经济学家需要通过合作来认真地对待这个问题。

在那些约束很重要的例子当中，我们可能再一次看到市场、民间团体、政府在以最小化系统性偏差的方式在整合机构方面所起的作用。比如说，在约束是以每英里多少加仑而不是每加仑多少英里来表示时，如果我们的确将燃料的效率性理解得很好，那么这就会使汽车公司、消费者维权群体或者政府在如何改变汽车燃油效率数据呈现方式上更加积极主动。在那些公司能够通过营销和广告使消费者形成系统性的利润最优化的偏误的事例中，政府也许应该起到纠正作用，也许就像世界各地的政府都令公司在烟盒上放了令人害怕的图片或预示癌症的警告。就像我们即将看到的那样，"自由意志家长制"也应该起到作用，烟盒上令人害怕的图片就是一个例子。

29A.1.4　"自由意志家长制"　行为经济学家研究的首要任务不是关于人们是如何犯错的，而是关于人们在做被心理上的一些因素所左右的决定时，偏好和约束是如何相互作用来使人们出现系统性偏差的。这时，通过政策来"更正偏差"就变得很有诱惑力，这就立马引发了下一个问题：如果人们作出的决定被这些偏差显著改变了，那么我们又怎么能期待当人们将政策合法化并加以执行时，决策制定者不会同样地被这些偏差所影响呢？如果政策制定者告诉我为了防止我作出有偏差的决定，他现在将强迫我去做一些我不想做的事，这难道不是一种令人不快的家长制吗？但是对很多行为经济学家和很多偶然看到了这个领域的发展的人们来说，政策的执行会更加微妙并且没有那么家长制。我们会用一个例子来阐明这个问题并让你自己来思考。

考虑一种有现在偏误并且不能贯彻执行自己为退休而存款的计划的人。就像我们之前提及过的一样，他们可能根据他们意识到的自制问题的程度去寻找"承诺机制"，但是也许他们可能只是部分地或者根本没有意识到这个问题。拙劣的家长制可能使我们用法律来强制实行储蓄计划，而自由意志家长制可能只是通过一个"助推"，使人们把每月有规律地储蓄作为他们的"参照点"。

考虑如下情形：很多公司给它们的雇员提供一个为退休进行储蓄并在税收上有优势的计划［401（k）］。这个计划是从雇员的薪水中扣除相应百分比的资金并将其放入退休金计划当中。参与这些计划完全是自愿的，一些公司在招募雇员时就自动地给他们提供了是否中止这个计划并不再扣除工资的选择，而其他公司则表明除非雇员愿意接受这项计划，否则它们将不雇用此雇员。在这两种情形中，改变默认的公司政策需要的仅仅是一个电话，这意味着公司的默认政策"应该不重要"。但是它的确很重要。那些自动加入这种退休金计划的人比那些并不是自动加入退休金计划的人更有可能一直将退休金计划坚持下去。根据这些有现在偏误的基于参照点的储蓄决策的证据，自由意志家长制提出应该将每一个人都自动纳入储蓄计划当中去，这样做能够改进那些有自制问题的人（他们也做基于参照点的决定）的福利，同时并不会给那些以更保守的方式做决定且可能选择退出计划的人造成损失。

练习 29A.14 如何用参照点依赖偏好来解释一些关于加入退休金计划的实证事实呢？∎

我们应注意到强制执行"耐心的美德"的这种拙劣的家长制与"自由意志家长制"之间的差别。在前者的例子当中，家长制的目标是去更正不耐心，在它这样去做时，它使不耐心的人的境况变糟了，而对那些已经有耐心的人却没有影响。当然它也可能使那些有自制问题的人去储蓄，但是这种形式的家长制并没有真正细微地运用到能够反映不耐心的人与现在偏误的人之间区别的信息。在我们的例子当中，自由意志家长制更微妙，能够最小化任何人被政策严重伤害的概率。当现在偏误与基于参照点的决策相关时，也就是说，当非常需要一个机制来使自己储蓄更多的人也是将自动加入退休金计划看作是一个能使他们坚持计划的"参照点"的人时，自由意志家长制是最有效的。但是它也允许那些没有参照偏误的不耐心的人选择退出而沉浸在他们不耐心的想法当中。相比"强加美德"，自由意志家长制试图推动人们找到他们自己可能并不知道的解决方法，同时也使这些不需要帮助的人的代价很低。

29A.2 幸福感：社会科学与人文科学

虽然我们并不能总是在新古典主义关于微观经济学的假设需要多大程度的调整上达成一致意见，但是正统经济学家与行为经济学家都使用同样的基础的方法：他们认为通过假定"给定人们所处的环境，人们总是试图做到最好"，可以最好地预测行为。他们可能认为"最好"会受到心理偏误的影响，但他们的约束条件可能会超出经济上的约束而达到认知上的约束和约束上产生的偏误，但是在最后将个人看作效用最优化的代理人。他们所最优化的"东西"正是我们所说的，经常被理解成"幸福"的"效用"。[①]

我们可以以两种方式看待我们认为人们试图沉浸其中的所谓"幸福"。第一种方式将"幸福"简单地定义成能够激励人们采取行动的任何"事物"，这是帮助我们理解人们为什么会采取某种行动的主力模型。当不考虑效用与幸福之间的差别时，这种关于幸福的主力模型很好地描述了在约束条件下影响我们实际观察、研究和预测行为的所谓的偏好。所以我们可以相当自信地说："更多的钱能使人们更开

---

① 在经济学家看来，要去最优化的"效用"与大多数人所说的"幸福"在多大程度上一样的这个问题是开放性的。举个例子，加里·贝克尔（1930— ），1992 年诺贝尔经济学奖获得者，认为把人们所说的"幸福"看作是一个能给个人的"效用"产生影响但它本身不是"效用"的全部组成部分的商品的这一说法可能是合理的。这样一来，一个人完全理性地采取一项最优化自己效用的行为，却说自己所采取的行为使自己不那么"幸福"了这一现象是可能的，因为他在"幸福"和一些提高他的"效用"的因素之间作出了权衡取舍。

心。"（因为人们肯定会立马采取行动去追求它。）不管我们认为经济学模型包括了多少心理学上的偏误，它们在很多情况下都能够很好地进行预测，因为实证经济学家——想要对行为进行预测的经济学家——除了那个主力模型之外故意没有给出一个关于幸福的深层次的定义。它是一个关于幸福的肤浅的观点，但是它也是故意不深刻的。

但是这并不意味着不存在某种关于幸福的深刻的观点，甚至是比区分效用与幸福之间的区别更加深刻的观点。我们经常能在以各种各样的方式来协调人类各个方面的人文科学中发现这样深刻的观点。人文科学的这些尝试有时会引起一些困惑，但更多的时候能够提出一些可能正确的结论，比如说"金钱不能使你快乐"。在某些时刻，如果我们不去处理实证经济学家在追求作出好的行为预测时几乎没有合理用到的关于幸福的更深刻的含义，那么我们最终想要回答"什么是好的"这个问题就会变得很困难。

在我们简要讨论一些来自相对靠近的社会科学中的"幸福文学"之后，我们将会在 29A.2.3 部分回到对幸福更深刻的看法的讨论中来，讨论这些"幸福文学"试图至少在哪些条件下让人们在某个时点、某个事例当中对感受到的幸福的状态达成妥协。它们用调查和心理学上的一些指标来测度幸福。因为本书假定了现代经济学家的典型观点是即使个人能够主观地感受到幸福，也不能客观地测度幸福，所以我们回避了对幸福的测度。尽管经济学家反对"基数性的"或者是"可度量的"效用，赞同仅仅要求人们告诉我们哪一个更好、哪一个更差的"序数性的"效用，但是最近一些经济学家与一些社会学家在被称为"幸福经济学"的领域进行了合作。

29A.2.1　社会科学当中的"幸福文学"　假定我们仍然认为为了预测行为，我们所需要的只是序数性的偏好，而不是基数性的或者是可度量的幸福的范围，那么经济学家关于幸福的主力模型是不是用包含幸福指数的数据集来衡量的，目前远不清楚。同时，这些数据集当中对幸福作出的测度不太可能是哲学家所说的关于幸福的更深层次的定义。因此目前还不完全清楚如何解释"幸福"与各种类型的社会和个人的幸福指数定量相关的实证研究结果。但这些结果仍是令人着迷的，并且对想要回答"是什么"和"什么是好的"的人来说是很有信息量的。

在这类文学的早期，有两个自相矛盾的发现，后来被人们叫做伊斯特林悖论（Easterlin paradox）。[①] 第一个发现是，在任何时期的国家内，更高的收入对幸福的边际影响是正的，但是随着收入的增加而递减。因此，虽然更多的钱使人们"更快乐"这一个结论在人们低收入时尤其是对的，但是这会随着人们收入的增加变得越来越不完全正确（虽然它永远都不会是错的）。我们可以说这个发现意味着收入（和消费）的边际效用是正的并且是递减的。

---

① 这个悖论是以在 1974 年第一次提出它的经济学家理查德·伊斯特林（Richard Easterlin）的姓氏命名的。

练习 29A. 15 解释上一段最后一句话。

练习 29A. 16 在之前的章末习题当中,我们引入了劳动市场上的"补偿性差异"这一概念,它是指由一些工作在本质上令人不愉快或者是风险很大等一系列能影响均衡工资的因素所造成的工资差异。这种补偿性差异的存在将可能如何误导研究者认为收入的边际效用递减,但实际上并没有递减呢? ■

第一个发现对于经济学家来说并没有特别惊讶。"多"似乎确实要"好"(即使得到更多意味着我们拥有的更多的部分的影响越小)。但是伊斯特林悖论体现在第二个发现中:不同国家之间的平均幸福程度与平均收入之间的相关性是很小的(除了最穷的国家以外);随着平均收入的增长,同一个国家不同时期的平均幸福程度与平均收入之间也几乎没有相关性。因此,更富有国家的人们一定比稍微贫穷的国家的人们更幸福以及我们这一代人一定比物质生活不如我们的祖父母那一代人更幸福的观点都是不明确的。结合我们之前有关参照点依赖偏好的讨论,行为经济学对于这些表面上看起来自相矛盾的发现的解释是幸福(在基本的生活水平之上)主要是由相对收入主导而不是绝对收入。

练习 29A. 17 试说明通过参照点依赖偏好如何解释这两个发现。

练习 29A. 18 如果通过参照点依赖偏好对于伊斯特林悖论的解释是正确的,那么我们都困在一个很大的囚徒困境中意味着什么? ■

一些最近的文献指出,伊斯特林悖论中的第二个发现事实上可能被夸大了,并且真实存在的困惑可能比我们原先认为的要小得多。它仍然是一个在文献当中值得讨论的问题。然而,一个广泛的认知是幸福(就像在"幸福文学"中所测度的一样)当然不仅仅是由(不管是绝对的还是相对的)收入或消费产生的。幸福很大程度上是受安全感、对由朋友和家人组成的社会网络的紧密感、擅长做某事以及相对而言很健康这些因素所影响的。典型的经济学模型将它的重点放在来自物质消费的幸福似乎能得到很好的预测结果。但是它就像主力模型一样不能简单地看作是"什么是幸福"这个问题的答案。即使经济学家发现关于幸福的主力模型在很广泛的背景下对预测人类行为都是很有用的,我仍然怀疑这对经济学家来说比对大多数"正常"人来说要更令人吃惊。

29A. 2. 2 所以为什么能用以主力模型定义的幸福来预测行为呢? 既然有如此多的证据表明我们有关幸福的主力模型并没有抓住"美好的生活到底是怎么样的"这个问题的要旨,那么为什么主力模型还能预测得如此好呢?如果幸福文学已经得出了"金钱不能使你快乐"的结论,我们将会产生一个非常严肃的困惑。然而,按照实际情况,这种文学认为生活最终包含了很多方面,例如朋友、家庭等,他们都重要,并且金钱在产生幸福感方面显得不如生活中的这些其他方面重要。但是金钱的确重要，并且它是在绝对意义上重要还是在相对意义上重要，对于回答为什么主力模型能预测得如此好这个问题不是关键的：在任何一种情形当中，一个人都会表现得好像金钱对他的幸福来说很重要。值得一提的是，如果物质上的消费在幸福文学当中起着一定作用，但在大多数经济学模型中被当作几乎是唯一起作用的因素，那么人们会认为经济学的预测力与模型通常不加以考虑的众多因素的重要性之间是有一点脱节的。

如果关于幸福的主力模型的确能预测得很好，那么心理学家提出了一个可能的解释：我们的大脑似乎是以一种存在着系统性偏差的方式来铭记过去的，并且我们运用这种信息来决定接下来该怎么做。比如说，当我们努力地凑足钱去买那辆光亮的新汽车时，我们期望我们最终得到那辆车能给我们的效用带来极大的提升。这种期望一直激励着我们实现目标。当我们真正实现了目标，开始驾驶那辆新汽车时，我们最后通常会因为这种体验并没有我们期待中的那么愉悦而感到很失望。但是一两年后，当我们被问到最终得到那辆新汽车的感觉如何时，我们通常会回答与我们期待得到那辆车时同等的喜悦，而不是我们真正所享受到的喜悦。因此，我们的大脑会告诉我们得到更多的东西，比如说一辆新车，感觉将很棒。通过"记住"我们"认为"得到一辆新车的感觉将多么棒，我们"记住"了得到一辆新车的感觉将真的很棒。我们会"表现出获得越多使我们越快乐"的心理，从而使实证经济学家的预测如此准确，即使我们得到的东西并没有给我们带来那么多的快乐。[①]

练习 29A. 19　假设我们认为我们的大脑是以最优化我们种族生存为目标而进化的结果。这可能与我们刚刚讨论过的记忆上的偏差是一致的吗？

练习 29A. 20　你认为在什么情况下这种记忆上的偏差与我们之前讨论过的现在偏误的偏差的方向是相反的？■

29

这也许能够帮助解释为什么我们坚持做那些幸福研究者认为将会让我们的境况完全变糟的事情，比如说，心理学中一个关于幸福文学的非常有力的发现是，拥有孩子让我们变得不那么开心了，并且婚姻的幸福在一个家庭有孩子之前达到了顶峰，这种情况直到"小怪兽"离巢以后才会得到改善（假设婚姻能够维持那么长时间）。那么为什么我们中的大多数还是会生孩子呢？更令人疑惑的是，为什么我们会回顾性地畅谈拥有孩子是一件多么美好的事情呢？心理学家可能会认为这是由于记忆上的偏差在起作用：当我们的小宝贝不在我们身边或者是已经离开家时，我们深情地"回忆"我们的小可爱，但是我们事实上记住的是我们对拥有孩子是多么美妙的这件事的期待而不是实际经历的噩梦。

---

① 一本关于这个话题的吸引人并且幽默的书是哈佛大学心理学家丹尼尔·吉尔伯特所写的《撞上快乐》（New York：Vintage Books，2005）。

或者，我更愿意认为这可能是因为当我们畅谈拥有孩子是我们一生中最棒的事情的时候，我们是真的知道我们在谈论什么并且被我们在那一刻描述成"幸福"的东西并不真正是我们为了过上一个"美好的生活"所追寻的东西。这个例子可能触及了关于幸福的一个更深层次的概念。这个概念与那个更具有快乐主义性质的主力模型几乎没有关系，但它更接近作为一个人的意义的要旨。

29A. 2. 3 《黑客帝国》（*The Matrix*）、哲学和生活的更深层的意义 关于"什么是幸福"这个问题的更深层次的方面是实证经济学家、行为经济学家或者传统经济学家永远都不需要处理的。但是哲学家经常通过提出以下假设来正面挑战这个问题。这个假设还被轻松改编成了好莱坞动作片《黑客帝国》（由基努·里维斯主演）的一个前提。想象一下你现在面对一个提议：你可以踏入我的办公室，我会将你很快地与一台能够清除你对这个世界的意识并刺激你的大脑以使你经历一个更好的世界的机器联系在一起，在这个更好的世界里，你的欲望能很快地被满足，这个机器能为你提供达到远远高出在我们处在的世界你所期望达到的效用所需要的条件。进一步假设一旦你连接上了这台机器，你将在这个虚假的世界中度过余生，但是你的所有经历都将和原来这个世界里的感受一样真实。事实上，你感觉你就是处在一个"真实"的世界中但是所有的一切都比现在这里的更加美好了。你会接受我的这个提议吗？

如果我们真的接受实证经济学家关于幸福的主力模型或社会科学中"幸福文学"的那个延伸的版本，我不明白为什么你不接受。我的机器给你提供的这种幸福（能够解释你的大多数行为）远远多于你能够在生命中所得到的，并且幸福或者说是效用是我们假定最优化的。我将你连接上机器需要几分钟的时间，而在这几分钟你也许会因为知道你将进入一个想象的世界而感到不安，但这几分钟不会恐怖到让你放弃一生的幸福。因为这是一个假设的思想实验，我们甚至可以将这几分钟撇开不管，假设我的机器能够立马与你连接上。不过，大多数人都相当确定地说他们不会同意与我的机器连接，即使是只花一秒钟就能将他们与机器连接上，即使这个机器被证明是百分之百完美无缺的并且根本不可能出差错。

这个愚蠢的思想实验的目的是要指出，我们所渴望的幸福的意义应该比主力模型的定义更深刻，"美好的生活"的含义也应该比"快乐的生活"的含义更深刻，即使我们将幸福的概念扩展到幸福文学告诉我们的那些重要的因素。即使是想要获得这种幸福或者是效用的渴望能够解释我们的行为（就像实证经济学家认为他们能很大程度上很显著地进行解释），但是"生活不单单是体验幸福"的这个事实提醒我们，如果我们仅仅依赖效用的测度去完全评价社会结果是不是"好的"，那么我们将错过一些重要的东西。即使"快乐的生活"能够激励社会科学家（包括经济学家）所研究的主体行为中的很大一部分，但是"美好的生活"可能不一定与"快乐的生活"完全一样。

这不是一本关于哲学的书，我也没有资格去写这样一本书。但是因为我们现在转向了规范经济学这个话题，所以我们想要完全避免被哲学家追问"什么是好的"这个问题就会变得很困难。不过，我们现在能做的就是提出这些更深层次的问题，因为经济学最终并没有处于任何特殊的位置应对这个问题给出完整满意的答案（如果我们能的话，我们就可以不要哲学系了）。因此，提出这些问题的重点仅仅在于指出如果我们运用一个经济学家或者甚至是一个范围更广的社会学家的预测模型去全面地回答如何去定义"什么是好的"，那么我们还需要一些人文学科的帮助。我几乎确定经济学家的约束对于得出这个问题的答案来说是相当基础性的，但是它本身当然不是充分的。

　　即使我们已经提出了对人文学科的需要，但是当我们考虑用经济学与一系列有限的不同的哲学方法来回答"什么是好的"这个问题时，我们现在仍然要再一次使用简化的模型。

29A.3　评价结果的分布：哲学和规范经济学

　　我们可以接受我们在幸福或者是效用能否以一种有意义的方式度量出来，或者个人从传统意义上来说是完全"理性的"还是背负着慢慢地引起持续错误的心理负担的这些问题上有分歧。然而，如果我们有能力的话，它们中的任何一个都不能阻止我们思考我们是如何评价社会中效用的不同分布的这个哲学问题。规范经济学中的一些内容讨论的就是这个问题，并且在这个过程中，它使经济学家在一个公认为抽象的水平上更好地参与到对"什么是好的"这个更大的哲学问题的辩论中去。我们将从对这个抽象辩论的探讨开始，并且同时以一些在规范经济学当中很常用的方法将它与我们在前文中所探讨的微观经济学基础联系到一起。

　　然而，我们也会问，当其他的规范分析方法需要以我们事实上不能在实践中测度效用这个假定为基础时，我们还能将它们中的哪些方法引入我们对政策进行的讨论。这本身也是规范经济学的一部分，虽然这也是一个很容易与哲学联系上的话题。但是在这个部分中，抽象的讨论和更加具体的讨论都有一个基础性的前提：思考"什么是好的"这个问题的重点在于社会中的机构是如何设立的所带来的结果。不管这些结果是可度量的（比如说收入或者消费），还是不可度量的（比如说效用），重点都在于结果的分布和水平是如何与我们思考社会中的"好的"的方式相联系的。因此最基础的方法就是哲学家可能称为"结果主义"的方法，它完全注重结果而不是过程。它不是唯一的方法，也不一定是哲学家最常用的方法，但它是规范经济学中最常用的方法。在 29A.4 部分，我们将会讨论被许多经济学家含蓄地提倡的另一种方法，虽然我怀疑这至少部分是出于结果主义的原因。

　　29A.3.1　效用可能性边界　一个效用可能性集（utility possibility set）是对一个经济中个人所能够达到的效用的所有组合的描述。如果"收入的边际效用是递减的"正确的话（就像在幸福文学中提出的那样），我们认为有两个个体的社会的效用可能性集——被称为效用可能性边界——的形状可能会像图 29-1 中的组图 (b) 那样。注意，在画这样的一个效用可能性边界时，我们已经含蓄地假定存在将个人 2 的效用 u_2 转换为个人 1 的效用 u_1（反之亦然）的方式，但是随着 u_1 变得越来越大，将个人 2 的效用 u_2 转换为个人 1 的效用 u_1 也变得越来越难。如果我们是通过收入的重新分配来使效用在不同的人之间转换的话，那么由于收入的边际效用递减，因此我们就会得到这个结果。

练习 29A. 21 假设收入的边际效用是不变的，并且我们可以无成本地在不同的人之间重新分配收入，此时的效用可能性边界的形状会是什么样的呢？■

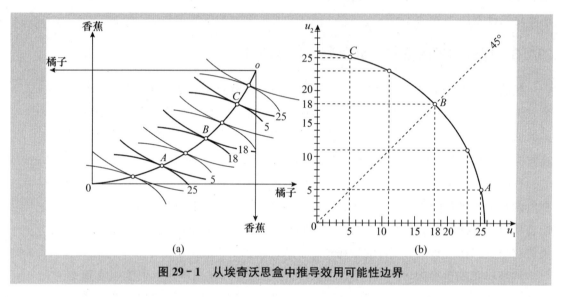

图 29-1 从埃奇沃思盒中推导效用可能性边界

如果你在第 16 章中已经读过了有关埃奇沃思盒的内容，那么我们就可以进一步阐述在一个典型的新古典主义的交换经济当中效用可能性边界是如何从帕累托有效集合当中推导出来的。（如果你没有阅读第 16 章，你可以简单跳过这一段。）在图 16-3 的组图（b）中，我们画出了在这个经济下的所谓的契约曲线（contract curve）——帕累托有效的分配集。在图 29-1 的组图（a）中，我们再一次画出了这个契约曲线，但是这一次我们在无差异曲线上加上了表示效用大小的数字。在图 29-1 的组图（b）中，我们将契约曲线上的三个点转到以个体 1 的效用为横轴、以个体 2 的效用为纵轴的图上。对契约曲线上的每一个点都做这样的变换，我们就推导出了效用可能性边界。所有在效用可能性边界上及边界内的组合在埃奇沃思盒这个经济体中都是可能的，但是在这个集合之外的组合都是不可能的。

练习 29A. 22 判断正误：图 29-1 的组图（a）中的契约曲线上的每一个配置都对应于组图（b）中效用可能性边界上的一点。■

现在注意效用可能性边界上效用的分配与有效结果的集合之间存在着一个逻辑关系：对于效用可能性边界上的点，我们没有办法在保持他们满足效用可能性边界的条件下朝图上的东北方向移动，也就是说，没有办法使两个人的境况都变好。同样地，对于这些点，我们也没有办法将它们直接向上移动或者是直接向右移动，因此也没有办法在不使一个人的境况变糟的情况下去改善另一个人的境况。因此，根据定义，效用可能性边界上的点代表了我们小小的两人社会中有效结果的集合。就像我们之前指出来的那样，比如说，将所有的东西全都给一个人是有效的，但是让他们以一种无法通过交换来进一步提高损失的方式来分配资源也是有效的。所以效用可能性集内的点不是有效的，因为我们可以在效用可能性集内通过将这些点朝东北方向移动而使每一个人的境况都变好。

就像我们将会看到的那样，在这个约束下，用一种结果主义的方法去回答"什么是好的"这个问题将会使我们选择不在有效的效用可能性边界上的一点。如果我们要去选择边界内的一点，事实上我们将需要得出最好不要使每一个人的境况都变好这个结论。这就解释了为什么我们要重点以效率为中心，因为效率是在几乎任何结果主义的规范方法下要得出一个最优结果的必要条件。然而这对一个最优结果来说不是一个充分条件，因为我们可能会更偏好于效用可能性边界上的一些结果。在考虑了现实世界中一些构造效用可能性边界的妙计之后，我们将在 29A.3.3 部分正式地讨论这个问题。

29A.3.2　"最优"和"次优"的效用可能性边界　我们在图 29-1 中推导出的效用可能性边界只是将一个经济体中效用的配置与所有可能的有效的结果联系到了一起。但是我们没有讨论所有的这些配置是否可能实际达到。我们知道，在典型的新古典主义经济学模型中，只要政府能够使用非扭曲性的定额税在个人之间进行再分配，所有有效的配置对于政府的政策来说事实上都是可达到的均衡结果。（在第 16 章中，我们把这叫做"福利经济学第二定理"。）但是我们也从本书中对待税收的方式知道现实中的政府通常不可使用定额税，而是必须依赖将产生净损失的扭曲性的税收。另外，当我们采取扭曲性的税收时，原则上在定额税的条件下可能的效用可能性边界在实践中将不再可能。

换句话说，我们可以将定额税看作是对于政府来说最好的进行再分配的工具，并且我们可以将这个来源于定额的再分配的应用的效用可能性边界叫做最优的效用可能性边界（first-best utility possibility frontier）。当政府必须选择扭曲性的税收时，我们将会把这种扭曲性的税收当中最好的叫做次优的效用可能性边界（second-best utility possibility frontier）。相似地，我们就可以区分出最优有效与次优有效这两个概念，在每一种情况下指的都是对应的效用可能性边界上的效用配置。

举个例子，假设个体 1 最初拥有经济体中的所有禀赋。如果什么都不做的话，我们将处于我们最优的效用可能性边界上的右下方的那一点。现在假设政府运用扭曲性的税收将禀赋从个体 1 转移到个体 2。在图 29-2 的组图 (a) 中，我们画出了一个可能的次优的效用可能性边界（下面那条），并将它与图 29-1 的组图 (b) 中的最优的效用可能性边界（上面那条）进行比较。因为对个体 1 征收了扭曲性的税收，所以在次优的效用可能性边界上税收所造成的净损失位于最优的效用可能性集内，并且随着税收（以及与它相联系的净损失）的增加，最优的效用可能性边界与次优的效用可能性边界之间的距离也增加了。

练习 29A. 23 假设初始禀赋是以一种更加平均的方式分配的。试阐述最优的效用可能性集与次优的效用可能性集是如何相互联系的。哪些点是它们所共同拥有的？ ■

图 29-2 的组图 (b) 画出了一个更加令人注目的可能性集合。回想我们在第 8 章中讨论过的拉弗曲线，即一条显示了对工资征税对劳动力总税收产生的影响的曲线。我们得出了随着对工资征税的增加，在拉弗曲线上存在一个人们不愿意再工作的临界点的结论。如果我们将个体 1 想象成工人，将个体 2 想象成一个不能够工作的人（除非他得到了一些转移支付，否则他不能消费），我们就能够得出在组图 (b) 中出现的次优的效用可能性边界。由于税收起初是向个体 1 征收的，现在存在的净损失不足以阻止我们将一些消费转移给个体 2。但是随着对个体 1 征收的税收的增加，我们将会到达一个进一步征税将会减少我们从他身上所筹集到的税的临界点，因此也会减少我们能够转移给个体 2 的消费。从那个点之后，两个人的境况都会随着对工资征税的增加而变糟。

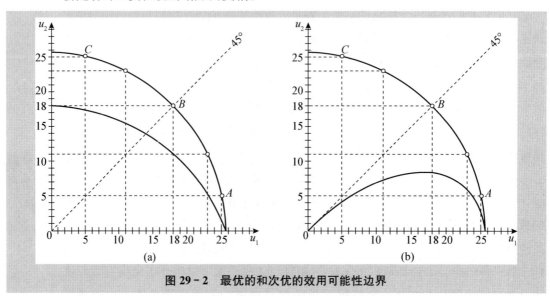

图 29-2 最优的和次优的效用可能性边界

29A. 3. 3 用社会的无差异曲线来选择什么是最优的 在我们问哪一个配置是最优的之前（在一个由埃奇沃思盒所表示的经济体当中），我们需要定义一种能够衡量哪一个配置更好、哪一个配置更差的方式。如果我们考虑的是最优的有效，那么因为契约曲线上的点（并且和所有最优的效用可能性边界上的点）都是有效的，所以它们也都是最优的。但我猜你很可能会说最优的效用可能性边界上的中间部分的点比末端部分的点要更优。这很可能是因为你认为我们也应该看重平均。

如果图 29-1 的组图（b）中的坐标轴表示的是商品而不是效用，效用可能性边界变成了消费者的预算约束线，那么我们已经知道如何思考什么是更好的、什么是更差的。我们所需要做的就是为这些试图做到他们的最好状态的个人的偏好下一个定义，就像是那些对完全的互补品、完全的替代品或在其二者之间的产品的偏好一样。然而，现在我们想要定义社会对于效用集的偏好而不是个人对于消费集的偏好，并且我们想要以一些道德标准来定义这些偏好。

我们假设个人的效用是完全可替代的，就像当我们分析消费者偏好时，我们认为可口可乐和百事可乐是完全可替代的一样。我们社会的偏好使得我们的社会无差异曲线是一条斜率为 -1 的直线。这样的社会无差异曲线经常被叫做边沁主义社会偏好[①]（Benthamite social preferences，也称功利主义社会偏好）。假设我们把个人的效用看作完全互补的，就像我们在第 5 章中把茶叶和白糖看作完全互补一样。在那个例子当中，我们的社会无差异曲线是 L 形的，并且"L"的拐角是沿着 45°线的。这样的社会无差异曲线常常被称作罗尔斯主义社会偏好（Rawlsian social preferences）。这是以 20 世纪的哲学家约翰·罗尔斯的姓氏来命名的。[②] 或者我们可以认为在两个极端之间的替代程度产生了位于功利主义的直线与罗尔斯主义 L 形曲线之间的社会无差异曲线。图 29-3 画出了我们如何用不同的社会无差异曲线选择"最优"的效用配置，进而在埃奇沃思盒中选择"最优"的配置。

就像在图 29-3 中阐述的那个例子一样，我们的每一组社会无差异曲线都可在效用可能性边界上找到一模一样的点。这是因为我们假定效用可能性边界和社会无差异曲线是对称的。我所说的"对称"意味着如果我画一条 45°线，45°线之下的无差异曲线与效用可能性边界都是 45°线之上的无差异曲线与效用可能性边界的映像。就像我们将在下一部分讨论的一样，通常假定社会无差异曲线以这种方式对称是很自然的，因为这意味着我们用评价社会结果的道德标准来同等地对待所有的人。但是，就像我们已经在对次优的效用可能性边界的讨论中所说的一样，我们假定效用可能性边界大致对称的原因不是很清楚。

---

① 这是以 19 世纪功利主义哲学家杰里米·边沁（1748—1832）的姓氏命名的。他提倡"为尽可能多的人群提供尽可能好的结果"。但他是否真正同意他所偏好的社会无差异曲线将个人看作是完全可替代的却是值得讨论的。

② 约翰·罗尔斯（1921—2002）是 20 世纪最有影响力的伦理和哲学家之一。他的大部分职业生涯都是在哈佛大学任教。在他最有影响力的著作《正义论》（*A Theory of Justice*，Cambridge，Mass.：Harvard University Press，1971）当中，他认为社会应该最优化那些境况最差的人的福利。

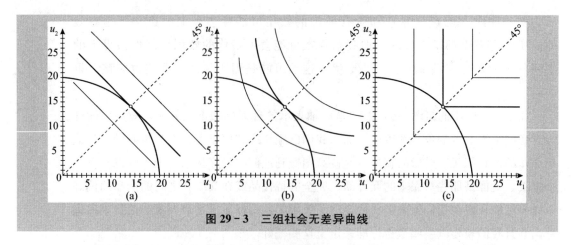

图 29 - 3 三组社会无差异曲线

比如说，考虑两个次优的效用可能性边界，如图 29 - 4 所示。在组图（a）中，由（直角形的）罗尔斯主义社会无差异曲线（将效用看作完全可互补的）所代表的社会偏好使得 A 点是最优的，而由（直线形的）功利主义社会无差异曲线（将效用看作完全可替代的）所代表的社会偏好使得 B 点是最优的。图 29 - 4 的组图（b）进一步阐明了为什么当次优的税收是用来进行再分配时，即使效用在社会无差异曲线上是完全互补的，最优的结果也可能不在 45°线上。次优税收所导致的最优的效用可能性边界对称性的消失使我们认为最优结果依赖于我们如何看待个人效用之间的相对替代性的想法发生了变化。

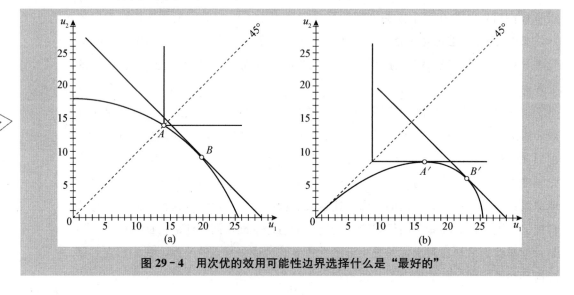

图 29 - 4 用次优的效用可能性边界选择什么是"最好的"

练习 29A. 24 判断正误：将效用看作在某种程度上可替代的对称的社会偏好——也就是在完全可替代与完全互补这两种极端之间产生无差异曲线的社会偏好——将使最优的配置位于图 29 - 4 的组图（a）中的 A 点与 B 点之间。■

29A.3.4 从"无知的面纱"背后选择社会无差异曲线 所以给定不同的社会无差异曲线对于什么是"最好的"的回答不同，我们如何来选择指导我们政策选择的社会无差异曲线呢？给定我们在第 28 章中所知道的关于阿罗定理的知识，我们不能简单地说社会无差异曲线就是来自这些民主进程的，因为阿罗定理告诉我们民主进程不会产生定义良好的社会偏好。这个问题的本质是一个道德问题，因此回答这个问题也需要我们在"什么是对我们重要的"这个问题上采取一个哲学的立场。

哲学家想出的帮助我们思考这个问题的一个概念性的方法是在我们知道我们实际所处于的社会位置之前，我们要去选择一种道德标准。想象一下我们被带出了这个世界并被安置在了一个隐瞒我们在这个世界上到底是谁的无知的面纱之后。在这个面纱背后的被哲学家叫做"原始的位置"的地方，我们不知道我们的亲生父母是富有还是贫穷，我们是喜欢可口可乐还是百事可乐，我们是聪明还是不聪明，漂亮还是不漂亮，等等。我们所知道的所有就是世界上所存在的各种各样的地方中的任何一个最后都可能被我们所占据。通过将我们置于无知的面纱之后，我们能够在一些我们一出生就指导我们如何去评价社会结果的道德标准上达成一致吗？

在《正义论》（1971）中，约翰·罗尔斯认为我们在这个无知的问题上会选择一个很特别的答案——我们将会发现我们自己渴望一个最优化境况最差的人的福利的社会。这就意味着在比较不同的社会结果时，当且仅当在结果 A 下境况最差的人的境况比在结果 B 下好时，我们才会说结果 A 比结果 B 好。注意这与一个认为 x 消费集与 y 消费集完全互补的消费者比较 x 和 y 的情形是相似的。假设 x 是茶叶，y 是白糖，而这个人只关心他有多少可以喝的饮料，并且当他有 10 单位的茶叶和 5 单位的白糖时，他只有 5 单位可以喝的饮料。对于这样的一个消费者来说，当且仅当 x_A 与 y_A 中的最小值比 x_B 与 y_B 中的最小值更大时，消费集 $A=(x_A，y_A)$ 比 $B=(x_B，y_B)$ 更好。这正是罗尔斯所说的我们将如何评价效用集，也就是说罗尔斯相信我们将会选择一种能够将效用看作互补的社会无差异曲线所描述出来的道德标准，这就是我们将这种社会无差异曲线叫做罗尔斯主义社会偏好的原因。

但并不是每一个人都赞同这将是我们在无知的面纱背后所会作出的选择。很有影响力的经济学家约翰·海萨尼（1920—2000）认为我们将把对于道德标准的选择看作面临风险时作出的选择，并且一旦我们揭开无知的面纱，我们将选择一种道德标准来最优化我们的"期望效用"。[①] 罗尔斯驳回了一旦面纱被揭开，我们最后可能在任何不同的位置这一观点的可能性，并且他也因此驳回了事实上我们能够选择一个标准来最优化期望效用的可能性。

但是就像我们在这一章的 B 部分将正式展示的一样，如果我们允许在面纱被揭

[①] 约翰·海萨尼（他是在同是诺贝尔奖获得者的肯·阿罗的手下完成学位论文的）与他的两位博弈论专家同事约翰·纳什和莱因哈德·泽尔腾共同获得了 1994 年的诺贝尔经济学奖。他的大部分职业生涯是在加州大学伯克利分校任教。

开之后个人可能实际上是知道最后处于不同位置的可能性的，那么我们就能够将罗尔斯的结论与海萨尼的结论协调一致。如果我们假定我们在无知的面纱的背后是极端风险厌恶（risk aversion）的话，罗尔斯的解决方法——我们会选择将个人的效用看作完全互补的社会无差异曲线——将会出现。这种极端的风险厌恶将使我们完全聚焦于我们事实上将变成社会中境况最差的人的可能性并使我们选择一个将所有重心都放在境况最差的人的道德标准上。然而，在不那么风险厌恶的条件下，我们将会选择一个允许个人效用之间具有替代性的道德标准，接受我们最后将可能变成境况最差的人的风险（或者是在罗尔斯的标准上境况更糟）来交换如果我们最后不那么不走运的话所带来的更高的效用。

然而事实似乎是，想象这种无知的面纱并且在它背后某种道德标准被选择这种概念性的方法并不会使哲学家们（或者是经济学家）在哪种社会无差异曲线应该指导我们对于"什么是好的"的道德判断这个问题上得出全体一致的结论。但是，仍有一些领域存在一致的意见：第一，我们同意至少在次优的效用可能性边界上选择出一点，而不是效用可能性集内的一点是很有可能的。而且，如果效用可能性边界是像图 29-2 的组图（b）中次优的形状，那么我们将不会选择向上倾斜的边界上的一点是很有可能的，至少是在我们不允许嫉妒（在章末习题 29.4 中将更清楚地讨论）被考虑到计算中的情况下。换句话说，我们将几乎确定地选择一种满足至少一部分效率的概念的道德标准，即使是一种允许存在来自再分配性质的税收的净损失的"次优"的效率的概念。第二，在不知道我们在社会中是谁的情况下，我们将会选择对效用组合（u_a，u_b）与效用组合（u_b，u_a）的看重程度不同的社会无差异曲线。换句话说，因为我不知道我会是个体 1 还是个体 2，我将会选择一种对称地看待个体 1 与个体 2 的道德标准。

29A.3.5 从不可测度的效用到可测度的结果 虽然幸福文学中的实践者们可能不同意，但大多数经济学家仍然认为即使对于效用的客观度量是可能的，那也将是十分困难的。这种困难限制了我们实际上使用所讨论过的哲学观点的程度，因而更加限制了我们用它来指导对实际政策的评价。如果一个人在评价来自另一种机构安排的结果时更容易作出偏离效率的道德判断，那么这个人需要寻找能够为这些判断作基石的可测度的结果。个人的收入和消费正是两个这种可测度的结果的潜在候选者。

与其将个人的效用放在我们图中的坐标轴上，我们可以将个人的收入置于坐标轴上，并且我们能够将社会的无差异曲线图定义在收入集合上，就像我们将社会无差异曲线图定义在效用集合上一样。将收入在不同的人之间看作是完全可替代的就意味着我们有使我们选择政策来最优化社会中的总收入的社会偏好。另外，将个人的收入看作是完全互补的意味着我们有使我们选择政策来最优化社会中最低收入人群的罗尔斯主义社会偏好。当然我们可以再定义在这两个极端之间的许多社会偏好。

练习 29A.25　假设政府的收入再分配计划不会导致任何行为上的变化。判断正误：这时的罗尔斯主义社会无差异曲线将意味着完全的收入再分配；也就是，在再分配之后，收入是完全平等的。

练习 29A.26　现在假设政府的再分配计划会导致行为上的变化（比如说第8章中的拉弗曲线所预测的那些）。你能证明现在的罗尔斯主义社会无差异曲线意味着并不完全的收入再分配吗？也就是，在罗尔斯再分配计划实施之后，仍然存在一些收入不平等现象。■

　　尽管这种方法完全基于可观察的结果，但它往往过于复杂，无法对现实世界的制度安排进行某些类型的比较。于是经济学家研究出了一些另外的方法来描述在不同情况下产生的不平等程度。对此的描述是在这本书的范围之外的，因此我们只提供一个叫做基尼系数（Gini coefficient）的常见例子。

　　在图 29-5 中，我们表明了基尼系数是如何计算出来的。每一个组图的横轴都表明了从最低的到最高的个人累计收入份额。比如说，横轴上的 0.4 代表一个拥有使得 40% 的人比他贫穷、60% 的人比他富有的收入水平的人。纵轴代表所挣的收入的累计份额，或者是社会中不同群体所得到的那部分社会收入。比如说，组图（a）中的 B 点表明总人口当中最穷的那 40% 的人口只挣了社会总收入中的 5%。A 点表明总人口中最穷的 80% 的人口挣了总收入的 50%，或者，换句话说，最富有的那 20% 的人口赚了总收入的一半。对于社会中的任何一种收入分配，我们都可以画出这样的一种叫做洛伦茨曲线（Lorenz curve）的关系图。[①]

　　完全平等的收入意味着最穷的人与最富的人赚总收入中同样的百分比。因此，最穷的 5% 的人口赚总收入的 5%，最穷的 25% 的人口赚总收入的 25%，最穷的 75% 的人口赚总收入的 75%。完全平等的收入意味着洛伦茨曲线正好是 45° 线。图 29-5 中组图的排列顺序就是从一个相对不平等的收入分配开始然后朝着一个更平等的方向发展。

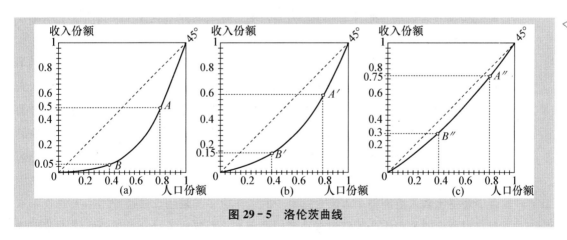

图 29-5　洛伦茨曲线

---

　　①　这个曲线是以经济学家马克斯·洛伦茨（1880—1962）的姓氏命名的。他在研究生阶段提出了这个概念，但他并没有意识到这将变得多么有影响力。他没有将它包括在他的博士学位论文中（在其中他研究了一种为铁路评级的理论）。

练习29A. 27　这些图中的关系曲线可以穿过45°线吗?

练习29A. 28　试用与图29-5的组图(a)中A点和B点相似的点来分析组图(b)和组图(c)为什么代表更加平等的收入分配? ■

基尼系数〔它是以意大利统计学家科拉多·基尼(1884—1965)的姓氏命名的〕被简单地定义为洛伦茨曲线与45°线之间部分的面积除以45°线之下的面积。这意味着基尼系数的取值总是在0~1区间内。在完全平等的情况下,阴影部分的面积是0,这意味着基尼系数为0。在完全不平等的情况下,一个人将会得到社会中的所有收入,使得我们得到一条位于45°线之下的洛伦茨曲线。在这种情况下,基尼系数将等于45°线之下部分的面积除以相等的面积,也就是等于1。

因为基尼系数将不平等的程度总结为0~1之间的一个数,因而它是很方便的。然而,在任何给定的社会里,这个数字是随着我们用来测度个人收入的工具的变化而改变的。比如说,我们是在税前还是税后来测度收入呢? 我们是在政府转移支付之前还是之后来测度收入呢? 我们是在某一个时间还是在一个人的一生当中来测度收入呢? 大多数发达国家的基尼系数在0.25~0.4的范围之间,面积更小、更一致的国家比面积更大、区别更大的国家的基尼系数要更小。几乎没有国家的基尼系数比0.6大。

29A. 4　另一种方法:"游戏规则"是重要的

我们是通过指出我们在最开始只看重不同机构的后果或结果来引入前一部分的内容的。这也产生了一种完全的"结果主义"的方法,以用来思考"什么是好的"的问题。这是经济学家倾向于用来思考规范问题的最常用的方法。我们擅长用本书中研究的实证经济学来预测制度激励的后果,并且这些结果为大多数经济学家思考不同政策的可取性奠定了基础。

但不是所有的经济学家都赞同这种观点。其中一部分原因是当他们意识到当不存在可用来对个人间效用进行比较的对效用的客观测度方法时,结果主义的方法失去了它的一些原有的吸引力。如果我们把可度量的结果看作是那些能被包括在社会福利函数当中的,比如说像收入和消费这样的结果,那么我们就比一些更加抽象的基于效用的方法含蓄地作出了更加基本性的规范评价。比如说,对于教学有兴趣的个人可能会选择收入更低的教育行业,因为他们能够从教学和与之相伴的薪水的组合中获得比收入更高但个人满足感更少的工作更多的效用。通过使用个人的收入或者是可测度的消费作为我们思考平等的基础,我们忽略了社会给教师提供的非金钱上的收益。如果在同等快乐的条件下,一位教师比一位工程师赚的钱要少,这真的违背了我们的"平等"观吗?

作为对罗尔斯的《正义论》的回应,哲学家罗伯特·诺奇克(Robert Nozick,

1938—2002）为一个现在被一些经济学家赞同的不同的方法提供了辩护。①诺奇克认为不能够只是通过简单地观察分配结果来研究收入分配，而是必须知道这种分配是如何产生的。如果"起始点"是公正的，他认为只要这种分配是由赞成的人们之间的自由交换产生的，那么从"起始点"推出的收入分配也是公正的。如果我热爱教学但教师在市场上的工资不高，即使收入很低我仍然选择去教学，这并没有违背分配的公正，因为我自愿用收入来交换教学的满足感。

那么对诺奇克来说，重要的不是现在社会中资源的分配是否平等。基尼系数也不是相关的，因为它仅仅是一个对于从某个起始点开始的人们所作出选择的后果的一个总结性指标。要想决定一个社会是否公正所需要回答的问题就是：（1）起始点是合理的吗？（2）从那一点之后人们是自由选择路径的吗？如果起始点是公正的，并且从此之后的"游戏规则"使得选择都是自愿自由作出的，那么再没有什么不公正是可以从观察结果中收集到的了。你可能注意到这种视角很容易导致一个对于社会中政府的明确的自由主义观点。政府是允许人们参与自由自愿交换的合约和所有权的执行者。

练习29A. 29　*在什么条件下，诺奇克的公正社会将会得出有效的结果？* ■

这种关于政府角色的自由主义观点假定"起始点"是公正的。但是这引起了一些问题：我们所说的"起始点"意味着什么？如果我们认为"起始点"不公正的话，我们将怎样理解政府的角色？比如说，同等地接受好教育的机会对于许多人来说似乎是使起始点真正公正的一个必要条件，但是如果父母的收入差别很大，除非非市场的机制能够确保受教育的机会在很大程度上与父母的收入独立，否则来自不同背景的孩子真正地处于平等分配的起点上是不可能的。因此诺奇克对起始点的强调也可能会使政策法规比刚开始时显得更平等，虽然这些政策的本质还是更加注重于确保"平等的机会"而不是"平等的结果"。

那些采取诺奇克的"非结果主义"立场的经济学家经常部分地为了结果主义而这么做很可能是因为他们从福利经济学第一定理中得出了市场中自愿的交换是在竞争性的经济中增加福利的首要方法这一结论。换句话说，在某种意义上某个人可能是一个结果论者，因为他事实上把结果（而不是起始点和公平的规则）作为他作出对于"什么是好的"的道德判断的基础，但同时一个人相信事实上确保平等的起始点并且进而允许自愿的交换来控制终点是达到"好的"结果的最好方式。在这种意义上，由罗尔斯和诺奇克二者所清楚阐明的观点可能至少是部分协调的。

---

①　罗伯特·诺奇克是约翰·罗尔斯在哈佛大学的同事，并且他经常被那些有着自由主义思想学识的人称为哲学家。他对罗尔斯的回应——《无政府、国家和乌托邦》——在1974年出版，它是在罗尔斯的《正义论》出版的三年后出版的。

29B 一些用来寻找"什么是好的"的工具

在 A 部分，根据一个人将如何采用这本书中的观点并且从"是什么"这个实证问题转向"什么是好的"这个更大的问题，我们已经对前些章节讨论的内容提出了一些挑战。我们在 B 部分将不会尝试重复此内容，但我们会在一些特定的方面进行更加深入的讨论。我们不会讨论很多与规范经济学相关的内容，我们的目的是给你一个可能想要在其他课程中进一步探索的开始。29B.1 部分侧重于扩展我们在行为经济学中讨论的现在偏误与基于参照点的决策制定，而 29B.2 部分阐述了我们在对结果主义的规范经济学的讨论中提出的一些话题。

29B.1 探究行为经济学的深层次方面

我们从经济学家面临的来自心理学的挑战开始，就像我们已经注意到的那样，这些挑战是这个相对较新的子领域行为经济学的中心焦点。我们在 A 部分已经提出，行为经济学家并没有摒弃在这本书中一直使用的，以"给定他们所处的环境，人们总是试图去做到最好"这个主张为前提的重要的基础框架。相反地，行为经济学家受到了一些不能简单地用标准的微观经济学方法来解释的行为"异常现象"的激励，他们使用心中所记住的来自心理学的观点，发现了一些行为偏好和环境建模的方式。虽然存在一些其他的方式来"微调"标准的模型以使他们的预测与现实中的不正常现象一致，但是行为经济学家有时能够提供最简单的并且在直觉上最吸引人的机制。我们在 A 部分尤其重点地关注现在偏误和基于参照点的决策制定，我们现在将以更深层次的方式回到这些话题上。

29B.1.1 时间不一致偏好和现在偏误 在 A 部分，我们提出了一些个人似乎有导致自制问题的"现在偏误"的偏好的这个事实。一种解释是这些个人将距离很近的将来比距离很远的将来贴现得更多，因此他们将在现在追求即刻的满足，而想要在将来进行"为将来所做的投资"。但是如果偏好真有"现在偏误"的话，那么当将来变成"现在"时他们也会是这样的，结果就是更多地追求即刻满足和想要在还没有到来的将来进行"为将来所做的投资"。

我们介绍的模型是"贝塔－德尔塔模型"，在这个模型当中，未来不同时期成本和收益之间的权衡是如何作出的与在标准的经济学模型中是一样的。但是在作出现在和未来时期之间的权衡时却存在一个朝向现在消费收益和将成本推迟到将来的偏误。更重要的是，从现在开始对未来日益增强的贴现不仅仅与我们所处的时期有联系，而且与将会向前推进的"现在"有关，因此当未来变成现在时，未来的贴现率也会改变。

将这个贝塔－德尔塔模型扩展到大于 3 期时是不重要的，因为它只需要将所有的贴现项 δ 乘以 β。如果我们考虑一个在 t 时期成本为 c 但在 $(t+n)$ 时期收益为 b 的投资，只要 $\beta\delta^t c < \beta\delta^{(t+n)} b$，即 $c < \delta^n b$ 成立，则我们就可以得出这项投资是值得的

这一结论。但是当 t 时期变成 0 时期并且未来的"现在"到来时，当且仅当 $c<\beta\delta^n b$ 时，我们才会想要实施这个计划，除非 $\beta=1$，否则这是一个与我们的计划不同的原则。因此，就像在 3 期的情形中一样，贝塔-德尔塔模型没有引入任何未来时期之间的偏误，而只是一个现在和将来时期的偏误。

在 A 部分，我们提到了将标准的贴现模型中不耐心的这个概念与贝塔-德尔塔模型中现在偏误的这个概念弄混淆的危险。第二个危险（我们没有在 A 部分明显地提出）是很多人相信这个模型与新古典主义模型的不同在于它允许贴现率发生变化。事实不然，贴现率的改变既不会对标准的方法产生困扰，也不会导致时间不一致性的决定原则。为了更加确定，经济学家经常假定不变的贴现率，但是他们这么做更多考虑的是方便的因素而不是必要的因素，并不是因为贴现率以某种方式会引起时间不一致性。

比如说，随着我日益变老，我可以计划将未来贴现得更多，并且当我朝前看试着猜想当我 55 岁时一些投资是否还值得，未来变成现在时，只要贴现率真的与我所预测的一样，那么我就会得出与我在 55 岁时最后所遵循的一样的决策原则。更一般地，假设我在 $t=0$ 时考虑一项在时期 t 成本为 c、在时期 $(t+n)$ 收益为 b 的投资，假设我将 i 时期的 1 美元等同于在 $(i-1)$ 时期的 δ_i 美元，并且对于 $i\neq j$ 时 δ_i 与 δ_j 是如何联系的没有约束。从时期 0 往前看，只要满足以下条件，我会认为在时期 t 的投资是值得的：

$$\delta_1\delta_2\cdots\delta_t c<(\delta_1\delta_2\cdots\delta_t)\delta_{t+1}\delta_{t+2}\cdots\delta_{t+n}b \tag{29.1}$$

这可以简化成：

$$c<\delta_{t+1}\delta_{t+2}\cdots\delta_{t+n}b \tag{29.2}$$

后一个式子与我在 $t=0$ 时用来决定投资是否值得并且真正去（或者不去）投资成本 c 时所遵循的决策原则是一模一样的。时间一致的选择不需要不变的贴现。关键是 δ 的不同取值是与绝对意义上的时期相联系的；也就是说，每一个下标可能是指日历中特定的一年，或者是在那个时期我的特定年龄，它们并不总是相对概念，δ_t 并不总是代表着从现在开始 t 时期之后的相关贴现因子。换句话说，t 是指当我们允许贴现项变化时未来的一个时间点而不是从此刻开始的一段时间的延迟。

以同样的方式，贝塔-德尔塔模型并不要求唯一的 δ 并且只要 β 继续扮演与之前同样的角色，它可以被在绝对意义上时期间的不同的 δ 所控制。给定 δ，我们可以得到和之前一样的结果，也就是等式（29.2）中的决策原则，这和我们在未来周密地计划一项投资一样。但是一旦随着时间的流逝，时期 t 变成了现在，我们就会得到一个"不那么耐心"的决策原则。

练习 29B.1　证明最后一个式子是正确的。∎

因此贝塔-德尔塔模型并没有将随时间改变的贴现率加入经济学当中；相反，

它将心理学家认为我们的贴现原则是有现在偏误的这一观点带入了经济学,因此它改变了当未来变成现在时我们所期待的贴现率。这是一种对自制问题建模的简单方法,也是一种有着极大的直觉吸引力的方法。

练习 29B.2 在练习 29A.2 中,我们隐含地假设 δ 不随时间变化。如果我们允许 δ 随时间改变的话,那么这是否会使标准的模型能解释之前我们认为只有贝塔-德尔塔模型所能解释的东西呢? ■

最后值得一提的是贝塔-德尔塔模型也被称为是"拟双曲线贴现"模型,它是一个对我们之前使用的所包含的现在偏误不像在贝塔-德尔塔模型中那么离散的"双曲线贴现"模型的简化处理。更准确地说,贝塔-德尔塔模型假定我们丝毫没有改变未来的时期之间是如何互相比较权衡的,只是改变了未来与现在是如何比较权衡的。更一般的双曲线贴现模型缓解了相对于现在,未来是如何被看待的与相对于近一点的将来,更加遥远的将来是如何被看待的这二者之间差异的不连续性。结果是,一些双曲线贴现模型允许误差超出目前的范围。然而,在最后,仅仅关注能够描述出我们追寻的目标的所有模型中最简单的模型通常是最方便的,因此贝塔-德尔塔模型经常优于不易处理的双曲线贴现模型而被频繁地使用。

29B.1.2 参照点、风险和前景理论 我们在 A 部分提到了参照点的概念以及与之相关的当损失发生时,我们通常承受极大的心理煎熬的这种损失厌恶的概念。它们的基本理论叫做前景理论(prospect theory),是由卡尼曼(1934—)和特韦斯基(1937—1996)第一次提出来的。这一理论更加一般化并且它注重分析在很多标准经济学模型无法作出很好预测的情况下人们如何去面对风险。

假设你面临一个以概率 δ 得到收益 x_1、以概率 $(1-\delta)$ 得到收益 x_2 的赌博。前景理论认为你将会用以下这个函数评价这个赌博:

$$\pi(\delta)u(x_1-r)+\pi(1-\delta)u(x_2-r) \tag{29.3}$$

在这个式子当中,r 是一个参照点,π 是一个将真实的潜在概率与这两个事件中哪一个更可能发生进行转换的函数。注意我们对于这个赌博的标准期望效用是这个等式的一个特例,其中 $\pi(\delta)=\delta$,$\pi(1-\delta)=(1-\delta)$,$r=0$。

练习 29B.3 解释上面的方程。 ■

因此,对于任何的 $r\neq0$,这个包含了风险的效用的等式立刻变成了偏好依赖了。如果效用函数 u 在参照点处有弯曲并且来自参照点的损失比收益更大,则损失厌恶(就像在 A 部分描述的一样)将会出现。举个例子,如果参照点 $r=1\,000$,$(x_1,x_2)=(800,1\,200)$,那么 x_1 将被解释为损失,而 x_2 将被解释为收益。但是在损失厌恶的情况下，$-u(-200)>u(200)$。这就是我们在 A 部分提到过的两种影响。

练习 29B. 4　在一组实验当中，人们被问及他们愿意付多少钱去参加一项赌博。在这个赌博中，如果抛出的硬币为正面，则他们将得到 8 美元，但如果为反面，则他们需要付 5 美元。几乎三分之二的人都不愿意付一分钱，只有当我们假定这些人的风险厌恶程度大致与那些因害怕出门将遇到风险而不离开他们房子的人一样时，这才能被标准的期望效用模型解释。你能够仅仅使用前景理论中包含有参照偏误和风险厌恶的部分来合理化风险厌恶者的实验结果吗？■

然而在这里的构想并没有考虑到至少在一些背景下显得重要的两个额外的影响。首先，卡尼曼和特韦斯基假定用来评价等式（29.3）的效用函数对于收益是凹的，对于损失是凸的，这使得当我们从参照点移动得越来越远时，我们对结果有着递减的敏感度。再次考虑 $r=1\,000$，$(x_1,x_2)=(800,1\,200)$，并将其与结果组合 $(x_1',x_2')=(600,1\,400)$ 进行比较。递减的敏感度意味着离参照点距离的翻倍对个人的影响小于（不管是从哪个方向）最初偏离参照点所产生的影响。

为了进一步阐明这一点，考虑以下这个有名的实验。实验对象被随机地分配为两个不同的组。第一组的人被给予 1 000 美元来参加实验，并且被要求在一个再给予他们 500 美元的选择 1A 和一个掷硬币决定他们能多得到 1 000 美元（如果掷硬币的结果为正面）还是什么都得不到（如果掷硬币的结果为反面）的选择 1B 之间作出选择。第二组的人被给予 2 000 美元来参加实验，并且被要求在一个仅仅放弃 500 美元的选择 2A 与一个掷硬币决定他们需要放弃 1 000 美元（如果掷硬币的结果为正面）还是什么都不需要放弃的（如果掷硬币的结果为反面）的选择 2B 之间作出选择。结果是第一组当中有 84% 的人但第二组中只有 31% 的人选择"安全的"A 选项。

在图 29-6 的组图（a）中，我们说明了为什么在第 17 章中讨论的标准的期望效用理论并不能给在刚才这个实验中发生的情况提供合理的解释。在图中，我们对能代表一个风险厌恶的人的赌博的效用/消费关系进行了建模。选择 1A 和选择 2A 是相似的，因为在这两种情形中，实验的主体都面临同等的机会去选择是消费 1 000 美元（再加上他自己所有的其他收入 x）还是消费 2 000 美元（再加上他自己所有的其他收入 x）。选择 1B 和选择 2B 在这个意义上也是相似的，因为两种情况下的实验主体在离开实验时都比在实验前要多 1 500 美元的消费。因此期望效用理论预测 $u_{1A}=u_{2A}$，$u_{1B}=u_{2B}$，这意味着如果实验对象被随机分配到两组当中的话，那么两组中大概同等数量的人会选择 A 而不是 B。但最后第一组中这么做的人远远多于第二组。

练习 29B. 5　证明同样的结论——也就是 $u_{1A}=u_{2A}$ 和 $u_{1B}=u_{2B}$ 在偏好类型是风险爱好时也会出现。这时每一组对于选择的排名相对于在风险厌恶的情况下有什么不同呢？■

图 29-6 的组图（b）和组图（c）阐述了如果实验对象将他们在开始时得到的钱作为去比较另一个选择的参照点的话，那么前景理论是如何能为实验的结果提供合理的依据的。第一组的人在参与实验时将得到 1 000 美元，因此组图（b）中的参照点 $r = 1\,000$ 美元。第二组的人在参与实验时将得到 2 000 美元，因此对于他们来说 $r = 2\,000$ 美元。在第一组中，所有接下来发生的都被理解成"收益"，并且是由位于 r［在组图（b）中］右边的凹函数即 u 函数的上半部分来评价的。相反，在第二组中，所有接下来发生的都被理解成"损失"，并且是由位于 r［在组图（c）中］左边的凸函数即 u 函数的下半部分来评价的。你将发现 $u_{1B} < u_{1A}$，这意味着前景理论预测第一组中的人将会选择安全的 A 选项。但是在组图（c）中 $u_{2A} < u_{2B}$，这意味着前景理论预测第二组中的人反而会选择风险更大的 B 选项。因此我们注意到，当人们评价收益时，前景理论表明的是风险厌恶，当人们评价损失时，前景理论表明的是风险爱好。

练习 29B.6 你能够解释递减的敏感度是如何在参照点上的风险爱好与风险厌恶之间进行转换的吗？ ■

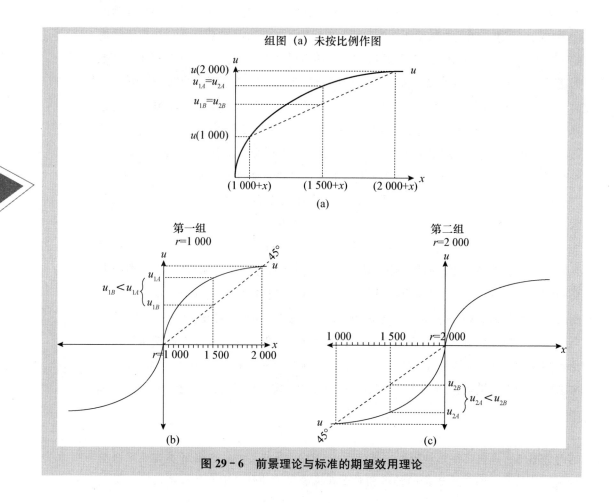

图 29-6 前景理论与标准的期望效用理论

等式（29.3）中所考虑到的第二个额外效应叫做**概率加权**（probability weigh-ting）。它的产生是因为个人可能不会考虑事件发生的真实概率［也就是 δ 和 $(1-\delta)$］，而是考虑对这些概率的转化 π，实验和现实中的证据都表明 π 高估了小概率而低估了大概率。这立马也解释了为什么一些风险厌恶的人（为他们生活中的所有风险都买保险的人）会去买以极小概率获得极大收益的福利彩票（期望收益为负）。它也可能帮助解释一些人为了小额的并且相对而言发生概率很小的风险（比如说房产所有者的保险政策中的小额损失）去买比现实中精算公平保险高很多的保险。

练习 29B. 7 试解释概率加权如何能使风险厌恶的人参与购买彩票。如何解释当保险的价格远远高出实际公平的价格时，仍然有人为了规避小额且小概率的损失而去购买保险？ ∎

29B. 2　当结果重要时的规范经济学

在 A 部分，我们提到了一些在抽象和实际层面上经济学家和哲学家可能用来研究规范经济学的不同方法，经济学家所用的最常见的方法采取了一个高度以结果为中心的方向。换句话说，经济学家通常相信规范经济学对于"什么是好的"的答案将很大程度上取决于实证经济学对于"是什么"或者"将是什么"的问题的答案。因此，知道我们所作出的不同的选择所带来的后果将会帮助我们决定哪个选择是"好的"，哪个不是。从抽象的层面以这个方法去研究规范经济学，假定我们知道不同选择对于不同的个人将带来不同的效用，然后使用一个社会福利函数（social welfare function）（作为评价效用配置的效用函数）去选择什么是"好的"。因此，社会福利函数本身包括了规范经济学和对于社会中分配问题的道德判断，其中一些社会福利函数在对"平等"的看重上更加"公平"，一些在对总体的社会效用的看重上更加"功利"。

当然我们通常不能实际观察到效用，因此我们认为规范经济学家对哲学在抽象层面的运用最终必须为我们能够得到哪些工具并且结合我们实际拥有的数据来作出效率之外的道德判断这个实际问题让路。比如说，与其把效用配置的集合作为社会福利函数的定义域，我们不如把个人的消费或者收入水平作为我们评价的定义域。毕竟消费和收入是可测度的，并且根据我们在 A 部分讨论的幸福文学，至少在某种程度上它们与效用是有联系的。

在此我们将不再讨论 A 部分所谈及的更加实际的方面，而是阐述一些有关分析规范经济学的更加抽象方法的基础知识。我们也将暂且搁置在实证经济学中关于幸福的主力模型的定义与人们所体验到的"真实的东西"之间的脱节等一些深层次问题，并且理所当然地认为安全感、家庭、信念等因素在这里扮演着重要的角色。我们在这里先简单地忽略这些因素。然而我们在本章的末尾将重点关注罗尔斯论

29

断：如果我们从无知的面纱背后进行选择，那么我们倾向于选择一个由罗尔斯主义社会福利函数所控制的社会，并且我们将展示一个经济学家处理这个论断的方法（和对它提出的挑战）。

29B.2.1 "最优"和"次优"的效用可能性边界 在 A 部分，我们首先从一个交换经济的契约曲线推导出了效用可能性边界，并且区分了"最优"和"次优"的效用可能性边界，其中前者假定有效的再分配税收是可执行的，后者约束了政府以使其对于再分配的资源选择扭曲性的税收。我们将会把从契约曲线推导效用可能性边界留作练习（在章末习题 29.1）并且在这里用一个例子来阐明"最优"和"次优"的效用可能性边界有什么不同。

假设消费者 1 拥有 1 标准化单位的闲暇时间，它的任一部分都能够通过工资标准化为 1 的劳动来转化成同等数量的私人消费。因此，如果 l 代表她的闲暇时间，在不存在税收的情况下，她的私人物品消费 c_1 是 $(1-l)$。进一步假设个体 2 没有能力工作，因而不能够为私人物品消费赚得收入。个体 2 能够消费 $c_2 > 0$ 的唯一方式就是政府通过再分配将个体 1 的资源转给个体 2。假设效用函数是由下式给出的：

$$u_1 = 2c_1^+ \ell^+, \quad u_2 = c_2 \tag{29.4}$$

首先考虑一个对消费者禀赋 T 进行再分配的一次性征税的情况。在这个没有扭曲性的税收的条件下，个人 1 的禀赋将从 1 缩小到 $(1-T)$，她现在的消费变为 $(1-T-l)$。我们将可以解出消费者 1 对于闲暇时间和消费的最优化选择 $l^* = (1-T)/2$，$c_1^* = (1-T)/2$，消费者 2 将得到定额的转移支付 T，因此消费 $c_2 = T = u_2$。将 l^* 和 c_1^* 替换进消费者 1 的效用函数，并且将 $u_2 = T$ 替换，我们得到了

$$u_1 = 2\left(\frac{(1-T)}{2}\right)^+ \left(\frac{(1-T)}{2}\right)^+ = (1-T) = 1 - u_2 \tag{29.5}$$

这给出了我们最优的效用可能性边界 $u_1 = 1 - u_2$。

练习 29B.8 验证这个一阶效用可能性边界的推导。

练习 29B.9* 在 A 部分，我们提出效用可能性边界的形状与我们对收入的边际效用的假定有关。你能用这个观点来解释我们例子中的线性的效用可能性边界吗？ ■

接下来，假设政府使用扭曲性的税收来对消费者 1 的收入 $(1-l)$ 进行征税。根据消费者 1 对于闲暇时间的选择 l，两个消费者的消费水平将是：

$$c_1 = (1-t)(1-l), \quad c_2 = t(1-l) \tag{29.6}$$

通过求解消费者 1 的效用最优化问题，我们得到了她的最优选择 $l^* = \frac{1}{2}$，$c_1^* = (1-t)/2$，消费者 2 将得到 $c_2 = t(1-l^*) = t/2$。将 l^* 和 c_1^* 替换代入消费者 1 的效用函数，我们将能够得到

$$u_1 = 2\left(\frac{(1-t)}{2}\right)^{\frac{1}{2}}\left(\frac{1}{2}\right)^{\frac{1}{2}} = (1-t)^{\frac{1}{2}} \tag{29.7}$$

由于 $c_1 = t/2$，我们得到 $u_2 = t/2$，因此我们能够将 $t = 2u_2$ 替换代入我们对 u_1 的表达式中来得到次优的效用可能性边界 $u_1 = (1-2u_2)^{\frac{1}{2}}$。

当我们解出 u_2 的"最优"和"次优"的效用可能性边界时，我们也可以将它们表示为：

最优的效用可能性边界：$u_2 = 1 - u_1$

次优的效用可能性边界：$u_2 = \dfrac{1-u_1^2}{2}$ $\tag{29.8}$

练习 29B. 10 验证次优的效用可能性边界的推导。

练习 29B. 11 你能够画出这两个效用可能性边界的曲线并直观地解释它们之间的关系吗？ ■

29B. 2. 2 社会福利函数 一个社会福利函数简单地说就是基于两个消费者效用水平的社会规划者的效用函数，也就是说，它是一个将 u_1 和 u_2 作为其主题的函数 W。比如说，一个可能的函数形式是柯布-道格拉斯函数形式：

$$W = u_1^{\alpha} u_2^{(1-\alpha)} \tag{29.9}$$

社会规划者的问题将是在效用可能的约束下最优化这个函数。在我们最优的约束条件下，计划者的问题将是：

$$\max_{u1, u2} W = u_1^{\alpha} u_2^{(1-\alpha)} , \ u_2 = 1 - u_1 \tag{29.10}$$

当我们以通常的方法求解上式时，我们得到了最优的结果：

$$u_1^{FB} = \alpha , \ u_2^{FB} = (1-\alpha) \tag{29.11}$$

但如果社会规划者只能够使用扭曲性的税收 t，他的问题将会是

$$\max_{u_1, u_2} W = u_1^{\alpha} u_2^{(1-\alpha)} , \ u_2 = \frac{1-u_1^2}{2} \tag{29.12}$$

这个问题的解将是

$$u_1^{SB} = \left(\frac{\alpha}{2-\alpha}\right)^{1/2} , \ u_2^{SB} = \frac{1-\alpha}{2-\alpha} \tag{29.13}$$

练习 29B. 12 验证这些不同的社会福利函数的解。 ■

在表 29-3 中，我们计算出了社会福利函数中对应于 α 不同的取值的最优和次优的效用水平，在这里 α 代表的是社会福利函数给予消费者 1 效用的相对权重。比如说，当 $\alpha = 0$ 时，不给予 u_1 任何权重，这意味着对于消费者 1 的最优结果为 0，这

在最优和次优的情形中都成立。但是注意次优中的 u_2 只有最优中的一半那么大，这导致的一个直接后果是次优的效用可能性边界的截距 u_2 是最优的效用可能性边界的一半。另外，当 $\alpha=1$ 时，整个社会权重都给予了消费者 1，因此他最后将得到所有的效用。然而现在最优与次优的情形是一样的，因为两种情形下的社会最优都不需要再分配（因此在次优的情形中也没有扭曲性的税收）。在 α 的这两个极端取值之间，在次优的情形中，消费者 1 将总是得到更多的效用，而消费者 2 得到的较少，因为当税收有扭曲性时，社会规划者将不会进行很大程度的再分配。

表 29-3　柯布-道格拉斯社会福利函数 $W=u_1^{\alpha}u_2^{(1-\alpha)}$ （最优和次优的社会福利最大值）

α	0.00	0.25	0.50	0.75	1.00
最优的 u_1	0.000	0.250	0.500	0.750	1.000
次优的 u_1	0.000	0.378	0.577	0.775	1.000
最优的 u_2	1.000	0.750	0.500	0.250	0.000
次优的 u_2	0.500	0.429	0.333	0.200	0.000

练习 29B.13　为了构建最优的和次优的效用可能性边界，我们默认我们能够度量个人的效用。假设我们只能度量消费，此时我们例子中的最优和次优的效用可能性边界是什么样子的呢？

练习 29B.14　一个从练习 29B.13 推导出最优和次优的消费可能性边界的政府是否可能错误地认为再分配没有带来效率的损失？你的结论是如何说明我们在之前章节所作出的结论的：来自劳动税收的净损失是不能通过简单地观察非补偿的劳动供给曲线推导出来的？

练习 29B.15　如果政府使用次优的消费可能性边界，就像它是适合的效用可能性边界一样，相对于在它能够测度效用的情况下，它会再分配得过多还是过少？ ■

29B.2.3　罗尔斯与边沁　当然，没有特殊的理由去假定社会福利函数是柯布-道格拉斯函数形式，以表达我们从社会有效的结果当中选择社会最优的结果的道德标准。比如说，我们从第 5 章中对效用函数的讨论得知柯布-道格拉斯函数这种特定的效用形式是更一般的不变的替代弹性的特例，而完全互补和完全替代是两个极端的特例。在 A 部分，我们相似地介绍了罗尔斯将个人效用水平当作完全互补的社会无差异曲线的概念，因此我们得出了罗尔斯主义社会福利函数（Rawlsian social welfare function）的形式：

$$W=\min\{u_1,u_2\} \tag{29.14}$$

我们也能够研究将个人的效用当作完全替代的社会无差异曲线的这个相反的极端情形。给出这样的无差异曲线的社会福利函数叫做边沁社会福利函数（Benthamite social welfare function），它的形式是：

$$W=u_1+u_2 \tag{29.15}$$

因为罗尔斯主义社会福利函数的无差异曲线在 45°线上有一个直角，因此我们知道社会最优的结果应该是 45°线与效用可能性边界的交点（只要效用可能性边界总是向下倾斜的），在我们最优的例子当中在 $u_1 = u_2 = 0.5$ 时出现，在我们次优的例子当中，出现的条件为 $u_1 = u_2 \approx 0.414$。另外，我们可以考虑给出了斜率为 -1 的线性无差异曲线的边沁社会福利函数下的最优结果。因为我们例子当中的最优的效用可能性边界也是线性的且斜率为 -1，在最优边界上所有的效用配置的和是相等的总效用值，因此根据这种边沁社会福利函数，它们都是最优的。然而，在我们次优的例子当中，获得同等效用的唯一方法是不能包括扭曲性的再分配，因此在次优的情形中，边沁社会福利函数将选择 $(u_1, u_2) = (1, 0)$ 这个配置。

练习 29B.16　你能够画出最优和次优的效用可能性边界并且说明你如何通过画图得出相同的结果吗？

练习 29B.17　我们得出结论认为边沁、罗尔斯和柯布-道格拉斯社会福利函数在 $\alpha = 0.5$ 时都同意最优的效用配置是 $u_1 = u_2 = 0.5$，但是我们也发现它们在次优的配置是什么上有极大的分歧。试解释原因。■

29B.2.4　在"无知的面纱"背后的风险厌恶　在 A 部分，我们以对一个人将如何去选择为我们的社会福利函数定型的道德标准的讨论作为我们从更加抽象层面处理结果主义的规范经济学的结尾。就像我们在 A 部分详细讨论过的一样，再一次想象你被要求在"无知的面纱"背后的"原点"来思考社会福利的标准。你知道你最终会是 N 个可能的身份中的一个，每一个的概率都是 $1/N$。有 A 个可能的社会状态，状态 a 将给予个人 n 的复合商品消费为 x_a^n。而且，如果你最后是个人 n，你的效用函数将为 $u^n : \mathbb{R} \to \mathbb{R}$。因此在状态 a 下你将会得到效用 $u^n(x_a^n) = u_a^n$。

我们提到过罗尔斯在本质上认为任何无知的面纱背后的人都会选择罗尔斯主义社会福利函数，而经济学家海萨尼坚持认为哪一种社会福利函数将被选择取决于我们对于幕后的风险厌恶的假定。我们现在将表明只有当风险厌恶无穷大时，海萨尼的方法才在事实上得出罗尔斯主义社会福利函数的结果，而风险厌恶不那么极端的形式将导致不那么极端的社会福利函数。就像我们在 A 部分提到过的一样，罗尔斯反对这个方法的理由是我们不能简单地假定一个人为了使用期望效用理论而需要在无知的面纱背后知道的概率在幕后实际是可知的。然而在之前表达这个问题时，我们忽略了这个反对意见，并且赋予了每一个揭开无知的面纱的人最后可能占据的位置 $1/N$ 的概率。

当从一个包含了风险的模型选择的视角来看时（来自第 17 章），对于你的一种考虑社会状态的可取性的"理性"方法是考虑由下式给定的你的期望效用：

$$U(a) = \sum_{n=1}^{N} \frac{1}{N} u_a^n = \frac{1}{N} \sum_{n=1}^{N} u_a^n \tag{29.16}$$

因此当且仅当 $U(a) > U(b)$ 时，你才会判定另外的选择 a 要比 b 更好，如果我们将不等式的两边都乘以 N，这就等于

$$\sum_{n=1}^{N} u_a^n > \sum_{n=1}^{N} u_b^n \tag{29.17}$$

这就是边沁社会福利函数的功利主义的标准；唯一重要的是每一个人效用的总和，你更偏好的效用函数 V 表示为：

$$\bar{V}(a) = \sum_{n=1}^{N} u_a^n \tag{29.18}$$

此刻，我们从"原点"对社会福利函数的推导并没有考虑风险厌恶的作用。难道我在无知的面纱背后将不考虑我最后可能是罗尔斯所说的那种境况最差的人的风险吗？

回想一下，在期望效用理论框架下的风险厌恶要求 u 函数是凹的。接着，我们可通过将风险厌恶直接加入我们在等式（29.18）中设定的 N 个效用函数中来使其包括在我们的分析中。假设我们将 n 的效用写作 $v^n(x) = (-u^n(x))^{-\rho}$。只要 $\rho > 0$，这实际上是一个对于 u^n 的正单调转换。

练习 29B.18 验证这的确是一个正单调转换。∎

注意随着 ρ 的增大，效用函数 v^n 的弯曲程度也增大，这意味着风险厌恶程度是随着系数 ρ 的增加而增加的，所以当 ρ 接近于无穷大时，风险厌恶也接近于无穷大。等式（29.18）就变成了

$$\bar{V}(a) = \sum_{n=1}^{N} v^n(x_a^n) = -\sum_{n=1}^{N} (u_a^n)^{-\rho} \tag{29.19}$$

如果我们将 $\bar{V}$ 本身做一个正的单调变化，$\bar{V}$ 给定的社会状态的排序并不会改变。因此我们可以将同样的功利主义标准表示为：

$$W(a) = (-\bar{V}(a))^{-1/\rho} = \Big(\sum_{n=1}^{N} (u_a^n)^{-\rho} \Big)^{-1/\rho} \tag{29.20}$$

练习 29.19 为什么我们刚才所做的是一个正单调变换呢？∎

注意我们现在已经有了一个拥有不变替代弹性形式的社会福利函数，其中替代弹性为 $\sigma = 1/(1+\rho)$。我们也从我们在第 5 章中对 CES 效用函数的分析中得知当 ρ 趋向于无穷时，σ 趋向于 0。换句话说，当 ρ 趋向于无穷时，社会福利无差异曲线就接近那些完全互补下的情形。因此，个人的极端风险厌恶水平将导致把个人效用看作完全互补的罗尔斯主义社会福利函数，因而确保了对于这种效用函数的使用

将会使得社会中境况最差的人的福利最优化。因而罗尔斯主义社会福利函数能够被看作是功利主义标准的特例。它假定了当人们从"原点"来选择社会福利函数时风险厌恶是无穷大的。

如果我们的确认为（罗尔斯并不认为）人们能够使用期望效用的理论框架去思考无知的面纱背后的人们会选择哪种社会福利函数，那么这有一定直觉上的吸引力。如果这些人展现出极端的风险厌恶，他们将只在乎境况最差的人的风险，因而会选择一个最小化此风险的社会福利函数。这种社会福利函数就是罗尔斯认为我们都将在无知的面纱背后选择的函数。因此，如果我们相信我们在无知的面纱背后的确是极端风险厌恶的，那么从期望效用理论的角度来说，罗尔斯就是对的。

结论

虽然我们在之前的章节中经常提出对来自实证经济分析结论的规范理解，但是直到此章我们才聚焦于哪一个预测我们分析的结果可能被认为是好的这一更大的问题。诚然，在福利经济学第一定理的条件下我们处理有效的或者是无效率结果的方式含有一些规范分析的内容，这是因为有效的情况有些让人渴望的性质，但是这一章也表明效率不太可能是"好的"社会的唯一目标。为了能够进一步以更加规范的方式来思考，我们引入了一些其他学科的观点来支撑我们的经济学分析，并且尤其强调了经济学与心理学、哲学之间的交叉。

心理学对我们讨论的贡献开始于考虑我们严格实证的分析为什么在一些例子当中能够通过将行为将如何偏离传统经济学分析这个观点包含在内而得到改善。结果是想出一大把最好用心理学家的观点来解释的"异常现象"是很容易的，并且有时由于一些这样的异常现象的存在，对整个经济学的质疑变得很有诱惑力。同时，我们也不应该忘记传统的经济学模型为我们提供了关于世界运作方式的有力观点，并且这些观点经受住了实际调查的检验。因此确实承认传统经济学模型存在其局限性很可能不会使我们抛沙弃金，像最近一些关于行为经济学的书在题如"供给和需求的谬误"的章节中所做的那样。不是所有经济模型的预测都能在现实的监督下成立，并且打开门去欢迎大量交叉学科的调查。但是我们可以同样地说，不是所有心理学的模型都能经受这样的监督，传统的经济学模型仍然是经常占上风的。科学的目标——尤其是社会科学——是要去运用与我们手头的问题实际相关的那些工具，没有哪个学科对于很可能能够正确解决我们所面对的问题的工具有完全的所有权，而对于一个单独的学科的盲目效忠绝对是"不科学"的。尽管心理学家提出了很多合理的挑战，微观经济学的实证工具在预测能力方面仍然是相当有力的。

由于我们的目标是要进一步提高我们对于"什么是好的"作出见多识广的评价的能力，我们已经看到了行为经济学能够帮助我们创造出一些概念性的框架去挑战诸如"更多的选择总是更好的"这样的观点，而对仅来自一个学科观点的盲目热衷

29

几乎必然导致对一些人类条件的忽视，这样的框架在挑选出能够考虑到这些被忽视的方面的制度安排这个问题上扮演了重要角色。我们也可以同样地去说哲学在进一步研究位于对"好的"的搜寻之后的这个基础问题上所扮演的角色，在不存在这样深刻的分析时，这看起来似乎非常简单。这本书和这一章都没有所有的答案，我们希望的是它们能够帮助我们更加接近答案。

章末习题[①]

29.1 对于已经读过了第 16 章的同学，我们已经表明在交换经济中，效用可能性边界对应于埃奇沃思盒中契约曲线上的效用水平。

A. 考虑两个商品的特殊情形：消费者 1 把商品 x_1、x_2 看作是完全互补的，其效用等于他篮子中 x_1 或 x_2 的数量的较小值。消费者 2 把商品看作完全替代的，其效用等于他篮子中 x_1 和 x_2 的数量的总和。

a. 假设此经济体中的两种商品每一种的总禀赋都为 e，试在埃奇沃思盒中画出这两人的契约曲线。

b. 从这个契约曲线中推导出的效用可能性边界是什么样子的？仔细地标明截距和斜率。

c. 如果消费者 2 的效用是由他篮子中 x_1 和 x_2 数量总和的一半给定的，那效用可能性边界将有什么不同呢？

d. 考虑（b）中最初的效用可能性边界。假设这两个人现在的禀赋是埃奇沃思盒的中点。试在效用可能性边界上找到与这个商品的配置所对应的那一点。

e. 假设政府不能使用有效的税收来对资源进行再分配。更确切地说，政府使用扭曲性的税收，并且再分配 1 美元的边际成本随着再分配水平的提高而增加。相对于最优，你认为现在的次优的效用可能性边界是什么样子的呢？这两者有共同点吗？

f. 假设现在埃奇沃思盒中的禀赋组合不在契约曲线上而是在从左上角到右下角的对角线上。如果我们允许竞争性的市场运作，你的最优和次优的效用可能性边界与你到现在为止推导出来的有什么不同吗？

g. 如果市场不能够像（f）中所描述的那样运作，相对于最优的效用可能性边界，次优的效用可能性边界现在会位于哪里？

B. 假设在一个埃奇沃思经济体中，两个人的效用函数都为 $u(x_1, x_2) = x_1^a x_2^{(1-a)}$，此经济体中的两种商品每一种的总禀赋都为 e。

---

① ＊概念性挑战难题。
＊＊计算性挑战难题。
†答案见学习指南。

a. 构造最优化问题：个人 1 的效用最优化，使其满足经济体的禀赋约束并且个人 2 的效用水平为 $\bar{u}$（通过将消费者 2 对每一种商品的消费定义为消费者 1 消费之后所剩下的，你可以将这个问题表示成只有一个约束条件）。

b. 推导出这个经济体的契约曲线。

c. 用这个契约曲线去推导效用可能性边界。它的形状是什么样子的？

d. 如果我们将效用函数设定为 $u(x_1, x_2) = x_1^{\beta} x_2^{(0.5-\beta)}$，$0 < \beta < 0.5$，此时你的答案会如何变化？

e. 这两个不同的效用函数代表的是同样的潜在（序数的）偏好吗？如果是的话，试解释这两种效用可能性边界的区别。

f. 你如何能够在保持同样的偏好的条件下，以这样的一种方式转变效用函数来使效用可能性边界为不凸的？试解释。

29.2 在第 17 章的附录当中，我们介绍了阿莱悖论。它的表述如下：假设有三扇关着的门，分别有 500 万美元、100 万美元和 0 美元在它们的后面。首先你要在赌局 1（G1）和赌局 2（G2）之间选择。在赌局 1 中，有 100 万美元的那扇门肯定会被打开。在赌局 2 中，有 0.1 的概率 500 万美元的那扇门会被打开，有 0.89 的概率 100 万美元的那扇门会被打开，有 0.01 的概率 0 美元的那扇门会被打开。你可以保存打开的门背后的东西。接着，你要进行下面的选择：赌局 3（G3）或者赌局 4（G4）。在赌局 3 中，有 100 万美元的那扇门被打开的概率为 0.11，0 美元的那扇门被打开的概率为 0.89。在赌局 4 中，有 500 万美元的那扇门被打开的概率为 0.1，有 0 美元的那扇门被打开的概率为 0.9。

A. 结果是大多数人都会选择 G1 而不是 G2，选择 G3 而不是 G4。

a. 这些选择为什么与标准的期望效用理论不一致？

b. 假设当人们在这些赌局中作出选择时，他们使用参照点依赖偏好来评价结果。为什么在 G1 与 G2 之间选择时最合理的参照点是 100 万美元，而在 G3 与 G4 之间选择时最合理的参照点是 0 美元？

c. 这种参照点依赖偏好可能怎样解释阿莱悖论？

B. 假设参照点依赖偏好可以被描述成当 $x \geq r$ 时 $u(x, r) = (x-r)^{0.5}$，当 $x < r$ 时 $v(x, r) = -(r-x)^{0.75}$。（x 是结果的美元价值，r 是参照点。）

a. 考虑参照点如 A(b) 中所描述的情形。当选择是在 G1 与 G2 之间时，与三个结果相联系的效用值是多少？当选择是在 G3 与 G4 之间时呢？

b. 在这两个选择的每一个中，有这种偏好的人将会选择哪个赌局？这与人们实际所做的选择相比呢？

c. 如果参照点总是 0 美元而不是你在解决阿莱悖论时所假定的，试说明此时阿莱悖论将会出现。

d. 我们在文中提到过前景理论也允许可能性权重的存在。如果人们高估了低概率的含义，这也能够帮助解释阿莱悖论吗？

29.3 行为经济学家研究的一个我们之前没有谈论过的话题与人们如何评价重复发生的随机事件的概率有关。热手谬论（hot-hand fallacy）是指人们错误地认为如果一个事件已经被观察到发生了很多次，那么这个随机发生的事件更有可能再一次发生。举个例子，一个有一连串好手气的扑克牌玩家可能会相信他处在赢的势头上，并且在下一场游戏中手气还会很好。另外，当人们相信一旦一个随机事件发生了，它将不那么可能再次发生时，赌博谬论（gambler's fallacy）就产生了。举个例子，一个彩票玩家可能观察到一个特定的数字刚刚赢了彩票因此得出结论：这个数字在下一场同样的彩票中将不太可能获胜。（注意这个练习的 A 部分和 B 部分都没有要求正文中 B 部分所展现的材料。）

A. 举个例子说明，对于股票市场上天真的投资者来说，这两种谬论都会产生。

a. 当一个股票价格下跌时，基于"下降的必然会上升"这个论断，人们经常会继续持有它。这个例子属于哪一种谬论？

b. 当一个股票价格上升时，基于"公司肯定运作得很好，因而股票价格会继续上升"这个论断，人们有时会继续持有它。这个例子属于哪一种谬论？

c. 即使你自己没有在任何关于随机事件的概率的错觉下进行操作，如果你知道很多其他的人都相信价格已经上升的股票在不远的将来会继续上升，这可能会影响你的投资决策吗？

d. 在 2007 年次贷危机之前的那段时期，房产价格以极大的速率增长——在一些市场中的年增长率高达 20%～25%。很多人都怀有这种情况将继续的期待。你能用热手谬论来解释这种金融"泡沫"吗？

e. 实际证据表明，相对于卖掉正在赢钱的股票，投资者通常更不太可能卖掉正在输钱的股票。在本书中是否明确谈论过行为经济学的另一个方面（而不是我们在这个习题中提到的谬论中的任何一个）能够被用来解释这个问题呢？

f. 在人们猜想哪个数字将被选中的彩票中，总的钱数是在获胜者之间进行分配的。考虑到赌博谬论在彩票玩家之间似乎更加突出这个事实，为什么当购买这一周的彩票时，选择上一周获胜的数字是最好的策略。

B. 我的一个朋友有四个小孩，每一个都是男孩。在某段时间她非常想要一个女孩并且认为应该再试一次。连续生出四个男孩是个不太可能的事件，那么连续生出五个男孩这个更不太可能的事件发生的概率有多大？

a. 对于生出四个孩子的女人而言，孩子性别的可能排列有多少个？这对于"全是男孩"这个排列发生的可能性意味着什么？

b. 她前五胎都是男孩的概率是多少？

c. 一个女人前四个孩子的性别排列是男孩—女孩—男孩—女孩的概率是多少？其他的性别排列呢？

d. 我的朋友的下一个孩子（第五个孩子）是男孩的概率是多大？它与一个孩

子的性别排列为男孩—女孩—男孩—女孩的女人在第五胎生下女孩的概率相比呢？

e.　我的朋友使用了连续生下四个男孩是个不太可能的事件，连续生下五个男孩是个更不太可能的事件的这个判断作为她认为第五个孩子更有可能是女孩的依据。在她的推理中，哪一部分是正确的，哪一部分是错误的？①

*†**29.4　日常应用：参照点、幸福和嫉妒。**来自幸福文学的结果意味着幸福至少像调查中所报告的一样，是"基于参照点的"，这是因为人们并不是完全根据他们拥有多少而是部分地根据相对于他们周围其他的人来说他们拥有多少来评价他们有多幸福的。

A.　"参照点"通常对于个人是内生的，比如个人现有的禀赋，从这个意义上来说，这种参照点依赖偏好的形式与我们在其他情形中见到的有所不同。

a.　试解释一个人将如何把前文中所提及的两个实证主张的结合作为幸福的参照点依赖的决定因素的证据。[这两个实证主张是：（1）在一个国家内部，幸福随着收入的增加而增加；（2）除了极度贫困的国家和时期外，不同国家和不同时期的平均幸福程度与平均收入之间似乎没有什么关系。]

b.　假设我们不得不将固定数量的钱在两个人之间进行分配。个人 1 有参照点依赖偏好，他的幸福程度对他自己的消费递增而对个人 2 的消费递减。另外，个人 2 有着通常的偏好，他的幸福程度只对他自己的消费递增。在多大程度上个人 1 是部分地被"嫉妒"所驱动的，而个人 2 不是呢？

c.　假设个人 2 的效用就等于其消费的美元价值而个人 1 的效用就等于其消费的美元价值减去个人 2 消费的美元价值的某个 α 部分。先画出 $\alpha=0$ 时的效用可能性边界，然后表明随着 α 的增加，效用可能性边界是如何变化的。

d.　判断正误：当 $\alpha=0$ 时，两个人之间平等的资源分配对任何关于 45°线对称的社会无差异曲线图（包括罗尔斯主义、边沁主义和它们这两个极端之间任何的无差异曲线图）来说都是社会最优的。

e.　现在考虑当 $\alpha>0$ 时效用可能性边界的情况。现在的罗尔斯主义与边沁主义社会无差异曲线图将如何给出不同的最优资源分配？关于 45°线对称的社会无差异曲线图又怎样呢？

f.　当 $\alpha>0$ 时，对于效用的平等分配，资源也将平等分配吗？

g.　判断正误：嫉妒的回报是通过每一个社会无差异曲线图表示的，但当我们从罗尔斯主义转向边沁主义这个极端时，嫉妒的回报递增了。

h.　你能够解释为什么很多人在将参照点依赖偏好作为对再分配规范分析的基础包括进来时感到不舒服吗？

B.　让 x 表示个人 1 的消费（美元价值），y 表示个人 2 的消费（美元价值）。假设个人 1 的效用函数是 $u_1(x, y)=x-\alpha y$，个人 2 的效用函数是 $u_2(x, y)=y-\beta x$。

---

①　以防你感到困惑，我的朋友最近的确生了第五个小孩，并且的确又是一个男孩。

a. 如果将要在这两个人之间进行分配的消费的总水平为 I，试构造出该最优化问题：最优化个人 2 的效用使得个人 1 的效用为 u_1 并且满足总资源的约束。

b. 试解出函数 u_1 的配置 (x, y)，也就是解出 I 在两个人之间最优的配置并使得个人 1 的效用为 u_1。[提示：你不需要从（a）中求解你的最优化问题，因为这两个约束本身决定了问题的解。]

c. 试求解出效用可能性边界 $u_2(u_1, I)$。也就是，这个函数给出的个人 2 的效用是 u_1 和 I 的函数（也是参数 α 和 β 的函数）。

d. 考虑 $\alpha = 0.5, \beta = 0$ 的特殊情形。现在这两个人中的哪一个有参照点依赖偏好，并且你能够以什么方式说明这些是由嫉妒所驱使的？

e. 如果决定资源分配的道德标准是包括在功利主义社会福利函数 $W = u_1 + u_2$ 中的，什么样的效用和资源的分配将被选择？同样的资源分配对于任何 $\alpha > \beta$ 的组合都是成立的吗？

f. 再一次使用（在 $\alpha = 0.5, \beta = 0$ 的情形下）柯布-道格拉斯形式的社会福利函数 $W = u_1^\delta u_2^{(1-\delta)}$，然后使用罗尔斯主义社会福利函数 $W = \min\{u_1, u_2\}$。

g. A(g) 的结论还成立吗？

29.5 日常应用：极端的利他主义和规范经济学。在习题 29.4 中，我们考虑了两个人，一个人有只依赖于他自己的消费水平的普通偏好，另一个人的偏好部分地受到"嫉妒"的影响。现在考虑相反的情形：个人 2 仍然有普通的偏好，个人 1 有与习题 29.4 中相同的偏好，不过现在 $\alpha < 0$。换句话说，个人 1 从个人 2 的消费中能得到正的效用。你现在的结论将如何改变？

29.6 日常应用：约束选择（在吸烟时祈祷和与流行病作斗争）。通过某些特殊的方式约束人们的选择，我们有时能够让他们选择我们所希望他们选择的选项。

A. 当第一次引入"约束"这个话题时，我们有时会讲述两个想得到主教的允许以在做祷告时吸烟的牧师的故事。第一个人去问主教他能否在做祷告时吸烟。第二个人去问主教在他吸烟感到虚弱的时刻，他能否做一下祷告。

a. 主教对其中的一个牧师回答说"绝对不行"而对另一个回答说"孩子，当然可以"。你能猜出两个牧师分别得到的是哪个回答吗？

b. 主教的参照点依赖偏好在多大程度上能够解释对能否在做祷告时吸烟这个同样问题的不同回答呢？

B. 假设如果什么都不做的话，当地爆发的一种稀有疾病会导致 600 人死亡。现在有两个能够实施但互相排斥的急救计划。如果实施计划 A，200 人将获救，如果实施计划 B，有三分之一的概率 600 人都将得救，有三分之二的概率任何人都不会得救。当面临这个选择时，压倒性的大部分人都会选择计划 A 而不是计划 B。

a. 当人们做这个选择时，他们表现出的是风险厌恶还是风险爱好？

b. 有一种不同的方法来对这两个计划进行架构：如果实施计划 C，400 人将会死亡，如果实施计划 D，有三分之一的概率没有人会死亡，有三分之二的概率 600 人将死亡。试解释为什么计划 A 和计划 C 是一样的，计划 B 和计划 D 是一样的。

c. 当一个人选择计划 D 而不是计划 C 时，他一定是风险追求或者是风险厌恶的吗？

d. 你能用前景理论来解释人们在计划 A 和计划 B 之间更喜欢计划 A，在计划 C 和计划 D 之间更喜欢计划 D 吗？画图来解释你的答案。

†29.7　日常与商业应用：信用卡和抵押贷款的诱惑利率。信用卡公司经常会向新顾客提供"诱惑利率"，也就是刚开始非常低，一年以后增加很快的利率。抵押贷款公司在 2007 年金融危机之前的次级抵押贷款时期也采取了同样的做法。

A. 考虑由贝塔-德尔塔框架建模的现在偏误以及它为学生和房产所有者最后如何背上了"过多的债务"所提供的解释。

a. 首先考虑一个得到了一直到他毕业都为他提供低利率的诱惑利率的信用卡的大学生。作为一个高三的学生，我们的学生需要决定一旦他上大学他将进行多少消费。（他知道自己能够得到这样的信用卡。）假设对于有现在偏误的学生和没有现在偏误的学生来说，δ 都是一样的，那么这些学生作出的消费计划与大学生会有什么不同吗？

b. 接下来考虑大一的学生。如果他们有现在偏误，学生们的实际消费将如何背离他们之前所做的计划呢？

c. 当大一的学生消费时，他为他剩下的三年大学生活做消费计划。有现在偏误的大学生对接下来的那些年的消费计划与没有现在偏误的学生有什么不同吗？（给定他们在大一时可能在多大程度上偏离了最初的计划。）

d. 现在考虑我们的学生处在大二期间。现在这个有现在偏误的学生会比他在大一时作出的他将在大二的消费计划背负更多的负债吗？

e. 试解释学生为什么会比他们的计划背负更多的负债并且对信用卡借贷的约束如何可能改善一些学生的福利。

f. 在 2007 年之前，抵押贷款公司为新贷款者提供低的诱惑利率。在 2001—2005 年，房产的价值上升很大，从而使得房产所有者完全以一个新的诱惑利率再融资。行为经济学家将如何解释 2006 年和 2007 年（当房产价格开始持平，接着下降的时候）丧失抵押品赎回权的房产危机的爆发？

B. 考虑一个大三学生的三期模型。假设他在学校的时期 0 和时期 1 时都没有收入，但是他在时期 2 时预测他毕业时将有收入 I。假设在时期 i 的消费效用由 $u(c_i) = \ln(c_i)$ 给定，其中 c_i 代表时期 i 的消费。进一步假设这个学生根据贝塔-德尔塔模型来进行贴现，他的消费流 (c_0, c_1, c_2) 所带来的效用由 $U = u(c_0) + \beta\delta u(c_1) + \beta\delta^2 u(c_2)$ 给定。

a. 除非该学生借用他在时期 2 的收入，否则他在时期 0 和时期 1 时将不能消费。一个信用卡公司给他提供了一个在他上学期间利率为 0，之后利率为 r 的信用卡。因此，他不需要为他在时期 0 和时期 1 的消费付利息，但他在时期 2 时需要付利息 $(1+r)(c_1+c_2)$。构造出这个学生的最优化问题使得其满足三期的预算约束。

**b. 推导出他的作为 I，r，β，δ 的函数的最优消费计划 c_0，c_1 和 c_2。

c. 假设 $I=100\,000$ 美元，$r=0.2$，$\delta=0.95$，如果这个学生没有现在偏误，他将计划在每一时期有多大的消费水平？当他毕业时他将计划有多少信用卡债务？

d. 假设 $\beta=0.5$，学生将计划当他毕业时有多少信用卡债务？

e. 计算出在这两种情形中他在时期 1 的消费与在时期 2 的消费的比值。为什么他们是一样的？

f. (c) 部分的学生在毕业时实际有多少信用卡债务？(d) 部分的学生呢？

g. 现在考虑当 $\beta=0.5$ 时，一个期待大三的大二学生。在他大二时，他完全由他父母支持，但是他知道他父母不会在他能够得到贷款的大三支持他。（假设信用卡公司只向大三学生提供信用卡而不向大二学生提供。）当他思考他最后会借多少时，他的计划与没有现在偏误的学生的计划有什么不同吗？他最后的实际贷款将比他在大二时计划的多出多少？

h. 判断正误：约束学生信用卡借贷数量的法规能够改善有现在偏误的大二学生的福利。

29.8 日常与政策应用：不耐心的学生和有现在偏误的学生。在习题 29.7 中，我们考虑了低的诱惑利率如何影响有现在偏误的大学生的借贷。我们现在考虑不耐心的学生和有现在偏误的学生面临这种诱惑利率作出的借贷选择的不同。

A. 自始至终比较一个没有现在偏误的学生和一个有现在偏误的学生。假定二者在大三时都消费同样的数量。自始至终都假设信用卡公司在他们大三之前都不为他们提供信用卡。

a. 当两个学生都是大二时，他们中的哪一个计划在毕业时累计的信用卡债务更多？

b. 当两个学生都是大三时，他们中的哪一个计划在毕业时累计的信用卡债务更多？

c. 当政府对学生信用卡债务的约束是由减轻学生的不耐心所驱使时与当它是由减轻学生的现在偏误所驱使时相比，它在哪种意义上是更具有家长式作风的？

B. 考虑与习题 29.7 的 B 部分同样的情况设置。（在继续之前你应该做一下习题 29.7。）

a. 在习题 29.7 的 B (d) 部分，当 $I=100\,000$，$r=0.2$，$\delta=0.95$，$\beta=0.5$ 时，对于有现在偏误的学生，你应该已经得出了 $c_0=43\,262$ 美元的结论。δ 要多大才能使没有现在偏误的学生足够地不耐心而去选择同样的 c_0？

b. 对这样的一个不耐心但没有现在偏误的学生而言，时期 1 和时期 2 的消费水平将是多少？当他毕业时他将有多少信用卡债务？

c. 将你的答案与耐心的有现在偏误的学生（$\delta=0.95$，$\beta=0.5$）将来的信用卡债务进行比较。

d. 接下来，比较不耐心的学生的信用卡债务水平与有现在偏误的学生在他大二时计划的信用卡借贷水平。它是更大还是更小？对于有现在偏误的学生来说，他在大三时计划的信用卡借贷水平是多少呢？

e. 判断正误：我们有现在偏误的学生相对于在大三时借同等数额贷款的不耐心的同学的信用卡债务更多，但是不耐心的学生将准确地预测他毕业时的信用卡债务而有现在偏误的学生却把他最后的信用卡债务预测得要低。

29.9 **日常与商业应用**：禀赋效益和房产市场。在章末习题 6.9 和 7.6 中，我们推导出了不管是向上还是向下的房产价格波动都会改善房产所有者的福利这一奇妙的预测。这是因为，假定房产和其他商品（没有交易成本）之间存在一定程度的替代性，当房产价格变化时，房产所有者会在价格上升时卖掉他们的房子，买小一些的房子并且更多地消费，而当价格下降时，他们将买更大的房子并且更少地消费。

A. 在继续之前重新回顾这个结论背后的逻辑。

a. 当房产价格波动时，房产所有者们不频繁地更换他们的房屋的一个原因是迁徙成本的存在使得小的价格波动不能让转卖房屋很有利可图。现在考虑另外的由行为经济学家发现的一个植根于禀赋效益的解释。在你所使用过的习题 6.9 和 7.6 的模型的框架下，你如何用房产所有者无差异曲线的形状来为这样的禀赋效应建模？

b. 接下来，考虑一个需要在价格下降的市场中进行搬迁的房产所有者所面临的问题。假设房产所有者最初以价格 p_0 购买了他的房子。假设这个价格对这个房产所有者来说变成了一个"参照点"，房产所有者认为在 p_0 以上的销售价格是"收益"，在 p_0 以下的销售价格是"损失"。试解释行为经济学家如何预测 p_0 的水平将影响房产所有者所设定的要价。

c. 房产经济学家发现了以下实证事实：在房产需求下降的时期（给予房产价格一个向下的压力），待售的房产通常需要更长的时间才能卖出，结果导致了市场上房产数量的增加。你能够用包括"风险厌恶"的参照点依赖偏好来解释这个现象吗？

B. 考虑一个准备搬家并决定他房子要价的房产所有者所面临的最优化问题。这样的一个房产所有者面临以下权衡选择：一个更高的要价 p 意味着卖出房子的可能性较小，但也意味着一旦房子卖出，房产所有者获得的效用更大。假设卖出房子的概率由 $\delta(p)=1-0.00001p$ 表示。进一步假设 $p_0=100\,000$ 美元是房子原始的价格，如果不卖房子，房产所有者的效用将是 $\bar{u}=(10\,000-\alpha p_0)$。他卖出房子获得的效用取决于价格 p。当 $p\geqslant p_0$ 时，$u(p,\ p_0)=(p-\alpha p_0)$，当 $p<p_0$ 时，$v(p,\ p_0)=\beta(p-\alpha p_0)$。

a. 在一个没有参照点依赖偏好的模型中，α 和 β 的值是多少？

b. 在（a）的假定下，为房产所有者构造出最优化问题并求出最优的要价。

c. 接下来，假设（从这里开始一直到最后）$\alpha = 1$，$\beta = 2.25$。假定房产所有者使用函数 u（而不是 v），重复最优化的练习。这时的最优要价是多少？

d. 如果房产所有者参照点依赖偏好是由 u 和 v 设定的，你在（c）中算出的价格是真正的最优要价吗？

e. 接下来，使用 v 而不是 u 来构造最优化问题。你现在得到的最优要价是多少？对于房产所有者来说这是最优要价吗？试解释。

f. 房屋以你在（b）和（c）中算出的价格卖出的概率是多少？它与你在（e）中计算出来的房屋将以此价格出售的概率相比呢？你能将这与 A（c）中陈述的实证事实协调起来吗？

29.10 商业应用：股权溢价之谜。股市的投资收益比债券市场的投资收益要高出非常多。这本身并不令人吃惊，因为股票比债券更有风险。当我们从风险的一般模型来看时，股权为投资者提供的溢价的大小却是令人惊讶的。比如说，在一年中，债券可能给予投资者一个保险的 2% 的收益率，而股票可能提供 6%～8% 的收益率。那些试着简单地以风险厌恶去解释"股权溢价"的经济学家认为用来解释溢价所需的风险厌恶水平远远超出了任何人能够承受的水平。因此风险厌恶不能解释股权溢价，这就引起了股权溢价之谜这个"异常现象"。

A. 通过参照点依赖偏好这个视角来考虑股权溢价之谜。特别地，假设你要将 1 000 美元进行投资，并且你知道如果将钱投资进债券，在一年后，你将得到一个 2% 的收益率。或者你可以将这 1 000 美元投资进股票，你将有 0.1 的概率输掉 100 美元，有 0.9 的概率得到 100 美元。

a. 股票投资的期望收益率是多少？为什么这表明的是股权溢价呢？

b. 假设你认为投资者有参照点依赖偏好。当他们比较两项投资时，你认为他们的参照点可能是什么？

c. 你能够用"损失厌恶"来解释行为经济学家如何给出股权溢价之谜的解释吗？

*d. 对于你在（c）中的解释，你几乎肯定地认为投资者将一年作为范围。假设投资者以"长远的角度"来看待这个问题，他们的股票面临着一个每年 10% 损失的概率。你认为参照点依赖偏好和损失厌恶还能够解释股权溢价之谜吗？

*B. 更加进一步地考虑前景理论（你在 A 部分清楚地使用过）。假设一个投资者将她的决策基于一年的范围并且以她投资的数目作为参照点来评价有风险的赌博。假设她投资 100 美元，则这就变成了她的参照点。如果将钱投资到无风险债券上，则 1 000 美元一年以后将值 1 022.54 美元。如果她投入相同的数目到股票当中，有 0.12 的概率她的投资会值 900 美元，有 0.88 的概率她的投资会值 1 100 美元。效用函数的任何数值都是使用以下函数来评价的：

29

$$u(x, r)=\begin{cases}100(x-r)-0.5(x-r)^2, & x \geqslant r \\ 400(x-r)+2(x-r)^2, & x < r\end{cases} \tag{29.21}$$

其中 r 是参照点，x_1 结果的概率为 δ，x_2 结果的概率为 $(1-\delta)$，赌博的效用为 $U=\delta u(x_1, r)+(1-\delta)u(x_2, r)$。

a. 我们在文中讨论了前景理论的四个特点：（1）参照点依赖偏好；（2）损失厌恶；（3）递减的敏感性程度；（4）可能性权重。我们这里对这其中的哪些建模，又不对哪些建模呢？

b. 投资 1 000 美元在股票上的期望收益是多少？股权溢价是多少？

c. 投资者投资 1 000 美元在债券上所能得到的效用是什么？

d. 投资者投资 1 000 美元在股票上所能得到的效用是什么？

e. 如果这是一个普通的投资者，那么股权溢价能够被我们的前景理论的观点所解释吗？

f. 假设你是一个想为 30 年之后的退休进行投资的投资者。由于所有实际的原因，在这种情况下你可以几乎确定投资股票的平均收益率等于期望收益率。重新计算这位投资者从投资 1 000 美元债券与 1 000 美元股票所获得的每年的效用。

g. 如果所有的投资者都像这位年轻的投资者一样，我们的前景理论仍然可以解释股权溢价之谜吗？

29.11 **商业与政策应用**：增加的流动性、拖延症和国民储蓄。在过去的几十年中，越来越高级的金融投资机会使个人将他们的储蓄投资到在需要时能够立即售出的资产当中，而不是像土地这种需要时间和金钱才能转化成现金的"不流动"的资产当中。

A. 考虑跨时期的偏好能够被贝塔-德尔塔模型所描述的个人 1 与跨时期的偏好由更一般的新古典主义德尔塔模型所描述的个人 2。两个人刚刚继承了一些钱并打算为他们的退休进行投资。

a. 用来投资的流动性资产可获得性的增加是否会使个人 2 的境况改善？它可能使个人 2 的境况变糟吗？

b. 现在考虑个人 1。假设这个人咨询了一个投资计划者。这个投资计划者了解这个人过去的储蓄和消费抉择并推荐了一个投资策略。这个投资计划者有可能推荐一个侧重于流动性较差的资产的策略吗？

c. 如果个人 1 知道他存在时间不一致性问题，他会接受这个投资计划者的建议吗？如果他没有意识到自己的自制问题，他有什么理由不去接受吗？

d. 假设这两个人不是刚刚继承了钱，而是接受了一个致力于 401(k) 退休计划的公司的工作。他们现在必须在两个为退休账户而进行的投资计划中作出选择：计划 A 由可以被很容易卖出的股票和债券组成，而计划 B 由一个十年期的需要极大的罚金才能提前兑现的大面额存款单组成。〔在两种情形当中，如果从 401(k)

计划中取出基金，将会有一个税收的罚款，但是因为这对任何 401(k) 的支取都是一样的，我们这里暂且忽略 401(k) 的这个特点。〕假设这两项投资的收益率是相等的，哪一个将使个人 1 为退休积攒更多的储蓄？对于个人 2 又是什么情况呢？

e. 假设个人 1 也拥有受禀赋效应或者现状效应影响的参照点依赖偏好，如果公司去选择最初的投资决策，但允许个人按照他们的意愿选择不同的决策，那么公司将会为员工选择什么投资决策呢？（假定公司关心员工得到的退休金的水平。）

f. 在过去的几十年里，美国的国民储蓄水平有一个极大的下降。行为经济学家如何用拖延症的思想来解释这个问题呢？

†**29.12 政策应用**：最优和次优的罗尔斯主义收入再分配。大多数政府都向收入很高的个人征税并且将它们分配给低收入的个人以达到更加公平的消费分配。这样的政府面临着达到更好的平均消费与最小化税收的净损失这两个相互矛盾的目标的权衡选择。

A. 在这个习题当中考虑一个带有罗尔斯主义目标的政府，也就是政府有使境况最差的人变得更好的目标。如果政府无法知道关于人们效用的信息，它可能会选择将人们的消费水平当作效用，因而消费代表了效用值。因此，与其使用关于效用分配的社会无差异曲线，政府将使用关于消费分配的社会无差异曲线。

a. 假设个人 1 有收入 I_1，个人 2 有收入 I_2，并且 $I_1 > I_2$。假设政府可以无成本地在个人之间再分配收入，画出"消费可能性边界"。在你的图中标明不存在政府再分配时（以及不存在任何自愿的慈善行为时）的消费分配。

b. 一个罗尔斯主义的政府将会选择这个可能性边界上的哪个消费分配？

c. 如果政府使用一个无效率的税收体系，画出消费可能性边界将如何变化。假设这种无效率表现为以下形式：随着对富人征税税率的提高，富人的消费将减少，似乎这种税收体系是有效的，但是随着税率的提高，净损失以一个递增的速度增长，这个损失将减少穷人能够得到的分配的数额。

d. 试说明现在的一个罗尔斯主义的政府为何不会去选择平衡富人和穷人之间的消费水平。

e. 假设收入的差异部分地来自劳动市场上的"补偿性差异"；也就是说，高工资的人赚更多的钱部分地是因为他们进行了令人不愉快的活动，比如说为了他们的工作经常出差，工作很长时间。如果政府的真实目标是要将它的社会福利函数应用到效用分配上而不是消费分配上，那么一个应用在消费分配上的罗尔斯主义社会福利函数如何会导致过多的再分配呢？

f. 反过来假设消费的边际效用随着消费的增加而递减。现在将罗尔斯主义的目标应用到消费分配上是会导致过高还是过低的税率呢？

B. 再一次假设现在有两个人：一个人有收入 I_1，另一个人有收入 I_2，并且 $I_1 > I_2$。假设政府想要再分配收入但是没有关于个人效用的信息。因此，与其运用社会福利函数去选择效用分配，政府会直接运用一个社会福利函数去选择消费分配。它使用的函数就是罗尔斯主义社会福利函数 $W=\min\{c_1, c_2\}$。

a. 给出一个与选择效用分配的社会福利函数等同的效用函数 $u(c)$ 的例子。关于消费的边际效用的哪一点必须是正确的？

b. 假设政府对富人征收收入税的税率为 t，然后将税收转移支付给穷人。首先假设这种收入税是定额税；也就是说，它能够在没有净损失的情况下提高税收。政府将会选择什么税率 t 呢？

c. 接下来假设政府使用的收入税不是定额税。对于一个 $t<1$ 的税率，它能够将数额为 $[tI_1 - (ktI_1)^2]$ 的税收转移给个人 2。如果政府想要最优化它能够做到的转移支付的数额，它将选择什么税率？

d. 假设 $I_1=200\,000$ 美元，$I_2=10\,000$ 美元。在政府能够对个人 1 的收入征税并不产生净损失的情况下，政府最优的收入税税率是多少？

e. 接下来考虑次优的情况并假设 $k=0.002\,5$。对于与（d）中相同的两个收入水平，给定税收体系将产生（c）中模型的净损失，政府"次优"的收入税税率是多少？

f. 在最优的结果下，这两个人中的每一个的消费是多少？在次优的结果下呢？

29.13　政策应用：证实倾向、政治、研究和最后一刻的学习。个人关于世界的运转方式有很多的假设。这些假设能够帮助他们研究他们是如何做决定的。这些假设经常被来自实证的证据挑战或者证实。然而，分析人们如何改变他们关于世界的假定的心理学家提出我们倾向于去寻找证实我们假设的证据，而忽略与我们的假设相矛盾的证据。这种现象就被叫做证实倾向（confirmation bias），我们在 B 部分描述了一个发现这种倾向的早期实验。

A. 在过去的几十年中，人们得知世界上正在发生着什么事情的来源的数量大大增加。比如说，过去大多数人依靠他们当地的报纸（它们通常主要是从一系列国家新闻刊物中搜集材料的）和仅有的几个新闻频道来获取新闻。但现在的人们在一天当中有很多供他们选择的新闻频道，并且越来越多的人依赖来源于互联网的新闻。

a. 很多公共演说的评论者提出现在人们带入政策讨论的假设通常与过去的情况恰恰相反，不同的阵营通常不再能够举行文明的对话，因为他们在本质上对潜在的"事实"非常有分歧。如果这是真的，新闻和观点表达途径的增加如何能解释这一点呢？

b. 过去对观点的民意调查表明对一个美国总统的不满率通常是个位数，但是最近，如果对一个总统的不满率在 20%～30% 这个范围内，他仍被认为做得挺好。最近新闻环境背景下的证实倾向能够解释这个现象吗？

c. 直到 20 世纪 80 年代中期，美国的联邦通信委员会强制实行了一个叫做"公平准则"的制度。这个制度要求新闻媒介，尤其是这些在收音机和电视上的媒介，要表达不同的观点。据说在当时一些媒介市场只有一到两个这样的新闻发出途径，因此公平准则就被用来让人们得到不同的观点以使他们形成见多识广的观点。自从 80 年代中期以来，公平准则已不再被使用，新闻媒介被允许以任何它们认为合适的方式来表达新闻和观点。据说日益激烈的竞争导致了几乎在所有市场上新闻媒介之间的竞争，因而自然地让人们搜集不同的观点来形成自己的观点。现在一些人在争取对公平准则的重申，但是其他人把它看作是对产品差异化的市场上的自由言论和自由竞争精神的违背。你能为这个议题的两边的态度都进行论证吗？

d. 很多人观察到了相信各种各样"阴谋论"的人的数量增加了的现象。这些理论包括，比如说，"9·11"恐怖袭击是由政府精心策划的，一个政客秘密地信奉与他声明的观点不同的宗教观点。鉴于大多数人都认为反对这些理论的证据是令人信服的这一事实，这又如何解释呢？

e. 实证社会科学家经常对现实世界的数据做经济学的回归分析来确定人们对不同政策的反应的方向和大小。随着计算分析的成本变得越来越低，现在这些研究者们几乎能够使用不同变量和实际设定的组合来做成千上万的回归，而在过去他们不得不将自己局限于几个回归中。假设研究者们对于一个实证调查将要表明的结果有先验信念。因为了解了证实倾向，为什么你可能认为研究论文中所报告的统计显著的实证结果是更加令人怀疑的？

f. 在一场考试前的最后几个小时，学生经常通过浏览他们的笔记、关注他们划过的关键术语来进行强度很大的学习。一些学生发现这能够极大增强他们对于一场考试有充分准备的感觉，但接着他们会发现他们并没有像他们原以为的那样在有了最后一刻的学习后取得好的考试结果。你能够用证实倾向来解释这个现象吗？

B. 接下来这个第一次实验是在20世纪60年代的早期进行的，是对证实倾向的一个说明。假设你被给予以下的一个数字排列：2—4—6。你被告知这个排列符合一个用来产生排列的特定的规则，并且你被要求想出这个潜在的规则是什么。为了达到这个目的，你能够产生你自己的三个数字的排列并且能向实验者要求对你的排列是否也符合潜在规则作出回馈。你可以按照你需要的次数一直做下去直到你确定你知道了潜在规则，在这个时候你告诉实验者你的结论。

a. 假设当你第一次看到2—4—6这个排列时，你意识到这是一个偶数排列并且相信潜在规则很可能也需要偶数。如果你有证实倾向，你可能用来检验你的假设的一个排列的例子是什么？

b. 如果你没有证实倾向并且对于你的假设是不正确的采取开放的态度，你可能提出什么样的数字排列来检验你的假设？

c. 潜在规则很简单：为了与规则一致，它必须是一个递增的数列。相当少的实验主体正确地找到了这个规则，反过来，他们自信地得出了这个规则相当复杂的结论。实验者们得出结论认为人们一直推导出错误的规则是因为他们给出的是证实他们的假设的例子，他们并不尝试去证伪它们。（一个意图证伪假设的排列将是违反了假设的排列）。这与你在（a）和（b）中的答案是一致的吗？

†29.14 政策应用：平滑经济周期与促进经济增长（心理学碰上规范宏观经济学）。据说有时在减轻经济衰退的影响与促进长期的经济增长的政策之间有一个权

衡选择。假设在宏观经济政策中存在这样的一个权衡选择。那些提倡以增长为中心的经济政策的人指出，即使是一个经济体中长期增长率的很小增加，带来的收益也比一个经济周期中短暂下滑的大幅度缓解（或者即使是消除）要多。因此，他们得出结论：考虑到在减轻经济衰退与促进长期的经济增长之间的这个权衡，我们的重点应该主要在促进长期增长上。（在 B 部分中，你被要求在一个数字的例子当中展示这一点，这里没有用到任何正文 B 部分的材料。）

A. 现在很少有关于减轻衰退与促进长期增长所带来的福利的增加的相对大小的讨论。不过，政府花费了大量资源在减轻衰退上，这通常是通过借债将激励性扭曲引入经济体当中，这反过来又会危害长期增长。

a. 与其采取往常的形式，我们假设偏好是基于参照点的并且展示出很大程度的损失厌恶。这将如何改变我们对衰退的福利影响的思考？

b. 假设幸福文学是建立在某物之上的，并且它是一个更加相对的而不是绝对的概念。这与即使生活标准极大地提高了，社会中的幸福也不会随着时间改变多少这个观点是如何一致的呢？

c. 如果你想为更多的关注点应该放在以接受更小的长期经济增长率为代价的衰退减轻上提供论据，考虑到你在（a）和（b）中的答案，你将如何做？

**B. 美国过去几十年的平均增长率在 2.3％ 左右，衰退大约每 10 年发生一次。假设在没有衰退的年份里增长率为 2.9％，在衰退的年份里增长率为 −3.3％。（如果衰退每 10 年发生一次，这样的平均增长率为 2.3％。）

a. 进一步假设在接下来的 50 年里，我们将会在第 20、30、40、50 年里经历衰退，而介于中间的 9 年（从第 1 年开始）代表了经济增长的年份。如果现在的平均家庭收入为 60 000 美元，你预测它在 50 年后将会是多少？（假设增长率在扩张期为 2.9％，在衰退期为 −3.3％。）［你可以首先计算在第 1 个 9 年中平均收入的增长率，然后计算在第 10 年衰退时收入的减少，依此类推。把这些放入一个电子表中，你可以很容易地进行（b）部分和（c）部分的实验。］

b. 假设你制定了一个几乎可以减少衰退期平均收入下降 50％ 的政策，使得平均收入从下降 3.3％ 变到下降 1.7％，代价只是把扩张期的增长率减少 10％，即从 2.9％ 降到 2.6％。50 年后的平均家庭收入将会是多少？在衰退期的平均收入呢？

c. 反过来假设你制定了一个可以增加扩张期平均增长率 10％ 的政策，使得其从 2.9％ 增长到 3.2％，代价是也将增加 50％ 的衰退，即增长率从 −3.3％ 变到 −5％。50 年后的平均家庭收入将会是多少？在衰退期的平均收入呢？

d. 判断正误：当与现状和（b）中的政策实验相比时，（c）中的政策实验将会使 50 年后以及在每一个衰退的年份的平均家庭收入更大。

e. 试解释你在（d）中的答案如何可能使经济学家赞同一个政策，而相信前景理论重要性的心理学家赞同另一个政策，尽管他们在基本的实证事实上达成了一致。

29

第 30 章　平衡政府、公民社会与市场

　　配备有更加安全的设施的车辆能否降低交通事故的死亡率？为了降低美国对世界上动荡产油区的依赖而对其国内油田进行补贴的做法是否合理？立法禁止使用活株制作圣诞树是否有助于减少滥砍滥伐的现象？我们是否应该立法禁止哄抬物价的行为？抵制那些使用国外廉价劳工的公司的产品是表达我们对那些国家工作环境恶劣这一现象的不满的一种好的方式吗？要求雇主代缴社会保障税而非直接对雇员征税的做法是否更加合理？为了不使垄断企业获取惊人的暴利，我们是否应该对其销售额进行征税？

　　我们在第 1 章开头就曾提出这些问题，并指出经济学家给出的答案可能会不同于其他人。车辆安全设施加强之后，如果司机由于知道在事故中不太容易受伤而驾车更加鲁莽，那么反而可能会导致更高的交通事故死亡率。因为所有石油都是在世界市场之中以统一的价格进行交易，而这一价格不是美国国内石油的产量所能左右的，所以补贴的做法并不能减少美国对世界上动荡产油区的依赖。立法禁止使用活株制作圣诞树恰恰可能会减少专门用来制作圣诞树的森林的面积，干预竞争性价格会导致非价格配给的发生，这实际上会增加消费者的成本，从而背离了用《价格欺诈法》来保护消费者的初衷。抵制那些使用国外廉价劳工的公司的产品的做法反而会降低对国外廉价劳工的需求，其后果就是使得他们的工资进一步下降。无论是雇主还是雇员支付社会保障税，效果都是一样的。因为该税的经济影响只与劳动供给和需求的弹性有关，而与法律规定由谁来支付无关。对垄断企业的销售额征税会使得本已虚高的产品价格进一步提高，最终只会使垄断定价的无效率程度更加严重。

　　以上几个例子说明了经济学家对于世界有着异于他人的看法，这并不是因为他们刻意追求标新立异，而是因为他们对于个体的最优化选择如何聚集起来造就了我们看到的经济环境有着更深刻的内在直觉。正是在这些直觉的基础之上，经济学家和非经济学家形成了各自的思想框架，并在各自的框架内就如何看待市场、公民社会以及政府的角色这一议题进行理性的辩论。

可消除与不可消除的分歧

　　虽然大家都在讨论，可这并不代表所有人都会同意在某一框架内的"正确"观点。接下来，我们将对不同的思想进行比较，它们对于"世界运行的方式"有着不同的假设，对于"什么是好的"也有着不同的价值体系。若我们的分歧是由对于"世界运行的方式"假设的不同而引起的，实证经济学家（更一般的说法是实证社会学家）这时就能够大显身手了。因为他们可以借助于所掌握的工具来进行实证研究，以辨别我们的假设的正确性。当前提假设更趋向于一致时，我们的分歧也会越来越小。但是，最后我们可能仍然无法达成一致，因为我们在无法用实证来检验的前提假设上有着不同的哲学立场。虽然哲学家能够帮助我们思考并阐明思想，但也无法使我们在"什么是好的"这一问题上消除分歧。所以在有些情况下，我们最终只得求同存异。

　　例如，假设我和你关于"什么是好的"存在分歧。我假设大部分人在做决定时是理性的（正如经济学家的假设），并由此得出结论，而你假设我们大家普遍都是情绪化的，并且存在心理偏差（这也符合很多心理学家的观点），最终你得出了与我不同的结论。这种关于假设的分歧原则上是可以通过实证检验消除的。如果你我都做好了被否定的心理准备，社会科学的实证研究就能够帮助我们消除一些分歧。但本书内容并非讨论如何来进行实证研究，若你想对此有更深入的了解，建议选修统计和计量经济学等相关课程。在此只需知道由不同假设造成的分歧在理论上是可以消除的即可。（消除分歧的最大困难在于在做实证检验时，人们总会倾向于选择有利于自己的证据而忽视不利的证据，这一问题在习题 29.13 中也进行过讨论。）

　　但是假设我们关于"什么是好的"的分歧源于双方不同的哲学立场，例如你坚信公平来自对天赋人权的尊重，因此反对任何类型的强制性收入再分配；而我则是一个罗尔斯主义者，深信公平就是要让社会最底层的人生活得尽可能地好。如果天赋人权的功利主义结果与我的罗尔斯主义理想冲突并不大，那么我们还有可能利用实证社会科学得到一致的结论。例如，经济学家曾经证明分散化的市场能够产生巨大的社会剩余。即使伴随有罗尔斯主义再分配现象，能够产生如此之多的社会剩余也是功利主义者所期望看到的局面。但是，契约和产权的执行需要分散化的市场来产生剩余，这恰恰是自然法哲学认为一个"好"的社会应该做到的。实证经济学虽然能够给我们提供一个共同的平台——证实分散化市场的确能够产生巨大的社会剩余，但是它似乎不能消除我们所有的分歧。罗尔斯主义者总是将产权视作使得底层人民生活得尽可能地好的一种方法，而天赋人权的拥护者们则将权利本身视作最终的目的。因此前者愿意违背后者所认为的不可剥夺的东西，并且实证经济学家对于这一分歧也无能为力。

30

三条腿的凳子

那在什么范围内本书所提到的内容能帮助我们辨别何种分歧是可消除的而何种分歧最终只能求同存异呢？各章节是否前后互有联系？难道这本书仅仅是一堆模型的堆砌而毫无章法可言？

虽然本书把篇幅重点放在市场在各方面的表现，但我们也曾强调过市场是无法在真空中运行的。实际上，市场的良好运行是建立在对契约和产权的保护之上的，否则就会导致公地悲剧。从此我们就可以看出非市场体系存在的必要性，市场交易也正是建立在此基础之上才得以进行。虽然也有无政府主义者在理论上证明了无政府状态下这种保护也是可以存在的，但在现实生活中几乎没有成功的例子。政府就是这样一个通过税收或法规等受机制支持的强制手段来惩罚那些不遵守市场规律的参与者的机构。同样，如果一个社会团体脱离了政府和市场的引导，那么这个团体必定会灭亡。例如家庭就是存在于自发形成的复杂关系网（公民社会）中的一个机构。同样地，市场力量——即使有时是游离于法律框架之外的黑市——在每一个社会团体中都扮演了举足轻重的角色。

以上观点可总结如下：实际上每个人都赞成我们所说的"社会体系"包括了市场、公民社会以及政府，因此可以说社会是一个三条腿的凳子，在这三者的基础之上，所有的社会活动才得以开展。问题不在于三者是否在社会活动中扮演了重要角色，而在于如何确定各自合适的范围才能够充分利用彼此以达到我们的社会目标。到目前为止，经济学家对于"什么是正确的社会目标"还无法给出恰当的回答，同时对于在这个凳子的三条腿之间如何作出权衡也还有很多问题需要我们去研究。

将福利经济学第一定理与其他结果结合

我们从涉及很多微观经济学门类的福利经济学第一定理开始讲起。这条定理的重要性在于明确指出市场有效运行的前提条件——假设个人在做决定时毫无心理偏差是很不切实际的。我们的世界符合这些假设吗？余下的唯一问题就是为了达到比市场更好的分配结果是否有必要进行非市场干预，或者说，禀赋的初始分配是否"恰好"就能使我们不用担心该状态会比市场运行的结果要差。我们可以把对福利经济学第一定理的观察结合心理学理论以及一些关于公平的观点，得到更符合实际的前提条件，在这些条件下市场会达到我们的社会目标，简述如下：

（1）所有产权都明晰且有充分的执行力，使所有外部性（包括与公共物品相关的外部性）得以内部化（第21、27章）。

（2）市场价格可以顺利调整产出和交易（第18～20章）。

（3）市场中没有任何一个参与者的规模大到可以行使市场势力（第23章以及

第24～26章)。

(4) 所有参与者的信息都是充分的,因而没有人可以利用信息不对称来获利(第22章)。

(5) 每一个人都是理性的,即每个人在所处的环境下都会作出最有利于自身的选择,所以无论是个人偏好还是所处环境都不会造成系统性心理偏差(第29章)。

(6) 根据不同的哲学立场,有人认为市场最初的禀赋分配是公平的,有人则认为市场运作的结果才符合其分配目标(第29章)。

虽然条件(1)和(4)实际上不太可能实现,但这并不影响以心理学和哲学为基础的条件(5)和(6),这两个条件只是让我们更有可能找到平衡"三腿凳"的办法。值得注意的是,条件(1)～(5)都是可以通过实证来检验的,实证社会科学家能够利用真实世界的数据来确定在什么样的情况下非市场体系能够真正提高人们的福利。只有面对条件(6)的时候我们才束手无策,因为不同的哲学立场会导致无法消除的分歧,即使有时候那些问题是可以通过实证检验出结果的。

非市场制度安排及其挑战

在回答诸如如何平衡"三腿凳"之类的问题时,本书已经阐明了市场的优势及不足之处,这一分析框架也有助于我们辨别在何种情况下非市场体系至少能够在理论上进一步优化市场化的分配。非市场体系的支持者在说明其优势时,并没有列出这些机构的局限。经过研究,我们把这些不足归结如下:

(1) 公民社会体系面临的挑战主要是搭便车问题,原因在于当没有强制性手段来阻止个人自私自利的行为时,尽管违背福利经济学第一定理,我们仍然需要一些集体主义行为(第24、27章)。

(2) 政府面临的挑战来自信息约束以及偏好加总问题,在不同的利益集团使用权力影响人们的行为时,就会产生不同的"策略势力"(第28章)。

公民社会之所以会面临搭便车问题,是因为它无法像政府那样可以运用强制手段而只能依靠个人自觉,这也与福利经济学第一定理没有涉及的外部性问题密切相关。因此公民社会团体的自愿行为就像我们所说的囚徒困境一样,无法充分调动那些最大化自身利益的人的积极性。虽然这些团体往往比政府拥有更多的信息,但是囚徒困境问题使得它们缺少能够解决搭便车问题所必需的资源。但是这一困难并非无法克服,很多证据都表明像家庭和社区团体这样的公民社会组织能够很好地协调人们的需求差异,而这很难用标准的新古典主义的经济学模型来阐述。所以在市场和政府的力量无法涉及之处,公民社会体系可以发挥很大的作用。但是,搭便车问题仍需要非公民社会体系的介入才有可能得到解决。政府可以以多种方式支持公民社会团体,以解决其中的外部性问题。

但是,正如市场和公民社会体系,政府自身也面临着两大挑战。即使全部的政府官员都是聪明的政策制定者，他们也经常缺乏充分的信息来纠正"市场失灵"和"公民社会失灵"，因此常常会带来扭曲，并且造成更严重的问题。于是我们就可以看出市场和公民社会体系的一大优势，那就是二者能够更加充分利用个人的自发行为来解决问题。即使信息不对称不是大问题，没有独裁者的民主的政府也总会产生各种具有"策略势力"的不同利益团体，并且其目的与我们的社会目标相去甚远。这就要求政府既要利用权力达到想要的社会目标，又不能让利益团体滥用手中的权力来中饱私囊，在第 28 章中我们就说过这个问题。这并不表明政府无法提高社会福利，这仅仅说明了政府并不一定能纠正"市场失灵"和"公民社会失灵"的问题，而政府对于自身的失灵并不是无能为力。

市场外的自发秩序

最后，对市场的研究还给我们提供了一个重要的发现。在完善和发展福利经济学第一定理的过程中，我们曾惊讶地发现利己主义个体竟然能够自发地形成秩序，即使这些人所掌握的信息仅限于自身。虽然自发秩序不一定完美，但是在市场之外也能见到。这有助于我们进一步思考如何构建政府、公民社会以及市场的相互作用模型。

例如，一谈到法律的演变，大部分人首先想到的就是那些由宪法规定的、政府机构起草的、写在宪法和立法章程上的法律条文。实际上，令大多数人惊讶的是，使社会得以运转的法则并不是我们写下来的那些法律条文。正如市场中大部分的产品并不是经过市场参与者的精心计划才被生产出来的，仅仅是给定所掌握的信息以及环境参与者最优选择的结果。英国和美国的法律体系是以普通法为基础的，这是一个经过几个世纪"自发"形成的复杂的法律系统。通常都是先由个别法庭裁决形成基本定论，若效果良好，其后会被其他法庭接受而发展成判例，最终成为被普遍接受的法律法规。就如苹果公司发布 iPod 改变了我们听音乐的方式，或者就像某个汽车公司发明了厢式旅行车从而改变了我们接送孩子的方式。法规的发展通常以解决现实问题为契机，一旦成功就会被他人复制而成为普遍法则。语言的发展同样如此，特别是英语，它很少被某一种文化主导，而是随着社会的改变而不断地调整以适应新的环境和需要。同时我们也必须看到，就像市面上很多奇怪的发明很快就退市、语言中的创新常常是昙花一现，一些法规最终也导致了没有预期到的不良后果，而这些法规一般也不会被采纳进入普通法体系（至少在以普通法为法律体系的社会是这样的）。

再来考虑我们在第 28 章中讨论过的结构诱导的选择均衡，这一均衡能够减少民主决策过程中按照老规矩形式而产生的乱象，虽然这些规矩没有形成文字条例，但却被大家广泛接受。美国宪法中并没有条例规定要成立很多的委员会来提交法案供国会讨论，也没有监督参议院的阻碍通过机制，也没有规定最高法院是否有权宣布法规违宪。宪法只是为决策者提供了一个基本的框架，具体如何做还需要靠自发秩序，而这一秩序才是政府在实际运行时所遵循的规范。虽然无法保证在理论上这些规范总是正确的，但可以保证的是，市场只会创造正确的产品，普通法不会让我们桎梏于过时的观点，新潮的语言也会有一些不可磨灭的正面影响。在意识到这种自下而上的自发秩序常常会使人眼前一亮之后，我们应该抱着更加开放的心态去看待机构自内而外的改革。

在我们对公共物品的讨论中（第 27 章），我们也提到过一些类似于市场的机制，这些机制能够很好地规范政府或"俱乐部"的行为，使其减少寻租行为并且对选民更加负责。就像在市场中的竞争能够限制企业操纵价格的行为一样。适用于描述地方政府竞争的蒂布特模型指出，由公民选择居住地所形成的不完美的自发秩序的确可以影响地方政府的行为。如果地方政府无法提供某些居民偏好的公共物品，人们一般会避免在其辖区内定居。这就像市场中的企业竞争一样，必须得迎合人们的偏好才能使自己的产品卖得好。自发秩序的概念有助于我们在运用抽象的理论模型时理解何种不足其实是可以利用现实生活中的体系来弥补的。利用模型虽然能够清楚阐述我们的观点，但是有时候我们无法运用其他模型的结论来加深对世界的理解并期许找到改进社会运作的方法，而这也是抽象模型的局限所在。

我们已经充分认识到了市场自发秩序的优点，它能激励企业家自发地付出努力并达到目标，而若仅靠行政命令，这是永远都无法达到的。例如在第 21 章讨论污染治理时，我们对比了两种方法的效果。一种是制定法规如征收庇古税，另一种是实行污染许可证制度。显然，后者更胜一筹，因为它不仅能够激励新企业采用低污染的生产工艺，还能够有效地让市场参与者自发减少排污。经济学家最喜欢能够提供恰当动机的政策，而非那些只能依靠政府充分掌握信息并恰当利用才有效果的政策。经济学家对这种分散化的解决方案情有独钟，因为他们知道自发秩序在一定的制度背景下能够充分利用信息并且可以激发企业家的动力。

也许我们无法立即找出公民社会体系如何克服搭便车问题的例子，但是我们在很多地方都惊讶地见证了这些团体的成功。在第 23 章讨论囚徒困境时，从一开始我们就强调：虽然我们的简单经济模型运用了利他主义中的"公平""临界点"以及"暖光效应"等概念，加上复杂的触发策略以及惩罚机制的严格理性约束，但似乎仍与实际情况不符，在现实中人们好像更愿意自发地进行合作而非仅仅是为了一己私利而活。因为有些行为是由心理偏差造成的，所以福利经济学第一定理饱受质疑。但是社会企业家经常利用这一点有效调动公民社会组织的积极性，其效果可以媲美政府和市场。因此，我们可以看到自发秩序能够有效地规范公民社会和纠正市场失灵，并且不需依靠任何强制力量。

任重而道远

如果任何一门课程或者书本宣称可以回答上面所有的问题，那么你很可能会怀疑其真实性。世界如此复杂，我们作为个体和社会成员所面临的权衡远远不是一个简单的回答能够概括的。因为必须借助于假设，所以人们会本能地去考虑那些符合假设的证据，这就会陷入"实证倾向"。我希望这本书只是一个开始，而非终点——开始在面临问题时，对周围的世界进行更深入的思考。之所以我们的辩论多数最终都沦为无休止的大声嚷嚷，就是因为我们固执于一种假设而没有思考其他的可能情况，而且在看到"问题"之前就傲慢地认为自己早已"知道"答案。只有依靠本书中的逻辑并仔细运用分析工具，我们才能够做到理性地辩论与包容异见。也只有这样，我们才能够对世界有更清楚的认识，才能认识到一个问题在某种特殊情况下的"角点解"。

最后我想说，如果不是深信不疑从经济学的角度能够让我们对世界有更加深入的认识，我也不会成为一个经济学家。同样地，如果不是相信所有答案不止有一种角度的解释，我也没有资格说自己是一个人。对于任何经济学（或其他任何旨在了解人类社会的学科）的入门者而言，将自己对于世界的体会与一个更庞大的知识体系相结合都是一项挑战，而本书能够为你提供有用的工具，这同时也是我的期许所在。

术 语 表

actuarially fair insurance（精算公平保险） 降低风险但是并不改变期望值并且服务于总体人口中的一个随机选择的群体、为保险公司获得零利润的保险合同。

adverse selection（逆向选择） 引起高成本消费者"逆向地选择"进入市场或者引起低质量的供给者"逆向地选择"进入市场的信息不对称问题。

agenda setting（议程制定） 民主制度安排中用来选择社会结果的一系列投票与决策过程。

aggregate risk（总体风险） 影响群体而不是随机地影响个体的风险，例如经济萧条的风险。

antitrust economics（反垄断经济学） 研究政府监管与法律裁决对企业反竞争行为的影响的经济学子域。

asymmetric information（信息不对称） 当进入一个交易时，买方与卖方并不分享相同的与此相关的信息的处境。

average cost（平均成本） 成本除以产出。

average expenditure（平均支出） 支出除以产出。

average variable cost（平均可变成本） 可变成本除以产出。

bandwagon effect（攀比效应） 网络外部性的一种形式，一个人对某物的评价随着其他人对此物消费的增加而改善。

barriers to entry（进入壁垒） 新企业选择进入一个市场所要发生的固定成本如果充分高，则会阻止新企业的市场进入。

battle of the sexes（性别战） 一种合作博弈，其中两个参与者想从事相同的活动（而不是参与不同的活动），但是在他们希望合作的活动上意见不一致。

Bayes rule（贝叶斯法则） 随着新信息被显示而更新信念的规则。

Bayesian Nash equilibrium（贝叶斯纳什均衡） 纳什均衡被扩展到不完全信息博弈，其中信念是均衡的一部分。

behavioral economics（行为经济学） 把来自心理学的见地融入经济模型的经济学的分支。

beliefs（信念） 在博弈论中，一个参与人的可能类型的概率分布。

Benthamite social preferences（边沁主义社会偏好） 通过个体结果的加总排序来评价结果的规范度量；所有的个体赋予相同的权重。

Bertrand competition（伯特兰竞争） 企业把价格视为策略性变量的（企业的）策略

性竞争。

best response strategy（最优反应策略） 在博弈论中，给定博弈中其他人所采取的策略，一个人有最高可能性收益的策略。

best response function（最优反应函数） 对在一个博弈中其他人所采取的所有可能策略数理化总结的最优反应策略的函数。

beta-delta model（贝塔-德尔塔模型） 有现在偏误偏好的（行为经济学）模型。

binary relations（二元关系） 对可供选择的选项进行排序的数学关系。

bounded rationality（有限理性） 一个人在计算方面有认知局限性的假设；通常导致在复杂选择环境中使用"经验法则"进行预测。

budget constraint（or budget line）［预算约束（或预算线）］ 当所有预算被使用时能负担得起的可供选择的可能集合，即预算集的边界。

budget（or choice）set［预算（或选择）集］ 能负担得起的可供选择的可能集合。

call option（看涨期权） 一种允许持有人在未来以一个预先给定的价格购买一定数量的期权标的资产的合同。

cap-and-trade（限额交易） 限制总体污染并要求污染者购买可交易污染许可证的政策。

capital（资本） 生产中的各种非劳动要素，包括金融资本和实物资本（厂房与设备）。

cartel（卡特尔） 为了提高利润形成一个协议以在价格或数量上进行合谋的一组企业。

certainty equivalent（确定性等价） 使得一个面对风险赌博的人在参与赌博与接收 x 之间无差异的量。

choice set（选择集） 可行的可供选择的集合。

choice variable（选择变量） 在一个约束的或无约束的最优化问题中能被选择（而不是既定）的变量。

circumstance（处境） 某人在进行选择时所不得不面对的约束。

civil society（公民社会） 能够促进合作而不依赖价格或政府强制的正式的或非正式的制度安排。

club goods（俱乐部物品） 非竞争的、可排他的商品，即可排他的公共物品。

Coase theorem（科斯定理） 陈述只要交易成本低且产权被明晰界定，外部性将会被受影响的各方完全内部化的定理。

Cobb-Douglas function（柯布-道格拉斯函数） $f(x_1, x_2) = x_1^\alpha x_2^\beta$（当 x_1 和 x_2 是消费品时，f 是效用函数，而当 x_1 和 x_2 是生产要素时，f 是生产函数）。

collusion（合谋） 企业之间为限制数量并提高价格而达成的显性或隐性的合作。

compensated budget（补偿预算） 随着价格的变化，提供给消费者刚好足够的收入以达到价格变化前的无差异曲线的一个（典型的）设想的预算。

compensated demand（补偿需求） 保持效用不变的消费者需求，即在随着价格的变化，消费者总是收到充分的收入来获得相同的无差异曲线的假设下的消费者的需求。

compensated supply（of labor or capital）［（劳动或资本的）补偿供给］ 当价格（即工资与利率）变化时，使一个工人（或储蓄者）的效用保持不变的劳动或资本的供给。

competitive equilibrium（竞争性均衡） 给定通行的价格（假定所有人相对于市场来说很小），没有消费者和企业有激励改变自身此时的价格与资源配置。

complements（互补品） 消费者倾向于一起消费的商品，或生产中倾向于一起使用的要素。

complete information games（完全信息博弈） 所有参与人的支付被所有参与人知道的博弈。

complete tastes（完备的偏好） 使得个人能把所有可供选择的组按照相对的合意性进行排序的偏好。

composite good（复合商品） 代表"所有其他消费"的人造的或假设的商品；通常被命名为"其他消费的美元"，价格根据定义被设定为1。

compound interest（复利） 未来期获得的利息是以本期利息为基础计算的。

concave functions（凹函数） 使得 $f[\alpha x + (1-\alpha)y] \geqslant \alpha f(x) + (1-\alpha)f(y)$ 的函数 f；在生产者理论中，凹生产函数产生凸生产者选择集。

conditional input demand（条件要素需求） 基于生产一定固定水平的产出，（在给定的要素价格上）某一家成本最小化的企业对要素的需求。

constant cost industry（固定成本行业） 一个没有进入壁垒且有着水平的长期行业供给曲线的由完全相同的企业构成的完全竞争性行业。

constant elasticity of substitution（CES）（不变替代弹性） 在所有的商品（或要素）之间有着相同替代弹性的效用或生产函数。

constant returns to scale（规模报酬不变） 所有要素 t 倍增加导致产出 t 倍增加（当没有要素浪费时）的生产技术。

constrained optimization problem（受约束的最优化问题） 某个受约束的函数最大化的数学问题。

constraint（约束） 对选择集的限制；对消费者的约束典型地由价格和收入（或禀赋）形成；对企业的约束通常是限制哪个生产计划在技术上可行。

consumer surplus（消费者剩余） 一个消费者的意愿支付与他或她购买一定商品数量的需要支付之间的差额。

continuous taste（连续偏好） 没有"突然跳跃"的偏好。

contract curve（契约曲线） 在一般均衡交换经济中商品帕累托有效配置的集合。

convex combination（凸组合） 两个（商品或要素）束的加权平均。

convex set（凸集） 一个集合内任意两点的凸组合也位于集合内的点集。

convex tastes（凸偏好） 同等被偏好的束的凸组合比"极端的"束更加合意（或者至少不差）的偏好；当偏好是凸的时，比某个束更被偏好的束的集合是一个凸集。

convex production set（凸生产集） 产生于递减（或不变）的规模报酬生产过程（表示为凹生产函数）的可行生产计划的凸集。

coordination games（协调博弈） 有着多个纯策略纳什均衡的博弈，其中参与人选择相同的策略。

core（核） 在一般均衡交换经济中没有个体的联合使得他们变得更好的（商品的）配置；在二人纯交换经济中，这等价于互相偏好于最初两个参与人的禀赋的帕累托有效配置的集合。

corner solution（角点解） 一个最优化问题的解，其中至少有一个选择变量是零。

cost（成本） 当一个行为被选择时所放弃的东西；也被称为机会成本或经济成本。

cost minimization（成本最小化） 用最

小的可能经济成本（给定要素价格并给定技术约束）生产给定的产出水平的行为。

Cournot competition（古诺竞争） 企业把数量作为策略性变量的（企业的）策略性竞争。

cross-price demand curve（交叉价格需求曲线） 把一种商品的需求与另一种商品的价格联系起来的曲线。

crowd-out（挤出） 在一个项目上的政府支出的增加导致对相同项目的私人贡献降低的倾向。

deadweight loss（无谓损失） 违背福利经济学第一定理条件所导致的社会剩余的损失。

decentralized market equilibrium（分散市场均衡） 当每个人都是价格接受者时的完全竞争均衡。

decreasing cost industries（递减成本行业） 有着向下倾斜的长期行业供给曲线的行业。

decreasing returns to scale（规模报酬递减） 所有要素增加至原来的 t 倍后，产出增加至小于原来的 t 倍（没有要素被浪费掉）的生产技术。

demand function（需求函数） 把需求的数量表示为需求者所面临的经济处境（即价格与收入）的函数。

diffuse costs（分散成本） 把成本分摊在大量的个体上，使得每个个体的成本减小的做法。

diminishing marginal product（边际产出递减） （生产中一种要素的）边际产出随着要素投入的增加而减少（所有其他要素保持不变）。

diminishing marginal rate of substitution（边际替代率递减）凸偏好所导致的个体随着他们拥有更多的 y，越来越不愿意用商品 x 替换 y 的性质。

diminishing sensitivity（敏感度递减）（在前景理论中）收益或损失离他们的参照点越远，个体变得越不敏感的假设。

diminishing technical rate of substitution（技术替代率递减） 在生产过程中，为保持产出不变用一种要素替代另一种要素变得越来越困难的性质。

discounting（贴现） 未来的 1 美元的价格小于现在的 1 美元。

disequilibrium（非均衡） 每个人在给定的经济处境中都没有做他们所能做的最好的选择的经济环境。

distortionary（扭曲性） 通常指一个改变价格从而改变个体所面对的机会成本的政策。

Dixit-Stiglitz utility function（迪克西特-斯蒂格利茨效用函数） 一个特别的效用函数，用来模拟效用随着可得产品种类的增加而增加。

dominant strategy（占优策略） 一个对其他人的所有可能的策略都是最优反应的策略。

duality（对偶） 效用最大化与支出最小化（对消费者）和利润最大化与成本最小化（对生产者）的联系。

duopoly（双寡头） 由两个企业构成的寡头。

Easterlin paradox（伊斯特林悖论） 在一国国内幸福感随着收入的增加而增加，但当不同国家相比较时，收入与幸福感不成正比变动。

econometrics（计量经济学） 研究怎样

使用统计技巧来检测经济理论的经济学的子域。

economic costs（经济成本）机会成本。

economically efficient production（经济有效性生产）成本最小化的生产，即以最小的可能经济成本进行生产。

economics of education（教育经济学）处理与小学、中学和高等教育相关的激励问题的经济学的子域。

Edgeworth box（埃奇沃思盒状图）一种两个人、两种商品的交换经济的图示表示方法。

efficient（有效的）一种不能通过改变使得有些人变得更好而没有人变得更差的情形；与"帕累托有效"相同。

elasticity（弹性）经济环境某个角度1％的变化所导致的行为变化的百分比。

elasticity of substitution（替代弹性）沿着无差异曲线边际替代率1％的变化所导致的商品比率变化的百分比。

endogenous（内生的）系统内部所引起的，比如以市场价格衡量的禀赋的预算。

endowment（禀赋）可以用来出售并产生可消费收入的资产。

Engel curve（恩格尔曲线）收入需求曲线。

entrepreneurial skill（企业家技能）即使其他的要素能变化，在一个企业内经常被固定供给的创新或者管理技能。

entry deterrence（进入威慑）一个企业制定产出或价格以试图阻止另一个竞争的企业进入市场的策略。

envelope theorem（包络定理）在推导霍特林引理、谢泼德引理和罗伊恒等式时用到的数学定理。

equilibrium（均衡）给定人们所面对的处境（以及其他人所做的选择），每个人都做到他们所能做的最好的选择的一个经济环境。

equity premium puzzle（股权溢价之谜）基于高风险的收益很难被典型的风险厌恶的模型证明的实证观察。

essential goods（必需品）若没有它，则从消费其他商品中得到的效用与什么都不消费的效用一样的商品。

exchange economy（交换经济）一个个体交易已存在但是没有新的商品被生产出来的经济。

excludability（排他性）私有商品的性质，其消费主体可以被限制在那些付了钱来消费的人。

exit price（退出价格）使得企业选择退出竞争性市场的产出价格。

exogenous（外生的）由系统外给定的，比如被固定在某个美元价值而与其他经济变量不相关的预算。

expected utility（期望效用）与赌局结果相关联的效用的概率加权平均。

expected utility theory（期望效用理论）在赌局上的效用可以表示为期望效用的理论。

expected value（期望值）赌局结果的概率加权平均。

expenditure（or expense）［支出（或花费）］包括经济成本和沉没成本的一个企业的财务支出。

expenditure function（支出函数）在消费者理论中，对任意一组价格和效用水平u，该函数给出了获得u的最小的必要收入。

expenditure minimization problem（支出最小化问题）在给定价格下找到最小的必要支出来达到特定的无差异曲线，同时也得出希克斯需求曲线或补偿需求曲线。

experimental economics（实验经济学） 经济学中通过可控实验来检测经济模型的子域。

exporters（出口者） 在低价区域购买并把商品输送到高价区域售卖以创造利润的个体。

extensive form（扩展式） 用博弈树解释博弈的一种形式。

externalities（外部性） 个体决策对除了特定地进入一个市场进行交易的人以外的人的正面或负面影响。

financial economics（金融经济学） 研究金融市场的经济学的子域。

first degree price discrimination（一级价格歧视） 垄断者能够识别消费者类型，阻止转售，在消费者之间以及对一个消费者的不同单位的价格的完全价格歧视。

first mover advantage（先发者优势） 在序贯行动博弈中，先行动的参与人可以获得优势。

first order conditions（一阶条件） 在一个数学最优化问题中解释最优解的必要条件是一阶导数条件。

first-price auction（第一价格拍卖） 获胜者对拍卖品支付最高报价的一种拍卖。

first welfare theorem（福利经济学第一定理） 该定理表示：只要不存在价格扭曲，没有外部性，没有非对称性，没有市场势力，一个经济体中的资源配置就是有效的。

fixed cost（固定成本） 不管生产多少，产出保持不变的经济成本。

fixed expenditure（固定支出） 一个与生产多少不相关的花费，包括沉没成本。

fixed input（固定投入） 不能被企业改变的投入（通常出现在短期中）。

folk theorem（无名氏定理） 在博弈论中，该定理说明很大范围的可能均衡结果可以发生在无限重复博弈中。

framing（约束） 在行为经济学中，决策可以被呈现在选择者面前的突出特征所约束。

free-rider problem（搭便车问题） 个体有动机以某种方式不贡献而依赖别人的贡献的环境的有效性问题。

functions（函数） 把数字（通常在实数线上）分配给点的数学规则。

fundamental non-convexities（本质非凸性） 产生于解决外部性问题的产权市场的非凸性。

gains from trade（贸易收益） 当个体选择参与自愿的交易时双方福利的增加。

gambler's fallacy（赌博谬论） 人们错误地相信一旦一个随机事件已经发生了，它再次发生的可能性会变小。

gambles（赌博） 当个体知道不同的结果可以以某种概率发生时，用来对涉及风险的选择建模的方式。

game theory（博弈论） 开发工具来研究策略性决策的经济学的子域。

game tree（博弈树） 以一种"树"的形式展示决策节点和结果的表示博弈的方式。

general equilibrium models（一般均衡模型） 考虑当价格形成时市场的相互作用的模型。

generalized CES production function（广义不变替代弹性生产函数） 被扩展到包括一个设定规模报酬的参数的不变替代弹性生产函数。

Gibbard-Satterthwaite theorem（吉伯德-萨

特思韦特定理）该定理证明了把说实话作为占优策略来实施一个函数设计机制的不可能性。

Giffen goods（吉芬商品） 有着相对于收入效应充分小的替代效应，使得价格需求曲线向上倾斜的低档品。

Gini coefficient（基尼系数） 从洛伦茨曲线推导出来的对不公平程度的度量指标（通常被用来衡量收入或财富的不平等）。

Gorman form（高曼形式） 当消费者是一个代表性消费者时，消费者群体行为偏好所必须采取的形式。

Groves-Clarke mechanism（格罗夫斯－克拉克机制） 当偏好只被个体知道时，用来实施有效水平的公共物品设计的机制。

head tax（人头税） 平等地征收在每个人头上的税；一次性征税的例子。

health economics（健康经济学） 处理与卫生保健部门相关问题的经济学的子域。

Henry George Theorem（亨利·乔治定理） 说明土地税有效性的定理。

Hicksian demand（希克斯需求） 补偿需求，即保持效用不变时（假设足够的收入总是可以得到的并用来达到相应的效用水平）对某商品的需求。

homogeneous function（齐次函数） 满足 $f(tx, ty) = t^k f(x, y)$ 的函数（这将是 k 阶齐次函数）。

homothetic producer choice set（位似生产者选择集） 当等产量线图的技术替代率仅依赖要素投入的比率（从而沿着从原点出发的任何射线是相同的）时，符合这种性质的生产者选择集。

homothetic tastes（位似偏好） 无差异曲线有着边际替代率仅取决于商品的比率（从而沿着从原点出发的任何射线是相同的）的

性质的偏好。

hot-hand fallacy（热手谬论） 人们错误地认为一个随机产生的事件在其已发生了多次时更有可能再次发生。

Hotelling model（霍特林模型） 沿着可能产品特征线生产差异性产品的两企业模型。

Hotelling's Lemma（霍特林引理） 利润函数关于产出价格的导数等于供给函数；利润函数关于要素价格的导数等于负的要素需求函数。

hyperbolic discounting（双曲线贴现） 在行为经济学中，包括现值（以及现值附近）偏误并导致时间与选择不一致的贴现模型。

image marketing（形象营销） 着眼于改变形象而不是提供关于产品质量和价格的广告。

impatience（不耐心） 以对未来高贴现为特征的跨期决策。

import quota（进口配额） 一种特定产品可以法定进口的最大量。

importers（进口者） 在其他地方以较低价格购买并把产品带到高价区域出售以得到利润的个体。

income demand curve（收入需求曲线） 说明一种商品的需求量与收入之间的关系的曲线，也称为恩格尔曲线。

income effect（收入效应） 由收入变化导致的消费行为的改变。

income elasticity of demand（需求收入弹性） 收入 1% 的变化所导致的需求量变化的百分比。

incomplete information games（不完全信息博弈） 参与人不知道其他参与人收益的

博弈。

increasing cost industries（成本递增行业） 长期行业供给曲线向上倾斜的竞争性行业。

increasing returns to scale（规模报酬递增） 所有投入增加 t 倍导致产出增加多于 t 倍（没有投入被浪费）的生产技术。

incumbent firm（在位企业） 已经在一个有着大的进入固定成本行业运作的企业。

independence axiom（独立性公理） 期望效用理论背后的假设；如果相比另一个赌局这个赌局更被偏好，那么当这两个赌局都与相同的第三个赌局混合时偏好次序不发生改变。

indifference curve（无差异曲线） 消费者无差异的消费束的集合。

indifference map（无差异曲线图） 表示一个人偏好的无差异曲线的图。

indirect utility function（间接效用函数） 该函数给出了对任意经济环境，一个人能得到的效用（假定其效用最大化）。

industrial organization（产业组织） 研究不同类型产业结构中的竞争的经济学的子域。

inefficient（无效的） 一种能通过某种方式使得某些个体变好而没有任何人变得更差的情形。

inferior good（低档品） 一种随着收入减少而消费增加（以及随着收入增加而消费减少）的商品。

information set（信息集） 沿着博弈树一个个体知道的已经到达的决策节点的集合。

informational advertising（信息性广告） 着眼于提供关于一个产品质量或价格信息的广告。

innovation（创新） 新产品的发明或已存在产品的改善。

insurance（保险） 通过减少在"好"结果时的消费来增加在"坏"结果时的消费以降低风险的合同。

interest rate（利率） 使用金融资本的价格。

interior solution（内点解）（一个最优化问题）对所有选择变量有着严格正值的解。

intertemporal budget（跨期预算） 用来说明跨期消费选择取舍的预算。

isocost curve（等成本线）（给定当前要素价格）所有花费相同的要素束的集合。

isoprofit curve（等利润曲线）（给定当前要素与产出价格）所有导致相同利润的生产计划的集合。

isoquant（等产量）（给定当前的技术约束）所有导致相同产出水平的要素束的集合。

labor demand（劳动需求） 企业对劳动的需求（作为要素价格的函数）。

labor economics（劳动经济学） 处理与劳动供给和需求相关的问题的经济学的子域。

labor supply（劳动供给）（在消费与闲暇之间选择取舍的）工人的劳动的供给。

Laffer curve（拉弗曲线） 解释税率与税收收益的图。

Lagrange function（拉格朗日函数） 一个在数学最优化问题中使用的函数，设定目标函数与（λ 乘以）约束集为零的函数。

Lagrange multiplier（拉格朗日乘数） 拉格朗日函数中的 λ 项。

land rent（土地租金） 单位土地的租用价格。

land value（土地价值） 土地的市场价格，等于所有未来土地租金的贴现值。

law and economics（法与经济学） 处理

法和经济学交叉的经济学的子域。

law of 1/N（1/N 定律） 在政治学中，预测边际公共项目（在议会中投票表决）无效性程度的经验法则，它被表示为议员数量 N 的函数。

law of diminishing marginal product（边际产品递减规则） 在任何现实世界生产过程中，每种要素的边际产品一定会从某一点开始减少的事实。

leisure（闲暇） 不花费在工作上的可自由支配的时间。

Lerner index（勒纳指数） 一个垄断者的加成（即价格减去边际成本）除以价格。

Leviathan government（利维坦政府） 一个最大化政治租金而不是社会目标（比如有效性）的政府。

lexicographic tastes（字典偏好） 满足除了连续性外的我们所有五个基础假设的偏好的例子。

libertarian paternalism（自由意志家长制） 在行为经济学中默认的选择应该被设定为克服心理偏见并允许个体选择不一样的观点。

Lindahl equilibrium（林达尔均衡） 所有的个人对公共物品支付个性化的价格使得分散化选择导致了有效的公共物品供给。

Lindahl prices（林达尔价格） 导致林达尔均衡的个体化的价格。

local non-satiation（局部非饱和） 总存在一个离目前的消费束很近的另一个消费束使得消费者偏好另一个束，这是对偏好的假设性质。

local public finance（地方公共财政学） 研究地方政府与俱乐部的形成与运转的经济学的子域。

local public goods（地方公共物品） 局域非竞争与非排他的公共物品。

logrolling（互助赞成票） 议员同意为相互获益的政治拨款项目投票的立法交易。

long run（长期） 对企业，所有要素变成可变的时间段；对行业，企业的进入/退出都可能的时间段。

Lorenz curve（洛伦茨曲线） 一条把人口的百分位数和收入的百分位数联系起来的曲线；被用来计算基尼系数。

loss aversion（损失厌恶） 在前景理论里，人们偏好避免损失、获得收益的倾向。

lump sum tax（一次性征税） 非扭曲性税收，其支付不能通过改变行为而避免。

luxury good（奢侈品） 随着收入增加其消费占收入的百分比也增加的商品。

macroeconomics（宏观经济学） 处理经济总量问题如失业、通胀和增长问题的经济学的子域。

marginal（边际的） 指一些经济变量"一个额外的"或"最后的"部分。

marginal cost（边际成本） 额外一单位产出导致的成本的增加；或等价地，最后一单位产出导致的成本的变化。

marginal rate of substitution（边际替代率） 消费者愿意用一种商品交换另一种商品的比率，也是无差异曲线的负斜率。

marginal revenue（边际收益） 生产（并销售）额外一单位产出导致的收益变化，或等价地，最后一单位产出导致的收益的变化。

marginal technical rate of substitution（边际技术替代率） 参见技术替代率。

marginal utility（边际效用） 从额外一单位商品中得到的效用的变化；或等价地，最后一单位商品导致的效用的变化。

marginal willingness to pay（边际支付意愿）对额外（或最后）一单位消费品的支付意愿。

markets（市场）一个允许买方和卖方交易的结构。

market power（市场势力）影响价格的力量。

mark-up（加成）价格减去边际成本。

Marshallian demand（马歇尔需求）非补偿性需求〔给出需求数量作为价格与收入（或财富）的函数〕。

Marshallian consumer surplus（马歇尔消费者剩余）价格线与马歇尔需求曲线之间的面积。

matching pennies（硬币配对）一个参与人试图去模仿另一个参与人而另一个参与人试图不模仿第一个参与人的零和博弈。

McKelvey theorem（麦凯尔维定理）该定理说明，一般成对的多数规则被投票的顺序能导致甚至是最极端的结果。

mechanism design（机制设计）在没有市场价格时开发机制来配置稀有资源的经济学的子域。

median voter theorem（中位投票者定理）该定理预测如果问题空间是单维的并且偏好是单峰的，中位投票者最偏好的政策将会在大多数规则下被实施。

minimum wage（最低工资）在劳动市场上的价格下限，或最小法定价格。

mixed gambles（混合赌局）对赌博打赌的赌局。

mixed strategy（混合策略）在博弈论中，对多于一个的纯策略设置非零概率的策略。

monopolistic competition（垄断竞争）有着相对低（但是非零）的进入壁垒和一些产品差异性的市场结构。

monopoly（垄断）一个拥有单一企业和较高进入壁垒的市场结构，从而企业有市场势力。

monopsony（买方垄断）市场势力在需求方。

monotonic tastes（单调偏好）更多好于更少（或至少一样好）的偏好。

moral hazard（道德风险）在进入一个合同后，特别是降低风险的合同，改变行为的倾向。

Nash equilibrium（纳什均衡）在博弈论中，所有人采取的策略都是对所有其他人的策略的最优反应。

natural monopoly（自然垄断）由平均成本递减（因为较高的固定成本或因为在大的数量上的规模报酬递增）的生产过程所导致的进入壁垒，属于保护厂商免于竞争的一种垄断。

necessary conditions（必要条件）要使某事（在我们的情形中通常是最优的）成立必须满足的条件。

necessity（必需品）消费占收入的比例随着收入的增加而减少的商品。

network externality（网络外部性）一个消费者的消费决策对其他人价值的影响。

neuroeconomics（神经经济学）位于经济学与神经科学交叉处的子域。

neutral goods（中性品）既不提高也不降低效用的商品。

non-convexity（非凸）在一个集合中我们可以找到两点使得连接这两点的连线至少一部分位于该集合外。

non-credible threats（不可信威胁）在博弈论中，不会被理性参与人执行的威胁。

non-excludability（非排他性）把没有支付的消费者排除在消费特定商品之外的不可能性。

non-price rationing（非价格配给）当价格被扭曲时配置稀缺资源的配给机制。

non-rivalry（非竞争性）公共物品可以在相同时间被多于一个人消费的性质。

norm of reciprocity（互惠规范）隐匿在谚语"如果你帮助我，我也会帮助你"中的社会规范。

normal form（标准式）在博弈论中，把博弈表示成收益矩阵（而不是博弈树）。

normal good（正常品）随着收入增加消费数量更多的商品。

normative economics（规范经济学）与哲学交叉来研究"什么是好的"的经济学的子域。

numeraire（计价单位）在一般均衡模型中，被分配价格为1的商品。

objective function（目标函数）在一个数学最优化问题中被最大化或最小化的函数。

oligopoly（寡头垄断）几个大企业通过进入壁垒把别的企业隔离在市场之外的市场结构。

opportunity cost（机会成本）某人采取一个行动时所放弃的东西；也被称为经济成本或成本。

optimization problem（最优化问题）选择一些变量来最大化或最小化一个函数的问题。

optimizing（最优化）（在给定处境下）做能做到的最好的。

order-preserving function（or transformation）[序保留函数（或变换）]保留分配给点的数值的序的函数。

outsourcing（外包）在低工资的市场生产商品并在高工资的市场出售它们的实践。

own-price demand curves（自价格需求曲线）把一种商品的需求量与该商品的价格关联（所有其他要素保持相同）起来的曲线。

Pareto efficient（帕累托有效）与"有效的"相同。

Pareto optimal（帕累托最优）与"帕累托有效"相同。

partial equilibrium model（局部均衡模型）孤立地分析一个市场的模型。

patent（专利）为使一个创新企业在一个有限的时间内免受其他企业进入市场威胁而建立的法定进入壁垒。

payoff matrix（收益矩阵）在二人博弈中，对所有策略组合提供每个参与人收益的矩阵。

perfect Bayesian（Nash）equilibrium [完备贝叶斯（纳什）均衡]在不完全信息博弈中，使得每个人的策略都是在给定其他人策略的条件下最优反应的策略。

perfect complements（完全互补品）仅在一起消费才能产生效用的商品。

perfect price discrimination（完全价格歧视）一级价格歧视。

perfect substitutes（完全替代品）从消费者的角度相互之间可以完全替代的商品。

perfectly competitive industry（完全竞争行业）有很多小企业生产相同的产品且每个企业都是价格接受者的市场结构。

Pigouvian subsidy（庇古补贴）被设计来内部化正外部性的补贴。

Pigouvian tax（庇古税）被设计来内部化负外部性的税收。

political economy（政治经济学）位于政

治科学和经济学的交叉处的子域，研究政治行为的经济学。

pooling contracts（混同合同）在保险市场中对不同类型的风险购买相同的保险合同。

pooling equilibrium（混同均衡）在不完全信息博弈中一些参与人采取混同均衡；在保险市场中，有着混同合同的均衡。

pooling strategy（混同策略）在不完全信息博弈中，所有个体以相同方式行动，不管他们的类型是什么。

pork barrel spending（政治拨款）针对立法者所在行政区的项目，所有人为此进行支付的政府支出。

positive economics（实证经济学）以预测行为与其均衡结果为目的的经济学的分支。

positive monotone transformation（正单调变换）与序保留变换相同。

preference revelation mechanism（偏好显示机制）设计机制使得个体显示他们（通常是对公共物品）的偏好。

present-bias（现在偏误）在跨期决策制定中，总是把"现在"当成唯一的心理偏见；被贝塔-德尔塔模型刻画。

price ceiling（价格上限）最大的法定价格。

price discrimination（价格歧视）对相同商品不同个体收取不同价格的实践。

price elasticity（价格弹性）价格1%的变化导致的数量的百分比变化。

price floor（价格下限）最小的法定价格。

price subsidy（价格补贴）降低消费者价格的补贴。

price-taking（价格接受）个人理性地把价格当成给定（因为个人相对整个市场太小以至于不能通过他们的决策影响价格）的非策略性行为。

price-gouging（价格欺诈）一个流行术语，用来表示在供应紧缺时对收取高价的道德愤怒。

Prisoner's Dilemma（囚徒困境）在博弈论中，尽管所有人在他们合作时都会变得更好，但是不合作是占优策略的博弈。

private good（私人物品）有竞争性与排他性的商品。

probability weighting（概率加权）在前景理论中，个人在做决策时通常会对小概率高估、对大概率低估的倾向。

producer choice set（生产者选择集）技术可行的生产计划的集合。

producer surplus（生产者剩余）生产者为在市场中运营而愿意支付的数量，即利润。

product differentiation（产品差异性）把某个产品差异化以使得它缓和竞争（并提高利润）的实践。

production frontier（生产边界）生产者选择集的边界，即技术可行并且不浪费投入的生产计划。

production function（生产函数）生产边界的数学表示。

production plan（生产计划）投入与产出的清单。

production possibilities frontier（生产可能性边界）在两商品模型中，给定一种商品，生产第二种商品最高可能的数量。

profit（利润）经济收益与经济成本的差额，也被称为生产者剩余。

profit function（利润函数）对任意一组投入与产出价格给出利润的函数（假定企业

采取利润最大化的行为）。

profit maximization（利润最大化） 给定一个企业所面对的技术与经济约束，找到生产计划来产生最大可能的利润的行为。

proof by contradiction（反证法） 一种逻辑的证明方法，首先假定一个陈述是错误的，接着说明这个假定导致了一个矛盾，这意味着原陈述实际上是对的。

prospect theory（前景理论） 在存在风险时的行为经济学的选择模型，其在传统期望效用理论中引进有争执的心理偏见。

public economics（公共经济学） 研究税收与政府支出的经济学的子域，也被称为公共财政。

public good（公共物品） 非竞争性（以及通常但并不总是非排他性）的商品。

pure strategy（纯策略） 在博弈论中，在每个信息集以概率 1 采取行动的策略。

put option（看跌期权） 一个给持有人在未来以预先给定的价格卖出一些数量期标的资产的权利的合同。

quasi-hyperbolic discounting（拟双曲线贴现） 由贝塔－德尔塔模型所刻画的双曲线贴现的一种特殊情形。

quasi-concave function（拟凹函数） 一条水平线上产生的一个凸的上轮廓集的函数。

quasilinear tastes（拟线性偏好） 边际替代率与消费束中一种商品的数量无关的偏好；不产生收入效应的偏好。

rational tastes（理性偏好） 完备的与可传递的偏好。

rationing（配给） 配置稀缺资源的任何过程。

Rawlsian social preferences（罗尔斯主义社会偏好） 倾向于使最不富裕的人福利机制最大化的道德规则。

Rawlsian social welfare function（罗尔斯主义社会福利函数） 表示罗尔斯主义社会偏好的函数。

real income（实际收入） 在微观经济学中，通常表示效用不变的收入；在宏观经济学（以及有时候在微观经济学）中，通常表示根据通胀调整的收入。

reference-dependent preferences（参照点依赖偏好） 在行为经济学中，相对于现状或参照点来评价选择的偏好。

regular inferior goods（常规低档品） 不是吉芬商品的低档品。

regulatory capture（规制俘获） 规制者对那些被管制的人的利益响应的倾向。

rent control（租金控制） 在住房租赁市场的价格上限。

rental rate（租金率） 使用资本（或土地）的价格。

repeated game（重复博弈） 重复发生的博弈，其中参与人能观察到所有先前相互作用的结果。

representative consumer（代表性消费者） 一个假想的用来对一群消费者的行为进行建模的消费者。

representative producer（代表性生产者） 一个假想的用来对一群生产者的行为进行建模的生产者。

reservation utility（保留效用） 一个个体在没有交易时获得的效用，通常从对禀赋的消费中得到。

returns to scale（规模报酬） 描述产出怎样随所有要素按比例增加而变化的生产技术的性质。

risk aversion（风险厌恶）为降低风险但不改变期望值的正数量的支付意愿，即当确定性等价小于一个赌博期望值时的偏好。

risk neutral（风险中性）有着相同期望结果但是不同水平风险的赌博之间无差异。

risk premium（风险溢价）赌博期望值与确定性等价的差额。

rivalry（竞争性）私人物品只能被一个人消费的特征。

Robinson Crusoe economy（鲁滨逊·克鲁索经济）一个同时作为价格接受者、生产者与消费者的单一个体的一般均衡模型。

Roy's identity（罗伊恒等式）允许从间接效用函数推导产出需求的数学关系。

saving（储蓄）当前收入与当前消费的差额。

screening（甄别）在存在信息不对称时，花费努力来探知在市场交易中的另外一头的个体（或企业）的信息的实践。

sealed bid auction（密封拍卖）报价同时提交且不知道其他人报价的拍卖。

second-best analysis（次优分析）研究当一个或更多有效性条件不能被满足时将发生什么的经济分析。

second-degree price discrimination（二级价格歧视）企业不能识别消费者边际支付意愿从而构造非线性定价安排来诱导消费者在一个分离均衡中显示他们类型的价格歧视。

second order condition（二阶条件）使（从一阶条件推导出来的）解成为一个最优化问题的最优解的充分条件。

second-price auction（第二价格拍卖）获胜者支付对该标的物第二高价格的拍卖。

second welfare theorem（福利经济学第二定理）该定理表明：只要政府实行一次性税收与再分配，经济中任何有效的资源配置都能通过集中的市场过程达到。

secondary market（二级市场）提供以前在其他地方获得的商品来进行交易的市场。

separating equilibrium（分离均衡）在不完全信息博弈中，所有类型的参与者采用不同策略（从而显示信息）的均衡；在保险市场中，不同的保险合同出售给不同的风险类型的均衡。

separating strategy（分离策略）在不完全信息博弈中，个体根据他们的类型而采取不同的策略。

sequential move game（序贯行动博弈）在博弈中，参与人按顺序行动，后面的参与人至少可以观察到前面的参与人已经做了什么。

Shephard's lemma（谢泼德引理）在消费者理论中，支出函数关于产出价格的导数等于希克斯需求函数；在生产者理论中，成本函数关于要素价格的导数等于条件要素需求函数。

short run（短期）对企业，通常是指一些要素固定的时间段；对行业，是指企业不可能进入/退出的时间段。

shut-down price（关闭价格）在短期企业选择停止生产的产出价格。

signaling（发送信号）在存在信息不对称时，花费努力来提供关于自己的信息给市场交易的另外一方的行为。

signaling games（信号博弈）有着私人信息的参与人可以通过采取特定的策略显示他们类型的博弈。

simultaneous move games（同时行动博弈）所有参与人同时选择他们行动的博弈。

single-crossing property（单交性质）来

自两个不同的无差异曲线图的无差异曲线只相交一次的一簇偏好的性质。

single-peaked preferences（单峰偏好） 在政治经济学模型中有着最受偏好的束，效用随着离该束的距离变远而递减。

Slutsky equation（斯勒茨基方程） 把消费者对价格变化的反应分解成收入效应部分与替代效应部分的方程。

Slutsky substitution（斯勒茨基替代） 价格变化时个体被补偿以使得他或她仍买得起原始束的行为的变化。

snob effect（虚荣效应） 消费某商品的其他人越少，一个人在该商品上获得的价值越高的网络外部性。

social choice function（社会选择函数） 排序不同的社会状态的函数。

social entrepreneurs（社会企业家） 有志于通过非利润部门创新来达到社会变化的企业家。

social indifference curves（社会无差异曲线） 对消费者效用（或收入效用，或财富效用）的配置的无差异曲线。

social marginal benefit（社会边际收益） 一个行动所导致的所有边际收益的加总。

social marginal cost（社会边际成本） 一个行动所导致的所有边际成本的加总。

social norms（社会规范） 在公民社会里很大程度上被分享的行为预期。

social planner（社会规划者） 一个假想的个体，其拥有所有的信息与资源，行动目标是最大化某个社会目标。

social welfare function（社会福利函数） 排列不同效用（收入或财富）配置的函数。

speculation（投机） 通过跨时交易挣钱的企图。

speculator（投机者） 从事投机的人。

split-rate tax（分裂税率税收） 对建筑结构比土地施加更高税率的财产税。

spontaneous order（自发序） 在没有中央规划的情况下产生的序。

spot market（现货市场） 商品进行当前交易的市场。

spot price（现货价格） 现货市场上的价格。

Stackelberg competition（斯塔克尔伯格竞争）（企业的）策略性竞争，其中把数量作为策略性变量并且企业序贯行动。

state-contingent assets（状态相机资产） 由于一种特定的世界状态得以实现而变得可得的资产。

state-contingent consumption（状态相机消费） 由于一种特定的世界状态得以实现而变得可得的消费。

state-dependent tastes（or utility）[状态相关偏好（或效用）] 在风险存在时的期望效用，在不同状态下用不同的函数来度量效用。

state-independent tastes（or utility）[状态独立偏好（或效用）] 在风险存在时的期望效用，在不同状态下用相同的函数来度量效用。

statistical discrimination（统计歧视） 产生于信息不对称的歧视，其中较少信息的一方使用组平均来推断个体特征；刻板印象的一种形式。

status quo effect（现状效应） 在前景理论中，使用现状来评价处境的变化的倾向。

statutory tax incidence（法定税收归宿） 写在税法（或法规）里的税收义务的法律归属。

Stone-Geary utility function（Stone-Geary 效用函数） 包括生存消费水平的函

数，在其下效用无定义。

strategy（策略） 在博弈论中，一个参与者在开始博弈前的完整的行动计划。

structure-induced voting equilibrium（结构引致的投票均衡） 产生于限制谁能够投票以及怎么投票的制度约束的投票均衡。

subgame（子博弈） 开始于包含一个单一节点的信息集并包括博弈树从那里开始的剩余部分的序贯博弈的任何部分，开始于最初节点的所有信息集都要被完全包含在这个子博弈中。

subgame perfect equilibrium（子博弈完备均衡） 一个不依赖于任何不可信威胁的纳什均衡（从而在所有的子博弈中也是纳什均衡）。

subsidy（补贴） 可以采取现金支付以及/或者价格补贴的政府财政资助。

substitutability（可替代性） 消费品相互之间可以不改变效用或者要素之间可以不改变产出的替代的程度。

substitution effect（替代效应） 在消费者理论中，完全地由机会成本的变化带来的（对价格变化的）反应部分；在生产者理论中，对要素价格变化（保持产出不变）成本最小化的生产者所采取的要素束的变化。

sufficient conditions（充分条件） 如果被满足就确保某事成立的条件（通常是从一阶条件推导出的最优解）。

sunk cost（沉没成本） 不受当前经济选择影响的花费。

supply curve（供给曲线） 把供给量与价格联系起来的图。

supply function（供给函数） 对任意经济环境，该函数给出了将被供给的数量。

tariff（关税） 对进口的税收。

tastes（偏好） 对消费束的排序。

tax base（税基） 收税对应的活动的价值。

tax credit（税收抵免） 在作出税收支付前可以从纳税人税收义务中减掉的量。

tax deduction（税收减免） 可以从一个计算某人税收义务的可征税收入中减掉的量。

tax incidence（税收归宿） 关于税收负担怎么在个体之间分配的分析。

tax-deferred savings（税收递延储蓄） 直到被取出时（通常在退休后）才需要缴税的储蓄。

technical rate of substitution（技术替代率） 在生产中要素之间相互替代而不改变产出的比率，也是等产量线的斜率，有时被称为边际技术替代率。

third-degree price discrimination（三级价格歧视） 垄断者能识别消费者边际支付意愿并能对不同的消费者收取不同的单位价格的价格歧视。

Tiebout model（蒂布特模型） 地方公共财政模型，其中居民通过考虑把地方税务与服务混合在一起来选择居住地。

time inconsistency（时间不一致性） 个体为未来做跨期规划，而当未来变为当前时，他们并不坚持最初的规划。

tipping point（临界点） 由于网络外部性的存在，个体参与活动的临界量，使得该活动从最初只有少数人参与的均衡转到一个有很多人都参与的新的均衡。

tit-for-tat strategy（以牙还牙策略） 在重复的囚徒困境博弈中，开始于合作并总是模仿对手在上一次交手中的行动的策略。

total cost（总成本） 所有经济成本的加总。

total expenditure（总支出） 所有花费的加总，包括沉没成本。

tradable pollution permits（可交易污染许可证）（在限额交易系统中）合法的许可，给予持有人进行特定数量的污染的权利，可以把该权利卖给其他人。

tragedy of the commons（公地悲剧） 由于搭便车问题对共同持有资源的过度使用。

transactions cost（交易成本） 经济交换双方所发生的（除了支付的价格外的）成本。

transitive tastes（可传递的偏好） 相比于 B，A 被偏好；相比于 C，B 被偏好；这意味着相比于 C，A 被偏好。

trigger strategy（触发策略） 在重复博弈中，在未来交互中惩罚对手不按规则做事的行为的策略。

two-part tariffs（两部收费制） 消费者被收取固定费用和单位产品价格的非线性定价。

uncompensated demand（非补偿性需求） 当个体没有因价格变化被补偿时对某种商品的需求；与马歇尔需求相同。

unconstrained optimization problem（无约束的最优化问题） 没有受到约束的最优化问题，有时候是因为约束已经被代入目标函数中了。

upper contour set（上轮廓集） 位于一个函数水平线上方的点的集合。

urban economics（城市经济学） 研究城市运行的经济学的子域。

usury laws（反高利贷法） 对利率施加上限的法律。

utility function（效用函数） 通过对消费束进行排序来表示偏好的函数。

utility maximization（效用最大化） 从消费者选择集来选择产生最高效用水平的消费束的行为。

utility possibility frontier（效用可能性边界） 在两个消费者的模型中，给定一个人所能获得的效用，对第二个人能达到的尽可能高的效用的描述。

utility possibility set（效用可能性集） 效用可能性边界与所有低于这个边界的效用配置。

utils（犹他尔） 假想的效用度量单位。

variable cost（可变成本） 随生产的产量变化而变化的成本。

veil of ignorance（无知的面纱） 一个假想的观点，面纱后面的个体在不知道他们自己的生活处境的情况下被要求去选择社会系统。

von Neumann-Morgenstern expected utility（冯·诺依曼-摩根斯坦期望效用） 见期望效用。

wage（工资） 对企业来说是劳动力的价格；对工人来说是闲暇的机会成本。

Walras' Law（瓦尔拉斯定律） 在一般均衡理论中，如果供给和需求在所有其他 $n-1$ 个市场相等，那么我们可以判定在第 n 个市场中供给也等于需求。

warm glow effect（暖光效应） 某人从慈善捐助行为中得到的效用。

wealth effect（财富效应） 在有着内生预算的模型中，由财富的隐性变化而不是机会成本变化所导致的（价格变化的）行为的变化。

zero profit（零利润） 长期中完全竞争行业预期的利润水平。

zero-sum game（零和博弈） 胜者赢得的部分恰好等于败者输掉的部分的博弈。

译 后 记

　　本书的内容是从经济学原理通向高级微观经济学的必经桥梁，属于中级微观经济学的范畴。与市场中众多的微观经济学教材相比，其特征主要体现在既用图示的工具以及推理的逻辑来说明微观经济学中的基本概念与基本思想，又借助现代数学来对这些概念与思想加以抽象说明；既培养学生概念性的直觉思维方式，又培养学生数理分析经济问题的能力。这注定了其在众多微观经济学教材中具有相对稳定的市场竞争力和认可度。相信假以时日，本书必定为越来越多的读者所接受。

　　翻译完本书之后，译者深深地体会到了翻译一本巨著的不易与艰辛。读一本书是一回事，用简单明了的语言向读者展示这本书又是另外一回事。译者在翻译本书的过程中得到了中国人民大学出版社高晓斐编辑的一贯支持与鼓励，同时还得到了有关责任编辑的大力协助，在这里一并对他们的努力以及耐心和容忍表示感谢。当然，译者本人对本版本的任何瑕疵与缺陷负全部责任。

　　此外，本书的翻译得到了我所带的部分硕士研究生以及上我的硕士研究生微观经济学课程的一些学生的大力协助，在这里一并表示感谢。他们是（排名不分先后）：郝鑫怡、段奇林、傅敏珂、马梁、侯蕾华、叶燕茹、晁莹、卢嘉方俪、郑凯、高丽、张向阳、杨贵林、刘娜、甄凯、王星宇、胡筱、徐伊莎、张亦然、顾慧玲、赵金冉、文晓钰、张雅洁、陈鹏鹏、马雪、常程、胡文磊、鄢璐、孙同阳、李励颖、宋远洋、姚慧敏、杨力元、李丹丹、吴敬、吴轩、王越、单卓、林紫馨、李裴培、张斯琪、朱琳、袁玥。正是他们严谨的工作使得本书在准确性与规范性上得到了提升。最后，本书的翻译还得到了对外经济贸易大学 2016 年本科教学工程的支持。

曹小勇

对外经济贸易大学博学楼

图书在版编目（CIP）数据

中级微观经济学：直觉思维与数理方法．下册/
（美）托马斯·J. 内契巴著；曹小勇，宫之君，张晓燕译
．－－北京：中国人民大学出版社，2024.5
（经济科学译丛）
书名原文：Microeconomics：An Intuitive
Approach with Calculus
ISBN 978-7-300-31779-3

Ⅰ．①中⋯ Ⅱ．①托⋯ ②曹⋯ ③宫⋯ ④张⋯ Ⅲ．
①微观经济学-教材 Ⅳ．①F016

中国国家版本馆 CIP 数据核字（2023）第 136250 号

"十三五"国家重点出版物出版规划项目
经济科学译丛

中级微观经济学——直觉思维与数理方法（下册）
托马斯·J. 内契巴　著
曹小勇　宫之君　张晓燕　译
Zhongji Weiguan Jingjixue

出版发行	中国人民大学出版社	
社　　址	北京中关村大街 31 号	**邮政编码**　100080
电　　话	010－62511242（总编室）	010－62511770（质管部）
	010－82501766（邮购部）	010－62514148（门市部）
	010－62515195（发行公司）	010－62515275（盗版举报）
网　　址	http://www.crup.com.cn	
经　　销	新华书店	
印　　刷	涿州市星河印刷有限公司	
开　　本	787 mm×1092 mm　1/16	**版　　次**　2024 年 5 月第 1 版
印　　张	39.25 插页 2（下册）	**印　　次**　2024 年 5 月第 1 次印刷
字　　数	812 000（下册）	**定　　价**　218.00 元（上、下册）

中国人民大学出版社经济类引进版教材推荐

经济科学译丛

20世纪90年代中期，中国人民大学出版社推出了"经济科学译丛"系列丛书，引领了国内经济学汉译名著的第二次浪潮。"经济科学译丛"出版了上百种经济学教材，克鲁格曼《国际经济学》、曼昆《宏观经济学》、平狄克《微观经济学》、博迪《金融学》、米什金《货币金融学》等顶尖经济学教材的出版深受国内经济学专家和读者好评，已经成为中国经济学专业学生的必读教材。想要了解更多图书信息，可扫描下方二维码。

经济科学译丛书目

金融学译丛

21世纪初，中国人民大学出版社推出了"金融学译丛"系列丛书，引进金融体系相对完善的国家最权威、最具代表性的金融学著作，将实践证明最有效的金融理论和实用操作方法介绍给中国的广大读者，帮助中国金融界相关人士更好、更快地了解西方金融学的最新动态，寻求建立并完善中国金融体系的新思路，促进具有中国特色的现代金融体系的建立和完善。想要了解更多图书信息，可扫描下方二维码。

金融学译丛书目

双语教学用书

为适应培养国际化复合型人才的需求，中国人民大学出版社联合众多国际知名出版公司，打造了"高等学校经济类双语教学用书"系列丛书，该系列丛书聘请国内著名经济学家、学者及一线授课教师进行审核，努力做到把国外真正高水平的适合国内实际教学需求的优秀原版图书引进来，供国内读者参考、研究和学习。想要了解更多图书信息，可扫描下方二维码。

高等学校经济类双语教学用书书目

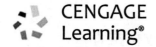

Supplements Request Form（教辅材料申请表）

Lecture's Details（教师信息）			
Name： （姓名）		Title： （职务）	
Department： （系科）		School/University： （学院/大学）	
Official E-mail： （学校邮箱）		Lecturer's Address/ Post Code： （教师通讯地址/邮编）	
Tel： （电话）			
Mobile： （手机）			

Adoption Details（教材信息）　　　　原版□　　翻译版□　　影印版□	
Title：（英文书名） Edition：（版次） Author：（作者）	
Local Publisher： （中国出版社）	
Enrolment： （学生人数）	Semester： （学期起止日期时间）

Contact Person & Phone/E-Mail/Subject：
（系科/学院教学负责人电话/邮件/研究方向）
（我公司要求在此处标明系科/学院教学负责人电话/传真号码并在此加盖公章。）

教材购买由我□　我作为委员会的一部分□　其他人□［姓名：　　　　　］决定。

Please fax or post the complete form to（请将此表格传真至）：

CENGAGE LEARNING BEIJING
ATTN: Higher Education Division
TEL: (86)10-82862096/95/97
FAX: (86)10-82862089
EMAIL: asia.inforchina@cengage.com
www.cengageasia.com
ADD: 北京市海淀区科学院南路2号
　　　融科资讯中心C座南楼12层1201室　　100190

Note：Thomson Learning has changed its name to CENGAGE Learning